中国改革开放新时期年鉴

1978年

中国民主法制出版社
2015 · 北京

图书在版编目（CIP）数据

中国改革开放新时期年鉴．1978年/王振川主编．—北京：中国民主法制出版社，2015.1

ISBN 978-7-5162-0735-2

Ⅰ．①中…　Ⅱ．①王…　Ⅲ．①改革开放—中国—1978—年鉴 Ⅳ．① D616-54

中国版本图书馆 CIP 数据核字（2015）第 029232 号

图书出品人：肖启明
图 书 策 划：刘海涛
责 任 编 辑：石　松　董　理

书　名/中国改革开放新时期年鉴（1978年）
作　者/王振川　主编

出 版・发 行/中国民主法制出版社
地　址/北京市丰台区玉林里7号（100069）
电　话/63055259（总编室）　63057714（发行部）
传　真/63055259
http: //www.npcpub.com
E-mail: mzfz@ npcpub.com
经　销/新华书店
开　本/16开　787毫米 ×1092毫米
印　张/56.625　**字数**/1690千字
版　本/2015年1月第1版　2015年1月第1次印刷
印　刷/涿州市星河印刷有限公司印刷

书　号/ISBN 978-7-5162-0735-2
定　价/800.00元

《中国改革开放新时期年鉴》编委会

前　言

王振川

旧中国积贫积弱，苦难深重，经过艰苦卓绝的斗争，中国共产党领导人民建立了社会主义新中国。历经改造和建设，旧中国发生了沧桑巨变，尤其是党的十一届三中全会后，我们党和国家战胜种种困难，迅速摆脱了贫穷，迈入了富裕文明的改革开放新时期。如今的中国，在中国共产党的正确领导下，正为实现中华民族伟大复兴的中国梦而努力奋斗。

新时期的最大特点是改革开放。改革开放至今，我国的综合国力不断增强，人民生活明显改善，国际地位日益提高，共和国发生了翻天覆地的变化。这一系列成就的取得发端于1978年底召开的十一届三中全会，正是这次新中国成立以来我党历史上具有深远意义的伟大转折，开创了我国社会主义事业发展的新时期。此后的三十多年间，党的几代领导集体艰苦探索，率领全国各族人民同心同德，勤奋苦干，使中国的改革开放取得了世人瞩目的新成就。在这场波澜壮阔的伟大历史实践中，我们的党和国家积累了大量弥足珍贵、丰富生动的文献资料，这是一笔宝贵的历史文化财富。

为客观记录改革开放的历史轨迹，我们多方搜集整理，编纂了这部《中国改革开放新时期年鉴》（以下简称《年鉴》）。本书按自然时间排序，以事系日，以日系月，以月系年，将改革开放新时期以来发生的大事，党和国家领导人重要的公务活动、讲话、文章、文告、典章制度等，逐日收录，加以编纂成书。《年鉴》时间跨度较长（1978年至2013年），每年一卷，共36卷。

本书有三大鲜明特点：第一，原文原貌。所收录的党和国家领导人文章、讲话，以及重要的法律法规、典籍制度，包括体现党和政府声音的重要社论、评论员文章，均尽量不做任何改动，更未加任何评论，只是以规定体例，按时间先后顺序加以编排，保持原汁原味。第二，权威客观，系统翔实。《年鉴》涵盖了国家的政治、经济、外交、军事、科技、文化、教育、体育、卫生环保及社会生活十个层面，是一部极具权威性的记录党和国家重大历史事件、重要活动、重要文献的百科全书。第三，体例独特。大事记体裁和文献史料编纂相结合，这种独特体例，使读者既可对改革开放新时期每日、每月、每年的重大史实有个全面了解，又可提纲挈领，方便查考和研究。

作为重大题材，《年鉴》由国家新闻出版总署批准，并指定相关党史专家审定。本书的出版得到了有关部门和领导以及各方专家的鼎力支持和帮助，尤其在一些重大史实的把握上，他们提出了许多中肯恰当的建议，为本书的完善和准确奠定了基础。本书出版之际，我们再次向他们表示诚挚的感谢。

这部《年鉴》从1998年开始编纂至今，历经十数年收集、整理，多名专家学者皓首穷经，终于告竣。由于史料浩繁，编纂工作可谓艰巨。限于时日与编辑能力，书稿资料虽经反复核校，疏漏错失之处当属难免，希望广大读者批评指正。

日期索引

【一月】

【二月】

【三月】

【四月】

【九月】

【十月】

【十一月】

【十二月】

1月1日

《人民日报》《红旗》《解放军报》发表社论《光明的中国》

1977年,世界上各种各样的人,包括我们的一些朋友和同志,也包括我们的敌人,都密切注视着中国:在失去了伟大的领袖和导师毛泽东主席、失去了敬爱的周恩来总理和朱德委员长以后,在粉碎了"四人帮"以后,中国会向何处去?

他们看到了什么呢?看到了以华主席为首的党中央高举毛主席的伟大旗帜,8亿人民紧密地团结在毛主席亲自选定的接班人周围;看到了华主席领导我们抓纲治国,举国上下安定团结,生产建设蒸蒸日上;看到了扫除"四害",中国的大好河山更加绚丽多彩,中国革命的航船正沿着毛主席开辟的航道破浪前进!

我们同"四人帮"的斗争,是又一次两个中国之命运的斗争。是光明的中国,还是黑暗的中国?十月的决定性伟大胜利,早就回答了这个问题。但是,全国政治形势和经济形势发展如此之好,如此之快,仍然超出了我们的预料。

在1977年3月中央工作会议上,华主席提出抓纲治国战略决策要在今年初见成效,三年大见成效。现在,1977年过去了,抓纲治国的战略决策确实已经初见成效。主要表现是:

第一,揭批"四人帮"的运动迅猛而健康地发展,被"四人帮"长期搞乱了的路线是非基本上得到了澄清,毛主席的无产阶级革命路线在各条战线能够比较顺利地贯彻执行了。粉碎"四人帮"以后,华主席、党中央反复强调高举和捍卫毛主席旗帜的伟大意义,公布了毛主席批判"四人帮"的一系列指示,出版了《毛泽东选集》第五卷,为广大干部和群众完整地、准确地掌握毛泽东思想,深入揭批"四人帮",进行社会主义革命和社会主义建设,提供了强大的思想武器。3月的中央工作会议,7月的十届三中全会,特别是党的十一大,统一了全党的思想,明确了方向,全党更加紧密地团结在党中央周围,保证了我们的斗争排除各种干扰,沿着毛泽东思想的轨道胜利前进。

第二,从大多数地区和部门来看,同"四人帮"篡党夺权阴谋活动有牵连的人和事基本查清,阶级阵线基本清楚了。"四人帮"及其余党的资产阶级帮派体系,受到粉碎性的打击。党和人民夺回了被他们篡夺了的那一部分权力,解决了被他们严密控制和严重破坏的部门、地区的问题。调整和加强了一些省、自治区、直辖市和中央机关、国家机关的领导班子。

第三,"四人帮"横行霸道造成的那种万马齐喑的沉闷局面结束了,全党、全军、全国人民的精神面貌焕然一新。党的实事求是、群众路线的优良传统和作风,正在恢复和发扬。无产阶级的民主集中制正在健全。人民心情舒畅,思想活跃。毛主席期望的那种"又有集中又有民主,又有纪律又有自由,又有统一意志、又有个人心情舒畅、生动活泼,那样一种政治局面"开始出现。

第四,"四人帮"支持和怂恿的那些打砸抢者,严重破坏社会治安的犯罪分子,仇视社会主义、进行反攻倒算的地富反坏分子,遭到有力的打击。社会秩序大为安定,人民高兴。那些受害最深的地方,表现尤为明显。

第五,"四人帮"反军、乱军、篡军的阴谋活动,受到全军广大指战员的揭露和批判。全军抓住"十个应该不应该"的问题,进行思想路线教育,肃清"四人帮"的流毒和影响,纠正不正之风,恢复和发扬"古田会议"精神。党对军队的领导大大加强了。学雷锋、学硬骨头六连的运动和军事训练,都搞得热气腾腾。

第六,被"四人帮"严重干扰破坏的科学、教育、文化领域,出现了令人喜悦的新局面。批判了"两个估计",广大知识分子的思想得到了解放,社会主义积极性大为提高,正在为赶超世界先进水平,繁荣社会主义文化、教育、科学事业进行辛勤劳动。广大青少年为革命学文化、学科学的积极性空前高涨,一个社会主义的文化建设新高潮正在到来。

第七,"四人帮"干扰破坏造成的国民经济长期停滞不前,甚至倒退下降的局面已经扭转。工业学大庆、农业学大寨的群众运动蓬勃发展。农业抗御了严重的自然灾害,粮食生产获得了较好的收成,棉花增产,林、牧、副、渔业都有增长,农田基本建设正在大规模展开。工业生产逐步全面上升,并且迅速达到和超过历史同期最好水平。这首先是从铁路运输开始的。煤炭上得也很好,石油稳定上升,化肥增长很快,三、四季度钢铁也上来了,日产量大幅度增长。全国工业总产值预计增长14%,大大超过年初计划增长8%的指标。商业战线购销两旺。财政收入扭转了连续几年完不成计划的情况,有较大的增长,做到收支平衡,略有节余。在发展生产的基础上,进行了工资调整,60%的职工增加了收入。1977年,确实是我国国民经济发生重大转折的一年,是由停滞、徘徊、下降转到稳定上升的新起点的一年。

第八,"四人帮"疯狂破坏的党的干部政策、知识分子政策、民族政策,在各个方面造成的严重恶果,正在逐步清除。"四人帮"在一些地区和单位造成的分裂混乱状态,得到了克服。毛主席提出的统筹兼顾、全面安排的方针,正在逐步落实。国家的统一,人民的团结，国内各民族的团结，进一步巩固和加强了。我国工人阶级领导的工农联盟为基础的包括爱国民主党派、爱国人士和台湾同胞、港澳同胞、海外侨胞的统一战线，正在进一步巩固和扩大。

在外交战线上，我们坚决遵照毛主席提出的关于三个世界划分的战略思想，贯彻执行毛主席亲自制定的外交路线、方针和政策，坚决支持世界人民反帝、反殖、反霸的正义斗争，坚决支持各国人民反对超级大国的侵略政策和战争政策，坚决支持一切革命的、进步的事业。我国的国际威望不断提高，我们的朋友遍天下。

这就是过去一年里我们的成就。一年的时间，在人类历史的长河中，不过是短短的一瞬间。就在这短短的一年里，以华主席为首的党中央，领导我们抓纲治国取得了一个又一个胜利。我国人民从实际的生活中，越来越深切地认识到我国的社会主义革命和社会主义建设，确确实实进入了一个新的发展时期；越来越深切地认识到，华主席为首的党中央，不愧是高举毛主席伟大旗帜的、朝气蓬勃的无产阶级战斗司令部。全党、全军、全国各族人民为有华主席这样英明的领袖和统帅感到莫大的幸福。饮水思源，我们更加怀念伟大的领袖和导师毛主席。是毛主席高瞻远瞩，为我们选定了如此卓越的接班人；是战无不胜的毛泽东思想，为我们开辟了不断从胜利走向胜利的道路。

1978年，是抓纲治国三年大见成效的重要的一年。在新的一年里，全党、全军、全国各族人民要继续高举毛主席的伟大旗帜，遵循党的十一大路线，团结战斗，以揭批“四人帮”为纲，深入开展工业学大庆、农业学大寨的群众运动，大批资本主义，大批修正主义，大干社会主义，努力实现党的十一大提出的各项战斗任务；要坚持毛主席关于三个世界划分的战略思想，继续贯彻执行毛主席的革命外交路线，推动国际形势朝着有利于中国人民和世界人民的方向不断发展。

把揭批“四人帮”的伟大斗争进行到底，是抓纲治国各项任务中第一位的任务。在新的一年里，我们要把揭批“四人帮”这个纲继续抓紧抓好。我们同“四人帮”的斗争，是一场历史性的大决战。这场大决战的广度和深度，在我们党的历史上是罕见的。这个斗争的胜利，使我国阶级力量的对比发生了有利于无产阶级的重大变化，使政治、经济、军事、文化各个领域发生了深刻的变化。一年初见成效的根本原因，就在于我们打好了揭批“四人帮”这一仗；三年大见成效的根本保证，还在于继续打好揭批“四人帮”这一仗。要看到，运动发展不平衡。少数地区和部门，运动开展晚了一些，搞得不够好，清查进度比较慢，要按照十一大的要求，在党委统一领导下抓紧进行。我们在这场斗争中，既要立场坚定，旗帜鲜明，对“四人帮”及其余党决不能手软；又要十分注意掌握党的政策。这是既坚定又慎重的方针，既要查清问题又要稳定大局的方针，是保证我们把清查工作进行到底，取得完满胜利的方针。要认真执行十一大规定的政策界限，严格区分两类不同性质的矛盾，切实做到扩大教育面，缩小打击面，决不要把人民内部矛盾当成敌我矛盾。凡是经过教育能够拉过来的，就不要推出去。对“四人帮”及其一小撮罪行严重而又不肯改悔的死党，要坚决打击。对“四人帮”插手严重的单位，要特别加强领导。少数捂盖子、压群众的单位，要引起注意，采取措施，加以解决。

要继续放手发动群众，坚决打好揭批“四人帮”的第三个战役。这是一个进一步分清是非、拨乱反正、解放思想的大战役，也是夺取揭批“四人帮”斗争全胜的大战役。“四人帮”是一伙披着马列主义外衣的政治骗子。他们疯狂反对毛泽东思想，肆意歪曲、篡改、甚至伪造毛主席的指示，还利用他们窃取的权力大搞奴隶主义和愚民政策，只准帮云亦云，不准有半点非议。他们炮制“老干部是‘民主派’，‘民主派’就是走资派”的反革命政治纲领，提出“同十七年对着干”的反革命口号，颠倒敌我，混淆是非，把毛主席的革命路线当作修正主义路线去批，把社会主义的方针、政策当作资本主义去批。四个现代化，分明是周总理根据毛主席指示提出的宏伟目标，被他们诬蔑为“复辟资本主义”；按劳分配，分明是社会主义的原则，被他们说成是修正主义的东西；为革命钻研技术，分明是又红又专，被他们攻击为“白专道路”。谁不赞同他们的胡言乱语，就给谁扣上“复辟”、“倒退”、“回潮”、“反革命”的大帽子。这些紧箍咒至今仍然束缚着某些同志的思想，使他们心有余悸。我们要认真学习马列著作和毛主席的著作，完整地、准确地领会和掌握毛泽东思想的体系，抓住“四人帮”的反革命政治纲领，剥掉他们的“左派”伪装，揭露他们反革命的修正主义路线的极右实质及其在各方面的表现，并且从哲学、政治经济学、科学社会主义理论上进行批判，把被他们颠倒了的路线是非、思想是非、理论是非统统纠正过来。同时要认真地、实事求是地总结28年来正反两方面的经验，搞清楚各条战线的具体路线、方针、政策，制定出各方面的条例、制度和办法。只有这样，才能砸烂“四人帮”的精神枷锁，来一个思想大解放，排除一切干扰，统一思想，统一行动，理直气壮地大干社会主义，加快建设速度，把国民经济搞上去。

建设的速度问题，不是一个单纯的经济问题，而是一个尖锐的政治问题。为什么说社会主义制度优越呢？归根到底，因为社会主义制度能够创造比资本主义更高的劳动生产率，更高的国民经济发展速度。为什么说“四人帮”的理论、路线、政策、思想、舆论和他们那个资产阶级帮派体系，是一种极端腐朽、反动透顶的上层建筑呢？归根到底，也是因为这种上层建筑同无产阶级专政相对立，破坏社会主义经济基础，阻碍生产力的发展。粉碎“四人帮”才一年多，我们已经迈开了大步。现在的问题是，我们不能满足已有的成绩，一定要有一个高速度。这是社会主义历史阶段无产阶级战胜资产阶级、社会主义战胜资本主义的需要；是在新的基础上加强工农联盟，巩固无产阶级专政，不断提高人民生活水平的需要；是建设强大的国防，保卫社会主义祖国，准备解放我国神圣领土台湾省的需要；也是在本世纪末实现四个现代化的宏伟目标的需要。一句话，加快经济建设的速度，是国际国内阶级斗争发展的需要，是历史赋予我们的光荣使命。各级党委都要以只争朝夕的革命精神，来考虑速度问题，部署自己的工作，并把它宣传到广大群众中去，动员大家发挥自己的才干，为国民经济的高速度发展贡献力量。

加快速度，不仅必要，而且可能。我们有毛主席的无产阶级革命路线，有华主席为首的党中央的坚强领导，有优越的社会主义制度，有在“文化大革命”中，特别是在第十一次路线斗争中，经过正反两方面的教育，提高了觉悟的，勤劳勇敢、富有智慧和创造力的亿万工人、农民和知识分子，又有富饶的自然资源和28年建设起来的物质基础，我们完全有信心把国民经济的发展提到一个更高的速度。1978年把速度搞上去了，1979年就好办了。这对于“三年大见成效”，关系极大。农业是国民经济的基础，在新的一年里全党要大抓农业，下决心把农业搞上去。各行各业都要关心农业、支援农业，为农业的发展开绿灯。农业的速度加快了，工业和整个国民经济的速度才能加快。工业方面，要突出地抓电力、燃料和运输。这些“先行官”上去了，钢铁工业和其他原材料工业，也就上去了，就现有的工业基础，增长速度也能大大加快，整个工业和国民经济就能出现全面跃进的新局面。高速度不仅是一个数量问题，也包括质量和消耗问题。我们的目标是要用最低的消耗生产更多更好的产品，这就是多快好省地全面完成国家计划。

1978年，我国将先后召开第五届全国人民代表大会、第五届政治协商会议和全国科学大会，这些都是我国人民政治生活和文化生活中的大事。我们全党、全军、全国各族人民，一定要团结战斗，在三大革命运动中，作出新的优异成绩，向这些具有重大意义的盛会献礼。

摆在我们面前的任务是伟大的，也是艰巨的。关键的问题是要加强党的领导。各地区、各部门都要建立起坚决执行毛主席的革命路线和政策，符合毛主席关于接班人五项条件和老中青三结合原则的，得到广大群众信任和拥护的领导班子。这样的领导班子，就能像华主席所说的那样，使群众一听到名单，就高兴，就拥护，就受到鼓舞。我们要争取一切可以争取的人，团结一切可以团结的人，调动一切可以调动的积极因素，并且化消极因素为积极因素，为建设社会主义的伟大事业服务。这样，我们就一定能够战胜一切困难，压倒一切敌人，创造人间奇迹。

坚冰已经打破，航路已经开通。毛主席为我们开创的无产阶级革命事业一定要胜利，一定能胜利，光明的中国一定能对人类作出较大的贡献。

中共中央主席华国锋到唐山看望工人和干部

1日和2日，华主席向工人和干部同志们表示亲切的慰问和热烈的祝贺，祝贺他们战胜地震造成的严重灾害，在1977年取得了奇迹般的成就。

华主席在接见各条战线的劳动模范、先进工作者、先进单位的代表时指出，开滦煤矿原煤平均日产量在12月份恢复到地震前的7万吨水平，原煤总产量和掘进总进尺超额完成了国家计划，这是一个奇迹。这样的成就在资本主义国家是不可想象的。唐山钢铁公司的生产和唐山市工业月生产总值，也都在12月分别达到了地震前的水平。唐山陶瓷公司的生产也搞得很好。

华主席首先下到唐山矿600多米深的采煤六区，在井下，华主席了解了这个区综合机械化采煤面的各方面情况。

在唐山钢铁公司第二炼钢厂，华主席视察了转炉炼钢和浇铸钢锭车间，听取了工人同志们关于生产情况的介绍。

在东方红广场，华主席和国务院副总理谷牧、河北省委第一书记刘子厚、煤炭部长肖寒、水电部长钱正英同700多名劳动模范、先进工作者、先进单位的代表一起照了相。照相以后，华主席发表了讲话。

华主席说：今天是1978年元旦，我们特赶来唐山，向唐山工人阶级表示祝贺和慰问。1977年过去了。在1977年，唐山工人阶级打了两个大胜仗，一个是揭批“四人帮”的大胜仗，一个是抗震救灾恢复发展生产的大胜仗。在新的一年里，唐山要一方面继续以揭批“四人帮”为纲，把生产促上去；一方面把群众的生活安排好，把唐山市的建设搞上去。

他说，去年，唐山的工人同志们使生产首先得到恢复，这种精神是要表扬的。唐山市在发展生产的同时要建设新的居住区、商店、俱乐部，修建公园和街道。所有这些，要一下子都建成当然不可能，但是，应该用比较短的时间建成。我们要把唐山建设得比地震前更好，各种设施的布局要科学、合理。生产出奇迹，新唐山的建设也应该以革命精神作出奇迹。

华主席和谷牧副总理一起同刘子厚同志、唐山地委第一书记、市委书记许家信和省、地、市委的其他负责同志研究了唐山市的重建规划。华主席要求新建的唐山市一定要反映出70年代建筑的先进科学技术水平；要求市委和各级领导干部发扬党的优良传统和作风，深入基层，深入群众，调查研究，有事同群众商量，充分走群众路线，还要积极参加劳动，实现思想革命化，反对当官做老爷。华主席在谈话中特别强调开展科学研究的重要性。华主席说：没有先进的科学技术，提高生产是不可能的，实现农业、工业、国防和科学技术四个现代化也是不可能的。我们一定要深入揭发批判"四人帮"的反革命修正主义路线，肃清其在科研领域的流毒，提高我们整个中华民族的科学文化水平。

煤炭部组织推广韩桥煤矿高产稳产经验

为了高速度发展煤炭生产，煤炭工业部推广韩桥煤矿的经验，组织全国125个煤矿从1月1日起开展"百日红"竞赛。

"百日红"竞赛是徐州矿务局韩桥煤矿为了组织煤炭高产稳产而开展的一项竞赛活动。煤炭工业部认为，韩桥矿的经验对于促进全国煤炭生产持续高速度发展具有重要意义，因此决定组织全国125个煤矿从1978年1月1日起，到4月10日止，开展"百日红"竞赛。参加的单位有徐州韩桥矿、开滦唐家庄矿、北京城子矿、潞安石圪节矿、乌达东方红矿、抚顺龙凤矿、双鸭山七星矿、枣庄田屯矿、淮南大通矿、萍乡安沅矿、平顶山一矿、铜川王石凹矿、窑街二矿、石炭井三矿等125个煤矿。煤炭工业部要求参加"百日红"竞赛的单位放手发动群众，做好政治思想工作，建立强有力的指挥系统，精心组织，精心指挥，把矿井各个环节的工作组成一个有机的整体，扎扎实实地做好工作，做到连续100天天天完成采掘任务。产量、质量、消耗、成本等主要指标都要创历史同期最好水平。

京津唐扩充电网增加发电量

京津唐电网1977年安装新的发电机组共76.5万千瓦，架设高压输电线路近500公里，装机容量和架设高压线路之多是电网历年所没有的。这些新安装的发电机组已有46.5万千瓦投入生产，新架设的高压输电线路全部投入运行，使京津唐电网的发电量增加，电力供应情况有了改善。

开滦原煤日产量达到震前水平

遭受唐山地震破坏的开滦煤矿，经过一年零五个月的恢复建设，1977年12月平均日产原煤7万吨，达到了地震前的水平。

开滦在一年零五个月的时间里，排出的井下积水共达1.6亿多吨，等于两个十三陵水库的蓄水量。同时修复了740多里长的巷道，修好3.3万多台机器设备，盖起62万平方米的永久性工业建筑。1977年生产原煤1272万吨，超额完成了国家计划。

中国人民外交学会会长郝德青在北京会见美国民主党参议员爱德华·肯尼迪

邮电部决定在上海江苏和辽宁试行"邮政编码"制度

1月2日

《人民日报》发表署名岳平的文章《以怎样的精神状态跨进新的一年》

粉碎"四人帮"以后的第一年胜利结束了。1978年是抓纲治国三年大见成效重要的一年。我们应当以怎样的精神状态跨进这新的一年？

新的课题

全国解放前夕，面临历史的伟大转折，毛主席曾经向全党提出："夺取全国胜利，这只是万里长征走完了第一步。""中国的革命是伟大的，但革命以后的路程更长，工作更伟大，更艰苦。"现在，打倒了"四人帮"，我们面临在本世纪末建成社会主义现代化强国的新起点。这是又一个伟大的历史转折。我国这样一个人口占全人类1/4、经济基础薄弱、科学技术落后的大国，要在不到1/4世纪内，从乡村到城市，从农业、工业、国防到科学技术，全面地实现社会主义现代化，无论从国内角度看，从世界范围看，都是惊天动地的历史壮举。实现四个现代化是一场新的伟大革命，是从生产力到生产关系，从经济基础到上层建筑，从人们的物质生活到精神面貌的深刻改造。它的成功，不但将改变整个中国的现状，而且将影响世界的革命进程。

我们还应当看到，"四人帮"虽然被打倒，但是"四人帮"在物质和精神方面造成的困难，尚待我们继续克服。被"四人帮"破坏了的，要百废俱兴。被"四人帮"搞乱了的，要拨乱反正，正本清源。

为了适应新时期的新任务，我们要树雄心，立壮志，要有一种奋发图强，百折不挠，敢破敢立，脚踏实地的精神状态。这种精神状态，要求我们在新事物面前，具有高度的革命敏感性和革命果断性。

善于学习

"我们熟习的东西有些快要闲起来了，我们不熟习的东西正在强迫我们去做。这就是困难。""我们必须克服困难,我们必须学会自己不懂的东西。”毛主席讲过的这些话,今天听起来是多么亲切。我们的领导和思想水平,我们的经验和知识,工作方法和工作作风,要更好地适应新的历史任务提出的要求。我们要学会自己不懂的东西,必须具备革命者的一种可贵品质,就是对新鲜事物的敏感。我们有的同志缺乏这种敏感,不善于学习新东西,思想套上了精神枷锁,工作掉进了事务深渊。

“四人帮”制造了一系列精神枷锁,设置了一系列思想禁区,使人们不敢越雷池一步,思想僵化,不接受新事物,怕研究新问题。“四人帮”的这种流毒极为严重,必须肃清。除此以外,心有余悸,怕担风险,明哲保身,但求无过等等消极的东西,也是束缚思想的精神枷锁,应当统统去掉。

思想不敏感的另一种原因,是钻进公事堆里,好像掉进了深渊,看不见外面的世界,无法观察新事物,无法考虑新问题。毛主席告诫我们,不注意接触群众和干部,“单是办公事,不研究问题,那是危险的。”“这样,就嗅不到政治气候,鼻子很迟钝,害政治感冒。鼻子塞了,什么时候有什么气候,闻不到。今天陈毅同志说了,事物冒了一些头就要能够抓到。事物已经大量地普遍存在,还看不见,那就太迟钝了。这种情况需要注意。”

现代农业,现代工业,现代国防,现代科学技术,都是新事物。要加速实现四个现代化,必须打碎精神枷锁,跳出事务深渊,以高度的革命敏感去接受新事物,研究新问题。只有这样,才能提高领导水平,改进工作方法,使自己的思想不断更新,始终走在四个现代化这场伟大革命运动的前头。

“四人帮”是历史上反动没落阶级的代表,他们的一个重要特征,就是反对一切革命的新事物。但是他们在搞阴谋活动方面,确有高度的反动政治敏感,一有新的政治动向,他们反应很灵敏,很善于随机应变,抢过旗帜,进行他们的反党活动。而我们有的同志在革命的新事物前面和革命的新进程中,却往往比较迟钝,劳累不堪,事情却未办好。我们应当接受历史教训,不断提高革命敏感性。

多谋善断

四个现代化这场伟大革命带来的迅猛发展的新形势,不但逼迫我们要有对新事物的高度敏感,还要求我们在新事物层出不穷的环境中善于作出判断,把革命的敏感性同革命的果断性结合起来。这就是毛主席一贯教导我们的,要多谋善断。

多谋善断,重点在谋。谋,是为了断。谋是基础,只有多谋,才能善断。

什么叫多谋?就是与多方面商量,向多方面作调查。我们了解情况,制订方案,要多听各方面的意见,多研究各种材料,走群众路线。有的同志与相同意见的谋得多,与相反意见的谋得少,与干部谋得多,与群众谋得少。这样,了解情况就不全面。我们不仅要与左右的干部谋,更要与工人、农民、知识分子谋;不仅与相同意见的同志谋,更要注意与不同意见的同志谋。既然有人提出不同意见,你就应当与他谋,看看他的意见怎样。谋的方法很多,如开调查会、座谈会等。最重要的方法是深入三大革命运动的第一线去谋。要了解农业情况,解决农业问题,就上农村生产队去谋。要了解工业情况,解决工业问题,就上工厂车间去谋。要了解科研情况,解决科研问题,就上研究室去谋。要了解教育情况,解决教育问题,就上学校课堂去谋。要了解商业情况,解决商业问题,就上商店柜台去谋。要了解军队情况,解决军队问题,就上连队去谋。总之,一切新事物都出在第一线,领导人员的头脑,只能起一个加工厂的作用。我们要使自己的头脑跟上迅猛发展的新形势,必须多谋于各条战线的第一线。

什么叫善断?就是在多谋的基础上善于判断,善于下决心,少谋武断不行。穷于应付,无法迈开腿上第一线去,根本不同人家商量,就下判断,这叫武断;还有一种,有谋无断,想来想去,犹犹豫豫,下不了决心,不果断,也不行。多谋就能稳准,善断就能好快。毛主席讲过三国时袁绍的故事,要我们引以为戒。袁绍出身望族,四世居三公位,在封建士大夫中威信很高,门生故吏遍于天下。兵强马壮,有几十万军队,号称长戟百万,胡骑千群。那时曹操只有四万兵。可是几年之间,袁绍就被曹操彻底打垮了。曹操部下有个参谋叫郭嘉,批评袁绍的要害是“性迟而多疑”,“多端寡要,好谋无决”。既不敏感,又不果断,结果垮了台。

我们是马克思主义者,有辩证唯物主义和历史唯物主义的思想武器,有一整套马克思主义的领导方法和工作方法,完全可以做到多谋善断。

在新的一年里,我们要紧密地团结在华主席为首的党中央周围,进一步发扬无产阶级的革命精神,抓纲治国,朝着四个现代化的宏伟目标阔步前进!

中国科学院紫金山天文台首次采用陶瓷反射镜面拍摄月球土星木星照片

中国科学院紫金山天文台的天文望远镜,首次采用了我国科研人员研制成功的陶瓷反射镜面,并拍摄出清晰的月球、土星、木星的照片。

目前,安装在这个天文台天文望远镜上的陶瓷反射镜面,直径为60厘米。这项成果,是紫金山天文台副总工程师杨世杰以及他所领导的试制组在有关单位的协作下，经过近20年的努力研制成功的。

中国农林科学院在杭州召开全国农用抗菌素科研协作会议

会议总结和交流了推广农用抗菌素工作的经验，制定了科研协作规划。

农用抗菌素是微生物菌类的产物，是一种生物农药。它对危害农作物的病虫害，具有较强的抑制、杀灭作用。我国目前使用的农用抗菌素主要有井冈霉素、春雷霉素、灭瘟素等。与化学农药相比，农用抗菌素的优点是在生产和使用过程中，对人、畜较安全，不污染环境。

我国研究农用抗菌素的工作开始于60年代初期。目前，我国农用抗菌素从科研、生产到推广使用，都取得了可喜的成绩。据有关部门的不完全统计，全国从事农用抗菌素科研工作的单位已有120个。国内研制成功、并已投入生产的有井冈霉素、灭瘟素等四种；经过大面积生产性试验，证明防治效果良好，在近期内即可提交工业生产的有多抗霉素、"2316"等5个品种。1972年全国使用农用抗菌素防治病虫害的面积只有3万多亩，1976年发展到1300多万亩，1977年扩大到2800多万亩。防治对象包括粮食作物、热带作物、棉、油、茶、果、瓜、菜等经济作物的二十几种病虫害。

各地对农用抗菌素的试验和使用，为我国高速度发展农业提供了新的条件。例如，水稻三大病害之一的纹枯病，是夺取水稻稳产高产的严重威胁，一般发病年份，水稻要减产一至二成。江苏、广东等省现在主要靠井冈霉素防治水稻纹枯病，大大降低了水稻发病率，一般亩产可增产一成多。

上海人民出版社陆续重版一批文学读物

上海人民出版社在出版新作品的同时，陆续重版了一批为群众所喜爱的文学读物，如长篇小说《铁道游击队》和世界名著《斯巴达克思》等。着手编辑出版的，还有《中国现代短篇小说选》《中国古典文学丛书》等。《中国古典文学丛书》初步计划出50本，包括有李白、杜甫、李商隐、杜牧、辛弃疾、陆游等一些古代著名作家的集子，还有《诗经》《楚辞》《昭明文选》《西厢记》《牡丹亭》《聊斋志异(会校会注会评本)》《近代反帝诗选》等。为了繁荣社会主义文艺，上海决定从1978年1月起，分别成立文艺出版社、美术出版社和书画社，专门出版文艺读物和创作；同时成立少年儿童出版社、古籍出版社、译文出版社，加强少年儿童文艺读物、中国古典文学和世界文艺作品的出版工作。

1月3日

国务院电贺开滦煤矿生产达震前水平

开滦煤矿党委并全体职工和家属同志们：

在华主席和党中央的亲切关怀下，在河北省委、煤炭工业部的直接领导和在全国军民的大力支援下，经过17个月的英勇奋战，你们取得了抗震救灾、恢复生产的重大胜利。1977年原煤产量达到了原设计能力，12月份达到震前的生产水平，这是开滦工人阶级创造的又一个奇迹。特向你们致以热烈的祝贺和亲切的慰问。

1976年发生的强烈地震，使开滦煤矿地面建筑几乎全部倒塌，所有矿井全被水淹，不少职工和家属伤亡。在这严重困难时刻，王、张、江、姚"四人帮"却幸灾乐祸，叫嚷"毁掉个唐山算什么"，攻击抓抗震救灾是"拿抗震压革命"，是"搞唯生产力论"。你们在华主席指示的指引和鼓舞下，与来自全国各地支援抗震救灾的广大军民，团结一致，发扬"天崩地裂无所惧，泰山压顶不弯腰"的大无畏革命精神，顶逆流，排干扰，进行了一场气壮山河的抗震救灾，恢复生产，重建家园的伟大斗争。"四人帮"被粉碎以后，你们更高地举起毛主席的伟大旗帜，步步紧跟华主席、党中央抓纲治国的战略决策，认真贯彻华主席、党中央对恢复开滦的一系列重要指示，以人定胜天的英雄气概，以惊人的毅力，冒着余震的危险，革命加拼命，战胜了重重困难，取得了一个又一个胜利，在我国煤炭工业发展史上写下了极其光辉的新篇章。开滦这面全国工业学大庆的红旗更加鲜艳。你们没有辜负华主席、党中央和全国人民的殷切希望。不愧是伟大领袖和导师毛主席表彰过的"特别能战斗"的队伍。我们相信，有华主席、党中央的英明领导，有开滦煤矿这样一个工业学大庆的好典型，我国煤炭工业一定会高速度地发展。

1978年，是抓纲治国三年大见成效的重要一年。在这新的一年里，全党、全军、全国各族人民正在以华主席为首的党中央领导下，认真贯彻落实党的十一大路线，团结战斗，以揭批"四人帮"为纲，深入开展工业学大庆、农业学大寨的群众运动，大批资本主义，大批修正主义，大干社会主义，为努力实现党的十一大提出的各项战斗任务，为在本世纪内把我国建设成为一个社会主义的现代化强国而奋斗。我国社会主义国民经济的高速度发展，给煤炭战线提出了更加艰巨、更加光荣的战斗任务。希望你们再接再厉，乘胜前进，努力实现华主席提出的把开滦煤炭产量搞到五六千万吨的奋斗目标，建设高标准的大庆式企业，为进一步加快煤炭工业的发展步伐，为实现我国四个现代化作出新的贡献。

国务院

1978年1月3日

国务院写信祝贺兰州石化机器厂提前完成制造百台钻机任务

贺信中说:“百台钻机制造任务的完成,是你们贯彻华主席抓纲治国战略决策的重要贡献,是开展社会主义大协作,高速度发展生产的榜样”,这一成就“使兰州石油化工机器厂这个大庆式企业,在学大庆的道路上迈出了新的一步”。

贺信说:“1978年,是抓纲治国三年大见成效重要的一年。希望你们深入开展工业学大庆的群众运动,认真总结百台钻机大会战的经验,加速企业技术改造,加强企业管理,不断提高产品质量,发扬成绩,乘胜前进,为实现华主席提出的多生产钻机的光荣任务,为创建十来个‘大庆油田’,为在本世纪内实现四个现代化的宏伟目标,作出新的更大的贡献。”

国务院给兰州石油化工机器厂的贺信,在1977年12月31日由专人送到这个厂,给了厂党委、全厂职工和家属以极大的鼓舞。厂党委多次召开扩大会,认真学习国务院的贺信,制定规划,研究落实措施。1月3日,兰州石油化工机器厂举行誓师动员大会贯彻落实国务院贺信中提出的要求。中共甘肃省委第一书记宋平、中共甘肃省委书记李超白,国家计委副主任张根生等出席了大会。

煤炭部部长肖寒就如何高速度发展煤炭工业对新华社记者发表谈话

肖寒首先谈到了我国煤炭工业的现状。他说,新中国成立以来,我国煤炭生产以平均每年增长11%的速度持续上升。1949年我国煤炭产量在世界上为第10位,现在已跃居第3位。近几年来,煤炭工业顶住“四人帮”的干扰破坏,战胜严重的地震灾害,超额完成了国家计划。1977年,原煤产量提前28天完成国家计划。但是,随着国民经济的发展,工业、农业、交通运输各部门对煤炭的需要量越来越大。煤炭的发展速度还跟不上国民经济发展的需要,当前煤炭仍然是国民经济中的一个薄弱环节。因此,我们一定要千方百计加快煤炭工业的发展速度,以适应国民经济日益增长的需要。

肖寒接着谈到了高速度发展煤炭工业的奋斗目标。他说,我们的奋斗目标,是要实现“两个加快”:一是加快建设大庆式企业的步伐,奋战三五年,普及大庆式企业;二是加快煤炭工业的发展速度,苦战10年,产量翻番,在10年翻番的基础上,到本世纪末再翻一番。要早日实现煤炭工业的机械化和现代化,以前所未有的高速度发展煤炭工业,让今后的23年大大超过过去的28年。

怎样实现这个奋斗目标?肖寒同志谈了以下几点:

第一,高举毛主席的伟大旗帜,贯彻落实华主席抓纲治国的战略决策,贯彻党中央关于发展煤炭工业的具体路线、方针、政策和办法;深揭狠批“四人帮”,分清路线是非,搞好清查工作,继续肃清他们散布的流毒;深入开展学大庆、赶开滦的群众运动,走我国自己煤炭工业发展的道路。

第二,坚持把老矿挖潜、革新、改造放在首位。搞老矿挖潜,所花的投资相当于新建井的1/3,而且时间短,见效快。因此,这是一条多快好省的路子。各大矿、小矿都要推广开滦的经验,大搞挖潜、革新、改造,促进大幅度增产。凡有条件翻番的,一定要快翻、多翻。

第三,发挥两个积极性,大力发展和改造地方小煤矿。现在,全国2万多个小矿的煤炭产量已占全国煤炭总产量的1/3,成为煤炭工业战线上的一支生力军。今后要一手抓发展,一手抓改造,力争三五年内,凡有煤炭资源的县都办起小煤矿,以便就地开采,就地利用,促进地方“五小”工业和农业的发展。

第四,改善煤炭工业布局。新中国成立以来,我国煤炭工业布局有了很大改善,但“北煤南运”的状况还没有完全扭转,一些地区布局还不平衡。为了改善布局,今后10年要以华东、中南、东北地区为重点,有步骤地建设一批大型煤炭生产基地,集中兵力,打几个前所未有的歼灭战。要加强内地新井建设,搞好现有矿井的收尾工作,尽快形成综合生产能力,力争在10年左右的时间按大区实现煤炭基本自给。

第五,大力发展机械化,迅速改变煤炭工业的技术面貌。无论老矿挖潜、发展小煤矿、加快基本建设速度和搞好综合利用,都无例外地要在发展机械化上做文章,要向机械化要煤、要高速度。最近,我们经过调查研究,制定了发展机械化的规划。这个规划分为两步:第一步到1980年,在大中型煤矿基本实现一般机械化,有重点地发展综合机械化;第二步到1985年,大中型煤矿基本实现综合机械化,其他煤矿进一步提高机械化程度。

实现这个规划的方针是,坚持革命化统率机械化。各级领导干部要在思想上有个大解放,要以无产阶级的革命气魄,敢于打破习惯势力和传统作业方式,加强领导,大搞群众运动,向机械化进军。

第六,加强职工队伍建设。要高速度发展煤炭生产,必须有一支思想红、作风好、干劲大、技术水平高的职工队伍。为了建设这样一支队伍,要学大庆、赶开滦,以煤炭战线“十面红旗”和劳动英雄们为榜样,组织广大职工大学马列著作和毛主席著作,大批修正主义,大批资本主义,大干社会主义。要保持与发扬煤矿工人吃大苦耐大劳、艰苦奋斗的革命精神,培养从严过细、讲究科学的革命作风,要敢于打硬仗打恶仗,有一种攻无不克、无坚不摧的革命气概。同时要在全体职工中造成一个下苦功夫学文化、学技术、学科学的浓厚空气,不断提高职工的技术熟练程度,并逐步向一专多能的方向发展。有了这样一支革命化的职工队伍,实现煤炭生产的高速度发展就有了可靠保证。

肖寒说,1978年是抓纲治国三年大见成效重要的一年,从新年一开始,就要以分秒必争的精神,抢时间,争速度,一切工作往前赶,高速度、高水平地拿下全年的各项任务,为实现三年大见成效,为10年、23年大发展打下一个好的基础。1978年要围绕优质、高产、高效、低耗、安全五个重点,赶超“三个水平”。即八项主要经济技术指标,都要达到本企业的历史最好水平;已经达到的,要赶超国内同行业的先进水平,已经达到国内先进水平的要赶超世界先进水平。全国重点煤矿全员效率要突破历史最好水平。煤炭质量要达到国家规定的要求,工程质量一级品率要达到设计标准。

肖寒最后说,在华主席为首的党中央领导下,在全国各地、各部门的大力支持下,我们对高速度发展煤炭工业充满了信心。富有“特别能战斗”光荣传统的我国煤矿职工,一定能够实现抓纲治矿,大治快上,为争取煤炭工业发展的高速度,为早日把我国建成社会主义的现代化强国作出贡献。

全国人大常委会副委员长李井泉等前往科威特国驻中国大使馆吊唁科威特国谢赫·萨巴赫·萨利姆·萨巴赫埃米尔殿下逝世

外交部部长黄华在北京会见美国民主党参议员爱德华·肯尼迪

外贸部部长李强在北京会见美国民主党参议员爱德华·肯尼迪

1月4日

中国共产党中央委员会致电瑞典共产党中央委员会祝贺瑞典共产党成立五周年

国务院副总理邓小平在北京会见美国民主党参议员爱德华·肯尼迪

国务院召开的第三次全国农业机械化会议在人民大会堂开幕

这次会议的主要任务是:深揭狠批“四人帮”反革命修正主义路线的极右实质及其破坏农业机械化的罪行,肃清他们的流毒和影响;检查各省、自治区、直辖市和国务院各部、委对中共中央1977年年初发出的保证在1980年基本上实现农业机械化这一文件的执行情况;总结交流走我国自己农业机械化道路的经验;进一步落实今后三年基本上实现农业机械化的规划,以及实现这个规划所必须采取的一些重大政策和措施。这次会议,对于实现伟大领袖毛主席生前提出的1980年基本上实现农业机械化的号召,对于实现华主席、党中央提出的抓纲治国三年大见成效的战略决策,有着十分重要的意义。会议的召开,必将更加深入广泛地动员全党和全国人民,鼓足更大的干劲,迈出更快的步伐,为高速度地发展我国农业和农业机械化,把我国建设成为社会主义的现代化强国而努力奋斗。

中共中央副主席、国务院副总理李先念,党和国家其他领导人方毅、余秋里、陈永贵、耿飚、陈慕华、王震、谷牧出席了会议。

各省、自治区、直辖市农业机械化领导小组的负责人,国务院各部门的负责人也出席了会议。

中共中央政治局委员、国务院副总理余秋里宣布第三次全国农业机械化会议正式开始。

中共中央政治局委员、国务院副总理陈永贵致开幕词。

接着,中共山东省委书记秦和珍作典型发言,介绍了山东省以自力更生为主发展农业机械化的经验。

出席开幕式的有:各省、自治区、直辖市农业机械化领导小组及其办事机构的负责人,部分地、市、县的负责人,部分企业和院、校、所的负责人;国务院有关部委的负责人共700多人。

参加开幕式的还有国营农场工作会议、机械工业学大庆座谈会和全国科学技术规划会议的代表等。

国务院副总理陈永贵在第三次全国农业机械化会议上致开幕词

同志们:

在华主席、党中央亲切关怀下,国务院召开的第三次全国农业机械化会议,现在开幕了。

这次会议,是在全党全国人民高举毛主席的伟大旗帜,认真贯彻执行党的十一大路线,社会主义革命和社会主义建设取得伟大胜利的大好形势下召开的。粉碎王洪文、张春桥、江青、姚文元“四人帮”反党集团以来，在揭批“四人帮”这场政治大革命的推动下，我国政治、经济、军事、文化各个领域都发生了深刻的变化，各条战线都取得了很大的成绩。华主席提出的抓纲治国一年初见成效的要求，已经胜利地实现了。我们的党更加坚强。我们的无产阶级专政更加巩固。我们的广大干部和人民群众，为实现四个现代化、建设社会主义强大国家的宏伟目标所鼓舞，意气风发，团结战斗，社会主义积极性不断高涨。工业学大庆、农业学大寨的运动蓬勃发展，工业、农业、交通运输、财政贸易全面上升，国民经济全面跃进的新高潮正在到来。事实证明，华主席、党中央提出的抓纲治国的战略决策是完全正确的，采取的一系列措施是非常有力的，符合全国人民心愿的。我们的前途光辉灿烂，我们的国家大有希望。

在当前的大好形势下，我们应当更加奋发图强，加快国民经济的发展速度，首先是加快农业的发展速度。我们要继续深入开展农业学大寨、普及大寨县的群众运动，动员全党和全国人民，大办农业，大办农业机械化，为在1980年基本上实现农业机械化而奋斗。

农业的根本出路在于机械化。在我们这样一个有8亿人口的国家里，使农业在集体化的基础上，由落后的手工劳动变为使用现代化的机器操作，是一场伟大的革命。实现农业机械化，将几倍几十倍地提高农业劳动生产率，大大增强抗御自然灾害的能力，促进农林牧副渔业的全面的高速度发展，建立雄厚的备战、备荒、为人民的物质基础。实现农业机械化，将使农业能够为国家的经济建设和国防建设提供更多的粮食、经济作物、其他农副产品和建设资金，使农村能够为国民经济其他各部门提供更多的劳动力，促进工业、交通、商业、科学技术和文化教育卫生事业的高速度发展。实现农业机械化，将进一步巩固和壮大人民公社集体经济，加强农民的组织性和纪律性，从根本上改变小生产者的心理习惯，为从三级所有、队为基础的制度向完全的公社集体所有制过渡，以及将来由集体所有制向全民所有制过渡创造条件。实现农业机械化，将使我国工农联盟和无产阶级专政，在新的基础上得到进一步巩固，并且有利于逐步缩小工农差别、城乡差别、体力劳动和脑力劳动的差别。

1980年基本上实现农业机械化，是伟大领袖和导师毛主席的遗志，是全国亿万人民的迫切愿望。毛主席生前不仅教导我们要深刻理解实现农业机械化的伟大意义，而且为我们制定了一整套路线、方针和政策。最近公开发表的毛主席1966年3月关于农业机械化问题的一封信，就是指导我国农业机械化运动的纲领性文件。毛主席在信中以苏联经验为鉴戒，总结了我们的经验，进一步指明了我国自己的农业机械化道路。1966年7月，敬爱的周总理直接领导的第一次全国性的农业机械化会议——湖北现场会议，就是根据毛主席这封信中的指示召开的。这次会议，遵照毛主席的教导，制定了实现农业机械化的具体政策和规划部署，为农业机械化事业打开了局面，奠定了基础。1971年，华国锋同志主持召开的第二次全国农业机械化会议，进一步贯彻执行了毛主席规定的农业机械化的路线、方针和政策，总结了用大寨精神，自力更生办农业机械化的经验，大大加快了农业机械化的步伐。但是，由于林彪、“四人帮”的干扰破坏，这两次会议规定的目标都没有完全实现。现在，打倒了“四人帮”，扫除了贯彻执行毛主席革命路线的大障碍，我们必须也完全有可能加快农业机械化的步伐。

粉碎“四人帮”以后，华主席、党中央十分重视和关怀农业机械化的发展。在华主席亲自提议召开的第二次全国农业学大寨会议上，专门讨论了1980年基本上实现农业机械化的任务。随后，中共中央发出了保证在1980年基本上实现农业机械化的文件。在党中央和国务院召开的一系列会议上，华主席对农业机械化的问题多次作了重要指示。所有这些，都极大地激励了广大干部和群众大办农业机械化的积极性和干劲，有力地推动了我国农业机械化事业的发展。

从现在到1980年，只剩下三年的时间了。在巩固和发展人民公社集体经济的基础上，基本上实现农业机械化，已经到了决战的阶段。全党和全国人民动员起来，统一认识，总结经验，全面规划，加快步伐，夺取这场决战的胜利，是摆在我们面前一项关系全局的紧迫的重大战略任务。我们这次会议，就是要遵照华主席、党中央的指示，讨论、研究和部署实现这一重大战略任务的具体步骤和措施。

这次会议的主要内容是：(一)深揭狠批“四人帮”反革命修正主义路线的极右实质和他们破坏农业机械化的罪行，肃清他们的流毒和影响。(二)检查对中共中央关于保证在1980年基本上实现农业机械化这一文件的执行情况。省、自治区、直辖市党委和国务院各部委，都要认真检查一下，是否把农业机械化摆到自己的议事日程上了？是否按照中央的要求，制定了具体规划，采取了有力措施，加强了领导？当前存在些什么问题，准备怎么样解决？(三)总结交流走我国自己农业机械化道路的经验。特别要注意总结交流排除“四人帮”的干扰，坚决执行毛主席的革命路线，加快农业机械化步伐的经验；加强领导，全面规划，自力更生办农业机械化的经验；整顿农机工业，实行专业化协作，加强企业管理，提高支农产品质量，降低生产成本，更好地为农业服务的经验；以及加强农机化队伍的建设，管好用好农业机械，提高机械利用率，不断扩大机械耕作和灌溉面积，做到增产增收增贡献的经验。(四)进一步落实1980年基本上实现农业机械化的规划，包括全国的和各省、自治区、直辖市的规划，以及实现这个规划所必须采取一些重大政策和措施。各省、自治区、直辖市还要提出按县分期分批的实施计划。同时，讨论一下第六个五年计划期间，进一步发展农业机械化的设想。

这次会议正式开会以前，同志们看了山东烟台、昌潍两个地区和淄博市自力更生办农业机械化的现场。山东的经验给大家留下了深刻的印象。他们以阶级斗争为纲，排除“四人帮”的干扰破坏，全面规划，统一领导，坚持以自力更生为主，比较好地解决了是向上“要”一个机械化，还是自己“干”一个机械化的问题。山东省这几年加速发展农业机械化的生动事实，又一次显示了毛泽东思想的强大威力，增强了我们在1980年基本上实现农业机械化的信心。

为了把这次会议开好，我们要认真学习毛主席的重要指示，特别是最近发表的《中国将要出现一个“大跃进”》和《关于农业机械化问题的一封信》这两个光辉文献，认真学习华主席的有关的重要讲话，全面地、准确地贯彻执行毛主席关于农业机械化的路线、方针和政策。要发扬理论联系实际的优良作风，克服故步自封、骄傲自满、无所作为的思想。要对外省、外市、外区以及外国的好经验认真地加以考察研究，同自己的情况结合起来，改进和推动本地区本单位的工作。要把革命热情和实事求是的科学态度结合起来。要鼓实劲，扎扎实实，埋头苦干，不屈不挠地去战胜困难，反对鼓虚劲、鼓蛮劲，华而不实和任何虚夸。

我们相信，在党的十一大路线指引下，在华主席、党中央的亲切关怀下，经过到会同志的共同努力，这次会议一定能够开成学先进、找差距、鼓干劲的大会，开成树雄心、立壮志、攀高峰的大会，动员全党和全国人民，为高速度地发展我国农业和农业机械化，为实现抓纲治国三年大见成效，为把我国建设成为社会主义的现代化强国而努力奋斗。

《人民日报》发表社论《必须重视侨务工作》

在华主席、党中央的亲切关怀下，全国侨务会议预备会最近在北京举行。这是一次揭发批判“四人帮”反党集团的罪恶，重申党的侨务工作方针政策的重要会议，对今后加强我党的侨务工作，将起很大的推动作用。

华侨人数众多，大部分在第三世界国家。他们是中华民族的组成部分，是我国发展同各国人民友谊的重要纽带。广大侨眷、归侨是我国社会主义革命和社会主义建设的一支重要力量。加强侨务工作，团结广大华侨，充分调动侨眷、归侨的社会主义积极性，对我们实现四个现代化的宏伟目标，促进中外文化科学技术交流，扩大爱国统一战线，增进同华侨所在国的友好关系，有着重大的意义。

20多年来，在毛主席亲自关怀和周总理直接领导下，侨务工作取得了很大的成绩。毛主席制定、批准的一整套侨务工作的方针和政策是完全正确的。各级党委和广大侨务干部积极努力，为贯彻执行党的侨务政策做了大量的工作。广大华侨热爱祖国，对支援祖国社会主义建设，发展我国人民同各国人民的友谊作出了很大的贡献。广大侨眷、归侨的社会主义觉悟日益提高，在阶级斗争、生产斗争、科学实验三大革命运动中发挥了积极的作用。应当肯定，在侨务工作中，毛主席的革命路线始终是占主导地位的。

“四人帮”对侨务工作的干扰和破坏是严重的。“四人帮”全面攻击侨务工作的方针和政策，全盘否定侨务工作的成绩。他们炮制所谓“海外关系”是“反动的政治关系”，有“海外关系”的人是“反动的社会基础”等谬论，把正常书信来往说成“里通外国”，把赡家汇款说成“特务经费”，诬陷、迫害广大华侨、侨眷、归侨和侨务干部，严重地挫伤了海外华侨的爱国热情和侨眷、归侨的社会主义积极性，危害了侨乡的革命和生产，阻碍了爱国统一战线的巩固和发展。其流毒和影响极深极广，决不能低估。我们要在揭批“四人帮”的第三个战役中，深入揭发批判他们破坏侨务工作的罪行，分清路线是非、思想是非、理论是非，把他们颠倒了的敌我关系彻底纠正过来，全面地正确地贯彻执行毛主席的革命路线和政策。

华主席指示我们：“如何贯彻侨务政策是一个很重要的问题。”政策要贯彻落实，首先要广为宣传，使全党、全国人民都懂得党的侨务政策。对华侨必须作历史的阶级的分析。旧中国民不聊生，一部分人背井离乡，到国外当华工，或遭受政治迫害逃亡海外。这是华侨形成的主要的历史原因。现在的华侨，绝大多数仍是劳动人民，是爱国统一战线的基本群众，是我们的依靠力量。华侨中的资产阶级不到百分之十，其中绝大部分是中小资本家。他们受帝国主义、殖民主义和垄断资本的压迫和排挤，是所在国争取民族独立、经济独立的动力之一，应当争取团结他们。华侨的命运和祖国息息相关，他们绝大多数是爱国的。对祖国历次革命斗争，许多人是同情和支持的。至于反动分子和特务，只是极少数。这些人在“爱国一家”，“爱国不分先后”的政策影响下，也在不断分化。“四人帮”对“海外关系”不作阶级分析，一概说成是反动的政治关系，是完全错误的。对这种反马克思主义的形而上学的反动谬论，必须彻底批判。

华侨在国内的眷属和归国华侨,同其他中国公民享有同样的权利,尽同样的义务,但又有着同其他人民不同的特点。这主要是他们同国外的亲人有着密切的联系。我们应当继续贯彻毛主席关于“保持华侨利益,扶助回国的华侨”的指示,按照“统筹兼顾,全面安排”的方针,对侨眷、归侨实行一视同仁,不能歧视,根据特点,适当照顾的政策。一方面要切实加强对他们的政治思想教育,使他们能够抵制外来的资本主义思想影响,坚定地走社会主义道路;另一方面在制定有关政策时,既要有利于他们同全国人民一道继续革命,也要适当考虑他们的特殊情况,给予必要的照顾。

“四人帮”破坏侨务政策,广大干部和群众是进行了抵制和斗争的。粉碎“四人帮”后,在华主席为首的党中央领导下,党的各项无产阶级政策正在迅速落实。对“四人帮”干扰破坏造成的违反侨务政策的现象,必须纠正。在一些地区和一些单位,只要有所谓“海外关系”就不能入党、入团、参军、升学、就业和正确使用的情况,应当改变。因所谓“海外关系”问题而受审查、迫害的人,都应该尽快按照党的政策作出正确的结论,所有诬蔑不实之词均应推倒。华侨的赡家汇款和侨眷、归侨的正当权益,应当给予保护。有关人员出国或回国探亲,要简化审批手续,给予方便。华侨愿意回来为祖国建设事业服务,或回来定居,投靠亲属,应予欢迎并妥善安置。华侨学生要求回国升学,要积极创造条件给予安排。

要继续贯彻毛主席制定的解决双重国籍的政策,鼓励华侨自愿选择所在国的国籍。华侨加入外国籍后,不再是中国公民,但仍然是我们的亲戚朋友,有关国内侨务政策的精神,对他们在我国的亲属仍然适用。华侨愿意保留中国籍,我们应表示欢迎,国家有责任保护他们的权利和利益。希望华侨遵守所在国的法律法令,同所在国人民和睦相处,为所在国的经济、文化发展作出贡献。我们希望华侨所在国保护他们的正当权益,并尊重他们的民族传统和风俗习惯。

侨务工作是党的一项重要工作,牵涉范围很广,同许多部门的工作都有关系,必须全党重视,各方协作,才能搞好。“四人帮”破坏侨务政策造成的思想混乱,也只有通过深入揭批“四人帮”,对侨务工作和侨务政策统一认识,才能解决。有关党委一定要加强对侨务工作的领导,把它列入议事日程,督促有关部门密切配合,并且加强侨务机构的干部配备。由于“四人帮”的干扰破坏,当前侨务工作上问题很多,要加强调查研究,抓住一些主要问题,采取有力措施,切实加以解决。在侨眷、归侨较集中的地方,要经常召集侨眷、归侨代表开会座谈,听取意见,改进工作。经过全党的努力,我国侨务工作一定能迅速改变面貌,充分调动广大华侨、侨眷和归侨的积极性,为扩大爱国统一战线,为早日建成伟大的社会主义的现代化强国而斗争。

卫生部在江苏如东召开全国妇幼卫生工作现场经验交流会

来自全国各地的代表们,在如东县现场参观了几十个先进社、队、工厂、街道的妇幼保健机构和幼儿班、托儿所,参加了赤脚医生的病例讨论会和新法接生技术考核会,系统地学习了这个县的妇幼卫生、计划生育和幼儿保育方面的先进经验。

如东县各级党组织十分关心并采取切实措施保护妇女和儿童的健康。全县建立了一个以县妇幼保健所和县医院为技术指导中心的县、区、公社、大队四级妇幼保健网。一支以专业医务人员为骨干,赤脚医生为主体的妇幼卫生队伍,担负起了全县城乡的妇幼保健工作。各级妇幼保健组织在新法接生、妇女“四期”(月经期、孕期、产期、哺乳期)保护、新生儿管理、传染病管理、预防接种等方面都建立了一套规章制度。人民公社社员和职工的婚姻、生育情况,以及妇女、儿童的健康情况,各级都做到心中有数。生产队有妇女“四期牌”,妇女队长一看牌子,就知道那个女社员处于经期、孕期、产期或哺乳期,以便妥善安排她们的农活。大队妇产室有详细的孕产妇记录卡片和已婚妇女普查普治妇女病的档案。未婚男女青年有晚婚计划,育龄夫妇有生育计划,晚婚和计划生育工作搞得好,达到了“晚、希、少”的要求。全县大多数社队办起了托儿所、幼儿园,80% 的学龄前儿童进了幼儿园,一半以上的婴儿进了托儿所。赤脚医生对集体和散居的儿童定期进行预防注射和健康检查,使儿童的健康和发育水平普遍提高。妇幼卫生工作做好了,有效地保证和促进了计划生育工作,保护了妇女劳动力。从 1972 年以来,全县人口自然增长率已下降到 6‰左右,1976 年进一步下降到 3.25‰。全县有 10 万以上的妇女劳动力从孩子牵累和疾病中解放出来,农村妇女出勤率达到 95% 以上。

在这次现场经验交流会上,湖北省应城县、吉林省和龙县、内蒙古自治区鄂托克旗、北京市首都钢铁公司等地区和单位的代表,还分别介绍了他们在推广新法接生、儿童保健、中西医结合防治妇女病等方面的先进经验。

1月5日

“周恩来号”机车命名大会在上海举行

经中共中央主席华国锋、党中央和国务院批准,铁道部决定以周总理的名字,为上海铁路局东风 3 型

0058号内燃机车命名。

华主席为机车亲笔题写了“周恩来号”4个大字。现在,这4个字已经制成字牌,分别安装在机车的前面和两侧。

中共中央政治局委员、中共上海市委第一书记、上海市革命委员会主任苏振华,中共中央政治局委员、中共上海市委第二书记、上海市革命委员会第一副主任倪志福,中共中央政治局委员、中共上海市委第三书记、上海市革命委员会第二副主任彭冲,铁道部部长段君毅,铁道部副部长郭维城和全国20个铁路局的代表参加了命名大会。参加大会的,还有“毛泽东号”机车组、“朱德号”机车组和全国20多个先进机车组的代表以及上海市各条战线的代表,共1000多人。

彭冲同志在命名大会上讲了话。他说,“周恩来号”机车的命名,同“毛泽东号”、“朱德号”机车的命名一样,是广大铁路职工永远前进的象征,永远激励和鼓舞广大铁路职工高举毛主席的伟大旗帜,把老一辈无产阶级革命家开创的革命事业进行到底!他说,1978年是抓纲治国三年大见成效的重要一年,上海铁路局肩负着十分光荣而又艰巨的任务。在新的一年里,上海铁路局特别是“周恩来号”机车组的全体同志,要遵照华主席、党中央最近的一系列指示精神,以新的姿态,投入新的战斗,在继续革命的征途上创造更优异的成绩。

铁道部部长段君毅宣读铁道部关于命名“周恩来号”机车的决定。

“周恩来号”机车组是上海铁路局的先进集体,原来驾驶KF1—17号蒸汽机车,曾经多次牵引过毛主席、周总理和中央其他领导同志乘坐的列车。这个机车组从1949年6月成立到1966年的17年间,创造了安全行车260多万公里的全国客运机车安全行车最高纪录。1973年,这个机车组改驶东风3型0058号内燃机车后,到1977年年底又安全行驶了68万多公里,成为上海铁路局内燃机车安全行驶里程最高的一个机车组。

庆祝开滦煤矿达到震前生产水平大会在唐山举行

会上,首先宣读了华主席给开滦煤矿的亲笔题词:“向开滦煤矿工人学习。你们不愧为毛主席表彰的特别能战斗的英雄队伍。”还宣读了华主席为开滦煤矿党委机关报报头题字:《开滦矿工报》。

会上还宣读了国务院的贺电。

庆祝大会是由中共河北省委、省革命委员会和煤炭工业部共同召开的。出席大会的有国务院有关部、委的负责人,河北省省直机关和各地、市委负责人,中国人民解放军基建工程兵的代表,以及支援开滦煤矿抗震救灾、恢复生产的吉林省、黑龙江省、上海市、陕西省、辽宁省有关部门的负责人。开滦煤矿的112名劳动模范和37名抗震英雄,披红戴花参加了大会。大会设有主会场和21个分会场。参加大会的还有开滦煤矿工人、干部、技术人员、家属、学生共12000多人。

河北省委、省革命委员会和煤炭工业部分别给开滦煤矿授了锦旗。锦旗上写着:“学大庆,战震灾,创奇迹,乘胜前进再攀高峰。”“地动山摇何所惧,恢复生产创奇迹。”

开滦煤矿党委书记赵成彬,在会上汇报了一年多来的工作。

国家建委副主任张百发,煤炭工业部部长肖寒,河北省委书记马辉,以及唐山地、市委第一书记许家信,先后在会上讲了话。他们高度评价开滦煤矿在抗震救灾和恢复生产中所取得的巨大成绩,认为开滦煤矿在这样短的时间里迅速达到震前水平,是继第四个五年计划期间翻番之后创造的又一个奇迹,是坚持“鞍钢宪法”、“工业学大庆”的样板,是高速发展煤炭生产的样板。他们号召煤炭工业战线、河北省广大职工学习开滦工人阶级不畏艰险,知难而上的硬骨头精神;学习他们急国家所急,人人想着高速度,人人创造高速度的主人翁责任感;学习他们自力更生,艰苦奋斗的好思想,好作风;学习他们企业管理工作的好经验。在新的一年里,要努力做好各项工作,为国民经济高速度发展作出新的贡献。

水利电力部部长钱正英在北京会见出席中朝鸭绿江水力发电公司第三十次理事会议的朝方代表团成员

中国人民外交学会会长郝德青在北京会见美国国会议员团

经中共中央军委批准解放军军事学院 政治学院和后勤学院重新成立

中国力学学会在黄山召开全国第一次爆炸力学学术会议

会议交流科研成果,分析国内外研究动态,为制定全国爆炸力学学科规划提出了若干建议。

这次爆炸力学学术会议是中国力学学会恢复活动以来,举行的规模最大的一次学术活动,来自全国各地的爆炸力学工作者以及数学、物理学、化学、工程学等有关方面科学技术人员200多人参加了会议。

爆炸力学是研究爆炸的产生、传播规律及其与介质的作用的科学。这门科学,对于发展国民经济和国防建设都有重要意义。这次交流学术论文140多篇,是爆炸力学工作者多年辛勤劳动取得的。

政协全国委员会常务委员闫宝航骨灰安放仪式在八宝山革命公墓礼堂举行

中共中央副主席汪东兴,党和国家其他领导人宋庆龄、耿飚、乌兰夫、陈云、邓颖超、王震,政协全国委员会副主席许德珩、沈雁冰,送了花圈。送花圈的还有政协全国委员会、中央组织部、中央统战部、外交部。

中共中央政治局委员耿飚,国务院副总理王震,政协全国委员会副主席宋任穷,出席了骨灰安放仪式。

骨灰安放仪式由政协全国委员会副主席宋任穷主持,中共中央组织部部长胡耀邦讲了话。

胡耀邦同志在讲话中说:闫宝航同志是中国共产党党员,政协全国委员会常务委员,于1968年5月22日在北京病故,终年74岁。

闫宝航同志是辽宁省海城县人。九一八事变后曾参加过东北抗日救国活动,1937年9月加入中国共产党。入党后在党的领导下,从事地下工作和统战工作,工作艰苦努力,成绩显著,对党、对人民、对国际反法西斯战争作出了重大贡献。在民主运动中,同国民党反动派也进行了英勇斗争。东北解放后,曾任东北行政委员会委员、辽北省人民政府主席。全国解放后,曾任外交部办公厅副主任、条约委员会主任委员、政协全国委员会常务委员等职。数十年来,闫宝航同志热爱伟大领袖毛主席,热爱中国共产党,热爱社会主义祖国,积极参加社会主义革命和社会主义建设,认真学习马列主义、毛泽东思想,注意世界观的改造,为人民作出了有益的贡献。闫宝航是我党的好同志。

出席骨灰安放仪式的还有中共中央、政府部门有关方面负责人、在京的人大常委、政协常委和闫宝航同志生前友好姬鹏飞、黄华、罗青长、李步新、熊向晖、王涛江、孔原、赵苍璧、钱之光、韩念龙、童小鹏、李贵、齐燕铭、李金德、王炳南、连贯、陈此生、胡愈之、季方、罗叔章、吕正操、屈武、楚图南、孙起孟、汪金祥、徐伯昕、赵朴初、曹思明、史良、王昆仑、沙千里、胡子昂、李延禄、于毅夫、郭维城等。

1月6日

《人民日报》为刊登记者报道《高速度的一个样板——开滦煤矿产量翻番为多快好省发展生产闯出一条路子》配发编者按

编者按:现有企业怎样夺取发展生产的高速度?开滦煤矿的经验告诉我们,挖潜、革新、改造,是一条多快好省的路子。开滦原来的设计能力是年产1260万吨,他们仅用6年的时间搞革新、改造,把煤炭的年产量提高到2560多万吨。一个开滦变成两个开滦,可以看出我们的企业有多大潜力。所有工业企业的同志们都应当问一问自己:在华主席抓纲治国战略决策的指引下,你有没有从立足于现有基础,把挖潜、革新、改造,作为加快工业发展的首要途径?一些投产多年,至今没有达到设计能力的企业的同志们,要问一问自己:能不能在短期内达到并超过设计能力?大家都这样问一问,就一定可以问出个大干社会主义的雄心壮志来,问出个发展国民经济的高速度来。

外交部部长黄华在北京会见美国国会议员团

北京图书馆开放一批"文化大革命"时期的"禁书"

在"四人帮"横行时期,许多被他们列为"封、资、修"的书刊,长期不能和广大读者见面。现在,北京图书馆把大量图书提供读者借阅,让图书为活跃学术文化空气,迎接祖国文化科学跃进高潮,作出应有的贡献。

北京图书馆自然科学技术方面的书刊,已经全部提供借阅。为了方便科学技术人员使用,他们把反映当前国内外最新科学成就的常用期刊3000余种开架阅览。社会科学方面,如哲学、历史、经济、法律、政治等方面的书刊,除部分书刊提供有关部门参考外,其他一律开放借阅。

文艺方面,现在开放借阅的书籍很多。世界文学名著中,像法国巴尔扎克的《高老头》《邦斯舅舅》《贝姨》,福楼拜的《包法利夫人》,罗曼·罗兰的《约翰·克利斯朵夫》,雨果的《悲惨世界》;俄国普希金的《叶甫盖尼·奥涅金》,列·托尔斯泰的《战争与和平》《安娜·卡列尼娜》《复活》;英国狄更斯的《大卫·科波菲尔》《匹克威克外传》,《莎士比亚戏剧集》,哈代的《苔丝》;德国歌德的《浮士德》,《海涅诗选》;美国马克·吐温的《汤姆·莎耶历险记》,杰克·伦敦的《马丁·伊登》;挪威的《汤卜生戏剧选》;丹麦的《安徒生童话选集》;西班牙塞万提斯的《堂吉诃德》;意大利但丁的《神曲》;印度《泰戈尔作品集》,日本夏目漱石的《哥儿》,《小林多喜二选集》等,都已开放借阅。

重新与广大读者见面的我国文学作品有:

大批中国古典文学作品:如《话本选》《西厢记》《牡丹亭》《关汉卿戏曲集》《花间集》等。

中国现代文学作品:郭沫若的《女神》《屈原》《蔡文姬》,茅盾的《子夜》《蚀》《虹》,曹禺的《雷雨》《日出》,老舍的《骆驼祥子》,巴金的《家》《春》《秋》,夏衍的《法西斯细菌》,赵树理的《李有才板话》。

中国当代文学作品:罗广斌、杨益言的《红岩》,梁斌的《红旗谱》，吴强的《红日》，刘知侠的《铁道游击队》，李英儒的《野火春风斗古城》等。

1月7日

中共中央主席华国锋在北京会见澳大利亚共产党(马克思列宁主义)主席爱·弗·希尔

中共中央政治局委员、中联部部长耿飚，中共中央委员、中联部副部长冯铉等参加了会见。

国务院副总理邓小平在北京会见美国国会议员团

中国巴西贸易协定在北京签字

对外贸易部部长李强和巴西驻华大使阿卢伊济奥·纳波莱昂分别代表本国政府在协定上签字。出席签字仪式和宴会的有外交部副部长仲曦东，外贸部副部长王润生等。

国务院批转教育部《关于加强中小学教师队伍管理工作的意见》

国务院在批转教育部《关于加强中小学教师队伍管理工作的意见》时指出，加强教师队伍建设，是教育战线的一项十分重要的基本建设。它直接关系到扩大和加快各级各类教育事业的规模和速度，提高教育质量，适应社会主义革命和建设的需要。希望各地加强领导，深入揭批"四人帮"炮制"两个估计"，破坏教育革命，破坏教师队伍建设的罪行，认真落实党的知识分子政策，充分调动广大教师的社会主义积极性，加强在职教师的培训，改进教师队伍的管理工作，加速发展和认真办好师范教育，努力建设一支又红又专的无产阶级教师队伍，以适应把我国建设成为伟大的社会主义现代化强国的需要。

经国务院批准的教育部《关于加强中小学教师队伍管理工作的意见》中规定：

一、中小学公办教师的管理、调配工作，应在党委一元化领导下，由县以上各级教育行政部门负责。教师的调动，需经县以上教育行政部门同意。

二、高师、中师毕业生应全部分到教育战线工作。高师、中师毕业生的分配计划，由省、自治区、直辖市教育部门会同计划部门、人事部门共同制定，派遣工作由教育部门负责。

三、公办教师的自然减员，应由教育部门于当年如数从民办(代课)教师中选择补充。

四、各级行政部门不应占用教育事业编制；已占用的，应由人事部门妥善安排，尽快退还。各部门、各单位不要任意借调或抽调教师做非教学工作；已借调的教师，应一律回学校工作。近几年来，已调到其他战线工作的教师，本人适合教学工作的，应尽量调回教育战线。凡不按上述规定，继续占用教师的，教育部门停发工资。为了保证教师有5/6时间从事教学活动，今后教师应在兼学时间和部分放假时间内，和学生一起参加学工、学农劳动和社会政治运动，不要抽调他们离开教学参加农田基本建设等劳动，在近两三年内，也不要抽调他们参加农村基本路线教育工作队等活动。

五、选用民办教师，要根据教育事业发展的实际需要，本着节约使用农村劳动力的精神，由县教育行政部门统筹规划。民办教师的任用，要本着任人唯贤、德才兼备的原则，经学校、大队提名，公社选择推荐，县教育行政部门审查(包括文化考查)批准，发给任用证书，辞退和调换民办教师，也需征得学校同意，由公社提出，报县教育局批准，并收回任用证书。

1月8日

冶金工业部部长唐克就冶金工业发展对新华社记者发表谈话

唐克同志指出，1977年，全国生铁、钢、钢材和有色金属产量，都提前超额完成了国家计划，各项经济技术指标都有很大进步，出现了前所未有的高产稳产局面。元旦以来，各冶金企业又实现了开门红。"四人帮"严重破坏所造成的徘徊、停滞、倒退的局面已经根本扭转，冶金工业全面"大跃进"的新局面，已经到来了。冶金工业形势发展得这样好，这样快，大大超过了人们的预料，这是全国人民都感到高兴的。

冶金工业能够取得这样伟大胜利，最根本的原因，是华主席率领我们打胜了揭批"四人帮"这一仗。

"四人帮"对我们冶金工业危害很深，破坏很严重。"四人帮"在冶金部的那个亲信，同各地、各冶金企业"四人帮"的黑干将、党羽互相勾结，形成冶金系统的资产阶级帮派体系。在开始揭批"四人帮"时，我们面临着复杂而困难的局面。一小撮反党帮派骨干负隅顽抗，捂盖子，压群众，甚至以破坏生产来进行垂死挣扎。去年第一季度的冶金生产还处在比较困难的境地，钢产量只完成年计划的14%。但是，在华主席、党中央、国务院的亲切关怀和支持下，广大冶金职工对"四人帮"及其在冶金系统的资产阶级帮派体系发动了不停顿的进攻。首先，把"四人帮"在冶金部那个亲信拉下了马；接着揭开了鞍钢、本钢阶级斗争的盖子；又连续打开了马钢、铜陵、白银、金川4个重点企业的局面。开始进展比较慢的武钢，也大踏步赶了上来。经过一年来的激烈斗争，"四人帮"在冶金系统的资产阶级帮派体系土崩瓦解,过去被"四人帮"长期搞乱了的路线是非基本上得到了澄清。毛主席的革命路线,华主席、党中央的战斗号令,能够比较顺利地在冶金战线贯彻执行了。冶金战线学大庆的群众运动以空前规模蓬勃发展,广大群众喜气洋洋,精神面貌焕然一新。同志们说:过去在"四人帮"横行时,我们抬不起头,挺不起腰,鼓不起劲;现在心齐了,气顺了,浑身有使不完的劲。大家表示,一定要革命加拼命,迅速改变冶金工业面貌,决不再拖国民经济的后腿。一年来的斗争实践,生动地证明华主席为首的党中央的抓纲治国的战略决策和各项重大政策措施是完全正确、非常及时的,是大得人心、大振人心的。

在谈到冶金工业今后的战斗任务时,唐克同志说,要乘风破浪,迎头赶上,高速度、高质量、高水平地发展我国的冶金工业,力争在本世纪内赶上和超过美国,这就是我们的奋斗目标。

他说,伟大的领袖和导师毛主席生前最关怀冶金工业,为我们制定了一整套多快好省发展冶金工业的路线、方针、政策,并多次强调钢要搞得多一点,快一点。早在1956年,就亲自为我们规定了钢产量在五六十年内赶超美国的战略目标。敬爱的周总理生前为发展冶金工业作过许多重要指示,倾注了无数心血。华主席高举毛主席的伟大旗帜,一举粉碎了"四人帮",率领我们狠揭猛批"四人帮",扫除了发展冶金工业的最大障碍,为我们创造了全面跃进的有利条件。华主席多次指示,钢铁工业速度要上得快一点,要求我们打破常规,加快发展速度。这些指示具有重大的政治意义和深远的历史意义。我们决心按照毛主席的教导,贯彻执行华主席的指示,努力实现奋斗目标,使钢铁和有色金属工业来一个大飞跃。

唐克同志强调指出,实现今后23年的战略目标,关键在前八年,我们要苦战八年,甩掉冶金工业落后帽子。八年看三年,三年看今年。今年是抓纲治国三年大见成效的重要的一年,也是我们实现全面、持续"大跃进"开端的一年。在1978年,我们要高举毛主席的伟大旗帜,紧跟华主席的战略部署,遵循十一大路线,以揭批"四人帮"为纲,坚持"鞍钢宪法",认真学大庆,整顿企业,整顿领导班子,加强队伍建设;发挥中央和地方两个积极性,大、中、小型企业都要实现全面"大跃进"。要广泛深入地开展社会主义大竞赛,大挖潜力,创新水平,从大幅度地降低消耗中求高速度,从提高质量、扩大品种上更好地为国民经济和国防建设服务。

唐克同志说,为了胜利地实现1978年的任务,各冶金企业必须努力抓好以下几点。

第一,要放手发动群众,继续深入开展揭批"四人帮"的政治大革命。这是一切工作的纲,当前要继续抓紧清查。清查工作一定要全胜,一定要搞到底,除恶务尽,不留后患。对于同"四人帮"篡党夺权阴谋活动有牵连的人和事,必须彻底查清;对于"四人帮"支持和怂恿的那些打砸抢者、严重破坏社会治安的犯罪分子,仇视社会主义、进行反攻倒算的地富反坏分子,要狠狠打击。通过清查,把企业党委的领导核心和要害部门搞纯洁。

要继续放手发动群众打好揭批"四人帮"的第三战役。各单位要紧密联系冶金战线和本单位的实际深入揭批,搞清楚那些反党帮派是怎样贩卖和鼓吹"四人帮"的反革命政治纲领,是怎样大搞篡权阴谋,是怎样残酷迫害、打击革命干部、工人、技术人员,是怎样毒化人们思想、搞乱企业、破坏冶金工业的。要彻底砸烂"四人帮"强加给人们的精神枷锁,把被他们颠倒了的路线是非彻底纠正过来。

第二,要在揭批"四人帮"的斗争中,在学大庆的群众运动中,狠抓企业整顿,加强队伍建设。

各企业都要按照余秋里副总理在全国人大常委会上提出的六条标准,把企业整顿好。今年,我们的177个重点企业和事业单位,全部要达到这些标准。在大见成效的三年中,这些企业的大多数要建成大庆式企业。同时,要下决心把基层支部整顿好。要在职工中普遍进行马列主义、毛泽东思想教育,运用解放军传统的政治思想工作经验,以大庆为榜样,加强经常性的政治思想工作。大张旗鼓地进行"三老四严"的教育,加强纪律性,树立"三老四严"的好作风。要举办各类技术学校或短训班,开展岗位练兵,大抓基本功的训练,提高各级干部和工人的管理水平和技术业务水平。要通过整顿,建设一支思想红、干劲大、技术精、作风好、纪律严、能打硬仗的钢铁队伍。有了这样一支队伍,高速度发展冶金工业就有了主动权。

第三,大搞群众运动,开展"五对口、五评比"的社会主义大竞赛,就是组织好厂矿对厂矿、车间对车间、班组对班组、家属对家属、岗位对岗位,比思想、比干劲、比作风、比措施、比贡献的大竞赛运动。一定要把消耗降下来,质量搞上去,设备完好率提高起来,基本建设歼灭战打上去。在钢铁工业方面,要挖"五大潜力",创"五大水平":一是要从节约焦炭上大挖潜力,二是要从节约钢铁料、铁合金和耐火材料上大挖潜力,三是要从节约电力上大挖潜力,四是要从节约劳动力上大挖潜力,五是要从降低成本上大挖潜力。还要在钢锭合格率、钢材成材率、精矿品位、炉令和设备完好率上创历史最好水平。有色金属要从提高采矿回收率、提高选矿回收率、提高精矿品位,降低贫化率、降低电耗、降低碱耗,开展综合利用等方面,挖潜力,创水平。矿山要开展学习马万水工程队、王君绍小分队的竞赛运动。今年要建成50个王君绍式的露天矿小分队,20个马万水式的井下队。所有矿山都要赛全员劳动生产率、赛电铲效率、赛采矿强度、赛资源回收,加快开发矿业的速度。基本建设要赛出一个为生产服务的好思想、好作风,赛出一批全歼、速决打歼灭战的好样板。各企业还要把大办农副业、办好集体福利事业当作一件大事来抓,外学大庆、学玉门,内学广西八一锰矿,包钢固阳白云石矿,自己动手,种地、养猪,改善职工生活。

第四,开展向科学技术现代化进军的群众运动,创水平,攻难关,攀高峰。

各企业要围绕生产上的挖潜、革新、改造,大搞群众性的技术革新运动。要实行科研、设计和生产单位三结合,攻下一批当前生产建设上的难关,如红矿选矿、多金属共生矿的综合利用、三废治理、环境保护等。要研制出一批具有先进水平的新型金属材料和冶金工业的新装备。

近几年,由于"四人帮"对科技战线的严重干扰破坏,使我们冶金科技水平同世界先进水平的距离拉大了。冶金战线广大科技干部和工人都要奋发图强,树雄心,立壮志,打破常规,鼓足干劲,脚踏实地,迎头赶上。我们要学习钢铁研究院物理学家陈篪同志,不为名,不为利,不怕苦,不怕死,不畏科学研究道路上的险阻,一个心眼扑在科学研究上,生命不息,战斗不止,勇攀科学技术高峰。要学习重钢工人革新家黄荣昌和河北铜矿工人工程师付景新同志,紧密结合生产实践,带领广大群众猛攻科学技术关,作出显著贡献。要学习有色金属研究院广东分院,勤俭创业,敢攀高峰,建院不久就拿出一批重大科研成果。

唐克同志最后强调了机关革命化的问题。他说,为了实现冶金工业的"大跃进",作为全国冶金工业的领导机关冶金工业部,必须进一步实现革命化。要切切实实地学石油、赶煤炭、赛铁路,把冶金部办成坚持毛主席革命路线,听从华主席、党中央指挥的冶金战线的战斗指挥部。部机关从领导干部起,都要深入三大革命斗争第一线,和工人实行"三同",认真调查研究。对上,要正确地、如实地反映情况,提出多快好省地发展冶金工业的积极建议;对下,要关心企业的革命生产建设和职工生活,积极主动帮助企业和地方解决困难;对兄弟部门,要谦虚谨慎,决不许可摆钢铁元帅的臭架子,强人所难,要识大体,顾大局,主动搞好协作,做好服务工作。要有一股知难而进、千方百计、克服困难、革命加拼命的精神,敢于向高度难度最大的地方攀登。在春节以前,部领导干部的2/3、机关干部的1/3,都要下到现场,抓革命,促生产,同广大职工并肩战斗。除已经派出的一批重点企业工作组外,还要继续同地方党委一起,再派出一批工作组到重点企业去。同时,还要组织6个常年地方中小企业工作组,各由一位副部长挂帅,分片负责,协助各省、区抓好地方中小冶金企业的规划,切实解决发展中的问题。还要针对冶金工业生产建设中的薄弱环节,组织上百个技术攻关队。总之,我们一定要把冶金部办成一个革命加拼命、大干快上的"跃进部",办成一个尽快甩掉钢铁工业落后帽子、为毛主席、为华主席、为中国人民争气的"争气部",办成一个赶超美国的"赶超部",要以抓革命促生产的优异成绩来回报华主席、党中央的殷切期望,回报全国人民的热情关怀和支持。

财政部宣布1977年我国财政状况发生了具有重大历史意义的转折

这一年的财政形势是:收入有较大的增长,做到了当年收支平衡,略有结余。

据财政部统计,1977年全国财政收入实现了"两超":超过了年初预算指标6%,超过了历史上最高的年收入水平。

财政是国民经济的综合反映。财政状况的迅速好转,标志着国民经济的迅速恢复和发展;而财政收入增加,又为国民经济新的发展提供了资金。财政部的同志说,前几年由于"四人帮"的干扰破坏,收入完不成计划,有些必需的开支也不得不往下砍。1977年5月份以后,财政收入节节上升了。急需追加开支的时候就能不断地往上添,华主席指示要搞十来个大庆,国家就追加了开采和勘探石油的投资。电力工业是高速度发展国民经济的薄弱环节,国家当年就为华北、中南、东北和西南地区一些电站建设追加了投资。开滦等几个大煤炭基地需要加快建设,全国铁路需要增加机车、车辆,以及加快某些新线和复线的建设,远洋运输和民航事业需要尽快发展,各地要马上动工兴建几十个小糖厂,国家都增拨了专款。

国家还增拨了一笔钱,用于支援农业,支援抗旱斗争,加速实现农业机械化,加强农田基本建设。

由于财政状况好转,国家还比原计划多拿出一些钱,修缮部分中、小学校舍,着手改善科研的条件。少数民族地区的建设资金,也增拨了不少。

由于生产发展和财政状况好转,国家调整了职工工资,使60%以上的职工增加了收入。

一年来的实践证明,目前在增产节约、增加收入方面,潜力还大得很。各地要继续把财政工作抓紧抓好,为实现三年大见成效,加快四个现代化的步伐积累更多的建设资金。

中国人民银行宣布全国城乡储蓄大幅度增加

同1976年相比，1977年农村储蓄存款增加19.2%，城镇储蓄存款增加10.5%，城乡储蓄存款增长的幅度都是空前的。

中国科学院在上海召开第一届全国量子化学会议

会上交流了研究成果，制定了这方面的科学研究规划。

量子化学是现代化学中的一个重要分支。在我国，这项科学研究工作，是全国解放后才开始的。在毛主席的革命路线指引下，这项科学研究取得了不少成绩。但是，同当前国际水平比较，尚有较大差距。我国量子化学研究人员强烈要求，在这项科学研究方面尽快地赶上和超过世界先进水平。因此，召开全国量子化学会议的消息一传出，各地有关科研单位、高等院校和工厂的科研人员都十分高兴，纷纷向会议提出了学术论文和报告。

参加这次会议的既有唐敖庆、王应睐、柳大纲、汪猷、严东生、唐有祺、徐光宪等老一辈科学家，又有中、青年科研人员，他们一起交流和探讨量子化学学术问题，讨论我国量子化学研究工作的近期规划和长远设想。

会上宣读了110篇学术论文和研究报告，反映了我国量子化学研究工作近年来取得的新进展。

1月9日

国务院副总理王震在北京会见以朝鲜高教部局长郑钟洙为团长的朝鲜高教代表团

外贸部部长李强在北京会见美国国会议员团

《人民日报》发表邵华泽的文章《文风和认识路线》

王、张、江、姚“四人帮”为了篡党夺权，推行反革命政治纲领，长期控制舆论工具，把我们的文风败坏了。今天，“四人帮”已被打倒，但余毒犹存，影响至深。讨伐帮八股以整顿文风，这是一项重要而艰巨的任务。

文风问题，贯穿着两条认识路线的斗争，即辩证唯物论的认识论和唯心论的先验论的斗争。“四人帮”的帮八股，本质上是资产阶级实用主义，在认识论上，把客观和主观、实践和认识的关系完全颠倒了。整顿文风，必须以马克思主义认识论为武器，把“四人帮”搞乱了的问题加以澄清。

客观事实是第一性的，还是人的主观认识是第一性的？

唯物论的反映论，坚持物质第一性，意识第二性，认识是客观存在的反映。新闻报道、工作报告、经验总结等等，都是观念形态的东西，是第二性的，而客观事实则是第一性的。前者是流，后者才是源，两者的关系，不容颠倒。人能够正确地认识客观事实，但是任何人也不能随意改变客观事实。尊重客观事实，这就是尊重唯物论，是马克思主义文风的起码要求。拿新闻报道来说，它的内容必须真实，有一是一，有二是二。这是我们无产阶级报纸同资产阶级报纸的根本区别之一，也是我们的报纸能够发挥教育人民、打击敌人的作用的大前提。试想，如果一个读者拿到一张报纸，心里老嘀咕那上面讲的是不是真话，写的是不是真事，那如何能通过报纸加强党和群众的联系，把党的路线、方针、政策变为群众的行动呢？

“四人帮”同林彪一样，奉行“不说假话不能成大事”的哲学。他们为了反革命的需要，完全置客观事实于不顾，什么都可以伪造。反正有用就是真理，需要什么典型就捏造出什么典型，需要什么事实就杜撰出什么事实，无可以生有，有可以变无。一时间，假典型、假经验、假报道、假照片，充斥他们控制的报刊，引起了广大革命群众理所当然的愤慨和抵制。敬爱的周总理逝世时，“四人帮”的御用文人炮制出人们“关心”的是什么清华园的大辩论的反动文章，引起群众强烈抗议，就是突出的一例。

在“四人帮”的毒害下，革命队伍里面也滋长了一种说假话的歪风，有的甚至见怪不怪，习以为常。比如，有的事只是打算去做或正在做，却说是已经做完了。上级的文件还没有接到，学习文件体会的简报、报道已经写好了。明明是七分成绩，硬要写成十分；明明是个别的例子，偏要说成是普遍的现象。写典型就要写成“完人”，讲经验就是一套完整的体系。上报数字也可以任意修改，欠收可以变成丰收；紧张产品，瞒报产量；短缺物资，少报库存；如此等等。总之，不是报告、新闻忠实于事实，而是事实服从于主观意图，这不是典型的唯心论又是什么？

“四人帮”有一种“理论”，叫作“事实要为政治服务”。这是适应他们反革命政治需要的典型的实用主义理论。事实是客观存在。人们只能按事实的本来面貌去认识它的政治意义，而不能按照主观的需要任意去解释、利用甚至捏造事实。否则，还有什么真理可言呢？如果为了某种政治利益，需要歪曲事实真相，那这种政治决不可能是无产阶级政治，只能是资产阶级政治。违反了实事求是的原则，也就是违反了无产阶级的党性，哪里还谈得上为无产阶级的政治服务？

不错，辩证唯物论的认识论是能动的反映论，不是机械的反映论。尊重客观实际，并不是说对事实可以不作分析、不要取舍,简单地罗列一大堆现象。我们无论是写文章、作报告,都要力求抓住事物的本质和主流,把事物内部的规律性揭示出来。这就要经过一个抽象的过程。但是,一切科学的抽象都不是离开事实,也没有改变事实,而只是更深刻、更正确、更完全地反映事实。如果把人的这种主观能动性加以夸大,变成了主观随意性,以为抽象的过程是可以不受客观事实制约的,那就会把事情弄到荒唐可笑的地步。

用一般指导具体,还是用一般代替具体?

一九四二年毛主席批判党八股时,指出它的第一条罪状是空话连篇,言之无物。说空话,说大话,说套话,也是"四人帮"的帮八股的一个重要特征。

马克思主义的认识论认为,人类认识运动的总的秩序是,由个别到一般,又由一般到个别,循环往复,不断深化。个别是基础,先有对具体事物的认识,才有可能进行概括,从具体到抽象,从特殊到一般。工作报告、经验总结、新闻报道,都是反映具体事物发展的具体过程。因此,必须对具体问题进行具体分析。这就要从调查入手,收集材料,进行去粗取精、去伪存真的加工制作,弄清这一具体事物的历史、现状,它同周围事物的联系,等等。只有这样,写出来的东西才能生动活泼、有血有肉,才能引人入胜,起到指导工作、推动革命的作用。

当然,认识具体事物,不能离开一般原则的指导。我们分析任何一个问题,写任何一个文件,能离开马克思主义的基本原理吗?不能。我们要努力学习掌握马克思主义的立场、观点、方法,才能明确方向,才能比较深刻地认识客观事物,从理论和实践的结合上说明问题,写出好的东西。但是,一般只能指导具体,不能代替具体。如果以为有了一般的原理、原则,就可以不费力气,不调查研究,那就必然陷入唯心主义。什么叫空话?列宁说得好:任何一个一般的历史的理由,如果用在个别场合而不对该场合的条件作特殊的分析,都会变成空话。(见《列宁全集》第27卷,第34页)

"四人帮"搞的一套宣传,根本不需要以事实作基础,也根本不对任何事物作具体分析,有的只是拼凑起来的抽象的概念,空洞的词句,吓人的帽子,打人的棍子。他们手里没有动人的货色,却要装腔作势,摆出一副绝对权威的架势,出言就是圣旨,文章就是指示,公式、规律、终极真理,应有尽有,令人望而生畏、读而生厌。他们就是靠这一套来篡改革命真理,贩卖反党货色,打击革命干部和群众的。

我们的一些革命同志也受了"四人帮"的影响,养成说空话、说大话的恶习。不深入实际,不调查研究,用一般代替具体。写东西,马克思主义的词句堆砌得很多,就是不提出问题、分析问题、解决问题;作指示,不结合本地区本单位的实际,照抄照转;搞报道,到编辑部要路子,到下面找例子,关起门来写稿子,结果是空话连篇,套话成串,没有任何自己的特色,读起来没有一点味道。这种说空话、说大话之风,脱离实际,脱离群众,助长主观主义、官僚主义、形式主义,使党的方针政策不能落到实处,对党的事业危害很大。正如列宁指出的:用抽象的概念来代替具体的东西,这是革命中一个最主要最危险的错误。(见《列宁选集》第3卷,第113页)

检验工作好坏、水平高低的标准是看实践,还是看别的什么东西?

真理的标准只能是社会的实践。"四人帮"没有真理,害怕真理。他们的是非好坏标准,就是看是否有利于他们的反党阴谋。在他们那里,"闹而优则仕",说假话有功,吹牛皮光荣。他们中的一些亲信、爪牙,不就是靠这一套发迹的吗?

在"四人帮"横行时,有一些常识性的问题都被他们搞乱了,必须一一纠正过来。

判断一个干部能力强不强看什么?看实践,看他工作的实际效果,看他的行动是否给人民带来了好处以及这种好处的大小,决不是根据他说得多么好听。

判断一个总结、一篇报道水平高不高看什么?看实践,看它是否深刻地反映了群众的实践,是否经得起客观实践的检验。决不能认为抄录马列词句多就是水平高。那种看上去句句有本本根据,可一点也不解决实际问题的文件、报告、文章,有什么水平?应该丢到废纸篓里去!

判断一个单位工作好坏看什么?也是看实践,而不是看发表了多少报道。我们遇到过三种领导同志。一种是扎扎实实,抓好典型,做好工作,同时也重视在这个基础上总结经验,搞好报道,通过总结宣传,普及经验,推广先进,使工作做得有声有色。一种是工作做了,不注意总结,不重视报道,结果经验出不来,先进事迹宣传不出去,影响工作的发展和提高。还有一种,不是把领导精力放在工作上,而是把主要精力放在写文件、抓报道上,甚至给下面规定见报指标,群众称这种思想为"见报第一"。许多假报道就是在这种思想指导下压出来的。结果,就出现这样的情况,一个单位工作很差,而报道却很多。"不怕工作一团糟,就怕笔下拔不高",就是对这种现象的讽刺。为什么这样的"典型"宣扬出去了,本单位的广大群众不信服,"墙里开花墙外红",原因就是群众了解事实,尊重实践。

华主席在中共中央党校开学典礼上的讲话中指出:"中央认为,现在摆在我们全党面前的一个极为重要的任务,就是要在全党进行一次新的马克思主义教育运动,进一步改造我们的学习,彻底肃清'四人帮'

的影响和流毒,切实整顿好党的作风。”我们要响应华主席为首的党中央的号召,使我们在文风上来一个大的转变、大的进步。

1月10日

《人民日报》发表评论员文章《切实整顿组织部门落实党的干部政策》

党的组织部门是贯彻执行毛主席的建党路线,掌管干部政策的重要部门。在揭批“四人帮”的斗争中,许多事实说明,“四人帮”及其死党和帮派头目为了结帮营私,篡党夺权,疯狂地打击、迫害和排挤敢于同他们进行斗争的好干部,总是把他们的亲信、爪牙安插到一些部门中去。为了通过合法的组织手段来进行这些勾当,他们插手组织部门,或严密控制,或篡夺领导权。因此,在深入揭批“四人帮”的斗争中,要把被“四人帮”颠倒了的干部路线是非纠正过来,要彻底摧毁资产阶级帮派体系,必须加强对组织部门的领导,有些组织部门必须调整和充实力量。对于那些被“四人帮”严密控制,或篡夺了领导权的组织部门,尤其需要这样做;否则,不但毛主席的干部政策不可能落实,而且会使一些好干部继续受到压制和打击,不利于揭批“四人帮”斗争的深入开展,不利于调动各种积极因素进行抓纲治国的伟大战斗。今天本报登载的辽宁铁岭地委调整充实组织部门的领导班子和工作人员,促进落实毛主席的干部政策的新闻,值得好好读一读。

组织路线是为政治路线服务的。这些年来,在“四人帮”及其死党、亲信严密控制或篡夺了领导权的一些组织部门,帮风帮气在干部工作中流毒很广,影响很深。他们把党管干部变成了帮管干部,大肆推行资产阶级的帮派干部路线,不是任人唯贤,而是任人唯亲,大搞顺帮者昌,逆帮者亡,粗暴地破坏了我们党的组织工作的优良传统和作风。要改变这种极不正常的状况,就必须调整充实组织部门的领导骨干。

组织部门的领导权一定要掌握在党性强,真正按党的原则办事,公道,正派,不信邪,不怕鬼,能深入群众、团结干部,有党的建设工作经验的同志手中。只有这样的同志,才能以充沛的无产阶级感情,关心党的干部,细心倾听干部的意见,深入实际调查研究,细致地分析和实事求是地解决干部的问题,尽可能妥善地分配干部的工作,做到人尽其能。如果做干部工作的人缺乏这些应有的品质和作风,仍然按照“四人帮”的那一套帮派思想和作风行事,对干部的疾苦漠然置之,即使上级有落实干部政策的明确指示,党的报刊也一再阐明华主席为首的党中央的方针政策,那么,在他管理的范围内,党的干部政策势必仍然不能落实。因此,在调整、充实、加强组织部门时,一定要像铁岭地委那样,慎重考虑和挑选人员,把那些真正符合革命接班人五项条件的干部放到组织部门,使党组织放心,广大干部和群众信得过,工作才能抓得起来。

在毛主席的亲自培育下,长期以来,我们党的组织部门,一直有很好的传统和作风,广大干部相信和依靠组织部门,敢于把自己的全部历史和思想情况向组织部门谈,自觉自愿地接受党的审查和挑选。可是,在“四人帮”横行时,我们党的优良传统和作风,在很多单位基本上被“四人帮”及其帮派骨干破坏了。那些篡夺了组织工作大权的帮派骨干,以帮性代替党性,对他们一伙的问题百般包庇;而你若是不顺从帮派,那就会给你加上各种罪名,借审干之名进行迫害。因此,在加强对组织部门的领导时,除了必要的组织措施外,一定要对组织部门的同志加强教育和监督,恢复和发扬我们党实事求是等优良传统和作风,彻底肃清某些组织部门中的帮风帮气。只有这样,组织部门才能在同级党委领导下,按照华主席在十一大政治报告中的指示,认真落实党的干部政策,做好干部工作,尽快把审干工作中的遗留问题处理好,调动各方面的积极因素,使广大干部心情舒畅地投入到抓纲治国的战斗中去。

农林部在北京召开电话会议

会议要求全国各地抓紧时机,迅速做好各项准备,届时立即把春季植树造林育苗工作铺开,以加快林业建设步伐。

各省、自治区、直辖市有关部门的领导同志,以及一些地区、县的领导同志,参加了这次电话会议。参加会议的还有国务院有关部、委等部门和中国人民解放军总后勤部的代表。

农林部副部长罗玉川在会上讲了话。

罗玉川在讲话中阐述了加快林业发展速度的重大意义之后指出,各级领导机关按照抓纲治国的战略决策加强对林业工作的领导,是加速发展林业的关键。各地要认真制定林业发展规划,广泛发动亿万群众大打植树造林的人民战争。机不可失,时不再来,各地一定要结合冬春农田基本建设,根据农林牧副渔全面规划,山水田林路综合治理的要求,抓紧造林整地,把造林任务落实到山头地块。

罗玉川说,各行各业是绿化祖国的重要力量。过去,它们在植树造林方面作出了很大成绩。如煤炭系统已营造坑木林300多万亩,辽宁省抚顺矿务局建立了20多万亩坑木林基地,已经开始自给一部分坑木。各地交通、城镇、工厂、学校、部队等部门也出现了不少植树造林的先进单位。各行各业都要响应华主席的号召,今春大搞植树造林,为绿化祖国作出贡献。

罗玉川强调指出，各地在开展群众性的植树造林运动中，一定要注意质量问题。没有质量就没有速度。造林保存率低，这是一条历史教训。据近几年资源清查的结果，新中国成立以来营造的人工林，保存率仅有30%多。这不仅是个很大的浪费，而且挫伤了群众造林的积极性，延缓了绿化的速度。因此，我们要吸取这个教训，坚持高质量、高标准。一定要把植树造林的群众运动组织好，做好种苗检验、技术培训、物资供应等各项准备工作，防止一哄而上。造林以后，要严格检查验收，加强抚育管护，力争做到栽一棵活一棵，造一片成一片。

罗玉川在讲话中特地谈了培育种苗的重要性，要求今春各地要突出地抓一下种苗工作。

会上，山西、湖南、内蒙古主管林业的领导同志，介绍了这三个省、区加快林业发展的经验。

教育部发出《关于高等学校1978年研究生招生工作的安排意见》

该意见决定将1977年和1978年的招收研究生工作合并进行，同时报考，一起入学，统称为1978届研究生。据不完全统计，全国共有6.35余万人报考，1.0708万人被录取，这是"文化大革命"后招收的首届研究生。

1月11日

国家出版局在北京召开全国出版工作座谈会

出席这次会议的，有国家出版局直属的出版社、国务院各部委所属出版社以及各省、自治区、直辖市出版局负责同志共100人。中共中央宣传部部长张平化到会作了重要讲话。

会议以揭批"四人帮"的反革命修正主义路线为纲，集中批判了"四人帮"强加给出版战线的"两个估计"，分析了出版战线的形势，讨论了出版工作如何全面地正确地贯彻执行毛主席的革命路线，研究了全国1978年的出书计划和1978年至1985年出版规划设想。

会议总结了28年来出版工作的正反两个方面的经验和一年来揭批"四人帮"斗争的体会，讨论了出版工作的方针和任务。

在讨论过程中，大家认为出版工作要为贯彻执行党的十一大路线服务，为抓纲治国，在本世纪末实现四个现代化的宏伟目标服务，为无产阶级专政下继续革命服务。一定要完整地准确地宣传马列主义、毛泽东思想体系，力求有助于全党和全国人民完整地而不是零碎地、准确地而不是随意地、实际地而不是空洞地掌握马列主义、毛泽东思想的基本原理；一定要坚持为无产阶级政治服务、为工农兵服务的方向；一定要坚持百花齐放、百家争鸣的方针，严格遵守毛主席规定的区分香花和毒草的六条政治标准，彻底铲除"四人帮"立下的一切反动禁令，促使社会主义的文艺创作和马克思主义的学术研究尽快地活跃起来；一定要坚持古为今用、洋为中用和推陈出新的方针，在马列主义、毛泽东思想指导下，积极整理和翻译出版中国古代和外国的作品和各种资料，为发展社会主义文化和科学技术服务；一定要坚持党的群众路线，充分调动广大专业工作者为社会主义编书写书的积极性，大力培养工农兵业余作者；一定要坚持党的干部政策和知识分子政策，努力造就一支又红又专的出版队伍。

会议初步讨论了1978年的出书计划和1978年至1985年的出书规划的设想，要求经过努力，争取各个领域、各门学科都要出版一批水平较高的著作，图书的品种和数量都要有大幅度的增长，部分图书的印制质量和速度赶上世界先进水平，在出版战线出现一个全面繁荣的新局面。

河北省石家庄拖拉机厂建成投产

这个厂是在石家庄拖拉机配件厂的基础上扩建的，它是河北省目前最大的拖拉机制造厂，按设计将生产55马力大型拖拉机。

鞍山钢铁公司王君绍一条龙小分队夺得全国露天铁矿三项指标冠军

这个队的4立方米电铲年作业效率和潜孔钻年进尺，分别高出全国铁矿山同类设备的三倍和两倍。

它的劳动生产率也是全国最高的。全队99名职工，全年共采运矿岩350万吨，超出国家计划一倍以上。

国务院副总理王震在北京会见由老挝工商部部长梅索·赛宋平率领的老挝工商部代表团

中国政府和越南政府关于1978年相互供应货物和付款协定在北京签字

我国外贸部副部长王润生和越南外贸部副部长阮筝分别代表本国政府在协定上签字。

我国外贸部部长李强出席了签字仪式，并在仪式前会见了阮筝副部长和由他率领的越南政府贸易代表团全体成员。

中国经济贸易展览会在阿拉伯联合酋长国迪拜开幕

中国国际贸易促进委员会代表团团长王耀庭主任

主持了开幕式。

教育部发出《关于办好一批重点中小学的试行方案的通知》

通知指出，搞好教育革命，中小学是基础。当前，认真贯彻毛主席要办重点中学的指示，落实华主席要真正搞好教育革命的战斗号召和邓副主席关于办好一批重点学校的指示精神，切实办好一批重点中小学，以提高中小学的教育质量，总结经验，推动整个中小学教育革命的深入发展，具有重要意义。

通知要求各省、自治区、直辖市和国务院各部委的教育部门，都要在认真总结28年来教育革命正反两方面经验的基础上，对发展和办好本地区、本部门的重点中小学作出规划和部署。今年上半年，要求各地对所确定的重点中小学认真进行一次整顿。要以揭批“四人帮”为纲，同整党整风结合起来，重点把领导班子整顿好，配备好。教师力量要做必要的调整和充实加强。各项必要的规章制度，要认真建立起来。在自力更生、艰苦奋斗、勤俭办学的前提下，对经费、物资安排，给予必要的支持，尽快充实改善这些学校的仪器、图书等教学条件。保证这些学校今年秋季开学以后，能够切实按照新的教学计划、教学大纲和教材进行教学。

在教育部关于办好一批重点中小学的试行方案中，提出大中城市，可在市和区县两级举办重点学校。市办好一批重点中小学；区县可办两三所重点中学，五、六所重点小学。各省、自治区，可在省、地市、县三级举办重点学校。省和地市两级可各自办好一批重点中小学；县可办好两三所重点中学，五六所重点小学。要城乡兼顾。工交企业办的重点中小学，在教学内容上可以有所侧重。例如，石油、冶金、煤炭、地质部门办的重点学校，可以侧重学习该行业所需的有关基础知识，从小对口劳动，以利于为这些部门培养人才。目前还不是重点中小学的学校，也应按照重点学校的要求，努力搞好教育革命。各级教育行政部门今后应根据需要和可能，将确实办得好的中小学逐步纳入重点学校的行列。

目前，教育部办的重点中学和重点小学已经确定，共20所。它们是：北京景山学校、北京新华小学、天津南开中学、天津同义大街小学、上海师大二附中、上海实验小学、山西昔阳大寨学校、山西交城县城内七年制学校、黑龙江大庆铁人学校、江西共大总校附属“七·三〇”学校、河北束鹿县辛集中学、陕西延安中学、陕西延安杨家湾小学、广东梅县东山中学、河南尉氏三中(原长葛三中)、吉林延吉市六中、吉林哲盟科左后旗甘旗卡育红小学、湖南第一师范学校、湖南一师附小、山东梁堤头农业中学。

1月12日

中共中央主席华国锋在人民大会堂接见全国冶金工业学大庆会议 第三次全国农业机械化会议等会议代表

中共中央副主席叶剑英、邓小平、汪东兴，以及党和国家其他领导人韦国清、乌兰夫、方毅、纪登奎、吴德、余秋里、张廷发、陈永贵、陈锡联、耿飚、陈慕华也参加了接见。

被接见的还有出席省、自治区、直辖市知识青年办公室负责人座谈会，全国科学技术规划会议，全国国营农场工作会议，全国建材工业工作会议，全国商业局长会议的代表等。

全国中药材生产会议在北京召开

会议研究了发展中药材生产的方针、政策和措施，安排了目前供应短缺的一些中药生产，制定了全国药材生产十年规划。

会议由商业部、农林部、卫生部、外贸部和全国供销合作总社联合召开。

国务院副总理纪登奎在北京会见日本自民党众议员 前邮政大臣久野忠治

《人民日报》发表新华社记者述评《新的起点——中国排球运动员一九七七年在世界排坛上的新成就》

1977年对中国排球运动来说，也是很有意义的一年。中国排球运动员在这一年里经历了激烈的国际较量，为祖国赢得了荣誉和友谊。在第一次参加的世界杯比赛中，中国女排获得第四名，男排获得第五名。特别是女排在预赛中曾战胜了世界和奥运会冠军日本队，从而引起国际排球界人士的广泛注意。在世界大学生运动会上，女排获得第五名。在太平洋沿岸地区国际排球邀请赛上，中国男、女青年队双双获得冠军。在第一届世界青年排球锦标赛上，男、女队又双双获得亚军。中国排球运动员在向世界高峰的进军中有了新的突破，登上了一个新的高度。

我国大球的水平要不要赶上世界先进水平？能不能以较快速度赶上世界先进水平？排球运动员一年来以他们的实际行动，作出了肯定的回答。

中国排球运动有着一段不平凡的经历。早在60年代，排球运动员们就曾以其进攻速度之快受到国际排球界人士的赞扬，称之为“超音速排球”。中国排球运动的成长和发展得到伟大领袖毛主席和敬爱的周总理以及贺龙、陈毅等老一辈革命家的关怀和教导。广大排球运动员和教练员常常幸福地回忆起1955年10月毛主席亲临观看了中国对印度的排球赛的情景。中国女排教练袁伟民清楚地记得1964年周总理赴缅甸访问经过昆明时，一下飞机首先同前往迎接的排球队队员握手，详细询问他们在结束不久的新兴力量运动会上的成绩。这些年来，日本排球队曾多次访问中国，周总理每次总要观看比赛，关心中国运动员技术水平的提高，并且严格要求运动员要有良好的场上作风。周总理对中国排球运动员成长的亲切关怀在国际排球界也被传为佳话。排球运动员决心不辜负革命前辈的殷切期望。但"四人帮"及其余党打着"体育革命"的旗号，极力破坏社会主义体育事业。他们污蔑运动员刻苦练习是"练、练、练，不管纲和线"，说"成绩到手，人被夺走"，并且叫嚷"宁可三年不出成绩，也要把路线搞端正"。这些沉重的精神枷锁捆住了不少人的思想，广大运动员有劲没处使，有力不敢用。粉碎"四人帮"以后，人们的巨大社会主义积极性得到发挥。在华主席抓纲治国战略决策鼓舞下，排球运动员豪迈地表示：铁人打出争气油，我们要打争气球。教练员和运动员在训练中加大强度和难度。女队练习有时一天要扑滚几千次。男队员一堂大运动量训练课下来，每个人体重都比训练前减轻。去年6月，女排战胜了来访的日本国家青年队。就在取得这次胜利的第二天的训练中，教练袁伟民就带领运动员更起劲地进行基本功的训练。女队队长曹慧英腿长，重心高，扑滚不如别人灵活。但练习时，不怕摔伤，见球必争，被誉为"铁姑娘"。在世界杯比赛中获得了表彰意志顽强的"敢斗奖"、最佳拦网选手奖和"优秀选手奖"等3个个人奖。二传手陈招娣去年一度身体不好，有人劝她不要练了。但她怀着崇高的事业心，照常坚持练习，在这次世界杯比赛中出色地完成了战斗任务。男队队员平均身高1.88米，在国际比赛中是属于矮个队，特别是两名主攻手李建新和王恒康的身高分别只有1.83米和1.8米，李建新的膝盖还有损伤。但他们刻苦锻炼使水平不断提高。李建新的摸高达到3.51米，他们细心摸索对付各种身材高大拦网手的经验，发挥自己变线的特长。队长胡进结合实战的需要，踏踏实实地练习一些较难掌握的技术。

辛勤的劳动终于结出了丰硕的果实。中国排球运动员在1977年的世界杯比赛中成功地发挥中国传统的快攻打法。女队以3:2战胜了世界强队古巴队。中国女队同古巴队和南朝鲜队胜负的场次相等，最后只得根据净胜的局数才确定了名次。男队同后来获得第二名的日本队（世界锦标赛第三名）、第三名的古巴队（奥运会第三名）、第四名波兰队（奥运会冠军）比赛时虽然失利，但比分比较接近。如对古巴队打了4局，每局双方都只差两三分，同日本队打满了5局。女队和男队的最后名次都比1974年参加世界锦标赛时的成绩提前了10名，胜利地跨入世界先进水平的行列。

中国排球运动员在国际比赛中虚心学习别国运动员的长处，努力贯彻友谊第一、比赛第二的方针，也给各国朋友留下了深刻的印象。世界杯比赛结束后很久，日本各地和各界人民还不断给中国排球运动员写信，寄来了珍贵的纪念品，表达了日本人民的友好情谊，勉励中国运动员更上一层楼。

中国男、女排球运动员一年来取得的初步成果，受到了华主席和党中央的表扬，这是对广大运动员的极大鼓舞和鞭策。攀登世界高峰，为祖国争光，是形势的需要，人民的心愿。日本女排1957年才由九人制改为六人制，但三年后就取得世界亚军。1962年世界锦标赛上，又打败保持了10年优势的苏联队，第一次获得世界冠军称号，前后只花了5年时间。此后不断有所创新，有所前进，至今一直保持着世界领先地位。许多中国运动员表示，日本的经验值得他们学习。

世界排球运动在迅速发展。中国排球运动员还比较年轻，经验不足，临场应变能力还不强，基本技术不够扎实。现在取得的这点成绩只能作为一个新的起点。为了攀登新的高峰，还须付出更加艰巨的劳动。女排教练在参加了世界杯比赛从东京回国后的头几天已经开始制定今年新的战斗目标。计划的第一条写着：世上无难事，只要肯登攀。他说，要攀登世界高峰就要有严格的要求、严格的训练。严在政治标准上，严在思想作风上，严在动作规格上；训练中要有严肃的态度，严密的组织，严格的纪律。男排从东京回国的第二天正好是休息天，但队员们仍冒着寒风坚持训练。教练戴廷斌说："党的关怀进一步激发了我们要为祖国争光的决心。要攀登世界高峰就必须实干、大干、苦干。苦战才能过关。展望新的一年，我们信心满怀。"朝气蓬勃的中国排球队伍向着新的目标的进军已经开始！

1月13日

《人民日报》发表评论员文章《清查工作还要抓紧》

清查工作是揭批"四人帮"伟大斗争的重要组成部分。清查工作搞得好不好，关系到这场政治大革命能否进行到底，取得全胜。华主席去年8月在十一大政治报告中提出："清查工作要在党委统一领导下抓紧进行，各省、自治区、直辖市和中央各部门，要根据情况，争取今年内或稍长一点的时间，分期分批基本查清。"1977年已经过去了。各地区各部门都要检查一下，清查工作进行得如何？是不是基本查清了？清查工作进展较快的单位，要继续努力，善始善终，争取在不长的时间内，把这项工作告一段落。进展迟缓的单位，更要抓紧时间，急起直追，不能有任何松劲情绪。

经过全国上下的努力，很多地区和部门，同“四人帮”篡党夺权阴谋活动有牵连的人和事基本查清了。“四人帮”及其余党的资产阶级帮派体系，受到粉碎性的打击。这是一个如同肃反和清队那样的伟大胜利，对于巩固和发展第十一次路线斗争的成果，对于巩固无产阶级专政，关系极大。但是，也要看到，还有不少地区和部门运动开展晚了一些，搞得不够好，清查进度比较慢；有的单位甚至还在那里捂盖子，压群众。这些地区和部门，清查任务还相当艰巨，必须抓紧时间，用大力量，把这项工作进行下去。凡是同“四人帮”阴谋活动有牵连的人和事，都必须一一查清。否则，就分不清阶级阵线，就不能揭露和打击敌人，同时教育和挽救一些犯错误的人。我们就是要除恶务尽。在如此深刻的阶级大搏斗中，把蛇一样的恶人轻易放过，让他们找到某些避风港，隐藏起来，就会留下后患。还要看到，清查工作搞不好，阶级阵线不清，好人不香，坏人不臭，广大群众就不会心情舒畅，积极性必然受到压抑。在这种情况下，如果是一个大学，就要影响把教学搞上去。如果是一个科研单位，就要影响把科研搞上去。如果是一个工厂、一个农村，就要影响把生产搞上去。更不待说，如果是一个领导机关，运动搞不好，影响所及，就是一个地区，或者一条战线。

就是那些运动搞得好的地区和部门也要注意抓紧薄弱环节。冶金部是运动搞得比较好的部门，他们保持清醒头脑，通过检查、总结、评比，看到同“四人帮”有牵连的人和事虽已基本查清，但也有一些重大问题尚未完全查清，还需要深入追查；同时，还有个别单位，问题不明不白，如不加强领导，运动很可能走过场。针对这种状况，他们响亮地提出不能轻易敲“平安无事”的锣，不能煮夹生饭，不能草率收兵，决心把清查工作搞到底。科学院在斗争取得很大成绩的情况下，认真研究了一些运动开展得比较晚的单位的问题，派出调查组听取群众意见，进行调查研究，对这些单位的运动做了专门的部署和动员，对它们的清查工作既提出了时间的要求，又提出了检查验收的质量要求。冶金部、科学院对待清查工作的严肃认真的态度，值得学习。

目前，揭批“四人帮”的第三战役正在展开。在这个战役中，我们要密切联系实际，深揭狠批“四人帮”反革命修正主义路线的极右实质及其在各方面的表现，并且从哲学、政治经济学、科学社会主义理论上进行批判。这就要求我们在第三战役中丝毫不能放松清查。凡是清查任务没有完的单位，特别是清查搞得不好的单位，都应当把揭批和清查很好地结合起来。一些单位的经验告诉我们，批判搞得越好，越有利于清查；清查的成果越大，可供批判的材料越丰富。把两者结合起来，既可以推动清查，又可以把批判引向深入。我们要以批促查，决不能以批代查，空批不查。积极参与“四人帮”篡党夺权阴谋活动的骨干分子，是推行“四人帮”反革命政治纲领和极右路线的急先锋。不把这些人的问题彻底查清，不把他们反对毛主席、周总理、华主席和中央其他领导同志的罪行查清楚，不把他们打击和迫害广大革命干部，歪曲和破坏党的路线、方针、政策的罪行充分揭露出来，能够真正分清是非，肃清流毒吗？显然不能。只有把揭、批、查紧密结合起来，第三战役才能更好地深入下去，取得更大的战果。对于运动开展得比较晚的单位来说，更是如此。

至于少数捂盖子、压群众的单位，更要引起注意，采取措施，加以解决。比如，有一个地区，前一段揭批“四人帮”的斗争取得一定的成绩，但是揭批查的阻力很大。地区党委内有的人采取躲、拖、捂的手段，“查小不查大，查下不查上，查外不查内，查远不查近”，甚至想以“排除干扰”和“端正运动方向”为名，进一步压制干部和群众。这样，运动中就出现了揭与捂、清查与反清查的斗争。正在这个关键时刻，在上级党委的领导下，揭开了这个地区的盖子，广大干部和群众被压抑的革命积极性像火山一样迸发出来，一个深入揭批查和抓革命、促生产的新高潮正在兴起。而那个想捂盖子的人，则丧失了主动权。这个教训是很深刻的。

清查工作是一件十分重要而又有时间性的任务，既不能草草收兵，也不能拖拖拉拉。我们要把这项工作继续抓紧。要制订计划，认真落实，及时检查，有步骤地按期完成。只要我们立场坚定，旗帜鲜明，有除恶务尽的决心，又十分注意掌握党的政策，严格按照十一大规定的政策界限和党中央指出的清查重点进行工作，我们就一定能圆满地完成清查任务。

长江流域规划办公室组织对长江源头地区进行查勘取得第一手资料

新华社报道：经长江流域规划办公室组织查勘的结果表明，长江的源头不在巴颜喀拉山南麓，而是在唐古拉山脉主峰各拉丹冬雪山西南侧的沱沱河；长江全长不止 5800 公里，而是 6300 公里，比美国的密西西比河还要长，仅次于南美洲的亚马逊河和非洲的尼罗河。

为了准确查明长江情况，更好地开发利用长江水利资源，长江流域规划办公室组织的调查组对长江源头地区进行了查勘，取得了不少第一手资料。这次查勘证实，长江源头地区主要有五条较大的水流，它们是楚玛尔河、沱沱河、尕尔曲（目前地图上名为得列楚卡河)、布曲(拜渡河)和当曲(阿克达木河)。其中沱沱河最长,计375公里,当曲第二,其余较短。按照“河源唯远”的原则,沱沱河应为长江正源。

经中国科学院地理研究所按地图重新量算,长江从江源到宜宾一段长3496公里,宜宾以下仍为2884公里,其中减去因荆江裁弯缩短的80公里,合计全长6300公里。1974年,我国测绘工作者曾对青藏公路以西地区进行了测绘工作,正确地反映了长江江源地区的山脉、水系情况,为这次江源查勘创造了条件。

1月14日

国务院总理华国锋致电谢赫贾比尔·艾哈迈德·萨巴赫殿下祝贺他就任科威特国埃米尔

《人民日报》为刊登中共清华大学委员会的文章《丰碑不可撼,人心不可侮,怒斥反党黑文〈大辩论带来大变化〉》配发编者按

编者按:两年前的今天,“四人帮”控制的《人民日报》抛出一篇丧尽人心的大毒草《大辩论带来大变化》。当时,全国人民哀悼周总理,怒斥国奸,该文竟强奸民意,一开头就胡说:“近来,全国人民都在关心着清华大学关于教育革命的大辩论。”今天,本报发表中共清华大学委员会的文章,揭露了当时清华园里两条路线斗争的真相。在那“黑云压城城欲摧”的日子里,清华大学3万多名师生员工和家属同全国人民一样,为失去了周总理悲痛欲绝,哪有什么“热气腾腾的大辩论”?他们愤怒地指出:“《大辩论带来大变化》决不代表清华的广大群众,是对清华革命群众的极大诬蔑,是向8亿人民的猖狂挑战。”

现已查明,这篇黑文是“四人帮”及其在《人民日报》的心腹和在清华大学的男女黑干将有计划、有预谋抛出的一支毒箭。1月13日,阶级异己分子姚文元打电话给他在《人民日报》的心腹,疯狂叫嚣“总理不要突出”,“标题字太大”,要“缩小”,并指令在第二天抛出《大辩论带来大变化》这一黑文。文章发表后,姚文元叫嚣:“《大辩论带来大变化》,是搞得较好的一篇。”“清华报道的路子是对的,关键时刻发表运动方面的典型。”“四人帮”在清华的走卒也狂叫:“这篇报道发表的时机比它的内容还要重要。”

何谓“关键时刻”?什么是“这篇报道发表的时机”?全国人民日益看清了“四人帮”的狼子野心,反对“四人帮”的民心日益炽烈,成为他们篡党夺权的严重障碍,这就是“四人帮”所谓的“关键时刻”。他们正是预感到人民群众的愤怒犹如即将爆发的火山,要把他们烧成灰烬,才冒天下之大不韪,乞灵于一篇纯属虚构的假报道,抓着这个“关键时刻”,妄图扭转全国人民的视线。

然而,人心不可侮。《大辩论带来大变化》恰恰起了大暴露“四人帮”的作用。它从反面教育全国人民,更加认清了“四人帮”的狰狞面目。就在这篇黑文发表的当天,读者纷纷给《人民日报》打电话提抗议。有的说:“你们报纸的宣传我们不想看,告诉你,有的群众把你们的报纸都撕了。”有的说:“你们的报纸越来越让人奇怪,不能不使我们在心里问一个为什么?”姚文元则玩弄他的反动文痞伎俩,捏造了一个闻所未闻的“打匿名电话”的罪名,加在这些读者头上,要把他们打成反革命!这是“四人帮”及其在《人民日报》余党的资产阶级帮派体系对全国人民犯下的滔天罪行。

《人民日报》在“四人帮”控制期间,犯了许多罪,欠了许多债。有罪就要清算,有债就要偿还。希望广大读者同我们一起来揭发批判“四人帮”利用《人民日报》制造假报道、炮制黑文章,篡夺党和国家领导权的滔天罪行。

国务院副总理陈永贵在北京会见以众议院议员日中农业农民交流协会会长八百板正为团长 众议院议员井上泉为副团长的日中农业农民交流协会国会议员访华团

中日友好协会会长廖承志在北京会见以上村幸生为顾问 梶间义夫为团长的日中友好议员联盟秘书访华团

中国政府和保加利亚政府1978年交换货物和付款协定在索非亚签订

中国政府贸易代表团团长、对外贸易部副部长王润生和保加利亚政府贸易代表团团长、对外贸易部副部长彼·巴希卡罗夫分别代表本国政府在协定上签字。

1月15日

国家计委在山东省烟台市召开全国工业交通技术革新经验交流会议

会议于1月15日到22日在山东省烟台市举行。参加会议的有各省、自治区、直辖市和国务院各有关部委、一部分厂矿企业、科研单位、大专院校的代表近700人。国家计委副主任袁宝华、顾秀莲在会上分别讲了话。

这次会议是对全国工交战线技术革新成果的一次

大检阅。

山东省昌潍地区和烟台地区，在地方党委的强有力的领导下，依靠群众，坚持围绕农业办工业，抓住生产中的薄弱环节，大搞技术革新，积极推广、采用先进技术，促进了工业生产连年大幅度增长。这两个地区1977年的工业生产与“文化大革命”前的1965年相比，昌潍地区增长6.88倍，烟台地区增长5.88倍。与会代表在开会之前参观了这两个地区21个企业的技术革新成果，受到很大的鼓舞。大家决心把这里的好经验带回去，认真地加以推广。

会议期间，大庆油田和石油化工部、开滦煤矿、烟台地区、烟台小钢联、广东省、常州市、煤炭部、水电部等22个地区和单位的代表在会上介绍了他们开展技术革新的经验。此外，会议还专门安排了余热发电、沸腾燃烧锅炉、远红外干燥、低温镀铁等18项技术专题的介绍。这些丰富多彩的内容，使人们耳目一新，精神大振。许多同志对照先进找差距，下定决心搞革新，争相讨论、制订采用新技术的计划。原来对搞好本地区、本单位工业生产有畏难情绪的一些同志，这次从所见所闻的大量技术革新成果和经验中找到了办法，看到了希望，增强了大干快上的信心。

这次会议还研究了工业交通战线今后开展技术革新的任务和有关的方针政策问题。会议提出：第一，必须坚持革新、改造、挖潜的方针。通过技术革新和改造不断挖掘现有企业的潜力，是多快好省地发展我国工业生产的有效途径。第二，技术革新必须明确主攻方向。当前，燃料、动力、运输和原材料工业是影响全国工业高速度发展的薄弱环节，技术革新的重点要放在这些方面。第三，在技术革新中要实行学习和独创相结合，既要提倡独创，又要强调学习和推广，对国内外已有的先进技术要虚心地、努力地学到手，大力做好普及推广工作，尽快地、最广泛地应用到生产建设中去。第四，领导机关要对技术革新采取扶植政策，实行优先原则。要把准备采用的先进技术项目纳入计划渠道，在生产上和人力、投资、材料等方面优先安排，积极扶植。

会议讨论了国家计委提出的1978年到1980年在全国重点推广60项新技术的规划草案。这些技术推广项目，包括工业余热利用技术、火电厂省煤节电技术、煤矸石和石煤综合利用技术、采煤机械化、连续铸钢、少无切削新工艺、热处理技术、大规模集成电路、激光技术应用等，涉及各个工业交通部门。会议要求各省、自治区、直辖市和国务院各有关部门参照这个规划，制订出本地区、本部门的分年推广计划和具体要求，切实把这些对国民经济有重要意义的新技术推广开来。到会同志表示，一定要和全国广大工人、技术人员、干部一道，在华主席为首的党中央领导下，迅速掀起一个技术革新的高潮，为采用、推广先进技术，高速度发展我国工业生产作出贡献。

湖南长岭炼油厂在全国炼油行业中夺得七项技术经济指标的冠军

这7项冠军是：汽油、煤油和柴油的收率达到62.8%；每万吨原油重整产苯量达30吨；炼油污水回用率达到57.9%；主要设备完好率达到96.4%；静密封点泄漏率在1.02‰以下；常减压装置自动分析水平全国第一；柴油加氢精制采用国产设备操作压力达到60公斤，常周期运转320天以上。

1月16日

全国冶金工业学大庆会议在人民大会堂闭幕

出席这次会议的代表认真讨论了如何高速度发展我国冶金工业的问题，决心高速度、高质量、高水平地实现冶金工业的全面跃进。

华国锋主席给大会亲笔题了词：粉碎“四人帮”，冶金工业战线形势大好，广大职工意气风发，斗志昂扬，初见成效，捷报频传。我国冶金工业加快发展大有希望。

华国锋主席和叶剑英、邓小平、汪东兴副主席，以及党和国家其他领导人韦国清、乌兰夫、方毅、纪登奎、吴德、余秋里、张廷发、陈永贵、陈锡联、耿飚、陈慕华接见了全体代表。

会议期间，中共中央政治局委员、国务院副总理余秋里给大会作了重要报告。国务院副总理王震出席了会议。

会议是1977年12月28日开幕的。来自全国29个省、自治区、直辖市的冶金战线的各级领导同志和企业、事业、科研单位的先进集体的代表、先进模范人物，共3300多人，参加了这次会议。

代表们进一步认识到高速度发展冶金工业的重要意义。代表们指出，高速度发展冶金工业，是国际国内阶级斗争发展的需要；是在新的基础上加强工农联盟，巩固无产阶级专政，不断提高人民生活水平的需要；是建设强大国防，保卫社会主义祖国的需要；也是在本世纪末实现四个现代化的宏伟目标的需要。

怎样算高速度？代表们展开了极其热烈的讨论。他们一致认为，我国钢铁工业在本世纪内进入世界先进行列，这就算有了高速度。要实现这一目标，关键在于前八年。从今年起到1985年的8年，是冶金战线上的一场硬仗，一场翻身仗。我们一定要拿出很大的劲头，坚决打胜这一仗。首先今年要夺取冶金生产的新胜利,来迎接全面跃进的新时期。

会议认为,为了加快冶金工业的发展,适当增加投资,新增生产能力是必要的,但是从我国冶金工业的现状看,冶金企业拥有的潜力很大,当前,焦炭、钢铁料、铁合金、耐火材料、电力的消耗和劳动生产率,都比历史最好水平差了一大截。把这些潜力挖出来,就能大大加快我国钢铁工业的发展速度。会上,许多企业制定出了挖“五大潜力”、“创五大水平”的具体措施,决心在挖潜、革新、改造上狠下功夫,千方百计把消耗降下去,把质量提上来,用最低的消耗生产出更多更好的钢铁和有色金属。

1月17日

国务院中央军委发出《关于1978年春节期间开展拥军优属拥政爱民活动的通知》

通知说,1978年是抓纲治国三年大见成效的重要一年。在新的一年里,我们要继续高举毛主席的伟大旗帜,紧密地团结在以华主席为首的党中央周围,进一步贯彻执行党的十一大路线,努力完成1978年的各项战斗任务。为了进一步加强军政、军民团结,发扬我党我军的优良传统,在今年春节期间,各地区各部队要认真开展拥军优属和拥政爱民活动。

通知要求,在这一活动中要继续深入揭批和肃清“四人帮”反军乱军,破坏军政、军民团结的罪行和影响,自觉地、经常地做好拥军优属、拥政爱民工作。各地要在广大干部和群众中大力宣讲解放军在革命战争、社会主义革命、社会主义建设和无产阶级“文化大革命”中的丰功伟绩,学习解放军的优良传统,热爱人民子弟兵,大力支持当地驻军完成各项战备任务,加强民兵建设。要认真检查总结拥军优属工作,做好复员退伍军人的安置工作,鼓励他们继续发扬人民解放军的光荣传统,充分发挥社会主义积极性。各部队在进行三大纪律八项注意教育的同时,要检查一下执行群众纪律的情况;要教育广大指战员树立人民军队要紧紧和人民在一起,全心全意为人民服务的思想,模范遵守党和国家的政策法令;虚心向群众学习,支持地方工作,支援农业学大寨、工业学大庆运动。通过纪律整顿,重新修订拥政爱民公约,进一步密切军政军民关系。

通知说,各地区在春节期间要对当地驻军和烈军属、残废军人进行慰问,举行联欢,召开座谈会,听取意见,改进工作。各部队团以上领导机关,要向驻地党政机关和烈军属、人民群众进行慰问联欢。在这些活动中,要政治挂帅,大力表扬拥军优属、拥政爱民的先进单位和模范人物,发扬艰苦朴素的优良作风,厉行节约,严禁铺张浪费。

通知号召全国军民要提高警惕,加强战备。人民解放军和广大民兵,要响应华主席提出的“要加速人民解放军的革命化、现代化建设”的号召,进一步抓纲治军,为把我军建设成现代化的强大的无产阶级军队,随时准备歼灭一切来犯之敌,完成解放台湾、统一祖国的神圣大业而努力奋斗。

《人民日报》发表评论员文章《抓纲治文艺》

1978年新年前夕,《人民文学》编辑部邀请在京的部分文学工作者举行座谈会,深入揭批“四人帮”的“文艺黑线专政”论。会议期间,华主席为《人民文学》写了极其重要的题词:“坚持毛主席的革命文艺路线,贯彻执行百花齐放、百家争鸣的方针,为繁荣社会主义文艺创作而奋斗。”华主席继承毛主席的遗志,坚决贯彻执行毛主席的革命路线,像毛主席那样关怀文艺战线,广大革命文艺战士感到无限的光荣和幸福!

华主席的光辉题词,是我国文艺战线的一件大事,是全党、全国的一件大事。这是华主席、党中央抓纲治国战略决策的一个重要组成部分。这是迎春的战鼓,进军的号角,对于文艺战线深入揭批“四人帮”反革命的修正主义路线、彻底粉碎“四人帮”及其余党的资产阶级帮派体系的斗争,对于促进社会主义文艺的繁荣和发展,实现文艺战线的大治,有着极其重要的意义。

整顿文艺,活跃文艺,大治文艺,是毛主席的遗愿,也是全国人民多年来的希望。在“四害”横行的那些年中,文艺战线遭到极其严重的破坏,是一个受害很深的“重灾区”。“四人帮”挥舞“文艺黑线专政”论这把刀子,疯狂反对毛主席的革命文艺路线,全盘否定解放以后17年以至30年代革命文艺战线的成绩。许多革命文艺工作者遭到残酷的迫害和打击,大量的优秀革命文艺作品受到野蛮的摧残和扼杀。“四人帮”妄图毁掉我们整个无产阶级的革命文艺。伟大领袖毛主席对他们的倒行逆施,多次提出尖锐的批评,指出要调整党内的文艺政策,也就是要整顿文艺战线,要把文艺活跃起来。粉碎“四人帮”以后,华主席继承毛主席的遗志,大治全国,大治文艺。现在,华主席的题词,又为我们大治文艺进一步指明了路线和方向,规定了方针和任务。

大治文艺,必须紧紧抓住揭批“四人帮”这个纲。我们同“四人帮”的斗争,是一场历史性的大决战。我们同“四人帮”在文艺战线的斗争,是整个大决战的一个重要方面。搞乱文艺战线,进而把它当作篡党夺权的凶器,这是“四人帮”的一贯方针,也是这些年来的真实历史。因此,要大治文艺战线,就必须彻底清算

“四人帮”在文艺战线的罪行,必须彻底揭批“四人帮”在文艺界的资产阶级帮派体系。不破不立,不斗不治。不对“四人帮”进行坚决彻底的批判和斗争,大治文艺就不能实现。

“四人帮”搞乱文艺战线,最根本的一条,就是歪曲路线斗争历史,颠倒路线是非。所谓“文艺黑线专政”论,正是一个歪曲历史、颠倒是非的反动谬论,也是“四人帮”的反革命修正主义路线的理论支柱。进一步从各个方面深入揭批“文艺黑线专政”论,是当前文艺战线揭批“四人帮”第三战役的重要任务。只有彻底批倒“文艺黑线专政”论,才能真正分清路线问题上的大是大非,毛主席的革命文艺路线才能得到真正的贯彻,革命文艺工作者才能得到真正的解放,文艺战线才能实现大治,社会主义文艺才能繁荣。

大治文艺,必须坚决贯彻执行“百花齐放,百家争鸣”的方针。这是促进社会主义文艺繁荣发展的唯一正确的方针。新中国成立28年来的实践证明,我们坚决贯彻这个方针,社会主义文学事业就能发展,就受到广大工农兵群众的赞许和欢迎。这些年来,社会主义艺术所以受到摧残,就是由于“四人帮”疯狂推行资产阶级文化专制主义。他们不准提“百花齐放”的方针,肆意扼杀革命文艺,为他们大搞阴谋文艺创造条件;他们鼓吹“一家做主”的谬论,压制革命文艺工作者的正确意见,实行法西斯专政的“一言堂”。为了繁荣社会主义文艺,我们必须彻底批判“四人帮”反对“双百”方针的罪行,要使文艺战士的思想来一个解放,鼓足干劲,运用各种形式,发挥各种风格的特长,创作出更多的为无产阶级政治服务的作品来。

大治文艺,就要迅速整顿和发展革命文艺队伍。我们的文艺队伍是在毛主席、周总理亲自关怀下,在毛主席革命路线指引下,在历次斗争中发展壮大起来的。这支队伍的大多数是好的,是经受得住大风大浪严峻考验的。粉碎“四人帮”一年多来,文艺界生气勃勃,斗志昂扬,好作品、好节目不断涌现。中央宣传部先后召开各种鼓舞人心的座谈会,全国各地的文联及所属各种协会正在逐渐恢复活动,各种文艺刊物逐渐复刊。文艺工作者更加觉得大有干头、大有奔头了。老一辈的革命文学工作者,恢复了革命战争时期、“大跃进”年代的干劲,重新拿起被“四人帮”夺去的笔;年青的革命文学工作者,学习老前辈的革命精神,决心为繁荣社会主义文艺贡献自己的全部力量。

我们有华主席为首的党中央的领导,有毛主席的革命路线,又有一支久经考验的革命文艺队伍,只要我们把深入揭批“四人帮”的斗争进行到底,认真地、实事求是地总结28年来正反两方面的经验和教训,我们的文艺战线一定会很快出现大治局面。

全国人大常委会副委员长乌兰夫在北京会见由瑞典广播公司总经理奥托·诺登舍尔德率领的瑞典广播代表团

1月18日

《人民日报》发表社论《高速度发展冶金工业大有希望》

粉碎“四人帮”,各行各业都在大干快上。农业要机械,工业要装备,战备要武器,作为基础工业的冶金工业,应该怎么办?

“我们要坚决响应华主席的号召,开足马力,高速度地发展冶金工业!”这就是全国冶金工业学大庆会议全体代表响亮的回答。

速度问题一直是伟大领袖和导师毛主席所深思熟虑的问题,也是华主席十分关心、多次强调的问题。尽快把冶金工业搞上去,对于改变我国经济落后状况,实现四个现代化,具有举足轻重的作用。高速度发展冶金工业,不是单纯的经济问题,而是一个尖锐的政治问题,是关系到国家生死存亡的问题。速度不高,实力不大,国力不强,人民就要挨打。从当前国际阶级斗争形势来看,苏、美争霸,战争迟早要打起来。苏修亡我之心不死。速度问题的政治性质就更加显得尖锐了。我们必须从战略上认识高速度发展冶金工业的紧迫性和重要性,努力把冶金战线各方面的工作转到实现社会主义建设高速度的轨道上来。

冶金工业能不能实现高速度?完全可能。28年来的历史证明了这一点。我国的冶金工业,不是从旧中国的烂摊子上建成了一个具有相当规模、比较完整的体系吗?不是排除过各种干扰,几次出现过大发展吗?不是自力更生地提供了制造原子弹、氢弹、人造地球卫星所需的高级合金材料吗?不是在冶炼和轧制方面,都创造过许多先进生产工艺,在不少技术经济指标上达到过世界先进水平吗?同样,粉碎“四人帮”以来冶金工业迅速恢复、发展的现实,也证明了这一点。几年来,冶金工业曾经遭受到“四人帮”的严重破坏。“四人帮”及其余党的资产阶级帮派体系,丧心病狂地反对高速度,破坏高速度,断送高速度。当时,全党、全国人民想钢、盼钢,如大旱之望云霓,但在“四人帮”的破坏下,钢铁生产就是上不来。华主席统率我们一举粉碎了“四人帮”,挽救了党和国家,解放了人们的思想,解放了生产力,为冶金工业的高速度发展扫除了最大的障碍。经过一年来的战斗,冶金工业战线形势非常喜人。正如华主席最近为冶金工业的光辉题词中所赞扬的:“粉碎‘四人帮’,冶金工业战线形势大好,广大职工意气风发,斗志昂扬,初见成效,捷报频传。我国冶金工业加快发展大有希望。”

冶金工业要实现高速度，靠什么？最根本的是要照毛主席的指示办。华主席指出：“钢铁工业要搞上去，就要按毛主席的指示办。毛主席生前对冶金工业有很多非常重要的指示，粮食、钢铁，毛主席讲得最多。我们要很好地体会毛主席的指示。”伟大领袖和导师毛主席生前非常关心冶金工业，亲自制定了发展我国冶金工业的一整套路线、方针和政策。毛主席批示的鞍钢宪法，解决了以革命化统率工业化，走我国自己工业发展道路的问题；毛主席对甘肃一个工厂关于“四清”报告作的批示，解决了社会主义企业领导权要牢牢掌握在无产阶级手里，坚持社会主义方向的问题；毛主席提出的全党办钢铁和一整套两条腿走路的方针，解决了冶金工业如何实现高速度、“大跃进”的问题；毛主席指示要利用和发展沿海冶金工业，大力加强内地冶金工业建设，从战略上解决了冶金工业的布局问题。毛主席还提出了首先建设矿山、把品种质量放在第一位、尽量采用新技术、大搞科学实验、大搞综合利用等一系列方针、政策。这些就是我们高速度发展冶金工业的行动纲领。

高速度从哪里来？怎样实现高速度？冶金工人回答得好：抓纲就有高速度，挖潜就有高速度，大干就有高速度。

抓纲，在当前来说，就是要继续深入揭批“四人帮”。去年，冶金战线广大职工，坚决贯彻执行华主席抓纲治国的战略决策，意气风发，斗志昂扬，不停顿地向“四人帮”及其余党的资产阶级帮派体系发动进攻，抓革命，促生产，取得了初见成效、捷报频传的重大胜利，扭转了冶金工业徘徊、停滞、倒退的局面，出现了“大跃进”的新形势，从政治上、思想上、组织上为高速度发展冶金工业打下了坚实的基础。今年是抓纲治国、三年大见成效的重要一年。冶金职工要高举毛主席的伟大旗帜，坚持党的十一大路线，紧跟华主席、党中央的战略部署，乘胜前进，把揭批“四人帮”这场政治大革命进行到底。清查工作一定要有始有终，一定要获全胜，一定要搞彻底。对“四人帮”及其余党的资产阶级帮派体系，要彻底粉碎。对“四人帮”支持和怂恿的那些打砸抢者，严重破坏社会治安的犯罪分子，仇恨社会主义、进行反攻倒算的地富反坏分子，要坚决打击。对少数运动开展迟缓，捂盖子、压群众的单位，必须采取有力措施，迅速改变这种状况。要除恶务尽，不留后患。决不能草率收兵，决不能半途而废。要十分注意政策，认真执行十一大规定的政策界限，严格区分和正确处理两类不同性质的矛盾。属于人民内部的矛盾，要惩前毖后，治病救人。表现好的，能早解脱的就早解脱。要团结一切可以团结的人，集中力量打击“四人帮”及其一小撮罪行严重而又不肯改悔的死党。要放手发动群众，打好揭批“四人帮”的第三战役，彻底批判“四人帮”反革命修正主义路线的极右实质，肃清其流毒和影响。特别要紧密联系实际，深入揭批“四人帮”破坏冶金工业，反对高速度的罪行；深入揭批“四人帮”反对和篡改毛主席制定的发展冶金工业的一整套路线、方针、政策的罪行，一个问题一个问题地分清路线是非，划清鞍钢宪法与马钢宪法、社会主义与资本主义的界限。这样，就能够调动冶金战线千军万马的积极性，夺取高速度的胜利。

挖潜，就是要大破“外因论”，立足于现有基础，立足于自力更生。华主席指出：冶金工业“潜力是很大的”，要大幅度增产“就要靠挖潜”。华主席的指示就是要求从节约中搞增产，从挖潜中求高速度。这是完全符合冶金工业实际情况的。我国有非常丰富的矿产资源，新中国成立以来，国家为冶金工业投入了大量人力、物力、财力，建设起一个相当雄厚的基础。只是由于林彪特别是“四人帮”的破坏，使得一些企业消耗高、亏损大、质量差、投资效果小、设备损坏严重、劳动生产率低，大大束缚了生产力的发展。这就是巨大潜力所在。经过“文化大革命”，打倒了林彪、特别是“四人帮”反党集团，只要我们全心全意依靠广大工人、干部和科学技术人员，我们就能够把这些潜力挖出来。可是，有的同志偏偏看不到这一点。一提到高速度，就伸手向上，要人、要钱、要物。其实，潜力并非远在天边，而是近在眼前，就在你那个厂矿里、车间里。你那里不是有成千上万名职工群众吗？就看你能不能把他们的社会主义积极性调动起来！你那里不是有很多炉子和设备吗？就看你能不能管好用好，让它们最大限度地为国家创造财富！你那里不是有大量燃料、动力、原料和各种物资吗？就看你能不能充分发动和依靠群众，从节约每一度电、每一公斤焦炭和炉料入手，精打细算，做到物尽其用！冶金战线有成百上千的先进集体和先进人物，他们通过挖潜、革新，闯出了高产、优质、低消耗的路子，创造了一个又一个的新纪录，打出了高速度、高质量、高水平。差距就是潜力。只要各个冶金企业都认真向先进典型看齐，发动群众中的落后阶层奋发起来努力赶上先进阶层，那么，在现有条件下，不要国家再增加什么，今年就可以增产数以百万吨计的钢铁和几万吨有色金属。这样，我们就可以把高速度发展的客观可能性变为活生生的现实。

大干，就是要学大庆，学铁人，树雄心，立壮志，革命加拼命。我们在实现高速度的过程中，肯定会遇到这样那样的困难。不战胜困难想轻易取得高速度，这样的“好事”是没有的。问题在于用什么精神去对待困难。高速度不是等出来的，而是干出来的。“四害”

横行时，谁要大干，谁就“有罪”，职工被压得抬不起头，挺不起腰，鼓不起劲。现在，人们心齐了，气顺了，浑身有使不完的劲，该是我们跃马扬鞭，飞腾奋进的时候了！该是我们挽起袖子，甩开膀子大干的时候了！大干社会主义，是要有一点精神的。就是说，要像大庆人那样，鼓足干劲，力争上游，不怕苦，不怕难，为了高速度，为了多快好省地发展冶金工业，赴汤蹈火，在所不辞。20年前毛主席曾经指示，钢铁铜铝及其他有色金属，要拼命干，不拼命不行。讲的就是这种大无畏的革命精神。我们不仅要勇于大干，而且要善于大干。要把大干和技术革新、技术革命结合起来。要想使生产大幅度增长，只靠拼体力、拼时间、拼设备是不行的。正像工人所说的：技术革新搞不好，发展速度快不了。钢铁工业能不能以更大的幅度发展，在很大程度上取决于新技术利用得如何。烟台地区在燃料、动力和原材料方面大搞技术革新，短时期内，就搞起了从煤矿到铁矿、从炼铁到轧钢的成龙配套的“小钢联”。如果全国钢铁企业都像它们那样，速度就上来了。这样，我们就可以掌握高速度发展冶金工业的主动权，“使年产几百万吨钢向年产几千万吨钢乃至几万万吨钢转化”。

高速度发展冶金工业，必须大搞群众运动，调动一切积极因素。华主席最近指出，要注意发挥两个积极性，钢铁工业应该还是全党来办。这是冶金工业高速度前进的必由之路。重点企业要充分发挥骨干带头作用，中小企业也要充实、巩固、提高，积极发展。中小企业是冶金工业的一条腿，土生土长，有强大的生命力。它对加快农业机械化，加强战备，支援五小工业，有重大的作用，应该积极加以扶植。

当前，一个以高速度、高质量、高水平为中心内容的“五对口、五评比”（厂矿对厂矿、车间对车间、班组对班组、家属对家属、岗位对岗位，比思想、比干劲、比作风、比措施、比贡献）的社会主义竞赛运动，正在冶金战线蓬勃兴起。广大职工心情舒畅，精神焕发，争挖“五大潜力”，竞创“五大水平”，决心今年在主要技术经济指标上全面超过历史最好水平，超额完成国家下达的大幅度跃进的生产计划。钢铁和有色金属生产，今年一起步就实现了开门红，1月上半月都超额完成了计划，一直保持在高产稳产的水平上。整个冶金战线呈现出一派兴旺发达的景象。各企业党委要加强领导，使竞赛运动持久、深入地开展下去，发动职工和家属，大赛特赛，赛出热气腾腾、蒸蒸日上的跃进形势，赛出你追我赶的冲天干劲，赛出团结战斗的共产主义风格，赛出捷报频传的崭新局面。

有毛主席革命路线的指引，有华主席、党中央的英明领导，有广大职工的努力，高速度发展冶金工业，肯定是大有希望的。

全国人大常委会副委员长邓颖超到达金边对民主柬埔寨进行友好访问

中共中央军委发出《关于加强部队教育训练的决定》

决定要求全军把教育训练提高到战略地位，把军队整顿好、训练好，全面提高部队战斗力。

教育部颁发《全日制十年制中小学教学计划试行草案》

经国务院批准，教育部颁布了《全日制十年制中小学教学计划试行草案》，并发了通知。

通知指出，制定和试行统一的全日制十年制中小学教学计划，是贯彻执行党的教育方针，提高教学质量的重要措施，是建立无产阶级教育制度的重要内容，对于打好中小学教育这个基础，加速培养又红又专的建设人才，以适应建设现代化的社会主义强国的需要，有着重要的意义。

《全日制十年制中小学教学计划试行草案》规定了中小学的任务，学制，制订教学计划的基本原则，“主学”、“兼学”的安排，活动总量，课程设置等。全日制中小学学制为十年制，小学五年、中学五年。中学五年按初中三年、高中二年分段。统一为秋季始业。有条件的地区，可以逐步实行六周岁半或六周岁入学。在“主学”、“兼学”的安排上，规定坚持以学为主，兼学别样，把教育同三大革命运动结合起来。要保证政治课和文化课的教学时间，按照教学大纲和教材要求，完成教学计划，提高教学质量。学校不得随意停课，必要停课时，须经县教育行政部门批准。要组织好学工、学农、学军，批判资产阶级，搞好校办工厂、农场（或农村分校）和厂校、队校挂钩，开展勤工俭学活动，使教学、生产、科研结合，使学生在三大革命实践中接受工农兵的教育，克服非无产阶级思想，提高阶级斗争和路线斗争的觉悟，树立劳动观点，掌握一定的工农业生产知识和技能，初步具有人民战争的军事常识。

教育部的通知指出，中小学教育，要坚持普及与提高两条腿走路的原则，既要有全日制的学校，又要有半工半读和业余学校。三类学校中，有一部分要担负提高的任务。这个草案适用于担负提高任务的、课程设置无备的中小学。目前多数农村地区中小学学制为九年制，可以继续实行；其中，应当有计划地使一部分条件具备的学校逐步过渡为全日制十年制学校，有一部分也可办成半工半读的五七学校和农业中学。

通知要求各地试行全日制十年制中小学教学计划

时,要从实际出发,因地制宜。

九年制学校、五七学校、农业中学和业余学校的教学计划由各省、自治区、直辖市自订。

1月19日

国务院副总理邓小平主持国务院举行的宴会欢迎法国总理雷蒙·巴尔并发表讲话

邓小平说,巴尔总理是继蓬皮杜总统1973年访华之后来我国访问的又一位法国国家领导人。1975年,我本人受毛主席、朱委员长和周总理的委托,对法国进行了友好访问,受到法国政府和人民的热情接待,至今记忆犹新。我们非常重视两国领导人直接就共同关心的国际问题和双边关系交换意见。我们相信巴尔总理的这次访问将为进一步发展两国关系、增进两国人民的友谊作出重大贡献。

中国人民的伟大领袖毛泽东主席和敬爱的周恩来总理生前十分关怀中法关系的发展。自1964年两国建交以来,我们两国政府和人民之间的往来日益频繁,经济、科技、文化交流也不断增加。今天,以华国锋主席为首的中国共产党和中国政府,坚决贯彻执行毛主席的革命外交路线和政策,将继续致力于发展同法国和西欧国家的良好关系。我们高兴地知道,德斯坦总统和巴尔总理也都曾多次表示扩大两国交往、增强两国友谊的愿望。我们两国在重大国际问题上有许多共同或相近的观点。中法关系的发展不仅符合我们两国人民的心愿,而且也是符合世界人民利益的。

全国人大常委会副委员长宋庆龄在北京会见美国友人韦尔西·费希尔夫人

全国人大常委会副委员长邓颖超在金边会见民主柬埔寨政府总理波尔布特和柬埔寨人大常委会委员长农谢

中国政府和民主德国政府1978年换货和付款协定在柏林签字

中国政府贸易代表团团长、外贸部副部长王润生,德意志民主共和国政府贸易代表团团长、外贸部副部长库·芬斯克分别代表本国政府在协定上签字。德意志民主共和国外贸部部长霍·泽勒出席了签字仪式,并在签字前会见了王润生副部长。

《中国建设》杂志德文版在北京出版发行

《中国建设》杂志创刊于1952年,目前已用英、法、西班牙、俄、阿拉伯、德6种文字出版,向世界各地发行。

这本杂志向外国读者介绍中国社会主义革命和社会主义建设的成就,反映中国各族人民的生活,以增进各国人民对中国的了解,并促进相互之间的友谊。

1月20日

国务院副总理邓小平在北京与法国总理雷蒙·巴尔举行会谈

中国方面参加会谈的有外交部部长黄华,外贸部部长李强,外交部副部长刘振华、部长助理宋之光,中国驻法国大使韩克华,有关方面负责人孙锁昌、钱其琛、齐宗华、朱黎青、刘华。

全国人大常委会副委员长邓颖超离开金边前往北部大区暹粒市参观访问

国务院副总理纪登奎在北京会见日中友好议员联盟日本自民党参议员访华团

中国新任驻尼泊尔特命全权大使彭光伟在加德满都向尼泊尔国王比兰德拉递交了国书

中国政府和老挝政府关于中国向老挝提供成套项目援助的议定书和关于中国派往老挝的工程技术人员工作条件和待遇的议定书的签字仪式在万象举行

中国政府经济代表团团长徐晃和老挝国家计委副主任坎布·苏米赛分别代表本国政府在上述议定书上签了字。

1月21日

国务院总理华国锋在北京会见法国总理雷蒙·巴尔

华国锋同巴尔总理就发展中法两国友好关系和双方共同关心的国际问题,交换了意见。

外交部部长黄华,外贸部部长李强,外交部副部长刘振华、部长助理宋之光,中国驻法国大使韩克华,参加了会见和谈话。国家科委副主任蒋南翔,中国科学院负责人李昌参加了会见。

国务院副总理邓小平在北京与法国总理雷蒙·巴尔继续举行会谈

中共中央决定成立基本建设工程兵领导机构

李人林任主任,国务院副总理谷牧兼任政委。

《人民日报》发表署名本报党的生活编辑组的文章《干部工作者应有的品质和作风》并配发编者按

编者按：在揭批“四人帮”的政治大革命深入发展的时候，很多党委正在认真分清干部路线上的大是大非，认真落实毛主席的干部政策，妥善处理“文化大革命”以来审干中的遗留问题；很多地区和单位的组织工作部门开始呈现生动活泼的政治局面，很多干部工作者正在注意改进自己的工作方法和工作作风。最近，本报记者以“干部工作者应有的品质和作风”为题，访问了一些有丰富的组织工作经验的老同志，请他们谈了许多宝贵的意见。我们把这些意见加以归纳，整理成文，供广大干部工作者参考。

这些老同志多年来从事干部工作，对毛主席的干部路线和干部政策有亲身的感受和体会，同林彪和“四人帮”的反革命修正主义路线做过坚决的斗争。他们谈的意见，亲切、感人、很有说服力，对于广大干部工作者很有教益，对于广大干部也很有启发，很适合当前斗争的需要。

党的干部工作，是各级党委极其重要的经常工作。干部工作者的任务，是在党委的领导下，对干部进行选拔、使用、培养、考察，概括起来，主要是知人善任，做好人的思想工作，贯彻落实毛主席的干部路线和政策，把所有干部组织起来，使他们在各条战线上充分发挥才干，积极地完成党所规定的各项战斗任务，为建设社会主义作出贡献。

列宁说：“任何政策，若没有人员的任命和调动，便无法执行。”有了正确的政治路线和政策，如果组织工作跟不上，用人不当，路线和政策就会落空。今天，我们有高举毛主席伟大旗帜的、华主席为首的党中央的领导，有正确的党的十一大政治路线和在本世纪内实现四个现代化的奋斗目标，又有一大批经过长期革命斗争考验、有丰富的革命和建设经验的干部，只要我们认真执行毛主席的干部路线和政策，善于使用干部，就一定能实现党所规定的宏伟目标。各级党委的组织部门、干部工作者，肩负着十分光荣、十分重要的任务。他们工作的好坏，关系着干部的政治生命和党的事业，关系着社会主义革命和社会主义建设的荣枯与成败。

要公道、正派、不信邪

在使用干部问题上，党内历来存在两条对立的路线：一条是任人唯贤的路线，一条是任人唯亲的路线。前者是公道的、正派的路线，后者是不公道、不正派的路线。几十年来，我们党内一切机会的路线的头子和一切钻进党内主义资产阶级野心家，没有哪一个不实行一条极端错误、极不正派的干部路线，林彪、“四人帮”更在这一方面发展到登峰造极的地步。他们为了搞垮我们的党，竭力混淆是非，颠倒敌我关系，想方设法摧毁我们党的干部队伍。他们提出“现在的革命是革我们革过命的命”的反动口号，抛出“老干部是‘民主派’，‘民主派’就是‘走资派’”的反革命政治纲领，对坚持毛主席革命路线的干部，实行残酷斗争，无情打击。他们任人唯亲，结帮营私，互相包庇，排除异己。在他们帮派体系之中的，就是流氓、阿飞也能当书记，当部长；反对他们的，就是最有德才的也要靠边站，受惩罚。他们严重地破坏了我们党在组织工作方面长期形成的优良传统和作风。

毛主席早就明确指出：“鉴于张国焘的和类似张国焘的历史教训，在干部政策问题上坚持正派的公道的作风，反对不正派的不公道的作风，借以巩固党的统一团结，这是中央和各级领导者的重要的责任。”邓小平同志坚持毛主席的革命路线，针对林彪、“四人帮”对毛主席干部路线的严重破坏，1975年在军委扩大会议上的讲话中指出，必须恢复由政治机关考核和审查干部的优良传统，强调管干部的干部必须具备“要很公道，要正派，不信邪”的崇高品质和优良作风，邓小平同志的指示击中和揭穿了林彪、“四人帮”在干部问题上的阴谋。

在如何挑选干部问题上，各个阶级都有自己的标准，从而对于“公道”、“正派”、“不信邪”的理解也决然不同。我们的公道、正派观，就是党的干部工作者，一切都应从无产阶级的最高利益出发，坚持“三要三不要”的原则，胸怀坦白，正直无私，以毛主席关于革命接班人的5个条件，以及能否坚决地执行党的路线，服从党的纪律，密切联系群众，有独立工作能力，积极肯干，不谋私利为标准，去选拔、培养、使用干部。离开这些无产阶级的干部标准，另立其他什么条件，都是不公道不正派的做法。公道、正派的品质和作风，又同不信邪的战斗风格密切地联系着，是一个问题的两个侧面。不信邪是无产阶级大无畏的彻底革命精神。在一种反对、干扰毛主席革命路线的反动思潮到来时，干部工作者不仅要善于识别哪些是正确的，哪些是错误的，而且要有“大雪压青松，青松挺且直”的气概，敢于同违背党的干部路线和政策的错误倾向作斗争。

在林彪、“四人帮”横行的日子里，有些组织部门和干部工作者，丢掉了公道、正派、不信邪的优良作风，曲意逢迎林彪、“四人帮”，把他们的亲信、爪牙安插到党和国家的重要部门，并委以重任。有的人在林彪、“四人帮”的流毒影响下，把资产阶级政客的一套搬到党内来，“任人唯亲”，“以人划线”，凡是支持过自己的，不管支持得对与不对，都是好干部；凡是反对过自己的，不管反对得对与不对，一律视为异己，加以排斥。把那些阿谀逢迎的人当作好干部，把坚持党性原则，敢提意见，骨鲠心直的人，视为坏干部。他们借端整人，抓住小辫子，无限上纲，给人穿小鞋，甚至牺牲党的原则，拿干部工作做交易。这种极不公道、极不正派的作风，严重破坏了干部队伍的团结统一，给社会主义事业造成了极大的危害。因此，是否坚持公道、正派、不信邪的作风，决不是一件无足轻重的小事，而是一个执行什么路线的大问题，每一个干部工作者都应当考虑自己是否具备了这种崇高的品质和作风。

坚持实事求是的原则

干部工作者要坚持公道、正派、不信邪的作风，首先就要对每一个干部有实事求是的了解。了解一个干部不容易，彻底了解一个干部更困难，这需要在长期的革命实践中反复考察：要了解干部的一时一事，更要了解干部的历史发展过程；要了解干部的优点、特长和工作成绩，也要了解干部的弱点、不足之处以及在工作中的失败和挫折，等等。但我们决不能因为不容易了解就不去努力了解。为了党的革命事业，我们一定要努力做到按照干部的本来面貌了解干部。

一切知识都来源于实践。对干部的了解，坐在办公室里冥思苦索，或者光靠听汇报、翻阅档案材料，是达不到目的的。只有放下架子，屏除个人的主观成见，在马克思主义指导下，深入到群众中去，认真调查研究，虚心听取各种不同的意见并加以分析，才能做到实事求是地了解干部。

在我们的工作中，常常有一种假象，似乎调查会开得不少，情况也是从下面来的，但达不到了解一个干部的真实情况的目的。这主要是没有真正走好群众路线，或者只是走了半截子群众路线。干部工作者对干部要有真正的了解，就必须到干部所在单位去，耐心地听取群众各方面的意见。在听取意见时，又最忌讳不喜欢听不同意见，喜欢听符合自己的意见，甚至加以主观推测。一个情况本来已经有出入，经过推测和发挥更会弄得面目全非。这样走群众路线是假的，是走过场，自然不能得到真实的情况。即使听取了各方面的意见，也不等于就能得到正确的结论，还需要善于进行马克思主义的分析，才能作出正确的判断。有些同志虽然收集了许多群众的意见，调查了不少情况，但慑于某个人的权势或谬于俗见，临到需要按照实际情况作出结论时，却怯步不前了。为山九仞，功亏一篑。这种只走了"一半"的群众路线，实际上等于没有走。

这些年来，在调查了解干部情况的过程中，有一个很奇怪的现象，就是干部工作者宁愿走遍千里，却不愿找干部本人谈话。其实，同干部本人谈话，是了解干部的一个重要途径。有不少情况同本人一谈就弄清楚了，用不着长途跋涉，劳民伤财。

实事求是地了解干部，就是唯物辩证地看待干部。一个干部有优点和缺点，有长处和短处，但这些又决不是一成不变的。优点与缺点、长处与短处都是相对的，不断变化的。在一定的条件下，优点可以转化为缺点，缺点可以转化为优点。例如，有的人工作热情很高，事事冲在前头，这是很大的优点，但高昂的热情如果不以马克思主义的科学理论为指导，任其像潮水一样泛滥，就有可能出现偏差，做出违背党的政策的事情。所以，我们考察干部，一定要有历史的、全面的和发展的观点，决不能把干部的任何一方面绝对化了。好的就是全好，白璧无瑕，永远完美无缺；坏的就坏透了，一无是处，一辈子也好不了。这种观点是形而上学的，不符合事物发展的客观规律。

林彪、"四人帮"为了篡党夺权，残酷地迫害干部。他们不是从干部的实际情况出发，而是从个人一时的好恶和反革命的政治需要出发，极端主观、极端形而上学地对待干部，一忽儿说好，一忽儿说坏，攻其一点，不及其余，全然不顾干部的全部历史，毫无根据地宣布某个干部是叛徒、特务、死不悔改的走资派。林彪、"四人帮"用这种阴谋手段，极大地摧残了党的干部队伍。有的人为了保护自己，或者迎合"四人帮"的心意，把干部的政治生命当儿戏，随便点名，随便整人。他们为了证明自己是一贯正确的，不惜歪曲历史，把一个单位宣布为"反毛泽东思想的顽固堡垒"，把一个方面的工作说成是"黑线统治"。他们把实事求是的原则抛到九霄云外去了。

对于各级党委和在它领导下的组织部门、干部工作者来说，"知人"是重要的，但更重要的是能"善任"。"知人"是"善任"的基础，"善任"之后，可以更好地达到"知人"。对一个干部基本了解之后，就是"善任"的问题了。所谓"善任"，就是根据干部的德才条件和工作的实际需要，实事求是地使用干部。只有实事求是地使用干部，才能使干部各安其位，各尽其能，专心致志地工作。"善任"还包括宁缺毋滥的思想。有些组织部门和干部工作者，为了迁就某个人的要求，为了照顾什么人的面子，或者怕得罪自己的"顶头上司"，怕影响自己的所谓"前途"，将一个人放到不相称的重要工作岗位滥竽充数，应当说这是组织部门、干部工作者的严重失职。春秋时代有个晋悼公，在历史上被称为知人而善任的贤者。他不仅照顾全局，使自己的将相各称其位，各展其长，而且坚持"宁可虚位以待人，不可以人而滥位"。在这一点上，我们无产阶级应当比古人做得更好。

树立牢固的全局观点

坚持公道、正派、不信邪的作风，必须有全局观点，那就是对各方面的干部一定要统筹兼顾、全面安排。华主席在党的十一大政治报告中指出："毛主席的这种统筹兼顾的思想，我们全党特别是各级领导干部，一定要认真掌握，更好地付诸实践。”贯彻落实华主席的指示，就要坚决反对林彪、“四人帮”在用人问题上“以帮划线”和各种各样的宗派主义。

社会主义事业是亿万群众的革命事业。工作需要大家来做，靠少数人是不行的。毛主席在1937年就指出：“指导伟大的革命，要有伟大的党，要有许多最好的干部。”今天，我们进行社会主义革命和社会主义建设，更是需要许多最好的干部。党的队伍中，有各个革命时期的干部，有党员干部和非党干部，有老干部和青年干部，有政治工作干部和技术干部，有工农干部和知识分子干部；就地区说，有外地干部和本地干部，有在中央工作的干部和在各地工作的干部，等等。这些干部来自五湖四海，工作经历、生活习惯很不一样，爱好特长、禀性脾气也不相同。因此，在使用干部时，各级党委和组织部门一定要有全局观点，善于使用各种各样的人才，善于安排各方面的干部，把他们团结起来，组织得像一个大乐队一样，在统一指挥下，奏出最悦耳的音乐。

林彪、“四人帮”破坏干部队伍的一个严重罪行，就是在干部队伍中制造宗派，挑拨青年干部和老干部的关系，把知识分子踢出干部队伍，歧视、打击工农干部。他们把干部队伍分成这一派那一派，圈内有圈，派中有派，把革命工作分成好的，坏的，高贵的，低贱的，等等。他们从中制造矛盾，谋取私利。从无产阶级革命事业的利益出发，决不容许宗派主义地对待干部，任何自立门户，亲一部分疏一部分的表现，都必须坚决加以克服。

在全面安排各种干部时，特别要注意正确对待反对过自己的干部，无论反对对了或反对错了，都不能斤斤计较，耿耿于怀。更不能因为某个人说了自己什么不好听的话，就暗中加以歧视和刁难，甚至借机报复。一个干部并不因为他对某人有这样那样的意见，革命就不需要他了；即使对某个问题有这样那样不妥当的看法，并不等于他对其他问题的看法都错了，或者连他的工作能力也不行了。对于反对过自己反对对了的同志，更应当积极鼓励。一个领导者，不要害怕自己的部下比自己高明。妒贤嫉能、压制打击比自己强的人，是剥削阶级的作风。

处理干部一定要取慎重的态度，一定要严格区分两类不同性质的矛盾，凡属人民内部矛盾，坚决实行“惩前毖后，治病救人”的方针。要给犯错误的干部、包括犯了严重错误的干部以改正错误的机会，分配适当工作，千万不要采取一棍子打死的办法。一棍子打死，是“四人帮”的办法。

伟大领袖和导师毛主席在这方面给我们树立了榜样。抗日战争时期，延安有来自各个根据地、各个方面的干部，有来自一、二、四等方面军的干部，也有来自白区的地下党的干部。经过1942年的整风运动，经过党的第七次代表大会，全党在毛泽东思想的基础上紧密地团结起来，迅速取得了解放全中国的伟大胜利。并不因为四方面军出了一个叛徒张国焘，就排斥四方面军的干部；也不因为有些人来自白区，就歧视他们；更不因为有些干部在工作中犯了一点错误，就不给工作。毛主席对待党内是非曲直的那种实事求是的、正气凛然的严肃态度；对于一切干部那种光明磊落、爱护备至的崇高风格；对一切可以团结、可以教育的同志那种劈心相待、循循善诱的伟大精神，以及数以千计的关心干部的动人事例，至今还深深地感动着每一个老一辈的无产阶级革命家。

当前，在干部问题上的统筹兼顾、全面安排，就是要认真落实毛主席的干部政策，坚决贯彻执行华主席在十一大政治报告中提出的各项任务。各级党委的组织部门、管干部的干部，对过去审干中遗留的问题，要尽快严肃认真地妥善处理，可以工作而没有分配工作的要安排适当的工作，需要作出审查结论的应尽快作出，“四人帮”强加于人的一切诬蔑不实之词应予推倒。

在落实干部政策中，有一个问题必须指出，就是林彪、“四人帮”为了篡党夺权、复辟资本主义，不仅要置革命干部于死地，而且采取了封建统治者株连的办法，竭力想把干部的亲属及其子女一起铲除。在林彪、“四人帮”反革命修正主义路线的流毒和影响下，有的单位和部门出现了老子出问题，亲属子女受连累的现象。不管这个干部是否真有问题和问题的轻重，动不动就往他的子女所在单位发调函，寄材料，甚至把一些诬蔑不实和似是而非的材料塞进其亲属子女的档案袋里，致使他们参军、上学、入团、入党都成了问题，他们的进步要求得不到支持，才能得不到发挥，蒙受了不白之冤，严重地挫伤了这一部分青年同志的革命积极性。

我们党的政策历来是重在表现。毛主席还明确批示：父母的问题不要牵涉子女。毛主席是这样指示的，也是这样做的。在“文化大革命”中，毛主席和周总理，亲自处理了许多这类问题，给我们作出了示范。现在，有些主管干部的同志，仍然坚持错误的做法，他们头脑中不仅没有党的政策观念，而且缺乏起码的阶级感情。必须指出，如果父母一有问题，就不问子女表现如何，一律也扣上帽子，这种做法严重地违背毛主席的教导和党的政策，往往被坏人所利用，使党内关系、党群关系紧张，压抑了干部及其子女的积极性，使人们不敢对党的领导机关和领导干部从爱护出发提出批评意见。在这种精神枷锁下，很多人谨小慎微，甚至苟且偷安，生动活泼的政治局面怎样出现呢？所以，正确对待犯错误的干部及其子女，是组织部门、干部工作者一个很重要的任务，一定要引起足够的重视。这是关系到党的事业能否兴旺发达的大问题。

严以律己，宽以待人，耐心细致地做好思想工作

坚持正确的干部路线，就要善于做人的思想工作。有的人把组织部门的工作，仅仅看作是日常事务的琐屑工作，这是错误的。还有的人，以为把组织部门同宣传部门合并起来，就可以加强组织工作的思想性。其实不然。事实证明，这种做法恰恰削弱了组织工作。宣传工作、组织工作都要不断提高干部的思想政治水平，但两者做工作的形式和方法是不一样的。组织工作的一个很大的特点，是通过对干部的谈话进行思想教育。每一次同干部谈话，都应当是一次生动的思想政治工作。干部工作者应当有较高的马列主义、毛泽东思想水平，有坚定的无产阶级立场和爱憎分明的是非观念。同干部谈话，要用很高的思想境界去鼓舞干部，用满腔的革命热情去感染干部，用坚强的无产阶级党性原则去武装干部。谈话的结果，要能使干部振奋起来，对工作充满信心，能够在复杂的斗争中识别方向，为捍卫党和人民的利益作出贡献。

战斗在各条战线上的干部，情况很不相同，相互之间也由于各种原因不断产生着各种各样的矛盾。对于这些看来极平常又烦琐的小事，如果掉以轻心，任其日积月累，小问题也会酿成大问题。所以，一个干部工作者，对干部的每一个问题，都必须采取耐心细致和不怕麻烦的态度，认真负责地去解决。在这方面，我们党有一整套优良传统。例如，在延安的时候，有个干部气鼓鼓地要求组织部门谈话，并声言非谈半天不能解决问题。一位负责组织工作的领导同志，回答那个干部说：半天谈不完可以谈一天。他热情、诚恳地接待了这位干部，只用了两个小时就解决了问题。有一个干部，因为一个历史问题没有弄清楚，被抹去了过去光荣的历史。这个同志思想负担很重，要求组织把问题弄清楚。当时是战争环境，证明人有的在前线，有的在敌占区，还有的在国外，如果放松一下，问题就会拖下来，甚至毁了这个同志。但是，组织部门并没有因为客观条件有某些困难采取漠不关心的官僚主义态度，而是认真负责，为了弄清这个同志的问题，组织力量，一一进行调查，终于作出正确结论，承认了这个同志的光荣历史，使他放下沉重的历史包袱，投入到火热的战斗中去，为党的事业作出了贡献。

现在上访的人和上访来信很多，主要是由于他们的问题长期得不到解决，或者对他们的问题像踢足球一样转来转去，始终得不到明确、肯定的回答。组织部门、干部工作者，应当不怕麻烦地去解决干部中的每一个问题。我们应当明白，在我们国家里，每一个人和每一个干部的问题，只有依靠组织才能得到正确解决，靠请客送礼，托人情、走后门解决问题，是极端错误的，应当受到舆论的谴责和纪律的制裁。如果各级党委和组织部门，对干部的每一个问题都给予足够的重视，并认真负责地加以处理，问题再多也是不难解决的。

思想政治工作是一项极其细致的工作，简单粗暴是不能解决问题的。解决人民内部矛盾，解决干部之间的是非问题，需要说服教育，摆事实，讲道理，发扬民主，任何行政命令的办法都行不通。人们对一个问题的认识，不仅要在道理上想通，而且要有实践的经验。这就需要时间，应当允许保留意见。因此，耐心等待，不怕麻烦，反复教育是十分必要的。

对于干部切忌有求全责备之心。“金要足赤，人要完人”，是形而上学的。但也不能对干部抬轿子，光说好话，有缺点也不批评，或者明知不对少说为佳。这不是爱护干部而是坑害干部。应当肯定每一个干部的优点，同时又有分析地指出他的缺点，并且讲明白缺点是怎样形成的和纠正缺点的办法。只有这样，才能使干部谦虚谨慎而又信心十足地勇往直前。

对于干部提出的问题，一定要坚持原则，妥善解决，决不允许无理取闹，也不迁就任何一个不合理的要求，但又要注意灵活性，允许接受在不伤害原则前提下的干部要求。林彪、“四人帮”对他们帮派里的人是封官许愿，庇护，纵容，对于他们帮派外的干部则不顾死活，任意处理。调动工作，事先并不征求本人的意见，一经宣布就勒令滚蛋，对干部的各种困难，全然不闻不问。他们不允许提出不同意见，听到一点不合心意的话，就不分青红皂白地戴帽子、打棍子。这种法西斯式的恶劣做法，窒息了党和人民内部的民主生活，必须坚决肃清其流毒和影响。

在过去国内革命战争年代里，一个干部到了组织部门，如同回到自己家里一样，感到十分温暖、十分亲切，对组织无话不谈，无心不交。这主要是因为组织部门和管干部工作的同志，对党极端负责，对同志极端热忱。他们了解干部，懂得干部，从政治、思想到生活无微不至地关心、爱护干部，把干部的疾苦当作自己的疾苦，主动热情、认真负责、耐心细致地解决干部中存在的各种问题。他们一切都从党的、阶级的、人民的利益出发，满腔热情地、实事求是地对待干部，从而赢得了广大干部的最大信任。他们决不像林彪、“四人帮”一伙那样，由于一个干部说了一两句错话，冲撞了自己，就打棍子、戴帽子，使干部提心吊胆，惶惶不可终日。

干部工作者必须严于律己，宽以待人，对党的事业赤胆忠心，没有任何私心杂念，光明磊落，不搞阴谋诡计。对于自己工作中的差错，一经发现，就要勇于纠正，勇于承担责任，决不文过饰非，诿过于人，听任错误存在下去而无动于衷。干部工作者像光荣的人民教师一样，勤勤恳恳工作一辈子，把自己的光和热全部融化在

别人身上。干部工作者的贡献,是通过对干部的选拔、培养和正确使用,通过干部在各条战线上的辉煌成绩表现出来的。我们国家的每一个重大成就,都有着干部工作者的一份心血。干部工作者决不能异想天开地发现一个什么大"集团",在人事上搞出一个什么"破案"的大奇勋,存在这种想法是十分危险的,是根本不配做干部工作的。在"文化大革命"中,有的单位的审干工作,被一些帮派骨干分子所掌握。他们积极推行林彪、"四人帮"的反革命修正主义路线,为了博得上司的欢心,别出心裁地要揪出一个什么"集团",挖出一个什么"案件"来。他们违法乱纪,乱关乱打,搞逼供信,严重破坏了毛主席的干部政策。对于这种人,就不能和一般因受蒙蔽而干了错事的同志一样对待,必须追究必要的责任。

干部工作者还应当有比较丰富的历史知识和社会工作的经验。在"文化大革命"中,有些搞专案的年青同志由于缺乏这个条件,给干部审查工作带来了一定麻烦。当时,有些老同志,试图用自己做干部工作的经验和革命斗争的经验,教育说服这些同志,可是在林彪、"四人帮"的流毒影响下,这些同志既缺乏经验,又不虚心,很少听得进去,因而造成了许多不应有的错误,对党的事业带来的损失是巨大的。这说明干部工作者没有一定的历史知识、党内斗争的知识,没有一定的社会工作的经验,是执行不了毛主席的干部路线的。在当前,干部工作者还应当努力掌握必要的科学技术专门知识。培养人才不容易,人才的浪费又是最大的浪费。在林彪、"四人帮"的影响下,学非所用,用非所学是相当惊人的,这种不利于社会主义事业的用人现象,今天不能再允许存在下去了。改变这种不合理的现象,组织部门、干部工作者负有很大的责任。我们虽不能要求干部工作者成为技术专家,但应当要求他们有相当的科学知识,熟悉各条战线上的干部的情况,以便在安排、调配干部时,力求做到人尽其能,既不埋没人才,也不滥用不称职的人员。

我们的党正在领导全国人民进行伟大的革命和建设事业。我们肩负着极其伟大的历史使命。我们的组织部门、干部工作者,一定要意识到自己在伟大时代中所处的地位,严格要求自己,努力学习马克思列宁主义、毛泽东思想,彻底批判和清除"四人帮"破坏党的干部政策,破坏党的组织、干部工作的优良传统优良作风的流毒和影响,把党的组织工作做得最好,为实现抓纲治国的战略决策作出应有的贡献!

中国政府和法国政府科学技术协定在北京签字

国务院副总理邓小平,法国总理雷蒙·巴尔出席了签字仪式,并且讲了话。

邓小平副总理说,我们两国政府科学技术协定的签订,正是我们两国科技交流发展所取得的积极成果,同时又为进一步发展我们两国之间的科学技术交流开辟了新的广阔前景。邓副总理说,每个民族都有它的长处,也都有它的短处。我们主张促进同外国的科学、技术、文化交流,就是要取长补短,相互学习。这对双方都是有利的。

巴尔总理说,在看到我们两国有着非常好的关系的时候,这一协定的签字具有深刻的意义。让我们的研究人员建立有益的合作。中法友谊必将得到加强。

外交部部长黄华和法国外交部部长路易·德居兰弋分别代表本国政府在协定上签字。

全国人大常委会副委员长乌兰夫在北京会见美国芝加哥第一国民银行董事长罗伯特·艾博特

我国海洋科学工作者在东海海域进行综合性海洋科学调查

调查获得了大量的科学资料,对发展我国经济建设、国防建设和海洋科学基础理论研究等具有重要意义。

这次调查是由国家海洋局组织所属北海、东海、南海分局和第一、第二海洋研究所等单位进行的。

这次调查获得了海洋重力、磁力、水深、底质、水文、生物、气象等多学科的样品、标本和数据。调查中获得的陆相僵硬黏土、滨海沼泽相泥炭层、滨海相贝壳层和从黄河、长江冲积下来、分布面积宽广、磨元度较好的砂质样品,以及重力、磁力、水深测量所获得的数据等,为研究东海大陆架地质构造、地貌成因和发展史,以及开发利用石油、天然气等提供了可贵的第一手资料。

这次调查采集的底栖生物、浮游生物和微生物标本约500种。从无脊椎动物的海绵、腔肠、纽形、环节、腕足、软体、甲壳、棘皮动物到脊椎动物的各种鱼类,以及各种植物、微生物等,数量之大、种类之多,十分可观。这对逐步查清东海各类海洋生物的种属和变化规律,对研究生命起源、进化和提高海洋生产力等都具有科学价值。

海洋科学在我国是一条新的战线。新中国成立后,科研人员大多在海岸带、港湾和近海进行调查,到东经124度以东的东海海域进行较大规模的综合调查,还是第一次。

西藏高原第一座湿蒸汽地热试验电站在羊八井热田初步建成发电

羊八井在西藏自治区首府拉萨西北部,距拉萨90

公里。这里海拔4300米,有常见的温泉和热泉,有面积近7000平方米、水温将近摄氏50度的热水湖。更有特点的是这里有很多水温超过当地沸点的沸泉和喷汽孔以及冒气的地面。

中国科学院青藏高原综合考察队和西藏地质部门密切配合,从1974年起,连续几年对羊八井的强烈地热显示区进行了科学考察。证明羊八井热田是一个有开发价值的高温热田,地下热储温度据推算可达摄氏300度以上。

科学工作者还发现羊八井热田不是一个孤立的热田。沿着青藏高原大体西北东南走向的山脉,已经发现的热田、地热显示区达100多处,有间歇喷泉、高温喷泉、沸泉、沸泥泉等10多种,类型之多是世界罕见的。

羊八井湿蒸汽地热试验电站与一般地热电站相同,目前是用地下的高温热水产生蒸汽推动涡轮发电的。这种电站,运行成本低,设备简单,建设周期短,利用小时高,兼有水力发电和火力发电的某些特点。

1月22日

国务院总理华国锋致电比伦特·埃杰维特祝贺他就任土耳其共和国总理

全国煤炭工业学大庆赶开滦群英大会在北京开幕

煤炭工业部副部长任志恒主持了大会,副部长钟子云致了开幕词,肖寒部长传达了华主席、党中央对煤炭工业的重要指示。

在开幕式上,许在廉副部长宣读了煤炭工业部《关于响应华主席号召掀起向开滦煤矿工人学习新高潮的决定》。决定中说,华主席亲临开滦视察,亲笔题词,这是开滦煤矿和全国煤炭战线广大职工和家属政治生活中的一件大喜事。华主席高度评价了开滦煤矿工人,为我们树立了学习的好榜样。我们要坚决响应华主席的号召,掀起向开滦煤矿工人学习的新高潮,把学大庆赶开滦的群众运动推向新阶段。

决定指出:向开滦学习,就要学习和发扬开滦工人特别能战斗的革命精神,力争生产建设的高速度。要像开滦工人阶级那样,高举毛主席的伟大旗帜,坚持以阶级斗争为纲,以生产为中心,有一个为人类多做贡献的思想,有一个很大的干劲,有一个扎扎实实的作风。要像开滦工人阶级那样,为实现队伍的思想革命化,管理的科学化,生产技术的机械化、现代化而努力。向开滦学习,就要真心实意地学,不能半心半意,更不能假学。要结合实际学,每个单位都要有一个体现雄心壮志的奋斗目标和具体规划。要扎扎实实地学,鼓实劲,不鼓虚劲,埋头苦干,少说空话。要发动群众人人都来学,调动千军万马,形成真正的群众运动。

这次大会,是煤炭工业战线群英齐集的空前盛会。参加大会的3000多名代表中,有2/3的代表是生产第一线的名将强手,他们在去年抓纲治国的斗争中取得了显著成绩。

全国体育工作会议在北京召开

全国体育工作会议于1月22日至30日在北京召开。会议提出,一定要高速度发展我国体育事业,为实现四个现代化作出贡献。

中共中央主席华国锋和叶剑英副主席为会议题词,极大地鼓舞了会议代表和全国体育工作者。华主席的题词是:“普及与提高相结合,努力发展体育事业。”叶剑英副主席的题词是:“刻苦锻炼,增强体质,攀登世界体育高峰!”

华主席和叶剑英、李先念、汪东兴副主席,以及党和国家其他领导人,1月29日接见了会议全体代表。

中共中央政治局委员、国务院副总理陈锡联出席了开幕式和闭幕式。国家体委主任王猛在开幕式上作了题为《高举毛主席的伟大旗帜,为高速度发展我国体育事业而奋斗》的报告。

这次会议是新中国成立以来代表性最广泛、规模最大的一次体育工作会议。来自各省、自治区、直辖市体育战线和有关部门的1400多名代表,畅谈在华主席、党中央抓纲治国战略决策指引下,体育工作一年初见成效的大好形势,揭发批判了“四人帮”破坏我国体育事业的罪行,交流了经验,制定了今后3年、8年、23年体育事业发展规划。会议提出,一定要在华主席、党中央的领导下,高举毛主席的伟大旗帜,高速度发展我国体育事业,努力做到城乡群众体育大普及,人民体质大增强,力争在不长的时间内,使大部分运动项目接近和超过世界水平。

我国体育战线是受“四人帮”干扰破坏的“重灾区”。代表们在批判中愤怒地指出,“四人帮”及其在国家体委的余党反对毛主席,反对周总理,反对毛主席的革命路线,诬陷贺龙同志,利用体育阵地大搞篡党夺权的阴谋活动。他们诬蔑体育战线是“独立王国”、“三代修正主义”、“黑线专政”,打击和排斥老干部、老教练员、老运动员;他们打着“体育革命”、“竞赛改革”的幌子,胡说“宁可三年不出成绩,也要把路线搞端正”,宣扬什么“成绩到手,人被夺走”等谬论,反对把运动水平搞上去。“四人帮”的倒行逆施,搞乱了人们的思想,搞乱了路线是非,既破坏了普及又破坏了提高,使我国许多运动项目的成绩和世界先进水平的差距拉大了。

会议代表以大量的事实说明,我国体育事业是在毛主席、周总理直接关怀下发展起来的。毛主席在1952年亲自为我国体育工作制定了"发展体育运动,增强人民体质"的方针,广大体育工作者坚持毛主席指示的方针,在一个不长的时间内,推动我国体育事业繁荣兴旺起来,引起各国人民的注意和敬佩。他们说,无论是17年还是28年,毛主席的革命路线始终在体育战线占主导地位,成绩是主要的,广大体育工作者为发展人民体育事业作出的贡献是大的。这是"四人帮"及其余党永远也抹杀不了的。

会议经过热烈讨论,澄清了一些被"四人帮"搞颠倒了的路线是非,明确了以下几个问题:要加强党对体育工作的领导;要促进青少年德智体全面发展;要坚持普及与提高相结合的方针;要大力开展体育运动竞赛;要解放思想,敢想敢干,努力攀登体育运动的高峰;要开展国际体育交往,增进人民友谊和了解,为毛主席的革命外交路线服务;要恢复和健全合理的规章制度;要加强政治思想工作,提高业务技术水平,严格训练,努力建设一支又红又专的体育队伍。代表们表示,一定要全面地、正确地贯彻毛主席的革命体育路线,使体育运动的发展和国民经济的发展相适应,切实做到体育为无产阶级政治服务,为工农兵服务,为社会主义建设服务,为国防建设服务,为建立和发展各国人民之间的友谊、支持世界各国人民的革命斗争服务。

会议指出,1978年是抓纲治国三年大见成效的重要的一年,体育战线必须把揭批"四人帮"放在各项工作的首位,抓紧抓好。当前,要整顿和配备好各级领导班子,搞好清查工作,打好揭批"四人帮"的第三战役,揭发批判"四人帮"反革命修正主义路线的极右实质,从政治上、思想上、理论上把被"四人帮"颠倒了的是非,一个一个地纠正过来,肃清其流毒和影响,调动广大体育工作者的积极性,使各项体育工作有一个新的跃进。

会议号召,全国体育运动队要向又红又专的国家乒乓球队学习。运动队是攀登体育高峰的骨干力量,一定要建设好。广大教练员、运动员要胸怀祖国,放眼世界,刻苦训练,快出人才,多出成果,赶超世界水平,为华主席争光,为祖国争光。会议要求各级党组织加强对体育工作的领导,教育、卫生、工、青、妇和人民解放军都要关心、重视体育,共同把这项工作做好。

会议期间,一些先进运动队和群众体育先进集体介绍了经验;一些省、市提出了开展社会主义竞赛的倡议。参加会议的教育部门、体育院校、体育科研单位的代表也表示,要为高速度发展体育事业作出贡献。

在闭幕式上,国家体委给大庆采油四部一大队女子采油队、大寨大队武术队等117个群众体育先进单位和国家乒乓球队等68个先进运动队发了奖旗。

政协北京市委员会为首都各界爱国人士 在京台湾省籍同胞举办春节联欢会

全国人大常委会副委员长胡厥文和全国人大部分在京常委,政协全国委员会部分在京常委,中共中央统战部负责人,各民主党派部分在京负责人,中共北京市委和北京市革委会、北京市政协的负责人,以及著名台湾省籍人士蔡啸、林丽韫、苏子蘅、徐萌山、李纯青等,参加了联欢会。

全国人大常委会副委员长邓颖超在北京会见法国总理雷蒙·巴尔

我国科学工作者在黑龙江右岸首次发现旧石器时代遗址

遗址中出土的1000余件石器,类型和加工技术与华北地区一些旧石器遗址出土的石器,有许多相似和相同之处。这一事实,又一次证明了黑龙江流域和华北地区的古代文化有着密切的联系。

这处旧石器遗址,在黑龙江省呼玛县18站鄂伦春族人民公社境内。参加发掘工作的中国科学院古脊椎动物与古人类研究所和黑龙江省博物馆的科学工作者,在范围达140平方米的遗址,出土石器1070件。这批石器中,有刮削器、尖状器、雕刻器、圆头刮削器、石叶、石核、石片等。参加这次发掘和研究工作的考古学家贾兰坡以及一批中年、青年科学工作者认为,这处遗址的地质年代为更新世晚期,距今约10000多年,在考古分期上属于旧石器时代晚期。

1月23日

外交部部长黄华在北京会见奥地利新任驻中国大使维尔弗里德·格赖德莱尔

《硬骨头六连展览馆》在杭州正式开馆

华主席为展览馆题字。"硬骨头六连"所在部队指战员隆重举行了庆祝大会。

展览馆正厅两边悬挂着华主席、叶副主席号召全军开展学习"硬骨头六连"群众运动的光辉题词。大厅里,陈列着伟大领袖和导师毛主席,敬爱的周恩来副主席以及贺龙等老一辈无产阶级革命家,在革命战争年代亲切接见六连所在部队,与广大指战员共庆胜利的珍贵照片,以及记载当时情景的生动报道;敬爱的叶副主席、李副主席和六连指战员合影的大幅照片;军委副主席刘伯承、聂荣臻、徐向前、贺龙给六连题词的手迹。

展览馆展出的一件件实物和历史资料,记载着

“硬骨头六连”几十年来参加过146次战斗的光辉历史；生动地展现了全国解放后，六连沿着毛主席的建军路线，继承和发扬光荣传统，不断为人民立新功的事迹；以及六连荣获国防部命名以来，连队出现的各方面标兵的事迹和获得的一面面奖旗、奖状，生动、具体地反映了六连全面建设连队的宝贵经验。参观了展览的工农兵代表说，看了展览，对六连血染的历史更熟悉了，对六连的根本经验更清楚了，学六连的方向更明确了。

中国科学院召开自然科学期刊工作座谈会

参加座谈会的，有中国科学院所属40多种自然科学期刊的主编、副主编、编辑，包括柳大纲、汪猷、吴学周、张素诚、顾功叙、张钰哲、郑作新、沈昭文、王竹溪等科学家和教授，以及刊物主办单位的负责人和出版印刷人员共120多人。中国科学院负责人胡克实等到会作了讲话。

参加座谈会的代表指出，自然科学刊物是向科学技术现代化进军的重要阵地，是促进科学研究大干快上的重要环节，是发现人才、培养人才的重要途径。我国著名的科学家华罗庚、陈景润等都是在学术刊物上发表论文被发现、培养起来的，许多科研成果也通过刊物在国内外传播。中国科学院所办自然科学刊物，在毛主席革命路线指引下，是取得很大成绩的，受到了国内外广大读者的欢迎和重视。代表们认为，自然科学刊物是在马列主义、毛泽东思想指导下，运用辩证唯物主义，进行学术讨论和学术交流的阵地。它和政治性刊物各有分工。像自然科学学报这类刊物，完全可以不转载报刊上的政治性文章。它应当充分反映我国科学技术发展的面貌，提高科学水平，促进科学技术现代化，这本身就是为无产阶级政治服务。

代表们指出，学报是以刊登自然科学基础理论为主的专业性学术刊物。可是前几年，“四人帮”搞乱科学普及与提高的辩证关系，硬以“工农兵看得懂才是为工农兵服务”为名，反对学报的办刊方向，实际是取消学报，取消基础理论，妄图阻挡科学技术的发展。通过批判，代表们认为，自然科学刊物应当根据不同的对象和要求，而有所分工：普及刊物是直接为工农兵服务的，一定要办好；学报是为交流科研成果，提高科学水平的，也要办好。

代表们认为，应当尊重自然科学刊物编辑人员的辛勤劳动，为他们创造必要的工作条件，保证“5/6”的业务时间，恢复编辑职称，明确岗位责任制。自然科学刊物应当造成良好的学术争鸣风气，办得群众爱看。

座谈会拟定在提高现有刊物质量的基础上，今年再恢复和增加若干种新刊物，陆续填补20多个学科刊物的空白，力争缩短刊期，以适应科研工作大干快上的需要。

1月24日

《解放军报》发表本报编辑述评《军事训练三起三落的历史经验》

(一)1964年、1972年和1975年，全军曾经三次掀起群众性的练兵热潮。由于先是林彪后是“四人帮”的疯狂破坏，这三次练兵热潮都被打下去了。这就是人们所说的我军军事训练大幅度的三起三落。它作为一个历史过程已经结束了。但是，历史的经验值得注意。用辩证唯物主义和历史唯物主义的武器剖析这段历史，去伪存真，辨是明非，借鉴过去，指导未来，是每一个严肃的马克思主义者应取的科学态度。毛主席亲自制定的我军的训练方针、训练原则、训练内容和训练方法等等，有鲜明的阶级性和严密的科学性。对这一系列的指示，是完整地准确地学习、理解、运用它，还是歪曲、篡改、反对它，是我们同林彪、“四人帮”在军事训练问题上斗争的焦点。斗争的历史一再表明，毛主席关于军事训练的一系列重要指示得到贯彻落实的时候，部队训练就热气腾腾；遭到严重干扰破坏的时候，部队训练就冷冷清清。

(二)三起三落，都没有离开一个根本问题：军队主要是干什么的？毛主席为我军规定的三大任务第一条就是作战。军队是要打仗的。这如同工人要做工，农民要种田一样，本是个常识范围内的问题。我军是执行革命的政治任务的武装集团。在执行革命的政治任务上，我军同党领导下的各条战线、各种组织是一致的；但我军作为一个武装集团，永远是个战斗队，这又是我军同党领导下的各条战线、各种组织的区别。不打仗，要军队干什么？如果军队不会打仗，于国无益，于民无益，要它何用？战争总有一天要打起来，因此，要准备打仗，是军队一切工作的主题。对于这一点，我们任何时候都丝毫不能误解，不能动摇。军事训练三起的经验证明：准备打仗的思想树得牢，部队的士气就旺，练兵的劲头就足，训练的标准就高，成效就大。军事训练三落的教训又从反面说明：林彪、“四人帮”破坏战备训练，也正是在篡改我军的主要任务，歪曲我军的根本职能上大做文章的。林彪不是鼓吹“四好”是军队的基本任务吗？“四人帮”不是胡说军队主要是所谓“反复辟”吗？放出这些谬论，就是要我们的部队穿着绿军装，挎着冲锋枪，人人都当和平兵，忘记当兵为打仗，变成他们篡党夺权的工具。如果依了林彪、“四人帮”的反动主张，我们这样一个肩负着保卫社会主义祖国，巩固无产阶级专政重任的军队，只搞文，不搞武,没有准备打仗的思想,没有克敌制胜的本领,一旦社会帝国主义和帝国主义把战争强加在我们头上,后果将是多么不堪设想啊!

(三)要把教育训练放到战略位置上。这既是个理论问题,又是个实践问题。林彪抛出了一个“政治可以冲击一切”的谬论,“四人帮”又炮制了一个抓训练“压了革命”的谬论。一“冲”一“压”,把训练弄到了不死不活、可有可无的地步,把轰轰烈烈的群众性练兵运动几次三番地打落下去,严重地削弱了部队的战斗力。

究竟要不要把训练放到战略位置上,这是关系到军队建设、国防建设和战争准备全局的大事。战争年代我们向来是靠打仗来训练部队,平时就要靠严格训练来准备打仗。面对两霸争夺的国际形势,想想我军的根本职能,看看部队素质的现状,不把训练放到战略位置上行吗?特别是现代战争,要对付拥有现代化武器装备的敌人,单靠驳壳枪一举“冲啊”,怎么行呢?为了保卫祖国免受侵略,我们必须掌握最新的技术装备和随之而来的最新的战术。如果是“嘴上喊重要,会上变次要,会后就不要”,把训练放在无足轻重的位置上,怎么能适应整军备战的需要?一旦打起仗来,怎么能完成党和人民交给我们的战斗任务?把训练放到战略位置上,这决不是一句空话,而是有着具体内容的。各级党委要本着对未来反侵略战争的胜利负责的精神,认真检查一下:军事训练在你们那里的实际位置如何?毛主席的训练方针原则贯彻执行得怎么样?训练指导思想明确不明确?训练的效果好不好?对于这些问题,要用实际行动尽快地作出回答。

(四)政治挂帅,不仅要落实到思想革命化上,还要落实到促进军事训练和其他各项工作上。政治与军事,是对立的统一,是统率和被统率的关系。这就像一个人,脑袋离不开身子,身子离不开脑袋一样。林彪、“四人帮”这伙穷凶极恶的政治骗子,别有用心地割裂和歪曲政治与军事的辩证关系,谁要说政治挂帅应该挂到业务、技术、训练上,他们就兴师问罪。这个“紧箍咒”一念,不仅夭折了三次兴起的群众性练兵运动,而且至今还使一些同志心有余悸。政治是主要的,是第一位的,一定要反对不问政治的倾向;但是,不懂技术,不懂业务,也不行。是不是政治挂帅,要看军政统一了没有,人的觉悟提高了没有,武艺练精了没有,一句话,我们的指战员是不是又红又专了。物质的力量只能用物质的力量去摧毁,决不能像林彪鼓吹的那样,用什么“红脑袋”去撞敌人的铁坦克。正如列宁所说的:“如果没有充分的装备,没有足够的给养和充分的训练,即使是最好的军队,最忠实于革命事业的人,也会马上被敌人消灭掉。这个道理十分明显,用不着加以解释。”(见《列宁全集》第27卷,第62页)

坚持政治挂帅,要充分发挥无产阶级政治的领导作用和政治工作的保证作用。思想政治工作要结合训练一道去做,要渗透到训练中去,贯穿训练的全过程。1964年大练兵时,许多政治机关像战争年代保证完成作战任务一样去保证完成训练任务。许多政工干部深入基层,深入现场,跟班作业,和战士一起苦练,军事训练是内行,思想工作及时有力。这个好传统,我们要继承和发扬。如果政治工作脱离实际,就发挥不了威力。这些年来,我们一些政治机关、政工干部威信降低,就工作方面来说,这是一个重要的原因。

(五)单纯军事观点,我们历来是坚决反对的。但是,应当指出,林彪、“四人帮”强加给我们的所谓“单纯军事观点”,其实是一种吓人战术,必须戳穿。我们讲的单纯军事观点,主要是指军事领导政治,武器技术决定一切,军队只是单纯地打仗。这类单纯军事观点,毛主席从建军初期就领导我们同它进行了不懈的斗争。今后还要继续同它斗下去。林彪、“四人帮”别有用心地把军事训练和单纯军事观点画上一个等号,设下一个陷阱,把搞训练诬蔑为“单纯军事观点”,对真正关心国家存亡,战争胜负,积极搞训练的广大指战员,肆意扣帽子、打棍子。他们三次把群众练兵运动打落下去,正是用的“单纯军事观点”、“资产阶级军事路线”这根大棒。他们反的哪里是什么单纯军事观点,分明是毛主席的无产阶级军事路线。

“训练成了高压线,谁摸谁触电。”许多军事干部对训练欲抓不能,欲罢不忍。不少政工干部稍一过问训练,就被诬之为“不务正业”。一顶“单”帽压了人们10来年。林彪、“四人帮”已经垮台了,他们挥舞的“单纯军事观点”的大棒,已经不灵了。照说,军政干部可以理直气壮地抓训练了。大多数同志正是这样做的。但是,我们也看到,在刚刚兴起的练兵热潮中,有那么一些同志,一听到“头脑太发热了”、“老‘单’又抬头了”等等议论,抓起训练来总是左顾右盼,束手束脚。可见,打死了苍蝇不等于消灭了毒菌。林彪、“四人帮”在所谓单纯军事观点问题上制造的混乱,还必须继续认真地加以澄清。

(六)十八般武艺全靠练。搞训练需要时间。10多年来,围绕时间问题,斗争也很激烈。毛主席、党中央、中央军委对我军的训练时间,早有明确规定。1961年,叶副主席就指出:“除特殊情况外,训练时间要严格地按照已定的七三或六四的比例进行。”林彪为了取消军事训练,采取各种手段,对训练时间一冲再冲,一挤再挤。敬爱的周总理针对林彪只搞文不搞武,部队训练时间没有保证的情况,明确指出:“全训部队除野营拉练外,全年步兵军事训练90天,技术兵军事训练120天。"林彪的一个死党妄图在会议纪要上搞鬼,周总理质问说:"为什么不把我提议的时间写上去?"周总理把林彪死党提出的天数一笔抹掉,再次写上原来所提出的训练天数。对周总理的提议,毛主席亲自批转全军执行。"四人帮"同林彪是一丘之貉。他们公然对抗毛主席的批示,继续大杀大砍部队的训练时间,胡说什么"要用60%的时间抓革命",妄图把军队建设引向邪路。

熟练的军事技术和高超的指挥艺术,没有一定的时间是练不出来的。政治教育很重要,生产劳动也要搞,但是,"政治教育要多少有多少,生产劳动占多少是多少,军事训练剩多少算多少",把大部分力量和时间投入生产和其他工作,军队的战备训练没搞好,怎么能行!那种同训练打时间仗,安排工作争时间,乱派公差勤务占时间,搞无效劳动浪费时间等偏向,必须纠正。当然,我们必须十分注意提高时间的利用率,把充分的训练时间用到最急需的训练科目上去。

凡是带练的东西,都要下苦功夫。1964年军事训练的那批"尖子",技术所以过得硬,全是苦练的结果。不苦练,就能"自然而然上去"吗?军事技术也好,战术也好,都是科学,有其本身的特点和规律。要掌握它,就必须"严格训练,严格要求"。实践出真知,苦练出硬功。要一教百练,百炼才能成钢。那些"练兵口号喊得响,苦练汗水想少流"的同志,应当好生想一想:战争是铁面无情的。平时不苦练,战时就要吃大亏。

(七)训练要搞好,力量在群众。1964年规模宏大、热气腾腾的群众性练兵运动,1972年大办教导队和打坦克之风吹遍全军,1975年近似实战的合练和检验性演习的增多,都是我军群众路线练兵方法的生动体现。林彪、"四人帮"扼杀群众运动,其恶果是极大地削弱了我军战斗力。十分清楚,对群众性的练兵运动是支持还是反对,对群众的积极性是保护还是压制,始终是两条路线斗争的大是大非问题。

要把群众的练兵积极性充分调动起来,一个重要的问题是,要认真培养典型,十分爱护在群众运动中涌现出来的"尖子"、标兵。1964年练兵比武中,涌现出一大批又红又专的"尖子",这是一件可喜可贺的事。他们中的绝大多数同志是战备训练的种子,是部队建设的骨干,为我军实现革命化、现代化建设作出了贡献。然而,林彪、"四人帮"却把他们打成"黑尖子"、"黑样板",使他们受到压制和歧视。今天,强加在他们身上的一切诬蔑不实之词,应予推倒。为了掀起更大规模的群众性练兵运动,我们要继续抓典型,树标兵,培养"尖子",普及"尖子",开展群众性的比学赶帮超活动,不断提高我军的技术战术水平。60年代我们培养了许多优秀教练员,现在我们更需要70年代的优秀教练员。手中有了典型,才能使群众性的练兵运动更上一层楼。对那些为革命苦练杀敌本领的"尖子",练兵英雄,学习模范,优秀教练员,要给他们披红戴花,立功授奖,大力推广他们的经验,并注意选拔使用,发挥他们的骨干作用。

(八)任何事物都是一分为二的,肯定一切或否定一切都是反马克思主义的。一场大的群众练兵运动,出现这样那样的问题,是难免的。谁也不能打保票今后就不出一点缺点错误。问题是要分清主流和支流,成绩和缺点。1964年的群众性练兵运动,大方向是正确的,主流是好的,毛主席曾亲自检阅,予以肯定。运动中出现过的某些缺点和问题,如有的超越建制拼凑"尖子"等,是前进中的问题,本来是不难纠正的。然而,林彪、"四人帮"形而上学猖獗,阴谋诡计丛生,他们抓住群众运动中的某些枝节问题,任意夸大,无限上纲,凶相毕露地妄图打倒一大批老干部,实现其反军乱军篡党夺权的反革命目的。如何对待群众练兵运动中出现的问题?正确的态度是:第一,不怕。出点问题,不要紧,不要因噎废食。第二,要正视。有了问题,不要包着捂着,要敢于揭露矛盾,正确加以引导,总结经验教训,真正做到吃一堑长一智,打一仗进一步。

(九)主要领导干部要上第一线。过去打仗,主要军政领导干部都是亲临前沿,指挥作战,甚至带头冲锋。1964年大练兵的时候,一些司令员、军长、师长、团长和政治委员亲自蹲下去,培养典型,解剖"麻雀",指路子,出点子,和战士一起摸爬滚打,言传身教。现在,训练要大上,各级党委和机关,各级领导干部要发扬老传统,深入训练现场,切实加强领导。这样,既能情况明,决心大,取得领导训练的主动权,又能在实践中熟悉部队,增长才干,提高带兵、练兵、用兵的能力;平时学会组织训练,战时就便于指挥作战。

领导干部能不能下得去,蹲得住,抓得好,关键在于有没有高度的革命事业心。事业心强,一心想着带兵去打仗,就会有抓好训练的自觉性和坚定性。否则,遇事总想留后路,患得患失当"风派",怎么能站到第一线,带头抓训练?身为领导干部,干了那么多年,如果部队训练面貌依然如故,你在那个位置上还有啥味道?我们的老干部,为党工作的时间更加宝贵了,要振作精神,大干一场,把自己丰富的作战和训练经验传下去。中年干部,如日中天,精力充沛,正是大显身手的时候,要承先启后,继往开来。青年干部,朝气蓬勃,好学上进,要把我军的优良传统和老一辈的宝贵经验接过来。华主席、党中央、中央军委为我们创造了极好的条件,再不大干,更待何时!

国务院知识青年上山下乡领导小组办公室在北京召开省区市知青办负责人座谈会

会议讨论研究了将在今年内召开的全国知识青年上山下乡工作会议的准备工作。

会议认为，我国社会主义革命和社会主义建设事业进入一个新的发展时期，做好知识青年上山下乡工作，是一项十分光荣的任务。要进一步贯彻落实华主席在党的十一大政治报告中对知识青年上山下乡工作的重要指示，坚持知识青年上山下乡这一正确方向。要紧紧抓住揭批“四人帮”斗争这个纲，彻底清算“四人帮”破坏知识青年上山下乡工作的滔天罪行，把他们颠倒了的路线是非统统纠正过来。要加强党对知识青年上山下乡工作的领导，把这项工作列入各级党委的重要议事日程，统一认识，统一规划，总结经验，满腔热情地做好这项工作。要按照统筹解决的方针，根据各地的实际情况，采取有效措施，切实解决好知识青年上山下乡工作中存在的种种问题。要组织下乡知识青年学习马列和毛主席著作，学文化，学技术，鼓励他们树雄心，立壮志，扎根农村干革命，在农业学大寨运动中勇挑重担，为实现农业现代化，建设社会主义新农村贡献自己的力量。

1月25日

全国国营农场工作会议在北京闭幕

华国锋主席和叶剑英、邓小平、汪东兴副主席，党和国家其他领导人韦国清、乌兰夫、方毅、纪登奎、吴德、余秋里、张廷发、陈永贵、陈锡联、耿飚、陈慕华，会议期间接见了全体代表。

中共中央副主席、国务院副总理李先念，中共中央政治局委员、国务院副总理余秋里、陈永贵，国务院副总理王震出席了会议。李先念副主席作了重要讲话，余秋里副总理作了总结报告。

这次会议研究了如何挖掘潜力，加速国营农场的发展问题。会议决定，要加强对国营农场的领导，首先重点武装黑龙江的国营农场，在北大荒打一场大会战，使那里的国营农场提高作物的单位面积产量和扩大垦荒规模；同时，积极支持其他垦区的生产建设，加快其他垦区的发展速度，在不长的时间内，把国营农场建设成为商品粮食基地、工业原料基地、城市副食品基地、外贸出口产品基地。会议指出，这是国营农场全体职工和家属的光荣的战斗任务。

来自全国各地的农垦战士，在会上交流了国营农场工作的经验。大家揭矛盾，找差距，学先进，就国营农场要不要“大跃进”，能不能“大跃进”，怎样实现“大跃进”问题进行了热烈的讨论。会议制定的1978年至1985年的跃进规划，鼓舞人心，措施切实可行。

代表们一致认为，国营农场的“大跃进”势在必行，刻不容缓。这是革命形势发展的需要，是备战、备荒、为人民的需要，是党和人民的殷切期望。在夺取农业高速度发展的斗争中，全民所有制的国营农场重任在肩，完全应该闯头阵，打硬仗，起到突击部队的作用。他们说，我国国营农场是在毛主席的革命路线指引下创建和发展起来的。现在，我们已经积累了丰富的办场经验，造就了一支由复员转业军人、贫下中农和知识青年组成的500万人的农业产业大军。农场的经营规模较大，机械化程度较高，自然资源丰富，还出现了一批持续高产的先进典型。这些都表明，国营农场条件优越，潜力大，发展前景十分广阔。可是，这些年来由于“四人帮”的干扰破坏，国营农场应有的作用和潜力没有发挥出来，一些农场至今还存在着发展慢、产量低、亏损多的问题。现在粉碎了“四人帮”，扫除了发展生产的大障碍，广大职工的社会主义积极性空前高涨，国营农场“大跃进”的条件已经成熟。我们一定树起雄心壮志，使国营农场来个大发展。

国营农场要“大跃进”，靠什么？一靠人的思想革命化，二靠机械化，三靠科学种田。会议指出，要想革命化，就得学大寨、学大庆，真学，高质量地学。要把农垦战线的自己动手，丰衣足食的南泥湾精神接过来，传下去。有了这种精神，有条件能实现“大跃进”，没有条件也能创造条件实现“大跃进”。

会议指出，要搞好国营农场的工作，必须深入揭批“四人帮”。“四人帮”对国营农场的干扰破坏是很严重的。他们把许多老干部打成“走资派”，张春桥甚至胡说什么“国营农场不怕亏损，这正是全民所有制的优越性”，“国营农场只要阶级斗争抓好了，颗粒无收也不要紧”，搞得黑白不分，是非颠倒，使广大职工的积极性受到严重挫折。我们必须把揭批“四人帮”的斗争搞深搞透，彻底肃清他们的流毒和影响。同时，要发动群众打击阶级敌人的破坏活动，打击贪污盗窃、投机倒把等资本主义势力。在此基础上，要下力气对领导班子、职工队伍、企业管理进行整顿，特别是要把领导班子整顿好。农场的书记、场长，一定要钻研业务，又红又专，要敢抓生产，敢抓盈利，要在政治上、思想上、生活上关心职工。领导班子搞好了，国营农场的“大跃进”就有希望了。

会议强调，国营农场是全党的事业，各级党委要切实加强领导，真正把国营农场的工作拿到手上。各行各业也一定要支持国营农场的工作。现在，“大跃进”的战鼓已经擂响，各地要尽快把会议精神传达下去，认真贯彻执行。国营农场的职工、家属要紧急行动起来，掀起备耕、春耕生产的高潮，夺取春季开门红，全年满堂红，用优异的成绩向党和人民汇报。

全国侨联在北京举行归侨座谈会

座谈会由全国侨联代主席庄希泉主持。廖承志同志出席会议并讲了话。出席座谈会的共200多人，他们中间有：全国侨联副主席庄明理；在京的全国侨联常委和委员：卢心远、蔡钟长、连贯、沈兹九、邱及、苏惠、吴益修、张楚昆、洪丝丝、钟庆发、常任侠、黄鼎臣、许志猛、郑正仁、翁会巧、彭光涵、颜乃卿；归国华侨和侨眷中的人大常委、人大代表和政协全国委员会常务委员、委员：陈玉娘、林丽韫、胡愈之、伍蝉、吴恒兴、陈宗基、陈丁茂、张国基、林慧卿、林修德、王一知、李梅；有关方面负责人以及归侨中的工业、科技、文艺、教育和人民解放军等方面的知名人士、先进工作者：万景光、王旭东、白刃、古竹英、史林峰、廖益联、许丽珍、肖明、陈福顺、陈木森、吴佑寿、汤仙虎、张昌、经普椿、林立、侯加昌、秦牧、翁怀仁、郭军、黄周规、魏正明等。

廖承志同志在讲话中热烈祝贺全国侨联恢复活动。他说，全国侨联能恢复活动，归侨、侨眷能举行这个座谈会，首先要感谢华主席、党中央的关怀。他指出，调动广大华侨、侨眷和归侨的积极性，为实现祖国的四个现代化而努力，是一件十分重要的工作。他要求全国侨联学习和宣传好党的方针政策，特别是党的侨务政策，帮助党了解各地侨务政策的执行情况，做好海外亲友的工作，本着爱国不分先后的精神团结广大海外华侨。

1月26日

国务院副总理邓小平抵达仰光对缅甸进行正式友好访问

邓小平副总理在机场发表了书面讲话。

邓小平副总理在书面讲话中说："中缅两国山水相连，自古以来就是友好邻邦。近年来，我们两国的友好关系又有了新的发展，这完全符合两国人民的利益和共同愿望。我们这次来缅甸访问，正像两国领导人历次访问一样，是为了进一步巩固和加强我们两国人民的传统友谊和两国的友好关系。我衷心感谢吴奈温总统、吴貌貌卡总理，缅甸政府其他领导人和缅甸人民给予我们的隆重热烈欢迎，并愿借此机会，向缅甸政府和缅甸人民转达中国政府和中国人民的亲切问候和良好祝愿。祝中缅两国人民'胞波'般的传统友谊和两国友好关系不断巩固和发展！祝缅甸联邦社会主义共和国繁荣昌盛，人民幸福！"

随同邓小平副总理访问的有外交部副部长韩念龙，亚洲司副司长王晓云、程瑞声，礼宾司副司长高建中等。

国务院副总理邓小平在仰光缅甸总统府拜会缅甸联邦社会主义共和国总统兼国务委员会主席吴奈温

第三次全国农业机械化会议在人民大会堂闭幕

中共中央副主席、国务院副总理李先念，党和国家其他领导人纪登奎、余秋里、陈永贵、陈锡联、耿飚、王震出席了大会。

中共中央政治局委员、国务院副总理纪登奎主持了大会。中共中央政治局委员、国务院副总理余秋里在会上作了题为《全党动员，决战三年，为基本上实现农业机械化而奋斗》的总结报告。

中共中央副主席、国务院副总理李先念致闭幕词。

华国锋主席、党中央非常关心和重视这次会议。这次会议正式开幕之前，党中央发表了伟大领袖和导师毛主席的两篇著作：《中国将要出现一个"大跃进"》和《关于农业机械化问题的一封信》，作为会议的指导思想。华主席和邓小平、李先念、汪东兴副主席以及中央和国务院的其他领导同志，到全国农业展览馆视察农业机械化展览，并作了重要指示。会议期间，华主席和叶剑英、邓小平、汪东兴副主席以及中央和国务院其他领导同志，又接见了全体代表，使代表们受到极大的教育和鼓舞。

这次会议高举毛主席的伟大旗帜，坚持党的十一大路线，认真学习毛主席关于农业机械化问题的一系列教导，学习华主席的有关重要指示，在深入揭批"四人帮"的基础上，认真讨论了在我们这样一个8亿人口的大国里实现农业机械化的伟大现实意义和深远历史意义，确定了决战三年，基本上实现农业机械化的具体部署。这次会议讨论的问题和作出的决策，不仅对今后三年，而且对以后农业机械化的发展，都有重要的意义。

实现农业机械化，是关系国民经济全局的大事，是我国在本世纪内实现四个现代化的一项重大步骤；也是在农村中社会主义战胜资本主义，巩固工农联盟，缩小三大差别的根本需要。正是在这样一个根本问题上，"四人帮"倒行逆施，疯狂地进行破坏。他们反对毛主席给我们规定的1980年基本上实现农业机械化这一伟大任务，污蔑实现机械化是为复辟资本主义建立物质基础。通过揭发批判，代表们认识到，必须紧紧抓住揭批"四人帮"这个纲，把"四人帮"在农业机械化方面散布的种种谬论批深批透，肃清其流毒和影响，打击城乡资本主义势力的破坏活动，才能高速度发展农业机械化，夺取三年决战的胜利。

会议还总结交流了山东、广西、湖南、江苏、河北等省、自治区加快发展农业机械化的经验，并针对当前农业机械化运动中出现的新情况,讨论了统一计划、组织起来等具体方针政策。会议指出,第一次、第二次全国农业机械化会议以来,遵照农机制造以地方为主、农机产品以中小型为主、农机购买以集体经济为主的方针,山东等许多省、自治区、直辖市的党委亲自抓,以自力更生为主大办机械化,作出了出色的成绩,积累了丰富的经验,例如:积极发展燃料、动力和原材料工业;大力挖潜、革新、改造,扩大农机制造能力;坚持以粮为纲、多种经营,发展社队企业,解决购买农机的资金;管好用好农业机械,做到增产增收增贡献等。现在,农业机械化发展到了一个新的阶段,在继续发挥地方积极性、推广这些经验的基础上,必须强调在统一计划下走组织起来的道路。农机制造要组织起来,逐步实行专业化协作生产,搞好标准化、系列化、通用化,做到大批量,高质量,低成本。农机的使用、维修、配件供应、科学研究以及社队企业的发展,也要很好地组织起来。会议认为,只有这样才能调动群众的积极性,把农业机械化事业一浪高过一浪地向前推进。

会议号召各省、自治区、直辖市来一个比赛:看谁化得快,化得好;看谁的支农产品实现了规划要求,搞好了标准化、系列化、通用化,做到质量好,成本低;看谁的农业机械充分发挥了作用,提高了劳动生产率,以较少机械达到了比较高的机耕水平、排灌水平和其他方面的机械化水平;看谁的机械化取得了好的效果,做到了增产又增收。会议要求各级党委,站在坚持无产阶级专政下继续革命、坚持党在农业问题上的根本路线的高度,像当年搞合作化那样,书记动手,全党动员,满腔热情地领导好这场伟大运动。

出席会议的还有各省、自治区、直辖市农业机械化领导小组的负责人,党中央和国务院各部门的负责人。

国务院副总理余秋里在第三次全国农业机械化会议上发表题为《全党动员 决战三年 为基本上实现农业机械化而奋斗》的总结报告

同志们:

我们的会议,遵循党的十一大路线,以毛主席《中国将要出现一个"大跃进"》《关于农业机械化问题的一封信》和华主席的有关指示作为指导思想,对1980年基本上实现农业机械化的问题,进行了充分的讨论,确定了一些重大政策和措施,进一步落实了各项规划。在华主席、党中央的亲切关怀下,经过到会同志的共同努力,会议开得很成功。现在我讲几个问题。

一、基本上实现农业机械化,是摆在全党面前的一项紧迫任务

1980年基本上实现农业机械化,是伟大领袖和导师毛主席向全党和全国人民发出的伟大号召,是在本世纪内实现农业现代化,把我国建成社会主义的现代化强国的一个重大步骤。现在距离1980年只有三年的时间了,全党动员,决战三年,基本上实现农业机械化,是摆在我们面前的一项紧迫的战略任务。

实现农业机械化,关系国民经济的全局。当前,我国国民经济的一个突出矛盾,是农业的发展不能适应工业和其他部门发展的要求。全国解放以来,我国农业生产有了很大发展,基本上保证了8亿人民吃饭穿衣和生产建设的需要,这是一个了不起的成就。但是,最近几年,由于"四人帮"的严重干扰破坏,粮食生产发展缓慢,有些经济作物产量下降。这种情况如果不迅速改变,势必要拖国民经济发展的后腿。尽快消除"四人帮"干扰破坏造成的恶果,加速农业发展,实在刻不容缓。

粉碎"四人帮"以后,以华主席为首的党中央及时作出了抓纲治国的战略决策,把加快经济发展速度的问题,特别是加快农业发展速度的问题,尖锐地提到全党全国人民面前,并对迅速扭转农业的落后局面采取了一系列重大措施。党中央决定,全党动员,大办农业,以极大的努力普及大寨县,大搞农田基本建设,实行科学种田,加快农业机械化步伐。党中央要求,在最近几年内,从各方面采取切实有效的措施,组织各行各业大力支援农业,使农业的发展速度有一个大的突破。党中央的这些重大决策,完全符合客观形势的需要,充分反映了全国人民的强烈愿望。一个万众一心、大干快上、迅速改变农业面貌的群众运动,正在全国各地蓬勃兴起。

我们这次会议,遵照华主席、党中央的指示,作出了加快农业机械化的具体部署。由于"四人帮"的干扰破坏,这几年钢铁生产减少,大约损失了一个农业机械化所需要的钢材,延缓了农业机械化的进度,耽误了我们几年的宝贵时间。但是,我们决心在今后三年内,把"四人帮"造成的损失夺回来,完成和超额完成原定的1980年基本上实现农业机械化的各项指标。

会议确定:1980年,全国农、林、牧、副、渔主要作业的机械化水平,达到70%左右;大中型拖拉机拥有量,比现在增长70%;大中型机引农具拥有量,比现在增长110%;手扶拖拉机拥有量,比现在增长36%;排灌动力机械拥有量,比现在增长32%;化肥年产量,比现在增长58%;农田基本建设机械、植物保护机械、运输机械、收获机械、农副产品加工机械、农药、炸药、塑料薄膜、林业机械、牧业机械、渔业机械、农村小型电站、半机械化农具等,都要有一个较大的增长。人工影响天气的装备也要积极发展。各种农业机械的质量要达到一个新的水平。

为了实现上述目标,今后三年,国家供应农机制造和维修用的钢材,将比过去三年增加50%。地方拥有的钢材资源,用于农业和农机制造的比例,将由现在的30%左右提高到40%以上。1980年国家供应农业机械化的各种油料,将比1977年增加1.2倍。

为了实现上述目标,我们要培养一支宏大的农业机械化队伍。1980年能够操作、维修和管理各种农业机械的人员要比现在增加一倍。农机的使用和管理,要达到一个新的水平,机械的完好率要达到90%以上;拖拉机从事农田作业(包括农业运输)的比例,要达到80%以上。机械耕作的质量要大大提高。燃料、动力的消耗定额,要大大降低下来。

会议要求,所有地区都要实行机械化半机械化并举,充分发挥每台农业机械的作用,以较少的机械完成尽可能多的作业量。

会议要求,各省、自治区、直辖市从自己的实际情况出发,因地制宜、各有侧重地发展农业机械化。先化什么,后化什么,要根据农业生产需要最迫切、增产效果最显著、减轻劳动强度最有效的原则进行安排,不能千篇一律,不能要求不同地区各种作业的机械化程度都达到同一水平。牧业的机械化要着重解决水、草、运的问题。

实现了1980年的各项指标,我们农业机械化的水平还不算高,也还不全面,但同现在的状况相比,我国农业的生产条件和农村的经济面貌将发生显著的变化。有了这么多的机械、化肥和其他农业生产资料,我们就可以以更大的规模、更高的速度开展农田基本建设,增强抗御自然灾害的能力,较大幅度地提高单位面积产量,使更多的地区实现高产稳产。我们就可以更多地开垦荒地,扩大耕地面积,增加新的商品粮基地和经济作物基地。我们就可以迅速地提高农业劳动生产率,腾出更多的劳动力向生产的深度和广度进军,促进农、林、牧、副、渔业的全面高涨。这样,我们人民公社的集体经济就能够得到进一步的巩固和壮大,全民所有制的国营农场将得到更大的发展,我们的农业就能够以更多的商品粮食、工业原料和其他农副产品,支援国家的工业建设和其他各项事业的建设,改善城乡人民的生活,并且增加国家、集体和社员的粮棉油等储备,更好地贯彻落实备战、备荒、为人民的方针。有了这个基础,我国的农业机械化在第六个五年计划期间就可以有一个更大的发展,向更高的目标前进。

在1980年,即再用三年的时间,基本上实现农业机械化,不仅是必要的,而且是完全能够做到的。

首先,有毛主席给我们制定的关于农业机械化的路线、方针和政策。这是多快好省地发展我国农业机械化的唯一正确的道路。打倒了"四人帮",扫除了大障碍,在华主席、党中央的领导下,毛主席的路线、方针和政策能够全面地正确地贯彻执行了,广大群众大办农业机械化的积极性空前高涨。这是夺取三年决战胜利的决定性条件。

其次,我们有20多年建设起来的物质基础,无论是基础工业、农机工业、化肥工业都具备了相当的能力。只要抓好现有企业的整顿和在建工程的及时投产,我们就一定能够完成和超额完成1980年的各项指标。

第三,我们已经积累了许多经验,有了一批好典型。1971年第二次全国农业机械化会议时,我们还只有县、社、队的经验,现在我们已经有了在一个地区、一个省的范围农业机械化搞得好搞得快的经验。

山东省就是一个突出的典型。他们书记挂帅,全党动手,自力更生,大办农业机械化,从1975年到1977年3年间,全省机耕面积占全部耕地的比例,由28%提高到48.6%;灌溉面积的比例,由48%提高到60%;化肥每亩施用量,由23斤提高到70斤。全省粮食总产量,1977年比1974年增长27.6%,平均每年增长8.5%。按照目前他们拖拉机、内燃机和化肥的生产能力,完全可以提前实现1980年的目标。

广西壮族自治区,也是农业机械化搞得好的一个省区。1971年以前,那里的基础工业、农机工业和化肥工业,在全国各省区中是属于落后的。经过几年的努力,他们的钢铁、拖拉机、手扶拖拉机、内燃机和化肥的产量,已经进入了全国比较先进的行列。他们有信心在今后3年,主要依靠自己的力量,完成基本上实现农业机械化的任务。

山东、广西还有湖南、江苏、河北等省的经验说明,只要有一个马克思主义的雄心壮志,采取正确的方针、政策和方法,扎扎实实地进行工作,不论条件好还是条件差的地方,都能够做到农业机械化的高速度发展。

我们必须在全党和全国人民中间,进行大宣传、大动员,使每个干部、工人、农民和科学技术人员,都深刻认识实现这一伟大任务的必要性、紧迫性和可能性,充分发挥自己的智慧和才干,为农业机械化贡献力量,夺取三年决战的胜利。

二、深入揭批"四人帮",坚持党在农业问题上的根本路线

抓紧抓好揭批"四人帮"这场政治大革命,是夺取我们各项工作更大胜利的根本保证,也是加快农业机械化步伐,夺取三年决战胜利的根本保证。

"四人帮"反党集团是破坏我国社会主义建设和农业机械化事业的罪魁祸首。他们否定在集体化的基础上实现机械化这样一条党在农业问题上的根本路线,公然叫嚣"怎么又出来一个根本路线",恶毒污蔑实现农业机械化是搞修正主义,是为复辟资本主义建立物质基础。他们反对1980年基本上实现农业机械化这一伟大任务，阻挠宣传毛主席关于农业机械化的思想，妄图破坏毛主席的战略部署。他们煽动停工停产，搞乱企业管理，扼杀广大干部和群众大干社会主义的积极性，破坏支农工业的发展。他们支持、怂恿和包庇城乡资本主义势力，破坏集体经济，搞乱农业机械化队伍，妄图扭转农业和农业机械化的社会主义方向。他们反对党领导一切的原则，说什么“农业机械化是业务部门的事，党委不要抓”，妄图取消党对农业机械化这一伟大事业的领导。

“四人帮”破坏农业机械化，是他们整个篡党夺权阴谋活动的组成部分。他们打着“继续革命”的旗号，歪曲和篡改毛主席关于无产阶级专政下继续革命的伟大理论，既疯狂地破坏上层建筑和生产关系的社会主义革命，又竭力地反对四个现代化，破坏社会生产力的发展，妄图摧毁社会主义的政治制度，瓦解社会主义的经济基础，复辟资本主义。我们党同“四人帮”在农业机械化问题上的斗争，集中地表现在要不要坚持毛主席关于无产阶级专政下继续革命的伟大理论，要不要坚持毛主席制定的党在农业问题上的根本路线。

在1962年党的八届十中全会上，毛主席完整地提出了我们党在整个社会主义历史阶段的基本路线，并且号召全党坚持党在农业问题上的根本路线，这就是：第一步实现农业集体化，第二步在农业集体化的基础上实现农业的机械化和电气化。这条根本路线，科学地反映了生产力和生产关系、经济基础和上层建筑之间的辩证关系，具体地指明了我国农业继续革命的方向和道路。毛主席说：“农业的根本出路在于机械化。”有步骤地开展农业的技术改革，使我国的集体农业逐步地实现机械化和现代化，这是关系我们国家命运的一件大事。我国的国民经济，不可能长期地建立在一方面是使用机器生产的工业，另一方面是靠手工劳动的农业这样两种不同的技术基础上。不实现农业的机械化和现代化，就不可能大大地提高农业的劳动生产率，解决日益增长的商品粮食和工业原料的需要同主要农作物一般产量不高的矛盾，不可能为工业、特别是重工业的发展开辟广阔的市场，工业的现代化和整个社会主义建设事业，就会遇到绝大的困难。我们人民公社的集体经济，不可能长期地建立在使用畜力和落后的手工工具进行生产的基础上。不使农业跃进到使用机器的大规模经营，不迅速地壮大大队和公社的经济力量，大幅度地提高社员从集体分得的收入，就不能从根本上改变农民的小生产者的心理习惯，农村的社会主义集体所有制就不能巩固和发展。我们的工农联盟，不可能长期地建立在主要用消费品作为城乡结合纽带的基础上。不向农民提供越来越多的机器、化肥和其他生产资料，满足农民提高农业生产技术的要求，就不能在新的基础上巩固工农联盟，进一步加强无产阶级专政，就不能逐步缩小工农之间、城乡之间、脑力劳动和体力劳动之间的差别。所有这些都说明，在农业集体化的基础上实现农业的机械化和电气化，是我们党在农村的两条道路斗争中，坚持社会主义、战胜资本主义的马克思列宁主义路线。事情就是这样明显地摆着：要么我们坚定不移地把农业转到新的技术基础上去，转到机械化大生产的基础上去，使社会主义建设事业高速度发展；要么我们不去解决这个任务，听任农业生产长期处于落后状态，那么回到资本主义去就是不可避免的。

“四人帮”反对农业机械化和四个现代化，就是妄图使我们的农业和整个国民经济长期处于落后状态，搞垮无产阶级专政和社会主义制度的物质基础，并且使我们在社会帝国主义和帝国主义发动侵略战争的时候，处于软弱被动的地位。“四人帮”天天喊“基本路线”，天天喊“阶级斗争”，实际上，这伙新老反革命结成的黑帮，怀着对党对社会主义的刻骨仇恨，天天在那里猖狂反对党的基本路线，煽动资产阶级向无产阶级进攻。他们高喊的“革命”，就是要把我们国家从社会主义拉到资本主义，实际上是拉回到殖民地半殖民地的悲惨境地。

我们必须紧紧抓住揭批“四人帮”这个纲，深入批判他们推行的反革命修正主义路线的极右实质，并且联系农业机械化的实际，肃清他们的流毒和影响，更好地坚持党在农业问题上的根本路线。各级领导干部，必须从无产阶级专政下继续革命的高度，深刻认识实现农业机械化的深远意义，在坚持搞好上层建筑和生产关系领域的社会主义革命的同时，把生产技术的革命提到重要的位置上来，用革命化统率机械化，像当年领导农业集体化一样，实行书记动手，全党动员，满腔热情地领导好农业机械化这场伟大的革命运动。

三、组织起来，把大办农业机械化的群众运动推进到一个新的阶段

要在三年的时间内，完成基本上实现农业机械化的宏伟任务，一条根本的方针，就是要放手发动群众，大搞群众运动，把各方面的积极性充分地调动起来，把各方面的力量合理地组织起来。

我们国家人口众多，幅员辽阔，各地的自然条件和经济发展水平有很大的不同。不充分发挥中央和地方两个积极性，不把29个省、自治区、直辖市，200多个地、市，2000多个县，50000多个人民公社的力量动员起来，要多快好省地、因地制宜地发展农业机械化的事业，是不可能的。

1966年以来，我们召开过两次全国农业机械化会

议，遵照毛主席的指示，强调了全面贯彻执行农机制造以地方为主、农机产品以中小型为主、农机购买以集体经济为主的方针。这就把省、地、县、社和广大群众的积极性调动了起来，展开了农机工业的布局，发展了地方支农工业，推动了农业机械化事业的发展。许多省、区、市，不是等上面发一个机械化，而是下决心以自力更生为主干一个机械化。他们积极发展燃料、动力和原材料工业，不搞“无米之炊”；他们大搞挖潜、革新、改造，扩大农业机械的制造能力；他们坚持以粮为纲，多种经营，大力发展社队企业，解决购买农业机械的资金，使农业机械化运动出现了迅速发展的生动局面。现在，全国已有1600多个农业机械制造厂，2700多个县农机修造厂。除个别地方外，各省、区、市都有了自己的中小钢铁厂。小化肥厂、小煤矿、小电站、小水泥厂也有很大发展。全国90%的公社、70%的大队，办起了社队企业。所有这些，都是正确贯彻执行毛主席制定的方针，大搞群众运动的结果。

在农业机械化运动蓬勃发展的过程中，出现了一些新的情况和新的问题。主要是：农机产品型号繁多，零部件互不通用，给制造、使用和维修带来很大困难；不少工厂“大而全”、“小而全”，从零部件到整机什么都自己搞，批量小、质量差、成本高；不少企业产品方向不明确，产、供、销没有纳入计划，生产带有很大盲目性；不少“五小”工业设备不配套，技术落后，消耗高，亏损多；一部分社队多种经营和社队企业发展不快，集体经济的力量比较薄弱，购买农机的资金有困难；大量农业机械下乡，农机队伍的建设和农机的维修、管理工作跟不上，不少社队农业机械不能充分发挥作用，有些没有做到增产增收增贡献；农业机械化的科学研究工作很薄弱，不能适应农业机械化事业发展的需要。这些情况说明，现在迫切需要提高工业的组织管理水平，提高整个农业机械化工作的计划性、组织性。必须强调统一计划，走组织起来的道路。农机制造要组织起来，农机的使用、维修要组织起来，零配件的供应要组织起来，社队的多种经营和社队企业的发展，也要很好地组织起来。

在统一计划下，组织起来的方针，是把大办农业机械化的群众运动推进到新阶段的方针，是贯彻执行党的社会主义建设总路线，多快好省地发展农业机械化事业的正确方针。

实行这个方针，在农机制造上，就是要对主要农机产品实行标准化、系列化、通用化，用尽可能少的产品系列满足各个方面的需要，用尽可能多的通用件装配出不同的产品。在搞好“三化”的同时，按照专业化协作的原则，对现有企业进行合理分工，把小批量变成大批量，把小生产变成大生产。这样做，有利于采用新技术、新工艺、新材料，有利于广泛使用高效率的专用设备和专用工具，有利于组织流水生产线和自动化生产线，有利于提高企业的技术水平和经营管理水平，从而大大提高农机产品的质量和产量，大大减少人力物力的消耗，大幅度地降低产品的生产成本。

实行这个方针，在农机的使用、管理上，就是要根据需要和可能，在不改变农业机械所有权的前提下，按照自愿互利、等价交换的原则，把生产队、生产大队拥有的农业机械，在农忙季节，由生产大队或公社组织起来，统一使用。这样做，可以使现有的农业机械发挥更大的效益；使农业机械较多的队同农业机械较少的队更好地互相协作，取长补短，共同增产增收；还可以节省社队购置农业机械的资金，减少农业机械的需要量。在互助合作运动中，个体农民还可以搞插犋换工，现在，我们的社会主义集体经济为什么不能把农业机械组织起来，合理使用呢？

实行这个方针，在农机维修上，要以县为单位，合理设置农机维修点，对现有的维修力量进行合理分工，互相协作，用较少的设备和人力取得更好的效果。配件供应，要在县农机公司的统一组织下，合理划定服务范围，设置供应网点，做到供应及时，方便群众，使公社、生产大队、生产队不必层层储备配件，以减少人力的浪费，减少物资和资金的积压。

实行这个方针，社队企业的发展和它们的产、供、销，要纳入县以上的地方计划，使社队企业做到生产有安排，原料有来源，产品有销路，发挥积极性，避免盲目性。

农业机械化的科学研究，农业科学知识的普及，农机队伍的培训等项工作，也都要相应地走组织起来的道路。

我们提倡自力更生，就是要在各级统一计划下，使每个企业、每个公社、每个县、每个地区，分工协作，充分利用本地的资源，发挥自己的所长，而决不是要求什么都自己干，“万事不求人”。什么都要自给自足，是不可能的。这种小生产的自然经济观念，同社会化的社会主义大生产是不相适应的。在统一计划下组织起来，使地方的大量中小企业产品方向更加明确，原材料供应和协作关系更有保证，技术上得到更好的指导，这不仅不会妨碍地方的积极性，而是更有利于发挥地方的积极性。毛主席说，农业机械化要“以各省、区、市自力更生为主”。实行组织起来，也必须以省、自治区、直辖市为主。在省的统一规划下，充分发挥地、县、社、队的主动性、积极性和创造性。

提高生产的组织和管理水平，对于社会主义经济来说，是一个带根本性的问题。在生产资料所有制问题基本解决以后，不通过大量的、科学的、细致的组织工作，把成千上万的企业和亿万人民群众的生产活动组成一个有机的整体，社会主义的优越性就不可能充分发挥出来。加强统一计划，提高组织管理水平，不仅是农业机械化发展的迫切需要，也是摆在我们整个经济工作面前的一个大课题。

组织起来，分工协作，统筹兼顾，全面安排，是毛主席、党中央历来提倡的方针。这几年，由于“四人帮”的干扰破坏，打乱了国家计划和生产秩序，使许多协作关系陷于中断，迫使一些地区和企业不得不什么都自己干，我们的工业组织和管理工作也很薄弱，这就造成“小而全”、“大而全”的情况有所发展。粉碎“四人帮”以后，华主席、党中央多次提出要坚决改变这种状况，并且明确指示，“三化”和专业化协作要从农机工业开始。如果现在不下决心走组织起来的道路，任其自流下去，我们的生产技术就不能很快进步，工业和农业机械化事业就不能多快好省地发展，机型杂、质量差、消耗大的包袱就会越背越重。以后再改，困难就会更大。对于这个问题，全党必须统一认识，统一行动。要强调从全局和长远的观点看问题，正确处理局部和整体、当前和长远的关系。我们的思想和工作必须适应形势发展的要求，坚定不移地实行组织起来的方针，使大办农业机械化的群众运动持久地、一浪高一浪地向前发展。

四、若干政策和措施

为了贯彻执行组织起来的方针，夺取三年决战的胜利，并且为第六个五年计划期间农业机械化更大发展打好基础，针对当前的实际情况和存在的问题，从现在起，必须采取以下一些重要政策和措施。

1. 简化机型，搞好农机产品的标准化、系列化、通用化。

机械工业部门要对现有的农机产品，根据群众欢迎、质量好、技术先进等原则，分为定型产品、过渡产品、淘汰产品三大类，进行整顿。要在今年内制定出适合我国情况的中小型柴油机、拖拉机、手扶拖拉机的产品系列型谱，统一机型，统一图纸，统一质量标准。每个系列中，零部件标准化、通用化的程度要达到80%以上。在整顿中，要认真总结群众的革新创造和推广科学研究的成果。

在简化机型、整顿现有产品的基础上，要通过有计划的研制，逐步形成技术比较先进的新一代的拖拉机、柴油机的产品系列。这项工作，现在就要着手进行，在第六个五年计划期间完成。停止生产的老产品，配件要继续生产，保证供应。

“三化”的实施方案一经确定，就要坚决贯彻执行，决不允许随意变型，乱改图纸。没有“三化”，就没有专业化，就没有高质量、高速度。从今年下半年开始，柴油机、拖拉机老产品的继续生产和新产品的设计投产，要由中央或省、自治区、直辖市农业机械标准化委员会发给许可证。没有许可证的产品，一律不准生产。

2. 按照专业化协作的原则改组农机工业。

这项工作，要按产品不同情况，多数在一个省的范围，少数在全国范围或几个邻近省的范围，分别组织进行。

就全国来说，重点要组织好“三机”和若干个关键零部件的专业化协作生产。拖拉机、手扶拖拉机、柴油机这“三机”，要充分利用现有基础，合理布局，分别形成若干个总装厂作骨干，组织一大批中小型的专业零部件厂和工艺协作厂为它们配套。各地现有的拖拉机厂和柴油机厂，“大而全”的，要采取扩散零部件的办法，搞专业化生产，搞大批量生产；“小而全”的，要在统一规划下，多数改为生产零部件的专业厂，少数用统一供应的零部件，承担总装任务。这项工作，由有关部门会同地方一起进行，在三年内完成。液压件、密封件、油泵油嘴及其三对偶件、齿轮、链条、柴油机连杆等关键的零部件，量大面广，制造技术要求较高，应该在全国范围内，确定若干个生产点，采用先进工艺和先进装备，组织大批量的专业化生产，力争在一两年内搞上去。

农机工业有一定基础的省、区、市，要参照上述原则，对省内的农机工业进行改组和调整。首先抓好手扶拖拉机和小型柴油机，一两年内见效果。农机工业薄弱的省区，增加生产能力时，应当搞专业化协作，合理布点，不能再搞“大而全”或“小而全”的工厂。在改组过程中，一机部要组织基础好的省市对基础薄弱的省区，在设备、技术等方面进行对口支援。

组织专业化协作，根据需要和可能，可以打破行业界限，并且把有条件的集体所有制企业和社办工业组织进来，搞大会战、大协作。

改组农机工业，是一件复杂细致的工作，必须统筹规划，有步骤地进行。企业产品方案的变化，生产组织的改动，协作关系的调整，都必须经过技术经济效果的综合分析比较，真正做到经济合理；都必须有周密的计划和妥善的安排，决不能影响当前生产。各级工业主管部门，工作必须越做越细，认真地切实地搞好计划的综合平衡和生产的指挥调度，组织好企业间的协调配合。

与生产的专业化协作相适应，在企业的组织形式上，有些总装厂和与它配套的协作厂，可以组成联合企业、生产公司，或者“一条龙”协作形式。在产品的分配上，要使原来条件好的地方和原来条件差的地方，都能够因为搞了专业化协作而得到好处。物资供应办法要按照专业化协作的要求作相应的改进。国家增加调出的产品，所需的钢材、生铁等主要原材料由国家增加供应。金属协作件一律免税，协作件的利润率要从低，以便使总装厂采用协作件的成本低于自己制造的成本。

3. 农机企业实行“五定”。

为了保证企业有稳定的生产条件，进行专业化生产，必须实行“五定”：

(1)定产品方向和生产规模；

(2)定人员机构；

(3)定原料、材料、燃料、动力和工具的消耗定额和供应来源；

(4)定固定资产和流动资金；

(5)定协作关系。

这项工作，要由中央和省、自治区、直辖市的机械工业部门会同有关部门，在搞好综合平衡和地区布局的基础上，一个企业一个企业安排落实。定了以后，不经批准，不能随意变动。新企业的设计文件必须包括“五定”的内容，否则不予批准。“五定”以后，所有企业都必须严格执行。不遵守合同或随意中断协作关系的，要追究责任，并赔偿损失。

4. 坚持质量第一。

支农产品质量不好，是当前存在的一个普遍问题。必须在实行专业化生产的同时，下大力量整顿企业管理，狠抓农机产品质量的提高，做到坚固耐用。要切实建立和健全质量管理的各项规章制度，从原材料进厂到产品出厂，每一个环节，每一道工序，都要实行严格的质量检验。从今年开始，凡是质量、品种、规格不合标准和合同要求的产品，一律不能列入计划完成数，不准出厂；已经出了厂的，要包修、包换、包退，还要负担社队因修理和退换机器所花的费用。

每个企业、每个班组、每个工人，都要深刻地认识到，自己生产的产品质量不好，一用就坏，耽误农时，影响生产，增加社队负担，一害农民，二害国家，三害自己。要加强责任心，严格执行操作规程，使自己生产的产品，国家信得过，人民信得过，用户信得过。要大力开展技术培训，提高工人、技术人员的操作和技术水平。徒工转正和工人晋级，都要经过技术考核。

5. 积极增加配套农具，搞好维修配件的生产供应和修旧利废。

配套农具和维修配件不足，是目前拖拉机不能充分发挥作用的重要原因。解决好这个问题，各级主管部门和有关企业，要切实纠正重主机、轻配套，重制造、轻维修的现象。

到1980年，拖拉机和配套农具的比例，要由现在的1∶2.6提高到1∶3.3，争取更高一些。对目前缺门而又急需的配套农具，要加快研制、定型和生产。大力推广黑龙江省绥化县的经验，充分发动群众，因地制宜，改制配套农具。一台机器要带多种作业机具，充分发挥拖拉机的效能。

解决维修配件问题，一要抓质量，提高使用寿命，变几个不顶一个用为一个顶几个用。二要抓数量，按照合理比例，安排维修配件的生产。农机制造厂承担的维修配件任务的完成情况，要单独考核。县农机修造厂要坚持又修又造、以修为主的方针，在省的统一规划下，按照专业化生产的原则，根据需要和可能，承担一些配件制造任务。三要大搞修旧利废，每个县、每个公社都要学习大庆，建立“修旧大院”，推广“焊、补、喷、镀、铆、镶、配、改、校、涨、缩、粘”十二字经验。修复旧件也要由地县统一组织，分工合作，提高修复质量和效率。要大搞轮胎翻新。对于农机修理和修旧利废所需要的材料，各级要纳入计划，物资部门要解决供应渠道，专列指标，优先保证。

6. 大力加强农业机械化的科研工作。

我们现有的农机产品，多数是四五十年代的水平，产品结构笨重，油耗高，效率低。必须大大提高农机科研工作的水平和效率，尽快地改变这种落后状况。要抓紧当前迫切需要解决的课题，包括研制适合我国特点的大功率拖拉机和综合利用、联合作业的农机具，研究农业机械合理应用和维修的技术，以及农机具的改革与农艺改革如何密切结合这样一些课题，尽快作出成效。

省地县都要十分重视农业机械化的科研工作，建立、充实自己的农具研究所，并且发动群众，大搞农业机械化的科学实验活动。要恢复、发展农业机械化的高等院校和科系，发挥他们在农业机械化科研中的作用。科研人员要走与工农相结合的道路，刻苦钻研，勇攀高峰，充分发挥自己的聪明才智，用心总结群众中的发明创造，吸取国外的科学技术成果，为实现农业机械化和现代化的伟大事业，赶超世界先进水平，作出贡献。

7. 化肥生产，要实行氮、磷、钾和腐植酸类四肥并举，积极试制高效复合肥料。

在继续发展氮肥的同时，要大力发展磷肥，努力改变钾肥生产的空白状态。要研究和推广不用或少用硫酸、焦炭生产磷肥的办法。主要的磷矿产区，要就地选矿，外运精矿粉。要大搞小磷矿、小硫铁矿。小氮肥厂要进行技术改造，解决电耗高、煤耗高和热能回收利用的问题。

在大力发展化肥的时候，不能忽视农家肥。即使有了较多的化肥，也要以农家肥为主。

8. 满足农田基本建设对炸药的迫切需要。

大搞农田基本建设，炸药的用量越来越多。现在每年供应农村的炸药远远不能满足需要，必须把解决这个问题提到重要的地位。物资总局和供销总社要有计划地组织省区之间的调剂,用其他氮肥换出一部分硝铵用于配制炸药,解决目前一些省的急需。各省区和石油化工部门要抓紧把一部分碳铵改为硝铵,从今年起每年改几十套,优先装备没有硝铵的省。

9. 努力增加地方燃料、动力和原材料的生产。

中小钢铁企业今后的发展,可以分成三种情况,采取不同的方针。一种是,省内没有大钢铁厂,而发展钢铁的资源条件较好的,要努力发展中小钢铁厂,国家要积极给以支持和扶植。一种是,省内有大钢铁厂的,要集中中央和地方的力量,把大钢铁厂办好,已有的地方中小钢铁厂,着重搞好巩固、提高,有条件的可以发展,但不能和大钢铁厂争资源、争动力、争劳动力,地方需要的钢铁,可从本省钢铁产量的全额分成中适当解决。再一种,有些省区缺乏铁矿和煤炭资源,就不要长途从外地调进原料、燃料勉强去办钢铁,地方所需钢铁,由国家统一分配和地方外汇进口解决。地方现有的中小钢铁企业,要参照这个方针,统筹规划,适当调整。

对条件好的中小钢铁企业,要大力进行整顿,有计划地进行技术改造,使之逐步完善、提高,扩大生产能力,增加钢材品种,提高质量,降低成本。要狠抓矿山建设,尽快做到矿石自给;努力搞好采、运、选、烧的配套,做到高炉吃精料,提高利用系数,降低焦比。对小钢铁厂改造所需的资金和关键材料、设备,国家要给予补助。

各级冶金部门和企业要积极试制和提供农机专用钢材,提供优质的铸造生铁,按照计划,把基本上实现农业机械化所需要的生铁和钢材按质、按量、按品种包下来。所有冶金企业,必须对自己生产的材料质量负责,不合格的要包换,造成损失的要赔偿。

凡是有资源的地方,都要积极发展小煤矿、小电站、小水泥厂。小煤矿要抓好技术改造,从今年起,每年改造600—800个。电力要大发展,除国家有计划地建设大电站外,地方要大办小电站。小水电装机,今后三年要增加一倍。在小煤矿附近,要多办一些小火电和小水泥厂。充分利用石煤、泥煤、褐煤、油页岩和煤矸石的资源。发展小电站,要实行地、县、社、队四级办电,谁办谁有谁用。国家在关键材料和设备、资金方面适当给以补助。

10. 开展多种经营,发展社队企业。

许多地方,多种经营没有很好开展起来,影响社员收入和社队积累的增加,现在到了认真抓的时候了。各地都必须贯彻执行“以粮为纲,全面发展”的方针,在狠抓粮食生产的同时,合理安排农、林、牧、副、渔五业的布局,处理好粮、棉、油、麻、丝、茶、糖、菜、烟、果、药、杂12个字的关系,立足当地资源,因地制宜,广开门路,大搞多种经营。

社队企业要有一个大的发展。所有社队,要根据自己的条件,大办种植、养殖、加工、采矿等企业,特别要积极发展燃料、动力、原材料的生产。国家要在收购价格方面,鼓励社队发展铁矿石、原煤和化工原料等的生产。在一定时期内,国家对社队办的小铁矿、小煤窑、小电站、小水泥厂实行免税政策。要大力发展沼气,充分利用风力。社队企业要坚持就地取材,就地加工,就地销售,主要为农业服务,为人民生活服务,有条件时,也要为大工业、为出口服务。社队企业不要同大工业争原料,争燃料,争动力。社队企业的人员,要实行亦工亦农。没有原料来源的加工工业要进行适当调整。

省、地、县、社都要设立社队企业的管理机构。地县各部门,特别是轻工、供销、财政金融等部门,要从各方面积极帮助社队企业的发展。要做好农村手工业企业划归人民公社领导管理的工作。任何部门,不准随意向社队企业摊派资金、物资和抽调劳动力。社队企业的产品不准自由定价,自由交换,自由挂钩,社队企业的供销业务由县统一管起来。

11. 降低农业生产资料的价格,增加国家对穷社穷队的财力支援。

生产企业要下大力量加强管理,减少消耗,降低产品成本,供应部门要减少流转费用。到1980年,农机产品成本要降低20%,出厂价格和销售价格要相应地降低,把降低生产成本的好处给农民。农业生产资料,要逐步实行全国统一价格。

国家支援农村人民公社的资金,应当主要用于购买农业机械和帮助社队企业的发展,真正起到支援穷社穷队改变生产条件,发展生产的作用。财政部门和有关部门每年要对这笔资金的使用情况进行检查。

国家对购买农业机械有困难的社队,实行1—15年的专项无息贷款。

12. 农业机械的分配,要统筹兼顾,保证重点。

农业机械要有计划地分配。大型的农业机械,重点要装备商品粮基地、经济作物基地和国营农、林、牧、渔场。对于农机工业基础薄弱的地区、少数民族地区、边境地区、革命老根据地和低产缺粮地区,要在农业机械的分配上给予适当照顾。工矿企业举办的农场和解放军农场所需的农业机械,各省、自治区、直辖市要适当安排。

13. 积极地稳步地推广农机使用的“四统一”。

山东掖县在夏秋大忙季节,实行农业机械由公社统一指挥、统一使用、统一检修、统一结算的办法,解决由于生产队规模的限制、农机具分布不平衡和配套不全,农业机械不能充分发挥作用的矛盾,使拖拉机的作业量提高了近30%,机械的完好率达到95%以上,每亩耗油量降低1/4,夏收夏种和秋收秋种的时间缩短了1/3到1/2,保证了所有的队都能适时收种,促进了增产增收。他们认真执行等价互利的原则,确定合理的收费标准,保证及时收费,不拖不欠。在拟定作业计划时,注意尽量让农机所属单位优先使用。他们采取这样一些办法,避免了“一平二调”,消除了农业机械较多的队怕吃亏的顾虑,使农机使用的“四统一”,受到机械较多的队和机械较少的队的一致欢迎。

由公社、大队实行农机统一使用的经验,凡是有条件的地方,都应当经过试点,逐步加以推广。

14.建设又红又专的农业机械化队伍。

农业机械化队伍的建设,必须抓思想革命化,做好经常性的深入细致的思想政治工作,使每个农机人员提高社会主义觉悟,树立高度的责任心,抵制资产阶级思想的侵袭。农机队伍要以贫下中农为主体,充分发挥上山下乡知识青年的作用。要抓好技术培训,举办各种训练班,“机器未到,培训先行”。拖拉机驾驶员和动力机操作手一定要做到“三懂四会”:懂机械构造原理,懂机务操作规程,懂农业生产知识;会操作,会调整,会维修保养,会排除一般故障。要经过严格的技术考核,发给执照。没有执照,一律不准开机器。要定期检查评比,开展劳动竞赛。

要在农民中大力普及农业和农业机械化的科学知识。农村中学,要增设农机课。

15.要讲经济核算,做到增产增收增贡献。

农业机械的使用和管理,要建立严格的经济核算制度,积极推广单机成本核算,消耗要有定额。克服重使用、轻管理的倾向,纠正那种“要机器书记挂帅,用机器东拉西拽,用完机器风吹日晒”的现象。要建立严格的岗位责任制和奖励制度,保证农机使用做到高效、优质、低耗、安全。要合理用水、用电、用肥,推广碳铵造球深施。搞好燃料油的储运和净化,避免污染,减少损失。商业部门和有关部门要有计划地扩大储运能力,帮助各地建立、健全油料供应网,把供应点下伸到社队去,严格实行按平均先进定额凭证供应油料的办法。

五、关键在于加强党的领导

夺取三年决战的胜利,完成1980年基本上实现农业机械化的伟大任务,关键在于省、自治区、直辖市党委全面规划,加强领导。为什么有的地方条件差、上得快?有的地方条件并不坏,上得却很慢?问题就在于省委抓不抓,抓得紧不紧。

各省、自治区、直辖市党委,都应当认真检查一下,以农业为基础、工业为主导的思想确立了没有?农业的根本出路在于机械化的认识解决了没有?夺取三年决战胜利的决心下定了没有?只有不断地、深入地解决这些问题,才能做到思想上纲,工作上位,领导上阵,真正以自力更生为主干出一个机械化来。

各省、自治区、直辖市,都要根据这次会议制定的规划,充分发动群众,作出可靠的安排,采取切实措施,保证规划的实现。各地区、各县也要根据全省的规划,因地制宜地作出自己分年度的实施计划。对于规划的执行情况,省、地、县都要进行定期的检查,总结经验,及时解决存在的问题。要讲求实效,力戒空谈。各省、自治区、直辖市党委,要遵照华主席的指示,在每年向中央写的两次关于普及大寨县运动情况的报告中,把农业机械化的进展情况包括在内。

国务院各有关部门,都要把农业机械化当作自己的事业,从各个方面保证和支援农业机械化任务的完成。计划部门要按农、轻、重的次序安排好国民经济计划,切实把农业放在首位,认真搞好综合平衡,使完成农业机械化规划所需要的资金和物资有可靠的保证。农业部门要把实现农业机械化同农业学大寨、普及大寨县的运动和大搞农田基本建设、科学种田紧密地结合起来,以极大的精力,搞好这项工作。工业部门要深入开展工业学大庆的群众运动,搞好企业的革命和生产,千方百计为农业提供数量越来越多、质量越来越好的农业生产资料。物资部门、交通运输部门、商业部门、外贸部门、供销部门、财政金融部门、科学技术部门、气象部门、文化教育部门、卫生部门,都要为实现农业机械化作出自己的贡献。所有这些部门,要在今年第一季度提出自己在三年决战中做哪些工作、采取哪些措施的计划,报告国务院。

要充实加强各级农业机械化领导小组及其办事机构。农业机械化领导小组在党委的一元化领导下,负责调查研究、统筹规划、协调配合、督促检查;要有指挥权,要决定问题,定了就要办。在实现农业机械化这个问题上,各级农业机械化领导小组要对党对国家负责任。

实现农业机械化,建设社会主义现代化的大农业,是摆在我们面前的一个新课题。各级领导干部,特别是省委、地委、县委的书记,都面临着严重的学习任务。我们党有长期领导农村革命和生产的历史,有一大批从事农村工作的干部,在工作中积累了丰富的宝贵的经验。但是,对于使用机器操作的、大规模经营的农业生产,我们不少同志还不熟悉,还缺乏经验。毛主席曾经说过:“严重的经济建设任务摆在我们面前。我们熟悉的东西有些快要闲起来了,我们不熟悉的东西正在强迫我们去做。这就是困难。”“我们必须克服困难,我们必须学会自己不懂的东西。”毛主席提出的这个学习任务,现在更加尖锐和紧迫地摆在我们面前。我们必须遵照毛主席的教导,努力学习,钻进去,尽快地掌握领导和组织现代化大农业的本领。要学习马列，学习毛主席关于农业和农业机械化的路线、方针、政策，学习科学技术。要总结我们自己的经验，也要学习外国一切有用的东西。各级领导干部都要深入基层，解剖“麻雀”，抓好典型。有了先进典型，就要采取切实措施迅速在面上推广，不要只是一般号召。县、社、队的领导干部，还要跟机作业，取得直接经验。各省都要选一个县，进行全面机械化的试点。国务院有关部委要结合商品粮基地的建设，在黑龙江省进行高度机械化的试点。国营农场和解放军农场。要在农业机械化运动中起示范作用。

同志们！经过三年决战，基本上实现农业机械化，我们农业的面貌将发生一个较大的变化。但是，从实现农业现代化的宏伟目标来看，还仅仅是走出了第一步。毛主席1966年说过：“至于25年以后，那是无止境的，那时提法也不同了，大概是：在过去25年的基础上再作一个25年的计划吧。”1980年以后，我国的农业机械化将以更高的速度向前发展。我们将广泛使用现代技术和装备，大幅度地提高单位面积产量和劳动生产率，充分开发和利用我国的大面积的荒地和草原，绿化祖国的荒山，充分利用辽阔的水面和海洋，使农、林、牧、副、渔五业全面繁荣兴旺，稳定在为国家建设和人民生活提供丰足的农产品，满足国民经济高速度发展和支援世界革命的需要。我们的前景是光辉灿烂的。

让我们高举毛主席的伟大旗帜，在以华主席为首的党中央领导下，为完成毛主席给我们规定的1980年基本上实现农业机械化的伟大任务，为夺取抓纲治国三年大见成效，为在本世纪内把我国建设成为社会主义的现代化强国，而努力奋斗！

国务院副总理李先念在第三次全国农业机械化会议上的闭幕词

华主席、党中央批准召开的第三次全国农业机械化会议，经过20多天的紧张工作，圆满地完成了预定的各项任务。刚才余秋里同志作了很好的总结报告，我完全同意。

我们这次会议，高举毛主席的伟大旗帜，坚持党的十一大路线，认真学习了伟大领袖和导师毛主席的《中国将要出现一个“大跃进”》和《关于农业机械化问题的一封信》两篇光辉文献，学习了华主席的有关重要指示，在深入揭批“四人帮”、总结经验的基础上，确定了决战三年，基本上实现农业机械化的具体部署。这次会议讨论的问题和作出的决策，不仅对今后三年，而且对以后农业机械化的发展，都有重要的指导意义。可以肯定，这次会议将成为我国农业机械化事业发展到新阶段的重要标志。

当前，我国社会主义革命和社会主义建设已经进入一个新的历史时期。在华主席、党中央抓纲治国战略决策的指引下，揭批“四人帮”的伟大斗争迅猛而又有条不紊地深入开展，各条战线都取得了很大成绩，整个形势的发展比我们预料的还要快、还要好。一个国民经济全面跃进的新高潮正在蓬勃兴起。尽管在我们前进的道路上，还会遇到这样或那样的困难，但是，在华主席、党中央的正确领导下，经过广大干部和人民群众的努力奋斗，我们一定能够在本世纪内把我国建成社会主义的现代化强国。这是历史发展的必然趋势，是任何反动势力所阻挡不了的。

为了适应整个国民经济的全面跃进，农业的发展速度必须有一个大的突破。华主席、党中央提出，在深入开展农业学大寨，大搞农田基本建设，实行科学种田的同时，农业机械化要大干快上，这是一项具有战略意义的重大措施。只有把我国农业逐步地转到使用机器操作的新的技术基础上来，才能从根本上改变农业的生产条件和落后面貌，巩固和发展人民公社集体经济，才能进一步巩固工农联盟，加强无产阶级专政。农业上去了，我们干工业和干其他各项事业就没有后顾之忧，就可以放开手去干，实现四个现代化就有了可靠的保证。

这次会议制定的规划和提出的目标，是积极的，可行的；讨论确定的政策和措施，是正确的，是符合华主席、党中央指示的。同志们要把会议的精神带回去，把华主席、党中央对战斗在农业机械化战线的广大工人、社员、干部和科学技术人员的亲切关怀和殷切期望带回去，在各级党委的统一领导下，立即掀起一个宣传、贯彻、落实这次会议精神的热潮。

毛主席说，农业机械化要“以各省、区、市自力更生为主”。农业机械化要大干快上，关键在省、自治区、直辖市党委。现在，“四人帮”已经打倒了，毛主席的革命路线可以顺利地贯彻执行了，最重要的问题是要干，扎扎实实地干，把“四人帮”干扰破坏造成的损失夺回来。希望各省、自治区、直辖市党委加强领导，全面规划，坚持自力更生、艰苦奋斗的方针，坚持群众路线的方法，把省地县社各级和各行各业的力量，动员起来，组织起来，真正以自力更生为主干出一个农业机械化来。

华主席曾经号召我们，在工业学大庆的伟大革命群众运动中来一个比赛。我们各省、自治区、直辖市，在农业学大寨、实现农业机械化的运动中，也要来一个比赛，看谁化得快一些，化得好一些。农业机械化搞得好不好，一要看你们那里的支农产品，是不是实现了规划的要求，搞好了标准化、系列化、通用化，做到质量好，成本低；二要看你们那里的农业机械，是不是充分发挥了作用，确实提高了劳动生产率，以比较少的机械，达到了比较高的机耕水平、排灌水平和其他方面的机械化水平；三要看你们那里的机械化，是不是在农业生产上取得了好的效果，做到了增产又增收。这三条是互相联系，不可分割的。如果我们机器搞得很多，化肥用得不少，但是质量差，价格高，效率低，浪费大，社队不增产，农民不增收，那搞机械化还有什么意义呢？

同志们！我们的各级党委，我们的各个部门，我们每一个工人、农民、干部、知识分子，都要当农业机械化大干快上的促进派。我们坚信，有毛主席的无产阶级革命路线，有华主席、党中央的领导，有经过无产阶级"文化大革命"锻炼的亿万人民，我国农业机械化的群众运动一定会出现一个前所未有的新高潮，实现农业机械化和现代化的宏伟目标一定能够达到。让我们万众一心，团结一致，排除万难，去夺取胜利！

现在我宣布，第三次全国农业机械化会议胜利闭幕！

外交部部长黄华在北京与布隆迪外交和合作部长阿尔贝·穆甘加继续举行会谈

解放军副总参谋长伍修权在北京会见布隆迪外交和合作部部长阿尔贝·穆甘加

我国成功发射一颗人造地球卫星

卫星运行情况良好，已按预定计划完成了科学实验任务，并成功地返回了地面。

1月27日

国务院总理华国锋在北京会见布隆迪外交和合作部部长阿尔贝·穆甘加

会见时在座的有外交部部长黄华、外经贸部部长陈慕华、外交部副部长何英、外经贸部副部长程飞等。

国务院副总理邓小平在仰光与缅甸联邦社会主义共和国总统兼国务委员会主席吴奈温举行会谈

中国方面参加会谈的有：外交部副部长韩念龙，外交部亚洲司副司长王晓云、程瑞声，礼宾司副司长高建中和中国驻缅甸大使莫燕忠等。

国务院副总理邓小平在仰光拜会缅甸国务委员会秘书山友将军

国务院副总理邓小平在仰光向缅甸民族英雄昂山将军墓献了花圈

《人民日报》发表评论员文章《争取高速度的一个重要问题——以好省求多快》

以好省求多快，是高速度发展国民经济中的一个重要问题。

多快好省是一个整体，是对立的统一。多快和好省既相互制约，又相互促进。有些同志把多快和好省割裂开来，对立起来，形而上学地看问题，认为顾了好省就不能多快；只要速度上去了，浪费一点没啥。这种思想是错误的。没有多快就没有高速度。但是，没有好省，多快也是暂时的，不扎实的，最终要拖住高速度的后腿。我们讲求好省，正是为了做到多快，从好省里边求高速度。

以好省求多快，就是要走挖潜、革新、改造的道路。新建企业，包括引进先进的技术和设备，无疑是必要的。但是，我们必须立足于现有企业的基础之上，通过挖潜、革新、改造，把生产潜力挖出来。这样做，来得快，符合毛主席一贯倡导的自力更生、勤俭办一切事业的精神。即使将来我们新建的企业越来越多了，这个思想也不能丢，那时候的企业，也还是要走挖潜、革新、改造的道路。因此，立足于现有企业，以好省求多快，不是权宜之计，而是一项长远的方针。在当前，在今后的三年、八年的一个时期里，工业要大幅度增长，主要靠充分挖掘现有企业的潜力。我们现有企业的潜力怎么样呢？无论从哪一方面来说，都是很大的。让我们以历史上曾达到过的最好水平为准，举几个例子比比看。重点钢铁企业，每吨铁消耗的焦炭，1966年是558公斤，1976年是640公斤。重点煤矿生产1吨煤的耗电量，历史较好水平是26度，1976年是31度。再以产品质量为例，普通灯泡合格率，1977年比1966年下降了14.3%。这里说的仅仅是历史最好水平，都是10年以前的了，算不上什么先进水平，实际的潜力，比这要大得多。当然，这种状况是祸国殃民的"四人帮"造成的，但是也要看到，由于工作好坏不同，情况也大不一样。以安装大中型发电机组为例，有的省每千瓦平均投资400元，而有的省则高达600多元。以基本建设为例，同样的项目，有的钢材消耗相差50%，木材消耗相差两三倍。潜力之大，可见一斑。

这样的账算一算大有好处。建议各行各业、各地区、各单位都发动群众算一算。为什么过去达到过的，现在达不到？为什么"四人帮"捣乱的时候达不到，"四人帮"打倒了一年以后还达不到？为什么在同样情况下人家能达到，而自己达不到？为什么对一些大量浪费国家资财的现象，这种败家子作风，这种挖社会主义墙脚的行为熟视无睹，听之任之？为什么有的企业多年亏损，产品质量越来越差，消耗越来越高，年复一年完不成计划，而企业领导人却漠不关心，不采取坚决有力的措施加以扭转？对这些问题都应该作出回答。

算账是一个好方法，通过比较，可以揭露矛盾，总结正反两方面的经验，看到自身的巨大潜力，增强高速度发展国民经济的信心。算账的结果，算掉了随便浪费的资产阶级作风，算出了勤俭建国、艰苦奋斗的“穷棒子”精神，算出了无产阶级的雄心壮志，那么，我们就会看到，以好省求多快，不但是应该办到的，而且是完全能够办到的。

所有企业都应该尽最大的努力，从各个方面挖掘潜力，使国家安排的燃料、资金、材料和设备，发挥最大的效用。我们一定要千方百计降低成本，降低消耗，提高劳动生产率，提高质量。要做到这一切，必须大大提高工业管理水平。

管理水平，是工业发展程度的一个标志，它应该随着工业的发展而不断提高，以适应工业发展的需要。长期停留在一个水平上，必然要对工业发展的速度起阻碍作用。我们要高速度发展工业，要全面实现多快好省，要实现四个现代化，提高工业管理水平，是一件刻不容缓的大事。

大庆是贯彻执行毛主席提出的鼓足干劲，力争上游，多快好省地建设社会主义的总路线的榜样。大庆不仅高速度、高质量地开发建设了大油田，在管理水平上也是高标准的。没有很高的管理水平，十七年持续跃进是不可能的。大庆不仅有一整套严格的科学的计划管理、物资管理、财务管理、劳动管理、技术管理和岗位责任制，各级领导干部的管理水平、业务能力、技术知识，也是过硬的。我们既要学习大庆的革命精神，又要向大庆的管理水平看齐。特别值得提出的是，主管工业的各级领导干部，要清楚地看到，随着大工业的发展，老的一套管理已经不适应新形势的需要，要努力学习技术，熟悉业务，力争当内行。长期当外行不但不能进行管理，甚至可能在工作中违背工业生产的客观规律，阻碍生产的发展。你管的那个部门、那个企业，多年亏损，质量很差，消耗很高，技术也没有改进，搞不出个名堂，你也没有多少主张，长此下去，如何得了呢？显而易见，不提高管理水平，以好省求多快是做不到的，工业发展的高速度也实现不了。

“四人帮”既反对多快，又反对好省，完全破坏了毛主席制定的建设社会主义的总路线。在“四害”横行的日子里，一些工厂的烟囱不冒烟了，机器不转了，哪里还谈得上什么高速度呢！现在，经过一年多的揭批“四人帮”的伟大斗争，毛主席的革命路线能够比较全面地准确地贯彻执行了。我们要好好地总结28年来我国社会主义经济建设中正反两个方面的经验，哪些是成功的，我们必须坚持；哪些是受了干扰的，我们必须拨乱反正。从总结这两个方面的经验中提高我们的水平，增长我们的才干，掌握社会主义建设的规律，在三年大见成效重要的一年里作出更大的贡献。

夏朝的都城遗址在河南省登封县告城镇附近被发现

1月28日

国务院副总理邓小平离开仰光前往缅甸西海岸的山道威访问

中共中央组织部在北京召开中央和国家机关26个部委副部长座谈会

座谈会讨论给待分配干部尽快安排工作问题。中共中央组织部部长胡耀邦在会上强调，干部是我们党的宝贵财富。可以工作而没有分配工作的，要尽快分配工作；年老体弱不能工作的要妥善安排；少数干部要作出审查结论的应尽快作出。

国务院副总理王震在北京会见日本“中国归国者”友好会代表林弥一郎和事务局局长金丸千寻

日本“中国归国者”友好会是去年10月成立的。参加友好会的会员，都是在我国革命和建设时期长期同中国人民一起工作并作出过宝贵贡献的人员。

王震副总理对日本老朋友来访表示热情欢迎。他说，中日友好事业一定要发展下去，我们两国人民要世世代代友好下去。

有关方面负责人赵安博、孙平化等会见时在座。

教育部负责人就高等学校录取新生工作答新华社记者问

问：高等学校招生制度改革后，执行情况怎样？

答：这次高等学校招生制度的改革深得人心，广大群众称赞改得好。在华主席为首的党中央的关怀下，各级党委都加强了领导。经过各地招生人员的努力，前一阶段招生工作进展顺利。本届考生人数众多，来源宽广。各级招生委员会，按照新的招生办法，严格地进行了统一考试，并根据录取新生的最低分数线进行初选，提出了参加政审、体检的名单。名单公布后，各地普遍反映：群众满意，家长欢喜，考生高兴。如浙江省广大群众反映这次政审、体检名单有两个硬碰硬，一个是领导干部以身作则，干部子女选上是硬碰硬，没有选上也不搞特殊。嘉兴地区有些领导干部和招生办公室主任，他们的子女这次考试成绩在最低分数线以下，初选没有选上，他们都表示要严格按政策办事。群众反映说:“领导干部这样坚持原则,模范地执行党的政策,为我们作出了榜样。”“我们看了名单,心服口服。”一个是根据考试成绩提出名单,硬碰硬。吴兴县北里公社这次参加高考的共有19人,两个公社干部每家有两个子女参加高考,都没有选上;而两个工农群众每家也有两个子女参加高考,都选上了。群众反映说:“现在只要符合国家要求就能选上,哪怕一家选两个也可以,这样才能真正把优秀的人才选拔出来。”

事实说明,在广大群众的拥护和支持下,高等学校新的招生制度得到了顺利执行,情况良好。这是华主席为首的党中央抓纲治国初见成效,在招生工作中的生动体现。

问:这次高等学校录取新生,能不能防止“走后门”等不正之风?

答:目前高等学校录取新生的工作,正在严格按照新的招生制度,按照德智体全面衡量、择优录取的原则,扎扎实实、深入细致地进行。我们相信各级领导干部和广大招生人员是能够自觉地发扬党的优良传统和作风,模范地遵守党纪国法的。

现在一些省、自治区录取全国重点大学新生的工作已经完毕,总的情况是好的,说明新的招生制度,确实有利于发扬党的优良传统和作风,有利于选拔优秀人才。这次清华大学在黑龙江录取7名新生,每人平均总分是317分,数学单科成绩,7人中有5人是100分,2人是99分;在广西录取14名新生,每人平均总分在300分以上,单科成绩数学平均为80分,物理85分。北京大学在福建录取26名新生,文学、理科最低成绩是290分,最高分是340分(即平均每门功课85分)。这就是说,经过政审和体检,如果德育、体育条件相同,文化考试成绩仍是择优录取的重要依据。文化考试是防止“走后门”这种不正之风的一个有力措施。

但是,我们也要看到,由于“四人帮”反革命修正主义路线的流毒尚未肃清,个别干部和招生人员利用职权,营私舞弊,破坏招生工作的现象,还是可能发生的。最近,教育部就向各地招生委员会转发了山东省招生委员会《关于对莘县古城考点负责人李明河、种延芳在招生文化考试中严重违法乱纪的通报》。通报说,李明河,莘县古城公社教育组组长,古城公社考点负责人。他有一子一女分别参加了这次大学和中专的招生文化考试。考试前,他利用职权密谋策划,对部分教师、监考人员和考点服务人员分别交代“任务”;考试时,他以考点负责人的身份进考场取走试题,交给了事先安排好的教师为其子女代做,做好后由李本人及考点服务员送入考场。现已查明,其子考大学的政治、语文、数学答卷,其女考中专的全部答卷,都是由他指定的教师代做的。另一名古城公社考点负责人种延芳所犯的错误,性质也同样严重。莘县广大考生和教师,对李明河、种延芳破坏招生工作的这种违法乱纪行为,极为气愤,有的当场进行抵制和斗争。考试结束后,群众纷纷写信揭发。中共莘县县委经发动群众揭发批判,已经及时作了处理。对李明河、种延芳二人,分别给予开除党籍,撤销职务,开除公职,留用察看一年的处分。

教育部在转发山东省招生委员会的这个通报时指出:各省、自治区、直辖市招生委员会必须十分重视,在招生工作中发现违法乱纪,营私舞弊,“走后门”等问题,都要像山东省招生委员会那样,在党委领导下,紧紧依靠群众,认真查实,严肃处理,对那些无视党纪国法、违法乱纪、营私舞弊,以及搞“走后门”等破坏招生制度的人,不管是谁,都要根据情节,给予必要的处分,直至开除党籍,依法惩处,决不应该姑息。对于坚持原则,同违法乱纪、营私舞弊行为作斗争的群众、干部和教师,要大力给予支持和表扬,并且要加以保护。

目前,高等学校招生工作即将胜利结束。在全党都在关心教育工作、广大群众支持招生工作的大好形势下,完全可以预期,这次招生能够把真正优秀的人才选拔上来,能够保证新生的质量。

最后,我们希望各地在抓好新生录取工作的同时,要认真做好这次未被录取的考生的思想教育工作。各单位都要热情鼓励、积极支持广大青年在三大革命运动中继续努力学政治、学文化,钻研科学技术,把他们的学习积极性巩固下来,坚持下去,提高一步,为实现四个现代化作出贡献。

杭州红旗造纸厂1500千瓦热能综合利用发电工程建成正式投产发电

经有关部门检验,工程质量符合设计要求。工程施工总共只花了81天,每千瓦的基建费用与建设同容量的发电厂相比约省2/3,每度电的单位成本比电厂降低50%,全厂每年可节约电费40多万元,一年零三个月就可以收回全部投资。自投产以来,每天发电36000度。

1月29日

中共中央主席华国锋在北京接见出席全国煤炭工业学大庆赶开滦群英大会等专业会议的代表

参加接见的还有中共中央副主席叶剑英、李先念、汪东兴,党和国家其他领导人韦国清、乌兰夫、方毅、纪登奎、吴德、余秋里、张廷发、陈永贵、陈锡联、耿飚、倪志福、徐向前、陈慕华、王震。

被接见的代表中还有出席全国体育工作会议、全国旅游工作会议等专业会议的代表。

中共中央主席华国锋在北京接见港澳新闻界电影界爱国人士和新华社香港分社的负责人及工作人员

中共中央副主席叶剑英、李先念、汪东兴,党和国家其他领导人乌兰夫、耿飚、陈慕华也参加了接见。

中共安徽省委严肃处理"徐东海丧葬事件"

中共安徽省委最近通过严肃处理省公安局副局长陶云龙怂恿家属为其岳父徐东海大搞丧事活动事件,打击资产阶级歪风,伸张无产阶级正气。

徐东海原是安徽省天长县铜城镇一个合作商店的从业人员,去年8月在合肥病死,骨灰运到铜城镇。陶云龙对丧事的办理,口说不能大搞,但对他妻子说,可以找几个吹鼓手,又说要"招待一下有关人员"。这样,实际上为大办丧事开了方便之门。一些社会上的打砸抢者、严重破坏社会治安犯罪分子,以及仇视社会主义反攻倒算的地富反坏分子,也都积极参与了大办丧事活动。当骨灰运到铜城镇时,中共铜城区委和铜城镇委的负责人组织了一个规模很大的"引灵回家"仪式,紧接着举行了3天吊唁活动,有四五百人参加吊唁,还送了很多花圈、挽联和床单、衣料等。开追悼会那天,扩音器里播送着悼词、哀乐。由于许多人参加追悼会,铜城镇一些商店、工厂停止了营业和生产,送灵队伍竟有五六百人,还专门安排了仪仗队、乐队和花圈队为前导,浩浩荡荡地穿过主要街道。他们还搞了不少封建迷信活动,并把这些活动场面拍摄了照片。陶云龙的家属为了"招待一下有关人员",先后办了30多桌酒席。这个副局长过去通过"走后门"为家乡搞过一些建设物资,铜城区、镇党委的一些干部为了感谢这个副局长"对家乡建设的支援",也分别用公款宴请他的家属。

铜城镇周围的广大群众和干部,对这个公安局副局长在揭批"四人帮"的斗争中,竟然怂恿、支持家属刮起这股资产阶级歪风,极为愤慨,说:"铜城揭批'四人帮'的运动搞得冷冷清清,他们的丧事却办得轰轰烈烈。"

有些人写信向安徽省委反映了这件事。省委十分重视,立即派调查组去铜城镇作了调查,并会同滁县地委、天长县委作了严肃处理。省委认为,陶云龙同志的错误性质是严重的,决定要他停职检查,交代问题,并责令他到铜城镇向群众作公开检讨,以挽回影响。铜城区、镇党委在深入揭批"四人帮"及其在安徽的代理人的斗争中,不抓大事,却支持和参与徐东海的丧葬活动,丧失了无产阶级立场和其层党组织的战斗堡垒作用,省委决定解散铜城区、铜城镇党委,成立区、镇临时领导小组。对积极参与这次活动的县、区、镇领导干部,分别不同情况作了严肃处理。

中共安徽省委认为,在全省城乡存在的剥削阶级"四旧"歪风,是两个阶级、两条道路、两条路线斗争的一种表现。"四人帮"横行之时,口喊阶级斗争为纲,一心只搞篡党夺权,对资产阶级歪风邪气不闻不问,甚至包庇纵容。省委处理了这一事件后立即通报全省,要求各级领导从中得到启发和教益,结合揭批"四人帮"及其在安徽代理人的斗争,对广大干部、群众进行一次移风易俗、破旧立新、艰苦朴素、勤俭节约的教育,发扬革命优良传统,坚决刹住各种歪风邪气。

《人民日报》发表评论员文章《评"徐东海丧葬事件"》

中共安徽省委严肃处理了"徐东海丧葬事件"的有关人员和组织,打击了剥削阶级的"四旧"歪风,伸张了无产阶级正气,大得人心。

徐东海何许人也?他的丧葬活动为什么席卷了大半个铜城镇?当地党委的负责人为之组织规模盛大的"引灵回家"仪式,一些商店和工厂为之停止营业和生产,五六百人浩浩荡荡为之送葬。是徐东海对革命有很大的贡献?不是。是徐东海为人民干了很多好事?也不是。只因为徐东海的女婿陶云龙是安徽省公安局的副局长。副局长的岳父大人"魂归西天",基层组织就置革命和生产于不顾,兴师动众为之大办丧葬活动。这样的事情,工人看不惯,农民看不惯,广大干部和群众更看不惯。安徽省委根据群众来信,经过调查,决定:怂恿家属大搞丧葬活动的陶云龙同志停职检查,到铜城镇向群众作公开检讨,并决定解散丧失了无产阶级立场和基层党组织战斗堡垒作用的铜城区、铜城镇党委。这是完全正确的。

类似这样的事情,在"四人帮"横行的时候,那是屡见不鲜。其情节之恶劣、影响之坏,远甚于"徐东海丧葬事件"的,也绝非少数。但是,在"四人帮"和他们那条极右路线的包庇下,诸如此类的违法乱纪行为,从来都得不到处理。你有意见,弄得不好,还要遭灾惹祸。在这种情况下,党的优良传统和作风被破坏了,社会风气被败坏了,广大党员和群众无不痛心疾首。

粉碎了"四人帮",是恢复党的传统,严肃党的纪律的时候了。我们党是有严格的组织纪律的无产阶级先锋队。遵守党的纪律,是我党的光荣传统。正是因为有了这种严格的组织纪律,才保证了我们党的战斗力,保证了我们党能够率领全国人民,战胜各种艰难险阻,不断从胜利走向胜利;也正是因为有了这种严格的组织纪律,才教育和挽救了那些犯错误的干部,使他们从错误中吸取教训,从此少犯和不犯大的错误。同时对其他同志也是一种教育，使大家引起警惕。我们不是惩办主义者。对犯错误的干部，党的方针历来是思想教育为主、组织处理为辅。但是，错误性质严重，情节恶劣，不处分不足以平民愤的，则一定要给予组织处分，这也是毫不含糊的。

在揭批“四人帮”的第三战役中，要结合批判“四人帮”践踏和破坏党的组织纪律的种种谬论和罪行，对广大党员进行遵守党的纪律的教育。每个党员，都要按照党章规定的八项要求，严格要求自己。每个党的基层组织，都要按照党章规定的六项基本任务，努力做好工作。任何党员，不管他的职位多高，任何党的组织，不管它的功劳多大，只要无视党纪国法，胡作非为，就休想逍遥法外。广大党员、特别是党的领导干部和党的组织，一定要以身作则，模范地遵守党纪国法，这样，我们党的优良作风就能够恢复和发扬，整个社会风气就能够迅速改观，越来越好。

回到“徐东海丧葬事件”上来，我们希望在这一事件中受了处分的有关同志，能够深刻地认识、坚决地改正自己的错误。犯了错误，改了就好，这是我们党的一条规矩。对于改正了错误的同志，党和群众都是欢迎的。

国务院副总理余秋里在北京会见即将离任的几内亚共和国驻中国大使塞古·扬萨内

外交部部长黄华在北京举行宴会欢迎加拿大外交部部长唐纳德·贾米森

黄华外长在宴会上讲话。黄华说，贾米森外长阁下是在一个很有意义的时刻来我国访问的。40年前的这个时候，加拿大人民的优秀儿子，中国人民的亲密朋友白求恩大夫为了帮助中国人民的抗日战争，离开了自己的祖国，不远万里来到中国。白求恩大夫在我国期间，同我国人民同甘苦，共患难，并肩战斗，无私地贡献出自己的一切，为中国人民的革命事业，为中加人民的友谊写下了不朽的光辉篇章。近40年来，白求恩大夫一直是鼓舞我们前进的卓越榜样；也是中加人民友谊的象征。

黄华外长说，我们高兴地看到，中加建交以来，两国政府和人民之间的友好往来不断增多，贸易扩大，文化、艺术、科技、体育交流都有所发展。

他在谈到当前国际形势时指出，第三世界国家和人民日益发挥着反帝、反殖、反霸主力军的作用。第二世界各国对霸权主义，特别是对社会帝国主义的警惕进一步提高，加强和第三世界国家联合反霸的趋势继续发展。一个反对超级大国的侵略政策和战争政策的国际反霸统一战线正在日益扩大。超级大国貌似强大，实则困难重重，日子很不好过。特别值得指出的是，1977年是社会帝国主义大肆侵略扩张的一年，也是它连遭挫折的一年。它的所谓“天然盟友”、“支持革命”、“持久和平”这类伪装一再被戳穿。它的争夺世界霸权的面目大为暴露。我们相信形势的发展将越来越有利于各国人民的反霸斗争而不利于超级大国。

他重申，中国将一如既往，坚决执行毛主席亲自制定的革命外交路线，坚决支持世界各国人民的反帝、反殖、反霸斗争。

黄华外长说，3个多月前我们曾经在渥太华就国际形势和共同关心的问题进行了广泛的有益的会谈。会谈反映出我们两国在对待当前国际重大问题上存在着许多共同点。现在，我们又有机会继续交换意见，我相信，这将有助于增进我们双方的相互了解，促进两国友好关系的发展。

出席宴会作陪的有外交部副部长王海容、章文晋，外贸部副部长王润生，文化部副部长刘复之，农林部副部长肖鹏，科学院副秘书长秦力生，对外友协副会长丁雪松，贸促会副主任王文林，中国驻加拿大大使王栋等。

1月30日

国务院副总理邓小平在仰光举行告别宴会

缅甸总统兼国务委员会主席吴奈温、总理吴貌貌卡出席了宴会。

邓小平副总理的随行人员外交部副部长韩念龙，副司长王晓云、程瑞声、高建中以及中国驻缅大使莫燕忠等出席了宴会。

邓小平副总理在宴会上祝酒。他说：“中缅两国是亲戚‘胞波’般的友好国家。我们两国领导人的相互访问和接触，对于增进我们之间的友谊和了解，是十分有益的。在这次访问期间，我们会见了吴奈温总统、山友将军、吴貌貌卡总理和其他缅甸领导人，双方在友好的气氛中就共同关心的问题，充分交换了意见。双方对两国关系的发展感到满意，我们两国之间有着非常良好的相互帮助和合作的关系。如果说我们过去对你们有一点贡献的话，那也是微不足道的。我们双方都有在政治、经济、文化方面进一步巩固和发展两国友好关系和两国人民传统友谊的共同愿望和决心。”

全国人大常委会副委员长吴德在北京接受奥地利新任驻华大使葛德乐递交的国书

外交部部长黄华在北京与加拿大外交部部长唐纳德·贾米森举行会谈

中国政府和波兰政府1978年货物交换和付款协定在北京签字

外经贸部副部长王润生和波兰政府贸易代表团团长奈斯托罗维奇分别代表本国政府在协定上签字。出席签字仪式的有李强部长、波兰驻中国大使雷赫沃夫斯基等。

1月31日

中共中央批转中央对台工作领导小组关于对台湾进行工作问题的建议

中共中央指出，我们力争用和平方式解决台湾问题，因而对台湾工作是当前最大的统一战线工作。

国务院总理华国锋会见加拿大外交部部长唐纳德·贾米森

华主席同贾米森外长进行了友好的谈话。谈话时，贾米森外长向华主席转达了皮埃尔·埃利奥特·特鲁多总理的问候。华主席也请贾米森外长转达他对皮·埃·特鲁多总理的问候。

谈话前，贾米森外长代表加拿大政府把一座诺尔曼·白求恩大夫的半身铜像赠送给华主席、中国政府和中国人民。

贾米森外长说：诺尔曼·白求恩大夫在贵国是一位英雄、传奇式的人物，在我国也是一位历史性人物。白求恩大夫，作为一位战士和有创造性的外科医生，特别是作为一位具有献身精神的人道主义者的品质，值得受到人们的尊敬。白求恩大夫在为中国人民服务中所贡献的技术和表现的热忱给人们留下了深刻的、永恒的印象。他通过自己的事业为我们树立的榜样，将世世代代起鼓舞作用。

华主席对贾米森外长代表加拿大政府给中国政府和人民带来珍贵礼物——白求恩大夫铜像，表示感谢。他说：白求恩大夫不仅把他的医疗技术贡献给中国，而且为中国的进步事业献出了自己的生命。中国人民的伟大领袖和导师毛主席专门写了一篇文章纪念白求恩大夫。白求恩大夫的名字在中国是老幼皆知的。他是受到中国人民尊敬的国际主义战士，是中国人民学习的榜样。毛主席号召中国人民学习白求恩大夫的那种国际主义、忘我劳动和对技术精益求精的精神。白求恩大夫是中加人民友好的象征。

白求恩大夫的铜像是加拿大著名雕塑家约翰·雷诺兹为约克大学白求恩学院创作的。贾米森外长赠送的是一个复制品。

谈话时在座的有：加拿大驻中国大使明明德，圣但尼选区国会议员、众议院外交和国防常设委员会主席马塞尔·普鲁多姆，外交部副部长戈特利布，外交部部长的高级助理伯尼和执行助理阿伦·利弗；我国外交部部长黄华、副部长王海容，外贸部副部长王润生，中国驻加拿大大使王栋等。

外交部部长黄华在北京与加拿大外交部部长唐纳德·贾米森继续举行会谈

通知中日商标保护协定生效换文仪式在东京举行

中国驻日本大使符浩和日本外务大臣园田直分别代表本国政府在换文上签字。

这项协定是1977年9月29日在北京签字的。协定主要规定，双方在商标注册问题上相互给予最惠国待遇。

中共中央军委发布命令授予陈大新“雷锋式的模范军医”荣誉称号

中共中央军委发布命令，授予人民解放军福州部队某医院军医陈大新同志以“雷锋式的模范军医”荣誉称号。命名大会在福州隆重举行。

陈大新同志是江西省安义县人，贫农出身。他从小对党和毛主席有着深厚的无产阶级感情，热爱社会主义，热爱劳动，热爱集体，曾经被评为“模范小饲养员”和“模范共青团员”。陈大新1965年入伍以后，更加刻苦地学习马列著作和毛主席著作，努力改造世界观，认真钻研医疗技术，全心全意地为人民服务，入伍一年多就光荣地加入了中国共产党，并先后被团评为“模范共青团员”，被军、军区树为学习毛主席著作积极分子标兵，立一、二等功各一次，受嘉奖四次，两次幸福地见到了伟大领袖和导师毛主席。陈大新患癌症后，忍着疼痛，仍然为群众治病。在双目失明，病情危重的时刻，还自己口述，请护士代笔，给一个要求介绍“大脑积水”疗法的同志写回信。1976年5月，陈大新同志逝世。

人民解放军福州部队负责人杨成武在会上宣读了中央军委的命令。命令指出，陈大新同志为革命战斗到生命最后一息的精神，充分体现了一个共产党员的高贵品德。为了表彰陈大新同志的革命精神和模范事迹，中央军委决定授予陈大新同志以“雷锋式的模范军医”的荣誉称号。命令号召全军同志学习陈大新同志认真学习马列著作和毛主席著作，努力改造世界观，全心全意为人民服务的共产主义精神；学习他刻苦钻研业务技术，努力做到又红又专的坚强斗志；学习他革命加拼命。忘我工作的高贵品质。全军同志要高举毛主席的伟大旗帜，最紧密地团结在以华主席为首的党中央周围，把揭批“四人帮”的伟大斗争进行到底，认真学大庆、学大寨、学雷锋、学“硬六连”，恢复和发扬我党我军的优良传统和作风，为夺取抓纲治国、抓纲治军的伟大胜利，为加速我军革命化现代化建设而奋斗。

福州部队负责人李志民在会上讲话。他说，中央军委授予陈大新同志以“雷锋式的模范军医”的荣誉称号，是华主席为首的党中央、中央军委对我们的亲切关怀和鼓舞。这对于高举毛主席的伟大旗帜，贯彻执行党的十一大路线，加速部队革命化现代化建设，做好解放台湾和反侵略战争的准备，是一个很大的推动。

福州部队副政治委员廖海光同志宣读了《中共福州部队委员会关于开展向“雷锋式的模范军医”陈大新同志学习的决定》。

中共福建省委、陈大新同志生前所在医院的负责人，某部“红色尖刀连”代表和陈大新同志的弟弟陈大油，也在会上讲了话。他们表示，要坚决响应中央军委的号召，以陈大新同志为榜样，高举毛主席的伟大旗帜，发扬革命传统，做好各项工作，夺取抓纲治国、抓纲治军的更大胜利。

中共福建省委第一书记、省革委会主任、福州部队政治委员廖志高出席了大会。

我国科学家纷纷著书立说把知识献给祖国的四个现代化事业

一些科学家很有感触地说，在“四人帮”横行时，写违背他们反动意愿的书有罪，一些科学技术书籍即使写了，出版了，在他们的棍棒威胁下也很少有人看。今天，情况不一样了，广大科学技术工作者和人民群众迫切需要看到更多更好的科学技术书籍，不写感到心里有愧，我们都想把自己的知识和研究成果贡献出来。

由华罗庚、吴文俊、王葆仁、唐敖庆、唐有祺、张文佑、王守武、邹承鲁、胡含、曾呈奎、陈念贻等科学家著文汇编的《现代科学技术简介》一书，已经完稿。这本有30多万字的新书，介绍许多重要学科的现代发展水平，以激励我国科学工作者奋发图强，向世界先进水平登攀。

许多新的著作，是科学家们辛勤劳动、悉心研究的成果。地质学家张文佑正在撰写一本《地质构造的力学分析与历史分析》的专著。数学家华罗庚、王元的新著《数论在近似分析中的应用》，提出了数值积分的一个新的计算方法，在国外被称为“华—王法”。受到世界科学界关注的吉林陨石雨的研究成果，已汇编成《吉林陨石雨学术讨论会文集》，从30多个学科论述了吉林陨石雨的科学价值，并提出了独到的见解。

科学家们最近完成和正在撰写的著作中，既有基础科学方面的专著，也有应用科学和新技术方面的专著。生物学家陈世骧的新作《进化论与分类学》，运用唯物辩证法对进化论与分类学进行了新的分析与总结，被生物学界认为在这一领域的研究中有新的突破。物理学家谢希德正在撰写《群论在固体物理中的应用》一书。她准备编写表面物理学方面的专著，来填补我国这方面出书的空白。

不少老科学家十分珍惜晚年的宝贵时间，正在加紧总结自己的研究成果，有的人还抱病写书。从事藻类研究已整整50年的藻类学家饶钦止，计划把他的研究成果写成3本书，第一本书《中国鞘藻木专志》共50万字、上百幅插图，已经完稿；第二本书也已写出几万字。他说：“我的最大心愿，就是要把我的研究成果写出来，献给党。”

我国一些年轻的科学家也开始撰写著作。在解析数论的研究上居于世界前列的青年数学家陈景润，近年来不仅连续发表了几篇重要论文，还写完了一本《初等数论》专著的初稿。研究电子计算机的高庆狮也在积极整理资料，准备写一本《电子计算机系统的功能设计导引》的专著。

为了提高全民族的科学文化水平，科学家还纷纷动手写科学普及读物。数学家关肇直正在主持编写关于现代控制理论的一套小丛书。老科学家高士其，多年来一直关心科学知识普及工作，他的《科学作品集》正在汇编。不少科学家还积极参加和指导科技工具书的编写工作。

随着科学家们著书立说越来越多，科学出版社今年计划出版的科技书籍将比去年增加50%。

2月1日

全国煤炭工业学大庆赶开滦群英大会在人民大会堂闭幕

中共中央副主席、国务院副总理李先念,党和国家其他领导人纪登奎、余秋里、陈锡联、耿飚、陈慕华、王震,出席了闭幕式。李先念副主席在会上作了重要指示。中共中央政治局委员、国务院副总理余秋里在会上讲了话。

煤炭工业部部长肖寒主持大会。

会上,宣读了煤炭工业部同各省、自治区、直辖市协商之后作出的决定:授予36名先进人物劳动英雄称号,授予320名先进人物劳动模范称号,命名63个单位为大庆式企业,命名236个队组为特别能战斗队组,并分别颁发了奖章、证书和奖状。

党和国家领导人,在会上同36名披红戴花的劳动英雄合影留念。

荣获劳动英雄称号的有:吴旭芝、侯占友、王焕明、陈景太、秦守智、李满仓、郝晓明、王景文、杨永成、李瑞、刘鼎环、邢昭芳、张元金、张占田、李守杰、李春林、丁兆和、吴修伦、张建设、李元广、马典周、郭清泗、陈孝顺、刘祥疃、丁义录、张乾、吴达贵、喻雨初、鲁金水、朱忠秀、曹收、张远林、徐殿明、李有琪、刘忠兰、胡桂荣。

全国人大常委会副委员长乌兰夫在北京会见澳大利亚议员团

澳大利亚议员团由5位议员组成。他们是:自由党参议员艾伦·约瑟夫·米森,国家乡村党参议员伯纳德·弗朗西斯·吉尔加里夫,国家乡村党众议员斯蒂芬·爱德华·考尔德,自由党众议员巴里·道格拉斯·西蒙和詹姆斯·罗伯特·波特。澳大利亚驻华使馆公使米尔思参加了会见。会见时在座的有中国人民外交学会负责人谢黎,外交部美大司副司长陈德和等。

中国新任驻阿根廷大使徐中夫向阿根廷总统豪尔赫·拉斐尔·魏地拉递交国书

2月2日

国务院副总理李先念在北京与埃及总统萨达特的特使 副总理兼总统政治顾问哈桑·图哈米举行会谈

国务院副总理李先念在欢迎埃及总统萨达特的特使哈桑·图哈米副总理的宴会上阐述我国关于中东问题的立场

李先念副总理重申:“中国政府和中国人民在华主席的领导下,坚持毛主席制定的革命外交路线,将一如既往,坚决站在阿拉伯人民和巴勒斯坦人民一边,支持你们的正义斗争。”

李先念副总理指出:“中东问题所以长期得不到解决,是以色列犹太复国主义的侵略和扩张政策,得到超级大国的支持和纵容,以及超级大国在中东争夺势力范围、推行霸权主义所造成的结果。”

他强调说:“特别是那个更富有侵略性和冒险性的后起的超级大国,它打着‘社会主义’、‘天然盟友’的旗号,以‘援助’‘友谊’为名,行侵略、干涉之实,并千方百计地挑动、分裂阿拉伯国家的团结,削弱破坏阿拉伯阵线。它对埃及进行逼债、卡武器,甚至搞颠覆破坏,它的所作所为,实际上是阻挠和破坏埃及人民、巴勒斯坦人民和其他阿拉伯国家人民的正义斗争;它之所以极力要把局势搞乱,是为了浑水摸鱼,好同另一个超级大国争霸中东。”

李先念副总理重申:“我们坚决反对超级大国对中东地区国家的侵略和干涉,以色列必须撤出被占领的阿拉伯领土,巴勒斯坦人民的民族权利必须得到恢复。只有这样,才有可能使中东问题获得合理的解决。”

李先念副总理还指出:我们真诚地希望阿拉伯国家能以阿拉伯民族的共同利益为重,排除超级大国的干扰和破坏,更好地团结起来。他说:“阿拉伯和巴勒斯坦人民团结自强,不仅是阿拉伯事业胜利的重要保障,而且也符合第三世界人民反帝、反霸斗争的根本利益。”他说,我们坚信,在根本目标一致的前提下,阿拉伯人民团结一致,坚持斗争,必将实现阿拉伯民族的正义目标。

2月3日

尼泊尔王国比兰德拉国王在加德满都王宫会见国务院副总理邓小平

国务院副总理邓小平在加德满都与尼泊尔首相比斯塔举行会谈

会谈时在座的有:随同邓副总理访问的外交部副部长韩念龙、亚洲司司长沈平、礼宾司副司长高建中、中国驻尼泊尔大使彭光伟等。

《人民日报》刊登记者报道《一份省委文件的诞生——记中共安徽省委〈关于当前农村经济政策几个问题的规定〉的产生经过》并配发编者按

编者按:毛主席教导我们:“政策和策略是党的生命。”祸国殃民的“四人帮”从党的生命下毒手,恣意破坏党在农村的各项政策,流毒所及,使得一些老干部不敢讲政策,新干部不敢学政策,讨论部署工作不研究政策,检查生产不过问政策,结果,削弱了党和人民群众的联系,给农业生产和社员生活带来极大的危害。粉碎"四人帮"以后,必须立即改变这种危害党的生命的危险局面。中共安徽省委在揭批"四人帮"斗争中,边破边立,把认真落实党的农村经济政策当作一件大事来抓。省委第一书记亲自动手,省委负责同志深入实际,就当前农村迫切需要解决的政策问题,倾听基层干部和社员群众的要求和意见,掌握第一手材料,经过3个多月由下而上、自上而下的调查研究、酝酿讨论,产生了《关于当前农村经济政策几个问题的规定》这份省委文件。这个文件深得广大干部和社员群众的拥护和欢迎,社员们高兴地说:"毛主席的革命路线又回来了"。安徽省委这样深入实际,注重调查研究,走群众路线,认真贯彻落实党的政策,是恢复和发扬党的优良传统和作风的一个好榜样。

深得人心

最近,我们访问了安徽省滁县、六安地区的一些地、县负责同志,并同社、队干部和贫下中农代表促膝交谈。干部和社员一致称赞"省委《规定》好!"

这个《规定》指的是中共安徽省委根据毛主席为农村人民公社制定的一系列方针、政策,根据党的十一大路线精神,针对"四人帮"及其在安徽的代理人的破坏,就当前农村中迫切要解决的问题作出的《关于当前农村经济政策几个问题的规定》。它的主要内容是:搞好人民公社的经营管理,积极地有计划地发展社会主义大农业,注重生产队的自主权,减轻生产队和社员负担,分配要兑现,粮食分配要兼顾国家、集体和个人利益,允许和鼓励社员经营正当的家庭副业等。一些同志向我们讲述了宣讲省委《规定》的盛况。有的大队通知一户派一个代表到会,社员听说是讲政策,都争着来了,屋里坐不下,到场院里开会。有的听了一遍不过瘾,让宣讲人再讲一遍、两遍。全椒县一个60多岁的老贫农从别人口里听到《规定》的一些内容,带上干粮跑了60多里路,到县委会亲自询问,当县委的同志告诉他确有此事,他两手一拍,兴高采烈地说:"这就'着'了"(对的意思)。来安县大英公社开始在干部会上宣讲《规定》时,附近的生产队有2000多名社员赶来听讲。社员们高兴地说:"毛主席的革命路线又回来了。省委就像到我们队里看过一样,条条讲到我们心坎里。"省委《规定》也得到了广大干部的热情拥护。一个做过多年农村工作的老同志深有感触地说:"'四人帮'搞乱了人们的思想,搞乱了政策,搞乱了人民公社的经营管理。省委《规定》旗帜鲜明地澄清了路线是非,划清了政策界限,工作抓到点子上了。我们干工作有准头了,能甩开膀子大干社会主义了。"

当务之急

《规定》这份深得人心的文件是怎样诞生的呢?

1977年6月,华主席、党中央对安徽的问题作了重要指示,揭开了"四人帮"及其在安徽的代理人捂了8个月之久的阶级斗争盖子,并派万里、顾卓新、赵守一同志加强了安徽省委的领导,揭批"四人帮"的斗争迅速掀起高潮,清查资产阶级帮派体系的工作深入开展。"四人帮"在安徽的代理人的反动面目被揭露了,参与"四人帮"阴谋活动的人被揭露了,群众性揭批"四人帮"的斗争搞起来了,资产阶级帮派体系遭到沉重打击,对被他们严密控制的单位、地区,及时采取了措施,调整和加强了领导班子。这时,安徽省委主要负责同志进而思考这样一个问题:安徽基本上是农业省,不把4000万农民最大限度地团结起来,农业上不去,就会影响全局。怎样把揭批"四人帮"运动在广大农村引向深入?怎样加快普及大寨县和农业发展速度?调动广大农民的积极性靠什么?农民的迫切要求是什么?农村工作千头万绪从何抓起?

滁县地委关于落实党的农村经济政策的调查报告,给省委领导以有益的启示。这个报告反映了"四人帮"及其在安徽的代理人竭力歪曲、篡改党的社会主义经济政策,散布什么"只要路线对头,不怕政策过头"的谬论,把人民公社现行的"三级所有、队为基础"的制度说成是"老一套","过时了";把"各尽所能、按劳分配"的原则污蔑为"强化资产阶级法权",把社员按政策规定经营少量自留地和养猪养家禽等家庭副业污蔑为"给资本主义供氧输血";把勤俭办社方针污蔑为"只算经济账,不算政治账";把开展集体的多种经营污蔑为"金钱挂帅";把合理的规章制度污蔑为"修正主义的管、卡、压",谁要整顿一下社队经营管理,就被扣上"复旧"、"回潮"的帽子,等等,这就把人们的思想搞乱了,弄得一些老干部不敢讲政策,新干部不学习政策,讨论部署工作不研究政策,检查生产不过问政策,人民公社经营管理有章不敢循,一些必要的制度不敢订,给农业生产和社员生活带来了严重恶果。突出的表现是:一些社、队经营管理混乱,非生产人员和开支过多,生产队和社员负担过重,增产不增收,多劳不多得,分配不兑现,社员收入低,这些问题严重地挫伤了广大社员的社会主义积极性。

滁县地区反映的情况是否带有普遍性?拨乱反正从落实农村经济政策入手,是不是符合广大社员的要求?为进一步弄清情况,省委组织有关单位,采取深入调查,解剖典型,召开政策调查汇报会议,研究人民来信等办法,多方面调查了解,摸清全省情况;省委主要负责同志深入农村,到群众中去,直接了解政策落实的情况,特别是群众负担、分配兑现的情况,亲自掌握第一手材料。

在多方调查、掌握大量材料的基础上，召开了省委常委会议，就落实农村经济政策问题，进行了认真的讨论，拟订并通过了《规定》草案。省委负责同志一致认为："四人帮"在农村的流毒和影响很深很广，要害是破坏了党的政策，不顾群众死活，危害群众生活。广大贫下中农对"四人帮"破坏党的政策，是有切肤之痛的，是看得见、摸得着的。从抓落实农村经济政策入手，把揭批"四人帮"与解决农村的现实问题紧密结合起来，就能把揭批运动引向深入，就能调动起广大社员群众大干社会主义的积极性。倘若不抓农村经济政策的落实，不认真整顿社、队的经营管理，不认真解决生产队和社员负担过重、多劳不多得，分配不兑现等群众迫切要解决的问题，要充分调动广大农村干部、群众的积极性，加快农业学大寨、发展农业生产的步伐，就是一句空话。大量的多方面的调查材料证明，落实农村经济政策确是广大干部和群众的迫切要求，是当务之急，必须切实地摆在各级党委的议事日程上。

尽管《规定》草案曾经在地、市委分管农业的书记会议上进行过充分酝酿和讨论，又经过几番修改，省委负责同志仍不以此为满足。他们懂得政策和策略是党的生命，决不可掉以轻心，这个《规定》草案是不是反映了广大贫下中农的迫切要求，干部社员欢迎不欢迎，还需要把它带下去再次和基层干部、社员商量酌定，接受检验和批准。为此，省委第一书记和另两位书记一起，先后到肥东县解集公社青春大队、长丰县吴山公社、邀集大队、生产队干部和贫下中农代表，亲自宣讲《规定》草案，分别征求大队干部、生产队干部和贫下中农的意见。3位省委负责同志仔仔细细地倾听每个同志对《规定》草案各条的看法和建议，边听、边记、边修改，使草案的有关条文的提法更加妥帖和完善，使条文的表达更适合群众的口味。许多地、县委主要负责同志也亲自到生产队宣讲《规定》草案，广泛地征求队干部和社员的意见。

在做了上述思想上、组织上的准备之后，去年11月15日，省委召开了由地、市、县委和省直各部门第一把手参加的以落实农村经济政策为中心议题的全省农村工作会议，再一次对《规定》草案进行充分讨论、反复修改。会议最后一致通过了《规定》，并作为省委正式文件下发各地执行。

有大希望

由省委主要负责同志亲自动手，用了3个多月的时间，经过自下而上、由上而下地多次酝酿、调查研究，经过十几次的反复讨论和修改，安徽省委的一个重要文件《规定》终于诞生了。《规定》，这不是一个普通的文件，它是安徽省委把党的十一大路线精神同安徽实际情况紧密结合起来，是省委同广大干部、社员心连心的生动体现，是省委带动各级党组织恢复和发扬毛主席一贯倡导的实事求是、群众路线的优良作风的产物，它是全省广大农村干部和群众深入揭批"四人帮"斗争的丰硕成果。

省委《规定》一经和广大社员见面，立即引起了强烈的反响，人们奔走相告，人心沸腾，迅速地打破了"四人帮"及其在安徽的代理人控制下造成的万马齐暗的局面。目前，宣讲党的政策、学习政策、落实政策，已成为安徽广大农村的舆论中心。政策来自群众，依靠政策发动群众，依靠群众落实政策，广大干部、社员的主动精神激发起来了。不论是在平整土地、改造河田的工地上，还是在积肥送粪、精心管理越冬作物的田野里，社员出勤之踊跃，劳动工效之高，人们情绪之饱满，都是前几年所没有的。一个认真学大寨，农业"大跃进"的运动正在兴起。正如毛主席生前视察安徽时讲过的：沿途一望，生气蓬勃，肯定是有希望的，有大希望的。

全国旅游工作会议在北京召开

中共中央主席华国锋和中央其他领导同志接见了会议代表。中共中央副主席、国务院副总理李先念在会上作了重要指示，中共中央政治局委员耿飚在会上作了重要讲话。

我国的旅游事业是解放后在毛主席、周总理亲切关怀和领导下发展起来的。1954年成立了中国国际旅行总社，并在一些地方设立了分支机构。1964年，正式成立了直属国务院的中国旅行游览事业管理局。20多年来，我国的旅游事业有了一些发展，接待人数不断增加，接待对象不断扩大。迄今为止，已经接待了来自全世界五大洲60多个国家和地区的自费旅行者。各国同我国旅游部门有业务来往的单位日渐增多。旅游部门的工作人员，通过接待各国朋友，向他们介绍新中国的变化和建设成就，促进了中国人民同世界各国人民的相互了解。许多外国朋友回国以后举行访华报告会、座谈会，发表文章、著书，或放映在华拍摄的幻灯片、电影片，热情介绍新中国的情况，转达中国人民对各国人民的友谊，戳穿了"帝修反"的造谣污蔑，为各国人民的友好团结作出了贡献。

"四人帮"全盘否定我国的旅游事业，他们把带领外宾参观游览诬蔑为"游山玩水"、"为资产阶级效劳"，并对出版风光、文物的图片画册，扣上"复旧"、"贩卖封资修"等罪名。因此，有一个时期，包括长城、故宫在内的许多名胜古迹都不让外宾参观游览，不让出版介绍名胜古迹和自然风光的宣传材料。

打倒"四人帮"以后，全国旅游部门的干部、职工深入揭发批判了"四人帮"的种种谬论，分清了路线是非,决心努力搞好旅游工作。一年多来,尽管接待任务有较大增加,但是不少单位服务质量有了改进。

我国具有发展旅游事业极为有利的条件。首先,在华主席、党中央领导下,全国实现了安定团结,国内形势一片大好。我国有辽阔的幅员,壮丽的河山,优美的风景,有几千年的古老文化、名胜古迹,有雄伟的古代建筑,有各个历史时期的革命纪念地。

发展旅游事业,涉及许多方面,需要各有关部门关心、重视和支持。目前旅游部门广大干部、职工正继续深入揭批"四人帮"对旅游事业的干扰和破坏,进一步肃清其流毒和影响,努力提高服务质量。为了适应旅游事业发展的需要,旅游部门正采取措施,逐步改善和增加现有的物质设备,并准备开放一些新的旅游点,开辟新的旅游区、旅游中心和沿江沿海旅游专线,以接待逐年增加的外国旅游者。

国家建材总局在北京召开全国建材工业工作会议

中共中央主席华国锋为建材工业题了词:"自力更生,艰苦奋斗,加速发展建材工业,为实现四个现代化作出贡献。"

会议期间,中共中央主席华国锋,中共中央副主席叶剑英、邓小平、汪东兴,以及党和国家其他领导人韦国清、乌兰夫、方毅、纪登奎、吴德、余秋里、张廷发、陈永贵、陈锡联、耿飚、陈慕华,接见了全体代表,同代表们一起照了相。

会议认真总结了 1977 年贯彻抓纲治国方针,推动建材工业蓬勃发展的经验,研究了 1978 年工作部署,订出了高速度发展建材工业的十年规划。

会议指出,建材工业要实现"苦干三年大变样,奋战八年攀高峰,二十三年实现现代化"这一奋斗目标,关键在前八年。这八年,重点要打好加速发展水泥和新型建筑材料两个硬仗,为满足国家经济建设需要和改善人民群众居住条件作出贡献。

建材工业部门,是利用煤矸石、石煤和其他工业废渣的大户,只去年一年就利用煤矸石、石煤 850 多万吨。在这次会议上,代表们交流了大搞综合利用的经验。会议要求各地建材部门要作出全面规划,根据就地就近、经济合理、因地制宜的原则,通过各种途径,把煤矸石、石煤和其他工业废渣充分利用起来。

国家计委副主任袁宝华在全国工业交通技术革新经验交流会上发表讲话

袁宝华强调指出:我们要贯彻落实毛主席关于"打破常规,尽量采用先进技术"和华主席关于"大力进行技术革新和技术革命,迅速发展生产力"的指示,把国民经济各部门尽快地用现代技术武装起来。

袁宝华在讲话中高度赞扬大庆油田和开滦煤矿广泛采用先进技术、高速度发展生产取得的巨大成就,介绍了山东省烟台、昌潍两个地区技术革新的五条经验:(一)党委重视,统一领导,坚持三大革命一起抓,从上到下有一套搞技术革新的组织系统。(二)全面规划,抓住重点。重点抓了支农工业和原材料工业,围绕农业办工业,办好工业促农业。(三)大搞群众运动,自力更生,艰苦奋斗,土法上马,集中力量打歼灭战。(四)把培养壮大技术队伍,作为一项长远的战略任务来抓。(五)大搞综合利用,充分利用工业"三废",变废为宝,降低成本,增加收入。他说,各地工交企业开展技术革新的成果说明,掌握先进的科学技术,不但可以实现高速度,而且可以赶超世界先进水平,后来居上。在历史上,经济落后的国家由于继承了科学发展的最新成果而后来居上的例子是很多的。我们是社会主义国家,实行计划经济,人力和自然资源条件好,只要用当代最新的科学技术来武装自己,后来居上是毫无问题的,而且会比他们搞得更快、更好。

袁宝华在谈到今后开展技术革新的意见时说,我们要坚决贯彻革新、改造、挖潜的方针,通过技术革新充分挖掘老企业的潜力。经过 28 年的建设,我们现在已经有了一定的工业基础,潜力是很大的。改造老厂比建新厂效果要快得多,所用的资金、人员、材料和时间,一般只相当于新建厂的 1/3,这是一条多快好省地发展工业的路子。

袁宝华说,当前,影响国民经济高速度发展的最突出的薄弱环节,是电力、燃料、运输。如果把电力、燃料、运输搞上去,同时把产品质量搞上去,把消耗降下来,我国整个工业生产和国民经济就会出现一个全面跃进的新局面。技术革新的重点必须放到这个方面来。他强调指出,最近,华主席指示我们要通盘考虑能源政策,这是一个带有战略性的问题。工业生产上得快或慢,在很大程度上看我们的能源问题解决得怎么样。广大职工在利用新技术大力开发和广泛利用各种能源方面,是可以大显身手的。比如在增加煤炭、石油、天然气生产方面,在积极发展水力发电方面,在充分利用石煤、煤矸石、泥煤、褐煤、油母页岩和各种余热方面,在大搞沼气、有计划地发展原子能发电、研究利用太阳能和地下热能、风力、潮汐能方面,以及其他新能源的探索和研究,都离不开新技术。我们把这个问题解决好了,速度就容易上去了。

袁宝华说,要把国民经济各部门用现代化技术装备起来,使我们的工农业生产从落后的技术转移到先进技术基础上来,是一场大革命。这场革命必然要冲击千百万人的习惯势力,要遇到形形色色的思想阻力。这就要不断地和各种保守思想作斗争。没有思想斗争的胜利，也不会有技术革命的胜利，思想革命是技术革命的前提。

袁宝华在讲话中强调学习的重要性。他说，现代科学技术日新月异。每一个重大新技术的应用，往往会引起工业内部一系列的变化，出现一系列新的业务问题。形势发展要求我们及时学习新的科学技术，而不能停留在一知半解或原来的概念上。有人说，在现代科学技术面前，不论过去学过技术的还是没有学过的，都有一个"扫盲"的任务。这话是有一定道理的。我们确实应该抱着甘当"小学生"的态度，虚心地、刻苦地学习，在全党、全国人民中掀起一个学习现代科学技术知识的热潮，努力缩小我们已经落后的主观世界与正在发展着的客观世界的差距。最近几年，要把我们的技术人员、干部和工人普遍进行一次培训，要订出计划来，限期完成。要把技术业务学习制度建立起来，像大庆那样，领导干部每周至少要带头学习一次。自学吃力的，可以请人辅导。

袁宝华提出，我们反对保守，决不是提倡蛮干。我们要像大庆那样，把高度的革命精神和严格的科学态度结合起来。凡是未经过实践考验、证明确是成功的，决不可冒称成功，贸然推广。要从实际出发，求实际效果，不图虚名，不搞浮夸。我们主张采用先进技术，但也不能否定某些落后技术装备在一定时期的作用。我们要在采用先进技术的同时，充分利用现有技术基础，发挥现有设备潜力，坚持大中小并举、土洋并举等两条腿走路的方针。

为了搞好技术革新，促进先进技术的采用和推广，袁宝华要求各级领导干部亲自动手，以揭批"四人帮"为纲，采取以下措施：

第一，新技术的推广工作要有一个部门管。管工交生产的，要管技术革新。各级都要有一位主要负责同志分工抓技术革新，对新产品、新技术要采取扶植政策，实行优先的原则，在生产安排和人力、财力、物力等条件上要加以落实。

第二，推广新技术和企业的革新改造要纳入国家计划，要像基本建设计划和生产计划一样认真制订，在各级计划会议上讨论，在资金、物资上统筹安排。

第三，要整顿技术管理。要结合批判"四人帮"，落实党的知识分子政策，把技术责任制建立起来，把技术后方壮大起来。

第四，在工业管理体制上，要有计划地进行改革，实行专业化生产。不能都搞"大而全"、"小而全"的工厂。只有实行专业化，搞大批量生产，才便于采用新技术。

国务院副总理李先念在北京与埃及总统萨达特的特使哈桑·图哈米副总理继续举行会谈

我国同欧洲经济共同体在布鲁塞尔首次签订贸易协定

中国政府贸易协定谈判代表团和欧洲经济共同体委员会代表团从1月30日开始进行谈判。2月3日，双方结束了谈判并签订贸易协定。

中国政府民航代表团与南斯拉夫联邦交通和联络委员会代表团就两国建立直达航线问题达成协议

双方在贝尔格莱德举行了这项协议的签字仪式。根据协议，从北京到贝尔格莱德之间将建立直接的航空线路和定期的航班。

中国政府民航代表团团长阎志祥和南斯拉夫联邦交通和联络委员会代表团团长留波米尔·萨利奇分别代表两国在议定书上签字。中国驻南斯拉夫大使张海峰出席了签字仪式。

首都科学家 教育工作者 劳动模范同青少年在北京举行春节联欢会

中共中央政治局委员、国家科委主任方毅，中共中央政治局委员、中共北京市委第二书记倪志福，出席了联欢会。

出席联欢会的还有国家科委、中国科学院、中国科协、教育部、北京市革委会负责人，有关部委和各学会负责人，著名科学家和劳动模范。

这次盛会是中国科协、北京市科协和北京市教育局联合举办的。中国科协主席周培源宣布大会开始。他在讲话中庆祝我们伟大的祖国在华主席、党中央的英明领导下，抓纲治国，初见成效，各条战线，欣欣向荣；祝贺科学家、劳动模范和教育工作者为加速实现我国四个现代化作出新贡献；祝贺广大青少年身体好，学习好，工作好，希望他们在新的一年里努力进步，刻苦学习，茁壮成长，成为又红又专的建设人才。

著名劳动模范、北京钢厂革委会副主任白树茂，代表工人阶级和劳动人民对青少年们提出殷切期望，要求他们珍惜时间，刻苦学习。著名科学家高士其，因病未能参加联欢会，但他特意为青少年们写了一首题为《春天——致祖国的青少年》的诗，表达他对青少年们的关怀和鼓励。

北京市中学生代表在发言中汇报了他们课外科技小组活动的情况，表示要以革命前辈为榜样，为祖国美好的未来贡献青春。

壮族民间歌舞剧《刘三姐》在南宁重新上演

叶剑英副主席1961年3月7日观看壮族民间歌舞剧《刘三姐》后，为广西《刘三姐》剧组题诗赞扬说："壮家三姐擅斯文，一曲能当十万军，正是鸡鸣风雨夜，中流砥柱出钗裙。”事隔多年,一度受“四人帮”的文化专制主义压制而停演的歌舞剧《刘三姐》,今天又在南宁舞台上同广大观众见面了。

歌舞剧《刘三姐》,是广西文艺工作者根据广西壮族关于刘三姐的民间传说,并采集了成千上万首流传在民间的山歌,经过去粗存精,加工创作而成的。1960年夏,周总理推荐《刘三姐》到北京演出。这年10月7日,毛主席在中南海怀仁堂兴致勃勃地观看了这出歌舞剧。后来,毛主席在谈到这出歌舞剧时说,刘三姐反压迫,是革命的。朱德委员长观剧后,还亲切地接见了演员。

新上演的《刘三姐》,剧本、音乐、舞台美术都做了一些修改,更加突出了刘三姐反对压迫的斗争精神。演员们高兴地编了山歌唱道:过去“四害”太可恶,帽子棍子实在多,山歌民歌不准唱,就像财主来禁歌;如今放声唱山歌,歌声滚滚震山河。壮家歌手激情涌,一唱就是几万箩。

2月4日

中共中央主席华国锋在北京会见埃及总统萨达特的特使 副总理兼总统政治顾问哈桑·图哈米

华国锋主席说:“我们赞赏埃及政府和人民在萨达特总统领导下,为捍卫国家主权,维护民族独立和尊严,反对大国霸权主义而进行的英勇斗争。”

华国锋主席强调说:“中国政府对中东问题的政策是一贯的。我们谴责以色列犹太复国主义的侵略政策,谴责霸权主义对阿拉伯的侵略、控制和剥削。”

华国锋主席说:“我们衷心希望阿拉伯人民团结起来,排除超级大国的干涉和分裂活动,形成广泛的统一战线,共同对敌。”

会见时在座的有外交部部长黄华、副部长何英等。

国务院总理华国锋致电朱尼厄斯·理查德·贾亚瓦德纳总统祝贺他就任斯里兰卡共和国总统

国务院副总理邓小平在加德满都与尼泊尔首相比斯塔继续举行会谈

国务院副总理邓小平在加德满都群众大会上发表讲话

邓小平说:“尼泊尔在国际事务中,奉行独立和不结盟政策,支持民族解放运动,反对强权政治和势力范围,为第三世界国家的团结反霸斗争作出了积极的贡献。比兰德拉国王陛下关于宣布尼泊尔为和平区的建议,表达了尼泊尔政府和人民维护本地区和平和同周围邻国友好相处的真诚愿望,受到了越来越多的国家的支持和赞同。中国政府和人民重申:坚决支持国王陛下的这一建议。”

他说:“我国在粉碎祸国殃民的‘四人帮’以后,形势一派大好。现在,举国上下,安定团结,生产建设蒸蒸日上,全国各族人民紧密地团结在以华国锋主席为首的党中央周围,高举毛主席的伟大旗帜,决心在本世纪内把我国建设成一个具有现代化农业、工业、国防和科学技术的社会主义强国。我们将坚定不移地贯彻执行毛主席制定的革命外交路线和政策,永远不称霸,永远不做超级大国。我们将继续加强同第三世界国家和人民的团结,加强同一切受帝国主义侵略、颠覆、干涉、控制和欺负的国家的团结,结成广泛的国际统一战线,反对霸权主义。”

他说:“南亚各国人民曾经长期遭受帝国主义和殖民主义的压迫和掠夺,都十分珍视自己的民族独立;目前面临着建设各自国家的艰巨任务,都迫切需要一个和平的国际环境。但霸权主义者在南亚的激烈争夺,使这一地区长期不得安宁,严重威胁着这一地区国家的独立和安全,遭到南亚人民的谴责和反对。中国政府和人民深切同情并坚决支持这种正义的立场。”

他说:“尼泊尔和中国是山水相连的友好邻邦,我们两国人民世世代代和睦相处。虽然两国之间横亘着世界最高的喜马拉雅山,但我们两国人民自古以来就翻山越岭,不避艰险进行着友好往来。现在一条蜿蜒在崇山峻岭中的中尼友谊公路,使天险变通途,把两国人民更紧密地联结在一起。在我们两国政府和人民的共同努力下,两国的经济合作和文化交流口益扩大,友好往来更加频繁,中尼两国人民之间的友好传统和深厚情谊正在不断获得新的发展。”

邓副总理最后说:“中国政府和人民十分珍视同尼泊尔的友谊。我们将继续为加强两国之间的友好合作关系作出不懈的努力。我们十分感谢尼泊尔王国政府和人民多年来给予中国的支持和合作。中国政府和人民坚决支持尼泊尔王国政府和人民维护民族独立和国家主权的正义事业。我衷心祝愿,中尼两国人民的友谊像喜马拉雅山一样巍然屹立,万古长存!”

国务院财贸部门和首都经济理论界等单位举行会议揭批“四人帮”破坏社会主义商品生产的罪行

国务院财贸部门的研究单位和从事实际工作的同志、首都经济理论界和新闻界,最近举行会议,揭露和批判“四人帮”破坏社会主义商品生产和商品流通的罪行。20多位同志在会上发言。

发言同志指出,我国生产资料的社会主义改造基本完成以后,在社会主义商品生产问题上,党内发生过两次重大的斗争。1958年，陈伯达鼓吹废除商品生产和商品交换，毛主席痛斥了陈伯达的谎言，捍卫和丰富了马克思主义关于商品生产的理论。“四人帮”则诽谤社会主义的商品生产和资本主义生产在本质上没有差别，它必然地、不可避免地要产生资本主义和资产阶级，甚至叫嚷社会主义制度“既保护着老的资产阶级，又孕育着新的资产阶级”。他们妄图毁灭我国包括社会主义商品生产和商品交换在内的社会主义经济制度。

发言同志认为，毛主席1958年和1975年关于商品生产问题的指示，精神是一致的。我们必须完整地、准确地理解毛主席的指示，彻底批判“四人帮”的谬论。

会议揭露了“四人帮”诋毁社会主义商品生产的反马克思主义手法，即：抹杀不同商品生产的本质差别，把小商品生产和资本主义生产冒充为商品生产一般，然后用它来规定社会主义商品生产的性质。发言同志认为，“四人帮”对于我国社会主义商品生产的攻击，充分暴露了他们仇恨社会主义制度的反动面目和篡改马克思主义的卑劣行径。商品生产是一个历史的范畴。马克思主义者应当看到不同社会制度下商品生产的共同性。这种共同性的科学抽象，就是商品生产一般。毛主席所说的“跟旧社会没有多少差别”，就是指我国还存在的商品、货币，作为商品、货币一般，和其他社会中的商品、货币是一样的。马克思主义者尤其应当注意不同社会制度中的商品生产的特殊性。在社会主义制度下，“所有制变更了”，也就是说，包括商品货币关系在内的整个生产关系已经发生根本变化，商品的生产者和所有者不再是私人。这使社会主义商品生产同资本主义生产以及小商品生产在本质上区别开来。发展社会主义商品生产和商品流通，不会产生资本主义和资产阶级，相反，由于“四人帮”这样的阶级敌人的捣乱使社会主义制度遭到破坏，以致生产停滞不前甚至下降、商品供应紧张，倒是资本主义泛滥、资产阶级分子活动猖獗的重要原因之一。所以，发展社会主义商品生产和商品流通，是发展社会主义经济和巩固无产阶级专政的需要，是全国人民的迫切要求，也是打击和消灭资本主义商品生产和商品流通的极其重要的手段。

一些从事商业工作的同志指出，在“四人帮”横行的时候，张春桥、姚文元带头炮制文章，御用写作班子也随后抛出大量毒草，诬蔑我国社会主义的商业部门是“垄断资产阶级”、“买办资产阶级”，胡说社会主义商业是什么资产阶级的染缸，搞商业工作就是为复辟资本主义准备“土壤和条件”。这些谬论，严重挫伤了商业战线广大干部和广大职工的社会主义积极性。现在，打倒了“四人帮”，我们应当鼓起劲来，理直气壮地发展社会主义商品生产和商品流通，为祖国的四个现代化作出贡献。

到会同志认为，《国务院关于召开全国城乡商业学大庆学大寨会议的通知》对于“四人帮”破坏社会主义商品生产和商品流通的罪行的批判，抓住了要害，分清了路线是非。这次会议，使大家进一步加深了对于《通知》精神的理解。

同志们表示，社会主义商品生产和商品流通问题，是一个重大的理论问题，又是一个重大的政策问题。彻底批判“四人帮”，澄清混乱，肃清流毒，是从事实际工作和理论工作的同志的共同任务。对于某些理论问题，应当本着百家争鸣的方针，继续进行研究和讨论。同志们相信，在华主席为首的党中央领导下，我们一定可以自觉地利用客观经济规律，大力发展社会主义商品生产和商品流通，战胜资本主义，取得社会主义建设的伟大胜利。

国务院副总理李先念应邀出席为埃及总统萨达特的特使哈桑·图哈米在人民大会堂举行的答谢宴会

李先念在宴会上发表讲话说，中国政府和中国人民高度赞赏埃及政府和埃及人民在萨达特总统领导下，为捍卫国家主权、维护民族独立和尊严，反对大国霸权主义而进行的英勇斗争。我们坚决支持埃及人民、巴勒斯坦人民和阿拉伯各国人民反帝、反霸和反对以色列犹太复国主义侵略的正义斗争。当前两个超级大国，特别是社会帝国主义正极尽煽风点火、挑拨离间的能事，妄图削弱、破坏阿拉伯阵线。我们衷心希望并且相信，久经考验的阿拉伯各国人民和巴勒斯坦人民一定会挫败它们的阴谋，团结起来，共同对敌。

外交部部长黄华、副部长何英等，应邀出席了宴会。

中国科协在北京举行主席团扩大会议

2月4日至5日，中国科学技术协会举行主席团扩大会议，总结各全国性专门学会1977年的工作，讨论了1978年学会工作的方针任务。

出席这次会议的，有全国科协代主席、副主席、书记处书记，在京各专门学会的理事长、副理事长、秘书长、副秘书长等共140多人。与会同志表示要继续深入揭批“四人帮”，打好第三战役，积极开展学会活动，做好学术交流和科学普及工作，并在各种活动中注意发现人才、培养人才，及时地把广大科学工作者和工农积极分子的新的发现、建议等反映给有关领导部门，为实现四个现代化，为提高全民族的科学文化水平作出贡献。

全国科协副主席茅以升主持了这次会议。全国科协代主席周培源在会上作了工作报告,副主席裴丽生作了会议总结。

国家科委副主任于光远也到会讲了话。

出席这次会议的学会有45个,其中理科17个:数学会、物理学会、化学学会、地球物理学会、力学会、气象学会、天文学会、动物学会、微生物学会、植物学会、昆虫学会、植物生理学会、地理学会、地质学会、古生物学会、心理学会、自动化学会;工科21个:电子学会、金属学会、机械工程学会、土木工程学会、建筑学会、水利学会、电机工程学会、化工学会、测绘学会、硅酸盐学会、纺织工程学会、造船工程学会、造纸学会、计量技术与仪器制造学会、煤炭学会、科学技术情报学会、航空学会、精密机械学会、制冷学会、航海学会、农机学会;农科3个:农学会、水产学会、林学会;医科4个:中华医学会、药学会、中华护理学会、生理科学会。此外,还有农科的3个分科学会:畜牧兽医学会、植物保护学会、作物学会;医科的13个分科学会:内科学会、外科学会、儿科学会、妇产科学会、眼科学会、卫生学会、病理学会、理疗学会、口腔学会、针灸学会、神经精神科学会、皮肤性病学会、肿瘤学会。最近成立的中国自然辩证法研究会筹委会也参加了会议。

全国科协和各专门学会自成立以来,对开展学术交流和科学普及,促进科技战线出成果、出人才,发展我国科学技术事业,团结、教育、改造知识分子都起了重要作用;林彪反党集团,特别是"四人帮",出于篡党夺权的罪恶目的,却百般地干扰、破坏科协和各专门学会的工作,致使这些学术团体停止了活动。打倒了"四人帮",科协和学会大解放。在抓纲治国初见成效的1977年,各全国性专门学会陆续恢复工作,有的已取得了良好成绩。中国金属学会从去年8月开始受冶金部领导的委托,组织冶金部机关干部及冶金部所属各研究院所干部,每周举行一次学术报告会,介绍世界先进技术,效果很好。中国机械工程学会组织了4000多人,积极编写《机械手册》。中华医学会也进行了学术活动,并提出今年的学术活动和刊物出版计划。动物学会、地理学会、航空学会、金属学会、林学会、力学会、自动化学会等都先后召开了学术讨论会,交流学术论文,制订学术活动计划,恢复出版了学术刊物。

中国自然辩证法研究会筹委会的同志,在会上介绍了成立自然辩证法研究会的意义和正在进行的工作。筹委会的成立,对于今后更有计划地开展群众性的自然辩证法学习、研究和普及活动,帮助建立哲学工作者和自然科学工作者之间的联盟,将起积极的作用。

2月5日

国务院副总理邓小平在中国驻尼泊尔大使馆举行告别宴会

尼泊尔首相比斯塔和夫人,外交部副部长韩念龙、中国驻尼泊尔大使彭光伟和使馆外交官员等出席了宴会。

全国农田基本建设办公室对农田基本建设提出八项要求

农业要高速度发展,到1980年,能不能实现全国每个农业人口一人一亩旱涝保收、高产稳产农田的要求?全国农田基本建设办公室专门研究了这个问题,并提出了八项要求:

一、大搞配套挖潜。现有灌溉设施大有潜力可挖,要作出规划,先易后难,迅速配起套来,保证达到或超过设计效益。

二、大搞渠道防渗。现有灌溉渠道绝大部分未经衬砌,水量浪费很大。各地在3年之内,至少要把1/3的干支渠道衬砌好。

三、大搞喷灌。喷灌具有省水、省工、省地、保持土壤结构和有利于增产的优点。发展喷灌,是今后扩大灌溉面积,解决山区、丘陵区干旱问题,提高农业产量的重要途径,各地都要制定出发展喷灌的规划和措施。

四、大搞水库维修加固。把水库加固好,是关系人民安全的大问题,一定要提高认识,一抓到底,不能放松。

五、大搞低产田改造。我国各地有许多低产田,是当前农业生产的拉腿田。这些田增产潜力很大,各地都有改造的好经验,要认真总结推广。

六、大搞牧区草场水利建设。要建设水、草、林、机四结合的基本草场,做到供水有保证,饲草有储备,为畜牧业稳定、优质、高产创造条件。

七、大搞小水电和综合利用。各地要把小水电建设,作为农田基本建设的一项重要内容。发动地、县、社、队四级办电,为农业机械化提供动力。农田水利工程,要做到综合利用,积极发展航运、水产,并有利于放木。

八、解决好水源,特别是困难地区的人、畜饮水问题。改善地方病区的饮水条件,结合农田基本建设消灭钉螺。

要完成上述任务,就要努力提高工效,加快农田基本建设的步伐。全国现有县、社、队三级农田基本建设专业队2800万人,这是农村大干社会主义的骨干力量,要用机械设备适当武装起来,坚持常年大干,可以大大提高工效，节省劳力。现在广西、山西等省、区已开始有计划地这样做了，希望其他地方也努力建设省、地、县不同水平的机械化施工队伍。在春节以后，要在保证春耕生产和越冬作物田间管理的前提下，合理安排劳力。对于正在施工的工程，要分类排队，力争当年受益。在春季农田基本建设中，还要不失时机地大搞春季植树造林。同时，要立足于抗灾夺丰收，做好今年防汛抗旱的准备工作，坚决夺取今年的农业丰收。

2月6日

全国人大常委会副委员长 中共中央军委副主席徐向前发表春节广播讲话

在全国军民喜气洋洋欢度新春佳节的时候，我代表中共中央、全国人大常委会、国务院、中央军委，向全国的工人、农民，向人民解放军指战员、烈军属、残废军人、复员退伍军人，向革命干部、知识分子和战斗在各条战线的同志们，向爱国民主党派、爱国人士和台湾同胞、港澳同胞、海外侨胞，致以热烈的祝贺和亲切的慰问。

粉碎了"四人帮"的一年来，我们的国家发生了巨大的变化。华主席领导我们抓纲治国，取得了初见成效的伟大胜利。我国政治、经济、军事、文化各个领域，捷报频传。社会主义革命和社会主义建设进入了一个新的发展时期。

春节是我国人民的传统节日，也是我国人民和军队开展拥军优属、拥政爱民的传统节日。在当前国内外一片大好形势下，我们欢度这个节日就要把拥军优属、拥政爱民的传统进一步发扬光大，把这方面的工作做得更好。

伟大领袖和导师毛主席教导我们："兵民是胜利之本。"军民一致，军政一致，是毛主席亲自倡导和培育的优良传统。早在1945年，毛主席就指出："在解放区，一方面，军队应实行拥政爱民的工作，另一方面，民主政府应领导人民实行拥军优抗的工作，更大地改善军民关系。"

遵照毛主席的教导，无论在革命战争年代，还是在社会主义革命和社会主义建设时期，我军始终把全心全意为人民服务作为唯一的宗旨，把尊重人民政府、爱护人民群众，作为一条严明的纪律。军队爱人民，人民拥护自己的子弟兵。回想战争年代，人民群众踊跃做军鞋、送军粮，推着小车支前方，送子送丈夫上战场。当时解放区流行的一首歌中唱得好："军队和老百姓，咱们是一家人。咱们是一家人，鱼水不能分。"军民亲同骨肉，团结战斗，在我国革命和建设的历史上，写下了无数光辉灿烂的篇章。

"军民团结如一人，试看天下谁能敌"。正因为如此，阶级敌人非常害怕这种团结，千方百计要破坏这种团结。"四人帮"反党集团妄图反军乱军、篡党夺权，一个重要的手法，就是离间军民关系，破坏军政团结。我们要清算他们这方面的罪行，自觉地、经常地做好拥政爱民、拥军优属的工作，特别是春节期间，更要集中做好这项工作。

各地要在广大干部和人民群众中大力宣传解放军在革命战争、社会主义革命、社会主义建设和"无产阶级文化大革命"中的丰功伟绩，学习解放军的优良传统，大力支持当地驻军完成各项战备任务，加强民兵建设。要认真检查总结拥军优属工作，做好复员退伍军人的安置工作。

人民解放军要坚决完成华主席为我军提出的任务，抓纲治军、准备打仗。要认真学大庆、学大寨，深入开展学习雷锋，学习"硬骨头六连"的群众运动，学习空军航空兵某师领导班子的好思想、好作风，把我军革命化、现代化建设提高到一个新的水平。春节期间，各部队要进行三大纪律八项注意的教育，要检查执行群众纪律的情况，修订拥政爱民公约。要模范地遵守党和国家的政策法令，支持地方工作。

同志们，今年是抓纲治国三年大见成效重要的一年。这个伟大光荣的战斗任务，有待于党、政、军、民艰苦的、百折不挠的一致努力。让我们高举毛主席的伟大旗帜，在华主席为首的党中央领导下，发扬拥军优属、拥政爱民的光荣传统，团结一致，奋发图强，为完成今年的各项任务，为实现四个现代化而努力奋斗！

祝同志们春节愉快，身体健康。

中共中央批准教育部和中央广播事业局《关于筹办电视大学的报告》

报告提出：主办面向全国的中央广播电视大学。这所大学为业余性质，要求学员学完全部课程后，能达到相当于大学毕业的水平。

《人民日报》发表中国科协主席周培源的文章《积极开展学术交流》

"四人帮"出于篡党夺权的需要，极力破坏科学事业，对科学技术协会和各种专门学会进行恶毒的攻击。他们诬蔑科协和学会是"裴多菲俱乐部"，攻击学术活动是"资产阶级放毒"，叫嚣"就是要专他们的政"。科协和学会成了饱受"四人帮"摧残的重灾区。华主席一举粉碎了"四人帮"，科技事业得解放，科协和学会也得到新生。全国各省、自治区、直辖市的科协和各种专门学会改变了万马齐喑的局面,正在积极地恢复组织,开展活动,这是十分可喜的现象。

学术交流是科学技术工作的重要组成部分。每一项科学研究工作,都需要经常了解国际、国内的研究动态,交流研究成果,探讨不同的学术见解。特别是在70年代的今天,各门学科的联系日益密切,许多边缘学科和新兴学科都正在迅速发展。科学实验手段的现代化,大大加快了科学实验的进程。如果没有及时的充分的学术交流,科学研究工作就不能顺利进行。

各种专门学会是按学科组成的学术性群众团体。学会可以不受单位、行业和地区的局限,把分布在不同单位、不同地区的同一学科的科技人员和工农科技积极分子组织在一起。这就有利于最广泛地进行学术交流。科协、学会召开学术会议,可以集中大量的新成果、新经验、新的学术观点,除了在会议上当面交流,还可以出版学术刊物和编印资料,在科技界广泛传播。这种大协作,也是任何一个科研单位,一个部门难以做到的。

为了尽快地赶超世界科学技术的先进水平,我们必须处理好学习外国和独创的关系。在自然科学方面,我们比较落后,必须努力向外国学习。学习别人先进的东西,才能赶上和超过先进。"四人帮"妄图破坏社会主义建设,把向外国学习一律诬蔑为"洋奴哲学"、"爬行主义"。这种谬论在科技界造成严重思想混乱。我们要肃清这种谬论的流毒和影响,坚持独立自主、自力更生方针,同时也要开展国际学术交流,引进必要的先进技术。开展国际学术交流是科协和学会的一项重要任务。1964年、1966年曾两次在北京召开国际科学讨论会。毛主席两次接见参加会议的各国代表团团长和全体代表。全国科协和各专门学会,要有计划地开展国际学术交流活动,做到知己知彼。

现代自然科学发展的特点,是各门学科的相互渗透和交叉。自然科学面临一个更高度的综合的阶段。在科学研究中要少走弯路,少犯错误,尽快地赶超世界先进水平,就必须用辩证唯物主义指导科学研究。"四人帮"反对并破坏自然科学基础理论的研究,鼓吹用马克思主义哲学来代替自然科学的基础理论研究。我们要批判这种荒谬的"代替论",肃清它的流毒和影响,努力学习辩证唯物主义,用以指导科学研究。科协和学会要协助科技工作者学习辩证唯物主义,总结经验,组织交流和讨论。

科学研究是探索性的工作。科学研究中出现分歧、错误和失败,是科学发展中正常的、不可避免的现象。科学研究不可能一次成功,要判断一种理论、观点正确还是错误,也需要一个考验的时间。伟大领袖毛主席提出的百家争鸣,是促进科学进步的正确方针。在科学研究上,必须提倡自由讨论。毛主席说:科学中的是非问题,应当通过科学界的自由讨论,通过科学的实践去解决,而不应当采取简单的方法去解决。"四人帮"反对百家争鸣,压制学术界的自由讨论,窒息学术思想,至今还有不少人心有余悸。我们要肃清"四人帮"的流毒和影响,解放思想,切实遵照毛主席的指示,畅所欲言,各抒己见,互相尊重,互相学习,取长补短,共同提高。各种专门学会要把全国各地区、各部门的同一学科的人员很好地组织起来,开展学术讨论,给大家提供一个百家争鸣的大讲坛。

我国现有的科技队伍的人数还不多,水平也不高,由于"四人帮"的干扰破坏,科技队伍出现了青黄不接的状况。尽快地,大量地培养出又红又专的科技人才,是迫在眉睫的任务。科协和各种专门学会,应该在培养科学人才方面发挥积极作用。要大力做好科学普及工作,通过讲演、广播、电影、展览、出版等方式,对青年工人、上山下乡知识青年、在校学习的青少年和中小学教师给予辅导和帮助,不断提高他们的科技水平。开展业余技术教育,对电视大学、工厂的"七·二一"大学、农村的"五·七"大学,给予积极的支持,也是科协和学会义不容辞的责任。

各种专门学会应该成为专业科技队伍和群众相结合的一种好形式,实现领导干部、科技人员和工农兵群众相结合,科研、生寺和使用相结合,普及与提高相结合,发挥专业队伍的骨干作用,使科学实验群众运动持久地、扎实地向前发展。

2月7日

中共中央主席华国锋到首钢看望钢铁工人

中共中央主席华国锋同汪东兴副主席和吴德、余秋里、倪志福同志及冶金工业部部长唐克、副部长叶志强来到首都钢铁公司,看望春节期间坚持生产的钢铁工人,并接见了首钢先进生产者和先进工作者。

华主席勉励首钢要搞得更好。他说:钢铁工人要为四个现代化作出贡献。我国23年实现四个现代化,关键是前八年,一定要抓紧这8年,把钢铁生产搞上去。华主席还指示说,一定要采取措施解决污染问题。

华主席和汪副主席等中央领导同志在同首钢党委书记周冠五等负责人,以及先进工人和先进工作者座谈时,特别询问了首钢发展的远景规划。华主席说,你们一定要有远景规划,一定要有通盘安排,否则将来布局就会不合理。

首都军民在人民大会堂举行拥军优属拥政爱民联欢晚会

中共中央主席华国锋，中共中央副主席叶剑英、邓小平、李先念、汪东兴同大家一起欢度节日。

参加联欢晚会的还有：党和国家其他领导人韦国清、乌兰夫、纪登奎、吴德、余秋里，张廷发、陈锡联、耿飚、倪志福，徐向前、陈慕华、赛福鼎、邓颖超、阿沛·阿旺晋美、周建人、许德珩、胡厥文、王震、谷牧，中央军委负责人罗瑞卿，最高法院院长江华。

联欢晚会是由中国人民解放军总政治部、中华人民共和国文化部、北京市革命委员会联合主办的。参加晚会的有工农业战线的劳动模范、先进生产者和先进集体的代表，解放军的战斗英雄、爱民模范、学雷锋的积极分子和学习"硬骨头六连"先进连队的代表，军属、烈属的代表，革命干部、革命知识分子、科学技术工作者的代表，以及各界知名人士。

在京的中共中央委员、候补中央委员，全国人大常委会委员，政协全国委员会常务委员，中共中央、国务院和中国人民解放军各部门的负责人，中共北京市委、北京市革委会的负责人，也参加了联欢晚会。

2月8日

《最后一幕》重新和观众见面

抗日战争时期轰动一时的话剧《最后一幕》，最近又和首都观众见面了。这是一出描写抗日战争时期党领导下的一个演剧队，在国民党统治区的工作和斗争事迹的好戏。这个戏表现了演剧队员们不怕威胁，不受利诱，用戏剧作武器，勇敢机智地和敌人展开特殊战斗的事迹。这个戏歌颂了党的正确领导，歌颂了周恩来副主席忠实执行毛主席革命路线取得的胜利。周副主席在抗战初期，执行毛主席制定的抗日民族统一战线政策，亲自领导组织了十个演剧队，分散到各个战区宣传党的抗战到底的主张。毛主席曾极其关切地指示演剧队的同志，要长期在国统区占领文化宣传阵地。

可是，这样一出描写演剧队斗争生活的好戏，却遭到了"四人帮"的扼杀。叛徒江青咬牙切齿地说它是"大毒草"，并且在报上公开发表文章诬蔑演剧队，对参加过演剧队的同志进行政治迫害。其攻击的矛头直接指向周总理，指向毛主席的革命路线。

北京电影学院的师生们，克服种种困难，赶排和演出了这个话剧，就是为了回击"四人帮"对周总理的诬蔑。同时，也是对"四人帮"散布的"文艺黑线专政"论的有力批判。

2月9日

《人民日报》发表署名报道《思想活跃，创作活跃，演出活跃，广东文艺界大步前进》并配发编者按

编者按：广东文艺界大步前进的报道，读了使人高兴。南国春早，广东文艺界在广东省委领导下，前进步伐走得快，走得扎实有力，赶上了全国各条战线蓬勃发展的大好形势。抓纲治国，抓纲治文艺，形势已经不容许我们缓步慢进甚至裹足不前了。希望各地文艺界同志和领导机关读一读这篇报道，找一找差距，来一个竞赛，促进文艺战线的形势发展得更快更好。

广东省文艺界深入揭批"四人帮"的文化专制主义和"文艺黑线专政"论，砸烂精神枷锁，解放思想，大步前进，抓纲治文艺已初见成效。

思想活跃，敢于拨乱反正，这是当前广东文艺界的一个显著特点。广东文艺界深受"四人帮"之害。在"四人帮"横行时期，有些作家直接遭到叛徒江青的残酷迫害，许多文艺工作者被诬蔑为"反动权威"、"文艺黑线干将"、"文艺黑线宠儿"。有些作家刚写了几篇文章在报刊上发表，便被斥责为"复辟"、"复旧"、"回潮"，进行批判，使许多文艺工作者不能写、不愿写、不敢写。大量的优秀革命文艺作品和艺术品种都受到摧残和扼杀。广东人民群众喜爱的粤剧和广东音乐，被江青诬为"靡靡之音"，糟蹋得不成样子。对"四人帮"的倒行逆施，广东省广大革命文艺工作者早就看在眼里，恨在心头。打倒"四人帮"，文艺得解放。广大文艺工作者把对"四人帮"的仇恨变成为大治文艺的动力。他们团结一致，旗帜鲜明，把"四人帮"强加在他们头上的一切诬蔑不实之词坚决推倒；他们对于"四人帮"散布的种种谬论敢于揭批，畅所欲言。去年三月，作家秦牧在《广东文艺》发表了一篇题为《辩证地探讨和处理文学艺术的问题》，针对"四人帮"搞乱的文艺理论的一些问题，大胆地提出自己的见解，引起了文艺界的重视。广东省文艺工作者还利用《广东文艺》《广州文艺》《南方日报》《广州日报》等报刊，大力开展文艺批评，推动"百花齐放，百家争鸣"方针的贯彻执行，促进了文艺创作的繁荣。

创作活跃，演出活跃，文坛欣欣向荣，这是广东文艺界另一个鲜明特点。目前，广东文艺界不论是老一辈文艺工作者，还是"文化大革命"后涌现出来的青年文艺工作者，都订出了自己的创作计划，并且积极行动起来，有的深入生活，有的开始动手写作。老作家欧阳山正准备写作歌颂毛主席、华主席，批判"四人帮"的散文、短文；老作家陈残云正写作反映土改斗争的长篇小说《山谷风烟》，已经写出了15万字。不少业余作者也树雄心，立壮志，订出了写长篇小说、中篇小说的计划，有些人已经开始动笔。广东人民出版社即将出版的新书有文艺论集《学艺录》，散文集《金色的毛主席纪念堂》《丽日南天》，诗歌集《红珊瑚》等，以及一批戏剧、音乐、演唱、美术等文艺作品。省文联和各协会的业务活动丰富多彩，仅近一个多月来，作协已经组织过两次诗歌朗诵会，音协组织过三场音乐会，美协举办了广东画院习作画展，剧协以省文联的名义，协同省、市文化局和市文联组织了"粤剧、曲艺迎春演唱会"，还连续召开了三次新剧目座谈会。更令人高兴的是，广东文艺工作者敢于写重大题材、革命历史题材，特别是歌颂毛主席和周总理等老一辈无产阶级革命家，歌颂华主席，反映粉碎"四人帮"斗争的题材。目前，广东剧坛上已出现反映广州起义的话剧《惊雷》、粤剧《粤海忠魂》、舞剧《珠江赤潮》等新节目；即将出版反映革命人民群众与"四人帮"及其帮派体系斗争的长篇小说《浩浩长河》。

在"百花齐放，百家争鸣"方针的指导下，广东文艺界遵照辨别香花和毒草的六条标准，敢于肯定新中国成立以来创作的一批好的和较好的作品，让它们尽快同群众见面，开始改变过去"四人帮"横行时文坛千篇一律、冷冷清清的局面。最近以来，广东省粤剧团上演了前几年被"四人帮"作为"黑样板"批判的粤剧《山乡风云》，广东音乐曲艺团演奏了多年停演的反映社会主义生活情操的广东音乐《春到田间》《鱼游春水》，广东省歌舞团演出了长期被打入冷宫的而为群众喜爱的舞蹈《荷花舞》《走马灯》《采茶扑蝶》等节目。广东人民出版社准备重版的长篇小说，有吴有恒的《山乡风云录》、陈残云的《香飘四季》，中篇小说有王杏元的《绿竹村风云》，欧阳山的《红花冈畔》《前途似锦》，《秦牧短篇小说集》等十多种文学作品。在"古为今用，洋为中用"方针指导下，可供人们借鉴的一些我国传统文艺作品、历史题材作品和外国著名文艺作品，也陆续重新展现在广东文坛。例如，最近广东省粤剧团上演了粤剧《逼上梁山》，广东音乐曲艺团演奏了广东音乐传统乐曲《双声恨》等。

目前，广东文坛开始呈现出一派万紫千红、百花争艳的繁荣景象。人民群众高兴了，对丰富多彩的文艺节目也爱看了。最近，广东省歌舞团演出舞剧《珠江赤潮》后，观众们欢天喜地，高兴地说："广东省歌舞团有新节目了！"不久前，广东音协举办的星期音乐会内容丰富多彩，有独唱、独奏、合奏；有热情歌颂毛主席、华主席的歌曲，有反映社会主义祖国新风貌的歌曲，也有中国传统乐曲和外国著名歌曲，受到听众的热烈欢迎。为了满足人民群众的需要，广州电视台转播了音乐会的实况。有些听众来信热情地写道：今天，百花有了生机，我们多么高兴啊！那优美的音乐旋律，激起我们对生活的热爱，鼓舞我们去为美好的未来战斗、大干！

中共广东省委和各级党委加强对文艺工作的领导，坚决执行毛主席的革命文艺路线，贯彻"百花齐放，百家争鸣"的方针，有力地推动了广东文艺界大步前进。首先是对文艺队伍认真落实政策。省委对广东文艺队伍作了总的估计，认为除个别人外，广东的文艺队伍是好的，是能够战斗的。因此，省委采取一系列措施，调动广大文艺工作者的积极性，组织他们为繁荣社会主义文艺而努力。去年9月下旬，省委还召开了有1000多人参加的全省文艺创作会议。会议深入揭批"四人帮"，放手发动群众，让大家畅所欲言，交流文艺创作经验，制定了全省3年创作规划，开展革命竞赛，表彰先进集体和个人，充分调动了大家的积极性，激励大家立大志，鼓干劲，坚决迅速地把全省文艺创作搞上去。在"文艺黑线专政"论这根大棒下，停止活动十一年的广东省文学艺术界联合会和所属的中国作家协会、戏剧家协会、美术家协会、音乐家协会、舞蹈工作者协会的各个广东分会，由于省委的重视和关怀，都于去年12月上旬正式恢复活动。

最近，省委还决定恢复广东画院，以促进美术创作的繁荣；恢复广东四大地方剧种粤、潮、琼、汉的剧院，剧院除有演出任务外，还有研究和技术指导的任务，帮助各剧种的改革和提高，促进地方戏的繁荣。为了落实对作品的政策，广东省还成立了"作品选编小组"，负责挑选"文化大革命"前出版的好的或较好的文艺作品交出版社再版，以满足广大读者的需要。

我国杂交水稻研究推广取得新成果

《人民日报》报道：全国各地种植杂交水稻3000多万亩，除个别地方因没有掌握杂交水稻栽培、管理技术，产量不理想外，绝大部分地区都获得高产，在相同生产条件下一般每亩都比常规水稻品种增产一两百斤。

大面积推广种植的结果证明，杂交水稻适应性广，哪里种了哪里增产。广东、广西、福建等省、自治区的南部地区，作早稻种植的几百万亩杂交水稻，亩产量不仅比常规品种高，而且不影响双季晚稻的插秧。在双季稻为主的长江流域各地，双季晚稻大面积推广杂交水稻，普遍丰收。各地涌现出一大批一季亩产上《纲要》、过千斤的大队和生产队，不少地区、县通过大面积推广杂交水稻，一年改变了粮食低产面貌。在南方丘陵山区、云贵高原和五岭高寒山区作中稻栽培的杂交水稻，增产效果也极为显著。淮北、鲁南、豫南、陕南等地区开始试种杂交水稻，都表现出了显著的增产效果。

近几年来，在推广籼稻型杂交水稻的同时，杂交水稻的选育和科研工作又有新的发展。第一批具有一定杂交优势的粳稻型组合，已在辽宁、新疆、云南等省、自治区培育成功，经示范推广，一般每亩可比常规品种增产一到两成。作为适于长江流域当作早稻种植的杂交水稻，正在积极培育，已经出现可望成功的苗头。在科研方面，化学杀雄是水稻杂种优势利用的另一途径，近年来，这项研究也取得了很大进展。有关杂交水稻的基础理论研究工作也已广泛展开。许多高等院校和科研单位在遗传学、细胞学、形态解剖学和生理、生物化学等方面做了大量工作，使人们对杂交水稻的认识有所提高，对新“三系”选育和高产栽培起了一定的指导作用。

为了进一步搞好杂交水稻的科研和推广工作，最近，中国农林科学院等单位在江西省南昌市召开了第六次全国杂交水稻科研协作会议。会上，交流了经验，讨论了今后的任务和应当采取的措施。与会的干部和科研人员，决心在华主席抓纲治国的战略决策指引下，更加积极地从事这项工作，为高速度发展我国社会主义大农业作出新贡献。

2月10日

石化部在华北石油会战前线推广钻井新工艺

《人民日报》报道：石化部为了实现钻井速度翻番的奋斗目标，大大加快我国石油工业的发展，在华北油田石油会战前线，连续举办了两期高压喷射快速钻井新工艺、新技术教导队。主要训练对象是领导干部(包括党委书记、钻井指挥、政治部主任)、技术骨干(工程师、技术员)和井队干部等。除华北油田外，全国其他一些油田也派人参加学习。教导队也是种子队，学员结业后，要在原单位党委的领导下，层层举办教导队、训练班，大力推广和迅速普及这种钻井新工艺、新技术。

高压喷射钻井，是钻井工艺的重大技术革新。这种钻井新工艺、新技术，国外60年代就蓬勃发展，70年代又进一步提高。生产实践证明，喷射式钻井与非喷射式钻井方法比较，其机械钻速可提高一倍至几倍。早在60年代，我国就取得了高压喷射钻井科学研究和技术攻关的丰硕成果。以后由于林彪、特别是“四人帮”的干扰破坏，这一科研和攻关成果没有得到推广。钻井是石油工业的火车头。石油勘探靠钻井，只有多打井，才能多找油；石油开发也靠钻井，只有多打井，才能多出油。随着石油工业的高速度发展，钻井速度跟不上的矛盾越来越突出。打倒“四人帮”以后，石化部党组把推广高压喷射钻井新工艺、新技术，作为大打钻井速度翻番仗，实现石油工业高速度发展的战略性技术措施来抓。抓钻井速度翻番，要继续狠抓揭批“四人帮”这个纲，继续搞好“三大讲”、路线对比，联系实际肃流毒，整顿队伍，整顿作风。同时，要抓住带方向性、关键性的高压喷射钻井新工艺、新技术的普及、推广，向新技术要速度。石化部党组要求各油田党委书记挂帅，做到领导带头学习，亲自试点，取得经验，然后全面推广。石化部特别推荐了华北油田推广高压喷射钻井新工艺、新技术的经验。

2月11日

农林部在合肥市和无锡市召开第五次全国城郊养鱼现场会议研究加速发展城市郊区养鱼事业的问题

《人民日报》报道，近几年来，全国许多城市大力发展市郊养鱼，取得了不少成绩。据135个大中城市统计，4年来，在城市郊区建成的高产稳产鱼塘面积，已相当于1973年以前全国高产稳产鱼塘面积总和的1/3，1977年城市郊区鱼产量占全国淡水鱼产量的1/9。许多城市鲜鱼供应状况有了改善。例如水面条件较差、过去没有养鱼习惯、鱼货供应几乎全靠外地调进的安徽省合肥市，1974年以来组织四次大会战，在市郊建成高产稳产鱼塘6600亩，1977年鲜鱼产量比1975年增加1.27倍，国家收购城市近郊的商品鱼由1973年的1万斤猛增到45万斤，在合肥市内开始了活鱼供应。具有悠久养鱼历史的江苏省无锡市，四年中建成的新鱼塘超过了原有面积，养殖产量增加52%，鱼货收购计划年年超额完成，平均每个城市人口一年可吃到鲜鱼9斤。湖北省武汉市从1971年开始，奋战6个冬春，在城市郊区建成集中连片鱼塘4万多亩，5年中鱼产量每年平均递增200多万斤，市内活鱼供应量大大增加。黑龙江省哈尔滨市自1974年起，在冰天雪地中炸冰挖塘，发展郊区养鱼事业，鱼产量3年翻了两番，改善了城市的鲜鱼供应状况。但是，在前进中各地城郊渔业也存在着问题，主要是发展不平衡，单产不高，商品率较低，经济效果不够显著。有的城市郊区养鱼条件并不差，但行动缓慢，大量水面仍在继续荒废，没有利用。

这次全国城郊养鱼现场会议对过去几年城市郊区养鱼事业的发展情况作了分析，总结交流了经验，肯定了成绩，找出了差距，确定了今后3年的奋斗目标。参加会议的各省、自治区、直辖市和近100个大中城市的领导干部和代表，决心按照华主席抓纲治国的战略决策，更加扎实地做好各项工作，力争在短时间内使城市郊区养鱼事业有一个大发展，以活跃市场，满足人民生活的需要。

2月12日

国务院总理华国锋电贺阿·普雷马达萨就任斯里兰卡共和国总理

《解放军报》发表评论员文章《夺取揭批“四人帮”斗争的全胜》

一年来,在我们国家,政治、经济、军事、文化各个领域,都发生了深刻的变化。举国上下安定团结,朝气蓬勃。我们军队,恢复和发扬古田会议精神,党对军队的领导大大加强了。学雷锋、学“硬骨头六连”的群众运动蓬勃发展,各级领导班子开展了学习空军航空兵某师党委的活动,革命竞赛热火朝天,比学赶帮蔚然成风。战备、训练、国防科研、施工等各方面的工作,都搞得热气腾腾。我国社会主义革命和社会主义建设进入了新的发展时期,我军建设也进入了一个新的发展时期。一年巨变,根本原因,就在我们紧紧抓住了打好揭批“四人帮”这一仗。

一年多来的实践证明,治军必须抓纲。我们只有紧紧抓住揭批“四人帮”这个纲,才能抓好“军队要整顿”、“要准备打仗”这个军队工作的纲,带动各项任务的完成,把我军革命化现代化建设提高到一个新的水平。

军队揭批“四人帮”的斗争,已经取得了很大成绩。是不是就差不多了呢?显然不是。我们要夺取这场政治大革命的全胜。现在,离全胜的要求还差得很远。什么叫全胜?就是不仅要取得组织上的战果,而且要批透“四人帮”反动的修正主义思想体系,取得思想上、政治上的战果。我们决不可有任何自满松劲的情绪,一定要继续努力作战,把揭批“四人帮”的斗争推向前进。

古语说:疾风知劲草。经过尖锐复杂的第九次特别是第十次、十一次路线斗争,我们更清楚地看到,马列主义、毛泽东思想在我们这支军队中是深深扎了根的。我们这支军队,正如毛主席说的,是一支好军队。但是,我们对林彪、“四人帮”在军队中的流毒和影响,切不能低估。我们要清醒地看到这一点,自觉地、不断深入地揭批“四人帮”,彻底清除他们的流毒和影响。军队是无产阶级专政的工具,不论在国际阶级斗争和国内阶级斗争中,军队都是主要的工具,在政治上、思想上、组织上非搞纯洁不可。军队干部不纯,祸害很大,决不可掉以轻心。一定要继续抓紧,把同“四人帮”篡党夺权阴谋活动有牵连的人和事彻底查清。这是一项十分重要而又有时间性的任务,既不能草草收兵,也不能拖拖拉拉。只有把清查工作搞好,搞到底,抓纲治军、准备打仗才有可靠的组织基础。

清查同“四人帮”篡党夺权阴谋活动有牵连的人和事,是不是就是打击呢?不是。清查是为了弄清问题。情况明,才能决心大。我们要最大限度地孤立和集中打击“四人帮”及其一小撮罪行严重而又不肯悔改的死党。同时,我们要教育和挽救那些犯错误的同志。一些犯了错误的人,也希望把问题弄清楚,自己可以放下包袱,领导和群众也可以放心。只有把问题弄得清清楚楚,才能按照党的政策,作出正确的结论和进行正确的处理。否则,你怎么区别对待?怎么知道哪些是应该打击的,哪些是应该教育挽救的?清查工作做好了,阶级阵线弄得非常分明,哪些是在斗争中立场坚定、旗帜鲜明、表现好的,哪些是有问题的,是“震派”、“风派”、“溜派”、错误严重而又态度很坏的,谁都看得明白,才能根据接班人的五项条件,选配好各级领导班子。否则,怎么能建立经得起现代战争考验和路线斗争考验的领导班子?也只有搞好了清查工作,使坏人受到打击,犯错误的人受到教育,好人扬眉吐气,广大群众的积极性才能充分调动起来。如果好坏不分,香臭不辨,捣乱破坏的人神气,埋头苦干的人受气,群众的积极性受压抑,心情不舒畅,怎么能把各项工作搞上去?

因为是人民内部矛盾就可以不揭不批吗?不行。人民内部矛盾,也有一个分清是非的问题。有这样一种人,在第十次路线斗争中犯了错误,没有受到应有的教育,不好好接受教训,滑过来了。结果,第十一次路线斗争又犯错误。这种人,滑过来,滑过去,一次再一次地犯错误,如果再不痛改前非,而是以为“反正是内部矛盾,不能把我怎么样”,拒绝批评,那是很危险的。对待犯错误的同志,我们党历来的方针是惩前毖后,治病救人。不惩前就不能毖后,不治病就无法救人。因此,对他们的错误,一定要揭发批判,还一定要帮助他们进行深刻的自我批评,把自己的错误向群众讲清楚。只要真正讲清楚了,就要给予解脱。如果对他们不进行严肃的批评教育,使之真正得到教训,而是马马虎虎,让他们滑了过去,什么时候风吹草动,他们又会变成“震派”人物。那样,不是真正爱护干部,而是害了干部。

有些单位,已基本完成清查的任务,就能松气了吗?不能。这些单位的清查工作,一般都还遗留一些问题,需要继续抓紧解决。即使清查工作结束了,也不是揭批“四人帮”的结束。深入地系统地揭批“四人帮”的修正主义路线和反动世界观,是长期的任务。历史经验证明,肃清一条错误路线的影响,比打倒少数修正主义路线头子更加艰巨。我们要从路线上、思想上、理论上清除“四人帮”的流毒,批透“四人帮”的修正主义思想体系。要不,稀里糊涂过去,他们散布的毒菌还会重新繁殖,继续毒害人们。多年来,林彪、“四人帮”的那套修正主义货色，是骗了不少人的。有些同志中毒较深，思想还比较混乱；有些同志，愿意也能够做好工作，“四人帮”的精神枷锁却还不同程度地束缚着他们的手脚，思想不大解放，心有余悸；还有些同志，同“四人帮”斗争很坚决，但是，在某些思想理论问题上也还分辨不清。这些都说明，对于肃清“四人帮”在各方面的流毒和影响，我们还要下大决心，花大气力。比如，军队工作以“军队要整顿”、“要准备打仗”为纲，是什么“不抓阶级斗争”、搞“复辟”吗？改善武器装备，是什么“唯武器论”吗？抓军事训练，提高军事艺术，是什么“资产阶级军事路线”吗？搞尖端武器，是什么“卫星上天，红旗落地”吗？等等。在这一系列重大问题上，只有把林彪、“四人帮”的谬论批倒批透，澄清是非，完整地、准确地理解和贯彻毛主席的军事思想、军事路线，全军才能来一个思想大解放，群众大发动，工作“大跃进”。

揭批“四人帮”的修正主义思想体系，一定要紧密联系本单位的实际，要有针对性、战斗性，扎扎实实，讲究实效，切实解决问题。一些先进单位的经验证明，在揭批“四人帮”的第三战役中，由军政一把手带头，放手发动群众，采用典型分析的方法，即抓住对本单位影响深、危害大的一些问题，展开分析讨论，分清路线是非，是把揭批“四人帮”斗争不断引向深入的一种有效方法。它有利于发动群众，人人上阵，个个开口；有利于理论联系实际，既务虚又务实，把揭批“四人帮”和解决本单位的问题结合起来。联系实际进行十个“应该不应该”的教育，在许多单位已经取得初步成效和很好的经验，应当继续深入下去。

“打铁先要本身硬”。为了夺取揭批“四人帮”斗争的全胜，领导干部要亲自挂帅，身体力行，作出样子。自己对这场斗争的性质和意义认识不足，不站在斗争的第一线，无论如何是领导不好运动的。各级党委要统一思想，对情况有个恰当的估计。要根据以华主席为首的党中央、中央军委的指示，认真总结一下一年多来揭批“四人帮”斗争取得的成绩和经验，宣传大好形势，鼓舞胜利信心，增强革命斗志。还要看到工作中的缺点，看到尚待完成的任务不是轻而易举的，认真解决存在的问题。搞得比较好的单位，应当根据“全胜”的要求，找出薄弱环节，继续努力，使运动不断深入，决不能麻痹松懈，半途而废。对少数搞得不好的单位，要切实抓起来，弄清原因在哪里，并采取有力措施，帮助迅速改变这种状况。

今年是抓纲治军大见成效的重要一年，各项工作都要大干快上。能因为任务重头绪多而放松抓揭批“四人帮”的斗争吗？不能。我们要紧紧抓住这个纲，统筹安排各项工作。思想上一定要十分明确，抓不抓揭批“四人帮”这个纲，这不是一般的问题，而是高举不高举毛主席伟大旗帜的问题，紧跟不紧跟华主席为首的党中央的问题，是能不能贯彻落实中央军委一系列指示的关键所在。华主席指出：“揭批‘四人帮’的伟大阶级斗争是当前推动我们事业前进的根本动力”。抓住揭批“四人帮”这个纲，就抓住了全局的中心，全局的主要矛盾，抓“军队要整顿”、“要准备打仗”这个军队工作的纲才有了大的前提，抓纲治军的其他各项任务才有方向，战备、训练、施工、生产等各项工作才能带动起来，才能出现新的面貌。

为了夺取揭批“四人帮”斗争的全胜，要坚决贯彻执行华主席、党中央为我们规定的政策。既要坚定，又要慎重，既要查清问题，又要有利于稳定大局。群众已经充分发动、揭批查比较深透的部门和单位，领导同志更要头脑清醒，特别注意党的政策。要严格按照党中央指出的清查重点进行工作。对有关的人和事的处理，要严格区分两类不同性质的矛盾，切实做到扩大教育面，缩小打击面，团结百分之九十五以上的干部和群众。

“我们的斗争需要马克思主义。”夺取揭批“四人帮”斗争的全胜，搞好反修防修，最根本的是要用马列主义、毛泽东思想武装头脑。要充分利用林彪、“四人帮”这伙反面教员，教育干部战士，发扬理论联系实际的优良学风，掀起学习马列著作和毛主席著作的新高潮。特别要刻苦学习毛主席关于无产阶级专政下继续革命的伟大理论和唯物论辩证法，努力做到完整地、准确地领会和掌握毛主席的思想体系。我们要来一个学习竞赛，看谁学得更多一些，更好一些。

国家地质总局在上海召开地质工作会议

会议讨论了地质工作今后三年、八年、十三年的奋斗目标，着重总结、交流了寻找富铁矿的经验，制定了创地质工作高速度的一些重要决策。

到会同志回顾了最近两年间在全国范围内开展富铁矿地质会战的情况。他们根据我国各地丰富的铁矿地质资料和有关地球物理、地球化学特征，经过广泛交流经验和认真研究，一致肯定我国富铁矿具有广阔的找矿前景。但是，由于“四人帮”的干扰和破坏，前几年我国铁矿地质工作进展不快，探明的富铁矿不多，远远跟不上国家发展的需要。许多同志谈到我国目前发展钢铁工业还要进口富铁矿时，就像“铁人”王进喜当年看到公共汽车顶上的大煤气包那样，心情非常不安，决心要以大庆人为榜样，革命加拼命，千方百计创出地质工作的高速度，多找富铁矿，为实现四个现代化多做贡献。

会议经过充分讨论，对地质业务技术方面的几个主要问题取得了一致意见：

一、要认真贯彻区域展开，重点突破，集中力量找到一批,评价一批,勘探一批的方针。区域地质调查要两条腿走路,不仅区域地质调查队做,矿产普查队也要做。一方面要对重点矿区进行深入的调查研究,同时又要对有成矿远景的地区开展区域地质矿产调查。把两者结合起来,才能相互补充,取长补短,不断提高找矿效果。

二、要继续加强基础地质理论的研究。我国卓越科学家李四光同志创立的地质力学,被广大地质工作者接受和运用后,只四年时间便发现了大庆油田,随后又相继找到了大港、胜利等几个油田,创造了世界石油发现史上少有的高速度。大家认为,在基础地质理论的研究方面,应力争在地壳运动,岩石、地层的形成和演变规律,成矿物质的来源及其运移富集过程和地球物理场的特性等方面,有较大的突破,把找矿、探矿的速度再提高一步。

三、要积极发展新技术,同时狠抓现有技术装备的革新和改造,努力改变现有技术装备落后的状况。要有计划有步骤地在地质工作各个领域中,采用和推广航空地质和遥感技术,高精度、高效率的地球物理、化学勘探技术,电子计算和资料数据自动处理技术,准确、快速的实验分析和鉴定技术,推广钻探先进机具和坑探机械化,全面提高地质工作的效率。

会议要求地质部门的各级领导干部认真抓好业务技术,要保证技术干部有5/6的时间从事技术业务工作。

参加这次会议的代表大多数是长年战斗在深山旷野、戈壁海洋上的地质技术人员。

会议期间,他们互相学习的空气非常浓厚。中国地质科学院叶连俊、涂光炽,南京大学徐克勤,武汉地质学院陈光远等老地质学家,围绕找富铁矿的问题,先后在会上作了16次学术报告,国家地质总局局长孙大光等领导同志带头参加听课。各级干部和技术人员钻研地质技术的劲头很足。代表们常常深夜还在互相访问,探讨各种找矿的方法和技术,对掌握好技术努力实现地质工作的高速度,表现了强烈的责任感。

2月13日

外交学会会长郝德青在北京会见美国民主党参议员亨利·杰克逊及其一行

2月14日

国务院副总理王震在北京会见奥地利新任驻中国大使葛德乐

外交部部长黄华在北京会见美国民主党参议员亨利·杰克逊及其一行

2月15日

《人民日报》发表评论员文章《调动农民积极性的关键在落实政策》

力争我国农业发展的高速度靠什么?靠学大寨,靠农业机械化,靠科学种田。归根到底,要像大寨那样,充分调动农民的社会主义积极性。没有亿万群众的积极性,一切都是空谈。

怎样充分调动农民的社会主义积极性?关键在于坚决落实党在农村的各项政策。毛主席为我国农业的高速度发展,制定了一条马克思列宁主义的路线,并且为贯彻执行这条路线制定了一系列农村经济政策。这些政策符合我国农业现阶段的发展水平和农民群众的觉悟程度,促进了农业生产的发展。

"政策和策略是党的生命"。这些年,林彪、特别是"四人帮",搞乱我们国家的农业,就是从这个命根子上下毒手的。他们诬蔑落实党在现阶段的农村经济政策是"复辟倒退",诬蔑加强人民公社经营管理是"资产阶级的管、卡、压",诬蔑执行各尽所能、按劳分配的社会主义原则是"物质刺激",诬蔑清理超支欠款是"黄世仁逼债",等等。更阴险的是,他们打着大寨红旗反大寨,贩卖假左真右的私货,什么"种田为革命嘛,不记工分也可以",什么"割自留地等资本主义尾巴",什么赶"社会主义大集",等等。这个祸国殃民帮把党在农村的各项政策破坏尽了,糟蹋够了。在这样严重的干扰破坏下,许多地方,干部和群众的思想被搞乱了。到底什么是毛主席的政策?什么是修正主义,什么是社会主义?分不清是非了。结果是农村经济政策没人敢提,没人敢抓,人民公社经营管理混乱,无政府主义泛滥,贪污盗窃、投机倒把等资本主义活动猖獗,农民的利益受到侵犯和损害。有的地方生产连续下降。这样,哪能谈得上发挥农民的积极性呢?

现在,粉碎了"四人帮",扫除了执行毛主席革命路线的最大障碍,落实党在农村各项经济政策具备了必要的政治条件。各级党委必须认真检查一下农村各项方针、政策的执行情况,比如"以粮为纲,全面发展"和勤俭办社、民主办社等各项方针,生产管理、劳动管理、财务管理和分配方面的政策,以及自留地、奖励等等政策,要把它们一项一项地落实下来。

当前,需要特别引起注意的一件大事是落实按劳分配政策。这项政策关系7亿农民的切身利益,是能否把农民的积极性充分调动起来的关键。

落实按劳分配政策,必须坚持政治挂帅,切切实实做许多艰苦细致的工作。首先,要加强劳动管理。这是落实按劳分配政策的前提。现在,不少地方的生产队劳动管理混乱:一是“三多一少”(外出劳力多,非生产人员多,非生产用工多,农业第一线劳力少)的现象相当普遍,这不仅严重影响了生产的发展,而且减少了第一线劳力的分配所得;二是有些生产队的生产责任制不健全,劳动没有定额,质量没有要求,消耗没有标准,开支没有制度,这就很难体现按劳分配原则,也很难保证分配兑现。怎样解决?也是两条:首先,保证农业生产第一线有足够的劳动力,努力增加生产,增加收入。其次,认真加强经营管理,建立和健全生产责任制,实行定额管理,合理评工记分,搞好劳动计酬,真正做到多劳多得、少劳少得、不劳不得,纠正那种“出工一条龙,干活一窝蜂,分配一拉平”的现象。现在要着重反对分配上的平均主义,同时要防止扩大差别。无论是搞定额管理,或者是评工记分,都要简便易行,不要搞繁琐哲学。

随意加重生产队的负担,也是一个要解决的重要问题;否则,“三级所有,队为基础”就会成为一句空话,按劳分配政策也就无法落实。有些国家机关、企业事业单位和公社,私招乱调农村劳动力,还要生产队补钱贴粮;有些地方无偿调用生产队的劳力、资金、物资去盖楼、堂、馆、所。这些削弱生产队的违法乱纪行为,必须坚决制止。

落实按劳分配政策,要兼顾国家、集体和个人三者的利益,确保社员在生产发展的基础上,生活能够逐步改善。现在有的社、队集体留粮过多,上挤国家,下挤社员;有的社、队集体积累过多,社员劳动一年,所得无几,甚至有的社员年终不能分到现金,影响了社员的积极性。社队要建立、健全财务制度,杜绝贪污盗窃和铺张浪费,坚决压缩非生产性开支,尽量减轻社员负担,保证绝大多数社员收入每年有所增加。

落实党的农村经济政策,除了按劳分配政策,还有其他政策,都是重要的经济工作,也是重要的政治工作,是一场尖锐复杂的斗争。我们一定要在农村揭批“四人帮”的第三战役中,密切联系实际,大张旗鼓地开展“一批两打”,深入揭批“四人帮”的极右路线,狠狠打击阶级敌人的破坏活动,打击资本主义势力,把“四人帮”搞乱了的路线是非搞清楚,把政策界限分清楚,让社会主义正气升起来。要像大寨那样,以党的基本路线统帅经营管理,把政治工作结合经济工作去做,把共产主义思想教育和政策的落实工作结合起来。有些同志至今不敢理直气壮地抓政策,甚至把它跟学大寨对立起来,这是“四人帮”的形而上学紧箍咒还在作怪,必须毫不迟疑地砸碎这个精神枷锁,来一个思想大解放。

党委要把贯彻执行党的农村政策,把整顿和加强农村人民公社的经营管理,列入重要议事日程。人民公社的集体经济,几亿农民的切身利益,如果党不去抓,如果不按政策办事,如果无规可守,无章可循,能争得社会主义农业发展的高速度吗!?现在,有些省委第一书记亲自抓农村经济政策和人民公社的经营管理,农村工作的面貌迅速改观,广大干部、群众热烈拥护,这种精神和作风,是值得大大提倡的。只要我们切实加强党的领导,做好政治思想工作,认真落实党的农村经济政策,就能进一步调动7亿农民中蕴藏着的极大的社会主义积极性,迅速实现华主席为首的党中央关于加快农业发展速度的战斗号召。

《人民日报》发表署名江山的文章《中国人民的忠实朋友埃德加·斯诺》

2月16日

国务院副总理邓小平在北京会见美国民主党参议员亨利·杰克逊

双方就当前国际形势和共同关心的其他问题坦率、友好地交换了看法。杰克逊先生的随行人员参加了会见。会见时在座的有中国人民外交学会会长郝德青,外交部副部长王海容、美大司司长林平,外交学会副秘书长康岱沙。

中日长期贸易协议签字仪式在人民大会堂举行

协议是根据中日两国政府联合声明和贸易协定的精神,在平等互利、互通有无、进出口平衡的基础上签订的。协议有效期间为8年,自1978年起至1985年止。在有效期间内,双方各自的出口总金额为100亿美元左右。根据协议,中国向日本出口原油和煤炭,日本向中国出口技术、成套设备和建设器材。

中国中日长期贸易协议委员会主任刘希文和日本日中长期贸易协议委员会委员长稻山嘉宽在协议上签字。

出席签字仪式的有:

日本日中长期贸易协议委员会最高顾问土光敏夫和委员会访华团成员,日本驻中国大使佐藤正二和大使馆外交官员,正在北京访问的日本国际贸易促进协会十团体访华团成员,以及在京的日本经济贸易界朋友;

我国外贸部部长李强,中日友协会长廖承志,冶金工业部副部长刘学新,中国国际贸易促进委员会主任王耀庭,外交部亚洲司副司长王晓云,委员会中方委员等。

国务院副总理李先念在北京会见日本日中长期贸易协议委员会访华团

李先念说："中日双方搞个长期贸易协议好，中日两国贸易有广阔的前景。"稻山嘉宽先生高兴地对李先念副总理说："今天上午我们双方签订了长期贸易协议，这对进一步打开日中贸易渠道具有十分重要的意义。"

李先念副总理对协议的签订表示热烈祝贺，并向日本朋友介绍了在粉碎"四人帮"之后我国经济发展的大好形势。他说："在二十世纪末，我们要实现毛主席生前制定的，周总理向全世界宣布的四个现代化。我们靠自力更生，但也不排除在平等互利、互通有无的基础上同友好国家扩大贸易、加强经济合作。"82岁高龄的土光敏夫先生表示要进一步为扩大日中经济贸易关系作出更大的努力。

日本驻中国大使佐藤正二，日本贸易团体驻京联络员，参加了会见。

会见时在座的有中国中日长期贸易协议委员会主任刘希文，冶金工业部副部长刘学新，以及外贸部、外交部、国家计委、石化部、煤炭工业部的有关司局和中国国际贸易促进委员会、有关进出口公司、中国银行的负责人。

《人民日报》发表新华社记者张广友 刘宗棠的报道《生产队有了自主权农业必增产——安徽定远县改变农业生产落后状况的调查》

一向被人认为自然条件较差、生产落后的安徽省定远县，在揭批"四人帮"的伟大斗争中，大力清除"四人帮"及其在安徽的代理人推行的那种独断专行、大搞瞎指挥的恶劣作风，认真落实党在农村的各项政策，尊重生产队的生产自主权，进一步调动了广大基层干部和社员群众的社会主义积极性。1977年这个县战胜严重的自然灾害，夺得了全面丰收，粮食总产量达5.55亿斤，比历史最高年产量增长一成；林、牧、副、渔各业生产也都有较大的增长。

（一）

定远县地处江淮丘陵地区。这里地多，人少，十年九旱、严重缺水。全县共有61万农业人口，160多万亩耕地，多年来粮食生产以旱粮为主。1970年，"四人帮"在安徽的代理人来到这个县的严桥公社红岗大队搞"点"。他们采取"开小灶"、"吃偏饭"、弄虚作假等恶劣手段，把这个有8000多亩耕地的大队变成了"万亩稻"的"典型"。他们并以此压人，强迫各社、队盲目扩大水稻种植面积。本来，按照实际条件，全县只能种植水稻80来万亩，他们却硬要扩大到150万亩，并说这是"铁板上钉钉，外加三锤，一亩也不能少。"在技术措施上，全县大搞"一刀切"，从水稻品种的选择、密植的规格，以至栽插时间等，都作了硬性规定，不许有任何更动。有的生产队把实在没有水利条件的地偷偷种上了黄豆、花生等旱作物，他们发现后都被强迫犁掉。从1974年以来，全县每年都有20多万亩水稻由于肥、水和劳力条件跟不上而基本无收。几年来盲目扩种水稻的结果是：水稻总产增加有限，而玉米、甘薯、高粱等旱粮作物，以及豆类、花生、烟叶、棉花等经济作物，产量大幅度下降，生产成本增加，社员收入减少。

"四人帮"在安徽的代理人，从1974年起，年年都搞什么全县粮食总产翻一番达到8.5亿斤的计划，但是，实际产量一直是在四亿六七万斤左右徘徊。几年的事实，本来已经充分证实了他们搞的那套主观唯心主义的东西是行不通的，但是他们并不罢休，直到去年春天仍然提出同样的计划，强迫干部、群众执行。这一年，定远县遇上了历史上少有的干旱，到六月底，播种季节将过，全县还有70多万亩空田在等雨栽插水稻。全年生产面临着一个严重大减产的威胁。

（二）

正当全县生产处于困难的时刻，在华主席、党中央的英明领导下，安徽省阶级斗争的盖子揭开了。"四人帮"在安徽的代理人强行推广所谓"红岗经验"的霸王行径，也从此"别姬"了。安徽省委和滁县地委给定远派来了一、二把手，加强县委的领导。这两位同志在长期农村工作中体会到，在领导生产上，什么时候依靠群众，从实际出发，注意尊重生产队的自主权，生产就能够加快发展；什么时候脱离群众，脱离实际，不尊重生产队的自主权，生产就停滞不前，甚至倒退。他们同县委其他领导成员一起，认真分析了全县的革命和生产形势，认为当务之急是在揭批"四人帮"及其代理人的斗争中，密切联系实际，认真落实党在农村的各项经济政策，特别是尊重生产队自主权这项遭到严重破坏的政策，以调动广大干部和群众的社会主义生产积极性，打好夏种这一仗，为秋季增产打下基础。于是，县委集中力量发动群众揭批"四人帮"及其在安徽的代理人破坏农业生产的罪行；同时向广大干部和社员明确宣布：在国家计划指导下，生产队有权因地制宜地进行种植，决定增产措施，号召大家紧急动员起来，抗旱抢种，有水栽水稻，无水种旱粮，种什么，什么时间种，都由生产队自行决定，力争不误农时地将所有空田全部种好。县委的几位领导成员带领机关干部，又深入社队进行调查研究，听取基层干部和社员群众的意见，及时发现问题，解决问题。随后，又召集有关部门开会，对过去随意抽调生产队的劳力、财物的情况进行清理，宣布凡是不符合现阶段党在农村经济政策的一切加重生产队负担的“土政策”,一律无效,非法平调生产队的劳力和物资,必须退还。

深受“四人帮”之害的广大干部和社员群众,对县委采取的这些措施由衷地拥护和欢迎。他们说:“我们不怕大干,就怕白干,过去几个人说了算,害得我们白流汗;现在大家说了算,我们越干越想干”,“看到了奔头,就有了劲头”。砸烂了“四人帮”及其在安徽的代理人强加在人们身上的那套精神枷锁,定远县广大基层干部和社员长期被压抑的积极性,像火山一样迸发出来了。在争分夺秒的抗旱斗争中,全县男女老少齐出动,大家出主意想办法,大干了20多天,因地制宜地把70多万亩空田全部种完。

实践证明,尊重生产队的自主权,有利于调动起生产队干部和广大社员群众的主动精神,在同自然灾害和各种困难的斗争中,在加速发展生产中,能够发挥群众的积极性。耿巷公社是全县自然条件最差的一个干旱地区,过去几年来,生产队因地制宜种植的权利被剥夺了,不能种水稻的地硬要种稻,社员生产积极性受到严重挫伤,结果是小旱小减产,大旱大减产,甚至不旱也减产,年年靠吃返销粮过日子。去年,这个公社的旱情比前几年都严重,但是生产队自主权受到尊重之后,情况就不同了。各生产队集思广益,因地制宜,对于少数能种水稻的田,千方百计地种上水稻,不能栽种水稻的旱田,就当机立断改种旱粮。他们把种类繁多的旱粮和经济作物都做了妥善安排,提出“甘薯上山岗,夏烟围村庄,玉米种在塝田里,高粱撒在塘底上(已干涸)”,使各种作物各得其所。结果队队大增产,全公社粮食总产量比上年增产七成多,超额完成了征购任务。耿巷公社是定远县的典型,也是定远县的缩影。由于定远县委在揭批“四人帮”的斗争中,注意解决尊重生产队自主权的问题,调动了广大群众的积极性,发挥了不可估量的威力,这是定远县在严重困难条件下变被动为主动的一个关键。

(三)

定远县委解决尊重生产队自主权的问题,受到了全县广大基层干部和社员群众的热烈拥护,但也遇到了思想阻力。少数干部,特别是某些县区领导干部,曾经担心生产队有了自主权之后会出“乱子”,顾虑重重。实践向他们作出了有力的回答,使他们受到了深刻教育。

他们过去担心比较多的一条是:生产队有了自主权,会不会产生自由种植,影响国家计划的完成?事实表明:尊重生产队自主权,不但没有产生自由种植,而且粮食大增产了,各项经济作物也都超额完成了国家计划。烟叶总产量比1976年增加30%,创造了历史最高水平;棉花增加10.6%,油料增加16%,其他一些小宗经济作物产量也比上年增加。

为什么有人担心生产队有了自主权,就会不顾国家计划,搞自由种植呢?定远县的一些同志认为,问题在于他们看不到经过党的多年教育,广大农村干部和社员爱国家、爱集体,坚决走社会主义道路这个本质的、主流的一面,而只是看到他们是所谓“小生产者”,“会自发地产生资本主义”的一面。其实质是对广大农村基层干部和社员群众不相信,看不到国家利益与群众利益的一致性。实际情况是,尊重生产队自主权和完成国家计划并不矛盾,而且只有很好地尊重生产队的自主权,才能使计划更加符合实际,才能保证完成或超额完成。

有人担心生产队有了自主权,会不会不服从领导了?定远县委从实践中体会到:尊重生产队的自主权,同加强党的领导是一致的。只要这种领导是建立在依靠群众,坚持党的原则,实事求是,认真进行调查研究的基础上,群众没有不积极拥护的。去年抗旱抢种时,广大群众一呼百应,踊跃出战,就是最好的证明。他们认为,加强领导主要是从思想路线、方针政策等方面去加强;那种强迫命令,剥夺生产队的自主权的做法,不是加强而是破坏党的领导,其结果必然是挫伤广大群众的积极性,破坏生产,应当受到抵制和反对。

有人也曾担心,尊重生产队的自主权,会不会影响农田水利建设的互助协作?实际情况表明,事情恰恰相反。由于尊重了生产队的自主权,注意听取生产队和社员群众的意见,认真贯彻执行等价交换、合理负担的政策,广大干部和社员积极性更高了,促进了农田水利建设的发展。去冬以来,全县各社队相互协作,群众兴修水利的劲头比前几年都大,工程进度快,质量高,收效大。过去减了多少年未能贯彻执行的小型为主、社队办为主、当年受益为主的“三主”方针,现在办到了。全县新建、续建和配套的45座中小型水库,当年都可受益,新增加的蓄水量比往年多2000多万方。

《人民日报》发表评论员文章《尊重生产队的自主权》

林彪、“四人帮”恣意破坏党在农村中的各项政策,践踏生产队的自主权,大搞强迫命令、瞎指挥,给农业生产和社员生活带来极大危害。定远县是深受其害的一例。“四人帮”在安徽的代理人不顾定远的实际情况,破坏生产队的自主权,强行扩种水稻,闹得这个县每年有20多万亩水稻基本无收,粮食生产多年踏步不前,棉、油、烟等经济作物大幅度减产,社员收入下降,生活遭受困难。一年多来,定远县委在深入揭批

“四人帮”的斗争中，敢破敢立，认真落实党在农村的各项政策，切实尊重生产队的自主权，放手发动群众，因地制宜地进行种植，迅速扭转了被动局面，克服了“人祸”和天灾，获得粮、棉、油全面丰收，一举打破了农业生产多年踏步不前的局面。定远的斗争实践，有力地说明了尊重生产队的自主权，对于加快农业生产发展有多么巨大的作用和意义。

华主席最近指出：现阶段农村人民公社“三级所有、队为基础”的制度，就全国多数地区来说，和农村生产力的发展还是基本适应的。生产队是人民公社的基本核算单位。在国家计划指导下，生产队有权因地制宜、因时制宜地进行种植，决定增产措施。在保证完成国家规定的农副产品交售任务后，生产队有权将经营所得的现金和产品，在全队范围内进行分配和处理。切实尊重生产队的自主权，就能激发广大社员群众关心集体生产，激发广大生产队干部用更大的劲头办好集体事业，巩固和发展人民公社集体经济，促进生产力的大发展。忽视甚至损害生产队的自主权，就会挫伤生产队干部和社员群众的积极性，不利于生产的发展。

尊重生产队的自主权，实质上是个尊重实际、尊重群众的问题。种庄稼，搞农业，要讲究因地制宜，因时制宜。不同类型的地区，不同的社、队，这面坡或那面坡，这块地或那块地，适宜种什么，怎么种，什么时候种，对待这些问题，要从实际出发，要搞唯物论，不能搞唯心论。谁最了解实际情况呢？当然是天天和当地的土地、庄稼打交道的生产队干部和社员群众，他们最有发言权，他们的意见应该受到尊重。尊重生产队的自主权，说到底，是一个对待群众的态度问题，是把群众当作真正的英雄，还是当作阿斗的一个事关路线的原则问题。

为什么一提到尊重生产队的自主权，就有那么一些同志顾虑多端，忧心忡忡，又是担心自己的指挥不灵了，又是担心影响农田基本建设中搞协作，又是怕生产队搞自由种植呢？主要原因是这些同志的头脑里有个不相信群众的东西在作祟。他们分不清事物的主流和支流，不能从本质上看到广大社员群众中蕴藏着的极大的社会主义积极性，不认识经过党的多年教育，广大基层干部和社员更加爱国家、爱集体，坚决走社会主义道路。只有从理论与实践的结合上，真正解决了相信群众的问题，才能从根本上提高尊重群众、尊重生产队自主权的自觉性。

“四人帮”被打倒了，但“四人帮”这具僵尸散发的臭气，仍在一些地方毒化我们的环境，腐蚀我们的思想和机体。流毒所及，我们队伍中的一些同志，包括有的领导同志，出主意，订计划，指导生产时，很少做调查研究，很少同群众商量，习惯于下“一刀切”的命令，使得生产队不能按照当地实际情况，因地制宜地组织生产。还有某些同志，眼里无群众，心中没政策，随意向生产队搞各种摊派，转嫁负担；随意调拨生产队（或大队）的积累，大手大脚，挥霍浪费；或无偿调用生产队的人、粮、钱、物，甚至滥用民力、财力去搞什么楼、堂、馆、所，请客送礼。这些侵犯生产队权利的不正之风，群众是很不满意的，如果不坚决地改正，群众终究要起来反对的。

强调尊重生产队的自主权，决不是不要国家计划，而是要使计划更加符合实际，决不是放松或削弱党的领导，而是要真正加强党的领导。毛主席在《论十大关系》这篇光辉著作中，论证国家、生产单位和生产者个人的关系时指出：“统一性和独立性是对立的统一”，“各个生产单位都要有一个与统一性相联系的独立性，才会发展得更加活泼。”我们要把加强党组织对生产队的领导与尊重生产队的自主权辩证地统一起来。对生产队不能搞主观主义的瞎指挥，但要积极地进行符合实际情况的正确的指挥；要尊重生产队因地制宜地种植的权利，又要教育社员群众为革命种田、自觉地服从国家计划；既不能搞无偿“平调”，又要教育生产队干部和社员积极进行社会主义协作，大搞农田基本建设，尽快改变生产条件；决不能靠“平调”来发展公社、大队企业，又要根据经济条件和生产发展的需要，适当地从生产队的积累中提取一部分，有计划有步骤地兴办一些生产队无力举办的大队、公社企业，壮大公社、大队经济。

尊重生产队的自主权，是党在农村的一项重要政策，搞得好，就能激励广大基层干部和社员群众大干社会主义的主动精神。广大群众的主动精神活泼起来了，生产队队为基础的作用发挥出来了，事情就好办了，以粮为纲、全面发展就能得到认真的落实，农田基本建设就会更富有实效。这样广大群众会更热情地学习和推广新技术、实行科学种田，会更积极地去学习和掌握农机管理，充分发挥农机的效率，从而大大加快农业生产的步伐。这是毫无疑义的。

徐州电厂第一台机组——国产双水内冷125000千瓦汽轮发电机组建成发电投产

徐州电厂是一座现代化大型坑口火力发电厂，国家重点工程，津浦路从厂前经过，燃料资源丰富，地下水源充足。它对于江苏徐州、山东枣滕地区工农业生产的发展具有重要的经济价值。

外交部部长黄华在北京会见阿根廷新任驻中国大使费德里科·德尔索拉尔·多雷戈

我国第一张《可能最大暴雨等值线图》基本定稿

这是在西安召开的全国可能最大暴雨等值线图拼图工作会议上提出的一个重要技术成果。图上显示了我国各地可能发生的最大暴雨数值。这张图已由水利电力部和中央气象局审定供各地试用。

我国发生的洪水,多是由于暴雨造成的。对可能发生的特大暴雨洪水估计不足,就会使水库和其他工程的安全受到严重威胁。为了确保工程安全,多快好省地进行生产建设,必须对暴雨洪水进行慎重研究和采取必要的预防措施。因此,对特大暴雨洪水的分析估算,就成为一项十分重要的技术问题。

目前基本定稿的我国第一张《可能最大暴雨等值线图》,有一定的技术水平,估算方法吸取了国外的经验,又具有我国自己的特点。水文、气象工作者重视对暴雨洪水的调查研究,特别是历史资料的调查,他们把暴雨估算中水文气象估算法和数理统计法结合起来,综合分析,进行区域平衡,减少了由于单独使用某种方法而容易发生的误差。

2月17日

中共中央致电挪威工人共产党(马列)中央委员会祝贺挪威工人共产党(马列)成立五周年

国务院总理华国锋致电谢赫萨阿德·阿卜杜拉·萨利姆祝贺他被提名为科威特国王储并被任命为首相

湖北省武汉石油化工厂建成投产

《人民日报》报道:投产后一次试车成功,从原油里提取了合格的汽油、煤油、柴油、燃料油及液化石油气等产品,从此结束了湖北省和武汉地区用油用气长期依靠外地供应的状况。

武汉石油化工厂由常减压和大型分子筛提升管催化裂化两套装置组成。这两套装置都是我国自行设计、自己制造的。

这个厂的建成投产,对于发展湖北省的国民经济,保证钢铁、电力、化肥的生产以及解决武汉地区部分民用燃料都有重要作用。

国务院副总理谷牧在北京会见日本国际贸易促进协会十团体访华代表团

中日友协会长廖承志在北京会见以日中友协(正统)中央本部事务局长栖崎富男为团长的日中友协(正统)活动家访华团全体成员

中国援建的坎比亚公路大桥通车仪式在塞拉利昂北方省的坎比亚城举行

参加通车仪式的有塞拉利昂总统西亚卡·史蒂文斯、副总统兼国家企业部长科罗马、总理兼住房和乡村规划部长卡马拉—泰勒、议会议长贝茨和一些内阁部长以及群众组织的代表和参加大桥建设的中塞两国工程技术人员。

中国驻塞拉利昂大使馆临时代办宋兆宜、中国技术小组组长张志贤和各国使节也出席通车仪式。

位于塞拉利昂和几内亚边界附近的大斯卡西斯河上的坎比亚公路大桥全长360米,宽9米。于1976年3月1日动工兴建,今年1月底竣工。

在此之前,在弗里敦举行了坎比亚公路大桥的移交仪式。中国驻塞拉利昂大使馆经济参赞胡维新和塞拉利昂工程部长卡格博分别代表两国政府在移交证书上签字。

国务院转发教育部《关于恢复和办好全国重点高等学校的报告》

《报告》提出,对全国重点高等学校要实行统一领导,分级管理。当时第一批全国重点高等学校有88所,其中恢复的为60所,新增加的为28所。

《人民日报》为转载徐迟的报告文学《哥德巴赫猜想》配发编者按

编者按:我们怀着激动的心情,向读者推荐徐迟同志的报告文学《哥德巴赫猜想》。这篇作品原载于1978年第一期《人民文学》。它以生动的文笔,如实地反映了我国著名数学家陈景润不畏艰苦、勇攀高峰的动人事迹,受到广大读者的欢迎。这一期《人民文学》很快销售一空。这是一种十分可喜的现象。它反映了粉碎"四人帮"之后,全国人民非常关心祖国科学研究事业的进步,反映了以华主席为首的党中央关于向四个现代化进军的伟大号召已经深入人心,也说明在社会主义新中国,凡是有发明创造的科技工作者和工农兵群众,都会受到国家和人民的尊重,受到整个社会的尊重。

陈景润是新中国培养出来的科学工作者。他所以能在数论方面作出重大贡献,首先是因为他有为社会主义祖国科研事业勇于献身的精神。这是十分难能可贵的。有了这种献身精神,才能百折不挠,一往直前。陈景润的成长,离不开党组织的关怀和支持,也离不开老一代科学家的培养和帮助。"千里马常有,而伯乐不常有。"发现人才,选拔人才,是不十分容易的。但是,我们有毛主席革命路线的指引,有优越的社会主义制度,有勤劳、智慧的八亿人民,会有更多的"伯乐"来发现、选拔、培养和支持更多的“千里马”。

徐迟同志从文学界走进科学技术领域，继反映李四光同志的光辉事迹的《地质之光》(载于1977年第十期《人民文学》)之后，他又为读者介绍了一位杰出的中年科学家。科学技术领域是层峦叠嶂的壮丽高原，是繁星灿烂的无垠长空，期待着更多的作者去探宝，去报道，去写出更多的好作品。

因原文较长，本报编辑部在转载时，特请徐迟同志做了一些删节。

我国自行设计建造的第一座干船坞在山海关建成并投产

新华社报道：我国自行设计建造的第一座5万吨级干船坞，已在山海关船厂基本建成并简易投产。这是我国当时最大的一座现代化修船坞。

2月18日

全国政协四届常委会八次会议在北京举行

中国人民政治协商会议第四届全国委员会常务委员会第八次会议于2月16日至18日在北京举行。会议决定，中国人民政治协商会议第五届全国委员会第一次会议于2月24日在北京召开。

中共中央政治局委员、政协全国委员会副主席韦国清，中共中央政治局委员、中共中央统战部部长乌兰夫，政协全国委员会副主席宋任穷、许德珩、沈雁冰、帕巴拉·格列朗杰，全国人大常委会副委员长阿沛·阿旺晋美、胡厥文，出席了会议。

在充分协商的基础上，这次政协常委会会议确定了政协第五届全国委员会第一次会议的主要议程：

一、中国人民政治协商会议第四届全国委员会常务委员会工作报告；

二、修改《中国人民政治协商会议章程》；

三、选举中国人民政治协商会议第五届全国委员会主席、副主席、秘书长、常务委员；

四、列席第五届全国人民代表大会第一次会议。

这次会议讨论并协商决定了政协第五届全国委员会委员的名额和名单。这一届政协的委员名额共1989名，比上一届增加了66%。这个名单包括了各条战线上各个时期的代表性人物。

乌兰夫同志在会上就政协第五届全国委员会委员名单作了说明。他指出，即将召开的政协第五届全国委员会第一次会议，以及从去年10月以来全国29个省、自治区、直辖市相继召开新的一届政协会议，标志着我国各族人民在华主席为首的党中央领导下，排除了“四人帮”反党集团的干扰和破坏以后，以工人阶级领导的工农联盟为基础的包括爱国民主党派、爱国人士和台湾同胞、港澳同胞、国外侨胞的革命统一战线得到了进一步的巩固和发展。这也是抓纲治国战略决策的重要体现。

会议还认真地讨论了《中国人民政治协商会议第四届全国委员会常务委员会工作报告》(草案)，《中国人民政治协商会议章程》(修改草案)，关于修改《中国人民政治协商会议章程》的说明(草案)，政协第五届全国委员会第一次会议主席团和秘书长名单(草案)。委员们畅所欲言，各抒己见，对这些文件提出了许多修改补充意见，最后一致通过了这些文件。

政协全国委员会常务委员陈此生、闻家驷、荣毅仁、王芸生、周培源、章蕴在大会上发言。他们指出，在以华主席为首的党中央领导下，经过一年多来揭批“四人帮”的斗争，被“四人帮”长期搞乱了的我国革命统一战线工作中的路线是非基本上得到了澄清。伟大领袖和导师毛主席一贯提倡的、敬爱的周总理忠实执行的在统一战线内部实行的民主作风和协商精神，又重新得到了恢复和发扬。他们指出，五届全国政协第一次会议的召开，必将进一步活跃政协的工作，推动革命统一战线的巩固和发展，加强全国各族人民的大团结，进一步调动一切积极因素，为巩固我国的无产阶级专政，为解放我国的神圣领土台湾，为在本世纪内把我国建设成为社会主义现代化强国而团结战斗。

政协全国委员会常务委员出席了会议。各爱国民主党派、人民团体的负责人，无党派爱国人士，以及有关部门的负责人列席了会议。

《人民日报》发表评论员文章《落实干部政策的一个重要问题》

当前，在贯彻党的十一大路线，落实干部政策时，遇到一个很重要而又需要很快解决的问题，这就是干部因犯错误受审查，有严重政治历史问题，或定为敌我矛盾而牵连其子女和亲属的甚多。我们应当怎样认识和对待这个问题？关于这个问题，伟大领袖和导师毛主席早在延安时期就曾有很多指示，关怀青年一代在生产斗争、阶级斗争和科学实验三大革命运动中锻炼成长。我们党历来主张“有成分论，不唯成分论，重在政治表现”。“文化大革命”开始后，毛主席又曾对此作过多次批示。1975年，在一个文件中，进一步明确指出：父母的“严重历史问题及政治问题对其子女不应牵涉”。把父母的问题和他们的子女加以区别，把阶级出身和本人表现加以区别，这是我们党一贯的阶级政策，是有利于无产阶级和社会主义事业的马克思主义政策，是实现安定团结，调动一切积极因素，团结一切可能团结的人，化消极因素为积极因素的重要决策。

这个政策，在“文化大革命”前受到严重干扰，“文化大革命”开始后又被林彪、“四人帮”破坏得很厉害。“文化大革命”刚开始，他们就提出“怀疑一切”，“否定一切”，“打倒一切”的反动口号，对广大革命干部，特别是老一辈无产阶级革命家，实行残酷斗争，无情打击。他们利用审干工作，搞逼、供、信，甚至以莫须有的罪名，把许多革命干部打成叛徒、特务、死不改悔的走资派。他们用反动的血统论篡改马克思主义的阶级论，采取封建统治者株连的办法，妄图把广大革命干部连同他们的家属、子女一起打倒，只要父母一被批判，不管问题是否真实和问题的轻重大小，就把他们的子女诬蔑为“叛徒子女”、“特务子女”、“黑帮子女”等等，极力破坏和瓦解党所领导的革命队伍。在他们一伙的煽动下，社会上出现了一股“老子英雄儿好汉，老子反动儿混蛋”的妖风，搅乱了阶级阵线，搞乱了人们的思想，严重地干扰和破坏了党在子女问题上的无产阶级政策的贯彻执行。

针对林彪、“四人帮”的破坏，在一九六八年，毛主席明确指出：“即使是反革命分子的子女和死不改悔的走资派的子女，也不要称他们为‘黑帮子女’，而要说他们是属于多数或大多数可以教育好的那些人中间的一部分(简称‘可以教育好的子女’)，以示他们与其家庭有所区别。实践结果，会有少数人坚持顽固态度，但多数是肯定可以争取的。”毛主席的重要指示体现了我们党在这个问题上的一贯政策，有力地打击了林彪、“四人帮”一伙鼓吹的“血统论”，把子女同其家庭作了明确的区别，规定了严格的政策界线，肯定这些子女“是属于多数或大多数可以教育好的那些人中间的一部分”，并且为了防止和制止林彪、“四人帮”乱扣帽子、乱打棍子，伤害这一部分青年，毛主席深有用意地指出，不准称他们为“黑帮子女”。毛主席的指示，表达了党和人民对这一代青少年的关心和爱护，得到了全党和全国人民的衷心拥护。

林彪、“四人帮”是一伙反革命两面派，惯于接过革命口号，不断变换向无产阶级进攻的手法。当毛主席批判了关于“黑帮子女”的提法以后，林彪、“四人帮”又接过关于“可以教育好的子女”的提法，肆意加以歪曲，把它变成同“黑帮子女”一样的贬词，如果一个青年被划为“可以教育好的子女”，不仅处处受歧视，而且上学、入团、入党、服兵役等都成了问题，甚至连劳动就业的权利也被剥夺了。他们的进步得不到支持，才能得不到发挥，形成沉重的精神压力，严重挫伤了这一部分青年的革命积极性。

我们怎样看这个问题？一般说，父母的严重历史问题和政治问题，子女是没有参与的，有的根本就不知道。父母的问题只能由他们自己负责，不能由他们的子女去承担责任。革命与反革命是在阶级斗争中形成的，是人们社会实践的结果，它是一种社会现象，不是一种生理现象，在父母子女之间，决没有革命与否的遗传关系。判断一个青年是否革命的最后分界线，不是根据他们的家庭出身、父母的行为，而是根据他们本人的政治表现，看他们在阶级斗争中站在那一边、维护那个阶级的利益。在国际共产主义运动史和我们党的历史上，老子反动，儿子是革命者的例子很多，相反，儿子反动，老子革命的事例也很多。我们党从来没有因为父母有问题，就不准儿子革命；也没有因为儿子出了问题，就把他们的父母逐出革命队伍。这主要是因为在阶级斗争的暴风雨时代，各个阶级都必然引起分化：出身于剥削阶级家庭的人，有背叛原来的家庭，投降无产阶级，为人民大众服务的；出身于被剥削阶级家庭的人也可能背叛原来的家庭，加入反革命营垒。这里重要的是他们在社会实践中，是否接受马克思列宁主义、毛泽东思想，认真改造世界观，完全、彻底为人民服务。一个人的出身不能选择，但走哪条路是可以选择的。林彪、“四人帮”硬把父母的问题同子女牵涉在一起，这是同马克思主义的阶级论格格不入的。

对于出身于剥削阶级家庭和父母有严重问题的青年，我们不要求也不应该要求他们对自己父母的问题承担责任，但是又必须看到，他们中不少人同自己的父母生活在一个家庭中，容易接受家庭和父母的影响，也容易留恋那种旧生活、旧习惯。他们的思想觉悟如果达不到一定的高度，是很难同其剥削阶级家庭和有政治问题的父母划清界限，在革命的征途中又容易动摇、堕落，发生错误，甚至叛变。这正是反动阶级加给他们的阶级烙印所起的作用。我们要冷静地认识、分析这种现象，关心和加强对这一部分青年的教育，在三大革命运动中改造、锻炼他们，帮助他们提高思想觉悟，使他们坚定地站到党和人民这一边来，分清是非界线和敌我界线。我们应当肯定，争取这些青年是有很大可能的。这不仅仅是因为这些子女都是青年人，可塑性很大，尤其重要的是，他们中大多数是在红旗下长大的，从小就受到党和人民的教育和培养，对党对人民是有感情的，党在这些青年中是有崇高威信的。虽然他们思想上有时也有矛盾，碰到问题会反复，但只要他们能自觉地严格对待自己，接受党和群众的教育；我们严格掌握政策，工作方法得当，不怕麻烦，循循善诱，讲清道理，指明利弊，他们中的绝大多数是会站到人民的立场上来，并在长期斗争中经得起考验的。当然，实践结果证明，也会有少数青年自暴自弃，同家庭划不清界线，拒绝走社会主义道路，甚至带着花岗岩的脑袋进入坟墓。但我们决不能因为有少数人坚持错误立场，就把绝大多数可以教育、可以争取和团结的人统统推到革命队伍外面去，放弃了对这一部分青年的思想工作。这是“为丛驱雀，为渊驱鱼”，有利于无产阶级敌人的蠢事，我们是决不做的。

社会主义是一桩伟大的群众事业，需要团结百分之九十五以上的人，其中包括父母属于敌我矛盾的子女和出身于剥削阶级家庭的子女，组成一支浩浩荡荡的革命大军。我们欢迎他们为社会主义贡献力量，给以恰当安排，使他们敢于负责，敢于工作。如果他们在工作岗位上作出成绩，同样应当给以鼓励，使他们感到集体的关心和无产阶级的温暖，从而促使他们加紧思想改造，更加努力工作。无产阶级革命，一方面要改造社会制度，一方面要改造人，这是相辅相成的两项工作。对人的改造不能完成，制度的改造也不可能成功，就是成功了也不能巩固。无产阶级是人类历史上最伟大、最先进的一个阶级，是思想上、政治上、力量上最强大的一个革命阶级。它不但要解放本阶级，还要解放全人类，而且它只有解放全人类，才能最后解放自己。因此，无产阶级可以而且完全能够把绝大多数的人团结在自己的周围，为实现崇高的共产主义事业奋斗到底！

还应当看到，父母有问题就牵连子女，不仅使好多青年蒙受了不白之冤，同时，也使许多干部顾虑重重，怕犯错误，不敢大胆工作。有的青年在给父母的信中说：你们不要给我们什么财产，只要不犯错误就好。有的老同志感慨地说：我们不怕坐牢，就怕自己犯了错误，子女受害一辈子。在这种精神枷锁下，不少人谨小慎微，明知不对，少说为佳，怕字当头，不坚持原则，这既影响肃清“四人帮”的流毒，又干扰生动活泼的政治局面。同时，这些同志如果不排除私心杂念、振作精神、兢兢业业为党的事业负责，还必然会犯错误。

值得注意的是，这种情况很容易被坏人和那些品质恶劣的人所利用。他们把子女的父母的问题作为辫子抓在手里，一不顺心，就把青年的一些缺点、错误，同他们父母的问题联系起来，借以压制批评，泄私忿，图报复，打击别人，抬高自己。所以，把父母的问题同其子女本人不加区别的做法是十分不利于社会主义事业的。解决好这个问题，是落实党的无产阶级政策的一个重要方面，对于调动一切积极因素，团结一切可以团结的力量，实现抓纲治国的战略决策，加快社会主义事业的发展，具有十分重要的意义，我们决不能掉以轻心。

当前，在落实党的干部政策时，必须扭转一种宁肯“左”一点的错误倾向。有的同志受“四人帮”流毒的影响，不敢正视事实，搞过头了，也不肯纠正过来。他们错误地认为，对于剥削阶级家庭出身的子女和父母有严重问题的子女，即使搞过头一点也没有关系，是立场坚定的表现；同样错误的是，把正确落实党的政策看作“右”的表现，不肯实事求是地去落实。他们不了解，对待一个人的政治生命，对一个人的正确处理和妥善安排，不光是一个人的问题，而且会牵涉到他周围许多人和影响到一大批人。这关系到党的路线和政策，关系到党的事业，我们要一丝不苟，认真负责，积极主动去解决。

新中国成立至今已近30年，情况发生了很大的变化。那些地富子女的子女，已是第三代、第四代的人了，他们大多是新中国成立后出生的，是靠父母劳动收入抚养长大的。他们跟剥削分子的接触，不像他们的父母辈接触那么多，有的根本没有接触过，事实证明他们中的多数是热爱社会主义祖国、拥护共产党的，怎么能不加区别地以原来的地富子女对待他们呢？周总理在1965年视察新疆建设兵团石河子垦区时指出：出身于剥削阶级家庭和有复杂社会关系的人，都要看他现在的表现和立场，一个人的出身不能选择，但前途是可以选择的；只要能同原来剥削阶级家庭划清界限，向组织交代清楚他存在的社会关系，全心全意为无产阶级的革命事业服务，不断地改造自己，就会有光明的前途。我们历来重视阶级出身对一个人的思想影响，不看到这一点是错误的。同时，我们党也历来反对唯成分论，而是重在政治表现。把两者割裂开来，只取其中一方面，是不符合毛主席的教导、违背党的阶级政策的。出身不好，表现很好，能同剥削阶级家庭划清界限，坚决站到党和人民的立场上来，全心全意为人民服务，对这样的子女，工人、贫下中农是欢迎的，我们对他们的进步要给以肯定、支持和鼓励，不应当有歧视。

在落实党的政策的时候，一定要认真处理好父母有问题的子女和出身于剥削阶级家庭的子女的问题，实事求是地把强加给他们的诬蔑不实之词推倒，把装在档案袋中的这类材料销毁；在上学、入党、入团、服兵役、就业等方面，经过考验，凡是符合条件的，应当和其他青年一样对待。只有这样，才能把父母有严重问题的子女和出身于剥削阶级家庭的子女最大限度地团结起来，在三大革命运动中把他们锻炼成为新的革命一代，在党的领导下，使他们同广大青年一起为社会主义事业，为在本世纪内实现四个现代化作出应有的贡献！

中央有关部门认真落实干部政策妥善处理王先梅反映的问题

《人民日报》报道：干部的历史政治问题不应影响子女家属。中央有关部门根据中央领导同志的批示，最近妥善处理了王先梅同志反映的问题，为落实党的干部政策作出了榜样。去年12月，国务院轻工业部王先梅同志就她爱人的历史问题影响到子女的入团、入党、参军、就业等写信给中央领导同志，中央领导同志批示：她爱人的历史政治问题不应影响子女和家属。毛主席历来有指示，应区别对待，不能歧视。最近，记者访问了中共中央组织部和国务院轻工业部等有关单位，他们说，中央领导同志对王先梅同志的信作了重要批示后，已迅速向王先梅同志以及她所在单位和其他有关单位的领导同志作了传达，并已妥善地处理了王先梅同志所反映的问题，体现了伟大领袖和导师毛主席多次指示的党的政策。

王先梅同志及其子女听了传达后，激动得流着热泪一再表示："感谢华主席、党中央对我们的关怀。中央领导同志的批示，从政治上解放了我们。"各有关单位的领导同志听了传达后都很重视，表示要认真按照中央领导同志的批示去办，坚决落实党的政策。现在，经过一段时间的工作，王先梅同志信中和口头提出的主要问题，均已妥善解决。

王先梅同志的小女儿，今年将高中毕业。1976年，学校没有让她参加天安门广场的两次大会。在她提出意见后，学校党支部副书记代表党支部，向她做了自我批评。后来让她参加了建设毛主席纪念堂的劳动。在传达了中央领导同志的重要批示后，学校党支部书记表示，她的升学和毕业分配问题，不会因她父亲的历史问题而受到影响。

王先梅同志的大儿子报考解放军某部队政治部歌剧团，歌剧团原来打算录取，但因他父亲的历史问题，没有定下来。现在，歌剧团已决定录取，并已报上级领导机关，很快批准了他入伍。王先梅同志的其他子女所在单位的领导同志，也表示要坚决执行毛主席多次指示过的党的政策，决不因为他们父亲的历史问题而在政治上加以歧视。

王先梅同志在"文化大革命"中受过审查，虽已恢复党组织生活，但一直没有安排工作。她要求组织上对她的审查有个正确的说法，并早日分配工作。她所在的轻工业部政治部的领导同志，已找王先梅同志谈过话，互相交换了意见。王先梅同志对这次谈话感到满意。最近，该单位党组织认真研究了她的要求，给她分配了适当的工作。对于她受审查的问题，已向她作了口头说明，肯定她没有问题，有关审查材料，将妥善处理。

我国畜牧兽医科研工作不断取得进展

《人民日报》报道：我国畜牧兽医科技人员，同农业和牧业地区的广大社员共同努力，在畜牧兽医科学研究方面作出了显著成绩。

改良畜种，是提高各类牲畜及畜产品质量，加快畜牧业发展速度的一条重要途径。我国畜牧业科技人员同广大群众相结合，在猪、马、牛、羊和家禽方面都培育了一些优良品种。其中以良种猪为最多，计有哈尔滨白猪、新淮猪、新金猪等。哈尔滨白猪一般适应性强，生长发育较快，在适宜的饲养条件下，6个月体重可达90公斤。目前，这一优良猪种在黑龙江、辽宁、吉林、山东和贵州等19个省、市都有饲养。

在培育新的良种猪的同时，有关地区的科技人员和群众对原有的地方良种猪如广东花白猪、荣昌猪、内江猪、宁乡猪、金华猪等也进行了选育、提高和推广，都收到了良好效果。

50年代初期定名的新疆毛肉兼用细毛羊，近10年来数量不断扩大，质量有了显著提高。现在，这种细毛羊及改良羊已由1954年的5万只发展到150多万只，个体平均产毛量由3公斤提高到5公斤左右。继新疆细毛羊之后，我国又育成了东北毛肉兼用细毛羊。细毛羊的育成和繁殖推广，不仅填补了我国细毛羊空白，而且改变了毛纺工业长期依赖外毛的局面，细毛原料基本上做到自给。

近几年来，通过开展科学协作研究，加快了中国黑白花奶牛和草原红牛的培育进程。目前，全国有黑白花奶牛数十万头，其中北方地区登记的这种良种奶牛，平均每头年产奶量5804.9公斤，达到了良种登记的国际水平。草原红牛及改良牛已发展到20多万头，在放牧饲养的条件下，这种成年阉牛产肉量，比本地黄牛高42%，成年母牛年产奶量比本地黄牛多2—3倍。

在繁育家畜的工作中，人工授精的技术在我国已广泛应用，在许多方面达到了先进水平。

在防治牲畜疫病方面，近年来我国研制了不少新的疫苗。为了降低成本，提高工效，减少注射次数，增加防疫密度，还研制出了一批联苗。另外，口服和气雾的免疫方法，也在畜禽防疫中得到应用。在防治牲畜疫病工作中，中兽医疗法和中草药得到广泛使用。许多传统的中兽医疗法有了新的发展。

在草原改良，牧草选育，以及研制牧业机械、兽医器械和仪表、仪器等方面，也取得了可喜的成果。碱草、碱茅、直立黄芪、苜蓿等良种的选育和人工种植，提高了牧草的单位面积产量和营养价值。颗粒饲料压粒机、家畜药淋装置、猪活体测膘仪、母马情期测定仪等的研制成功，填补了我国在这些方面的空白，提高了工效和准确率。

《人民日报》发表范若愚的文章《无产阶级将获得整个世界——纪念〈共产党宣言〉发表一百三十周年》

2月19日

《人民日报》发表特约评论员文章《老干部的光荣责任》

在党的第十一次全国代表大会上，华主席发出号召："老干部应当以极大的热忱帮助青年、中年干部，支持他们的工作。""老干部也要自觉地整一整风，给青年干部做个榜样，搞好传帮带，把毛主席建立的党的学说、党的作风真正传下去。"在党和人民的信赖和重托面前，我们许多老同志，缅怀先烈，展望未来，决心担当起历史赋予自己的光荣责任。

我们党的老干部，都是在新中国成立前参加革命队伍，在伟大领袖和导师毛主席亲自培育下成长起来，绝大多数是好的和比较好的。他们经历过长期革命斗争的锻炼和考验，无论在民主革命时期，还是在社会主义革命和社会主义建设时期，都是党和国家的骨干力量。特别在同林彪和"四人帮"反党集团的斗争中，大大焕发了革命青春。现在，在华主席为首的党中央领导下，更加意气风发地投入了抓纲治国的新的战斗。老干部搞好对青年干部的传、帮、带，这对党的事业后继有人，党的事业更加兴旺发达，具有十分重大的意义。承先启后、继往开来的历史重任

在阶级社会里，传帮带的问题，历来是一个阶级斗争问题。任何一个阶级，总是要用符合他们本阶级利益的传统和作风，对青年一代进行传帮带，力图按照他们的世界观来改造世界、塑造未来。在林彪的大小"舰队"里，在"四人帮"的帮派体系中，除了那些旧社会的余孽以外，还有一些人是在新社会长大的。这些人为什么也会成为反党集团的骨干，散发着那么腐败的资产阶级恶臭？很重要的一个原因，就是他们对毛主席亲自培育的中国共产党及其优良传统和作风不认识，不理解，在林彪、"四人帮"反党集团用地主、资产阶级没落思想的灌输、熏陶下，上了贼船，助帮为虐，成为帮凶。历史的经验教训告诉我们，在无产阶级专政的条件下，由谁来传帮带，传什么，帮什么，往哪里带，这是一场争夺后代、争夺未来的严重斗争。斗争的结局，将决定我们是胜利走向共产主义，还是倒退到旧社会的苦难时代。这是关系到我们党和国家命运的重大问题，决不能掉以轻心。

经过长期革命斗争锻炼具有丰富斗争经验的老干部，绝大多数是我们党的优良传统的体现者和保持者。党的优良传统是防止资本主义复辟、保证社会主义胜利的强大力量。林彪、"四人帮"一伙不择手段地丑化老干部，残酷打击和迫害老干部，除了要从老干部手中篡夺党和国家领导权这个阴谋之外，还包藏着一个极其险恶的反革命战略目标，这就是妄图使我们党的优良传统和作风失传，使无产阶级革命事业后继无人。

当前，我国社会主义革命和社会主义建设进入了一个新的发展时期。这是一个承先启后、继往开来的重要历史时期。在这个新的历史时期里，我们要继承毛主席的遗志，高举毛主席的伟大旗帜，坚持无产阶级专政下继续革命，在本世纪内把我国建设成为一个社会主义现代化强国，并向共产主义的宏伟目标迈进。这是一场极其伟大而深刻的革命。它迫切需要老一辈的无产阶级革命家培养出千千万万的革命事业接班人，世世代代把毛泽东思想传下去，保持和发扬党的优良传统和作风，保证无产阶级的江山永不变色。早在延安时期，毛主席就指出："我们党如果没有广大的新干部同老干部一致合作，我们的事业就会中断。"在无产阶级"文化大革命"中，毛主席又肯定了老中青三结合的经验。老干部对青年干部的传、帮、带，正是这种"合作"和"结合"的相互关系的具体体现。

伟大的革命导师恩格斯，在晚年的时候，曾经再三劝说老革命家贝克尔要用老一辈革命家的作风和传统教育青年，并多次写信给党的领导人，要求他们重视和支持这件事。他说：如果现在不做这件事情，这些岁月所发生的事件就会被永远遗忘，或者由敌视我们的人来描述这些事件，而这是不会为我们服务的。他认为在老一辈革命家健在时做这件事，是一个永远不会再出现的好机会。恩格斯的这番话深刻地指明：搞好对青年一代的传帮带，是阶级的需要，是历史赋予老一辈无产阶级革命家的义不容辞的光荣责任。成千上万的第一次国内革命战争时期的共产党员和革命干部，现在仅剩下几百人了；抗日战争时期的革命干部，现在也只有几十万人了；党的干部队伍中绝大多数是新中国成立以后参加工作的；今天的老干部是幸存者。时间对我们的老同志是特别宝贵的。敬爱的周总理生前一再语重心长地对我们说："我们老了，为党工作的时间不多了，要抢时间工作才行啊！"现在，我们有许多老干部年事虽高，但是他们怀着对无产阶级革命事业的无限忠诚，决心以有生之年，尽力为革命多做贡献，他们不愧是毛主席培育的光荣的无产阶级革命战士。帝国主义的预言家和"四人帮"那一伙，不是老扳着指头算时间账吗？王洪文不是叫嚣过"十年后再看"吗？他们都把复辟的希望寄托在岁月的推移上，寄托在下一代或更下一代的蜕化上。但是，这些逆潮流而动的反动派永远也不懂得历史发展的辩证法，时间对于一切没落腐朽的阶级从来是不利的，时间给他们带来的是丧钟，而给先进的无产阶级带来的却是如花似锦的前程。我们的老干部，一定要满怀革命豪情，把跟随毛主席闹革命积累起来的宝贵经验和优良传统，传给青年干部，满腔热忱地帮助他们健康成

长。我们一定要像叶剑英副主席号召的那样,“要争取时间搞好传、帮、带,把我党我军的优良传统传下去,带起来”,使我们的子孙后代永远沿着毛主席指引的正确道路不断前进!

把毛主席培育的优良传统和作风传下去

老干部跟随毛主席南征北战几十年,对毛主席有深厚的感情,对毛泽东思想有全面的深刻的理解,对毛主席培育的党的作风有深切的体会。老干部对青年干部的传帮带,首先是传毛泽东思想,传毛主席的革命路线,传辩证唯物主义和历史唯物主义的世界观,把毛主席的伟大旗帜,一代一代传下去。作风是思想和政治路线的体现,也是执行思想和政治路线的保证。在长期艰难困苦的斗争中,毛主席为我们党培育了一整套优良作风。这一套优良作风,是毛主席对马克思列宁主义的发展,特别是对于建党学说的发展。正是由于我们党有了这一套优良作风,才保证我们党同人民群众血肉相连,使我们党充满朝气,能够压倒一切敌人、战胜一切困难。“四人帮”一伙破坏、瓦解党的一个突出罪行,就是对于党的传统和作风的严重破坏。他们打起“批判经验主义为纲”的黑旗,给老干部戴上“经验主义”的帽子,疯狂叫嚣:“井冈山传统过时了,民主革命那一套吃不开了”;胡说什么讲传统是“为老家伙评功摆好”,“为走资派脸上贴金”,等等。他们同一切机会主义者的手法一样,鼓吹“过时论”,妄图割断历史,砍倒红旗。列宁在同机会主义者作斗争时,曾经针锋相对地指出:“越是利用今天的青年不熟悉不久以前我国运动的历史来投机,就越有必要回忆一下这一时期和它的基本特点。”(《列宁全集》第7卷第489页)“四人帮”利用青年不熟悉革命历史来践踏党的传统,使我们深切地感到,很有必要通过揭批“四人帮”的斗争,努力形成讲传统光荣、学传统光荣的革命风气,使青年一代有理想、有榜样地把我们党的一整套优良传统和作风接受下来,并一代一代传下去。

一定要把实事求是的作风传下去。实事求是,首先是一个认识论的路线问题,是严格按照辩证唯物主义世界观认识世界和改造世界的问题。老同志都有这样的体会,每当我们按照马克思主义的认识论办事,我们对客观事物的认识就会由浅入深,透过现象抓住本质,我们就能够把马克思主义的理论和实践更好地结合起来,识别出和抵制住那些以主观与客观相分裂、认识与实践相脱离为特征的“左”右倾机会主义。我们正是由于遵循这条马克思主义的认识论路线前进,保证了党的不断巩固和发展,保证了党的事业从胜利走向胜利。林彪、“四人帮”唯心主义横行,形而上学猖獗,对革命事业造成的损害十分严重。他们鼓吹“从认识到实践”的唯心主义先验论的哲学,胡说“人的思想决定物质”,宣扬“事实服从于政治”、“不说假话办不成大事”等反动信条。现在,林彪、“四人帮”已经被打倒了,但是要肃清他们在这方面的流毒,任务还是艰巨的。那种遇事不调查、不研究,主观臆断,弄虚作假的歪风,还在毒害着我们的某些干部。我们党在历史上吃过主观主义、教条主义的苦头,又吃过唯心主义横行、形而上学猖獗的苦头,这不仅是老干部而且青年干部这些年来也是亲身经历过的。前车之鉴,记忆犹新。邓小平副主席在党的十一大闭幕词中指出:“做老实人,说老实话,办老实事,这是一个共产党员的起码标准。”我们的老同志,就是要带这个头,做实事求是的模范,坚持经常到斗争第一线去,向下级学习,向群众学习,坚持一切结论产生于调查研究之后的科学态度,坚持任何时候都要鼓实劲而不争虚荣的老实作风。历史经验告诉我们,当一种错误潮流涌来的时候,顶住这种潮流,坚持实事求是,常常是要冒风险的;但是,彻底的唯物主义者是无所畏惧的。战争年代,我们老干部在枪林弹雨中冲锋陷阵,在敌人的屠刀下宁死不屈,随时准备用自己的生命去殉我们的事业。现在,我们更应该发扬这种精神,为了坚持原则而把个人得失置之度外。那种东风来了是东风派,西风来了又是西风派,左右逢源,凭风办事的人,自以为得计,其实是最靠不住的。凡是妄想把客观事实当作一团泥巴,随心所欲地捏来捏去的人,十个有十个是要失败的。只有实事求是,一就是一,二就是二,一切以党和人民的利益为重,才站得住脚,才是不可战胜的。这一点我们每个同志都要牢牢记住。

一定要把党的群众路线的作风传下去。“从群众中来,到群众中去”,是我们党的一切工作的根本路线。老干部有丰富的工作经验,最根本的就是那些长期扎根于人民之中、依靠群众取得斗争胜利的经验。我们对青年干部传帮带,不但要把党的一整套群众路线的工作方法,一整套密切联系群众的制度传下去,而且要用我们自己的切身体验告诉青年同志,智慧是从群众那里来的,要相信和依靠群众的大多数。我们夺取了全国革命的胜利,又取得了社会主义革命和社会主义建设的胜利,固然应当承认领导者和干部的作用,但是,“有了不起的作用的还是群众”。谁颠倒了干部与群众的这种正确关系,谁否认了这个历史唯物主义的基本观点,谁就必然堕入“上智下愚”的唯心主义泥坑。林彪、“四人帮”代表地主、资产阶级利益,同广大人民群众处于尖锐的阶级对立状态。他们整天躲在阴暗角落里,说是怕风,怕阳光,其实是害怕群众。林彪“平生自诩是天才,也把天才奖妇孩”,俨然以历史的主宰者自居,但终于受到历史的无情嘲弄。“四人帮”一伙搞愚民政策,搞法西斯统治,无视人民的疾苦,不听群众的呼声，理所当然地为人民所打倒。林彪、“四人帮”的覆灭，是中国人民又一次用自己斗争的胜利宣告唯心历史观的破产。我们要充分利用这个活生生的反面教材教育青年干部，什么时候都不要忘记群众，不要忘本，永远同群众打成一片，永远和人民群众保持那种相互依存的鱼水关系。

一定要把民主作风传下去，坚持党的民主集中制。民主集中制，是我们党和国家的根本制度。林彪、“四人帮”开设“帽子”工厂和“棍子”工厂，造成人民民主生活和党内民主生活极不正常的现象。他们又指挥其帮派势力“踢开党委闹革命”，在党内搞派别活动，破坏党的团结和集中。我们的老同志要带个头，把党的民主传统恢复和发扬起来。无论是一个党支部，一个党委会内部，都应该把个人的智慧和集体的智慧结合起来，遇事大家一起想办法，群策群力，搞“群言堂”，不搞“一言堂”。一个人说了算，就不能集中正确的意见，往往会把事情搞坏。要创造一种气氛，使人家能够“知无不言，言无不尽”。哪怕是骂自己的话，也要让人家讲。界限有两条，一是少数服从多数，全党服从中央；二是不准组织秘密集团，搞阴谋诡计。要让人家讲话，话讲错了，应该批评教育，但一切思想教育，都应该是说理的，以理服人。不能随便抓辫子，乱扣帽子，乱打棍子。在我们党和国家的政治生活中，努力形成一个又有集中又有民主，又有纪律又有自由，又有统一意志、又有个人心情舒畅、生动活泼的政治局面，就可以更好地集中群众的智慧，调动起广大群众的积极性，也才能正确处理好人民内部矛盾，团结多数，有效地对付阶级敌人的破坏。

一定要把谦虚谨慎、艰苦奋斗的作风传下去。我们党的历史上，出现过几次大的骄傲，犯过几次大的错误，对革命造成的危害极大。林彪、“四人帮”一伙，称王称霸，飞扬跋扈，穷奢极欲，极端骄横，严重地败坏了我们党的作风。我们老干部有责任把党的谦虚谨慎、艰苦奋斗的优良作风恢复和发扬起来。毛主席曾经谆谆告诫我们：“我希望，我们所有的同志，首先是老同志，不要翘尾巴，而要夹紧尾巴，戒骄戒躁，永远保持谦虚进取的精神。”过去，林彪、“四人帮”打击干部和群众，迫使不少人谨小慎微，不敢讲话，以利他们篡党夺权。现在，粉碎了“四人帮”，我们党胜利了，在这种情况下，我们的老同志一定要注意力戒骄傲。党和人民对老干部提出的希望很高，赋予的责任很重。任重，对一个人来说，可能起两种不同的作用：它可以促使我们高瞻远瞩，勤奋自勉；也可以因此而骄傲自满，忘乎所以，不那么谦虚谨慎了。我们党经历了十一次大的路线斗争。许多老同志都深刻地体会到，在一次大的路线斗争中，凡是能够自觉地想一想自己有什么缺点错误，并善于从别人的错误中求得借鉴，以警惕自己，进步就快些，对党的贡献就大些。否则，收获就小些，甚至会重犯别人犯过的错误。毛主席倡导的谦虚谨慎的作风，不是让我们做“谦谦君子”，而是要求我们对自己的部门、自己的工作采取科学的态度，一分为二，既看成绩，也看缺点错误，永远保持进取的精神和艰苦奋斗的精神。我们的老同志一定要像战争年代那样，同人民有福共享，有祸同当，要把那种高高在上、做官当老爷，官大了，思想懒了，工作不亲自动手，专靠秘书写稿子照着念以及小病大养的精神状态，来个一扫光。要“深入群众，不尚空谈”，扎扎实实地埋头苦干，永远密切联系群众。做工作，创事业，要有一股热情，一股狠劲，不干则已，一干到底。只要我们把艰苦奋斗的精神恢复和发扬起来，在全党形成风气，在全国人民中形成风气，“八亿愚公齐破立”，我们的革命和建设事业就会更加兴旺发达。

一定要把全心全意为人民服务的作风真正传下去。全心全意为人民服务，是我们党的宗旨，是无产阶级世界观的核心，也是无产阶级革命事业接班人应当具备的重要条件。林彪、“四人帮”一伙，口头也讲“全心全意”，实际是假心假意；嘴上也说“做群众的小学生”，心里盘算着骑在人民头上当皇帝。他们那一套地主、资产阶级的世界观，极大地败坏了我们党的作风，腐蚀着我们的革命队伍。一些人热衷于拉山头，闹派性，要官抓权，手伸得很长，不以为耻，反以为荣。这种现象，就是林彪的“诱以官、禄、德”，“四人帮”的“谁的山头大，谁的官越大”等反动思潮影响下的产物。我们的老同志，要经常用战争年代为人民抛头颅洒热血在所不惜的精神鞭策自己，什么名誉、地位，什么个人享受，都不在话下，并且严格要求自己的子女，教育他们永远走同工农相结合的道路，牢记以工农为师，向工农看齐，刹住林彪、“四人帮”刮起的那种干部特殊化的歪风。老干部要处处为人民着想，为国家的兴旺着想，在事关路线和大局的问题上，要出以公心，坚持原则，坚决顶住以种种形式出现的立党为私的歪风。人民的荣誉，决不能落到那些窃取名誉者的头上；人民的权力，决不能交到那些争官夺位者的手中；人民的利益，决不能让那些唯利是图者攫取。要识别一个干部是不是真正为人民服务，光靠坐在房子里听汇报不行。因为这样就看不到工作的实际状况，听不到群众的真正呼声，就有可能让那些钻营分子、口蜜腹剑分子、形形色色的机会主义分子迷惑了眼睛。只有在群众斗争的大风大浪中，严格按照毛主席提出的“三要三不要”的基本原则，严格按照接班人五项条件作为标准来搞传帮带，我们才能够把培养无产阶级革命事业接班人的工作，建立在可靠的基础上。

要给青年干部作出榜样

老干部对青年干部的传帮带，是言传和身教的统一。解决了传什么，帮什么，还要解决一个怎么带的问题。

榜样的作用是最有说服力的。老干部要把青年干部带起来，就要用自己的模范行动给青年干部作出榜样。没有老一辈人以身作则，没有榜样的作用，传帮带就会落空。

老干部首先要在学习上给青年干部作出榜样。毛主席在讲到坚持无产阶级专政下继续革命的问题时，曾经向我们提出过一个尖锐的问题：老同志靠什么吃饭？靠老资格行不行？资格老，贡献大，这是历史事实，应当承认这一点。但是，如果天天只讲“过五关，斩六将”，在继续革命的道路上停步不前，不以平等态度待人，还办一些糊涂事，人民群众照样不满意，那倒不如索性不靠它，像毛主席说的那样，把这一套抛到九霄云外去。靠职位高行不行？也靠不住。职位高，权力大，可以发号施令，事情不一定就能办好。如果意志衰退了，思想懒了，不学习，不调查研究，对新事物不敏感，故步自封，自己领导的那个地方和部门，长期改变不了面貌，人民群众就不高兴，那个官当得也没有味道。所以，毛主席告诉我们：老同志还是“要靠解决问题正确吃饭”，“靠马克思列宁主义的真理吃饭，靠实事求是吃饭，靠科学吃饭”。这就必须坚持学习，力求完整地而不是零碎地、准确地而不是随意地、实际地而不是空洞地把马克思列宁主义、毛泽东思想的基本原理弄懂弄通，做到理论联系实际，善于在革命和建设事业中发现新的问题，总结新的经验。无产阶级是最有远见的阶级。我们有志气学会我们不懂的东西，我们有责任带动新的一代人养成善于学习的好习惯，使他们成为既懂政治，又懂业务，又红又专的革命者。

我们的老干部，经历过长期的革命斗争生活，养成了一种严格要求自己的好作风，这是觉悟高、党性强的表现。我们应当在坚持毛主席革命路线，坚持原则，坚持团结，坚持无产阶级党性等各个方面，给青年干部作出榜样。老同志斗争经验多，值得青年干部学习，这是指的老干部能够对长期斗争中，特别是路线斗争中正确和错误的两部分经验，加以总结，从而善于在曲折复杂的斗争中明辨是非，有革命胆识，不怕风浪，不信邪，能以大无畏的精神率领群众前进。许多经过长征的老同志都还记得，我们敬爱的朱委员长，当年同张国焘的机会主义路线作斗争时，坚持原则，坚持党的正确路线，大义凛然，表现了一个革命者“度量大如海，意志坚如钢”的高贵品质。我们的老干部，就要像朱委员长那样，在事关路线的大是大非面前，决不含糊，要出以公心，一丝不苟；而不能像有的人那样，因为受了一些挫折，挨过一些整，就顾虑重重，看到错误的东西，不抵制，不斗争，甚至跟着跑；或者耿耿于怀，这也不满意，那也不顺眼，躺倒不干。这就不能对青年干部起表率作用。党的团结是党的生命。我们许多老同志吃过宗派主义、分裂主义的不少苦头，深知全党团结统一的可贵，要特别注意在团结问题上给青年干部作出榜样。要搞五湖四海，团结两个百分之九十五，尤其要注意团结那些反对过自己反对错了，并且认真改正错误的同志，不能因为过去谁整过自己就记仇。我们共产党人是立志改革的人，改造世界的雄心很大。但我们又不是没有缺点的人，要在改造客观世界中不断改造自己。要“从善如流”，善于启发人家对自己提出批评，而且要经得起人家批评，批评错了不要追究。任何时候，都不能以我划线，喜欢搞那么一个小圈子，搞“一朝天子一朝臣”，把听自己话的，吹捧自己的人，都看作是可靠的好干部。其实，那些喜欢给人抬轿子、吹喇叭的人，往往倒是特别需要打一个问号的。要善于在毛泽东思想的基础上把有不同意见的同志团结起来，团结在华主席为首的党中央周围，这才是大局。老同志要用这个顾大局的观念、顾大局的模范行动，去带领青年干部。在林彪、“四人帮”的影响下，一些干部滋长了贪图享受的思想，摆阔气，搞特殊化，搞楼堂馆所；一些干部滋长了个人利益第一的思想，只要组织照顾，不要组织纪律。在防止和抵制这些资产阶级思想的侵蚀方面，老干部也要为青年干部作出榜样。我们敬爱的周总理战斗一生，鞠躬尽瘁，死而后已，是全党、全军、全国人民学习的榜样。“四人帮”越是疯狂反对他，人民就越是怀念他，尊敬他，学习他。周总理从处理国家大事、世界大事，到衣食住行的个人生活，都严格要求自己，严于解剖自己，处处以身作则，数十年坚持不懈。周总理的一生，光明磊落，襟怀坦白，总是以普通劳动者的姿态出现，谦虚谨慎，平易近人，他在人民心目中永远是顶天立地的巨人。他为中国革命、世界革命创建的光辉业绩，是屹立在亿万人民心目中的丰碑。周总理的光辉形象，深刻地启示我们：无产阶级的老一辈人对新的一代人传帮带，就是要以身作则，用自己的模范作用去带。这种用榜样作用带出的作风，是任何力量压制不了的；这种用榜样作用带出的队伍，是任何敌人攻不垮的。

人总是要逐步衰老的，这是不可抗拒的自然规律。对这个问题要有一个科学的态度。人老体弱，精力不济，实在不能坚持正常工作的，就要甘当“二排议员”，把主要责任交给年富力强的同志去承担，让那些能带头甩开膀子干，能和群众结合在一起的同志去担负主要领导工作，自己当副手，当顾问，当参谋。这样看起来，职位低了，权力小了，但实际上对党的事业所起的作用，对青年干部传帮带的责任并没有减轻。“老骥伏枥，志在千里，烈士暮年，壮心不已。”我们的老同志要老当益壮，在其位要谋其政，不在其位也要谋其政，包括去“谋”带好青年干部之政，勤勤恳恳，甘为后人开辟道路。这是一个老同志应该具有的高贵品质，是无产阶级革命家应有的伟大胸怀。我们老同志从来都高兴看到一批中年、青年干部把革命重担挑起来，为党的事业后继有人感到莫大的欣慰，并且欢迎他们超过自己。就像我们80高龄的叶副主席那样，放眼喜看“满目青山夕照明”，引吭高歌“长征接力有来人”。我们深信，在老一辈革命家的支持和帮助下，我们的后代一定能够很好地接替我们的事业，一定能够超过我们。不尽长江滚滚来，一代新人胜旧人。

青年人最积极，最有生气。他们最肯学习，最少保守思想。凡是青年干部的优点和长处，老同志都应该学习，取长补短，共同提高。青年干部缺乏经验，他们犯这样那样的错误是不奇怪的。只要不是那些品质恶劣、犯有严重错误而又坚持不改的，我们都应当热情地帮助他们，经常从政治上、思想上、工作上和生活上关心他们，用我们自己的经验教训耐心地启发教育他们，使他们的缺点、错误及时得到纠正。党的优良传统，不仅要有老干部的言传身教，还要通过青年干部的亲身实践，才能成为他们自己的东西。要大胆放手地使用青年干部，注意发挥他们的长处，给他们肩上压担子，使他们有施展才能的机会，容许他们犯这样那样的错误，让他们在斗争中增长才干。

毛主席在延安给吴玉章同志60寿辰祝词中，意味深长地指出：人并不是因为老就可贵，可贵的是他一辈子总是做好事，不做坏事，一贯的有益于广大群众，一贯的有益于青年，一贯的有益于革命。那个时候，像吴老那样60岁的人，有几十年的革命斗争经验，在我们党内还是极少的。现在，我们有成千上万的老干部，像毛主席要求的那样去帮助青年干部，我们的事业是大有希望的。

共产主义事业是前无古人的事业。正是这样一个伟大的目标，吸引我们跟随伟大领袖毛主席，从风华少年到两鬓成霜，几十年奋斗不息；正是这样一个伟大的目标，激励我们在华主席率领下，勇敢地担当起传帮带的历史重任。我们满怀希望，无产阶级接班人正在成长起来。我们的事业后继有人，我们的事业前途似锦！

全国人大常委会副委员长邓颖超在北京会见泰国友好人士乃讪·帕他努泰

全国人大常委会副委员长阿沛·阿旺晋美在北京会见瑞典—中国友好联合会主席克里斯特·利奥波德等瑞典朋友

我国开展家畜受精卵移植的科学研究

《人民日报》报道：家畜受精卵移植，通俗地讲就是“借腹怀胎”，从1头良种母畜的输卵管或子宫里取出受精卵，移植到一般母畜的相应部位，使它产生良种的后代。通过这种技术，结合采用人工方法使母畜超数排卵的技术，能在较短时间内加速家畜良种的繁殖。世界上已有一些国家应用这项新技术加快畜牧业的发展。

我国家畜受精卵移植的科学研究，是中国科学院遗传研究所从1973年开始的。到目前为止，北京、上海、安徽、广东、甘肃、青海、内蒙古、新疆、宁夏等地都有一些科研、教学和生产单位开展这项研究工作。

2月20日

中国社会科学院在北京举行座谈会

在中国社会科学院最近举行的座谈会上，哲学社会科学工作者列举大量触目惊心的事实，愤怒批判了“四人帮”炮制“两个估计”，摧残哲学社会科学工作者，破坏理论学术战线的滔天罪行；同时，对肃清“四人帮”的流毒，解决目前哲学社会科学工作中存在的一些紧迫问题，解放思想，发展我国哲学社会科学，提出了许多积极的建议。

这次揭批“四人帮”“两个估计”的座谈会，是由中国社会科学院党组召集的。出席座谈的，有文学、历史学、哲学、经济学、法学等各个学科的社会科学工作者近百人。中国社会科学院院长胡乔木同志提议召开这个座谈会，副院长邓力群同志主持了会议。郭沫若同志作了书面发言。中国社会科学院副院长于光远同志和顾问周扬同志出席了会议并作了发言。

出席座谈会的社会科学工作者指出，“四人帮”为了篡党夺权的罪恶目的，挥舞“两个估计”的大棒，诬蔑、打击广大哲学社会科学工作者，全盘否定“文化大革命”前17年的哲学社会科学工作。他们诬蔑中国社会科学院的前身，即中国科学院哲学社会科学学部，是什么“封资修盘根错节”、“大洋古根深蒂固”，是“资产阶级知识分子的一统天下”，迫使原学部停止业务活动达10多年之久。全国各省、自治区、直辖市的哲学社会科学研究机构，全国各大学文科，也横遭摧残。长期积累起来的研究资料、图书被销毁了，散失了；许多研究工作停止了；哲学社会科学工作者被扣上种种莫须有的罪名。“四人帮”在哲学社会科学的各个领域中，肆无忌惮地歪曲和篡改马列主义、毛泽东思想，疯狂推行资产阶级文化专制主义，搞乱了理论是非，窒息了学术研究空气，使哲学社会科学工作濒临绝境，造成了严重的恶果。

参加座谈会的哲学社会科学工作者，列举大量事实，批驳了“四人帮”对17年理论战线、对原学部的种种诬蔑。以原学部来说，这是解放后我们党建立的马克思主义理论研究机关。17年来，毛主席、党中央一直关怀原学部的工作，许多研究所就是根据毛主席的指示办起来的。原学部历史上的两次重要会议——1960年的哲学社会科学工作座谈会，1964年的第四次扩大的学部委员会议，都是在毛主席、党中央的亲切关怀下召开的。毛主席亲自修改了周扬同志在第四次扩大的学部委员会议上的报告，接见了会议的全体代表。17年中，广大哲学社会科学工作者是愿意、不少人并且是很努力地学习马克思主义的，在理论研究工作中是作出了贡献的，许多研究成果，如经济研究所关于公共食堂的调查报告等，得到了毛主席的充分肯定。封资修的意识形态虽然在各门学科仍有表现，但总的趋势是受到抵制，受到批判，因而有所削弱的。哲学工作者发言说，17年间，我们对《武训传》、梁漱溟封建复古主义、冯友兰改头换面的“新理学”的批判，就是批判封建意识形态；对胡适、胡风的资产阶级唯心论的批判，对杨献珍的“综合经济基础论”、“思维和存在没有同一性”、“合二而一论”等修正主义哲学观点的批判，以及对苏修叛徒集团的修正主义哲学观点的批判，就是批资、批修；这些批判都是取得了很大成绩的。史学工作者说，17年间，我们对中国历史上许多重大问题，例如，中国原始社会时期的文化分布和发展、奴隶制和封建制的社会分期、近代史的分期、汉民族的形成和一些少数民族的社会历史、中国封建社会农民战争的发展特点等问题展开了热烈的讨论，同时也写出了一批有见解的史学著作。民族研究工作者说，在17年中，我们对我国少数民族的社会历史进行了空前规模的调查研究，先后成立了16个省、区调查组，参加调查的人员最多时达八九百人，整理出的调查资料、档案资料、文献摘录达数百种，共两三千万字，编印出了全部少数民族的简史、简志或简史、简志合编初稿57种。与此同时，还对少数民族的语言文字等进行了大量的调查研究。

许多人在发言中愤慨地说，“四人帮”不分青红皂白，乱扣“封”、“资”、“修”、“大”、“洋”、“古”的帽子，扼杀哲学社会科学的研究。他们的发言指出，我国有悠久的历史，必须用马克思主义的立场、观点、方法加以整理研究，从中吸取经验教训，这和宣扬封建主义毫无共同之处。研究外国事物成为“禁区”，研究外国的机构寥寥无几，这种状况同我国在国际上的地位是不相称的。以批判的态度，加强对外国事物的研究，决不是什么“洋”、“资”、“修”。“四人帮”之所以如此仇视社会科学，是因为他们对马克思主义理论的威力感到恐惧。这些冒充马克思拥护者的政治骗子，全身散发着封资修的恶臭，非常害怕人们严格按照马列主义、毛泽东思想对他们这么一种社会现象作科学的考察，识破他们的反革命真面目。他们否定文化，毁灭文化，就是为了妄图使我们的人民处于愚昧之中，以便他们放手地篡党夺权，大搞复辟，使我国倒退到半封建、半殖民地的贫穷落后的旧中国去。

出席座谈会的哲学社会科学工作者痛切感到，理论战线当前迫切的战斗任务，就是要从哲学、政治经济学、科学社会主义方面深入揭批“四人帮”，肃清其流毒。粉碎了“四人帮”的资产阶级帮派体系，还必须粉碎“四人帮”的思想理论体系。必须彻底揭穿和深入批判“四人帮”歪曲、篡改和伪造马列主义、毛泽东思想的罪行。马克思主义是完整的科学体系，我们必须坚持完整地准确地阐述马列主义、毛泽东思想。“四人帮”伪造毛主席的指示，不管时间、地点、条件胡乱摘引马克思主义的片言只语，就是妄图利用马列主义、毛泽东思想的崇高威望，把马列主义、毛泽东思想变成迷信的教条，从而达到他们从内部败坏马列主义、毛泽东思想的罪恶目的。马克思主义作为科学，总是随着实践的发展而发展的。在哲学社会科学中，我们必须对各门学科进行深入研究，其中包括对本学科的系统总结，对事实的广泛搜集、严密分析和高度综合，在这个基础上，才能科学地阐述马克思主义，巩固和发展马克思主义在各个领域中的阵地。

许多发言指出，“四人帮”扼杀“百家争鸣”，造成了学术界的万马齐喑。要发展马克思主义的创造性的学术研究，就必须批判“四人帮”的文化专制主义，开展百家争鸣。在今天，这既是切实有效地揭批“四人帮”的需要，也是发展理论学术研究的需要。在百家争鸣中，一定要破除“四人帮”的那一套学阀作风，严格区别学术问题和政治问题的界限。座谈会上的许多发言都特别指出，哲学社会科学工作者的思想要有一个大的解放。要敢于冲破“四人帮”设置的种种禁区，勇于进行探索性的研究。在百家争鸣中，要坚持摆事实，讲道理，允许犯错误，允许改正错误。有的发言说，社会科学中的各门学科，也都会有自己的“哥德巴赫猜想”，我们要找出各门学科的尖端之所在，组织力量去攻坚。林彪、“四人帮”设置的禁区，往往正是尖端之所在，正是首先要攻克的关隘。无论从贯彻百家争鸣的方针来说，还是从制定和实现社会科学大发展的长远规划来说，突破这些禁区都是必要的。

许多发言认为，应当创造发展哲学社会科学的良好条件。“四人帮”破坏、取消社会科学，散布了种种流毒。要深入揭批“四人帮”，肃清其流毒。要改变对社会科学的看法，决不能认为社会科学是可有可无的。

应当广泛深入地宣传社会科学的发展对整个社会发展的重大意义。要给哲学社会科学研究提供必要的资料。以经济学、法学、社会学为例,如果缺少必要的经济资料、法学资料、社会学资料,是不可能进行研究的。

座谈会上,大家还就哲学社会科学的发展规划、人才培养、队伍建设、学术交流等问题,提出了许多很好的建议。

在座谈会上发言或书面发言的有:许涤新、冯至、黎澍、夏鼐、侯外庐、顾颉刚、孙冶方、陈翰笙、吕叔湘、尹达、翁独健、吴世昌、罗大纲、刘大年、任继愈、傅懋勣、韩幽桐、陈元晖、苏秉琦、黄绍湘、陈山、蔡美彪、王易今、邢方群、仇启华、丁伟志、邢贲思、裘辉、李泽厚。

出席座谈会的还有:刘仰峤、宋一平、王仲方、杜干全、刘导生、贺麟、严中平、余冠英、梁寒冰、张政烺、卞之琳、毛星、王玖兴、李荣、徐敏、安志敏、鲍正鹄、孙耕夫、孙亚铭、林甘泉、董辅礽、汝信、杜书瀛等。

座谈会从2月20日开始,至2月23日暂告一段落,拟于第五届全国人民代表大会以后继续举行。

《人民日报》发表评论员文章《党纪国法岂容践踏》

经中共河北省委批准,衡水地委最近严肃处理了故城县高校招生考试中发生的严重营私舞弊案件,平了民愤,大得人心。

这次对高等学校招生制度进行重大改革,是华主席为首的党中央,为了克服“四人帮”干扰破坏造成教育质量下降的严重恶果,贯彻择优录取的原则,堵塞“走后门”等漏洞,达到广开才路,提高新生质量和整个教学质量,适应实现四个现代化的需要,快出人才,多出人才的一项重要决策,受到全国人民热烈拥护。每一个共产党员、党的干部,特别是负责干部都应当坚决支持,模范地贯彻执行新的招生办法。可是,故城县委书记、县革委会主任马连宝则反其道而行之。他的三个女儿早已先后被“推荐”上了大学,这次却硬要为其四女儿骗取大学入学资格。在他的眼里,什么保证新生的质量,什么择优录取的原则,什么党纪国法,什么四个现代化的宏伟历史任务,全都不值一顾,只要他手中有了权,便可以任意行使,执法犯法,为所欲为。在他的带动和授意下,经过精心密谋策划的舞弊活动大量出现、诸如改考号,变座位,设“助考”,偷试题,送答案,把个考场闹得乌烟瘴气,使招生工作遭到严重的破坏,情节十分恶劣。这种营私舞弊的行为如不坚决制止,改革招生制度的目的便不可能达到,恢复和发扬党的优良传统和作风,也就成为一句空话。

故城的这起违法事件,使我们看到整顿党的作风的迫切性。马连宝为其女儿作弊,不是他一个人能够搞得起来的,从报名、考试到初选前所进行的一系列舞弊活动中,有那么多的人为其效劳。他们有的慑于权势,对领导者提出的非法要求,不是断然拒绝,批评斗争,而是一味迎合,不惜拿原则做交易,破坏党纪国法也在所不顾。有的趋炎附势,为其出谋划策,巧作安排,只要讨得领导者喜欢,各种卑鄙手段都使得出来。有的则趁机也为自己的子女作弊。我们从这里可以看到“四人帮”破坏党的作风、腐蚀党的组织的严重程度。我们党严肃处理这类案件,就是为了坚决制止这种资产阶级的歪风邪气。我们要在揭批“四人帮”的第三战役中,抓住这一类典型事例,联系实际,深入批判“四人帮”反革命的修正主义路线,批判他们破坏党的作风的严重罪行,使我党的优良传统和作风得以恢复和发扬。

对故城县这起严重的违法活动,广大干部和群众是深恶痛绝的。他们纷纷起来揭发斗争,有的给党的领导机关写信,有的考生当场拒绝参加这样的考试,或在答卷上揭发批判他们的作弊行为。这说明维护党纪国法是广大群众的要求。我们能够同各种不良倾向进行有效的斗争,一个重要原因,就在于这种斗争代表了群众的利益,反映了群众的愿望,因而得到群众的支持。对于诸如此类违法乱纪的行为,我们必须站在党的原则一边,站在广大群众一边,决不能“官官相护”。这是共产党同国民党的根本区别之一,也是我们同“四人帮”的根本区别之一。

华主席号召我们:“必须坚决反对一切无组织无纪律的行为”。粉碎“四人帮”以来,我们在华主席为首的党中央领导下,抓纲治国,已经初见成效。全党全军全国人民正在步调一致地为三年大见成效而英勇战斗,其中也就包括为严肃党纪国法而斗争。在这种形势下,如果有谁不顾华主席、党中央三令五申,不相信我们党的无产阶级纪律是铁的纪律,硬要以身试法,那就只能得到党纪国法的制裁。马连宝等人受到撤销党内外一切职务、开除党籍的处分,就是一个很好的说明。

目前高等学校招生工作已进入录取新生的最后阶段,参加这项光荣任务的干部和教师,要善始善终,完满地完成党中央交给我们的神圣任务。在招生工作的各个环节上发生的任何舞弊行为,都要认真对待,严肃处理。对有舞弊行为或“走后门”上来的学生,查清属实,要取消其录取资格;已经录取入校的,要坚决退回原单位。

国务院副总理谷牧在北京与南斯拉夫联邦执行委员会副主席贝里斯拉夫·舍费尔博士举行会谈

由会长王炳南率领的中国人民对外友好协会代表团前往巴基斯坦孟加拉国印度进行友好访问

在机场上，王炳南会长对新华社记者发表谈话说："中国人民与巴基斯坦、孟加拉国、印度三国人民有着悠久的传统友谊。我们代表团这次是应巴基斯坦政府和孟加拉国、印度有关组织的邀请前往进行友好访问的。我们是抱着促进中国同三国人民之间的友谊和向他们学习的目的前去的。我们希望通过这次访问，对加深中国同三国人民的相互了解和友谊作出应有的贡献。"

中国和埃塞俄比亚关于修建亚的斯亚贝巴体育馆的会谈纪要在亚的斯亚贝巴签字

在会谈纪要上签字的是中国驻埃塞俄比亚大使王锦川和埃塞俄比亚体育运动委员会主任伊德内卡丘·特塞马。

根据1976年3月签字的中国和埃塞俄比亚经济技术合作的有关协议，这座体育馆将由中国援助埃塞俄比亚修建。它在建成后可以容纳7000名观众。为了修建这座体育馆，中国已派了一个考察组到亚的斯亚贝巴。

1978年中国地毯交易会在北京举行

交易会由中国土产畜产进出口总公司主办。

历史悠久、闻名世界的中国地毯，在粉碎"四人帮"一年多来，生产和出口贸易都有大的发展。在这届交易会大厅里，展览着我国北京、天津、上海、青岛、大连、江苏、河北等口岸经营的艺术挂毯、高级手工地毯、仿古地毯、天然色毛地毯、丝毯、天鹅绒毯和具有少数民族艺术风格的新疆地毯、西藏地毯、阿坝地毯、版纳地毯。这些地毯做工精细，毯面柔软而富有弹性，色泽鲜明光润，图案新颖悦目。据不完全统计，去年以来设计生产的新型图案的地毯近200种。特别是横遭"四人帮"干扰破坏而不再生产和出口的龙凰、国画图案和古代人物、古代神话故事图案的地毯和挂毯，已经陆续恢复生产和出口，受到客人们的赞誉。

2月21日

《人民日报》为发表报道《一个篡党夺权的反革命经验——揭批"四人帮"一伙炮制的所谓"朝农经验"》配发编者按

编者按：在"四人帮"加快篡党夺权步伐的时候，有一个叫得最响的反革命口号："同十七年对着干"。这个反革命口号最早出自"四人帮"及其在辽宁的那个死党所炮制的"朝农经验"。

按照"四人帮"强加给教育战线的"两个估计"，"朝农经验"提出"狠批十七年"，"同十七年对着干"，完全否定毛主席的革命路线始终在教育战线占主导地位，肆无忌惮地同毛主席的革命路线对着干。当然，"四人帮"炮制"两个估计"也好，兜售"朝农经验"也好，都不光是为了在教育战线"同十七年对着干"，他们的狂妄野心，是要完全否定各条战线十七年的伟大成就，在各条战线上同毛主席的革命路线对着干。"同十七年对着干"，实质上成为推行"四人帮"反革命的修正主义路线的反革命行动口号。

在深入揭批"四人帮"的第三战役中，认真揭批"同十七年对着干"的"朝农经验"，肃清其流毒和影响，是揭批反革命的"两个估计"的深入发展，也是从思想上、理论上进一步分清是非，搞好教育革命的需要。

"四人帮"控制舆论工具期间，《人民日报》带头吹捧"朝农经验"。在不到两年的时间内，光《人民日报》一家就发表了27篇吹捧"朝农"的报道和文章。特别是在"四人帮"加紧篡党夺权的反革命步伐时，《人民日报》在头版显著位置，或者加"编者按"，或者加"短评"，刊登了好几篇文章和报道，鼓吹"同十七年对着干"，为"四人帮"另搞一套，打倒从中央到地方的一大批负责同志，呼风唤雨，推波助澜，起了特别恶劣的作用。在《人民日报》的影响下，所谓"朝农经验"充斥全国各种报刊，流毒各地。从今天起，我们将陆续发表几篇揭发批判所谓"朝农经验"的材料，清算"四人帮"炮制"同十七年对着干"反革命口号的罪行。

农林部副部长罗玉川就林业发展对新华社记者发表谈话

罗玉川说，去冬今春，各级党委进一步加强了对林业的领导，通过召开会议，修订规划，健全、充实林业机构和力量，抓紧整地，落实育苗与训练技术骨干等活动，认真贯彻落实华主席的指示；有的省委书记和许多地、市、县委书记带头植树造林，推动了冬春季植树造林运动的开展。贵州省在省委第一书记马力亲自参加植树造林的带动下，最近全省有几百万人上山造林。福建省委第一书记廖志高和省委其他领导同志带领机关干部，到福州市郊闽江防洪堤营造防风林，带动全省各地已造林70多万亩，培育苗木9900多亩。湖南省到1月底，有170万劳动力上山，造林整地350万亩，比去年同期多100万亩。山西、河南、浙江、江西、广东等省，也大大加快了林业建设的步伐。但是，各地造林发展不够平衡，有的地区行动不够迅速，成绩不大，必须作出进一步的努力。

罗玉川阐述了为什么要高速度发展林业的问题。他说，有了丰富的森林资源，不但可以给国家提供大量的木材和多种林产品，更为重要的是农田和森林交错，对农作物可以起到防护作用，促进农业高产稳产。

接着，罗玉川根据我国各地的不同情况，具体谈了高速度发展林业的重要意义。关于我国西北地区，他指出，当前这里风、沙、旱、涝和水土流失等自然灾害仍很严重，不少地方粮食产量低而不稳。造成自然灾害严重的主要原因之一，是这个地区林木稀少，复被率太低。要彻底改变这里的自然面貌，应当把植树造林作为一项战略性措施来抓。几个县以至几个地区要共同合作，因害设防，建设高标准防风固沙的防护林带，尽快控制水土流失和风沙危害。同时要因地制宜地建设大片用材林基地，有计划地逐步做到木材自给。

关于华北平原和中原地区，罗玉川说，这些地方人口众多，是我国主要农产区，工矿企业比较集中，过去受到"山区栽树，平原种粮"习惯的影响，林木稀少，易受自然灾害侵袭，严重影响农业生产。国家每年都要从其他地区运来大量木材，满足这里经济建设和人民生活的需要，所谓"北木南调"，主要也是运到华北和中原，给铁路运输带来很大压力。这些地方应该因地制宜地选择适当树种，积极发展农田林网化和"四旁"绿化，尽快改变林木稀少的局面。

对于雨量充沛，气候温和，有大片宜林荒山可以利用的南方各省、区，罗玉川提出的要求是：这些省、区应当因地制宜选择速生丰产的优良树种，在远山区着重发展用材林，建立大面积用材林基地；在近山区着重发展经济林、薪炭林，建立木本油料林基地和薪炭林基地，改变我国木材生产布局，为"备战、备荒、为人民"作出贡献。

罗玉川在谈到我国重要木材生产基地东北和西南林区时，强调指出，这些地方必须坚决贯彻华主席关于"切实改变林区重采轻造的错误做法"的指示，坚持以营林为基础，充分发动群众，扎扎实实地搞好伐区迹地更新，做到采伐多少，更新多少，更新有欠账的，应当有计划地还清欠账。同时也要做好规划，尽快地把当地所有的宜林荒山全部绿化起来，恢复和扩大森林资源，使我们的林区"越采越多，越采越好，青山常在，永续作业"。

林业生产周期比较长，能不能高速度发展呢？罗玉川说，我们的回答是肯定的。许多先进地区的实践证明，只要领导重视，作出具体规划，采取有力措施，平原地区的县三年左右，丘陵和山区县四五年或者六七年，就可以绿化起来。如豫东平原的鄢陵县，鲁西南平原的兖州县，渭北黄土高原的淳化县和陕北沙区的榆林县，以及属于丘陵山区的湖南桃源县，还有半山区半平原的山西夏县等等，都是由于领导重视，在三五年中基本实现绿化，改变了自然面貌，改善了农业生产条件的很有说服力的典型。一个县是这样，一个地区、一个省也是这样。只要领导重视，这个地区、这个省就必然会加快林业发展速度。

怎样实现林业发展的高速度呢？罗玉川谈了以下几点：第一，要把揭批"四人帮"的伟大斗争进行到底，彻底肃清其流毒，以保证林业建设高速度前进。第二，要十分重视造林质量。没有质量，造林保存率低，就没有速度；反之，就可以大大加快绿化进程。湖南省1971年以前，不少地方由于忽视质量，形成年年造林不见林。过去20年，全省造林保存面积只有1600万亩左右，平均每年只有80万亩，浪费了大量劳动力和资金。1971年以来，这个省各级党委领导成员亲自造试验林，办样板山，提倡科学造林，狠抓造林质量，结果全省最近六年造林保存面积达1600万亩，相当于过去20年造林保存面积的总和。各地在当前的春季植树造林运动中，必须努力提高造林质量。为此，一定要把植树造林的群众运动组织好，做好种苗检验、技术培训、物资供应等各项准备工作，防止一哄而上。造林以后，要严格检查验收，加强抚育管护，力争栽一棵活一棵，造一片成一片。第三，要抓好种苗工作。高速度发展林业，种苗必须先行，没有充裕的良种壮苗，造林就是一句空话。华主席曾指示我们搞植树造林"一定要抓好种苗，搞好苗圃"，为我们指出了在营林工作中必须重视的问题。我们不仅要为今春和当年植树造林准备好足够的种苗，还要为今后几年提前做好充分准备。要在大力办好国营苗圃的同时，广泛开展社队群众育苗，加强苗圃管理，提高苗木质量标准。第四，要认真贯彻落实"国造国有，社造社有，队造队有，社员在房前屋后或在生产队指定地点种植的树木归社员所有"的政策和其他各项林业政策，切实解决好林权纠纷以及侵占国有林等问题。要严禁毁林开荒和乱砍滥伐，对森林资源必须加强保护管理。

国家劳动总局发出《关于企业职工加班工资支付问题的通知》

通知要求，对必须在法定节日加班的工人和必须随同工人加班的其他职工(不包括科长以上的领导干部)，可按本人标准工资的200%发给加班工资。

国务院副总理谷牧在北京与南斯拉夫联邦执行委员会副主席贝里斯拉夫·舍费尔博士继续举行会谈

我国青年数学家张广厚在函数理论的研究中又取得具有世界水平的新成果

新华社报道：去年2月，本社曾经报道了青年数学家杨乐、张广厚在函数值分布理论研究中找到亏值和奇异方向之间有机联系的重要成果。一年来,张广厚通过艰苦努力,又成功地找到了整函数或亚纯函数的亏值、渐近值和茹利雅方向(一种奇异方向)三者之间的有机联系,并在长5万多字的论文中,详尽而系统地阐述了他的论点,给出了这种联系的具体的数学论证,更深刻地揭示了整函数或亚纯函数所反映的客观规律。另外,张广厚还在渐近值理论方面,一举解答了国际上多年没有解决的四个问题。

亏值、渐近值和茹利雅方向,是整函数或亚纯函数理论中的3个重要概念。它们的含意差别很大,表面上看不出有什么联系。各国函数论学者对这三个概念本身都做过大量研究,取得很高的成就,但对于它们之间的联系却很少了解。1929年,芬兰著名数学家奈望利纳曾意识到亏值和渐近值之间有内在联系,认为研究它们两者之间的关系有希望弄清楚整函数或亚纯函数理论中的一些最深刻的问题,同时,他根据亏值和渐近值有某种类似的性质,猜测亏值也是一个渐近值。但是在10年以后,这个猜测被人否定了。

张广厚认为人们否定的只是奈望利纳的一个具体猜测,而不是亏值和渐近值两者之间应当存在的联系。这个否定,说明亏值和渐近值两个概念之间性质上存在着差异。张广厚进而分析亏值、渐近值和茹利雅方向三者之间性质上的差异和对立,认为它们之间的关系应是一种对立统一的辩证关系。但是,要在数学上实际寻求这种联系,难度是很大的。张广厚不畏艰难,勇往直前,终于成功地证明了反映这种联系的四个重要定理,在数学上找到了亏值、渐近值和茹利雅方向这3个重要概念之间的具体联系。

张广厚的这项工作,得到了我国老数学家北京大学庄圻太教授的热情支持和帮助。庄圻太教授给张广厚提出了许多指导性意见,并用3个月时间细心审查了他的长篇论文,认为张广厚做的是一项很好的工作,难度很大,内容很丰富、很深刻。

另外,张广厚还深入地研究了渐近值理论。渐近值理论,是函数理论中历史较长的一个研究领域。如果函数沿着一条伸向无穷远的路径变化到某一个值,这个值就叫做函数的渐近值。在渐近值的一般理论中,多年来存在着这样两个问题:估计函数沿着路径趋向于它的渐近值的速度,和估计路径的长度。在1964年的一次国际函数论会议上,英国著名数学家海曼在这方面提出了一些问题。张广厚解答了其中的四个问题,特别是第一次给出了有关路径长度的一种普遍性估计。这一成果,得到了国内外数学家的重视和好评。中国科学院已决定将它推荐给全国科学大会。在进行上述研究工作的同时,张广厚还和杨乐继续合作,对一些类的整函数的亏值数目给出了准确的估计,获得好的成绩。杨乐对亚纯函数的奇异方向也在进行深入研究,并已取得某些重要成果,现正在整理完成中。

2月22日

中共中央主席华国锋在北京会见南斯拉夫联邦执行委员会副主席贝里斯拉夫·舍费尔博士

华国锋说,自从铁托总统去年访问中国以来,中南关系在政治上、经济上和其他方面进入了一个长期、稳定、全面合作的新阶段。我们相信,中南关系会发展得越来越好。

华主席请舍费尔副主席转达中国共产党、中国政府和中国人民以及他本人对铁托总统、南斯拉夫党政其他领导同志和南斯拉夫人民的良好祝愿。

会见和谈话时在场的有:

南斯拉夫驻中国大使德鲁洛维奇,南中贸易混合委员会主席菲利普·巴比奇,南斯拉夫外交部大使博罗·拉法伊洛夫斯基;

国务院副总理谷牧,国家计委副主任顾明,外交部副部长余湛,外贸部副部长王润生,外经部副部长石林,一机部副部长项南等。

中共中央主席华国锋参观全国工艺美术展览

中共中央副主席李先念,以及党和国家其他领导人方毅、余秋里、耿飚、陈慕华、王震、谷牧、胡厥文,也在正式展出前,观看了展览。

这次展览是我国工艺美术事业的一次大检阅。展览会上共展出一万多件工艺美术作品,分别陈列在工艺画、雕刻、织绣、编织、玻璃陶瓷、金属工艺和漆器、民间工艺、灯彩和家具8个展览大厅。这些作品题材丰富,技艺精巧,充分显示了粉碎"四人帮"之后,我国工艺美术事业又迎来了百花齐放,百家争鸣的灿烂的春天。

这次展览是由轻工业部、对外贸易部和商业部联合举办的。展览会负责同志对记者说,我国工艺美术,历史悠久,技艺精湛,深得人民群众的喜爱,在国际上也享有盛誉。"四人帮"把工艺美术品的出口诬蔑为"出卖社会主义",把传统题材的作品诬蔑为"复古、倒退"等等,搞乱了工艺美术界的思想,给工艺美术事业的发展造成了极大的损失。举办这次展览会的目的,就是要进一步批判"四人帮",澄清路线是非,更好地贯彻执行毛主席百花齐放,推陈出新,古为今用,洋为中用的方针和周总理、华主席对工艺美术的一系列重要指示,使我国的工艺美术事业进一步繁荣起来。

这次全国工艺美术展览预定在北京展出四个月。

民航总局召开全国民航系统学大庆学大寨学雷锋学硬骨头六连经验交流会议

参加会议的有来自全国民航系统“四学”的先进单位、先进个人的代表，以及民航各地区管理局和省(区)局、学校、工厂、飞行队、航空站等单位的领导干部，共300多人。

民航总局局长沈图主持开幕式，政治委员王静敏致闭幕词，副政治委员王文作了关于深入开展“四学”运动，为加速建设革命化现代化的民航而奋斗的报告。

会议表彰了74个学大庆、学大寨、学雷锋、学硬骨头六连的先进单位、先进集体和八十八名先进个人。树立某飞行总队、航空学校第二训练团、某飞行大队等五个单位为安全飞行标兵单位；一〇二厂、第九飞行大队一中队等11个单位为学大庆、学硬骨头六连的先进标兵单位；某飞行总队副总队长尹淦庭、第二飞行大队副大队长赵录子等19人为民航先进个人标兵。会上，给他们发了锦旗和奖状。

石油化工部在北京举行学习国外先进技术的汇报讨论会

到会同志看到了世界石油工业新的技术成果，开阔了眼界，受到了启发。

汇报讨论会开始后，由出国考察刚刚回来的一位副部长介绍了国外石油技术发展的概况，随同考察的其他同志就一些专门的技术问题相继汇报了自己的所见所闻。这些同志接连讲了3天，康世恩部长和石化部的副部长们始终到会同大家一起听讲。他们听得认真，问得很细。部的领导同志一面虚心学习，一面同到会的同志讨论哪些先进技术适合我国实际情况，可以采用；哪些技术有一定的局限性，只宜参考，不应照搬；哪些技术虽好，但限于我国的条件，目前要创造条件逐步采用。大家实事求是，解放思想，畅所欲言，既谈我们的技术进步和技术特长，又摆我们同世界先进水平在一些方面的差距，一改“四人帮”横行时，在棍子、帽子下出现的那种对国外先进技术害怕谈论、不敢学习的反常局面，整个汇报讨论会开得生动活泼，十分热烈。

本来，我国已经有了自己独创的石油勘探开发理论和一整套新工艺，大庆油田在开发和建设当中，就创出了许多世界纪录和先进水平，但石化部的领导同志并不以此为满足。他们鼓励到会同志成绩面前找不足，继续革命攀高峰，把总结自己的成功经验同借鉴国外的技术成果结合起来。康世恩同志在会上说：要搞十来个大庆，要实现四个现代化，我们决不能停留在已有的经验和技术水平上。我们要在自力更生的基础上，把世界上先进的技术，科学的办法，都学到手，为我所用，千方百计把我们的发展速度搞上去！

国务院副总理王震在北京会见由南斯拉夫社会主义联邦共和国执行委员会委员 联邦卫生与社会保健委员会主席佐拉·托米奇率领的南斯拉夫卫生代表团

中共中央军委任命张震为解放军总后勤部部长

中国科学院在广州召开光合作用研究工作座谈会

来自全国许多省、自治区、直辖市的生物学、农业科学、化学和物理学等专业的科研和教学人员，以及有关工厂的技术人员和贫下中农代表，在一起交流了光合作用的研究成果和工作经验，分析了国内外的研究动态，并且制定了研究工作规划。

光合作用研究的任务是，提高光能利用效率，阐明光合作用机理以及人工模拟光合作用，这对于提高农作物产量，开发新能源，以及阐明生命起源和演化，生物的物质代谢和能量转化等问题都有着重要的意义。新中国成立以来，在毛主席革命路线的指引下，我国光合作用的研究从无到有地迅速发展起来。但是，由于“四人帮”的干扰、破坏，这项研究和国际先进水平之间的差距拉大了。在这次座谈会上，代表们通过交流经验，分析国内外研究工作的现状，很有信心地表示，要在较短的时间内，使我国的光合作用研究出现欣欣向荣的新局面，尽快地赶上和超过世界水平。

2月23日

中国共产党第十一届中央委员会第二次全体会议公报

(1978年2月23日通过)

中国共产党第十一届中央委员会第二次全体会议于1978年2月18日至23日在北京举行。

中国共产党中央委员会主席华国锋同志主持了这次会议。中共中央副主席叶剑英、邓小平、李先念、汪东兴同志，中央政治局其他同志，中央委员和候补中央委员，出席了会议。

这次中央全会的任务是，从政治上、思想上和组织上为第五届全国人民代表大会和中国人民政治协商会议第五届全国委员会的胜利召开，完成各项必要的准备工作。

华主席在会上作了重要讲话。

华主席指出，从党的十一大和十一届一中全会以来的半年间，我国的大好形势又有了新的发展。抓纲治国战略决策一年初见成效的要求，已经胜利实现，情况比预计的还要好。揭批王洪文、张春桥、江青、姚文元“四人帮”反党集团的斗争取得了伟大的胜利。我国政治、经济、军事、文化各个领域发生了深刻的变化。进入1978年以来，各方面的形势更加喜人。广大干部和人民群众欢欣鼓舞，心情舒畅，社会主义积极性空前高涨，一个安定团结、大干社会主义的新局面已经出现。

华主席指出，全国各省、自治区、直辖市已先后召开了新的一届人民代表大会，选举了省、自治区、直辖市革命委员会和出席五届全国人大的代表，还召开了政协会议。这些会议的召开和选举结果，很得人心。

华主席说，所有这一切，充分证明，我们的国家已经顺利地渡过了“四人帮”所造成的严重危难，我国社会主义革命和社会主义建设新的发展时期有了一个良好的开端。召开第五届全国人民代表大会的条件已经完全成熟了。

华主席说，即将召开的第五届全国人民代表大会，担负着重大的历史责任，这就是要高举毛主席的伟大旗帜，贯彻执行党的十一大路线，进一步清除“四人帮”的流毒和影响，巩固和加强无产阶级专政，发扬社会主义民主，调动一切积极因素，团结一切可以团结的力量，发展大好形势，为把我国建设成为伟大的社会主义的现代化强国而奋斗。

华主席说，五届全国人大的召开，是我国各族人民政治生活中的一件大事，是抓纲治国、达到天下大治的一件大事，也是巩固和发展我国工人阶级领导的、工农联盟为基础的革命统一战线的一件大事。全党全军全国各族人民热烈地希望我们开好这次大会，全世界也很注意这次大会。我们相信，在全党全军全国各族人民已经做了充分准备工作的基础上，经过我们这次全会的工作，五届全国人大和五届全国政协会议一定能够开得好，一定能够开成团结的大会、胜利的大会。

华主席的讲话，受到全会热烈的拥护。

全会对中央政治局提出的各项文件进行了认真的讨论。

全会一致通过了《政府工作报告》《1976—1985年发展国民经济十年规划纲要(草案)》《中华人民共和国宪法修改草案》和《关于修改宪法的报告》，决定提请第五届全国人民代表大会第一次会议审议。

全会一致通过了全国人民代表大会常务委员会组成人员、国务院总理和国务院其他组成人员、最高人民法院院长、最高人民检察院检察长、政协全国委员会常务委员会组成人员的候选人名单，决定分别提请五届全国人大和五届全国政协会议讨论。

全会还通过了中华人民共和国国歌的新歌词，也决定提请五届人大会议讨论。

《解放军报》发表评论员文章《关键是选配和整顿好领导班子》

政治路线确定之后，干部就是决定的因素。

以华主席为首的党中央、中央军委提出了抓纲治军准备打仗的伟大号召。现在，我们军队工作的纲清楚了，任务明确了，方针、政策和具体措施都有了，部队各方面工作差不多都有了章程，重要的问题就是要有坚强的领导班子去落实。有一个好的领导班子，才能把党中央、中央军委的路线、方针、政策和指示精神，密切联系本单位的具体实际贯彻执行，才能带领广大指战员把部队整顿好、建设好。否则，一切都无从谈起。所以整顿军队，重点是整顿干部队伍，关键是选配和整顿好各级领导班子。

我党我军的历史经验告诉我们：哪个领导班子选得好，尤其是主要领导干部配得好，哪个领导班子就能在大风大浪中站得稳，顶得住，成为坚强的团结战斗的核心。也曾经有过这样的情况，有的领导班子没有选配好，让“风派”、“震派”一类人物得势，这个领导班子就陷于软懒散状态，一攻就瘫，甚至跟着修正主义路线跑。毛主席缔造和建设我们这支人民军队，历来重视各级领导班子的选拔配备。华主席为首的党中央在粉碎“四人帮”之后，十分重视这个问题，调整和加强了一些省、自治区、直辖市、中央机关、国家机关和部队一些大单位的领导班子。揭批“四人帮”的斗争之所以迅猛而健康地发展，取得伟大胜利，抓纲治国、抓纲治军之所以能够一年初见成效，选配和加强领导班子就是一个带关键性的因素。

领导班子选得好不好，第一，关系到能不能够继往开来，完整地准确地把毛主席的军事思想和军事路线继承下来，把毛主席亲自培育的我军优良传统和作风继承下来，把毛主席留给我们的全部思想财富继承下来；第二，关系到能不能把揭批“四人帮”的伟大斗争进行到底，夺取这场政治大革命的全胜，能不能率领部队完成抓纲治军准备打仗的各项任务；而且，第三，关系到我们军队的将来，就是能不能够经得起现代战争的考验，经得起包括党内路线斗争的任何政治风浪的考验。

选配领导班子，首先是选人要选得准，尤其是军政主要领导干部要选得准。毛主席说：“在这个使用干部的问题上，我们民族历史中从来就有两个对立的路线：一个是‘任人唯贤’的路线，一个是‘任人唯亲’的路线。前者是正派的路线，后者是不正派的路线。”我们选配领导班子，就是要坚持我们党历来实行的“任人唯贤”的正派的路线。我们的领导班子应该选用什么样的干部呢？我们要选那些符合毛主席规定的接班人五个条件的人。也就是说，要选那些认真学习马列主义、毛泽东思想，在路线斗争中包括第九次、十次特别是第十一次路线斗争中经得起考验、表现好的人；要选那些党性强，能团结人，不怕鬼、不信邪的人；要选那些艰苦朴素，实事求是，说老实话，办老实事，做老实人，作风正派的人；要选那些努力工作，联系群众，关心群众疾苦，有魄力，有实际经验，能够办事的人。选这样的人，就是“任人唯贤”。

在调配领导班子时，对于那些参与“四人帮”篡党夺权阴谋活动的人，当然不能选进来。对于那些“震派”、“风派”、“溜派”人物，错误严重而又态度很坏的，有问题没有查清的，也不能选进领导班子里来。还有一种人，虽然同“四人帮”没有牵连，或者牵连不大，但是政治品质很坏，有政治野心，称王称霸，好搞宗派，投机钻营，招摇撞骗，玩弄权术，专门整人，革命意志严重衰退，等等，也不能选进领导班子，或者不能重用。

在选什么人进领导班子的问题上，事关重大。我们的认识一定要明确，要统一。要看得远，要采取严肃的坚决的态度，不能含糊。这个问题对作为无产阶级专政柱石的我军来说更为重要。我们的领导班子一定要是高举毛主席伟大旗帜，坚决听从华主席为首的党中央、中央军委指挥的领导班子。

领导班子的选配很重要，整顿也很重要。好比种地，选种很重要，下种出苗以后就要靠田间管理。俗话说：“三分种，七分管”，就是这个意思。一个领导班子选配好后，如果不注意整顿，也是可能由好变差的。

领导班子要在斗争中进行整顿，在当前就要在揭批“四人帮”的斗争中进行整顿。这些年来，林彪、“四人帮”败坏我们党的实事求是、群众路线、艰苦奋斗等优良传统和作风，而且搞乱了人们的思想，不深入揭批“四人帮”，分清思想、理论、路线是非，党的优良传统和作风是恢复发扬不起来的。同样，由于林彪、“四人帮”的干扰破坏，造成了某些领导班子软懒散的状况。我们应该联系本单位本部队的实际，抓住林彪、“四人帮”造成的那些流毒深、危害大的问题，进行清扫工作，在做好组织整顿的同时着重抓好思想整顿，从根本上改变领导班子软懒散的状况。

领导班子软是不行的。软，就是怕字当头，丧失原则，好事不支持，坏事不抵制，拿革命利益做交易，留得人情好办事，逆风袭来顶不住，甚至跟着错误路线跑。领导班子像墙头草那样，风一吹就摇摆，那怎么行呢！怎么能带出过得硬的部队呢！

领导班子懒是不行的。懒，就是没有雄心壮志，干劲不足，得过且过，不读书，不看报，不动脑筋，不深入作调查研究。古人韩愈说，业精于勤荒于嬉，行成于思毁于随。作为一个军队领导干部，一定要勤奋，实在不可以沾懒惰这个边。

领导班子散也是不行的。散，就是各执一把号，各吹各的调，闹不团结，捏不到一起，垒山头，搞宗派。我军是高度集中的战斗组织，必须有严格的纪律，一切行动听指挥，步调一致才能得胜利。如果各行其是，那还有什么战斗力呢！

要改变领导班子软懒散的状况，就要对“四人帮”的那一套深揭深批，就要大破大立。揭了批了还不够，还要改，只有改了，才算真正理论联系了实际。我们要在深入揭批“四人帮”的斗争中，认真学习马列和毛主席著作，把我军的各级领导班子建设得能够遵照毛主席的教导，坚持“要搞马克思主义，不要搞修正主义；要团结，不要分裂；要光明正大，不要搞阴谋诡计”的基本原则，进一步提高识别真假马列主义的能力。只有这样，才能解决由于林彪、“四人帮”的破坏而造成的思想不纯、组织不纯、作风不纯的问题，把我们的领导班子整顿好、建设好。空军航空兵某师党委是我们领导班子建设的一个榜样。这个师的党委保持和发扬了我党我军的优良传统和作风，自觉搞好思想革命化，学习走在前，工作拼命干，生活待遇往后靠，搞特殊不沾边，他们艰苦奋斗，不断革命，在政治上、思想上、工作上、作风上都过得硬。我们的各级领导班子应该有航空兵某师党委那样的精神状态，像他们那样下决心从领导班子做起把部队整顿好。如果在一个领导岗位上，一年、两年、三年，时间过去了，还是一切照旧，面貌未改，那工作起来还有什么味道呢！怎么能够适应跃进的形势呢！怎么能够完成抓纲治军准备打仗的任务呢！我军各级领导班子一定要认真向空军航空兵某师党委学习。正如军委曾经指出的，全军师以上领导班子，不要说全部，就是大部分做到这样，我军的面貌就会焕然一新。

毛主席一贯教导我们，必须善于关心干部，识别干部，使用干部，爱护干部。我们几百万军队大有人才。经过几十年革命战争的考验，经过各种政治风浪的锻炼，各种优秀人物不断涌现。问题是世有伯乐才发现千里马。我们要当伯乐，善于在路线斗争中识别干部，发现人才，把那些在路线斗争中立场坚定，旗帜鲜明，表现好的同志，在训练、战备和其他各项工作中很有作为、德才兼备的同志，选拔到各级领导岗位上去。我们对干部既要使用好，也要关心爱护他们，给他们以学习的机会，教育他们，使他们在理论上工作能力上提高一步，帮助他们总结经验，发扬成绩，克服缺点，并在可能限度内对干部的疾病、生活、家庭等困难给予照顾，使他们安心工作，发挥积极性创造性。对于犯错误的干部，一般地应采取说服的方法，帮助他们改正错误。要对他们做艰苦细致的思想教育工作，耐心解释党的政策。只要他们不坚持错误，不讳疾忌医，而是认识和改正错误，我们就欢迎。我们还必须抓紧做好落实党的干部政策的工作。

领导班子的选配和整顿，不可能一劳永逸。但是，一定要抓紧。我们军队工作能不能拨乱反正，正确地全面地贯彻执行毛主席的军事思想和军事路线，能不能继续打好揭批“四人帮”的第三战役，彻底肃清林彪、“四人帮”的流毒影响，抓纲治军能不能大见成效，首先就是能不能把领导班子选配好整顿好。中国共产党是在一个几万万人的大民族中领导伟大革命斗争的党，没有多数才德兼备的领导干部，是不能完成其历史任务的。我们要在新的历史时期中实现抓纲治军准备打仗的任务，首先就要把领导班子和干部队伍整顿好、建设好。我军的各级领导班子一定要高举毛主席的伟大旗帜，在华主席为首的党中央领导下，经得起现代战争和政治风浪的考验。

《解放军报》发表署名华泽的文章《假左真右和宁“左”勿右》

遵照华主席在党的十一大政治报告中的指示精神，通过剥去“四人帮”的“左派”伪装，进一步暴露其反革命修正主义路线的极右实质，这是深入揭批“四人帮”的一项重要任务。为什么说“四人帮”是假左真右？这种假左真右和极“左”思潮是什么关系？“左”是不是比右好？诸如此类的问题都需要我们进行深入的研究和分析。这一步工作做好了，对于分清路线是非，更好地贯彻执行毛主席的革命路线，全面落实党的各项政策，对于破除迷信，解放思想，推动各条战线的“大跃进”，都会产生重大的作用和深远的影响。

左、极“左”和“四人帮”的假左真右

左，指的是一种政治态度，是相对中间、右而言的。左派，即革命派，是同中间派、右派相比较而存在的。凡有人群的地方，都有左、中、右。左派革命坚决，右派反革命坚决，那在左右之间动摇不定的，则称中间派。

带引号的“左”，即“左”倾，也称极“左”。“左”倾同右倾一样，是革命队伍里的一种错误倾向。犯“左”倾错误的同志，其基本特征，是害了急性病、幼稚病，不顾主客观条件，不区别矛盾的性质，蛮干一气。正如毛主席在《实践论》中指出的：“他们的思想超过客观过程的一定发展阶段，有些把幻想看作真理，有些则把仅在将来有现实可能性的理想，勉强地放在现时来做，离开了当前大多数人的实践，离开了当前的现实性，在行动上表现为冒险主义。”产生这种“左”倾错误的阶级根源是小资产阶级特别是脱离生产的小资产阶级知识分子的狂热性，其认识根源则是主观和客观相分裂、理论和实践相脱离。“左”倾的错误，如不及时纠正，任其发展泛滥，特别是如果形成了一条“左”倾机会主义的路线（形成制度、形成政策、形成纲领），对革命事业危害是很大的。我们党的历史上曾经吃过几次“左”倾机会主义路线的大亏。

极“左”，作为一种思潮，是反马克思主义的。当然，犯“左”的错误的大多数，只要经过教育，促使他们在思想上彻底认识错误的原因、环境和改正错误的办法，本人又不坚持错误，是可以改过来的。但是，我们也确实看到一些人，开始只是受极“左”思潮的影响，做了一些错事，后来由于资产阶级个人主义恶性膨胀，在修正主义路线上越滑越远，终于走上了与人民为敌的道路。那么，推行“左”倾机会主义路线的头子能不能改呢？斗争的实践证明，犯了大的原则的错误，犯了路线、方向错误，为首的，改也难。

什么是假左真右呢？就是披着“左派”外衣搞极右。林彪、“四人帮”就是这种典型。他们推行的是一条反革命修正主义的极右路线，但在表现形式上，有时却以极“左”的面貌出现。他们明明是右得不能再右，却要装扮成左得不能再左。他们不仅一般地讲些马列主义的词句，喊些革命的口号，来欺骗人，而且常常从极“左”方面把马列主义的原理和革命的口号加以歪曲，以适应自己反革命的需要，大干破坏革命的勾当。

这种假左真右，表面上同“左”有相似之处，实际上是极右的一种特殊的表现形式。林彪、“四人帮”这些隐藏在党内和革命队伍内部的资产阶级野心家、阴谋家，他们既要反革命，又慑于无产阶级专政的强大威力，慑于马克思主义普遍真理为广大人民群众所掌握的强大威力。他们篡党夺权、复辟资本主义的主观欲望同客观现实之间存在着尖锐的矛盾。特别是广大群众对右的机会主义的识别力提高了，警惕性增强了。在这种情况下，如果完全赤裸裸地用右的面貌出现，那就很容易被识破，被抓住。于是他们就巧妙地打扮一番，常常装成比别人更革命的样子，大搞极“左”，以为这样既能达到反革命的目的，又可掩盖自己反革命的嘴脸。这种假革命的反革命，也就是反革命两面派，欺骗性最大，对革命的危害也最烈，是无产阶级的死敌，党的死敌，人民的死敌。

“四人帮”以假左面目煽动利用极“左”思潮

在无产阶级“文化大革命”中，曾经出现过一股极“左”思潮，这是林彪、“四人帮”蓄意煽动起来的。

林彪、“四人帮”为要达到颠覆无产阶级专政、复辟资本主义的目的，一切牛鬼蛇神、社会渣滓都要收罗起来，各种资产阶级、修正主义甚至连封建阶级的思想统统要加以利用，这是毫无疑义的。但因为他们是以

"左派"伪装出现的、以搞极"左"的办法作为破坏革命的重要手段的反革命分子,所以特别看中了极"左"思想,认为是他们更适合利用的宝贝。他们拼命煽动极"左"思潮,煽动和利用一些群众特别是一些缺乏政治经验的天真烂漫的青年的过火行为,来为自己的政治目的服务。这是林彪、"四人帮"极其阴险毒辣的一种手法。

本来,在一场大的革命运动中,群众里面会有右的思想,也会有"左"的思想,这都不奇怪。只要革命的政党加以重视,善于引导,是不难克服的。伟大领袖和导师毛主席高瞻远瞩,从"文化大革命"一开始就指示我们,既要防止和克服右的思想,也要防止和克服"左"的思想。还在"文化大革命"刚刚兴起的时候,毛主席在那著名的给清华大学附中红卫兵的信中,一方面热烈支持他们对反动派造反,同时又要求他们"注意争取团结一切可以团结的人们。对于犯了严重错误的人们,在指出他们的错误以后,也要给以工作和改正错误重新做人的出路"。在1967年"文化大革命"处于高潮的时候,毛主席又强调指出:"必须善于把我们队伍中的小资产阶级思想引导到无产阶级革命的轨道,这是无产阶级'文化大革命'取得胜利的一个关键问题。"敬爱的周总理坚决执行毛主席的革命路线,一方面同反革命的修正主义路线作针锋相对的斗争,同时又坚决地热情地保护革命干部包括犯了错误而不应该打倒的干部;一方面坚定地支持广大群众特别是青年同志的革命精神,同时又从爱护的观点出发,严肃而又耐心地教育他们注意克服极"左"和无政府主义思想,认真执行党的各项政策,做真正的无产阶级革命派。

可是,林彪和"四人帮"却反其道而行之。他们唯恐无产阶级的天下不乱,到处煽风点火,煽动极"左"思潮,煽动无政府主义。他们常用的反革命策略是:毛主席、党中央每提出一个革命口号,作出一个战略部署,他们马上接过去,装出一副跟得最紧、执行最坚决的姿态,然后加以篡改,变成种种极"左"的蛊惑人心的口号,利用手中控制的宣传工具,大造舆论,把人们的思想搞乱,引诱人们跟着他们去另搞一套,以便浑水摸鱼,在"革命"的幌子下达到反革命的目的。下面我们举点事实来看看吧。

毛主席发动无产阶级"文化大革命",他们很快以"文化大革命""旗手"的姿态出现,从极"左"的方面歪曲"文化大革命"的性质和任务,提出什么"文化大革命"是"革革过命的人的命",是"批干运动",要"彻底改善无产阶级专政","改朝换代",鼓吹"否定一切","砸烂一切"。如果真的按他们这一套去"革命",结果只能是改了社会主义的"朝",换成资本主义的"代",无产阶级专政彻底垮台。

毛主席指出"文化大革命"要大搞群众运动,相信群众,依靠群众,尊重群众的首创精神。他们便从极"左"的方面把群众运动和党的领导分割开来,鼓吹群众运动"天然合理",煽动"踢开党委闹革命",进而"打倒党委闹革命",进而连共产党本身也要彻底否定,用群众组织取而代之,等等。共产党的领导都不要了,都要反了,这是哪一个阶级的"革命",又是革谁的命,还不清楚吗?

毛主席提出要以阶级斗争为纲,"四人帮"马上接过这个革命的口号,一方面蓄意颠倒社会主义历史阶段的敌我关系,荒谬地提出"党内有一个资产阶级",鼓动层层揪"民主派"、"走资派",疯狂地迫害革命干部;另一方面,用"阶级斗争"来否定安定团结、把国民经济搞上去的重要性,鼓吹什么"乱一点有生气","宁要社会主义的草,不要资本主义的苗"等等。按照他们那种"斗"法,结果是越斗,坏人越高兴,资本主义越泛滥,歪风邪气上升,生产下降、倒退。

毛主席号召学习理论反修防修,"四人帮"也加以歪曲、利用。他们打起"继续革命"的招牌,把马列主义当作修正主义来批,把社会主义当作资本主义来批。叛徒江青走到哪里都是口口声声"我是同修正主义斗争来了"。结果怎样呢?按照他们那种"批"法,只会是越"批"越修,越"批",社会主义越臭,资本主义越香。

总之,林彪、"四人帮"代表的是国内被打倒了的地富反坏和新老资产阶级的利益,他们散布各种极"左"的口号,都是为了实现其极右的反革命的政治纲领,打倒老一辈无产阶级革命家,从而整个地推翻我们伟大的党,伟大的军队,伟大的无产阶级专政的社会主义国家。

林彪反党集团垮台以后,毛主席领导我们党开展了轰轰烈烈的批林整风运动。广大干部和群众对林彪反革命修正主义路线的极右实质进行批判的时候,很自然地要揭露和剥掉林彪"左派"的外衣,并且联系各条战线的实际,批判林彪、"四人帮"故意煽动起来的极"左"思潮和无政府主义,肃流毒,分是非,划界限。这个批判大大提高了人们的政治觉悟,促进了毛主席革命路线和各项无产阶级政策的贯彻落实,增强了革命队伍内部的团结。

同林彪是一丘之貉的"四人帮",凭着他们反革命的灵敏嗅觉,感到大事不好了。照这样批下去,他们自己的狐狸尾巴就藏不住了,"左派"的外衣就要被撕破,极右派的原形就要暴露了。于是,就倾巢出动,大打棍子,大扣帽子,这也不准批,那也批不得,什么"转移斗争大方向"呀,"矛头指向群众"呀,"否定'文化大革命’的胜利成果”呀，等等，硬是要把批林运动打下去。谁要是再敢说个“左”字，那就简直是大逆不道。可是，广大群众的眼睛是雪亮的，总觉得“四人帮”讲的那一通是歪理，是在玩弄假批林、真保林的把戏。而“四人帮”却自以为得计，不仅把林彪的一套继承下来，而且恶性地发展了。党的十大以后，他们更加利令智昏，一次又一次地煽动利用极“左”思潮，另搞一套，向无产阶级进攻。但是，真理必胜，假左终究掩盖不住真右。极“左”搞得越荒谬，极右面目也就暴露得越彻底。“四人帮”疯狂反党之日，也就是他们彻底垮台之时，他们终究落得了和林彪反党集团同样的下场。

“左”比右好吗？

“左”比右好吗？这个问题，毛主席反复讲过多少次了。毛主席指出，“对于革命事业的损失说来，‘左’比右并没有什么好，因此应当坚决改正。”那么，为什么一个时期里“左”比右好、宁“左”勿右的错误思想又流行起来，并且在各个领域，甚至在日常生活的各个方面都表现出来呢？罪魁祸首还是“四人帮”，是“四人帮”反革命修正主义路线的一种很广很深的流毒。

首先，“四人帮”在思想理论上制造混乱，混淆左右，颠倒敌我。毛主席关于无产阶级专政下继续革命的学说本来是不断革命论和革命发展阶段论相统一的科学理论。“四人帮”却肆意歪曲篡改，提出什么资产阶级权利要废除，社会主义政策要否定，统一战线要推倒。谁不同意他们这一套，就是“到站下车”。“右倾”、“复辟”、“回潮”等等一大堆帽子，任何时候都可以给任何一个革命同志扣上。讲革命团结，是右；讲落实党的政策，是右；讲实事求是，也是右，一句话，凡是按马克思主义办事，都是右。在“四人帮”这一套谬论毒害下，有的同志误认为越“左”越革命，因而不怕别人说“左”，只怕别人说右，产生了宁“左”勿右的思想。由于这些同志站在极“左”的方面看待事物，他们心目中的“右”实际上是正确，宁“左”勿右，实际上是宁错误勿正确，不过自己还不完全自觉到罢了。

“四人帮”为了实现“改朝换代”的野心，还杜撰出这样一个反动逻辑：“文化大革命”前十七年是修正主义路线专政，因此，我们党的所有干部都是右的。他们不仅对在修正主义路线影响下犯了右的错误的同志(这些同志也是要革命的)，而且对根本没有什么错误的同志揪住不放，无限上纲，乱打乱抓，长期不予解放。反过来，对于他们的死党、亲信、打砸抢者，对于那些极“左”思潮和无政府主义严重、为他们利用而大闹特闹的人，则封为“左派”，论功行赏。这也给人一种印象，似乎“左”比右好。“左”一点不仅算不了什么问题，说不定还可以捞点好处，右的错误可犯不起。有些同志由于思想上有资产阶级个人主义，患得患失，顶不住反动潮流，因而也随波逐流，宁“左”勿右，正确的不敢坚持，拿党的原则做交易。他们以为这样不会犯错误，实际上这种思想和行动本身，就是一种错误。有那么一些老干部(其中包括有一些本来确是有右的思想的干部)，不是就这样一步步走上错误道路，越陷越深吗？

所以，有宁“左”勿右思想的同志，正是上了“四人帮”的当了。

有的说，右是立场问题，“左”是方法问题。不对。辩证唯物主义认为立场、观点和方法是统一的，立场决定方法，方法问题在一定情况下，也会影响到革命的立场。怎么能把立场和方法决然分开呢？一个革命者说话办事，无论什么时候都要站在党性和党的政策的立场上，而有宁“左”勿右思想的同志，遇事不是从党和人民的利益出发，有的眼看着革命干部不能解放出来发挥作用，眼看着党的政策不能落实，眼看着革命事业受损失，却在那里考虑自己个人的利害得失，难道这不是立场问题而仅仅是方法问题吗？

还有的说，“只要路线对头，不怕政策过头”。这更不对。路线决定政策，政策体现路线。二者密切不可分。试想，离开了各项具体政策，那路线不是就给架空了吗？如果一个革命者处处违背党的政策，那怎么算是“路线觉悟高”、“大方向正确”呢？把方向、路线同党的政策割裂开来，通过搞乱政策，来破坏毛主席革命路线的贯彻，干扰革命的大方向，这正是“四人帮”的鬼蜮伎俩，是他们假左真右的一个突出表现。

实践是检验真理的唯一标准。无论“左”或右的错误，都是有利于敌人不利于人民的。我们想一想历史上王明“左”倾机会主义路线给中国革命造成那么大的危害，再想一想在“文化大革命”中林彪、“四人帮”煽动极“左”思潮，对革命和生产造成那么大的损失，“左”比右又好在哪里？

我们还要看到，“四人帮”被打倒一年多了，但他们的流毒还远远没有肃清。时至今日，“左”比右好这个东西还像一根铁索，紧紧框住一些人的头脑，障碍了批判“四人帮”的更加深入，障碍了实事求是等优良作风的充分发扬，障碍了党的政策的进一步落实，障碍了人们思想的大解放。现在还不把“左”比右好的错误思想加以澄清，更待何时？

从斗争经验中学习

我们党在半个多世纪发展的长途中，经历了十一次大的路线斗争。我们有同“左”倾机会主义作斗争的经验，也有同右倾机会主义(包括林彪、“四人帮”这种有时以极“左”面貌出现的假左真右)作斗争的经验。毛主席对前十次路线斗争的历史经验，作了马克思主义的科学总结。华主席继承毛主席的遗志，领导我们一举粉碎了“四人帮”,并且在党的十一大的政治报告和其他许多指示中,对第十一次路线斗争的历史经验,作了马克思主义的科学总结。这是我们进行路线学习的极好教材。

作为一个革命者来说,时刻要记住的是:

第一,一定要完整准确地理解和掌握马列主义、毛泽东思想的体系。“左”和右,都是片面性,都从不同的方面破坏了马列主义、毛泽东思想的完整性、准确性。如果我们的同志能够通过努力学习,比较深刻地理解马克思主义的精神实质,比较系统地掌握马克思主义的基本原理,又注意同斗争的客观实际结合起来,那就会大大增强识别机会主义路线的能力,容易避免犯“左”的和右的错误,即使有时在工作中出现一些片面性,也不难克服。

第二,一定要进行两条战线上的斗争,既反对“左”,也反对右,特别要警惕假左真右。总是一个时期有一种主要倾向,但它又掩盖着另一种倾向。在反对右倾的时候,可能出“左”;在反对“左”倾的时候,又可能出右。防右是马克思主义,防“左”也是马克思主义。至于重点是什么,那要根据实际情况而定。真理都是具体的,一切以时间、地点、条件为转移。

第三,一定要认真改造世界观。头脑中的资产阶级和小资产阶级思想,总要表现出来。如果不用共产主义思想去克服资产阶级个人主义,用无产阶级党性克服资产阶级派性,用辩证唯物主义和历史唯物主义克服唯心主义和形而上学,那就既有可能犯右的错误,也有可能犯“左”的错误。左派不教育,可以变右,也可以变成极“左”,这样的例子在实际生活中是屡见不鲜的。

让我们大家都从斗争经验中学习,提高思想水平和理论水平,使自己成为一名坚定的懂得马克思主义策略的战士,在华主席为首的党中央领导下,在抓纲治国的重要一年,在社会主义革命和社会主义建设新的发展时期中,为党和人民多做工作,多做贡献。

《人民日报》发表社论《为高速度积累更多的资金》

8亿人民迫切要求加快社会主义经济的发展速度。要实现高速度,就需要积累更多的资金。我们必须大声疾呼,采取有力措施,更多更快地增加社会主义积累。

毛主席说:“要建设,就要资金。”资金从何而来?唯一的办法,是靠各个生产单位发动群众,增加生产,厉行节约,为国家增加积累。在我们国家,国营企业的利润,是积累的主要来源。因此,可以说,企业没有利润,就没有积累,也就没有速度。所以,抓好企业的扭转亏损、增加盈利工作,是同加速实现四个现代化的宏伟目标直接联系在一起的。看起来这是一个财政经济问题,实质上是一个能否多快好省地建设社会主义的路线问题。

去年抓纲治国初见成效,表现在财经战线上的一个重要成果,就是扭转了“四人帮”造成的企业亏损连年增加、盈利不断下降的局面。这对于保证去年全国财政收入较1976年有大幅度的增长,收支平衡略有节余,对于支持国家发展生产建设,对于全国调整职工工资的顺利实现,都起了重要作用。但是,已经取得的成绩还是初步的,决不能满足,更不能松劲。应当指出,扭亏增盈在地区之间、部门之间和单位之间,还很不平衡。有一些地区和部门,对扭亏增盈工作还重视不够,抓得不紧,措施不力,效果不显著。个别地区和部门甚至还存在亏损继续增加、利润有所下降的现象。不少企业不计成本,不讲核算,不问盈亏,“吃大锅饭”的情况还相当严重。

今年是抓纲治国大见成效的重要一年,扭亏增盈工作也要有一个大的突破,否则,就不能适应高速度发展的需要,就会拖四个现代化的后腿。应该看到,企业扭亏增盈的潜力是很大的。去年虽然成绩不小,实际上主要是解决了一些比较明显的、表面的问题。一个企业长期亏损或盈利水平下降的原因,往往是多方面的,要彻底改变面貌,需要做大量的细致的工作。就以产品质量、劳动生产率、原材料燃料动力的消耗、产品成本、设备利用率等经济技术指标来说,不少企业都没有达到本企业历史最好水平,更不要说本行业的先进水平了。这些方面还大有文章可作。去年山东烟台地区汽车运输公司每辆汽车盈利34000多元,比全国营业汽车的平均利润高五倍以上。石家庄市纺织局各项经济指标跃居全国先进水平,10年来的盈利相当于全局固定资产总值的9倍。由此可见,企业扭亏增盈的潜力确实大得很!

扭亏增盈工作今年要有一个大的突破,关键在于肃清“四人帮”的流毒和影响,牢固地树立社会主义企业应该盈利的观念。领导上要敢于挺起腰杆,理直气壮地抓扭亏,抓盈利,而且一抓到底,毫不放松。“四人帮”横行的时候,他们不许抓盈利,谁要抓了,就给谁戴上“利润挂帅”的帽子。结果形成亏损光荣,盈利有罪。现在,应该把它拨正过来:盈利光荣,亏损可耻!为社会主义增加积累的人,就要受到人民的尊重;吃社会主义、挖社会主义墙脚的人,理应受到人民的谴责!有些同志直到现在对抓盈利还缩手缩脚、心有余悸,说明“四人帮”的流毒和影响必须进一步肃清。

扭亏增盈工作,要全党动手,发动群众大张旗鼓地进行,光靠财经部门少数人去搞是不行的。只要各级党委重视，特别是一、二把手有决心，有干劲，把广大职工发动起来，亏损的很快就可以转化为盈利；盈利少的就可以转化为盈利增多。有些同志认为，“五小”工业条件差，亏损一些是合理的。南京市牛首山铁矿、浙江桐乡县化肥厂的党组织，依靠群众彻底推翻了这种“亏损合理论”。有些地区的领导同志还认为，搞好一个企业容易，要使一个县、一个市的工业企业全部无亏损、家家有盈利，那就办不到。在这方面，河南平顶山市、广东高州县又树立了榜样。平顶山市1976年工业净亏损4000多万元。粉碎“四人帮”以后，市委决心改变亏损面貌，开展了群众性的大辩论，狠抓企业整顿，使47个工业亏损企业全部转亏为盈。全国所有企业和地区，都应当立志不吃亏损饭，千方百计地多为国家积累资金。

需要指出的是，有些单位的领导人，对企业的扭亏增盈工作还没有加以重视。他们既不发动群众，也不采取措施，使企业长期处于落后状态。有的认为生产上去就行，亏损没有关系；有的强调外因，认为自己“无能为力”；有的甚至对本单位亏损增加、盈利下降的状况，至今无动于衷。这些单位的领导人应当认真想一想，国家把企业交给你管理，你是为社会主义增加积累，多做贡献，还是吃社会主义，挖社会主义墙脚？过去“四人帮”横行时，扭亏增盈做不到，打倒“四人帮”一年多了，现在为什么还做不到？作为一个企业的领导人，企业长期亏损，难道饭能吃的香？觉能睡的熟？办一个企业，办一个工厂，一年无盈利，不算光彩，还可以原谅；两年无盈利，就应该受批评；三年无盈利，还在亏损，又无别的客观原因，这就是领导人的严重失职。对于这样的领导人，应该在他背上猛击一掌，郑重地告诉他：亏损这顶帽子，是很不光彩的。工人不愿戴，干部不愿戴，技术人员不愿戴，你能心甘情愿地戴下去？

要切实搞好扭亏增盈工作，还必须严格执行财经纪律。遵守纪律，是我们党的传统。在红军时代，用几元钱是要经政治委员、军团长批准的。现在有的同志用几百元、几千元、甚至上万元都满不在乎，这怎么能行呢？钱是劳动人民血汗换来的，我们随便用，对不起人民，对不起党，对不起国家。目前，有些地区、部门和单位，还不断发生侵占国家收入、乱拉乱用资金的事情，必须坚决制止这种违法乱纪的行为。要在适当时候，开展一次财经纪律大检查。对遵守财经纪律好的单位和个人，要给予表扬；对查出的问题，凡属明知故犯的，一定要从严处理。各级党委对财经纪律抓紧一点，抓严一点，这对干部有好处，可以保护干部少犯错误。

扭亏增盈是实现抓纲治国的一项重要措施，今年必须见到显著成果。今年扭亏增盈的目标是：由于企业经营管理不善造成的亏损，要全部扭转。由于企业外部原因造成的亏损，要积极采取措施，大力扭转，在今年作出显著成效。国家政策允许的亏损，要压缩到最低限度。盈利企业的盈利水平，要在今年内达到或超过本企业的历史最好水平；已经达到的，要赶超同行业的先进水平。盈利企业中有亏损产品的，也要扭亏为盈。今后凡是有经营性亏损的企业，一律不能评选为大庆式企业。

各级党委一定要把企业的扭亏增盈工作提到重要议事日程上来，及时解决存在的问题。计划、工交、农林、财贸等部门，要大力协作，共同抓好，不能单靠财政部门去抓。对于问题较多的重点企业，要做过细的工作，要分析亏损数额大、盈利水平低的原因，落实扭亏增盈的措施。扭亏增盈应该纳入工业学大庆的规划，成为工业学大庆的一项重要内容。要发动群众来一个比赛，看谁扭转亏损快，看谁增加盈利多，看谁先甩掉亏损的帽子。我们相信，在华主席、党中央抓纲治国战略决策的指引下，今年的扭亏增盈目标一定能够实现。

中国农业银行重新恢复

毛里塔尼亚总统乌尔德·达达赫在总统府接见即将离任回国的中国大使康矛召

2月24日

全国政协五届一次会议在人民大会堂举行

中共中央主席华国锋，中共中央副主席叶剑英、邓小平、李先念、汪东兴出席了会议。

出席会议的还有：

党和国家其他领导人宋庆龄、韦国清、乌兰夫、方毅、许世友、纪登奎、苏振华、李德生、吴德、余秋里、张廷发、陈永贵、陈锡联、耿飚、聂荣臻、倪志福、徐向前、彭冲、陈慕华、赵紫阳、赛福鼎、陈云、谭震林、李井泉、邓颖超、阿沛·阿旺晋美、周建人、胡厥文、王震、谷牧。

在这次会议开幕之前，举行了预备会议。预备会上通过了政协第五届全国委员会第一次会议的议程：

一、中国人民政治协商会议第四届全国委员会常务委员会工作报告；

二、修改《中国人民政治协商会议章程》；

三、选举中国人民政治协商会议第五届全国委员会主席、副主席、秘书长、常务委员；

四、列席第五届全国人民代表大会第一次会议。

预备会议选出了由225名委员组成的大会主席团和秘书长。

接着，大会主席团举行了第一次会议，推选邓小平、乌兰夫、韦国清、彭冲、赵紫阳、郭沫若、宋任穷、欧阳钦、康克清、王首道、杨静仁、张冲、沈雁冰、许德珩、帕巴拉·格列朗杰、史良、周建人、庄希泉、朱蕴山、荣毅仁、季方、胡厥文、童第周为主席团常务主席。齐燕铭为大会秘书长。

第五届全国政协委员共有1988人。出席今天会议的委员有1862人。

政协第四届全国委员会副主席许德珩在会上作了《中国人民政治协商会议第四届全国委员会常务委员会工作报告》。许德珩副主席在报告中回顾了政协第四届全国委员会常务委员会十三年来的工作，提出了政协全国委员会今后的主要任务。

全国政协五届一次会议主席团和秘书长名单

主席团：（共225名，按姓氏笔画为序）

丁光训　刀栋庭　于树德　于毅夫　寸树声
大洛桑朗杰　万　毅　马大猷　马万祺　马青年
马海德　王　昆(女)　王　益　王玉坤　王芸生
王国栋　王昆仑　王学文　王建明　王首道　王炳南
王遐令　王福重(女)　韦国清　乌兰夫　方仲如
尹林平　孔　原　孔从洲　邓小平　龙冬花(女)
申　健　叶桔泉　田富达　史　良(女)　冯德培
齐燕铭　成仿吾　年维泗　朱光浅　朱理治　朱锦多
朱蕴山　朱穆之　伍献文　任白戈　庄希泉　刘大铮
刘开渠　刘顺元　刘家琦(女)　刘靖基　关　布
江一真　江泽涵　汤佩松　安士伟　许德珩　孙起孟
孙晓村　买合苏德·铁衣波夫　克力更　苏　星
苏　静　杜聿明　李　波(女)　李　琦　李世璋
李贝里(女)　李金德　李春华(女)　李景林
杨公素　杨石先　杨东生　杨甲三　杨汤城　杨奇清
杨秋玲(女)　杨静仁　肖　鹏　肖贤法　吴文俊
吴永富　吴旭芝　吴阶平　吴英辅　吴贻芳(女)
吴桓兴　吴雪之　吴鸿宾　何　贤　何长工
何泽慧(女)　谷志标　汪师贞(女)　汪京涛
汪德昭　沙千里　沈　浮　沈雁冰　宋立英(女)
宋任穷　宋希濂　张　冲　张　轸　张大煜　张孝敬
张孝骞　张志让　张秀熟　张含英　张南生　张香山
张莲花(女)　张超伦　陆镇藩　陈　宇　陈　铁
陈批鲁　陈泽深　陈茹玉(女)　陈野苹　范重模
林一心　林范洪(女)　欧阳钦　卓碧玉(女)
帕巴拉·格列朗杰　季　方　周　扬　周志宏
周建人　周培源　周懿娴(女)　郑洞国
郑敏之(女)　单　书　屈　武　孟目的　赵朴初
赵访熊　赵紫阳　荣毅仁　胡子昂　胡子婴(女)
胡克实　胡厥文　胡愈之　柯　灵　柯　麟　钟惠澜
段元星　段秀兰(女)　侯德封　闻家驷　费孝通
费彝民　姚雪垠　姚淑平(女)　贺　诚　贺绿汀
袁世海　耿绍光　聂　真　贾亦斌　顿星云　钱　江
钱人元　钱昌照　钱端升　徐中舒　徐伯昕
徐建春(女)　翁文波　高卓雄　郭沫若　郭慕荪
谈家桢　陶述曾　陶峙岳　黄　岩　黄　镇　黄　维
黄汲清　黄欧东　黄鸣龙　黄钰生　黄逖非　黄家驷
黄鼎臣　曹广化　龚育之　康克清(女)
章　蕴(女)　闫揆要　梁华新　博俊德(女)
彭　冲　彭迪先　彭俐侬(女)　董其武　韩　光
喻　杰　程茂兰　程思远　傅承义　童小鹏　童祥苓
童第周　曾兆阁　谢冰心(女)　楚图南
雷洁琼(女)　鲍先志　蔡　啸　蔡　堡　蔡邦华
熊天荆(女)　熊向晖　薛国邦　薛暮桥　冀春光
蹇先任(女)　酆云鹤(女)

秘书长：齐燕铭

中共黑龙江省嫩江地委严肃处理克山农场打击报复事件

最近，中共黑龙江省委批转了嫩江地委《关于克山农场党委副书记李春山同志等打击迫害反对吃喝风的王玉山同志的调查报告》，完全同意嫩江地委对这起案件和有关人员的处理意见。黑龙江省委在批示中指出：克山农场发生的这起压制民主、打击报复的案件，不是偶然的，是“四人帮”破坏党的优良传统作风的流毒和影响在党内的反映和表现。要求各级党委在揭批“四人帮”和整党整风运动中，教育党员、干部，特别是领导干部，认真贯彻执行毛主席的革命路线和政策，模范遵守党的纪律和社会主义的法制，自觉接受群众的监督，进一步发扬党的艰苦奋斗、密切联系群众的优良传统和作风。

当克山农场淀粉厂职工王玉山同志的来信由国务院领导同志批示下达后，中共嫩江地委、黑龙江省扭亏增盈办公室、黑龙江省农场总局和嫩江农场管理局等单位，立即组成联合调查组，对王玉山同志揭发的克山农场党委副书记李春山同志等打击报复的事件进行了认真、深入的调查。调查的情况是：1977年10月初，克山农场淀粉厂原指导员赵友和一名副厂长要调出，另调入王凤池任厂长，原厂长梁国礼改任指导员。梁国礼同志为了“欢迎”和“欢送”领导班子成员，提出要召开一个座谈会，预备点烟、茶，并做几个菜会餐。农场党委副书记李春山不顾中央三令五申严禁用公款请客送礼的精神，不仅批准了这个“会餐”，而且在10月13日下午1时亲自主持了淀粉厂为领导班子新旧领导成员举办的招待会；四时左右，又由李春山带领厂车间主任以上干部23人，分三桌吃喝，共花费公款80.5元。

尤其严重的是，李春山等同志采取各种手段，打击和迫害批评和制止他们吃喝的共产党员王玉山同志。10月5日下午，李春山曾亲自在淀粉厂职工大会上传达国务院扭亏增盈领导小组《关于抓紧当前扭亏增盈工作的紧急通知》。淀粉厂青年工人王玉山听到厂领导要搞会餐的消息后，认为和通知精神不符，就在7日下午写出了一个“声明”，明确提出“会餐是不符合10月5日下午全厂职工所学习的《紧急通知》精神的”，要求领导“选择突出无产阶级政治意义的方法来欢送某领导走上新的工作岗位”。指导员梁国礼同志开始觉得“声明”提得对，就向由农场党委派出的驻厂整顿企业工作组汇报了这件事。工作组组长张玉坤同志、副组长高友同志却反而来做王玉山的工作，说什么“会餐是经过淀粉厂党支部、工作组研究，请示李春山书记同意的，你那个‘声明’没用。”王玉山当即给李春山打电话问：“这次会餐是不是经你同意的？”“这样做符合扭亏增盈《紧急通知》的精神吗？”李春山根本不听王玉山的劝告。13日下午，王玉山听说厂领导坚持要会餐，就又到他们会餐的地方，找到李春山，把所写“声明”给李看了一遍，要李表态。李看后竟说：“我看你今天要闹事啊！”接着，又由梁国礼等三人来“说服”王玉山，不许他再“闹”了。这时，酒菜已经端上桌。王玉山为了制止这场吃喝，曾直接找到被“欢送”和“欢迎”的赵友和王凤池等劝阻和讲理，他们都不听，李春山一再鼓动大家吃喝，为王凤池上任干杯。

事情发生后，李春山曾两次派人去场部请示党委书记冯运兴，冯叫他按党的政策处理。李春山竟找来了公安分局负责人李长枝，叫他把王玉山带走，并说：“我代表农场党委正式宣布办王玉山的劳动教育学习班。”王玉山反驳说：“你李春山不能代表党委，你的决定不算数。”高友和梁国礼等竟表示支持李春山的决定。公安分局的同志感到这事处理不当，曾找农场党委书记冯运兴汇报情况，提出：王玉山“还是留在本单位，在内部解决合适”。冯未置可否。14日，李春山向农场党委汇报时，把王玉山同志的正确行动说成是“目无组织，目无领导”，到会的五名常委都同意由公安分局给王玉山办学习班。李春山还亲自督促公安分局填写《治安处罚裁决审批表》，并亲笔签名。王玉山坚持原则，坚持斗争，申明了自己不同意参加劳动教育学习班的三条理由。10月17日，王玉山在淀粉厂的揭示板上又给李春山写了三条意见：“强烈抗议李春山派公安人员办我强劳学习班，这是我党不允许的；强烈要求李春山马上收回个人指示，不许在淀粉厂横行；坚决执行中共中央、国务院扭亏增盈领导小组的通知精神，10月13日的会餐是不符合《紧急通知》精神的。”并把自己的意见用电话通知了李春山。

李春山和高友等人为了掩盖违法乱纪的行为，先在工作组和厂领导内部“统一思想”，然后又召开支委会、科室工作人员会和全厂职工大会，由高友等人出面大讲“会餐是经过农场党委批准，是正确的，王玉山闹会餐不是为了扭转盈亏，而是无理取闹，以后都不要瞎议论了。”接着又向农场党委请示：继续办王玉山的学习班；办学习班期间工资停发；并调离空压机工作岗位。这个错误的意见竟然得到了党委书记冯运兴、副书记王明旭等四人的同意，公开向群众宣布。他们不但停发了王玉山一个月零七天的工资，还就王玉山的所谓“闹事”问题，找他的爱人谈话，给她施加了精神压力。

根据调查的情况，联合调查组认为：这一事件的发生，克山农场党委是有责任的。应以此事为例，进行路线和政策教育、党纪国法教育。党委书记冯运兴支持李春山的错误行为，压制王玉山同志的正确行动，错误较严重；但经过帮助，认识较深，改正决心较大，决定给予党内警告处分。党委副书记李春山是这一事件的主要负责者，他擅自批准并主持会餐，当王玉山同志同其错误进行斗争时，竟不顾党纪国法，动用专政工具对王玉山同志进行打击迫害，情节十分恶劣，经过帮助，有所认识，决定给予撤销党内外一切职务的处分。对参与这一事件的高友等有关人员分别进行批评教育。王玉山同志在这一事件中，立场坚定，旗帜鲜明，坚持原则，敢于向错误行为作斗争，应给予表扬。

中共黑龙江省委和嫩江地委都同意联合调查组对这一案件和有关人员的处理意见。强调指出：李春山等同志的这种恶劣行为，严重地破坏了党和国家的民主生活，伤害了党员、群众的民主权利，挫伤了党员、群众向不良倾向作斗争的积极性，是党纪国法所不允许的。并指出：对类似克山农场的案件，一经发现，要迅速检查，严肃处理，情节严重的，要给予必要的纪律处分。对于敢于坚持原则，同违法乱纪行为作斗争的同志，要给予支持和表扬。要切实保障党员、群众的民主权利，维护国家和人民的利益。

《人民日报》发表评论员文章《决不容许压制批评》

中共嫩江地委严肃处理李春山等人压制批评、打击报复的案件，黑龙江省委已经通报全省，要求大家引以为戒。这对严明党纪国法，保障党员、群众的民主权利，维护国家和人民的利益，极为必要。

开展认真的批评和自我批评，活跃党内的民主生活，贯彻实行民主集中制，这种优良传统和作风，是我们党区别于其他政党的显著标志之一，是抵抗资产阶级政治微生物侵蚀我们党的肌体的有力武器，也是使我们党始终和人民群众保持紧密的联系、永远具有强大战斗力的根本保证。毛主席说过："在内部，压制自由，压制人民对党和政府的错误缺点的批评，压制学术界的自由讨论，是犯罪的行为。"党章明确规定，党员有权对党的各级组织和各级领导工作人员提出批评和建议，决不允许任何人压制批评和打击报复。毛主席曾经指示：对于那些压制批评、打击报复，以及典型的官僚主义、命令主义和违法乱纪的事例，应在报纸上予以揭发；情节严重者必须给以法律制裁，如果是党员必须执行党纪。我们党的干部，特别是领导干部，应该是遵守党纪国法的模范。但是，身为克山农场党委副书记的李春山，不仅无视中央关于严禁用公款请客的三令五申，而且压制群众的正确批评，甚至动用专政工具，打击迫害坚持原则斗争的共产党员，情节恶劣，错误严重。中共嫩江地委决定撤销其党内外一切职务，并对该案中犯有错误的同志给以必要的处分，这是完全正确的。

林彪、"四人帮"一伙妄图摧毁我们党的一个极其险恶的手段，就是破坏党的优良传统和作风，践踏民主集中制的原则，窒息党内的民主空气。多年来，由于林彪、"四人帮"行之于上，帮派势力效之于下，卖身投靠的爪牙助帮为虐，把党纪国法视为儿戏，任意践踏社会主义的民主，甚至对坚持真理的干部和群众实行法西斯专政。在"四人帮"及其余党的帮派势力窃取权力的地方，他们的这些罪恶行径，不可能受到应有的制裁。影响所及，我们的一些同志也沾染了爱好别人阿谀逢迎，听不进不同意见，容不得一点批评的坏习气。个别人更是飞扬跋扈，称王称霸，对批评自己的同志千方百计地打击报复：或者公开、露骨地加以压制；或者若明若暗地处处刁难；或者当面接受，背后捣鬼；或者怀恨在心，一旦人家有了一些缺点、错误，就无限上纲，加倍"偿还"；或者自己不出面，指使别人伺机寻衅，以泄私愤。特别值得注意的是，在林彪、"四人帮"的毒害下，少数公安机关的同志，不顾社会主义的法制，不是严格地按照国家法律办事，而是屈从于某些人的权势，有意无意地成了他们压制民主、打击报复的工具，这是绝对不能容忍的。

"四人帮"被粉碎之后，华主席、党中央反复强调恢复和发扬党的优良传统和作风，号召加强社会主义法制。克山农场发生的这起案件再一次使我们清楚地看到，深揭狠批"四人帮"的反革命修正主义路线，彻底肃清其流毒和影响，认真整顿党的作风，加强社会主义法制是多么必要。这里的一个重要内容就是，切实贯彻民主集中制，健全党和国家的民主生活，充分发扬批评和自我批评的优良传统，决不允许压制和打击党员、群众对领导人员的批评。各级党组织和纪律检查委员会，都要加强对干部和党员的传统教育和纪律教育，支持党员、群众同种种不良倾向作斗争；对于一切压制批评、打击报复的人和事，要及时发现，严肃处理。所有党的干部，都要尊重党员和群众的民主权利，热情鼓励、虚心听取他们的批评，自觉接受他们的监督，切实改进自己的工作；那些平日喜欢搞"一言堂"，对批评者动辄加以训斥，甚至存有报复之心的同志，更应以李春山为戒，迅速改变作风，免蹈覆辙。党员和广大群众，要出以公心，充分行使自己的民主权利，大胆地向领导机关和领导干部提出建议，发表意见，批评缺点和错误，坚决同各种违法乱纪、危害革命事业的行为作斗争。

共产党员王玉山同志坚持原则、敢于抵制和反对歪风邪气，中共嫩江地委对案件及时调查、严肃处理的事实，充分说明：我们的党是伟大的，社会主义制度是优越的，广大党员、群众是有高度觉悟的，党的绝大多数领导机关和基层组织是富有战斗力的；任何压制批评、打击报复的人和事，最终都逃脱不了应有的惩罚。尽管林彪、"四人帮"长期以来造成的干扰破坏十分严重，但是我们坚信，只要认真贯彻执行华主席为首的党中央抓纲治国的战略决策，我们就一定能把毛主席培育的党的优良传统和作风恢复和发扬起来，真正造成一个又有集中又有民主，又有纪律又有自由，又有统一意志，又有个人心情舒畅、生动活泼的政治局面，最大限度地调动起一切积极因素，团结一切可能团结的人，化消极因素为积极因素，为建设社会主义的现代化强国而奋斗。

彩色纪录片《大庆之路》首映式在首都剧场举行

文化部副部长王阑西，石化部副部长宋振明，国家计委副主任马仪，以及大庆的工人代表、首都工农兵和电影工作者1000多人出席了首映式。

王阑西副部长在首映式上讲话，热情祝贺《大庆之路》摄制成功。他勉励电影工作者高举毛主席的伟大旗帜，创作更多更好的作品，为贯彻党中央、华主席提出的抓纲治国战略决策，早日实现四个现代化作出更大贡献。

大庆一二〇五钻井队副指导员吕宪奎也在首映式上讲了话。他说，彩色纪录片《大庆之路》的公映，是对大庆50万职工和家属的巨大鼓舞和鞭策。我们决心发扬铁人老队长革命加拼命的精神，为创建10来个大庆而奋战。

《大庆之路》由10部各有特点、独具风格的短片组成。这10部短片是：《大庆之路》《一代铁人在前进》《女子采油队》《一口油井的故事》《精兵比武》《缝补精神赞》《修旧利废万年春》《仓库新花》《家属闹革命》《战斗的指挥部》。影片从多方面生动具体地介绍了大庆的经验，展现了大庆社会主义新型矿区的面貌，歌颂了大庆工人阶级的革命精神和“三老、四严”的革命作风，是一部英雄史诗和形象化教材。看了影片，就像到了大庆参观学习，使人受到鼓舞和教育。

这一组影片是由新影、长影、上影、珠影、北京科影、北京农影和上海科影分工协作摄制的。

2月25日

五届全国人大一次会议在人民大会堂举行预备会议

会议由第四届全国人民代表大会常务委员会副委员长宋庆龄主持。

出席会议的有中共中央副主席李先念，党和国家其他领导人韦国清、乌兰夫、方毅、许世友、纪登奎、苏振华、李德生、吴德、余秋里、张廷发、陈永贵、陈锡联、耿飚、聂荣臻、倪志福、彭冲、陈慕华、赵紫阳、赛福鼎、陈云、谭震林、李井泉、蔡畅、邓颖超、阿沛·阿旺晋美、周建人、许德珩、胡厥文、王震、谷牧。

宋庆龄副委员长在会上讲话。她指出：召开第五届全国人民代表大会，是根据中共中央提出的建议，经全国人大常委会决定的。几个月来，在以华主席为首的党中央的直接领导下，召开五届人大的准备工作已经就绪。第五届全国人民代表大会第一次会议定于明天下午正式开幕。

预备会议选举了第五届全国人民代表大会第一次会议主席团和秘书长。

会议一致通过第五届全国人民代表大会第一次会议的议程：

一、华国锋总理作政府工作报告；

二、修改中华人民共和国宪法，叶剑英副主席作关于修改宪法的报告；

三、选举和决定国家领导工作人员。

此外，这次会议还要审议《一九七六至一九八五年发展国民经济十年规划纲要(草案)》，讨论中华人民共和国国歌。

预备会议还通过了代表资格审查委员会主任委员、副主任委员和委员的名单。

大会主席团在预备会议结束以后，举行了第一次会议。会上，推选了常务主席，他们是：华国锋、叶剑英、邓小平、李先念、汪东兴、宋庆龄、聂荣臻、刘伯承、乌兰夫、吴德、韦国清、陈云、郭沫若、谭震林、李井泉、张鼎丞、蔡畅、邓颖超、赛福鼎、廖承志、姬鹏飞、阿沛·阿旺晋美、周建人、许德珩、胡厥文。

主席团会议以后，举行了五届人大代表资格审查委员会会议。资格审查委员会主任委员纪登奎作了资格审查报告。他说，全国30个省、自治区、直辖市和人民解放军共选出五届人大代表3500名。河北、北京、辽宁选出的代表中各有一名因发现有严重错误，已由原选举单位撤销代表资格，现有代表3497名。代表资格全部有效。

这一届全国人民代表大会的代表具有广泛的代表性，其中工人占26.7%，农民占20.6%，人民解放军占14.4%，革命干部占13.4%，知识分子占15%，爱国人士占8.9%，归国华侨占1%。代表中妇女占21.2%。中年、青年代表占62.9%。全国54个少数民族都有代表，他们的代表占10.9%。大多数代表是阶级斗争、生产斗争、科学实验三大革命运动中的劳动模范、战斗英雄、先进工作者。

五届全国人大一次会议主席团和秘书长名单

(254名)

华国锋

(以下按姓氏笔画为序)

于光远　才旦卓玛(女)　万　里　马　力　马文瑞
马纯古　马恒昌　马浩谦　王　平　王必成　王芸生
王冶秋　王昆仑　王建安　王首道　王恩茂　王淦昌
王　谦　王瑞昌　王　震　天　宝　韦国清
区棠亮(女)　尤太忠　贝时璋　毛文书(女)
毛迪秋　毛致用　乌兰夫　方　毅　巴一恺　巴　金
邓小平　邓初民　邓典桃　邓颖超(女)
玉　荣(女)　甘渭汉　石钟琴(女)　卢盛和
叶圣陶　叶剑英　叶洪海　田富达　史来贺
史　良(女)　白如冰　白寿彝　朴春子(女)
毕　肯(女)　吕玉兰(女)　吕叔湘　吕　骥
朱光亚　朱学范　朱蕴山　乔晓光　伍　禅　任　荣
华罗庚　向仲华　向腊玉(女)　庄希泉　刘子厚
刘伯承　刘建勋　刘　斐　关山月　江礼银　江　华
江渭清　安平生　许世友　许　杰　许涤新　许家屯
许德珩　那木拉　孙敬文　纪登奎　严佑民　严济慈
严家安　芦国俊　克尤木·买提尼牙孜　苏步青
苏振华　李人林　李井泉　李亚敏(女)
李　贞(女)　李先念　李　昌　李　强　李瑞山
李福忠　李聚奎　李德生　杨东莼　杨立功
杨永青(女)　杨成武　杨易辰　杨　勇　杨得志
杨静仁　吴先锋　吴克华　吴冷西　吴承清　吴　德
吴耀宗　余秋里　谷　牧　汪月霞(女)　汪东兴
汪　锋　沙千里　沈雁冰　宋　平　宋任穷
宋庆龄(女)　张文裕　张正桃　张平化　张廷发
张秉贵　张金榜　张桂珍(女)　张爱萍　张鼎丞
张福财　阿沛·阿旺晋美　阿依吐拉(女)　陈　云

陈中伟 陈玉娘(女) 陈永贵 陈再道 陈此生
陈孝顺 陈逸松 陈景润 陈登科 陈锡联 陈福汉
陈慕华(女) 陈 篪 范忠志 茅以升 林一山
林巧稚(女) 林丽韫(女) 林依平 林 铁
林慧卿(女) 罗青长 罗叔章(女) 罗瑞卿
帕巴拉·格列朗杰 季 方 岳美中 金如柏
周占鳌 周叔弢 周建人 周海婴 郑天翔 孟继懋
赵永焕 赵朴初 赵辛初 赵忠尧 赵紫阳
赵燕侠(女) 郝树才 荣毅仁 胡子昂 胡乔木
胡绩伟 胡 绳 胡厥文 胡愈之 胡耀邦 段苏权
侯占友 侯宝林 洪学智 祝星发 费彝民 秦基伟
袁任远 耿 飚 聂荣臻 莫文骅 钱三强 钱学森
铁 瑛 倪志福 倪谷音(女) 徐向前 高厚良
郭凤莲(女) 郭兰英(女) 郭林祥 郭沫若
唐克碧(女) 海玉琛 陶峙岳 姬鹏飞
措 姆(女) 萧 华 萧劲光 黄 华 黄秉维
黄菊香(女) 常香玉(女) 盛 婉(女)
康克清(女) 梁必业 梁吉泉 彭 冲 董天祯
董其武 蒋南翔 粟 裕 程子华 焦林义 童第周
曾 生 曾绍山 曾思玉 谢冰心(女) 谢 明
谢铁骊 瑞 板 楚图南 解学恭 裔式娟(女)
雍文涛 蔡 畅(女) 裴昌会 廖汉生 廖志高
廖承志 赛福鼎 谭启龙 谭 政 谭善和 谭震林
潘 多(女) 霍士廉 戴念慈
秘书长:李先念

第五届全国人民代表大会代表资格审查委员会主任委员 副主任委员 委员名单

主任委员:纪登奎
副主任委员:胡耀邦 李 强 梁必业 朱蕴山
委员(按姓氏笔画排列):
于明涛 马纯古 王芸生 天 宝 任仲夷 庄希泉
孙国治 孙起孟 严佑民 杜心源 李 贵 杨静仁
武新宇 茅以升 林丽韫(女) 季 方 周占鳌
郑天翔 奎 璧 钱信忠 铁木尔·达瓦买提
郭凤莲(女) 康克清(女) 梁吉泉 蒋南翔
楚图南

《人民日报》《红旗》《解放军报》发表社论《继续长征的重大部署——热烈祝贺五届人大和五届政协第一次会议开幕》

第五届全国人民代表大会第一次会议,今天在北京隆重开幕。中国人民政治协商会议第五届全国委员会第一次会议,也在2月24日开幕了。这两个会议的召开,是我国各族人民政治生活中的一件大事,是抓纲治国、达到天下大治的一件大事,也是巩固和发展我国工人阶级领导的,以工农联盟为基础的革命统一战线的一件大事。我们热烈祝贺五届人大和五届政协第一次会议的召开,热烈祝贺我国人民在华主席为首的党中央领导下,抓纲治国,迈出了新的步伐,取得了新的胜利!

华主席在十一届二中全会上满怀胜利的喜悦向全国人民宣布:"我们的国家已经顺利地度过了'四人帮'所造成的严重危难,我国社会主义革命和社会主义建设新的发展时期有了一个良好的开端。"第五届全国人民代表大会第一次会议,就是在这个重要时刻召开的。这次会议具有重大意义,担负着重大的历史责任。这就是要高举毛主席的伟大旗帜,贯彻执行党的十一大路线,进一步清除"四人帮"的流毒和影响,巩固和加强无产阶级专政,发扬社会主义民主,调动一切积极因素,团结一切可以团结的力量,发展大好形势,为把我国建设成为伟大的社会主义的现代化强国而奋斗。

回顾从四届人大到五届人大的战斗历程,中国人民感到无比的自豪。在这惊心动魄的三年里,我们经受了多么严峻的考验,进行了多么艰巨的斗争,取得了多么伟大的胜利啊!在这期间,我们同"四人帮"反党集团篡党夺权的罪恶活动展开了激烈的斗争。1976年,伟大的领袖和导师毛主席,敬爱的周总理、朱委员长离开了我们,"四人帮"利用我们遭到的严重困难,迫不及待地妄图篡夺党和国家最高权力。在这万分危急的紧要关头,华主席继承毛主席的遗志,代表全国各族人民的根本利益和共同愿望,一举粉碎了"四人帮",使党和国家避免了一场大灾难,转危为安。这是我国革命历史上又一个伟大的转折。

现在,当五届人大和五届政协第一会议开幕时,情况又发生了多么喜人的变化。华主席提出的抓纲治国的战略决策一年初见成效的要求,已经胜利实现,情况比预计的还要好。揭批"四人帮"的斗争取得了伟大胜利。"四人帮"及其余党的资产阶级帮派体系受到粉碎性打击,被"四人帮"长期搞乱了的路线是非基本上得到澄清。广大干部和人民群众正乘胜前进,深入展开揭批"四人帮"斗争的第三战役。在国民经济方面,不仅扭转了"四人帮"严重干扰破坏造成的生产停滞不前、甚至倒退下降的局面,而且正出现新跃进的局势。新年以来,工业生产和交通运输首战告捷。煤炭、石油、冶金、化工、动力等工业和铁路运输继续稳定增长,打破了往年年初生产比上年末下降的"常规"。全国农田基本建设正以空前规模开展。全国财政收入情况之好,也是最近几年来同期所没有的。现在,我国在政治、经济、军事、文化各个领域都发生了深刻的变化。祖国大地,正是一片春光明媚,举国上下,人人神采飞扬，社会主义积极性空前高涨。毛主席在召开四届全国人大前夕提出的学习无产阶级专政理论，安定团结和把国民经济搞上去等一系列重要指示真正得到贯彻执行了，一个安定团结、大干社会主义的新局面出现了。

在这样的大好形势下，召开最高国家权力机关——全国人民代表大会和团结全国各族各界人士的革命统一战线组织——全国政协会议，共商国家大计，贯彻党的十一大路线，加速把我国建设成为伟大的社会主义现代化强国的步伐，不仅十分必要，而且十分适时。这次人大将审议政府工作报告和发展国民经济十年规划纲要，修改中华人民共和国宪法，通过关于修改宪法的报告，选举和决定国家领导工作人员。政府工作报告，将提出我们在社会主义革命和社会主义建设新的发展时期的总任务，是一个动员全国各族人民团结起来，为建设社会主义的现代化强国而奋斗的行动纲领。十年规划纲要，将为我们展现一幅新时期的宏伟蓝图。新宪法则是我们在新时期治国的总章程。担负着如此重任的五届人大第一次会议，是对继续长征进行重大部署的大会，是建设社会主义现代化强国的进军大会。

在本世纪内全面实现农业、工业、国防和科学技术现代化，使我国国民经济走在世界前列。这是毛主席、周总理的遗愿，是中国人民梦寐以求的理想，是历史赋予我们的神圣使命。在当今世界上，经济技术落后，是要挨打的。鸦片战争以来，中国挨打挨了整整一百年。丧权辱国的不平等条约，像一个个枷锁套在我们可爱的祖国身上。为什么我们国家蒙受如此的屈辱？遭到如此的蹂躏？社会制度腐败是一个原因，经济技术落后也是一个原因。从洪秀全到孙中山，先进的中国人为了抗御列强的侵略，建设富强的中国，前仆后继，进行了百折不挠的斗争。直到伟大的毛泽东主席把马克思列宁主义的普遍真理同中国革命的具体实践相结合，领导我们推翻了压在中国人民头上的“三座大山”，缔造了中华人民共和国，中国人民才站起来了。28年来，我们变革了旧的社会制度，也初步改变了经济技术的落后状况。但是，由于林彪特别是“四人帮”反党集团的干扰破坏，我国社会主义革命和社会主义建设受到严重影响。国民经济几度徘徊不前，科学技术水平同先进国家的差距缩短了，又拉开了。现在，障碍扫除了，毛主席的革命路线可以顺利贯彻执行了，华主席率领我们进行新的长征了。一个强大的社会主义现代化的中国就要在我们手中建设起来，一个伟大的理想就要实现，这怎不令人激动振奋！

全国广大人民现在的心情是热烈地期待着党中央已经提出、五届人大即将通过的新的长征的重大部署，华主席一声令下，立即坚决遵照这个部署，向着社会主义现代化强国的伟大目标奋勇前进。

五届人大和五届政协规模盛大，各方面的代表人物济济一堂，共议大政。它标志着我国各族人民的革命大团结有了进一步的发展，标志着我国工人阶级领导的工农联盟为基础的包括爱国民主党派、爱国人士和台湾同胞、港澳同胞、国外侨胞的统一战线有了进一步的发展。这是我们的事业必定要胜利的保证。在我国社会主义制度下，人民是国家的主人。我们的社会主义民主，是确实保证人民当家做主的民主。只有充分发扬社会主义民主，才能充分调动人民的社会主义积极性，不断加强人民的团结，为实现伟大的革命任务而奋斗。这两个会议的召开，就是社会主义民主的生动体现。我们希望人大代表和政协委员们，把全国人民抓纲治国、大干快上的决心和愿望、要求和建议带到会上去，各抒己见，集思广益，畅所欲言，把会开好，开得生动活泼，开得热气腾腾。现在，全世界都注视着这两个大会。我们相信，在全党全军全国各族人民已经做了充分准备工作的基础上，在中国共产党十一届二中全会从政治上、思想上、组织上完成了各项必要的准备工作以后，五届人大和五届政协一定会开得很好，一定能够开成团结的大会，胜利的大会。

具有重大意义的五届人大开幕了！在这庄严的时刻，我们心潮澎湃，豪情满怀。我们为有华主席这样英明的领袖而感到极大的幸福，更加信心百倍。在华主席的统率下，继续长征的路上，没有任何艰难险阻能阻挡我们前进。我们将无往而不胜。我们的国家大有希望，前程似锦。让我们更加紧密地团结在华主席为首的党中央周围，高举毛主席的伟大旗帜，迈开大步，奋勇前进！

2月26日

五届全国人大一次会议在北京开幕

大会主席团常务主席华国锋、叶剑英、邓小平、李先念、汪东兴、宋庆龄、聂荣臻、乌兰夫、吴德、韦国清、陈云、谭震林、李井泉、张鼎丞、蔡畅、邓颖超、赛福鼎、廖承志、姬鹏飞、阿沛·阿旺晋美、周建人、许德珩、胡厥文，出席了开幕式。

国务院总理华国锋作了题为《团结起来，为建设社会主义的现代化强国而奋斗》的政府工作报告。

出席今天大会的代表有3456人。

中共中央、国务院、中国人民解放军各部门的负责人，列席了大会。

出席中国人民政治协商会议第五届全国委员会第

一次会议的委员，也列席了大会。

国务院总理华国锋在五届全国人大一次会议上作题为《团结起来，为建设社会主义的现代化强国而奋斗》的政府工作报告

各位代表！

现在，我代表国务院，向第五届全国人民代表大会作政府工作报告。

报告分六个部分：一、三年来的斗争和新时期的总任务；二、把揭批“四人帮”的斗争进行到底；三、加快社会主义经济建设；四、繁荣社会主义科学教育文化事业；五、加强政权建设，加强各族人民的大团结；六、国际形势和我国对外政策。

报告的总题目是：团结起来，为建设社会主义的现代化强国而奋斗。

三年来的斗争和新时期的总任务

从第四届全国人民代表大会以来，我国经历了尖锐复杂的阶级斗争和路线斗争，经受了严峻的考验。我国人民在中国共产党领导下，经过激烈的反复较量，终于粉碎了王洪文、张春桥、江青、姚文元“四人帮”反党集团。这个伟大胜利，标志我国社会主义革命和社会主义建设进入了新的发展时期。

去年召开的党的第十一次全国代表大会，对我们党同“四人帮”的斗争，作了全面的总结。这场斗争确实是无产阶级和资产阶级的生死搏斗，是一场历史性的大决战。斗争的中心问题，是坚持毛主席的无产阶级革命路线还是实行“四人帮”的反革命的修正主义路线，是坚持无产阶级专政还是实行资产阶级的法西斯专政，是把我们的国家建设成为繁荣昌盛的社会主义现代化强国还是重新沦为半殖民地半封建的国家。我们同“四人帮”之间，正是围绕这样的中心问题，展开了一次又一次惊心动魄的斗争。

四届人大的筹备和召开，是我们同“四人帮”斗争的一个重要回合。在这以前，我们粉碎了林彪反党集团，一九七三年八月召开了党的十大，全国形势大好。当时，毛主席、党中央就决定筹备召开四届人大，选举和决定我们国家的领导工作人员，以巩固和发展无产阶级“文化大革命”的胜利成果。这是一次极其重要的会议。早就和林彪反党集团相勾结的“四人帮”，这个时候跳了出来，更加疯狂地进行捣乱破坏，妄图篡夺国家的最高权力。一九七四年，他们利用批林批孔的机会，搞突然袭击，大造篡党夺权的反革命舆论，把矛头指向毛主席为首的党中央，疯狂反对周恩来总理和叶剑英副主席，妄图打倒从中央到地方的一大批领导干部。由于“四人帮”的干扰破坏，不少地方党政军机关无法正常工作，有的地方被他们的党羽篡夺了领导权，资本主义泛滥，社会主义经济遭到严重损害，科学教育文化事业遭到严重摧残。毛主席批判了他们的破坏活动，明确指出：“无产阶级‘文化大革命’，已经八年。现在，以安定为好。全党全军要团结。”毛主席还多次指示：“把国民经济搞上去”。但是，“四人帮”不仅顽固对抗毛主席指示，而且加紧秘密策划，阴谋利用四届人大的召开由他们来“组阁”。毛主席及时戳穿了他们的阴谋，尖锐地指出江青有野心，不准她露面，不准她批文件，不准她组阁。毛主席无限信任我们敬爱的周总理，明确指示“总理还是我们的总理”，确定周总理负责四届人大和国务院的人事安排，由邓小平同志协助周总理起草政府工作报告。一九七五年一月四届人大的胜利召开，挫败了“四人帮”的组阁阴谋，是对他们篡党夺权罪恶活动的一个严重打击。

四届人大以后，在执行还是反对毛主席一系列重要指示的问题上，我们同“四人帮”之间，展开了更加激烈的斗争。毛主席在四届人大前夕所作指示的基本精神，就是要进一步巩固和加强无产阶级专政，促进全国的安定团结，把国民经济搞上去。周总理正是根据毛主席的指示，在四届人大第一次会议上，号召全国人民进一步团结起来，坚持党的基本路线，为在本世纪内把我国建设成为社会主义的现代化强国而努力奋斗，极大地激励了亿万人民的革命积极性。在这种情况下，“四人帮”为了达到他们篡党夺权的反革命目的，篡改毛主席关于学习无产阶级专政理论的指示，拼命鼓吹“经验主义是当前主要危险”的反革命谬论，又一次大搞分裂活动，大搞阴谋诡计，把矛头指向周总理和一大批党政军负责干部。毛主席针对他们的干扰破坏，反复批判他们违背“要搞马克思主义，不要搞修正主义；要团结，不要分裂；要光明正大，不要搞阴谋诡计”的基本原则，多次警告他们“不要搞四人帮”。中央政治局根据毛主席的指示，对“四人帮”进行了严肃的批判。在这期间，党中央、国务院相继召开了铁路会议、冶金会议、国防工业会议、军委扩大会议和第一次全国农业学大寨会议等重要会议，抓紧整顿各级领导班子，落实党的政策，批判资产阶级派性，发动群众打击城乡资本主义势力，开始对工业、农业、财贸、科学、教育和军队等方面的工作进行整顿，努力清除“四人帮”干扰破坏所造成的恶果。中央采取的这一系列措施，得到全国人民的热烈拥护和响应，各项工作取得了显著成就，国民经济开始好转。

一九七六年一月，敬爱的周总理不幸逝世。在这前后，“四人帮”猖狂地反扑过来，迫不及待地要把党权、政权、军权都夺到他们手里，这就展开了又一个极其严重的斗争。他们施展种种阴谋，压制和迫害悼念周总理的广大干部和群众,诬陷邓小平同志。他们全盘否定一九七五年我们在各方面取得的成就,把落实毛主席的一系列指示污蔑为推行“修正主义纲领”,把各方面的整顿污蔑为“全面复辟”,把建设四个现代化的社会主义强国污蔑为“资本主义化”。他们制造谣言,罗织罪名,恶毒攻击国务院主要领导同志,妄图把国务院和中央各部的工作搞瘫痪。他们挥舞“唯生产力论”这根大棒,到处打击坚持抓革命、促生产的广大干部和群众,妄图把整个国民经济搞瘫痪。他们这样干的罪恶目的,就是要搞乱全国,乱中夺权。毛主席英明果断,采取了非常的措施,于一九七六年一月底亲自提议并经中央政治局讨论通过,确定了国务院代总理和主持中央日常工作的人事安排;四月初又亲自提议并经中央政治局讨论通过,确定了党中央第一副主席和国务院总理的人事安排。

毛主席的重大战略决策,沉重地打击了“四人帮”篡党夺权的阴谋,并且为后来解决“四人帮”的问题奠定了基础。但是,“四人帮”并不甘心于他们的失败。他们以十倍的疯狂,百倍的仇恨,到处煽风点火,甚至公开抛出了老干部是“民主派”、“民主派”就是“走资派”的反革命政治纲领,上至中央,下至地方,煽动层层揪“走资派”,妄图把坚持毛主席革命路线的党政军各级领导干部统统打倒。党中央的绝大多数同志,团结一致,坚持原则,同“四人帮”进行了坚决的斗争。广大干部、群众和人民解放军指战员,表现出很高的路线觉悟,对“四人帮”的倒行逆施极为愤慨,采取各种形式进行抵制和反对,以无所畏惧的革命精神顶住了他们的压力。

一九七六年九月,我们的伟大领袖和导师毛主席与世长辞。全国各族人民万分悲痛,忧心忡忡。就在这个非常时刻,“四人帮”利用我们党、我们国家和我国人民遭到的严重困难,更加紧了篡夺党和国家最高权力的反革命步伐。他们又是阴谋切断党中央同全国各地的联系,又是策动向江青写“效忠信”、“劝进书”,又是加紧进行粉墨登场的各种准备,又是秘密策划“镇反”、“杀人”,尤其严重的是他们伪造了一个所谓“按既定方针办”的毛主席的“临终嘱咐”,造谣污蔑党中央“篡改毛主席的既定方针”,公开煽动推翻党中央。他们要动手了,要发动反革命政变了。在这个万分危急的紧要关头,党中央继承毛主席遗志,代表全国各族人民的共同愿望和根本利益,于一九七六年十月六日一举粉碎了“四人帮”。举国上下,万众欢腾,热烈欢呼我们党取得了第十一次重大路线斗争的决定性胜利。

回顾这一段历史,大家可以看到,我们同“四人帮”的斗争,是一场关系到我们党和国家命运和前途的斗争。“四人帮”这个反革命的阴谋集团,利用他们窃据的地位和权力,网罗地富反坏以及一小撮野心家、叛徒、新生反革命分子、流氓、打砸抢者,乱党乱军乱国,大搞法西斯专政,残酷迫害革命干部和革命人民,疯狂破坏国民经济,摧残各项社会主义建设事业,造成了极其严重的恶果。从一九七四年到一九七六年,由于“四人帮”的干扰破坏,全国大约损失工业总产值一千亿元,钢产量二千八百万吨,财政收入四百亿元,整个国民经济几乎到了崩溃的边缘。在一些地区和部门,由于“四人帮”的支持、包庇和纵容,坏人当权,工厂停工停产,农村分田单干,贪污盗窃、投机倒把盛行,阶级敌人活动猖獗,没有改造好的地富反坏反攻倒算,有的地方甚至出现了资本主义复辟的严重局面。这种情况如果继续下去,我们的国家就不可避免地要改变颜色,人民就要遭到更大的灾难。粉碎了“四人帮”,我们的党避免了一次大分裂,我们的国家避免了一次历史大倒退,保证了我国人民沿着毛主席指引的社会主义方向继续前进。

一年多来,党中央高举毛主席的伟大旗帜,提出了抓纲治国的战略决策,在全国范围内发动和领导了揭批“四人帮”的政治大革命。在这场伟大斗争中,党中央、国务院既抓纲,也抓目,以纲带目,采取了一系列的有力措施,召开了一系列重要会议,做了大量的工作,及时解决了“四人帮”干扰破坏所造成的许多紧迫问题。广大干部和群众在战胜“四人帮”造成的严重困难的斗争中,表现了革命的英雄气概和顽强的战斗精神,这是最可宝贵的。经过全党全军全国各族人民的共同努力,我国各条战线都取得了重大胜利,发生了深刻的变化。

我们摧毁了“四人帮”及其余党的资产阶级帮派体系,夺回了被他们篡夺的那部分权力,批判了他们那条反革命的修正主义路线,我们的党中央、党的组织和政权组织更加纯洁、更加坚强、更加团结了,毛主席的革命路线和党中央的方针政策在各方面都能够顺利地贯彻执行了。

我们的人民打碎了“四人帮”的精神枷锁,思想大解放,觉悟大提高,精神振奋,喜气洋洋,大干社会主义的积极性迸发出来了。

我们的军队粉碎“四人帮”妄图毁我长城的阴谋,坚决执行毛主席的建军路线,发扬光荣传统,军政训练和战备工作热气腾腾,正在向着革命化和现代化的目标前进。

我们的广大干部砸烂了“四人帮”的“钢铁工厂”和“帽子工厂”,清算了他们残酷打击和迫害干部的罪行,振起了革命精神,更加朝气蓬勃,敢想敢说敢干了。

我们坚决打击了那些进行反攻倒算的地富反坏分

子和严重破坏社会秩序的犯罪分子，打击了那些打砸抢分子、贪污盗窃分子和投机倒把分子，无产阶级正气上升，资产阶级邪气下降，全国社会秩序大为安定，人民群众拍手叫好。

我们的党群关系、干群关系、军政关系、军民关系、上下级关系，我们各民族之间的关系，都更加亲密。我国的革命统一战线得到了进一步的发展和壮大，全国上下到处呈现出一派团结战斗的热烈气氛。

我国国民经济扭转了"四人帮"破坏造成的停滞不前、甚至下降倒退的局面，走上了稳步上升、健康发展的轨道。工业学大庆、农业学大寨的群众运动蓬勃发展，一个新的跃进形势已经来到了。

我国科学、教育、文化战线摧毁了"四人帮"的法西斯文化专制主义，批判了他们炮制的"两个估计"的反革命谬论，激发了广大知识分子的积极性，开始出现了欣欣向荣的生动局面。

我们在国际斗争中坚决按照毛主席关于三个世界的伟大理论，积极开展对外工作，促进了国际反霸统一战线的扩大，推动了国际形势继续朝着有利于世界人民的方向发展。我国的国际威望空前提高。

这一切充分表明，党中央提出的抓纲治国战略决策一年初见成效的要求已经胜利实现，而且情况比预期的还好。全国人民欢欣鼓舞，全世界革命人民也为我们高兴。苏修攻击我国政权"不稳"，咒骂我们"走进了死胡同"，幻想我们背离马列主义、毛泽东思想的轨道，这一切都在铁的事实面前彻底破产了。让那些小丑们去狂叫吧，伟大的中国人民将继续乘风破浪，奋勇前进！

各位代表！打倒了"四人帮"，这是我国革命历史上又一个伟大的转折。我国人民在社会主义革命和社会主义建设的新的发展时期的总任务，就是要坚决贯彻执行党的十一大路线，坚持无产阶级专政下的继续革命，深入开展阶级斗争、生产斗争和科学实验三大革命运动，在本世纪内把我国建设成为农业、工业、国防和科学技术现代化的伟大的社会主义强国。

早在一九六三年，毛主席就尖锐地指出："我国从十九世纪四十年代起，到二十世纪四十年代中期，共计一百零五年时间，全世界几乎一切大中小帝国主义国家都侵略过我国，都打过我们，除了最后一次，即抗日战争，由于国内外各种原因以日本帝国主义投降告终以外，没有一次战争不是以我国失败、签订丧权辱国条约而告终。其原因：一是社会制度腐败，二是经济技术落后。现在，我国社会制度变了，第一个原因基本解决了；但还没有彻底解决，社会还存在着阶级斗争。第二个原因也已开始有了一些改变，但要彻底改变，至少还需要几十年时间。如果不在今后几十年内，争取彻底改变我国经济和技术远远落后于帝国主义国家的状态，挨打是不可避免的。""我们应当以可能挨打为出发点来部署我们的工作，力求在一个不太长久的时间内改变我国社会经济、技术方面的落后状态，否则我们就要犯错误。"

毛主席在这里总结了一百多年来帝国主义侵略我国和我国人民反侵略斗争的历史，把改变经济技术落后状况提到了关系国家生死存亡的高度，极其深刻地阐明了加快社会主义建设速度的迫切性和重要性。重温毛主席的教导，我们大家可以更加清楚地认识到，实现社会主义的四个现代化，这不仅是重大的经济任务，首先是十分紧迫的政治任务。从国际上看，苏美两霸激烈争夺世界霸权，战争总有一天要打起来。苏修亡我之心不死。我们必须争时间，抢速度，增强经济实力和国防实力，才能更有效地对付社会帝国主义、帝国主义可能对我国发动的侵略。从国内来看，我们也只有高速度地实现社会主义的四个现代化，才能在新的基础上进一步巩固工农联盟，增强无产阶级战胜资产阶级、社会主义战胜资本主义的力量，才能不断提高人民的物质生活水平和文化生活水平，逐步缩小三大差别，才能充分地巩固无产阶级专政，防止资本主义复辟。

我们要加速实现社会主义的四个现代化，必须坚持以阶级斗争为纲，坚持无产阶级对资产阶级的斗争。我们要牢牢记住毛主席的教导，充分认识社会主义社会这个历史阶段始终存在着阶级和阶级斗争，存在着社会主义同资本主义两条道路的斗争，充分认识这种斗争的长期性和复杂性。我们必须善于正确处理阶级、阶级矛盾和阶级斗争的问题，正确处理敌我矛盾和人民内部矛盾，继续改革不适应经济基础的上层建筑，继续改革不适应生产力发展的生产关系，深入进行社会主义教育，反修防修。我们必须坚持"抓革命，促生产，促工作，促战备"的方针，把阶级斗争、生产斗争和科学实验三大革命运动一齐抓起来。只搞生产斗争、科学实验，而不抓阶级斗争，就不能坚持社会主义方向，不能促进安定团结，不能扫除实现四个现代化的障碍，不能振奋人们的革命精神，生产斗争、科学实验还是搞不好的。只搞阶级斗争，而不搞生产斗争、科学实验，实现四个现代化就成了一句空话，说拥护党的路线也是假的。我们一定要善于把三大革命运动很好地结合起来，坚持下去。

打倒了"四人帮"，扫除了我们前进道路上的最大障碍。在党中央的坚强领导下，全国各族人民高举毛主席的伟大旗帜，团结一致，坚持大批修正主义，大批资本主义，大干社会主义，一定能够加快建设社会主义现代化强国的步伐。在我们这样一个人口占世界五分之一的社会主义国家，在今后不到四分之一世纪的时间内实现四个现代化，这在我国和世界历史上都是伟大的壮举。我们一定要为完成历史赋予我们的这个光荣任务而努力奋斗。

把揭批“四人帮”的斗争进行到底

我国人民当前和今后一个时期的头等大事，仍然是把揭批“四人帮”这场伟大斗争进行到底。我们要通过深入揭批“四人帮”，进一步分清路线是非，整顿好各方面的工作，恢复和发扬党的优良传统和作风，把巩固无产阶级专政的任务落实到基层，促进全国的安定团结，达到天下大治，使我国各项社会主义建设事业都有一个大的发展，胜利实现抓纲治国三年大见成效的目标。

一年多来揭批“四人帮”的群众运动，发展是迅猛而又健康的。“四人帮”及其余党的资产阶级帮派体系，已经土崩瓦解。绝大多数地区和部门，同“四人帮”篡党夺权阴谋活动有牵连的人和事已经基本查清，阶级阵线已经基本清楚。就全国范围来说，清查工作基本上胜利结束。当然，说基本结束，并不等于完全结束。运动的发展是不平衡的。有少数地区和单位，由于运动开展得晚，或者搞得不好，清查工作还需要抓紧。对于“四人帮”插手深、问题多、阻力大的重点单位，要特别加强领导，坚决按照中央的要求把清查工作认真搞好。

当前，揭批“四人帮”的第三个战役正在全国深入展开。打好这一仗，是长期的更为艰巨的任务。各条战线、各个地区和各个部门要紧密联系实际，揭发批判“四人帮”的反革命政治纲领，揭发批判他们那条反革命修正主义路线的极右实质及其在各方面的表现。前一段经济战线开展的“十个要不要”的大讨论，人民解放军进行的“十个应该不应该”的路线教育，科学教育文化战线对“四人帮”炮制的“两个估计”的反革命谬论的批判，都取得了很好的效果，要继续深入下去。各条战线都要抓住受“四人帮”影响最深、造成危害最大的问题，大打人民战争，把他们制造的种种混乱彻底加以澄清，把他们颠倒了的一切是非统统纠正过来，使毛主席的革命路线得到全面的正确的贯彻执行。

为了彻底揭露“四人帮”修正主义路线的极右实质，必须深入批判他们那条路线的反动理论基础。“四人帮”全面篡改马克思主义的哲学、政治经济学和科学社会主义，特别是全面篡改毛主席关于无产阶级专政下继续革命的伟大理论，散布了大量的反马克思主义谬论。对“四人帮”散布的种种谬论，我们必须以马列主义、毛泽东思想为武器，从理论上进行深入的批判，粉碎他们的反动思想体系，肃清其流毒和影响。

“四人帮”是一伙隐藏得很深的新老反革命分子，是极其狡猾的反革命两面派。他们惯于打着红旗反红旗，打着反复辟的旗号搞复辟，喊着反修正主义的口号搞修正主义，用革命的伪装来掩盖他们的反革命原形。他们推行的是一条右得不能再右的极右路线，在表现形式上有极右的一面，也有极“左”的一面，而当他们以极“左”面貌出现的时候，往往具有很大的欺骗性。我们必须彻底揭露“四人帮”反革命两面派的伎俩，揭露他们假左派、真右派的反动面目，进一步提高识别真假马克思主义的能力。

在揭批“四人帮”的斗争中，我们要认真搞好各条战线的整顿工作。要把机关整顿好，把厂矿企业整顿好，把社、队整顿好，把商店整顿好，把学校整顿好，把军队整顿好，把各行各业都整顿好。在各方面的整顿中，关键是整顿好各级领导班子，解决好由于“四人帮”的干扰破坏造成的不同程度的思想不纯、组织不纯、作风不纯的问题。要着重搞好思想整顿，提高路线觉悟和政策水平，也要进行必要的组织调整。对那些参与“四人帮”篡党夺权阴谋活动和卖身投靠“四人帮”的人，必须严肃处理。对软、懒、散的领导班子，要进行调整、充实和加强。那些野心勃勃，政治品质恶劣，作风很坏的人，不能让他们进入领导班子，不能重用。我们必须采取有力的措施，按照毛主席提出的接班人五项条件和老中青三结合的原则，逐步把各级领导班子建设成为坚决执行毛主席革命路线的、密切联系群众的、团结战斗的领导核心。要加强政治思想工作，狠抓队伍建设，大大提高工人、农民、知识分子的觉悟程度和组织性纪律性。要继续抓紧落实党的干部政策。粉碎“四人帮”以来，许多地方和部门在这方面做了大量的工作，推倒了“四人帮”强加于许多干部的诬蔑不实之词，对过去受审查的干部作出了实事求是的结论，但还有些单位对落实党的干部政策的重要意义认识不足，抓得不紧，进展迟缓，这种情况必须迅速改变过来，把这项工作认真做好。能够工作的干部都应当尽快分配适当工作，年老体弱不能工作的也要妥善安排，并且对他们从政治上和生活上给予关怀和照顾。

毛主席说过：“中国的改革和建设靠我们来领导。如果我们把作风整顿好了，我们在工作中间就会更加主动，我们的本事就会更大，工作就会做得更好。”长期以来，“四人帮”败坏了党的作风，败坏了社会风气，严重地腐蚀了人们的思想。我们要彻底肃清“四人帮”的流毒和影响，恢复和发扬党的实事求是、群众路线、谦虚谨慎、艰苦奋斗、批评和自我批评、全心全意为人民服务等优良传统和作风。要大力表扬先进事迹和先进人物，树立社会主义新风尚，鼓励人民群众胸怀远大革命理想，为实现四个现代化贡献力量，为社会主义祖国争光。党要有一个好的作风，国家要有一个好的作风，军队要有一个好的作风，人民也要有一个好的作风。毛主席和老一辈无产阶级革命家在长期革命斗争中为我们培育的好传统好作风，一定要在整个中华民族中发扬光大起来，一代一代地传下去。

粉碎“四人帮”以后，一些地方结合揭批“四人帮”的斗争，城乡一齐动手，大张旗鼓地开展了打击阶级敌人的破坏活动，打击资本主义势力猖狂进攻的“双打”运动，取得了很好的效果。实践证明，认真开展这样一场打击“四人帮”社会基础的革命斗争，对于巩固无产阶级专政，保卫社会主义公有制，加快社会主义建设，都具有重要的意义。各地要从当地的实际情况出发，有领导、有步骤地把这场斗争搞好。

在揭批“四人帮”的斗争中，要认真执行党的十一大政治报告规定的政策，严格区分和正确处理两类不同性质的矛盾。要重证据，重调查研究，严禁逼供信。扩大教育面，缩小打击面。批判从严，处理从宽。抗拒从严，悔改从宽。对罪行严重而又不肯悔改的一小撮“四人帮”死党，对进行破坏活动的反革命分子，必须坚决打击。“四人帮”的骨干分子，只要他们同“四人帮”划清界限，把问题交代清楚，愿意悔改，可以从宽处理。对犯错误的同志，包括犯了严重错误的同志，要坚持“惩前毖后，治病救人”的方针，帮助他们改正错误，改了就好，能早解脱的就早解脱，不要揪住不放。毛主席说过：“对于革命来说，总是多一点人好。”我们要争取一切可以争取的人，做到团结百分之九十五以上的干部和群众。

揭批“四人帮”的斗争，也是一场伟大的马克思主义教育运动。要把学习马克思主义理论同揭批“四人帮”的斗争紧密结合起来，在全党全军全国人民中掀起学习马列著作和毛主席著作的新高潮。各级领导干部，特别是高级干部，要在学习上来一个比赛，学得更好一些，努力做到完整地准确地掌握毛泽东思想体系。要把学习、批判和总结经验结合起来。过去二十八年中，毛主席的革命路线在各条战线上始终是占主导地位的，但也受到了林彪特别是“四人帮”的干扰破坏。我们要大搞调查研究，实事求是地总结正反两方面的经验，弄清楚各条战线的具体路线、方针、政策和方法，修改和制定工、农、商、学、兵各个方面的工作条例，逐步建立和健全充分体现毛主席革命路线的、适合我国情况的各方面的制度，使各项工作加快前进的步伐。

揭批“四人帮”的革命风暴，正在荡涤着一切污泥浊水，振奋着亿万人民的革命精神。我们要坚持以这场伟大的阶级斗争为纲，把社会主义经济建设和文化建设推向新的高潮。

加快社会主义经济建设

要在本世纪内把我国建设成为社会主义的现代化强国，需要在政治、经济、文化、军事、外交等各个方面，进行紧张的工作和斗争，而高速度发展社会主义经济，归根到底具有决定性的意义。

遵照毛主席的指示，周总理在第三届和第四届全国人民代表大会上都提出了发展国民经济的宏伟设想，要求在本世纪内全面实现四个现代化，使我国国民经济走在世界前列。到二十世纪末，我国农业主要产品的单位面积产量要达到或者超过世界先进水平，工业主要产品产量要分别接近、赶上和超过最发达的资本主义国家。农业生产要最大限度地实现机械化、电气化、水利化，工业生产的主要部分自动化，交通运输大量高速化，大幅度提高劳动生产率。我们要广泛应用现代科学技术成果，大量采用新型材料和新能源，实现主要产品和生产工艺的现代化，各项经济技术指标分别接近、赶上和超过世界先进水平。到那个时候，在发达的社会生产力的基础上，我国社会主义的生产关系将得到进一步发展和完善，无产阶级专政将更加巩固，国防力量将更加强大，人民的物质和文化生活水平将有较大的提高，我国将以社会主义现代化强国的崭新姿态屹立在世界东方。实现上述宏伟任务，从一九七六年到一九八五年是关键的十年。国务院在一九七五年夏天召开研究长远规划的务虚会，在大量调查研究的基础上，拟定了发展国民经济十年规划纲要草案，并经中央政治局讨论通过。“四人帮”攻击国务院务虚会是“右倾翻案风风源”，把十年规划纲要说成是“修正主义文件”，这完全是恶毒的诽谤和污蔑。粉碎“四人帮”后，根据我国政治和经济的大好形势，根据全国人民加速实现四个现代化的强烈愿望，国务院对十年规划纲要做了进一步的补充和修订。这个纲要草案已发给各位代表，请大家审议。

按照十年规划，在这十年里，要建立稳固的农业基础，农业主要作业机械化水平达到百分之八十五以上，按农业人口达到一人一亩旱涝保收、高产稳产农田，农林牧副渔都达到较高水平。建立产品丰富多彩、物美价廉的轻工业，按人口平均的轻工业品产量有较大增长。建立发达的重工业，冶金、燃料、动力、机械等原有工业在新的技术基础上进一步发展，钢铁、原煤、原油、发电量等产品产量进入世界前列，石油化工、电子等新兴工业发展成为比较发达的工业。建立适应工农业发展需要的交通运输网和邮电通讯网，基本实现机车的电气化、内燃化，公路和内河运输、远洋和航空运输都有较大发展。在建成全国独立的、比较完整的工业体系和国民经济体系的基础上，基本建成西南、西北、中南、华东、华北、东北六个大区的经济体系，并把内地建成强大的战略后方基地。

按照十年规划，到一九八五年，粮食产量达到八千亿斤,钢产量六千万吨。从一九七八年到一九八五年八年间,我国农业总产值每年要增长百分之四到五,工业总产值每年要增长百分之十以上。这八年,我国主要工业产品新增加的产量都将大大超过过去二十八年增加的产量。这八年,国家财政收入和基本建设投资,都相当于过去二十八年的总和。十年规划纲要的各项经济指标,各位代表已经看到了,现在不再一一列举。实现了十年规划,我国经济技术水平将发生巨大变化,物质基础会雄厚得多,就有把握再经过三个五年计划的努力,使我国国民经济走在世界前列。十年规划和二十三年设想提出的任务是宏伟的,也是完全能够做到的。我们有优越的社会主义制度,能够促进生产力突飞猛进的发展。经过揭批"四人帮"的伟大斗争,毛主席革命路线进一步为广大群众所掌握,亿万人民的社会主义积极性更加高涨。我国人口众多,资源丰富,经过二十多年的建设有了相当的物质基础,有了正反两方面的丰富经验。我们具备了一切必要条件,来加快经济发展的速度。当然,我们在前进道路上还会遇到许多困难,需要付出巨大努力去战胜它。但是,对各种有利条件估计不足,缺乏信心,认为这也不可能,那也办不到,这种无所作为的论点是毫无根据的。从一九六六年到一九七六年的十一年中,尽管有林彪特别是"四人帮"的严重干扰破坏,仍然有三分之一的省、自治区、直辖市,粮食产量平均每年的增长速度都在百分之四点三以上,高的达到百分之五点五;也有三分之一的省、自治区、直辖市,工业产值平均每年的增长速度都在百分之十二以上,高的达到百分之十八点五。我们相信,粉碎了"四人帮",所有省、自治区、直辖市经过努力都完全有可能达到和超过这样的速度。我们的宏伟规划是一定能够实现的。

要把规划变为现实,最根本的是坚持党的基本路线,坚持鼓足干劲、力争上游、多快好省地建设社会主义的总路线,坚持独立自主、自力更生、艰苦奋斗、勤俭建国的方针,走毛主席指引的建设社会主义的道路。毛主席树立的大庆、大寨两面红旗,是坚持无产阶级专政下继续革命,办好社会主义工业和农业的光辉典范。大庆原油产量在十七年间平均每年增长百分之二十八,大寨去年平均每人生产粮食两千多斤,如果我们所有企业、社队都能向他们看齐,我国国民经济将会出现一个多么令人欢欣鼓舞的景象啊!各级领导同志要充分认识开展学大庆、学大寨运动的巨大意义,切实加强领导,使运动更加轰轰烈烈、扎扎实实地向前发展。学大庆、学大寨决不能停留在口头上、会议上,必须落实在行动上。有的地方和单位至今还不是真学,而是半真半假地学,甚至是假学,有的还存在着降低大庆式企业、大寨县标准的倾向,这种情况必须迅速纠正过来。我们要发扬革命加拼命的精神,努力工作,保证到一九八〇年把三分之一的企业建成大庆式企业,把三分之一的县建成大寨县。

要把规划变为现实,我们还必须采取有力措施,认真解决好一些关系到国民经济全局的问题。

第一,全国动员,大办农业。

农业是国民经济的基础。我们的农业如果不以比过去更高的速度向前发展,工业和整个国民经济就上不去,一时上去了也要被拉下来,一旦发生大的自然灾害还会遇到更大的困难。我们对这个问题必须有清醒的认识。农业比重大的省要抓农业,工业比重大的省更要注意抓农业,各行各业都要大力支援农业,为农业服务。

要把农业搞上去,主要靠认真学大寨,实行科学种田,加快农业机械化的步伐。根据"以粮为纲,全面发展"的方针,国家计划在发展农业生产方面,采取以下措施:(一)在普遍增产粮食的基础上抓好两头,一头是抓好十二个大面积商品粮基地和全国的国营农场,八年内使它们提供的商品粮比现在增加两、三倍;一头是抓好低产缺粮地区,使它们在两、三年内实现粮食自给自余。(二)在提高单位面积产量的同时,在不损害水土保持、森林、草原和水产资源的条件下,组织国营农场和人民公社有计划地开垦荒地,使耕地面积逐年有较多的增加。(三)按照集中种植和合理布局的原则,在条件适合的地方建立一批棉花、油料、糖料等经济作物生产基地,使它们成为向国家提供棉花、糖料和食油的主要来源。(四)大力发展林业、牧业、副业、渔业,认真抓好林区建设,搞好四旁植树,建立一批牧业基地,建立一批淡水和海洋渔业基地,积极促进农村副业和社队企业的发展,使造林面积、畜产品和水产品产量都有一个大幅度的增长,使副业和企业的收入在社队总收入中的比重有一个大的提高。(五)充分发动群众,大搞以改土治水为中心的农田基本建设。国家要抓好大型水利工程的建设,继续治理黄河、长江、淮河、海河、辽河、珠江等大江大河,搞好解决西北、华北、西南地区干旱问题的骨干工程,兴建把长江水引到黄河以北的南水北调工程。各地要因地制宜地搞好中、小水利工程,认真抓好坡地、盐碱地、红壤土等低产田的治理。(六)从上到下建立和健全农业科学研究和技术推广的系统,全面贯彻农业"八字宪法",重点抓好培育和推广良种,改进耕作制度,广开肥源,大抓有机肥料,合理使用化肥。(七)大力增产品种对路、质量好、价格便宜的农业机械、化肥和农药,认真搞好农业机械的配套、维修和管理,加紧培训农业机械的操作人员,使农业机械化以更大的步子、更快的速度向前发展。(八)加强山区建设,特别要关心和帮助革命老根据地的建设,使这些地方的经济有一个较大的发展。(九)加强对穷队的领导,帮助他们改变面貌,尽快赶上富队。为了保证以上措施的落实,在国家计划中适当提高了农业基本建设投资和事业费在财政支出中的比重,并在材料、设备方面做了相应的安排。

要把农业搞上去,必须把亿万农民群众的社会主义积极性充分调动起来。否则,各种增产措施就会落空,社会主义大农业就搞不好。所有社队,都要深入进行党的基本路线教育,坚持不懈地向农民灌输社会主义思想,不断克服资本主义自发倾向。要坚持民主办社、勤俭办社的方针,搞好人民公社的经营管理。重大问题要由社员大会或社员代表大会讨论决定,不能少数人说了算。进行农田基本建设,改进耕作制度,制定种植计划和增产措施,都必须认真听取广大社员的意见,十分重视群众的实践经验,做到从实际出发,因地制宜,坚决反对强迫命令、反对瞎指挥。社队的财务要公开,定期公布账目,接受群众监督,杜绝干部多吃多占、超支挪用和铺张浪费。县、社、队干部都要像大寨、昔阳县的干部那样,积极参加集体生产劳动。有些社队脱产干部和其他非生产人员的比例过高,补贴过多,有的随意向社队和社员摊派粮、款和征用劳力,这些都加重了农民的负担,影响了农民的积极性。这种现象必须坚决纠正。

认真执行党在农村现阶段的各项经济政策,对于调动农民积极性关系极大。多年来的经验证明,我们党的反对"一平二调",实行等价交换的政策,开展多种经营和发展集体副业的政策,农副产品的收购和奖售政策,在保证集体经济占绝对优势的条件下,允许社员经营少量自留地和家庭副业,牧区社员可以有少量自留畜的政策,允许正当的集市贸易的政策等等,是有利于发展农业生产、改善农民生活、巩固和壮大人民公社集体经济的正确政策,受到了广大农民群众的拥护。"四人帮"恶毒攻击执行这些政策是"复辟资本主义",我们必须彻底批判他们的谬论,肃清其流毒和影响,坚定不移地执行这些政策。

国营农场是全民所有制的农业,在建设社会主义现代化大农业的过程中要真正起到示范作用。我们要总结经验,充分挖掘潜力,认真办好现有国营农场,为国家提供更多的农、畜产品,同时积极建设一批新的国营农场,使我国的国营农业有一个大的发展。

第二,加快发展基础工业,发挥工业的主导作用。

随着国民经济向现代化迈进,工业特别是基础工业的主导作用越来越显著。我们必须以钢为纲,大力加强基础工业,特别要使电力、燃料、原材料工业和交通运输以更快的速度发展。只有这样,才能有力地支援农业,迅速地发展轻工业,大大加强国防工业。

发展基础工业,必须大力加强地质工作,大打矿山之仗,使地质工作和采掘工业适应经济建设高速度发展的需要。

发展基础工业,要把搞好现有企业的挖潜、革新、改造同建设一批新的企业很好地结合起来。今后八年,特别是近三年,生产的增长必须立足于现有基础。要充分利用现有设备,切实搞好补缺配套,有计划地进行技术改造,广泛实行专业化协作。这样做,可以争取时间,加快速度,节省投资。在这同时,国家计划新建和续建一百二十个大型项目,其中有十大钢铁基地,九大有色金属基地,八大煤炭基地,十大油气田,三十个大电站,六条铁路新干线和五个重点港口。这一百二十个项目建成后,加上原有的工业基础,全国可以形成十四个实力比较雄厚、布局比较合理的工业基地,对于改变我国基础工业的落后状况,具有决定性的意义。

我们搞基本建设,必须坚持集中力量打歼灭战的方针,努力做到投资省,工程质量高,建设周期短,迅速形成综合生产能力,发挥最好的效果。对国家今后八年计划建设的一百二十个大型项目,全国上下要大力协同,抽调得力的领导干部、优秀技术人员和熟练工人,组织大会战,把这些项目一个一个地攻下来,多快好省地完成建设任务。

要坚持大中小并举的方针,既要搞好大型的现代化企业,又必须十分注意发展中小企业。各省、自治区、直辖市要利用当地资源,积极办好中小煤矿、小电站、小矿山、小水泥厂和小化肥厂,大力巩固和提高中小钢铁企业和有色金属企业,努力增产化工原料。所有中小企业都要纳入计划,坚持就地取材,努力提高生产技术和管理水平。凡是在原材料和燃料动力供应上同大企业有矛盾的,要统筹安排,妥善解决,保证大企业的需要。

机械工业担负着为国民经济各部门提供技术装备的重要任务,要按照专业化协作的原则,组织起来,统一规划,搞好产品的标准化、系列化、通用化,努力生产各种高质量的机械设备,提高大型的、精密的现代化成套设备的生产水平。国防工业要充分发挥生产能力,努力研究、试制和生产更多更好的现代化常规武器和战略武器。要认真贯彻军民结合、平战结合的方针,充分发挥机械工业和国防工业的潜力。

在加强基础工业的同时,要积极发展轻工业。要广开原料来源,努力增加农业原料,大大提高化纤、塑料等石油化工原料在轻工业原料中的比重,大力增产纺织品、食糖、纸张等轻工产品,尽快做到省、自治区一般轻工产品自给。保持和发展传统名牌产品,安排好日用工业品、小商品、手工艺品和少数民族特需商品的生产。

在工业建设中，要贯彻工农结合、城乡结合的方针。在有条件的地方，要像大庆那样，组织职工和家属搞好农副业生产。新建项目尽可能不要挤在大城市，要多建设中、小城镇。

第三，搞好商业工作，发展对外贸易。

社会主义商业是联结工业同农业、城市同农村、生产同消费的桥梁和纽带。搞好商业工作，对于促进国民经济高速度发展，巩固工农联盟，安排好人民生活，具有十分重要的意义。商业和供销部门的职工是工人阶级的组成部分，他们的劳动是社会生产总过程中必不可少的，是崇高的革命工作，应该受到大家的尊重。商业部门应当坚决执行“发展经济，保障供给”的方针，大力支援工农业生产，全心全意为人民生活服务。要组织好工农业产品的交换，活跃城乡物资交流，安排好市场供应，适当增加商业网点，扩大经营品种，改进服务态度，提高服务质量。要加强物价管理和市场管理，坚决打击投机倒把活动。

对外贸易要有一个大的发展。出口贸易既要注意大宗商品，也要注意小宗商品。在增加农副产品出口的同时，努力提高工矿产品在出口中的比重。建设一批出口工矿产品和农副产品的基地。要认真总结对外贸易工作的经验，按照平等互利的原则，把生意做好做活。

第四，开展社会主义劳动竞赛，大搞技术革新和技术革命。

群众中蕴藏着极大的社会主义积极性。开展社会主义劳动竞赛，是充分发挥广大群众的主动性和首创精神的好形式，是多快好省地发展国民经济的重要方法。每个地区、行业、企业事业单位和农村社队，都要大张旗鼓地发动群众，掀起一个比、学、赶、帮、超的热潮。

劳动竞赛的中心内容是大搞增产节约，努力增加生产，提高质量，提高劳动生产率，降低消耗，降低成本，增加盈利。现在，有些企业只求产量多，忽视产品质量，忽视降低消耗，造成很大浪费，这是不符合全面实现多快好省的要求的。没有高质量、低消耗，不向国家提供越来越多的利润，国民经济就不可能持久地高速度地发展。我们要求，所有企业的经济技术指标，今年内都达到本企业的历史最好水平，已经达到的要赶超国内和世界的先进水平。在劳动竞赛中，要注意劳逸结合，保护群众的积极性。各部门、各企业还应当打破行业界限，积极开展资源的综合利用，变“废”为宝，为国家创造更多的财富。我们要坚决反对不讲质量、不讲经济核算的败家子习气，坚决反对铺张浪费、大手大脚的资产阶级作风，把艰苦奋斗、勤俭建国的优良传统发扬光大起来。

要高速度发展国民经济，必须打破常规，尽量采用先进技术。我国亿万群众具有无穷无尽的创造力，我们完全能够依靠自己的力量，在科学技术方面来一个大的跃进。我们的工人、农民、知识分子，要振奋敢想敢说敢做的大无畏创造精神，献计献策，大显身手，把城乡技术革新和技术革命运动广泛开展起来。各地区、各部门都要了解国内外的技术发展状况，制定采用和推广新技术的计划和措施，努力学习国内和世界上的先进科学技术，决不能因循守旧，故步自封。要加强技术交流，反对互相封锁的资产阶级恶劣作风。对于在采用新技术、发展新工艺和新产品方面作出显著成效的单位，对于有创造发明的集体和个人，要给予表扬和适当的奖励。

第五，加强统一计划，发挥中央和地方两个积极性。

计划经济是社会主义经济的一个基本特征。我们必须坚决克服“四人帮”干扰破坏所造成的无政府状态，把经济活动纳入有计划按比例发展的轨道。制订计划要走群众路线，中央部门和地方都要加强调查研究，切实搞好综合平衡，把计划建立在既积极又可靠的基础上，把人力、物力和财力用到最必需的地方去，使国民经济各部门协调发展。从国务院各部门到省、自治区、直辖市，到基层的领导干部，都要有严格的责任制，做到人人有专责，事事有人管，切实保证国家计划的实现。要定期检查各地区、各部门、各基层单位执行计划的情况，完成计划好的要表扬，因为领导不力或官僚主义等主观原因而完不成计划的，要追究有关领导人员的责任，问题严重的要给以必要的纪律处分。

要在国家统一计划的指导下，自觉利用价值规律。我们要认真研究工农业产品比价，原材料、燃料和加工工业产品的比价。适当提高农产品的收购价格，在降低成本的基础上适当降低工业品特别是支农产品的销售价格，以促进生产发展。要发挥财政、银行、信贷对各项经济活动的促进和监督作用，使各经济单位提高经营管理水平，讲求经济效果，为国家多积累资金。

要在巩固中央集中统一领导的前提下，发挥中央和地方两个积极性。大权独揽，小权分散。该集中的必须集中，应当由地方办的事情，要积极支持地方去办。企业下放的方向必须坚持。对于下放的企业，中央部门不能甩手不管，应该积极协助地方把企业办好。有些关系国民经济全局的重点企业和重要科研设计单位，应当实行双重领导，以中央主管部门为主，但也要加强省、自治区、直辖市的责任。要认真总结经验，逐步改革和完善企业管理体制和计划、物资、财政的管理体制。中央部门和地方都要有全局观念，努力巩固中央的集中统一领导。既要反对中央部门管得过多过死、束缚地方积极性的倾向，也要反对不顾国家统一计划，只考虑一个地区、一个部门局部利益的倾向。

第六，坚持各尽所能、按劳分配原则，逐步改善人民生活。

在整个社会主义历史阶段，必须坚持不劳动者不得食，各尽所能、按劳分配的原则。执行这个原则，要坚持无产阶级政治挂帅，加强思想政治工作，教育人们树立共产主义劳动态度，全心全意地为人民服务。在分配上，既要避免高低悬殊，也要反对平均主义，实行多劳多得，少劳少得。干多干少、干好干坏、干和不干都一样，不利于调动广大群众的积极性。所有社队都要认真执行定额管理、评工记分制度，实行男女同工同酬。国营企业职工工资实行以计时为主、计件为辅，计时加奖励的制度，并对劳动强度大、劳动条件差的工种实行岗位津贴。在社会主义劳动竞赛中，要把精神鼓励和物质鼓励结合起来，以精神鼓励为主，物质鼓励为辅。关于改革工资制度问题，国务院有关部门要会同地方认真调查研究，总结经验教训，倾听群众意见，通盘考虑，提出方案，经中央批准后逐步实施。

毛主席说："我们的重点必须放在发展生产上，但发展生产和改善人民生活二者必须兼顾。"我们要继续发扬艰苦朴素、勤俭节约的优良传统，多积累一些资金来搞生产建设。同时，要在生产发展的基础上逐步改善人民生活，做到在正常年景下百分之九十的社员收入逐年有所增加，在完成国家计划的前提下逐步提高职工工资收入。大力改善城市副食品供应。大中城市和有条件的工矿区要建立副食品生产基地，办好机械化、半机械化的养猪场、养鸡场。改善城乡人民居住条件，有计划地供应农村兴建住房必需的建筑材料，有步骤地解决职工宿舍问题。积极兴办社会集体福利事业，发展城市公用事业，做到有利生产，方便生活。认真搞好安全生产和劳动保护。消除污染，保护环境，是一件关系到广大人民健康的大事，必须引起高度重视，并制定环境保护的法令和条例，保证这方面存在的问题得到切实的解决。

对于经济建设中的许多问题，我们还很不熟悉，特别是搞现代化的生产建设，在很多方面还是一个未被认识的必然王国。各级领导干部要遵照毛主席的指示，开动脑筋，下苦功夫，学马克思列宁主义，学经济学，学生产管理，学科学技术，在提高马克思列宁主义水平的基础上，使自己成为精通政治工作和经济工作的专家。要刻苦钻研，认真实践，总结经验，进一步掌握社会主义经济建设的规律，学会领导和组织现代化生产建设的本领，提高经济管理水平，把经济工作越做越细密、越深入、越实际、越科学，推动国民经济高速度地向前发展。

繁荣社会主义科学教育文化事业

随着经济建设新高潮的到来，一定会出现一个文化建设的新高潮。我们必须极大地提高整个中华民族的科学文化水平，使广大劳动群众掌握现代生产技能和科学知识，同时造就一支宏大的工人阶级的知识分子队伍，才能胜利实现建设社会主义现代化强国的宏伟目标。

二十八年来，在毛主席革命路线指引下，我国科学、教育、文艺、卫生、体育、新闻出版等事业有了很大发展。原子弹、氢弹的爆炸，人造卫星的发射与回收，标志着我国科学技术的发展达到了新的水平。全国城市基本普及了初中教育，农村基本普及了小学教育，高等学校和中等专业学校培养了大批专门人才。但是，我国科学教育文化事业也受到了林彪、特别是"四人帮"的严重干扰破坏。近几年来，我国同世界科学技术先进水平本来已经缩小的差距又拉大了。学校教育质量严重下降。各条战线专门人才青黄不接。"四人帮"的覆灭，带来了新的解放。广大工农兵和知识分子迸发出来的无限热情，正在形成巨大的力量，去攻克科学城堡，振兴教育事业，创造灿烂文化。

现代科学技术，以原子能的利用，电子计算机技术和空间科学技术的发展为主要标志，正在经历着一场伟大的革命，引起一系列新兴工业的诞生，广泛推动生产技术的飞跃发展。尽快赶上现代科学技术日新月异的步伐，迅速改变我国科技事业的落后面貌，是高速度发展国民经济和加强国防力量必不可少的重要条件，必须引起全党全军全国人民的高度重视。科学研究工作要根据国家建设的需要和现代科学技术的发展趋向，全面规划，远近兼顾，既要使各个门类的科学技术协调发展，又必须抓住重点，集中力量加以突破。要广泛动员和积极组织科技人员，适当分工，密切协作，抓紧研究经济建设和国防建设中急待解决的科学技术问题。要围绕农业的高产稳产优质低成本，围绕农林牧副渔业的全面发展和建设社会主义现代化大农业的要求，提供一系列先进的科学技术成果。要为各工业部门的技术改造，为探明更多的矿产资源，特别是为迅速改变燃料、电力、原材料工业和交通运输等薄弱环节的面貌作出贡献，使我国的工业生产及早转到先进的技术基础上来。努力提高对自然灾害的预报水平和防御能力。大力发展新兴科学技术，建设原子能电站，发射多种应用卫星，加强激光理论和应用的研究，重视遗传工程的研究，特别是加速发展集成电路和电子计算机的研究，并使它们广泛应用于各个方面。努力采用先进的科学实验手段，建设一批现代化的实验基地。要充分重视自然科学理论包括现代数学、高能物理、分子生物学等基础理论的研究，忽视这一点就不能掌握和运用世界上先进的科学技术成果，不能很好地解决我国建设中遇到的重大问题，更谈不上在科学技术上有重大的发明创造。最近即将召开全国科学大会，制定科学技术的发展规划，表彰先进人物，奖励优秀成果，进一步调动各方面的力量，向科学技术现代化进军。

在哲学社会科学方面，要研究我国和世界的政治、经济、军事、思想等各方面的历史和现状，深入批判"四人帮"，批判修正主义，批判资产阶级和其他剥削阶级的意识形态，完整地准确地阐述和宣传马列主义、毛泽东思想体系。这是发展我国社会主义革命和建设的需要，也是我们对世界人民应尽的国际主义义务。必须组织制定全国哲学社会科学发展规划，积极开展哲学、经济学、政治学、军事学、法学、历史学、教育学、文艺理论、语言学、民族学、宗教学等方面的研究。思想理论战线上的同志们要奋发努力，为马克思主义哲学社会科学的传播和发展作出贡献。

我们必须正确执行教育为无产阶级政治服务、与生产劳动相结合的方针，端正方向，认真搞好教育革命，加速培养德智体全面发展的有社会主义觉悟有文化的劳动者。各行各业都要高度重视和大力支持教育事业。努力办好各级各类学校，首先是办好重点大学和重点中小学。采取有力措施培训教师，加速编写新教材，充分利用各种现代化手段，提高教育质量。到一九八五年，在农村基本普及八年教育，在城市基本普及十年教育。充分发挥现有高等学校的潜力，积极扩大招生人数，加快建设新的高等学校，认真办好高等的、中等的专业学校和技工学校。我们必须打破常规去发现、培养和扶植各方面的优秀人才。大力发展业余教育，满足在职干部、工农兵群众和上山下乡知识青年学习的需要。我们要建立适当的考核制度，业余学习的人们经过考核，证明达到高等学校毕业生同等水平的，就应该在使用上同等对待。对现有大、专毕业生要合理使用，继续培养和提高。最近几年，从工农兵和上山下乡知识青年中选拔了大批学生进入高等学校培养，为我国知识分子队伍增添了新的力量，我们应该热情地关怀他们，帮助他们更好地成长起来。

文艺战线当前的重要任务，是认真落实毛主席关于调整党内文艺政策的指示，整顿文艺工作，迅速改变"四人帮"破坏造成的缺少各种文艺作品的状况，扩大文艺节目，丰富文化生活。坚持文艺为工农兵服务的方向，大力组织和推动文学、戏剧、电影、音乐、美术、舞蹈、曲艺等方面的文艺工作者，深入工厂、农村、部队，深入生活，努力搞好创作。电影的观众多，影响大，要下大的力量，多出好的影片。文艺创作的题材要多样化，以现代革命题材为主，特别要反映社会主义时期的三大革命运动，也要重视历史题材和其他题材。提倡革命现实主义和革命浪漫主义相结合的创作方法。大力开展文艺评论。积极发展文化馆站、电影放映队，开展多种形式的群众业余文艺活动。恢复地方剧种，发展各民族具有独特风格的文艺。半个多世纪以来，伟大领袖毛主席领导我国人民进行了翻天覆地的伟大革命斗争。我们的文艺工作者应该有雄心壮志，努力创作出反映毛主席、周总理、朱委员长和其他老一辈无产阶级革命家光辉业绩，反映我们党领导下的人民革命斗争的战斗历程的优秀作品。

卫生工作要继续坚持把重点放到农村去的方针，办好县、社两级医院，巩固和发展农村合作医疗事业，提高赤脚医生的医疗水平。同时，认真做好城市和工矿企业的医疗卫生工作。切实加强城乡医院的领导，整顿管理制度，提高医疗和护理质量。重视妇幼保健工作。积极培养医护人员。加强医疗卫生的研究工作，用先进技术装备医疗卫生机构。贯彻预防为主的方针，广泛开展以除害灭病为中心的爱国卫生运动。坚持中西医结合的方针，努力创造中国的统一新医学、新药学。积极开展群众性的体育活动，增强人民体质。加强体育运动队伍的建设，努力攀登世界体育高峰。

计划生育很重要。有计划地控制人口的增长，有利于国民经济的有计划发展，有利于保护母亲和儿童的健康，有利于广大群众的生产、工作和学习，必须继续认真抓好，争取在三年内把我国人口自然增长率降到百分之一以下。

要办好新闻、广播事业，加速发展电视，使它们充分发挥宣传教育作用。加强出版事业，尽快改变目前书刊品种少，出版周期长，印刷技术落后的状况。发展各种类型的图书馆，组成为科学研究和广大群众服务的图书馆网。

充分发挥知识分子的作用，对于加快发展科学教育文化事业，对于建设社会主义的现代化强国，关系都是很大的。我国知识分子的绝大多数是热爱党、热爱社会主义，拥护毛主席的革命路线的。他们在历次政治运动中，在学习马列主义、毛泽东思想的过程中，在同工农结合和工作实践的过程中，资产阶级世界观的改造和无产阶级世界观的树立，获得了显著进步，在社会主义革命和建设中发挥了重要作用。我国工人阶级知识分子的队伍在不断壮大。"四人帮"诬蔑广大知识分子是"臭老九"，把本来是工人阶级团结和依靠的力量颠倒为打击和专政的对象，把社会主义条件下体力劳动和脑力劳动的差别歪曲为阶级对立，破坏工人、农民和广大知识分子的革命联盟，搞乱了阶级阵线，严重地打击和压抑了广大知识分子的社会主义积极性。我们一定要肃清"四人帮"的流毒，全面地正确地贯彻执行党的团结、教育、改造知识分子的政策。要尊重知识分子的劳动，改善他们的工作条件，发挥他们的专长，表彰他们的成就。同时，要热情帮助和鼓励他们在三大革命运动的实践中，努力改造世界观，坚持同工农相结合，沿着又红又专的道路不断前进。我们必须继续发展和壮大工人阶级知识分子的队伍，造就一大批优秀的科学家、工程师、教授、教员、医生、文学家、艺术家、新闻记者和马克思主义理论家。

千百万知识青年上山下乡，积极参加三大革命运动，经受了锻炼，增长了才干。今后还有大批知识青年到农村中去。应当切实解决好他们的学习、生活和其他实际问题，努力把他们培养成为建设社会主义现代化强国的生力军。

“百花齐放，百家争鸣”，是繁荣我国社会主义科学文化事业的基本方针。它的着重点，是在坚持六项政治标准的前提下，在人民内部采取放的方针，不断扩大马克思主义的思想阵地，促进科学文化事业发展。只有坚决贯彻毛主席的“双百”方针，才能在比较和斗争中锻炼人们识别香花和毒草的能力，发展正确的东西，克服错误的东西；才能使艺术上各种风格和流派，学术上各种观点和学派，在互相讨论、互相促进中得到发展；才能出人才，出好的科研成果和文艺作品。最近，学术界围绕被“四人帮”搞乱了的一些理论问题，展开了热烈的讨论，这是一种可喜现象，应当加以鼓励和支持。对学术讨论和文艺评论中有争论的问题，不要轻率作结论，更不要采用简单的行政方法去处理，应当通过充分讨论和实践的方法去解决。

“不要求全责备”，这是贯彻执行“双百”方针中必须注意的一个重要问题。求全责备，金要足赤，人要完人，是形而上学的表现。“四人帮”到处寻找借口，罗织罪名，拼命扼杀社会主义科学文化事业。我们一定要彻底肃清“四人帮”的流毒，热情支持和爱护社会主义的新生事物，扶植它们健康地成长。就文艺作品来说，只要政治上符合六项标准，艺术上还比较好，就可以发表和上演。在发表和演出后，还可以倾听群众意见，加以修改和提高。

要迅速发展社会主义科学文化事业，还必须坚持“古为今用”、“洋为中用”的方针。对于世界上先进的科学技术，要认真学习，拿来为我所用。对于古代和外国的文化，要批判地吸收，取其精华，弃其糟粕，推陈出新，促进我国具有民族风格的、富有时代特点的社会主义文化的发展。

“四人帮”竭力反对毛主席的百花齐放、百家争鸣和古为今用、洋为中用的方针，疯狂推行法西斯文化专制主义和禁锢政策。他们对“文化大革命”前我国优秀影片和外国进步影片一律封存，把优秀的历史剧目和传统剧目赶下舞台，把大量地方剧种、民族歌舞、话剧和优秀的中外音乐等判处死刑，停止出版中外优秀文艺作品，取消科学文化群众团体，任意封存图书，等等。他们的胡作非为，造成文化生活贫乏枯燥，激起了广大人民群众的强烈不满。我们必须深入批判“四人帮”的文化专制主义和禁锢政策，并且根据毛主席的一贯教导和党的政策，采取有效措施，解决好这方面存在的问题。

思想文化战线的根本任务，就是兴无灭资。凡是封建主义、资本主义、修正主义的反动理论，以及一切腐朽没落的文化，都必须进行批判，决不能让它们自由泛滥。真理与谬误，香花与毒草，总是相比较而存在，相斗争而发展的。为了同一切非马克思主义的、反马克思主义的东西作斗争，我们不应当采取禁止人们跟谬误、丑恶、敌对的东西接触的政策，因为“这样的政策是危险的政策。它将引导人们思想衰退，单打一，见不得世面，唱不得对台戏”。我们有选择地向人民提供必要的反面教材，目的也是为了锻炼群众，提高人们的免疫力。正确执行百花齐放、百家争鸣和古为今用、洋为中用的方针，必将进一步加强马列主义、毛泽东思想在科学文化领域的领导地位，决不会导致国内外反动派所幻想的那种资产阶级自由化，只会带来社会主义科学文化事业的大繁荣。

我们的科学教育文化事业，是人民的事业，是为工农兵服务的。广泛地普及科学文化知识，提高全民族的科学文化水平，把普及和提高统一起来，把专业队伍和群众队伍结合起来，就一定能够组成浩浩荡荡的科学文化大军，大大加快我们前进的步伐。我们深信，伟大领袖毛主席在中华人民共和国成立的庄严时刻所作的科学预言，必将胜利实现：“中国人被人认为不文明的时代已经过去了，我们将以一个具有高度文化的民族出现于世界。”

加强政权建设，加强各族人民的大团结

为了把我国建设成为伟大的社会主义现代化强国，必须进一步强化无产阶级专政的国家机器，充分发扬人民民主，加强各族人民的大团结，发展革命的统一战线，把各方面的积极因素都充分调动起来。

各级革命委员会是我国无产阶级专政的地方政权机构。前几年由于“四人帮”的干扰破坏，使不少地方的革命委员会陷于瘫痪，有的甚至被他们及其党羽篡夺了领导权。我们要坚决按照毛主席提出的接班人五项条件和老、中、青三结合的原则，改选各级革命委员会，认真搞好政权建设。我们这次全国人民代表大会以前，全国各省、自治区、直辖市先后召开了人民代表大会，把工人、农民、革命军人、革命干部和知识分子中群众公认的确有贡献的优秀分子和各方面的代表人物选进了新的革命委员会，受到广大人民群众的热烈拥

护。今年内,全国的省辖市、自治州、县和公社,都要分别召开人民代表大会,选好新的革命委员会。地区一级是省的派出机构,不设革命委员会。工厂、生产大队、学校、商店以及机关和其他企业事业单位,除了实行政企合一的厂矿企业以外,都不是一级政权,不再设立革命委员会,而应分别实行党委领导下的厂长、大队长、校长、经理等的分工负责制。

各级革命委员会都要高举毛主席的伟大旗帜,坚持"三要三不要"的基本原则,加强革命化,充分发挥政权机关的作用。各级干部要认真学习马列著作和毛主席著作,刻苦钻研业务,提高领导水平。要发扬党的优良传统和作风,深入三大革命运动第一线,坚持参加集体生产劳动,关心群众生活,倾听群众意见,接受群众监督,当好人民的勤务员。各级革委会都要精简机构,精简会议,改进工作方法,提高工作效率。要坚决反对官僚主义、命令主义、形式主义,反对铺张浪费、弄虚作假、假公济私、搞特殊化和其他一切资产阶级的腐朽作风。

各级革委会要在党的一元化领导下,重视工会、贫下中农协会、共青团、妇联和其他人民团体的作用,通过他们密切联系广大人民群众,做好各项工作。

毛主席亲自缔造的中国人民解放军,是无产阶级专政的坚强柱石。五十年来,人民解放军在战胜国内外敌人的斗争中,在保卫社会主义祖国和参加社会主义革命与建设的斗争中,建立了丰功伟绩,不愧是一支英雄的人民军队。无产阶级"文化大革命"期间,人民解放军在三支两军工作中,在粉碎林彪、"四人帮"的斗争中,又作出了重大贡献。人民解放军要继续执行毛主席的"军队要整顿"、"要准备打仗"的重要指示,抓纲治军,发扬我军光荣传统,进一步加强政治工作和军政训练,办好军事院校,加强战备,深入开展学雷锋、学硬骨头六连和学航空兵一师的群众运动。要奋发图强,把我军的军政素质提高到一个新的水平,把战备工作提高到一个新的水平,把革命化和现代化建设提高到一个新的水平。坚持野战军、地方军和民兵三结合的武装力量体制,继续搞好民兵建设,做到组织、政治、军事三落实,充分发挥民兵在社会主义革命、社会主义建设和保卫祖国斗争中的作用。

全国人民学解放军,解放军学全国人民。各级革委会和人民解放军要认真做好拥军优属、拥政爱民工作,进一步加强军民团结、军政团结。对退伍、复员、转业军人和残废军人,要妥善安置。特别是对在长期革命战争中作出贡献的革命军人,要在政治上热情关怀他们,并切实解决他们生活中的困难问题。

人民公安机关、检察机关和人民法院,是无产阶级专政的重要工具,要进一步搞好整顿和建设。要遵照毛主席关于正确区分和处理两类不同性质矛盾的教导,坚决执行党中央关于对敌斗争的一系列方针政策,稳、准、狠以准为重点地打击一小撮阶级敌人,向着反动阶级、反动派和反抗社会主义改造和社会主义建设的分子实行专政。对新生的资产阶级分子,对那些盗窃犯、诈骗犯、杀人放火犯、流氓集团、打砸抢者和严重破坏社会秩序的坏分子,也必须实行专政。

对敌人实行专政,在人民内部实行民主,这是无产阶级专政的不可分开的两个方面。只有坚决打击阶级敌人,才能确保人民当家做主。同时也只有充分发扬人民民主,才能有效地打击敌人和切实地保护人民。

只有充分发扬民主,才能实行正确的集中,制定出符合毛主席革命路线的各项方针政策和办法,及时发现和纠正我们工作中的缺点和错误,才能紧密地团结广大人民群众,把各方面的革命积极性充分调动起来。毛主席指出:"没有广泛的人民民主,无产阶级专政不能巩固,政权会不稳。""要使全党、全民团结起来,就必须发扬民主,让人讲话。"我们一定要遵照毛主席的教导,虚心听取群众意见,认真对待人民来信来访,决不容许压制群众意见,更不容许对提出批评意见的群众进行打击报复。我们的宪法明确规定了人民的各项权利。各级国家机关应当采取切实有效的措施,保障广大人民群众享受和行使这些权利。任何侵犯这些权利的行为,必须严肃处理,情节严重的要受到法律的制裁。

实现天下大治,必须进一步加强社会主义法制。我们的法律是保护人民利益的。我们要根据这次代表大会将要讨论和通过的新宪法,吸取二十八年来我国无产阶级专政的经验,广泛听取群众意见,逐步制定和完善各项社会主义法律。要广泛宣传,教育人们树立遵守社会主义法制的观念。干部要守法,群众要守法,人人都要守法。要依靠广大人民群众,加强社会治安,同各种违法犯罪行为作坚决的斗争。

我国是一个共有五十多个民族的统一国家。毛主席历来十分强调加强各民族的团结,号召各族人民同心协力,共同建设我们伟大的社会主义祖国。我们要深入揭批"四人帮"破坏毛主席的民族政策的反革命罪行,进一步加强各民族的团结。要进行民族政策再教育,着重克服大民族主义,同时注意克服和防止地方民族主义。各民族要互相尊重、互相帮助、互相学习。认真执行民族区域自治政策,切实保障少数民族人民的平等权利和自治权利。大力培养少数民族干部,把他们当中的优秀分子提拔到领导岗位上来。认真办好民族院校,重视使用和发展少数民族的语言文字。在少数民族地区工作的汉族同志,要学习少数民族的语言文字,尊重少数民族的风俗习惯。对于一些落后的陈风旧习,应根据少数民族的意愿,由少数民族自己逐步加以改革。对于挑拨民族关系,破坏民族团结的一小撮阶级敌人,必须彻底揭露,坚决打击。

诚心诚意地积极帮助少数民族发展经济建设和文化建设,这是国家在民族工作方面的重大任务,也是加强边疆建设和巩固国防的重大任务。少数民族要发扬艰苦奋斗、自力更生的革命精神,国家要有计划地从财力、物力、人力各方面帮助少数民族,保证少数民族地区的"农业、畜牧业、工业要一年比一年发展,经济要一年比一年繁荣,人民生活要一年比一年改善"。

我们要按照宪法规定,继续贯彻执行宗教信仰自由政策,包括有信仰宗教的自由和不信仰宗教、宣传无神论的自由。对披着宗教外衣进行反革命活动的阶级敌人,要加以揭露和打击。

发展工人阶级领导的,以工农联盟为基础的,团结广大知识分子和其他劳动群众,团结爱国民主党派、爱国人士、台湾同胞、港澳同胞和国外侨胞的革命统一战线,是毛主席的无产阶级革命路线的重要组成部分。在新民主主义革命时期,革命统一战线是我们战胜敌人的主要法宝之一。进入社会主义革命时期,革命统一战线继续得到巩固和发展,发挥了重要作用。我们要进一步落实毛主席关于统一战线的方针、政策,团结一切可以团结的力量,调动一切积极因素,为社会主义事业服务。和我们这次全国人民代表大会同时召开的中国人民政治协商会议第五届全国委员会,对于进一步巩固和发展我国的统一战线,具有重大的意义。

根据毛主席提出的六条政治标准,凡是接受共产党领导、热爱社会主义祖国的人们,我们都要团结,同他们合作,发挥他们的积极性。各级政府要认真听取他们的批评和建议,正确的加以接受,以改进我们的工作。对不符合六条政治标准的言论和行动,要进行批评教育,以至开展必要的斗争。我们的原则是又团结、又斗争,以斗争之手段,达到团结之目的。我们对民族资产阶级的方针,是消灭这个阶级而改造民族资产阶级的人们,使他们逐步改造成为自食其力的劳动者。毛主席说过:"只要谁肯真正为人民效力,在人民还有困难的时期内确实帮了忙,做了好事,并且是一贯地做下去,并不半途而废,那末,人民和人民的政府是没有理由不要他的,是没有理由不给他以生活的机会和和效力的机会的。"我们希望一切热爱社会主义祖国的人们,都能够在学习、工作和思想改造中取得新的进步,为建设我们的伟大国家贡献自己的力量。

从国外归来的侨胞,对祖国建设发挥了积极作用。我们要继续认真执行国家的政策,从政治上、工作上、生活上关怀归国侨胞和侨眷,并且给予适当照顾,进一步调动他们建设社会主义的积极性。华侨和中国血统的外国人回到故乡探亲访友,要为他们提供方便条件。对中国血统的外国人在我国的亲属,要给予对待侨眷一样的关怀和照顾。

台湾是我国的神圣领土。台湾人民是我们的骨肉同胞。解放台湾,统一祖国,是包括台湾同胞在内的全国人民的共同愿望。我们坚决反对任何人制造所谓"两个中国"、"一中一台"、"一个中国两个政府"、"台湾独立"的阴谋。我们寄希望于台湾人民,坚决支持台湾人民的反帝反蒋爱国斗争。对于台湾国民党军政人员,我们的一贯政策是"爱国一家"、"爱国不分先后",希望他们认清形势,走爱国统一的道路。中国人民解放军要为解放台湾做好充分准备。我们一定要和台湾同胞一道,实现毛主席和周总理的遗愿,完成解放台湾、统一祖国的神圣事业。

国际形势和我国对外政策

三年来,国际形势继续朝着有利于世界人民的方向发展。革命因素不断增长。国家要独立、民族要解放、人民要革命的历史洪流,滚滚向前,不可阻挡。当前,世界各种基本矛盾日益激化,苏美两霸的争夺和他们同世界各国人民的矛盾尤为尖锐,已成为国际关系的中心问题。全世界人民反对苏美两霸特别是苏联社会帝国主义的斗争空前高涨,一个以第三世界为主力军的国际反霸统一战线正在广泛开展,这是国际形势大好的一个突出标志。越来越多的国家和人民逐步认清超级大国的侵略面目和纸老虎本质,对他们进行针锋相对的斗争,取得了一个又一个的胜利。柬埔寨、越南、老挝人民经过长期浴血奋战击败了美国侵略者。埃及、苏丹、索马里断然废除了同苏联的条约,赶走了苏联专家。扎伊尔英勇地击败了苏联策动的雇佣军入侵。非洲人民再也不能容忍超级大国横行霸道,愤怒地喊出了外国不得干涉非洲事务、苏联从非洲滚出去的响亮口号。面对超级大国的威胁,西欧和其他地区的第二世界国家联合反霸的趋势也有所加强。世界人民坚持不懈的斗争,给两个超级大国以沉重打击。苏美两霸内外交困,危机四伏,日子越来越不好过。国际形势的发展,进一步证明了毛主席关于三个世界的理论是完全正确的。

苏美两霸不甘心他们的失败,仍在加紧争夺世界霸权,疯狂推行侵略政策和战争政策。在革命因素增长的同时,战争因素明显增长,世界大战的危险日益严重地威胁着各国人民。只要社会帝国主义和帝国主义存在,战争就不可避免。两霸的争夺遍及世界各地,重点在欧洲。他们极力鼓吹"缓和"、"裁军",都不过是为了欺骗人民,掩盖他们的扩军备战。苏联是后起的帝国主义大国,主要靠军事力量进行扩张,还打着"社会主义"和"支援革命"的旗号到处招摇撞骗,它是最危险的新的世界战争策源地。世界各国情况各有不同,各国人民都会根据本国具体情况确定各自的斗争任务。但是,从世界全局来看,各国人民有着共同的战略任务,这就是巩固和扩大国际反霸统一战线,反对超级大国特别是苏联社会帝国主义的侵略政策和战争政策,争取推迟世界战争的爆发。目前西方有些人对苏联采取绥靖主义的政策,妄图牺牲别人,保全自己,这只能助长侵略者的野心,加速战争的到来。我们对世界大战的态度是:“第一条,反对;第二条,不怕”。我们相信,各国人民加强团结,提高警惕,做好准备,反对绥靖主义政策,同超级大国的战争阴谋进行坚决的斗争,打乱他们的战略部署,那么,推迟战争的爆发是可能的。一旦超级大国冒险发动战争,各国人民也不致处于缺乏准备的不利地位。我们是革命的乐观主义者。世界人民的斗争是艰巨的长期的,道路是曲折的,但世界的前途是光明的。胜利一定属于各国人民。

中国政府和中国人民坚持无产阶级国际主义,坚决贯彻执行毛主席的革命外交路线。我们要遵循毛主席关于三个世界的理论,加强同全世界无产阶级、被压迫人民和被压迫民族的团结,加强同社会主义国家的团结,加强同第三世界各国的团结,联合一切受超级大国侵略、颠覆、干涉、控制和欺负的国家,结成最广泛的统一战线,反对超级大国的霸权主义。我们愿意在互相尊重主权和领土完整、互不侵犯、互不干涉内政、平等互利、和平共处五项原则的基础上,同各国建立和发展关系。我们支持一切被压迫人民和被压迫民族的革命斗争。

我们历来主张,国家不分大小,一律平等,不应以大欺小,以强凌弱,以富压贫。我们反对超级大国干涉别国内政,垄断国际事务。任何国家都不应当在任何地区称王称霸,把自己的意志强加于人。是平等待人还是搞霸权,这是区别一个国家是否遵循和平共处五项原则的重要标志之一,也是区别真假社会主义的重要标志之一。社会主义国家应该成为与别国平等相处的模范。我们坚决站在世界各国人民一边,永远不称霸,永远不做超级大国,现在不做,将来成为社会主义现代化强国的时候也不做。我们永远遵循毛主席的教导,坚决、彻底、干净、全部地消灭大国主义。

各国人民的正义斗争都是互相支持的。我们向一些国家提供援助,这是应尽的国际主义义务。我们坚持执行周恩来总理一九六四年宣布的对外援助八项原则,在提供援助时严格尊重受援国的主权,不附带任何政治条件,不要求任何特权,不干涉别国内政。我们的目的是帮助受援国自力更生,而不是使他们依赖援助国。我国是一个发展中的国家,我们的对外援助还是有限的。我们要尽自己的可能继续做好这项工作。

解放前,我国有不少人到国外谋生,对居住国的经济和文化发展作出了贡献,同居住国人民建立了深厚的友谊。我国政府的一贯政策是:赞成和鼓励华侨根据自愿原则选择居住国的国籍,反对采取强迫他们改变国籍的做法。凡是已经自愿加入或者已经取得居住国国籍的,就自动失去了中国国籍,但和中国人民仍然存在着亲戚关系。对于保留中国国籍的,我们要求他们遵守居住国的法律,尊重当地人民的风俗习惯,和当地人民友好相处。他们的正当权利和利益,我国政府有责任加以保护,也希望得到有关国家的保障。我们希望国外侨胞成为增进我国人民和有关国家人民友谊的桥梁。

中国是一个社会主义国家。中国属于第三世界,同第三世界国家有着共同经历,面临着共同任务。我们坚决支持亚洲、非洲、拉丁美洲、大洋洲和其他地区发展中国家和人民反帝反殖反霸的斗争,支持他们争取和维护民族独立、捍卫国家主权、发展民族经济、保护民族资源、争取建立新的国际经济秩序的斗争。我们高度评价并坚决支持在反帝反殖反霸斗争中起着积极作用的不结盟运动。

我们一贯致力于在马克思列宁主义和无产阶级国际主义原则基础上加强同社会主义国家的团结,发展同他们的友好互助合作关系。我们坚决支持社会主义国家把马克思列宁主义的普遍真理同本国的具体情况相结合,独立自主地进行革命和建设,坚决支持他们反对外来侵略和颠覆、捍卫独立主权和领土完整的斗争。我们认为,在社会主义国家的相互关系中,也应该严格遵守和平共处五项原则。如果出现分歧,应该友好协商解决。我们坚决支持朝鲜人民争取自主和平统一祖国的正义斗争。

我国人民同东南亚各国人民有着传统的友谊。近几年来,我国同马来西亚、菲律宾和泰国建立了外交关系,友好往来和经济文化交流有了新的发展。我们愿意同这个地区的所有国家恢复和建立外交关系。我们支持东南亚各国加强区域经济合作、争取实现东南亚中立化的努力。

我国同缅甸、孟加拉国、斯里兰卡、尼泊尔、巴基斯坦、阿富汗和伊朗有着不断发展的友好睦邻关系。我们支持有关国家提出的建立印度洋和平区、南亚无核区和尼泊尔和平区的主张。中国人民对印度人民一贯怀着友好的感情。两国人民都希望增进友好往来,改善两国关系。尽管中印之间存在着悬而未决的问题,只要双方作出切实的努力,两国关系是可以得到进一步改善的。

中东问题长期得不到解决,其症结是超级大国支持以色列侵略和他们在这一地区争夺霸权。中东的形势仍然是动荡不定的。我们坚决支持阿拉伯各国人民和巴勒斯坦人民收复失地和恢复民族权利的正义斗争,反对以色列的侵略和苏美在中东的争夺。以色列不撤出它占领的阿拉伯领土,巴勒斯坦人民的民族权利得不到恢复,中东问题就不可能解决。我们相信,阿拉伯各国人民和巴勒斯坦人民,以共同对敌的大局为重,坚持团结,坚持斗争,一定能够取得最后的胜利。我国同大多数阿拉伯国家有着良好的关系,也希望同其他阿拉伯国家建立和发展关系。

我国同非洲国家的友好合作关系,几年来有了很大的发展。非洲人民正在为争取非洲的彻底解放进行着艰巨的斗争。我们坚决支持津巴布韦、纳米比亚、阿扎尼亚人民反对殖民主义和种族主义,争取民族独立和解放的正义斗争。超级大国出于争霸全球的战略需要,正在加紧对非洲的争夺。我们坚决支持非洲国家反对超级大国特别是苏联社会帝国主义的侵略、颠覆和干涉的斗争。非洲是非洲人民的非洲。非洲人民加强团结,排除外来干涉,一定能够自己解决自己的问题。

近年来,我国同拉丁美洲国家的关系逐步发展。我们愿意同更多的拉美国家建立和发展关系,增进相互了解和友谊。我们支持拉美国家维护独立主权、捍卫海洋权、发展区域性经济合作和建立拉美无核区的斗争,支持巴拿马人民为收复巴拿马运河进行的坚持不懈的斗争。

我国同第二世界国家的关系有了令人满意的发展,友好往来和经济文化交流逐步扩大。我们愿意同他们发展各方面的关系。我们支持第二世界国家反对超级大国特别是苏联社会帝国主义的威胁、干涉、颠覆和控制的斗争。我们支持西欧国家联合反霸的努力,希望看到一个联合的、强大的欧洲。我们也希望,第二世界国家在和平共处五项原则的基础上同第三世界国家加强联系。

日本是我国一衣带水的邻国,中日两国人民的友谊源远流长。两国关系正常化以来,多方面的往来和联系不断发展,最近又签订了长期贸易协定。在中日两国政府联合声明的基础上,早日缔结和平友好条约,是符合两国人民的根本利益的。我们坚决支持日本人民要求收复北方四岛的正义斗争。中日两国人民要世世代代友好下去。

中美两国社会制度和意识形态不同,存在着根本的分歧。两国对于当前国际形势中的一些问题也有不少共同点。中美一九七二年发表的上海公报,使两国关系有了新的开端。只要公报的各项原则能够认真执行,两国关系就可以继续得到改善。当前美国政府对台湾问题的态度,是实现中美关系正常化的障碍。中国人民一定要解放台湾。什么时候用什么方式解放台湾,完全是中国的内政,决不容许任何外国干涉。要实现两国关系正常化,美国政府必须断绝同蒋帮的所谓外交关系,撤走美国在台湾和台湾海峡地区的一切武装力量和军事设施,废除美国同蒋帮的所谓"共同防御条约"。这是中国政府坚定不移的立场。中美两国人民一向是友好的。我们愿意发展两国人民之间的往来,增进相互了解和友谊。

中苏两国曾经是友好的邻邦。两国人民在长期的革命斗争中建立了深厚的友谊。中苏之间的原则争论,是苏联领导集团背叛马克思列宁主义挑起的。中苏两国关系恶化到今天的地步,也是他们推行社会帝国主义政策造成的。原则争论必须进行下去。同时,我们历来认为,原则争论不应该妨碍两国在和平共处五项原则基础上保持正常的国家关系。苏联领导集团口头上说愿意改善中苏国家关系,但实际上顽固坚持敌视我国的政策,甚至狂妄地要我们改变毛主席的革命路线,这完全是白日做梦。如果苏联领导集团真的愿意改善中苏国家关系,就应该拿出实际行动来,首先就应当按照一九六九年中苏两国总理达成的谅解,签订关于维持边界现状、防止武装冲突、双方武装力量在边界争议地区脱离接触的协议,并进而谈判解决边界问题;就应当从蒙古人民共和国和中苏边境撤军,撤到六十年代初期那样。中苏关系究竟如何发展,完全取决于苏联方面。

毛主席教导我们:"深挖洞,广积粮,不称霸","备战、备荒、为人民"。我们要保持高度警惕,防备超级大国发动侵略战争。人不犯我,我不犯人,人若犯我,我必犯人。英雄的人民解放军和广大民兵要同全国人民一道,大力加强战备,随时准备歼灭一切敢于入侵之敌。

各位代表!

回顾过去,展望未来,我们对夺取社会主义革命和社会主义建设的新的更大胜利,充满了无限的信心。

实现社会主义的四个现代化,是前所未有的伟大事业,是一场极其深刻的革命。从城市到农村,从生产力到生产关系,从经济基础到上层建筑,在政治、经济、军事、文化等各个领域,都将发生巨大的变革。在这场伟大斗争中,必然会出现许多我们所不熟悉的新情况、新事物,需要我们去认识;必然会出现许多我们没有遇到过的新矛盾、新问题,需要我们去解决。我们的思想、作风和工作方法,都要有一个新的提高和改进。我们必须刻苦学习,善于学习,努力接受新事物,研究新问题,以适应新的形势和任务。

我们的任务是光荣而艰巨的。我们的前途是光明灿烂的。我们要破除迷信,解放思想,发扬"愚公移山,改造中国”的大无畏革命精神，坚忍不拔，埋头苦干，经过不屈不挠的斗争，去达到我们的伟大目标。

毛主席的伟大旗帜，是我国各族人民团结战斗、继续革命的旗帜，是百战百胜的旗帜。半个多世纪以来，这面光辉的旗帜，引导我们从黑暗走向光明，绕过了无数暗礁，战胜了重重困难，取得了一个又一个的伟大胜利。今后，在我们坚持无产阶级专政下继续革命的征途上，毛主席的旗帜必将引导我们继续战胜国内外一切阶级敌人，战胜任何艰难险阻，创造出人间奇迹，对人类作出更大的贡献。

毛主席留给我们的建设社会主义现代化强国的遗愿，一定要实现，也一定能够实现。这是历史发展的必然趋势，是任何反动势力阻挡不了的。

让我们更加紧密地团结在党中央周围，高举毛主席的伟大旗帜，迈开大步，奋勇前进吧！

全国各族人民大团结万岁！

伟大的中华人民共和国万岁！

伟大的、光荣的、正确的中国共产党万岁！

战无不胜的马克思主义、列宁主义、毛泽东思想万岁！

由香港羽毛球总会主办的世界羽毛球邀请锦标赛闭幕

17个国家和地区的运动员在团结友好的气氛中进行了5天比赛和交流，增进了友谊，提高了技术。中国运动员取得了四项冠军，香港运动员取得一项冠军。

2月27日

五届全国人大一次会议举行分组会议

会议讨论华国锋总理的政府工作报告《团结起来，为建设社会主义的现代化强国而奋斗》和《一九七六至1985年发展国民经济十年规划纲要(草案)》。

政协第五届全国委员会第一次会议同时举行分组会议，讨论上述两个重要文件。

中共中央主席华国锋来到北京代表团的小组会上，同大家一起讨论国家大事。

李先念副主席和汪东兴副主席也分别参加了本选区——湖北和北京的小组讨论。

中国科学院上海分院为所谓“‘两线一会’特务集团”彻底平反昭雪

新华社报道：中国科学院上海分院最近为所谓“‘两线一会’特务集团”假案、冤案彻底平反昭雪。1968年，“四人帮”及其在上海的死党把解放前国民党的“中央研究院”和日本占领时期的上海自然科学院作为两条线，并同国民党溃退前夕组织的“中央研究院接应安全小组委员会”联系在一起，称为“‘两线一会’特务集团”，将解放前的科研人员都打为“特务”，并诬陷他们“潜伏下来又发展了新的特务”。这一假案株连到14个科研单位的数百人。

中国政府和匈牙利政府1978年交换货物和付款协定在北京签订

外贸部副部长王润生和匈牙利政府贸易代表团团长、外贸部副部长托尔多伊·耶诺分别代表本国政府在协定上签字。

出席签字仪式的有我国外贸部长李强、匈牙利驻中国大使里班斯基等。

2月28日

五届全国人大一次会议继续举行分组会议

会议讨论了华国锋总理的政府工作报告和《一九七六至一九八五年发展国民经济十年规划纲要(草案)》。政协第五届全国委员会第一次会议同时举行分组会议。

全国政协在人民大会堂举行座谈会纪念台湾省人民“二·二八”起义31周年

中共中央政治局委员、全国人大常委会副委员长乌兰夫、吴德，全国人大常委会副委员长阿沛·阿旺晋美、周建人、胡厥文，政协全国委员会副主席沈雁冰、帕巴拉·格列朗杰，出席了座谈会。

座谈会由政协全国委员会副主席许德珩主持。

中共中央委员廖承志首先在会上讲话。

接着，有各界代表和台湾同胞11人先后在会上发言。他们是：中共中央委员、台湾省籍同胞蔡啸，全国人大常委会委员、政协全国委员会常务委员刘斐，全国人大常委会委员胡愈之，全国人大常委会委员、政协全国委员会常务委员荣毅仁，全国人大常委会委员、台湾省籍同胞陈逸松，全国人大常委会委员、政协全国委员会常务委员董其武，全国人大常委会委员庄希泉，五届人大代表庄明理，五届人大代表、五届政协委员杜聿明，五届政协委员、台湾省籍同胞钱福星，五届政协委员、原国民党陆军中将李毅。此外，政协全国委员会常务委员、五届人大代表王芸生，五届人大代表林良材、吴国祯、卢嘉锡、叶仁寿、田中山，五届政协委员程思远、李乔松、李仙洲、雷洁琼、林盛中、陈文彬，原旅美台湾留学生、现任北京东方红炼油厂干部武进等，在会上作了书面发言。

许德珩副主席在座谈会上讲话说，华主席在五届全国人大的政府工作报告中强调指出，我们一定要实现毛主席、周总理的遗愿，完成解放台湾统一祖国的神圣事业。解放台湾、统一祖国必将在以华主席为首的党中央领导下实现，光辉灿烂的五星红旗必将在台湾高高飘扬。

参加座谈会的还有中共中央委员、中共中央和政府有关部门、中国人民解放军各总部和北京市革委会的负责人姬鹏飞、罗青长、朱穆之、张香山、梁必业、杨勇、王平、童小鹏、李贵、仲曦东、凌云、齐燕铭、李金德、聂真、林丽韫、杨斯德、马纯古、胡德华、康克清、路金栋、王笑一；

在京部分全国人大常委、政协常委、人大代表、政协委员、爱国人士和北京市有关方面负责人和各界人士；朱蕴山、陈此生、史良、胡子昂、季方、严济慈、茅以升、陶峙岳、华罗庚、童第周、孙起孟、屈武、徐伯昕、楚图南、于树德、孙晓村、周培源、苏子蘅、刘芸生、韩权华、钱昌照、谢冰心、胡子婴、伍禅、叶圣陶、王昆仑、甘祠森、黄鼎臣、潘菽、李文宜、严信民、赵君迈、张学铭、费孝通、侯镜如、郑洞国、谭异之、宋希濂、费彝民、严庆澍、李奇中、宋伟斌、赵明哲、赵子立、爱新觉罗·溥杰、黄维、何思源、孙承佩、郭翼青、黄晚霞、罗西欧、郭秀仪、林玲玉、曹俊喜、陈家乃、高戈、史林峰、范儒生、崔月犁、夏翔、浦洁修、丁贡南、孙孚凌、傅学文；

台盟、参加五届全国人大和五届全国政协台湾省籍同胞的代表和委员：李纯青、田富达、徐萌山、陈炳基、江水生、林德时、钟炳松、林敏敏、冯炎火、蔡子民、李辰、陈木森、王瑞丰、陈丁茂、廖灿辉、刘金华、谢玉林、钟维旺、张桂珠、陈亨、黄启章、陈志平、吴克太、张克辉、陈文、曾子平、徐兆麟、吴英辅、王碧云、陈玛玲、胡秋金；

在京的台湾省籍同胞：何斌、叶纪东、吴河、李克世、李丙盛、纪朝钦、庄德润、林丽芳、李国仁、郭平坦、杨淑卿、陈荣芳、杨威理、陈明、林栋、江英彦、康大川、魏正明、王茂胜、胡金树、林明美、杨潮光、李河民、郑翼宗、傅尧箕、翁肇祺、黄文哲、江重光、王阿雄、杨国庆、林仲琡、傅力力、林天民、谢文雄、陈兆赓、马荣生、陈平、白明、陈夏子、谢秋成。

中共中央委员廖承志在纪念台湾省人民“二·二八”起义31周年座谈会上发表讲话

台湾省同胞们，朋友们，同志们：

今天，我们大家满怀胜利的豪情在这里隆重集会，纪念台湾省人民“二·二八”起义31周年。这次集会是在华主席为首的党中央领导下，我们取得了粉碎“四人帮”的伟大胜利，抓纲治国的战略决策一年初见成效已经胜利实现，各条战线都取得了伟大胜利，全国人民热切盼望的五届全国人大和五届全国政协正在胜利召开的大好形势下举行的。

五届全国人大和五届全国政协的胜利召开，是我国各族人民政治生活中的一件大事，也是我国各族人民包括台湾同胞在内的一件大喜事。是从政治上组织上巩固和发展粉碎“四人帮”的胜利成果，实现安定团结，达到天下大治的一个重要部署。它标志着以工人阶级领导的工农联盟为基础的，包括爱国民主党派、爱国人士和台湾同胞、港澳同胞、海外侨胞的革命统一战线，进一步得到发展，标志着无产阶级专政更加巩固和加强，对于进一步发展大好形势，加快我国革命和建设的前进步伐，争取在本世纪内实现四个现代化的宏伟目标，对于解放我国神圣领土台湾，实现统一祖国的大业都具有十分重大的意义。

台湾省同胞的反帝反蒋爱国斗争从来没有停止过。31年前台湾人民举行的“二·二八”武装起义，紧密地配合了当时祖国大陆人民的解放战争，沉重地打击了蒋介石集团的反动统治，为中国人民解放战争的胜利作出了自己的贡献。31年来，台湾省人民又以各种形式进行斗争，冲击着帝国主义和蒋帮的反动统治。我们对台湾省人民这种革命斗争精神致以崇高的敬意！

以华国锋主席为首的党中央，高举毛主席的伟大旗帜，提出了抓纲治国的战略决策。一年来，揭批“四人帮”的运动迅猛而健康地发展，被“四人帮”长期搞乱了的路线是非已基本得到澄清，无产阶级专政大为加强，社会秩序大为安定，党的实事求是、群众路线和艰苦奋斗等优良传统和作风正在恢复和发扬，统一战线正在巩固和扩大。总之，毛主席的无产阶级革命路线和各项政策可以比较顺利的得到贯彻执行。全国各族人民心情愉快，意气风发，信心百倍，精神面貌焕然一新，呈现出一派团结战斗的热烈气氛。工农业生产阔步前进，科学技术正向现代化进军，文化教育出现一派新景象。国防建设大大加强，人民解放军的军事训练热火朝天，各条战线都欣欣向荣。一个经济建设和文化建设的高潮正展现在我们面前。展望未来，我们伟大的祖国前程似锦。

在外交战线上，我们坚决遵照毛主席提出的关于三个世界划分的战略思想，贯彻执行毛主席亲自制定的外交路线、方针和政策，我国的国际威望不断提高，我们的朋友遍天下。

我们的胜利，必然大大鼓舞台湾省人民的爱国斗争，打击和动摇蒋帮的反动统治。

蒋经国反动集团，内外交困，十分虚弱，十分恐慌。为了挽回它必将彻底失败的命运，竭力进行欺骗宣传，妄图抵制祖国大陆的影响;强化法西斯统治,严密控制和残酷镇压台湾人民,以种种莫须有的罪名抓捕爱国青年,迫害无辜同胞;继续推行媚外卖国政策,千方百计引进外资,把台湾人民当作廉价劳动力,制造虚假的经济繁荣,使台湾经济日益殖民地化,广大的台湾省骨肉同胞惨遭政治上的压迫和经济上的剥削。我们对台湾省同胞的处境表示深切的关怀,对蒋帮的黑暗统治表示极大的愤慨。

哪里有压迫,哪里就有反抗。台湾省同胞具有光荣的革命传统。蒋帮的倒行逆施只能进一步激起台湾省人民的仇恨和奋起反抗。一年多来,台湾省人民各种形式的反蒋爱国斗争此伏彼起,不断发展。去年11月,蒋帮玩弄所谓“五项地方选举”,争权舞弊,不择手段,在桃园里中坜镇激起上万人的抗暴正义斗争,这是台湾人民对蒋帮反动统治长期不满和仇恨的一次大爆发,是反蒋爱国斗争的新发展。

台湾省同胞从祖国大陆的大好形势中,越来越清楚地看到自己斗争的方向,进一步提高了爱国主义觉悟,更加向往社会主义祖国,渴望台湾早日回到祖国的怀抱,和祖国大陆人民一样成为国家的主人。近几年来,越来越多的台湾省同胞和爱国人士,回到祖国大陆探亲访友、参观旅行,有的已在祖国大陆定居。他们以亲身的所见所闻揭露蒋帮的欺骗宣传,增进了台湾省同胞对社会主义祖国的了解,为解放台湾、统一祖国做了大量的工作。他们当中一些人为社会主义祖国的建设贡献了自己的力量,有的还作出了优异的成绩。我们对他们这种爱国主义的热情表示热烈的欢迎。

伟大领袖毛主席和敬爱的周总理,生前对1600万台湾省骨肉同胞无限关怀。我们一定要解放台湾,这是毛主席、周总理的遗志,是包括台湾省同胞在内的全国各族人民的共同心愿。华主席继承毛主席的遗志,深切关怀台湾人民的疾苦,多次强调指出,我们要做好解放台湾的准备,要和台湾人民一起努力完成解放台湾,统一祖国的神圣事业。华主席去年曾两次接见在祖国大陆的台湾省籍同胞的代表。最近,各省、自治区、直辖市召开的人大、政协会议,绝大多数都有台湾省籍同胞代表参加。五届全国人大,台湾省的代表团,和兄弟省、自治区、直辖市代表团欢聚一堂,共商国家大事。五届全国政协的委员,除了台盟单位以外,还有一些单位也有台湾省籍的委员参加了会议。政府还规定在参军和报考大学等方面,要适当照顾台湾省籍同胞。所有这些,都体现了党和政府以及祖国人民对台湾骨肉同胞的期待和关心。

台湾省是我国的神圣领土,是中华人民共和国不可分割的一部分,台湾人民是我们的骨肉同胞。台湾人民长期受帝国主义和国民党反动派的统治和压迫,他们对解放台湾统一祖国,真正成为国家的主人有着强烈的愿望。但是,由于台湾人民长期受蒋帮反动欺骗宣传的毒害和严密封锁,有些人对祖国大陆的社会主义制度和真实情况,对我们解放台湾的政策,不很了解,这是完全可以理解的。我们寄希望于台湾人民。充分相信台湾人民是热爱祖国的,热情地欢迎更多的台湾省同胞、旅居国外的侨胞和中国血统的外国人,回到祖国大陆参观游览和探亲访友,我们将热情接待和提供方便,以增进台湾同胞和大陆同胞相互之间的密切联系,和对社会主义祖国的了解。我们要紧密地团结起来,为了解放台湾,统一祖国的神圣事业而共同奋斗。

在台湾的国民党军政人员和国外的其他人员,爱国的多,卖国的少。我们党和政府的一贯政策是“爱国一家”、“爱国不分先后”,凡是爱国的,我们都欢迎。欢迎你们和你们的亲属回祖国大陆看看,回到自己的家乡看看,保证安全和来去自由。愿意回来定居也热情欢迎。我们对你们在大陆的亲属一视同仁,不加歧视。希望台、澎、金、马的国民党军政人员,能够认清形势,走爱国的道路。

国内外形势的发展,越来越有利于解放台湾,统一祖国的斗争。但国际上一小撮反华反共的顽固派,勾结台湾极少数民族败类,妄图分裂我国,制造所谓“两个中国”、“一中一台”、“一个中国两个政府”、“台湾独立”等种种阴谋,这是绝对不能得逞的。美国必须断绝同蒋帮的所谓外交关系,撤走在台湾和台湾海峡地区的一切武装力量和军事设施,废除美国同蒋帮的所谓“共同防御条约”。解放台湾是我国的内政,我们在什么时候、采取什么方式解放台湾,决不允许任何外国干涉。我们坚信,台湾一定要解放,祖国一定要统一,这是任何势力都阻挡不了的。毛主席、周总理解放台湾统一祖国的遗志,必将在华主席为首的党中央领导下实现!

同胞们!朋友们!同志们!当前形势大好,而且会越来越好。让我们紧密地团结在以华主席为首的党中央周围,高举毛主席的旗帜,沿着我党十一大制定的正确路线,团结一切可以团结的力量,调动国内外一切积极因素,扩大革命统一战线,为完成解放台湾,统一祖国的神圣事业,为在本世纪内实现四个现代化的宏伟目标,把我国建设成为一个强大的社会主义国家,为对全人类作出更大贡献而共同奋斗!

国务院副总理王震在北京会见罗马尼亚体委书记埃米尔·吉布和体委国际部部长扬·帕

孟中友好协会在达卡组织群众集会欢迎由王炳南率领的中国人民对外友好协会代表团

王炳南在集会上讲了话。他说,勤劳勇敢的孟加拉国人民有着抵抗帝国主义侵略的光荣传统。近年来，孟加拉国人民在反对霸权主义和外来侵略的斗争中表现了崇高的爱国主义精神，并且为了发展民族经济和文化作出了巨大的努力。他说，中国人民将继续坚决支持孟加拉国人民的正义斗争，并且与孟加拉国人民世世代代友好下去。

中国援建的苏丹吉齐拉省哈萨海萨友谊纺织厂移交证书在喀土穆签字

苏丹工业部部长巴希尔·阿巴迪和中国驻苏丹大使张越分别代表各自政府在证书上签字。

教育部国家计委发出联合通知高等学校试招走读生增加招生名额

为了挖掘潜力，尽可能多培养学生，教育部、国家计委联合发出通知，决定自1977届新生起，在普通高等学校试行招收走读生，增加高等学校的招生名额。

联合通知说，普通高等学校在完成原定1977年招生计划之外，可以根据本校师资、教室、实验室和图书馆等条件，试行招收走读生。走读的学生，在校期间和毕业后的待遇，与住校生相同。增加招生的专业，应该是通用的和急需的。增加招生的学生来源，都从符合录取条件和具备走读条件的考生中，择优录取。已经录取的学生中自愿走读的，也可以走读。

联合通知还说，各高等学校凡能够挖掘潜力多招学生的(包括住读和走读)，都可以增加招生名额。

目前，各地根据联合通知提出的要求，正在具体安排落实。

中国社会科学院决定今年招收研究生

哲学研究所招收辩证唯物主义与历史唯物主义、马克思主义哲学史、中国哲学史、西方哲学史、伦理学、逻辑、现代外国哲学专业的研究生。

经济研究所招收政治经济学、工业经济、中国经济史专业的研究生。

世界经济研究所招收经济理论和第一、第二、第三世界经济以及世界经济统计专业的研究生。

文学研究所招收美学、中国近现代文学、古代文学史专业的研究生。

语言研究所招收近代汉语、现代汉语、英汉比较语法、汉族方言、实验语音学、机器翻译专业的研究生。

历史研究所招收中国古代各断代史、中国思想史、中国史学史、中外关系史、古典文献、西夏文专业的研究生。

考古研究所招收新石器时代和东北考古专业的研究生。

法学研究所招收国家与法理论、宪法、民法、刑法、刑事诉讼法、中国法制史、中国政治法律思想史、国际公法、国际司法、海商法专业的研究生。

世界宗教研究所招收基督教、佛教、伊斯兰教、道教研究专业的研究生。

民族研究所招收中国少数民族历史和少数民族语言专业的研究生。

报考研究生，要求政治思想好，具有大学或相当于大学文科毕业程度，有较丰富的专业知识、一定的外国语水平、较强的研究和写作能力，适于进一步培养提高的优秀工人、贫下中农、知识青年和在职研究人员、教师及其他工作者，身体健康，年龄不超过35岁。

为了培养科学人才，许多专家积极要求承担培养任务，如著名学者侯外庐、吕叔湘、翁独健、贺麟、任继愈等都准备带研究生。

《纪念周恩来总理文物选编》在北京出版发行

《纪念周恩来总理文物选编》由中国历史博物馆编写，文物出版社出版。叶剑英副主席为这本书的封面题字。

《纪念周恩来总理文物选编》用文字和图片，比较系统地介绍了周总理从"五四"时期到逝世前的伟大革命实践活动。全书共分33章，收有近300幅图片。其中120多幅是周总理在各个历史时期的照片：有"五四"运动时期、旅欧勤工俭学和大革命时期的照片，有在国民党统治区和革命根据地进行革命斗争的历史纪录，也有新中国成立后摄录的同各条战线的群众在一起的镜头。其余的160多幅，是周总理的手迹，以及有关周总理的文献和文物的图片，其中有周总理的部分著作原稿，亲笔书写的函电、题词，起草的指示、命令、报告、计划和批示等。

文物出版社还出版了周恩来同志1917年东渡日本时所作，1919年3月书赠友人诗的手迹。

3月1日

五届全国人大一次会议举行全体会议

中共中央副主席叶剑英受中共中央委托，向大会作了关于修改宪法的报告。

大会执行主席华国锋主持了今天的会议。

出席今天会议的代表有3444人。

中共中央、国务院、中国人民解放军各部门负责人列席了会议。

出席中国人民政治协商会议第五届全国委员会第一次会议的委员，也列席了会议。

中共中央副主席叶剑英在五届全国人大一次会议上作《关于修改宪法的报告》

各位代表同志们！

现在提交大会讨论的《中华人民共和国宪法修改草案》，是以华国锋主席为首的、中国共产党中央政治局全体同志组成的修改宪法委员会起草的。在起草过程中，经过各省、自治区、直辖市，各大军区，中央各部门，反复征求了党内外广大群众的意见，充分吸收了从群众中来的正确意见。中国共产党第十一届中央委员会第二次全体会议讨论通过了这个宪法修改草案，决定提请第五届全国人民代表大会第一次会议审议。我受中共中央的委托，向大会作关于修改宪法的报告。

关于新时期的总任务

这次大会将要通过的宪法，是我国社会主义革命和社会主义建设新的发展时期的一部新宪法。

1976年9月，我们的伟大领袖和导师毛泽东主席与世长辞。在这以前，敬爱的周恩来总理和朱德委员长相继逝世。早就阴谋篡权复辟的王洪文、张春桥、江青、姚文元“四人帮”反党集团趁机作乱，中国革命处于危难之中。华主席为首的党中央继承毛主席的遗志，率领全党全军全国人民一举粉碎了“四人帮”的阴谋。中国革命经历了一次转危为安的历史性大转折。我国社会主义革命和社会主义建设进入了一个新的发展时期。华主席为首的党中央及时地作出了抓纲治国的战略决策，召开了党的第十一次全国代表大会。党的十一大路线得到了全国各族人民的热烈拥护，正在各条战线贯彻执行。全国形势一片大好。

为了适应社会主义革命和社会主义建设新的发展时期的需要，1975年的宪法应该加以修改。新宪法应该高举毛主席的伟大旗帜，完整地准确地体现马克思列宁主义关于无产阶级专政的学说，完整地准确地体现毛主席关于无产阶级专政下继续革命的学说，充分地反映中国共产党的十一大路线和华主席为首的党中央抓纲治国的战略决策，总结同“四人帮”斗争的经验，清除“四人帮”的流毒和影响。这是这次修改宪法的指导思想，也是广大群众对新宪法的根本要求。

在宪法修改草案的序言中，庄严地记载了伟大领袖和导师毛泽东主席的永垂不朽的历史功勋。毛主席的旗帜是胜利的旗帜。遵循毛主席的思想和路线，我国革命就无往而不胜。背离毛主席的思想和路线，我国革命就会遭受挫折甚至失败。这是我国革命历史经验的最基本的总结。全国各族人民都把高举和捍卫毛主席的伟大旗帜当作自己的神圣职责，并且要教育子孙后代永远这样做。序言郑重地指出：“我国革命和建设的一切胜利，都是在马克思主义、列宁主义、毛泽东思想的指引下取得的。永远高举和坚决捍卫毛主席的伟大旗帜，是我国各族人民团结战斗，把无产阶级革命事业进行到底的根本保证。”

宪法修改草案把中国共产党第十一次全国代表大会规定的全国人民在新时期的总任务，用法律的形式肯定下来，记载在序言中。这就是：“坚持无产阶级专政下的继续革命，开展阶级斗争、生产斗争和科学实验三大革命运动，在本世纪内把我国建设成为农业、工业、国防和科学技术现代化的伟大的社会主义强国。”

这个总任务，是以毛主席关于无产阶级专政下继续革命的伟大学说、以毛主席制定的中国共产党在整个社会主义历史阶段的基本路线为根据的。

毛主席教导我们，社会主义社会是一个相当长的历史阶段，在这个历史阶段中，始终存在着阶级、阶级矛盾和阶级斗争，存在着社会主义同资本主义两条道路的斗争，存在着资本主义复辟的危险性，还存在着社会帝国主义、帝国主义进行颠覆和侵略的威胁。根据这个分析，序言中提出：“我们要坚持无产阶级对资产阶级的斗争，坚持社会主义道路对资本主义道路的斗争，反对修正主义，防止资本主义复辟，准备对付社会帝国主义和帝国主义对我国的颠覆和侵略。”

毛主席从来把革命和建设紧密地联系在一起，要求抓革命促生产。建设社会主义的现代化强国，是毛主席早已提出来的任务。1964年12月，在第三届全国人民代表大会上，周恩来总理遵照毛主席的指示，为全国人民明确地规定了在本世纪内全面实现四个现代化，使我国国民经济走在世界前列的奋斗目标。在努力实现四个现代化的过程中，我们还必须继续在政治、经济、文化各个领域内，进行经常的、艰苦的社会主义革命斗争和社会主义教育，去战胜资本主义势力及其对中国共产党和国家机关的腐蚀和侵袭。在当前和今后一段时期内，主要就是深入进行揭批“四人帮”的斗争，肃清其流毒和影响。如果我们不抓住阶级斗争这个纲，就不能巩固无产阶级专政，也不可能实现四个现代化的任务。同时,如果我们不充分发挥社会主义制度的优越性,使社会生产力迅速发展,逐步做到使我国的社会主义制度建立在现代化的大生产的强大物质基础上面,我们也不可能有效地克服资本主义势力的滋长,而且势必在社会帝国主义和帝国主义可能的侵略面前处于挨打地位。"四人帮"破坏社会主义革命和社会主义建设,反对四个现代化,他们的罪恶目的,就是颠覆无产阶级专政,复辟资本主义,使我国重新沦为半殖民地半封建国家。毛主席教导我们:"阶级斗争、生产斗争和科学实验,是建设社会主义强大国家的三项伟大革命运动,是使共产党人免除官僚主义、避免修正主义和教条主义,永远立于不败之地的确实保证,是使无产阶级能够和广大劳动群众联合起来,实行民主专政的可靠保证。"新时期的总任务就是要求我们三大革命运动一起抓,达到建设社会主义强大国家的目的。

序言中具体地和完备地表述了我们的革命统一战线的广阔范围,强调地提出了包括中国各民族的最广泛的人民大团结。我们必须团结一切可以团结的力量,正确区别和处理两类矛盾,在全国人民中努力造成又有集中又有民主,又有纪律又有自由,又有统一意志、又有个人心情舒畅、生动活泼那样一种政治局面。没有这样的人民大团结,要实现新时期的总任务,是不可能的。毛主席曾经反复地教导我们:"无产阶级专政要靠广大的同盟军,单是无产阶级一个阶级不行。"中国无产阶级"要靠几亿人口的贫农、下中农、城市贫民、贫苦的手工业者和革命知识分子,才能实行专政,不然是不可能的"。"工人,农民,城市小资产阶级分子,爱国的知识分子,爱国的资本家和其他爱国的民主人士,这些人占了全人口的95%以上。这些人,在我们人民民主专政下面,都属于人民的范围。"毛主席对于我国无产阶级专政所必须依靠和团结的各种社会力量,作了全面的、科学的阶级估量,这是一个极为深刻的战略思想。在为实现新时期的总任务而斗争中,我们一定要坚持这个战略思想。

毛主席历来充分地估计国际支援对我国革命胜利的重要意义,也充分地估计中国革命胜利的世界意义。中国人口占全世界的五分之一。中国应当对于人类有较大的贡献。把中国的事情办好,把中国建设成社会主义的现代化强国,世界各国人民看了是高兴的。我国现在属于第三世界,将来强大了,仍然属于第三世界。我国永远不称霸,永远不做超级大国。我们一定要坚持无产阶级国际主义,按照毛主席关于三个世界的伟大理论,团结国际上一切可以团结的力量,结成最广泛的统一战线,反对苏美两个超级大国的霸权主义,反对新的世界战争,为人类的进步和解放事业而奋斗。

在开国前夕毛主席曾经说过:"只要我们坚持人民民主专政和团结国际友人,我们就会是永远胜利的。"依靠这两个最基本的条件,我们已经取得了社会主义革命和社会主义建设的伟大胜利,也必定能够在为实现新时期的总任务而斗争中取得更大的胜利。

关于宪法条文的修改

下面我对宪法条文的修改作一些说明。

第一,要调动全国各族人民的社会主义积极性,为实现新时期的总任务而奋斗,就必须充分发扬社会主义民主。

在我国社会主义制度下,人民是国家的主人。我们的社会主义民主,是确实保障人民当家做主的民主。毛主席在谈到这个问题的时候,曾经尖锐指出:人民必须有权管理上层建筑,我们不能够把人民的权利问题了解为人民只能在某些人的管理下面享受劳动、教育、社会保险等等权利。毛主席还教导:劳动者管理国家、管理各种企业、管理文化教育的权利,是社会主义制度下劳动者最大的权利,是最根本的权利,没有这个权利,就没有工作权、受教育权、休息权等等。

按照毛主席的这个观点,宪法修改草案在总纲中增加了这样的条文:"国家坚持社会主义的民主原则,保障人民参加管理国家,管理各项经济事业和文化事业,监督国家机关和工作人员。"关于国家机构,在健全选举制和加强全国人民代表大会的职能、加强地方各级人民代表大会的职能方面增加了一些具体的规定,以利于进一步提高各级人民代表大会在国家政治生活中的作用,使它们能够更加有效地行使人民赋予的国家权力。关于公民在政治、经济和文化教育等方面的民主权利也增加了一些新的规定。对于各项公民权利的物质保障,要在国家的指导下,靠国营企业、人民公社、集体企业、人民团体和人民群众自己共同努力,在发展生产的基础上逐步加以扩大。

我们必须从一切基层单位起,认真地实行有广大人民群众参加的民主管理。基层单位有无真正的民主管理,这是能否真正保障人民民主权利的一个极关紧要的环节。我们的人民解放军历来在连队实行"三大民主",就是政治民主、经济民主和军事民主,行之有效,达到了"三大目的":政治上高度团结,生活上获得改善,军事上提高技术和战术。手执武器的军队能够这样做,工厂、农村、商店、机关、学校难道不能这样做吗?以农村人民公社、生产大队、生产队来说,无论在哪一级,无论在生产管理方面,在收入分配方面,在社员生活福利工作方面,以及一切其他工作方面,都要把民主管理认真搞好,这是关系几亿农民直接利益的大事。我们在基层单位包括企业、事业单位的民主管理方面,已经积累了不少经验,应当认真地加以总结,切实地加以运用,使适合我国情况的、充分体现毛主席革命路线的民主管理制度逐步健全起来。

我们党从来主张在广大人民中充分发扬民主,包括在必要的时候运用大民主的形式。毛主席教导我们:“民主是一个方法,看用在谁人身上,看干什么事情。我们是爱好大民主的。我们爱好的是无产阶级领导下的大民主。”宪法修改草案中规定公民“有运用‘大鸣、大放、大辩论、大字报’的权利”,就是为了保障无产阶级领导下的大民主。“四人帮”打着所谓“大民主”的旗号,反对党的领导,反对无产阶级的领导,鼓吹什么“越乱越好”,“踢开党委闹革命”,“矛头向上就是大方向”。他们是要借此把他们那一“帮”凌驾于党和人民之上,横行于党纪国法之外,以便于他们搞修正主义、搞分裂、搞阴谋诡计,达到篡党篡军篡国,建立法西斯“帮”天下的目的。这样的所谓“大民主”,就是地富反坏的反攻倒算,就是反党反社会主义的右派政变。看一看曾经遭到他们严密控制和严重破坏的那些地区和部门吧,在那里,坏人当道,好人受害,没有改造好的地富反坏翻天,新产生的反革命分子和资产阶级分子称王称霸,甚至用专政手段残酷迫害革命群众和革命干部,严重地破坏了社会主义法制,使人民的正当的民主权利以至人身安全失去保障。这样的所谓“大民主”,被广大人民群众所否定,不是天公地道吗!毛主席早就说过:“如果有人用什么大民主来反对社会主义制度,推翻共产党的领导,我们就对他们实行无产阶级专政。”

我们无产阶级专政的国家,要有广泛的民主,又要有高度的集中,这就是无产阶级的民主集中制。“四人帮”既摧残民主,也破坏集中,破坏社会主义的纪律,破坏国家统一和人民团结。我们现在肃清“四人帮”的流毒和影响,就要大力恢复和发扬民主传统,同任何破坏民主生活、侵害公民权利的行为作斗争,同时也要发动和依靠群众,从各方面切实进行整顿,反对无政府主义,反对资产阶级派性,反对各种破坏纪律和团结的行为。要在民主基础上大力加强集中统一,加强组织性纪律性,真正做到统一认识,统一政策,统一计划,统一指挥,统一行动。毛主席在1959年强调指出:“现在全国、全民族、全党的任务,是要在几个五年计划之内建成强大的社会主义国家,必须团结起来,必须要有铁的纪律,没有铁的纪律是不行的。请问,不然怎么能够达到这样的目的呢?”宪法修改草案中贯彻了这个精神,并且在公民的义务方面,增写了必须爱护和保卫公共财产,遵守劳动纪律,遵守公共秩序,尊重社会公德和保守国家机密的条文。

民主集中制的问题,是我们国家政治生活中一个带根本性的问题,现在尤其重要。我们充分发扬了民主,健全了民主集中制,我们的工作就会越做越好,我们事业的发展就会顺利得多。

第二,宪法修改草案对有关国家机关和工作人员的条款,做了较大的修改,提出了必不可少的严格要求。这些要求当中,最根本的一条,就是联系群众。

我们的人民是非常好的人民。他们非常关心国家大事,对路线是非有很高的识别能力,对中国共产党、对毛主席、对华主席为首的党中央无限信任,对建设社会主义的现代化强国有极大的热情。毛主席历来教导我们要走群众路线。毛主席说:“人民,只有人民,才是创造世界历史的动力。”联系群众,就要充分信任人民群众,尊重广大群众的革命责任感,爱护广大群众的社会主义积极性和首创精神;就要和群众呼吸相通,认真听取群众的批评和意见,特别是对于领导机关和领导者的批评和意见。一切来自基层和群众的善意批评,应当受到热情的鼓励。人民群众揭发国家机关中坏人坏事的权利,应当受到充分的保障。领导干部必须深入基层,深入群众,调查研究,使自己的思想和工作充分反映广大群众的利益和愿望,真心实意地帮助群众解决他们迫切要求解决的问题,全心全意地为人民服务。

我们讲群众路线,多少年了,但是现在还有一些干部,由于“四人帮”的流毒和自己世界观没有得到很好的改造,背离了群众路线。有的不调查,不蹲点,有事不同群众商量,不关心群众疾苦,不参加集体生产劳动,不以平等态度对待人民群众。有的高高在上,独断专行,压制不同意见,把人家嘴巴都封住,在那里瞎指挥,弄虚作假。有的养尊处优,挥霍浪费,利用职权谋取私利,豪华成癖,懒惰成习,在他们眼里根本无所谓群众利益。这种干部一点共产党人的气味也没有。他们满身的气味是什么呢?是老百姓一嗅到就不舒服的官气。这些人不打掉官气,不痛改前非,群众是不会容许他们继续留在领导岗位上的,情节恶劣的还要受到党纪国法的制裁。毛主席说:“我们要进行大规模的国家建设,就必须克服官僚主义,密切联系人民群众。”我们一定要按照毛主席教导,打掉官气,鼓足干劲,实事求是,努力纠正一切工作上、作风上、制度上的缺点和错误,和广大人民群众打成一片,共同艰苦奋斗,把我国建设成一个社会主义的现代化强国。人民这样希望于我们,我们应当满足人民的希望。

毛主席总结党内历次路线斗争的经验,提出了“要搞马克思主义,不要搞修正主义;要团结,不要分裂;要光明正大,不要搞阴谋诡计”的基本原则。党和国家机关的各级领导权是否掌握在坚持这三项基本原则的马克思主义者手中,这是一个极关紧要的问题。华主席为首的党中央十分重视各级领导班子的整顿和建设。宪法修改草案中规定，我们国家机关各级领导人员的组成，必须按照毛主席提出的无产阶级革命事业接班人的五项条件，实行老、中、青三结合的原则，就是体现了这个精神。按照这个规定，就要知人善任，任人唯贤，反对“四人帮”任人唯亲、唯派、唯帮的反动路线，认真消除国家机关特别是领导机构中由于“四人帮”干扰破坏而造成的组织不纯的状况。

在有关国家机关的问题上，还要说到一点，就是宪法修改草案明确规定，我国的地方政权基本上实行省、县、公社三级的体制。省、自治区下面的地区，除自治州以外，不作为一级政权，不设人民代表大会和革命委员会，而设行政公署，作为省、自治区革命委员会的派出机构，任命行政专员和副专员。县以下如果设区的话，也不是一级政权，而是县革命委员会的派出机构。这样规定的目的，是为了减少层次，提高效能。

第三，宪法修改草案还规定了强化人民的国家机器，加强对敌人的专政。

关于人民的武装力量，宪法修改草案增写了“国家大力加强中国人民解放军的革命化现代化建设，加强民兵建设，实行野战军、地方军和民兵三结合的武装力量体制”的内容，并且把服兵役和参加民兵组织，都列为公民的光荣义务。

鉴于同各种违法乱纪行为作斗争的极大重要性，宪法修改草案规定设置人民检察院。国家的各级检察机关按照宪法和法律规定的范围，对于国家机关、国家机关工作人员和公民是否遵守宪法和法律，行使检察权。在加强党的统一领导和依靠群众的前提下，充分发挥公安机关、检察机关、人民法院这些专门机关的作用，使它们互相配合又互相制约，这对于保护人民，打击敌人，是很重要的。“四人帮”疯狂叫嚷并且实行“砸烂公检法”，严重地破坏了无产阶级专政的国家机器，甚至把专政矛头指向党内和人民内部。我们必须彻底清算“四人帮”破坏公检法的罪行，总结经验教训，加强社会主义法制。严禁打砸抢。拘人捕人，必须按照法律，严格执行审批制度。审理案件，必须重证据，重调查研究，严禁逼供信。只有这样，才能有效地保护人民，稳准狠以准为重点地打击敌人。

宪法修改草案具体地规定了无产阶级专政国家机器要“镇压一切叛国的和反革命的活动，惩办一切卖国贼和反革命分子，惩办新生资产阶级分子和其他坏分子”。这里一个重要修改，就是按照我国阶级斗争的实际，增写了惩办新生资产阶级分子。这是指那些新产生的，反抗社会主义革命，危害社会主义建设，严重破坏社会主义公有制，侵吞社会财富，触犯刑律的分子。那些罪行严重的贪污盗窃犯、投机倒把犯、诈骗犯、杀人放火犯、流氓、打砸抢者和严重违法乱纪、破坏社会主义秩序的坏分子中，许多就是属于新生资产阶级分子。毛主席指出：“已经被推翻的反动阶级，还企图复辟。在社会主义社会，还会产生新的资产阶级分子。”这类新生资产阶级分子，人数虽然不多，但他们同旧的没有改造好的地富反坏和资产阶级分子相勾结，成为城乡资本主义势力中最猖獗的部分。对这类人实行专政是完全必要的。

宪法修改草案还规定：“国家依照法律剥夺没有改造好的地主、富农、反动资本家的政治权利，同时给以生活出路，使他们在劳动中改造成为守法的自食其力的公民。”这些年来，地主、富农、反动资本家以及那些历史上犯有反革命罪行和刑事罪行的反坏分子，有了分化。对这些人加以分析，根据他们的表现区别对待，给出路，本来是我们党和国家按照毛主席的教导一贯执行的政策。宪法修改草案的上述规定就是说：一方面，对那些没有改造好的地主、富农、反动资本家、反革命分子和其他坏分子，要继续实行专政，加强监督改造，特别是对其中那些在“四人帮”支持和纵容下实行阶级报复，罪行严重，民愤很大的分子，必须坚决打击。另一方面，对于经过教育改造，确实表现好的，则应通过群众评议，经县一级革命委员会批准，摘掉地富反坏帽子，给予公民权。这件事，要在各级党委统一领导下，按照具体政策，严肃慎重，有步骤地进行。摘掉帽子以后，有人如果再兴风作浪怎么办？发动群众把他们斗倒，再戴上帽子就是了。

第四，这次修改宪法，根据新时期的总任务，对于巩固社会主义经济基础，高速度地发展社会生产力，作了明确的规定。

宪法修改草案在总纲中把保卫社会主义公有制的斗争提到了更加突出的位置。在我国，生产资料所有制的社会主义改造，早已基本完成，包括全民所有制和劳动群众集体所有制两种形式的社会主义公有制，早已全面地建立起来。这个伟大胜利已经记载在宪法中。但是，在所有制问题上，无产阶级同资产阶级、社会主义道路同资本主义道路的斗争并没有结束。20多年的历史已经反复地证明了这一点。尤其是近几年来，在“四人帮”的支持和纵容下，一小撮新老资产阶级分子使用种种非法手段，大搞贪污盗窃、投机倒把，破坏国家计划和财经纪律，使社会主义全民所有制和集体所有制经济受到严重损害。在深入揭批“四人帮”和工业学大庆、农业学大寨的群众运动中，我们要放手发动群众，切实整顿公有制经济，大张旗鼓地向城乡资本主义势力发动进攻，狠狠打击那些罪行严重的新老资产阶级分子。对于人民内部的资本主义倾向，要通过社会主义教育，认真地加以纠正。这种保卫社会主义公有制的斗争，是无产阶级专政下继续革命在经济战线上的一个重要任务,还将长期地继续下去。只有坚持不懈地同资本主义势力和资本主义倾向进行斗争,同时使生产力以较快的速度发展到较高的水平,才能使社会主义公有制充分地巩固起来,并且进一步向前发展。

关于农村人民公社集体所有制经济,宪法修改草案规定:“现在一般实行公社、生产大队、生产队三级所有,而以生产队为基本核算单位。”这是因为,就全国一般情况来说,以生产队为基本核算单位的“三级所有”制度,同现在农村生产力的发展水平还是基本适应的。草案规定:“生产大队在条件成熟的时候,可以向大队为基本核算单位过渡。”现在有一些领导班子好的生产大队,由于具备了大队经济基础相当强、生产队之间经济发展水平比较平衡、群众自愿等条件,已经实行生产大队为基本核算单位。我们要采取既积极又稳妥的政策和步骤,从实际情况出发,在条件确实成熟的时候,成熟一个过渡一个,成熟一批过渡一批。条件还不成熟,就不要匆忙过渡,而要认真落实各项农村经济政策,努力发展生产,积极创造条件。

分配制度是生产关系的一个重要方面。只有在社会主义的生产资料公有制基础上,才能实行“各尽所能、按劳分配”的原则。这是社会主义的原则。对于国家、集体和个人的利益,一定要恰当地兼顾。在个人生活资料的分配上,只有正确地执行按劳分配的原则,才有利于巩固社会主义公有制,有利于促进生产力的发展。“四人帮”把按劳分配诬蔑为资本主义原则,把体现按劳分配原则的劳动报酬制度和政策说成是搞物质刺激,使按劳分配的原则受到破坏,挫伤了劳动群众的社会主义积极性,破坏了社会主义生产。我们要深入揭批“四人帮”在理论上制造的混乱和在实践上带来的危害,认真执行宪法规定的“各尽所能、按劳分配”的原则。

毛主席曾经说过:“政治工作同必要的按劳分配要结合,我看这是个好东西。”政治思想教育是挂帅的,是为主的,是领先的。我们历来反对不搞无产阶级政治挂帅而搞奖金挂帅。我们一定要把思想政治工作做深做细,不断提高广大劳动者的觉悟,教育他们学习大庆人、大寨人的共产主义劳动态度,学习不怕苦、不怕死、不为名、不为利的精神,各尽所能,为社会主义多做贡献。同时,应当承认,由于生产和劳动的情况有所差别,劳动者的收入也有所差别。“否认这种差别,就是否认按劳分配、多劳多得的社会主义原则”。因此,国家和集体一定要按照劳动者的劳动数量和质量来进行分配,要根据精神鼓励和物质鼓励相结合而以精神鼓励为主的方针,对于作出优秀成绩的劳动者给予表扬和适当奖励。

宪法修改草案在总纲中规定:“国家坚持鼓足干劲、力争上游、多快好省地建设社会主义的总路线,有计划、按比例、高速度地发展国民经济,不断提高社会生产力,以巩固国家的独立和安全,逐步改善人民的物质生活和文化生活。”这里有一个重要修改,就是增写了高速度地发展国民经济,不断提高社会生产力。这是社会主义战胜资本主义的重要条件。“所谓社会主义生产关系比较旧时代生产关系更能够适合生产力发展的性质,就是指能够容许生产力以旧社会所没有的速度迅速发展,因而生产不断扩大,因而使人民不断增长的需要能够逐步得到满足的这样一种情况。”过去28年我国经济建设的发展,初步地表现了社会主义制度的这种优越性。但是,由于林彪、“四人帮”的干扰破坏,我国建设的速度受到了很大的影响。特别是“四人帮”,鼓吹什么“宁要社会主义的低速度”,疯狂地破坏生产,使国民经济发展速度大大减慢,甚至停滞倒退。现在打倒了“四人帮”,我们已经扭转了这种局面。我们一定要尽一切努力使我国的生产力真正来一个高速度的大发展,使我国的国民经济在有计划、按比例的基础上,扎扎实实地稳步地持续地跃进。

高速度地发展社会生产力,靠无产阶级政治挂帅,靠群众路线,靠党的社会主义建设总路线和一系列两条腿走路的方针。这些精神都体现在宪法修改草案中。宪法修改草案总纲把科学技术工作单独列为一条,反映了大力加强科学技术工作在实现新时期的总任务中的重要地位。我们一定要打好科学技术这一仗,加强科学研究,开展技术革新和技术革命,以促进生产力的迅速发展。

第五,实现新时期的总任务,不但需要有一个经济建设的高潮,而且需要有一个文化建设的高潮。宪法修改草案对这一点给予了充分的注意。

大力发展教育事业,对于我们的革命事业和建设事业都有重大的关系。总纲中为此单独列了一条,突出了教育工作的重要性。我们要遵照毛主席规定的方针,认真搞好教育革命,迅速发展我国各级各类教育事业,提高教育质量,提高整个民族的文化水平和科学技术水平。这是实现新时期的总任务的迫切要求。

在社会主义文化建设的问题上,这里要特别说明一下宪法修改草案总纲中关于“国家坚持马克思主义、列宁主义、毛泽东思想在各个思想文化领域的领导地位”的规定和“百花齐放、百家争鸣”的方针。

为了坚持马克思主义、列宁主义、毛泽东思想在各个思想文化领域的领导地位,无产阶级必须在一切思想文化领域中把领导权牢牢地掌握在自己的手中,贯彻执行毛主席的无产阶级革命路线,必须用马克思主义的思想武器去批判修正主义、批判资产阶级,使社会主义的文化大大繁荣和兴旺起来。毛主席所说的无产阶级在上层建筑其中包括在各个文化领域的专政，就是要求我们这样做。根据毛主席的一贯教导，在思想文化领域的斗争中，必须正确区别和处理两类不同性质的矛盾。对于反革命分子在思想文化领域进行的反党反社会主义反马克思主义的反革命活动，决不能放纵。“在外部，放纵反革命乱说乱动是犯罪的行为，而专政是合法的行为。”对于人民内部的思想问题、学术问题、艺术问题，只能采取说理的批评的讨论的方法，决不容许采取专政的方法。“在内部，压制自由，压制人民对党和政府的错误缺点的批评，压制学术界的自由讨论，是犯罪的行为。”毛主席提出的百花齐放、百家争鸣的方针，是一个有利于正确区别和处理两类不同性质的矛盾的方针，是我们国家在思想文化领域中的一项根本性的方针。

“四人帮”曾经窃取了思想文化领域的很大一部分领导权，现在我们已经夺了回来。“四人帮”在各个文化领域颠倒了路线是非，我们正在逐步纠正过来，使毛主席的无产阶级革命路线在这些领域全面地正确地贯彻执行。“四人帮”根本篡改了毛主席关于无产阶级在各个文化领域的专政的思想，公然反对百花齐放、百家争鸣方针，迫害广大知识分子，用专政的方法压制社会主义的香花，而使反社会主义的毒草自由泛滥。我们一定要彻底清算“四人帮”这方面的罪行，坚决执行毛主席倡导的百花齐放、百家争鸣的方针。按照这个方针，在六项政治标准的前提下，艺术上不同的形式和风格可以自由发展，科学上不同的学派可以自由争论，艺术和科学中的是非问题，要通过艺术界科学界的自由讨论，通过艺术和科学的实践去解决。我们坚信，认真执行这个方针，一定能够团结广大知识分子，促进他们继续自我教育和自我改造，促进工人阶级知识分子宏大部队的成长，一定能够进一步加强马克思主义、列宁主义、毛泽东思想在各个思想文化领域的领导地位，放社会主义的百花，锄反社会主义的毒草，迅速地推动艺术发展和科学进步，造成社会主义文化繁荣的局面。

关于宪法的实施

制定新宪法，是我国人民政治生活中的一件大事。我们的国家要大治，就要有治国的章程。新宪法就是新时期治国的总章程。

我们的宪法是无产阶级和广大人民的意志的集中表现。它有鲜明的阶级性、战斗性，是维护革命秩序，保护劳动人民利益，保护社会主义经济基础，保护生产力的强大武器。人民要用这个武器来反修防修，巩固无产阶级专政，有力地打击社会主义的敌人；也要用这个武器来正确地解决人民内部的矛盾，使人民群众更好地团结起来，步调一致地为建设社会主义的现代化强国的共同目标而奋斗。

宪法通过以后，从宪法的原则精神到具体条文规定，都要保证全部实施。不论什么人，违犯宪法都是不能容许的。对于破坏社会主义法制、危害国家和人民的利益、侵犯人民权利的行为，必须严肃处理，情节严重的要依法制裁。我们还要依据新宪法，修改和制定各种法律、法令和各方面的工作条例、规章制度。在“四人帮”横行的一段时间里，他们煽动无政府主义，把社会主义法制和一切合理的规章制度污蔑为修正主义和资本主义的东西，妄图搞乱无产阶级的天下，实行乱中夺权。我们要通过实施新宪法，肃清“四人帮”的流毒和影响，加强社会主义法制，使我们的国家各方面的工作更加有秩序地向前发展。

新宪法规定，全国人民代表大会的重要职权之一是“监督宪法和法律的实施”，地方各级人民代表大会也要在本行政区域内“保证宪法、法律、法令的遵守和执行”。在这方面，我们还要充分发挥工会、贫下中农协会、共青团、妇联和其他人民团体的作用。中国人民政治协商会议是革命统一战线的重要组织形式，在这方面也要发挥它的重要作用。

为了动员和依靠广大群众的力量来保证宪法的实施，当前应该结合深入揭批“四人帮”在全国进行一次普遍的宪法宣传教育。以后还要经常进行宣传教育。加强社会主义法制，是无产阶级专政的需要，是人民的需要，是同广大人民的根本利益完全一致的。社会主义法制对于违法犯法的人是压力和束缚，对于破坏社会主义革命和建设的敌人是无情的铁腕，对于广大人民群众则是自觉遵守的行为准则。人民群众要通过学习宪法，不断提高政治觉悟，增强当家做主的自觉性，加强法制观念，正确地行使宪法规定的公民权利，忠诚地履行公民应尽的义务，监督宪法的实施，以主人翁的精神管理好和建设好我们的社会主义国家。

各级国家机关一定要组织好宪法学习。国家机关的每一个工作人员，不论职位高低，都是人民的勤务员，都要成为带头实行宪法、遵守宪法的模范。无论是处理人民内部矛盾还是敌我矛盾，都要严格按照宪法规定办事，维护法律的尊严。毛主席在讲到肃反时说过：“法制要遵守。按照法律办事，不等于束手束脚。”我们要发动群众，按照法律放手放脚，同敌人作斗争，使一切阶级敌人看到，只有老老实实归附国法，才是他们唯一的出路。同时，我们又要按照法律，保护人民的权利。我们要使一切拥护社会主义的人感到，宪法规定的人身自由，民主权利，合法的经济利益，都能得到切实的保障。

我们要动员广大人民群众，对一小撮阶级敌人，加强无产阶级专政，长人民的志气，灭敌人的威风，使革命人民扬眉吐气,使阶级敌人不敢乱说乱动。我们要在一切工厂、农村、学校、部队、机关中,建立起一个为从事革命、生产、工作、学习所必要的,安定团结的良好秩序,使广大干部和群众都能在团结、紧张、严肃、活泼的空气中为社会主义事业作出自己的最大的贡献。

各位代表同志们!

在这个大会上,中国共产党中央委员会主席、国务院总理华国锋同志作了政府工作报告。这个报告回顾和总结了第四届全国人民代表大会以来,特别是粉碎"四人帮"之后一年多来的工作,全面地系统地提出了建设社会主义的现代化强国的任务、方针、政策和步骤,充分地反映了全国人民奋发图强、改造中国的雄心壮志,为我国的社会主义事业指明了前进的方向,是一个伟大的纲领性的文献。

华主席为我们掌舵,这是全国人民最大的幸福。我们的华主席,一贯高举毛主席的伟大旗帜,坚定不移地贯彻执行毛主席的革命路线,是毛主席的好学生,是毛主席亲自选定的接班人。华主席受任于动乱之际,奉命于危难之间。在华主席为首的党中央领导下,经过全党、全军、全国人民的集体奋斗,仅仅用了一年多时间就顺利扭转形势,开创了一个光明灿烂的新局面。在这样的非同寻常的历史关头,用这样短的时间,渡过这样严重的危难,取得这样大的胜利,这充分地证明,华主席为首的党中央制定的路线、方针和政策,是完全正确的。全国人民衷心爱戴华主席,热烈拥护华主席为首的党中央。我们大家都为我们党、我们国家又有了自己的领袖而感到无比的自豪。

我们的国家是大有希望的。在20世纪初年,中国革命的先行者孙中山先生领导了辛亥革命,但是失败了。毛主席领导我们半个多世纪,开创了一个社会主义新中国。现在华主席又继续率领我们进行新的长征。华主席为首的党中央,高举毛主席的伟大旗帜,坚持党的十一大路线,调动党内外、国内外一切积极因素,率领全党、全军、全国人民,搞革命,搞建设,搞现代化,一步一步地去完成新时期的总任务。再过23年,跨入21世纪,你看我们的社会主义祖国会变成什么样子吧!让我们举国上下,一致努力,克服困难,战胜敌人,把我国建设成为伟大的社会主义的现代化强国,朝着共产主义的远大目标前进。这是伟大领袖毛主席的遗愿,也是敬爱的周总理、朱委员长和其他老一辈无产阶级革命家为之奋斗终生,无数革命先烈为之流血牺牲的伟大事业。我们一定能够胜利地完成这个事业。

国务院转发教育部报告决定恢复和办好全国重点高等学校

国务院在转发教育部关于恢复和办好全国重点高等学校的报告时指出,恢复和办好全国重点高等学校是一项战略性措施,对于推动教育战线的整顿工作,迅速提高高等教育的水平,尽快改变教育事业与社会主义革命和建设严重不相适应的状况,是完全必要的。因此,办好全国重点高等学校,不仅是教育部门的任务,各省、自治区、直辖市和各部委都要给予足够的重视,加强对有关院校的领导,积极支持全国重点高等学校的工作。

国务院要求各全国重点高等学校要深刻理解所肩负的重要责任,要谦虚谨慎,戒骄戒躁,树雄心,立壮志,兢兢业业,艰苦奋斗;深入开展教育革命,努力在规划的时间内使教学和科研水平进入国际先进行列,为在本世纪内把我国建设成为具有四个现代化的社会主义强国作出更大的贡献。

在教育部关于恢复和办好全国重点高等学校的报告中,根据有利于加强党的一元化领导,有利于发挥中央和地方两个积极性,有利于在教学和科学研究工作中早见成效的原则,提出对全国重点高等学校要实行统一领导,分级管理。面向全国和面向地区的全国重点高等学校,除少数院校实行有关部委直接领导外,多数院校实行有关部委和省、自治区、直辖市双重领导,以部委为主。面向本省、自治区、直辖市的全国重点高等学校,原则上由本省、自治区、直辖市领导,有关部委要给予支持。要加强党的领导,抓紧各院校领导班子的建设。争取在半年左右时间内按照接班人五项条件配备好各院校的第一、二、三把手领导干部,并建立、健全老中青三结合的领导班子。要加强师资队伍的建设。健全后勤机构,认真做好后勤工作,切实保证教学、科研、生产和生活的必要条件。

教育部的报告还指出,在教育革命的实践中,全国重点高等学校要带动一般院校共同前进;一般院校要推动全国重点高等学校向更高的水平发展。重点带一般,一般促重点,相互提高,加速发展,根据社会主义革命和建设的需要及国民经济的可能,逐步扩大全国重点高等学校的范围,使高等教育事业为建设伟大的社会主义现代化强国,贡献更大的力量。

目前,第一批全国重点高等学校已经确定,共88所。其中恢复原有的60所,新增加的28所。它们是:北京大学(及分校)、复旦大学、吉林大学、南开大学、南京大学、武汉大学、中山大学、四川大学、山东大学、兰州大学、厦门大学、云南大学、西北大学、湘潭大学、新疆大学、内蒙古大学(以上为综合大学);清华大学(及分校)、西安交通大学、天津大学、大连工学院、南京工学院、华南工学院、广东化工学院、华中工学院、重庆大学、同济大学、上海化工学院(及分院)、浙江大学、中国科技大学、长沙工学院、北京航空学院、南京航空学院、西北工业大学、成都电讯工程学院、西北电讯工程学院、北京工业学院、华东工程学院、上海交通大学、哈尔滨船舶工程学院、哈尔滨工业大学、重庆建筑工程学院、北京钢铁学院、东北工学院、中南矿冶学院、华东水利学院、武汉水利电力学院、河北电力学院、华东石油学院、北京化工学院、大庆石油学院、四川矿业学院、阜新煤矿学院、合肥工业大学、吉林工业大学、东北重型机械学院、湖南大学、镇江农业机械学院、大连海运学院、北方交通大学、西南交通大学、上海纺织工学院、西北轻工业学院、湖北建筑工业学院、武汉地质学院、长春地质学院、北京邮电学院、华北农业机械化学院、南京气象学院、武汉测绘学院、山东海洋学院(以上为理工科院校)；北京师范大学、上海师范大学；华北农业大学、云南林学院、江西共产主义劳动大学、大寨农学院；北京中医学院、北京医学院、上海第一医学院、中山医学院、四川医学院；北京外国语学院、上海外国语学院；西南政法学院、北京对外贸易学院；中央音乐学院；北京体育学院；中央民族学院。

中国政府和蒙古政府关于1978年相互供应货物的议定书在北京签字

外贸部部长李强出席了签字仪式，并在签字前会见了蒙古外贸部副部长策伦桑加以及由他率领的蒙古政府贸易代表团全体成员。

外贸部副部长王润生和策伦桑加副部长，分别代表本国政府在议定书上签字。

解放军军事学院 政治学院 后勤学院开学

根据华主席、中央军委的指示，今年1月，军事学院、政治学院和后勤学院迅速成立起来。这3所学院招收的第一期学员，是从全军各部队选送来的优秀的军事干部、政治干部和后勤干部。3月1日，3所学院都举行了隆重的开学典礼。总参谋部、总政治部、总后勤部的负责同志出席了开学典礼。

北京北海公园 景山公园重新开放

这两个公园自1971年暂停开放以来，特别是粉碎“四人帮”后，有关职工进行了大量修缮。1976年唐山强烈地震时遭到破坏的北海白塔和景山的一些古建筑物，现已全部修复一新。许多亭台楼阁也进行了油饰彩绘。高耸在苍松古柏中的北海琼华岛上的白塔，从塔顶到塔座都进行了修缮。北海琼岛的长廊，东岸的画舫斋，濠濮间，北岸的五龙亭和景山公园顶峰的万春亭等五座亭子，都油饰一新。为了保护文物，九龙壁周围安装了铁栏杆，五龙亭增设了白石栏杆。公园主要园路行道，都进行了重新铺修。广大园林职工在改造园林环境中，还精心地进行了绿化和山石点缀，对珍贵的古松古柏做了精心的养护，还种植了许多既供欣赏又有经济价值的苹果、桃、海棠、核桃、柿子等花果树木。北海里种植了荷花，养殖了许多种鱼。在北海北岸阐福寺还新辟建了“经济植物园”。

3月2日

五届全国人大一次会议举行分组会议

会议对《中华人民共和国宪法修改草案》和叶剑英副主席关于修改宪法的报告进行了讨论。

邓小平副主席作为中国人民解放军选出的人大代表，参加了解放军代表团的小组讨论。他在发言中着重谈了华主席和叶副主席在他们的报告中都十分强调的关于恢复和发扬党的优良传统和作风的问题。他指出，恢复和发扬我们党的优良传统和作风，是实现四个现代化的重要保证，他希望军队的老同志在这方面发挥模范带头作用。邓小平副主席还先后到湖南、四川和云南代表团开会的地方，看望了这几个省的人大代表。

政协第五届全国委员会第一次会议也同时举行分组会议，讨论宪法修改草案和叶剑英副主席的报告。

《人民日报》转载《解放军报》彭绍辉的文章《深切怀念敬爱的周总理》

今年的3月5日，是敬爱的周恩来总理80岁诞辰。回想周总理光辉的一生，对我的谆谆教诲，更加激起我对他的深切怀念。

1933年春，在第四次反“围剿”中，由于毛主席的战略方针和人民战争思想在红军中的深刻影响，由于我们当时仍然运用了毛主席的诱敌深入，分割包围，集中优势兵力，各个歼灭敌人的战略战术，因而取得了第四次反“围剿”的很大的胜利。在我军歼灭敌五十二师、五十九师之后，敌陈诚、罗卓英纵队继续向宜黄、河口、黄陂进犯我师(三军团一师)。在草台岗辟历山我师与敌遭遇。在这次战斗中，我的左臂连中两弹，负了重伤。由于当时的医疗条件所限，我的左臂被锯掉了。朱总司令为了照顾我，准备安排我到地方工作。我当时表示：“我虽然没有了左臂，还有右臂，还很年轻，还能同敌人进行战斗，只要国民党反动派不消灭，我就不离开部队，不离开战场。”我的恳切要求遭到了第三国际派来的顾问李德阻拦。我又向周恩来副主席作了汇报，周副主席支持我，同意了我的要求，并调我到三十四师去工作。临出发之前，周副主席在紧张的战斗环境中接见我，询问我的伤口和身体情况，勉励我说："绍辉同志，你虽身体残废，却要求再上战场，这种不怕流血牺牲的精神是可嘉的。好吧，你去继续勇敢地战斗，争取革命战争的胜利。"当时，周副主席刚由白区回来不久，还蓄着很长的胡须，但两眼炯炯有神，说起话来爽朗亲切。周副主席的亲切教导和那种平易近人、和蔼可亲的精神给我留下了深刻的印象，使我深受鼓舞。

周副主席非常热爱毛主席、尊敬毛主席。在瑞金时期，他和朱总司令协助毛主席领导革命根据地的建设，党的建设，人民军队的建设，成为毛主席的亲密战友和得力助手。周副主席对部队非常关心。记得在"福建事变"前后，我在抗击国民党八十八师的一次战斗中，又负了伤，组织上安排我在建宁养伤。正当我们非常想念毛主席、想念部队的时候，周副主席给我们伤病员发来了慰问电。我看到慰问电中说，"三十四师和你在机动抗敌，为保住建宁、太宁在我手的战斗中英勇负伤，特致慰问"，顿时一股暖流涌向心间，忘记了伤口的疼痛，增添了无穷的力量。我们伤病员一致表示，决不辜负毛主席、周副主席无微不至的关怀，一定把革命进行到底。

1934年，由于王明"左"倾机会主义路线的错误，使红军第五次反"围剿"遭到了失败。红军被迫离开中央根据地，实行战略转移。当时，我和萧华同志带领少共国际师(后改为一军团第三师)，担任掩护军委纵队的任务。沿粤、桂、湘边境向西挺进。在紧张、艰苦的战斗历程中，周副主席一直关心我们部队。在行军中，周副主席随军委纵队到达宿营地以后，常常要等待着我们部队的到达，亲自交代宿营部署和警卫任务，了解部队的行军、给养情况，布置第二天的行军作战任务，还再三嘱咐我们注意关心部队的生活、休息和巩固部队。遵义会议期间，我部进驻湄潭以西，周副主席亲自交代我们一面搞好外围的警戒任务；一面注意部队的休整，准备继续战斗，保障遵义会议的顺利进行。周副主席这种对革命极端负责的工作作风，永远是我们学习的榜样。

遵义会议清算了王明的错误路线，确立了毛主席在全党全军的领导地位。毛主席、中央军委为了充实加强主力，决定我们师分别编到一师、二师。我在一军团司令部工作一段时期，后被调到三军团教导营工作。当部队行进到四川松潘、黑水芦花时，我营接到周副主席的电报："绍辉、志民同志，军委明天通过黑水芦花，请准备些粮食或其他吃的东西。"我立即带了一个连上山找粮。我们找到了两羊皮口袋青稞和一只羊，刚刚下山，军委首长就到了。我有些着急，青稞还没磨成面，怎么给首长吃。周副主席说："告诉炊事员，把青稞煮成稀饭，羊肉切成块，放些辣子盐巴煮烂就可以吃嘛。"接着周副主席问："青稞和羊给了钱吗？"我说："每一羊皮口袋青稞给了一块白洋，一只羊给了两块白洋。"周副主席又交代："少数民族地区要注意民族政策。"毛主席、朱总司令、周副主席等军委首长同我们一起吃了青稞饭。毛主席说：今天是绍辉同志招待啊！我说："很惭愧，青稞没有磨成面。"主席说：这不是很好吗！中央军委首长同我们一样艰苦，使部队全体指战员深受感动和鼓舞。饭后，周副主席热情地对我说："毛主席、中央军委指示，为争取团结四方面军，加强四方面军的政治思想工作和司令部工作，决定从一方面军调几个当过师长的同志去四方面军当军参谋长，现派你到三十军去工作。要谦虚谨慎，注意团结。任务很重，一定要按照毛主席的指示，把工作做好。要走很长一段路，恐怕警卫员也要准备一匹马。"党和毛主席的信任，周副主席的谈话，使我受到了深刻的教育，我愉快地接受了这个任务。

最使我难以忘怀的是最后一次见到总理的情景。1975年7月24日的傍晚，我在离机关不远的一个地方散步，突然周总理在医生和护士的陪同下迎面缓缓走来。我惊喜异常。自从周总理患病以后，有好长时间没有见过总理，没有亲聆过总理的教诲了。我们大家是多么想念他啊！于是我疾步走上前去，问候总理的健康情况。总理握了握我的手，然后毫不在意地说："还好。"接着，总理却关切地问我："你身体怎么样？"我凝视着他消瘦的面孔，想到他在医院里还处理国家大事，接见外宾，关心世界革命运动，我感到自己的病实在算不了什么，便说："请总理放心，我还能坚持工作。"总理上下打量着我，微笑着说："要注意休息！"

这天，总理虽然面色有些憔悴，但精神很好，眉宇开朗，充满着革命乐观主义精神。我们在一个长椅上坐下以后，总理详细地询问了总参工作的情况。我一一作了回答以后，总理又问："罗瑞卿同志怎么样？能走路了吗？"我听到这里，感到浑身一热，激动万分。为党、为人民操劳成疾的周总理，在重病缠身的情况下，还这样关心部队，关心干部，这是多么好的总理啊！我声音哽咽地说："我们大家都盼望您早日恢复健康！"这时，总理站起来说："问同志们好！"当我和总理告别时，总理再次叮嘱我："回去后别忘了问罗瑞卿同志好！"

周总理对我的这些亲切教诲，永远铭记在我心中。我要以敬爱的周总理为光辉榜样，高举毛主席伟大旗帜，紧密地团结在以英明领袖华主席为首的党中央周围，坚持无产阶级专政下的继续革命，把毛主席开创的无产阶级革命事业进行到底。

3月3日

全国政协五届一次会议在人民大会堂举行全体会议

政协全国委员会副主席韦国清受政协第四届全国委员会常务委员会的委托,在会上作了《关于修改中国人民政治协商会议章程的说明》的报告。

大会由主席团常务主席沈雁冰主持。

出席今天大会的政协委员共1789人。

政协全国委员会副主席韦国清在全国政协五届一次会议上作《关于修改中国人民政治协商会议章程的说明》的报告

各位委员:

现在提交大会讨论的《中国人民政治协商会议章程(修改草案)》,是依据中国共产党的十一大路线的精神和中华人民共和国宪法的基本原则起草的,经过同各方面反复协商和讨论,并经第四届全国政协常务委员会原则通过。原章程的总纲部分重新改写了,组织部分做了必要的修改,增写了工作总则一章。我受第四届全国政协常务委员会的委托,对章程修改草案作几点说明。

一、关于政协的性质和作用

伟大领袖和导师毛泽东主席亲自创建的中国人民政治协商会议,是中国共产党领导下的革命统一战线的组织。章程修改草案在总纲中,一开头就写明了政协的这个性质,接着叙述了二十多年来政协在毛主席和他的亲密战友周恩来总理的主持下,在我国社会主义革命和建设中所发挥的重要作用。我们大家都很清楚,毛主席关于统一战线的理论、路线、方针和政策,是毛泽东思想和毛主席革命路线的重要组成部分。毛主席亲手缔造的革命统一战线,是战胜敌人的一个法宝。敬爱的周恩来总理坚定地卓越地贯彻执行毛主席的无产阶级革命路线,为建立和发展统一战线付出了巨大的精力,作出了不朽的贡献,为我们树立了光辉的典范。王洪文、张春桥、江青、姚文元"四人帮"反党集团出于篡党夺权的反革命目的,全面篡改毛主席关于无产阶级专政下继续革命的伟大理论,根本颠倒社会主义历史阶段的敌我关系,肆意践踏党的统一战线政策,竭力从政治上、思想上、组织下瓦解革命统一战线。他们的反革命罪恶活动,受到了党内外广大干部和群众的抵制和反对。新中国成立以来,毛主席的统一战线思想深得人心,深入人心。我们的统一战线工作,尽管有林彪特别是"四人帮"的干扰破坏,毛主席的无产阶级革命路线始终占着主导地位。我们一定要肃清"四人帮"的流毒和影响,把毛主席留给我们的关于发展统一战线的宝贵思想财富继承下来,发扬光大,搞好政协的工作,让它在我国的政治生活中继续发挥积极的作用。

二、关于政协的任务

华国锋主席是毛主席亲自选定的接班人,是毛主席的好学生。在"四人帮"阴谋篡夺党和国家最高权力的关键时刻,华主席继承毛主席的遗志,率领全党全军全国各族人民,一举粉碎了这个反革命的阴谋集团。粉碎"四人帮"的伟大胜利,标志着我国社会主义革命和社会主义建设进入了新的发展时期。去年召开的中国共产党第十一次全国代表大会,为我们制定了一条马克思主义的路线。第五届全国人民代表大会第一次会议,根据这条路线提出了全国人民在新时期的总任务。章程修改草案在总纲中明确规定:"中国人民政治协商会议根据这个总任务,要加强全国各族人民的大团结,发展工人阶级领导的,以工农联盟为基础的,团结广大知识分子和其他劳动群众,团结爱国民主党派、爱国人士、台湾同胞、港澳同胞和国外侨胞的革命统一战线,把一切可以团结的力量都团结起来,把一切积极因素都调动起来,并且尽量地把消极因素转化为积极因素,反对国内外敌人,进一步巩固无产阶级专政,为在本世纪内把我国建设成为社会主义现代化强国而奋斗。"

把我国建设成为农业、工业、国防和科学技术现代化的伟大的社会主义强国,这是我国人民多年来梦寐以求的理想,是毛主席、周总理和许多革命先烈的遗愿。为了完成这项伟大而艰巨的任务,进一步发展和壮大革命统一战线,也是一个重要的条件。我们对爱国民主党派要继续贯彻长期共存、互相监督的方针,把他们的积极性调动起来为社会主义服务。要团结、教育、改造知识分子,充分发挥他们在社会主义革命和建设中的积极作用,为实现四个现代化多做贡献。要继续贯彻逐步消灭民族资产阶级、改造民族资产阶级人们的方针和政策,推动他们在接受社会主义改造的道路上继续前进,对社会主义建设有所贡献。我们希望大家都能够像周总理所说的那样,活到老,学到老,改造到老,在继续革命的道路上不断取得新的进步。

人民政协这个统一战线组织,也要为贯彻毛主席的革命外交路线服务。毛主席关于三个世界的理论,指明了当前国际斗争的大方向,分清了敌我友,为我国人民和世界人民提供了强大的思想武器。在这个战略思想的推动下,一个反对超级大国的霸权主义和战争政策的国际统一战线正在广泛开展起来。随着我国对外工作的开展,今后仍有许多工作需要通过政协进行。所以,章程修改草案对人民政协在这方面的任务也作了明确规定。

三、关于政协民主协商的政治基础

章程修改草案在总纲中写明了中华人民共和国

宪法是我国各族人民必须遵守的根本大法，是中国人民政治协商会议各参加单位和个人必须遵守的共同纲领，同时还写明了毛主席根据我国宪法的原则提出的六条政治标准，是我国人民政治生活中判断言论和行动的是非标准，是共产党同各民主党派长期共存、互相监督的政治基础，也是我国现阶段革命统一战线的政治基础。政协全国委员会和地方委员会都要遵守宪法并以六条政治标准为准绳，加强各项政治活动，就有关国家政治生活和革命统一战线中需要商讨的重要事项进行协商；要密切地联系各界人士，认真听取各方面的意见，及时地反映给有关部门；在政协内部，要经常沟通思想，统一认识，本着正确处理人民内部矛盾的原则调整关系，加强团结。

我们的国家是中国共产党领导的无产阶级专政的国家。在广泛民主基础上的集中和高度集中指导下的民主相结合，这是党和国家的根本组织原则。毛主席曾指出："不论党内党外，都要有充分的民主生活，就是说，都要认真实行民主集中制。"民主协商是毛主席、周总理为我们统一战线树立的优良传统。我们在政协的各项活动中，要实行"知无不言，言无不尽"，"言者无罪，闻者足戒"，"有则改之，无则加勉"的原则，广开言路，集思广益。对不同意见的争论，要采取民主的、讨论的、批评的、说服教育的方法去解决。这样做，才能调动大家的积极性，把政协的工作活跃起来，使它在我国政治生活中更好地发挥作用。我们发扬民主的目的，是为了更有利于加强中国共产党的领导，巩固无产阶级专政，是为了正确处理人民内部矛盾，更好地同阶级敌人作斗争，更好地为社会主义建设服务，而不是削弱以至破坏党的领导和无产阶级专政，削弱以至破坏社会主义建设。因此，对于违反宪法、违反六条政治标准和违反政协章程的言论和行为，必须开展批评和自我批评，以至进行必要的斗争，以保证中国人民政治协商会议在政治上的一致性。

四、关于政协的共同准则

章程修改草案对政协各参加单位和个人必须共同遵守的准则，做了补充和修改，由原来的七条增加到八条，最重要的是强调高举毛主席的伟大旗帜，坚持中国共产党在整个社会主义历史阶段的基本路线，坚持无产阶级专政下的继续革命，坚持鼓足干劲、力争上游、多快好省地建设社会主义的总路线。毛主席的旗帜是我国各族人民团结战斗的胜利旗帜，永远高举和捍卫这面光辉的旗帜，让它一代一代地传下去，这是我们的神圣职责。毛主席关于无产阶级专政下继续革命的理论，是对马克思主义最伟大的贡献，它指明了无产阶级革命胜利的国家，如何巩固无产阶级专政，防止资本主义复辟，建设社会主义的根本道路。毛主席为我们党制定的基本路线，是我们一切工作的生命线。毛主席规定的社会主义建设总路线，是高速度地发展国民经济，不断提高社会生产力，保证社会主义战胜资本主义的指针。我们一定要沿着毛主席指引的方向，把革命进行到底。这次章程修改草案还写上了政协要为解放我国的神圣领土台湾省，完成统一祖国的大业而共同努力，我们大家都要为此而贡献自己的力量。

五、关于工作总则

章程修改草案增加了工作总则一章，具体规定了政协的主要工作。这是为了适应新时期总任务的需要，也是总结多年来政协工作经验而提出来的。在新的形势下，革命统一战线进一步巩固和发展，政协应该做的事情很多，任务很重。政协全国委员会和地方委员会应该在中国共产党的领导下，团结和推动各爱国民主党派、各人民团体和各界人士，把各项工作进一步开展起来。这次全国政协和地方政协都增加了一批革命老干部，他们有丰富的革命斗争经验，在政协工作中一定能够发挥骨干作用。我们也希望中央政府各部门和地方革命委员会，能够主动地注意通过政协，就广大群众关心的一些大事，提出协商，听取意见，把政协作为密切联系群众的一个重要渠道。

六、关于地方委员会

这次提出的章程修改草案，对原章程的"组织总则"和"全国委员会"两章，都没有做原则的修改。关于"地方委员会"这一章，对政协地方委员会的设立，依据当前各地社会关系和民族关系的情况以及实际需要，章程修改草案规定："省、自治区、直辖市设中国人民政治协商会议的省委员会、自治区委员会、直辖市委员会。其他地方有必要的时候也可以设地方委员会。"这里所说的"其他地方"是指省会市以及统一战线工作较多的例如重庆那样的大城市。它的任期应与同级人民代表大会相一致。

各位委员！参加我们这次会议的人数之多和代表的方面之广都是空前的，这反映了我国革命统一战线更加巩固、更加发展，我们的社会主义事业更加兴旺发达。让我们更紧密地团结在华主席为首的中国共产党中央周围，同心协力，为把我国建设成为伟大的社会主义现代化强国而努力奋斗！

五届全国人大一次会议继续举行分组会议讨论《中华人民共和国宪法修改草案》和叶剑英副主席关于修改宪法的报告

中共中央副主席李先念等接见出席五届人大五届政协的归国华侨 港澳同胞代表和委员

李先念副主席在讲话中重申了党的侨务政策。他请大家相信,以华主席为首的党中央继承毛主席的遗志,党的各项侨务政策是必定会逐步落实的。

政治局委员耿飚、政治局候补委员陈慕华及有关方面负责人廖承志、黄华、罗青长、童小鹏等参加了接见。

3月4日

五届全国人大一次会议继续举行分组会议

叶剑英副主席作为中国人民解放军选出的代表,参加了解放军代表团的小组讨论,并同解放军代表团全体代表见了面。叶剑英副主席在发言中强调军队要保持并发扬毛主席倡导的优良传统和优良作风,特别是要坚持党的民主集中制原则。要坚持三大纪律八项注意,搞好军政团结、军民团结;要把军队建设好,把各项战备工作搞好,把国防力量进一步壮大起来,为把我国建设成社会主义的现代化强国贡献力量。

政协五届全国委员会第一次会议同时举行分组会议,讨论《中国人民政治协商会议章程(修改草案)》和韦国清副主席作的关于修改政协章程的报告。

《解放军报》发表评论员文章《在新的长征中继续发扬雷锋精神》(摘要)

十五年前的3月5日,伟大的领袖和导师毛主席题词:"向雷锋同志学习。"周恩来总理、朱德委员长、邓小平副总理也为学习雷锋题词。响应毛主席伟大号召,全军和全国广泛开展了向雷锋同志学习的群众运动,对造就社会主义一代新人起了伟大的教育作用。由于林彪,特别是"四人帮"的干扰破坏,运动几经曲折。1975年的军委扩大会议再次强调学雷锋,是为了肃清林彪的流毒影响,也是针对"四人帮"鼓吹学张铁生的,这反映了两条路线斗争的一个侧面。粉碎"四人帮"以后,华主席题词:"向雷锋同志学习,把毛主席开创的无产阶级革命事业进行到底。"敬爱的叶副主席题词:"向雷锋同志学习,全心全意为人民服务。"一年来,雷锋式的先进单位和模范人物大量涌现,雷锋精神到处发扬,社会主义新风尚大放光彩,一扫林彪、"四人帮"多年来造成的坏的社会风气,使人耳目一新,已经并继续起着移风易俗、改造世界的伟大作用。全军各部队学习雷锋的群众运动,同学习硬骨头六连、学习空军航空兵某师党委紧密结合,加速着我军革命化现代化建设的进程,形势分外喜人。

毛主席、华主席号召学雷锋,为我国8亿人民、3000万党员、几百万解放军指战员,树立了做一个无产阶级革命战士的光辉榜样。什么是雷锋精神和他的优秀品德,什么是雷锋式的无产阶级革命战士呢?敬爱的周恩来总理的题词,作了精辟的概括,这就是:憎爱分明的阶级立场,言行一致的革命精神,公而忘私的共产主义风格,奋不顾身的无产阶级斗志。

共产主义战士雷锋的品德,反映了无产阶级的世界观,集中体现了社会主义新中国的新风尚。风气,也就是作风问题,是个很重要的问题。党要有个好作风,军队要有个好作风。这些年,林彪、"四人帮"把风气搞坏了,严重地腐蚀了人们的思想。我们学雷锋,就要把揭批"四人帮"这个纲要紧紧抓住,改掉这些坏风气,恢复和发扬毛主席培育的我党我军的优良传统和作风,特别是实事求是、群众路线、艰苦奋斗等作风。

邓副主席最近在五届人大参加解放军代表团小组讨论的发言中,着重谈了华主席、叶副主席的报告中十分强调的关于恢复发扬党的优良传统和作风的问题,指出恢复和发扬党的优良传统和作风,是实现四个现代化的重要保证。我们国家要在本世纪内高速度地实现社会主义的四个现代化,使我国国民经济走在世界的前列,这不是轻而易举的事情。没有实事求是的作风行吗?没有联系群众的作风行吗?没有埋头苦干、艰苦奋斗的作风行吗?显然,没有好的作风是不能实现四个现代化的。同样,我们军队的革命化现代化建设,也需要有好的作风。我们军队好是作风好。过去打仗,报战果宁可少报也决不多报,谁要是没有打胜仗谎报说打了胜仗,那是最可鄙的,是党纪军纪所不容的。我们向来执行命令坚决,不管吃多少苦,拼了命也要完成任务。整顿军队,作风的整顿是一个很重要的方面。我们在作风问题上一定要成为模范。新的长征需要雷锋这样的伟大榜样,正是因为雷锋的精神和他的品德体现了我党我军的优良传统和作风。我们在抓纲治国、大治天下的斗争中提倡学雷锋,我们在抓纲治军、准备打仗的斗争中提倡学雷锋,我们在社会主义革命和社会主义建设的新的发展时期提倡学雷锋,重要意义就在这里。

全国妇联举行座谈会庆祝五届人大 五届政协召开及纪念"三八"国际劳动妇女节

中共中央政治局候补委员陈慕华,全国人大常委会副委员长、全国妇联主任蔡畅,全国人大常委会副委员长、全国妇联副主任邓颖超,全国妇联副主任史良、章蕴出席了座谈会。

座谈会由全国妇联副主任康克清主持。她在讲话中痛斥了"四人帮"破坏妇女工作的罪行,指出"文化大革命"以前的17年,妇女工作和全国其他各条战线一样,毛主席的革命路线始终占主导地位。

康克清同志要求全国妇女努力学习华主席作的政府工作报告和叶副主席作的关于修改宪法的报告,学习新宪法，深入揭批“四人帮”，树雄心，立壮志，努力学习文化，学习科学技术，做好各项工作，在实现四个现代化的斗争中，充分发挥“半边天”的作用。让我们在各自的岗位上作出优异成绩，纪念我们敬爱的周总理，并向华主席为首的党中央汇报。

陈慕华同志对以全国妇联的名义召开这样盛大的座谈会表示热烈祝贺。她勉励广大劳动妇女在跟随华主席进行新的长征中，互相学习，互相鼓励，作出更大贡献，在扩大国际反霸统一战线中作出更大贡献。

邓颖超副委员长怀着激动的心情，回顾了国际妇女运动和我国妇女运动的历史后说，全国妇联庆祝“三八”节的活动已经中断13年了。“四害”横行时，这么多全国各条战线上的姐妹聚会是不可能的。华主席、党中央在粉碎“四人帮”后，召开了五届人大和五届政协会议，全国妇联今天又召开座谈会庆祝“三八”妇女节，这真是三喜临门。邓副委员长说，在座的许多老同志是受过“四人帮”多年迫害的。不少老同志头发白了，但革命意志没有衰退；身体弱了，但革命干劲却没有减弱，我们要振奋起精神，跟着华主席进行新的长征！邓副委员长说，全国广大妇女要做学习、宣传、执行华主席《政府工作报告》和叶副主席《关于修改宪法的报告》的模范，万众一心，为实现祖国的四个现代化，共同奋斗！

大庆油田妇联主任薛桂芳，大寨大队妇代会主任宋立英，上海第二棉纺厂女工裔式娟，广东省化学研究所副总工程师酆云鹤，人民解放军总后勤部卫生部副部长丁志辉，老作家杨沫，草原英雄小姐妹玉荣，台湾籍同胞林丽韫等各界妇女代表在座谈会上发了言。

参加座谈会的，还有出席五届人大第一次会议的部分女代表，出席五届政协第一次会议的部分女委员，在京的全国妇联三届主席团委员、执委、书记处书记和首都妇女界人士。她们是：才旦卓玛、于立群、于滋潭、王兰英、王腾波、王福重、王雪莹、王淑贞、王妳东、王云、王汝琪、王照、王春平、王育英、王秀琳、云曙碧、毛文书、邓六金、邓裕志、尹羲、乌兰、区棠亮、石钟琴、田秀涓、申纪兰、龙冬花、朴春子、向腊玉、毕肯、关建、关瑞梧、戎冠秀、吕玉兰、孙洪敏、刘家琦、刘澈、刘碧清、刘英、刘亚雄、许楠英、朱旦华、朱颖卓、安慎存、亚校、杜若、李贞、李亚敏、李长荣、李波、李贝俚、李春华、李淑英、李宝光、李敏华、李伯钊、李林、李文宜、李凤兰、李健生、严仁英、邵清华、杨永青、杨秋玲、杨纯、杨蕴玉、吴朝祥、吴贻芳、吴全衡、吴绪、吴平、汪月霞、汪师贞、邹仪新、宋汀、苏惠、张桂珍、张大荣、张金保、张国清、张凤云、张莲花、张越霞、张志青、陆士嘉、陆秀、沈方成、沈兹九、沈元晖、沈粹缜、何理良、何泽慧、陈玉娘、陈茹玉、陈楚平、陈琮英、陈坤愓、陈之炎、阿依吐拉、阿沛·才丹卓嘎、拉希达、卓碧玉、林巧稚、林慧卿、林敏之、林范洪、林月琴、罗秋月、罗琼、周婉如、周懿娴、郑敏之、郑瑛、宝日勒岱、赵燕侠、赵烽、柏青、施如璋、草明、胡子婴、胡耐秋、段秀兰、姚淑平、俞霭峰、高璐、郭凤莲、郭兰英、郭建、郭力文、郭明秋、徐建春、徐克立、徐光、秦怡、唐克碧、陶淑范、倪谷音、晋桂香、夏菊花、袁雪芬、常香玉、黄菊香、黄甘英、黄薇、措姆、盛婉、章瑞英、章旭昭、崔美善、曹冠群、龚普生、曾志、曾宪植、韩幽桐、谢冰心、博俊德、彭俐侬、彭青、董边、雷洁琼、谭璟宪、熊天荆、廖梦醒、潘多、潘复兰、蹇先任。

国务院副总理余秋里在北京会见埃及工业石油和矿业部部长艾哈迈德·伊泽丁·希拉勒以及由他率领的埃及石油代表团

国务院副总理陈锡联在北京会见以南斯拉夫体联主席雅可夫列夫斯基为团长的南斯拉夫体育代表团

教育部发出通知决定1978年选派的语言留学生出国进修教师和进修翻译人员为300名左右

“周恩来同志青年时代在津革命活动纪念馆”正式开放

叶剑英副主席为纪念馆题字“周恩来同志青年时代在津革命活动纪念馆”，镌刻在纪念馆拱门的上方。

纪念馆坐落在天津市南开四马路，这是敬爱的周总理青年时代在天津读书和从事革命活动的南开学校旧址。

在纪念馆的大厅里，安放着一尊周总理青年时代的半身塑像。塑像前摆满了鲜花。纪念馆展出珍贵文物、资料、照片、模型和图表等150多件，内容分三大部分，第一部分是介绍周恩来同志从青年时代起，他就勤奋好学，立志救国，积极热情团结进步同学，投入到革命实践中去，发起并组织了探求真理的“敬业乐群会”，出版了《敬业》杂志。

第二部分，介绍周恩来同志在五四运动中，参加了天津学生联合会的工作，主编《天津学生联合会报》。1919年秋天，周恩来同志组织了觉悟社，并出版《觉悟》杂志。1920年1月29日，以周恩来同志为总代表，率领各学校学生数千人，向反动政府进行示威请愿。残暴的军阀政府，派军警袭击示威请愿学生，周恩来同志和其他代表也遭逮捕。在狱中，周恩来同志同敌人进行了针锋相对的斗争，他编写了《警厅拘留记》《检厅日录》，无情地揭露了反动派的残暴罪行。第三部分介绍了周恩来同志先后赴法国、德国勤工俭学。在这期间,他十分关心国内革命事业,从欧洲寄回了他撰写的大量新闻通讯和文章,刊登在当时天津《益世报》上。

摄影画册《伟大的共产主义战士——雷锋》出版

画册由解放军画报社编辑,上海人民出版社出版。画册通过数十幅照片、图画和文字说明,生动形象地介绍了伟大的共产主义战士雷锋的战斗一生。

中国社会科学院增设新闻研究所

为培养新闻专业研究人才,中国社会科学院决定增设新闻研究所,并决定于今年招收近现代世界新闻业史与马克思列宁主义新闻理论、新闻业务、中国共产党党报史、中国新闻业史等专业研究生。由安岗、温济泽、罗列等同志组成指导小组给予指导。

3月5日

五届全国人大一次会议在人民大会堂闭幕

大会一致通过了《中华人民共和国宪法》,一致通过了关于政府工作报告的决议。

大会一致选举叶剑英同志为全国人民代表大会常务委员会委员长。

大会一致通过了中国共产党中央委员会的提议,决定华国锋同志为国务院总理。

大会在人民大会堂进行。大会主席团常务主席华国锋、叶剑英、邓小平、李先念、汪东兴、宋庆龄、聂荣臻、乌兰夫、吴德、韦国清、陈云、谭震林、李井泉、张鼎丞、蔡畅、邓颖超、赛福鼎、廖承志、姬鹏飞、阿沛·阿旺晋美、周建人、许德珩、胡厥文,出席了闭幕式,并在主席台前列就座。

下午3时,大会执行主席邓小平宣布大会开始。

大会在通过了《中华人民共和国宪法》和关于政府工作报告的决议之后,选举了全国人民代表大会常务委员会委员长、副委员长、秘书长、委员;根据中共中央的提议,决定了国务院总理的人选;选举了最高人民法院院长和最高人民检察院检察长;根据国务院总理的提议,决定了国务院其他组成人员的人选、中国科学院院长和中国社会科学院院长的人选。大会还一致通过了中华人民共和国国歌。

出席今天大会的代表有3460人。下午4时,开始进行选举。

下午7时,大会完成了各项议程以后,邓小平同志说,五届人大第一次会议已经圆满地完成了它的各项任务。我们开了一个团结的大会,胜利的大会。他宣布大会胜利闭幕。

中华人民共和国宪法

(一九七八年三月五日中华人民共和国第五届全国人民代表大会第一次会议通过)

序　言

中国人民经过一百多年的英勇奋斗,终于在伟大领袖和导师毛泽东主席为首的中国共产党的领导下,用人民革命战争推翻了帝国主义、封建主义和官僚资本主义的反动统治,取得了新民主主义革命的彻底胜利,在一九四九年建立了中华人民共和国。

中华人民共和国的成立,标志着我国社会主义历史阶段的开始。新中国成立以后,在毛主席和中国共产党领导下,我国各族人民在政治、经济、文化、军事、外交各条战线贯彻执行毛主席的无产阶级革命路线,经过反对国内外敌人的反复斗争,经过无产阶级“文化大革命”,取得了社会主义革命和社会主义建设的伟大胜利。我国的无产阶级专政得到了巩固和加强。我国已经成为初步繁荣昌盛的社会主义国家。

毛泽东主席是中华人民共和国的缔造者。我国革命和建设的一切胜利,都是在马克思主义、列宁主义、毛泽东思想的指引下取得的。永远高举和坚决捍卫毛主席的伟大旗帜,是我国各族人民团结战斗,把无产阶级革命事业进行到底的根本保证。

第一次无产阶级“文化大革命”的胜利结束,使我国社会主义革命和社会主义建设进入了新的发展时期。根据中国共产党在整个社会主义历史阶段的基本路线,全国人民在新时期的总任务是:坚持无产阶级专政下的继续革命,开展阶级斗争、生产斗争和科学实验三大革命运动,在本世纪内把我国建设成为农业、工业、国防和科学技术现代化的伟大的社会主义强国。

我们要坚持无产阶级对资产阶级的斗争,坚持社会主义道路对资本主义道路的斗争,反对修正主义,防止资本主义复辟,准备对付社会帝国主义和帝国主义对我国的颠覆和侵略。

我们要巩固和发展工人阶级领导的,以工农联盟为基础的,团结广大知识分子和其他劳动群众,团结爱国民主党派、爱国人士、台湾同胞、港澳同胞和国外侨胞的革命统一战线。要加强全国各民族的大团结。要正确区别和处理敌我矛盾和人民内部矛盾。要在全国人民中努力造成又有集中又有民主,又有纪律又有自由,又有统一意志、又有个人心情舒畅、生动活泼那样一种政治局面,以利于调动一切积极因素,克服一切困难,更好地巩固无产阶级专政,较快地建设我们的国家。

台湾是中国的神圣领土。我们一定要解放台湾,完成统一祖国的大业。

在国际事务中,我们要在互相尊重主权和领土完整、互不侵犯、互不干涉内政、平等互利、和平共处五项原则的基础上，建立和发展同各国的关系。我国永远不称霸，永远不做超级大国。我们要坚持无产阶级国际主义，按照关于三个世界的理论，加强同全世界无产阶级、被压迫人民和被压迫民族的团结，加强同社会主义国家的团结，加强同第三世界国家的团结，联合一切受到社会帝国主义和帝国主义超级大国侵略、颠覆、干涉、控制、欺负的国家，结成最广泛的国际统一战线，反对超级大国的霸权主义，反对新的世界战争，为人类的进步和解放事业而奋斗。

第一章　总　纲

第一条　中华人民共和国是工人阶级领导的以工农联盟为基础的无产阶级专政的社会主义国家。

第二条　中国共产党是全中国人民的领导核心。工人阶级经过自己的先锋队中国共产党实现对国家的领导。

中华人民共和国的指导思想是马克思主义、列宁主义、毛泽东思想。

第三条　中华人民共和国的一切权力属于人民。人民行使国家权力的机关，是全国人民代表大会和地方各级人民代表大会。

全国人民代表大会、地方各级人民代表大会和其他国家机关，一律实行民主集中制。

第四条　中华人民共和国是统一的多民族的国家。

各民族一律平等。各民族间要团结友爱，互相帮助，互相学习。禁止对任何民族的歧视和压迫，禁止破坏各民族团结的行为，反对大民族主义和地方民族主义。

各民族都有使用和发展自己的语言文字的自由，都有保持或者改革自己的风俗习惯的自由。

各少数民族聚居的地方实行区域自治。各民族自治地方都是中华人民共和国不可分离的部分。

第五条　中华人民共和国的生产资料所有制现阶段主要有两种：社会主义全民所有制和社会主义劳动群众集体所有制。

国家允许非农业的个体劳动者在城镇或者农村的基层组织统一安排和管理下，从事法律许可范围内的，不剥削他人的个体劳动。同时，引导他们逐步走上社会主义集体化的道路。

第六条　国营经济即社会主义全民所有制经济，是国民经济中的领导力量。

矿藏，水流，国有的森林、荒地和其他海陆资源，都属于全民所有。

国家可以依照法律规定的条件，对土地实行征购、征用或者收归国有。

第七条　农村人民公社经济是社会主义劳动群众集体所有制经济，现在一般实行公社、生产大队、生产队三级所有，而以生产队为基本核算单位。生产大队在条件成熟的时候，可以向大队为基本核算单位过渡。

在保证人民公社集体经济占绝对优势的条件下，人民公社社员可以经营少量的自留地和家庭副业，在牧区还可以有少量的自留畜。

第八条　社会主义的公共财产不可侵犯。国家保障社会主义全民所有制经济和社会主义劳动群众集体所有制经济的巩固和发展。

国家禁止任何人利用任何手段，扰乱社会经济秩序，破坏国家经济计划，侵吞、挥霍国家和集体的财产，危害公共利益。

第九条　国家保护公民的合法收入、储蓄、房屋和其他生活资料的所有权。

第十条　国家实行“不劳动者不得食”、“各尽所能、按劳分配”的社会主义原则。

劳动是一切有劳动能力的公民的光荣职责。国家提倡社会主义劳动竞赛，在无产阶级政治挂帅的前提下，实行精神鼓励和物质鼓励相结合而以精神鼓励为主的方针，鼓励公民在劳动中的社会主义积极性和创造性。

第十一条　国家坚持鼓足干劲、力争上游、多快好省地建设社会主义的总路线，有计划、按比例、高速度地发展国民经济，不断提高社会生产力，以巩固国家的独立和安全，逐步改善人民的物质生活和文化生活。

国家在发展国民经济中，坚持独立自主、自力更生、艰苦奋斗、勤俭建国的方针，以农业为基础、工业为主导的方针，在中央统一领导下充分发挥中央和地方两个积极性的方针。

国家保护环境和自然资源，防治污染和其他公害。

第十二条　国家大力发展科学事业，加强科学研究，开展技术革新和技术革命，在国民经济一切部门中尽量采用先进技术。科学技术工作必须实行专业队伍和广大群众相结合、学习和独创相结合。

第十三条　国家大力发展教育事业，提高全国人民的文化科学水平。教育必须为无产阶级政治服务，同生产劳动相结合，使受教育者在德育、智育、体育几方面都得到发展，成为有社会主义觉悟的有文化的劳动者。

第十四条　国家坚持马克思主义、列宁主义、毛泽东思想在各个思想文化领域的领导地位。各项文化事业都必须为工农兵服务，为社会主义服务。

国家实行“百花齐放、百家争鸣”的方针，以促进艺术发展和科学进步，促进社会主义文化繁荣。

第十五条　国家机关必须经常保持同人民群众的

密切联系，依靠人民群众，倾听群众意见，关心群众疾苦，精兵简政，厉行节约，提高效能，反对官僚主义。

国家机关各级领导人员的组成，必须按照无产阶级革命事业接班人的条件，实行老、中、青三结合的原则。

第十六条 国家机关工作人员必须认真学习马克思主义、列宁主义、毛泽东思想，全心全意地为人民服务，努力钻研业务，积极参加集体生产劳动，接受群众监督，模范地遵守宪法和法律，正确地执行国家的政策，实事求是，不得弄虚作假，不得利用职权谋取私利。

第十七条 国家坚持社会主义的民主原则，保障人民参加管理国家，管理各项经济事业和文化事业，监督国家机关和工作人员。

第十八条 国家保卫社会主义制度，镇压一切叛国的和反革命的活动，惩办一切卖国贼和反革命分子，惩办新生资产阶级分子和其他坏分子。

国家依照法律剥夺没有改造好的地主、富农、反动资本家的政治权利，同时给以生活出路，使他们在劳动中改造成为守法的自食其力的公民。

第十九条 中华人民共和国武装力量由中国共产党中央委员会主席统率。

中国人民解放军是中国共产党领导的工农子弟兵，是无产阶级专政的柱石。国家大力加强中国人民解放军的革命化现代化建设，加强民兵建设，实行野战军、地方军和民兵三结合的武装力量体制。

中华人民共和国武装力量的根本任务是：保卫社会主义革命和社会主义建设，保卫国家的主权、领土完整和安全，防御社会帝国主义、帝国主义及其走狗的颠覆和侵略。

第二章 国家机构

第一节 全国人民代表大会

第二十条 全国人民代表大会是最高国家权力机关。

第二十一条 全国人民代表大会由省、自治区、直辖市人民代表大会和人民解放军选出的代表组成。代表应经过民主协商，由无记名投票选举产生。

全国人民代表大会每届任期五年。如果遇到特殊情况，可以延长本届全国人民代表大会的任期，或者提前召开下届全国人民代表大会。

全国人民代表大会会议每年举行一次。在必要的时候，可以提前或者延期。

第二十二条 全国人民代表大会行使下列职权：

(一)修改宪法；

(二)制定法律；

(三)监督宪法和法律的实施；

(四)根据中国共产党中央委员会的提议，决定国务院总理的人选；

(五)根据国务院总理的提议，决定国务院其他组成人员的人选；

(六)选举最高人民法院院长和最高人民检察院检察长；

(七)审查和批准国民经济计划、国家的预算和决算；

(八)批准省、自治区和直辖市的划分；

(九)决定战争和和平的问题；

(十)全国人民代表大会认为应当由它行使的其他职权。

第二十三条 全国人民代表大会有权罢免国务院组成人员、最高人民法院院长和最高人民检察院检察长。

第二十四条 全国人民代表大会常务委员会是全国人民代表大会的常设机关，对全国人民代表大会负责并报告工作。

全国人民代表大会常务委员会由下列人员组成：

委员长，

副委员长若干人，

秘书长，

委员若干人。

全国人民代表大会选举并且有权罢免全国人民代表大会常务委员会的组成人员。

第二十五条 全国人民代表大会常务委员会行使下列职权：

(一)主持全国人民代表大会代表的选举；

(二)召集全国人民代表大会会议；

(三)解释宪法和法律，制定法令；

(四)监督国务院、最高人民法院和最高人民检察院的工作；

(五)改变或者撤销省、自治区、直辖市国家权力机关的不适当的决议；

(六)在全国人民代表大会闭会期间，根据国务院总理的提议，决定任免国务院的个别组成人员；

(七)任免最高人民法院副院长和最高人民检察院副检察长；

(八)决定任免驻外全权代表；

(九)决定批准和废除同外国缔结的条约；

(十)规定和决定授予国家的荣誉称号；

(十一)决定特赦；

(十二)在全国人民代表大会闭会期间，如果遇到国家遭受武装侵犯的情况，决定宣布战争状态；

(十三)全国人民代表大会授予的其他职权。

第二十六条 全国人民代表大会常务委员会委员长主持全国人民代表大会常务委员会的工作；接受外

国使节；根据全国人民代表大会或者全国人民代表大会常务委员会的决定，公布法律和法令，派遣和召回驻外全权代表，批准同外国缔结的条约，授予国家的荣誉称号。

全国人民代表大会常务委员会副委员长协助委员长工作，可以代行委员长的部分职权。

第二十七条 全国人民代表大会和全国人民代表大会常务委员会可以根据需要设立若干专门委员会。

第二十八条 全国人民代表大会代表有权向国务院、最高人民法院、最高人民检察院和国务院各部、各委员会提出质询。受质询的机关必须负责答复。

第二十九条 全国人民代表大会代表受原选举单位的监督。原选举单位有权依照法律的规定随时撤换自己选出的代表。

第二节 国务院

第三十条 国务院即中央人民政府，是最高国家权力机关的执行机关，是最高国家行政机关。

国务院对全国人民代表大会负责并报告工作；在全国人民代表大会闭会期间，对全国人民代表大会常务委员会负责并报告工作。

第三十一条 国务院由下列人员组成：

总理，

副总理若干人，

各部部长，

各委员会主任。

总理主持国务院工作，副总理协助总理工作。

第三十二条 国务院行使下列职权：

（一）根据宪法、法律和法令，规定行政措施，发布决议和命令，并且审查这些决议和命令的实施情况；

（二）向全国人民代表大会或者全国人民代表大会常务委员会提出议案；

（三）统一领导各部、各委员会和其他所属机构的工作；

（四）统一领导全国地方各级国家行政机关的工作；

（五）编制和执行国民经济计划和国家预算；

（六）保护国家利益，维护社会秩序，保障公民权利；

（七）批准自治州、县、自治县、市的划分；

（八）依照法律的规定任免行政人员；

（九）全国人民代表大会和全国人民代表大会常务委员会授予的其他职权。

第三节 地方各级人民代表大会和地方各级革命委员会

第三十三条 中华人民共和国的行政区域划分如下：

（一）全国分为省、自治区、直辖市；

（二）省、自治区分为自治州、县、自治县、市；

（三）县、自治县分为人民公社、镇。

直辖市和较大的市分为区、县。自治州分为县、自治县、市。

自治区、自治州、自治县都是民族自治地方。

第三十四条 省、直辖市、县、市、市辖区、人民公社、镇设立人民代表大会和革命委员会。

人民公社的人民代表大会和革命委员会是基层政权组织，又是集体经济的领导机构。

省革命委员会可以按地区设立行政公署，作为自己的派出机构。

自治区、自治州、自治县设立自治机关。

第三十五条 地方各级人民代表大会都是地方国家权力机关。

省、直辖市、县、设区的市的人民代表大会代表，由下一级的人民代表大会经过民主协商，无记名投票选举；不设区的市、市辖区、人民公社、镇的人民代表大会代表，由选民经过民主协商，无记名投票直接选举。

省、直辖市的人民代表大会每届任期五年。县、市、市辖区的人民代表大会每届任期三年。人民公社、镇的人民代表大会每届任期两年。

地方各级人民代表大会会议每年至少举行一次，由本级革命委员会召集。

地方各级人民代表大会代表的选举单位和选民，有权监督和依照法律的规定随时撤换自己选出的代表。

第三十六条 地方各级人民代表大会在本行政区域内，保证宪法、法律、法令的遵守和执行，保证国家计划的执行，规划地方的经济建设、文化建设和公共事业，审查和批准地方的经济计划和预算、决算，保护公共财产，维护社会秩序，保障公民权利，保障少数民族的平等权利，促进社会主义革命和社会主义建设的发展。

地方各级人民代表大会可以依照法律规定的权限通过和发布决议。

地方各级人民代表大会选举并且有权罢免本级革命委员会的组成人员。县和县以上的人民代表大会选举并且有权罢免本级人民法院院长和本级人民检察院检察长。

地方各级人民代表大会代表有权向本级革命委员会、人民法院、人民检察院和革命委员会所属机关提出质询。受质询的机关必须负责答复。

第三十七条 地方各级革命委员会，即地方各级人民政府，是地方各级人民代表大会的执行机关，是地方各级国家行政机关。

地方各级革命委员会由主任，副主任若干人，委员若干人组成。

地方各级革命委员会执行本级人民代表大会的决议和上级国家行政机关的决议和命令，管理本行政区域的行政工作，依照法律规定的权限发布决议和命令。县和县以上的革命委员会依照法律的规定任免国家机关工作人员。

地方各级革命委员会都对本级人民代表大会和上一级国家行政机关负责并报告工作，受国务院统一领导。

第四节 民族自治地方的自治机关

第三十八条 自治区、自治州、自治县的自治机关是人民代表大会和革命委员会。

民族自治地方的人民代表大会和革命委员会的产生、任期、职权和派出机构的设置等，应当根据宪法第二章第三节规定的关于地方国家机关的组织的基本原则。

在多民族居住的民族自治地方的自治机关中，各有关民族都应当有适当名额的代表。

第三十九条 民族自治地方的自治机关除行使宪法规定的地方国家机关的职权外，依照法律规定的权限行使自治权。

民族自治地方的自治机关可以依照当地民族的政治、经济和文化的特点，制定自治条例和单行条例，报请全国人民代表大会常务委员会批准。

民族自治地方的自治机关在执行职务的时候，使用当地民族通用的一种或者几种语言文字。

第四十条 各上级国家机关应当充分保障各民族自治地方的自治机关行使自治权，充分考虑各少数民族的特点和需要，大力培养各少数民族干部，积极支持和帮助各少数民族进行社会主义革命和社会主义建设，发展社会主义经济和文化。

第五节 人民法院和人民检察院

第四十一条 最高人民法院、地方各级人民法院和专门人民法院行使审判权。人民法院的组织由法律规定。

人民法院审判案件，依照法律的规定实行群众代表陪审的制度。对于重大的反革命案件和刑事案件，要发动群众讨论和提出处理意见。

人民法院审判案件，除法律规定的特别情况外，一律公开进行。被告人有权获得辩护。

第四十二条 最高人民法院是最高审判机关。

最高人民法院监督地方各级人民法院和专门人民法院的审判工作，上级人民法院监督下级人民法院的审判工作。

最高人民法院对全国人民代表大会和全国人民代表大会常务委员会负责并报告工作。地方各级人民法院对本级人民代表大会负责并报告工作。

第四十三条 最高人民检察院对于国务院所属各部门、地方各级国家机关、国家机关工作人员和公民是否遵守宪法和法律，行使检察权。地方各级人民检察院和专门人民检察院，依照法律规定的范围行使检察权。人民检察院的组织由法律规定。

最高人民检察院监督地方各级人民检察院和专门人民检察院的检察工作，上级人民检察院监督下级人民检察院的检察工作。

最高人民检察院对全国人民代表大会和全国人民代表大会常务委员会负责并报告工作。地方各级人民检察院对本级人民代表大会负责并报告工作。

第三章 公民的基本权利和义务

第四十四条 年满十八岁的公民，都有选举权和被选举权。依照法律被剥夺选举权和被选举权的人除外。

第四十五条 公民有言论、通信、出版、集会、结社、游行、示威、罢工的自由，有运用“大鸣、大放、大辩论、大字报”的权利。

第四十六条 公民有信仰宗教的自由和不信仰宗教、宣传无神论的自由。

第四十七条 公民的人身自由和住宅不受侵犯。

任何公民，非经人民法院决定或者人民检察院批准并由公安机关执行，不受逮捕。

第四十八条 公民有劳动的权利。国家根据统筹兼顾的原则安排劳动就业，在发展生产的基础上逐步提高劳动报酬，改善劳动条件，加强劳动保护，扩大集体福利，以保证公民享受这种权利。

第四十九条 劳动者有休息的权利。国家规定劳动时间和休假制度，逐步扩充劳动者休息和休养的物质条件，以保证劳动者享受这种权利。

第五十条 劳动者在年老、生病或者丧失劳动能力的时候，有获得物质帮助的权利。国家逐步发展社会保险、社会救济、公费医疗和合作医疗等事业，以保证劳动者享受这种权利。

国家关怀和保障革命残废军人、革命烈士家属的生活。

第五十一条 公民有受教育的权利。国家逐步增加各种类型的学校和其他文化教育设施，普及教育，以保证公民享受这种权利。

国家特别关怀青少年的健康成长。

第五十二条 公民有进行科学研究、文学艺术创作和其他文化活动的自由。国家对于从事科学、教育、文学、艺术、新闻、出版、卫生、体育等文化事业的公民的创造性工作，给以鼓励和帮助。

第五十三条 妇女在政治的、经济的、文化的、社会的和家庭的生活各方面享有同男子平等的权利。男女同工同酬。

男女婚姻自主。婚姻、家庭、母亲和儿童受国家的保护。

国家提倡和推行计划生育。

第五十四条 国家保护华侨和侨眷的正当的权利和利益。

第五十五条 公民对于任何违法失职的国家机关和企业、事业单位的工作人员,有权向各级国家机关提出控告。公民在权利受到侵害的时候,有权向各级国家机关提出申诉。对这种控告和申诉,任何人不得压制和打击报复。

第五十六条 公民必须拥护中国共产党的领导,拥护社会主义制度,维护祖国的统一和各民族的团结,遵守宪法和法律。

第五十七条 公民必须爱护和保卫公共财产,遵守劳动纪律,遵守公共秩序,尊重社会公德,保守国家机密。

第五十八条 保卫祖国,抵抗侵略,是每一个公民的崇高职责。

依照法律服兵役和参加民兵组织是公民的光荣义务。

第五十九条 中华人民共和国对于任何由于拥护正义事业,参加革命运动、进行科学工作而受到迫害的外国人,给以居留的权利。

第四章 国旗、国徽、首都

第六十条 中华人民共和国国旗是五星红旗。

中华人民共和国国徽,中间是五星照耀下的天安门,周围是谷穗和齿轮。

中华人民共和国首都是北京。

中华人民共和国全国人民代表大会公告

第五届全国人民代表大会第一次会议已于1978年3月5日选出全国人民代表大会常务委员会委员长、副委员长、秘书长、委员。现予公布:

委员长

叶剑英

副委员长

宋庆龄(女) 聂荣臻 刘伯承 乌兰夫 吴 德 韦国清 陈 云 郭沫若 谭震林 李井泉 张鼎丞 蔡 畅(女) 邓颖超(女) 赛福鼎 廖承志 姬鹏飞 阿沛·阿旺晋美 周建人 许德珩 胡厥文

秘书长

姬鹏飞(兼)

委员(175名,以下按姓氏笔画为序)

才旦卓玛(女) 马纯古 马恒昌 马浩谦 王玉贵 王 平 王永幸 王冶秋 王昆仑 王建安 王淦昌 王耀花(女) 区棠亮(女) 贝时璋 毛迪秋 方志纯 巴一恺 巴 金 巴 桑(女) 邓初民 邓典桃 甘祖昌 石钟琴(女) 卢盛和 叶圣陶 史来贺 史 良(女) 白寿彝 吉长山 朴春子(女) 毕 肯(女) 吕玉兰(女) 吕叔湘 吕 骥 朱良才 朱学范 朱蕴山 任新民 华罗庚 向腊玉(女) 庄希泉 刘大年 刘 斐 齐子升 江礼银 许 杰 许涤新 那木拉 严济慈 克尤木·买提尼牙孜 苏步青 李凤兰(女) 李 贞(女) 李延禄 李 昌 李瑞环 李福忠 李聚奎 杨东莼 杨秀峰 杨尚奎 杨 沫(女) 杨 勇 吴先锋 吴冷西 吴承清 吴耀宗 汪月霞(女) 沙千里 沈 鸿 张万福 张凤云(女) 张文裕 张正桃 张平化 张启龙 张国清(女) 张秉贵 张金榜 张桂珍(女) 张爱萍 张福财 陈玉娘(女) 陈永祥 陈再道 陈此生 陈孝顺 陈逸松 邵荣宾 武玉璞 武新宇 范忠志 茅以升 林一山 林巧稚(女) 林丽韫(女) 林依平 林 铁 欧阳钦 罗青长 罗叔章(女) 罗瑞卿 季 方 岳美中 周士第 周占鳌 周 里 周叔弢 周培源 单怀香 宝日勒岱(女) 孟继懋 赵忠尧 郝德青 荣毅仁 胡子昂 胡乔木 胡 绳 胡愈之 胡耀邦 奎 璧 俞霭峰(女) 洪学智 姚士昌 姚茂启 袁任远 袁雪芬(女) 晋桂香(女) 夏菊花(女) 顾康乐 钱信忠 铁木尔·达瓦买提 倪谷音(女) 高克林 郭化若 郭凤莲(女) 郭述申 郭映福 唐天际 海玉琛 陶峙岳 萧劲光 黄作勤 黄秉维 黄荣昌 黄菊香(女) 曹轶欧(女) 曹 禺 曹菊如 盛 婉(女) 康克清(女) 章瑞英(女) 阎德义 梁必业 梁吉泉 彭明治 董天祯 董其武 蒋南翔 粟 裕 程世才 傅 钟 傅秋涛 童第周 曾 生 曾 志(女) 谢铁骊 瑞 板 楚图南 詹才芳 裔式娟(女) 裴昌会 谭余保 谭 政 樊德玲

中华人民共和国第五届全国人民代表大会
第一次会议主席团
1978年3月5日于北京

中华人民共和国全国人民代表大会公告

第五届全国人民代表大会第一次会议根据中国共产党中央委员会的提议,于1978年3月5日决定华国锋为中华人民共和国国务院总理。

中华人民共和国第五届全国人民代表大会第一次

会议主席团

1978年3月5日于北京

中华人民共和国全国人民代表大会公告

第五届全国人民代表大会第一次会议已于1978年3月5日选举江华为最高人民法院院长、黄火青为最高人民检察院检察长。

中华人民共和国第五届全国人民代表大会
第一次会议主席团
1978年3月5日于北京

中华人民共和国全国人民代表大会公告

第五届全国人民代表大会第一次会议根据国务院总理华国锋的提议，于1978年3月5日决定国务院其他组成人员如下：

副总理 邓小平
副总理 李先念
副总理 徐向前
副总理 纪登奎
副总理 余秋里
副总理 陈锡联
副总理 耿 飚
副总理 陈永贵
副总理 方 毅
副总理 王 震
副总理 谷 牧
副总理 康世恩
副总理 陈慕华
外交部部长 黄 华
国防部部长 徐向前
国家计划委员会主任 余秋里
国家经济委员会主任 康世恩
国家基本建设委员会主任 谷 牧
国家科学技术委员会主任 方 毅
国家民族事务委员会主任 杨静仁
公安部部长 赵苍璧
民政部部长 程子华
对外贸易部部长 李 强
对外经济联络部部长 陈慕华
农林部部长 杨立功
冶金工业部部长 唐 克
第一机械工业部部长 周子健
第二机械工业部部长 刘 伟
第三机械工业部部长 吕 东
第四机械工业部部长 王 诤
第五机械工业部部长 张 珍
第六机械工业部部长 柴树藩
第七机械工业部部长 宋任穷
煤炭工业部部长 肖 寒
石油工业部部长 宋振明
化学工业部部长 孙敬文
水利电力部部长 钱正英
纺织工业部部长 钱之光
轻工业部部长 梁灵光
铁道部部长 段君毅
交通部部长 叶 飞
邮电部部长 钟夫翔
财政部部长 张劲夫
中国人民银行行长 李葆华
商业部部长 王 磊
全国供销合作总社主任 陈国栋
文化部部长 黄 镇
教育部部长 刘西尧
卫生部部长 江一真
国家体育运动委员会主任 王 猛

中华人民共和国第五届全国人民代表大会
第一次会议主席团
1978年3月5日于北京

中华人民共和国全国人民代表大会公告

第五届全国人民代表大会第一次会议根据国务院总理华国锋的提议，于1978年3月5日决定郭沫若为中国科学院院长、胡乔木为中国社会科学院院长。

中华人民共和国第五届全国人民代表大会
第一次会议主席团
1978年3月5日于北京

中华人民共和国全国人民代表大会公告

中华人民共和国国歌已由第五届全国人民代表大会第一次会议于1978年3月5日通过。现予公布。

中华人民共和国第五届全国人民代表大会
第一次会议主席团
1978年3月5日于北京

中华人民共和国第五届全国人民代表大会第一次会议关于政府工作报告的决议

（1978年3月5日通过）

中华人民共和国第五届全国人民代表大会第一次会议，批准华国锋总理代表国务院所作的政府工作报告。

会议满意地指出，从第四届全国人民代表大会以来，国务院在中国共产党中央委员会的领导下，坚决贯彻执行伟大领袖毛主席的无产阶级革命路线，同王洪文、张春桥、江青、姚文元“四人帮”反党集团进行了坚持不懈的斗争，各项工作取得了重大成就。特别是粉碎“四人帮”以来的一年多中，抓纲治国的战略决策已经初见成效，进一步巩固和发展了无产阶级“文化大革命”的胜利成果。全国形势越来越好。

会议一致认为，华国锋总理的政府工作报告，明确地提出了我国人民在新的发展时期的总任务和各项具体任务，全面地正确地体现了毛主席的革命路线，充分反映了全国各族人民的共同愿望和根本利益，是今后一个时期指导我国政府工作和我国人民共同行动的纲领性文献。

会议完全同意国务院提出的1976年到1985年发展国民经济十年规划纲要。会议认为这个规划纲要是积极的、有可靠根据的，经过努力，是一定能够完成和超额完成的。

会议号召，全国各族人民更加紧密地团结在华主席为首的中国共产党中央委员会周围，高举毛主席的伟大旗帜，坚决贯彻执行中国共产党第十一次全国代表大会的路线，努力完成政府工作报告提出的政治、经济、文化、军事、外交等各项战斗任务，为胜利实现抓纲治国三年大见成效的目标，为胜利实现发展国民经济十年规划纲要，为胜利实现毛主席、周总理的遗愿，在本世纪内把我国建设成为伟大的社会主义现代化强国，争取对人类作出更大的贡献而努力奋斗。

《人民日报》转载《红旗》1978年第3期徐向前的文章《鞠躬尽瘁 砥柱中流——回忆周总理在“文化大革命”中的片断》

国家体委主任王猛与南斯拉夫体育代表团团长雅可夫列夫斯基就中南体育合作在北京举行会谈并在会谈纪要上签字

3月6日

中共中央主席华国锋中共中央副主席叶剑英 邓小平 李先念 汪东兴在人民大会堂接见出席五届全国人大一次会议的代表

党和国家其他领导人参加了接见。他们是：韦国清、乌兰夫、方毅、许世友、纪登奎、苏振华、李德生、吴德、余秋里、张廷发、陈永贵、陈锡联、耿飚、聂荣臻、倪志福、徐向前、彭冲、陈慕华、赵紫阳、赛福鼎、陈云、谭震林、李井泉、蔡畅、邓颖超、廖承志、姬鹏飞、阿沛·阿旺晋美、周建人、许德珩、胡厥文、王震、谷牧、康世恩。最高人民法院院长江华，最高人民检察院检察长黄火青，中共中央军委负责人粟裕、罗瑞卿，也参加了接见。

《人民日报》《红旗》《解放军报》发表社论《愚公移山 改造中国——欢呼五届全国人大一次会议胜利闭幕》

举世瞩目的第五届全国人民代表大会第一次会议，胜利闭幕了。这次会议开得热气腾腾，人心振奋，真正开成一个团结的大会，胜利的大会。这次大会将作为一个伟大的里程碑，永远记载在我国革命的史册。

动员全国各族人民团结起来，为建设社会主义的现代化强国而奋斗，是这次会议的主题。华国锋总理在大会上作的政府工作报告，高举毛主席的伟大旗帜，全面地系统地提出了建设社会主义的现代化强国的任务、方针、政策和措施。报告明确指出：我国人民在社会主义革命和社会主义建设的新的发展时期的总任务，就是要坚决贯彻执行党的十一大路线，坚持无产阶级专政下的继续革命，深入开展阶级斗争、生产斗争和科学实验三大革命运动，在本世纪内把我国建设成为农业、工业、国防和科学技术现代化的伟大的社会主义强国。新宪法把我国人民在新时期的总任务，用法律形式肯定下来。发展国民经济十年规划纲要，为我们描绘了宏伟的建设蓝图。以华主席为首的一批久经考验的无产阶级革命家担任国家领导人，是建设社会主义强国可靠的组织保证。现在，部署已定，号令已经发出，向社会主义现代化强国这一伟大目标全面进军的新的长征开始了！

这次大会以后，我们首先要做的一件事，就是在全国人民中开展大宣传、大学习、大动员，使新时期的总任务家喻户晓，深入人心。毛主席曾经尖锐地指出：“我国从19世纪40年代起，到20世纪40年代中期，共计105年时间，全世界几乎一切大、中、小帝国主义国家都侵略过我国，都打过我们，除了最后一次，即抗日战争，由于国内外各种原因以日本帝国主义投降告终以外，没有一次战争不是以我国失败、签订丧权辱国条约而告终。其原因：一是社会制度腐败；二是经济技术落后。现在，我国社会制度变了，第一个原因基本解决了；但还没有彻底解决，社会还存在着阶级斗争。第二个原因也已开始有了一些改变，但要彻底改变，至少还需要几十年时间。如果不在今后几十年内，争取彻底改变我国经济和技术远远落后于帝国主义国家的状态，挨打是不可避免的。”“我们应当以可能挨打为出发点来部署我们的工作，力求在一个不太长久的时间内改变我国社会经济、技术方面的落后状态，否则我们就要犯错误。”我们要使广大群众都知道，实现社会主义的四个现代化，不仅是重大的经济任务，首先是十分紧迫的政治任务。这关系到我们有没有足够的经济力量和国防力量,能以对付社会帝国主义、帝国主义可能对我国发动的侵略;能不能不断巩固工农联盟,不断提高人民的物质生活水平和文化生活水平,逐步缩小三大差别,充分地巩固无产阶级专政,防止资本主义复辟。这是关系我们这一代和子孙后代根本利益的大事。要把实现总任务的方针和政策,步骤和措施,以及本地区本单位的具体任务,都告诉群众。群众知道了真理,认识了自己的利益,有了明确的目标,懂得怎样去实现,就会齐心来做,把全部聪明才智和力量都贡献出来,去争取胜利。

为了完成总任务,必须始终紧紧抓住阶级斗争这个纲。华总理在政府工作报告中指出:"我国人民当前和今后一个时期的头等大事,仍然是把揭批'四人帮'这场伟大斗争进行到底。"祸国殃民的"四人帮"是四个现代化的凶恶敌人继承林彪的衣钵,煽动极"左"思潮和无政府主义,挑动武斗,用打砸抢和停工停产来破坏生产建设。他们和林一样,肆意歪曲和篡改毛主席关于无产阶级专政下继续革命的理论,不准讲生产技术的革命。他们还挥舞"唯生产力论"的大棒,疯狂攻击发展生产,甚至公然诬蔑"实现四个现代化之日,就是复辟资本主义之时"。我们一定要打好揭批"四人帮"斗争的第三战役,要认真学习马列著作,毛主席著作,掌握思想武器,继续深入批判他们反革命的修正主义路线。"四人帮"推行了一条右得不能再右的极右路线,但有不同表现形式,有时极右,有时极"左",而当他们以极"左"面貌出现的时候,欺骗性很大。因此,特别要揭露和批判他们的极"左"的反革命伎俩。只有剥掉"四人帮"的"左派"伪装,揭露他们的极右实质,从理论上、路线上澄清是非,才能提高识别真假马克思主义的能力,解放思想,在新的长征路上,甩开膀子,迈开大步。华主席为首的党中央提出的抓纲治国战略决策所以能一年初见成效,根本原因就在打胜了揭批"四人帮"这一仗。在新的长征中,我们一定要把揭批"四人帮"的斗争进行到底,夺取斗争的全胜。

在揭批"四人帮"的斗争中,还要有领导有步骤地开展打击阶级敌人破坏活动、打击资本主义势力猖狂进攻的"双打"运动。特别是要打击那些危害社会主义建设、严重破坏社会主义公有制的新生资产阶级分子。宪法规定要惩办新生资产阶级分子。那些罪行严重的贪污盗窃犯、投机倒把犯、诈骗犯、杀人放火犯、流氓、打砸抢者和严重违法乱纪、破坏社会主义秩序的坏分子中,许多就是属于这类新生资产阶级分子。他们是"四人帮"的重要社会基础,是城乡资本主义势力中最猖獗的部分。只有对他们实行无产阶级专政,才能保障总任务的顺利执行。

要在不到1/4世纪的时间内,在我们这样一个人口占世界1/5,而经济和文化又比较落后的大国,全面实现四个现代化,建设成为一个社会主义强国,是一个伟大的壮举,又是一个十分艰巨的任务。我们最大的依靠就是广大人民群众。人民群众充分发动起来,什么人间奇迹都可以创造出来。群众路线是我们党的根本路线。我们的人民是非常好的人民。他们对我们党无限信任,对建设社会主义的现代化强国有极大的热情。只要我们相信群众,依靠群众,尊重群众的首创精神,细心倾听群众的意见,关心群众的疾苦,就可以把广大群众的积极性和创造力充分调动起来。为此,我们要充分发扬社会主义民主。人民有权管理国家,管理各种企业,管理文化教育等。必须从一切基层单位起,认真地实行有广大人民群众参加的民主管理。同时也要加强集中统一。要反对无政府主义,反对资产阶级派性,反对破坏纪律的行为。

毛主席说:"中国的改革和建设靠我们来领导。如果我们把作风整顿好了,我们在工作中间就会更加主动,我们的本事就会更大,工作就会做得更好。"实现四个现代化,我们特别要坚持和发扬实事求是的作风。实事求是是共产党人对待任何工作都必须持有的科学态度。要提倡做老实人、说老实话、干老实事,反对说空话、说大话、说假话。要鼓实劲,不要鼓虚劲。现在广大人民群众的社会主义积极性空前高涨,一定要十分珍惜群众的积极性,决不能滥用和挫伤这种积极性。一定要把革命精神和科学态度结合起来,既轰轰烈烈又扎扎实实。这样,才能使群众的积极性持久地、有成效地发挥出来,一步一个脚印,向着我们的宏伟目标胜利前进。

从世界历史看,经济落后国家赶上经济发达国家的事例是屡见不鲜的。我们是无产阶级专政的社会主义国家,就更有可能在较短的时间内赶上发达的资本主义国家。事实上,我们的经济和科学技术曾经以相当高的速度发展。只是由于林彪特别是"四人帮"的干扰破坏,才使我国经济建设的发展受到挫折。现在,粉碎了"四人帮",毛主席的革命路线能够顺利地贯彻执行了。加上我国人口众多,幅员辽阔,资源丰富,有20多年建设起来的物质基础,有正反两方面的经验。特别是我们有华主席、有以华主席为首的紧密团结、富有斗争经验、密切联系群众的党中央的坚强领导。我们具备充分的条件,将我国建设成为一个伟大的社会主义强国。

在这个令人心潮起伏的重大历史时刻,我们重温毛主席在中国共产党第七次全国代表大会闭幕会上的讲话。那次会议为推翻压在人民头上的"三座大山"作出了伟大部署。毛主席说:"我们宣传大会的路线,就是要使全党和全国人民建立起一个信心,即革命一定要胜利。”现在,在把中国建设成为社会主义现代化强国的伟大革命任务面前,我们也要使全国人民建立起一个信心,革命一定要胜利。

华国锋总理在政府工作报告中指出:“我们要破除迷信,解放思想,发扬‘愚公移山,改造中国’的大无畏革命精神,坚忍不拔,埋头苦干,经过不屈不挠的斗争,去达到我们的伟大目标。”工人、农民、战士们,革命干部、革命知识分子们,一切爱国的人们,让我们响应五届人大的号召,更加紧密地团结在华主席为首的中国共产党中央委员会周围,高举毛主席的伟大旗帜,坚决贯彻执行中国共产党第十一次全国代表大会的路线,努力完成政府工作报告提出的政治、经济、文化、军事、外交等各项战斗任务,为胜利实现抓纲治国三年大见成效的目标,为胜利实现发展国民经济十年规划纲要,为胜利实现毛主席、周总理的遗愿,在本世纪内把我国建设成为伟大的社会主义现代化强国,争取对人类作出更大的贡献而努力奋斗!路线,努力完成政府工作报告提出的政治、经济、文化、军事、外交等各项战斗任务,为胜利实现抓纲治国三年大见成效的目标,为胜利实现发展国民经济十年规划纲要,为胜利实现毛主席、周总理的遗愿,在本世纪内把我国建设成为伟大的社会主义现代化强国,争取对人类作出更大的贡献而努力奋斗!

国务院在北京召开第三次全国城市工作会议

会议3月6日至8日召开。会议提出:控制大城市规模,多搞小城镇;认真抓好城市规划工作;加速住宅及市政公用设施的建设。

诗集《周总理永远和我们在一起》由人民文学出版社增订再版

这本诗集初版后,即受到广大群众的珍爱,很快被抢购一空。这次再版,增选了68首诗,绝大部分都是革命群众沉痛悼念周总理时写下的佚名诗,曾在群众中广泛流传。其中有自由诗,也有古体诗。这些诗以诚挚、朴实的笔触,表达了广大群众对敬爱的周总理的无限热爱和深切怀念。

3月7日

第五届全国人民代表大会常务委员会举行第一次会议

全国人大常委会委员长叶剑英主持了会议。

全国人大常委会副委员长聂荣臻、乌兰夫、吴德、韦国清、陈云、谭震林、李井泉、蔡畅、邓颖超、赛福鼎、廖承志、姬鹏飞、阿沛·阿旺晋美、周建人、许德珩、胡厥文,出席了会议。

最高人民法院院长江华、最高人民检察院检察长黄火青,列席了会议。

会议在听取了国防部副部长粟裕的说明以后,讨论批准了国务院提出的《关于兵役制问题的决定》。

决定指出,我国自1955年实行义务兵役制以来,得到了全国各族人民的热烈拥护。实践证明,实行义务兵役制,对于加强我军建设,加强民兵建设,为我军积蓄后备力量,均发挥了积极的作用。

决定说,随着我军技术装备的不断发展,对战士的军政素质和技术水平提出了更高的要求。为了贯彻落实毛主席关于“军队要整顿”、“要准备打仗”的教导和华主席、党中央抓纲治国的战略决策,加速我军革命化、现代化建设,特决定实行义务兵与志愿兵相结合的制度,并对现行义务兵的服役年限作适当延长。

决定规定,从1978年起,义务兵的服现役年限分别为:陆军部队的战士3年;空军、海军陆勤部队和陆军特种技术部队的战士4年;海军舰艇部队、陆军船舶分队的战士5年。1977年以前征集入伍的义务兵,服现役年限仍按原规定执行。

决定说,为使部队保持一定数量的基层骨干和技术骨干,以增强战斗力,服满现役的义务兵,应根据部队的需要和本人自愿超期服役。为了稳定和加强部队的技术骨干力量,部分超期服役的义务兵可以改为志愿兵,留在部队长期服役。志愿兵的服役年限,一般为15年至20年,年龄一般不超过40岁。如部队需要,本人自愿,服役年限还可适当延长。

会议分别通过决定,任命武新宇、沙千里为全国人民代表大会常务委员会副秘书长;王维纲、曾汉周、何兰阶为最高人民法院副院长;方毅、李昌、周培源、童第周、胡克实、严济慈、华罗庚、钱三强为中国科学院副院长。

会议还通过了一批驻外大使的任免事项。

全国人大常委会委员长叶剑英在北京会见罗共中央政治执行委员会候补委员 大国民议会主席尼古拉·乔桑和由他率领的罗马尼亚大国民议会代表团

全国人大常委会在人民大会堂举行宴会欢迎罗共中央政治执行委员会候补委员 大国民议会主席尼古拉·乔桑和由他率领的罗马尼亚大国民议会代表团

全国人大常委会副委员长乌兰夫主持宴会。全国人大常委会副委员长谭震林出席了宴会。

乌兰夫在宴会上发表讲话,他说,我国的形势很好。我们的国家已经胜利地度过了“四人帮”所造成的严重危难,我国社会主义革命和社会主义建设新的发展时期有了一个良好的开端。

他说,前天胜利闭幕的五届人大是我国各族人民政治生活中的一件大事。这次大会提出了我国人民在社会主义革命和社会主义建设新的发展时期的总任务，就是高举毛主席的伟大旗帜，坚决贯彻党的十一大路线，坚持无产阶级专政下的继续革命，深入开展阶级斗争、生产斗争和科学实验三大革命运动，在本世纪内把我国建成为农业、工业、国防和科学技术现代化的伟大的社会主义强国。他说，我国人民决心紧密团结在华主席为首的党中央周围，继续长征，为实现这个崇高而宏伟的目标而努力奋斗。

乌兰夫指出，中罗之间的关系是建立在马克思列宁主义和无产阶级国际主义的基础上的，是严格遵守尊重主权和领土完整、互不侵犯、互不干涉内政、平等互利、和平共处五项原则的，具有强大的生命力的。我们高兴地看到，近年来，两国政治、经济、文化等方面的友好合作都有了很大的发展。

全国妇联和北京市妇联在人民大会堂举行茶会欢庆“三八”国际劳动妇女节

中共中央政治局候补委员、国务院副总理陈慕华，中共中央委员、全国人大常委会副委员长、全国妇联副主任邓颖超，中共中央委员、全国妇联副主任康克清等出席了茶会，并在主桌上就座。

应邀出席茶会的外宾中有各国驻中国外交使节的夫人、女外交官、外交官的夫人，帮助我国进行社会主义建设的各国女专家、专家夫人，正在北京访问的女外宾，外国驻中国的女记者和记者夫人，在京的部分外国女留学生、实习生等。

应邀出席的还有港澳女同胞代表和海外女华侨。

康克清副主任在茶会上祝酒。她兴致勃勃地说，我国妇女经过粉碎“四人帮”的伟大斗争，精神面貌焕然一新，思想大解放，心情更舒畅，革命热情高，生产干劲大，英姿勃勃地战斗在各条战线上。大治之年，迈大步，继续革命攀高峰。在蓬勃发展的工业学大庆、农业学大寨运动中，社会主义劳动竞赛热火朝天，涌现出一大批妇女先进人物和先进集体，充分显示出广大妇女在社会主义革命和社会主义建设中的“半边天”作用，在向科学文化进军中也起着越来越大的作用。

康克清副主任说，现在我国妇女正和全国人民一道，更紧密地团结在华主席为首的党中央周围，坚决拥护华国锋总理的政府工作报告、叶副主席的修改宪法的报告。这两个报告都是伟大的纲领性文件，向我们指明社会主义事业的前进方向，提出了新时期的总任务，提出了实现四个现代化的宏伟规划。中华人民共和国宪法，又为我们制定了治国的总章程。我国妇女满怀豪情，信心百倍，团结一致，干劲冲天，为建设社会主义现代化强国贡献自己的力量。

康克清副主任指出，当前，国际形势正朝着有利于世界人民的方向发展。我们中国妇女在建设自己祖国的斗争中，时刻关注和支持世界各国妇女的正义斗争。我们看到，世界广大妇女日益觉醒，越来越多的妇女在反帝反殖反霸，争取和维护民族独立，捍卫国家主权的斗争中，不断取得可喜的新胜利。她说，中国妇女决心在华主席为首的党中央领导下，坚决贯彻执行毛主席的革命外交路线，遵循毛主席关于三个世界的理论，加强和第三世界各国妇女的团结，联合第二世界妇女，发展并增强同世界各国妇女的友谊，密切合作，结成广泛的国际统一战线，反对霸权主义的侵略扩张和战争政策。

康克清副主任最后说，让我们为保护妇女儿童的权益，为推进人类的进步事业而共同奋斗。

在主桌上就座的还有：史良、章蕴、何莲芝、钱正英、卓琳、徐光、才旦卓玛、区棠亮、林佳楣、于立群、朴春子、李贞、杨沫、林巧稚、林丽韫、郭凤莲、袁雪芬、李巧云、吴贻芳、赵兰香、王昆、宋立英、殷森、博俊德、经普椿，许寒冰。

出席茶会的还有中共中央女委员和女候补委员，五届人大常委会女委员，中共中央、国务院女副部长，五届全国政协女委员，全国妇联和在京的各地妇联负责人，正在北京参加会议的我国各界妇女代表和北京市各界妇女代表。

国务院副总理王震在北京会见由伊·哈·马立克将军率领的巴基斯坦友好代表团

国务院批转教育部《关于高等学校恢复和提升职务问题的请示报告》

《关于高等学校恢复和提升职务问题的请示报告》提出，在国务院没有作出新的规定之前，仍执行1960年国务院颁发的《关于高等学校教师职务名称及其确定与提升办法的暂行规定》。原来确定和提升的教授、副教授、讲师和助教，一律有效，恢复职称。另外，新规定了可以越级提升教授和副教授，将提升教授的审批权限改为由省、自治区、直辖市批准，报教育部备案。在此以后，各高等学校都恢复了原有职称，并根据“坚持标准，保证质量，全面考核，择优提升”的原则，分期分批地进行了提升和确定教师职称的工作。

3月8日

中共中央主席华国锋在北京会见罗共中央政治执行委员会候补委员 大国民议会主席尼古拉·乔桑和由他率领的罗马尼亚大国民议会代表团

华主席说，中罗两党、两国友好关系的发展一直是很好的。我们希望罗马尼亚强大起来。我们知道罗马尼亚也希望中国强大起来。

会见时在座的有中共中央政治局委员、全国人大常委会副委员长乌兰夫,全国人大常委会副委员长谭震林、副秘书长武新宇,外交部副部长余湛等。

全国政协五届一次会议在人民大会堂闭幕

大会一致通过了《中国人民政治协商会议章程》,一致通过了《中国人民政治协商会议第五届全国委员会第一次会议决议》。

大会一致选举了邓小平同志为中国人民政治协商会议第五届全国委员会主席。

出席今天大会的大会主席团常务主席有邓小平、乌兰夫、韦国清、彭冲、赵紫阳、宋任穷、欧阳钦、康克清、王首道、杨静仁、张冲、沈雁冰、许德珩、帕巴拉·格列朗杰、史良、周建人、庄希泉、朱蕴山、荣毅仁、季方、胡厥文、童第周。当他们在主席台前列就座时,全场热烈鼓掌。

出席今天大会的委员有1845人。

下午3时,大会执行主席邓小平宣布大会开始。

大会首先通过了《中国人民政治协商会议章程》和《中国人民政治协商会议第五届全国委员会第一次会议决议》,接着选举了政协第五届全国委员会主席、副主席、秘书长、常务委员。

大会完成了各项议程后,邓小平主席讲话。他说,我们这次会议开得很好。各方面人士济济一堂,共商国家大事。大家精神振奋,心情舒畅,讨论得很热烈,提出了许多好的意见,体现了我们党历来主张的民主协商精神。这是一个发扬社会主义民主的大会,是一个调动各方面积极因素,来共同实现新时期总任务的大会,是团结的大会,胜利的大会。这对于发展我国革命统一战线,活跃国家的政治生活,巩固无产阶级专政,都具有重大的意义。

邓小平主席说,现在,我国进入了一个新的发展时期。实现社会主义的四个现代化,是前所未有的伟大事业,是一场极其深刻的革命。华主席为首的党中央,高举毛主席的伟大旗帜,正率领我国各族人民进行新的长征。我国革命统一战线必将在实现新时期总任务的斗争中,在向四个现代化的伟大进军中,发挥它的重要作用。

邓小平主席说,我们希望各方面的朋友们,同志们,再接再厉,继续前进,共同为我们这个伟大的事业贡献自己全部的力量。

中国人民政治协商会议第五届全国委员会第一次会议决议

(1978年3月8日中国人民政治协商会议第五届全国委员会第一次会议通过)

中国人民政治协商会议第五届全国委员会第一次会议同意许德珩副主席所作第四届全国委员会常务委员会工作报告,同意韦国清副主席关于修改政协章程的说明,会议一致通过了新的中国人民政治协商会议章程。

在会议期间,全体委员列席了第五届全国人民代表大会第一次会议,聆听和讨论了华国锋总理提出的政府工作报告,聆听和讨论了叶剑英副主席关于修改宪法的报告,讨论了宪法修改草案和国民经济发展十年规划纲要草案。全体委员受到极大鼓舞,一致表示坚决拥护。

会议对于我国在华主席为首的党中央领导下,一举粉碎了王洪文、张春桥、江青、姚文元“四人帮”,拨乱反正,抓纲治国已经初见成效,出现了安定团结、大干社会主义的新的跃进局面,并且胜利召开第五届全国人民代表大会和中国人民政治协商会议第五届全国委员会,一致表示衷心的庆幸和极大的振奋。会议认为,一年多以来的事实充分证明,华主席为首的党中央所制定的路线、方针和政策,是完全正确的。全国各族人民为伟大的中国共产党和我们国家又有了自己的领袖而感到无比的自豪。

会议认为,这次全国人民代表大会具有重要的历史意义。政府工作报告提出了我国社会主义革命和社会主义建设新的发展时期的总任务,是动员全国各族人民建设社会主义现代化强国的战斗纲领。国民经济发展十年规划纲要,为我们制定了新时期的宏伟蓝图。新的宪法,是新时期治国的总章程,必将保障和推动我国社会主义事业蓬勃发展。这次全国人民代表大会选出的国家领导人员,一定能够在华主席为首的党中央领导下,率领全国各族人民,为实现新时期的总任务进行胜利的长征。我们热烈欢呼这次全国人民代表大会取得的伟大成果!

会议指出:在本世纪内把我国建设成为农业、工业、国防和科学技术现代化的伟大的社会主义强国,是历史赋予我们的光荣责任,我国现已具备一切必要的条件来加快社会主义建设。会议号召:全国各族人民、广大知识分子、各爱国民主党派、各人民团体、各界爱国人士、台湾同胞、港澳同胞和华侨,在华主席为首的党中央领导下,高举毛主席的伟大旗帜,坚决贯彻中国共产党的十一大路线,坚决贯彻新宪法的实施,坚决贯彻政府工作报告中提出的各项方针任务,进一步清除“四人帮”的流毒和影响,发扬社会主义民主,调动一切积极因素,发展革命统一战线,加强全国各族人民大团结,为巩固无产阶级专政,为解放台湾、统一祖国,为开展反对苏美两霸的国际统一战线,为在本世纪内把我国建设成为伟大的社会主义现代化强国而共同奋斗！

中国人民政治协商会议章程

（1978年3月8日中国人民政治协商会议第五届全国委员会第一次会议通过）

总 纲

中国人民政治协商会议是中国共产党领导下的革命统一战线的组织，是伟大领袖和导师毛泽东主席亲自创建的。中华人民共和国成立以来，中国人民政治协商会议在毛主席和他的亲密战友周恩来总理的亲自领导和主持下，团结全国各族人民，团结广大知识分子，团结一切爱国力量，对于推动民族资产阶级的人们接受社会主义改造，贯彻执行中国共产党同各爱国民主党派长期共存、互相监督的方针，贯彻执行民族政策、侨务政策和宗教政策，巩固和发展革命统一战线，调动一切积极因素为社会主义事业服务，以及在坚持反对社会帝国主义、帝国主义，支援世界各国人民的革命斗争中，都发挥了重要的作用。

以华国锋主席为首的中国共产党中央委员会，继承毛主席的遗志，领导全国各族人民，一举粉碎了王洪文、张春桥、江青、姚文元"四人帮"反党集团。它标志着我国社会主义革命和社会主义建设进入了新的发展时期。

我国人民在新时期的总任务是：坚决贯彻执行中国共产党的十一大路线，坚持无产阶级专政下的继续革命，深入开展阶级斗争、生产斗争和科学实验三大革命运动，在本世纪内把我国建设成为农业、工业、国防和科学技术现代化的伟大的社会主义强国。中国人民政治协商会议根据这个总任务，要加强全国各族人民的大团结，发展工人阶级领导的，以工农联盟为基础的，团结广大知识分子和其他劳动群众，团结爱国民主党派、爱国人士、台湾同胞、港澳同胞和国外侨胞的革命统一战线，把一切可以团结的力量都团结起来，把一切积极因素都调动起来，并且尽量地把消极因素转化为积极因素，反对国内外敌人，进一步巩固无产阶级专政，为在本世纪内把我国建设成为社会主义现代化强国而奋斗。在国际斗争中，遵照毛主席关于三个世界的伟大理论，为坚决贯彻毛主席的革命外交路线，反对超级大国的霸权主义和战争政策而贡献力量。中国人民政治协商会议的所有参加单位和个人，一定要紧密地团结在以华主席为首的中国共产党中央周围，高举毛主席的伟大旗帜，同心协力，团结战斗，把历史赋予我们的光荣任务担当起来。

中华人民共和国宪法是我国各族人民必须遵守的根本大法，是中国人民政治协商会议各参加单位和个人必须遵守的共同纲领。毛主席根据我国宪法的原则提出的六条政治标准，是我国人民政治生活中判断言论和行动的是非标准，是共产党同各民主党派长期共存、互相监督的政治基础，也是我国现阶段革命统一战线的政治基础。

中国人民政治协商会议要在中国共产党领导下，发扬毛主席和周总理为我们树立的民主协商的优良传统，认真做到知无不言，言无不尽，言者无罪，闻者足戒，有则改之，无则加勉，努力造成又有集中又有民主，又有纪律又有自由，又有统一意志、又有个人心情舒畅、生动活泼那样一种政治局面。

中国人民政治协商会议第五届全国委员会第一次全体会议，决定以下列各项为中国人民政治协商会议的各参加单位和个人共同遵守的准则：

一、拥护中国共产党的领导和我国无产阶级专政的社会主义制度，拥护中华人民共和国宪法，全力贯彻宪法的实施。

二、高举毛主席的伟大旗帜，坚持中国共产党在整个社会主义历史阶段的基本路线，坚持无产阶级专政下的继续革命，坚持鼓足干劲、力争上游、多快好省地建设社会主义的总路线，防止资本主义复辟，巩固无产阶级专政。

三、遵守和宣传中国共产党和国家的方针政策，密切联系群众，协助国家机关，推动社会力量，积极参加社会主义革命和社会主义建设。

四、台湾省自古以来是我国的神圣领土。台湾同胞是我们的骨肉兄弟。我们一定要解放台湾，为完成统一祖国的大业共同努力。

五、发扬爱国主义，提高革命警惕，加强战备思想，为反对社会帝国主义、帝国主义的颠覆和侵略，保卫祖国，积极贡献力量。

六、贯彻执行我国的革命外交路线和政策，坚持无产阶级国际主义，加强同各国人民的友好关系，推动国际反霸统一战线的发展，为反对超级大国的霸权主义和战争政策而进行不懈的斗争。

七、在自愿的基础上努力学习马克思主义、列宁主义、毛泽东思想，结合阶级斗争、生产斗争和科学实验三大革命运动的实践，逐步改造世界观。

八、国家的统一，人民的团结，国内各民族的团结，这是我们的事业必定要胜利的基本保证。我们必须在毛主席革命路线指引下，开诚布公，集思广益，正直无私，光明磊落，开展批评和自我批评，坚持真理，修正错误，不断加强革命统一战线内部的团结。

第一章 组织总则

第一条 中国人民政治协商会议以中国共产党、各爱国民主党派、各人民团体和各界代表为基础组成。

第二条　中国人民政治协商会议设全国委员会和地方委员会。

第三条　中国人民政治协商会议全国委员会对地方委员会的关系和地方委员会对下一级地方委员会的关系是指导关系。

第四条　参加中国人民政治协商会议全国委员会和地方委员会的单位和个人，都有遵守和实行中国人民政治协商会议章程的义务。

第五条　中国人民政治协商会议地方委员会对全国委员会的全国性的决议和号召，都有遵守和实行的义务。

第六条　中国人民政治协商会议全国委员会全体会议和常务委员会会议的决议，地方委员会全体会议和常务委员会会议的决议，都应当以全体委员的过半数通过。各参加单位和个人对会议的决议，都应当遵守和实行。如果有不同的意见，可以声明保留，等待下次会议提出讨论，但应当根据少数服从多数的原则执行决议，不得违反；如果对重要决议根本不同意，有声明退出中国人民政治协商会议的自由。

第七条　参加中国人民政治协商会议全国委员会的单位和个人，如果严重地违反了中国人民政治协商会议章程或者全国委员会的决议，由全国委员会依据情节严重的程度分别给以警告、撤销委员资格或者撤销单位参加资格的处分。

参加中国人民政治协商会议地方委员会的单位和个人，如果严重地违反了中国人民政治协商会议章程、全国委员会全国性的决议或者地方委员会的决议，由地方委员会依据情节严重的程度分别给以警告、撤销委员资格或者撤销单位参加资格的处分。

被处分的单位或者个人如果对处分不服，可以请求复议；地方委员会被处分的单位或者个人并且可以向上级委员会提出申诉。

第二章　工作总则

第八条　中国人民政治协商会议全国委员会和地方委员会根据中国人民政治协商会议章程的总纲，就有关国家政治生活和革命统一战线的重要事项，进行民主协商和开展活动。

第九条　中国人民政治协商会议全国委员会和地方委员会积极推动各爱国民主党派、各人民团体、各界人士参加社会主义革命和社会主义建设，全心全意为人民服务。

第十条　中国人民政治协商会议全国委员会和地方委员会根据中国人民政治协商会议章程的总纲，主要进行下列各项工作：

一、组织和推动各爱国民主党派、各人民团体、各界人士在自愿的基础上，努力学习马克思主义、列宁主义、毛泽东思想，学习时事政治，通过各种可行的途径，联系实际，向工农兵学习，开展批评和自我批评，进行思想改造。

二、举行报告会和座谈会，组织参观访问和调查研究，反映实际情况，提出意见或建议，协助国家机关宣传和贯彻政策，改进工作。

三、配合有关单位，在政治、经济、文化、教育、科学技术等方面开展活动，为国家建设广开言路，广开才路。在文化、科学的活动中，贯彻百花齐放、百家争鸣的方针，以利于社会主义文化繁荣和科学进步。

四、搜集、整理、编写中国现代史、革命史等资料。

五、开展解放台湾的有关工作。

六、研究国际问题，宣传贯彻政府的外交政策，根据统一安排，进行国际统一战线活动。

七、认真处理人民来信、来访。

第十一条　中国人民政治协商会议发扬民主协商的优良传统，坚持群众路线，密切联系各界人士，沟通思想，调整关系，统一步调。

第三章　全国委员会

第十二条　中国人民政治协商会议全国委员会由中国共产党、各爱国民主党派、无党派爱国人士、各人民团体、各界推出的代表和特别邀请参加的个人组成。少数民族和港澳同胞、归国华侨应当有适当的名额。

每届全国委员会的参加单位、名额和委员人选，由上届全国委员会常务委员会协商决定。

每届全国委员会任期内，有必要增加或者变更参加单位或名额和决定委员人选的时候，由本届全国委员会常务委员会协商决定。

第十三条　中国人民政治协商会议全国委员会每届任期五年。必要的时候，可以延长任期，或提前举行下届全国委员会。

第十四条　中国人民政治协商会议全国委员会设主席，副主席若干人和秘书长。

第十五条　中国人民政治协商会议全国委员会设常务委员会主持会务。

常务委员会由全国委员会的主席，副主席若干人，秘书长和常务委员若干人组成。

第十六条　中国人民政治协商会议全国委员会全体会议每年举行一次，由常务委员会召集。常务委员会认为有必要的时候，可以提前或者延期召集。

第十七条　中国人民政治协商会议全国委员会的下列职权必须由全体会议行使：

一、修改中国人民政治协商会议章程；

二、选举全国委员会主席，副主席，秘书长和常务委员；

三、听取和审查常务委员会的工作报告。

第十八条　中国人民政治协商会议全国委员会设副秘书长若干人，协助秘书长进行工作，由常务委员会选任。

设秘书处，在秘书长领导下进行工作。

第十九条　中国人民政治协商会议全国委员会可以按照需要设若干工作机构，由常务委员会决定。

第四章　地方委员会

第二十条　省、自治区、直辖市设中国人民政治协商会议的省委员会、自治区委员会、直辖市委员会。其他地方有必要的时候也可以设地方委员会。

第二十一条　中国人民政治协商会议地方委员会由当地中国共产党、各爱国民主党派、各人民团体、各界推出的代表和特别邀请参加的个人组成。当地少数民族应当有适应的名额。

每届地方委员会的参加单位、名额和委员人选，由上届地方委员会常务委员会协商决定。

每届地方委员会任期内，有必要增加或者变更参加单位或名额和决定委员人选的时候，由本届地方委员会常务委员会协商决定。

第二十二条　中国人民政治协商会议的省委员会、自治区委员会、直辖市委员会每届任期五年。

第二十三条　中国人民政治协商会议地方委员会设主席，副主席若干人和秘书长。

第二十四条　中国人民政治协商会议地方委员会设常务委员会主持会务。

常务委员会由地方委员会的主席，副主席若干人，秘书长和常务委员若干人组成。

第二十五条　中国人民政治协商会议地方委员会的全体会议，由常务委员会根据需要召集，每年至少举行一次。

第二十六条　中国人民政治协商会议地方委员会的下列职权必须由全体会议行使：

一、选举地方委员会主席，副主席，秘书长和常务委员；

二、听取和审查地方委员会常务委员会的工作报告。

第二十七条　中国人民政治协商会议地方委员会可以按照需要设副秘书长一人或若干人，由常务委员会选任。

地方委员会可以按照需要设工作机构，由常务委员会决定。

五届政协全国委员会主席 副主席 秘书长 常务委员名单

中国人民政治协商会议第五届全国委员会第一次会议 1978 年 3 月 8 日选出中国人民政治协商会议第五届全国委员会主席、副主席、秘书长、常务委员，名单如下：

主席

邓小平

副主席

乌兰夫　韦国清　彭　冲　赵紫阳　郭沫若　宋任穷
沈雁冰　许德珩　欧阳钦　史　良(女)　朱蕴山
康克清(女)　季　方　王首道　杨静仁　张　冲
帕巴拉·格列朗杰　周建人　庄希泉　胡子昂
荣毅仁　童第周

秘书长

齐燕铭

常务委员(243 名，以下按姓氏笔画为序)

丁光训　刀栋庭　于树德　于毅夫　寸树声　万　毅
习仲勋　马青年　马寅初　王　中　王　甫　王子纲
王文鼎　王从吾　王芸生　王近山　王昆仑　王学文
王炳南　王雪莹(女)　王维纲　王逸伦　王新亭
木沙也夫　瓦扎木基　方仲如　尹林平
孔　原　孔从洲　孔祥祯　邓初民　甘春雷　甘祠森
古耕虞　龙　潜　卢　胜　申　健　叶圣陶　叶桔泉
叶道英　包尔汉　冯文彬　冯德培　巩天民　成仿吾
吕　东　朱理治　朱惠方　朱穆之　伍献文　任白戈
庄　田　刘　型　刘　晓　刘　斐　刘　鼎　刘少文
刘仲容　刘良模　刘顺元　刘景范　刘瑞龙　刘靖基
关瑞梧(女)　江一真　安士伟　许立群　孙　毅
孙兰峰　孙承佩　孙起孟　孙晓村
买合苏德·铁衣波夫　严信民　克力更　苏　静
苏子蘅　杜聿明　李　信　李　琦　李力殷
李文宜(女)　李世济(女)　李世璋　李步新
李初梨　李纯青　李卓然　李国伟　李金德
李宝光(女)　李淑英(女)　李维汉　李景林
杨士杰　杨石先　杨东生　杨东莼　杨奇清　杨国夫
杨拯民　杨秋玲(女)　肖　鹏　肖思明　吴　波
吴文俊　吴茂荪　吴岱峰　吴贻芳(女)　吴亮平
吴觉农　吴桓兴　吴雪之　吴鸿宾　何　贤　何长工
何以端　何基澧　谷志标　谷春帆　汪金祥　汪德昭
沙千里　宋希濂　张　苏　张　策　张子意　张邦英
张孝骞　张志让　张克侠　张连奎　张秀熟　张含英
张南生　张香山　张维桢　张超伦　张瑞华(女)
张稼夫　陆镇藩　陈正湘　陈此生　陈养山　陈维稷
陈锐霆　林一心　林修德　林海云　罗　琼(女)
金　城　周　扬　周士观　周纯全　郑洞国
郑敏之(女)　屈　武　项朝宗　赵朴初　赵宗燠
赵得贤　胡子婴(女)　胡克实　胡厥文　胡愈之
钟师统　钟期光　钟惠澜　侯祥麟　侯德封　侯镜如
俞大绂　闻家驷　姜椿芳　费孝通　费彝民　姚　喆

贺　诚　贺庆积　贺绿汀　班禅额尔德尼·确吉坚赞
袁克服　栗又文　贾亦斌　夏　衍　夏之栩(女)
顿星云　钱昌照　徐伯昕　徐彬如　徐楚波　高文华
郭洪涛　郭棣活　郭影秋　谈家桢　陶峙岳　黄　达
黄　昆　黄　岩　黄　维　黄　镇　黄甘英(女)
黄汲清　黄克诚　黄鼎臣　萨空了　曹广化　龚逢春
章　蕴(女)　阎揆要　梁华新　彭迪先　董其武
蒋　英　韩　光　韩东山　韩练成　喻　杰　程　坦
程思远　傅　鹰　童小鹏　童少生　曾传六
曾宪植(女)　曾涌泉　谢冰心(女)　楚图南
赖　毅　赖际发　雷洁琼(女)　鲍先志
嘉木祥·洛桑久美·图丹却吉尼玛　蔡　啸　谭冠三
熊　复　熊天荆(女)　熊向晖　潘　菽　潘震亚
蹇先任(女)　酆云鹤(女)

全国人大常委会副委员长廖承志在北京会见日中国民会议议长市川诚率领的日本第二次日中友好青年工人之翼访华团

3月9日

中共中央主席华国锋 中共中央副主席叶剑英 邓小平 李先念 汪东兴在人民大会堂接见出席全国政协五届一次会议的委员

参加接见的还有：

党和国家其他领导人韦国清、乌兰夫、方毅、纪登奎、苏振华、李德生、吴德、余秋里、张廷发、陈永贵、陈锡联、耿飚、聂荣臻、倪志福、徐向前、彭冲、陈慕华、赵紫阳、赛福鼎、陈云、李井泉、邓颖超、姬鹏飞、阿沛·阿旺晋美、周建人、许德珩、胡厥文、王震、谷牧、康世恩；

政协全国委员会副主席宋任穷、沈雁冰、欧阳钦、史良、朱蕴山、康克清、季方、王首道、杨静仁、张冲、帕巴拉·格列朗杰、庄希泉、胡子昂、荣毅仁、童第周。

最高人民法院院长江华，最高人民检察院检察长黄火青，中共中央军委负责人粟裕、罗瑞卿，也参加了接见。

《人民日报》《红旗》《解放军报》发表社论《发展革命的统一战线——热烈祝贺全国政协五届一次会议胜利闭幕》

中国人民政治协商会议第五届全国委员会第一次会议胜利闭幕了。这次会议是与上届会议相隔13年，在取得粉碎林彪特别是“四人帮”伟大胜利以后召开的，是在华主席为首的党中央领导我国进入了社会主义革命和社会主义建设新的发展时期的重要时刻召开的。这次会议的全体委员，列席了具有重大历史意义的第五届全国人民代表大会第一次会议，通过了新的政协章程，选举了受到全国人民爱戴的党和国家领导人邓小平同志为五届政协主席，选举了五届政协全国委员会的其他领导成员。这次会议，标志着我国革命统一战线和各族人民的大团结有了新的发展。它对贯彻执行党的十一大路线，完成新时期的总任务，把我国建设成为社会主义现代化强国，将发生重要的影响。

统一战线，是中国共产党在中国革命中战胜敌人的重要武器之一。新民主主义革命时期，它在推翻帝国主义、封建主义和官僚资本主义“三座大山”的斗争中，发挥了重大的作用。社会主义革命时期，它在调动一切积极因素，反对国内外敌人，促进社会主义革命和社会主义建设的斗争中，发挥了积极的作用。中国人民政治协商会议，就是伟大领袖和导师毛泽东主席亲自创建的革命统一战线组织。敬爱的周总理坚定地卓越地实践了毛主席的统一战线思想，为建立和发展革命统一战线组织作出了巨大的贡献。毛主席关于统一战线的理论、路线、方针和政策，是毛泽东思想和毛主席革命路线的重要组成部分，是毛主席留给我们的宝贵思想财富。我国长期的革命历史证明，什么时候正确执行毛主席的革命路线和政策，统一战线得到发展和加强，我们的革命斗争就取得胜利；什么时候违反了毛主席的革命路线和政策，统一战线遭到削弱和破坏，我们的革命斗争就受到挫折。在社会主义革命和社会主义建设新的发展时期，我们要坚持贯彻执行毛主席关于统一战线的路线和政策，中国人民政治协商会议要继续发挥重要作用。

要不要革命统一战线，要不要政协，是我们同“四人帮”斗争的一个重要内容。毛主席早就讲过：“统一战线是否到了有一天要取消？我是不主张取消的。”毛主席还曾经教导我们：“无产阶级专政要靠广大的同盟军，单是无产阶级一个阶级不行。”中国无产阶级“要靠几亿人口的贫农、下中农、城市贫民、贫苦的手工业者和革命知识分子，才能实行专政，不然是不可能的”。“四人帮”肆意践踏党的统一战线的路线和政策，竭力从政治上、思想上、组织上瓦解革命统一战线。他们把长期同共产党合作的民主党派和爱国人士诬蔑为“牛鬼蛇神”，把知识分子诬蔑为“臭老九”，把爱国归侨和侨眷诬蔑为“敌特”。他们破坏党的民族政策和宗教政策，造成恶劣的影响。他们代表地富反坏和新老资产阶级实行法西斯专政，与全国人民为敌。这就使他们自己在全国人民中完全孤立起来，受到全国人民的唾弃。华主席为首的党中央一举粉碎了“四人帮”，坚决贯彻执行毛主席关于统一战线的路线和政策，十分重视加强革命统一战线。在党的十一大通过的党章中，在这次五届人大通过的宪法中，都明确宣布要巩固和发展革命统一战线。叶副主席在五届人大关于修改宪法的报告中说，宪法的“序言中具体地和完备地表述了我们的革命统一战线的广阔范围，强调地提出了包括中国各民族的最广泛的人民大团结”。“没有这样的人民大团结，要实现新时期的总任务，是不可能的。”这次五届政协委员人数之多，代表性之广泛，都是空前的。会议开得生动活泼，心情舒畅。这充分体现了在华主席、党中央的领导下，我国革命统一战线更加巩固，更加发展，我国的社会主义事业更加兴旺发达。

中国人民政治协商会议在我国社会主义革命和社会主义建设新的发展时期担负着重要的任务。华国锋总理在五届人大作的政府工作报告中指出，我国人民在新时期的总任务，是要坚决贯彻执行党的十一大路线，坚持无产阶级专政下的继续革命，深入开展阶级斗争、生产斗争和科学实验三大革命运动，在本世纪内把我国建设成为农业、工业、国防和科学技术现代化的伟大的社会主义强国。根据这个总任务，这次政协会议通过的章程规定，政协的任务是要加强全国各族人民的大团结，发展工人阶级领导的，以工农联盟为基础的，团结广大知识分子和其他劳动群众，团结爱国民主党派、爱国人士、台湾同胞、港澳同胞和国外侨胞的革命统一战线，把一切可以团结的力量都团结起来，把一切积极因素都调动起来，并且尽量地把消极因素转化为积极因素，反对国内外敌人，进一步巩固无产阶级专政，为在本世纪内把我国建设成为伟大的社会主义现代化强国而奋斗。在国际斗争中，政协也要遵照毛主席关于三个世界的伟大理论，为坚决贯彻毛主席的革命外交路线，反对超级大国的霸权主义和战争政策而贡献力量。为此，政协有很多工作要做，要在许多方面发挥它的作用。它可以组织各民主党派和爱国人士就有关国家政治生活和革命统一战线的重要事项进行民主协商，推动他们参加社会主义革命和社会主义建设。可以组织各方面的人士开展学习活动，推动他们的思想改造。可以组织参观访问和调查研究，反映情况，提出批评建议，协助国家机关宣传和贯彻政策，改进工作。可以配合有关单位，在政治、经济、文化、教育、科学技术等方面开展活动，为国家建设广开言路，广开才路。可以搜集、整理、编写中国现代史和革命史的资料。可以开展解放台湾的有关工作，为完成统一祖国的大业而努力。政协还可以研究国际问题，加强同各国人民的友好关系，推动国际反霸统一战线的进一步发展。可以预见，随着社会主义革命和社会主义建设新的发展时期的到来，政协工作将出现一个更加活跃的新局面。

为了发展和加强革命统一战线，要发扬毛主席、周总理树立的民主协商的优良传统，实行“知无不言，言无不尽”，“言者无罪，闻者足戒”，“有则改之，无则加勉”的原则，充分调动大家的积极性。宪法是我国各族人民必须遵守的根本大法，也是政协各参加单位和个人必须遵守的共同纲领。毛主席提出的六条政治标准，是我国人民政治生活中判断言论和行动的是非标准，是共产党同各民主党派长期共存、互相监督的政治基础，也是现阶段革命统一战线的政治基础。各级政协组织要以宪法和六条政治标准为准绳，开展活动。各级党委要加强对统战工作的领导，政府各部门和地方革委会要把政协作为密切联系群众的一个重要渠道，注意通过政协，就广大群众关心的一些大事，提出协商，听取意见，把各项工作做得更加完善。

我们相信，这次会议以后，中国人民政治协商会议参加单位和个人，一定能紧密地团结在以华主席为首的党中央周围，高举毛主席的伟大旗帜，同心协力，共同战斗，使革命统一战线在我国社会主义革命和社会主义建设的新的发展时期中，发挥更大的作用，我国人民建设繁荣昌盛的社会主义强国的伟大理想一定能实现。

外交部照会苏联驻华大使馆答复苏联最高苏维埃主席团致全国人大常委会的信

中国外交部副部长余湛受中国全国人民代表大会常务委员会的委托，向苏联驻华大使托尔斯季科夫面交了中国外交部致苏联驻华大使馆的照会，就苏联方面提出的关于苏中两国发表一项所谓“相互关系原则的共同声明”，并为此举行“双方代表会晤”的“建议”作了答复。

苏联的“建议”是在苏联最高苏维埃主席团给中国人大常委会的一封信中提出的。这封信今年2月24日由苏联外交部第一副部长马尔采夫递交给中国驻苏联大使馆临时代办田曾佩。2月27日，这封信的副本又由托尔斯季科夫大使面交中国外交部。

3月20日，塔斯社公布了苏联最高苏维埃主席团的信。下面是中国外交部致苏联驻华大使馆的照会全文；同时并把苏联方面的来信全文附在后面，在中国报刊上发表。

中国外交部致苏联驻华大使馆的照会

苏联驻中华人民共和国大使馆：

中华人民共和国外交部受全国人民代表大会常委会委托，就苏联最高苏维埃主席团1978年2月24日来信答复如下：

中苏两国曾经是友好邻邦，两国人民在长期的革命斗争中建立了深厚的友谊。两国关系恶化到今天这个地步，责任不在中国方面，中国是受害的一方。

众所周知，中苏两国存在着原则分歧，这种分歧是要长期争论下去的。但是，中国方面从中苏两国人民的根本利益出发，一向认为，原则分歧不应该妨碍两国在和平共处五项原则的基础上保持正常的国家关系。为此，中国方面作出了不懈的努力。

1969年9月中国总理同苏联部长会议主席在北京进行了会谈，就有关两国关系正常化的问题达成了谅解。中国方面始终遵守这些谅解，并为全部实现这些谅解认真地耐心地同苏联方面进行了8年之久的边界谈判。然而苏联方面不但不愿履行两国政府首脑所达成的谅解，甚至连谅解本身的存在也加以否认，致使边界谈判迄今没有结果。与此同时，苏联在中苏边境和蒙古人民共和国的武装力量却有增无减，苏联执行的敌视中国的政策也没有一点改变。在这种情况下，苏联最高苏维埃主席团在来信中建议两国发表一纸不解决任何实际问题的关于相互关系原则的空洞声明，其用意显然不在于改善中苏关系，而是别有企图。

苏联方面如果真想改善中苏两国关系，就应该拿出解决实际问题的实际行动，首先就应当按照1969年中苏两国总理达成的谅解，签订关于维持边界现状、防止武装冲突、双方武装力量在边界争议地区脱离接触的协议，并进而谈判解决边界问题；就应当从蒙古人民共和国和中苏边境撤军，撤到60年代初期那样。你们连维持边界现状、防止武装冲突、双方武装力量在边界争议地区脱离接触这样起码的事都不愿干，发表一个毫无价值的所谓相互关系的原则声明，除了欺骗中苏两国人民和世界人民之外，还有一点什么实际意义呢！难道在你们在中苏边界陈兵百万的情况下，还能指望中国人民相信你们真有什么改善两国相互关系的善良愿望吗？要求你们把中苏边界的军队撤到60年代初期那样，难道不是合情合理的吗？

中苏两国关系的正常化是两国人民的共同愿望，也是符合两国人民和世界人民的根本利益的。中国方面将一如既往为此作出自己的努力。中国方面愿意看到的，不是什么空头声明，而是货真价实的行动。

顺致崇高的敬意。

中华人民共和国外交部

1978年3月9日于北京

附：苏联最高苏维埃主席团致我人大常委会的信

全国人民代表大会常务委员会：

近几年来，苏中关系已具有不能不引起人们严重不安的性质。现存的状况正在导致产生互不信任的气氛和国家关系中紧张局势的加剧。苏中两国人民的根本利益要求，根据苏中两国人民的愿望和希望采取使苏中关系正常化的一定的实际措施。

苏联政府不止一次地提出旨在使苏中关系回到睦邻的轨道上来的具体建议，并表示苏联愿意根据和平共处的原则与中国关系正常化。中华人民共和国政府也曾正式声明，中国是可以在和平共处原则基础上同苏联建立关系的。苏联人民真诚希望看到中国是一个友好的、繁荣的强国。

为了表达苏联人民的意志和愿望，苏联最高苏维埃主席团再一次表示它愿意结束目前苏中关系中的不正常状态，阻止关系进一步尖锐化的危险进程，而这一进程将会对我们两国和两国人民，对远东、亚洲和全世界和平的命运带来严重的不良后果。

为了使双方所表示的将相互关系建立在和平共处原则基础上的愿望物质化，并将此愿望体现在有分量的国际文件中，苏联最高苏维埃主席团建议，我们两国发表一项关于苏维埃社会主义共和国联盟与中华人民共和国相互关系原则的共同声明。苏联认为，关于双方坚决遵循平等、互相尊重主权和领土完整、互不干涉内政和不使用武力等原则，把相互关系建立在和平共处的基础上的共同声明，将会把我们的关系正常化事业推向前进。

如果发表这样一项文件的主张本身对中国方面来说是可以接受的话，我们建议举行足够高的级别的双方代表会晤，以便在尽可能短的期限内商定彼此都能接受的声明文本。

苏联准备接待中华人民共和国的代表。如果中国方面认为苏联代表为上述目的前往北京是适宜的话，我们对此亦表示同意。我们也准备研究你们的旨在使苏中关系正常化的建议。

苏联最高苏维埃主席团

1978年2月24日

外交部部长黄华在北京会见利比里亚共和国驻中国大使馆临时代办巴宾顿·戴维

中国和利比里亚关于扩建利比里亚巴拉克糖厂的议定书在蒙罗维亚签字

利比里亚财政部长詹姆斯·菲利普斯和中国驻利比里亚大使王人三分别代表本国政府在议定书上签字。

中国科技大学700多名新生入学

中国科学技术大学广开才路，按照德、智、体全面衡量、择优录取的原则，招收的711名新生，其中包括破格选拔的20名少年，已经报到入学。

从全国各省、自治区、直辖市挑选出来的这700多名新生，党团员占94%，工人、农民和革命干部的子弟占多数。平均年龄不到19岁，学习成绩优秀，数理化总分平均每人在160分以上。不少新生不仅高中数理知识基础好,还自学了大学一二年级的课程,有的掌握了好几门外语。数学系基础数学专业一个15岁的新生,原是扬州中学高二学生。他中学一年级就学完了初等数学,又攻读了高等数学的10多本教材,翻阅了四五十本参考书籍,做了两三千道数学习题。这次高考,他名列江苏省第一名。来自云南的一个新生,是只念过初中的工人。1971年以来,他坚持刻苦自学,这次高考,数理化成绩优良。科技大学为了了解考生的实际文化水平,又派出教师对这个考生进行了考核。考核的结果证明,他掌握的数学、物理知识已经达到了大学一二年级水平,便将他录取到理论物理专业。

中国科技大学这次破格录取的少年,最大的16岁,最小的只有11岁。在招生工作中,通过群众推荐、人民来信来访和招生工作人员实地了解,发现了一批成绩优秀、年龄不过十三四岁的中小学生。他们大都未能参加统一的高考。为了使国家早出人才,快出人才,多出人才,科技大学的教师们满腔热忱地奔赴上海、长沙、沈阳、福州、扬州等地寻找这些少年,对他们逐个地进行多次笔试和口试,再经过体检等,才挑选了这批年纪小的新生。这批富有刻苦自学和勇于攻关精神的孩子被录取后,科技大学为他们专门开设了一个少年班。鉴于这些孩子既具有数理方面水平较高的特点,又存在基础知识不够牢靠的弱点,学校为他们编写了专门教材,除配备业务较强的教师外,还配备了一位政治、业务都较强的女教师担任班主任,从政治思想和生活上教育、关心这些学生。

广西商业学校教师林平驷创立珠算新除法

《人民日报》报道:广西商业学校教师林平驷,对我国沿用已久的珠算除法进行了改革。他编著的《珠算新除法》,已由广西人民出版社出版,受到教师、学生和城乡财会人员的欢迎。

早在1961年,只有高中一年级文化程度的青年林平驷,就决心对珠算除法进行改革。从此,他查阅资料,分析数据,刻苦钻研,总结了归除、商除和剥皮除这三种传统珠算除法的优缺点,取其精华,大胆创新,终于摸索出了珠算除法的新规律。林平驷的新除法吸收了商除与笔算结合的优点,克服了"心算估商"的麻烦,提高计算速度;继承了归除法用口诀求商,一呼即得的优点,把烦琐的79句口诀简化为16句,易记易学。新除法还具有其他一些优点。

在这之前,林平驷还先后研究创造了"快速乘除计算图"、"圆规乘除图算法"、"中点图算法",并编著出版了《快速乘除图算法》一书。林平驷曾被评为全国青年社会主义建设积极分子,当选为广西壮族自治区数学学会常务理事。

3月10日

中共中央决定今年五六月间主持召开"全国财贸学大庆学大寨会议"

中共中央决定,原计划在今年内由国务院召开的"全国城乡商业学大庆学大寨会议"改为由中共中央主持召开"全国财贸学大庆学大寨会议"。会议定于今年五六月份在北京举行。

为了开好这次大会,最近在北京召开了预备会议。参加预备会议的有各省、自治区、直辖市主管财贸工作的负责同志和国务院各财贸部门的负责同志。出席这次预备会议的同志一致认为,这次大会的召开,对动员广大财贸职工高举毛主席的伟大旗帜,贯彻执行党的十一大路线,完成五届人大提出的各项战斗任务,在建设社会主义现代化强国的新的长征中作出贡献,具有十分重要的意义。

预备会议号召全国财贸职工,要积极行动起来,进一步深入揭批"四人帮",坚决执行"发展经济,保障供给"的方针,努力做好财政金融工作,积极发展对外贸易,活跃城乡物资交流,大力支援工农业生产,安排好人民生活,全心全意为人民服务,以实际行动迎接全国财贸"双学"大会的胜利召开。

外交部部长黄华在北京会见索马里新闻代表团团长 新闻和国家指导部部长阿卜迪卡西姆·萨拉德·哈桑

中国与索马里关于广播电视和新闻合作的两个协定在北京签订

中央广播事业局局长张香山和索马里新闻和国家指导部部长阿卜迪卡西姆·萨拉德·哈桑签署了中华人民共和国中央广播事业局和索马里民主共和国新闻和国家指导部之间的广播、电视合作协定。

新华社社长曾涛和哈桑部长签署了新华通讯社与索马里国家通讯社新闻合作协定。

以中联部副部长李一氓为团长的中国共产党党的工作者访问团抵达贝尔格莱德开始对南斯拉夫进行访问

中国科学院成都分院正式成立

中国科学院成都分院的成立,对于加强西南地区科研工作的组织和领导,培养和提高科学技术队伍,促进西南地区丰富资源的开发,有着重要意义。

中国地质学会在北京召开座谈会

座谈会由代理事长许杰主持，国家地质总局局长孙大光在座谈会上讲了话。他说，地质科学是一门探索性很强的科学，必须认真贯彻百家争鸣的方针，通过争鸣和探讨，促进地质科学技术的发展。林彪、特别是"四人帮"，疯狂破坏百家争鸣的方针，狂妄地叫嚣什么"只搞一家之言，不搞百家争鸣"。他们故意混淆学术问题与政治问题的界限，动辄扣帽子，打棍子，窒息学术思想，取消学术讨论，败坏学风，给地质科学事业的发展造成了很大损失。我们必须进一步肃清他们的流毒，活跃学术空气。各学派之间应消除门户之见，在争鸣和讨论中互相学习，互相帮助，取长补短，提高科学技术水平，共同为社会主义建设作出贡献。

座谈会讨论了关于充实和加强学会的领导机构，成立若干专业委员会，恢复各省、自治区、直辖市分会活动，更好地开展国际学术交流，以及今年的具体学术活动计划等事项。

出席座谈会的有中国科学院、国家地质总局及有关高等院校的地质科学家和科学教育工作者杨钟健、尹赞勋、张文佑、顾知微、乐森璕、马杏垣、俞建章、李载柔、朱效成、黄汲清、高振西、程裕淇、孙殿卿、吴磊伯、宋叔和、林盛中、王植、朱夏、胡冰、董新菊、岳希新、关士聪等30多人。

3月11日

中共中央统战部举行宴会招待各民主党派和工商联的中央及省区市组织负责人

中共中央副主席、政协全国委员会主席邓小平，中共中央政治局委员、中共中央统战部部长、政协全国委员会副主席乌兰夫，中共中央政治局委员、政协全国委员会副主席韦国清，中共中央政治局候补委员、政协全国委员会副主席赵紫阳，全国人大常委会副委员长胡厥文，政协全国委员会副主席宋任穷、沈雁冰、许德珩、史良、朱蕴山、康克清、季方、王首道、杨静仁、张冲、周建人、荣毅仁、童第周，出席了宴会。

中国国民党革命委员会、中国民主同盟、中国民主建国会、中国民主促进会、中国农工民主党、中国致公党、九三学社、台盟的负责人出席了宴会。

出席宴会的还有中共中央统战部和政协全国委员会机关的负责人，各省、自治区、直辖市统战部的负责人。

乌兰夫同志在宴会上祝酒。他说，五届人大和五届政协的胜利召开，是华主席为首的党中央抓纲治国战略决策的伟大胜利，是毛主席统一战线思想的伟大胜利。

他说，大会闭幕后，各爱国民主党派的朋友又举行座谈会，交流情况，研究工作，这很好。我们要继续贯彻毛主席制定的中国共产党同各爱国民主党派长期共存、互相监督的方针，把政协工作和民主党派的工作活跃起来。

乌兰夫同志说，让我们紧密地团结在华主席为首的党中央周围，高举毛主席的伟大旗帜，为巩固和发展革命统一战线，为解放台湾、统一祖国，为建设伟大的社会主义现代化强国，而共同奋斗。

国务院批准国家计委 建委 经委 上海市和冶金部《关于上海新建钢铁厂的厂址选择、建设规模和有关问题的请示报告》

决定从日本引进成套设备，在上海宝山县新建钢铁厂。最后批准的上海宝山钢铁总厂的建设规模为年产铁650万吨，钢670万吨。

《人民日报》发表特约评论员文章《认真肃清"四人帮"的流毒》

华主席在五届人大政府工作报告中指出："我国人民当前和今后一个时期的头等大事，仍然是把揭批'四人帮'这场伟大斗争进行到底。""各条战线都要抓住受'四人帮'影响最深、造成危害最大的问题，大打人民战争，把他们制造的种种混乱彻底加以澄清，把他们颠倒了的一切是非统统纠正过来，使毛主席的革命路线得到全面的正确的贯彻执行。"

就全国范围来说，清查工作基本上胜利结束，但并未完全结束。运动的发展是不平衡的。少数地区和部门，清查工作还需要抓紧，还需要坚决排除某些往往是相当顽固的阻力。

这里着重谈谈肃清"四人帮"的流毒和影响的问题。

两种思想体系的大搏战

我们同"四人帮"的斗争，是两个阶级、两条路线、两种思想体系的大搏战。我们不但要从组织上彻底摧毁"四人帮"的帮派体系，而且要从政治上、思想上彻底摧毁"四人帮"的反革命修正主义路线和反革命思想体系，肃清"四人帮"的流毒和影响。"四人帮"那一套反动腐朽的意识形态，决不会随着他们帮派体系的覆灭而自行消失。如果我们不去摧毁"四人帮"的反革命修正主义路线和反革命思想体系，它们还会通过其他的代表人物再度危害我们的革命和建设事业。

"四人帮"的流毒和影响，涉及理论、路线、政策、作风方面的问题。肃清这些方面的流毒，是马克思主义同修正主义、无产阶级思想同资产阶级思想以及一切剥削阶级思想的尖锐斗争。解决这方面的问题，比组织上的清查工作要复杂和困难得多,必须花费更大的气力和更长的时间。正如华主席在政府工作报告中指出的:“当前,揭批‘四人帮’的第三战役正在全国深入展开。打好这一仗,是长期的更为艰巨的任务。”

现在有些地区和部门,一些路线是非,政策是非,思想是非,仍然混淆不清。那里的一些人,在组织上同“四人帮”的阴谋活动并无直接牵连,然而在路线和政策上,在理论观点和思想作风上,受“四人帮”的影响很深,甚至现在还把“四人帮”一些荒谬的东西看作正确的东西,不敢放手发动群众揭批。这实际上也是一种性质的捂盖子,阻碍着揭批运动的深入发展。那里可能确实没有“四人帮”帮派体系里的重要人物,但是政治上、思想上、作风上的帮味很浓。他们满足于自己同“四人帮”的阴谋活动没有组织上的牵连,不肯在肃清“四人帮”的流毒方面下功夫,不愿意承认自己宣传过、执行过“四人帮”的那一套东西,怕火烧到自己身上。其实,这恰恰说明他们是中毒而不知毒。

肃流毒还是抵制肃流毒,是把揭批“四人帮”的运动进行到底还是半途而废,是执行不执行党的十一大路线的一个大问题。清查工作要防止走过场,肃流毒更要防止走过场。只有彻底摧毁了“四人帮”的帮派体系,又彻底摧毁了“四人帮”的反革命修正主义路线和反革命思想体系,才能团结全党和全国人民,实现十一大路线规定的在本世纪末把我国建成四个现代化的社会主义强国这样一个伟大的目标。

肃流毒的几个方面

肃清“四人帮”的流毒,我们体会,主要有以下几个方面:

一是思想理论方面。“四人帮”长期控制思想理论阵地,在哲学、政治经济学、科学社会主义,以及历史学、法学、军事学、教育学、文艺理论等领域,对马克思列宁主义、毛泽东思想进行了大量的歪曲、篡改和伪造。我们必须进行彻底的清理,把被“四人帮”搞乱了的理论观点一个问题一个问题地搞清楚,恢复马克思列宁主义、毛泽东思想的本来面目。这就叫作正本清源。

二是路线和政策方面。“四人帮”对我们党的总路线和各项具体的工作路线,对总政策和各项具体的政策,都进行了破坏,给政治、经济、军事、文化、科学、教育等等战线的工作带来了巨大损失。如果不肃清“四人帮”在路线和政策方面的流毒,就不可能弄清楚各条战线的具体工作路线和具体政策,干部无所适从,群众积极性调动不起来,工作哪能搞得好呢?

三是作风方面。邓副主席在五届人大解放军小组的发言中指出:“恢复和发扬我们党的优良传统和作风,是实现四个现代化的重要保证。”肃清“四人帮”的流毒,是政治上、思想上和作风上的一次全面整顿,是整党整风的重要组成部分。我们要通过肃清流毒的群众运动,彻底打掉“四人帮”的帮风帮气,恢复和发扬毛主席一贯倡导的我们党的优良传统和作风。

还有一个值得注意的方面,就是思想方法方面的流毒。“四人帮”的唯心主义和形而上学,影响到我们一部分同志,就是片面武断,走极端,执偏见,不作分析,绝对否定或绝对肯定,无限上纲,不留余地。这种思想方法,对于工作和同志关系危害极大,不可等闲视之。

采取适当的方法

我们要善于吸取党的历次路线斗争的经验,特别是延安整风的成功经验,采取适当的方法打好肃流毒这一仗。

要认真学习。学理论,学路线,学政策。要坐下来多读点马列和毛主席的书。打意识形态领域的仗,不读书不行。

读书也有一个精神状态问题。毛主席在成都会议上指出,学习马列主义没有势如破竹的风格,那很危险。现在有的同志思想不解放,精神负担很重,机器开动不起来。他们被“四人帮”一伙假马克思主义骗子骗了多年,脑子被“四人帮”散布的那套迷信禁锢住了,造成思想僵化,不敢独立思考,不敢跳出框子想问题,缺乏一种势如破竹的革命风格。肃清“四人帮”流毒是一次新的马克思主义的思想解放运动,要敢于拨乱反正,发扬敢想敢说、敢破敢立的马克思主义风格,把被“四人帮”搞乱了的思想、理论、路线、政策进行一次认真的清理。

要思想交锋。“思想不交锋,就缺乏明确性和彻底性”,“好比打仗,你一刀杀来,我一刀杀去,两把刀子要打中,这叫交锋。”(《毛泽东选集》第五卷第207页)肃流毒必须旗帜鲜明,不怕交锋;不能吞吞吐吐,不痛不痒,钝刀子割肉。同时要防止主观武断和简单化。要用民主的方法,讨论的方法,摆事实、讲道理的方法,批评和自我批评的方法,分析矛盾,解决矛盾。有人害怕交锋,害怕民主,喜欢“一言堂”,一听不同意见,马上组织“反击”。这也是“四人帮”流毒的一种表现。叶副主席在修改宪法报告中指出:“我们现在肃清‘四人帮’的流毒和影响,就要大力恢复和发扬民主传统,同任何破坏民主生活、侵害公民权利的行为作斗争,同时也要发动和依靠群众,从各方面切实进行整顿,反对无政府主义,反对资产阶级派性,反对各种破坏纪律和团结的行为。”没有充分的人民民主,广大人民群众不可能真正地从“四人帮”的精神枷锁下解放出来。

要有破有立。在深入开展揭批“四人帮”的第三战役中,要对“四人帮”的反革命思想体系进行系统的批判,写出一批有水平的批判文章。对"四人帮"的批判,既要立场坚定,毫不留情;又要充分说理分析,对国内外群众都有说服力。理论研究部门还要组织力量写专著,写教材,搞好马克思主义理论的基本建设。

要注意检查政策执行情况。一个革命政党的任何行动,都是实行政策。不是实行正确的政策,就是实行错误的政策。当前执行政策中的很多问题,根源都来自"四人帮"的干扰和破坏。要通过检查工作,深入揭批"四人帮"破坏我国社会主义革命和建设事业的罪恶,从检查政策执行情况中发现和纠正偏差,同时清理我们自己思想上的流毒和影响,提高思想政策水平,把各项工作做好。

我们相信,在华主席为首的党中央领导下,经过肃清"四人帮"流毒的人民战争,我国必将出现一个马克思主义思想大发展的崭新局面。它将改变全民族的精神状态,使群众智慧和群众力量充分发挥出来,在实现四个现代化的伟大事业中创造出新的奇迹。

《人民日报》发表评论员文章《一定要让社会科学研究空前繁荣起来》

第五届全国人民代表大会第一次会议胜利召开,华主席发出响亮号召:"团结起来,为建设社会主义的现代化强国而奋斗。"全国人民欢欣鼓舞,各条战线更加斗志昂扬。最近,中国社会科学院召集各学科部分社会科学工作者举行座谈,愤怒揭批"四人帮"破坏社会科学事业的滔天罪行,决心把社会科学赶快搞上去。这个会开得好,开得及时。

发展社会科学,是建设社会主义现代化强国的一个不可缺少的重要方面。要坚持社会主义道路,要搞好实现四个现代化的各项方针政策,要高速度发展我国国民经济,都必须大力加强马克思主义理论指导和社会科学许多学科的研究。社会科学研究,决不是可有可无,无关紧要,它不仅与民社会主义各项事业息息相关,而且关系到国家的前途、民族的命运。也正因为这样,万恶的"四人帮"就千方百计地毁灭和扼杀马克思主义的社会科学。他们从理论上全面歪曲篡改马克思主义,从各方面疯狂地摧残社会科学事业,破坏新中国成立17年来社会科学研究欣欣向荣的大好局面。他们从精神上肉体上残酷地打击迫害有贡献的老科学家和广大科研人员。他们拼命禁止有价值的科学著作的出版发行,损毁图书资料和科研成果。他们恣意撤销科学研究机构,强令停止科研业务活动。"四人帮"给社会科学事业造成的毁灭性灾难,较之自然科学有过之而无不及。这也从反面告诉了我们,开展社会科学研究,十分重要,必须抓好。

中国是毛泽东思想的故乡,我国的社会科学研究,无论在奋斗目标、理论观点上,还是在研究方法上,都有马列主义、毛泽东思想的强有力的指导,这是我们特别优越的条件。但是,由于"四人帮"的凶暴践踏,十多年来,我国社会科学的许多部门没有发展,不少学科的研究甚至停滞了,倒退了。多年来,毛主席和周总理先后给社会科学工作者提出过许多重大的研究课题,但是,我们的研究工作者到现在还没有写出真正够水平的著作。无论政治、经济、工业、农业、文化、教育等方面,我们的研究工作都没有从理论与实践的结合上来系统总结我们党积累的丰富的革命经验。我们已有的研究机构还有很多缺陷,许多应有的学科还是空白,还没有设置相应的研究机构。这种种情况更加说明,为了适应建设社会主义现代化强国的迫切需要,自然科学要大干快上,社会科学也要大干快上。

要大力开展创造性的社会科学研究,繁荣昌盛社会科学事业,就必须从政治、物质等方面创造条件。一定要坚决认真地贯彻执行毛主席的"百花齐放、百家争鸣"的方针。要砸碎"四人帮"加在我们身上的一副副精神枷锁,来一个思想大解放。要激励和支持探索真理的顽强勇气,敢于冲破"四人帮"设置的"禁区",攀登科学高峰。这些"禁区"往往关系到马克思主义的基本的重大的问题,常常是科学尖端的所在,在揭批"四人帮"的第三战役中,我们一定要敢于突破,敢于探讨。要严格分清两类不同性质的矛盾,分清学术理论问题与政治问题,不能乱扣政治大帽子。要活跃学术研究,就要有不同学术见解、不同学派之争,允许犯错误,允许改正错误。错误、失败往往是成功的先导,只要善于总结教训,就能得出正确的结论。各级党委要重视发展社会科学的研究队伍,注意发现人才,健全充实研究机构,加强图书资料工作。

我们一定要奋起直追,尽快地让社会科学研究空前繁荣起来。

全国人大常委会副委员长廖承志在北京会见以公明党书记长矢野绚也为团长的日本公明党第六次访华团

廖承志副委员长在讲话中对矢野书记长等公明党老朋友们的来访表示热烈欢迎。他说,我们永远不会忘记竹入委员长和公明党的朋友们在中日建交的关键时刻所作出的重要贡献。

他说,中日友好的历史潮流滚滚向前,任何反动势力也无法阻挡。在中日两国政府联合声明的基础上,早日缔结和平友好条约完全符合我们两国人民的根本利益,也是我们两国人民的共同愿望,在这个问题上,中国态度是一贯的,没有任何变化。我们愿同公明党朋友们一道为早日实现这一共同愿望而共同努力。

《人民日报》发表廖承志的文章《教诲铭心头 恩情重如山——纪念敬爱的周总理八十诞辰》

中国科学院物理研究所召开1978年度首次学术委员会会议

物理所的学术委员会是在去年成立的。出席这次会议的27名委员(其中所外单位8名),有著名的老一辈物理学家、教授,也有新中国培养的中、青年科学工作者。有的委员还带病赶来参加。会议给每位委员颁发了聘书。大家听取了物理所1977年科研工作汇报,对今年的科研计划提出了意见。与会的老、中、青科学家欢聚一堂,畅所欲言。他们对如何保证"5/6"的科研时间,保证兼职科研人员的业务时间,人员培养和学术交流等问题,展开讨论,交换意见,提出建议。与会者认为,恢复学术委员会是贯彻"双百"方针,开展学术活动,繁荣科学事业的一种好形式。大家表示,要破除迷信,解放思想,走我国自己高速度发展科学事业的道路。会议还评审了几位同志的提职学术报告。

根据中央《通知》精神建立的中国科学院物理所学术委员会,是所党委和所长领导下的学术咨询机构。它按照老中青三结合的原则,聘请热心社会主义科技事业,有一定学术水平,有科研实践经验和专长的同志担任学术委员。它的任务是:对所的长远规划和年度计划提出建议和意见;对科研成果的评议和鉴定提出建议和意见;协助有关部门制订科技干部和研究生培养计划和措施,协助所领导做好科技干部和研究生的业务考核工作;对开展所内外、国内外学术交流活动提出意见和建议;讨论院、所领导交办的其他有关学术问题。

这次会议由物理所所长、所学术委员会主任施汝为主持。著名科学家钱三强、严济慈出席了会议,并作了重要发言。

3月12日

《人民日报》刊登记者报道《结合揭批"四人帮"的斗争狠抓具体措施 四川切实落实知识分子政策》并配发编者按

编者按:四川省委主要负责同志亲自抓落实党的知识分子政策的工作,很有成效。这样做,知识分子欢迎,工农兵高兴,对繁荣科学教育文化事业有利。

落实知识分子政策,党中央早有明确规定。现在的问题,是要见行动。有些同志,嘴上也讲落实,一遇到具体问题,就左顾右盼,犹豫不决。这说明他们还是"心有余悸",精神枷锁没有彻底砸烂,说空话的恶劣作风没有根除。因此,落实知识分子政策,必须同批判"四人帮"反革命修正主义路线结合起来,同批判"四人帮"的假左真右结合起来。要批透"两个估计",分清是非,肃清流毒,拨乱反正,就要像四川省那样采取有效措施,切切实实地解决问题。

中共四川省委采取切实措施,加强对落实党的知识分子政策工作的领导,推动和督促有关部门在揭批"四人帮"的斗争中,联系实际,肃流毒,查影响,把落实党的知识分子政策的口号变为具体行动,加快了全省落实知识分子政策的步伐。

今年一月,省委主要负责同志亲自主持会议,检查省文教、宣传、统战、科委各部门贯彻落实党中央和省委对知识分子问题指示的情况,对存在问题进行了分析研究。省委认为,四川各有关部门在落实知识分子政策的过程中,虽然做了不少工作,取得了一定成绩,但还做得不够。其主要原因,是一部分领导干部仍然路线是非不清,精神枷锁没有砸烂,碰到具体问题还是"心有余悸",宁愿"等一等","看一看",唯恐犯"右"倾错误。省委指出,要围绕着"四人帮"的干扰破坏来解决问题,首先要深揭狠批"四人帮",要充分认清"四人帮"的假左真右对党的政策的严重破坏。现在不抓政策,就不可能真正分清路线是非,毛主席的革命路线就不可能在各个领域、各个单位贯彻,抓纲治国的任务也就不可能落实。省委明确要求各有关部门在揭批"四人帮"的同时,做好调查研究,分别情况,订出具体措施,切实抓,见行动。

会后,四川省高教局、文化局、科委及统战部门都认真进行讨论、研究,迅速订出具体措施,并见诸行动。省委统战部召开了成都、重庆、宜宾、南充、温江等地、市统战部门负责人会议,研究进一步贯彻落实各界知识分子政策问题。省文化局成立了落实政策办公室,由局党委亲自抓。省科委制定了恢复科技人员技术职称、提拔优秀科研人员、用非所学的科技人员归队、保证"六分之五"科研工作时间、解决科技人员的住房和工作条件等问题的具体措施,布置所属单位立即执行。省高教局召开了全省大专院校党委书记会议,讨论制定了八条具体措施,立即付诸实行。

1. 提升一批政治上、业务上都较突出,并有一定影响的教师为教授、副教授或讲师。对相当于讲师、副教授或教授而未定职称的,分别正名。政治、业务都很突出的教学辅导人员,可提升为技师;有的确已具备了讲师、副教授、教授的水平,可提升为讲师、副教授、教授。

2. 逐步解决教师的住房问题。对知名人士、学有专长、贡献大的人的住房问题由省里拨款,优先解决。

3. 妥善解决子女安排问题。对于有三个子女上山下乡的,按照照顾老工人的办法,先调一个回来。对学有专长、贡献大、身边无子女照顾的教师，在子女安排上，也要予以照顾。

4. 对学有专长，本人能坚持工作的骨干教师，虽已退休而工作需要的，可收回一部分。

5. 夫妇分居两地应照顾的教师，凡对方属于全民所有制单位职工的，仍按平常调动工作手续，逐步照顾。确有特殊贡献、有影响的教师，而对方是农村社员、城镇居民、集体所有制职工的，可作特殊问题，提出名单，经省革委会批准解决。

6. 骨干教师的归队，可不受省高教局原规定“出一进一”的限制，但必须是本人愿意归队，所在单位又同意放的。

7. 抓紧对“文化大革命”以来受审查教师的结论复查工作。需要作出结论的尽快作出结论，已作过结论的，如有不实之词或不合政策的要纠正。

8. 为了保证教师5/6的业务时间，省委安排一批招工指标，给各院校补充炊事员、实验员，以解决教师在生活和教学、科研工作上的实际困难。

制定出以上八条措施之后，全省各有关单位在春节前立即行动，着手解决部分问题，春节后又继续加快步伐，狠抓落实，并见到了初步效果。

由于“四人帮”的干扰、破坏，四川高等学校、科研单位和工矿企业的教师、科学技术工作者和工程技术人员的职称，早被取消，不少单位也未按职称来安排工作，提职的工作停止多年。这种情况妨碍了岗位责任制的建立，挫伤了知识分子的积极性。现在，许多单位都恢复了职称，广大知识分子深受鼓舞。四川省化学研究所对全所助理研究员以上27名科研人员重新明确职称，并在全所大会上郑重宣布。一些高等院校已重新公布了讲师以上教师的名单。

四川在“文化大革命”中知识分子受冲击和审查的数量较大。粉碎“四人帮”以后，多数人的问题已经得到解决，但还存在一些遗留问题，需要进一步落实政策。现在，许多单位都为此成立了专门的办公室或小组，切实抓紧进行工作，使多年沉冤得以昭雪，一些不实之词或错误的结论得以纠正。重庆医学院最近对被审查过的44名讲师以上的知识分子，逐个地进行了复查，除一人外，都按照实际情况和党的政策，重新作了结论，并把结论与本人见了面。成都中医学院有的老中医，因为政治历史问题长期不作结论而未安排工作。学校党委根据党的政策，结合当时历史条件，进行具体分析，迅速作出了恰当的结论，分配了适当的工作。

许多单位的知名人士、学有专长、对国家贡献大的人的住房问题现已初步得到解决，对这些人的子女工作安排问题以及其他的问题，也正在有计划、有步骤地解决。许多学校和科研单位都加强了后勤工作，办好食堂、托儿所、医务室，给教师和科研人员创造较好的工作、生活条件。

进一步落实政策以后，广大知识分子精神振奋，干劲倍增。无论老年、中年和青年知识分子，大都严格要求自己，决心迅速提高自己的政治、业务水平，为实现四个现代化多做贡献。

农林部在河北邯郸地区召开主产小麦油菜的15个省市41个地区的农林部门负责人会议

会议认真分析了当前越冬作物的生长形势，研究制定了夺取夏季粮食作物和油料作物丰收的措施。

会上，大家用一分为二的观点分析了当前越冬作物存在的问题和可能遇到的各种自然灾害。去冬以来，我国大部分地区气温持续偏高，部分播种过早、播种量过大、水肥过多的丰产田和一些春性较强的小麦普遍出现旺长。有的旺长麦苗由于养分消耗过多，出现脱肥变黄，有的拔节的主茎已经冻死。小麦、油菜都还有一部分三类苗，长势黄弱。而且，有些麦田病虫害严重，有些地方麦田春旱已经出现。特别值得警惕的是，今年晚霜冻可能偏迟，小麦、油菜遭受冻害的威胁较大。

会议指出，小麦、油菜从现在到收获还有两三个月。在这段时间内，小麦、油菜生长发育加快，需水需肥增多，自然灾害频繁。因此，要夺取今年夏季粮油丰收，必须很好地注意解决以下三个问题。

第一，正确分析越冬作物生长形势，克服盲目乐观、麻痹松劲思想。目前，一些干部和群众只看到已经取得的成绩，对存在的问题和可能出现的灾害估计不足，缺乏抗灾夺丰收的准备，存在侥幸取胜思想；有的只满足于苗情比去年好，认为可以比去年增点产，缺乏争取大幅度增产的雄心壮志。针对这些情况，各地必须在深入揭批“四人帮”斗争中，进一步搞好思想发动，教育干部、群众认识夺取夏季粮油丰收的重要意义，一分为二地分析当前作物生长的形势，从高速度、高标准的要求出发，花更大的力气，采取更有力的措施，从思想上、组织上、物质上，做好抗御各种自然灾害的准备，把夺取丰收建立在可靠的基础上。

第二，狠抓关键性的增产措施。要大积大造肥料，尽量满足追肥的需要，解决麦苗脱肥变黄的问题。要认真做好防霜冻的准备工作，千方百计过好“冻害关”。要大力防治病虫害。要做好防旱抗旱和排水防渍工作，同时注意防倒伏和干热风。要抓好越冬作物管理的每一个重要环节，做到丰收不到手，管理不罢休。

第三，继续加强组织领导。现在春耕大忙已经到来，对各方面所需要的劳动力必须统筹兼顾，全面安排。越冬作物管理的专业队伍要坚持下来，防止前紧后松。要进一步开展夏季粮油生产的社会主义劳动竞赛，组织好以公社、大队为单位的检查评比活动，把田间管理工作做得更好。

国务院副总理李先念在菲律宾总统府马拉坎南宫拜会菲律宾共和国总统费迪南德·埃·马科斯

国务院副总理李先念在马尼拉出席菲律宾总统费迪南德·埃·马科斯举行的国宴

3月13日

国务院副总理邓小平在北京会见索马里新闻和国家指导部部长阿卜迪卡西姆·萨拉德·哈桑率领的索马里新闻代表团

中共中央政治局听取国家计委《关于1978年引进新技术和进口成套设备计划的报告》

报告提出，8年引进规模由65亿美元增加为180亿美元，其中：第一批拟于1978年签约成交近60亿美元；第二批签约80亿美元，拟于1979年、1980年两年成交，其中26亿美元为第一批项目结转继续成交，54亿美元为新项目；第三批签约成交40亿美元，除了专用材料、单机及技术专利外，主要是第二批项目结转继续成交额。经过讨论，政治局批准了国家计委的报告。

国务院副总理谷牧会见在北京马耳他总工会助理总书记卡梅尔·孔西利奥和工会出版社经理、马耳他中国友好协会主席查尔斯·米齐

中国社会科学院召开法学科研规划座谈会

应邀参加座谈会的有北京、天津政法部门、政法院校以及中央有关部门共45个单位的代表150多人，还有首都政法界部分知名人士。会上，社会科学院法学研究所韩幽桐同志传达了胡乔木院长的有关指示，并说明这次座谈会的目的，是讨论法学科研工作，为即将召开的全国社会科学规划会议做好准备。邓力群副院长在会上作了重要讲话。

与会同志信心百倍地表示：一定要理论联系实际，深入揭批"四人帮"，认真搞好法学科研规划，树立雄心壮志，努力把法学科研工作搞上去。

中国社会科学院决定增招研究生

外国文学研究所招收英美文学、德国文学、法国文学专业的研究生；

近代史研究所招收中国近代史、中国革命史、中国文化史、中华民国史专业的研究生；

世界历史研究所招收日本通史、世界古代史研究生；

新闻研究所增招毛主席新闻理论、英语新闻写作专业的研究生，并扩大原有专业的名额。

许多专家、学者积极要求承担培养人才的任务，如冯至、卞之琳、罗大冈、李健吾、黎澍、李新、孙思白、蔡美彪、穆青、缪海棱、彭迪、陈龙等同志都负有指导研究生的任务。

3月14日

国务院副总理邓小平在北京会见以公明党书记长矢野绚也为团长的日本公明党第六次访华团

国务院副总理李先念在马尼拉与菲律宾总统费迪南德·埃·马科斯进行会谈

外贸部部长李强在北京与几内亚政府贸易代表团团长 几内亚外贸部部长塞古·巴里在举行会谈

中国新任驻赞比亚大使葛步海在卢萨卡向赞比亚总统卡翁达递交的国书

我国齿轮测量工作者独创"齿轮动态整体误差测量新技术"

《人民日报》报道：这项新技术，突破了世界上齿轮误差测量的旧框框，提出了多种新的测量方法，能够高效率地测出各种齿轮动态整体误差的曲线，并且发展了多种能测量各种渐开线圆柱齿轮的整体误差测量仪。在这个基础上，建立了全新的"齿轮动态整体误差概念"。它指出，齿轮工作齿面的所有误差项目是一个整体，包含着各种齿轮误差的变化规律和内在联系，而传统采用的各种齿轮误差项目，只是这个整体的各别侧面，这个整体由齿轮加工时的工艺误差和使用时的安装误差所决定，直接影响着齿轮的传动质量。它还提出了一套套应用各种"动态整体误差曲线图"来认识和分析各种齿轮误差的新论点和新方法。

这项新技术的研究成功和应用，为齿轮测量技术发展开辟了一条崭新的道路，对于齿轮实际啮合过程的研究、精度标准的制定、加工技术的改进和齿轮传动质量的提高等方面，都将产生深远的影响。最近，国家科委负责人和许多著名科学家观看了这种齿轮测量仪器的表演，听取了有关人员对成果鉴定情况的汇报，一致认为这是一项具有重大意义的研究成果。

这项新技术的主要创造者，是成都工具研究所技术员黄潼年。他是新中国培养的技术人员，1954年毕业于哈尔滨工业大学。最近，他已光荣地当选为四川省人民代表大会代表，并被提升为工程师。

几十年来，国内外齿轮测量都采用分别测量单项误差和综合误差的方法，一直改变不了这种落后状态。1967年，我国齿轮测量工作者以国外先进的齿轮测量仪器作为自己的起点，开始了赶超世界水平的试验研究工作。他们运用毛主席的哲学思想，只用10年的时间，就解决了国外40多年没有解决的问题，登上了世界齿轮测量技术的高峰。

先后参加这项新技术研究的，有成都工具研究所、北京量具刃具厂、四川宁江机床厂、陕西汉江机床厂、上海机床齿轮厂等30多个科研、生产和使用单位的上百名工人、技术人员和干部。

我国制成LT—1型扫描式离子探针质谱微分析仪

新华社报道：中国科学院科学仪器厂在有关单位的协作下，自行设计并研制成功了我国第一台LT—1型扫描式离子探针质谱微分析仪，填补了我国质谱仪器的一项空白，为我国赶超世界科学技术先进水平作出了贡献。

离子探针质谱微分析仪是国际上近10年才发展起来的一种大型精密科学仪器。它主要应用于表面微区薄层分析，是半导体集成电路、固体物理、表面科学、材料科学、环境科学、地球和空间科学、生物学等研究中的一种重要分析工具。它的灵敏度很高，可测量含量为百分之几到十万万分之几的杂质；可测量包括H到U的所有元素、同位素丰度；可测量分辨率高达几十个埃的深度分布。

中国科学院经过测试鉴定认为，这台仪器的性能良好，主要技术指标已达到国外同类仪器的先进水平，可以投入生产。

3月15日

中共中央主席华国锋接见军事科学院全体同志祝贺军事科学院成立20周年

中共中央副主席叶剑英、邓小平、汪东兴，以及党和国家、军队的其他领导人徐向前、聂荣臻、陈锡联、韦国清、苏振华、张廷发、王震、粟裕、罗瑞卿也参加了接见。

中国人民解放军军事科学院集会庆祝建院20周年

华国锋主席，叶剑英副主席、邓小平副主席为军事科学院建院20周年题了词。华主席的题词是："高举毛主席的伟大旗帜，努力开展军事科学研究，为建设现代化国防而奋斗。"叶副主席的题词是："继承和发展毛主席的军事思想，为实现国防现代化而奋斗！"邓副主席的题词是："继承毛泽东军事思想，研究现代条件下人民战争，发展我国军事科学。"军委副主席徐向前、聂荣臻也题了词。

军事科学院是伟大领袖和导师毛主席批准于1958年3月15日创建的。叶副主席从建院到1972年一直亲自领导和主持这个院的工作，以后仍然不断给予指示。20年来，军事科学院为学习、宣传马列和毛主席的军事思想，发展我国军事科学，作出了很大贡献，并初步形成了一支又红又专的军事科学研究队伍。

军事科学院第一政委粟裕主持今天的庆祝大会。院长宋时轮在会上讲话。他在回顾建院20年来的战斗历程后，着重总结了全院学术研究工作的主要经验。他说，要搞好军事科学研究工作，必须坚持以毛泽东军事思想为指针，完整地准确地掌握毛主席的军事思想；坚持为国防建设、军队建设和现实斗争服务的方向；坚持辩证唯物主义和历史唯物主义的研究方法；坚持群众路线，充分发扬学术民主；加强党的领导，调动一切积极因素，保证军事科学研究任务的完成。宋时轮院长号召大家高举毛主席的伟大旗帜，坚持以毛主席军事思想为指针的军事科学研究工作方向，正确地解决我国国防建设和军队建设中所提出的一系列新问题，探讨现代条件下人民战争的特点和指导规律。抓纲治军，准备打仗，努力攀登军事科学的新高峰。

《人民日报》发表中共中央副主席叶剑英的文章《发展我国无产阶级的先进军事科学——为军事科学院成立二十周年而作》

今年3月15日，是伟大的领袖和导师毛主席批准创建的中国人民解放军军事科学院成立二十周年。

毛主席领导我国革命战争和我军建设，历来深切关怀、十分重视军事科学的研究。在戎马倥偬、战斗频繁的年代里，毛主席就以巨大的精力，从事军事理论研究工作，写出了不朽的军事著作，并经常唤起全党注意军事问题的研究，指出："研究军事的理论，研究战略和战术，研究军队政治工作，不可或缓。"新中国成立以后，毛主席在提出"钻现代化的国防"任务之后，又号召我们，要以我为主，总结我军经验，发展我国的军事科学。

军事科学是研究战争和战争指导规律的，战争和战略的理论是它的骨干。军事科学来自军事实践，又反过来对军事实践起着重大的指导作用。恩格斯说过，"革命将以现代的军事手段和现代的军事学术来与现代的军事手段和现代的军事学术作战。”我们要建设现代化的国防,发展先进的军事技术,改善武器装备,是很重要的;研究军事科学、军事理论,也是非常重要、刻不容缓的。如果只掌握现代的军事手段,而没有正确的军事理论作指导,也不能有效地对付现代化的敌人,至少要付出更多更大的代价。军事科学战线的同志们和全军指战员,都要铭记毛主席的教导,继承毛主席的遗志,把加强军事科学研究,发展我国无产阶级的军事科学,作为抓纲治军,准备打仗,实现国防现代化的一项迫切任务,作为承先启后,继往开来的一个重大责任。

马克思、恩格斯在一百多年前就预见到,无产阶级的解放在军事上也将有它自己的表现,并将创造出自己特殊的、新的作战方法。继承和发展马克思列宁主义的军事学说,担负起这个伟大历史使命的,正是我们的毛主席。

毛主席领导我国军民打了几十年的仗,进行了数百次大的战役和数万次大的战斗,用劣势装备打败了比自己强大得多的国内外敌人,创造了人类战争史上蔚为壮观的奇迹。毛主席把马克思主义的普遍真理同中国革命战争的实际结合起来,得心应手地把唯物辩证法运用于指导战争,达到炉火纯青的高度,创造性地解决了人民军队、人民战争及其战略战术的一系列根本问题,极大地发展了马克思主义的军事学说,形成了崭新的无产阶级军事科学的完整体系。

毛主席创建的我国无产阶级军事科学,就其思想体系来说,在当代是最先进的,是一切资产阶级军事科学无法比拟的。现在在世界上张牙舞爪的那两个超级大国,特别是社会帝国主义,尽管手里有那么几件新式武器,军事技术上暂时还跑在前面,但是,从根本上说,他们的军事理论是反动的,腐朽的,有着不可克服的弱点。唯有我们马克思列宁主义的军事科学,毛主席的军事科学,才是革命人民百战百胜的武器。我们要十分珍视,认真学习、研究和应用,不要手里拿着宝贝不知宝。我们克敌制胜,过去依靠它,现在依靠它,将来还是要依靠它。在整个帝国主义和无产阶级革命的时代,它将永葆青春。林彪、“四人帮”贬低它,篡改它,妄图用资产阶级军事思想代替它,完全是枉费心机。

马克思主义的基本原理,任何时候都是不能违背的;但是,马克思主义一定要随着实践的发展而向前发展,停止了,它就没有生命了。政治上是这样,军事上也是这样。战争的情况不同,战争的指导规律也有所不同。我们的同志研究军事科学,一定要着眼于现代战争的特点,着眼于发展。毛主席就曾经指出:“十大军事原则,是根据十年内战、抗日战争、解放战争初期的经验,在反攻时期提出来的,是马列主义普遍真理同中国革命战争实践相结合的产物。运用了十大原则,取得了解放战争、抗美援朝战争的胜利(当然还有其他原因)。十大原则目前还可以用,今后有许多地方还可以用。但马列主义不是停止的,是向前发展的,十大原则也要根据今后战争的实际情况,加以补充和发展,有的可能要修正的。”毛主席的这一指示,闪耀着唯物辩证法的光辉思想,是军事科学研究工作必须坚决遵循的。

我们军事科学研究工作面临的根本任务,就是高举毛主席的伟大旗帜,完整地准确地学习和运用毛主席的军事思想,以毛泽东思想为指针,总结我军经验,认真研究敌人,有选择地吸取外国军事上的有益经验,探索现代条件下人民战争的指导规律,为国防建设、军队建设和未来反侵略战争的需要服务。

毛主席的军事理论著作,是马克思列宁主义军事学说的瑰宝,我们应当着重地学习和研究。毛主席对我军建军作战的大量指示、命令和文电,同样生动地体现了毛主席伟大的军事思想和军事实践,我们应当尽快地加以整理,认真地学习和研究。要用毛主席的军事思想统一我们建军和作战的思想。我们还要抓紧研究和编写我军的战争史,把我们丰富的建军经验、作战经验,加以系统地整理和总结。对我军用鲜血换来的宝贵经验,采取妄自菲薄的态度是不对的。武装斗争是我们党史的重要内容。编写好战争史,对于编写党史也是非常必要的,不可缺少的。要通过编写战争史,把我党我军的历史经验和优良传统一代一代地传下去。

由于现代科学技术的飞跃发展并广泛应用于军事方面,给军事理论研究提出了一系列新课题。我们不能故步自封,要接受新事物,研究新问题。要尽快地研究撰写出充分体现毛主席军事思想,反映现代战争特点的战略学、战役学、战术学、军制学、军事地理学和其他军事学术著作,不断完善各种条令条例,并随着情况的发展变化,适时进行修改和补充。我们还要根据毛主席关于“深挖洞”的指示,特别注意研究人民防空这个具有战略意义的问题。

在我们中华民族悠久灿烂的文化宝库中,有着极其丰富的军事典籍和军事学术遗产。我们要吸取其精华,批判地继承下来,使我国无产阶级的军事科学更加绚丽多彩。毛主席在领导和指挥中国革命战争几十年的斗争中,在这方面所做的,也是我们应当学习的最好的榜样。

古人说:“天下虽安,忘战必危。”当今的世界很不安宁,苏美两霸正在酝酿着一场大的战争。华主席为首的党中央率领我们进行新的长征,建设社会主义现代化强国,社会帝国主义、帝国主义一定要寻找机会破坏。最大的破坏,就是发动战争来破坏。所以,我们要以“军队要整顿”、“要准备打仗”为纲,抓紧时间,把军队建设和国防建设搞好。我们还要做好解放台湾的充分准备。过去20年,我们的军事科学研究是有成绩的,我们军事科学院的工作也是有成绩的。但是,由于林彪和“四人帮”的捣乱破坏,耽误了我们许多时间。我们要在揭批“四人帮”的伟大斗争中,把一切积极因素调动起来,实行领导与群众相结合,专业研究机关与广大指战员相结合,全军动手,建立和健全军事科学研究机构,培养又红又专的军事科学研究队伍,充分发扬学术民主,制定军事科学研究的规划,促进军事科学研究的迅速发展。我们要遵照华国锋同志在五届人大政府工作报告中的精神,继承毛主席的军事思想,奋发努力,积极开展对军事科学的研究,攀登军事科学高峰!

中国政府和菲律宾政府科学技术合作协定在菲律宾“总统号”游艇上签字

黄华外长和菲律宾外长卡洛斯·罗慕洛分别代表本国政府签了字。

李先念副总理和费迪南德·埃·马科斯总统参加了签字仪式。

国务院副总理耿飚在北京会见阿根廷新任驻中国大使费德里科·德尔索拉尔·多雷戈

中国科技大学首次开办少年班

中国科技大学破格录取了20名11岁至16岁成绩优异的青少年,成为中国超常教育的开端。此后,一批重点大学相继招收少年大学生。

3月16日

《人民日报》发表评论员文章《联系实际 深入揭批》

华主席在五届人大政府工作报告中,对一年多来揭批“四人帮”的群众运动作了精辟的总结,对今后的斗争做了全面的部署。这是我们夺取这场政治大革命全胜的重要指针。

全党全军全国人民要响应华主席的号召,继续把揭批“四人帮”的斗争作为当前和今后一个时期的头等大事。各个地区和各个部门,都要紧密联系实际,揭发批判“四人帮”的反革命政治纲领,揭发批判他们那条反革命修正主义路线的极右实质及其在各方面的表现。华主席在谈到这个问题时,充分肯定了前一段经济战线开展的“十个要不要”的大讨论,人民解放军进行的“十个应该不应该”的路线教育,以及科学教育文化战线对“四人帮”炮制的“两个估计”的反革命谬论的批判,强调指出:“各条战线都要抓住受‘四人帮’影响最深、造成危害最大的问题,大打人民战争,把他们制造的种种混乱彻底加以澄清,把他们颠倒了的一切是非统统纠正过来,使毛主席的革命路线得到全面的正确的贯彻执行。”

具体到一个工厂、一个公社、一个学校,应当如何贯彻华主席的这个重要指示,如何联系实际呢?这里,不妨先举两个具体的事例。

一件是江苏省江都县昭关公社的事。那里赵庄大队的社员赵治龙是个有名的罱泥能手。他用的罱子,罱篙比别人长,罱头比别人大。别人每天至多罱三船,每船只能罱满一中仓,他一天罱四船,而且三仓一齐满。因此,他每天要比别人多记几分工。“四害”横行时,按劳分配、多劳多得被攻击为“工分挂帅”,老赵也被扣上“工分迷”的帽子。公社党委书记结合揭批“四人帮”,把这个问题提出来让大家分析,社员们说:老赵每天麻花亮就下湖罱泥,总要罱到点灯,出力比别人多,贡献比别人大,多记几分工完全符合“各尽所能,按劳分配”的社会主义原则,根本不是什么“工分挂帅”。如果照“四人帮”那套谬论,大干不如小干,小干不如不干,不干不如捣蛋,那怎么能搞好集体生产?分清了“按劳分配”和“工分挂帅”的界限,点亮了一盏灯,照亮了一大片,调动了广大群众罱泥积肥、大干社会主义的积极性。

另一件是湖北省钟祥县建新大队的事。由于“四人帮”破坏党的农村经济政策,胡说社员养鸡是“资本主义尾巴”,这里曾刮起一股“摸鸡笼子”的歪风。半夜三更,鸡笼子被摸了,鸡被杀掉。“摸鸡笼子”是社会主义吗?社员养鸡是资本主义吗?他们热烈讨论了这个问题。广大干部、社员,包括许多老太太,联系亲身经历的事实批判“四人帮”,批得生动具体,理直气壮。他们从这个典型事例中认识到,“四人帮”打着割“资本主义尾巴”的极“左”旗号,实际上是颠倒社会主义和资本主义,妄想把社员搞穷,把集体搞空,逼贫下中农倒退到资本主义的老路上去。社员们说,华主席领导我们抓纲治国,毛主席的政策又回来了。

这就告诉我们:进行调查研究,解剖典型事例,抓住本地区、本部门、本单位的一些影响深、危害大的问题,发动广大干部、群众,进行认真的讨论、分析和批判,是联系实际揭批“四人帮”反革命修正主义路线的一种行之有效的方法,很值得提倡。

这种方法有利于充分发动群众,大打人民战争。这些典型事例,关系到革命和生产,因而也关系到广大群众的切身利益,是历来为大家所关心的问题。在这些方面,"四人帮"及其帮派体系是怎样破坏的,搞的是一套什么货色,后果如何,广大群众都亲身经历过,并且有深切的体会。抓住这些典型的问题进行分析、批判,就能充分调动群众的积极性;他们就会感到"四人帮"如同近在眼前,"四人帮"那条反革命修正主义路线及其严重危害,看得见,摸得头;因而人人能上阵,个个有话说,越批越有批头。相反,如果把这些群众关心的问题放在一边,只是从概念到概念,搞"空对空",广大群众的积极性就会受到挫伤,揭批"四人帮"的第三战役怎么能打好呢?

这种方法符合马克思主义的认识论,易于撕去"四人帮"的极"左"伪装,揭示他们的极右实质。感性认识是理性认识的基础,只有对丰富的感觉材料进行调查研究,加以分析思考,才能透过现象,揭示事物的本质。从"四人帮"及其帮派体系在本地区、本部门和本单位所干的大量罪恶活动,及其造成严重危害的具体事实出发,认真进行深入细致的分析、批判,就实论虚,就事论理,就可以由此及彼,由表及里,识破他们用极"左"的假面具掩盖的反革命原形。相反,空对空的脱离实际的批判,违背了唯物论的认识论路线,违背了实事求是的科学方法,就难于达到真正分清路线是非,彻底肃清"四人帮"的流毒和影响的目的。

这种方法还可以把学习、批判和总结经验结合起来,切实解决问题。要对典型事例作出中肯的分析和深刻的批判,就需要掌握思想武器,有力地推动他们去学习马克思主义的理论。而在解剖问题的现状时,总要联系到它的历史,分析过去28年中,哪些是毛主席的革命路线,应当贯彻执行;哪些是林彪和"四人帮"的干扰破坏,必须彻底抛弃。在这个基础上,我们就可以实事求是地总结正反两方面的经验,弄清楚有关的具体路线、方针、政策和方法,修改和制定有关的工作条例,逐步建立和健全充分体现毛主席革命路线的、适合实际情况的有关制度。相反,只做表面文章,不联系实际,学习、批判和总结经验都成了无的放矢,空中楼阁。

联系实际批判"四人帮"的极右路线,本身就是一场斗争。联系实际解剖典型,更是如此。我们有些同志,包括一些领导同志,在"四人帮"疯狂推行反革命修正主义路线时,说过一些错话,办过一些错事,总怕联系实际会联到自己头上。联系自己的思想实际和工作实际揭批"四人帮",主要是为了吸取经验教训,增强免疫力,改进工作。这是好事,而不是坏事。我们只能采取欢迎的态度,而不能遮遮掩掩。

揭批"四人帮"的第三战役开展以来,许多地区、部门和单位,密切联系实际,充分发动群众,进行深入具体的批判,澄清了很多路线是非,解决了很多长期不得解决的问题,有力地促进了革命、生产和各项工作。我们要坚持不懈地努力作战,在联系实际上狠下功夫,把揭批"四人帮"的第三战役扎扎实实地引向深入。

《人民日报》发表经济学家孙冶方的文章《为捍卫马克思主义政治经济学而战斗》

"四人帮"炮制的"两个估计",不仅在教育战线、文艺战线,而且在哲学社会科学理论战线,都造成了严重的恶果。对于经济学界,他们下手最早,摧残最狠。早在1964年,陈伯达就全面否定经济研究所的工作,说我们搞的是修正主义,说我个人是"中国最大的修正主义者"。在"文化大革命"期间,陈伯达和"四人帮"一伙在经济所推行一条"斗、批、散"的方针,要全体工作人员待命分配,准备解散。有一段时间,他们在我们所掀起了烧书、卖书的高潮,搞得人心惶惶,全所人员一时都成了等待处理的"废品";全所几十万册藏书,也准备全部送人。迟群插手哲学社会科学部期间,借口"批判十七年的修正主义科研路线",大讲"同十七年对着干"的反革命滥调。他们使经济所混乱、瘫痪,前后达12年之久。

究竟经济所在"文化大革命"前17年中执行的是修正主义路线,还是毛主席的革命路线?经济所的研究工作是搞的修正主义,还是搞的马列主义?这个问题非要辩论清楚不可。

从经济研究所办所的方针、道路来看,我们执行的是毛主席规定的理论联系实际的方针,走的是同工农相结合的道路,而决不是陈伯达和"四人帮"一伙所污蔑的是什么"理论脱离实际"、"培养精神贵族"的修正主义道路。从1958年起,我们响应毛主席关于"种试验田"的号召,先后在河北省的丰润县和昌黎县建立了学农基地,在石景山钢铁厂和大庆油田建立了学工基地。1959年,我们的学农小组,曾就当时农村的公共食堂问题,提出了一个调查报告。这个报告,以大量的事实和贫下中农的意见作依据,指出农民对于临时性的农忙食堂是欢迎的,而对于常年性的公共食堂是不欢迎的。这个本来是坚持了实事求是的科学态度的报告,竟被指责为是"反社会主义"的,调查组负责人还被戴上了"右倾机会主义分子"的帽子。事实证明,这个报告是符合实际情况的,所提的意见是坚持实事求是的科学态度的,是正确的。后来毛主席在听取胡乔木同志的汇报的时候,对这个调查报告作了充分的肯定,并指示要给这个报告和有关的同志平反。

我们还到大庆油田蹲点学习,学习的主要题目,是大庆"两论"起家的政治工作经验和企业管理经验。学习回来写的报告中特别强调:"政治工作和生产(业务)工作必须紧密结合","政治工作必须为生产服务,必须围绕生产来进行”,强调“人人要树立生产观点”等等。后来,我们这个报告竟被陈伯达打成“业务挂帅”,“用业务压政治”的“黑样板”。事实证明,不是别人,正是陈伯达、林彪、“四人帮”一伙才最无耻地对政治挂帅作了唯心主义的歪曲;而我们的报告是坚持了毛主席政治挂帅的精神,比较正确地宣传大庆经验的。

再从经济理论研究路线来看,“文化大革命”前的17年里,我们的研究工作虽然缺点不少,但总的来说,我们既反对了赫鲁晓夫、利别尔曼的赤裸裸的右的修正主义路线,也反对了陈伯达、张春桥的假左真右的修正主义路线,坚持了马列主义、毛泽东思想,捍卫了马克思主义的政治经济学理论。

1958年,陈伯达和张春桥刮起了否定商品生产、价值规律和按劳分配的“共产风”。当时毛主席曾严厉地批评了他们,并且在一个报告的批示中把价值规律比作一个伟大的学校。1959年4月,经济所会同其他单位在上海召开了经济学讨论会。议题有两个:一是社会主义社会里的商品和价值规律问题;二是计件工资问题。本来我们召开这个讨论会的目的,是为了搞清楚这两个在当时说来具有重大现实意义的经济学理论问题。但同时也就批判了陈伯达、张春桥一伙带头刮起来的这股“共产风”。这当然就触犯了陈伯达、张春桥一伙,使他们怀恨在心。

三年困难时期,经济所还同陈伯达一伙不讲经济核算,不计投资效果,反对综合平衡的歪风作了针锋相对的斗争。我们组织了三个讨论,即经济核算、经济效果、速度与比例三个问题的讨论,坚持了毛主席的三个并举、要发挥两个积极性以及强调社会主义企业必须进行独立的经济核算的思想。这又刺痛了陈伯达等人,他们终于在1964年“四清”运动中,以“否定三面红旗”的罪名把这些讨论全部扼杀了。

1963年,我先后写了几个研究报告,涉及财政经济管理体制问题、积累率问题、投资效果问题、利润问题。在这里,我要特别谈一下关于利润问题的报告。在这个报告中,我明确提出了社会主义利润和资本主义利润以及和利别尔曼修正主义利润之间的几条界线,主张要理直气壮地抓社会主义利润,反对资本主义利润和修正主义利别尔曼的利润。陈伯达一伙对我这个研究报告在全国报刊上进行了三次批判;然而他们只字不谈我所提出的这些界线,硬说我公然拥护利别尔曼,主张“利润挂帅”。这是为了以后进一步对我进行政治迫害制造借口。这不是理论批判,而是诬陷。以华主席为首的党中央一举粉碎了“四人帮”,我的学术上的和政治上的冤案,才能大白于天下。

今天,以华主席为首的党中央,继承毛主席的遗志,再次号召我们向科学进军。一场科学攻关战已经打响了。我作为政治经济学研究岗位上的一员,即使是已经老朽的一员,也决心按照有多少热发多少光的精神,奋发图强,勇于攀登,不断以新的研究成果为社会主义经济理论添几块砖,加几块瓦。

《人民日报》发表法学家韩幽桐的文章《砸碎精神枷锁 搞好法学研究》

新中国成立以来,在毛主席革命路线指引下,法学研究工作取得了一定的成就。广大法学工作者在贯彻婚姻法运动中开展了法制宣传,在司法改革运动中批判了旧法观点,在反右斗争中批判了资产阶级右派的谬论,在反修斗争中批判了赫鲁晓夫叛徒集团的“全民国家”、“全民法”的谬论。同时还出版了一些法学著作,讨论了一系列法学领域中的理论问题。许多法学工作者参加了我国宪法和其他重要法律的起草和讨论,参加了政法机关的实际工作,作出了一定的贡献。虽然,这些工作远远不能满足国家和人民的需要,还存在不少缺点和错误,但在“文化大革命”前17年取得的成果是事实俱在,不可否定的。“四人帮”把17年的成果一笔抹杀,污蔑为执行了修正主义黑线,实际上是反对毛主席的革命路线。

“四人帮”是披着马克思主义外衣的社会法西斯主义者,是我们最凶恶的敌人。他们破坏社会主义法制,实行法西斯专政,对广大革命干部和革命群众实行骇人听闻的残酷迫害,家庭子女也受到株连。他们在这方面所造成的损失之大,是不可估计的;他们的严重罪行是不可饶恕的。我们要怀着对罪大恶极的“四人帮”无比仇恨的心情,对他们的罪行深揭狠批,彻底清算。

粉碎了“四人帮”以后,华主席作出了抓纲治国的战略决策,并且提出了加强社会主义法制的指示。董必武同志生前曾经说过,加强法制的中心环节是依法办事。而要做到依法办事,第一是必须有法可依;第二是有法必依。多年来,由于“四人帮”的干扰破坏,我国的立法活动长期未能开展,一些必要的法律未能及时制定,还有一些法律未能及时修改,不能适应社会主义革命和社会主义建设的需要。

1962年,毛主席曾经指出:不仅刑法要,民法也需要。没有法律不行。刑法、民法一定要搞。不仅要制定法律,还要编案例。1963年,毛主席又指出:我们还没有制定刑法典和民法典,经验还不够,我们也要搞。还说,社会主义法律工作还是一项新的工作,我们还需要积累经验,进行研究。现在,我国已进入社会主义革命和社会主义建设的新的发展时期,当前的迫切任务是肃清“四人帮”的影响和流毒,加强社会主义法制。但是，有的人还心有余悸，不敢触及法律的制定、执行和遵守中存在的问题，不敢联系当前的实际大胆地积极地研究和解决这方面的问题。我们必须以党的利益、国家的利益、人民的利益为重，打破顾虑，解放思想，积极开展这方面的工作，为加强社会主义法制作出贡献。

加强社会主义法制，首先需要进行大量的立法工作。为此，应该恢复和设立必要的法律机构；应该总结经验，制定刑法、刑事诉讼法、民法、民事诉讼法，以及关于经济建设等重要法律；对原有的法律，应进行研究，根据具体情况，分别予以修改或废除。加强社会主义法制，必须根据毛主席的教导，强化人民的国家机器，加强公安、检察和司法机关，认真执行国家的法律，保护人民群众的合法权益，同一切犯罪、违法行为进行坚决的斗争。加强社会主义法制，需要领导机关和领导干部成为执行宪法、遵守法律的模范。同时，还需要深入地开展法制教育，广泛地运用电影、电视、广播、报刊等宣传工具，进行法制宣传，并编入教科书，使广大群众树立法制观念，自觉地遵守法律。

法学研究工作与加强社会主义法制息息相关，与国家和人民的利益息息相关。把法学研究搞上去，是国家的迫切需要，是人民群众的迫切需要。我们必须以马列主义、毛泽东思想为指导，坚持为无产阶级专政服务，为政法实践服务，为工农兵服务，坚持理论联系实际，实行百花齐放、百家争鸣的方针，促进法学研究的发展，为加强社会主义法制作出贡献。

也门民主人民共和国总统委员会主席萨勒姆·鲁巴伊·阿里在亚丁接见中国驻民主也门大使黄世燮

我国运动员宋淑贤 孟凡爱 黄淑艳在广西武鸣县举行的全国八单位射箭比赛中打破女子射箭团体单轮世界纪录

中国科学院在北京八宝山革命公墓为我国著名地球物理学家赵九章 著名数学家熊庆来分别举行了骨灰安放仪式

一级研究员赵九章是三届人大常委、九三学社中央常委、中国科学院学部委员和地球物理研究所所长。他重视基础理论的研究，重视科研工作为国防建设和国民经济服务，是我国气象科学、地球物理科学和高空物理学的优秀组织者和领导者，对我国科学事业作出了重要贡献。中国科学院数学研究所一级研究员熊庆来是四届政协全国委员会常委。他专长函数理论，在函数值分布论的研究方面有卓越贡献，并最早在我国高等学校开创现代数学的研究，推动了我国数学学科的发展。这两位科学家都十分重视为祖国培养科学技术人才，经他们发现、选拔的有些人才已成为中外知名的科学家。

在林彪、"四人帮"一伙横行的日子里，赵九章横遭诬陷，被迫致死。熊庆来身患重病仍惨遭折磨，不幸逝世。他们去世后，由于"四人帮"及其党羽的干扰破坏，对他们一直未能作出正确评价，妥善处理他们的问题。粉碎"四人帮"后，中国科学院正式为他们平反、昭雪，恢复了名誉。

这次中国科学院为他们举行骨灰安放仪式时，郭沫若、方毅等党和国家领导人送了花圈，许德珩、张劲夫、周培源、童第周、胡克实、彭友今、钱学森、严济慈、华罗庚、钱三强、贝时璋、张文裕等有关方面负责人、科学家和群众代表出席了仪式。

3月17日

《人民日报》发表中共安徽省委第一书记万里的文章《认真落实党的农村经济政策》

一

安徽遭受"四人帮"及其代理人的破坏相当严重。在农村中，党在现阶段的经济政策遭到了破坏，广大群众的社会主义积极性受到了挫伤，影响了农业生产的发展和人民生活的改善。农业在安徽的国民经济中，占有很大的比重，居于头等重要的位置。必须以农业为基础，全党大办农业。农业上不去，抓纲治皖、高速度发展国民经济便会受到很大影响，加速实现四个现代化便没有坚实的基础。要把农业尽快搞上去，靠什么？要靠真学大寨，靠大搞农田基本建设，靠加速实现农业机械化，靠科学种田。但最根本的还是靠人的积极性。人是生产力中决定的因素，有了人的积极性，什么人间奇迹都可以创造出来。人的积极性从哪里来？要靠加强思想政治工作，落实党的政策去调动起来。因此，省委下定决心，集中精力，在揭批"四人帮"的斗争中，大抓落实党的农村经济政策，努力实现华主席为首的党中央关于加快农业和整个国民经济发展速度的战斗号召。

"四人帮"及其在安徽的代理人大搞假"左"真右，歪曲、篡改党的基本路线，疯狂破坏党的农村经济政策。他们竭力混淆社会主义同资本主义的界限，把社会主义的东西当作资本主义的东西来批判，把社会主义的按劳分配原则说成是资本主义的旧事物，把正当的家庭副业和集市贸易说成是资本主义的尾巴；他们破坏兼顾国家、集体和个人三者利益的原则，大搞高指标、高估产、高征购，或者以树"先进"为名，搞"一平二调"，搞无偿支援，制造假典型；他们歪曲以粮为纲,全面发展的方针,不顾客观条件,片面强调粮食生产,否定多种经营,甚至把发展多种经营污蔑为"金钱挂帅";他们把政治和经济对立起来、割裂开来,把合理的规章制度和必要的奖励制度,诬之为修正主义的"管、卡、压"和"物质刺激",大搞强迫命令瞎指挥,破坏生产队的自主权,搞乱人民公社的经营管理。谁要坚持党的政策,整顿社、队,加强经营管理,就被扣上"复旧"、"回潮"的大帽子。在这条反革命修正主义路线干扰下,有些地方农业生产受到严重破坏,阶级敌人乘机捣乱,"四旧"复活,贪污盗窃、投机倒把以及大吃大喝、请客送礼、走后门等资本主义歪风盛行一时,给人民公社集体经济和社员生活带来了严重的恶果。

"四人帮"在安徽的代理人和黑干将直接控制的萧县和利辛县所出现的严重情况,更是使人触目惊心。好端端的一个萧县,被践踏得不成样子。他们经常借口割资本主义尾巴,肆意打击广大社员的积极性;在没有水源的地方强制扩种水稻,使生产遭到严重损失;社员分配的现金收入1976年比1973年下降了20%,社员吃粮水平也下降了15.4%。利辛县前县委主要领导人,残酷打击广大干部群众,谎报生产成绩,大量购过头粮,造成很多社员口粮不足,被迫外流,不少社、队无现金收入,劳动日值很低。特别是一些老革命根据地的山区,有些贫下中农收入少,甚至连吃饭穿衣的问题都没有得到很好地解决。对此,广大群众极为愤慨。有的说:"辛辛苦苦忙一年,年底分不了多少钱,哪有心思来种田。"

问题十分清楚,"四人帮"及其在安徽的代理人在农村竭力搞乱党的各项经济政策,破坏社会主义革命和建设,挑拨我们党同农民的关系,就是为了实现其篡党夺权、复辟资本主义的罪恶阴谋。我们要在农村拨乱反正,大治快上,就必须狠抓揭批"四人帮"这个纲,深入开展两个阶级、两条道路、两条路线的斗争,认真落实党的农村经济政策。否则,揭批"四人帮"就抓不到实处,充分调动广大干部、群众的社会主义积极性,加快农业学大寨和发展农业生产的步伐,就不可能办到。是否认真落实党的农村经济政策,这是关系到是不是真学大寨、能不能把社会主义农业尽快搞上去的大问题,关系到社会主义制度和无产阶级专政能不能巩固的大问题,关系到华主席、党中央提出的抓纲治国三年大见成效能不能实现的大问题。明确了狠抓落实党的农村经济政策的重要性和迫切性,我们就更加坚定了做好这项工作的决心,要求各级党委把它列入重要议事日程,作为一场硬仗来打,坚决打好,打到底。

毛主席教导我们:"共产党领导机关的基本任务,就在于了解情况和掌握政策两件大事。"为了把被"四人帮"及其在安徽的代理人破坏了的农村经济政策纠正过来,把广大群众被压抑的社会主义积极性充分调动起来,省委和地、县委主要负责同志,深入基层,调查研究。在掌握大量材料的基础上,省委常委经过认真讨论,根据华主席、党中央指示精神和安徽的具体情况,拟定了《关于当前农村经济政策几个问题的规定(试行草案)》(即"六条规定"),经过几上几下,十几次修改,作为草案下达试行。这个文件明确规定:要恢复和建立各项规章制度,尊重生产队的自主权,加强人民公社的经营管理;根据需要与可能,积极地有计划地发展社会主义大农业;严格控制调用生产队的劳力、资金和实物,努力减轻生产队和社员的负担;坚持按劳分配,抓好多种经营和超支还款,坚决做到分配兑现;粮食分配要兼顾国家、集体和个人的利益;采取积极有效措施,鼓励社员经营政策所允许的家庭副业。三级所有、队为基础,还是基本适合目前安徽情况的。条件成熟的生产大队,经过群众讨论同意和领导批准,可以向以大队为基本核算单位过渡,成熟一个过渡一个,成熟一批过渡一批,千万不能操之过急,但也不能消极等待,应采取积极而又慎重的态度,也就是实事求是的态度对待这个问题。这个规定,针对"四人帮"及其在安徽的代理人的破坏,着重"解决群众的生产和生活的问题",受到了广大群众的热烈拥护。他们兴高采烈地说:"毛主席的政策又回来了。"

二

认真执行党在农村现阶段的经济政策,就要完整地、准确地理解和贯彻毛主席关于发展社会主义农业的路线、方针和政策,肃清"四人帮"及其在安徽的代理人在这方面的流毒和影响,使党的政策真正落到实处,把广大社员的积极性充分调动起来,推动农业学大寨、普及大寨县运动蓬勃发展。

毛主席创造性地运用马克思列宁主义的基本原理,精辟地分析了社会主义时期生产关系和生产力、上层建筑和经济基础又相适应又相矛盾的情况,阐明了社会主义农业经济的发展规律,为巩固农村社会主义阵地,高速度发展农业生产,制定了一条马克思列宁主义的路线,并为贯彻执行这条路线制定了一系列农村经济政策。我们党的反对"一平二调",实行等价交换的政策,开展多种经营和发展集体副业的政策,坚持各尽所能,按劳分配,多劳多得,少劳少得的政策,农副产品的收购和奖售政策,在保证集体经济占绝对优势的条件下,允许社员经营少量自留地和家庭副业,允许正当的集市贸易的政策等等,是基本上适合我国现阶段农业生产的发展水平和农民群众的觉悟程度,反映了农业生产的客观规律,代表了广大群众的愿望和利益的正确政策，是有利于发展农业生产、改善农民生活、巩固人民公社集体经济的正确政策。我们一定要牢记毛主席关于政策和策略是党的生命的教导，用落实政策去调动广大农民的积极性，并把它贯串于一切工作的始终，以巩固农村社会主义阵地，加速发展社会主义农业。

我们大力贯彻“六条规定”，是从抓好年终分配，坚决贯彻按劳分配原则，落实分配政策入手的。这不仅因为当时正值农村年终决算分配之时，更因为这是关系到每个社员切身利益的大事。近几年来，在“四人帮”及其在安徽的代理人的干扰破坏下，不少社队增产不增收，社员多劳不多得，负担过重，分配不能兑现，群众迫切要求解决这些问题。各地在年终分配中，联系实际深入批判了“四人帮”在分配方面的谬论，切实加强思想政治工作，理直气壮地执行各尽所能、按劳分配的原则，坚持按照劳动的数量和质量，合理记工，进行分配，既注意克服平均主义，也注意给缺少劳力的困难户以必要的照顾。同时，根据毛主席关于“要尽可能使农民能够在正常年景下，从增加生产中逐年增加个人收入”的指示，普遍注意抓了两个突出问题：一是超支严重，影响分配兑现；二是生产队和社员负担过重，多劳不能多得。在一些地方，群众的劳动成果，有一部分被一些超支户所占用。在这些超支户中，有的是确有实际困难，有些则是利用职权挪用、侵占集体的劳动果实。解决好这个问题，是做到分配兑现的一个重要条件。从历史上看，各地在“四清”运动中和1975年传达贯彻第一次全国农业学大寨会议精神的过程中，曾经普遍抓过这项工作，干部群众都比较满意。于是，我们下决心在年终分配中着重抓了超支还款问题，收到了较好的效果。在减轻生产队和社员的负担方面，我们采取了一系列措施，规定领导干部下去检查工作，不准迎送、请客、送礼，严禁社队干部用公款大吃大喝、铺张浪费，不准随便调用生产队的劳动力和财物，严格控制享受固定补贴的人数，坚决压缩非生产人员、非生产用工和非生产开支。对影响当年分配的一切不合理开支，能追回的坚决追回，该压缩的坚决压缩，并充分揭露其危害，对有关人员进行批评教育，引以为戒。由于分配政策落实得比较好，去年有些地方在受灾减产的情况下，社员的收入仍然有所增加。许多地方过去因为分配不能兑现，社员只领到一张白纸欠条。这次开了分配兑现大会，把各家各户分得的现金用红纸包起来，发到社员手里，群众高兴地说：“华主席领导真正好，白纸条变成了红纸包。”

在抓分配的过程中，我们还紧密结合组织冬季生产和迎接春季大生产，切实加强和改进经营管理。从分配中发现的生产上的许多问题说明，加强经营管理是一个十分迫切的问题。毛主席早在农业合作化时期就指出：“任何社会主义的经济事业，必须注意尽可能充分地利用人力和设备，尽可能改善劳动组织、改善经营管理和提高劳动生产率，节约一切可能节约的人力和物力，实行劳动竞赛和经济核算，借以逐年降低成本，增加个人收入和增加积累。农业合作社也必须是这样。在这方面，必须进行许多工作。”（《〈真如区李子园农业生产合作社节约生产费用的经验〉一文按语》，《中国农村的社会主义高潮》中册第768页）要充分发挥人民公社集体经济的优越性，就得加强经营管理，建立严格的责任制，做到人尽其才，物尽其用，地尽其力。“四人帮”及其在安徽的代理人把《农村人民公社工作条例修正草案》明确规定的、长期以来行之有效的一套经营管理制度，诬之为修正主义，并竭力煽动无政府主义思潮，造成了经营管理上的严重混乱。针对当前存在的问题，我们在贯彻“六条规定”中，着重抓了整顿和加强劳动管理。擅自外出的劳力一律限期归队，保证农业生产第一线有足够的劳动力；一切有劳动能力的人，由生产队民主评定每人每年必须完成的基本劳动日；根据不同的农活，可以组织临时的或固定的作业组，定任务、定质量、定时间、定工分。所有社队都要认真执行定额管理，搞好评工记分，实行男女同工同酬，但不能搞烦琐哲学，不准“包产到户”。要建立严格的检查验收制度，好的表扬奖励，差的批评教育。同时，还强调了加强生产管理、财务管理，实行民主办社、勤俭办社，努力做到产量高、成本低，增产又增收。政策调动了千军万马，冬季生产热潮一浪高过一浪。宿县地区1977年12月与1976年同期相比，积肥总量增长60%，冬耕、平整土地的亩数比上年多50%。许多农田基本建设工地，工效提高了一倍以上。

要搞好生产和分配，还必须尊重生产队的自主权。在国家计划和党的政策指导下，由生产队来处理和决定生产的经营管理和收益的分配，更好地调动了广大干部和社员的积极性和主动性。“四人帮”及其在安徽的代理人形而上学猖獗，唯心主义横行，搞瞎指挥，搞“一平二调”，任意加重生产队的负担，破坏生产队的自主权，造成了严重的危害。定远县由于“四人帮”在安徽的代理人搞瞎指挥，违背因地制宜的原则，提出“扩大水稻攻总产”，搞得生产下降，大面积失收，劳民伤财，怨声载道。在揭批“四人帮”的斗争中，他们大力清除“四人帮”及其在安徽的代理人的恶劣作风，切实尊重生产队的自主权，因地制宜、因时制宜地进行种植，在遇到严重干旱的条件下，群策群力，战天斗地，终于战胜了“人祸”和天灾，夺得了全面丰收。事实充分说明，尊重生产队的自主权，才能提高广大社员和生产队干部当家做主的自觉性，做到人人关心集体，办好集体经济。

在生产和分配中，尊重生产队的自主权，是同维护“三级所有，队为基础”的人民公社体制相联系的。实行独立核算的生产队，对其所属范围内的土地、劳力、牲畜、农具等的所有权、支配权和经营权，不得任意侵犯。破坏了生产队的自主权，实际上就搞乱了所有制，势必挫伤广大干部和社员的积极性。尊重生产队的自主权，也是相信和依靠群众，从实际出发，正确地安排和指挥生产的重要保证。生产队是在农业第一线独立作战的生产单位，队里干部和社员不仅有丰富的生产经验，又最熟悉当地的自然条件和生产特点。让生产队按照国家计划的要求，因时制宜、因地制宜地安排作物茬口，决定增产措施等，就有利于趋利避害，挖掘潜力，有效地利用人力、物力和自然资源，全面发展农业生产。为了充分发挥生产队的主动性，我们把全省1978年的农业生产计划主要指标，发到农村社队，发动群众认真讨论，并反复强调生产队的一切规划、措施，都要放手发动群众，由群众自己来订，把发展生产、办好生产队真正变成每个社员的自觉行动，使大家“一年早知道”。这样，实现增产计划也就比较有把握了。省委“六条规定”刚下达时，有人担心强调尊重生产队的自主权，领导机关就要失掉指挥权，国家计划的落实就没有保证。事实恰恰相反，只要把加强党的领导与尊重生产队的自主权辩证地统一起来，通过群众认真讨论制订的计划，无论在茬口安排上，还是在增产措施上，都比上面下达的计划考虑得更周到、更可靠。广大社员群众对强调生产队的自主权十分拥护，他们信心百倍地说：我们能当家做主，农业必定能增产。

三

落实党的农村经济政策，是一场拨乱反正的硬仗，是一场尖锐复杂的斗争，只有横下一条心，善破善立，一抓到底，才能带领广大群众打胜这一仗。

思想上政治上的路线正确与否决定一切的。要在政策上拨乱反正，先要在思想上拨乱反正。近几年来，一些地方出现的生产上不去，增产不增收，多劳不多得，分配不兑现的严重情况，完全是“四人帮”及其在安徽的代理人打着“革命”的旗号，推行修正主义极右路线，搞乱了一系列农村经济政策的结果。省委的“六条规定”，重申了毛主席制定的农村经济政策，同时，根据毛主席的一贯思想，华主席为首的党中央的指示，针对“四人帮”的破坏，结合安徽的实际情况，作出了一些具体规定，这是拨乱反正的需要。但是，在讨论和贯彻“六条规定”的过程中，有的同志心有余悸，左顾右盼；甚至有人认为“六条规定”是右的产物，是倒退，是向资本主义让步。“六条规定”刚下达时，一度出现两头热（省委、生产队和社员）、中间冷（县、区、社、大队）的状况，就是这种思想的反映。这种情况的出现不是偶然的。安徽历史上，在农村政策方面既出现过刮“共产风”那样的“左”的错误，也出现过搞“包产到户”那样的右的错误。有些干部在执行政策上本来就忧心忡忡，怕犯错误。特别由于“四人帮”及其在安徽的代理人疯狂推行反革命政治纲领，常常用极“左”的形式来贩卖极右的黑货，把人的思想搞乱了，把政策是非搞乱了，在一些人的头脑里，觉得“左”比右好，工作中宁“左”勿右。这种思想上的“内伤”所造成的危害，并不比看得见的物质上的损失小，但正因为它是无形的东西，往往被人们忽视了。根据这一情况，在落实农村经济政策的过程中，我们一方面紧紧抓住揭批“四人帮”这个纲，放手发动群众，密切联系本地区、本单位的实际，对照毛主席关于农村经济问题的基本思想和路线、方针、政策，把“四人帮”及其在安徽的代理人破坏农村经济政策的罪行和谬论，一桩桩、一条条地摆出来，批深批透，剥去“左派”伪装，看清极右实质，认清其危害，清除其流毒，促使大家在斗争中分清路线是非，提高政策水平，从“四人帮”及其在安徽的代理人的精神枷锁下解放出来。另一方面，耐心地引导广大干部全面总结和正确接受安徽历史上的经验教训，学会对具体事物进行具体分析，提高自觉性，克服盲目性，戒“左”戒右，正确执行党的政策。

党的政策是通过各级干部来落实的。转变干部作风，特别是领导干部的作风，对于落实党的政策关系极大。不把党的优良传统和作风，特别是实事求是、群众路线的优良传统和作风恢复和发扬起来，党的政策就难以落实，一时落实了也难以巩固。所以，我们在落实经济政策的过程中，狠抓了转变作风，大煞歪风邪气，并在斗争中及时调整了领导班子，落实了干部政策。伟大领袖和导师毛主席谆谆告诫我们：“干部通过参加集体生产劳动，同劳动人民保持最广泛的、经常的、密切的联系。这是社会主义制度下一件带根本性的大事，它有助于克服官僚主义，防止修正主义和教条主义。”从安徽的实际出发，在作风上拨乱反正，我们突出地抓了干部参加集体生产劳动，特别是狠抓了县委领导干部参加集体生产劳动。实现县、社、大队干部劳动“一、二、三”的要求，关键在“一”，有了县里干部的“一”，就不愁公社、大队干部的“二”、“三”，正如有些大队干部说的：“只要上面走下田，我们就会跑下田。”省委严肃地向县委领导同志提出：山西省平定县县委书记李锁寿同志能够办得到，我们为什么办不到？我们还大力表扬了无为县凉亭大队党支部书记付昌堂同志。他是一个残废军人，只有一只胳膊，坚持同社员一样参加集体生产劳动,二十年如一日。这就引起了广大农村干部的深思:付昌堂同志一只胳膊一年能够劳动三百天,为什么我们有两只胳膊还不能劳动三百天呢?现在,各级领导对干部参加集体生产劳动这件大事,已经引起重视,不少地方做到了布置工作时,结合布置干部参加劳动的任务;检查工作时,结合检查干部参加劳动的情况;总结工作时,结合总结干部参加劳动的经验。在李锁寿、付昌堂同志的模范事迹激励下,在各级领导的重视和带动下,自觉参加集体生产劳动的干部越来越多,许多区、社党委机关搬到工地办公,大队部看不到干部。他们说,过去,我们单纯抓生产进度,干得少讲得多,今后,我们一定按照华主席提出的要求,坚持参加集体生产劳动的制度。干部带头劳动,密切了干群关系,能及时听到群众的呼声,能迅速解决落实政策中出现的问题,有力地鼓舞了群众大干社会主义的劲头。许多干部开始恢复了"身不离劳动,心不离群众"的好传统。广大社员反映说:"过去,我们拼死拼活,他们指手画脚,越干越松劲;现在,干部和我们心往一处想,汗往一处流,我们越干越有劲。"

"四人帮"及其在安徽的代理人在农村经济政策问题上的流毒既深且广。贯彻落实农村经济政策中遇到的这样或那样的问题,不仅与社会上两个阶级、两条道路的斗争密切相关,而且与各行各业的思想路线、工作作风都有一定的关系。因此,一定要把揭批"四人帮",打击阶级敌人的破坏活动,打击资本主义势力的猖狂进攻,深入开展农业学大寨运动,落实农村经济政策紧密结合起来,在党委领导下,把各行各业都发动起来,城乡结合,上下结合,内外结合,形成一个统一的运动。根据省委布置,各地共抽调了两万多名干部,组成精干的工作队,深入社队,发动群众,落实政策,并引导各行各业广大干部把思想和工作转到以农业为基础的轨道上来。六安县委为了解决劳力归队的问题,发动机关、厂矿查编制、送人员;社队企业查管理,减人员;生产队查劳力去向,要人员。不到一个月的时间,全县即有6400多个劳力回到生产队参加集体生产劳动。池州地区解决一部分家住农村的国家职工家属的超支欠款问题,一方面由生产队将超支欠款的名单、钱数逐级上报;另一方面由职工所在单位逐人登记,并帮助制订还款计划,教育和督促他们按期还清欠款。这样做,效果好,影响大。

这一段的斗争实践说明,只要我们有坚定的群众观点、生产观点、政策观点,相信和依靠群众和干部的大多数,做艰苦细致的工作,就一定能逐步把被"四人帮"搞乱了的农村经济政策纠正过来,把由于他们的破坏所造成的损失弥补回来。但是,也要看到,落实党的农村经济政策,是一项长期的任务,而且必然会遇到阻力,决不是集中地抓一两次就可以完全解决问题的。我们决心不断清除"四人帮"的流毒和影响,把这项工作坚持不懈地抓下去。目前,全省农村广大干部和社员正以揭批"四人帮"为纲,以发展农业生产为中心,掀起农业学大寨的新高潮,为尽快把我省的农业搞上去,为加速实现四个现代化的宏伟目标而奋斗!

国务院副总理余秋里在北京会见由几内亚外贸部部长塞古·巴里率领的几内亚政府贸易代表团

中国政府和几内亚政府1978年贸易议定书在北京签字

外贸部部长李强和几内亚政府贸易代表团团长、几内亚外贸部部长塞古·巴里,分别代表本国政府在议定书上签字。

中国科学院贯彻落实党的知识分子政策提拔一批科学技术人员

这次被中国科学院在京部分研究所提升为研究员、副研究员、副总工程师的共有255人。其中因科研成绩特别突出而被越级提升的有24人。

被提升的这批科学技术人员,都具有较扎实的基础理论知识,掌握了本科研领域国内外发展的动向,在理论研究方面,在科学实验为国防、为国民经济建设方面,或在科学技术的组织管理工作方面,作出了重要贡献。高能物理研究所助理研究员何祚庥,基础理论好,知识面广,学术思想活跃,在复合粒子场论的研究方面有独到、创新之处,被越级提升为研究员。被越级提升为副研究员的张弥曼,原是古脊椎动物与古人类研究所的研究实习员。她治学严谨,刻苦钻研,经过深入广泛的调查研究,从鱼化石角度对含油地层的沉积环境提出了新见解。这次被提升为副研究员的植物研究所的王宗训,在旧社会读不起书,11岁起当了采集标本工人。40多年来,他完全靠刻苦自学、边干边学,现已能阅读英、俄、日等国文字的专业文献,积累了比较丰富的植物分类学和植物学知识,组织编写了我国第一部新的植物学《中国经济植物志》。他根据植物的分布规律提出了线索,使我国很快找到了一种能使石油增产的植物胶,为石油工业发展作出了贡献。

粉碎了"四人帮"后,中国科学院及其在京所属各基层单位党委认真落实党的干部政策和知识分子政策,严肃认真地处理了过去审干中遗留的问题共1700多件,约占应复查和落实政策人数的90%。一些长期没有工作的干部、在落实政策后走上了工作岗位,开始发挥自己的专长,一些被迫害致死的科学家得到了平反、昭雪。

3月18日

全国科学大会在北京开幕

中共中央主席华国锋，中共中央副主席叶剑英、邓小平、汪东兴和党和国家其他领导人郭沫若、韦国清、乌兰夫、方毅、纪登奎、苏振华、吴德、余秋里、张廷发、陈永贵、陈锡联、耿飚、聂荣臻、倪志福、徐向前、陈慕华、赛福鼎、王震、谷牧、康世恩，以及中央军委负责人粟裕、罗瑞卿出席开幕式。

邓小平副主席作重要讲话，阐述了关于科学是生产力的认识、建设宏大的又红又专的科技队伍和科技部门中怎样实现党委领导领导下的分工负责制三个问题。

方毅副总理作报告，对《1978—1985年全国科学技术发展规划纲要(草案)》作了说明。报告共分三部分：一、我国社会主义科学技术事业发展的新阶段；二、树雄心，立壮志，向科学技术现代化进军；三、全党动员，大办科学。

参加今天大会的有全国各省、自治区、直辖市，中央直属机关和国家机关，中国人民解放军和国防工业部门的近6000名代表。他们当中有来自各条战线的优秀科学技术工作者，技术革新能手，科学种田的模范，忠诚于党的科学事业的干部，包括24个民族，年龄最大的达90岁高龄，最小的只有22岁。代表中共有800多个先进集体的代表和1000多个先进个人，他们为社会主义祖国的科学技术的进步，辛勤劳动，作出了卓越的贡献。

出席开幕式的还有：

中共中央和国务院各部委、中国人民解放军各总部和国防科委的负责人，大会领导小组成员和大会秘书处负责人：马文瑞、王诤、王猛、王殊、王磊、叶飞、冯铉、吕东、刘伟、刘西尧、江一真、孙敬文、苏静、李昌、李强、李葆华、杨勇、杨立功、杨静仁、吴冷西、吴庆彤、宋任穷、宋振明、张珍、张震、张平化、张劲夫、张香山、张爱萍、张耀祠、陈国栋、罗青长、周子健、赵苍璧、胡绩伟、胡耀邦、钟夫翔、段君毅、袁宝华、顾明、柴树藩、钱之光、唐克、黄镇、梁必业、梁灵光、曾涛、蒋南翔、韩光、程子华、童小鹏、马仪、马玉槐、马继孔、王群、王一伦、王庭栋、卢嘉锡、刘夫生、苏羽、李启明、李耀文、杨岩、杨超、杨东生、吴南生、何康、闵予、邹家华、沈新发、宋洁涵、张承先、张建国、张淮三、张震寰、陈伟达、武衡、苗春亭、林一心、郁文、周吉一、周培沅、赵东宛、赵茂勋、胡宏、洪学智、姚依林、袁晋修、顾卓新、高沂、高启云、高富有、高登榜、贾承让、贾那布尔、郭献瑞、黄作珍、黄知真、韩哲一、童大林、戴苏理；

老、中、青科学工作者、工农兵代表和其他有关人士：马宾、马大猷、马杏垣、马海德、王大珩、王文舟、王应睐、王淦昌、贝时璋、毛守白、尹赞勋、叶笃正、史绍熙、冯康、冯秉铨、冯德培、毕德显、朱光亚、朱物华、伍献文、任新民、华罗庚、刘允中、刘应祥、江泽民、孙纯玉、严东生、严济慈、苏步青、李熏、李光庆、李国豪、杨石先、杨君劲、杨廷宝、杨钟健、杨澄中、吴公良、吴仲华、吴吉昌、吴桓兴、吴征镒、何广乾、汪德昭、沈鸿、张维、张文佑、张文裕、张光斗、张孝骞、张钰哲、张稼夫、陆孝彭、陈篪、陈仁甫、陈中伟、陈永康、陈世骧、陈宗基、陈景润、茅以升、林巧稚、金善宝、周天孝、周廷儒、周惠久、郑万钧、赵宗燠、赵炳南、赵锡武、胡含、胡克实、胡汉泉、柳大纲、柯召、侯祥麟、施汝为、姜圣阶、姜泗长、祝榆生、姚士昌、姚永炀、贺秉章、顾功叙、钱三强、钱令希、钱学森、钱宝钧、高士其、高尚荫、高济宇、郭栋材、唐敖庆、诸福棠、涂光炽、黄昆、黄文东、黄秉维、黄汲清、黄家驷、黄潼年、梁守槃、梅世蓉、彭士禄、程有志、曾呈奎、童第周、赫崇本、蔡翘、蔡竹青、蔡祖泉、裴丽生、潘菽。

中共中央副主席邓小平在全国科学大会开幕式上发表讲话

同志们！

全国科学大会胜利召开，我们大家感到非常高兴，全国人民感到非常高兴。今天能够举行这样一个在我国科学史上空前的盛会，就清楚地说明了：王洪文、张春桥、江青、姚文元"四人帮"肆意摧残科学事业，迫害知识分子的那种情景，一去不复返了。科学技术工作受到了全党和全国人民前所未有的重视和关怀。广大科学技术工作者和工农兵群众，积极开展科学实验运动。青少年中，出现了热爱科学、学习科学的新风尚。一个向科学技术现代化进军的热潮正在全国迅猛兴起。在我们面前展现了光明灿烂的前景。

出席这次全国科学大会的，有来自各条战线的优秀科学技术工作者，技术革新的能手，科学种田的模范，忠诚党的科学事业的干部。你们为社会主义祖国的科学技术的进步，辛勤劳动，作出了卓越的贡献。我代表中共中央向你们表示感谢和敬意。

同志们！

在二十世纪内，全面实现农业、工业、国防和科学技术的现代化，把我们的国家建设成为社会主义的现代化强国，是我国人民肩负的伟大历史使命。围绕着要不要四个现代化，我们曾经同"四人帮"进行了尖锐激烈的斗争。"四人帮"胡说什么："四个现代化实现之日，就是资本主义复辟之时"，疯狂进行破坏，使我国国民经济一度濒于崩溃的边缘，科学技术与世界先进水平的差距愈拉愈大。他们真是反对资本主义复辟吗？不，完全相反，正是在他们势力最猖狂的一些地方，资本主义复辟的现象猛烈泛滥。“四人帮”的所作所为，从反面使我们更加深刻地认识到，在无产阶级专政的条件下，不搞现代化，科学技术水平不提高，社会生产力不发达，国家的实力得不到加强，人民的物质文化生活得不到改善，那么，我们的社会主义政治制度和经济制度就不能充分巩固，我们国家的安全就没有可靠的保障。坚持毛主席所制定的党的基本路线，我们的农业、工业、国防和科学技术越是现代化，我们同资本主义和一切复辟势力作斗争就越加有力量，我们的社会主义制度就越加得到人民的拥护。把我们的国家建设成为社会主义的现代化强国，才能更有效地防止资本主义复辟，对付社会帝国主义和帝国主义的侵略和颠覆，也才能比较有保证地逐步创造物质条件，向共产主义的伟大理想前进。

四个现代化，关键是科学技术的现代化。没有现代科学技术，就不可能建设现代农业、现代工业、现代国防。没有科学技术的高速度发展，也就不可能有国民经济的高速度发展。根据华主席的提议，党中央决定召开这次全国科学大会，目的就是动员全党全国重视科学，制定规划，表彰先进，研究加速发展科学技术的措施。今天，我就有关的几个问题讲点意见。

第一个问题，对科学是生产力的认识问题。在这个问题上，“四人帮”曾经喧嚣一时，颠倒是非，搞乱了人们的思想。科学技术是生产力，这是马克思主义历来的观点。早在一百多年以前，马克思就说过：机器生产的发展要求自觉地应用自然科学。并且指出：“生产力里面当然包括科学在内”。现代科学技术的发展，使科学与生产的关系越来越密切了。科学技术作为生产力，越来越显示出巨大的作用。

现代科学技术正在经历着一场伟大的革命。近三十年来，现代科学技术不只是在个别的科学理论上、个别的生产技术上获得了发展，也不只是一般意义上的进步和改革，而是几乎各门科学技术领域都发生了深刻的变化，出现了新的飞跃，产生了并且正在继续产生一系列新兴科学技术。现代科学为生产技术的进步开辟道路，决定它的发展方向。许多新的生产工具，新的工艺，首先在科学实验室里被创造出来。一系列新兴的工业，如高分子合成工业、原子能工业、电子计算机工业、半导体工业、宇航工业、激光工业等，都是建立在新兴科学技术基础上的。当然，不论是现在或者今后，还会有许多理论研究，暂时人们还看不到它的应用前景。但是，大量的历史事实已经说明：理论研究一旦获得重大突破，迟早会给生产和技术带来极其巨大的进步。当代的自然科学正以空前的规模和速度，应用于生产，使社会物质生产的各个领域面貌一新。特别是由于电子计算机、控制论和自动化技术的发展，正在迅速提高生产自动化的程度。同样数量的劳动力，在同样的劳动时间里，可以生产出比过去多几十倍几百倍的产品。社会生产力有这样巨大的发展，劳动生产率有这样大幅度的提高，靠的是什么？最主要的是靠科学的力量、技术的力量。

大家知道，生产力的基本因素是生产资料和劳动力。科学技术同生产资料和劳动力是什么关系呢？历史上的生产资料，都是同一定的科学技术相结合的；同样，历史上的劳动力，也都是掌握了一定的科学技术知识的劳动力。我们常说，人是生产力中最活跃的因素。这里讲的“人”，是指有一定的科学知识、生产经验和劳动技能来使用生产工具、实现物质资料生产的人。石器时代，青铜器时代，铁器时代，十七世纪，十八世纪，十九世纪，人们使用的生产工具，掌握的科学知识、生产经验和劳动技能，都大不相同。今天，由于现代科学技术的日新月异，生产设备的更新，生产工艺的变动，都非常迅速。许多产品，往往不要几年的时间，就有新一代的产品来代替。劳动者只有具备较高的科学文化水平，丰富的生产经验，先进的劳动技能，才能在现代化的生产中发挥更大的作用。在我们的社会里，广大劳动者有高度的政治觉悟，他们自觉地刻苦钻研，提高科学文化水平，从而必将在生产中创造出比资本主义更高的劳动生产率。

承认科学技术是生产力，就连带要答复一个问题：怎么看待科学研究这种脑力劳动？科学正在成为越来越重要的生产力，那么，从事科学技术工作的人是不是劳动者呢？

在剥削阶级统治的社会里，有各种各样的脑力劳动者。有些人是完全为反动统治阶级服务的，他们同从事体力劳动的劳动者处在对立的地位。但就在那个时候，也有很多从事科学技术工作的知识分子，如同列宁所说，尽管浸透了资产阶级偏见，但是他们本人并不是资本家，而是学者。他们的劳动成果为剥削者所利用，这一般是社会制度决定的，并不是出于他们的自由选择。他们同那些绞尽脑汁直接为反动统治阶级出谋划策的政客是截然不同的。马克思曾经指出，一般的工程技术人员也参与创造剩余价值。这就是说，他们也是受资本家剥削的。

在社会主义社会里，无产阶级自己培养的脑力劳动者，与历史上的剥削社会中的知识分子不同了。在我国社会主义改造的过程中，毛主席曾经指出过，从旧社会过来的知识分子，有一个依附在哪张“皮”上的问题。在整个社会主义历史时期中，始终存在着阶级矛盾和阶级斗争，在知识分子面前，始终需要注意解决依附在哪张“皮”上、是否坚持无产阶级立场的问题。但总的说来，他们的绝大多数已经是无产阶级自己的一部分。他们与体力劳动者的区别，只是社会分工的不同。从事体力劳动的，从事脑力劳动的，都是社会主义社会的劳动者。随着现代科学技术的发展，随着四个现代化的进展，大量繁重的体力劳动将逐步被机器所代替，直接从事生产的劳动者，体力劳动会不断减少，脑力劳动会不断增加，并且，越来越要求有更多的人从事科学研究工作，造就更宏大的科学技术队伍。“四人帮”把今天我们社会里的脑力劳动与体力劳动的分工歪曲成为阶级对立，正是为了打击迫害知识分子，破坏工人、农民和知识分子的联盟，破坏社会生产力，破坏我们的社会主义革命和社会主义建设。

正确认识科学技术是生产力，正确认识为社会主义服务的脑力劳动者是劳动人民的一部分，这对于迅速发展我们的科学事业有极其密切的关系。我们既然承认了这两个前提，那么，我们要在短短的二十多年中实现四个现代化，大大发展我们的生产力，当然就不能不大力发展科学研究事业和科学教育事业，大力发扬科学技术工作者和教育工作者的革命积极性。

新中国成立以来，我们的科学技术事业有了很大的发展，在经济建设和国防建设中发挥了重大作用。这在旧中国简直是无法想象的。这个伟大成就是谁也不能否定，谁也无法否定的。但是，必须清醒地看到，我们的科学技术同世界先进水平的差距还很大，科学技术力量还很薄弱，远不能适应现代化建设的需要。特别是林彪、“四人帮”的破坏，耽误了我们很多时间。

我们现在的生产技术水平是什么状况？几亿人口搞饭吃，粮食问题还没有真正过关。每个农业劳动力平均年产粮食，我国不过两千斤上下，美国是十多万斤，相差几十倍。我们钢铁工业的劳动生产率也只有国外先进水平的几十分之一。新兴工业的差距就更大了。在这方面不用说落后一二十年，即使落后八年十年，甚至三年五年，都是很大的差距。

毛主席经常教导我们：“中国应当对于人类有较大的贡献。”在科学技术方面，我国古代，曾经创造过辉煌的成就，四大发明对世界文明的进步起了伟大作用。但是我们祖先的成就，只能用来巩固我们赶超世界先进水平的信心，而不能用来安慰我们现实的落后。我们现在在科学技术方面的创造，同我们这样一个社会主义国家的地位是很不相称的。

如实地指明这种落后状况，会不会使人们失去信心呢？这种人也可能有。这种人是连半点马克思主义气味也没有的。对于我们无产阶级革命者来说，实事求是地说明情况，认真地去分析造成这种情况的历史的和现实的原因，才能够正确制定我们的战略规划，部署我们的力量；才能够更加激励我们奋发图强，尽快改变这种情况；也才能动员人们虚心学习，迅速掌握世界最新的科学技术。

认识落后，才能去改变落后。学习先进，才有可能赶超先进。提高我国的科学技术水平，当然必须依靠我们自己努力，必须发展我们自己的创造，必须坚持独立自主、自力更生的方针。但是，独立自主不是闭关自守，自力更生不是盲目排外。科学技术是人类共同创造的财富。任何一个民族、一个国家，都需要学习别的民族别的国家的长处，学习人家的先进科学技术。我们不仅因为今天科学技术落后，需要努力向外国学习。即使我们的科学技术赶上了世界先进水平，也还要学习人家的长处。

中国的革命，吸引着世界各国革命人民，与之共呼吸。中国的社会主义现代化建设，也已得到并且必将进一步更广泛地得到世界各国人民的关注和支持。我们要积极开展国际学术交流活动，加强同世界各国科学界的友好往来。对于一切在科学技术上帮助过我们的国际朋友，我们表示衷心的感谢。

这就是我要讲的第一个问题。

第二个问题，关于建设宏大的又红又专的科学技术队伍。

我们向科学技术现代化进军，要有一支浩浩荡荡的工人阶级的又红又专的科学技术大军，要有一大批世界第一流的科学家、工程技术专家。造就这样的队伍，是摆在我们面前的一个严重任务。

这里，一个重要的问题，是对又红又专要有正确的理解、合理的要求。

“四人帮”胡说“知识越多越反动”，鼓吹“宁要没有文化的劳动者”，把既无知又反动的交白卷的反革命小丑捧为“红专”典型，把孜孜不倦，刻苦钻研，为祖国的科学技术事业作出贡献的好同志诬蔑为“白专”典型。这种是非关系、敌我关系的颠倒，一度在人们的思想上造成很大的混乱。

毛主席提倡知识分子又红又专，鼓励大家改造资产阶级世界观，树立无产阶级世界观。世界观的根本问题是为谁服务。一个人，如果爱我们社会主义祖国，自觉自愿为社会主义服务，为工农兵服务，应该说这就是初步确立了无产阶级世界观，按政治标准来说，就不能说他们是白，而应该说是红了。我们的科学事业是社会主义事业的一个重要方面，致力于社会主义的科学事业，作出贡献，这就是红的重要表现，就是红与专的统一。

二十八年来，我们的科学技术队伍，在毛泽东思想的哺育下，确有很大的进步。绝大多数科学技术人员热爱党、热爱社会主义,努力同工农兵相结合,满腔热情地对待自己从事的科学技术工作,作出了成绩。甚至在林彪、“四人帮”那样迫害和摧残知识分子的时候,广大科学技术人员也没有动摇对党对社会主义的信任,在极端困难的条件下,仍然坚持科学技术工作。许多人在第十一次路线斗争中表现出很高的觉悟。“四人帮”被粉碎后,他们迸发出极大的革命热情,衷心拥护华主席为首的党中央,为实现四个现代化更加奋发努力工作。这样的队伍,多么难能可贵!这样的队伍,不愧是我们工人阶级自己的又红又专的科学技术队伍!华主席曾以极其喜悦的心情,强调指出我们有这样的科学技术队伍,是我们有信心赶超世界先进水平的一个重要条件。这是对我们科学技术队伍的合乎实际的科学评价。

我们作这样一个估计,当然并不是说,这些科学技术人员,政治思想觉悟都很高了,在思想上、作风上、工作上没有这样那样的缺点错误了。而是说,从政治立场这个基本方面来看,绝大多数科学技术人员应该说是站在工人阶级立场上的。这样的革命知识分子,是我们党的一支依靠的力量。他们不应当自满,不能就此停步不前,而要继续努力,在政治上、业务上都要不断求得新的进步。至于他们身上还存在着的缺点错误,那是教育、帮助的问题,要用批评自我批评的方法来解决。没有缺点错误的人是没有的。我们这些人,我们的政治工作干部,我们参加党几十年的老干部,不也存在着这样那样的缺点错误吗?为什么对这些业务干部、技术专家却要特别苛求呢!对于科学技术人员中出身不好、历史上犯过错误或家庭、社会关系有些问题的人,我们应当着重看他们自己的基本政治态度,看他们自己的现实表现,看他们对社会主义革命、社会主义建设所做的贡献。

在科学技术人员中,也有一部分人资产阶级世界观没有得到根本改造,或者受到资产阶级思想的影响比较深,在尖锐、激烈、复杂的阶级斗争中,常常摇摆不定。对于他们,只要不是反党反社会主义的,也要按照党的团结、教育、改造的政策,发挥他们的专长,尊重他们的劳动,关心和热情帮助他们进步。毛主席向来主张革命队伍的人越多越好,向来主张尊重那些有知识、有专长、有贡献的人,向来主张对犯过错误的人要一看、二帮,而不是嫌弃他们。我们一定要认真地实行毛主席的这些教导。

在我们的社会主义社会里,人人都要改造。不仅那些基本立场没有转过来的人要改造,而且所有的人都应该学习,都应该不断改造,研究新问题,接受新事物,自觉地抵制资产阶级思想的侵袭,更好地担负起建设社会主义现代化强国的光荣而又艰巨的任务。

我们要在本世纪内赶超世界先进水平,也就是要在二十二年时间里走过人家四五十年甚至更长时间走过的路程。科学技术人员应当把最大的精力放到科学技术工作上去。我们说至少必须保证六分之五的时间搞业务,也就是说这是最低的限度。能有更多的时间更好。如果为了科学上和生产上的必要,有人连续奋战七天七晚,那正是他们热爱社会主义事业的忘我精神的崇高表现,我们对于他们只能够学习、表扬和鼓励。无数的事实说明,只有把全副身心投入进去,专心致志,精益求精,不畏劳苦,百折不回,才有可能攀登科学高峰。我们不能要求科学技术工作者,至少是绝大多数科学技术工作者,读很多政治理论书籍,参加很多社会活动,开很多与业务无关的会议。林彪、“四人帮”动不动就用“脱离政治”的罪名来打击科学技术人员,谁要是努力钻研业务,就会被扣上“白专”帽子。“白”是一个政治概念。只有政治上反动,反党反社会主义的,才能说是“白”。怎么能把努力钻研业务和“白”扯到一起呢!即使是思想上作风上有这样那样毛病的科学技术人员,只要不是反党反社会主义的,就不能称为“白”。我们的科学技术人员,为社会主义的科学事业辛勤劳动,怎么是脱离政治呢?社会主义事业是有分工的。各行各业的同志在坚持社会主义的政治立场的条件下,努力做好自己的岗位工作,这不但不是脱离政治,而且正是为无产阶级政治服务的具体表现,是有社会主义觉悟的表现。前几年,林彪、“四人帮”搞得工人不能做工,农民不能种地,解放军不能练兵,学生不能学习,科学技术人员不能钻研业务,给我们的社会主义事业造成多么重大的损失!这个教训难道还不深刻吗?

我们还要在努力提高现有科学技术队伍的水平,充分发挥他们的作用的同时,大力培养新的科学技术人才。由于林彪、“四人帮”的破坏,我们的科学技术队伍发生了青黄不接的现象,这就使加速培养年青一代的科学技术人才的任务更加迫切了。

我们培养、选拔人才,有广阔的源泉,有巨大的潜力。最近,高等学校招生制度改革之后,发现了一批勤奋努力的、有才华的优秀青少年。看到他们的优异成绩,我们都感到高兴。尽管“四人帮”猖獗一时,但是,他们没有能够扑灭广大青少年的学习热情,没有能够扼杀广大教师为党为人民精心培育下一代的革命积极性。今天,华主席为首的党中央这样关注科学和教育事业,这样着力于培养选拔人才,我们可以预见,一个人才辈出、群星灿烂的新时代必将很快到来。科学的未来在于青年。青年一代的成长,正是我们事业必定要兴旺发达的希望所在。

科学技术人才的培养,基础在教育。我们要全面地正确地执行党的教育方针,端正方向,真正搞好教育革命,使教育事业有一个大的发展,大的提高。教育事业,决不只是教育部门的事,各级党委要认真地作为大事来抓。各行各业都要来支持教育事业,大力兴办教育事业。人民教师是培养革命后代的园丁。他们的创造性劳动,应当受到党和人民的尊重。要确实保证教师的教学活动时间,要关心他们的政治生活、工作条件和业务学习。对于在教学工作中作出突出贡献的教师,应当给以表扬和奖励。

在人才的问题上,要特别强调一下,必须打破常规去发现、选拔和培养杰出的人才。这是被“四人帮”搞乱了的一个重大问题。他们把有贡献的科学家、教授、工程师诬蔑成为资产阶级学术权威,把我们党和国家培养成长的优秀中年青年科学技术人员,诬蔑为修正主义苗子。我们要彻底清除“四人帮”的流毒,把尽快地培养出一批具有世界第一流水平的科学技术专家,作为我们科学、教育战线的重要任务。毛主席在抗日战争初期就说过:我们党如果有一二百名系统地而不是零碎地、实际地而不是空洞地学会了马克思列宁主义的同志,就会大大地提高我们党的战斗力量,并加速我们战胜日本帝国主义的工作。革命事业需要有一批杰出的革命家,科学事业同样需要有一批杰出的科学家。我们工人阶级的杰出人才,是来自人民的,又是为人民服务的。在广泛的群众基础上,才能不断涌现杰出人才。有了这样的杰出人才,又能带动我们整个中华民族科学文化水平的提高。

我们的科学家、教师发现人才,培养人才,本身就是一种成就,就是对国家的贡献。在科学史上,可以看到发现一个真正有才能的人,对科学事业起多么大的作用!世界上有的科学家,把发现和培养新的人才,看作是自己毕生科学工作中的最大成就。这种看法是很有道理的。我们国家现在一些杰出的数学家,也是在他们年轻的时候,被老一辈数学家发现并帮助他们成长起来的。尽管有些新人在科学成就上超过了老师,他们老师的功绩还是不可磨灭的。

第三个问题讲讲在科学技术部门中怎样实现党委领导下的分工负责制。

能不能把我国的科学技术尽快地搞上去,关键在于我们党是不是善于领导科学技术工作。

我们的国家进入了社会主义革命和社会主义建设的新的发展时期。按照第五届全国人民代表大会通过的宪法和华主席所作的政府工作报告,这个新时期的总任务是:坚持无产阶级专政下的继续革命,深入开展阶级斗争、生产斗争和科学实验三大革命运动,在本世纪内把我国建设成为农业、工业、国防和科学技术现代化的伟大的社会主义强国。实现这个总任务,就要进行一场伟大的政治的和经济的革命,一场伟大的科学技术的革命。这是无产阶级专政下继续革命在这个新的发展时期的新内容。

适应这个新形势新任务的需要,我们党的工作重点、工作作风也都应当有相应的转变。在取得了揭批“四人帮”斗争的伟大胜利的今天,在进一步清除“四人帮”的流毒、继续深入开展思想战线政治战线社会主义革命的同时,全党都要认真地抓紧现代化建设,完成历史赋予我们的伟大的政治的和经济的革命,伟大的科学技术的革命的任务。

各级党委应当学习大庆和大寨,真正做到阶级斗争、生产斗争和科学实验三大革命运动一起抓。要像大庆大寨那样,广泛开展群众性的科学实验活动,在技术上做到年年都有新套套,生产上年年创造新纪录。全国有几十万个企业,几十万个生产大队,只有每个企业和生产大队都来大搞技术改造,大搞科学实验,先进的科学技术才能广泛地在工农业中得到应用,才能多快好省地发展生产。同时,又要大力抓好专业科学研究机构的工作。专业的科学研究队伍,是科学实验革命运动的骨干力量。没有一支强大的高水平的专业科学研究队伍,就难以攀登现代科学技术的高峰,群众性的科学实验活动,也难以持久深入地一浪高过一浪地向前发展。我们一定要把专业队伍同群众队伍结合起来。

中央规定,科学研究机构要建立技术责任制,实行党委领导下的所长分工负责制。这是重要的组织措施。它既有利于加强党委的领导,又有利于充分发挥专家的作用。

科学研究机构的基本任务是出成果出人才,要出又多又好的科学技术成果,出又红又专的科学技术人才。衡量一个科学研究机构党委的工作好坏的主要标准,也应当是看它能不能很好地完成这个基本任务。只有很好地完成这个基本任务,才是为巩固无产阶级专政,建设社会主义真正尽了自己的责任。否则,讲政治挂帅也就成了一句空话。

要完成这个基本任务,有许许多多的工作要做。不可能所有这些事情都由党委去抓,都由党委去解决。应当老老实实地承认,在科学技术工作中,我们有许多东西还不懂。即使懂得,也不能事事都由党委来办。要有分工负责,要从上到下建立岗位责任制。这样工作才能有秩序,有效率,才能高速度地发展,才能职责分清,赏罚分明,不致拖延推诿,互相妨碍。

党委的领导,主要是政治上的领导,保证正确的政治方向,保证党的路线、方针、政策的贯彻,调动各个方面的积极性。同时,是通过计划来领导,要抓好科学研究计划,要知人善任,把力量组织好。为了实现科学研究计划,为了把科学研究工作搞上去,还必须做好后勤保证工作,为科学技术人员创造必要的工作条件,这也是党委的工作内容。我愿意当大家的后勤部长,愿意同各级党委的领导同志一起,做好这方面的工作。

科学技术的业务工作,应当放手让所长、副所长分工去做。不论是党内的还是党外的专家,担负了行政职务,党委就应当支持他们的工作,充分发挥他们的作用,使他们真正做到有职有权有责。他们同样也是党和国家的干部,决不应当见外。党委应当了解和检查他们的工作,但是不能包办代替。

许多事情,比如对学术论文的评价,科学技术人员业务水平的考核,研究计划的制订,研究成果的鉴定,等等,都应当充分发扬民主,走群众路线,广泛倾听有关科学技术人员的意见。对于学术上的不同意见,必须坚持百家争鸣的方针,展开自由的讨论。在科学技术工作中,认真听取专家的意见,充分发挥专家的作用,是使我们少犯错误,做好工作所必需的。这是我们科学研究机构党委实行群众路线的一个重要方面。

我们强调科学技术人员集中精力搞好科学技术工作,是不是减轻了政治工作的任务,降低了政治工作的要求呢?不是的。这是要求我们提高政治工作的水平,改进政治工作的方法,抛弃形式主义的东西,肃清“四人帮”的流毒和影响,认真学习解放军政治工作的优良传统。凡是有利于发展社会主义科学事业的,就应当给以支持。对于那些追求个人私利,互相封锁,不搞协作,甚至垄断、剽窃等等不利于发展社会主义科学事业的错误思想、作风,应当进行批评教育。我们今天进行社会主义的现代化建设,向科学技术现代化进军,政治工作的重要任务,就应当是使每个科学技术人员都了解他所从事的科学技术工作,同实现四个现代化的伟大目标的关系,鼓舞和动员他们以革命的精神,和衷共济,大力协同,努力攻克科学城堡,攀登科学高峰。

二十多年来,我们党对科学技术工作的领导,虽然积累了一些经验,但是,应当承认,怎样科学地组织管理和领导好社会主义的科学技术事业,我们面前还有很大的未被认识的必然王国。不改变这种情况,就很难取得大的成就,就不会有主动权。毛主席一再教导我们,以其昏昏,使人昭昭,是不行的。我们党的各级领导干部,不能长期安于外行,要钻进去,逐渐成为内行。我们要努力学习马克思主义,提高政治水平,又要努力学习科学知识,总结正反两个方面的经验,研究和掌握科学技术工作的客观规律,全面地正确地执行党的各项方针政策。我们党能够领导人民推翻剥削制度,改造社会,也一定能够掌握科学技术工作规律,领导我国人民攀登世界科学高峰。

路线是非基本澄清了,规划制定了,措施提出来了,群众已经发动起来了。现在,摆在我们各级党组织面前的事情,就是要鼓实劲,要切实解决问题,要踏踏实实地工作。一句话,就是要落在实处。追求表面文章,不讲实际效果、实际效率、实际速度、实际质量、实际成本的形式主义必须制止。说空话、说大话、说假话的恶习必须杜绝。

同志们!

党的第十一次全国代表大会、第五届全国人民代表大会和第五届全国政治协商会议的相继召开,充分显示了全党的大团结,全国人民的大团结。我们这次全国科学大会也是一次团结的大会。党的团结、人民的团结是我们的事业必定要取得胜利的根本保证。让我们高举毛泽东思想的伟大红旗,在华主席为首的党中央领导下,坚定不移地朝着建设社会主义现代化强国的伟大目标,乘风破浪,胜利前进!

祝科学兴旺发达!祝大会圆满成功!

国务院副总理方毅在全国科学大会上的报告(摘要)

同志们!

这次全国科学大会,是在华主席为首的党中央的亲切关怀和直接领导下召开的。这是我国科学技术界一次空前的盛会,是我国各族人民十分关心的一件大事。遵照华主席、党中央的指示,我讲几个问题。

一、我国社会主义科学技术事业发展的新阶段

全国科学大会的召开,在国内和国外,在我们的同志、朋友中间和敌人中间,都引起了广泛的注意。

我国是一个占世界人口五分之一的社会主义国家。党的第十一次全国代表大会和第五届全国人民代表大会,已经确定了我们在本世纪内的奋斗目标,决定动员全党全军全国各族人民,向农业、工业、国防和科学技术现代化进军。我们正在进行的这场新的长征,理所当然地成为举世瞩目的大事。

这个宏伟的任务,是我们伟大领袖和导师毛主席提出来的,是我国半个多世纪以来在中国共产党领导下的全部革命进程的合乎逻辑的继续。祸国殃民的王洪文、张春桥、江青、姚文元“四人帮”反党集团,妄图扼杀我们的伟大的社会主义事业,疯狂反对四个现代化建设。以华主席为首的党中央,高举毛泽东思想的伟大红旗,一举粉碎“四人帮”,开辟了我国社会主义革命和社会主义建设的新的发展时期。乌云已经驱散,道路已经打通。光明的前景正展现在我们面前。在华主席、党中央抓纲治国的战略决策的指引下,各条战线都出现了欣欣向荣的新局面。一年初见成效的要求已经实现。华主席为首的党中央高度重视科学技术工作,极其关怀科学技术队伍。华主席亲自提出召开全国科

学大会，把科学技术工作提到了十分重要的地位。我国的社会主义科学技术事业进入了一个兴旺发达的新阶段。

在华主席、党中央的领导下，在反对“四人帮”反党集团的斗争中，我们科学技术战线的同志，正在深入学习马克思列宁主义、毛泽东思想，联系新中国成立二十八年来科学技术事业发展的历史，总结经验，整顿和建设我们的队伍，努力加速前进的步伐。在科学技术工作中被“四人帮”长期搞乱了的路线是非，现在已经基本上得到了澄清。

“四人帮”极端仇视科学，肆意否定科学技术的伟大作用。他们荒谬地以“反复辟”为名，反对三大革命运动一起抓，摧残科学实验革命运动。“四人帮”的这套谬论，已经破产了。

马克思主义者历来认为，科学技术是一种在历史上起推动作用的革命力量。自然科学是人们争取自由的一种武装。自然科学和生产技术本身是没有阶级性的，是全人类在生产斗争和科学实验的长期实践中积累起来的经验的总结。科学技术是生产力，它不属于上层建筑的范畴。无产阶级在革命进程中，应当推翻旧的上层建筑，打碎旧的国家机器，同旧的意识形态相决裂，同时，应当坚决保护和积极发展科学技术，最充分地发挥科学技术的推动历史前进的革命作用。用先进的社会生产力紧紧地联系在一起的无产阶级，比历史上一切其他阶级都更加需要科学技术的繁荣进步。马克思和恩格斯总是热情地欢呼科学技术上的每一个新的重大的发现。马克思直到逝世以前不久，还在密切注视着第一条实验性输电线路的架设；恩格斯也指出，“这实际上是一次巨大的革命”。(《致爱·伯恩施坦》，1883年3月1日)马克思在论述席卷欧洲的一八四八年革命时深刻地指出，对于反动派来说，蒸汽、电力和自动纺机甚至是比当时法国革命的领导人巴尔贝斯、拉斯拜尔和布朗基“更危险万分的革命家”。(《在〈人民报〉创刊纪念会上的演说》)无产阶级在取得政权以后，为了使社会主义生产尽快地发展到比资本主义生产更高的水平，必须自觉地大力地发展科学技术。这个任务，对于在经济技术落后的国家中取得了政权的无产阶级来说，更为艰巨，更为紧迫。列宁多次说过：“劳动生产率，归根到底是保证新社会制度胜利的最重要最主要的东西。”(《伟大的创举》)要造成比资本主义更高的劳动生产率，非实现科学技术现代化不可。毛主席根据马克思主义的基本原理，创造性地提出了在社会主义社会必须开展阶级斗争、生产斗争、科学实验三项伟大的革命运动的光辉思想。这是毛主席对科学社会主义理论的一个重大贡献。华主席指示我们，要阶级斗争、生产斗争、科学实验三大革命运动一起抓，要提高整个中华民族的科学文化水平，号召我们向科学技术现代化进军。这是运用毛泽东思想的光辉范例。华主席的重要指示，通过揭发批判“四人帮”这场伟大的斗争，日益深入人心，日益为各级领导干部和广大群众所掌握，是我们在新阶段中发展科学技术事业的强大思想武器。真要建设社会主义，真要巩固无产阶级专政，真要防止资本主义复辟，就必须三大革命运动一起抓。否则，就是空的，或者是假的。革命需要科学，生产需要科学，人民需要科学。热心社会主义，就应当热心科学技术事业。反对科学的人，决不可能是什么革命者。

“四人帮”诋毁毛主席为首的党中央对科学技术战线的领导，攻击我们党在科学技术工作中的正确的方针和政策，否定新中国成立以来科学技术战线上的伟大成绩，诬蔑在科学技术工作中贯穿着一条修正主义路线。“四人帮”的这一套谬论，也已经破产了。

大家都知道，毛主席为我们党制定了社会主义整个历史阶段的基本路线和建设社会主义的总路线，同时，也为科学技术工作制定了具体的路线、方针、政策。科学技术方面的一切重大决策，都是经过毛主席为首的党中央审查批准的。一九四九年十一月，以毛主席为首的党中央和中央人民政府作出了建立中国科学院的决定。一九五〇年，在毛主席的关怀下和周总理的领导下，举行了全国自然科学工作者代表会议。一九五一年，根据毛主席的指示，开展了知识分子思想改造运动。一九五六年一月，毛主席亲自主持召开了知识分子问题会议，周总理在会上作了重要报告。在这个会议和紧接着召开的最高国务会议上，毛主席提出了用几十年时间在经济上和科学文化上迅速达到世界先进水平的任务。毛主席发出了向科学进军的号召，制定了百花齐放、百家争鸣的方针。同年，在周总理和陈毅、李富春、郭沫若同志主持下，制定了我国第一个发展科学技术的长远规划，即十二年规划，以毛主席为首的党中央批准了这个规划。一九五八年，毛主席号召破除迷信，解放思想，实现“大跃进”，向全党提出了技术革命的任务，大大加快了科学技术的发展速度。一九六一年，在聂荣臻同志主持下，国家科委党组和中国科学院党组遵照毛主席的教导，总结我们自己的经验，起草了《自然科学研究机构当前工作的若干问题(草案)》，即科研十四条，对科学研究工作中的一系列方针政策作了具体的阐述和规定。这个文件，经毛主席审阅同意，党中央批准试行，对推动我国科学技术事业的发展起了很好的作用。一九六二年，在提前五年完成了十二年规划主要任务的情况下，周总理和聂荣臻同志再次主持制定了第二个规划，即十年规划。一九六三年，毛主席为首的党中央批准了这个规划，毛主席并明确指出，要打科学技术这一仗，不打这一仗，生产力无法提高。一九六四年，我国成功地爆炸了原子弹，成为世界上又一个拥有核武器的国家。毛主席以极大的喜悦肯定了同志们的辛勤劳动，亲切地鼓励和支持我们继续前进。一九六六年，毛主席委托周总理亲自过问国家科委和中国科学院的运动。广大科学技术工作者积极响应毛主席的号召，先后展开了反对林彪、"四人帮"反革命修正主义路线的伟大斗争。一九七二年，毛主席、周总理针对林彪、"四人帮"对科学研究工作的干扰破坏，多次指示要加强自然科学的基础理论研究。一九七五年，华国锋同志受党中央委托，主管科学技术工作。当时中国科学院的主要负责同志，根据华国锋同志和邓小平同志关于整顿中国科学院、把科学研究工作搞上去等一系列指示，在深入调查研究，广泛听取群众意见的基础上，提出了关于中国科学院工作的《汇报提纲》。这个文件，实际上，是在当时条件下声讨林彪特别是"四人帮"破坏科学技术事业的一篇革命檄文。国务院讨论了这个文件。毛主席审阅了这个文件。正当中国科学院遵照毛主席、党中央的指示对这个文件进行修改的过程中，"四人帮"为了达到他们篡党夺权的阴谋目的，诬蔑这个文件是"大毒草"，大肆"围剿"。科学技术战线的广大群众，坚决捍卫毛主席的革命路线，同"四人帮"进行了英勇的战斗，在第十一次路线斗争中表现出很高的路线觉悟。追溯这一段历史，可以使我们更加清楚地认识到，尽管有修正主义路线的影响和干扰，我国科学技术事业始终是在毛主席、周总理、华主席的亲切关怀和领导下发展的。"四人帮"颠倒是非，混淆黑白，诬蔑我们党领导的科学技术工作贯穿了一条所谓反革命修正主义的科学技术路线，完全是别有用心的。他们的矛头是针对毛主席、周总理的，也是针对华主席和邓副主席的。正如党中央在《关于召开全国科学大会的通知》中明确指出的，新中国成立二十八年来，在科学技术路线上，毛主席的革命路线始终占主导地位。这是合乎实际的唯一正确的结论。这个结论，澄清了是非，激励我们在新的阶段中，在二十八年伟大胜利的基础上，发扬成绩，纠正错误，更加自觉地沿着毛主席的革命路线奋勇前进。

"四人帮"根本否认科学技术工作者在社会主义革命和社会主义建设中的重要作用，根本否认革命知识分子是我们的依靠对象，把广大知识分子诬蔑为"臭老九"、"专政对象"、"复辟基础"。"四人帮"的这套谬论，也已经破产了。

无产阶级革命导师十分重视科学技术工作者对工人阶级解放事业的作用。恩格斯说过："过去的资产阶级革命向大学要求的仅仅是律师，作为培养他们的政治活动家的最好的原料；而工人阶级的解放，除此之外还需要医生、工程师、化学家、农艺师及其他专门人才，因为问题在于不仅要掌管政治机器，而且要掌管全部社会生产，而在这里需要的决不是响亮的词句，而是丰富的知识。"（《致国际社会主义者大学生代表大会》）毛主席在一九五七年就多次指出，为了建成社会主义，工人阶级必须有自己的宏大的又红又专的技术干部队伍，必须有自己的科学家。毛主席说，这个任务应当在十年至十五年内基本解决。现在二十年已经过去了。我们的科学技术队伍同二十年前相比，已经大大不同了。特别是在同"四人帮"的生死斗争中，我们的科学技术队伍经受了严峻的考验。不管"四人帮"如何威胁利诱，被他们拉过去的只是一小撮败类。在"四人帮"横行的日子里，广大科学技术工作者在毛泽东思想的光辉照耀下，坚持斗争，努力工作，在极其艰难的条件下，为社会主义事业作出了贡献。这是同党的长期教育和广大科学技术工作者的自觉努力分不开的，也是同这支队伍的组成情况分不开的。二十年前，由我们党培养起来的科学技术工作者在整个科学技术队伍中只占少数，劳动人民家庭出身的也只占少数。现在，科学技术队伍的组成情况已经起了根本的变化。根据调查，科学技术专业队伍中，百分之九十以上是解放后我们党培养起来的，三分之二以上是劳动人民家庭出身的。解放后培养的科学技术工作者，包括一部分非劳动人民家庭出身的在内，绝大多数对党对工农兵群众有深厚的感情，认真学习马克思列宁主义、毛泽东思想，他们是工人阶级的知识分子新部队。从旧社会过来的科学技术工作者，绝大多数是拥护党的领导，热爱社会主义祖国，努力为人民服务的，在改造世界观的过程中有不同程度的进步，已经有越来越多的人转化成为工人阶级的知识分子。广大科学技术工作者遵照毛主席的教导，走与工农相结合的道路，同工农打成一片，蔚然成风。我们已经建立了一支工人阶级自己的又红又专的科学技术队伍。对于其他一切爱国的科学技术工作者，我们都要重视他们的作用，正确执行党的知识分子政策，为他们创造良好的工作条件。俄国十月革命以后不久，列宁就讲过："对于专家，我们不应当采取吹毛求疵的政策。这些专家不是剥削者的仆役，而是文化工作者，他们在资产阶级社会里是为资产阶级服务，全世界的社会主义者都说过，这些人在无产阶级社会里会为我们服务的。"（《关于党纲的报告》）我国革命的实践进一步证实，列宁的论断是完全正确的。"四人帮"强加在科学技术工作者头上的一切诬陷不实之词，必须统统推倒。我们为广大科学技术工作者的进步感到由衷的高兴。我们希望他们不断改造世界观，不断提高科学技术水平，在又红又专的道路上继续前进。我们深信,在新的阶段中,广大科学技术工作者必将更加紧密地团结在华主席为首的党中央的周围,万众一心,为人民作出更大的贡献。

二、树雄心,立壮志,向科学技术现代化进军

毛主席、周总理为我们规划了建设社会主义现代化强国的宏伟蓝图。到本世纪末,我国要在一切能够使用机器操作的部门和地方全面实现机械化,在城市和乡村实现电气化,在工业生产的主要部门实现生产过程自动化,广泛采用各种先进技术,大幅度提高劳动生产率,根本改变工农业生产面貌,使我国国民经济走在世界前列。要用先进科学技术成果装备部队,大大加强国防威力。要拥有宏大的工人阶级的又红又专的科学技术队伍和世界第一流的科学技术专家,拥有最先进的科学实验设备,使大部分科学技术领域接近、部分领域赶上当时的世界先进水平,某些领域居于领先地位。做到这些,大体上就可以说,我们实现了农业、工业、国防和科学技术现代化的基本目标。光明的中国将在全世界放射出更加灿烂的光辉。

从现在起到一九八五年,是实现上述远景设想的关键的八年。我们必须按照华主席为这次大会的题词,“树雄心,立壮志,向科学技术现代化进军”,制定一个战略规划,把各方面的积极因素充分地调动起来,把各方面的力量很好地组织起来。

我们的规划应该是一个为实现四个现代化服务的规划。科学技术现代化是四个现代化的关键。全党全军全国各族人民对加速发展科学技术寄予很高的期望,要求我们为四个现代化作出大的贡献,我们科学技术战线的同志也抱有同样的愿望和决心。我们的规划,一定要适应四个现代化的需要,适应国民经济发展和国防建设的需要。科学技术规划同生产建设规划要互相衔接,有机结合。对于应用研究和理论研究,近期任务和远期任务,都要恰当安排,不能偏废。

我们的规划应该是一个高速度发展的规划。我国目前科学技术水平同世界先进水平相比,多数领域大约相差十五年到二十年,有些领域相差更多一些。现代科学技术发展很快,我们在赶超,人家也在前进。我们只有以比资本主义国家更高的速度发展,才能实现赶超。一九五六年制定的十二年科学技术发展规划,我们曾提前五年实现了规划的主要目标,争得了一个高速度。到六十年代中期,有些科学技术领域接近了当时的世界先进水平,取得了一批优异的科学技术成果,促进了一些新技术的普及和一些新兴工业的建立。现在我们的条件和基础比那时好得多了,实现更高的速度是完全可能的。

我们的规划还应该是一个以当代先进水平为起点的规划,一个先进的规划。搞科学技术研究,必须破除迷信,解放思想,善于学习先进,敢于打破常规。要认真吸取前人的经验教训,避免走别人走过的弯路。第一个科学技术规划期间,我们看准方向,以当时先进的半导体技术作为起点来研究发展电子计算机,很快地度过了电子管阶段,赢得了时间。今后,我们在各个领域中,都应当在掌握先进科学技术成果的基础上,开展自己的科学研究工作,勇于创新。所有科学研究工作都要力争尽快转到先进的水平上来。群众性科学实验活动也要在普及的基础上不断提高。

去年六月以来,国务院各部门和各地方、各单位,在制定科学技术发展规划方面进行了大量的工作。去年九月到十月,召开了全国自然科学学科规划会议。去年十二月到今年一月,召开了全国科学技术规划会议。经过多次讨论,反复修改,形成了《一九七八——一九八五年全国科学技术发展规划纲要(草案)》。

在规划纲要(草案)中提出的科学技术工作八年奋斗目标是:

(一)部分重要的科学技术领域接近或达到七十年代的世界先进水平。

(二)专业科学研究人员达到八十万人。

(三)拥有一批现代化的科学实验基地。

(四)建成全国科学技术研究体系。

八年规划纲要(草案),对自然资源、农业、工业、国防、交通运输、海洋、环境保护、医药、财贸、文教等二十七个领域和基础科学、技术科学两大门类的科学技术研究任务,做了全面安排,从中确定了一百〇八个项目作为全国科学技术研究的重点。实现了这个规划,就可以使我国部分重要科学技术领域接近或达到七十年代的世界先进水平,使差距缩小到十年左右,从而为后十五年全面赶超打下坚实的基础。

八年规划纲要(草案),要求把农业、能源、材料、电子计算机、激光、空间、高能物理、遗传工程等八个影响全局的综合性科学技术领域、重大新兴技术领域和带头学科,放在突出的地位,集中力量,作出显著成绩,以推动整个科学技术和整个国民经济高速度发展。

农业科学技术　农业是国民经济的基础。华主席指示:“要大力开展农业科学研究工作,改变目前农业科学研究远远不能适应加速发展社会主义大农业的状况。”

按照“以粮为纲,全面发展”的方针,三五年内,要积极进行农、林、牧、副、渔资源的综合考察,研究资源的合理开发利用和生态系统的保护,研究各业的合理区划,为我国社会主义大农业的全面发展,提供科学依据。

要全面贯彻农业“八字宪法”,提高科学种田水平,促进农业大幅度增产。研究解决既能发扬我国精

耕细作传统，又与机械化相适应的耕作制度与栽培技术。研制各种高质量、高效率的农业机械和机具。研究改土治水，根本改变我国农田面貌，建设高产稳产农田的科学技术。为了尽快改造约占全国耕地三分之一以上的低产农田，要在改良盐碱、红黄壤等低产土壤和治理水土流失、风沙干旱等方面取得重大进展。研究南水北调工程及有关的科学技术问题。研究发展新型复合肥料、生物固氮、科学施肥和排灌技术。培育新品种，发展育种新技术，做到全面提高良种的高产、优质和抗逆性能。尽快解决高效、无污染的新农药和作物病虫害综合防治技术。

要加强林、牧、副、渔各业科学技术的研究，促使这些部门都能得到全面发展。提供林木速生丰产优质的新树种、新技术，发展森林资源的综合利用，研究森林防火灭火的技术措施。加强草原建设，畜禽品种改良，机械化饲养，水产增殖、养殖，以及海洋捕捞、加工的研究，为改善人民的食物构成作出贡献。

要建立若干农、林、牧、渔的现代化科学实验基地，组织各部门和各学科的力量，协同攻关，创造经验。

必须十分重视农业科学基础理论工作，加强农业生物学、农业工程学和新技术在农业上的应用等研究，为农业技术的不断创新和生产的不断发展打下坚实的科学基础。

能源科学技术　能源是发展农业、工业、国防、科学技术和提高人民生活的重要物质基础。能源科学技术的每一次重大突破，都引起生产技术的革命。必须大力加速能源科学技术的发展，使我国的能源资源得到充分的合理的开发利用，保证国民经济持续高速发展。

我国石油工业科学技术，有自己独特的创造，在一些方面赶上和超过了外国的先进水平。我们要继续努力，全面赶超。要研究各主要沉积区的油气形成、分布的规律和特征，发展石油地质理论，开辟更广阔的找油找气领域；研究各种勘探开发新工艺、新技术、新装备，提高钻井水平和油气采收率；积极发展原油加工技术，合理利用资源，为创建十来个大庆作出贡献。

我国煤炭资源极为丰富，在相当长的一个时期内，是我国能源的主要组成部分。八年内，全国重点煤矿要实现机械化，一部分要实现综合机械化，进而向自动化进军，中小煤矿也要提高机械化程度。煤炭科学技术工作，要紧紧围绕这个中心，积极开展基础理论、采掘工艺、技术装备和安全技术的研究。同时积极开展煤的气化、液化和综合利用的研究，探索各类煤种开发、运输和利用的新途径。

要把电力作为突出矛盾抓上去。要把大型水电和坑口火电基地，以及大电网、超高压输电线路建设的技术关键作为主要课题。我国有极其丰富的水力资源，必须集中力量，对大型水电枢纽工程的筑坝技术、巨型发电机组，以及与工程有密切关系的地质、水文、气象、水库诱发地震、工程防护等方面进行综合研究。

为了逐步改变我国的能源构成，还要在广开能源上大做文章。原子能发电已经在世界上迅速发展，我们要加快这方面的科学技术研究和原子能电站的建设。太阳能、地热、风力、潮汐、受控热核聚变等能源的科学研究，也要抓紧进行。要充分注意石煤、煤矸石、油页岩等低热值燃料和农村沼气的资源，因地制宜地综合利用起来。

能源的合理利用和节能技术，是必须解决的重要课题。各行各业都要开展这方面的研究工作，充分利用余热，研制优质高效的用能设备，千方百计降低能耗，特别要大力降低炼铁焦比、发电煤耗、化学和冶金工业的能耗。

材料科学技术　大力研究材料科学技术，对全面实现农业、工业、国防和科学技术现代化具有极其重要的作用。

工业以钢为纲。必须大力抓好冶金科学技术工作。一定要突破矿山强化开采新技术，攻下红矿选矿科学技术关，为钢铁工业提供大量原料。加快攀枝花、包头、金川等多金属共生矿的研究，攻下综合利用技术关，加强铜、铝资源开发的研究，使钛、钒生产跃居世界前列，使铜、铝、镍、钴和稀土的提炼技术接近和达到世界先进水平。迅速掌握现代化冶金新技术，扩大品种，提高质量。要研究掌握富铁矿成矿规律和找矿方法。结合我国资源特点，建立和发展钢铁和有色金属材料体系。

要充分利用我国丰富的天然资源和工业废渣，高速度发展水泥和轻质、高强、多功能的新型建筑材料。加强非金属矿采选工艺和加工技术的研究。要着重研究以石油、天然气和煤炭为基础的有机原料合成技术，加强催化剂的研究，发展直接合成工艺。革新塑料、合成橡胶、合成纤维的生产技术，提高石油化工装备水平和自动化水平。必须突破国防工业和新兴技术所需要的各种特殊的功能材料、结构材料和复合材料的关键科学技术问题，创造出一批具有我国资源特色的新材料。

要大力开展材料科学的基础研究，发展新的实验技术和测试方法，逐步达到按指定性能设计新材料。

电子计算机科学技术　电子计算机在科学研究、工业、农业、国防建设和社会生活的各个方面获得了越来越广泛的应用，产生了深刻的影响。目前，电子计算机正向巨型、微型、网络、智能模拟方面发展。计算机的科学技术水平、生产规模和应用程度，已经成为衡量一个国家现代化水平的显著标志。

我国计算机科学技术必须有一个新的大发展。三年内,要迅速发展计算机科学和有关学科的基础研究,抓紧解决大规模集成电路工业生产的科学技术问题,突破超大规模集成电路的技术关。研制大型计算机,形成计算机系列的批量生产能力。加强计算机外部设备、软件和应用数学的研究,大力推广计算机应用。到一九八五年,要形成比较先进的计算机科学研究力量,建成相当规模的现代化计算机工业。推广使用微型计算机。超高速巨型计算机投入使用。要建立若干计算机网络和数据库。要在部分重点企业中,采用计算机控制主要生产过程和进行生产管理。

激光科学技术　激光科学技术是六十年代开始发展起来的最活跃的科学技术领域之一。它的出现,标志着人们掌握和利用光波进入一个新阶段,有力地促进了物理学、化学和生物学的发展。激光在材料加工、精密测量、远距离测距、全息检测、通讯、医疗、农作物育种等方面获得广泛应用。在同位素分离、催化、信息处理等方面有着广阔的发展前景。以激光引发核聚变是探索实现受控热核反应的重要途径之一。

三年内,我们要研究和发展激光物理学、激光光谱学和非线性光学。解决光通讯中一系列的科学技术问题。迅速提高常用激光器的水平,加强探测器的研究。八年内,要在探索新型激光器,开拓激光新波段,探讨产生激光新机制方面,有所发现,有所创造。在利用激光研究物质结构方面作出贡献。建成光通讯实验线路。在激光分离同位素和激光核聚变等重要应用研究上取得大的进展。在国民经济和国防各个部门推广应用激光技术。

空间科学技术　空间科学技术已经广泛用于军事、国民经济和科学研究的许多方面,使人类的活动开始进入了广阔无垠的宇宙空间。空间科学技术的发展,正在改变着地学、天文学和其他一些学科的面貌。空间技术把气象观测、资源考察、环境监测和地图测绘等工作,提高到集中的自动化的水平,不仅节省了大量人力和时间,而且可以及时地得到更丰富的资料。人造地球卫星作为一种信息传递枢纽,可以直接把信息送到各地,引起通讯电视广播技术体制的根本性改革。

要重视空间科学、遥感技术和卫星应用的研究。建成现代化空间研究中心和卫星应用体系。加速发展运载系列,研制发射多种科学卫星与应用卫星。积极进行发射空间实验室和宇宙探测器的研究。广泛开展空间科学基本理论和空间技术的应用研究。

高能物理　高能物理是研究基本粒子和物质更深层次的结构,以及相互作用的根本规律的科学。当前,新粒子和新现象不断发现,理论研究不断深入,使高能物理日新月异,成为当代自然科学发展的最活跃的前沿之一。

我们要在十年内,建立一个现代化的高能物理实验基地,前五年建立一台能量约三百亿—五百亿电子伏的质子加速器,后五年建成更高能量的大型质子加速器。这个基地的建成,将使我国高能加速器和世界先进水平的差距大为缩短,并将带动许多科学领域和工业技术的发展。

从现在起,就要认真筹划,做好高能物理实验的准备,特别是探测器的研制和实验队伍的培养。要加速发展高能物理理论和宇宙线的研究,注意推动高能物理和相邻学科的互相渗透,积极开展加速器技术在工业、农业、医学等方面的应用研究,注意可能具有重大应用前景的课题的探索。

高能物理实验基地是国家的重点科学研究基地,要组织各方面的力量共同建设和共同使用。

遗传工程在分子生物学发展的基础上形成的遗传工程,有可能按人类的需要在分子水平上加工和转移遗传物质,创造生物的新物种。它为细胞分化、生长发育、肿瘤发生等有关高等生物的基础研究,提供了有效的实验手段,并可能为农业、工业和医药等某些生产领域的重大变革,开拓新的途径。

遗传工程是七十年代出现的一个新领域。它发展快,探索性强,涉及的学科和技术面广,而我国在这方面的基础又相当薄弱。因此,三年内必须加强组织协调,加快步伐,建立和加强有关的实验室,开展遗传工程的基础研究。八年内,要同分子生物学、分子遗传学、细胞生物学的研究相结合,取得较大进展。要研究在医药工业中利用遗传工程的新技术,并为防治某些疑难疾病、创造自身固氮高产作物的新品种等,探索新的可能途径。

上述八个重要领域,我们一定要抓紧抓好,组织起来,协同攻关。但这决不是说,其他方面的工作就可以忽视了。每一个科学技术领域,在社会主义建设中都有自己的地位和作用,都是不可缺少、不能代替的。新的学科不断出现,正是各门学科互相影响互相渗透的结果。既要抓好重点,又要统筹兼顾。全面安排,突出重点,这就是我们的方针。

在这里,特别谈一谈综合利用问题。华主席指示:“必须重视综合利用,它既充分利用资源,又减轻环境污染。工业三废,弃之是害,用之为宝。”各行各业都应该大搞综合利用,重大科学技术难题要组织有关部门集中力量攻关。

《一九七八——一九八五年全国科学技术发展规划纲要(草案)》,已经发给大家,请大家审议。

三、全党动员,大办科学

向科学技术现代化进军,是全党全军全国各族人民的共同任务。这场大进军,实质上,就是要对我国的整个物质生产领域进行全面的根本性的技术改造。这是历史赋予我们的一场伟大的技术革命。实现这场革命,要靠党的领导,要靠全国人民。我们党的各级组织,首先是国务院各部委党组和各省区市党委,必须切实执行华主席的指示,阶级斗争、生产斗争、科学实验三大革命运动一起抓,扎扎实实地做好以下一些工作。

(一)整顿科学研究机构,建成科学技术研究体系

中共中央《关于召开全国科学大会的通知》中提出的关于抓紧搞好整顿和抓紧落实党的政策的各项要求,都要继续贯彻落实。几个月来,各级党委在这方面做了大量工作。但是发展是不平衡的。有些部门和地区的领导远远落在群众运动的后面。这种局面必须迅速改变。

目前,我国的专业科学研究机构,布局不尽合理,学科不够齐全,部分单位的领导体制和方向任务还存在不少问题,需要着力整顿和建设。在八年内要建成门类齐全、相互配套、布局合理、协调发展、专群结合、军民结合的全国科学技术研究体系。

中国科学院、国务院各部门和重点高等学校,要集中力量,恢复、加强和新建一批重点科学研究机构,特别要注意加强薄弱学科,新建和扩建一批急需的基础科学和新兴科学技术的研究机构。

各省区市要根据国民经济发展的需要,根据本地区自然条件和资源特点,建立和充实研究机构。并可根据需要和可能,成立中国科学院分院或地方科学院。要特别注意在内地和少数民族地区建立和发展科学研究机构。

大型厂矿企业都要积极创办和健全研究机构,中小型厂矿企业可以根据条件单独或联合建立研究机构,要普遍发展科研小组、技术革新小组或科技攻关队。

要大力加强县一级的农业和农机具研究机构,以它们为骨干,巩固和发展四级农科网。

对于现有科学研究机构,特别是重点科学研究机构,要一个一个地抓紧进行整顿,首先是领导班子的整顿。挑选懂得党的政策、热心科学的同志担任党委书记,配备内行或接近内行的同志担任业务领导,物色勤勤恳恳、埋头苦干的同志负责后勤工作。要把那些政治品质不好,搞"地震"的人物,"风派"、"溜派"人物,错误严重而又态度很坏的人,调出领导班子。

科学研究机构要实行党委领导下的所长分工负责制。在广泛发动群众认真讨论的基础上,把研究所、室、组的方向、任务、人员确定下来,并保持相对稳定。各类人员要有合理的比例,尽快改变目前科学研究机构中各类人员比例不合理的状况。

(二)广开才路,不拘一格选人才

人才问题是实现科学技术现代化的一个十分突出的问题。有了人才,才能出成果。要采取果断措施,快出人才,多出人才。

科学技术人才的培养,基础在教育。要认真办好大学、中学和小学,办好重点学校。要逐步实现教育手段的现代化,发展电化教育,充实和改善学校的实验设备。要办好共产主义劳动大学、七·二一工人大学和五·七大学。要积极举办电视大学、函授大学和夜校。高等学校可以试行走读制、旁听制、学分制。总之,要采取多种形式,开辟各种途径,努力扩大招生数量。各类学校毕业的学生,经过考试,达到国家规定的大学毕业程度的,应发给证书,用其所学。

要大力加强培养研究生的工作。中国科学院和高等学校要积极扩大研究生名额,各生产部门和各地方的研究机构,凡是有条件的,也要招收研究生,以便在较短的时间内,培养出一大批基础比较坚实、能独立进行科学研究工作的人才。

要广开才路,除了通过高等学校招生和招考研究生来选拔人才外,还要通过在青少年中举办科学学习竞赛,通过各种科学刊物同读者的联系,通过各方面的推荐,以及从工农业生产战线上的创造发明家和技术革新能手中,发现和选拔人才。

选拔人才要不拘一格。在校学生优秀的可以提前毕业。重点高等学校可以随时破格录取特别优秀的青少年。经过自修达到大学毕业或研究生毕业水平的,可以申请参加相应的考试。总之,我们的制度,要适应和促进科学技术事业和科学技术队伍的发展。

对于确有真才实学而用非所学的科学技术人员,要坚决把他们调到科学技术岗位上来。尚能工作而已退休的老科学技术专家,如果他们提出要求,应准予复职。对于学有专长而由于种种原因没有安排工作的科学技术人员,应当采取适当措施,予以安排。

(三)建立科学技术人员培养、考核、晋升、奖励的制度

科学研究机构的基本任务是出成果、出人才。

我们已经有了一支工人阶级的又红又专的科学技术队伍,这是加速发展我国科学技术事业的基础。但是这支队伍人数还不多,水平也不高,必须努力扩大它,提高它。

要加强科学技术队伍的革命化建设,引导科学技术人员努力学习马克思列宁主义、毛泽东思想,在三大革命运动中不断提高政治觉悟,改造世界观,在又红又专的道路上不断前进。

培养业务上的骨干和"拔尖"人才,极为重要。不讲重点,不准"拔尖",这决不是无产阶级的政策。对

于相当于助理研究员、讲师和工程师以上水平的科学技术人员，每两三年给予一定的进修时间。并要有计划地选派科学技术人员出国进修或短期工作。对于广大科学技术人员，也要采取各种办法，帮助他们学习有关的基础理论和专业知识，不断提高他们的业务水平。

要纠正干与不干一个样，干好干坏、干多干少一个样的思想。树立为革命刻苦钻研业务有理，为社会主义祖国提供科研成果有功，为实现四个现代化向科学技术进军光荣的风尚。恢复技术职称，建立技术岗位责任制，实行对科学技术人员的定期考核和晋级制度，一般每两三年进行一次，特别优秀的，可以随时考核，越级提升。经过一定时期的培养和考核，证明不适合从事科学研究工作的，应调整到更适合的岗位上去。

对国家有重要贡献的科学技术人员，要给予各种不同的奖励。以精神鼓励为主，也要有适当的物质奖励。

(四)坚持百家争鸣

百家争鸣的方针是毛主席提出的发展我国社会主义科学事业的正确方针。在科学上应该鼓励和提倡不同学派的自由争论。利用行政力量，强制推行一种学派，禁止另一种学派，只会有害于科学事业的发展。真理是在辩论中发展的。大批能干人才的创造，也只有在民主生活中才有可能。对于学术问题，有批评的自由，也有反批评的自由，提倡坚持真理，修正错误，决不允许乱扣政治帽子。学术论文或报告，只要不泄露国家机密，不是弄虚作假，就不能加以扣压。对于那些发表了学术上的错误意见的科学技术人员，不应加以歧视，而要帮助他们把工作做得更好。

全国科协和自然科学各学会要积极开展学术活动。科学研究机构、高等学校和各种科学技术组织，要把开展学术活动形成制度。

要积极地提倡、鼓励和帮助科学技术工作者学习马克思主义哲学。列宁曾经指出：“自然科学进步得那样快，正处于各个领域都发生那样深刻的革命变革的时期，以致自然科学无论如何离不了哲学结论。”(《论战斗唯物主义的意义》)要经常举办各种讲座，创办自然辩证法的刊物，开展自然科学史的研究。要鼓励科学技术人员用马克思主义哲学思想指导科学研究。

用马克思主义哲学指导科学研究，决不是用哲学结论来代替具体的、艰苦的科学研究工作。我们在评价古今中外的科学家的时候，不能由于他们反动的政治态度或唯心主义世界观，而否定他们的科学技术成果，也不能由于他们在某些问题上的错误，而否定他们正确的东西。

(五)学习国外的先进科学技术，加强国际学术交流

科学技术是人类的共同财富。各个国家和民族都有自己的长处和特点，彼此之间的交流有助于借鉴、创新。充分利用国际上最新科学技术成就，吸取其精华，这是高速度发展科学技术的重要途径。

要根据我国现代化建设的需要，有重点地引进一些关键的能起带动作用的先进技术。要切实加强引进技术的消化工作。对于引进的重大科学技术项目和成套设备，都要组织专门队伍去学习和研究。要知其然，并力求知其所以然，在此基础上发展自己的创造。要老老实实地学，掌握它，了解它，然后再提高。不要没有摸透，就轻易地乱批乱砍。

要加强国际科学技术合作和学术交流，及时了解国外科学技术研究的成果、动向、政策措施以及组织管理的经验。积极地有计划地扩大派遣科学技术人员、留学生、研究生出国学习、进修、考察，参加国际学术会议和其他学术活动。同时我们要邀请外国科学家、工程技术专家来我国讲学，担任学术指导，或者共同进行科学研究工作。

(六)保证科学研究工作时间

赶超，就是缩短我们同科学技术先进的国家在时间上的差距。高速度，就是以较少的时间办较多的事情。这里，时间是个关键，一定要只争朝夕、分秒必争。脑力劳动也是劳动，而且是很艰苦的劳动。要像保证工人农民的生产劳动时间那样，保证科学研究人员每周至少必须有六分之五的业务工作时间。对向科学研究机构布置的各种非科学研究性任务要严加控制。

科学研究人员的业余时间，除党团活动以及重大的政治活动外，不要占用，鼓励科学研究人员用以自学和钻研。

对于科学研究骨干的时间保证，更必须着重研究解决，应该给他们配备助手，减轻他们的行政事务工作。

确保科研工作时间，是一切科研机构的一项重要政治工作任务。我们党有优良的政治工作传统和丰富的政治工作经验。新中国成立以来，科学技术战线上的广大政治工作干部，认真执行党的政策，在群众中不知疲倦地进行宣传工作和组织工作，为发展科学技术事业和建设科学技术队伍作出了重大的努力。但是，在“四人帮”的破坏影响下，政治工作受到了严重的干扰。必须彻底肃清“四人帮”的流毒，发扬党的三大作风，开展生动活泼的政治工作。不要搞形式主义，一切工作都要讲究实效。

科学研究机构的后勤工作要为科学研究服务，为科学研究第一线服务，为改善科学技术人员的工作和生活条件服务。广大后勤工作人员忠于职守，不畏风霜劳苦，不顾严寒酷暑。每一项科学技术成果，都包含

着后勤人员的一份辛勤劳动。一定要在科学技术人员和后勤人员之间树立团结合作、互相帮助、互相谅解、互相促进的亲密无间的关系。要努力创造有利的工作和学习环境，使科学技术人员能够专心致志地把科学研究工作搞上去。要办好食堂、托儿所等集体生活福利，积极搞好器材供应工作。由于我们国家经济还不宽裕，物质条件上的问题不可能一时、普遍都得到解决，而只能是逐步改善，重点解决。目前，首先要改善卓有成就的优秀科学技术人员的工作条件和其他生活条件。

(七)努力实现实验手段和情报图书工作的现代化

近代自然科学是从有了实验科学之后才真正形成的。许多重大科学成果的获得，首先是由于有了新的实验手段。拥有先进的科学实验手段，这是科学技术现代化的一个重要标志。

今后八年，我们要建立一批现代化的实验设施和现代化的实验基地。对于现有的实验室，要加速充实和进行改造，使之尽快现代化。

必须采取紧急措施，把仪器设备的研制和生产搞上去。要扩建、改造和新建一批专门从事科学仪器和化学试剂生产的工厂。科学研究机构和高等学校要重视仪器设备的新原理、新技术、新品种的研究，并充实必要的加工、试制和生产的能力。

要加强科学仪器研制、生产、分配、使用的管理，做到全国统筹安排。对大型精密贵重仪器，组织需要单位共同使用，充分发挥其作用。各大型现代化实验基地，要接待全国有关单位的科学技术人员和高等学校师生从事实验和研究工作，逐步形成研究中心。

随着科学技术的发展，科学技术文献资料的数量正急剧增长。目前全世界每年发表的科学技术文献资料有几百万篇。如果我们闭目塞听，不了解国际上科学技术发展的动向、趋势和水平，以可贵的人力物力重复他人已经做过的工作，走人家已经走过的弯路，赶超就无从谈起。

要健全和加强我们的科学技术情报机构，组织好地区性和行业性的科学技术情报网。通过多种途径，广泛收集国外科学技术情报资料。对国内各科学研究机构的研究课题和科学技术成果，要进行登记，组织好交流。科学技术管理部门、科学技术情报机构和一切科学研究机构，都要加强对科学技术情报的分析研究工作。

要尽快实现科学技术情报工作的现代化，用现代化手段装备情报机构。八年内要建立起一批文献检索中心和数据库，初步形成全国科学技术情报图书计算机检索网络。同时，还要加强科学技术图书资料的出版工作。

(八)分工合作，大力协同

中国科学院作为全国自然科学研究的综合中心，其主要任务是研究和发展自然科学的新理论新技术，配合有关部门解决国民经济建设中综合性的重大的科学技术问题，要侧重基础，侧重提高。高等学校既是教育中心，又是科学研究中心，是科学研究的一个重要方面军，基础科学、应用科学的研究兼而有之。各部门和地方的研究机构以应用科学的研究为主，也要适当开展基础科学的研究。这几个部分连同群众科学实验队伍，它们既有分工，又密切协作。

一定要发扬全国一盘棋的精神。首先是保证完成国家的任务和重点项目，这是全局。不能分散使用力量，不能各搞一套。大家都是重点，结果谁也上不去，就会贻误大事。要发挥中央和地方两个积极性。要实行科学研究、生产和使用三结合。部门之间、地区之间、单位之间要发扬共产主义的协作精神，应当把对待协作的态度，提到世界观的高度来认识。

(九)加快科学技术成果和新技术的推广应用

劳动生产率的提高，越来越依靠于新技术的采用。我们必须切实改变目前不少科学技术成果迟迟不能推广应用的状况。首先要不断克服有些同志头脑中存在的安于现状的保守思想。要加强对科学技术成果和新技术的宣传工作，认真研究和解决科学技术成果交流推广中存在的问题，改变不合理的保密制度。

抓好从科学研究到工农业生产的中间环节，建立和充实必要的中间试验工厂和新产品试制车间等。

研究制定相应的技术经济政策，积极鼓励科学技术成果的推广应用。应当把采用科学技术成果、革新工艺等作为对生产部门的考核内容。对采用新技术和改革工艺所需的物资经费，要积极给予支持。

(十)大力做好科学普及工作

要用现代科学技术知识武装广大干部和群众。

要组织起专群结合的科学普及工作队伍，发展科普出版和科教电影事业，办好科技馆、博物馆、展览馆、技术交流队，以及各种科技俱乐部。报纸、广播、电视要增加宣传科学技术的内容。公共场所要逐步增加科学普及活动。在有条件的大中城市扩建或新建科技馆、自然博物馆。

特别要做好对各级干部的科学技术宣传教育。组织科学技术人员和教育工作者经常向他们介绍国内外科学技术发展的动向、基本的科学技术知识、新的科学技术成果。

在科学普及活动中，要充分发挥上山下乡和回乡知识青年的积极作用。

通过各方面的努力，要在广大干部、群众和青少年中，形成爱科学、学科学、用科学的社会风气。

同志们，我们正在进行着一项具有伟大历史意义的工作。我们的任务是光荣的，我们的工作是艰巨的。在华主席为首的党中央的英明领导下，一个向科学技术现代化进军的高潮正在一浪高一浪地向前推进。四个现代化的宏伟目标，一定能够实现！

《人民日报》《红旗》《解放军报》发表社论《树雄心 立壮志 向科学技术现代化进军——热烈祝贺全国科学大会开幕》

华主席亲自提议、中共中央决定召开的全国科学大会，今天在北京隆重开幕。这是五届人大确定了社会主义革命和社会主义建设新的发展时期的总任务以后，我国人民在新的长征中迈出的重要一步，也是我国科学技术发展史上新的里程碑。这次大会将高举毛主席的伟大旗帜，贯彻执行党的十一大路线，抓住揭批“四人帮”这个纲，制定科学技术的发展规划，表彰先进人物，奖励优秀成果，进一步调动各方面的力量，为实现新时期的总任务，向科学技术现代化进军。这个空前的科学盛会，对我国的社会主义革命和社会主义建设必定会产生巨大的推动作用。全党全军全国各族人民都十分关心，寄予很大的希望。我们向大会表示热烈的祝贺！

华主席专门为全国科学大会作了题词，号召我们：“树雄心，立壮志，向科学技术现代化进军。”这个气魄宏伟的号令，集中表达了全党全军全国人民把科学技术搞上去的强烈愿望和坚强决心，给予广大科学技术工作者和工农兵群众巨大的鼓舞和无穷的力量，激励我们克服一切艰难险阻，不断攀登科学技术的高峰。

在本世纪内把我国建设成为农业、工业、国防和科学技术现代化的伟大的社会主义强国，是20世纪中国工人阶级和中国人民光荣的历史使命。四个现代化，关键是科学技术的现代化。什么是现代化的农业、工业和国防，说到底，就是用最先进的科学技术武装国民经济和国防的各个部门。华主席指出：“现代科学技术，以原子能的利用，电子计算机技术和空间科学技术的发展为主要标志，正在经历着一场伟大的革命，引起一系列新兴工业的诞生，广泛推动生产技术的飞跃发展。尽快赶上现代科学技术日新月异的步伐，迅速改变我国科技事业的落后面貌，是高速度发展国民经济和加强国防力量必不可少的重要条件，必须引起全党全军全国人民的高度重视。”如果我们不打破常规，在国民经济各个部门广泛采用新技术，不大力发展包括原子能、多种应用卫星、激光、遗传工程，特别是集成电路和电子计算机等新兴科学技术，不认真加强现代数学、高能物理、分子生物学等等基础理论的研究，那么，农业、工业和国防的现代化就不可避免地要落空。要使我国社会经济面貌全部改观，从根本上改变落后状态，消除在社会帝国主义、帝国主义可能的侵略面前被动挨打的危险，充分地巩固无产阶级专政，防止资本主义复辟，对人类作出较大的贡献，必须突破科学技术现代化这一关，使科学研究走在经济建设的前面。能不能尽快地把科学技术搞上去，是一个关系到社会主义建设的全局，关系到我们国家命运和前途的大问题。

马克思主义一向把科学看成是一种在历史上起推动作用的革命力量。科学上的每一项重大发现，技术上的每一个重大进步，伟大革命导师们都密切关注，积极支持。我们党历来重视科学技术。还在革命战争的艰苦条件下，我们就在延安创办边区自然科学研究会。伟大的领袖和导师毛主席在这个研究会成立大会的讲话中提出了“自然科学是人们争取自由的一种武装”的著名论断。全国解放后，党中央立即着手发展科学技术事业，后来又发出了向科学进军的伟大号召。1956年和1962年，敬爱的周总理两次亲自主持制定科学技术的发展规划。1963年，毛主席进一步把科学实验作为巩固无产阶级专政，防止资本主义复辟，建设社会主义强大国家的三项伟大革命运动之一，提到全党和全国人民的面前。进行一场伟大的科学技术革命，是无产阶级专政下继续革命的重要内容。在我们这样一个幅员辽阔、人口众多、经济又比较落后的社会主义国家，实现科学技术革命更是一项紧迫的政治任务。这是毛主席的一贯思想，是毛主席革命路线不可分割的组成部分。

要不要搞科学技术革命，要不要搞现代化，我们党同“四人帮”进行了尖锐的斗争。“四人帮”肆意歪曲和篡改毛主席关于无产阶级专政下继续革命的理论，疯狂反对科学技术革命，反对四个现代化，胡说什么“卫星上天”就要“红旗落地”，胡说“实现四个现代化之日，就是复辟资本主义之时”。他们咒骂科学，诋毁知识，迫害科技人员，摧残科技队伍，拆散科研机构，毁坏实验设备。他们是科学的大敌，人民的大敌。列宁有句名言：“劳动生产率，归根到底是保证新社会制度胜利的最重要最主要的东西。”不迅速发展社会生产力，极大地提高劳动生产率，社会主义怎么能够战胜资本主义？不搞技术革命，不搞四个现代化，国家和民族的生存都发生问题，又如何高举“红旗”？“四人帮”的全部活动就是要把历史拉向倒退，使人民永远愚昧无知，使国家重新沦为半殖民地、半封建的旧社会。华主席继承毛主席的遗志，领导全党扫除了这一伙害人虫，揭穿了他们假“左”真右的面目，批判了他们那条反革命修正主义路线，发出了阶级斗争、生产斗争、科学实验三大革命运动一齐抓的号召，我们可以按照毛主席的革命路线进行社会主义革命和建设了，可以理直气壮地大搞科学技术工作了。

我们高兴地看到，自从中共中央发出关于召开全国科学大会的通知以来，在很短的时间内，一个全党动员，全国动员，大办科学的新形势已经到来。许多地区、许多部门党委书记亲自动手，加强对科技工作的领导。不少科研机构得到充实和加强。科研人员扬眉吐气，争挑重担。学术交流逐步开展。新的科研项目陆续上马。新的科研成果不断涌现。学生和青少年学习科学文化的热情大为高涨。我们可以预料，科学技术推动整个国民经济突飞猛进的崭新局面必将到来。

这次大会是科技战线的群英会。来自各条战线的近6000名代表，济济一堂，揭批“四人帮”，交流经验，检阅成绩，讨论规划，这在新中国成立以来是第一次。28年来，尽管有修正主义路线的干扰，毛主席的革命路线在科技战线始终占主导地位。在毛主席革命路线的指引下，我国科技队伍有了很大进步。这支队伍中的绝大多数人，包括解放后培养的和从旧社会过来的，是热爱党，热爱社会主义，愿意并且能够为无产阶级服务的。他们以自己的辛勤劳动，为发展我国的科学技术事业作出了巨大贡献。即使在“四害”猖獗，帽子乱扣，棍子横飞时，他们当中不少人，在极艰难的条件下，也没有放松自己的努力。他们决不肯交白卷，而是向党向人民交出了一份又一份的优秀答卷。出席这次大会的，就有许多这样的同志。他们是我国科技队伍的出色代表。事实证明，我们的科技队伍是一支好的队伍，是我们可以信赖的力量。我们要不断发展壮大并且提高这支队伍，更快地把科学技术搞上去。凡是对人民的事业作出贡献的，都应当受到国家和人民的尊敬，应当表扬，应当奖励。这次大会就是要表扬那些作出重要贡献的先进单位和先进人物，鼓励广大科学技术工作者和工农兵群众树雄心，立壮志，不怕鬼，不信邪，走又红又专的道路，攻克科学城堡，攀登科学技术高峰。

华主席一再号召，要极大地提高我们整个中华民族的科学文化水平。这是一个极有远见、极为重要的战略思想。革命战争时期，毛主席曾经指出：“没有文化的军队是愚蠢的军队，而愚蠢的军队是不能战胜敌人的。”现在我们在继续进行社会主义革命的同时，还要打另外一种战争，就是向经济和技术落后这个敌人作战。进行这样一场对我国整个物质生产领域实行全面的根本性的技术改造的战争，比我们过去用小米加步枪进行战争的年代要掌握多得多的科学技术知识。实现四个现代化，科学技术人员担负着极艰巨、极光荣的任务，全国人民都担负着极艰巨、极光荣的任务。四个现代化，人人有关，人人有责。我们要建设一支宏大的工人阶级的又红又专的科学技术队伍，又要开展有千百万群众参加的科学实验活动、遍及城乡的技术革新和技术革命运动。我们的工人、农民、战士、干部、知识分子如果不懂得科学技术知识，就很难掌握现代化的生产技能，使用现代化的武器装备，管理现代化的经济。十分明显，不大大提高整个民族的科学文化水平，四个现代化就是一句空话。为了完成新时期的总任务，每一个人都要在努力学习政治的同时，努力学习科学、技术。要从青少年起，在全国人民中造成爱科学、学科学、用科学的气氛。这次大会，就是响应华主席号召，动员全党全军全国人民学科学用科学的大会，树雄心，立壮志，向科学技术现代化进军的誓师大会。

新中国成立前夕，毛主席曾经说过：“中国人被人认为不文明的时代已经过去了，我们将以一个具有高度文化的民族出现于世界。”毛主席的这个预见，必将通过我们富有智慧的全体工人、农民、知识分子的辛勤劳动，化为光辉灿烂的现实。

国务院副总理李先念在达卡与孟加拉国总统齐亚·拉赫曼举行会谈

国务院副总理李先念在达卡会见孟加拉国副总统阿卜杜斯·萨塔尔

教育部在北京就挖掘现有高校潜力积极扩大招生名额召开电话会议

各省、自治区、直辖市主管教育工作的负责人、文教办公室、教育局、招生办公室和一些高等学校的负责人参加了会议。

教育部部长刘西尧在讲话中指出，华主席在政府工作报告中对教育战线提出的各项任务，我们要一件件地认真落实，努力完成。这就要求我们彻底解放思想，努力向前看，研究制定出一系列的具体方针、政策和办法，采取一系列的强有力的措施，充分发挥现有高等学校的潜力，积极扩大招生人数，是加快高等教育事业的规模和速度，多快好省地培养又红又专的建设人才，适应国民经济发展的需要，是加速实现四个现代化的迫切要求。现在多招收一名新生入学，今后几年就多一个实现四个现代化的建设人才。因此，各高等学校特别是各大城市的高等学校，都要努力挖掘潜力，多招收一些学生入学。

他要求各地打破常规，重视选拔人才。他说，教育制度一定要促进生产力的发展，一定要重视吸收人才。对于高考成绩确实优秀的考生，不录取是太可惜了，应该择优录取，还要重视录取考试成绩优秀的六六、六七届高中毕业生。这些考生有一定的文化基础，又有较多的实践经验，经过大学培养深造，可以使他们发挥更大的作用。希望各地高等学校充分调动广大干部、教师的革命积极性,努力改进教学方法,大力抓好后勤工作,千方百计地为扩大招生名额作出贡献。

刘西尧部长说,高等学校试行招收走读生,是扩大招生人数的一个好办法。他要求各地为节省走读生上学往返时间,提供必要的交通条件。

他说,这次扩大招生,不再重新报名和考试,而是从1977年已经参加考试、初选合格的考生中择优选拔。扩大招生的录取工作,要求在3月底结束,新生于4月初入学。

教育部负责人就扩大高校招生名额问题答记者问

问:为什么要扩大招生名额?

答:打倒了"四人帮",我国社会主义革命和建设进入了一个新的发展时期。这个新时期的总任务,就是要坚决贯彻执行党的十一大路线,坚持无产阶级专政下的继续革命,深入开展阶级斗争、生产斗争和科学实验三大革命运动,在本世纪内把我国建设成为农业、工业、国防和科学技术现代化的伟大的社会主义强国。这是我国人民光荣而紧迫的政治任务。教育为实现四个现代化做贡献,就必须坚决地落实华主席在五届人大政府工作报告中对教育战线提出的各项任务。华主席指出:"充分发挥现有高等学校的潜力,积极扩大招生人数","我们必须打破常规去发现、培养和扶植各方面的优秀人才"。扩大1977年高等学校招生名额,就是我们落实五届人大提出的战斗任务的一项重要措施。

现在招收的新生,到1982年才能毕业。粉碎了"四人帮",我国各项事业必将高速度地突飞猛进。到1985年,粮食产量将达到8000亿斤,钢产量将达到6000万吨,正是大量需要人才的时候。我们的教育事业一定要为高速度发展社会生产力服务,决不能拖四个现代化的后腿。现在多招收一个学生,那个时候,就会多一个建设人才。因此,扩大招生名额,是社会生产力高速度发展的需要,是实现四个现代化的需要。

去年参加高考已被初选的考生中,还有不少优秀青年由于招生名额限制未被录取。这些青年迫切希望有进入大学深造的机会,我们应当尽量满足他们的要求,认真把扩大招生的工作抓紧做好。

问:各高等学校应做哪些准备工作?

答:华主席指出:"实现社会主义的四个现代化,是前所未有的伟大事业,是一场极其深刻的革命。""在这场伟大斗争中,必然会出现许多我们所不熟悉的新情况、新事物,需要我们去认识;必然会出现许多我们没有遇到过的新矛盾、新问题,需要我们去解决。我们的思想、作风和工作方法,都要有一个新的提高和改进。"各高等学校要认真学习五届人大的各项文件,提高对扩大招生名额重要性的认识,深入批判"四人帮",彻底解放思想,打破常规办大学,不拘一格育人才,向前看,努力扩大招生名额。

打倒了"四人帮",批判了他们炮制的"两个估计"的反动谬论,广大教职工的革命积极性空前高涨。只要我们加强领导,放手发动群众,调动一切积极因素,扩大招生名额是完全有可能的。各高等学校都要发扬艰苦奋斗的优良传统,千方百计,挖掘潜力,大力抓好后勤工作,充分发挥教师的革命积极性,努力改进教学方法,充分利用现有设备,尽可能让更多优秀青年入学深造。

当然,扩大招生名额,高等学校也是有许多困难的。但是,我们要以英雄的大庆、大寨人为榜样,克服困难,创造条件,去夺取新的胜利。

问:扩大招收对象的办法是什么?

答:扩大招收的名额,主要是通用专业和国家急需的专业。

这次扩大招生名额,不再重新报名、考试,只从1977年高考初选的考生中选拔。各地要严格按照国务院有关招生的规定和教育部关于录取新生的意见,德智体全面衡量,择优录取。要确保录取新生的质量,不能降低标准。

各地招生部门,特别是高等学校的录取工作人员,要坚持原则,遵守党纪国法,坚决杜绝徇私舞弊和"走后门"等不正之风。凡是徇私舞弊和"走后门"的,都要按照党纪国法严肃处理。

应当看到,尽管努力挖掘潜力、扩大名额,也不可能把所有符合条件的考生都录取入学。因此,各地、各单位要认真做好考生的思想政治工作,教育他们"一颗红心,两种准备"。特别是对未被录取的考生,更须做过细的思想工作,引导他们在工作岗位上进行业余学习。

问:怎样招收走读生?

答:大学试招走读生,是我国高等教育的一项重要改革,是多快好省培养人才的一条重要途径,也是扩大招生的一个好办法。

试招走读生是新中国成立以来的第一次,我们还缺乏经验,今年先试行。所以,这次原则上只在学校所在的省、自治区、直辖市范围内招收走读生。

走读生必须确实具备走读条件。

已被录取的学生,具备走读条件的,在做好思想工作的基础上,也可以动员他们走读。对自愿改为走读的,应予鼓励和支持,以便多招收一些没有走读条件的学生;但已录取的学生,不能以改走读为名,转换院校。

中国科学院新疆分院恢复建制

恢复建制的中国科学院新疆分院，把近几年取得的科研成果精心整理出来，选出了19项作为向全国科学大会的献礼。

这个分院包括物理、化学、生物土壤、地质地理四个研究所和一些辅助机构。科技人员包括汉、维吾尔、哈萨克、回、锡伯、蒙古、满、白、达斡尔、塔塔尔10个民族，共500多人。

新疆地域辽阔、自然资源丰富，自然条件多样，新疆自然科学的研究，是我国自然科学研究中的重要组成部分。中国科学院新疆分院的恢复，对充实我国科学研究，加速新疆地区的四个现代化建设有重要意义。

3月19日

中共中央副主席邓小平就今后引用马恩列毛语录不再使用黑体字作出批示

新华社总编室根据邓小平谈话精神，就今后所有文章中引用马克思、恩格斯、列宁和毛泽东的语录时，一律不再使用黑体字问题，给中宣部写报告。邓小平批示："我赞成。"

国家计委在河南新乡召开全国金属回收工作会议

会议总结交流了去年金属回收的成绩和经验，树立标兵，表彰先进，讨论了今年金属回收工作任务。会议要求各地区和各部门加强对金属回收工作的领导，建立专门的金属回收管理机构，广泛宣传回收利用废钢铁的重要意义，大力开展回收利用活动，为促进国民经济的全面跃进作出更大贡献。

全国各地去年共回收废钢铁1388万多吨，超额6.8%完成了全年回收计划，比1976年增长12.3%。去年废钢铁的利用数量也比上年有了显著增长，这对加快发展钢铁生产、支援农业机械化和轻工业生产起了很大作用。

3月20日

国务院副总理邓小平在北京会见即将离任的尼泊尔驻中国大使拉纳

国务院副总理李先念在达卡与孟加拉国总统齐亚·拉赫曼继续举行会谈

《人民日报》发表评论员文章《整顿就是革命》

华主席在五届人大政府工作报告中指出："在揭批'四人帮'的斗争中，我们要认真搞好各条战线的整顿工作。要把机关整顿好，把厂矿企业整顿好，把社、队整顿好，把商店整顿好，把学校整顿好，把军队整顿好，把各行各业都整顿好。"几年来，围绕整顿问题展开的尖锐复杂的斗争，是我们党同"四人帮"这场历史性大决战的一个重要组成部分。"四人帮"说整顿就是复辟，我们说整顿就是革命。

1975年为什么提出要整顿呢？多年来，林彪和"四人帮"疯狂反对毛主席的革命路线，推行一条反革命的修正主义路线，在各条战线、各个领域，把思想搞乱了，把组织搞乱了，把管理搞乱了，把作风搞坏了，给我国社会主义革命和建设造成了严重的恶果，已到非整顿不可的地步。不整顿，人们的思想混乱，路线是非不明；不整顿，阶级阵线不清，党的组织不纯；不整顿，我国各条战线的人才青黄不接，后继无人；不整顿，社会风气每况愈下；不整顿，国民经济倒退、下降；不整顿，社会主义的中国就会改变颜色，人民就会陷入灾难的深渊。所以，整顿就是革命，就是对林彪和"四人帮"进行针锋相对的斗争。

为了实现在本世纪内把我国建设成为现代化的社会主义强国这一宏伟目标，1975年年初，党中央根据毛主席关于学习无产阶级专政理论、安定团结、把国民经济搞上去的三项指示，针对林彪、"四人帮"的严重干扰和破坏，采取有力措施，相继召开了铁路会议、冶金会议、国防工业会议、军委扩大会议和第一次全国农业学大寨会议等重要会议，发出了一系列重要文件，开始对工业、农业、财贸、科学、教育和军队等方面的工作进行整顿。一场大规模的整顿即将形成对林彪、"四人帮"滔天罪行的总清算，我国各条战线开始出现新的转机，国民经济呈现欣欣向荣的局面。1975年的整顿，受到广大群众的热烈拥护，大得人心。在"四人帮"横行的时候，整顿说出了人们心里想说的话，干了人们心里想干的事。人心，党心，党员之心，都盼望整顿。总之一句话，就是人心思治。整顿反映了人民群众的心愿，完全符合党和人民的根本利益。

整顿是对"四人帮"的巨大威胁。"四人帮"预感到，如果按照党中央的部署，各方面进行彻底整顿，势必动摇他们的社会基础，整垮他们的资产阶级帮派体系，最终要整到他们的头上。各条战线整顿好了，他们搞乱全国、乱中夺权的反革命阴谋就不能得逞。因此，这一年的整顿，就像挖了"四人帮"的心肝，他们既恨又怕，千方百计施展"以攻为守"的反革命策略，疯狂地向无产阶级反扑过来。"四人帮"全盘否定1975年我们在各方面取得的成就，叫嚣"整顿就是复辟"、"整顿就是"翻案"。整顿和反整顿，成为当时我国无产阶级和资产阶级的一场阶级大搏斗。

伟大领袖毛主席教导我们："整风是在我们历史上行之有效的方法。"整顿是我们党加强思想建设、组织建设和作风建设的法宝，也是我们党的光荣传统。从我们党的历史来看，整顿是经常进行的。毛主席不是领导我们进行过整党、整风、整军、整社吗？"四人帮"说什么，"整顿就是复辟"，完全是别有用心。粉碎了"四人帮"，我们抓纲治国，实现大治，一定要在深入揭批"四人帮"的斗争中大抓整顿，把各条战线、各项工作都按照毛主席的路线、方针、政策整顿好。

华主席指出："在各方面的整顿中，关键是整顿好各级领导班子，解决好由于'四人帮'的干扰破坏造成的不同程度的思想不纯、组织不纯、作风不纯的问题。"只有把各级领导班子整顿好了，有了坚强的领导，才能把其他方面的整顿搞好。

揭批"四人帮"的政治大革命已经在全国范围内取得了伟大的胜利，绝大多数地区和部门出现了大治快上的喜人局面，情况比预期的还好。但是，运动的发展是不平衡的，有少数地区和部门，至今运动走走停停，工作、生产改进不大，广大群众很不满意。一个关键的问题，就是这些地区和部门的领导班子不行，或者是有人同"四人帮"篡党夺权阴谋活动有牵连，没有得到清查，或者是有严重错误而又不愿意向群众说清楚，或者是同"四人帮"的思想路线划不清界线，对"四人帮"的种种精神枷锁总是心有余悸，有着无穷的顾虑，因此，对"四人帮"搞乱了的路线、方针、政策等一系列问题，不敢理直气壮地去拨乱反正。靠这样的班子领导运动，能搞得好吗？生产能大干快上吗？很难。在这样的地区和部门，必须揭问题，抓矛盾，首先整顿好领导班子，加强对揭批"四人帮"斗争的领导，才能使他们迅速跟上全国的前进步伐。

整顿领导班子，必须坚持毛主席规定的接班人五项条件和老、中、青三结合的原则。要把各级领导班子逐步建设成为坚决执行毛主席革命路线的、密切联系群众的、团结战斗的领导核心。要选那些在路线斗争特别是第十一次路线斗争中经得起考验的人；要选那些党性强、能团结人、不信邪的人；要选那些艰苦朴素、实事求是、说老实话、办老实事、作风正派的老实人；要选那些懂业务、有实际经验、钻研问题、有魄力、努力工作的人；要选那些联系群众、关心群众疾苦的人。那些参与"四人帮"篡党夺权阴谋活动的骨干分子，不能进领导班子；那些错误严重而态度又很坏的，不能进领导班子。还有那些搞法西斯专政、称王称霸的，搞打砸抢的，投机钻营、招摇撞骗的，拉帮结派、玩弄权术、专门整人的，空喊"革命"、不关心生产、不钻研业务的，革命意志严重衰退、饱食终日、无所用心的，都不能进领导班子。还有一种虽同"四人帮"篡党夺权阴谋活动没有牵连或牵连不大，但政治品质很坏，思想体系是"四人帮"那一套的，也不能进领导班子。选配领导班子，不论老年、中年和青年干部都要根据这些标准慎重选择。特别要善于发现、大力培养中年和青年干部，保证我们的事业后继有人。

整顿领导班子，首先着重思想整顿，注意肃清"四人帮"反革命的修正主义路线在领导成员中的流毒和影响，分清路线是非，弄清各条战线的具体路线、方针、政策。要整顿作风，恢复和发扬党的实事求是、群众路线、谦虚谨慎、艰苦奋斗、批评和自我批评、全心全意为人民服务等优良传统和作风。反对说大话、空话、废话。思想作风如果不整顿好，即使组织上清除了坏人，而"四人帮"的思想体系还在一些领导成员的脑子里起作用，华主席为首的党中央提出的一系列正确的东西，他还在那里怀疑、观望、抵触，这种人怎么能够拨乱反正，把他那个地区和部门的工作搞好呢？领导班子如果尚未从"四人帮"的精神枷锁中解放出来，本身软弱无力，在群众中没有威信，工作处于维持状态，就说明还没有整顿好。有的人在长期革命斗争中表现好，只是在一段时间里做了一些错事、讲了一些错话，但经过批评帮助，愿意真诚改正错误，就要团结他，信任他，其中有的还可以留在领导班子里。要把这些同志同搞阴谋活动的和有了错误坚持不改的人区别开来，要团结他们，不要推开他们。要配备好领导班子的一、二把手。一、二把手必须由党性强、干劲大、作风好并且熟悉业务的干部担任。要坚决落实党的干部政策，对那些经过长期革命斗争考验、特别在十一次路线斗争中表现好、遭受"四人帮"打击迫害排挤的干部，要委以重任。领导班子要团结一致，有战斗力，敢碰问题，敢抓矛盾，有魄力地领导和组织群众把工作搞上去。整顿以后，领导班子要有一定的稳定性，这样，便于干部积累经验，有利于领导水平的提高。

华主席根据毛主席和周总理的遗愿，在五届人大政府工作报告中重新提出我国在本世纪内全面实现四个现代化、使国民经济走在世界前列的宏伟任务。华主席指出：实现这个宏伟任务，从1976年到1985年是关键的十年。我们必须以只争朝夕的精神，采取有力的措施，把各条战线加快整顿好，把各方面的工作整顿好。整顿搞好了，我们的新的长征就有了坚实的基础。在华主席为首的党中央的领导下，我们抓纲治国三年大见成效的目标，发展国民经济十年规划纲要和本世纪内实现四个现代化的宏伟任务，是一定能够胜利实现的。

全国人大常委会副委员长廖承志在北京会见以深谷隆司为团长的日本世界青少年交流协会访华团

国务院副总理耿飚在北京会见巴勒斯坦解放组织新任驻北京办事处主任塔伊布·阿卜杜勒·拉希姆·马哈茂德

中国社会科学院召开民族科学研究规划座谈会

中国社会科学院为贯彻华主席关于“必须组织制定全国哲学社会科学发展规划”的指示，于3月20日至22日在北京召开民族科学研究规划座谈会。参加座谈会的有中共中央和国务院有关部委、高等院校、研究部门、新闻出版部门及北京市有关部门等30多个单位的科研人员、领导干部、民族工作者，共200多人。

会议由中国社会科学院民族研究所黄洛峰同志主持。民族研究所傅懋勣、翁独健、秋浦、孙青等同志就民族语言、民族历史、民族学、民族理论等学科八年规划的初步设想发了言。著名教授白寿彝、费孝通、林耀华也在大会上就有关学科的研究工作发表了意见。

中国社会科学院副院长邓力群在大会上讲了话。

长春地质学院与东北三省地质部门在长春联合举办大型学术报告会

科技人员向报告会提交的200多篇科学论文，内容涉及地质、矿产、水文地质、工程地质、物探、化探、仪器制造、测试方法等地学的各个学科和领域，反映了近年来我国地质科学研究的丰硕成果。

粉碎“四人帮”以后，地质科技战线对基础理论的研究十分重视。在提交这次报告会的论文中，属于基础理论和基础地质研究的约占60%。还有许多论文的课题是同当前国民经济的发展密切有关的。如富铁矿、富铜矿、水肥等资源的寻找问题。会上还介绍了国内外在地质研究某些领域的学术动态。

由于贯彻了“百花齐放、百家争鸣”的方针，这次学术报告会开得十分活跃。年逾80岁的地层古生物专家俞建章教授，亲自登台作了《中国丰宁纪地层与珊瑚群》的长篇报告。许多中、青年科技工作者也提出了许多有价值的论文。

国务院批转教育部《关于办好“七二一”大学的几点意见》

在此之后，各地都对“文化大革命”以来发展起来的“七二一”工人大学进行了调整整顿，先后将其改称为职工大学。

教育部发出通知决定放宽报考研究生的年龄限制

教育部的通知决定，凡是1938年3月1日以后出生的都可以报名。

通知还决定，凡是1964年、1965年入学后因故中断学习而分配工作的研究生，重新报考1978年研究生时，在贯彻择优录取原则的前提下，经德智体全面衡量，在考生条件相同时，可以优先录取。他们入学后经学校考核，如果基础课合格，可以免修，直接进入专业课学习或进行科学研究工作，学习年限也可以适当缩短。

《北京周报》葡萄牙文版在北京出版发行

《北京周报》葡萄牙文版暂出月刊，每月20日出版。

《北京周报》于1958年创刊，已有英、法、西班牙、德、日、阿拉伯6个文版，航空发行世界各地。

少儿读物《我们爱科学》丛刊重新出版

少年儿童读物《我们爱科学》丛刊，1978年第一期已经出版。在这一期《我们爱科学》丛刊里，重新发表了创刊号上中国科学院院长郭沫若同志的题词和全国科协顾问高士其同志写的题为《献给〈我们爱科学〉》的诗。还向少年读者介绍了我国卓越的科学家李四光的故事，刊登了科学童话、科学幻想小说，以及介绍各种科学知识的文章。

《我们爱科学》丛刊，是中国少年儿童出版社1960年3月创刊的。创刊后共出了14期，曾受到广大少年儿童的欢迎和好评，可是在“四人帮”横行的日子里，该丛刊也被扼杀了。粉碎“四人帮”以后，在以华主席为首的党中央亲切关怀下，去年这个出版社以《少年科技》的刊名出版了两期。今年开始，恢复原刊名，重新出版。

《少年百科丛书》陆续出版

中国少年儿童出版社编辑出版的《少年百科丛书》中的第一批，于最近出版。

这次出版的书目是:《科学家谈数理化》《浮力的故事》《生命进行曲》《石油的一家》《中国古代四大发明》《古代科学家的故事》《作文知识讲话》等。

最近出版的这批丛书仅是这套《少年百科丛书》中的一小部分。这套丛书出齐后，预计总数大约有300多种，范围涉及古今中外，内容包括社会科学、自然科学各个领域的基础知识。中国少年儿童出版社计划在三年内将出版这套丛书的100种左右，今年出书20种至25种。

编辑出版这样一套少年阅读的文库式的百科丛书，新中国成立以来还是第一次，它是初中学生和同等学力的少年的课外自学读物。

3月21日

中共中央组织部召开中央国家机关和部分省区市研究疑难案件座谈会

3月21日至4月24日，中共中央组织部分3批召开了中央国家机关和部分省、自治区、直辖市研究疑难案件座谈会。胡耀邦在会上提出了落实干部政策的4条标准：一、没有结论的，尽快作出结论，结论不正确的，要实事求是改正过来；二、没有分配工作的要适当分配工作，年老体弱的要妥善安排；三、去世的要作出实事求是的结论，把善后工作做好；四、受株连的家属子女要解决好。总的方针是实事求是，方法是群众路线。

国务院决定撤销国家计委统计局 恢复国家统计局并作为国务院直属机构

国务院副总理谷牧在北京会见由塞尔维亚社会主义共和国执委会副主席佩达尔·科斯蒂奇率领的南斯拉夫塞尔维亚社会主义共和国政府代表团

全国人大常委会副委员长邓颖超在北京会见日中友协(正统)东京都本部会长 众议员宇都宫德马和副会长 众议员鸠山邦夫

中国政府和孟加拉政府在达卡签订《经济技术合作协定》《科技合作协定》

外交部部长黄华和孟加拉国负责计划部的总统顾问米尔扎·努尔·胡达分别代表各自政府在协定上签字。

中国政府和阿富汗政府1978年度换货议定书在北京签字

外贸部部长李强和阿富汗政府贸易代表团团长、商业部部长穆罕默德·汗·加拉拉尔，分别代表本国政府在议定书上签字。

《人民日报》发表中共北京大学委员会的文章《论梁效》

3月22日

中共鞍山市委和鞍钢党委在沈阳召开纪念《鞍钢宪法》诞生18周年大会

会上，宣读了中共辽宁省委和冶金部关于命名鞍钢为大庆式企业的通知。通知中指出：鞍钢自去年3月以来，坚决贯彻执行以华主席为首的党中央关于解决辽宁和鞍山问题的指示，深揭狠批“四人帮”，取得了重大胜利，工业学大庆运动取得了很大成绩，为高速度发展冶金工业作出了积极贡献。鞍钢已经达到了大庆式企业的标准。

中共辽宁省委和冶金部负责同志参加了大会，热烈祝贺鞍钢跨进大庆式企业的先进行列。他们代表省委、省革委会和冶金部向鞍钢赠送了锦旗。他们在讲话中说，鞍钢职工经过一年多来的努力奋战，“四人帮”及其在辽宁的死党和冶金部的亲信在鞍钢培植的资产阶级帮派体系，遭到了粉碎性的打击。鞍钢各级领导班子经过整顿，成为团结战斗的核心。一支能打硬仗的职工队伍，已经形成。整顿了企业，加强了管理，整个鞍钢人心大快。生产大上，面貌大变。这一切都充分表明：鞍钢在“四人帮”严重破坏下造成的停滞不前的局面，已经一去不复返了。鞍钢正在工业学大庆的道路上大踏步前进。

中共辽宁省委和冶金部负责同志在讲话中指出：鞍钢成为大庆式企业，这是全国冶金战线和辽宁省工交基本建设战线的一件大喜事。它必将对工业学大庆运动的进一步发展，产生强大的推动作用。全国冶金战线和辽宁省工交基本建设战线都将开展学大庆、赶鞍钢的群众运动，要和鞍钢来一个比赛。

国务院副总理余秋里在北京会见由阿富汗商业部部长穆罕默德·汗·加拉拉尔率领的阿富汗政府贸易代表团

国务院副总理方毅在北京会见以南斯拉夫科学文化委员会副主席兹温科·克内热维奇博士为团长的南斯拉夫教育代表团

国务院副总理陈慕华在北京会见即将离任的毛里求斯驻中国大使卡赛纳利

外交部部长黄华在北京举行宴会欢迎挪威王国外交大臣克努特·弗吕登伦一行

北京航空学院等院校和国务院各部委所属研究机构决定招收研究生

根据华国锋总理在五届人大政府工作报告中提出的要抓紧研究经济建设中急待解决的科学技术问题的指示精神，北京航空学院、北京工业学院、上海交通大学、华东工程学院、南京航空学院、长沙工学院、成都电讯工程学院、西北电讯工程学院、西北工业大学、长春光学精密机械学院、哈尔滨工业大学、哈尔滨船舶工程学院等院校，决定在今年招收研究生，为国家培养又红又专的科学研究人才和高等学校的师资。

为了贯彻落实华国锋总理的指示精神，国务院各部委所属的研究机构，也决定招收研究生。

3月23日

国务院副总理邓小平在北京会见联邦德国基督教民主联盟—基督教社会联盟联邦议院议会党团第一副主席弗里德里希·齐默尔曼

会见时，邓副总理同西德客人进行了友好的谈话。齐默尔曼先生对邓副总理在中国召开全国科学大会期间抽出时间来会见他表示感谢。他说，我以巨大的兴趣读了邓副总理在科学大会上的报告。

邓副总理说：讲了一点真实情况，讲了我们自己的落后。承认自己落后，才能迎头赶上去。

在同齐默尔曼先生就国际形势交换看法时，邓副总理说，我们希望有一个强大的欧洲。欧洲有远见的政治家也希望中国强大起来。

会见时在座的有中国人民外交学会会长郝德青，有关方面负责人谢黎、徐维勤。

《人民日报》发表特约评论员文章《提高执行十一大路线的自觉性》

华主席在五届人大第一次会议的政府工作报告中指出："我国人民在社会主义革命和社会主义建设的新的发展时期的总任务，就是要坚决贯彻执行党的十一大路线，坚持无产阶级专政下的继续革命，深入开展阶级斗争、生产斗争和科学实验三大革命运动，在本世纪内把我国建设成为农业、工业、国防和科学技术现代化的伟大的社会主义强国。"这是华主席向全党、全国人民发出的新的进军号令。我们要高举毛主席的伟大旗帜，进一步提高执行十一大路线的自觉性，万众一心，抖擞精神，迈开大步，为完成新时期的总任务而努力奋斗。

一年来的经验

粉碎了"四人帮"，伟大的中国，又以崭新的姿态出现于世界。一年多来，我们迅速地涤荡着"四人帮"留下的污泥浊水，顺利地渡过了"四人帮"造成的严重危难。全国各条战线有如万马奔腾，迅猛向前。形势发展如此之好，如此之快，超出了我们的意料。

一年来的经验何在？集中到一点，就在于我们执行了一条马克思列宁主义路线。

粉碎"四人帮"以后，华主席为首的党中央高举毛主席的伟大旗帜，提出了抓纲治国的战略决策。去年3月的中央工作会议，7月的十届三中全会，特别是8月党的十一大，统一了全党的思想，明确了前进的方向。就全国来说，十一大路线的确立，使大好形势发展得更加迅速；从地区来说，哪里对十一大路线理解得透彻，执行得坚决，哪里的形势就好，成绩就显著。正是在十一大路线的指引下，全党更加紧密地团结在华主席为首的党中央周围，保证了我们的革命和建设事业，能够排除各种干扰，沿着正确的轨道，胜利前进。

如果说，党的七大路线促进了全党的团结和统一，指引我们取得了抗日战争和解放战争的胜利，那么，党的十一大路线，必将成为实现社会主义革命和社会主义建设新的发展时期的总任务的根本保证。

提高自觉性

华主席在十一大政治报告中，阐明了抓纲治国的八项战斗任务。这是十一大路线在当前的具体体现。八项任务中，第一项是纲。是不是执行十一大路线，首先要看是不是抓住了揭批"四人帮"这个纲。同时，八项任务不可分割，体现了三大革命运动一起抓的精神。在当前，只有全面贯彻这八项任务，才算是认真执行了十一大路线。我们当然不能把工作中的任何偏差、错误统统看成是路线问题，但是，如果时至今日，你那里揭批"四人帮"的局面还打不开，广大干部和群众的革命积极性还调动不起来，经济建设、文化建设的高潮还掀不起来，这就很值得从路线上找找原因，检查一下你那里的领导班子执行十一大路线的自觉性究竟怎么样。

毛主席在1929年为红军第四军第九次党代表大会写的决议中曾经指出："红军第四军的共产党内存在着各种非无产阶级的思想，这对于执行党的正确路线，妨碍极大。"要提高执行十一大路线的自觉性，就必须排除存在于党内的种种思想障碍。当前的思想障碍在哪里？我们认为最值得注意的是以下两种：

一种是对十一大路线理解不透彻，因而贯彻不力。在这些同志的头脑中，还有"四人帮"的流毒和影响。他们路线是非不清，精神枷锁没有砸烂，碰到问题仍然疑虑重重。余毒不清，余悸难除。这些同志，还需要在思想上下一番破旧立新的功夫。流毒洗掉了，是非分明了，正确的路线才能在头脑中自觉树立起来。

一种是对执行十一大路线有抵触。这主要是极少数中毒很深、犯了错误又不愿改正错误的人。在他们那里，各项政策得不到落实，领导班子得不到整顿，被颠倒的是非得不到纠正。有的至今还在捂盖子，压群众，抵制揭批"四人帮"的运动。有的同志在十一次路线斗争中犯了错误，"四人帮"垮台后捂过盖子，十一大以后，作了检讨，改正了，应该得到谅解。但是，如果在十一大以后，拒不执行十一大路线，那是不能允许的。老账未还，又欠新账，坚持下去，这笔账就不那么好还了。

要有一系列政策措施

毛主席多次指出，为争取革命的胜利，要在总路线指导下，制定一整套具体的方针、政策和办法。他还教导我们，“要成为懂得理论、懂得路线、懂得政策、懂得方法的专家”。

政策是为路线服务的。政策是路线的具体体现，是执行路线的保证。政策正确，就能保证路线的正确贯彻。政策错误，路线也不可能对头。不抓政策，不可能分清路线是非，十一大路线就不可能在各个领域贯彻执行。因此，提高执行路线的自觉性，就必须提高执行政策的自觉性。

执行路线和政策要有措施。没有措施，路线和政策就不能落到实处。措施越实在，取得成功的条件就越充分。有了切实的措施，还要有一个很大的干劲，要高屋建瓴，全力以赴。否则，路线和政策就只能停留在嘴上，纸上，会议上，就有落空的可能。

党的十一大路线，向全党全国人民指明了社会主义革命和社会主义建设新时期的奋斗方向。五届人大具体体现了十一大的路线、方针和政策。只要我们不断提高执行十一大路线的自觉性，继续坚持这条路线，捍卫这条路线，团结一心，坚忍不拔，扎扎实实，埋头苦干，就能保证我们沿着正确的航向奔腾向前，举国一致地向社会主义现代化强国的伟大目标进军，实现五届人大提出的新时期的总任务。

全国人大常委会副委员长廖承志在北京会见并宴请以社会党委员长飞鸟田一雄为团长的日本社会党第八次访华团

廖承志副委员长在宴会上讲话赞扬飞鸟田先生为发展中日友好关系所作出的积极贡献。他说，在今年2月4日的万人群众大会上，飞鸟田委员长强烈要求把反霸条款写入中日和平友好条约的正文，早日缔结这一条约，这不仅反映了社会党广大朋友和日本人民的热切希望，也完全符合中日两国人民的根本利益。

廖承志副委员长说，20多年来，我们同社会党之间有着良好的友好合作关系。社会党许多朋友为发展中日友好事业进行了不懈的努力，浅沼稻次郎前委员长为此而献出了宝贵生命，这是我们中国人民永远不会忘记的。1975年，尊敬的老朋友成田知巳先生率领的社会党第六次访华团同我们中日友协签订了反对两个超级大国霸权主义的联合声明。国际形势的发展越来越证明声明里明确指出的反对两霸的论断是完全正确的。我们决心同广大的社会党朋友一道，排除一切障碍和干扰，为继续维护和贯彻联合声明，并在此基础上发展我们同日本社会党之间的友好合作关系而共同努力。

全国人大常委会副委员长乌兰夫在北京会见英国广播公司访华团

外交部部长黄华在北京与挪威外交大臣克努特·弗吕登伦举行会谈

文化部在山西昔阳召开全国群众文化工作“学大寨、赶昔阳”经验交流现场会

会议指出：大寨群众文化工作是农村群众文化工作的榜样，会议号召各地文化行政部门和群众文化工作者以揭批“四人帮”为纲，大力开展农村群众文化“学大寨、赶昔阳”的活动，把农村群众文化工作迅速纳入到农业学大寨，普及大寨县的轨道上来，为高速度地发展我国农业经济大造革命舆论，为丰富农村文化生活积极作出贡献。

出席会议的有各省、自治区、直辖市文化局和部分地区、县、社、生产大队的代表。大庆油田和“硬骨头六连”也派代表参加了会议。

中共中央政治局委员、国务院副总理陈永贵同志出席了开幕式。

会议期间，代表们参观了大寨大队，观摩了大寨大队业余文艺宣传队和小武术队的表演；在昔阳街头观看了群众业余文艺会演和灯火游行；到昔阳一些社队观摩了场院、地头的群众文艺活动，农民画展，村头壁画、板报，赛诗会，图书室和村史展览等各种文化活动。

大寨党支部书记郭凤莲和昔阳县委副书记刘树岗，在现场会上分别介绍了大寨大队和昔阳县开展群众文化工作的先进经验。“硬骨头六连”的代表和一些省的代表也在会上发了言，交流了群众文化工作的情况和经验。

文化部副部长周巍峙在会上讲了话。他首先强调，这次现场会是华主席、党中央批准召开的，对于文化部门贯彻党的十一大路线，抓纲治文，具有重大意义。他回顾了解放后我国群众文化工作所走过的道路和正反两个方面的经验教训，强调指出，28年来，群众文化工作虽然受到林彪特别是“四人帮”的干扰破坏，但是，毛主席的无产阶级革命路线始终居于主导地位。“四人帮”挥舞“文艺黑线专政”论的大棒，诬蔑群众文化也是什么“黑线专政”，肆意扼杀群众文化活动；对群众文化事业和群众文化组织大砍大杀；在群众文化队伍中大抓什么“小黑线人物”、“土黑帮”，搞垮群众文化队伍，并且大肆破坏各民族的民间艺术，造成群众文化百花凋零，万马齐喑的冷落局面。特别是，“四人帮”为了配合他们篡党夺权的政治阴谋，盗用小靳庄贫下中农的名义，弄虚作假，大搞脱产办文化，炮制了个“小靳庄经验”，妄图砍倒大寨红旗，把群众文化工作纳入他们篡党夺权的反革命轨道，在群众文化工作中造成了极大的混乱。周巍峙同志说，针对“四人帮”的这些干扰破坏，在大力开展农村群众文化“学大寨、赶昔阳”的活动中，必须彻底批判“四人帮”破坏群众文化工作的罪行，把他们在群众文化工作中颠倒了的路线是非纠正过来，肃清其流毒和影响，把农村群众文化工作真正纳入到农业学大寨、普及大寨县的轨道上来。

周巍峙同志说，当前我国社会主义革命和建设进入了一个历史发展的新时期。我们一定要热烈响应华主席在十一大的号召，树雄心，立壮志，继续搞好文艺革命，大力发展社会主义文化事业，兴起社会主义文化建设的新高潮。在农村文化工作方面，就是要大力开展和推进群众文化“学大寨、赶昔阳”的活动，为农业学大寨、普及大寨县服务，为高速度发展我国农业经济作出贡献。周巍峙同志说，农村群众文化工作是党在农村的政治思想工作的重要组成部分，也是继续搞好文艺革命的一个重要方面。各级文化行政部门对于群众文化，特别是农村群众文化工作，必须给予足够的重视。要像大寨大队那样，把它作为党在农村中的一条重要战线，下大力气把它抓好。

关于群众文化工作如何“学大寨、赶昔阳”的问题，周巍峙同志说，路线是根本，“学大寨、赶昔阳”，首先就要像大寨、昔阳那样，高举毛主席的伟大旗帜，坚持无产阶级专政下的继续革命，坚决贯彻执行毛主席的革命路线，把着力点放在促进人的思想革命化上，为造就社会主义的一代新型农民下苦功夫。要像大寨、昔阳那样，正确处理文化和政治、文化和生产的关系，运用各种文化艺术形式，大造农业学大寨的革命舆论，一方面促进生产的发展，一方面发展社会主义的文化。防止脱离生产基础，片面地孤立地搞文化；或者消极地等待生产上去后再搞文化的两种错误倾向。要像大寨、昔阳那样，放手发动群众，依靠群众办文化，坚定地贯彻业余办文化的方针，注意勤俭节约，不增加社队的负担，注意以小型多样为主，以利吸引广大群众参加，保持活动的经常化。要因地制宜，因时制宜，讲求实效。要加强领导，紧密配合各地区农业学大寨、普及大寨县运动，制定规划，作出长期的努力。

3月24日

全国科学大会在人民大会堂举行全体会议

中共中央主席华国锋，中共中央副主席叶剑英、邓小平、李先念、汪东兴出席会议。

出席大会的还有党和国家其他领导人韦国清、乌兰夫、方毅、纪登奎、苏振华、吴德、余秋里、张廷发、陈永贵、陈锡联、耿飚、聂荣臻、倪志福、徐向前、陈慕华、赛福鼎、王震、谷牧、康世恩，以及中央军委负责人粟裕、罗瑞卿。

邓小平副主席主持了大会。

华国锋主席作了题为《提高整个中华民族的科学文化水平》的重要讲话。

出席会议的还有中共中央和国务院各部委、中国人民解放军各总部和国防科委的负责人，大会领导小组成员和大会秘书处负责人，老、中、青科学工作者和工农兵代表，以及其他有关人士。

中共中央主席华国锋在全国科学大会上发表题为《提高整个中华民族的科学文化水平》的讲话

同志们！

我们党中央召开的这次全国科学大会，已经开了七天了。在大会开幕的时候，邓小平同志讲了话，方毅同志作了报告。他们的讲话和报告，都很重要，很好。参加大会的同志们进行了认真的讨论，一致表示热烈的拥护。大家受到了巨大的鼓舞，精神振奋，心情舒畅。这次大会还要制定全国科学技术发展的规划，表彰科学技术战线上的先进集体和先进个人。我们大家都充满着信心：这次大会一定能够开得很成功，对我国科学文化的发展，对我国国民经济的发展，对建设社会主义的现代化强国，将发生巨大而深远的影响。

中央对召开这次大会是非常重视的。在粉碎王洪文、张春桥、江青、姚文元“四人帮”反党集团之后不久，中央召开了全国第二次农业学大寨会议，后来又召开了全国工业学大庆会议。当时中央就考虑，开了农业大会、工业大会，还应该开科学大会。在党的十一大的政治报告中，我们正式宣布了这个决定。接着，中央又专门向全党全国发出了召开科学大会的通知。由党中央召开这样一个盛大规模的、具有广泛代表性的、动员全党全军全国各族人民向科学技术现代化进军的大会，在我们党、我们人民共和国的历史上，还是第一次。这是我们党为实现我国社会主义革命和社会主义建设新时期的总任务而采取的重大措施。我们的大会，是具有重大的现实意义和历史意义的大会。

一年多来，经过深入揭批“四人帮”的政治大革命，经过党和人民在政治、经济、军事、文化各条战线上的集体奋斗，经过党的十一大、五届人大以及五届政协这几个继往开来的历史性大会，我们的国家已经基本上克服了“四人帮”造成的混乱，走上了天下大治的轨道。现在，新时期的路线和总任务已经明确制定了。新宪法已经颁布了。各条战线的基本任务和基本政策，发展国民经济的三年、八年的规划和二十三年的设想，都已经提出来了。虽然有一些具体的章程、政策、规划还有待于制定和完善，但是总的说来，抓纲治国的大政方针已定。现在的要求,就是按照已经确定的路线、政策、规划,扎扎实实,埋头苦干,排除干扰,战胜困难,去一步一步地完成摆在我们面前的各项任务。

党的十一大和五届人大规定的全党、全国人民在新时期的总任务,庄严地载入了国家的根本大法,这就是:坚持无产阶级专政下的继续革命,开展阶级斗争、生产斗争和科学实验三大革命运动,在本世纪内把我国建设成为农业、工业、国防和科学技术现代化的伟大的社会主义强国。这个总任务的规定表明,我们一定要坚定不移地走社会主义的道路,一定要三大革命运动一起抓,一定要实现四个现代化的宏伟目标。世界上有各种道路的现代化。有资本主义、帝国主义的现代化,有修正主义、社会帝国主义的现代化。我们要实现的现代化,是社会主义的现代化,是坚持无产阶级专政下继续革命的现代化。只有这样的现代化,才符合于我国各族人民的共同愿望和根本利益,才能真正造福于广大人民,才是世界各国人民看了高兴的。

社会主义是中国的唯一的出路,这是早就由现实生活证明了的。在半殖民地半封建的旧中国,许多有志之士想要在中国发展科学事业,使中国独立富强起来,但总是做不到。只是在中国共产党领导全国人民取得新民主主义革命的彻底胜利并且建立社会主义制度之后,才在中国建设起相当可观的现代工业基础,造成了进一步实现四个现代化的条件。"四人帮"是社会主义的死敌。他们反对四个现代化的罪恶目的,是妄想颠覆无产阶级专政,复辟资本主义。按照"四人帮"的反革命的修正主义路线,中国只会沦为社会帝国主义和帝国主义的殖民地半殖民地。独立的社会主义的中国要实现四个现代化,就一定要遵循毛主席的思想,坚持无产阶级专政下的继续革命,也就是坚持社会主义道路。对于我们来说,社会主义和四个现代化是不可分割的。只有坚持社会主义革命,在上层建筑和生产关系领域继续改革同生产力发展不相适应的那些部分,才能不断促进四个现代化的发展。只有建立现代化的农业、现代化的工业、现代化的国防和现代化的科学技术,我们的社会主义制度才有强大的物质基础,才能不断地更加巩固和向前发展,也才能对内真正有效地战胜资本主义,对外在抵御社会帝国主义和帝国主义侵略中处于更加有力的地位。

为了实现新时期的总任务,我们全党全军全国各族人民必须从各方面进行艰巨的工作。在这里,我想着重地讲一个问题,就是一定要极大地提高整个中华民族的科学文化水平。

我国各族人民,是勤劳、勇敢、富有创造才能的人民。在马克思列宁主义、毛泽东思想指引下,在长期的艰苦卓绝的斗争中,我们的人民学会了革命和建设的许多极可宝贵的本领,创造了伟大的业绩,赢得了伟大的进步。现在,为了更大规模地向自然开战,向四个现代化进军,为了完成历史赋予我们的新时期的总任务,我们必须开展一个新的持久的学习运动。要把学习马克思列宁主义、毛泽东思想提高到新的水平,同时还要努力学习文化,学习现代科学知识,掌握现代化生产所必需的劳动技能和管理方法。提高整个中华民族的科学文化水平,是摆在全体人民面前的一项极为巨大的任务。这是一项战略任务。这个任务不解决,新时期的总任务是不可能完成的。

"四人帮"疯狂破坏社会主义的科学文化事业,甚至胡说什么"知识越多越反动"、"宁要没有文化的劳动者"。他们实行的是最黑暗、最腐朽的法西斯文化专制主义。在他们的摧残之下,科学文化工作者和广大人民群众的积极性受到严重的挫伤,我国科学文化事业同社会主义革命和建设的需要很不适应,我国科学技术同世界先进水平本来已经缩小的差距又拉大了。这就从反面告诉我们,提高人民的科学文化水平,决不是什么单纯的业务问题,而是一场伟大的阶级斗争。我们一定要把揭批"四人帮"的斗争进行到底,肃清"四人帮"反革命的修正主义路线的流毒,为实现提高整个中华民族的科学文化水平的任务进一步扫清道路。

提高整个中华民族的科学文化水平,是亿万人民群众的切身事业。只有动员和依靠亿万群众才能进行这个事业,只有在全国范围内和全体规模上把各条战线的广大群众切实地组织起来,才能进行这个事业。我们需要的,是千千万万有社会主义觉悟的能够掌握现代生产技能的熟练工人、熟练农民和其他熟练劳动者,是大批大批的各行各业的革命知识分子和懂得管理现代经济和现代科学技术的革命干部。我们需要的,是又红又专的、特别能战斗的工业大军、农业大军、科技大军、文化大军和国防大军。人少了不行,一部分人也不行,一定要亿万群众,一定要整个中华民族来一个大提高。

事情很明显,如果我们的工人不具备相当的科学文化水平,不学习新的生产技能,那么,对现代化工业生产就难以掌握。如果我们的农村人民公社社员没有相当的科学文化水平,不懂得使用电力、机器、化肥、农药等等,不学会科学种田,也就不能适应农业现代化的需要。如果我们的解放军指战员,没有现代军事科学技术知识,那就不能掌握现代化的武器装备,不能很好地组织和指挥现代化战争。相反地,只要亿万群众掌握了这些知识和技能,他们就不但可以成为熟练的工人、农民和士兵,而且在他们中间一定会涌现出大批的技术专家、革新家、发明家、科学家。因此,我们一定要十分重视提高全民族科学文化水平这件事。决不能认为科学技术现代化仅仅是科学技术部门的事情，决不能只靠科研机关和大学的少数人去办。鼓舞亿万人民群众，破除迷信，解放思想，打掉自卑感，砍去妄自菲薄，振奋敢想、敢说、敢做的大无畏创造精神，努力学习和实践，这正是我国科学技术现代化的最雄厚的基础和取之不尽的力量的源泉。

我们强调依靠亿万群众，同时又要大力加强专业科技队伍的建设。我们已经有了一支工人阶级的又红又专的科技队伍。我们要团结一切革命的和爱国的科学技术工作者。要采取有力措施，培养新生力量，迅速壮大专业队伍。要提高专业队伍水平，造就一大批世界第一流的科学技术专家。我们希望广大科学技术工作者不断提高政治觉悟，全心全意地为社会主义服务，同工农兵相结合，在业务上专心致志，精益求精，把个人钻研同集体智慧结合起来，努力攀登科学技术的高峰。我们还希望有越来越多的人通过理论学习、阶级斗争和工作实践，更多地懂得马克思主义，牢固地树立无产阶级的共产主义世界观。这样，我们大家就不仅有爱国主义方面和社会主义制度方面的共同语言，而且还可以在共产主义世界观方面有更多的语言。专业队伍是提高整个中华民族的科学文化水平的尖兵和骨干力量，他们担负着科学技术上的攻坚任务，担负着向广大群众普及科学技术的任务。我们的人民武装力量历来实行野战军、地方军和民兵三结合的体制，组成了人民战争的钢铁长城。我们的科技队伍也应当是这样：努力学习和掌握科学文化的亿万群众是科技战线上的广大民兵，而集中的专业队伍则是科技战线上的野战军、地方军。广大群众的科学文化水平的普遍提高，给专业队伍的发展提供了基础和条件，专业队伍又反过来给广大群众队伍以指导，并且集中群众的经验和智慧，加以提高。这应当是我们国家科技队伍的体制，同时也就是我们科技战线上的人民战争的胜利道路。我们的科学文化事业，是人民的事业。广泛地普及科学文化知识，提高全民族的科学文化水平，把普及和提高统一起来，把专业队伍和群众队伍结合起来，就一定能够组成浩浩荡荡的科学文化大军，大大加快我们社会主义现代化的前进步伐。

提高整个中华民族的科学文化水平，还有一个十分重要的、应当特别予以重视的方面，这就是青少年的培养。青少年是我们无产阶级革命事业的接班人。青少年要从小健全地发育身体，培养共产主义的情操、风格和集体英雄主义的气概，还要从小养成爱科学、学科学、用科学的优良风尚。我们党和国家，要特别关怀青少年的健康成长，办好小学、中学、大学，办好各级各类学校，开辟各种各样的学习途径，创造条件，把广大青少年培养成为有社会主义觉悟的有文化的劳动者，从他们中间不断地造就又红又专的科学技术人才，使我们的科学技术事业人才辈出，兴旺发达。

提高整个中华民族的科学文化水平，也向我们的广大干部，首先是各级领导干部，提出了更高的要求。毛主席教导我们："情况是在不断地变化，要使自己的思想适应新的情况，就得学习。即使是对于马克思主义已经了解得比较多的人，无产阶级立场比较坚定的人，也还是要再学习，要接受新事物，要研究新问题。"各级领导机关和领导干部都要善于适应社会主义现代化事业发展的要求，改进领导方法、工作方法。在我国社会主义革命和建设新的发展时期中，政治思想工作不但不能减弱，而且更要加强。我们党在政治思想工作上是有一套优良传统的，要发扬这些传统，清除林彪、"四人帮"的流毒和影响。要把政治思想工作做得更加细致、更加深入，不断战胜资产阶级和其他剥削阶级的思想影响，克服小生产的习惯势力，使政治思想工作成为实现社会主义现代化的重要保证。政治是统帅，是灵魂，不抓政治思想工作是不行的；但是只搞政治，不懂技术和业务，长期当外行，也是不行的。毛主席在1958年语重心长地教导我们："我们一定要鼓一把劲，一定要学习并且完成这个历史所赋予我们的伟大的技术革命。这个问题要在干部中议一议，开个干部大会，议一议我们还有什么本领。过去我们有本领，会打仗，会搞土改，现在仅仅有这些本领就不够了，要学新本领，要真正懂得业务，懂得科学和技术，不然就不可能领导好。"不少同志遵照毛主席的指示，确实钻了进去，学习很有成效；但是也确有一些同志，对毛主席指示的重要意义，并没有深刻理解。特别是由于林彪、"四人帮"干扰破坏，制造了种种谬论和混乱，谁要是抓了业务和生产，就要受到他们的压制和打击，当然更谈不到去钻现代科学技术了。现在，许多干部精神解放，奋发努力，学政治、学经济、学军事、学业务、学技术，情景喜人。我们各行各业的各级干部，都应当这样做。我们在科技战线上担任领导工作、政治工作和行政工作的干部，尤其要加强学习，根据科技工作的特点做好政治思想工作、组织管理工作和后勤工作。对于知识分子，要尊重他们的劳动，从政治上、工作上和生活上关心他们。要接近他们，了解他们，熟悉他们，做他们的贴心人。要为他们的工作创造有利的条件，充分调动他们的积极性，发挥他们的创造才干。我们的同志一定要做好这些工作，保证党的路线、方针和政策全面地正确地贯彻执行，为社会主义革命和社会主义建设作出新的贡献。

为了提高我们中华民族的科学文化水平，有必要重申毛主席提出的向外国学习的口号。我们的方针是，一切民族、一切国家的长处都要学，政治、经济、军事、科学、技术、文学、艺术的一切真正好的东西都要学。我们是在独立自主、自力更生的基础上，有分析、有批判地向外国学习。我们历来反对那种认为外国一切都好，中国一切都不好，月亮也是外国的圆，中国永远只能落在外国后面爬行的洋奴哲学。“四人帮”别有用心，把向外国学习诬蔑为“洋奴哲学”，这完全是混淆是非、颠倒黑白，是为他们篡党夺权制造反革命舆论，是为了打倒正确执行毛主席关于向外国学习的方针的中央领导同志。如果真的不分青红皂白，一概拒绝向外国学习，其结果，就只能使中国永远处于落后地位，哪里还谈得上社会主义现代化？！事情十分明显，世界上一切民族和国家都有自己的长处和短处，总是要相互学习，取长补短，求得不断的进步。马克思主义是在西方产生的，我们能够不学吗？伟大的十月社会主义革命是在俄国发生的，我们能够不学吗？至于自然科学和技术，我们现在比世界先进水平是落后了，我们承认落后，不甘落后，要迎头赶上去，这就必须善于吸收一切外国的好东西，把它们统统拿过来，为我所用，把学习外国和自己的独创结合起来，以利于尽快地赶上和超过世界先进水平。现在我们要向外国学习，将来我们从落后转化为先进了，还要不要学呢？那个时候，外国仍然会有许多值得学习的好东西，我们仍然要向人家学习。这有什么不好呢？一万年都要学习嘛！

从现在到公元2000年，23年中实现四个现代化，关键是前8年。提高整个中华民族的科学文化水平这件事，也是如此，我们也应当有三年、八年的规划和二十三年的设想。从现在起，我们就要努力在整个社会提倡勤奋学习政治、学习文化、学习科学技术。科学是老老实实的学问，来不得半点虚伪和骄傲。只有诚实谦逊、坚忍不拔，才能真正学到一点东西。一定要在全体人民中养成和发扬下苦功学习的浓厚风气。以爱学习为光荣，以不学习为可耻；以又红又专为光荣，以不求上进为可耻；以埋头苦干，为社会主义多做贡献为光荣，以好逸恶劳，光吃社会主义为可耻。要使我们整个国家成为一个伟大的学校。

极大地提高整个中华民族的科学文化水平，不仅是实现四个现代化的直接需要，对于这件事情的伟大意义，我们还应该看得更深、更广、更远。

随着整个民族科学文化水平的提高，我们将能够更好地用马克思列宁主义、毛泽东思想来武装广大干部和群众。自然科学的理论和实验都离不开唯物论和辩证法。我们要推动一切自然科学研究工作者自觉地用马克思主义世界观指导自己的工作，同时，要通过广大群众学习科学技术，进行科学实验，大大地普及唯物论和辩证法。马克思主义本来就是从全部人类知识中产生出来的。马克思正是借助于批判地吸收以往的科学所提供的全部知识而证实了他的革命结论。所以说，提高科学文化水平，对于学好马克思主义，更深刻地理解和运用马克思主义，是很重要的。

提高整个民族的科学文化水平，也将大有利于动员广大人民群众参加管理国家和各项经济、文化、教育事业，有利于在国家政治生活中进一步发扬社会主义民主。列宁在谈到这一点的时候这样说过：我们深深知道，俄国文化不发达对苏维埃政权有什么影响；苏维埃政权在原则上实行了高得无比的无产阶级民主，可是这种文化落后性却贬低了苏维埃政权并使官僚制度复活。苏维埃机构在口头上是全体劳动者都参加的，而实际上远不是他们全体都参加的。这根本不是法律妨碍了这一点，如在资产阶级时代那样；恰恰相反，我们的法律还促进了这一点。但只有法律是不够的，必须有广大的教育工作、组织工作和文化工作，需要进行长期的巨大的努力。列宁的这些话讲得多深刻呵！我们今天提出提高全民族的科学文化水平的问题，也是同充分发扬社会主义民主有密切关系的。

在社会主义社会中，我们要创造条件逐步缩小城乡差别、工农差别、体力劳动和脑力劳动的差别。极大地提高全民族的科学文化水平，从长远来说，就是要在全民族范围内造就有社会主义觉悟的有文化的亿万劳动者。这样的劳动者，就是既懂政治又有文化的人，就是能够把脑力劳动和体力劳动结合起来的人，就是又红又专、全面发展的人，就是工人化的知识分子和知识分子化的工人。这是我们前进的方向。

同志们！新中国成立前夕，我们的伟大领袖毛主席说过：“我们能够学会我们原来不懂的东西。我们不但善于破坏一个旧世界，我们还将善于建设一个新世界。”我们现在所做的，就是建设一个新世界的伟大事业。

我们的国家有几千年悠久的历史。我们的民族曾经创造过光辉灿烂的科学文化。近几百年来，由于封建制度的腐朽和殖民主义、帝国主义的侵略，我们国家的科学文化落后了。中华人民共和国成立以后，在先进的社会制度和共产党的领导下，我国的科学文化建设事业得到了蓬勃的发展。帝国主义的经济技术封锁困不死我们，苏修撕毁合同、撤走专家压不垮我们。我们独立自主、自力更生地发展我国的科学技术。我们的原子弹、氢弹、人造卫星不是也造出来了吗？我们不是也造就了一批优秀的又红又专的科学技术人才吗？对于为发展我国科学技术作出重大贡献的许多科学家，包括已故的李四光、竺可桢等同志，人民是怀着深深的敬意的。历史的和现在的事实说明，我们中国人同样长着一个脑袋两只手，不比别人笨。关键还是在于有一条正确的路线。我国科学技术事业发展的延误和挫折,都是林彪、特别是"四人帮"反革命的修正主义路线干扰破坏的结果。当然,阶级斗争是长期的,扫除障碍的工作今后还要做,但是,现在阻挡我们前进的最大的障碍是扫除了。亿万人民向科学技术现代化大进军,几百路、几千路纵队的专业科学技术战士,可以在广阔的道路上纵横驰骋了。我们完全有信心和决心去完成新时期对科学文化战线提出的重大任务。我们将以一个具有高度文化的民族出现于世界。

同志们！全面地、正确地贯彻执行毛主席的革命路线,就能够充分地发挥社会主义制度的优越性,就能够鼓舞起广大人民群众学习新事物和建设新世界的积极性,在全社会范围内把一切可以团结的力量团结起来,组织起来,按照统一的计划,向共同的目标前进。这是我们的事业必定胜利的基本保证。在我们前进的道路上,还有许多我们不懂的东西需要我们学习,还有许多困难需要我们克服。依靠广大群众的积极性,什么东西都能学会。依靠广大群众的团结力量,什么困难也阻挡不住我们。我们的口号是:学习、学习、再学习,团结、团结、再团结。让我们全党全军全国各族人民,高举毛主席的伟大旗帜,紧密地团结在党中央周围,一致努力,为极大地提高整个中华民族的科学文化水平,胜利地完成建设社会主义的现代化强国的伟大历史使命而奋斗。

《人民日报》发表记者述评《大家都来做"伯乐"》

邓小平副主席在全国科学大会上的重要讲话中指出:我们向科学技术现代化进军,要有一支浩浩荡荡的工人阶级的又红又专的科学技术大军,要有一大批世界第一流的科学家、工程技术专家。造就这样的队伍,是摆在我们面前的一个严重任务。邓副主席用洪亮有力的声音强调说,我们培养、选拔人才,有广阔的源泉,有巨大的潜力。今天,华主席为首的党中央这样关注科学和教育事业,这样着力于培养选拔人才,我们可以预见,一个人才辈出、群星灿烂的新时代必将很快到来。这时,全场群情激昂,暴风雨般的掌声经久不息。代表们抑制不住内心的激动,连夜热烈讨论邓副主席的讲话。许多人响亮地提出:为了培养、选拔人才,让我们大家都来做"伯乐"。

相传在春秋战国时代,有一个名叫孙阳的人,擅长相马,人们都以神话中掌管天马的星名"伯乐"来称他。一次,他路过虞坂。有良马伏卧在盐车之下,见伯乐而长鸣。伯乐看出这是一匹千里良骥,不禁抚马涕泣,脱下自己的衣服盖在马身上。这匹马俯而喷,仰而啸,声如金石,直上云天。后人因此感叹说:"世有伯乐,而后有千里马。""千里马常有,而伯乐不常有。"

这个故事,发人深思。我们社会主义时代是英雄辈出的时代,应当是常有"伯乐"的时代。向科学技术现代化进军,在本世纪内把我国建设成为社会主义的现代化强国,我们多么需要奔腾驰骋的"千里马",多么需要无产阶级的"伯乐"啊！

提起建设又红又专的科学技术大军,全国科学大会的代表们对"四人帮"仇恨满腔。大家愤怒地说,"四人帮"是一伙摧残科学、毁灭人才的刽子手。他们大搞唯心主义、形而上学,鼓吹怀疑一切、打倒一切,根本否认科技工作者在社会主义革命和建设事业中的重要地位和作用,根本否认科学技术工作者是劳动人民的一部分,根本否认今天绝大多数知识分子是我们党的依靠对象。"四人帮"的罪恶目的就是要灭绝中华民族的科学文化,把我们的国家和人民推到愚昧落后的深渊,以便建立他们的法西斯统治。如今,"四人帮"虽然已经打倒,对他们的谬论也已经批了一阵,但他们的流毒和影响至今还像紧箍咒一样,箍在我们某些同志的头上。这种流毒,在建设科技队伍上比较集中的表现,就是求全责备。这是识别、选拔人才的一大障碍。

他们求全责备什么呢?

或曰科技人员出身不好,或曰社会关系复杂,或曰历史上曾经犯过错误,等等。他们只看出身成分,不看政治表现;只看过去,不看发展。明明是有某种专长的人才,只因"社会关系复杂",便被搁在一旁;明明是刻苦钻研,卓有成绩,只因"历史上犯过错误",便不加信用;明明是勤奋好学、才华出众的青少年,只因"家庭出身不好",便不予录取,不给机会深造。我们的某些同志还用放大镜看待科技人员思想作风上这样那样的缺点,甚至把某些个性、爱好和生活习惯,也看作是缺点错误。更有甚者,科技工作者为了发展祖国科学事业而忘我地钻研业务,也被指为"不问政治"、"脱离实际"。这些错误思想像一片树叶遮住了我们这些同志的耳目,以致千里马在眼前也视而不见,听到千里马引颈长鸣也无动于衷。

名驹难免有瘢,美玉难免有瑕。十全十美、没有任何缺点的人,世界上是没有的。如果因瘢废马,因瑕弃玉,那还有什么"千里马"可寻,还有什么杰出人才可选呢?这种求全责备的思想,既不符合客观实际,也不符合党的知识分子政策。

"先改造,后使用"。这是障碍着发现、选拔和培养人才的一种论调。我们有些同志口头上并不否认知识分子的作用。但是,你要大胆使用吗?且慢!"知识分子身上有缺点,等改造好了再说"。这些同志片面强调"改造",强调只有改造好了才能使用。这种论调,实际上是不准别人革命。这些同志不懂得,世界观的改造是一个长期的过程,在我们的社会主义社会里,人人都要改造。而改造世界观的有效途径是，投身于三大革命运动，在改造客观世界的同时改造主观世界。一个科学工作者，世界观的改造，除了通过学习马克思主义，参加阶级斗争，接触工农外，大量地经常的是通过科学实验的工作实践来实现的。他们发奋图强，废寝忘食，为祖国、为人民攀登科学高峰，在科学技术上取得了成就，这本身就是爱国主义思想和社会主义觉悟的表现。如果说，只有世界观改造好了才能使用，那不是等于剥夺了人家为社会主义服务的权利吗？

“不能‘冒尖’”。这是又一种障碍着发现、选拔和培养人才的论调。在有些同志看来，工作是大伙一起干的，“尖子”是不能有的，“冒尖”，就是你思想上有问题。于是，培养人才不讲重点，选拔人才不准“拔尖”，个人更不能“冒尖”。讲到创造发明嘛，一律说是“大家搞的”；工作有了成绩嘛，只能大家一起表扬；晋级提升嘛，必须人人有份。这种“一锅煮”的做法，不仅不能纠正，反而会助长干与不干一个样，干好干坏、干多干少一个样的思想，不利于发现、选拔和培养杰出的人才，不利于无产阶级的革命事业。这些同志不懂得，集体与个人，普及与提高，是辩证的统一。择优选拔人才，表扬先进人物，是为了带动一般，促进全民族科学文化水平的提高；全民族的科学文化水平提高了，必将推动人才辈出的局面早日出现。我们向科学技术现代化进军，需要大批科学技术人才，尤其需要一批杰出的、世界第一流的科学家和工程技术专家。我们应该正确处理集体和个人的关系，既要提倡共产主义大协作和集体主义精神，又要着力发现、选拔和培养业务上的骨干和“拔尖”人才。我们有党的领导，有社会主义制度的优越性，我们既能够发挥集体的力量，集中群众的智慧，也为每一个人充分发挥自己的聪明才智开辟了广阔的天地，这是我们实现科学技术现代化重要的有利条件。

嘹亮的号角已经吹响，伟大的进军已经启程。科学技术现代化的壮丽事业需要我们多出人才，早出人才，快出人才。我们应该打破清规戒律，广开才路，不拘一格选人才。科技部门的政治工作者、各级领导同志，都应该认真想一想，在你那个地区、那个部门、那个单位，到底有没有千里马？有没有还伏在盐车之下，至今没有被发现的良骥？要使这些千里马解脱羁绊，驰骋千里，还需要做些什么工作？

让我们都来做无产阶级的“伯乐”！

3月25日

国务院副总理邓小平在北京会见挪威外交大臣克努特·弗吕登伦及其随行人员

会见时，邓小平副总理同弗吕登伦外交大臣就双边问题和共同关心的国际问题进行了友好的谈话。

邓副总理说，中国和挪威一直是友好的。自从1954年两国建交以来，我们两国之间没有发生过任何波折，即使小的争吵也没有。我们面临的问题是共同的。弗吕登伦外交大臣说，我们对中国的访问虽然时间很短，但中国对世界问题的看法使我们开阔了眼界。当他谈到中国五届人大规定的实现四个现代化的宏伟目标时，邓副总理说，要接近当前世界科学技术水平不是很容易的事。我们不能闭关自守，我们要善于学习。要学习世界上一切先进的东西，包括国际上的先进科学技术。我们要同先进国家交往、合作，包括挪威在内。

会见时在座的有外交部部长黄华、部长助理宋之光，副司长张毅君、高建中。

中国与埃及1978年贸易议定书在开罗签字

外贸部部长李强和埃及贸易和供应部部长扎卡里亚·陶菲克·阿卜杜勒·法塔赫在贸易议定书上签字。

中国和冈比亚在班珠尔签署有关在冈比亚修建4个卫生中心的会谈纪要

中国驻冈比亚大使馆临时代办陈世培和冈比亚劳工、卫生和社会福利部长贾洛分别代表本国政府在会谈纪要上签字。

北京各高等院校扩大招生名额

《人民日报》报道：为了尽可能多地培养人才，北京23所高等院校增加招收2400多名新生。

教育部和国家计委发出高等学校扩大招生名额、试行走读生的通知后，北京各高等院校立即行动起来，决定从1977年已经参加高考、初选合格的考生中再择优选拔一部分新生。北京师范大学党委十分重视扩大招生的工作，反复研究了落实方案。经过各系党组织和教职工的认真讨论，决定全校增收300名走读生。教育系原不打算招生，现在，教职工思想大解放，决定招收新生，大家正抓紧编写教育学讲义。学校各部门也都动员起来，修缮校舍，调整教室、宿舍，认真检修、配置实验器材，还充实了教学实验人员，努力做好迎接新生的准备工作。北京经济学院接到教育部、计委的通知后，当夜作出决定：艰苦奋斗办学，学院行政部门搬到校内原来准备拆除的旧工棚内办公，把办公室用于教学；充分利用原有建筑和教学设施，增辟阅览室，积极为走读生提供学习和休息条件。采取一系列有力措施后，这个学院将比原计划增招新生80%以上。北京师范学院采用调配教师讲大课的办法，来解决基础课教师不足的问题，可扩大招收240多名走读生，北京师范学院分院还将招收500多名新生。

北京大学、清华大学、北京外语学院、中央民族学院、北方交通大学等院校，也正在努力挖掘潜力，采取有效措施，努力扩大招生名额。

3月26日

国务院副总理邓小平在北京会见以社会党委员长飞鸟田一雄为团长的日本社会党第八次访华团

邓小平副总理在会见时指出，签订中日和平友好条约，从政治角度来考虑，从长远利益来考虑，就好解决。

邓小平副总理说：对于签订《中日和平友好条约》，中国的态度是一贯的、明确的。这就是以中日两国政府联合声明为基础，不要从这个声明后退。

邓副总理对社会党朋友们为发展中日友好事业作出的努力表示感谢。他说：中日两国人民要友好起来，亚洲各国人民要友好起来，使太平洋真正成为太平的洋。会见时在座的有中日友协会长廖承志、副会长张香山、秘书长孙平化，外交部亚洲司副司长王晓云等。

四机部在广州召开全国首届黑白电视机质量评比会议

在这次质量评比会议之前，第四机械工业部和电视机生产、科研、销售单位以及广播部门的同志一起，进行了抽样测试。从去年第二季度开始，他们分别在北京、上海、广州、无锡、太原、成都、长沙、长春、济南九个点上，对经过定型已投入批量生产的9英寸、14英寸、16英寸、19英寸黑白电视机，及其显像管、高频头、扬声器等主要配套元件、器件，进行了测试。他们作了电、光、声性能试验、环境适应性试验以及寿命试验，取得了比较全面的各项技术性能数据。

经过抽样测试评比，整机质量比较好的，有上海无线电四厂的“凯歌”牌、上海无线电十八厂的“飞跃”牌、北京东风电视机厂的“昆仑”牌、上海人民无线电厂的“星火”牌九英寸电视机，天津无线电厂的“北京”牌14英寸电视机，上海金星电视机厂的“金星”牌16英寸电视机，辽宁无线电八厂的“红旗”牌19英寸电视机。显像管质量比较好的是上海电子管四厂、北京显像管厂的9英寸管子，上海电子管二厂的16英寸管子，大连玻璃制品厂的19英寸管子。会议表扬了这些工厂和一批配套元件、器件质量较好的工厂，鼓励他们继续努力，进一步提高电视机及其配套件的质量。

与此同时，会议对一些产品质量低劣的工厂进行了批评。这些工厂长期以来不按国家标准生产，有的造成几百部甚至上千部电视机退货的惊人现象。有些电视机已经销售出去，但是毛病多，故障频繁，群众意见很大。会议上，大家帮助这些工厂分析了影响产品质量的一些具体原因，并针对这些原因，拟定了整顿和改进的措施。

会议决定，今年要对电视机及其配套元件、器件进行一次全面的质量整顿，打一个质量翻身仗。会议要求：各企业的领导和广大职工要牢固树立“质量第一”的思想；企业党委要把质量工作放到重要议事日程上来，一年抓几次；要把这次评比中暴露出来的质量问题告诉全体职工，动员大家一项项地拟定措施，限期解决；要加强质量检验，做到不合格的零件不流到下道工序，不合格的元件、器件不装上整机，不合格的整机不出厂，已经出厂的产品发现质量不合格，要严格执行保修、保换、保退制度；对影响产品质量情节严重的要追查责任。

会上，有25个工厂联合向电视工业战线的全体职工发出倡议，开展“产品信得过”活动，做到商业部门信得过、用户信得过、国家信得过。

3月27日

全国科学大会在人民大会堂举行全体会议进行大会发言

中共中央政治局委员、国务院副总理余秋里主持了大会。

出席大会的党和国家领导人有：方毅、苏振华、张廷发、耿飚、倪志福、王震、康世恩，中共中央军委负责人罗瑞卿。

大庆革命委员会副主任、总地质师闵予作了题为《坚持三大革命运动一起抓，加速攀登石油科学技术新高峰》的发言；中共湖南省委书记刘夫生作了题为《华主席率领我们大搞科学实验》的发言；中国农林科学院院长金善宝作了题为《为把我国变成世界第一个农业高产国家而奋斗》的发言；中国科学院数学研究所研究员陈景润作了题为《科学有险阻，苦战能过关》的发言。

从今天起，全国科学大会进入大会发言阶段。在这期间，代表们还将分组讨论《1978—1985年全国科学技术发展规划纲要(草案)》，并继续进行参观和观摩活动。

《人民日报》发表评论员文章《坚持贯彻按劳分配政策》

坚持贯彻按劳分配政策，实现多劳多得，是落实党在农村的经济政策，整顿人民公社经营管理的重要内容。

农村人民公社如何贯彻按劳分配原则，华主席在五届人大的政府工作报告中指出："所有社队都要认真执行定额管理、评工记分制度，实行男女同工同酬。"农业合作化特别是人民公社化以来，各地在实践中制定了各种适合当地情况的简便易行的体现按劳分配精神的计酬办法。"标准工分，自报公议"的大寨办法，在一些同大寨条件相同的地方正在推广；多数社队实行"劳动定级，底分活评"、"包工到组，评分到人"的办法；有少量农活实行定额记分到人的办法。各地情况不同，评工记分办法也不尽相同。只要坚持无产阶级政治挂帅，贯彻"各尽所能，按劳分配"原则，就能够进一步调动广大群众参加集体劳动的积极性。

"四人帮"横行时，大搞"三反一砍"，提出种种假左真右的荒谬口号，大肆破坏党的按劳分配政策。他们把多年来行之有效的定额管理和评工记分制度，诬蔑为"物质刺激"、"工分挂帅"。不少地方不敢推行评工记分办法，不敢贯彻按劳分配政策，有的死分死记，甚至只记"人头分"；有些地方不管干多干少、干好干坏都记一样工分。出现了干活一窝蜂，劳力出勤少或出勤不出力的现象，劳动效率很低。加上劳动组织不健全，劳动管理混乱，严重影响集体生产的发展。毛主席早就告诫我们：劳动力的浪费是最大的浪费。不解决这个问题，劳动生产率怎能提高？怎能谈得上农业发展的高速度！

"管理也是社教"。人民公社的经营管理，确实存在着两条路线的斗争。特别是由于"四人帮"假"左"真右的干扰，在劳动管理和分配上出现了一拉平的平均主义倾向。"四人帮"大肆破坏按劳分配政策的贯彻执行，破坏人民公社的集体经济。当前，在肃清"四人帮"的流毒和影响、拨乱反正的时候，有人对实行定额管理、评工记分心有余悸，怕重犯"工分挂帅"的错误。不破不立。不把"四人帮"的假"左"批透，不肃清流毒，不划清界限，就不敢理直气壮地去推行评工记分办法，贯彻按劳分配政策。

贯彻按劳分配政策，最重要的一条，就是要坚持无产阶级政治挂帅，不断提高社员的社会主义和共产主义觉悟，结合着经济工作，通过算账、对比，让社员认识到只有集体经济的巩固和发展，才能增加个人收益；只有首先做到"各尽所能"，才能正确的实现"按劳分配"。同时，又要有一定的定额管理、评工记分办法，按照社员对集体经济贡献的差别，给予相应的报酬。这样，把政治工作和经济工作结合起来，才能保障按劳分配政策的正确贯彻执行。

评工计酬办法，应该力求简便易行，避免过于烦琐。但没有一个记工办法，没有一个检查验收的考核制度，没有群众的监督和评议，分不清劳动数量、质量上的差别，对劳动态度和劳动质量好的人，没有精神和物质的鼓励，对"懒"人和混工分的人没有一定的约束，也不能实现按劳分配原则。所以，推行评工记分的过程，也是一个教育社员的过程，首先是对干部的一次考验。

农业要大上，管理要跟上，关键在管好社员的劳动，调动社员的社会主义积极性。领导要深入第一线，调查研究，作出样板，推动一般。把蕴藏在社员中的社会主义积极性充分调动起来，充分挖掘农业生产的潜力，向农业的深度和广度进军，农业生产就会出现一个"大跃进"的新形势。

全国人大常委会副委员长廖承志在北京会见东京大学教授辻村明 亚洲大学教授丸毛忍《朝日新闻》记者木村明生 大阪市立大学教授平井友义

中国新任驻民主德国大使陈东在柏林向民主德国国务委员会副主席霍斯特·辛德曼递交国书

栾菊杰获得第二十九届世界青年击剑锦标赛女子花剑亚军

她是自1901年举办世界击剑比赛以来，参加决赛的第一位来自中国的，也是第一位来自亚洲的运动员。

黎锦熙逝世

政协第五届全国委员会委员、中国科学院社会科学部委员、中国文字改革委员会委员、九三学社中央常务委员、北京师范大学中文系教授黎锦熙先生，因病医治无效，于1978年3月27日在北京逝世，享年89岁。

黎锦熙先生是湖南省湘潭县人，早年就参加了文字改革和推广普通话的工作，是著名的语言学家，对我国现代汉语语法、文字改革和词典编纂等方面的研究工作作出了卓越贡献。

黎锦熙先生先后被选为第一、二、五届政协全国委员会委员、第一、二、三届全国人民代表大会代表。

3月28日

国务院副总理邓小平同国务院政治研究室负责人胡乔木 邓力群谈话时指出一定要坚持按劳分配的社会主义原则

邓小平指出：按劳分配是按劳动的数量和质量进行分配。根据这个原则，评定职工工资级别时，主要是看他的劳动好坏、技术高低、贡献大小。总之，只能是按劳，不能是按政，也不能是按资格。现在小学教员的工资太低，要提高。有些教得很好的小学教员，工资可以评为特级。要实行考核制度。考核必须是严格的、全面的,而且是经常的。奖金制度要恢复。稿费制度也要恢复。总的是为了一个目的,就是鼓励大家上进。邓小平还指出:要研究一下,使我们的城市能容纳更多的劳动力。现在搞上山下乡,这不是长期的办法。

全国科学大会在人民大会堂继续举行全体会议听取四位代表的发言

中共中央政治局委员、国务院副总理陈永贵主持了大会。

党和国家领导人方毅、纪登奎、吴德、陈锡联、陈慕华、王震、谷牧,中共中央军委负责人粟裕,出席了大会。

会上,大寨大队党支部委员贾承让作了题为《为革命种田,用科学种田》的发言,冶金部副部长叶志强作了题为《向冶金科学技术现代化进军,促进冶金工业高速度发展》的发言,冶金部钢铁研究院物理室主任陈篪工程师作了题为《为发展我国科学事业贡献自己的一切》的发言,农林部副部长何康作了题为《深入开展农业科学实验运动,为建设社会主义现代化农业而奋斗》的发言。

农林部副部长何康在全国科学大会上作题为《深入开展农业科学实验运动,为建设社会主义现代化农业而奋斗》的发言(摘要)

何康说,28年来,我国农业科技工作有很大发展,建立了一支专业队伍,有组织的群众性科学实验队伍达1400万人。专业队伍和广大群众相结合,广泛开展农业科学实验运动,获得了许多科技成果,促进了农业生产的发展。根据发展国民经济十年规划的要求,到1985年粮食总产量要达到8000亿斤,平均每年增产近300亿斤,其他经济作物和林牧副渔也要求有个大幅度的增产,这个任务是很艰巨的。怎样完成这个任务,实现农业的高速度发展呢?只有把农业学大寨、农业机械化和实行科学种田紧密结合起来,尽量采用先进的科学技术,迅速提高农业劳动生产率,才能适应社会主义大农业高速度发展的需要,才能使我国农业的面貌根本改观。

何康在发言中着重介绍了今后八年农业科学实验要大力抓好五项工作。

第一,组织好重点项目的协作攻关。这些科研项目主要有:(一)加强农业自然资源调查和进行农业区划。(二)建立大面积农业现代化综合科学实验基地和低产地区综合治理样板,一手抓高产更高产,一手抓低产变高产,使科研走在生产建设的前面。(三)选育优良品种,加强品种资源搜集、鉴定、保存和利用的研究,建立现代化的品种资源库、优良林木种子园和母树林、畜禽鱼良种场。(四)围绕农业高产稳产优质低成本,加强农业"八字宪法"的研究,提出与农业机械化相适应的耕作栽培制度。开展蔬菜工厂化和果园、茶园现代化生产技术的研究。(五)围绕林业、牧业、渔业和热带作物的现代化提供科研成果。(六)大力加强农、林、牧、渔基础理论研究和新技术的应用,使我国农业科学在理论上有新的发展,技术上有新的创造。

第二,加强专业科研机构的建设,巩固和发展四级农科网。恢复中国农业科学院和林业科学研究院,同时着手筹建水产科学研究设计院,并把它们真正办成全国农、林、水产科学研究的中心。

第三,加强农业教育工作,大量培养农业科技人才。到1985年,使不脱产的群众科技队伍的技术骨干,达到中专毕业的水平,做到每个大队有三人至五人,每个生产队有一二人。

第四,用先进的仪器设备武装科研机构。争取在1980年以前,把农业科学仪器的研制、生产、供应以及使用管理的体制逐步建立、健全起来。

第五,加强科技成果的鉴定、推广和国外技术的引进工作。新技术、新成果推广,应加强管理。恢复和加强中国农学会、林学会和水产学会的工作,健全学会组织,出版学报,开展学术交流和科学普及活动。同时加强国际科学技术合作、学术交流和科技情报工作。

冶金部副部长叶志强在全国科学大会上就冶金工业的发展发言(摘要)

在华主席、党中央的亲切关怀和领导下,冶金工业战线贯彻抓纲治国的战略决策和党的十一大路线,形势发生了重大变化。现在,我们可以满怀信心地向全国人民报告,冶金工业长期停滞、倒退的局面已经一去不复返了,冶金工业持续的新的"大跃进"已经开始了。

叶志强说,1985年,国家计划产钢6000万吨,这是华主席在五届人大向全世界宣布了的。我们只能提前,只能超产,决不能拖后腿。要高速度发展冶金工业,必须高速度发展冶金科学技术。我们已经制定了冶金科学技术发展长远规划纲要,本着抓主要矛盾,抓带头学科的原则,对地质、矿山、钢铁、有色金属4个部门,安排了30个重点科研课题,主攻5个方面,把我们冶金工业的科学技术水平,提到一个新的高度。

叶志强具体地介绍了五个主攻方面的要求,它们是:强化开采,综合利用我国矿藏资源;努力降低消耗,特别是降低能耗;大力研制新型金属材料,打好品种、质量翻身仗;努力实现生产自动化,提高劳动生产率;开展冶金理论的研究。

叶志强说,经过这次全国科学大会,我们冶金科技工作的方向、任务、措施进一步明确了。我们一定要加强领导,狠抓落实,脚踏实地,埋头苦干,保证全国科学大会精神的贯彻执行,保证全国科技规划纲要规定的冶金科技任务的完成。当前,我们打算着重抓好以下几项工作。

(一)联系实际,分清路线是非。揭批"四人帮"必须联系实际,才能肃清流毒,解放人们的思想。像红专问题,就是被"四人帮"长期搞颠倒了的。共产党员陈篪这样的好同志,在"四人帮"横行时却被当作"白专"的典型来批判。现在我们已经把他树为冶金战线上的铁人,模范共产党员。这就进一步鼓舞广大科技人员在又红又专的大道上迈进。

(二)坚决把冶金科研机构整顿好。我们要按照方毅同志报告中对科研院所领导班子的要求,抓紧科研单位领导班子的整顿。

(三)加强科技组织管理工作。对影响冶金生产建设全局的三十项重点科技项目,要定期检查,搞好协调工作,保证按计划进度实现。我们部党组的同志决心加强对科技工作的领导,当好冶金科技战线的后勤兵。

(四)大力提高冶金战线全体职工科学文化水平。对科技人员,要保证每周至少必须有5/6的业务工作时间,并创造条件,给他们以再学习的机会。要大力提高工人的文化技术水平,特别是科研单位的工人和生产厂矿技术性强的岗位上的工人。

要努力办好现有的12所高等冶金院校,特别是要办好3所全国重点高等学校,使他们真正成为既是教育中心,又是科研中心。还要办好"七二一"工人大学、中等专业学校、技工学校,加强职工业余教育。

各级领导干部要努力提高自己的领导水平、管理水平、知识水平,要带头学科学,学技术。

(五)大力开展共产主义协作。我们迫切希望科技界、高等院校和各兄弟部门给予更大的帮助。我们要主动地同兄弟部门、同科研单位协作,争困难,让方便,共同努力,为我国科学技术的现代化作出贡献。

国务院工作组到达黑龙江垦区认真落实国家商品粮基地建设规划

这个工作组由国家计委、农林部、一机部、财政部、水电部、商业部、石油部、化工部、轻工部、外贸部、铁道部、交通部、公安部、教育部、煤炭部、卫生部、冶金部、中国科学院、供销合作总社、国家物资总局、国家农垦总局等21个单位组成,由农林部副部长、国家农垦总局局长赵凡带队。黑龙江省委、省革委会有关部门也派人参加工作组,协同工作。

工作组分计划、财政、水电、商业粮食、农机、工业、铁路交通、外贸、科研、文教卫生、政法民兵等11个专业小组。这些小组已于四月初分赴各农场,进行实地调查,帮助解决问题。

《人民日报》发表评论员文章《开展一个新的持久的学习运动》

华主席在全国科学大会上的讲话说:"现在,为了更大规模地向自然开战,向四个现代化进军,为了完成历史赋予我们的新时期的总任务,我们必须开展一个新的持久的学习运动。要把学习马克思列宁主义、毛泽东思想提高到新的水平,同时还要努力学习文化,学习现代科学知识,掌握现代化生产所必需的劳动技能和管理方法。"在华主席为首的党中央领导下,一个新的长征已经开始。我们面临的是新形势、新任务,也是新课题。重要的问题在善于学习。我们必须学会许多我们原来不懂的东西。在全党大兴学习之风,已成为当务之急。

认真学习建设社会主义的客观规律

毛主席早就提醒全党,要从建设社会主义这个未被认识的必然王国,逐步地克服盲目性,认识客观规律,从而获得自由,在认识上出现一个飞跃,到达自由王国。学习和掌握建设社会主义的客观规律,对各级党委的领导同志,首先是高级干部,尤为重要。我们取得民主革命彻底胜利的过程,取得社会主义革命和社会主义建设伟大胜利的过程,就是全党在毛主席领导下,不断地学习和掌握客观规律的过程。在历史新时期实现四个现代化,建成伟大的社会主义强国的过程,必然也是这样。

社会主义是一个相当长的历史阶段,要有100年甚至更长的时间。我们现在还处在社会主义的开始阶段。建设社会主义的客观规律,对我们来说,在很大程度上,还是一个必然王国。我们粉碎了林彪、"四人帮",取得了伟大的胜利。我们的经验更多了。这些经验是十分宝贵的财富。现在,我们就是要从根本上总结这些经验,把它上升到理论的高度,从中找出巩固和发展社会主义制度的规律性的东西。对社会主义革命和建设中的一些重大的实际问题,要在深入研究的基础上,作出科学的回答。这对于提高全党的马克思主义水平,搞好四个现代化,具有重大的意义。

认识和掌握建设社会主义的客观规律,必须有正确的立场、观点和方法。这就要求我们认真学习马列著作和毛主席著作。这些年来,由于林彪、特别是"四人帮"的干扰破坏,许多同志长期不读书,缺乏马克思主义哲学、政治经济学、科学社会主义的基本知识,以至受林彪、"四人帮"这些假马克思主义政治骗子的欺骗,甚至当了俘虏。"普遍地深入地研究马克思列宁主义的理论的任务,对于我们,是一个亟待解决并须着重地致力才能解决的大问题。”(《毛泽东选集》第二卷第521页)今天,重温毛主席四十年前的教导,更感到亲切。我们要下决心刻苦学习马列著作和毛主席著作,把学习同批判“四人帮”、总结经验结合起来,真正用马克思主义的基本理论武装全党。一个党的领导干部,尤其是高中级干部,如果连马克思主义的基本知识都没有,怎么能率领广大党员和群众进行新的长征?

努力成为搞四个现代化的内行

在一定意义上说,搞四个现代化,就是同现代科学技术打交道。在新时期中,科学技术问题将在我们生活中占越来越突出的地位。因此,掌握现代科学技术和科学的管理方法,成了我们学习的另一个重要内容。各级领导干部都要用现代科学技术知识武装起来。旧中国是一个半殖民地半封建社会,科学文化很落后。这种情况反映到我们党内,就是我们许多同志的文化科学技术知识很贫乏。这就更加重了我们这一方面的学习任务。在新的形势和任务面前,作为一个领导干部,必须有新的本领,就是要尽可能多学一点科学和技术,多学一点业务,不然,在实现四个现代化的伟大事业中,就有可能成为夸夸其谈的空头政治家,或者成为目光短浅、墨守成规的实际家。这个问题必须引起我们的高度重视。

毛主席说:“我们的同志,无论搞工业的,搞农业的,搞商业的,搞文教的,都要学一点技术和业务。我看也要搞一个十年规划。我们各行各业的干部都要努力精通技术和业务,使自己成为内行,又红又专。”(《毛泽东选集》第五卷第471页)这些年来,由于林彪、“四人帮”的干扰和破坏,我们的干部不能学科学技术,不能钻研业务。现在,这个障碍消除了,我们可以认真地落实毛主席这个重要指示了。各行各业的领导干部,都要下决心成为自己行业的内行、专家,以适应四个现代化事业的需要。

在这里,正确地完整地理解毛主席关于外行与内行问题的教导,是十分必要的。1957年,资产阶级右派提出“外行不能领导内行”的反动口号,妄图推翻共产党对文化、教育、科学和其他一切事业的领导,由他们取而代之。我们针锋相对地提出“外行领导内行”的口号,有力地反击了右派的猖狂进攻。毛主席说:“右派说我们不能领导,‘外行不能领导内行’。我们驳右派说,我们能领导。我们能者是政治上能。”(《毛泽东选集》第五卷第472页)从政治上讲,我们能领导,主要是指坚持无产阶级专政,坚持社会主义方向而言。工、农、商、学、兵、政、党,党是领导一切的。无产阶级专政除了对敌人实行专政外,这是要坚持无产阶级(经过共产党)对各个阶级、阶层和各条战线的领导权。这是马克思主义的一条基本原理,也是无产阶级专政的国家性质决定了的。另一方面,毛主席又反复教育全党,对于经济建设,对于各行各业的工作,我们的干部要成为内行,不然就不可能领导好。第一个五年计划期间,我们党面临着搞经济建设的新情况,毛主席明确提出:“适合这种新的情况钻进去,成为内行,就是我们的任务。所以必须对那些钻不进去的人,浮在皮面上的人进行教育,使他们都成为内行。”(《毛泽东选集》第五卷第144页)毛主席既肯定了在政治上外行能够领导内行,又着重指出,在经济建设中,在各行各业的工作中,我们的干部必须成为内行、专家,以其昏昏,使人昭昭,是不行的。在外行与内行的问题上,如果只强调一面,那就是片面性,就是割裂毛泽东思想。在当前,我们要继续提高马克思主义水平,同时还要钻科学技术,钻业务,学会科学管理,成为搞四个现代化的内行。

从实际出发扎扎实实地组织学习

华主席向我们发出了响亮的号召:学习、学习、再学习。我们一定要坚决响应,认真落实,掀起一个新的持久的学习运动。

首先要解决对学习的认识问题。大兴学习之风,是贯彻十一大路线的迫切需要,是实现四个现代化的迫切需要。新的形势和任务对干部提出了更高的要求。一个领导干部,特别是高中级领导干部,既要能务虚,又要能务实,既要有一定的工作经验,又要有一定的思想理论水平和科学文化知识。两者缺一不可。否则,就不可能是一个德才兼备的、能为实现四个现代化作出贡献的优秀干部。因此,我们一定要振作精神,下苦功学习。要把业余时间的主要精力放在学习上。作为一个党委来说,既要领导好实际工作,又要认真抓好干部的学习。如果只是使用干部,不注意组织干部的学习,就不可能造就出一大批好干部,不可能培养出优秀的接班人。对学习问题,要有远见,要提高自觉性,切切实实抓起来。党委的组织和宣传部门要具体负责,办好这件大事。

要对学习方法和制度作必要的改造。应当从实际出发,根据不同的情况,提出不同的要求,采取不同的措施。要改变多年来被“四人帮”干扰和破坏了的学习方法和制度,扫除那种不分别情况、不讲求实效的形式主义。对于学习马列著作和毛主席著作,应分别高级干部、中级干部、一般干部,分别政治工作干部、行政工作干部、科学技术人员,针对不同情况,作出适当的规划,组织学习。但是,经验证明,完全以级别或职务分班,会影响学习效果。对一部分文化水平低的同志,应首先组织他们学文化。对科技干部和其他专业人员,应要求他们以主要精力学习科学技术与业务知识,提倡他们挤出一些时间学习政治和革命理论。党委和政治工作部门要保证他们学习技术和业务的时间。动辄增加政治学习时间，挤掉他们钻研技术和业务的时间的做法，是错误的。这样做，决不是重视无产阶级政治，而是林彪、“四人帮”鼓吹的“政治可以冲击其他”的谬论的流毒，是政治工作走偏了方向的一种表现。

华主席号召一定要在全体人民中养成和发扬下苦功学习的浓厚风气。以爱学习为光荣，以不学习为可耻；以又红又专为光荣，以不求上进为可耻；以埋头苦干，为社会主义多做贡献为光荣，以好逸恶劳，光吃社会主义为可耻。要使我们整个国家成为一个伟大的学校。各级领导干部应当坚决响应华主席的号召，成为学习政治、学习文化、学习科学技术的模范。

我们的党，善于把马克思列宁主义的普遍真理与革命的实践相结合，是国际共产主义运动中善于学习的一个党。在学习方面，毛主席是全党的光辉榜样。华主席继承毛主席的遗志，非常重视学习问题。在华主席为首的党中央领导下，我们一定能把全党全军全国人民的学习搞好，使我们的水平不断提高，加速实现社会主义的四个现代化。

国务院副总理耿飚在北京会见以众议员亨利·罗伊斯 参议员劳埃德·本特森为团长的美国国会议员团

外贸部部长李强在布鲁塞尔与比利时外交大臣亨利·西莫内举行会谈

双方就发展两国经济关系交换了意见。

3月29日

国务院在人民大会堂举行宴会欢迎泰国总理江萨·差玛南

国务院副总理邓小平主持了宴会。他同江萨总理在宴会上先后发表讲话，称颂中泰两国人民的友谊。邓小平副总理说，1975年克立·巴莫总理访问我国，两国政府签订了联合公报，确定了发展两国关系的指导原则。建交以来，我们的传统友谊在新的基础上得到了进一步的发展。事实证明，中泰友好是符合两国人民根本利益的。我们相信，在双方共同努力下，中泰友好关系有着广阔的发展前景。江萨总理说，我相信，泰中两国都有着加强友谊和合作的共同愿望。我坚信我们两国建设性的关系，将对我们这一地区的和平与稳定作出重要贡献。

国务院副总理耿飚、陈慕华，全国人大常委会副委员长姬鹏飞，外交部长黄华，文化部长黄镇，中国人民解放军副总参谋长彭绍辉等出席了宴会。

全国人大常委会委员长叶剑英在北京会见泰国总理江萨·差玛南

全国科学大会在人民大会堂继续举行全体会议

中共中央政治局委员张廷发主持了大会。

党和国家领导人方毅、苏振华、倪志福、王震、康世恩，出席了大会。

与会代表听取了孙家栋作的题为《毛主席的伟大旗帜指引着我国空间事业的发展》的发言，卫生部副部长钱信忠作的题为《向医学科学现代化进军》的发言，吉林大学唐敖庆教授作的题为《加强基础理论研究，尽快培养科技人才》的发言。

卫生部副部长钱信忠在全国科学大会上作题为《向医学科学现代化进军》的发言(摘要)

钱信忠说，我国医药卫生事业的现代化建设必须有一个大的发展，到本世纪末，使我国整个的医学科学进入当时世界的先进行列。大部分医学科研项目接近和赶上世界先进水平；除原有领先项目外，还要有一批新的重要项目居于世界先进地位；在中西医结合和现代医学的某些方面作出我国独创性的成果，以贡献于全人类。

钱信忠说，我们已经制定了一个医药卫生科学技术八年规划草案，包括为基本消灭和控制《全国农业发展纲要(草案)》中列举的21种疾病提供新措施的研究，若干疑难病症如癌症、心血管病的病因、发病原理、早期诊断和防治研究，针麻原理，计划生育以及在医学领域应用同位素、激光、电子计算机新技术的研究等。这个规划草案，涉及基础医学、预防医学、临床医学、祖国医学、药物药理学、生物医学工程学等各个领域。任务是光荣的，艰巨的。必须本着抓带头学科，抓关键技术的原则，突出地抓好以下几个重大的科技问题，以促进基础医学和临床医学高速度地向现代化发展。

要摸清我国常见病、多发病、地方病的分布和发病规律，为病因研究提供线索，为防治研究打好基础。随着化学工业、能源工业以及现代农业的发展，我国流行病学的研究，要朝着现代化的方向迅速前进。

要把分子生物学作为创立新医学新药学的关键性的基础学科来抓。

要结合器官移植以及有关疾病，加强免疫化学、细胞体液免疫、免疫病理等方面的研究，并开展分子免疫学和免疫调节等方面的理论研究。

生物医学工程技术是当代物理工程技术和生物医学互相渗透而产生的一门新的学科。它研究医学方面的新技术、新材料，创制新仪器、新设备以及人工脏器(如心脏起搏器、人工肾)等，对医学科学技术现代化起着极为重要的作用。我们要尽快建立研究基地，并作出显著成绩。

在中医理论研究方面，当前要集中力量攻克针麻原理。同时对中西医结合的成果加强临床和基础研究。

为了更有效地防治各种疾病，必须大力发展药物科学技术。

钱信忠说，实现医药卫生科学技术八年规划，必须把党和国家采取的各项政策和措施落到实处。各级卫生部门一定要在党委领导下，着重抓好以下三条：一要重视人才，善于发现人才，加速培养造就人才，集中力量，形成拳头，攻克科研难关。二要狠抓实验手段的现代化，研制高、精、尖仪器，引进新技术、新设备，加紧建设现代化的医院和医学科学实验基地。三要提高医药卫生科技事业的管理水平，保证医学科学走在防治工作前面，并在工作重点和工作作风上，来一个相应的转变。

他指出，我们有信心迅速改变落后的状况，赶超世界先进水平。

《人民日报》发表评论员文章《农村副业要有一个大发展》

随着人民公社集体经济的发展，我国农村的许多社队建立了副业生产基地和种植场、饲养场、农副产品加工厂等，集体副业生产和社员家庭副业都有发展。目前，我国轻工业原料的一大部分，来自农副产品；在出口商品中，副业产品占相当比重；城市工矿区的副食品，绝大部分由农村副业来提供。农村副业的发展，还为农业机械化积累资金，为社队扩大再生产创造条件，同国计民生和加速实现农业现代化关系极大。

“四人帮”一伙肆意破坏现阶段党在农村的经济政策，大搞形而上学，把以粮为纲和全面发展对立起来，把棉、油、麻、丝、茶等贬低为“杂耍”，乱扣“重钱轻粮”的帽子。他们把农村副业生产当作资本主义来批判，把社会主义商品生产当作所谓资本主义的土壤乱加限制；不让集体和社员采集“小秋收”产品，任其在山上烂掉；他们到处叫嚷要把政策允许的社员正当的家庭副业当作“资本主义尾巴”割掉，甚至强行拔掉社员房前屋后种的为数不多的竹木菜蔬等。影响所及，不少地方出现禁种、禁养、禁采等错误做法，使不少副业产品的产量下降，有些濒于断产绝销。“四人帮”的干扰，使我国农村副业遭到严重破坏，不仅影响到我国的对外贸易，也严重影响了农业生产和人民生活。

在发展集体副业和社员家庭副业的过程中，毛主席为首的党中央历来教育我们时刻注意坚持社会主义方向，不断批判资本主义倾向。“四人帮”故意颠倒黑白，混淆是非，把社会主义政策当作资本主义来批，而对于投机倒把、贪污盗窃等资本主义活动却百般纵容；把多年来行之有效的规章制度，包括合理的奖售制度等，都当作“资产阶级管卡压”和“物质刺激”砍掉，而对于无政府主义和打砸抢行为却加以鼓励。打着革命旗号破坏革命，为复辟资本主义鸣锣开道，充分暴露了“四人帮”这一伙阴谋家、野心家假左真右的反革命面目。

当前，在国民经济全面跃进的新形势下，农村副业生产实有来一个大发展的必要。对社队集体副业要促进其更快更好地发展，同时对正当的社员家庭副业也要积极扶持，决不能一见社员搞点副业，就乱扣“自发倾向”的帽子。在集体经济还没有壮大到可以保证社员生活和满足城乡的各种需要的情况下，社员家庭副业对社会主义经济的补充作用还不能忽视。商业部门收购的农副产品中，家庭副业产品约占1/4，有些品种如猪禽蛋等占的比重还要大些；野生药材和一些小特产品，大部分来自社员家庭副业。党的政策规定允许社员经营少量的家庭副业，既可以增加社会产品，又可以改善社员生活，活跃城乡经济，对于国家、集体、个人都是有利的。

社员家庭副业会不会产生资本主义？这是当前必须澄清的问题。农村资本主义自发势力是客观存在的，这是社会主义历史阶段阶级斗争的反映；因此，必须经常进行党的基本路线教育，坚持不懈地向农民灌输社会主义思想，不断克服资本主义自发倾向。但是，发展家庭副业同资本主义并无必然的联系。社员利用集体劳动以外的时间和老弱辅助劳力，耕种由集体分配的少量自留地，饲养少量家畜家禽，从事采集、编织、渔猎等副业生产，在房前屋后种植少量的果树和竹木等，是正当的。只要不断加强对农民的思想政治工作，教育他们不投机倒把和弃农经商，不影响集体生产劳动，不损害公共利益，不破坏国家资源，社员的家庭副业就有利于社会主义，而不利于资本主义。在保证集体经济占绝对优势的条件下，社员靠自己的劳动从事小量副业生产，又不剥削别人，怎么会产生资本主义呢？事实恰恰相反，有些地方正是由于集体经济薄弱，社员收入少，给资本主义以可乘之机。一些地方资本主义泛滥，总是通过不正当的途径和非法的手段形成的，根本不是什么发展正常家庭副业的结果。

现在，建设社会主义的现代化强国的新长征已经开始了。各级党委要认真贯彻执行“以粮为纲，全面发展”的方针，在抓好粮食生产的同时，把副业生产纳入农业学大寨、普及大寨县的规划，把发展副业生产的门路、布局和规模确定下来。要坚持副业发展的社会主义方向，充分利用当地资源和半劳力、辅助劳力，合理解决农副业之间的矛盾，为副业生产创造有利条件，使副业生产在最近一两年内有一个大发展，使副业和社队企业的收入在社队总收入中的比重有一个大的提高，以促进整个国民经济的新跃进。

国务院副总理余秋里在北京会见即将离任的英国驻中国大使游德

外交部部长黄华在北京会见马来西亚新任驻中国大使达图·拉赫曼·贾拉尔

索马里总统西亚德·巴雷在摩加迪沙接见中国驻索马里大使张世杰

《儿童时代》杂志复刊

由中国福利会儿童时代社主编的《儿童时代》杂志最近复刊，将于4月1日与读者见面。

《儿童时代》杂志创刊于1950年4月，共出了389期，发行全国，深受广大少年儿童的欢迎。宋庆龄副委员长经常为《儿童时代》撰写文章。可是，在"四人帮"横行的日子里，这个刊物也被扼杀了。粉碎"四人帮"以后，在以华主席为首的党中央的亲切关怀下，这一刊物得以复刊。

全国人大常委会副委员长宋庆龄撰写的《祝贺〈儿童时代〉复刊》的文章，登在这期《儿童时代》的卷首。

复刊后的第一期《儿童时代》，内容丰富，题材多样，图文并茂，新颖活泼。其中有上海科学技术协会主任苏步青写的文章《对小朋友的几点希望》，全国科学技术协会顾问高士其写的诗《立志登攀科学高峰》。还有一些作家、诗人、漫画家和热心儿童教育的作者，为儿童们创作的散文、诗歌、短篇小说、童话，以及科学故事、漫画等。这期《儿童时代》还辟有《知识宫》《小世界》《小苗圃》《语文知识》等专栏。

3月30日

国务院副总理邓小平在北京与泰国总理江萨·差玛南举行会谈

邓小平说：粉碎"四人帮"后，我们重新调整了侨务政策。我们侨务政策的要点，第一条，就是鼓励华侨自愿选择住在国的国籍。第二条，我们也不能强迫愿意保留中国国籍的人加入住在国国籍。第三条，我们历来不赞成双重国籍。这是中华人民共和国成立以来的一贯政策。

国务院副总理李先念在北京会见以比利时国务大臣泰奥菲尔·范恩德为团长的比利时知名人士代表团

全国科学大会在人民大会堂继续举行全体会议

中共中央政治局委员、人大常委会副委员长乌兰夫主持了大会。

出席大会的有党和国家领导人方毅、吴德、陈锡联、王震、谷牧，中共中央军委负责人粟裕。

4位代表在今天的大会上发了言。这4个发言是：中国科学院副院长李昌作的题为《坚决把中国科学院整顿好，尽快把科学研究搞上去》的发言，中共上海市委员会书记韩哲一作的题为《为把上海建设成为先进的科学技术基地而奋斗》的发言，成都工具研究所工程师黄潼年作的题为《奋发图强，攀登齿轮测量技术高峰》的发言，全国科协代主席周培源作的题为《科学技术协会要为实现四个现代化作出贡献》的发言。

全国科学大会大会发言连续进行了4个下午，已于今天下午结束。

中国科学院副院长李昌在全国科学大会上作题为《坚决把中国科学院整顿好，尽快把科学研究搞上去》的发言

李昌在发言中介绍了一年多来贯彻执行华主席、党中央关于"科学院要整顿，要把科学研究搞上去"指示的情况和经验，以及中国科学院发生的历史性重大转折。

他说，经过一年多来的斗争，华主席、党中央关于"科学院要整顿，要把科学研究搞上去"的指示，终于能够贯彻执行了。遭受"四人帮"严重摧残的中国科学院开始走上了大治的轨道。这是科学院发生历史性重大转折一年。

李昌向大会汇报了一年多来的一些工作情况和经验。

一、彻底揭批"四人帮"，把清查工作搞到底。华主席、党中央一举粉碎"四人帮"，我院广大科学技术人员、工人和干部欢欣鼓舞，奋起同"四人帮"斗争。但是，"四人帮"在我院的帮派骨干还在负隅顽抗。在这紧要时刻，华主席、党中央派来了方毅同志，恢复了一些坚持毛主席革命路线的老同志的工作。我们明确指出，我们广大干部、群众同"四人帮"在我院的帮派头目的矛盾是敌我矛盾，运动要做到"三个彻底"，即彻底揭开"四人帮"党羽篡党夺权的阴谋内幕，彻底打垮他们结帮篡权的帮派势力，彻底肃清"四人帮"反革命修正主义路线的流毒。运动迅速打开了局面，掀起了高潮，挖出了控制院内一部分单位的帮派骨干，查出向"四人帮"写黑信、告黑状的多起。我们还下定决心，除恶务尽，进一步查清了一些帮派骨干的问题，一些后进单位的运动也迅速赶了上来。现在,我院清查工作即将基本结束。我们今后一定要严肃认真,按照党的政策处理这些帮派骨干的问题,悔改从宽,抗拒从严,争取一切可以争取的人,坚决打击一小撮顽固不化的死硬分子,决不养痈遗患。

二、整顿领导班子是关键。在党中央的关怀和兄弟部门的支持下,我们调进了一批革命老干部,恢复了一批老干部的职务,又提拔了一批在第十一次路线斗争中经过考验的优秀干部,配备了一些单位的一、二、三把手,调整了多数单位的领导班子。事实证明,整顿好领导班子,是搞好揭批"四人帮"运动,实现一年初见成效的关键。

三、澄清路线是非,恢复和建立合理的规章制度。在去年我院召开的和参加的几次全国性科学技术会议上,传达贯彻了华主席、邓副主席对科学技术工作的一系列重要指示,明确了:三大革命运动要一起抓。科研要走在生产建设的前面。科学院是全国自然科学研究的综合中心,要侧重基础,侧重提高。研究所的基本任务是出成果,出人才。重申向外国学习的口号,坚持学习和独创相结合,学习先进,赶超先进。在澄清路线是非的基础上,一年来我们恢复和建立了以下几项规章制度:(一)切实保证科研人员每周至少必须有5/6的业务工作时间。(二)实行党委领导下的分工负责制,配齐政治、业务、后勤等系统的干部。(三)实行技术岗位责任制,恢复科研系统和工程技术系统的技术职称,明确职责。(四)定期进行业务考核,提升科技人员。

四、制定规划,掌握和发展新理论、新技术。我们去年制定的基础学科的规划中,对数学、物理、化学、天文、地学、生物六大基础学科及各分支学科做了全面安排,选定了若干重点项目。

五、选拔和培养人才是当务之急。快出人才,多出人才,是我们面临的一项迫切的重要任务。首先,要大力办好中国科技大学。为了培养更高水平的科学技术人员,准备邀请国内外的优秀科学家举办讨论班,组织具有较高水平的科学技术人员进修。并将派出水平较高的科学技术人员,出国参加研究工作。

六、加速科学实验手段现代化,建设一批先进的实验基地和实验室。我们确定建立一批现代化科学实验基地,其中包括高能物理,重离子物理,受控热核反应,半导体科学,固体物理,分子生物学(包括遗传工程)和天体物理实测等实验基地。要在各个科研单位加速设备更新和实验室改造,大力发展科学仪器的生产,扩建一些科学仪器工厂,并将大力加强科学书刊和资料的出版工作。

七、学习和运用自然辩证法。为了推动学习和运用自然辩证法,去年10月,我院开始筹办《自然辩证法通讯》

全国科协代主席周培源在全国科学大会上发言提出科协工作的四点意见

周培源说,为了加强科协和专门学会的活动,为实现四个现代化发挥更大的作用,我想讲四点意见。

一、积极开展学术交流,推动和帮助科学技术工作者学习和运用自然辩证法。

科学家在个人钻研的基础上,开展多种形式的学术交流活动,集中集体的智慧,是非常必要的。科学家之间通过思想接触,学术交流,自由争辩,讨论科学上的问题,探讨有待开拓的领域,有利于发展科学技术事业,发现和培养人才。开展学术活动要坚持百家争鸣,要有科学的态度,要敢于坚持真理。科协和学会是进行百家争鸣的一个好的组织形式。在向科学技术现代化进军的高潮中,我们将加强这方面的活动,进一步把学术空气活跃起来。

现代科学技术的迅速发展,更加迫切需要马克思主义哲学的指导。科学群众团体开展学术活动的一个经常的、重要的内容,就是以多种方式,把科学技术工作者和哲学工作者组织在一起,学习马克思主义哲学和自然科学,推动科学技术工作者在研究工作中学习和运用自然辩证法。

我们一些专门学会,是国际科学团体的成员,有的学会同国外相应的学术团体建立了友好往来关系。今后,全国科协和各专门学会还要更加积极主动地开展国际学术交流活动,同外国科学团体互派人员访问、讲学、交流学术资料等。

二、发动科学技术工作者对实现四个现代化、特别是发展科学技术事业提出意见和建议。

三、积极开展科学普及工作,为提高全民族的科学文化水平作出贡献。

科协和各学会在科学普及工作中具有重要作用,要运用一切手段,密切结合工农业生产实际,积极开展科学普及工作。现在已经决定恢复科学普及出版社,建立科学普及创作协会,建立科教电影协会,还要会同有关部门广泛地开展各种形式的业余教育,协助有关单位办好"七·二一"工人大学和"五·七"大学。

四、积极开展青少年科学技术活动,推动广大青少年向科学进军。

以华主席为首的党中央十分强调人才的发现、培养、选拔。为了广开才路,早出人才,快出人才,多出优秀人才,我们要大力开展青少年的科学技术活动,积极为青少年学习科学技术知识创造良好的条件,如设立青少年科技活动馆、站,举办科技讲座、讨论会,组织青少年进行科学实验活动等。我们准备从今年起,会同教育部在北京等地举行数学、物理两门学科竞赛的试点。竞赛优秀者，给予奖励；成绩特别优秀者，免试推荐进入大学。

中共上海市委书记韩哲一在全国科学大会上就上海的科技发展发言

韩哲一说，现在我们的奋斗目标是：根据党的十一大路线和五届人大规定的新时期的总任务，在国家总体规划下，抢时间，争速度，在本世纪内把上海建设成为一个具有世界先进水平的科学技术基地。

他具体介绍了在今后八年中要抓好的几项工作：一、狠抓钢铁工业发展中的重大科学技术问题。采取世界上最先进的工艺、技术和装备，改造老企业和建设新厂并举，迅速把钢铁的产量、品种和质量搞上去，把各种消耗降下来。二、大力发展石油化工技术。在催化剂、加氢裂解、原料和副产物的综合利用等方面，组织力量攻关。要求做到石油化工所需催化剂完全立足于国内，并有所创新。三、加速电子技术与自动化的研究。我们打算：1980年前后，重点攻克大规模集成电路批量生产的技术关，1985年前，做到超大规模集成电路稳定批量生产；突破巨型和微型计算机技术，系统地解决主机和外围设备，建立网络传输，普及计算机在各行各业中的应用。大力发展计算数学和计算机理论。四、研究、设计、制造先进的机电产品和成套设备。五、加强基础理论和新兴科学技术的研究。大力开展数学、物理、化学和现代生物学这四门基础科学理论的研究。六、大力开展农业科学技术和工业支援农业的研究。农业科研方面要着重抓好新品种选育。研究采用单倍体育种、杂交优势利用、物理诱发和细胞杂交等新技术。农业机械化，到1980年，要解决粮、棉、油、菜主要作物的土地平整、深耕和插秧、拔秧、收割“三弯腰”的问题。

《人民日报》刊登新华社报道《省委主要领导同志亲自处理人民来信来访工作 甘肃省认真处理假案冤案 打击坏人伸张正气》并配发编者按

编者按：人民群众向领导机关写信、上访，总是有理要讲，有问题要解决。因此，各级党委一定要高度重视，千方百计做好接待来信来访这件事。“四人帮”及其资产阶级帮派体系，竭力破坏信访工作，把群众拒之门外，甚至从来信来访中，搜集黑材料，打击陷害革命干部和群众。甘肃省的经验说明，在揭批“四人帮”的斗争中，党委书记亲自抓信访工作，特别是亲自处理典型案件，不仅能推动各级组织迅速处理假案、冤案，落实党的政策；对于恢复和发扬党的密切联系群众的优良传统和作风，也有很大好处。

中共甘肃省委重视人民来信来访工作，认真处理“四人帮”及其在甘肃代理人制造的假案、冤案和群众反映的各种问题，恢复和发扬了党的密切联系群众的优良传统和作风。

甘肃省曾经是“四人帮”严密控制和破坏的地区之一。“四人帮”在甘肃的代理人为了篡党夺权，千方百计地破坏群众来信来访工作。他们利用信访这条渠道，搜集黑材料，诬陷革命领导干部，扣压人民来信，包庇坏人，甚至动用专政工具，迫害写信上访揭露他们罪行的干部和群众，破坏了我党密切联系群众的传统和作风。

去年6月，以华主席为首的党中央解决了甘肃省委的领导问题，广大群众扬眉吐气，纷纷来信来访要求新的省委合理地解决他们的问题。省委第一书记宋平从7月初开始，先后几次找信访部门，询问情况，听取汇报，研究改进信访工作的措施，并阅批了群众来信168封，接待了许多被“四人帮”打击迫害的老干部，安排了他们的工作。他还亲自打电话给有关部门，督促他们迅速解决群众提出的问题。他指示信访部门要满腔热情地做好送上门来的群众工作，关心群众的疾苦，要求他们深入基层，调查研究。在宋平同志的带动下，省委其他领导干部和各部门负责人，都用一定的时间抓信访工作。省委还于去年12月召开了全省信访工作会议，交流经验，总结了工作。

省委为了落实党的政策，专门成立了清理小组，认真处理了人民来信来访，使“四人帮”在甘肃的代理人造成的所谓“反革命政变两套班子”等假案、冤案得到平反和昭雪。对因这些冤案假案而受到迫害的干部和群众已经和正在进行正确处理。原省监委干部张德夫因参与起草一个群众组织的一篇评论文章而遭到非法拘留和审查，并迫使他离开了兰州。去年11月，省委清理小组为这个同志平反时，派出两名干部专程到张德夫现在工作的西安市人事局送交平反文件，西安市人事局第二天就召开全体职工大会，宣读了这一文件。会上，张德夫激动得热泪直流。事后，他给甘肃省委写了一封感谢信，信中说，甘肃省委的决定，砸碎了“四人帮”在甘肃代理人强加在我身上十年的精神枷锁。我一定努力工作，把毕生精力献给党的事业。

甘肃省委在改进信访工作的过程中，首先从分清敌我和大是大非问题着手，抓紧处理大案、要案。1970年1月，省物资局金属材料公司干部袁自立、胡森成、刘显昭向中央和省委写了一封信，反映甘肃在干部问题上存在着任人唯亲等不正之风。不料，这封信触怒了“四人帮”在甘肃的代理人，以莫须有的罪名把写信的三位同志打成“反革命告状团”，将袁自立关进监狱，刘显昭被迫害致死，并且大抓所谓“后台”和“同谋者”，使40多位同志蒙受不白之冤。去年10月，省委根据受害同志及其家属的来信,派人对这一案件进行了调查,推翻了冤案,对受害同志予以平反、昭雪。由于省委的重视,过去信访中不敢碰的"老大难"案件也得到解决。现在阿干煤矿信访室工作的高华,过去由于写信揭发了"四人帮"在甘肃的代理人残害老干部等罪行受到了一连串的迫害,最后被非法关了一年多。去年9月省委给他平反后,他感激党对自己的关怀,主动要求到信访室工作。4个多月来,他和同志们一道,正确地处理了70多起积案。

甘肃省委通过人民来信来访了解群众的呼声,分清是非,拨乱反正,从而打击了坏人,伸张了正气,密切了党和群众的血肉关系。过去"四人帮"在甘肃的代理人及其在礼县的那个同伙践踏党在农村的经济政策,虚报浮夸,假学大寨,造成粮食减产,群众生活困难。但是,"四人帮"的代理人为了保护帮派势力,却死捂他们的问题。这个县山峪公社中学教师董咏,1975年以来多次向中央和省委写信,揭露他们的问题。他们就以董咏给"先进县"脸上抹黑和"有意胡闹"的罪名,对他进行残酷迫害,把他抓起来关进监狱。去年6月,"四人帮"在甘肃的代理人垮台后,省委解决了这个县的领导班子问题,董咏的这个冤案才得到平反。一个混入省革委常委的打、砸、抢分子,在"文化大革命"中主谋策划,私设公堂,将省第一建筑工程局秘书赵健打死。但是"四人帮"在甘肃的代理人却包庇这个坏人。几年来,死者家属不断上访。"四人帮"在甘肃的代理人不调查、不处理,使这个坏人长期逍遥法外。去年12月,省委查明这个坏人确实是打死赵健的主谋者,责成省公安局将他依法逮捕。这个案件的处理,大得人心。

中共甘肃省委重视和改进人民来信来访工作,给地委、县委的领导作出了榜样,促进了基层的信访工作。半年多来,许多地委和县委都在努力改进信访工作,有的建立了领导干部"接待日",有的领导干部亲自接待和处理一些"老大难"案件。最近,兰州市委建立了轮流接待群众来访的制度,已有6名常委值班。市委第一书记王耀华亲自接待来访群众,批阅群众来信。去年他批阅的群众来信有40多封。

3月31日

国务院总理华国锋在北京会见泰国总理江萨·差玛南

华主席同江萨总理就进一步发展中泰两国的友好合作关系和双方共同关心的问题进行了友好的谈话。

华主席说:中泰两国的关系有着广阔的发展前景。我们赞赏江萨总理就任以来所奉行的外交政策。

外交部长黄华、副部长韩念龙,外贸部副部长王润生,外经部副部长魏玉明,中国民航总局局长沈图,中国驻泰王国大使柴泽民等参加了谈话。

全国科学大会在人民大会堂闭幕

中共中央副主席、国务院副总理邓小平、李先念,党和国家其他领导人乌兰夫、方毅、纪登奎、苏振华、吴德、余秋里、张廷发、陈永贵、陈锡联、耿飚、倪志福、陈慕华、王震、谷牧、康世恩,中共中央军委负责人粟裕,出席了闭幕式。

中共中央政治局委员、国务院副总理纪登奎主持闭幕式。

大会宣读了中国科学院院长郭沫若的书面讲话。

接着,中共中央政治局委员、国务院副总理方毅向先进个人和先进集体颁发奖状。

纪登奎副总理致闭幕词。

在全国科学大会上受到表彰的共有826个先进集体,1192名先进科技工作者和7657项优秀科技成果的完成单位和个人。

在主席台上就座的还有中共中央和国务院各部委、中国人民解放军各总部和国防科委的负责人,大会领导小组成员和大会秘书处负责人,老、中、青科学工作者和工农兵的代表,以及其他有关人士。

国务院副总理纪登奎在全国科学大会上致闭幕词

同志们!

全国科学大会,已经完成了预定的各项任务。我代表中共中央向全体代表、全体工作人员和服务人员表示感谢。由于你们的辛勤劳动和共同努力,使我们这次大会开得非常好,非常成功。

在大会上,华主席的讲话,向全党全国人民发出了"极大地提高整个中华民族的科学文化水平"的伟大号召,对我们党和国家在新时期怎样发展科学文化事业作了重要的指示,是我们向科学技术现代化进军的行动纲领。邓副主席的讲话,深刻地阐明了发展社会主义科学技术事业的一系列重要方针政策。方毅同志受党中央的委托,作了有关发展科学技术的规划和措施的报告。全体同志,经过认真讨论,一致表示热烈的拥护。

这次全国科学大会,高举毛泽东思想的伟大红旗,擂起了战鼓,激励着人们进军的斗志;燃起了火炬,照耀着人们进军的征途。我们相信,在全国科学大会的推动下,向科学技术现代化进军的热潮,必将一浪高过一浪地在全国城乡迅猛地向前发展。这次大会必将以它的重大现实意义和深远的历史意义,载入我们党和我们人民共和国的光辉史册。

我们这次大会，会内洋溢着革命的激情，昂扬的斗志，会外引起了全国的巨大反响，得到了广大人民群众的热情支持。广大工农兵群众，各条战线的干部和知识分子，八九岁的红小兵，八九十岁的高龄老人，给大会送来了一封封充满深情厚谊的函电，一件件富有纪念意义的珍品，表达了祖国亿万人民对科学技术工作的无限关怀，对科学技术工作者的殷切期望。

叶副主席和聂荣臻同志欣然为大会写了激励人心的诗词，郭沫若同志刚才又作了《科学的春天》的讲话。老一辈无产阶级革命家热切希望我国科学技术兴旺发达，这对我们大家是很大的鼓舞。

同志们！极大地提高整个中华民族的科学文化水平，尽快改变我国科学技术的落后状况，胜利地建成社会主义的现代化强国，这是历史赋予我们的伟大历史使命，是全民族的共同任务。没有任何工作与此无关，没有任何人可以置身度外。我们希望全党全军全国各族人民，响应华主席的号召：学习、学习、再学习，团结、团结、再团结。党的各级领导干部、全体共产党员应当成为学习的模范，团结的模范。

同志们！在我们新的长征的道路上，一定会有很多艰难险阻，有许许多多的工作等待我们去做。我们一定要把揭批“四人帮”的斗争进行到底。我们一定要紧张地踏实地进行工作，讲求实效，讲求高效，反对空谈，反对形式主义。全国人民，各行各业，各省区市都要来一个大竞赛，比一比哪个地方，哪个部门，哪个科研单位，哪个学校，哪个企业，哪个生产大队搞得好搞得快。我们就是要表扬搞得好的，搞得快的。从现在到2000年，只有22年了，一年检查评比一次，只有22次，确实非常紧迫，时间一点也浪费不得。我们要只争朝夕，不畏劳苦，尽快攀登世界科学高峰！

这次全国科学大会，只是我们向科学技术现代化进军的良好开始。大会结束之后，希望大家回到各地去，团结广大的同志，传播大会的精神，贯彻大会的精神，把我国的科学技术尽快地搞上去，为建设社会主义现代化强国作出贡献。

现在，我宣布全国科学大会胜利闭幕。

中国科学院院长郭沫若在全国科学大会上闭幕式上的讲话

亲爱的同志们！

华主席和敬爱的邓副主席的重要讲话，方毅同志的报告，我表示衷心的拥护和热烈的欢呼。我们民族历史上最灿烂的科学的春天到来了。我是上一个世纪出生的人，能参加这样的盛会，百感交集，思绪万千。

在旧社会，多少从事科学文化事业的人们，向往着国家昌盛，民族复兴，科学文化繁荣。但是，在那黑暗的岁月里，哪里有科学的地位，又哪里有科学家的出路！科学和科学家，在旧社会所受到的，只不过是摧残和凌辱。封建王朝摧残它，北洋军阀摧残它，国民党反动派摧残它。我们这些参加过“五四”运动的人，喊出过发展科学的口号，结果也不过是一场空。大批仁人志士，满腔悲愤，万种辛酸，想有所为而不能为，真是英雄无用武之地。我们不少人就是在这种暗无天日的岁月中，颠沛流离，含辛茹苦地度过了大半生。伟大领袖和导师毛主席领导中国共产党进行了艰苦卓绝的斗争，建立了新中国，人民得到了解放，科学得到了解放。毛主席和周总理又亲自为我国规划了建设社会主义现代化强国的宏伟蓝图，对科学事业和科学工作者给予了无微不至的关怀。我国的科学事业有了突飞猛进的发展。回忆起这些情景，一桩桩、一件件的往事都涌上心头，好像就在眼前一样。饮水思源，我们怎能不万分感激和无限缅怀伟大领袖毛主席和敬爱的周总理呢！万恶的“四人帮”对科学工作百般摧残，对科学工作者横加迫害，妄图重新把我们的祖国拉回到愚昧、落后、黑暗的旧社会去。但是，“蚍蜉撼树谈何易”。华主席为首的党中央，一举扫除了这伙祸国殃民的害人虫，使我们得到了第二次解放。现在，我们可以扬眉吐气地说，反动派摧残科学事业的那种情景，确实是一去不复返了！科学的春天到来了！从我一生的经历，我悟出了一条千真万确的真理：只有社会主义才能解放科学，也只有在科学的基础上才能建设社会主义。科学需要社会主义，社会主义更需要科学。看到今天这种喜人的情景，真是无比感慨和兴奋。“老夫喜作黄昏颂，满目青山夕照明。”敬爱的叶副主席的光辉诗篇，完全表达出了我们这一代人的心情。

我们中华民族在人类文明发展史上，曾经有过杰出的贡献。现在，在共产党的领导下，我们民族正在经历着一场伟大的复兴。恩格斯在谈到十六世纪欧洲文艺复兴时曾经说过，那是一个需要巨人而且产生了巨人的时代。今天，我们社会主义祖国的伟大革命和建设，更加需要大批社会主义时代的巨人。我们不仅要有政治上、文化上的巨人，我们同样需要有自然科学和其他方面的巨人。我们相信一定会涌现出大批这样的巨人。

科学是讲求实际的。科学是老老实实的学问，来不得半点虚假，需要付出艰巨的劳动。同时，科学也需要创造，需要幻想，有幻想才能打破传统的束缚，才能发展科学。科学工作者同志们，请你们不要把幻想让诗人独占了。嫦娥奔月，龙宫探宝，《封神演义》上的许多幻想，通过科学，今天大都变成了现实。伟大的天文学家哥白尼说：人的天职在勇于探索真理。我国人民历来是勇于探索，勇于创造，勇于革命的。我们一定要打破陈规，披荆斩棘，开拓我国科学发展的道路。既异想天开，又实事求是，这是科学工作者特有的风格，让我们在无穷的宇宙长河中去探索无穷的真理吧！

我祝愿我们老一代的科学工作者老当益壮，跟随华主席进行新的长征，为我国科学事业建立新功，为造就新的科学人才作出贡献。

我祝愿中年一代的科学工作者奋发图强，革命加拼命，勇攀世界科学高峰。你们是赶超世界先进水平的中坚，任重而道远。古人尚能"头悬梁，锥刺股"，孜孜不倦地学习，你们为了共产主义的伟大理想，一定会更加专心致志，废寝忘食，刻苦攻关。赶超，关键是时间。时间就是生命，时间就是速度，时间就是力量。趁你们年富力强的时候，为人民作出更多的贡献吧！

我祝愿全国的青少年从小立志献身于雄伟的共产主义事业，努力培育革命理想，切实学好现代科学技术，以勤奋学习为光荣，以不求上进为可耻。你们是初升的太阳，希望寄托在你们身上。革命加科学将使你们如虎添翼，把老一辈革命家和科学家点燃的火炬接下去，青出于蓝而胜于蓝。

我的这个发言，与其说是一个老科学工作者的心声，毋宁说是对一部巨著的期望。这部伟大的历史巨著，正待我们全体科学工作者和全国各族人民来共同努力，继续创造。它不是写在有限的纸上，而是写在无限的宇宙之间。

春分刚刚过去，清明即将到来。"日出江花红胜火，春来江水绿如蓝"。这是革命的春天，这是人民的春天，这是科学的春天！让我们张开双臂，热烈地拥抱这个春天吧！

《人民日报》发表中共中央党校副教育长冯文彬的文章《科学是生产力，同时是一种伟大的革命力量》

在全国科学大会上，邓副主席的讲话重申了马克思主义的一个重要观点：科学技术是生产力，同时也是一种推动历史前进的伟大革命力量。深入领会这个观点，是使党的各级干部做好领导工作，争取四个现代化的主动权的重要前提。对于统一全党和全国人民的思想，砸烂"四人帮"强加于人们的精神枷锁，组织广大科技工作者和工农兵群众，理直气壮地投入向科学技术进军的战斗，有着十分重大的意义。

无产阶级革命的领袖，从创立马克思主义的理论，开始进行革命，到取得革命胜利，坚持继续革命，都十分重视科学对人类历史的推动作用，总是把自然科学和革命紧密联系起来。马克思、恩格斯在1847年写《共产党宣言》时，就从科学引起的生产力的巨大发展，指出了社会主义革命的必然性。马克思在写《资本论》的过程中，提出了科学直接转化为生产力的观点，明确地说，生产力里面当然包括科学在内。后来，马克思多次重复了这个论点。他还运用生产力决定生产关系的唯物史观原理，总结了欧洲1848年的革命，指出，这是生产发展和科学技术进步引起了革命。科学技术进步对于旧社会秩序所造成的威胁，甚至比最危险的革命家还要大。马克思逝世后，恩格斯也不断阐述这个观点，指出"科学是一种在历史上起推动作用的、革命的力量"（《马克思恩格斯全集》第19卷，第375页）。恩格斯说："17世纪和18世纪从事创造蒸汽机的人们也没有料到，他们所造成的工具，比其他任何东西都更会使全世界的社会状况革命化。"（《自然辩证法》）后来，列宁和毛主席领导俄国和中国无产阶级所进行的社会主义革命和社会主义建设的实践，都证明了这个观点是颠扑不破的真理。

科学为什么会成为一种伟大的革命力量呢？

第一，自然科学转变为直接的生产力，促使生产力发展，而生产力的发展，最后必然要成为社会革命的推动力。自然科学是从生产斗争和科学实验中来的，科学产生以后，又大大推动了生产，通过解决生产过程中的理论问题和技术问题，通过提高劳动者的劳动技能和科学知识，通过生产工具的不断革新和创造，使自己加入生产过程之中，促进生产力的发展。马克思曾经指出：劳动生产力是由多种情况决定的，其中应当包括科学的发展水平和它在工艺上的应用程度，劳动生产力是随着科学和技术的不断进步而不断发展的（《资本论》）。社会越进步，情况越是这样。过去的小手工业，主要是依靠长期的直接的生产经验，依靠人的直觉观察来解决生产中的问题，当时没有真正的自然科学，所以生产力发展很慢；近代的大工业，则是"把巨大的自然力和自然科学并入生产过程"（《资本论》），所以生产力发展很快。

现在，生产越来越成为"物化了的科学"。因此，也越来越要求科学必须走在生产的前面。现在，创造原子反应堆、高能加速器、宇宙火箭和一切自控装置等，如果不首先从理论上掌握这些现象和过程的规律，并解决各项复杂的技术问题，是根本不可能实现的。单纯依靠直接的生产经验，不尽快掌握先进的科学技术，包括把别人的先进科学技术拿过来，我们就只能成为爬行主义者。所以，建立一批现代化的科学实验基地，对于高速度发展我国生产和一切经济事业，意义非常重大。

毛主席把科学实验列为三大革命运动之一，特别把它强调起来，是对马克思主义的重大贡献。在无产阶级取得政权以前，革命的任务主要是动员和组织广大人民，起来推翻反动统治，通过夺取政权来变革生产关系，解放生产力，那时发展科学技术还没有提上日程。无产阶级取得政权以后，情况就不同了。我们已经争得了社会主义。现在，要巩固和发展社会主义，并向共产主义推进，依靠什么呢？华主席、党中央已经指出：依靠党的基本路线，依靠三大革命运动一起抓；其中，科学实验、科学技术革命，是重要的一环。这是因为，只有通过科学技术革命，把生产力搞上去，才能进一步推动生产关系的变化。在无产阶级专政条件下，不搞现代化，科学技术水平提不高，劳动生产率提不高，社会生产力搞不上去，社会主义的政治制度和经济制度就不能充分巩固，资本主义复辟的危险性总是现实存在的。所以，毛主席在谈到我国农业前途的时候，曾经深刻地指出：生产技术方面的革命和社会制度方面的革命，是紧密联系在一起的。现在，自然科学和社会科学的关系已进入一个新时代，它们的相互渗透和相互影响已经日益加强。列宁曾经指出，“自然科学奔向社会科学的强大潮流”，到近代，到了20世纪，已经越来越强大了（《列宁全集》第20卷，第189页）。这个问题是值得我们好好研究的。

第二，我们还要注意到，科学对于消灭三大差别、消灭阶级的革命意义。恩格斯曾经分析了历史情况，指出充分运用科学，依靠机器和所征服的自然力，能够创造极为丰富的物质资料和足够的储备，满足全体社会成员的需要，还能够使社会成员的劳动强度减少，劳动时间大为缩短，有足够的时间从事科学、艺术、管理社会和国家的活动；同时，科学的发达和生产力的进步，还会带来科学文化教育的大普及，使整个社会成员知识水平和思想水平得到提高。这样，每个人既能参加物质生产，又能从事精神生产，脑力劳动和体力劳动的界限，便逐步归于消失。工农差别和城乡差别，在根本上，是物质生产条件的差别。因此，运用先进的科学技术，加速农业现代化，改善农村的物质生产条件和文化教育条件，工农业合理布局，将会使工农差别和城乡差别逐步消失。恩格斯参观了德普勒的第一条实验性高压输电线路后，曾高兴地提出：“最后它终将成为消除城乡对立的最强有力的杠杆。”（《马克思恩格斯选集》第4卷，第436页）我们要为消灭阶级、实现共产主义而奋斗。消灭阶级归根到底依靠生产的高速度发展，这是一个前提。所以党的八届六中全会曾庄重地向全党指出：一切热心于共产主义事业的人们，必须首先热心于发展生产力。像“四人帮”那样鄙视生产力的发展，否认科学的作用，只说空话，说大话，除了为资本主义效劳以外，不可能解决任何问题。

第三，由科学发展所引起的生产的发展，同样是促使人们思想革命化的“最强有力的杠杆”。恩格斯说过，“日益发展的工业使一切传统的关系革命化，而这种革命化又促使头脑革命化。”（《马克思恩格斯全集》第38卷第561页）自然科学的发展曾经破除了宗教迷信和旧的传统，促进了世界观的革命，带来人类认识史上的大革命。现代自然科学的迅猛发展，必将进一步促进唯物论和辩证法的发展，引起人类认识史上的另一个大飞跃。为了人的思想革命化，应当着重于革命思想的灌输，注意社会主义和共产主义教育，这是马克思主义者不能忽视的；但另一方面，我们必须承认由一定物质条件造成的东西，包括人们的各种落后的思想在内，只有创造新的科学技术和创造新的物质条件来加以改变。忽视了这个根本的问题，就不能称为一个历史唯物论者。

伟大的导师毛主席遵循马列主义的一般原理，根据中国的革命和建设的实践，指明，革命就是为了解放生产力，在建立社会主义政权之后，“根本任务已经由解放生产力变为在新的生产关系下面保护和发展生产力”。在我国生产资料所有制的社会主义改造基本完成以后，阶级斗争没有结束，而变革自然的问题突出了，这就需要团结全国各族人民进行一场新的战争——向自然界开战。特别像我们这样一个经济和技术落后的国家，要巩固和发展社会主义，建成共产主义，一个非常重要的任务，就是要取得向自然界作战的胜利。这就需要把发展自然科学，开展科学技术革命，作为重要任务提到全党的面前。

我们必须高举毛主席的伟大旗帜，认真领会马列主义关于科学是生产力，科学是一种伟大的革命力量的理论，肃清“四人帮”的流毒和影响，扫除一切错误思想，响应华主席的号召，努力提高整个中华民族的科学文化水平，做四个现代化的促进派。

中国政府和泰国政府贸易协定 科学技术合作协定在北京签字

国务院副总理邓小平、泰王国总理江萨·差玛南，以及双方政府有关部门的负责人出席了签字仪式。

我国外交部部长黄华，泰国外交部部长乌巴蒂·巴乍里央恭分别代表本国政府在两个协定上签了字。

中国民航开辟的北京—卡拉奇—亚的斯亚贝巴国际航线正式开航

这是我国通往非洲的第一条国际航线。这条航线全程1万公里，飞行12小时，经停卡拉奇，飞越也门民主人民共和国、吉布提共和国和阿拉伯海、亚丁湾。

以中联部副部长李一氓为团长的中共党的工作者访问团抵达布加勒斯特开始对罗马尼亚进行访问

中国政府和多哥政府关于中国向多哥派遣医疗队的议定书在洛美签字

多哥外交和合作部部长埃德姆·科乔和中国驻多哥大使岳欣分别代表本国政府在议定书上签字。

中国农学会及所属各学会分别召开有关专业座谈会

中国农学会是我国比较大的一个学会，成立20多年以来，团结广大农业科学工作者，在总结、交流科学成果，普及科学技术知识，出版学术刊物，促进国际学术交流等方面，做了大量工作，对我国农业科学的发展，促进农、林、牧、副、渔各业的生产，起了积极作用。但是，在“四人帮”修正主义路线的干扰、破坏下，学会组织遭到了严重的摧残，机构被砸烂，一切工作停顿下来。学会恢复活动，广大农业科学工作者感到十分高兴，很多农业科学家，特别是一些高龄的老科学家、老教授，像小麦育种家金善宝、兽医专家程绍迥、植保专家沈其益、昆虫专家蔡帮华、多倍体育种专家鲍文奎等，积极参加学会的各项活动。

在座谈会上，农业科学家们认为，必须大力加强农业科学普及工作。这是极大地提高整个中华民族科学文化水平的一个组成部分。大家一致认为，只有现代农业科学技术知识大普及，只有亿万农民群众掌握了现代化农业科学技术，才能向农业科学技术现代化大进军。他们还结合我国农业生产和农业科学技术发展状况，对学会今后的活动，提出了宝贵的建议。

4月1日

《人民日报》《红旗》《解放军报》发表社论《神州九亿争飞跃——欢呼全国科学大会胜利闭幕》

规模盛大的全国科学大会，在华主席为首的党中央直接领导下，完成了它的各项任务，在洋溢着革命热情、求实精神和团结战斗的气氛中，胜利闭幕了。华主席、邓副主席在大会上作了极其重要的讲话，方毅副总理作了重要报告，受到了全体代表的热烈拥护。叶副主席专门为科学大会写了气势磅礴的诗篇。这次大会，不但鼓舞着广大科学技术工作者，而且吸引着全国各族人民，与之息息相通。它的重大意义，远远超出了科学技术战线，对整个建设社会主义现代化强国的事业，都将产生巨大而深远的影响。我们热烈欢呼这次大会的圆满成功！

在这次大会上，华主席高瞻远瞩地向全党全军全国各族人民发出了"一定要极大地提高整个中华民族的科学文化水平"的伟大号召。华主席指出："提高整个中华民族的科学文化水平，是摆在全体人民面前的一项极为巨大的任务。这是一项战略任务。这个任务不解决，新时期的总任务是不可能完成的。"华主席的重要讲话说出了人民的愿望，反映了时代的要求，振奋了全民族的革命精神。这是激动人心的进军令，它激励我们，在全国范围内和全体人民的规模上，向科学技术现代化的宏伟目标，向缩小三大差别的瑰丽前景阔步迈进。这是气吞山河的宣言书，它庄严宣告：我们中华民族将以一个具有高度文化的民族出现在世界的东方。华主席的讲话深刻地阐述了社会主义与现代化的不可分割的关系，阐述了政治与业务，普及与提高，群众队伍与专业队伍，独立自主与学习外国等方面的辩证关系。按照华主席的指示，正确地处理这些关系，就能沿着社会主义的道路，发挥社会主义制度的优越性，极大地促进四个现代化的伟大事业。

这次大会针对"四人帮"的干扰破坏，旗帜鲜明地拨乱反正，解放思想，大得人心。邓副主席在开幕式上的重要讲话，透彻地解决了诸如科学技术是不是生产力，脑力劳动者是不是劳动人民的一部分，对红与专怎样理解和要求，对知识分子队伍如何估计等一系列重大问题，从根本上澄清了路线是非，砸碎了长期以来"四人帮"套在人们身上、特别是广大知识分子身上的精神枷锁。遵循这次大会所阐明的党在发展科学技术方面的路线、方针、政策和方法，我们就能更充分地调动广大科学技术工作者和工农兵群众的积极性和创造性，组成浩浩荡荡的革命大军，向四个现代化前进。

这次大会制定了《1978年至1985年全国科学技术发展规划纲要》。这是一个先进的、高速度的、为实现四个现代化服务的规划。实现这个规划，就能使我国的科学技术有一个大发展，为后十五年接近、赶上和超过世界先进水平打下坚实的基础。这又是一个具有充分科学根据的规划。它所规定的目标，经过我们的努力，是一定能够实现的。新中国成立不久，条件那样艰难，基础那样薄弱，由于坚持了一条正确的路线，我们只用7年时间就基本实现了1956年制定的十二年规划。我们的科学技术以相当高的速度振兴和发展起来。现在，使我国科学技术事业发展遭到延误和挫折的最大的障碍——"四人帮"被扫除了，毛主席的革命路线可以更顺利地贯彻执行了。在华主席为首的党中央的坚强领导下，我们具备了充分的条件，来赢得科学技术更高速度的发展，赢得这个八年规划和二十三年设想的完满实现。我们充满了胜利的信心。

当前，摆在我们面前的任务就是迅速贯彻落实大会的精神，在广大干部群众中深入宣传华主席的伟大号召，动员亿万人民树雄心，立壮志，向科学技术现代化进军。

为了适应新形势，完成新任务，全党全军全国人民思想上要有一个大提高，坚持三大革命运动一起抓。毛主席早就指出，阶级斗争、生产斗争和科学实验，是建设社会主义强大国家的三项伟大革命运动。今天，当我们向四个现代化大进军的时候，更加感到坚决贯彻执行毛主席这个光辉思想，对于实现新时期的总任务，多么重要，多么迫切。阶级斗争是纲。不抓阶级斗争，就不能坚持社会主义方向，不能振奋人们的革命精神，生产斗争、科学实验都搞不好。只搞阶级斗争，不搞生产斗争、科学实验，实现四个现代化就成了一句空话。实现四个现代化，科学技术现代化是关键。科学技术作为生产力，越来越显示出巨大的作用。科学技术的发展状况如何，直接决定着生产的水平，直接关系到四个现代化的速度。我们一定要三大革命运动一起抓，把科学实验当作建设社会主义强大国家的一项必不可少的伟大革命运动，广泛深入地开展起来。如果我们把科学实验看成可有可无，以为不搞也照样种田、照样出产品，或者把它看成只是科技部门的事，只是少数人的事，无须亿万群众参加，那就要犯极大的错误。有没有抓好科学实验的强烈愿望，有没有把科学技术搞上去的极大热情，是一个真想建设社会主义强国还是假想建设社会主义强国的问题。广大干部和群众在这个问题上，要大大提高自觉性，减少盲目性。我们学大庆、学大寨，就要像他们那样，三大革命运动一起抓。要把开展科学实验运动作为学大庆、学大寨的一项重要内容。

华主席提出："我们的口号是：学习、学习、再学习，团结、团结、再团结。”列宁说过，共产主义是苏维埃政权加全国电气化。我们在新时期的总任务，也就是无产阶级专政加四个现代化。搞四个现代化，对我们来说是一个新课题。我们有很多事情不懂。在我们面前有一个很大的未被认识的必然王国。不懂就要学习。人人都要学习。各级领导干部是向四个现代化进军的指挥员，尤其需要带头学习。要努力学习马列主义、毛泽东思想，提高我们的政治觉悟和思想水平；还要努力学习文化，学习科学技术，掌握现代化生产所必需的劳动技能和管理方法。我们在科学技术方面与世界先进水平有差距，归根结底是人的科学文化水平有差距。过去，不识字叫作文盲。搞四个现代化，不懂科学技术，就要成为“科盲”，就不能担负起历史赋予我们的新时期的新任务。我们能甘心当“科盲”吗？当然不能。

我们不但要有大批杰出的科学技术专家，而且必须动员亿万人民刻苦学习，提高全民族的科学文化水平，才能在各个领域赶超世界先进水平，才能加快四个现代化的进程。我们一定要开展一个新的持久的学习运动，把全国办成一座学政治、学科学、学文化的大学校。毛主席教导我们：“国家的统一，人民的团结，国内各民族的团结，这是我们的事业必定要胜利的基本保证。”为了实现四个现代化，我们要持久地发展安定团结的大好形势，在全社会范围内把一切可以团结的力量团结起来。要加强党内党外的团结，加强工人、农民、知识分子的团结，加强专业队伍和群众队伍的团结，还要加强同国际友人的团结，把一切直接的、间接的积极因素全部调动起来。加强学习和加强团结，是实现四个现代化的两个重要条件。做到了这两条，建成现代化的社会主义强国就大有希望。

经过这次大会，发展科学技术的路线、方针、政策更加明确，规划已经制定，措施也很具体。关键在于各级党委要加强领导，转变作风，使科学技术现代化的任务落到实处。各级党委，首先是省、自治区、直辖市党委，要把开展科学实验运动放到重要的议事日程上，切实加强对科学技术工作的领导。要认真研究一下，科技战线揭批“四人帮”的斗争如何深入一步。要抓紧科研机构的整顿，特别是整顿好领导班子。要继续落实党对知识分子的政策，加强和改进政治工作，搞好后勤工作，为科研工作的大干快上努力创造条件。列宁说过：“应当少说空话，因为空话不能满足劳动人民的需要。”空话说得再多，也不能使我国在经济、技术方面同世界先进水平的差距缩短半步。相反，只能耽误四个现代化的进程。从这个意义上说，说空话就是犯罪。我们应当踏踏实实进行工作，切切实实解决问题。赶超世界先进水平，就是争时间，抢速度。我们做一切工作都要讲求实效，讲求高效，不搞表面文章，反对形式主义。我国长期落后的生产方式所形成的因循守旧、自由散漫、拖拖沓沓的习气，对实现四个现代化妨碍极大，应当坚决加以屏弃。我们必须彻底清除“四人帮”的流毒，认真改掉旧习惯旧作风，使我们的工作作风适应四个现代化的要求，真正成为四个现代化的促进派。

四十多年前，毛主席率领中国工农红军举行了二万五千里长征。中华民族的英雄儿女，爬雪山，过草地，越天堑，历尽人世艰辛，战胜无数险阻，完成了我国和世界历史上的壮举。现在我们进行向四个现代化进军的新长征，是我国和世界历史上的又一壮举。这个长征是伟大的，又是极其艰巨的，从某种意义上说，其艰巨性不亚于二万五千里长征。在我们前进的道路上，仍然有“雪山”、“草地”，还要攻打“腊子口”，强渡“大渡河”。但是，只要我们高举毛主席的伟大旗帜，听从华主席为首的党中央的指挥，发扬“红军不怕远征难，万水千山只等闲”的精神，我们就一定能把一切困难踩在脚下，达到既定的目标。

“神州九亿争飞跃，卫星电逝吴刚愕。”我们正在做我们的前人从未做过的极其光荣伟大的事业。我们的事业一定要胜利，一定能胜利。让我们团结起来，在华主席的统帅下，坚持党的十一大路线，朝着建设社会主义现代化强国的宏伟目标，奋勇前进！

中共中央政治局委员耿飚在北京会见荷兰马克思列宁主义党书记西·彼得森

全国人大常委会在北京举行宴会欢迎以尼泊尔全国评议会水力资源委员会主席贡·普·辛格为团长的尼泊尔全国评议会代表团

全国人大常委会副委员长阿沛·阿旺晋美主持宴会，并在宴会前会见代表团全体成员。

中国 乍得 喀麦隆三方关于建设沙里河公路桥的会谈纪要在恩贾梅纳签字

中国驻乍得大使苗九锐，乍得经济、计划和运输部部长克里姆·托戈伊，喀麦隆经济和计划部部长优素法·达乌达分别代表本国政府在会谈纪要上签字。

上海迎来法国“迪居埃—特鲁安”号军舰访问

法兰西共和国海军“迪居埃—特鲁安”号驱逐舰官兵一行311人，在舰长波维斯上校率领下，抵达上海，对我国进行正式访问。这是西方国家军舰第一次访问中国。

中国人民解放军海军东海舰队副司令员谢正浩，

东海舰队驻上海部队政委康庄,中国人民解放军上海警备区副司令员胡守富,以及专程由北京来上海的国防部外事局副局长张秉玉等,前往码头欢迎法国贵宾。

上海警备区为"迪居埃—特鲁安"号军舰访问中国举行了宴会。谢正浩副司令员在宴会上祝酒。他说,毛泽东主席和戴高乐将军生前十分关心的中、法两国友好关系正在不断向前发展。前年初夏,我们接待了法国三军参谋长梅里将军来访。去年仲秋,杨成武副总参谋长率领中国军事代表团访问了法国,并登上"迪居埃—特鲁安"号军舰参观。今年1月,巴尔总理访问中国时也访问了上海。现在,波维斯舰长又率军舰来访,这是西欧国家第一艘军舰来我国进行友好访问,也是我们两国海军友好往来的良好开端,它充分表明了中、法两国人民和军队之间友好关系的进一步发展。他表示深信,这次"迪居埃—特鲁安"号军舰访问上海播下的友谊种子,一定会开放出茂盛的友谊之花。

国务院批准教育部《关于恢复和增设一批普通高等学校的报告》

"文化大革命"前,我国共有普通高等学校434所。1971年前后,林彪、"四人帮"一伙全盘否定17年教育事业的成绩,同时撤销、裁并了一大批普通高等学校,对我国高等教育事业造成了极大的破坏。近几年来,经国务院批准,已经恢复、增设了一批普通高等学校。

教育部向国务院的报告中指出,恢复和增设这一批普通高等学校,是本着加强薄弱地区和行业,加强边疆少数民族地区的教育事业,进一步改善我国高等教育事业布局的原则确定的。同时,注意了各省、自治区、直辖市之间和行业之间的平衡以及是否具有一定的办学条件。

在这55所院校中,包括恢复1971年前后被撤销、裁并的院校13所,新增设的院校42所。它们是:广西轻工业学校、锦州工学院、北京化纤工学院、江汉石油学校、沈阳航空工业学院、南昌航空工业学院、郑州粮食学院、湖北轻工业学校、湘潭煤炭学院、西安工业学院、西安地质学院、安徽农机学院、抚州地质学院、山东建筑工程学院、山东轻工业学院、山东纺织工学院、葛洲坝水电工程学院、成都气象学院;荆州师范专科学校、黄冈师范专科学校、襄阳师范专科学校、宜昌师范专科学校、宁波师范专科学校、温州师范专科学校、曲靖师范专科学校、下关师范专科学校、蒙自师范专科学校、保山师范专科学校、菏泽师范专科学校、北镇师范专科学校、上饶师范专科学校、宜春师范专科学校、九江师范专科学校、遵义师范专科学校、黔南民族师范专科学校、兴义师范专科学校、铜仁师范专科学校、黔东南民族师范专科学校、太原师范专科学校、晋中师范专科学校、宝鸡师范学院、汉中师范专科学校、上海师范学院;延边农学院、西藏农牧学院、青海畜牧兽医学院、莱阳农学院;长春中医学院、延边医学院、天津中医学院、甘肃省中医学院;四川财经学院、陕西财经学院、郑州航空工业管理专科学校;上海体育学院。

恢复和增设普通高等学校,扩大培养能力,是使高等教育逐步适应社会主义革命和社会主义建设事业发展需要的一个有力措施,也是深入揭批"四人帮"破坏教育事业的罪行,肃清他们的流毒和影响的一个实际步骤。

目前,各有关省、自治区、直辖市和国务院有关部、委,正抓紧恢复、设立这些学校的筹备工作。

4月2日

中共中央主席华国锋在人民大会堂接见全国科学大会代表

中共中央主席华国锋,中共中央副主席叶剑英、邓小平、李先念、汪东兴,以及党和国家其他领导人,在人民大会堂接见出席全国科学大会的近6000名代表,同他们一起照了相。

参加接见的党和国家其他领导人有乌兰夫、方毅、纪登奎、吴德、余秋里、张廷发、陈永贵、陈锡联、耿飚、聂荣臻、倪志福、徐向前、陈慕华、赛福鼎、王震、谷牧、康世恩。中共中央军委负责人粟裕、罗瑞卿,也参加了接见。

国务院副总理邓小平在北京会见以尼泊尔全国评议会水力资源委员会主席贡·普·辛格为团长的尼泊尔全国评议会代表团

外贸部部长李强在卢森堡与卢森堡首相兼外交和外贸大臣托恩举行会谈

会谈后,托恩和李强一起会见了卢森堡政府高级官员和工业、贸易及银行界的人士。他们就发展中国和卢森堡之间的经济和贸易关系交换了意见。

4月3日

《全国工业学大庆展览》调整充实后在北京继续展出

国务院副总理余秋里、谷牧、康世恩和有关部门的负责同志,在这次展出前来馆参观,对展出内容等作了指示。

根据形势的发展和广大群众的要求，这个展览最近进行了调整充实，划分为大庆馆和学大庆馆。大庆馆新增了华主席和党中央其他领导同志亲临大庆视察的许多巨幅照片。两馆都新增了许多实物和模型。经过调整充实以后，整个展览从内容到布置，都焕然一新，突出地宣传了大庆经验和全国学大庆的78个先进典型的经验。展览反映了一年来抓纲治国的丰硕成果和各省、自治区、直辖市工交战线广大职工认真贯彻全国工业学大庆会议精神，深入开展工业学大庆群众运动所取得的新成就。

外交部部长黄华在北京与瑞典外交大臣卡琳·瑟德尔举行会谈

中国同欧洲经济共同体之间的贸易协定在布鲁塞尔签字

代表中华人民共和国政府签字的是外贸部部长李强，代表欧洲经济共同体签字的是欧洲经济共同体部长理事会执行主席、丹麦外交大臣克努兹·伯尔厄·安诺生和欧洲经济共同体委员会负责对外关系的副主席威廉·哈费尔坎普。

安诺生、哈费尔坎普和李强分别在签字仪式上讲了话。李强部长说，协定的签订"表明中国和欧洲经济共同体之间政治和经济关系的新发展"。他说，"我国同西欧(共同体)成员国之间的社会制度是不同的，但是我们面临共同的任务，这就是维护我们的独立和主权，我们有许多共同点，我们应该互相支持。我们支持西欧联合自强、反对霸权主义，我们希望看到一个联合和强大的欧洲。"

对外贸易部部长李强开始对西德进行友好访问

访问期间，李强部长会见了西德联邦总理施密特，联邦经济部长奥托·格拉夫·拉姆斯多夫和联邦外交部国务秘书彼得·赫尔梅斯，并同他们进行了会谈。

李强部长及其随行人员先后访问了巴登—符腾堡州、黑森州和巴伐利亚州，参观了戴姆勒—本茨汽车厂，博施电气公司，梅塞施米特—伯尔科—布洛姆公司和西门子电气公司等。在李强部长一行从法兰克福飞往慕尼黑时，西德基督教社会联盟主席、"空中公共汽车工业公司"监事长施特劳斯陪同李强部长一行乘坐了西德和法国合作生产的大型客机"空中公共汽车"。

李强部长在离开西德时对记者表示，这次友好访问取得了圆满的成功，通过访问增进了彼此了解，有利于中、西德两国政治、经济和贸易关系的进一步发展。

我国近500年旱涝史料及旱涝等级分布图已在南京整理完成

新华社报道：我国近500年旱涝史料及旱涝等级分布图已在南京整理完成。这是当时世界上第一份范围最大、年代最久的旱涝气候图集。

4月4日

《人民日报》发表《农业高速度发展的途径——江苏省无锡县社队企业调查》

地处太湖之滨的无锡县，农业生产连续6年实现了高速度跃进，每年平均递增6.3%。这里地少人多，每人平均只有8分多地，不仅做到了粮食自给有余，而且对国家的贡献一年比一年多。1976年，全县粮食平均亩产1673斤，是江苏全省第一个"跨双纲"的县。1977年，遇到了多年罕见的自然灾害，依然保持了亩产1300多斤的高纪录，向国家上交粮食一万多吨，肥猪40多万头，平均每户交售2.2头，贡献肥猪数量在全国的县中居第二位。

无锡县的农业高速度是怎么来的呢？根本是学大寨。在这个前提下，他们闯出了一条夺取农业高速度的道路。

要高速度就要注意积累

我们调查了玉祁公社民主大队，这是一个很有代表性的单位。这个大队平均每人只有5分6厘地，生产条件相当差，过去人们叫它"三靠队"：生产靠贷款，生活靠救济，吃粮靠供应，国家每年统销粮食30万斤。队干部是一些好同志，他们勤勤恳恳，艰苦奋斗，生产虽然逐年有所好转，但由于单打一地抓农业，粮食一直在一个低水平上徘徊，队里还是穷得很。几年前，在上级党委的帮助下，他们觉悟过来了，开始办粮食加工厂，磷肥厂，大养猪场，大桑园……大队经济结构开始发生了变化，原先只有单一的农业收入，现在工业收入已占总收入的50%，副业收入占20%，农业收入占30%。工业利润的大部分又投入农业扩大再生产，各项过去想办而无力办的农业基本建设，都办起来了。当我们前来访问这个昔日的"三靠队"，看到一片兴旺景象。"三靠队"已经变成了"三贡献"：向国家贡献粮食、副产品、工业品。去年遇到严重自然灾害，粮食亩产仍然达到1800多斤的高水平，全大队交售给国家粮食38万斤，每个社员平均卖给国家一头肥猪，社员收入也大幅度提高。

民主大队的变化，是整个无锡县的一个缩影。过去10年中，无锡县从社队企业的积累中向农业投资了9600多万元，大大加快了大规模地改造农业生产条件和农业机械化的步伐。下面几个数字是很有说服力的：

1971年至1977年,共完成农田基本建设土石方15000多万方,相当于过去22年总和的3.5倍。

新建电力排灌站1200多座,比1970年前的总数增长3倍多。新建农用地下渠道2190公里。

大小拖拉机在1970年还只有130多台,1977年已增加到4300多台,增长了30多倍。

农用机械动力,1970年是13亩多田一马力,1977年增加到3亩多田一马力……

以农业为中心协调发展

这些年来,无锡县沿着农、副、工全面发展的道路,大力发展社队工业,工业总产值平均每年以27.6%的增长速度前进,现在全县已有1900多个大小工厂,社队并举,星罗棋布,既有机械加工一类的重工业,又有轻纺工业和手工业,大量是直接为农业服务的,也有为人民生活服务的;有为城市大工业服务的,也有为出口服务的;产品种类有两千几百种。农村副业如养猪、养蚕、水产等各业都有较大增长。

农业、副业、工业都发展起来了,它们之间应当是一个什么样的关系?要以农业为中心,屁股坐在农字上。全县办起了528个社队农机厂,提高了农机具的自给程度,大多数公社和大队既能造又能修,"没有机器盼机器,有了机器愁修理"的矛盾,基本上解决了。

工农差别的存在,价值规律的作用,加上小农经济的习惯势力,在兴办工业的过程中,容易滋长重工轻农、重钱轻粮的思想。有些社队一度脱离农业盲目搞工业,说什么"亩产一吨粮,不如办个小工厂",一心追求工业利润,把过多的劳力抽去办工业。有个公社,16个大队有10个队办起了螺丝工厂,人们叫它"螺丝公社"。无锡县委坚决制止了这种倾向,规定工业不能与农业争劳力,争资金,争土地,争物资。保证积累50%左右用于农业。对一些盲目建设的工厂,做了组织上的调整。

也有些社队出现了忽视副业的倾向,农业和工业上去了,副业掉下来了。有历史传统的蚕丝产量下降,猪的增长速度不快,有机肥料的比重减少,只好大量增加化肥,使农业成本上升,地也越种越瘦了。短了副业这条腿,农业也不可能有持久的高速度。无锡县委对这类情况,也及时作了纠正。

在实现农、副、工三者协调发展中,无锡县委的口号是:"在发展中整顿,在整顿中发展",不断解决社队企业在发展过程中出现的矛盾。

一个意义重大的变化

无锡县放手发展社队企业的进程中,出现了一个非常可喜的现象,就是农村困难社队的面显著缩小了,一批长期陷于困境的穷社穷队开始走上了富裕发展的道路。

我们去访问了安镇公社。这个公社是闻名的困难社,粮食生产曾经是全县倒数第二名。困难是怎么来的?一个重要原因,是只抓粮食,没有工业,也很少副业。他们面前横着一座胶山,有丰富的石灰石资源,却没有去动它。粮食产量虽也逐步上升,但没有附近兄弟社队上得快。这里有大片沿山地,他们想建造排灌设施,没有钱。这里地多人少,想搞些机械,没有钱。这里有条通向外村的芙蓉桥,石板塌了,行走很不方便。在江南水乡,修桥可是件大事情,也因为没有钱,修不起来。这就是这个穷社过去的面貌。

如今,这个穷社已经翻过身来了,这座芙蓉桥已经修得焕然一新。去年一年还造了八座新桥。农机站,农科队,种子场,农田基本建设都搞起来了,大片山地得到了治理,3年来,农田基本建设的数量超过了过去20几年的总和。粮食、蚕桑等农副业迅速上升,去年的大灾之年还给国家上交粮食1000多万斤。这个大变化是怎么来的?就是因为在上级党委帮助下,向面前的这座胶山发起了进军,开采石灰,办水泥厂,水泥制品厂,生产石英砂…… 围绕着胶山大做文章,工业越办门路越多。公社办,大队也办,同时又大办副业,穷社队就逐步转化为富社队,前后不过3年多时间。

社队企业发展的结果,使无锡县农村三级经济的比重发生了重大变化。1970年,公社和大队两级经济只占22%,1977年已上升为64%。集体经济壮大了,就有力量去帮助穷困的生产队发展生产。1977年,无锡全县社队两级支持穷队的资金达900多万元,主要用于建设社队企业,武装和改造农业。

在单一经营粮食的情况下,要做到既增产又增收,是一件最使社队干部苦恼的事情。如今办起了社队企业,务工社员实行"劳动在厂,分配在队"的制度,日益增多的转队工资投入了分配。去年无锡县社员的分配收入中,亦工亦农的转队工资占50%以上,使社员收入增加。有不少农副工业办得兴旺的社队,一个强劳力的收入,已相当于城市三级和四级工的收入水平。社员钱多了,存款也增加了。有一大批生产大队和生产队办起了集体福利事业。

过去,无锡县每年都有一批农民外流京沪沿线。如今劳力外流现象已经基本绝迹,兴旺发达的集体经济,像一块巨大的磁石吸引了他们。社员们的精神面貌发生了很大变化。要问无锡县农业的高速度是从哪里来的?追根溯源,就是在党的领导下迸发出来的100万农民走社会主义道路的积极性。

《人民日报》发表社论《社队企业要有一个大发展》

社队企业是我国人民公社制度的产物,它是随着人民公社产生和发展起来的。伟大领袖毛主席远在人民公社化初期,就高瞻远瞩地指出:“目前公社直接所有的东西还不多,如社办企业,社办事业,由社支配的公积金、公益金等。虽然如此,我们伟大的、光明灿烂的希望也就在这里。”

华主席忠实执行毛主席的革命路线,对扶持社队企业这个新生事物极为关怀。最近在政府工作报告中指出,要积极促进农村副业和社队企业的发展,使副业和企业的收入在社队总收入中的比重有一个大的提高,以促进农业高速度的发展。早在1974年,华主席在给湖南省委的一封信里,对社队企业的发展就给予高度的评价和热情的支持,指出“这对于巩固发展人民公社集体经济,对于加速实现农业机械化,消灭三大差别,都具有重大意义。它代表了人民公社的伟大希望和前途。”在1975年全国农业学大寨会议上,华主席对发展社队企业的方针、路线和政策,作了全面的阐述,为进一步发展社队企业指明了方向。近一年来,华主席又多次作了重要指示,提醒各地要把社队企业搞起来,促进社队企业的健康发展。我们要认真学习和执行华主席的这些指示,把这项工作真正作为一件大事来办。

近几年来,社队企业发展很快。打倒“四人帮”,生产力大解放,社队企业更是蒸蒸日上。现在,全国广大农村已经有百分之八九十的社队办了企业,去年全国社队企业的总产值,比1976年增长了30%以上,它已经成为国民经济中一个重要的组成部分。但是,社队企业发展很不平衡,工作中问题不少,还远远不能适应国民经济新跃进形势的要求,我们必须加快步伐,使社队企业有一个大的发展。

华主席在五届人大提出了新时期的总任务,要求农业要以比过去更高的速度向前发展。要高速度,就要搞社会主义大农业,就要进行大规模的农田基本建设,就要用现代技术装备农业。这些都需要大量的资金、设备和技术力量。资金从哪里来?靠农业本身的积累为数很少,主要只能靠发展农村副业和社队企业的积累来解决。党中央提出,农业机械化要坚持“三主”方针,即农业机械制造以地方为主,农业机械产品以中小型为主,农业机械的购买以集体经济为主。没有强大的社队企业,“三主”方针就会落空。今天本报发表的江苏无锡县的调查报告就说明了这一点。无锡县用社队企业的积累,向农业投资9600多万元,使他们能够大规模地改造农业生产的条件,建立社队的支农工业,加快农业机械化的步伐。

发展社队企业,公社、大队两级直接所有的东西多了,有了充分的物质力量,就能有计划地帮助穷队,加快穷队向富队转化,就能为所有制过渡创造物质基础。社队企业越发展,转队工资占社员分配的比重就愈大,社员的收入也就愈多。去年无锡县社员平均收入,有50%以上来自社队企业。而单一的农业,不可能实现农业的现代化,也不可能显著改善社员的生活。

发展社队企业,更深远的意义,还在于为实现城乡结合、工农结合展示了光辉的前景。党的八届六中全会《关于人民公社若干问题的决议》中指出:“人民公社实行的工农业同时并举和互相结合的方针,为缩小城乡差别、工农差别开辟了道路”。社队企业就是实行这种工农互相结合的好形式。社队企业实行亦工亦农的劳动制度,广大社员既能种田,又能做工,逐步缩小工农差别。社队企业在为农业服务的前提下,根据具体条件,开展城乡协作,为大工业服务,既积累了资金,有利于农业,又支援了工业建设。城市工业有计划地向农村扩散产品,把一部分任务交给社队企业去承担,就可以节省国家投资,不增加职工指标,少建厂房、设备和少支付工资,使生产做到多快好省。工厂还可以腾出手来,向“高、精、尖”进军。社队企业还能承担城市需要的一些缺门、短线产品,人民生活需要的各种小商品,成为全民所有制经济的有力助手和重要补充。社队企业发展起来了,农村里小工厂星罗棋布,城市则避免了无限制扩大和臃肿,做到工业合理布局。目前,在我国一些社队企业比较发达的地区,已经出现了有社会主义觉悟、能工能农的一代新人。马克思和恩格斯在《共产党宣言》中曾经预言:“把农业和工业结合起来,促使城乡之间的差别逐步消灭。”我们在这里看到了这个伟大理想的雏形。

祸国殃民的“四人帮”全面搞乱我们的国民经济,对社队企业的破坏干扰也很大。他们忽而污蔑社队企业是“资本主义的黑窝子”,叫嚷“非农即砍”;忽而鼓吹“三自”(即自由挂钩、自找门路、自由发展)和“三高”(即高工分、高奖励、高补贴),妄图把社队企业引入资本主义邪路。在“四人帮”煽起的这股妖风的影响下,有一些社队企业滋长了资本主义倾向,背离了首先为农业生产服务的大方向,造成经营管理混乱,给一小撮坏人以可乘之机,大搞贪污盗窃、投机倒把活动,挖社会主义集体经济的墙脚。在揭批“四人帮”的第三战役中,必须联系实际,继续深揭狠批“四人帮”破坏农村经济政策和社队企业的罪行,肃清其流毒和影响。要通过党的基本路线教育和“一批两打”运动,打击歪风邪气,端正社队企业的社会主义方向。

华主席曾经指示:“发展社队企业,必须坚持社会主义方向,主要为农业生产服务,为人民生活服务,有条件时,也要为大工业、为出口服务。要充分利用本地资源,发展种植、养殖、加工和采矿业等,但是必须注意不要和大工业争原料,不要破坏国家资源。”我们要遵照华主席阐明的这个方针,对现有的社队企业进行一次认真的整顿。首先要整顿好企业的领导班子。有一个好的领导班子,企业就有了团结战斗的核心,党中央的方针政策才能得到贯彻执行。不首先抓好这一条,一切就无从谈起。社队企业是社会主义国民经济的一部分,它的生产活动应当在国家计划的指导下进行。现在,社队企业的产、供、销还有相当一部分没有纳入国家计划,使这些企业生产不稳定,脱产人员过多,成本增大,助长资本主义倾向。这种状况应当迅速改变。社队企业的发展和它们的产、供、销,要纳入县以上的地方计划,使社队企业做到生产有安排,原料有来源,产品有销路,发挥他们的正当积极性,避免盲目性。

办好社队企业,关键在党的领导。有些地区的领导同志,对社队企业认识上有片面性,把农业和工业对立起来,认为"粮食不过纲,社队企业顾不上"。"办了工业,冲击农业。"这是形而上学观点。事实恰好相反,农业要大上,就要发展社队企业。搞单一经营,发展到一定程度,就会困难重重。现在有的地方不是正陷在这样的困境里么?还有人指责说:"办了社队企业,拉走了农业劳力。"其实,这是一个劳动力的管理问题。无锡县委合理安排劳动力,首先满足农业生产需要,保证了农业生产有足够的劳动力。可见只要安排得当,这个矛盾是完全可以妥善解决的。

社队企业的发展和巩固,只有在斗争中才能实现。我们要把建设社队企业和农业学大寨、工业学大庆运动结合起来,把整顿社队企业和农村党的基本路线教育结合起来。只要各级党委热情支持,积极领导,社队企业这个伟大的、光明灿烂的希望,一定能够变成更加壮丽的现实。

国务院副总理方毅在北京会见由墨西哥国家科委主任弗洛雷斯博士率领的墨西哥科学家代表团

全国人大常委会副委员长邓颖超在北京会见南斯拉夫新闻界朋友

他们是:南斯拉夫《战斗报》外事编辑拉迪萨瓦·布拉约维奇、《信使报》记者马洛耶·米霍维洛维奇、南斯拉夫通讯社驻中国记者亚历山大·诺瓦契奇、《政治报》驻中国记者德拉戈斯拉夫·兰契奇。

全国人大常委会副委员长廖承志在北京会见以久野忠治为团长的日本东海地方各界友好之翼访华团

国防部副部长 海军司令员萧劲光在北京举行宴会欢迎法国海军"迪居埃一特鲁安"号驱逐舰官兵

萧劲光在宴会前会见了法国朋友,同他们进行了友好的谈话。他说:我们两国海军应该加强相互之间的往来,增进彼此的了解和友谊。

出席宴会作陪的有中国人民解放军副总参谋长伍修权,海军副司令员刘道生,北京卫戍区副司令员李钟玄,国防部外事局局长柴成文、副局长张秉玉,海军东海舰队司令部副参谋长黄胜天,外交部西欧司副司长齐宗华等。

4月5日

中共中央批准中央统战部和公安部《关于全部摘掉右派分子帽子的请示报告》

《请示报告》指出,1957年的反右派斗争犯了严重扩大化的错误。在反右斗争中全国被划为"右派分子"的有55万人。从1959年到1964年先后分5批为30余万人摘掉了"右派分子"的帽子,到1978年全国大约还有所谓"右派分子"10万多人。《请示报告》认为,现在全部摘掉"右派分子"的帽子的条件已经成熟。

中共中央就在中央各部委和国家机关中建立党组和党委的问题发出补充通知

通知要求:一、中央一级国家机关和人民团体中的党组,可以领导直属单位的党组织,可以管理干部和审批所属单位干部的任免。地方各级国家机关和人民团体中的党组可以参照上述原则办理。二、国家机关各部委的政治部,是党的政治工作机关,受各部委的党组领导。三、中央一级国家机关和人民团体中的党组,可以领导该单位的机关党委。四、党中央各部委应成立党委,由机关党代表大会或党员大会选举产生,报中央审批。五、地方各级党委的部委,可以建立由领导成员组成的部务会议或办公会议的制度。

国务院副总理李先念在北京会见瑞典外交大臣卡琳·瑟德尔一行

国务院副总理方毅在北京会见以德·索默尔为团长的比利时知名人士代表团

国务院侨务办公室负责人就我国侨务政策问题答新华社记者问

问:当前世界各国朋友都很关注我国的侨务政策,有的朋友表示欢迎,有的朋友有所议论,您对此怎样看?

答:我国的侨务政策是毛主席和周总理亲自主持制定的。20多年来,我们一直坚持贯彻执行,得到了世界各国朋友的欢迎。华国锋主席在今年2月26日举行的第五届全国人民代表大会第一次会议上作的题为《团结起来,为建设社会主义的现代化强国而奋斗》的政府工作报告中,完整地阐述了毛主席和周总理生前制定的我国侨务政策。

华主席对国外华侨回国后所做的贡献作了如下估价:“从国外归来的侨胞,对祖国建设发挥了积极作用。”华主席接着对关于归国华侨和华侨在国内的眷属的工作和政策,作了如下指示:“我们要继续认真执行国家的政策,从政治上、工作上、生活上关怀归国侨胞和侨眷,并且给予适当照顾,进一步调动他们建设社会主义的积极性。”华主席对华侨和中国血统的外国人表示深切的关怀,说:“华侨和中国血统的外国人回到故乡探亲访友,要为他们提供方便条件。对中国血统的外国人在我国的亲属,要给予对待侨眷一样的关怀和照顾。”

华主席在同一报告中说:“解放前,我国有不少人到国外谋生,对居住国的经济和文化发展作出了贡献,同居住国人民建立了深厚的友谊。”华主席针对历史上遗留下来的华侨国籍问题强调指出:“我国政府的一贯政策是:赞成和鼓励华侨根据自愿原则选择居住国的国籍,反对采取强迫他们改变国籍的做法。凡是已经自愿加入或者已经取得居住国的国籍的,就自动失去了中国国籍,但和中国人民仍然存在着亲戚关系。”

华主席对保留中国国籍的华侨明确提出:“我们要求他们遵守居住国的法律,尊重当地人民的风俗习惯,和当地人民友好相处。他们的正当权利和利益,我国政府有责任加以保护,也希望得到有关国家的保障。我们希望国外侨胞成为增进我国人民和有关国家人民友谊的桥梁。”

问:请告今年1月召开全国侨务会议预备会议后落实侨务政策的情况。

答:全国侨务会议预备会议是在华主席、党中央、国务院的直接领导和关怀下召开的。会议坚决执行毛主席、周总理、华主席关于侨务政策的指示,再次重申我们党的侨务政策。几年来,林彪特别是王洪文、张春桥、江青、姚文元“四人帮”严重干扰和破坏我们党的侨务政策,制造“海外关系”的种种谬论,歧视、迫害归侨和侨眷。预备会议揭发批判了林彪、“四人帮”的种种谬论,肃清他们的流毒和影响,坚决贯彻执行我们党的侨务政策,使国外侨胞们、亲戚们感到放心,不必再为故乡亲人担忧了。

几个月来,全国各地都在揭发批判“四人帮”在侨务政策问题上散布的各种谬论,肃清其流毒和影响,采取各种措施落实我们党的侨务政策。现在已经初见成效。今后在华主席、党中央的领导下,揭批“四人帮”的斗争更加深入,社会主义建设蒸蒸日上,贯彻执行我们党的侨务政策更会大见成效。

教育部决定1978年高等学校招收新生实行全国统一命题由各省区市组织考试

为了指导各类考生复习应考,教育部组织编写了《1978年全国高等学校招生考试复习大纲》。这个复习大纲将发给各省、自治区、直辖市教育部门,在当地印刷发行,作为报考青年复习功课的参考。

教育部在下发复习大纲的通知中指出,组织好高考复习,是关系到选拔优秀人才、提高教育质量,指导广大青年学习文化科学知识的一件重要工作。组织得好,对于考上大学的青年是入学前的一个准备;同时全体应考青年也能通过复习在现有的基础上提高一步。对于中学教学质量的提高,也会起到促进作用。

通知还指出,今年的考试科目原则上仍按去年办法执行。但是,为了适应实现社会主义四个现代化的需要,争取时间尽快提高大学的外语水平和把中学外语教学促上去,决定今年增考外语。考生学的什么语种,就考什么语种,没有学过外语的考生,可以免试。外语考试成绩今年暂不记入总分,但可作为录取时的参考。此外,今年物理和化学、历史和地理都将分开考试。

教育部在通知中要求各单位根据生产、工作情况,为考生创造必要的条件,积极热情地组织和支持考生进行复习。同时,也要教育广大青年做到生产、工作和复习两不误。应届高中毕业生应结合完成原定教学计划进行复习。

西藏高原上第一所医学院——西藏医学院在林芝创办

《人民日报》报道,最近创办的西藏医学院第一期学员已经入学上课。西藏医学院设有医疗、药学、藏医和卫生等5个系、科,学制为5年。这所医学院的创办,对于培养藏族人民的医务人才,开展西藏高原常见病、多发病以及高山生理和高山病的科学研究,发展西藏地区的医疗卫生事业,创造了良好条件。

设在哈尔滨市的东北烈士纪念馆经过整理和充实今日恢复开馆

东北烈士纪念馆1948年10月开馆,陈列了抗日战争和解放战争两个历史时期在东北地区牺牲的革命烈士的英雄事迹,成为进行革命传统教育的重要阵地。纪念馆得到敬爱的周总理和其他老一辈无产阶级革命家的亲切关怀。1953年1月1日,周总理亲临烈士馆,向英勇牺牲的革命烈士敬献花圈,并亲笔书写了“革命先烈永垂不朽”的光辉题词。

前几年，林彪、“四人帮”一伙为了篡党夺权的需要，阴谋篡改中国革命历史，对纪念馆进行了严重的破坏。他们一笔抹杀了中国共产党领导下的东北抗日联军的斗争历史，不准纪念和宣传东北的抗日烈士，甚至对解放战争时期在东北牺牲的烈士也不准纪念。纪念馆的机构被砍掉，人员被调离。

粉碎“四人帮”后，东北烈士纪念馆就积极筹备恢复开馆。在各方面的支持下，东北抗日战争时期的烈士陈列馆恢复开馆了。展室内陈列了罗登贤、杨靖宇、李兆麟、赵一曼等72位烈士和“八女投江”、“十二烈士”两组英雄集体的照片、传略、遗物、史料和绘画，介绍了革命烈士的英雄事迹，反映了在毛主席、党中央领导下，东北抗日联军十四年英勇斗争的历史。解放战争时期的烈士陈列馆也在积极恢复，争取早日同广大群众见面。

4月6日

《人民日报》转载《红旗》杂志特约评论员文章《正确执行毛主席关心爱护干部的方针》

具有伟大历史意义的党的十一大和刚刚闭幕的五届人大，发出了建设社会主义现代化强国的进军号令。在华主席为首的党中央统率下，8亿人民开始了新的长征。按照毛主席爱护干部的方针，造就一大批既精通政治工作、又精通业务工作的各级指挥人员，造就一大批又红又专的各种建设人才，是新的长征向我们提出的一项极为重要、极为迫切的战斗任务。

关心爱护干部，是我们党的优良传统。早在党的六届六中全会上，毛主席就明确指出：“必须善于爱护干部。爱护的办法是：第一，指导他们。这就是让他们放手工作，使他们敢于负责；同时，又适时地给以指示，使他们能在党的政治路线下发挥其创造性。第二，提高他们。这就是给以学习的机会，教育他们，使他们在理论上在工作能力上提高一步。第三，检查他们的工作，帮助他们总结经验，发扬成绩，纠正错误。有委托而无检查，及至犯了严重的错误，方才加以注意，不是爱护干部的办法。第四，对于犯错误的干部，一般地应采取说服的方法，帮助他们改正错误。只有对犯了严重错误而又不接受指导的人们，才应当采取斗争的方法。在这里，耐心是必要的；轻易地给人们戴上‘机会主义’的大帽子，轻易地采用‘开展斗争’的方法，是不对的。第五，照顾他们的困难。干部有疾病、生活、家庭等项困难问题者，必须在可能限度内用心给以照顾。”

毛主席的这一正确方针，由于林彪、“四人帮”的严重干扰和破坏，这些年来在一些老同志的头脑中已经淡薄了，而一些年轻的同志对党的这一优良传统又缺乏了解。在揭批“四人帮”的斗争中，各级党组织和担负领导工作的同志，结合正反两方面的经验，重新学习、正确执行毛主席爱护干部的方针，肃清林彪、“四人帮”修正主义干部路线的流毒，对于我们建设一支坚强的干部队伍，团结和率领亿万群众为实现新时期的历史任务而斗争，是十分必要的。

要指导干部

正确地适时地指导干部，使他们在党的政治路线下发挥创造性，是领导者关心爱护干部必须首先解决好的一个重要问题。在这个问题上，毛主席向我们指出了两条：一是让干部放手工作，一是适时地给以指示。

让干部放手工作，就是要帮助干部以马列主义、毛泽东思想为指导，解放思想，敢想敢干，而不是畏首畏尾，谨小慎微，不敢负责；就是要给干部肩上压担子，要求他们学会独立地进行工作，而不是不动脑筋，一切坐等领导。实践出真知，烈火炼真金。只有在群众斗争的大风大浪中，才能锻炼出真正坚强、优秀的好干部。一定要支持干部放手工作，让他们到实际工作中去摔打，从正反两个方面取得经验，增长才干。前怕龙，后怕虎，不敢让干部负责，什么都限制得死死的，唯恐他们给自己捅乱子，实际上是对干部的不信任。这种束缚干部手脚的做法，只能助长奴隶主义，不可能发挥干部的创造性和主动精神，也就不可能培养出适应无产阶级革命事业需要的接班人。

“放手”不是放任自流，还必须在干部执行任务的过程中适时地给以指示。不仅要交给干部工作任务，还要告诉他们完成任务的意义、步骤和方法；不但要把党的路线、方针、政策向他们讲清楚，还要经常把工作中应当注意的问题和可能发生的偏向，向他们打招呼，同他们一起商量，共同研究解决问题的办法，让干部在正确路线指导下发挥积极性、创造性。作为一个领导者，不适时指导干部，是对党、对干部不负责任的表现，是一种官僚主义的作风。

林彪、“四人帮”出于“改朝换代”的复辟野心，对广大革命干部极端仇视，动辄抓辫子，打棍子，任意迫害。国民党特务分子张春桥不是说过，工作怎么做他不管，“只保留一个批评权”吗？这个所谓“批评权”，就是他们事后整人的一根棍子。在林彪、“四人帮”的这种恶劣影响下，一些担负领导工作的同志，至今“心有余悸”，在矛盾和是非面前不敢明确表示可否，采取模棱两可的敷衍态度，出了差错也不敢承担责任。毛主席教导我们：“离开实际调查就要产生唯心的阶级估量和唯心的工作指导。”如果不深入群众，不接触实际，对什么都不甚了了，工作就说不到点子上，抓不到要害处,甚至搞瞎指挥。这种状况不仅会损害上下级的正常关系,使领导者丧失威信,而且势必影响干部的成长和提高。

毛主席说:“党的领导机关要有正确的指导路线,遇事要拿出办法,以建立领导的中枢。”要做到这一点,关键是做领导工作的同志,对马克思主义的基本原理,对党的路线和方针政策,应当学得更多、更深一些,执行党的路线的自觉性更高一些;同时,对于实际工作的情况,包括干部的工作情况,又要有充分的调查了解,切实掌握第一手材料,对下情吃得更准一些。各级领导要深入到第一线去,通过抓典型,抓三分之一,及时总结和运用群众的经验,加强对干部的指导,使党的路线、政策和各项决定落到实处,改变那种停留在会议上、停留在文件上的官僚主义作风。只有这样,才能使领导机关旗帜鲜明,高屋建瓴,充分发挥领导中枢的作用。

要提高干部

我们党历来重视干部教育工作,不论在战争年月,还是在和平时期,总是积极创造条件,组织干部学习马克思主义,学习文化和业务,使他们的思想理论水平和工作能力不断得到提高。

在党的幼年时期,毛主席就创办农民运动讲习所,训练农民运动骨干。红军到达陕北后不久,我党就陆续地创建起抗大、党校、陕公、鲁艺、女大、组织部训练班、春训班、工人学校等十几所干部学校。毛主席兼任中央党校校长,亲自讲课,并指示各根据地都要尽可能地开办大规模的干部学校。毛主席讲到我们党在延安培养干部盛况空前的情景时,曾经风趣地说过,孔夫子办学“贤人七十,弟子三千”,可谓盛矣,但是他的学生比起延安来就少得多,而且既不学习革命理论,又不实行劳动。毛主席还强调干部要在工作岗位上坚持学习,在1939年中央干部教育部召开的学习动员大会上,号召全党干部要在工作、生产的百忙中,用“挤”的方法来获得学习时间,用“钻”的方法来求得问题的了解和深入。在毛主席的倡导下,全党掀起了轰轰烈烈的、具有深远历史意义的学习竞赛,为争取抗日战争的胜利和夺取全国的解放,准备了大批干部。

全国解放以后,随着社会主义革命的不断深入,毛主席高瞻远瞩地指出,现在的重要问题是重新教育干部,干部教育好了,我们的事业就大有希望,不教育好干部,我们就毫无出路;搞民主革命,我们长期地教育干部,搞社会主义革命也必须如此。在无产阶级“文化大革命”中,毛主席又不断告诫全党,要认真看书学习,弄通马克思主义,提高识别能力,不要上那些假马克思主义骗子的当。

干部教育中的一个首要问题,是认真地、有计划地组织干部下苦功夫阅读马列著作和毛主席著作,认真学习党的路线和政策,提高路线觉悟和政策水平。马克思主义著作很多,首先要学好基础知识,弄懂基本原理,认识和掌握社会主义社会发展的客观规律。一个干部,不懂得马克思主义基本原理,是难以做好工作的。在同林彪、“四人帮”的斗争中,有的同志犯了这样那样的错误,就认为路线斗争“不可知”,其实是马克思主义的基本原理没有在自己头脑中真正扎根。揭批“四人帮”的斗争,也是一场马克思主义的教育运动。要把学习马克思主义理论同揭批“四人帮”的斗争紧密结合起来,在全党全军和全国各族人民中掀起学习马列主义、毛泽东思想的新高潮。广大干部特别是领导干部,要在这个新高潮中起带头作用。

当前,我们已经进入一个建设社会主义现代化强国的新时期。在这个新时期里,我们将以更大的规模向自然开战,向四个现代化进军。实现四个现代化,关键是科学技术现代化。因此,提高整个中华民族的科学文化水平,是摆在我们面前的一项战略任务,是我们面临的一个新课题。这就要求我们在干部教育中,十分重视组织干部学习科学技术和文化知识,使他们不仅懂得马克思主义,还要懂得一些自然科学,成为某一方面的内行、专家。在民主革命时期,为了推翻“三座大山”,我们的干部学打仗,学土改,许多人成了这方面的内行、专家。今天,为了实现四个现代化,我们也应当用新的科学技术和文化知识重新武装干部。我们党要学会过去不懂的东西,要有千千万万个精通科学技术和经济工作的专家。有些干部片面理解外行能够领导内行,长期不钻研业务,安于当“门外汉”,甚至不懂装懂,强不知以为知。这样是不行的。当然,要求干部样样精通是不可能的,但是,通过刻苦学习,使他们对自己主管的业务逐步精通起来,则是应当做到的。作为一个革命者,应当使我们的思想适应不断发展的新情况,要接受新事物,研究新问题,要学习、学习、再学习,什么时候都不应该做空头政治家。有些工农干部,参加革命后,长期缺乏学习文化和科学技术的自觉性,现在是应当尽快改变这种状况的时候了。林彪、“四人帮”横行的时候,乱扣“白专帽子”,胡说“知识越多越反动”,压抑和打击了广大干部学习文化、钻研业务的积极性。我们一定要在揭批“四人帮”的斗争中肃清这种流毒和影响,造成一种爱学习光荣,不学习可耻,又红又专光荣,不求上进可耻的风气,采取有力措施,把干部的科学技术知识和文化知识提高到一个新的水平。

在正确路线领导下,干部能不能较快地成长起来,关键在于领导者是否重视干部教育工作,妥善处理使用干部和培养干部的关系,像抓工作任务一样去抓干部的培养提高。“磨刀不误砍柴工”，刀磨快了，才能收事半功倍之效。有的干部工作多年，思想水平和工作能力没有多大提高，有的干部由于不懂马列，上了林彪、“四人帮”的当，这些情况使我们清醒地认识到，必须下大气力去抓干部教育工作。要发扬我们党在干部教育工作方面的优良传统，大力办好各种干部学校，包括办好五七干校，加强干部的在职学习。在干部教育中，对政治、科学技术、文化的学习，要根据工作需要统筹安排，实行必要的考核制度。领导要带头造成浓厚的学习风气，并积极地为广大干部创造学习条件。粉碎“四人帮”以后，中央作出了从速恢复、切实办好各级党校的决定，华主席向全党发出了来一个学习竞赛的号召，要求我们的同志开动脑筋，下苦功夫，学马列主义，学经济学，学生产管理，学科学技术，做到又红又专。新时期的学习竞赛，同我们党在抗日战争时期的学习竞赛一样，必将在中国人民革命史上写下光辉的新篇章。

要检查干部的工作

领导机关通过检查工作，及时发现对全局有指导意义的先进经验，发现工作进程中产生的新的问题，并找出解决这些问题的途径和办法，对于党的工作，对于干部的提高，都是十分必要的。这种从爱护干部出发的检查工作，不是给干部泼冷水，干部是欢迎的。检查工作，重点是检查干部执行党的路线和政策的情况，包括看思想作风、工作作风、工作成效、学习马列、钻研业务和参加集体生产劳动等情况。检查中要认真进行分析，划清正确和错误、成绩和缺点的界限，划清许可做的和不许可做的事情的界限，弄清出现错误、偏差的根源，发扬成绩，纠正错误。那种长期不下去检查工作，或者下去了，只是“走马观花”而不“下马观花”的做法，是尽不到领导者应尽的责任的。

在我国社会主义革命和建设的伟大斗争中，毛主席、周总理等老一辈无产阶级革命家，经常巡视各条战线，走遍祖国大地。每到一处，就和那里的干部、群众见面，亲切交谈，深入调查了解实际工作中出现的各种新事物、新问题，满腔热情地支持群众的首创精神，给广大干部和群众极大的鼓舞；同时也发现工作中的偏差，及时予以纠正。他们为各级领导干部作出了光辉的榜样。

党内机会主义头子，总是利用他们窃取的权力，借检查之名，推行他们那条机会主义路线。他们看到一点表面，一个枝节，就指手画脚地指责这也不对，那也错误，而把自己的一套封为“绝对正确”，要别人“毫不犹豫”地执行，结果伤害了干部，毁坏了党的事业。“四人帮”更是把检查作为整人的手段，肆意迫害干部。这种所谓检查，对那些被检查的地区和单位来说，完全是一场灾难。

在检查工作中，有一个很值得注意的问题，就是在“四人帮”的流毒影响下助长起来的那种形式主义歪风。有的人借检查评比为名，请客送礼，游山逛水，弄虚作假，既造成了浪费，又把我们党检查工作这样严肃的事情，变成了相互捧场、相互欺瞒的立资产阶级官场礼仪，危害人民，危害干部，危害党的事业。一些在基层工作的干部，苦于迎接领导者的这种“检查”，感到深恶痛绝。对这种“检查”者的到来，人民群众是有理由向他们“打扁担”的。通过揭批“四人帮”的斗争，要把这一套剥削阶级的肮脏东西扫除干净，恢复我们党的优良传统。

检查工作必须经常抓紧，一有问题就去解决，不要使问题成堆。批评是要及时的批评，不要老是爱好事后的批评。在“大跃进”的1958年，毛主席提出了全面规划、几次检查、年终评比的工作方法，要求中央和省一级，一年检查几次，重要的任务，在没有走上轨道之前，更要及时检查。实现抓纲治国的战略目标，需要把这种定期检查工作的传统和制度恢复和健全起来。最了解干部的是群众。检查干部的工作，既要耐心听取干部的汇报，更要广泛听取群众的反映。在全面了解情况、实事求是分析问题的基础上，要敢于表扬先进，敢于严格要求，对缺点错误决不迁就姑息。少数干部不欢迎上级检查他们的工作，更不欢迎指出他们的缺点，似乎一评上先进，别人就只能学习，提不得意见，就只能表扬，不能批评。这种故步自封的态度，恰恰说明他们的思想已经落后了。越是这样，越是要通过检查向他们敲警钟，这才是真正爱护干部。领导者也应当把检查干部的工作，当作对自己工作的审核，善于从下级工作的情况中发现自己工作中的问题，想一想下边出现的问题，同自己的思想作风有没有关系？干部在工作中偏离了党的路线和政策，自己的责任在哪里？只有坚持这种科学的态度，才能通过检查工作，把我们的事业搞好，也使干部得到提高。

要帮助犯错误的干部

毛主席指出，对于犯错误的干部，一般地应采取说服的方法，只有对犯了严重错误而又不接受指导的人，才应当采取斗争的方法。毛主席在这里讲的，当然不包括那些混进干部队伍里的坏人。对于一小撮“四人帮”的死党和一切阶级敌人，必须坚决打击，决不能心慈手软，但也给他们以出路。

对待犯错误的干部，历来存在两种截然不同的方针，一种是“残酷斗争，无情打击”，一种是“惩前毖后，治病救人”。王明等机会主义头子，对于同他们意见不一致的同志，采取的是毁灭的政策，否定人家的一切，不允许人家革命。毛主席制定的“惩前毖后，治病救人”的方针，是对犯错误的干部采取分析的态度，既弄清思想，又团结同志，帮助他们改正错误，继续革命。搞革命总是人多一点好。每当我们党经历一次大的路线斗争，毛主席都重申对犯错误干部的一贯方针，循循善诱地阐述党内团结的辩证法，教育了干部，团结了全党，使我们的事业更加兴旺发达。林彪、“四人帮”利用窃取的权力，滥用组织手段，甚至动用专政工具，迫害革命同志，特别是对那些久经考验的老干部，必欲置之死地而后快。他们常常无中生有地制造骇人听闻的所谓“事件”，动辄揪什么“黑后台”，随心所欲地宣布某条战线是“黑线专政”，毫无根据地给一些同志戴上“叛徒”、“特务”、“走资派”、“反革命分子”的帽子，使不少同志无辜受害。他们这种打击陷害干部的法西斯凶残性，在我们党的历史上是罕见的。充分利用林彪、“四人帮”这些反面教员教育全党，把他们强加于人的一切诬蔑不实之词予以推倒，认真落实党的干部政策，对于正确执行毛主席爱护干部的方针，充分调动广大干部的积极性，具有重大的意义。

对犯错误的干部，要“一看二帮”。只看是消极的，还要积极创造条件对他们帮。帮的重点应该放在分析错误的内容、危害、思想根源和阶级根源上。对过去的错误一定要无情揭发，要开展积极的思想斗争，批评应当是尖锐的，钝刀子割肉不行。是非一定要分清，在原则问题上决不能含糊，要使干部真正认识到自己错在哪里、为什么会犯错误和懂得应当从哪里着手改正错误。这里，首先是要有一个爱护的观点，有一个团结的愿望，真正做到热情帮助，以理服人，使人家对你的批评“心悦诚服”。所谓“心悦诚服”，就是你的态度诚恳，是与人为善的；你的批评符合实际，讲的道理切中要害，真正帮到了点子上，对他有启发，有教育，使他心服口服。

犯了错误，改了就好。对犯错误的同志要往前看，从发展上看。用孤立静止的观点看人，把一个人看死，还不是按辩证法办事。我们的同志犯错误，多数是不自觉的，是后来才认识到的。从自以为正确到真心诚意地去改正错误，需要有一个过程，要给他们一定的时间清理思想，改正错误。对在路线斗争中犯了严重错误的同志，如需进行党的纪律处分，应做统一考虑，不要仓促地草率处理，这就是我们党对犯错误干部一贯采取的“冷处理”的原则。错误严重不适宜在原岗位工作的，可以调整工作，或者给他们学习的机会，或者让他们下去调查研究，参加一些生产劳动，多接触一些群众，呼吸一点新鲜空气，这对于他们总结经验教训，改正错误，获得新的知识，大有益处。至于在错误路线影响下说过错话、办过错事的同志，只要说清楚了，取得群众的谅解，就要及早解脱，不要揪住不放。不要造成这样一种空气，似乎犯不得错误，一犯错误就不得了。这样做不利于干部的成长。人总是会犯错误的。犯错误是坏事，但改了，坏事就变成好事，就像患伤寒病可以免疫一样。人往往是从接受正反两方面的经验中成熟起来的，从某种意义上说，不犯点错误，经验还是不完全的。当然，这取决于犯错误的同志要有一个正确的态度，不是讳疾忌医，不是有错误不认账，而是老老实实接受别人的批评帮助，诚恳地检查错误，把自己的问题说清楚，并且在实际工作中切实改正错误。这样，错误和挫折才能变成有益的经验教训。

毛主席、周总理、朱委员长等老一辈无产阶级革命家，对犯错误干部一贯坚持“惩前毖后，治病救人”的方针，为全党树立了典范。在“无产阶级文化大革命”中，周总理按照毛主席的干部路线和干部政策，同林彪、“四人帮”打击迫害干部的罪恶行径进行了坚决的斗争，保护了一大批干部。即使对于犯了错误的同志，周总理也是既严肃批评他们的错误，又坚决抵制林彪、“四人帮”对他们的迫害。周总理对待犯错误干部关怀备至的感人精神，是全党同志永志难忘的。

要照顾干部的实际困难

我们党的干部，从进入革命队伍的第一天起，就以革命为家，战斗、生活在党的怀抱中，直到生命的最后一刻。我们党一贯采取的爱护干部的正确方针，渗透着无产阶级相互关心、相互爱护、相互帮助的阶级情义，凝结着伟大领袖毛主席和敬爱的周总理、朱委员长等老一辈无产阶级革命家的心血。党对干部的关心爱护是无微不至的，包括政治上的、思想上的、工作上的关心，也包括对干部生活上的具体困难，在可能限度内用心给以照顾。在战争年代，条件那么困难，但是为了使干部能够坚持斗争，党组织也总是千方百计地在生活上关怀他们，使干部得到很大的温暖和鼓舞。“四人帮”打着“破除资产阶级法权”的旗号，竭力掩盖他们作威作福、鱼肉人民的罪行，为他们不顾干部死活的恶劣行径打掩护。在他们的反革命谬论影响下，在一些单位造成了一种极不正常的情况，干部生活上的实际困难，常常无人过问，而极少数人却依仗职权谋取私利，追求资产阶级生活方式，败坏了我们党的传统，腐蚀了干部队伍，挫伤了干部的积极性。

对干部生活上的关心，是同政治上的爱护相一致的。艰苦奋斗、克己奉公是我们党的优良传统。我们对干部生活上的困难在可能限度内用心给以照顾，目的是使干部无后顾之忧，更好地专心致志地为人民工作，而决不是使干部脱离群众，破坏干部与人民同甘共苦的关系。这就要求领导同志，不管对在职干部，还是丧失工作能力的干部，不管是对老干部，还是中、青年干部，他们有疾病、生活、家庭、子女教育等方面的困难，都要像战争年代那样，主动去解决问题，暂时解决不了的,也要积极创造条件逐步解决。对少数同志不合理的要求,要说服教育。对于个别人搞特殊化歪风,要坚决批评制止。主要领导者要过问本部门本单位的行政工作,在符合党的政策的原则下搞好集体福利,确实像毛主席教导的那样,对干部的困难"用心"给以解决。那种不认真解决干部的困难,而又把少数领导干部搞得很特殊的不公道的做法,是资产阶级意识和作风,不是我们党的传统,必须切实改正过来。

历史的检验是最好的科学验证。从党的六届六中全会上毛主席提出爱护干部的方针到现在,40年间,中国革命从民主革命推进到社会主义革命,我们党的干部队伍,也从那时的几万人,发展到今天有成千万人的宏大队伍。现在,我们党取得了粉碎"四人帮"的第十一次路线斗争的伟大胜利,进入社会主义革命和社会主义建设的新时期,重申和认真执行毛主席爱护干部的正确方针,具有更加有利的条件。以华主席为首的党中央,已经采取了一系列关心爱护干部的有效措施。在干部路线上被"四人帮"搞乱了的是非,正在得到澄清。抓纲治国这样一场伟大的革命,不仅提出对人才的迫切需求,也提供了造就人才最生动的课堂。我们坚信,在建设社会主义现代化强国的伟大斗争中,只要坚持党的十一大路线,认真执行毛主席爱护干部的正确方针,我们的干部队伍就会源远流长,我们的事业就将永葆青春,我们的前途一定会更加灿烂辉煌。

《人民日报》发表报道《国务院、中央军委责成辽宁省和沈阳部队处理旅大市大搞楼堂馆所事件 旅大市委原主要负责人刘德才宣世明等严重违犯财经纪律受到党纪国法的制裁》

中共辽宁省委和沈阳部队党委,最近严肃处理了原旅大市委第一书记刘德才、书记宣世明等人严重违犯财经纪律的行为。刘德才、宣世明等人,不顾中央三令五申,大搞楼堂馆所,大搞计划外工程,大量侵占国家资金和物资,情节严重,手法恶劣,触目惊心。这一事件说明,"四人帮"的流毒,对我们革命队伍的危害极大,决不能听之任之。因此,国务院、中央军委责成辽宁省和沈阳部队严肃处理这一事件。沈阳部队副司令员、旅大警备区司令员、旅大市委第一书记、旅大市革委会主任刘德才,已按国务院、中央军委决定,撤销党内外一切职务,开除党籍,依法逮捕惩办。辽宁省委和沈阳部队党委还决定:对旅大市委书记孙宝泰和市委常委、市公安局党委第一书记石传育,撤销其党内外一切职务,继续进行审查;对旅大市公安局副局长兼长山要塞獐子守备区政委黄吉增、旅大市油脂总厂党委书记高万友、旅大玻璃制品厂党委书记李福俭,撤销其党内外一切职务,开除党籍,依法逮捕惩办。到目前为止,对非法兴建的64处楼堂馆所按照国务院、中央军委文件精神绝大部分已经没收和处理完毕。其中没收俱乐部16处,交文化部门对外营业10处;没收招待所5处,交商业部门作为旅馆4处;没收办公楼两处,分别改为学校和医院;其他也作了改变用途、停建缓建等处理。对435项计划外工程,也已分别情况,作了妥善处理。对此,广大干部群众热烈拥护,坚决支持,决心从思想上、政治上、组织上进一步深入揭批"四人帮"的罪行,清查违法乱纪行为,鼓足干劲,夺回他们所造成的损失。

去年初,国务院领导同志对一封揭发旅大市搞计划外工程的人民来信作了批示,国家计委和财政部立即派出了联合调查组,先后两次到旅大市进行调查。调查的大量事实证明,人民来信所反映的情况和问题完全属实,旅大市违犯财经纪律的问题十分严重。全市不经上级批准,擅自兴建楼堂馆所,大搞计划外工程,这股歪风,越刮越大,越刮越凶。1974年以来,全市擅自兴建的楼堂馆所就有64座,其中标准较高的千人座位以上的大型俱乐部21个,300张床位以上的招待所7个,5000平方米以上的办公大楼两座。总面积达22万平方米,投资3400万元。例如,旅大军分区,全机关干部并不多,却盖了一座6780平方米的六层办公楼,还建了一座1417个座位的大型俱乐部。这些建筑,强占了市内一个街心花园的一半,周围群众极为不满。在刘德才支持下,中共庄河县委自作主张,未经批准,在只有3万多人的庄河镇上兴建了一条新街。这条新街上有影剧院、办公楼、招待所和商业楼等11座大楼房。特别是兴建的影剧院,规模之大、标准之高,是罕见的。同时,全市还搞计划外工程项目435项,建筑面积78万平方米,投资1.1亿元。在今天人民群众居住水平不高,人民生活比较艰苦的情况下,大搞高标准的楼堂馆所等计划外工程,不仅浪费了国家大量资金和物资,而且严重地脱离群众,引起广大干部、群众的强烈反对。

他们在旅大市兴建楼堂馆所,大搞计划外工程的大量资金都是靠"挤、占、摊"等违法乱纪的办法搞来。有的是明目张胆地截留上交利润和国家收入;有的是乱挤生产成本,任意摊派资金。所有兴建的楼堂馆所、计划外工程所耗用的大量钢材、木材和水泥,也都是以侵占国家计划内项目,挤用生产材料,以物易物,"走后门"等非法手段搞来的。对这些严重违法乱纪行为,有人还大放厥词,说什么"挤、占、摊是革命行动"。例如,有一项工程,国家计划五年建成,他们不顾财力物力是否可能,硬是提前动工,扩大规模,要两年半建成,资金不足,刘德才、宣世明擅自决定,截留大连石油七厂、大连钢厂、大连化工厂、瓦房店轴承厂等四户大企业上交的利润。物资不足，他们自作主张，钢材由大连钢厂给，水泥由大连水泥厂给，木材由物资局给，挖泥船和有些设备由红旗造船厂给，挤占了国家计划内的大量物资。有的中央企业提出反对意见，刘德才大发雷霆，说什么“你喝我旅大的水，就得给我出钱。”又如：复县提出计划外工程搞摊派不好下账，刘德才说：“你就记到毛主席革命路线的账上，下到支持新生事物的科目上。”此外，还要各行各业、各单位派人、派车，带工具、带粮食来劳动，影响其他企业的正常生产。这股摊派风也刮到了下面，甚至街道、派出所、粮站等单位都搞起摊派。谁不出钱，就不给职工起户口，不供应粮食，不准孩子上学等等。

旅大市严重违犯财经纪律的问题，主要责任在刘德才和宣世明两人。他们同“四人帮”及其在辽宁的死党一唱一和，大肆鼓吹“需要就是计划”、“合理就是合法”等谬论，煽动同中央“对着干”，全面推行“四人帮”反革命修正主义极右路线。刘德才污蔑上级下达的财政收入任务，公开鼓动下面搞楼堂馆所，搞摊派风，说什么“干就干了，宁肯检查一阵子，也要舒服一辈子。”“只要为集体，咋干都有理”等等。他身为职位很高的老干部，却无视党纪国法，丢掉党的优良传统和作风，飞扬跋扈，独断专行，积怨甚多。宣世明反对国家向企业收税收利润。他气势汹汹地威胁说：谁要再提完成财政收入任务，我就要撤他的职！他伙同市委书记孙宝太，到处插手，煽风点火，支持他们的“帮兄弟”大搞楼堂馆所，胡作非为。刘德才和宣世明等人，拉帮结伙，上呼下应，要钱要物，主要是一靠帮兄弟的“帮助”；二靠请客送礼、大吃大喝的资产阶级手段。例如，旅大市公安局修建1400个座位的高标准俱乐部和招待所，就是公安局党委第一书记石传育、公安局副局长黄吉增等“帮兄弟”，倚仗宣世明的支持干的。没有资金，就利用职权，挤占劳改企业的利润；没有钢材、木材和水泥，就通过向红旗造船厂等十几个大厂的帮兄弟“求援”弄到手。施工力量不足，利用职权把劳动教养的人和在押犯弄去当力工。运输工具不足，就强征企业和公社违法私装的汽车，为他们服务然后发给执照。又如，在刘德才、宣世明的支持下，新金县动工兴建了一座10000多平方米的招待所，内部设计有高级房间，大、小会议室，游艺室，餐厅、冷冻间等，群众称为“南山宾馆”。由于大量侵占了计划内的资金和物资，致使全县水利工程不配套，计划内兴建的学校和医院，已经4年了，至今还是半拉子工程。

由于刘德才和宣世明等领导人，大搞楼堂馆所等计划外工程，带头违犯财经纪律，上行下效，带来了一系列恶果。全市刮起建筑俱乐部的歪风，大吃大喝、请客送礼、铺张浪费以及以物易物等资产阶级作风也盛行起来，败坏了党的优良传统和作风。一小撮贪污盗窃、投机倒把分子乘机活动，现已查明有5个重大贪污盗窃集团。其中有以旅大市油脂总厂党委书记高万友为首的贪污盗窃集团，有以旅大玻璃制品厂党委书记李福俭为首的贪污盗窃集团，贪污盗窃了国家大量资财。此外，由于乱搞计划外工程，破坏了国家统一计划，全市计划内工程竣工率越来越低。1976年国家计划内重点项目要求投产五项，实际只完成一项。积累也逐年下降，全市连续两年没有完成国家财政任务。刘德才和宣世明紧跟“四人帮”及其在辽宁的死党，胡作非为，无视党纪国法，严重违犯财经纪律的行为，和由此而产生的严重恶果，人民群众早看在眼里，恨在心上，纷纷向中央、国务院以及辽宁省委写信反映。

在辽宁省委和沈阳部队联合工作组的帮助下，去年11月19日，旅大市召开了全市广播大会，组织了城乡170多万人参加收听。在会上传达了国务院、中央军委的指示精神，宣读了辽宁省委和沈阳部队党委的决定，揭发了刘德才、宣世明等人破坏财经纪律的罪行，并且宣布了对有关人员的处理决定，其中三人当场逮捕法办。会后，立即组成了600多人的检查团，下设35个分团，开展财经纪律大检查。全市人民多年来压在心头的愤怒，像火山一样迸发出来了。从领导机关到基层单位，普遍召开检查违犯财经纪律错误的党委会；广大财会人员昼夜奋战，检查账目；广大干部和群众纷纷起来检举和揭发，财经纪律大检查迅速形成高潮。许多单位都把财经纪律大检查同揭批“四人帮”斗争的第三战役，深挖资产阶级帮派体系，紧密结合起来进行。一个个资产阶级帮派体系成员的罪行，在财经纪律大检查中被进一步揭露。与此同时，许多单位的同志，分清了财经工作中的路线是非，自觉地检查了思想根源，批判了“合理就是合法”，“需要就是计划”以及同中央“对着干”等谬论，认真总结和吸取经验教训。通过这一事件的严肃处理，伸张了无产阶级正气，维护了党纪国法，对党的干部，特别是领导干部，进行了一次党的传统和社会主义法制的教育，对推动旅大地区揭批“四人帮”的斗争，巩固无产阶级专政，维护社会主义财政经济制度，加强社会秩序，都起了积极作用，得到了广大干部和群众的热烈拥护，调动了建设社会主义的积极性，资产阶级歪风开始收敛，党的优良传统和作风正在恢复和发扬。

《人民日报》发表评论员文章《坚决同违法乱纪行为作斗争》

原旅大市委第一书记刘德才、书记宣世明等人严重违犯财经纪律，受到党纪国法的制裁，伸张了无产阶级正气，大快人心。根据国务院、中央军委的指示，中共辽宁省委和沈阳部队党委最近严肃处理了这个严重违法乱纪事件，分别给予刘德才、宣世明等人撤销党内外一切职务、降级降薪、开除党籍，以及依法逮捕惩办等处分，维护了党纪国法的尊严。国务院、中央军委的指示指出，旅大的事件应引起各地各级领导的高度重视，要求所有地区、部门和部队，在揭批“四人帮”和整党整风运动中，认真发动群众，彻底进行一次清查，发现问题，严肃处理。我们一定要接受旅大事件的教训，同一切违法乱纪的行为作坚决的斗争。

“四人帮”为了实现他们篡党夺权的罪恶目的，乱党乱军乱国，猖狂破坏我国的社会主义法制。旅大市发生的问题，根源就在这里。长期以来，刘德才、宣世明等人紧跟“四人帮”及其在辽宁的死党，在旅大地区推行“四人帮”反革命的修正主义路线，把旅大地区实际上变成了“四人帮”及其资产阶级帮派体系严密控制的独立王国。他们不顾中央、国务院三令五申，严重违犯财经纪律，破坏国家统一计划，大兴楼堂馆所，大搞计划外工程，大量侵占国家的资金和物资，大搞特殊化。他们猖狂已极，公然叫嚷“合理就是合法”、“需要就是计划”，完全置党纪国法于不顾。由于他们的肆意妄为，当地资产阶级歪风邪气盛行，行贿受贿、贪污盗窃活动猖獗，资本主义泛滥。可以想一想，照这样搞下去，我们能发展社会主义建设吗？我们能巩固社会主义制度和无产阶级专政吗？我们建设现代化社会主义强国的伟大任务怎能实现呢？所有这些都说明，对旅大事件的严肃处理是完全必要的，对这类违法乱纪事件决不能听之任之。

刘德才等人的严重违法乱纪事件，使我们更加认识到在揭批“四人帮”斗争中整顿和建设各级领导班子的极大重要性。为什么这股违犯财经纪律的歪风，在旅大市越刮越大，越刮越凶呢？在“四人帮”被打倒之后，在一段时期里还继续刮个不休呢？就是因为刘德才、宣世明等人被“四人帮”和资产阶级那一套腐蚀透了。他们身居领导职位，掌握了旅大市的党政军大权，“四人帮”横行的时候，他们也横行；“四人帮”被打倒后的很长时间里，直到人民群众向中央揭发他们的罪行之前，他们依然毫无悔悟，继续胡作非为。这就说明，不把各级领导班子整顿和建设好，不把那些参与“四人帮”篡党夺权阴谋活动的人，以及政治品质恶劣、作风很坏的人从各级领导班子中清除出去，其他各项工作的整顿就必然做不好，也就不可能对违法乱纪的现象展开有效的斗争。

对各级领导班子的整顿，也包括作风的整顿。干部作风不是一个小问题，领导干部尤其要重视作风问题。密切联系群众，艰苦奋斗，是毛主席亲手培育的我党的优良传统和作风。但是，近几年来，由于“四人帮”的干扰和破坏，资产阶级的腐朽作风严重地侵蚀了我们党的革命肌体。刘德才、宣世明等人养尊处优，高高在上，讲享受，讲排场，挥霍成性，豪华成癖，不择手段地搞资金搞物资，到处兴建楼堂馆所，以供他们游乐，弄得怨声载道，民愤极大。结果，这些人有的被撤职罢官，有的被开除出党、依法惩办。这是极为深刻的教训。我们党和国家的干部，都是为人民服务的，一定不能脱离群众。我们国家的经济还很落后，人民的生活水平还很低，要艰苦奋斗几十年，才能使我们的国家和人民富裕起来。华主席为首的党中央继承毛主席、周总理的遗愿，立下雄心壮志，率领全党全军全国人民开始新的历史长征，要在本世纪内把我国建设成为现代化的社会主义强国。我们现在要艰苦奋斗，到了四个现代化的宏伟目标实现之后，还要继续艰苦奋斗。我们的广大干部，特别是领导干部，一定要打掉官气，鼓足干劲，努力恢复和发扬党的优良传统和作风，实事求是，艰苦奋斗，同广大人民群众打成一片，才能带领广大群众向着伟大的目标前进。

对刘德才等人的严肃处理，是对广大干部的一次深刻的遵守法纪教育。我们的党纪国法，是党的意志、无产阶级和人民群众意志的集中表现，是我们防修反修，保卫社会主义制度，巩固无产阶级专政，实现四个现代化的强大武器。党和国家的干部，特别是领导干部，一定要遵守党纪国法，成为遵守法纪的模范，成为遵守社会主义法制的模范。任何一个干部，不论职位多高，都没有超乎人民群众之上、超乎党纪国法之外的特权。党员、干部违犯党纪国法都是不容许的，都应受到党纪国法的制裁。有一些领导干部违反党章、宪法的精神，违反党和国家的方针政策，任意制定“土政策”，同样是党纪国法所不容许的。遵守党纪国法，就要坚决贯彻执行党章、宪法以及党和国家的各项方针政策，就要严格按照国家制定的各种法律、法令和各方面的工作条例、规章制度办事。我们一定要维护党纪国法的尊严，维护社会主义法制的尊严。

应当指出，近几年来，由于“四人帮”反革命修正主义路线的流毒很广、危害很大，类似旅大市的情况，在有些地区、单位和部门程度不同地存在着。这是十分值得我们注意的。中共辽宁省委和沈阳部队党委，清醒地分析了这个问题，在处理刘德才、宣世明等人严重违法乱纪事件的同时，放手发动群众，大张旗鼓地在全区展开财经纪律大检查，推动了揭批“四人帮”的斗争深入发展，进一步揭发出了违法乱纪事件。这样做是完全必要的。其他地区和省市也应当遵照国务院和中央军委指示的精神，开展这样的大检查，结合揭批“四人帮”的斗争，展开打击阶级敌人的破坏活动，打击资本主义势力猖狂进攻的“双打”运动，坚决同一切违法乱纪行为作斗争，进一步提高广大党员、干部遵守党纪国法的观念，彻底肃清“四人帮”的流毒和影响。

我们党和国家的干部，绝大多数是好的和比较好的，是能够自觉地遵守党纪国法的。但是，我们决不能低估资产阶级思想作风对我们党员干部的侵蚀。因此，充分发扬社会主义民主，充分发挥党员、群众对干部、特别是对领导干部的监督作用，就十分重要。我们党从来就是把党置于人民群众的监督之下，我们的宪法也明确规定了人民群众监督国家机关工作人员的民主权利。旅大市的严重违法乱纪事件，以及其他地方一些干部的违法乱纪事件，都是人民来信揭发的。事实证明，充分发扬社会主义民主，是维护党纪国法的最可靠的保证。各级党委和政府应当采取切实有效的措施，保障广大党员、群众行使他们的民主权利，认真对待人民来信来访，坚决支持人民群众揭发党和国家机关中的坏人坏事，对那些问题严重的人和事，一定要严肃处理；坚决反对压制民主、压制批评、打击报复，其中情节严重的要给予党纪国法制裁。各级干部，特别是领导干部，要相信群众，依靠群众，虚心听取群众的意见和批评，自觉地接受群众的监督，使自己的思想和工作日益符合党的要求和群众的希望。流水不腐，户枢不蠹。我们党和国家的干部只要认真开展批评和自我批评，时刻保持同群众的密切联系，就能抵制资产阶级的腐朽作风的侵蚀，使我们党和国家的革命肌体永远生机勃勃。

毛主席在1959年时指出：“现在全国、全民族、全党的任务，是要在几个五年计划之内建成强大的社会主义国家，必须团结起来，必须要有铁的纪律，没有铁的纪律是不行的。请问，不然怎么能够达到这样的目的呢？”今天，华主席在率领我们继续长征的途程中又指出：“实现天下大治，必须进一步加强社会主义法制。”我们一定要发动群众，进一步提高广大干部和群众的政治觉悟，同一切违法乱纪的行为作坚决的斗争，使社会主义法制深入人心，使党的纪律真正成为铁的纪律，以保证建设现代化社会主义强国的伟大目标早日实现。

由对外友协会长王炳南率领的对外友协和中罗友协代表团到达布加勒斯特开始对罗马尼亚进行友好访问

全国人大常委会副委员长乌兰夫在北京接受马来西亚新任驻中国大使达图·拉赫曼·贾拉尔递交的国书

4月7日

经中共中央批准中央爱国卫生运动委员会重新成立

由中共中央副主席李先念任主任委员，陈慕华、谷牧、康世恩、康克清、杨勇、江一真、张汝光任副主任委员。

委员有：钱信忠、黄树则、马纯古、黄作珍、杨静仁、吕剑光、程子华、何康、李奎生、孙晓风、陶涛、张季农、夏之栩、刘建章、郭建、任泉生、程宏毅、刘复之、李琦、王猛、曾涛、安文一、顾文华。

中央爱国卫生运动委员会在北京举行第一次会议

中共中央副主席、中央爱国卫生运动委员会主任委员李先念出席会议，并作了重要讲话。

会议由中共中央政治局候补委员、中央爱国卫生运动委员会副主任委员陈慕华主持，康世恩、康克清、杨勇、江一真、张汝光副主任委员和全体委员出席了会议。

李先念同志在讲话中说，爱国卫生运动是伟大领袖毛主席多年倡导的。周总理生前曾担任中央爱国卫生运动委员会主任委员，亲自抓这件事，取得了巨大成绩。现在重新成立中央爱国卫生运动委员会，就是要坚决执行毛主席、周总理和华主席的指示，要使我们全民族男女老幼都自觉地养成以卫生为光荣，以不卫生为耻辱的社会新风尚。各级党委要加强对爱国卫生运动的领导，发动群众，持之以恒。

陈慕华同志也讲了话。她强调指出，要把深入开展爱国卫生运动同实现四个现代化密切联系起来，深刻认识它对移风易俗、改造国家的伟大意义。爱国卫生先进典型要保持荣誉，不断作出新成绩。要组织评比。卫生部门，特别是医院、卫生防疫站，要在爱国卫生运动中起模范带头作用。

会议还讨论通过了《关于大力开展爱国卫生运动的宣传工作的意见》。会议认为，在抓纲治国三年大见成效重要的一年里，为了配合工农业生产“大跃进”，保障各路劳动大军兵强马壮地战斗在生产第一线，全国各地必须立即行动起来，深入发动群众，掀起一个有工、农、商、学、兵等各方面广大群众参加的爱国卫生运动的高潮。为此，必须做好开展爱国卫生运动的宣传工作。要做到大张旗鼓，深入人心，使得家喻户晓，人人行动起来。

国务院向各省区市革委会和国务院各部委发出《关于坚持开展爱国卫生运动的通知》

伟大领袖和导师毛主席亲自倡导和发动的爱国卫生运动，是移风易俗、改造国家的一场深刻革命。二十多年来，这场革命取得了巨大成就。但是，近几年来，由于“四人帮”的干扰破坏，很多地方的卫生状况不如以前了。粉碎“四人帮”以后，在华主席为首的党中央领导下，爱国卫生运动有了新的发展。各地贯彻1977

年4月4日国务院发布的《关于大力开展爱国卫生运动的通知》,作出了一定的成绩。华主席在五届人大政府工作报告中指示我们要"广泛开展以除害灭病为中心的爱国卫生运动"。现在中央已经重新成立了以李先念副主席为主任委员的中央爱国卫生运动委员会。为了继续贯彻"预防为主"方针,保护人民的身体健康,彻底实现毛主席的伟大遗愿,全国各地一定要遵照华主席的指示,把爱国卫生运动坚持不懈地开展下去,消除"四害",经常保持环境的清洁,普及卫生知识,落实各项防疫措施,减少疾病的发生。为此,提出如下要求:

一、各地各级应迅速恢复和健全爱国卫生运动委员会及其办事机构,把卫生运动切实领导起来。

二、动员起来,讲究卫生,减少疾病,提高健康水平。今年"五一"节以前的几个星期内,全国各地都应大张旗鼓,大造声势,掀起一个有工、农、商、学、兵、政、党参加的全国性的爱国卫生运动。要抓住有利时机,消灭越冬蚊蝇及其孳生条件。采取各种措施,消除"四害",改进环境卫生。农村要大力搞好"两管"(管水、管粪)、"五改"(改水井、厕所、畜圈、炉灶、环境)和家庭卫生。城市要大力抓好饮食行业、公共场所、商店、菜场、大街小巷、住宅宿舍的清洁卫生,搞好垃圾粪便管理。积极处理"三废",防止环境污染。建立公共卫生划区分片负责制,制定卫生公约,付诸实现,定期检查。提倡经常锻炼身体。养成不随地吐痰,不吃变质食品等良好卫生习惯。做到公共场所清洁,大街小巷清洁,家家户户清洁,人人注意公共卫生和个人卫生,以卫生为光荣,以不卫生为耻辱。

三、全国农村,应把搞好卫生工作列入农业学大寨的计划,工矿企业应把搞好卫生工作列入工业学大庆的计划,经常检查落实。全国各大城市都应成为爱国卫生运动的先进地区。

四、实行群众运动和卫生专业工作相结合的方针。尽快恢复和加强各级卫生防疫站、结核病和地方病等专门防治机构以及妇幼卫生机构。卫生部门应对工矿企业和食品等服务行业实行卫生监督。卫生部门本身更应搞好卫生。医院要起到卫生示范作用。医学科学研究部门要加强对除"四害",防治传染病、地方病的科研工作。有关部门要保证除害灭病的药品、器械和生物制品的供应。要把预防接种工作切实落实到基层。城市清洁工队伍很重要,一定要组织好。各工业交通部门都应把工业卫生搞好,那些医疗卫生任务较重的部门应尽快恢复和健全卫生管理机构和专业防治机构。

五、为了推进爱国卫生运动的开展,省与省、市与市、地与地、县与县、社与社、队与队、厂与厂、店与店、户与户、学校与学校等之间,都要开展评比竞赛。要表扬先进单位和卫生模范。

六、今后每年春、夏、秋、冬四季,都要掀起一次爱国卫生运动的高潮,各单位要实行每周一次大清扫的制度,经常保持卫生清洁。

伟大领袖和导师毛主席生前号召:要除四害,讲卫生,"在一切可能的地方,基本上消灭老鼠、臭虫、苍蝇和蚊子"。这个号召我们一定要实现,我们也一定能够实现。

《人民日报》转载《红旗》杂志特约评论员文章《党委要善于领导科学技术工作》

粉碎了"四人帮",我国社会主义革命和社会主义建设进入了一个新的发展时期。在华主席、党中央的领导下,全国人民高举毛主席的伟大旗帜,为在本世纪内把我国建成社会主义现代化强国而努力奋斗。最近,全国科学大会的召开,进一步动员和鼓舞着全国人民和全体科技工作者向科学技术现代化进军,一场伟大的科学技术革命的群众运动正在迅猛兴起。摆在我们科技部门党委面前的迫切任务,是要跟上华主席、党中央的战略部署,善于领导,尽快把科技工作搞上去。

坚持以阶级斗争为纲,以科技工作为中心

实现四个现代化的关键是科学技术的现代化。科技部门的基本任务,就是要为实现四个现代化,建设社会主义的现代化强国,提供又多又好的科学技术成果,造就又红又专的科技人才。科技部门的党委工作做得好不好,就看能不能完成这个基本任务。

实践经验表明,要完成这个任务,必须坚持以阶级斗争为纲,以科技工作为中心。在科技部门,科技人员经常的、基本的实践活动,是从事科学技术工作,这是社会生产所不可缺少的。要求他们多出科技成果,就如同要求工人多出工业产品,农民多打粮食一样,是实现无产阶级政治任务的具体体现。科技部门必须以政治为统帅,把科技工作作为日常的中心工作来安排,围绕这个中心来开展其他工作,保证工人、科技人员能把主要精力和大部分时间用于科技工作。不然,他们整天忙于其他活动,没有精力和时间搞科技工作,出成果、出人才就是一句空话。

坚持以阶级斗争为纲,以科技工作为中心,是辩证的统一。只有抓了阶级斗争,才能坚持社会主义方向,促进安定团结,振奋人们的革命精神,把科技工作搞好。反过来说,坚持以科技工作为中心,尽快实现科学技术现代化,正是无产阶级战胜资产阶级,社会主义战胜资本主义,最终过渡到共产主义的需要。新中国成立以来,我国科学技术的发展,为提高劳动生产率,发展社会生产力,增强社会主义的物质基础,提供了科技成果，培养了人才。我们的原子弹、氢弹、导弹核武器的试验成功，卫星上天并准确回收，为加强我国的国防力量，打破苏、美两个超级大国的核垄断，支援世界革命人民的斗争，作出了贡献。这对于巩固无产阶级专政，防止资本主义复辟，建设社会主义起了重要的作用。

毛主席历来强调要抓住阶级斗争这个纲，同时强调要以阶级斗争为动力，抓好中心工作。在抗日战争时期，毛主席曾经提出要抓好整风和生产两大运动。在解放战争胜利前夕，毛主席指出，城市各项工作，“都是围绕着生产建设时期这一个中心工作并为这个中心工作服务的。”在社会主义革命和社会主义建设，毛主席深刻地阐述了阶级斗争、生产斗争、科学实验的伟大意义及其相互关系，提出了“抓革命、促生产、促工作、促战备”的方针。这些重要指示，发展了马克思列宁主义，闪耀着唯物辩证法的光辉。

“四人帮”反对毛泽东思想，歪曲阶级斗争与科技工作的辩证关系。他们把阶级斗争与科技工作对立起来、割裂开来，胡说什么抓科技工作就是反对以阶级斗争为纲；他们蓄意混淆中心工作与纲的关系，胡说什么科技单位以科技工作为中心，是把阶级斗争与科技工作“并列起来”，是搞“技术挂帅”等等。我们前一阶段揭批“四人帮”虽然取得了很大胜利，抓纲治科研初见成效，但“四人帮”的流毒和影响还远远没有肃清。在“四人帮”的这些反革命谬论的毒害和影响下，我们有的领导同志至今还心有余悸。他们不敢理直气壮地抓科技工作，不敢把科技工作作为党委经常的中心工作来抓，不敢抓规划、计划、体制、任务等。怕抓过了头，犯“右倾”错误。这说明不把揭批“四人帮”的斗争进行到底，不彻底批判“四人帮”的反动思想体系，就不能扫除实现四个现代化的思想障碍，科技工作就不能实现“大跃进”。

毛主席指出：“如果不在今后几十年内，争取彻底改变我国经济和技术远远落后于帝国主义国家的状态，挨打是不可避免的。”“我们应当以可能挨打为出发点来部署我们的工作，力求在一个不太长久的时间内改变我国社会经济、技术方面的落后状态，否则我们就要犯错误。”实现四个现代化，特别是科学技术现代化，不是单纯的经济、技术问题，而是个尖锐的政治问题。我们科技部门的党委，特别是一把手，要遵照华主席关于阶级斗争、生产斗争和科学实验三大革命运动一起抓的指示，既要抓纲，又要抓科学技术这个中心工作。不仅领导要抓，还要进一步动员广大工人、科技人员和干部，理直气壮地、大胆放心地搞科技工作，为革命钻研科学，造成人人向科技现代化进军的热潮。党委要切实解决当前科技工作中存在的问题，特别是要抓规划，抓队伍建设，抓措施，抓科学管理和规章制度，抓后勤保障。有条件的单位要尽快做到五定：定方向、定任务、定人员、定设备、定协作关系。没有条件的要积极创造条件逐步做到五定。要搞好党委领导下的分工负责制，建立岗位责任制，畅通技术渠道，使各项工作落到实处，脚踏实地去实现自己规划的目标。

发扬党的政治工作的优良传统，把政治工作渗透到科技工作中去

党委要领导好科技工作，必须坚持政治挂帅，把政治思想工作抓好，保证党的路线、方针、政策的贯彻落实，坚持社会主义方向，建设一支革命化的科技队伍，保证多出成果，多出人才。总结我们过去的经验，政治思想工作做得是否成功，很重要一条，就看能不能结合各项中心工作一道去做。民主革命时期，搞武装斗争，我们的政治思想工作是结合军事工作、群众工作一道去做的；搞社会主义建设，我们的政治思想工作，是结合工农业生产和各项业务工作一道去做的。凡是结合得好的，政治思想工作就有声有色，发挥出巨大的威力。在科技部门，过去我们强调要把政治思想工作渗透到科技工作中去，做到科学研究的第一线去，实践证明，是很有成效的。它具体体现了毛主席历来教导的政治与技术的统一，政治的统帅作用与保证作用的统一。可是，林彪、“四人帮”一伙却鼓吹什么“政治可以冲击其他”，把政治同业务割裂开来、对立起来。在他们的流毒影响下，我们有的同志搞不清政治与业务的关系，把政治思想工作同科技工作搞成了两张皮。

毛主席历来强调政治思想工作“是要结合着经济工作一道去做的，不能孤立地去做”。从我们科技部门来讲，就是要结合科技工作一道去做。现在，中央要求我们切实保证科技人员每周至少必须有 5/6 的业务工作时间，这如同保证工人、农民的生产时间一样，是很重要的。这样做，决不意味着要削弱政治思想工作，相反，这是对我们的政治思想工作提出了更高的要求，即既要费时少又要成效大。所以，当前更应该强调把政治思想工作渗透到科技工作的全过程中去，使之在 6/6 的时间内发挥作用。过去，我们在战争中，战前有动员，战中有鼓动，战后有总结评比，使每个战士懂得为谁打仗，怎样打好仗。现在，我们的政治思想工作就要使每个科技人员和全体职工，都了解他所从事的工作，同实现四个现代化的伟大目标的关系，鼓舞和动员他们发扬革命精神，团结协作，刻苦钻研，做好本职工作，为社会主义服务。

把政治思想工作渗透到科技工作中去，当前，首先要克服形式主义。前几年，“四人帮”唯心主义横行，形而上学猖獗，败坏了我们党的优良传统和作风，使我们政治思想工作中的形式主义十分严重。比如，搞大轰大嗡，空喊“革命”口号，不愿做扎扎实实、艰苦细致的工作；政治学习，不是强调领会精神实质，掌握马列主义、毛泽东思想的立场、观点、方法，去分析和解决实际问题，而是满足于背诵马、列和毛主席著作中的若干词句，或夸夸其谈，不着边际；政治机关除了搞政治运动以外，好像无经常性的政治思想工作要做，即使做的话也是停留在开会、作报告、发文件，好像会议越多越好，报告越长越好，订计划作总结越复杂越好；传达贯彻上级指示，照本宣科，不结合本单位的思想实际和工作实际；开会讨论，轮流发言，人人表态，千篇一律，如此等等。这些做法，不讲实效，群众很不满意。现在，我们应当以对党对革命事业负责的态度，坚决摒弃“四人帮”搞的一套形式主义的东西，恢复和发扬党的政治工作的优良传统，造成生动活泼的政治局面。

我们应当认真学习大庆、大寨政治工作的经验，学习人民解放军的政治工作经验，同时，又要精心地结合科技部门的特点，改进方法，提高质量，讲求实效。比如，我们在工作中，要注意区别思想问题和技术问题。还要看到，有的思想问题，如怕艰苦，怕困难，不负责任，或追求个人私利，互相封锁，不搞协作，甚至搞垄断等，又往往是通过技术问题反映出来的。我们要善于总结科技人员在研究、设计、试制、试验、定型、生产等各个阶段和在技术攻关、试验成功或失败、分配课题、接受任务等不同情况下的思想活动规律，抓住思想苗头，积极主动地去做工作。科技人员从事脑力劳动，钻研科学技术的时候，精力高度集中，这就要求有一个安安静静的环境，特别是从事尖端科学技术工作，对文明生产、文明试验要求更高，而且，有的研究、试验工作，需要连续进行多少天，不宜间断，我们的政治思想工作要适应这些特点。我们的领导干部和政治机关，要走出办公室，到科技工作的第一线去，调查研究，参加劳动，同工人、科技人员谈心，交朋友，从思想上、工作上、生活上关心他们。要充分发挥党支部的战斗堡垒作用和党员的模范带头作用，发动群众，人人做思想工作，采用正面教育、自我教育的方法，树立典型，表彰先进；同时，赏罚要严明，要把思想教育同执行纪律结合起来。总之，只要我们明确了任务，结合了特点，改进了方法，我们的政治思想工作，就一定会更富于成效。

充分发挥科技人员的作用，调动一切积极因素

打好科学技术这一仗，一个重要的问题在于正确处理人同技术的关系。把科技工作搞上去，赶超世界先进水平，决定的因素是人。出成果，出人才，首先要出人才。有了人的积极性，什么人间奇迹都可以创造出来。我们要充分地调动科技人员和各方面人员的积极性，组织浩浩荡荡的科学技术队伍，向科学技术现代化进军。

科技部门，知识分子比较集中。有的同志看到知识分子“成堆”，就感到头痛。其实，知识分子多并不是坏事，而是件大好事，它是我们科技事业兴旺发达的一个表现。新中国成立以来，我们的科技队伍有了很大发展，但总的来说，人数还不多，水平还不高。特别是由于林彪、“四人帮”迫害知识分子，摧残科技队伍，造成目前科技队伍青黄不接，后继乏人。所以，充分调动现有科技人员的积极性，使他们一个人顶几个人用，一年顶几年用，尽快多出成果，迅速培养人才，壮大科技队伍，这是一项紧迫的政治任务。

要充分调动科技人员的积极性，党委首先对科技人员要有个正确的认识。应当看到，无论是从旧社会过来的知识分子，还是解放后党培养的知识分子，政治和业务都有了很大进步，绝大多数是好的和比较好的。他们是社会主义社会的劳动者，是我们党团结、依靠的力量。他们中的绝大多数是我们无产阶级自己的一部分，为社会主义建设作出了重要的贡献。我们对知识分子的红和专，也要有个正确的认识和合理的要求。只要他们热爱社会主义祖国，自觉自愿为社会主义服务，为工农兵服务，就应该说达到了红的要求。要鼓励他们钻研科学技术，为党和人民作出更大成绩。要正确对待知识分子身上的缺点、毛病，不能求全责备，过于苛求。“金要足赤，人要完人”，这样的要求是不对的，也是不可能的。对知识分子的家庭出身和社会关系，要作具体分析，我们的政策是“有成分论，不唯成分论，重在政治表现”。要善于引导他们在学习和工作实践中改造世界观，和工农相结合，不断进步。

要调动科技人员的积极性，必须全面、正确地认识团结、教育、改造的关系，认真落实党的知识分子政策。不仅对老知识分子要落实政策，对中、青年知识分子也要落实政策。要恢复技术职称，合理安排老专家的工作，把优秀的科技人员提拔到技术领导岗位上来，并且要使他们有职有权。对于有贡献的科技人员，要给予表扬和奖励。对于过去受到审查的科技人员，一定要作出正确的结论，活着的要做结论，死了的也要做结论。要推倒“四人帮”一切诬陷不实之词，给受迫害、受打击的同志恢复名誉。要把落实政策的过程，变成揭批“四人帮”，加强团结，调动一切积极因素的过程。

要调动科技人员的积极性，还要注意发现、培养和选拔人才，合理安排使用。目前有的单位埋没人才，阻碍人才成长的现象是存在的。群众批评这种现象说：“在本单位是根草，出去是件宝”，“在本单位是条虫，出去是条龙”。要改变这种状况，党委就要善于发现人才，不拘一格选拔人才。要切实解决科技人员所学非所用的问题，尽量做到专业对口。要知人善任，人尽其才，把人力用在刀刃上。要抓计划管理，做好组织工作，

做到人人有事做，事事有人抓。对科技人员，我们不能只使用，不培养。要热情关心他们的成长，特别是对一些优秀的科技人员，要给他们创造必要的条件，使他们成长得更快。

搞好后勤保障工作，是调动科技人员积极性的一个重要环节，必须提到党委的议事日程上来，作为一项重要工作来抓。我们不仅要从政治上、工作上关心科技人员和全体职工，在生活上也要关心，这是我们党的光荣传统。要办好食堂、幼儿园等集体福利事业，有条件的地方要搞好农副业生产，改善副食供应，改善住房和医疗卫生条件，帮助科技人员和职工解除后顾之忧，使他们专心致志地投入到科学技术工作中去。

科技工作要大干快上，光靠科技人员的积极性是不够的，还必须调动各方面的积极性。首先，要发挥工人群众的智慧和力量，真正搞好工人、科技人员和领导干部的三结合。现代科学技术的发展，使科学与生产的关系越来越密切，这就要求知识分子更加密切地同工人结合起来。一个有出息的科学技术工作者，必须深入到工人群众中去，深入到试制生产的实践中去，向工人学习，把理论同实践很好地结合起来。在科技部门，政治工作人员、行政管理人员、后勤人员等，是科技队伍中不可缺少的一部分重要力量，他们的工作同科技工作是不可分割的。应该看到，一项科学技术成果，不仅是工人、技术人员劳动的结晶，也是其他行业各类人员劳动的结晶。党委一定要善于统筹兼顾，全面安排，把一切积极因素调动起来。要使我们的行政管理员、物资采购员、医务人员、保育员、炊事员、司机等各行各业的同志，认清自己的本职工作同实现科学技术现代化的关系，自觉地为科技工作服务，为科技工作者服务。

善于学习，变外行为内行

进行这场伟大的科学技术革命，对我们干部提出了更高的要求。要使自己的思想和工作适应新的情况，就得努力学习，变外行为内行。

毛主席早在1955年就指出："我们进入了这样一个时期，就是我们现在所从事的、所思考的、所钻研的，是钻社会主义工业化，钻社会主义改造，钻现代化的国防，并且开始要钻原子能这样的历史的新时期。……适合这种新的情况钻进去，成为内行，这是我们的任务。"二十多年来，我们科技部门有不少领导干部，响应毛主席的伟大号召，长期刻苦钻研，下苦功夫学习，逐步由外行变内行。他们既懂政治，又熟悉业务，成为我们党领导科技工作的骨干力量。

"四人帮"对抗毛主席的指示，散布"知识越多越反动"等谬论，把变外行为内行的干部诬蔑为"向资产阶级投降的走资派"，对他们进行打击迫害，使得我们许多干部对科技知识想学而不敢学，想钻而不能钻。粉碎了"四人帮"，砸烂了精神枷锁，我们的干部可以向又红又专的方向大步前进了。

我们要响应华主席的号召，开展一个新的持久的学习运动，把学习马克思列宁主义、毛泽东思想提高到新的水平，同时，还要努力学习文化，学习现代科学知识，学习现代科学技术的管理方法。现代科学技术工作的特点是规模大、综合性强、协作面广。不学会组织和管理工作，要领导好社会化的现代科学技术事业是不可能的。现代科学技术工作的组织和管理，有它自己的规律性，本身就是一门科学。当前，组织和管理工作是我们的一个薄弱环节，如不及时改善和加强，就会拖科技工作的后腿。为了学会组织管理工作，需要懂得一些必要的科技知识，逐步掌握科技工作的规律。对于科技知识，懂得太多有困难，懂得太少也不行，总要懂得一些，逐步钻进去，一点不懂或懂得太少，连科技工作的汇报都听不懂，怎么能搞好组织管理呢？

领导干部要由外行变成内行，必须恢复和发扬党的优良传统和作风。我们要深入到科技工作的第一线去，到研究室和车间去，和科技人员、工人群众滚在一起，亲自作调查研究，探索和总结科技工作的规律。人走到哪里，办公室就设在哪里。要坚持群众路线，遇事同群众商量，认真倾听群众意见，虚心向群众学习，向专家学习，向一切内行的人们学习，向国内外的好经验学习。要坚持实事求是的科学态度，遇到问题，不懂就问，不要不懂装懂。只要我们恭恭敬敬，老老实实，谦虚好学，甘当小学生，1年不行2年，2年不行3年、5年，一定能够学会原来不懂的东西。

当然，由外行变内行，不是一件容易的事，会遇到许多困难。但是，在我们共产党人面前，困难算得了什么？几十年来，在毛主席的领导下，我们党的干部，向来是干什么学什么。在民主革命时期，我们在战争中学习战争，不少同志成了军事专门家。过去，我们长期在农村，不会做城市工作，进城以后，按照毛主席的指示去做，又逐步学会了管理城市，搞经济建设。现在，华主席号召我们："树雄心，立壮志，向科学技术现代化进军。"在这场进军中，只要我们发扬"攻城不怕坚，攻书莫畏难"的革命精神，科学技术这个堡垒，是完全可以攻破的。我们应该下定决心，满怀信心，去完成历史赋予我们的伟大使命。

无数革命先烈，为了实现社会主义、共产主义的理想，献出了自己的宝贵生命，我们想起他们就难过。今天，我们继承革命先烈的遗志，亲手为建设社会主义现代化强国贡献力量，深深感到任重而道远。我们要高举毛泽东思想伟大红旗，在华主席、党中央的领导下，在新的长征中，"保持过去革命战争时期的那么一股劲，那么一股革命热情，那么一种拼命精神”，为实现四个现代化顽强战斗，永远进击。

国务院副总理耿飚在北京会见墨西哥《至上报》社长雷希诺·迪亚斯·雷东多

外国科技图书展览会在北京师范大学开展

这个图书展览会是由中国图书进口公司主办，在北京师范大学展出，共分科技综合馆、自然科学馆、技术科学馆、农业和生物科学馆、医学科学馆、教科书馆、新书样本室、期刊馆、特种出版物馆、视听资料与设备馆、电子计算机书刊资料馆等十几个部分，展出了世界上1000多家出版社和有关人士提供的科技图书14000种，期刊5000种，特种出版物3000种，以及视听资料与设备、电子计算机书刊资料等。

为了满足各地广大科学、教育工作者的要求，外国科技图书展览会还将到武汉、西安、广州、成都、南京、上海等地巡回展出。

4月8日

经中共中央和国务院批准国务院组成新的计划生育领导小组陈慕华任组长

国务院副总理耿飚在人民大会堂举行宴会欢迎加纳最高军事委员会成员 海军司令乔伊·科布拉·阿梅杜梅海军少将率领的加纳政府友好代表团

出席宴会作陪的有外交部部长黄华、副部长何英，中国人民解放军副总参谋长何正文，外经部副部长程飞，文化部副部长王阑西，北京市革命委员会副主任王笑一，全国妇联负责人黄甘英等。

耿飚在宴会上讲话重申：中国政府和人民坚决支持并且高度赞赏非洲国家人民反对超级大国霸权主义的正义斗争，坚决支持非洲国家和人民要求外国军队从非洲撤出去。我们相信，非洲国家和人民，坚持团结，坚持斗争，依靠自己的力量，就一定能够挫败外来干涉，一定能够掌握自己的命运，一定能够建设一个团结和强盛的非洲。

他说，中、加两国在共同斗争中，一贯互相同情，互相支持。我们两国人民之间的友谊是真诚的，两国友好合作关系的发展是令人满意的。我们两国之间友好合作关系的不断发展是符合我们两国人民根本利益的，也有利于第三世界团结反霸的事业。

《中国地震资料年表》进行增补修订

《人民日报》报道：为了给地震学的科学研究提供更完备的历史资料，中国社会科学院、中国科学院、国家地震局正组织力量对《中国地震资料年表》进行增补修订。

《中国地震资料年表》(以下简称《年表》)是中国科学院根据已故科学家李四光的提议，在竺可桢、范文澜等主持下，由近代史研究所和地球物理研究所等单位合作编辑，于1957年出版的。《年表》收录了我国历代文献纪录的大量的地震历史资料，对地震科学的发展起了推动作用。

近20年来，我国地震学的研究和地震历史资料的发掘都有了新的进展，有必要对《年表》进行增补修订。目前，有关单位负责人和地震学、历史学的专家已组成地震历史资料编辑委员会。各省、自治区、直辖市分别成立了地震历史资料工作小组，采取专业队伍与广大群众相结合的方法，广泛搜集各地的文献、文物资料和实地调查资料。现在编委会已收到各处寄来的新发现的一些重要资料。

增订的《年表》将分卷陆续出版。

4月9日

《人民日报》发表社论《实行精神鼓励和物质鼓励相结合的方针》

华主席在五届人大政府工作报告中指出：“要把精神鼓励和物质鼓励结合起来，以精神鼓励为主，物质鼓励为辅。”坚决贯彻这个方针，是调动广大群众的社会主义积极性，加速国民经济发展，完成新时期的总任务，把五届人大通过的宏伟规划变成现实的一个有力措施。

贯彻执行精神鼓励和物质鼓励相结合而以精神鼓励为主的正确方针，在分配上，必须坚持各尽所能按劳分配的原则。马克思主义认为，按劳分配是在社会主义生产资料公有制基础上，个人消费品的社会主义分配原则。它以“各尽所能”为前提，要求实行“不劳动者不得食”和“按等量劳动领取等量产品”。这是对资本主义不劳而获的剥削制度的否定，是分配制度的革命变革。分配制度要适应生产力的发展，各尽所能、按劳分配的社会主义原则完全适合我国现阶段的生产力发展水平。贯彻按劳分配的原则，有利于调动广大群众的积极性，促进社会生产力的发展。

贯彻执行精神鼓励和物质鼓励相结合而以精神鼓励为主的正确方针，许多地方已经在实践中创造了比较好的办法，这些办法受到了基层干部和广大工人的拥护，在生产上也收到了显著的效果。开滦煤矿坚持实行井上、井下工资待遇不一样的办法，出勤率上升，采掘工人的比重增加，劳动效率明显提高。黄埔港装卸工人实行班组集体计件工资制，有效地调动了职工的积极性，对于扭转过去压船、压车、压货的被动局面，保证港口运输畅通无阻，起了很大的作用。马安煤矿试行季度综合奖，对先进生产者给予适当的物质奖励，出勤率一直保持在95%左右，生产发展很快，井下没有发生过重大事故。有的城市理发行业实行奖励办法，消灭了理发排长队的现象。这些办法，在实践过程中证明是正确的、行之有效的。

精神鼓励和物质鼓励相结合，以精神鼓励为主，物质鼓励为辅，是一个完整的方针，一定要全面地、正确地贯彻执行。以精神鼓励为主，就要坚信“起决定作用的是工人阶级的觉悟性和坚定性”。（《列宁选集》第4卷第166页）因此，必须坚定不移地坚持表扬先进，立足于提高群众的社会主义觉悟，始终把政治思想教育放到领先的位置。一定要把思想政治工作做深做细，学习大庆人、大寨人的共产主义劳动态度，学习不怕苦、不怕死、不为名、不为利的精神，大力表扬先进，使大家各尽所能，为社会主义多做贡献。但是，光有精神鼓励还不够，还必须从我国现阶段的实际情况出发，关心群众的物质利益，在分配上实行适当的物质鼓励，使劳动者由于熟练程度和贡献大小不同，在工资收入方面也有所差别。差别虽然不大，但它把提倡什么，反对什么，清清楚楚地摆在人们面前。那种多劳不多得，少劳不少得，干不干一个样，干多干少一个样，干好干坏一个样，实际是奖励懒人的办法。

在政治挂帅的前提下，实行必要的物质鼓励，是由社会的政治经济条件决定的。在社会主义历史时期，社会产品还没有极大的丰富，人们的觉悟还没有普遍的极大的提高。在这种情况下，必须一方面加强政治思想工作，培养和发扬群众的共产主义劳动态度；另一方面要关心群众的物质利益，对于作出优秀成绩的劳动者给予物质奖励。这就是说，国家按照劳动者的劳动数量和质量给予不同的报酬。马克思主义对社会主义的物质鼓励是肯定的。列宁曾明确指出：“我们应该记住，除了我们坚决执行生产宣传以外，还要采取另一种影响方式，即实物奖励。”列宁肯定地讲：“在从资本主义到共产主义的过渡时代，如理论推断和苏维埃政权一年来的经验所证实的，没有奖金是不行的。”毛主席对于物质鼓励也作过一系列指示。早在第二次国内革命战争时期就指出，提高劳动热忱，发展生产竞赛，奖励生产战线上的成绩昭著者，是提高生产的重要方法。在抗日战争时期又指出：“大规模地发展解放区的农业、工业和贸易，改善军民生活。为此目的，必须实行劳动竞赛，奖励劳动英雄和模范工作者。”在全国解放以后也指出：“应当奖励那些勤俭的、产量最高的、各方面都办得好的合作社。”新中国成立以来，我们党实行了社会主义奖励制度，并为此规定了一系列正确的方针、政策。毛主席十分明确地肯定了我国实行计时为主、计件为辅，计时工资加奖励的制度。经过五届人大，按劳分配和体现这一社会主义原则的劳动报酬制度和政策，再一次明确地载入《中华人民共和国宪法》。我们应该进一步认真学习革命导师的论述，研究和总结历史的经验教训，坚决贯彻执行。

当前，摆在我们面前的一个重要课题，就是要深入揭批“四人帮”在理论上制造的混乱和在实践上造成的危害。多年来，“四人帮”出于篡党夺权、复辟资本主义的险恶用心，对按劳分配进行了疯狂攻击和恶毒诽谤，诬蔑按劳分配是资本主义原则，特别是对体现按劳分配原则的劳动报酬形式，如物质奖励、计件工资、岗位津贴等，一概加以否定，统统诬蔑为“奖金挂帅”、“物质刺激”。给主张在分配上坚持毛主席革命路线和政策的干部、群众扣上各种各样的大帽子。按劳分配这一社会主义原则，被他们诽谤为万恶之源，简直是洪水猛兽。“四人帮”及其一伙果真是不要物质利益，两袖清风吗？一年多来揭发出来的大量触目惊心的事实，证明“四人帮”是一伙侵吞国家财产，吸吮人民血汗，挥霍成癖、奢华成习的窃国大盗。他们资产阶级帮派体系中的许多人就是贪污盗窃、投机倒把，利用职权谋取暴利的新生资产阶级分子。“四人帮”还竭力煽动无政府主义，刮起把公家东西随便往家里拿的歪风；鼓吹混社会主义、吃社会主义，造成了“干多干少一个样，干好干坏一个样，干与不干一个样”的极不合理现象，把社会风气搞坏了，把人们的思想搞乱了，挫伤了广大群众的生产积极性，使社会主义生产遭到严重的破坏。因此，要贯彻执行精神鼓励和物质鼓励相结合而以精神鼓励为主的方针，就必须彻底揭发批判“四人帮”破坏按劳分配原则的滔天罪行，推倒“四人帮”对按劳分配的一切攻击诬蔑之词，为奖励制、计件工资、岗位津贴等恢复名誉。

应该着重指出，目前在我们一部分领导干部中，对实行精神鼓励和物质鼓励相结合而以精神鼓励为主的方针，对贯彻按劳分配原则，顾虑重重；对多年行之有效、实践证明是好的制度、好的办法，也不敢恢复。比如建筑单位回收水泥纸袋，煤矿回收坑木的奖励办法，就是明显的例子。有的同志被“四人帮”一伙政治骗子骗了多年，脑子被“四人帮”的紧箍咒禁锢住了，不敢解放思想想问题，至今心有余悸。“四人帮”把政治上的平等歪曲为生活待遇上的平均，捏造“不平等必然要产生阶级剥削”的谬论，作为他们反对奖励制的一个所谓根据，实质上是在鼓吹绝对平均主义。其实，一个工人一个月多收入一二十元，怎么可能变成资本家呢？八级工资制是根据按劳分配的原则制定的社会主义工资制度，最高的八级也不过100多元，怎么能成为资产阶级？即使将来再提高一些，也还是低工资制。应当承认，由于生产和劳动的情况有所差别，劳动者的收入也应该有所差别。否认这种差别，就是否认按劳分配、多劳多得的社会主义原则。

华主席、党中央确定了正确的原则，已经宣告“四人帮”搞的那一套彻底破产。第五届全国人民代表大会提出了新时期的总任务和实现这个总任务的方针、政策和办法。我们一定要坚决执行，扎扎实实地干，把广大群众的积极性充分调动起来，向着宏伟的目标胜利前进。

中央爱国卫生运动委员会在北京召开电话会议

国务院副总理、中央爱国卫生运动委员会副主任委员陈慕华在会上讲话，阐述了中央爱国卫生运动委员会第一次会议的精神。她要求各级党委加强对爱国卫生运动的领导，抓紧“五一”节前的几个星期，迅速动员和组织广大人民群众掀起一个爱国卫生运动的高潮，改善城乡的卫生面貌。她说，目前正是四害孳生的季节，城乡都要及早动手搞好卫生工作。突击抓一下，十分必要。同时，还要持之以恒，形成必要的制度。她指出，维护好公共卫生，形成人人讲卫生的好风尚，这是一种社会公德。尊重社会公德是宪法规定的公民的一项基本权利和义务。我们要把爱清洁、讲卫生提高到遵守国家根本大法的要求来认识，做到家喻户晓，深入人心。

卫生部长、中央爱国卫生运动委员会副主任委员江一真在讲话中，对搞好农村和城镇的卫生运动、发动群众开展除害灭病等项工作，提出了具体的要求和措施。他说，无论城乡，从现在起都要大干一个月。特别要做好经常保持清洁的工作，坚持下去。力争尽早显著见效。

中国人民解放军总后勤部副部长、中央爱国卫生运动委员会副主任委员张汝光，中共北京市委书记、中央爱国卫生运动委员会委员黄作珍，山东省烟台地委副书记黄岗，在会上发了言。张汝光要求团以上各部队、机关立即把爱国卫生运动委员会建立和健全起来，在地方党委和政府的统一领导下，大搞卫生，使部队卫生面貌有一个较大的改进，同时要协助地方群众大力开展卫生运动。黄作珍表示一定要把首都的环境卫生搞好，为实现周总理的把北京市建设成为清洁城市的遗愿而努力。黄岗在发言中说，烟台地区正在开展以消灭越冬蚊　蝇为重点的爱国卫生突击月，他表示要大打人民战争，进一步掀起爱国卫生运动的高潮。

中央爱国卫生运动委员会副主任委员康克清、杨勇等出席了电话会议。会议由卫生部副部长、中央爱国卫生运动委员会委员钱信忠主持。各省、自治区、直辖市主管卫生工作的党政军负责同志参加了会议。

国务院副总理耿飚在北京与加纳加纳最高军事委员会成员 海军司令乔伊·科布拉·阿梅杜梅海军少将举行会谈

国务院副总理陈慕华在北京会见由保健部部长朴明彬率领的朝鲜民主主义人民共和国卫生代表团

朱理治逝世

第五届全国人民代表大会代表、政协第五届全国委员会常委、河北省革命委员会副主任朱理治同志，因病医治无效，于1978年4月9日在北京逝世，终年71岁。

朱理治是江苏省南通县人，1927年4月加入中国共产党，同年7月参加革命工作。朱理治同志历任中共清华大学支部书记，中共北京西郊区委书记，青年团江苏省委组织部长、书记，中共河北省委组织部长、中共河北省委代理书记、副书记，陕北苏区中央局及华北局驻陕甘代表团书记，陕甘宁省委书记，陕甘边省委书记，中央驻东北军特派员。抗日战争时期，朱理治同志历任中共河南省委书记，中原局委员、代理书记，新四军五师政委，陕甘宁边区银行行长，西北财经办事处副主任兼计划委员会主任。解放战争时期，朱理治同志历任中共洮南地委书记，北满分局秘书长，东北野战军后勤部副部长，东北银行总经理等职务。全国解放后，朱理治同志历任东北人民政府计划委员会副主任，全国核资委员会副主任，中央财委物资分配局局长，交通部副部长、党组副书记，中央财经小组成员兼国家计委副主任，华北局候补书记、书记。

4月10日

中共中央主席华国锋在北京会见加纳最高军事委员会成员 海军司令乔伊·科布拉·阿梅杜梅海军少将和他率领的加纳政府友好代表团

华主席在会见加纳贵宾时说，中国在非洲有很多朋友。我们认为非洲的形势是很好的。现在非洲独立的国家已有49个，这说明了伟大非洲人民的觉醒。

华主席指出，非洲人民还要警惕霸权主义、帝国主义和殖民主义为了自己的私利在非洲进行破坏和捣乱。他说：我们一向主张非洲的事务应该由非洲人民自己当家做主。

国务院副总理耿飚、外交部副部长何英、中国人民解放军副总参谋长何正文、外经部副部长程飞等参加了谈话。

中共中央主席华国锋在北京会见由总书记吉耶尔莫·胡阿雷斯率领的阿根廷共产党(马列)中央代表团

中共中央政治局委员、中联部部长耿飚参加了会见。

中央军委发布《关于加强军队组织纪律性的决定》

为了落实毛主席关于"军队要整顿"、"要准备打仗"的指示,坚决克服无组织无纪律现象,中央军委作出了《关于加强军队组织纪律性的决定》(以下简称《决定》),要求各级党委根据《决定》的内容,充分发动群众,以团以上党委和机关为重点,对部队的组织纪律,普遍地认真地进行检查整顿,切实加强部队的组织纪律性,以保证抓纲治军、准备打仗各项任务的完成。

《决定》要求加强对部队的组织纪律教育,提高干部战士遵守纪律的自觉性。要紧密联系实际,认真学习马、恩、列、斯和毛主席关于加强组织纪律性的论述和党中央的有关指示,彻底批判林彪、"四人帮"破坏我党我军纪律的罪行和谬论,肃清其流毒和影响,不断增强党的观念、组织观念、政策观念、法纪观念,树立人人维护革命纪律的良好风尚。

《决定》要求严格遵守个人服从组织,少数服从多数,下级服从上级,全党服从中央的党的统一纪律。坚决贯彻"要搞马克思主义,不要搞修正主义;要团结,不要分裂;要光明正大,不要搞阴谋诡计"的基本原则。坚决执行以华主席为首的党中央、中央军委的决定和指示。坚决服从各级党组织的领导,认真执行党的决议。对重大问题,决不允许采取事前不请示、事后不报告的错误态度。要贯彻党的民主集中制,充分发扬民主,维护党的团结和统一。对那些对抗党中央和中央军委,垒山头、搞宗派,进行非组织活动,搞阴谋诡计的人,必须进行坚决的斗争。

《决定》强调必须坚决执行命令,一切行动听指挥。要建立和维护各级领导的革命权威,做到令行禁止,步调一致。对上级的指示,必须坚决执行,决不允许断章取义,自行其是。对上级交给的任务,必须积极完成,决不允许打折扣,讲价钱。所有人员特别是干部,要坚决服从组织分配,下了命令要按期报到,发扬战争年代那种一声令下,立即行动的革命精神。

《决定》提出要严格执行条令、条例和各种规章制度。要把条令、条例作为行动的准则,认真履行职责,自觉遵守规章制度。要在部队训练、执行任务和日常生活中,养成自觉执行条令、条例的良好习惯。各级领导要认真负责,大胆管理,严格要求,反对不按规定办事,玩忽职守,违章蛮干的坏作风。

《决定》重申要严格遵守群众纪律,发扬拥政爱民的光荣传统。要尊重和爱护人民群众,不得与民争利和侵犯群众利益。要尊重地方党委和政府,坚决执行国家的政策、法令。

《决定》要求各级干部特别是高级干部,要成为遵守和维护革命纪律的模范。要保持艰苦奋斗、艰苦朴素的优良作风,反对走后门,讲排场、比阔气,请客送礼、铺张浪费等不正之风。决不允许利用职权谋私利。不准多吃多占和侵占士兵利益。不准超标准修建宿舍。干部调离大城市特别是北京时,家属要随同迁出。少数家属因工作需要暂时不能迁出的,由其所在机关安排住房。暂住军队营房的,只能按其级别待遇安排住房。

《决定》明确指出,对模范遵守纪律的,应当表扬奖励;对违反纪律的,要批评教育,严重的要给予处分。特别是对那些歪曲和破坏党的路线、方针、政策;进行派别活动,分裂党的组织;搞无政府主义,动不动"对着干";拒不执行命令;不服从分配;严重失职,造成重大损失;违反财经纪律,肆意挥霍浪费;贪污盗窃、投机倒把、腐化堕落等违法乱纪的人,不论其职位高低,都必须严肃处理,直至撤职法办。对敢于向不良倾向作斗争,检举揭发违法乱纪行为的同志,要支持保护,决不许打击报复。打击报复的,必须受到查究和处分。对捏造事实,有意诬陷好人的,要严肃追查处理。要严格区分和正确处理两类不同性质的矛盾。

《决定》还规定要建立与健全团以上党的各级纪律检查委员会,充分发挥其作用,切实加强对纪律情况的检查和监督,使纪律检查委员会真正成为党委反对不良倾向、维护纪律的有力助手。纪律检查委员会的成员,一定要党性强,作风正派,大公无私,敢于斗争。

《解放军报》发表评论员文章《军队非讲纪律不可》

军队为什么非讲纪律不可?整顿军队为什么必须严格整顿纪律?在完成抓纲治军、准备打仗的任务中,加强纪律建设有什么重要意义?简单地作一下历史的回顾,这些问题就会得到明晰的答案。

我们这支人民军队,在遵守纪律,遵守社会主义法制方面,有着光荣的革命传统,历来受到全国人民的拥护和欢迎。军队自觉守纪律,一切听从党指挥,这一条,成了党内历次机会主义头子搞修正主义、搞分裂、搞阴谋诡计不可逾越的障碍。正因为如此,林彪、"四人帮"反军乱军,篡党夺权,总是不择手段地破坏我军的革命纪律。1975年军委扩大会议,针对林彪、"四人帮"的破坏造成的后果,把整顿军队纪律列为重要议题。为了加强军队的集中统一和纪律,毛主席亲自批准颁发了中央军委重新修订的我军《内务条令》和《纪律条令》。这些重大决策和措施,赢得了全军指战员发自内心的欢呼。但是,由于"四人帮"的干扰破坏,会议精神在部队未能得到很好贯彻,整顿纪律的问题也被耽误下来了。粉碎"四人帮"之后,我军通过10个"应该不应该"的教育,纪律建设有了很大加强。然而,彻底消除林彪、"四人帮"破坏我军纪律的流毒和影响,还要付出艰巨的努力。

十多年来,林彪、"四人帮"横行于党纪、国法、军纪之外。他们采用反革命两面派的手法,高喊革命的词句,兜售破坏纪律、破坏团结的私货。我们强调一切行动听指挥,他们说对中央军委的命令、决定要有"四敢"(敢议论、敢分析、敢批判、敢斗争)精神;我们强调军队要守纪律,他们说不要搞"奴隶主义";我们强调按条令条例办事,他们说要冲破"条条框框";我们强调下级服从上级、全党服从中央,他们说可以"一级反一级","造反"不需要批准。谬种流传,为害甚烈。一些干部战士的思想被他们搞乱了,顶顶撞撞成了"反潮流",矛头向上成了"大方向",使我军三大纪律八项注意的优良传统受到严重损害。少数干部包括某些领导干部,遵纪守法的观念淡漠得很,甚至头脑里根本没有纪律和法制。对德才等人严重违犯财纪纪律的事件,就是突出的例子。纪律松弛,直接破坏部队的战斗力。加强纪律,才能扶植和发扬革命正气,抵制和打击歪风邪气,调动广大干部战士的积极性和创造性。在新时期,我们军队要真正经得起现代战争和政治风浪的考验,要为建设社会主义的现代化强国作出贡献,不严格整顿纪律,把被林彪、"四人帮"财坏了的风气扭转过来,是不行的。

军队要准备打仗,打仗就得有纪律。特别是在现代条件下作战,由于武器装备的现代化程度高,部队的机动性强,战争的突然性大,更要有严格的时间观念,高度的纪律性。现代战争是立体战争,天上、地面、海洋,前方、后方,这个军种、那个兵种合同作战,只有配合得像一个人一样,才能驾驭战争,制胜敌人。我们加强战备,一是精神准备,一是物质准备。纪律建设属于精神准备。统一的革命纪律,体现着伟大的毛泽东思想,蕴含着无坚不摧的革命精神,有一定条件下可以转化为巨大的物质力量。有了好的纪律和好的作风,平时能经得起政治风浪的考验,到了战场,也能勇往直前,多打胜仗。有时你增加一个营、一个团甚至一个师都不能解决的问题,而由于执行命令坚决,行动果敢迅速,就可以取得战斗的胜利。可是,建立有权威的以自觉为基础的无产阶级革命纪律,是抓纲治军的一项刻不容缓的战斗任务,是准备打仗的实际步骤。

纪律是什么?纪律是上层建筑,具有鲜明的阶级性。纪律同权威一样,是以服从为前提的。一方面要有一定的权威,一方面要有一定的服从。不论哪种社会,人们要从事生产、打仗,就会有联合活动,就要有一定的权威和服从。我国古代有作为的军事家,都强调治军严,赏罚明,主张"教以战阵,严其法纪"乃"持军之急务"。我们人民军队的纪律,是无产阶级和劳动人民意志和利益的体现,是最有权威的铁的纪律,也就要求有最自觉最严格的服从。讲纪律就要讲服从,整顿纪律就要紧紧抓住一切行动听指挥这一条。无论干部战士,都要严格遵守政治纪律和军事纪律,都要服从命令,听从调动,执行政策法令,按规章制度办事,把我军的各种条令条例作为行动准则。俗话说:"没有规矩,不能成方圆。"没有这些服从,那只能国将不国,军将不军。由于"四人帮"的流毒和影响,在对待服从这个问题上,至今还存在一些错误倾向和糊涂认识,值得重视。

不执行命令还"理直气壮"。有那么一些同志,尽管天天唱《三大纪律八项注意》歌,并不能照着去做。组织上调动他的工作,他说:"你要我走,先得把是非弄清楚。"他们讲服从是有条件的,那就是看是否符合自己的心愿。违我愿者,就是是非没有清,就可以不服从。什么是非没有清!问题是看你站的什么立场,用的什么标准。有些事,从局部来看是可行的,从大局来看不可行;有些从大局看可行,从局部看不可行。如果你没有全局观念,如果你跳不出个人利害得失的小圈子,能够把是非弄清楚吗?退一步讲,即使你认为组织的调动和安排有某些不妥之处,也要先执行命令。有意见可以提,但命令要服从,不得在行动上有任何反对的表示。这是我党我军的传统。

"讲自觉服从,就不能用强制手段。"这是借口无产阶级纪律是自觉的纪律,以掩盖自己的自由行动。有这种看法的同志,执行指示打折扣,接受任务讲价钱,自称"办事情总得有个灵活性";作风疲沓,自由散漫,不执行条令,不遵守法规,说是这些东西"连不上线,上不了纲,影响不了大方向";对下不敢抓,不敢管,放任自流,还谓之"相信群众"。心目中没有革命原则,行动上不是立党为公,头脑里又何谈纪律观念!这些同志不知道,无产阶级的纪律是自觉的纪律,决不意味着它好像一条能伸能缩的橡皮筋,可以执行,也可以不执行。国有国法,军有军纪。宪法是神圣的,不能违犯;军队规章制度定了以后,不能随意改动,必须坚决执行。既然是纪律就带有一定的强制性。有觉悟的人,遵守革命纪律会愉快,坚决;觉悟不高的人,碰到革命纪律会感到约束,甚至会动摇。绝对的自由,世界上是没有的,生活在阶级斗争的社会里更是如此。

把执行纪律说成是惩办主义。什么叫惩办主义？惩办主义是军阀残余的一种表现，它否定深入细致的思想政治工作，不讲我军的三大民主，无视党的政策，像"四人帮"那样，动不动就打棍子、扣帽子，关押惩罚。这是我们所反对的。我们主张说服教育为主，表扬奖励为主，在加强政治工作，发扬三大民主的基础上，启发干部战士一切行动听指挥，自觉地遵守革命纪律。然而，这并不是说作为辅助手段的必要惩处，统统应该废除掉。自觉与强制、奖励与惩罚都是要的，主要是靠自觉，强制是针对少数不自觉的人。规定不准的事你还不听，那行吗？经过教育还不觉悟，那就要强制执行。同样，主要是奖励，处罚是对个别违犯纪律、影响恶劣、屡教不改的人，处罚少数是为了教育多数，对犯纪律的本人也是一种教育。在正确路线领导下，既严格要求又耐心说服，既严明纪律又注意政策，这是正确地执行纪律，决不是惩办主义。对于那些不服从组织决定，不服从命令，工作调不动的，不能讲情面。经过说服教育还不行，就要给以必要的纪律处分。如果这一条都办不到，还叫什么军队？还怎么打仗？

我军的纪律向来是以自觉为基础的。这是无产阶级的革命纪律与剥削阶级的反动纪律最根本的区别之一。发扬民主同维护纪律是辩证的统一，没有前者就不可能有自觉的纪律，而丢掉后者民主只能是自行其是，各自为政。"四人帮"破坏集中，践踏纪律，取消法制，同时又摧残了民主传统，扼杀了民主生活，因而也就从根本上毁坏了无产阶级革命纪律的基础。我们现在要整掉"四人帮"在纪律问题上散布的流毒和影响，一个不容忽视的问题，就是要大力恢复和发扬我军的民主传统，发动和依靠广大干部战士自觉地遵守纪律，维护纪律，同那种称王称霸，作威作福，侵犯战士权利，甚至侮辱战士人格等等破坏民主和法制的行为作斗争，从各方面切实进行整顿。只有在充分发扬民主的基础上加强集中统一，加强组织纪律性，才能真正做到统一认识，统一政策，统一计划，统一指挥，统一行动。

部队高度的组织纪律观念，是在斗争实践中通过教育训练和干部的传帮带逐步锻炼出来的。我们必须把三大纪律八项注意作为教育训练的重要内容，切切实实地抓起来。毛主席说："我们军队里头要经常进行三大纪律、八项注意的教育。只要你空几个月不搞，就松松散散了。"多年来，"四人帮"煽动无政府主义，天天叫嚷"对着干"，对部队纪律建设的破坏，可谓触目惊心。要把这些垃圾彻底打扫干净，就需要在继续揭批"四人帮"的斗争中，清除他们假左真右的流毒和影响，反复进行三大纪律八项注意的教育，让马列和毛主席关于加强纪律建设的理论在干部战士头脑中扎下根来，使大家真正懂得纪律是执行路线的保证，严格遵守纪律，是保证完成任务的一个极重要的政治基础，没有纪律，党就无法率领群众与军队进行胜利的斗争。思想上弄懂了，行动上就知道应该怎样做，自觉遵守纪律才有坚实的思想根基。

高度的组织纪律观念，不仅要靠无产阶级的政治精神的贯注，而且要靠在平时的训练实践中切实按照我军的条令条例和各项规章制度，严格要求，逐步养成。有一种说法："平时稀拉没关系，战时自然守纪律"，"枪声一响，纪律就强"。这话不对。平时为战时，战时靠平时。平时一贯稀拉，战时一定稀拉。邱少云宁肯烈火烧身献生命，也不违反纪律去求生，离不开他平时严格要求，刻苦磨炼；硬骨头六连一切行动听指挥，纪律过硬如坚壁，在于纪律训练经常化。如果平时练兵不严，上阵怎能勇往直前？平时疲疲沓沓，作战怎能争分夺秒？平时顶顶撞撞，战时怎能服从领导？

加强纪律教育，搞好纪律训练，关键在领导。领导要带头，要以身作则。一个连队组织纪律的状况如何，就是连长、指导员思想革命化程度高低、组织纪律观念强弱的一面镜子。一个营、一个团、一个师，也是同样。干部迈什么步，关系到战士走什么路。特别是革命的老干部，在部队中享有崇高威望，一言一行都对部队有直接影响，更负有特殊的责任。从这一点上讲，整顿部队纪律，加强纪律建设，还是要从担任领导职务的老干部开始。我们的各级领导干部，对部队的纪律状况应该了如指掌，纠正违反纪律的现象，表彰遵纪守法的模范，应该有切实的措施，要千方百计地把我军遵守纪律的优良传统传下去。只要我们的各级干部抓好了这一点，既教育战士和下级严守法纪，又严格要求自己走的每一步路都不"越轨"，办的每一件事都不违章，就能有效地改变那种有权无威的状况，就能承上启下，上行下效，随时可以带领千军万马同心同德地去战斗。

国务院副总理耿飚在北京与加纳最高军事委员会成员 海军司令乔伊·科布拉·阿梅杜梅海军少将继续举行会谈

利比里亚和中国关于合作修建农业工程的议定书在蒙罗维亚签字

利比里亚农业部部长弗洛伦斯·切诺韦思和中国驻利比里亚大使王人三分别代表本国政府在议定书上签字。

河北阜平"城南庄革命纪念馆"开馆

4 月 10 日是伟大的领袖和导师毛主席来到河北省保定地区阜平县 30 周年。这一天，阜平县共有 7000 多名干部和群众代表，在毛主席居住和工作过的城南庄隆重举行了"城南庄革命纪念馆"开馆仪式和纪念大会,并在会后参观了纪念馆以及毛主席在城南庄的旧居。

在解放战争进入战略反攻的重要时刻,毛主席、周恩来副主席和任弼时同志从陕北东渡黄河,经山西来河北,于1948年4月10日到达当时中共中央北方局和晋察冀军区司令部所在地阜平县。毛主席在阜平县西下关村路居一夜,4月11日来到城南庄,以后又转到花山村,于5月26日离开阜平前往平山县西柏坡村。

毛主席在阜平县总共住了45天。城南庄革命纪念馆里陈列的大量实物、照片和图片,详细地介绍了毛主席当年在阜平期间所进行的革命活动:领导了全国的土地改革和整党工作,写下了《新解放区农村工作的策略问题》和《1948年的土地改革工作和整党工作》等光辉著作,并亲切接见了参加土改和整党工作座谈会的阜平、曲阳、定县三县的县委书记和部分区委书记,进行了深入细致的调查研究;部署和指挥了全国的解放战争,亲自在阜平主持召开了军事汇报会议;为党中央起草了1948年《纪念五一劳动节口号》,提出了召开新的政治协商会议、成立民主联合政府的政治主张。展品还生动地反映了伟大领袖毛主席与阜平人民心连着心,关心和了解群众的生产、生活和文化教育事业的情况。

中国科学院副研究员杨乐与张广厚在瑞士作学术报告

中国科学院数学研究所副研究员杨乐和张广厚,应瑞士苏黎世联邦高等工业学校教授阿尔弗雷德·胡贝尔的邀请,参加了从4月10日至14日在苏黎世举行的国际分析会议,并且在会上作了学术报告。

杨乐和张广厚在13日下午的会议上分别介绍了他们在函数值分布论的研究中所取得的某些最新成果。杨乐在题为《整函数与亚纯函数值分布论的某些结果》的报告中介绍了在整函数与亚纯函数的亏值数目、亏值和奇异方向的关系、奇异方向的分布规律以及具有新性质的奇异方向等方面的一系列研究结果。这些研究成果,一部分是他和张广厚合作得到的,一部分是他最近取得的。张广厚作了题为《关于整函数与亚纯函数的亏值、渐近值和茹利雅方向之间关系的研究》的报告。他着重阐述了证明整函数或亚纯函数理论中三个重要概念——亏值、渐近值和茹利雅方向之间有机联系四个重要定理。

参加这次国际分析会议的有来自瑞士、芬兰、英国、美国、意大利、西德等10个国家的50多名著名数学家。在五天的会议期间,20多名数学家作了学术报告,介绍了他们在数学基础理论方面的研究成果。

在会议期间,杨乐和张广厚同参加会议的各国数学家进行了广泛的接触,交谈了当前国际数学界在数学理论方面的研究情况,特别是同一些函数论专家交流了在函数论研究中各自的经验和成果。

4月11日

国务院副总理方毅在北京会见西德科学交流中心主席汉斯盖尔特·舒尔特教授一行

方毅副总理同西德朋友就进一步开展中国和西德两国间的科学文化交流问题进行了友好的谈话。

《人民日报》发表邬圣钧 王耀贵的报道《教育要快上,整顿教师队伍是关键》并配发编者按

编者按:当前,教育战线重大而光荣的任务,就是为实现四个现代化早出人才,多出人才。要完成这一历史任务,没有一支又红又专的教师队伍是不可能的。中共雁北地委采取有力措施,整顿中小学教师队伍,取得了很好的效果。他们的经验说明,党委一定要下功夫摸清"四人帮"在教师队伍建设上造成的种种混乱现象,做到情况明,底子清,有针对性地采取有效措施,一抓到底。这样才能收到应有的效果。

各级党委都应该像雁北地委那样,切实加强对教育工作的领导,深入揭批"四人帮"反革命的修正主义路线和两个反革命的"估计",彻底肃清流毒和影响。在此基础上,加强教师队伍的思想建设和组织建设,提高教师的政治、业务水平,努力建设一支又红又专的教师队伍,为实现五届人大提出的各项战斗任务,为多培养人才,快培养人才作出更大的贡献。

粉碎"四人帮"后,特别是揭批"两个估计"以来,中共山西省雁北地委采取有力措施,整顿教师队伍,加强教师队伍的管理,为教育战线大干快上创造了有利条件。

分析现状 提高认识

"四人帮"为了篡党夺权,实现复辟资本主义的罪恶目的,在教育战线开刀,首先从破坏教师队伍的建设入手。他们抛出反革命的"两个估计",全盘否定毛主席革命路线在教育战线的主导地位,诬蔑广大教师是"资产阶级知识分子",达到破坏教育革命的目的。

在"四人帮"的打击、迫害下,教师普遍产生了"干教育工作危险"、"当教师倒霉"的思想,不安心教育工作,想方设法离开教育战线。再加上教师队伍管理制度不健全,乱调、乱借教师搞其他工作和任意拉教师参加劳动的现象十分严重,使教师大量外流、改行。1965年雁北地区在高中任教的大专院校毕业的教师有700余人,到1975年只剩下294人。1975年,全区外流教师总数达800人之多。许多高等师范和中等师范毕业生多不愿从事教育工作，以致退职、退休、死亡的教师缺额得不到补充。由于教师数量严重不足，各地只好“矮子里面拔将军”，把小学骨干教师提到初中，初中骨干教师提到高中。这样做，不仅小学、初中失去了骨干，这部分人对新的教学任务也力不胜任。公办不足民办补，于是民办教师增多，又加重了贫下中农的负担。而民办教师的录用，只凭推荐，不经过考核，其中又有相当一部分人，由于文化水平低、业务能力差，当民办教师并不适宜。中小学教师队伍的现状，严重地影响着全区教育质量的提高。

雁北地委认为：为实现四个现代化培养人才，迫切需要建立一支又红又专的教师队伍。因此，必须采取强有力措施，清除“四人帮”在教师队伍问题上的流毒和影响，把教师队伍整顿好、建设好。地委强调指出，在深入开展农业学大寨运动中，认真抓好教育革命，为发展农业培养人才，是一项十分重要的工作。地委要求各级党委像重视农业那样重视教育，像抓农业那样抓教育，一定要把全区中小学教师队伍整顿好。

采取措施　全面整顿

为了摸清“四人帮”破坏教师队伍建设的严重情况，以便有针对性地采取强有力的措施加以整顿，地委责成教育行政部门对教师队伍的历史和现状进行了大量的调查，包括1966年以来逐年调出本地区本行业、借做其他工作、被抽下乡蹲点的教师；1975年以来高师和中师毕业生的分配；全区中小学教师的文化程度、业务水平、教学年龄；教师中退职或退休、自然减员以及对教师队伍落实政策等10个方面的情况。这样，就为全面整顿教师队伍提供了可靠的依据。通过调查摸底，地委进一步看清了“四人帮”对教师队伍的干扰和破坏是极其严重的，更加坚定了整顿好教师队伍的决心。

情况明，决心大，措施才能具体有力。大同县经过调查摸底，发现民办教师的文化、业务水平不高，影响小学以至中学和更高一级学校的教育。因此，县委本着“广开才路，择优录取”的原则，对现有民办教师进行了文化和业务考核，同时在社会上广泛动员有相当文化水平的人自愿报考。对不适于当民办教师的做了调整。对公办学校教师，也进行了文化和业务考核，根据其文化程度安排恰当的教学工作，确实不能在中学任教的就调回小学或调做其他工作。地委认真总结推广了大同县的经验，及时指导全区。这样一来，既提高了民办教师的质量，也合理安排使用了公办教师，做到人尽其才，充分调动了教师的积极性，促进了教学质量的提高。

在整顿的基础上，雁北地区根据当前教师文化程度和业务水平低的状况，利用多种形式，采取分级培训的办法，有计划地对全区中小学教师分期分批进行培训提高。地区负责培训高中教师，各县进修学校负责培训初中及小学骨干教师，公社教师进修辅导站和各学校的进修小组，负责教师日常业余进修和教学研究活动。地委还把办好师范教育当作整顿教师队伍的一项重要内容来抓。

过去，由于“四人帮”的干扰，教育部门管理教师的权力旁落，外单位任意借调教师的现象十分严重，特别是一些骨干教师被调离学校，严重地影响了教学质量。雁北地委明确规定，在党的一元化领导下，由地、县教育行政部门对教育干部和教师实行分级管理。凡调出县、地区的中小学教师，均由地区教育局审批和办理手续；本县范围内的调动，由各县教育局负责。民办教师的录用和撤换，由县教育局批准。为了认真做好高师和中师毕业生的分配工作，地区教育部门参加地区大专院校毕业生分配办公室工作，会同计划、人事部门制订高等师范毕业生分配方案；教师的工作分配由教育部门负责。中等师范学校毕业生分配工作由地区教育局直接负责。

在整顿教师队伍中，地委十分重视落实知识分子政策、补充教师缺额和挖掘潜力的工作。“文化大革命”中，“四人帮”对坚持毛主席教育革命路线，勤勤恳恳工作的同志，捏造种种罪名，进行打击迫害；对有一般错误或有一般历史问题的教师无限上纲，剔除出教师队伍。针对这种情况，雁北地区各级党委狠抓了对教师队伍落实政策的工作，推倒了“四人帮”强加给许多教师的诬蔑不实之词，使许多人恢复了教师工作。地委重新任命了一批原在教育部门工作的老干部担任学校领导工作。根据上级有关指示的精神，地委还将1966年到1974年全区1062名教师自然减员的补充工作一次完成。这些补充名额，是从教学多年的民办教师中择优选拔的。地委决定此后形成制度，逐年逐季办理。这样做，不但保证了教师缺额及时得到补充，而且收到了激励民办教师努力提高教学质量的效果。另外，地委还指示各县挖掘一切潜力，减少非教学人员，动员已退职退休的老教师重返学校，指导帮助教学工作，加强教学第一线。

初见成效　大有希望

雁北地区教师队伍经过初步整顿，克服了“四人帮”造成的混乱，教师队伍基本稳定下来。1977年以来，师范学校毕业生全部分配到了教育战线，教师自然减员得到了补充，扭转了任意增加民办教师的现象。外借教师大部分已归队，或正在陆续归队，使教师队伍不断得到充实。

结合整顿，广大教师大揭大批“四人帮”炮制“两个估计”，诬蔑、打击、迫害知识分子和破坏教师队伍建设的罪行，进一步分清了路线是非，对伟大领袖和导师毛主席的教育思想也理解得更深了，紧跟华主席夺取教育革命新胜利的信心和干劲更足了。老教师焕发了青春，青年教师意气风发，出现了一个老带新，新促老，新老互帮互学共同搞好教育革命的新局面。

通过整顿，教师队伍的质量正在逐步提高。粉碎“四人帮”以后，雁北地区已培训高中语文和数理化教师七百名，初中语文、数理化和英语教师1300多名，小学骨干教师400名。这些教师在所教学科方面的教学质量都有了较大的提高。多数县的民办教师，已有70%以上具有高中文化程度。全区力争在三五年内，经过有计划地培训，使现有业务水平较低的小学教师，大多数能够达到中师毕业程度，初中教师在所教学科方面大多数达到师专毕业程度，高中教师在所教学科方面大多数达到高师毕业程度。这样，就为尽快地全面提高教学质量创造了有利条件，为实现四个现代化多培养人才，快培养人才，打下较坚实的基础。

4月12日

《人民日报》发表记者报道《肃清“四人帮”流毒整顿好领导班子》并配发编者按

编者按：华主席在五届人大的政府工作报告中，要求农业要有一个高速度的发展，到1985年达到8000亿斤粮食。为了实现这个目标，必须加强各级党委的领导，加强领导班子的建设。湖南省委采取查“内伤”、揭矛盾的办法，肃清“四人帮”的流毒，认真整顿领导班子。这一着抓得准，抓得好，认真抓下去，农业发展才可能有高速度。

有些同志认为，“四人帮”没有直接插手我们这里，对我们这里的农村干扰破坏不大。从湖南查“内伤”的情况看来，这种想法是不符合实际的。“四人帮”对农业生产的破坏，特别是在思想上和政策上的破坏，确实不可低估。有些地方阶级敌人猖狂，资本主义泛滥，坏人横行霸道，不少干部却不敢批，不敢斗，不敢管，怕说是“矛头向下”、“整群众”。这是为什么？就是因为对什么叫向上、向下，什么叫“整群众”，路线是非不清。有些地方有的人把胡闹叫作“革命”，把党的社会主义经济政策当作“资本主义”来批，搞得是非颠倒，分不清什么是社会主义，什么是资本主义。粉碎“四人帮”一年多了，有些同志至今心有余悸，有些事还是不敢抓，不敢干。怕什么？为什么怕？主要还是分不清是非，划不清界线。这种“内伤”不查清治好，怎么能适应当前的跃进形势，怎么可能有农业的高速度？湖南的做法值得重视，道理也就在这里。

中共湖南省委在深入揭批“四人帮”的伟大斗争中，最近采取了一系列措施，医治“四人帮”干扰破坏在各级领导班子中造成的“内伤”，从思想上清查“四人帮”的流毒，进一步搞好各级领导班子的整顿和建设，以加快农业发展的速度。

在部分干部中，曾有过这样一种说法：“四人帮”的干扰破坏，农村比城市要小，农业比工业要少。今年春节前，湖南省委第一书记毛致用同省委、省革委会的一些领导同志，分别带领一批干部，组成调查组，前往常德、益阳、岳阳、郴州、湘西土家族苗族自治州等地区，进行了一个多月的调查研究。许多地、市委的负责同志，也进行了蹲点调查。根据调查，湖南省委认为，全省各级领导班子总的情况是好的和比较好的。“四人帮”的干扰破坏在农村造成的严重后果，特别是在各级领导班子中造成的“内伤”，不可低估，有如下几方面的表现：

一是在阶级斗争问题上，由于“四人帮”胡说抓基本路线教育是什么“矛头向下”、“整群众”、“大资批小资”，一部分干部至今心有余悸，抓阶级斗争不力，对修正主义不敢批，对资本主义不敢斗，对错误倾向不敢纠，遇到问题绕道走；另一部分干部被阶级敌人腐蚀、拉拢，在资产阶级糖衣炮弹面前打了败仗。

二是在团结问题上，“四人帮”分裂党、分裂革命队伍的影响远没有肃清。“四人帮”伸到湖南的黑手及其纠集的极少数人，鼓吹“踢开党委闹革命”、“层层揪走资派”，搞乱了一些县、社的领导班子，波及了大队和生产队。一些领导班子至今心不齐、气不顺，捏不到一起。有的人拉拉扯扯搞宗派，把资产阶级政客的庸俗作风带进了共产党内，影响党内的团结。

三是在思想方法上，由于“四人帮”形而上学猖獗，唯心主义盛行，一些领导班子的思想路线被搞歪了。有些领导干部缺乏唯物辩证法，不能一分为二地看问题，无实事求是之意，有哗众取宠之心，说假话，说大话，唱高调，欺上压下，弄虚作假。在生产指挥上，不从实际出发，瞎指挥之风在一些地方流行。

四是在作风上，“四人帮”借革命之名，行反革命之实，疯狂攻击社会主义的实干家是什么“埋头拉车”、“业务挂帅”、“白专道路”，严重伤害了干部的革命事业心和责任感，使一些领导干部松了劲，泄了气，不读书，不看报，不深入群众，不参加劳动，不艰苦朴素，使党的优良传统和作风遭到了严重的破坏。

五是在党的政策问题上，由于“四人帮”以极“左”面目出现，把党在社会主义阶段的政策当作资本主义来批，按劳分配被诬为“物质刺激”，评工记分被斥为“工分挂帅”，正当的家庭副业被说成“资本主义”，搞乱了党在农村的经济政策，使一些干部政策观念淡薄，有章不循，有法不行，有的甚至破坏政策。去年有的县、区、社从生产队调工调劳力有35个项目之多。

为了切实解决各级领导班子的“内伤”问题，湖南省委先后召开了地(市)委书记会和省、地、县三级干部会议，深入揭批“四人帮”，大胆揭露矛盾，分清路线是非，采取了有力措施。这些措施是：

一、紧密结合揭批“四人帮”的斗争，继续在全省范围内深入开展打击阶级敌人、打击资本主义势力的“双打”运动。通过这场斗争，不仅要沉重地打击“四人帮”的社会基础，揭露他们在政治、经济、思想战线向无产阶级猖狂进攻的严重罪行，同时要以活生生的阶级斗争现实对干部进行一次党的基本路线教育，提高执行党的十一大路线的自觉性。

二、认真进行整党整风，整顿领导班子。各级领导班子，要对照五届人大提出的任务和要求，学习大庆、大寨的经验，抓住“四人帮”流毒影响深、障碍大的主要问题，认真进行思想整顿。通过整顿，正确总结第十一次路线斗争的经验教训，进一步分清路线是非，改变对阶级敌人不敢斗，对资本主义不敢批，对错误倾向不敢纠，对歪风邪气不敢管的精神状态；清除“四人帮”拉帮结派的流毒，增强党性和党的观念，健全民主集中制，搞好团结；反对唯心主义和形而上学，发扬党的优良传统和作风；破除鼠目寸光，安于现状，养尊处优，无所作为的懦夫懒汉世界观。在思想整顿的基础上，进行必要的组织调整。对那些参与“四人帮”篡党夺权阴谋活动和卖身投靠“四人帮”的人，要严肃处理。对那些野心勃勃、政治品质恶劣，作风很坏的人，不能让他们进领导班子，不能重用。把坚持马列主义的，坚决同修正主义、资本主义斗的，一心干社会主义的实干家，充实到各级领导班子中来。经过一段工作，如益阳县已经初步解决了24个软、懒、散的区、社、场、镇领导班子和190多个后进大队党支部的问题，各级党组织的战斗力有了加强。湖南省委要求各地、县委在调查研究的基础上，有计划有步骤地，一个一个公社，一个一个单位地切实把领导班子整顿好。

三、主要领导同志亲自动手，帮助下级领导班子医治“内伤”。安乡县在湖南省农业学大寨运动中是起了带头作用的，但近几年来，由于“四人帮”的干扰破坏，自然灾害的影响，工作中也出了一些问题，造成粮食减产。湖南省委在调查研究的基础上，省委第一书记毛致用同志亲自动手，帮助安乡县委进行整风。在肯定成绩的同时，大胆地揭露矛盾，分清了路线是非。县委的同志满怀信心地表示，要坚持真学大寨，鼓实劲，跨大步，以新的成绩向党中央、华主席汇报。益阳、湘潭等地委的主要负责同志，也亲自动手，解剖典型，帮助下级领导班子搞好整顿，医治“内伤”。

四、加强干部的政策观念，提高各级领导班子执行党在农村的各项政策的自觉性，维护政策的严肃性，克服那种不学习政策，不研究政策，以感想代替政策，随心所欲地自定“土政策”的不良倾向。为了使干部有章必循，有法必行，湖南省委最近又重新修订印发了“二十条”。这个文件是华主席在湖南工作期间，根据农村人民公社《六十条》的基本精神，亲自调查研究，主持制定的。这次省委结合当前农村情况，进一步做了修改补充。省委决定在宣传、学习、贯彻这个文件的过程中，对广大干部特别是各级领导干部，进行一次政策再教育。

五、为了肃清“四人帮”的流毒，省委认为有必要在干部中普遍进行马列主义、毛泽东思想的教育，使他们懂得，社会主义是什么，我们的前途是什么？要使各级干部胸怀共产主义大目标，一心一意奔社会主义，在三大革命运动中起模范带头作用。省委准备大张旗鼓地表彰一批模范干部和党员，树立典型，推动思想革命化。

华主席在第五届全国人民代表大会第一次会议的政府工作报告中，对我国农业的高速度发展提出了明确的奋斗目标：到1985年，全国粮食产量达到8000亿斤。医治好各级领导班子中的“内伤”，扫除农业高速度发展的障碍，建设起强有力的团结战斗的领导班子，可以预期，湖南的农业生产必将出现一个新的跃进局面。

中共中央政治局委员 中联部部长耿飚在北京会见以政治局委员夏尔·德尔纳为团长的卢森堡共产主义同盟访华团

国务院副总理陈锡联在北京会见以埃塞俄比亚民航局长比伊尼·德斯塔为团长的埃塞俄比亚友好代表团

中国政府代表团和罗马尼亚政府代表团在布加勒斯特举行会谈

以罗马尼亚共产党中央政治执行委员会委员、政府副总理兼外贸和国际经济合作部部长科·布尔蒂卡为团长的罗马尼亚政府代表团同以中共中央政治局候补委员、国务院副总理兼对外经济联络部部长陈慕华为团长的中国政府代表团就进一步发展两国经济合作关系举行了会谈。

中国 西德 法国关于利用“交响乐”卫星作通信传输试验的协议文本交换仪式在北京举行

通信工程研究院副院长雷洪，西德研究技术部代表团团长、研究技术部分管司司长洛施，相互交换了协议文本。

出席交换仪式的有中国电子学会副理事长、第四机械工业部副部长刘寅，通信工程研究院院长李兆吉，中国电子学会副秘书长邓国军，以及外交部、邮电部、广播事业局等有关方面负责人。

西德驻中国大使魏克德、大使馆外交官员以及西德研究技术部代表团团员也出席了交换仪式。

全国有26所重点高校决定首次在港澳地区招收研究生

新华社报道：这些高等学校主要有：北京大学、清华大学、北京师范大学、复旦大学、中山大学、中山医学院、武汉大学和南开大学等。

文化部决定恢复所属艺术团体的建制和名称

为了拨乱反正，澄清被“四人帮”搞乱了的是非，整顿文艺工作，经华主席、党中央批准，文化部决定恢复所属艺术表演团体原来的建制和名称。

要恢复的单位是：将中国京剧团恢复为中国京剧院；中国话剧团恢复为中国青年艺术剧院、中国儿童艺术剧院、中央实验话剧院；中国歌舞团恢复为中央歌舞团、中央民族乐团、东方歌舞团(已恢复)；中国歌剧团、中国舞剧团恢复为中国歌剧舞剧院、中央歌剧舞剧院。

杨靖宇烈士陵园重新开放

杨靖宇烈士陵园于1958年在吉林省通化市建立。这一年的2月在这里为杨靖宇烈士举行了公祭安葬仪式。

杨靖宇原名马尚德，1905年生于河南省确山县李湾村，1927年5月加入中国共产党。第一次国内革命战争失败后，他在开封、洛阳等地做党的工作，以后由中共中央派赴东北工作，历任东北反日总会会长、中共哈尔滨市委书记、东北抗日联军第一军军长兼政治委员、中共南满省委书记等职。1940年2月18日，杨靖宇在蒙江县(现靖宇县)西排子屯与日寇遭遇，奋战5昼夜，于23日壮烈殉国。

4月13日

全国人大常委会在北京召开在京常委委员座谈会

全国人民代表大会常务委员会4月13日至14日召开了在京常委委员座谈会，听取了中共中央政治局委员、国务院副总理方毅关于科学技术方面情况的介绍，并且进行了座谈讨论。

全国人大常委会副委员长宋庆龄、乌兰夫、廖承志、姬鹏飞、阿沛·阿旺晋美、周建人、许德珩、胡厥文出席了座谈会。

方毅副总理在座谈会上介绍了最近召开的全国科学大会的盛况，着重讲述了中共中央关于发展我国社会主义科学技术事业的战略决策，《1978年至1985年全国科学技术发展规划纲要(草案)》的主要内容，以及全国科学大会结束以后需要抓紧落实的几件工作。他说，全国科学大会，在华主席为首的党中央的直接领导下，开得非常好，非常成功。华主席亲自向全国各族人民发出向四个现代化进军的新的长征的动员令。邓副主席透彻地阐明了科学技术战线上迫切需要解决的一系列重大理论、方针、政策问题。华主席和邓副主席的重要讲话，高举毛泽东思想伟大红旗，提出了党中央发展我国社会主义科学技术事业的重大战略决策。华主席和邓副主席的重要讲话，叶副主席和聂荣臻同志为大会写下的鼓舞人心的诗词，使代表们如座春风。郭沫若同志说得好，科学的春天到来了！郭老的话，充分表达了全体代表的心情。“四人帮”摧残科学技术事业的那种情景确实是一去不复返了。光明灿烂的前景，正展现在我们面前。

方毅副总理指出，党中央召开这次全国科学大会，集中地表达了全国人民对实现四个现代化的共同愿望和决心。真理所在，万众归心。华主席、党中央同全国人民心连心，通过这次大会，又一次得到了生动的体现。方毅副总理强调指出，全国科学大会的胜利结束，是向科学技术现代化进军的开始。华主席提出的“树雄心，立壮志，向科学技术现代化进军”和“学习、学习、再学习，团结、团结、再团结”的号召，必将成为动员亿万人民向科学技术现代化进军的强大动力。我们坚信，在华主席、党中央领导下，四个现代化一定能够实现，中华民族必将以一个具有高度科学文化水平的民族屹立于世界。

《人民日报》发表特约评论员文章《要有一个好会风》

华主席、叶副主席、邓副主席反复号召我们，要恢复和发扬毛主席一贯倡导的党的优良传统和作风。开会的会风，也是一种作风。不管哪一级开会，都要有个好的会风。

当前，我们要办的事情非常之多。中央的路线、政策，需要认真贯彻执行，各方面的经验、情况，需要及时总结交流。上上下下，左邻右舍，都要通气。在这种情况下，召开各种会议，是十分必要的。问题是，开会要讲究方法，要注意会风，要注重实效。

开会，必须讲究方法。这主要的就是民主集中制的方法。

早在十六年前，毛主席就在中央召开的七千人大会上提出了这个问题。当时,在毛主席倡导下,没有采用通常的开会方法,先来一篇报告,然后进行讨论,大家举手赞成。而是先把报告的草稿发下去,请到会的同志提意见,加以修改,然后再作报告。报告的时候,不是照着本子念,而是讲些补充意见,做一些解释。这样,就能更充分地发扬民主,集中各方面的智慧,对各种不同的看法有所比较,会也开得活泼一些。毛主席把这种方法,叫作民主集中制的方法,群众路线的方法。先民主,后集中,从群众中来,到群众中去,领导同群众相结合。

这个方法,实际上是毛主席几十年来领导我们党制定大政方针所一贯实行的根本方法。他教导说:"我们要提倡同地方商量办事的作风。党中央办事,总是同地方商量,不同地方商量从来不冒下命令。"(《毛泽东选集》第五卷,第276页)"有事情总是应当跟人家商量一下,在一个集体中间通过,集中多数人的智慧,这比较好。"(《毛泽东选集》第五卷,第210页)粉碎"四人帮"以来,在以华主席为首的党中央的领导主持下形成的一系列重要文件、报告,都是先把草稿发给有关同志,一再征求意见,一再修改,才拿到会上去报告和讨论通过,也都是采取的这种民主集中制的方法。

林彪、"四人帮"破坏了党的这个传统的方法,他们搞"一言堂",讲讨论是假的,实际上根本不让人家提意见,谁提意见,谁就是反党反领导。特别是"四人帮",屁也不懂,只好靠吹牛,讲大话,讲空话,讲假话过日子。他们是一伙假马克思主义的反革命骗子。骗子总是有人识破的,总是有人反对的,总是有人不听的。于是,他们就随便拿棍子打人,那叫什么?那就叫搞法西斯。从"一言堂"到法西斯,是他们的必然逻辑。

"四人帮"垮台了,但是他们造成的那套坏风气,还在某些人身上起作用。有些人总是不那么喜欢"群言堂",而习惯于"一言堂",觉得唯独自己的看法最高明。这就有点危险性。我们应当以历史为戒,彻底刷掉"四人帮"的流毒,永远不搞他们那一套恶劣作风。

开会,还要注意克服不正之风。

现在,各地方、各部门开会多了。有的会是必要的,是开得很好的。但是,开会也不要照搬,上边怎么开,下边也怎么开,人家怎么开,自己也怎么开,依样画葫芦。开会同样要从实际出发。要注意精简,不要比赛开大会,开长会。不开无准备的会。要尽可能开小会,开短会,要切实解决问题。不解决问题的会是失败的。有的地方、部门会议成灾,甚至借开会之机,游山观水,吃喝玩乐。这是会风不正。

会风不正由来已久。林彪、"四人帮"一上台,就以运动群众为能事,大刮形式主义妖风。年深日久,也使我们不少同志沾染上了这种坏习气。于是,开会贪多求大,不讲实效的歪风,就逐渐流行开了。对于这种现象,广大干部和群众虽然深感厌烦,但是无可奈何。有的人身在其中,见怪不怪,也就习以为常。要说积重难返的话,这种流毒也是突出的一项。

现在,举国上下正在为实现新时期的总任务而努力奋斗,时间紧迫,形势逼人。会风不正,就会在时间上、精力上、物质上造成极大的浪费,耽误四个现代化的进程。从这个意义上说,会风不正就是犯罪。

实事求是,群众路线,是我党的优良传统和作风。我们做一切工作都要讲求实效,讲求高效,不做表面文章,反对形式主义。每次开会,都要有明确的目的,明确解决什么问题。要认真商量问题,认真贯彻民主集中制,认真走群众路线,使研究讨论的问题,尽量完满些,实实在在,不搞浮夸,不要漫无边际,空空洞洞,也不要把会开得拖拖拉拉,松松垮垮,更不许可借开会名义搞邪门歪道。

恢复和发扬毛主席倡导的传统会风,是华主席、党中央的号召。会风问题,实际上反映了领导思想、领导方法、领导作风的问题。我们一定要高度重视,严肃对待。要下定决心,再不要搞那种脱离群众的蠢事情。扎扎实实,一步一个脚印地为我们的革命和建设事业多做贡献。

全国人大常委会副委员长廖承志在北京举行宴会欢迎以田英夫为团长的日本社会民主联合访华团

日本社民联是最近成立的新党。廖承志会长对社民联首次派出代表团到我国访问表示热烈欢迎。

廖承志副委员长在祝酒时说,在两国政府联合声明的基础上早日缔结《中日和平友好条约》,对中日两国都有利。对此,我们双方的看法和主张是早就一致的。他指出,事情发展到今天,谁在那里明里暗里不断向日本施加压力,干涉内政,进行破坏;谁在那里制造种种借口,不时地掀起一股逆流,企图阻挠条约的签订,这是尽人皆知的。他说,早日缔约是人心所向,大势所趋,任何阴谋破坏都是不会得逞的。在这个问题上,障碍不在中国方面,中国的态度是一贯的,没有任何变化,关键在于日本政府早下决断。他对日本社民联一诞生就作出一项关于要求早日缔结写进反霸条款的日中和平友好条约的特别决议表示称赞。他说,我们同以田英夫先生为首的社民联朋友们早已建立起可贵的友谊和友好合作关系。我们双方曾多次就当前国际形势等共同关心的问题深入地交换意见。我们一致认为,苏、美两个超级大国到处争夺是世界不得安宁的根源,一致主张必须反对两个超级大国的霸权主义。国际形势的发展越来越证明我们的看法是正确的。他再次表示坚决支持日本人民要求收回北方四岛的正义斗争。

4月14日

五届全国政协常委会在北京举行第一次会议

会议于4月14日至15日举行，全国政协副主席乌兰夫、宋任穷、沈雁冰、许德珩、欧阳钦、史良、朱蕴山、季方、王首道、杨静仁、帕巴拉·格列朗杰、周建人、庄希泉、胡子昂、荣毅仁、童第周，出席了会议。

乌兰夫副主席主持了会议。

会议通过了政协第五届全国委员会副秘书长名单；通过了政协第五届全国委员会组织机构和负责人名单，这些组织机构是秘书处、学习委员会、文史资料研究委员会、工作组办公室、国际问题组、文化组、教育组、工商组、医药卫生组、华侨组、民族组、科学技术组、宗教组、妇女组、法制组、对台宣传组。

委员们听取了外交部副部长何英关于国际问题的报告。委员们还听取了中共中央政治局委员、国务院副总理方毅在人大常委委员座谈会上所作的关于科技方面情况介绍的报告录音。

会议期间，委员们进行了参观。

财政部向中共中央提出《关于基本建设投资效果问题的报告》

财政部建议，合理安排建设布局，整顿基本建设管理，建立严格的经济责任制。

《人民日报》刊登记者报道《广州黄埔港在斗争中坚持计件工资制》并配发编者按

编者按："四人帮"在计件工资问题上大做反党文章，其矛头直指敬爱的周总理、华国锋同志和李先念副总理。对"四人帮"这个严重反革命阴谋活动，必须彻底揭露。

"四人帮"控制时的《人民日报》，在这个问题上也是欠了账的。1974年2月1日，"四人帮"在《人民日报》的那个心腹，迫不及待地在头版头条位置转载了所谓《要当码头的主人，不做吨位的奴隶》的大字报，并加了《编者按》。这篇报道流毒全国，搞乱了人们的思想，造成极为恶劣的影响和后果。今天本报发表的黄埔港装卸工实行计件工资的报道，是对"四人帮"及其余党的有力批判，对"四人帮"在按劳分配问题上制造的种种混乱予以澄清。

黄埔港实行计件工资，是经过反复斗争考验和长期生产实践检验的。他们的经验，可供条件相同的部门和工种参考。

广州黄埔港从1973年10月份起，在装卸工人中实行计件工资制。四年多来，成效显著。装卸效率提高，利润增加，企业管理相应加强，工人群众之间的团结也增强了，港口面貌发生了深刻的变化。实践证明，对少数从事笨重体力劳动和手工操作的工种，实行计件工资制，是贯彻执行"各尽所能，按劳分配"原则的一种好的付酬形式。

"四人帮"为了破坏国民经济的发展，实现其阴谋篡党夺权的罪恶目的，曾给计件工资强加了种种莫须有的罪名，对黄埔港进行了疯狂的反革命围攻。

黄埔港装卸工人的工资制度几经变化。有一段时间，由于未能很好贯彻按劳分配原则，加上其他原因，造成了港口压车、压船、压货的严重现象。主要经济指标大幅度下降，外轮停港延期索赔罚款的事件不断发生，使国家在政治和经济上都蒙受了损失。敬爱的周总理对港口的建设和生产十分关怀，作了一系列重要指示。早在1972年9月的一次会上，华国锋同志就曾指出，应该按照毛主席的教导实行计时与计件相结合的工资制度。李先念副总理并根据周总理的指示精神，要交通部门在一部分港口的装卸工人中试行计件工资制，明确指出计件工资不是资本主义。黄埔港就是根据周总理、华国锋同志和李先念副总理的指示精神，在交通部、广东省委、广州市委的领导和支持下，经过广大工人、干部的充分酝酿讨论，在占全港口职工总数不到1/4的装卸工人中重新实行了计件工资制。新制度实行后，装卸效率立即提高。那一年，在前9个月完成任务很差的情况下，到年底却超额完成了任务。

1974年春，正当黄埔港实行计件工资制取得初步成果的时候，一贯反对周总理和国务院领导同志的"四人帮"，马上从上海派人窜到广州，秘密搜集黄埔港实行计件工资的情况，盗用上海港工人的名义，针对黄埔港实行计件工资，通过上海两报抛出了《要当码头的主人，不做吨位的奴隶》这一蛊惑人心的反动大字报。"四人帮"在《人民日报》的那个心腹随即以头版头条位置转载，并加了《编者按》。"四人帮"及其余党给计件工资横加种种罪名，说这是"吨位挂帅"，是"复辟"、"回潮"，矛头直接指向敬爱的周总理、华国锋同志和李先念副总理。在那些日子里，黄埔港从党委成员到装卸工人，不少人都在思索着议论着上海的大字报：为什么码头的主人不能抓生产，难道空喊革命，不搞生产的人才能成为码头的主人吗？联系到当时有的港口堵塞，事故增多，生产十分被动的情况，黄埔港党委和广大工人经过分析比较，坚信按照周总理、华国锋同志和李先念副总理的指示去做是正确的，坚决顶住了"四人帮"的压力。广大工人和干部抓革命，促生产，大干社会主义，港口吞吐量仍然逐月增加。一些在其他港口待卸多时的外轮,也移调到黄埔港来卸货,这就有力地回击了“四人帮”在上海的余党炮制的反动大字报。

但是,斗争并没有结束。1975年年初,“四人帮”在广州地区的黑干将又煽起了围攻黄埔港的恶浪,恶毒诬蔑黄埔港实行计件工资是“把‘文化大革命’批判过的东西又捧出来”。黄埔港党委带领广大干部和工人在学习无产阶级专政理论中,学习列宁关于“必须实际采用和试行计件工资制”(《列宁选集》第3卷,第511页)的论述,学习毛主席关于我国的工资制度应当以计时为主、计件为辅的指示,深刻认识到,在以体力劳动为主的装卸工人中实行计件工资制,是正确贯彻多劳多得、少劳少得的社会主义现阶段分配原则的体现,这不是资本主义,也不是修正主义。而否定在一定条件下实行计件工资制,则是错误的,不是马列主义的态度。黄埔港党委和广大干部、工人坚定不移地继续实行计件工资制。

随着“四人帮”篡党夺权阴谋的加紧进行,“四人帮”对黄埔港的围攻也步步紧逼。有人又乘在上海举办货运人员业务学习班之机,造谣诬蔑,颠倒是非,胡说:“黄埔港生产上的小好,抵不了计件工资的大错”。“四人帮”在广州地区的黑干将也进一步插手黄埔港计件工资问题,他们北呼南应,竟说“你们不要看黄埔港生产上去,是有背景的”,指名道姓地攻击国务院领导同志,煽动港口一些人起来“造反”,“要敢于向大人物宣战”,要揪推行计件工资、搞“复辟”“回潮”的“走资派”。在这股恶浪面前,黄埔港党委又经受了一次严峻的考验。在压力最大时,交通部、广东省委、广州市委都给予了及时的支持。为了不使国家在政治上、经济上遭受损失,黄埔港党委横下了一条心,宁可被打倒,也要坚持实行计件工资制,把港口运输搞上去,促进对外贸易和工农业生产的发展。

今天,在揭批“四人帮”的第三战役中,必须彻底清算“四人帮”破坏“各尽所能,按劳分配”的社会主义分配原则的罪行,为计件工资恢复名誉。

由于“四人帮”对计件工资的诋毁和诬蔑,这方面的流毒和影响还没有彻底肃清,有些同志对计件工资也存在着一些模糊认识和思想顾虑,心有余悸。他们担心,实行计件工资会不会滋长经济主义,会不会降低质量,会不会影响工人团结,等等。为了进一步解决这些思想认识和工作上的问题,有关部门的同志和记者最近到黄埔港作了调查,黄埔港长期生产实践说明,这种顾虑是不必要的。

把实行计件工资说成会滋长经济主义,这是“四人帮”对马克思主义的“各尽所能,按劳分配”原则的恶毒歪曲。在我国社会主义公有制的前提下,计时工资与计件工资,都是实行按劳分配原则的具体报酬形式。至于用那一种形式,要取决于一系列客观条件。以黄埔港来说,在从事体力劳动为主的装卸工人中实行计件工资,现阶段是完全合适的。解放以来,黄埔港装卸机械化程度有所提高,货物起吊、码头运输虽已使用机械和机动车辆,但装卸作业头尾两端(即船舱、火车内、仓库内的拆堆、打码等)工序,仍以笨重的体力劳动为主。同时,装卸作业易于进行定额计件,作业质量也比较容易检查。在这种条件下,实行计件工资是一种很好的劳动报酬形式,它能克服“同工不同酬”、“吃大锅饭”,出工不出力的现象,体现多劳多得,少劳少得的按劳分配原则,从而能更好地调动工人群众大干社会主义的积极性。以1974年至1977年实行计件工资,同实行计时工资时的1972年相比:港口平均年吞吐量增长21%,装卸工人劳动生产率提高30%,装卸工人减少403人,装卸工时效率提高74%,每千操作吨工资成本下降12%,而装卸工人月平均实收工资增加14%。

从以上数字充分说明,在坚持无产阶级政治挂帅的前提下,在一定范围内,在一定条件下,实行计件工资制,对国家、对集体、对个人都是有利的。它不会滋长经济主义。工人们说得好:“不能只顾荷包胀,不顾大方向。”“四人帮”诽谤计件工资,诋毁按劳分配原则,是他们一贯假左真右、反对马列主义、毛泽东思想的反革命本性的表现。

有人认为“实行计件工资会破坏工人阶级的团结”。黄埔港现行装卸工计件工资是总结了解放以来正反两方面的经验制定出来的,它以班组为单位集体计件,按班组出勤人数分配。集体多增产,个人才能多增收;集体多劳动,个人也才能多得。国家、集体、个人利益上的一致,进一步促进了装卸工人内部的团结。实践也正是如此。为了多增产,超额完成生产任务,计件以后,黄埔港各装卸班组自觉制定了适合本组的制度和措施,按每个人的体力强弱、装卸业务技术的熟练程度进行分工,并随时进行调整。大家互相促进,团结、协作比过去好了,不是差了。

还有人认为实行计件工资,必然事故多,货运质量差。事实也并非如此。根据黄埔港的经验,事故多与少,质量好与坏,同实行哪一种工资制度没有必然的联系。这几年,黄埔港货运质量有所提高,得到一些远洋轮船船员的好评。工伤事故也有所下降。黄埔港的经验主要抓两条:一是向职工反复进行社会主义建设总路线教育,全面认识多快与好省的关系,既要多快,又要好省;二是抓制度,要求人人必须遵守安全、质量制度,赏罚分明。损坏货物的责任事故,要照章罚款、赔款。所以,只要领导认真抓,又有一套健全的管理制度,安全与质量是完全可以得到保证的。

至于实行计件工资制会不会阻碍技术革新的开展,这是一种无稽之谈。从黄埔港的实践看,重体力劳动,不论实行计时还是计件工资,工人们都迫切要求实现机械化,只有机械化,才能减轻劳动强度。几年来,黄埔港增加了不少革新设备,凡是技术过关,能减轻工人劳动强度,便于装卸的设备,装卸工人都争着用。所以实行计件工资不会影响技术革新。

黄埔港的实践告诉我们,计件工资是我国当前工资制度的一种形式,是适合现阶段装卸工人劳动生产特点的。当然,计件工资并不是万能的,决不能因实行计件工资而放松政治思想工作。由于"四人帮"的破坏,这几年在实行计件工资的过程中受到一定的束缚,加上企业管理水平低,存在一些不是计件工资本身产生的缺点,这些都有待于进一步完善。

国务院在人民大会堂举行宴会欢迎索马里民主共和国总统穆罕默德·西亚德·巴雷

国务院副总理李先念主持宴会。他在宴会上发表的讲话中强调说,中国政府和人民坚决支持索马里人民维护民族尊严和国家主权的斗争。

李先念副总理说,中国政府和人民将一如既往坚决站在伟大的非洲人民一边,坚决支持非洲人民争取全部解放,坚决支持非洲国家和人民团结反霸的正义事业,坚决支持他们要求外国军队撤出非洲的正义斗争。他说,我们深信非洲人民坚持团结,坚持斗争,一定能够挫败超级大国的侵略、干涉、控制和颠覆阴谋。胜利一定是属于伟大非洲人民的。

中联部部长耿飚在北京会见以美国共产党(马列)中央机关报《号角》主编丹尼尔·利昂·伯斯坦为团长的美共(马列)《号角》编辑部代表团

国务院副总理谷牧在北京会见丹麦宝隆洋行董事长摩根斯·派和夫人及其随行人员

国务院副总理王震在北京会见拉丁美洲记者联合会秘书长卡尔内罗·切卡

全国人大常委会副委员长廖承志在北京会见以差冷·玛哈达那暖陆军中将为团长的泰国将领及其家属旅行团全体成员

4月15日

中共中央根据内蒙古自治区党委的报告作出彻底推倒"新内人党"历史错案的批示

国务院总理华国锋就莫桑比克中部发生水灾致电莫桑比克人民共和国总统萨莫拉·莫伊塞斯·马谢尔表示深切的同情和慰问

中共中央副主席李先念在北京与索马里民主共和国总统 索马里革命社会主义党总书记穆罕默德·西亚德·巴雷举行会谈

中国方面参加会谈的有:国务院副总理耿飚,外交部部长黄华、副部长何英,中国人民解放军副总参谋长张才千,外经部副部长程飞,农林部副部长肖鹏,水电部副部长李伯宁,中国驻索马里大使张世杰,有关方面负责人何功楷、赵春正、王乐天、许力进、李珩、傅顺和。

全国铁路学大庆会议在北京开幕

参加会议的有铁路战线大庆式企业、学大庆先进单位和先进集体的代表,有英雄模范人物、先进生产者和先进工作者的代表,有各铁路局、院、工厂、学校和部分基层单位的领导干部,共3000多人。

铁道部部长段君毅在大会上作了关于努力办好人民铁路,为高速度发展国民经济当好先行的报告。他指出,新中国成立以来,我国的铁路事业有了很大的发展,在经济建设和国防建设中发挥了重大的作用。但由于林彪、特别是"四人帮"的干扰破坏,我国铁路的技术落后,同工业发达的国家比较,有相当大的差距。他说,承认落后,才能改变落后;学习先进,才有可能赶超先进。华主席在五届人大政府工作报告中要求我们,要迅速改变交通运输这个薄弱环节的面貌,实现运输的大量高速化,基本实现机车的电气化、内燃化。我们必须树雄心,立壮志,坚决完成华主席、党中央交给我们的任务,使我国铁路尽快赶上和超过世界先进水平。他还提出了铁路系统近期和远期的奋斗目标。

国务院副总理耿飚在北京会见以田英夫为团长的日本社会民主联合访华团

国务院副总理方毅在北京会见以日本静冈县知事山本敬三郎为团长的日本静冈县地震代表团

全国人大常委会副委员长廖承志在北京会见以石井健一郎为团长日本东海商工会议所联合会友好访华团

中国政府和民主也门政府关于中国继续派遣医疗队赴民主也门工作的议定书在亚丁签字

民主也门政府卫生部长阿卜杜拉·艾哈迈德·布

凯尔和中国驻民主也门大使黄世燮分别代表本国政府在议定书上签字。

白求恩大夫半身铜像安放仪式在石家庄白求恩纪念馆举行

白求恩大夫的半身铜像是加拿大外交部长唐纳德·贾米森访华时，于今年1月31日代表加拿大政府赠送给华主席、中国政府和中国人民的。

石家庄各界群众代表500多人在华北烈士陵园隆重举行白求恩大夫铜像安放仪式。中共河北省委常委、河北省革委会副主任张承先在仪式上讲话并为铜像剪彩。他在讲话中说，白求恩大夫不远万里来到中国，不仅把他的医疗技术贡献给了中国人民，而且为中国的进步事业献出了自己的宝贵生命。他说，我们一定要以白求恩大夫为榜样，学习白求恩大夫的崇高国际主义精神，学习他对技术精益求精，对人民极端热忱，对工作极端负责的革命精神。我们要为促进中、加两国人民的友谊作出贡献。

首都20多家出版社出版了一批科技新书

新出版的这批科学技术书中，有我国著名科学家的重要专著，如华罗庚的《数论导引》，苏步青的《射影曲线概论》，吴文俊的《可剖形在欧氏空间中的实现问题》，李四光的《地质力学概论》《中国第四纪冰川》第七部著作，以及冯端的《金属物理》等。钱学森的《工程控制论》，唐敖庆等的《配位场理论方法》，陈世骧的《进化论与分类学》以及陈景润撰写的《初等数学》等，也即将出版。为提高整个中华民族的科学文化水平，还出版了科学普及读物，如竺可桢、宛敏渭合著的《物候学》，吴汝康、吴新智等编著的《人类发展史》，方宗熙的《生物的进化》，科学院数学所编著的《运筹学》，王植东的《激光基础知识》等。

第三届亚洲羽毛球邀请赛在首都体育馆开幕

4月16日

中共中央主席华国锋在北京会见索马里民主共和国总统 索马里革命社会主义党总书记穆罕默德·西亚德·巴雷以及随同来访的索马里其他贵宾

会见时，华主席同西亚德总统在亲切友好的气氛中就进一步发展中、索两国友好关系和双方共同关心的其他问题进行了交谈。

国务院副总理李先念、耿飚，外交部部长黄华、副部长何英，中国人民解放军副总参谋长张才千，外经部副部长程飞，农林部副部长肖鹏，水电部副部长李伯宁，中国驻索马里大使张世杰，参加了谈话。

中共中央副主席李先念在北京与索马里民主共和国总统 索马里革命社会主义党总书记穆罕默德·西亚德·巴雷继续举行会谈

全国妇联第三届第六次执委扩大会议在北京举行

会议于4月16日至21日召开。会议根据党的十一大和五届人大精神，揭发批判了林彪、"四人帮"破坏妇女运动的罪行，总结了新中国成立以来妇女工作的路线是非。

全国妇联主任蔡畅，副主任邓颖超、史良、章蕴、康克清出席了会议。78岁高龄的蔡畅主任在会议开始时讲了话。她说：全国妇联工作在中断了十几年之后，现在恢复了，这是我国人民在华主席为首的党中央领导下，同"四人帮"斗争的胜利。她委托康克清副主任主持会议。

全国妇联书记处第一书记罗琼代表全国妇联主席团向会议报告了第四次全国妇代会的筹备情况，并在会议结束时作了小结。

会议经过讨论，决定今年9月在北京召开中国妇女第四次全国代表大会，进一步组织妇女大军，为实现我国的四个现代化和促进妇女的彻底解放而奋斗。会议原则通过了关于召开中国妇女第四次全国代表大会的《通知》。

参加这次会议的各方面的妇女干部共200多人。

4月17日

第三届"全国农业学大寨展览"在北京全国农业展览馆正式开幕

中共中央副主席、国务院副总理李先念，党和国家其他领导人纪登奎、陈永贵、陈锡联、康世恩，在展出前来展览馆进行了审查，并作了指示。

陪同前来审查的，有有关部委的负责人袁宝华、顾明、马仪、姚依林、陈国栋、钱正英、张劲夫、周子健、项南、吴庆彤、王庆文、杨立功、张根生、何康、张福元等。

这届展览是在粉碎"四人帮"以后，农业战线贯彻抓纲治国战略决策一年初见成效的大好形势下举办的，重点展出了大寨坚持无产阶级专政下继续革命，高速度发展社会主义农业，向农业现代化进军的成就和经验，以及全国各地农业学大寨、普及大寨县运动的丰硕成果。

这届展出分：大寨馆、学大寨馆、水利馆、农机化馆、科技馆、畜牧馆、农垦馆、水产馆、沼气馆等。

外贸部部长李强在北京与希腊共和国政府商业部部长乔治·帕纳约托普洛斯举行会谈

中国和苏联1978年交换货物和付款协定在北京签字

对外贸易部部长李强出席了签字仪式,并在签字仪式前会见了苏联政府贸易代表团团长、对外贸易部副部长伊·季·格里申等。我国对外贸易部副部长王润生和伊·季·格里申副部长分别代表本国政府在协定上签字。

国务院批准恢复暨南大学和华侨大学

这两所学校先后与1957年和1960年建校,在1970年被迫停办。

郑州铝厂碱耗量达到世界同类企业先进水平

河南郑州铝厂冶炼氧化铝的碱耗量现在每吨已降低到80公斤以下,大大超过国内同类生产企业的碱耗水平,达到了目前世界上同类生产企业的先进水平。

由于碱耗量下降,今年第一季度全厂节约碱14000多吨。

4月18日

《人民日报》发表评论员文章《大张旗鼓地宣传新时期的总任务》

党的十一大和五届人大,确定了全党和全国人民在社会主义革命和社会主义建设新的发展时期的总任务。中国共产党人和中国人民满怀革命的豪情,开始了向现代化社会主义强国全面进军的伟大长征。

广泛地、深入地、大张旗鼓地宣传新时期的总任务,是当前的一项极其重要的政治工作。毛主席说过:"马克思列宁主义的基本原则,就是要使群众认识自己的利益,并且团结起来,为自己的利益而奋斗"。我们在新时期的总任务,就是要坚持无产阶级专政下的继续革命,深入开展阶级斗争、生产斗争和科学实验三大革命运动,在本世纪内把我国建设成为农业、工业、国防和科学技术现代化的伟大的社会主义强国。这个总任务,体现了毛主席、周总理、朱委员长和无数革命先烈的遗愿,充分反映了中国工人阶级、劳动人民、知识分子和一切爱国人士的理想和根本利益。实现了这个总任务,才能充分地巩固无产阶级专政,防止资本主义复辟,对付社会帝国主义和帝国主义的侵略和颠覆;也才能对人类作出较大贡献。各级党委要像当年宣传抗战、打日本侵略者,宣传打倒蒋介石、解放全中国,宣传抗美援朝、保家卫国,宣传过渡时期总路线那样,把新时期的总任务宣传到广大群众中去,做到家喻户晓,深入人心,使全党全军全国各族人民都动员起来,为实现新时期的总任务而奋斗。

新时期的总任务,是根据毛主席关于无产阶级专政下继续革命的伟大学说,根据毛主席制定的我们党在整个社会主义历史阶段的基本路线确定的。华主席在五届人大的政府工作报告和在全国科学大会的讲话中,全面地、深刻地论述了我们在新时期的总任务。华主席指出:"这个总任务的规定表明,我们一定要坚定不移地走社会主义的道路,一定要三大革命运动一起抓,一定要实现四个现代化的宏伟目标。"宣传新时期的总任务,要根据华主席讲的这三个"一定要",引导广大干部和群众认识社会主义和四个现代化的关系。十月革命胜利后不久,列宁曾把推翻资产阶级、粉碎他们的一切反抗和组织新的经济建设,作为建立和巩固社会主义的"双重的或二位一体的任务"。毛主席在领导我们推翻了"三座大山",缔造了新中国以后,也是一手抓革命,一手抓建设。1955年,毛主席就说:"我们现在不但正在进行关于社会制度方面的由私有制到公有制的革命,而且正在进行技术方面的由手工业生产到大规模现代化机器生产的革命,而这两种革命是结合在一起的。"现在,华主席又指出:"对于我们来说,社会主义和四个现代化是不可分割的。"只有社会主义才能救中国,这是被中国的革命和建设反复证明了的颠扑不破的真理。我们要实现四个现代化的宏伟目标,一定要坚持社会主义道路。离开了社会主义道路,就会亡党亡国,中国就会沦为社会帝国主义和帝国主义的殖民地半殖民地,那里会有真正造福于广大人民的现代化?而只有建立现代化的农业、现代化的工业、现代化的国防和现代化的科学技术,我们的社会主义制度才有强大的物质基础,才能不断地更加巩固和向前发展,也才能对内真正有效地战胜资本主义,对外在抵御社会帝国主义和帝国主义侵略中处于更加有力的地位。当千百万人民群众认识到实现四个现代化对建设社会主义、巩固无产阶级专政的巨大意义,就会产生排山倒海的力量,在新的长征路上迅猛前进。

为了实现新时期的总任务,党和国家还提出了政治、经济、军事、文化教育、科学技术和外交等各条战线的具体任务,确定了我们应当遵循的路线、方针、政策和方法,制定了发展国民经济的十年规划(1976—1985)和二十三年设想。按照十年规划,到1985年,我国粮食产量要达到8000亿斤,钢产量要达到6000万吨。我们要建设12个大面积商品粮基地,建设10大钢铁基地、9大有色金属基地、8大煤炭基地、10大油气田、30个大电站、6条铁路新干线和5个重点港口。这些大型工业项目建成后,加上原有的工业基础,全国可以形成14个实力比较雄厚、布局比较合理的工业基地。6个大区也可以基本建成不同水平，各有特点，农轻重比例协调发展的经济体系。这是一个宏伟的规划，是一个气壮山河的规划。实现了这个规划，我国经济技术水平将发生巨大变化，无产阶级专政的物质基础会雄厚得多，工农联盟会更加巩固，人民的物质生活和文化生活会有显著的改善。那时，我们就有把握再经过3个五年计划的努力，全面实现农业、工业、国防和科学技术现代化，使我国国民经济走在世界前列。宣传新时期的总任务，要把实现总任务的路线、方针、政策、方法和规划告诉群众，使人人了解。还要发动群众根据十年规划的要求，制定或修订本部门、本地区、本单位的具体规划，总结正反两方面的经验，弄清楚自己这条战线的具体路线、方针、政策和方法。群众齐心了，知道该干什么，怎样去干，一切事情就好办了。

宣传新时期的总任务，要同打好揭批“四人帮”的第三个战役紧密结合起来。“四人帮”是建设现代化的社会主义强国的大敌。他们炮制了许多谬论，掀起了一股污蔑和攻击四个现代化的恶浪。什么“唯生产力论”，什么“卫星上天、红旗落地”，什么“实现四个现代化之日，就是复辟资本主义之时”，搞乱了人们的思想，束缚了人们的手脚。一年多来，揭批“四人帮”的斗争取得了伟大的胜利。这场深刻的政治大革命正在荡涤着一切污泥浊水，振奋着亿万人民的革命精神。我们要把揭批“四人帮”的伟大斗争进行到底。要通过深入揭批“四人帮”，进一步从理论上、思想上、路线上分清是非。要看到“四人帮”是一伙惯于以极左面貌推行极右路线的假马克思主义骗子。正因为这样，他们才具有很大的欺骗性。只有剥掉“四人帮”的“左派”伪装，才能认识他们的极右实质。不批极左，肃清“四人帮”的影响和流毒，鱼目珍珠不分，真理谬误不辨，就不可能执行毛主席的革命路线，在建设社会主义的现代化强国的长征路上就迈不开步。各条战线都要像华主席要求的那样，抓住受“四人帮”影响最深，造成危害最大的问题，大打人民战争，把他们制造的种种混乱彻底澄清，把他们颠倒了的一切是非统统纠正过来。只有这样，才能排除干扰，全面地正确地贯彻执行毛主席的革命路线和政策，保证新时期总任务的完成。

要在本世纪末把我国建设成为现代化的社会主义强国，关键是头8年。8年看3年。要在1985年实现十年规划，摆在眼前的任务就是努力实现党中央提出的抓纲治国，三年大见成效的要求。宣传新时期的总任务，既要宣传长远的奋斗目标，又要宣传近期的战斗任务，要鼓实劲，不要鼓虚劲，注意把群众的革命热情引导到深入揭批“四人帮”、踏踏实实地搞好生产、搞好科学实验中去。“千里之行，始于足下。”只有立足于现在，努力搞好当前各项革命和建设事业，一步一个脚印地前进，我们才能奔赴光辉灿烂的未来。

在一个人口占世界1/5的国家里，用不到1/4世纪的时间，全面实现农业、工业、国防和科学技术现代化，把我国建设成一个社会主义强国，是一项光荣而艰巨的任务。可以预见，在新的万里长征中，一定会出现许多新的矛盾，新的问题，也会遇到这样那样的困难。过去，我们会打仗，会搞土改，会搞合作化；搞社会主义建设也积累了一定的经验。今天，搞四个现代化，这些经验就不够用了。很多领域，对我们来说还是一个未被认识的必然王国；很多工作，对我们来说还处在摸索、试验的阶段。我们的知识水平、管理水平、领导水平，还不能完全适应新时期的需要。宣传新时期的总任务，要把有利条件讲够，在全党和全国人民中建立起四个现代化的社会主义强国一定能实现的信心；也要把可能遇到的困难讲清楚，用“知难而进”的革命精神武装群众，去攻克一道道难关。华主席说：“我们的口号是：学习、学习、再学习，团结、团结、再团结。”学习才能提高，团结才有力量。我们要认真学习马列著作和毛主席著作，完整地准确地掌握毛泽东思想体系，也要学文化、学科学、学技术、学经济、学管理。我们要团结95%以上的干部和群众，团结一切可以团结的人。在坚持不懈的学习和紧密的团结中，我们的事业一定能胜利。

各级党委要把宣传新时期的总任务作为一项政治运动来抓。领导干部要带头宣讲新时期的总任务，亲自作动员。要集中一段时间，充分利用报纸、刊物、电台、电视，利用各种宣传工具大造声势，然后转为经常工作，继续抓紧抓好。要讲究实效，有的放矢，紧密联系群众的思想实际，有针对性地讲解问题，切不可搞形式主义、做表面文章。要注意总结经验，推广过去行之有效的、群众喜闻乐见的各种宣传方法，特别是那些能够用最少时间收到最好成效的宣传经验。

具有光荣革命传统的中国工人、农民、解放军指战员、干部和知识分子以及一切爱国的人们，献出你们的智慧，拿出你们的力量，发出你们的光和热吧，现代化的社会主义的强大中国在向你们召唤！

国务院副总理徐向前在北京会见以三冈健次郎先生为团长的日本第二次三冈访华团全体成员

中国政府和索马里政府经济技术合作协定在北京签字

对外经济联络部副部长程飞和索马里革命社会主义党中央委员会国家计划局局长艾哈迈德·哈比卜·艾哈迈德，分别代表本国政府在协定上签字。

中国出土文物展览在香港正式开幕

这次在香港展出的珍贵文物共99项、132件。这些文物全部是新中国成立后出土的,时代从6000年前新石器时代仰韶文化起到14世纪的元代止,其中包括1977年在陕西临潼秦始皇陵东侧二号俑坑出土的陶将军俑和陶武士俑,1968年在河北满城出土的西汉中山靖王后窦绾的金缕玉衣,1969年在甘肃武威东汉墓出土的铜奔马和铜马列队等。

4月19日

国务院副总理李先念在北京会见希腊共和国政府商业部长乔治·帕纳约托普洛斯

国务院副总理陈永贵在大寨会见由农业土改部次长阿密尔·马赫迪·赫夏里率领的伊拉克农业代表团

4月20日

中共中央下发《关于加快工业发展若干问题的决定(草案)》

《中共中央关于加快工业发展若干问题的决定(草案)》(以下简称《工业三十条》)下发到各工业管理机关、各工业交通企业试行。

《工业三十条》是从1961年的《工业七十条》和1972年的《工业十条》与1975年的《工业二十条》等草案逐步发展起来的,是进一步揭批"四人帮",拨乱反正,多快好省地发展工业生产的有力武器。这个草案的试行,必将大大地提高我国企业管理水平和工业管理水平,对工交战线贯彻落实新时期的总任务,具有十分重大的意义。

《工业三十条》的目录是:

一、揭批"四人帮"

二、深入学大庆

三、整顿企业领导班子

四、队伍建设

五、党委领导下的厂长分工负责制和企业的其他几项基本制度

六、整顿好企业的标准

七、工业企业的任务

八、工业企业的政治工作

九、对企业实行五定和设立企业基金

十、按照专业化协作的原则改组工业

十一、两个积极性和工业管理体制

十二、统一计划

十三、工业指挥系统

十四、大力支援农业

十五、把发展燃料、动力、原材料工业和交通运输放在突出的地位

十六、能源政策

十七、挖潜、革新、改造

十八、综合利用,保护环境

十九、把质量、品种、规格放在第一位

二十、增加积累,厉行节约

二十一、基本建设要打歼灭战

二十二、加强科学研究,采用先进技术

二十三、培训干部、工人和技术人员

二十四、劳动竞赛和革命比赛

二十五、各尽所能,按劳分配

二十六、关心职工生活

二十七、城市工作要为生产、为职工群众服务

二十八、纪律

二十九、工作方法和工作作风

三十、全面规划,加强领导

这个文件下达后,各地抓紧进行整顿企业的工作,使一批重点企业较快地改变了面貌。《工业三十条》指导了工交领域拨乱反正,从而推动了中国工业的改革和发展,成为探索中国工业化道路的新开端。

《人民日报》发表评论员文章《坚持又红又专的正确方针》

红与专的问题,是党对知识分子政策的一个重要方面,也是当前广大知识分子普遍关心的一个重要问题。华主席和邓副主席在全国科学大会上的重要讲话,对红与专的问题作了透彻的分析和深刻的阐明,从根本上澄清了多年来被林彪、"四人帮"搅得混乱不堪的是非,在千百万知识分子中引起了强烈的反响。现在,红专与白专的界线已经基本分清了,"四人帮"强加给广大知识分子的"白专"帽子也被摘掉了。但是,我们还不能说,"四人帮"在红与专问题上的流毒已经完全肃清,过去存在的思想混乱已经完全解决。要使广大知识分子迈开大步,轻装前进,还要继续做好消毒工作,提高认识,解放思想。

伟大领袖毛主席一向提倡知识分子要又红又专。红,指的是坚定正确的政治方向,它要求知识分子逐步地树立无产阶级世界观,全心全意为社会主义服务,为工农兵服务。专,指的是在自己的专业与本职工作中钻研和精通业务,为祖国的社会主义事业作出贡献。有了一颗为社会主义服务的红心,就会更好地钻研业务;对自己的业务精通了,就能更好地为社会主义服务。红与专的关系,应当是辩证统一的关系。

马克思主义要求我们分析问题、处理问题必须从

实际出发。在红与专的问题上也应当如此。总的来说,我们的方针是又红又专。但是对于不同的对象,应当提出不同的要求。科技工作不同于政治工作,我们不能像要求政治工作人员那样来要求科技人员。科技工作者的主要精力和时间应当放在搞科研、搞专业上,而不是像政治工作人员那样去学习很多政治理论书籍,参加很多社会政治活动。早在1942年,《中共中央关于在职干部教育的决定》中就指出过"做什么,学什么"的口号,要求从事军事、政治、党务、文化、教育、财政、经济、医药、卫生等部门的工作的干部,"必须学会与精通自己的业务"。在这以前,《中共中央关于延安干部学校的决定》中,也强调了"凡带专门性质的学校",包括学习自然科学的学校,"应以学习有关该项专门工作的理论与实际的课程为主",坚决反对"以政治课压倒其他一切课目的不正常现象"。在社会主义建设时期,特别是当前要向四个现代化进军,更应当如此。我们要求广大的科技工作者精通自己的业务,成为本门业务的内行和专家,努力为四个现代化作出优异的成绩。我们也要求他们关心时事政治,学习马列主义、毛泽东思想,参加必要的社会活动,但是不能要求过高,时间过多,妨碍他们去钻研业务。科技工作人员只要致力于社会主义的科学事业,作出自己的贡献,这就是红的重要表现,就是红与专的统一。

红与专的关系,也就是政治与业务的关系。政治应当统帅业务、促进业务、保证业务,而不是代替业务、削弱业务、取消业务。我们伟大的社会主义建设事业,是由各条战线、各行各业的具体业务组成的。脱离这些业务的政治必然是空头政治。妨碍、破坏这些业务的政治决不是无产阶级的政治。林彪要用政治"冲击一切",正好说明他那个政治是反革命的政治。"四人帮"把既反动又无知的反革命小丑捧为"红专"典型,也说明他们既不要专,又不要红,他们所谓的"红"同我们所说的"红"完全是两码事。照我们看来,在坚持社会主义方向的前提下,工农业生产,科学技术,一切业务工作,搞得越多越好,各行各业的人们对自己的业务越专越好。越专,对党、对人民、对国家的贡献就越大,对社会主义事业的发展越有利。由于林彪、"四人帮"的干扰破坏,这些年来我们的广大工人、农民、战士、学生和知识分子都被搞得不能专心致志地从事自己的业务。特别是科技部门,"四人帮"搞得人们不能进图书馆、实验室,不能学习业务知识,不能进行科学研究,使我国科学技术同世界先进水平的差距又拉大了。我们专得实在太少了!他们破坏教育事业,打击迫害科技人员,使专门人才青黄不接。我们的专家实在太少了!即使到1985年,我们的科技队伍发展到80万人,同现在科学技术发达的国家相比,也仍然少得多。如果我们不大力提倡专,不向科学技术现代化进军,就不能提高整个民族的科学文化水平,不能造就一大批科学技术专家,在本世纪内实现四个现代化的宏伟目标就很难达到。提倡为革命而钻研业务,是当务之急。这不是脱离政治,而是服务于建设社会主义现代化强国这个最大的政治。我们应当理直气壮地、放心大胆地钻研业务技术,要在社会上造成为革命钻研业务有理,为社会主义祖国作出科研成果有功的空气。

要钻研业务,要攀登科学技术高峰,一个最起码的条件,是要保证科技工作者有足够的时间。中央一再重申,科研部门至少必须保证5/6的业务工作时间。这是最低的限度,能有更多的时间更好。"四人帮"横行时,一搞业务,就被说成"脱离政治",扣上"白专"帽子。现在,相信这一套的人已经不多了。但是,用于业务的时间多了,是否就是"业务挂帅"了呢?这一点,不少同志还心有余悸。这个是非,必须澄清。在这里,问题的实质不在于业务时间的多少,而在于为谁服务,方向对头不对头。只要是为社会主义服务,为工农兵服务,符合人民的利益和祖国的需要,这样的业务搞得再多,也不是"业务挂帅",恰恰是具有社会主义觉悟的表现。科研工作有自己的特点和规律。它的连续性强,要求科研人员集中时间,集中精力。好比打仗,一旦冲上去了,就不能随便把队伍撤下来。许多科学研究和试验工作开始之后,同样不能中途停顿。只有专心致志,连续作战,把全副身心都投入进去,才能取得成果。如果把科技人员的业务工作时间搞得七零八落,甚至加给他们许多"苛捐杂税",科研工作就难以顺利进行。我们要赶超世界先进水平。我们在赶,人家并没有睡觉,也在前进。我们只有以更高的速度前进才行。这就要求我们的科技人员在业务上用更多的时间,花更大的精力。对他们来说,"5/6"的时间是很不够的。陈景润钻研哥德巴赫猜想,"5/6"的时间够用吗?杨乐、张广厚研究函数理论,"5/6"的时间够用吗?许多优秀的科学家、技术革新能手,为了给社会主义事业作出贡献,放弃休息,放弃娱乐,不分上班下班,不分白天黑夜,他们的业务工作时间远远超过了"5/6"。难道能说他们是"业务挂帅"吗?不能!相反,他们那种把社会主义祖国科学技术搞上去的强烈的责任感,那种追求真理的献身精神,值得大大表扬和鼓励。我们应当提倡一切科技人员,都像他们那样,用尽可能多的时间去努力钻研自己的业务。

也许有人会说,对科技人员这么强调专,是不是可以忽视他们的红呢?还要不要他们学习马列主义、毛泽东思想,改造世界观呢?我们的回答是肯定的。在建设社会主义社会的过程中,人人都要改造,广大科技人员当然不能例外。为了改造，就要学习马克思主义。我们不应当要求科技工作者精通马克思主义，但要求他们尽可能地拿出必要的时间去进行学习，特别是结合自己的业务实践去进行学习。恩格斯曾经指出："不管自然科学家采取什么样的态度，他们还是得受哲学的支配。问题只在于：他们是愿意受某种坏的时髦哲学的支配，还是愿意受一种建立在通晓思维的历史和成就的基础上的理论思维的支配。"而最能反映客观世界发展规律的理论思维，就是马克思主义的哲学。用马克思主义的哲学思想去指导科学研究，就可以战胜各种唯心主义、形而上学思想的侵袭，正确地认识客观世界的矛盾和解决矛盾的途径，在探索的道路上减少曲折，少走弯路。不论在理论研究和应用研究方面，我们都有一批由于运用自然辩证法而取得世界先进水平成就的范例。这些范例充分说明，自觉地掌握马克思主义哲学，对于科技工作者改造思想、做好工作多么重要。

科技工作者为了改造思想，还要接近工农群众。我们不应当要求广大科技工作者脱离自己的业务实践，去参加一般的工农业生产劳动。如果认为只有让科技人员去从事很多体力劳动才是改造思想的主要途径，那是一种片面观点。但是，结合自己的业务，尽可能地接近工农群众，对于克服知识分子的弱点大有好处。许多科研项目直接与工农业生产有关，在完成任务的过程中要实行领导干部、科技人员和工农群众三结合。科技人员应当争取更多地与工农群众接触，向工农群众学习。我们深信，广大科学技术人员决不会辜负党和人民的殷切期望，一定能适应时代的要求，把全副精力投入到科研中去，百折不挠，勇攀高峰，完成历史赋予的光荣任务，在又红又专的道路上大踏步前进！

中共河北省委在石家庄召开全省棉花生产座谈会

中共中央政治局委员、国务院副总理纪登奎、陈永贵参加了会议并作重要指示。

近几年来，河北省的棉花生产逐年下降。主要原因是"四人帮"的干扰破坏，"以粮为纲，全面发展"的方针得不到贯彻执行，党的有关棉花生产的政策不落实，部分干部、群众有"种棉吃亏"的思想。

在这次座谈会上，大家一致表示，要制定有效措施，努力把棉花生产搞上去。

河北省各级党委都把棉花生产纳入了重要议事日程。邯郸地区各级党委重点抓了种棉花多的社、队，书记、常委亲自搞丰产方、试验田。地委第一书记李维新和第二书记刘俊孝到成安县九二四公社搞棉花丰产方、试验田。他们同公社党委共同研究夺取粮棉双丰收的具体措施，规划了丰产方。发现丰产方水源不足，就组织社队打井，扩大水浇地面积。地委其他书记、常委也都在各自的点上搞丰产方和试验田，同时重点抓好永年、成安、武安、临漳、磁县等五个重点产棉县。

河北省委认为，认真落实棉花政策，是把棉花生产搞上去的重要一环。为此，他们很快把中央有关棉花生产和收购的政策规定下发到基层；同时，根据本省的实际，制定了河北省的八条补充规定。不少县也根据中央和省的政策规定精神，按照"定种植面积、定产量、定交售量、定自产粮、定口粮标准"和超产奖励的原则，各自研究制定了"五定一奖"的具体办法。这些政策的实行，受到广大干部群众的欢迎。普遍反映，政策对了，人心齐了，把棉花生产搞上去有希望了。

保证棉田面积和播种出全苗是今年棉花大上的第一步。为此，河北省各级党组织都把这两项工作作为当前棉花生产重点来抓，坚决种足种好棉花。中共赵县委员会为了落实棉花面积，组织县、社、队三级干部深入社队，县委常委包片，县、社干部包大队，大队干部包生产队，定棉花地块亩数，定负责人，建立植棉卡片，通过丈量认真填写，向公社备案。对棉田面积不足的社队，及时做工作，使之坚决补足。为了确保棉花出全苗，多数县举办了植棉技术训练班，编印技术教材，发到植棉生产队。同时，整顿和建立以妇女为主体的植棉组，保证从种到收负责到底。改变过去植棉组春天建、夏天乱、秋天散的现象。

为了把棉花生产搞上去，河北省各级党组织还发动各行各业全力以赴支援棉花生产。

中共中央政治局委员耿飚在北京会见以法国马克思列宁主义革命共产党总书记克吕佐为团长的法国马克思列宁主义革命共产党代表团

国务院副总理陈锡联在北京会见由埃塞俄比亚体育运动委员会主任伊德内卡丘·特塞马率领的埃塞俄比亚体育运动委员会代表团

国务院副总理陈永贵在大寨会见以阿卜杜·哈菲兹·巴哈朗秘书长为团长的阿拉伯也门共和国民间合作发展机构总联合会代表团全体成员

《侯马盟书》出版

山西文物工作委员会编写的考古专著《侯马盟书》，已由文物出版社出版。《侯马盟书》是对距今2400多年的晋国盟誓文学数千件标本的综合研究成果。这部盟书中的文字是秦始皇统一中国文字以前晋国的古文字。《侯马盟书》的内容,反映了我国春秋晚期晋国从奴隶制转向封建制过程中激烈的阶级斗争。这些盟书对研究我国春秋晚期的阶级斗争、社会面貌和盟誓制度等具有重要的学术价值。

全国体总就参加今年 12 月在泰国首都曼谷举行的第八届亚洲运动会举行会议

会议决定,为选拔参加第八届亚运会的中国体育代表团,决定于 6 月 10 日开始在北京等地举行这届亚运会比赛项目的全国选拔赛。会议决定向台湾省运动员及旅居国外的台湾省籍运动员发出通知,欢迎他们参加全国选拔赛。

会议决定,中国将参加这届亚运会 19 项比赛项目中的大部分项目。

会议指出,1974 年第七届亚洲运动会在伊朗举行以来,亚洲的体育运动事业蓬勃发展,亚洲各国人民和运动员之间的体育交往不断扩大,他们之间的友谊和团结不断增强。泰国政府和人民为胜利举办第八届亚运会正在作出巨大努力。会议号召全国体育工作者和运动员加强训练,努力提高体育技术水平,为进一步发展亚洲的体育事业和亚洲各国人民之间的友谊与团结,为第八届亚运会的成功贡献自己的力量。

亚洲羽毛球联合会常委会会议在北京举行

会议要求亚羽联所有成员要积极支持和参加今年 10 月在曼谷举行的世界羽联第一届羽毛球锦标赛。同时,希望世界羽联欢迎非世界羽联成员国派队参加锦标赛。

亚羽联秘书长郑仁瑞先生高度评价正在北京举行的第三届亚洲羽毛球邀请赛。他说,这次邀请赛举办得很好,并有所创新。邀请赛中有少年选手参加比赛,是一种培养运动员的好办法。邀请赛期间,还举行了教练员和运动员经验交流会,这样,不仅促进羽毛球运动的发展,而且增进了各国运动员之间的友谊。

亚羽联主席春蓬主持会议。

世界羽联名誉主席霍英东,亚洲羽联副主席朱仄(中国)、李竞达(新加坡)、苏迪尔曼(印度尼西亚),亚羽联联合秘书长扁塞(泰国)、名誉司库康立卿(香港)、亚羽联副主席小口正雄(日本)的代表伊藤镀一等,以及前来参加和参观第三届亚洲羽毛球邀请赛的 17 个国家和地区的代表团、队的团长、领队、代表,出席了会议。

4 月 21 日

中共中央副主席李先念 中共中央政治局委员耿飚在北京会见葡萄牙共产党(马列)总书记埃杜依诺·维拉尔率领的葡萄牙共产党(马列)中央代表团

《人民日报》发表新华社特约记者的文章《怎样看待正当的家庭副业?》

"四人帮"肆意破坏现阶段党在农村的经济政策,把社员正当的家庭副业说成是"资本主义尾巴",妄图统统割掉。在"四人帮"的影响下,有些人也往往错误地把社员正当的家庭副业当作资本主义去批判。五届人大第一次会议通过的宪法第七条规定:"在保证人民公社集体经济占绝对优势的条件下,人民公社社员可以经营少量的自留地和家庭副业,在牧区还可以有少量的自留畜。"为了坚定不移地贯彻执行这项政策,必须肃清"四人帮"的流毒和影响,拨乱反正,从理论上和政策上澄清是非。

社员的家庭副业究竟是不是"资本主义尾巴"

这是必须首先澄清的一个原则问题。

家庭副业从来不是一种独立的经济,而是一种从属性的经济。在旧社会,个体生产者的家庭副业,是以私有制和私人劳动为基础,作为小商品经济的组成部分,依附于当时占统治地位的封建主义经济或资本主义经济。在我们社会主义国家里,社会主义公有制占绝对统治地位,社员的家庭副业完全依附于社会主义经济。在这里,社员的家庭副业,不是以生产资料的私有制为基础,而是在生产资料公有制的基础上从事的一种个体经营。

社员的家庭副业作为一种个体经营,还带有小商品生产的某些特点:它以一家一户为经营单位,以个人劳动和个人所有的某些小生产工具为物质基础;产品和收益归社员个人所有;除满足自己消费和完成国家派购或定购任务外,其余的产品可以拿到农村集市出售,调剂余缺;生产和交换还有一定的盲目性,等等。

但是,社会主义条件下的社员家庭副业,已不是一般的小商品生产。这是因为:第一,社员的自留地是集体分配的,社员只有使用权,没有所有权,不准转让、出租和买卖。第二,家庭副业的经营者,已不是过去的小私有者,而是走上公社化道路的集体农民。他们利用公有的生产资料,从事集体生产劳动,只能在工余时间和假日经营家庭副业。第三,社员的收入主要来自集体经济,社员的生活主要靠集体经济来满足,家庭副业只是补充集体经济的不足。第四,社员的家庭副业是在社会主义经济的领导和帮助下经营的,他们的生产和购销活动同国营商业和合作社商业有着密切的联系。

这一切清楚地说明,社会主义条件下的社员家庭副业,是社会主义经济的必要补充部分,是受社会主义经济支配并为社会主义服务的从属性的经济,决不是什么"资本主义尾巴"。

经营正当的家庭副业是不是发展资本主义

这个问题也必须进一步澄清。

有些同志受“四人帮”的影响，划不清正当的家庭副业和资本主义的界限，认为社员搞点家庭副业就是发展资本主义。为了“限制”所谓资本主义，有的地方甚至利用种种名义，强行收了社员的自留地。不少地方还规定了许多“土政策”，如不准社员上山采集野生植物，不准私人编织制品出售，不准私养母猪，不准自留地种植生姜、药材等经济作物，不准在房前屋后种植果木，等等。有的地方除规定一系列的禁种、禁养、禁采外，还采取半夜摸鸡窝、撒药杀鸡等手段“堵塞资本主义道路”。甚至解放军战士下乡支农，帮助社员垫猪圈也被说成是助长“自发倾向”。这些错误的规定和做法，使许多资源白白浪费掉，不少副业产品的产量大幅度下降，有些濒于断产绝销，严重地影响了工农业生产和人民的生活。

这些错误做法是根本违反党在农村现阶段的经济政策的。按照党的有关现行政策的规定，社员可以饲养少量的猪、羊、兔、鸡、鸭、鹅等家畜家禽，也可以饲养母猪；可以从事小量的不便于集体统一经营的编织、刺绣、采集、渔猎和养蜂等副业生产；可以在房前屋后种植竹、木、果树等，并永远归社员所有。自留地种植什么作物，社员有权根据自己的生活需要，自行安排。

社员采取正当的途径经营政策所允许的副业，即使经营项目多一点，也不能说是发展资本主义。

广东高州县有一个材料，可以说明这个问题。该县大坝生产队有一户社员，全家7口，3个劳动力，1977年养有肥猪两头，母猪1头，繁育了猪苗21头，还养有鸡15只、鸭16只、鹅10只、兔4只。群众中对这户社员的副业有两种看法：大多数人认为是正当的，也有少数人说，副业嘛，搞这么多，就是资本主义。在辩论中，大家重新学习了《农村人民公社工作条例(修正草案)》(即《六十条》)。支部书记说：这户社员的副业是好是坏，只能用《六十条》的基本精神来衡量。《六十条》规定：在积极办好集体经济，不妨碍集体经济的发展，保证集体经济占绝对优势的条件下，允许和鼓励社员利用剩余时间和假日发展家庭副业。这户社员有三个劳动力，在1977年秋分配中有1163个劳动日，平均每个劳动力做了388个劳动日，大大超过了定勤任务。他家交家肥工分7274分，比定肥任务超过一倍多。经过这么一衡量，大家统一了认识，都说这户社员的家庭副业是正当的。

因此，衡量家庭副业是不是正当的，不在于经营多少，而在于怎么搞法，是否符合政策规定。只要保证完成生产队和国家规定的各项任务；在集体劳动以外的时间依靠自己力量及家庭老幼辅助劳动力；不搞投机倒把，不破坏国家资源，在这样的前提下经营家庭副业，就是正当的，就不是发展资本主义。这样经营家庭副业，也不会产生资本主义。恰恰相反，一些地方资本主义泛滥，总是通过不正当的途径和非法的手段形成的，根本不是经营正当的家庭副业的结果。所以，社员按照政策规定从事家庭副业生产，即使多搞一点，是好事，不是坏事，对国家、集体和个人都有利，应当给予支持和鼓励。

当然，我们也要看到，家庭副业还带有小商品生产的某些特点，有消极的一面，农民中间还存在着资本主义自发倾向，与集体生产有一定的矛盾。因此，要坚持不懈地向农民灌输社会主义思想，不断克服资本主义自发倾向，并对违反政策的非法经营和活动进行必要的批评教育，以至进行严肃的斗争和限制。但是，限制非法经营和活动并不是取消正当的家庭副业，这二者是不能混同的。

保留社员的家庭副业究竟有无必要

有些同志认为，现在农业生产力发展了，群众觉悟提高了，过去关于允许社员经营家庭副业的政策已经“不再是必要的了”。事实说明，这种看法是错误的。

我们党关于允许社员经营家庭副业的政策，是根据现阶段农村经济的客观情况制定的，是同当前农业生产力的发展状况和群众的觉悟程度相适应的。现在的农业生产力虽然比十几年前有了发展，但是，就全国绝大多数地区来说，由于林彪反党集团和“四人帮”严重的干扰、破坏，农业生产力的发展是缓慢的，并没有达到可以满足社员多方面需要从而必须改变这种政策的程度。同时，我们也不能仅仅根据群众觉悟提高了，就不顾客观经济条件，任意改变这项政策。

现阶段允许社员经营家庭副业，第一，可以适当地满足社员多种多样的需要，增加社员的收入，改善社员的生活。第二，可以充分利用人力资源和自然资源，特别是增加肥源，促进农业生产。第三，可以增加社会财富，活跃城乡市场，支援外贸出口。目前，全国商业部门收购的农副产品中，家庭副业产品约占1/4；有些产品如猪、禽、蛋等的比重还要大些；野生药材和一些小土特产品，绝大部分来自社员家庭副业。所以，在集体经济还没有壮大到可以保证社员生活和满足城乡多种需要的情况下，社员家庭副业对社会主义经济的补充作用是不能忽视的。如果我们在客观条件还不具备的时候，像“四人帮”那样，把社员家庭副业当作“资本主义尾巴”割掉，那是很错误的。

我们党的经济政策体现着马克思主义关于不断革命论和革命发展阶段论相结合的原理。随着社会生产力的发展，集体经济的壮大，社员家庭副业的某些方面会逐渐由集体经济所代替，党的政策也会有相应的改变。但是，这是一个长期的发展过程，不是短时期内就能做到的。就是在实现了以人民公社为基本核算单位以后，集体经济也不可能全面地满足社员的各种需要，那时还会允许社员经营某些副业生产。因此，允许社员经营正当的家庭副业的政策，是关系到几亿农民的切身利益，调动几亿农民积极性的一项基本政策，一项很严肃的政策，必须坚决执行。

发展社员家庭副业的关键是什么

发展社员家庭副业的关键在于加强领导，揭批“四人帮”，落实党的政策。

由于“四人帮”的干扰破坏，农村副业生产现在成了一个非常薄弱的环节，远远不能适应国民经济发展的要求和人民群众日益增长的需要。为了改变这种状况，必须深入揭批“四人帮”假左真右的反革命伎俩，在人民内部进一步解决宁“左”勿右，“凡事左三分”等认识问题，促使农村副业生产有一个大的发展。首先要大力发展集体副业生产，积极地有计划地增加集体副业在整个农村副业生产中的比重，壮大集体经济。同时，也要积极地支持和鼓励社员发展家庭副业。

人民公社的各级组织和商业部门要因地制宜，组织社员搞好家庭副业生产，正确处理农副业之间的矛盾，帮助解决家庭副业生产中的问题和困难。只要党的政策落实了，就能调动起广大社员的积极性，家庭副业生产以及整个农村副业生产，就会有一个大发展，就能促进整个国民经济的新跃进。

国务院副总理陈锡联在北京会见以銮察·达干哥颂为团长的泰国体育促进机构代表团

国务院副总理王震在北京会见由联邦青年 家庭卫生部国务秘书沃尔特斯教授率领的德意志联邦共和国卫生代表团

国务院副总理陈永贵在大寨会见以库鲁·朗贝尔为团长的刚果农民友好团

全国人大常委会副委员长廖承志在北京会见由泰国前副总理沙域·扁蓬讪和前总理社尼·巴莫的夫人乌纱娜·巴莫率领的泰国友好人士访华团

文化部举行揭批“四人帮”万人大会

新华社报道：文化部最近举行揭批“四人帮”万人大会，宣布为受“四人帮”迫害的王昆、张海默、罗静予、齐致翔和杨秉荪等同志平反，并为吴作人、李苦禅和黄永玉等文艺界知名人士重新安排工作。

第三届亚洲羽毛球邀请赛在首都体育馆闭幕

国务院副总理陈锡联，国家体委主任王猛、第一副主任徐寅生、副主任于步血，外交部副部长章文晋，北京市革委会副主任李立功，出席了闭幕式。

在这次邀请赛上，中国选手庾耀东和刘霞分别获得男、女单打冠军；中国选手汤仙虎、林诗铨获得男子双打冠军。

第三届亚洲羽毛球邀请赛组织委员会向前来参加和参观这次邀请赛的孟加拉、缅甸、民主柬埔寨、香港、印度、印度尼西亚、日本、朝鲜民主主义人民共和国、老挝、马来西亚、尼泊尔、巴基斯坦、菲律宾、新加坡、斯里兰卡、泰国和中国的羽毛球代表团、队赠送了友谊杯。

4月22日

全国教育工作会议在人民大会堂开幕

召开这次会议的主要目的是：学习毛主席的教育思想和华主席、党中央关于教育工作的一系列指示；在思想、路线、方针、政策等方面明确一些问题；认真总结正反两方面的经验；讨论研究有关发展全国教育事业规划和大、中、小学工作条例等问题。

中共中央副主席邓小平、李先念，党和国家其他领导人乌兰夫、余秋里、陈锡联、耿飚、方毅、王震、谷牧、康世恩，以及中共中央宣传部长张平化、中共中央组织部长胡耀邦、教育部长刘西尧出席开幕式。

下午3时，中共中央政治局委员、国务院副总理方毅宣布大会开幕。

中共中央副主席、国务院副总理邓小平作重要讲话。

接着，教育部部长刘西尧在会上作了报告。

参加大会的有全国各省、自治区、直辖市，中央直属机关和国家机关，中国人民解放军各总部、军兵种、军事院校、北京部队的负责人以及主管文教的负责人；全国部分大、中、小学的负责人；部分“七二一”工人大学、共产主义劳动大学、“五七”大学的负责人；中等专业学校、技工学校、城乡业余教育、幼儿园、盲聋哑学校等各方面的代表，以及北京市各有关部门和大、中、小学的代表共6000多人。

国务院副总理邓小平在全国教育工作会议上发表讲话

同志们！

粉碎“四人帮”以来，特别是改革高等学校招生制度和批判“两个估计”之后，教育战线出现了许多新气象。成绩应当充分肯定。但是，无论在教育界，还是在社会上，大家都希望教育工作有更快的进展。

最近，五届人大通过的宪法规定了新时期的总任务，华主席在五届人大和全国科学大会上提出，为了完成这个总任务,要造就宏大的工人阶级的知识分子队伍,要极大地提高整个中华民族的科学文化水平。为着实现这些要求,我们教育工作有许多问题要解决,有许多事情要做。这里主要的关键,是怎样在新的历史条件下,进一步贯彻执行毛主席提出的“教育必须为无产阶级政治服务,必须同生产劳动相结合”的根本方针。

这个方针,是毛主席在1958年正式提出来的。实际上,早在土地革命时期,抗日战争时期和解放战争时期,在毛主席的指导下,我们党领导的教育工作,就一直是这样做的。全国解放后,特别是1958年后,又有了新的发展。毛主席给江西共大的信,1964年春节谈话,“五七”指示,“七二一”批示,1971年夏季的谈话,其基本思想都是为了排除各种错误路线的干扰,进一步贯彻这个方针。在这个方针的指引下,20多年来,广大干部和学校师生员工进行了许多试验和改革,作出了伟大的成绩。

“四人帮”一贯披着毛泽东思想外衣,肆意歪曲和践踏这个方针,篡改教育革命方向,给教育事业造成了严重的损失。我们不仅要在思想上澄清混乱,而且要根据新的形势新的要求,采取有力措施,更加有效地贯彻这个根本方针。

今天,我围绕这个问题讲几点意见。

第一点,提高教育质量,提高科学文化的教学水平,更好地为无产阶级政治服务。

我们的学校是为无产阶级培养人才的地方。培养人才有没有质量标准呢?有的。这就是毛主席说的,应该使受教育者在德育、智育、体育几个方面都得到发展,成为有社会主义觉悟的有文化的劳动者。

“四人帮”反对严格要求学生学习科学文化,反对学生以学习科学文化为主,胡说这是“智育第一”,是“脱离无产阶级政治”。他们鼓吹“宁要没有文化的劳动者”,胡说“知识越多越反动”,并把今天掌握了文化的劳动者及其子弟诬蔑成为资产阶级知识分子。“四人帮”这些谬论的流毒,现在仍然需要大力肃清。

列宁多次强调指出:工人一分钟也不会忘记自己需要知识的力量。没有知识,工人就无法自卫;有了知识,工人就有了力量。这个真理在今天更加显出它的重要性。我们要掌握和发展现代科学文化知识和各行各业的新技术新工艺,要创造比资本主义更高的劳动生产率,把我国建设成为现代化的社会主义强国,并且在上层建筑领域最终战胜资产阶级,就必须培养具有高度科学文化水平的劳动者,必须造就宏大的又红又专的工人阶级知识分子队伍。这些要求本身就是为无产阶级政治服务。

毫无疑问,学校应当永远把坚定正确的政治方向放在第一位。但这并不是说要把大量的课时用于思想政治教育。毛主席在五·七指示中说:学生以学为主,兼学别样,即不但学文,也要学工、学农、学军,也要批判资产阶级。批判资产阶级无疑是属于思想政治教育的范围,学工、学农、学军也包括思想政治教育的内容,但是,毛主席仍然明确地指出了学生应当以学为主,以学文为主,即以学习科学文化为主。学生要把坚定正确的政治方向放在第一位,这不仅不排斥学习科学文化,相反的,政治觉悟越是高,为革命学习科学文化就应当越加自觉越加刻苦。因此,“四人帮”把在坚持正确的政治方向的前提下大力提高教育质量,大力提高学生的科学文化水平,说成是什么“智育第一”,加以反对,这不但是彻底的荒谬,而且是对于无产阶级政治的取消和背叛。

学生负担太重是不好的,今后仍然要采取有效措施来防止和纠正。但是,同样明显的是,要极大地提高科学文化水平,没有“三老四严”的作风,没有“从难从严”的要求,没有严格训练,也不能达到目的。我们要在科学技术上赶超世界先进水平,不但要提高高等教育的质量,而且首先要提高中小学的质量,按照中小学生所能接受的程度,用先进的科学知识来充实中小学的教育内容。

考试是检查学习情况和教学效果的一种重要方法,如同检验产品质量是保证工厂生产水平的必要制度一样。毛主席从来没有反对过考试,只是反对那种把学生当敌人,搞“突然袭击”,出怪题、偏题的考试方法。当然也不能迷信考试,把它当作检查学习效果的唯一方法,并且要认真研究试验改进考试的内容和形式,使它的作用完善起来。对于没有考好的学生,要鼓励和帮助他们继续努力,不要因此造成不必要的精神负担。

第二点,学校要大力加强革命秩序和革命纪律,造就具有社会主义觉悟的一代新人,促进整个社会风气的革命化。

“四人帮”对教育事业的破坏,不仅造成科学文化的教育质量惊人下降,而且严重地损害了学校的思想政治教育,败坏了学校纪律,腐蚀了社会主义社会的革命风气。“四人帮”在口头上政治喊得响,实际上搞的是反革命反社会主义的政治,是用剥削阶级最腐朽最反动的思想,来毒害青少年,制造“文盲加流氓”式的人物。彻底清除“四人帮”所造成的这种恶果,是关系到巩固无产阶级专政的一项极其严重的政治任务。

革命的理想,共产主义的品德,要从小开始培养。我们党的教育事业历来有这样的优良传统。革命战争年代,儿童团员、共青团员创造了可歌可泣的英雄业绩。全国解放以后,我们的教育工作,我们的青年团、少先队的工作,发扬光大了过去的优良传统。在很长的一段时间里,广大青少年好好学习,天天向上,爱祖国,爱人民,爱劳动,爱科学,爱护公共财物,英勇机智地同敌人、坏分子作斗争,树立了一代新风。学校风气的革命化促进了社会风气的革命化。这种风气不仅是中国历史上从来没有过的,而且受到了世界人民的赞誉。我们希望从事教育工作的同志,各个有关部门的同志,整个社会的家家户户,都来关心青少年思想政治的进步,把被“四人帮”破坏了的优良革命传统恢复和发展起来。毛主席说:“思想政治工作,各个部门都要负责任。共产党应该管,青年团应该管,政府主管部门应该管,学校的校长教师更应该管。”尤其是中小学教师和幼儿教育工作者,负有培养革命接班人的幼苗的重任。我们要大力在青少年中提倡勤奋学习、遵守纪律、热爱劳动、助人为乐、艰苦奋斗、英勇对敌的革命风尚,把青少年培养成为忠于社会主义祖国、忠于无产阶级革命事业、忠于马克思列宁主义毛泽东思想的优秀人才,将来走上工作岗位,成为有很高的政治责任心和集体主义精神,有坚定的革命思想和实事求是、群众路线的工作作风,严守纪律,专心致志地为人民积极工作的劳动者。

我们要求所有的人都努力上进,但毕竟还要看各个人自己是否努力。集体的努力也是各个人努力的综合表现。这种个人努力程度的差别,即使到共产主义社会也会存在。毛主席说过,一万年以后也会有先进和落后的差别。因此,我们在鼓励帮助每个人的勤奋努力的同时,仍然不能不承认各个人在成长过程中所表现出来的才能和品德的差异,并且按照这种差异给以区别对待,尽可能使每个人按不同的条件向社会主义和共产主义的总目标前进。同时,对于严重破坏革命秩序和革命纪律,又屡教不改的人,也要采取严格措施加以认真的教养改造,不能让这些极少数人为害学校和社会。

今后,不仅大、中学校招生要德智体全面考核,择优录取,而且各部门招工用人也要逐步实行德智体全面考核的办法,择优尽先录用。这也就是把毛主席提出的培养德智体全面发展、有社会主义觉悟有文化的劳动者的方针贯彻到底,贯彻到整个社会的各个方面。这样做,对于提高整个职工队伍的政治质量和科学文化素养,对于满足不同工种、职业的特殊要求,对于在青少年中以至在整个社会上造成人人向上、奋发有为、不甘落后的革命风气,都将发挥巨大的促进作用。

第三点,关于教育事业必须和国民经济发展的要求相适应的问题。

为了培养无产阶级需要的合格的人才,我们必须认真研究在新的条件下,如何更好地贯彻教育与生产劳动相结合的方针。马克思、恩格斯、列宁和毛主席都非常重视教育与生产劳动的结合,认为在资本主义社会里这是改造社会的最强有力的手段之一;在无产阶级取得政权之后,这是培养理论与实际结合、学用一致、全面发展的新人的根本途径,是逐步消灭脑力劳动和体力劳动差别的重要措施。早在80年前,列宁就说过:“无论是脱离生产劳动的教学和教育,或是没有同时进行教学和教育的生产劳动,都不能达到现代技术水平和科学知识现状所要求的高度。”现代经济和技术的迅速发展,要求教育质量和教育效率的迅速提高,要求我们在教育与生产劳动结合的内容上、方法上不断有新的发展。

要做到这一点,各级各类学校对学生参加什么样的劳动,怎样下厂上山下乡,花多少时间,怎样同教学密切结合,都要有恰当的安排。更重要的是整个教育事业必须同国民经济发展的要求相适应。不然,学生学的和将来要从事的职业不相适应,学非所用,用非所学,岂不是从根本上破坏了教育与生产劳动相结合的方针?那又怎么可能调动学生学习和劳动的积极性,怎么可能满足新时期的总任务向教育工作提出的艰巨要求?

我们的国民经济是有计划按比例发展的,我们培养和训练专门家和劳动后备军,也应当有与之相适应的周密的计划。我们不但要看到近期的需要,而且必须预见远期的需要;不但要依据生产建设发展的要求,而且必须充分估计到现代科学技术的发展趋势。

国家计委、教育部和各部门,要共同努力,使教育事业的计划成为国民经济计划的一个重要组成部分。这个计划,应当考虑各级各类学校发展的比例,特别是扩大农业中学、各种中等专业学校、技工学校的比例;要研究发展什么样的高等学校,怎样调整专业设置、安排基础理论课程和进行教材改革。要制定加速发展电视、广播等现代化教育手段的措施,这是多快好省发展教育事业的重要途径,必须引起充分的重视。生产劳动、科学试验和科学研究在学校教育中怎样组织得更有计划,使之更符合于经济计划和教育计划的需要,应当加以深入的研究。为了加速造就人才和带动整个教育水平的提高,必须考虑集中力量加强重点大学和重点中小学的建设,尽快提高它们的教学水平和教学质量。

今后国家将努力开辟新的途径,增加新的行业,以便更有效地为农业现代化和其他三个现代化服务。我们制定教育规划应当与国家的劳动计划结合起来,切实考虑劳动就业发展的需要。

第四点,讲讲尊重教师的劳动,提高教师的质量问题。

一个学校能不能为无产阶级培养合格的人才，培养德智体全面发展、有社会主义觉悟的有文化的劳动者，关键在教师。

20多年来，我们已经建立了一支人民教师队伍。全国有教师900万人，绝大多数教职员工热爱党热爱社会主义，勤勤恳恳为无产阶级教育事业服务，为民族、为国家、为无产阶级立了很大功劳。为人民服务的教育工作者是崇高的革命的劳动者。我们对广大教育工作者的辛勤努力表示慰问和敬意。特别是对广大的小学教育工作者，他们在更为艰苦的条件下，为培育革命后代不辞劳累，作出贡献，我们更要表示慰问和敬意。

我们要提高人民教师的政治地位和社会地位。不但学生应当尊重教师，整个社会都应当尊重教师。我们提倡学生尊敬师长，同时也提倡师长爱护学生。尊师爱生，教学相长，这是师生之间革命的同志式的关系。对于优秀的教育工作者，应当大张旗鼓地予以表扬和奖励。

要研究教师首先是中小学教师的工资制度。要采取适当的措施，鼓励人们终身从事教育事业。特别优秀的教师，可以定为特级教师。限于国家的经济力量，我们一时还难以较大地改善教职员工的物质生活待遇，但是必须为此积极创造条件。各级党委和教育行政部门，首先要在可能范围内，尽力办好集体福利事业。

各级党委和学校的党组织，应当热情地关心和帮助教师思想政治上的进步，帮助他们认真学习马克思列宁主义、毛泽东思想，使更多的人牢固地树立起无产阶级的共产主义的世界观。要积极地在优秀的教师中发展党员。教育战线任务愈来愈重，各级教育部门不能不努力提高现有教师队伍的教学能力和教学质量。教育部和各地教育行政部门，要采取切实有效的措施，比如充分利用广播、电视，举办各种训练班、进修班，编印教学参考资料等，大力培训师资。我们希望广大教师努力在政治上、业务上不断提高，沿着又红又专的道路前进。

同志们！我希望这次会议，能够对教育工作中一些重大问题，充分展开讨论。要提倡敢想敢说的革命精神。有不同意见不要紧，各种方案可以比较。办什么事也得走群众路线。人民内部要有充分的民主，这样才能拿出好的主意来。当然，任何好主意不会自动实现。美好的前景如果没有切实的措施和工作去实现它，就有成为空话的危险。为了实现新时期的总任务，为了在不长的时间内实现四个现代化，我们需要大力提倡能把崇高理想逐步变为现实的脚踏实地的革命作风。

我相信，在华主席、党中央领导下，依靠教育战线上广大师生员工的努力，坚持把揭批“四人帮”的斗争进行到底，踏踏实实地进行工作，我们的教育事业一定能够同其他战线一样，新人辈出，捷报频传，蒸蒸日上！

教育部部长刘西尧在全国教育工作会议上的报告（摘要）

一、新时期教育战线的任务

我国社会主义革命和建设已经进入了新的历史时期。华主席在全国科学大会上，着重地论述了一定要极大地提高整个中华民族的科学文化水平，一定要造就一支宏大的工人阶级的知识分子队伍，才能实现新时期的总任务，才能实现毛主席、周总理的遗愿，建设四个现代化的社会主义强国。刚才邓副主席又在讲话中，集中地阐述了在新的历史条件下，怎样进一步贯彻执行毛主席的教育方针的问题。这就要求我们教育战线尽快提高各级各类学校的教育质量，发展教育事业，培养亿万有社会主义觉悟的能够掌握现代生产技能的劳动者，培养千千万万的各种专门人才和懂得管理现代经济和现代科学技术的专家和干部。这是历史赋予我们的光荣而又艰巨的任务。

根据发展国民经济十年规划的要求，教育部初步拟定了《1978年至1985年全国教育事业规划纲要(草案)》。

规划的指导思想是：

一、认真搞好教育革命，全面地正确地贯彻执行教育为无产阶级政治服务、与生产劳动相结合的方针，逐步完善社会主义的教育制度，加速培养德智体全面发展的有社会主义觉悟的有文化的劳动者。

二、教育事业必须和国民经济发展的需要和可能相适应，有计划、按比例地发展。坚持两条腿走路、多种形式办学的方针，注意立足现有基础，充分挖掘潜力，调动各方面的积极性。

三、教学内容和教材必须符合现代科学技术发展的要求，教学手段逐步实现现代化。

四、当前，中心环节是提高教育质量。要充分发挥高等教育在提高教育质量和培养人才中的重要作用，同时，要认真从中、小学抓起，切实打好基础。

要完成新时期教育战线的任务，从现在起到1985年，是关键的8年。前3年要着重整顿提高，为后5年的加快发展打好基础。在这8年中，主要奋斗目标是：

充分发挥现有普通高等学校的潜力，扩大大学生和研究生的招生规模，同时，恢复和新建一批普通高等学校。认真办好共产主义劳动大学、“七二一”工人大学和“五七”大学，要使没有达到大专水平的这类学校经过调整整顿逐步达到大专水平。

高等教育要实行多种学制。在努力办好四年或五年制的普通高等学校的同时，大力发展两年或三年制的高等专科学校，试办两年或三年的以学习基础课为主要内容的大学基础班或基础大学。加快建设新的高等院校，加上原有的各高等院校，做到每个省、自治区、直辖市的文、理、工、农、医、师范的通用人才，基本上自行培养解决，建立和完备各大区内配套的、各有特点的高等教育体系。

大力发展电视、广播、函授、夜校等业余学校，在厂矿企业、财贸部门、研究设计机构和农村积极发展业余教育，使大量的在职干部、工农兵群众和上山下乡知识青年，通过这些途径达到中专或大学水平。

城市基本普及十年制教育，农村基本普及八年制教育，使广大青少年在走上劳动岗位之前，能受到政治思想、科学文化知识和生产技能的基本训练，并为高等学校输送合格的新生。要在调整、整顿、提高普通高中的同时，大力发展各种形式的农业中学、中等专业学校和技工学校，多数实行半工(农)半读，大大提高这些学校在整个中等教育中的比重。

继续抓紧小学教育的普及和提高，大力发展幼儿教育。3年内，要使大多数县95%以上的学龄儿童入学，并能坚持读满5年。

要重视少数民族教育，恢复和办好民族院校，大力培养少数民族干部，加快发展边疆地区的教育事业。

要发展和办好盲聋哑等特殊教育。

建立一支宏大的又红又专的教师队伍。高等学校青年教师多数要达到研究生毕业水平，中学教师基本达到大专毕业水平，小学教师基本达到中师毕业水平。

大力发展现代化教学手段，充实实验设备、图书资料，积极改善课堂、宿舍等办学条件。

实现了上述目标，目前这种教育同社会主义革命和建设严重不相适应的状况，就可以大大改变，并且为进一步的发展打下坚实的基础。

二、深入揭批"四人帮"，把学校整顿好

一年多来，教育战线揭批"四人帮"的斗争，取得了很大的成绩。但是，也必须看到，"四人帮"对教育战线的摧残和毒害极其严重，目前运动的发展非常不平衡。有些单位和学校的负责人对揭批运动的领导很不得力，甚至有抵触，捂盖子。有的单位和学校可以说还没有动。我们这条战线和其他战线比较，差距大，任务重。对此，我们必须有一个清醒的认识。

当前，必须在各级党委领导下，打好揭批"四人帮"的第三战役。没有进行清查和清查很不彻底的，一定要认真进行清查。

第三战役怎么深入呢？首先还要狠狠抓住"四人帮"炮制的"两个估计"，继续深揭狠批。"两个估计"是"四人帮"在教育战线上反动思想的核心，影响最深，危害最大。他们制造的许多谬论和事件，都是由此派生的。要抓住他们制造的"张铁生的答卷"、"反回潮"、"反复辟"、"马振抚"、北京一个小学生的"日记"、"朝农经验"等一系列事件，联系各地区、各单位、各学校的实际，深入进行揭批。彻底清算"四人帮"假左真右破坏教育革命的罪行，把被"四人帮"颠倒了的路线是非，一一纠正过来，把那些被"四人帮"否定了的正确的东西明确地加以肯定，把广大干部、群众的思想和行动，统一到党的十一大路线和华主席、党中央的一系列指示上来。

在揭批"四人帮"斗争中，我们要密切注意"四人帮"帮派骨干和坚持反动立场的人的干扰破坏活动。对于那些至今还在坚持"四人帮"反动思想体系，对抗华主席、党中央指示的事件，要紧紧抓住，放手发动群众，大张旗鼓地进行批判。

我们一定要结合揭批"四人帮"的斗争，把各级教育部门、学校整顿好。整顿的关键是整顿领导班子。这一环抓好了，其他方面的整顿才有可靠保证。

应该看到，在我们教育战线，组织上属于"四人帮"帮派体系的，毕竟是极少数，但是思想上中毒很深，至今还坚持"四人帮"思想体系的人，还是有的。他们有的甚至今天还不肯转弯子。还有一种人是坚持搞资产阶级派性的坏头头，至今没有悔改，继续煽动派性，制造混乱。他们现在不一定有什么高的职位，但是能量还不小。我们一定要按照中央的指示，狠抓各级领导班子的整顿，绝对不能含糊。对干部的考察要看他过去的表现，更要看他在十一次路线斗争中的表现，特别是在当前斗争中的立场和态度。应在揭批运动中，识别、选拔和锻炼干部，整顿领导班子。一定要把"四人帮"的帮派骨干，坚持"四人帮"反动思想体系，对抗华主席、党中央指示的人，坚持资产阶级派性屡教不改的人，从各级领导班子中清除出去。

要严格区分两类不同性质的矛盾，做过细的思想政治工作。要把那些在教育革命中认真进行各种改革试验的同志，由于缺乏经验而造成的某些缺点错误，同"四人帮"对教育革命的干扰和破坏严格区别开来。要注意保护那些同志的积极性。要按照党的政策，教育和挽救大多数犯有错误的同志，包括犯有严重错误而又愿意悔改的同志，集中力量打击一小撮罪行严重而又不肯悔改的死党和进行破坏活动的反革命分子。

要进一步落实干部和知识分子政策。落实政策的工作，要有专人负责，抓紧进行，定期检查，限期完成。

前几年，从工农兵和上山下乡知识青年中选拔了大批学生进入高等学校学习，我们应该热情地关怀他们，帮助他们更好地成长。要在深入揭批"四人帮"的斗争中，加强新老学生之间、师生之间的团结，相互学习，共同提高。

三、集中力量办好一批重点学校

当前教育工作的中心环节是要狠抓提高，各级各类学校，包括大学、中小学、业余教育等都要着重提高教育质量。其中，一个重要措施就是办好一批重点大学和中小学。早在1953年，毛主席就指示要办重点中学。1959年，第二届全国人民代表大会上周总理明确指出："在各级全日制的正规学校中，应当把提高教学质量作为一个经常的基本任务，而且应当首先集中较大力量办好一批重点学校，以便为国家培养更高质量的专门人才，迅速促进我国科学文化水平的提高。"我们过去办的重点学校是有成绩的。但是，"四人帮"却把重点学校打成"修正主义教育路线的产物"，戴上"贵族学校"的帽子，胡批乱砍，把建设多年的重点学校破坏了，造成很大损失。

粉碎"四人帮"后，华主席、党中央指示我们立即着手办好一批重点学校。怎样办好大中小学的重点学校呢？

关键是领导要抓。我们教育部对自己所属的重点学校，要按照国务院文件规定的职责范围认真管起来。要经常派人到各校去调查研究，及时反映情况，帮助解决问题。教育部和中央各部委的重点学校也应该是各地的重点学校，各地党委和教育部门对它的领导，只能加强不能削弱。

师资力量要大力充实。重点学校的师资力量相对说是比较强的，但是，要完成它所担负的任务，还必须从多方面设法充实和加强。要争取科学院和其他部门的专家、学者到学校兼课，提倡各高等学校的教师进行交流讲学。重点中小学，可以从其他学校或其他部门挑选优秀教师去讲课，鼓励大学教师和科学技术人员到中小学兼课。

要选拔好的学生入学。高等学校在统一招生时，应优先保证重点学校。重点中小学应允许在较大范围内招生，不受就近入学规定的限制。

要力求用较高较新的教材进行教学。鼓励教师进行教学内容和教学方法的改革和试验。对学生要有严格要求，要有必要的作业和练习，同时又要注意不要使学生负担过重，不要随意增加考试次数和学习时间。要采用多种形式加强体育锻炼，讲究卫生，增强学生体质。

优先装备重点学校的教学设备。要自力更生尽快把遭到破坏的实验室恢复起来，有计划地进行设备更新。

整顿教学秩序。这些年来，由于"四人帮"的破坏，学校秩序混乱，校风不正。必须发动师生员工认真讨论，建立必要的规章制度。

总之，我们要通过努力，使重点学校在学生质量、教学水平以及科研工作诸方面，有一个较快地发展和提高，成为我国新型教育体系中的骨干力量。希望重点学校的同志奋发努力，戒骄戒躁，作出更好的成绩。重点学校与非重点学校是互相学习，互相促进的关系。重点学校与非重点学校都是可以变的。模范不一定都出自重点学校，有些非重点学校也可以出好的教师、好的经验和优秀人才，重点学校办不好倒不一定出。

我们讲要抓好提高，抓好重点，决不能误解为其他方面的工作可以放松了。我们对各级各类学校，对各项工作都要有相应的安排，真正做到全面安排，突出重点。

四、开展科学实验，加强科学研究

各级各类学校，都要广泛开展科学实验，加强科学研究。在城乡青少年中，发展爱科学、学科学、用科学的热潮。

高等学校，特别是重点大学，人才集中，学科门类比较齐全，是科学研究的一个重要方面军。要实行教学、科学研究与生产劳动三结合。高等学校首先应当完成教学任务，同时，积极开展科学研究，承担国家的科研项目，促进教学质量和学术水平的提高，逐步做到既是教学中心，又是科研中心。

高等学校的科研机构和队伍，必须充实和加强。凡不应该拆掉的应尽快恢复，要从国家需要出发，充分考虑学校专业发展的方向，新建一批研究机构。建议各部门、各地区新建科研机构时，要充分利用高等院校的基础，不要把高等院校的力量随便抽走。

高等学校科学研究的经费和物资条件，要纳入计划，采取多种途径切实解决。高等学校和各研究机构、厂矿、产业部门，原有的协作关系与物资渠道，不要轻易改变，随意中断，并通过协议书，纳入国家和地方的计划。有些项目，则由教育部门自己制订计划，并加强管理。

高等学校的文、哲、社会科学各科，也应认真制定规划，恢复并新建一批研究所(室)。积极开展科学研究，造就一支高水平的马克思主义理论队伍和学术队伍。要注意教育科学的研究。

认真贯彻"百花齐放，百家争鸣"的方针。高等学校应建立学术委员会，办好学报。鼓励教师著书立说，翻译资料，编写科学普及读物。

积极加强高等学校的对外学术交流活动，及时了解国外的科技新成果、新动向和管理经验。

五、加强教师队伍的建设

提高教育质量，关键是要加强教师队伍的建设。教师是培养人才的劳动者，应当受到尊重。我国现有

900多万教师,他们中的绝大多数热爱党、热爱社会主义,忠诚党的教育事业,政治上和工作上的表现是好的,不愧为工人阶级自己的又红又专的教师队伍。

为了适应新时期的需要,要努力提高广大教师的政治业务水平。要热情帮助和鼓励他们沿着又红又专的道路不断前进,使更多的人牢固地树立无产阶级的共产主义世界观。在教师中发展党员十分重要。经过多年的锻炼和考验,已有不少教师具备了党员条件,必须及时吸收他们入党。

各级教育部门、各级各类学校,都要制定师资培养规划,采取有力措施,帮助教师提高。可以脱产轮训,但主要的是在职进修。要大力组织编写出版各种教学参考资料,供教师使用。对学术造诣精深的老教师,应配备得力的助手,要妥善解决他们的工作条件和生活问题,使他们专心致志地从事工作,著书立说,培养青年教师。中年教师具有"承上启下"的作用,他们的水平提高了,既可解决教学、科研力量上青黄不接的问题,又可培养、带动青年教师,必须认真抓好。要重视对绝大多数的青年教师的补课,使他们尽快地胜任工作。

大力发展和办好师范教育,是建设教师队伍的根本大计。高师、中师、幼师等各级师范学校,特别是高等师范院校,都要努力发展,扩大招生,提高教育质量,以便为教育战线不断补充合格的教师。

要恢复和建立教师的定期考核和职称的评定、晋升制度。教师职称的评定和晋升,应按实际的教学能力和学术水平,不能按资格。成绩优秀的可以越级晋升,不受学历、教龄的限制。教学成绩特别优异的中小学教师可以定为特级教师。优秀的实验员、资料员,可以分别提为技师、工程师、研究员等。要大力表扬先进的教师、干部和职工,特别突出的可以授予"模范教师"或"模范教育工作者"的称号,颁发奖状、奖章和给予适当的物质奖励。各级教育行政部门要关心和切实解决教师的生活福利问题,认真搞好学校的后勤工作。

六、努力实现教学手段的现代化

为了提高教学质量,必须努力实现教学手段的现代化。要逐步实现和更新高等学校、中等专业学校和中、小学的仪器设备,加强图书馆的建设,使之符合现代科学技术对教学的要求。

当前,要特别注意发展电化教育。电化教育大有可为,好处很多。如电视、电影教育形象生动,感染力强,能提高学生的学习兴趣和效果,又能请优秀的教师,在更大的范围内来进行教学,可以节省师资,充分发挥高水平教师的作用。我们要大力开展业余教育,组织人们自学,电化教育的作用就显得更大了。采用这些现代化教学手段,是教学上的一个重大改革。要提高教育质量,多快好省地发展教育事业,非靠此不可。

开展电化教育要从现实情况出发,先抓花钱少、见效快、收效大的项目。要大抓电视教育,已经办起来的讲座,要听取意见,总结经验,加以改进,同时积极筹办电视大学。各省、自治区、直辖市可以充分利用自己的电视台,组织转播。有条件的也可以自己组织电视教育。广播教学参加学习的人多面广,尤其是在社会科学和外语的教学上,作用更大。要认真总结经验,继续加以推广。幻灯、电影、录音、录像等电教设备,要大力推广应用于教学。要积极拍摄和复制教学影片。大量灌制教学唱片,录制好的讲课和讲座。要注意积累各种视听教育的资料,逐步形成全国电化教育资料中心。教育部准备把各有关学校和教学仪器厂组织起来,结合各自的特点、条件,实行专业化分工,研制和生产教学仪器和电化教育的设备。避免各搞各的,谁都要自成一套,造成人力物力的浪费。

七、全面贯彻教育与生产劳动相结合的原则

实行教育与生产劳动相结合,是马克思主义教育思想的一个根本点。毛主席曾经深刻地指出,几千年来,都是教育脱离劳动,现在要教育劳动相结合,这是一个基本原则。

"四人帮"竭力反对这个基本原则。他们抛出"宁要一个没有文化的劳动者"的反动谬论,实行文化专制主义。他们把学生和教师当作简单的劳动力,并且任意让师生进行无计划和无效的劳动,浪费时间和精力,搞得教师没法教,学生没法学。这实际上是剥夺了工农子弟学习科学文化的权利,早就引起广大人民的强烈不满。

现在,我们应当而且也有可能更好地贯彻执行教育同生产劳动相结合这个基本原则了。对于这种结合,各个时期都应该有它不同的内容。今天,我们要建设现代化的社会主义国家,教育就应该同现代化的生产劳动相结合。在保证以学为主的前提下,安排学生参加必要的生产劳动,促进学生走与工农兵相结合的道路。大学生主要是根据专业特点,参加对口劳动,以利于理论和实际的结合。大中小学教学如何与生产劳动结合的问题,要认真总结经验,不断加以改进。

八、广开才路,大力选拔和培养优秀人才

为了建设现代化的社会主义强国,我们必须打破常规,广开才路,大力发现,选拔和培养各方面的专门人才。

在我国,优秀人才是具有广阔源泉的。我们应当积极改革那些不利于发现人才,不利于早出和快出人才的制度和办法,把全面发展和因材施教结合起来,在选拔和培养人才方面，创造新鲜经验。

去年高考制度的改革，全国各地发现了大批勤奋学习、才智出众的青少年，令人可喜可爱。为了进一步提高招生质量，今年要实行全国统一考试，严格执行德智体全面考核，择优录取的原则，严禁“走后门”。

要积极提倡业余学习。各地可依托高等院校举办电视大学、广播大学、函授大学和夜大学。有条件的工厂、农场及其他企事业单位也可以办业余大学。各级领导要有计划地组织广大在职干部、工人、上山下乡和回乡知识青年业余学习，并给予必要的时间保证。

建立定期的考核制度，自学的人们可以到国家指定的高等学校或其他单位，参加考核，达到国家规定的大学毕业水平的，由主考单位发给毕业证书，各单位在使用时，应按同等毕业生对待，用其所学。在职工作人员，也可以用同样的办法，参加研究生的考核。

农业的机械化和现代化，急需大批专门人才，应当大力倡导和鼓励青年报考农业院校。对农业院校搬迁中遗留的问题要尽快解决。

我们教育部门、学校和广大教师都要把发现、选拔和培养杰出人才，看成是对国家、对人民的重大贡献。大家都来做社会主义时代的伯乐，形成一个尊重人才，爱护人才，培养人才的良好风气。

最后，特别要讲讲加强党的领导问题。

教育事业是伟大的无产阶级革命事业的重要组成部分，关系到革命接班人的培养，关系到党和国家的前途和命运。毛主席教导我们：“省、地、县三级第一书记要管教育”，“不管教育的现象是不能容许的”。各级党委要把教育列入重要议事日程，一年抓几次，及时解决工作中的重大问题。教育战线的同志，要在各级党委领导下，积极努力，做好工作。

必须大力改进和加强学校的政治思想工作，组织学生系统地学习马列主义、毛泽东思想，参加三大革命运动实践，进行革命传统教育和革命纪律教育，树立远大的革命理想，养成高尚的共产主义品德。开展学习雷锋和先进模范人物等活动，做到身体好，学习好，工作好。养成爱祖国、爱人民、爱劳动、爱科学、遵守纪律、爱护公共财物的优良风尚。在青少年时期的培养对一个人今后的发展，关系很大。在中小学养成好的作风，对于社会风气的改变具有重要的作用。政治思想工作要彻底肃清“四人帮”的流毒和影响，大力恢复和发扬我们党在政治思想工作方面的优良传统，要讲究实效，反对形式主义。要充分发挥党团支部的作用，搞好学生会的工作，培养学生自己管理自己的能力，锻炼他们的才干。

教育战线的各级领导干部，要努力学习，逐步成为内行。深入实际，加强调查研究，抓好典型，注意总结经验，不断提高领导水平。

中共中央决定，在明年的适当时候召开全国教育大会，表彰先进，交流经验，制定规划，通过大、中、小学工作条例，进一步发展教育战线的大好形势。全体教育工作者，要积极响应华主席的号召：学习、学习、再学习，团结、团结、再团结。为着一个共同的目标，开展一场社会主义竞赛，以优异的成绩，迎接全国教育大会的召开！

国务院副总理邓小平在北京会见世界羽毛球界各国朋友

国务院副总理邓小平、陈锡联会见了前来参加和参观第三届亚洲羽毛球邀请赛的世界羽联、亚羽联领导人，国际羽毛球界知名人士和各代表团、队的团长、领队和运动员。

邓小平说：“通过比赛，可以互相学习，共同提高，但更重要的是加强各国人民和运动员之间的相互了解和友谊。”他祝愿世界羽联这个组织发展壮大。

参加会见和谈话的还有：国家体委主任王猛、第一副主任徐寅生、副主任于步血，外交部副部长章文晋，北京市革委会副主任李立功，中华全国体育总会负责人路金栋，邀请赛组织委员会主任朱仄、副主任陈玉娘等。

全国总工会八届七次执委扩大会议在北京召开

中华全国总工会第八届第七次执委扩大会议，4月22日到4月24日在北京举行。会议决定，今年10月在北京召开中国工会第九次全国代表大会。

出席这次执委扩大会议的有全国总工会副主任马纯古、朱学范、李颉伯、康永和、顾大椿，书记处书记张维桢、王志杰、黄民伟、陈宇、张修竹、赵国强、栗树彬、王家扬，候补书记邵井蛙以及执委、候补执委和各省、自治区、直辖市工会负责人，共190多人。会议根据党的十一大和五届人大精神，揭发批判了林彪和王、张、江、姚“四人帮”破坏工人运动的罪行，回顾了新中国诞生以来工人运动和工会工作。

马纯古在会议开始时讲了话。他说，由于林彪和“四人帮”的严重干扰破坏，我们已经12年没有开执委会了。粉碎“四人帮”后的今天，才有条件开这次执委扩大会议。这是我国工人阶级和全国人民在华主席为首的党中央领导下，同“四人帮”斗争的胜利。这次会议根据党的十一大路线和新时期的总任务，主要讨论召开中国工会第九次全国代表大会的问题，进一步动员我国工人阶级，积极投入建设社会主义现代化强国的伟大斗争，在新的长征中充分发挥主力军作用。

会议经过讨论，一致同意今年10月在北京召开中国工会第九次全国代表大会,并原则通过了关于召开这次工会九大的《通知》。

会议结束时,全国总工会副主任朱学范讲了话,六位执委在会上发了言。

《人民日报》发表社论《三大革命运动一起抓》

把阶级斗争、生产斗争和科学实验三大革命运动一起抓起来,这是我们贯彻执行新时期总任务,建设社会主义强大国家的极为重要的指导思想。

三大革命运动一起抓,是毛主席的一贯教导。粉碎"四人帮"以来,华主席为首的党中央,对揭批"四人帮"这场阶级斗争抓得很紧,对发展国民经济的规划和农业生产、工业生产、交通运输、财金贸易等经济工作抓得非常具体,对发展我国的科学文教事业抓得切实有力,为我们树立了三大革命运动一起抓的光辉榜样。华主席在五届人大的政府工作报告和在全国科学大会上的讲话,又进一步深刻地阐明了三大革命运动的伟大意义和相互的辩证关系,号召我们一定要善于把三大革命运动很好地结合起来,坚持下去。全党同志、全国人民,特别是各级领导干部,要认真学习毛主席的教导和华主席的指示,使我们对这个问题的认识,有一个大的提高。

阶级斗争、生产斗争和科学实验,这三项伟大的革命运动,缺一不可。三大革命运动是一个整体,都是无产阶级专政下继续革命的有机组成部分。它们有相对的独立性,各有其特点和规律,不能用一个去代替另一个;但又是紧密联系、互相制约、互相促进的。"四人帮"以极左的面目出现,鼓吹阶级斗争可以代替一切的谬论,把人们的思想搞得很混乱。他们实际上是三大革命运动都不让我们抓,以便他们搞篡党夺权的阴谋活动,搞资产阶级向无产阶级进攻的阶级斗争。"四人帮"在这个问题上的谬论必须彻底批判,其流毒和影响必须彻底肃清。

在三大革命运动中,阶级斗争是纲,是推动社会主义革命和社会主义建设前进的直接动力。为了实现总任务,我们始终要紧紧抓住这个纲,一刻也不能放松。所谓"阶级斗争是纲",决不是像"四人帮"那样,把它变成一顶整人的帽子,借以达到篡党夺权的罪恶目的,而是要求我们切切实实地抓住无产阶级和资产阶级两个阶级的斗争、社会主义和资本主义两条道路的斗争。当前和今后一个时期,也就是要抓住揭批"四人帮"的斗争。抓住这个纲,才能坚持社会主义方向,振奋人们的革命精神,扫除实现四个现代化的障碍,推动生产建设和科学实验的发展。在"四人帮"横行时,我国国民经济被他们破坏得几乎到了崩溃的边缘,我国同世界科学技术先进水平的差距,本来已经缩小,又被他们拉大了。试想,不抓阶级斗争这个纲,不打倒"四人帮",我们的社会主义经济和科学教育文化事业能够前进吗?"四人帮"被粉碎了,但是,阶级斗争并没有结束,"四人帮"的流毒和影响还没有肃清,资本主义势力向社会主义事业的猖狂进攻也不会停止。在这种情况下,如果对揭批"四人帮"的斗争有丝毫的忽视,听任"四人帮"的流毒和影响束缚我们的手脚,干扰我们的工作,那么,我国的无产阶级专政就会受到削弱和破坏,我们的经济工作、科技工作和其他一切工作也都很难前进。为了开展生产斗争和科学实验,我们必须坚决执行党的基本路线,把揭批"四人帮"的斗争进行到底,把反对修正主义、反对资本主义的斗争进行到底,把无产阶级的政治思想工作大大加强,并且紧密结合生产斗争和科学实验一道去做。

生产斗争,是人类社会最基本的实践活动。抓好生产斗争,高速度地发展生产,是无产阶级专政的基本任务之一。在无产阶级掌握政权的条件下,生产的每一步发展,都是打击资本主义复辟势力的物质力量,都加强了无产阶级专政的物质基础。很明显,不抓生产斗争,我们吃什么,穿什么,还谈得上什么建设社会主义,还谈得上什么巩固无产阶级专政?而且一般地抓生产,满足于一般的发展速度也不行。必须充分发挥社会主义制度的优越性,做到高速度地发展生产。华主席指出:"建设速度问题,不是一个单纯的经济问题,而是一个政治问题。特别是从国际阶级斗争的形势来看,这个问题的政治性质就更加尖锐。""四人帮"一会儿胡说"革命搞好了,生产就自然而然地上去了",一会儿又胡说"革命搞好了,生产下降也可以","宁要社会主义的低速度"。这统统是公然背叛马克思主义基本原理的反动谬论,一定要坚决批判。我们坚持抓革命促生产的方针,认为革命确实能够促进生产,但不能代替生产。生产斗争有自己的一套规律。组织现代化的大生产是一项十分艰巨复杂的任务。在新的发展时期,我们日常的大量工作是生产。毛主席曾经规定县以上各级党委要抓社会主义工业工作,主要有十四项,即产量指标,产品质量,新产品试制,新技术,先进定额,节约原材料、找寻和使用代用品,劳动组织、劳动保护和工资福利,成本,生产准备和流动资金,企业的分工和协作,供产销平衡,地质勘探,资源综合利用,设计和施工。毛主席还规定各级党委要抓社会主义农业工作,也有十四个要点,即产量指标,水利,肥料,土壤,种子,改制(改变耕作制度),病虫害,机械化,精耕细作,畜牧,副业,绿化,除四害,治疾病讲卫生。毛主席要求我们抓生产是多么具体,多么细致啊。我们一定要遵照毛主席的指示,抓好生产斗争,认真执行发展国民经济的十年规划和国家的年度计划,把经济工作越搞越细致,越深入,越实际,越科学。

科学实验,是三大革命运动的重要一环。科学技术作为生产力,它的进步大大提高劳动生产率,改变生产面貌,引起人们思想上的革命变化和社会制度的革命变革,是一种在历史上起推动作用的伟大革命力量。我们要实现工业、农业和国防的现代化,就要用最先进的科学技术武装它们,所以,四个现代化关键是科学技术现代化。马克思主义告诉我们,社会产品的极大丰富,是消灭三大差别,消灭阶级,过渡到共产主义,实行“各尽所能、按需分配”原则的一个重要条件。而这个条件的实现,就要靠科学技术水平的极大提高。不大搞科学实验,不采用新技术,就不能大幅度地提高劳动生产率,就不能显示我国社会主义制度的优越性,就有落后挨打的危险。这是一个关系到社会主义事业的全局,关系到我们国家命运与前途的大问题。“四人帮”大搞愚民政策,否定科学实验,否定科技人员的作用,胡说“知识越多越反动”,鼓吹“宁要没有文化的劳动者”,使我国科学技术事业遭到严重的摧残,至今仍然是三大革命运动的薄弱环节。现在,党中央的决心很大,科技工作者和广大群众的积极性很高,迫切要求各级党委加强对科技工作的领导。诸如党在科技战线的路线、方针、政策的贯彻,政治思想工作的加强,党的知识分子政策的落实,科研机构和科技队伍的建设,科研规划的制定和执行,后勤工作的保证,科技成果的迅速推广应用和科学知识的普及,都需要各级党委认真地具体地去抓。

毛主席谆谆教导我们:“阶级斗争、生产斗争和科学实验,是建设社会主义强大国家的三项伟大革命运动,是使共产党人免除官僚主义、避免修正主义和教条主义,永远立于不败之地的确实保证,是使无产阶级能够和广大劳动群众联合起来,实行民主专政的可靠保证。”我们要从无产阶级专政下继续革命的高度,从反修防修、巩固无产阶级专政的高度,深刻认识它的伟大意义,使我们对三大革命运动一起抓,更加自觉,更加坚定。各级领导干部不但要站到阶级斗争的第一线,而且要像毛主席多次教导的那样,和群众一道参加生产劳动和科学实验,这对社会主义制度是具有根本性的一件大事。应当承认,在生产建设问题上,在科学技术工作中,有许多东西我们还不懂,新时期的阶级斗争也还会出现许多新问题,都需要我们在三大革命运动的实践中去加深认识。首先当学生,后当先生,实行毛主席一贯教导的从群众中集中起来又到群众中坚持下去,以形成正确的领导意见这个基本的领导方法,切实按照客观规律办事,避免唯心的阶级估量和工作指导。真正做到蹲好一个点,带动一大片。认真实行领导干部、专业人员和广大群众相结合,大搞群众运动。三大革命运动都要抓,工作很多,任务繁重。各级党委要学会毛主席教导的“弹钢琴”的方法,综观全局,统一安排,充分发挥三大革命运动互相促进的作用。

毛主席亲自树立的大庆、大寨两面红旗,是三大革命运动一起抓的典范。在大庆,在大寨,三大革命运动紧密结合,互相促进。他们大批修正主义,大批资本主义,大干社会主义,大搞技术革新和技术革命,不仅根本改造了山河面貌,以世界罕见的速度拿下大油田,不仅技术上年年都有新套套,生产上年年创造新纪录,而且造就了一支政治上、思想上、作风上、生产上、技术上都过得硬的革命化的队伍,真正把无产阶级专政的任务落实到了基层。我们说三大革命运动一起抓是必需的,也是可能的,大庆、大寨就是最有说服力的证明。我们学大庆,学大寨,要学根本,就是要学他们三大革命运动一起抓。各级党委,各个基层单位,都要把这个根本经验学到手。

在华主席为首的党中央领导下,新的长征开始了。我们一定要按照总任务的要求,按照新党章和新宪法的规定,认真开展阶级斗争、生产斗争和科学实验三大革命运动,向着社会主义的现代化强国的宏伟目标奋勇前进!

全国人大常委会副委员长邓颖超在北京会见日本社会党前委员长佐佐木更三

国家体委主任王猛在北京会见国际奥委会副主席萨马兰奇

4月23日

全国铁路学大庆会议在人民大会堂闭幕

中共中央副主席、国务院副总理李先念,国务院副总理余秋里、陈锡联、耿飚、方毅、王震、谷牧、康世恩出席了闭幕式。

闭幕式由铁道部部长段君毅主持。

闭幕式上,李先念副主席作了重要指示。李副主席指示广大铁路职工要进一步开展学大庆运动,整顿好铁路的各级领导班子,改进装备,加强严格的纪律教育,为我国铁路事业早日赶上世界先进水平作出更大的努力。

李副主席号召广大铁路职工鼓足干劲,力争上游,多快好省地建设我们的铁路,为高速度发展我们的国民经济服务。

国务院副总理谷牧在闭幕大会上作了重要讲话。他指出:粉碎“四人帮”以来,全国铁路战线贯彻华主席抓纲治国的战略决策,在各省、自治区、直辖市党委的领导和支持下,广泛深入开展了工业学大庆运动,经过200多万铁路职工的团结战斗,共同努力,取得了很好的成绩,铁路面貌发生了显著变化,形势越来越好。铁路被"四人帮"破坏的混乱局面,已经结束了。广大职工精神振奋,心情舒畅,社会主义积极性、创造性空前高涨,到处是大干快上的新气象。他说,华主席、党中央对铁路战线取得的成绩,对广大铁路职工的辛勤劳动,多次给予表扬和鼓励。一年多来,国民经济好转,铁路是带了头立了功的。

谷牧副总理希望广大铁路职工在大好形势下保持清醒头脑,不能自满,要看到差距,采取措施消除差距。他说,第一、国民经济的大好形势,要求铁路必须上得更快,当好先行。当前,工业生产在大幅度增长,石油继续保持高产稳产,煤炭超额完成了计划,冶金工业也迈开了大步。铁路要上得更快,才能为国民经济的高速度开路。第二、要把揭批"四人帮"的斗争进行到底。当前,揭批"四人帮"的第三战役正在深入,这是夺取揭批"四人帮"斗争全胜的关键,这一仗一定要打好。"四人帮"对铁路的破坏很严重,危害很深,流毒很广。铁路上有许多好的传统,好的作风,好的制度,都被他们搞乱了,搞丢了。铁路的基础工作遭到了严重破坏。因此,要下很大的功夫,彻底肃清"四人帮"的流毒和影响,把我们人民铁路的好传统、好作风、好制度恢复起来。第三、要大搞挖潜革新,充分发挥现有企业的潜力,更好地完成当前繁重的运输生产任务。要加强铁路的科学研究工作,采用新技术,建设新线,改造旧线,制造新型机车、车辆,使铁路的技术装备尽快有一个较大的改观。不这样,铁路就无法从根本上解决大幅度提高运输能力的问题,就当不好先行官。要完成当前繁重的运输任务,主要靠立足于挖潜、革新、改造,来提高运输能力,提高工作效率。第四、要加强学习,改进作风。我们的许多同志虽然在铁路上工作多年,但是技术业务还很不熟悉,长期处在外行状态。这种状况不迅速改变怎么搞现代化?大家要努力学政治、学经济、学管理、学技术,特别是领导干部,要钻进去,成为自己所负责部门业务上的内行。各级领导干部都要在作风上有个大的改进。第五、要依靠省、自治区、直辖市党委的领导,把铁路的事情办好。这是一条很重要的经验,今后还要这样做,而且要做得更好。

在闭幕式上,铁道部副部长郭维城宣读了铁道部关于授予"毛泽东号"机车组、"周恩来号"机车组、"朱德号"机车组、北京铁路局古冶机务段、锦州铁路局新民车站、济南铁路局大协车站、锦州铁路局彰武工务段孙家养路工区、齐齐哈尔车辆工厂孙恒玉小组、广州铁路局广州客运段广深二组等112个先进单位、先进集体为学大庆红旗的决定。

出席闭幕式的,还有国务院有关部委以及铁道兵部队和全国总工会的负责人。

中央军委作出《关于办好军队院校的决定》

《关于办好军队院校的决定》(以下简称《决定》)要求各总部、各军兵种、各军区党委加强对军队院校的领导,各级各类军队院校党委认真按照《决定》的精神和要求,努力办好军队院校,为抓纲治军、准备打仗和加速我军革命化现代化建设大力培养军政人才。

《决定》提出了十项办好院校的有效措施:一、要紧密联系军队院校的实际,深入系统地批判林彪、"四人帮"的反革命修正主义路线及其在教育训练上的表现,批判他们破坏军队院校的罪行,批判他们炮制的"两个估计",肃清它的流毒,澄清路线是非、思想是非、理论是非、坚持正确的办校方向和路线。二、要健全院校体制。三、要认真整顿、调配好各个院校的领导班子,特别是军政一把手。一定要选调优秀干部办院校。四、要建设又红又专的教员队伍,选拔优秀干部当教员。教员可按军、师、团、营、连定职,大专技术院校可恢复教授、副教授、讲师、助教等职称。要认真落实党的知识分子政策。要引导教员认真学习马列和毛主席著作,改造世界观,忠诚党的教育事业。要鼓励教员努力提高学术水平,钻研技术,精通业务,又红又专,有重要贡献的要给以奖励。教员看文件、听报告,应根据工作需要适当放宽。教员工作、生活中的实际问题,应根据需要和可能认真解决,保证他们有足够的教学工作时间和较好的教学工作条件。要注意保存教学骨干力量。对于年大体弱而不能继续任教的教员应予妥善安置。五、要严格收生条件。必须选拔优秀干部、战士进院校。六、要加速培训干部,在保证教学质量的前提下规定学制。院校实行培训和轮训相结合,以培训为主的原则。七、要建立和健全必要的规章制度,保证教学时间和秩序。八、要编好教学大纲和教材。九、要认真改进教学方法。坚持官教兵、兵教官、兵教兵的群众路线的教学方法;实行启发式、讨论式,废止注入式,精讲多练,注重培养和提高学员分析问题和解决问题的能力。十、要在勤俭节约的原则下,切实搞好和不断改善各项教学保障工作。要加强图书馆、资料室、实验室、兵器馆的建设,积极开展电化教学,逐步实现教学设备的现代化。

交通部在上海召开大会表彰在海上抢救失火轮船的船员

我国烟台打捞局"沪救101"远洋拖轮和中国远洋运输公司上海分公司"和田"轮的船员,最近在远离祖国的公海上，团结战斗，胜利完成了抢救失火的“团结”轮的任务。

会上，交通部副部长彭德清代表交通部授予“沪救101”轮和“和田”轮奖旗各一面，并分别给予记集体功一次。中国远洋运输公司和所属上海分公司也分别给“和田”轮授了奖旗；向“沪救101”轮赠送锦旗表示感谢；对“团结”轮上严重失职造成失火的有关人员，根据不同情况给予处分。

4月8日凌晨一时许，中国远洋运输公司上海分公司的“团结”号货轮在驶往日本横滨的途中，行至日本名古屋附近的海面(北纬33° 49'，东经137° 03')时，不幸失火。虽经船员们奋力抢救，日本有关方面协助救火，猛烈的火势未能控制。当时，停泊在日本广岛的“沪救101”轮和正在附近海面航行的“和田”轮，接到交通部的特急电报后，全速驶往现场，承担了抢救任务。这两艘船的海员和“团结”轮的海员一起，在公海上与烈火展开了搏斗。他们冒着风猛浪急和残火一再复燃及油仓可能爆炸的危险，依靠集体的智慧和力量迅速查明火情，并且采取有效措施，连续苦战了四昼夜，终于扑灭烈火，把“团结”轮安全拖带回国。

交通部部长叶飞在会上讲了话。他高度赞扬“沪救101”轮、“和田”轮船员的革命英雄主义精神；并要求交通运输战线各级干部从“团结”轮事件中认真吸取经验教训，深入揭批“四人帮”，肃清流毒，花大力气进行整顿，提高运输质量，搞好安全生产，为加速实现新时期的总任务作出贡献。

参加大会的有上海工交系统的领导干部、全国远洋运输、海运、长江航运等系统和各大港口的干部和工人代表，以及正在上海的海员代表。

4月24日

《解放军报》发表评论员文章《努力办好军事院校》

华主席指出：“要努力办好各级各类军事院校，大力培养各级军政领导骨干和技术人才。”不久前，中央军委又作出《关于办好军队院校的决定》。在党中央、中央军委的关怀下，我军广大院校经过整顿、调整和增建，已经陆续开学了。这是我军为实现社会主义新时期的总任务的一件大事，是抓纲治军准备打仗的重要措施。

军队要整顿，要准备打仗，应该从哪里着手？非常重要的一条，是把教育训练提到战略地位。这里有两个方面：一是搞好部队的教育训练，二是搞好院校的教育训练。本文着重要讲的，是如何办好各级各类军事院校。

办好军队院校，加强干部的教育训练，是关系到加强我军建设、提高战斗力和准备打仗的全局性的重大问题；是关系到加速我军干部特别是年轻干部的成长，培养无产阶级革命事业接班人，使我党我军的优良传统作风一代一代传下去的大问题。当前国际阶级斗争形势的发展，要求我们要争时间，抢速度，做好反侵略战争的准备，同时，也要做好解放台湾的准备，要培养出一大批能组织指挥现代战争的又红又专的军政干部和掌握使用现代武器装备的技术人才。

现代战争的一个重要特点，是使用最新的科学技术成就，投入最新的武器装备，从而给军队的组织指挥和作战行动带来一系列的新问题。要经得住现代战争的考验，赢得未来反侵略战争的胜利，这就对我们干部提出了新的更高的要求。干部的组织指挥能力从何而来，军事科学技术人才从何而来？一个重要的办法，就是大办各级各类军事院校，看不到这一点，是战略眼光短浅，将会犯历史性的错误。

1972年，敬爱的叶副主席主持军委工作后，根据毛主席的指示，采取一系列重要措施加强教育训练工作，在全军大办教导队的同时，恢复了一大批院校，受到了全军指战员的热烈拥护。但是，万恶的“四人帮”继林彪之后，变本加厉地破坏院校建设，他们扯起“两个估计”的破旗，大肆鼓吹军队院校“无用论”、“有害论”，到处“放火烧荒”，刚刚开始恢复的军队院校工作又被搞乱了。粉碎了“四人帮”，华主席、党中央、中央军委坚持毛主席的军事路线，恢复和肯定1975年军委扩大会议确定的把教育训练提到战略地位的方针，作出《关于办好军队院校的决定》，要求各总部、各军兵种、各军区党委加强对院校的领导，并采取有力措施，在短短的时间内把我军各级各类院校迅速筹办起来，使我军院校进入了一个新的发展时期。回顾历史，发人深省：大办院校还是大砍院校，决不是无足轻重的小问题，而是坚持还是反对毛主席革命路线的大问题。我们的军队院校一定要大办，一定要办好。

办好院校的标志是什么？最主要的是三条：第一，出干部、出人才。第二，院校建设要从适应现代人民革命战争的要求出发，把教学放到现代化的水平上。第三，搞好作风的培养。我们的军事院校要出干部，出人才，出一大批有高度政治觉悟，有好的思想作风，具有现代战争知识，能指挥现代战争，经得起现代战争考验和政治风浪考验的干部。

办好军队院校，要继续深入揭批林彪和“四人帮”。林彪对我军的破坏，突出的一条是破坏革命学风。他歪曲、割裂、篡改毛主席思想，把学习马列、毛主席著作的群众运动引入邪路，对部队和院校流毒影响很深。对于这一点，现在批得还不够，还要继续批。我们要认真学习华主席、邓副主席在全国科学大会上的重要讲话，从马克思主义的理论高度上，深刻领会极大地提高整个中华民族的科学文化水平的战略意义，弄清科学技术是生产力，红专与白专的原则区别，绝大部分知识分子是无产阶级自己的一部分，是光荣的劳动者等重要理论问题，把林彪、“四人帮”在教育战线上颠倒了的路线是非、理论是非、思想是非颠倒过来。

正如中央军委《关于办好军队院校的决定》所指出的，办好院校工作，最根本的是要高举毛主席的伟大旗帜，完整地准确地理解和掌握毛泽东思想体系，坚持党的基本路线，坚持继续革命，全面地正确地贯彻执行毛主席的军事思想和军事路线，贯彻执行毛主席对我军教育训练的一系列指示，坚持“坚定正确的政治方向，艰苦朴素的工作作风，灵活机动的战略战术”的教育方针，以“军队要整顿”、“要准备打仗”为纲，正确处理院校工作中面临的各种问题。

中央军委对军队院校的任务、方针、政策和措施，都作了明确的指示。现在重要问题就是要抓好落实。要真正把院校整顿好建设好，还是要费很大力气。院校领导干部要以身作则，艰苦奋斗，深入实际，亲身参加教学实践，亲自讲课，亲自和学员谈话。治军要从严，治校也要从严。不严，是带不出好部队，培养不出好干部，也办不好学校的。

国务院副总理徐向前在北京会见巴基斯坦海军参谋长穆罕默德·谢里夫上将

中共中央政治局委员耿飚在北京会见以乔治·阿法纳西耶夫为团长的法(马列)共《红色人道报》代表团

全国人大常委会副委员长乌兰夫在北京会见以莫尔菲斯为团长的希腊新闻代表团

全国人大常委会副委员长姬鹏飞在北京会见以斯中友协副主席钱德拉塞纳为团长的斯里兰卡—中国友协代表团

国务院副总理康世恩在北京会见由埃及纺织工业技术秘书长哈桑·马哈茂德·萨拉姆率领的埃及纺织代表团

4月25日

国务院副总理李先念在北京与也门民主人民共和国总理阿里·纳赛尔·穆罕默德举行会谈

中国方面参加会谈的有外交部副部长何英，外贸部副部长郑拓彬，外经部副部长程飞，外交部代司长周觉、副司长程远行、刘华，外贸部副局长王庆采，外经部副局长李步霄。

国务院在北京召开全国抗旱紧急电话会议部署抗旱保麦抗旱春播工作

会议要求各级领导把抗旱当作一件大事来抓。广大农村干部、社员和各行各业，要紧急动员起来，全力以赴，抗旱防旱，战胜各种自然灾害，管理好夏收作物，保证春播作物适时播种，为夺取今年农业丰收打好第一仗。

电话会议由水利电力部部长钱正英主持。国务院副总理王震、康世恩出席会议，并作了重要指示。出席会议的还有国家计委、农林、水电、商业、化工、石油、一机、财政、交通、气象、供销总社、物资总局的负责人。国家经委、轻工、铁道、统计局、民航和人民解放军总政、总参、总后等单位，也派人参加了会议。

康世恩副总理在讲话中强调地讲了抓好当前抗旱工作的重大经济意义和政治意义。他说，今年是华主席提出抓纲治国三年大见成效的重要一年。在党的十一大路线指引下，在五届人大确定的新时期的总任务鼓舞下，全国形势很好，农业形势也很好。多数地区的冬小麦、油菜长势好于往年。但是当前春旱严重，特别是四月以来旱情发展很快，严重威胁夏收作物的生长和春耕播种。他说，战胜今年的春旱，是关系到三年大见成效，关系到国民经济高速度发展的大问题。他要求各级领导要高度重视今年的春旱，大力发动群众开展抗旱斗争，千方百计夺取今年农业丰收。这是一项十分迫切的政治任务。各级领导对这个问题要早认识，早下决心，早主动，否则会在全局上打被动仗。

康世恩副总理指出，开展抗旱斗争，要全党动员，发动群众，全力以赴，一抗到底。各级领导干部要深入下去，亲自动手，带头战斗在抗旱第一线。同时要深入发动群众，发扬大寨人的天大旱、人大干的革命精神，因地制宜，土洋结合，大打一场抗旱的人民战争。各地要有旱抗旱，有涝抗涝，有什么灾抗什么灾；没有灾的地方就防灾，树立抗灾夺丰收的思想。他说，我国北方地区年年有春旱，只是早晚、大小、轻重不一样。对待灾害还是要学大寨的经验，一是承认，二是不怕，三是要斗。既要看到今年春旱的严重性，又要看到战胜干旱的有利条件，坚持抗旱斗争，丰收不到手，抗旱不罢休。

康世恩副总理说，各行各业都要支援抗旱，并要做到迅速及时。农村抗旱需要的柴油、机具、配件等，凡是库里有的就要拿出来用于抗旱。要节约用电支援抗旱。交通部门必须优先调运抗旱物资。季节不等人，要千方百计做到不误农时。

王震副总理在讲话中要求各级领导干部、广大人民群众动员起来，在抗旱中发挥自己的聪明才智，发扬与天斗、与灾害斗的革命精神，战胜干旱，为快速发展农业，为实现四个现代化，做最大的努力。

农林部部长杨立功代表国务院抗旱领导小组讲了话。他说，当前，全国农村各级党委坚持揭批“四人帮”，深入开展农业学大寨运动，认真落实党在农村的各项政策，广大干部、群众大干社会主义的积极性空前高涨。越冬粮油作物播种基础好，管理抓得紧，苗子足，长得好。多数地方小麦、油菜长势好于往年。从当前苗情看，今后如无大的自然灾害，夏季将是一个丰收年景。各地对今年的春耕生产也抓得比较扎实，物质基础也比往年好，现在正是春耕播种高潮。但是，当前不少地方旱情严重，最近以来，主产小麦的黄淮流域各省少雨、高温、风多、风大、土壤失墒快，干旱面积迅速扩大。据气象部门预报，近期雨量偏少，旱情有继续发展趋势，对冬小麦拔节孕穗和春播都很不利。现在“谷雨”已过，正是夺取夏季粮油丰收和春季播种的决战阶段，抗旱防灾，保麦保春播，成为当前全国农村最紧迫的战斗任务。他要求各地紧急动员起来，大打一场抗旱保麦、抗旱保春播的人民战争。各地要把人力、物力集中到抗旱斗争上来，采取一切措施，扩大浇灌面积，减少损失。各地要切实加强抗旱斗争的领导，建立必要的抗旱领导机构，及时掌握情况，交流经验，解决抗旱工作中的问题。

山东、河南省负责人在会上介绍了抗旱防旱斗争经验。他们根据当地十年九旱的特点，在年初就大抓抗旱工作，所以保证了冬小麦的正常生长和春播的顺利进行。山东省5700万亩小麦已有70%浇了水，80%施了肥。河南省6200万亩小麦有一半浇了水，春播也在顺利进行。

国务院副总理王震在北京会见以西班牙商业旅游部副大臣卡洛斯·布斯特洛为团长的西班牙官方贸易代表团

国务院副总理陈锡联在北京会见国际奥委会副主席萨马兰奇

全国人大常委会副委员长廖承志在北京会见以日本日中文化交流协会副理事长宫川寅雄为团长的日本日中文化交流协会代表团

中国派遣医疗队赴乍得工作议定书在恩贾梅纳签署

乍得外交和合作部国务秘书加尔梅·亚乌苏博尼和中国驻乍得大使苗九锐分别代表本国政府在议定书上签字。

彭绍辉逝世

中共中央委员、中国人民解放军副总参谋长彭绍辉，于1978年4月25日因病逝世，享年72岁。

彭绍辉是湖南省湘潭县韶山人，出身贫农家庭，少年时当雇工，从青年时代起，就投身革命。1928年参加中国共产党，同年参加中国工农红军。历任红二纵队中队长、大队长，红五军第一师团长，红三军团第四师参谋长，红三军团第五军第一师师长，少共国际师师长，红四方面军第三十军参谋长，红二方面军第六军团参谋长。抗日战争时期，历任一二〇师三五八旅旅长，抗大总校副校长，七分校校长。解放战争时期，历任晋绥吕梁军区代司令员，西北野战军第七纵队司令员，中国人民解放军第七军军长。全国解放后曾任西北军区副司令员兼参谋长，训练总监部副部长，军事科学院副院长。在中国共产党第九届、十届、十一届代表大会上，当选为中央委员。他曾被选为第二、三、四届全国人民代表大会代表和常务委员会委员。他还担任过中共中央军事委员会委员，第一、二、三届国防委员会委员。

4月26日

国务院发出通知将在今年七八月间召开全国企业加强经营管理扭亏增盈大会

经华主席、党中央批准，国务院决定于今年七八月间在北京召开全国企业加强经营管理、扭亏增盈大会。大会的任务是，高举毛主席的伟大旗帜，贯彻党的十一大路线，进一步深入揭批“四人帮”，认真学大庆、学大寨，交流经验，表彰先进，制定措施，动员广大干部和群众，为大大提高企业经营管理水平，进一步抓好扭亏增盈，为实现四个现代化积累更多的资金而奋斗。

通知说，一年多来，在华主席、党中央的领导下，全党全军全国人民坚持抓纲治国的战略决策，胜利地进行了揭批“四人帮”的伟大斗争，整顿财政经济，整顿厂矿企业，大抓扭亏增盈，取得了初见成效的胜利，使国家财政经济迅速纳入了稳定上升、健康发展的轨道。今年年初以来，华主席、党中央又对加强企业管理、抓紧扭亏增盈，作了一系列重要指示，并提出了今年财政收入和扭亏增盈新的奋斗目标，极大地鼓舞了战斗在财政经济战线上的广大干部和群众。目前，全国正在掀起一个以大搞增产节约为中心内容的劳动竞赛热潮。工业交通战线迈出全面跃进的步伐，商业战线购销两旺，市场物价稳定，财政收入大幅度增长，企业经营管理状况不断改善。全国各地都涌现出一批经营管理好、扭亏增盈成绩显著的先进典型。形势越来越好。

通知指出，党的十一大和五届人大提出了新时期的总任务，确定了在本世纪内实现四个现代化的宏伟目标。这就需要我们从各个方面进行紧张的工作和斗争，保证国民经济持续地高速度地发展。

要建设，就要资金。我们资金积累越多，分配越得当，社会主义建设速度就越快。反之，这个问题解决得不好，就不可能实现国民经济的持续跃进，就不能发挥社会主义制度的优越性，就会拖四个现代化的后腿。资金积累速度的问题，是一个关系到社会主义革命和建设全局的重大问题。

我们的建设资金，主要依靠增产节约，依靠社会主义企业内部的积累。而企业盈利水平的高低，在很大程度上取决于经营管理的好坏。新中国成立以来，我国的国营企业坚持社会主义方向，为国家积累了大量资金，贡献是很大的。但是从目前总的情况来看，企业的经营管理水平还比较落后，企业的盈利水平还比较低，增产节约，扭亏增盈的潜力还大得很。还有不少企业的产品质量差、劳动生产率低、原材料消耗大、成本费用高、损失浪费严重，全国还有相当一部分企业继续发生亏损。因此，发动和依靠群众，大力整顿企业，加强经营管理，扭转企业亏损，提高盈利水平，是当前必须解决的一项紧迫任务。

通知说，"四人帮"挥舞"利润挂帅"的大棒，到处散布"亏损有理"、"盈利有罪"的反动谬论，破坏社会主义积累，破坏企业经营管理，危害很大、流毒很深。要持续地高速度地积累建设资金，必须彻底批判"四人帮"的这些谬论，大讲盈利有功、亏损无理，动员社会主义企业为国家提供越来越多的利润。

社会主义企业利润同修正主义的"利润挂帅"是根本不同的两码事。"利润挂帅"，是指那种不顾社会需要，不顾党的政策，不顾国家计划，以追求利润作为企业唯一目标的资本主义经营路线，我们历来反对。与资本主义社会根本不同，我国的生产资料是社会主义公有制，劳动人民是国家和企业的主人，企业的利润是工人阶级和广大劳动人民创造的一部分物质财富的货币表现，是社会主义扩大再生产的一个重要源泉，是国家用来建设社会主义，巩固无产阶级专政，为工人阶级和广大劳动人民谋利益的物质基础。我们历来执行计划第一，价格第二的方针，绝大多数企业是按照党和国家的政策，完成国家计划，执行国家价格，通过增产节约，降低成本而获得利润的。在企业经营管理上，"利润挂帅"从来没有成为主要的倾向。为国家提供利润，是社会主义企业的光荣职责。按照党的政策而提供的利润越多，贡献越大。一个企业如果因为经营管理不善，不能为国家提供利润，甚至发生经营性亏损，这就意味着企业职工辛勤劳动，不能为社会创造应有的价值，不仅抵偿不了生产过程中的消耗，而且还浪费了国家的原材料、燃料、动力和运输力，吃掉了其他企业职工辛勤劳动创造的一部分物质财富。这种靠其他企业上交的利润来养活自己，就是吃社会主义，挖社会主义墙脚，是十分可耻的。

通知指出，要持续地高速度地积累建设资金，加速实现四个现代化，必须放手发动群众，抓紧整顿企业，提高企业的经营管理水平。

毛主席早就指明了管好社会主义企业的基本要求："任何社会主义的经济事业，必须注意尽可能充分地利用人力和设备，尽可能改善劳动组织、改善经营管理和提高劳动生产率，节约一切可能节约的人力和物力，实行劳动竞赛和经济核算，借以逐年降低成本，增加个人收入和增加积累。"在向四个现代化进军的新的长征中，企业经营管理的好坏，不仅直接关系到国家积累建设资金能不能实现高速度，更重要的是关系到企业管理工作能不能适应四个现代化的要求。一个企业的经营管理工作跟不上去，即使拥有现代化的技术装备，也往往不能发挥应有的作用，甚至在生产中造成严重的损失浪费。各地区、各部门、各企业单位，务必高度重视这个问题，切实纠正那种只抓生产、忽视管理，把生产与管理对立起来的错误倾向。

通知指出，搞好企业经营管理，要有一个革命化的领导班子和一支又红又专的、善于组织和管理现代化企业的经济管理干部和技术干部队伍，要有一套严密的科学的管理制度和办法，要培养出勤勤恳恳、实事求是的革命化作风。大庆、大寨就是我们学习的榜样。所有企业单位，都要把加强企业经营管理的工作纳入学大庆、学大寨的规划，在深入开展学大庆、学大寨的群众运动中，作出新成绩，创造新水平。

加强企业经营管理，要发动职工群众，抓住主要环节，反浪费、揭矛盾、提措施、堵漏洞。要实行全面的严格和经济核算制，做好定额管理、原始记录、计量检验、物资领退等基础工作，建立和健全以岗位责任制为中心的各项管理制度。要遵守国家财政制度，严格财经纪律，坚决同违反法纪的行为作斗争。

所有企业都要努力完成和超额完成今年国家计划，各项经济技术指标都要在今年内达到本企业的历史最好水平，已经达到的要赶超国内和世界的先进水平。亏损企业要在今年内扭转经营性亏损。盈利企业要努力消灭亏损产品、亏损车间，不断地提高盈利水平。

国务院号召：工业、交通、商业、农牧等企业的广大职工，立即动员起来，深入揭批“四人帮”，积极投入“双打”斗争，进一步掀起一个以大搞增产节约为中心内容的劳动竞赛新高潮，努力增加生产，提高质量，提高劳动生产率，降低消耗，降低成本，增加盈利，发扬“一厘钱”精神，为国家多做贡献。那些由于经营管理不善，至今还在发生亏损的企业，要向本单位的群众讲清原因，并制定措施，限期扭转。

各级企业主管部门，要抓紧当前有利时机，大力整顿企业经营管理。要坚持面向生产、面向基层、面向群众，深入第一线，掌握情况，解决问题，以点带面，推动全局。

财政银行部门，要坚持“发展经济，保障供给”的方针，面向生产，关心生产，主动帮助企业加强经营管理，搞好财务工作，严格财政监督。

各省、自治区、直辖市革命委员会和国务院各部门，要切实加强领导，迅即派出工作组，深入基层，总结经验，并抓住那些经营管理混乱、损失浪费严重或者长期亏损、没有转变的“老大难”单位，发动群众查浪费，查漏洞，定措施，限期改变落后面貌。

通知最后要求，企业的广大职工要树雄心，立壮志，鼓干劲，争上游，以优异的成绩，迎接大会的召开！

国务院总理华国锋在北京会见也门民主人民共和国总理阿里·纳赛尔·穆罕默德

华主席在谈到非洲形势时指出：战后，非洲是大大觉醒了，非洲人民站起来了。但是霸权主义、帝国主义不甘心，它们总想从中挑拨，制造矛盾。

华主席还指出：总的趋势，经过斗争实践，人民会更加觉醒，更加团结。非洲人民、阿拉伯人民一定会自己当家做主，自己解决非洲和阿拉伯的问题。这个潮流是阻挡不住的。

外交部部长黄华、副部长何英参加了谈话。

国务院副总理李先念在北京与也门民主人民共和国总理阿里·纳赛尔·穆罕默德继续举行会谈

《人民日报》发表评论员文章《高考政审必须坚决执行党的政策》

长期以来，林彪、“四人帮”用反动的血统论篡改马克思主义的阶级论，刮起了一股父母有问题，儿女受连累的妖风。父母出身不好，或父母亲属有某些政治问题的青年，即使本人表现再好，也难以升学、就业、入党、入团和服兵役，等等。林彪、“四人帮”的这种罪恶行径，严重地扰乱了无产阶级的阶级阵线，破坏了党的政策，给阶级敌人以可乘之机，使大批青年受到不白之冤，打击了他们为无产阶级革命事业服务的积极性。

去年，在华主席为首的党中央领导下，拨乱反正，明确规定高考政审“主要看本人的政治表现”。这是招生制度进行重大改革的一项重要内容，是全面地正确地贯彻执行毛主席无产阶级政策的一项重大措施。它受到广大群众的衷心拥护。各地认真贯彻执行党中央的规定，落实党的阶级政策，使一大批优秀青年得到了深造的机会。影响所及，极大地调动了各方面的社会主义积极性。安徽省芜湖地区陈炳南同志的来信，生动具体地说明了这一点。

但是，由于林彪、“四人帮”的流毒没有肃清，有些单位有些同志在这个问题上仍然心有余悸，没有坚决执行党中央关于父母的历史问题不应影响子女和家属的指示。他们对考生的政治审查，不是主要看考生本人的政治表现，而是主要看家庭、看亲属的政治历史问题；他们不去认真调查分析这些人和事对考生本人有无联系和影响，就武断地作出不能入学的结论，这种片面的、不负责任的做法，是极端有害的，严重干扰了党的政策的落实。竺稼同学来信反映的问题就是一个例子，应当引起各级党委的重视。

我们党的政策一贯是“有成分论，不唯成分论，重在政治表现”。我们从来不否认家庭对子女是有影响的。经过审查，对那些确实同反动家庭划不清界限，表现不好或思想反动的人，当然不能录取。但是，我们还必须看到，一个人的阶级立场和政治思想的形成，是极为复杂的。家庭的影响只是一个方面，更主要的方面，是社会的影响，是本人在阶级斗争实践中接受了哪个阶级的意志和要求，从而站在哪个阶级的立场上，为哪个阶级服务。我们决不能只强调家庭影响一个方面。即使考虑家庭影响的一面时，鉴别这种影响的大小，也只能看子女本人的政治表现。剥削阶级家庭出身的人，只要在三大革命运动中认真注意世界观的改造，是可以背叛原来的剥削阶级，成为无产阶级战士的；相反，被剥削阶级家庭出身的人，如果放松世界观的改造，也可以蜕化变质，堕落为新资产阶级分子。这是无数事实证明了的真理。父母的历史或现实政治问题，子女是不能承担责任的。父母的问题应当与子女区别开来，家庭出身应与本人表现区别开来，政审主要应看本人的政治表现。那种不认真审查考生本人的表现，只要看到父母或社会关系中有的人有问题，就一概不予录取，这是违背无产阶级政策的。

现在报考的青年，多数20岁左右，是在全国解放后出生的，是在党的教育下长大的。即便是地富子女的子女，也是孙子辈的人了，是靠他们父母的劳动收入生活的。这样的社会存在，对这些青年的思想必定产生深刻的影响。谁如果忽视了这个基本事实，谁就不能理解党的政策，就不能正确地执行党的政策。敬爱的周总理说过，一个人的出身不能选择，但前途是可以选择的。现在这些青年，绝大多数是拥护共产党、热爱社会主义、愿意为工农兵服务的。高考政审主要看本人政治表现的政策，是完全符合这一实际情况的，它有利于调动一切积极因素，也有利于这些青年世界观的确立。不论在招生工作中，或是在其他方面，都必须认真贯彻执行党的这一阶级政策。

《人民日报》发表评论员文章《当好先行》

国民经济的高速度发展，要求铁路事业必须全速前进，而且要先走一步。一年多来，铁路战线发生了显著变化。广大铁路职工坚决贯彻执行华主席、党中央关于铁路工作的一系列重要指示，深揭狠批“四人帮”，清查与“四人帮”有牵连的人和事，整顿领导班子，加强基础工作，深入开展学大庆运动，开展社会主义劳动竞赛，整个铁路呈现一派你追我赶、大干快上的革命景象，运输生产持续上升，不断创造新纪录。铁路战线形势越来越好。

党和国家制定的发展国民经济十年规划和二十三年设想，为我们展现了新时期工农业生产高速度发展的宏伟蓝图。今后八年，钢铁、煤炭、石油等主要工业产品的产量将大幅度增长，随着整个国民经济的高速度发展，铁路运量必将急剧增长。以货运吨数为例，今明两年平均增长幅度将为过去28年平均增长幅度的四倍。就是说，过去一年跨一步，现在一年要跨四步，将来的步子迈得会更大。运输是“生产过程在流通过程内的继续”。铁路工作搞好了，就会促进整个国民经济的高速度发展。

铁路要当好先行，根本出路在于提高劳动生产率，充分利用现有设备，挖掘潜力，在这个基础上用新技术进行装备，实现铁路现代化。新中国成立以来，我国铁路事业有了很大的发展。但由于原有的基础比较薄弱，加上林彪特别是“四人帮”的干扰破坏，铁路现代化的步子迈得不大，技术还比较落后，同工业发达的国家比，差距还很大。一些国家早在50年代就实现了牵引动力电气化、内燃化，而我国蒸汽机车还占主要比重。我国铁路的牵引吨数、行车速度、列车密度远远落后于国外先进水平。承认落后，才能改变落后。学习先进，才有可能赶超先进。我们必须快马加鞭，迅速改变交通运输这个薄弱环节的面貌，使我国铁路尽快赶上和超过世界先进水平。在今后8年内，我们要以提高牵引吨数、加快行车速度、增加列车密度为目标，大力发展电力和内燃机车，实现货车大型化、客车轻量化，广泛采用先进技术。要改造9条主要干线，修建六条新干线。要在本世纪末建成四通八达、布局合理、技术先进的铁路运输网。这是铁路战线广大职工面临的光荣而艰巨的任务。

铁路要完成日益增长的运输任务，必须大搞技术革新和技术改造，充分挖掘潜力，提高运输效率。要看到，铁路运输的组织和指挥工作还存在不少问题，一些主要经济技术指标还没有达到历史最好水平，还没有把现有运输能力充分发挥出来。铁路的潜力还是很大的。如果货车周转时间达到历史最好水平，每天就可以多装五千多车；如果蒸汽机车日车公里和机车检修率都达到历史最好水平，每天就可以增加460多台运用机车；如果把运输管理和组织工作提高一步，消灭欠轴列车和保留列车，全年就可多运5000万吨货物。历史最好水平是我们自己创造的，现在的条件比过去好多了，我们一定能够达到和超过。一年多来铁路工作取得很大成绩，一个重要因素就是靠挖潜、革新、改造。我们是辩证唯物主义者。要破除外因论，找内因，挖潜力，不断克服保守思想。只要把广大群众的积极性充分调动起来，就一定能在现有条件下创造出运输生产的新水平。

要把铁路运输搞上去，当前仍然要紧紧抓住揭批“四人帮”这个纲。现在，资产阶级帮派体系已经土崩瓦解，同“四人帮”篡党夺权阴谋活动有牵连的人和事已经基本查清，阶级阵线已经基本清楚。但是，运动的发展还不平衡，有些部门、有些企业运动进展迟缓，有的甚至还在那里捂盖子，压群众。对这些单位要加强领导，充分发动群众，抓紧清查工作，做到除恶务尽，不留隐患。即使清查工作搞得好的单位，有的也有“死角”，不可麻痹大意，要继续抓紧抓好。要进一步落实党的干部政策、知识分子政策、经济政策和其他各项政策，使毛主席的革命路线在铁路战线得到正确的全面的贯彻执行。我们要彻底打胜揭批“四人帮”这一仗，扫清长征路上的绊脚石，放开手脚大干。要把揭批“四人帮”同开展“双打”结合起来，狠狠打击阶级敌人的破坏活动，打击资本主义势力，继续整顿好铁路治安秩序。

用先进技术装备铁路，对企业管理提出了新的要求。华主席最近指出，铁路管理还是很落后的，还得狠狠地下一番功夫。我们的管理水平和技术水平还很低，远远不能适应铁路现代化的要求。各级领导干部要奋发图强，下苦功学习，钻科学技术，提高管理水平，成为领导现代化铁路的内行。加强企业管理的关键，是自上而下地建立严格的岗位责任制。各级领导干部要敢抓敢管，尽职尽责，做到纪律严明，有赏有罚，令行禁止，使铁路这架大联动机像钟表一样准确无误地进行工作。铁路各部门要根据自己的生产规律和特点，形成一套科学的严密的组织管理方法，切实搞好企业的计划、技术、设备、物资、劳动和财务管理，把经济工作越做越细，最大限度地发挥运输能力。要进一步整顿党的组织，整顿领导班子。各级领导干部的作风，必须有一个大的改变。要坚持实践第一的观点，深入三大革命运动第一线，调查研究，按照客观事物的规律办事。要不断提高职工队伍的政治素质和技术素质，充分发挥"毛泽东号"机车组、古冶机务段等红旗单位的带头作用，造就一支思想革命化、作风军事化、技术现代化的铁路大军。

要办好铁路，关键在于加强党的领导。"四人帮"诬蔑铁路实行以铁道部为主的管理体制是"条条专政"、"走资派专政"。他们的目的是要搞乱铁路，肢解大动脉，搞垮整个国民经济，实现他们篡党夺权的黄粱美梦。我们必须坚持全党办铁路的方针，各省、自治区、直辖市党委要加强对铁路工作的领导，各行各业要大力支持铁路工作，牢固树立局部服从整体的全国一盘棋思想，反对各自为政，各行其是，共同维护和加强全国铁路运输的集中统一指挥。

在华主席、党中央的英明领导下，具有"二七"革命光荣传统的铁路大军，一定能办好人民铁路，为高速度发展国民经济当好先行。

中国政府和也门民主人民共和国政府经济技术合作协定在北京签字

也门民主人民共和国总理阿里·纳赛尔·穆罕默德和国务院副总理李先念出席了签字仪式。

外经部副部长程飞和民主也门建设部部长海达尔·阿布巴克尔·阿塔斯分别代表本国政府在协定上签字。

国务院副总理耿飚在北京会见以布兰奇·施莱尔女士为团长的美国新闻界访华团

国务院副总理康世恩在北京会见丹麦公共工程和交通大臣凯尔·奥勒森

全国人大常委会副委员长乌兰夫在北京会见以乔治斯·澳亚齐斯为团长的希腊议员团

全国人大常委会副委员长廖承志在北京会见日中友好国民协议会第六次访华团

张志让逝世

政协第五届全国委员会常务委员、最高人民法院原副院长张志让因病医治无效，于1978年4月26日在北京逝世，享年84岁。

张志让先生是江苏省武进县人，早年留学美国，回国后从事法学研究和文化教育工作，先后在北京大学、上海东吴大学和复旦大学等校任教。全国解放后，张志让先生出席了中国人民政治协商会议第一届全体会议。历任第一、二、三、四届全国人民代表大会代表，第二、三届全国人民代表大会法案委员会委员，政务院政治法律委员会委员、法制委员会委员，最高人民法院副院长，中国政治法律学会副会长等职。

4月27日

国务院在北京召开全国工业学大庆工作会议

会议遵照党的十一大路线和五届人大精神，根据新时期总任务的要求，认真总结交流了工业交通战线一年来揭批"四人帮"、开展工业学大庆运动的经验，讨论和部署了今年后三个季度的工作，并对当前工业生产中一些急待解决的问题作了研究。

中共中央副主席李先念，国务院副总理纪登奎、余秋里、王震、谷牧、康世恩出席了会议。李先念副主席在会上作了重要指示，余秋里、康世恩副总理作了重要讲话。

关于今年后三个季度的工作安排，会议特别强调要继续紧紧抓住揭批"四人帮"这个纲，要求少数运动进度比较慢、搞得不够好的单位继续搞好清查；清查工作搞得比较好的单位，要把揭批"四人帮"斗争的重点放在肃清"四人帮"的流毒上。会议认为，长期以来，"四人帮"伙同林彪，对工交战线的干扰破坏十分严重，他们的流毒影响到各个方面，严重地侵袭了我们队伍的思想，败坏了党的优良传统和作风。我们对"四人帮"在工业战线散布的流毒的严重性决不可低估；对肃清"四人帮"流毒的艰巨性决不可低估。要想迈开大步进行新的长征，必须把揭批"四人帮"的斗争进行到底。不彻底打胜这一仗，长征路上就会到处有绊脚石，就不可能放开手脚大干，工业发展的步子就快不了。会议要求工交战线广大职工在揭批"四人帮"的第三战役中，要继续围绕经济战线上的"十个要不要"，把"四人帮"散布的反革命谬论批深批透，通过大批判，肃流毒，拨乱反正，彻底砸烂"四人帮"的精神枷锁，使我们的思想来一个大解放。会议还提出，在揭批斗争中要认真搞好"双打"，打击阶级敌人的破坏活动，打击资本主义势力的猖狂进攻。工交战线各单位今年要在省、自治区、直辖市党委统一领导下，放手发动群众，集中一段时间，有领导、有步骤地把这场斗争搞好。

这次会议总结了去年一年普及大庆式企业的经验，大家普遍认为，建设大庆式企业，最根本的一条，就是要抓住揭批"四人帮"这个纲，认真搞好企业整顿，首先是领导班子的整顿,并下功夫加强职工队伍的革命化建设,真正做到把学大庆运动同揭批"四人帮"、"双打"、整顿企业和高速度发展生产结合在一起,作为统一的运动抓起来。会议认为,真学大庆就要有破有立,破"四人帮"那一套修正主义的东西,立大庆的好思想、好作风、好经验。破,要有个狠劲,破得彻底;立,要有个标准,照大庆的样子干。凡是这样做了,运动就比较扎实,学大庆的步子就快。鞍钢一年大变样,就是最好的说明。会议要求各省、自治区、直辖市党委和中央各部委,今年要继续坚持高标准、严要求,努力加快普及大庆式企业的步伐。今年初步规划,要再建成大庆式企业12500多个。

鉴于"四人帮"破坏产品质量造成的严重恶果至今没有消除,这次会议还就提高产品质量问题专门进行了讨论。国家经委副主任袁宝华向会议作了题为《坚决把产品质量搞上去,促进国民经济高速度发展》的讲话。他分析了当前某些产品质量不好的原因,提出了一系列改进质量的措施,要求各地区各部门各企业放手发动群众,大打一场质量翻身仗,保证在今年内使所有产品都达到历史最好水平;已经达到历史最好水平的,要进一步努力,赶超国内外先进水平。代表们热烈讨论了这个问题,一致认为质量问题是个路线问题,如果产品质量以至包装、运输质量不过关,物资损失浪费的问题不认真解决,就谈不上实现四个现代化。大家表示一定马上动手,切实把一些产品质量低劣的情况迅速扭转过来,把产品包装好、装卸运输好,让国家放心,用户满意。

《人民日报》刊登本报记者报道《高屋建瓴 快速治蜀——从"天府之国"一年变化看四川省委的领导》

遭受"四人帮"严重破坏的"重灾区"能不能大治快上,迅速改变面貌?一年来,四川省9000多万人民作了响亮的回答,完全能够做到!

四川称为"天府之国"已有两千年的历史。天府,是天生府库的意思,极言其物产之富饶。解放后20多年来,四川省只有调粮支援兄弟省市的纪录,而没有吃国家调剂粮的历史。但近几年来,竟被"四人帮"摧残得不成样子,1976年吃了国家调剂粮!

四川的人民真好!虽然遭到"四人帮"那样严重的破坏,他们只有愤慨,没有气馁。粉碎"四人帮"以后,四川全省人民在四川省委领导下,紧跟华主席"抓纲治国"的伟大战略部署,昂首阔步地前进了。1977年四川农业获得全面丰收,粮食增产53亿斤,总产量超过历史最高水平,一举扭转了吃调剂粮的被动局面。有了粮食,全盘皆活,工业比1976年增长了34%,城市供应情况大为改善,社会秩序安定。去年这个时候,人们谈论的是"如何打好翻身仗?"今年这个时候,却在讨论"如何向国家多做贡献"了!

那么,四川省恢复和发展农业生产的高速度是怎样得来的呢?决定性的因素是粉碎了"四人帮"。广大群众说:"头上的石头搬掉了,心里的疙瘩解开了,大干的时候来到了!"单有这一点,高速度还不会自己到来,还需要去组织、领导,为高速度创造条件。我们所到之处,人们纷纷赞扬四川省委的领导有敢于高速度治蜀的胆略,有善于高速度治蜀的政策,有高速度治蜀的优良作风和措施,掌握了高屋建瓴、势如破竹的主动权。

敢于拨乱反正

"四人帮"在四川苦心经营了一个资产阶级帮派体系。1976年"四人帮"加紧篡党夺权步伐的时候,这个帮派体系疯狂地扑向各级党委。他们全盘否定1975年省委根据毛主席、党中央的指示抓整顿工作的成绩,破坏开始出现的安定团结局面。他们冲击、占领各级党的领导机关,任意揪斗省委书记,禁闭地委书记,悬赏通缉县委书记,殴打公社党委书记和生产大队的支部书记,强迫各级党委向他们交权,把许多地、市、县、公社党委搞成瘫痪或半瘫痪状态,严重破坏了四川的社会主义建设,把"天府之国"变成了缺粮省。

以华主席为首的党中央揪出了"四人帮",一直同"四人帮"顶着干的四川省委,铭记伟大领袖毛主席关于"四川很有希望"的预言,敬爱的周总理关于"四川要后来居上,万象更新"的指示,华主席关于"四川要解决农业问题"的指示,旗帜鲜明地放手发动群众,在全省范围内掀起了揭批"四人帮"的斗争。

这时,他们面临的实际,是被"四人帮"破坏了的百废待举的四川。落后是坏事,但坏事在一定条件下也可以变为好事。四川省委认为,只有把"四人帮"真正揭深批透,才能使四川从大乱转化为大治。如果运动搞不好,搞成"温吞水"、"夹生饭",或"走过场",势必遗患无穷,群众也鼓不起劲去改变落后面貌。这场斗争是关系到四川能不能翻身和前途如何的大问题。四川省委狠狠抓住了这个纲,收到牵一发而动全身的效果。

四川省委在运动中,狠抓了"两个环节,一个关键"。在抓两个环节时,基本查清了帮派骨干的罪行,把"四人帮"及其帮派散布的种种谬论,结合每个单位的实际大批特批,从路线上分清是非,拨乱反正;同时坚决打击了阶级敌人的反革命活动和城乡资本主义势力。这样,既斩除了"四人帮"的羽翼,又深挖了"四人帮"的社会基础,把无产阶级专政真正落实到基层,出现了安定团结的局面。

"一个关键"是结合运动整顿各级领导班子。解决领导班子问题，实际上是把运动的领导权，掌握在坚决执行党的十一大路线，能够把揭批“四人帮”运动进行到底，敢于拨乱反正，带领群众大干快上的人的手中。这是运动和生产能不能搞上去，面貌能不能改变的一个关键问题。四川省委狠抓了这个关键，发现那里的群众动不起来，运动冷冷清清深入不下去，生产搞不上去，便立即派人调查，弄清情况后，认真整顿那里的领导班子；对那些捂盖子的人，该撤的撤，该调的调。

在整顿领导班子的时候，省委特别强调一定要把风气搞正，不准搞派性，不准拉山头，不准争权夺利。省委认为，领导班子里的派性问题，是“四人帮”的流毒，必须严加纠正。那些还在领导岗位上继续闹派性的人，如不迅速转变，坚决把他们撤下来。

四川省委先后整顿了地、市、县的领导班子，便牢牢掌握了全省运动和生产的主动权，势如破竹地把全省的局面打开了，使全省揭批“四人帮”的运动形成了一场真正的人民战争；同时在全省掀起了规模壮阔的生产高潮，加快了揭批运动的步伐，也加快了治蜀的速度，保证了农业生产的高速度。

勇于落实政策

这些年来，四川省的农村经济政策遭到严重破坏，成为广大群众最关心的问题之一。四川省委在狠抓揭批运动的同时，紧紧抓了政策问题。他们认为，打倒了“四人帮”，如果不赶快抓各项政策的落实，就是失职。省委敢于承担责任，在自己的权限范围以内，把被“四人帮”破坏了的政策加以清理，并对他们散布的种种破坏政策的谬论进行了批判。在这个基础上，制定和颁发了《目前农村经济政策几个主要问题的规定》(即十二条)，恢复和重新肯定了多年来行之有效，对促进社会主义生产发挥过巨大作用，为群众所拥护的政策。

四川省委的十二条政策规定，旗帜鲜明、针对性强，是符合马列主义、毛泽东思想的。

第一，肯定了三级所有，队为基础。同时，明确提出，对于有条件向大队核算单位过渡的队，应采取积极热情的态度，因势利导，不强求一律。

第二，牢牢掌握走社会主义道路的方向。在“自留地和家庭副业问题”的规定中，提出在积极发展集体经济，保证集体经济占绝对优势的条件下，允许社员经营少量的自留地和正当的家庭副业。还规定社员自留地和家庭副业产品，在完成国家派购任务以后，凡是国家允许上市的，可以拿到集市上出售，但不准长途贩运，弃农经商。在“生产计划管理问题”上，规定尊重生产队的自主权，以“要按照国家计划，因地制宜地安排种植作物”为前提。在“分配问题”上，强调在保证完成国家任务和增加社员收入的基础上逐步增加集体积累，这里的着眼点，首先是保证国家的利益。

第三，特别强调了农业生产中按劳分配的问题。这是各项政策的核心，是调动社员积极性的巨大的物质保证。四川省委关于“劳动管理问题”的规定，特别强调要坚持“各尽所能、按劳分配”的原则，并且强调既要反对平均主义，也要反对工分挂帅。四川多年的实践证明，坚持贯彻这项政策，就可以促进农业生产大踏步前进，反之，就会给农业生产带来严重破坏。

第四，保证社员增产增收。四川省委一再强调：一定要让社员得到实惠。“四人帮”横行时，社员长期增加不了收入，这怎么能体现社会主义制度的优越性呢？省委明确规定，除了遇到特大自然灾害，务必做到90%的社员的收入比上年有所增加，10%的社员不减少收入，还规定每人平均口粮不到360斤的队，不提储备粮，以保证社员增加收入。

四川省委作出的这些政策规定，保证了1977年取得农业生产大丰收以后，社员的收入随之增加了。1977年比1976年增加收入的农户，增产多的县占90%，增产少一点的县也占80%以上。这就调动了广大群众的生产积极性，普遍提高了出勤率和劳动生产率，调动了浩浩荡荡的大军去战天斗地。

四川省贯彻落实这些政策，不是一帆风顺的。在这十二条规定发下去的时候，就有人讲：“有些不是批判过的东西吗？”他们不去分辨过去批得究竟对不对，实际上是心有余悸，或者是头脑中还残存着“四人帮”假左真右的流毒。其实，四川省委的这些规定，恰恰是在广大农村中，旗帜鲜明地拨乱反正，保证农业高速度发展的极端重要的措施。

发扬党的优良传统

四川省幅员辽阔，各地区的自然条件很不相同。在这样一个地方，想高速度发展农业，除了把揭批“四人帮”的运动搞深搞透，解放群众思想，落实农村各项经济政策之外，还必须有一个与高速治蜀相适应的领导作风。这些年来，林彪、“四人帮”搞得形而上学猖獗，对农业生产的破坏很大。四川在生产上吃主观主义、瞎指挥的苦头太多了！瞎指挥一害国家，二害人民，三害自己。四川省委认为，要指挥好农业生产，必须恢复和发扬党的优良传统，特别是群众路线和实事求是的作风。四川省委提出：真要学好大寨，必须从四川的自然特点出发，因地制宜，分类指导，不能“一刀切”，对外地的经验也不能生搬硬套。这就需要老老实实地深入实际，调查研究，向有经验的社员和基层干部请教，摸清自然规律，找出增产的办法，然后下大决心，拿大主意，订大措施。这就是多谋善断。

多年以前，四川就在全省范围内推广双季稻，用来提高单位面积产量。这是学习外省的经验。由于在推广时不管条件如何，也不同群众商量，结果，不是气温不合适，雨水不调，就是种子不对路，肥料跟不上，人力调配不开，许多年除个别地方增产外，多数地方过不了关，生产队长有意见，社员不愿意种，搞得天怒人怨。当时不少人就看出了问题，但不敢提意见，怕被撤职。邛崃、蒲江、大邑三个县，因种双季稻，生产多年上不去，调换过不少干部。人们说："邛、蒲、大，鬼都怕！"打倒"四人帮"以后，四川省委领导同志深入生产第一线，同社员、基层干部商量双季稻的问题。群众说"三三见九，不如二五一十"。种一季小春（越冬作物）加双季稻，不如狠抓一季冬小麦和一季中稻，水、肥、人力都跟得上，打的粮食多，保险每亩收八九百斤；甚至上千斤。省委领导同志又跑了几十个县进行调查，得出结论：在当前人力、肥料、品种、管理经验等条件还不具备的地方，搞双季稻确实不如抓一季小麦和一季中稻，提出"狠抓小春，猛攻中稻，积极准备条件推广双季稻"，受到群众普遍欢迎。社员高兴地说："这回，可该我们多吃粮了！"实践证明，这是一个增产的大措施。原来"鬼都怕"的邛、蒲、大，猛攻中稻的结果，平均亩产上了《纲要》。1977年全省双季稻面积减少了800万亩，而稻谷的总产量却增加了24亿斤。

在四川，还有几百年沿袭下来的不合理的耕作习惯。要高速度发展农业，必须加以改革。比如，四川有一种"望天田"，没有可靠的水利保证，只是在秋天雨季里蓄上水，待来年种上一季稻。搞好了收一季，产量很低，搞得不好，颗粒无收。新中国成立后，四川省几次想把这类田改种旱作物，由于四川群众喜欢吃大米，愿意种这种"望天田"，再加上没有充分地走群众路线，长期以来没有改成。四川省委通过深入调查研究，具体总结了一些生产队把"望天田"改种旱地作物获得丰收的典型经验，提出"水路不通走旱路"，在水利问题未解决之前，先把水田改成旱地，打一段迂回战，等到水利问题解决以后，再种水稻。有的社员思想不通，说玉米不如大米好吃。干部就向群众做思想工作："咱们应该先解决吃饱的问题，后解决吃好的问题。四川的玉米再不好吃，总比吃东北支援来的高粱米光彩。"这样一来，群众思想通了，很快就把400多万亩"望天田"改种旱作物。只是这一项改革，四川省1977年就增产了数以亿斤计的粮食。

1977年，四川省委的主要领导同志跑了几十个县，深入群众，调查研究，总结出了"红苕一条龙"、"小型水利加喷灌"、改造"下湿田"等比较大的增产措施加以推广。每一项措施，都可以保证几百万亩至一两千万亩土地大幅度增产。这些措施在1977年四川大打农业翻身仗时，发挥了巨大的作用。四川的实践说明，只要发扬党的实事求是的优良传统，就出方法，出措施，出胆略，出主动权，出领导艺术。

在恢复和发扬党的优良传统和作风上，四川省委领导同志以榜样的力量，带动了地、市、县委的领导同志。在四川，实事求是、因地制宜地领导生产，已成了一种风气。有的县委书记说："有了实事求是，我们在指挥生产上就打了定心锤。"这种作风正是毛主席一贯倡导的作风，有了这种作风，才能适应农业生产的高速度。

四川人民是勤劳勇敢的人民！揪出"四人帮"之后，党一号召大干，二话不说，人马出动，战天斗地。不久前，四川省委向全省干部和群众发出号召：要树立继续革命，不断跃进的雄心壮志，一定把祖国战略大后方的四川建成一个高产稳产的农业基地。四川省委敢于向大家这样提出问题，是以1977年已经取得农业发展的高速度作基础的。我们相信，这个愿望一定会变成现实。

全国人大常委会副委员长廖承志在北京会见宇都宫德马等日本朋友

外交部部长黄华在北京会见尼泊尔新任驻华大使雅杜·纳特·卡纳尔

国防部在人民大会堂举行宴会欢迎英国国防参谋长尼尔·卡梅伦空军元帅及其随行人员

中国人民解放军副总参谋长杨勇，副总参谋长伍修权出席了宴会。

杨勇副总长在讲话中指出，卡梅伦元帅的来访，是中、英两国建交以来第一位英国军队领导人正式访问我国，是两军关系中具有重要意义的一件大事。他表示相信，卡梅伦元帅的访问，必将为加强中、英两国军队的相互了解和友谊，为促进两军友好关系的发展作出有益的贡献。

杨勇副总长指出，当前，超级大国争霸世界的斗争愈演愈烈，使这个世界到处不得安宁。它们争夺的战略重点在欧洲。战争的危险明显增长。尤其是那个正在扩张势头上的超级大国，嘴上高唱"缓和"，手中磨刀霍霍，以裁军之名，行扩军备战之实。他指出，为了反对霸权主义的战争威胁，维护西欧的安全，西欧各国要求加强联合的呼声日益增高，西欧国家的联合有了进展。一个反对大国霸权主义的统一战线正在世界范围内形成与发展之中。

出席宴会作陪的有中国人民解放军海军副司令员孔照年、空军副司令员曹里怀，外交部部长助理宋之光，北京部队副司令员康林，北京卫戍区副司令员潘永堤，国防部外事局局长柴成文，以及中国驻英国大使馆武官方文。

全军政治工作会议在北京举行

会议4月27日至6月6日举行。会议总结了50多年来军队政治工作正反两方面的经验，提出了在新的历史条件下加强军队政治工作的方向、任务和方法。会议还讨论并修改了《中共中央军委关于加强军队政治工作的决议》《中国人民解放军政治工作条例》和《干部服役条例》等文件草案。

4月28日

国务院副总理李先念在北京会见澳大利亚工商部长菲利普·林奇

全国人大常委会副委员长乌兰夫与南斯拉夫共产主义者联盟中央委员 南斯拉夫劳动人民社会主义联盟代主席马林·采蒂尼奇在北京举行会谈

全国人大常委会副委员长乌兰夫在北京会见土耳其知名人士穆哈雷姆·努里·比尔吉

全国人大常委会副委员长邓颖超在北京会见以斯里兰卡报业协会主席埃斯蒙德·魏克拉马辛哈为团长的斯里兰卡新闻代表团

水利电力部在湖南桃源县召开全国水利管理会议

会议提出，当前我国在水利建设中，除少数水利基础很差的地方要急起直追继续新建一些骨干工程外，多数地区要从抓好现有工程的管理，搞好配套挖潜工作着手，充分发挥现有工程效益，迎接水利建设的新跃进。

目前，全国已建成的灌溉面积在万亩以上的水利工程，有许多实际灌溉面积远远没有达到设计能力；这些工程的灌溉渠道大部分没有衬砌，水的利用系数还不到一半；现有水库有许多由于安全不过关，不能正常蓄水；在节约用水、合理用水方面也有许多潜力可挖。这次会议肯定了新中国成立以来水利建设的巨大成就，同时指出我国目前水利建设的状况特别是水利管理工作的状况，还适应不了高速度发展农业生产的需要。

会议表彰了35个水利管理学大寨学大庆标兵单位、265个先进单位、17个先进个人，由水电部给他们发了锦旗和奖状。

会议遵照五届人大精神，讨论了《水利工程管理条例》，制定了整顿加强水利管理工作的具体措施。

全军后勤工作会议在北京举行

中国人民解放军全军后勤工作会议，4月28日至6月5日在北京举行。

会议着重讨论和解决在新的历史条件下抓纲治军，整顿后勤，加速后勤革命化现代化建设问题。到会同志精神振奋，斗志昂扬，一致表示，一定要高举毛主席的伟大旗帜，坚决贯彻执行华主席批准的勤俭办一切事业，面向连队，面向基层，一切为部队服务，一切为战备服务的后勤建设的指导思想，尽快把后勤的革命化现代化建设提高到一个新的水平，在新的长征途中当好后勤兵。

这次会议是在华主席为首的党中央和中央军委的亲切关怀和直接领导下进行的。华主席和叶副主席分别为会议题词。华主席的题词是："抓纲治军，整顿后勤，加速后勤革命化、现代化建设。"叶副主席的题词是："加速建设一支革命化、现代化、又红又专的后勤队伍，保障反侵略战争的胜利，保卫社会主义祖国。"会议期间，华主席和邓小平、李先念、汪东兴副主席以及党和国家其他领导人接见了到会全体同志，并和大家一起照了相。到会同志还列席全军政治工作会议，听了华主席、叶副主席、邓副主席的重要讲话受到了巨大鼓舞和深刻教育。

这次会议是我军后勤工作承先启后、继往开来的一次重要会议。全军军以上单位负责后勤工作的领导同志以及有关部门的后勤负责同志参加了会议。总后勤部部长张震在会上作了题为《高举毛泽东思想伟大红旗，整顿后勤，准备打仗》的报告，总后勤部其他领导同志也分别就后勤战备、后勤教育训练、后勤业务管理、后勤科学研究、基层后勤建设等问题，作了专题报告。到会同志深入揭批了林彪、"四人帮"破坏后勤建设的罪行，认真总结了我军后勤工作正反两方面的经验，对在新的历史条件下发扬我军后勤工作优良传统，加快我军后勤革命化现代化建设的问题展开了热烈的讨论，确定了后勤战备建设规划和加强后勤建设的任务与措施。会议开得生动活泼，达到了预期目的。

会议指出，我军后勤是在伟大领袖和导师毛主席的亲切关怀下建立和发展起来的。在我军各个历史时期，我军后勤部队全心全意为保障革命战争胜利，为保卫社会主义祖国、支援社会主义建设，作出了重大贡献。毛主席革命路线在我军后勤战线始终占主导地位。但是，我军后勤工作受林彪、"四人帮"的干扰破坏也十分严重，流毒和影响很深。抓纲治军，整顿后勤，就要坚持以揭批"四人帮"为纲，联系揭批林彪，从思想上、组织上、业务工作上和作风上进行认真的整顿，把林彪和"四人帮"的流毒和影响消除干净。要结合揭批"四人帮"的斗争，积极开展财经纪律大检查、大清查，狠狠打击阶级敌人的破坏活动，打击贪污盗窃、投机倒把等资本主义势力的猖狂进攻，坚决纠正不良倾向和不正之风，把合理的规章制度建立和健全起来。

会议强调，在现代战争条件下，军队的作战行动对后方的依赖性大，对后勤保障的要求更高。因此，必须坚持集中力量打歼灭战的方针，抢时间，争速度，尽快把后勤战备和革命化现代化建设搞上去。要把教育训练提到战略地位来抓，努力提高后勤人员的军政素质和专业技术管理水平，尽快培养一支适应现代战争要求的又红又专的后勤队伍。要采取有力措施，加强对后勤科研工作和群众性技术革新活动的领导，解决现代条件下人民战争的后勤保障问题，努力赶超世界先进水平。

与会代表还认真讨论了关心群众生活、加强基层后勤建设的问题，交流了经验。大家一致认为，面向连队，面向基层，一切为部队服务，一切为战备服务，是我军后勤工作的优良传统，也是后勤工作的方向。各级后勤部门一定要面向基层，扎根基层，保障基层，把工作的重点放在基层，把基层后勤建设的好坏作为衡量后勤机关工作的一面镜子。后勤干部要深入下去，调查研究，及时主动地解决连队的实际问题。特别要重视解决在边防、海岛、高原、戈壁滩上执勤小分队后勤保障的具体问题。要坚持派出各种服务队、医疗队下连队，下基层，深入海边防，为部队服务。要认真贯彻《五·七指示》精神，搞好农副业生产，按照连队先进后勤工作八项试行标准，建设连队，保证按规定标准供应部队，改善连队伙食。特别是要注意选配和培训好连队司务长、炊事班长这两个"管家人"，并保持相对稳定。

会议强调指出，要加速搞好后勤战备建设和基层后勤建设，没有对后勤工作的正确认识，没有一个很大的干劲和艰苦奋斗的优良作风是不行的。艰苦奋斗是我军的政治本色，对于后勤尤其重要。一切后勤工作人员，不论任何时候，都要把毛主席关于"一要勤，二要俭，不要懒，不要豪华"的教导作为座右铭，克勤克俭，精打细算，廉洁奉公，当好红管家。

新华社就福建前线某部队和济南部队某军恢复我军群众性练兵传统开展大比武培养新"尖子"发表编者按

新华社编者按：今天，本社发表一篇福建前线某部队培养军政训练"尖子"的消息，一篇以《"尖子"赞》为题的通讯。两篇报道反映了人民军队抓纲治军出现的喜人形势，表明昔日受林彪、"四人帮"摧残的大批军政训练的"尖子"，如今扬眉吐气了！他们理直气壮地投入群众性练兵比武活动，又培养出了一批新"尖子"。人民军队为把革命化现代化建设提高到一个新的水平，迈开了雄伟的步伐。

本来，"尖子"是出类拔萃的意思，是先进典型的意思。在战火纷飞的岁月，那些以无坚不摧的英雄气概当先锋、打头阵的"尖刀连"，"尖刀排"，"尖刀班"，战斗英雄，才配称为"尖子"。他们是人民军队的骄傲。在社会主义时期，为保卫祖国练出过硬的本领，当革命化现代化建设的尖兵，就是我军这种光荣战斗传统的继承和发扬。林彪、"四人帮"大耍假左真右的反革命手法，鼓吹"政治可以冲击一切"，对毛主席赞扬的1964年全军群众性大练兵、大比武以及在练兵比武中涌现出来的大批"尖子"横加诽谤，意在毁我长城。我们某些同志至今一听说"大比武"、培养"尖子"总是不大喜欢，或者心有余悸，应从思想上找一找原因，来一个拨乱反正。

练兵比武是我军传统练兵方法的继承和发展，也是群众的智慧和创造。为革命练兵，为保卫祖国比武，就是政治和军事的生动的统一，就是红与专的统一。现在，建设社会主义现代化强国的进军号角已经吹响。各条战线都在规划如何奔向2000年。人民军队作为伟大社会主义祖国的英雄保卫者，就要努力发扬我党我军优良传统，争当又红又专的"尖子"，向国防现代化奋勇进军。福建前线部队、济南部队等部队的一些单位已经带了个好头，这是值得大大提倡的。

4月29日

中共中央副主席邓小平在北京会见南斯拉夫共产主义者联盟中央委员 南斯拉夫劳动人民社会主义联盟代主席马林·采蒂尼奇和由他率领的南斯拉夫劳动人民社会主义联盟友好代表团

会见时，中共中央政治局委员、人大常委会副委员长、政协全国委员会副主席乌兰夫在座。

邓小平副主席对南斯拉夫同志的来访表示热烈欢迎。他说，自从铁托总统访问中国，同华国锋主席会谈以来，我们之间的关系发展得很好。虽然你们在西方，我们在东方，但面临的问题有许多是共同的，很需要彼此了解、谅解和合作。

会见时在座的还有政协全国委员会秘书长齐燕铭，对外友协会长王炳南，外交部副部长余湛，对外友协副会长丁雪松等。

国务院在人民大会堂举行宴会欢迎塞舌尔共和国总统勒内

国务院副总理李先念主持了宴会。他同勒内总统在讲话中一致热情称颂中、塞两国人民的友谊。李先念副总理说，中、塞建交以来，两国的友好合作关系得到了令人满意的发展。勒内总统阁下这次访问，必将使中、塞了解、友谊和合作获得进一步发展。

人大常委会副委员长阿沛·阿旺晋美,外交部部长黄华、副部长何英,中国人民解放军副总参谋长何正文,出席宴会作陪。

全国妇联第三届执行委员会发出《关于召开中国妇女第四次全国代表大会的通知》

在华主席为首的党中央的亲切关怀和领导下,中华人民共和国全国妇女联合会第三届第六次执行委员会扩大会议,于1978年4月16日至21日在北京举行。经党中央批准,会议决定于1978年9月,在北京召开中国妇女第四次全国代表大会。这是我国各族妇女政治生活中的一件大喜事。

我们伟大的祖国已经进入了一个社会主义革命和社会主义建设的新的发展时期,党的十一大和五届人大庄严地规定了全党全军全国各族人民在新时期的路线和总任务。坚决贯彻执行党的十一大路线,坚持无产阶级专政下的继续革命,深入开展阶级斗争、生产斗争和科学实验三大革命运动,在本世纪内把我国建设成为农业、工业、国防和科学技术现代化的伟大的社会主义强国,这个光荣艰巨的历史任务,极大地鼓舞着亿万人民的革命积极性,一个国民经济新跃进的局面已经出现。在这样的大好形势下,召开中国妇女第四次全国代表大会,具有重大的政治意义。这次大会的任务是:高举毛主席的伟大旗帜,贯彻执行党的十一大路线,深入揭批王洪文、张春桥、江青、姚文元"四人帮"的反革命修正主义路线和他们干扰破坏妇女运动的罪行;总结28年来妇女工作的经验;讨论和制定新时期的妇女工作任务;修改全国妇联章程;选举全国妇联新的领导机构;动员全国各族妇女,为建成现代化的社会主义强国,为妇女的彻底解放而奋斗。

28年来,毛主席的革命路线在妇女运动中始终占主导地位。我国妇女努力学习马列主义、毛泽东思想,积极参加社会主义革命和社会主义建设事业,辛勤劳动,英勇奋斗,作出了巨大贡献。妇女群众的精神面貌和社会地位发生了深刻的变化。广大妇女群众和妇女干部,在粉碎林彪、"四人帮"的斗争中,坚持捍卫了毛主席的无产阶级革命路线。特别是对"四人帮"的倒行逆施,广大妇女,看在眼里,恨在心头,用各种方式进行了抵制和斗争。我国妇女不愧是毛泽东思想长期哺育下的英雄妇女;我们广大的妇女干部,不愧是毛主席、共产党长期培养的好干部。事实证明:我国妇女豪迈地顶起了社会主义革命和社会主义建设的"半边天"。

坚决贯彻执行党的十一大路线,实现新时期的总任务,建设社会主义现代化强国,是全国人民的根本利益,是妇女彻底解放的金光大道。毛主席曾经指出:"只有当阶级社会不存在了,笨重的劳动都自动化了,农业也都机械化了的时候,才能真正实现男女平等。"妇女群众是决定革命胜败的一个力量。要在本世纪末实现社会主义四个现代化,必须充分发动占人口半数的妇女群众,高度发挥妇女的聪明才智,才能取得胜利。实现社会主义四个现代化,妇女掌握了现代化的生产技术,才能从笨重的体力劳动中解放出来;实现社会主义四个现代化,我国的物质基础更加雄厚,集体福利事业更加发展,妇女才能从琐碎的家务劳动中进一步解放出来;实现社会主义四个现代化,将为妇女参加社会主义革命和社会主义建设创造更加有利的条件,真正实现男同志能办到的事情,女同志也能办得到。

全国各级妇联组织和广大妇女群众,要高举毛主席的伟大旗帜,紧跟华主席为首的党中央的战略部署,在党的领导下,努力做好以下工作:

第一,要把揭批"四人帮"的伟大斗争进行到底

广大妇女群众和妇女干部要努力学习马列著作和毛主席著作,完整地、准确地领会毛泽东思想体系,掌握思想武器,继续打好揭批"四人帮"的第三个战役,深入批判"四人帮"的反革命政治纲领和修正主义路线,揭露他们假左派、真右派的反动面目,林彪、"四人帮"出于篡党夺权的野心,颠倒妇运路线是非,大搞"怀疑一切,打倒一切","层层揪走资派",妄图把妇联组织作为他们篡党夺权的工具。特别是"四人帮"直接插手中国妇女第四次全国代表大会筹备组,篡夺全国妇联领导权,在全国妇女运动中造成思想上组织上的极大混乱。我们要密切联系妇女运动的实际,彻底批判"四人帮"诬蔑新中国成立以来的妇女运动是"黑线统治"的谬论,充分肯定妇女运动始终是毛主席的革命路线占主导地位。批判"四人帮""踢开党委闹革命",妄图以帮代党的罪行,坚持把妇联组织置于党的绝对领导之下。批判"四人帮"诬蔑发动妇女参加社会生产劳动,是"唯生产力论"的谬论,坚持发动妇女参加生产斗争的方针。批判"四人帮"诬蔑勤俭建国、勤俭持家是"阶级斗争熄灭论"、"发家致富"的谬论,坚持勤俭建国、勤俭持家,为建设社会主义而奋斗的正确方针。批判"四人帮"攻击开展妇女儿童福利事业是"福利主义"的谬论,坚持党的关心妇女群众生活,保护妇女切身利益的政策。批判"四人帮"攻击妇联开展国内国际妇女统一战线工作是"阶级投降"的谬论,坚持发展妇女统一战线工作。批判"四人帮"篡改妇联性质的罪行,坚持发挥党联系妇女群众的桥梁作用。批判"四人帮"诬蔑老干部是"走资派",打击迫害坚持毛主席革命路线的老中青干部,腐蚀毒害少数人,妄图搞垮妇联干部队伍的罪行,坚持新老干部互

相学习,紧密团结,共同提高。批判“四人帮”破坏妇女干部深入群众的好传统,坚持艰苦朴素、深入基层、密切联系群众的优良作风。要通过深入揭批,把“四人帮”颠倒了的路线是非统统纠正过来,肃清其流毒和影响,彻底砸烂“四人帮”强加给妇女群众和妇女干部的精神枷锁,解放思想,焕发精神,加强团结,继续革命。

结合揭批“四人帮”的斗争,要宣传新宪法,保卫新宪法,宣传新宪法中有关男女平等,保护婚姻、家庭、母亲和儿童的规定,打击残害妇女的犯罪分子。要加强法制观念,落实党保护妇女的各项政策。反对男尊女卑、反对资产阶级的婚姻观点、反对包办买卖婚姻,大破“四旧”,大立“四新”,移风易俗,树立社会主义的道德风尚。

第二,要大张旗鼓地宣传新时期的总任务

广泛地、深入地、大张旗鼓地宣传新时期的总任务,是当前的一项极其重要的政治工作。各级妇联组织要协同有关单位做好深入的宣传工作,针对妇女群众的思想实际,用群众喜闻乐见的多种多样的方法,进行宣传讲解,做到家喻户晓,深入人心。各条战线、各个方面的妇女,都要懂得实现社会主义四个现代化,对巩固我国无产阶级专政的重大意义,懂得实现社会主义四个现代化,同妇女彻底解放的关系,都要了解发展国民经济的十年宏伟规划和二十三年的远大目标,了解近期的指标和本单位的战斗任务,懂得在自己的岗位上该干什么,怎样去干,为实现总任务多做贡献。

第三,要充分发挥妇女在三大革命运动中的作用,为高速度发展国民经济而努力奋斗

要在本世纪内把我国建成社会主义的现代化强国,我们必须以阶级斗争为纲,高速度发展社会主义经济。要坚持鼓足干劲、力争上游、多快好省地建设社会主义的总路线,坚持勤俭建国,勤俭办社,勤俭办一切事业,勤俭持家。

广大妇女要积极投入工业学大庆、农业学大寨的群众运动,像大庆人、大寨人那样,三大革命运动一起抓,大批修正主义,大批资本主义,大干社会主义,大搞技术革新、技术革命和科学种田。要进一步以马列主义、毛泽东思想武装自己,破除迷信,解放思想,下苦工夫,学文化、学科学、学技术、学经济、学管理,努力向文化科学技术进军,逐步掌握现代化工农业生产所必需的劳动技能和管理方法,尽快改变妇女文化科学技术落后的状况。女科学技术人员,要专心致志,精益求精,又红又专,努力攀登科学技术高峰。战斗在各条战线的妇女,都要热爱本职工作,积极劳动,精通业务,争当生产斗争的闯将,技术革新的能手,科学实验的尖兵,为高速度发展国民经济,作出更大的贡献。

第四,要为实现社会主义四个现代化当好后勤兵

为支援各条战线上的广大职工和社员,集中精力参加三大革命运动,解除后顾之忧,各级妇联要积极推动和协助有关部门,动员社会各方面的力量,本着有利生产、方便生活和勤俭办事的原则,采取切实可行的多种形式,办好托儿所、幼儿园、生活服务站等各种集体福利和服务事业,积极地逐步地实现家务劳动社会化。要配合有关部门做好保教人员、服务人员的思想教育和业务教育,保护、发扬她们的革命积极性,关心和解决她们的实际问题,提高她们的社会地位,鼓励她们全心全意地当好社会主义四个现代化的后勤兵。

第五,要加强和发展国内、国际妇女的革命统一战线工作

妇联组织要依靠工农劳动妇女和革命知识妇女,广泛团结爱国妇女、台湾港澳女同胞、国外侨胞和归侨中的妇女及侨眷,团结一切可以团结的妇女,为实现四个现代化充分发挥积极作用。在国际上,要遵循毛主席关于三个世界划分的理论,加强同全世界被压迫人民和被压迫民族妇女的团结,发展同世界各国妇女的团结和友谊,扩大国际妇女反霸反帝反殖的统一战线。

第六,要整顿好各级妇联组织,加强妇联干部队伍

遵照华主席关于要加强党对群众组织的领导,把这些组织整顿好、建设好,充分发挥它们应有作用的指示,要对妇联组织进行思想整顿和必要的组织整顿。在妇女干部中认真落实党的干部政策。根据无产阶级革命事业接班人的五项条件和老、中、青三结合的原则,建立能全面地正确地贯彻执行毛主席革命路线的,在群众中有威信的,团结战斗的领导班子。妇联干部要坚持“三要三不要”的基本原则,恢复和发扬紧跟党的中心任务,做好妇女工作的好传统,恢复和发扬党的实事求是、群众路线和艰苦奋斗的好作风,积极参加集体生产劳动,关心妇女群众疾苦,保护妇女儿童合法权益。各级妇联干部要进一步认识妇女工作是党领导下的不可缺少的重要革命工作,要热爱妇女工作,做广大妇女群众的贴心人,使妇联组织真正发挥党联系妇女群众的桥梁作用。

把我们伟大的祖国建设成为一个社会主义的现代化强国,这是伟大领袖和导师毛主席,敬爱的周总理和朱委员长以及无数革命先烈的遗愿,是多少年来中国人民梦寐以求的思想。我们的目标宏伟壮丽,我们的前途光辉灿烂。在华主席为首的党中央领导下,一个伟大的新的长征开始了。全国妇女积极行动起来,坚决响应华主席的伟大号召:“学习、学习、再学习,团结、团结、再团结。”树雄心,立壮志,开展深入持久的学习运动,掀起比学赶帮超的革命竞赛,努力创造优异成绩,迎接中国妇女第四次全国代表大会的胜利召开。

全国人大常委会副委员长姬鹏飞在北京会见以罗共中央委员格奥尔基·波普为团长的罗马尼亚友好参观团

全国人大常委会副委员长廖承志在北京会见泰国前副总理汶廷·通沙瓦

全国人大常委会副委员长乌兰夫在北京与南斯拉夫共产主义者联盟中央委员 南斯拉夫劳动人民社会主义联盟代主席马林·采蒂尼奇继续举行会谈

外交部部长黄华在北京会见利比里亚首任驻中国全权大使约翰·丹尼尔·考克斯

4月30日

国务院总理华国锋在北京会见英国国防参谋长尼尔·卡梅伦空军元帅

会见时,华主席同卡梅伦空军元帅就共同关心的国际问题进行了友好的交谈。

华主席说:我们之间有许多共同点。我们希望西欧团结起来。一个指头力量小,握紧的拳头力量大,团结起来,才有力量。华主席说:我们必须提高警惕,做好充分的准备,反对超级大国的侵略、扩张政策。

会见时在座的有中国人民解放军副总参谋长杨勇、伍修权,外交部部长助理宋之光,国防部外事局局长柴成文。

中国华侨旅行社总社 中国旅行社总社在人民大会堂举行茶会欢庆"五一"国际劳动节

中共中央副主席、国务院副总理邓小平,中共中央政治局委员、国务院副总理耿飚,中共中央政治局候补委员、国务院副总理陈慕华,全国人大常委会副委员长、国务院侨务办公室主任廖承志,出席了茶会,并在茶会前亲切地会见了国外华侨、外籍人士、台湾同胞、港澳同胞旅行团的领导人和知名人士。

邓副主席在谈话中向大家介绍了粉碎"四人帮"以来,在华主席领导下,我国各条战线出现的欣欣向荣的大好形势。他说,粉碎"四人帮"以来,我国工农业、科学、教育各行各业的发展,包括社会风气的转变,比预期的要好得多。我们更有信心在本世纪末把我国建成四个现代化的社会主义强国。邓副主席还向华侨同胞们和朋友们重申了毛主席、周总理生前制定的侨务政策。邓副主席的讲话,受到了热烈欢迎。

廖承志同志在茶会上讲了话。他说,粉碎"四人帮"以后,在华主席为首的党中央领导下,我们的国家已经基本上克服了"四人帮"造成的混乱,走上了天下大治的轨道。

他在谈到我国各条战线所出现的大好形势时指出,工人阶级领导的,以工农联盟为基础的,包括爱国民主党派、爱国人士、台湾同胞、港澳同胞和国外侨胞的革命统一战线,正在发展壮大;我国的侨务政策正在逐步落实。

廖承志同志说,现在,华主席、党中央率领我们开始了新的长征,向四个现代化进军,赶上并超过世界先进水平。实现这一宏伟目标,有利条件是很多的。我们有丰富的自然资源;有九亿团结一致、勤劳勇敢的伟大人民;有正反两方面的建设经验;有一支强大的科技人员队伍;有社会主义制度的优越性;有马列主义、毛泽东思想的指引;特别是有华主席为首的党中央的英明领导,我们有决心有信心,在本世纪内把我国建设成为伟大的社会主义现代化强国,以崭新的姿态屹立在世界的东方。中国强大了,对世界人民就会作出更大的贡献,发挥更大的作用。那时,别人就不敢欺负我们。我们一定要解放台湾,完成统一祖国的大业。

廖承志同志重申,我国的侨务工作方针政策是毛主席、周总理亲自主持制定的。他说,华主席在五届人大第一次会议上作的政府工作报告中,准确地阐述了毛主席、周总理生前制定的我国侨务政策。华主席指示说:"我们要继续认真执行国家的政策,从政治上、工作上、生活上关怀归国侨胞和侨眷,并且给予适当照顾,进一步调动他们建设社会主义的积极性。"对华侨和中国血统的外国人回到故乡探亲访友的问题,华主席深切关怀地指出,要为他们提供方便条件。对中国血统的外国人在我国的亲属,要像对待侨眷一样,给予关怀和照顾。去年年底召开的全国侨务会议预备会,再次重申了我们的侨务政策。几个月来,全国各地都在深入揭批"四人帮"干扰破坏侨务政策的种种罪行及其散布的各种谬论,采取各种措施,逐步落实侨务政策。侨务战线形势很好。

在谈到华侨国籍问题时,廖承志同志说,我国政府的一贯政策是:赞成和鼓励华侨根据自愿原则选择所在国的国籍,反对采取强迫他们改变国籍的做法。凡是已经自愿加入或者已经取得所在国国籍的,就自动失去了中国国籍,但和中国人民仍然存在着亲戚关系。对于保留中国国籍的,我们要求他们遵守所在国的法律,尊重当地人民的风俗习惯,和当地人民友好相处。他们的正当权利和利益,我国政府有责任加以保护,也希望得到有关国家的保障。我们希望国外侨胞成为增进我国人民和有关国家人民友谊的纽带和桥梁。

他说,最近,在越南的华侨突然出现大批回国的现象,我们对此表示关切,并密切注意事态的发展。我们遵照毛主席关于“保护华侨利益，扶助回国的华侨”的指示，已对近一个时期由于种种原因仓促回国的华侨做了适当安排。我们坚信，在华主席、党中央的领导下，进一步肃清“四人帮”的流毒和影响，我国的侨务政策必将逐步得到落实，我们的工作一定会取得更大成效。

廖承志同志最后说，在国内外大好形势下，我们决不能放松对帝国主义特别是社会帝国主义发动侵略战争的警惕。我们一定要高举毛主席的伟大旗帜，紧密地团结在以华主席为首的党中央周围，“深挖洞、广积粮、不称霸”，“备战、备荒、为人民”，坚决贯彻执行十一大路线和五届人大精神，为加速实现我国的四个现代化而努力奋斗。

国外华侨、外籍人士、台湾同胞、港澳同胞，同首都各界人士1000多人出席了茶会。

参加会见和出席茶会的还有：罗青长、吴庆彤、庄希泉、孔原、卢绪章、齐燕铭、李梦夫、李人俊、李琦涛、高文礼、吕克白、王笑一、王阑西、杨思德、彭光涵、林丽韫、胡愈之、周培源、耿道明、熊向晖、王伏林、章文晋、缪海棱、张国基、林慧卿、谢冰心、梁威林、李力殷、连贯、钱三强、庄明理、林林、陈玉娘、蔡啸、肖明、经普椿等。

国家计委在北京召开全国节约工作会议

这次会议是以节约求增产，以节约争速度，为完成新时期总任务的动员会。

出席这次会议的，有各地区、国务院各有关部门主管节约工作的领导同志和节约办公室的负责人、节约工作先进单位的代表以及有关大专院校、科研单位的代表，共350人。

会议总统交流了1977年节约工作的成绩和经验，分析研究了当前节约工作的潜力及挖掘这些潜力的主要途径，制定了1978年至1980年节约挖潜规划。这是节约工作纳入计划轨道的一个重要步骤。据不完全统计，1977年，全国共节约煤炭1500多万吨、成品油90万吨、电50亿度、钢材40万吨、有色金属27000多吨、木材170多万立方米、酸碱26.7万吨。在“四人帮”横行时那种浪费惊人的现象开始有所改变。会议指出：今年以来，整个工交战线的形势更加喜人，生产一个月比一个月好。为了促进当前大好形势的发展，我们必须认真贯彻执行“生产和节约并重”的原则，从节约中求增产，从节约中求速度。会议认为，当前影响国民经济发展速度的突出薄弱环节，仍然是燃料、电力不足。因此，要把节约燃料、电力继续作为节约工作的重点。在节约燃料方面，要大力组织利用煤矸石、石煤、油母页岩等低热值燃料。煤炭、电力部门要对煤矿和火电厂掺烧煤矸石及石煤作出具体规划。有石煤、泥煤、褐煤、油母页岩等可燃资源的地区，都要积极开发利用。有条件的地区，要建立烧用石煤、矸石等低热值燃料的坑口电站。商业部门今年要在114个工业城市认真实现炉渣、烟道灰的统一管理，还要同有关部门相互配合，全面安排矿区附近工业生产和群众生活的需要。在低热值燃料的燃烧技术、设备制造和综合利用等方面，有关部门都要加强科学研究，组织技术交流，逐步提高利用水平，提高有效利用率，做到合理地利用各种燃料资源。严格控制烧油，是我国重要的能源政策，也是节约燃料的一个重要措施。必须坚持燃料以煤为主，立足于煤炭的方针。不合理的烧油企业，要在今明两年分期分批改烧其他燃料。在节电方面，各地都要认真抓好计划用电、节约用电工作。水电、石化、煤炭、冶金和建材等主要用电部门，都要有抓节电工作的专责人员。机关、部队、企业的生活用电，要在今年内全部改为按实际用电量收费。要在重点抓好燃料、电力节约的同时，积极抓好原材料的节约代用工作。要大力提高金属、木材、橡胶、酸碱的利用率，切实抓好降低消耗、综合利用、回收复用和节约代用工作。

会议强调指出：当前国民经济发展总的情况是生产上得快，消耗降得慢，产品质量低。因此，降低产品单耗，是抓节约、争速度的重要一环。各级计划、生产部门要抓紧制定燃料、电力、原材料单位产品消耗定额的工作，制定定额管理制度，提出达到和赶超的目标和要求。在今年内，所有企业，必须限期达到重新核定的消耗定额或本企业的历史最好水平。现在已经达到本企业历史最好水平的企业，要在今年内达到国内同行业的先进水平。各地区、各部门都要在今年内创出一两个赶超世界先进水平的典型。对煤、油、电的供应要实行凭证定量供应制度，物资部门要按照重新核定的物资消耗定额和生产任务拨发材料。

会议认为，节约不仅是全部经济活动中的一项具体工作，更重要的是实现四个现代化的一个重大战略问题。节约是社会主义建设的长期方针，是社会主义经济的基本原则。除思想上要高度重视外，组织制度上要给以必要的保证。会议希望各级党委把节约工作摆到党委议事日程上，制定必要的工作制度，纳入计划轨道。还要抓紧检查落实，一个季度抓一次，年终检查评比，对勤俭节约好的先进单位和先进人物，大力表彰，并且给予适当的物质奖励；对浪费严重的典型单位或个人，要给予严肃处理；完不成国家规定的八项经济技术指标的单位，不能算全面完成国家计划，不能评为大庆式企业。

会议期间，李先念副主席、余秋里副总理和王震、谷牧、康世恩副总理，接见了代表。李副主席、余副总理和康副总理在大会上作了重要指示。

会上，国家计委副主任袁宝华、李人俊也分别讲了话。我国著名数学家、中国科学院副院长华罗庚作了关于在节约工作上推广应用统筹法、优选法的报告。大庆油田、开滦煤矿等十五个单位的代表介绍了加强党的领导，坚持“生产和节约并重”的经验。会议表彰了204个节约工作取得优异成绩的先进单位和个人，并向这些先进单位和个人授了奖旗，发了《光荣册》。

国务院副总理李先念在北京与塞舌尔共和国总统弗朗斯·阿尔贝·勒内举行会谈

国务院副总理李先念在北京会见日本松山芭蕾舞团团长清水正夫和他的夫人 松山芭蕾舞团副团长松山树子

全国人大常委会副委员长乌兰夫在北京会见孟加拉国通讯社总经理兼总编辑阿布·哈希姆和新闻主编哈桑努扎曼·汗

国务院副总理 国家科委主任方毅在北京会见美籍高能加速器专家邓昌黎教授

会见时方毅副总理指出，中国在华主席领导下各条战线都是蒸蒸日上。他说：为了发展我国的科学，我们要加强同国际上的学术交流。我们欢迎外国学者到中国来访问、讲学，相互交流经验。

国防部部长徐向前在北京举行宴会欢迎突尼斯国防部部长阿卜杜拉·法哈特

国家科委发出通知恢复全国科技协会活动

《纪念向警予同志英勇就义五十周年》出版

《纪念向警予同志英勇就义五十周年》一书已经由人民出版社出版，4月30日起在全国各地陆续发行。这本书的扉页，有邓小平副主席的题词手迹：“向警予同志英勇就义50周年”。书前有八幅向警予同志的遗像和手迹的照片。全书分两部分：前一部分收入了蔡畅同志等写的六篇纪念文章，后一部分题为“向警予烈士遗著选编”，收入了烈士的18篇著作。

《二十四史》新的点校本全部出版

在我国出版史上第一次用新式标点点校《二十四史》的浩大工程，历时20年之久，已于最近完成。今年四月，《二十四史》新的点校本由中华书局全部出齐。这是我国学术界贯彻执行“古为今用”方针，在古籍整理方面取得的一项重大成就。

《二十四史》是我国文化遗产中一份规模巨大的历史文献，共计有3249卷，近4000万字。

《二十四史》包括：司马迁的《史记》，班固的《汉书》，范晔的《后汉书》，陈寿的《三国志》，房玄龄等的《晋书》，沈约的《宋书》，肖子显的《南齐书》，姚思廉的《梁书》《陈书》，魏收的《魏书》，李百药的《北齐书》，令狐德棻等的《周书》，魏征、长孙无忌等的《隋书》，李延寿的《南史》《北史》，刘昫等的《旧唐书》，欧阳修、宋祁的《新唐书》，薛居正等的《旧五代史》，欧阳修的《新五代史》，脱脱等的《宋史》《辽史》《金史》，宋濂等的《元史》，张廷玉等的《明史》。

《二十四史》不仅提供了我国几千年来政治、经济、军事、文化发展的丰富史料，而且由于记载了中国和外国在几千年中的历史交往，还保存了关于亚洲一些国家的重要史料。但是，由于这部史书成书后没有标点，错讹很多，给阅读和使用带来许多困难。

新中国成立以后，伟大的领袖毛主席和敬爱的周总理十分关怀《二十四史》的整理出版工作。在党的领导下，1958年开始了《二十四史》的标点校勘工作。“文化大革命”中，林彪、“四人帮”煽动的“否定一切，打倒一切”的反动思潮，也严重地干扰破坏了《二十四史》的整理工作。1971年，周总理明确指出，《二十四史》还要校点，“四人帮”又妄图抢旗帜，摘桃子。周总理挫败了他们的阴谋，指出《二十四史》除已有标点者外，其余各史都由中华书局负责组织。并亲自审查了整理出版《二十四史》的请示报告，转呈毛主席，毛主席很快批示同意。毛主席和周总理的亲切关怀，使《二十四史》的整理出版工作得以继续进行。

《二十四史》的点校本，不但有了标点符号，人、地、书名线，分了段落，而且还吸取前人的研究成果，比较了一些较好的版本，对一些错讹之处作了校勘。凡校改史文的地方，包括一些一时不易决断的疑难问题，都在每卷之末的“校勘记”中一一作了说明。因此，点校《二十四史》的过程，实际上是研究的过程，新的点校本集中体现了我国学术界对于史料的许多研究成果。

参加《二十四史》点校工作的有：顾颉刚、王仲荦、王毓铨、王永兴、王天良、王文楚、马伯煌、邓广铭、白寿彝、卢振华、冯家升、刘节、刘乃和、朱东润、阴法鲁、孙毓棠、亦邻真、蔡尚思、严敦杰、杨伯峻、吴则虞、宋云彬、张政烺、张维华、张瑞璠、张家驹、陈乃乾、陈仲安、陈述、陈允吉、邵循正、罗继祖、周清澍、周良霄、周振甫、郑天挺、赵守俨、赵善诒、胡裕树、柴德赓、聂崇岐、翁独健、唐长孺、董家遵、徐鹏、徐震堮、徐德麟、傅乐焕、裴汝诚，内蒙古大学蒙古史研究室全体人员，西北大学历史系部分人员，南开大学历史系明清史研究室全体人员，中华书局二编室部分人员。

5月1日

《人民日报》发表社论《广泛开展社会主义劳动竞赛》

我国工人阶级和劳动人民，在新的长征开始的时候，迎来了“五一”国际劳动节。我们怀着胜利的喜悦心情，热烈庆祝全世界无产阶级和劳动人民团结战斗的光辉节日。

在欢庆节日的时刻，回顾粉碎“四人帮”以来由乱到治，拨乱反正的重大胜利，全国人民欢欣鼓舞。一年以来，广大职工热烈响应华主席关于“来一个比赛”的号召，开展多种多样的社会主义劳动竞赛。石油、煤炭、冶金、铁路战线的职工走在前面。节日前夕，中华全国总工会举行了八届七次执委扩大会议，决定于今年10月召开中国工会第九次全国代表大会。接着又召开了全国劳动模范座谈会。这两个会议的召开，必将促使社会主义劳动竞赛进一步广泛深入地开展起来。

我国社会主义制度的建立，在历史上第一次使全国规模的劳动竞赛成为可能。劳动人民广泛地、大规模地运用竞赛这种形式，在生产中施展自己的本领，发挥自己的才能。林彪、“四人帮”全面否定社会主义劳动竞赛，在他们横行的日子里，许多地区劳动竞赛偃旗息鼓，广大劳动群众的社会主义积极性受到严重压抑，工农业生产以致整个国民经济遭到严重破坏。“四人帮”疯狂反对劳动竞赛，大搞形而上学，从“劳动”二字上大做文章，好像“劳动竞赛”就是“生产竞赛”、“经济竞赛”，而“生产竞赛”就等于反对“革命竞赛”，“经济竞赛”就等于反对“政治竞赛”。这与他们搞的“突出政治”、“政治冲击一切”那一套相违背，劳动竞赛当然就该取消了。列宁谈到组织竞赛时曾经指出：“在政治方面实行竞赛，比在经济方面容易得多，可是，为了社会主义的胜利，重要的正是要在经济方面实行竞赛。”(《列宁选集》第三卷第512页)伟大领袖和导师毛主席也教导我们，提高劳动热忱，发展生产竞赛，奖励生产战线上的成绩昭著者，是提高生产的重要方法。列宁讲的就是经济方面实行竞赛，毛主席说的就是生产竞赛、劳动竞赛。林彪、“四人帮”反对劳动竞赛，就是明目张胆地反对列宁、毛主席。粉碎了林彪、“四人帮”，铲除了扼杀竞赛的祸根。华主席高举列宁、毛主席的伟大旗帜，一再号召要开展社会主义劳动竞赛，这样才使社会主义劳动竞赛重新开展起来。

劳动竞赛是社会主义制度下，充分发挥广大群众创造精神的好形式，是多快好省地发展国民经济的重要方法，是政治与经济统一的生动体现。群众的智慧和社会主义积极性是无穷无尽的。通过劳动竞赛就能很好地将群众中蕴藏着的极大的社会主义积极性调动起来，组织引导到生产建设上来。城市、农村、各行各业都要开展社会主义劳动竞赛，掀起比学赶帮超的热潮。各级党委要把劳动竞赛作为一件大事来抓，切实解决竞赛中的思想问题和实际问题。

企业的基本任务是搞好生产建设。企业的经常工作，必须以政治为统帅，以生产为中心，全面完成和超额完成国家计划。因此，开展社会主义劳动竞赛，必须以增产节约为主要内容。能源、资源的开发速度和合理利用，交通运输效率的提高，是实现高速度、现代化的关键。如不首先抓好“两源一通”，国民经济的发展速度就会延缓，四个现代化就会“化”得很慢，甚至“化”不起来。我们搞现代化，无非是要用少的消耗来取得尽量大的经济效果。我们要的高速度，不是不计成本、不讲质量、不顾安全的高速度，而是好中求快、省中求快、又好又省的高速度。所以，当前开展社会主义劳动竞赛，重点必须放在增产节约煤炭、石油、电力、原材料和提高运输效率上面。要围绕这些重点，广泛开展以优质、高产、低消耗、多品种、增加盈利、安全生产为内容的社会主义劳动竞赛。

社会主义劳动竞赛，必须精心组织好。领导干部要下基层，深入群众，调查研究，切实做好思想发动，把政治思想工作做到劳动竞赛中去。基层、车间、班组是开展劳动竞赛的基础所在。不少企业的实践证明，搞好个人之间的竞赛，可以做到真正落实岗位责任制；搞好车间、班组之间的竞赛，可以做到真正落实各项经济技术指标，加强基础管理。要狠抓基层，打好基础，下功夫把企业内部的劳动竞赛深入开展起来。同行业的竞赛，可比性强，效果好，也要采取多种形式，广泛加以组织。要加强党对劳动竞赛的组织领导，讲求实效，不搞形式主义。在竞赛过程中，定期公布竞赛结果和国内外、厂内外的先进水平。加强竞赛的检查评比工作，认真总结推广先进经验，大搞评思想、比贡献、选模范、树标兵活动，充分发挥劳动模范、先进生产(工作)者的骨干、带头和桥梁作用，把劳动竞赛搞得轰轰烈烈扎扎实实，造成一个人人争上游、比学赶帮超的群众运动。通过竞赛，使广大职工群众互相学习，互相帮助，取长补短，共同提高，把少数人、少数单位创造的先进水平迅速变成全社会的水平。

开展社会主义劳动竞赛，应该实行奖励制度。对于积极发挥主动性创造性，作出显著成绩、有突出贡献的劳动英雄、劳动模范以及先进集体、先进个人，要实行精神鼓励和物质鼓励相结合而以精神鼓励为主物质鼓励为辅的方针。毛主席说：“解放区的工作人员，必须努力学会做经济工作。必须动员一切可能的力量，大规模地发展解放区的农业、工业和贸易，改善军民生活。为此目的，必须实行劳动竞赛，奖励劳动英雄和模范工作者。”“我们的同志学会了组织群众的劳动，……组织工厂的生产，组织生产竞赛，奖励劳动英雄，组织生产展览会，发动群众的创造力和积极性，……一定可以协同全国人民，把一个新国家建立起来。”“四人帮”把奖励诬蔑为“奖金挂帅”，致使有些人至今心有余悸，只敢组织劳动竞赛，不敢奖励劳动模范。我们要进一步肃清“四人帮”的流毒，理直气壮地开展劳动竞赛，理直气壮地奖励劳动模范。

组织劳动竞赛，搞好生产，是工会的一项重要任务。各级工会组织要从“四人帮”强加的所谓“生产工会”的精神枷锁下解放出来，在党的领导下，协同企业行政，切实地把组织社会主义劳动竞赛的工作抓紧抓好。各级党委要抓紧整顿工会的工作，把工会整顿好、建设好；注意选拔那些在路线斗争中，特别是第十一次路线斗争中表现好，全心全意为人民服务和热爱工会工作的同志，充实和加强各级工会的领导机构，把它们建设成为坚决执行毛主席革命路线、联系群众、团结战斗的领导班子，充分发挥工会组织在生产和劳动竞赛中的作用。

我国社会主义革命和社会主义建设进入了新的发展时期，摆在我们工人阶级劳动人民面前的任务是光荣而艰巨的。让我们高举毛主席的伟大旗帜，广泛深入地开展社会主义劳动竞赛，为建设社会主义的现代化强国而奋斗！

中共中央主席华国锋 中共中央副主席邓小平 李先念 汪东兴出席在首都体育馆举行的庆祝五一文艺晚会

叶剑英副主席在广州同群众一起欢度节日。

出席首都文艺晚会的还有党和国家其他领导人韦国清、乌兰夫、方毅、纪登奎、苏振华、吴德、余秋里、张廷发、陈永贵、陈锡联、耿飚、倪志福、徐向前、陈慕华、赛福鼎、陈云、廖承志、姬鹏飞、阿沛·阿旺晋美、周建人、许德珩、胡厥文、王震、谷牧、康世恩；中共中央军委负责人罗瑞卿；政协全国委员会副主席宋任穷、史良、朱蕴山、康克清、季方、王首道、杨静仁、庄希泉、胡子昂、荣毅仁、童第周；最高人民法院院长江华，最高人民检察院检察长黄火青。

出席文艺晚会的还有：在京的中共中央委员、候补委员，人大常委会委员，政协全国委员会常务委员，中共中央和国家机关各部门的负责人，中国人民解放军各总部、国防科委、军兵种、军事院校、北京部队、北京卫戍区的负责人，北京市委、市革委会的负责人，出席全国劳动模范座谈会的代表。旅居国外的华侨、中国血统外籍人、台湾同胞和港澳同胞，也出席了文艺晚会。今天的文艺晚会是由文化部、中国人民解放军总政治部和北京市革命委员会联合举办的。

国务院总理华国锋在北京会见塞舌尔共和国总统弗朗斯·阿尔贝·勒内

华主席对勒内总统致力于非洲团结、西南印度洋岛国团结的事业，表示赞赏。他说，团结起来，可以相互帮助，相互支持，发展自己的国家，而更重要的是可以抵制外来霸权主义的侵略。中国支持塞舌尔关于印度洋成为和平区的正义主张。他祝愿塞舌尔共和国繁荣昌盛。

国务院副总理李先念，外交部副部长何英，外经部副部长程飞，中国驻塞舌尔大使刘春等，参加了会见。

全国人大常委会委员长叶剑英致电阿拉伯也门共和国总统艾哈迈德·侯赛因·加什米 祝贺他就任阿拉伯也门共和国总统

统战和民委系统庆祝五一国际劳动节大会在首都民族文化宫广场举行

中共中央政治局委员、全国人大常委会副委员长乌兰夫，全国人大常委会副委员长阿沛·阿旺晋美，中共中央统战部副部长、国家民族事务委员会主任杨静仁，中共中央统战部副部长、政协全国委员会秘书长齐燕铭，有关方面负责人李贵、周巍峙、聂真、李金德、萨空了(蒙古族)、费孝通、白寿彝(回族)、杨东生(藏族)、希侯巴(藏族)、仁增旺杰(藏族)、朴春子(朝鲜族)、伍精华(彝族)、田富达(高山族)、德林(锡伯族)、关山复(满族)、扎西旺徐(藏族)、文正一(朝鲜族)，以及包括蒙古、回、藏、维吾尔、苗、彝、壮、布依、朝鲜、满等54个少数民族的干部、学员和群众3000多人，出席了庆祝大会。

乌兰夫同志在讲话中讲到党的民族政策时指出，我们要努力学习，认真贯彻执行，进一步做好民族工作。伟大领袖毛主席一贯重视我国各民族的团结。毛主席的革命路线，在民族工作方面虽然受到了林彪特别是“四人帮”反革命修正主义路线的干扰和破坏，但始终居于主导地位。华主席继承毛主席的遗志，一举粉碎了王、张、江、姚“四人帮”，挽救了革命，挽救了党，率领各族人民在毛主席的革命路线指引下，开始了新的长征。我们要以华主席的题词为强大武器，在党中央抓纲治国的战略决策指引下，认真贯彻落实毛主席的民族政策，深入揭批“四人帮”破坏民族政策的反革命罪行，发展各族人民友爱合作、亲密团结的关系。

全国总工会发出《关于召开中国工会第九次全国代表大会的通知》

国务院副总理纪登奎在北京会见由前农业部部长英西·赞达拉沙滴率领的泰国知名人士访华团

全国人大常委会副委员长廖承志在北京会见日本友好人士荒哲夫

北京电视台和北京电台改名

为适应我国广播、电视事业发展的需要，自5月1日起，北京电视台将改名为中央电视台。自同日起，我对国外广播的北京电台将改名为中华人民共和国国际广播电台(在对外广播节目中仍用“北京电台”作呼号)。

《光明日报》改版成为一张以科学和教育为主要宣传内容的报纸

5月2日

国务院总理华国锋在北京会见突尼斯国防部部长阿卜杜拉·法哈特

会见时在座的有国务院副总理、国防部部长徐向前，国防部副部长粟裕，中国人民解放军副总参谋长王尚荣，国防部外事局局长柴成文等。

中共中央副主席邓小平在北京会见以美国共产党(马列)中央机关报《号角》主编丹尼尔·利昂·伯斯坦为团长的美共(马列)《号角》编辑部代表团

全国交通系统学大庆会议在大庆油田开幕

这次大会，是交通系统规模最大的一次群英会。参加会议的有交通系统大庆式企业、学大庆先进单位和先进集体的代表，先进生产者和先进工作者的代表以及各省、自治区、直辖市有关部门和大庆油田的负责同志，共2500人。

这次会议要高举毛主席的伟大旗帜，坚决贯彻执行党的十一大路线和五届人大精神，紧紧抓住揭批“四人帮”这个纲，联系交通系统的实际，分清路线是非，肃清“四人帮”的流毒和影响，进一步开展学大庆、普及大庆式企业的群众运动，努力加快交通运输现代化的步伐，为完成新时期的总任务作出新贡献。同时，还将总结、交流学大庆的经验，表彰先进，开展竞赛，讨论规划和措施。

交通部副部长潘琪在大会上致开幕词。他指出：新中国成立28年来，交通系统取得了巨大成就，毛主席的革命路线始终占主导地位。但是，我们应当清醒地看到，由于林彪、特别是“四人帮”的干扰破坏，我国交通运输事业仍然是国民经济的一个薄弱环节，同世界先进水平相比，同实现四个现代化的需要相比，还有很大差距。他希望全国交通系统的全体干部、共产党员、共青团员、广大职工，响应华主席的号召，奋发图强，埋头苦干，坚决赶上世界先进水平，为实现交通运输现代化贡献力量。

国务院副总理李先念在北京与塞舌尔共和国总统弗朗斯·阿尔贝·勒内继续举行会谈

中国政府和塞舌尔政府经济技术合作协定在北京签字

塞舌尔共和国总统弗朗斯·阿尔贝·勒内和我国国务院副总理李先念分别代表本国政府在协定上签字。

全国人大常委会副委员长乌兰夫在北京会见以几内亚比绍电台台长弗朗西斯科·巴雷托为团长的几内亚比绍新闻代表团

国务院副总理方毅在北京会见英国友好人士李约瑟博士和他的助手鲁桂珍博士

李约瑟博士是中国人民的老朋友，曾多次访华，并著有《中国科学技术史》一书。

全国人大常委会副委员长廖承志在北京会见日本东京工业大学教授砺波宏明 安盛岩雄 黑正清治

全国人大常委会副委员长廖承志在北京会见以三好崇一为团长的日本“日中记者会”第二次访华团

国务院副总理陈慕华在北京举行宴会欢迎由经济计划部部长赫·西卡特率领的菲律宾访华代表团

陈慕华副总理在宴会上讲话指出，李先念副总理今年3月在访问菲律宾时，两国签订的《中菲科技合作协定》，是发展我们两国友好合作关系的具体标志，为我们双方在平等互利基础上开展科技交流开辟了一个很好的途径。她说，这次西卡特部长亲自率团来我国访问，并将就具体开展两国科技合作问题交换意见，这对我们今后开展合作和商定具体交流项目是很有益的。我相信，通过我们双方的共同努力，西卡特部长的这次访问，一定会取得积极的成果。

她说，发展两国友好合作关系是我们的共同愿望。中菲两国科技合作的日益发展，必将为增进两国友好合作关系作出积极的贡献。

中国政府和朝鲜政府关于1978年换货议定书在平壤签字

朝鲜政务院副总理桂应泰，贸易部部长崔鼎根，中国驻朝鲜大使吕志先等出席了签字仪式。

中国政府贸易代表团团长、外贸部副部长郑拓彬和朝鲜政府贸易代表团团长、贸易部副部长金锡镇分别代表本国政府在议定书上签字。

解放军总政治部主任韦国清在全军政治工作会议上作题为《在新的历史条件下发扬政治工作优良传统，提高我军战斗力》的报告(摘要)

同志们！

在华主席、党中央、中央军委亲切关怀和直接领导下，全军政治工作会议胜利召开了。

这次会议，是在我国第一次无产阶级"文化大革命"胜利结束，社会主义革命和社会主义建设进入新的发展时期召开的，是我军政治工作承先启后、继往开来的会议，具有重要的历史意义。

华主席为首的党中央继承毛主席的遗志，领导全党全军全国各族人民粉碎王洪文、张春桥、江青、姚文元"四人帮"反党集团以来，提出了抓纲治国的战略决策；召开党的十一大，制定了党在新时期的路线、方针、政策；召开军委会议，确定了抓纲治军、准备打仗的方针任务。党的十一大和最近举行的五届人大，根据党在整个社会主义历史阶段的基本路线，规定了新时期的总任务：坚持无产阶级专政下的继续革命，开展阶级斗争、生产斗争和科学实验三大革命运动，在本世纪内把我国建设成为农业、工业、国防和科学技术现代化的伟大的社会主义强国。这是前所未有的伟大事业。我军政治工作的任务是，高举毛主席的伟大旗帜，坚持党对军队的绝对领导，坚持用马列主义、毛泽东思想和党的路线教育部队，保持我军的无产阶级性质，领导和保证完成抓纲治军、准备打仗的任务，提高部队战斗力，为实现新时期的总任务而奋斗。广泛深入地大张旗鼓地进行新时期总任务的教育，做到家喻户晓，深入人心，把全军指战员动员起来，为这个伟大目标齐心奋斗，这是我军政治思想工作的中心内容。

伟大领袖和导师毛主席历来十分重视军队的政治工作，把它作为我军的生命线。从古田会议决议奠定基础，并在以后各个革命时期不断发展起来的强有力的革命政治工作，是我军战胜敌人的重大因素。毛主席给我们留下的政治工作的一整套理论、路线、方针、原则和优良传统，是马克思主义军事科学的重要组成部分，是马克思主义军事学说的重大发展，是我们必须代代相传的宝贵财富。

毛主席指出："马克思主义一定要向前发展，要随着实践的发展而发展，不能停滞不前。停止了，老是那么一套，它就没有生命了。但是，马克思主义的基本原则又是不能违背的，违背了就要犯错误。"现在，我们抓纲治军、准备打仗，一刻也不能离开我军政治工作的基本原则和优良传统，同时，又必须使它同当前的新条件紧密结合起来，注重解决在新的历史条件下怎样做好政治工作的问题。这样，政治工作才能像过去战争年代那样，真正出战斗力，真正保证部队战斗力的提高。

过去打仗的时候，政治工作保证部队战斗力的提高是很明显的。现在，在没有打仗的情况下，我们要学会打现代战争，准备对付高度现代化的凶恶敌人，政治工作怎样保证提高战斗力呢？军队的战斗力是多方面构成的，提高政治觉悟出战斗力，苦练战术技术出战斗力，优良作风出战斗力，艰苦奋斗出战斗力，严格纪律出战斗力，官兵团结、军民团结出战斗力，提高干部的组织指挥能力和部队的科学文化知识也是战斗力。政治工作如何从各方面发挥作用，在平时培养和提高部队战斗力，这是一个新的重要问题，也是一个必须解决的问题。

从民主革命时期到社会主义革命和建设时期，在经过20多年的战争之后，又经历了20多年的和平环境，我军许多方面发生了新的变化。

从部队的成员状况看，干部的平均年龄，比战争年代大。选拔和培养革命接班人的问题，越来越突出，显得特别重要了。

从部队的政治思想状况看，比战争年代也有很大变化。社会主义时期两个阶级、两条道路、两条路线的斗争是长期的、曲折的，有时甚至是很激烈的。社会上的资产阶级思想和小生产的习惯势力，通过各种渠道反映到部队中来。隐蔽的敌人时刻都在寻机破坏。干部、战士的思想特点和文化水平也有很大变化。这都给政治思想工作带来了过去没有过的复杂性。

从部队的装备和技术状况看，随着空军、海军和各技术兵种的建设和发展，部队武器装备的不断改善，要求政治工作大力保证提高部队的科学文化水平、战术技术水平、管理水平和组织指挥能力，并且要学会把政治工作的优良传统运用到现代战争中去。

在官兵关系、军民关系、民兵建设、边海防斗争和支援社会主义建设等方面，也出现了一系列新的问题，需要妥善处理。

我们国家要加速实现社会主义的四个现代化，这是一场极其深刻的革命，必将极大地推动军队建设的发展。政治工作已经遇到并将继续遇到许多新问题，有待于我们进一步去认识和解决。

总之，在新的历史条件下，如何发扬我军政治工作的优良传统,提高战斗力,这是摆在我们面前的一个重大课题。新中国成立以来,围绕着怎样对待我军政治工作优良传统的问题,我们经历了一次又一次激烈的两条路线斗争。林彪、"四人帮",都竭力否定我军政治工作的优良传统,疯狂反对我们在新条件下继承和发扬优良传统,破坏我军政治工作,造成了严重的恶果。对于他们的流毒和影响,必须彻底肃清。

我们这次会议,将集思广益,共同努力,讨论修改好加强军队政治工作的决议草案,报请军委审定颁布。这个决议的基本精神,就是高举毛主席的伟大旗帜,把古田会议以来的好传统、好经验继承下来,阐明在新的历史条件下怎样加以运用,作为今后全军政治工作学习的文献、工作的依据、检查的标准。此外,还要讨论政治工作条例、干部服役条例两个草案和关于召开全军学雷锋、学硬骨头六连、学空军航空兵一师先进代表大会的通知等文件。

下面,我着重讲六个问题。

(一)把揭批"四人帮"的斗争进行到底

当前和今后一个时期的头等大事,仍然是揭批"四人帮"。抓好了这个头等大事,才是抓住了带动各项工作的纲。从军队来说,把这场斗争搞深搞透,对于推动军委会议确定的方针任务迅速落实,整顿好军队,把各项工作促上去,对于恢复和发扬我军优良传统,做好新的历史条件下的政治工作,提高部队战斗力,对于保证我军既经得起阶级斗争、路线斗争的考验,又经得起现代战争的考验,都具有特别重要的意义。我们一定要把这场政治大革命进行到底,决不能马虎从事,半途而废,留下隐患。

一年半以来,全军遵照华主席为首的党中央的统一部署,开展了声势浩大、持续深入的揭批"四人帮"的伟大群众运动。总的来看,运动搞得是好的。各级党委重视,充分发动群众,一个战役接着一个战役地大打人民战争,进行"十个应该不应该"的路线教育,认真执行党的方针政策,运动发展迅猛健康,取得了很大胜利。广大干部战士认清了"四人帮"的反动本质,加深了对他们的阶级仇恨;增强了高举和捍卫毛主席伟大旗帜的自觉性,紧密地团结在华主席为首的党中央周围,贯彻执行党的十一大路线,抓纲治国,继续革命,为实现新时期的总任务而奋斗;被林彪、"四人帮"颠倒了的思想、理论、路线是非不断得到澄清,毛主席的革命路线能够顺利贯彻执行了;同"四人帮"篡党夺权阴谋活动有牵连的人和事绝大多数已基本查清,"四人帮"及其余党的资产阶级帮派体系受到粉碎性打击;许多单位的领导班子正在调整,各级党委的集中统一领导加强了;我军的优良传统和作风,逐步得到恢复和发扬。军委会议后,许多领导干部深入下去,落实抓纲治军、准备打仗的方针任务,各项工作又有新的起色。在这方面,空军的行动是比较快的。揭批"四人帮"的政治大革命,极大地调动了广大指战员的积极性,部队精神面貌发生了深刻的变化,战备、训练等各方面工作都呈现出新的跃进局面。

在充分肯定揭批"四人帮"成绩的同时,必须看到,运动的发展是不平衡的,离"全胜"的要求还差得很远。有些单位,联系实际揭批得不够,是非界限分得不清。这种状况,必须迅速改变。对清查工作,一定要按照党中央、中央军委的指示,切实抓紧抓好。

要从思想上、理论上、路线上把"四人帮"的流毒和影响清除干净,必须经过长期的艰苦努力。要继续打好第三战役,深入批判"四人帮"的反革命政治纲领、反革命修正主义路线的极右实质及其在各方面的表现,并从哲学、政治经济学、科学社会主义理论上进行批判。要紧密联系实际,进一步搞好"十个应该不应该"的路线教育。"四人帮"是一伙惯于以极左面目推行极右路线的政治骗子,具有很大的欺骗性。要深揭狠批他们假左真右的反革命面目。只有剥掉他们的"左"派伪装,才能识破他们的极右实质。

林彪和"四人帮"早就相互勾结,是一丘之貉。在揭批"四人帮"斗争中,必须联系揭批林彪的反革命修正主义路线和资产阶级军事路线。林彪反党集团的干扰破坏相当严重,流毒影响很深,由于"四人帮"的包庇,许多问题没有揭批。不深入揭批林彪的反革命修正主义路线和资产阶级军事路线,揭批"四人帮"的斗争就难以搞透。

要结合揭批"四人帮"的斗争,打击阶级敌人的破坏活动,打击贪污盗窃、投机倒把等资本主义势力的猖狂进攻。这是打击"四人帮"社会基础的革命斗争,是揭批"四人帮"斗争的组成部分。各单位要从实际出发,认真调查研究,充分发动群众,有领导有步骤地切实把这一斗争搞好。

在揭批"四人帮"的斗争中,要搞好军队各方面的整顿。关键是整顿好各级领导班子。要健全党委的民主集中制。要解决好由于林彪、"四人帮"的干扰破坏造成的不同程度的思想不纯、组织不纯、作风不纯的问题,彻底肃清他们的流毒和影响,弄清楚本单位、本部门的具体工作路线、方针和政策。整顿一定要从严,要边整边改,要见实效,不能走过场。粉碎"四人帮"已经一年半了,如果哪个单位问题依旧,面貌未改,那就不能光讲林彪、"四人帮"的干扰破坏就了事,而要检查领导上的责任了。

(二)认真选拔培养革命接班人

加速我军革命化现代化建设,适应未来反侵略战争的要求,摆在我们面前的一个迫切任务,就是要认真选拔、积极培养革命接班人。

毛主席历来重视有计划地培养大批的新干部，并深刻指出："我们党如果没有广大的新干部同老干部一致合作，我们的事业就会中断。"1964年，毛主席明确地提出了培养和造就千百万无产阶级革命事业接班人的问题，规定了革命接班人的5个条件。后来，又提出了老中青三结合的原则。按照毛主席关于培养革命接班人的部署和一系列指示，我军选拔和培养革命接班人的问题，本来是可以解决好的。但是，林彪、"四人帮"拼命干扰破坏，搞他们的"大罢一批、大保一批、大提一批"，把选拔使用干部的标准，把老中青三结合的原则，把干部正常的生长和进出都搞乱了。

选拔和培养好革命接班人，这是我们各级领导义不容辞的责任，特别是老同志应该在这方面作出新的贡献。

选配领导班子，一定要按照毛主席教导的"要搞马克思主义，不要搞修正主义；要团结，不要分裂；要光明正大，不要搞阴谋诡计"的三项基本原则和革命接班人的5个条件，以及有关规定，选拔人才。要按照去年军委会议关于哪几种人能进领导班子，哪几种人不能进领导班子、不能重用的规定，调整选配好各级领导班子。

我们军队有大批中青干部，一般都经受了党的长期教育和军队工作的锻炼，积累了一定的经验。特别是经过无产阶级"文化大革命"的锻炼和考验，阶级斗争和路线斗争觉悟有很大提高。只要我们打破保守思想，去掉那种金要足赤、人要完人的形而上学观点，善于发现人才，知人善任，搞好传帮带，就能较快地培养和选拔出大批革命接班人来。

中央军委作出的关于办好军队院校的决定，是我军在新的历史条件下培养选拔干部的重大措施。全军都要关心和支持办好军队院校，抽调优秀的干部到院校工作，选送优秀的中青干部和优秀战士到院校学习。院校党委要加强对教学的领导，提高教学质量。要通过教育训练，有计划地一批一批地选拔和培养出适应现代战争需要的、又红又专的各级干部，使院校真正起到"集体干部部"的作用。

要恢复和发扬政治机关管干部的优良传统。在党委领导下，政治机关要把管好干部作为一项重要任务来抓。政治机关管干部，并不是哪一个部门、哪一个人决定，而是靠党委集体管。应该说，多数单位的干部部门和干部工作基本上是好的，但是，有些干部部门由于林彪、"四人帮"的干扰破坏，流毒影响很深，存在不少问题。整顿政治机关，首先要整顿好干部部门。政治机关的主要领导同志要亲自抓干部工作。不仅要善于识别干部，使用干部，而且要关心解决干部的实际困难，满腔热忱地爱护干部。一定要做到像战争年代那样，使干部到了政治机关、干部部门，就像到了家一样。

(三)抓好意识形态领域里的阶级斗争

我军所具有的能够压倒一切敌人的强大战斗力，主要来源于广大指战员的无产阶级政治觉悟。正像毛主席说的，这是由于有进步的政治精神贯注于军队之中，有进步的政治工作去执行这种贯注。政治是统帅，是灵魂，政治工作是我军的生命线。这个马克思主义的建军原则，是任何时候都不能改变的。

我们军队搞现代化，决不是搞资本主义、修正主义的现代化，而是要建设一支用马克思列宁主义、毛泽东思想武装起来的现代化的革命军队，建设一支以全心全意为人民服务为唯一宗旨的现代化的人民军队。在社会主义历史时期复杂的阶级斗争中，在长期和平的环境里，修正主义和形形色色的资产阶级思想从各种渠道无孔不入地侵入我军的肌体。我们应该看到，在整个社会主义历史时期，在国内，无产阶级同资产阶级的矛盾，是主要矛盾。在政治思想领域内，社会主义同资本主义之间、马列主义同修正主义之间谁胜谁负的斗争，需要一个很长的时间才能解决。毛主席指出："资产阶级一定要腐蚀人，用糖衣炮弹打人。"林彪、"四人帮"虽然被我们打倒了，但他们的反动思想体系，还会继续散发臭气，继续毒害人们。如果我们不加以警惕，他们的反动社会基础和反革命修正主义路线，还会死灰复燃，借尸还魂。因此，我们一定要在毛主席关于无产阶级专政下继续革命的伟大理论指引下，用对立统一的规律观察社会主义社会，紧紧抓住阶级斗争这个纲，提高识别真假马克思主义的能力，抓紧抓好意识形态领域里的阶级斗争。这样，才能振奋起广大干部战士的革命精神，在现代化建设的过程中，保持我军的无产阶级性质。不然的话，即使武器装备有很大改善，有再好的飞机、军舰、大炮、坦克，也不会有真正坚强的战斗力。

林彪、"四人帮"这两个反革命集团破坏我军建设很恶毒的一着，就是妄图毁掉我军的革命灵魂。他们千方百计地破坏我军学习马列著作和毛主席著作，破坏我党革命学风，歪曲、割裂、篡改马列主义、毛泽东思想。林彪用什么"走捷径"、"最高最活"、"顶峰"等来反对学习马列著作，用什么"背警句"、"一句顶一万句"等来反对学习毛主席著作。"四人帮"与林彪一脉相承，变本加厉破坏革命学风，对马列主义、毛泽东思想搞实用主义，任意摘引片言只语或伪造、贩卖他们的修正主义私货，反对人们完整准确地领会和掌握马列主义、毛泽东思想体系。他们还打着"紧跟"的幌子，接过革命的口号，另搞一套，破坏政治思想工作，推行反革命修正主义路线。他们污蔑我军的阶级教育是

“恐怖教育”，传统教育“过时了”；攻击我们联系实际批判资产阶级思想是“矛头向下整群众”；反对我们全心全意为人民服务，甚至连学习伟大的共产主义战士雷锋也成为一大罪状。他们煽动“闹而优则仕”，制造所谓“反潮流”、“对着干”的典型，破坏革命纪律，腐蚀青年。

必须肯定，我们部队经过无产阶级“文化大革命”的锻炼，阶级斗争、路线斗争觉悟普遍提高，思想主流是好的。但是，林彪、“四人帮”的假左真右的一套货色，对我军政治思想工作破坏是很严重的。各级党委和政治机关，各级领导干部，都必须高度重视这个问题，下最大的决心，进一步肃清林彪、“四人帮”的流毒，对资产阶级思想必须进行坚决的斗争，及时了解和掌握部队思想动态，广泛发动群众，人人做思想工作，打好灭资兴无的政治思想仗。连队是军队工作的基础，一定要大力加强基层政治思想工作。

在这里，有些认识问题，是必须解决的。

有的同志总是心有余悸，生怕抓了部队的现实思想问题，会被说成是不抓大事，不抓路线。这是林彪、“四人帮”长期以来颠倒黑白在我们一些同志身上造成的一种糊涂观念。抵制资产阶级思想的腐蚀，防止和平演变，这就是抓大事。抓不抓无产阶级对资产阶级的思想斗争，这是马克思主义路线和修正主义路线的一个根本分歧。抓了，正是抓了路线，抓了大事；相反，不抓，是政治工作人员的严重失职。我们不论搞政治运动，还是搞经常性的政治教育和思想工作，都要密切联系实际，解决现实的思想问题，提高政治觉悟。

有的同志对一些不良倾向不敢去抓，担心抓了会引起矛盾。其实，只有开展积极的思想斗争，才能解决矛盾。当然，斗争要有正确的方针、政策和方法。我们要特别注意解决尊重战士、把战士当作阶级兄弟的根本态度问题。要严格分清两类不同性质的矛盾。对有缺点错误的同志，要满腔热情地进行耐心细致的说服教育。对战士的合理要求和实际困难，要在可能范围内尽力帮助解决。要把思想认识问题同政治问题严格区别开来，不要乱扣帽子。连队干部对全体人员的家庭、出身、经历、个性和思想脉搏，要了如指掌。要善于抓思想苗头，把工作做到前面。出了问题，要确实弄清，正确处理。要坚持正常的民主生活，注意倾听不同意见，使战士敢于说心里话，敢于提批评、建议，严禁打击报复。要研究新条件下战士的一些新特点，不仅看到他们的缺点，也要看到他们的长处，譬如文化水平比较高，见识比较广，思想比较活跃，好学上进，等等，不要把他们的长处看成缺点。不要从个人好恶出发，把好战士看成落后分子。要善于做好思想转化工作，改造后进战士，即使他们有微小进步也要鼓励，恢复和发扬我军政治工作这个好传统。

有的干部对原则问题不敢坚持，主要是私心作怪，怕得罪人。各级领导对于那种大公无私，坚持党的原则，敢于同各种不良倾向和不正之风进行斗争的好干部，要大力表扬和支持。对于那种私字当头，在资产阶级进攻面前不敢抵制，放弃职守的干部，要严格批评教育。

抓意识形态领域里的阶级斗争，就要抓好路线教育，坚持斗私批修，改造世界观，从根本上纠正部队存在的错误思想。要经常进行全心全意为人民服务的建军宗旨教育。教育战士，真正懂得为保卫无产阶级专政，保卫社会主义祖国而当兵、而打仗，端正服役态度，正确对待入党、提干、复员等问题。教育干部，真正做人民的勤务员，不追求名利地位待遇，不当官做老爷，不侵占士兵利益。教育党员，真正确立为共产主义事业奋斗终生的思想，克服“入党做官”、“入党镀金”等错误思想。教育共青团员和广大青年走雷锋成长的道路，把做好本职工作同共产主义理想结合起来。教育全军同志，树立无产阶级的战争观，一不怕苦，二不怕死，随时准备为反对社会帝国主义、帝国主义的侵略，为解放台湾、统一祖国而英勇作战。要掀起学习马列著作和毛主席著作的新高潮，特别要刻苦学习毛主席关于无产阶级专政下继续革命的理论和哲学著作，学习毛主席的军事思想，完整地准确地领会和掌握马列主义、毛泽东思想体系，造成浓厚的学习空气。要重视进行一系列的基本教育，包括基本理论和政治常识教育、阶级教育、传统教育、法纪教育、时事政策和战备教育等。要在新的历史条件下运用新式整军运动的经验，进行思想整顿。要纠正政治教育不联系实际，不区分对象的形式主义，改变那种“一刀切”、“一锅煮”、“走过场”等现象，一定要提高质量，讲求实效。

总之，只要我们坚决肃清林彪、“四人帮”的流毒和影响；只要我们以整顿和准备打仗为纲，提高反修防修的自觉性；只要我们干部特别是高级干部以身作则，作出好样子；只要我们扎扎实实抓好基层，帮助基层干部学会做思想工作，充分发挥党支部的战斗堡垒作用，开展群众性的政治思想工作；只要我们切实整顿纪律，做到赏罚严明，我们就一定能够在不长的时间内，大见成效，使部队的政治素质提高到一个新的水平。

（四）政治工作要贯穿到教育训练等各项任务中去

战争年代，我们是在战争中学习战争，靠实战锻炼提高部队战斗力。现在，在没有打仗的条件下，主要靠教育训练提高部队战斗力。我们的敌人是用现代化武器装备起来的。随着我国国民经济和科学技术的迅速发展，我军的武器装备也在不断改进。现代战争对干部的组织指挥能力和部队的战术技术水平提出了更高的要求。在新的历史条件下,政治工作的一项重要任务,就是动员广大指战员充分认识把教育训练提高到战略地位的重大意义,以高度的政治自觉性,学习毛主席军事思想,学习现代军事科学技术和文化知识,学习组织和指挥现代战争,做到又红又专。要像战争年代保证胜利完成战斗任务一样,把政治工作贯穿到教育训练和其他各项任务中去,提高部队战斗力。

林彪、"四人帮"在人和武器、政治和军事、革命化和现代化的关系上蓄意制造混乱。他们胡说"政治可以冲击其他",诬蔑抓军事训练是"资产阶级军事路线",改善武器装备是"唯武器论",钻研技术是"单纯技术观点",乱扣帽子,乱打棍子,弄得人们不敢理直气壮地抓训练,抓科学技术,抓武器装备。有些政治干部也不敢理直气壮地动员部队学军事、学科学技术、学业务,不能把政治工作贯穿到教育训练和各项业务技术中去。我们一定要砸碎这个精神枷锁。

关于政治和军事、政治和业务、政治和技术的辩证关系,毛主席讲得非常透彻、非常清楚。毛主席指出:"政治和业务是对立统一的,政治是主要的,是第一位的,一定要反对不问政治的倾向;但是,专搞政治,不懂技术,不懂业务,也不行。""红与专、政治与业务的关系,是两个对立物的统一。一定要批判不问政治的倾向。一方面要反对空头政治家,另一方面要反对迷失方向的实际家。""政治和经济的统一,政治和技术的统一,这是毫无疑义的,年年如此,永远如此。这就是又红又专。将来政治这个名词还是会有的,但是内容变了。不注意思想和政治,成天忙于事务,那会成为迷失方向的经济家和技术家,很危险。""思想工作和政治工作是完成经济工作和技术工作的保证,它们是为经济基础服务的。思想和政治又是统帅,是灵魂。只要我们的思想工作和政治工作稍为一放松,经济工作和技术工作就一定会走到邪路上去。"我们一定要完整地准确地学习和掌握毛主席的这个思想,并且运用到教育训练和各项任务中去,运用到我军革命化现代化建设中去,把林彪、"四人帮"大搞唯心论形而上学在这方面所制造的混乱,彻底纠正过来。

遵照毛主席的教导,我们在任何时候,都不能把政治与军事、业务、技术之间的关系割裂开来、对立起来。但是,在实际工作中,针对出现的问题,可以有所侧重,如果忽视业务是主要的,就要侧重强调业务,如果忽视政治是主要的,就要进一步强调政治。总的还是又红又专。

我们讲又红又专,对一个革命战士来说,必须树立全心全意为人民服务的思想,树立为巩固无产阶级专政、保卫社会主义祖国当兵、打仗的思想。在这个前提下,他掌握军事科学知识和文化知识越多,技术练得越精,杀敌本领越大,对保卫祖国的贡献也就会越大。这就是政治和军事、政治和业务、政治和技术的统一。一个部队,在坚持政治挂帅的前提下,抓训练、抓业务、抓技术,这决不是什么"资产阶级军事路线"、"单纯军事观点"。对于单纯军事观点,过去和现在我们都是坚决反对的。这就是毛主席早在古田会议决议中就批判过的那种认为"军事好,政治自然会好",红军的任务"只是单纯地打仗的","军事领导政治",甚至"把红军的政治工作机关隶属于军事工作机关","司令部对外"等错误倾向。

政治工作结合教育训练等各项任务一道去做,这是坚持政治和军事、政治和业务、政治和技术的统一的具体体现,也是我军的优良传统。在战争年代,政治干部和军事干部并肩指挥作战,政治工作紧密结合行军、打仗和各项任务去做。现在在不打仗的情况下,政治工作就要紧密结合教育训练等各项任务去做。一个政治干部,如果对现代军事科学知识,现代战争指挥,本部门的各项业务技术,茫然无知,就不可能把政治工作贯穿到各项业务中去。如果海军的政治干部不懂舰艇和海上作战知识,如果空军的政治干部不熟悉飞行业务,如果坦克部队的政治干部不了解坦克的战术技术性能,怎么能保证训练质量?怎么能发现问题,有的放矢地做好思想工作?怎么能考核干部?打起仗来又怎么能和军事干部并肩指挥作战?政治院校所以规定一定的军事教学时间,就是要政治干部不但要学政治,而且要学一些军事知识。政治干部只有懂得一些军事、业务、技术,才能更好地贯彻落实教育训练、战备、施工、科研、生产等各项工作的方针政策,才能充分发挥政治工作的领导作用和保证作用。

政治工作贯穿到教育训练中去,就要把人的因素和武器的因素紧密结合起来,使具有无产阶级觉悟的人熟练掌握现代化武器装备,形成强大的战斗力。毛主席强调人是战争胜负的决定因素,同时又指出武器是重要因素。林彪把人的因素和武器的因素对立起来,在他看来,"精神力量可以代替物质力量",军队不必进行训练,也不必提高人掌握现代武器装备的能力。这完全歪曲了毛主席关于人和武器关系的科学论述,既破坏了军事训练,又破坏了政治工作。我们坚持人和武器辩证统一的观点,就要搞好人的思想革命化,用革命化带动现代化,大力提倡勤学苦练。苦练出硬本领,苦练出精兵,苦练出战斗力。我们练射击、刺杀、投弹、爆破、土工作业等五大技术,比较简单,但也要靠苦练才能掌握。要掌握复杂的武器装备,更要严格要求,严格训练,下功夫勤学苦练。有些武器装备要熟练地使用它,硬是要背熟几十个数据,精确掌握操作技术,没有一股勤学苦练的劲头是不行的。只要我们勤学苦练，就能提高军政素质，充分发挥各种武器装备的威力，用毛主席教给我们的人民战争的办法，同样能够打败装备优势的敌人。

要恢复和发扬官教兵、兵教官、兵教兵的传统练兵方法。要像硬骨头六连那样，大搞群众性练兵运动，苦练过硬的杀敌本领。开展革命竞赛，培养又红又专的先进典型。要培养成千上万个神枪手、神炮手、技术能手。要提倡一专多能，一兵多用，大搞技术革新。对那些勤学苦练、钻研业务技术有显著成绩的，要表扬奖励；对搞锦标主义、弄虚作假等不良倾向，要批评教育，坚决纠正。

要加强民兵政治工作，贯彻执行毛主席关于民兵要做到组织落实、政治落实和军事落实等一系列指示。省军区、军分区、人武部要以主要精力抓好民兵工作。

政治工作要贯穿到国防科学技术研究和军工生产中去，保证出成果，出人才。要抓紧搞好整顿，搞好领导班子建设，落实党的知识分子政策，调动一切积极因素，把国防科研和军工生产很快地搞上去。

华主席在全国科学大会上提出："要使我们整个国家成为一个伟大的学校。"全国要办成一个大学校，军队更应该办成一个大学校。这对在新的历史条件下，加速我军革命化现代化建设，适应我国社会主义四个现代化的需要，具有重大意义。

通过办大学校，可以使干部战士学到马列主义、毛泽东思想，学到现代战争知识，学到科学文化知识，学到工业、农业和其他专业知识。我们的干部战士掌握了多种知识，既能在军队建设中发挥作用，又能为转业、复员到地方工作创造必要的条件，在国家建设中发挥作用。打起仗来，又可以在战争中发挥作用。

去年军委会议已经提出了把军队办成大学校的方针、原则和要求。各级党委，要把办好大学校提到重要议事日程上来，切实加强领导，深入宣传办好大学校的重大意义，造成浓厚的学习风气。对部队的教育训练要进行必要的改革，去掉形式主义的东西，改变统得过死的做法。要根据不同单位的特点，结合各自的业务，作出具体规划，安排学习科学文化知识。要提倡能者为师，组织文化水平高、有专长的战士讲课。还可以办夜校，可以采取组织各种学习研究小组，组织到工厂、农村、学校参观等多种形式，进行学习，增长各方面的知识。事实证明，只要领导重视，充分发动群众，认真动手去办，军队这个大学校就能办起来，办得好。

（五）培养艰苦奋斗的作风

恢复和发扬我军优良作风，是落实抓纲治军各项任务、提高战斗力的重要保证。

军队讲作风，强调艰苦奋斗特别重要。艰苦奋斗是我们的政治本色。毛主席说："我是历来主张军队要艰苦奋斗，要成为模范的。"并指出："没有坚定正确的政治方向，就不能激发艰苦奋斗的工作作风；没有艰苦奋斗的工作作风，也就不能执行坚定正确的政治方向。"战争年代，我军所以能够克服许多难以想象的困难，战胜国内外强大敌人，这同保持和发扬艰苦奋斗的作风是分不开的。

全国胜利前夕，毛主席谆谆告诫我们："务必使同志们继续地保持艰苦奋斗的作风。"全国胜利以后，我军长期处于和平环境，生活逐步有了改善，绝大多数同志仍然保持了艰苦奋斗的优良作风。但也有的人被资产阶级糖衣炮弹打中。特别是这些年来，林彪、"四人帮"大搞"诱：以官，禄，德"，腐蚀我军肌体，败坏我军艰苦奋斗的作风。

在揭批"四人帮"斗争中，我军的好作风，包括艰苦奋斗的作风，正在恢复和发扬。但是，各单位的进步有快有慢，情况各有不同。我们不能满足现状，故步自封。要下决心把作风尽快整顿好。要在部队中经常进行艰苦奋斗的优良传统作风的教育。要像毛主席教导的那样："一要勤，二要俭，不要懒，不要豪华。"艰苦奋斗，才能在复杂的阶级斗争中执行坚定正确的政治方向；艰苦奋斗，才能抵制资产阶级思想的侵蚀；艰苦奋斗，才能密切官兵关系、军民关系；艰苦奋斗，才能出战斗力。不要以为将来武器装备现代化了，就不需要艰苦奋斗这一条了；相反，现代战争会更激烈、更艰苦，这就更加要求我们发扬一不怕苦、二不怕死的革命精神。老爷兵是要打败仗的。在新的历史条件下，我们必须进一步保持和发扬艰苦奋斗的作风。

毛主席教导我们："在全党推行调查研究的计划，是转变党的作风的基础一环。"深入实际，调查研究，这本身就是艰苦奋斗的作风。各级领导干部，特别是一、二把手，一定要到第一线去了解情况，总结经验。这样，才能结合本单位的实际，把党中央、中央军委的方针政策落到实处，真正解决问题。我们的干部，应该当革命实干家，扎扎实实，埋头苦干，把部队各方面的整顿抓好，把学雷锋、学硬骨头六连和学空军航空兵一师的群众运动深入开展起来。

各级领导干部，尤其是高级干部以身作则，对恢复和发扬艰苦奋斗的好传统好作风，十分重要。凡是领导干部以身作则好的，党中央、中央军委的指示、决定就能迅速落实；凡是领导干部讲空话、不实干的，工作就上不去。空军航空兵一师的领导干部，艰苦奋斗，继续革命，坚持以身作则，为全师作出了好样子，广大干部战士的积极性带动起来了，部队建设搞得好。各级领导干部应当以空军航空兵一师领导班子为榜样，站在革命队伍的前列，当好"排头兵"，使我军的优良传统和作风代代相传。

（六）建立考核制度，严格整顿纪律

治军要严。不严，军队建设就搞不好。没有严格的纪律，严格的要求，严格的考核制度，稀稀拉拉，松松垮垮，干与不干一个样，干好干坏一个样，就不能治好军，就不会有战斗力。这些年来，林彪、“四人帮”大肆煽动无政府主义和极端民主化，流毒很深，为害很大。现在，我们整顿军队，拨乱反正，更要从严。不能只宽不严，只奖不惩，只升不降。只有这样，才能确保党的路线、方针、政策和党纪、国法、军令的贯彻执行。

去年军委会议对抓纲治军、准备打仗规定了方针任务，作出了一系列的决定，军队各方面的工作基本上都有了章程。要切实把军队整顿好。整顿，就要讲纪律。要根据《中共中央军事委员会关于加强军队组织纪律性的决定》，严格整顿纪律。要广泛深入进行遵守社会主义法制、遵守宪法、遵守三大纪律八项注意的教育，提高遵纪守法的自觉性。对模范遵守法纪的同志，应当表扬奖励；对违反党纪、国法、军纪的人，不论其职位多高，资格多老，都要批评教育，严肃对待，情节严重的要给予处分，直到撤职法办。各级领导干部要带头遵纪守法，不要以为法律、纪律只是管群众的，自己可以超越于法纪之外。最近，中央公布刘德才等人的严重问题和罪行，并依法惩处，这就告诉我们，无产阶级纪律是铁的纪律，必须自觉地遵守和维护，是不容违反的。

要建立对干部的考核制度。过去打仗是考核，是过硬的考核，标准很明确；现在不打仗，就是要从贯彻党的路线、方针、政策，执行上级的指示、命令，完成各项任务中进行考核。要把考核干部列为党委和政治机关的一项重要任务。考核，就有个宽和严的问题，奖和惩的问题，升和降的问题，主要是有升有降。考核的结果，该奖的奖，该惩的惩，该升的升，该降的降。我们要形成一个遵纪守法、赏罚严明的好风气，使之成为抓纲治军的巨大推动力。

同志们，这次全军政治工作会议，是贯彻落实军委会议精神的一次重要会议，是在新的历史条件下恢复和发扬我军政治工作优良传统，恢复政治机关职能、作用和威信的良好开端。

叶副主席在军委会议上曾指出：“我军各级政治机关，总体上看是好的。但是，十几年来，从林彪‘砸烂总政阎王殿’到‘四人帮’对总政‘打闷棍’，政治机关不断遭到冲击，受害很深。”这完全符合部队实际情况。林彪、“四人帮”妄图通过搞垮我军政治工作的领导机关，使部队政治工作失去领导，以便推行他们的反革命修正主义路线，篡党夺权。他们的倒行逆施，使我军政治工作受到严重损害。

十几年来，我军广大政治干部和其他干部一样，经受了阶级斗争和路线斗争的严峻考验，绝大多数同志是好的和比较好的，是坚持毛主席革命路线的，对林彪、“四人帮”的反革命修正主义路线是有抵制有斗争的。我军的政治工作是在同错误路线的斗争中丰富发展起来的。我们一定要在揭批“四人帮”的斗争中，认真总结正反两方面的经验，加强党委对政治工作和政治机关的领导，把政治机关整顿好、建设好。政治干部要和全军同志一道，奋发努力，把我军政治工作恢复到红军时期、抗日战争时期、解放战争时期的水平，并在新的历史条件下发展提高。

政治委员制度，对于巩固党对军队的绝对领导，对于保证党的路线、方针、政策在部队中贯彻执行，对于加强部队党的工作和政治工作的领导、加强对政治机关的领导，具有重大意义。政治委员要按照政治工作条例的规定，履行自己的职责，充分发挥作用。

同志们，四十多年前，伟大领袖和导师毛主席在中国革命的危急关头，领导全党结束了王明路线的统治，率领工农红军进行了震撼世界的伟大长征，行程二万五千里，爬雪山，过草地，战胜了人间罕见的艰难险阻，打败了蒋军的围追堵截，经过艰苦卓绝的斗争，胜利地到达了目的地。这是历史上从来没有过的伟大壮举。长征胜利之后，在毛主席英明领导下，我党我军不断发展壮大，打败了日本帝国主义侵略者，埋葬了蒋家王朝，推翻了“三座大山”，成立了新中国，又取得了社会主义革命和社会主义建设的伟大胜利。现在，华主席为首的党中央领导我们的国家顺利地渡过了“四人帮”所造成的严重危难，又率领我们全党全军全国各族人民进行新的长征。这个新长征的宏伟目标，就是继承伟大领袖和导师毛主席、敬爱的周总理的遗愿，坚持无产阶级专政下的继续革命，在本世纪内，在我们这个人口占世界1/5的大国，改变社会经济和科学文化方面的落后状态，实现社会主义的四个现代化，把我国建设成为社会主义的现代化强国。这是空前伟大豪迈的事业。在前进的道路上，不管遇到什么样的困难，我们这个宏伟的目标，一定要达到，也一定能够达到。我军是无产阶级专政的坚强柱石，担负着抓纲治军、准备打仗，保卫社会主义建设的历史重任。我们要进一步发扬二万五千里长征的光荣传统，力争走在新长征队伍的前列。我们必须清醒地认识，苏美争霸，战争总有一天要打起来。苏修亡我之心不死，是我们最危险的敌人。我们一定要加速我军革命化现代化建设，一定要抢在战争爆发之前做好反侵略战争的准备，一定要做好解放台湾的准备，实现统一祖国的神圣大业。

我们政治工作的任务是艰巨而光荣的。我们有毛主席革命路线的指引，有华主席为首的党中央、中央军委的正确领导，有各个革命时期的具有丰富政治工作经验的大批干部,有全军广大共产党员和指战员的齐心协力,我们一定能够在贯彻执行新时期的总任务中,在新的历史条件下,把毛主席亲自培育的政治工作的优良传统发扬光大,加强政治工作建设,从政治上组织上领导和保证党的路线、方针、政策在部队中贯彻执行,提高我军战斗力。我们要坚决响应华主席的号召,"学习、学习、再学习,团结、团结、再团结",为完成抓纲治军、准备打仗的各项战斗任务,作出新的贡献!

《人民日报》转载《红旗》杂志1978年第5期特约评论员文章《工交战线要打一场肃清"四人帮"流毒的人民战争》

华主席在五届人大政府工作报告中指出:"我国人民当前和今后一个时期的头等大事,仍然是把揭批'四人帮'这场伟大斗争进行到底。"我们要迈开大步,进行新的长征,就必须紧紧抓住揭批"四人帮"这个纲,决不能有丝毫放松。不彻底打胜这一仗,长征路上就会有绊脚石,就不能放开手脚大干,工业发展的步子就快不了。

一年多来,遵照华主席、党中央的统一部署,在各级党委的领导下,工交战线深入开展揭批"四人帮"的斗争,群众的发动是充分的,运动的发展是健康的。各个企业学习大庆经验,开展"三大讲"和路线对比,联系经济战线上的"十个要不要",批判"四人帮"的反革命修正主义路线,批判他们的反革命政治纲领,使广大职工提高了阶级斗争和路线斗争觉悟,加深了对毛主席无产阶级专政下继续革命伟大理论的理解,一些重大的路线是非开始得到澄清。清查工作取得了重大的胜利,"四人帮"及其余党的资产阶级帮派体系已经土崩瓦解,同"四人帮"篡党夺权阴谋活动有牵连的人和事基本查清了,阶级阵线基本清楚了。但是,运动的发展不平衡,有些部门、有些企业运动进展比较慢,搞得不够好,有的甚至还在那里捂盖子,压群众,人们的气不顺,积极性受到压抑。对这些单位要加强领导,充分发动群众,抓紧搞好清查,做到不留隐患。即使运动搞得好的单位,有的也有"死角",不可麻痹大意,要继续抓紧抓好。在清查工作中,要遵照华主席在五届人大政府工作报告中重申的各项政策和中央有关指示,严格区分和正确处理两类不同性质的矛盾,实事求是,区别对待,扩大教育面,缩小打击面。

清查工作搞得比较好的单位,今年揭批"四人帮"的斗争,重点要放在肃流毒上。这是长期的更为艰巨的任务。长期以来,"四人帮"伙同林彪,对工交战线的干扰破坏十分严重,他们的流毒渗透到各个方面,严重侵蚀了我们队伍的思想,败坏了党的优良传统和作风。我们对"四人帮"在工交战线流毒的严重性决不可低估;对肃清"四人帮"流毒的艰巨性决不可低估。我们既有外伤,又有内伤,治外伤要下功夫,治内伤要下更大的功夫。一定要按照中央的部署,打好揭批"四人帮"的第三战役,夺取运动的全胜。

"四人帮"全面篡改马克思主义的哲学、政治经济学和科学社会主义,特别是全面篡改毛主席关于无产阶级专政下继续革命的伟大理论,在工交战线散布了大量的反马克思主义谬论。我们在大批判、肃流毒的过程中,要继续围绕经济战线上的"十个要不要",把他们的反革命谬论批深批透,批出新水平。当前在工交战线上,有些重大问题还需要进一步分清是非,拨乱反正,彻底砸烂"四人帮"的精神枷锁,使人们的思想来个大解放。

林彪、"四人帮"全盘否定工交战线的工作,无产阶级"文化大革命"一开始,他们在对文教战线作了"黑线专政"的反革命估计之后,又胡说什么"不能说工矿企业比文教战线好",叫嚣要大破工交战线"基本上执行了毛主席革命路线"这个观点。这是对历史的歪曲,是对工交战线广大职工的极大污蔑,是对我国社会主义革命和建设取得伟大胜利的全盘否定。解放以来,毛主席极为关怀我国社会主义工业的发展,为我们制定了正确的路线、方针和政策。毛主席写了《论十大关系》等光辉著作,制定了社会主义建设总路线,作了关于"鞍钢宪法"的重要批示,发出了"工业学大庆"的伟大号召,为我国社会主义工业的发展指明了前进的方向和道路。工交战线上的一系列重大决策,都是毛主席亲自决定的。毛主席一直领导我们批判照搬照抄外国办企业的那一套做法,批判修正主义,批判资产阶级。毛主席的革命路线在过去28年包括"文化大革命"前的十七年中,在工交战线始终是占主导地位的。经过无产阶级"文化大革命",批判了林彪、"四人帮"的反革命修正主义路线,工交战线发生了深刻的变化,毛主席的革命路线得到了更好地贯彻执行。林彪、"四人帮"拼命给工交战线抹黑,把马克思主义路线当作"修正主义"来批,把办社会主义工业的方针、政策、条例、制度当作"资本主义"来批,他们的矛头是直接指向毛主席、周总理的。他们的罪恶目的,是为了篡党夺权,搞垮我国社会主义的经济基础,颠覆无产阶级专政。在他们流毒的影响下,我们有些同志的思想被搞乱了,对过去正确的东西不敢坚持,优良的传统不敢发扬,好的做法不敢恢复。只有把他们的这些谬论批透,彻底肃清其流毒,才能巩固和发展"文化大革命"的胜利成果,振起人们的革命精神,甩开膀子大干社会主义。

林彪、"四人帮"否定毛主席革命路线在工交战线占主导地位,随之而来的,就是对工交战线上辛勤劳动的广大工人和干部进行打击陷害。他们公然提出要大破“工人阶级是好的”这个观点，污蔑老工人、老模范为“既得利益者，不革命了”，“新工人靠不住”；污蔑老干部是“民主派”、“走资派”；污蔑工程技术人员是“臭老九”、“反动技术权威”；污蔑先进集体是“黑样板”、“黑典型”，残酷迫害广大工人、干部和技术人员，犯下了令人发指的法西斯罪行。相反，他们把陈阿大、翁森鹤、张洪池之流，封为“工人阶级的代表人物”；把卖身投靠、出卖灵魂的马天水等一小撮败类，封为“革命领导干部”，作为他们的依靠力量，这完全是人妖颠倒，是非混淆。对工人阶级采取什么态度，这是关系到依靠什么人，执行什么阶级路线的大问题。毛主席在全国解放前夕就指出，我们在城市工作中“必须全心全意地依靠工人阶级”。工人阶级是领导阶级，否定他们就是否定革命，打击他们就是打击革命。“四人帮”否定工人阶级，分裂工人阶级队伍，恰好证明他们是新老资产阶级的总代表，是一伙地地道道的反革命派。我们的工人阶级队伍，包括广大的老工人、青年工人、工程技术人员和干部，在社会主义革命和建设中，作出了重大的贡献。特别是在“文化大革命”中，当林彪、“四人帮”猖獗横行的时候，绝大多数同志进行了针锋相对的斗争，坚决捍卫毛主席的革命路线，坚持抓革命、促生产，经受了严峻的考验，表现了很高的觉悟。这支好的队伍，是我们进行新的长征的主力军。通过揭批“四人帮”，肃流毒，我们要更加牢固地树立起全心全意依靠工人阶级的观点，进一步落实党的干部政策、老工人政策、知识分子政策，热情关怀青年工人的成长。林彪、“四人帮”强加给他们的一切栽赃陷害、污蔑不实之词，都要统统推倒，把各方面的积极因素充分调动起来，不断增强工人阶级的革命团结。

林彪、“四人帮”肆意歪曲工业企业的基本任务，对工厂要不要以生产为中心，革命同生产、政治同业务究竟是什么关系，这些年来被他们搞得混乱不堪。一讲生产，就说你搞“唯生产力论”；一抓业务，就说你“冲击政治”；一抓管理，就说你搞修正主义“管、卡、压”；一抓盈利，就说你是“利润挂帅”；一提倡钻研技术，就说你走“白专道路”；一讲按劳分配，就说你搞“物质刺激”，等等。他们的这些谬论，是从根本上反马列主义、反毛泽东思想的。马克思主义认为，经济是政治的基础，政治是经济的集中表现。在阶级社会里，从来没有脱离经济利益而孤立存在的政治，也从来没有脱离政治而孤立进行的经济活动。毛主席历来强调“抓革命，促生产”，教导我们：“社会主义革命的目的是为了解放生产力。”“思想工作和政治工作是完成经济工作和技术工作的保证，它们是为经济基础服务的。思想和政治又是统帅、是灵魂。”周总理在1972年8月的一次讲话中尖锐指出，空洞、极端、形式主义空喊无产阶级政治挂帅，是违反毛泽东思想的。并明确指出，运动和业务是连在一起的，不能对立，无产阶级政治挂帅挂在什么地方呢？就是要挂在业务上。这些指示，清楚地告诉我们应当如何正确理解和处理政治同业务、革命同生产的辩证关系。我们任何时候都要坚持无产阶级政治挂帅，紧紧抓住阶级斗争这个纲，用政治统帅生产、统帅业务、统帅技术，忽视这一点，企业就会迷失方向，各项工作就会走到邪路上去。同时，企业的基本任务是搞好生产，大量的基本的实践活动是生产活动，政治挂帅要挂到生产业务上，政治工作必须结合着经济工作一道去做，必须为生产服务，保证国家计划的完成，否认这一点，说政治挂帅也是假的。一个社会主义企业，讲政治好，生产也必须好；生产搞上去没有，是衡量政治好不好的一个重要标志。我们既要反对迷失方向的实际家，也要反对脱离实际的空头政治家，做到政治与经济的统一、政治与技术的统一。林彪、“四人帮”践踏马列主义的基本原理，疯狂对抗毛主席、周总理的指示，从理论到实践，把政治同经济完全割裂开来，对立起来。他们反对政治挂帅挂到生产业务上，反对企业的基本任务是搞生产，把“政治”吹的玄而又玄，宣扬什么“从政治到政治”、“从灵魂到灵魂”、“从育人到育人”那一套，胡说什么“不为错误路线生产”，“只要路线对头，不出产品也可以”，等等。按照他们的反动逻辑，工厂不生产是最“突出政治”，关门停产是最“革命”，企业的基本任务不是出产品，而是说空话、假话，或者抓所谓“走资派”。林彪、“四人帮”的破坏，使我国国民经济几乎到了崩溃的边缘。他们这样干，就是要取消无产阶级政治，推行资产阶级政治、法西斯政治，破坏我国社会主义经济基础，复辟资本主义。在林彪、“四人帮”的流毒影响下，这几年政治工作与业务工作相脱离的“两张皮”现象相当严重。正如群众说的，政治挂帅只能挂在空中，喊在嘴上，写在纸上，就是不能落实到生产业务上。有的同志错误地认为“抓政治保险，抓生产危险”；有的讲“政治”夸夸其谈，讲生产一窍不通；有的生产不会搞，政治工作也不会做；有的只会说大话，说空话，不干实事，给工作带来极大的危害。华主席告诫我们：“必须坚持‘抓革命，促生产，促工作，促战备’的方针，把阶级斗争、生产斗争和科学实验三大革命运动一齐抓起来。只搞生产斗争、科学实验，而不抓阶级斗争，就不能坚持社会主义方向，不能促进安定团结，不能扫除实现四个现代化的障碍，不能振奋人们的革命精神，生产斗争、科学实验还是搞不好的。只搞阶级斗争，而不搞生产斗争、科学实验，实现四个现代化就成了一句空话，说拥护党的路线也是假的。”我们一定要认真学习、深刻领会华主席的指示，更好地坚持抓革命、促生产。要像大庆那样，十分重视上层建筑领域的革命，十分重视生产关系领域的革命，十分重视技术革新和技术革命，促进生产力的发展；像大庆那样，三大革命运动一起抓，用马列主义、毛泽东思想武装人们的头脑，把思想政治工作做到生产建设的全过程中去，做到科学实验中去，做到职工生活中去，充分发挥政治工作的统帅作用和保证作用，使职工队伍朝气蓬勃，生产年年向上。

我们在批判"四人帮"的极右路线时，还要彻底揭露他们的假左派面目，批判他们散布的极"左"思潮。华主席指出："'四人帮'推行的是一条右得不能再右的极右路线，在表现形式上有极右的一面，也有极'左'的一面，而当他们以极'左'面貌出现的时候，往往具有很大的欺骗性。"长期以来，"四人帮"不准批极"左"，因为一批就批到他们头上。谁批极"左"，他们就给谁扣上"否定'文化大革命'"、"批群众"的帽子。林彪、"四人帮"大搞形"左"实右，危害极大，流毒相当严重，把人们的思想搞乱了，使得有些同志错误地认为"左"比右好，"左"是方法问题，右是立场问题，越"左"越"革命"，宁"左"勿右，造成极"左"思潮和无政府主义泛滥，唯心主义盛行，形而上学猖獗，严重破坏了社会主义法制，破坏了正常的生产秩序，破坏了我们党实事求是的优良传统。现在，我们有些部门和单位，应该落实的政策不能尽快落实，应该严格执行的纪律没有执行，应该遵守的规章制度不严格遵守，对上级指示不坚决贯彻执行，对坏人不给予有力打击，一个重要原因，就是这个流毒还在作祟。

去年，针对"四人帮"在经济战线上造成的混乱，各部门、各单位普遍开展了"十个要不要"的教育，这对肃清流毒，澄清是非，起到了很好的作用。今年，我们要把"十个要不要"的教育再深入一步，在广大职工中开展大宣传、大学习、大讨论。要像大庆等单位那样，敢于联系自己的实际，抓住"四人帮"对本部门、本单位流毒最广、影响最深、危害最大的问题，一条一条列出来，进行批判。比如："四人帮"叫嚷"矛头向上就是大方向"，"踢开党委闹革命"，使有些人组织观念薄弱，不服从党的领导，对上级决定想执行就执行，想不执行就不执行，有的党组织说话不灵，没有权威；"四人帮"分裂工人阶级队伍，煽动资产阶级派性，造成有些人习惯于拉帮结伙，搞小圈圈，亲派不亲党，不要无产阶级党性，严重影响革命团结；"四人帮"鼓吹无政府主义，使得有些单位组织涣散，制度松弛，有些人不听调动指挥，不要组织纪律，有章不循，违章不究的现象相当普遍；"四人帮"带头大刮资本主义妖风，使一些单位歪风邪气盛行，以物易物、损公肥私、违法乱纪、破坏国家财经纪律的现象相当严重；"四人帮"破坏党的政治工作的优良传统，造成有些单位支部书记不会做政治思想工作，党员不敢向支部汇报情况，甚至连党支部会和党小组会都不知道怎么开；"四人帮"包庇坏人坏事，鼓吹"矛头向下就是整群众"，使一些干部对资本主义倾向不敢批，对歪风邪气不敢斗，"对上顶着点，对下哄着点，好事争着点，坏事瞒着点，办事圆滑点"，还有些干部给"四人帮"的棍子打怕了，工作缺乏主动性和创造性，"不赶前，不落后，一慢二看三通过"；"四人帮"败坏党的实事求是的优良作风，使得有些单位工作上马马虎虎，凑凑合合，不讲"三老四严"，甚至说假话，搞假资料，写假报告，欺上瞒下，等等。这些问题，带有一定的普遍性。不彻底肃清这些流毒，党的优良传统和作风就得不到发扬，领导班子就硬不起来，队伍就建设不好，建设大庆式企业更谈不到。特别值得注意的是，"四人帮"长期灌输这一套，使有些同志至今中毒不知毒，中毒不消毒，边批边犯，边反边干，这是十分危险的。我们要像大庆那样，采用路线对比、典型分析的方法，就事论思想，就事论路线，就事论继续革命的道理，从哲学、政治经济学、科学社会主义上深入批判"四人帮"的反革命修正主义路线，粉碎"四人帮"的反动思想体系，从理论上、路线上、政策上、作风上进一步分清是非。

肃流毒着重是解决人们的认识问题，重在教育。要把学习马列主义、毛泽东思想，开展大批判和总结经验结合起来。每个单位要认真总结，每个同志也应该好好总结。有些同志在同"四人帮"的长期斗争中，不怕鬼，不信邪，立场坚定，旗帜鲜明，要发动他们大讲斗争的经验，从路线上总结提高，带动大家共同前进。有些同志在斗争中表现基本上是好的，但说过一些错话，办过一些错事，要引导他们认真总结经验，吸取教训，自己受教育，也教育大家。至于对那些中毒较深、犯有严重错误的同志，更要发动他们起来肃流毒，从团结的愿望出发，热情帮助，做艰苦的工作，促其转化，启发他们在揭批"四人帮"的斗争中，把问题说清楚，转变立场，改正错误，认识提高了，是非分清了，就要欢迎。这样做，就能够扩大教育面，团结一切可以团结的力量，打一场肃流毒的人民战争；就能够实事求是地总结正反两方面的经验，进一步弄清楚各个部门、各条战线的具体路线、方针、政策和方法，把我们的思想水平和工作水平大大提高一步。

肃流毒要反复抓，抓反复。对"四人帮"的反革命修正主义谬论，不能认为批一次、两次就差不多了，要不断打进攻战。有些同志思想上没有真正解决问题，一个时候通了，在新的情况下，又会出现反复，这是不奇怪的。它正说明"四人帮"流毒的严重和我们工作的艰巨。作为领导，就是要做耐心的、细致的、坚韧不拔的工作,用反复抓来克服这些同志思想上的反复,巩固揭批“四人帮”斗争的胜利。

当前,工交战线形势十分喜人,一个新的跃进局面已经到来。形势越好,我们越是要保持清醒的头脑,兢兢业业,发奋图强,埋头苦干,做好工作,决不能有任何自满。要看到肃清“四人帮”流毒,还是十分艰巨繁重的任务。这一仗能不能打好,关系到能否夺取运动的全胜,关系到能否实现新时期的总任务。各级党委一定要加强领导,带领广大群众,深入开展揭批“四人帮”的第三战役,大打肃流毒的人民战争,进一步发展大好形势,调动一切积极因素,在新的长征路上奋勇前进,夺取工交战线的新胜利,为抓纲治国三年大见成效,为建设社会主义的现代化强国作出更大贡献。

5月3日

中共中央主席华国锋 中共中央副主席邓小平 李先念 汪东兴在人民大会堂接见出席全军政治工作会议和全国劳动模范座谈会的代表

参加接见的党和国家其他领导人有:韦国清、乌兰夫、方毅、纪登奎、苏振华、吴德、余秋里、张廷发、陈永贵、陈锡联、耿飚、聂荣臻、倪志福、徐向前、陈慕华、赛福鼎·艾则孜、王震、康世恩。中央军委负责人粟裕、罗瑞卿,也参加了接见。

同时被接见的还有,出席共青团省、自治区、直辖市委负责人会议以及一些专业会议的代表。

国务院副总理谷牧在巴黎与法国总理雷蒙·巴尔举行会谈

谷牧副总理同雷蒙·巴尔总理就两国共同关心的国际问题和发展中法两国关系问题交换了意见。

中国方面参加会谈的有:水利电力部部长钱正英、中国驻法国大使韩克华、国家建委副主任彭敏、农林部副部长张根生。

在这之前,谷牧副总理同法国外贸部部长让—弗朗索瓦·德尼奥、环境保护和生活范围部部长米歇尔·多尔纳诺分别举行了会谈。

全国人大常委会副委员长乌兰夫在北京会见以滨口浩三为团长的日本“东京广播公司”系统报道局长代表团

国务院副总理康世恩在北京会见比利时邮电大臣莱昂·德福塞和由他率领的比利时邮电代表团

经教育部批准北京景山学校提升马淑珍 郑俊选 方碧辉为特级教师

遵照华主席在五届人大的政府工作报告的精神和邓副主席在全国教育工作会议上讲话中关于“特别优秀的教师,可以定为特级教师”的指示,经教育部批准,北京景山学校最近提升了马淑珍、郑俊选、方碧辉3名小学低年级教师为特级教师。这在新中国教育史上还是第一次。

马淑珍、郑俊选、方碧辉忠诚党的教育事业,长期在北京景山学校坚持教学改革试验,分别在识字教学、小学数学和外语教学方面,发挥革命的首创精神,收到了良好的教学效果,受到普遍的赞扬。

马淑珍从1960年北京景山学校创办开始,17年来和其他几个教师一起,一直坚持小学一、二年级识字教学的改革试验。他们采用集中识字,使六、七岁的小学生在两年中掌握汉字2500个左右,大大提前了学生的整个学习进程。实践证明,这项试验是成功的。在这项试验中,马淑珍一直起着模范带头作用和骨干作用,积累了丰富的识字教学经验,是优秀的小学识字教学专家。

郑俊选从北京景山学校创办开始就在小学低年级带头积极参加数学现代化的教学改革试验。她敢于创新,在小学数学教学改革中进行了十分可贵的探索,并曾把代数的某些知识渗透进小学低年级的数学教学中去。她特别善于进行启发式教学,在教学的每一步骤中都着眼于培养学生的独立学习能力,抓好学生数学基本功的训练,具有出众的教学水平。

方碧辉长期在北京景山学校小学各年级积极参加外语教学试验。林彪、“四人帮”横行时,小学低年级外语教学试验面临着被扼杀的危险。方碧辉在非常困难的情况下自编教材,坚持试验。她非常善于调动儿童学习外语的积极性,从儿童的实际情况出发,生动活泼地进行外语教学,注重听说能力的训练。她在小学外语教学方面摸索和积累了一套经验,有很高的小学外语教学艺术。

这3位小学女教师,在培养儿童的优秀品德和学习风气、学习纪律方面,表现突出,成绩优异。

5月4日

中共中央发出《关于召开共青团第十次全国代表大会的通知》

(一)

中共中央决定:中国共产主义青年团第十次全国代表大会于今年10月在北京召开。

召开团的十大,是全国共青团组织、广大共青团员和各族青年的热烈期望,也是全党和全国人民共同关心的一件大事。从团的九大到现在，经过了伟大领袖和导师毛主席亲自发动和领导的史无前例的“无产阶级文化大革命”，经历了第九、第十、第十一次重大路线斗争，共青团的各级组织、广大团员和青年，经受了严峻的考验和锻炼。华主席为首的党中央，继承毛主席的遗志，一举粉碎了王洪文、张春桥、江青、姚文元“四人帮”反党集团，我国的社会主义革命和社会主义建设进入了新的发展时期。党的十一大制定的路线，五届人大提出的新时期的总任务，为共青团指明了前进的方向。在这样一个重要历史时刻召开的共青团十大，必将成为我国青年运动史上新的里程碑。

共青团十大的任务是，高举毛主席的伟大旗帜，遵循党的十一大路线，深入揭批“四人帮”破坏共青团工作的罪行，认真总结新中国成立以来青年运动的历史经验，制定今后共青团工作的方针与任务，修改共青团章程，选举新的团中央委员会，动员全体团员和全国青年，为实现党在新时期的总任务而奋斗。

（二）

中国共产主义青年团是伟大领袖和导师毛主席亲自缔造和培育的中国先进青年的群众组织。在毛主席、他的亲密战友敬爱的周总理、朱委员长和老一辈无产阶级革命家的亲切关怀下，在长期的革命斗争中，共青团团结教育全国各族青年，为党的事业作出了宝贵的贡献，有着光荣的革命传统。新中国成立以来，共青团在毛主席伟大旗帜的指引下，坚持以共产主义精神教育青年，积极带领广大青年参加阶级斗争、生产斗争和科学实验三大革命运动，把全国各族青年紧密团结在党的周围，在各条战线上都发挥了重要的作用，向党输送了大批优秀干部，为无产阶级革命事业培养了接班人。广大共青团干部，忠实执行毛主席的革命路线和政策，继承党的优良传统和作风，为团结教育青年一代的事业，作出了很大成绩。广大团员和青年，热爱伟大领袖毛主席，热爱党，热爱社会主义，在三大革命运动中涌现了大批英雄模范人物，是我国革命和建设的一支生力军。特别是经过“无产阶级文化大革命”的锻炼，他们表现了很高的路线觉悟，奋不顾身地同“四人帮”进行了英勇的斗争，斗志昂扬地向社会主义四个现代化进军。我国这一代青年是大有希望，大有作为，完全可以信赖的。28年的事实证明，毛主席的革命路线在共青团工作中始终占主导地位。共青团不愧为党的忠实助手，不愧为我国社会主义革命和社会主义建设的一支英勇突击队，不愧为青年学习马列主义、毛泽东思想的学校。

“四人帮”出于篡党夺权的罪恶目的，全盘否定共青团工作，诬蔑共青团“修到了家”，肆意篡改毛主席规定的青年运动的路线和方向，疯狂地同无产阶级争夺青年一代。他们反对党对团的绝对领导，妄图煽动青少年打倒革命老一代，把共青团变成同党委“对着干”的“指挥部”。他们反对“兴无灭资”的方针，阉割马列主义、毛泽东思想，用最反动最腐朽的剥削阶级思想毒害青年。他们反对青年走又红又专的道路，破坏学习雷锋的群众运动，制造“文盲加流氓”式的人物。他们反对最大限度地把青年团结和组织起来，攻击共青团是“全民团”。他们反对组织青年参加生产斗争、科学实验活动，诬蔑共青团是“生产团”。他们反对开展适合青年特点的独立活动，诽谤共青团是“娱乐团”。由于“四人帮”的干扰和破坏，共青团组织遭到很大的摧残，广大团干部、团员和青年的社会主义积极性受到很大的挫伤，少数青少年不同程度地被腐蚀和毒害，搞乱了思想，败坏了风气，严重破坏了培养革命接班人的事业，给党造成了重大的损失。

“四人帮”采取假左真右的反革命伎俩，打着支持新生力量的幌子，干尽了坑害青年的罪恶勾当。“四人帮”是我国青年的死敌。各级党委要领导团的组织，在筹备和召开共青团十大的整个过程中，坚持以揭批“四人帮”为纲，密切联系青年工作实际，分清路线是非，坚决拨乱反正，使共青团工作坚定不移地沿着毛主席革命路线胜利前进。

（三）

为了实现新时期的总任务，在本世纪内把我国建设成为农业、工业、国防和科学技术现代化的伟大社会主义强国，党对共青团和青年一代寄予殷切的希望。今后二十三年，正是我国青年大有作为的时期，他们肩负着实现社会主义现代化的历史重任。中央要求共青团团结、带领全国青年，继承老一辈无产阶级革命家的光荣传统，英勇地站到新长征的前列。当前，要在广大团员和青年中，开展对党的十一大路线和新时期总任务的大宣传、大学习、大动员，教育他们树雄心，立壮志，为实现社会主义四个现代化，刻苦学习，辛勤劳动，顽强战斗，把青春献给祖国的这一壮丽事业。

在新的历史时期，学习是青年更加特别突出的任务。共青团要坚决响应华主席关于提高整个中华民族科学文化水平的伟大号召，积极领导和组织青年学习马列主义、毛泽东思想，学习党的路线、方针和政策，学习科学技术和文化知识，用无产阶级世界观和现代科学文化知识把我国青年武装起来，为社会主义四个现代化培养又红又专的新一代。在青少年中大力提倡爱科学、讲科学、用科学。精心地协助党发现人才，培养人才。引导青年向有经验的老工人、老农民、老干部、老专家学习。鼓励青年破除迷信，解放思想，努力攀登科学高峰，赶超世界先进水平。

实现新时期的总任务，要三大革命运动一起抓。

共青团要引导青年把学习革命理论和参加革命实践结合起来，把接受教育和发挥作用结合起来。在社会主义革命和社会主义建设中，要注意特别发挥青年人的力量，不要将他们一般看待，不要抹杀了他们的特点。要认真总结这方面的经验，肯定和推广那些行之有效的好口号、好形式、好方法。在工业学大庆、农业学大寨运动中，广泛组织比、学、赶、帮、超的革命竞赛，表彰先进，大树标兵，调动青年的积极性和创造性，为社会主义多做贡献。

在向社会主义四个现代化进军中，各级党委要关心青年的健康成长。青年正处在长身体、长知识的时期，也是工作的时期，一定要按照“身体好，学习好，工作好”的要求，充分兼顾青年的工作、学习和娱乐、体育、休息两个方面。共青团要善于围绕党的中心，根据青年特点，采取多种多样生动活泼的方法，开展独立活动。

为了实现社会主义四个现代化，共青团要最大限度地把青年团结起来，大力做好各界青年的工作。认真落实党对剥削阶级家庭出身的青年和父母有严重问题的青年的政策。调动一切积极因素，组织浩浩荡荡的队伍，向社会主义四个现代化的宏伟目标进军。为了实现全国青年的大团结，中央决定在明年适当时候，召开全国青联第五届委员会和全国学联第十九次代表大会。

（四）

大力加强对青少年的思想教育，坚定他们正确的政治方向，培养革命新人，树立一代新风，是全党和全国各族人民十分关心的问题，是关系到反修防修、巩固无产阶级专政的一项十分重要的政治任务。

当前，对青少年要特别加强革命理想教育和共产主义道德品质教育。实现社会主义四个现代化，需要青年思想革命化。要在青少年中培养共产主义的情操、风格和集体英雄主义的气概，提倡勤奋学习、遵守纪律、热爱劳动、助人为乐、艰苦奋斗、英勇对敌的革命风尚。共青团、少先队过去在这方面做了大量有成效的工作，坚持不懈地向青少年进行“四史”（村史、家史、社史、厂史）、“五爱”（爱祖国、爱人民、爱劳动、爱科学、爱护公共财物）教育，学习革命传统，坚持与工农结合，破旧俗，立新风。应该总结这些经验，进一步发扬光大。

对青少年的教育，重在引导。着重发掘积极因素，发挥榜样的力量。要继续深入开展“向雷锋同志学习”的活动，大力表彰新人、新事、新风尚。要坚持实事求是、以理服人的党的政治工作的优良传统，扫除“四人帮”那一套形式主义、实用主义、说假话、说空话、扣帽子、打棍子的恶劣做法。思想工作要有的放矢，合情合理，紧密结合工作、学习一道去做；同时，解决思想问题要和解决实际问题结合起来。

全党和全国人民都要加强对青少年的教育，关怀青少年的健康成长。革命的老一代要对青少年搞好“传、帮、带”，有关部门要积极支持青少年工作，要为青少年开辟各种活动阵地，恢复青、少年宫的活动。要坚决打击残害青少年的罪犯，保护青少年的身心健康。党报、党刊要加强青年工作的宣传报道，出版部门要为青少年出版更多更好的读物。《中国青年》杂志、《中国青年报》《中国少年报》要积极准备，在全国团代大会前后陆续复刊。

（五）

华主席在党的十一大政治报告中指出：“要加强党对工会、共青团、妇联等群众组织的领导，把这些组织整顿好、建设好，充分发挥它们应有的作用。”共青团是党团结教育青年一代的核心。做好青少年工作，是关系到革命未来的千秋事业。各级党委务必采取有力措施，加强对共青团的领导。

当前，首先要整顿和加强各级团委的领导班子。各省、自治区、直辖市，在团的十大前，有条件的应召开团代大会，进行改选；一时不能召开的，也要结合团的十大筹备工作，调整好团委领导班子，尤其要配好第一、二把手。要按照接班人的五项条件，把经过第十一次路线斗争考验的优秀年轻干部选拔到团的领导岗位上来。要尽快配齐团的干部，做到相对稳定，保留骨干，以资熟手。要照顾团的系统领导，不要上下断线，充分发挥团的组织作用。要大力做好团干部的培训工作，立即恢复和办好中央团校，省、自治区、直辖市也要办好团校。

各级党委一定要把团的工作列入议事日程，做到思想上重视，政治上把关，工作上支持，经常给团委指方向，出题目，教方法；指导团干部“议大事，管本行”，积极为共青团创造必要的工作条件。

在整党整风中，要抓紧共青团的整顿工作，坚决克服“四人帮”造成的思想、组织和作风的不纯。必须坚持“兴无灭资”的方针，努力提高团干部和团员的无产阶级觉悟，清除资产阶级思想的影响。必须极大地加强团员、青年的组织纪律观念，肃清无政府主义的流毒。必须恢复和发扬党的实事求是、群众路线的优良传统和作风。通过认真的思想整顿和必要的组织整顿，使共青团真正成为党团结教育青年一代的核心。

保证党对团的绝对领导，是共青团全部工作中最主要、最重要的事情。共青团员和广大青年要极大地增强党的观念，各级团的组织和团的干部要把维护党的领导作为自己最崇高的责任。要遵守党的民主集中制的组织和纪律原则，既要听从党中央的指挥，又要接受同级党委的领导，要懂得党的政治领导和组织领导的一致性。“四人帮”在这个问题上制造了极大的混乱，一定要彻底澄清。

中央号召：全国4800万共青团员和3亿青少年，高举毛主席的伟大旗帜，最紧密地团结在以华主席为首的党中央周围，“学习、学习、再学习，团结、团结、再团结”，用抓纲治团、向四个现代化英勇进军的实际行动，迎接共青团十大的胜利召开！

《人民日报》发表社论《发扬“五四”传统 走在新长征的前列》

我国青年团结战斗的节日——“五四”青年节到了。今天，中共中央发出了关于召开中国共产主义青年团第十次全国代表大会的通知。这是全国青年政治生活中的一件大事，体现了华主席为首的党中央对青年工作的亲切关怀。在亿万人民迈开新长征的步伐的时候，在团的“十大”不久就要召开的时候，纪念“五四”这个光辉的节日，意义更加重大。我们谨向战斗在各条战线的青年同志表示热烈的祝贺！

五四运动到今天已经59年了。这个运动是中国革命史上和青年运动史上光荣的一页。它有力地唤起了中国人民，沉重地打击了帝国主义和封建主义，揭开了中国新民主主义革命的序幕。59年来，经过革命与反革命、进步与倒退、光明与黑暗的反复较量，我们祖国的面貌发生了天翻地覆的变化。在伟大领袖毛主席和中国共产党的领导下，我国人民推翻了“三座大山”，完成了新民主主义革命的艰巨任务，又取得了社会主义革命和社会主义建设的伟大胜利，把我国改造成为初步繁荣昌盛的社会主义国家。以粉碎王洪文、张春桥、江青、姚文元“四人帮”为标志的历时11年的“无产阶级文化大革命”的胜利结束，使我国社会主义革命和社会主义建设进入新的发展时期。华主席为首的党中央，继承毛主席的遗志，确定了新时期的总任务，率领全国各族人民开始了向建设社会主义现代化强国宏伟目标进军的新长征。今天，摆在广大青年面前的任务，就是发扬“五四”光荣传统，走在新长征的前列，发挥突击作用，为实现社会主义的四个现代化作出最大贡献。

毛主席指出：“五四运动的杰出的历史意义，在于它带着为辛亥革命还不曾有的姿态，这就是彻底地不妥协地反帝国主义和彻底地不妥协地反封建主义。”时代前进了，但是五四运动这种彻底革命精神是永放光芒的。为了实现新时期的总任务，广大青年仍然要大大发扬这种彻底革命精神。新时期的总任务，是要在本世纪内把我国建设成为农业、工业、国防和科学技术现代化的伟大的社会主义强国。这是我国半个多世纪以来在中国共产党领导下的全部革命进程的合乎逻辑的继续。我们要把贫穷落后的旧中国改造成为没有压迫、没有剥削的繁荣富强的新中国，要用社会主义战胜资本主义，最终实现人类的最高理想共产主义。而如果不实现社会主义的四个现代化，我们国家就不能真正繁荣富强起来，社会主义就不能真正战胜资本主义，我们就永远也不能达到共产主义。实现社会主义的四个现代化，是从生产力到生产关系、从经济基础到上层建筑的极其深刻的革命，是前所未有的伟大事业，是十分光荣又十分艰巨的任务。这个任务历史地落在我们的肩上，特别是落在青年的肩上。党和人民对青年寄予殷切的期望。毛主席说过：“世界是属于你们的。中国的前途是属于你们的。”青年一代要认清这个美好的前途，怀更大的志气，抱更大的理想，出更大的力量，完成历史赋予的重任。“四人帮”这一伙披着马克思主义外衣的政治骗子，在继续革命的问题上制造了许多混乱，曾经使得一些青年产生迷惑，感到彷徨。随着揭批“四人帮”斗争的不断深入，理论、路线、思想上的是非越来越清楚，广大青年必将更加振奋革命精神，朝气蓬勃，奋发有为，实现毛主席、周总理和无数革命先烈的遗愿，把无产阶级专政下的继续革命进行到底。

五四运动时期，提倡过科学和民主。这种科学和民主的精神，也是五四运动的光荣传统。毛主席对此加以充分的肯定，指出我们共产党人继承了五四运动的科学和民主的精神，并在马克思主义的基础上加以改造。“五四”以来的历史证明，凡是革命的、进步的社会力量，都继承并发扬了科学和民主精神。反之，一切反革命的、倒退的社会力量，都反对并且扼杀科学和民主精神。在社会上如此，反映到党内来也是如此。“四人帮”代表最腐朽最反动的社会力量，是社会主义的大敌，也是科学和民主的大敌。他们打着所谓“大民主”的旗号，鼓吹“怀疑一切，打倒一切”，煽动无政府主义，怂恿打砸抢，用法西斯手段对待广大革命干部和革命群众，肆意践踏社会主义民主，破坏社会主义法制。他们用一整套唯心主义、形而上学的思想体系和帮八股的东西，禁锢人们的思想，成为党的历史上对于五四运动那种生动活泼的、前进的、革命的精神的一次最大的反动。他们推行蒙昧主义和愚民政策，宣扬“知识越多越反动”、“宁要没有文化的劳动者”。它们反对又红又专，把“文盲加流氓”式的人物当作人们学习的“样板”。“四人帮”采用种种假左真右的反革命伎俩，干扰和破坏毛主席的革命路线，腐蚀和毒害人民群众，首先是腐蚀和毒害青年。用毛泽东思想哺育的、经过“文化大革命”锻炼的这一代青年，有很高的觉悟，是和老一辈无产阶级革命家站在一起的。正是这些初生牛犊，在“四害”极为猖獗的日子里，奋不顾身地同

“四人帮”作了英勇的可歌可泣的斗争。事实证明,这一代青年是大有希望,大有作为,完全可以信赖的。当然,对“四人帮”在青年中的流毒和影响也不可低估。我们要结合青年的思想实际,认真地做好消毒工作,进一步拨乱反正,使“五四”精神在新的历史条件下更加发扬光大。

华主席指出:“提高整个中华民族的科学文化水平,是摆在全体人民面前的一项极为巨大的任务。这是一项战略任务。这个任务不解决,新时期的总任务是不可能完成的。”华主席还指出,要特别重视青少年的培养。青年是我们无产阶级革命事业的接班人,是建设社会主义现代化强国的生力军。我们国家要赶超世界先进水平,希望寄托在他们身上。因此,对于青年来说,学习是更加特别突出的任务。要学政治。马克思列宁主义、毛泽东思想是革命的指南,是青年成长的精神食粮,要满怀深厚的无产阶级感情,学习革命导师的教导,不断提高阶级斗争、路线斗争和继续革命的觉悟,用无产阶级世界观把自己武装起来。又要学科学、学文化,努力提高科学文化水平。古人说:“少壮不努力,老大徒伤悲。”青少年时期精力旺盛,思想活跃,求知欲强,是学习的最好时机。我们一定要怀着为革命学习的明确目标,不畏劳苦,坚忍不拔,刻苦钻研,尽可能地多学一点东西,学得扎实一点。把基础打好,才有利于攀登科学技术高峰。我们不但要向书本学习,还要在三大革命运动的实践中学习,要向富有实践经验的老工人、老农民、老干部、老专家学习,使自己在又红又专的道路上更快地成长起来。

实现四个现代化,需要青年思想革命化。毛主席指出:“看一个青年是不是革命的,拿什么做标准呢?拿什么去辨别他呢?只有一个标准,这就是看他愿意不愿意、并且实行不实行和广大的工农群众结合在一块。愿意并且实行和工农结合的,是革命的,否则就是不革命的,或者是反革命的。”广大青年要牢记毛主席的这一教导,认真向工农群众学习,为工农群众服务,紧紧和工农群众结合在一起。我们要在青少年中大力培养革命理想和共产主义道德品质,提倡勤奋学习、遵守纪律、热爱劳动、助人为乐、艰苦奋斗、英勇对敌的革命风尚。“四人帮”破坏社会主义纪律,破坏社会主义秩序,败坏革命的社会风尚,造成了严重恶果。广大青年要正确认识民主和集中、自由和纪律的辩证关系,把它们恰当地结合起来。既要敢想、敢说、敢干,在学习和工作中发挥生动活泼的主动精神,又要加强组织性纪律性,自觉地遵守和维护国家法律、学校纪律、劳动纪律、公共秩序。经验证明,培养一个好的社会风尚,教育好青少年关系重大。青年在恢复和发扬被“四人帮”破坏了的革命新风尚方面也要起带头作用,当移风易俗的促进派。

广大青年盼望已久的团的“十大”,今年10月就要召开了。共青团是党的忠实助手,是团结教育青年的核心。解放28年来,毛主席的革命路线在共青团、少先队工作中始终占主导地位,广大团员和团干部为党的事业作出了宝贵的贡献。在新时期中,为了带领青年成为新长征中的英勇突击队,就一定要加强党对共青团的领导,把团组织整顿好、建设好,充分发挥它应有的作用。希望各级党组织把团的工作提到重要议事日程上,切实抓好。要继续批判林彪、“四人帮”摧残共青团、少先队,破坏青少年工作的严重罪行,坚决拨乱反正,恢复青少年工作的好传统、好作风。要帮助选好团的领导班子,加强团的干部队伍,建立和健全共青团的经常工作,围绕党的中心工作开展适合青年特点的独立活动。要结合整党整风,整顿团的组织,增强团的战斗力。要大大加强对少年儿童工作的领导。

共青团员们,青年同志们,你们生在新社会,长在红旗下,你们是要亲手把我们伟大的祖国建设成现代化的社会主义强国的人,你们是确有把握跟着华主席跨进21世纪的人。21世纪是你们的。你们是多么幸福,多么令人羡慕呵!希望你们在华主席为首的党中央领导下,树雄心,立壮志,勇敢地肩负起历史赋予的光荣使命,在祖国四个现代化的壮丽事业中发出全部光和热!

《人民日报》发表特约评论员文章《科学和民主》

科学和民主,是五四运动的两面旗帜。半个多世纪以来,中国无产阶级和革命人民继承了五四运动的科学和民主精神,并在马克思主义的基础上改造成为无产阶级革命时代的思想武器。“四人帮”把这两面光辉的旗帜砍掉了,树起另外两面黑暗的旗帜:愚昧和专制。在“四人帮”横行的那个时候,谁提倡科学和民主,谁就是“资产阶级”;而公然提倡愚昧和专制的法西斯暴徒,倒成了“无产阶级”。这种是非的颠倒应当再颠倒过来。

历史上先进阶级的精神武器

欧洲资产阶级在发展的上升阶段,曾经是科学和民主的旗手。17世纪英国科学思想的先驱培根,喊出了“知识就是力量”的响亮口号,指出“人类只有通过新的科学,才能成为自然界的统治者和主人”。18世纪法国民主思想的先驱卢梭,发出了“人生来就是自由的,可是却处处都在桎梏中”的呼声,提出“政权应由人民掌握”的理论。这些先驱者提供的精神武器,为摧毁野蛮愚昧的封建专制制度的资产阶级民主革命奠定了思想基础。

随着资本主义社会内部生产力和生产关系矛盾的

发展,资产阶级手里的科学和民主,已经不再是革命的精神武器,而成了维护资本统治和榨取剩余价值的手段。有的甚至公开抛弃科学和民主的旗帜,打起宗教迷信和法西斯主义的黑旗。斯大林在1952年苏联共产党第十九次代表大会上的演说中,鲜明地提出共产主义政党应当举起资产阶级丢掉的民主旗帜。代表最先进的生产力和人类绝大多数利益的无产阶级在为实现消灭一切阶级的共产主义事业的斗争中,怎样运用科学和民主的武器,这是马克思主义者需要认真研究的一个重要问题。

在我国,几千年封建统治和一百多年半封建半殖民地的统治,产生了顽固的封建专制主义政治制度和意识形态,造成了经济生活和科学文化的极端落后。中国的资产阶级,不但属于官僚买办资产阶级的那一部分是封建主义、帝国主义的附庸;即使是民族资产阶级,也同封建地租剥削和帝国主义资本有着千丝万缕的联系,不可能把反帝反封建的资产阶级民主革命进行到底,不可能改变中国的愚昧落后状态。这个任务不能不历史地落到无产阶级的肩上。1919年的五四运动,开辟了我国无产阶级领导的反帝反封建的新民主主义革命的新纪元。科学和民主,成为五四运动时期思想文化战线上横扫愚昧和专制的封建顽固势力的两面所向披靡的旗帜。

毛主席在1942年延安整风运动中,充分肯定五四运动时期提倡科学和民主,反对封建的老八股和老教条主义,是一个极大的功绩。

毛主席还指出:"五四运动的发展,分成了两个潮流。一部分人继承了五四运动的科学和民主的精神,并在马克思主义的基础上加以改造,这就是共产党人和若干党外马克思主义者所做的工作。另一部分人则走到资产阶级的道路上去,是形式主义向右的发展。但在共产党内也不是一致的,其中也有一部分人发生偏向,马克思主义没有拿得稳,犯了形式主义的错误,这就是主观主义、宗派主义和党八股,这是形式主义向'左'的发展。"

这是对五四运动以来思想文化战线两个阶级、两条路线斗争的历史总结。五四运动的右翼,如胡适之流,早已背叛科学和民主的精神,堕落为帝国主义的文化买办,来"围剿"革命文化了。左翼内部也存在两条路线的斗争。形式主义向"左"的发展,就是瞿秋白、李立三,特别是王明的"左"倾机会主义路线。他们也离开了科学和民主的精神,提倡新八股和新教条主义,使真正的马克思主义不能得到广泛的传播和发展;而对于封建的老八股、老教条以及买办资产阶级的洋八股、洋教条,不能进行有力的斗争。毛主席认为,代表文化革命正确方向的,是继承了五四运动的科学和民主精神,在马克思主义基础上加以改造的共产党人和党外马克思主义者。

五四运动时期,科学和民主作为反封建的精神武器,虽然发挥过积极的历史作用,但那时还不可能在马克思主义的理论基础上把资产阶级革命时代的科学和民主概念改造成为无产阶级的精神武器。这个改造工作,是十年内战时期,由党内外的马克思主义者完成的。其中最伟大的代表,是毛主席和他在思想文化战线上的战友鲁迅。毛主席和鲁迅,是无产阶级革命时代科学和民主思想的伟大旗手。

无产阶级的科学和民主思想,就是以马克思主义理论为指导的最先进的科学思想,就是无产阶级领导的最广泛的人民民主。这两面旗帜,不但是无产阶级在反帝反封建的民主主义革命中的精神武器,而且是无产阶级在消灭一切剥削制度的社会主义革命中的精神武器。

"四人帮"是科学和民主的大敌

"四人帮"代表旧中国最腐朽、最反动的没落封建统治阶级和官僚买办资产阶级。无产阶级的科学和民主思想,正是摧毁他们的封建专制主义和法西斯主义权力结构和意识形态的强大思想武器,所以不能不引起他们极大的仇恨和恐惧。他们采取了野蛮的蒙昧主义和暴力镇压手段来践踏科学和民主。"现代化等于复辟"论和"全面专政"论,是他们摧残科学和民主的两把屠刀。

马克思主义认为,科学是生产力,同时也是推动历史前进的伟大革命力量。"四人帮"反对这个马克思主义原理,荒谬地提出发展科学和生产必然导致资本主义复辟的反革命理论。他们疯狂地叫嚣"四个现代化实现之日,就是资本主义复辟之时"。难道他们真的害怕资本主义复辟么?当然不是。他们不但千方百计地鼓励和纵容城乡资本主义势力对社会主义的猖狂进攻,而且竭力追求外国资产阶级一切腐败的思想文化和满足他们穷奢极欲的物质享受。他们真正害怕的,是科学和生产发展带来的变革,将会彻底埋葬他们的权力结构和意识形态,使他们再也无法在强大的社会主义中国国土上称王称霸。我国无产阶级专政的物质基础愈巩固,江青之流搞资产阶级复辟的可能性就愈减少。

马克思主义还认为,无产阶级专政是阶级社会中民主的最高典型;无产阶级领导下的人民民主,是建设社会主义强大国家、粉碎阶级敌人反抗的力量源泉。"四人帮"反对这个马克思主义原理,炮制出一个反动的"全面专政"论,提出要求在社会主义社会的"一切领域"和社会主义发展的"一切阶段",对"一切阶级差别"、"一切生产关系"、"一切社会关系"以至"一切观念”,统统实行专政。他们把无产阶级专政对于极少数破坏社会主义的反革命分子使用暴力镇压这种特殊手段,无限制地扩张到一切领域和一切人。他们不但在政治生活中践踏人民民主和革命法制,而且在经济、思想、文化、教育、科学、技术等一切方面推行法西斯暴力统治,用暴力摧毁工农业生产,用暴力摧毁机关学校,用暴力摧毁文学艺术,用暴力摧毁科学研究。谁在日记里或睡梦中流露出对他们的丝毫不满,谁在心中怀念被他们仇恨的周恩来总理,一被他们的鹰犬察觉,立即当作现行反革命分子抓起来镇压。他们完全是一群野兽,把封建法西斯制度中一切最黑暗最野蛮的暴力镇压手段,全都拿来对付无产阶级和中国人民的精华。

实现四个现代化的重要手段

打倒了“四人帮”这群反科学反民主的野兽以后,我们面临实现四个现代化这样一个新的伟大革命。这个革命将引起政治、经济、思想、文化、生活、习惯等等方面的深刻变化。在未来不到四分之一的世纪内,我国的科学和生产力的发展,将超过以往的几千年。人类最先进的科学技术武装起来的强大生产力,将推动我们按照新的条件继续改革不适应生产力发展的那部分生产关系,继续改革不适应经济基础的那部分上层建筑,改变人们不适应现代化建设的各种思想观念、工作方式和生活习惯,促进全国人民思想觉悟、科学文化、生活方式和道德风尚的极大提高。这是实现四个现代化必然达到的结果,同时也是促进四个现代化的社会条件。四个现代化本身,是生产力的革命,是科学技术革命。它和社会政治革命属于不同的范畴,但是它又是和社会政治革命分不开的。在意识形态领域反对“四人帮”的蒙昧主义和专制主义,发扬无产阶级的科学和民主精神,是促进实现四个现代化的重要手段。

在建设现代化社会主义强大国家的斗争中,科学精神和民主精神是不可分割的。我们的科学,不是为少数人谋利益的工具,而是亿万人民向愚昧落后作斗争的武器。所以提高整个中华民族的科学文化水平,必须同扩大整个中华民族的民主生活紧密地结合起来,把充分发扬人民民主、团结全国人民提到巩固无产阶级专政的首要地位。

无产阶级专政国家是否巩固和强大有力,归根到底取决于这个国家能否充分发挥人民群众的主动精神,组织人民管理和监督国家的事务。毛主席深刻地指出:劳动者管理国家、管理各种企业、管理文化教育的权利,是社会主义制度下劳动者最大的权利,是最根本的权利,不能够把人民的权利问题了解为人民只能在某些人的管理下面享受劳动、教育、社会保险等等权利。这是无产阶级专政(即无产阶级民主)同资产阶级专政(即资产阶级民主)的根本区别。巴黎公社原则的伟大意义,就是第一次实现了劳动者对国家的直接管理和监督,防止国家管理人员从人民的公仆蜕变为人民的主人。

自从巴黎公社这一无产阶级专政的伟大尝试以来,已经一百多年过去了。由于历史是曲折地前进的,无产阶级专政下人民怎样管理自己的国家,还没有现成的完整的经验,有待于我们在实践中继续进行创造和总结。我们要估计到中国长期的封建社会和半封建半殖民地社会遗留下来的官僚专制主义遗毒、缺乏民主习惯和经济文化落后等不利因素,只有通过长期的努力,才能广泛地实现人民群众直接管理国家的一切事务。具有光荣革命传统的中国人民,又经过“无产阶级文化大革命”的锻炼,在粉碎“四人帮”这群专制魔王以后,完全有能力在自己的国家里充分行使当家做主的权利,并且在行使这个权利的过程中不断提高管理国家事务的水平。大家记得,在1966年,怀着反修防修热情的那些青少年,涌向街头,由于缺乏经验,往往上当受骗,选错造反的目标。可是到了1976年,人民团结一致,万众一心,把矛头一齐指向万恶的“四人帮”。这不平常的10年,锤炼了毛泽东思想的伟大人民。人民关心国家大事的觉悟和鉴别大是大非的能力已经极大地提高了。在实现四个现代化的伟大革命中,我们要遵循毛主席的教导,切实地保证人民管理国家的根本权利,在政治、经济、思想、文化的一切领域,充分发扬人民民主,最大限度地调动亿万人民的积极性、创造性,依靠这个伟大的人民民主力量,去完成新的长征。

北京青年在中山公园音乐堂举行联欢会共度五四青年节

中共北京市委负责人倪志福、贾汀、李立功,来自各个不同岗位的九届团中央负责人胡耀邦、胡克实、王伟、王照华、路金栋、李淑铮、胡启立、马石江、邢崇智、胡德华,共青团各省、自治区、直辖市委员会负责人以及红军老战士、战斗英雄、劳动模范、作家、科学家等应邀参加了联欢会。

胡耀邦同志在会上热情洋溢地即席讲话。他说,我们这些在团中央工作过的老同志,今天来参加这个会,主要是来表达我们的心情。刚才你们说欢迎我们,说得不对。我们老了,或者说正在变老,没有资格再做共青团工作了。你们应该欢送我们。你们应该欢迎的,是正在举行会议的共青团各省、自治区、直辖市委员会的负责人和将要做团的工作的同志们。他们将要在华主席为首的党中央的号召下,在10月份举行第十次团的代表大会,并且要在这个会上选举领导你们并和你们一道前进的共青团的新的领导人。

胡耀邦同志接着说,我们党现在把新时期的总任务叫作新的长征。什么是新的长征?新的长征同老的长征有什么基本不同?老的长征有两万五千里,新的长征要23年;老的长征是要北上抗日,打倒帝国主义、封建主义和官僚资本主义,建设新中国,新的长征是要把我们伟大的祖国建设成为四个现代化的社会主义强国;老的长征是"不到长城非好汉",新的长征我看应该是"不入世界前列非好汉"。我要告诉同志们,老的长征中有好样的,也有窝囊废,有英雄,也有逃兵。新的长征中有没有逃兵、窝囊废?这是摆在你们面前应该考虑的问题。我们进行老的长征,有两大武器,一个是步枪,一个是手榴弹;进行新的长征,可不像逛颐和园、逛香山,带上干粮就行了。新的长征需要准备,需要武装。第一,要有很高的思想觉悟。就是说,要搞马克思主义,不搞修正主义,要搞社会主义,不搞资本主义,要有坚定正确的政治方向,就是要红;第二,需要有很高的科学技术水平,要有实现四个现代化的真本领。这就是又红又专。"四人帮"吹捧交白卷的反革命小丑张铁生,那是要大家走白痴道路。我们反对"四人帮",就要反对"四人帮"提倡的这个害国家、害民族、害自己的白痴道路。你们要响应华主席为首的党中央的号召,坚持坚定正确的政治方向,掌握先进的科学技术。

胡耀邦同志最后说,今天可能是我在青年团的最后一次讲话了,也可以说是临别赠言。我们怀着崇高的敬意,预祝你们,预祝新时期的共青团成为一支建设社会主义四个现代化强国的不怕任何困难的一往无前的英勇的突击队,预祝新时期的青年一代个个都成为跟随华主席进行新的长征的新英雄,对我们国家、民族作出新的贡献,回报华主席为首的党中央对你们的关怀和希望。

全国人大常委会副委员长廖承志在北京会见英国友好人士李约瑟博士和他的助手鲁桂珍博士

廖承志副委员长同李约瑟博士曾在50年代一起工作过。今天老朋友相见,格外高兴。他们在一起亲切交谈,畅叙旧谊。

参加会见的有中国科学院副院长钱三强,外交部部长助理宋之光,科学院外事局副局长朱永行。

北京大学举行纪念建校80周年庆祝活动

全国人民代表大会常务委员会副委员长许德珩,教育部部长刘西尧,中共北京市委常委、科教部部长刘祖春等出席了大会。应邀出席的,还有中共中央和国务院有关部门的负责人,北京市有关部门以及各兄弟院校和兄弟单位的负责人。在北大工作的外国专家和教师,在北大学习的来自36个国家的留学生,也参加了大会。

大会由北京大学党委书记周林主持。

教育部部长刘西尧在会上宣读了教育部和出席全国教育工作会议的全体代表致北京大学校庆80周年的贺信。贺信热烈称赞北大在中国革命的各个时期以自己的革命行动写下了光辉的历史篇章,称赞北大在新中国成立28年来为国家培养了大批优秀人才,在校史上又增添了新的光辉。

北京大学负责人周培源在大会上作了报告。他回顾了北大80年的斗争历史以后,要求全校师生员工在我国社会主义革命和社会主义建设新的发展时期,继承和发扬"五四"的光荣革命传统,忠诚党的教育事业,在华主席为首的党中央领导下,团结一致,把揭批"四人帮"的伟大斗争进行到底,搞好教育革命,努力提高教学质量,大量培养又红又专的建设人才,并大力开展科学研究工作,为建设伟大的社会主义的现代化强国作出新的更大的贡献。

北京—苏黎世航线正式通航

一架中国民航班机4日下午首次飞抵瑞士苏黎世机场。这是新开辟的北京—乌鲁木齐—贝尔格莱德—苏黎世航线的首次通航。全航程10410公里。

这是中国通往西欧的第二条航线。

5月5日

中共中央主席华国锋在平壤与朝鲜劳动党中央委员会总书记金日成举行会谈

中国方面参加会谈的有:中共中央政治局委员、国务院副总理、中共中央对外联络部部长耿飚,中共中央政治局候补委员、国务院副总理、对外经济联络部部长陈慕华,中共中央委员、外交部部长黄华,中共中央对外联络部副部长申健,中共中央候补委员、中共中央办公厅副主任张耀祠,中国驻朝鲜民主主义人民共和国大使吕志先,外交部亚洲司司长沈平,对外经济联络部局长张文成,中联部副局长黄群、田树千,外交部副司长鲁明、高建中。

《人民日报》发表特约评论员文章《贯彻执行按劳分配的社会主义原则》

华主席在第五届全国人民代表大会的政府工作报告中说:"在整个社会主义历史阶段,必须坚持不劳动者不得食,各尽所能、按劳分配的原则。执行这个原则,要坚持无产阶级政治挂帅,加强政治思想工作,教育人们树立共产主义劳动态度,全心全意地为人民服务。在分配上,既要避免高低悬殊,也要反对平均主义,实行多劳多得,少劳少得。干多干少、干好干坏、干和不干都一样,不利于调动广大群众的积极性。所有社队都要认真执行定额管理、评工记分制度,实行男女同工同酬。国营企业职工工资实行以计时为主、计件为辅,计时加奖励的制度,并对劳动强度大、劳动条件差的工种实行岗位津贴。在社会主义劳动竞赛中,要把精神鼓励和物质鼓励结合起来,以精神鼓励为主,物质鼓励为辅。关于改革工资制度问题,国务院有关部门要会同地方认真调查研究,总结经验教训,倾听群众意见,通盘考虑,提出方案,经中央批准后逐步实施。"华主席报告中所提出的贯彻执行按劳分配的社会主义原则的各项指示,充分反映了广大工人、农民和知识分子的愿望和要求,代表了他们的利益和意志。同时,第五届全国人民代表大会通过的宪法,再一次明文规定:"国家实行'不劳动者不得食'、'各尽所能、按劳分配'的社会主义原则。"这是党中央高举毛主席的伟大旗帜,抓纲治国,肃清"四人帮"的流毒,为在本世纪内把我国建设成为伟大的社会主义现代化强国的一项重大决策。全国每一个部门,每一个地区,每一个企业,都必须认真贯彻执行这个重大决策。

(一)

按劳分配是社会主义的原则。这是无产阶级革命导师早已阐明过的。马克思在《哥达纲领批判》中指出:在社会主义社会,"每一个生产者,在作了各项扣除之后,从社会方面正好领回他所给予社会的一切"。(《马克思恩格斯选集》第3卷,第10—11页)当时马克思还没有使用按劳分配这个词,但他这里所说的正是按劳分配原则。列宁在《无产阶级在我国革命中的任务》一文中,把按劳分配和生产资料公有并列为社会主义的根本标志:"人类从资本主义只能直接过渡到社会主义,即过渡到生产资料公有和按劳分配。"(《列宁选集》第3卷,第62页)毛主席在《关于纠正党内的错误思想》一文中指出:"在社会主义时期,物质的分配也要按照'各尽所能按劳取酬'的原则和工作的需要,决无所谓绝对的平均。"(《毛泽东选集》第1卷,第93页)后来在各个历史时期又多次重申按劳分配是社会主义社会必须实行的经济政策。

但是,王、张、江、姚"四人帮"利用他们窃取的一部分权力和控制的舆论工具,对按劳分配进行了疯狂的诬蔑和破坏。在理论上,他们诬蔑实行按劳分配是"搞修正主义","复辟资本主义",造成思想上的极大混乱,以致我们有一些同志,对于社会主义时期要不要贯彻执行按劳分配的原则,竟发生了怀疑。在实践上,"四人帮"千方百计地阻挠和破坏按劳分配的贯彻执行,全盘否定计件工资和物质奖励,甚至连计时工资也妄图加以否定。在受到他们严重破坏的地区和单位,不仅按劳分配无法贯彻执行,而且整个社会主义的生产关系濒于瓦解。广大群众和干部对"四人帮"的这种倒行逆施极端不满,不少单位采取种种形式,顶住"四人帮"的压力,继续贯彻执行包括计件工资和物质奖励在内的按劳分配政策。但是,尽管这样,"四人帮"破坏按劳分配造成的后果仍然极为严重。

以华主席为首的党中央,一举粉碎了"四人帮",迅速扭转了我国社会主义经济的危急局面,取得了超过预期的巨大胜利。全国人民正在团结一致,一面继续肃清"四人帮"的流毒,继续克服"四人帮"的破坏所造成的困难;一面全力以赴地为实现新时期的总任务,在本世纪内把我国建设成为现代化的伟大的社会主义强国而斗争。

为了实现这个光荣而艰巨的任务,使我国的经济能以一种持续的高速度前进,这就要求我们把国内外一切积极因素调动起来,要求我们首先把全国工人、农民和知识分子的社会主义积极性调动起来。从分配方面来说,贯彻执行按劳分配原则,就是充分调动和保护劳动群众社会主义积极性的一项基本措施。而为了在全国范围内贯彻执行按劳分配的原则,首先就必须把"四人帮"对按劳分配的一切攻击和诬蔑彻底推倒,澄清他们制造的思想混乱,打碎他们强加在广大干部和群众头上的精神枷锁,统一全党和全国人民对按劳分配的认识。

"四人帮"及其舆论工具对按劳分配的攻击和诬蔑,集中到一点,就是否认按劳分配是社会主义的原则,硬说它是"资本主义因素",是"产生资本主义和资产阶级的经济基础和条件",是"生产力发展的障碍"。这种奇谈怪论只有"四人帮"这样的反革命才编造得出来。

同"四人帮"的"理论"相反,按劳分配正是作为资本主义的对立物出现的,它是社会主义生产关系的一个不可缺少的重要方面。

按劳分配是社会主义公有制的产物,又是社会主义公有制的实现。任何分配制度都不是人们的主观意志决定的,而是由一定的生产资料所有制决定的。马克思说:"消费资料的任何一种分配,都不过是生产条件本身分配的结果。"毛主席也指出:生产资料在谁手里,这是决定性的问题。生产资料的分配决定消费品的分配。在中国几千年的历史上,一直是奴隶主、地主、资本家占有生产资料,劳动者受尽剥削和压榨,他们的劳动成果被剥削者所侵吞。只是到了社会主义公有制建立以后,才出现了按劳分配这种崭新的分配制度。这是我国历史的一次伟大飞跃,是毛主席领导我们党和我国人民长期英勇奋斗取得的一个伟大的革命成果。社会主义公有制，就是生产资料归全体劳动者共同占有，劳动者成了生产资料的主人，他们不再是为剥削者劳动，而是为社会、为自己劳动，劳动的成果归劳动者共同所有，按照劳动分配个人消费品。从劳动者共同占有生产资料，共同进行有计划的生产，通过总的社会主义生产过程的各个环节，直到最后的按劳分配，是社会主义公有制实现的全过程。这个过程是不能分割、不能中断的。劳动者共同占有生产资料是按劳分配的前提，按劳分配是劳动者共同占有生产资料的必然结果，是社会主义公有制的最后实现。如果这个过程只是到了劳动者共同占有生产资料就中断了，那么社会主义公有制实际上就没有得到实现。打个比喻来说，我们进行土地改革，宣布没收封建阶级的土地归农民所有，颁发了土地证，如果事情到此为止，那么这种所有制对农民来说，还只是纸上的而不是现实的东西。只有当农民在分给他的土地上收获了自己的劳动果实，这种所有制才得到了真正的实现。我们说按劳分配是社会主义公有制的实现，就是这个道理。因此，坚持按劳分配，就是坚持社会主义公有制，否定了按劳分配，也就实际上否定了社会主义公有制，否定了社会主义的生产关系。"四人帮"是很懂得这一点的。他们给按劳分配加上资本主义的罪名，目的就是要从破坏按劳分配入手，颠覆整个社会主义的生产关系。

"四人帮"把按劳分配说成是"资本主义因素"的主要"论据"是：按劳分配在马克思的《哥达纲领批判》中被称为资产阶级权利，而资产阶级权利就是"资本主义因素"，就是"衰亡着的资本主义"，就是"产生新的资产阶级分子的重要的经济基础"。这是十分荒谬的。马克思在《哥达纲领批判》中所说的共产主义社会第一阶段中存在的资产阶级权利，是一个抽象的概念，并不表示这种权利具有资产阶级或其他任何剥削阶级的属性(顺便说一下，马克思用资产阶级作为形容词的时候，并不一定给以"属于资产阶级"的含义，这种用法，在他的著作中是不少的)。马克思所设想的共产主义社会第一阶段，已经不存在商品生产和货币制度("生产者并不交换自己的产品；耗费在产品生产上的劳动，在这里也不表现为这些产品的价值"，"个人的劳动不再经过迂回曲折的道路，而是直接地作为总劳动的构成部分而存在着。"《马克思恩格斯选集》第3卷，第10页)，不存在任何阶级("除了自己的劳动，谁都不能提供任何其他东西，另一方面，除了个人的消费资料，没有任何东西可以成为个人的财产"《马克思恩格斯选集》第3卷，第11页)。既然这样，难道还能设想这里说的"资产阶级权利"是资产者或其他任何剥削者的权利吗？难道还能设想在这样的社会中还存在着资产阶级或资本主义吗？那么，马克思为什么在这里用了"资产阶级权利"这个说法泥？这是因为，资本主义的商品交换是等价交换(就它是等价的交换而言)，社会主义的按劳分配是等量劳动交换，它们所依据的原则都是等量劳动相交换的原则。按照这个原则，交换双方是平等的。这种平等权利正是资产阶级权利的标志。马克思把资本主义的商品交换和社会主义的按劳分配的共同点，即等量劳动相交换原则所体现的平等权利抽象出来，把它叫作资产阶级权利。他说按劳分配中的平等权利"按照原则仍然是资产阶级的权利"(《马克思恩格斯选集》第3卷，第11页)，就是从这个抽象的意义上说的。马克思在作这个抽象时，撇开了资本主义商品交换和社会主义按劳分配各不相同的特殊性质，也就是说，撇开了它们各自从属的生产关系。但是，要用抽象的概念来分析具体事物，又必须回到先前被撇开的特殊性上来。所以，我们要运用资产阶级权利这个抽象概念来分析按劳分配，必须重新回到社会主义生产关系的基础上来。只有这样，我们才能清楚地看到社会主义按劳分配和资本主义商品交换的本质区别，看到按劳分配这种等量劳动交换完全是社会主义性质的。"四人帮"在资产阶级权利问题上玩弄的手法，就是混淆一般和特殊、抽象和具体，来抹杀两种本质不同的事物之间的区别。简单地说，他们的手法就如借口人和狗都是动物，就硬说因此人是狗，人有狗的因素，等等。他们的目的是把社会主义生产关系和资本主义生产关系等同起来，从根本上否定按劳分配的社会主义性质。

诚然，我们现在的社会还不是马克思所设想的共产主义社会第一阶段，因为在我们的社会中不但还有商品生产和货币制度，而且还有阶级和阶级斗争，还有新生的资产阶级分子和资本主义因素。但是，这丝毫帮不了"四人帮"的忙。因为第一，我们现在的社会还不是马克思所设想的共产主义社会第一阶段，这个事实丝毫不能说明按劳分配这个社会主义原则因此就变成了资本主义原则或资本主义因素；第二，我们现在的社会还有新生的资产阶级分子和资本主义因素，这并不是由社会主义的生产关系中产生出来的，并不是由按劳分配这种社会主义原则产生出来的，而恰恰是由社会主义生产关系的破坏，按劳分配原则的破坏产生出来的。

"四人帮"的"理论家"们肆意歪曲毛主席关于理论问题的指示。在他们的笔下，似乎毛主席认为我国现阶段实行的按劳分配、商品交换同旧社会的商品交换完全一样。而大家知道，毛主席是说：我国"现在还实行八级工资制，按劳分配，货币交换，这些跟旧社会没有多少差别。所不同的是所有制变更了。"很明显，毛主席在这里一方面指出了社会主义社会的按劳分配、商品交换和资本主义社会的商品交换有相同的地方(通行的是同一原则——等量劳动相交换的原则),另一方面又着重指出了它们根本不同的地方(所有制变更了,社会制度变更了,因而等量劳动相交换的原则的“内容和形式都改变了”)。“四人帮”及其舆论工具在引用毛主席的上述指示时,把“所不同的是所有制变更了”这句极其重要的话阉割掉,企图借以证明我们现在实行的按劳分配、商品交换同旧社会的商品交换没有本质区别,是“资本主义因素”。这不但是枉费心机,而且最有力地证明了他们企图推翻生产资料所有制决定消费资料分配制度这一马克思主义基本原理。

同“四人帮”的“理论”相反,按劳分配不但不会产生资本主义,而且是最终消灭一切形式的资本主义和资产阶级的重要条件。

按劳分配实行多劳多得、少劳少得、不劳动者不得食的原则,它的本质是反剥削的。列宁曾经说过:“‘不劳动者不得食’,这是任何一个劳动者都懂得的。这是一切人、一切贫农以至中农,一切度过贫苦生涯的人,一切靠工资生活过的人都同意的。十分之九的俄国居民赞成这个真理。这个简单的,十分简单的和明显不过的真理,包含了社会主义的基础,社会主义力量的取之不尽的泉源,社会主义最终胜利的不可摧毁的保障。”(《论饥荒》。《列宁选集》第3卷,第560—561页)列宁的这个著名论断,是对按劳分配的本质和作用的最生动、最深刻的说明。它告诉我们:按劳分配是保护劳动人民的物质利益的;它的矛头是对着剥削者的;只有实行按劳分配,社会主义才能巩固和发展。

按劳分配是改造老的资产阶级分子和其他剥削阶级分子的强制性的经济形式。在按劳分配原则面前,不劳而获、以剥削为生是不容许存在的。谁不劳动,谁就没有饭吃。一切过去的剥削者,只有把自己改造成为自食其力的劳动者,才是唯一的出路。所以,贯彻执行按劳分配,对于老的资产阶级分子和其他剥削阶级分子来说,就是要“使他们学会劳动生产,参加国民经济生活的行列”,(毛主席:《在晋绥干部会议上的讲话》。《毛泽东选集》第4卷,第1312—1313页)在劳动中把他们中间的多数改造成为新人。而这种改造,有利于迫使资产阶级作为人类历史上最后一个剥削阶级归于消灭。

按劳分配是防止新的资产阶级分子产生的重要经济手段。因为这个原则本身排除了任何剥削的可能性,在这个原则下,一切人除了劳动,都不能通过其他途径取得生活资料和金钱,也就是说,不能无偿地占有别人的劳动而成为剥削者。而且,真正贯彻执行了按劳分配,劳动者就会深切地感到社会劳动成果是和自己的利益紧密联系着的,劳动成果的任何损失,都是直接损害自己的切身利益,因而他们就会自觉地起来监督产品的生产和分配。有了这种监督,就会有效地防止贪污盗窃、挥霍浪费等损害劳动成果的现象发生,一旦发生,也比较容易发现和制止。可见,坚持贯彻执行按劳分配,大大加强劳动群众对社会产品的生产和分配的有效监督,是堵塞产生新资产阶级分子渠道的强大力量。

按照同样的道理,真正贯彻按劳分配,也就能动员广大群众起来反对在任何生产过程中多用人员、浪费劳动力,劳动纪律废弛,浪费和积压资金,生产资料损耗大、利用率低等各种浪费和落后的现象,动员广大群众起来促进技术革新和技术革命,促进生产管理的改善和管理方法的现代化。

总之,按劳分配能够促进社会生产力的发展,促进创造出新的劳动生产率。而新的比资本主义高得多的劳动生产率,归根到底是保证社会主义彻底战胜资本主义的最重要和最主要的东西。

列宁在《苏维埃政权的当前任务》一文中说过:无产阶级在推翻资产阶级的政治统治,没收资本家的生产资料以后,面临着一个更复杂和更困难的任务,“就是要造成使资产阶级既不能存在,也不能再产生的条件”(《列宁选集》第3卷,第498页)。从以上的叙述中可以清楚地看到,按劳分配的贯彻执行,就是这样的条件之一。反之,破坏按劳分配,就有可能产生资本主义和资产阶级。因为按劳分配受到破坏,允许不劳而获,允许盗窃掠夺劳动人民的劳动成果,那就意味着社会主义生产关系和生产力受到破坏,社会产品就会缺乏,投机倒把集团、“地下工厂”、“地下包工队”等形形色色的资产阶级分子就会出笼,资本主义复辟的危险就会严重发生。在“四人帮”横行的时候,那些受他们严重破坏的地方,情况难道不正是这样吗?

“四人帮”把按劳分配说成是“产生资本主义和资产阶级的经济基础和条件”,他们的主要“论据”就是所谓按劳分配带来的劳动报酬的差别,必然导致“贫富悬殊、两极分化”,导致一部分社会成员“无偿地侵占另一部分社会成员的劳动”,“资本主义和资产阶级就会很快地产生出来”。这种“论据”是完全站不住脚的。按劳分配带来的劳动报酬的差别,是在消灭了资本主义剥削,实现劳动平等、报酬平等的基础上的差别,这种差别是有严格限制的,是劳动群众在共同富裕的发展道路上富裕程度的小量差别。超出这种差别的一定限度,就是违反了按劳分配原则。而且,随着社会生产力的不断发展和劳动者科学文化水平、劳动技能的不断提高,这种小量差别会愈来愈小。怎么会由此产生“贫富悬殊、两极分化”呢？又怎么会由此导致一部分社会成员“无偿地侵占另一部分社会成员的劳动”呢？事实是最有说服力的。在开滦，在黄埔港，在其他一切坚持贯彻执行按劳分配政策的企业和单位，难道那里发生了两极分化，复辟了资本主义吗？难道那里的工人变成了资产阶级吗？恰恰相反，它们发展成了先进的社会主义企业和单位。“四人帮”把劳动者之间的富裕程度的小量差别偷换成为剥削和被剥削的阶级差别，矛头是对着党政军各级领导干部、一部分知识分子和一大批老工人、老农民、老劳模的，是为他们“打倒一层人”的反革命计划制造舆论的。

同“四人帮”的“理论”相反，按劳分配是促进社会主义阶段生产发展的重要力量，而根本不是什么“生产力发展的障碍”。

按劳分配体现了国家、集体和个人三个方面利益的结合。毛主席在《论十大关系》中教导我们说：“必须兼顾国家、集体和个人三个方面”，“不能只顾一头”。(《毛泽东选集》第5卷，第272、275页)正确地实行按劳分配，正是毛主席这个方针的贯彻。既然实行多劳多得，少劳少得，就必然会鼓励劳动者勤奋劳动，积极钻研和掌握科学技术，努力提高自己的劳动技能，他们为国家和集体创造的财富就会增加。劳动者对国家、集体的贡献越大，自己得到的报酬也相应增加，锅里多了，碗里也就多了。而劳动者收入的增加，生活的改善，又会进一步促进他们的生产积极性，进一步改善他们发展自己的劳动技能的条件，使他们为国家和集体创造出更多的财富，作出更大的贡献。这种相互推动、不断前进的过程，就是社会生产力不断发展的过程。由此可见，多劳多得，首先是国家和集体多得，其次才是劳动者多得，国家和集体多得是劳动者个人多得的前提；少劳少得，首先是国家和集体少得，其次才是劳动者少得，劳动者个人少得是国家和集体少得的结果。所以，按劳分配本身就是兼顾了国家、集体和个人三个方面的利益，而且是先国家、集体而后个人，它使三个方面的利益按照社会主义原则紧密地有机地结合起来。在社会主义阶段，这三个方面利益的结合，是社会生产力向前发展的一个十分重要的条件。必须实行按劳分配原则，固然是社会主义社会生产力还不够强大、物质财富还不够充裕的表现，而充分实行这一原则，又能够有效地促进社会主义社会生产力的发展，为将来实现共产主义奠定物质基础。

我们共产党人的最高理想是实现各尽所能、按需分配的共产主义，决不满足于实现按劳分配。但是，我们应当懂得，任何忠实的马克思主义者，是同时肩负着当前实际任务和将来远大理想两种责任的，只有当前的实际任务获得尽可能彻底的完成，才能有根据有基础地向将来的远大理想前进。社会主义社会和共产主义社会是经济上发展不同的两个阶段，从社会主义到共产主义是一个相当长相当复杂的发展过程。我国现在还是一个发展中的社会主义国家，生产力水平还不高，经济还很落后。当前的问题不是按劳分配实行得“过头”了，而是还没有得到应有的充分实现。所以，我们现在的任务是要遵照马列主义和毛主席的一贯教导，坚决贯彻执行按劳分配原则，促进生产力的迅速发展，促进社会产品的大幅度增加。只有这样，才能把我们的国家首先从现在的两种所有制并存的社会主义，推进到单一的全民所有制的社会主义，然后才能为过渡到按需分配的共产主义进一步准备条件。到了单一的全民所有制的社会主义阶段，仍然必须继续实行按劳分配原则。只有经过长期的按劳分配，才能达到最后的按需分配，如同只有经过无产阶级专政，才能达到阶级和国家的最后消亡一样。这是马克思主义的天经地义。

按劳分配对资本主义来说，它已经消灭了剥削，实现了按劳动取得报酬这种事实上的平等。资本主义不是讲平等吗？它所谓的平等，首先是商品所有者之间的平等，包括富人和穷人、剥削者和被剥削者、资本家和工人交换自己商品的平等。这种平等对无产者来说，是假平等，是名义上的平等，而不是事实上的平等，事实上是资本家残酷地剥削雇佣工人的商品即劳动力。按劳分配是对这种假平等的根本否定。但是，按劳分配对共产主义来说，在另一个意义上它又还没有做到事实上的平等，就是说，它还没有做到按需要取得产品那种事实上的平等。这也就是马克思所说的“旧社会的痕迹”，新社会的“弊病”，“是不可避免的”。共产主义社会由于产品已极大地丰富，它不管劳动者给予社会的劳动量的多少，都是按劳动者的需要分配产品。而社会主义社会由于生产力发展水平的限制，社会产品还不丰富，它只能按劳动而不能按需要分配消费品。仅仅是在这个意义上，我们说按劳分配还是一种形式上的平等，还没有做到事实上的平等。我们还必须认识到，共产主义社会实现的事实上的平等，从劳动者的需要是各不相同的这个意义上说，它仍然是不平等的，因为绝对的平等是不能实现的和不合理的空想。实际上到了共产主义社会，平等这个概念就变得毫无意义，因而也就不存在了。

毛主席指示说：对于按劳分配的工资制度“只能在无产阶级专政下加以限制”。毛主席的这个指示应当怎样理解呢？是不是像“四人帮”所歪曲的那样，是要在社会主义阶段改变按劳分配这一社会主义原则呢？华主席在政府工作报告中郑重宣布：在整个社会主义历史阶段，必须坚持按劳分配的原则。这就彻底粉碎了“四人帮”的无耻歪曲。为了正确实现对于按劳分配制度的限制,决不是要改变这一制度,而是要像华主席所说,在贯彻执行按劳分配的同时,“坚持无产阶级政治挂帅,加强政治思想工作,教育人们树立共产主义劳动态度,全心全意地为人民服务”。坚持按劳分配和大力提倡共产主义劳动,二者是毫不矛盾的。提倡共产主义劳动,不仅完全不妨碍按劳分配作为社会主义的基本分配制度,而且是对它不可缺少的限制和补充。共产主义劳动不是为了报酬,而是不计报酬地为人民服务。它是社会主义社会中极为宝贵的共产主义因素,它对于抵制资产阶级思想的影响,提高劳动群众继续革命的觉悟,发展社会主义事业,具有重大的意义。如果我们仅仅限于按劳分配,而不同时大力提倡共产主义劳动,那就会使劳动群众的眼界受到限制,不利于他们觉悟的提高,就会妨碍社会主义的继续前进,妨碍无产阶级专政下的继续革命。毛主席教导我们不要离开各尽所能去讲按劳分配,就是要我们在贯彻执行按劳分配的过程中,大力提倡各尽所能,提倡共产主义劳动态度,提倡用不计报酬的共产主义劳动来全心全意地为人民服务。在毛主席、共产党的教育下,广大工人、农民、解放军战士和知识分子,为了建设我们伟大的社会主义祖国,发扬革命加拼命的精神,坚持艰苦奋斗的作风,不计报酬地忘我劳动、忘我工作,以至不惜牺牲自己的生命。这样的英雄事迹在我国社会主义革命和社会主义建设的各条战线上到处都有,每天都在涌现,这样的先进人物何止成千成万。这种共产主义劳动,我们过去大力提倡和发展了,今后还要继续提倡和发展下去。

按劳分配是社会主义社会的基本分配形式,但不是唯一的分配形式。社会主义社会的个人消费品除了按劳分配的部分外,还有一部分是以集体福利的形式供劳动者消费。随着社会生产力的发展,社会产品的增加,集体福利在个人消费品的分配中所占的比重也会随着增大。我们在坚持实行按劳分配的同时,在条件许可的情况下,要尽可能地多办集体福利事业。这也是毛主席的一贯思想。毛主席说:“工人的劳动生产率提高了,他们的劳动条件和集体福利就需要逐步有所改进。”(《论十大关系》。《毛泽东选集》第5卷,第272页)又说:社会主义社会不搞社会集体福利事业,还成什么社会主义?在我们社会的个人消费品的分配中,集体福利部分的比重愈是增大,按劳分配部分的比重就会逐步地相对减小。所以,社会集体福利事业的发展,是在无产阶级专政下对按劳分配的又一种限制。

(二)

按劳分配原则是通过一定的劳动报酬形式实现的。在我国现阶段的社会主义经济中,采用的劳动报酬形式主要是工资(包括计时工资和计件工资)、工分、奖金、津贴(主要是岗位津贴,它是对劳动强度大、劳动条件差的工种的劳动者的劳动补偿)等。在工资制度中,必须实行计时工资为主、计件工资为辅,计时加奖励的方针。在社会主义劳动竞赛中,必须实行精神鼓励为主、物质鼓励为辅的方针。

计时工资、计件工资和奖金在本质上是相同的,都是根据劳动者给予社会的劳动量,即劳动的数量和质量支付的。时间是劳动的天然尺度,多少劳动量就表现为多少劳动时间。计时工资是直接用劳动时间来计量的,按照一定时间内的一定质量(必须具备一定的质量)的劳动支付报酬就是计时工资。计件工资和计时工资的区别,仅仅在于它不是直接用劳动时间来计量,而是用一定质量(也必须具备一定的质量)的产品数量或作业数量来计算,这种产品数量或作业数量也是一定时间内的劳动的结晶。可见,计件工资是间接用劳动时间来计量的,它是计时工资的转化形式。至于奖金,一般说来,是对劳动者的超额劳动即超过平均水平的劳动所支付的报酬,它是工资的补充形式。无论是计时工资、计件工资还是奖金,都是体现多劳多得、少劳少得,而且如同上面所说过的,都是先国家、集体而后个人。所以,它们在本质上没有什么区别。

计时工资是我国当前工资的主要形式。对于同工种、同技术级别的劳动者来说,计时工资反映的是他们在一定时间内付出的劳动量的平均数,而不能完全反映出他们实际付出的劳动量,所以它还需要其他的报酬形式来补充。计时工资既然是我国工资的主要形式,我们就一定要把它运用好,不允许出现多劳少得、少劳多得的现象。

计件工资的特点是能够比较准确地反映出劳动者实际付出的劳动量。从我国当前的实际情况来看,有不少工种是适合于采用计件工资的,特别是那些手工操作为主的工种,如装卸、搬运等等,采用计件工资更有利于劳动生产率的提高。列宁曾经指出:实行计件工资,是“提高劳动生产率的措施”,“应当全力予以支持”。(《关于苏维埃政权的当前任务的六条提纲》。《列宁全集》第27卷,第292页)新中国成立20多年来,我们在计件工资问题上已进行过多次试验。实践的经验充分证明,在我国现阶段,实行计时工资为主、计件工资为辅,是符合社会主义经济发展的客观要求的。

奖金的特点是能够比较及时地准确地反映劳动者给予社会的劳动量变化的实际情况,运用起来也比较灵活,所以它可以补计时工资的不足。奖金基本上有两类:一类是由于劳动者提供超额劳动,直接增加了社会财富(例如增加了产品数量、提高了产品质量、节约了原材料和燃料)而给予的奖励;一类是由于劳动者提供超额劳动，为增加社会财富创造了重大有利条件（例如技术革新、创造发明）而给予的奖励。毛主席说：社会主义社会要有物质鼓励和精神鼓励。奖牌、奖状是精神鼓励，是一种受到人民尊敬的政治荣誉；奖金是物质鼓励，是一种现实的物质利益。它们都是奖励那些直接或间接地为增加社会财富作出了突出贡献的劳动者和工作者，正如毛主席所说的，是“奖励生产战线上的成绩昭著者”，（《中华苏维埃共和国中央执行委员会与人民委员会对第二次全国苏维埃代表大会的报告》。《苏维埃中国》，第296页）并“经过他们去鼓励与团结广大的群众”。（《一九四五年的任务》。1944年12月16日延安《解放日报》）过去和现在的大量实践证明，认真地、合理地实行这种奖励制度，国家和集体只付出了很小的代价，而对于提高工农业的生产力，对于促进产品质量的改善、产品成本的降低、生产事故的减少、劳动纪律的加强等等，却产生了迅速的、巨大的、不容置疑的效果。生产战线上的先进分子代表着生产力的发展方向，奖励他们就是保护和支持生产力的最新发展。社会生产力总是通过不断涌现的先进分子突破现有的生产水平，创造新的水平而向前发展的。无产阶级是新生产力的代表，大力支持和奖励生产战线上的先进分子，是无产阶级的天职。

“四人帮”在反对按劳分配的时候，特别起劲地攻击计件工资和奖金。他们说：实行计件工资和奖金，“资本主义发财致富，争名夺利的思想就会泛滥起来”。这纯粹是蛊惑人心的欺骗宣传。谁都知道，资本主义思想的本质是要无偿地占有别人的劳动，损人利己。而奖金不仅是劳动所得，属于按劳分配的范围，而且实际上生产战线上的先进分子所得到的奖金，远远少于他们为社会所多创造的财富的价值。从这个意义上说，社会主义的奖金制度本身，就体现着精神奖励为主、物质奖励为辅的原则。它的本质是鼓励先进，鼓励劳动者树立为社会多劳动、多做贡献的社会主义思想和劳动态度。在一定限度内正确地实行奖金制度，和资本主义思想没有任何相同的地方。

计时工资、计件工资和奖金，都是承认劳动者之间在劳动报酬上的必要差别。这种必要差别是劳动者的劳动差别的反映。要使计时工资、计件工资和奖金正确地体现按劳分配原则，必须反对两种错误倾向：一方面要反对分配上的平均主义，另一方面又要反对分配上的过分悬殊。所谓平均主义，就是抹杀劳动报酬的必要差别；所谓过分悬殊，就是报酬差别超出了劳动差别。这两种倾向都是违背和破坏按劳分配原则的。所以，毛主席说：我们的提法是既反对平均主义，也反对过分悬殊。

平均主义是小生产的产物，是小资产阶级的空想社会主义思想。它和无产阶级的社会主义思想是根本不同的。斯大林说：“有些人以为，社会主义可以在贫苦生活的基础上用稍许拉平各人物质生活状况的方法巩固起来。这是不对的。这是小资产阶级的社会主义观念。”（《在全苏斯达汉诺夫工作者第一次会议上的讲话》1935年11月17日）我国是一个小资产阶级曾经悠久而广泛地存在的国家，平均主义思想是根深蒂固的，至今还有很大的影响。正因为这样，毛主席在领导我国革命和建设的过程中，始终把反对平均主义的问题摆在一个很重要的地位。他在讲到按劳分配问题时，总是教导我们要特别注意克服平均主义的倾向。1942年，毛主席在《经济问题与财政问题》一书中指出：“平均主义的薪给制抹杀熟练劳动与非熟练劳动之间的差别，也抹杀了勤惰之间的差别，因而降低劳动积极性。”（《经济问题与财政问题》。解放社1944年1月版，第127页）1959年3月，毛主席又一次尖锐地批判了分配上的平均主义倾向。他说：所谓平均主义倾向，即是否认各个生产队和各个个人的收入应当有所差别。而否认这种差别，就是否认按劳分配、多劳多得的社会主义原则。1962年，毛主席亲自主持制定的《农村人民公社工作条例修正草案》中明确规定：“生产队必须认真执行按劳分配、多劳多得，避免社员和社员之间在分配上的平均主义。”“四人帮”同毛主席的一贯教导相对抗，利用小资产阶级思想，大肆煽动平均主义思潮，破坏按劳分配，造成一些企业和单位出现了这样的情况：不分干和不干、干多干少、干好干坏，不分井下井上、高温常温、一线二线，不分重活轻活、复杂劳动简单劳动，不分技术高低、贡献大小，都拿一样的报酬。结果，不是鼓励先进，而是鼓励落后，不是鼓励勤劳，而是鼓励懒惰，不是鼓励干社会主义，而是鼓励吃社会主义、干资本主义，严重地挫伤了广大群众的革命积极性，阻碍了生产的发展，败坏了各条战线上的劳动队伍的思想政治品质和组织性纪律性。

毛主席指出：“绝对平均主义的思想，它的性质是反动的、落后的、倒退的。我们必须批判这种思想。”（《在晋绥干部会议上的讲话》。《毛泽东选集》第4卷，第1312页）小资产阶级不能独立地创造新的社会生产力，不是先进生产关系的代表，它的理想往往是追求对现有的社会财富进行平均分配。而这种方案只能导致社会生产力的破坏和倒退，所以它注定要破产。“四人帮”煽动平均主义思潮所造成的后果，难道还不足以充分证明这一点吗？

另一方面，我们必须反对分配上的过分悬殊。过分悬殊不是执行按劳分配原则，而是破坏按劳分配原则，如果不坚决加以纠正和防止，它还会产生高薪阶层和新生的资产阶级分子。“四人帮”硬把破坏按劳分配原则的过分悬殊，说成是按劳分配的产物；他们硬把自己装扮成是过分悬殊的反对者，其实，大搞过分悬殊的正是他们这一伙社会渣滓。他们一面在群众中煽动平均主义思潮，一面却在背地里拼命向国家伸手要钱，并且破坏国家的财经纪律和财务制度，任意掠夺和强占国家财富，挥霍浪费，穷奢极欲。为了彻底肃清“四人帮”的这种流毒，我们必须对一切滥用职权，非法占用人民劳动果实、贪污盗窃、投机倒把、破坏社会主义法制和社会主义财经纪律的犯罪行为，展开坚决无情的斗争。

（三）

在如何实行按劳分配的问题上，经过新中国成立20多年来的实践，我们党已经积累了正反两方面的丰富经验。我们要在全国范围内进一步贯彻执行按劳分配，综合以往正反两方面的经验，应当注意哪些问题呢？

第一，要坚持无产阶级政治挂帅，做好政治思想工作。

社会主义社会还存在着阶级和阶级斗争，资产阶级和其他剥削阶级的思想在劳动群众中还有着广泛的影响。如果我们不去引导劳动群众摆脱这种影响的束缚，有些人就会用旧思想来看待按劳分配，“按酬付劳”，“不愿比别人多做半小时工作，不愿比别人少得一点报酬”。（列宁：《国家与革命》。《列宁选集》第3卷，第254页）因此，必须坚持政治挂帅，加强对劳动群众的政治思想工作，教育他们树立共产主义劳动态度，坚持把国家和集体的利益放在第一位，一切生产劳动必须严肃认真地保证质量，增强他们抵制一切损人利己、损公利私的资产阶级思想侵蚀的能力，这样才能保证按劳分配沿着继续革命的轨道贯彻执行。

当然，我们强调坚持政治挂帅，做好政治思想工作，是要坚持向劳动群众灌输“以集体利益和个人利益相结合的原则为一切言论行动的标准的社会主义精神”（毛主席：《〈中国农村的社会主义高潮〉的按语》。《毛泽东选集》第5卷，第244页），使劳动者自觉地把个人利益和集体利益、眼前利益和长远利益结合起来，而不是否定人民物质利益的重要意义。无产阶级政治是无产阶级的根本经济利益的集中表现，离开经济利益的政治实际上是不存在的。

我们在贯彻执行按劳分配过程中进行深入细致的政治思想工作，归根到底，就是要通过提高劳动群众的觉悟，从思想上和政治上保证按劳分配原则得到正确的贯彻执行，既保证劳动者为社会主义积极劳动、多做贡献，又切实保证多劳多得，少劳少得，不劳不得，真正做到鼓励先进，教育后进，打击不劳而获、吃社会主义的歪风邪气，做到分配上的奖罚分明。为了这个目的，必须纠正一种用政治思想标准去代替按劳分配的倾向，就是在处理分配问题时，只是看劳动者的政治表现，而不管他的劳动如何。这就产生了两个问题：一个问题是，社会主义社会个人消费品的分配，究竟是以劳动为尺度还是以政治为尺度？一个问题是，究竟怎么样才算政治表现好？既然社会主义的分配原则是按劳分配，因此评工资提等级，基本上必须以劳动为尺度，按照劳动者给予社会的劳动数量和质量来进行计量，而不能以政治表现为尺度。否则，就不是按劳分配，而是按政分配了。马克思在《哥达纲领批判》中说：社会主义社会的按劳分配，“就在于以同一的尺度——劳动——来计量”，“它不承认任何阶级差别，因为每个人都像其他人一样只是劳动者”。（《马克思恩格斯选集》第3卷，第11—12页）但是，前面已经说过，我们今天的社会主义社会还存在着阶级和阶级斗争，这一点和马克思所说的已经消灭了阶级的共产主义社会第一阶段是不同的。因此，我们在评工资提等级时，除了以劳动为尺度外，还要看劳动者的重大政治表现，不能不看这种表现。问题是怎样去看劳动者的这种表现。一个劳动者的重大政治表现好不好，必须看他对待革命和反革命的根本立场，而对待革命和反革命的根本立场的重要方面之一，应当取决于是不是积极为社会主义劳动，为社会主义多做贡献。诚然，劳动好、贡献大，并不无条件地等于政治好，但是政治好的人，除非劳动力受到损害，却不可能不表现为劳动好、贡献大。在我们这样的社会主义国家里，一个政治好的劳动者难道会不积极为社会主义劳动、多做贡献吗？对于某些劳动虽然好，但在政治上确实犯了这样那样的严重错误（必须是严重错误）的劳动者，在评工资提等级时，除了对他们的劳动仍然应当作正确的估计以外，还必须考虑到他们的这种政治表现。这样做有利于教育本人，教育群众，有利于提高劳动者的政治觉悟。

第二，要在总结经验、调查研究的基础上，有计划地改革现行的工资制度。

工资改革是坚持实行按劳分配原则的一项重要任务。我国的工资制度，经过20多年来的实践检验，总的说来，基本上是符合按劳分配原则的，它的一些基本制度，是行之有效的。但是，也还存在着许多不完善、不合理的方面。对于受到“四人帮”严重破坏以至名存实亡的按技术高低、贡献大小定工资级别的制度，计时工资为主、计件工资为辅，计时加奖励的制度，技术考核、定级升级的制度等等，要恢复和进一步贯彻执行；对于工资制度中不完善、不合理的方面，要加以改革，例如，工资级别可以不限于八级，在定级升级时对成绩优异者可以跳级，工资差距可以作合理的调整，奖金制度的某些方面需要作适当的改善等等。社会主义的工资，必须充分体现按劳分配原则，这是我们改革工资制度的总的指导思想。贯彻这个指导思想，关键的问题，首先在于要充分发扬社会主义民主，走群众路线。各级领导干部，特别是劳动工资部门的领导干部，一定要深入到群众中去，倾听群众的呼声，了解群众在生产和生活中的实际问题，在调查研究的基础上，总结过去的经验。不能带着“框框”去作所谓调查，更不能由少数人坐在房子里凭空想象，因为这样搞出来的工资改革方案，只能是主观主义、脱离群众的东西。同时，还必须从理论上真正弄清楚社会主义工资同按劳分配原则的关系，特别是要从理论上弄清楚以下两个问题。

一是正确认识工资和劳动者的分工的关系。工资既然是劳动报酬的形式，工资的差别只能是反映劳动者的劳动差别。那么，这种差别同劳动者的分工是什么关系呢？劳动者所属的行业和工种不同，他们的工资也往往不同。从表面上看来，好像这是行业和工种的差别决定着劳动者的工资差别，实际上并不是这样。决定劳动者工资差别的，不是行业和工种本身，而是这些行业和工种的劳动所具有的不同的平均复杂程度、熟练程度、强度和安全程度。如果劳动的这些方面相同，尽管劳动者所属的行业和工种不同，他们的工资应当相同。所以，我们在确定工资标准时，只能以劳动者的劳动为依据，而不能以他们所属的行业和工种为依据。在现代化经济中，生产的分工、各行各业的分工会愈来愈细，专业化的程度会愈来愈高。如果按照行业和工种的不同来制定工资标准，不仅不能很好地体现按劳分配原则，而且势必造成工资标准的繁杂和混乱，以至于“内行记不住，外行看不懂”。我国现行的工资制度在这方面是有缺点的。我们必须认真吸取这方面的经验教训，做到既简化和统一工资标准，又符合按劳分配原则。

二是不同行业和工种的劳动的平均复杂程度虽然不同，有高低之别，但这并不等于说，劳动复杂程度低的行业和工种中的所有劳动者的劳动水平都低。事实上他们中间一些人的劳动不仅可以大大超过本行业、本工种的平均水平，而且可以达到和超过复杂程度高的行业和工种的平均水平。举例来说，小学教师的劳动按其平均水平来说低于中学教师，但他们中间有一些人，热爱自己的职业，勤勤恳恳，不辞艰苦，数十年如一日，经验丰富，熟悉儿童心理，善于深入浅出地把知识传授给学生，为培养祖国的新一代作出了特殊的贡献，这样的小学教师的劳动水平，就并不低于中学教师。“行行出状元”。小学教师中有这样的“状元”，其他行业中的劳动者如服务人员、厨师、清洁工等等也都有这样的“状元”。按照按劳分配的原则，这些在各行各业中作出了特殊贡献的劳动者，就应当得到同他们的劳动相当的比较高的工资。

正确认识工资增长和生产发展的关系。随着社会主义经济的发展，经常地调整劳动者的工资，是我们工资制度中的一项基本政策。这个基本政策不是随意确定的，而是由社会主义经济发展的客观规律决定的。劳动者的工资不断增长，消费不断增加，不仅直接是社会主义生产的目的，而且是扩大再生产的必要条件。在社会生产总过程中，生产、分配、交换、消费几个环节是紧密相连的，其中任何一个环节受到破坏，就会导致总过程的破坏。如果劳动者的工资不是随着生产的发展而增长，这就表明分配这个环节发生了问题，就会直接影响到交换和消费，从而影响扩大再生产的进行。只有随着生产的发展不断调整劳动者的工资，增加他们的购买力，改善他们的物质文化生活，提高他们的劳动技能，才能促进生产的不断发展。劳动者工资的增长，物质文化生活水平的提高，是社会主义经济向前发展的一个重要标志。在林彪、“四人帮”横行的时期，我国劳动者的工资所以不能正常增长，就是由于国民经济受到他们的破坏，长期停滞不前而造成的。现在，中央已经决定，要恢复正常的调整工资的政策。随着我国国民经济的发展，劳动者的工资将会逐步增长起来。应当认识到，即使劳动群众的工资水平有了提高，也还是低工资。低工资政策是我们在建设社会主义过程中要长期实行的政策。我国是一个经济落后的国家，为了迅速发展经济，必须在允许的限度内尽可能地多积累一些，所以低工资政策是符合全国人民的长远利益、因而是得到全国人民支持的政策。

第三，要兼顾国家利益、集体利益和个人利益，合理地安排好积累和消费的比例关系。

按劳分配是社会总产品作了各项扣除之后的个人消费品的分配。扣除部分的多少直接关系到按劳分配部分的多少。如果扣除部分过多了，积累过多了，按劳分配的部分过少了，就势必影响劳动群众的生产积极性，影响国内市场的扩大，不利于生产的发展，结果积累不仅不会增多，反而会减少。反过来也是一样。所以，扣除要合理，积累和消费的比例要恰当。

这里还要指出，由于“四人帮”对于党的政策的破坏，至今还有一些县和公社任意向生产队、生产大队摊派劳力、资金、物资、粮食，任意破坏积累和消费的比例关系；还有些地方不实行定额管理、评工记分、男女同工同酬的制度，不实行生产民主和财政民主，存在对生产瞎指挥，对公共财富挥霍浪费甚至贪污盗窃的现象。这些现象都严重妨碍按劳分配，妨碍生产的发展和农民生活的改善，必须切实纠正。

第四，要极大地提高经济管理水平。

社会主义经济管理的任务，就是要充分发挥社会主义制度的优越性，科学地组织生产力，最合理地组织生产、分配、交换、消费各个环节，最有效地使用人力和物力，不断创造出新的劳动生产率，收到最大的经济效果。

社会主义经济的管理，必须和社会主义经济的发展相适应，必须有一套合乎经济发展规律的管理制度和管理方法。我们不能用管理小生产的方法来管理社会主义的大生产，也不能照搬管理政治、军事、文化的方法来管理经济。社会主义经济管理是一门新的科学。党的各级领导干部，特别是经济工作干部，必须尽快地掌握这门科学。毛主席早在《论十大关系》中就号召全党同志学会社会主义经济管理，学习外国经济管理中一切合乎科学的东西。20多年来，我们已经学会了不少东西，积累了不少经验，初步形成了一套基本上适合我国情况的管理制度和方法。但是总的说来，我们的管理水平仍然很落后，效率很低，特别是"四人帮"的破坏给我们的管理工作造成了极端严重的混乱，而工农业的现代化又迫切要求管理方法的现代化，这就使得管理水平同经济发展要求不相适应的矛盾非常突出。迅速解决这个矛盾，恢复过去一切行之有效的管理制度和方法，努力学习我们还不懂得的现代化的管理方法，把经济管理水平大大提高一步，这是摆在我们面前的一项十分紧迫的任务。

经济管理水平的高低，直接影响按劳分配的贯彻执行。按劳分配既然是按照劳动者的劳动量分配消费品，就必须有对劳动的数量和质量的科学核算和严格检查，这就要求实行严格的定额管理和严格的计划制度、财务制度。不论是计时工资、计件工资还是奖金都要求这样。如果管理混乱，没有合理的定员、定额，没有严格的岗位责任制、技术考核、质量检查和计划、财务制度，就无法规定和核算劳动的数量和质量，无法保证一定量的劳动领取一定量的合理报酬，以劳动为尺度的按劳分配就失去了依据。在这种情况下，尽管名义上还是实行计时工资、计件工资和奖金，但实际上平均主义，少劳多得，多劳少得，甚至不劳而获、劳而不获的现象都会出现，按劳分配就会变成有名无实。所以，不断提高经济管理水平，是贯彻执行按劳分配的必要条件。对管理人员和其他干部，也要实行严格的考核制度，要有奖有罚，奖罚分明。这也是一种按劳分配。干得好的，干得不好的，经过考核以后给予不同的报酬，成绩卓著的干部可以越级提升，干了几年干不出成绩并且对国家和人民造成损失的，就应当撤换。中央已经决定，对于全面完成八项经济技术指标的企业，应当按一定的比例，提取企业基金，用于举办企业的集体福利事业。这是国家对这些企业的职工的一种集体奖励。这样做对于进一步改善管理，改善整个企业的状况有很大的意义。应当看到，我们现在有一些企业管理得很不好，产量低，质量差，成本高，事故多，浪费大，亏损大，而这些企业的一些负责人员，面对这种严重情况，却无动于衷，处之泰然，照样领工资，照样吃饭，似乎可以对国家对人民不负任何责任。我们的社会主义国家，决不能容许这种现象存在。有功不奖，有过不罚，怎么能使人人要求上进呢？怎么能实现四个现代化呢？

列宁说过："原则性的政策是唯一正确的政策。"(见斯大林：《论列宁》。《斯大林全集》第6卷，第52—53页)按劳分配就是这样的政策。全党同志一定要按照党中央的决策，大张旗鼓地宣传和坚定不移地执行按劳分配的社会主义原则，开展社会主义劳动竞赛，掀起社会主义建设的新高潮。这是加速工农业生产的发展，实现在本世纪内把我国建设成为现代化的社会主义强国的最重要的任务之一。

《解放军报》连续发表《抓纲治军，准备打仗》等16篇文章系统论述加强我军革命化现代化建设中的一些重大问题

从1月26日至5月5日，《解放军报》连续发表16篇论抓纲治军准备打仗的文章，系统地论述了当前我军革命化现代化建设中的一些重大问题，号召全军高举毛主席的伟大旗帜，响应华主席的伟大号召，奋发图强，为把我军的军政素质、战备工作、革命化和现代化建设提高到一个新的水平努力奋斗。

这16篇文章，有社论，有编辑部文章和评论员文章。它们是：《抓纲治军，准备打仗》《军事战线一场大是大非的斗争》《毛主席关于抓纲的思想不容篡改》《夺取揭批"四人帮"斗争的全胜》《关键是选配和整顿好领导班子》《把教育训练提到战略地位》《贯彻毛主席战略思想，做好反侵略战争准备》《保守机密，慎之又慎》《奋发图强，向国防科技现代化进军》《把军队办成一个大学校》《军队要有一个好的作风》《军队非讲纪律不可》《对下情要了如指掌》《把后勤战备建设迅速搞上去》《努力办好军事院校》《抓纲治军，充分发挥政治工作的强大威力》。

全国人大常委会副委员长廖承志在北京会见以京都大学校长冈本道雄为团长的日本学术代表团

5月6日

中共中央主席华国锋在平壤与朝鲜劳动党中央委员会总书记金日成继续举行会谈

在今天和昨天的会谈中，双方互相通报了本国社会主义革命和社会主义建设的大好形势，就进一步发展中朝两党、两国和两国人民的战斗友谊和革命团结以及共同关心的其他问题，进行了诚挚的会谈，取得了圆满的结果。

共青团十大筹委会成立暨筹委会第一次会议在北京举行

中国共产主义青年团第十次全国代表大会筹备委员会已经成立。筹委会第一次会议于5月6日至10日在北京举行。

会议学习了中共中央关于召开中国共产主义青年团第十次全国代表大会的通知，要求全国各级团组织，在党的领导下，努力做好新时期团的工作，成为紧跟华主席进行新长征的英勇突击队，动员广大青年以实际行动迎接共青团十大的召开。

共青团十大筹备委员会是华主席为首的党中央决定成立的。筹委会委员共50人。韩英任筹委会主任，王照华、邢崇智、刘安元、李海峰、胡德华、巴达拉呼、阿木冬·尼牙孜、米成顺任筹委会副主任。委员中有各省、自治区、直辖市、人民解放军和铁道团组织的负责人，先进基层团组织的代表，以及各条战线的青年先进人物和少年工作者等，包括藏、蒙古、回、维吾尔、壮等民族和台湾籍同胞。

筹委会会议召开之前，举行了共青团各省、自治区、直辖市委负责人会议。胡耀邦同志受党中央委托到会讲了话。

筹委会会议开始时，王照华副主任在会上讲了话。他说，召开共青团十大，是全国团员和青年的共同心愿。前几年，由于"四人帮"的干扰破坏，这个愿望未能实现。以华主席为首的党中央粉碎了"四人帮"，才有条件召开共青团十大。

筹委会副主任、大庆团委书记李海峰，副主任、共青团内蒙古自治区区委书记巴达拉呼，委员、大寨大队团支部书记贾存锁，委员、雷锋生前所在班班长祝星发，在会上发了言。筹委会副主任邢崇智在会上作了总结发言。

出席会议的同志讨论了动员青年为实现新时期总任务而奋斗的问题。会议指出，当前要立即在青年中掀起关于新时期总任务的大宣传、大学习、大动员的热潮，掀起争当新长征突击手的热潮。要大力抓好青年的学习，用马克思列宁主义、毛泽东思想把青年武装起来，用现代文化科学技术知识把青年武装起来。为了带领青年前进，团干部要首先学习好。要做好思想政治工作，认真落实党对青年的各项政策，充分调动青年的社会主义积极性，最大限度地把青年团结和组织起来。

会议讨论了召开共青团十大的准备工作。会议强调，选举好共青团十大的代表，要贯彻群众路线，发扬民主。

《人民日报》发表评论员文章《抓紧解决科技人员用非所学的问题》

3月16日，本报发表了安徽省委认真解决科技人员用非所学问题的报道。许多读者来信，赞扬安徽省委拨乱反正，态度坚决；同时也批评了本部门、本单位某些领导同志至今仍对这种状况熟视无睹。本报今天选登其中几封来信，目的在于引起有关党委和人事部门对这个刻不容缓的问题的重视。

解决科技人员用非所学的问题，是落实党的知识分子政策的一个重要方面，也是加强专业科技队伍建设的迫切需要。全国解放以来，我们党和国家花了很大力量，培养了一定数量的各种专门人才。他们在毛主席革命路线的指引下，为发展工农业生产、加强国防和繁荣科学文化事业，作出了重要贡献。林彪、"四人帮"出于篡党夺权的反革命需要，全盘否定17年，打击、迫害广大知识分子，严重摧残文化科学事业。他们肆意撤销科研机构，解散科技队伍，把大批科技人员赶到农村去进行所谓"劳动改造"，或长期下放到工厂"顶岗位劳动"。在"彻底砸烂"、"拆庙撵神"的反动口号下，仅辽宁一省，就有近万名科技人员被迫带着家属下乡落户，"就地消化"。在"四人帮"的干扰破坏下，按原计划应分配搞科技工作的一大批大专院校毕业生，被分配当了采购员、营业员、保管员、打字员、炊事员，等等。有的学火箭发射专业的被分配去看大门，学自动控制专业的去杀猪剔骨，教数学、搞外文的去卖煤气、做糕点。据有的省统计，新中国成立以来培养的大学生仅占全省总人口的2‰，而在这2‰中，用非所学的竟占1/3。就是在首都北京，仅市属单位就有约8000名专业科技人员用非所学。这种状况说明，党的知识分子政策遭到多么严重的破坏，林彪、"四人帮"所造成的浪费人才的现象多么严重。

当前，我国社会主义革命和建设，已进入一个新的发展时期。要在20世纪末实现四个现代化，关键是科学技术现代化。向科技现代化进军，要有广大群众参加，更要有一支攻坚的骨干力量。从我国科技队伍的现状来看，20多年来虽有很大发展，但总的说来，人数还不多，水平也不高。要发展壮大我国的科技队伍，从长远来讲，要大力发展教育事业，千方百计培养人才。但这要有个过程。23年实现四个现代化的关键是前8年。时间紧迫，任务艰巨，解决科技队伍青黄不接的最现实的办法，就是充分发挥现有科技人员的作用，把那些确有真才实学而用非所学的科技人员调到科技岗位上来。人才难得。各级党委要珍惜人才,采取坚决的措施,把被“四人帮”打散的科技人员赶紧收集拢来,迅速安排用非所学的大专院校毕业生归队,这是关系到加快科技发展速度的大问题,是真想还是假想四个现代化的问题。

党中央发出召开全国科学大会通知以来,许多地区和部门的党委认真抓紧落实党的知识分子政策,解决用非所学的问题,取得了很大的成绩。全国科学大会以后,更多的地方积极行动起来,着手解决这个问题。但是,也有些党委和人事组织部门,对这个问题认识不足,措施不力,工作进展迟缓。许多来信说明,这是一场严肃的斗争,阻力还是不小的。因为“四人帮”的干扰破坏,不仅打散了我们的科技队伍,也严重地混淆了人事组织工作中的路线是非,搅乱了不少人的思想。这股流毒至今还在某些同志的头脑里兴妖作怪。比如,有些同志认为:“工科大学毕业当工人也是对口使用,干什么不都是干革命?”这些同志不懂得,革命工作是有分工的。当工人是革命需要,搞科技工作也是革命需要。我国目前还不能普及高等教育,现有的大学生不是多了,而是少了,在当前科技队伍青黄不接、后继乏人的情况下,让一大批学有专长的大学毕业生当一般工人,显然是不切实际的,是人才的浪费!

用非所学的科技人员要求归队,利用所学专长为社会主义做贡献,这是他们热爱党、热爱社会主义的表现,应该给予热情支持和鼓励。可是,有些同志说:“报上一讲要归队,知识分子又翘尾巴了,工作又不安心了,还是世界观没有改造好。”这种说法是不切实际的。我们要设身处地为那些用非所学的科技人员想一下,他们为什么不安心?他们不安的是什么?从本报收到的许多来信看,他们并不是不愿意同工农群众相结合,也不是不愿意参加体力劳动,而是为祖国的科学技术同世界先进水平的差距拉大了而不安,为自己不能发挥专长对祖国多作贡献而不安。这种不安,反映了他们可贵的革命热情,怎么能简单地加以斥责呢?至于所谓“翘尾巴”的问题,更是没有根据的。“四害”横行时,广大知识分子横遭打击迫害,一些人精神上的创伤至今未愈,不少政策还未落实,我们有什么理由说他们翘尾巴呢?不少科技人员,长期以来不计较工资待遇和生活条件,甚至家庭事务也顾不上料理,勤勤恳恳,兢兢业业为革命工作,他们对落实知识分子政策提出建议和意见,完全是正常的,哪里是什么翘尾巴呢?即使有的人夹杂一些个人的错误想法,那也没有什么可以大惊小怪的。哪一类人员中没有一些思想问题呢?对于这些同志,要做好思想工作,不能因此就不解决用非所学的问题。

有些领导干部的精神状态值得注意。他们嘴里高喊落实党的知识分子政策,但一碰到具体问题,便左顾右盼,战战兢兢。这些同志张口一个“等等文件”,闭口一个“等等精神”,你推我,我推你,靠推磨盘过日子。他们要等什么呢?华主席、邓副主席的重要讲话和党中央的文件,三令五申,一再讲到“对现有大、专毕业生要合理使用”,“对于确有真才实学而用非所学的科学技术人员,要坚决把他们调到科学技术岗位上来”。这些指示难道还不明确吗?原来,他们不是在等什么,他们是怕。怕解决用非所学的问题,涉及的面广、量大,搞“乱套”,怕“出头的椽子先烂”,怕落实知识分子政策“过了头”,怕人家说他走“专家路线”,将来又要算账。“四人帮”的精神枷锁把他们变成了小脚女人。要看到,科技队伍是林彪、“四人帮”搞乱的,用非所学的状况是他们那条假左真右的路线造成的,解决用非所学,是拨乱反正,化乱为治。那些工作做得好的地方和单位,不仅没有乱,而且由于人尽其才,各得其所,出现了群众欢迎,干部高兴的新局面。可见这种担心是完全没有根据的。希望这些同志睁眼看一看,林彪、“四人帮”的干扰破坏,已经耽误了我们很多时间,造成了不可估量的损失,使我们同世界科学技术先进水平本来已经缩小的差距又拉大了。一个共产党员,特别是领导干部,对于实现四个现代化这个宏伟目标,应该有一种紧迫感,一种责任感。战争年代,一个指挥员如果怕这怕那,贻误战机,那是最大的犯罪和失职。今天,在向四个现代化进军的历史性时刻,一个党的干部,等,就要丧失时间,等,就要丧失速度。等来等去,国家就有被动挨打的危险,这同样也是一种贻误战机和严重失职。进军的战鼓已经擂响。希望至今还在等待观望的同志赶快振作起革命精神,迈开双腿到群众中去作些调查研究,使你那个单位被埋没的人才尽快地回到向四个现代化进军的关键岗位上。

解决用非所学的问题,需要各有关单位通力协作。有的单位只看到自己眼皮底下一块小地方,上级调查摸底,他们打埋伏,留一手,不肯把用非所学的人员全部报上去;当上级发现后,又寻找各种理由不肯调出,这是一种本位主义思想。应当看到,有一些科技人员,虽然用非所学,但在工作中表现不错,不少人还是骨干,立即全部调出,对那个单位的工作可能造成一些困难。但如果从大局出发,统筹兼顾,合理安排,充分挖掘内部潜力,问题并不难解决。实现新时期的总任务,这是我们的大局,是广大人民的根本利益所在,是衡量得失的出发点。调出一个骨干,从本单位来讲,也许算是有所“失”,但是从全局来看,却是大有所“得”。一个单位向外输送一个被埋没的人才,这本身就是对四个现代化的贡献,有什么舍不得呢?在调整工作中,已有不少单位顾全大局,不讲价钱,不提条件,调谁给谁,甚至不惜把自己部门的“台柱子”主动推荐调出。这种高尚的风格,应该成为大家学习的榜样。

国务院副总理纪登奎在北京会见由经济计划部部长赫·西卡特率领的菲律宾访华代表团

国务院知青领导小组和教育部联合发出通知要求妥善安排报考青年复习功课

联合通知说,去年以来,不少下乡和回乡知识青年在党的十一大路线鼓舞下,踊跃报名,参加高考。许多地方各级党组织本着积极发现人才,精心选拔人才的精神,满腔热情地支持知识青年复习应考,为考生提供了便利条件,一大批知识青年被录取上了大学。但是,也有不少下乡知识青年反映,他们在农业第一线坚持劳动,没有复习时间,又没有人辅导,甚至有的遭到歧视和压制,给他们报考高等学校带来了不少困难。

通知为此提出以下几点要求:

一、知识青年所在的生产队、农场,应热情鼓励符合条件的知识青年报考高等学校,并积极组织他们复习功课,任何人不得歧视、压制;如有歧视、压制者,要批评教育,情节严重的,应严肃处理。

二、凡是准备报考的知识青年,其所在的农场、大队,从接到这个通知之日起到高考为止,应本着劳动、复习两不误的原则,每天给他们安排一定时间,组织他们复习功课,任何单位不得借口农忙而不给考生复习时间。长期擅自脱离生产和工作岗位回城的下乡知识青年,要教育他们回到农村,边劳动、边复习,免得影响生产。

三、各地知青、教育部门,要在当地党委领导下,对报名参加高考的知识青年的复习问题,作出切实安排。要因地制宜,采取多种形式,做好辅导工作,还要协助他们解决复习当中遇到的疑难问题和实际困难。

联合通知还指出,对于没有报名参加高考的知识青年,各地也应安排一定时间,采取有效措施,组织他们学习政治和科学文化知识,使他们不断有所进步,为建设四个现代化的社会主义强国作出贡献。

5月7日

中共中央主席华国锋在平壤出席群众大会

平壤市人民委员会在牡丹峰体育场举行有十多万人参加的群众大会,欢迎中共中央主席、国务院总理华国锋。

华国锋主席的随行人员耿飚、陈慕华副总理以及黄华、申健、张耀祠、吕志先等应邀在主席台上就座。

华国锋主席在大会上发表讲话,热烈称颂中朝两国人民建立在马克思列宁主义和无产阶级国际主义基础上的战斗友谊和革命团结。

国务院发出《关于实行奖励和计件工资制度的通知》

通知指出:要有条件、有计划地实行奖励和计件工资制度。各地区、各部门今年实行奖励和计件工资制度的单位,最多不要超过所属企业总数的30%。

《人民日报》发表社论《开展农业科研工作刻不容缓》

为了实现新时期的总任务,在本世纪内把我国建设成为社会主义的现代化强国,必须全国动员,大办农业,使我国农业有一个很大的发展。华主席在五届人大政府工作报告中指出:到1985年,我国粮食产量要达到8000亿斤;到本世纪末,我国实现农业现代化,农业主要产品的单位面积产量要达到或者超过世界先进水平。这是一项光荣而又艰巨的任务。为了完成这项任务,大力开展农业科学研究工作,迅速改变目前农业科学研究远远不能适应加速发展社会主义大农业的状况,是一件刻不容缓的事情。

当代农业的巨大发展,劳动生产率成十倍、百倍的提高,主要是靠科学的力量、技术的力量。在现代农业上,随着生产过程全面实现机械化,随着良种的选育和推广,农业化学的研究和应用,杂种优势的利用,使农业生产发生了巨大变化。目前,生物科学正在酝酿新的突破,遗传工程的应用,将有可能按人类的需要,定向地创造新的物种,向自然界索取更多更好的产品。农业科学技术的发展,已经并且正在为农业生产开辟新的领域、新的途径,带来革命性的变革。可见,农业生产要高速度地发展,不靠科学技术是不行的。科学来源于生产实践,又反过来指导生产实践。农业要现代化,农业科学技术的现代化就要走在前面。

在我们党的领导下,新中国成立以来,我国农业科学研究机构从无到有,从小到大,群众性科学实验运动蓬勃兴起,专群结合,取得了大量科研成果。解放初期,我们根治了曾给旧中国农业生产和劳动人民带来极大灾难的飞蝗危害。60年代,全国农业科研单位对小麦条锈病进行协作研究会战,培育出一批抗条锈病的良种,全国基本上控制住了小麦条锈病。50年代后期,我国还在世界上最早育成了一批矮秆高产水稻品种,使水稻获得大幅度增产。这些都推动了农业生产的发展。

林彪和“四人帮”是破坏我国农业和农业科研的罪魁祸首。他们叫嚷“不讲科学,照样种田吃饭”,扶杀科学技术对农业生产的巨大推动作用，否定专业队伍在科研中的骨干作用，蓄意取消农业科学实验运动。他们随意搬迁、合并、拆散农业科研机构，煽动极“左”思潮，胡说农业院校越搬到偏僻地方越“革命”，使这些院校基本上失去了教学和现代实验研究的手段。农业科技人员或被拆散，或被迫改行，多年动荡不定，不少人被剥夺了从事科研的权利。科研机构和农业院校的很多研究课题被迫中断，不少珍贵的种子、标本被毁坏，大量图书、资料、科研仪器散失。新中国成立以来形成的全国农业专业研究体系受到严重破坏，致使我国农业缺少现代科学技术的有力指导，发展缓慢，同向四个现代化进军的形势很不适应。更为严重的是，“四人帮”流毒所及，使社会上滋长起一种轻视农业的思想，不少人不愿从事农业，不愿从事农业科研工作，青年学生不愿报考农业大学。十几年前，报考农业大学的青年学生很多，现在却很少。农业科研和农业教育这条极其重要的战线，当前面临青黄不接、后继乏人的严重情况，这是“四人帮”的又一滔天大罪。

打倒“四人帮”，发展农业的最大障碍扫除了。我们必须在认真学大寨普及大寨县、认真执行党在农村现阶段的各项经济政策、加快农业机械化步伐的同时，把被“四人帮”破坏的农业科研体系恢复起来，大力开展农业科研工作。农业要大上，科研要先行。只有这样，我们才能极大地提高农业劳动生产率，使我国农业经济的落后面貌根本改观，实现农业的现代化。当代农业科学的发展日新月异，一些农业发达的国家，农业的大多数环节已经采用先进的技术装备和大量的科研成果，耕作、植保、收获、运输都已高度机械化，卫星遥感、电子计算技术、人工气候装置日益广泛地使用，加强了改造自然、抗御自然灾害的能力。他们的劳动生产率比我国高出几十倍，一个农业劳动力能养活几十人，而我国一个农业劳动力只能养活几个人。他们只用总人口的百分之几的人搞农业，我们却要用百分之七八十的人搞饭吃。再举几项主要产品作比较：我国小麦、玉米、水稻的平均亩产，只相当高产国家的一半左右；猪的出栏数占存栏的比例，他们是150%左右，而我们只有50%多。我们是彻底的唯物主义者，不采取“四人帮”的鸵鸟政策，敢于面对现实，承认客观存在的很大的差距。只有承认落后，才能激励人民，学习先进，奋起直追，真正赶超世界农业先进水平。

搞社会主义大农业，实现农业现代化，必须从旧中国农村长期形成的小生产经济的思想影响中解放出来。目光短浅，因循守旧是不行的。不想长远，只顾眼前的生产，把科研扔在一边，是不对的。农业科学技术高度发展，才能极大地提高劳动生产率，才能大大减少农业劳动力，把他们转到工业生产上，转到文化科学技术的研究上去。这不仅有利于向生产的广度和深度进军，而且有利于逐步消灭三大差别。我们共产党人应有这样的胸怀和远见。不克服农业科研可有可无的错误思想，不改变百分之七八十的人口搞饭吃的落后状况，赶超世界先进水平，建设社会主义现代化强国，就无从谈起。现代农业的科学技术和科学管理，对我们来说，是新的课题。我们的各级领导同志要为发展社会主义大农业，带头学习、学习、再学习。要学科学，学技术，丰富知识，增长才干，改进领导方法和工作方法，把农业科研工作切实地抓起来，推动我国农业的高速度发展。

必须尽快地恢复和健全各级农业科研机构，动员被拆散了的农业科技人员归队，重建队伍，恢复农业科研的正常秩序。机构、人员要保持相对稳定，研究课题要有持续性，不要任意变动。要落实党对知识分子的政策，从政治上、工作上、生活上热情关怀和支持农业科技人员，使他们各得其所，专心致志地从事研究工作。对有发明创造有贡献的科技人员，要表彰，并给以奖励。农业科技工作者应当经常到农村去，与广大农民结合，普及科技知识，推广科研成果；进行调查研究，虚心向老农学习，发现和总结群众生产中的好经验。“四人帮”把科研人员长期下放，使他们不能从事研究工作，是完全错误的。科学研究要揭示并验证某些特定规律，需要在具备一定条件的试验场所进行。科学研究和实验是艰苦的脑力劳动，科研工作者也是劳动者。为什么只有到农村下田才算劳动，而在实验室工作、在试验田种地就不算劳动呢？“四人帮”把实验室的活动，一概斥之为脱离实际，大搞什么“下去就是一切”、“一切为了下去”，这是形而上学猖獗，是对人才的极大浪费，其目的是摧残科学。

要认真学习国内外的先进农业科学技术，搞好学术交流，搞好各地之间的互通情报、互相协作。“四人帮”诬蔑学习外国先进技术是什么“爬行主义”、“洋奴哲学”，推行封建王朝闭关自守的那一套。我们要开阔眼界，老老实实地把外国的先进技术学过来，然后根据我国各地的特点、环境条件，因地制宜、创造性地运用。学习外国先进经验和独创相结合，是我们的一贯方针。

要像大寨那样，广泛开展群众性的科学实验运动，争取在技术上年年都有新套套，生产上年年创造新纪录。在科学实验运动中，专业队伍和群众科研要密切结合。要进一步巩固和发展四级农科网。群众科研是基础，专业队伍是骨干。要尊重专业科研工作者的劳动，重视和充分发挥他们的骨干作用。群众科研的成果，农业劳模的经验，这是专业队伍科研的丰富源泉；

专业科研担负着科学技术研究中的攻坚任务,又为群众科研提供更多的理论和技术指导,使群众科研得到总结和不断提高。要提倡农民和科研人员互相学习、共同讨论的风气。反对"四人帮"那种压制不同意见的专横作风。专群结合,相辅相成,有利于科学技术的普及和提高。这是我们社会主义制度优越性的一个重要标志,是任何资本主义国家所不能比拟的。我们要在广大农民中培养出一支庞大的科技队伍,掌握和应用现代科技成果,全面贯彻农业"八字宪法",不断提高科学种田水平。

要重视农业基础理论研究和新技术应用。加强农业生物遗传、生长、发育控制技术理论和方法的研究,加强农业生物生活环境和生态系统控制技术的研究,回答关键性技术的所以然的问题。要积极开展原子能、遥感和电子计算机等新技术在农、林、牧、渔方面应用的研究,不断提高研究水平。

华主席为首的党中央坚决贯彻执行毛主席的革命路线,极其重视农业,极其重视农业科研工作,广大群众也迫切要求把农业搞上去。全国科学大会胜利闭幕以来,农业科技工作者意气风发,决心大显身手,为社会主义祖国多做贡献。各省、自治区、直辖市和地、县委要以很大的决心、很大的气魄,把农业抓上去,把农业科研抓上去。第一书记要亲自动手。要有一位书记分管农业科研工作。农业科研在党委议事日程上排不上号的状态,应当改变。党委在工作中的责任是贯彻路线,掌握政策,组织队伍,提供条件,全面规划,发现问题解决问题,总结推广先进经验。分工负责的书记要当好科研工作的后勤部长。我们要树雄心,立壮志,在不久的将来,造就一支又红又专的农业科学技术队伍,拥有最先进的科学实验手段,理论上有重大创造,技术上有重大发明,使我国农业生产技术进入世界先进行列,为实现新时期的总任务多做贡献。

国务院副总理徐向前在人民大会堂举行宴会欢迎墨西哥国防部部长加尔万上将一行

宴会前,徐向前副总理会见了加尔万部长等墨西哥贵宾。

徐向前副总理在宴会上发表讲话。他说,中墨两国都是发展中的国家,同属于第三世界。在长期的反帝、反殖斗争中,中墨两国人民一向互相同情、互相支持。自1972年中墨建交以来,我们两国的友好关系在新的历史条件下,获得了更加迅速的发展,我们两国军队之间也开始了友好往来。他在回顾了中墨两国军队之间的友好交往以后说,这次加尔万部长亲自来访,在中墨两国军队友好关系发展史上写下了新的重要的篇章,并将为进一步增进中墨两国人民和军队之间的相互了解和友谊作出新的贡献。

参加会见和宴会的有:国防部副部长粟裕,中国人民解放军副总参谋长何正文、总政治部副主任颜金生、总后勤部副部长饶正锡,外交部副部长王海容,中国人民解放军海军副司令员王万林、空军副司令员张积慧、炮兵副司令员孔从洲、装甲兵政委钟汉华、工程兵司令员谭善和、北京部队副司令员傅崇碧,中国驻墨西哥大使馆武官张武堂。

国务院副总理王震在北京会见约旦农业大臣萨拉赫·朱马以及由他率领的约旦农业代表团

中国社科院在北京召开宗教学科研座谈会

毛主席生前十分关心宗教的研究工作。1963年12月,毛主席指示要开展用马克思主义研究宗教的工作,1964年成立了世界宗教研究所。但是,由于林彪、"四人帮"的干扰破坏,这个研究所的业务工作长期不能正常开展,甚至濒于解散的境地。座谈会上,发言的同志愤怒批判"四人帮"的"两个估计",讨论了宗教学研究的方针、任务以及研究项目和干部培养等问题。

发言的同志认为,宗教学研究要坚决捍卫马克思主义的无神论,要旗帜鲜明地用马克思主义的观点对世界宗教的历史进行认真研究,写出观点正确、详细占有材料的佛教史、基督教史和伊斯兰教史,以及其他各种专题著作。为了写出有价值的著作,还必须进行大量的资料收集工作,翻译和注释各种宗教的经典。马克思主义是科学,当然是坚持无神论,反对宗教的。但是我们要注意和宗教界人士搞好统一战线,要尊重他们的宗教感情,也要学习他们的宗教知识,要吸收他们参加宗教学的研究工作。大家一致认为,宗教学研究是大有可为的。

北京上海等地举行中学数学竞赛

北京、上海、天津、安徽、辽宁、四川、陕西、广东等省市,分别举行了1978年中学数学竞赛。这是教育部、全国科协举办的部分省市中学数学竞赛的一次预赛,预赛的优胜者将被推选参加5月20日左右举行的全国的决赛。

北京市507所中学选拔出来的2000多名数学竞赛选手,7日这一天分在49个试场参加竞赛。全国数学竞赛委员会主任华罗庚、北京市数学竞赛委员会主任江泽涵、北京市科协主席茅以升,以及段学复、吴文俊、陈景润、杨乐、张广厚、赵慈庚、越民义、孙树本、秦元勋、龚升、栾汝书、梅向明等著名数学家、教授和北京市有关方面负责人,亲临北京的试场观阵。华罗庚教授喜悦地说,举办数学竞赛,对于提高青少年学习科学的兴趣,鼓励青少年为革命刻苦学习,努力走又红又专道路,大有好处。被林彪、“四人帮”扼杀多年的数学竞赛,今天又恢复起来,实在令人高兴。

5月8日

中共中央主席华国锋到达朝鲜东部工业城市咸兴参观访问

华主席在咸兴参观了维尼纶厂并访问朝鲜人民军炮兵某部。

国务院副总理邓小平在北京会见即将离任的南斯拉夫驻中国大使德鲁洛维奇

国务院副总理邓小平在北京会见墨西哥国防部部长加尔万上将一行

国务院副总理陈锡联在北京会见民主也门教育部部长赛义德·阿卜杜勒·海尔·努班及其随行人员

国务院副总理纪登奎在北京会见由西萨摩亚农林部部长弗依玛诺·米米奥率领的西萨摩亚农业代表团

四川一批重点工程投产

《人民日报》报道:四川一批大中型重点建设项目和单项工程,相继竣工投产。这些项目包括钢铁、煤炭、电力、天然气、化工、机械、农机、电子、轻工等行业的几十个大中型工程,其中有大型轨梁厂、全国最大的烧结机、大型化肥装置、龚嘴电站5号、6号机组、重庆钟表厂、红旗柴油机厂、四川空气压缩机厂等。

5月9日

中共中央主席华国锋在平壤与朝鲜劳动党中央委员会总书记金日成继续举行会谈

中共中央主席华国锋在平壤为朝鲜劳动党中央委员会总书记金日成举行宴会

华国锋主席和金日成主席在讲话中都指出,双方的会谈取得了完全一致的意见,并且对此表示高兴和满意。

华国锋主席说:“我们同金日成主席同志,就进一步发展中朝两党、两国和两国人民的战斗友谊和革命团结以及共同关心的其他问题,在非常亲切友好的气氛中进行了诚挚的会谈,取得了完全一致的意见。我们对这次访问和会谈的结果感到十分满意。通过这次访问,双方加深了相互了解,增进了友谊团结,密切了合作关系。”

金日成主席说:“这次访问的整个过程,进一步巩固了我们两党、两国和两国人民长期以来的同志式的革命的关系,充分显示了朝中友谊和团结的不可战胜的威力。”“我们在会谈和谈话中,讨论了关于适应形势的发展不断加强和发展两国之间的兄弟友好合作关系问题等各项问题,在这里清楚地显示了我们的见解和立场是完全一致的。”

宴会是在锦绣山议事堂举行的。

耿飚和陈慕华副总理,以及黄华、申健、张耀祠、吕志先等出席了宴会。

国家建委在北京召开全国基本建设工作会议

各省、自治区、直辖市主管基本建设工作的负责同志、国务院有关部门主管基本建设工作的负责同志,以及其他有关单位的代表参加了这次会议。

党中央、国务院十分关心这次会议。中共中央副主席、国务院副总理李先念,中共中央政治局委员、国务院副总理余秋里等同志,听取了汇报并作了重要指示。中共中央政治局委员、国务院副总理陈永贵,国务院副总理王震、谷牧、康世恩同志出席了会议,谷牧同志在会上作了重要讲话。

会议总结和回顾了粉碎“四人帮”以来的大好形势。一年多来,基本建设战线广大职工联系实际,深入揭批“四人帮”,基本上澄清了路线是非。学大庆,普及大庆式企业的群众运动蓬勃开展,有130多个单位建成大庆式企业。许多企业普遍整顿了领导班子,建立、健全了以岗位责任制为主要内容的各项规章制度。有些企业的主要技术经济指标接近或达到了历史最好水平。去年全国施工企业的全员劳动生产率比1976年增长13.2%,超额完成了基本建设投资计划。全部建成投产的大中型项目、单项工程是近几年来最多的一年。大庆、泸州、辽河、沧州、云南5套大化肥厂和北京30万吨乙烯工程的建设,做到了一次投产成功。今年以来,广大职工意气风发,大战一季度,又取得了好成绩。一季度国家重点项目和投产项目,特别是燃料、动力项目进度显著加快。新增发电机组容量比去年同期增长2倍。新增原煤开采能力比去年同期增加4.5倍。石油开采能力、铁路铺轨里程,都是近3年同期完成得最多的一年。

到会代表一致认为,1978年至1985年,是实现四个现代化关键的8年。基本建设战线担负着十分繁重而艰巨的任务。8年内,国家安排的基本建设投资总额将要超过过去28年的总和。要重点治理黄河、长江等一批主要河流,兴修为数众多的中小型水利工程,要在基础工业方面，新建和续建120个大型项目，还要兴建数以万计的其他工业和民用项目。这些工程的特点是规模大，时间紧，技术要求高。这一仗打得好坏，关系重大。打得好，我们就可以赢得国民经济发展的高速度，为实现四个现代化打下牢固的基础；打得不好，就会丧失时机，在政治上、经济上造成巨大的损失。

代表们经过讨论，一致认为，要打好今后8年这一仗，最主要的一条是要真正做到集中力量打歼灭战。同志们说，这些年来，我们对基本建设集中力量打歼灭战的问题，年年喊，年年搞不好，年年检讨，年年改不了。形成这种状况的根本原因是"四人帮"的干扰破坏。"四人帮"大搞唯心主义、形而上学，否定经济建设的客观规律，破坏国家统一计划，任意拉长战线，反对按基本建设程序办事，给国家造成了严重损失。我们一定要联系实际，进一步深入揭批"四人帮"破坏集中力量打歼灭战的罪行，澄清路线是非，首先从思想上认识集中力量打歼灭战的重要性，切实搞好综合平衡。今后不论是全国基本建设的部署，还是一个部门、一个地区的部署，都应当分别轻重缓急，集中使用人力、物力、财力，分期分批打歼灭战，迅速形成综合生产能力，充分发挥投资效果。从目前来说，就是要集中力量，把煤、电、油、运等重点项目搞上去。还要把水泥和其他建筑材料的项目搞上去。对于已在建设的项目，要进行认真清理，坚决把那些不急需、建设条件又不具备的项目停建或缓建。基本建设的审批权限，应当集中在中央和省、自治区、直辖市两级。未经批准，任何地区和部门都不得增加基建项目、扩大工程规模或提高建设标准。地方自筹基建也要按照国家下达的控制指标办事，不准突破。从明年起安排基本建设规模，要切实做到投资计划、财务拨款、材料、设备和施工力量五落实。

会议指出，要集中力量打歼灭战，必须坚持基本建设程序，认真搞好厂址选择、工矿区规划、新城镇规划、勘察设计、征地拆迁等建设前期工作。从工业布局到一个项目的选厂定点，都要首先考虑支援农业、为农业服务的问题。要严格控制大城市的规模，认真执行多搞小城镇的方针。除个别特殊项目外，其他项目都要尽可能摆到小城镇去，并且尽量利用劣地、山地，不占或少占农田，有条件的地方，还要造田、造地。

会议强调，基本建设工作关系到各行各业，组织工作复杂而艰巨。要集中力量打歼灭战，必须实行统一领导，分级管理，从上到下建立一个统一的、强有力的指挥系统。特别是新工业基地的建设，要由中央有关部门和省、自治区、直辖市选派得力干部和技术专家，组成现场指挥部，对整个建设工程实行强有力的统一领导。

会议认为，要集中力量打歼灭战，还必须搞好基本建设队伍的整顿和建设。队伍建设的关键是要抓好各级领导班子的建设，采取有效措施，尽快把各级领导班子整顿好。要进一步深入揭批"四人帮"，开展工业学大庆的群众运动，把包括基建工程兵在内的全国几百万基本建设大军，建成一支思想红、干劲大、技术精、作风好、纪律严、能打大仗、打硬仗的队伍。同时，要加强队伍的技术装备，大力提高施工机械化水平。要加速培养又红又专的建筑科研人才和工程技术人员，提高广大职工的业务技术水平。特别是各级领导干部要极大地提高学习的自觉性，下苦功夫，钻进去，努力精通政治和业务，做到又红又专。只有这样，才能取得领导和管理基本建设的主动权。

会议还讨论了加速发展建筑材料工业、积极采用新技术、赶超世界先进水平、抓好农村房屋建设，以及提高基本建设管理水平等问题。整个会议开得生动活泼，代表们畅所欲言，各抒己见，提出了许多很好的意见。

《人民日报》发表社论《基本建设要集中力量打歼灭战》

在建设社会主义现代化强国的新的长征中，基本建设战线担负着光荣而艰巨的任务。基本建设是社会扩大再生产的重要手段，是国民经济的重要组成部分。要使我国国民经济在20世纪末走在世界前列，要对现有企业进行挖潜、革新、改造，同时还必须有计划地进行规模宏大的基本建设。按照10年规划纲要，从今年到1985年，基本建设投资相当于过去28年的总和，新建和续建的基础工业的大型项目就有120个。基本建设面临的这一仗，是新中国成立以来从来没有过的大仗。能不能打好这一仗，关系到国民经济能不能赢得高速度的发展，关系到我们能不能为四个现代化打下牢固的基础，关系到全国人民的物质文化生活水平能不能较快地提高。我们全党全国人民，要积极响应华主席、党中央的号召，排除万难，苦战8年，坚决完成这个任务。

华主席指出："我们搞基本建设，必须坚持集中力量打歼灭战的方针。"什么叫打歼灭战？在军事上，就是"集中优势兵力、各个歼灭敌人的作战方法"，做到"一能全歼；二能速决"。在基本建设中，同样要求集中力量打歼灭战，做到全歼、速决。不仅要打好单个项目的歼灭战，而且要打好一个行业、一个地区和整个基本建设的歼灭战，全面完成国家计划，达到华主席所要求的"投资省，工程质量高，建设周期短，迅速形成综合生产能力，发挥最好的效果"。

按照马克思的说法，基本建设是这样一种事业，它在“较长时间内取走劳动力和生产资料,而在这个时间内不提供任何有效的产品”。这个特点,规定了在一定时期内基本建设规模不能过大,项目的建设周期不能太长。否则,大量地、长期地占去劳动力和生产资料而不出产品,势必使社会难于负担,影响正常的生产流通和人民生活,这是客观的经济规律。搞基本建设,必须遵循这个规律。我们的事业是宏伟的,要办的事情很多,但是在一定的时期内,我们的人力、物力、财力总是有限的,不可能一个早上把所有事情都办完。在一个时期内,有多大力量,能办多少事,都必须很好地规划安排。饭要一口一口地吃,田要一块一块地犁,就是同一时期内的项目也还要分期分批地上,上马一批,建成一批,一个战役一个战役地打主动仗。每个建设项目,不上则已,一旦条件具备,从开始动工,就要一气呵成。这样才能做到多快好省。如果一个时期项目上得过多,互相牵扯,结果只能是打消耗战。

新中国成立28年来基本建设正反两个方面的经验证明:凡是坚持了集中力量打歼灭战的,就多快好省。从第一个五年计划时期的许多大中型项目到大庆油田、内地建设一些重点项目,一直到近几年的港口建设,大型化肥厂、化工厂的建设,都是如此。开滦煤矿震后只用了一年多时间,就恢复到震前水平,也是由于打了歼灭战。反之,凡是违背了这个方针的,就少慢差费。这些年来,由于“四人帮”的严重破坏,社会能用于基本建设的积累不多,加上许多建设项目直接受到干扰,拖延时间,不能投产,基本建设战线拉得很长,造成了人力、物力、财力的极大浪费。

打倒了“四人帮”,铲除了破坏基本建设的祸根。大搞基本建设,已经初见成效。但是,要消除“四人帮”造成的混乱现象和严重后果,还需要一定的时间。同时,面临着新的时期的新任务,大家的积极性很高,都想多办些事,多上些项目。在这种万马奔腾的形势下,我们必须有正确的方针和方法,把饱满的热情和科学的态度结合起来,更加自觉地坚持集中力量打歼灭战。

要打好歼灭战,必须抓住重点,集中使用人力、物力、财力。好钢要用在刀刃上,力量要集中到最需要的地方。毛主席多次指出,订计划要有重点,不可在同一时间内百废俱兴。十年规划中要新建和续建的120个大型项目,是今后8年基本建设的重中之重,必须坚决完成。这些重点,对国民经济的发展起着主导作用,也是国民经济发展中的主要矛盾、关键所在。抓住了它们,就可以带动全局。所谓重点,并不意味着建设规模可以不受限制;也不是所有重点都同时上马、齐头并进;更不是可以敞开口投资。越是重点,越要做好各方面的工作。不能孤立地抓重点,要处理好重点项目和各方面的关系。首先是工农关系,农业是基础,要保证工农业协调发展。其次,要安排好工业内部的配套协作关系。围绕这120项,还要相应地建设好必要的市政工程、文教、科技、卫生事业、商业网点以及其他服务性设施等等。只有搞好了这一切,大型骨干项目才能充分发挥作用。在保证重点的前提下,对其他必要的大、中、小型项目,特别是地方的支农、轻工项目,也要妥善安排,分期分批搞好。总之,以120项为中心,各有关部门和地区,必须遵循国民经济有计划、按比例发展的规律,正确处理好重点和一般、需要和可能、局部和整体、当前和长远等等关系,认真地做好综合平衡工作。这是今后8年基本建设打好歼灭战的先决条件,必须十分重视。

社会主义经济是计划经济。没有一个切合实际的科学的计划,或者有了计划又不严格执行,基本建设是搞不好的。无论是一个项目、一个地区或者全国的基本建设计划,都必须既是积极的,又是可靠的。必须维护计划的严肃性,不准乱拉资金、材料;不准弄虚作假,搞“钓鱼”项目。列入计划的项目,投资、材料消耗定额不要超过,建设工期要严格执行,力争按计划投产。计划外的项目一律不准上马。一切破坏国家计划的违法乱纪行为,都要彻底清查,严肃处理。各级基建部门和建设银行要严守职责,坚决同乱搞计划外工程的现象作斗争。

必须注意把中央和地方两个积极性很好地结合起来。华主席指出,今后8年,要在建成全国独立的、比较完整的工业体系和国民经济体系基础上,基本建成西南、西北、中南、华东、华北、东北6个大区的经济体系。全国体系和地方体系是相辅相成的。全国体系是全局,必须首先建立起来,实现四个现代化才有切实的保证。而地方经济发展得快,也会加速全国体系的形成。因此,在基本建设部署上,要把全国体系和地方体系联系起来通盘考虑,实行统一计划,分级管理。地方要积极支援国家重点项目的建设。中央部门在制订计划,安排工作时,也要考虑地方特点和需要,要给地方留机动余地,使地方能多办一点急需的事情。当局部与全局发生矛盾时,局部应当服从全局。总之,中央部门和地方都要有“全国一盘棋”的观念,互相协作支持,而不能“你有你的重点,我有我的重点”。

必须严格按科学规律办事。“四人帮”否定了基本建设程序。王洪文叫嚷要“打破老框框,打破基建程序”。姚文元胡说“不按基建程序,基本建设可以搞得更好”。“四人帮”在辽宁的死党竟然在一个报告上批着:“当地没有水,可以远程引水嘛,不要算经济账,要算政治账。”要不要按基建程序办事,是我们和“四人帮”斗争的一个重要方面，也是唯物主义和唯心主义的思想路线斗争在基本建设中的一种反映。毛主席指出，不打无准备之仗，不打无把握之仗。基本建设受着自然条件和物质技术条件的制约，它本身有必须遵循的客观规律。基建程序是基本建设客观规律的反映。基建项目确定之后，勘察、定点、设计、施工准备等等，都必须依次一步一步地进行，一环紧扣一环，决不能前一步没有走就走后一步。当然，其中有些工作可以有合理的交叉；但是，没有勘察就不能设计，没有设计就不能施工，这个规律无论如何是不应违背的。违背了就要受到惩罚。大型项目尤其是这样，尤其不能瞎指挥、打乱仗，图快一时，遗患百年。许多必需的设备、材料都要做好准备，以免工程上马之后，缺东少西，延误时间，浪费力量，最后不得不回过头来，补做各种准备工作，推迟建设进度，造成不应有的损失。这是一个实事求是、老老实实的科学态度问题，也是对国家财产和人民利益的高度责任心问题。做基本建设工作的同志，特别是领导同志，要肃清“四人帮”的流毒，不能认为基建程序可有可无，掉以轻心。

必须提高管理水平。基本建设每年动用大量资金和物资，牵涉到中央、地方各个部门，农业、工业、国防、科学技术各个方面，内外协作配合环节很多，现场上又是千军万马协同作战，建设过程中的组织工作非常复杂，没有严格的科学管理，没有强有力的指挥，是不行的。要建立严格的责任制。从项目的确定到建成，各个环节都应当分清责任。一个建设项目由中央部门为主，还是由地方为主，中央部门和地方各负什么责任，参加建设的各有关单位如何分工协作，都要有明确规定。每个大型项目都应建立强有力的现场指挥部。要搞好设计，把好设计关。要狠抓质量，百年大计，质量第一。

新中国成立以来，我们在基本建设方面，虽然积累了一些经验，但是总的说来，现代科学技术知识还很缺乏，对经济建设的客观规律的认识和掌握很不够，领导水平和管理水平同新形势、新任务很不适应。摆在我们各级领导干部面前的严重任务是学习。不仅外行要尽快成为内行、内行也要尽快提高。要在基本建设战线迅速掀起一个学政治、学经济、学科学技术、学管理的热潮。

今后8年的基本建设规划，建设规模之大，要求速度之快，技术水平之高，在我国建设史上是空前的。任务十分光荣，困难也是很大的。但是，有以华主席为首的党中央的领导，又有一支政治热情高涨、经过南征北战、能够吃苦耐劳、打过大仗、硬仗的基本建设队伍，我们完全有信心闯难关，攀高峰，打好8年基本建设的歼灭战，为完成新时期的总任务作出自己的贡献！

《光明日报》发表宋振庭的文章《只有拨乱 才能反正——学习邓副主席在全国教育工作会议上讲话的几点体会》

5月10日

中共中央主席华国锋结束对朝鲜的正式友好访问回到丹东

全国纺织工业学大庆会议在天津开幕

这次大会，是纺织工业战线的群英会，也是开始新的长征的动员会和誓师会。参加会议的1300多名代表中，有纺织行业的大庆式企业、学大庆先进企业和先进集体的代表，战斗在三大革命运动第一线的劳动模范和先进生产者，还有各省、自治区、直辖市纺织工业部门的负责同志。

纺织工业部副部长焦善民主持了今天的大会。纺织工业部副部长胡明致开幕词。他说，纺织工业在改善人民生活，促进城乡交流，扩大对外贸易和为国家积累资金等方面，担负着十分重要的责任。高速度发展纺织工业，是加速国民经济发展的需要，是解决全国人民穿衣问题的需要，是增强无产阶级专政物质基础的需要。我们一定要有紧迫的时间感，千方百计地把纺织工业搞上去。

纺织工业部部长钱之光就加快纺织工业发展速度答记者问

问：华主席在题词中指出，要“高速度发展纺织工业，更快更好地解决人民穿衣问题”，请谈谈纺织工业的现状和发展规划。

答：华主席的题词，为纺织工业的发展指明了方向，提出了任务，我们要坚决贯彻执行。纺织工业在改善人民生活、繁荣城乡市场、扩大对外贸易和为国家积累资金等方面，担负着十分重要的任务。高速度发展纺织工业，更快更好地解决全国人民穿衣问题，是广大纺织职工的光荣使命。我们一定要有紧迫感、责任感，千方百计把纺织工业搞上去。

新中国成立以来，在毛主席革命路线指引下，纺织工业是有成绩的。主要的成绩，是我国8亿人民的穿衣问题，比较低水平地解决了。棉纺织工业，生产能力比新中国成立初期增长2倍多，毛纺设备增长2.5倍，麻、丝纺织设备增长4—5倍。产量的增长更快，以1977年与1949年相比：纱增长6倍，布增长4倍，丝增长14倍，呢绒增长13倍，麻袋增长23倍。棉、毛、麻、丝、针织、印染等各行业的成套设备，以及化学纤维抽丝设备，基本上立足于国内自力更生。全国各省、自治区、直辖市,都已有了不同规模的纺织工业。二十几年来,我国已经逐步形成一个行业比较齐全,布局比较合理,从原料到设备都能基本自给的纺织工业体系。

但是,由于林彪特别是"四人帮"的干扰破坏,纺织工业的发展速度,还不适应国家建设和全国人民日益增长的需要。许多纺织品,按人口分得量还很少。要解决全国人民的穿衣问题,还必须作很大的努力。

为了加快纺织工业的发展,我们的主要部署是:

第一,要在发展化学纤维方面有一个大的突破。今后8年的建设规模,将远远超过以往28年的总和。

第二,要在发展棉纺织、印染工业方面,有计划、有步骤地打一场大仗。首先是要抓好现有企业的技术改造和扩建,纳入计划,具体落实。同时,要建设一大批新厂。

第三,协助地方根据各地资源条件,因地制宜作出发展毛、麻、丝纺织工业的规划。丝绸是我国的传统产品,必须花力气抓好。毛纺织和麻纺织,也要大发展。

第四,要立足于现有基础,通过挖潜、革新、改造,扩大纺织机械的制造能力,以更多更好的机器装备纺织工业。

从现在起,经过8年的努力,我国的纺织工业将有一个很大的发展,按照人口平均的纺织品消费水平将要有较大的增长。实现了这个目标以后,再奋战3个五年计划,到20世纪末,全面实现纺织工业的现代化,赶上和超过世界先进水平,更好地解决人民的穿衣问题。

问:纺织工业部门在落实华主席关于"努力增产农业原料,大力发展化学纤维"的指示方面,有些什么打算?

答:华主席的指示,指出了纺织工业发展中的关键问题。要高速度发展纺织工业,必须千方百计增加原料资源。我国人口多,耕地面积少,要解决纺织原料的问题,必须实行发展工业原料和发展农业原料同时并举的方针。今后8年、23年,要集中力量把化学纤维的生产、建设搞上去。计划到1985年,化学纤维在纺织原料中的比重达到40%左右。现有化纤企业,要努力办好,尽快把生产能力充分发挥出来。正在建设的辽阳石油化纤总厂、四川维尼纶厂和天津化纤厂等骨干企业,要抓紧施工,尽快建成投产。对于工程质量,要十分注意,精益求精。在此期间,国家还计划新建几个采用更先进的工艺设备的大的石油化纤厂。

抓好这些项目,对纺织工业的高速度发展,对实现纺织工业的现代化,关系很大。我们一定要依靠地方,加强同有关部门的协作配合,努力做好工作,把这些项目一个一个地攻下来。

化学纤维要大力发展,天然纤维也要狠抓。我国地大物博,发展天然纤维的门路十分广阔。棉花、羊毛、苎麻、亚麻、黄红麻、蚕茧、兔毛等等,不管植物的、动物的,只要适合纺织,都要充分利用,因地制宜积极发展。纺织工业部门要把发展农业原料当作分内的事。在改良品种、科学研究、基地建设、制定规划等方面,要主动关心,积极配合。协同地方和农业部门一起搞好调查研究,一起总结经验,切实有效地把农业原料促上去。

问:纺织工业部门在发展生产中,对于挖掘内部潜力是如何考虑的?

答:纺织工业经过28年的建设,已经有一定的基础。如果我们抓好科学研究和技术革新,抓好工业管理和企业管理,有很大潜力可挖。上海就搞得比较好。上海是我国纺织工业的一个老基地。他们坚持走挖潜、革新、改造的道路,尽量采用先进技术;同时注意按照专业化协作的原则,组织好各行各业的生产,对企业生产实行科学管理。28年来,棉纺锭减少20%左右,棉纱产量却增加了1.4倍,劳动生产率提高了2.5倍,产值增长了5倍,给国家作出了很大的贡献。职工人数占全国纺织工业的14%,产值却占24%,上缴利润、税金占31%。现在拥有30万棉纺锭以上的省、市有17个,如果都像上海那样,纺织工业的发展就可以大大加快。再如,百元产值积累率,目前高的省、市是30元左右,低的不到20元。燃料、动力、原材料消耗等等,各地的差距也很大。这些都说明了,纺织工业在挖掘内部潜力方面是大有文章可做的。关键是要狠批"外因论",扫除思想障碍。我们一定要把充分发挥现有企业的能力,进行挖潜、革新、改造,作为加快纺织工业发展的立足点,用尽可能少的人力、物力,取得尽可能大的经济效果。为此,一定要把揭批"四人帮"的斗争进行到底;要狠抓科学技术工作,大力开展群众性的科学实验运动,做到科学研究走在生产建设的前面。一定要认真贯彻落实党的方针、政策,把提高技术水平和管理水平摆上议事日程。

问:纺织工业部门在学大庆运动中,准备怎样抓典型,树标兵?

答:纺织战线有280万职工、4000多个企业,在三大革命运动中涌现出来的先进典型是很多的。这次纺织工业学大庆会议,将授予18个企业和单位以"全国纺织工业学大庆企业标兵"的光荣称号,授予82个车间、科室和班组以"全国纺织工业学大庆先进集体"的光荣称号。两项合计共树立100面红旗。同时,将授予28位同志"全国纺织工业劳动模范"的光荣称号,166位同志"全国纺织工业先进生产(工作)者"的光荣称号。这次会议号召全国纺织系统学习常州市纺织工业局、上海嘉丰棉纺织厂和郝建秀、杨富珍、赵梦桃、应忠发小组。纺织工业要高速度发展,就要有更多的先进典型，要有10个“常州”，100个“嘉丰”，1000个郝建秀、杨富珍、赵梦桃、应忠发小组。这样，普及大庆式企业的步伐就能大大加快，纺织工业就能办得更加兴旺发达。

常州市纺织工业局，3万职工，18万纱锭，是一个中型纺织基地。他们在毛主席革命路线指引下，坚持三大革命运动一起抓，多年来生产持续跃进，8项经济技术指标样样过得硬。1972年以来，工业总产值每年平均增长10%以上。生产效率，劳动生产率，质量，品种，盈利水平，都进入纺织战线先进行列。灯芯绒、卡其等产品，在国际国内享有信誉。1977年上缴的利润、税金，就可以新建一个半常州纺织行业。广大职工争分夺秒学大庆，全局40个企业，已有10个企业，以及市纺织局，由江苏省委正式命名为“大庆式单位”。这个局在工业管理方面也创造了先进经验，他们按大类产品把前后工序的企业组织起来，开展“一条龙”大协作。推广常州的经验，在纺织系统是很有意义的。

上海嘉丰棉纺织厂，是一个有40多年历史的中型棉纺织厂，是多快好省全面发展的先进典型。他们生产的棉布，外贸部门信得过，用户厂信得过，长期以来在国内外保持很高的信誉。在三大革命运动的长期实践中，这个厂形成了一个好厂风，这就是著名的“嘉丰风格”：虚心好学，严细成风，一丝不苟，精益求精。他们鼓实劲，干实事，不图虚名，不赶浪头，不做表面文章，各项工作扎扎实实，不愧是周总理亲自培育的一个先进厂。

青岛国棉六厂郝建秀小组，上海国棉一厂杨富珍小组，西北国棉一厂赵梦桃小组，上海纺织专件厂应忠发小组，都是经过二十几年考验的先进集体，长期以来在纺织工业战线发挥着火车头的作用。

纺织工业战线树立常州、嘉丰等先进典型，各地纺织工业也要注意培养自己的典型，特别是要抓住那些对一个行业、一个地区影响大、作用大的重点企业。

问：纺织工业部门对人民群众普遍关心的纺织品质量、品种问题，有些什么考虑？

答：这是纺织工业部门任何时候都要高度重视的一个问题。纺织品的质量、花色品种，对提高人民衣着水平、繁荣城乡市场、发展对外贸易，都有重要的作用。纺织工业抓产品质量，概括起来要从三个方面努力：

一是要抓棉纱、棉布、呢绒、丝绸等各类纺织品的一等品率，化纤、蚕丝的正品率和品级。我们的目标是：1978年内，各种主要纺织品的质量一定要达到计划水平，达到历史最好水平。

二是要狠抓实物质量。纺织产品有些质量问题如缩水率、染色牢度等，很难用计划指标来要求，习惯上叫作“实物质量”。这是我们工作中的薄弱环节，必须认真地抓。

三是要采用防缩、防皱等印染后整理方面的新技术。一些工业先进国家，由于采用了新技术，棉布缩水率已经控制在百分之一二；经过各种防缩、防皱等印染后整理的产品，有的国家已占70%。我们在这方面还有差距，要急起直追。

增加纺织品的花色品种，概括起来要做到四条：一是恢复群众喜爱的传统产品；二是创出更多的名牌产品和消费者、用户厂“信得过”的产品；三是随着化学纤维的大发展，增加各种化学纤维混纺交织的新产品；四是在纺织品的设计方面，迅速肃清“四人帮”文化专制主义的流毒，繁荣创作，不断创新，使各种纺织品让群众一看就喜欢。我们相信，随着纺织工业的迅速发展，我国城乡市场供应的纺织品将会越来越绚丽多彩。

全国人大常委会副委员长乌兰夫在北京会见以法国外交政策研究中心秘书长雅克·韦尔南为团长的法国外交政策研究中心访华团

国务院副总理王震在北京会见马来西亚新任驻中国大使达图·拉赫曼·贾拉尔

全国人大常委会副委员长姬鹏飞在北京会见即将离任的南斯拉夫驻中国大使德鲁洛维奇

外交部副部长韩念龙约见日本驻华大使强烈抗议日本政府执意侵犯中国主权

外交部副部长韩念龙约见日本驻华大使佐藤正二，就日本政府把所谓“关于实行日韩大陆架协定的特别措施法”提交日本国会通过，继续采取侵犯中国主权的步骤，表示强烈抗议。

韩念龙副部长指出，中国政府对日本政府和南朝鲜当局背着中国在东海大陆架片面划定“共同开发区”的所谓“日韩共同开发大陆架协定”，曾先后两次声明，指出这是侵犯中国主权的行为，所谓“日韩共同开发大陆架协定”完全是非法的、无效的，中国政府决不能同意。

韩念龙副部长强调指出，但遗憾的是日本政府根本无视中国政府的严正立场，4月7日竟然又在众议院通过了所谓“关于实行日韩大陆架协定的特别措施法”，并提交参议院进行审议。对日本政府执意侵犯中国主权的这一严重步骤，中国政府表示强烈抗议。日本政府必须立即停止侵犯中国主权、损害中日关系的行为，否则，必须对由此产生的一切后果负完全责任。

《人民日报》刊登报道《中小学生的用纸一定要保证》并配发编者按

编者按：在“四人帮”横行的日子里，我们党的优良传统受到严重的破坏，以致有的工厂企业完不成国家生产计划，可以满不在乎；损坏浪费国家财产，可以毫不痛心；应该按计划、合同完成的供应任务，可以不严肃认真地对待。“四人帮”被粉碎了，这方面的流毒还远没有肃清。这篇报道中提到的一些事实，足以说明：近几年来，在一些人的脑子里，什么党纪国法，什么组织性纪律性，什么爱护国家和集体的财产，统统被置之度外，被抛到一边。这是多么值得认真对待的问题啊！

在揭批“四人帮”的第三战役中，我们一定要联系本单位本部门的实际，彻底肃清“四人帮”的流毒和影响，进一步搞好纸张的增产节约。我们要多生产纸张，并在全国范围内，把计划用纸、合理用纸、节约用纸的工作开展起来，中小学生课本和练习本用的纸张，首先要切实保证供应。

随着科学文化教育事业的迅速发展，保证充分供应中小学生课本、练习本，这已经成为学生、教师、家长关心的迫切问题。这一情况已经反映到中央有关部门。中央领导同志十分关怀、重视，指示一定要把纸张抓紧，增产几万吨，节约几万吨，一定要把学生课本、练习本解决好。根据中央领导同志的指示，由国家计委、轻工业部、农林部、化工部、财政部、商业部、供销合作总社、国家出版局联合组成增产纸张、节约纸张两个小组，正在积极开展工作。

第一，为什么中小学生课本、练习本那么缺乏？

缺乏课本主要是纸张供不应求。解放后，我国的造纸工业发展是比较快的，1977 年，纸产量相当于 1949 年的 30 多倍，品种增加到 400 多种。但是，由于我们各方面事业的发展，数量、质量、品种都还不能满足需要。这是因为原来的基础太差，再加上林彪、“四人帮”的严重干扰破坏，步子慢了。书写纸和有光纸，多年来没有完成国家计划，产量增长很少，纸张质量也有所下降，卷筒纸超过厚度，平版纸残页缺张，各种纸的次品率都比较高，大大影响利用率。去年因为纸张质量不好损失的数量，占出版用纸的 8%。

目前，有些纸厂，特别是中小纸厂，不按计划品种生产，不按规定渠道供货，也是造成纸张紧张的原因之一。以一个地区的纸厂为例，去年，他们生产 1000 吨纸，商业部门只收购了 310 吨。其余的 690 吨纸哪儿去了？据了解：地委调用了一部分，县委给县印刷厂调了一部分，纸厂自己搞“协作”也用去了一些。有些纸厂因为原料供应紧张，拿纸张去换原材料。这样，就使有限的纸张资源，不能集中起来，用到急需的地方。

粉碎“四人帮”以后，我国生产建设和文化、教育、科学研究、新闻出版事业蓬勃发展，各方面对纸张的需要大大增加，这也是纸张紧张的一个原因。

第二，当前用纸存在哪些浪费现象？

据有关单位介绍，这几年，用纸浪费现象相当普遍，也相当严重。“四人帮”横行的日子，该印的书不让印，不该印的乱印。前两年，儒法斗争的小册子印了不少，内容重复，数量很大，造成很大的浪费。“四人帮”被粉碎了，类似的浪费现象还没有完全消除。这几年，公费买书、订报数量过大，用公款买书发给个人的现象很普遍，不适当地扩大了出版数量，多占用了纸张。比如，1977 年，全国新华书店销售的图书中，公费购买占了 1/2；北京邮局发行的报刊，公费订阅的占 2/3。公文、简报、内部刊物、会议文件、自印学习材料多的现象，从国家机关到地方一些单位相当普遍。有些简报、刊物内容重复，质量不高，没有什么人看。像这样滥用纸张，势必挤掉正常的必需的用纸。

装卸、搬运、运输过程中的损失浪费也相当惊人。山东《大众日报》今年 1 月中旬接到由上海港五区装卸、经铁路运至济南的卷筒纸 300 余吨(590 件)的通知，他们高高兴兴地去接纸，可是到现场一看，纸张损坏得太严重了：卷筒纸的外包皮统统破坏，无一完整，两边 1 毫米厚的双层封口纸全被捅穿或撕碎；两端保护纸芯的木塞全被抠掉，致使多数纸芯被压扁、挤死，纸也变型了；大部卷筒纸被戳破、摔破，有的到处是伤痕、孔洞，最深的破口达 20 多厘米。300 多吨纸能用于印报的只有 219 吨，损失 117 吨。这 117 吨残纸，一部分经过加工裁切，大材小用，尚可印书，有 23 吨多只能送到纸厂做纸浆用。今年 2 月，天津人民出版社从轻工业部华北物资管理处购入 7000 件纸，约合 2000 吨。这批纸由塘沽新港卸货。纸张残损情况也相当严重，据统计，大残 116 件，每件残破深度达 3 厘米左右；中残 370 件，每件残破深度 1.5 厘米；小残如石头子硌破就无法统计，有的一筒卷纸满身碎石子，就像刺猬一样。还有 402 件在船上被水浸泡后全部炸开，变成一堆纸浆。残损率达 12.7%。

中央领导同志很重视这一情况，从今年 2 月 16 日至 3 月 3 日，由国家物资总局、铁道部、交通部、轻工业部、国家出版局联合组织了一个调查组，先后到有关车站、码头、仓库等 10 个单位察看，召开了 6 次共 300 多人参加的座谈会，还找了 20 多人个别了解情况。调查组的同志看了现场的实物，又听了工人和干部的反映，感到十分痛心。他们深深感到：“四人帮”的流毒在装卸、搬运、运输这个领域里还是很深的。上港五区是“重灾区”，是《要当码头的主人，不做吨位的奴隶》这张反动大字报的出笼地。那里的流毒还要进一步肃清，有些人装卸不按操作规程办事。调查组的同志还去参观了上港六区装卸作业，那里由于领导重视、工人认真负责，损坏就很少。上述纸张严重损坏的问题，有关领导部门已经作了严肃处理。类似的情况还有，我们希望有关方面予以重视，认真对待。

第三，今年中小学生课本、练习本供应情况如何？

中央领导同志一再指示，今年用纸要先把学生的课本、练习本解决好。由于课本从印刷到发行，得有几个月的周期，预计今年上半年学生课本、练习本供应还会感到紧张，到了下半年，就会有所改善。为了切实保证供应课本用纸，做到在今年秋季开学前，将中小学课本发到学校，人手一册，国家计委、轻工业部、教育部、国家出版局等4个单位，于3月初联合向下属系统发出了一个关于中小学课本用纸、出版、发行工作的通知。通知规定：各地课本用纸的缺数，由省轻工业局或主管纸张分配部门，在今年凸版纸增产数中或压缩留省内供非出版部门用纸中，如数增拨给省出版（文化）局。同时要求计划部门切实安排好生产凸版纸所需煤、油、电、烧碱和原材料的供应。生产企业必须按时保质保量地完成凸版纸生产计划，并优先供应课本用纸。为保证课本及时印制发行，教育局应当按时交付课本稿件，出版（文化）局要组织好排印力量，按时完成印制发行工作。

第四，怎样才能从根本上确保中小学生课本、练习本用纸的供应？

今年国家在纸张的生产、分配上，把学生课本、练习本用纸摆在优先保证的地位，其他方面用纸就要相应地加以压缩。有关单位认为，为了确保今后学生课本、练习本用纸的正常供应，同时保证其他方面的需要，根本的办法，就是在纸张的生产和消费过程中，坚持增产和节约并重的原则。

首先要加快造纸工业的发展，增加纸张的生产。造纸行业原来骨干企业要挖掘潜力，这方面大有文章可做。搞好了，是可以满足需要的。国家还将有计划地新建、扩建一批骨干工厂，引进必要的先进技术装备。但这只是扩大造纸工业生产能力的一个方面，最重要的还是靠老厂挖潜。据轻工业部匡算，部分纸厂近期就可以挖掘潜力增产几十万吨。这样，投资省，收效快。发展造纸工业要坚持两条腿走路，实行土洋并举，国家办，县以下企业生产的传统手工纸也要发展，不要小看了，要有专门机构抓。

造纸工业要上去，原材料供应是保障。要坚持草木并举的原料方针，逐步提高造纸用的木材比重。要积极扩大利用林区废材、枝丫材和木片，扩大利用阔叶树种；林区烧掉木材不少，少烧一点就是很大的数字。林业部门要加快发展造纸专用林基地，培育速生树种。要抓好芦苇基地的建设，把一些芦苇集中产区，作为造纸原料基地。要制止毁苇围垦的现象，把芦苇作为经济作物管起来，纳入计划。在草类纤维中，甘蔗渣是比较重要的造纸资源。目前我国的甘蔗渣，有3/4被糖厂当作燃料烧掉，各地计划部门要设法安排糖厂烧煤，把甘蔗渣拿来造纸。我国目前有相当大一部分纸厂，是用碱法生产，化工部门要积极发展烧碱生产，支援造纸工业大上；同时碱法生产的纸厂，要积极搞好科学试验，增加碱的回收。

在努力增产纸张的同时，有关单位提出，要加强管理，在全国范围内，把计划用纸、合理用纸、节约用纸的工作开展起来。所有纸厂都要严格按国家计划规定的品种和数量组织生产，全部产品都要纳入国家分配计划，按规定的渠道，分别由轻工业部门调拨（包括计划内的正常协作）和商业部门收购。铁路、交通等承担纸张运输的部门，要严格按操作规程操作，努力降低运输、装卸过程中的损耗。

加强书刊出版的计划管理。出版部门要认真加强选题工作，合理分配和利用纸张，努力提高出版物质量，保证重点书刊优先出版。经批准出版的刊物，都要报国家出版局备案，并分别纳入中央和地方的供纸计划。坚决压缩公费买书、订报的数目。各印刷厂都要改进经营管理，降低纸张消耗。

精简文件和内部刊物，克服“五多”现象。凡是质量低、作用不大、可出可不出的简报，跟报刊重复的学习材料，要坚决停出、停办；该出的，要积极办好。其他办公用纸，也要努力利旧利废，尽可能多节省一些。

业务用纸也要节约。对各种账、册、票、证、券、表、单、据等类用纸，应该进行研究和改进，在不影响业务的前提下，尽量缩小版幅。

大力开展废纸回收、利用工作。所有印书印报剩下来的残损纸张，都要由出版部门组织挑选、整理并加以利用；出版用不上的，交商业部门供应市场，不要当作废纸和包装纸处理。板纸和纸袋回收复用工作要进一步加强。社会上的废纸，是很好的造纸原料，要做好回收工作。

《中国语文》复刊

双月刊的《中国语文》现已复刊，1978年第1期即将在各地发行。

在这期《中国语文》上发表的题为《语文工作要抓纲快上》的社论中，综述了28年来语文工作的成绩，说明在语文战线上毛主席的革命路线始终占主导地位。社论揭露了“四人帮”干扰、破坏语文工作的罪行，提出要完整地、准确地领会毛主席关于语文工作的论述，在马列主义、毛泽东思想指导下，积极开展各项语文工作。

为了揭露“四人帮”破坏《现代汉语词典》的险恶用心和卑鄙伎俩，澄清词典工作中被“四人帮”搞乱的理论是非，复刊后的第1期《中国语文》刊登了中国社会科学院语言研究所词典编辑室的《批判“四人帮”扼杀〈现代汉语词典〉的罪行》和陈原的《划清词典工作中的若干是非界限》两篇文章，编辑部为这组文章加了按语。

《红楼梦》译成维吾尔文出版

我国古典文学巨著《红楼梦》已由新疆出版社翻译成维吾尔文，并在新疆维吾尔自治区陆续出版发行。维吾尔文版的《红楼梦》全书共分8卷，每15回为1卷。《红楼梦》的翻译出版，对繁荣发展边疆少数民族文化艺术事业，具有重要意义。

王近山逝世

中国人民政治协商会议第五届全国委员会常务委员、人民解放军南京部队顾问王近山同志，因病医治无效，于5月10日在南京逝世，享年63岁。

5月11日

《光明日报》发表特约评论员文章《实践是检验真理的唯一标准》

检验真理的标准是什么？这是早被无产阶级的革命导师解决了的问题。但是这些年来，由于“四人帮”的破坏和他们控制下的舆论工具大量的歪曲宣传，把这个问题搞得混乱不堪。为了深入批判“四人帮”，肃清其流毒和影响，在这个问题上拨乱反正，十分必要。

检验真理的标准只能是社会实践

怎样区别真理与谬误呢？1845年，马克思就提出了检验真理的标准问题：“人的思维是否具有客观的真理性，这并不是一个理论的问题，而是一个实践的问题。人应该在实践中证明自己思维的真理性，即自己思维的现实性和力量，亦即自己思维的此岸性。关于离开实践的思维是否具有现实性的争论，是一个纯粹经院哲学的问题。”（《马克思恩格斯选集》第1卷第16页）这就非常清楚地告诉我们，一个理论，是否正确反映了客观实际，是不是真理，只能靠社会实践来检验。这是马克思主义认识论的一个基本原理。

实践不仅是检验真理的标准，而且是唯一的标准。毛主席说：“真理只有一个，而究竟谁发现了真理，不依靠主观的夸张，而依靠客观的实践。只有千百万人民的革命实践，才是检验真理的尺度。”（《新民主主义论》）“真理的标准只能是社会的实践。”（《实践论》）这里说：“只能”、“才是”，就是说，标准只有一个，没有第二个。这是因为，辩证唯物主义所说的真理是客观真理，是人的思想对于客观世界及其规律的正确反映。因此，作为检验真理的标准，就不能到主观领域内去寻找，不能到理论领域内去寻找，思想、理论自身不能成为检验自身是否符合客观实际的标准，正如在法律上原告是否属实，不能依他自己的起诉为标准一样。作为检验真理的标准，必须具有把人的思想和客观世界联系起来的特性，否则就无法检验。人的社会实践是改造客观世界的活动，是主观见之于客观的东西。实践具有把思想和客观实际联系起来的特性。因此，正是实践，也只有实践，才能够完成检验真理的任务。科学史上的无数事实，充分地说明了这个问题。

门德列捷夫根据原子量的变化，制定了元素周期表，有人赞同，有人怀疑，争论不休。尔后，根据元素周期表发现了几种元素，它们的化学特性刚好符合元素周期表的预测。这样，元素周期表就被证实了是真理。哥白尼的太阳系学说在三百年里一直是一种假说，而当勒维烈从这个太阳系学说所提供的数据，不仅推算出一定还存在一个尚未知道的行星，而且还推算出这个行星在太空中的位置的时候，当加勒于一八四六年确实发现了海王星这颗行星的时候，哥白尼的太阳系学说才被证实了，成了公认的真理。

马克思主义之所以被承认为真理，正是千百万群众长期实践证实的结果。毛主席说：“马克思列宁主义之所以被称为真理，也不但在于马克思、恩格斯、列宁、斯大林等人科学地构成这些学说的时候，而且在于为尔后革命的阶级斗争和民族斗争的实践所证实的时候。”（《实践论》）马克思主义原是工人运动中的一个派别，开始并不出名，反动派围攻它，资产阶级学者反对它，其他的社会主义流派攻击它，但是，长期的革命实践证明了马克思主义是真理，终于成为国际共产主义运动的指导思想。

检验路线之正确与否，情形也是这样。马克思主义政党在制定自己的路线时，当然要从现实的阶级关系和阶级斗争的情况出发，依据革命理论的指导并且加以论证。但是，国际共产主义运动和各个革命政党的路线是否正确，同样必须由社会实践来检验。20世纪初，国际共产主义运动和俄国工人运动中，都发生了列宁的马克思主义路线与第二国际修正主义路线的激烈斗争，那时第二国际的头面人物是考茨基，列宁主义者是少数，斗争持续了很长一个时间。俄国十月革命和各国无产阶级革命的实践证明列宁主义是真理，宣告了第二国际修正主义路线的破产。

毛泽东思想是马克思列宁主义普遍真理与革命具体实践相结合的产物。毛主席的革命路线与“左”、右倾机会主义路线进行了长期的斗争。在一个时期内，毛主席的革命路线没有占主导地位。长期的革命斗争，成功的经验和失败的教训，从正反两个方面证明毛主席的革命路线是正确的，而“左”、右倾机会主义路线是错误的。标准是什么呢？只有一个：就是千百万人民的社会实践。

理论与实践的统一，是马克思主义的一个最基本的原则

有的同志担心，坚持实践是检验真理的唯一标准，会削弱理论的意义。这种担心是多余的。凡是科学的理论，都不会害怕实践的检验。相反，只有坚持实践是检验真理的唯一标准，才能够使伪科学、伪理论现出原形，从而捍卫真正的科学与理论。这一点，对于澄清被“四人帮”搞得非常混乱的理论问题，具有特别重要的意义。

“四人帮”出于篡党夺权的反革命需要，鼓吹种种唯心论的先验论，反对实践是检验真理的标准。例如，他们炮制“天才论”，捏造文艺、教育等各条战线的“黑线专政”论，伪造老干部是民主派、民主派必然变成走资派的“规律”，胡诌社会主义生产关系“是产生新的资产阶级分子的经济基础”的谬论，虚构儒法斗争继续到现在的无稽之谈，等等。所有这些，都曾经被奉为神圣不可侵犯的所谓“理论”，谁反对，就会被扣上反对马列主义、反对毛泽东思想的大帽子。但是，这些五花八门的谬论，根本经不起革命实践的检验，它们连同“四人帮”另立的“真理标准”，一个个都像肥皂泡那样很快破灭了。这个事实雄辩地说明，他们自吹自擂证明不了真理，大规模的宣传证明不了真理，强权证明不了真理。他们以马列主义、毛泽东思想的“权威”自居，实践证明他们是反马列主义，反毛泽东思想的政治骗子。

马列主义、毛泽东思想之所以有力量，正是由于它是经过实践检验了的客观真理，正是由于它高度概括了实践经验，使之上升为理论，并用来指导实践。正因为这样，我们要非常重视革命理论。列宁指出：“没有革命的理论，就不会有革命的运动。”（《列宁选集》第1卷，第241页）理论所以重要，就是在于它来源于实践，又能正确指导实践，而理论到底是不是正确地指导了实践以及怎样才能正确地指导实践，一点也离不开实践的检验。不掌握这个精神实质，那是不可能真正发挥理论的作用的。

有的同志说，我们批判修正主义，难道不是用马列主义、毛泽东思想去衡量，从而证明修正主义是错误的吗？我们说，是的，马列主义、毛泽东思想是我们批判修正主义的锐利武器，也是我们论证的根据。我们用马列主义、毛泽东思想的基本原理去批判修正主义，这些基本原理是马、恩、列、斯和毛主席从革命斗争的实践经验概括起来的，它们被长期的实践证明为不易之真理；但同时我们用这些原理去批判修正主义，仍然一点也不能离开当前的（和过去的）实践，只有从实践经验出发，才能使这些原理显示出巨大的生命力；我们的批判只有结合大量的事实分析，才有说服力。不研究实践经验，不从实践经验出发，是不能最终驳倒修正主义的。

客观世界是不断发展的，实践是不断发展的。新事物新问题层出不穷，这就需要在马克思主义一般原理指导下研究新事物、新问题，不断作出新的概括，把理论推向前进。这些新的理论概括是否正确由什么来检验呢？只能用实践来检验。例如，列宁关于帝国主义时代个别国家或少数国家可以取得社会主义革命胜利的学说，是一个新的结论，这个结论正确不正确，不能用马克思主义关于资本主义的一般理论去检验，只有帝国主义时代的实践，第一次世界大战和十月革命的实践，才能证明列宁这个学说是真理。

毛主席说：“理论与实践的统一，是马克思主义的一个最基本的原则。”（《毛泽东选集》第5卷，第297页）坚持实践是检验真理的唯一标准，就是坚持马克思主义，坚持辩证唯物主义。

革命导师是坚持用实践检验真理的榜样

革命导师们不仅提出了实践是检验真理的唯一标准，而且亲自作出了用实践去检验一切理论包括自己所提出的理论的光辉榜样。马克思和恩格斯对待他们所共同创造的著名的马克思主义科学文献《共产党宣言》的态度，就是许多事例当中的一个生动的例子。1948年《宣言》发表后，在45年中马克思和恩格斯一直在用实践来检验它。《宣言》的7篇序言，详细地记载了这个事实。首先，马克思恩格斯指出：“不管最近25年来的情况发生了多大的变化，这个《宣言》中所发挥的一般基本原理整个说来到现在还是完全正确的。”同时，他们又指出，“这些基本原理的实际运用，正如《宣言》中所说的，随时随地都要以当时的历史条件为转移。”（《马克思恩格斯选集》第1卷，第228页）马克思和恩格斯根据新实践的不断检验，包括新的历史事实的发现，曾对《宣言》的个别论点作了修改。例如，《宣言》第一章的第一句是：“到目前为止的一切社会的历史都是阶级斗争的历史。”恩格斯在1888年的《宣言》英文版上加了一条注释：“确切地说，这是指有文字记载的历史。”（《马克思恩格斯选集》第1卷，第251页）这是因为，《宣言》发表以后人们对于社会的史前史有了进一步的认识，特别是摩尔根的调查研究证明：在阶级社会以前，有一个很长的无阶级社会；阶级是社会发展到一定历史阶段

的产物,并非从来就有的。可见,说"一切社会的历史都是阶级斗争的历史",并不确切。恩格斯根据新发现的历史事实,作了这个说明,修改了《宣言》的旧提法。《宣言》还有一个说法,说到无产阶级要用暴力革命夺取政权,以推翻资产阶级。1872年,两位革命导师在他们共同签名的最后一篇序言中,明确指出:"由于最近25年来大工业已有很大发展而工人阶级的政党组织也跟着发展起来,由于首先有了二月革命的实际经验而后来尤其是有了无产阶级第一次掌握政权达两月之久的巴黎公社的实际经验,所以这个纲领现在有些地方已经过时了。特别是公社已经证明:'工人阶级不能简单地掌握现成的国家机器,并运用它来达到自己的目的。'"(《马克思恩格斯选集》第1卷,第229页)列宁对马克思和恩格斯的这个说明十分重视,他认为这是对《共产党宣言》的一个"重要的修改"。(《列宁选集》第3卷,第201页)

正如华主席所指出的:"毛主席从来对思想理论问题采取极其严肃和慎重的态度,他总是要让他的著作经过一段时间的实践的考验以后再来编定他的选集。"毛主席一贯严格要求不断用革命实践来检验自己提出的理论和路线。1955年毛主席在编辑《中国农村的社会主义高潮》一书的时候,写了104篇按语。当时没有预料到1956年以后国际国内所发生的阶级斗争的新情况。因此,1958年在重印一部分按语的时候,毛主席特别写了一个说明,指出这些按语"其中有一些现在还没有丧失它们的意义。其中说:1955年是社会主义与资本主义决战取得基本胜利的一年,这样说不妥当。应当说:1955年是在生产关系的所有制方面取得基本胜利的一年,在生产关系的其他方面以及上层建筑的某些方面即思想战线方面和政治战线方面,则或者还没有基本胜利,或者还没有完全胜利,还有待于尔后的努力。"(《毛泽东选集》第5卷,第225页)

革命导师这种尊重实践的严肃的科学态度,给我们极大的教育。他们并不认为自己提出的理论是已经完成了的绝对真理或"顶峰",可以不受实践检验的;并不认为只要是他们作出的结论不管实际情况如何都不能改变;更不要说那些根据个别情况作出的个别论断了。他们处处时时用实践来检验自己的理论、论断、指示,坚持真理,修正错误,尊重实践,尊重群众,毫无偏见。他们从不容许别人把他们的言论当作"圣经"来崇拜。毫无疑义,马克思主义的基本原理,马克思主义的立场、观点和方法,必须坚持,决不能动摇;但是,马克思主义的理论宝库并不是一堆僵死不变的教条,它要在实践中不断增加新的观点、新的结论,抛弃那些不再适合新情况的个别旧观点、旧结论。关于哲学,毛主席曾经说过:现在,我们已经进入社会主义时代,出现了一系列新的问题,如果只有几篇原有的哲学著作,不适应新的需要,写出新的著作,形成新的理论,那是不行的。实践、生活的观点是认识论的首要的和基本的观点。实践、生活之树是长青的。正是革命导师的这种坚持实践是检验真理的唯一标准的辩证唯物主义立场,才保证了马克思主义的不断发展,而永葆其青春。

任何理论都要不断接受实践的检验

我们不仅承认实践是真理的标准,而且要从发展的观点看待实践的标准。实践是不断发展的,因此作为检验真理的标准,它既具有绝对的意义,又具有相对的意义。就一切思想和理论都必须由实践来检验这一点讲,它是绝对的、无条件的;就实践在它发展的一定阶段上都有其局限性,不能无条件地完全证实或完全驳倒一切思想和理论这一点来讲,它是相对的、有条件的;但是,今天的实践回答不了的问题,以后的实践终究会回答它,就这点来讲,它又是绝对的。列宁说:"当然,在这里不要忘记:实践标准实质上决不能完全地证实或驳倒人类的任何表象。这个标准也是这样的'不确定',以便不至于使人的知识变成'绝对',同时它又是这样的确定,以便同唯心主义和不可知论的一切变种进行无情的斗争。"(《列宁选集》第2卷,第142页)

辩证唯物主义认识论关于实践标准的绝对性和相对性辩证统一的观点,就是任何思想、任何理论必须无例外地、永远地、不断地接受实践的检验的观点,也就是真理发展的观点。任何思想、理论,即使是已经在一定的实践阶段上证明为真理,在其发展过程中仍然要接受新的实践的检验而得到补充、丰富或者纠正。毛主席指出:"人类认识的历史告诉我们,许多理论的真理性是不完全的,经过实践的检验而纠正了它们的不完全性。许多理论是错误的,经过实践的检验而纠正其错误。"又指出:"客观现实世界的变化运动永远没有完结,人们在实践中对于真理的认识也就永远没有完结。马克思列宁主义并没有结束真理,而是在实践中不断地开辟认识真理的道路。"(《实践论》)马克思主义强调实践是检验真理的标准,强调在实践中对于真理的认识永远没有完结,就是承认我们的认识不可能一次完成或最终完成,就是承认由于历史的和阶级的局限性,我们的认识可能犯错误,需要由实践来检验,凡经实践证明是错误的或者不符合实际的东西,就应当改变,不应再坚持。事实上这种改变是常有的。毛主席说:"真正的革命的指导者,不但在于当自己的思想、理论、计划、方案有错误时须得善于改正","而且在于当某一客观过程已经从某一发展阶段向另一发展阶段推移转变的时候,须得善于使自己和参加革命的一切人员在主观认识上也跟着推移转变，即是要使新的革命任务和新的工作方案的提出，适合于新的情况的变化。”（《实践论》）林彪、“四人帮”为了篡党夺权，胡诌什么“一句顶一万句”、“句句是真理”。实践证明，他们所说的绝不是毛泽东思想的真理，而是他们冒充毛泽东思想的谬论。

现在，“四人帮”及其资产阶级帮派体系已被摧毁，但是，“四人帮”加在人们身上的精神枷锁，还远没有完全粉碎。毛主席在第二次国内革命战争时期曾经批评过的“圣经上载了的才是对的”（《论反对日本帝国主义的策略》）这种倾向依然存在。无论在理论上或实际工作中，“四人帮”都设置了不少禁锢人们思想的“禁区”，对于这些“禁区”，我们要敢于去触及，敢于去弄清是非。科学无禁区。凡有超越于实践并自奉为绝对的“禁区”的地方，就没有科学，就没有真正的马列主义、毛泽东思想，而只有蒙昧主义、唯心主义、文化专制主义。

党的十一大和五届全国人大，确定了全党和全国人民在社会主义革命和社会主义建设新的发展时期的总任务。社会主义对于我们来说，有许多地方还是未被认识的必然王国。我们要完成这个伟大的任务，面临着许多新的问题，需要我们去认识，去研究，躺在马列主义毛泽东思想的现成条文上，甚至拿现成的公式去限制、宰割、裁剪无限丰富的飞速发展的革命实践，这种态度是错误的。我们要有共产党人的责任心和胆略，勇于研究生动的实际生活，研究现实的确切事实，研究新的实践中提出的新问题。只有这样，才是对待马克思主义的正确态度，才能够逐步地由必然王国向自由王国前进，顺利地进行新的伟大的长征。

全国交通系统学大庆会议在大庆油田闭幕

会议期间，代表们认真讨论了交通部部长叶飞的报告，揭发批判了“四人帮”干扰破坏交通运输事业的罪行，总结了交通系统开展工业学大庆运动的经验，明确了加快交通运输现代化的奋斗目标。

出席会议的代表们对口开展了以安全、优质、低耗、多装快跑为内容的革命竞赛活动，并一致通过了向全国交通系统提出的倡议书。

倡议书提出：汽车运输要学习山东省烟台地区运输公司加强经营管理，搞好经济核算的经验；公路建设要学习河南省辉县自力更生，依靠群众，贯彻山、水、田、林、路综合治理方针，大力建设县、社公路的经验；公路管理、养护要学西藏自治区日喀则地区交通局加加养护段和广东省罗定公路工区，学习他们以路为家，战天斗地，努力提高公路质量的经验；港口建设要学第一航务工程局第五工程处加强施工管理、技术管理，提高施工效率和工程质量的经验；港口管理要学习烟台港务局抓纲治港，加强管理，提高装卸质量，消灭重大事故，增加收入，改变港口面貌的经验；远洋、沿海运输船队要学中国远洋运输公司广州分公司“耀华”轮，赶上海分公司“丰城”轮，学习他们加强船舶维修保养，严格操作规程，确保安全航行，不断提高运输质量的经验；内河航运要学湖南省衡阳市航运公司女子船队自力更生大搞革新改造，把原有拖船改造成为分节驳顶推船队的经验；治理内河航道要学湖南醴陵县航运公司发动群众，自力更生，综合利用，整治航道的经验；安全运输要学江苏省江海航运公司第八船队安全航行17年的经验；筑路工程要学基建工程兵561部队三中队；修造船企业要学黑龙江省哈尔滨船舶修造厂；汽车修理部门要学河北省张家口地区运输局汽车修理厂；救捞部门要学广州海难救助打捞局救捞队；援外工作要学援塞拉利昂桥梁技术组；亏损企业要学习宜昌港务管理局甩掉15年亏损帽子的经验，努力扭亏增盈。

在闭幕式上，交通部领导同志向全国交通系统215个大庆式企业的代表授了锦旗，向出席大会的1059个学大庆先进单位和先进个人的代表颁发了奖状和《光荣册》。

教育部负责人就去年高校招生制度改革的有关情况答《人民日报》记者问

问：去年招生制度进行重大改革的主要成绩是什么？

答：在华主席、党中央的亲切关怀和直接领导下，去年高等学校招生制度进行重大改革，得到了广大人民群众的热烈拥护，在全国各地引起了巨大反响。通过考试，发现了大批被“四人帮”埋没的优秀人才，调动了广大青少年的学习积极性，开始改变了被“四人帮”严重败坏的社会风气，推动和促进了中小学的教育革命和业余教育事业的发展。同时，遭到“四人帮”严重破坏的党的优良传统和作风，也得到了恢复和发扬。事实充分证明，以华主席为首的党中央改革招生制度的决策是完全正确的。它贯彻了毛主席的无产阶级革命路线，符合广大人民群众建设现代化的社会主义强国的迫切愿望，体现了新时期总任务的要求。

问：1977年共招收了多少大学生，质量怎样？

答：去年由于广开了才路，恢复了被“四人帮”剥夺了的广大青年报考大学的权利，为选拔优秀人才提供了广泛的基础。1977年全国共有570万人报考大学，从中录取了27.8万人，超额完成了招生任务。在27.8万人中，属于扩大招生的达6万多人，其中属于老校挖掘潜力扩大招生的有2.3万人。这是各高等学校贯彻执行五届全国人大一次会议精神,艰苦奋斗,挖掘潜力所取得的成果。

去年各地录取新生的质量较高。据四川、甘肃、湖南、浙江、江苏、安徽、天津、河北、黑龙江等22个省、自治区、直辖市的统计,在录取的新生中,工人、农民、解放军战士、复员军人、革命职工占80%,党团员占74%,工人、贫下中农、革命军人、革命干部、革命知识分子的子女占87%。这些新生的文化水平比较整齐,知识基础较好,为提高教育质量创造了良好的条件。

问:在去年的招生工作中,还有哪些问题需要进一步解决?

答:如上所述,去年招生工作成绩显著,这是主流。但是,由于招生制度的改革刚刚开始,加上时间紧,任务重,又缺少经验,因此,还有一些问题需要进一步明确,有些办法需要进一步健全和完善。这主要是:(一)贯彻择优录取的原则还不够;(二)对落实华主席关于选拔学生要有所侧重的指示还执行得不够好;(三)对学校专业的宣传、考生报考志愿的引导,以及服从分配的教育进行得不够。还有,去年由各省、自治区、直辖市命题,标准不一致,也给录取工作带来一定困难。所有这些,都要在今年加以改进。

问:有人说择优录取会"扩大三大差别"。对这个问题究竟应该怎样正确理解?

答:"四人帮"污蔑社会主义大学是"读书做官"的"阶梯",择优录取是"扩大三大差别"。这完全是别有用心的。在社会主义社会,人民上大学的权利是平等的。这一点,比旧社会优越得多。但是,社会主义社会还不是共产主义社会,还不可避免地存在着三大差别,存在着实际的不平等。历史造成的城乡教育水平的差别是客观存在,要缩小这个差别,只能在不断发展生产的基础上,从发展农村的中小学教育事业、提高教育质量上下功夫,而不能从改变择优录取上找出路。

"四人帮"反对考试,反对择优录取,其结果,不仅使新生质量严重下降,教育拖了四个现代化的后腿,而且为某些人败坏党的作风、大搞"走后门"等不正之风开了方便之门。他们这一套早已为广大人民群众所深恶痛绝。只有广开才路,实行考试,德智体全面衡量,择优录取,才能选拔出无产阶级所需要的人才,大力促进教育质量的提高。做到早出人才,快出成果,为实现四个现代化作出贡献,这才是群众的根本利益所在。

问:对考生德智体全面衡量时,主要看本人的政治表现,是不是违背了党的阶级路线和无产阶级政策?

答:长期以来,林彪、"四人帮"用反动的血统论取代马克思主义的阶级论。父母或亲属中有某些政治问题的青年,即使本人表现再好,也难以入学,严重地搅乱了无产阶级的阶级阵线,挫伤了这部分青年为工农、为四个现代化服务的积极性。去年明确规定"主要看本人的政治表现"。这是招生制度进行重大改革的一项重要内容,是全面地正确地贯彻执行毛主席无产阶级政策的体现。

一个人的阶级立场、政治态度,是他自己在社会的阶级斗争实践中形成的,是社会现象,不是生理现象,是不能由父母遗传的。父母的历史的或现实的政治问题,一般来说,子女是不能承担责任的。

当然,剥削阶级家庭或有严重政治问题的父母是可能对子女产生一定影响的。对此,我们决不能忽视。经过审查,对那些同反动家庭划不清界限,表现不好或思想反动的人,当然不能录取。这是我们的政策。怎样鉴别这种影响的有无、大小呢?只能看考生本人的政治表现。

还有一点必须特别讲清楚。有的人认为录取知识分子子女,就是排斥了工农子女,会犯"阶级路线的错误"。在社会主义条件下,知识分子是脑力劳动者,他们与体力劳动者的区别,只是社会分工的不同。他们在党的领导下,为社会主义服务,为工农兵服务。在招生工作中,录取革命知识分子的子女,同样是体现了党的阶级路线。

问:重视考生的文化水平,是不是"智育第一"、"分数挂帅"?

答:"四人帮"在口头上政治喊得响,实际上搞的是反革命的政治。他们以假左真右的反革命手法,篡改无产阶级选拔学生的政治标准,割裂政治同业务的辩证统一关系。毛主席说:"红与专、政治与业务的关系,是两个对立物的统一。"在无产阶级政治统帅下,学校重视提高教育质量,培养有高度文化科学水平的人才,这不是什么"智育第一";青年学生为了实现四个现代化,努力学习文化科学知识,这正是有社会主义觉悟的表现。在政治、身体条件基本相同的情况下,重视考生的文化水平,录取分数高的,也不是什么"分数挂帅";相反,正是坚持了德智体全面衡量、择优录取的原则。德智体全面衡量,并不是要"完人"。必须打破"金要足赤"、"人要完人"的形而上学思想。

我们应该十分珍惜人才,没有大批又红又专的各类专门人才,实现四个现代化是不可能的。招生工作是发现、选拔人才的一个重要途径。我们要不断总结经验,认真做好招生工作,努力完成历史赋予我们的光荣任务。

外交部照会苏联驻华大使馆强烈抗议苏联对我国的军事挑衅

外交部副部长余湛约见苏联驻华大使托尔斯季科夫,面交了中国外交部给苏联驻华大使馆的一份照会,强烈抗议苏联最近派遣飞机、军艇对中国进行有组织的军事挑衅。苏联飞机和军艇侵入我黑龙江虎林县，苏军登岸开枪打伤我居民多人。这是在中苏边界谈判刚刚恢复的时候对中国的有组织的军事挑衅，是对中国领土主权的严重侵犯。中国政府提出强烈抗议，要求苏联方面道歉，保证今后不再发生类似事件，否则，一切后果由苏方承担。

5月12日

《人民日报》《解放军报》同时转载《光明日报》特约评论员文章《实践是检验真理的唯一标准》

全国绝大多数省、自治区、直辖市的报纸也相继转载。

这篇文章引发了关于实践是检验真理的唯一标准问题的讨论。党内外绝大多数人支持和拥护文章的观点。虽然华国锋指示中央宣传部门的某些负责人，对真理标准问题的讨论"不表态"、"不卷入"；汪东兴在不少场合指责这篇"文章实际上是把矛头指向毛主席思想的"，责问"这是哪个中央的意见?!"加以压制。但是，这一讨论受到党中央的邓小平、叶剑英、李先念、陈云、胡耀邦等多数同志的积极领导和支持，讨论在全国逐步展开。从6月到11月，中央党政军各部门、全国绝大多数省、自治区、直辖市和大军区的主要负责同志都发表文章或讲话，一致认为，坚持实践是检验真理的唯一标准这一马克思主义的原则，具有重大的现实意义。这一讨论，冲破了长期以来"左"倾错误思想的束缚，促进了全国性的马克思主义的思想解放运动，为党的十一届三中全会的召开准备了思想条件。

中共清华大学委员会在全校范围内宣布《关于推翻迟群等人制造的"走资派"、"资产阶级反动学术权威"错案的决定》

决定指出，1969年1月29日，经中共中央和中央文革转发的驻清华大学工人、解放军宣传队关于《坚决贯彻执行对知识分子"再教育"、"给出路"的政策》的报告是捏造罪名，镇压干部和知识分子，欺骗中共中央与毛主席的假报告。决定还明确宣布，这个假报告中制造的一切错案，一律予以平反；强加给受害干部和知识分子的一切诬陷不实之词，统统推翻。

国务院副总理陈锡联在北京会见尼泊尔王国新任驻中国大使雅杜·纳特·卡纳尔

国务院副总理谷牧在伯尔尼拜会瑞士联邦主席维利·里恰德

谷牧副总理说，瑞士在工业、农业、科学方面有不少先进的东西值得我们学习。我们希望通过这次访问促进两国的友好关系和经济、贸易、科技方面的合作和往来。

随同谷牧副总理出访的水利电力部部长钱正英，国家建委副主任彭敏，农林部副部长张根生等也陪同谷牧副总理拜会了瑞士联邦主席。中国驻瑞士大使李云川拜会时在座。

国务院副总理谷牧在伯尔尼与瑞士联邦委员会委员 联邦公共经济部部长弗里茨·洪内格就发展两国经济和贸易关系举行会谈

中国方面参加会谈的有：水利电力部部长钱正英、中国驻瑞士大使李云川、国家建委副主任彭敏、农林部副部长张根生等人。

全国人大常委会副委员长廖承志在北京会见日本日中友好山梨县青年之翼访华团领导成员

参加会见的日本朋友有：访华团团长、山梨县知事田边国男，访华团顾问、山梨县议会议员竹下信夫、前岛茂松、渡边万男、中村笃兆、田中克彦、舆水浩，访华团副团长野田芳平、长久保孝吉等。中国国际旅行社总社副总经理张雨等参加了会见。

教育部编写完成部分全国通用中小学试用新教材

教育部已组织编写出54种全国中小学通用新教材，今年秋季开学各全日制十年制中小学将开始试用。

这54种中小学通用新教材包括：各科教学大纲16种，各科课本的第一册(中学语文课本还有第三册和第五册)22种，配合新课本教学的参考书16种。

教育部把组织好教材编写工作，作为当前提高教育质量的一个重要环节来抓。这批教材的编写工作，从去年9月开始，历时7个多月。参加编写工作的有200多人，其中人民教育出版社的编辑占1/4，其余3/4来自全国18个省、自治区、直辖市的有关部门。为了提高教材质量，教育部还聘请了45名专家担任编写各科教材的顾问。他们是：苏步青、关肇直、段学复、江泽涵、吴文俊、杨乐、张广厚、丁尔升，周培源、王竹溪、褚圣麟、何祚庥，唐敖庆、张青连、蒋明谦、徐光宪、严梅和，童第周、贝时璋、王世之，李春芬、周廷儒、郭敬辉、谢文清，于光远、王惠德、吴江，叶圣陶、吕叔湘、严文井、李何林、毛星、郭玉衡、高士其、韩作黎，白寿彝、夏鼐、胡华，吴景荣、吕天石、陈嘉、李赋宁、信德麟、杨蕴华，徐英超。中国社会科学院院长胡乔木在住医院期间，还抽时间亲自看了语文、历史教材的全部稿子，并提出许多重要的指导性的意见。

新编的各科教学大纲和课本，在编写以前和编成以后，都曾广泛地征求科学工作者、生产部门有关人员和大、中、小学教师的意见，得到他们的热情支持和帮助。教学大纲和课本的征求意见稿，曾发到全国各省、自治区、直辖市教育局，组织各地教师进行了认真的、仔细地讨论。编写人员还直接组织并参加各种征求意见的座谈会，在北京市区和郊区共组织了283次座谈会，参加的有1700多人；在大庆、大寨、南京、上海、武汉、广州、南宁、郑州、太原和哈尔滨等地区，共组织了102次座谈会，参加的近千人。许多教师、科学工作者、工厂技术人员，主动来信对编写教材工作提供意见和寄送有关资料。

遵照邓小平副主席的指示，这次编写理科教材着重研究了怎样符合现代科学技术发展要求的问题。教材编写人员对美、英、法、西德和日本等国近年来编写的理科教材进行了分析和比较，作为我们研究这个问题的借鉴；同时还就这个问题，向科研单位、工业部门、大中小学的有关人员，进行了认真的调查研究。这次新编的理科教材各具特色，较好地反映了现代科学技术发展对中小学理科教育的要求。

中小学各科课本共112册，现已新编出22册，计划1979年秋季以前全部编出新的。配合课本教学的参考书，力争与新课本同时编完。目前，编写人员正在加紧进行工作。

中国社科院哲学研究所《哲学研究》编辑部在北京召开第二次哲学讨论会

参加讨论会的有北京、广东、湖北、上海、江苏、浙江、吉林、山东、广西、陕西、辽宁、江西、天津、湖南、安徽、山西、河北、贵州18个省、自治区、直辖市的部分哲学、经济学工作者，共160余人。

中国社会科学院副院长邓力群、顾问周扬出席了开幕式，并讲了话。邓力群同志着重讲了贯彻双百方针的问题。他说，只要不是反党反社会主义的，都属于人民内部问题。在今天，就是不能容许为“四人帮”辩护，为他们鸣冤叫屈，不能继续散布“四人帮”的反动观点，毒害人民。在批判“四人帮”的同一前提下，有不同意见，你这样批，他那样批，你对问题这样看，他那样看，都是可以的，即使批得不那么正确，甚至批得有点错误，也是可以的。在我们的同志中，谁能保证自己对“四人帮”的批判是百分之百的正确。在人民内部，要充分发扬民主，请大家各抒已见，实行百家争鸣的方针，要允许批评和反批评。

周扬同志在讲话中指出，我们的哲学研究工作应当密切联系实际，配合当前斗争，回答现实生活中提出的问题，应当为无产阶级政治服务，为社会主义服务。接着，他阐述了做好研究工作应当遵循的基本原则和贯彻双百方针的问题。他说，在贯彻双百方针过程中，我们要反对混淆政治和学术界线，混淆两类矛盾，乱扣帽子的粗暴倾向，也要反对资产阶级“自由化”的倾向，坚持马克思主义在学术领域中的指导地位。针对有人提出的“理论禁区”的问题，周扬同志谈到，理论是研究客观世界的规律的，自然科学研究自然界的客观规律，社会科学研究社会发展的客观规律。对科学来说，不存在什么“禁区”。承认“禁区”，就是承认客观世界中有些事物是科学所不能探讨的，这实际上就是否定了科学。当然，一个革命的理论工作者，探讨任何理论问题，都会考虑到党和人民的根本的利益和需要。我们所以信仰科学社会主义，就因为它是科学。我们要有科学上、理论上的勇气，要为真理而斗争。做理论研究工作、探索新的问题犯些错误是难免的。我们要力争少犯错误，这就要很好地学习马列主义、毛泽东思想，从实际出发，详细地占有材料，扫除学术工作中一切逢迎吹捧、弄虚作假的恶劣作风。

5月13日

中央军委作出《关于加强部队教育训练的决定》

中共中央军委最近作出《关于加强部队教育训练的决定》(以下简称《决定》)，要求全军把教育训练提到战略地位，按照毛主席的军事思想、军事路线，把我军整顿好、训练好，全面提高部队战斗力，做好反侵略战争的准备，随时准备完成华主席、党中央、中央军委赋予的一切作战任务。

《决定》指出，全军要统一认识，把教育训练提到战略地位。全军的教育训练，毛主席的革命路线始终占主导地位，取得了很大的成绩。但是，应当看到，由于林彪、“四人帮”的破坏，使部队在政治、军事、作风、纪律等方面受到严重损害，军政素质下降。目前干部的组织指挥能力和部队的战术技术水平，很不适应现代条件下打仗的要求。当前，苏美争霸愈演愈烈，苏修亡我之心不死，战争总有一天要打起来，必须抓紧做好反侵略战争准备。加强教育训练，是关系军队建设、战争准备全局的重大问题。现在不打仗，就要靠教育训练，提高干部战士的政治觉悟，提高战术技术水平，提高现代科学知识水平，恢复和发扬我军的优良传统和作风，增强部队战斗力。全军要切实把这项工作抓紧抓好。

《决定》要求全军要统一教育训练指导思想。要认真学习毛主席军事著作，完整地准确地理解和贯彻毛主席的人民军队、人民战争思想和人民战争的战略战术；要贯彻积极防御战略方针，根据未来作战对象，立足现有装备，照顾发展，研练现代条件下人民战争的战略战术和必需的军事技术，加强诸军兵种联合作战的训练；要贯彻理论联系实际的原则，结合作战任务，突出重点，学以致用；要认真总结和运用我军传统经验，有选择地吸取外国军事上有用的经验；要从实战需要出发，严格训练，严格要求，苦练过硬的杀敌本领；要实行官教兵，兵教官，兵教兵，开展革命竞赛，大搞群众练兵运动；要坚持政治挂帅，思想领先，充分发挥政治工作的作用。

《决定》要求各部队要统筹兼顾安排更多的部队全训。规定全训师生产、维修营房等人员不得超过实力数的10%，施工、营建、生产、执勤部队，重点抓好骨干的训练。

《决定》要求各部队要认真抓好政治教育。要认真学习马列主义、毛泽东思想的基本原理，重点是毛主席关于无产阶级专政下继续革命的伟大理论，完整地准确地理解和掌握毛主席思想体系。团以上干部应有计划地选学马、恩、列、斯和毛主席关于哲学、政治经济学、科学社会主义的主要著作，学习毛主席的建党学说、建军思想和建军原则。营以下干部和战士主要学习总政治部编印的《马列著作选读》和《毛泽东著作选读》。要加强时事政策教育，及时宣传、学习和贯彻执行华主席、党中央、中央军委的重要指示，经常进行党的基本路线和党的十一大路线的学习。发扬新式整军运动的优良传统，有计划地对部队进行阶级教育和传统教育。要发扬理论联系实际的学风，注意克服形式主义，提高教育效果，从思想、理论上肃清林彪、“四人帮”的流毒和影响，恢复和发扬我军实事求是、群众路线、艰苦奋斗、严守纪律等优良传统和作风。

《决定》强调要根据实战需要搞好军事训练。陆、海、空和特种兵种要根据各自作战任务和地区特点，突出训练重点。各军兵种要开展一兵多能训练。要注意养成教育。要经常进行三大纪律八项注意的教育，认真贯彻三大条令。加强军事体育锻炼，增强体质，培养和锻炼勇敢坚忍精神。每年要坚持搞好野营拉练。

《决定》指出，部队训练应重点抓好干部的在职训练。全军要开展群众练兵运动。要提倡干部战士为革命勤学苦练，学军事、练技术、钻业务，精益求精。对于训练成绩卓著者要给予奖励。要及时总结推广群众练兵运动中的好经验。

《决定》指出，要统一训练大纲和规章制度。全军要按照总部和军兵种制定的训练大纲，统一训练内容和标准。要严格按照大纲编写教材，合理组织施训。各级要健全计划、请示报告、会议、教学、检查考核等训练规章制度。主要训练课目都要考核，不合格的要补训。军区、军和有关的军兵种，每年要对全训师进行考核，没有完成任务的要追究责任。

《决定》要求部队要贯彻勤俭练兵的原则，搞好训练物资保障。

《决定》号召各级党委要切实加强对教育训练的领导，把教育训练列入重要议事日程。各军区、各军兵种军政主要领导干部要分工专人抓教育训练。全训部队的党委要大力抓好教育训练。合成军首长要加强对特种兵训练的领导，要有专人负责抓。领导干部要带头苦练，深入基层，调查研究，搞好传帮带。要加强训练中的政治思想工作，调动干部战士的练兵积极性，防止和克服弄虚作假、形式主义等不正之风。要积极开展技术革新活动。加强行政管理，严格规章制度，做耐心细致的思想工作，严防各种事故。

国务院副总理谷牧在瑞士参观访问

谷牧副总理5月13日至15日参观了伯尔尼州的几处电站、农庄和一所农业学校。

中国驻瑞士大使李云川陪同谷牧副总理一行进行了上述参观访问活动。

外交部部长黄华在北京会见缅甸新任驻中国大使吴塔吞

5月14日

国务院总理华国锋在北京会见尼泊尔国王比兰德拉·比尔·比克拉姆·沙阿·德瓦陛下和王后艾什瓦尔雅·拉吉雅·拉克西米·黛维·沙阿陛下

邓小平副总理、黄华外长、韩念龙副外长等参加了会见。

国务院副总理李先念 耿飚在北京会见即将离任的南斯拉夫驻中国大使德鲁洛维奇

国务院副总理陈锡联在北京会见以南斯拉夫联邦执委会委员 联邦旅游委员会主席米兰·武卡索维奇为团长的南斯拉夫友好访问团

国务院副总理陈慕华在北京会见以印度尼西亚工商会总主席苏沃托·苏肯达尔为团长的印度尼西亚工商会代表团

国务院副总理王震在北京会见以团野信夫为团长的日本日中农业农民交流协会访华团

5月15日

中共中央国务院在人民大会堂举行宴会欢迎罗马尼亚共产党总书记 罗马尼亚总统尼古拉·齐奥塞斯库

中共中央主席、国务院总理华国锋主持了宴会。

华国锋和齐奥塞斯库在宴会上先后发表讲话。

中共中央副主席、国务院副总理邓小平，中共中央副主席、国务院副总理李先念和夫人林佳楣，中共中央副主席汪东兴，中共中央政治局委员、全国人大常委会副委员长吴德，中共中央政治局委员、国务院副总理耿飚、徐向前，中共中央政治局候补委员、国务院副总理陈慕华，全国人大常委会副委员长邓颖超、姬鹏飞，政协全国委员会副主席、全国妇联副主任康克清，外交部部长黄华，外贸部部长李强，二机部部长刘伟，文化部部长黄镇，中国人民解放军副总参谋长张才千、总政治部副主任梁必业，外交部副部长余湛，中国驻罗马尼亚大使李庭荃和夫人王逸仙出席了宴会。

中共中央主席华国锋在北京与罗马尼亚共产党总书记尼古拉·齐奥塞斯库举行会谈

中国方面参加会谈的有：中共中央副主席、国务院副总理李先念，中共中央政治局委员、国务院副总理耿飚，中共中央政治局候补委员、国务院副总理陈慕华，中共中央委员、外交部部长黄华，中共中央委员、外贸部部长李强，中联部副部长乔石，外交部副部长余湛，外经部副部长魏玉明，中国驻罗马尼亚大使李庭荃等。

全国人大常委会委员长叶剑英在人民大会堂会见罗马尼亚总统尼古拉·齐奥塞斯库

《人民日报》摘要发表董必武同志1956年在党的八大会议上关于法制问题的发言并配发编者按

编者按：应广大读者的要求，本报今天摘要发表董必武同志1956年在党的八大会议上关于法制问题的发言。

这些年来，由于林彪特别是"四人帮"的干扰破坏，董必武同志在发言中所指出的某些违反法制的现象，有的仍然存在，有的甚至有所发展，需要我们结合深入揭批"四人帮"的斗争，进一步研究解决。

董必武同志这一发言(摘要)的重新发表，对于学习、宣传、遵守新宪法，对于加强社会主义法制教育，都有重大的现实意义。

我们的人民民主法制，是工人阶级领导的人民群众通过国家机构表现出来的自己的意志，是我们国家实现人民民主专政的重要工具。

大家知道，在过去国内革命战争的各个时期，各个革命根据地，在党的统一领导下，制定了许多代表人民意志和符合革命利益的政策法令。尽管它们在形式上较为简单，而且不可避免地带有地方性，但是它们有力地保障和促进了革命事业的发展。不仅如此，它们并且是我们现在人民民主法制的萌芽。

1949年9月随着人民解放战争的胜利，我们党和各民主党派商定召开了代表全国人民意志的中国人民政治协商会议，制定了《共同纲领》和《中华人民共和国中央人民政府组织法》。《共同纲领》，实质上就是我们党第七次代表大会通过的毛泽东同志在《论联合政府》报告中提出的政治纲领。它是我国的临时宪法。新中国成立初期的一切法制都是以它为基础。中华人民共和国成立后，根据《共同纲领》建立了中央国家机关和地方各级人民政府，开展了全国范围内的法制建设，先后制定了地方各级人民政府和司法机关的组织通则，制定了《工会法》《婚姻法》《土地改革法》以及有关劳动保护、民族区域自治和公私企业管理等法律、法令。

1954年9月召开的我国第一届全国人民代表大会第一次会议，制定了《中华人民共和国宪法》。这部宪法是《共同纲领》的发展，是我们国家的根本法。它体现了我党在过渡时期的总路线的要求，明确地规定了实现社会主义改造和社会主义建设的方法和步骤。从此，走社会主义道路成为家喻户晓的行动指南。我国法制建设也由此进入了一个新的阶段。依据宪法，重新制定了一些有关国家机关和国家制度的各项重要法律、法令。

我们人民民主法制所以有力量，是由于它是在摧毁旧法制的斗争中产生的。中国人民经历了长期的曲折的革命道路，深知旧法制是旧中国占统治地位的少数人压榨广大劳动人民的一套很精巧的机器，所以在全国解放初期，党和政府根据《共同纲领》中关于废除国民党的旧法制和建立人民的新法制的规定，曾经领导人民进行了摧毁旧法制的斗争，并且在1952年开展了司法改革运动，严格地批判了旧法观点和旧司法作风，划清了新旧法制的界限。很明显，在这个基础上建立和发展起来的人民民主法制，是真正表现人民意志的和为人民服务的法制。

我们人民民主法制所以有力量，是由于它是适应国家建设的迫切需要而逐步建立起来的。新中国成立之初，为了巩固和发展人民的胜利，我们党和政府必须发动人民群众的直接斗争，而这种斗争的主要任务，是要彻底从反动统治下解放人民，从旧的生产关系束缚下解放社会生产力，破坏反动的秩序，建立革命的秩序。随着这种斗争的胜利，人民在保护生活和生产的实践中，也就会创造自己的法制。所以我们的人民民主法制，不能过早过死地主观地规定一套，而是必须从实际出发，根据政治经济发展的客观要求，逐步地由简而繁地发展和完备起来。我们党和国家过去提出的许多代表最大多数人民利益和要求的政策、纲领，有些虽然因客观情况还不能立即定型化为具体的完备的法律条文，但是，实质上都起了法律的作用。我们的法制有效地发挥了人民群众的积极性，并且促进了社会生产力的发展。

我们人民民主法制所以有力量，是由于它实事求是地总结了人民斗争的经验和贯彻了群众路线。我国许多重要法律、法令，都是我们党在实际工作中经过调查研究，提出初稿，同民主党派商谈，逐渐形成草案，经过国家机关讨论修改以后，有的仍以草案形式发交地方国家机关、人民团体一直到县乡，发动广泛的群众讨论；有的还经过一定时期的试行，再由国家立法机关审议通过，才成为正式的法律、法令。正由于我们的法制是这样地贯彻"从群众中来，到群众中去"的原则，所以它也就无隔阂地反映了人民的意见。

党的第七次代表大会以后，特别是开国七年来，党领导的人民民主法制工作是有显著成绩的。我们不仅已经有了国家根本法——宪法，而且有了许多重要的法律、法令和其他各项法规。现在的问题是，我们还缺乏一些急需的较完整的基本法规，如刑法、民法、诉讼法、劳动法、土地使用法等。同时，我们也还有许多法规，如惩治反革命条例、管制反革命分子暂行办法、惩治贪污条例、农业税法、工商业税法和私营企业条例，以及政府有些部门的组织条例等，由于政治、经济情况的变化，应该修改的还没有修改，应该重新制定的还没有重新制定。

法制不完备的状态，在新建的国家内是不可避免地会存在一些时候的。但是，现在无论就国家法制建设的需要来说，或者是就客观的可能性来说，法制都应该逐渐完备起来。法制不完备的现象如果再让它继续存在，甚至拖得过久，无论如何不能不说是一个严重的问题。

我认为还有一个严重的问题，就是我们有少数党员和国家工作人员，对于国家的法制有不重视或者不遵守的现象，并且对于这些现象的揭露和克服，也还没有引起各级党委足够的注意。

我们的人民代表大会制度，是我们国家的根本政治制度。我们全国人民代表大会历年来是严格地按照规定召开了会议，各省、市和自治区的人民代表大会一般也是按照规定召开会议的。经验证明，这是既利于充分发扬民主，又利于更好集中的完全适合我国的制度。可是，个别省人民代表大会没有按期开会。至于不倾听代表的意见，不按照法律规定的手续撤换代表，甚至限制代表向人民代表大会反映群众呼声等违法现象，都不止一次地在某些省县范围内发生过。人民代表大会制度，有些地方还没有建立得很好，还没有很充分地发挥它的作用，我认为这是值得我们严重注意的。

开国以来，党领导人民为人民的长远利益和眼前利益进行了数也数不清的工作，成绩是空前未有的。但是，在不少地方或部门进行工作中，我们经常发现有违法乱纪、侵犯人民群众民主权利的现象，甚至有的人自命特殊，以为法制是管老百姓的，而自己可以超越于法制之外；至于在同群众直接有关的工作上，更经常发现有脱离群众的强迫命令的作风，往往把好事办成坏事，招致群众的不满。对于这些恶劣的现象，我们必须进行坚决的不懈的斗争。

在厂矿中发生的事故，有些是由于不注意劳动保护和安全设备，或者忽视操作规程所造成的。经济机关不履行合同而发生纠纷的事实，也是常有的，这些忽视法制，违反法制的现象，对国民经济的发展是有损害的。

在这里应当指出，有些地方对于违法犯罪的人犯，只注意他是否违法犯罪，而不注意严格履行法律手续的现象，还没有完全克服，例如有些司法人员有时没有按照法律规定的手续拘捕人犯，限制被告人行使辩护和上诉的权利；有些监所和劳动改造单位的管理人员，违反党的政策和国家的法律，违反革命人道主义的原则，虐待犯人的现象也是有的。这些都是严重的违法行为，必须彻底加以肃清。

不重视国家法制的人们，还有一种颇为流行的理由，不是说国家法制是形式，就是说国家法制太麻烦，行起来妨碍工作，实际上这种理由是牵强的，经不起一驳的。工人阶级领导的国家必须建立、健全的法制，才能更有效地发挥国家的职能和保障人民的权利。一切国家机关和公民从法制中才能知道做什么和怎样做是国家允许的或不允许的。因此，我们依照法制进行工作，只会把工作做得好些、顺利些，不会做得坏些、不顺利些。

无可置疑的，我们人民民主法制在党领导的民主革命和社会主义革命胜利的斗争中，是起了重要作用的；没有地方各级党委和党员同志对法制的尊重和正确运用，法制的作用是显现不出来的。

党中央对国家法制历来就是重视的。在国家机关和人民团体服务的同志绝大多数也都知道应该重视国家法制，在工作中因为正确地运用法制而获得的成绩也是很大的。这些都是事实。但我们决不能因为这些成绩，就把存在着的某些不重视法制和不遵守国家法制的现象掩盖起来，而不注意它的严重性。

为什么不重视和不遵守国家法制的现象经常发

生呢？

这有它的历史根源。在我们党领导人民没有夺得全国的政权以前，一切革命工作都是在突破旧统治的法制中进行的；夺得全国的政权以后，我们又彻底地摧毁了旧的政权机关和旧的法统。所以仇视旧法制的心理在我们党内和革命群众中有极深厚的基础，这种仇视旧法制的心理可能引起对一切法制的轻视心理，也是不言而喻的。正如列宁所说："千百年来，国家都是压迫人民和掠夺人民的机关，它给我们留下了这种遗产：即群众对于一切国政之极端仇视和不信任的心理。克服这种心理，是非常困难的任务，这一任务，只有苏维埃政权才能胜任。然而就连苏维埃政权也须花费长久的时间和表现极大的坚毅精神才能完成任务。"国家法制自然就是最显著地同人民切身利害有关的国政。人民群众对于一切国政极端仇视和不信任的心理，既是千百年来国家给我们留下的遗产，那么，人民群众对于一切法制的轻视心理，同样不也是千百年来国家给我们留下的遗产么？

全国解放初期，我们接连发动了几次全国范围的群众运动，都获得了超过预期的成绩。革命的群众运动是不完全依靠法律的，这可能带来一种副产物，助长人们轻视一切法制的心理，这也就增加了党和国家克服这种心理的困难。

不重视和不遵守国家法制现象的发生，还有它的社会根源。我国社会各阶级中，小资产阶级占绝对多数。我们党的成员最大一部分也是小资产阶级出身的人。当然，小资产阶级中各阶层的革命觉悟程度是有差别的。照列宁的说法，小资产阶级在一定的情况下常常表现极端的革命狂热，但不能表现出坚韧性、有组织、有纪律和坚定精神。轻视一切法制的心理对小资产阶级是容易投合的，小资产阶级的思想也容易和无政府主义的思想相投合。我们可以这样说，一切轻视法制的思想，实质上就是小资产阶级的无政府主义思想的反映。

不重视和不遵守国家法制现象的发生，既然有深厚的历史根源和社会根源，加以现在新干部数量很大，他们的经验较少，而我们对于法制的宣传教育工作又做得很不够，所以对于这些现象我们就更不能等闲视之，必须努力设法加以清除。也许清除这种现象需要较长久的时间，但是现在如果不采取有效的方法着手清除，而等待以后去清除，那就给予我们建设社会主义的损害将会更大。我们国家法制是人民意志的表现，所以，违反国家法制，就是违背人民的意志。列宁在论到签署《土地社会化法令》时曾指出："大多数人的意志，对我们来说，永远是必须执行的，违背这种意志就等于背叛革命。"列宁这段话，对我们有极深刻的教育意义。

目前我们党和国家的中心任务，就是要依靠已经获得解放和已经组织起来的几亿劳动人民，团结国内外一切可能团结的力量，充分利用一切对我们有利的条件，尽可能迅速地把我国建设成为一个伟大的社会主义国家。在这样任务面前，党就必须采取积极措施，健全我们的人民民主法制，以便进一步保卫人民民主制度，巩固法律秩序，保障人民民主权利，保护公共财产，更有效地发挥人民群众的积极性和创造性；同时，继续肃清反革命分子，继续同一切违法犯罪的现象作斗争，保障社会主义建设事业的顺利进行。人民民主法制必须进一步加强才能适应党所提出的任务。

党中央号召公安、检察、法院和一切国家机关，都必须依法办事。我认为依法办事，是我们进一步加强人民民主法制的中心环节。

依法办事有两方面的意义：

其一，必须有法可依。这就促使我们要赶快把国家尚不完备的几种重要的法规制定出来。这是否可能呢？应当说是可能的。我们如果组织各方面的力量，限期写出草案，经中央审核后提请国家立法机关审议制定；草案在提交立法机关之前，还要把它交各级国家机关和人民团体讨论，提供修改意见，草案修正后再提请立法机关审议制定。例如，我国刑法已有了草案初稿，刑事诉讼法的初稿也早已有了，请中央责成起草的同志将初稿中若干原则问题报经审定，我看这两个法的草案很快就可以脱稿。

其二，有法必依。凡属已有明文规定的，必须确切地执行，按照规定办事；尤其一切司法机关，更应该严格地遵守，不许有任何违反。当然，在法制的执行过程中，如果发现它的规定有不符合或不完全符合当地当时的具体情况，就应该按照法定程序，提出必要的修改、补充或变通执行的办法。我们反对一切随便不按规定办事的违法行为。今后对于那些故意违反法律的人，不管他现在地位多高，过去功劳多大，必须一律追究法律责任。对于那些不知道法律的人，不仅要教育他懂得法律，还要教育他遵守法律。依法办事就是清除不重视和不遵守国家法制现象的主要方法之一。

依法办事，不应当作为官僚主义打官腔的借口，亦不应当钻法制不完备的空子，借口无法可依，把事情推出去不管。法只能是办事的准绳，只有从实际出发，对事务的本身和它相关联的各方面，加以周密的分析，才能达到妥善办事的目的。

为了进一步加强人民民主法制，党必须注重法制思想教育，使党员同志知道国法和党纪同样是必须遵守的，不可违反的，遵守国法是遵守党纪中不可缺少的部分，违反国法就是违反了党纪。我们党员应当成为守法的模范。同时,必须在人民群众中广泛地进行关于法律的宣传教育工作,在社会上培养守法的风尚。

为了进一步加强人民民主法制,还必须适当加强司法机关的组织,尤其是要适当加强检察机关的组织。我国宪法赋予检察机关对国家机关、国家机关工作人员和公民是否遵守法律以检察权,但是现在的组织尚难担负这种任务,必须适当地予以加强,这就是说编制应予以足额的人员,而人员的配备要挑选较精干的。

进一步加强人民民主法制,更重要的还在于加强党对法制工作的领导。各级党委必须把法制工作问题列入工作议程,党委定期讨论和定期检查法制工作,都是迫切需要的,党的监察委员会关心法制工作,认真地对党员遵守国家法制进行监督,人民民主法制进一步加强是会更有保证的。

(摘录自《中国共产党第八次全国代表大会文献》)

附:中国社会科学院法学研究所建议重新发表董必武同志谈法制的重要发言给《人民日报》编辑部的信

华主席在五届人大的政府工作报告中明确指出:"实现天下大治,必须进一步加强社会主义法制。""要广泛宣传,教育人们树立遵守社会主义法制的观念。干部要守法,群众要守法,人人都要守法。要依靠广大人民群众,加强社会治安,同各种违法犯罪行为作坚决的斗争。"叶副主席在《关于修改宪法的报告》中也指出:"加强社会主义法制,是无产阶级专政的需要,是人民的需要,是同广大人民的根本利益完全一致的。"

法学研究所的同志在学习华主席、党中央的指示和研究社会主义法制问题的时候,重读了董必武同志1956年在党的八大会议上所作的关于加强社会主义法制的重要发言,深受教育。董必武同志这篇发言不仅系统地阐述了在毛主席的革命路线指引下我国社会主义法制逐步建立和发展的历史过程,而且着重阐明了新中国的革命法制真正体现人民意志和为人民服务的根本性质,以及对于保障人民民主权利和社会主义建设事业顺利进行的重要作用。董必武同志强调了健全和加强社会主义法制的必要性和重要性,严肃批评了不重视和不遵守国家法制的各种现象及其危害,并进一步分析了这些现象存在的历史根源和社会根源,提出了加强社会主义法制的有效措施。这篇重要发言,对于批判林彪、"四人帮"诬蔑和破坏我国革命法制的罪行,提高广大干部和群众对加强社会主义法制的认识,都有现实意义。

同时,我们最近收到不少人民来信,一致认为:加强革命法制对于充分发扬社会主义民主、坚持无产阶级专政下的继续革命、促进四个现代化的顺利实现都有重要作用,是实现天下大治、完成新时期总任务的重要保证,并且要求大力加强这方面的宣传教育和研究工作。

因此,我们建议《人民日报》重新发表董必武同志这篇重要发言。

《人民日报》发表记者述评《一个马克思主义的回答》

邓小平副主席在这次全国教育工作会议上,对于怎样在新的历史条件下,进一步贯彻执行毛主席提出的"教育必须为无产阶级政治服务,必须同生产劳动相结合"的根本方针的问题,作了非常明确而深刻的回答。

教育如何为无产阶级政治服务?

邓副主席指出:我们的学校是为无产阶级培养人才的地方。培养具有高度科学文化水平的劳动者,造就宏大的又红又专的工人阶级知识分子队伍,这本身就是为无产阶级政治服务。

教育怎样同生产劳动相结合?

邓副主席指出:现代经济和技术的迅速发展,要求我们在教育与生产劳动结合的内容上、方法上不断有新的发展。各级各类学校对学生参加什么样的劳动,怎样下厂上山下乡,花多少时间,怎样同教学密切结合,都要有恰当的安排。更重要的是整个教育事业必须同国民经济发展的要求相适应。

代表们说,邓副主席的这些论述,有力地回答了被"四人帮"搞乱的路线是非问题,回答了如何完整地、准确地领会和掌握毛主席教育思想的问题,也回答了教育怎样为实现新时期的总任务作出贡献的问题。这是一个马克思主义的回答。这个回答,给我们打开了眼界,解放了思想,明确了方向,增强了信心,今后就可以理直气壮地大干教育革命了。

毛主席为我们党制定的教育方针,是毛主席教育思想的核心,是搞好教育革命的指路明灯。它明确地规定了我们的教育为哪个阶级服务,怎样服务和培养什么样的人的大问题,直接关系着无产阶级革命事业的兴衰和成败。因此,坚持不坚持"教育必须为无产阶级政治服务,必须同生产劳动相结合"的根本方针,怎样贯彻执行这个方针,一直是教育工作中两条路线斗争的一个焦点。林彪、"四人帮"出于篡党夺权的反革命目的,肆意歪曲和践踏党的教育方针,篡改教育革命的方向。多年以来,他们推行一条假左真右的反革命修正主义路线,在教育战线上向党发动了一次又一次的猖狂进攻,挑起了一场又一场的大论战。出席会议的代表们都清楚地记得:1971年,"四人帮"严密封锁了毛主席对十七年教育革命实践所作的重要指示,炮制了臭名昭著的"两个估计",和所谓"资产阶级统治学校”的八大“精神支柱”,完全否定“文化大革命”前教育战线在党的教育方针指引下取得的伟大成绩。1972年,当周总理根据毛主席指示,针对“四人帮”的破坏,提出加强基础理论教学和研究,提高教育质量的时候,他们便叫嚷什么“复辟”、“回潮”,把罪恶的矛头指向周总理。1975年,当邓副主席提出教育要整顿时,他们又以“奇谈怪论”、“右倾翻案”等罪名,诬蔑和攻击邓副主席。总之,谁坚持党的教育方针,谁就是“右倾复辟”;谁提高教学水平,谁就是“业务挂帅”;谁提倡学习科学文化,谁就是“智育第一”;谁说教育质量下降,谁就是“九斤老太”。“四人帮”散布的大量反动谬论和他们的种种倒行逆施,把毛主席的教育思想篡改得面目全非,把党的教育方针践踏得不成样子,在思想上、理论上造成了很大的混乱。现在,“四人帮”被彻底粉碎了。他们在教育战线上挑起的一场场大论战,也以可耻的失败而告终了。邓副主席旗帜鲜明地拨乱反正,正本清源,针对被“四人帮”搞乱了的重大是非问题,作出了马克思主义的回答,这实际上就是对多年来教育工作中两条路线斗争所作的一个全面、正确的总结。

当前的重要问题是,要在揭批“四人帮”的斗争中,进一步肃清其流毒,把各级领导干部和广大教育工作者的思想和行动,迅速地统一到党的十一大路线和以华主席为首的党中央的一系列指示上来。这是一个严重的斗争任务。从代表们反映的情况来看,在教育战线上,“四人帮”的流毒和影响是很深很广的,决不可估计低了,估计轻了。有不少同志在这个根本问题上,还存在着种种错误看法和糊涂认识。

“学习科学文化的时间多了,会不会脱离无产阶级政治?”一些人老是如此担心。在他们看来,只有把大量的课时用于思想政治教育,才是无产阶级政治挂帅;只有把师生的主要精力用来参加各种政治运动和社会活动,才是为无产阶级政治服务。不然,就有“脱离无产阶级政治”的危险。许多代表反映,有些学校,由于怕“脱离政治”,就把政治学习的比重安排得高于一切学科,随便占用学习科学文化的时间。有些地方的领导部门,为了“突出政治”,经常抽调大批教师和学生,去参加各种各样的“中心工作”,完成“突击任务”。这样做,严重地影响了教育质量的提高,难道这不正是“四人帮”流毒的表现吗?代表们通过讨论认识到,“四人帮”篡改党的教育方针采用的一种反革命手段,就是把这个具有普遍意义和长远意义的方针,同各个历史时期党的总任务总政策割裂开来,对立起来,诱骗人们满足于空喊口号,侈谈政治,看不到无产阶级的大量利益和根本任务。这样,他们就可以在人们迷失方向的时候,用他们的反革命政治去冲击一切,代替一切,使教育为他们篡党夺权的罪恶阴谋服务。而我们有些同志,受了“四人帮”的毒害和影响,把教育为无产阶级政治服务理解得非常狭隘,非常片面,实际上还不懂得什么是无产阶级政治,不懂得教育如何为无产阶级政治服务。代表们说:今天中国无产阶级的最大利益,就是按照党的十一大路线实现四个现代化,把我国建设成为伟大的社会主义强国。这是当前最大的政治。因此,培养又红又专的人才,为实现新时期的总任务服务,就是为无产阶级政治服务。学校把大量课时用于科学文化的教学,正是为了培养又红又专的人才。思想政治工作的制度、内容、方法都应加以整顿,切实保证正常的教学工作。政治工作做得越好,师生的政治觉悟越高,越应当把主要的时间和精力用来提高科学文化水平。怎么能说这样做是脱离无产阶级政治呢?

“狠抓教育质量,是不是‘智育第一’?”这又是一种余悸。这些同志有的是在“四人帮”的反动谬论影响下中毒了,有的是被“四人帮”的棍棒打怕了。他们对于我们党在粉碎“四人帮”之后为了提高教育质量而采取的许多重要措施,总是怀疑观望,心有余悸,常常自觉或不自觉地把这些措施同“智育第一”联系起来。提高科学文化的教学水平,他们怕抓了智育,丢了德育;改革高等学校招生制度,他们怕要了文化,忘了政治;实行择优录取,他们担心是“天才教育”;进行文化考试,他们又怕是“分数挂帅”。在这些同志的身上,“智育第一”成了一副沉重的精神枷锁,一讲智育,便谈虎色变。在这次会议上,代表们对这个问题,展开了热烈讨论。许多代表说:“智育第一”是“四人帮”用来破坏党的教育方针,推行其反革命政治纲领的一根大棒。他们把在坚持正确的政治方向的前提下大力提高教育质量,大力提高学生的科学文化水平,说成是什么“智育第一”,这是极其荒谬的。他们这样搞的反革命目的,就是要取消科学文化的教学,打击陷害坚持党的教育方针的各级领导干部和广大教育工作者。今天,我们提高教育质量,提高科学文化的教学水平,目的是为了使教育更好地为无产阶级政治服务,这有什么不对呢?代表们在讨论中,对于提高教育质量的问题,发表了许多好的意见。大家认为,我们培养人才的质量标准,就是使受教育者在德育、智育、体育几个方面都得到发展,成为有社会主义觉悟的有文化的劳动者。我们改革招生制度,实行择优录取,进行文化考试,都是按照德智体全面衡量的原则去做的,根本不是“抓了智育,丢了德育”,更不是什么“分数挂帅”、“天才教育”。德育、智育、体育,三者是辩证统一的关系,既不能彼此分割,又不能相互代替,而是统一在一个培养目标上。因此,把德育和智育对立起来,这是一种形而上学的观点。有些代表说：我们所讲的智育，就是为革命掌握丰富的科学文化知识，具有为四个现代化做贡献的智慧和才能。这样的智育，是同无产阶级政治紧密联系在一起的，难道不值得大大提倡吗？

"结合教学参加劳动，会不会脱离工农、脱离实际？"这也是一种糊涂认识。这些同志对于为什么实行教育与生产劳动相结合，怎样结合，都还缺乏正确的理解。按照他们的看法，不管是什么样的劳动，不管是花多少时间，也不管同教学是否有关，只要是参加了劳动，那就是把教育同生产劳动结合起来了，就是贯彻执行党的教育方针了。有这种糊涂思想的人，总是盲目地认为劳动越多越好、越重越好。有的学校由于师生们过多地参加同教学内容无关的劳动，结果干扰了课堂教学，妨碍了系统地传授基础知识。有的学校长期以来不是根据专业特点，参加对口劳动，结果，名曰联系实际，其实却造成了理论脱离实际。这些现象也正是"四人帮"的流毒所造成的。许多代表指出："四人帮"破坏党的教育方针的一个重要方面，就是接过"教育与生产劳动相结合"的口号，竭力反对这个基本原则。他们肆意篡改毛主席的《五·七指示》，颠倒主学和兼学的关系，用"劳动"去冲击教育，代替教育；他们打着向工农学习、向实际学习的幌子，鼓吹"社会就是课堂"、"大学就是大家学"，妄图取消学校教育；他们把学生和教师当作简单的劳动力使用，任意让他们去从事繁重的体力劳动，搞得教师无法教，学生无法学。他们所搞的劳动，就是不要科学文化、不要现代技术的最原始的劳动；他们所搞的教育，就是"培养"最原始的劳动力，即"没有文化的劳动者"。"四人帮"的这种罪恶行径，不正是用最野蛮的反革命手段来践踏党的教育方针吗？代表们说：实行教育与生产劳动相结合，在每个时期都有它不同的内容。今天，我们要实现社会主义的四个现代化，就应当努力使教育同现代化的生产劳动相结合，同现代化的最新技术手段相结合。因此，我们应当更好地结合教学去参加生产劳动，在教育与生产劳动相结合的内容上、方法上不断有新的发展。

在这次全国教育工作会议上，代表们认真学习邓副主席的重要讲话，解决了许多被"四人帮"搞乱了的理论是非和路线是非。从代表们的深切感受中可以看到，邓副主席对当前教育战线上一些重大问题所作的马克思主义的回答，具有极大的现实意义和深远的历史意义。它不仅为教育战线实现新时期的总任务指明了前进的方面，而且对各级领导干部和全国教育工作者都是一次深刻的教育。正如一位代表在自己的学习体会中所说的那样："这个重要讲话，对于我们起到了明确方向、增强信心、鼓舞斗志的作用；对于那些心有余悸、前怕狼后怕虎、左顾右盼、犹豫不定的同志，会起到振聋发聩的作用；对于那些'震派人物'或直到今天还和'四人帮'思想体系感情极深的人，是个当头棒喝！"

国务院副总理陈锡联在北京会见为中伊两国联合攀登珠穆朗玛峰前来我国进行访问的伊朗国防部副大臣萨迪吉昂中将以及伊朗登山和滑雪协会副主席诺卢齐

全国人大常委会副委员长廖承志在北京会见新西兰工党副领袖罗伯特·詹姆斯·蒂泽德

江苏省昆剧院邀请部分昆曲工作者在南京举行昆曲工作座谈会

湖南、浙江、上海、江苏等地50多位昆曲工作者，应江苏省昆剧院邀请，在南京举行昆曲工作座谈会，讨论了昆曲艺术的继承和发展，以及更好地为工农兵服务，为社会主义新时期的总任务服务等问题。

著名演员周传瑛、王传淞，参加了座谈会。50多年前和他们同时在苏州昆曲传习所学艺的40多位"传"字辈老艺人，现在尚有16位健在。这次，有14位在南京见面了。著名表演艺术家俞振飞也参加了这次盛会。

座谈会期间，"传"字辈老艺人和俞振飞，演出了一批传统折子戏；江苏省昆剧院青年演员汇报演出了《十五贯》和3台传统折子戏、1台革命现代戏。老艺人们还热情地向青年演员传授表演艺术。

欧阳钦逝世

中国人民政治协商会议全国委员会副主席、第五届全国人民代表大会常务委员会委员欧阳钦因病于5月15日在北京逝世，享年78岁。

欧阳钦是湖南省宁乡县人。他在青年时代就献身于中国人民的解放事业。他1919年赴法国勤工俭学，1924年5月在法国加入了中国共产党，积极从事革命活动，进行反帝斗争。1925年转赴莫斯科学习军事。1926年回国后，在叶挺独立团参加了北伐战争。在第一次国内革命战争时期，曾任湖北省委军委秘书、中央军委秘书、组织科长；在第二次国内革命战争时期，曾任中央苏区中央局秘书长，瑞金工农红军学校政治部主任，红一方面军政治部组织部长，红三军团政治部组织部长，红军第六师政治部主任，红三军团供给部政治委员，并跟随伟大领袖和导师毛主席参加了举世闻名的二万五千里长征。红军到达陕北后任陕甘省委组织部部长，陕甘工委书记，陕西省委西北军工委书记；抗日战争时期曾任陕西省委组织部部长、宣传部部长、省委书记,西北局调查研究第四局副局长、副秘书长、秘书长;解放战争时期,曾任冀热辽分局秘书长,旅大地委书记、区党委书记;全国解放以后,任旅大市委书记、市长,东北局委员,黑龙江省委第一书记、省长,东北协作区主任,东北局第二书记等职。在党的第八次全国代表大会上,被选为中央委员会委员。

5月16日

中共中央主席华国锋在北京与罗马尼亚共产党总书记尼古拉·齐奥塞斯库继续举行会谈

中国方面参加会谈的有:中共中央副主席、国务院副总理李先念,中共中央政治局委员、国务院副总理耿飚,中共中央政治局候补委员、国务院副总理陈慕华,中共中央委员、外交部部长黄华,中共中央委员、外贸部部长李强等。

全国教育工作会议在北京闭幕

教育部部长刘西尧在闭幕式上作了总结发言。

会议认为,要很好地担负起华主席、党中央给教育战线提出的任务,要全面地贯彻落实邓副主席讲话中提出的各项要求,必须依靠全党,共同努力来办。邓副主席讲话中提到的许多问题,比如青少年的教育、招工用人的政策、教育事业如何同国民经济发展要求相适应等一系列问题,就涉及共青团的工作,公安部门的工作,劳动部门、计划部门以及其他许多部门的工作。许多工作如果不在党委统一领导下,由党委统一部署,事情是决不可能办好的。事实证明,哪些地方党委重视抓教育工作,哪些地方的问题就解决得好。正如中央负责同志所指出的:关键是省、自治区、直辖市注意不注意教育这个问题。最近,安徽省委决定,由省革委会负责同志挂帅,抓好退还校舍的工作,并要求各地、市建立专门班子或指定专人负责此项工作。省革委会第一招待所已退出所占的校舍。宿县地委机关也偿还了占用的校舍。省委第一书记万里同志还亲自关心和支持中国科技大学的基本建设,优先保证施工力量和材料的供应。省委还对6000多名用非所学的人员进行了调查研究,已有近600人充实教师队伍。吉林省怀德县委提倡自力更生,勤俭建校,全县已有80%的校舍实现砖房化,农村大多数学校基本上解决了校舍困难的问题,消灭了二部制,多招了学生,提高了教育质量。河北省委从地方经费中拨出500万元投资修建学校,为一些农业院校解决了多年来办学中存在的困难。

会议指出,教育战线要开展一个大规模的学习运动。当前全党全国人民正在学习新时期的总任务,教育战线要结合教育工作的实际,组织大家认真学习华主席在五届人大的政府工作报告,华主席、邓副主席在科学大会上的讲话和邓副主席在这次全国教育工作会议上的讲话。要把学习和批判“四人帮”结合起来,学习和总结28年来的正反两个方面的经验结合起来,弄清楚教育工作的具体路线、方针、政策。

教育战线揭批“四人帮”的运动,还必须下大决心,花大力气,放手发动群众,掀起新的高潮,把运动搞深搞透。“四人帮”制造的一系列反革命谬论、事件和黑典型,必须一桩桩一件件查清批透。各级教育部门和学校的领导同志,必须立场坚定,旗帜鲜明,站到运动的前列。有些同志,过去在“四人帮”的影响下,说过错话,做过错事,现在还缺乏认识,没有作自我批评,姿态不高,群众是有意见的。这种状况如果再不改变,不带头肃清流毒,甩掉包袱,就不能很好地领导群众前进,甚至还会阻碍运动的深入和工作的开展。

会议特别强调指出,在揭批“四人帮”运动中,全国各条战线都在开展“双打”斗争,教育战线也要这样做。事实证明,结合揭批“四人帮”的第三战役,严惩一小撮罪大恶极的阶级敌人,有利于彻底清算林彪、“四人帮”的罪行,有利于整顿好学校。

会议指出,在揭批“四人帮”斗争中,还要狠抓干部政策和知识分子政策的落实工作。各级教育部门和学校,都要认真地查一查,你那里还有哪些案件该复查的没有复查,该平反的没有平反,该昭雪的没有昭雪,还有哪些同志该安排的没有安排,务必使每个冤案、假案都得到正确地解决,使每个受迫害的同志的问题都得到妥善处理。

要加强教师队伍的建设,提高师资水平,调动教师的积极性。北京景山学校的3位教师提为特级教师,在这次会议上和社会上引起了强烈反响,这对于改变小学教师的社会地位有很大意义。会议提出,要把大学、中学、小学优秀教师的示范教学录音、录像,拍摄电影、电视,广为传播。

会议代表认为,当前教育工作的中心环节是要狠抓提高。各级各类学校都要提高教育质量。怎样才能尽快地把教育质量搞上去呢?一个重要的战略措施,就是办好大中小重点学校。不仅要办重点学校,还可以办重点班,非重点学校也可以办重点班。这样才能早出人才,快出人才,并且带动整个教育质量的提高,尽快地赶超世界先进水平。代表们指出,我们是个大国,人多,财力物力的使用,要更多地用到重点方面,用到提高方面。平均使用力量必然是少慢差费的。会议认为,加强对重点学校的领导特别重要。中共中央政治局委员、上海市委第三书记彭冲亲自抓重点学校的经验,值得推广。彭冲同志多次提出,一定要把重点学校办成第一流的学校，使人们一进重点学校，就能看出是人民所希望的、理想的学校的样子。上海市委为此已抽调了一批有丰富教育工作经验的干部，加强重点学校的领导班子。代表们认为，各省、自治区、直辖市只有大力加强对重点学校的领导，才能共同完成这一事关全局的重大战略任务。代表们还认为，重点学校和非重点学校是相互学习、互相促进的关系。模范不一定都出自重点学校，有些非重点学校也可以出好的教师、好的经验和优秀人才。

会议期间，中共中央政治局委员、国务院副总理方毅，多次来参加小组会，具体指导开好这次会议，并做了重要指示。代表们还参加了揭批"四人帮"黑干将迟群和那个女黑干将罪行的大会。全体代表讨论了《1978 年至 1985 年全国教育事业规划纲要(草案)》，以及《全国普通高等学校暂行工作条例》《全日制中学暂行工作条例(草案)修改意见(讨论稿)》《全日制小学暂行工作条例(草案)修改意见(讨论稿)》。会议期间，国家民族事务委员会主任杨静仁，参加了民族教育座谈会，卫生部部长江一真，参加了医学院校座谈会，农林部副部长何康，参加了农林院校座谈会，中国社会科学院副院长于光远，参加了大学文科座谈会。此外，会议还进行了师范、重点中小学、幼儿教育、"七二一"工人大学和"五七"大学以及各类业余教育、中小学教材和生产供应等各种专业活动。代表们在会议期间还参观了电化教学展览和外国教材展览。

会议期间，21 个省、自治区、直辖市广大师生纷纷来信来电，献诗献礼。代表们表示，决心以实际行动迎接明年全国教育大会的召开，为造就工人阶级宏大的知识分子队伍，极大地提高整个中华民族的科学文化水平，建设四个现代化的社会主义强国而奋斗。

国家计委 农林部 商业部 外贸部 全国供销合作总社在北京联合召开全国桐油会议

会议总结交流了发展桐油生产的经验，研究了发展油桐的方针、政策和措施，制定了三年和八年桐油生产规划。

中共中央副主席、国务院副总理李先念对召开这次会议作了重要指示。中共中央政治局委员、国务院副总理余秋里到会讲了话。

桐油是优良的干性油，干燥后结成的薄膜附着力强，富有弹性，具有防潮、耐酸碱、不传电等性能，是工业、农业、渔业生产用的重要原材料，也是我国出口的重要商品。50 年代我国每年出口桐油大都在 8000 万斤上下，最多的一年出口 1.6 亿斤，占世界桐油出口总量的 90% 以上。近几年由于"四人帮"的干扰和破坏，桐林荒芜，产量大幅度下降，给工农业生产带来不少困难。一些装配好的农业机械、机具，由于喷不上漆而不能及时出厂，浙江温州生产的雨伞，由于桐油短缺，前两年减少了六七成。沿海渔区以及江浙等水网地区的机帆船和农船，由于涂不上桐油不能出海和下水，严重影响市场上鱼的供应和罱泥积肥。桐油的对外出口量也显著下降。

参加会议的代表指出，近几年桐油产量低而不稳，主要原因是"四人帮"破坏了"以粮为纲，全面发展"的方针和现阶段党在农村的有关经济政策，造成一些产区把生产桐油和经营林业当成学大寨的"绊脚石"，靠山吃山不养山，只抓一分多田，不抓八分多山，甚至毁林开荒，伐桐种粮，既破坏了山区经济结构，也破坏了水土保持。结果是粮食没抓好，桐油没抓到——两头落空。

会上，贵州省正安县龙冈公社代表介绍了他们前几年排除干扰，坚持"以粮为纲，全面发展"的方针，连年获得粮桐双丰收的好经验。近三年来，全公社粮食和油桐生产持续上升。去年桐子的产量比解放前夕增长 10 倍，平均每户生产桐子 980 多斤，仅桐子一项每户的收入即达 275 元。全公社所得桐饼，平均每亩耕地 100 斤。桐林成了这个队的"绿色银行"和"肥料加工厂"。四川省万县地区、湖北省郧西县等先进单位也在会上介绍了经验。

会议要求各地在贯彻执行"以粮为纲，全面发展"的方针中，全面规划，加强领导，因地制宜地搞好山区建设。宜农则农，宜林则林，农林结合，种植油桐、油茶、油橄榄、核桃、文冠果等木本油料，对国家有利、对群众有利，就要大干。在政策上应当坚持实行国造国有，社造社有，社员在房前屋后种植的归社员所有。桐油产区社员的口粮，要不低于邻近产粮区的水平。桐油价格和奖售办法要合理，不要让群众吃亏。对经济上有困难的社队，国家要给予适当补助，专款专用。

会议指出，要把桐油生产搞上去，关键在于领导抓紧。会议要求有关省市和自治区，要一个产区一个产区，一个县一个县地具体落实，尽快实现三年和八年规划，以适应加速实现四个现代化的需要。

国务院副总理康世恩在北京会见马来西亚土著银行董事长阿里芬

全国人大常委会副委员长廖承志在北京会见以高桥孝吉为团长的日本神户制钢集团访华团

对外友协在人民大会堂举行招待会欢迎以保罗·多姆凯为团长的前美军驻延安观察组成员访华团

外交部部长黄华，对外友协会长王炳南，外交部副部长章文晋,外交学会副会长柯柏年,对外友协副会长丁雪松等,出席了招待会。

美军观察组的朋友们在抗日战争时期来到中国的重庆,并到了延安。当时,毛泽东主席和周恩来、朱德、叶剑英等我党、我军领导人,曾多次会见过他们。不少朋友对根据地的真实情况,对我党、我军坚持抗战的决心、力量和政策,作了客观的了解和介绍。其中有些朋友,包括当时美军驻华总部和美国驻华使馆人员,后来还因此遭到排挤和迫害。

王炳南会长祝酒时说,对于在中国人民困难时期做过努力的朋友们,中国人民从来没有忘记,并对他们始终怀着友好和赞赏的感情。

他说,从那时以来,已经30多年过去了。这期间,在中国大地上,发生了天翻地覆的变化。我想,朋友们这次旧地重游,对这些会有深刻的体会。

他指出,有许多美国朋友为中美人民的友谊作出过贡献。我们愿意和朋友们一起,为进一步发展中美人民的相互了解和友谊,为在《上海公报》基础上实现两国关系正常化,而共同努力。

招待会上,美国朋友们向中国人民对外友好协会赠送了他们当年在延安拍摄的照片和一部电影拷贝。他们还把当时鲁迅艺术学院送给他们的木刻中的一套回赠给中国主人。

皮漱石逝世

政协第五届全国委员会委员、中国天主教爱国会主席皮漱石因病医治无效,于5月16日在北京逝世,享年81岁。

皮漱石委员是辽宁省辽阳县人,曾在天主教修道院学习,后任神甫、修道院代理院长、沈阳总主教区总主教。1957年任中国天主教爱国会主席。曾任第三届、第四届全国政协委员。

5月17日

经中共中央批准国务院成立引进新技术领导小组

国务院引进新技术领导小组由余秋里为组长,顾明为副组长。

《人民日报》发表社论《加强党的领导　搞好教育革命》

在华主席为首的党中央亲切关怀下,全国教育工作会议胜利闭幕了。这次会议认真学习邓副主席的重要讲话,围绕在新的历史条件下,进一步贯彻执行毛主席的教育方针的问题,进行了充分的讨论,进一步澄清了思想,明确了方针、政策。会议开得生动活泼,热气腾腾,展示了我国发展教育事业的光辉前景。

粉碎“四人帮”以来,华主席、党中央采取果断措施,扭转被“四人帮”篡改了的教育革命的方向,扫清教育革命前进道路上的主要障碍,特别是改革高等学校招生制度和批判“两个估计”之后,教育战线的形势越来越好。广大教育工作者解除了林彪、“四人帮”强加的精神枷锁,教学和科研的积极性极大提高。学生和青少年学习科学文化的新风尚开始形成。各级各类学校的教育质量开始逐步上升。许多遭到严重破坏的单位和学校面貌一新。学校风气的转变正在促进整个社会风气逐步改观。这些令人喜悦的新气象说明:我们的教育事业大有希望。

现在,教育战线的路线、方针、政策已经明确,人民群众支持教育工作的热情空前高涨,要进一步发展教育战线的大好形势,关键就在于切实加强各级党委的领导。

各级党委对教育工作的认识,要同华主席为首的党中央的要求,同新时期总任务的要求相适应。教育工作是造就人的工作。古今中外,凡是有远见的政治家,都非常注重人才的培养。伟大领袖毛主席、敬爱的周总理,为了无产阶级千秋万代的事业,从红色革命根据地的创建时起,就一贯高度重视教育工作,为我们党培育了一大批政治、经济、军事、文化等方面的杰出人才。现在,华主席为首的党中央用很大的力量抓教育,反复教导我们,为了建设现代化的社会主义强国,必须尽快地把教育工作搞上去,极大地提高整个中华民族的科学文化水平,造就一支宏大的工人阶级的知识分子队伍。教育上不去,人才出不来,实现四个现代化就只能是一纸空文。因此,新时期总任务的完成,在很大的程度上取决于教育事业的发展。问题很清楚:如果你真想四个现代化,而且想得很厉害,那就必须把教育工作,把培养人才的工作,放到重要的位置上来。由于实现抓纲治国,三年要大见成效,摆在各级党委日程上的重要任务很多,而人才的培养周期长,见效慢,这就使不少同志,包括一些领导同志,容易产生忽视教育工作的倾向。他们往往把教育工作看作是“软任务”。粮食、钢铁完不成生产任务,他们感到压力很大;完不成培养人的计划,他们就感到没有多大的压力。在各条战线都大干快上的形势下,他们也感到人才不足,但只是空喊,或者当伸手派,却不认真抓教育。这种政治上的近视,是非常错误的,也是十分危险的,必须彻底扫除。

毛主席早就指出,省、地、县三级第一书记要管教育,不管教育的现象是不能容许的。为什么一定要第一书记管教育呢?这是因为,教育工作影响整个社会,牵动千家万户,必须依靠各个部门和各个方面的协同配合、大力支持。比如：教育事业计划的制订和各级各类学校基本建设所需要的人力、物力、财力，就要有计划部门的支持和保证；教学设备和器材的生产和供应，要有工业部门和商业部门的支持；至于学生和广大青少年的政治思想教育，更需要整个社会的配合。显然，这些问题单靠教育部门是解决不了的，单靠主管教育工作的党委领导同志也不够，只有第一书记亲自动手，才能改变人们轻视教育的思想，克服那种“挤”教育的现象；才能调动各方面的积极性，更快更好地把教育工作搞上去。粉碎“四人帮”之后，不少省、自治区、直辖市党委的第一书记，带头批判“两个估计”，亲自听取汇报，了解情况，作出指示，积极抓教育工作，迅速改变了教育战线的面貌。我们希望更多的第一书记以及各级党委的主要领导同志，遵循毛主席的教导，下决心把教育工作抓起来。

抓教育工作，同抓其他工作一样，不能满足于一般号召，不能只是在会议上议一议。必须采取强有力的措施，把毛主席的教育方针和华主席、党中央的指示落在实处。中共安徽省委针对教育战线某些单位领导班子严重不纯的状况，及时选拔了一批得力的干部担任省教育部门和高等学校的一、二把手，加强了领导力量；为了充分发挥知识分子的作用，对用非所学的大学生，进行了对口调整；同时抓紧了教师归队工作，充实了教学第一线；还带头退出了省委第一招待所占用的校舍。由于采取了这些有力措施，大大推动了教育事业的发展。事实证明，关键是省、自治区、直辖市党委注意不注意教育问题。安徽、吉林、河北等省一注意，就解决得好。其他地区的党委都应当像这些省委那样，把教育工作扎扎实实地抓紧抓好。

要尽快改变教育同社会主义革命和建设严重不相适应的状况，中心环节是迅速提高各级各类学校的教育质量，争取多出人才，快出人才。在这方面，亟待解决的问题很多。而最重要的，是抓住揭批“四人帮”这个纲，拨乱反正，全面地正确地贯彻执行毛主席的教育方针。当前，首先要花大力气做好三件事。

思想整顿刻不容缓。教育战线是林彪、“四人帮”推行假左真右的反革命修正主义路线的“重灾区”。他们披着毛泽东思想的外衣，打着“教育革命”的旗号，不仅炮制了许多极“左”的谬论和反动口号，而且制造了一系列反革命事件和黑典型，严重搞乱了人们的思想。因此，彻底清除“四人帮”的流毒和影响，仍然是极其艰巨、极其重要的任务。要把广大干部、群众的思想和行动，统一到党的十一大路线和华主席、党中央的一系列指示上来，还是一场严重的斗争。对此，我们必须有清醒的认识。“两个估计”是“四人帮”在教育战线上反动思想的核心，影响最深，危害最大，还远远没有批深批透。在教育战线，组织上属于“四人帮”帮派体系的只是极少数，但是思想上中毒很深，甚至至今还坚持“四人帮”思想体系的人，还是有的。此外，不少同志在工作实践中往往心有余悸，这也是“两个估计”的流毒作怪的表现。余悸和余毒是联系在一起的。只要还有“四人帮”的余毒存在，就难免没有余悸。余毒彻底肃清了，人们的余悸也就消失了。因此，我们必须紧紧抓住“两个估计”，联系各地区、各单位、各学校的实际，认真打好揭批“四人帮”的第三战役。只有这样，才能排除干扰，大胆肯定被“四人帮”否定了的正确的东西，发展教育革命的大好形势。

组织整顿刻不容缓。一年多来，许多单位和学校，由于认真抓了清查工作，整顿了领导班子，很快地改变了面貌。但是，也有一些单位和学校的工作成效甚微，一个重要的原因，就是那里的领导班子程度不同地存在问题。领导班子的整顿应该着重思想整顿，即解决路线、方针、政策问题，但组织整顿也不可忽视。教育战线的运动发展是很不平衡的，凡是没有进行清查和清查很不彻底的单位和学校，一定要把清查工作认真搞到底。这是组织整顿的前提。现在，人们对于“四人帮”的帮派骨干和在十一次路线斗争中问题严重而又不肯改悔的人，对于“风派”、“溜派”、“震派”人物，已有所警惕。但是，对那些同“四人帮”篡党夺权阴谋活动并无牵连，但坚持“四人帮”思想体系至今不肯转弯子的人，对那些不一定有什么高的职位，但是有野心，坚持资产阶级派性屡教不改的人，不少同志还缺乏认识。这种人思想上对华主席、党中央贯彻执行的毛主席的革命路线和方针、政策有抵触，依靠他们怎么能搞好教育革命？因此，在整顿领导班子的时候，必须把他们撤换掉，绝对不能含糊。要把那些密切联系群众的，在十一次路线斗争中表现好的，特别是在当前斗争中立场坚定的同志，提到领导岗位上来。要使整顿后的领导班子，成为能够坚决执行党的路线、方针、政策，团结战斗的坚强堡垒。

落实党的干部政策和知识分子政策刻不容缓。在华主席为首的党中央领导下，大多数单位和学校，党的政策已经或正在落实。林彪、“四人帮”强加在广大干部和教师身上的诬蔑不实之词推倒了。他们制造的大量冤案、错案昭雪了。遭到他们打击、迫害或者处理不当的许多同志，安排了适当的工作。但是，由于林彪、“四人帮”假左真右的思想影响没有肃清，有些同志仍然束手束脚，顾虑重重。他们说，落实政策的工作“不能着急”，“要稳当”，甚至认为现在知识分子的作用强调得“过分了”，知识分子又“翘尾巴了”。这些看法是完全错误的。广大干部、知识分子遭受“四人帮”迫害的处境不能再继续下去。师资队伍青黄不接，现有的人才却得不到合理使用的情况,必须迅速改变。当前的主要问题是政策落实得不够,知识分子的作用发挥得不够。即使有些知识分子在思想上、作风上、工作上有这样那样的缺点错误,也应该采取批评、教育的态度,诚恳地帮助他们。人总是有缺点错误的。为什么对知识分子要特别苛求呢!要彻底批判"四人帮"在干部和知识分子政策问题上散布的谬论。落实政策的工作,必须有专人负责,抓紧进行,定期检查,限期完成。这项工作做好了,我们就能调动一切积极因素,团结一切可以团结的力量,大大加快教育革命的步伐。

中共中央决定在明年适当时候召开全国教育大会,这将是我国教育事业发展史上的一件大喜事。我们相信:只要各级党委认真把教育革命抓紧,一抓到底,教育战线的同志们就一定会作出更大的成就,迎接这个空前的盛会,迎接社会主义教育事业突飞猛进的大好局面。

《人民日报》发表中共四川省委写作组的文章《实事求是指导农业生产》

1977年,我省农业生产战胜了各种自然灾害,获得了全面丰收,扭转了粮食生产长期徘徊不前的状况,总产量突破历史最好水平。根本原因是贯彻执行了华主席为首的党中央"抓纲治国"的战略决策,深入揭批"四人帮",粉碎资产阶级帮派体系,打击阶级敌人的破坏活动和资本主义势力,整顿领导班子,调动了广大干部和群众的社会主义积极性。恢复和发扬党的实事求是的优良传统和作风,从实际出发,因地制宜地指导农业生产,也是一个重要原因。

领导农业生产应当认真地研究和运用农业生产规律,并根据客观规律制定出适应当前形势的正确的方针、政策和办法,才能掌握主动权,高屋建瓴,实事求是地把生产搞好。我们说实事求是,因地制宜,也就是强调要按照客观规律解决农业生产中提出的问题,正确地处理好各种矛盾,能动地对农业生产技术进行改革,趋利避害,发挥有利因素,克服不利因素,逐步地从根本上改变生产条件。从实际出发,因地制宜,决不是也不应该是墨守成规,因循守旧,按"老规矩"、"老框框"办事,而是指在农业生产技术改革的进程中,循着客观规律前进,克服那种凭主观愿望,凭一时热情,不顾客观条件搞"一刀切"的作风。实践证明,违背客观规律,不照辩证法办事,是办不好事情的。

人们要认识和运用农业生产的客观规律,并不是一件轻而易举的事。这要经过反复的实践,不断地探索。在前进的过程中,有可能取得成绩,夺得胜利,也可能碰钉子,遇到失败。要不断积累自己的实践经验,还要认真学习群众的实践经验。有了成功和失败的比较,有了自己的经验同群众的经验相互补充,人们的认识才能逐步深化和提高,逐步符合客观规律。去年以来,省委和各级党委领导深入实际,深入群众,调查研究,总结了现实的和历史的正反两方面的经验,找到了一些因地制宜对农业生产技术进行改革的新套套,提出了一系列对农业生产的全局有决定意义的重大措施,抓紧落实,初步地见到了成效。

怎样发展双季稻?是不顾主客观条件扩大双季稻,压缩中稻面积呢,还是因地制宜,从当前实际出发,既猛攻中稻,又积极创造条件,有步骤地发展双季稻?这是我省粮食生产上多年来没有解决好的一个问题。

发展双季稻,提高复种指数,是一个方向。过去我省推广双季稻取得了一定成绩。一部分社、队,特别是沿长江两岸地区,收成较好,并积累了一些经验。但是,许多地方的双季稻产量不稳不高,有的连年收成不好。由于忽视了对全省种植双季稻的条件的全面调查了解,对于一些地区多次试种失败的反面经验也不够重视,只看到这是一项增产措施,只看到一部分社、队种植成功的经验,就急于扩大双季稻面积;有的强求一律,硬派任务;有的甚至把种不种双季稻归结为政治问题、路线问题,在干部、群众中造成一种政治压力。在这种情况下,群众不满,干部有意见。结果,双季稻没有种好,也不敢理直气壮地去抓中稻,连中稻良种也不敢公开推广,水稻产量长期上不去。

双季稻的种植,是受一定的气候、水利、劳力、肥料等条件制约的,特别是气温条件很重要。有的地方气候适宜,有的地方常年气温偏低,就不太适宜。早稻前期气温低,容易烂秧;晚稻后期气温低,日照差,影响扬花结实。再从劳力方面来说,收早稻,栽晚稻,时间短,季节紧,有的队劳力多或机械化程度高,能够按时栽插;有的队劳力少或机械化程度低,就会耽误季节,影响产量。双季稻需要肥料多,要有较好的水利条件,肥料少,水利条件差,也是种不好的。不从这些实际情况出发,或者不去积极创造条件,推广双季稻就不可能得到预想的结果。当然,不经过这样一个实践的过程,也难以进一步懂得怎样去推广双季稻。

从1976年以来,省委领导先后跑了山区、丘陵、平坝的若干个县,广泛听取贫下中农和基层干部的各种不同意见,深入了解我省发展双季稻和中稻的历史和现状,分析我省的自然条件等各方面的状况,从而认识到在当前条件下,从全省来讲,双季稻的发展,只能因地制宜逐步推广,而中稻却是大有可为的。中稻占我省水稻面积的80%以上,生长季节的气温比较稳定,增产的潜力也比较大,群众中又有种好中稻的丰富经验。抓住中稻就抓住了大头,猛攻中稻,在中稻上多下功夫,就能对全省粮食增产起重要作用。为此,1977

年春,省委提出了猛攻中稻,大力提高单位面积产量,同时创造条件,因地制宜积极发展双季稻的方针。这个方针指出了水稻生产当前的主攻目标,也明确了今后发展的方向。有条件的地方继续抓好双季稻的生产,条件暂时不具备的地方则在中稻上狠下功夫,都取得了较好的效果。去年,我省早、中、晚稻季季增产,4000万亩中稻的单产和总产都创造了历史最高水平,并且第一次出现了一季中稻平均亩产超《纲要》的县和过千斤的公社。地处川西平原的温江县,俗称"金温江",过去粮食生产长期稳而不高。去年认真贯彻了省委提出的猛攻中稻的方针,社社中稻过《纲要》,队队都增产,全县粮食总产量比1976年增长两成以上,平均亩产超过1400斤,每亩净增270多斤。

搞农业生产就得同自然灾害作斗争。像四川这样一个幅员较大,地形、气候比较复杂的地方,经常遇到的主要灾害是什么,有没有它的规律性,如何适应这个规律性,抗灾夺丰收?这是必须从实际出发认真对待的问题。

从历史资料和现实情况看,我省自然灾害较多,风、雹、虫、兽、旱、涝等灾害差不多年年都有。在各种灾害中,对农作物威胁最大而又经常遇到的是旱灾,有春旱、夏旱、伏旱、秋旱,其中又以伏旱威胁更大。据气象记载,解放29年来,冬干春旱每十年出现六次,伏旱每十年出现八九次,最近的十年更是十年九遇。因此,在四川,抗灾夺丰收,首先和主要的是抗旱夺丰收。如何战胜干旱,特别是伏旱,就成为我省农业生产上的一个迫切需要解决的问题。

为了多快好省地发展水利建设,尽快解决抗旱问题,省委作了多方面的调查,明确指出,就全省来讲,在修水库、搞提灌等问题上,不强调以什么为主,而是强调因地制宜,充分利用自然条件的优势。有的地方适合兴修水库,就修水库;有的地方不适合修水库,但有条件搞提灌,就搞提灌。总之,要千方百计地把各种水源都利用起来。特别要提倡大搞投工少、见效快的小型水利,包括那些几十万方、几百万方的工程,还有挖蓄水池、打井,以及改造旧有的不适用的塘堰。在步骤上,提出了分两步走的设想:第一步,在最近两三年内,大搞小型水利加喷灌,同时,重点地搞一些骨干水利工程,解决战胜干旱的问题;第二步,兴修一批大、中型水利骨干工程,并与现有水利工程配好套,形成灌溉网,做到能够抗御较大的旱灾。

省委领导还不远千里,专程到正在搞喷灌的彭水县实地考察,同县、社、队的同志一起总结了发展喷灌尽快解决旱地灌溉问题的经验。彭水县地处大山区,是一个山高旱地多、年年闹干旱的地方,由于搞起了喷灌,见到了效果,人们思想豁然开朗,战胜旱灾的信心大为增强。许多社、队的干部和群众一个通宵一个通宵地搞蓄水池。有的区一个月就搞起喷灌工程两三百处。

彭水县群众性大搞喷灌的实践表明,喷灌具有多方面的优越性,特别是对于发挥我省自然条件的优势,变不利条件为有利条件,有着重要的作用。我省自然条件对农业生产有它的不利的一面,但是,在一定的条件下,这种不利的一面也会产生出好的结果。比如我省山丘多,这是不利的一面,但是山多积雨面积大,又有利于蓄水;山丘坡陡是不利的一面,但水的自然落差大,又有利于搞自压喷灌;伏旱之前一般是雨季,大雨滂沱。雨水不匀是不利因素,可是多搞蓄水池把雨水蓄起来,用于喷灌,又有利于对付伏旱。搞喷灌,投资少,建设时间短,受益快,可以大搞群众运动,确实是多快好省地解决旱地水利化的一个路子。我省旱地占耕地的一半,而且大部分是石厚土薄、蓄水力差、抗旱能力低的坡地,不走喷灌这条路,水利化就会大大推迟。省委看准了喷灌是一个对全局具有决定意义的好措施,抓住不放,大力提倡,采取各种办法,动员群众,积极推广。现在一个大搞喷灌的群众运动已在全省蓬蓬勃勃地展开,出现了彭水、资中、奉节、重庆市郊、蓬溪等大搞喷灌的典型。

伏旱同其他自然现象一样,也是有规律可循的。伏旱地区的群众,在长期的抗旱斗争中,逐步掌握了伏旱的规律性,积累了一些抗伏旱的好经验。伏旱一般发生在七八月间,正是晚稻栽插,中稻抽穗扬花,红苕长藤结块,玉米灌浆乳熟的关键时节。针对这种情况,选用早熟良种,适当提早栽种时间,使这些作物生长的关键时节躲过伏旱,减少夏旱危害,就能够发扬作物早熟这个优势,避开气候的不利因素,减少或者避免受灾损失。但是,对这种群众中创造的好经验,过去却没有引起应有的重视,没有认真地加以总结推广。省委领导发现了这一经验,看到它是在当前水利设施不足条件下对付伏旱的一个好办法,把它提到重要位置上来,采取有力措施,加以推广,很快取得了成效。比如为了适时早栽红苕,提高抗旱能力,省委在红苕育秧方面就大力推广了苕尖越冬、太阳贮、土温床、火炕育苗等先进技术,并且直接抓了用于苕尖越冬的塑料薄膜等物资的生产。现在,红苕栽培,从提早季节到生长、保存,已总结出了一整套抗旱高产的"一条龙"的经验:"早种、厚土、堆堆苕、良种、施肥、高温窖。"去年川东北地区,继夏旱、伏旱之后,又遇到了罕见的秋旱,由于推广了抗旱高产"一条龙"的经验,红苕不但没有减产,而且比前年有较大幅度的增长。

从我省当前的实际出发,充分发挥自然优势,改革耕作制度,大种小春,扩大小春面积,也是发展我省粮食生产的又一个好措施。

我省自然优势为小春生产提供的生产潜力是很大的。全省气候条件虽然复杂，但多数地区冬季比较暖和，霜期短，冬春两季的自然灾害比夏秋两季少，适宜小春生产。从历史发展情况看，小春粮食比大春增长快。1976年与1949年相比，小春粮食增长约两倍，大春粮食仅增长50%左右。从各地粮食增产情况看，土多田少或者两季田多的县，增产的粮食约有一半以上是增在小春上的。从土地条件上看，全省过去小春播种面积加上一部分常年占地的经济作物，约占总耕地的一半，另一半耕地则是冬水田和冬闲地。这些土地中有一部分可以利用起来，种上小麦、洋芋或油菜作物，扩大小春种植面积。上面这些情况说明，小春不"小"，潜力很大。因地制宜地改革耕作制度，扩大小春面积，种好小春，对大春、小春作物同样重视，这就把我省自然条件的优点发挥了，缺点改变了，两季都可能高产稳产，粮食产量就能有大幅度的增长。

扩大小春面积，提高复种指数，就涉及冬水田的问题。全省冬水田占田的总面积40%以上。这些田常年关水，大部分只种一季，产量不高。冬水田中的一部分，包括一些高塝田、望天田，本身并没有水利保证。秋冬遇旱，关不上水，往往成了倒旱田。春夏遇旱又无法栽秧，即使勉强栽下秧子，也常常成为"洗手干"，产量大减，甚至颗粒无收。这些冬水田长期拖住我省农业的后腿。在过去，一遇干旱，冬水田关不上水，有的社、队就改种旱粮，结果坏事变为好事，获得了增产。群众把这叫做"水路不通走旱路"。在当时，这是一种权宜之计，但是，这个走旱路的经验，在当前的水利条件下，却有着重要的作用。它既能先发制旱，不等水栽秧，适时种下旱粮作物；又能提高复种指数，取得比水田更高的产量；也是一种因地制宜改造冬水田的好办法。因此，省委提出了在水利条件没有根本改变前"走旱路走到底"的措施，这就不仅把没有水源保证的高塝田、"望天田"坚决改为旱田，而且还把一部分水源不充分的冬水田也改为旱田，种旱粮作物，以便腾出水来集中用在其他水田里，保证水稻增产。去年以来，全省有500多万亩冬水田改成旱地，种上了小春作物，长势比较好。

毛主席在抗日战争时期论述革命战争问题时说过："指导战争的人们不能超越客观条件许可的限度期求战争的胜利，然而可以而且必须在客观条件的限度之内，能动地争取战争的胜利。"指导农业生产，也完全如此。各级党委领导要能动地争取农业生产的胜利，就要多谋，善断，抓紧。我们讲多谋，就是要坚持群众路线，拜群众为师，有事同群众商量，认真进行实地调查，到群众中去学经验，找办法；善断，就是要对群众积累的实践经验，认真加以分析研究，总结提高，把握客观的规律性，从全局着眼，抓准那些带关键性的对全局有决定意义的问题，提出切合实际的措施；抓紧，就是抓准了的东西要抓住不放，抓落实，一抓到底，抓出成效。这样，即使在我省农业生产条件还没有根本改变的情况下，也能够使农业生产的路子越走越宽，不断发展。

全国人大常委会副委员长廖承志在北京会见以宫城县知事山本壮一郎为团长的日中友好宫城县地方自治体访华团

全国人大常委会副委员长廖承志在北京会见以岛根县知事恒松制治为团长的岛根县日中友好之翼访华团领导成员

外交部部长黄华在北京应约会见扎伊尔驻华大使图马·瓦库

图马·瓦库大使通报了苏联和古巴策划雇佣军再次入侵沙巴地区所造成的严重局势。黄外长表示中国政府和人民坚决支持扎伊尔政府和人民反击苏古雇佣军入侵沙巴地区的正义斗争。黄外长还说，古巴名为不结盟，实际上哪里像一个不结盟国家，它在苏联指使下到处干涉非洲事务。它在非洲和第三世界正在起着苏联所不能起的破坏作用。苏古在非洲的所作所为，愈来愈受到非洲国家的强烈不满和谴责，它们要求苏古军队从非洲撤出去。我们完全支持非洲国家这一正义要求。

外交部副部长余湛约见苏联驻华大使托尔斯季科夫就苏联方面对苏军侵犯中国边界打伤中国居民事件所作的歪曲事实的辩解发表口头声明

5月18日

《人民日报》发表署名申涛声的文章《"四人帮"与林彪》

文章指出，"四人帮"与林彪的关系，对于广大革命人民来说，曾经是一个"谜"。他们究竟是冤家对头还是一家老少？他们之间究竟存在着什么性质的矛盾？"四人帮"又是怎样摇身一变而为反林"英雄"的？现在，林彪和"四人帮"都被押上了历史的审判台，是到了解开他们之间的关系这个"谜"的时候了。解开这个"谜"，有助于我们掌握社会主义时期阶级斗争的规律，提高识别真假马克思主义的能力，在华主席为首的党中央的领导下，更高地举起毛泽东思想的伟大旗帜，把我国建设成为社会主义的现代化强国。

国务院副总理王震在北京会见以四本洁为团长的日本川崎企业集团友好访华团

国务院副总理谷牧在布鲁塞尔与比利时首相莱奥·廷德曼斯举行会谈

双方就共同关心的国际问题和两国双边关系问题交换了意见。

中国方面参加会谈的有：水利电力部部长钱正英，国家建委副主任彭敏，农林部副部长张根生，中国驻比利时大使康矛召。

暨南大学与华侨大学积极筹备今年暑假招生工作

遵照华主席、党中央的指示，教育部、国务院侨务办公室和广东省、福建省革命委员会正积极筹备恢复暨南大学和华侨大学，定于今年暑假招生，秋季开学。

叶剑英委员长亲笔为暨南大学新题写了校名。

这两所大学以招收华侨、港澳和台湾省青年为主，同时也招收归侨和侨眷的子女。华侨和港澳学生毕业后，可以根据志愿由国家统一分配参加祖国的社会主义建设，也可回原居住地就业。

当前，这两所大学正在为今年秋季开学，加紧进行各项准备工作。

浙江省余姚县河姆渡村发现距今7000多年的原始社会遗址

新华社报道：浙江省余姚县河姆渡村发掘出的近7000件文物证明，早在六七千年以前，中国劳动人民不仅在黄河流域、而且在长江流域就有着灿烂的原始文化，从而改变了过去认为江南文化发展较晚的观点。

1978年北京国际排球友好邀请赛在首都体育馆开幕

邀请赛组委会主任张之槐在开幕式上讲话。他说，中国人民一贯珍视同各国人民和运动员之间的友谊，关心国际排球运动的发展。我们举办这次邀请赛，正是为了进一步发展我国同各国人民和排球运动员之间的团结和友谊，推动排球运动的发展和提高。他表示相信，在各国朋友们的共同努力下，这次邀请赛一定会取得圆满成功。

这次邀请赛男女队均采用单循环比赛办法，共20场比赛，将分别在首都体育馆和北京工人体育馆进行。

5月19日

中共中央主席华国锋和罗马尼亚共产党总书记尼古拉·齐奥塞斯库在北京签署《中罗经济技术合作长期协定》

中国方面参加签字仪式的有：中共中央副主席、国务院副总理李先念，中共中央政治局委员、国务院副总理耿飚等。

同时签署的还有《中罗经济技术合作长期协定》的相应的议定书和有关领事、文化方面合作的文件。

在议定书上签字的，罗方是罗共中央政治执行委员会委员、政府副总理、外贸和国际经济合作部部长科尔内尔·布尔蒂卡，中方是中共中央政治局候补委员、国务院副总理、外经部部长陈慕华。

在有关领事、文化方面合作的文件上签字的，罗方是罗共中央政治执行委员会候补委员、外交部部长斯特凡·安德烈，中方是中共中央委员、外交部部长黄华。

中共中央主席华国锋在北京与罗马尼亚共产党总书记尼古拉·齐奥塞斯库继续举行会谈

叶剑英 聂荣臻 邓颖超 康克清等国家领导人在北京会见前美军驻延安观察组成员访华团

全国人大常委会委员长叶剑英，全国人大常委会副委员长聂荣臻、邓颖超，政协全国委员会副主席康克清会见了以保罗·多姆凯为团长的前美军驻延安观察组成员访华团。

这是一次感人的会见。旧友重逢，格外高兴。宾主亲切交谈，一起回忆了当年在延安友好相处的日子。

分别的时候，叶剑英委员长感谢美国朋友对中国人民表达的友好情谊，并请他们向美国人民致意。他说，中国人民和美国人民是友好的。实现中美两国关系正常化还要花很大的努力，还要花时间。我们要共同努力，促其早日实现。位于太平洋两岸的中国和美国和平友好合作，对世界和平有利。

参加会见的还有对外友协会长王炳南、外交学会副会长柯柏年、对外友协副会长丁雪松、常务理事陆璀等。

国务院副总理邓小平在北京会见以美国合众国际社社长兼总经理罗德里克·比顿为团长的合众国际社访华代表团

邓小平回答了他们提出的有关中美关系和国际形势等方面的问题。

谈话时在座的有新华社社长曾涛,新华社,外交部美大司、新闻司负责人彭迪、林平、钱其琛等。

国务院副总理谷牧在比利时参观访问

谷牧一行5月19日和20日访问了欧洲最大港口之一安特卫普港、一些工业企业、农场和一所农学院。

《人民日报》发表评论员文章《公安司法工作者的重要职责》

本报今天发表了一封读者来信,一封公安人员的信,一篇记者的调查附记。这些材料介绍了内蒙古自治区的政法部门,在党委领导下,遵照毛主席的教导,贯彻执行中央关于对已经批准尚未执行的死刑案件要认真复查的文件的精神,同时采纳办案人员反映的不同意见,采取断然措施,对郝龙案件反复认真地进行5次复查,终于将原判死刑的3人、10年徒刑的1人全部平反释放,使错判得到纠正的情况;同时介绍了公安人员邹士魁同志,在3名被判死刑人员即将执行的关键时刻,挺身而出,提出不同意见,帮助上级避免一起错杀案件的动人事迹。当前,我们加强社会主义法制、恢复和发扬党的优良传统,要特别提倡、发扬这种实事求是,坚持原则,对党对人民高度负责的精神。

邹士魁同志是一名普通的公安人员。他好就好在牢记毛主席的教导,坚持党的实事求是原则,在参加破案工作中,发现了问题,就大胆提出来,帮助上级及时纠正错案,尽到公安人员的光荣职责,表现了共产党员的优良品德。事实证明:我们的公安、司法人员,绝大多数是好的和比较好的。他们坚持党的原则,维护社会主义法制,抗住“四人帮”的迫害,为人民办了许多好事。邹士魁同志办的事情,就是突出的一例。

毛主席教导我们:办案“要重证据,重调查研究,严禁逼、供、信”。杀人要慎重,“一颗脑袋落地,历史证明是接不起来的,也不像韭菜那样,割了一次还可以长起来,割错了,想改正错误也没有办法”。毛主席的这一系列指示,是无产阶级专政机关对敌斗争经验的总结。在当前,全国人民在学习、宣传五届人大通过的新宪法,进一步揭批“四人帮”破坏社会主义法制,破坏人民民主权利的罪行时,重温毛主席这些教导,是十分重要的。坚决按照毛主席的教导办事,我们就能完整地准确地贯彻执行党的政策,达到保护人民,稳、准、狠以准为重点地打击一小撮阶级敌人的目的。内蒙古政法部门在办理此案中,发扬了实事求是,坚持原则,对党对人民高度负责的精神。这是我们党几十年来的优良传统和作风,是每一个共产党员、国家干部、人民司法工作者应有的品德。前些年,由于林彪、“四人帮”疯狂推行反革命修正主义路线,破坏社会主义法制,破坏人民民主,对革命干部和群众实行法西斯专政,宪法规定的人民权利受到侵犯,人民公安、司法机关受到破坏和干扰,竟然出现了冤、错案件,给党和人民的事业带来严重危害。历史的教训必须牢牢记取。

当前,值得注意的是:在“四人帮”横行的时候,有些人恣意践踏社会主义法制,干了许多坏事,造成一些冤案、错案、假案。华主席为首的党中央,粉碎“四人帮”以后,多次号召发扬实事求是传统,落实党的政策,有些人竟然固执己见,阳奉阴违,有错不纠,对甄别冤、错案件一拖再拖;即使在上级一再指示,群众强烈要求,不得不甄别的情况下,还以原有捏造的材料为根据,抓住人家的辫子不放,或者在结论上留尾巴。总之,以种种不成理由的理由来证明他们永远正确。这种人如不迅速转变立场和作风,势必搬起石头砸自己的脚,加重自己知法犯法的错误。

内蒙古这一纠正错判事件,再一次告诉我们,各级领导机关发扬民主作风,反对主观主义、官僚主义多么重要。我们的公安机关、检察机关、人民法院是无产阶级专政的工具。它们的根本职能,是在各级党委领导下,依靠和发动广大群众,对阶级敌人实行无产阶级专政,保护人民的民主权利,保卫社会主义建设。公安、司法工作者为了履行自己的职责,在激烈复杂的阶级斗争中,会接触各种各样的案件。要努力办好各种案件,必须大力提倡调查研究,坚持实事求是,反对主观臆断;坚持群众路线,反对神秘主义。担负领导工作的同志更要虚怀若谷,从谏如流,使周围的同志敢于坚持正确意见,畅所欲言,避免独断专行。

华主席指出:“要加强公安工作和社会主义法制。”当前,在抓纲治国的大好形势下,公安、检察、司法战线的头等任务依然是深入揭批“四人帮”,彻底肃清其流毒和影响。要积极认真地落实党的政策,处理过去遗留下来的积案。凡属冤案、错案、假案都在复查、甄别、平反之列;凡属不遵守社会主义法制、不符合党的政策的行为都应当迅速纠正,坚决制止。一切主观主义的工作作风都必须认真改正。为了遵守宪法、执行宪法,加强社会主义法制,我们要大力发扬党的优良传统和作风,大力提倡实事求是,坚持原则,对党对人民高度负责的精神,把公安、检察、司法工作迅速搞上去。这是无产阶级专政的需要,是人民的要求,是实现四个现代化的需要,是公安、司法工作者的重要职责。

5月20日

国务院副总理李先念在北京会见由伊朗王国社会服务组织特别顾问兼公共关系部主任阿里·阿斯加

尔·阿迪卜—马赫马迪率领的伊朗王国社会服务组织代表团

全国人大常委会副委员长廖承志在北京会见林弥一郎为团长的日本“中国归国者”友好会访华团

全国人大常委会副委员长姬鹏飞在北京会见墨西哥政府旅游部部长吉列尔莫·罗赛尔

外交部部长黄华在北京举行宴会欢迎美国总统国家安全事务助理兹比格涅夫·布热津斯基博士

黄华外长在宴会上祝酒时说：过去几年的实践表明，中美双方根据上海公报的精神就共同关心的问题坦率地交换意见，对增进相互了解，是有裨益的。布热津斯基博士长期从事国际政治活动和研究工作，我们将乐于借他这次来访的机会，了解他在这方面的见解，同他交换意见。

他说：中美两国人民一向是友好的。我们高兴地看到，近几年来两国人民之间的友好往来，在新的历史条件下得到了进一步的发展。尽管中美两国社会制度和意识形态不同，存在着根本分歧，两国对于当前国际形势中的一些问题确有不少共同的或相近的看法。上海公报反映了这方面的情况。

黄华外长强调指出：只要公报的各项原则能够认真执行，两国关系就可以继续得到改善。这是我们的一贯立场，我们相信这也是中美两国人民的共同愿望。

布热津斯基博士在祝酒时指出，美国人民对中国人民抱有钦佩和友好的感情。他说：上海公报反映了我国要同中国友好的承诺，是基于共同关心的事项，而且是从长远的战略观点出发的。美国并不把它同中国的关系看作策略上的权宜之计。我们认识到中国决心抵抗任何国家寻求建立全球霸权或地区霸权的努力，我们也有这种决心。

他说：在对待我们之间的关系上，我们抱有3个根本信念：美国和中华人民共和国之间的友谊对世界和平极为重要和有益；一个安全和强大的中国对美国有利；一个强大、自信和参与全球事务的美国对中国有利。

布热津斯基博士说：美国总统希望同强大的中国有友好的关系。他决心同你们一道克服阻碍两国关系按上海公报完全正常化的剩余的障碍。在这个问题上美国已经拿定了主意。

出席宴会作陪的有：文化部部长黄镇，中国驻美国联络处主任柴泽民，中国科学院副院长周培源，中国人民外交学会会长郝德青，中国国际贸易促进委员会主任王耀庭，外交部副部长王海容，以及其他有关方面人士林平、张龙翔、何理良、朱霖、李友锋、郑敏之、岳岱衡等。

美国驻中国联络处主任伦纳德·伍德科克和夫人，联络处其他官员，也应邀出席了宴会。

黄华外长同美国总统国家安全事务助理兹比格涅夫·布热津斯基下午举行了会谈。

中国方面参加会谈的有：中国驻美国联络处主任柴泽民，外交部副部长王海容，美大司司长林平，礼宾司副司长高建中等。

北京市东城区10所中小学等单位联名向全国中小学提出倡议

最近，邓副主席代表党中央在全国教育工作会议上明确提出：要大力在青少年中提倡勤奋学习、遵守纪律、热爱劳动、助人为乐、艰苦奋斗、英勇对敌的革命风尚。

在学生中树立革命风尚，是全国中小学工作的当务之急。这对于拨乱反正，多出人才，早出人才，以至促进整个社会风气的革命化，关系至为重大。

我们向全国中、小学提出如下倡议：

(一)立即行动起来，掀起一个以树立革命风尚为中心的群众性活动的高潮。从学校到家庭，从城市到乡村，来一个总动员，大造革命舆论，大搞群众运动，使社会协助学校搞好校风的革命化，学校风气的革命化又促进社会风气的革命化。

(二)树立优良学风，要围绕新时期总任务的教育，大力提倡“教师为革命而教，学生为革命而学”。教师要忠诚党的教育事业，不断提高教学能力和教学质量，努力做到又红又专。学生要学政治、学文化、爱科学、学科学、用科学，养成勤奋好学、独立思考的好思想、好作风，从小打好德智体全面发展的基础。

(三)开展生动活泼的革命传统教育和革命理想教育，继承和发扬党的优良传统和作风。引导青少年学习伟大领袖和导师毛主席、敬爱的周总理、朱委员长等老一辈无产阶级革命家的崇高榜样，虚心向工人阶级和贫下中农学习，大力开展“向雷锋同志学习”的活动，学英雄的事迹，走革命的道路。克服思想政治工作中的形式主义，充分利用学校宣传工具，大力表扬好人好事，举行多种多样主题的校会、班会、团日，举办丰富多彩的报告会、演讲会、讨论会，造成人人关心国家大事、关心世界革命的浓厚政治空气。

(四)加强学生的管理教育，大树革命正气，打击歪风邪气，制定各项合理的规章制度(学生守则、课堂常规、考核、考勤、奖惩等)，树立遵纪守法、尊师爱生的好风气。在各种公共场所，学生应成为维护革命秩序和爱护公共财物的模范。对品学兼优的学生要给予表扬，特别优秀者树为学习标兵，上光荣榜。品学皆劣、违反纪律、屡教不改者，根据不同情况予以必要的纪律处分。

（五）大力整顿共青团，恢复学生会。在党组织领导下，发挥共青团和各种学生组织的作用，培养和锻炼青少年自己管理自己、自己教育自己的能力。开展丰富多彩的适应青少年特点的课外活动，建立、健全各种学科钻研小组、科技小组、文艺社团、体育运动队。定期举办学科竞赛，文艺演出，体育表演或运动会等多种有益的活动。积极扩大学生的知识领域，发挥他们的聪明才智，增进他们的身心健康。对有专长的学生要予以鼓励。

（六）自己动手，整顿校容。发动师生维修校舍，安装玻璃，粉刷墙壁，整理校园，开辟课外活动场地。组织"为人民服务"小组，修理桌椅，打扫垃圾，互相理发，收集废品。培养学生爱劳动、讲卫生的习惯，树立以艰苦朴素为荣，以奢侈浪费为耻，人人做好事，个个争先进的风气。

（七）教师、干部要以身作则，言传身教，为人师表，全面关心学生的成长。要坚持正面教育，坚持三老四严，坚持用马列主义、毛泽东思想培育青少年，像园丁培育幼苗一样，满腔热情地对待学生的每一点进步，耐心细致地帮助学生克服缺点，培养学生的革命风尚。

（八）学校对培养学生革命风尚的工作要定期进行总结和评比，开展评三好学生和先进集体的活动，对作出优异成绩的教师和干部要大力进行表扬。校际间定期互相观摩、交流、检查，取长补短，共同提高。

同志们，让我们紧密地团结在华主席为首的党中央周围，响应邓副主席在全教会上的号召，在学校中造成一代新风，并积极促进整个社会风气的革命化，为在新的历史条件下，进一步贯彻执行毛主席提出的"教育必须为无产阶级政治服务，必须同生产劳动相结合"的根本方针，为实现华主席提出的"极大地提高整个中华民族的科学文化水平"的伟大号召，为实现新时期的总任务而共同奋斗！

北京景山学校　北京市反修路中学
北京市分司厅小学　北京市第二中学
北京市史家胡同小学　北京市西中街小学
北京市第五中学　北京市丁香小学
北京市一七一中学　北京市黑芝麻小学
共青团北京市东城区教育局委员会

5月21日

全国人大常委会委员长叶剑英致电马尔科维奇祝贺他就任南斯拉夫社会主义联邦共和国议会主席

国务院副总理邓小平在北京会见美国总统国家安全事务助理兹比格涅夫·布热津斯基博士

邓小平同他就中美双方共同关心的国际问题和双边关系问题认真坦率地交换了意见和看法。

会见时在座的有我国外交部部长黄华，中国驻美国联络处主任柴泽民等。

全国人大常委会副委员长乌兰夫在北京会见瑞典—中国友好联合会名誉主席扬·朱尔达尔 摄影艺术家鲁内·哈斯纳等瑞典朋友

国务院副总理耿飚在北京会见以英国卫生和社会福利大臣恩纳尔斯为团长的英国卫生代表团

国务院副总理耿飚在北京会见所罗门群岛政府农业土地部部长沃塔·本

《人民日报》发表文化部部长黄镇的文章《迎接社会主义文化建设的新高潮》

在举国上下开始新的长征的时候，迎来了毛主席《在延安文艺座谈会上的讲话》发表三十六周年，我们感到心潮起伏，格外兴奋。

今天，我国人民在华主席为首的党中央英明领导下，正在为肃清"四人帮"的流毒，夺取无产阶级专政下继续革命的新胜利，实现我国社会主义的四个现代化，完成新的历史时期的总任务而英勇奋斗。华主席发出了"一定要极大地提高整个中华民族的科学文化水平"的伟大号召，明确指出："文艺战线当前的重要任务，是认真落实毛主席关于调整党内文艺政策的指示，整顿文艺工作，迅速改变'四人帮'破坏造成的缺少各种文艺作品的状况，扩大文艺节目，丰富文化生活。"高举毛主席的伟大旗帜，落实华主席的英明指示，深入揭批"四人帮"，整顿好文艺工作和文艺队伍，迅速发展社会主义文艺创作和文化事业，这就是我们对毛主席光辉《讲话》的最好纪念。

一

大家知道，文艺战线是"四人帮"插手最早、控制最严、破坏最大、流毒最深的一个"重灾区"。"四人帮"长期盘踞文艺界，把持了文化部和一些地方文艺部门的领导权，推行一条反革命的修正主义文艺路线。他们实行法西斯文化专制主义，挥舞"文艺黑线专政"论的大棒，迫害革命文艺工作者，扼杀革命文艺作品，炮制阴谋文艺，利用文艺进行篡党夺权的罪恶活动。"四人帮"的倒行逆施，使党的文艺事业遭受到空前未有的摧残和破坏，造成了文艺界百花凋零、万马齐喑的严重恶果。

打倒了"四人帮",文艺战线形势大好。一年多来,华主席为首的党中央抓纲治国的战略决策,在文艺战线上也已初见成效。我们夺回了被"四人帮"窃取的文艺领导权,粉碎了"四人帮"在文化部的资产阶级帮派体系,批判了他们所推行的反革命修正主义文艺路线。被"四人帮"搞乱了的文艺路线是非初步得到了澄清,广大文艺工作者解放了思想,社会主义积极性大为提高,文艺园地开始出现欣欣向荣的新气象。一年多来,文艺创作已逐渐活跃起来,出现了一批新创作的文学、戏剧、电影、美术、音乐、舞蹈、曲艺等作品,其中不少作品受到广大人民的欢迎。一大批被"四人帮"禁锢的故事影片和舞台艺术影片已重新放映;一批被禁演的戏剧、音乐、舞蹈节目已重返舞台;重版和新版了一批被"四人帮"扼杀的好的和比较好的中长篇小说。但是我们知道,当前文艺创作和文化事业还远远跟不上形势发展的需要。"四人帮"造成的严重破坏,还没有完全恢复;他们散播的思想流毒还没有彻底清除;文艺作品缺少的状况,还需要进一步努力改变。我们必须遵照华主席在五届全国人大一次会议上所作的政府工作报告中关于发展社会主义文化事业的指示,认真、切实地整顿文艺工作,使我们的文化艺术事业迅速地进一步繁荣起来。

二

华主席在政府工作报告中指出:"我国人民当前和今后一个时期的头等大事,仍然是把揭批'四人帮'这场伟大斗争进行到底。"当前,文艺战线的首要任务,就是进一步深入进行揭批"四人帮"的斗争。

粉碎"四人帮"以来,遵照华主席为首的党中央的统一部署,在中央宣传部的直接领导下,文艺界展开了揭批"四人帮"及其党羽、亲信的斗争,清查了和"四人帮"篡党夺权阴谋活动有牵连的人和事,取得了巨大成绩。但运动的发展是不平衡的,文化部的运动就曾一度处于落后的状况。今年以来,遵照华主席为首的党中央的指示,我们调整和加强了各级领导班子,纠正了运动中的错误倾向,放手发动群众,同"四人帮"在文化部的党羽、亲信进行了揭盖子和捂盖子、清查和反清查的反复斗争,终于攻破了"四人帮"在文化部的党羽、亲信设下的一道又一道防线,取得了比较显著的进展。我们决心严格遵照华主席、党中央的政策,把揭批和清查工作认真搞好、搞彻底。

深入批判"四人帮"的反革命修正主义谬论,是一项长期的、更为艰巨的任务,要付出很大的气力。不从思想上肃清"四人帮"的流毒,我们在斗争中取得的胜利是不可能巩固的。一年多来,文艺界开展了对于"四人帮"反革命修正主义文艺路线的大揭发、大批判,揭发了"四人帮"及其党羽、亲信的种种罪行,批驳了他们炮制的种种反动谬论,收到了一定的效果。但是,对于一些重大问题,如:"文艺黑线专政"论;"三突出"论;写所谓"与走资派斗争"的阴谋文艺;反对百花齐放、百家争鸣的方针,宣扬"一家做主"的罪行;反对古为今用,洋为中用,否定文艺遗产的谬论;在"重新组织队伍"的口号下,打击革命队伍,培植帮派体系的反动组织路线等等,都需要进一步深入批判。要彻底揭穿"四人帮"在文艺理论上那一套反动体系,批判他们的反革命修正主义文艺路线的思想基础,清算他们的唯心主义、形而上学的反动世界观和英雄创造历史的反动唯心史观。要揭露"四人帮"一贯披着毛泽东思想的外衣,在极"左"的伪装下,推行极右的修正主义文艺路线的反动面目。要在斗争中重新学习和宣传马列主义、毛泽东思想,揭露批判"四人帮"对它的歪曲和篡改,完整地准确地阐明马克思主义的文艺思想。要用毛泽东思想深入地研究现代和当代文艺斗争史,总结正反两方面的经验,把被"四人帮"搅乱了的文艺斗争的历史真相加以澄清。要批判"四人帮"的反动学风和文风,扫除帮八股,树立战斗性和科学性相结合的、实事求是、理论联系实际的优良学风和文风。总之,要有破有立,通过这场深入揭批"四人帮"的斗争,拨乱反正,澄清路线是非,粉碎精神枷锁,提高广大文艺工作者的思想、理论水平,解放文学艺术的生产力。

发展和繁荣社会主义的文艺创作,扩大文艺节目,丰富文化生活,是摆在我们面前的又一项重要工作。由于"四人帮"实行文化专制主义,一度造成了文艺作品稀少,群众文化生活贫乏的严重局面。粉碎"四人帮"以后,情况有了很大改变。但是还远不能适应广大群众对于革命文艺的需要。拿观众最多的电影来说,毛主席曾经要我们一个星期出一部新的故事片,目前就还没有做到。缺少各种文艺作品的状况,必须迅速改变。我们的文艺要深刻表现我们党领导下几十年的英勇卓绝的革命斗争和革命战争,努力塑造伟大领袖和导师毛主席和他的亲密战友敬爱的周总理、朱委员长以及其他老一辈无产阶级革命家的光辉形象,这方面,在戏剧舞台上已经做了初步尝试,还要不断提高;要大力反映我国社会主义革命和社会主义建设,特别是当前抓纲治国,实现四个现代化的伟大斗争,塑造当代工农兵英雄人物和科学、文教、卫生等各条战线先进人物的生动形象;还要表现我国历史上人民群众改造社会和改造自然的英勇斗争。总之,文艺创作的题材要多样化,而以现代革命题材为主。要增加作品的数量,又要提高作品的质量。人民群众需要更多具有高度思想性和艺术性的优秀的文艺作品。要加强文艺批评,开展文艺理论研究,按照六条政治标准,通过批评、讨论来辨别香花毒草,促进文艺创作的发展和提高。

要搞好文艺创作，必须坚持毛主席指引的文艺工作者和工农兵相结合的道路，鼓励创作人员长期投入火热的斗争生活中去，以工农兵的斗争生活为源泉，以无产阶级世界观为指导，创作出革命的政治内容和尽可能完美的艺术形式相统一的革命文艺作品。在深入生活、为工农兵服务的前提下，发挥作家的艺术独创性，提倡形式、风格的多样化。要提倡革命的现实主义和革命的浪漫主义相结合的创作方法。“四人帮”鼓吹“三突出”、“主题先行”、“反形象思维”等等谬论，其要害就是不要生活源泉，违背和歪曲现实生活，按照他们反革命的政治需要，任意编造文艺。这一套谬论流毒很深，我们一定要进行批判，肃清流毒。要提倡形象思维，用形象思维反映阶级斗争、生产斗争和科学实验三大革命运动，反对用枯燥的说教代替艺术形象。明年是新中国成立30周年，希望各地抓紧时间，组织力量，搞好创作，拿出一批较好的作品来，向新中国成立30周年大庆献礼。

发展群众文化，是一项十分重要和迫切的工作。几年来，群众文化工作受到“四人帮”的严重破坏，群众文化机构被摧残，农村、工厂、城镇的群众文化活动几乎完全停顿。社会主义的东西不去占领群众文化阵地，资本主义、封建主义的东西就会趁隙侵入。一些坏人在群众中散播反动和黄色的故事，某些地区迷信活动流行。这都是“四人帮”造成的恶果。“四人帮”有时也搞一些所谓的群众文化活动，他们不惜耗费国家大量资财，抽调大批人员，长期脱产，搞他们所指定的创作演出活动，编演为他们篡党夺权制造舆论的文艺节目，为他们制造虚假的“繁荣”景象。江青在小靳庄搞的那一套，就是例子。不久前，文化部在山西昔阳县召开了全国群众文化工作会议，批判了“四人帮”对群众文化工作的摧残、破坏，研究了开展群众文化工作问题，介绍了大寨和一些先进单位开展群众文化活动的经验。群众文化工作也要学大寨。当前，要赶快把群众文化工作抓起来。被“四人帮”砍掉的群众文化机构，要迅速恢复。希望各地重视这一工作，加强对这项工作的领导。专业文艺工作者，也要关心群众文化工作，帮助群众开展各种业余文艺活动，并且向群众学习。群众文化活动，要坚持业余、自愿、小型多样和节约的原则。

建设一支强大的社会主义文艺队伍，是繁荣社会主义文艺的组织保证。“四人帮”把我们的文艺队伍诬蔑为资本主义的文艺队伍、修正主义的文艺队伍，这完全是颠倒黑白。早在新民主主义革命时期，我们党就建立了无产阶级自己的文艺队伍。新中国成立以来，以无产阶级文艺战士为骨干，组成了一支社会主义文艺大军。绝大多数文艺工作者是努力贯彻执行毛主席革命路线，勤勤恳恳地为社会主义服务，为工农兵服务的。在激烈的第十一次路线斗争中，许多人表现了很高的阶级觉悟。我们的文艺工作者和其他战线的知识分子一样，是为社会主义服务的脑力劳动者，他们是建设社会主义新文化的依靠力量。前几年，在“四人帮”控制下，文艺队伍受到严重摧残，广大文艺工作者长期被剥夺了创作和艺术实践的权利，许多人受到残酷迫害，一些文艺机构被取消或拆散。这些问题都要逐步加以解决。被“四人帮”搞错了的要平反，凡是“四人帮”强加的诬蔑不实之词，要一律推倒，不留尾巴。冤案应该昭雪。能工作而没有安排工作的应尽快安排适当的工作。要全面地、正确地贯彻执行党的团结、教育、改造知识分子的政策。对广大文艺工作者，要尊重他们的劳动，发挥他们的专长，表彰他们的成就。被“四人帮”砍掉的文艺团体，应根据实际情况逐步恢复起来。文艺机构要进行适当的调整。

文艺工作者必须坚持文艺为工农兵服务的方向，坚持和工农兵群众相结合的道路。毛主席反复教导我们，文艺工作者深入工农兵，是实现文艺为工农兵服务的关键。周总理号召我们活到老，学到老，改造到老。深入工农兵群众，学习马列主义、毛泽东思想，这是建设无产阶级文艺队伍的根本途径。在提高思想觉悟的同时，必须努力提高业务水平，做到又红又专。“四人帮”阻挠文艺工作者深入工农兵生活，破坏文艺队伍的思想建设，也破坏业务建设。在他们的干扰破坏下，许多文艺工作者不能从事本行工作和业务学习，谁钻研业务或者练功，就被诬蔑为走“白专道路”，使老的业务荒疏了，新的缺乏基本功。我们要鼓励文艺工作者为革命钻研业务。对青年文艺工作者，要采用适当的进修制度进行培训。

我们必须十分重视培养德智体全面发展的革命文艺接班人的工作，满腔热情地爱护、扶植新生力量。目前文艺队伍存在着严重的青黄不接的状况。多数艺术团体演员平均年龄偏大，有些艺术门类后继乏人。我们必须重视和整顿艺术教育，办好艺术院校。被“四人帮”搅乱了的教育方针、体制、培养目标、教学内容和教学方法等要澄清，过去行之有效的，必须恢复和发展起来。要充实和加强教师队伍，争取一些有经验的老作家、老艺术家到学校教课，传授他们的丰富经验。去年实行新的考试制度，中央音乐学院、中央戏剧学院和各地一些艺术院校招生，从报考青少年中发现大量好苗子，这证明我们这个9亿人口的社会主义国家，只要有了正确的选拔制度和科学的培养方法，是会很快出人才出成果的。

三

为了完成文化艺术战线上的各项战斗任务，必须坚决贯彻执行毛主席的百花齐放、百家争鸣、古为今用、洋为中用、推陈出新的方针,团结一切可以团结的力量,调动一切积极因素,为繁荣和发展社会主义文化艺术事业而共同奋斗。

"百花齐放,百家争鸣",是毛主席制定的发展我国社会主义科学文化的基本方针。粉碎"四人帮"以来,华主席为首的党中央多次强调贯彻"双百"方针的极端重要性。华主席最近在政府工作报告中号召我们,认真贯彻毛主席关于调整党内文艺政策的指示。调整党的文艺政策的重点,就是清除"四人帮"的文化专制主义,清除"四人帮"的法西斯禁锢政策,坚决落实毛主席的"百花齐放,百家争鸣"的方针。在符合六条政治标准的前提下,艺术上的不同风格和流派可以自由发展,学术上的不同见解和学派可以自由争论。艺术和学术中的是非问题,要通过讨论和实践去解决,不要轻率地作结论,不要简单地靠行政命令行事。要发扬社会主义民主,贯彻群众路线,放手让大家写作,放手让大家说话,提倡竞赛,在比较和斗争中发展真理、克服谬误,繁荣香花、铲除毒草,建设社会主义的文化艺术。"政策和策略是党的生命",文化部门的各级领导干部要增强政策观念,严格按照党的政策办事,不能以感情代替政策。

对于文艺作品不要求全责备,只要政治上符合六条标准,艺术上有一定水平,就可以发表或演出。发表演出之后,还可以听取群众的意见,进一步修改提高。要看作品的主要倾向,只要主流是好的,就给予肯定,不要攻其一点,不及其余。金要足赤,人要完人,这是形而上学的表现。要鼓励艺术上的创新,发挥作家的艺术独创性。"四人帮"在政治上给创作规定反动的内容,在艺术上规定僵死的框框,指令文艺作者依法炮制,造成文艺创作上帮八股泛滥,群众对此极为厌恶。我们要实行革命方向的一致性和艺术创造的多样性的统一。

对于文化遗产,要坚持批判继承,推陈出新,古为今用,洋为中用的方针。古代和外国文艺遗产和艺术经验中一切对我们有用的东西,都要学习,弃其糟粕,取其精华,利用它们作为创造社会主义新文艺的借鉴,作为发展社会主义文化的借鉴。"四人帮"实行愚民政策,野蛮地毁灭文化遗产。他们否定大批中外进步文艺作品,封存大批图书影片,取消传统剧目、曲目,砍杀地方剧种、曲种和各种民族艺术形式,排斥外来艺术形式,造成群众文化生活的贫乏,也阻碍文艺水平的提高,引起群众的强烈不满。对于历史上的文艺作品,要坚持运用历史唯物主义观点进行分析,凡是在历史上起过进步作用的文艺作品,都要实事求是地肯定它们的历史地位,加以批判继承,使它们为社会主义服务。凡是被"四人帮"砍杀了的剧种、曲种和其他艺术形式,只要是群众喜闻乐见的,都要按具体条件,积极地、有步骤地把它们恢复起来,并在社会主义方向下,按照自己的特点,不断革新和发展,严肃认真地做好推陈出新的工作。粉碎"四人帮"以来,我们进行了恢复地方剧种、曲种和其他艺术形式的工作,解放了一些优秀的传统剧目、曲目。今后还要继续发动群众,解放思想,有领导、有计划、有步骤地进一步做好这方面的工作。

为了发展和繁荣社会主义文化艺术,必须在"双百"方针的指引下,团结一切可以团结的力量,调动一切积极因素。要充分发挥各种艺术形式和各种艺术品种的积极作用;要充分发挥中央和地方两个积极性;要充分发挥老、中、青文艺工作者的积极性;要加强党和非党文艺工作者的团结合作;要充分发挥专业和业余文艺工作者的积极性。专业队伍是不可缺少的,要鼓励他们,帮助他们,给他们创造条件,使他们能更好地进行艺术创作。业余文艺队伍,是一支很大的力量,我们也要把这支力量充分发动起来。我们的工农兵群众是富有聪明才智,富有创造力的。新中国成立以来,人民群众创造了许多歌颂毛主席、歌颂共产党、歌颂社会主义的热情而优美的民歌。在"四人帮"横行的时候,群众又创作了许多充满战斗性的文艺作品,流传民间,像匕首一样刺中了"四人帮"。在悼念敬爱的周总理的时候,广大群众写了何止数以万计的诗篇,歌颂无产阶级革命家的光辉业绩,抒发他们对"四人帮"搞法西斯专政的无比愤怒。这些作品,不论在思想上和艺术上都具有很高的价值。现在,粉碎了"四人帮",抓纲治国取得了伟大的胜利,群众的艺术创造力一定会更加旺盛地迸发出来。

展望前景,一个新的文化建设的高潮正在兴起。科学要攻坚,文艺也要攻坚。文艺战线的任务是光荣、艰巨的。我们有毛主席制定的一条马克思主义的文艺路线和一整套正确的方针和政策,有华主席为首的党中央的英明领导,有觉悟很高的广大工农兵群众的关心和支持,有一支经过长期革命斗争锻炼的文艺队伍,我们一定能够克服前进道路上的种种艰难,完成历史赋予文艺工作的光荣使命。让我们在华主席为首的党中央领导下,高举毛主席的伟大旗帜,坚持毛主席的革命文艺路线,切切实实,勤勤恳恳,脚踏实地,埋头苦干,为繁荣社会主义文艺,为迅速提高整个中华民族的科学文化水平、建设社会主义的现代化强国而努力奋斗!

国务院环境保护领导小组办公室就环境保护问题答新华社记者问

问:环境保护工作包括哪些内容?

答：我们讲的环境，是指人们生活和从事生产的自然环境。环境污染与公害，是现代工业发展过程中产生的一个新问题。环境保护工作的任务，就是要消除污染和公害，防止自然环境恶化，为人民造福。它的主要内容包括：工业“三废”的防治，生活“三废”的防治，农药残毒的防治，放射性污染的防治，噪声及地面沉降的控制，自然资源的合理利用，改善水域的管理等等。当前重点是治理工业“三废”，即工厂排出的有害的废气、废水和废渣。

问：我国环境保护工作开展的情况如何？

答：伟大领袖和导师毛主席，敬爱的周总理，华主席都十分重视和关怀环境保护工作。新中国成立28年来，在毛主席革命路线指引下，在环境保护方面做了很多工作。1973年国务院召开全国第一次环境保护会议以来，我国的环境保护工作进一步开展起来了。各省、自治区、直辖市，国务院各部门都建立了环境保护领导机构和办事机构，开始了对主要江河海域和城市的污染调查，初步掌握了全国环境污染的现状。近几年来，对官厅水系、白洋淀、蓟运河、鸭儿湖、淄博工业区的污染，进行了较大规模的治理，都取得了一定的成效。工业部门研究成功并推广了无汞仪表、无氰电镀、酶法脱毛、亚铵法制浆造纸、油田污水处理回注等消除污染的无害或少害工艺。还出现了长岭炼油厂、上海燎原化工厂、上海碳素厂、无锡县电化厂、沈阳化工厂、合肥制革厂等一批注意治理“三废”污染，改善环境的先进典型。

问：当前我国环境污染的现状怎样？

答：由于“四人帮”的干扰破坏，我国环境保护工作受到了严重的摧残。当前，许多城市、江河湖海、土壤，以及职工劳动环境的污染，不仅没有控制住，而且有所发展，有的已达到相当严重的程度。

先说空气的污染。由于大量向大气中排放烟尘，许多大中城市、特别是工矿区烟雾弥漫，空气污浊，降尘量和空气中二氧化硫的浓度，超过国家允许排放标准的几倍、几十倍，甚至几百倍。个别城市整日烟雾腾腾，能见度很低，甚至汽车白天行驶有时也要开车灯。

再说水的污染。由于大量工业污水未经处理就直接或间接排进江河湖海，使主要水系和湖海，以及城市地下水，都不同程度地遭受了污染。长江、黄河、淮河、珠江等主要河系，在流经工业城市的河段，都能见到明显的污染状况。我国的最大内海——渤海，受石油污染也日趋严重。

再说工业废渣的污染。全国每年排放各种工业废渣达2亿吨以上，除少量利用外，大部分丢弃未用。全国火力发电厂每年有几百万吨粉煤灰直接排入江河，淤塞航道。全国历年来积存的钢渣达2亿多吨，占地2万亩，煤矸石10亿吨，堆积如山。

此外我国许多城市和工矿区的噪声污染也十分严重。

环境污染与公害，对工农业建设和人民的健康危害极大。许多排出的有害气体，会使农业生产大幅度减产。污染江河湖海，会使水产资源受到破坏。由于江河受到污染，我国长江、松花江、图们江一些有名的鱼类，阳澄湖和白洋淀的一些名贵水产品，现在产量下降很多。工业“三废”，实际上都是有用的自然资源，弃之为害，用之为宝。我国由于没有很好地治理工业“三废”，每天都要浪费大量的财富。许多污染严重的地区，现在已经危害到人民的健康，给人民群众带来很多痛苦。

我国面临着工业的大发展，如果还不引起对环境污染的高度重视，那么污染就会对人体的健康带来更大的危害。

问：对进一步做好环境保护工作，有些什么要求和措施？

答：当前要以揭批“四人帮”为纲，掀起一个大治污染、保护环境的群众运动。要采取有力措施，加快治理污染的步伐。

要求各省、自治区、直辖市和各部门领导对环境保护工作引起高度重视，纳入党委议事日程，定期讨论研究。各工矿企业要把消除污染、保护环境作为工业学大庆的一个重要内容，凡是不积极治理污染或污染危害严重的企业，不能被评为大庆式企业。

各省、自治区、直辖市和各部门要根据轻重缓急、分期分批地对污染进行治理，切实纳入国民经济计划，所需资金、物资要予以保证。凡有污染的企业都要按照实现清洁工厂的标准，制定出切实可行的治理规划，发动群众，努力组织实施。

新建、改建和扩建的企业，治理污染设施必须与主体工程同时设计、同时施工、同时投产，防止出现新的污染。否则，不准建设、不准投产。各地建设部门和环境保护部门要认真检查监督，严格把关。

要尽快制定出环境保护的法令和条例；加强环境科学和污染治理技术的研究；积极整顿和加强各级环境保护机构。

问：为了做好环境保护工作，有哪些政策问题需要注意解决？

答：环境保护工作中有许多政策问题。政策规定得对头，就能促进环境保护工作顺利进行；政策不对头，就会阻碍环境保护工作的开发。当前有几个问题特别要引起注意：

治理“三废”的费用问题。治理“三废”污染应当提倡依靠企业挖掘潜力，自力更生去解决。特别是污染严重的企业,更应该集中力量治理。财政部门要支持企业解决污染问题,那种治理“三废”污染没有钱,赔偿污染损失有钱的不合理现象,应尽快研究解决。

跨部门的综合利用问题。跨部门跨行业的综合利用往往较难开展,如有色金属冶炼厂的二氧化硫的回收利用,牵涉到冶金和化工部门;发电厂的粉煤灰的综合利用涉及水电和建材部门,等等。这样的综合利用,就要求有关部门进行统一规划,也要求有关厂矿以国家利益为重、互相协作加以解决。

国家的政策是鼓励利用工业“三废”,支持变“三废”为“三宝”。这一政策现在还没有很好执行。有些企业在“三废”造成危害时,苦苦求人利用;而一旦当别人利用取得效益时,又要向人家索取高价。这种错误的做法,必须迅速纠正。

问:要加强环境保护工作,当前从思想认识上还要解决些什么问题?

答:环境保护工作在我们国家来说是一个新课题,很多人对这个问题还缺乏必要的知识,不了解环境污染的严重危害,不认识做好环境保护工作的重大意义。在工业部门,有一种比较普遍的错误认识,就是把保护环境和发展生产截然对立起来。有人说,“生产是硬任务,环境保护是软指标,不完成生产任务天天有人催、有人问,感到有压力;环境保护工作则很少有人催、有人问,感不到有什么压力。”也有人说,“现在的主要任务是集中力量搞现代化,哪有时间管环境保护。”这种思想已经严重地影响了环境保护工作的迅速开展,成为一个很大的思想阻力。我们希望各级党委、各级国家机关,工业部门、科研部门和宣传部门,都要认真做好思想教育工作,大张旗鼓地宣传环境污染的严重危害,宣传开展环境保护工作的重大意义。大声疾呼,唤起民众。把千百万群众动员起来,同环境污染作斗争,同公害作斗争。

中国社科院召开经济科学规划座谈会

中国社会科学院最近先后召开了华东、华北、西北、中南、东北、西南等6个大区的经济科学规划座谈会,以揭批“四人帮”为纲,交流了我国目前经济科学工作的情况,讨论了经济科学三年和八年发展规划的设想。

座谈会由中国社会科学院经济研究所许涤新、孙冶方和邝日安分别主持。参加会议的有宣传部门、高等院校、经济业务部门以及研究部门的负责人和经济学家。

座谈会上,大家认为开展经济科学研究是高速度发展社会主义经济的迫切需要,也是实现新时期总任务不可缺少的一个方面。与会同志愤怒声讨和批判了“四人帮”破坏经济科学工作,歪曲、篡改马克思主义经济理论的罪行。一致指出,为了推动经济科学的发展,当前首要的任务是把“四人帮”歪曲、篡改马克思主义政治经济学的各种谬论,一个一个地批深批透,肃清其流毒。

到会同志讨论了经济科学规划设想。初步确定的经济科学研究项目有500个左右,大部分项目定出了初步完成的期限。

座谈会上还讨论了部门经济学的问题。指出,要把马克思主义政治经济学理论与具体部门经济业务相结合,探讨本部门的特殊规律,解决本部门的特殊矛盾。

与会同志建议建立从中央到地方的经济科学科研体制,尽快恢复和设置经济科学的科研机构,充实和加强经济科学研究队伍,切实做好研究人员的归队工作,抓紧新生力量的培养。

与会同志特别提出,在经济科学研究工作中,一定要坚决贯彻毛主席一贯提倡的百家争鸣的方针,严格区分和正确处理两类不同性质的矛盾,进一步解决经济科学工作者心有余悸的问题,以推动我国社会科学事业蓬蓬勃勃地发展。

部分省市中学数学竞赛决赛举行

《人民日报》报道:教育部和全国科协举办的部分省、市中学数学竞赛在北京、天津、上海、合肥、广州、沈阳、成都、重庆、西安设考场同时举行。

这次8省、市中学数学竞赛,是粉碎“四人帮”以来的第一次。参加决赛的350人,是8省、市预赛选出来的。年龄最大的19岁,最小的只有14岁,多数是高中学生,但也有初中学生。

这次中学数学竞赛决赛是分两场进行的。第一场试题,主要考查学生掌握数学基础知识的情况,第二场试题主要考查学生灵活运用及复杂运算的能力。

全国数学竞赛委员会主任华罗庚,副主任刘仲候、苏步青、江泽涵,著名数学工作者和其他有关人士王寿仁、段学复、陈景润、潘纯、龚升、孙树本、越民义、杨士法等分别在北京、上海亲临考场观战;一些省、市的领导同志也到分设考场鼓励考生。

这次部分省、市中学数学竞赛决赛的优胜者,将在6月上旬公布。

5月22日

国务院总理华国锋在北京会见美国总统国家安全事务助理兹比格涅夫·布热津斯基博士

华总理同布热津斯基博士就共同关心的问题进行

了坦率的交谈。双方认为交谈是有益的。

谈话开始时，布热津斯基博士转交了吉米·卡特总统给华国锋总理和中国人民的两件礼品——美国宇宙航空员带到月球上又带回的一面中华人民共和国国旗和从月球上取回的一块石头。

谈话时在座的有外交部部长黄华，中国驻美国联络处主任柴泽民，外交部副部长王海容。

国务院副总理邓小平在北京会见由交通海运部部长维·科隆博率领的意大利邮电代表团

国务院副总理邓小平在北京会见由意中经济文化交流协会主席、交通海运部部长维·科隆博率领的意中经济文化交流协会代表团

第八次全国人民司法工作会议在北京闭幕

由最高人民法院召开的第八次全国人民司法工作会议，4月24日至5月22日在北京举行。

这次会议是粉碎“四人帮”反党集团以后司法战线上的一次重要会议。会议主要解决了两个问题：一是联系司法战线实际，深入揭批“四人帮”的反革命罪行，进一步分清了路线是非；二是讨论了宣传贯彻五届人大通过的新宪法和加强社会主义法制的问题，确定了新时期人民司法工作的任务。

以华主席为首的党中央十分重视和关心这次会议。中共中央副主席李先念，中共中央政治局委员纪登奎，中共中央政治局委员、人大常委会副委员长乌兰夫，人大常委会副委员长姬鹏飞出席了22日的闭幕大会。

李先念副主席在会上作了重要指示。李副主席在讲话中着重指出，新中国成立28年来，包括“文化大革命”前的17年和“文化大革命”以来的11年，毛主席的革命路线在各条战线始终占统治地位。“四人帮”“砸烂公检法”、否定各条战线成绩，实质上就是否定毛主席的革命路线。李副主席说，一定要通过揭批“四人帮”，把被“四人帮”破坏了的我们党的优良传统和作风恢复、发扬起来。

纪登奎同志也在会上讲了话。他在谈到对28年司法工作的基本估计时说，这是我们党同“四人帮”在司法战线上斗争的根本问题。这次会上，同志们摆了大量事实，说明我国的司法工作是在长期的革命斗争中，按照毛主席的革命路线建立和发展起来的，是马克思主义同中国革命实践相结合的一个具体组成部分。毛主席为我们司法工作制定了一整套路线、方针、政策和方法。各级人民法院和广大司法干警坚决贯彻执行了毛主席的革命路线、方针、政策和国家的法律、法令，对打击敌人，保护人民，维护革命秩序，解放生产力，保障社会主义革命和建设的顺利进行，巩固和加强无产阶级专政，作出了很大成绩，起了重要的作用。事实充分证明，28年来，毛主席的革命路线在司法战线始终是占统治地位的，司法干警的绝大多数是好的和比较好的，我们实行的法律制度是社会主义的。这就是结论。

纪登奎同志强调，一定要抓住揭批“四人帮”这个纲，分清路线是非，把人民法院真正从思想上、组织上、作风上整顿和建设好。

他在谈到宣传贯彻新宪法，进一步加强社会主义法制这一问题时说，宣传新宪法，贯彻新宪法，是全党全军全国各族人民的一项共同的政治任务。我们的一切党政干部都必须成为遵守宪法的模范。由于林彪、“四人帮”的严重干扰破坏，这些年来，社会主义法制遭到了践踏，一小撮阶级敌人乘机捣乱，违法乱纪的现象很严重。有些人包括少数青少年，根本没有法制观念，有的甚至胡作非为，走上了犯罪道路。人民法院要结合当前深入揭批“四人帮”的斗争，大力表扬和支持模范地遵守宪法和法律，敢于同坏人坏事作斗争的好人好事。同时，要选择一些危害国家和人民利益，侵犯人民权利的典型案件，大张旗鼓地宣判处理，以严肃法纪，伸张正气。这样做，人民是很高兴的。各级法院还要着重加强经常性的法制宣传教育工作，预防和减少违法犯罪行为的发生。

他指出，加强党对司法工作的领导，坚持群众路线，这是我国司法工作两条最基本的经验，也是取得一切成绩的根本保证。在坚持党委统一领导的前提下，上级人民法院要加强对下级人民法院的领导，监督下级人民法院的审判工作。这样做，绝不是削弱党的领导，而恰恰是加强党的领导。

最高人民法院院长江华4月25日向大会作了报告。他在报告中提出，司法工作一定要拨乱反正，全面地正确地贯彻执行毛主席的司法工作路线，坚决把专政矛头对准一小撮阶级敌人，正确处理人民内部纠纷问题，把司法工作置于党委直接领导之下，实行党委领导下的群众路线，认真执行党的政策和国家的法律，执行法律规定的审判制度和程序，发扬调查研究，实事求是的工作作风。他号召司法工作人员一定要努力学好政治，学好业务，做到又红又专。

江华在谈到新时期人民司法工作的任务时着重指出，各级人民法院一定要把揭批“四人帮”的伟大斗争进行到底，在揭批“四人帮”的斗争中，认真落实党的干部政策，把领导班子和司法队伍整顿好、建设好。广大司法工作人员要认真学习新宪法，宣传新宪法，要通过学习，提高对加强社会主义法制重要性的认识，争做带头遵守新宪法,坚决实行新宪法,严格依法办事的模范,坚决地同各种违法犯罪行为作斗争。要认真贯彻执行新宪法有关人民法院的规定。加强刑事审判工作,打击敌人,保护人民。加强民事审判工作,正确处理人民内部纠纷,保护社会主义全民所有制和社会主义劳动群众集体所有制,保护公民的权利和合法利益。人民法院特别是基层人民法院和人民法庭,要把指导调解工作当作一项重要任务,切实抓紧抓好。要认真处理人民来信来访和申诉案件。

参加会议的同志在讨论中一致赞同江华同志所作的报告。会议还通过了《第八次全国人民司法工作会议纪要》。

冶金部在北京召开"鞍钢学大庆汇报会"

冶金部机关和在京各院、所的职工,国务院所属43个部、委、局和北京市的代表共1.8万人,参加了大会。

国务院副总理、国家经委主任康世恩,国务院各部、委、局的负责人出席了大会。康世恩副总理在会上作了重要讲话。

鞍山市委书记兼鞍钢党委书记李东冶在会上介绍了鞍钢揭批"四人帮"、跑步学大庆的情况和经验。

康世恩副总理在讲话中高度评价了鞍钢的经验。他说,鞍钢的经验回答了工交战线带有普遍意义的三个问题。第一个问题是,鞍钢回答了怎样才算把揭批"四人帮"的斗争进行到底取得全胜的问题。鞍钢真正打了一场揭批"四人帮"的人民战争,已经取得了重大的胜利。他们有两条很重要的经验:第一条是他们向"四人帮"不停顿地连续作战,打了一场进攻战。第二条是他们打了一个揭批"四人帮"的总体战。鞍钢的总体战,是从五个方面打的:一是立场坚定,旗帜鲜明,毫不心慈手软,彻底粉碎"四人帮"的帮派体系;二是广泛开展"三大讲",发动全公司几十万人大讲"四人帮"的罪行,激发起人们对"四人帮"的仇恨;三是深入细致地做路线对比的工作,真正在分清路线是非上做精雕细刻的工作;四是有效地开展"两打"斗争,深挖"四人帮"的社会基础;五是狠抓企业整顿,用实际行动批"四人帮",肃流毒,拨乱反正。

康世恩副总理说,鞍钢经验回答的第二个问题是怎么才叫真学大庆。按鞍钢的话说:"大庆怎么做,我们就怎么做,老老实实地学,老老实实地干。"他们从建设革命化的领导班子、加强思想政治工作、搞好企业管理、树立"三老四严"的作风等方面,认认真真、扎扎实实学习大庆经验,很快就把大庆经验学到手,做到了一年大变样。

鞍钢经验回答的第三个问题是,怎样实现高速度?他们的经验是,立足于现有企业,大搞挖潜、革新、改造。现在鞍钢还是那么多人,还是那些设备,可是日产量却比"四人帮"破坏时翻了一番。鞍钢为什么能做到这一点?关键是大破了"外因论",就是有了问题首先从自己身上找原因,把群众发动起来,发扬独立自主、自力更生的革命精神,从内部挖潜力。这样,群众就有使不完的劲。我们提倡各部门都要批"外因论",都要立足于现有企业,狠狠地发动群众,大家动手,大搞挖潜、革新、改造。只要大家努力,大部分老企业差不多都可以翻一番。

康世恩副总理最后要求工交系统各行业、各个部门都要抓好本行业的重点企业,在今年内都要搞出一个类似鞍钢式的"排头兵"来。他说,鞍钢能做到的,别的企业、部门也一定能做到。大家来一个比赛,大家来跃进,我们新的长征就可以比较顺利地进行。

《人民日报》发表新华社记者来信《靠劳动好挣钱多是资本主义吗?》并刊登新华社编者按

新华社编者按:华主席在党的十一大政治报告中指出:"四人帮""故意把党政军领导干部和广大群众在分配上存在的差别,同阶级剥削混为一谈,为他们炮制的党内军内有'一个资产阶级'的谬论提出所谓经济上的论据。"今天本社发表的两位记者的这封来信,揭露了"四人帮"还把劳动人民分配上的差别,当作产生"两极分化"的论据,当作"走资本主义道路",打击迫害劳动好贡献大的群众,严重地挫伤了他们大干社会主义的积极性,破坏了社会主义经济的发展。因此,澄清来信中提出的靠劳动好挣钱多是不是资本主义的问题,不仅对调动农民的社会主义积极性有重要意义,对于调动广大工人和一切劳动者的积极性,也有普遍意义。信中所写的材料典型生动,观点鲜明,语言尖锐泼辣,很有说服力,值得一读。

来信指出,最近在农村采访,感到这个时期《人民日报》等报纸和新华社发表的有关农村经济政策的一些评论、文章和新闻报道,对于拨乱反正,肃清"四人帮"的流毒,很有成效,深得人心。同时也感到还需要继续加强这方面的宣传。特别是解决基层干部和社员"心有余悸"的问题,需要多用他们容易理解的道理和事实,一个一个地解决他们思想上和实际工作中的具体问题。靠劳动好挣钱多是不是资本主义,就是其中的一个问题。

乍一听,把"劳动挣钱"和"走资本主义道路"联系起来提出问题,是天大的笑话,怪事。可是,在"四人帮"横行的时候,确实有这种劳动挣钱有罪的怪事。辽宁省彰武县哈尔套公社社员刘权,就遭遇到了这种怪事,受到了迫害。因此,把刘权的遭遇公诸于众,有助于澄清是非,落实党在农村的经济政策,充分调动广大农民的社会主义积极性。

《人民日报》发表国务院财贸小组理论组的文章《驳斥"四人帮"诋毁社会主义商品生产的反动谬论》

文章指出，社会主义制度中的商品生产问题，是一个重大的理论问题，又是一个重大的政策问题。能否正确认识和处理这个问题，关系到社会主义革命和社会主义建设的胜败。

在生产资料所有制的社会主义改造基本完成以后，我们党内在这个问题上经历过两次重大的斗争。1958年，假马克思主义的政治骗子陈伯达鼓吹废除商品生产和商品交换，实行产品调拨。毛主席严厉地斥责他说：这种观点是错误的，是违反客观规律的。按照他的观点去做，实质上就是剥夺农民，就会使台湾高兴。在这次斗争中，毛主席捍卫和丰富了马克思列宁主义关于商品生产的理论。这对于巩固人民公社和发展社会主义经济，巩固以工农联盟为基础的无产阶级专政，具有重大的意义。王张江姚"四人帮"和林彪、陈伯达是一伙，他们在新的条件下，采取更狡猾、更阴险、更恶毒的手法，蓄意歪曲毛主席的理论问题指示，篡改马克思主义的商品货币理论，丑化社会主义条件下商品货币关系的现实，妄图毁灭我国包括商品生产在内的社会主义经济制度。他们所散布的谬论，在思想上造成了极大的混乱，在实际工作中造成了严重的恶果。我们必须通过对"四人帮"的批判，澄清混乱，肃清流毒。同时，还要继续总结经验和进行理论探讨，进一步认识社会主义制度下的商品生产和商品交换问题。

全国人大常委会副委员长姬鹏飞在北京会见以尼日尔青年 体育和文化部青年司司长穆萨·马马杜为团长的尼日尔青年代表团

国务院副总理耿飚在北京会见由津巴布韦非洲民族联盟主席罗伯特·穆加贝率领的津巴布韦非洲民族联盟代表团

国务院副总理陈锡联在北京会见由索马里高等教育和文化部部长艾哈迈德·阿什基尔·博坦率领的索马里教育代表团

国务院副总理陈慕华在北京会见以建材工业部副部长陈文德为团长的朝鲜友好参观团

国务院副总理谷牧在布鲁塞尔拜见比利时国王博杜安

谷牧还前往布鲁塞尔以南60公里的沙勒罗瓦，参观了阿瑟克工厂生产大功率发电机和变压器的车间。

首都史学界在北京举行太平天国问题讨论会

中国社会科学院历史研究杂志社于5月22日至24日邀请北京地区的科研、高等院校、出版、新闻、博物馆(院)等单位的中国近代史、太平天国史的研究工作者50余人，举行太平天国问题讨论会，揭批"四人帮"对太平天国史的歪曲，讨论太平天国历史人物评价等问题。

与会同志认为，太平天国革命是中国历史上农民革命的最高峰，在世界农民战争史上也是仅见的，具有伟大的历史意义。"四人帮"出于篡党夺权的罪恶目的，对太平天国史作了种种歪曲。他们把这一场轰轰烈烈的农民革命纳入所谓的"儒法斗争"轨道，以所谓的"反孔斗争"取代太平天国的反帝反封建斗争，甚至大搞影射比附，借古讽今，把太平天国历史的科学研究引入了绝路。对"四人帮"搅乱了的这些问题，必须深入批判，拨乱反正，肃清其流毒。

与会同志揭露了"四人帮"肆意否定农民革命领袖历史作用的险恶用心，还就怎样看待农民革命领袖，怎样看待他们的历史功绩和阶级的、历史的局限，展开热烈的讨论。对于太平天国领袖洪秀全的历史功绩和局限性问题；杨秀清的评价问题；石达开、李秀成的前期表现和投降问题；对于怎样看待农民革命政权的性质及其两重性的问题；太平天国政权内部究竟有没有正确路线和错误路线斗争问题；太平天国政权的封建化以及和宗教的关系等问题，进行了认真的探讨。

研究太平天国史50年的罗尔纲因病未能到会，作了书面发言。他用解放以来太平天国史的研究和资料、文物的搜集、整理、出版等方面取得的重大成就，驳斥"四人帮"炮制的史学界"一片黑暗"的谬论。

这次讨论会开得生动活泼。同志们解放思想，各抒己见，畅所欲言。对于学术上的问题，既能本着同志式的态度展开热烈的讨论，又能互相启发，互相补充。例如，对洪秀全是否密诏韦昌辉杀掉杨秀清的问题，以及对这个问题的评价持有不同看法的同志，都能注意采取实事求是的态度，以理服人。同志们认为，这是粉碎"四人帮"以后，史学界贯彻党的"百家争鸣"方针出现的新气象，希望这种生动活泼的学术研究风气能够发扬下去。

讨论会倡议筹备成立太平天国历史研究会，并提议在今年适当时候召开全国性的太平天国史讨论会及其他主题的历史学术讨论会。

潘震亚逝世

第五届全国人民代表大会代表、政协第五届全国委员会常务委员、政协江西省委员会副主席、江西省革命委员会委员潘震亚先生，因病于1978年5月22日在上海逝世，享年91岁。

潘震亚先生是江西省南城县人，早年曾参加孙中山先生领导的旧民主主义革命活动，以后长期从事法学研究和文化教育工作。全国解放后，潘震亚先生曾被选为第一、二、三、四届全国人民代表大会代表，担任过上海复旦大学校务委员会常务委员、法学院院长，中国政治法律学会理事，政务院人民监察委员会副主任，监察部副部长，江西省副省长，政协江西省委员会副主席等职。

5月23日

第五届全国人民代表大会常务委员会举行第二次会议

第五届全国人民代表大会常务委员会23日至24日举行第二次会议。

全国人大常委会委员长叶剑英主持了会议。

全国人大常委会副委员长宋庆龄、乌兰夫、吴德、韦国清、邓颖超、赛福鼎·艾则孜、廖承志、姬鹏飞、阿沛·阿旺晋美、周建人、许德珩、胡厥文，出席了会议。

国务院副总理纪登奎、陈锡联、耿飚、陈永贵、王震、陈慕华，最高人民法院院长江华，最高人民检察院检察长黄火青，列席了会议。

中共中央各部门、国务院各部委、中国人民解放军各总部负责人也列席了会议。

耿飚副总理在会上作了关于华国锋主席访问朝鲜民主主义人民共和国的报告。

会议讨论了国务院提请审议的《国务院关于安置老弱病残干部的暂行办法》和《国务院关于工人退休、退职的暂行办法》，并听取了国家劳动总局局长康永和关于两个暂行办法的说明，原则批准了两个暂行办法。

康永和同志在说明中指出，早在1951年，原政务院就颁发了《中华人民共和国劳动保险条例》，国务院于1958年先后颁发了《国务院关于工人、职员退休处理的暂行规定》和《国务院关于工人、职员退职处理的暂行规定(草案)》。这些条例和规定的颁布实行，使老弱病残干部和工人得到了妥善安置，生活有了可靠的保障，这就充分体现了党和政府对老弱病残干部和工人的关怀和爱护，体现了我国社会主义制度的优越性。以华主席为首的党中央一举粉碎了"四人帮"，提出了抓纲治国的战略决策，出现了安定团结、大干快上的大好局面。现在，不仅有必要，而且有可能按照党的一贯政策，统筹安排，做好老弱病残干部和工人的安置工作。

康永和同志说，鉴于国务院在1958年颁发的关于干部和工人退休、退职的两个暂行规定，到现在已有20年了，随着形势的发展，有些条文已经不适应当前的情况，需要作修改和补充。现在这两个暂行办法，经全国人大常委会原则批准以后，先搞试点，总结经验，然后再普遍实行。

会议通过了《关于省人民代表大会闭会期间省人民检察院检察长产生程序的决定》。决定说，为适应工作需要，在省人民代表大会闭会期间，可由省革命委员会通过省人民检察院检察长人选，提请省人民代表大会下一次会议追认。

会议分别通过决定，任命罗青长、郑季翘、邢亦民、张加洛为全国人民代表大会常务委员会副秘书长；喻屏、张苏为最高人民检察院副检察长。

会议还通过了一批驻外大使的任免事项。

全国纺织工业学大庆会议在人民大会堂闭幕

中共中央副主席、国务院副总理李先念，国务院副总理纪登奎、陈锡联、陈永贵、王震、康世恩、陈慕华出席了闭幕式。李先念副主席作了重要指示，热情勉励大家为高速度发展我国纺织工业，更快更好地解决全国人民穿衣问题，为实现四个现代化作出更大贡献。

国务院副总理康世恩在闭幕大会上作了重要讲话，对如何高速度发展纺织工业提出了具体的要求。

大会宣布授予18个企业和单位为"全国纺织工业大庆式企业标兵"，授予82个车间、科室和班组为"全国纺织工业学大庆先进集体"，授予28位同志为"全国纺织工业劳动模范"，授予160位同志为"全国纺织工业学大庆先进生产(工作)者"，并分别颁发了奖旗、奖状和奖章。

代表们总结交流了高速度发展纺织工业和开展工业学大庆运动的经验，听取了常州市纺织工业局、上海嘉丰棉纺织厂、上海市纺织工业局、湖南省轻工业局、天津市纺织工业局、四川南充地区棉纺织厂和叶慧英、张玉凤等15个单位的代表和个人的经验介绍；讨论修改了普及大庆式企业的规划，开展了技术表演活动，通过讨论明确了纺织工业实现新时期总任务的方向。会议开得生动活泼，开出了决心，开出了干劲。

会议认为，纺织工业战线革命和生产的形势大好，一个新的跃进局面已经到来。在揭批"四人帮"斗争的推动下，各地纺织工业部门通过对企业的整顿，加强了领导班子和职工队伍的建设，出现了先进不停步，中间坐不住，后进迈大步的生动局面。去年年底和今年年初，全国纺织系统又有220个企业和单位，进入了大庆式企业的先进行列。今年1月至4月，全国纺织工业总产值比去年同期增长36%；11种主要纺织品的产量，都超额完成了计划；其中化学纤维的产量完成年计划的36%，比去年同期增长1.5倍；棉纱、棉布的产量分别完成年计划的33%和34%，比去年同期增长27%和28%。产品质量继续稳定提高，消耗下降，利润增加。但是纺织工业的发展速度，还远远不能适应国家建设和全国人民的需要。许多纺织品，按人口平均数量还很少。因此，纺织战线广大职工，必须认真落实华主席在五届人大提出的新时期的总任务，实现纺织工业的奋斗目标，这就是：集中力量把化学纤维搞上去，大力提高工业管理水平，大力提高纺织科学技术水平，到1985年实现纺织工业总产值翻番，上交利润、税金翻番，出口纺织品有较大发展，并做到各种纺织品丰富多彩，物美价廉，按照人口平均的纺织品消费水平有较大的增长。之后，再奋战3个五年计划，到本世纪末，全面实现纺织工业的现代化，赶上和超过世界先进水平，更好地解决人民的穿衣问题。

代表们经过讨论，明确了要高速度发展纺织工业，实现上述目标，就必须大破"外因论"，充分利用现有纺织工业的基础，走挖潜、革新、改造的道路；必须抓好纺织工业的原料问题；还必须坚持质量第一的方针；努力发展花色品种。要恢复群众喜爱的传统产品，创出更多的名牌产品和用户厂"信得过"的产品。要大力加强新产品的研究、设计、试制工作，积极发展新花色新品种，不断创新，使我们的各种纺织品，群众一看就喜欢。这次会议还举办了纺织品对比展览会，展出了全国29个省区市有代表性的纺织品和部分国外好产品。

大会号召各地区、各企业、各单位，大张旗鼓地宣传和推广这次大会上表彰的大庆式企业标兵、劳动模范、先进集体和先进个人的经验，订出比、学、赶、帮、超的规划，让先进典型的经验在全国纺织系统开花结果。全国要有十个常州，一百个嘉丰，一千个郝建秀、杨富珍、赵梦桃、应忠发小组，进一步加快普及大庆式企业的步伐，使纺织工业在新的长征中，为解决8亿人民的穿衣问题作出更大的贡献。

国务院副总理康世恩在全国纺织工业学大庆会议上的讲话(摘要)

在华主席、党中央抓纲治国战略决策指引下，纺织工业形势大好。去年，棉纱、棉布等主要纺织品的产量，超额完成了计划，超过了历史最高水平，扭转了被"四人帮"破坏造成的连续几年完不成计划的局面。今年1月至4月，你们又取得了新的胜利。全国纺织工业总产值比去年同期增加36%，主要纺织品的产量，都完成和超额完成了计划。产品质量有了提高，消耗有所下降。一季度实现利润和税金完成全年计划的1/4。这是纺织工业战线广大职工，紧跟以华主席为首的党中央，在新的长征中开始取得的新成绩。这次会议表彰的常州市纺织局、上海嘉丰棉纺织厂等一大批先进集体和先进模范人物，是纺织工业战线的优秀代表。他们对纺织工业的发展作出了很大的贡献。我代表国务院向你们和全国纺织工业系统的广大职工、家属表示热烈的祝贺和亲切的慰问。

华主席最近指示我们，越是形势好的时候，越要保持清醒的头脑，决不能自满。应当看到，由于"四人帮"的干扰破坏，纺织系统需要解决的问题还不少。我们一定要兢兢业业，谦虚谨慎，发奋图强，做好工作，大大加快纺织工业的发展速度，以适应新时期总任务的要求。下面我讲几点意见。

一、深入揭批"四人帮"，打好肃流毒这一仗

一年多来的斗争实践一再证明：不论是一个地区、一个部门、一个单位，凡是抓住了揭批"四人帮"这个纲，狠抓企业整顿，认真学大庆，群众干劲就大，形势发展就好，生产上得就快。我们取得抓纲治国初见成效的伟大胜利靠的是这一条，今后要巩固和发展大好形势，夺取新的胜利，还要靠这一条。

纺织系统揭批"四人帮"斗争，和全国各条战线一样，取得了重大胜利。在揭批"四人帮"的第三个战役中，凡清查工作搞得比较好的单位，应该把重点放在肃流毒上。从这次会议揭露的情况来看，"四人帮"对纺织战线的干扰破坏十分严重，对他们的流毒和影响决不可低估。上海纺织系统曾经是王洪文及其余党直接控制和苦心经营的资产阶级帮派势力的一个重要阵地；全国最大的丝绸厂——杭丝联，也曾经是新生反革命分子翁森鹤用来进行反党活动的一个据点；其他有些地方的纺织企业，也在"四人帮"及其余党的直接插手下，遭到了严重破坏。纺织系统多年来根据毛主席的革命路线形成的一整套好传统、好作风、好经验、好制度，被"四人帮"统统搞乱了。他们把周总理亲自树立的全国勤俭办企业的五面红旗之一、学大庆先进单位——上海嘉丰棉纺织厂，诬蔑为"黑典型"，把这个厂在长期实践中培育出来的"虚心好学，严细成风，一丝不苟，精益求精"的嘉丰风格，攻击为"修正主义的老一套"，批了将近十年。他们把著名的劳动模范郝建秀、裔式娟、毛信贤等一大批同志打成"黑标兵"、"黑典型"，把纺织系统一套科学的先进的工作法，比如郝建秀工作法、五一织布法、五三保全法等，统统诬蔑为"修正主义的管、卡、压"，说什么这是"只牵棉线，不要路线"。他们还攻击生产名牌产品派力司，是什么"只要派力司，不要马克思"。"四人帮"颠倒黑白，混淆是非，在人们思想上造成极大的混乱。因此，我们要紧密围绕经济战线的"十个要不要"，对照《工业三十条》，以大庆为榜样，学习常州、嘉丰的先进经验，敢于联系

本单位的实际,在肃流毒上下功夫。不肃清流毒,人们的思想就不能大解放,党的优良传统和作风就得不到恢复和发扬,各级领导班子就硬不起来,队伍建设就搞不好,建设大庆式企业更谈不到。

如何揭批"四人帮",肃清流毒?嘉丰棉纺织厂等单位采取"牵牛鼻子"的办法,抓住"四人帮"对本单位影响最深、危害最大的问题,摆表现,梳辫子,列专题,发动群众,深入批判,收到了很好的效果。这方面的经验还需要进一步总结,不断充实、完善。

从大庆、鞍钢等一些先进企业的经验来看,要打好揭批"四人帮"、肃流毒的人民战争,一条重要经验,就是要不停顿地向"四人帮"发动进攻,连续作战,要抓住五个环节打"总体战":一是搞好清查,坚决粉碎"四人帮"的资产阶级帮派体系,把被他们篡夺的领导权夺回来。这一步一定要搞彻底,以后的仗才好打。二是搞好"三大讲",充分发动群众,把"四人帮"祸国殃民的种种罪行,通过千万人之口、千万人亲身的体验讲出来,激发广大群众对"四人帮"的深仇大恨。这一仗打赢了,就能激发起广大群众的阶级仇、阶级恨,运动的声势就大了,帮派体系就陷于灭顶之灾,资产阶级派性就搞不起来。三是搞好路线对比,就是全面地完整地学习领会毛主席给我们制定的路线、方针、政策和华主席为首的党中央的一系列指示;对照批判"四人帮"散布的种种谬论,认清他们是怎么歪曲、篡改、破坏的;同时密切联系本单位的实际和个人的思想实际,从路线高度进行对比,分清是非,总结经验教训。这是揭批"四人帮"肃流毒的好办法,是一次普遍的深刻的马列主义、毛泽东思想的教育运动。四是开展"双打"斗争,深挖"四人帮"的社会基础,纯洁工人阶级队伍。五是搞好整顿,用实际行动拨乱反正,用实际行动肃流毒,用实际行动学大庆。以上五个方面,缺一不可,一定要抓好抓实,夺取这场斗争的全胜。

搞路线对比、肃流毒,是上述五个环节中难度最大的一个,要着重抓好。这里有几点要求:第一,凡是在同"四人帮"的长期斗争中不信邪、不怕鬼、立场坚定、旗帜鲜明的同志,应该全部发动起来,大讲斗争经验,进一步总结提高,把他们的经验变成大家的共同财富,同时帮助别人共同前进。第二,有些同志在斗争中表现基本是好的,但在"四人帮"横行猖獗下,由于种种原因,说过一些错话,办过一些错事,群众有意见,要下功夫把他们发动起来,引导他们自觉地、认真地总结经验,吸取教训,既教育自己,也教育大家。第三,对少数受"四人帮"影响较深、犯有严重错误的同志,更要发动他们起来肃流毒。要满腔热情地帮助他们,做细政治思想工作,促使他们现身说法,揭批"四人帮",讲清问题,转变立场。这种人,经过做工作,多数是可以转变过来的,转变一个,可以影响一批。第四,转化后进人物。由于"四人帮"的毒害和影响,在职工中出现了少数"文盲加流氓",目无法纪,歪风邪气的"大王",一批所谓"大错不犯,小错不断,气死领导,难死法院"的人物。对这种人,领导上要心中有数,下决心做艰苦的转化工作,今年至少要转化1/3。把上面所说的各方面的人都发动起来,就会造成一种肃流毒光荣、不肃流毒可耻的声势,打一场肃流毒的人民战争。增强团结,调动各方面的积极性。

整顿企业,要以揭批"四人帮"为纲,同学大庆、高速度发展生产紧密结合起来。整顿企业,关键是要整顿好领导班子。要坚持接班人的五项条件和老中青三结合的原则,把各级领导班子配备好,特别要选配好一、二把手。决不能让那些群众信不过的"风派"、"震派"、"溜派"、"捂派"人物进领导班子,不能让他们占据重要岗位。要把坚决执行毛主席革命路线、坚持同"四人帮"作斗争、有实践经验的优秀干部,提拔到领导岗位上来,特别要注意培养和选拔中青年干部。有了一个好的领导班子,就可以带出一支好的队伍,企业的面貌就可以有一个大的变化。

整顿企业是为学大庆打基础。要在整顿中认真学大庆,要按大庆的样子整顿企业,坚持高标准、严要求,解决真学大庆还是假学大庆的问题。这次会议表彰的常州纺织局和嘉丰棉纺织厂,多年来同"四人帮"针锋相对地进行斗争,坚持学大庆不动摇,坚持大庆好思想、好经验、好作风不丢掉,在整顿中不断前进,他们不愧为大庆式企业的标兵,是真学大庆的典型。这次会上,你们修订了普及大庆式企业的规划,决心提前一年,在明年把1/3的纺织企业建成大庆式企业。上海市纺织局决心在今年内建设成为大庆式的单位,把全局70%的大中型企业建成大庆式企业,为国家作出更大的贡献。应该有这样的雄心壮志,希望你们扎扎实实做好工作,实现你们提出的奋斗目标。

二、大搞现有企业的挖潜、革新、改造,充分发挥"根据地"的作用

纺织工业是我国历史悠久的一个工业部门,新中国成立以来,有了很大的发展,成为一个能够生产多种产品、门类比较齐全的工业部门,现有基础是相当可观的。这是我国纺织工业向现代化进军的立足点和出发点,是完全可以依靠的"根据地"。我们过去在毛主席领导下,十年内战,抗日战争,解放战争,都十分重视根据地的建设。现在搞工业现代化,也同样有一个充分利用和巩固"根据地"的问题。我们主要靠老厂,拿出丰富多彩的、高质量的产品,满足人民穿衣的需要。今后几年生产的增长,也主要靠现有企业。新建厂的设备除引进少数先进技术外,主要是靠国内现有纺织机械厂制造，工人、干部和技术人员也要靠现有企业输送。只有立足于现有基础，依靠这个“根据地”，我们纺织工业的前进步伐才能大大加快。如果把这个“根据地”放在一边，而只是靠新建、靠引进新技术，要实现我国纺织工业的现代化，是办不到的。因此，各级领导干部一定要牢牢树立巩固发展和充分利用“根据地”的战略思想。

如何充分利用我们的“根据地”呢？最根本的一条，是搞老厂的挖潜、革新、改造。在这方面，上海市、常州市的纺织行业已经作出了榜样，创造了一些好经验。28 年来，上海市的纺织厂不仅没有增加，反而搬迁出去 100 多家，由于他们充分发挥老厂的作用，大搞挖潜、革新、改造，棉纱产量比解放初期增长 1.4 倍，劳动生产率增长 2.5 倍，产值增长 5 倍。常州市的纺织工业原有底子很薄，解放以来，他们充分利用原有企业积极进行改造，合理组织，纺织工业产值 1977 年比解放初期增长了 12 倍多，劳动生产率居全国第一。上海、常州的事实充分说明，利用原有基础大搞挖潜、革新、改造大有可为。

通过挖潜、革新、改造，要努力赶超世界先进水平。我们必须在现有企业、现有设备的基础上，积极采用国内外的新技术、新工艺、新材料、新设备，逐步把我们的企业转到新的技术基础上来，逐步实现现代化。这次会议，你们大破“外因论”，大找内因，大挖潜力，这个观点树得好。上海市纺织局狠批了设备已经开足，时间已经用足，水平已经上足的“三足”到顶思想，看到了生产上的潜力，决心把今年的增长速度提高到 12%；天津市纺织局狠批了那种企业老，设备老，工人老，无潜力可挖的“三老”思想，揭矛盾，算细账，决心把增长速度提高到 14% 以上。这些都说明，那种认为现有的工厂已经定型了，不能前进了，技术不能再发展了的观点是不对的。我们一定要大破“外因论”，时刻看到自己内部的潜力，努力赶超，高速度发展纺织工业。

挖潜、革新、改造，必须充分相信群众，依靠群众，大搞群众运动。广大的工人、技术人员和干部，他们并不满足于现状，不愿意停步不前，他们对改变企业的生产面貌、技术面貌有着强烈的愿望。他们对工厂搞革新、改造，哪里是关键，哪些卡生产的脖子，知道得最清楚。他们提出的办法，来自实际，动手就能办得到。他们提出所需要的材料、设备，大多数是工厂本身或国内能够解决的。所以，我们只要把群众充分发动起来，潜力就可以越挖越深，效果也会越来越显著。大搞挖潜、革新、改造的群众运动，就能把广大纺织职工的社会主义积极性和巨大的创造力，充分地发挥出来。上海、常州和其他许多企业的经验都有力地证明了这一点。

三、大力发展化纤，集中力量打好歼灭战

解决 8 亿人民的穿衣问题，是纺织工业的重大任务。要加快纺织工业的发展，首先要抓好原料。解决原料，必须两条腿走路。一方面，继续努力增产农业原料，纺织部门要当好农业部门的参谋，把发展农业原料当作分内的事，使我国各种天然纤维有一个更大的发展；另一方面，要集中力量，把化学纤维尽快搞上去。发展化学纤维，华主席、党中央下了很大的决心。有了更多的化纤，再加上天然纤维，纺织工业的路子就更宽了。

化学纤维特别是合成纤维，是新兴的工业，过去没有基础，主要靠新建。今后八年的建设任务是相当繁重的，工作量和基本建设投资要超过过去 28 年的总和。我们一定要多快好省拿下这些建设项目，完成华主席、党中央交给我们的战斗任务。

近几年，“四人帮”对化纤建设项目的破坏十分严重，使有些项目拖长了施工进度。现在，粉碎了“四人帮”，扫清了加快基本建设的最大障碍，我们一定要认真总结正反两个方面的经验，集中力量打歼灭战，加快建设进度，把被“四人帮”耽误了的时间抢回来。

怎么打好歼灭战？一定要充分发挥工业主管部门和地方的两个积极性，真正把中央和地方的积极性拧成一股绳，认真抓好以下几个环节：

第一，要组织强有力的工程指挥部，配备政治上强的得力的有实践经验的领导干部当指挥，特别要配备好一、二把手。重点建设项目领导班子的配备，纺织部要同地方共同协商研究确定。部的领导干部要参加指挥部。指挥部必须设在现场，全面负责施工建设的全过程，做到精心组织，精心施工。

第二，要搞好战前动员和施工中的政治思想工作，抓好施工队伍的建设。使参加施工的全体职工充分认识每项工程建设的重大意义，作为政治仗、志气仗来打，树立对工程质量负责一辈子的思想，把广大职工的社会主义积极性充分调动起来。

第三，严格训练，严格要求，大搞岗位练兵。要根据工程特点，对技术要求高的工种，举办各种专业技术训练班，把施工现场变成练兵的战场，从难从严从工程实际要求出发，开展群众性岗位练兵，认真学习和掌握新工艺、新技术，确保施工的高速度、高质量、高水平。

第四，严格质量检验。上一道工序不合格，下一道工序不能施工。要坚持高标准、严要求，对每道工序、每个环节都要检查、评比、验收，严格把好质量关，把事故、隐患和不合格的因素消除在投产之前。

第五，精心搞好投产前的各项准备工作。包括生产工人和管理人员的技术培训，生产指挥班子的调配，以及各种生产准备工作。从大庆的经验来看，这里很重要的一条，就是要把工程的设计人员、施工人员和生产操作人员拧成一股劲，共同对投产负责，保证一次成功。工程验收了，合格证拿到了，不等于施工终结。优等的工程质量，有待于装置试运转和生产的考验。因此，凡是新装置建成投产时，都要挑选设计人员参加投产，并从施工队伍中选派思想好、技术精、作风硬的职工，组成"保险队"，学习开工步骤，了解工艺流程，同生产工人共同拟定试车方案，共同处理试运转中发现的问题，共同总结经验，做到密切配合，协同作战。大庆的"一次投产成功"，是做了大量工作，解决了成千上万的问题，消除了一个又一个隐患的结果。没有这样的严格要求，就没有最后的一次成功。

四、狠抓企业整顿，提高产品质量

周总理曾经指出："质量问题是个路线问题。"华主席多次反复地强调要搞好质量。纺织工业要高速度发展，一定要把质量、品种搞上去。

粉碎"四人帮"一年多来，纺织产品质量有了改进。但是，产品质量存在的问题还不少。纺织品关系到千家万户，直接影响到人民生活。现在，群众对质量问题反映十分强烈。我们一定要有高度的责任感、紧迫感，再也不能拖延下去了。

提高产品质量，要以揭批"四人帮"为纲，肃清他们的流毒和影响，牢固地树立质量第一的思想。"四人帮"把加强企业管理、整顿产品质量诬蔑为"复辟资本主义"，胡说什么"质量第一，基本路线算第几"，他们的这些反革命谬论给人们思想上造成了极大的混乱。在"四人帮"流毒的影响下，我们有些同志，至今不敢理直气壮地抓质量，不敢按工艺技术、操作规程严格要求，甚至把产量和质量对立起来。提高产品质量，这是企业整顿的一项重要内容。抓了质量、品种，就可以把企业的各项管理工作，科学研究和技术革新全面地带动起来，就可以推动企业的整顿，提高企业管理水平。所以，对提高产品质量，一定要有严格要求：

第一，工业部门在安排生产时，必须同时规定产品质量标准，决不允许只要数量，不管质量；对企业的考核，不能只看完成数量多少，产值多少，必须按八项经济技术指标全面衡量。

第二，要狠抓重点产品，狠抓群众反映大的"老大难"问题。下决心在一两年内，把棉布缩水、针织品变形、的确良起毛等问题解决好。要广泛开展质量"信得过"活动，开展"万米无次布"等多种形式的社会主义劳动竞赛，搞好群众性的质量大检查和质量评比活动。要实行按质论价、优质优价政策，鼓励企业攻质量关，生产优质产品。对生产优质产品和名牌产品作出显著成绩的单位和个人要给予奖励。产品质量不好的企业，要帮助他们尽快赶上来；质量严重低劣，长期没有改进的，要下决心停产整顿。在纺织品的包装、运输和保管过程中，由于不负责任造成严重损失的，要追查责任，严肃处理。

第三，要增加花色品种，更好地满足国内人民的各种需要。我国是一个多民族的国家，城市乡村，男女老少，需要是多种多样的，要努力多搞一些人民群众喜爱的花色品种。要提高印染质量，要研究发展新品种、新花色和改善包装。

第四，加强对职工的技术培训，不断提高他们的政治素质和技术素质。要继续办好"七·二一"大学、技工学校、技术夜校和各种技术训练班。对工人、技术人员和管理人员的技术业务水平要普遍进行考核。合格的才能上岗位操作；不合格的，要补课。广泛开展生产岗位练兵活动，老工人要搞好传帮带，青年工人要为革命苦练基本功。要大张旗鼓宣传和发扬"嘉丰风格"，提倡和推广各种行之有效的先进操作法。结合生产实际开展技术表演赛。要建立干部的技术业务学习制度，努力使自己成为熟悉本行业生产业务的内行。

党的十一大和五届全国人大提出了新时期的总任务。现在，路线、方针、政策都明确了，基本的规章制度都有了，特别是华主席对于如何高速度发展纺织工业作了明确的指示，当前就是要脚踏实地、扎扎实实地大干，要少说空话，多干实事，发扬革命加拼命、拼命加科学的精神，树雄心，立壮志，干出纺织工业的高速度来，干出一个现代化来。

全国石油化学工业第二次工业学大庆会议在大庆开幕

参加大会的代表，有全国石油化学工业战线的英雄模范和各级领导干部，共4300多人。

石油工业部部长宋振明主持了开幕式。

化学工业部部长孙敬文致开幕词。他说，从1976年年底第一次全国石油化学工业学大庆会议以来，石油化工战线革命和生产都夺得了新的胜利。揭批"四人帮"的斗争深入健康地发展，工业学大庆、普及大庆式企业的群众运动步步深入，整顿企业取得显著成效，基层建设进一步加强，队伍面貌发生很大变化，企业管理水平不断提高，生产建设全面迅速发展。去年，原油生产继续跃进，化工生产全面上升，石油和主要化工产品都超额完成了国家计划。今年以来，石油和化工生产都夺得了开门红、月月红。

孙敬文部长指出，在建设现代化的社会主义强国的新长征中，石油工业要实现华主席的战斗号召，在本世纪内创建十来个"大庆油田"，化学工业要高速度发展，赶超世界先进水平。这次会议就是要进一步动员广大职工和家属，更高地举起毛主席的伟大旗帜，坚持党的十一大路线，不畏艰难险阻，敢于攀登高峰，努力加快发展步伐，在新长征中作出自己应有的贡献。

大庆油田党委书记陈烈民在会上作了报告，介绍大庆油田深入揭批“四人帮”，拨乱反正，把各项工作提高到一个新水平的基本经验。

会议强调要发扬党的优良传统，有一个好的会风，要理论联系实际，反对讲空话，讲大话，要艰苦朴素、精简节约，要开得团结、紧张、严肃、活泼。代表们到达大庆以后，就分组深入到油田的1000多个基层单位蹲点，和大庆职工同吃、同住、同劳动、同学习、同批判，扎扎实实地学大庆。

《人民日报》发表最高人民法院院长江华的文章《实施新宪法是人民法院的光荣职责》

全国人大常委会副委员长乌兰夫在北京会见以哥伦比亚—中国友好协会执行委员会主任何塞·玛丽亚·戈麦斯为团长的哥中友协代表团

国务院副总理康世恩在北京会见德意志联邦铁路理事会主席彼得·考赫率领的德意志联邦铁路代表团

国务院副总理谷牧在哥本哈根与丹麦首相安克尔·耶恩森在举行会谈

中日《关于建设上海宝山钢铁总厂协议书》及技术协作合同在北京签字

以中国技术进口总公司为一方与新日本制铁公司为另一方，签署了《关于建设上海宝山钢铁总厂协议书》及技术协作合同。

国家计委副主任段云、外贸部副部长崔群、冶金部副部长刘学新、上海宝山钢铁总厂工程指挥部总指挥许言等出席了签字仪式。

代表中方在协议书上签字的是中国技术进口总公司副总经理杨友德，代表日方签字的是新日本制铁公司总经理斋藤英四郎、副总经理原田鼎。

中国社科院在北京召开座谈会探讨中国古代历史研究规划有关问题

中国社会科学院邀请北京地区的科研、高等院校、文物考古和新闻出版等单位的历史学者和领导干部100多人举行座谈会，探讨了中国古代历史研究规划的有关问题。

座谈会上，热烈讨论了历史研究所草拟的1978—1985年中国古代历史研究发展规划纲要(草案)，分析了我国历史研究的基本情况，提出了加速发展研究工作的建议。白寿彝、邓广铭、任继愈、戴逸等就如何规划重点研究项目与一般研究项目、专史与通史、理论研究与具体史实研究、普及与提高、研究工作与资料工作等问题，发表了意见。季羡林、严仲平、翁独健、严敦杰、王尧、黄盛璋等分别介绍了中国经济史、少数民族史、中外关系史、自然科学史、历史地理学等方面国内外的研究情况，并提出了加强这些学科研究的具体措施。

中国社会科学院历史研究所负责人尹达、梁寒冰主持座谈会，周扬、齐燕铭到会并讲话。

5月24日

国务院总理华国锋在北京会见刚果人民共和国总统若阿基姆·雍比—奥庞戈

国务院副总理邓小平在北京出席由中国人民对外友好协会举行的庆祝“非洲解放日”15周年招待会

邓小平副总理向非洲朋友致以热烈的节日祝贺，祝贺非洲人民在团结反霸、反帝、反殖事业中取得重大的胜利。

同非洲朋友欢聚一堂的还有国务院副总理陈慕华，全国人大常委会副委员长姬鹏飞，政协全国委员会副主席王首道，文化部部长黄镇，对外友协会长王炳南，外交部副部长何英，中国人民解放军副总参谋长张才千，中联部副部长吴学谦等。

中共中央发出通知要求各地重新设置人民检察院

通知指出，最高人民检察院正在建立，地方各级人民检察院应慎选干部，检察长必须是专职；在没有召开地方人民代表大会选举检察长之前，先以代理检察长名义执行任务。通知指出：“新宪法规定重新设置人民检察院，与公安机关、人民法院相互配合又相互制约，同各种违法乱纪行为作斗争，这对于保护人民、打击敌人，保证宪法和法律、法令的实施，实现新时期的总任务是十分重要的。”

国务院副总理王震 康世恩在人民大会堂接见全国交通系统学大庆会议的全体代表

康世恩副总理作了重要讲话。

康副总理在讲话中指出：在华主席、党中央的亲切关怀下，在各省、自治区、直辖市党委的领导下，交通战线的形势很好。去年，远洋、内河和公路运输都完成和超额完成了国家计划。今年以来上得更快，1月至

4月份，直属水运和工业总产值都比去年同期增长1/3左右，汽车货运量增长近1/4，地方轮驳船货运量增长1/4以上。

康副总理对交通系统工作谈了三点意见：第一，深入揭批“四人帮”，彻底肃清他们在交通系统的流毒。“四人帮”一直把交通部门作为攻击的重点目标，在买船问题上搞了许多阴谋诡计，他们把周总理提出、经毛主席批准的向国外购买一些远洋船舶，诬蔑为什么“洋奴哲学”、“卖国主义”、“假洋鬼子”，并一手策划了所谓“风庆轮事件”，把矛头直接指向毛主席、周总理和中央其他领导同志。“四人帮”挥舞“唯生产力论”的大棒，抛出了所谓“要当码头的主人，不做吨位的奴隶”的反动口号，反对抓革命促生产，反对大干社会主义，不仅在交通系统造成极大危害，而且流毒全国，搅乱了人们的思想。“四人帮”鼓吹砸烂一切规章制度，要搞什么无领导、无管理、无制度的“三无”工厂，煽动无政府主义，使交通系统无组织、无纪律现象相当严重，特别是有些领导干部带头搞无组织无纪律，工作严重不负责任；有的带头违反规章制度、操作规程，想怎么干，就怎么干；有的擅离职守，甚至出了事故，自己带头逃跑。这个问题一定要引起我们的高度重视。不从领导班子中的问题抓起，不彻底肃清无政府主义的流毒，要在新的长征路上跑步前进是不行的。因此，在整顿企业时，要着重整顿好领导班子。要针对交通运输工作多数是远离领导、分散作业、独立作战的特点，大力加强政治思想工作，抓好队伍建设。要在整顿中认真学大庆，今年交通系统学大庆、普及大庆式企业的规划一定要实现。同时，交通部要像冶金部抓鞍钢那样，派出强有力的工作组，会同地方党委一起，在今年内把上海港和长航抓上去，建成大庆式企业或学大庆先进单位。第二，大搞挖潜、革新、改造，充分利用现有基础搞现代化。交通运输经过28年的建设，已经有了相当的基础，这个基础，是我们今后高速度发展交通事业的出发点和立足点，是我们搞现代化的“根据地”。因此，要把现有的运输设备和各项设施管好用好，发挥更大的作用；要加强领导，统一规划，把各种运力组织起来；要大力推广先进的运输方式，提高机械化、自动化水平，逐步实现交通运输的现代化、高速化。第三，继续抓紧港口建设，充分发挥中央和地方两个积极性，集中力量打歼灭战，争取在1985年前实现周总理关于“三年改变港口面貌”的遗愿。

国务院副总理陈锡联在人民大会堂会见伊朗王国武装部队体育组织主席阿尔马希准将 伊朗王国武装部队射击队领队阿扎迪上校

国务院副总理陈永贵在北京会见德意志联邦共和国粮食和农林部长约瑟夫·埃特尔

国务院副总理陈永贵在北京会见菲律宾土改部部长孔拉多·埃斯特雷利亚以及由他率领的菲律宾乡村发展代表团

国务院副总理康世恩在北京会见以斋藤英四郎总经理为团长的日本新日本制铁公司访华团

康世恩副总理代表中国政府对新日本制铁公司同中国技术进口总公司之间昨天签署的《关于建设上海宝山钢铁总厂协议书》及技术协作合同表示祝贺，他说，这是执行《中日长期贸易协议》的第一个项目。他希望中日双方在建设宝山钢铁总厂过程中密切合作。斋藤英四郎总经理表示，新日本制铁公司一定尽自己的最大努力。参加会见的日本朋友有新日本制铁公司副总经理原田鼎、常务董事大柿谅等。

会见时在座的有我国外贸部副部长崔群，冶金部副部长刘学新，中国技术进口总公司副总经理陈扬，有关方面负责人吴曙东、穆学模。

国务院副总理谷牧在丹麦进行参观访问

访问期间，丹麦女王玛尔格蕾特二世和亨里克亲王在弗雷登斯堡接见了国务院副总理谷牧。

谷牧副总理同丹麦商业、工业和航运大臣伊瓦尔·内戈尔举行了会谈。

谷牧副总理一行访问了埃斯堡的渔港，并参观了鱼市场。

在科尔林，谷牧副总理一行参观了科尔林生物工艺研究所和哥本哈根自由港集装箱装卸码头，观看了集装箱装卸操作表演。

谷牧副总理还参观了哥本哈根附近的一家制造预制构件的工厂。

国务院侨务办公室发言人就越南驱赶华侨回国问题向新华社记者发表谈话

最近一个时期，越南方面无理排斥、迫害旅居越南的华侨，大批驱赶华侨回国，事态发展日趋严重。

5月4日，越南方面负责人员公开发表谈话，歪曲事实，妄图把大批驱赶华侨的责任强加给中国方面，对此，我们不得不讲明事实真相，以正视听。

早在1977年年初，越南方面就为了所谓“净化边境地区”，开始有计划地驱赶很早以前从中国迁居越南的边境地区的边民，随后，逐步发展到大批驱赶旅居越南各地的华侨。中国方面本着维护中越友好、争取妥善解决这一问题的真诚愿望，曾多次劝告越南方面以中越友谊为重，停止这些使大批华侨颠沛流离，伤害两国人民感情的极不友好的做法。遗憾的是，我们的良好愿望不仅没有得到越南方面的响应，相反的，越方驱赶华侨的手段越来越恶毒，被驱赶的人数越来越多，事态日益严重。据边境地区统计，从今年4月到5月中旬的一个半月内就有5万多名华侨被驱赶回国，到现在，被驱赶回国的华侨总数已达7万多人，还不包括被迫离越流浪到其他地区的人在内。

被驱赶的华侨，绝大多数是劳动人民，他们在回国途中受尽各种折磨，有些人被殴打负伤，他们长期劳动所得的财物，大多被无理没收，随身携带的小量生活用品，也在出境前沿途被搜劫掠夺，致使大部分华侨进入中国国境时，除了身上的衣服外，几乎一无所有，不少老人小孩饥病交加，景况十分凄惨。

然而越南负责人员竟完全不顾事实，却反诬说什么“华人当中一些坏分子散布谣言，挑拨越南和中国的关系”，华侨“轻信”了这些谣言，非法越境回国。

事实的真相如何？我边境地方当局进行了详细的调查核对，证明是越南有关部门和公安人员，奉命在越南人民和华侨中散布了“中国侵略越南”、“中国政府号召华侨回国”等种种谎言，煽动仇视华侨情绪，恫吓和威胁华侨。越南方面还用各种手段限制华侨就业，已有职业的华侨，则遭到无理降职、解职，减少口粮配给，甚至取消户口，停止配给口粮，使广大华侨丧失生计，难以生活下去，处境十分困难。甚至在胡志明市等地，还发生了大批逮捕、打死打伤华侨的严重事件。为了掩饰驱赶华侨真相，推诿责任，越南公安人员竟然强迫华侨填写“自愿回国书”，或者按照其事先准备好的说辞，强令华侨复写、复述，由越南公安人员录音、照相、拍摄电影，妄图以此作为华侨“自愿回国”的“证据”，而后将华侨一批一批运送到边境的指定地点涉水越过界河，赶回中国。大量事实证明，越南当局驱赶大批华侨回国，完全是有领导、有计划、有目的的行动。

人们不会忘记，广大旅越华侨，长期以来同越南人民友好相处，积极参加越南的革命和建设。在过去越南反抗殖民统治的长期斗争中，在抗法、抗美救国战争的艰难岁月里，广大华侨与越南人民并肩战斗，不惜流血牺牲。他们为越南人民的解放事业，为解放区以及战后的恢复和建设事业，为增进两国人民的革命友谊作出了积极贡献，同越南人民结下了深厚的情谊。然而，在越南全国解放后，越南当局却以怨报德，采用种种卑劣手段迫害华侨，大批驱赶华侨，极大地伤害了中越两国人民之间的传统友谊，对此我们不能不感到极大的遗憾和愤慨。

对于居住国外华侨的国籍问题，我国一贯政策是赞成和鼓励他们根据自愿原则选择居住国国籍，同时，我们不同意违背本人意志强迫入籍，这是我国政府早已公开宣布、多年来一贯实行的众所周知的政策。1955年中越两党曾商谈过华侨国籍问题，双方都同意遵守根据自愿选择国籍的原则。1956年南越吴庭艳反动政权强迫华侨入籍，1957年5月20日中华人民共和国华侨事务委员会发表声明，严重抗议吴庭艳政权强迫华侨改变国籍的卑劣行径，并郑重声明：“南越政府有关改变南越华侨国籍的规定是无理的、片面的”，“凡由这种无理措施而引起的一切后果，应该由南越政府负全部责任。”1957年5月23日越南民主共和国《人民报》全文转载了这个声明，并于1957年5月24日该报发表署名文章“吴庭艳集团是越南人和华侨的共同敌人”，表示支持我国这一正义立场。1965年5月24日越南南方民族解放阵线发表的《致南方华侨兄弟姐妹书》中提出“华侨有选择国籍的自由权利”。但是，近年来，越南方面却出尔反尔地背弃华侨自愿选择国籍的原则，采取了一系列歧视、排斥、迫害华侨的手段，强迫华侨加入越南国籍，否则收缴工作证、削减口粮和副食品配给、征收高额税款以至迫使出境。越南方面这种违背双方协议，违背一般国际法准则、采取强制手段迫使华侨入籍的做法，使我们感到非常惊讶和遗憾。

中越两国是山水相连的邻邦，中越两国人民在长期的革命斗争中结成了深厚的友谊。我们坚决反对越南当局对待华侨的横蛮的片面的非法的行为。我们要求越南方面立即停止执行上述排斥、迫害和驱赶华侨的错误政策，不要使两国和两国人民之间的传统友谊继续受到损害。否则，凡由这种无理措施而引起的一切后果，应该由越南政府负全部责任。

解放军总政治部发出通知要求部队认真学习我军政治工作重要历史文件

人民解放军总政治部最近发出通知，要求部队认真学习《中国共产党红军第四军第九次代表大会决议案》、1944年留守兵团政治部在西北局高干会议上提出的报告《关于军队政治工作问题》、1948年毛主席写的评论《评西北大捷兼论解放军的新式整军运动》和1960年军委扩大会议《关于加强军队政治思想工作的决议》(删节本)等几个我军政治工作的重要文件。

通知指出，这几个重要文件，全面地总结了我军不同历史时期政治工作的经验。当前，我军建设已进入新的发展时期，许多情况已发生了重大变化。然而，认真学习这些重要历史文件，领会它的精神实质，对于高举和捍卫毛主席的伟大旗帜，坚持毛主席的军事路线，贯彻落实华主席为首的党中央、中央军委抓纲治军、准备打仗的方针、任务，深入批判林彪、"四人帮"破坏我军建设的罪行，在新的历史条件下恢复和发扬我军政治工作的优良传统和作风，加速我军革命化现代化建设，都具有重要意义。

《人民日报》记者述评《招生会议上一场很有意义的讨论》

华主席、党中央决定对招生制度实行重大改革，受到全国人民的坚决拥护和热情赞颂。但是，由于"四人帮"的流毒和影响尚未肃清，社会上也有少数人对招生制度的重大改革存在糊涂认识，提出了一些错误观点。参加最近召开的全国教育工作会议和全国高等学校招生工作会议的代表认为，持这些错误观点的人虽然很少，但反映的却是原则争论。与会代表就这个问题，展开了热烈的讨论。通过讨论，进一步分清了路线是非，明确了方针政策。下面就是这次讨论的一些主要问题。

（一）

新的招生制度是不是代表工人阶级、贫下中农的利益？这个问题本来是十分清楚的。但是却有人提出异议，认为去年的招生工作没有贯彻党的阶级路线，"要了城市，丢了农村"，招收的学生"工农成分降低了"。有人甚至提出这样的问题："'工农及其子女有享受教育的优先权'，现在还算不算数？"并威胁说："不要招生几十万，得罪几千万"，这样下去，"看贫下中农反你不！"

事实究竟怎样呢？与会代表联系本省、本校1977年招收新生的实际情况，对这种错误的论调进行了有力的驳斥。他们着重指出，改革招生制度，是华主席、党中央在粉碎"四人帮"之后，抓纲治国、拨乱反正的一项重大措施，它体现了毛主席的革命路线，代表了无产阶级的根本利益，符合我国新时期总任务的要求，受到全党、全军和全国各族人民的热烈欢迎和拥护。这一改革，深得人心。去年招生，由于认真贯彻执行了党的各项无产阶级政策，工人、贫下中农和其他劳动人民的子女升学率保持了绝对的优势。据24个省、自治区、直辖市的统计，去年招收的工人、贫下中农和其他劳动人民的子女，占录取新生总数的97.4%。事实上，各省、自治区、直辖市都注意了优先录取工人、贫下中农的子女入学。从学校来说，中国科技大学，去年招收新生738人，99%以上的学生来自劳动人民家庭；上海交通大学，去年招收新生1058人，剥削阶级家庭出身的子女只占0.6%。这能说"要了城市，丢了农村"，"工农成分降低了"吗？事实充分说明，新的招生制度切切实实保证了工人、贫下中农子女享受教育的优先权，正确地体现了党的阶级路线。

代表们说：在"四人帮"横行时期，招生实行所谓"推荐"，实际上是为某些利用职权"走后门"的人开了方便之门。群众说："平时不学数理化，到时全靠好爸爸。"四川省有个公社，计划推荐上大学的名额已经排到了1980年，全部是干部及其亲属的子女。贫下中农不满地说："推荐、推荐，把党的优良传统都推掉了。"这样的招生办法，败坏社会风气，破坏党群关系，埋没优秀青年，毁灭教育事业。人民已忍无可忍，不进行彻底改革怎么得了！

去年改革了旧的招生制度，从根本上把"走后门"的不正之风堵住了。这是广大人民群众最满意的一点。他们反映，现在孩子能否上大学，不靠父母的权力，而靠自己的能力。广东省乐昌县曾组织调查组，就招生改革问题下乡访问贫下中农，征求意见。贫下中农说，过去招生，"走后门"的歪风盛行，实际上剥夺了我们贫下中农子弟上大学的权利。现在，我们的孩子有权参加考试，就是考不上心里也满意。他们举例说，有一个生产队，几年来，贫下中农的子女没有一个上大学和中专的；去年改革招生制度后，有3个人上了中专，贫下中农很高兴。事实告诉我们，贫下中农是衷心拥护新的招生办法的。

与会代表还指出，招生制度的改革，极大地调动了广大青少年学习的积极性，改变了社会风尚。这也是广大人民群众最满意的。他们称赞说，党中央、华主席真英明，不用发布告，只是把招生办法这么一改，广大青少年就努力学习、奋发向上了，流氓、阿飞就大大减少了，社会风气也大变了。上海一位老工人说，过去天天担心孩子出事，跟在孩子后面团团转，现在不管他，孩子也读书了。这哪里是什么"招生几十万，得罪几千万"，明明是招了几十万，调动了几千万。这是有目共睹的事实，可是为什么偏偏有人瞪着眼睛说瞎话，甚至威胁说：这样下去，"看贫下中农反你不！"这种人实际上是站在维护旧的招生制度的立场上，为那些因改革招生办法再也不能依仗权势"走后门"的人鸣冤叫屈！

（二）

政审主要看本人政治表现，是不是违背了党的阶级路线？这是讨论的第二个问题。去年招生录取了少数剥削阶级家庭出身，本人政治表现好，文化考核成绩较高的学生。于是就有人说："'有成分论'是前提，然后才是'不唯成分论'。"现在"剥削阶级家庭出身倒成了优越条件"。非但如此，他们甚至连干部和知识分子的子女上学也认为是偏离了党的阶级路线。在他们看来，录取干部和知识分子的子女，就是"排斥了工农子弟"，就犯了"阶级路线的错误"。

与会同志指出：由于“四人帮”的流毒没有肃清，在去年高考政审工作中，有的单位存在宁“左”勿右的倾向，使一部分符合条件的优秀青年未能入学，是很可惜的。这是政审工作中存在的主要问题。可是，有的人至今仍然坚持“四人帮”的帮记“政审标准”。在他们的头脑里，知识分子是“臭老九”，是和剥削阶级连在一起的。老干部是所谓的“走资派”，他们的子女理应往后靠一靠。此外，什么“海外关系”、“华侨”、“他爷爷是地主”等，按照他们的“政审标准”，统统不能上大学。因此，他们对知识分子的子女和受“四人帮”打击迫害的革命干部的子女上大学的人数，相对地比前几年多了一点，就觉得特别不舒服。

代表们说，粉碎“四人帮”后，受“四人帮”打击迫害的干部和知识分子的子女升学的比前几年相对多一点，是完全正常的，是无可非议的。因为在“四人帮”横行时，他们被打成“走资派”、“臭老九”，子女受到株连，被剥夺了升学的权利，即使在这种情况下，他们当中不少人鼓励自己的子女努力学习文化科学知识，以便为社会主义革命和建设服务，这说明他们做得很对。去年招生，不少干部和知识分子的子女文化考核成绩优秀，政治表现好，符合择优录取原则，考进了大学。这一事实本身，就是对“四人帮”的反革命政治纲领和反革命的“两个估计”的有力批判。老干部是革命的宝贵财富，知识分子是劳动者，他们的优秀子女按照党的政策吸收到大学深造，有利于早日实现四个现代化，这正是党的无产阶级路线的正确体现。

根据德智体全面衡量，择优录取的原则，录取少数剥削阶级家庭出身的青年入学，也是正确执行党的阶级政策的表现。它有利于选拔人才，有利于调动各方面的积极因素，为四个现代化服务，有利于无产阶级的革命事业。把这说成是“剥削阶级家庭出身倒成了优越条件”是不符合事实的。这种话似乎很“革命”，实际上是形“左”实右，必须批判。

（三）

讨论的第三个问题，是有人认为去年招生实行择优录取，是恢复17年的“智育第一”、“分数挂帅”，是“分数面前人人平等”，“扩大了三大差别”。他们说：“择优，不光是分数优，政治上也要择优。”说什么“要吸取28年正反两个方面的经验教训，恢复过去的也不对”。

代表们指出：红与专，政治与业务，是对立统一的，二者是不可分割的。青年学生在无产阶级政治的统帅下，努力学习文化科学知识，取得优异的成绩，这是又红又专的表现。所谓“择优，不光是分数优，政治上也要择优”，言外之意，去年招收的新生政治上不优。事实怎样呢？据24个省、自治区、直辖市的统计，录取的新生中党团员占71.9%，绝大多数青少年在政治上都是好的，去年招生是贯彻德智体全面衡量的标准的。“四人帮”挥舞“智育第一”、“分数挂帅”两根大棒，推行其文化专制主义，就是为了使广大青少年变成“没有文化的劳动者”。他们把“有社会主义觉悟”和“有文化的劳动者”对立起来，树了一个“白卷英雄”张铁生，害得不少青少年胸无大志，不求上进，教育质量严重下降，给党和国家带来了极大的损失。现在竟有人也把德育和智育对立起来，把招生中的政治质量择优和文化质量择优对立起来，这说明，“四人帮”的流毒和影响在这些同志的头脑里远远没有肃清。

在社会主义时期，还存在着“三大差别”，还存在着实际的不平等，在招生工作中反映这个差别并不奇怪。要缩小和消灭“三大差别”的根本途径，只能是发展社会生产力。华主席指出，只有高速度地实现社会主义的四个现代化，才能不断提高人民的物质生活和文化生活水平，逐步缩小三大差别。招生工作中贯彻德智体全面衡量、择优录取的原则，有利于早出人才，快出人才，有利于实现四个现代化，因而，也是缩小“三大差别”的积极措施。如果不是这样，而是按照“四人帮”那样用倒退的办法，乃至用毁灭文化、毁灭知识分子的办法，只能拖四个现代化的后腿，葬送国家的前途，哪里谈得上什么缩小“三大差别”呢？

事实上，去年招生中，在坚决贯彻德智体全面衡量、择优录取的原则下，是注意了统筹兼顾的。教育部作出明确规定：在德智体等条件基本相同的情况下，注意录取工人、贫下中农及其子女，注意录取上山下乡和回乡知识青年。各地对贫下中农考生都有分数线的照顾，就是照顾到了城乡的差别，特别是考虑到了前几年“四人帮”对农村教育破坏比较严重的情况。缩小城乡教育水平的差别，不能依靠拉平的办法，只有不断努力提高农村中小学的教育质量，才是真正关心农村教育。如果采取“拔苗助长”的办法，不够上大学水平的硬塞进大学，学生本人并不能真正有所收获、提高，对国家更是一种浪费。

至于说“要吸取28年正反两个方面的经验教训，恢复过去的也不对”，这种说法也是十分荒谬的。“文化大革命”前17年，毛主席的无产阶级革命路线在教育战线占主导地位，这是华主席、党中央明确作了结论的。既然占主导地位，就是说17年教育战线的方针、政策、方法，包括招生制度基本上是正确的。那么，正确的东西，为什么不应该恢复？说穿了，这些人实际上是认为，我们现在搞的一系列改革，不是教育革命，而是“复旧”。“四人帮”大搞假左真右，反对搞四个现代化，大肆破坏教育革命，是地地道道的假革命、反革命。而我们实行招生制度等改革，为四个现代化这个最大的政治服务，才是真正的教育革命。不加快培养大批又红又专的人才，极大地提高整个中华民族的科学文化水平，能实现四个现代化吗？能巩固工农联盟，巩固无产阶级专政，建设社会主义，并逐步向共产主义过渡吗？当然，不是说新的招生办法已经十全十美，不需要进一步完善了。任何新生事物总有不够完善的地方，这次招生会议，就是在去年实践的基础上来总结经验，进一步完善高考制度。但总结、完善是不断前进，决不能借此去非难、怀疑正确的改革。

这次招生工作会议热烈讨论的上述几个问题，所涉及的决不只是招生问题或某一地区的问题，而是涉及党的路线、方针、政策的重大原则问题，是事关全局的大是大非问题。围绕着这些问题，与会代表认真学习华主席在五届人大的政府工作报告和邓副主席在这次全教会上的重要讲话，大家着眼于分清路线是非，清理思想，通过充分讨论，摆事实、讲道理，端正方向，进一步提高了执行党的十一大路线和华主席、党中央一系列指示的自觉性。

代表们说，改革招生制度，正是华主席、党中央在新的历史时期，根据党的十一大路线采取的英明决策。离开了新时期的总任务，就不能正确理解新的招生制度。上面这些错误观点，从根本上来说，就是离开了新时期总任务的要求。同时，它也说明，教育战线确实是“四人帮”干扰破坏的“重灾区”，外伤和内伤都十分严重。对“四人帮”在教育战线的流毒和影响，决不能低估。联系教育工作实际，深入揭批“四人帮”，特别是反革命的“两个估计”和种种假左真右的谬论，彻底肃清其流毒和影响，是长期的、艰巨的任务。

与会代表普遍反映，这次招生会议，通过学习、讨论，大有收获。原来有模糊认识的同志也提高了思想认识。大家表示，今后要继续认真学习党的十一大、五届人大、科学大会文件和邓副主席在全教会上的重要讲话，加深理解新时期的总任务，结合教育工作的实际，深入揭批“四人帮”，肃清其流毒，努力搞好今年的招生工作和教育革命。

《人民日报》发表中华书局编辑部的文章《用科学的态度对待历史遗产——〈二十四史〉整理工作的一点体会》

多年来，经广大史学工作者与中华书局编辑部的密切协作，共同努力，毛主席和周总理交代的点校《二十四史》的任务已经胜利完成，《二十四史》点校本现已全部出齐。这是新中国成立以来，我国史学界完成的一项大规模的历史遗产整理工作，在国内外都很有影响。今天，当我们回顾20年来辛勤劳动的艰苦历程，面对这一项巨大工程所获得的成果，我们无比怀念毛主席，无比怀念周总理，我们要在华主席为首的党中央的领导下，总结整理《二十四史》的经验，继续做好整理我国古籍的工作。

（一）

1958年，中华书局开始对3000多卷的《二十四史》组织点校。1959年新中国成立10周年的时候，《史记》作为第一部点校本和读者见面。此后陆续印行了《三国志》《汉书》和《后汉书》。1963年下半年，因感到点校工作分散进行，人力、时间缺乏保证，经中共中央宣传部批准，将担任点校的主要人员调集到北京中华书局，以便全力以赴，从事整理。《二十四史》的整理工作速度大大加快。从1963年年底至1966年上半年两年多的时间里，完成了《南齐书》《陈书》和《周书》的点校付型，《梁书》《北齐书》也基本上定稿。其余各史，也程度不等地作了点校或必要的准备，其中《晋书》《隋书》、新旧《唐书》《旧五代史》《辽史》《明史》都做了大量工作，有的已接近完成。

“文化大革命”开始后，林彪、“四人帮”煽动的“怀疑一切，打倒一切”的反动思潮，特别是“四人帮”推行的文化虚无主义和文化专制主义，使出版工作遭受严重的破坏，也给《二十四史》的整理带来灾难。已出的前四史点校本被打入封、资、修的行列，从书店里消失，更不用说组织力量点校其他各史了。1971年初全国出版会议召开前夕，周总理指示必须改变当时的出版状况，并明确指出《二十四史》还要校点。“四人帮”慌了手脚，姚文元指使他们在上海的党羽罗思鼎组织班子，别有用心地妄图抓旗子，摘桃子，破坏《二十四史》的整理工作。周总理洞察“四人帮”的诡计，1971年4月在一个批示中，决定《二十四史》除已有标点者外，其余各史都由中华书局负责组织，请人标点。并指示由顾颉刚先生总其成。这就给“四人帮”当头一棒。当时负责出版的部门，根据周总理的指示精神写了报告，周总理很快地转呈毛主席，并经毛主席批示“同意”。周总理时常惦记着《二十四史》的整理，同一年中曾在不同场合多次查问整理工作的情况，并作了具体指示。自从毛主席批准的文件下达后，《二十四史》点校工作又恢复了，并在北京、上海两地同时进行，上海负责的几部史书，由上海人民出版社组织史学工作者进行整理，其余各史均由中华书局组织整理，并统一由中华书局出版。

（二）

《二十四史》是我国文化遗产宝库中的一份珍贵历史文献。这部书规模巨大，卷帙浩繁，共计3249卷，约4000万字。这部巨著，用统一的体裁，比较系统、完整地记录了明亡以前有文字可考的几千年的历史。司马迁的《史记》为《二十四史》奠定了基础。它开创的纪传体为《汉书》以下各史所因袭，它的编写方法，也为后代史书所模仿采用。纪传体是在历史编纂学上颇具特色的一种史体，它形式上虽然是以人物为中心，实际上却是兼备众体，除“列传”以外，还有编年记事的“本纪”，专记典章制度的“书”或“志”，以及用来补充纪、志、列传所不能尽详的“表”，纪、志、表、传相互补充，形成一个相当完整的体系。它又具有一定的灵活性，志、表等的门目可以根据时代特点及编者意图加以增减变换。这种史体所以为历代“正史”的作者普遍采用，这是一个重要原因。

尽管这24部“正史”都是用唯心主义历史观写成的史书，各史记述的具体史事，也程度不等地存在着歪曲和隐讳等问题，但是，我们决不可以贬低它的价值和作用。因为它给我们保存了极其丰富的历史资料，记录了我国历史上重大的政治、经济、军事、文化活动，以及历代农民起义的情况和历代人民的生产斗争。至于科学技术的重大发明创造，文艺、学术的源流演变，以至文化典籍的存佚流传，在一部《二十四史》中都有叙述。今天的史学工作者，就是要凭借这些资料，用马克思主义的立场、观点、方法进行分析，探索历史发展的客观规律，作出实事求是的科学论断，为无产阶级革命事业服务。各史对历史人物、历史事件、典章制度的分析评论，我们也不能不分青红皂白，一概简单地斥为唯心史观，不做具体研究。其中也有些意见比较符合客观实际，使我们可以得到启发；或对于某些历史问题提出了不同于前人的论点，反映了史学观点的发展变化。这些都是研究史学思想值得注意的问题。

当然，作为历史研究，单靠一部《二十四史》是不够的，还要充分利用历史上的私人著作，记载当时见闻的笔记，以及文集、石刻等等。这些资料，或可纠正“正史”的歪曲，或可订正它的错误，或可补充它的缺略。但是，这些私人的历史著作，只能补“正史”之不足，不能代替《二十四史》的作用。因为在封建社会中，文化知识为地主阶级所垄断，当时不可能有一部人民群众所写的历史。私人的历史著作，同样是出于封建士大夫之手，它的观点与“正史”相比，并没有本质的区别。再就史料而论，它集中掌握在封建政权手里，除奉命修史的史官而外，一般人很难有机会见到，因而以个人力量要想写一部系统、完整的历史著作，是不大容易做到的。汉代“天下计书”先上太史，《史记》虽是个人著作，也因为司马迁身任史官，才有条件“史记石室金匮之书”，“成一家之言”。唐代以来，随着专制主义中央集权的发展，史料的搜集、整理、保管也更加制度化，更加集中。此后官修的各史，都是以政权的力量，动员了大批人力，凭借着史馆拥有的大量资料编写而成。尽管由于它是官书，又成于众手，存在着这样那样的缺点错误，但就占有材料一点来说，绝非个人所能企及。因此，如果说《二十四史》是研究明代以前历史的基本史料，并不算过分。

（三）

过去的学者选择一部或几部史书加以句读、批校，有不少人做过。但对于整部《二十四史》用统一的体例来标点、分段，并进行全面的校勘，还不曾有过。现代老史学家当中，虽曾有人想做这一工作，但限于力量，未能完成。从这个意义来说，新本的标点、分段工作，确是一个创举。

点校本总的要求是，希望给读者提供一套标点（包括分段）准确、错误最少、便于阅读检查的本子。并力求超过前人，经过不断的修改提高，使它成为定本。我们认为，要达到上述标准，工作上必须严格要求，在对各史原文进行认真研究的基础上，把实事求是的科学态度贯彻到标点、分段、校勘等各个方面、各个环节。为了使这部大书的整理工作大体一致，我们还对标点、分段、校勘等方面规定了统一体例。但各史有它本身的特点，不是一个框框能够硬套的，因此在“大同”的原则下，又允许有些“小异”。

从校勘方面来说，点校本不但荟萃了各本的长处，而且做了“本校”（本书前后互证）和“他校”（相关史书的比较），工作规模远远超过了流传的各本。为了判断史文的是非，对于版本歧异，校勘中发现的矛盾，前人的考订意见，我们还进行了必要的科学的考证。

无论学术研究或文化遗产的整理，都不能不对于已有的研究成果批判地加以总结，否则就会重复别人已做过的事，走些弯路；或失之于陋，人家早已解决的问题，我们还在喋喋不休。从宋朝直到近现代，都有不少人对这些史书做过研究考订，他们的成果或已写成专书，或散见于他们的读书札记，有的是针对某一史的，有的包括几史，甚至《二十四史》的全部。对这些考订意见，我们已吸收了其中属于校勘范围的合理部分。还有些未刊稿，如近人张森楷的“校勘记”（限于十七史，到五代为止，稿本藏南京图书馆），张元济先生主持下所作的各史校勘记录，也都曾采用。此外还参考了一些批校本或某一史的校勘记稿本。

由于进行了认真的、科学的整理，《二十四史》点校本出版以后，受到国内外读者的欢迎。不少人反映，新本解决了许多阅读上的困难，是当前最好的本子。这是广大史学工作者密切协作结出的丰硕果实。先后参加点校的人员，包括中国社会科学院历史研究所、近代史研究所、民族研究所、哲学研究所、中国科学院自然科学史研究所、北京大学、北京师范大学、南开大学、复旦大学、上海师范大学、上海历史研究所、武汉大学、山东大学、西北大学、内蒙古大学、中山大学、吉林大学,以及出版社编辑部等20多个单位的专业人员。他们以严肃认真的态度,勤勤恳恳地工作,往往伏案到深夜。老专家充分发挥了他们的业务专长,其中很多人连续多年全力以赴,为这部大书的整理出版贡献了自己的研究心得和大量心血。原来对古籍整理经验很少的青年同志,在工作中也得到锻炼提高,经过几年的实践,有些人已初步具备了独立工作的能力。集中多数人共同编书、校书,在封建社会中并不少见,而他们拿出来的成果往往是问题百出,不为学者所重视。我们则是在党的领导下,有组织、有计划、有步骤地进行工作,有统一的工作方法和体例,每一史有专人负责,有明确的目的,参加工作的同志又是经过党的多年教育的有社会主义觉悟的知识分子,这就能够充分发挥集体的力量和智慧,克服"成于众手"的缺点。这种大协作,只是在新中国才有可能,它体现了我们社会主义制度的优越性。

（四）

《二十四史》点校本虽已全部和读者见面,但我们的工作并未全部结束。

尽管我们力求以科学的态度从事整理,但是标点、分段、校勘方面的错误缺点,包括点错、误校、漏校、体例不统一、处理不妥当的地方,还是不少。要使它成为定本,还要有一个修改提高的过程。我们恳切希望各方面的读者不断指正,帮助我们提高它的质量,以便渐趋完善。

"四人帮"散布的"儒法斗争"的谬论,给点校本带来恶劣影响。这在后期出版的几部史书的"出版说明"中,有程度不同的反映。有些出版说明,虽没有谈所谓的"儒法斗争",但分析批判历史观部分,或没有抓住主流,或仅就某一点来发挥,不大符合客观实际。缺乏全面深入的分析,流于一般化,是比较普遍存在的问题。此外,读者很希望了解有关各史的具体知识,有些出版说明这方面的介绍却不够,已有同志对此提出意见,这一批评是正确的。今后各史修改重印时,要对出版说明重行研究审查。首先要肃清"四人帮"的流毒和影响,同时还要加强它的科学性。

《二十四史》既是研究明代以前历史的基本史料,还应当为史学工作者检查利用其中的资料提供方便。因此,编制各种类型的索引,是刻不容缓的工作。目前正在编制的是各史的人名索引,其中《史记》和《晋书》的人名索引已经印出。地名索引也已着手进行。今后还要陆续编制制度名物和史事索引,等等,以便读者从不同角度检查自己所需要的材料。现在的工具书远远不能满足要求,在编制新索引的同时,还可以有选择地重印一些过去出版的索引。

前人关于《二十四史》的研究,给我们留下了丰富的遗产。有关校勘的虽已为点校本基本上吸取,但还有很多校勘以外的成果,点校本限于体例,无法容纳。这主要是考订史实之作和补志、补表一类的资料书。这些书在史料上解决了不少问题,对研究工作者很有参考价值。我们计划选择其中质量较高、作用较大的,汇编为《二十四史研究资料丛书》,陆续出版。

《二十四史》篇幅很大,点校本没有注释,一般人阅读仍有困难。同时,除专业人员外,也没有必要对某一史全部通读。因此,根据广大读者的要求,我们还想组织编选一些选注本,供干部、中学教师和青年同志阅读参考。

我们期待着广大读者给我们提出更多的具体建议。在华主席为首的党中央的亲切关怀下,我们有决心、有信心把这项整理工作进行下去,使之日臻完善,为我国文化建设事业作出应有的贡献。

5月25日

中共中央副主席邓小平 汪东兴在人民大会堂接见西藏妇联干部学习参观团

中共中央副主席、国务院副总理、政协全国委员会主席邓小平,中共中央副主席汪东兴,接见了西藏自治区妇联干部学习参观团、中央民族学院干部训练班学员、北京医学院少数民族学员。

中共中央政治局委员、人大常委会副委员长、中共中央统战部部长乌兰夫,人大常委会副委员长、全国妇联主任蔡畅,人大常委会副委员长、全国妇联副主任邓颖超,政协全国委员会副主席、全国妇联副主任康克清,政协全国委员会副主席杨静仁,参加了接见。

国务院在人民大会堂举行宴会欢迎莫桑比克解放阵线主席 莫桑比克人民共和国总统萨莫拉·莫伊塞斯·马谢尔以及由他率领的莫桑比克党政代表团

中华人民共和国和阿曼苏丹国建立外交关系的联合公报

中华人民共和国政府和阿曼苏丹国政府决定自1978年5月25日起建立大使级外交关系并互派大使。

中华人民共和国政府坚决支持阿曼苏丹国政府维护民族独立、发展民族经济的正义事业。

阿曼苏丹国政府承认中华人民共和国政府是代表全中国人民的唯一合法政府。

两国政府同意在互相尊重国家主权和领土完整、互不侵犯、互不干涉内政、平等互利、和平共处的原则基础上发展两国之间的友好和合作关系。

中华人民共和国政府代表　阿曼苏丹国政府代表
褚启元　纳赛尔·赛夫·布阿里
1978年5月25日于伦敦

全国人大常委会副委员长廖承志在北京会见以井上靖为团长的日本作家代表团

国务院副总理康世恩在北京会见以日本经济同友会代表干事佐佐木直为团长的日本经济同友会访华团

中澳植物组织培养学术讨论会在北京举行

中澳植物组织培养学术讨论会5月25日至30日在北京举行。澳大利亚和加拿大、德意志联邦共和国、芬兰、法国、日本、朝鲜民主主义人民共和国、罗马尼亚、英国的16位植物组织培养学者参加了这一国际学术活动。

中澳植物组织培养学术讨论会的会场——北京科学会堂报告厅里,连日来充满了热烈讨论的学术空气和各国科学家之间团结友好的情谊。40名中国科学家,同远涉重洋来到中国的澳大利亚和加拿大、德意志联邦共和国、芬兰、法国、日本、朝鲜、罗马尼亚、英国的16位著名植物组织培养学者,欢聚一堂,相互切磋。科学家们在这里宣读了50多篇关于花药培养和单倍体育种、原生质体培养和细胞杂交、组织培养的学术论文,进行了大组讨论和分组座谈。大家各抒己见,探讨植物组织培养研究方面共同关心的问题,积极交流学术见解和研究工作经验,为推动植物组织培养这门年轻科学的发展,作出了共同的努力。

近20年来,世界上关于植物组织培养的研究有了突飞猛进的发展。中外科学家在讨论会上报告了各方面研究工作的新成就,并对遇到的问题进行了讨论。

在花药培养和单倍体育种方面,我国首先育成了一批水稻、小麦、烟草、茄子的新品种,培养出了20多种农作物、经济作物,特别是玉米和三叶橡胶的花粉植株;同时研制成功了合成培养基"氮六"和马铃薯简化培养基。法国的尼斯奇博士进行离体花粉培养,英国的森德兰博士进行花药液体培养,都获得了成绩。朝鲜在这方面的工作也取得了成就。我国科学家胡含和法国的尼斯奇、英国的森德兰等关于这方面成就的报告,引起了与会科学家的很大兴趣和关注。对于原生质体培养和细胞杂交的研究,加拿大的甘博格教授报告说,他得到了烟草和马铃薯的体细胞杂种,而西德的麦尔彻斯教授,获得了马铃薯和番茄的杂种。这两项新成果,引起了各国科学家的重视。此外,加拿大的高国楠博士系统地介绍了原生质体融合方面的研究结果。英国的柯京教授对细胞杂交的现状和应用前景,作了全面、客观而冷静的分析。关于组织培养的研究,澳大利亚的福索德博士等介绍了用组织培养方法大量繁殖经济植物的设备和技术。日本山田康之教授用生理生化方法研究组织分化的机理、芬兰的蒂基尔斯德特教授用凝胶电分析单倍体组织的同工酶,工作都做得比较深入。罗马尼亚年轻科学家列格鲁基乌的工作也有一定的水平。

在报告以上成就的同时,各国科学家对植物组织培养方面遇到的一些共同问题,进行了讨论研究。

讨论会决定,今年8月将出版这次学术讨论会的论文集。

讨论会开幕前,中国遗传学会曾邀请前来参加学术讨论会的一些外国科学家作学术报告。讨论会期间,每天都有很多的中国科研人员和教师到会听学术报告。参加学术讨论会的中国科学家,还抓紧会余时间同外国科学家进行了不拘形式的小型对口交流活动。

中澳植物组织培养学术讨论会闭幕以后,外国科学家们还将在北京和上海、杭州、桂林、南宁、广州等地进行科学考察。

1978年北京国际排球友好邀请赛在首都体育馆闭幕

国务院副总理陈锡联观看了比赛,并会见了前来参观邀请赛的国际排球联合会副主席、亚洲排球联合会主席前田丰的夫人,参加邀请赛的巴西排球代表团团长卡·阿·努兹曼,加拿大排球代表团团长拉·格雷尼姆,日本排球代表团团长出町丰,墨西哥排球代表团团长伊·乌·希门尼斯,中国女子排球队领队公元弟。

获得邀请赛男排第一至第五名的是:日本队、中国队、中国江苏队、巴西队、加拿大队;获得邀请赛女排第一至第五名的是:中国队、日本队、中国四川队、加拿大队、墨西哥队。

比赛结束后举行了闭幕式。

组委会主任张之槐在闭幕式上讲了话。他说,这次邀请赛在各国代表团团长、教练、运动员以及裁判员的共同努力下,取得了圆满成功,它为增进各国人民和运动员之间的友谊,推动各国排球运动的发展和提高,作出了贡献。我们相处的日子尽管是短暂的,但结下的友谊却是难忘的。我们培育的友谊之花必将开得更加绚丽多彩。

接着,组委会向参加邀请赛的男女各队分别发了奖。

5月26日

国务院副总理李先念 耿飚在北京与莫桑比克人民共和国总统萨莫拉·莫伊塞斯·马谢尔举行会谈

国务院侨办发言人表示我国政府已经决定派船前往越南接运被迫害的华侨回国

"西柏坡革命纪念馆"在河北省平山县西柏坡开馆

党中央旧址，毛主席和他的亲密战友周恩来总理、朱德总司令等中央领导同志在西柏坡的旧居也同时开放。

"西柏坡革命纪念馆"坐落在柏坡岭东山坡上。它的正门上方镶嵌着华主席亲笔写的馆名"西柏坡革命纪念馆"8个金色大字。馆内设8个展室，共展出250多幅照片和190件珍贵的革命文物，同时配有绘画、雕塑和图表，系统地介绍了毛主席、周总理和朱总司令等中央领导同志在西柏坡的伟大革命实践活动。

5月26日，是毛主席、党中央由陕北东渡黄河，经晋绥解放区来到西柏坡30周年纪念日。这一天，中共河北省委、省革委以及当地党政军负责人和各界群众代表2000多人，在西柏坡隆重举行"西柏坡革命纪念馆"开馆仪式。

毛主席、党中央是在1948年，中国革命处于伟大战略转折的重要关头来到西柏坡的。毛主席在他的亲密战友周恩来、朱德同志的协助下，亲自部署、组织和指挥了辽沈、淮海、平津三大战役，取得了打败国民党反动派的决定性胜利。在这里，毛主席写下了许多光辉著作，给我们留下了极其宝贵的革命财富。在这里，毛主席还亲自主持召开了具有深远历史意义的党的七届二中全会，提出了我国由新民主主义革命转变为社会主义革命的路线、方针和政策，为我国的社会主义革命和社会主义建设指明了道路，描绘了新中国诞生后的宏伟蓝图。毛主席、党中央在这里住了10个多月，当时这里成为中国革命的领导中心。

5月27日

国务院副总理邓小平在北京会见莫桑比克人民共和国总统萨莫拉·莫伊塞斯·马谢尔

《人民日报》发表特约评论员文章《领导者要做领导工作》

在全国人民向建设社会主义现代化强国全面进军的重要时刻，华主席及时向各级领导机关和领导干部发出号召："要善于适应社会主义现代化事业发展的要求，改进领导方法、工作方法。"

粉碎"四人帮"以来，各级领导机关和领导干部在大力肃清"四人帮"的流毒和影响的同时，认真恢复和发扬党的优良传统和作风，注意改进领导方法、工作方法，成效是显著的。许多地区、部门和单位的领导干部，在工作中方向明，决心大，方法对，打开了局面，作出了成绩。但是，也有一些领导干部做得不那么好，他们在工作中不得其"法"，仍然处于被动的状态。

当前，值得注意的一个问题是，有些担负主要领导责任的同志，在工作中颠倒了领导和被领导的关系，自觉或不自觉地放弃了一个领导者应尽的职责。一些本来应该由他们亲自抓的大政方针问题，如对路线、政策的贯彻落实，重大理论问题的学习研究，工作计划、规章制度的制定和对执行情况的检查督促，重要文件和工作报告的起草，以及对全面情况的掌握和分析研究等等，他们很少考虑，或者让别人代劳，"大权旁落"；而一些本来应该由职能部门的负责人或者秘书等其他工作人员去做的工作，却又都揽在自己手里，把自己的主要精力和大部分时间几乎都用在处理和应付各种各样的日常事务上，"事必躬亲"。只见树木，不见森林，是这些同志工作中的一个通病。至于认真读书学习，就更无从谈起了。

要抓主要矛盾

各级领导干部，特别是第一把手，是运筹全局的组织者和指挥者，他们的领导方法、工作方法如何，对整个工作具有举足轻重的影响。毛主席曾经教导我们说："任何一级的首长，应当把自己注意的重心，放在那些对于他所指挥的全局说来最重要最有决定意义的问题或动作上，而不应当放在其他的问题或动作上。"（《毛泽东选集》第1卷，第169页）这就是说，作为一个领导者，应当注意抓主要矛盾，想问题要想在根本上，抓工作要抓在要害处。只有抓住了主要矛盾，其他问题才可能迎刃而解，才能取得领导的主动权。至于什么是主要矛盾，什么是对全局最重要最有决定意义的大事，那要从实际出发，按照具体情况的发展变化去确定，不能"想当然"地主观臆断。任何一级领导干部，在工作中必须十分重视处理好部分和全局、眼前和长远的关系，不但要看到部分，而且要着眼于全局；不但要看到眼前，还要预见到将来。如果忘记全局，只看到鼻子尖下面一件件具体事情，或者丢了主要问题，只去忙一些次要问题，东抓一把，西抓一把，来了什么抓什么，是决不可能做好领导工作的，就如同毛主席说的那样："没有全局在胸，是不会真的投下一着好棋子的。"（《毛泽东选集》第1卷，第216页）

是不是领导干部就可以不关心、不过问小事情，可以不做具体工作呢？当然不是。一个好的领导者，不仅要经常考虑事关全局的大问题，也要善于观察对全局有影响的小事情，做一些必要的具体工作。但是，必须明确，这样做的目的，一是掌握情况，发现问题；一是通过一点，取得经验。这是为了更好地抓大事，加强对全局的领导，而不是削弱这种领导。这也就是我们常说的“大处着眼，小处着手”。不接触实际，只浮在上面发号施令，搞大而化之的空头领导，当然是错误的；但是只埋头处理具体事务，不看形势，不想问题，不抓大事，那是本末倒置，也是不对的。

具有革命的远见和革命的胆略，善于在纷繁复杂的工作中准确地抓住整个链条中的决定性环节，及时发现萌芽状态中的新事物和新问题，是一个领导干部应有的优良作风。如果只满足于抓一些具体工作，或者让一些日常琐事把自己缠住，整天陷在事务圈子里就事论事，长此下去，必然目光短浅，感觉迟钝，看不到我们事业的光辉前景，丧失对新鲜事物的敏感，成为一个故步自封的庸人。这样去领导一个地区、一个部门、一个单位，路子必然越走越窄，处境必然越来越被动，甚至迷失方向，误入歧途，那是十分危险的。一个统率全局的领导者，不善于高瞻远瞩，深思熟虑，又怎能经常保持清醒的头脑，使自己在工作中避免盲目性而不犯错误呢！

要善于发挥干部的积极性

领导干部应当善于发挥被领导干部的积极性、主动性。如果只有领导干部的积极性，而无广大干部和群众的积极性，那就势必要唱“独角戏”，又怎么能演出有声有色的好戏呢？几个人的空忙是什么事情也办不好的。

毛主席说：“领导者的责任，归结起来，主要地是出主意、用干部两件事。”（《毛泽东选集》第2卷，第515页）这就明确告诉我们，领导者应当善于使我们的每一项工作，每一个斗争，不但领导者要懂得，而且被领导者也都能懂得，都能掌握；还应当善于充分发挥职能部门的作用，团结广大干部，推动他们去工作，最大限度地挖掘和运用自己领导部门的一切潜力。如果一个领导者不能使自己所率领的干部各得其所，各执其事，做到人尽其才，才尽其用，就不能尽到一个领导者的责任，不能很好发挥自己的领导作用，也锻炼、培养不了干部。

“大权独揽，小权分散，党委决定，各方去办”，是我们党实行领导的正确原则。对领导干部来说，该集中的不集中是失职，该分散的不分散是包办，这在处理上下级关系中，都是不应该的。有些领导干部老是习惯于把一些具体工作揽在自己身上，不放心让下面去做，惟恐下面做不好，反给自己招来麻烦。也有不少领导干部不敢严格要求下级，当下级把矛盾上交时，往往“逆来顺受”，去处理那些本来应该由下级负责解决的问题。不论是前者还是后者，都是没有牢固树立群众观点和不善于走群众路线的表现。这样做的结果，尽管费尽气力，到头来还是弄得自己分身乏术，上下交困，工作做不好，群众有意见，十分被动。不改变这种状况，就会在我们的领导工作中助长主观主义和官僚主义，就会给工作造成许多混乱，就会削弱党的领导，损害我们的事业。

把领导水平提到新的高度

毛主席历来重视提高和改进领导方法、工作方法的问题，早在抗日战争时期，就在中央关于领导方法的决定中强调指出：“为了反对主观主义的和官僚主义的领导方法，必须广泛地深入地提倡马克思主义的科学的领导方法。”（《毛泽东选集》第3卷，第904页）新中国成立以后，在“大跃进”的1958年，毛主席又一次指出：我们现在的主要目的，是想在工作方法方面求得一个进步，以适应已经改变了的政治情况的需要。现在，我国已经进入社会主义革命和社会主义建设的新的发展时期，华主席及时提出改进领导方法、工作方法的问题，意义十分重大。各级领导机关和领导干部必须十分重视这个问题，努力提高政治觉悟，提高领导艺术，切实掌握好马克思主义的科学方法，把自己的领导水平提到一个新的高度。

领导干部，特别是第一把手，是当“班长”的，要想把这个班带好，不可缺少的一条是，既要能务实，又要能务虚。只会务实，不会务虚，这个班长是怎么也当不好的。只有那些既能动脑筋想问题，又能埋头苦干的人，既有一定马列主义水平，又努力精通业务的人，就是说善于虚实并举的人，才能成为一个合格的领导干部，才能当好“班长”。

我们的各级领导干部一定要清醒地认识到，我们正面临着一场极其深刻的革命，形势发展很快，无论是广大干部和群众日益增长的社会主义积极性，还是政治、经济、军事、文化和科学技术各个部门日益复杂的新任务、新问题，都在对我们的领导工作提出更高的要求。完成新任务，解决新问题，就要有新本领。在新的长征路上，仍想完全按照自己习惯的那一套去办事，是无论如何也做不好工作的。我们一定要像华主席要求的那样，“必须刻苦学习，善于学习，努力接受新事物，研究新问题，以适应新的形势和任务”。我们一定要在肃清“四人帮”流毒和影响的斗争中，在认真总结正反两个方面的经验的基础上，使我们在思想上、作风上和领导方法、工作方法上有一个新的提高和改进。

国务院副总理李先念 耿飚在北京与莫桑比克人民共和国总统萨莫拉·莫伊塞斯·马谢尔继续举行会谈

国务院副总理康世恩在北京会见由英国英格兰北部发展委员会主席格莱纳马拉勋爵率领的英格兰北部发展委员会代表团

解放军总政治部发出通知决定于今冬明春在北京召开全军学雷锋 学硬骨头六连 学空军航空兵一师先进代表大会

通知说,计划召开这次大会是经中共中央军委批准的。大会的任务是:高举毛主席的伟大旗帜,贯彻执行党的十一大路线、五届人大精神和军委的方针任务,深入揭批"四人帮",总结交流经验,表彰先进,把学雷锋、学硬骨头六连和学空军航空兵一师的"三学"群众运动推向一个新的阶段,进一步调动全军指战员的革命积极性,加速我军革命化现代化建设,为实现新时期的总任务而奋斗。

通知指出,雷锋、硬骨头六连和空军航空兵一师这三个典型,是贯彻执行毛主席建军路线、继承和发扬我军优良传统的模范,体现了我军建设的方向。广泛开展学习这三个先进典型的群众运动,是在我军建设的新时期,在新的历史条件下,按照毛主席的建军路线和我军的优良传统作风,以革命化带动现代化,提高部队战斗力,落实抓纲治军、准备打仗各项战斗任务的重大措施。如果广大指战员都像雷锋那样,连队都像硬骨头六连那样,团以上领导班子都像空军航空兵一师党委那样,就会把我军的军政素质提高到一个新的水平。

通知说,学雷锋和学硬骨头六连的群众运动,充满着激烈的两条路线斗争。早在 1963 年,伟大领袖和导师毛主席就号召我们"向雷锋同志学习"。1964 年,中央军委又号召学习硬骨头六连。但是,林彪、"四人帮"竭力进行干扰破坏,妄图砍倒这两面红旗。以华主席为首的党中央粉碎"四人帮"以后,提出了抓纲治国的战略决策,在全军进一步发动学雷锋、学硬骨头六连的群众运动,同时,又发出了向空军航空兵一师学习的号召,使全军指战员、所有的连队和团以上领导班子都有了学习的榜样。全军上下迅速掀起了"三学"的群众运动,取得了抓纲治军初见成效的可喜成果。

通知指出,参加这次大会的代表,要以"三学"的先进个人和先进单位的代表为主,也要有保持和发扬荣誉的老英雄、老模范、老典型的代表,还要有师以上单位的主要领导干部的代表。代表一定是在政治、思想、工作、作风上表现好,受到群众拥护的同志。各单位要认真调查研究,做好大会代表的评选工作。向大会推荐的典型要选准,材料要事实准确,经验实在,坚决杜绝说大话,说空话,说假话。

通知说,召开"三学"先进代表大会,是我军建设上的一件大事。要充分发动群众,把大会的准备过程,作为继续深入开展"三学"群众运动的过程。各部队要认真分析一下形势,检查一下"三学"群众运动究竟开展得怎么样?领导抓得紧不紧?进步的速度快不快?工作质量高不高?要继续加深对"三学"群众运动重大意义的认识,克服思想障碍,切实解决好学还是不学,真学还是假学的问题。我们必须振奋革命精神,鼓足革命干劲,迅速掀起比学赶帮超的新高潮,看谁对加速我军革命化现代化建设贡献大。各级领导干部要以身作则,大力改进领导作风,深入下去,抓好典型,搞好传帮带。各级党委要制定开展"三学"群众运动的具体规划,反复检查,狠抓落实,坚决反对弄虚作假。

通知要求全体指战员团结一致,奋发图强,以只争朝夕的革命精神,尽快地把各项工作搞上去,认真做好反侵略战争和解放台湾的准备。通知要求以优异的成绩,迎接全军学雷锋、学硬骨头六连、学空军航空兵一师先进代表大会的胜利召开。

中国文学艺术界联合会第三届全国委员会第三次扩大会议在北京举行

会议于 5 月 27 日至 6 月 5 日举行。会议宣布中国文学艺术界联合会、中国作家协会、中国戏剧家协会、中国音乐家协会、中国电影工作者协会和中国舞蹈工作者协会正式恢复工作。《文艺报》立即复刊。中国美术家协会、中国曲艺工作者协会、中国民间文学研究会和中国摄影学会也将陆续恢复工作。

参加会议的有文联第三届全国委员会委员,各省、自治区、直辖市和人民解放军的代表,在北京的文艺部门的负责人和文艺界各方面的代表,以及台湾省籍、港澳代表共 340 多人。他们当中有成就卓著的老一辈作家艺术家,有长期坚持党的革命文艺路线的文艺领导干部和文艺工作者,也有在社会主义革命和建设中,在"文化大革命"中战斗成长的年青一代的文艺战士。

中共中央政治局委员、人大常委会副委员长乌兰夫同志代表中央到会看望了全体代表,并在会上作了重要指示。

中央宣传部部长张平化,副部长黄镇、朱穆之、张香山、廖井丹,文化部副部长刘复之、周巍峙、贺敬之、王阑西,对外友协以及首都新闻出版等单位的负责人王炳南、曾涛、熊复、秦川、杨西光、王匡、栗树彬等同志出席了开幕、闭幕式。

全国文联副主席茅盾、周扬、傅钟、巴金、夏衍出席了大会。

这次会议由恢复文联各协会筹备小组组长林默涵，副组长张光年、冯牧主持。

在团幕大会上，张平化作了重要讲话。

中国文联副主席茅盾致开幕词。他宣布了这次会议的任务后强调说，全国文联、作家协会及其他协会和各地分会恢复工作以后，一定要采取切实有效的措施，把各种文艺创作推动起来，把组织文艺作者深入生活的大事抓起来，把繁荣文艺创作和培养新生力量的长远规划制定出来，促其逐步实现。

全国文联主席郭沫若在书面发言中热烈祝贺这次会议的胜利召开。

黄镇代表中共中央宣传部在大会上作了题为《在毛主席革命文艺路线指引下，为繁荣社会主义文艺创作而奋斗》的重要讲话。

会议期间，代表们畅所欲言，各抒己见，对黄镇等同志的重要讲话进行了热烈的讨论，并就全国文联、各协会和省、自治区、直辖市的文联、各协会今后一个时期的工作任务，以及对调整党的文艺政策、促进创作繁荣、作家深入生活、培养新生力量等问题进行深入讨论，发表了许多好的意见。

在会上作了发言和书面发言的有：刘白羽、曹禺、欧阳山、张天翼、吕骥、贺绿汀、冯至、周立波、艾芜、姚雪垠、臧克家、蔡若虹、袁文殊、陶纯、布赫、康巴尔汗、袁雪芬、陈书舫、方纪、徐迟、张庚、金山、赵寻、吴晓邦、胡洁青、丁是娥、徐丽仙、黄钢、草明、阮章竞、雷加、赖少其、严文井、李何林、常书鸿、康濯、马烽、黄胄、黄永玉、杜埃、侯宝林、李春光、于黑丁、陈登科、陈播、李准、戴爱莲、王碧云、时乐蒙、钱俊瑞、李焕之、缪天瑞、贾芝、胡采、吴组缃、刘肖芜、徐肖冰、韦君宜、刘知侠、钟敬文等。

参加会议的文艺界知名人士有：冯乃超、成仿吾、徐平羽、吴作人、李伯钊、魏传统、沙汀、陈荒煤、任白戈、赵朴初、谢冰心、于伶、王朝闻、李季、吴强、梁斌、王汶石、司徒慧敏、吴雪、周而复、林林、唐韬、张骏祥、杨沫、沈西蒙、马彦祥、赵丹、赵燕侠、彭俐侬、潘凤霞、李世济、陈伯华、尹羲、关肃霜、李和曾、杜近芳、白杨、李桂云、高盛麟、常香玉、才旦卓玛、筱文艳、崔嵬、曲波、玛拉沁夫、秦牧、叶君健、赵沨、孔罗荪、李进、马加、华君武、李苦禅、黄新波、朱光潜、魏巍、曾克、胡青坡、董速、李少言、田间、朱子奇、林淡秋、陈残云、古元、周传瑛、夏菊花、高元钧、于兰、王苹、吴楚帆、廖一原、峻青、张僖、韩起祥、骆玉笙、关山月、蒋兆和、汪洋、孙瑜、沈浮、陈鲤庭、钱筱璋、延泽民、特伟、蔡尚雄、丁善德、王玉珍、林丽芳、刘诗昆、严良坤、杨荫浏、郑奕奏、朱丹、石鲁、骆文、金紫光、彦涵、林辰、杨益言、管桦、黄药眠等。

在热烈的掌声中，大会通过了《中国文学艺术界联合会第三届全国委员会第三次扩大会议的决议》。决议指出，我们一定要把当前的恢复工作搞好，使文联和各协会成为具有新面貌、新作风的战斗的文艺团体，成为党在文艺战线上的有力助手。

会议决定在明年适当的时候，召开中国文学艺术工作者第四次全国代表大会。

文化部部长黄镇在中国文学艺术界联合会第三届全国委员会第三次扩大会议上的讲话

同志们！

这次中国文学艺术界联合会全国委员会扩大会议，是在我国人民抓纲治国取得伟大胜利的形势下，在纪念伟大导师毛主席的光辉著作《在延安文艺座谈会上的讲话》发表36周年的重要时刻召开的。这是粉碎“四人帮”以后，文艺界举行的第一个全国性的会议。根据华主席、党中央的批示，这次会上正式宣布中国文学艺术界联合会、中国作家协会恢复活动，并就中国戏剧家协会、中国音乐家协会、中国美术家协会、中国电影工作者协会、中国曲艺工作者协会、中国舞蹈工作者协会、中国民间文艺研究会和中国摄影学会逐步恢复活动问题交换意见，促其早日实现。同志们代表全国文艺界的共同意志，决心高举毛主席的伟大旗帜，高举毛泽东文艺思想的伟大旗帜，深入揭批“四人帮”祸国殃民、摧残革命文艺事业的滔天罪行。会议还要就文艺工作者深入生活，反映工农兵群众的火热斗争，促进百花齐放、百家争鸣，培养文学艺术的新生力量以及召开中国文学艺术工作者第四次代表大会等问题进行讨论。这是十分必要的。发展社会主义的文学艺术事业，是全党全国人民共同关心的大事。我代表中共中央宣传部，向文艺界同志们表示热烈的祝贺。

全国文联和各个协会，是在毛主席、党中央的英明领导下，在周总理的亲切关怀下建立起来的。全国文联是全国文学艺术团体的联合组织。中国作家协会及其他协会，是文艺界各部门的专业性团体。它们都是全国性的从事革命文艺工作的人民团体，是党在文艺战线不可缺少的助手。全国文联、各省区市文联、各个协会及其各地分会成立以来，在毛主席革命路线指引下，团结广大文艺工作者，积极参加社会主义革命和社会主义建设的伟大斗争，包括文艺战线上历次重大斗争，帮助文艺工作者学习马列主义、毛泽东思想，深入群众生活，改造世界观，发展社会主义的文艺创作，培养文学艺术的新生力量，开展国际间的文化交流，做了不少有益的工作，为无产阶级革命事业作出了贡献。在“文化大革命”以前的17年中，尽管文艺界也曾受到修正主义路线的干扰，但毛主席的革命路线始终占主导地位。文艺工作的成绩是很大的,是任何人抹杀不了的。

毛主席历来十分重视文学艺术的巨大社会作用,亲自发动和领导了文艺战线的历次重大斗争,谆谆教诲文艺工作者深入生活,同工农兵群众相结合。每当文艺界作出成绩的时候,毛主席总是热情支持和赞扬;每当文艺界遇到困难的时候,毛主席总是亲切关怀和指引;每当文艺工作发生错误的时候,毛主席就给予严肃的批评。1963年和1964年,针对修正主义路线对文艺工作的严重干扰,针对文联和协会领导工作中的错误,发出了关于文艺工作的两次重要批示,向文艺界敲起了警钟。这是对文艺战线和全体文艺工作者的最大爱护和鞭策。文艺界遵照毛主席的指示,检查了工作,整顿了思想作风,许多文艺工作者积极投身社会主义教育运动,力求在群众斗争中加强锻炼,改正错误,发扬成绩。1966年,毛主席亲自发动了史无前例的无产阶级"文化大革命",广大文艺工作者积极拥护这场大革命。他们响应毛主席的号召,起来揭发修正主义路线的罪行。林彪和"四人帮"却别有用心,趁机干扰和破坏无产阶级"文化大革命",残酷镇压革命文艺工作者。但是,文艺工作者并没有被压倒,并没有丧失信心。他们利用一切可能,加强马列主义的思想武装。他们在毛主席、周总理及其他无产阶级革命家的大力支持下,曾向"四人帮"进行针锋相对的斗争,关于电影《创业》和《海霞》的斗争,关于湘剧《园丁之歌》的斗争,关于纪念人民音乐家聂耳、冼星海的斗争,就是最显著的事例。文艺工作者要牢牢记取毛主席自延安文艺座谈会以来、新中国成立28年以来的一系列重要指示,完整地、准确地领会毛主席的文艺思想,总结正反两方面的经验教训,坚持毛主席的革命路线,在当前社会主义革命和社会主义建设的新时期发挥更大的作用。

王张江姚"四人帮"是社会主义革命和建设的死敌,是马克思列宁主义、毛泽东思想的死敌,也是社会主义文学艺术事业的死敌。他们肆意篡改毛主席的文艺路线和文艺政策,肆意歪曲毛主席关于文艺工作的重要批示。叛徒江青同卖国贼林彪、叛徒陈伯达、国民党特务张春桥等人相勾结,炮制了"文艺黑线专政"论,全盘否定我国"五四"以来和新中国成立以来文学艺术的光辉成就,把大量的优秀作品打成"毒草",把大批的文艺工作干部和文艺工作者打成"黑线人物"、"叛徒"、"特务"、"现行反革命",许多好同志受到他们的政治陷害和残酷打击,许多作家艺术家被他们整病了,整成残废了,甚至被他们迫害致死了!他们"砸烂"全国文联、作家协会、各文艺协会及全国各地的分会,查禁全国各地的文艺刊物,摧残工农兵群众业余的文艺活动,压制文学艺术的新生力量,肆无忌惮地用他们那些反动谬论和反动文艺毒害人民,毒害青年一代。"四人帮"的法西斯文化专制主义,使我国的社会主义文艺事业遭到空前浩劫。他们这样干,其目的当然不只是要破坏社会主义的文艺事业。他们妄图从文艺界打开缺口,把毛主席领导的社会主义革命和建设的各条战线都诬蔑为"黑线专政",以实现他们打倒一切、篡党夺权、复辟资本主义的罪恶阴谋。在座的文联和各协会的许多同志们,还有各地文艺界的许多同志们,在"四人帮"横行霸道的那些年月里,你们受了苦,受了压,受了冤屈,但是你们顶住了"四人帮"的淫威,经受了严峻的考验。毛主席革命路线的光辉,始终照耀着和激励着文艺工作者,我国社会主义文艺队伍在斗争中锻炼得更加坚强了。

粉碎"四人帮"一年多来,文艺界在华主席、党中央的亲切关怀和领导下,拨乱反正,呈现出令人鼓舞的新气象。揭批"四人帮"的伟大斗争正在深入;资产阶级帮派体系基本上瓦解;他们强加于文艺界的种种罪名已被推翻;他们制造的许多冤案错案已经昭雪平反或正在得到昭雪平反;他们散布的流毒正在受到严正的批判;长期被"四人帮"禁锢的优秀作品已经相继重新出版、上映、演出和展出。广大文艺工作者精神振奋,斗志昂扬。各种文艺形式的新创作都有了一批好的或较好的成果。文学艺术的新生力量不断涌现。群众性的文艺活动逐步活跃起来。总之,在全国人民抓纲治国的胜利进军中,文学艺术战线也取得了初步成效。这是十分可喜可贺的。

华主席和党中央对文学艺术工作非常关心和重视。华主席在党的十一大报告中,在五届人大第一次会议的政府工作报告中,对文艺工作作了极为重要的指示。去年12月,还为《人民文学》作了重要题词:"坚持毛主席的革命文艺路线,贯彻执行百花齐放、百家争鸣的方针,为繁荣社会主义文艺创造而奋斗。"华主席的指示和题词是对全国文艺工作者的伟大号召,是我们当前和今后开展文艺工作的指针,我们要深入学习,认真贯彻。不久以前,华主席、党中央又指示迅速恢复全国文联和各个协会的活动。这充分体现了党对我们文艺工作的支持和爱护,充分反映了人民群众和广大文艺工作者的心愿,得到文艺界和人民群众的热烈拥护。我们相信,文艺界的同志们决不会辜负华主席、党中央的殷切期望,把当前的恢复工作搞好,把今后的各项工作搞好,使文学艺术工作来一个新的跃进,出现一个新的更加生气勃勃的局面。

我在这里谈几点意见,供同志们参考:

一、文艺界当前和今后一个时期的头等大事,仍然是高举毛主席的伟大旗帜,把揭批"四人帮"的斗争进行到底,在斗争中全面地贯彻执行毛主席的革命文艺路线,贯彻执行文艺为工农兵、为无产阶级政治服务的方向。

我们要再接再厉,彻底粉碎“四人帮”的帮派体系,不留后患。凡是同“四人帮”阴谋活动有牵连的人和事,必须迅速查清;凡是冤案错案还没有昭雪平反的,必须尽快解决;凡是至今还有人捂盖子的地方或单位,必须把盖子彻底揭开。同时要花很大的功夫,下很大的力气,准备用较长的时间,打好揭批“四人帮”的第三战役,进一步从路线上、思想上、理论上分清是非。这个艰巨任务,我们必须完成。“四人帮”是一伙惯于以极“左”的面貌推行极右路线的假马克思主义政治骗子。他们炮制的“文艺黑线专政”论以及后来抛出的“三突出”创作公式,打着“写走资派”的幌子,诬蔑中央和地方的大批革命领导干部等等反动言论,处处同毛主席的文艺路线、同党的文艺方针、政策唱反调,同毛主席《在延安文艺座谈会上的讲话》相对立。他们肆意颠倒敌我关系,妄图取消革命文艺团结人民、教育人民、打击敌人、消灭敌人的根本任务。他们割断文艺工作者同工农兵群众的联系,不准深入生活,以种种借口反对革命文艺真实地反映人民生活,反对文艺的政治性和真实性的完全一致。他们反对形象思维的艺术规律,歪曲、篡改革命现实主义和革命浪漫主义相结合的创作方法。他们违反毛主席的谆谆教导,全盘否定革命文艺的光荣传统,疯狂破坏文艺界的统一战线。他们提倡阴谋文艺,更是赤裸裸地使文艺为他们篡党夺权的反革命阴谋服务,彻底背叛了文艺为工农兵服务的政治方向。他们同毛主席的文艺思想背道而驰,提出了一系列的假“左”真右的反动谬论,作为他们在文艺界实行文化专制主义的理论根据。这些谬论虽然极为荒唐,不成体统,但其流毒和影响是不能低估的。不彻底剥掉他们的“左派”伪装,不彻底揭穿“文艺黑线专政”论的反动实质,不把他们那套篡改文艺的工农兵方向、违反艺术创作规律的反马克思主义谬论全部批深批透,不把他们推行文化专制主义的一切棍子帽子统统打掉,毛主席的文艺路线和文艺政策就不可能真正得到贯彻执行,我国的社会主义文艺事业就不可能真正得到健康发展。我们要乘胜前进,在文艺战线打一场声势浩大的人民战争,冲破重重阻力,把“四人帮”制造的种种混乱加以澄清,把被“四人帮”颠倒了的一切是非统统纠正过来。希望文联、各个协会和各地文艺团体,把这件头等大事认真抓起来,一定要打好这一仗。

文艺为工农兵服务,为无产阶级政治服务,在我国社会主义革命和建设的新时期,就必须为党在新时期的总任务服务,为提高我们整个中华民族的科学文化水平贡献出最大的力量。华主席、党中央提出的新时期的总任务,是广大工农兵群众根本利益的集中表现,是全党全国人民全力以赴的无上光荣的事业。文艺工作者必须采取各种方式,深入三大革命运动第一线,反映群众的火热斗争,鼓舞人民群众夺取抓纲治国、实现四个现代化的伟大胜利,这是我们文艺工作者责无旁贷的光荣任务。

二、坚定不移地贯彻执行党的百花齐放、百家争鸣的方针政策。

华主席在五届人大政府工作报告中指出,要认真落实毛主席关于调整党内文艺政策的指示,整顿文艺工作,迅速改变“四人帮”破坏造成的缺少各种文艺作品的状况,扩大文艺节目,丰富文化生活。这是党中央向我们提出的重要而迫切的任务,反映了人民群众的强烈愿望。

我们要在毛主席革命文艺路线指引下,全面地正确地贯彻执行百花齐放、百家争鸣的方针政策。我们提倡的百花齐放、百家争鸣,是通过自由竞赛和自由讨论促进艺术发展和科学进步的方针,是促进我国社会主义文化繁荣的方针。这丝毫不同于资产阶级的自由化,而是无产阶级坚定的阶级政策。国家保障实行百花齐放、百家争鸣的方针政策,已在宪法上有了明文规定,决不允许压制和破坏。

在文艺创作方面,我们要在坚持六条政治标准的前提下,提倡题材、形式、风格的多样化。以现代革命题材为主,同时重视历史题材和其他题材。要大力塑造无产阶级的英雄形象,也要根据实际生活创造各种各样的人物。革命的现实主义和革命的浪漫主义相结合是我们努力要掌握的最好的创作方法,革命的政治内容和完美的艺术形式的统一是我们努力追求的目标。但是,对于文艺作品,不应该求全责备,只要政治上有利于工农兵,有利于党的领导和社会主义道路,艺术上有一定的水平,就应该给予发表和上演的机会,以便听取群众意见,不断加工,逐步提高。各种艺术品种都要发展。各种艺术风格可以互相竞赛。长期受到“四人帮”摧残的各种地方戏、曲艺和其他民间艺术要恢复,要继续推陈出新。长期被“四人帮”禁锢的“五四”以来直到新中国成立以来的好作品要陆续再版、上映和演出。优秀的传统剧目、曲艺及其他艺术节目,也可以根据群众的需要有选择地演出,但要力争现代题材的新创作在舞台上居于主导地位。

我国是多民族的国家,在悠久的历史中,各民族共同创造了我国灿烂的文化。要重视各少数民族的文学艺术,使它们发展壮大,在社会主义的百花园里都能大放光彩。要重视文艺的普及工作,发展工农兵群众业余文艺活动,使社会主义文艺有广大深厚的群众基础。

展望前景，我们充满了信心。只要我们遵循毛主席的遗愿和华主席的指示，把党的文艺政策调整好，调动起各方面的积极因素，大家动手，文艺园地百花盛开的繁荣景象就会早日到来。

理论批评要大大加强。在揭批“四人帮”的斗争中，要深入研究和阐述马列主义的文艺观点，认真学习和宣传毛主席的文艺思想。“四人帮”造成了思想上理论上一片混乱，马列主义的一些基本观点被抛弃了，毛主席的一些重要论述被曲解了，必须在斗争中予以澄清，从思想上拨乱反正。我们的文艺批评，要善于分析新现象，敢于提出新问题，勇于支持新事物。要学习鲁迅，研究鲁迅，破除“四人帮”在研究鲁迅的问题上造成的重重迷雾。我国的革命文艺运动有丰富的历史经验，包括正反两方面的经验，需要从理论上加以总结，用以指导当前的工作。要按照“古为今用”、“洋为中用”的原则，系统地研究中外文艺遗产。要结合实际探讨艺术规律和创作思想，开展作品评论，扶植香花，诛除毒草。对于文艺创作和理论批评中有争论的问题，要发扬坚持真理、修正错误的精神，提倡生动活泼的自由讨论。要搞群言堂，不搞一言堂。提倡好文风，反对“帮八股”。理论批评工作搞好了，才能促进文艺的百花齐放，扩大马克思主义的思想阵地。各个协会都要办好自己的刊物。《文艺报》即将复刊，希望这个为广大读者所欢迎的刊物，办得生气勃勃，更富有战斗力。

三、大力组织文艺创作，繁荣社会主义文艺，提高文艺创作的水平。

粉碎“四人帮”以后，文学艺术的生产力得到了解放。由于“四人帮”实行文化专制主义造成的文艺作品少的局面，有了很大改变。但是还远不能适应广大群众对于革命文艺的需要。必须大力组织文艺创作，增加文艺创作的品种和数量，提高文艺创作的水平。经验证明，思想性艺术性较高的作品，能够产生普遍而持久的教育作用。一本好小说，一部好电影，一出好戏，一幅好画，一首好歌曲，能够赢得成百万、成千万的读者观众，而粗制滥造的作品，是不受群众欢迎的。在艺术竞赛中努力提高创作质量的问题，重新提到我们文艺工作者的面前了。文联和各协会要采取适当措施，帮助文艺工作者提高思想水平和艺术技巧，深刻地理解并反映社会主义革命和社会主义建设新时期的伟大现实。我们要用更多更好的作品，出色地反映我国三大革命运动的新成就，反映我国各条战线人民群众抓纲治国、努力建设现代化强国的革命精神和豪迈气概，反映伟大领袖和导师毛主席、敬爱的周总理、朱委员长等老一辈无产阶级革命家的光辉业绩和人民革命斗争的战斗历程，用来促进我们的英雄人民向着更宏伟的目标奋勇前进。

“四人帮”割断了文艺工作者同工农兵群众的血肉联系，堵塞了文艺创作的生活源泉，把文艺园地搞成一片荒芜。我们的文艺工作者一定要下定决心，到工农兵群众中去，到三大革命运动第一线去，长期深入生活，参加群众的火热斗争。年纪大一些的作家艺术家，在健康条件允许的情况下，也可以采取“走马看花”或“下马看花”的方式，到下面走一走，看一看，呼吸一些新鲜空气，这对振奋斗志、从事创作是十分必要十分有益的。我们希望在文联、作协和各协会的倡导和推动下，形成一个深入生活的新高潮，以便迎接创作新高潮的早日到来。我想同志们一定是赞成这样做的。

四、团结全国文艺工作者，培养新生力量，结成浩浩荡荡的文艺大军。

“四人帮”企图把我们的文艺队伍打垮，但是，在毛泽东思想照耀下成长起来的这支队伍，是打不垮的。全国文联和各个协会恢复工作以后，一定要在党的坚强领导下，同全国各地的文艺团体通力合作，把我们的文艺队伍团结起来，组织起来，壮大起来。我们的文艺队伍，是一支很好的队伍，拥有一批经过长期斗争考验的骨干力量。除了极少数“四人帮”的死党、叛徒、特务、新生的资产阶级分子，文艺界的绝大多数同志，都是愿意为工农兵服务、乐于为社会主义文艺事业献出力量的。但是也要看到，我们这支队伍，比较容易受到资产阶级思想作风的侵蚀，加上“四人帮”长期造成的思想混乱还没有彻底澄清，他们在文艺队伍中遗留下来的一些恶果还没有完全清除，这是应当引起严重注意和警惕的。文艺界一定要在刻苦学习马列主义、毛泽东思想的过程中，在深入揭批“四人帮”的过程中，在投身工农兵群众火热斗争的过程中，继续改造思想，提高路线觉悟，加强革命团结，使我们的队伍成为一支强大的又红又专的革命文艺大军。

我们有一批久经考验、在群众中有广泛影响的老作家老艺术家，他们是革命文艺事业的宝贵财富。应当根据党的知识分子政策，关心他们的生活和创作。我们有人数更多的中年和青年的作家艺术家，他们朝气蓬勃，同人民群众有不同程度的联系。应当鼓励他们长期深入生活，树立雄心壮志，为人民作出更大的贡献。在全国各地和各兄弟民族中，还会有大量的文艺新人从群众中不断涌现出来。培养新生力量，关怀他们的健康成长，是一项重大的战略任务，我们责无旁贷。文联、作协和各文艺协会及其各地分会恢复工作以后，一定要采取适当措施，把培养新生力量的工作抓起来，给我们的队伍不断注入新的血液。青年作者要在刻苦地学习马列主义、学习社会的同时，刻苦地学习业务，不断提高艺术技巧。这些年来，“四人帮”不准谈业务，谈技巧。谁要一谈，一大堆帽子棍子就会扣在谁的头上，打在谁的身上。我们要彻底打掉那些帽子棍子。在文艺团体和文艺刊物中，要提倡钻研业务、精益求精的风气。老作家老艺术家要向青年一代传授艺术经验。青年同志要虚心求教。老、中、青要亲密团结，互相学习，共同提高。我们要团结一切可以团结的人，调动一切可以调动的积极因素，并且尽可能地把消极因素转化为积极因素，在抓纲治国、抓纲治文艺的斗争中，使我们的文艺队伍越来越强大，使我们的文艺事业越来越兴旺发达。

五、积极开展同各国进步文艺界的文化交流。“四人帮”不但仇视我国的革命事业，也仇视全世界人民的革命事业，仇视人类一切美好的文化。多年来，“四人帮”把我国同各国人民之间正常的文化交流视如洪水猛兽，横加阻拦和破坏，迫使这一工作几乎中断。我们要把他们那种杜绝朋友，拒绝学习别人长处，闭关锁国的愚蠢做法扫除干净，加强同世界各国、特别是第三世界国家中的作家艺术家以及文艺团体的友好往来，增进互相了解和友谊，团结反霸，同时向外国一切真正好的文学艺术学习，有计划地翻译、介绍外国优秀的文艺作品，吸取有益的东西，用来丰富我们民族自己的独创性的文艺创作。

同志们！我国人民正在华主席、党中央的英明领导下，开始一次新的伟大长征，我们的目标是建设社会主义现代化的伟大强国。文艺战线作为一个重要的方面军，任重而道远。让我们热烈响应华主席、党中央的号召，学习、学习、再学习，团结、团结、再团结，共同努力，齐心奋斗。党和人民交给我们文艺战线的光荣任务，一定能够实现。

全国文联主席郭沫若在文联第三届全委会第三次扩大会议上的书面讲话

同志们！

在华主席、党中央领导全国各族人民夺取抓纲治国的新胜利，全国各条战线奋发图强，为实现新时期的总任务开始新的长征的时候，中国文学艺术界联合会第三届全国委员会第三次扩大会议，在全国人民殷切瞩望中召开了。这是粉碎“四人帮”以后，文艺界召开的第一个全国性的会议，是文艺界承前启后、拨乱反正、具有重大历史意义的一次会议。这不仅是文艺界的一件大事，也是我国人民文化生活上的一件大事。我谨向全体代表们，向全国新老文艺战士们，致以衷心的热烈的祝贺！

在毛主席革命文艺路线的指引下，全国文联和它所属的各个协会，曾经为党为人民做了不少有益的工作，取得了很大成绩。但是，王张江姚“四人帮”疯狂反对毛主席，推行反革命的政治纲领，实行法西斯式的文化专制主义，残酷迫害文艺界久经考验的老战士和朝气蓬勃的新战士，把我们的队伍打散了。文联、各协会及全国各地分会，多年来被迫停止了一切活动。华主席、党中央一举粉碎了万恶的“四人帮”，使我们有幸重新会师，欢聚一堂，共商恢复和加强文艺战线的大计。此时此刻，我不禁百感交集，心情十分激动。虽然由于健康的原因，我不能亲临盛会，向同志们学习，向同志们请教，但我的心已经飞到你们的身旁，我的感情和你们紧紧地结合在一起了。

在这样的时刻，我们更加缅怀伟大导师毛主席。毛主席缔造了我们伟大的党，缔造了我们伟大的新中国。在他的光辉思想照耀下，我国的社会主义新文艺才得以繁荣滋长。毛泽东思想过去、现在和将来永远是我们事业的指路明灯。毛泽东思想比天高，比海深，是我们取之不尽、用之不竭的巨大精神力量。毛泽东思想是一个博大精深的、完整的思想体系，他的文艺思想也是一个科学的、完整的体系。我们一定要完整地准确地领会它的精神实质。毛主席十分关怀革命的文艺工作，病中还极力排除“四人帮”的干扰，指示调整文艺政策，热望文艺创作逐步繁荣起来。一想到这些，我们心里是很不平静的。我们一定要高举毛主席的伟大旗帜，坚持文艺为工农兵服务、为无产阶级政治服务的方向和百花齐放、百家争鸣的方针，努力创作出更多的好作品，实现伟大导师毛主席的遗愿。

在这样的时刻，我们更加怀念敬爱的周总理。不论民主革命时期，还是社会主义革命时期，周总理一贯地按照毛主席的思想，用心血浇灌了无产阶级的文艺园地，教导和培育了大批老年的、中年的和年轻的文艺工作者。社会主义文艺的巨大成绩，同周总理的热情关怀和悉心培育是分不开的。我想，在座的许多文艺界的同志，都曾受到过周总理的谆谆教诲。就我个人的经历来说，50多年来，周总理在政治上、思想上、艺术上都是我的良师益友，曾经给予我许多难以忘怀的指示和帮助。我的许多作品，尤其是剧本，差不多都得到过周总理的亲切关怀，他在日理万机之中挤时间读剧本、看演出、提意见，使我深受感动和激励。周总理遵照毛主席的指示，在生前为我们绘制了社会主义四个现代化的宏伟蓝图，我们文艺工作者，一定要牢记毛主席、周总理的遗愿，努力为实现我国新时期的总任务而高歌猛进。在今天，广大工农兵群众和劳动人民都在全力以赴地为抓纲治国、实现四个现代化而奋斗，我们为工农兵、为社会主义服务，就必须为新时期的总任务服务，为实现社会主义的四个现代化献出全部力量！

这次会议根据党中央的指示，宣布中国文联和作家协会恢复活动，其他协会一俟条件成熟也要恢复活动。文联各协会恢复后要做些什么呢？我想，首要的任务是把文艺界批判“四人帮”的第三战役推向深入，继续批判他们的阴谋文艺，批判他们炮制的“文艺黑线专政”论及其他谬论，把文艺领域里被他们弄颠倒了的路线是非、思想是非、理论是非重新颠倒过来，肃清其流毒。这场斗争是长期的，艰巨的。不破不立，破中有立。我们要在深刻批判“四人帮”修正主义谬论的过程中，彻底解除“四人帮”强加在文艺工作者、特别是青年一代文艺工作者身上的精神枷锁，解放文学艺术的生产力，繁荣社会主义的文艺创作，发展马克思主义的文艺理论批评，并且在斗争中锻炼我们的文艺队伍，逐步建设起一支强大的无产阶级的文艺大军。

我们这次会议是一次学习的会、团结的会。华主席在党的十一大和五届人大的报告中对文艺工作做了许多非常重要的指示，还专为文艺工作写了十分精辟的题词，指出：“坚持毛主席的革命文艺路线，贯彻执行百花齐放、百家争鸣的方针，为繁荣社会主义文艺创作而奋斗。”这就是我们前进的方向和为之奋斗的目标。我们要很好地学习领会，并用来组织和动员我国的文艺队伍，在新的长征路上奋勇驰骋，去夺取新的胜利。

科学要进步，文艺要发展，没有百花齐放、百家争鸣的局面，没有首创精神、创造性的劳动、敢想敢说的风格是不行的。我们搞的是社会主义革命，社会主义制度为文学艺术事业的发展开拓了无比广阔的天地。经过“文化大革命”，我们的阶级觉悟、路线觉悟大大提高了。粉碎了“四人帮”，我们精神上重新得到一次大解放。一切有志于社会主义文艺事业的文学家、艺术家，有什么理由不敞开思想、畅所欲言、大胆创造呢！在今天，我们特别希望出现一大批文学艺术的闯将，他们努力加强思想武装，敢于坚持真理，同人民群众心连心，按照党和人民的要求，放开笔来写，拿起笔来投入战斗，把“四人帮”设置的种种精神枷锁踏在脚下，深刻地、光彩夺目地反映我们的伟大时代！

我们要学习，学习，再学习，认真学习马列主义、毛泽东思想，学习社会。文艺创造来自群众的生活。一定要下决心到群众斗争中去，深入生活，改造思想，使自己的思想和工作适应社会主义革命和社会主义建设新时期的要求，从而胜任愉快地为新时期的总任务放声歌唱。全国文联和各个协会恢复工作后，要花大力气鼓励和组织作家、艺术家、青年作者深入生活，繁荣创作，并且表彰那些深入人民生活、反映人民斗争取得显著成绩的优秀文艺工作者，推广他们的经验，使深入生活在文艺界蔚成风气、持久不怠。

作家、艺术家的活动，包括深入生活和从事写作，都是劳动，是艰苦的创造性劳动。作家、艺术家是劳动者，是劳动人民的一部分。作家、艺术家对人民有益的劳动，是会受到党和人民尊重的。毛主席、周总理一向关怀作家、艺术家的成长，把他们的劳动看作是整个革命事业不可缺少的一部分。以华主席为首的党中央对文艺劳动同样是十分重视的。所以，全国文联和各个协会一定要尊重作家、艺术家的劳动，支持他们的创作，爱护他们的积极性，虚心听取他们的批评建议，帮助他们前进。我们这些在文联和各协会担任工作的人，要学习我党群众路线的优良传统和发扬民主的好作风，在文艺界发扬社会主义民主，造成生动活泼的政治局面。我们的事业是大有希望的！

作为文艺战线上的一个老兵，我愿和同志们一道学习。我向同志们问好！向全国文艺战士们寄以热烈的美好的祝愿！

中国文学艺术界联合会第三届全国委员会第三次扩大会议的决议

在华主席为首的党中央亲切关怀下，在中共中央宣传部直接领导下，中国文学艺术界联合会第三届全国委员会第三次扩大会议，于1978年5月27日至6月5日在北京举行。

这次会议是在粉碎“四人帮”以后，文艺界举行的第一个全国性的会议，是在我国人民抓纲治国取得伟大胜利的形势下，在纪念伟大导师毛主席的光辉著作《在延安文艺座谈会上的讲话》发表36周年的时候召开的。全体代表无限感激华主席、党中央一举粉碎“四人帮”，使我们今天有可能举行这样的盛会。

会议庄严地宣布：中国文学艺术界联合会、中国作家协会、中国戏剧家协会、中国音乐家协会、中国电影工作者协会和中国舞蹈工作者协会正式恢复工作。《文艺报》立即复刊。中国美术家协会、中国曲艺工作者协会、中国民间文艺研究会和中国摄影学会正在积极筹备恢复。

中国文联主席郭沫若同志因病未能出席会议。全体代表细心聆听了他的热情洋溢的书面讲话，深受鼓舞，衷心祝愿我国无产阶级文艺的伟大战士郭沫若同志早日恢复健康！

会议全体代表听取了乌兰夫同志的重要指示和张平化同志的重要讲话，讨论了黄镇同志代表中共中央宣传部所作的重要讲话，表示坚决拥护，贯彻执行，实现党对文艺界提出的殷切期望。我们一定要把当前的恢复工作搞好，使文联和各协会成为具有新面貌、新作风的战斗的文艺团体，成为党在文艺战线上的有力助手。全体代表精神振奋，意气昂扬，决心在党的领导下，团结战斗，使我国文学艺术工作来一个全面的“大跃进”。

会议全体代表怀着极大的愤慨，揭发批判了“四人帮”炮制“文艺黑线专政”论，实行法西斯文化专制主义，残酷迫害文艺战士，摧残革命文艺事业的滔天罪行。大家怀着深厚的阶级感情，对遭受“四人帮”残酷迫害的革命文艺工作者，表示诚挚的慰问，对被迫害致死的文艺战士，表示深切的悼念。

会议认为：文学艺术必须为工农兵服务，为社会主义革命和社会主义建设服务，在今天就是要为实现新时期的总任务服务。为了进一步繁荣社会主义文艺创作和发展社会主义文艺事业，我们必须继续揭批“四人帮”，彻底粉碎“四人帮”的帮派体系，打碎“文艺黑线专政”论等精神枷锁，消除“四人帮”散布的种种反动谬论和思想流毒；深入群众生活，学习马列主义、毛泽东思想，学习社会，学习中外优秀文艺遗产，不断提高思想水平和业务水平，创作出更多更好无愧于我们这个伟大时代的作品，来鼓舞人民实现建设社会主义现代化强国的宏伟目标，帮助群众推动历史的前进。为此必须团结一切力量，调动一切积极因素，共同奋斗；还要采取有效措施，积极地培养文艺战线的新生力量；要努力办好文艺期刊，开展健康的文艺批评，进行自由的艺术探讨，活跃和加强战斗的文艺阵地。

会议决定在明年适当的时候，召开中国文学艺术工作者第四次全国代表大会，总结新中国成立以来文艺战线正反两方面的丰富经验，讨论新时期文艺工作的任务和计划，修改文联和各协会章程，选举文联和各协会新的领导机构。会议对恢复文联和各协会筹备小组这一段工作表示满意，责成筹备小组继续负责筹备第四次文代大会。

会议号召全国文艺工作者，积极行动起来，高举毛主席革命路线的伟大旗帜，紧密地团结在华主席为首的党中央周围，齐心奋斗，作出优异的成绩，迎接第四次全国文学艺术工作者代表大会的召开！

少年儿童文学作家座谈会在北京举行

全国妇联副主任康克清出席了这次座谈会，并在会上讲了话。老作家茅盾送来了亲笔写的祝词，祝贺少年儿童文学的百花齐放，祝少年儿童文学家写出更多更好的作品。老作家张天翼在病榻上用左手写了书面发言，呼吁作家们拿起笔来，为孩子们写作，把孩子们从饥荒中救出来！

到会新老作家欢聚一堂，畅谈了新时期少年儿童文学创作的新任务。大家认为，少年儿童文学工作者担负着培育下一代的光荣任务。要运用文学艺术教育少年儿童，使他们从小就具有集体主义思想，革命英雄主义气概，以及共产主义的理想和情操；使他们知道雪山是怎样寒冷，草地是怎样泥泞，先辈们怎样用鲜血和生命换来了今天的幸福，懂得应该怎样去参加新的长征。要运用文学艺术对少年儿童进行爱祖国、爱人民、爱劳动、爱科学、爱护公共财物的教育，培养一代新风，使他们走又红又专的道路，为实现四个现代化而刻苦学习，努力奋斗。

这次少年儿童文学作家座谈会，由人民文学出版社负责人严文井主持。中宣部和国家出版局等有关方面负责人边春光、陈翰伯、王子野、许力以等出席了座谈会。陈翰伯、边春光讲了话。

40多位作家、儿童文学翻译家、诗人和其他有关人士，应邀出席了座谈会。在会上发言的有：叶圣陶、谢冰心、高士其、胡德华、韩作黎、叶君健、金近、阮章竞、秦牧、孙峻青、左林、王愿坚、陆柱国、管桦、柯岩、杨大群、郑文光、刘厚明、敖德斯尔、刘心斌、庄之明。

5月28日

中共中央主席华国锋在北京会见莫桑比克解放阵线主席 莫桑比克人民共和国总统萨莫拉·莫伊塞斯·马谢尔

国务院副总理邓小平在北京会见阿尔及利亚总统胡阿里·布迈丁的特使 全国人民议会计划和财政委员会主席阿卜杜勒·卡德尔·扎伊贝克

《人民日报》为发表《七机部拨乱反正落实干部政策》配发编者按

编者按：七机部在“文化大革命”中是“乱”出了名的。但是现在发生变化了。党中央提出的抓纲治国三年大见成效的方针，在这里正在逐步实现。阶级斗争、生产斗争、科学实验三大革命运动的形势大好。七机部变化的原因是什么？一是揭批“四人帮”第三战役和清查工作搞得好，本报前已报道；二是抓紧了落实党的干部政策。今天本报发表的七机部认真落实党的干部政策的报道，又一次说明了这一点。

中国政府和莫桑比克政府经济技术合作协定议定书在北京签字

外经部副部长程飞和莫桑比克交通运输部部长若泽·路易斯·卡巴索分别代表本国政府在议定书上签字。

中共中央主席华国锋 中共中央副主席叶剑英为学习空军航空兵一师题词

华主席、叶副主席和中央军委徐向前副主席还分别为空军题词。

华国锋主席为学习空军航空兵一师的题词是："向空军航空兵一师学习。"华国锋主席为空军的题词是："继承毛主席遗志为建设一支强大的人民空军而奋斗。"

叶剑英副主席为学习空军航空兵一师的题词是："向空军航空兵一师学习，发扬我军的优良传统和作风，团结战斗，继续革命。"叶副主席为空军的题词是："高举毛主席伟大旗帜，建设一支革命的强大的人民空军，准备打仗，保卫社会主义祖国。"中央军委徐向前副主席为空军的题词是："政治挂帅，精通业务，又红又专，为建设现代化的强大空军而努力奋斗。"

我国自己研制的中、高频振动基准已经建立

由中国计量科学研究院、浙江大学、苏州试验仪器厂共同研制的中频振动基准和由浙江大学、中国计量科学研究院、上海市标准计量管理局共同研制的高频振动基准已经建立。这两项基准的准确度都赶上了国际水平，为统一国内中、高频振动量值、满足工农业生产和国防建设等方面的急需作出了贡献。

中、高频振动基准是用来校准标准加速度计的一种装置。中频振动基准用于鉴定标准加速度计的灵敏度和校准标准加速度计在20赫兹到2000赫兹范围内的工作性能，高频振动基准用于校准加速度计在2000赫兹到50千赫兹范围内的工作性能。这两项装置的建立，对我国工农业、国防、科研等方面的振动测量的准确性提供了保证。

最近，国家标准计量局委托中国计量科学研究院和浙江大学在杭州召开了全国中、高频振动基准鉴定会，对中、高频振动基准测试组的测试报告进行了审核。会议认为，中、高频振动基准采用了先进技术和新型材料，达到了要求的灵敏度和准确度，装置稳定可靠，性能良好，测试数据充分，误差分析与测试结果相符，可以作为中、高频振动基准，开展量值传递工作。

5月29日

中央军委主席华国锋 中央军委副主席叶剑英出席全军政治工作会议并作重要讲话

出席会议的还有：中央军委副主席邓小平，中共中央副主席李先念、汪东兴，中央军委副主席徐向前、聂荣臻，以及党和国家其他领导人韦国清、乌兰夫、纪登奎、吴德、张廷发、陈永贵、陈锡联、倪志福、赛福鼎，中央军委负责人罗瑞卿。

中共中央政治局委员、总政治部主任韦国清主持了会议。

中央军委主席华国锋、中央军委副主席叶剑英在会上作重要讲话。

人民解放军各总部、军兵种、国防科委、国防工办、军事院校、北京部队等单位的负责人杨勇、张爱萍、张才千、李达、王尚荣、何正文、伍修权、迟浩田、梁必业、徐立清、傅钟、黄玉昆、颜金生、张震、王平、谭政、王建安、萧劲光、杜义德、高厚良、曹里怀、余立金、宋承志、金如柏、陈鹤桥、黄新廷、莫文骅、钟汉华、谭善和、王六生、吕正操、李人林、李耀文、段苏权、李聚奎、陈漫远、秦基伟、傅崇碧和廖汉生、李志民、孔石泉，出席了会议。

中央军委主席华国锋在全军政治工作会议上的讲话

同志们！

我们这次全军政治工作会议，开得很好。

这是在我国社会主义革命和社会主义建设进入新的发展时期以后，党的十一大产生新的中央军委以后，第一次召开的全军政治工作会议。

在这次会议上，韦国清同志作了《在新的历史条件下发扬政治工作优良传统，提高我军战斗力》的报告。会议充分发扬民主，依靠集体智慧，拟定了加强政治工作的决议、政治工作条例、干部服役条例三个草案。国清同志的报告，决议和条例的草案，都是好文件，是军队政治工作的好章程。有了去年军委会议规定的抓纲治军、准备打仗的方针任务和所作的一系列决定，再经过军委审定颁布这次会议产生的几个文件，我们军队各方面的工作就基本上有了一整套适合于新的历史条件的章法。

这次会议，继承和发扬了毛主席亲自创立和培育的我军政治工作的优良传统，全面地总结了在同林彪、"四人帮"斗争中我军政治工作的正反两个方面的经验，明确地提出了在新的历史条件下加强军队政治工作的方向、任务和方法。这对于全军进一步贯彻落实党的十一大路线和新时期总任务，贯彻落实去年军委会议确定的抓纲治军、准备打仗的方针和任务，加速我军革命化现代化建设，提高部队战斗力，具有十分重大的意义。同时，我们这次会议，对全国其他各条战线学习解放军、加强思想政治工作，也将发生重大的影响。

叶副主席、邓副主席还要在会议上作重要讲话。现在，我就加强思想政治工作以实现新时期总任务的问题，讲几点意见。

同志们！

我们党的第十一次全国代表大会，制定了党在社会主义革命和社会主义建设新的发展时期的路线。为了贯彻执行这条路线，我们党在第五届全国人民代表大会上又提出了新时期的总任务。这就是：坚持无产阶级专政下的继续革命，开展阶级斗争、生产斗争和科学实验三大革命运动，在本世纪内把我国建设成为农业、工业、国防和科学技术现代化的伟大的社会主义强国。这个总任务，已经载入了我国的新宪法。我们要在全国人民群众中进行广泛的宣传和教育，动员群众，组织群众，为实现新时期的总任务而奋斗。这是我们党在新时期的一切思想政治工作的中心内容。我国社会主义革命和社会主义建设进入新的发展时期。历时11年的“无产阶级文化大革命”，特别是粉碎“四人帮”的伟大斗争，清除了隐藏在我们党内的最危险的敌人，扫荡了并且正在扫荡着社会上曾经猖獗一时的反动渣滓，极大地提高了广大干部和群众的政治思想觉悟和社会主义积极性，从而深刻地改变了我国阶级力量的对比，使我们的无产阶级专政空前巩固。这就为在各条战线上全面地正确地贯彻执行毛主席的革命路线，扫除了最大障碍，为我国实现安定团结、天下大治的稳定局面，实现国民经济的持续跃进，实现毛主席和周总理生前规划的建设社会主义现代化强国的宏伟蓝图，创造了必要的和充分的条件。新时期的总任务，就是根据新时期的这样的特点提出来的，是反映了历史的要求和人民的愿望的。

我们党提出的新时期的总任务，是以毛主席关于无产阶级专政下继续革命的理论为基础的。按照这个理论，社会主义社会仍然存在着生产关系和生产力之间、上层建筑和经济基础之间的矛盾，仍然存在着阶级、阶级矛盾和阶级斗争。我们必须正确认识和处理这些矛盾，以阶级斗争为纲，继续进行上层建筑领域的革命使之适应经济基础，继续进行生产关系领域的革命使之适应生产力的发展，同时大力进行技术革新和技术革命，迅速发展生产力，使社会主义政治和经济制度获得日益增强的物质基础，促使这些制度日益巩固、完善和发展。我们粉碎“四人帮”，并在当前和今后一个时期深入揭批“四人帮”的反革命修正主义路线，狠狠打击作为“四人帮”社会基础的各种反动社会势力，就是为了扫除他们所代表的那种极端反动腐朽的经济基础和上层建筑，解放生产力。不打倒“四人帮”，就不可能搞社会主义的现代化，而不实现四个现代化，消除经济技术落后，就不能真正有力地对内战胜资本主义，对外抵御社会帝国主义和帝国主义可能发动的侵略，社会主义制度和无产阶级专政就还是不巩固的。我们的社会主义现代化的过程，是生产力不断发展的过程，同时也是社会主义生产关系和上层建筑不断巩固、完善和发展的过程。四个现代化同无产阶级专政下的继续革命，是不可分割的。我们必须坚持无产阶级专政下的继续革命，用革命化统帅现代化。

在新的发展时期中，我国国内的主要矛盾仍然是无产阶级和资产阶级之间、社会主义道路和资本主义道路之间的矛盾。这种矛盾，一部分属于敌我矛盾，大量的属于人民内部矛盾。反抗社会主义的敌人总是一小撮，赞成和拥护社会主义的人占全人口95%以上。鉴于“四人帮”颠倒敌我所造成的混乱，严格区分和正确处理这两类不同性质的矛盾，特别是正确处理人民内部矛盾，是实现新时期总任务的一个十分重要的课题。用专政的方法解决敌我矛盾，用民主的方法解决人民内部矛盾，这是我们的基本原则。对于罪证确凿的敌人，当然必须坚决实行专政。在人民内部，对于那些即使是属于两个阶级两条道路性质的矛盾，也只能用民主的方法，说服教育的方法，而不能用专政的方法来解决。人民中间的犯法分子，也要受到法律的制裁，但是这和对敌人的专政，是有原则区别的。至于人民内部那些不属于两个阶级两条道路性质的矛盾，比如说，在社会主义共同方向下，在思想方法和工作方法方面经常发生的矛盾，那就更加要用民主的方法加以解决。用民主的方法、说服教育的方法来解决人民内部矛盾，就是要加强思想政治工作，用无产阶级思想克服资产阶级思想和一切剥削阶级思想，把小资产阶级思想引导到无产阶级轨道上来，把不正确的思想方法和工作方法引导到正确的思想方法和工作方法上来，这也是无产阶级专政下继续革命的一项重要任务。解决好这个任务，把一切可以团结的力量都团结起来，把一切积极因素统统调动起来，并且尽可能地把消极因素化为积极因素，就可以大大加快建设社会主义现代化强国的步伐。

同志们！

在我国社会主义革命和社会主义建设新的发展时期，我们人民解放军担负着重大的历史责任。我们党所规定的新时期的总任务，对我军建设提出一系列新的更高的要求。当前世界各种基本矛盾日益激化，苏美争霸愈演愈烈，战争总有一天要打起来。苏修亡我之心不死，是我们最主要、最危险的敌人。因此，我们一定要抓纲治军，准备打仗，争时间、抢速度，加速革命化现代化建设。我们要保持高度的战备观念，准备对付敌人可能的突然袭击。

我们人民解放军是毛主席和中国共产党缔造和培育的新型的人民军队，是无产阶级专政的坚强柱石。半个多世纪以来，我军经过长期艰苦卓绝的斗争，无论在民主革命时期还是在社会主义革命时期，都建立了伟大的历史功勋，得到了全党和全国人民的信赖和爱戴。粉碎“四人帮”以后，我在几次会议上都讲过，我们党能够如此顺利地一举粉碎“四人帮”，并在揭批

"四人帮"的斗争中保持全国局势的稳定,贯彻落实抓纲治国的战略决策,这是同有一支忠于党、忠于人民的人民解放军分不开的。

毛主席说:"解放军是一个好军队,我是很喜欢这个军队的。"我军所以能成为一支好军队,就在于它是按照毛主席的建军路线建立起来的,它有一整套革命的政治工作。毛主席亲自起草的古田会议决议,奠定了我军政治工作的基础,使我军同一切旧式军队彻底划清了界限。我们的军队一贯是在我们党的绝对领导之下,一贯坚决执行毛主席的无产阶级革命路线,坚决抵制错误路线的干扰破坏。任何资产阶级野心家、阴谋家想要篡军夺权,都是不能得逞的。林彪反党集团不是叫嚷要"指挥一切"、"调动一切"吗?结果是一切不能指挥,一切不能调动。"四人帮"为了搞反革命政变,曾经对我们的军队又打又拉,最后同样是,既打不倒这支军队,又拉不走这支军队,一个连也拉不走!事实反复地证明,毛主席创建的一整套政治工作,确实是我军的生命线。用马列主义、毛泽东思想武装起来的中国人民解放军,永远是属于党和人民的。我军政治工作的基础是不可动摇的。

政治是统帅,是灵魂。我们国家要实现社会主义现代化,就要靠革命化统帅现代化,军队的现代化建设更是这样。我们军队必须加速改善武器装备,提高战术技术水平,不这样就不能提高战斗力。同时必须认识,枪杆子掌握在什么人手里,枪口对准谁,这是第一位的问题。军队一定要有坚定正确的政治方向,政治上的要求应该更严更高。军队的政治工作如果削弱了,就不能坚持党对军队的绝对领导,不能保持我军的无产阶级性质,不能保证贯彻执行党的路线、方针、政策,即使有了现代化的武器装备,也不能充分发挥它的效力。我们军队搞现代化,是革命化统帅现代化,这是根本不同于苏修、美帝军队的。我们把有高度无产阶级觉悟的人,同现代化的武器装备紧密结合起来,这样才能形成真正强大的战斗力。

用革命化统帅现代化,最根本的,就是要在新的历史条件下恢复和发扬毛主席为我军创建的一整套政治工作的优良传统,加强军队的政治工作。政治工作就是党的工作,就是要巩固党对军队的绝对领导,从政治上组织上领导和保证党的路线、方针、政策在部队中贯彻执行,提高部队的战斗力。阶级斗争、路线斗争的历史经验说明,资产阶级代理人破坏我们军队,往往是从破坏我军政治工作入手。林彪、"四人帮"就是这样。他们用资产阶级政治"冲击"无产阶级政治,用资产阶级思想腐蚀无产阶级军队,妄图首先从政治、思想上把我军搞乱,借以达到其篡军、篡国、篡党的罪恶目的。我们一定要深入批判林彪、"四人帮"破坏我军政治工作的罪行,肃清他们的流毒和影响,用毛主席的建军思想教育干部、战士,正确处理军党关系、军政关系、军民关系、官兵关系,正确处理军队上下级之间,军队政治工作与军事、业务、技术工作之间的关系,充分发挥我军政治工作的威力。

加强政治工作,各级政治机关、政治干部肩负着十分重要的责任。政治机关是党在军队的工作机关,是军队政治工作的领导机关。总政治部是在党中央、中央军委领导下,管理军队中党的工作,组织进行全军政治工作的最高领导机关。林彪、"四人帮"反党乱军、破坏政治工作的一个阴险手法,就是要搞乱政治机关,搞垮总政治部,使政治机关一次又一次地受到冲击,在全军造成了严重的恶果。针对这种情况,去年军委会议重新强调了政治机关在我军所处的重要地位,要求在三几年内把政治机关的职能、作用、威信,恢复到革命战争时期的水平,并在新的条件下发展提高。要经过整顿,建设好政治机关,建设好一支强有力的政治干部队伍。要提高对政治工作的认识,解放思想,振作精神,迈开大步地工作。要提高政治工作的水平,改进政治工作的方法,去掉形式主义的东西,把政治工作做得更加扎实、更加深入、更加细致,真正贯穿到抓纲治军、准备打仗的各项工作中去。政治工作不但政治干部要做,军事干部、后勤干部也要做;干部要做,战士也要做。要在全军造成人人关心政治工作,人人都做政治工作的好风气。

加强政治工作,关键在于加强党委的领导。党委主要领导同志要亲自抓政治工作。要充分发挥政治委员的作用,迅速改变由于林彪、"四人帮"的破坏所造成的政治委员的地位和作用被削弱的状况。全军各级党委的领导同志,特别是主要领导干部,要在政治工作中以身作则,做认真贯彻执行"三要三不要"基本原则的模范,做抓纲治军、准备打仗的模范,做发扬我党我军优良传统的模范。

在座的同志和全军政治干部,应当有决心有信心,迅速地把我军政治工作的优良传统充分恢复起来,并且有所发展,有所前进,为提高部队战斗力作出新的贡献。全军指战员一定要高举毛主席的伟大旗帜,紧密地团结在党中央周围,深入开展学雷锋、学"硬骨头六连"和学空军航空兵一师的群众运动,学大庆、学大寨、学全国人民,进一步落实抓纲治军、准备打仗的各项战斗任务,加速我军的革命化现代化建设,为保卫祖国、解放台湾,为实现新时期的总任务而努力奋斗。

同志们!

实现新时期的总任务,要求我们极大地加强全党、全军、全国各族人民的大团结。

毛主席曾经强调指出两种团结的绝对必要，他说："一种是党内的团结，一种是党与人民的团结，这些就是战胜艰难环境的无价之宝，全党同志必须珍爱这两个无价之宝。"在实现新时期总任务的斗争中，我们外有社会帝国主义、帝国主义的威胁，内有复杂的阶级斗争，而且要向自然界开战。我们更应当珍爱这两个无价之宝，充分发挥它们的无比威力，保证我们的伟大艰巨事业的胜利。

粉碎"四人帮"，我国出现安定团结的局面，这是我们的一个伟大胜利。但是，对于林彪、"四人帮"破坏团结、制造分裂所造成的严重危害和恶劣影响，是不可低估的。我们必须彻底揭露和批判他们的罪行，肃清其流毒和影响，发展安定团结的大好形势，进一步加强全党、全军、全国各族人民的大团结。

我们讲团结，是在毛主席伟大旗帜下的团结，是在马克思主义、列宁主义、毛泽东思想基础上的团结。半个多世纪以来，我国无数革命先烈和亿万革命群众的实践，国际共产主义运动的实践，反复证明了毛泽东思想体系是马克思列宁主义的继承和发展，是无产阶级的革命科学，是颠扑不破的真理。我们这样一个八亿人口的大国，3500多万党员的大党，在社会主义革命和社会主义建设新的发展时期中，要做到统一认识，统一政策，统一计划，统一指挥，统一行动，就要靠完整地准确地掌握和运用毛泽东思想。毛主席的旗帜，过去是今后仍然是我们团结战斗、夺取胜利的旗帜。林彪、"四人帮"肆意篡改毛泽东思想，打着毛主席的旗帜，贩卖他们的反革命修正主义黑货；苏修叛徒集团疯狂攻击毛泽东思想，妄想要我们放弃毛主席的旗帜。我们一定要坚决捍卫毛泽东思想，更高地举起毛主席的伟大旗帜。

我们党是全国人民团结的核心。加强党的团结，加强党和人民的团结，我们党的各级领导干部负有特别重大的责任。各级领导干部，要带头讲党性，顾大局，发扬民主，遵守纪律。要力戒骄傲。领导干部之间、上下级领导之间在毛泽东思想基础上的谅解、支援和友谊，比什么都重要。我们要像毛主席教导的那样，通过各级领导干部的团结，把党内、党外的先进分子、积极分子团结起来，把中间分子团结起来，去带动落后分子，这样就可以使全党、全民团结起来。只有依靠这些团结，我们才能做好工作，克服困难，把中国建设好。

我们的口号还是这样：学习、学习、再学习，团结、团结、再团结。团结就是力量，团结就是胜利。让我们在毛主席的旗帜下，在党中央的领导下，在贯彻执行党的十一大路线、实现新时期总任务的斗争中，更加紧密地团结起来。胜利一定是属于我们的。

中央军委副主席叶剑英在全军政治工作会议上的讲话

同志们：

我热烈祝贺全军政治工作会议的召开！

华主席、党中央和中央军委非常关怀这次会议，非常重视军队政治工作建设。华主席的讲话，非常重要，我完全赞成。韦国清同志作了《在新的历史条件下发扬政治工作优良传统，提高我军战斗力》的报告，这个报告很好，我完全同意。虽然前一段时间我在外地，但一直关心着这次会议。1975年，军委就提出要召开这样一个会，由于王张江姚"四人帮"的破坏捣乱，没有开成。现在开成了，开得好，全军同志多年的愿望实现了。"人逢喜事精神爽。"我的心情和同志们一样，十分高兴。

这次会议着重解决在新的历史条件下，如何发扬政治工作优良传统，提高我军战斗力的重大课题。这就抓住了关键，抓住了主要矛盾。同志们要我讲话，讲什么呢？我想讲一讲政治工作是我军生命线的问题。

毛主席从缔造我军之日起，就把革命的政治工作作为我军的生命线来看待。我们军队是党的军队，没有党的领导，没有政治工作从政治上、思想上、组织上保证党对军队的绝对领导，军队就没有生命了。全心全意为人民服务是我军的唯一宗旨，没有政治工作唤起干部战士的无产阶级觉悟，抵制资产阶级和各种非无产阶级思想的侵蚀，就不能坚持我军的宗旨，就要脱离人民。团结是我军的力量所在，没有政治工作保证我军内部和外部的坚强团结，保证组织上的纯洁和巩固，军队就会涣散、瓦解。纪律是执行路线的保证，没有政治工作保证在自觉基础上的严格的军事纪律和政治纪律，军队就会成为一盘散沙。我军是一个执行革命政治任务的武装集团，是要打仗的，要解决为谁当兵、为谁打仗这个根本问题，使部队具有高昂的战斗意志，压倒一切敌人的英雄气概，为实现党的纲领、路线和任务而英勇战斗，赴汤蹈火，在所不辞。所有这些，没有强有力的政治工作是不行的。政治工作是我军战斗力的源泉。

我说了这些，归根到底，就是我们军队在任何时候，任何条件下，政治工作只能加强，不能削弱。否则，我军就有脱离党的领导的危险，就有改变无产阶级性质的危险，就有失去战斗力的危险，就有被资产阶级野心家篡夺领导权的危险。党在军队中的政治工作关系着我军的强弱、胜败、生存和发展。政治工作是我军的生命线，我想，它的深刻含义就在这里。1954年，毛主席重申了政治工作的重要，在审批《中国人民解放军政治工作条例》时，亲笔写下了："中国共产党在中国人民解放军中的政治工作是我军的生命线。"

回顾一下我军发展壮大的历史，对为什么说政治工作是我军的生命线，就会认识得更清楚更深刻了。我们许多老同志曾亲眼看见过毛主席在秋收起义和我军初创时期，怎样把马列主义的普遍真理同中国革命的具体实践相结合，创建了我军的政治工作。许多老同志都直接聆听过毛主席关于不能忽视政治工作的语重心长的教导，聆听过如何做好政治工作的深入浅出、生动具体的指示。许多老同志也亲自看到由于政治工作的威力，我们这支无产阶级军队，从小到大，从弱到强，威武不屈，勇往直前，胜利不骄傲，困难不动摇。我想，在座的同志，全军的老同志，都可以用自己的经历来证明，政治工作确确实实是我军的生命线。

三湾改编，是毛主席创立我军政治工作的开端。当时，毛主席主要解决两个根本问题，一个是建立共产党的各级组织，班有小组，连有支部，营团建立党委，连以上各级设党代表，并且成立了党的前敌委员会，毛主席亲自担任书记。这样，红军便完全置于党的绝对领导之下。再一个是破除旧军队的习气和带兵方法，确立了我军的官兵关系是阶级兄弟的关系。

井冈山斗争时期，毛主席提出，无产阶级思想的领导对于我军至为重要。强调要加强政治教育，使红军士兵懂得不是为他人打仗，而是为自己为人民打仗。官兵一致、军民一致、瓦解敌军的政治工作三大原则，这时，实际上已经形成。毛主席把无产阶级的民主主义运用于军队建设，这是个伟大的创造。我军官兵在政治上完全平等，在生活上艰苦与共，俘虏兵一到红军，就感到红军与白军是两个完全不同的世界。部队打下茶陵以后，毛主席制定了三大纪律六项注意，后来发展为三大纪律八项注意，这是个很了不起的事情。它是无产阶级军队本质的体现，也是政治工作三大原则在纪律上的体现。红军的官兵关系很亲密，就像长兄幼弟，军民也很团结，就像鱼水相依。干部的模范作用很好，就连我们的毛主席和朱总司令也和大家一起挑粮背米。那时生活很艰苦，战斗很频繁，敌军围困万千重，我自岿然不动，就是靠党的领导，靠政治工作。毛主席在《井冈山的斗争》的光辉著作中，谈到北伐战争的经验教训时说过，当时由于陈独秀机会主义路线的统治，我们在国民党军队中的党组织，完全没有抓住士兵，就是在叶挺同志的部队也还是每团只有一个支部，所以经不起严重的考验。尽管这样，由于叶挺同志指挥的独立团，有共产党员，有党的组织，有党领导的政治工作，因而战斗力很强，成为威震敌胆的铁军。为什么叶挺同志的部队能够屡建战功，特别是汀泗桥关键性一仗，以少胜多，扭转战局，打败军阀吴佩孚的部队，主要原因就在这里。这也证明，军队中有无党领导的政治工作，情况大不一样。

古田会议，对我军建设，对我军政治工作的建设，都具有划时代的意义。毛主席亲自起草的古田会议决议，是我军建军的伟大纲领。毛主席强调要对部队进行马列主义和党的正确路线的教育，纠正各种非无产阶级思想。毛主席指出，不提高政治水平，不肃清党内各种偏向，便决然不能建立并扩大红军，更不能负担重大的斗争任务。毛主席着重批判了单纯军事观点，批判了把军事和政治两者对立起来，甚至认为军事可以领导政治的错误思想，明确指出军事是完成政治任务的工具。批判单纯军事观点，就是批判脱离党的领导，轻视和不要政治工作的倾向。如果不纠正这种倾向，我们军队就会走国民党军阀主义的道路。从古田会议到现在，我军的政治工作有很大的发展，但是它的根本原则，它的基础，还是古田会议奠定的。

二万五千里长征，是震惊世界的伟大壮举。遵义会议结束了王明路线的统治，确立了毛主席在全党的领导地位。以后我们党又粉碎了张国焘的退却逃跑路线和分裂党、分裂红军的阴谋，使长征得以沿着毛主席的路线胜利前进。长征途中遇到的困难是人类历史上罕见的，红军所表现的英勇顽强的革命精神也是史无前例的。在极端艰难困苦的情况下，政治工作显示了它的巨大威力。红军斩关夺隘，抢险飞渡，爬雪山，过草地，虽然风餐露宿，野菜充饥，但是官兵上下那种崇高的阶级友爱是十分动人的，出现了无数可歌可泣的英雄事迹。几十年过去了，此情此景，犹在眼前。如果没有毛主席的领导，没有党的正确路线，没有强有力的政治工作保证红军的顽强战斗力，要取得长征的胜利是难以想象的。

抗日战争的开始，是一个伟大的历史转折。红军改编成八路军、新四军，我们党和国民党结成了抗日统一战线。在这个重要关头，王明推行右倾投降主义路线，取消我军的政治委员制度，把政治部改成国民党那样的政训处。有个别人受国民党酒色逸乐的引诱，以做国民党的官为荣耀，不愿意再过艰苦的生活，新军阀主义开始抬头。毛主席坚决纠正了王明右倾投降主义路线，批判了新军阀主义倾向，及时恢复了政治委员制度和政治部，坚持了共产党绝对领导八路军、新四军的原则。当时，我们的毛主席亲自大力抓军队政治工作，1938年还亲自兼任总政治部主任。1942年，毛主席指示重印古田会议决议，发到连长，每人一本，要求大家当作课材，加以熟读。1944年，毛主席主持写成的留守兵团政治部《关于军队政治工作问题》的报告，是继古田会议决议之后，我军政治工作的又一历史性文献。它肃清了王明路线在政治工作上的影响，发扬了优良传统，进一步提高了我军政治工作的威信和地位。在毛主席领导下，伟大的整风运动和党的七大的胜利召开,使全党全军在政治上、思想上、路线上达到了空前的团结和一致。正是在这个基础上,充分地发挥了政治工作的作用,使我军经受住严酷的战争的考验,赢得了抗日战争的伟大胜利。

到了解放战争,我军政治工作又有了重大发展。1947年,毛主席亲自修改批发了辽东三纵队诉苦经验的报告,1948年,毛主席指示全军开展政治、经济、军事三大民主,开展用诉苦三查方法进行新式整军运动。这个运动,大大提高了全军指战员的政治觉悟、革命团结、纪律性和战斗力,加速了把俘虏兵改造为解放军战士的过程。这对以后实行战略决战,推翻蒋家王朝,取得全国胜利,起了不可估量的作用。

朝鲜战争,是第二次世界大战以后的一次大规模的现代战争。在志愿军出国作战的时候,毛主席亲自起草命令和指示,谆谆教导志愿军同志要尊重朝鲜的人民、军队、政府和党,尊重朝鲜人民的伟大领袖金日成同志,要爱护朝鲜的一山一水,一草一木,要同朝鲜同志休戚与共,生死相依,为战胜共同的敌人战斗到底。毛主席指出,这是完成抗美援朝军事任务的政治基础。正是由于贯彻执行了毛主席的指示,发扬了我军政治工作的优良传统,志愿军表现了高度的爱国主义、国际主义和革命英雄主义精神,成为最可爱的人,和朝鲜人民一道,打败了美国侵略者。

在长期革命战争中,毛主席创立的我军政治工作的一整套理论、路线、方针、原则和方法,到了社会主义革命和社会主义建设时期,又有了进一步的重大发展,不仅对军队的革命化现代化建设,而且对全国各条战线都有巨大的作用和深远的影响。

1960年军委扩大会议《关于加强军队政治思想工作的决议》,是集中了到会同志的集体智慧,大家动脑、动口、动手写成的,是毛主席主持修改和批准的。这个决议中提出的十四条基本内容,是继承和发扬了古田会议的传统,总结了全国解放以来军队建设和政治工作的经验。毛主席曾批示,这不仅是军队建设和军队政治思想工作的指针,而且它的基本精神,对于各级党组织、政府机关以及学校、企业部门等都是有用的。现在已经把林彪塞进的私货剔除,作为政治工作的学习文件。

在粉碎林彪和"四人帮"的斗争中,人民解放军经风雨,见世面,经受了严峻的考验,极大地提高了阶级斗争、路线斗争觉悟,提高了识别真假马列主义的能力和政策水平。广大指战员响应毛主席的号召,积极参加三支两军工作,尽管有林彪、"四人帮"的干扰破坏,但主流是好的。我军的政治工作在斗争中也取得了新的经验。

是坚持加强政治工作,还是取消削弱政治工作,历来是党内两条路线斗争的一个重要方面。王明先是"左",搞教条主义,后是右,搞取消主义,张国焘搞军阀主义、分裂主义,他们都反对毛主席创立的我军政治工作,反对党对军队的绝对领导。林彪、"四人帮"是一伙穷凶极恶的反革命,他们对我军政治工作破坏之严重,达到了登峰造极的地步。从王明、张国焘到林彪、"四人帮",他们用种种手法,毁坏我军政治工作这个生命线,都是要改变我军无产阶级性质的。

林彪一上台就全面破坏我军政治工作,破坏党的革命学风,反对完整系统地学习马列主义、毛泽东思想。他搞所谓政治冲击一切,实际上是用资产阶级政治冲击无产阶级政治。他玩弄反革命两面派手法,表面上把政治工作捧到天上,实际上是把无产阶级的政治工作摔到地下。"四人帮"同林彪是一丘之貉。他们歪曲篡改马列主义、毛泽东思想,大搞假左真右,推行法西斯专制主义,妄图从根本上改变我军的无产阶级性质,使军队脱离党的领导,成为他们篡党篡国的工具。

林彪、"四人帮"一脉相承,不仅从理论、思想、作风上破坏我军政治工作,破坏政治工作实事求是的作风和生动活泼的局面,而且处心积虑地从组织上摧垮、搞乱我军政治机关。先是林彪"砸烂总政阎王殿",后来"四人帮"又继续整总政,打"闷棍"。他们给全军政治工作的最高领导机关总政治部加上种种莫须有的罪名,并把下面一些政治机关诬蔑为"阎王分殿"、"阎王殿的缩影",等等。他们这样干,完全是个阴谋。这决不单单是一个破坏总政的问题,而是明目张胆地把矛头指向毛主席、党中央、中央军委。他们的险恶用心,是要全盘否定新中国成立以来我军政治工作的成绩,使全军政治工作失去统一领导,从而达到反军乱军、篡党夺权的罪恶目的。罗荣桓同志在世时,就同林彪作过针锋相对的斗争。罗荣桓同志对我军的政治工作有重大建树,是我们总政治部的一位好主任,是我们大家学习的榜样。新中国成立以来,在毛主席和党中央、中央军委的领导下,我军政治工作是有卓著成绩的,是继承和发扬了政治工作优良传统的,是保证了党的路线、方针、政策贯彻执行的,是团结全军完成了党赋予的各项战斗任务的。我们绝大多数政治干部是好的和比较好的。林彪、"四人帮"对总政治部和政治机关、政治工作干部的一切诬蔑不实之词,必须统统予以推倒。对他们在政治工作领域里的恶劣影响,必须彻底肃清。林彪、"四人帮"对我军政治工作的破坏是严重的,但是,只要彻底肃清了他们的流毒,总结了正反两个方面的经验,我军的政治工作必定会有一个新的更大的发展。对于这一点,我们是充满信心的。

我军经过20多年的战争之后,又经历了20多年的和平环境，各方面发生了新的变化，出现了许多新的问题，由于林彪、"四人帮"的干扰破坏，这些问题更加突出了。在这样新的历史条件下，政治工作一定要恢复和发扬古田会议以来的优良传统，充分发挥政治工作的领导作用和保证作用，认真整顿军队，提高战斗力。华主席在科学大会上讲过："在我国社会主义革命和建设新的发展时期中，政治思想工作不但不能减弱，而且更要加强"，"使政治思想工作成为实现社会主义现代化的重要保证。"政治工作过去是我军的生命线，在新的历史条件下仍然是我军的生命线。

我军是无产阶级专政的柱石。为保卫新时期总任务的胜利实现，对付社会帝国主义、帝国主义可能发动的侵略战争，我们要准备打仗。那种当"和平兵"、"和平官"的思想，是要不得的。资产阶级的思想，小生产的习惯势力，都会损害我军的战斗意志。我们一定要抓好意识形态领域里的阶级斗争，提高干部战士的阶级斗争和路线斗争的觉悟，牢固树立我军永远是个战斗队的思想，随时准备为保卫祖国和解放台湾而战。现代战争比过去更残酷更激烈，这就需要有更高的政治觉悟和牺牲精神，更精更强的技术战术、军事本领和指挥艺术，更坚强的团结，更严格的纪律，更高度的集中统一。所有这一切，都离不开政治工作。未来的反侵略战争，仍然要靠毛主席教给我们的人民战争这个法宝来取胜。要充分发挥野战军、地方军和民兵三结合武装力量体制的威力，动员起亿万人民群众，陷敌于汪洋大海之中，都要由强有力的政治工作去组织去发动。在这里，我读一下毛主席在抗日战争初期写的《论持久战》中的一段话："这个政治上动员军民的问题，实在太重要了。我们之所以不惜反反复复地说到这一点，实在是没有这一点就没有胜利。没有许多别的必要的东西固然也没有胜利，然而这是胜利的最基本的条件。"毛主席这段话，精辟地透彻地指明了政治工作在战争中的地位和作用，对我们赢得未来反侵略战争的胜利，仍然具有伟大的指导意义。

同志们，我还想讲一下，如何把革命接班人培养出来，把我党我军的优良传统传下去的问题。这是我们政治工作要抓的大事情。我们的老同志要有"踏遍青山人未老"的革命情操，把革命工作做到底，把革命的接班人选拔培养出来。大家都要当伯乐，慧眼识人，知人善任。我们有伟大的毛泽东思想，有华主席为首的党中央、中央军委的正确领导，有毛主席规定的接班人的五个条件和"三要三不要"的基本原则，有老同志热心的传帮带，有全军院校的努力，有年轻同志的勤奋学习，刻苦实践，我相信，优秀的接班人一定会大批地成长起来。这样，我们也就放心了。朱德同志在一首诗里说得好："我党英雄真辈出，从兹不虑鬓毛斑。"

在新的历史条件下，恢复和发扬我军政治工作的优良传统，提高我军战斗力，是全军的共同任务。各级党委要做，政治委员要做，军事指挥员要做，后勤干部、技术干部要做，干部要做，战士也要做。当然，政治机关、政治干部更是责无旁贷。总之，要形成一个人人都来做政治工作的大好局面，这样，政治工作才能发挥出无穷的力量。全军同志都要维护政治工作的威信，而政治工作威信的提高，主要是靠政治委员、政治机关和各级政治干部的模范作用。我们政治干部要充分意识到自己责任重大，岗位光荣。

导师创业垂千古。我们伟大的领袖和导师毛主席为中国人民的革命事业，建立了丰功伟绩，其中就包括了创建我军政治工作这个伟大业绩，它也是千古不朽的。毛主席关于革命军队政治工作的学说，是无产阶级军事科学的一个重要组成部分，是马克思主义军事学说的重大发展。它是前无古人，举世无双的。我们一定要完整准确地学习毛主席关于政治工作的理论和指示，全面系统地把它继承下来，并在新的历史条件下加以运用和发展。我们要学习毛主席的光辉思想和伟大革命实践，学习周总理、朱委员长等老一辈无产阶级革命家崇高的革命品德，为做好我军政治工作，保持无产阶级军队的性质，加速我军革命化现代化建设，贡献出自己的全部力量。

最后，我热切地期望同志们在华主席为首的党中央、中央军委领导下，团结一致，在新的长征中建立新功！

全国人大常委会副委员长乌兰夫在北京会见由韦尔基斯率领的印度记者组

国务院副总理陈锡联在北京会见国际民用航空组织秘书长伊夫斯·朗贝

国务院副总理陈慕华在北京会见瑞典教育大臣布丽特·莫戈德女士一行

国务院副总理谷牧在波恩与联邦德国政府副总理兼外交部部长根舍举行会谈

以冶金部部长唐克为团长的中国钢铁工业代表团结束在英国的访问

代表团在访问期间参观了英国国营钢铁公司的一些主要钢铁厂和一些私营炼钢厂，参观了机械公司和电力公司等单位。

唐克团长同英国政府官员、英国钢铁公司和冶金设备制造有限公司的负责人就两国间在钢铁工业方面的技术交流和合作广泛地交换了意见。

5月30日

国务院副总理邓小平在北京会见阿根廷经济部部长何塞·阿·马丁内斯·德奥斯博士

邓小平说,我们愿意同拉美国家加强相互来往,增进彼此了解。我们两国的贸易交往很有发展前景。我们都愿意扩大我们两国经济和其他领域之间的友好合作关系。

会见时在座的有我国外贸部部长李强,交通部部长叶飞,外经部副部长魏玉明,有关方面负责人孙锁昌、申志伟、袁庚等。

国务院副总理李先念在北京会见多哥水电代表团

中国政府和阿根廷政府贸易协定正式生效

外贸部部长李强和交通部部长叶飞分别同阿根廷共和国经济部部长何塞·阿·马丁内斯·德奥斯博士签署了关于交换中国和阿根廷两国政府贸易协定正式生效文件的纪要和两国政府海运协定。

陈慕华副总理出席了签字仪式,并在签字仪式前会见了马丁内斯·德奥斯部长和由他率领的阿根廷经济代表团,同他们进行了亲切友好的谈话。

签字仪式上,中阿双方还交换了有关商标注册和相互免除海运企业税捐的文件。

出席签字仪式的还有我国外贸部副部长王润生,交通部副部长曾直;阿根廷驻中国大使费德里科·德尔索拉尔·多雷戈等。

中国社科院在北京举行凉山彝族奴隶社会问题讨论会

会议5月30日至6月2日举行。参加会议的有北京地区从事考古、中国古代史、世界古代史和民族研究的理论工作者以及编写《凉山彝族奴隶社会》一书的同志共70余人。大家在“百家争鸣”方针指导下,敞开思想,各抒己见,就解放前凉山彝族奴隶社会性质等问题进行了热烈的讨论,并对《凉山彝族奴隶社会》的编写提纲提了意见。

到会同志认为,川、滇两省交界处的大小凉山彝族,解放前还保留着现代世界上罕见的人类社会发展历史上的第一个阶级社会——奴隶社会。凉山彝族奴隶社会的客观存在,不仅证明了马克思主义关于奴隶社会是人类社会历史发展的必经阶段的论断的正确性,同时又以它自身的生动材料和鲜明特点丰富了我们对人类历史上奴隶社会形态的认识。因此,写出一部如实反映凉山彝族奴隶社会真正面貌的《凉山彝族奴隶社会》,是很必要、很有意义的。

会上,大家还就《凉山彝族奴隶社会》一书所涉及的一些重大理论问题,如亚细亚生产方式,奴隶和奴隶制的类型,解放前凉山彝族社会性质、发展阶段、族源,凉山彝族奴隶社会的形成、发展和演变及其长期存在的原因等问题,进行了认真地探讨。

5月31日

国务院副总理李先念在北京会见以工党上院议员罗兹勋爵为团长 保守党下院议员哈尔·米勒为副团长的英国议员团

全国人大常委会副委员长邓颖超在北京会见日本社会党已故前委员长浅沼稻次郎的夫人浅沼享子

浅沼稻次郎先生是中国人民熟悉的老朋友,他为中日友好事业献出了宝贵的生命。会见时,邓颖超副委员长同浅沼夫人亲切握手,互致问候。邓副委员长说,浅沼先生生前为中日友好事业所做的宝贵贡献,中国人民是永远忘不了的。她说:你多次访问我国,也是我们的老朋友、好朋友。今天又有机会同你见面,我感到特别高兴。宾主愉快地在一起畅叙友情。邓副委员长说,几年前,周恩来总理邀请你到我们家里做客,那次你送给我的一个精美的玻璃花瓶,我一直保存着,用来插花,这体现了我们之间的友谊。浅沼夫人说,你如此珍惜我们之间的友情,我感到很幸福。会见后,邓副委员长设宴招待浅沼夫人和她的秘书奥泽喜久荣。

参加会见同浅沼夫人一起欢聚的有林丽韫、王晓云、孙平化等。

我国第一台高能加速器预研工程在北京动工

我国第一台能量为300亿电子伏特到500亿电子伏特的高能环形质子同步加速器的预制研究工程,在北京动工兴建。

高能加速器是高能物理研究必不可少的科学实验设备。高能物理是研究“基本粒子”内部结构及其运动转化规律的一门科学,它是当代自然科学基础理论研究的前沿。追溯自然科学的发展史,人类对物质微观结构的认识每深入一步,都曾引起生产力的巨大变革,高能物理研究的突破,将使生产力的发展产生革命性的变化。

我国第一台高能环形质子同步加速器预制研究工程的动工建造,标志着我国高能物理的研究进入了一个新的发展阶段。这项现代化的科学工程,规模庞大、技术复杂、设备精尖,它的建设将会促进我国新材料、新技术、新工艺的发展,从而带动工业水平的提高,而且将为原子核物理、化学、生物学、医学等许多基础科学研究和国民经济、国防建设的应用研究提供有力的手段，培养大批科学技术人才，推进我国四个现代化的进程。

对鲁国都城进行全面系统的勘探和发掘工作基本结束

在山东省曲阜县，文物考古工作者对两千多年前西周、东周时的鲁国都城遗址进行了勘探、发掘。从已经显露出来的城市布局、街道、作坊的遗址，可以想见到当时这座城市是相当繁华的。

对鲁国都城进行全面系统的勘探和发掘工作，是从1977年3月开始，于今年5月底基本结束的。现已查明：这座都城的平面大致呈扁长方形，城的周长23.7里，面积39.5平方里。今天的曲阜县城仅占鲁故城西南角的一小部分。勘探中发现了11座城门，东、西、北各3座门，南两座门，与文献上所记载的12座门不相符合。在都城内还探出了8条交通干道。这些干道大部分和城门相连接，其中南东门内的干道，向北通向位于城中部的鲁国宫殿遗址。钻探资料说明，宫殿地下大型夯土基址的范围广泛，东西绵延达一两里。

鲁国都城绝大部分城墙的遗迹都还存在，有的至今仍露在地面上。从几处解剖的城墙探沟资料得知，第一期城墙建于西周，当时城墙的厚度约四五米，以后又陆续在这期城墙的里外加厚，有的探沟显出八次修筑的痕迹。勘探中，在东北部城墙的下面和城内西北、西南部，还发现了更早时期的居住遗迹。这说明西周鲁国在此建都以前，这里就已是稠密的居民区。考古人员初步分析了这些遗址出土的陶器，认为这些遗址可能属于殷商时期。

勘探情况表明，在鲁国都城的西部和西北部有制陶遗址，西北部和北部偏西的地方有加工骨制品的遗址，北关北部村旁、故城东北部盛果寺村东和林前村西北有冶铁遗址，盛果寺村北有冶铜遗址。另外，在鲁国都城的南部和西南部还发现了一座小城遗址，呈长方形，南北3里，东西5里，试掘证明北城墙筑于秦汉以后，可能是汉时的鲁县县城。

这次勘探和发掘鲁国都城遗址的工作，对我国古史研究和考古研究具有重要意义。

6月1日

《人民日报》发表中国人民保卫儿童全国委员会主席宋庆龄的文章《希望寄托在新一代的身上——为1978年“六一”国际儿童节而作》

1978年“六一”国际儿童节来到了，在全国人民向社会主义四个现代化进军的响亮号声中来到了。

小朋友们，少先队员们，我向你们致以热烈的节日祝贺！

儿童保育工作者，儿童教育工作者，以及从事儿童读物写作的同志们！在这欢乐的节日里，我向你们，为培育“祖国的花朵”而付出大量心血和劳动的“辛勤的园丁”们，致以崇高的敬礼！

6月里，阳光灿烂，花木繁茂。这对祖国的新一代来说，是一个美好的象征。在华主席为首的党中央粉碎“四人帮”之后的今天，祖国的少年儿童正像六月的花木一样，更加蓬蓬勃勃地成长着。我高兴地看到：在学校里，儿童们比过去任何时期都更加珍惜时间，重视学习。他们如饥似渴地学习革命的道理，学习科学文化知识。他们遵守纪律，热爱劳动，爱清洁，讲卫生，为树立良好的社会风尚做了不少好事。他们朝气蓬勃，身心健康，天天向上。我从他们身上再一次看到革命的未来，祖国的希望。

我是上一个世纪出生的人。透过几十年的历史风雨，我亲眼看到了中国儿童在各个时期的不同命运。在暗无天日的旧社会，无数穷苦家庭的孩子们，或是流浪街头，挨户乞讨，或是同他们的父兄一样，给地主资本家做牛做马，多少幼小的花朵在凄风苦雨下过早地凋谢了！共产党、毛主席领导中国人民，推翻了“三座大山”，解放了全中国，中国儿童才开始了幸福的生活。可是，正当五星红旗下出生的新一代，沐浴着党的阳光雨露茁壮成长的时刻，林彪、“四人帮”向他们伸出了魔爪，毒害他们，摧残他们。林彪、“四人帮”不仅要打倒老一辈的无产阶级革命家，而且要毁灭新一代的无产阶级革命事业接班人。为了达到他们篡党夺权的罪恶目的，他们疯狂地破坏少先队组织和幼托组织，撤销儿童出版机构，打击和迫害儿童读物的作者。他们唆使青少年不读书、光捣乱；煽动学生反老师，妄图把小学生变成“头上长角，身上长刺”的人。历史是无情的。“四人帮”祸国殃民，恶贯满盈，逃脱不了历史的惩罚。华主席为首的党中央一举粉碎“四人帮”的伟大胜利，给我们的伟大祖国带来了新的春天，也给孩子们带来了春雨春风，使“祖国的花朵”开得更加鲜艳。

今天，我们的祖国进入了一个新的发展时期。华主席带领我们进行新的长征，到本世纪末，要把我国建设成为具有现代农业、现代工业、现代国防和现代科学技术的社会主义强国。伟大的领袖毛主席、敬爱的周总理和朱委员长等老一辈无产阶级革命家给我们留下的革命火炬，留下的未完成的伟大的无产阶级革命事业，将由我们的青年同志和少年儿童们，同自己的父兄一起，接过来，传下去，并且让这革命的火炬，照亮通往2000年的新的征途，照亮通往共产主义的前程。

我想借着庆祝节日的机会，向少年儿童工作者们说几句话。

华主席指示我们：“提高整个中华民族的科学文化水平，还有一个十分重要的、应当特别予以重视的方面，这就是青少年的培养。”

的确，这是应当特别重视的事情。少年儿童是无产阶级革命事业的接班人。广大的保育工作者肩负着光荣的责任。她们要为解除家长的“后顾之忧”辛勤劳动，为幼儿从小就身心健康地成长不断作出新贡献。儿童教育工作者更应当按照华主席的指示，通过自己的劳动，培养少年儿童的集体主义思想和共产主义情操，使他们从小就养成爱祖国、爱人民、爱劳动、爱科学、爱护公共财物的优良风尚。

培养新一代，家长的责任十分重大。家长是孩子们的第一个老师。他们的一言一行，都应该成为孩子们的榜样；应当使孩子们从自己的身上学到共产主义的思想、作风、道德标准和良好的生活习惯。

要把儿童们培育成为一个既有丰富的文化科学知识，又有社会主义觉悟的身体健康的新一代，必须创作和出版适合儿童阅读的大量课外读物。我在这里再一次呼吁：老红军、老干部、文学家、科学家、教育工作者，以及各条战线的同志们，都来参加并大力支持儿童读物的写作工作，担负起为新一代提供精神食粮的光荣责任。

少年儿童是初升的太阳，希望寄托在他们身上。培育新一代是全体人民的重大责任，需要家庭、学校和社会各个方面的互相配合才能做好。让我们在华主席为首的党中央的领导下，共同努力，做好这个工作。让新一代在新的长征的伟大进军中，带着我们几代人的希望，奋勇前进，一直走到光辉灿烂的共产主义时代！

北京少年儿童在首都体育馆举行庆祝“六一”国际儿童节大会

中国人民保卫儿童全国委员会副主席邓颖超出席大会，并讲了话。

全国妇联副主任史良、康克清，中共中央和政府各有关部门、全国总工会、共青团十大筹委会、中共北京市委、市革委会的负责人黄镇、王猛、杨纯、李颉伯、王照华、周培源、华罗庚、林巧稚、栗秀真、林佳楣、贾庭三、王磊、毛联珏、李立功等出席了大会。出席大会的还有著名的老科学家、劳动模范、战斗英雄,以及保育、幼教工作者,教师、少先队辅导员和少年儿童工作者等。

共青团北京市委负责人耿世忠首先在大会上讲话。他说:在这欢乐的节日里,我们恢复了中国少年先锋队这一具有光荣传统的少年儿童组织名称,这是大家盼望已久的大喜事。伟大领袖和导师毛主席、敬爱的周总理、朱委员长等老一辈无产阶级革命家都曾佩戴过我们的红领巾,多次参加过我们的活动。敬爱的邓颖超同志还亲自给新队员授过红领巾。千千万万的少先队员在队旗下茁壮成长起来,少年先锋队已成为广大少年儿童非常向往和热爱的组织。但万恶的"四人帮"千方百计地摧残少先队组织。以华主席为首的党中央粉碎了"四人帮",也挽救了青少年一代。我们要把少先队的优良传统发扬光大,在学校中造成一代新风,并积极促进整个社会风气的革命化,在今后的22年中努力做到毛主席号召的"三好",誓做忠于祖国、忠于革命、忠于马列主义毛泽东思想的新一代。

中国人民保卫儿童全国委员会副主席邓颖超在首都少年儿童庆祝"六一"国际儿童节大会上的讲话

亲爱的小朋友们,少先队员们,

各国的小朋友们!

今天是"六一"国际儿童节,也是全世界各国儿童共同的节日。

在这个欢乐的节日里,我怀着十分喜悦的心情,向你们致以热烈的祝贺,祝贺你们节日好!

今天到会的,还有保育工作者、幼教工作者、老师、辅导员和其他少年儿童工作者。他们都是精心培育社会主义幼苗的园丁。他们忠诚于党的教育事业,为培养革命后代辛勤劳动,我们向他们表示亲切的慰问,致以崇高的敬意!

"六一"儿童节,这是一个充满着生命力的最有意义的节日。因为儿童是社会主义的幼苗,祖国的未来,革命的希望。我们的伟大领袖和导师毛主席、敬爱的周总理、朱委员长等老一辈无产阶级革命家,从来都是最关怀少年儿童的。华主席在五届人大的政府工作报告中,提到了对青少年和儿童的教育。在新宪法中又明确规定"国家特别关怀青少年的健康成长"。我们保卫儿童全国委员会宋庆龄主席,一向十分关心儿童。大家都把希望寄托在你们的身上。"好好学习","天天向上",这是伟大领袖毛主席对我们少年儿童最宝贵的嘱咐,最殷切的期望。

在过去革命战争的年代里,在二万五千里长征中,有红小鬼,爬雪山,过草地。在革命根据地,有小八路、儿童团员、少先队员在毛主席、共产党、共青团的领导下,站岗、放哨、查路条、侦察敌情、传递情报等,有的甚至献出了自己的鲜血和生命,为革命作出了可歌可颂的英雄事迹,我们要纪念他们,学习他们。

新中国成立以来,广大少先队员学习革命先烈,继承光荣传统,爱祖国、爱人民、爱劳动、爱科学、爱护公共财物,英勇机智地同敌人、坏分子作斗争,为社会主义革命和社会主义建设贡献了一份力量。我们广大少年儿童没有辜负毛主席的教导,不愧为毛主席的好孩子,党的好孩子。

但是,林彪和王洪文、张春桥、江青、姚文元"四人帮"反党集团为了篡党夺权搞阴谋,对少年儿童也下了毒手。他们摧残少年先锋队,毒害广大少年儿童,反对毛主席的教导。他们打着反对"师道尊严"的旗号,挑动少年儿童反对老师;他们叫嚷"宁要没有文化的劳动者",唆使少年儿童不读书,不守纪律。他们还诬蔑17年的幼儿教育是"修正主义温床",使幼儿教育遭到极大破坏。林彪、"四人帮"千方百计想要毁掉我们下一代,也就是要毁掉祖国的未来,毁掉革命的希望,毁掉我们的社会主义。他们这个阴谋是永远不能得逞的!我们要继续深入揭批"四人帮"的罪行,肃清他们的流毒和影响。

华主席为首的党中央,一举粉碎了"四人帮",挽救了革命,也挽救了少年儿童。现在,我们的祖国一片欣欣向荣,我们少年儿童更是天天向上!今天,你们又恢复了少先队的光荣名称,戴上用革命先烈鲜血染红的红领巾。我热烈地祝贺你们!希望你们把少先队的优良传统发扬光大!

亲爱的小朋友们!少先队员们!今天,在华主席领导下,我们伟大的祖国又进入了一个新的发展时期。在这个新时期里,我们党提出了一个总任务,这就是要在本世纪内把祖国建设成为四个现代化的社会主义强国。这是一次新的长征。从现在到2000年,还有22年。你们想一想,22年以后,你们该是多大了?那时候,你们30岁左右,正是社会主义祖国的生力军,你们将会亲眼看到我们好几代人为之奋斗的宏伟目标,将要在你们的手中实现。我们的祖国要进入世界先进的行列。到那个时候,你们还要向更加宏伟的目标共产主义进军!

那么,在新的长征中,我们的少年儿童们该怎么样做呢?这里我来讲讲华主席对青少年的两点要求:

第一点,华主席说:"青少年要从小健全地发育身体,培养共产主义的情操、风格和集体英雄主义的气概。"

第二点，华主席说：青少年"还要从小养成爱科学、学科学、用科学的优良风尚"。

希望你们听华主席的话，树立革命的理想，培养共产主义的品德。从现在起就勤奋学习，向科学技术现代化进军；树雄心，立壮志，跟随华主席为首的党中央进行新的长征；为共产主义事业贡献自己的全部力量。

党在期待着你们，人民在期待着你们！

亲爱的小朋友们，少先队员们，努力奋斗吧！

最后，祝少年儿童们学习好，身体好，不断进步！

全国食品卫生工作会议在北京召开

会议指出，各行各业都必须充分重视这项工作，把我国的食品卫生提高到一个新水平，为实现新时期的总任务服务。

参加会议的代表认真回顾总结了我国食品卫生工作的历史和现状。他们说，在毛主席、周总理的亲切关怀下，新中国成立以来，我们的党和政府为不断改革食品卫生状况，做了大量工作。随着国民经济和文教卫生事业的迅速发展，我国的食品工业生产和食品卫生工作，取得了很大成绩。许多地区采用多种形式开展宣传教育工作，普及食品卫生知识。不少地区对食品卫生状况进行了广泛深入的调查研究。许多地区开展食品卫生大检查，通过互相学习，推动了食品卫生工作。还有不少地区和部门采取措施，加强食品卫生的管理工作，建立了必要的卫生制度。各个地区和各行业都涌现出一批食品卫生的先进单位。在这次会议上，交流和推广了八十多个先进单位的经验。

这次会议还讨论了1978年至1985年全国防止食品污染的规划和《中华人民共和国食品管理条例》。

王震副总理出席了会议并讲话。他说，我们必须做好防止食品污染的工作，保证人民群众的健康。要相信科学，研究科学。譬如，要合理使用化学农药，防止农药对农副产品的污染；要认真对待工业的"三废"，保持环境卫生，避免有毒物质对食品造成的污染。王震副总理还强调指出，普及食品卫生科学知识，要从少年儿童抓起，从中、小学的教科书抓起。

陈慕华副总理在会议闭幕时讲了话。她说，这次会议对搞好今后的食品卫生工作，必将是一个很大的推动。陈慕华副总理要求各级领导一定要重视食品卫生工作，认真贯彻执行国务院1974年提出的关于食品卫生工作的方针、政策和措施。要加强领导，大张旗鼓地进行宣传教育工作。要把搞好食品卫生工作纳入各地区、各部门的规划。

卫生部副部长黄树则代表全国食品卫生领导小组在会上作了报告。

卫生部部长江一真、轻工业部副部长王毅之、铁道部副部长王效斌、化工部副部长陶涛、外贸部部长助理杜毓沄、农林部顾问杨显东、商业部顾问魏今非、环境保护领导小组负责人王宗杰等都在会议上发了言，并提出了本部门做好食品卫生工作的规划和措施。

参加这次会议的，有各省、自治区、直辖市和各有关部门的代表，以及一些先进单位的代表共700人。

全国食品卫生工作会议是由卫生、轻工、商业、农林、化工、铁道、交通、外贸、供销、环境保护等部门联合召开的。

国务院副总理耿飚在北京会见参加中澳植物组织培养学术讨论会的外国科学家

会见时，耿飚副总理同这些科学家热烈握手，祝贺这次学术讨论会开得成功，对他们前来中国参加中澳植物组织培养学术讨论表示热烈欢迎，并感谢他们给中国科学家带来了他们科学研究方面的成果。耿飚副总理说，每个民族和国家都有自己先进的科学成就，我们要互相学习，互相支持，互相鼓励。宾主进行了热情友好的谈话。

参加会见的外国科学家是：澳大利亚的斯考克罗夫特博士、福索德博士、斯科特教授、麦科姆博士、兰格里奇博士；加拿大的甘博格博士、高国楠博士；德意志联邦共和国的麦尔彻斯教授；芬兰的蒂基尔斯德特教授；法国的尼斯奇博士；日本的山田康之教授；朝鲜的宋学根博士和张增钟；罗马尼亚的列格鲁基乌博士；英国的森德兰博士、柯京教授。澳大利亚驻中国大使伍达德也参加了会见。

会见时在座的有中国科学院副院长童第周、副秘书长秦力生，外交部副司长朱启祯，以及参加这次学术讨论会的中国科学家的代表。

国务院副总理谷牧在联邦德国进行访问

6月1日至5日，国务院副总理谷牧一行先后参观了斯图加特、法兰克福、美因茨等城市的一些工厂企业。

在此以前，谷牧副总理一行先后访问了汉堡、不来梅港和慕尼黑等地。中国客人参观了西德电子同步加速器研究中心、梅塞施米特—波尔科—布洛姆飞机公司、不来梅港货运码头和一家卡车工厂。

政协全国委员会副主席沈雁冰在北京会见由法中友协副主席莫里斯·蒙热率领的法国友好人士代表团

参加会见的有蒙热夫人，法国著名小说《大海的沉默》的作者维尔高尔和夫人，法国著名作家艾里阿和夫人。

会见时，沈雁冰副主席感谢法国朋友为促进法中友好所作的努力。维尔高尔把他的作品《变性的动物》,艾里阿把他的作品《骄傲的马》分别赠给沈雁冰副主席。沈雁冰副主席说,中国文学工作者将同法国和其他国家的文学工作者加强友好联系和文化交流,互相学习,交流经验。

会见时,对外友协副会长丁雪松、常务理事朱子奇在座。

襄渝铁路建成通车

沟通我国西南和中南地区的重要交通干线——襄渝铁路已经建成通车,从6月1日起正式交付国家使用。

襄渝铁路东起湖北襄樊,西抵四川重庆,全长916公里。它的东端与汉(武汉)丹(丹江)、焦(焦作)枝(枝城)铁路衔接,中段经阳(阳平关)安(安康)铁路与宝成铁路相通,西端与成渝、川黔两条铁路及长江相连。它是我国东西走向的又一条交通干线,具有重要的政治意义、经济意义和战略意义。

襄渝铁路是70年代初动工兴建的。铁路沿线山高峰险,川大流急,要穿过武当山、大巴山、华蓥山,三跨汉江,七过将军河,三十三次越过后河,横跨嘉陵江。全线有隧道405座,其中长达3000多米的隧道12座,5000米以上的隧道两座;有桥梁716座,最高的达76米,最长的达1600多米。桥、隧长度占线路总长的45%,相当于一条从北京到石家庄的地下铁道和一座从辽东半岛到胶东半岛的跨海桥梁。襄渝铁路沿线地质复杂,许多地段上傍悬崖,下临深涧,有35个车站建在桥上或隧道里。兴建这条铁路,同建设成昆铁路一样,是我国筑路史上的壮举。

6月2日

中共中央主席华国锋和中共中央 中央军委领导同志再次出席全军政治工作会议

中共中央、中央军委主席华国锋,中共中央、中央军委副主席叶剑英、邓小平,中共中央副主席李先念、汪东兴,中央军委副主席徐向前、聂荣臻出席会议。

出席会议的党和国家其他领导人有,韦国清、乌兰夫、纪登奎、吴德、张廷发、陈永贵、陈锡联、陈慕华、赛福鼎,中央军委负责人罗瑞卿。

中共中央政治局委员、总政治部主任韦国清主持了会议。

参加全军后勤工作会议的代表,一起听取了邓副主席的重要讲话。

人民解放军各总部、军兵种、国防科委、国防工办、军事院校、北京部队等单位的负责人出席了会议。他们是:杨勇、张爱萍、张才千、李达、王尚荣、何正文、伍修权、迟浩田、梁必业、徐立清、傅钟、黄玉昆、颜金生、张震、王平、谭政、黄克诚、王建安、萧劲光、杜义德、高厚良、余立金、宋承志、金如柏、陈鹤桥、黄新廷、莫文骅、钟汉华、谭善和、王六生、吕正操、李人林、李耀文、段苏权、李聚奎、陈漫远、秦基伟、傅崇碧、廖汉生、李志民、孔石泉。

中央军委副主席邓小平在全军政治工作会议上的讲话

同志们!

这次全军政治工作会议,是继军委会议之后军队召开的又一次重要的历史性会议。华主席和叶副主席的讲话,很深刻,很重要,我完全赞成。韦国清同志的报告很好,我完全同意。

会议讨论和修改了加强政治工作的决议、政治工作条例、干部服役条例三个草案。这些文件经过军委审定之后,军队政治工作也就有了章程。

这次会议着重研究和解决在新的历史条件下,发扬政治工作的优良传统,提高我军战斗力的问题。会议根据毛主席的思想,针对部队的实际,提出问题,分析问题,解决问题,很好,很必要。这次会议,中心突出,主题明确,精力集中,越开越好。会议的风气正,发扬民主,畅所欲言,对原则问题又不含糊,给下边作了好样子。总之,会议开得很圆满,很成功。

我讲四个问题:

第一个问题,讲讲实事求是。

我们开会,作报告,作决议,以及做任何工作,都为的是解决问题。我们说的做的究竟能不能解决问题,问题解决得是不是正确,关键在于我们是否能够理论联系实际,是否善于总结经验,针对客观现实,采取实事求是的态度,一切从实际出发。我们只有这样做了,才有可能正确地或者比较正确地解决问题,而这样的解决问题,究竟是否正确或者完全正确,还需要今后的实践来检验。如果我们不这样做,那我们就一定什么问题也不可能解决,或者不可能正确地解决。

我们党有很多同志坚持学习马列主义、毛泽东思想,坚持把马列主义的普遍真理同革命实践相结合的原则,这是很好的,我们一定要继续发扬。但是,我们也有一些同志天天讲毛泽东思想,却往往忘记、抛弃甚至反对毛主席的实事求是、一切从实际出发、理论与实践相结合的这样一个马克思主义的根本观点,根本方法。不但如此,有的人还认为谁要是坚持实事求是,从实际出发,理论和实践相结合,谁就是犯了弥天大罪。他们的观点,实质上是主张只要照抄马克思、列宁、毛主席的原话,照抄照转照搬就行了。要不然,就说这是违反了马列主义、毛泽东思想，违反了中央精神。他们提出的这个问题不是小问题，而是涉及怎么看待马列主义、毛泽东思想的问题。

马列主义、毛泽东思想的基本原则，我们任何时候都不能违背，这是毫无疑义的。但是，一定要和实际相结合，要分析研究实际情况，解决实际问题。按照实际情况决定工作方针，这是一切共产党员所必须牢牢记住的最基本的思想方法、工作方法。实事求是，是毛主席思想的出发点、根本点。这是唯物主义。不然，我们开会就只能讲空话，不能解决任何问题。

毛主席从参加共产主义运动，缔造我们党的最初年代开始，就一直提倡和实行对于社会客观情况的调查研究，就一直同理论脱离实际、一切只从主观愿望出发、一切只从本本和上级指示出发而不联系具体实际的错误倾向作坚决的斗争。毛主席1929年在古田会议的决议中就尖锐地反对主观主义的指导，认为这种指导，“其必然的结果，不是机会主义，就是盲动主义”。1930年，毛主席专门写了《反对本本主义》这篇文章，提出“没有调查，没有发言权”的科学论断。毛主席坚决反对在共产党内讨论问题的时候，开口闭口拿本本来，以为上了书的就是对的这种错误的心理。毛主席说：“盲目地表面上完全无异议地执行上级的指示，这不是真正在执行上级的指示，这是反对上级指示或者对上级指示怠工的最妙方法。”又说：“我们说马克思主义是对的，决不是因为马克思这个人是什么‘先哲’，而是因为他的理论在我们的实践中在我们的斗争中证明了是对的。我们的斗争需要马克思主义。我们欢迎这个理论，丝毫不存什么‘先哲’一类的形式的甚至神秘的念头在里面。”

在战胜了使中国革命遭到严重失败的王明“左”倾路线以后，毛主席总结了这次斗争的教训，在1936年和1937年写下了《中国革命战争的战略问题》《实践论》《矛盾论》等一系列不朽著作，奠定了我们党的思想理论基础。毛主席指出：“马克思主义者认为，只有人们的社会实践，才是人们对于外界认识的真理性的标准。……辩证唯物论的认识论把实践提到第一的地位，认为人的认识一点也不能离开实践，排斥一切否认实践重要性、使认识离开实践的错误理论。”“我们的教条主义者是懒汉，他们拒绝对于具体事物做任何艰苦的研究工作，他们把一般真理看成是凭空出现的东西，把它变成为人们所不能够捉摸的纯粹抽象的公式，完全否认了并且颠倒了这个人类认识真理的正常秩序。”毛主席在谈到战争的指导原则的时候指出：“指挥员的正确的部署来源于正确的决心，正确的决心来源于正确的判断，正确的判断来源于周到的和必要的侦察，和对于各种侦察材料的连贯起来的思索。”我们过去打仗，都懂得不研究我情敌情，做不到知己知彼，就要打败仗。

但是，党内有些反对毛泽东思想的人并没有由于毛主席的这些教导而改变他们的立场。因此，毛主席在1941年、1942年发起了伟大的整风运动。毛主席的《〈农村调查〉的序言和跋》《改造我们的学习》《整顿党的作风》《反对党八股》等著作，就是这次整风运动的主要文献。毛主席在整风运动中反复强调实事求是、从实际出发的根本观点，根本态度。毛主席说：“‘实事’就是客观存在着的一切事物，‘是’就是客观事物的内部联系，即规律性，‘求’就是我们去研究。我们要从国内外、省内外、县内外、区内外的实际情况出发，从其中引出其固有的而不是臆造的规律性，即找出周围事变的内部联系，作为我们行动的向导。”“这种态度，就是党性的表现，就是理论和实际统一的马克思列宁主义的作风。这是一个共产党员起码应该具备的态度。”而与此相反的反科学的反马克思列宁主义的主观主义的方法，则“是共产党的大敌，是工人阶级的大敌，是人民的大敌，是民族的大敌，是党性不纯的一种表现”。毛主席告诫全党同志不应当“把马克思主义的理论当成死的教条”，“把马克思列宁主义书本上的某些个别字句看作现成的灵丹圣药，似乎只要得了它，就可以不费气力地包医百病”。“这样就阻碍了理论的发展，害了自己，也害了同志。”毛主席指出：“真正的理论在世界上只有一种，就是从客观实际抽出来又在客观实际中得到了证明的理论。”根据这种马克思主义的根本观点，毛主席在党的七大的报告中，把理论和实践相结合的作风，规定为我们党的三大作风的第一项。

在这以后，毛主席继续反复多次地讲了这种观点，这种作风。例如，1953年，毛主席说：“中央领导机关是一个制造思想产品的工厂，如果不了解下情，没有原料，也没有半成品，怎么能够制造出产品？”1956年，毛主席说：“理论与实践的统一，是马克思主义的一个最基本的原则。按照辩证唯物论，思想必须反映客观实际，并且在客观实际中得到检验，证明是真理，这才算是真理，不然就不算。”1958年，毛主席说：“任何英雄豪杰，他的思想、意见、计划、办法，只能是客观世界的反映，其原料或者半成品只能来自人民群众的实际中，或者自己的科学试验中，他的头脑只能作为一个加工工厂而起制成完成品的作用，否则是一点用处也没有的。人脑制成的这种完成品，究竟合用不合用，正确不正确，还得交由人民群众去考验。”1963年，毛主席在《人的正确思想是从哪里来的？》一文中指出：“人的正确思想，只能从社会实践中来”。又指出，由社会实践中产生的“思想（包括理论、政策、计划、办法）是否正确地反映了客观外界的规律，还是没有证明的，还不能确定是否正确”，只有放到社会实践中去，经过实践的考验，才能证明它“究竟是正确的还是错误的，此外再无别的检验真理的办法”。

毛主席历来坚持要用马列主义的立场、观点、方法来提出问题，分析问题，解决问题。毛主席历来是按照不同的时间、地点、条件讲问题的。毛主席讲过，我写文章，不大引马克思列宁怎么说。报纸老引我的话，引来引去，我就不舒服。应该学会用自己的话来写文章。当然不是说不要引人家的话，是说不要处处都引。主要的是要用马克思主义的立场、观点、方法来分析问题，解决问题。马克思主义的活的灵魂，就是具体地分析具体情况。马列主义、毛泽东思想如果不同实际情况相结合，就没有生命力了。我们领导干部的责任，就是要把中央的指示，上级的指示和本单位的实际情况结合起来，解决问题，不能当“收发室”，简单地照抄照转。

同志们请想一想，实事求是，一切从实际出发，理论和实践相结合，这是不是毛泽东思想的根本观点呢？这种根本观点有没有过时，会不会过时呢？如果反对实事求是，反对从实际出发，反对理论和实践相结合，那还说得上什么马克思列宁主义、毛泽东思想呢？那会把我们引导到什么地方去呢？很明显，那只能引导到唯心主义和形而上学，只能引导到工作的损失和革命的失败。

华主席、党中央是坚持实事求是、从实际出发、理论和实践相结合这个毛泽东思想的根本观点的。根据这个观点，华主席在党的十一大的报告中总结了党的第十一次路线斗争的经验，以后又在五届人大的报告中提出了新时期的总任务。华主席、叶副主席在去年军委会议上的报告，也是运用了同样的方法，提出了抓纲治军、准备打仗的新任务。正因为这样，这些会议就都得到全党全军和全国人民的热烈拥护。

全军的政治工作会议多年没有开了，现在开这样一次会议，应该采取什么方法呢？很明显，我们应该也只能采取实事求是、从实际出发、理论和实践相结合的方法，总结过去的经验，分析新的历史条件，提出新的问题、新的任务、新的方针。这样，我们的会议才能够解决问题，才能够解决得正确。韦国清同志的报告好，好就好在研究了新的历史条件下的问题，有针对性地提出了解决的办法。这就是我们在实际行动中坚决拥护毛泽东思想的表现。反之，如果我们只把过去的一些文件逐字逐句照抄一通，那就不能解决任何问题，更谈不到正确地解决什么问题。那样，即使我们口头上大讲拥护毛泽东思想，实际上也只能是违反毛泽东思想。我们一定要肃清林彪、“四人帮”的流毒，拨乱反正，打破精神枷锁，使我们的思想来个大解放，这确实是一个十分严重的任务。

第二个问题，讲一下新的历史条件。

在这次政治工作会议准备过程中，考虑到十一大开了，五届人大开了，军委会议开了，全党全军的路线、方针、任务都定了，这次全军政治工作会议要着重解决什么问题呢？从部队存在的问题和实际情况来看，最重要的，就是要研究和解决在新的历史条件下，怎样恢复和发扬政治工作的优良传统，提高我军战斗力的问题。这就是按照毛主席关于实事求是的教导，研究分析实际问题，解决实际问题。

我们是历史唯物主义者，研究和解决任何问题都离不开一定的历史条件。从民主革命到社会主义革命，我们经历了20多年的战争，又经历了20多年的和平环境，这是一个很大的变化。

对军队来说，由长期的战争环境转入和平环境，这是个最大的不同。我们政治工作的根本的任务，根本的东西，根本的内容没有变，我们的优良传统也还是那一些。但是，时间不同了，条件不同了，对象不同了，因此解决问题的方法也不同。

毛主席制定的三大纪律八项注意，就曾根据不同的情况，在具体内容上提出不同要求。开始规定了三项纪律，接着又提出了六项注意。三项纪律的内容后来也有变化，把不拿工人农民一点东西改为不拿群众一针一线，把打土豪要归公改为筹款要归公，后来又改为一切缴获要归公。六项注意增加了洗澡避女人、不搜俘虏腰包两项内容。到1947年重新颁布的三大纪律八项注意，内容上也有修改，上门板、捆铺草，改为不打人骂人，不损坏庄稼；洗澡避女人、不搜俘虏腰包，改为不调戏妇女、不虐待俘虏。三大纪律八项注意的基本精神不能变，也没有变，但怎样贯彻执行，如果不研究不结合新的情况，就贯彻不好。例如“一切缴获要归公”，现在没有打仗，就没有缴获要归公的问题，就要研究在新的历史条件下怎样执行这个原则。

军民一致，这个原则不能变。但现在我们同人民群众的关系也有了不同的内容。在农村，过去是个体经济，现在是集体经济；部队过去在农村，现在不少部队进了城市，住了营房，这就是新的情况。现在搞好军民关系，一个重要问题，就是要帮助集体经济的发展，一个军要研究是不是可以帮助一两个公社，附近有工厂的也可以研究如何帮助工厂。我们就是要按照新的情况，从各方面搞好军民关系，正确地解决军民关系问题。

军队内部也出现了许多新的变化。在韦国清同志的报告中对部队的组织状况、思想状况等方面的问题已经作了分析。现在，干部有很多新的情况，战士也有新的特点，教育对象不一样了，教育没有新的内容不行，忆苦思甜当然要搞，但只搞忆苦思甜就不够了，要研究如何在新的历史条件下提高战士的政治觉悟。就官兵关系来说，现在同战争时期就不同，怎样坚持官兵一致的原则，就要很好地研究。

后勤现在也在开会，也要着重研究后勤工作方面在新的历史条件下出现的新的情况和新的问题。比如，随着军事科学技术的发展和我军装备的逐步改善，后勤工作也出现了很多新情况。过去我们是小米加步枪，对后勤依赖还不算很大。现在不同了，无论是军需给养、武器弹药、装备器材，都得靠强大的后方供应。战争物资的储备，也在不断变化。这些都需要认真具体的研究。另外，过去我们家当比较小，现在家当大了，怎么把整个后勤工作管好，也是个新问题，需要有适应新情况的一系列制度和解决办法，同破坏财务制度、铺张浪费的现象作斗争。

以上讲的，都是在新的历史条件下出现的新情况和新问题。这次全军政治工作会议，提出在新的历史条件下发扬政治工作的优良传统，提高我军战斗力，是分析了政治工作的实际情况，提出和解决政治工作的具体工作路线和政策，这正是为了更好地完成新时期的总任务和抓纲治军、准备打仗的方针任务，完全体现了毛主席关于既要有总路线、总政策，又要有具体工作路线和具体政策的指示精神。如果我们不去分析和解决新的历史条件下存在的问题，我们就不能够恢复和发扬政治工作的优良传统，就不能够在没有打仗的情况下提高部队战斗力，也就不能够完成新时期的总任务。

我们的革命导师马克思、列宁、毛主席历来重视具体的历史条件，重视从研究历史和现状中找出规律性的东西来指导革命。那种否定新的历史条件的观点，就是割断历史，脱离实际，搞形而上学，就是违反辩证法。

第三个问题，不破不立。

我们讲实事求是，讲新的发展时期，讲新的历史条件，就要讲破和立。破，在当前和今后一个时期就是要深入揭批“四人帮”，要联系揭批林彪，肃清他们的流毒和影响。立，就是要完整地准确地掌握毛泽东思想体系，在新的历史条件下，恢复和发扬我党我军的优良传统和作风。

军队揭批“四人帮”总的情况是好的，我不多说了。但是运动的发展不平衡。我们一定要把这场斗争搞深搞透，进行到底，决不能捂盖子。

揭批“四人帮”，是当前和今后一个时期各项工作的纲。抓不好这个纲，是非就不明，阵线就不清，班子就配不好，作风就不能转变，团结就没有良好的基础，工作也搞不上去。总而言之，不破就不能立。

要把“四人帮”揭深批透，非联系揭批林彪路线不可。有人说，揭批“四人帮”联系揭批林彪，怕否定“文化大革命”，怕说是算历史旧账影响团结，这是不对的。

林彪、“四人帮”是一伙，早就勾结在一起，破坏无产阶级“文化大革命”。揭批“四人帮”，联系揭批林彪，正是清算他们破坏“文化大革命”的罪行，保卫毛主席亲自发动和领导的无产阶级“文化大革命”的伟大成果。

林彪对军队毒害很大，过去没有怎么批，被“四人帮”包下来了。他们不批林，假批孔，把矛头指向毛主席、周总理、叶副主席。揭批“四人帮”联系揭批林彪，这是顺理成章的事，不存在什么“纠缠历史旧账”的问题。

要增强团结，必须深入揭批“四人帮”，必须联系揭批林彪。这正是为了分清是非，在马列主义、毛泽东思想的基础上搞好团结。这样才能真正团结绝大多数。在第十次路线斗争中犯了错误，检查得好，真正改了的，一直表现不错的，我们就应该充分信任；坚持不改，又跟“四人帮”干坏事的，当然要从严处理。不这样做，就分不清是非，就搞不好团结，就无法实现整顿的任务。

揭批林彪、“四人帮”，必须联系实际，搞好各方面的整顿。整顿就要有破有立。整顿，主要是整顿领导班子，整顿作风。

当前调整好整顿好领导班子是个关键。有的单位问题成堆，老是解决不了，主要是领导班子没有真正调整好。要坚决执行军委会议关于那些人可以进班子，那些人不能进班子、不能重用的规定，抓紧把各级领导班子选配好，整顿好。

一定要把领导班子整顿好。1975年我们讲过“软”、“懒”、“散”三种情况，现在有些领导班子还是这个问题。要放手发动群众，揭露矛盾，搞清是非。要整掉“四人帮”的资产阶级帮派体系。还必须把资产阶级派性整掉、搞臭。

培养接班人，这件事关系到军队建设和未来反侵略战争的大局，非解决不可。年轻干部只要选得准，搞好传帮带，加强学校的培养，是能够接好班的。我们老同志在这个问题上，眼光要放得远一些，要积极发挥骨干作用，选好接班人，带好接班人。这件事做好了，我们才有资格去见马克思，见毛主席，见周总理。

整顿好领导班子，一个重要方面就是要把作风整顿好。各级领导人的作风要转变，要解决官僚主义的问题，不深入的问题。我们办事情，做工作，必须深入调查研究，联系本单位的实际解决问题。

军队的作风要作个好样子，就要解决一个提高工作效率的问题，要雷厉风行，艰苦奋斗，紧张快干。不能慢慢吞吞，拖拖拉拉，议而不决，决而不行。军队还是要讲三大纪律八项注意，一切行动听指挥，步调一致才能得胜利。

整顿，还有一个恢复政治机关的职能、作用、威信的问题。我们多次讲过，要在三几年内，把政治机关的职能、作用、威信恢复到红军时期、抗日战争时期、解放战争时期的水平。要做到这一点，就要破林彪、“四人帮”的那一套，立毛主席关于政治工作的理论和传统作风，并在新的条件下发展提高。这次会议之前，我又讲过，通过这次会议，要把政治机关的职能、作用、威信恢复起来，起码要起这个作用。

政治工作是党的工作，政治机关是党的工作机关。上级政治机关对下级党委、政治委员、政治机关的工作，应该进行指导，督促检查。这是我们的老传统。

整顿，一定要从严。不论整顿领导班子，整顿作风，整顿政治机关，没有一股子劲头不行。在整顿过程中，要严格考核干部，并且把它作为一项制度坚持下去。

第四个问题，以身作则。

这个问题很重要。领导干部，特别是高级干部以身作则非常重要。群众对干部总是要听其言，观其行的。连长指导员不以身作则，就带不出好兵来；领导干部不作出好样子，就带不出部队的好风气，就出不了战斗力。

现在，强调以身作则这个问题很必要。比如，调动了工作，就要搬房子，高级干部不带头怎么行？下了命令，要立即到职，高级干部要带头。艰苦奋斗，也要高级干部带头。

能不能深入下去，工作能不能落实，关键在于领导干部是不是以身作则，深入部队，调查研究，从实际出发，分析问题，解决问题。最近，不少单位领导干部开始下部队了，这是好现象。

我们说治军要严，首先对领导班子要严，对高级干部要严。高级干部要以身作则，做执行“三要三不要”基本原则的榜样，做艰苦奋斗的榜样，做实事求是的榜样。总之，做马列主义、毛泽东思想和革命实践相结合的榜样。

政治干部更要强调以身作则，我们过去在战争年代就是这样。那时，你打仗不勇敢，怕死，你不同战士心连心，不联系实际，不联系群众，做政治工作就没有人听。政治干部不能说的是一套，做的又是一套。红军时代的政治工作条例就规定：“政治指导员进行政治工作全凭本身直接接近群众和熟识红军战士”，“政治指导员不论在执行自己的职务上和个人行动上，均须做全体军人的模范，并且要在言论和事实上来表现”。我们要恢复和发扬政治工作的优良传统，也要靠政治干部以身作则。

今天，后勤会议同志也在。我要讲一下，后勤干部，特别是领导干部也要以身作则，不要“近水楼台先得月”。更重要的是要廉洁奉公，当好红管家。要严格遵守财经纪律，同违反财经纪律的现象作斗争，要同假公济私、开后门的现象作斗争。

我们的毛主席、周总理以身作则，严于律己，艰苦奋斗，几十年如一日，成为我党我军优良传统和作风的化身。他们的感人事迹在全党全军全国人民中，发生了多么巨大和深远的影响，不仅影响到我们这一代，而且影响到子孙后代。我们的干部，特别是老干部要以毛主席、周总理为榜样，用实际行动，搞好传帮带。

这次全军政治工作会议，是一个团结的会议，胜利的会议。要贯彻落实好这次会议精神，在座的同志是责无旁贷的，但更重要的是各级党委、政治委员要加强领导，亲自动手，狠抓落实。我相信，经过这次会议以后，全军的政治工作一定会有新的起色，毛主席亲自培育的我党我军的优良传统一定会发扬光大。

鞍钢党委为一批受迫害的老劳模平反

新华社报道：鞍钢党委为一批受“四人帮”迫害的老劳模彻底平反，恢复名誉，其中有老英雄孟泰、“走在时间前面的人”王崇伦、著名电机专家宋学文和模范家属王秀兰等。

全国人大常委会副委员长廖承志在北京会见以日本众议院议员 新自由俱乐部国会对策委员长山口敏夫为团长的日本日中友好新自由俱乐部之翼访华团一行

政协全国委员会文史资料研究委员会在北京召开第一次会议

出席会议的委员有80余人。会上，政协全国委员会副主席、文史资料研究委员会主任王首道和政协全国委员会秘书长齐燕铭分别就今后文史资料研究工作的方针任务讲了话。为贯彻落实五届政协章程规定的“搜集、整理、编写中国现代史、革命史等资料”的任务，决定成立革命史、政治、经济、军事、科技文教、工商、社会等组。

在各组分别举行的座谈会上，何长工、阎揆要、朱学范、裴丽生、吴觉农、吴雪之、黎澍、焦实斋等都作了发言。委员们心情舒畅，讨论热烈。大家重温了敬爱的周总理早年对文史资料工作的重要指示，无比激动，一致表示要本着实事求是的精神，编写亲身经历和所见所闻的文史资料，以供历史研究者参考。通过讨论，大家明确，要征集从戊戌以来各历史时期以及新民主主义革命时期的文史资料；还要注意征集重要历史事件的原始资料、函电、手稿等；同时，还要同各省区市的文史资料研究委员会(组)和有关单位加强联系，密切协作，为搞好文史资料工作作出贡献。

文史资料研究委员会在会议之后又召开了工作汇报会议。

6月3日

国务院副总理邓小平在北京会见民主柬埔寨政府负责外交事务的副总理英萨利

全国轻工业学大庆会议在北京开幕

参加会议的1800多名代表中，有大庆式企业、学大庆先进企业和先进集体的代表，有战斗在三大革命运动第一线的劳动模范和先进生产者，还有各省、自治区、直辖市轻工业部门的负责同志。

轻工业部部长梁灵光主持了大会开幕式。轻工业部副部长韩培信致开幕词。

韩培信副部长说：今年3月份，华主席亲自听取了轻工业部的汇报，并作了一系列重要指示，发出了“要大力发展轻工业”的号召，为轻工业的大干快上指明了方向。他说，高速度、高质量、高水平地发展轻工业，是全国人民的迫切愿望，是华主席、党中央对我们的要求和希望。今年以来，轻工业生产大幅度上升，许多产品创出了新水平。今年1月至4月完成的总产值比去年同时期增长25%以上，列入国家计划的12种产品，都完成了计划进度。各地轻工业部门和企业普遍开展了以提高产品质量、降低消耗为中心的增产节约运动，产品质量有了改进和提高，有些产品的产量和质量达到和超过了历史最好水平。但是，应当看到，我们的工作与形势的发展还很不适应，同其他战线相比，还有很大的差距。现在是形势喜人，形势逼人，时间不等人。要加快轻工业的发展速度，实现轻工业的现代化，必须要有紧迫的时间感、责任感，树雄心，立壮志，少说空话，多干实事，要充分认识到自己责任的重大，努力提高领导水平、管理水平、科学技术水平，为实现新时期的总任务多做贡献。

国务院副总理陈慕华在北京会见缅甸新任驻中国大使吴塔吞

外交部部长黄华到达金沙萨对扎伊尔进行正式友好访问

老舍先生骨灰安放仪式在北京举行

原中国文学艺术界联合会副主席、我国著名爱国作家、人民艺术家老舍先生，受林彪、“四人帮”炮制的“文艺黑线专政”论的摧残迫害，于1966年8月24日不幸逝世，享年67岁。1978年6月3日，在北京八宝山革命公墓为老舍先生举行了隆重的骨灰安放仪式。

老舍先生原名舒舍予，北京市人，1899年出生于城市贫民家庭。抗日战争时期，老舍先生曾主持中华全国文艺界抗敌协会，在周总理直接关怀和帮助下，为团结和组织广大文艺工作者参加抗日宣传等方面的工作作出了积极的贡献。后来到美国讲学并进行创作。1949年应召回国后，老舍先生热情地投入新中国的各项工作，曾任政务院文教委员会委员，全国人民代表大会代表，政协全国委员会常务委员，中国文联副主席，中国作家协会副主席、书记处书记，北京市人民委员会委员，北京市文联主席等职。

老舍先生是著名爱国作家。他把一生贡献给了祖国的文学艺术事业。他在创作上积极勤奋，著作丰富。解放前，他写了《骆驼祥子》等许多文学作品，对旧社会进行了揭露和批判。新中国成立后，毛主席的革命文艺路线给了他新的艺术生命，他以高度的创作热情，夜以继日地工作，创作了话剧《龙须沟》《春华秋实》，小说《无名高地有了名》和其他各种形式的许多文艺作品，受到广大人民群众的热烈欢迎和喜爱，在国内外享有崇高声誉，被荣称为“人民艺术家”。

6月4日

中央负责同志对志丹县群众来信作重要批示指示陕西省委负责同志“下决心把老根据地建设好”

最近，有不少群众向中央反映了志丹县等地一些群众的疾苦和干部作风问题，中央负责同志于6月4日给陕西省委负责同志作了重要批示，原文如下：“近来，反映志丹县革命和生产存在严重问题不少，记得我过去曾批给你阅过这类材料。现再将《人民日报》内部刊物所载《志丹县存在严重问题》和新华社记者写的《志丹县不少干部违法乱纪迫害社员群众》二件送你，望切实关心这一件事，下决心把老根据地建设好。”还指出“决不允许任何人以任何借口对写信人打击报复”。中央负责同志的批示充分表达了对陕北老根据地人民的深切关怀，必将推动延安地区革命和生产形势进一步发展。

国务院副总理李先念在北京会见英国保守党下院议员温斯顿·丘吉尔

国务院副总理陈慕华在北京会见由索马里高等教育和文化部长艾哈迈德·阿什基尔·博坦率领的索马里教育代表团

国务院副总理康世恩在北京会见以财政和计划部计划总局长拉乔纳·安德里亚马南扎拉为团长的马达加斯加计划工作代表团

《光明日报》发表宋振庭的文章《论教育的阶级性和社会性的辩证统一——批判“四人帮”的所谓对“全民教育”的“批判”》

6月5日

国务院副总理邓小平在北京会见以日本广播协会会长坂本朝一为团长的日本广播协会代表团

邓副总理在回答坂本朝一会长提出的有关签订中日和平友好条约的问题时说,中国政府在这个问题上的立场是一贯的,是众所周知的。中日两国人民的友好历史已有1000多年。两国不友好的历史仅仅只有半个多世纪,而且这段历史已经过去了,现在,我们都要向前看。他说,中日两国人民休戚相关,我们两国友好合作关系的发展前景是良好的。在谈判签订中日和平友好条约时,中日双方都要从全球战略和政治的观点出发。我相信日本人民和日本大多数政治家懂得这一点。

邓小平副总理祝愿中日两国人民世世代代友好下去。

会见时在座的有中央广播事业局局长张香山、副局长李连庆,有关方面负责人罗青、王枫、阮若琳等。

国务院副总理李先念在北京会见即将离任的苏联驻中国大使托尔斯季科夫

国务院副总理康世恩在北京会见以古贺繁一为团长的日本经济界友好访华团

国务院副总理徐向前在北京会见由缅甸国防部部长兼三军总参谋长觉廷上将率领的缅甸军事代表团

6月6日

全军政治工作会议在北京闭幕

中国人民解放军全军政治工作会议,着重讨论和解决了新的历史条件下发扬政治工作优良传统,提高我军战斗力这个中心议题。会议从4月27日开幕,于6月6日胜利闭幕。

这是我军政治工作承先启后、继往开来的一次历史性的会议,也是进一步揭批林彪、“四人帮”破坏政治工作的罪行,拨乱反正,正本清源,肃清其流毒和影响的一次重要会议,是全军广大指战员盼望已久的我军政治工作中的一件大事。通过这次会议,把从古田会议以来,伟大的领袖和导师毛主席亲自培育的我军政治工作的优良传统继承下来,把政治机关的职能、作用和威信,恢复到战争年代的水平,并在新的历史条件下发展提高,加速我军的革命化、现代化建设。这对于保证我军在新的长征中高高举起毛主席的伟大旗帜,胜利完成以华主席为首的党中央、中央军委赋予的各项战斗任务,具有重大的现实意义和深远的历史意义。

会议是在以华国锋主席为首的党中央、中央军委亲切关怀和直接指导下进行的。会议期间,华国锋主席,邓小平、李先念、汪东兴副主席,以及党和国家其他领导人接见了全体代表。华国锋主席,叶剑英副主席、邓小平副主席两次亲临大会,作了重要讲话。

中共中央政治局委员、国务院副总理耿飚,到会作了国际形势报告。

中共中央政治局委员、总政治部主任韦国清主持了会议,在会上作了题为《在新的历史条件下发扬政治工作优良传统,提高我军战斗力》的报告。

会议集中正确的意见,反复讨论和修改了加强军队政治工作的决议、政治工作条例、干部服役条例等三个草案和关于召开全军学雷锋、学硬骨头六连、学空军航空兵一师先进代表大会的通知等文件。这些文件经过中央军委审定颁布以后,将成为我军政治工作的好章程。

6日,全军政治工作会议结束时,韦国清同志在会上作总结讲话。他指出,这次会议内容非常丰富。要把会议的精神传达贯彻好,首先必须学习好、领会好华主席和叶副主席、邓副主席的重要指示,吃透会议的基本精神。要紧紧抓住在新的历史条件下恢复和发扬政治工作的优良传统,提高我军战斗力,落实军委提出的抓纲治军、准备打仗的方针和任务,以实现新时期的总任务这个中心议题。

他要求在贯彻这次会议精神的过程中,深入揭批“四人帮”,联系揭批林彪路线,肃清他们的流毒和影响,把这场斗争继续抓紧抓好。要在斗争中切实把各级领导班子选配好、整顿好,把作风整顿好,把政治机关、特别是干部部门整顿好。全军的政治干部,不论是新干部、老干部,都必须努力学习,善于总结经验,不断提高思想政治水平,提高领导艺术,改进工作方法,以适应新的发展时期、新的历史条件对我们提出的更高要求。

韦国清同志指出,传达贯彻这次会议精神,一定要按照毛主席教导的办法去做。各级党委、政治机关要认真分析研究部队的实际情况和问题,制定出近期的和比较长远的规划,采取切实有力的措施,有计划地扎扎实实地解决问题。我们看各个单位贯彻这次会议精神的情况是好是差,不单是看传达贯彻的声势,更主要的是看有没有切实可行的规划和措施,有没有具体指导,有没有真正解决问题,是不是见了实效。他要求各级党委、政治机关切实转变作风,深入下去,调查研究,掌握第一手材料,从本单位的情况和存在的主要问题出发,有针对性地加以解决;要改进文风,不要写那种空洞无物的官样文字,不要讲那种离题千里、无的放矢的空话。

韦国清同志最后说,当前国际国内的大好形势,有利于我们加速我军的革命化现代化建设。打倒了"四人帮",扫除了我们前进道路上的最大障碍。我们有毛主席的思想和路线的指引,有华主席为首的党中央、中央军委的亲切关怀和正确领导,有一大批红军时期、抗日战争时期、解放战争时期的老同志作骨干,有广大的共产党员、政治干部和全军指战员共同努力,有毛主席亲自培育的我军政治工作几十年的基础和这次会议制定的一整套章法,我们一定能够在新的历史条件下,迅速地把我军政治工作的优良传统恢复起来,并有所发展有所前进,把政治机关的职能、作用、威信恢复到战争时期的水平,并不断发展提高,为提高部队战斗力作出新的贡献。华主席、叶副主席、邓副主席对我们作了这么多宝贵的指示,给了我们政治工作这么巨大的支持,现在的条件这么好,剩下的问题就是要看我们的主观努力了。只要我们紧紧地依靠党的领导,紧紧地依靠群众的力量,我们前进的步伐就不会慢,而肯定会是很快的。

国务院批转教育部《关于1978年高等学校和中等专业学校招生工作的意见》

该意见提出:自1978年起,高等学校主要招收20岁左右的青年,不再限定录取应届高中毕业生的比例。招生实行全国统一命题,由省、自治区、直辖市组织考试、评卷。考试分文、理两科进行,两科都考外语,但暂不计入总分,作为录取时参考。在公布参加体检的考生名单的同时,要公布全体考生的各科成绩,并由考生所在单位张榜公布录取的考生名单。1978年,高等学校招收新生40.2万人,成为新中国成立以来高等学校招生人数的第三个高峰。

国家计委在北京召开1978年全国高等学校毕业生分配工作会议

会议总结交流了毕业生分配工作经验,讨论了今年毕业生分配的各项计划、方案和办法。

国家计委副主任张衍在会上所作的报告指出,新中国成立以来,高等学校毕业生分配工作,在毛主席、党中央的亲切关怀和敬爱的周总理的亲自领导下,毛主席的革命路线始终占主导地位,取得了很大成绩。当前,只有进一步深入揭发批判"四人帮"破坏分配计划,取消专业对口,反对学以致用,鼓吹无政府主义等罪行,肃清其流毒和影响,拨乱反正,才能使毕业生分配工作真正沿着毛主席革命路线不断前进。

今年,全国普通高等学校预计有毕业生16.6万多人(不包括延期毕业的人数)。这一届毕业生,是1975年从工农兵和知识青年中选拔推荐上学的。他们是国家的一批可贵的技术后备力量,是壮大科学技术队伍的生力军,应该珍惜他们,爱护他们,做好分配工作。分配以后,仍要采取措施,继续培养提高,使他们在社会主义革命和社会主义建设中发挥应有的作用。

今年毕业生的分配,原则上仍在部门和省、自治区、直辖市原制定的培养计划的基础上进行。面向省、自治区、直辖市学校的毕业生,一般由省、自治区、直辖市自行分配;面向全国、面向地区学校的毕业生,按照原定的分地区、分部门的培养计划进行分配。国家根据需要,进行必要的调剂。在当前各条战线专门人才普遍不足,毕业生又有限的情况下,为了更好地适应新时期总任务的要求,应该把为数不多的高等学校毕业生,首先分配到国家最需要的地方去。对国家重点科研项目,大型重点建设项目,选拔研究生和重点高等学校基础课师资等方面的需要,要优先安排,保证重点。在保证重点的前提下,要继续坚持面向工矿、面向农村、面向基层、面向边疆的方针,要认真贯彻学用一致的原则,尽量做到人尽其才,量才使用,各得其所。

会议指出,对没有使用或者使用不合理的技术人员要调整归队。这有助于缓和专门人才青黄不接、后继乏人的矛盾。

会议要求各级党委切实加强对毕业生分配工作的领导,全面贯彻执行党对毕业生分配工作的方针和政策,加强对毕业生的思想政治教育工作。各个学校要在学生毕业前集中一段时间,对毕业生进行毕业教育。要教育他们加强组织观念,强调个人必须服从革命和建设的需要,党需要到哪里,就愉快地到哪里去。对那些不顾国家需要,坚持无理要求,拒不服从分配的毕业生,要进行批评教育,不能迁就。经过耐心细致的思想工作,如仍拒不服从分配、长期不报到的,可采取过去规定的限期报到办法,逾期不报到的就取消其毕业生分配资格,国家不再分配工作。

会议希望,毕业生的家长,积极配合分配部门做好子女服从分配的工作。广大应届毕业生要自觉服从分配，在实现四个现代化的伟大事业中贡献力量。

国务院副总理陈锡联在北京会见巴基斯坦国际航空公司总经理恩维尔·贾马尔

国务院副总理陈慕华在北京会见日中友好归还医师代表团

代表团是由曾在我国解放区和新中国从事医务工作的日本友好人士组成。代表团团长是吉川政一，副团长和秘书长分别为武内睦哉和柏木正一。

6月7日

中央军委主席华国锋在北京会见由缅甸国防部部长兼三军总参谋长觉廷上将率领的缅甸军事代表团

国务院副总理邓小平在北京会见以泰国记者协会主席蓬沙·巴耶威清为团长的泰国记者团

国务院副总理李先念在北京会见由美国阿斯彭人文研究学会主席罗伯特·安德森和会长约瑟夫·斯莱特率领的美国阿斯彭人文研究学会代表团

全国人大常委会副委员长邓颖超在北京会见即将离任的巴基斯坦驻中国大使阿尔维

国务院副总理陈慕华在北京会见以东京大学教养学部教授藤本文范为团长的日本电子显微镜学者代表团

国务院副总理康世恩在北京会见由新闻 广播和旅游部次官凯西·恩亚基姆韦率领的乌干达新闻代表团

中国代表团副团长陈楚在专门讨论裁军问题的第十届特别联大特设委员会会议上发言

陈楚就筹备委员会起草的会议最后文件草案发表意见，并阐述了中国代表团提交大会的一份关于裁军问题的工作文件。中国代表团关于裁军问题的工作文件如下：

一、当前，国际形势继续朝着有利于各国人民的方向发展。但是，由于两个超级大国为了争霸世界，到处推行侵略政策和扩张政策，加紧军备竞赛，战争因素正在明显增长，国际和平与安全面临着日益严重的威胁。尤其是那个后起的超级大国，在争夺世界霸权的战略态势中采取攻势，正以超过它的对手的速度和规模进行扩军，已成为新的世界战争最危险的策源地。两个超级大国的激烈争夺，发展下去，总有一天要打起来。反对超级大国的霸权主义、侵略政策和战争政策，争取推迟世界战争的爆发，是全世界人民迫切的共同斗争任务。

二、各国人民联合起来，提高警惕，做好反侵略战争的充分准备，不断挫败超级大国的侵略扩张活动，打乱它们的战争部署，反对对战争的主要策划者实行绥靖政策。这是推迟世界战争爆发和维护世界和平的根本途径。

三、广大第三世界国家和其他中小国家要求裁军，希望以此来减少战争的威胁，这是完全正义的要求。争取裁军的斗争，同维护民族独立、捍卫国家主权和领土完整，反对超级大国侵略、干涉、颠覆和控制的斗争结合起来，对维护世界和平有其积极作用。但是，历史经验和现实情况告诉人们，在存在着帝国主义和社会帝国主义的条件下，要实现真正裁军是不容易的，所谓全面彻底裁军是不可能的。

四、长期以来，裁军没有任何进展，关键在于超级大国对裁军毫无诚意。第三世界国家提出禁止和销毁核武器、建立无核区与和平区、撤出所有外国军队和拆除外国军事基地、限制和削减常规武器、禁止大规模破坏性武器等等，并强调超级大国对裁军负有特殊责任，这些都是为了实现真裁军的合理要求。超级大国口头上高喊裁军，实际上大搞扩军，特别是那个打着社会主义旗子的超级大国更是这样。第三世界国家真裁军的要求，它们拒不接受。它们自己提出的一大堆主张，不是为了欺骗，就是为了约束其他国家或压倒对方。苏联最近提出的安理会五个常任理事国放弃扩大军队和扩充常规军备的建议，就是为了巩固自己的常规军事力量优势的一个新骗局。对超级大国搞的假裁军骗局必须予以揭露。

五、超级大国目前拥有世界上最大规模的军备，并把这种军备作为它们推行侵略和扩张政策的工具，对其他国家形成越来越大的威胁。广大第三世界和其他许多中小国家则缺乏足够的自卫手段，或根本没有防御能力。因此，裁军必须首先裁两个超级大国的军。这是当前裁军问题上的一项根本原则，也是衡量裁军是否真有进展的标准。要各国不分大小强弱普遍实行裁军是不合理的，也不利于维护国际和平与安全。

六、为了国际和平与安全，国与国之间的关系必须建立在互相尊重主权和领土完整、互不侵犯，互不干涉内政、平等互利、和平共处五项原则的基础之上，任何国家不得在世界上任何地区谋求和建立任何形式的霸权，不得奉行侵略政策和战争政策。超级大国如果确有裁军的诚意，那就应该采取切实措施，削减它们庞大的军备库,不对其他国家进行军事威胁,首先做到:(一)宣告在任何时候、任何情况下都不对无核国家和无核区使用或威胁使用核武器。(二)撤回在国外的全部驻军,保证不向别国派出任何形式的武装部队,撤销在国外的一切军事基地和变相军事基地,保证不寻求任何新的军事基地。(三)停止核军备和常规军备的竞赛,着手分阶段销毁其核武器,并大规模裁减常规武器。(四)保证不在靠近别国的边境驻扎重兵和进行军事演习,不以任何借口对别国发动军事进攻,包括突然袭击。(五)保证不以控制别国和制造战争或战争威胁为目的向任何国家输出武器。

七、尽管核武器不能毁灭人类,但具有巨大的破坏力。要真正消除核战争的威胁,必须实现全面禁止和彻底销毁核武器。在苏美销毁核武器和裁减常规武器取得重大进展后,其他核国家应同苏美一起全卫销毁核武器。目前,所有核国家,特别是拥有大量核武器的超级大国应当立即承担义务,不对无核国家和无核区使用或威胁使用核武器。中国不仅愿意承担起这样的义务,并且愿意再一次重申,在任何时候、任何情况下都不首先使用核武器。超级大国鼓吹"全面禁止核试验"、"防止核扩散"、"停止生产核武器"等等,只是为了巩固它们的核垄断和核讹诈地位,甚至限制、干涉其他国家享有和平利用核能的权利,这根本无助于维护国际和平与安全。

八、超级大国在加紧核扩军的同时,正在大力扩充常规军备,日益严重威胁着各国的独立、安全和国际和平。超级大国策动的世界战争,可能是核战争,也很可能是常规战争。双方使用大量的用现代技术装备的新式常规武器,破坏力也是空前巨大的。常规军备的裁减,越来越具有迫切性。裁减常规军备和裁减核军备应被置于同等重要的地位,并结合起来进行。决不容许超级大国利用各国人民迫切要求实行核裁军的愿望来拖延裁减常规军备,甚至加紧这方面的竞赛。

九、超级大国不顾世界人民的反对,还在继续研制和发展大规模破坏性武器。应当采取有效措施,全面禁止和彻底销毁一切化学和生物武器、燃烧武器以及其他大规模破坏性武器。

十、许多发展中国家主张把裁减军费而节省下来的钱用于它们的发展,有的国家还要求两个超级大国首先承诺,采取行动。发展中国家发展自己的经济,主要靠自力更生,还要争取建立新的国际经济秩序。它们要求超级大国把裁减军费节省下来的钱用于发展,不过是要超级大国把从发展中国家掠夺来的财富,交还一部分给它们而已。这是完全合理的。社会帝国主义借这个题目大做文章,口惠而实不至,纯粹是为了欺世盗名。

十一、广大中小国家要求改革裁军机构,打破超级大国操纵裁军谈判的局面,这是完全正当的。关系到世界各国利益的裁军和国际安全问题,应当由在联合国主持下的、由所有国家参加的国际机构进行审议,裁减超级大国的军备应作为优先审议的项目。裁军的谈判机构应当切实摆脱超级大国的控制,由上述审议机构通过协商产生,并向后者负责。谈判机构应根据公平合理的原则组成,以便具有充分的代表性。谈判的议题项目及其会议程序应当由上述审议机构确定。

十二、中国政府和中国人民历来赞成真裁军,不仅支持一切合理的裁军主张,提出过不少裁军建议,而且采取了一系列符合各国人民愿望的实际行动。中国愿意同广大第三世界和其他中小国家一起,为促进实现真裁军而不断努力。

6月8日

国务院副总理邓小平在人民大会堂主持宴会欢迎卢旺达共和国总统 全国发展革命运动主席和创始人朱韦纳尔·哈比亚利马纳少将及其随行人员

出席宴会作陪的有:国务院副总理陈慕华,全国人大常委会副委员长阿沛·阿旺晋美,文化部长黄镇,外交部副部长何英,中国人民解放军副总参谋长何正文等。

邓小平副总理发表讲话强调指出,一年多来,超级大国在非洲的争夺愈演愈烈,成为两霸争夺世界战略部署中的一个热点。他说,特别是那个后起的超级大国,到处挑拨离间,屡造事端,不断向非洲增派雇佣军,到处点燃战火,使非洲形势空前动荡。

邓副总理说,中国政府和人民坚决支持非洲人民团结反霸、反帝、反殖的正义事业,坚决支持扎伊尔和第三世界以及所有主权国家,捍卫领土完整、民族独立和国家主权的正义斗争。

由全国人大常委会副委员长姬鹏飞率领的全国人大代表团到达加拉加斯对委内瑞拉进行友好访问

外交部部长黄华在海牙与荷兰外交大臣克里斯托夫·范德克劳举行会谈

以解放军副总参谋长杨勇为团长的中国军事友好代表团抵达贝尔格莱德对南斯拉夫进行访问

6月9日

国务院副总理邓小平与卢旺达总统朱韦纳尔·哈

比亚利马纳少将在北京举行会谈

外交部发表《关于越南驱赶华侨问题的声明》

(1978年6月9日)

1978年5月27日,越南社会主义共和国外交部发言人就所谓"在越南的华人"问题发表了一项声明,歪曲事实,倒打一耙,妄图把驱赶华侨的责任强加在中国方面。中国政府对此不能保持缄默。

一、越南外交部发言人的声明,实际上否认越南存在大量华侨这一客观事实,并且恣意歪曲中越两党关于旅越华侨问题的协议,企图以此为自己对华侨推行歧视、排斥、迫害、驱赶政策进行辩解,欺骗舆论。这显然是徒劳的。

人所共知,中国在越南有一百几十万侨民,他们绝大多数是劳动人民,约有90%居住在越南南方。1955年,中国党和越南党曾经就旅越华侨的国籍、权利和义务等问题交换过意见,其后经过多次商谈,双方确认:旅居越南北方的华侨,在和越南人民享有同样权利的前提下,经过长期、耐心的思想说服和教育工作,按照自愿原则,可以逐步转为越南籍公民。至于居住在越南南方的华侨问题,则须等到越南南方解放之后,再由两国另行协商解决。这些原则是中国方面从增进中越两国人民兄弟友谊的愿望出发提出来的,既符合中国关于鼓励华侨按照自愿原则选择居住国国籍的一贯政策,也符合国际上关于不得强迫侨民入籍的一般规则。当时越南党和政府对此表示赞成和支持,并曾在一些文件中反复强调:"华人转为越南国籍应由他们完全自觉自愿,绝对不能强迫","有人还不自觉自愿地转为越南籍公民,则仍给予一切权利,不得歧视,也决不能急躁地用命令方式强迫他们或轻视他们";并确认旅越华侨在政治上享有与越南人民同样的权利并尽同样的义务,在经济上享有依法从事工商业活动的自由,在文化上享有办学、办报的自由,其风俗习惯应受到尊重。然而,近几年来,越南政府完全违反中越两党协议,强迫华侨加入越南国籍,加紧推行歧视、排斥、迫害华侨的政策,严重损害华侨的正当权益,使广大华侨难以为生,直至把他们大批驱赶回中国。

在越南南方,越南政府背弃自己曾经公开宣布过的立场,竟然继承吴庭艳反动政权的做法,采取十分粗暴的手段对待华侨。1956年8月21日,吴庭艳反动政权颁布法令,强迫华侨放弃自己的国籍,加入越南国籍。1957年4月17日,南越反动政权又宣布华侨的外侨身份证一律作废。1957年5月20日,我国华侨事务委员会曾经发表声明,强烈谴责和严重抗议南越反动当局强迫华侨改变国籍的无理做法。当时,越南民主共和国表示赞同和支持我国的这一正义立场。越南劳动党中央机关报《人民报》曾发表文章,谴责吴庭艳集团的非法行径。越南南方民族解放阵线在1960年、1964年、1965年和1968年,都曾在自己公布的政策和有关文件中规定:"废除美伪政权对华侨的一切法令措施","华侨有选择国籍的自由权利"。可是,在南方解放以后,越南政府却突然改变过去的立场,并违背两党协议的精神,不同中国政府协商,于1976年2月,在南方人口普查和选举国会代表时发布一项决定,强迫越南南方的华侨一律按吴庭艳统治时期强加于华侨的国籍进行登记。随后,又公然对保留中国国籍的华侨施加种种苛刻的限制,进行打击和迫害。现在,越南外交部发言人又说什么,"在越南南方,早在1956年,几乎所有华侨都加入了越南国籍。他们不再是华侨,而是华裔越南人"。这样,越南南方的一百数十万华侨就被一笔抹杀了。这是中国政府绝对不能同意的。

事实说明,越南方面早已把中越两党的协议破坏无遗,而现在越南外交部发言人却声言越方"一贯遵守和正确执行"这项协议。这种说法是不能令人信服的。

二、越南外交部发言人采取诡辩和抵赖的手法,把大批华侨被驱赶回中国,说成是由于"华人中的一些坏分子"散布一些"消息"造成的,是"预谋的行动"。事态的演变充分说明,不是别人,正是越南自己出于对内对外的需要,有计划地实行歧视、排斥、迫害和驱赶华侨的政策。这是越南方面蓄意破坏中越关系、反对中国的严重步骤。

相当一个时期以来,越南社会上的确流传着不少别有用心的、攻击中国的"谣言",说什么"中国支持柬埔寨反对越南,中国和越南之间将爆发战争",等等。越南不少官员和公安人员,就把这些"谣言"作为恫吓和欺骗华侨回国的一种手段。今年年初,越南某些外交官员对中国进行过毫无道理的指责和攻击,也说中国边境上出现了"不正常的现象",中国"号召进攻越南"。这同越南社会上流传的"谣言"如此相似,决不是巧合,它恰好说明这类"谣言"是越南方面蓄意制造和传播的。

自1977年年初,越南方面就在与中国毗连的省份推行"净化"边境地区的方针,把很早以前从中国迁居越南的边民成批驱赶回中国境内。同年10月,越方即开始在越南西北地区的黄连山、莱州、山罗等省驱赶华侨,以后又逐步扩展到大批驱赶越南北方各地的华侨。中国政府为此曾一再劝告越南政府采取措施,制止驱赶华侨的行动,维护中越友谊。但是,越南方面非但不听劝告,反而在全国范围内制造了更为严重的排华事件。成千上万的华侨被越方从陆路运至中越边境的老街、同登、芒街等地,然后赶回中国;也有大批华侨被迫从海上乘小船回国。近两个月来，被驱赶回国的华侨数目逐日增加，4月初每天数百人，5月下旬每天增加到数千人。到5月底总数已超过10万人。

越南当局对中国侨民的种种迫害和虐待是难以尽述的。1977年年初，越方以人口普查为名，强迫华侨登记为越南国籍，不少保留中国国籍的华侨被剥夺就业和升学的权利，被无故解职，取消户口和口粮。越南地方当局和公安人员随时都可以非法闯入华侨住宅，强令华侨填写“自愿回国书”，并乘机进行搜查和敲诈。大批华侨多年辛勤劳动所得被非法没收，多少家庭颠沛流离，无处安身。被赶华侨在离越途中受尽折磨和凌辱，不少人还被无故殴打，有的人甚至遭到越南军警开枪射击，打死打伤。中国侨民在越南的悲惨遭遇，是国际关系中罕见的，骇人听闻的。

至于旅居中国的数千越南侨民，中国政府对他们不但从未有过任何歧视，而且对他们的正当权益一贯予以照顾和保护。他们在劳动、工作、升学、医疗等方面，都同中国公民一样，享有同等的权利；在物资供应方面，则享受着高于中国公民的待遇。这是尽人皆知，不容歪曲的事实。

三、由于越南方面不断加剧排华，被驱赶回国的难侨急剧增加，突然给中国在财政和物资上造成了很大的困难和负担。中国政府按照“保护华侨利益，扶助回国的华侨”的一贯政策，需要立即对被越南驱赶回国的大批难侨作妥善的安置。为此，中国政府不得不作出决定，撤销一部分援越成套设备项目，以便抽出这部分资金和物资，用来安置被驱赶回来的难侨的生产和生活。事情很清楚，中国撤销部分援越项目，是不得已而采取的必要措施，这完全是越南方面排华政策所造成的。

近30年来，为了支援越南人民的民族解放斗争和经济建设，中国人民在自己还有许多困难的情况下，节衣缩食，艰苦奋斗，向越南提供了各方面的、不附带任何条件的援助，甚至不惜作出巨大的牺牲来支援越南人民的革命斗争。这是全世界人民有目共睹的。中国人民一贯认为，这是我们应尽的无产阶级国际主义义务。对此，中国党、政府和人民是问心无愧的。

1975年越南战争结束后，越南的情况发生了很大的变化。中国由于“四人帮”的破坏和连续遭到强烈地震等严重自然灾害，遇到了非常巨大的困难。即使在这种情况下，中国仍然继续向越南提供了多方面的援助，在力所能及的范围内继续承担很大数量的援建项目。自然，在战后和平时期，中国每年向越南提供的援助金额，同战争年代的特殊情况相比，是有所减少，但这个原因是不难理解的。中国方面为此曾反复向越方讲清楚自己的困难，希望越方能给中国人民一个缓口气的时机。周恩来总理在重病中还曾亲自对越南领导人说：“在战争期间，你们最困难的时候，有很多东西，我们是从部队中抽调给你们的，为了支援你们，我们尽了很大努力。现在在援外方面，援越总金额仍占第一位。你们应该让我们缓一口气，养一养。”越南领导人当时也多次对此表示谅解。现在，越方借机对我国援助进行恶毒的诬蔑和攻击，这种以怨报德的做法，使中国人民感到十分痛心和愤慨。

四、越南外交部发言人声明建议越中双方“举行会晤”，解决所谓“有关华人问题的分歧”。我们认为，在当前的情况下，这样的建议纯系出于宣传的需要。

我国政府一贯主张协商谈判解决国与国之间的分歧和争端。对于越南排斥、迫害和驱赶华侨的问题，我们从一开始就主张通过内部协商谋求及时解决，并且为此作了许多努力。我国政府多次通过外交途径进行交涉，希望越南政府采取有效措施，停止迫害和驱赶华侨。但越南方面竟一意孤行，变本加厉地驱赶华侨，使事态更趋严重。现在，越南当局一方面继续驱赶华侨；一方面又提出举行会晤，讨论所谓“有关华人问题的分歧”。越南方面既然否认越南有华侨，说明越方的“建议”完全是虚伪的，没有什么实际意义。

五、中越两国山水相连，两国人民休戚与共。在长期的革命斗争中，两国人民相互同情和支持，结成了深厚的兄弟情谊和战斗团结。不断巩固和发展这种革命友谊和团结，符合中越两国人民的根本利益，也是两国人民的共同愿望。中国共产党、中国政府和人民一贯十分珍视中越两国人民的友谊和团结，并为此作出了不懈的努力。尽管近几年来，越南方面采取了一系列恶化两国关系的行动，用各种方式反对中国，但是中国方面仍一直照顾大局，采取克制和忍让的态度，并且再三地向越南领导人诚恳表示，希望双方共同努力，采取切实有效的措施，维护两国人民的传统友谊。今天，两国关系发展到如此地步，是我们意想不到的，也是我们所不愿意看到的。中国人民过去、现在和将来，都一贯致力于巩固和加强中越两国人民的友谊和团结。我们希望，越南方面能够按照自己所表白的那样，言行一致，真正以两国人民的传统友谊和根本利益为重，立即停止排斥、迫害、驱赶华侨的错误做法，不要继续做损害中越人民友谊的事。

国务院副总理陈慕华在北京会见即将离任的多哥驻中国大使阿那尼·阿卡波—阿亚尼奥

《人民戏剧》编辑部在北京召开全国戏剧创作座谈会

来自27个省、自治区、直辖市以及部队的剧作者近百人，参加了这次盛会。他们畅谈一年来戏剧战线的大好形势，交流创作经验，并就如何贯彻百花齐放、百家争鸣方针，繁荣戏剧创作，展开热烈的讨论。

会议以揭批“文艺黑线专政”论开始，在对炮制反动文艺理论的“四人帮”御用班子初澜的声讨中结束，始终洋溢着战斗的气氛。戏曲《园丁之歌》的作者柳仲甫，话剧《兵临城下》的作者白刃，《不平静的海滨》的作者翟剑萍，《松涛曲》的作者关守中等，在“四人帮”盘踞文坛时曾身受其害，他们用亲身经历，揭发“四人帮”对作品、作者罗织罪名，无限上纲，以文艺为突破口，妄图打倒一大批党政军领导同志的阴谋。参加会议的同志以自己的遭遇，控诉“四人帮”实行法西斯文化专制主义，给戏剧事业带来的一场劫难。因关心文艺而被“四人帮”打击、陷害的原辽宁省委书记周桓也在会上发言。在发言和讨论中，剧作者们回顾了党领导下走过的历程，更加明确地认识到，28年来的戏剧工作，成绩是主流，戏剧队伍是经得住考验的。今天，深入揭批“四人帮”及其流毒和影响，将有助于澄清是非，明辨方向，在前进的道路上，迈出更坚实的步伐。

参加座谈会的同志们一致认为，这一年来戏剧创作取得的成绩是令人振奋的。歌颂无产阶级领袖和老一辈革命家光辉业绩的剧目，阔步登上舞台，反映第十一次路线斗争的作品，受到群众的称赞。其中，题材多样、风格各异的话剧剧目，尤其引人瞩目。它突出的成就是，紧密配合当前政治斗争，抓住了千百万人所关心的主题。会上，《丹心谱》的作者苏叔阳，《曙光》的作者白桦，《东进，东进》的作者之一所云平，《西安事变》的作者之一程士荣，《杨开慧》的作者之一乔羽，介绍了创作体会，并提出一些值得探索的新课题。小组讨论中，剧作者围绕着如何从历史真实、生活真实出发创造典型，怎样塑造无产阶级领袖形象，揭批“四人帮”的剧目如何深入，当前三大革命运动的题材怎么表现等问题展开争鸣。大家联系创作实践中成功和失败的经验，进一步批判“四人帮”散布的“三突出”、“主题先行”等谬论，对如何闯开“四人帮”设置的禁区，发表意见。此外，还讨论了深入生活、创作的组织领导等问题。大家各抒己见，畅所欲言，对消除流毒，解放思想大有裨益。代表们纷纷表示，要在今后的艺术实践中努力学习和探索，使戏剧创作的思想性、艺术性有一个新的突破，以优异的新成就向国庆30周年献礼。

老一辈剧作家和文艺评论家曹禺、周扬、夏衍、李伯钊、于伶、张庚、冯牧、王朝闻、郭汉城等同志以及文化部艺术局负责人吴雪在会上发言。文化部部长黄镇出席了第一天的大会。文化部副部长周巍峙、贺敬之、林默涵在会上讲话。他们指出，戏剧为工农兵服务，为社会主义事业服务，在当前就是为实现党在新时期的总任务服务。希望剧作者大力反映当前现实斗争，歌颂工农兵和知识分子在为实现四个现代化的斗争中新的精神面貌；在创作中，要充分重视教育青少年等重大题材；希望新的作品要总结过去，把握现在，展望未来，回答新的时期提出的新问题；要求剧作者们精益求精地塑造好无产阶级领袖形象，完成历史赋予我们的这一伟大使命；同时，要求戏剧创作的题材、形式、风格多样化，要求组织创作的各级领导在政治上把关，艺术上放手，热情地扶植新创作。

参加这次座谈会的还有沈西蒙、李之华、杨兰春、杜烽、刘佳、傅铎、丁毅、丁洪、吕复、徐进、席明真、李门、丛深、兰光、朱祖怡、史超、姚云焕、刘朝兰、罗英、木柯夫、兰澄、武玉笑、顾尔镡、海啸、马吉星、黄梯、赵寰等。

《人民戏剧》编辑部负责人赵寻、凤子和剧作家侣朋主持座谈会。

6月10日

中共中央主席华国锋在北京会见卢旺达总统朱韦纳尔·哈比亚利马纳少将

国务院副总理邓小平、陈慕华参加了会见。

国务院副总理邓小平在北京与卢旺达总统朱韦纳尔·哈比亚利马纳少将继续举行会谈

《人民日报》转载《红旗》杂志特约评论员文章《抓紧落实党的干部政策》

在深入揭批“四人帮”斗争中，认真抓紧落实党的干部政策，是贯彻执行党的十一大路线，实现抓纲治国、抓纲治党的一件大事，各级党委要把办好这件事情作为当前和今后一个时期的重要任务。

做好落实干部政策工作的基本要求是什么？根据华主席、党中央的指示精神，至少应包括以下五条：(一)过去受审查需要作结论而没有结论的，要尽快作出正确结论。(二)已作结论处理但不正确的，要改正过来，一切诬蔑不实之词应予推倒。(三)可以工作而没有分配工作的，要尽快分配适当工作；分配了工作但不适当的，要进行调整；年老体弱不能工作的，要妥善安排，在政治上生活上给予关怀和照顾。(四)对受审查期间死去的同志，要实事求是地作出结论，并把善后工作做好。(五)无辜受牵连的家属、子女、亲友、身边工作人员中应予解决的问题，要妥善解决。实现这些要求，尽管会碰到这样那样的困难，但经过努力一定可以做到，也完全应该做到。做好这些工作，把党的干部政策落到实处，对于促进安定团结，巩固发展“文化大革命”的胜利成果，恢复发扬党的优良传统作风，调动广大干部和群众为实现新时期的总任务而斗争的积极性，具有极其重要的意义。

粉碎“四人帮”以后，特别是党的十一大以来，各级组织部门在党委领导下，为落实干部政策做了不少事情，工作是有进展的。但对取得的成绩要有恰当的估计，切不可轻信某些不切实际的统计数字，满足于写在纸上的某些决定和计划。就全国情况看，落实干部政策，还有大量工作要做，任务是繁重而艰巨的。

在这里，一个十分重要的问题是，对于林彪、“四人帮”篡党夺权，摧残党员、干部队伍造成的严重恶果，必须有足够的估计。长期以来，他们唯心主义横行，形而上学猖獗，肆意践踏党规党法和社会主义法制，疯狂实行法西斯式的刑讯逼供，制造了大批冤案、错案、假案。毛主席、党中央多次提出要落实政策，解放干部，但每一次都受到他们的阻挠破坏，许多革命同志多年蒙冤难白，并且株连和影响到他们的家属、子女。这就使得现在落实政策所涉及的不是少数人，而是一大批人。他们的问题，如果得不到尽快解决，党心不安，民心不安，不利于发挥广大干部、群众的积极性，不利于党和人民的事业。面对这种形势，我们落实党的干部政策工作应当采取什么对策呢？靠个别部门、靠少数人去办行吗？当然是不行的，必须从中央到地方层层负责，各有关部门密切配合，大家动手，全党办案。

当前，确有一些地方和单位落实干部政策的工作进展缓慢。从现象看，抓抓停停，不催不办者有之；上推下卸，一拖再拖者有之；来信不理，来访不见者有之；写“决议”冠冕堂皇，公布后束之高阁者有之；“既不能令，又不受命”者也有之。这种种情况说明，落实干部政策还有阻力，有的地方和单位阻力还不小。除极少数地方是由于资产阶级帮派势力没有彻底摧毁，仍在进行阻挠、破坏外，多数情况是我们有些领导干部和办案同志对落实政策的重大意义缺乏认识，或者是头脑中私字作怪，怕字当头，没有彻底砸烂“四人帮”的精神枷锁，中毒不知毒，有毒未消毒。也有少数人自己不干净，立场不对头，思想还没有从错误路线下解放出来。这就告诉我们，落实党的干部政策，要有一个说服教育的过程，打通思想的过程和斗争的过程。要帮助我们的同志肃清流毒和影响，提高路线觉悟。对极少数单位“四人帮”残余势力的破坏活动，必须坚决揭露，以扫除落实政策的障碍。

历史经验告诉我们，关怀爱护干部者得人心，打击迫害干部者失人心。做党的工作特别是做干部工作的同志，要认真注意这个问题。要设身处地为遭受打击迫害的同志着想，为党和人民的利益着想，深刻理解在一个干部身上落实政策，调动起来的将是一大批人的积极性；在一大批干部身上落实政策，调动起来的将是成千上万人的积极性。现在，华主席、党中央领导全党，拨乱反正，大治天下，为落实干部政策创造了极好的条件。我们应当以满腔热情，高度的负责精神，勇敢地担负起纠正一切冤错案件、全面落实干部政策的光荣任务，放开手脚干工作，任何瞻前顾后，怕这怕那，都是不必要的，也是不应该的。如果有人说这是“刮什么风”的话，我们可以理直气壮地回答：这是刮无产阶级实事求是的东风，是要把林彪、“四人帮”那些乌烟瘴气扫除干净。

坚持实事求是，坚持唯物论的反映论，按照事物的本来面目认识事物，处理问题，这是无产阶级党性的基本要求，也是搞好落实干部政策的正确指导方针。毛主席历来教导我们，干部是党的宝贵财富，对人的处理要持慎重态度。这就要求我们，审查干部，评定干部的功过是非，必须符合客观实际，决不允许附加任何外来的成分。坚持正确的东西是实事求是，纠正错误的东西也是实事求是；把正确的东西吹掉了不是实事求是，有错误不纠正也不是实事求是。在实事求是这个马克思主义的根本原则问题上，我们共产党人必须立场坚定，旗帜鲜明，敢于坚持真理，敢于修正错误，力求使自己经办的案件经得起历史的检验。凡属事实清楚，定性准确，处理恰当的案件，当然要坚持原则，不能把正确的东西一风吹掉。但是，当前特别需要的是“有错必纠”的勇气。凡属搞错了的案件，做错了的结论，不论是谁搞的，尤其是自己经办的，都要以党的利益为重，该否定的坚决否定，该纠正的坚决纠正，错多少纠正多少，不抓辫子，不留尾巴，实事求是地解决问题。我们的党，是坚持原则、是非分明的党。坚持“有错必纠”，正是体现了共产党人大公无私、光明磊落的政治品质，实事求是的科学态度，坚强的无产阶级党性。我们纠正和否定的是危害革命的错误东西，得到的却是广大干部、群众参加新长征的革命积极性，是党的实事求是、按原则办事等优良传统的复兴，是党的威望的提高。这样，我们的党才是不可战胜的，我们的事业才是大有希望的。

有些疑难案件的定性处理，政策界限拿不准，人们认识不一致，怎么办？经验证明，还是要靠实事求是，群众路线。毛主席说过：“我们是马克思主义者，马克思主义叫我们看问题不要从抽象的定义出发，而要从客观存在的事实出发，从分析这些事实中找出方针、政策、办法来。”（《在延安文艺座谈会上的讲话》）要办的案件情况千差万别，发生的历史条件也各不相同，只有针对具体案情进行具体分析，才能解决问题。如果抛开这种马克思主义的科学方法不用，而坐等上级拿出现成的政策杠杠搞“对号入座”，是不利于尽快妥善解决问题的。当然，要正确分析和判断案情，还必须有正确的政策思想作指导，这就要求我们完整地准确地掌握毛主席关于干部问题的基本思想，分清什么是党的干部政策，什么是“四人帮”的歪曲篡改。即使这样，对有的案件定性处理发生意见分歧，也是难免的。在这种情况下，更要提倡“群言堂”，坚持摆事实，讲道理，用民主讨论的方法，求得统一的正确的认识，决不能搞“一言堂”，重演“四人帮”那种不让人讲话，乱扣帽子的恶劣作风。

全党办案，落实政策的关键，在于领导重视。党委要把这项工作列入重要议事日程，有布置，有检查。领导一定要抓紧，抓而不紧，等于不抓。但在时间上不宜要求过急，否则会有人弄虚作假，草率从事。要认真执行首长负责、亲自动手的传统办案方针，负责同志要直接找人谈话，同专案人员和群众一起研究疑难问题，处理重大案件，那种单凭听汇报点头“拍板”的作风是危险的。对落实政策的工作班子，要帮助提高政策思想水平，不断改进办案作风。力量薄弱的应充实加强，选派一些确实懂得并且能够坚决执行党的路线和政策，作风正派，办事公道的同志做这件事。政治品质和思想作风不好的，对党的路线政策抵触不满的，要及时调整。我们相信，在党的领导下，只要坚决按照党的十一大路线和华主席、党中央的方针、政策办事，就一定能够把落实干部政策的工作抓紧做好。

《解放军报》发表社论《我军政治工作的历史性会议》

全国轻工业学大庆会议在北京闭幕

全国轻工业学大庆会议，历时10天于6月10日在北京胜利闭幕。

华国锋主席、叶剑英副主席十分关怀轻工业的发展，分别为这次大会题词。华主席的题词是：“大力发展轻工业，努力提高产品质量，增加花色品种，为适应人民生活需要而努力奋斗。”叶副主席的题词是：“贯彻毛主席农轻重方针，切实搞好轻工业生产，做到丰富多彩，物美价廉，保证民用军需。”

6月8日，中共中央副主席、国务院副总理李先念，党和国家其他领导人方毅、纪登奎、陈永贵、陈锡联、耿飚、陈慕华、康世恩接见了全体代表。李先念副主席作了重要指示，勉励到会代表和轻工业战线的广大职工，生产更多更好的轻工业品，以适应人民生活的需要，为实现四个现代化作出更大的贡献。康世恩副总理结合轻工业的实际情况，就如何高速度发展轻工业的问题，作了重要讲话。

会上表彰了30个企业学大庆标兵，42名劳动模范和118个先进集体，110名先进生产者，并分别授予锦旗和奖状。

会议强调指出，大力发展轻工业，就要大搞现有企业的挖潜、革新、改造，充分发挥“根据地”的作用。全国现有轻工业企业12万个，它的总产值占全国工业总产值的1/5以上，这是我们轻工业搞现代化的强大的“根据地”。过去28年，轻工业的发展壮大，主要靠挖潜、革新、改造，今后要加快轻工业的发展，实现现代化，还要坚持走这条道路。广州造纸厂坚持搞挖潜、革新、改造，用老设备打出了新水平。1972年以来，连续69个月，月月超额完成国家计划，目前年产量比设计能力翻了将近一番。大量事实说明，立足现有企业，大搞挖潜、革新、改造，投资省，见效快，是加快轻工业发展速度最现实、最有效的途径。

会议认为，大力发展轻工业，就要狠抓原料资源，大搞原料基地。工业现代化要先从能源和资源化起。轻工业是加工工业，更需要从原料资源抓起。轻工业搞原料基地，已经积累了一些好经验。广西南宁罐头厂已做到80%的原料由基地提供。湖南省在洞庭湖区建立了造纸芦苇基地，使湖南的纸张生产，12年增长了4倍。广东省建设了23个产糖基地县，保证了糖料供应。搞原料基地，关键是地方党委要加强领导，有关部门要大力支持。轻工业部门要把建立原料基地作为自己分内的事，积极扶持原料基地的发展。与此同时，还要广开原料来源。除国家分配的原料外，轻工部门要主动地、积极地把一切能够利用的边角余料、废料、废品和其他资源充分利用起来。在大力发展农业原料的同时，要特别注意工业原料，尽快提高工业原料的比重。

搞好专业化协作，是加快轻工业发展的一个重要途径。与会代表交流了这方面的经验，上海市、江苏省自行车行业的职工人数、厂房面积、各种设备相差不远。上海组织了专业化协作，1977年平均每个工人每年生产自行车254辆，江苏省因为没有在全省范围内组织专业化协作，平均每人每年只生产16辆，生产效率相差10多倍。这一省、一市的事实说明，有没有组织起来效果大不一样。会议指出，今后，凡是能够组织专业化生产的，如自行车、缝纫机、钟表、家用电器、轻工机械等行业，都要参照上海的经验，按照经济合理、有利生产、有利提高劳动生产率的原则，尽快组织起来。

会议批评了那种片面追求产值产量、忽视质量品种的错误倾向，批判了那种利用市场供不应求，好坏有人要，粗制滥造、以次充好的恶劣作风。要求轻工业战线广大职工，牢固树立质量第一、对人民群众负责到底的精神，千方百计、争分夺秒地把产品质量、花色品种抓上去，在优质中求高速度。

中国政府和卢旺达政府经济技术合作协定在北京签字

国务院副总理邓小平和卢旺达共和国总统、全国发展革命运动主席和创始人朱韦纳尔·哈比亚利马纳少将出席了签字仪式。国务院副总理兼外经部部长陈慕华和卢旺达外交和合作部长阿洛伊斯·恩塞卡利杰上校分别代表本国政府在协定上签字。

以解放军副总参谋长张爱萍为团长的中国军事友好代表团抵达斯德哥尔摩对瑞典进行友好访问

6月11日

国务院在人民大会堂举行宴会欢迎斐济总理卡米塞塞·马拉

李先念副总理主持今晚的宴会。

李先念副总理在宴会上讲话指出，南太平洋地区的团结反霸形势正在不断向前发展。他说，这次马拉总理亲自来访，两国领导人有机会就共同关心的问题交换意见，这是两国关系中的大事，必将把我们两国的友好关系推进到一个新阶段。

国务院副总理方毅在北京会见国际计量局局长贾科莫 副局长奎恩

方毅副总理谈到我国计量工作时说，计量工作很重要，它同实现我国工业、农业、科学技术和国防现代化有着密切的关系。科学技术的进步，对计量工作的要求越来越高，要提高计量的精度。

会见时在座的有国家标准计量局负责人岳志坚，中国计量科学研究院院长鞠抗捷，有关部门负责人李乐山、王力方、于冰等。

外交部部长黄华到达安卡拉对土耳其进行正式访问

《人民日报》刊登理由的报告文学《扬眉剑出鞘》介绍荣获第二十九届世界青年击剑锦标赛亚军的中国女选手栾菊杰的事迹

中央爱委会发出通知要求各地区各部门继续深入开展爱国卫生运动

通知说，华主席、党中央批准重新成立中央爱国卫生运动委员会，国务院发出《关于坚持开展爱国卫生运动的通知》以后，各级党政军领导同志亲自带头，在广大城乡立即掀起了一个有工、农、商、学、兵参加的爱国卫生运动的新高潮。这次运动声势大、行动快、效果好，是十多年来最好的一次。当前，夏天到了，是四害孳生繁殖，各种肠道和虫媒传染病易于发生与流行的季节。希望各地区、各部门认真贯彻“加强领导，发动群众，措施得力，持之以恒”的爱国卫生运动的方针，总结前一段的经验，先进的，要巩固提高，后进的，要急起直追，再接再厉，根据夏秋季除害灭病的特点、要求，治标与治本相结合、突击活动与经常措施相结合的原则，作出新的部署，使爱国卫生运动走向深入持久。

通知要求：一、继续大力搞好环境卫生，大除四害，消灭蚊蝇。各地区、各部门要抓紧6、7、8、9四个月，再组织几次卫生突击活动，建立和健全必要的卫生制度，坚持每个季度大抓一次，保持经常。无论城乡都要搞好水、粪和垃圾污物的管理，清除蚊蝇孳生条件。要发动群众积极扑打蚊蝇，最大限度地减少传播疾病的媒介。二、防止食品污染，搞好食品卫生。各有关部门，要继续抓好工业“三废”治理和食品的生产、加工、储运、销售等各个环节的卫生，严格执行有关食品卫生的标准、条例。饮食行业要采取有效措施，切实落实饮食卫生“五四”制的各项要求。三、深入进行卫生宣传，普及卫生知识，树立以卫生为光荣，以不卫生为耻辱，尊重社会公德，维护集体利益的新风尚。发动群众订立爱国卫生公约，并自觉遵守，互相监督，定期自查、互查、评比竞赛，造成一个先进更先进，后进赶先进，人人讲卫生，户户爱清洁的局面。卫生部门和报纸、电影、广播等宣传部门更应加强卫生宣传工作。四、落实各项措施，减少疾病。各级医疗卫生人员、赤脚医生、卫生员要深入群众，切实做好防治工作。卫生防疫和医药科研部门的人员更应当好党委的参谋助手，发挥对群众运动的技术指导作用，积极开展除害灭病的科研工作，及时总结鉴定群众的发明创造，对确实有效的，要结合各地实际情况加以推广。化工、商业、供销和交通运输部门，要保证消毒杀虫、治疗抢救用的药品供应。

通知强调指出，要做好上述工作，必须进一步加强领导。凡爱国卫生运动委员会及其办事机构还不健全的地区和单位，应尽快地充实、健全起来，以适应群众运动蓬勃发展的需要。要根据具体情况，制定除害灭病规划，明确奋斗目标，采取切实可行的措施，动员广大群众和共青团、工会、妇联、贫协等各方面的力量，把爱国卫生运动持久地扎扎实实地开展下去。

中华医学会等4个学(协)会在北京举行常务理事扩大会

中华医学会、中国药学会、中华护理学会和中国防痨协会的常务理事会，6月11日至12日举行了扩大会议。

会议调整充实了4个学(协)会的领导机构，修改并制定了新的暂行章程。会议强调要把学(协)会办好，积极开展国内外医学学术交流活动，大力做好医学科学的普及工作，为提高整个中华民族的科学文化水平，为实现医学科学技术现代化作出贡献。

中华医学会党组副书记、副会长陈致明主持会议，并致开幕词。

中华医学会副秘书长付一诚代表4个学(协)会作了工作报告。报告强调说，发展医药卫生事业，必须坚持贯彻百家争鸣的方针，鼓励和提倡不同学派的自由争论，为尽快实现医学科学技术现代化做贡献。学(协)会应当通过各种渠道，创造各种条件，充分调动广大医药科技工作者的社会主义的积极性和主动性，努力做好工作。

中华医学会副会长黄家驷、吴阶平、林巧稚，中国药学会副理事长王序，中华护理学会理事长陈坤惕，中国防痨协会理事长黄鼎臣等，在大会上发了言。到会代表进行了分组讨论。

卫生部部长江一真在闭幕式上讲了话。全国科协副主席裴丽生，有关方面负责人谭壮、涂通今、蔡翘，中华医学会副会长，以及各分科学会主任委员、中华护理学会、中国药学会和中国防痨协会的正、副理事长，以及4个学(协)会的常务理事和部分理事出席了会议。

6月12日

《人民日报》发表评论员文章《把做好人民来信来访工作当作大事来抓》

粉碎“四人帮”以来，特别是党的十一大以来，各个地方、各个单位的人民来信和人民来访大量增加，有些地方和单位增加了几倍、甚至几十倍。以本报为例，八个月来，群众来信增加了30倍。这说明，搬掉“四人帮”这块大石头以后，广大干部和群众对华主席为首的党中央无限信赖，他们关心国家的前途和命运，关心党和人民的革命事业；他们解除了精神枷锁，敢于向党组织反映自己的愿望和要求，敢于揭发“四人帮”及其帮派体系的种种罪行，敢于揭发干部违法乱纪等资产阶级不正之风，积极热情地对各方面的工作提出批评、建议。这是一件大好事，是我们国家出现生动活泼政治局面的一个重要标志。

但是，必须看到各地对待群众来信来访工作有很大差距。有的地区，各级领导十分重视来信来访工作，把它当作是克服官僚主义，加强党政机关和人民群众密切联系的工作来做；领导重视了，措施有力了，群众反映的重大问题逐步解决了，因而那里的来信来访就减少了。有的地区则不然，那里的领导回避矛盾，对群众要求解决的问题，一推了事，以致问题成堆，群众对领导失去信心，便纷纷出访上告。有的部门无专职干部搞信访工作，有的信访工作干部被抽去干别的工作，以致现有信访机构只能应付门面，无暇调查研究，很难把工作做细做好；来信处理不完，形成大量积压，群众不满。这种情况应引起我们足够重视。一定要加强领导，采取积极措施，加以解决。

首先要重视。我们党历来重视人民来信来访工作，把它看作是我们党和政府联系人民群众的一条重要渠道。毛主席、周总理都曾经亲自阅批人民来信，一再指示各级领导部门要把这件事看成是共产党和人民政府加强和人民联系的一种方法，不要采取掉以轻心置之不理的官僚主义态度。华主席和中央其他负责同志日理万机，经常就群众信访中反映的问题作出批示，并且督促解决，为我们树立了榜样。我们党的这个好传统、好作风一定要努力发扬光大。

在当前揭批“四人帮”的斗争中，领导亲自处理一些来信来访，更有重要意义。现在大量信访中反映的突出问题，是“四人帮”及其帮派体系为了篡党夺权，肆意践踏党纪国法制造的不少冤案、假案和错案。按照党的方针、政策，妥善地做好冤案、错案和假案的昭雪平反工作，是巩固无产阶级“文化大革命”成果，纠正林彪、“四人帮”破坏“文化大革命”造成的恶果的重大政治问题，是恢复和发扬党的优良传统和作风，加强社会主义法制的一项重要工作。我们必须抱着对党对人民高度负责的精神，怀着对同志对人民的无产阶级感情，认真处理好来信来访，使许多问题能就地得到及时合理的解决。

领导机关、领导干部要带头做好信访工作。据我们了解，中央、国务院一些部门和一些省、市委领导同志，都这样做了。国务院有的部，规定部长、副部长、政治部主任，每月或每周必须亲自接待群众来访一天、半天，重要来信要送负责同志阅批。安徽、黑龙江、甘肃、山东、四川等省委及一些地委、县委也采取有力措施，加强对信访工作的领导，而且亲自抓住一些重大问题和重要案件，调查核实，大张旗鼓地进行处理，得到广大干部和群众衷心拥护。同时，要充实和加强信访机构。一定要选派政治强，作风好，经验丰富，能坚持党的原则，敢于和坏人坏事作斗争的干部到信访机构中去。

各级领导机关要加强检查督促。领导机关不可能处理一切问题，主要责任在于加强领导，加强督促检查，教育干部满腔热情地对待人民来信来访，做好党和人民委托给我们的这一重要工作。对于下级党委无权解决的一些政策问题，领导机关要有明文规定。要支持信访人员的工作，对他们的困难要协助解决。要有表扬，有批评。信访工作同志也要挺起腰杆，敢于坚持原则。对于少数死官僚主义者，要给以必要的纪律制裁。如果全党都重视起来了，各级组织都能正确对待信访工作，把许多可以就地解决的问题都解决了，群众就不会万里投书，千里上诉，长年累月背着精神负担，就有利于抓革命促生产。

要保障来信来访者的正当权利。党员、干部、群众向党政领导机关提出申诉或控告，是党章和宪法规定的民主权利。各级党政机关在处理来信来访时，一定要注意保护当事人，严格防止打击报复。需要转办的控告信件，只能转到来信来访所涉及的上一级组织处理，决不能转到来信来访者所在的单位，更不能直接转到被告人手里。对于那些无视党纪国法，胆敢压制民主，压制批评，打击报复的人，一定要查明情况，严肃处理，情节严重的，应给予党纪国法的制裁。一定要使人民来信来访这一联系群众的重要渠道畅通无阻，使下情得以上达，使广大党员、干部和群众团结一致，为实现四个现代化，完成新时期的总任务贡献力量。

全国医药卫生科学大会在人民大会堂闭幕

全国医药卫生科学大会在北京进行了10天之后，于12日晚在人民大会堂闭幕。

中共中央副主席、国务院副总理李先念以及党和国家其他领导人方毅、纪登奎、陈永贵、陈锡联、耿飚、陈慕华、王震、谷牧，出席了大会闭幕式和发奖仪式。

卫生部部长江一真宣读了华主席和叶副主席给大会的题词。华主席的题词是：“坚持走中西医结合的道路，创造我国的新医学新药学，为提高人民的健康水平而奋斗。”叶副主席的题词是：“加强中西医药卫生科学研究，保健灭病，强壮人民体质，为建设社会主义现代化强国而奋斗。”华主席、叶副主席的题词宣读后，激起了全场热烈的掌声。会前，华主席还对卫生工作，包括中西医结合、计划生育、赤脚医生等问题作了重要指示。华主席说，希望你们把卫生工作搞好，把这次全国医药卫生科学大会开好，这是关系到8亿人民健康兴旺的大事。华主席还说，搞好中西医结合，是我们这一代人的任务，步子要快一点。到会代表一致认为，华主席、叶副主席的指示和题词，给医药卫生工作指明了方向，对全体医药卫生工作者是极大的鼓舞。

这次大会，是新中国成立以来卫生战线的一次规模空前的盛会。参加大会的有优秀的医药卫生科研人员，中西医护人员，卫生防疫工作者，医学教育工作者，赤脚医生，医药卫生科技工作的后勤兵和各级卫生行政领导干部，共1300多人。

会议开幕时，卫生部长江一真讲了话，并向大会提出了报告。报告重申了毛主席、党中央制定的“面向工农兵，预防为主，团结中西医，卫生工作与群众运动相结合”的四大方针和毛主席的“六·二六”指示，阐述了实现医药卫生科学现代化与贯彻执行“四大方针”的关系。他指出，到本世纪末，我国医学科研工作总的战略目标和设想是：初步形成我国统一的新医学新药学，使我国的医学科学达到当时的世界先进水平，并有一批重要项目居于世界领先地位。我国各族人民的健康水平将有一个很大的提高。报告还对《1978—1985年全国医药卫生科学技术发展规划纲要(草案)》中6个方面的重大科学技术问题分别作了说明，并提出了完成规划的具体措施。会议认真地讨论了江一真同志的报告，修改并通过了全国医药卫生科学技术发展规划纲要(草案)，交流了经验。会议期间，还分别举行了中医、民族医生、西学中医生、赤脚医生、地方病防治、护理工作、少数民族地区卫生工作、群众科研活动、卫生防疫等专题座谈会。

李先念副主席在闭幕式上作了重要讲话。他说，华主席、党中央、国务院和全国人民，都感激你们，感谢医药卫生战线上的同志们。因为你们救死扶伤，为人民做了很多很好的工作。李副主席说，新中国成立以来，卫生战线究竟成绩是主要的，还是缺点错误是主要的？这个问题曾经发生过激烈争论。林彪、“四人帮”他们出于反革命的目的，完全否定这条战线的工作，他们是反革命。现在粉碎了“四人帮”，拨乱反正，把被颠倒了的大是大非重新颠倒过来，是十分必要的。不然，同志们的心情就不舒畅。不仅卫生战线是这样，其他如文化、教育、科学技术、公安、体育等战线，都存在同样的问题。要把它说清楚，就能调动千百万人的革命积极性。

李副主席又说，路线是非说清楚了，就要找找差距。由于林彪、“四人帮”的干扰破坏，我们的科学技术与世界先进水平本来缩小了的差距又拉大了。既然落后了就要赶。医药卫生科学，包括医疗器械的研制，不仅要赶上世界先进水平，还要超过它。目前，我们的医药卫生事业与8亿人口的大国很不适应，同志们要努力改变这种状况，抓紧把医药卫生科学搞上去。最后，李副主席语重心长地说，革命离不开知识分子，知识分子要认真改造世界观，全心全意为人民服务。希望大会以后，在卫生战线上掀起一个向医药卫生科学技术进军的高潮，为实现四个现代化而奋斗。

陈慕华副总理也在闭幕式上讲了话。她指出，社会主义革命和社会主义建设新时期的总任务，给卫生工作提出了新的更高的要求，我们一定要完整地准确地贯彻执行毛主席、党中央制定的卫生工作路线、方针和政策，一定要坚决贯彻执行华主席在五届人大政府工作报告中对卫生工作的重要指示，“继续坚持把重点放到农村去的方针”，“同时，认真做好城市和工矿企业的医疗卫生工作”。

陈副总理强调当前要把提高医疗质量作为城乡医药卫生工作的中心环节狠抓起来，抓出成效。这是广大人民群众的迫切要求。由于“四人帮”对卫生事业的干扰破坏，打乱了医护分工，废弃了医院各项制度，降低了医疗质量。我们要结合揭批“四人帮”的第三战役，拨乱反正，明辨是非，澄清思想。凡属有利于提高医疗质量，提高医院管理水平的规章制度都应当恢复，没有的应当建立起来。医疗机构要有严格的岗位责任制，要有严格的科学管理制度，医院要有体现医疗质量的考核指标，如提高病床的周转率，提高治愈率，降低感染、复发率等。要加强药品、生物制品、医疗器械质量的管理工作和科研工作。

陈副总理详细阐述了医学科学现代化问题。她说，实现医学科学现代化，必须贯彻百家争鸣方针，学习外国先进技术，继承发扬祖国医药学遗产。只有充分利用自然科学和医药卫生科学技术的最新成果，才能攀登高峰，避免在别人已经走过的路上浪费时间。学习和掌握现代化科学技术最新成果，也是整理提高祖国医药学的必要条件。我们要继续大力提倡和组织西医学习中医，同时也要注意抓好培养新中医和名老中医学术经验的总结继承工作。

陈慕华副总理指出，要不断壮大和提高医药卫生队伍，从各方面关心这支队伍的成长，特别强调护理工作、辅助工作和后勤工作的重要性，要尊重从事这些工作的同志，提高他们的社会地位。

陈副总理说，加强党的领导，是发展我国医药卫生科学技术，把卫生工作搞上去的根本保证。要抓好继续深入揭批“四人帮”这个各项工作的纲。要在肃清流毒、分清路线是非的基础上，把各级医药卫生机构的领导班子整顿好。要继续抓紧做好落实党的干部政策和知识分子政策的工作，进一步调动广大医药卫生人员和卫生干部的积极性，促进卫生工作大干快上。

卫生部部长江一真给先进单位和先进个人授奖。21个红旗单位被授予锦旗；231个先进集体，157位先进个人，697项优秀科技成果被授予奖状。21个红旗单位是：大庆油田，大寨大队，北京市结核病研究所，北京宣武医院神经外科、北京市神经外科研究所，天津市南开医院，天津医院骨科，河北省唐山地区，山西省稷山县太阳大队，西安市第四人民医院，上海市第六人民医院骨科、断肢再植研究室，上海第二医学院附属瑞金医院烧伤科、烧伤研究室，江苏如东县卫生局，山东省烟台地区，杭州市小营巷，江西省余江县，江西省德兴县，湖北省长阳县乐园公社，湖南省岳阳县毛田区，广东省佛山市，广东省乐昌县岐乐大队和昆明医学生物研究所。5000多名首都医务工作者和驻京部队医疗卫生人员同会议代表一起参加了大会闭幕式和发奖仪式。会议由卫生部副部长黄树则主持。

国务院副总理李先念在北京与斐济总理卡米塞塞·马拉举行会谈

国务院副总理耿飚在北京会见美共(马列)中央委员 黑人作家哈里·海伍德和夫人格温多林·米德罗·霍尔教授及其子女

全国人大常委会副委员长谭震林在北京会见以兵库县知事坂井时忠为团长的日本兵库县青年海洋大学访华团

土耳其总理比伦特·埃杰维特在安卡拉会见外交部部长黄华

双方就两国间的关系、当前国际形势和共同关心的问题交换了意见。双方表示希望进一步加强两国间的友好合作关系，一致认为这是符合两国人民的共同愿望和根本利益的。

外交部部长黄华与土耳其外交部部长京迪兹·厄克钦在安卡拉举行会谈

郭沫若逝世

我国伟大的无产阶级文化战士、中国共产党中央委员会委员、全国人民代表大会常务委员会副委员长、政协全国委员会副主席、中国科学院院长、中国文学艺术界联合会主席郭沫若同志，因病长期医治无效，于1978年6月12日在北京逝世，享年86岁。

郭沫若同志是我国杰出的作家、诗人和戏剧家，又是马克思主义的历史学家和古文字学家。早在“五四”运动时期，他就以充满革命激情的诗歌创作，歌颂人民革命，歌颂社会主义和共产主义，开一代诗风，成为我国新诗歌运动的奠基者。他创作的历史剧，是教育人民、打击敌人的有力武器。他是我国运用马克思主义观点研究中国历史的开拓者。他创造性地把古文字学和古代史的研究结合起来，开辟了史学研究的新天地。他在哲学社会科学的许多领域，包括文学、艺术、哲学、历史学、考古学、金文甲骨文研究，以及马克思主义理论著作和外国进步文艺的翻译介绍等方面，都有重要建树。他长期从事科学文化教育事业的组织领导工作，扶持和帮助了成千上万的科学、文化、教育工作者的成长，对发展我国科学文化教育事业作出了不可磨灭的贡献。他和鲁迅一样，是我国现代文化史上一位学识渊博、才华卓具的著名学者。他是继鲁迅之后，在中国共产党领导下，在毛泽东思想指引下，我国文化战线上又一面光辉的旗帜。

郭沫若同志是四川省乐山县人。早年就投身于反帝反封建的革命文化活动，曾建立著名文学团体“创造社”。1926年参加北伐战争，任国民革命军总政治部副主任。蒋介石叛变革命后，他满腔义愤，奋笔疾书讨蒋檄文《请看今日之蒋介石》，在人民群众中产生了巨大影响。1927年参加南昌起义，同年八月加入中国共产党。1928年旅居日本，从事中国古代史和古文字学的研究工作，并积极支持留日青年和国内文艺界的革命文化活动。抗日战争爆发后，郭沫若同志回到祖国，在敬爱的周总理的直接领导下，贯彻执行毛主席的革命路线，组织和团结国民党统治区的进步文化人士，从事抗日救亡运动。他这一时期写的许多历史剧和大量诗文，深刻揭露了国民党反动派的卖国投降政策，激励了革命人民的斗志。抗战胜利后，他不顾国民党反动派的政治迫害，勇敢地站在民主运动的前列，同蒋介石的法西斯独裁经济和发动内战的阴谋，进行针锋相对的斗争，有力地支援了人民解放战争。1949年8月，在全国文学艺术工作者代表大会上，被选为全国文联主席。中华人民共和国成立以来，郭沫若同志继续从事著述，同时，担负着繁重的国家事务、科学文化教育和国际交往等方面的领导工作，历任中央人民政府委员、政务院副总理兼文化教育委员会主任、中国科学院院长、中国科学院哲学社会科学部主任、历史研究所第一所所长、中国科学技术大学校长、中国文学艺术界联合会第二、三届主席、中国人民保卫世界和平委员会主席、中日友好协会名誉会长等职。在中国共产党第九、十、十一届代表大会上，当选为中央委员。在第一至第五届全国人民代表大会上，均被选为常务委员会副委员长。历任政协第一届全国委员会委员，四届常务委员，二、三、五届副主席。郭沫若同志不仅是革命的科学家和文学家，而且是革命的思想家、政治家和著名社会活动家。他在科学文化方面作出的贡献，在革命实践中立下的功绩，赢得了全中国人民和世界进步人士的尊敬。

6月13日

国务院总理华国锋在北京会见斐济总理卡米塞塞·马拉

国务院副总理李先念在北京与斐济总理卡米塞塞·马拉继续举行会谈

《人民日报》刊登新华社记者的报道《四川全面清理认真落实农村经济政策》

四川省在深入揭批“四人帮”的伟大斗争中，旗帜鲜明地拨乱反正，全面清理被“四人帮”假左真右的反革命修正主义路线破坏了的农村经济政策，认真落实那些多年来实践证明行之有效的党在农村的经济政策，有力地调动了广大干部和社员群众大干社会主义的积极性，使“天府之国”的广大农村，人心舒畅，干劲十足，生产发展，欣欣向荣。

目的是调动农民的积极性

四川省是深受“四人帮”干扰破坏的“重灾区”。

粉碎“四人帮”以来，中共四川省委坚决贯彻执行华主席为首的党中央抓纲治国的战略决策，在全省范围内深入开展揭批“四人帮”的伟大斗争，粉碎资产阶级帮派体系，打击阶级敌人的破坏活动和资本主义势力的猖狂进攻，抓纲治蜀初见成效。随着运动的深入，省委和各级党组织越来越清楚地看到，四川省前几年农业生产徘徊下降、集体经济削弱、资本主义泛滥、社员生活困难、劳动情绪低落，一个重要原因，就是“四人帮”打着“革命”的旗号，以极左的面目出现，歪曲和篡改党的基本路线，全面否定“文化大革命”前17年党的农村工作，把党在农村的各项经济政策当作修正主义的东西来批判，在干部和群众的思想上造成了极大的混乱。“抓了政策是非多，抓了管理走不脱”，相当多的干部把执行党的经济政策，抓好人民公社的经营管理视为“禁区”，有章不敢循，各项制度废弛。结果，社会主义集体经济受到削弱的地方，资本主义势力乘虚而入，社员群众的社会主义积极性受到挫折。因此，要使广大干部群众在打倒“四人帮”伟大胜利鼓舞下高涨起来的革命积极性持久下去，必须采取有力措施，全面清理和认真落实党在农村的经济政策。

为了拨乱反正，明辨是非，四川省委要求各级党组织采取回忆对比的方法，对农业合作化、公社化、特别是“文化大革命”以来党在农村经济政策的贯彻执行情况进行回顾，从中找出经验和教训来。

乐山地区这样做了，效果就好。这个地区在“文化大革命”中，批判了修正主义路线，执行了党在农村的各项方针、政策，生产不断发展，粮食产量逐年上升，1973年大旱，还增产2亿多斤粮食。1974年，“四人帮”搞“三箭齐发”，把定额管理、评工记分当作“修正主义回潮”来批判，结果好年景变成了减产年。1975年抓了落实政策，形势刚刚好转，1976年“四人帮”又大批所谓“右倾翻案风”，层层揪“走资派”，农村经济政策再次遭到严重破坏。这一年减产粮食1.3亿多斤,集体经济挖空了,资本主义抬头了,社员分配收入下降到十年来最低的水平。通过这样的回忆对比,撕破了"四人帮"的假左伪装,使人们看清了"四人帮"的极右面目,进一步认识到我们党二十几年来领导农民走社会主义道路有着丰富的经验和一套行之有效的政策。在农村工作上,虽然有过各种错误路线的干扰,但是毛主席的革命路线始终占主导地位。我们党在农村的一系列政策是毛主席亲自主持制定的。"四人帮"全面否定党在农村的各项经济政策,就是否定17年党的农村工作,就是否定毛主席的革命路线。这是他们篡党夺权阴谋的一个重要组成部分。

四川省委和各级党组织认为,"四人帮"对农村经济政策的破坏是多方面的,必须全面清理;只有认真落实党的政策,使人民公社经营管理走上正轨,才能保证华主席、党中央抓纲治国的战略决策落到实处。因此,省委要求各地深入总结经验教训,认真清理政策。清理的标准只有一个:凡是经过实践检验,确实有利于加强党的领导,有利于巩固和发展社会主义集体所有制,有利于促进生产力的发展,有利于改善人民生活和改变社会风气,为广大群众所欢迎的政策和有关规定、制度,都要予以肯定和恢复,并在实践中使之臻于完善。凡是不符合这个标准的,就要总结教训,加以改正。

在上述思想指导下,经过广泛深入的调查研究,认真听取农村广大干部和社员群众的要求,四川省委作出了《关于目前农村经济政策几个主要问题的规定》(以下简称《规定》),提出了目前急需清理和落实的十二项农村经济政策。内容有:加强劳动管理;严格财务管理制度;搞好生产计划管理;兼顾国家、集体和个人的利益,坚决保证社员分配兑现;减轻生产队和社员的负担;以粮为纲,开展多种经营;奖励发展耕牛;大力发展养猪事业;大搞农田基本建设;积极兴办社队企业;积极而又慎重地对待基本核算单位由生产队向大队过渡的问题;以及在保证集体经济占绝对优势条件下,允许和鼓励社员经营少量的自留地和正当的家庭副业问题。目的是调动农民的积极性,发展社会主义农业生产,巩固人民公社集体经济。这个《规定》一经公布,人们奔走相告,都说:十二条《规定》,条条说到我们心坎上!这一下人民公社集体经济又要兴旺了!我们有想头,有奔头,有劲头了!

重点是贯彻执行按劳分配的原则

四川省落实农村经济政策,把贯彻执行按劳分配的原则作为一个重点,具体工作是从搞好1977年的分配兑现入手的。省委认为,要调动广大社员群众大干社会主义的积极性,需要坚持政治挂帅,不断地向社员群众灌输社会主义思想,批判资本主义倾向,进行为革命种田的思想教育工作;同时必须认真执行按劳分配的社会主义原则,让社员群众真正多劳多得,增产增收,分配兑现,保证社员群众得到实际的经济利益,把社会主义的优越性具体地显示出来。

恰恰在这个重要问题上,"四人帮"的干扰破坏最为严重,他们别有用心地把按劳分配的社会主义原则当成资本主义原则来批判,把人民公社经营管理统统搞乱了。全省有相当多的生产队成本无核算,经济不民主,账目不健全,借支超支,乱支乱报,贪污盗窃,铺张浪费,达到了惊人的程度。全省初步统计,单是历年累计的超支欠款一项,就达6.8亿多元,超过了全省人民公社两年公共积累的总和,造成了一大批生产队多年来分配不能兑现,社员生活困难,生产缺少资金,严重地影响了集体经济的巩固和发展。

在搞好1977年分配兑现的工作中,四川省全党动手,城乡配合,上下齐心协力,清理人民公社财务账目,打击资本主义势力,巩固集体经济,保证社员分配兑现。多少年来被"四人帮"搞乱了的人民公社的现金、物资、工分和账目得到了一次大清理。年终决算的结果,全省大多数地区做到了队增产增收、增贡献、增积累、增储备,社员增分配、增口粮。同1976年比较,全省平均每个社员口粮增加了66斤,现金分配增加了9.6元。这是近十年来未曾有过的鼓舞人心的新气象。

十二条《规定》是在1977年决算分配后下达的。《规定》提出,生产队要搞好劳动管理、财务管理、生产计划管理。各地都把执行按劳分配原则当成一件大事认真抓起来,严格按照社员劳动的质量和数量评定工分。省委认为,按劳分配是农村人民公社集体经济唯一正确的分配原则,体现这一原则的办法可以有好几种:大寨式评工记分办法,应当积极创造条件,逐步推广;多数地方实行的"定额到组,评工到人"的办法,简便易行,应当认真搞好;少数地方实行的"底分活评"办法,要在"活评"上下功夫。

温江地区郫县是劳动管理搞得好的一个县,这个县采取上述办法克服了过去大量存在的多劳少得、少劳多得,甚至"多闹多得"、"多拿多得"、不劳而获的现象。

《规定》下达以后,各级干部深入基层,宣讲文件,把党的政策交给群众。在广大干部群众掌握政策精神的基础上,各地结合生产进程,又普遍抓了生产计划管理和劳动管理的政策落实工作。据内江、绵阳、乐山、达县、江津等地区4月底统计,推行劳动定额、评工到人办法,建立生产责任制的生产队,已占生产队总数的百分之五六十以上。生产队对社员实行了定基本劳动日、基本投肥、基本口粮的"三定"制度,把"一年早知道"落实到户,使得过去被认为几乎无法制止外流的成千上万个劳动力归了队。劳动管理搞得比较好的达县地区巴中县,全县42万多个评级劳动力都投入了农业第一线。目前,各地劳动工效普遍比去年提高了30%—50%,有的甚至成倍提高,春耕生产搞得有声有色。

关键是对干部进行党的政策的再教育

四川的经验证明,落实党在农村的经济政策,加强人民公社经营管理工作,是一场两个阶级、两条路线、两种思想的尖锐斗争。要使十二条《规定》从群众中来又回到群众中去,一个中心环节是要有一支密切联系群众、真正对群众根本利益负责的干部队伍,关键是对广大干部重新进行一次党的政策的再教育。

四川省委抓纲治蜀,紧紧抓住揭批"四人帮"这个主题,把清查资产阶级帮派体系、整顿领导班子、进行党的基本路线教育和落实农村经济政策等项工作,有领导有步骤地一起抓。从各地贯彻十二条《规定》的情况看,一小撮阶级敌人和新老资产阶级分子极力干扰和破坏党在农村的经济政策的落实,是毫不足奇的。但是,也还有不少的干部,在清理和落实经济政策的问题上畏缩不前。有的是心有余悸不敢搞,有的是害怕麻烦不愿搞,有的是不懂政策不会搞,少数人是手脚不干净反对搞。因此,对广大干部来说,彻底打碎"四人帮"强加的精神枷锁,解放思想,重新进行一次党的政策的再教育,就成为一项非常迫切、非常重要的任务。

对落实经济政策心有余悸的干部,大多有多年农村实际工作经验。他们被"四人帮"整怕了,怕别人说自己搞"右倾倒退"、"复辟回潮",落实政策总是顾虑重重,放不开手脚。特别是一些多次挨整的干部更是如此。四川省各级党委从解决他们对"文化大革命"前17年农村工作的认识问题着手,摆事实,讲道理,正本清源,使他们认识到:"四人帮"把17年在毛主席领导下的农村工作说得漆黑一团,就是为了否定毛主席的革命路线,推行修正主义路线,搞篡党夺权,改朝换代;恢复和落实过去行之有效的农村经济政策、制度和办法,才真正是捍卫毛主席的革命路线,才能把社会主义革命和建设推向前进。省委还帮助他们进一步分清路线是非,讲清哪些是正确的政策,要坚持;哪些是修正主义路线的干扰,要认真地总结经验和教训。这样,使他们是非清楚、旗帜鲜明地去拨乱反正,落实党的政策。

为了进一步帮助干部解放思想,省委和各级党委还实事求是地给一些被"四人帮"打成"黑典型"、"黑样板"的先进社队和劳动模范恢复名誉,伸张了革命正气,打击了歪风邪气。

对落实经济政策怕麻烦的干部,主要是一些在"四人帮"横行时期养成了爱说空话、爱说大话的毛病,不扎扎实实做工作的干部。现在,他们口头上也说要落实政策,搞好管理,但怕吃力不讨好,怕斗资本主义、歪风邪气得罪人,总不如大呼隆省力省心。对于这样的干部,各级党委帮助他们端正思想路线,改进工作作风,教育他们认识到:农村天天碰到政策,干部天天在执行政策,不是执行正确的政策就是执行错误的政策,不是自觉地就是盲目地执行某种政策;只有自觉地、扎扎实实地去执行党的政策,搞好各项管理工作,把社员群众的社会主义积极性充分调动起来,才能加快农业发展步伐,巩固集体经济,改变农村的落后面貌。

目前四川省农村社队领导岗位上,约有半数以上的新干部不懂、不熟悉党在农村的经济政策,不懂、不熟悉人民公社的经营管理。这种实际困难,也是"四人帮"干扰、破坏造成的。为了帮助这些同志尽快懂得并逐步熟悉党的政策,各地普遍采取办学习班、开现场会的办法,以老带新,边干边学,培训骨干。

有些干部,自己沾染了好逸恶劳的恶习,多吃多占,甚至不劳而获,有的甚至和资本主义"沾亲带故"。他们害怕落实政策自己占不到便宜,甚至受到批评,因而程度不同地产生了抵触情绪。对于这些干部,各级党委在整党整风中坚持正面教育,开展积极的思想斗争,帮助他们洗手洗澡,放下包袱,轻装上阵,将功补过。对少数问题严重的干部,进行适当的组织调整和处理。对于那些混进干部队伍里挖社会主义墙脚、破坏社会主义事业的贪污盗窃、投机倒把分子,就发动群众把他们揭露出来,坚决打击。

由于抓紧了对干部的再教育和干部队伍的整顿,四川各地清理和落实农村经济政策的工作,一般都做到了步子稳,进展快,效果好。

外贸部部长李强就我国外贸形势和外贸政策答《中国对外贸易》杂志记者问

在回顾了打倒"四人帮"以来我国的大好形势后,李部长指出,为了实现毛主席、周总理的遗愿,在本世纪内把我国建成为一个伟大的社会主义的现代化强国,我国外贸部门也要努力工作,为贯彻执行毛主席的革命外交路线,为促进我国国民经济的发展,作出应有的贡献。他说,随着我国国民经济的发展和国际交往的开展,在中央统一计划下,充分发挥有关部门和各地方的积极性,必能使我国的对外贸易有一个大的发展。

关于我国同第三世界友好国家之间的贸易前景,李强部长说,我国同第三世界国家之间的贸易前景将是广阔的。近些年来,许多第三世界国家要求我国供应他们所需的工具、建筑五金、机床、机械设备等等。为了适应这些国家经济建设的需要,我们完全应当也完全可能积极增加这类商品的生产和出口。我们从第三世界各国的进口商品,也正日益多样化。除了农、牧业产品和矿产品等外，还要在可能情况下增加适合我国需要的纺织品、日用工业品、化工产品、机械产品、钢材等的进口。

李强部长在谈到他于去年和今年访问了英国、法国、比利时、卢森堡、西德等西欧国家，并代表我国政府同欧洲经济共同体签订了贸易协定时指出，这些访问和会谈都是富有成果的。他强调指出，在我国实现四个现代化的过程中，西欧各国在工农业生产方面的先进技术和经验，是值得我们借鉴的。我们相信，随着我国国民经济的发展，我国同西欧各国的经济技术交流将会逐步扩大，贸易前景会是相当广阔的。

关于中日两国签订的长期贸易协议的问题，李强部长指出，这个协议是根据中日两国政府联合声明和贸易协定的精神签订的第一个民间性长期贸易协议，为期8年(1978—1985年)。在有效期内，双方各自出口的总金额为100亿美元左右。它将在两国政府的支持下履行。这个协议，不仅使中日贸易中的几项主要进出口商品能在长期、稳定供应的基础上逐年有所增加，而且对扩大两国的经济技术交流，增进两国人民的友谊，也有重要的意义。他还指出，这个协议只是整个中日贸易的一个组成部分。其他进出口商品的贸易仍将继续发展。

李强部长对当前我国的进出口政策和贸易做法问题，也作了简要的说明。李强部长说，外国朋友们反映我国各进出口公司目前在贸易做法上比以前灵活了，这是有根据的。其实，我国各进出口公司目前在出口成交方面，只是恢复或者沿用国际贸易中常用的一些习惯做法罢了。例如，这些公司同意接受外商的来样和定牌订货，接受某些外商的带料加工订货，接受外商为其机械配套用的协作部件、零件或成套工具等的订货，同意按照具体情况采用不同的收汇方式，逐步发展展卖和寄售的贸易方式，随时按照国际市场的价格变化合理地调整我国出口商品的售价等等。所有这些，都是世界各国广泛采用的贸易方式和做法。此外，国外客户提出的其他一些灵活贸易方式的建议，相信各进出口公司也会予以积极的考虑。关于我国的进口政策和做法问题，李强部长说，近几年来，我国根据社会主义建设的需要，有计划、有选择地从国外引进了化肥、化纤、轧钢、发电等成套设备以及一些技术专利。这对于加快我国工农业发展的步伐，增强自力更生的能力，是有积极意义的。今后我们还要按照国家的需要，继续有计划、有选择地从外国引进一些先进的成套设备和技术专利。

最后，李部长说，我们的建设方针是独立自主、自力更生。建设资金也要靠自己积累。必须同时发展出口，才能增加进口。因此，在进口成套设备或技术专利中，无论是现汇支付，分期付款，较长期的延期付款，以产品补偿方式支付，以及其他可能采用的国际贸易中的习惯的付款方式，都必须建立在我们拥有的或将要拥有的支付能力的基础之上。

教育部在北京召开全国高等学校招生工作会议

会议提出了1978年高等学校招生工作的意见。今年要在去年招生制度改革的基础上，进一步贯彻华主席、党中央的有关指示精神，逐步完善新的招生制度，切实保证把各方面的优秀青年选拔上来，为实现五届人大提出的新时期的总任务，发现、选拔和培养大批又红又专的专门人才。

根据会议提出的招生意见，今年在招生对象、考试评卷以及招生办法等方面，都有进一步的改进。今年高等学校主要招收20岁左右的青年，一般不超过25周岁(1953年1月1日后生)。26—30周岁的高中毕业生和具有高中毕业文化水平的优秀青年，以及1966、1967届高中毕业生，仍可报考。为了快出人才，各高等学校要积极举办专修班。专修班主要招收年龄超过25周岁的考生；学制一般定为两年，有的专业根据需要也可定为三年。共产主义劳动大学、“七·二一”工人大学、“五·七”大学，脱产和半脱产学制在两年以上的在校学生，不能报考。中等专业学校和技工学校的在校生、应届毕业生不能报考，参加工作满两年以上的可以报考对口院校或专业。在校高中学生，个别学习成绩特别优秀，确实能够跳级升大学的，经本人申请，学校审查，县(区)招生委员会批准，可以报考。应该上山下乡而不去的知识青年(包括户口已转农村而本人未去的)不能报考。因病留城和病退满一年以上的知识青年，经县以上医院检查，确已痊愈的，才能报考。1978年已被高等学校录取而拒不服从分配的，下一年不准报考。为了稳定教师队伍，以利于提高中小学的教学质量，中小学公办教师一般限于报考师范院校。

从1978年起，实行全国统一命题，由省、自治区、直辖市组织考试、评卷。考试分文、理两科。文科(含哲学、外语专业)考：政治、语文、数学、历史、地理、外语；理工科(含医、农专业)考：政治、语文、数学、物理、化学、外语。外语考试的语种分别为：英、俄、法、德、日、西班牙、阿拉伯等7种。外语考试的成绩今年暂不记入总分，作为录取时参考。没有学过上述语种的可以免试。报考外语院校或专业的，必须进行口试；外语笔试成绩记入总分，数学为参考分。全国统一考试定于7月20日至23日举行。考生较多的省、自治区、直辖市，在全国统一考试前是否进行初试，由各地根据实际情况自行决定。新生于9月下旬入学。

为了发扬民主,杜绝“走后门”、徇私舞弊等不正之风,今年要在公布参加体格健康检查名单的同时,公布全体考生的各科考试成绩。公布的方法,由县(区)招生委员会通知考生所在单位分别转告本人。对没有考好的考生,不应歧视、讽刺,要切实做好思想工作,鼓励和帮助他们继续努力。考生对本人的评卷如有怀疑,可向当地招生委员会提出申请,由招生办公室负责查阅试卷。录取名单由考生所在单位张榜公布。

招收新生要坚持德智体全面考核,择优录取的原则。为了切实保证全国重点院校的新生质量,考生报考志愿,分别按重点院校和其他院校两栏填写。每栏至少可填写5个学校,每个学校可填写两个系科(专业)。

打破常规选拔人才,是进一步完善招生制度的重要内容之一。从今年起,在各省、自治区、直辖市举办的高中应届毕业生和在校学生的学科学习竞赛中,凡是成绩特别优秀的青年,结合其他学科在原校的学习情况,经政治审查和体格健康检查合格,可以不参加全国统一的高考,直接分配入有关院校。单位或个人如发现学习勤奋、成绩卓著、有特殊才能的优秀人才,可向当地招生委员会(或教育部门)推荐,由有关高等学校单独考核,经省、自治区、直辖市招生委员会(或教育部门)批准,随时录取。有特殊专长、技术革新或发明创造的优秀人才,可不受年龄、婚否限制。

今年将继续试行招收走读生。凡是家在被录取院校所在地的新生,具备走读条件的实行走读。各地交通商业等部门和学校要为走读生提供方便。

会议对政治审查和健康检查问题进行了讨论,并且制定了相应的文件。会议强调指出,对考生进行政治审查时,主要应看本人的政治表现。要全面地正确地贯彻执行党的“有成分论,不唯成分论,重在政治表现”的政策。

会议要求各有关方面要积极支持符合条件的广大青年报考大学,不应刁难和压制。同时,切实做好考生的思想政治工作,要求考生做到“一颗红心,两种准备”,坚决服从分配。全国各高等院校要宣传介绍本校的专业情况,各地要指导考生填写升学志愿。

会议指出,必须坚决杜绝徇私舞弊和“走后门”等不正之风,对其中情节恶劣的必须予以处分,直至开除党籍,依法惩处。

会议同时讨论了中等专业学校的招生问题,提出了今年中等专业学校招生工作的意见。

会议认为,中等专业学校是我国教育事业中的一支重要力量,是培养中等专业人才的重要基地。它在普及科学技术和中等教育方面,肩负着重要的任务。新中国成立以来,全国的中等专业学校为国家培养了大批中等技术人才,在各条战线上发挥了很大作用,很多中等专业学校毕业生成了生产第一线的骨干力量,受到了领导和群众的普遍欢迎。但是,林彪、“四人帮”为了实现他们篡党夺权的罪恶目的,利用在教育战线窃取的一部分权力,采用“拆、并、迁、撤”等手段,对中等专业学校大砍大杀,使我国的中等专业教育事业遭到严重的破坏和摧残,造成了目前各条战线中等专业人才青黄不接、后继乏人的严重局面。与会同志表示,一定要高举毛主席的伟大旗帜,继续深入批判“四人帮”的反革命修正主义路线,肃清流毒,解放思想,大力选拔、培养中等专业人才,为实现新时期的总任务努力作出贡献。

到会同志回顾了1977年中等专业学校招生工作的情况。大家说,去年随着高等学校招生制度的重大改革,中等专业学校的招生办法也作了相应的改进,得到了广大群众的热烈拥护。去年全国中等专业学校招收的新生,质量普遍有了提高。今年要坚定不移地继续贯彻执行去年的方针,坚持德智体全面考核、择优录取的原则,切实保证新生质量。

今年中等专业学校一般招收应届初中毕业生,和具有初中毕业文化程度的工人、农民,以及上山下乡、回乡知识青年,年龄在18周岁左右。学习年限:工科3—4年,师范、农林、卫生、财经等专业3年。也可以招收具有高中毕业文化程度的工人、农民,以及上山下乡、回乡知识青年(包括按政策留城尚未分配工作的),年龄在22周岁以内。学习年限可以适当缩短。这些具有高中毕业文化程度的学生,在中等专业学校学习期间和毕业后的待遇,与招收初中毕业生的学生相同。有实践经验的农业科技积极分子、赤脚医生、民办教师等报考对口专业,年龄可适当放宽,但不得超过25周岁,限于未婚青年。

中等专业学校的考试由省、自治区、直辖市统一命题,县(区)组织,地(市)评卷。考试科目是:政治、语文、数学、理化。主要考察考生掌握基础知识的状况,以及分析问题、解决问题的能力。

录取中等专业学校新生,要坚持德智体全面考核的原则,从高分到低分,参照考生志愿,分段择优录取。由学校提出名单,地(市)批准。录取时根据专业的不同情况,对考试成绩的要求,将有所侧重。将注意招收女生,少数民族学生和台湾省籍、归国华侨学生。对于文化薄弱的地区和边疆少数民族地区,录取时将注意有所照顾。

面向全国或地区的中等专业学校、专业,可以跨省招生。

中等专业学校的招生工作时间,由省、自治区、直辖市确定。录取的新生不迟于9月底以前入学。新生入学后3个月内,经学校复查,如发现有不符合招生条件和手续的,经过学校所在省、自治区、直辖市招生主管部门批准,应予退回。

会议认为,加强党的领导,是搞好中等专业学校招生工作的根本保证。会议希望各级党委加强领导,做好宣传教育工作,深入调查研究,不断总结交流经验,切实完成招生任务,努力把今年中等专业学校的招生工作做好。

国务院副总理耿飚在北京会见即将离任的罗马尼亚驻中国大使格夫里列斯库

全国人大常委会副委员长邓颖超在北京会见以公明党书记局员土师进为团长的日本公明党青年访华团

土耳其总统法赫里·科鲁蒂尔克在安卡拉接见外交部部长黄华

《人民日报》发表文化部理论组的文章《认真调整党的文艺政策》

华主席在五届人大的政府工作报告中号召我们,要认真贯彻执行毛主席关于调整党内文艺政策的指示。这是当前文艺战线一项重大的迫切的任务。

调整就是整顿,就是拨乱反正。调整党的文艺政策,就是要彻底批判"四人帮"假"左"真右的反革命修正主义文艺路线,坚决贯彻执行毛主席的革命文艺路线;就是要彻底批判"四人帮"的阴谋文艺,坚决贯彻执行文艺为工农兵服务、为社会主义服务的方向;就是要彻底肃清"四人帮"的法西斯文化专制主义的流毒,坚决贯彻执行毛主席的"百花齐放、百家争鸣"以及"古为今用、洋为中用"、"推陈出新"的方针;就是要彻底清除"四人帮"的反动文艺政策造成的一切遗毒,全面落实党的各项文艺政策,包括对文艺工作者的政策,对文艺创作、文艺批评的政策,对群众文化的政策,对文艺遗产、传统剧种、曲种、剧目、曲目的政策,等等。

粉碎"四人帮"以来,文艺界批判了"四人帮"的反革命修正主义路线,打碎了法西斯文化专制主义的枷锁。被"四人帮"搞乱了的文艺思想、理论、路线是非逐步得到澄清,党的文艺政策逐步得到贯彻落实。但是,文艺界是"四人帮"插手最深、控制最严、危害最大的领域。他们在文艺界整整经营了十年,流毒是很深的。现在,运动的发展是不平衡的,某些单位由于清查工作没有搞彻底,"四人帮"的帮派势力还在或明或暗地采取种种方式维护"四人帮"的反动政策。至于"四人帮"在思想上的流毒,更是远远没有肃清,还在束缚着我们的一些同志。拨乱反正,把毛主席的革命文艺路线贯彻到文艺工作的每一个方面,把党的方针政策落实到文艺工作的基层,还需要我们继续做巨大的努力。

五届人大通过的新宪法明确规定:"国家坚持马克思主义、列宁主义、毛泽东思想在各个思想文化领域的领导地位。各项文化事业都必须为工农兵服务,为社会主义服务。国家实行'百花齐放、百家争鸣'的方针,以促进艺术发展和科学进步,促进社会主义文化繁荣。"这是我国文化艺术工作的总方针、总政策。

对于广大文艺工作者,必须实行团结、教育、改造的政策,这是调整党的文艺政策首先要解决的问题。我们的文艺工作者是为社会主义服务的脑力劳动者,是建设社会主义的依靠和团结的力量。要信任他们,放手让他们工作,尊重他们的革命责任感,充分发扬他们的社会主义积极性;要尊重艺术劳动的规律,为他们的艺术实践创造必要的条件,发挥他们的专长,保障他们为社会主义多出工作成果。要允许犯错误,允许改正错误,不要一有错误就一棍子打死。"四人帮"颠倒依靠和打击的对象,疯狂迫害广大文艺工作者。现在,许多受"四人帮"打击诬陷的好同志得到了平反昭雪,重新走上工作岗位,但仍有少数同志的问题至今没有解决,或者虽然有了某种解决,但留了很不适当的尾巴,有的长期没有安排工作。对这些问题,要实事求是地尽快给予解决。凡是搞错了的,都要平反;凡是"四人帮"强加的诬蔑不实之词,都要推倒。能工作而没有安排工作的(包括犯有严重错误已经改正的同志在内)要尽快安排工作。要讲依靠和团结,也要讲教育和改造。要鼓励文艺工作者努力学习马列主义、毛泽东思想,努力投入三大革命运动,树立无产阶级世界观。要提倡又红又专,鼓励文艺工作者为革命钻研业务,提高为社会主义服务的本领。总之,要正确处理两类不同性质的矛盾,团结一切可以团结的力量,调动一切积极因素,尽量化消极因素为积极因素,为建设社会主义新文化而共同奋斗。

对于文艺创作,要坚持工农兵方向下的百花齐放。"为工农兵而创作,为工农兵所利用",这是我们坚定不移的原则。"四人帮"实行文艺与工农兵相隔绝、文艺与工农兵相对立的反动政策,严重破坏了文艺和群众的联系。我们要遵照毛主席关于文艺工作者深入工农兵的教导,投入到群众火热的斗争生活中去,表现新时代的人民群众,一辈子做人民群众的代言人。在符合六条政治标准的前提下,必须实行创作题材、体裁、形式、风格的多样化。我们的文艺要以现代革命题材为主,大力描绘毛主席、周总理、朱委员长以及其他老一辈无产阶级革命家领导我国人民披荆斩棘、艰苦创业的光辉历程，特别要大力表现当前抓纲治国，实现新时期总任务，向四个现代化进军的伟大斗争，也要发展各种各样为工农兵所需要的题材，历史题材、国际题材、童话题材、科学幻想题材等等，都可以写。我们首先要大力塑造当代工农兵英雄人物、革命干部、革命知识分子的典型形象，也要描写各种各样的人物，正面、反面、中间状态的，都可以写。我们的文艺要热情讴歌社会主义、共产主义的伟大事业，也要尖锐、犀利地批判封建主义、资本主义以及它们在今天的流毒。我们反对旨在暴露人民大众和社会主义事业的所谓"暴露文学"，但并不一般地取消暴露，对于"四人帮"及其死党，对于那些破坏社会主义法制，欺压人民群众的坏人坏事，难道不应该无情地加以揭露么！对于那些风派人物、溜派人物，对于"四人帮"所遗留下来的种种歪风邪气，难道不应该辛辣地给予讽刺么！一切文艺创作，只要政治上符合六条标准，艺术上有一定的水平，就可以发表或演出，就应给予支持、鼓励，并采取正确的方法帮助其逐步提高。不要求全责备。"金要足赤，人要完人"，这是形而上学的表现。

对于文艺遗产，必须坚持批判继承，推陈出新，古为今用，洋为中用的方针。古代的和外国的一切对于我们有用的东西，都要学习。毛主席说："无产阶级对于过去时代的文学艺术作品，也必须首先检查它们对待人民的态度如何，在历史上有无进步意义，而分别采取不同态度。"这是评价遗产的一条重要政治原则。"四人帮"对抗毛主席的指示，把遗产和旧制度等同起来，把批判地继承遗产诬蔑为复辟旧制度。这是极其荒唐的。我们要肃清"四人帮"的流毒，按照历史唯物主义的原则，分清遗产中的糟粕与精华，弃其糟粕，取其精华。传统的剧目、曲目，只要内容是进步的，反映人民群众思想愿望的，艺术上是富有独特创造的，就应继承下来，进行适当的加工整理，让他们在舞台上继续流传。当然，一切遗产，包括最优秀的遗产，毕竟是旧时代的产物。我们既不能割断历史，抛弃遗产，也不能用遗产代替无产阶级自己的创造。社会主义的文艺舞台，必须以反映现代革命斗争生活为主，以表演无产阶级自己的文艺创作为主。对于过去时代的艺术形式，要加以利用改造，推陈出新，用以表现新内容、新思想，表现今天的革命斗争生活。被"四人帮"砍杀的地方剧种、曲种以及其他为群众所喜闻乐见的艺术形式，要恢复起来，保持和发展各自的艺术特色。要抢救受"四人帮"摧残而濒于灭绝的优秀遗产。要进一步打破精神枷锁，恢复上演优秀的传统剧目。这一工作必须在党的领导下，坚持群众路线，有领导、有计划、有步骤地进行。

社会主义文艺的根本任务是兴无灭资。培植香花，批判毒草，这是建设社会主义新文艺的两个方面。对于错误的、有毒素的东西，我们的态度一是不怕，不是禁止人们接触它们。"禁止人们跟谬误、丑恶、敌对的东西见面，……这样的政策是危险的政策，它将引导人们思想衰退，单打一，见不得世面，唱不得对台戏。"我们有选择地向人民提供必要的反面教材，目的是为了锻炼群众，提高人民的免疫力。二是要批判，不能让它们自由泛滥。香花和毒草一时鉴别不清，怎么办？要通过群众性的讨论和实践的检验去解决。判断精神领域的现象，往往需要时间。在社会主义社会里，新生事物的成长，比起旧社会来条件要好得多了，但仍然会出现压制新生事物，把香花当毒草的事。因此对于艺术和学术的是非问题，要持慎重态度，不要轻率地做结论，不要简单地靠行政命令去解决。

调整党的文艺政策，关键在于领导。文艺工作的各级领导干部一定要增强政策观念，划清两条路线的界限，划清文艺领域的马克思主义和"左"右倾机会主义的界限，划清党的政策和"帮"政策的界限，坚定不移、深入细致地贯彻落实毛主席的各项文艺政策。要严格执行党的统一政策，不搞土政策，更不能以感想代替政策。要深入细致地做认真的调查研究，区别各种不同的具体情况，过细地落实政策。

我们的许多文艺干部，是敢于拨乱反正，努力落实党的政策的。他们对毛主席的革命路线有着深厚的感情，对"四人帮"的干扰破坏充满着革命义愤，一年多来，坚持革命，坚持原则，兢兢业业，勤勤恳恳，不怕阻力，敢于打破"四人帮"划定的"禁区"，敢于解决"老大难"问题，为消除"四人帮"所制造的混乱，贯彻毛主席的革命文艺路线，做了大量工作，受到群众由衷的赞扬。但是必须看到，也有一些人，他们持另一种态度，他们的态度是很成问题的。

有一种人，他们的态度是看。他们忧心忡忡，顾虑重重，左顾右盼，迟步不前。他们脑子里有许多"四人帮"留下的框框，安于"四人帮"干扰破坏所造成的现状，轻易不敢迈步前进，只在那里看，不在那里干，即使干了一点，一遇到困难就打退堂鼓，一遇到阻力就往回缩。在他们看来，不动是保险的，动了就有可能犯错误。他们不以党的事业、人民的利益为重，一心考虑的是自己头上的乌纱帽和个人利益。时间一天天地过去了，在这种人领导的单位里，问题一大堆，局面打不开，工作进展不大。

还有一种人，他们的态度是抗。这种人大多在"四人帮"猖狂得势的时候，起劲推行"四人帮"反革命修正主义路线。他们和毛主席革命路线格格不入，中"四人帮"的"文艺黑线专政"论和"重新组织队伍"论的毒很深，对"四人帮"反革命修正主义路线的破产充满着兔死狐悲的感情。他们不愿意调整党的文艺政策,因为一调整,就意味着否定他们过去的“成绩”。他们采取种种手法对抗调整政策。你搞你的调整,他筑他的防线;你有党的路线政策,他有“帮”的一套做法。能顶的就顶,顶不住就拖,一直在“对着干”。这种人为数虽然很少,为害却很大。在这种人控制的单位里,情况极不正常,党的各项政策根本贯彻不下去,“四人帮”的一套东西被他们顽固地保护下来。

为了全面彻底地贯彻落实毛主席的文艺政策,要进一步做好整顿文艺队伍,特别是整顿各级领导班子的工作。要教育那些不得力的同志,撤换那些跟党唱对台戏的人。“软懒散”的班子要调整。要整顿思想,整顿作风,统一认识,统一政策。只有建设好各级领导班子,才能保证党的政策顺利地贯彻执行。

“学习、学习、再学习。”多年来,“四人帮”封锁对党的方针政策的宣传,用他们的一套反动货色冒充党的政策,久而久之,使我们的一些同志对党的文艺政策生疏了,划不清党的政策和“帮”政策的界限。要认真学习马列主义、毛泽东思想,学习马克思主义文艺观和毛主席的文艺理论,认真总结文艺战线上两条路线斗争的经验,总结在执行方针政策上的正反两面的经验,从中引出必要的教训。要深入地进行调查研究,了解当前存在着那些政策性的问题,那些解决了,那些还没有解决,存在着什么值得注意的倾向。

在华主席为首的党中央的英明领导下,我国人民正在为清除“四人帮”的流毒,夺取无产阶级专政下继续革命的新胜利,完成新的历史时期的总任务而英勇奋斗。一个新的社会主义文化建设的高潮正在兴起。我们一定要高举毛主席的伟大旗帜,贯彻华主席的指示,切切实实做好调整文艺政策的工作,调动一切积极因素,繁荣文艺创作,扩大文艺节目,促进社会主义文化艺术的发达兴旺。

董守义逝世

政协第五届全国委员会委员,中华全国体育总会副主席,中国民主促进会中央委员、国家体委运动司副司长董守义先生,因病医治无效,于6月13日在北京逝世,享年83岁。

董守义先生,河北省蠡县人,是我国著名的老一辈体育工作者。他早年就从事体育工作,曾留学美国,以后又到欧美10余个国家考察体育,先后在天津南开大学,北京师范大学等任教授。其间,曾参加过奥林匹克运动会和多次远东运动会,并任国际奥委会中国委员。中华人民共和国成立后,董守义先生历任第二届、第四届、第五届全国政协委员,中国民主促进会中央委员,中华全国体育总会副主席,国家体委运动技术委员会主任,运动司副司长等职。董守义先生努力学习马列著作和毛主席著作,工作勤勤恳恳,积极认真,为发展我国社会主义体育事业作出了贡献。他在国际体育活动中,坚决反对国际奥委会和某些国际体育组织中的顽固分子制造“两个中国”、“一中一台”的阴谋,积极参加驱蒋反霸斗争,为发展我国与各国体育界的友好往来,起到了积极的作用。

柳青逝世

中国人民政治协商会议第五届全国委员会委员、政协陕西省委员会常务委员、中国文学艺术界联合会全国委员会委员、中国作家协会理事、作家协会西安分会副主席、著名作家柳青同志,因病医治无效,于6月13日在北京逝世,享年62岁。

柳青原名刘蕴华,陕西省吴堡县人,1928年加入中国共产主义青年团。1936年加入中国共产党。他的长篇巨著《创业史》,是我国农村社会主义革命的史诗性的著作。他的作品被翻译成英、日、德、西班牙等多种文字。他的作品丰富了我国文学的宝库,他的创作和生活道路也为社会主义文学创作提供了极其宝贵的经验。

6月14日

中共中央主席华国锋在北京会见柬埔寨共产党中央委员会常务委员会委员 民主柬埔寨政府负责外交事务的副总理英萨利

中共中央副主席汪东兴,全国人大常委会副委员长邓颖超参加了会见。

国务院副总理邓小平在北京会见由扎伊尔国家指导国务委员莫科洛·瓦·姆庞波率领的扎伊尔新闻代表团

全国人大常委会副委员长乌兰夫在北京会见以阿萨富杜拉为团长的孟加拉国佛教代表团

谈话时,乌兰夫副委员长祝代表团圆满完成迎取阿底峡灵骨的任务,并希望他们把中国人民对孟加拉国人民的深厚友谊带回去。乌兰夫副委员长说:“中孟两国之间的文化往来有悠久的历史,我们两国自古以来就是友好的。建交以来,我们两国的关系一直在发展。”

阿萨富杜拉团长说:“这次我们迎取阿底峡尊者灵骨,并在孟加拉国安放,这是发展我们两国友好关系和两国人民友谊的一个具体步骤。”孟加拉国驻中国大使馆临时代办阿拉姆·汗参加会见。

会见时在座的有中国佛教协会负责人赵朴初，对外友协副会长林林，外交部亚洲司副司长刘君培等。

代表团这次来访，主要是为了迎取孟加拉国古代著名佛教学者阿底峡的灵骨。阿底峡尊者是中孟两国古代文化和友谊的伟大传播者之一。他于公元11世纪初来我国西藏地区，弘扬佛教，并传播医药学术和协助我国藏族人民兴修水利。他在西藏旅居17年，于公元1054年在距拉萨不远的聂塘寺逝世。他对中国西藏地区佛学和文化作出了重大的贡献。

国务院副总理耿飚在北京会见法国保卫共和联盟前总书记热罗姆·莫诺

国务院副总理耿飚在北京会见由罗马尼亚运输和邮电部部长特拉扬·杜达什率领的罗马尼亚运输邮电代表团

上海举行集会庆祝中国福利会成立40周年

上海各界1000多人在上海展览馆友谊电影院集会，庆祝中国福利会成立40周年。

中国福利会新的执行委员会委员彭冲、康克清、齐燕铭、周巍峙、王一平、车文仪、巴金、吴耀宗、汪明章、沈粹缜、李太成、刘芳、何秋澄、张苏平，中共上海市委和市革委会负责人赵行志、杨士法，上海市政协副主席梁国斌、苏步青、黄赤波、冯德培、吴若安、卢于道，上海市工会、妇女、青年、教育、文化、卫生等方面的负责人，以及文化教育艺术界的知名人士、热心妇幼保健和少年儿童教育的工作者，参加了庆祝大会。

中国福利会执行委员会宋庆龄主席因公不能来沪，委托齐燕铭同志主持了今天的庆祝大会。

康克清同志在庆祝大会上讲了话。她说：回顾四十年来中国福利会的奋斗历程，我们特别要向四十年如一日、坚持不懈地领导这一光荣事业的中国福利会的创始人宋庆龄副委员长表示崇高的敬意。中国福利会自从成立以来，无论在中国人民抗日战争的艰难岁月里，还是解放战争的年代里，在政治上、道义上和物质上都对中国人民革命解放斗争事业作出了有益的贡献。新中国成立后，中国福利会成为我国社会主义建设中人民福利事业的一个组成部分，从事妇幼卫生保健和儿童教育以及国际宣传工作，举办了各种示范性的事业单位，继续为我国社会主义革命和社会主义建设作出了贡献。

康克清说，我们党历来十分重视妇幼工作和少年儿童教育工作。伟大领袖毛主席和敬爱的周总理、朱德委员长等老一辈无产阶级革命家，一贯深切关怀和大力支持这方面的工作，曾作过一系列光辉指示，为我们的工作制定了正确的路线和方针任务。祸国殃民的“四人帮”为了达到篡党夺权的目的，疯狂破坏妇女工作和少年儿童教育工作。中国福利会的工作同样遭到了严重的破坏，被迫部分地停止了活动。“四人帮”干尽了坏事，恶贯满盈，终于逃脱不了彻底覆灭的可耻下场。

康克清说，华主席、党中央无限关怀我国各族广大妇女群众和少年儿童一代，十分重视加强对这方面工作的领导。华主席在百忙中为我们中国福利会四十周年题词，这是对我们的最大关怀和鼓舞。我们要树雄心，立壮志，努力学习，总结中国福利会过去的经验，在原有的基础上，迈开新的步伐，作出新的成绩。我们坚信，中国福利会在发展我国妇幼保健和儿童教育，以及对外宣传工作方面，必将发挥更大的作用，作出更大的贡献。

接着，彭冲同志代表中共上海市委、市革命委员会、市政协，向中国福利会致以衷心的热烈的祝贺。他在讲话中说，中国福利会在宋庆龄副委员长领导和主持下，四十年来，坚持革命工作，对中国人民的革命和建设事业作出了卓越的贡献。我们向创办和领导中国福利会的宋副委员长表示深切的崇敬。

彭冲说，中国福利会的工作，受到伟大领袖毛主席和敬爱的周总理、朱德委员长的深切关怀。中国福利会在全国解放后，在党的领导下，按照周总理和宋副委员长确定的工作方针，从事妇幼保健和儿童文化教育的实验性、示范性工作，并继续进行国际宣传工作。随着祖国社会主义革命和建设事业的发展，它的各方面事业也有很大发展。

彭冲说，华主席为首的党中央，领导全国人民取得了粉碎“四人帮”的伟大胜利，抓纲治国初见成效。中国福利会的各项事业也有了新的发展。华主席在第五届全国人民代表大会上提出了我国社会主义革命和建设新的发展时期的总任务，对我们妇幼保健和少年儿童文化教育工作提出了更高的要求。我们的各项工作要适应这一要求，为实现新时期的总任务而服务。我们深信，在以华主席为首的党中央领导下，在实现新时期总任务、进行新的长征中，中国福利会在宋庆龄主席的领导和主持下，必将发扬四十年来艰苦奋斗的精神，迈开新的步伐，作出新的更大的贡献。

6月13日，中国福利会在上海召开了执行委员会会议。

为了庆祝中国福利会成立40周年，中国福利会编印出版了题为《中国福利会四十周年》的纪念册。

《人民日报》发表中国福利会主席宋庆龄的文章《为人民服务四十年》

我们的中国福利会成立已有四十年了。它是在

1938年6月抗日战争期间创建的，当时叫保卫中国同盟。1945年抗战胜利后以及整个解放战争期间，它叫作中国福利基金会。中华人民共和国诞生以后，它于1950年改称今名。

中国福利会一直肩负着双重任务：首先，在中国人民争取解放与进步的斗争中帮助解决某些急需；其次，向世界各国朋友阐明中国人民斗争的意义和目标。我们的组织一贯接受中国共产党的领导。它总是以毛泽东主席统一战线政策为指导，广泛团结国内外朋友。几十年来，它的工作一直得到周恩来总理的直接支持和亲切关怀。

中国福利会的历史，按不同的历史情况可分为四个时期。

第一个时期是从日本帝国主义侵略中国后不久，保卫中国同盟在香港成立时开始，到1941年12月太平洋战争爆发后香港沦于日寇时为止。

从国际上来说，这是反法西斯力量聚集和重新组合的时期。我们成立时，当时的战线是中国和西班牙，过了不久，战火遍及世界大部分地区。我们当时的任务是争取世界人民支援中国抗日战争的先锋力量——中国共产党所领导的八路军和新四军以及解放区人民。

在物质方面，我们为解放区募集医药费及其他必需品。我们想方设法宣传和支援加拿大白求恩大夫和印度柯棣华大夫先后主持的国际和平医院。这两位国际主义的模范把中国人民的斗争看作是本国人民的斗争，在前线无私无畏地服务，直至把自己的生命献给了全世界人民的共同的事业。我们还支援了延安的一些单位：抗日军政大学、鲁迅艺术学院，以及边区保育院和托儿所。这个托儿所是由美国洛杉矶爱国华侨资助而举办的。在这里抚养着那些由于父母从事于或牺牲于救亡斗争而无人照管的儿童。我们还通过各种渠道帮助解放区的中国工业合作社的一些单位，使它们在经济上能维持下去。

我们之所以把"保盟"设立在香港，是因为当时要在蒋介石国民党统治区开展这些工作是极端困难的。国民党反动派口头上赞成民族抗战事业，但实际上却在进行阻挠和破坏。虽然在香港也有一些障碍，但至少我们还能在那里为解放区收集战时救济物品，进行通讯和出版工作。为了帮助许多国家和外国朋友了解中国抗战的真相，我们用英文出版了《保卫中国同盟通讯》。为了港澳同胞和海外侨胞的需要，我们还帮助创办了爱国的中文日报《华商报》。1940年至1941年期间，这两个出版物揭露了国民党反动派加紧策划的向日本投降的阴谋，以及妄图通过重新发动内战，消灭中国人民武装力量的阴谋。

1942年至1945年是第二个时期，我们在蒋介石的战时首都重庆开展工作。我们在国民党反动派经常不断地干扰下坚持工作。我们竟然连房子都没有，我自己的客厅成了唯一的安全的办公地点和开会场所。我们与外国朋友和海外侨胞的联系都必须加以伪装。他们对英勇抗日的游击队进行捐献。但这些游击队处于国民党反动派的严密封锁之下，不仅不让他们得到打击侵略者所需要的子弹，而且连医治伤员用的药品也不准给他们。尽管如此，我们仍然通过各种途径收到一些捐款和物资并把它们送到解放区。1944年，我们设法送去了一台X光机，这是当时总人口已达9000万的解放区的第一台和仅有的一台！在国际宣传方面，我们虽然不能够在重庆印刷和邮递，但还是编写了许多声明和报告，由国外的进步援华团体出版。因为人民之间的友谊并不是偶然产生的，而是建立在根本的共同利益的基础上，是能穿越任何封锁的。

在重庆，虽然有国民党特务的跟踪，我们与周恩来同志领导的八路军办事处保持着经常联系。我们就是这样，转送出经由我们募集的捐款和物资，获得关于人民游击战争和接受我们援助的事业的消息，并且把这些消息传播给全世界。

我们也像在香港时那样，按照广泛统一战线的原则，同国内外朋友们一起工作。尽管障碍重重，中国人民始终是朋友遍天下，任何封锁、阴谋诡计、中伤诋毁和其他敌对行为都不能分隔我们。

在日本侵略者战败以后，我们迁到上海，从1945年12月起改称中国福利基金会，开始了第三个时期。当时，我们致力的一方面工作，是要从联合国善后救济总署和其他半官方团体所提供的国际救济资金和物资中，为在战争中出力最大、损失也最大的解放区，争取他们应得的一份。当时，这种救济金和物资的98%拨给了国民党，而拥有全国遭受战祸人口至少一半以上的解放区，只分到2%！当然，分给国民党的那份不会用来为人民造福，大笔款项被贪污了，物资则被留作他们不久后发动内战之用。

在我们和新建的中国解放区救济总会的合作中，我们反对两种危害人民的倾向，其一是反对一些外国机构打算用直接发放救济品作为渗透、控制的手段；其二是反对盗窃成风的国民党反动派"救济"机构垄断款项和物资的企图。这个斗争是总的斗争的一部分，斗争的目的就是要保证我国人民反法西斯斗争的胜利果实和荣誉不被受帝国主义支持的法西斯分子所篡夺。各国人民对中国的援助理所当然应归中国人民所有。解放区和国民党反动派不一样，从来不乞求也不依赖外界援助，他们的方针是自力更生。

白求恩国际和平医院的成长证实了这一点。这医院长期以来得到保卫中国同盟的支持。在抗日战争的年代里，国民党反动派阻挠外界对这所医院的援助，偶尔只能得到一些零星的援助。起初的一所国际和平医院，后来却变成了分布在8个解放区的8所医院，42个地方分院，总共11800个床位。此外还有培养人才的白求恩医学院。

中国福利基金会集中了一些具有民主思想和正义感的中外友人的力量，把人民的援助送到上述的人民医院，并且像过去一样，送到边区保育院、洛杉矶托儿所、解放区各工业合作社以及另一些新举办的事业，如各解放区的制药厂、农业畜牧业试验农场等。

中国福利基金会也在上海为劳动人民及其子女开展了一些别的文化福利活动。它向国民党的剥削、腐败造成的饥饿、疾病和愚昧进行斗争。办起了妇幼保健室，为那些无力上学的儿童举办识字班，培训小学生当他们的"小先生"。还办了个儿童剧团，在那里孩子们既是演员又当学员。设置了一个专门基金，来帮助被国民党反动派迫害的进步的贫病作家、艺术家，使他们能从事创作而免除挨饿，从而也就揭露了国民党反动派的残酷压迫和文化专制。这些活动绝非"慈善事业"，它们表现出解放区倡导的那种互助精神，这种精神灌注在我们所举办的事业中，但是采取的做法却适应了当时上海黑暗反动统治的环境。在这些事业中工作的人员中有忠诚的革命者。甚至在孩子里，也有不少成了"地下少先队"成员，他们从小就学着在困难和危险的条件下为人民服务。

就是这样，中国福利基金会和它的前身保卫中国同盟采用各种方法为人民的胜利，为即将诞生的新中国培养力量，尽了自己一份力量。

1949年迎来了解放和我们人民共和国的成立。中国的几亿人民赢得了新民主主义革命的胜利，进入了社会主义革命和建设阶段。这一历史性的胜利也使我们的组织有所变化，开始了第四个时期。我们不再是个募集和分发捐赠款物的"基金会"了。现在我们的工作和预算都纳入了国家计划。所有我们以前支持过的事业单位也是如此。

我们总结了1938年以来的工作，作出了今后的安排。我与多年来一直关怀支持我们工作的周恩来总理讨论了我们的新的方针与任务。我们要在党的领导下，协助开展妇幼保健卫生、儿童文化教育方面的实验性工作，同时考虑到我们过去搞过国际宣传，也要求在这方面开展工作，并且各方面工作都要争取达到高标准。1950年年中，我们在明确这些任务的基础上，改名为中国福利会。

自此以后我们的工作主要集中在上海了。我们的保健室发展成为国际和平妇幼保健院，其他的事业单位也分别成为托儿所、幼儿园、少年宫和儿童剧团。他们都搬出了铁皮的活动房屋，迁进了国家提供的较好的建筑。我们的宣传工作重新开始。1950年，我们创办了以五、六年级小学生为主要读者对象的《儿童时代》杂志，培养他们的共产主义道德，丰富他们的知识。1952年，英文版《中国建设》杂志创刊，它向国外读者报道中国社会主义革命和社会主义建设的真实情况。

1958年在中国福利会成立20周年时，周总理在他的亲笔题词中表达了他对中国福利会的期望，"祝中国福利会在我国社会主义建设"大跃进"的高潮中，响应党的关于技术革命和文化革命的号召，发扬中国人民的自力更生艰苦奋斗的优良传统，为增进中国妇女儿童的身体健康和精神健康，为培养新的劳动一代，作出更大的贡献。"从此，我们一直努力按照这个精神进行工作。

我们的妇幼保健院从开始时的50个床位，已经扩充到300个床位。每年收住院分娩产妇和妇科病人8000人次，门诊近20万人次，施行各种手术近2万人次，该院遵循毛主席制定的团结中西医的方针，开展了各项科学研究工作。如针刺麻醉应用于妇产科手术(包括全子宫切除术)和计划生育手术，中西医结合非手术治疗子宫外孕，子宫颈癌的普查和治疗等，都取得了一定的成绩。医院在对比各种避孕方法的优缺点、新生儿的电子诊断方法的工作也受到有关方面的重视，它还通过派医疗队到工厂农村和创办一座助产学校来普及医疗卫生工作，这些医疗队也开展了子宫颈癌的普查。它还举办了农村"赤脚医生"的定期训练班和妇产科医生的进修班，进行技术指导工作。在对第三世界国家提供国际主义援助方面，它曾派出人员参加医疗队到国外工作。近年来，每年有数百名国外来访者、医生、学者和医学科学家等等来该院参观访问。在这种友好往来的文化交流中，该院从这些国外来访者学习了不少的知识和经验。

少年宫每年有数十万少年儿童前来参加各项活动。1977年举办了毛主席和周恩来总理的纪念活动，努力发扬毛主席、周总理留下的革命传统，并且用我们国家在以华主席为首的党中央领导下所肩负的巨大任务来鼓励少年儿童前进。千万个儿童在这里参加了科技、文学、艺术、音乐、绘画、雕塑和体育等小组活动，从小受到良好的训练，经常举行儿童文艺演出和少年科技作品展览。还邀请科技界的知名人士同少年儿童会见，鼓励他们准备为实现祖国四个现代化贡献聪明才智。

儿童剧团在1957年扩建为儿童艺术剧院，培训了一批专门演出儿童剧的演员、剧作家和舞台美术工作者，并积累了一批保留剧目。仅在1977年它就为

379891名观众演出了259场。1952年,伟大领袖和导师毛主席曾经看过该院的演出,并指示他们在怀仁堂为北京少年儿童演出数场。1964年,周总理曾看过该院演出的《小足球队》,并给予赞扬。

托儿所和幼儿园培育了健康、活泼的儿童。在这里,他们不仅增长了知识,更重要的是教育他们从小热爱党和国家,懂得革命传统,有集体主义精神并且热爱劳动。通过讲故事和外国朋友的访问,也教他们懂得国际主义精神。采用经常性“三浴”(冷水浴、阳光浴、空气浴)之类办法,使他们身体结实,减少疾病。保教人员经常总结和改进幼儿保育、学前教育的工作方法,取得经验并加以推广。

《儿童时代》从1950年创刊到1966年,共出版了389期,它深受广大小读者和儿童工作者的欢迎。由于“四人帮”的干扰破坏,直到今年4月才得以复刊,每期发行量比停刊前增加一倍多。

《中国建设》目前不仅有英文版,还有法、西、俄和阿拉伯文版,今年起还出了德文版。

“文化大革命”推动我们进一步把工作做好。但是,祸国殃民的“四人帮”百般破坏。他们否定我国“文化大革命”前17年的成就,诬蔑我们举办的某些事业是“修正主义的样板”,迫害我们的工作人员。他们既否定人们必需的首创精神和调查研究的方法,也否定钻研技术和专业分工的必要。他们的干扰,造成了我们各项工作的不同程度的损失。

这些年来,虽然我们做了一些有益的工作,但做得还很不够。我们的某些设想也还未能实现。不过总的来说,我们的工作基本上是贯彻了毛主席的革命路线和各项方针政策的。

以华主席为首的党中央粉碎了“四人帮”,一个为了在本世纪内把我国建设成为农业、工业、国防和科学技术现代化的伟大的社会主义强国的新的长征开始了。在这个新的长征队伍中,中国福利会决心把工作做得更多更好,像以往40年一样,为人民服务,为革命工作,并且通过《中国建设》,把中国社会主义进步的事实告诉全世界的朋友们。

6月15日

国务院副总理邓小平在北京会见以泰国—中国友好协会主席 泰国前外长差提猜·春哈旺为团长的泰中友协代表团

欢送我国赴越南接运难侨客轮启航群众大会在广州举行

全国人大常委会副委员长、国务院侨务办公室主任廖承志在会上发表讲话强调指出:中国政府为了保护华侨的正当权利和利益,决定派船去越南接运受难的中国侨民回国,这不仅完全符合国际惯例,也是中国政府行使保护侨民利益的合法权利。越南当局竟然说什么“无视越南主权”,这是完全没有道理的,是毫无根据的。

廖承志说:今天,我们热烈欢送我国政府派出的接侨船启航前往越南胡志明市和海防市,接运被越南当局迫害处于水深火热之中的华侨回国,这充分体现了以华主席为首的党中央和祖国政府对被越南当局迫害的受难华侨的深切关怀。我们伟大的社会主义祖国是华侨的靠山,八亿同胞是侨胞的后盾。

廖承志说:中越两国人民有着悠久的传统友谊。在长期的革命斗争中,两国人民同生死,共患难,互相支持,互相鼓舞,结成了深厚的兄弟情谊和革命团结。中国人民为了支援越南人民的抗法战争、抗美战争和战后的恢复建设,节衣缩食,不惜作出巨大的民族牺牲。旅居越南的广大华侨,同越南人民世代和睦相处,把越南人民的革命事业看作自己的事业,参加了越南的革命和建设,作出了积极的贡献。这是全世界有目共睹的事实。但是,在越南全国解放之后,越南当局出于其对内对外政策的需要,竟然背信弃义,以怨报德,有领导、有计划、有目的地采取种种卑劣手段,歧视、排斥、迫害华侨。今年来更进一步大批驱赶华侨回国。从今年4月至6月14日为止的短短的两个多月内,被越南当局驱赶回来的华侨达13.3万多人。事态发展愈演愈烈。这是越南当局蓄意破坏中越关系,反对中国的严重步骤。越南当局这种倒行逆施,不能不引起中国人民的极大愤慨,在国际舆论上也是很不得人心的。越南当局为了摆脱其孤立处境,采取诡辩和抵赖的手法,欺骗舆论,企图否认越南当局排斥、迫害和驱赶华侨;他们甚至歪曲事实,倒打一耙,妄图把责任推给中国方面。但是,事实终究是事实,抵赖是抵赖不了的,颠倒是非也是徒劳的。

廖承志针对越南当局在华侨国籍问题上散布的谬论,严正指出:对于居住在国外的华侨的国籍问题,中国政府的一贯政策是,赞成和鼓励华侨根据自愿原则选择居住国的国籍,同时反对强迫华侨改变国籍的做法。中国在越南有一百几十万侨民,其中约有90%居住在越南南方,这是尽人皆知的事实。现在,越南政府竟然以吴庭艳反动政权强制华侨改变国籍的非法做法为依据,硬把居住在越南南方的大量华侨说成是“华裔越南人”,这是完全站不住脚的。对于南越吴庭艳反动政权强迫华侨加入越南国籍,中国方面早已提出过严重抗议。当时,越南民主共和国方面对于中国的这一严正立场曾表示赞同和支持,现在越南政府公然背弃自己公开宣布过的立场，把吴庭艳政权的反华政策继承下来，这是中国政府决不能同意的。至于居住在越南北方的华侨，虽然根据双方商定的原则，他们可以自愿加入越南国籍，但实际上大部分没有加入越南国籍。越南当局现在使用所谓“华人”这样一个在法律上极为含糊的名称来否定他们是华侨，这种做法显然是别有用心的。

廖承志说：中国共产党、中国政府和中国人民一贯十分珍视中越两国人民的友谊和团结，并为此作出了不懈的努力。尽管近几年来越南当局采取了一系列恶化两国关系的行动，用各种方式反对中国，但是中国方面仍然一直照顾大局，采取克制和忍让的态度。今天两国关系发展到如此地步，是我们意想不到的，也是我们所不愿看到的。我们希望越南当局能够按照自己所表白的那样，言行一致，真正以两国人民的传统友谊和根本利益为重，立即停止排斥、迫害、驱赶华侨的错误做法，对于我国政府派船接运受难华侨回国提供方便，不要再作损害两国人民友谊的事。

廖承志最后指出：被越南当局迫害的华侨，目前处境十分困难，他们度日如年，朝夕盼望祖国的接侨船前去援救。廖承志要求接侨船上的全体同志团结一致，克服一切困难，把接运被越南当局迫害的难侨的工作做好。

在欢送大会上，中共广东省委书记、省革委会副主任、省接待安置归国华侨领导小组组长刘田夫，代表中共广东省委、省革委会和全省人民表示，决心在党中央、国务院领导下，做好充分准备，随时接待和妥善安置被越南当局迫害归国的难侨，使受难华侨同祖国人民同享社会主义祖国的温暖。

“明华”号和“长力”号接侨人员代表李覃桂在会上发言说：党和人民把接侨的任务交给我们，是对我们的极大信任。我代表接侨人员向党和祖国人民保证，不管遇到多大的障碍，我们一定要排除万难，圆满完成这一光荣任务。

欢送大会，由中共广州市委书记、市革委会副主任、省接待安置归国华侨领导小组副组长罗范群主持。参加大会的还有：国务院侨务办公室副主任林修德，广东省、中国人民解放军广州部队、广东省军区和广州市负责人杨康华、詹才芳、熊飞、钟明等。

大会结束以后，“明华”号、“长力”号徐徐离开码头。

国务院副总理李先念在北京会见由商业部长南·汶瓦图率领的泰国贸易代表团

由全国人大常委会副委员长姬鹏飞率领的全国人大代表团到达墨西哥城对墨西哥进行友好访问

以解放军总政治部副主任梁必业为团长的中国人民解放军军事友好代表团到达布加勒斯特对罗马尼亚进行友好访问

6月16日

全国人大常委会委员长叶剑英在北京会见西班牙国王胡安·卡洛斯一世

国务院副总理邓小平在北京与西班牙国王胡安·卡洛斯一世举行会谈

中国方面参加会谈的有：外贸部部长李强，外交部副部长章文晋、部长助理宋之光，中国驻西班牙大使马牧鸣，外交部新闻司司长钱其琛，外交部副司长齐宗华、高建中，外贸部副局长安东。

《人民日报》发表邢贲思的文章《关于真理的标准问题》

最近收到一些同志来信，就实践是否是检验真理的唯一标准问题提出疑问。他们认为实践固然是真理的标准，但是马克思主义也应当是真理的标准。对于这一问题，我想谈一点自己的认识。

真理是人们对客观事物及其规律的正确认识。一种认识是否合乎客观规律，是否是真理，靠什么来检验？这个问题就是真理的标准问题。关于真理的标准，在马克思主义产生以前，哲学史上众说纷纭，没有一种学说能正确回答这个问题。唯心主义哲学不必说了，有的把真理的标准归结为天命，有的则把它归结为神启，有的把它归结为圣人之言，所谓以圣人之是非为是非，有的更干脆，简直就是以自己的独断作为真理的标准，所谓“六经为我注脚”。不消说，这些观点都是错误的。唯物主义哲学，承认人的认识是客观事物的反映，在真理的内容这个问题上答案基本正确，但是问题一涉及真理的标准时，旧唯物主义的回答就陷于混乱。例如，18世纪法国唯物主义者很重视感性的作用，把感觉作为认识的起点，这是正确的，但是他们同时又把经验当作真理的标准，这就错了。因为经验也属于感性认识的范围，说真理的标准是经验，无异说认识的标准是认识，在理论上和唯心主义划不清界限。可见，在马克思主义产生以前，无论是唯心主义，还是唯物主义，都没有正确解决什么是真理的标准问题。只有马克思主义哲学才对这个问题作出了正确的解答。

马克思主义哲学是怎样解决这个问题的呢？它认为社会实践，也只有社会实践才是真理的标准。早在

1845年，马克思在《关于费尔巴哈的提纲》中就指出："人的思维是否具有客观的真理性，这并不是一个理论的问题，而是一个实践的问题。人应该在实践中证明自己思维的真理性，即自己思维的现实性和力量，亦即自己思维的此岸性。关于离开实践的思维是否具有现实性的争论，是一个纯粹经院哲学的问题。"从此以后，关于认识的来源问题，认识的发展问题，以及检验认识的标准问题，才得到了科学的解释和正确的答案。实践的观点是马克思主义认识论的基石和核心。关于实践在认识中的作用，特别是实践对真理的检验作用问题，恩格斯在《社会主义从空想到科学的发展》英文版导言中，列宁在《唯物主义和经验批判主义》中，毛主席在《实践论》中都作了透辟的分析。马克思主义经典作家的论断是完全正确的。它之所以正确，因为它符合客观实际，它本身就是从千百年来人们的实践中总结出来的，并且不断为人们的实践所证实。

在实际生活中，能够说明实践是真理的唯一标准的例子比比皆是。一个科学家提出的某种科学假说是不是真理，不能根据这种假说的推理是否严密，表述是否清晰，而是要看实验的结果，当实验的结果和这种假说吻合时，才能最后证明这种假说的科学价值。一个军事指挥员拟订的作战方案是否无误，在战斗打响之前只能作出种种估计，只有通过战斗的实践，才能得到验证。同样的，一个党提出的方针政策是否正确，最后也只能由它的实践结果来检验。当然，这决不是说，科学假说、作战方案、方针政策等不需要利用间接经验。经过实践检验是正确的间接经验当然是重要的，但是这终究不能成为判断真理的标准。毛主席说得好："任何英雄豪杰，他的思想、意见、计划、办法，只能是客观世界的反映，其原料或者半成品只能来自人民群众的实践中，或者自己的科学试验中，他的头脑只能作为一个加工工厂而起制成完成品的作用，否则是一点用处也没有的。人脑制成的这种完成品，究竟合用不合用，正确不正确，还得交由人民群众去考验。"

关于实践是真理的唯一标准问题，本来是马克思主义的常识。由于林彪和"四人帮"的破坏，这个常识问题被搅得混乱不堪。林彪和"四人帮"按照他们的反革命需要，任意摘取马克思主义经典著作的某一句话，而且就是这一句话，也往往是经过他们掐头去尾地精心篡改过的，他们把这一句话奉为不可移易的金科玉律，凡是和这句话或是和他们对这句话所作的解释不一致的，都可以被他们扣上"反马克思主义"、"修正主义"、"反革命"的帽子。经他们这样一搞，真理的标准才又成了问题。为了肃清"四人帮"的流毒和影响，我们又必须从辩证唯物主义的最根本原理讲起。在实践和认识的关系上，是用实践来检验认识，还是用认识来检验认识，甚至用认识来检验实践，这是辩证唯物主义认识论同唯心主义认识论的一个斗争焦点。林彪、"四人帮"的所作所为，就是要使辩证唯物主义的认识论倒退为唯心主义的认识论。林彪、"四人帮"开了这样一个恶劣的先例：只要会背语录，就等于有了真理，以至于发展到我选一段对我有利的语录，你选一段对你有利的语录，各自宣称自己掌握了"真理"，大打"语录仗"。这是对马克思主义认识论的极大的歪曲。

有的同志提出，实践固然是真理的标准，但马克思主义也应当是真理的标准，这就是说，真理的标准不是一个，而是两个。这种说法是不正确的。所谓实践和马克思主义都是真理的标准，是什么意思呢？是说每一种认识都需要既用实践又用马克思主义来验证，还是说有的认识需要用实践来检验，有的则需要用马克思主义来检验呢？两种答案中不论哪一种，都违反了辩证唯物主义的一元论，都会造成理论上的混乱。一些同志所以把马克思主义也当作真理的标准，从认识上讲是混淆了真理和真理的标准两个问题，就是说把"马克思主义是真理"这样一个问题混同于"马克思主义是真理的标准"。马克思主义是迄今为止对人类全部文明发展的最完善、最正确的科学总结，当然是真理，而且是放之四海而皆准的普遍真理。但是正如任何真理不能由自己来证明一样，马克思主义也不能自己证明自己，它本身需要由实践来证明。同时，马克思主义也不能作为检验别的真理的标准。举例来说，现代自然科学中许多原理是否真理，难道不需要通过它自己的科学实验，而由马克思主义的某一原理就可以证明的吗？难道可以用辩证唯物主义的某一原理来判定高能物理学关于某种基本粒子的性质的推断和遗传工程学关于某种遗传密码的假设吗？如果马克思主义是检验真理的标准，那么阶级斗争、生产斗争和科学实验对于真理的验证就成了多余的了，人们无需参加实践，一样可以证明真理，这就把马克思主义认识论的基石给抽掉了。

主张马克思主义和实践同为真理标准的同志，恐怕还有一种混淆，这就是把马克思主义是革命实践的指针，混同于马克思主义是真理的标准。这是两个不同的问题。马克思主义作为一种科学真理，可以反过来指导无产阶级和全体劳动人民的革命实践。马克思主义是无产阶级和全体劳动人民认识世界和改造世界的强大武器。我们的斗争需要马克思列宁主义、毛泽东思想的指导。但是这和真理的标准是属于两个不同范畴的问题。从哲学上讲，承认马克思主义对于革命实践的指导作用，也就是承认理论认识对于实践的反作用，承认这种反作用，决不能否认实践所起的根本的决定作用，不能用这种反作用来代替实践是真理的标准问题。有人认为否认马克思主义是真理的标准就意味着否认革命理论的作用,这是没有根据的,是这些同志自己把问题混淆了。诚然,理性认识,特别是像马克思主义这样的科学真理对于实践具有巨大的能动作用,但是,任何一种理性认识,包括马克思主义这样一种科学真理在内,它的基础是实践,也只能是实践,它不仅必须经过实践来验证,而且必须通过实践使自己不断发展。毛主席十分强调必须把马克思主义的普遍真理和革命的具体实践相结合,就包含了这个意思。马克思主义的活的灵魂,就是具体地分析具体情况。马克思列宁主义、毛泽东思想如果不同实际情况相结合,就会失去生命力。马克思列宁主义、毛泽东思想的基本原则我们什么时候都不能违背,但是一定要和实际相结合,要分析研究实际情况,解决实际问题。这种实事求是的精神正是毛泽东思想的出发点、根本点。毛泽东思想本身就是马克思主义的普遍真理和革命的具体实践相结合的光辉典范。

有人认为,不承认马克思主义是真理的标准,似乎是对马克思主义的侮辱。其实这不是什么侮辱,而是完全正确的马克思主义的态度。把马克思主义说成是真理的标准,既违背了客观实际,又违背了马克思主义认识论。这种观点实际上把马克思主义看成是一种无需实践检验、无需通过实践来发展的命定的、自明的、自我封闭的认识体系,这样的体系不可能是科学的真理,只能是某个"先哲"的神秘的精神产物。持这种观点的人尽管可能出于维护马克思主义的善良愿望,殊不知结果适得其反,欲褒实贬,倒是真正玷辱了马克思主义。

关于真理的标准究竟是实践,还是马克思主义,不仅涉及坚持、捍卫马克思主义认识论,而且涉及我们的学风、文风、党风建设的根本问题。如果真理的标准是实践,那就是说,我们党的干部必须深入阶级斗争、生产斗争和科学实验三大革命运动的实际,必须进行反复的调查研究,占有大量的事实材料,以作出合乎实际的正确结论。在深入实际进行调查研究的过程中,当然需要马克思主义理论的指导,但是,我们据以判明是非、作出决断的依据的,只能是通过实践而详细占有的材料,而决不能是某种现成的结论或者某种语录引证。按照这种原则建立起来的学风、文风、党风是马克思主义的,是毛主席历来倡导的,是延安整风时确立的党的优良传统。我们要高举马克思列宁主义、毛泽东思想的旗帜,就必须坚持和发扬党的这一优良传统。如果真理的标准不是实践,那么党的各级干部就无须深入实际,无须倾听群众的呼声,无须调查研究、占有材料,而只要会背诵现成结论,就可以指导工作。这样的学风、文风、党风,恰恰是反马克思主义的,是违背毛主席的教导的,是对延安整风的反动。抛弃了实事求是的党的优良传统,根本谈不上高举马克思列宁主义、毛泽东思想的旗帜。林彪、"四人帮"把我们的学风、文风、党风糟蹋、败坏得不成样子,在他们肆虐的时候,我国的确有被引上一条停滞、倒退的道路的危险。

现在,林彪、"四人帮"反党集团已被粉碎,华主席为首的党中央率领我们进行新的长征,我们的国家,我们的党有了希望。但是,要充分估计林彪、"四人帮"对马克思主义破坏的严重性,要充分估计他们对我党的学风、文风、党风败坏的严重性。他们所制造的理论混乱远没有被纠正,他们的流毒远没有被肃清。正本清源,拨乱反正,在我们的前面还有许多艰巨的任务,我们必须在揭批"四人帮"的第三战役中努力作战!

中国外交部照会越南外交部

照会指出,由于越方一再以种种借口拒不安排我筹建总领事馆人员前往胡志明市执行任务,中国政府被迫决定撤销我驻胡志明市总领事的任命。根据对等原则,中国政府通知越南政府,请越方即关闭驻中国广州、昆明、南宁3个总领事馆,并在最短期内撤离全部总领事馆的人员。

以国务院副总理耿飚为团长的中国政府代表团在伊斯兰堡同以巴基斯坦政府首脑 军法管制首席执行官穆罕默德·齐亚·哈克将军为团长的巴基斯坦政府代表团举行会谈

6月17日

国务院总理华国锋在北京会见西班牙国王胡安·卡洛斯一世

中国方面在座的有:国务院副总理邓小平,外贸部部长李强,外交部副部长章文晋、部长助理宋之光,中国驻西班牙大使马牧鸣等。

国务院副总理邓小平在北京与西班牙国王胡安·卡洛斯一世继续举行会谈

国务院副总理陈慕华在北京会见联合国世界卫生组织副总干事兰波以及非洲6个国家的卫生部长和部长代表

参加会见的6个非洲国家的卫生部长和部长代表是:赞比亚卫生部部长姆瓦南希库,尼日利亚联邦卫生部部长奥格邦,塞拉利昂卫生部部长卢克,索马里卫生部部长拉比尔·古德,博茨瓦纳卫生部部长塞莱泽,卢旺达卫生部部长的代表哈比玛纳。

会见时在座的有卫生部部长江一真、副部长黄树则和其他有关方面负责人。

国务院副总理谷牧在北京会见以阿尔弗雷德·瑙为团长的联邦德国艾伯特基金会代表团

国务院副总理耿飚在伊斯兰堡拜会巴基斯坦总统法兹尔·伊拉希·乔德里

伊朗国王穆罕默德·礼萨·巴列维在德黑兰接见外交部部长黄华

巴列维国王同黄华外长就当前国际形势、共同关心的问题以及进一步发展两国之间的友好合作关系进行了谈话。

同日,伊朗首相贾姆希德·阿穆泽加尔在首相办公室会见外交部部长黄华。

6月18日

国务院副总理纪登奎在北京会见由南斯拉夫联邦农业委员会主席助理索科利·尼马尼率领的南斯拉夫农业委员会代表团

中国援建的喀喇昆仑公路竣工盛典在巴基斯坦塔科特举行

由中国援助建设的喀喇昆仑公路第二期工程(从哈利格希到塔科特)的盛大竣工典礼,在巴基斯坦西北边境省的塔科特隆重举行。

中国政府代表团团长、国务院副总理耿飚和巴基斯坦政府首脑、军法管制首席执行官齐亚·哈克将军出席竣工典礼。

巴基斯坦交通秘书夏夫戈特·艾哈迈德·赛义德少将和中国政府代表团副团长、交通部副部长潘琪分别代表本国政府在公路交接议定书上签了字。

齐亚·哈克将军和耿飚团长先后在仪式上发表讲话。

参加竣工典礼的还有中国代表团的其他成员和中国驻巴基斯坦大使陆维钊。

塔科特是喀喇昆仑公路的终点,离首都伊斯兰堡208公里。塔科特大桥位于公路的最南端,横跨著名的印度河,是一座钢桁架的悬索桥。桥长206米,高40多米,桥面宽7米。

6月19日

中共中央致电祝贺南斯拉夫共产主义者联盟第十一次代表大会召开

全国物资战线学大庆会议在大庆开幕

参加这次会议的代表,有全国29个省、自治区、直辖市和国务院各部门以及人民解放军主管物资工作的负责人,还有物资战线先进单位、先进集体的代表和英雄模范人物,共3500多人。

国家物资总局局长李开信主持了开幕式。

国务院副总理康世恩出席会议,并作了重要讲话。他说,"四人帮"的倒行逆施,给物资工作造成了严重的破坏,在人们的思想上造成极大的混乱,造成一些地区和单位资本主义自由化泛滥。他说,物资战线的职工不深入揭批"四人帮",不彻底肃清他们的流毒和影响,我们的物资工作就不能出现新的面貌,就不能适应国民经济飞跃发展的新形势。

康世恩副总理说,物资战线要狠抓整顿,切实整顿好各级领导班子,挑选勤勤恳恳、扎扎实实、甘当无名英雄的人,做物资工作的领导干部,使各级物资部门真正成为保证实现四个现代化的得力的后勤部。要认真整顿作风,加强队伍的革命化建设。物资工作人员,要树立全心全意为生产建设服务的思想,要像大庆那样,实行送料制,破除那种没有群众观点,没有生产观点,对前线的需要漠不关心的衙门作风,为实现四个现代化当好促进派,当好后勤兵,要认真整顿纪律,树立廉洁奉公的好思想、好作风,严格遵守国家财经纪律和各项物资管理制度。

康世恩还要求物资部门要逐步改革和完善物资管理体制,加强物资的集中统一管理。物资部门要坚持勤俭节约的方针,要认真学习大庆回收队,缝补厂、修旧大院的精神,搞好物资回收和修旧利废。

中国政府和西班牙政府贸易协定 民用航空运输协定在北京签字

西班牙外交大臣马塞利诺·奥雷哈代表西班牙政府在贸易协定、民用航空运输协定上签字。外贸部部长李强和外交部部长黄华分别代表中国政府在贸易协定和民用航空运输协定上签字。

外交部部长黄华在北京与西班牙外交大臣马塞利诺·奥雷哈举行会谈

墨西哥总统何塞·洛佩斯·波蒂略在墨西哥城接见全国人大常委会副委员长姬鹏飞和由他率领的中国人大代表团

全国人大常委会副委员长姬鹏飞率领的中国人大代表团在墨西哥城和甘博亚主席率领的墨西哥代表团举行工作会议

双方就两国友好关系和共同关心的问题交换了意

见，并表示愿为两国友好关系的不断发展作出更大的努力。中国驻墨西哥大使刘溥也参加了工作会议。

教育部和全国科协举办的部分省市中学数学竞赛发奖大会在北京举行

国务院副总理、全国数学竞赛委员会名誉主任方毅参加了大会，并给57名优胜者颁发奖品；会后还接见了前5名优胜者。

这次中学数学竞赛，在北京、上海、天津、安徽、广东、辽宁、四川、陕西8个省、市经过预赛和决赛，由全国数学竞赛委员会反复审卷、严肃考核，最后评选出57名优胜者。获得一等奖的有5人，获得二等奖的有20人，获得三等奖的有32人。

参加大会的有国家科委、中国科学院、全国科协、教育部和有关部门的负责人于光远、童大林、童第周、严济慈、华罗庚、周培源、茅以升、黄家驷、裴丽生、高士其、雍文涛、李琦、刘仲候、孙俊人、白介夫。

美籍数学家陈省身也应邀参加了今天的大会。

全国科协副主席、全国数学竞赛委员会副主任裴丽生主持发奖大会。中国科学院副院长、全国数学竞赛委员会主任华罗庚在大会讲话中说，从1956年开始，在我国一些大城市多次举行中学数学竞赛，受到了普遍欢迎。但是，这一对促进青少年学习科学文化知识行之有效的措施，却被"四人帮"扼杀了十余年。粉碎了"四人帮"，数学竞赛得以重新举办。今年举办的数学竞赛是第一次全国性的竞赛，得到了党和国家、人民的高度重视和关怀。他指出，在华主席、党中央领导下，我们开始了新的长征，这就是要在本世纪内把我国建设成为具有四个现代化的社会主义强国。为了实现这个任务，需要造就一大批又红又专的科技人才。开展科学文化的学习竞赛就是一个重要措施。他希望所有参加竞赛的学生把参加竞赛作为新长征的起点，认真总结经验教训，经得起成功和挫折的考验，再接再厉，继续前进。

教育部副部长雍文涛在大会上宣布：这次数学竞赛的57名优胜者，原则上都可以免试升入高等学校学习，教育部准备同各有关省、市迅速商定具体实施办法。

荣获一等奖的优胜者上海鲁迅中学的李骏在讲话中表示，决不辜负以华主席为首的党中央的期望，戒骄戒躁，刻苦学习，为早日实现四个现代化贡献自己的青春。

参加今天大会的还有著名数学家和数学工作者苏步青、江泽涵、王寿仁、李锐夫、吴文俊、陈景润、杨乐、张广厚、唐秀颖、徐桂芳；以及参加这次竞赛的8个省、市的科协和教育部门的代表。

6月20日

中共中央召开的全国财贸学大庆学大寨会议在北京开幕

中共中央主席华国锋和中共中央副主席叶剑英、邓小平、李先念、汪东兴出席大会。

出席大会的还有党和国家其他领导人韦国清、方毅、纪登奎、吴德、余秋里、张廷发、陈永贵、陈锡联、陈慕华、赛福鼎、王震、谷牧，以及中央军委负责人罗瑞卿。

华国锋主席主持了今天的大会。

李先念副主席作了重要讲话。

在主席台就座的还有中共中央和国务院各部门、中国人民解放军各总部和国防科委的负责人，以及中央和各省、自治区、直辖市负责财贸工作的领导同志。

各省、自治区、直辖市财贸战线上的先进集体和先进个人的代表也在主席台上就座。他们当中的许多人是长年累月战斗在边疆、山区、农村、城市基层财贸单位的营业员、收购员、出纳员、理发员、修鞋工、修脚工、吆赶工人等等。有些人是第一次来到首都，同党和国家领导人一起共商财贸工作的方针大计。

中共中央副主席李先念在全国财贸学大庆学大寨会议开幕式上的讲话

同志们：

党中央召开的全国财贸学大庆学大寨会议，现在开幕了。我热烈祝贺大会圆满成功！

这次会议是新中国成立以来财贸战线规模空前的盛会。参加会议的先进集体的代表，模范人物和先进工作者，各级财贸领导干部，以及没有到会的成千成万的先进模范人物和各级领导干部，团结和带动全国财贸职工，用辛勤的劳动，完成了解放以来各个时期党和国家赋予的光荣任务。你们和全体财贸职工，为社会主义革命和社会主义建设的胜利，作出了显著的贡献，不愧为中国工人阶级的一个重要组成部分。你们和全体财贸职工的劳动，是社会主义建设事业中必不可少的劳动，应当受到全国人民的尊敬。我代表中共中央和国务院，向你们，并通过你们，向全国1200多万财贸职工，表示崇高的敬意和真诚的感谢！

华主席为首的党中央，决定召开这次大会，这个事实说明，为了贯彻十一大路线，更好地完成新时期的总任务，必须迅速地大力加强财贸工作。广大财贸战线的干部和职工，早就盼望召开这样一次大会，来讨论和决定财贸工作如何促进国民经济的高速度发展，促进四个现代化的加快实现。

目前,国内政治形势很好。揭批“四人帮”的斗争已经取得伟大胜利,正在继续深入。党中央根据新的历史条件制定了十一大路线,确定了新时期的总任务,得到全国人民的热烈拥护。各条战线的具体路线和具体政策,正在逐步制定和完备起来。广大群众对于什么是毛主席的理论、路线、方针、政策,怎样完整准确地学习和掌握毛泽东思想的体系,愈来愈清楚了。最近,我到两个省走了一下,到处看到群众敢讲话了,干部敢抓工作了,工人、农民干劲很大,知识分子心情舒畅,大家都在尽心尽力,争取为社会主义多做贡献。安定团结、生动活泼的政治局面,促进了国民经济的迅速恢复和发展。工业、农业、科学教育和财贸战线的形势都很好。国际条件对我们也很有利。全世界人民和绝大多数国家,都希望我们强大起来。只要我们像伟大领袖和导师毛主席教导的那样,努力把党内党外、国内国外的一切直接的间接的积极因素,全部调动起来,我们就一定能把我国建设成一个现代化的社会主义强国,在本世纪内,使我国的国民经济走在世界的前列,对人类作出较大的贡献。

从马克思主义观点看问题,各国人民的命运,总是由各国人民自己决定的。毛主席早就教导我们:“我们的方针要放在什么基点上?放在自己力量的基点上,叫做自力更生。”过去我国革命的胜利,就是在毛主席的这个方针指导下取得的。今后,在建设社会主义现代化强国的斗争中,我们要坚定不移地继续坚持这个方针。我国有8亿人民,从吃饭穿衣问题到实现四个现代化问题,如果不立足国内,不靠自己发展生产来解决,不靠自己不断进行扩大再生产,创造愈来愈多的财富,积累愈来愈多的资金,掌握愈来愈多的现代化技术,难道还幻想有什么神仙皇帝代替我们来解决吗?自力更生的方针,就是动员8亿人民大力发展生产和发展科学文化的方针。毫无疑问,我们要努力发展对外贸易,搞好内外交流,把世界上一切好的东西,尽量吸收过来,其目的也还是为了使我们的人民能够尽快地用最先进的技术和方法发展生产,还是为了增强自力更生的力量。

华主席给这次大会题词:“发展经济、保障供给,用大庆大寨精神办好财贸,支援工农业生产的高速度发展,全心全意为人民生活服务。”为我们财贸战线进一步指明了前进的方向。我们应当遵照华主席的指示,开好这次会议,做好今后的财贸工作。

财贸部门怎样用大庆大寨精神做好工作,支援工农业生产,为人民生活服务,为实现新时期的总任务作出更大的贡献?余秋里同志要向大会做详细的报告。我现在只就充分认识财贸工作的作用、抓好财贸战线的阶级斗争、提高财贸工作的管理水平、加强党对财贸工作的领导这四个问题,说一点意见。

第一个问题,充分认识财贸工作的作用。

我们知道,工农业生产是财贸工作的基础。因此,财贸部门在解决自己工作中的问题的时候,不能只是就商业想商业,就财政想财政,而应当坚决执行毛主席关于“发展经济,保障供给”的指示,面向生产,支援生产,参与生产,促进生产。我们的工作,一切都要从发展生产出发,一切都要为发展生产服务。只有生产大发展了,财贸才能大发展。但是这决不是说,在社会生产总过程中,财贸工作,包括产品的流通,资金的分配,对外贸易,以及对劳动人民在生产和消费过程中的各项服务工作,只起一个被动的从属的作用。生产决定交换和分配,交换和分配反过来又对生产起不可缺少的重要和积极的作用。这在社会主义制度下更加显著。如果我们只有工业和农业,生产了大量的工业品和农产品,但是没有商业工作来进行工业品和农产品之间的交换,工业品相互间也不流通,那么,工人就没有饭吃,许多轻工业部门就得不到由农业提供的原料,农民就没有衣穿,在劳动中和生活中就得不到其他工业品,工人在劳动中和生活中也得不到其他工人生产的工业品,如果我们没有财政金融工作来进行资金的统一分配,那么,各个企业所创造的利润就不能变为国家的收入,国家在扩大再生产的时候就得不到资金,全国的职工就得不到工资。这样,我们的生产还能不能发展呢?不但不能发展,连维持都不可能。由此可见,财贸工作在整个社会主义建设中起着怎样不可缺少的作用。从一定的意义上说,我们可以把财贸工作比作是人体的循环系统,人一时一刻不能离开血液循环,我们的社会主义经济也一时一刻不能离开财贸工作,不能离开商品的交换和资金的分配。交换和分配组织得好,生产就能够按照国家的计划多快好省地进行;相反,交换和分配组织得不好,生产就不能顺利地和有计划地进行,而且还会造成极大的浪费。这样,我们也就没有可能在本世纪内实现四个现代化。一定要使财贸战线和整个经济战线的全体工作人员都懂得这个道理。

我们有一部分同志不了解财贸工作在社会生产总过程中的重大作用,不善于充分地和正确地运用社会主义商品生产和价值法则的力量,来为社会主义的有计划的大生产服务,这是由于他们至今还没有完全摆脱小生产的习惯势力的影响。我国农业社会主义改造以前,广大农村的绝大多数农民,还处于半自给或大半自给的小生产的状况,商品经济很不发展。社会主义改造完成了,一家一户的小生产,变成了以生产队为基本核算单位的人民公社的大生产,但集体农民基本上还是在从事手工业式的劳动。我们搞四个现代化,就是要用现代化的科学技术来逐步改造包括农业在内的国民经济各部门,用高度机械化自动化的生产来代替绝大部分手工业式和半手工业式的劳动。这是生产领域的一个飞跃,它必然要求流通领域有相应的大发展。同时,还要大力进行对外贸易,通过出口更多的商品,进口更多的先进技术和先进设备,加快社会主义建设。但是,我们有不少同志还是用小生产的眼光、习惯、方法来看待和组织社会主义的大生产。他们在农业生产中仍然有意无意地追求一种自给自足或半自给自足的经济,在工业生产中也喜欢搞“大而全”、“小而全”,总想万事不求人。有这种思想的同志,看不到生产的发展必然要求专业化分工和协作的发展,要求交换范围的扩大。他们看不到只有依靠分工和协作的发展,交换范围的扩大,才能促进技术装备的革新,产品质量的完善,品种规格的增多,成本的下降,生产计划性的加强,生产效率和劳动生产率的提高,总之,促进生产的迅速发展。交换范围的扩大,当然要求商业、服务业工作的加强和扩大。受小生产习气束缚的同志常常轻视和忽视商业、服务业和财政金融工作的重要性,以为组织生产只要组织工业农业就行了。他们不懂得,没有强大的商业、服务业网和强大的财政金融工作,现代化的大生产就无法进行。这种观点,已经存在一个相当长的时间,在林彪、“四人帮”猖狂活动时期由于他们的利用而恶性发展,现在还影响着不少干部,也影响着财贸战线的一部分职工,使他们对自己的工作看不起,不安心。这种轻视和忽视商业、服务业和财政金融工作的思想,同我们社会主义的计划经济早已不相适应。随着我们向四个现代化目标的前进,这种不相适应的情况,就愈来愈突出。因此,我们一定要纠正这种不正确的思想。

我们要自觉地利用对于各类产品的收购和选购,利用收购标准和收购价格,来大力促进粮食和多种经营的发展,大力协助各级计划机关共同引导全国的大小企业,努力按照国家规定的品种、规格、质量、数量、成本、交货时间来组织自己的生产。对那些产品不合国家需要、不合用户需要、不合人民需要的生产单位,我们一定要及时向他们进行说服教育工作,提出改进的要求,必要的时候还要提出警告。一定要帮助他们切实纠正那种盲目地追求产值,认为不管产品是否符合需要,只要生产出来国家都会收购的错误观点,以免违反国家计划,浪费燃料、动力、原材料、设备、劳动力和资金,妨碍社会主义经济的迅速发展和新时期总任务的完成。

商业工作对于实现四个现代化要起这种强有力的积极作用,财政金融工作也是如此。

经济决定财政。经济发展了,工农商业发展了,整个财政金融工作,就有了可靠的物质基础。但是,也必须看到,财政金融工作进行得是否正确,是否强有力,极大地影响着经济的发展。没有科学的管理和严格的财政信贷监督,工农商业所提供的资金,就不能合理地集中、分配和使用。

我们要搞好财政金融管理,加强财政信贷监督,健全各企业、各社队的财务工作,以便开辟财源和厉行节约。要管好用好国家对农业的投资和信贷资金,要切实帮助社队增产增收。要促进一切企业加强经济核算,提高管理水平,为国家创造更多的财富,提供更多的利润。对于生产企业,要促进它们提高机器设备的利用率,减少固定资产的损耗,节约原料、材料、燃料、电力,加强劳动的定额管理,避免劳动力的浪费,提高劳动生产率,增加产品的数量,提高产品的质量,降低成本,减少资金的占用,加速资金的周转。对于基建单位,要促进它们严格遵守建设计划和建设程序,保证施工质量,减少材料消耗,提高劳动效率,缩短建设周期。对于商业企业,要促进它们加快商品流转速度,保持适量库存,减少商品积压,组织合理运输,减少商品损耗,合理调配劳动力,提高购销工作的效率,增加购销数量,从各方面降低流通费用。总之,我们的财政金融管理必须有利于发展生产,鼓励先进,推动落后赶上先进。

国家财政在制定长远规划和年度预算的时候,要充分发挥中央和地方两个积极性。在增加生产、增加收入的基础上,在保证国家重点建设的前提下,要给地方留有比过去较多的、一年比一年多的资金,逐步使省、县两级有必要的机动财力,民族自治地方可以有较多的机动财力。这样,地方就可以有计划地办更多的事情,首先是大办农业,并且在就地取材的条件下,发展支农工业和轻工业,还要充实健全为农业、工业和人民生活服务的商业、服务业。

经济部门要向所属企业检查经济效果,财政金融部门也要研究有效措施,积极配合经济部门进行对各企业经济效果的检查和监督。使用国家的投资,当然不许可浪费、挪用、贪污盗窃,但是如果使用以后经济效果很差甚至发生亏欠,这就是对国家投资的更大浪费。只要不是由于不可抗拒的客观原因,那么,就必须让这样的企业承担一定的财政责任,使它们和其他一切企业都引以为戒。

这些年来,由于林彪、“四人帮”的破坏,财政金融和财务制度废弛了,财经纪律松懈了,财务机构削弱了。经过整顿,一切行之有效的制度和纪律,该恢复的要恢复起来,该健全的要健全起来,一切必要的机构要恢复和加强,而且要总结新的经验,根据新的情况,使它们更加完善。

第二个问题,抓好财贸战线的阶级斗争。

阶级斗争是我们一切工作的纲。财贸战线和其他战线一样,目前的阶级斗争主要是揭批“四人帮”的斗争。一年多来,“四人帮”的反革命面目已经充分暴露。他们的目的是毁灭社会主义制度,在中国这块土地上复辟资本主义。他们处心积虑地反对毛主席“把国民经济搞上去”的指示,鼓吹和实行“把国民经济搞下去”。他们到处煽动停工停产,使得工人不能安心做工,农民不能安心种田,造成工农业生产停滞下降的局面。这样就破坏了财贸工作的物质基础。同时,“四人帮”对于财贸战线的路线、组织、制度、思想也都进行了严重的破坏。他们用反革命修正主义路线篡改毛主席的财贸工作路线,否定解放以来财贸工作的巨大成绩;他们篡夺了一些地区财贸工作的领导权,鼓吹无政府主义,反对党和国家对财贸工作的领导,破坏多年行之有效的财贸管理制度、办法和纪律。他们的破坏,造成了财政收入连续几年完不成计划,物资和资金大量积压和严重浪费,对外贸易发展缓慢,该出口的不能按计划出口,该进口的不能按计划进口,国内市场供应紧张,流通渠道混乱,服务质量下降,走“后门”之风盛行,引起了人民群众的很大不满。对于“四人帮”的严重破坏,我们一定不能低估。对于“四人帮”的斗争,我们一定不能松懈。就全国范围来说,财贸战线清查“四人帮”的斗争已经取得决定性的胜利。但是各地区各部门的运动发展得不平衡,我们一定要注意加强运动的薄弱环节。对于“四人帮”在思想上政治上的流毒,必须结合财贸战线各单位目前存在的具体问题,继续深入批判,彻底肃清。

很明显,不分清我们和“四人帮”之间的路线是非,不粉碎“四人帮”的帮派体系,不肃清“四人帮”在思想上、政治上的流毒,我们的财贸战线就不能前进,就不能完成党和国家交给我们的重大任务。因此,我们一定要紧紧抓住揭批“四人帮”这个纲,使它成为我们完成当前各项任务的动力和保证。

在“四人帮”的支持和保护之下,这些年来,阶级敌人和资本主义势力利用社会主义制度的某些环节不够完善,利用我们的商品交换组织得不好,利用我们的财政金融管理制度不严,到处钻空子,大搞投机倒把、贪污盗窃,有些地方甚至造成资本主义泛滥。许多地方在揭批“四人帮”的同时,展开了打击投机倒把、贪污盗窃的斗争,取得了很好的效果。不少的犯罪分子被揭发了,还有不少的犯罪分子自动地作了交代和退赔。我们赞成地方上所进行的这种斗争。到适当的时候,中央将在全国范围内展开这一斗争。我们要在这里向全国一切犯有各种程度的投机倒把、贪污盗窃罪行但还没有被揭发和坦白交代的人提出警告,必须赶快坦白交代。我们党的政策一向是坦白从宽,抗拒从严。只要他们能够自动地坦白交代,认真退赔,他们就能够得到宽大处理。至于那些仍然执迷不悟,继续犯罪的人,他们必然逃脱不了人民的惩罚。在打击投机倒把、贪污盗窃的斗争中,各地的财贸组织一定要密切依靠广大群众,认真研究我们的各个工作环节究竟存在着那些漏洞,应该采取那些严格的措施来堵塞这些漏洞,尽一切努力使敌人无机可乘。

第三个问题,提高财贸工作的管理水平。

我们认识了财贸工作对于实现四个现代化的重大意义,就会同时认识到,我们现有的财贸工作的管理水平,还远远不能适应党和国家对于我们的需要。我们认识了“四人帮”对财贸工作破坏的严重性,就会同时认识到,要使我们财贸工作恢复到历史最好水平,并且在这个基础上进到新的水平,就不能不进行特别紧张的努力。我们的财贸战线的广大职工在长期工作中是艰苦努力的,工作是有巨大成绩的,我们所以能在现在着手实现四个现代化的宏伟理想,这同财贸战线的艰苦努力和巨大成绩是分不开的。这一点必须充分肯定。我们必须彻底批判“四人帮”对于财贸工作各部门的各种诬蔑。我们的会议要认真学习和推广财贸战线各个先进集体、先进个人的优良经验,使这些经验能够在全国各地区得到普遍运用。同时,为了把我们的工作推向前进,还必须大胆地揭露我们工作中的缺点和问题。目前财贸工作中的很多问题,固然有外因,但是更重要的是内因。我们的这次会议,一定要着重寻找内因,特别是领导工作、管理工作方面的内因。一切财贸单位,都要以先进的单位为标准,寻找差距,总结教训,努力把自己的管理水平大大提高一步。先进单位也务必不要自满,要再接再厉,向更高的目标前进。

我们各个财贸部门、财贸单位的领导者,一定要逐步成为自己所主管的业务的专门家。你主管某一商业企业,你就要熟悉自己所经营的商品的性能、质量、规格、品种、生产、收购、包装、保管、运输、销售、流转时间、流通费用、市场、价格、供需状况、使用状况等一系列知识,了解在所有这些环节上你所主管的企业同国内外先进水平的差距,以及达到这些先进水平所应当采取的步骤,使你的经营能以最低的消耗得到最大的效果,既满足消费者的需要,又获得合理的利润。可惜我们很多同志还没有做到这一点。例如根据上海市的调查,仅自行车一项,近两年每年调往各地二级站240多万辆,由于包装和运输装卸管理不善,丢失零件,就损失200多万元。去年湖南长沙等十几个农业生产资料公司从天津人民农药厂计划外购进农药1000多吨,由于质次价高,只好削价处理,共亏损100多万元。吉林省商业部门在生猪购销工作中,主要由于经营混乱和变相提级提价,去年亏损5500万元,平均每经营一头猪亏损41元。很多地区商业部门不按经济区域而按行政区域设置批发机构,浪费极大。例如河南省开封地区本来设有二级批发站,而开封市、开封县在同一城市又都设了一套类似的机构,不仅造成人力浪费,资金呆滞,而且由于互抢货源,互相封锁,使大批商品迂回倒流。目前全国城市商业部门的在途商品就有30亿元,大量地积压了商品,占用了资金。由于管理不善造成损失浪费的问题,在对外贸易部门、财政金融部门和其他经济部门,也同样存在。要知道这类严重损失浪费并不是从来就有的,而是近十年来林彪、“四人帮”的破坏使商业管理水平下降造成的。只要全国经营粮油的开支恢复到历史最好水平,一年就可以节约13亿元,只要农村商业占用的流动资金恢复到历史最好水平,一年就可以节约资金26亿元。

同志们!这里所说的管理工作的历史最好水平,仍然是很低的水平,决不能适应目前社会主义建设新形势的需要。四个现代化的加快发展,要求我们大力发展新的商业、服务业,积累更多的资金,大幅度地开展进出口贸易,还要实现商业、服务业、财政金融事业和财贸管理工作本身的现代化。但是我们现在为了恢复历史最好水平的管理工作,却还得作很大的努力!问题这样严重地摆在面前,我们还能不急起直追吗?因此我提议,我们的这次会议,要把提高管理水平作为一个十分重大的问题进行讨论。

我们的社会主义财贸工作已经积累了正反两方面的大量经验,现在的任务就是要对于这些经验进行系统的总结,使我们在工作中增加自觉性,减少盲目性。我们面前有一个严重的学习任务。我们的各级领导干部需要轮训和组织在职学习,我们的年轻职工更需要轮训和组织在职学习。

以上所说的提高管理水平的问题,并不是只存在于财贸战线,同样存在于农业、工业、基本建设、交通运输业和其他战线。这是目前整个经济工作和整个社会主义建设事业必须着重解决的迫切问题,必须引起全党的充分注意。

第四个问题,加强党对财贸工作的领导。

财贸战线的一切成就都是在党的领导下得来的。为了实现四个现代化,财贸战线现在面临着新的巨大任务,要求迅速发展更强有力的财贸工作,抓好阶级斗争,提高管理水平。为了解决这些问题,必须加强党对财贸工作的领导。

各地各级党组织要怎样加强对财贸工作的领导呢?我想最重要的关键是两个:一是要工农商业一起抓;一是要政治经济一起抓,也就是三大革命一起抓。为什么要工农商业一起抓,我在前面已经讲过了。一定要把财贸工作中的原则问题和重要具体问题,提到党的议事日程上来,及时地切实地加以解决。只抓工农业的生产和建设,不抓商业、服务业和财政金融工作的整顿和发展,就不能正确地有效地发展生产和建设,就不能实现四个现代化,不能完成新时期的总任务。为什么要政治经济一起抓,三大革命一起抓,这个问题,毛主席早已给我们解决了。毛主席说,“政治和经济的统一,政治和技术的统一,这是毫无疑义的,年年如此,永远如此。这就是又红又专。……思想工作和政治工作是完成经济工作和技术工作的保证,它们是为经济基础服务的。思想和政治又是统帅,是灵魂。只要我们的思想工作和政治工作稍为一放松,经济工作和技术工作就一定会走到邪路上去。”但是林彪、“四人帮”一伙把政治和经济对立起来,不许讲政治落实于业务,这就把人们的思想搞乱了。当然,他们的所谓政治是资产阶级的反革命政治,根本不是无产阶级的政治,无产阶级的政治是不可能脱离无产阶级的经济的。我们现在就是要在无产阶级政治的统帅之下,理直气壮地抓经济,抓业务,保证新时期总任务的完成。

为了加强对于财贸工作的政治领导,必须坚决贯彻执行党中央在经济工作、财贸工作方面的战线方针政策,在根本原则问题上不允许各地区各部门各搞一套。同时,执行党中央的路线方针政策,又必须与各地区各部门的具体实际相结合,这就需要认真地调查研究,具体地分析具体问题,不能照抄照转,当“收发室”。

为了加强对于财贸工作的政治领导,必须认真解决各级各类财贸组织的干部问题,首先是领导班子问题。领导班子一定要掌握在对党对无产阶级对人民群众忠实可靠的人手里,不能让“四人帮”帮派分子、资产阶级贪污盗窃分子和其他坏分子侵入领导机构。要按照毛主席规定的三项基本原则和五项条件,实行老、中、青三结合。各级领导干部要十分注意对中年青年干部的传帮带,有计划有选择地培养接班人。要对干部实行考核,要赏罚分明。一定要要求所有领导干部做到在三年内使自己的工作大见成效,如果做不到这一点,自己就应当考虑让更适合的人来代替自己的工作。

为了加强对于财贸工作的政治领导,还要加强对财贸职工的思想政治教育,关心财贸职工的生活。一定要教育大家学习大庆大寨精神,恢复和发扬财贸战线艰苦奋斗、全心全意为人民服务的优良传统,纠正由于林彪、“四人帮”的破坏造成的各种不良倾向。财贸战线广大职工的工作是很辛苦的,有些同志现在生活中有不少困难。各级领导同志一定要关心群众疾苦,及时了解和积极帮助解决他们的问题,减少和消除他们的后顾之忧；一定要贯彻执行按劳分配、多劳多得的原则，逐步改善他们的生活，以便他们在社会主义革命和社会主义建设事业中更加奋勇前进。

同志们！我们已经开始一次新的伟大的长征，向四个现代化进军。我们财贸部门作为这个长征队伍的后勤部，一定要千方百计地保证长征的胜利。同四十年前第一次长征相比，现在无论哪一方面的条件都好得多了。那次长征，虽然敌强我弱，条件很差，物质供应极为困难，但我们的党和军队，在毛主席、周副主席、朱总司令的正确领导下，终于克服千难万苦，战胜了武装到牙齿的凶恶敌人。这次长征，在以华主席为首的党中央的领导下，我们财贸战线一定要协同和配合其他战线，运用有利条件，排除一切障碍，攻克重重难关，促进和保证四个现代化的实现。我们实行华主席为首的党中央抓纲治国的战略决策，财贸工作已经取得了显著的成绩。但是，我们决不能自满。我们要像大庆人大寨人那样，一分为二地看待自己的工作。在肯定成绩的同时，应当清醒地看到，我们工作中的问题还很多，缺点还不少，潜力还很大。希望到会的同志开动脑筋，活跃思想，出主意，想办法，下决心，通过这次会议，把财贸工作大大向前推进一步。党中央对这次大会寄予很大的希望，相信同志们一定不会辜负党中央的殷切希望。

国务院副总理邓小平在北京会见以美国福特汽车公司董事长亨利·福特第二为团长的美国旅行团

国务院在人民大会堂举行宴会欢迎利比里亚共和国总统威廉·理查德·托尔伯特以及随同来访的其他利比里亚贵宾

李先念副总理主持宴会，并发表了热情的讲话。他指出，非洲是第三世界和不结盟运动的重要组成部分，是一支重要的生力军。他表示中国政府和人民坚决支持不结盟运动的正义斗争。

全国人大常委会副委员长谭震林，国务院副总理陈慕华，外交部部长黄华、文化部部长黄镇等出席了宴会。

国务院副总理李先念在北京与利比里亚共和国总统威廉·理查德·托尔伯特举行会谈

国务院副总理王震在北京会见以笠时乘会长为团长的日本旧友会第五次访华团

外交部部长黄华在北京会见美国当前危险委员会执委会主席尤金·罗斯托

以解放军副总参谋长迟浩田为团长的中国军事友好代表团抵达布拉柴维尔对刚果进行友好访问

6月21日

中共中央主席华国锋在北京会见德国共产党中央委员会主席克里斯蒂安·泽姆勒和由他率领的德共中央代表团

国务院副总理李先念在北京与利比里亚共和国总统威廉·理查德·托尔伯特继续举行会谈

外交部领事司发言人向新华社记者发表谈话揭露越政府阻挠我在越设总领事馆真相

1955年，越南在中国昆明市和南宁市设立了总领事馆，当时，这两个城市都是非开放城市。1956年，又在广州市设立了总领馆。对这3个总领事馆，中国政府一贯积极地给予各方面的支持和照顾。越南南方解放后，为了增进中越两国人民的友好合作关系，发展两国贸易和处理其他领事业务，中国外交部于1976年8月向越方提出在胡志明市、岘港市、海防市设立总领事馆问题，但越方有意拖延，不作答复。同年12月，越方拒绝中国在岘港市设领。此时，越方虽然表示原则同意中国在胡志明市、海防市设领馆，但又说中国在胡志明市设领的时间，要等候越方的通知。此后，中国方面耐心地等待了将近一年之久，至1977年11月，再次催促越方，越方才答应中国可以派人前往胡志明市筹备设领，但又说总领事馆何时正式开馆，还要等待越方通知。

1978年4月初，中国筹建领馆人员抵达河内，准备前往胡志明市，中国外交部并于1978年5月30日向越南外交部递交了中国驻胡志明市总领事任命书。此后，多次提请越南外交部尽快安排我设领人员前往胡志明市，十分遗憾的是，越方竟自食前言，一再以“条件不顺利”、“未接到胡志明市通知”为借口，拒绝安排中国筹建领馆人员前往胡志明市执行任务，致使他们滞留河内近3个月之久。在此期间，越南外交部甚至还要求我上述人员离开河内返回中国。

在将近两年当中，越方在长期阻挠中国在胡志明市设领之后，最后不得不于1978年6月16日同意中国在该市设领，但却又拖延到第四季度才能开馆，这只不过是为了摆脱被动处境，掩盖其毫无诚意而玩弄的花招而已。越方所谓同意中国在海防市设领，无非也是出于同一目的。中国在胡志明市设领遇到了越方设置的种种障碍。尽管中国方面耐心地、反复地据理向越方提出交涉，然而越方却不顾信誉，一再施展其原则同意、实际阻挠的伎俩，说的是一套，做的又是一套。

在此情况下，中国政府决定，并于6月16日照会越方，撤销我国驻胡志明市总领事的任命，撤回我派往胡志明市而被长期滞留河内的设领人员；同时根据对等原则，通知越方关闭越南在我国广州市、昆明市、南宁市的3个总领事馆。

以上情况说明，中越两国领事关系的破裂，完全是越南方面造成的。越方抢先发表消息，采取恶人先告状的伎俩，妄图混淆视听，掩盖它阻挠中国在胡志明市设领的真相，是徒劳的。

国务院副总理方毅在北京会见由伊朗教育部副大臣礼萨·玛兹鲁蒙 毕姜·胡亮率领的伊朗教育代表团

国务院副总理陈慕华在北京会见以瑞典皇家工程科学院院长贡纳尔·哈纳布罗斯为团长的瑞典铁路技术代表团

外交部部长黄华在北京与阿曼外交国务大臣卡伊斯·阿卜杜勒·穆奈姆·扎瓦维举行会谈

全国人大常委会副委员长谭震林在北京会见以田畑政一郎为团长的日本社会党国会议员友好访华团

国务院副总理耿飚到达科伦坡对斯里兰卡进行正式友好访问

中国政府和喀麦隆政府关于建设拉格多水电站高压输变电工程会谈纪要在雅温得签字

中国驻喀麦隆大使魏宝善和喀麦隆代理经济和计划部长、公职部长阿卜杜拉耶·迈卡诺分别代表本国政府在会谈纪要上签字。

《哲学研究》编辑部召开真理标准问题座谈会

在华主席为首的党中央主持召开的全军政治工作会议上，邓小平副主席根据新的历史条件的需要，重新提出和精辟阐述了毛主席的实事求是、从实际出发、理论和实践相结合这个马克思主义的根本观点、根本方法。邓副主席所讲的这个根本观点、根本方法，就是辩证唯物论的认识论和方法论，就是指导我们认识世界和改造世界的唯一正确的思想路线。这引起了广大哲学工作者的高度重视。《哲学研究》编辑部为此邀请了首都部分哲学工作者和一些部门做实际工作的同志举行座谈。

在6月20日、21日召开的这次座谈会上，主要围绕真理的标准问题进行了交谈和讨论。由于这个问题关系到马克思主义认识论的各个方面，因而大家谈论的范围比较广泛，涉及有关理论和实践关系的许多问题。

同志们在发言中指出，检验真理的标准只能是社会实践，这是马克思主义哲学的基本观点。经典作家早就阐明过：正是因为把实践标准引进认识论，才奠定了辩证唯物论的科学基础。马克思早在1845年就说过："人的思维是否具有客观的真理性，这并不是一个理论的问题，而是一个实践的问题。"正如列宁所说的，马克思和恩格斯"都把实践标准作为唯物主义认识论的基础"；列宁自己也十分强调："生活、实践的观点，应该是认识论的首先的和基本的观点。"毛主席更是以实践观点为基础，系统地完整地论述了辩证唯物主义的认识论，并把他那部光辉著作题为《实践论》。这表明，实践标准问题，实践第一的观点，是辩证唯物论的认识论的基本观点。坚持实践观点，就是坚持马克思主义的思想路线；背离实践观点，就是背离马克思主义的思想路线。大家认为，这是马克思主义的哲学常识，是经典作家们早已透彻地解决了的。

然而，为什么现在还要提出来讨论呢？同志们认为，有这样几个原因：

首先，应该说，这是由于林彪、"四人帮"多年来对于辩证唯物主义世界观肆意地歪曲和篡改，散布了大量的唯心主义、形而上学观点，以假乱真，混淆是非，在理论上制造了很大的混乱。例如，他们以唯心主义的天才论、先验论，取代辩证唯物主义的认识论；以形而上学的"顶峰论"，否定真理是过程的辩证法观点；用把思想、理论放在第一位的所谓"倒过来"的谬论，代替实践第一、从实际出发的唯物主义路线；用割裂各个原理之间的有机联系的所谓"句句是真理"，来破坏辩证唯物论的完整体系；用实用主义的"活学活用"，来冒充理论和实践相结合的方法，等等。因此，我们今天需要做辨别真伪、拨乱反正的工作，认真地清算林彪、"四人帮"的这些谬论，肃清其流毒和影响，捍卫马列主义、毛泽东思想的理论基础——辩证唯物论的认识论。

其次，也应该看到，由于林彪、"四人帮"多年不准人们读马列著作，不让人们系统地学习毛主席著作，把人们引上寻章摘句，断章取义，不必理解，只管"照办"的所谓"走捷径"、"一本万利"的邪路，影响所及，使得许多人，特别是一些青年同志对于辩证唯物论的认识论，缺乏系统的知识。他们不熟悉马克思主义哲学的基本原理，常常分辨不清唯物主义和唯心主义、辩证法和形而上学，甚至形成了一些错误的思想方法、工作方法，产生了许多糊涂观念。这些东西同实现新时期的总任务的要求必然要发生愈来愈明显的矛盾。一些做实际工作和做教学工作的同志，对此深有所感，认为对其危害和后果要有充分估计。因此，加强马克思主义认识论的学习、讨论和宣传，端正思想路线，不论从彻底肃清林彪、“四人帮”的流毒，还是从做好各项工作，实现新时期的总任务上看，都是十分必要的。毛主席在《人的正确思想是从哪里来的？》一文的结尾里说：“对我们的同志，应当进行辩证唯物论的认识论的教育，以便端正思想，善于调查研究，总结经验，克服困难，少犯错误，做好工作，努力奋斗，建设一个社会主义的伟大强国，并且帮助世界被压迫被剥削的广大人民，完成我们应当担负的国际主义的伟大义务。”今天重温这个教导，感到分外亲切。

此外还应看到，正是在实践观点上，最充分地体现了唯物主义和辩证法的有机结合，体现了逻辑、辩证法和认识论的统一。我们对于这个问题，以及与此有关的原理的研究工作，从系统性和深刻性上看，还不能说是已经够了。对于经典作家的许多内容丰富、深刻的观点，例如，真理是过程；实践不但具有普遍性的品格，而且还具有直接现实性的品格；真理的相对性和绝对性，实践标准的确定性和“不确定”性等等，不但需要逐个地进行正确的深入浅出的解释和发挥，更需要从各个原理的互相联系上加以理解和研究。

会上，《哲学研究》编辑部的同志介绍了读者提出并要求解答的关于真理的标准的一些问题，并希望大家协助做好这一工作。一些同志对此谈了自己的认识，发表了很好的见解，认为有些疑问的产生，常常是由于把不同的问题混淆起来，或者是把相互联系着的原理割裂开来、对立起来引起的。例如，把理论的指导作用和实践标准对立起来；把认识的条件和方法与检验真理的手段混淆起来；把逻辑证明和实践检验对立起来；把知识的相对性原理和相对主义混淆起来，等等。这些都是可以经过讨论加以澄清的。

在座谈中，也曾在个别问题上交换了不同的看法，如关于作为检验真理的标准的实践，包不包括历史上的实践问题。有的同志认为，这个实践只应是当前的实践，如果包括历史上的实践就会把间接经验以至书本知识也作为检验真理的标准，结果就会导致“两个标准”论；并且认为列宁关于实践具有“直接现实性的品格”的论断，就是指的当前的直接经验。一些同志认为，马克思主义哲学把实践不是仅仅看成是人们当前的直接经验，而是当作社会历史的实践。实践检验真理是一个复杂的过程，不是一次完成的，要看全部实践的总和，要反复检验，反复认识，新的理论往往是概括了旧的理论中的合理部分，实践的总和也包括了历史上的实践。这里实际上涉及真理的相对性和绝对性，实践标准的确定性和“不确定”性问题。

由于时间的限制，讨论没有充分展开。同志们希望，今后经过准备举行一些规模较大的讨论会，并在刊物上多发表一些有关的文章。编辑部则希望同志们给以支持，多写些好文章，既在会上也在刊物上展开讨论。真理是愈辩愈明的。当然，讨论应当是同志式的，充分说理的；我们要坚决摒弃“四人帮”的那套不讲道理、光打棍子的恶劣作风，每个同志都应该既要以理服人，又要坚持真理、修正错误，因为我们的目的是一致的，即通过讨论求得最后以马列主义、毛泽东思想的基础上统一认识。

参加这次座谈会的有：中央党校、中国科学院、全国科协、北京大学哲学系、人民大学哲学系、北师大、军事学院、政治学院、广播学院、石油部、冶金部、纺织部、轻工业部、新华社、《人民日报》、《光明日报》、中央人民广播电台以及中国社会科学院科研组织局、哲学研究所等单位60余位同志。

国家体委在北京召开大会向击剑运动员栾菊杰颁发奖状

栾菊杰是江苏省的一名年轻的击剑运动员。她在短短五年时间里，勤学苦练，身体素质和技术水平都有很大提高，在1977年全国击剑比赛中荣获女子花剑冠军。今年3月，在西班牙举行的世界青年击剑锦标赛女子花剑决赛时，她在左臂被刺穿的情况下，以顽强的毅力忍住伤痛，坚持继续比赛，最后夺得了这次击剑锦标赛女子花剑亚军。她的这种英勇顽强的革命精神，受到中外人士的赞扬。

国家体委负责人李青川在讲话中号召我国运动员和体育工作者向栾菊杰学习，学习她勇攀世界体育高峰的大无畏革命精神和雄心壮志；学习她踏实苦干，勤学苦练的革命干劲；学习她敢于斗争，敢于胜利，英勇顽强的战斗作风。

栾菊杰在大会上发了言。她说，在荣誉面前，我决不忘党的培养，不忘战友的帮助，不忘自己的不足，不忘肩上的重担，要更加努力奋斗。

国家体委主任王猛在热烈的掌声中将奖状颁发给栾菊杰。

参加大会的有运动员、体育工作者和首都其他群众近两千人。

国家体委为容国团 傅其芳平反昭雪恢复名誉

国家体委为容国团、傅其芳等同志昭雪、恢复名誉的决定指出，容国团同志是热爱党，热爱社会主义的好同志。他于1957年从香港回来，在党的培养教育下，努力学习马列著作和毛主席著作，积极参加三大革命运动，认真改造世界观，树雄心，立壮志，严格训练，刻苦钻研，工作成绩卓著。1959年为我国第一次荣获乒乓球男子单打世界冠军，1961年为我国第一次夺得乒乓球男子团体世界冠军起了重要作用；1963年起容国团同志担任中国乒乓球女队教练，1965年为我国第一次取得乒乓球女子团体世界冠军作出了积极的贡献。容国团同志是在党的培养下成长起来的一名又红又专的运动员、教练员，为攀登乒乓球运动技术世界高峰，发展我国体育事业建立了功绩，多次受到毛主席、周总理和贺龙副总理的接见，曾荣立特等功。傅其芳同志是最早从香港回来的运动员之一。他热爱党，热爱社会主义，刻苦钻研业务，积极工作，1965年参加中国共产党，曾作为特邀代表出席第三届全国政协会议。傅其芳同志一直从事乒乓球教练工作，为迅速提高我国乒乓球技术水平，攀登世界高峰作出了积极的贡献。特别是在第二十六、第二十七、第二十八届世界乒乓球锦标赛中，为我国连续三次获得男子单打世界冠军和男子团体世界冠军起了重要的作用。他多次受到毛主席、周总理、朱委员长和贺龙、陈毅副总理的接见，三次荣立特等功。体委的决定宣布，过去强加给容国团、傅其芳等同志的一切诬陷不实之词一律推倒，过去所作的错误决定予以撤销。

6月22日

国务院总理华国锋在北京会见利比里亚共和国总统威廉·理查德·托尔伯特

华国锋主席重申中国支持非洲统一组织的立场。

华国锋主席说：我们希望即将召开的非统组织国家和政府首脑会议取得成功。他说：霸权主义正在极力分裂非洲国家。我们希望非洲国家团结起来，排除外来势力的干涉。

会见时在座的有国务院副总理李先念，外交部长黄华，外贸部副部长陈洁，外经部副部长程飞，农林部副部长赵凡，中国驻利比里亚大使王人三等。

国务院副总理邓小平在北京会见美国当前危险委员会执行委员会主席尤金·罗斯托

《人民日报》发表社论《政治要落实到各项工作中去》

中共中央关于加快工业发展若干问题的决定(草案)明确规定："政治要落实到各项工作中去，落实到生产上来。"并且指出："林彪、'四人帮'反对政治要落实到生产上来，……实际上就是取消无产阶级政治挂帅。"中央的决定是我们开展革命大批判、肃流毒的锐利武器，是我们拨乱反正、澄清是非的重要依据。

在工业交通战线上，"四人帮"破坏最大、危害最深、流毒最广的问题之一，是"四人帮"疯狂攻击政治要落实到业务上的问题。从林彪开始，到"四人帮"猖獗之时，他们都把政治落实到业务上这个问题，当作反革命修正主义来批。无产阶级的政治必须落实到业务上，这个问题必须澄清，拨乱反正。否则工业交通战线的广大干部和群众就心不服、气不顺，被颠倒了的路线是非就不能纠正过来，糊涂思想就不能澄清，人们就不能放开手脚大干社会主义。

毛主席提出的"抓革命，促生产，促工作，促战备"的方针和政治要落实到各项工作中去，是完全一致的。抓革命就是讲的政治挂帅，促生产，促工作，促战备就是讲的落实到各项工作中去。政治要落实到各项工作中去，落实到生产业务中去，政治工作必须结合经济工作一道去做，这是毛主席的一贯教导。华主席在五届人大政府工作报告中指出："我们必须坚持'抓革命，促生产，促工作，促战备'的方针，把阶级斗争、生产斗争和科学实验三大革命运动一齐抓起来。只搞生产斗争、科学实验，而不抓阶级斗争，就不能坚持社会主义方向，不能促进安定团结，不能扫除实现四个现代化的障碍，不能振奋人们的革命精神，生产斗争、科学实验还是搞不好的。只搞阶级斗争，而不搞生产斗争、科学实验，实现四个现代化就成了一句空话，说拥护党的路线也是假的。"林彪、"四人帮"反对政治要落实到业务上，就是反对毛主席"抓革命，促生产，促工作，促战备"的正确方针。毛主席说："思想工作和政治工作是完成经济工作和技术工作的保证，它们是为经济基础服务的。思想和政治又是统帅、是灵魂。"周总理在1972年针对林彪、"四人帮"的干扰破坏，尖锐地指出，那种空洞、极端、形式主义地空喊无产阶级政治挂帅，是违反毛泽东思想的。他明确指示，运动和业务是连在一起的，不能分割，无产阶级政治挂帅就是要挂在业务上。中央其他负责同志也说过，政治要落实到各项工作中去，要落实到业务上。当时，针对许多干部由于"四人帮"的干扰、破坏形成的不敢抓生产的混乱思想，强调提出政治要落实到业务上，说出了广大干部和群众的心里话，得到了普遍的拥护，取得了很好的效果。后来，批林批孔时，"四人帮"把这话作为攻击的主要目标之一。醉翁之意不在酒。他们是要打倒老一辈无产阶级革命家和一批中央负责同志，实现篡党夺权的野心。

马克思主义认为，经济是政治的基础，政治是经济的集中表现。政治和经济、革命和生产、政治和业务是辩证的关系，是统一的不可分割的。从来没有脱离经济而孤立存在的政治，从来也没有脱离政治而孤立存在的经济。我们学习《毛泽东选集》一到五卷，就会看到毛主席历来是把政治和经济、革命和生产放在一起考虑的。当前,我们正在根据华主席为首的党中央提出的新时期的总任务,进行社会主义革命和社会主义建设。一个社会主义企业的政治挂帅搞得好,也应该是政治落实到生产业务好。如果这个企业产量低、质量差、事故多、消耗大、成本高、亏损多,能说它政治好?生产好不好,是衡量政治工作好不好的一个重要标志。如果一个社会主义企业,不首先做到无产阶级政治好,揭批"四人帮"不狠不猛,搞清查工作心慈手软,搞"双打"决心不大,肃流毒不深不透,整个单位像一潭死水,生产是搞不上去的,就是一时搞上去,肯定还要掉下来,甚至会走到邪路上去。所以说,我们必须坚持政治挂帅,加强思想政治工作,用政治统率生产、统率业务、统率技术,任何时候也不能忘记这一点。

政治必须落在实处。如果不能落在实处,那就只能悬在空中。既然政治是统帅,就要有被统率的东西,没有被统率的东西,岂不成了光杆司令吗?那还算什么统帅呢?工人对"四人帮"不许谈政治落实到业务很不满意,憋了一肚子气,讽刺地说:"政治挂帅,只好提在手里,因为那里也放不下;只好挂在身上,因为到处不能落实。"无产阶级政治是不可能脱离无产阶级经济的。林彪、"四人帮"把政治挂帅吹得玄而又玄,"从政治到政治","从思想到思想","从灵魂到灵魂"。他们把政治变成脱离社会实践的空中楼阁,变成为实现其篡党夺权野心而到处整人的帽子和棍子。结果,无产阶级政治被取消了,反革命政治就乘虚而入。

我们做思想政治工作,从来强调要灭资兴无,促进人的思想革命化。人的思想革命化了,才能促生产,促工作,促战备。林彪、"四人帮"口说革命,那是假的。不言自明,人不吃饭就要饿死,不穿衣、不住房就要冻死。要吃饭就得靠农民种田,要穿衣就得靠工人织布,要住房就得靠工人盖房。如果农民不把政治落实到种田上,工人不把政治落实到织布上,落实到盖房上,人们就不能吃饭、穿衣、住房子,只好吃"精神"、穿"精神"、住"精神"了。可是,精神怎能当饭吃、当衣穿、当房住呢?政治工作要起作用,就得落实到各项工作上,落实到业务上,把精神力量变成物质力量。毛主席说,我们承认总的历史发展中是物质的东西决定精神的东西,是社会的存在决定社会的意识;同时承认社会意识对于社会存在的反作用。在企业中,政治工作的主要任务,是要提高职工的政治觉悟,保证完成企业的生产任务。政治工作起保证作用的提法是完全正确的,是没有疑义的。"四人帮"宣扬的从精神到精神,是典型的主观唯心主义。

马克思主义认为,人类的生产活动是最基本的实践活动,是决定其他一切活动的东西。这里所说的其他一切活动,指的是阶级斗争、政治生活、科学和艺术的活动,而政治生活和文化生活又是与物质生活密切联系着的。人类能够生存,依赖于物质的生产活动。毛主席早在井冈山时就指出,在国内战争完结以后,应该以经济建设为一切任务的中心。在解放初期,毛主席教导我们,从接管城市的第一天起,我们的眼睛就要向着这个城市的生产事业的恢复和发展。城市中其他的工作,都是围绕着生产建设这一个中心工作并为这个中心工作服务的。毛主席特别警告我们,如果在生产工作上无能,不能很快地学会生产工作,我们就会站不住脚,我们就会失败。林彪、"四人帮"的帽子满天飞、棍子到处打。党委抓生产,就说你是"生产党";干部抓生产,就说你是搞"唯生产力论";谁要抓业务,就说你是"业务挂帅";谁要抓管理,就说你是"管、卡、压";谁要抓财政,就说你是"利润挂帅";谁钻研技术,就说你是"白专道路"。这些谬论流毒很广,不能低估。有些人对政治要落实到各项工作中去,落实到生产业务中去,至今心有余悸,不敢解放思想放手大干。这些同志应当迅速肃清流毒,拨乱反正,振作精神,放开手脚大干社会主义。在当前和今后一个时期里,政治挂帅,就是要用揭批"四人帮"来挂帅;以阶级斗争为纲,就是要以揭批"四人帮"的斗争为纲。大庆和石油部就是这样,它们紧紧抓住揭批"四人帮"这个纲,反复抓、不停顿地打进攻战。林彪、"四人帮"说的"政治",是篡党夺权的反革命政治;他们说的"以阶级斗争为纲",是复辟资本主义的"改朝换代"。他们反对政治落实到业务上,是要破坏革命、破坏经济、破坏生产。毛主席指出,只有最无耻的国民党军阀,才会在他们自己统治的区域内弄到差不多民穷财尽的地步。帝国主义和国民党的目的,在于破坏红色区域的经济建设工作,破坏已经得到解放的千百万工农民众的福利。林彪和"四人帮"的疯狂破坏,同帝国主义、国民党有什么两样?

我们提出政治要落实到各项工作中去,正是为了进一步加强各条战线的思想政治工作,而不是削弱政治工作。华主席说:"在我国社会主义革命和建设新的发展时期中,政治思想工作不但不能减弱,而且更要加强。"政治工作结合经济工作一道去做,就是坚持政治和经济、政治和业务、政治和技术的统一,这是我党政治工作的优良传统。只有这样,政治工作才能发挥威力,产生实际的效果,发挥领导作用和保证作用。政治工作是经济工作的生命线,在任何时候,政治工作只能加强,不能削弱。

我们要痛下决心恢复和发扬被林彪和"四人帮"破坏了的我党政治工作的优良传统。要改变政治与业务"两张皮"的状况,要提倡政治落实到业务,多干实事，不说空话，言行一致，解决问题。现在是结束那种要嘴皮子，讲空话夸夸其谈，讲生产业务一窍不通的状况的时候了。要继承和发扬党在企业中政治工作的光荣传统，在深入揭批"四人帮"的斗争中，宣传毛主席"抓革命，促生产，促工作，促战备"的方针和政治要落实到各项工作中去的思想，做到家喻户晓、人人皆知。我们就是要在无产阶级政治的统帅之下，理直气壮地抓经济、抓业务，保证新时期总任务的实现。

外交部部长黄华在北京与阿曼外交国务大臣卡伊斯·阿卜杜勒·穆奈姆·扎瓦维继续举行会谈

斯里兰卡共和国总统朱尼厄斯·理查德·贾亚瓦德纳在科伦坡会见国务院副总理耿飚

6月23日

国务院总理华国锋在北京会见阿曼外交国务大臣卡伊斯·阿卜杜勒·穆奈姆·扎瓦维一行

国务院副总理邓小平在清华大学视察

邓小平在视察清华大学时，同教育部几位负责人谈话指出：我赞成增大派遣留学生的数量。要成千上万地派，不是只派十个八个。在这方面多花些钱是值得的。留学生管理制度也要改变一下，不要看得死死的。留学生可以住在学校，也可以住在外国朋友家里。暑假还可以让他们回来一下，了解国内情况。

国务院副总理邓小平在北京会见即将离任的罗马尼亚驻中国大使格夫里列斯库

由全国人大常委会副委员长姬鹏飞率领的全国人大代表团到达温哥华对加拿大进行友好访问

原中共上海市委书记处书记 上海市市长曹荻秋骨灰安放仪式在上海举行

原中共上海市委书记处书记、上海市市长曹荻秋同志，长期遭受"四人帮"及其余党的诬陷和迫害，于1976年3月29日在上海逝世。经中共中央批准，上海市于6月23日隆重举行曹荻秋同志骨灰安放仪式，为曹荻秋同志彻底平反、昭雪，恢复名誉。曹荻秋同志的骨灰，当天由专机护送到北京，安放在八宝山革命公墓。

曹荻秋同志骨灰安放仪式在上海市革命委员会礼堂举行。

中国共产党中央委员会送了花圈。

中共中央主席、国务院总理华国锋，中共中央副主席、全国人大常委会委员长叶剑英，中共中央副主席、政协全国委员会主席、国务院副总理邓小平，中共中央副主席、国务院副总理李先念，中共中央副主席汪东兴送了花圈。中共中央政治局委员韦国清、方毅、苏振华、陈锡联、倪志福、彭冲，中共中央政治局候补委员赵紫阳，全国人大常委会副委员长陈云、谭震林、李井泉、张鼎丞、邓颖超、廖承志、姬鹏飞、胡厥文，国务院副总理王震、谷牧，中共中央军委负责人粟裕、罗瑞卿，政协全国委员会副主席宋任穷、康克清、胡子昂、荣毅仁，最高人民法院院长江华也送了花圈。

送花圈的还有全国人大常委会、国务院、中共中央办公厅、中共中央组织部。中共上海市委和市革委会等单位和曹荻秋同志的生前友好也送了花圈。

中共中央政治局委员、中共上海市委第三书记、市革委会第二副主任彭冲主持骨灰安放仪式，中共上海市委书记、市革委会副主任王一平致悼词。

王一平同志在悼词中说：

曹荻秋同志是中国共产党的优秀党员。他参加革命四十多年，在伟大领袖和导师毛主席、党中央的领导下，为民族解放事业和无产阶级解放事业奋斗不懈。第二次国内革命战争时期，在国民党白色恐怖下，坚持艰苦的斗争；在敌人的监狱中和法庭上坚贞不屈，经受了严峻的考验。抗日战争和解放战争时期，在苏北、江淮等地区坚持对敌斗争，建设革命根据地。在社会主义革命和社会主义建设时期，坚持无产阶级专政下继续革命，为巩固和加强无产阶级专政，发展社会主义经济，作出了很大贡献。曹荻秋同志几十年如一日，忠于党，忠于人民，忠于伟大领袖毛主席。他认真学习马列主义、毛泽东思想，坚持毛主席的革命路线。他光明磊落，作风正派，坚持原则，实事求是，为党为人民勤勤恳恳地工作，为共产主义事业献出了自己的一生。

万恶的"四人帮"出于篡党夺权的反革命需要，阴谋策划对曹荻秋同志进行政治陷害。叛徒江青、国民党特务分子张春桥和新生资产阶级分子王洪文及其在上海的一小撮余党，在曹荻秋同志1932年被捕问题上，蓄意颠倒是非，歪曲事实，诬陷曹荻秋同志是"大叛徒"，并将其长期隔离，进行残酷斗争，无情打击，在精神上和肉体上横加摧残。历史事实证明，曹荻秋同志在敌人的法庭上和监狱里，始终保持了共产党员的革命气节。尽管叛徒一口咬定他是共产党员，但他始终没有承认自己的政治身份，同敌人进行了机智的斗争，保护了党的组织和革命同志。

曹荻秋同志对"四人帮"的诬陷和迫害，一再提出严正驳斥和抗议，进行了坚强不屈的斗争。但"四人帮"及其余党不顾历史事实，强行定他为"叛徒"，背着党中央，在市委全体会议上和区、县、局负责干部大会上加以宣布。面对这种卑劣行径，曹荻秋同志先后两次向伟大领袖毛主席、敬爱的周总理和党中央提出申诉。"四人帮"及其一小撮余党，恣意践踏党的原则，一手遮天，扣压了申诉信，还污蔑曹荻秋同志"翻案"，继续进行迫害，使曹荻秋同志长期蒙受不白之冤，含恨而死。

华主席为首的党中央，一举粉碎了"四人帮"，市委对曹荻秋同志这一冤案进行了严肃认真的复查，推倒了"四人帮"强加的一切诬陷不实之词。根据中央指示，现在，我代表中共上海市委和市革命委员会郑重宣布，为曹荻秋同志彻底平反、昭雪，恢复名誉。我们上海的广大干部和群众，对"四人帮"及其一小撮余党诬陷迫害曹荻秋同志的罪行，表示极大的义愤；对曹荻秋同志不幸逝世，表示深切的怀念。

当天，曹荻秋同志的骨灰由市委书记、市革委会副主任王一平，市委常委、市委组织部长赵振清，市委办公厅主任方扬以及曹荻秋同志的夫人石斌及其子女等专程护送到北京。中共中央政治局委员、中共上海市委第一书记、市革委会主任苏振华，中共中央政治局委员、中共上海市委第二书记、市革委会第一副主任倪志福，中央国家机关有关部门负责人胡耀邦、邓典桃、吴庆彤、李步新等到机场迎接并护送到八宝山革命公墓。

6月24日

《解放军报》发表特约评论员文章《马克思主义的一个最基本的原则》

林彪、"四人帮"对理论与实践关系的根本颠倒

华主席在去年中共中央党校开学典礼上的讲话，曾着重地指出："毛主席教导我们：'理论与实践的统一，是马克思主义的一个最基本的原则。'毛主席同夸夸其谈、理论脱离实际的坏作风做了一辈子斗争。……林彪、陈伯达、'四人帮'这一伙反马克思主义的政治骗子，搞乱了很多基本的理论问题，也把党的优良学风给破坏了。我们必须用大气力把它纠正过来。"

在同一场合，在同一问题上，叶副主席也郑重说明："理论密切联系实际，我认为有两层最基本的意思。一层是：一定要掌握理论。没有理论，一张白纸，凭什么去联系实际呢？另一层是：一定要从实际出发。如果理论不能指导实际，不受实际检验，那算什么理论！决不能把理论同空谈、吹牛甚至撒谎混为一谈。"又说："伟大的革命导师还说过，如果我们只是躺在马克思主义的书本上，脱离实际，并且把马克思主义的词句当作包医百病的灵丹圣药，那就只能在生活实际的'天空中飞翔'。"

我们如果把华主席和叶副主席这样重要的指示看作是无的放矢，或者泛泛之论，那当然是大错特错。这些指示是切中林彪、"四人帮"所造成的时弊的。林彪、陈伯达、"四人帮"这伙反马克思主义的政治骗子，搞乱了许多基本问题，其中，最值得注意的是两个颠倒：一个，是在政治上根本颠倒敌我关系；另一个，是在思想上根本颠倒理论与实践的关系。前一个颠倒所带来的严重后果，已经十分清楚。后一个颠倒也决不是一件小事情，这种颠倒是从根本上干扰毛主席的思想路线和政治路线，从根本上毁坏毛泽东思想，由此产生出一系列的混乱。思想上的拨乱反正，正本清源，澄清是非，不能不从这里开始。

大家知道，毛主席指出马克思主义哲学有两个最显著的特点，除了它的阶级性之外，就是它的实践性。所谓实践性，就是强调理论对于实践的依赖关系，理论的基础是实践，又转过来为实践服务。毛主席说："人的正确思想是从哪里来的？是从天上掉下来的吗？不是。是自己头脑里固有的吗？不是。人的正确思想，只能从社会实践中来"（《人的正确思想是从哪里来的？》）。从实践中来的思想，其正确性究竟如何，也要由实践的结果来证明，不是依主观上觉得如何而定。所以毛主席又说："真理的标准只能是社会的实践。"（《实践论》）愈是强调理论对于实践的依赖关系，并使理论不断地接受实践的检验，理论就会愈正确、愈彻底，就愈能掌握群众，愈易变成物质力量，也就愈能对实践起伟大的指导作用。毛主席把他第一篇公开发表的震动马克思主义论坛的伟大哲学著作题名为《实践论》，不是偶然的，从这里我们可以看出理论与实践的唯一正确的关系。1965年1月9日毛主席对美国记者斯诺的谈话，曾说到《实践论》这篇著作比他同时的其他哲学著作更重要。这一点很值得我们注意。什么是毛泽东思想？毛泽东思想就是马列主义普遍真理同中国革命和当代世界革命具体实践相结合。毛主席把实践摆在第一位，从实际出发，实事求是，使马列主义理论在指导中国革命实践中得到伟大的发展。毛主席在谈到别的国家的革命的时候，也总是着重指出这一点，例如，他曾劝告日本朋友，要把马列主义的普遍真理同日本的具体革命实践结合起来，不能照抄照搬别国的经验，各国革命都有自己的条件。毛主席不断告诫我们，马克思主义的"本本"是要学习的，但是必须同我国的实际情况相结合，用来分析、研究、解决我们的实际问题，反对脱离实际的本本主义，必须在斗争实践中创造新局面，造出新理论，等等。很显然，谈论毛泽东思想而无视这一点，就是丢掉了毛泽东思想的根本。

林彪、陈伯达、"四人帮"是一伙政治骗子，也是一伙理论骗子。他们天天喊"高举"，实际上是天天在糟踏，天天在破坏理论与实践的统一、理论从实际出发、实事求是的原则。林彪的"倒过来"哲学，就是颠倒物质和精神的关系，在认识的过程中悄悄地把精神抬到第一位，当作出发点。张春桥则提出"理论——实践——理论"的公式，公然说："思想上的正确与错误，决定于理论，理论主要是讲思想问题的"。这就是说，思想真理性的标准不是实践，而是理论，不是理论要由实践来检验，而是实践要由理论来裁剪。谁说林彪、"四人帮"没有"理论"呢？这就是他们的"颠倒"理论。在林彪、"四人帮"那里，强调实践就是经验主义，提实事求是就触到他们的痛处。他们不把马列主义、毛泽东思想看作是科学，是来自生动活泼的实际生活的真理，而是把它绝对化、宗教化，宣传什么"句句是真理"、"一句顶一万句"、"顶峰"、"最高真理"、"绝对权威"等等。在这种基础上，他们就有"理由"根据自己的实用主义需要来任意处置、肢解、割裂马列主义、毛泽东思想，以便他们"拉大旗作虎皮"；在这种基础上，林彪也才敢于公然说，"学习马(克思主)义，就是要断章取义"。

林彪、"四人帮"糟蹋马列主义、毛泽东思想的最卑劣最恶毒的办法，就是搞片言只语。在毛主席批判了他们的所谓"一句顶一万句"的荒谬说法以后，他们又企图固守住那个所谓"句句照办"的阵地。可不可以引用马列著作和毛主席著作中的话句呢？当然可以，我们并不反对引用。但必须反对断章取义，片言立论，歪曲实质，也不能"句句照办"。毛主席就说过："如果每句话，包括马克思的话，都要照搬，那就不得了。"(《论十大关系》)林彪、"四人帮"在这方面是搞实用主义，宣传一种特殊的宗教迷信。经他们摘引的片言只语都是超时空超历史的"绝对律令"，实践对它们是完全无能为力的，丝毫没有发言权的。他们这样做，并不因为他们也是中国革命历史上曾经有过的那种死抱住马克思主义条文不放而自以为革命的一般教条主义者，不，他们是一伙职业反革命，他们摘引片言只语是为了推翻整个马克思主义科学，为了埋葬党的实事求是的传统。他们不是以为只有死抱住条文才能进行革命，而是为了利用这些条文来掩护他们进行反革命，进行篡党夺权的罪恶活动。

但是，必须郑重指出，我们决不能因为林彪、"四人帮"是一伙反革命而轻视他们在思想理论方面所散播的流毒和影响，这种影响是触目惊心的，是对马列主义、毛泽东思想的一场浩劫。从上面所说可以清楚地看出，林彪、"四人帮"确实有一条同马列主义、毛泽东思想相对抗的认识路线，这条认识路线的核心就是颠倒理论与实践的关系，使理论变成空洞的抽象，这种"抽象"便于他们塞进各种私货，混淆本质完全不同的东西。这可以说是他们的反革命修正主义路线的思想基础。因此，对于林彪、"四人帮"，我们决不能只是骂一句"死反革命"就扬长而去，而放弃对他们的理论批判，或者有意无意地磨钝批判的锋芒。林彪、"四人帮"是一个思想体系，他们的肮脏马厩必须一起彻底清扫干净。我们的批判要把被他们颠倒了的东西重新颠倒过来，特别要恢复《实践论》的权威，实事求是的权威，实践标准的权威，以使毛泽东思想的根本观点，重新发扬光大。

我们如此强调实践，强调理论对于实践的依赖关系，理论要由实践来检验等，是否就算贬低了理论的意义，是对马克思主义理论的真理性抱怀疑态度呢？我们对于这个问题的答复，当然只能是否定的。

理论指导实践的过程，同时也就是实践检验理论，而使理论得到补充、纠正、丰富和发展的过程

实践要以革命理论为指南，没有理论指导的实践是盲目的实践。马列主义、毛泽东思想是我们工作的不可缺少的指针，我们要以马列主义、毛泽东思想的原理、原则作为分析、评论、判断问题的依据，这些都是毫无问题的，必须如此的。但是，马列主义、毛泽东思想本身要由实践来检验，其正确性要由实践来证明。思想自身不能证明自身。理论是实践的指南和实践是检验理论(真理)的标准，这是两个不同的问题(虽然它们有联系)，不能互相混淆。理论之所以能够指导实践，正因为、也仅仅因为理论来自实践，并且经实践的检验证明是正确的。理论指导实践的过程，就是实践检验理论的过程。许多理论是正确的或基本正确的，经过实践的检验而得到补充和发展；有些理论的真理性是不完全的，经过实践的检验而纠正了它们的不完全性；有些理论是错误的，经过实践的检验而纠正其错误。指导实践的理论，就是这样来自实践又经过实践检验而得到补充、纠正、丰富和发展。理论如果不是这样一种状况，或者脱离实际，不与实际相结合，或者不在实践中得到发展，老停留在一个地方，它就不可能指导实践。这些，本来是属于常识范围内的东西，然而在目前这个由乱到治的转折关头，这类常识范围内的东西有时也往往需要重新说明。

这里，我们遇到这样一个问题：当人们的社会实践证明了马克思主义是客观真理以后，这个被证实了的真理还要不要继续接受社会实践的检验呢？如果对这个问题的回答是肯定的，那么，是否就是认为真理不可信，怀疑相对真理的存在呢？我们认为，其所以会产生这样的问题，是由于把人的认识过程当成了许多单个的互不连贯的思想"产品"，而把接受实践的检验看作是工厂里头的检验员对于产品的检验，因此，才会发出这样的疑问：一个经过检验的产品还要继续接受检

验，岂不是等于否认了这个产品是合格品吗？这样看问题，虽然是完全忘记了我们这里讨论的是认识论问题，是实践标准问题，而实践作为检验真理的标准，既是绝对的，又是相对的(请读一读列宁《唯物主义和经验批判主义》第二章第六节，这里不赘述)，忘记了客观世界的变化运动永远没有完结、人们在实践中对于真理的认识也就永远没有完结这样一个十分浅显的道理。这样提问题，实际上是认为，一个科学原理在未被实践证实之前是相对真理，而当它一旦被实践所证明，就一劳永逸地成为“绝对真理”了，就不必再受实践检验了，认识已经到达“顶峰”，科学只好惊愕地望着这个“顶峰”，再也无所作为了。这完全是一种认识论上的形而上学。

从马克思主义的认识论说来，根据一定的原理和实践经验(或新获得的历史知识)发现新的真理或创立新的学说，这是一回事，这些真理或学说是否被当前或今后的实践所证实，这又是一回事；即使被证实或部分证实了，它们仍然要在往后新的实践中继续被检验而获得新的内容、新的面貌。举一个例子：马克思1859年《〈政治经济学批判〉序言》所阐述的关于历史唯物主义的著名的经典公式，这是马克思从研究、总结人类社会发展的历史过程并获得规律性的认识之后所作出的总结论，它毫无疑义是真理。特别经过马克思写出《资本论》，弄清楚资本主义的矛盾运动及其发展规律之后，唯物主义历史观进一步得到了科学的论证。那么，这个已经被科学地论证了的原理，是否还要到实践中去接受实践的检验呢？答复是肯定的。《资本论》发表以来的长时期中，历史唯物主义的科学原理在运用中、在实践中不断地被检验被证实，并且得到了丰富和发展。从马克思的《资本论》到列宁的帝国主义论，是一个划时代的发展。从十月革命到现在，资本主义在实践中又发生许多变化，又有不少新问题要我们去研究。到了社会主义时代，关于社会的基本矛盾即生产力与生产关系的矛盾、经济基础与上层建筑的矛盾的科学原理，在毛主席手里，又大大向前推进了一步，毛主席据此提出了关于无产阶级专政下继续革命的伟大学说。这是因为毛主席创造性地将历史唯物主义原理运用于社会主义实践，而社会主义实践比之资本主义实践又大大不同了的缘故。无产阶级专政下继续革命这一伟大真理，还将为今后全部社会主义实践所检验并得到发展，这也是毫无疑义的。宗教迷信对实践采取专横态度，科学的真理则虚心倾听实践的呼声。实践的发展总是要推动真理的发展，或使之进一步具体化。

列宁认为帝国主义时代社会主义革命有在一个国家或少数国家胜利的可能。这在马克思主义学说中是一个新的结论，一个新的科学真理。说它是科学真理，因为它是列宁在科学地分析了资本主义在帝国主义阶段的实践活动并发现了帝国主义的发展不平衡规律，经过对帝国主义时代阶级关系的确切考察，从规律性上论证了的。但是，这个新结论的客观真理性究竟怎样，它是否同客观实际相一致，能否达到预期的目的？还必须经由实践的检验而得到证明。这个科学真理，在十月革命胜利以前，尽管从规律性上看，可以说有99%、99.9%或99.99%的可靠性，但它仍然是未被实践所证明的东西。十月革命取得胜利，以及后来列宁、斯大林时代苏联社会主义建设获得一定的成功，这个真理才被实践所检验而得到了证实，而成为一个伟大的实例，成为一种伟大的物质性的革命鼓舞力量。其后，这个真理继续接受世界革命实践特别是第二次世界大战后革命实践的检验，而不断丰富了自己的内容。

这就是《实践论》中所说的：“马克思列宁主义之所以被称为真理，也不但在于马克思、恩格斯、列宁、斯大林等人科学地构成这些学说的时候，而且在于为尔后革命的阶级斗争和民族斗争的实践所证实的时候。”毛主席这里所说的是认识的两个飞跃，即认识上达到理性认识的飞跃和从理性认识到革命实践的飞跃，而照毛主席历来所强调的，更重要的是在于后一个飞跃，这个飞跃就是检验真理和发展真理的过程。请看，毛主席是这样说的：“这次飞跃，比起前一次飞跃来，意义更加伟大。因为只有这一次飞跃，才能证明认识的第一次飞跃，即从客观外界的反映过程中得到的思想、理论、政策、计划、办法等等，究竟是正确的还是错误的，此外再无别的检验真理的办法。”(《人的正确思想是从哪里来的？》)又说：“思想必须反映客观实际，并且在客观实践中得到检验，证明是真理，这才算是真理，不然就不算。”(《增强党的团结，继承党的传统》)算不算真理，最后还是要看实践的结果。如果只停留在前一个飞跃而沾沾自喜，想当然地以为一切真理都在这里了，自己已经深入“绝对真理”的堂奥，因此办事就可以不从实际出发，真理可以对实践采取傲慢态度而不必接受实践的检验，那是一点也不懂得《实践论》的想法和做法(实践检验真理也是一个过程，往往要经过一些反复，这个问题我们留待以后讨论)。

有人可能会问：科学研究中有“逻辑证明”一说，那和实践标准又是什么关系呢？所谓逻辑证明，就是在科学研究中，从一系列公理、定义、定理出发，运用抽象的数学推导和逻辑推论，作为证明的工具，引出新的结论。但是，这里仍然一点也不能离开实践：第一，这里以逻辑推理的形式出现的东西，是经过千百万次的实践在人的意识中固定下来的，它们本身就是社会实践的产物。第二，由推理得出的结论，即使经过十分严密的逻辑证明，也不能代替实践标准，相反，推理的结论还必须拿到实践中去，经过实践的检验，才能证明它是否正确，是否符合实际。离开实践标准的逻辑证明，难免要和实证主义的纯粹逻辑分析方法滚到一起去。

科学理论的创立和发展过程是这样，一条正确路线的形成和贯彻执行，情形也相类似。

路线、政策、方针等，是理论见之于实践的决定性的环节。无产阶级政党的革命路线，是从阶级斗争实际出发，运用马克思主义理论，总结革命实践经验，分析现实阶级关系和阶级斗争形势所得出来的革命行动方针和目标。我们的路线如果是根据马列主义、毛泽东思想的原理，认真总结已有的正反两方面的实践经验，并且确实运用民主集中制的方法集中了全党的经验和智慧，那么，我们能够有把握地说，我们的路线是正确的。但是，正确路线制定之后，要不要接受实践的检验呢？路线的正确性要不要依靠实践来证明呢？路线本身还要不要在实践中得到某些修正、补充和发展呢？回答同样是肯定的。正如理论指导实践的过程就是实践检验理论的过程一样，贯彻执行路线的过程也就是路线接受实践检验的过程。这个过程往往是多次反复的过程。例如，一条政治路线制定之后，到群众中去宣传、去贯彻，为群众所掌握，变为群众的行动，这个指导过程本身也就是接受群众检验的过程。一般说来，路线为群众所接受并转变为物质力量所达到的程度，可以证明这条路线的正确程度。其次，党的总路线提出的是总纲领，是一般任务，当这个一般任务回到个别中去，回到实践中去，贯彻到各个具体工作领域中去的时候，它就要和各个别领域的实践相结合，接受各个别领域实践的检验。各个具体工作领域根据总路线并且按照自己的情况制定出具体的工作路线、方针、政策并且在实行中获得成功，那也是对总路线的正确性提供证明，而且这种具体化也必然要丰富总路线的内容。

还有，在执行路线的长过程中，由于实践是发展的，阶级关系也在发生变化，路线本身必然要随着实践的发展和阶级关系的变化，而发展，而变化自身的某些内容。例如，我党在民主革命时期，经过长时间的斗争，到抗日战争时期，制定出了合乎情况的党的总路线和一整套具体政策，这时候，中国民主革命的必然王国才被我们所认识。但事情并未到此停止。因为实践在发展，我们的认识在加深，路线也还要接受实践的检验而得到某种发展。毛主席早已把中国的资产阶级划分为民族资产阶级和买办官僚资产阶级，并采取不同的对待方针，在抗日战争时期，又将依附日本的大资产阶级和在不同程度上参加抗日的大资产阶级加以区别。但是，只有到了解放战争时期，毛主席才明确宣布我们的革命不仅是反帝反封建的革命，而且是反对官僚垄断资本的革命，并且宣布没收四大家族为首的垄断资本（占中国资本主义的80%以上）为新民主主义国家所有。毫无疑问，这是我党民主革命总路线内容的一个重要发展。所以这样，是因为四大家族为首的垄断资本，在抗日战争时期和日本投降以后发展到了高峰，这个垄断资本和人民大众的矛盾达到了非常尖锐的程度。反对官僚垄断资本具有两重性，它既是民主革命性质，又具有社会主义革命性质。把反对垄断资本作为民主革命总路线的内容，是使民主革命取得彻底胜利并使民主革命不停顿地转变为社会主义革命的重要前提之一。这不仅是路线的发展，同时也是对马克思主义革命科学的一个很重要的贡献。

我们目前正在贯彻执行党的十一大路线。十一大路线的形成，经过一个很长的实践酝酿过程，一直可追溯到50年代末期。1963年，毛主席根据中国百年来落后挨打的情况，指出我们必须充分利用社会主义制度的优越性，以可能挨打为出发点，力求在一个不太长久的时间内改变我国社会经济、技术方面的落后状态。遵照毛主席的指示，周总理在第三届和第四届全国人民代表大会上，都提出了发展国民经济的宏伟设想，要求在本世纪内全面实现农业、工业、国防和科学技术现代化，使我国国民经济走在世界的前列。粉碎“四人帮”以后，华主席为首的党中央，继承毛主席、周总理的遗志，总结我国社会主义革命和社会主义建设正反两方面的丰富经验，提出抓纲治国的战略决策和八项主要战斗任务。在这样的实践基础上，制定出党的十一大路线，提出社会主义革命和社会主义建设的新的发展时期的总任务：坚持无产阶级专政下的继续革命，深入开展三大革命运动，在本世纪内把我国建设成为实现四个现代化的伟大的社会主义强国。自从十一大路线和新时期总任务公布以来，人民群众欢欣鼓舞，各条战线的形势很好，这就表明这条路线是正确的。既然如此，那么它还要不要接受实践的检验呢？还要不要由上面所说的多方面的实践来证明其正确，并在实践中得到补充、修正、丰富和发展呢？凡是认真读过《实践论》并且采取严肃态度的人，凡是有相当革命实际经验的人，一定能够毫不犹豫地对这个问题作出肯定的回答。这就是说，虽然我们有根据认识并坚信这条路线的正确，但认识并不等于证明，认识尚有待于证明。能够对于这条路线的客观真理性提供证明的只有实践，只有人民群众的革命实践。实践的结果，是否对发展社会生产力有利，是否为社会主义、为人民群众带来了实际利益，这是路线正确与否的唯一裁决者。

在历史上，我们看到：错误路线的制定者，总是一再强调他们的路线一订出来就是“绝对真理”，“百分之百的布尔什维克”，无须经实践检验，也不容许别人提意见,如王明等人就是如此;相反,正确路线的制定者,并不宣布这一路线就是完美无缺的“绝对真理”,如毛主席对人民公社制度一再强调要经过实践检验才能逐渐完善起来。一条正确路线的执行,一方面,必须坚定地满怀信心地向群众宣传党的路线的正确性,使之变成群众的自觉行动,克服违反这一路线的各种偏差,为实现党的正确路线而斗争;另一方面,又必须谨慎从事,十分重视调查研究,按照实际情况决定工作方针和方法,小心地倾听实践的呼声,考察群众的情绪,及时改进我们的工作,反对像毛主席所说的那种“单纯建立在‘上级’观念上的形式主义的态度”等,不这样,路线正确也可能犯错误,或使正确的路线受到歪曲,受到别的错误东西的干扰。

不是别人,正是伟大导师毛泽东同志,在1959年7月10日的一次谈话中,特别讲到这个问题。他说:证明路线的正确与否,不是理论问题,而是实践的问题,要有时间,从实践的结果来证明。

这个观点是正确的吗?毫无疑义是正确的。这是路线问题上的真正的唯物论观点,而不是什么路线问题上的“怀疑一切”。

对不可知论、怀疑论及其他哲学怪论的最有力的驳斥是实践

对不可知论、怀疑论及其他哲学怪论的最有力的驳斥是实践。这是恩格斯在批判休谟、康德的不可知论和怀疑论时所说的一句名言,我们今天把它引证出来还很有意义。

恩格斯这句话告诉我们这样一个历史事实:人们的认识能不能正确反映现实,人们的认识是不是具有客观真理性,这个问题在马克思主义把实践引进认识论、确立真理的客观标准之前,是没有解决,也是不可能解决的。那时候,人们从头脑中构造各种思想体系,都以为自己获得了最终真理或绝对真理,公说公有理,婆说婆有理,在主观思维范围内争吵不休,莫衷一是。在那种情况下,不可知论、怀疑论自然最有市场,因为,诚如毛主席所指出,世界上只有唯心论和形而上学最省力,因为它不必根据实际,也不受实际检验的。旧唯物论不了解认识对于实践的依赖关系,也不能真正解决这个问题。自从辩证唯物主义问世,把实践引进认识论,确立了判别真理的客观标准之后,这才宣告怀疑论、不可知论的破产。

因此,马克思主义的认识论承认实践是真正的权威。世界上只有因为没有确立判别真理的客观标准(实践)才使不可知论和怀疑论获得市场,决没有因为确立了真理的客观标准而使不可知论和怀疑论流行起来的事。谁如果持相反的看法,那就又是一个惊人的“颠倒”!

林彪、“四人帮”的唯心论和形而上学,非常突出地表现在他们的真理观上。长期以来,他们把真理说成是依人的主观思想为转移的东西;把理论本身、或权威人士的言论和看法,或文件上写了的,作为判别真理的标准,而独独讳言客观的实践。他们所以这样做,是为了对任何事物、任何人,可以不顾事实,由他们任意解释、任意褒贬,白的说成黑的,黑的说成白的,好人说成坏人,坏蛋说成好人,完全视他们的“阶级斗争需要”而定,他们也把这叫做“事实为需要服务”。路线的正确与否,本来,只要尊重事实,不掩盖事实,让实践和事实说话,那是不难辨别清楚的。可是林彪、“四人帮”一伙用一切漂亮的“革命”言辞把事情搞混、搞乱,借以掩饰自己,把自己的反革命修正主义路线装扮成唯一的革命路线。这就是群众中长期流行着所谓“路线斗争不可知”的原因。总之,林彪、“四人帮”砍掉真理的客观标准,是为了便于他们胡作非为、作假伪造而又能够强词夺理,把随便什么臆造、谎言宣布为“真理”,其为害之烈,情节之恶劣,几乎每个人都有切身的感受。

值得注意的是,林彪、“四人帮”这种做法对于理论、对于马克思主义的极大破坏性,看来直到现在还没有被人们充分认识。他们造成的那种破坏实事求是、颠倒理论与实践的关系、以理论自身作为证明理论是否具有真理性的尺度的荒诞思潮,不仅俘虏了相当多的缺乏实际经验和理论造诣的人(其中有的至今仍坚持认为思想是第一性的东西),也影响了一部分有经验的做领导工作的人,这种思潮对他们也发生了作用。林彪、“四人帮”的“拉大旗作虎皮,借‘高举’以营私”的两面派战术,确实吓唬了一些人,同时,他们毫不手软地把反对或怀疑他们这种作法的人打成“修正主义者”,也使一些人至今心有余悸。

承认实践是真理的唯一标准,马克思主义理论是科学不是迷信;理论首先要受命于实践才能够指导实践;理论不是亘古不变的,它是在实践中不断地获得补充、修正、丰富和发展的,如此等等——这样看,是修正主义呢?还是真正的马列主义、毛泽东思想呢?

大家知道,恩格斯曾再三郑重声明:“马克思的整个世界观不是教义,而是方法。它提供的不是现成的教条,而是进一步研究的出发点和供这种研究使用的方法。”(《马克思恩格斯全集》第39卷,第406页)列宁也再三指出,“现在必须弄清一个不容置辩的真理,就是马克思主义者必须考虑生动的实际生活,必须考虑现实的确切事实,而不应当抱住昨天的理论不放,因为这种理论和任何理论一样,至多只能指出基本的和一般的东西,只能大体上概括实际生活中的复杂情况。”(《列宁选集》第3卷,第26页)

毛主席关于这方面的教导就更多了，只需读一读《反对本本主义》《实践论》《改造我们的学习》《整顿党的作风》等篇，就可以懂得毛主席是怎样对待马列主义理论的。毛主席毫不容情地嘲笑那些“以为上了书的就是对的”、“开口闭口‘拿本本来’”、“将马克思列宁主义当宗教教条看待”的人，是蒙昧无知的人。这些人看到列宁书上写着无产阶级夺取政权从大城市开始，就拼命反对毛主席的首先夺取农村、以农村包围城市、然后夺取城市的正确方针。他们认为中国这个客观世界，不是由中国人在实践中认识的，而是由共产国际管中国问题的人认识的，他们所说的一句一字也不能改。这些人“把马克思列宁主义书本上的某些个别字句看作现成的灵丹圣药”，想拿此来不费气力地包医百病。毛主席说，“这样就阻碍了理论的发展，害了自己，也害了同志”。这种人就是我们通常所说的教条主义者。林彪、“四人帮”则是属于另一类，他们把马列主义、毛泽东思想当作宗教教条看待，不是拿它来包医百病，他们根本就没有治病之心，而是拿它来掩护他们从事反革命。这种人我们就叫作反革命修正主义两面派。

这两种人是摆在我们面前的两面镜子。而这两种人在把马列主义当作宗教教条看待这方面至少在形式上是相通的。

不要以为修正主义只表现于直接否定马克思主义，否定马克思主义的基本原理。毛主席曾训斥“四人帮”只反经验主义不反教条主义，就是暗示“四人帮”这伙反革命修正主义家伙有时也以某些教条(包括“语录”形式在内)来吓唬人们，欺骗人们。老修正主义者也这样做。例如，斯大林曾指出：修正主义这种机会主义，“有时还表现于企图拘守着马克思主义已经过时的个别原理，把它们变成教条，这样来阻碍马克思主义向前发展，因而阻碍无产阶级革命运动发展。”(《苏联共产党(布)历史简明教程》结束语)

马列主义、毛泽东思想的整个理论，马列主义、毛泽东思想的基本原理，是颠扑不破的，我们在任何时候都必须坚持，不能违反；但基本原理也一定要和实际相结合，也是要向前发展的。马列主义、毛泽东思想的个别原理、个别结论、个别口号，则随着历史条件的改变而改变。人们认识世界的程度，始终受着历史条件和实践水平的限制。历史条件改变了，实践发展了，认识也要向前发展。新的历史条件必然要促进理论的变化。毛主席说，现在已经进入社会主义时代，出现了一系列的新问题，单有过去那些著作已经不够了，必须适应 新的需要，写出新的著作来。过去曾经认为，消灭资产阶级、取得社会主义的完全胜利是不难做到的，现在看来，事情远不是那么容易。所以毛主席说，我们不能轻易地说最后的胜利，相反，必须坚持无产阶级专政下的继续革命，必须准备应付国际国内可能发生的许多重大困难。马克思、恩格斯、列宁、毛主席，从来不讳言要把个别过时了的东西(包括自己的)加以修正或修改，用新的结论来代替。他们从来不认为，这样做就等于否定自己的理论或“怀疑”自己理论的正确性。他们从事的是科学工作，是对真理负责，对事实负责，而不自奉为神明，也不愿意别人把他们崇奉为神明，马克思主义经典作家从来对于这种往往出于不正当动机的幼稚荒唐的行为加以鄙视，有时严加斥责。例如，毛主席对于林彪张口“三个副词”闭口“四个伟大”又加上大树特树“绝对权威”的干法，就不但深表“讨嫌”，而且直斥之曰“伪君子”。我们都知道，马克思恩格斯是怎样修正《共产党宣言》的个别原理的。在马克思主义发展史上，这种例子举不胜举，包括斯大林的在内。读一读斯大林《苏联社会主义经济问题》一书吧，那里就有几处说到他自己过去对某些问题的说法不确切，或者说已经失效，必须把它们抛弃。毛主席在谈到十大军事原则的时候，也曾经指出：“运用了十大原则，取得了解放战争、抗美援朝战争的胜利(当然还有其他原因)。十大原则目前还可以用，今后有许多地方还可以用。但马列主义不是停止的，是向前发展的，十大原则也要根据今后战争的实际情况，加以补充和发展，有的可能要修正的。”(转引自叶剑英《发展我国无产阶级的先进军事科学》一文)

修正、补充、纠正真理的不完全性，说的都是一个意思，它是认识、理论发展的一个环节。在马列主义、毛泽东思想的基础上，按照实际情况，对那些已经过时了的个别原理加以修正，是必要的，正常的，也是不可避免的。例如，我们的党章、宪法历次都有所修改，有的是原则的修改，不改不行。党章、宪法在制定的时候，经过党中央、广大共产党员和广大人民认真的研究和讨论，但不能以此为理由，认为曾经经过认真研究和讨论过的东西，就不允许在新的情况下加以修改。这种修改，有的是原来正确的东西因为条件变化而变得不适用了；有的是原来就不符合实际，必须抛弃；有的原来一部分内容被新的结论所吸收(例如，关于社会主义革命胜利的问题，列宁在帝国主义时代虽然得出社会主义有在一国胜利的可能，但仍然认为，社会主义的最终胜利必须由多数国家的工人阶级共同努力才能取得)。总之，真理是发展的。马列主义、毛泽东思想的发展毫无疑义包括着对已经过时了的个别原理的修正，这并不归结为修正主义，正好像我们说相对真理并不归结为相对主义，重视实践经验并不归结为经验主义一样。

特别在历史转折关头，实际情况变化迅速，原来提出用以指导运动的口号会迅速失效。列宁说:“在历史急剧转变的关头,往往连先进的政党也会在相当一段时间内不能理解新的局势而重复旧的口号,这些口号在昨天是正确的,但在今天已经失去任何意义。”(《列宁选集》第3卷第107页)又说:“党向群众提出的任何口号都有凝固化、僵硬化的特性,甚至在提出这个口号的条件已经变化时还会对许多人发生作用。这种弊病是不可避免的,然而不学会与它作斗争和战胜它,就不能保证党的政策的正确。”(《列宁选集》第3卷,第611—612页)

这样的例子,在中国革命历史上,包括无产阶级“文化大革命”历史上,可以举出千千万万。例如在战争时期,在一定条件下应当提出“以运动战为主”的口号,这时如果仍拘守“以游击战为主”,其对革命的危害性是可想而知的。

列宁这里说的是要对这种拘守旧口号的“弊病”“作斗争和战胜它”。为什么这样说呢?因为要改变这些口号往往很不容易,其原因,除了人们的思想往往落后于实际这一点以外,还因为有一部分人的利益或多或少地同这些旧口号联系在一起的缘故。这些人,他们口头上说的是担心某些旧口号、旧提法的修改会导致整个革命和整个理论的否定(显而易见,这不过是一种天方夜谭式的饰辞),实际上是害怕自己某种个人的东西会因此受到损害。

目前最值得注意的是:由于林彪、“四人帮”破坏理论联系实际、从实际出发、实事求是的原则,并且长时期对坚持这些原则的人加以迫害和打击,其影响所及,直至今天,还使一部分人(尤其是各级领导干部)简直是习惯性地不敢去触及新问题、研究新问题,不敢去答复群众中提出的问题,总是绕开问题走,对上级的指示、文件只是逐字逐句地照抄照搬,不结合本地区本单位的实际情况,不“按照具体的环境、具体地表现出来的群众情绪”(《必须注意经济工作》)去做好革命工作,相反地,常常逆着群众的情绪行事。他们不看实践效果。事情办得正确不正确,是否真正解决了问题,不看事实,不拿实践作标准,而是上级或自己需要什么,就依此做判断、下结论。这种做法完全违背了毛主席的教导。而且,不顾事实,不实事求是,也给各种野心家、阴谋家以可乘之机,使他们得以借此制造混乱,搞各种祸国殃民的阴谋诡计。多年来,无论在精神上,或物质上,我们吃不实事求是的苦头实在太多了!这不能不说是我们一条十分沉痛的教训。

有些同志甚至发出了这样的责难:把实践摆在第一位,以实践为检验真理的唯一标准,那么,把毛泽东思想、毛主席的话摆在什么位置呢?对于说这种糊涂话的人,除了上面所说的可供他们思考以外,这里,只需再反问他们一句:毛主席说过:“只有千百万人民的革命实践,才是检验真理的尺度”(《新民主主义论》),“此外再无别的检验真理的办法”(《人的正确思想是从哪里来的?》)。你们把毛主席这个教导摆在什么位置?怎样才算是按照毛主席的教导办事?看来,马克思主义这门科学,不经过认真学习,单凭朴素的感情,是不可能真正弄懂得,我们还是应该好好学习。华主席为首的党中央号召全党、全民团结起来。毛泽东思想的旗帜,过去是、今后仍然是我们团结战斗的旗帜。林彪、“四人帮”肆意篡改毛泽东思想,打着毛主席的旗帜,贩卖他们的黑货,我们不少人受过骗上过当,这个教训太深刻了。现在应当着重于开动脑筋去真正弄清楚毛泽东思想的根本观点是什么。只有在这个最重大的问题上擦亮眼睛,明辨是非,大家按照毛泽东思想的本来面目完整地准确地掌握毛泽东思想,只有这方面的真正的一致,才有利于我们的团结事业。关于毛泽东思想的根本观点,邓小平同志最近在中央军委召开的全军政治工作会议上作了极其精辟的阐述,其中指出:

“毛主席从参加共产主义运动,缔造我们党的最初年代开始,就一直提倡和实行对于社会客观情况的调查研究,就一直同理论脱离实际、一切只从主观愿望出发、一切只从本本和上级指示出发而不联系具体实际的错误倾向作坚决的斗争。”“毛主席历来坚持要用马列主义的立场、观点、方法来提出问题,分析问题,解决问题。毛主席历来是按照不同的时间、地点、条件讲问题的。……主要的是要用马克思主义的立场、观点、方法来分析问题,解决问题。马克思主义的活的灵魂,就是具体地分析具体情况。马列主义、毛泽东思想如果不同实际情况相结合,就没有生命力了。我们领导干部的责任,就是要把中央的指示,上级的指示和本单位的实际情况结合起来,解决问题,不能当‘收发室’,简单地照抄照转。”

又说:

“全军的政治工作会议多年没有开了,现在开这样一次会议,应该采取什么方法呢?很明显,我们应该也只能采取实事求是、从实际出发、理论和实践相结合的方法,总结过去的经验,分析新的历史条件,提出新的问题、新的任务、新的方针。这样,我们的会议才能够解决问题,才能够解决得正确。韦国清同志的报告好,好就好在研究了新的历史条件下的问题,有针对性地提出了解决的办法。这就是我们在实际行动中坚决拥护毛泽东思想的表现。反之,如果我们只把过去的一些文件逐字逐句照抄一通,那就不能解决任何问题,更谈不到正确地解决什么问题。那样,即使我们口头上大讲拥护毛泽东思想,实际上也只能是违反毛泽东思想。我们一定要肃清林彪、‘四人帮’的流毒,拨乱反正，打破精神枷锁，使我们的思想来个大解放，这确实是一个十分严重的任务。”

还说：

“我们党有很多同志坚持学习马列主义、毛泽东思想，坚持把马列主义的普遍真理同革命实践相结合的原则，这是很好的，我们一定要继续发扬。但是，我们也有一些同志天天讲毛泽东思想，却往往忘记、抛弃甚至反对毛主席的实事求是、一切从实际出发、理论与实践相结合的这样一个马克思主义的根本观点，根本方法。不但如此，有的人还认为谁要是坚持实事求是，从实际出发，理论和实践相结合，谁就是犯了弥天大罪。他们的观点，实质上是主张只要照抄马克思、列宁、毛主席的原话，照抄照转照搬就行了。要不然，就说这是违反了马列主义、毛泽东思想，违反了中央精神。他们提出的这个问题不是小问题，而是涉及怎么看待马列主义、毛泽东思想的问题。”

说得多么中肯、多么深刻、多么好啊！

究竟应该怎样对待马列主义、毛泽东思想，这确实不是一个小问题。这里涉及一个是真捍卫毛泽东思想还是假捍卫毛泽东思想的问题。正如邓副主席所指出，我们有一些同志天天讲毛泽东思想，却往往忘记、抛弃甚至反对毛泽东思想的根本观点，根本方法。有的人甚至不准别人坚持实事求是，只要求躺在马列主义、毛泽东思想的现成条文上，照抄照转照搬，而不顾实际情况如何。甚至不允许讲实践是检验真理的标准，不允许讲冲破林彪、“四人帮”设置的“思想禁区”，仿佛一讲实践标准，一旦冲垮那些“禁区”，马列主义、毛泽东思想就会站不住，就会大祸临头似的。真是怪事！世界上哪里有这样的马列主义、毛泽东思想？马列主义、毛泽东思想是人类历史上最先进最革命的科学思想体系，是经过千百万人民的实践证明了的普遍真理，它可以战胜一切倒退的、反动的思潮而决不被它们所战胜。马列主义、毛泽东思想的旗帜是砍不倒的。一切曾经企图砍倒它的狂人，包括林彪、“四人帮”在内，一个一个都自己倒下去了。我们有些同志为什么那样没有信心呢？如果马列主义、毛泽东思想真像这些同志所设想的那样虚弱，那样害怕与新的历史条件相结合，害怕实践，害怕砍倒，那个马列主义、毛泽东思想就决不是真马列主义、真毛泽东思想。马列主义、毛泽东思想不但是在三大革命运动的伟大实践中间，而且是在同形形色色反马克思主义思潮直接斗争的伟大实践中间，锻炼自己，发展自己，扩大自己的阵地的。我们有些同志自称信奉唯物主义，熟读《实践论》，但一听到实践标准，就如临大敌，究竟为了什么呢？应当认为，这是目前一种很值得注意的思潮。这种思潮，同群众中、工作中、在揭批“四人帮”斗争中刚刚恢复和发扬起来的实事求是、凭事实讲话、敢于提出和研究新问题的优良作风，站在对立面，这两者之间的斗争，毫无疑义反映了肃清林彪、“四人帮”流毒这场斗争的深刻性和复杂性。

历史的潮流滚滚向前，不可阻挡。“马克思列宁主义并没有结束真理，而是在实践中不断地开辟认识真理的道路。”（《实践论》）从马克思主义诞生以来，认识真理的道路愈来愈宽广。毛主席领导革命的50多年中，几乎人类社会和自然界的各个领域、各个角落都在经历着深刻的变化。毛主席就是在这样的时代锻炼着马克思主义的认识武器，始终把实践作为认识论上的最基本的东西加以研究。在毛主席看来，马克思主义之所以是科学，所以能够为认识真理开辟道路，就因为它注重实践，把实践放在第一位。毛泽东思想是一切迷信、一切教条、一切僵硬东西的最大的敌人。恩格斯说过：“科学愈是毫无顾忌和大公无私，它就愈加符合于工人的利益和愿望。”（《马克思恩格斯选集》第4卷，第254页）毛主席也说：“我们除了科学以外，什么都不要相信，就是说，不要迷信。中国人也好，外国人也好，死人也好，活人也好，对的就是对的，不对的就是不对的，不然就叫做迷信。要破除迷信。”（《关于中华人民共和国宪法草案》）尊重实践，尊重科学，破除迷信，解放思想，我们就能够推动理论，获得新的真理。在伟大的历史转折关头，正如列宁所说的，“现在一切都在于实践，现在已经到了这样一个历史关头：理论在变为实践，理论由实践赋予活力，由实践来修正，由实践来检验。”（《列宁选集》第3卷，第398页）

让我们在毛主席的旗帜下，在华主席为首的党中央的领导下，勇敢地投身到新历史条件下三大革命运动的伟大实践中去，投身到彻底揭批林彪、“四人帮”的斗争中去，把理论变为实践，由实践来检验，在实践中学习、学习、再学习，在实践中不断地把马列主义、毛泽东思想推向前进。

国务院副总理李先念在北京会见英国上院议员查尔方特勋爵和自由党上院副领袖格拉德温勋爵一行

全国人大常委会副委员长乌兰夫在北京会见以菲律宾大学董事会董事托马斯·冯纳西尔为团长的菲律宾大学代表团

国务院副总理陈慕华在北京会见由菲律宾中央银行高级副总裁阿梅多·布瑞纳斯率领的菲律宾中央银行代表团

中国驻越南大使馆就中国派船到越南接运受难华

侨回国的有关问题照会越南外交部

一、中华人民共和国外交部在1978年5月26日致越南社会主义共和国外交部的照会中通知越方，中国政府对旅居越南的华侨所遭受的非人道的凄惨景况不能漠不关心，置若罔闻，决定派船去海防市和胡志明市接运受迫害的难侨回国。中国方面再次重申，中国政府派船接运的是遭受越南当局迫害的华侨，而不是由越南当局批准的什么“愿意离开越南前往中国的华人”。如果越南方面坚持他们不是华侨，而是越籍华人，那么，中国方面怎么能够接运属于越南籍的公民呢？

二、海防港和胡志明港是越南对外开放的商港，这两个城市又是旅越华侨聚居的地方。中国船只到上述两个港口接运难侨是合乎常理和实际情况的。当然，越南当局允许中国船只停靠越南的那个泊位，这是越南方面的权利。但是，越南方面现在提出中国接侨船只停靠的港口分别是佐威码头和头顿码头，其中头顿码头远离胡志明市上百公里，安排难侨登船将产生巨大困难。佐威码头由于情况不明，建议越方提供有关码头水深、长度等资料，以便双方商谈。中国方面希望越南方面不要在船只停泊港口问题上横生枝节，继续对中国方面派船接运难侨制造障碍。

中国船只和船员在越南港口停泊期间，将遵守越南港口各项通常的规定。但是，越南方面提出限定中国每批接侨船只停泊港口时间最多不超过三天，这是不合理的。中国方面认为，每批船只停泊港口的时间，应根据当地当时接侨工作的实际需要来考虑，而不应该事先作出苛刻的硬性规定。

三、受难华侨登船回国前，须向中国方面办妥必要的手续。中国大使馆派出的工作组负责对要求回国的受难华侨进行审核，并将要接运回国的每批难侨的名单提供给越方。中国大使馆将向获准乘接侨船回国的难侨颁发《归国证明书》，并希越方在该证件上办理允许出境签证。归国难侨凭此证件登船回国。

四、越南方面应保证允许归国难侨携带自己的财产和物品回国。

五、为了办理受难华侨回国具体事宜，中国大使馆将分别派出“接运受难华侨回国工作组”到海防市和胡志明市。考虑到两地接侨工作的实际需要，派往海防市的工作组为4—6人，派往胡志明市的工作组为7—9人。希望越方给予必要的协助和合作，向工作组提供住所、办公地点、通讯联络与接触华侨的方便，并保证他们的安全。

六、中国分别派往海防港和胡志明港的首批接侨船“长力”号和“明华”号，每船载运人数分别为1300人和900人。中国首批接侨船完成第一趟接侨任务后，中国方面将把第二批接侨船只的船数、起航和预定到达越南港口的日期通知越南方面。

中国方面不得不遗憾地指出，正当中国大使馆的代表同越南外交部的代表就中国派船接运难侨有关问题进行商谈的时候，越南外交部在1978年6月19日来照中，竟然别有用心地捏造说，中国方面“没有同越南方面商谈任何问题”。就在6月19日上午8时，中国大使馆的代表即打了电话约见越南外交部领事司官员，明确地告知越方这次约见是继续商谈中国派船接侨的有关问题，但越方则抢先把越南外交部6月19日无理指责中国的照会送交中国大使馆，并随即通过电台公开发表。显而易见，越南方面这种做法，纯系为了欺骗宣传，不惜颠倒是非。其实，对越南方面的这种惯用伎俩，人们并不感到陌生。

中国方面希望越南方面能够言行一致，真正做到如自己所允诺的那样，切实地对中国派船接运受难华侨回国一事给予“必要的协助”和“创造顺利条件”，而不要玩弄花招，继续设置种种障碍。

外交部副部长何英到达科威特进行友好访问

以解放军副总参谋长迟浩田为团长的中国军事友好代表团到达金沙萨对扎伊尔进行友好访问

国家计委国家科委等部门发出通知在全国进行自然科技人员基本情况普查

国家计委、国家科委、民政部、国家统计局联合发出通知，决定在全国范围内进行一次自然科学技术人员基本情况的普查。普查的主要目的，是要准确地掌握当前全国自然科学技术队伍的基本情况，为落实党的知识分子政策，组织实施科学技术规划，加速发展我国科学研究事业，提供更加可靠的依据。

全国解放以来，在党的关怀下，我国的科学技术队伍有了很大的发展。广大科学技术人员热爱党，热爱社会主义，为发展我国的工农业生产和科学事业作出了贡献。但是，林彪、“四人帮”出于篡党夺权的反革命需要，全盘否定17年，打击、迫害知识分子，严重摧残科学文化事业。他们肆意撤销科研机构，解散科技队伍，使大批科技人员被迫离开了原来的工作岗位，用非所学。

实现四个现代化，关键是科学技术的现代化。现在形势的发展，迫切需要在全国范围内进行一次普查，全面了解和掌握现有科学技术人员的数量和水平以及他们的分布和使用情况，调动一切积极因素，为实现我国新时期的总任务而奋斗。

联合通知发出后，各地区、各部门都迅速行动起来，认真贯彻落实。贵州、甘肃、宁夏、新疆、湖北、湖南、浙江、安徽、福建、北京、天津、河北、山西、辽宁、吉林等省、自治区、直辖市已相继成立了普查领导小组和普查办公室。普查领导小组组长，一般都是由省、自治区、直辖市党委书记或革命委员会副主任担任。国务院各部、委(局)对这项工作也非常重视。许多部门的党组立即开会，讨论落实普查工作的具体办法。二机部、冶金部、七机部、中国科学院等部门的领导同志对这项工作进行了部署和安排。

目前，自然科学技术人员的普查工作正在各地逐步展开。有些地区和部门还把普查工作同落实党的知识分子政策紧密结合起来，一边普查，一边进行调整。

全国戏剧创作座谈会在北京举行

中国戏剧家协会副主席曹禺在会上说，1962年春天在广州召开的话剧、歌剧、儿童剧创作会议，尽管在具体工作中有某些缺点错误，但总的说来是正确的，对繁荣戏剧创作起了积极的作用。叛徒江青勾结林彪把广州会议诬蔑为“广州黑会”，是别有用心的。我们要把这段被颠倒的历史颠倒过来，给广州会议恢复名誉。

1962年的广州会议，从筹备到召开，一直是在周总理的直接关怀和指导下进行的。会议的宗旨是：调动文艺工作者的积极性，交流经验，繁荣创作。周总理在开幕式上作了报告，着重谈到正确对待知识分子的问题。他充分肯定广大知识分子经过多年的锻炼和思想改造，绝大多数是进步的，爱国的，是愿意为社会主义服务的。他指出知识分子在革命中的重要作用，希望广大知识分子要活到老，学到老，改造到老，号召文艺工作者深入群众生活，努力反映当前斗争。陈毅副总理也在会上讲了话。广州会议遵照毛主席的一贯教导，讨论和解决了艺术上的一些是非问题，贯彻了毛主席的“双百”方针，解放了创作的生产力，对促进戏剧创作的繁荣，起了很好的作用。《霓虹灯下的哨兵》《年青的一代》《千万不要忘记》《雷锋》《龙江颂》等一批好剧目，就是在这次会议以后出现的成果。江青勾结林彪炮制“文艺黑线专政”论，煽动怀疑一切，打倒一切，把有意义的广州会议打成“黑会”，矛头也是指向周总理的。

曹禺说，今天我们又在北京召开戏剧界的大会，这就标志着，“四人帮”疯狂破坏戏剧事业、迫害戏剧工作者那样一种局面，已经一去不复返了。我们的戏剧事业已经开始呈现出一个满园春色的光辉灿烂的前景。

6月25日

全国财贸学大庆学大寨会议在北京继续举行全体会议

大会经过4天的分组讨论，开始大会发言，交流经验。中共中央政治局委员韦国清主持了全体会议。中共中央政治局候补委员、国务院副总理陈慕华出席了会议。

4位代表在大会上发了言。中共湖南省委常委、省革委会财贸办公室主任曹文举的发言，介绍了华国锋主席在湖南工作期间，领导全省财贸职工大办社会主义财贸的光辉实践。中共湖南省华容县委副书记李万舟介绍了华容县插旗公社供销社在华主席关怀和支持下，全心全意为农业服务的成绩和经验。福建省邵武县沿山粮站主任饶信昌，介绍了这个粮站二十年如一日，立足本职工作，支援农业生产，做好粮食工作的成就。被授予特级售货员职称的北京市百货大楼售货员张秉贵，满怀热情地介绍了他为革命站柜台的体会。他们的发言受到全体代表的热烈欢迎。

全国人大常委会副委员长乌兰夫在北京会见以日本众议院内阁委员会委员长始关伊平为团长的日本众议院议员团

6月26日

全国财贸学大庆学大寨会议在北京继续举行全体会议

中共中央政治局委员、国务院副总理方毅主持了会议。中共中央政治局委员吴德，国务院副总理康世恩，出席了会议。

会上，第一个发言的是中共大庆委员会副书记郑耀舜。他介绍了大庆财贸工作人员依靠毛泽东思想，同林彪和“四人帮”的反革命修正主义路线进行针锋相对的斗争，坚持财贸工作的社会主义方向，全心全意为油田生产建设和人民生活服务的经验和成绩。接着，湖北省麻城县白果公社财税所所长管维友作了题为《坚持“发展经济，保障供给”总方针努力做好农村财政税收工作》的发言。江苏省江都县樊川旅社服务员沈美英，在发言中讲述了她在批判“服务工作低贱论”这一旧观念的过程中，逐步提高政治思想觉悟，永做工农兵的贴心人的生动事迹。代表们为他们的发言热烈鼓掌。

国务院新的计划生育领导小组组成

经党中央、国务院批准，国务院新的计划生育领导小组由以下人员组成：

组长：陈慕华(女)。副组长：王首道、江一真、苏静、栗秀真(女)。成员：武衡、江东平、赵发生、陶涛(女)、吕剑光、刘复之、张福元、张凯、张汝光、晋桂香(女)、李琴(女)、秦川、王平凡、李仙、田秀涓(女)、林佳楣(女)、杜心源、李启明、章泽、郑永和、胡宏、黄知真、厉日耐、吕玉兰(女)、仇友文、李立功、王一平、胡昭衡。

国务院新的计划生育领导小组在北京举行第一次会议

国务院新的计划生育领导小组于6月26日至28日举行第一次会议,着重研究了贯彻落实华主席提出的三年内把我国人口自然增长率降到1%以下的任务;同时,还讨论了国务院于明年适当时候召开全国计划生育工作先进集体、先进个人代表会议的有关事项。

中共中央副主席、国务院副总理李先念到会讲了话。国务院副总理、国务院计划生育领导小组组长陈慕华主持了这次历时3天的会议,并讲了话。

李副主席在讲话中指出,计划生育和妇幼保健工作在过去几年取得很大成绩。他代表华主席、党中央和国务院向从事这方面工作的同志们表示感谢。他说,在计划生育方面,林彪、"四人帮"的干扰破坏是不小的,还有旧习惯势力的阻力,同志们坚决执行毛主席、周总理、华主席的指示,做了大量艰苦细致的工作,成绩的取得是不容易的。他指出,计划生育、妇幼卫生工作与提高妇女、儿童,乃至全体人民的健康水平有关,也与充分发挥妇女在社会主义革命和建设中的作用有关。它对于高速度发展国民经济,实现四个现代化,对于国家民族的繁荣富强都具有重大意义。应该从战略的高度来看这项工作。他勉励大家在成绩面前不要自满,要多找差距。他强调要继续深入地进行宣传教育工作,提高人们对计划生育重要性的认识,普及这方面的科学知识,把思想工作做到每家每户、每个人。反对强迫命令,要充分相信群众。他要求各级党委加强领导,一年大抓几次计划生育工作,争取尽快实现华主席提出的三年内把人口自然增长率降到1%以下的任务。

陈慕华副总理在讲话中说,华主席在五届人大政府工作报告中提出了新时期计划生育工作的任务,并深刻阐明了计划生育工作的重要意义,我们要认真领会,坚决贯彻落实。各级党委要把计划生育工作纳入国民经济计划,纳入农业学大寨、工业学大庆的规划。她说,计划生育工作的方针是书记挂帅,全党动手,宣传教育,典型引路,群众运动,加强科研,提高技术,措施落实,持之以恒。

几年来,广大群众实行晚婚和计划生育的自觉性不断提高,人口出生率、自然增长率逐年下降。北京、上海、天津、四川、河北、辽宁、山东、江苏、湖北等省(市)的人口自然增长率,已经下降到1%以下。计划生育战线上涌现出一批又一批的先进集体和先进个人。来自省、市的领导小组成员在发言中都指出,当前计划生育工作的形势很好,而且会越来越好,只要工作抓得紧,把人口增长纳入国家计划,在三年内把人口增长率降到1%以下是完全可以办到。

将于明年召开的全国计划生育工作先进集体、先进个人代表会议,它的主要任务是深入揭批"四人帮",总结交流经验,表彰先进,进一步动员广大干部群众破除旧的传统观念,在婚姻生育领域里深入开展社会主义革命,促进计划生育科学研究工作,努力提高计划生育、妇幼卫生工作水平,为实现党在新时期的总任务作出贡献。会议要求各地积极做好准备工作,迎接这次会议的召开。

全国人大常委会副委员长乌兰夫在北京会见澳大利亚国立大学校长约翰·克劳福特爵士

外交部就日本政府和南朝鲜当局互换所谓的"日韩共同开发大陆架"的批准书一事发表声明

声明如下:

1978年6月22日日本政府和南朝鲜当局互换了所谓"日韩共同开发大陆架协定"的批准书。对于日本政府无视中国政府的坚决反对,侵犯中国主权的行为,中国政府表示极大的愤慨,并提出强烈抗议。

对日本政府和南朝鲜当局背着中国在东海大陆架片面划定"共同开发区"的所谓"日韩共同开发大陆架协定",中华人民共和国外交部曾于1974年2月4日和1977年6月13日先后两次发表声明严正指出,根据大陆架是大陆领土自然延伸的原则,中华人民共和国对东海大陆架拥有不容侵犯的主权,东海大陆架涉及其他国家的部分,理应由中国和有关国家通过协商加以划分。日本政府同南朝鲜当局背着中国签订"日韩共同开发大陆架协定",在东海大陆架片面划定所谓日韩"共同开发区",这是侵犯中国主权的行为,中国政府决不能同意。中国政府还一再表示,希望日本政府以中日两国友好关系为重,不要一意孤行,做这种有害两国关系发展的事情。现在日本政府全然不顾中国政府多次申明的严正立场,竟然同南朝鲜当局互换所谓"日韩共同开发大陆架协定"的批准书,这种执意侵犯中国主权的行为,是中国政府所不能容忍的。对此,中国政府郑重重申,所谓"日韩共同开发大陆架协定"完全是非法的,无效的;任何国家和私人如果在该"协定"所划定的所谓"共同开发区"内擅自进行开发活动,必须对由此引起的一切后果承担全部责任。

以解放军副总参谋长张爱萍为团长的中国军事友好代表团抵达罗马对意大利进行友好访问

6月27日

全国人大常委会召开在京常委会委员座谈会

全国人民代表大会常务委员会于6月27日至28日召开在京的常委会委员座谈会，听取了冶金工业部副部长叶志强关于冶金工业方面情况的介绍。

全国人大常委会副委员长乌兰夫、陈云、李井泉、邓颖超、赛福鼎、阿沛·阿旺晋美、周建人、许德珩出席了座谈会。

委员们对如何进一步发展冶金工业，提出了一些建议和意见。

在京的政协全国委员会副主席和常委列席了座谈会。

全国财贸学大庆学大寨会议在北京继续举行全体会议

会议听取了4位代表的发言。

国务院副总理王震出席并主持会议。

中共山西省昔阳县委常委、县革委会副主任郭富银在大会发言中，介绍了昔阳县财贸工作学大庆学大寨，为建设大寨县服务的情况。他指出，昔阳的财贸工作在建设大寨县的斗争中当了先行，起了突出的作用，关键在于加强了党的领导。河南省林县石板岩供销社主任李合堂在发言中强调说，财贸战线上的职工一定要发扬艰苦奋斗的革命精神。这个创建于战争年代的供销社，30多年来不断发扬艰苦奋斗，勤俭办社的优良传统，坚定地执行了“发展经济，保障供给”的总方针。广东省南海县对外贸易局副局长李希荣在介绍南海县发展对外贸易的情况时说，南海县外贸发展比较快，关键是在毛主席革命路线指引下，县委重视，全党动手，形成了一个广泛的群众性的发展出口商品生产的热潮。全县在发展生产的基础上实现了外贸的大发展，外贸的发展又有力地促进了工农业生产的发展。中国人民银行吉林省九台县支行副行长胡玉琴在发言中，介绍了她和县支行的其他干部坚持原则，同违反财经纪律的现象进行坚持不懈的斗争的先进事迹。

中共甘肃省委在兰州召开理论工作座谈会

省委第一书记宋平同志针对目前思想理论战线的情况，在会上讲了话。

参加这次座谈会的有全省各地、州、市和部分厂矿的宣传干部，省委党校和大专院校的负责人，以及专业理论研究工作者。省委有关常委和宣传部负责人也出席了会议。到会同志满怀革命义愤，对“四人帮”及其在甘肃的代理人多年来在理论上、思想上、组织上、作风上对全省思想理论战线的严重干扰和破坏，进行了严肃的批判，交流了一年多来各地开展理论学习和宣传工作的经验。会议对甘肃省今后加强理论宣传工作和组织好全省干部群众的理论学习，作出了安排。

宋平同志讲话时强调指出：如果不认真学习马克思主义理论，就不能彻底肃清“四人帮”的流毒。他说，华主席为首的党中央提出了新时期的总任务。实现新时期的总任务，不仅是政治战线的革命，也是经济战线、科学技术和文化教育战线的革命。在当前这个历史转折时期，我们理论宣传工作者就是要千方百计让广大干部、群众知道提出新时期的根据是什么，新时期有什么新特点，动员全党全民为实现总任务贡献力量。

没有革命的理论，就没有革命的行动。列宁当年根据帝国主义时代资本主义发展不平衡这个新的情况，提出了一国取得社会主义革命胜利的理论。俄国无产阶级在列宁的这个新理论的指导下，夺取了十月革命的伟大胜利。毛主席从中国的实际出发，创造性地发展了马列主义，提出了建立农村根据地，实行工农武装割据，以农村包围城市的理论，领导我们党夺取了中国新民主主义革命的伟大胜利。如果没有这些从新的历史条件出发得出的新的理论，革命能胜利吗？革命是发展的，马克思主义也是发展的。我们进入了新的时期，有许多新的事物，新的课题，需要我们遵照马列主义的基本原则，学习和运用马列主义的立场、观点和方法去研究，去解决。特别是在社会经济生活中提出了很多的问题需要我们去研究，去解决。粉碎“四人帮”以后，学术界开始出现了一个百花盛开、繁荣昌盛的新局面。我们应该总结自己的丰富经验，来指导我们新的斗争，把无产阶级专政下的继续革命进行到底。

宋平同志说：现在，理论宣传战线有些同志不敢抓理论工作，有些同志不愿意搞理论工作。这是由于“四人帮”的流毒和影响还没有肃清，心有余悸，思想不解放。打倒了“四人帮”，要砸碎“四人帮”强加在我们身上的精神枷锁，大胆工作。从事理论工作的同志，要跳出框框。第一，学习马列著作和毛主席的著作，不能限于单纯的引证，更重要的是要在完整地、准确地理解马列主义、毛泽东思想体系上去下功夫，要在马克思主义理论与实践相结合的原则的指导下，进行调查研究，占有资料，实事求是地分析和说明实际问题。毛主席根据我党和国际共产主义运动出现修正主义的历史事实，用极大的精力研究、解决这个问题，为我们提出了无产阶级专政下继续革命的伟大理论。我们必须以这个伟大理论为指导，针对实践中提出的新问题，进行实际的调查，从大量实际材料出发加以研究、解决。第二，对于重大的理论问题，要敢于研究，在马列主义、毛泽东思想的基础上，敢于提出自己的见解。要有勇气，敢于探索，要破除清规戒律，做思想上的前卫战士，不要这个是禁区，那个也是禁区，不敢去研究。列宁提出社会主义革命可以突破帝国主义的链条在一国取得胜利的理论，毛主席提出农村包围城市的理论，都是没有先例的。

在方法上，要从实际情况出发。研究工作不能脱离实际，要同实际紧密结合起来，解决实际问题，为现实斗争服务。

宋平同志指出，理论工作者要在揭批"四人帮"的第三战役中发挥更大作用。他说：华主席讲，我们党的第十一次路线斗争，从思想理论上来说，就是围绕着坚持还是篡改无产阶级专政下继续革命的理论展开的。这是这次路线斗争的一个重要特点。"四人帮"把自己装扮成无产阶级专政下继续革命理论的拥护者，打着这个伟大理论的旗号，篡改这个伟大理论，欺骗人民，把思想理论搞得非常混乱。我们要用马列主义理论驳倒他们的反马列主义的谬论，驳得它体无完肤，才能把他们搞乱了的思想理论是非颠倒过来，拨乱反正，正本清源，肃清流毒。"四人帮"的流毒之深影响之广在我们党的历史上是少见的。要真正清算彻底，不是一天两天、一月两月、一年两年可以办到的。我们党在历史上清算王明路线，就用了很长一段时间，经过遵义会议和延安整风，毛主席和全党同志做了很多工作，付出了极大的努力，产生了《实践论》《矛盾论》等伟大的著作。如果没有这些光辉的理论著作，清算王明路线也是不会彻底的。同样，"四人帮"搞了那么多的名堂，散布了那么多的谬论，今天要彻底清算，必须下苦功夫。华主席多次的报告、讲话，从理论上讲清楚了一系列重大问题，给我们作出了榜样。现在，在华主席为首的党中央的英明领导下，全党全军全国各族人民正大打人民战争，但要从思想理论上把"四人帮"批深批透，清算彻底，还需要产生一些重要理论文章和著作。

第三战役非常重要，理论工作者要振奋起来，积极投入战斗，打胜这一仗。批判"四人帮"要有分析，要讲道理，要以理服人。这方面，前一阶段大家做了很多工作，但也有些同志过去跟着"四人帮"跑了，说了一些错话，甚至做了一些错事，觉得灰溜溜的，再不敢讲话，不敢大胆工作。这一点，应该给大家说清楚，在当时的历史条件下，跟着说了些错话，做了些错事，这当然不好，认真地总结经验教训就是了。现在应该积极行动起来批判"四人帮"，清算他们的罪行，肃清他们的流毒，检查、改正自己的错误。不承认过去的错误，硬充一贯正确，那就不好了。过去错了承认错误，现在理直气壮地批判"四人帮"，这才是马克思主义的态度，共产党人的态度。

宋平同志还说，在批判中，要讲辩证法，不要搞形而上学。说到底，这还是一个学习问题。心有余悸，也是学习不够的一种表现。我们要刻苦学习，弄懂理论。路线是非是可知的。实践是检验真理的唯一标准。有些问题已经有了实践，有些问题还有待继续实践，真正通过实践有把握了，心里也就踏实了。我们搞社会科学研究的同志，一定要坚持唯物主义，坚持真理，当老实人。要拿出勇气来，追求真理。

宋平同志强调指出，从思想理论上揭批"四人帮"，要抓住流毒最深，影响最大的问题进行揭批。不能说"四人帮"的谬论都是狗屁，不值一驳。事实上，它毕竟还是欺骗了不少人。他们搞假"左"真右，靠假"左"骗人，因此，一定要狠批、深批假"左"，大破大立，把这场政治大革命进行到底。

国务院副总理王震在北京会见以日本神户市市长宫崎辰雄为团长的神户市友好代表团

国务院副总理谷牧在北京会见以丹麦比·达布尤集团主席江·波恩德·尼尔森先生为团长的丹麦比·达布尤集团专家团

外交部副部长何英到达安曼对约旦进行友好访问

全国科普创作座谈会在上海召开

座谈会向科学家、作家、教师、医生、工程技术人员、新闻出版工作者们发出呼吁，殷切希望他们拿起笔来，为广大工农兵、青少年创作和出版更多更好的科学普及读物，为提高整个中华民族的科学文化水平作出贡献。

国家科委副主任于光远在座谈会上说，如果承认科学技术是生产力，也就应当承认科普是生产力。科学技术的普及，就是通过提高人的科学技术水平，使其转化为直接的生产力。科学普及工作的对象不仅是缺乏知识的人，有知识的人也要提高。对这件事认识不足，就会给我们的事业造成损害。应该把科学文化的普及工作提高到应有的高度。于光远还强调指出，必须普及科学的东西，而不是非科学的东西。同时要注意普及马克思主义的科学态度，即办事、讲话、写文章都要实事求是。

包括我国著名的科学家、教育家、科普作家茅以升、高士其、华罗庚、董纯才等在内，有300多人参加了科普创作座谈会。全国科协负责人刘述周、国家出版局副局长王子野，在座谈会上分别作了关于繁荣科学普及创作和加强科普读物出版工作的报告。

座谈会经过反复酝酿讨论，成立了中国科学技术普及创作协会的筹备机构，一致推举著名科普作家、全国科协顾问高士其为筹委会顾问，著名科普作家、教育部顾问董纯才等为筹委会召集人,初步拟订了《中国科学技术普及创作协会章程(草案)》。座谈会上还讨论和提出了今后八年全国重点科普图书出版的规划。

6月28日

全国财贸学大庆学大寨会议在北京继续举行全体会议

会议由中共中央政治局委员乌兰夫主持。中共中央政治局委员、国务院副总理陈锡联出席了会议。

中共广西壮族自治区横县委员会副书记齐玉珠在发言中,着重谈了商业在整个国民经济中所占的重要地位。他说,由于横县县委加强了对商业工作的领导,商业工作有了很大改进,从而有力地促进了工农业生产的发展。中共山东省青岛市第二面粉厂总支委员会书记王凤山在发言中说,在林彪、"四人帮"的干扰破坏比较严重的情况下,他们面粉厂能够做到领导班子不乱,职工队伍不乱,企业管理不乱,生产不停,是因为全厂广大职工都有一个坚定明确的信念:作为一个社会主义的面粉厂,必须搞好生产,确保军需民食。所以,他们坚决贯彻执行了抓革命、促生产的方针。广东省水产供销公司副经理刘宝英在发言中,介绍了广东省顺德县水产公司勒流水产站发展淡水渔业生产的成绩和经验。河北省万全县安家堡供销服务社主任苗沛泽在发言中,介绍了贫下中农管理农村商业之后,农村商业越办越好的情况。上海市静安区长寿支路菜场党支部书记曾维甫在发言中,着重谈了菜场职工牢固树立卖菜为革命,一心为人民的思想,不断提高服务质量,方便群众购买的体会。他说,做好菜场的工作,可以使广大群众把更多的时间用于发展工农业生产,研究科学技术,为加速实现四个现代化多做贡献。

中国政府和利比里亚政府经济技术合作协定在北京签字

外经部副部长程飞和利比里亚财政部副部长杰拉尔德·帕德莫尔,分别代表本国政府在协定上签字。

加拿大总理特鲁多在渥太华会见全国人大常委会副委员长姬鹏飞

外交部部长黄华在北京会见几内亚新任驻中国大使达乌达·库鲁马

中国政府和老挝政府民用航空运输协定在万象签字

中国民航总局第一副局长、中国政府民航代表团团长张瑞霭和老挝民航局局长奔·坎蒙亨分别代表本国政府在协定上签字。

政协全国委员会副主席、中国作家协会主席沈雁冰在北京会见瑞典文化人士杨·斯托尔佩一行

会见时,沈雁冰副主席同瑞典朋友就培养青年作家的问题进行了热情友好的谈话。杨·斯托尔佩先生赠送了沈雁冰副主席早期写的短篇小说《春蚕》《秋收》和《残冬》的瑞典文译本。沈雁冰副主席对此表示感谢,并请杨·斯托尔佩先生转告给那些热心阅读他的作品的瑞典读者,请他们对他的作品提出批评意见。对外友协副会长林林、常务理事朱子奇等参加了会见。

教育部发出《关于申请参加国际会议,邀请外籍科学家、工程技术专家来华讲学的通知》

6月29日

全国财贸学大庆学大寨会议在北京继续举行全体会议

全国财贸学大庆学大寨会议举行最后一次大会发言。在大会上发言的共有5位代表。

中共中央政治局委员苏振华,中共中央政治局候补委员、国务院副总理陈慕华,国务院副总理谷牧,出席了会议。会议由陈慕华副总理主持。

中共广东省东莞县委员会副书记郑锦滔,在发言中介绍了东莞县委在领导财贸工作方面的体会和做法。他说,我们从多年的实践中体会到,只有把财贸工作和工农业生产拧在一起抓,经济发展的速度才能更快。河北省玉田县粮食局直属库党支部书记周振华,向大会介绍了他们粮库职工在不断改善经营管理,不断提高机械化程度和科学保粮水平方面所取得的成绩。他说,到1985年,我国粮食产量将达到8000亿斤,粮食保管任务更为繁重。我们要刻苦学习,向粮仓机械化、自动化进军。四川省大竹县工商行政管理局党支部书记吴杰周在发言中着重谈了管好农村市场,促进农业生产的情况。他说,管好市场是发展农业生产的一个重要条件,农业生产的发展是管好市场的物质基础。天津市红桥区丁字沽新村饮食基层店党支部书记赵巨华,作了题为《当好新长征路上的炊事兵》的发言。他说,做好饮食服务工作,让人们吃得方便,吃得好,解决群众在吃饭问题上碰到的各种困难,一直是摆在我们面前的一个大课题。中共河北省秦皇岛市委副书记周政新在发言中说,他们对于财贸工作的重要地位和作用的问题,经历了一个由不认识到认识,由不自觉地抓财贸工作到自觉地去抓的过程。他说,后勤工作跟不上,群众生活安排不好,搞生产的就会有后顾之忧,生产就会受影响。所以,党委必须要抓好财贸。

全国财贸学大庆学大寨会议的大会发言连续进行了5个下午,在大会上发言的共有21位代表。

原来准备在大会上发言的其他5个单位的典型材料,将分组组织宣读。这5个单位是:江苏省昆山县粮食局,湖北省天门县供销社,湖南省宁乡县肉食水产公司,江苏省常州市财政局,中国人民银行江苏省吴县支行。

国务院副总理康世恩在北京会见尼泊尔特里普文大学副校长贾加特·莫汉·阿迪卡里和由他率领的尼泊尔教授代表团

6月30日

国务院副总理方毅在北京会见以美国洛克希德飞机公司董事长罗伊·安德林为团长的美国洛克希德飞机公司技术交流代表团

全国人大常委会副委员长邓颖超在北京会见自民党众议员 日中协会干事长野田毅以及日中协会事务局次长小林茂雄

中国代表团副团长陈楚在专门讨论裁军问题的第十届特别联大闭幕会议上发言

陈楚谈了对会议最后文件的看法。他在几个带有原则性的问题上,申明了中国代表团的立场和保留意见。

陈楚指出,在这个国际论坛上,广大第三世界和其他中小国家分析了当前的国际形势,谴责了超级大国扩军备战和侵略扩张的政策,表示了维护本国独立和安全以及国际和平的坚决意志,发出了要求超级大国停止军备竞赛、实行真正裁军的强烈呼声,对于促使各国人民警惕日益严重的战争威胁和加强维护世界和平的斗争,无疑将会起到积极作用。这就是本届特别会议的主要收获。

他说,由于广大第三世界和其他中小国家的代表的努力和斗争,在最后文件中,反映了它们的一些正义主张和合理要求。但是,广大中小国家代表团和中国代表团在最后文件起草的过程中提出的许多合理的修改意见和建议,由于超级大国的百般阻挠,并没有能被采纳在最后文件中。相反,文件却被加进了超级大国的一些似是而非、以假乱真的货色。

陈楚说,在一般性辩论中,许多国家的代表在分析当前国际形势时发表了很好的见解。他们指出国际形势的发展"为人类前途带来了极大的危险包括新的世界大战的危险","超级大国的对峙对世界和平与安全构成严重的威胁";"军备竞赛不断加剧的真正原因是超级大国正在进行争斗以争夺世界霸权和控制他国命运";"两个超级大国为追求军事优势而扩大军备幅度,是战后国际关系中一个显著的令人不安的特征"。他们指责超级大国关于裁军的承诺"都是一纸空文";强调"由于超级大国推行力量均衡政策,即使想取得局部裁军也是徒劳的"。这些由衷之言,是完全符合当今的世界现实的。

陈楚强调指出,不弄清楚军备竞赛的根源,就不能真正实行裁军。最后文件的"导言"和"宣言"部分,没有明确指出两个超级大国日益激烈地争夺世界霸权是新世界战争的根源,是它们两家加紧扩军备战、威胁国际和平和安全,却笼统地讲各国的"军备竞赛"和"武器的大量积累"造成了对人类的威胁,变成了军备竞赛人人有份,战争威胁国国有责。这只能便利超级大国混淆是非,推卸加剧军备竞赛和制造战争威胁的责任。

陈楚说:面对着超级大国的加紧争夺和全面扩军,新的世界战争的危险增加,最后文件应当号召各国人民提高警惕,加强准备,深入展开反对超级大国侵略政策、战争政策和霸权主义的斗争,包括要求真正裁军的斗争,争取推迟世界战争,维护世界和平。另外,渲染核战争恐怖的一些提法,只会有利于超级大国借此来对各国人民进行核讹诈,没有什么好处。

陈楚指出,要求两个超级大国首先裁军是广大中小国家的普遍呼声。许多代表在发言中都发表了这种主张。但是,由于超级大国的竭力阻挠,并没有能这样做。陈楚指出,苏联千方百计想把它的裁军方案塞进文件,显然是要把水搅混,以图达到保持其压倒其他国家的军事优势的目的。他说:中国主张超级大国应当首先裁军,并不是说其他国家就决不裁军,而是说在目前两个超级大国不论是核军备和常规军备都大大超过其他任何国家的情况下,它们必须率先采取裁军行动。

陈楚说,广大第三世界国家面对着超级大国的核威胁,迫切要求实行核裁军,同时,越来越多的国家已经看到了裁减超级大国常规军备的重要性和迫切性。有的代表主张常规裁军和核裁军"同时进行"。最后文件中,把裁减常规武器和裁减核武器同样列为裁军谈判的优先项目,并且强调了各个优先项目的"同时进行",这是好的。但是,整个文件对于裁减超级大国常规军备的问题,仍然没有给予足够的强调。这容易被超级大国钻空子。

陈楚还指出，超级大国鼓吹的所谓“全面核禁试”，“不扩散核武器”以及最近出笼的所谓“停止生产核武器”，都不过是为了保持和巩固它们自己的核垄断和优势地位，束缚其他国家手脚，丝毫削减不了它们庞大的核武器库，限制不了它们在认为需要的时候发动核战争。陈楚说，我们坚持这样的主张：两个主要的核大国应当采取实际行动分阶段大量裁减核武器，当它们在核和常规裁军取得重大进展以后，其他核国家与之一起全部销毁核武器。这才是消除核战争威胁的正确途径。同时，我们重申：中国在任何时候、任何情况都不首先使用核武器，并愿意为促成全面禁止和彻底销毁核武器这一目标的实现作出自己的努力。陈楚揭露超级大国炮制的一些所谓裁军的国际条约和协定，根本没有起到限制军备竞赛和减少战争威胁的作用，而只成为它们用以掩盖扩军备战和限制其他国家加强自卫力量的工具。他说：在这种情况下，我们不能同意把超级大国炮制的所谓裁军国际协定强加给其他国家。

陈楚指出，最后文件关于改革现存的裁军机构的决定，在一定程度上体现了中小国家打破超级大国操纵裁军谈判局面的要求，这是具有积极意义的。但是，他说，在最后文件关于改革裁军机构的决定中，新的谈判机构没有明确规定根据合理的地区分配组成，也不是向审议机构负责，其谈判的议程项目又不是由审议机构协商确定，这就难以保证它可以进一步摆脱和削弱超级大国的控制和影响而真正有所作为。

陈楚说，中国代表团是抱着真诚的态度来参加本届特别联大的。在修改最后文件的过程中，中国代表团提出了许多积极的主张和合理的建议，同各国代表一起磋商。本届特别联大的进程，使人们看到，超级大国，特别是那个自称对裁军比谁都更热心的超级大国，一方面大唱“和平”、“裁军”的高调，抛出这样那样的裁军方案；另一方面却极力逃避承担任何切实的裁军义务和责任，阻挠会议通过有实际意义的文件和对裁军机构进行彻底的改革。

陈楚说：争取实现真裁军的斗争是十分艰巨的。事实反复证明，各国人民争取裁军的斗争，必须同维护民族独立、捍卫国家主权和领土完整、反对和不断挫败超级大国的霸权主义及其侵略、干涉、颠覆和控制的斗争密切结合起来，才能对维护世界和平、推迟新的世界战争的爆发起到真正的积极作用。中国人民将一如既往，坚决同第三世界和其他各国人民站在一起，为努力实现这一光荣目标而积极奋斗。

商震先生骨灰安放仪式在北京八宝山革命公墓礼堂举行

中共中央副主席、全国人大常委会委员长叶剑英，中共中央副主席、政协全国委员会主席邓小平，全国人大常委会副委员长乌兰夫、邓颖超、廖承志、周建人、许德珩，政协全国委员会副主席沈雁冰、史良、朱蕴山、康克清、季方、庄希泉、胡子昂、荣毅仁，送了花圈。政协全国委员会、中共中央统战部、中国国民党革命委员会送了花圈。部分人大常委会委员、人大代表、政协常务委员、政协委员以及商震先生在国内的生前友好，也送了花圈。

中共中央副主席、政协全国委员会主席邓小平，全国人民代表大会常务委员会副委员长、中共中央统战部部长乌兰夫，全国人民代表大会常务委员会副委员长周建人、许德珩，政协全国委员会副主席沈雁冰、史良、康克清、季方、庄希泉、荣毅仁，参加了骨灰安放仪式。

商震先生的骨灰安放仪式由乌兰夫副委员长主持，全国人民代表大会常务委员会委员、政协全国委员会常务委员刘斐致悼词。

悼词中说，商震先生于5月15日不幸因病在日本东京逝世。我们怀着悲痛的心情，悼念商震先生，并向商震先生的亲属表示亲切的慰问。

商震先生，浙江绍兴人，同盟会会员，参加过辛亥革命，以后又参加了抗日战争。他同情中国共产党抗日救国的主张，并做过一些有益的事情。商震先生是国民党的元老之一，长期受蒋介石集团的排挤。抗战胜利后，他由于不满蒋介石的卖国内战政策和反动统治，辞去了蒋帮驻日代表团团长职务，留居日本。在此期间，蒋方多次拉他去台湾，他都拒绝了。商震先生在病重期间，还念念不忘社会主义祖国，心向北京，希望病好后再次回国。现在商老先生的亲属将他的骨灰送回国内安葬，终于实现了他叶落归根的遗愿。

商震先生生前一直怀念在台湾省的故旧，关心解放台湾、统一祖国的伟大事业，盼望并努力争取台湾早日获得解放，回到祖国的怀抱，因而受到了祖国人民的欢迎和海外广大侨胞的尊敬。

悼词说，台湾省是我国的神圣领土，是中华人民共和国不可分割的一部分，我们一定要解放台湾。中国人民的誓言已载入中华人民共和国的新宪法，1600万台湾同胞是我们的骨肉兄弟，我们寄希望于台湾人民。对于还在台湾的国民党军政人员，中国共产党和人民政府的一贯政策是“爱国一家”、“爱国不分先后”，凡是爱国的，我们都欢迎。欢迎他们和他们的家属回祖国大陆看看，保证安全和来去自由。当前，国内外形势的发展对蒋经国集团越来越不利，就连蒋经国自己也不得不哀叹他们的处境日益艰难。解放台湾统一祖国是大势所趋，人心所向，是任何人阻挡不了的。我们希望一切有爱国心的国民党军政人员，都应该认清形势，以民族大义为重,走爱国的道路。

悼词说,在当前国内外的大好形势下,我们要在以华主席为首的党中央领导下,为完成我国新时期的总任务,为实现四个现代化,把我国建设成繁荣昌盛的社会主义强国,为实现解放台湾、统一祖国的神圣事业,而努力奋斗!

商震先生的夫人安田作子及其子女、亲属参加了骨灰安放仪式。安田作子女士讲了话。她首先代表商震先生的亲属向党和政府表示衷心感谢。她说,商震先生生前曾受到中国共产党和人民政府无微不至的关怀,今天,又承蒙党和国家领导人为商震先生举行这样隆重的骨灰安放仪式,并给予这样高的评价,充分表达了党和国家对他的亲切关怀,这也是党和政府给我们全家的崇高荣誉。我们作为商震先生的亲属,今后将尽我们的一切,为促进早日实现解放台湾贡献自己的力量。

参加骨灰安放仪式的还有有关部门负责人和有关人员罗青长、李贵、彭友今、杨思德、蔡啸、聂真、李霄路、秦德远、王晓云、史林峰、王昆仑、朱学范、董其武、王芸生、杜聿明、吴茂荪、陈此生、郑洞国、屈武、侯镜如、钱昌照、黄维、程思远、谢冰心、刘仲容、李文宜、孙承佩、宋希濂、韩权华、刘芸生、郭翼青、傅学文、周静宜、周守本、王兴纲、陈锐霆、赵子立、王云、何思源、李平衡、陈建晨、聂轰、王家桢、焦实斋、李俊龙、许闻天、焦琦、李明扬、金黎、孙祖武,以及有关单位的干部、群众代表近200人。

在举行骨灰安放仪式前,邓小平副主席、乌兰夫副委员长接见了商震先生的夫人安田作子及其子女、亲属,对他们表示亲切的慰问。

北京市总工会 北京市环境卫生局和中共北京市崇文区委联合举行大会为时传祥平反昭雪

时传祥是全国著名劳动模范、第三届全国人大代表、原北京市崇文区清洁队掏粪工人。由于“四人帮”的迫害,在1975年5月19日病逝。

袁牧之逝世

我国著名电影艺术家、前电影局局长、中国共产党党员袁牧之因病医治无效,于1978年6月30日在北京逝世,享年69岁。

袁牧之早年就积极从事进步的戏剧、电影的创作和演出活动。在周总理的关怀和直接委派下,1938年在武汉积极参加党的电影筹建工作,同年秋奔赴延安投身党的电影事业。在解放战争时期,袁牧之以电影为武器,热情地宣传解放战争的伟大胜利。新中国成立后,在党的领导下,袁牧之主持了全国电影事业的规划和建设工作,筹建了全国电影领导机构,促进了电影事业的大发展。

7月1日

《人民日报》发表毛泽东1962年1月30日《在扩大的中央工作会议上的讲话》

同志们，我现在讲几点意见。一共讲六点，中心是讲一个民主集中制的问题，同时也讲到一些其他问题。

第一点，这次会议的开会方法。

这次扩大的中央工作会议，到会的有七千多人。在这次会议开始的时候，几位同志准备了一个报告稿子。这个稿子，还没有经过中央政治局讨论，我就向他们建议，不要先开中央政治局会议讨论了，立即发给参加大会的同志们，请大家评论，提意见。同志们，你们有各方面的人、各地方的人，有各个省委、地委、县委的人，有企业党委的人，有中央各部门的人，你们当中的多数人是比较接近下层的，你们应当比我们中央常委、中央政治局和中央书记处的同志更加了解情况和问题。还有，你们站在各种不同的岗位，可以从各种的角度提出问题。因此，要请你们提意见。报告稿子发给你们了，果然议论纷纷，除了同意中央提出的基本方针以外，还提出许多意见。后来又组织了二十一个人的起草委员会，这里面有各中央局的负责同志参加，经过八天讨论，写出了书面报告的第二稿。应当说，报告第二稿是中央集中了七千多人议论的结果。如果没有你们的意见，这个第二稿不可能写成。在第二稿里面，第一部分和第二部分有很大的修改，这是你们的功劳。听说大家对第二稿的评价不坏，认为它是比较好的。如果不是采用这种方法，而是采用通常那种开会的方法，就是先来一篇报告，然后进行讨论，大家举手赞成，那就不可能做到这样好。

这是一个开会的方法问题。先把报告草稿发下去，请到会的人提意见，加以修改，然后再作报告。报告的时候不是照着本子念，而是讲一些补充意见，作一些解释。这样，就更能充分地发扬民主，集中各方面的智慧，对各种不同的看法有所比较，会也开得活泼一些。我们这次会议是要总结十二年的工作经验，特别是要总结最近四年来的工作经验，问题很多，意见也会很多，宜于采取这种方法。是不是所有的会议都可以采用这种方法呢？那也不是。采用这种方法，要有充裕的时间。我们的人民代表大会的会议，有时也许可以采用这种方法。省委、地委、县委的同志们，你们以后召集会议，如果有条件的话，也可以采用这种方法。当然，你们的工作忙，一般地不能用很长的时间去开会，但是在有条件的时候，不妨试一试看。

这个方法是一个什么方法呢？是一个民主集中制的方法，是一个群众路线的方法。先民主，后集中，从群众中来，到群众中去，领导同群众相结合。这是我讲的第一点。

第二点，民主集中制问题。

看起来，我们有些同志，对于马克思、列宁所说的民主集中制，还不理解。有些同志已经是老革命了，“三八式”的，或者别的什么式的，总之已经做了几十年的共产党员，但是他们还不懂得这个问题。他们怕群众，怕群众讲话，怕群众批评。哪有马克思列宁主义者怕群众的道理呢？有了错误，自己不讲，又怕群众讲。越怕，就越有鬼。我看不应当怕。有什么可怕的呢？我们的态度是：坚持真理，随时修正错误。我们工作中的是和非的问题，正确和错误的问题，这是属于人民内部矛盾问题。解决人民内部矛盾，不能用咒骂，也不能用拳头，更不能用刀枪，只能用讨论的方法，说理的方法，批评和自我批评的方法，一句话，只能用民主的方法，让群众讲话的方法。

不论党内党外，都要有充分的民主生活，就是说，都要认真实行民主集中制。要真正把问题敞开，让群众讲话，哪怕是骂自己的话，也要让人家讲。骂的结果，无非是自己倒台，不能做这项工作了，降到下级机关去做工作，或者调到别的地方去做工作，那又有什么不可以呢？一个人为什么只能上升不能下降呢？为什么只能做这个地方的工作而不能调到别个地方去呢？我认为这种下降和调动，不论正确与否，都是有益处的，可以锻炼革命意志，可以调查和研究许多新鲜情况，增加有益的知识。我自己就有这一方面的经验，得到很大的益处。不信，你们不妨试试看。司马迁说过：“文王拘而演《周易》，仲尼厄而作《春秋》。屈原放逐，乃赋《离骚》。左丘失明，厥有《国语》。孙子膑脚，《兵法》修列。不韦迁蜀，世传《吕览》。韩非囚秦，《说难》《孤愤》。《诗》三百篇，大抵贤圣发愤之所为作也。”这几句话当中，所谓文王演周易，孔子作春秋，究竟有无其事，近人已有怀疑，我们可以不去理它，让专门家去解决吧，但是司马迁是相信有其事的。文王拘，仲尼厄，则确有其事。司马迁讲的这些事情，除左丘失明一例以外，都是指当时上级领导者对他们作了错误处理的。我们过去也错误地处理过一些干部，对这些人不论是全部处理错了的，或者是部分处理错了的，都应当按照具体情况，加以甄别和平反。但是，一般地说，这种错误处理，让他们下降，或者调动工作，对他们的革命意志总是一种锻炼，而且可以从人民群众中吸取许多新知识。我在这里申明，我不是提倡对干部，对同志，对任何人，可以不分青红皂白，作出错误处理，像古代人拘文王，厄孔子，放逐屈原，去掉孙膑的膝盖骨那样。我不是提倡这样做，而是反对这样做的。我是说，人类社会的各个历史阶段，总是有这样处理错误的事实。

在阶级社会，这样的事实多得很。在社会主义社会，也在所难免。不论在正确路线领导的时期，还是在错误路线领导的时期，都在所难免。不过有一个区别。在正确路线领导的时期，一经发现有错误处理的，就能甄别、平反，向他们赔礼道歉，使他们心情舒畅，重新抬起头来。而在错误路线领导的时期，则不可能这样做，只能由代表正确路线的人们，在适当的时机，通过民主集中制的方法，起来纠正错误。至于由于自己犯了错误，经过同志们的批评和上级的鉴定，作出正确处理，因而下降或者调动工作的人，这种下降或者调动，对于他们改正错误，获得新的知识，会有益处，那就不待说了。

现在有些同志，很怕群众开展讨论，怕他们提出同领导机关、领导者意见不同的意见。一讨论问题，就压抑群众的积极性，不许人家讲话。这种态度非常恶劣。民主集中制是上了我们的党章的，上了我们的宪法的，他们就是不实行。同志们，我们是干革命的，如果真正犯了错误，这种错误是不利于党的事业，不利于人民的事业的，就应当征求人民群众和同志们的意见，并且自己作检讨。这种检讨，有的时候，要有若干次。一次不行，大家不满意，再来第二次；还不满意，再来第三次；一直到大家没有意见了，才不再作检讨。有的省委就是这样做的。有一些省比较主动，让大家讲话。早的，在一九五九年就开始作自我批评，晚的，也在一九六一年开始作自我批评。还有一些省是被迫作检讨的，像河南、甘肃、青海。另外一些省，有人反映，好像现在才刚刚开始作自我批评。不管是主动的，被动的，早作检讨，晚作检讨，只要正视错误，肯承认错误，肯改正错误，肯让群众批评，只要采取了这种态度，都应当欢迎。

批评和自我批评是一种方法，是解决人民内部矛盾的方法，而且是唯一的方法。除此以外，没有别的方法。但是，如果没有充分的民主生活，没有真正实行民主集中制，就不可能实行批评和自我批评这种方法。

我们现在不是有许多困难吗？不依靠群众，不发动群众和干部的积极性，就不可能克服困难。但是，如果不向群众和干部说明情况，不向群众和干部交心，不让他们说出自己的意见，他们还对你感到害怕，不敢讲话，就不可能发动他们的积极性。我在一九五七年这样说过，要造成“又有集中又有民主，又有纪律又有自由，又有统一意志又有个人心情舒畅、生动活泼，那样一种政治局面”。党内党外都应当有这样的政治局面。没有这样的政治局面，群众的积极性是不可能发动起来的。克服困难，没有民主不行。当然没有集中更不行，但是，没有民主就没有集中。

没有民主，不可能有正确的集中，因为大家意见分歧，没有统一的认识，集中制就建立不起来。什么叫集中？首先是要集中正确的意见。在集中正确意见的基础上，做到统一认识，统一政策，统一计划，统一指挥，统一行动，叫作集中统一。如果大家对问题还不了解，有意见还没有发表，有气还没有出，你这个集中统一怎么建立得起来呢？没有民主，就不可能正确地总结经验。没有民主，意见不是从群众中来，就不可能制定出好的路线、方针、政策和办法。我们的领导机关，就制定路线、方针、政策和办法这一方面说来，只是一个加工工厂。大家知道，工厂没有原料就不可能进行加工。没有数量上充分的和质量上适当的原料，就不可能制造出好的成品来。如果没有民主，不了解下情，情况不明，不充分搜集各方面的意见，不使上下通气，只由上级领导机关凭着片面的或者不真实的材料决定问题，那就难免不是主观主义的，也就不可能达到统一认识，统一行动，不可能实现真正的集中。我们这次会议的主要议题，不是要反对分散主义，加强集中统一吗？如果离开充分发扬民主，这种集中，这种统一，是真的还是假的？是实的还是空的？是正确的还是错误的？当然只能是假的、空的、错误的。

我们的集中制，是建立在民主基础上的集中制。无产阶级的集中，是在广泛民主基础上的集中。各级党委是执行集中领导的机关。但是，党委的领导，是集体领导，不是第一书记个人独断。在党委会内部只应当实行民主集中制。第一书记同其他书记和委员之间的关系是少数服从多数。拿中央常委或者政治局来说，常常有这样的事情，我讲的话，不管是对的还是不对的，只要大家不赞成，我就得服从他们的意见，因为他们是多数。听说现在有一些省委、地委、县委，有这样的情况：一切事情，第一书记一个人说了就算数。这是很错误的。哪有一个人说了就算数的道理呢？我这是指的大事，不是指有了决议之后的日常工作。只要是大事，就得集体讨论，认真地听取不同的意见，认真地对于复杂的情况和不同的意见加以分析。要想到事情的几种可能性，估计情况的几个方面，好的和坏的，顺利的和困难的，可能办到的和不可能办到的。尽可能地慎重一些，周到一些。如果不是这样，就是一人称霸。这样的第一书记，应当叫作霸王，不是民主集中制的“班长”。从前有个项羽，叫作西楚霸王，他就不爱听别人的不同意见。他那里有个范增，给他出过些主意，可是项羽不听范增的话。另外一个人叫刘邦，就是汉高祖，他比较能够采纳各种不同的意见。有个知识分子名叫郦食其，去见刘邦。初一报，说是读书人，孔夫子这一派的。回答说，现在军事时期，不见儒生。这个郦食其就发了火，他向管门房的人说，你给我滚进去报告，老子是高阳酒徒，不是儒生。管门房的人进去照样报告了一遍。好，请。请了进去，刘邦正在洗脚，连忙起来欢迎。郦食其因为刘邦不见儒生的事，心中还有火，批评了刘邦一顿。他说，你究竟要不要取天下，你为什么轻视长者！这时候，郦食其已经60多岁了，刘邦比他年轻，所以他自称长者。刘邦一听，向他道歉，立即采纳了郦食其夺取陈留县的意见。此事见《史记》郦生陆贾列传。刘邦是在封建时代被历史家称为“豁达大度，从谏如流”的英雄人物。刘邦同项羽打了好几年仗，结果刘邦胜了，项羽败了，不是偶然的。我们现在有些第一书记，连封建时代的刘邦都不如，倒有点像项羽。这些同志如果不改，最后要垮台的。不是有一出戏叫《霸王别姬》吗？这些同志如果总是不改，难免有一天要“别姬”就是了。我为什么要讲得这样厉害呢？是想讲得挖苦一点，对一些同志戳得痛一点，让这些同志好好地想一想，最好有两天睡不着觉。他们如果睡得着觉，我就不高兴，因为他们还没有被戳痛。

我们有些同志，听不得相反的意见，批评不得。这是很不对的。在我们这次会议中间，有一个省，会本来是开得生动活泼的，省委书记到那里一坐，鸦雀无声，大家不讲话了。这位省委书记同志，你坐到那里去干什么呢？为什么不坐到自己房子里想一想问题，让人家去纷纷议论呢？平素养成了这样一种风气，当着你的面不敢讲话，那末，你就应当回避一下。有了错误，一定要作自我批评，要让人家讲话，让人批评。去年六月十二号，在中央北京工作会议的最后一天，我讲了自己的缺点和错误。我说，请同志们传达到各省、各地方去。事后知道，许多地方没有传达。似乎我的错误就可以隐瞒，而且应当隐瞒。同志们，不能隐瞒。凡是中央犯的错误，直接的归我负责，间接的我也有分，因为我是中央主席。我不是要别人推卸责任，其他一些同志也有责任，但是第一个负责的应当是我。我们的省委书记，地委书记，县委书记，直到区委书记，企业党委书记，公社党委书记，既然做了第一书记，对于工作中的缺点错误，就要担起责任。不负责任，怕负责任，不许人讲话，老虎屁股摸不得，凡是采取这种态度的人，十个就有十个要失败。人家总是要讲的，你老虎屁股真是摸不得吗？偏要摸！

在我们国家，如果不充分发扬人民民主和党内民主，不充分实行无产阶级的民主制，就不可能有真正的无产阶级的集中制。没有高度的民主，不可能有高度的集中，而没有高度的集中，就不可能建立社会主义经济。我们的国家，如果不建立社会主义经济，那会是一种什么状况呢？就会变成修正主义的国家，变成实际上是资产阶级的国家，无产阶级专政就会转化为资产阶级专政，而且会是反动的、法西斯式的专政。这是一个十分值得警惕的问题，希望同志们好好想一想。

没有民主集中制，无产阶级专政不可能巩固。在人民内部实行民主，对人民的敌人实行专政，这两个方面是分不开的，把这两个方面结合起来，就是无产阶级专政，或者叫人民民主专政。我们的口号是：无产阶级领导的、以工农联盟为基础的人民民主专政。无产阶级怎样实行领导呢？经过共产党来领导。共产党是无产阶级的先进部队。无产阶级团结一切赞成、拥护和参加社会主义革命和社会主义建设的阶级和阶层，对反动阶级，或者说，对反动阶级的残余，实行专政。在我们国内，人剥削人的制度已经消灭，地主阶级和资产阶级的经济基础已经消灭，现在反动阶级已经没有过去那么厉害了，比如说，已经没有1949年人民共和国建立的时候那么厉害了，也没有一九五七年资产阶级右派猖狂进攻的时候那么厉害了。所以我们说是反动阶级的残余。但是，对于这个残余，千万不可轻视，必须继续同他们作斗争。已经被推翻的反动阶级，还企图复辟。在社会主义社会，还会产生新的资产阶级分子。整个社会主义阶段，存在着阶级和阶级斗争。这种阶级斗争是长期的、复杂的，有时甚至是很激烈的。我们的专政工具不能削弱，还应当加强。我们的公安系统是掌握在正确的同志的手里的。也可能有个别地方的公安部门，是掌握在坏人手里。还有一些做公安工作的同志，不依靠群众，不依靠党，在肃反工作中不是执行在党委领导下通过群众肃反的路线，只依靠秘密工作，只依靠所谓专业工作。专业工作是需要的，对于反革命分子，侦查、审讯是完全必要的，但是，主要是实行党委领导下的群众路线，特别是对于整个反动阶级的专政，必须依靠群众，依靠党。对于反动阶级实行专政，这并不是说把一切反动阶级的分子统统消灭掉，而是要改造他们，用适当的方法改造他们，使他们成为新人。没有广泛的人民民主，无产阶级专政不能巩固，政权会不稳。没有民主，没有把群众发动起来，没有群众的监督，就不可能对反动分子和坏分子实行有效的专政，也不可能对他们进行有效的改造，他们就会继续捣乱，还有复辟的可能。这个问题应当警惕，也希望同志们好好想一想。

第三点，我们应当联合哪一些阶级？压迫哪一些阶级？这是一个根本立场问题。

工人阶级应当联合农民阶级、城市小资产阶级、爱国的民族资产阶级，首先要联合的是农民阶级。知识分子，例如科学家、工程技术人员、教授、教员、作家、艺术家、演员、医务工作者、新闻工作者，他们不是一个阶级，他们或者附属于资产阶级或者附属于无产阶级。对于知识分子，是不是只有革命的我们才去团结呢？不是的。只要他们爱国，我们就要团结他们，并且要让他们好好工作。工人，农民，城市小资产阶级分子，爱国的知识分子，爱国的资本家和其他爱国的民主人士，这些人占了全人口的百分之九十五以上。这些人，在我们人民民主专政下面，都属于人民的范围。在人民的内部，要实行民主。

人民民主专政要压迫的是地主、富农、反革命分子、坏分子和反共的右派分子。反革命分子、坏分子和反共的右派分子，他们代表的阶级是地主阶级和反动的资产阶级。这些阶级和坏人，大约占全人口的百分之四、五。这些人是我们要强迫改造的。他们是人民民主专政的专政对象。

我们站在哪一边？站在占全人口百分之九十五以上的人民群众一边，还是站在占全人口百分之四、五的地、富、反、坏、右一边呢？必须站在人民群众这一边，决不能站到人民敌人那一边去。这是一个马克思列宁主义者的根本立场问题。

在国内是如此，在国际范围内也是如此。各国的人民，占人口总数的百分之九十以上的人民大众，总是要革命的，总是会拥护马克思列宁主义的。他们不会拥护修正主义，有些人暂时拥护，将来终究会抛弃它。他们总会逐步地觉醒起来，总会反对帝国主义和各国的反动派，总会反对修正主义。一个真正的马克思列宁主义者，必须坚定地站在占世界人口百分之九十以上的人民大众这一边。

第四点，关于认识客观世界的问题。

人对客观世界的认识，由必然王国到自由王国的飞跃，要有一个过程。例如对于在中国如何进行民主革命的问题，从一九二一年党的建立直到一九四五年党的第七次代表大会，一共二十四年，我们全党的认识才完全统一起来。中间经过一次全党范围的整风，从一九四二年春天到一九四五年夏天，有三年半的时间。那是一次细致的整风，采用的方法是民主的方法，就是说，不管什么人犯了错误，只要认识了、改正了，就好了，而且大家帮助他认识，帮助他改正，叫作"惩前毖后，治病救人"，"从团结的愿望出发，经过批评或者斗争，分清是非，在新的基础上达到新的团结"。"团结——批评——团结"这个公式，就是在那个时候产生的。那次整风帮助全党同志统一了认识。对于当时的民主革命应当怎么办，党的总路线和各项具体政策应当怎么定，这些问题，都是在那个时期，特别是在整风之后，才得到完全解决的。

从党的建立到抗日时期，中间有北伐战争和十年土地革命战争。我们经过了两次胜利，两次失败。北伐战争胜利了，但是到一九二七年，革命遭到了失败。土地革命战争曾经取得了很大的胜利，红军发展到三十万人，后来又遭到挫折，经过长征，这三十万人缩小到两万多人，到陕北以后补充了一点，还是不到三万人，就是说，不到三十万人的十分之一。究竟是那三十万人的军队强些，还是这不到三万人的军队强些？我们受了那样大的挫折，吃过那样大的苦头，就得到锻炼，有了经验，纠正了错误路线，恢复了正确路线，所以这不到三万人的军队，比起过去那个三十万人的军队来，要更强些。在会议报告里说，最近四年，我们的路线是正确的，成绩是主要的，我们在实际工作中犯过一些错误，吃了苦头，有了经验了，因此我们更强了，而不是更弱了。情形正是这样。在民主革命时期，经过胜利、失败，再胜利、再失败，两次比较，我们才认识了中国这个客观世界。在抗日战争前夜和抗日战争时期，我写了一些论文，例如《中国革命战争的战略问题》《论持久战》《新民主主义论》《〈共产党人〉发刊词》，替中央起草过一些关于政策、策略的文件，都是革命经验的总结。那些论文和文件，只有在那个时候才能产生，在以前不可能，因为没有经过大风大浪，没有两次胜利和两次失败的比较，还没有充分的经验，还不能充分认识中国革命的规律。

中国这个客观世界，整个地说来，是由中国人认识的，不是在共产国际管中国问题的同志们认识的。共产国际的这些同志就不了解或者说不很了解中国社会，中国民族，中国革命。对于中国这个客观世界，我们自己在很长时间内都认识不清楚，何况外国同志呢？

在抗日时期，我们才制定了合乎情况的党的总路线和一整套具体政策。这时候，中国民主革命这个必然王国才被我们认识，我们才有了自由。到这个时候，我们已经干了二十来年的革命。过去那么多年的革命工作，是带着很大的盲目性的。如果有人说，有哪一位同志，比如说中央的任何同志，比如说我自己，对于中国革命的规律，在一开始的时候就完全认识了，那是吹牛，你们切记不要信，没有那回事。过去，特别是开始时期，我们只是一股劲儿要革命，至于怎么革法，革些什么，哪些先革，哪些后革，哪些要到下一阶段才革，在一个相当长的时间内，都没有弄清楚，或者说没有完全弄清楚。我讲我们中国共产党人在民主革命时期艰难地但是成功地认识中国革命规律这一段历史情况的目的，是想引导同志们理解这样一件事：对于建设社会主义的规律的认识，必须有一个过程。必须从实践出发，从没有经验到有经验，从有较少的经验，到有较多的经验，从建设社会主义这个未被认识的必然王国，到逐步地克服盲目性、认识客观规律、从而获得自由，在认识上出现一个飞跃，到达自由王国。

对于社会主义建设，我们还缺乏经验。我向好几个国家的兄弟党的代表团谈过这个问题。我说，对于建设社会主义经济，我们没有经验。

这个问题，我也向一些资本主义国家的新闻记者谈过，其中有一个美国人叫斯诺。他老要来中国，1960

年让他来了。我同他谈过一次话。我说："你知道，对于政治、军事，对于阶级斗争，我们有一套经验，有一套方针、政策和办法；至于社会主义建设，过去没有干过，还没有经验。你会说，不是已经干了十一年了吗？是干了十一年了，可是还缺乏知识，还缺乏经验，就算开始有了一点，也还不多。"斯诺要我讲讲中国建设的长期计划。我说："不晓得。"他说："你讲话太谨慎。"我说："不是什么谨慎不谨慎，我就是不晓得呀，就是没有经验呀。"同志们，也真是不晓得，我们确实还缺少经验，确实还没有这样一个长期计划。1960年，那正是我们碰了许多钉子的时候。一九六一年，我同蒙哥马利谈话，也说到上面那些意见。他说："再过五十年，你们就了不起了。"他的意思是说，过了五十年我们就会壮大起来，而且会"侵略"人家，五十年内还不会。他的这种看法，1960年他来中国的时候就对我说过。我说："我们是马克思列宁主义者，我们的国家是社会主义国家，不是资本主义国家，因此，一百年，一万年，我们也不会侵略别人。至于建设强大的社会主义经济，在中国，五十年不行，会要一百年，或者更多的时间。在你们国家，资本主义的发展，经过了好几百年。十六世纪不算，那还是在中世纪。从十七世纪到现在，已经有三百六十多年。在我国，要建设起强大的社会主义经济，我估计要花一百多年。"十七世纪是什么时代呢？那是中国的明朝末年和清朝初年。再过一个世纪，到十八世纪的上半期，就是清朝乾隆时代，《红楼梦》的作者曹雪芹就生活在那个时代，就是产生贾宝玉这种不满意封建制度的小说人物的时代。乾隆时代，中国已经有了一些资本主义生产关系的萌芽，但是还是封建社会。这就是出现大观园里那一群小说人物的社会背景。在那个时候以前，在十七世纪，欧洲的一些国家已经在发展资本主义了，经过三百多年，资本主义的生产力有了现在这个样子。社会主义和资本主义比较，有许多优越性，我们国家经济的发展，会比资本主义国家快得多。可是，中国的人口多、底子薄，经济落后，要使生产力很大地发展起来，要赶上和超过世界上最先进的资本主义国家，没有一百多年的时间，我看是不行的。也许只要几十年，例如有些人所设想的五十年，就能做到。果然这样，谢天谢地，岂不甚好。但是我劝同志们宁肯把困难想得多一点，因而把时间设想得长一点。三百几十年建设了强大的资本主义经济，在我国，五十年内外到一百年内外，建设起强大的社会主义经济，那又有什么不好呢？从现在起，五十年内外到一百年内外，是世界上社会制度彻底变化的伟大时代，是一个翻天覆地的时代，是过去任何一个历史时代都不能比拟的。处在这样一个时代，我们必须准备进行同过去时代的斗争形式有着许多不同特点的伟大的斗争。为了这个事业，我们必须把马克思列宁主义的普遍真理同中国社会主义建设的具体实际、并且同今后世界革命的具体实际，尽可能好一些地结合起来，从实践中一步一步地认识斗争的客观规律。要准备着由于盲目性而遭受到许多的失败和挫折，从而取得经验，取得最后的胜利。由这点出发，把时间设想得长一点，是有许多好处的，设想得短了反而有害。

在社会主义建设上，我们还有很大的盲目性。社会主义经济，对于我们来说，还有许多未被认识的必然王国。拿我来说，经济建设工作中间的许多问题，还不懂得。工业、商业，我就不大懂。对于农业，我懂得一点。但是也只是比较地懂得，还是懂得不多。要较多地懂得农业，还要懂得土壤学、植物学、作物栽培学、农业化学、农业机械，等等；还要懂得农业内部的各个分业部门，例如粮、棉、油、麻、丝、茶、糖、菜、烟、果、药、杂等等；还有畜牧业，还有林业。我是相信苏联威廉斯土壤学的，在威廉斯的土壤学著作里，主张农、林、牧三结合。我认为必须要有这种三结合，否则对于农业不利。所有这些农业生产方面的问题，我劝同志们，在工作之暇，认真研究一下，我也还想研究一点。但是到现时止，在这些方面，我的知识很少。我注意得较多的是制度方面的问题，生产关系方面的问题。至于生产力方面，我的知识很少。社会主义建设，从我们全党来说，知识都非常不够。我们应当在今后一段时间内，积累经验，努力学习，在实践中间逐步地加深对它的认识，弄清楚它的规律。一定要下一番苦功，要切切实实地去调查它，研究它。要下去蹲点，到生产大队、生产队，到工厂，到商店，去蹲点。调查研究，我们从前做得比较好，可是进城以后，不认真做了。一九六一年我们又重新提倡，现在情况已经有所改变。但是，在领导干部中间，特别是在高级领导干部中间，有一些地方、部门和企业，至今还没有形成风气。有一些省委书记，到现在还没有下去蹲过点。如果省委书记不去，怎么能叫地委书记、县委书记下去蹲点呢。这个现象不好，必须改变过来。

从中华人民共和国成立，到现在已经十二年了。这十二年分为前八年和后四年。一九五〇年到一九五七年年底，是前八年。一九五八年到现在，是后四年。我们这次会议已经初步总结了过去工作的经验，主要是后四年的经验。这个总结，反映在会议报告里面。我们已经制定、或者正在制定、或者将要制定各个方面的具体政策。已经制定了的，例如农村公社六十条，工业企业七十条，高等教育六十条，科学研究工作十四条，这些条例草案已经在实行或者试行，以后还要修改，有些还可能大改。正在制定的，例如商业工作条例。将要制定的，例如中小学教育条例。我们的党政机关和群众团体的工作，也应当制定一些条例。军队已经制定了一些条例。总之，工、农、商、学、兵、政、党这七个方面的工作，都应当好好地总结经验，制定一整套的方针、政策和办法，使它们在正确的轨道上前进。

有了总路线还不够，还必须在总路线指导之下，在工、农、商、学、兵、政、党各个方面，有一整套适合情况的具体的方针、政策和办法，才有可能说服群众和干部，并且把这些当作教材去教育他们，使他们有一个统一的认识和统一的行动，然后才有可能取得革命事业和建设事业的胜利，否则是不可能的。对于这一点，我们在抗日时期就有了深刻的认识。在那时候，我们这样做了，就使得干部和群众对于民主革命时期的一整套具体的方针、政策和办法，有了统一的认识，因而有了统一的行动，使当时的民主革命事业取得了胜利，这是大家知道的。在社会主义革命和社会主义建设的时期，头八年内，我们的革命任务，在农村是完成对封建主义的土地制度的改革和接着实现农业合作化；在城市是实现对资本主义工商业的社会主义改造。在经济建设方面，那时候的任务是恢复经济和实现第一个五年计划。不论在革命方面和建设方面，那时候都有一条适合客观情况的、有充分说服力的总路线，以及在总路线指导下的一整套方针、政策和办法，因此教育了干部和群众，统一了他们的认识，工作也就比较做得好。这也是大家知道的。但是，那时候有这样一种情况，因为我们没有经验，在经济建设方面，我们只得照抄苏联，特别是在重工业方面，几乎一切都抄苏联，自己的创造性很少。这在当时是完全必要的，同时又是一个缺点，缺乏创造性，缺乏独立自主的能力。这当然不应当是长久之计。从一九五八年起，我们就确立了自力更生为主、争取外援为辅的方针。在一九五八年党的八大二次会议上，通过了"鼓足干劲，力争上游，多快好省地建设社会主义"的总路线，在那一年又办起了人民公社，提出了"大跃进"的口号。在提出社会主义建设总路线的一个相当时间内，我们还没有来得及、也没有可能规定一整套适合情况的具体的方针、政策和办法，因为经验还不足。在这种情形下，干部和群众，还得不到一整套的教材，得不到系统的政策教育，也就不可能真正有统一的认识和统一的行动。要经过一段时间，碰过一些钉子，有了正、反两方面的经验，才有这样的可能。现在好了，有了这些东西了，或者正在制定这些东西。这样，我们就可以更加妥善地进行社会主义革命和社会主义建设。在总路线指导之下，制定一整套的具体的方针、政策和办法，必须通过从群众中来的方法，通过作系统的周密的调查研究的方法，对工作中的成功经验和失败经验，作历史的考察，才能找出客观事物所固有的而不是人们主观臆造的规律，才能制定适合情况的各种条例。这件事很重要，请同志们注意到这点。

工、农、商、学、兵、政、党这七个方面，党是领导一切的。党要领导工业、农业、商业、文化教育、军队和政府。我们的党，一般说来是很好的。我们党员的成分，主要的是工人和贫苦农民。我们的绝大多数干部都是好的，我们都在辛辛苦苦地工作。但是，也要看到，我们党内还存在一些问题，不要想象我们党的情况什么都好。我们现在有一千七百多万党员，这里面差不多有百分之八十的人是新中国成立以后入党的，五十年代入党的。新中国成立以前入党的只占百分之二十。在这百分之二十的人里面，一九三〇年以前入党的，二十年代入党的，据前几年计算，有八百多人，这两年死了一些，恐怕只有七百多人了。不论在老的和新的党员里面，特别是在新党员里面，都有一些品质不纯和作风不纯的人。他们是个人主义者、官僚主义者、主观主义者，甚至是变了质的分子。还有些人挂着共产党员的招牌，但是并不代表工人阶级，而是代表资产阶级。党内并不纯粹，这一点必须看到，否则我们是要吃亏的。

上面是我讲的第四点。就是讲，我们对于客观世界的认识，要有一个过程。先是不认识或者不完全认识，经过反复的实践，在实践里面得到成绩，有了胜利，又翻过筋斗，碰了钉子，有了成功和失败的比较，然后才有可能逐步地发展成为完全的认识或者比较完全的认识。到那个时候，我们就比较主动了，比较自由了，就变成比较聪明一些的人了。自由是对必然的认识和对客观世界的改造。只有在认识必然的基础上，人们才有自由的活动。这是自由和必然的辩证规律。所谓必然，就是客观存在的规律性，在没有认识它以前，我们的行动总是不自觉的，带着盲目性的。这时候我们是一些蠢人。最近几年我们不是干过许多蠢事吗？

第五点，关于国际共产主义运动。这个问题，我只简单地讲几句。

不论在中国，在世界各国，总而言之，百分之九十以上的人终究是会拥护马克思列宁主义的。在世界上，现在还有许多人，在社会民主党的欺骗之下，在修正主义的欺骗之下，在帝国主义的欺骗之下，在各国反动派的欺骗之下，他们还不觉悟。但是，他们总会逐步地觉悟过来，总会拥护马克思列宁主义。马克思列宁主义这个真理，是不可抗拒的。人民群众总是要革命的。世界革命总是要胜利的。不准革命，像鲁迅所写的赵太爷、钱太爷、假洋鬼子不准阿Q革命那样，总是要失败的。

苏联是第一个社会主义国家，苏联共产党是列宁创造的党。虽然，苏联的党和国家的领导现在被修正主义者篡夺了,但是,我劝同志们坚决相信,苏联广大的人民、广大的党员和干部,是好的,是要革命的,修正主义的统治是不会长久的。无论什么时候,现在,将来,我们这一辈子,我们的子孙,都要向苏联学习,学习苏联的经验。不学习苏联,要犯错误。人们会问:苏联被修正主义者统治了,还要学吗?我们学习的是苏联的好人好事,苏联党的好经验,苏联工人、农民和联系劳动人民的知识分子的好经验。至于苏联的坏人坏事,苏联的修正主义者,我们应当看作反面教员,从他们那里吸取教训。

我们永远要坚持无产阶级的国际主义团结的原则,我们始终主张社会主义国家和世界共产主义运动一定要在马克思列宁主义的基础上巩固地团结起来。

国际修正主义者在不断地骂我们。我们的态度是,由他骂去。在必要的时候,给以适当的回答。我们这个党是被人家骂惯了的。从前骂的不说,现在呢,在国外,帝国主义者骂我们,反动的民族主义者骂我们,各国反动派骂我们,修正主义者骂我们;在国内,蒋介石骂我们,地、富、反、坏、右骂我们。历来就是这么骂的,已经听惯了。我们是不是孤立的呢?我就不感觉孤立。我们在座的有七千多人,七千多人还孤立吗?我们国家有六亿几千万人民,我国人民是团结的,六亿几千万人还孤立吗?世界各国人民群众已经或者将要同我们站到一起,我们会是孤立的吗?

最后一点,第六点,要团结全党和全体人民。

要把党内、党外的先进分子、积极分子团结起来,把中间分子团结起来,去带动落后分子,这样就可以使全党、全民团结起来。只有依靠这些团结,我们才能够做好工作,克服困难,把中国建设好。要团结全党、全民,这并不是说我们没有倾向性。有些人说共产党是“全民的党”,我们不这样看。我们的党是无产阶级政党,是无产阶级的先进部队,是用马克思列宁主义武装起来的战斗部队。我们是站在占总人口的百分之九十五以上的人民大众一边,决不站在占总人口百分之四、五的地、富、反、坏、右那一边。在国际范围内也是这样,我们是同一切马克思列宁主义者、一切革命人民、全体人民讲团结的,决不同反共反人民的帝国主义者和各国反动派讲什么团结。只要有可能,我们也同这些人建立外交关系,争取在五项原则基础上和平共处。但是这些事,跟我们和各国人民的团结是不同范畴的两回事情。

要使全党、全民团结起来,就必须发扬民主,让人讲话。在党内是这样,在党外也是这样。省委的同志,地委的同志,县委的同志,你们回去,一定要让人讲话。在座的同志们要这样做,不在座的同志们也要这样做,一切党的领导人员都要发扬党内民主,让人讲话。界限是什么呢?一个是,遵守党的纪律,少数服从多数,全党服从中央。另一个是,不准组织秘密集团。我们不怕公开的反对派,只怕秘密的反对派,这种人,当面不讲真话,当面讲的尽是些假的、骗人的话,真正的目的不讲出来。只要不是违反纪律的,只要不是搞秘密集团活动的,我们都允许他讲话,而且讲错了也不要处罚。讲错了话可以批评,但是要用道理说服人家。说而不服怎么办?让他保留意见。只要服从决议,服从多数人决定的东西,少数人可以保留不同的意见。在党内党外,容许少数人保留意见,是有好处的。错误的意见,让他暂时保留,将来他会改的。许多时候,少数人的意见,倒是正确的。历史上常常有这样的事实,起初,真理不是在多数人手里,而是在少数人手里。马克思、恩格斯手里有真理,可是他们在开始的时候是少数。列宁在很长一个时期内也是少数。我们党内也有这样的经验,在陈独秀统治的时候,在“左”倾路线统治的时候,真理都不在领导机关的多数人手里,而是在少数人手里。历史上的自然科学家,例如哥白尼、伽利略、达尔文,他们的学说曾经在一个长时间内不被多数人承认,反而被看作错误的东西,当时他们是少数。我们党在一九二一年成立的时候,只有几十个党员,也是少数人,可是这几十个人代表了真理,代表了中国的命运。

有一个捕人、杀人的问题,我还想讲一下。在现在的时候,在革命胜利还只有十几年的时候,在被打倒了的反动阶级分子还没有被改造好,有些人并且企图阴谋复辟的时候,人总会要捕一点、杀一点的,否则不能平民愤,不能巩固人民的专政。但是,不要轻于捕人,尤其不要轻于杀人。有一些坏人,钻到我们队伍里面的坏分子,蜕化变质分子,这些人,骑在人民的头上拉屎拉尿,穷凶极恶,严重地违法乱纪。这是些小蒋介石。对于这种人得有个处理,罪大恶极的,也要捕一些,还要杀几个。因为对这样的人,完全不捕、不杀,不足以平民愤。这就是所谓“不可不捕,不可不杀”。但是决不可以多捕、多杀。凡是可捕可不捕的,可杀可不杀的,都要坚决不捕、不杀。有个潘汉年[1],此人当过上海市副市长,过去秘密投降了国民党,是个CC派人物,现在关在班房里头,我们没有杀他。像潘汉年这样的人,只要杀一个,杀戒一开,类似的人都得杀。还有个王实味[2],是个暗藏的国民党探子。在延安的时候,他写过一篇文章,题名《野百合花》,攻击革命,诬蔑共产党。后头把他抓起来,杀掉了。那是保安机关在行军中间,自己杀的,不是中央的决定。对于这件事,我们总是提出批评,认为不应当杀。他当特务,写文章骂我们,又死不肯改,就把他放在那里吧,让他劳动去吧,杀了不好。人要少捕、少杀。动不动就捕人、杀人，会弄得人人自危，不敢讲话。在这种风气下面，就不会有多少民主。

还不要给人乱戴帽子。我们有些同志惯于拿帽子压人，一张口就是帽子满天飞，吓得人不敢讲话。当然，帽子总是有的，会议报告里面不是就有许多帽子吗？“分散主义”不是帽子吗？但是，不要动不动就给人戴在头上，弄得张三分散主义，李四分散主义，什么人都是分散主义。帽子，最好由人家自己戴，而且要戴得合适，最好不要由别人去戴。他自己戴了几回，大家不同意他戴了，那就取消了。这样，就会有很好的民主空气。我们提倡不抓辫子、不戴帽子、不打棍子，目的就是要使人心里不怕，敢于讲意见。

对于犯了错误的人，对于那些不让人讲话的人，要采取善意帮助的态度。不要有这样的空气：似乎犯不得错误，一犯错误就不得了，一犯错误，从此不得翻身。一个人犯了错误，只要他真心愿意改正，只要他确实有了自我批评，我们就要表示欢迎。头一二次自我批评，我们不要要求过高，检讨得还不彻底，不彻底也可以，让他再想一想，善意地帮助他。人是要有人帮助的。应当帮助那些犯错误的同志认识错误。如果人家诚恳地作了自我批评，愿意改正错误，我们就要宽恕他，对他采取宽大政策。只要他的工作成绩还是主要的，能力也还行，就还可以让他在那里继续工作。

我在这个讲话里批评了一些现象，批评了一些同志，但是没有指名道姓，没有指出张三、李四来。你们自己心里有数。我们这几年工作中的缺点、错误，第一笔账，首先是中央负责，中央又是我首先负责；第二笔账，是省委、市委、自治区党委的；第三笔账，是地委一级的；第四笔账，是县委一级的；第五笔账，就算到企业党委、公社党委了。总之，各有各的账。

同志们，你们回去，一定要把民主集中制健全起来。县委的同志，要引导公社党委把民主集中制健全起来。首先要建立和加强集体领导。不要再实行长期固定的“分片包干”的领导方法了，那个方法，党委书记和委员们各搞各的，不能有真正的集体讨论，不能有真正的集体领导。要发扬民主，要启发人家批评，要听人家的批评。自己要经得起批评。应当采取主动，首先作自我批评。有什么就检讨什么，一个钟头，顶多两个钟头，倾箱倒箧而出，无非是那么多。如果人家认为不够，请他提出来，如果说得对，我就接受。让人讲话，是采取主动好，还是被动好？当然是主动好。已经处在被动地位了怎么办？过去不民主，现在陷于被动，那也不要紧，就请大家批评吧。白天出气，晚上不看戏，白天晚上都请你们批评。这个时候我坐下来，冷静地想一想，两三天晚上睡不着觉。想好了，想通了，然后诚诚恳恳地作一篇检讨。这不就好了吗？总之，让人讲话，天不会塌下来，自己也不会垮台。不让人讲话呢？那就难免有一天要垮台。

我今天的讲话就讲这一些。中心是讲了一个实行民主集中制的问题，在党内、党外发扬民主的问题。我向同志们建议，仔细考虑一下这个问题。有些同志还没有民主集中制的思想，现在就要开始建立这个思想，开始认识这个问题。我们充分地发扬了民主，就能把党内、党外广大群众的积极性调动起来，就能使占总人口百分之九十五以上的人民大众团结起来。做到了这些，我们的工作就会越做越好，我们遇到的困难就会较快地得到克服，我们事业的发展就会顺利得多。

注释

[1] 潘汉年(1906—1977)，江苏宜兴人。一九二五年加入中国共产党。一九三六、一九三七年间，曾任中国共产党同国民党谈判的代表。抗日战争和解放战争时期，在上海等地领导对敌隐蔽斗争和开展统一战线工作。一九四九年夏至一九五五年春，先后任中共中央华东局和上海市委的社会部长、统战部长，上海市委第三书记、副市长等职。一九五五年因所谓“内奸”问题被关押审查，一九六三年被错定为“内奸分子”，并被判刑。一九八二年八月，经过法律程序并由中共中央发出通知，为潘汉年被错定为内奸平反昭雪。

[2] 王实味(1906—1947)，河南潢川人。翻译家，还写过一些文学评论和杂文。曾在延安中央研究院文艺研究室任特别研究员。关于他是暗藏的国民党探子、特务一事，据查，不能成立。

国务院副总理陈慕华在北京会见以尼沙尔·艾汗默德教授为团长的巴基斯坦政府科技合作代表团

会见以后，陈慕华副总理出席了中巴两国政府科技合作第二次会议议定书的签字仪式。

在议定书上签字的是我国外经部副部长石林和巴基斯坦政府科技合作代表团团长尼沙尔·艾汗默德。

国务院副总理康世恩在北京会见以朝鲜气象水文局副局长白玉贤为团长的朝鲜水文代表团

康世恩副总理对中朝关于鸭绿江和图们江水文工作合作协定的顺利签订表示高兴。他说，我们两国要互相学习，互相交流经验，把水文工作搞好，这对两国社会主义建设有重要作用。

我国第一座抗高烈度地震的公路桥——河北省滦河新桥正式通车

这座桥全长979米，能抗烈度为10度的地震。

7月2日

《人民日报》发表社论《认真实行民主集中制》

中国共产党员和全国各族人民，在我国社会主义革命和社会主义建设进入新的发展时期之际，满怀继续长征的革命豪情，热烈庆祝伟大、光荣、正确的中国共产党诞生57周年。在这个光辉的节日里，华主席为首的党中央决定公开发表伟大领袖和导师毛主席1962年《在扩大的中央工作会议上的讲话》。这个讲话，是我们整顿党的组织，加强党的建设，更好地团结全国各族人民实现新时期总任务的强大思想武器。

毛泽东同志的这篇重要著作，中心是讲民主集中制，在党内党外发扬民主的问题。毛泽东同志深刻地批评有些同志已经做了几十年的共产党员，还不懂得马克思、列宁所说的民主集中制。他们怕群众，怕群众讲话，怕群众批评，怕群众开展讨论，怕群众提出同领导机关、领导者意见不同的意见。毛泽东同志尖锐地指出：没有高度的民主，不可能有高度的集中，不可能建立社会主义经济，我们的国家就会变成实际上是资产阶级的国家，无产阶级专政就会转化为资产阶级专政，而且会是反动的、法西斯式的专政。毛泽东同志把民主集中制作为巩固无产阶级专政、防止资本主义复辟、建设社会主义的一个十分值得注意的问题，提到全党面前，谆谆教导我们的同志"好好想一想"。1966年，毛泽东同志决定在党内印发这一讲话时又指出："看来此问题很大，真要实现民主集中制，是要经过认真的教育、试点和推广，并且经过长期反复进行，才能实现的，否则在大多数同志当中，始终不过是一句空话。"

现在，十几年的时间过去了，我们对毛泽东同志的这些指示倍感亲切，领会得比过去深刻多了。为什么我们党内会出林彪、"四人帮"这样的反党集团？他们为什么能隐藏得这么深，造成这么大的危害？从根本上说，林彪和"四人帮"的出现都不是偶然的，它是阶级斗争的反映。这些资产阶级野心家、阴谋家有一个暴露的过程，我们对他们也有一个认识的过程。这些都是可以理解的。但是，从党内生活来检查，同民主集中制不健全，也是有关系的。林彪、"四人帮"利用他们窃据的那一部分权力，破坏党内的民主生活，破坏民主集中制，动辄拿"反革命"的大帽子整人，搞得很多人敢怒而不敢言，使他们那条反革命的修正主义路线能得逞于一时，不能不说是一个严酷的教训。林彪、"四人帮"搞的这一套，就是毛泽东同志所说的反动的、法西斯式的专政。这个苦头，我们吃够了。总结党内生活的教训，按照毛主席在扩大的中央工作会议上的教导，认真实行民主集中制，确实是防修反修，巩固无产阶级专政的一件大事。

实行民主集中制，也是实现新时期总任务的一个十分重要的课题。华国锋同志在全军政治工作会议上的讲话指出："在新的发展时期中，我国国内的主要矛盾仍然是无产阶级和资产阶级之间、社会主义道路和资本主义道路之间的矛盾。这种矛盾，一部分属于敌我矛盾，大量的属于人民内部矛盾。"解决人民内部矛盾，包括属于两个阶级两条道路性质的矛盾，不能用咒骂，也不能用拳头，更不能用刀枪，只能用讨论的方法、说理的方法、批评与自我批评的方法，也就是说，只能用民主的方法、让群众讲话的方法。这就是毛泽东同志说的解决人民内部矛盾的唯一的方法。"四人帮"颠倒敌我，假"左"真右。我们有些同志也常常把人民内部的矛盾当作敌我矛盾，用对待敌人的方法来对待人民内部的不同意见，以为这是很"革命"的。其实，这正是"四人帮"流毒的一种表现。我们的同志一定要清醒地看到，反抗社会主义的敌人，只是一小撮。对这些敌人一定要实行专政，决不能让他们乱说乱动，这是毫无疑问的。但是，经常的、大量的，还是人民内部矛盾，只有坚持用民主的方法来处理人民内部矛盾，才能把一切积极因素都调动起来，加快建设社会主义现代化强国的步伐。

民主集中制之所以必须实行，还因为我们只有充分发扬民主，在广泛的民主基础上集中群众的智慧，总结正反两方面的经验，才能认识客观世界的规律，制定出正确的路线、方针、政策和办法，使我们的社会主义建设事业能够较快地克服困难，顺利地得到发展。毛泽东同志在这篇重要著作中，回顾了我们党的历史，指出我们党曾经用了20多年的时间，经过两次胜利和两次失败，才认识了中国民主革命这个必然王国，统一了全党的认识，取得了新民主主义革命的胜利。对于社会主义建设，毛泽东同志指出我们还缺乏经验，还要有一个认识的过程，并且十分强调要制定各方面工作的条例，用来教育干部和群众，统一认识，统一行动，使各项工作都在正确的轨道上前进。毛泽东同志的这些见解，是极其重要，极为中肯的。经过无产阶级"文化大革命"，特别是经过林彪、"四人帮"这些反面教员的教育，我们对建设社会主义的规律，对应该怎样干、不应该怎样干，有了比较深刻的认识。华主席为首的党中央十分强调发动群众，抓紧揭批"四人帮"的斗争这个纲，肃清他们的流毒和影响，总结正反两方面的经验，拨乱反正，恢复多年来行之有效的各项政策，制定各方面的工作条例。现在，我们党制定了十一大路线，确定了新时期的总任务，制定了一系列相应的方针、政策和办法，并且用条例的形式加以肯定。这些，都是从群众中来的，都是对历史经验的总结。但是，这并不等于说我们对于中国社会主义建设这个必然王国的认识已经到此完结了。在实现新时期总任务的过程中,我们还会遇到许多新情况、新问题,这也不是少数领导者关在办公室冥思苦想就能解决的。只有认真实行民主集中制,依靠千百万最有实践经验的工人、农民、知识分子,集中他们的意见和智慧,才能够使我们减少盲目性,逐步地完成由必然王国到自由王国的飞跃。

要实行民主集中制,把党内外的民主生活活跃起来,很重要的一条,就是要切实实行毛泽东同志在这篇重要讲话中倡导的"三不主义"。毛泽东同志说:"我们提倡不抓辫子、不戴帽子、不打棍子,目的就是要使人心里不怕,敢于讲意见。"你一手拿着帽子,一手举着棍子,随时准备抓人的辫子,那么,尽管你把"发扬民主"念上几千遍,也是不会有人讲话的。你的那个民主集中制,也就像毛泽东同志所说的那样,"始终不过是一句空话"。奉劝现在还有这些毛病的同志,还是认真学习毛泽东同志的这篇重要讲话吧!毛泽东同志说:"让人讲话,天不会塌下来,自己也不会垮台。不让人讲话呢?那就难免有一天要垮台。"如果这些同志总是不改,正如毛泽东同志所说的,"难免有一天要'别姬'就是了"。

那么,对于错误的话怎么办呢?毛泽东同志说得很清楚,"讲错了话可以批评,但是要用道理说服人家"。这一条很重要。谁也不能担保自己的每一句话都正确。既然让人讲话,就难免有讲错的。对于错误的意见,只能用讨论的办法,摆事实,讲道理的办法加以说服,不能压服;说而不服,还要允许他保留意见。在人民内部提倡讨论的空气,很有必要。对于理论问题、艺术问题、科学问题的不同观点,对于实际工作的不同看法,都应当允许讨论。马克思主义从来不害怕讨论。恰恰是在同各种不同意见的讨论和斗争中,马克思主义才得到发展。我们是马克思主义者,有什么理由拒绝讨论呢?粉碎"四人帮"以后,讨论的空气活跃起来了,这是一个良好的开端。我们的理论工作、艺术工作、科学工作和各项实际工作,一定能在这种空气中,也只有在这种空气中,才能得到更好的发展。

民主集中制的问题,归根到底,是世界观的问题。是奴隶们创造历史,还是英雄创造历史,这个历史唯物主义还是历史唯心主义的根本观点不解决,民主集中制是不可能真正实行的。毛泽东同志说实行民主集中制要经过认真的教育,这就是最基本的一课。我们必须从根本上认识对上级负责和对群众负责的一致性。上级的指示如果是正确的,它必然是从群众中来的;而要把这些指示付诸实施,还有一个同当地实际情况相结合的问题,这也需要集中群众的智慧,依靠群众的力量。群众是真正的英雄,是推动历史前进的动力,这是颠扑不破的真理。我们一定要牢固地树立马克思主义的世界观,洗刷头脑里的唯心精神,才能做民主集中制的模范。

我们党是按照民主集中制组织起来的无产阶级的先锋队,是伟大、光荣、正确的党。加强党的团结,加强党和人民的团结,是我们的事业必定要胜利的基本保证。毛泽东同志说:"要使全党、全民团结起来,就必须发扬民主,让人讲话。在党内是这样,在党外也是这样。"以华主席为首的党中央广开言路,调动了亿万群众的积极性。在短短一年多的时间里,我们看到了民主的力量。人民砸烂了林彪、"四人帮"的精神枷锁,心情舒畅,敢于讲话了,人民群众的力量在党的领导下,形成了不可抗拒的历史潮流。它埋葬了"四人帮",结束了"四人帮"的干扰破坏造成的混乱,使我们国家迅速走向大治,它冲破了"四人帮"的霸道造成的万马齐喑的沉闷,开创了一个生动活泼的政治局面。我们要十分珍惜这种政治局面。只要各级党委不是在口头上,而是在实际上实行民主集中制,我们就能使占总人口95%以上的人民大众团结起来,就能形成足以战胜一切困难,创造任何人间奇迹的伟大力量,我们在新时期的总任务就一定能圆满完成。

全国财贸学大庆学大寨会议在北京举行全体会议

中共中央政治局委员、国务院副总理余秋里在全体会议上作了重要报告。

中共中央副主席、国务院副总理李先念主持会议。出席会议的党和国家领导人还有:韦国清、乌兰夫、方毅、纪登奎、吴德、张廷发、陈锡联、耿飚、陈慕华、赛福鼎、王震、谷牧、康世恩。

国务院副总理余秋里在全国财贸学大庆学大寨会议上的报告(要点)

同志们:

我们的会议,在华主席为首的党中央的亲切关怀和直接领导下,开得很好。华主席为大会题了词,并且亲自主持了大会的开幕式。李副主席针对当前财贸战线的实际情况和新形势的要求,作了重要的讲话。这给大家以很大的教育和鼓舞。有26个同志在大会上发了言,介绍和交流了办好财贸的经验。华主席还要对大会作重要指示。大会的胜利召开,不仅在1200万财贸职工中,而且在全国8亿人民中间,引起了广泛的注意和巨大的反响。我们的生产建设和人民生活一时一刻都离不开财贸工作,因此,我们的大会理所当然地成为全国人民关心的一件大事。

根据中央政治局的指示,我的报告稿,采取民主集中的方法,先发给了大家讨论,然后经过修改定稿。这是伟大领袖和导师毛主席生前倡导的方法。大家对报告稿提出了许多很好的意见,我们都尽量吸取了。当然,在一个报告里,不可能解决大家提出来的所有问题,有些问题要在有关的专业会议上加以解决。

我的报告共有 11 个问题,今天不讲全文,分 4 个方面讲讲要点,有的地方作些说明。

第一,新时期财贸战线的光荣职责

华主席在第五届全国人民代表大会第一次会议上提出:我国人民在社会主义革命和社会主义建设的新的发展时期的总任务,就是要坚决贯彻执行党的十一大路线,坚持无产阶级专政下的继续革命,深入开展阶级斗争、生产斗争和科学实验三大革命运动,在本世纪内把我国建设成为农业、工业、国防和科学技术现代化的伟大的社会主义强国。这是一个宏伟的任务,也是一个艰巨的任务。

经过 20 多年的建设,我们已经有了相当的物质基础。但是,同一些经济发达的国家相比,差距还是很大的。必须使我们的国民经济在今后 20 多年中用比它们高得多的速度持续发展,才能赶上以至超过它们。我们能不能做到这一点呢? 回答是肯定的。

毛主席说过,"社会主义生产关系比较旧时代生产关系更能够适合生产力发展的性质,就是指能够容许生产力以旧社会所没有的速度迅速发展"。又说过,人类历史 100 万年中,资产阶级的 300 年,是一个"大跃进",无产阶级为什么不能"大跃进"?

从 1953 年我们有计划地进行社会主义建设以来,我国工农业发展的速度,本来是比较高的。但是,在一个时期内,经济的增长速度减缓了,有的年份甚至停滞下降,使国民经济的发展出现了几起几伏的不正常现象。这主要是林彪,特别是"四人帮"干扰破坏的恶果。现在,我们党同新老反革命分子组成的"四人帮"之间的历史性大决战,已经取得了伟大的胜利。充分发挥社会主义制度的优越性和迅速发展生产力的最大障碍,已经被排除了。同时,我们有了进行社会主义革命和社会主义建设的正反两方面的经验,使我们有可能比过去搞得更好、更快了。华主席为首的党中央抓纲治国的战略决策,在 1977 年已经初见成效。1978 年上半年,执行国民经济计划,包括财贸计划的情况,一个月比一个月好。长期保持高速度发展国民经济的前景,已经出现在我们面前。

实现持续的高速度,需要全党、全国人民的长期的紧张的努力,首先需要把揭批"四人帮"的斗争进行到底,坚持以阶级斗争为纲,保持安定团结的政治局面。同时要求我们虚心地、科学地体察客观情况,不断地总结实践经验,采取积极态度,进行综合平衡,切实地安排好各种比例关系,并且在实践过程中,根据情况的变化,及时进行调整,使国民经济各部门按比例地协调发展。我们的财贸工作,基本上是搞流通和分配的,是社会生产总过程的重要环节。财贸工作一方面为生产服务,一方面为人民生活服务。做好财贸工作,对于保证和促进国民经济的高速度按比例发展,具有重要作用。

李副主席在开幕式讲话中,全面地阐述了财贸工作在社会生产总过程中的重要地位和重大作用。在建设社会主义强国这个伟大长征中,财贸战线上的全体干部和职工,有着充分发挥自己聪明才智的广阔天地。促进国民经济持续高速度地增长,全心全意为人民生活服务,推进四个现代化的加速实现,就是我们财贸部门为实现新时期的总任务应当承担的义不容辞的光荣职责。

第二,坚持我国财贸工作的正确道路

毛主席为财政经济工作制定了"发展经济,保障供给"的总方针,指明了我国财贸工作的正确道路。华主席给这次大会题词"发展经济,保障供给,用大庆大寨精神办好财贸,支援工农业生产的高速度发展,全心全意为人民生活服务",为我们在新时期继续走这条道路,进一步指明了方向。

毛主席关于财贸工作的理论、路线、方针和政策,是毛泽东思想的重要组成部分。毛主席的亲密战友、我们敬爱的周总理,正确地掌握和运用毛泽东思想,具体指导财贸各部门的工作,在一系列问题上,有许多重要的发挥和创造。28 年来,毛主席的无产阶级革命路线在财贸战线上占着统治地位。财贸战线的广大干部和职工,在非常困难和复杂的条件下,坚守工作岗位,勤勤恳恳地为人民服务,坚持了毛主席的革命路线。事实证明,我们财贸部门的各级领导班子,大多数是好的和比较好的;我们的财贸队伍,总的说来是一支好的队伍。

同时,我们也必须清醒地估计到"四人帮"对财贸工作破坏的严重性。"四人帮"全面篡改和攻击社会主义历史阶段的基本路线和社会主义建设总路线,根本否定财贸工作的具体路线。他们攻击执行"发展经济,保障供给"的总方针和各项经济政策是"抓目丢纲","维护旧的生产关系";他们攻击社会主义的商品生产和按劳分配原则,"既保护着老的资产阶级,又孕育着新的资产阶级";他们破坏社会主义的统一市场,煽动资本主义势力到处捣乱;他们攻击发展社会主义对外贸易是"卖国主义"、"洋奴哲学";他们攻击企业盈利是"利润挂帅",破坏国家的资金积累;他们把国家各部门的领导,包括金融管理和监督,都说成是"条条专政",胡说"条条专政就是资产阶级专政";他们攻击合理的规章制度是帝国主义的"大棒";攻击改善人民生活是帝国主义的"胡萝卜",胡说"服务得好会出修正主义”；他们攻击党对财贸工作进行整顿是“矛头向下”，是“大资产阶级整小资产阶级”。他们肆意破坏工农业生产，破坏正常的交换和分配，使国家建设和人民生活遭到严重的损害，使整个国民经济几乎到了崩溃的边缘。

在“四人帮”的干扰破坏下，不少地区和单位政策搞乱了，制度废弛了，纪律松懈了，作风搞坏了。少数人不顾国家计划，不顾财经纪律，挪用生产建设资金去搞供他们享用的非生产性建筑；请客送礼、大吃大喝等歪风邪气盛行。什么党纪国法，什么艰苦奋斗，什么国家富强，什么人民疾苦，在他们脑子里，一点影子都没有了。

我们要坚持毛主席为财贸工作开创的正确道路，必须全面揭露“四人帮”破坏财贸工作的种种罪行，深入批判“四人帮”的反动谬论，彻底肃清“四人帮”的一切流毒，把被“四人帮”颠倒了的路线是非，一一纠正过来，把遭到他们破坏的、行之有效的制度和措施，恢复和健全起来。

许多地方把揭批“四人帮”的斗争同打击阶级敌人的破坏活动、打击资本主义势力猖狂进攻的“双打”斗争结合起来，取得了很好的效果。各地要结合自己的实际情况，把这一斗争深入开展起来。

我们要学习鞍钢揭批“四人帮”和“双打”斗争的经验，切实抓好财贸企业和单位的整顿，重点是把各级领导班子整顿好，把财贸职工队伍建设好，使毛主席关于财贸工作的路线、方针、政策得到顺利的贯彻执行。

第三，财贸工作如何促进国民经济持续高速度发展

在报告稿中关于财贸工作讲了8个问题：一定要把粮食抓紧；因地制宜，发展多种经营；加强城乡互助，扩大商品交换；主动参与工业发展规划，实现农、工、商各项事业的协调发展；全心全意为人民生活服务；对外贸易要有一个大的发展；高速度积累建设资金；发挥银行对经济活动的促进和监督作用。现在分以下四个方面把重点讲一下。

(一)支援工农业生产的高速度发展

我们的财贸工作，一切都要从发展生产出发，一切都要为发展生产服务，并且要按照农轻重的次序，把支援农业放在第一位。

粮食问题是关系到国家安定、社会主义建设速度的全局问题。我国有8亿人口，吃饭问题，必须立足国内，靠自己发展生产解决。这是我们一贯的方针，任何时候都不能动摇。今后我国社会主义建设的规模，将会比过去大得多。要保证整个国民经济发展的需要，要求1985年粮食产量达到8000亿斤，商品粮比现在增长60%以上。8年之后，还要继续增长。这是摆在全党、全国各个经济部门面前的一个十分严重的任务。我们财贸部门，要根据国家发展农业的计划，积极支持商品粮基地和国营农场的建设，使它们真正成为现代化的、劳动生产率很高的粮仓。同时要大力扶持低产缺粮区的粮食生产，支援他们争取在两三年内实现粮食自给有余。今后在粮食增产的基础上，还要继续执行粮食的统购统销政策和一系列管理制度，坚持计划用粮和节约用粮，以便把国家和集体的粮食储备逐步增加起来。我们计划的安排和各项事业的兴办，都不能超过粮食生产所能负担的能力。这是一个极为重要的界限。你真想发展工业和各种事业吗？你就要真想办法大大提高粮食的产量，想办法增加粮食这个宝中之宝。

我们强调粮食的重要性，并不是说可以单打一。我们必须全面地正确地贯彻执行“以粮为纲，全面发展”的方针。这里一个很重要的问题，就是要在国家计划指导下，切实遵守因地制宜的原则，把国家需要和当地生产条件结合起来，种植最适宜的农作物，发展最适宜的副业，取得最好的经济效果。全面规划，合理布局，因地制宜，适当集中。以粮为纲，是就全局来说的，并不要求每个公社、每个大队甚至生产队，都不顾当地条件，一律以种粮食为主。财贸部门要从各方面支援经济作物基地、畜牧业基地和渔业基地。对于以粮食生产为主的广大农村，也要在促进粮食增产的同时，从各方面鼓励和支持他们根据当地条件搞好多种经营，做到粮食生产和其他经济作物、副业生产互相促进，以农促副，以副养农，增产增收。

为了贯彻“以粮为纲，全面发展”的方针，要坚决维护和执行党在农村的现行经济政策。

财贸部门在促进粮食和多种经营发展的同时，要积极支持轻工业和农村现代化的农副产品加工工业的发展。

我们要在国家统一计划的指导下，自觉地运用价值规律，在工农业品的交换中，逐步缩小剪刀差，贯彻执行等价交换的原则。合理调整工农产品的比价，逐步降低向农村提供的各种生产资料的价格，合理提高农副产品的收购价格。城乡交流搞好了，工农结合搞好了，我们的工农联盟就能进一步巩固。

财贸部门在促进生产建设的发展中，还要积极协助有关部门搞好农、工、商各项事业的综合平衡。这里有三点需要特别注意：首先，要计算一共需要多少职工，要相应地增加多少商品粮和消费品，新增的购买力和新增的消费品能否平衡。其次，要计算一共需要多少基本建设投资和流动资金，需要多少设备和物资，这些设备、物资和资金能否平衡。最后，要做到“骨头”与“肉”同时安排，同时建设，逐步还清老账，并保证不

欠新账。在执行计划中出现不平衡的时候，财贸部门应当协助有关部门，尽最大的努力，共同克服矛盾。如果经过这样的努力，还不能求得平衡，那就应该如实地反映情况，负责地提出调整意见。

财贸部门要积极关心和支持生产的发展，生产部门要尊重财贸部门的意见，接受财贸部门的监督。

（二）全心全意为人民生活服务

毛主席说："我们的重点必须放在发展生产上，但发展生产和改善人民生活二者必须兼顾。"我们任何时候都要艰苦奋斗，勤俭建国，争取多积累一些资金来高速度发展我国的建设事业，增强我国的国防，这是广大人民根本利益所在。同时，我们任何时候都必须以极大的热情，关心群众的疾苦，逐步提高人民的生活水平。"生产长一寸，福利长一分"，这就是我们处理生产和生活关系的形象说法。各级党委和财贸部门，既要想到怎样促进生产的不断增长，又要关心人民生活的不断改善，把人民的长远利益和当前利益结合起来。

我们必须彻底肃清"四人帮"的流毒，坚持为绝大多数人民谋利益的原则。我们不是为革命而革命，为生产而生产。离开了为人民谋福利这个唯一宗旨，就不是真正的无产阶级革命。我们要像毛主席教导的那样，"不惜风霜劳苦，夜以继日，勤勤恳恳，切切实实地去研究人民中间的生活问题，生产问题"，"并帮助人民具体地而不是讲空话地去解决这些问题"。

粉碎"四人帮"以来，人民群众的积极性空前高涨，广大工人、农民和知识分子，干劲十足地奋战在各条战线上。我们要关心群众生活，使群众的干劲长久保持下去。当前，在农村主要是搞好工业品供应，在城市主要搞好副食品供应。在生产发展的基础上，要努力使城乡市场的商品数量和品种愈来愈多，质量愈来愈好。要组织好人民经济生活，逐步实现家务劳动社会化。应当充分认识，改善人民生活，是促进生产高速度发展的一个重要条件，为人民生活服务，就是为生产建设服务。

随着四个现代化的逐步实现和劳动生产率的提高，商业和各种服务事业必将大大发展。从事这些行业的职工，也要增加。服务范围要扩大，效率要提高，质量要改进。大中城市里的区级党委，要把工作重点转到抓好商业和各项服务事业上来。

改善服务态度，提高服务质量，是当前广大群众十分关心的重要问题。我们要全面恢复被"四人帮"破坏了的全心全意为人民服务的优良传统，并发扬光大。所有财贸部门和单位，要在网点设置、营业时间、经营品种、服务项目和服务方式等方面，处处为群众着想，处处便利群众。所有财贸职工，都要主动、热情、耐心、周到地为群众服务，虚心听取群众的意见，接受群众的监督，不断改善服务态度，提高服务质量。

（三）对外贸易要有一个大的发展

四个现代化的迅速推进，我国对外关系的发展，要求对外贸易有一个大的发展。毛主席说，"国内市场为主，国外市场为辅"，"但国外市场极为重要，不可轻视，不能放松"。

我们要坚持独立自主、自力更生的方针。发展对外贸易，不但不同这个方针相抵触，而且正是全面实行这个方针必须采取的政策。我们要进一步解放思想，不要再把自己的手脚束缚住，胆子大一些，思路开阔一些，调动国内国外一切积极因素，理直气壮地发展我国的对外贸易。只要无损于我国主权，无碍于我国经济独立，符合毛主席的外交路线，完全可以根据我们的需要，按照平等互利、互通有无的原则，开展对外经济活动和技术交流，灵活运用国际上一些通用的贸易做法，把对外贸易做好做活，为实现四个现代化作出更多更好的贡献。

发展对外贸易，主要取决于出口。首先要积极发展出口商品生产。既要注意大宗商品，也要注意小宗商品。在增加农副产品出口的同时，要努力提高工矿产品和耐用消费品在出口中的比重。要充分发挥我国劳动力多和某些设备有余等条件，努力扩大来料加工、来样加工和装配业务。技术设备不足的，还可以采取补偿贸易办法，引进技术设备，用产品归还。要有计划地建设一批出口基地和专厂。对承担出口商品生产的企业，要以创汇多少和是否认真执行合同作为考核的重要标准。为了加快实现四个现代化，在目前，我们需要多挤一些商品出口。在外汇分配方面，应当给有关地区和部门一定的好处。

正像我们的进口商品要适合我们的需要一样，出口商品也要适合国外市场的需要。一定要重合同，守信用。一定要按照合同规定的数量、质量、规格、包装和期限，对外交货，维护我国的信誉。一定要加强国际市场的调查研究，真正学会做生意。

我们在扩大出口的同时，要组织好进口。有计划、有重点地引进先进技术，是新的发展时期我国对外贸易的一项重要任务。引进必须有计划地进行，国家的外汇资金，应当用在最急需的项目上。国家还要通过对外贸易渠道调剂和繁荣国内市场，进口一些轻工业和市场所需要的物资。做外贸工作的同志要了解国内产销的情况，关心和支援国内市场；做国内贸易工作的同志要放眼世界，把供应出口作为自己分内的事认真办好。

发展对外贸易，要在国家的统一政策、统一计划下，发挥各地区各部门的积极性。外贸、商业、供销、财政、银行、交通运输和有关生产供货部门要进一步加强协作配合，互相支持。分配给各省、自治区、直辖市使用的地方外汇，今后将逐步有所增加。

(四)提高管理水平，高速度积累建设资金

大规模的经济建设，需要有更多的资金积累。周总理说过："国家建设规模的大小，主要决定于我们可能积累多少资金和如何分配资金。"按照十年规划，今后 8 年内，国家财政收入的总额，相当于过去 28 年的总和。完成和超额完成这个任务，保持建设资金的持续高速度增长，对十年规划的实现具有重要的意义。

从发展经济来增加财政收入和信贷资金，是我们财政金融工作的基本方针。开辟财源，一方面要开辟新的领域，按照国家计划，发展新的生产部门和事业部门。另一方面，当前最重要的，是充分利用现有企业，通过整顿工作，提高企业的管理水平，把现有企业积累资金的巨大潜力挖掘出来。如果国营工业企业每百元产值提供的税收和利润恢复到历史较好水平，财政收入 1 年就可以增加 200 亿元；如果国营工业企业占用的流动资金恢复到历史较好水平，就可以少占用 100 多亿元。商业部门增加收入和节约资金的潜力也很大。因此，我们要向整顿要资金、要速度，向提高管理水平要资金、要速度。

经济管理和企业管理是一门科学。搞四个现代化，必须尊重客观规律，不断总结经验，有所前进，逐步建立起一套适应现代化需要的管理制度和管理方法。财政金融部门，要把企业的财务工作切实管起来，通过财务管理去监督一切经济活动，使所有企业都能够为国家创造更多的财富，提供更多的利润；通过清产核资，加强定额管理，把被挤占、挪用的资金收回来，把不合理的占用减下来。企业管理搞得好的，应当得到精神的和物质的鼓励。搞得不好甚至发生亏欠的，要追查原因。

资金的分配，一定要统筹兼顾，使我们的主观安排符合客观情况，符合社会主义建设的总任务、总政策。在中央财政和地方财政的关系上，要按照李副主席在开幕式上讲话的精神，进一步改进财政体制，在增加生产、增加收入的基础上，在保证国家重点建设的前提下，逐步使省、县两级有比过去较多的、一年比一年多的机动财力，民族自治地方可以有较多的机动财力，充分发挥中央和地方两个积极性。

资金的使用，必须讲求经济效果。当前在资金使用上的突出问题，是基本建设战线长，力量分散，效果很差。我们一定要集中财力、物力、人力，打歼灭战，保证重点项目。对于这件事情，国家要建立严格的检查和考核制度，建设银行要进行有效的监督。

为了更好地支援农业，除了财政投资以外，要适应集体经济的特点，充分运用信贷的方法。现在每年用于支援农业的贷款，包括信用合作社的贷款在内，全国有 100 多亿元，今后还要逐步增加。银行和信用社要广泛吸收农村存款，管好用好农业贷款，同时，要认真做好社队财务会计的辅导工作，帮助社队加强财务管理，实现增产增收。

随着对外贸易和国际交往的不断发展，银行的经营范围将日益扩大，对外金融活动将日益增多。我们要有计划地组织和运用外汇资金，做好侨汇工作，办好国际结算和保险业务，并通过银行对外业务活动，开展国际金融领域里的反霸斗争，发展国际间的友好往来。

在今后大规模的经济建设中，银行将愈来愈显示出它的重要作用。各地区、各部门都要严格执行 1977 年《国务院关于整顿和加强银行工作的几项规定》，做到统一政策，统一计划，统一制度，统一资金调度，统一货币发行。各级党委，不要只是在要钱的时候才想到银行，应当很好地运用银行这个工具，发挥它的寒暑表作用，以便发现和及时解决国民经济活动中的重要问题，保证国民经济持续地高速度地发展。

为了增加积累，节约开支，制止浪费，合理使用资金，要严格财经纪律。我们有些同志只顾本地区、本部门发展快一些，不顾大局，把财经纪律放在脑后，乱搞摊派，乱挤成本，乱挖国家收入，乱拉银行资金，搞计划外的基本建设。尽管从局部来看有些是办了好事，但从全局来看却打乱了国家计划，妨碍了国家重点建设。这种现象决不允许再继续下去了。维护和贯彻执行财政金融制度和财经纪律，不仅是财政金融部门应当担负的光荣职责，而且是各级党委应尽的责任。对于违反财政金融制度和财经纪律的行为，财会人员和广大群众有权抵制、揭发、控告，任何人不得进行打击报复。对那些搞打击报复的人，必须追究处理。

第四，加强党的领导，深入开展学大庆学大寨运动

关于加强党对财贸工作的领导，李副主席已经讲得很全面、很深刻。各级党委要按照李副主席讲话的精神，进一步加强对财贸工作的领导。一是工农商业一起抓，一是政治经济一起抓。各省、自治区、直辖市党委和地委、县委确定一位书记或副书记专管财贸工作，看来完全是必要的。

大庆大寨的根本经验具有普遍意义，适用于财贸部门的各行各业。我们一定要真心实意地学，结合实际创造性地学，要学实质，不要学形式。

一年多来，财贸学大庆学大寨群众运动有了很大的发展。广大职工热烈展开了比学赶帮超的社会主义劳动竞赛，涌现了一大批先进人物和先进集体，不但有财贸工作搞得好的典型单位，而且有财贸工作搞得好的县、市和地区。运动有力地推动了财贸工作，有力地

保证和促进了工农业生产的发展。

现在的任务,就是要把财贸学大庆学大寨运动引向新的高潮,为保证和促进国民经济的持续高速度发展作出更大的贡献。这里的关键问题,是各级党委要加强对"双学"运动的领导。各级党委一定要像领导工业学大庆、农业学大寨那样,亲自动手,统一部署,加强检查,及时指导。衡量党委对财贸"双学"运动领导得好不好的标准,主要是以下3条。

第一,要加强党委的政治领导,完整地、准确地掌握毛泽东思想,贯彻执行党的路线、方针、政策,做好财贸干部和职工的思想政治工作,调节各方面的关系,调动各方面的积极性,保证社会主义经济的发展速度和正确方向。

第二,要在本地区创造出愈来愈多的财贸方面的大庆、大寨式的先进单位,创造出愈来愈多的一个县、一个市、一个地区"双学"搞得好的典型。这样的单位、这样的县、这样的区愈多,这个地区党委领导财贸"双学"运动的成绩也就愈大。

第三,一个地区的财贸部门,不但要为本地区的生产和人民生活服务得好,而且要对国家多做贡献。根据各地区的特点,这种贡献可以各式各样。例如在粮产区,就要为国家多收购粮食;在经济作物区,就要为国家收购更多的棉花、油料、糖料、烟叶、水果、水产品等;还可以是为国家多提供猪、禽、蛋、鱼等副业产品,多提供各种土特产品,或者各种出口物资;还可以是为国家提供愈来愈多的资金,帮助国家增加积累。这样的贡献愈多,就证明党委对财贸工作,对"双学"运动领导得好,领导得正确。

所有财贸单位都应当像大庆大寨那样,在党委统一领导下,下苦功夫,把各级领导班子分期分批整顿好,把财贸队伍建设好。当前,财贸队伍的现状同担负的任务不相适应,这是应当注意解决的问题。除了在分配劳动指标方面给予适当照顾外,各级党委要加强对财贸职工的思想政治工作,调动他们的积极性;要搞好在职学习,办好各类财贸学校,有计划地培养干部;要加强职工的技术培训,提倡尊师爱徒,强调苦练基本功,不断提高业务熟练程度;要有步骤、有计划地搞好财贸各行各业的机械化、现代化,所需资金、设备、材料,要纳入计划,切实予以解决;还要在发展国营商业的同时,办好集体商业,发展城乡的代购、代销,把城镇闲散劳动力组织起来,扩大饮食、服务网点。

各级党委和各级财贸部门的领导,要经常关心财贸职工的生活。财贸职工的工作十分辛苦,劳动条件、生活条件也比很多部门差。要采取切实措施,积极地、逐步地解决职工宿舍、食堂、托儿所、休息室和劳动保护等方面的实际困难,保护妇女儿童,并教育职工自觉地搞好计划生育。我们要求财贸职工做好工农业生产和科学研究部门的后勤,解除广大工农兵和知识分子的后顾之忧,也要同时想到,财贸职工本身也有个后顾之忧的问题。各级党委要十分关心、极为细致地负责解决好这个问题。只有这样,才能把财贸职工学大庆学大寨的干劲和积极性长期保持下去。

在学大庆学大寨运动中,我们的基本要求,就是要建设和普及大庆大寨式的财贸企业和财贸单位,并且努力培养和树立全国范围的典型,作为整个财贸战线的旗帜。大庆、大寨式基层财贸企业和单位的标准是:(1)认真学习马列主义、毛泽东思想,坚持党的基本路线,执行党的方针政策。(2)有一个党性强,业务熟,联系群众,团结战斗,老中青三结合的领导班子。(3)有一支又红又专,具有"三老四严"革命作风,全心全意为人民服务的队伍。(4)完成和超额完成国家计划,年年都有新贡献。(5)勤俭办企业,严格执行规章制度,不断提高管理水平。(6)技术革新成效大,服务态度好,服务质量高。对上述标准,不同行业和地区,还可以根据自己的具体情况,作一些补充规定。

我们要求,到1980年,全国1/3的基层财贸单位建成大庆大寨式的单位,让毛主席树立的大庆大寨红旗,在全国财贸战线上高高飘扬。

财贸战线的全体同志们!动员起来,在华主席为首的党中央领导下,加倍努力,团结奋斗,用大庆大寨的革命精神,大力发展我国的社会主义财贸事业,在实现农业、工业、国防和科学技术现代化的伟大斗争中,作出更大的贡献!

国务院副总理陈锡联在北京会见叙利亚军队体育协会主席达尼埃尔·沙赫巴佐夫准将

以解放军副总参谋长迟浩田为团长的中国军事友好代表团到达基加利对卢旺达进行友好访问

7月3日

《红旗》杂志发表社论《实现新时期总任务的强大思想武器》

在伟大、光荣、正确的中国共产党诞生57周年的时候,在全党全军全国各族人民开始新的长征的时候,我们伟大领袖和导师毛泽东主席的光辉著作《在扩大的中央工作会议上的讲话》,公开发表了。

1962年初召开的扩大的中央工作会议,即七千人大会,是我们党历史上一次很重要的会议。毛泽东同志在这次会议上的重要讲话,总结了我党和国际共产主义运动正反两个方面的历史经验,把理论同实践相结合,精辟地阐明了社会主义革命和社会主义建设的一系列重大问题,特别是社会主义时期党的生活和人民内部政治生活的一个根本性的问题——民主集中制问题。这是一篇不朽的马克思列宁主义的光辉文献。今天我们重读这篇光辉著作,感到非常亲切。它的全部基本观点,不但完全经受住了历史的检验,而且非常切合党和人民为实现新时期总任务而斗争的迫切需要。我们党领导和依靠亿万人民群众,充分发动群众的主动性、积极性,相继进行了我党历史上三次重大路线斗争,粉碎了混在党内的三个资产阶级司令部,广大干部和群众关心国家大事、捍卫无产阶级专政、维护人民民主权利的革命觉悟和革命坚定性空前提高,这是这篇著作中光辉思想的新证实和新发展。另一方面,在过去一段时间内,林彪、"四人帮"疯狂践踏党内民主和人民民主,破坏民主集中制,对党和国家政治生活造成了极其严重的损害,这个反面的事实也证明了这篇著作的思想内容是何等深刻。毛泽东同志的这篇光辉著作,是我们当前深入揭批"四人帮",彻底肃清林彪、"四人帮"流毒和影响的强大思想武器,是我们恢复和发扬党的优良传统,加强社会主义民主,加强集中统一,进一步团结、动员和组织全党全军全国人民为实现新时期总任务而奋斗的强大思想武器。

在这篇光辉著作中,毛泽东同志把民主集中制问题,作为无产阶级专政下继续革命的重大问题,同巩固无产阶级专政、防止资本主义复辟、建设社会主义的斗争全局,紧密地联系在一起。毛泽东同志尖锐指出,不论党内党外,都要有充分的民主生活。没有广泛的人民民主,无产阶级专政不能巩固,政权会不稳,还有复辟的可能。毛泽东同志还指出,没有高度的民主,不可能有高度的集中,而没有高度的集中,就不可能建立社会主义经济,如果不建立社会主义经济,我们的国家就会变成修正主义的国家,变成实际上是资产阶级的国家,无产阶级专政就会转化为资产阶级专政,而且会是反动的、法西斯式的专政。在说到这一方面问题的时候,毛泽东同志语重心长地两次提示:这是一个十分值得警惕的问题,希望同志们好好想一想。正是在这样一个十分值得警惕和深思的重大问题上,惊心动魄的阶级斗争事实,特别是"四人帮"的滔天罪行,给我们提供了严重的历史教训。

"四人帮"打着"彻底改善无产阶级专政"的旗号,恣意践踏党内民主和人民民主,疯狂破坏社会主义法制,用残酷手段迫害革命群众和革命干部,把专政矛头指向人民,指向党内,首先指向党的无产阶级领导骨干,制造了严重的白色恐怖。"四人帮"又打着"大民主"的旗号,歪曲无产阶级大民主的思想,鼓吹"踢开党委","越乱越好","矛头向上就是大方向",煽动无政府主义的反动思潮,瓦解党的集中统一的领导和无产阶级的革命纪律,怂恿一切抗拒改造的地富反坏和新老资产阶级分子跳出来,兴风作浪,造无产阶级专政的反。"四人帮"这一套,就是要从根本上破坏无产阶级的民主集中制,颠覆无产阶级专政,就是要对党和人民实行资产阶级专政,实行反动的、法西斯式的专政。他们的所作所为,虽然在一些地方和部门得逞于一时,但是归根到底只能遭到彻底的失败,只不过起了反面教员的作用,使人们更加迅速地看清他们的反革命本质,更加深刻地认识到毛泽东同志在这篇光辉著作中关于认真实行民主集中制和警惕资本主义复辟的论述是多么重要。

鉴于"四人帮"颠倒敌我所造成的严重混乱,严格区分和正确处理两类不同性质的矛盾,特别是正确处理人民内部矛盾,是实现新时期总任务的一个十分重要的课题。华国锋主席在全军政治工作会议上的重要讲话中,向全党全军和全国人民强调地指出了这个问题。在新时期中,我国国内的主要矛盾,仍然是无产阶级和资产阶级之间、社会主义道路和资本主义道路之间的矛盾。这种矛盾,一部分属于敌我矛盾,大量的属于人民内部矛盾。对于罪证确凿的敌人,必须坚决实行专政。在人民内部,必须实行民主,即使是属于两个阶级两条道路性质的矛盾,也不能用专政的方法,而只能用民主的方法去解决。我们现在的一个重要任务,就是要在整个人民内部,党内党外,继续推广和更好地运用民主的方法,去解决我们内部实际存在着的各种矛盾,推动社会主义事业的发展。

民主就是要让人讲话,这是毛泽东同志在这篇著作中反复强调的一个重要思想。毛泽东同志说:"解决人民内部矛盾,不能用咒骂,也不能用拳头,更不能用刀枪,只能用讨论的方法,说理的方法,批评和自我批评的方法,一句话,只能用民主的方法,让群众讲话的方法。"如果在我们党内,在我们人民内部,连话都不让讲,还有什么民主呢?我们的同志,一定要同"四人帮"那种开"钢铁工厂"、"帽子工厂",动不动就把别人打成"反革命"的做法,彻底划清界限。无论党内党外,都要真正把问题敞开,让群众讲话,哪怕是骂自己的话,也要让人家讲。要实行三不主义:不抓辫子、不戴帽子、不打棍子。我们党是一个执政党,党内民主生活是否健全,对于国家政治生活具有决定性的意义。发扬党内民主,让人讲话,界限是什么呢?这就是毛泽东同志所说的:"一个是,遵守党的纪律,少数服从多数,全党服从中央。另一个是,不准组织秘密集团。""只要不是违反纪律的,只要不是搞秘密集团活动的,我们都允许他讲话,而且讲错了也不要处罚。讲错了话可以批评,但是要用道理说服人家。"在人民内部，有各种各样的矛盾。有许多是思想方法和工作方法方面正确和错误的矛盾，先进和落后的矛盾。应该实事求是地看待和正确处理这类矛盾，通过讨论和实践去求得解决，而决不应该任意夸大，乱戴帽子。在人民内部，即使是方向道路的问题，路线性质的问题，也应该通过团结——批评——团结的方法，惩前毖后，治病救人，在分清是非、纠正错误的基础上求得解决。还应当容许少数人在服从决议的前提下，保留自己的意见。只有这样，用民主的方法解决党内矛盾和人民内部矛盾，才能在集中正确意见的基础上，真正做到统一认识，统一政策，统一计划，统一指挥，统一行动。也只有这样，才能在实现新时期总任务的斗争中，遵照党中央关于“团结、团结、再团结”的号召，在毛主席的伟大旗帜下，把全党团结起来，并且通过党的团结，把全国人民团结起来，把一切积极因素统统调动起来。

在这篇光辉著作中，毛泽东同志还把充分发扬民主、健全民主集中制，同正确认识和掌握建设社会主义的客观规律，紧密地联系起来。毛泽东同志强调指出，没有民主，意见不是从群众中来，就不可能正确地总结经验，制定出好的路线、方针、政策和办法。从群众中来又到群众中去，这是马克思主义的认识论。毛泽东同志的深刻论断，指明了在建设社会主义的斗争中不断深入地认识客观世界的正确道路。

新中国成立28年以来，我们党和人民为了认识建设社会主义的客观规律，付出了学费，取得了极其丰富的正反两个方面的宝贵经验。特别是通过揭批“四人帮”，逐步澄清了被他们搞乱的是非界限，使我们对建设社会主义的客观规律的认识，又大进了一步。我们党的十一大路线和新时期总任务，我们在各条战线上已经制定和正在制定的一整套适合情况的具体的方针、政策和办法，就是在发扬民主，总结28年经验，集中群众智慧的基础上提出来的。从总的方面来说，是反映了客观规律的要求和人民的愿望的，是正确的。路线方针已定，我们的干部和群众可以获得系统的路线和政策的教育，从而达到真正的统一认识和统一行动，我们能够比以往任何时候更加顺利地前进了。

当然，必须清醒地看到，我们对于中国社会主义建设这个客观世界的认识，远远没有完结。在实现新时期总任务的过程中，在社会主义现代化过程中，必然还会遇到许多新情况、新事物和新问题，许多新的未被认识的必然王国，我们的知识还很不够。毛泽东同志在这篇著作中，在说到我国要在五十年内外到一百年内外建设起强大的社会主义经济的时候，高瞻远瞩地指出：“从现在起，五十年内外到一百年内外，是世界上社会制度彻底变化的伟大时代，是一个翻天覆地的时代，是过去任何一个历史时代都不能比拟的。处在这样一个时代，我们必须准备进行同过去时代的斗争形式有着许多不同特点的伟大的斗争。为了这个事业，我们必须把马克思列宁主义的普遍真理同中国社会主义建设的具体实际、并且同今后世界革命的具体实际，尽可能好一些地结合起来，从实践中一步一步地认识斗争的客观规律。”这里提出了一个必须在新的伟大斗争中善于学习的重大历史性任务。现在，党中央号召我们：“学习、学习、再学习。”学习任务是多方面的，要学政治、学业务、学科学、学文化，而对于我们党来说，最根本的，就是要把马克思主义的普遍真理，同在我国坚持无产阶级专政下的继续革命、建设社会主义现代化强国的具体实际，同在世界范围内进行联合反霸斗争、发展国际共产主义运动的具体实际，尽可能好一些地结合起来。在学习问题上，必须足够地估计林彪、“四人帮”败坏我们学风所造成的恶劣影响，努力肃清他们的流毒。我们一定要坚持实事求是、有的放矢、理论同实际相结合的原则，坚持从群众中来到群众中去，在千百万群众的伟大实践中不断地总结经验，更好地认识客观规律，创造性地运用和发展马克思主义，夺取新的胜利。

1966年，毛泽东同志决定在党内印发这篇著作的时候，曾经指出：“看来此问题很大，真要实现民主集中制，是要经过认真的教育、试点和推广，并且经过长期反复进行，才能实现的，否则在大多数同志当中，始终不过是一句空话。”我们希望各级党委同志们，在认真学习毛泽东同志这篇光辉著作的基础上，都来想一想、议一议：同志们所在的那个地区、那个部门，党内党外，民主集中制是真正实现了呢，还是很不健全，或者不过是一句空话？事情很明显，我们能否真正实现和健全民主集中制，关键就在各级党委，首先是党委主要负责同志，党委“一班人”的“班长”。毛泽东同志在这篇著作中，尖锐地批评有些领导人不实行民主集中制，不实行集体领导，而是一人称霸，像那个封建时代的楚霸王；同时在结束讲话的时候，又强调指出：“有些同志还没有民主集中制的思想，现在就要开始建立这个思想，开始认识这个问题。”这里实质上是深刻地触及了我们一些领导人世界观的一个根本问题：究竟是马克思主义的民主集中制思想，群众路线的思想，奴隶们创造历史的思想？还是反马克思主义的霸王思想，害怕和蔑视群众的贵族老爷思想，英雄创造历史的思想？一句话，是历史唯物论思想还是历史唯心论思想。这是两种根本对立的世界观。我们各级领导干部，一定要用马克思主义的世界观，克服历史唯心论的思想影响，用马克思主义的科学的领导方法，克服主观主义的和官僚主义的领导方法，做认真实行民主集中制的模范，加强集体领导，在党内党外发扬民主，把民主集中制进一步地健全起来。

正确的政治路线,要有正确的组织路线来保证。我们现在学习的毛泽东同志这篇光辉著作所着重阐明的民主集中制原则,就是我们党的正确的组织路线的重要组成部分。在全党范围内、全国范围内,坚持地贯彻执行民主集中制,进一步地加强各级党委的集体领导制度,加强党的领导机关和党员群众的密切联系,加强党同人民群众的密切联系,造成又有集中又有民主,又有纪律又有自由,又有统一意志又有个人心情舒畅、生动活泼,那样一种政治局面,我们就一定能够保证党的十一大路线和新时期总任务的胜利实现。

中华人民共和国政府照会越南社会主义共和国政府

照会通知越南方面,由于越南方面不顾中国政府的耐心劝告,一意孤行,不断加剧反华排华,极为严重地破坏了中越两国的友好关系,极大地损害了两国人民的兄弟情谊,制造了诋毁与仇视中国的恶劣气氛,破坏了中国专家在越南继续进行建设援助项目的最起码的条件。因此,中国政府不得不被迫作出决定,停止对越南的经济技术援助,调回现在尚在越南工作的中国工程技术人员。

国务院侨办发言人就批驳越南当局和苏联歪曲我华侨政策的谣言答新华社记者问

问:越南当局迫害华侨,大批驱赶华侨,反而说中国“号召华人回国”。请问对此有何评论?

答:我国政府从来没有号召华侨回国。越南当局有领导、有计划、有目的地反华排华,制造了许多谣言,其中之一就是“中国政府号召华侨回国参加建设,谁不回去,就是叛徒”。这是对我国华侨政策的恶意歪曲,为它大批驱赶华侨回国制造借口,妄图把驱赶华侨的责任强加给中国方面。

华侨分布在世界各地。他们同当地人民友好相处,为发展居住国的经济,繁荣当地的文化,作出了贡献,这是全世界公认的。我国政府历来希望居住世界各地的华侨继续在居住国生活,与当地人民友好相处,为当地人民服务,促进居住国和中国的友好关系。即使越南当局今天采取反华排华的政策,我们这个政策仍然不变。

我国政府只是在越南当局迫害华侨,断绝华侨生计,大批驱赶华侨回国的情况下,才不得不接待和安置被迫回国的难侨,并派船接运难侨回国的。我国派船接运回国的不是什么“华人”或“华裔越南人”,而是被越南当局迫害的受难华侨。接运受难侨民回国,这不仅完全符合国际惯例,符合我国一贯的华侨政策,也是中国政府行使保护侨民利益的合法权利。我们坚决要求越南当局改变歧视、排斥、迫害华侨的政策,停止驱赶华侨回国,使在越南的广大华侨能够安心居留,与越南人民友好相处,为增进中越两国人民的友谊继续作出贡献。

问:越南当局宣称,越南南方的华侨早在1956年就取得了越南国籍,他们已经是“华裔越南人”,而中国政府“采取了与过去不同的行动”,攻击中国政府不承认华侨已经取得的当地国籍。请问事实的真相究竟如何?

答:我国对华侨的政策是一贯的。我国政府历来的政策是,赞成和鼓励华侨根据自愿原则选择居住国的国籍,反对采取强迫他们改变国籍的做法;我们不赞成双重国籍,华侨中凡是已经取得居住国国籍的,就自动失去了中国国籍。对于保留中国国籍的华侨,则要求他们遵守居住国的法律,尊重当地人民的风俗习惯,同当地人民友好相处;对华侨的正当权利和利益,中国政府有责任加以保护,也希望得到有关国家的保障。

我国政府的这一政策,得到许多有关国家的赞同和支持。在许多国家,不少华侨在自愿原则下取得了居住国国籍,就自动失去中国国籍,不再具有中国公民的资格,就成为居住国的公民,应该效忠于他们所在的国家和人民。对此,中国政府一贯是予以支持和鼓励的。在华侨加入居住国国籍问题上,凡是按自愿原则办事,中国和有关国家从来没有为此发生过问题。

大家知道,中越两党在历史上有着长期的亲密的关系。1955年和这以后,中国党正是从加强两党、两国和两国人民兄弟关系出发,本着无产阶级国际主义精神,与越南党多次就居住越南华侨问题交换意见。结果,双方确认,居住在越南北方的华侨,应当在和越南人民享有同样权利的前提下,经过长期的、耐心的思想说服教育工作,按照自愿的原则,可以逐步转为越南籍公民。关于在越南南方的华侨问题,则须待越南南方解放之后,再由两国另行协商解决。这些原则,完全符合我国政府关于华侨问题的一贯立场。

根据50年代中越两党的协议,居住越南的华侨,在越南抗法、抗美战争中和建设事业中,作出了自己的贡献。他们同越南人民一起,同甘苦,共患难,建立了深厚的友谊。但战争胜利后,越南当局完全违反中越两党的协议,歧视、排斥华侨,利用国籍问题迫害华侨。在越南北方,华侨不入籍就减少或不供应口粮,剥夺保留中国国籍的华侨的生计,甚至在越南战争时期流过血、立过战功的华侨也不例外。已经加入越南籍的华裔公民,由于他们是中国血统,照样受到歧视和排斥。越南当局的种种错误做法,使华侨对加入越南国籍存在很大的顾虑。对于在越南南方的华侨,越南当局继承了过去它曾谴责过的吴庭艳反动政权强迫华侨加入越南国籍的无理做法，违反华侨的意愿，也不同中国政府协商，单方面宣布越南南方华侨全部为“华裔越南人”，并且加以歧视、排斥和迫害。这表明，“采取了与过去不同的行动”、违反中越两党协议的，不是中国方面，而是越南当局。中国政府的一贯立场是让华侨自愿选择国籍。即使今天越南当局对中国采取极不友好的立场，中国政府支持和鼓励华侨自愿加入居住国国籍的立场仍不改变。凡是自愿加入越南国籍的，我们都表示赞成，并予以尊重。

问：苏联和越南当局一唱一和，说居住越南华侨大批回国，是因为越南南方正在进行“社会主义改造”，并污蔑我国保护居住越南华侨正当权益是“保护”华侨资本家，“干涉越南内政”。请谈谈我们对这一问题的原则立场。

答：这是彻头彻尾的诽谤。众所周知，越南北方早已进行过“社会主义改造”，但那时居住越南北方的华侨并没有因此回国。现在被迫回国的十几万华侨中，居住越南南方的华侨不过一两千人，数以十万计的受害华侨来自越南北方各省。这个事实本身，就无情地粉碎了苏联、越南当局的诽谤。

世界各地之有华侨，这是历史遗留的问题。解放前的千百年来，中国在封建主义压迫之下，许多破产农民背井离乡，出国谋生。他们同侨居地人民一道，披荆斩棘，历尽艰辛，为侨居地的建设作出了自己的贡献。现在居住世界各地的华侨，90%以上是劳动人民。只有极少数对于违反居住国法律、从事非法经营的华侨资本家，人成了资本家，应由居住国政府依法处理，中国政府从不保护。

稍有马列主义常识的人都知道，对资本主义工商业的社会主义改造，对象应是资本家，改造的办法是解决资本家对生产资料的私人占有。居住在越南的华侨，绝大部分是劳动人民，这是越南当局也承认的事实。而越南当局却借口“工商业改造”，歧视、排斥、迫害大批华侨劳动人民剥夺了他们的生活资料，甚至半夜派遣公安人员包围华侨劳动人民的住家，没收财物，将他们扫地出门。很显然，这决不是像他们所标榜的搞“阶级斗争”，而是借此对华侨进行赤裸裸的迫害和掠夺。苏联和越南当局污蔑我国保护居住越南华侨正当权益是什么“保护”华侨资本家，“干涉越南内政”，不过是妄图以谎言惑众，掩盖事实真相。它们还妄想要中国政府放弃根据公认的国际法准则保护侨民的正当权益，这当然是办不到的。

外交部部长黄华在北京与巴布亚新几内亚外交外贸部部长埃比亚·奥莱瓦勒举行会谈

7月4日

全国物资战线学大庆会议在人民大会堂闭幕

中共中央副主席、国务院副总理李先念，党和国家其他领导人余秋里、耿飚、陈慕华、王震、谷牧、康世恩出席了会议。余秋里副总理主持了闭幕式。李先念副主席、康世恩副总理作了重要讲话。

李先念副主席说，物资管理工作是一门重要的科学，物资战线的同志，要政治挂帅，钻研业务，以内行为荣，做到又红又专。政治挂帅要落实到业务上，保证业务工作的完成。要提倡“近水楼台不得月”、“常在河边走，就是不湿鞋”，要坚决打击投机倒把、贪污盗窃的行为，反对物资分配工作中走后门的歪风邪气。

李先念副主席说，物资管理是一项复杂的工作，既要搞好集中统一管理，又要充分发挥两个积极性，做到统而不死，活而不乱。要搞好清仓核资，加速物资周转。物资工作很光荣，大家一定要根据华主席、党中央的指示，把物资工作搞好。

康世恩副总理在会上讲话，他说，华主席为大会题词，给物资工作指明了前进的方向，是对物资战线广大职工的极大关怀和鼓舞，一定要坚决贯彻执行。康副总理说，要充分认识物资管理工作的重要作用，充分认识物资战线是深受林彪、“四人帮”祸害的重灾户，充分认识肃清“四人帮”流毒的重要性和艰巨性，不停顿地向“四人帮”进攻，掀起揭批“四人帮”的新高潮。要充分认识物资战线开展“双打”斗争的重要性和紧迫性，坚决打退资本主义势力的猖狂进攻。

康副总理强调指出，要加强党对物资工作的领导，加强物资的集中统一管理，加速物资周转，把积压的物资搞活。他还指出，今后一切生产企业，必须严格执行国家计划，按照供货合同规定的质量、品种、规格、数量和时间组织生产。质量不合格、品种不对路的，使用部门或物资部门有权拒绝收购。基本建设要严格控制计划外工程，物资部门对计划外工程用料，要坚决卡死；对计划内项目，特别是重点项目，要千方百计保证供应。

会上，表彰了大庆油田的物资工作先进单位、先进集体10个，先进工作者3名，表彰了全国物资供应部门的大庆式企业96个，物资工作学大庆先进企业、先进单位614个，先进集体245个，先进工作者145名。

全国人大常委会副委员长谭震林在北京会见哥伦比亚参议员卡洛斯·奥尔梅斯·特鲁希略和哥伦比亚自由青年联盟全国总协调员何塞·维森特·马尔盖斯

国务院副总理耿飚在北京会见即将离任的土耳其

驻中国大使阿德南·布拉克

《财贸战线》报在北京创刊

《财贸战线》报是一张以财贸工作为主要宣传内容的报纸。它的主要任务是,宣传党在财贸方面的路线、方针、政策,交流财贸方面的情况和经验,动员和组织广大财贸干部和职工,为促进国民经济的高速度发展,加快四个现代化的实现而奋斗。

《财贸战线》报是一张四开报纸,每周二、五出版。

在50年代和60年代,北京《大公报》是全国性的以财贸工作为宣传重点的报纸。"文化大革命"初期,于1966年9月改名为《前进报》。同年年底停刊。此后,一直没有以财贸工作为主要宣传内容的公开报纸。为了适应新时期总任务的需要和广大财贸职工的要求,今年2月,在国务院财贸小组的领导下,成立了财贸战线社,3月底,《财贸战线》报开始试刊,得到各地党政领导机关和财贸部门支持,受到财贸职工欢迎。

7月5日

《人民日报》发表新华社报道《采取有效措施落实政策 解决农民负担过重问题》

去冬以来,中共湖南省湘乡县委认真落实党的农村经济政策,大力扭转"上下左右向生产队伸手,四面八方挖生产队的墙脚"的严重局面,努力减轻农民的不合理负担,初步调动起了干部、社员大干社会主义的积极性。

华主席为首的党中央非常重视湘乡县委的经验,及时向全党转发了这个经验。

去冬以来,湘乡县委和县以下各级党委,围绕全县农业生产连续四年徘徊的问题,整党整风,听取大家的意见。从揭露出的问题来看,这个县农业上不去的一个重要原因,是由于"四人帮"推行假"左"真右的反革命修正主义路线,搞乱了思想,搞乱了现阶段党在农村的各项政策,造成农民不合理负担过重,严重挫伤了广大农民的社会主义积极性。

农民不合理负担过重在这个县的主要表现有八个方面:

第一,有的单位无偿地平调生产队的劳动力、资金和物料,大搞非生产性建设。这几年,在"四人帮"的干扰破坏下,有的单位讲排场、摆阔气,刮起了一股大兴土木、修建楼堂馆所的歪风。1974年以来,县级机关行政单位建了二十三栋楼房,建筑面积共有三万三千一百一十五平方米,花钱一百七十九万一千五百元。这个期间,各区、社也建了三十一栋房子,最大的一栋花钱十一万元。

在大搞这些非生产性基建中,有的严重违反财经纪律,任意占用农业和社队企业的生产资金;有的搞乱摊乱派,拉生产队的劳动力、资金和物资;有的甚至不惜占用耕地,废田建房。例如,县农业、林业、水利三个局,过去共住一栋房子。1973年以来,各局都建了楼房,建筑面积共四千六百零六平方米,花费资金二十一万九千三百二十元。在这笔资金中,挤了农业资金十万零九千六百元。

第二,有些单位和社队铺张浪费、吃喝成风,有的干部违法乱纪,贪污盗窃,任意侵吞挥霍社员的劳动成果。有些地方开现场会,搞评比检查,组织对口比赛,接待上面客人都讲吃喝。有的单位以协作之名,请客送礼,大吃大喝。县铁厂去年开支的招待费就有三千七百元。原县工业局的一个干部,从1971年到1977年,先后贪污、哄骗社队集体资金四千六百九十五元,甚至把两千元给穷队的投资款也窃为己有。从去年"一批双打"中揭发出来的问题看,有些基层干部贪污盗窃问题相当严重。

第三,非生产人员、非生产性用工、非生产性开支大量增加,各种摊派名目繁多,干部劳动少、补贴高,农民不合理负担加重。太平公社1976年公社、大队非生产性人员三百六十二人,平均每个大队二十八人,占总劳动力的百分之十点二,比1973年以前增加了百分之八十。从1971年以来,这个公社从各大队抽调了五十六人到公社机关和企业事业单位,担任管理人员和业务人员,等于国家原定编制人员的二点三倍。随着非生产人员的增加,非生产性用工也相应地增加。1976年,这个公社的各种非生产性用工达三十一万七千三百一十五个,占全年总用工的百分之十四点六,平均每个劳动力负担八十八点八个。大队、生产队干部,临时工作队、社队企业管理人员和赤脚医生、民办教师等各种人员的补贴工,共计十五万八千六百一十二个,占非生产性用工总数的一半。全公社八十二个大队干部,1976年参加劳动不上百天的有三十六个,占百分之四十三。这个公社的各种各样的摊派也多,公社建中学,按人按田从生产队摊派钱一万四千九百元、粮一万三千四百斤。公社办广播,无钱买器材,两次向各队摊派九千六百五十元。公社买电影机,也摊派了一千五百元。公社买拖拉机,按每亩出一元五角钱,又摊派一万六千五百九十元。此外还摊派畜牧管理费、机械管理费、水库管理费、社队企业管理费、合作医疗管理费等项费用一万九千元。全公社各种摊派费共达六万一千六百四十二元,平均每户负担二十一元九角。

第四,国家各级有关部门在兴办农村文教、卫生、交通等事业中,也把大量费用转嫁给生产队负担。几年来，这个县农村入学人数大量增加，民办教师人数也成倍增长，但国家发给民办教师的补助经费有的却被县教育部门和公社、大队扣了下来，挪作他用。本来上级已拨了生猪防疫费，而县里有关部门又规定每收购一头猪从中扣留防疫费一元，全县去年共扣了二十四万元。县水利部门还按每亩一斤粮的标准，收了七十万斤粮食，由水利局掌握使用。在修路养路方面，群众的负担也不轻。除了修建公路、桥梁以外，全县每年还要完成近二十万个义务养路工。最近几年，各区、社抽调了三百一十四个劳动力，组成三十七个常年养路班，交通部门只给少量伙食费。交通部门既要群众义务修路、养路，又对社队的汽车、拖拉机收缴养路费。

第五，有的干部、职工，长期拖欠生产队的钱，也是造成社员分配不能兑现的一个重要方面。1977年，全县国家干部、职工拖欠生产队钱、粮的有六千五百四十八户，占超支户总数的百分之十一点三。共欠四十四万六千三百元，占超支欠款总数的百分之七。有的干部、职工收入并不少，生活也不困难，欠生产队钱不还，却把钱拿去盖了房子，买了自行车、手表、收音机，社员意见很大。

第六，发展社队企业，调用生产队的劳动力多，付给的报酬少。这些年来，社队企业有了较大发展。去年全县社队企业总产值三千三百三十五万四千元，占县社队三级总产值的百分之二十。多数企业是办得好的，为发展农业生产和改善社员生活作出了一定贡献。但是，在发展过程中，也存在着问题。1976年，全县社队企业单位调用生产队劳动力三万三千三百二十五个，付给生产队的劳动报酬平均每个劳动力只八十二元，到队的工值一般只有一角五分钱左右。造成这种情况，主要原因是没有处理好积累与分配的关系，只注意扩大再生产，忽视付给企业劳动力的合理报酬；有的社队领导人路线不正，企业管理混乱，滥用和挖空了企业资金，等等。

第七，农田基本建设战线过长，过多地调用了社队的劳动力和资金。近几年来，全县人民发扬大寨精神，战天斗地，改造山河，大搞农田基本建设，取得了巨大成绩。从1975年以来，全县每年农田基本建设用工都在两千万个以上，比前十年的发展速度增加两倍，使全县生产条件和自然面貌有了很大改变，旱涝保收面积已达四十九万一千亩，占全县水田面积的百分之八十。但是，在大搞农田基本建设中，出现了值得注意的问题。主要是对当前生产与长远建设的关系处理不当，只顾抓大型的，抓县办的，忽视抓小型的、社队的，不能做到当年施工，当年受益，特别是在组织大干的时候，缺乏调查研究和统筹安排，超过了群众的负担能力，同时又没有坚持自愿互利、等价交换的原则。从1973年冬开始，全县连续兴建了红旗水库、合东水库、虞塘河、东山电站等四处大型水利工程，这几项工程都是在全县范围抽调劳动力，要求所有社、队带钱、带粮、负担伙食费、工具费。特别是东山电站，事先考虑不周，缺乏正确的规划和设计，费工大，用钱多，见效慢。全县各社队用于这几项工程的伙食和工具费达六百二十一万元，粮食三千八百七十七万斤，平均每个生产队负担钱一千零四十元，粮六千五百斤。由于县里向下面调得太多，加上连年减产，底子薄弱，结果把一些社队搞空了，搞穷了。

第八，一些工业部门以农业为基础的思想扎根不牢，有的支农产品价格高，质量差，缺两短秤。贫下中农普遍反映，现在有的农机产品，买价高，寿命短，支农产品变成了“害农产品”。贫下中农说：“卖了耕牛买铁牛，买了铁牛变死牛，真是坑农。”县建材厂出厂的水泥，每袋一般少三公斤。县磷肥厂生产的磷肥，不仅质量差，而且平均每袋要少七斤多。有的商业、供销部门，收购农副产品，压级压价比较严重，农民很有意见。

由于上述种种情况，形成了“上下左右向生产队伸手，四面八方挖生产队的墙脚”，削弱了农业生产第一线，破坏了“三级所有，队为基础”的制度和按劳分配、等价交换等原则，增加了农民负担，严重挫伤了群众的社会主义积极性。据洪塘公社调查，去年县、区、社、大队各级，有四十九个部门和单位向生产队伸手，生产队和社员的各种负担有二十四个方面，七十二个项目，六十八万五千个劳动日，占全年总用工的百分之二十七点五。调用劳动力的工值二十万零八百五十六元，无偿调用的资金和物资折价十五万零一百元，各种非生产性开支六万七千三百零七元，以上共四十一万八千三百三十元，平均每个社员负担二十六元，占去年社员分配收入的百分之四十二点六。如果没有上述各种摊派的负担，去年全社每人平均收入就不是六十八元四角，而是九十四元四角。这几年调工摊派多，农民不合理的负担重，加上粮食连年减产，确实把一些生产队搞空了，把群众的积极性调走了。面对这种越来越重的不合理负担，基层干部和贫下中农意见很大。他们说：“如今是县里调、公社要、大队叫，生产队急得跳，不知队为基础的政策要不要。”有的说：“我们生产队像一棵棕树，今天你剥，明天他剥，剥来剥去，只留个小小的心子了。”

为了解决这些问题，湘乡县委采取了下面一些措施：

一、认真搞好县委常委和各级领导班子的整党整风。去冬今春，县委和各级党委紧密结合“一批双打”斗争，进行了一次整风。把怎样正确地贯彻执行政策的问题,作为整风的一项重要内容。大家联系这些问题,重温毛主席关于“农民的情况如何,对于我国经济的发展和政权的巩固,关系极大”的教导,认真总结在领导农业生产和执行党的政策中的经验教训。回顾过去,他们在领导工作中,既出现过像刮“共产风”那样的“左”的错误,又出现过像“包产到户”那样的右的错误。每次背离党的政策,都要带来群众思想的混乱和集体生产的倒退。特别是前几年,“四人帮”推行反革命修正主义路线,常常用极“左”的形式来贩卖极右的黑货,把人的思想搞乱了,头脑里产生了“左”比右好,宁“左”勿右的错误思想。这种思想上的“内伤”,使有的领导干部政策观念和群众观念淡薄了,对党在农村现阶段的经济政策宣传不够了,对“三级所有,队为基础”、“各尽所能,按劳分配”、“自愿互利,等价交换”等一系列政策原则执行不那么坚决了,有的甚至把一些现阶段党的政策所允许办的一些事情也当作资本主义批了,有的不顾当前条件和客观实际,把一些将来才能办到的事情拿到现在来做。这样,使生产力遭到破坏,群众的社会主义积极性受到挫伤,造成了全县农业生产徘徊,群众生活下降的后果。通过总结历史的和现实的经验教训,各级领导干部更加深切地感到,违背党的政策,损害贫下中农利益,造成当前农民不合理负担重的情况,同高速度发展农业、实现新时期总任务的要求,已经发生了尖锐的矛盾。要贯彻华主席抓纲治国的战略决策,夺取农业发展的高速度,就必须紧紧抓住揭批“四人帮”这个纲,分清是非,拨乱反正,认真落实农村经济政策,努力减轻社员不合理负担,用政策来调动广大群众的社会主义积极性。经过整风学习,县委常委和各级党委明确了落实党的政策的重要性和迫切性。为了做好这项工作,县委首先抓了领导作风和干部作风的转变,号召各级干部坚持党的优良传统,到农业第一线去,为建设大寨县作出贡献。县委十三名常委,下去十一个。县直属机关、企业事业单位有干部七百四十八名,抽调四百六十六人下到农村第一线。六百九十四名区、社党委成员,有五百九十多名下队蹲点。一千三百多名区、社干部,有一千一百多名下到生产队。干部下去以后,举旗抓纲,拨乱反正,带头劳动,带头大干,深入调查研究,根据群众的迫切要求,采取切实有效的措施,落实党的政策,受到群众的欢迎。

二、紧紧抓住阶级斗争这个纲,深入进行“一批双打三整顿”,坚决刹住非生产性建设和大吃大喝、铺张浪费的歪风。去冬以来,全县采取城乡结合、上下结合、内外结合和专业班子与群众运动相结合的方法,揭开了农村两个阶级和两条道路斗争的盖子,进行了一场保卫社会主义公有制的严重斗争。在这场斗争中,对贪污盗窃、投机倒把、严重破坏集体经济、侵吞集体财产的新老资产阶级分子进行了批判斗争。县委认真发动干部、群众深揭狠批“四人帮”刮起的资产阶级歪风,彻底揭开各地讲排场、摆阔气、无偿地平调生产队劳动力、资金、物料,大搞非生产性建设和大吃大喝、挥霍浪费集体资金的盖子,深挖根源,分析危害。县委还作出了制止吃喝风、停止非生产性建设的决定,对全县所有非生产性建设工程,一律停止,必须兴建的重新报告,重新审查,在未批准前,任何单位和个人不得擅自复工兴修。县级机关十八项正在兴建的非生产性建设工程立即下马,区、社和大队正在或准备兴建的非生产性建设项目全部停工。对新研公社违反财经纪律、扩大基建计划、调用生产队资金劳动力、侵占良田、大兴土木、建造办公楼的严重问题,在全县区、社党委书记会上提出了严肃批评。县委还就这几年讲吃喝、讲排场,大搞非生产性建设的问题,在全县三级干部会上,作了公开检讨。各级党委也围绕这个问题,层层开展三查(查立场、查路线、查作风),公开检讨错误,接受群众批评。这样,全县盛行一时的吃喝风和搞非生产性建设风很快刹下来了。

三、采取具体措施,千方百计减轻群众的不合理负担,增加群众收入。在整党整风,加强各级干部政策观念教育,狠抓经济领域阶级斗争的同时,这个县采取了以下四项具体措施:

一是,进行了一次年终分配大复查。全县动员一千多名国家干部,三千多名大队干部参加,对生产队一个一个地进行了年终分配大复查。通过发动群众,采取各种办法,从各个方面集中了二百九十九万五千元资金拨到生产队,使全县平均每人增加收入近四元。长丰公社在复查前,全社六十一个生产队,有三十三个队减产减收或增产减收,复查后,全社百分之九十的队和百分之九十的社员增加了收入。贫下中农反映,县委这一着抓得好,合民意,得人心。

二是,精兵简政,大力压缩非生产人员。全县各大队常设干部原有四千五百九十七人,按每个大队三至五人,精简为二千五百八十四人。对大队干部实行定工劳动,定额补贴,每个大队干部每年补贴不得超过一百二十个劳动日。合理安排社队企业劳动力,坚决清退私招乱雇劳动力,压缩“几大员”,使一万三千多个劳动力回到了农业生产第一线。

三是,统筹安排资金。县委确定今后全县每年的地方财政收入,保证百分之九十用于农业和支农工业,以减轻群众在农田基本建设上的负担。县办东山电站工程,原规划上专业队一万人,后来调整到四千人。县委紧缩开支,从县财政上拿出五十万元,解决专业队劳动力的伙食和工具费用,做到县办工程不要群众带钱上工地。今后对非受益社、队出工,还要遵照中央指示,给以适当报酬。

四是，对各行各业各个部门进行了以农业为基础的教育，增强他们的群众观点和政策观念。县委举办了各条战线、各个部门负责人学习班，检查支农工作，检查向农民转嫁负担的情况，揭露加重农民负担的种种表现，采取具体措施，坚决改正。工业部门立即对化肥厂调用的农村劳动力付了工资，财贸部门清退了多雇的农村劳动力，文教局把扣留的民办教师补助经费七万元拨了下去。

最近，县委又组织力量对各种非生产性建设中平调生产队的劳动力、资金、物料进行了清理，并决定退赔。一次退赔不了的，也作出计划，分期退赔，保证兑现。

这些措施，对落实党在农村的经济政策，加强农业第一线，减轻生产队的不合理负担，起到了很好的作用。贫下中农喜笑颜开，奔走相告，说："毛主席的爱民政策又回来了，华主席同我们贫下中农真是心连心！"

通过这一段的工作，湘乡县委越来越深刻地认识到，减轻农民不合理负担的问题，是一个关系到要不要党的政策，要不要以农业为基础，要不要工农联盟，要不要农民积极性的问题，也是一个真想农业高速度还是假想农业高速度的问题。最近，湘乡县委正在各行各业中，进一步开展以农业为基础的再教育，要求各级干部增强以农业为基础的观念，继续大力落实党在农村的各项经济政策，充分调动广大农民的社会主义积极性，使农业生产有一个大发展，开创农业学大寨的新局面。

《人民日报》发表社论《落实党的政策 减轻农民负担》

当前，全国人民正在华主席为首的党中央领导下为实现新时期的总任务努力奋战。我国社会主义革命和社会主义建设事业已经进入一个新的发展时期，各条战线都出现了新的跃进局面。农业是国民经济的基础，能不能有个高速度发展，以适应各行各业发展的需要，适应实现四个现代化的需要，这是一个关键问题。为了解决这个问题，首先要回答的是，障碍农业高速度发展的主要因素是什么？这是全国人民关心的大问题。湘乡县委经过认真调查研究，提出了落实党的政策，减轻农民不合理的负担，调动广大农民社会主义积极性的问题。这是当前高速度发展农业必须解决的一个关键问题。湘乡县委敢于揭露矛盾，敢于揭批"四人帮"的假"左"真右，抓住了要害，抓得准，抓得好！为农村联系实际，深入揭批"四人帮"，进行整党整风整社，创造了好经验。

华主席为首的党中央非常重视湘乡县委提出的问题，及时向全党转发了湘乡的经验，作出了重大的决策。各地都应该参照湘乡的经验，深入调查研究，根据当地的情况，在深入揭批"四人帮"和整党整风整社中，在农业学大寨运动中，认真解决好这个问题。

力争农业高速度，归根到底，要靠坚决贯彻执行以农业为基础的方针，靠调动几亿农民的社会主义积极性。而认真落实党在农村的各项政策，减轻农民不合理的负担，真正做到增产能增收，多劳能多得，分配能兑现，是有决定意义的一环。华主席在五届人大的报告中指出："认真执行党在农村现阶段的各项经济政策，对于调动农民积极性关系极大。"农村政策不落实，不合理负担那么多，农民整年辛辛苦苦劳动，他们的利益却不断受到侵犯，社会主义积极性怎么能够调动起来？农业怎么能够上得去？农业如果上不去，必然会影响到各行各业的发展速度。

农村为什么有这么多不合理的负担？原因虽是多方面的，但根源在于"四人帮"的干扰和破坏。祸国殃民的"四人帮"，搞乱了现阶段党在农村的各项政策和人民公社的经营管理制度，为资本主义泛滥和坏人胡作非为大开方便之门。他们任意侵吞集体财产，大肆挥霍浪费，无人敢管敢问。由于经营管理混乱，规章制度废弛，一些社队超支挪用的现象普遍发生，再加上名目繁多的摊派，各种各样的补贴，形成"上下左右向生产队伸手，四面八方挖生产队的墙脚"。沉重的负担压在农民头上，严重挫伤了农民群众的社会主义积极性。

政策和策略是党的生命。毛主席一贯重视政策问题，在农业合作化和人民公社化运动中，毛主席总是根据农村发展情况和农民的要求，及时为我们党制定正确的政策，教育全党不断提高政策水平，用党的政策调动群众的积极性。我们要坚决遵照毛主席的教导，按照华主席为首的党中央的一系列指示办事，认真落实现阶段党在农村的各项政策。在解决农民不合理负担的问题时，必须兼顾国家、集体、个人三者的利益，保证农村社、队和社员增产增收，使农民从切身体会中认识到，集体经济的发展同自己的切身利益是息息相关的。这样，才能把亿万农民群众的社会主义积极性更加充分地调动起来。

落实党在农村的各项政策，减轻农民不合理的负担，是目前农村中一项刻不容缓的工作，各级党委都要把这个问题提到重要议事日程上来，采取有力措施，切实抓紧、抓好。

对那些在"四人帮"支持下猖狂破坏社会主义公有制和人民公社集体经济的阶级敌人，对那些大量侵吞人民劳动果实的贪污盗窃犯、投机倒把犯，必须在揭批"四人帮"的第三战役中，放手发动群众，通过深入开展"一批双打"，坚决加以打击，追回赃款赃物。同时,要坚决刹住“四人帮”刮起的资产阶级邪风,严禁大吃大喝,请客送礼,铺张浪费,乱盖楼堂馆所。今后凡是动用公款吃喝、送礼的,谁动用谁偿还,凡是在计划以外乱盖楼堂馆所的,一律由国家没收。情节严重的,要绳之以党纪国法。

任何部门和单位,一律不准平调社、队的劳力、财力、物力搞非生产性的建设。无偿平调的要向群众公开检讨,坚决退赔。各地方、各部门在农村举办工业交通、财贸商业、文教卫生等各项事业,都必须有利于促进农业生产,不影响社队增产增收,不得以“群众大办”之类的借口乱行摊派。国家为发展农村各项事业安排的费用,支援人民公社的基金,任何单位不准扣留和挪用。已摊派的财物,克扣的粮款,要认真清理和退赔。任何地方、部门和单位,自行制定的那些违背党和国家的政策、侵犯群众利益的“土”政策,应一律废除。各地追回的赃款赃物,退赔和归还的钱、粮、物资,凡是属于社、队的,应该用于社、队的生产建设,纳入社、队的收益分配,并将账目向群众公布。

要坚持干部参加集体生产劳动的制度,精兵简政,坚决压缩非生产人员、非生产用工和非生产性开支。抽调常年离队的劳动力要严加控制,保证农业第一线有足够的劳动力。社、队的文体活动要坚持在业余时间办,不准增加宣传队、体育队之类的脱产人员,不许增加工分补贴人数和补贴工分。各级领导机关要精简会议,克服“五多”,为干部更好地参加劳动创造条件。

各个工业部门,各个地方,要努力提高工业品特别是支农工业品的质量,降低生产成本。农业机械、化肥、农药等支农产品的价格,要有计划地逐步降低。质量不合格的产品不准出厂;已出厂的要包修、包换、包退;分量不足的要予以补足。我国目前农业的生产水平还比较低,农民花钱买机器是不容易的。要下决心彻底改变那种由于农业机械质量不好而出现的“卖了耕牛买铁牛,买了铁牛变死牛”的状况。商业、供销部门要千方百计地扶植农村生产,在收购农副产品时要实行优质优价,决不允许压级压价或让农民贴钱补粮。

农业要高速度发展,非大搞农田基本建设不可。人民公社集体经济要壮大,社、队企业必须有一个大的发展。这些事业都要有正确的规划,既要大力发扬艰苦奋斗、自力更生的精神,大搞农田基本建设,又要考虑到国家财力、物力和农民负担的可能;既要努力从根本上改变农村面貌,又要做到当年收益,正确处理积累和分配的关系。农田基本建设没有规划,没有设计,就不能施工,要珍惜人力物力,爱护群众的积极性。在组织协作时,既要发扬共产主义风格,又要认真执行等价交换、自愿互利的政策,切不可重犯“一平二调”的错误。非受益社、队出工参加农田基本建设,不能让生产队贴钱补粮,还要给以适当报酬。对于农田基本建设的一些重点工程,国家和地方要给予适当补助。对发展社队企业,有关部门要给予大力支持,帮助他们把产、供、销逐步纳入计划。要把节约下来的资金、人力和物力用到农田基本建设和发展社、队企业方面来。

增产不增收,多劳不多得,分配不兑现,是当前农村中相当普遍的现象,是影响农民积极性的严重问题。在从各方面减轻不合理负担的同时,大力发展社、队集体生产,坚持勤俭办社、民主办社的方针,改善经营管理,保证在增产的基础上增加农民收入。坚决执行“各尽所能,按劳分配”的原则,反对平均主义,保证多劳多得。对于许多社、队存在的超支、分空问题,要认真地、妥善地加以解决。国家干部和职工,长期拖欠社、队粮、款的,要带头归还。当前,各地应该结合农村夏季预分工作,立即认真清理一下农民不合理负担过重的问题,努力为全年增产增收、多劳多得、分配兑现打好基础。

党的各项政策要落实,群众的积极性要调动起来,各级领导班子必须认真整顿,干部作风必须有一个大的转变。形势越好,越要谦虚谨慎,实事求是,埋头苦干,不要浮夸。干劲一定要有,假话切不可讲。一切不收实效,影响生产,图虚名而得实祸的“花架子”、形式主义,必须坚决纠正。领导要关心群众生活,和群众同甘共苦。办事要同群众商量,决不允许强迫命令、瞎指挥。对那些一年、二年、三年都不能把生产搞上去的不称职的干部,应予调整;把真心学大寨、全心全意为人民服务、干劲大、作风好,能联系群众、不浮夸、不说假话、有农业生产经验的干部,放到农业领导岗位上来。对那些严重违法乱纪的人和事,必须严肃处理。

解决农民不合理负担的问题,是一个关系到巩固人民公社集体经济的问题,是一个关系到加强工农联盟的问题,也是一个真想农业高速度还是假想农业高速度的问题。各级党委要千百倍地增强政策观念和群众观念。特别是各省、自治区、直辖市党委,都要下去亲自查一查农民的负担问题,想一想应该怎么办?各地区、各部门,特别是中央和国家机关各部委,都要认真地检查一下是不是真正地支援了农业,是不是真正地为农民办了好事,是不是真正地执行了以农业为基础的方针?近来,四川、安徽、吉林、新疆一些省和自治区的主要负责同志深入基层,调查研究,认真抓了落实党在农村的各项政策,受到广大群众的热烈欢迎,应予大力提倡。我们坚信,只要各级党委重视起来了,采取有力措施把农民不合理负担的问题解决好了,农民的社会主义积极性就会迅速迸发出来,农业的高速度发展就大有希望,新时期总任务的实现就有了更可靠的保证。

全国石油化学工业第二次工业学大庆会议在大庆举行

国务院副总理康世恩出席了会议，他代表国务院向会议表示热烈的祝贺，并作了重要讲话。他要求大庆油田不仅要成为革命化的样板，而且要成为现代化的样板，成为石油化学工业现代化的基地，为全国工业交通战线作出榜样。康世恩副总理要求大家深入开展工业学大庆运动，学习大庆揭批“四人帮”打总体战的经验，学习大庆严格要求的好作风。他说，治厂要严；严，是现代化大工业生产的客观要求。有了一个严格要求的风气，无政府主义、自由主义就没有市场，队伍就有战斗力，干出的事就过得硬，信得过，经得起检查。他在讲话结束时，号召石油化工战线扎扎实实、埋头苦干、革命加拼命、拼命加科学地大干。在华主席、党中央的领导下，干出一个现代化的大庆油田样板来，干出10来个“大庆油田”来，干出一个化学工业的高速度来，为建设社会主义的现代化强国作出更大的贡献。

会议期间，石油工业部部长宋振明和化学工业部部长孙敬文分别作了报告。这两个报告根据华主席、党中央的指示精神，总结了同林彪、特别是同“四人帮”斗争的经验，总结了发展石油、化学工业的经验，提出了今后的工作任务，阐述了创建十来个“大庆油田”和高速度发展化工的规划，明确了实现这些任务的具体工作路线、方针和措施。

石油部 化工部授予63名先进人物“劳动英雄”光荣称号

这批劳动英雄中，既有全国著名的老劳模，也有去年全国工业学大庆会议以来新涌现的先进代表。石油系统有41名劳动英雄，其中包括大庆会战初期同王铁人一起被誉为“五面红旗”的马德仁、段兴枝、薛国邦、朱洪昌，“最讲认真的人”周占鳌，“钢铁钻工”吴全清，“继承铁人精神的好队长”高金颖，“活账本”齐莉莉，模范家属薛桂芳，“身残志坚的技术员”耿玉亭等。化工系统的22名劳动英雄中有老劳模李国才、侯德武和已故的辉县化肥厂党总支书记赵恒富等。

这批劳动英雄都是认真学习马列主义、毛泽东思想，有高度阶级斗争、路线斗争觉悟，旗帜鲜明地同“四人帮”作斗争的先锋战士。他们在三大革命运动中作出了卓越的贡献，发挥了模范带头作用。他们一不怕苦，二不怕死，把心贴在工作上，大干社会主义。他们有高度的革命责任心，把冲天的革命干劲同严格的科学态度结合起来，有“三老四严”、“四个一样”的好作风，为革命干保险活。他们刻苦钻研业务，对技术精益求精，勇于实践，敢于创造，不断攀登科学技术高峰，努力赶超世界先进水平。

石油部、化工部号召石油化工战线的职工和家属，向劳动英雄学习，向劳动英雄看齐，为实现新时期的总任务，高速度发展石油化学工业而努力奋斗。

国家经委发出《关于开展“质量月”活动的通知》

通知决定今年9月在全国工交战线开展第一个“质量月”活动。

通知说：把我们的工业生产，切实转到质量第一的轨道上来，是实现新时期总任务，向四个现代化进军的一个重大步骤，是贯彻落实多快好省地建设社会主义总路线的重大问题。我们必须把提高产品质量的工作，当作一件大事来抓，尽快抓出成效。粉碎“四人帮”以来，产品质量下降的趋势有所好转，但产品质量低劣的情况，依然严重存在。要从根本上改变这种状况，必须做大量的艰苦扎实的工作，并且持之以恒，坚持不懈。每年集中一段时间，开展“质量月”的活动，是发动群众提高产品质量的好办法。

通知对开展“质量月”活动提出以下几点要求：

一、“质量月”活动的目的，就是要广泛发动群众，通过大宣传、大检查、大评比、大落实，牢固地树立“质量第一”的思想和“生产优质品光荣、生产劣质品可耻”的风尚；表扬先进，总结交流提高产品质量的经验；揭露矛盾，找差距，制定赶超国内外先进水平的措施，落实提高产品质量的规划。

二、做好“质量月”活动的准备工作。各工交企业和各级管理部门，从现在起就要做好思想动员和有关的组织工作，狠抓产品质量。要大张旗鼓地宣传提高产品质量的好人、好事、好经验。各工厂要筹办产品质量好坏对比展览。有条件的地区和部门，要举办和国内外先进水平对比的展览。

三、“质量月”开展大检查的主要内容：“质量第一”的思想是否真正树立起来了？特别是领导干部是否真正把质量第一的方针贯彻到各项工作中去了？产品质量是否恢复到本单位历史最好水平？同国内外先进水平还有哪些差距？质量技术标准贯彻执行得怎样？访问用户工作进行得如何？各级的质量管理机构和质量责任制是否建立、健全起来？检验机构的作用是否充分发挥了？是否执行了“四不”(原材料不合格的不投料，零部件不合格的不装配，产品不合格的不出厂，不合格品不能计算产值和产量)和“三包”(出厂的包修、包换、包赔)制度？图纸、工艺、设备、量具等是否齐全、精确？操作技术是否合格，基本功(包括科室的干部、技术人员)是否过硬？大检查必须充分发动群众，走访有关单位，认真地揭矛盾，找差距，促整改，坚持“三老四严”，反对弄虚作假，不能搞形式，走过场。

四、开展“质量月”活动，要评选和公布一批班组、车间、工厂的年度质量标兵和在提高产品质量上有重大贡献的科技人员，评选和公布一批“质量信得过”的先进班组、车间或工厂；评选公布一批地区的、行业的优质产品。评选要有真凭实据，要走群众路线，由上级主管部门批准命名。

五、“质量月”要制订和落实质量升级计划，制定或修订技术标准。

六、加强对“质量月”活动的领导。工交企业要把党、政、工、团各方面的力量统一组织起来，对“质量月”的活动，做到既有统一领导，又有分工负责，扎扎实实，讲求实效地进行工作。各省、自治区、直辖市工交管理部门负责抓好地区企业产品质量的检查评比；中央各工业部门负责抓好行业产品质量的检查评比。地区和部门要密切协作，深入企业，抓好典型，指导一般。

国务院副总理李先念在北京会见巴布亚新几内亚外交外贸部部长埃比亚·奥莱瓦勒

国务院副总理方毅在北京会见以早稻田大学校长村井资长为团长的日本早稻田大学友好访华团

解放军铁道兵领导机关指战员举行集会纪念铁道兵成立30周年

华国锋主席和叶剑英副主席分别为铁道兵题词。华主席的题词是：“加速铁道兵的革命化、现代化建设，为建成社会主义强国而奋斗。”叶副主席的题词是：“逢山凿路，遇水架桥，铁道兵前无险阻；风餐露宿，沐雨栉风，铁道兵前无困难。坚持这一革命精神，为建成社会主义现代化强国，作出更大的贡献。”

铁道兵第二政治委员旷伏兆主持了大会。

曾经担任铁道兵第一任司令员的国务院副总理王震出席了大会，并且在会上讲了话。他说，华主席和叶副主席的题词是对铁道兵的鼓舞和鞭策，指明了铁道兵的前进方向。铁道兵的革命化、现代化建设同整个国家的铁路建设、国防建设，同四个现代化是分不开的。我们伟大的祖国有960万平方公里的土地，少不了现代化的铁路。这就要求我们必须把铁道兵建设成为一支英勇顽强、又有科学技术能力，坚持无产阶级政治挂帅的新型兵种。王震副总理勉励大家很好地学习和领会华主席、叶副主席的题词，继承毛主席、周总理的遗志，在向四个现代化进军的新长征中不断创立新的功勋。

铁道部部长段君毅在会上讲了话。他说，我们要搞四个现代化，非大修铁路不可。铁道兵有“红军不怕远征难，万水千山只等闲”的英雄气概，修现代化的铁路，没有铁道兵是不行的。我们要靠铁道兵，要同铁道兵并肩战斗，完成华主席为首的党中央交给我们的光荣历史使命。

铁道兵司令员陈再道在讲话中回顾了铁道兵在伟大领袖和导师毛主席、敬爱的周总理、朱德委员长的亲切关怀下走过的战斗历程。他说，铁道兵的30年历史是一部艰苦奋斗的历史。在战争年代，铁道兵广大指战员发扬不怕苦、不怕死的革命精神，保证野战军打到哪里，把铁路修到哪里，创造了“打不烂，炸不断”的钢铁运输线，胜利地完成了铁路抢修、抢建任务，有力地支援了革命战争。在参加祖国社会主义建设中，铁道兵部队保持和发扬了艰苦奋斗的优良传统。广大指战员胸怀全局，志在四方，奋战万水千山，同广大铁路职工并肩战斗，担负和参加修建了鹰厦、成昆、襄渝等50多条铁路干线和支线，共计1万余公里。今天纪念铁道兵成立30周年，最好的实际行动就是高举毛主席的伟大旗帜，加速铁道兵的革命化、现代化建设，在紧跟华主席进行新长征中，把铁路修得更快更好，积极做好反侵略战争和解放台湾的准备，不断为人民立新功。

全国自然辩证法夏季讲习会在北京举行

由中国自然辩证法研究会筹委会举办的全国自然辩证法夏季讲习会，于7月5日至21日在北京举行。参加讲习会的，有来自全国各省、自治区、直辖市、国家机关和部队的506个单位的科学技术工作者、哲学工作者和自然辩证法工作者，共1500多人。这次讲习会，是粉碎“四人帮”以来，自然辩证法战线上最大的一次学术活动。

在这次讲习会上，有20多位自然科学工作者、自然辩证法工作者和哲学工作者，就数学、物理学、化学、天文学、地学、生物学、科学技术史、自然辩证法和哲学等方面的问题，作了学术报告。这些报告，论述了自然科学和技术科学最新发展所提出的某些哲学问题，对科学技术发展的各个阶段作了分析，对历史上一些著名科学家(爱因斯坦、海森伯等)的哲学思想也进行了评论。此外，通过大量的资料，回顾了自然辩证法研究的历史情况和经验，这对今后如何开展自然辩证法工作很有裨益。这次讲习会，使大家开阔了眼界，增长了知识，对于现代自然科学和技术科学的新进展和提出来的哲学问题，有了进一步的了解。讲习会注意贯彻党的“百花齐放、百家争鸣”的方针，与会者各抒己见，大胆发表自己的学术见解，开得生动活泼。

这次讲习会是在当前理论战线上关于真理标准问题的讨论广泛进行的时候举行的。作报告的同志结合自然科学各门学科的发展进程，用大量的事例说明了理论和实践的关系，论证了实践是检验真理的唯一标准。当前这次讨论，不仅是理论上的问题，而且关系到思想路线和政治路线，意义十分重大。许多同志在报告中旗帜鲜明地坚持了实事求是、从实际出发、理论和实践相结合这个马克思主义最基本的原则。

7月6日

国务院在北京召开务虚会研究加快我国四个现代化建设的速度问题

会议于7月6日至9月9日召开，国务院有关部门负责同志60多人参加。会议提出：要组织国民经济的新的“大跃进”，要以比原来设想更快的速度实现四个现代化。但这次会议也大胆地提出和讨论了经济管理体制改革的问题，并提出了对外开放的思想，强调放手利用我国资源，利用外国资金，要从外国大量引进先进技术设备。

全国人大常委会副委员长邓颖超在人民大会堂会见由日中友好协会全国本部会长黑田寿男率领的日本日中友好之船访华团一行

国务院副总理陈慕华在北京会见英国新任驻中国大使珀西·柯利达

国务院副总理谷牧在北京会见澳大利亚工党就业和劳资关系发言人迈克尔·扬及其一行

中共中央政治局委员 中联部部长耿飚在北京会见以意大利统一共产党总书记奥斯瓦尔多·贝契为团长的意大利统一共产党中央代表团

全国人大常委会副委员长姬鹏飞在大马士革与叙利亚副总理兼外交部部长阿卜杜勒·哈利姆·哈达姆进行政治会谈。

双方就当前国际形势和共同关心的问题在友好的气氛中进行了会谈。

中国方面参加会谈的有外交部副部长何英和中国驻叙利亚大使曹克强等。

7月7日

全国财贸学大庆学大寨会议举行全体会议

中共中央主席华国锋在会上作重要讲话。

中共中央副主席叶剑英、邓小平、李先念，党和国家其他领导人韦国清、乌兰夫、吴德、余秋里、张廷发、耿飚、倪志福、陈慕华、赛福鼎、王震、谷牧、康世恩，中央军委负责人罗瑞卿，出席了大会。

叶剑英副主席主持了今天的大会。

出席大会的还有最高人民法院、最高人民检察院、中共中央和国务院各部门、中国人民解放军各总部和国防科委、中央和各省、自治区、直辖市主管财贸工作的负责人和这次会议的领导小组成员。他们是：曾汉周、关山复、胡耀邦、张平化、罗青长、张耀祠、李贵、张致祥、马文瑞、胡绳、熊复、张香山、穆青、秦川、姚依林、杨静仁、程子华、李强、杨立功、周子健、刘伟、吕东、柴树藩、肖寒、宋振明、孙敬文、梁灵光、段君毅、叶飞、张劲夫、李葆华、王磊、陈国栋、黄镇、胡乔木、刘振华、顾明、袁宝华、韩光、赵东宛、于桑、石林、叶志强、李质忠、赵汾浦、王纯、张彬、胡明、朱春和、雍文涛、钱信忠、徐寅生、胡克实、吴庆彤、苏静、杨勇、何正文、黄玉昆、张元培、李耀文、邓力群、林海云、段云、刀国栋、方皋、王宪、王慈、王金山、王秉章、王庭栋、王黎之、牛荫冠、牛瑞驷、廖生东、冯纪新、关舟、江东平、刘田夫、刘海波、阎达开、李力、李普、李夫全、李庭桂、肖鹏、严佑民、陈作霖、杨尚奎、张遗、张士英、宋致和、金逊、郑拓彬、郑耀舜、姜习、胡坦、胡亦民、赵海峰、高修、高富有、郭富银、郭献瑞、秦和珍、曹文举、程宏毅。

中共中央主席华国锋在全国财贸学大庆学大寨会议上的讲话

同志们：

这次全国财贸学大庆学大寨会议就要胜利闭幕了。先念同志的讲话和秋里同志的报告很重要，很好。大家学习和讨论了他们的讲话和报告，交流了财贸各部门学大庆学大寨的经验，鼓起了学先进、赶先进、超先进的干劲。会议开得生动活泼，大家解放思想，畅所欲言，发扬了民主，集中了智慧，提高了认识，增强了信心。这次会议对于调动财贸战线广大职工的社会主义积极性，提高财贸工作的水平，促进国民经济的高速度发展，加快建设社会主义现代化强国的步伐，必将发生巨大的作用。

在我们党粉碎王洪文、张春桥、江青、姚文元“四人帮”反党集团以后，中央作出了抓纲治国的战略决策，召开了党的第十一次全国代表大会和第五届全国人民代表大会，确定了党和全国人民在新时期的路线和总任务。我们还召开了农业大会、工业大会、科学大会和其他重要会议，现在又召开财贸大会。我们依据马克思列宁主义、毛泽东思想，依据新的实际情况，为实现新时期的总任务，确定了各项工作的根本方针，制定了1976年到1985年的发展国民经济十年规划纲要和全国科学技术发展规划纲要。这些方针和纲要的执行，一定会使我国很快出现一个新的社会主义经济建设高潮和一个新的社会主义文化建设高潮。

今年以来,各条战线在抓纲治国一年初见成效的基础上,乘胜前进,取得了新的成绩。就全国范围来说,清查"四人帮"帮派体系的工作已经基本上胜利结束,少数落后的地区和单位情况正在改变。对"四人帮"反革命修正主义路线和反动思想体系的批判正在深入。在党中央领导下,安定团结的政治局面得到巩固和发展,党内民主和人民内部民主得到恢复和发扬。广大干部、工人、农民、知识分子精神振奋,投入三大革命运动,敢于讲话,敢于批评,社会主义积极性进一步调动起来了。我们的工业、农业和财贸事业,都取得了比较高的发展速度。我们的科学、教育、文化事业,都有了显著的进步。总之,形势是很好的。

就经济形势来说,据初步统计,今年上半年与去年同期相比,工业生产增长24%,其中,钢产量增长67%,石油产量增长11%,煤炭产量增长19%,发电量增长17%。棉纱、纸张、食糖等16种主要轻工业产品都大幅度增产。交通运输的情况很好,铁路的货运量今年上半年比去年同期增长22%。农业去冬今春不少地区遇到严重自然灾害,但由于学大寨群众运动的蓬勃发展和农村经济政策的逐步落实,今年夏粮比去年还是增产100亿斤以上。城乡市场购销两旺,库存增加。今年一季度全国消费品的零售总额超过了以往任何一年的旺季水平,二季度继续增长。财政收入,上半年也较大幅度地超过了原定计划。

从上面所说的情况可以看到,粉碎"四人帮"以来的一年多中间,我们挽救了濒于崩溃边缘的国民经济,使它开始转上持续增长、健康发展的轨道。国民经济的这种恢复和发展,不是表现在一个或几个部门和地区,而是表现在所有的部门和地区。揭批"四人帮"的政治大革命推动生产发展,安定团结的政治局面导致经济繁荣,这是完全合乎规律的现象。全国人民都为经济战线取得的胜利感到高兴,对于夺取新的胜利满怀信心。

但是我们丝毫也不能自满。应该看到,目前的发展带有恢复的性质。前些年"四人帮"严重破坏我们的社会主义经济,去年第一季度这种破坏的后果还在一些部门继续暴露出来,同那时相比,前面列举的增长速度自然显得高。尤其应该看到,我们的目标是要实现四个现代化,在经济上和技术上赶超国外先进水平,我们的成就必须同国外的先进水平比。这样,就可以看出我们的水平仍然是很低的。多年以来,由于"四人帮"打着"革命"旗号,挥舞种种大棒,禁止大家向国外的先进经验学习,我们很多同志对国外的情况很不了解。有些同志稍有一点进步,就表现出一种骄傲自满、故步自封、夜郎自大的危险态度。如果不坚决改变这种态度,我们就不可能坚定地确立积极进取的雄心壮志,不可能认真学习国内外的先进经验,更谈不到赶上外国先进水平。

我们现在不但技术水平低,而且管理水平低。新中国成立以来,我们在经济管理方面积累了一定的经验,也还有很多弱点需要克服。但是"四人帮"的捣乱使我们从原有的水平大大倒退了,很多最必要的规章制度被废弃了,社会主义的计划经济受到破坏,出现了可以说是半无政府的状态。现在,"四人帮"虽然打倒了,他们的流毒还没有彻底肃清,经济工作中的许多根本是非,在很多干部和群众中还没有得到澄清,管理上遗留下来的问题成堆。拿工业说,现有企业的大量生产能力还没有充分利用,潜力很大。大多数企业存在着劳动生产率低、产品质量差、生产成本高、利润收入少、资金周转慢的现象,还有一部分企业至今继续亏损。许多新建企业,长期不能形成生产能力,投资效果很差。内外贸易在经营管理上也存在不少问题,迂回运输、商品积压损坏以及经营上的亏损还很严重。只有充分认识我们的管理水平低、管理工作混乱的问题,我们才能够切实地总结经验教训,学习和掌握先进的科学技术和合乎科学的先进的经营管理方法。否则,我们就会继续浪费时间、人力和资金,就不能完成我们决定在本世纪内完成的宏伟任务。一定要使全党认识这个问题的严重性。

我们公开指出工作中的问题和缺点,不但不会挫伤自己的信心和积极性,相反,这正是我们充满信心的表现,正是我们决心在认识客观现实的基础上更有效地发挥积极性的表现。我们的社会主义的政治制度和经济制度,从根本上说,比资本主义制度优越得多,这是毫无疑问的。但是,我们的上层建筑和生产关系的许多方面还不完善,我们的政治制度和经济制度的许多环节还有缺陷,这些同实现四个现代化的要求是不相适应的,是束缚生产力,阻碍生产力的发展的。管理水平低,归根到底就是一个这样性质的问题。我们坚持无产阶级专政下的继续革命,就要有勇气正视和揭露我们的具体政策、规章制度、工作方法、思想观念中那些同实现四个现代化的要求不相适应的东西,有魄力去坚决而又妥善地改革上层建筑和生产关系中同生产力发展不相适应的部分。这样,我们就能够充分地发挥社会主义制度的优越性,就能够不断地总结我们的经验,有所发现,有所发明,有所创造,有所前进,并且吸取外国先进的科学技术和企业管理方法中合乎科学的方面,经过一个不太长的历史时期的艰苦奋斗,赶上和超过最先进的资本主义国家的经济水平和技术水平。

同志们!为了把我们的财贸工作从目前的水平大

大地提高一步，我们认为有必要重申“发展经济，保障供给”的方针。这个方针，是毛主席在1942年提出来的。当时毛主席指出：“发展经济，保障供给，是我们的经济工作和财政工作的总方针。”“财政政策的好坏固然足以影响经济，但是决定财政的却是经济。未有经济无基础而可以解决财政困难的，未有经济不发展而可以使财政充裕的。”1947年又指出：“各地必须作长期打算，努力生产，厉行节约，并在生产和节约的基础上，正确地解决财政问题。这里第一个原则是发展生产，保障供给。”30多年的实践证明，这是一条必须继续贯彻执行的完全正确的方针。随着历史条件的变化，这个方针的内容不断地得到丰富和发展。在今天，发展经济就是要大力发展现代化的工业、农业、交通运输业，发展和它们相适应的内外贸易、金融事业和各项服务事业，并且在这个基础上增加财政收入。保障供给就是要保障供给现代化生产和扩大再生产所需要的物资和资金，保障满足人民物质生活和文化生活逐步提高和国家必要的军政开支的需要。在这里，发展经济，保障供给，有两方面的意义。第一，发展经济是保障供给的前提。经济不发展，供给就得不到保障；经济的发展水平越高，国家和人民的供给水平就越高。第二，保障供给是发展经济的目的。我们发展社会主义经济，不断扩大再生产的根本目的，就是满足我国人民物质生活和文化生活的需要，并且为人类作出应有的贡献。

贯彻执行发展经济、保障供给的方针，为财贸工作提供了一个充分发挥作用的正确方向。毛主席在1959年对李先念同志的一篇报告所作的批示中精辟地指出：“工农商并举，提得很好，一定要这样做。贬低商业，商不挂帅，工农两业是不会发展的。”发展经济和保障供给的关系，实质上就是生产总过程中生产、交换、分配、消费四个环节的相互关系，这些环节缺一不可。生产是生产总过程中的决定因素，但是交换、分配、消费也对生产起着重大作用。商业的发展固然是工农业生产发展的结果，同时又是工农业生产发展的强有力的促进者。同样，作为资金分配的重要工具的财政金融工作，固然要以经济工作为基础，而资金的积累是否充分，分配和贷放是否合理，周转是否迅速，使用有没有正确的管理和监督，也在很大程度上决定着经济事业的发展是否多快好省。先念同志在这次大会开幕时的讲话中把财贸工作比作人体的循环系统，很好地说明了财贸工作在整个经济工作中极其重要的地位和作用。各级党委一定要把财贸工作放到自己的重要议事日程上来。任何轻视和忽视财贸工作的观点，都是不对的。

我们还必须看到，在新时期中，我国社会主义经济文化建设的迅速发展和四个现代化的逐步实现，对财贸工作势必提出新的更高的要求。随着工农业生产的跃进，社会商品总额就会大大增加，再加上专业化分工和协作的发展，交换范围必然日益扩大，社会的经济计算和监督就要求更加严密。我们和世界市场的关系将愈来愈多，内外技术交流和物资交流会不断扩大。随着人民生活水平的提高和各项家务劳动的社会化，又要求各项服务工作日益发展。商业和服务事业是同工农业并驾齐驱的重要社会行业，这一点必将愈来愈明显。充分认识社会经济的这种发展趋势，就不会认为财贸工作没有前途，服务工作低人一等。财贸工作，包括各项服务工作，是为人民服务的伟大事业，是必不可少的、大有前途的、光荣豪迈的事业。

同志们！我们一定要用大庆大寨精神办好财贸事业。这就是要求我们在财贸工作中，以无产阶级专政下继续革命的伟大理论为指导，全面落实发展经济、保障供给的方针，坚持贯彻马克思主义的政治观点、生产观点和群众观点。这3个观点，充分地体现了毛主席为我们党树立的财贸工作的优良传统，体现了我们党从建立革命根据地以来半个世纪中领导财贸工作的根本经验，同时也体现了用大庆大寨精神办好财贸的根本要求。

新中国成立以来，在党的领导下，财贸战线的广大职工坚持这3个观点，保证财贸工作的社会主义方向，为社会主义革命和社会主义建设作出了巨大的贡献，赢得了全国人民的热烈拥护和国际朋友的称赞。但是近些年来，林彪、“四人帮”疯狂地污蔑和攻击这3个观点，从思想、政治、组织、作风各方面对我们财贸队伍造成了严重的破坏，以致在我们不少同志的头脑中，这3个观点淡薄了，模糊了，而在新参加财贸队伍的青年职工中，还有很多人完全没有接受过这3个观点的教育。为了把我们的社会主义财贸工作搞得更好，为了从思想上和政治上加强财贸队伍的整顿和建设，为了实现新时期总任务，我们认为应该通过这次大会，向财贸战线上的全体同志强调提出和广泛宣传这3个观点，使大家牢固树立这3个观点，恢复和发扬我们财贸工作的优良传统。

我们所说的政治观点，就是要求全体财贸工作人员认清财贸工作的重大政治意义，自觉地坚持财贸工作的社会主义方向，坚决执行党的路线、方针、政策，使财贸各部门的各项工作为实现新时期的总任务服务。

在当前和今后一个时期内，财贸战线的头等大事，就是要把揭批“四人帮”的斗争进行到底，彻底揭露和批判他们破坏社会主义经济事业和社会主义财贸事业的一切罪行，肃清他们的流毒和影响。要坚决打击贪污盗窃、投机倒把的犯罪活动，粉碎城乡资本主义势力的进攻。要反对滥用职权、损公利私、弄虚作假、走“后门”等不正之风。要保卫社会主义公有制和社会主义公共财产，巩固社会主义财贸阵地。

我们的财贸工作，既然是联结生产和消费、联结各个生产部门的纽带，那么它的每一项工作就不能不同社会主义建设和广大人民的切身利益密切相关，同正确处理社会主义社会的许多社会矛盾密切相关。因此，财贸部门进行任何工作的时候，都必须坚持无产阶级政治挂帅，克服一切脱离无产阶级政治的倾向，必须把思想政治工作做到经济工作、业务工作中去，使思想政治工作真正成为完成各项经济、业务工作的保证。各级党委都要大力地、切实地帮助全体财贸工作人员不断提高社会主义觉悟，防止和抵制资产阶级思想作风的侵蚀和影响，努力建设起一支又红又专的、全心全意为人民服务的、精益求精地做好本职工作的财贸大军。

我们所说的生产观点，就是财贸工作要从生产出发，为生产服务。

财贸工作人员决不要就财贸论财贸，把自己限制在一买一卖、一收一支、一存一贷的小圈子里，而应该面向生产，深入生产，熟悉生产的情况，解决生产的困难，促进生产的发展。财贸部门要和工农业生产部门同呼吸、共命运，想生产之所想，急生产之所急。只有真正做到支援生产，组织生产，扩大生产，财贸工作才能越做越活，财贸工作的物质基础才能越来越雄厚，财贸工作活动的天地也才能越来越广阔。产品的品种、规格、数量、质量能否适应生产和生活的需要，价值是否合理，购销是否适时，财贸部门了解得最清楚，反映得最灵敏。商业部门应该把这些情况以及生产和生活的新需要，及时地转达给有关主管部门和生产单位，协助他们按照需要来安排生产。对于那些不适合国家规定和人民需要的商品，要负责地向生产单位提出建议，热情地帮助他们改进；不能按期改进的，则要严格地执行国家的财经纪律，使生产单位承担造成损失的责任，以便有效地改变那种社会需要的东西生产不足，社会不需要的东西却大量生产和积压的不合理状况。财政金融部门也应该采取有力措施，协助生产单位管好用好资金，改善经营管理，保证经济效果。对于违反财经纪律、浪费国家资金的一切错误行为，不论其借口如何，都要坚决制止，必要时进行经济以至法律的制裁。财贸部门在价格、税收、信贷、经营管理等方面不利于生产发展的一切规定，都应当经过认真研究，加以改革。

毛主席在讲到价值规律的时候说过：“这个法则是一个伟大的学校，只有利用它，才有可能教会我们的几千万干部和几万万人民，才有可能建设我们的社会主义和共产主义。否则一切都不可能。”在社会主义计划经济的条件下，正确利用价值规律，对于促进社会主义生产的发展，十分重要。在这方面，我们的财贸工作，通过商品的购销、资金的分配，通过价格、税收和信贷等等经济杠杆，能够发挥重大的作用。不利用价值规律，违背这个规律，我们的经济工作就不能正确有效地进行，就不能以最少的消耗取得充分的效果，就必然产生严重的浪费和亏损，破坏社会主义生产，受到客观规律的惩罚。“四人帮”把我们在社会主义计划经济基础上利用价值规律来促进生产，攻击为资本主义。他们还把社会主义企业的盈利，攻击为“利润挂帅”，制造了一种以亏损为荣、以盈利为耻的反动舆论，使我们许多企业、许多干部长期不敢讲盈利，企业管理制度和财务制度严重混乱，不搞经济核算，不问经济效果，一部分企业甚至长期亏损，直接妨碍发展经济、保障供给这一方针的执行。在肃清林彪、“四人帮”流毒的斗争中，我们必须在全党，在全体经济工作人员中，在财贸工作人员中，大张旗鼓地进行加强经济核算、讲求经济效果、增加企业利润、厉行财政监督的教育，这样就能大大地促进生产，并且为社会主义建设积累更多的资金。

这里还要特别说到一点，就是现在有一些省、自治区，粮食和副食品不能自给，菜、油、肉、蛋供应不足，人民生活最必需的一些日用工业品也不能自给，甚至连锅碗砖瓦、墨水糨糊之类的东西也要从外省调运。这个问题很大，现在应当是根本改变这种局面的时候了。中央要求，全国一切粮食和副食品还不能自给的省、自治区以至具有自给条件但还不能自给的专区、市、县，都要作出切实规划，在几年内做到完全自给，并且还要大力提高农业劳动生产率和农产品的商品率。同时，对于人民生活最必需的日用工业品，全国每一个有条件生产自给但是还没有达到自给的省和自治区，也必须千方百计，为实现自给或提高自给率而进行认真的努力。在这方面，我们财贸部门积极支援生产部门，充分显示自己的作用和能力，是可以大有作为的。请同志们想一想，我们的一个省，按其面积和人口来说，一般相当于欧洲的一个国。欧洲的一些过去农产品畜产品依靠进口的国家，第二次世界大战以后已经实现了自给，甚至变成了出口国。资本主义国家能够做到的事，我们的一些省为什么不能做到呢？毛主席说得好：“无产阶级专政的国家，一定可以做到有菜吃，有油吃，有猪吃，有鱼吃，有菜牛吃，有羊吃，有鸡鸭鹅兔吃，有蛋吃。我们应当有志气、有决心做到这一项在政治上经济上都有伟大意义的社会主义事业，也应当有信心做到这一项事情。”如果哪个省、哪个地区本来有资源、有条件能够办到的事，也长期办不到，不能自给，那里的领导同志，以及工农业部门和财贸部门的负责同志，就应该觉得脸上无光，吃饭睡觉也不能安心。不仅如此,每个地方除了要努力满足本省、本地区的需要,还应该努力满足全国国内市场和出口的需要,因地制宜,大量生产自己能够生产的东西,为国家多做贡献。

我们所说的群众观点,就是要真心实意地为人民群众谋利益,在工作中认真走群众路线,虚心接受群众的监督。

劳动者是生产力中最根本、最革命的因素。财贸部门通过自己的工作,满足人民在劳动中和生活中的需要,管好各种生产资料、生活资料的供应和修配,管好人民的衣食住用行等等,这是促进工农业生产高速度发展的重要条件,也是社会主义制度优越性的生动表现。我们的财贸工作,在这方面本来是有很好的传统的。毛主席早在土地革命战争期间,就谆谆教导我们"应该深刻地注意群众生活的问题",关心群众的柴米油盐、住房穿衣问题。但是"四人帮"却胡说什么"服务得好会出修正主义",对一些财贸部门和工作人员发生了极其恶劣的影响。这些部门和工作人员,服务态度不好,服务质量下降,"官商"作风严重,损害群众利益,破坏了党和群众的紧密联系。有的地方,商业部门竟然要工厂停工多少天,工人自己下乡去收运大白菜!这种把商业部门办成官僚衙门的坏作风,难道能够容忍吗?这种行为,同我们这次大会所表扬的那些一心为了群众利益的先进财贸工作者的革命精神,不是根本对立的吗?

群众路线是党的根本路线,群众参加管理是社会主义的一项根本制度。财贸工作联系群众的面很广,直接同群众见面,更应该认真地实行群众路线和民主管理,不仅要发动和依靠本部门、本单位的群众,而且要发动和依靠自己的服务对象,在广大群众的协助和监督下把工作做好。财贸基层单位都要定期召开职工大会或职工代表大会。农村供销社和信用社要定期召开贫下中农代表会议,至少每年召开一次。城市的商店和服务行业也要经常召开附近的居民代表会议。在这些会议上,基层单位的领导要报告自己的工作,倾听群众的呼声,认真研究群众的建议和批评,根据群众的意见来改进自己的工作。对于那些服务态度不好、不听内外群众意见,甚至营私舞弊、违法乱纪的财贸单位的负责人和工作人员,要进行严肃的批评教育,情节严重的要依法查处。对于那些工作做得好,受到群众欢迎的,应当给予表扬和奖励。

中央坚决相信,全国的财贸职工在党的教育下,一定能够在自己的工作中间牢固地树立起政治观点、生产观点、群众观点,全心全意为人民服务,把我们的优良传统恢复起来并且发扬光大,当好新长征的后勤兵,完成促进国民经济高速度发展的光荣任务。

同志们!要把我们的国家建设成为伟大的社会主义现代化强国,这是一项十分艰巨的任务。我们必须努力学习。要向马恩列斯和毛主席的著作学习,向人民群众学习,向我国28年社会主义革命和社会主义建设的实践经验学习,向国外的一切先进的东西学习。要学理论,学政治,学经济,学管理,学科学,学技术,学文化,在全党、全国人民中开展一个持久的学习运动。

早在中华人民共和国成立的前夕,毛主席就教导我们:"严重的经济建设任务摆在我们面前。我们熟悉的东西有些快要闲起来了,我们不熟悉的东西正在强迫我们去做。""我们必须学会自己不懂的东西。我们必须向一切内行的人们(不管什么人)学经济工作。拜他们做老师,恭恭敬敬地学,老老实实地学。不懂就是不懂,不要装懂。不要摆官僚架子。钻进去,几个月,一年两年,三年五年,总可以学会的。"

1958年,毛主席向中央、省、自治区、直辖市、地、县四级党的委员会的委员同志们建议读斯大林的《苏联社会主义经济问题》等著作,要求大家联系中国社会主义经济革命和经济建设去读这些书,使自己获得一个清醒的头脑,以利指导我们伟大的经济工作。

1962年,毛主席在扩大的中央工作会议上的讲话中说:"对于建设社会主义的规律的认识,必须有一个过程。""社会主义经济,对于我们来说,还有许多未被认识的必然王国。""我们应当在今后一段时间内,积累经验,努力学习,在实践中间逐步地加深对它的认识,弄清楚它的规律。"

现在,我们面临着实现社会主义的现代化的宏伟而艰巨的任务,过去学过了的东西有些要重新学习,许多没有学过的新东西要求我们从头学习。我们的各级干部,要用紧迫的革命责任感,用饱满的热情和坚韧的毅力,认真学习马恩列斯和毛主席关于社会主义经济建设的理论,刻苦钻研经济建设道路上的各项新知识。通过学习和实践,提高我们对社会主义经济规律的认识,提高我们运用客观经济规律的自觉性,提高我们经济工作的管理水平,提高我们的现代科学技术水平。

有些同志对研究、掌握和运用社会主义经济规律的重要性还缺乏应有的认识,甚至以为政治挂帅可以不顾客观经济规律,承认经济规律就是否定政治挂帅,这种观点是完全错误的。在我们的经济工作中,一定要无产阶级政治挂帅,也一定要按照客观经济规律办事,这二者是统一的。全党各级领导干部,都要努力把政治和经济统一起来,提高经济管理水平。这对于迅速发展国民经济具有关键的意义,务必抓得很紧很紧。

同志们!我们已经取得了抓纲治国一年初见成效的胜利,目前的任务就是要夺取三年大见成效的胜利,为实现十年规划打下牢固的基础。时间不长,问题很多,任务很紧迫。但是我们有马克思列宁主义、毛泽东思想的指引，有党中央的领导，有全党、全军、全国各族人民的团结一致，有国内外的有利条件，有各条战线上广大干部和广大群众的艰苦奋斗，努力学习，这样，我们就一定能够战胜一切困难，一步一步地达到我们的目的。让我们财贸战线和整个经济战线的同志们，高举毛主席的伟大旗帜奋勇前进，进一步贯彻执行发展经济、保障供给的总方针，为实现我们在新时期的总任务，把我国建设成为社会主义的现代化强国而奋斗！

中共中央副主席李先念 中共中央政治局委员耿飚在北京会见委内瑞拉革命党中央委员会代表团

国家科委主任方毅在北京与由美国总统科学技术顾问弗兰克·普雷斯率领的美国科技代表团就双方开展科技交流举行会谈

中国方面参加会谈的有：国家科委副主任蒋南翔，中国驻美国联络处主任柴泽民，国家科委副主任江明，中国科学院副秘书长秦力生，农林部副部长郝中士，石油部副部长阎敦实，中国空间技术研究院院长任新民，中国医学科学院院长、教授黄家驷，国家计量总局负责人李正亭，国家地质总局负责人、中国地质科学院院长邹家尤，外交部美大司副司长朱启祯，外贸部副局长安东，国家科委外事局负责人黄坤益。

外交部就我国被迫停止对阿尔巴尼亚的援助和接回我国专家问题照会阿尔巴尼亚驻华使馆

从1954年以来，中国政府应阿尔巴尼亚政府的请求，本着增进两国人民的友谊和发展两国友好关系的愿望，根据马克思列宁主义和无产阶级国际主义的原则，向阿尔巴尼亚提供了经济和军事援助。为了履行中阿双方签订的协议，中国政府要花费人民币100多亿元，其中绝大部分已经交付。中国同意援助阿尔巴尼亚的成套项目共计142个，其中已经建成的91个，基本建成和正在建设的23个，已经考察和进行设计的17个。中国帮助阿尔巴尼亚兴建了钢铁、化肥、制碱、制酸、玻璃、铜加工、造纸、塑料、军工等新的工业部门，增建了电力、煤炭、石油、机械、轻工、纺织、建材、通信和广播等部门的项目，大大增加了这些部门的生产能力。中国无偿向阿尔巴尼亚提供了大量的武器装备。为了执行援助任务，中国先后向阿尔巴尼亚派出过近6000名专家。中国为阿尔巴尼亚培养了大批经济和军事的技术骨干，其中在中国培训的就有2000余名。任何不怀偏见的人都可以看到，中国是认真地履行了而不是违反了援助阿尔巴尼亚的协议，中国的援助是增强了而不是损害了阿尔巴尼亚的经济和国防建设。

中国对阿尔巴尼亚的援助，是在自己还有许多困难的情况下提供的。我们的粮食不充足，还向你们提供了180万吨粮食。我们的钢不够用，还向你们提供了100多万吨钢材。我们自己的农业机械化水平还低，主要靠人力、畜力耕作，还向你们提供了1万多台拖拉机。我们的发电能力不足，还为你们建成和基本建成大小电站6座，装机总容量为88.5万千瓦，使阿尔巴尼亚的电力自足有余。我们生产的坦克和歼击机在没有装备自己的部队以前，就优先供给你们军队。费里氮肥厂的成套设备当时我们不能生产，就用我们自己也很缺少的外汇转口供应你们。以镍、钴、铁、铬共生的红土矿为原料的冶金联合企业的工艺和设备，我们没有实践经验，外国又买不到，我们用了十几年时间，花了1亿多元人民币专门为你们进行试验和试制。到目前为止，这个企业的29个车间，已有20个车间建成投产，1976年3月第一次生产出阿尔巴尼亚自己的钢铁。

我国的经济技术基础本来薄弱，近几年来，国民经济又遭受林彪、“四人帮”的破坏和严重自然灾害的影响，对阿方越来越多的援助要求，我们当然无法一一满足，不可能要什么就给什么，要什么时候给就什么时候给。但是，扪心自问，我国人民本着无产阶级国际主义精神，节衣缩食，为搞好对阿尔巴尼亚的援助尽了最大的努力。

还要指出，近几年来，阿尔巴尼亚方面一次又一次地对中国的内外政策进行影射攻击。尽管如此，我们仍然继续履行了自己承担的援助义务。1975年，我们还同意提供新的无息贷款5亿元人民币，并签订了新的无偿军援协定。从1976年11月阿尔巴尼亚劳动党第七次代表大会以来，阿尔巴尼亚领导人公开地恶毒攻击中国人民的伟大领袖毛主席和中国共产党，严重伤害了中国人民的感情。即便在这种情况下，中国还是以中阿人民的友谊为重，继续向阿尔巴尼亚提供援助。中国专家也继续履行协议，坚持工作。1977年到现在，中国向阿尔巴尼亚发运经济和军事援助物资近30万吨，帮助阿尔巴尼亚建成和基本建成的项目10个，还同意了阿尔巴尼亚政府的请求，把1980年以前应该偿还的贷款2.17亿余元人民币推迟到1991年至2000年偿还，并签订了中国向阿尔巴尼亚无偿提供军事装备零备件的协议。中国政府和人民对阿尔巴尼亚人民这种诚挚友好的感情和维护两国合作关系的良好愿望，是阿尔巴尼亚广大人民、干部和战士有目共睹的。

阿尔巴尼亚领导人对中国的援助曾经多次赞扬。阿尔巴尼亚劳动党中央委员会第一书记恩维尔·霍查1971年在阿尔巴尼亚劳动党第六次代表大会上的报告中说，中国向阿尔巴尼亚提供了“巨大的、无私的国际主义援助”,“阿尔巴尼亚人民和劳动党深切地感激中国人民、光荣的中国共产党和毛泽东主席对我国的社会主义建设、对我们社会主义祖国的繁荣富强所提供的兄弟般的援助”。1975年11月,恩维尔·霍查和穆罕默德·谢胡在代表阿尔巴尼亚劳动党中央委员会致毛主席、周总理和中共中央的信中说:“中华人民共和国在国防方面也帮助了阿尔巴尼亚人民共和国,向它无偿地提供了武器、弹药、军事手段和装备。你们在国防方面给予我们的这一援助,对我国人民和我们党具有重大的意义。”

现在,阿方出于对内对外的政治需要,在政治上加剧反华的同时,又肆意诋毁中国对阿尔巴尼亚的援助,破坏双方经济和军事合作。这里我们从许多事实中列举几个例子:

一、1978年第一季度,阿尔巴尼亚工矿部副部长同我商谈冶金联合企业等项目的援建问题,硬要我们在没有取得试验结果的情况下确定冷轧钢板、无缝钢管和铸造生铁等车间的设计和设备交付进度,我们不同意这种无理要求,他就拒绝协商,声称阿方的意见是“最后的断然的意见”,并悍然宣布终止会谈,这不仅使一系列有待协商的问题无法解决,而且使已经取得一致意见的热轧钢板和焊管两个车间的援助工作也陷于中断。

二、巴尔什综合炼油厂在高温高压的条件下生产,产品易燃易爆,中国专家早就向该厂的领导和职工详细交代,必须严格遵守操作规程。但该厂1978年年初投产后,不听中国专家技术指导,不按规程操作,在3个多月的时间里,连续发生8起严重事故。例如,加氢精制装置用的原料油,按规定含水量不得超过1%,但阿方竟用含水量高达70%的原料油进行试生产,导致装置停产。更严重的是,阿方背着中国专家,在投入正常生产的焦化装置上把阀门关死,搞超温运行。这种做法显然是要造成重大事故,嫁祸于中国专家,给中国脸上抹黑。

三、中国无偿援建的海军基地工程,因阿方地质勘探工作没有做好,在施工过程中,发现溶洞渗水,无法继续施工。1977年10月,阿方要求中国派专家帮助解决,中方为了研究解决这一问题花了一些时间,1978年1月答复同意这一要求,但阿方借口答复迟缓,便改由自己建设,中断了中国对这项工程的援助,并借机全面攻击中国的军事援助,诬蔑中国“损害”阿尔巴尼亚的国防。

四、1978年3月,中方通知阿方,中国提供的直五飞机旋翼毂轴颈因制造质量问题,需要返厂检修,这本来是好意,理应得到阿方的积极配合。但阿方却拒绝送回检修,还扬言出了事故要中国负责。真是岂有此理!

五、按照协议和通常的建设程序,项目的试生产本应在具备条件的情况下才能进行。但1978年5月阿方对“恩维尔”机械厂扩建、瓦列斯煤矿等项目,硬要中国专家接受阿方的决定,在不具备条件的情况下进行试生产。中国专家不同意。阿方就自己干,出了问题还要中方负责。反过来,对已经完成试生产任务的项目,如炉渣砖厂、冶金联合企业的高炉等车间,阿方却违背协议,以各种借口拒不签订投产记录。

六、根据协议,中方在按项目交付设备、材料后,分批提出账单,双方在项目最终结算时,确认成套项目的价格,多退少补。20多年来一直照此办理。但1978年5月,阿方突然拒绝接受中方在1977年12月到1978年4月期间援建成套项目设备材料费和代垫海运费的25笔账单。近1亿元人民币。这种破坏协议的行为,使双方合作中的正常业务工作无法进行。

七、由于阿方不听中国专家技术指导,造成冶金联合企业高炉结瘤。1978年3月17日中国专家发现后,立即通知了企业和车间的领导,并多次提出减轻瘤害、防止结瘤继续扩大的有效措施,但未被置理。直到5月22日,阿尔巴尼亚机械进口公司才向中方提出聘请一名炸瘤专家。正当中方积极研究并准备满足阿方要求时,阿尔巴尼亚外交部却于5月31日照会中方,限中方在两三天内派人赴阿排除故障,否则将自行炸瘤,其后果却要中方负责。这种最后通牒式的要求,任何主权国家都不能接受,而且事实上也办不到。但为了维护两国的合作,中方仍然表示,如阿方有诚意聘请中国专家,请来个照会,中方愿予考虑。但阿方拒不来照。这些做法表明,阿方是在有意制造事端,破坏合作。

八、1978年4月29日、5月20日,阿尔巴尼亚外交部先后照会中国驻阿大使馆,毫无根据地指责中国专家“怀有损害阿尔巴尼亚经济的蓄意图谋”,中国在对阿尔巴尼亚的援助中“设置障碍”,“违反”协议,使阿尔巴尼亚的经济“受到严重损害”,等等。1978年6月7日中国外交部复照阿方,希望通过照会交换意见,解决两国合作中存在的分歧,使合作能继续进行下去。但是,阿尔巴尼亚驻华大使竟然拒收复照,拒绝协商解决问题。

种种事实表明,阿尔巴尼亚领导决心在反华的道路上走下去,蓄意背弃双方签订的中国援助阿尔巴尼亚的协议,污蔑和陷害中国专家,有计划、有步骤地破坏两国经济和军事合作,使我们的援助工作无法进行下去,而协商解决问题的道路又被你们堵死。在这种情况下,中国政府没有别的选择,只好停止对阿尔巴尼亚的经济和军事援助,停止支付对阿尔巴尼亚的援款,接回在阿尔巴尼亚工作的经济和军事专家。中国政府希望阿尔巴尼亚政府为中国专家回国提供方便。中阿两国的经济和军事合作关系遭到破坏,完全是阿方造成的,全部责任只能由阿方承担。

中国政府一贯珍惜中阿两国人民的友谊,仍然希望保持和发展中阿两国间的正常关系。

7月8日

国务院副总理谷牧在北京会见以日本环境厅政务次官大鹰淑子为团长的日本环境问题访华团

教育部和北京市革委会在北京召开大会 授予北京市通县一中教师刘纯朴"模范班主任"光荣称号

教育部副部长雍文涛在会上宣读了教育部和北京市革命委员会关于授予刘纯朴以"模范班主任"光荣称号的决定,并讲了话。

他说,授予教师以"模范班主任"的光荣称号,新中国成立以来还是第一次。这是教育战线的喜事,是教育工作者的光荣。他说,我们要大力表彰教育战线上的先进事迹和模范人物,推广抓纲治校、搞好思想政治工作和提高教学质量的好经验,推动党的教育事业的发展,以适应新时期总任务的要求。他号召广大教育工作者学习刘纯朴的先进经验,学习刘纯朴忠诚党的教育事业的革命精神,创造第一等的工作。

北京市革命委员会副主任毛联珏在讲话中指出,班主任对学生的健康成长负有很大责任,他们不仅要管好学生,教好学生,带好学生,而且要以自己的模范行动影响学生,引导学生们勤奋学习,天天向上,成为实现新时期的总任务的有用人才。他说,刘纯朴的经验对各级、各类学校的干部、教师都有借鉴的意义。

刘纯朴在大会上表示,要把党和人民的表扬、鼓励作为自己继续革命的新起点,谦虚谨慎,戒骄戒躁,全心全意地做好工作,发现人才,爱惜人才,精心培育人才,为发展党的教育事业贡献力量。

北京市中小学校教师的代表也在会上发了言。

出席大会的有教育部副部长高沂、刘仲候、浦通修,北京市革命委员会副主任李立功、白介夫,中共北京市市委教育工作部、北京市教育局和北京市各区、县的负责人,以及大、中、小学和幼儿园的干部、教师共2700多人。

7月9日

全国财贸学大庆学大寨会议在人民大会堂闭幕

中共中央副主席、国务院副总理李先念,党和国家其他领导人方毅、纪登奎、吴德、余秋里、张廷发、陈永贵、陈慕华、赛福鼎、王震、谷牧、康世恩,中央军委负责人粟裕,出席了闭幕式。

中共中央政治局委员、国务院副总理纪登奎主持了闭幕式。

中共中央政治局委员、国务院副总理方毅致闭幕词。

方毅副总理说,会议期间,大家学习了伟大领袖和导师毛主席1962年在扩大的中央工作会议上的讲话,受到了很深刻的教育。学习了华主席的重要指示,进一步提高了认识,明确了方向,受到了很大鼓舞。学习了李副主席的讲话和余秋里副总理的报告,认清了新的发展时期财贸工作的任务、地位、作用和路线、方针、政策。会议发扬民主,集思广益,揭批了"四人帮",总结了工作,交流了经验,既肯定成绩,又指出缺点。会议开得热气腾腾,信心十足。这是一次高举毛主席的伟大旗帜,动员全党加强财贸工作的大会。这是1200万财贸职工向四个现代化进军的誓师大会。

他说,在大会上,许多先进单位、先进人物介绍的经验和事迹,生动地表明,在新的长征中,固然需要攀登科学高峰的尖兵,需要创造生产奇迹的能手,同时也需要为生产建设和人民生活服务作出卓越成绩的后勤兵。财贸工作,包括各项服务工作,是社会主义伟大事业的一个重要组成部分,是大有前途的光荣豪迈的事业。我们肩负的任务是光荣而艰巨的。我们要响应华主席的号召,努力学理论,学政治,学经济,学管理,学科学,学技术,学文化,把我们的工作提高到一个新的水平。

方毅副总理指出,这次全国财贸学大庆学大寨会议,进一步明确了财贸工作的路线、方针和政策,现在最重要的,是要在各级党委的统一领导下,结合本地区本部门的情况,迅速地、切实地贯彻和落实。希望大家把大会的精神带回去,把先进经验带回去,把党中央和全国人民对财贸工作的殷切期望带回去,使会议精神成为推动整个财贸工作的强大力量。

他说,我们相信,在大会之后,全国财贸战线必将出现蓬勃发展的崭新局面。让我们响应华主席的号召,高举毛主席的伟大旗帜奋勇前进,进一步贯彻执行发展经济、保障供给的总方针,为实现我们在新时期的总任务,把我国建设成为社会主义的现代化强国而奋斗!

出席闭幕式的还有最高人民法院、最高人民检察院,中共中央和国务院各部门,中国人民解放军各总部和国防科委、国防工办,中央和各省、自治区、直辖市主管财贸工作的负责人和这次会议的领导小组成员。

国务院副总理邓小平在北京会见美国国会议员团

团长莱斯特·沃尔夫以及由他率领的美国国会议员团成员

中国科学院理论组和中国自然辩证法研究会在北京联合召开第二次理论讨论会

这次讨论会是在毛主席的哲学著作《实践论》《矛盾论》发表41周年,毛主席1962年《在扩大的中央工作会议上的讲话》公开发表的时候召开的。讨论会以毛主席这三篇著作为思想武器,讨论实践是检验真理的唯一标准的问题,澄清"四人帮"在理论和实践关系问题上制造的混乱,高举毛泽东思想的旗帜,捍卫辩证唯物主义的认识论。

参加这次理论讨论会的有自然科学工作者和哲学工作者,共200余人,体现了自然科学工作者和哲学工作者的联盟。

讨论会的发言中指出,《实践论》和《矛盾论》这两篇著作,在马克思主义哲学史上第一次最系统、最深刻地论述了理论和实践的关系,对马克思主义哲学的发展,对指导我国的革命,起了巨大的作用。在社会主义革命和社会主义建设时期,毛主席又多次反复地向全党进行辩证唯物主义认识论的教育。毛主席《在扩大的中央工作会议上的讲话》,自始至终贯串着马克思主义的认识论。实践是检验真理的唯一标准,这是马克思主义的最基本的原则,也是辩证唯物主义的基本内容和基本常识。但是,多年来林彪、"四人帮"恣意歪曲和践踏这个基本原则,鼓吹"顶峰论"、"绝对权威",宣扬什么不需要经受实践检验的真理,把经过他们篡改、歪曲、甚至伪造的马列和毛主席的话封为绝对真理,强迫人们作为宗教信条来顶礼膜拜。林彪、"四人帮"把"高举"、"紧跟"喊得震天价响,实际上天天在糟蹋、败坏马列主义、毛泽东思想的基本原则,这正说明他们是一伙披着马克思主义外衣的政治骗子和理论骗子。

发言的同志都谈到,全国科学大会之后,我国科技战线呈现一派兴旺景象。为了进行新的长征,更快地把我国的科技事业推向前进,如何正确地处理理论和实践的关系,是一个十分突出的问题。承认不承认实践是检验真理的唯一标准,对于我国科技事业的高速度发展,具有特殊重要的意义。科学就是实事求是的学问,科学不承认任何偶像,而要倾听实践的呼声,接受实践的检验,一部科学技术发展史,就是在实践的基础上,不断地有所发现、有所发明、有所创造、有所前进的历史。可是,由于"四人帮"的流毒和影响,在我们同志内部,现在还存在着反对实事求是这一根本原则的思潮。如果听任这种思潮泛滥,新鲜活泼的空气将被窒息,科学技术的发展只能停滞,科学技术现代化就不能实现。

同志们特别指出,现在科学技术正在经历一场伟大的革命。自然科学正酝酿着新的重大突破。科学实验已经成为一项独立的革命运动。因此,我们更需要在马克思主义认识论的指导下,勤于探索,勇于实践,敢于创新。在自然科学发展史上,这方面的经验教训是极其深刻的。19世纪末,有位著名的物理学家认为当时物理学的理论已是十分完善了,只是天边还有两条小小的乌云。这指的是当时的物理理论无法解释迈克逊—莫雷实验和黑体辐射实验。可恰恰就是这两个实验向经典物理学提出了挑战。如果把经典物理学当作一种教条和偶像,人们就将不去理会这两朵小小的乌云。爱因斯坦和普朗克正是从这两个实验事实当中提出了狭义相对论和量子论。今天谁也不能否认,狭义相对论和量子论是20世纪物理学及一系列尖端技术的两大基础。再如,在50年代以前,人们从来没有怀疑过宇称守恒这个理论,但李政道、杨振宁看到了某些实验事实同宇称守恒的概念有矛盾,他们不是迷信理论,而是尊重实践,有勇气去怀疑人们以前对于宇称守恒的信仰,提出了弱相互作用下宇称不守恒的新的理论观点,他们的观点终于为而后的实验所证实,成为20世纪中期的一大发现。

有些同志在发言中指出,在华主席为首的党中央领导下,我国进入了又一个伟大的新的历史发展时期。在这个历史转折的重要时刻,迫切需要开展一个马克思主义的思想解放运动。人类历史上每一个重大的历史转折,都伴随着思想解放运动。近代自然科学就是在冲破中世纪封建神学和经院哲学的羁绊中发展起来的。在封建神学和经院哲学统治下,正如伽利略所说:"在公开辩论时,当有人正在讲述一个可以证明的结论时,他的话却被一个反对者打断了,用一段亚里士多德的原话堵着讲述者的嘴(这段原话时常是为了完全不同的目的而写的)。"甚至当一个学生发现太阳上有黑点时,他的老师、一个经院哲学家,因为圣经和亚里士多德的书上都没有谈到那些黑点,竟向这个学生说:"这些黑点只在你的眼睛里,而不是在太阳上。"这些不也正是对那些生活在现代而却要复活中世纪经院哲学的人们的绝妙写照吗!在我们党的历史上,每一个重要的历史关头,毛主席总是提出思想上理论上的新的学习运动,总是伴随着一场哲学问题的大辩论。今天,为了完成新时期的总任务,我们也必须在辩证唯物主义认识论的指导下,破除迷信,解放思想,砸碎"四人帮"加在我们身上的种种精神枷锁,冲破一切阻碍我们前进的框框和格格。

第三次全国蔬菜塑料大棚科研协作会在兰州召开

会上来自24个省、自治区、直辖市的100多名代表和专家认为,利用塑料大棚栽培蔬菜,是使蔬菜生产走向工厂化、现代化的有效途径。

几年来,我国各地利用蔬菜塑料大棚和其他各种温室生产蔬菜的产量大幅度提高,北方早春和深秋历来为“蔬菜淡季”的状况,在很多城市开始发生变化。这种情况预示,全国“南菜北运”和“东菜西调”问题,在不远的将来可望得到解决。

我国种植蔬菜的面积有一定的限度。发展蔬菜生产的方向,应该主要靠搞好科学种菜来提高单位面积产量。利用塑料大棚发展蔬菜生产,可以为我们多快好省地建立旱涝保收、高产稳产的蔬菜生产基地。

用塑料薄膜建造大棚温室,具有透光、防寒、保温、保持水分等特点。在这种人造的“小天地”里,形成一种能够长年种植蔬菜的“小气候”,有些还可以按蔬菜生产的需要,调节和控制温度、湿度、气体,因此能使蔬菜的单位面积产量成倍或几倍地增长。

目前,蔬菜塑料大棚已经由大中城市发展到边远的工矿林区,由北方发展到南方,棚内蔬菜品种由几种发展到30多种。在冬、春之交,祖国北方冰封雪飘,可是长城内外的一些城市,却有黄瓜、西红柿、韭菜、芫荽、西葫芦和大青椒上市。长春、北京、内蒙古、山西、陕西、河北、西宁、兰州等省、自治区、直辖市的一些社队的塑料大棚,先后创造了黄瓜、西红柿、青椒等蔬菜的高产纪录。河北省张家口市的坝上地区过去吃菜全靠外地调入,如今,这里的尚义、康保等县,由于发展了用塑料大棚生产蔬菜,全年都有新鲜青菜上市。

各地的经验表明,发展用塑料大棚生产蔬菜,科研工作必须走在前面。这包括蔬菜的选种、育种和蔬菜栽培学,也涉及土壤、肥料、气象、植物生理生化和植物保护学,并且需要塑料化工、建筑设计以及医疗卫生等学科的研究工作密切配合。我国各地先后对大棚的结构,风害与预防措施,大棚的光、热、温、湿等条件,棚内的气流运动规律和二氧化碳的变化,大棚的温度管理和大温差育苗,以及塑料薄膜耐低温、耐老化的性能等课题,都展开了专题研究,并取得了可喜的成就。天津、西宁等市建设的中间无柱的塑料大棚,可以开进拖拉机耕作。甘肃省甘南藏族自治州的牧民,在海拔3000米的高寒草原上,第一次尝到了自产的黄瓜。去年,全国有20个单位用塑料大棚种植黄瓜的丰产田,亩产达到3万斤以上。

7月10日

中共中央主席华国锋在人民大会堂接见全国财贸学大庆学大寨会议和物资战线学大庆会议代表

参加会见的有:中共中央副主席叶剑英、邓小平、李先念以及党和国家其他领导人韦国清、乌兰夫、纪登奎、吴德、余秋里、张廷发、陈永贵、陈慕华、赛福鼎、王震、谷牧、康世恩。中央军委负责人粟裕也参加了接见。

国务院副总理邓小平在北京会见由美国总统科学技术顾问弗兰克·普雷斯博士率领的美国科技代表团

国家科委主任方毅参加了会见。

会见时,邓小平副总理对美国科技代表团来访表示欢迎。他说,你们的访问很重要。中美两国进行科学技术交流具有重要的意义。

邓副总理说,我们要学习包括美国在内的各国的先进科学技术。

会见时在座的还有国家科委副主任蒋南翔,中国科学院副院长、全国科协代主席周培源,中国驻美国联络处主任柴泽民,外交部副部长章文晋,国家科委副主任江明,科学院副秘书长秦力生等。

全国人大常委会副委员长谭震林在北京会见由日本归还北方领土东京促进会代表坂本德松率领的日本促进收复北方领土全国协议会筹备会访华团

全国人大常委会副委员长邓颖超在北京会见由日中友好协会兵库县本部常任理事丸泽美千代率领的日本日中友好妇女之翼访华团

叶渚沛骨灰安放仪式在北京举行

政协第四届全国委员会委员、第三届全国人民代表大会常务委员会委员、中国科学院学部委员、化工冶金研究所所长叶渚沛的骨灰安放仪式,7月10日在八宝山革命公墓举行。

中国科学院副院长胡克实主持了骨灰安放仪式。

中国科学院秘书长郁文致悼词。悼词说,叶渚沛是一位优秀的冶金学家。早在抗日战争时期,他就同我党有联系,在经济上资助过奔赴延安参加抗战的白求恩大夫。在物质上帮助过我军,掩护过我党在白区工作的同志。解放后,他努力学习马列主义、毛泽东思想,治学严谨,刻苦钻研,不畏艰难。20多年来,他对我国国民经济建设中遇到的重大科学技术问题,如共生矿的综合利用等,提出过几十项宝贵建议,并积极开展科学研究,为发展我国的化工冶金事业和培养科技人才,作出了重大贡献。

参加骨灰安放仪式的,有中共中央和国务院各部门负责人、著名科学家童第周、张稼夫、张加洛、贝时璋、王屏、高登榜、刘春、钟炳昌、韩光、王炳南、钱学森、岳志坚、徐驰、张有萱、庄希泉、侯祥麟、李艺林、白介夫、柳大纲、安朝俊、魏寿昆、李文采、沈华生、邵象华、郭慕荪、陈家镛，以及叶渚沛的夫人和子女、生前友好、在京国际友人、科学工作者共300多人。

7月11日

《人民日报》发表评论员文章《环境保护要引起高度重视》

保护和改善环境，防止和消除工业生产排出的废气、废液、废渣的污染，是关系到保护人民健康，造福子孙后代，巩固工农联盟，多快好省地发展社会主义生产的大事，也是实现四个现代化的一个重要问题。

我国是一个发展中的社会主义国家，生产资料社会主义公有制和计划经济，为解决环境污染问题提供了充分的可能性。但是，只有在正确路线、方针、政策的指引下，做好大量工作，这种可能性才能变为现实。祸国殃民的"四人帮"，从来不管劳动人民在什么环境下生产和生活，谁提治理"三废"，解决污染问题，就给谁扣上"给社会主义抹黑"、"否定'文化大革命'"的大帽子，严重地干扰破坏了毛主席、周总理制定的环境保护工作路线、方针、政策的贯彻落实，致使我国环境保护工作没有得到应有的开展，某些地区的"三废"污染甚至有所发展，对于人民健康，农林牧副渔业和工业、交通运输业的建设，都带来了不利的影响，有的已造成危害。

华主席在五届人大政府工作报告中指出："消除污染，保护环境，是一件关系到广大人民健康的大事，必须引起高度重视。"粉碎"四人帮"以来，有些地区和单位的党委主要负责同志，继承和发扬我们党关心群众生活的优良传统，深入厂矿企业和居民生活区，调查研究环境污染情况，采取果断措施，狠抓"三废"治理。但是，有的领导同志，对于这件关系群众和国家利益的大事，仍然熟视无睹，不加过问，没有研究和拿出行之有效的措施。

"生产还忙不过来，哪有时间管环境保护。"这是党听到的一种说法。有这种思想的同志，不了解发展工业生产和保护环境之间的辩证关系：工业生产的迅速发展，带来了环境污染问题；保护和改善环境，又会给发展工业生产创造必要的条件。在我们国家，发展生产是为人民，保护环境也是为人民，这是一个问题的两个方面。保护和改善环境，从根本上说，就是保护广大人民群众和子孙后代的健康，保护和促进生产力的发展。如果我们不从事物的联系和发展的观点去考虑问题，只看到当前生产，不注意环境保护，到头来生产也搞不上去。在发展生产的同时，认真搞好环境保护，这是社会主义企业对人民应尽的责任。不要认为我们今天工业还不够发达，可以不注意环境保护。如果掉以轻心，随着工业建设的高速度发展，就会造成严重的污染。值得注意的是，环境的污染往往用不了多久就可以形成，而消除这种污染，则需要较长的时间。对于环境保护工作，必须切实抓紧，及早动手。

当前我国一些地区的环境污染，主要是工厂排放的"三废"造成的。防止和消除工业污染的有效途径，是大力开展"三废"的综合利用。马克思早就说过："生产排泄物，即所谓的生产废料再转化为同一个产业部门或别一个产业部门的新的生产要素"。(《资本论》第3卷上册，第95页)目前，我国许多原材料、资源在工业生产过程中，远远没有得到充分利用。据了解，一般工业锅炉烧的煤，热利用率仅达20%，有80%作为烟尘、灰渣或废热排放掉；造纸行业用木材制浆，木材利用率只占45%，大量的有用物质随同废液排入江河。化害为利，变废为宝，实在大有文章可做。

搞好综合利用，是夺取社会主义工业高速度发展的一个重要环节。综合利用越发展，为社会为人民造福越多。这项工作决不像某些同志说的，是什么"捡了芝麻，丢了西瓜"。各工矿企业都要树立全局观念，打破行业界限，积极开展社会主义协作，千方百计地搞好综合利用。那些成天大量排放"三废"的单位，应该加强经营管理，努力改革生产工艺，尽量把"三废"消灭在生产过程之中，消除对周围环境和农业生产的危害。那种有钱赔偿"三废"污染损失，没钱治理"三废"的现象，应该迅速改变。我们要严格执行国家奖励综合利用的政策。企业排放的"三废"，在本单位没有利用和治理以前，其他单位可以利用的，一般应免费供应。为了防止新污染的产生，新建、改建、扩建和挖潜改造项目，凡是排放"三废"污染环境的，必须严格执行治理"三废"措施与主体工程同时设计、同时施工、同时投产的规定。否则，不能建设，不能投产。对于不执行这种规定，人为地造成环境污染的单位，要追究责任，严肃处理。

我国《宪法》明确规定："国家保护环境和自然资源，防治污染和其他公害。"各级党委都要把环境保护工作列入议事日程，切实加强领导，确保国家制定的环境保护法令和条例的贯彻执行。要积极整顿和加强环境保护机构，给它们以监督、检查的职权。一切厂矿的生产过程，都不允许造成超过国家标准的污染。不积极治理"三废"的企业，不能评为学大庆的先进单位。严重污染的企业要停产，限期解决污染问题，解决好了再生产。要积极做好环境保护的规划工作，使工业和农业，生产和生活，经济发展和环境保护，同时并进，协调发展。要加强环境保护的科学研究和监测工作，加速培养技术人才，大力宣传和普及环境保护的科学知识。

污染问题,各地群众都有反映,个别地方达到了不能容许的地步。对这个问题,写了不少好文章,做了不少好规划,定了不少好制度。究竟执行得如何?各部门、各地区、各单位应该严格检查执行情况。没有执行的,应限期改变;再三不改的,可以考虑是否把领导人撤换下来,让那些做不好工作就吃不下饭睡不着觉的人来干。我们要遵照华主席、党中央的指示精神,发扬党的实事求是的优良传统,少说漂亮话,多干实际事,现在已经到了扎扎实实地解决污染问题的时候了。

我们坚信,在华主席为首的党中央领导下,只要紧紧抓住揭批"四人帮"这个纲,认真贯彻"全面规划,合理布局,综合利用,化害为利,依靠群众,大家动手,保护环境,造福人民"的方针,我国环境保护工作一定能够搞好。

外交部部长黄华在北京会见罗马尼亚新任驻中国大使弗洛列亚·杜米特列斯库

中国人民大学在北京原址正式恢复

经党中央、国务院批准,受林彪、"四人帮"干扰破坏停办达8年之久的中国人民大学将在北京原址正式恢复。今年秋季这所学校将招收一批新生。

中国人民大学原有的哲学、政治经济学、国际政治、历史、计划统计、财政贸易、工业经济、农业经济、中国语言文学、新闻、法律、档案12个系和马列主义发展史、苏联东欧、语言文字、清史、外国经济管理、人口理论6个研究所,这次全部恢复。为了适应社会主义革命和社会主义建设新时期总任务的要求,财政贸易系将分为财政系和贸易经济系,历史系分为中共党史系和中国历史系,国际政治系改为科学社会主义系,并将新建立经济信息管理系。原属这所学校的医院、工厂、出版社、印刷厂以及图书资料卡片社、中学、小学等附属单位,也都恢复为中国人民大学的建制。

中国人民大学是全国重点高等学校之一,本科学制四年,研究生学制三年,面向全国招生。学校实行教育部和北京市双重领导、以教育部为主的领导体制。国家计委和中国社会科学院将同这所学校建立固定的指导关系,分别指导学校的经济管理各系和社会科学各系的教学和科学研究工作。

中国人民大学1978年将招收学生、研究生共1700名。目前招收研究生的初试已经结束,正在进行复试。

中国人民大学是一所具有自己特点的综合性社会科学大学。它有着光荣的革命传统。它的前身是抗日战争和解放战争时期的陕北公学、华北联合大学、北方大学、华北大学。这些学校曾在战火纷飞的年代为党培养了大批干部。1950年,在原华北大学的基础上,成立了中国人民大学。这是我党在全国解放后创办的第一所社会主义的新型大学。在"文化大革命"前的17年里,人民大学继承和发扬了解放区办学的优良传统,坚持党的教育方针,为我国社会主义革命和社会主义建设事业培养了一大批社会科学理论人才、经济管理人才和高等学校政治课教师。学校还专门举办了各种进修班,有一大批在职干部、工农干部、劳动模范,在这些进修班里提高了文化水平、马克思主义理论水平和业务能力。

这样一所人民的大学,在林彪、"四人帮"大砍学校的恶浪冲击下,从1970年起被迫停办,之后又被撤销。一些系被合并到其他大学,教师队伍被分散,学校的各种设备、图书资料损失极大。粉碎"四人帮"以后,华主席为首的党中央十分重视人民大学的恢复,采取了一系列措施。最近,党中央、国务院又批准了教育部《关于恢复中国人民大学有关问题的请示报告》,进一步加快了人民大学恢复工作的步伐。

7月11日,人民大学召开大会,庆祝复校。教职员工兴奋地表示,要为四个现代化培养更多的又红又专的人才,把被"四人帮"耽误的时间夺回来。

7月12日

国务院副总理邓小平在北京会见联合国教科文组织总干事阿马杜·马赫塔尔·姆博

国务院副总理李先念在北京会见南斯拉夫新任驻中国大使米尔科·奥斯托依奇

国务院副总理耿飚到达西班牙港对特立尼达和多巴哥进行正式友好访问

国务院副总理方毅在北京会见奥地利籍旅美数学家沃·施密特教授

外交部部长黄华在北京会见日本众议院外务委员会委员长永田亮一

南水北调工程规划进行现场初步审查

现场审查是由国务院有关部门和有关省、市的领导干部以及专家、科技人员进行的。按照规划,长江之水将沿着千里京杭大运河,通过几十座现代化的抽水枢纽被引过黄河,调送到华北平原。

我国南方水多,北方水少。兴建南水北调工程是补充华北地区工农业用水,沟通南北内河航运的一项战略性措施。

从5月下旬到7月上旬，在水电部副部长张季农的带领下，国家计委、国家建委、水电部、交通部、农林部、一机部、中国科学院、中国人民解放军总后勤部等8个单位和江苏、安徽、山东、河北、天津5个省、市的代表共100多人，沿着规划的输水线路，从江苏省扬州开始，经淮阴、徐州、济宁、聊城、德州、邢台、衡水、沧州等地，水路旱路兼程，到达天津，对规划进行现场审查。历时1月，行程约4000公里。他们根据工程规划，边勘察，边座谈。围绕南水北调工作，广泛听取了5个省、市、13个地区、20个县的领导部门和水利、交通、水产、卫生、勘测设计、施工管理等部门的意见。最后，大家在天津市集中，以认真负责的精神和实事求是的科学态度，就南水北调的规划、设计、施工，特别是输水规模、线路、穿过黄河的枢纽工程以及有关科研问题进行了专题研究。

早在50年代初期，毛主席在视察黄河时就说过，我国南方水多，北方水少，如有可能，借一点来是可以的。周总理也多次指示有关部门研究南水北调问题。以后，我国有关部门对南水北调进行了大量的调查研究工作，并提出过几种设想。近几年，我国水利、交通等部门经过进一步比较研究，提出了从长江下游向华北平原调水的近期规划方案，即东线调水方案。根据这个规划方案，输水线路基本上沿着京杭大运河，从江苏省扬州附近抽引长江水，由南而北，经几十座大型抽水机站把水逐级地抽送到洪泽湖、骆马湖、南四湖等黄河以南的湖泊，然后在黄河上建穿黄枢纽工程，把江水穿过黄河自流送到河北、天津。这项工程输水干线全长1100多公里，引长江水1000个流量，可灌溉苏、皖、鲁、冀、津5省、市的6000多万亩农田，并使古老的京杭大运河成为南北水上交通大动脉，同时将为沿线的城市、工矿提供可靠的水源。这项工程的宏伟和艰巨，是我国水利建设史上前所未有的。

审查规划的人员通过实地考察，认为这一调水方案是现实可行的。从扬州附近抽水，不仅水源充沛，而且利用现有的河道、湖泊、枢纽和江都抽水站等工程，可以收到费用省、效果大的效果。大家决心本着中央领导同志对工程“既要积极，又要稳当”的指示精神，根据这次初步审查提出的意见，抓紧搞好规划的补充、修改工作，落实有关项目的科研、勘测设计任务。

7月13日

《人民日报》发表特约评论员文章《民主和法制》

加强社会主义法制，是打击敌人，保护人民，实现新时期总任务的重要保证，应当引起我们的高度重视。伟大领袖和导师毛主席1962年在扩大的中央工作会议上强调指出：“在我们国家，如果不充分发扬人民民主和党内民主，不充分实行无产阶级的民主制，就不可能有真正的无产阶级的集中制。没有高度的民主，不可能有高度的集中，而没有高度的集中，就不可能建立社会主义经济。”可见，社会主义的法制和民主原则，是毛主席高度重视的问题。

社会主义法制的民主原则

1954年，毛主席在讲到我国第一部宪法的时候，曾经指出，我们的宪法，“原则基本上是两个：民主原则和社会主义原则。我们的民主不是资产阶级的民主，而是人民民主，这就是无产阶级领导的、以工农联盟为基础的人民民主专政”。毛主席特别强调指出：“人民民主的原则贯串在我们整个宪法中。”（《毛泽东选集》第五卷，第127页）

法制是统治阶级实现阶级统治的工具，是统治阶级的阶级意志的表现。几千年来，凡属剥削阶级的法制，总是同剥削阶级对人民的专制独裁紧密相连，它是由剥削阶级所制定，由剥削阶级所实行，并用来保护剥削阶级利益的。社会主义法制，则与此相反，它同人民的民主紧密相连，是由人民所制定，人民所实行，并用来保护人民利益的。依法制裁极少数破坏社会主义事业的反动分子，依法保护广大人民的利益和民主权利，构成了社会主义法制不可分割的两个方面。

林彪、“四人帮”是20世纪60年代到70年代横行在中国这块土地上的封建买办资产阶级的代表，是社会主义法制最凶恶的敌人。从林彪的“政权就是镇压之权”，到“四人帮”的“全面专政”，是他们破坏社会主义法制的“理论根据”。他们对社会主义法制的破坏，大体经历了两个阶段：第一阶段，无产阶级“文化大革命”初期，在他们一伙的煽动指使下，掀起了一股砸烂“公、检、法”的反革命妖风，司法机关备受摧残，广大革命干警惨遭迫害；第二阶段，在他们篡夺了司法机关的一部分权力以后，便把专政的矛头指向人民群众，肆意践踏社会主义法制的人民民主原则，把封建法西斯制度中一切最残酷的暴力镇压手段，用来对付革命干部和革命人民。林彪、“四人帮”对社会主义法制的破坏，集中表现为对革命干部和革命人民的镇压。他们破坏社会主义法制的过程，正是反动阶级的阶级意志和复辟愿望的血淋淋的体现。

马克思主义的原则和现实生活告诉我们，对广大群众是保护，还是镇压；对人民实行民主，还是实行专政，是社会主义法制同剥削阶级法制的根本区别。忘记了这个根本区别，就会使无产阶级的司法工作迷失方向，走入歧途。无产阶级的司法机关，如果不用法律去保护人民利益，而是掉转矛头，对人民采取镇压手段,这就标志着,这个司法机关已经从根本上改变了性质,它不再是无产阶级专政的机器,而蜕变成了剥削阶级对人民实行专政的工具。

清除林彪、“四人帮”破坏法制的流毒

“四人帮”的垮台,扫除了实行社会主义法制的最大障碍。但是,林彪、“四人帮”的后患和流毒,还有待于进一步消除和肃清。

我们社会主义社会,是从一个没有民主传统的半封建半殖民地的旧中国脱胎而来的。封建的观念形态,封建的伦理道德,封建的传统风习根深蒂固,并且渗透到社会生活的各个角落。旧的社会制度消灭了,但旧社会的意识形态是不可能一下子消灭的。我们从“四人帮”身上,就可以清楚地看到封建主义的阴魂。因此,在一定意义上,肃清“四人帮”的流毒和影响,就是肃清封建专制主义的流毒和影响。这是一场深刻的思想革命。没有这个思想革命,社会主义法制的民主原则,就不可能在人们的头脑中普遍地、牢固地树立起来。

要使法律真正起到保障人民民主权利的作用,就必须认真清除林彪、“四人帮”破坏社会主义法制造成的后患和余毒。他们制造的冤案、错案和假案,必须坚决昭雪、平反和纠正;利用权力违法乱纪的行为,必须坚决制止;遵守社会主义法制的风尚,必须恢复和发扬。人人要守法。群众要守法。干部更要守法。叶副主席在五届人大修改宪法的报告中指出:“国家机关的每一个工作人员,不论职位高低,都是人民的勤务员,都要成为带头实行宪法、遵守宪法的模范。”“要按照法律,保护人民的权利。我们要使一切拥护社会主义的人感到,宪法规定的人身自由,民主权利,合法的经济利益,都能得到切实的保障。”如果守法不严,特别是干部不能以身作则,就会给敌人可乘之机。列宁说:“极小的犯法行为,极小的破坏苏维埃秩序的行为,都是劳动者的敌人立刻可以利用的漏洞。”(《列宁全集》第29卷,第510页)我们的国家,是无产阶级专政的国家。党领导下的各级政权,对社会的政治、经济、文化、生活等方面实行全面管理,统一领导。在这种情况下,掌握着一定权力的人,遵守不遵守社会主义法制,直接关系到人民群众的利害。一旦权力落到某些违法乱纪分子的手中,他就可以生杀予夺,利用他们掌握的权力来打击人民,使人民的政治、经济、文化、生活等方面的利益遭受严重的摧残。因此,越是掌握一定权力的人,就越要守法,决不允许“有人把革命暴力和专政用来违法乱纪”(《列宁全集》第29卷,第137页),决不允许任何人践踏法制,无法无天。

毛主席告诫我们,共产党人不要连封建时代的人物都不如。在封建统治阶级中,确曾有过这样一种人,他们从维护本阶级的利益出发,执法不阿,铁面无私。共产党的干部,是代表人民的,为了人民的利益,不惜抛头颅,洒热血,牺牲自己的一切。在捍卫社会主义法制的斗争中,能不能做到无私无畏,敢不敢对任何侵害人民利益的行为绳之以法,这对每一个无产阶级的执法人员,是一个严峻的考验。如果为了保住乌纱帽,不敢坚持真理,置人民的疾苦于不顾,这种人,在某些封建时代的人物面前都会自惭形秽,还有什么资格做一个无产阶级的司法工作者,还有什么资格做一个共产党员!

1953年,毛主席为中央起草的《反对官僚主义、命令主义和违法乱纪》的文件中指出:“凡典型的官僚主义、命令主义和违法乱纪的事例,应在报纸上广为揭发。其违法情形严重者必须给以法律制裁,如是党员必须执行党纪。各级党委应有决心将为群众所痛恨的违法乱纪分子加以惩处和清除出党政组织,最严重者应处极刑,以平民愤,并借以教育干部和人民群众。”(《毛泽东选集》第五卷,第73—74页)当前,我们十分需要按照毛主席指示的精神,大张旗鼓地,雷厉风行地,来一个全民的法制教育,增强社会主义的法制观念。

治国大法和治国大计

当前,我国进入了社会主义革命和社会主义建设的新时期。我们要在本世纪实现祖国的四个现代化,跨入世界先进行列。这是气魄宏伟的治国大计。大计要有大法来保障。正如华主席在五届人大政府工作报告中指出的:“实现天下大治,必须进一步加强社会主义法制。”五届人大通过的宪法,是新时期的治国大法。我们要用这个治国大法,去维护革命秩序,保护人民利益,保护社会主义的经济基础,促进生产力的高速发展,治出一个生动活泼的政治局面,治出一个现代化的社会主义强国,彻底实现我们的治国大计。

有了根本大法,还需要有一整套完备的法律,这样才能更有效地保证宪法的实施,才能运用法律的武器更有力地打击敌人,保护人民。

毛主席对完善社会主义法制,历来十分重视。早在新中国成立初期的镇压反革命运动中,就曾经指出:“这个工作要注意讲规格,没有规格那是很危险的。要合乎标准才叫反革命,就是要搞真反革命,不要搞出假反革命来。”“要完全合乎规格,货真价实,硬是真反革命,不要冤枉好人。”(《毛泽东选集》第五卷,第200页)毛主席这里所说的“规格”,就是法律。不但衡量反革命分子需要法律,衡量其他刑事犯罪分子也需要法律。1962年,毛主席曾经指示说,不仅刑法要,民法也需要,现在是无法无天。没有法律不行,刑法、民法一定要搞。不仅要制定法律,还要编案例。根据毛主席的指示，有关部门起草了《刑法》《民法》《刑事诉讼法》的草案。《刑法》草案并于1963年下发部分省、自治区、直辖市征求意见。完成这项未完成的工作，是实现他老人家的遗愿。当前，我们十分需要这样的社会主义的《刑法》和《民法》，以便司法部门量刑有准，执法有据。同时，我们也十分需要一部社会主义的《诉讼法》，使人民群众有冤能申，有理能辩，有权根据法律的规定，进行诉讼，以保卫自己的合法权利。

完善社会主义法制，除了需要由全国人民代表大会逐步制定《刑法》《民法》和《诉讼法》等一整套社会主义法律以外，还需要健全我们的一套司法机构。林彪、“四人帮”诬蔑公、检、法互相配合又互相制约的社会主义法制体系是资产阶级的一套，对它横加摧残。我们要实际地而不是形式地予以恢复。在三者通力合作、互相配合的前提下，分工负责，互相制约。特别是各级检察机关，更应该切实地担当起检察法律执行情况的职责，以保障人民的民主权利不受侵犯。毛主席说过，凡事都有个对立面，不能单打一，对立的双方又统一，又斗争，事情才能发展前进。公、检、法三者的关系，就是这种辩证统一的关系。这个体制，有利于稳、准、狠地打击一小撮敌人，有利于防止偏差，保护人民。

加强社会主义法制，是长期的战斗任务。各级领导干部，广大的司法工作人员，一定要依靠广大人民群众，同各种违法乱纪行为进行坚持不懈的斗争。在旧社会，就人民方面说来，他们喜爱“包公”这个不避权贵、执法不阿的形象，是寄托一种幻想，希望有人出来为他们申冤。这类幻想，往往曲折地反映了一定的客观实际。我们要把幻想变成现实，社会主义社会的“包公”，不是封建统治阶级的“青天老爷”，而是敢于为人民利益而斗争的无产阶级先锋战士。社会主义的法制，为我们提供了打击敌人，保护人民的有力武器。在我们无产阶级专政的国家里，应当有千千万万比封建时代的“包公”高出1千倍、1万倍的无私无畏、秉公办事、执法严明、为民除害的“包青天”。

在华主席为首的党中央领导下，我们的社会主义法制，一定能够更好地发挥打击敌人、保护人民的作用，保障我们的国家朝着社会主义现代化强国的宏伟目标胜利前进，完成历史赋予我们的新时期的伟大任务。

国务院副总理李先念在北京会见以池田芳藏为团长的日本三井企业集团友好访华代表团

代表团由三井集团的15家大企业的主要负责人组成。几年来，三井企业集团同我国的经济贸易关系有了新的发展。会见时，双方探讨了进一步发展经济、贸易、金融合作和技术交流的问题。

会见时在座的有，中国国际贸易促进委员会主任王耀庭、副主任王文林，外交部亚洲司副司长王晓云，外贸部副局长叶景灏等。

国务院副总理康世恩在北京会见由索马里工业部部长穆·谢·奥斯曼率领的索马里工业代表团

国务院副总理耿飚在西班牙港拜会特立尼达和多巴哥共和国总统埃利斯·克拉克

耿飚副总理还同特立尼达和多巴哥石油和矿业部部长兼财政部部长埃罗尔·马哈比尔举行正式会谈，双方探索了进一步加强和发展中特两国之间的友好关系的途径，并且讨论了共同关心的问题。

7月14日

全国人大常委会委员长叶剑英致电亚历山德罗·佩尔蒂尼祝贺他当选意大利总统

全国人大常委会副委员长谭震林在北京会见以长泽浩为团长的日中友好旧军人会访华团

7月15日

《人民日报》刊登新华社报道《打击歪风 伸张正气 加强党群联系 广东省省委主要领导同志亲自处理反映重大问题的人民来信来访》

中共广东省省委主要领导同志亲自处理人民来信中反映的有关干部违法乱纪、违反政策、作风不正等重大问题。省委通过对人民来信的处理，打击了歪风，伸张了正气，加强了党和人民群众的联系。

党的十一大和五届人大召开以来，广东省信访部门收到的人民来信数量大大增加。今年1月到5月，人民来信比去年同期多两倍以上。省委很重视这个联系群众的渠道，强调一定要认真处理这些来信，决不容许采取官僚主义态度。反映重大问题的人民来信，省委主要领导同志都亲自阅读，亲自处理，还多次派出负责干部下去调查，就地解决问题。

今年4月，广东省信访部门连续收到群众来信，揭发一些单位的负责人违反中央和省委的规定，巧立名目，以总结、开会、慰问、欢送干部、互相协作等名义，动用公款，摆酒请客。省委领导同志批示，对这些来信决不能只是“转请有关部门处理”了事，省委要亲自处理，采取坚决措施，刹住这股歪风。根据来信揭发的情况，省委抽调了20多名干部组成4个调查组,分赴肇庆、佛山、海南等地进行调查。结果查明,群众来信反映的情况基本属实。其中,以肇庆汽车站的问题最为突出。这个站的党总支书记兼第一副站长和副书记兼副站长违反国家财经纪律,擅自设立了一个"小钱柜",金额达4600多元。今年2月初,他们在肇庆地区运输局局长和副局长的支持下,以庆祝新车站落成和欢度春节为名,动用"小钱柜"的公款,摆酒请客。为了筹办酒席,他们利用自己掌握的运输工具,以搞"协作"和"互相支援"为名,派职工到外县去帮助有物资的单位搞运输,然后搞来大批食品,连续大吃大喝达5天之久。参加宴请吃喝的达130多人,包括肇庆地委和肇庆地区计委、财办、工交办、基建局、物资局、运输局、省交通局、省运输公司等20多个单位的一些负责人和干部。这次大吃大喝挥霍国家资金2100多元,在群众中造成极为恶劣的影响。根据群众的揭发,调查组还查明广东省化工安装公司机械厂、海南地质队综合队等单位负责人挪用公款,大吃大喝的情况也很严重。省委的调查,推动这些单位的党组织对有关人员作了严肃处理,刹住这股不正之风。

前不久,许多群众写信向广东省省委反映,南海、电白、信宜、罗定、封开、怀集、顺德、陆丰、增城等县的一些单位大搞楼堂馆所之风盛行。本来,党中央和省委对于解决这个问题已经三令五申。可是,有些干部由于受"四人帮"流毒的影响,他们漠视党的纪律,使这种歪风在一些单位得以继续盛行。电白县的一封群众来信说,1975年,这个县的二轻局局长擅自修改上级批准的修建办公楼计划,任意扩大建设工程,采取动用上交利润、专项资金和计划调拨的生产用材(主要是钢材和木材)等非法手段,兴建了一座四层办公大楼,建筑面积和投资超过了原计划两倍。在他影响下,全县二轻系统许多厂、社也大搞计划外基建工程,非法占用和挪用了大量应上交的各项基金。省委主要领导同志对群众来信反映的情况和问题,派出两个调查组到南海、电白两县进行重点调查处理。

最近,有些群众来信对省委个别领导人提出严肃批评,或者对省里工作提出建议。广东省省委认真对待这些批评与建议,热情地保护群众的这种政治积极性。

今年5月下旬,省委接到贫农社员陈维广的来信,反映一位省委领导同志1974年担任一个县的县委书记时,带领县委工作队下去蹲点,曾经错误地将陈维广的父亲陈华彬因外出搞编织竹器副业而打成"暴发户"、"副业单干头子"、"资本主义头子",在群众中进行批斗。工作队还把这位老贫农的劳动所得当成"不义之财"予以没收,把他家的房子拆毁了一间,没收了一间,致使他一家三口无家可归,长期寄居他处。陈维广同志认为工作队这样处理问题,严重混淆了两类不同性质的矛盾,破坏了党的政策,要求省委给他父亲平反,落实党的政策。

省委看到这封信后,知道信内反映的情况属实,认为:一个贫农社员敢于直接批评监督省委领导同志,这是一件非常好的事情。经常接受人民群众的批评和监督,可以使我们的党不脱离群众,使干部少犯错误。省委主要领导同志同这位省委领导同志谈了话,并且在省委的会议上提出了这个问题,指出过去发生的这些问题,主要是"四人帮"那条修正主义路线的影响,"四人帮"搞假"左"真右,混淆两类矛盾,我们的同志头脑里中了他们的毒,应该从中总结经验教训。根据省委的意见,受到群众批评的那位省委领导同志亲自回到陈维广所在的大队,向陈华彬一家赔礼道歉,听取批评意见,并宣布退还和赔偿陈华彬的两间房屋及其他财物,落实了党的政策。

今年4月初,南海汽车修理厂工人吴文波来信批评有些领导机关"帮八股"严重,开会、发文件大话、空话、套话连篇,实在是一种灾难。他建议各级领导切实改进会风和文风。省委领导同志对吴文波的信十分重视,省委为此专门发了一个文件并将这封信作为附件,下达全省各地,推动各级领导机关整顿作风。

国务院副总理谷牧在北京会见几内亚新任驻中国大使达乌达·库鲁马

全国人大常委会副委员长邓颖超在北京会见日本友好人士 甲南大学教授垦信行

《文艺报》复刊

中国文学艺术界联合会委托中国作家协会主办的全国性文艺评论刊物——《文艺报》已经复刊,今年的第一期将从7月15日开始在全国各地发行。

《中国妇女》杂志第二次复刊

7月16日

中共中央副主席李先念 中共中央政治局委员耿飚在北京会见由中央政治委员会委员阿吉雷率领的阿根廷革命共产党代表团

国务院副总理纪登奎在北京会见以小威廉·斯潘为首的美国法律工作者协会代表团

国务院副总理方毅在北京会见以尾形学教授为团

长的日本东京大学农学部教授访华团

全国人大常委会副委员长谭震林在北京会见以堀昌雄为团长的日本社会党工人自治管理研究会议访华团

国务院副总理耿飚到达金斯敦对牙买加进行正式友好访问

《文学评论》发表署名周柯的评论文章《拨乱反正,开展创造性的文学研究评论工作》

文章对当前的文学研究和评论工作提出了一些值得注意的意见。

文章首先指出,我们的文学艺术事业,曾经遭受“四人帮”的灾难性的破坏。“四人帮”伙同林彪反党集团炮制的“文艺黑线专政”论,是套在文艺工作者身上的沉重枷锁,使人动辄得咎,造成了文艺园地的荒芜冷落。正像毛主席在1975年的谈话中所说:“怕写文章,怕写戏。”“缺少诗歌,缺少小说,缺少散文,缺少文艺评论。”打倒“四人帮”,文艺大解放。新时期的总任务向文学研究和评论工作提出了新的艰巨的任务。我们必须深入批判“四人帮”的反革命修正主义文艺路线,力求对马克思主义文艺理论有所建树,为捍卫和发展马克思主义的文艺科学,为捍卫毛泽东文艺思想,为促进社会主义文艺的繁荣,为迎接社会主义文化建设的高潮,作出新的贡献。

文章认为,马克思主义的文艺科学是一门创造性的科学。马克思和恩格斯给这门科学奠定了理论基础,列宁和毛主席又在新的历史条件下,创造性地发展和丰富了这门科学。列宁说过:“我们决不把马克思的理论看作某种一成不变的和神圣不可侵犯的东西;恰恰相反,我们深信:它只是给一种科学奠定了基础,社会主义者如果不愿落后于实际生活,就应当在各方面把这门科学向前推进。”(《我们的纲领》)毛主席也说:“客观现实世界的变化运动永远没有完结,人们在实践中对于真理的认识也就永远没有完结。马克思列宁主义并没有结束真理,而是在实践中不断地开辟认识真理的道路。”(《实践论》)作为马克思主义科学的一个组成部分的马克思主义文艺科学也是如此,它不能停滞不前,它必须在实践中不断地向前推进。

文章说,毛主席在《改造我们的学习》中,向全党发出必须重视研究现状,必须重视研究历史,必须重视学习和研究马克思主义理论的重要指示,对于今天的文学战线,也同样适用。关于理论的研究,文章说,对马列主义文艺理论及其发展历史,要进行真正认真的学习和研究;要批判来自“左”右两个方面的对马列主义文艺理论和毛泽东文艺思想的歪曲和庸俗化;要着重研究毛主席对马列主义文艺理论的伟大贡献,完整地建立我们自己的、结合我们民族特点的、并且是有所丰富和发展的马列主义、毛泽东思想的文艺科学。

文章认为,文学研究评论战线当前和今后一个时期的头等大事,仍然是批判“四人帮”的反革命修正主义文艺路线及其种种谬论,肃清其流毒和影响。

文章批判了“四人帮”在文艺与政治关系问题上散布的假“左”真右的谬论,认为文艺为政治服务有它自己的特殊的规律,既要坚持文艺为政治服务、为工农兵服务的正确方向,又要保证文艺为政治服务、为工农兵服务的广阔天地,以满足人民群众日益增长的对文艺多方面的需求。

文章指出,马克思主义文艺理论的一个基本观点是文艺来源于生活,它必须真实地再现生活;当然,它又要比生活更高、更美、更典型。但是,“四人帮”却把文艺反映生活的真实,诬之为修正主义的“写真实”论;他们高喊“反对写真人真事”,实际上就是反对文艺必须真实地反映生活这一马克思主义的基本原理;他们鼓吹所谓“主题先行”论,所谓“从路线出发”论,都是赤裸裸地主张文艺可以离开生活而凭空捏造。取消了对文艺的真实性的要求,也就是毁灭了文艺。我们必须澄清“四人帮”造成的混乱,联系实际,切切实实地探讨、阐述文艺的真实性问题。

文章说,20年前,毛主席提出了革命现实主义与革命浪漫主义相结合的创作方法,周总理在阐述这个创作方法时指出,必须以革命现实主义为基础,以革命浪漫主义为主导。这是对中外文艺史上两种主要创作方法和创作流派的总结和发展。“四人帮”提出所谓“三突出”的“原则”,妄图抵消和篡改这个创作方法,把那些违背和歪曲生活的东西,冒充作“革命浪漫主义”,把腐朽的资产阶级世界观冒充作“革命的理想”。今天,我们在批判“四人帮”的“三突出”谬论的同时,必须深入地探讨、研究、阐述和宣传这个创作方法。围绕着这个问题,文学工作者是有不同看法的,即针对“四人帮”所造成的混乱,当前文艺创作在坚持革命现实主义和革命浪漫主义相结合的创作方法的前提下,应该更加强调现实主义方面,还是更加强调浪漫主义方面,或者两者都需要强调。探讨这些问题,显然对文学创作的实践是有益的。文章批判了“四人帮”打着“创造无产阶级英雄典型”的旗号,提出“三突出”、“三陪衬”、“三对头”等一套僵死的公式和教条,把英雄典型的塑造引进了死胡同的罪行,认为应当结合创作实践,结合我们解放以来对塑造新英雄人物的讨论,从正反两个方面来总结经验,深入探讨和研究无产阶级英雄典型的塑造问题。

文章指出,"四人帮"把所谓"黑八论"作为"文艺黑线专政"论的"代表性论点",强加给革命文艺界。谁都知道,"黑",是反革命的象征语。把大部分是革命文艺工作者提出的哪怕是有错误的意见,统统说成是"黑论",这就首先必须推倒。其次,就每个具体问题而言,情况也很不相同,有的是莫须有的,是"四人帮"杜撰的、有的是根据个别同志的片言只语,无限上纲、随意引申的、有的在出现的当时就受到革命文艺界的严肃批判、有的虽然是有错误的,当时革命文艺界也对其进行了批判,但它可能包含着某些合理的意见,不能一概否定。"四人帮"挥舞所谓"黑八论"的棍子,从反面提醒我们:应该对被他们强烈攻击的某些问题或某些问题的某些方面作认真的研究和剖析,以便作出科学的、实事求是的评价。

在谈到"四人帮"对"五四"以来、特别是30年代的文学历史作的否定和歪曲时,文章认为,首先,必须揭露"四人帮"歪曲和污蔑鲁迅的卑劣伎俩,批判他们在鲁迅研究工作中散布的种种唯心主义形而上学的谬论。鲁迅是"中国文化革命的主将",他有众多的战友和同志,"四人帮"用"架空鲁迅"的恶劣手法把鲁迅描绘成"孤家寡人",从而达到他们否定30年代左翼文艺,同时也就否定鲁迅的罪恶目的。我们必须进一步廓清这方面的流毒,对鲁迅的思想发展道路和著作,作出马克思主义的科学评价。其次,要为现代文学的一些作家作品恢复名誉,无论《子夜》《家》,还是《林家铺子》《雷雨》和《日出》,这些现代文学史上的名著,它们在不同的方面和不同的程度上都反映了当时社会生活的某些本质的东西。被"四人帮"扼杀的作品,要为它平反;我们自己批判错了的,也应纠正。至于对某些有争论的作品,包括解放以后出现的有些作品,也可以用讨论的方法来解决,而不能像"四人帮"那样动辄一棍子打死。

文章在批判"四人帮"对中外文学遗产的否定和歪曲时指出,对"四人帮"胡诌的那个一部文学发展史就是"儒法斗争史"的谬论,还必须深入地进行批判。"四人帮"给一部分《红楼梦》研究者加上种种罪名,特别是那个所谓"修正主义'红学'派"的罪名,是彻头彻尾的诬陷,必须坚决推倒。毛主席曾经对《水浒》这本书有过评论,"四人帮"出于他们反革命的政治需要,对毛主席的评论作了篡改和歪曲。究竟应当如何完整地、准确地理解毛主席对《水浒》的评论?应当怎样评价《水浒》这部古典文学名著?这是一个可以而且也应该讨论和研究的问题。对外国优秀的古典文学遗产,特别是被"四人帮"长期封存禁锢的19世纪欧洲批判现实主义的文学作品,我们也应当恢复其历史地位,给予应有的正确评价。

文章认为,在批判"四人帮"的同一目标下,革命文艺工作者之间有不同意见,你那样看,我这样看,都是正常的。在批判和讨论中出现一些不同的意见,也都是可能的。但不能允许继续散布"四人帮"的反动观点,毒害人民。

文章认为,文学研究评论工作者要敢想、敢说、敢做,要敢于创新。在学术研究上,因循守旧、墨守成规,四平八稳,人云亦云,或者是搞"一阵风"、"一窝蜂",都是不可能有什么创造性的。要冲破"四人帮"为了钳制舆论而人为地设置的种种"禁区"。只要我们坚定不移地维护完整的马列主义、毛泽东思想的体系,坚持6项政治标准,那么,就根本不存在什么"禁区"。任何问题都是可以研究和探讨的。

文章说,要允许犯错误,允许改正错误。只要不是反党反社会主义,应该允许人家讲话,讲了错话也不要紧,通过批评和自我批评,改正错误就是了。对于学术问题上的不同意见,既允许批评,也允许反批评,还要允许持不同意见的同志保留自己的意见。在科学问题上,一项发明创造,常常要经过十次、百次、甚至千次的失败,为什么在文艺问题上,就不能允许有一两次的失误呢?为什么犯了一次两次错误,就该一棍子打死呢?在我们的社会主义国家,在人民内部,应该造成一种民主的空气,在学术问题和文艺问题上,尤其需要民主。

文章强调指出,要特别注意区分敌我和人民内部这样两类不同性质的矛盾。这是一条重要的政策界限。在意识形态的领域中,在文学评论研究工作中,一定要严格区分政治问题和学术问题。政治问题和学术问题是既有联系又有区别的,但不能把学术探讨中的争论、不同意见或者某些错误的意见,都和政治问题混同起来,更不要把人民内部的政治和思想认识问题当作敌我问题。必须坚定不移地掌握好这些政策界限,否则,就不可能开展学术活动,不能活跃思想,也就不能真正贯彻百花齐放、百家争鸣的方针。

7月17日

中共中央主席华国锋对一封反映贵州省惠水县执行政策和干部作风问题的来信作出重要批示

题为《请领导上派人去看看苗寨》的群众来信,在《人民日报》内部刊物刊出后,华主席亲笔作了重要批示。李先念副主席和乌兰夫副委员长也作了批示和指示。当批示的信件转到贵州后,中共贵州省委极为重视,省委第一书记马力同志立即召集在机关的常委进行了认真地阅读和研究,并组成省、州、县三级联合调查组,分别深入到来信反映的雅水、摆金两个区的一些社队,进行调查处理。通过深入的调查,证实了罗秀英同志反映的情况基本属实,有些问题还相当严重。类似这样的情况,不仅雅水、摆金两个区的一些社队存在,这个县其他区和别的县的一些社队也程度不同地存在。从解剖麻雀中发现的问题,引起了贵州省委的高度重视,他们进一步认识到,对“四人帮”在贵州干扰破坏的严重性及其流毒和影响决不能低估。他们决心通过狠抓雅水和摆金区这个典型,认真总结经验教训,进一步促进干部作风的转变,落实农村各项经济政策,推动全省的工作。经省委、黔南布依族苗族自治州委和惠水县委共同研究,派出100多名干部组成的工作队,深入到这两个区问题比较多的甲浪、鸭绒、鸭寨和太阳4个公社,帮助各社队深入宣传学习新时期的总任务、新宪法,深入揭批“四人帮”,整党整风,认真解决存在的问题。马力同志两次到惠水,召开座谈会,听取汇报,对调查处理工作进行具体的指导。

这4个公社是民族聚居社,苗族、布依族占85%。近月来,工作队和区、社党委一起,首先解决了影响集体经济发展和社员生活改善、挫伤社员社会主义积极性的分配政策不落实的问题,抓了群众最关心的夏收预分工作。做到了户户进粮,队队分钱,丰产增收,真正落实了政策,教育了干部,鼓舞了群众的积极性,巩固了集体经济,推动了当前生产。人们兴高采烈地欢呼:“有华主席的英明领导,毛主席的政策又进布依山村苗家寨了!”

通过夏收预分,许多生产队从这次分配给社员的现金比较少的现实中,看到了单一经济带来的问题,更好地落实了以粮为纲,全面发展的方针;许多经营管理制度不健全的生产队,进一步建立、健全了“三基本”等制度;不少生产队还制定了民主办队、勤俭办队的公约,建立和健全了民主理财的制度。政策兑了现,生产面貌变。现在,这4个公社广大社员参加集体生产劳动的热情空前高涨,劳动工效和出勤率都大为提高。

对于区、社、队各级干部中存在的作风问题,他们也根据不同情况,采取有力措施予以解决。如对只有一般超支挪用、多吃多占等问题的干部,通过搞好夏收预分和清钱、清粮、清物、清工分的“四清”,要他们主动清退超支挪用的现款,在社员大会上作深刻的检查,把问题说清,取得群众的谅解。对那些曾经定过“土政策”,并采取强迫命令的方式推行这些“土政策”的干部,组织他们认真学习党中央、国务院和省革委有关农副产品派购、收购的政策和规定,对照本地的实际情况,发动群众进行民主讨论,正确执行党的有关政策,坚决取消“土政策”。对查有实据的贪污盗窃、投机倒把分子和严重违法乱纪分子,通过整党整风或结合“双打”斗争,充分发动群众揭发批判,进行严肃处理。

最近,中共贵州省委召开了全省电话会议,请惠水县委的负责同志介绍他们以华主席和中央领导同志的重要批示为动力,认真转变作风,落实农村经济政策,搞好夏收预分的经验。马力同志代表省委向全省农村社队发出号召,要求所有社队认真学习惠水县的经验。

国务院副总理邓小平在北京会见英国《开曼群岛指南报》董事长安东尼·詹金森爵士

詹金森爵士于1938年作为伦敦《每日简报》的记者访问延安时,毛主席曾接见他。今天会见时,詹金森爵士把他当时在延安访问时拍摄下来的部分珍贵照片和写的文章赠给邓副总理。邓副总理对此表示感谢。

会见时在座的有:外交部部长助理宋之光、中国旅行游览事业管理总局负责人万复等。

国务院副总理耿飚在金斯顿与牙买加总理迈克尔·曼利举行会谈

双方就共同关心的国际问题和中国与牙买加的双边关系问题交换了意见。

中国社科院哲学研究所《哲学研究》编辑部在北京召开理论和实践问题讨论会

中国社会科学院哲学研究所、《哲学研究》编辑部,继6月20日、21日召开的北京地区的讨论会之后,于7月17日至24日邀请了全国各省、自治区、直辖市的部分哲学理论工作者和实际工作者继续讨论理论和实践这个问题。

中国社会科学院副院长邓力群同志、中国社会科学院顾问周扬同志分别参加了讨论会的开幕式和闭幕式,并作了讲话。

邓力群同志说,这次哲学讨论会,要讨论的问题是:理论和实际联系,坚持实事求是,一切从实际出发,从实践中形成的理论、见解、意见,还要回到实践中去,接受实践的检验,加以修正、补充和发展。

为了开好这次会,邓力群同志希望大家在讨论中坚持毛主席一贯倡导的实事求是的根本态度和群众路线的根本方法。他建议大家认真学习全军政治工作会议的文件和今年7月1日公开发表的毛主席《在扩大的中央工作会议上的讲话》,切实遵循这些文件的精神,展开有关问题的讨论。

邓力群同志希望哲学工作者在这次会议上,在今后的研究工作中,不要只停留在一般的哲学理论的阐述、宣传,而要针对新的发展时期面临的许多新的问题,作些调查研究,进行探讨,使我们的哲学研究工作出现新的局面,为实现新时期的总任务作出应有的贡献。

邓力群同志说，我们的讨论和研究一定要贯彻百花齐放、百家争鸣的方针，在人民内部，在同志中间，实行毛主席提出的“三不主义”，一定要做到以理服人，而不是以棍子、帽子压人。研究新的问题，很需要多方面进行探索，很需要集思广益，互相帮助，这就必须把实事求是和民主集中制很好地结合起来，两者缺一不可。

周扬同志在讲话中说，关于社会实践是检验真理的唯一标准问题的讨论，意义重大。这个问题不仅是一个理论问题，而且是关系到思想路线、政治路线的问题，也是关系到党和国家的前途和命运的问题。因为离开了实事求是，离开了理论和实践的统一，离开了千百万人民群众革命实践的检验，就是离开了辩证唯物论的认识论，离开了马克思主义和毛泽东思想的轨道。周扬同志说，现在，这个问题之所以成了问题，是因为有人不承认实践是检验真理的唯一标准，似乎真理还要受实践的检验，真理就没有“绝对权威”了。这就足见林彪、“四人帮”虽然被粉碎了，但是他们的思想流毒还远没有肃清，他们的阴魂不散。我们要来做消毒工作，做驱散阴魂的工作，否则揭批“四人帮”的第三战役就不能打好，新时期的总任务就不能很好地实现。

肯定社会实践是检验真理的唯一标准，是否会否定或削弱马列主义、毛泽东思想的指导作用呢？周扬同志说，应该明确地回答，这不仅不会否定或削弱马列主义、毛泽东思想的指导作用，而且正是肯定和加强马列主义、毛泽东思想的指导作用。问题是你所认为的马列主义、毛泽东思想是什么？是背诵它的片言只语，还是了解它的精神实质？是把马克思主义看成是发展的理论，还是看成是僵死的教条？这就是真假马克思主义、真假毛泽东思想的分水岭。我们应该完整地准确地理解马列主义、毛泽东思想，坚持马列主义、毛泽东思想的基本原则，而不应当用片言只语来歪曲马列主义、毛泽东思想的完整体系。对于假马克思主义、假毛泽东思想，就是要否定、要揭露。周扬同志说，讨论这个问题，要联系当前的实际斗争，大力开展三大革命运动，发扬党的三大作风，坚持“三要三不要”的原则，来进行深入的讨论。

周扬同志再一次地讲了科学无禁区的问题。他说，如果给科学设置禁区，那就是扼杀科学，宣布科学的死亡，就是阻碍着人类从必然王国向自由王国飞跃。科学无禁区，是不是否定或削弱党对科学事业的领导呢？当然不是。开放禁区就正是体现了党对科学的正确领导。加强党对科学的领导，不是设置禁区，不是压制科学的自由讨论，而是给科学研究指明正确的方向，制定正确的科学政策，采取正确的方法来领导科学事业，包括开展学术的自由讨论，鼓励独立的见解、独立的创造，等等。

会议先后邀请了中国社会科学院农业经济研究所王耕今同志、北京师范大学曹宪章同志、《光明日报》马沛文同志、《人民日报》汪子嵩同志、北京大学冯定同志等，在大会上作了专题报告。

讨论会遵循百家争鸣的方针，紧紧围绕着真理的标准问题和当前讨论这个问题的重大意义，进行了热烈讨论。通过讨论，大家认识到，检验真理只能是社会实践这样一个标准，而不允许还有别的标准。反对实践这个标准，妄想另立什么标准，这是林彪、“四人帮”从根本上颠倒理论和实践的关系造成的流毒没有肃清而产生的一种社会思潮。这种思潮的实质是：反对把马克思主义作为实事求是、从实际出发的指南，主张把马克思主义看成万古不变的教条。只有坚持与这种社会思潮作斗争，才能解决科学地对待马列主义、毛泽东思想的问题，才能真正高举马列主义、毛泽东思想的伟大红旗。

大家一致认为，马克思主义理论之所以有巨大的指导作用，正在于它是在实践的基础上产生出来，又回到实际中去经过实践的反复检验的。理论愈经过实践的检验，就愈正确，愈彻底，从而也就愈能够发挥它对革命实践的指导作用。坚持实践的标准和重视理论的指导作用，二者是完全一致的，是辩证的统一。这种统一的基础仍然是实践。如果把马克思主义也作为检验真理的标准，必然会导致唯心论或二元论的错误。

大家认为，当前，解决检验真理的标准问题，不但是带根本性的理论问题，尤其是带根本性的现实问题。只有解决了这个理论问题，发挥理论的巨大指导作用，我们党和国家才能去顺利解决由于林彪、“四人帮”的疯狂破坏所造成的大量积重难返的现实问题。因此，讨论会根据理论与实际相结合的原则，联系了各地区各单位的实际情况、实际问题和实践经验，分析和研究了一些典型调查材料，从而交流了情况，开阔了眼界，解放了思想，对增强理论工作的现实针对性，起了促进作用。

对于如何具体说明理论的指导作用和实践标准的关系，如何说明逻辑证明的作用，过去的实践和当前的实践在检验真理过程中的作用，实践标准的确定性和“不确定性”等问题，都充分交换了意见。这些问题，大家认为，今后还要作进一步的探讨。

这次讨论会的最大收获是进一步解放了思想，提高了认识，明确了责任，增强了信心。不少同志在会上说出了过去想说而又不敢说的话，敢于批判林彪、“四人帮”设置的理论禁区。同志们说，经过“无产阶级文化大革命”的考验,证明我们党的理论工作者队伍基本上是好的,证明绝大多数的同志是要坚持高举和捍卫马列主义、毛泽东思想旗帜的。同志们认识到,我们现在正处在历史发展的新时期,为了适应新时期的需要,我们必须开展一个思想解放运动。我们理论工作者,应该鼓起勇气,认真贯彻执行毛主席一贯倡导的理论和实际相统一的原则,敢于拨乱反正,敢于冲破禁区,敢于研究、探讨新时期提出的新问题,充分发挥革命理论的战斗作用,使我们的哲学研究工作,更好地为当前的政治服务,为实现新时期的总任务服务。

出席会议的有全国29个省、自治区、直辖市的党校、大专院校、哲学研究单位和中央、国家机关、解放军、新闻出版单位的有关人员共160多人。

7月18日

中共中央颁布《中国人民解放军政治工作条例》

《中国人民解放军政治工作条例》(以下简称《条例》)经过全军政治工作会议讨论和中央军委审定,由中共中央正式颁布在全军施行。

《条例》共分20个部分。目录是:政治工作条例总则,总政治部工作条例,中国共产党军队委员会条例,政治委员工作条例,军区政治部工作条例,军、师政治部工作条例,团政治处工作条例,营政治教导员工作条例,连队政治指导员工作条例,中国共产党连队支部工作条例,中国共产主义青年团连队支部工作条例,连队革命军人委员会工作条例,舰、艇政治工作条例,飞行大队政治工作条例,省军区、军分区政治部工作条例,县(市)人民武装部政治工作条例,院校政治部工作条例,医院政治部(处)工作条例,政治协理员工作条例,中国共产主义青年团团(营)工作委员会工作条例。

《条例》的总则部分共8条,明确规定了我军政治工作的基本任务和主要内容。条例的其余部分,对军队党委会、各级各类政治部门和政治工作人员、基层党团组织的工作任务、内容和方法,分别作出了具体规定。

中共中央批准颁发《中共中央军委关于加强军队政治工作的决议》

中共中央指出,这个决议,高举毛主席的伟大旗帜,继承了古田会议以来我军政治工作的优良传统,总结了在同林彪、“四人帮”斗争中我军政治工作的正反两个方面的经验,分析了我军新的情况,明确地提出了在新的历史条件下加强军队政治工作的方向、任务和方法,是一个加强军队政治工作的好文件、好章程。这对于全军进一步贯彻落实党的十一大路线和新时期总任务,贯彻落实抓纲治军、准备打仗的方针和任务,加速我军革命化现代化建设,提高部队战斗力,具有十分重大的意义。它不仅适用于军队,而且它的基本精神,对于各级党组织、政府机关以及学校、企业部门等都是适用的。

《决议》包括22项内容:

一、新的历史条件和我军政治工作的任务

二、学习马列主义、毛泽东思想,反对修正主义

三、提倡唯物主义、辩证法,反对唯心主义、形而上学

四、增强无产阶级党性,反对资产阶级派性

五、加强组织纪律性,反对无政府主义

六、发扬艰苦奋斗的优良传统,反对资产阶级生活作风

七、坚持党委集体领导下的首长分工负责制

八、恢复政治机关的职能、作用和威信

九、贯彻执行毛主席的干部路线和政策

十、坚持官兵一致的原则,发扬三大民主

十一、坚持军民一致的原则,积极参加社会主义建设

十二、坚持瓦解敌军的原则,加强对敌斗争

十三、加强教育训练、科研等各项任务中的政治工作

十四、大力提高我军的科学文化水平

十五、积极开展文艺、体育工作

十六、发挥党支部的战斗堡垒作用

十七、加强青年工作

十八、搞好连队经常的政治教育

十九、做好深入细致的思想工作

二十、广泛深入开展学雷锋、学硬骨头六连、学空军航空兵一师的群众运动

二十一、加强民兵政治工作

二十二、发扬政治工作的优良作风,改进工作方法

全国人大常委会副委员长乌兰夫在北京会见以何塞·安东尼奥·萨巴尔萨·伊里亚特为团长的西班牙青年代表团

国务院副总理方毅在北京会见由泰国兰甘杏大学校长甘通·班杜拉教授率领的泰国大学校长和教授访华团

曾希圣追悼会在北京八宝山革命公墓礼堂举行

中国共产党第八届中央委员会委员、原中共中央西南局书记处书记曾希圣同志,因受林彪、“四人帮”迫害,于1968年7月15日患重病医治无效,在北京逝

世,享年64岁。

华主席和中国共产党中央委员会送了花圈。党和国家其他领导人叶剑英、邓小平、李先念、汪东兴、韦国清、刘伯承、许世友、纪登奎、耿飚、聂荣臻、徐向前、陈云、谭震林、李井泉、张鼎丞、蔡畅、邓颖超、廖承志、王震以及粟裕、罗瑞卿、宋任穷、康克清、江华、黄火青同志也送了花圈。

送花圈的还有国务院、中央军委、中央办公厅、中央组织部、中央宣传部、总政治部、总参谋部、湖南、安徽、山东、上海、四川省、市委和省、市革委会以及湖南省资兴县委和县革委会等也送了花圈。

党和国家领导人邓小平、李先念、韦国清、纪登奎、谭震林、邓颖超、王震,有关部门负责人以及曾希圣同志生前友好400多人参加了追悼会。

追悼会由李井泉同志主持,胡耀邦同志致悼词。

曾希圣同志于1904年生于湖南省资兴县。他早年就献身于中国人民的伟大革命事业,1924年考入黄埔军校,并参加了轰轰烈烈的北伐战争。曾希圣同志于1922年参加中国社会主义青年团,1927年加入中国共产党。他参加革命后,担任过长江局军委秘书长,红军总司令部科长,中央军委局长,新四军第七师政治委员,皖江区党委书记,华东野战军纵队政治委员,中共中央华东局国民党统治区工作部部长,第二野战军副参谋长,豫西军区司令员,皖北区党委书记,安徽省省委书记、第一书记,山东省省委第一书记,华东局第二书记,西南局书记处书记等职。

曾希圣同志生前是受到林彪、"四人帮"反革命修正主义路线迫害的,他们强加给曾希圣同志的诬陷不实之词应予推倒,为曾希圣同志恢复名誉。

7月19日

外交部照会越南外交部建议中越两国政府就居住在越南的华侨问题举行外交部副部长级谈判

1977年6月以来,中国方面曾多次通过各种途径,向越南方面提出交涉,恳切地呼吁越南方面以中越两国人民之间的传统友谊为重,停止一切歧视、排斥、迫害和驱赶居住在越南的华侨的行动。但是,越南方面始终置若罔闻,致使事态发展日趋严重。面对这种情况,1978年5月26日,中国外交部照会越南驻华使馆,提出中国政府派船去越南接运受难华侨回国。然而,由于越南方面蓄意设置障碍,中国驻越南大使馆就接运难侨问题同越南外交部有关方面的商谈已进行了17次,迄今未能取得任何进展;我国派往海防港和胡志明港的两艘接运难侨的船只,一直被迫滞留越南港外海面上,接侨工作迟迟不能进行。与此同时,越南方面仍然继续对华侨实行迫害和大批驱赶的做法,使被赶回中国的难侨数字已增加到近16万人。仅7月12日以后的几天内,被越南方面驱赶到中国广西友谊关口和东兴关口的难侨就达2000多人。

本着维护中越两国人民传统友谊和全面解决华侨问题的真诚愿望,中国政府郑重建议:中越两国政府就居住在越南的华侨问题举行谈判,谈判代表为外交部副部长级,谈判时间可在1978年8月上旬开始,地点可在河内或北京举行。两国副外长级的谈判一经开始,中国大使馆同越南有关方面关于接运难侨问题的会谈即可暂时休会。

中国方面重申,中国政府一贯主张通过谈判解决两国之间的争端。中国政府真诚地希望越南政府对中国政府的此项建议作出有利的响应。

国务院副总理李先念在北京会见罗马尼亚新任驻中国大使杜米特列斯库

国务院副总理王震在北京会见以日本石川岛播磨重工业公司总经理真藤恒为团长的石川岛播磨重工业公司代表团

国务院副总理耿飚在金斯敦与牙买加外交部部长珀西瓦尔·帕特森举行会谈

北京文化街琉璃厂进行恢复和建设

经中央和国务院领导同志批准,文化部、国家建委等单位决定对驰名中外的北京琉璃厂这条古老的文化街进行恢复和建设。7月中旬,在文化部主持下,成立了琉璃厂文化街业务恢复小组,现已正式投入工作。

琉璃厂在北京和平门外,东西街道长750米。自明清以来,它就以文化街闻名于世,迄今已有几百年的悠久历史。这条街以经营珍贵的古旧书籍、古玩字画、古碑拓本、石砚笔墨而著名。解放初期,有170多家大小文化店铺,布满全街。解放以来,经过整顿、店铺合并,仍将其特点保留下来,在国家扶植下,业务有所发展。但近几年来,在林彪、"四人帮"疯狂推行文化专制主义的严重破坏下,这一著名的文化街已经面貌全非,保持老字号的文化商店仅存数家。目前仅荣宝斋、文物商店、中国书店等在吸引着顾客和游客。随着旅游事业的发展,国内外顾客、游客甚多,这种状况亟待改变。文化部、国家建委、北京市建委、北京城市规划管理局等单位,已着手进行建设和恢复工作,对琉璃厂全街状况进行了深入的调查研究,提出了建设和恢复的方案。这条街将全部建设、恢复传统的文化商店和为旅游服务的各种设施。街面将展宽成15米的步行街道。并计划在东西琉璃厂的街口,增加一些装饰,将原有寺庙旧址,辟设为琉璃厂历史资料馆、古字画、珍宝陈列馆。在琉璃厂附近拟修建居民楼,就地解决居民搬迁问题。

7月20日

轻工业部在长沙举行全国服装质量评比鉴定会

上海服装质量总评获得93.81分,名列全国第一。以下的名次为贵州、北京、湖南、江苏、陕西、山东、辽宁,它们的总评分都在全国平均先进水平以上。在单项评比中,北京的天坛牌男衬衫、贵州的遵义牌女衬衫和辽宁的红莲牌女童上衣,分别获得全国第一。

列入这次评比鉴定的服装有男女毛呢衣裤,男女单服衣裤、男女衬衫、男女童装衣裤,共14个品种、1500多件(条)。轻工业部的全国服装标准组对服装的标准、规格、外观质量、缝制技术、色差、疵点等,都规定了严格的要求。评比鉴定的人员,是由全国各省、自治区、直辖市服装行业选派出来的技术人员和有经验的工人。评比时,首先分别对14个品种进行单项评分,然后对各省、自治区、直辖市的服装进行综合评分。

国务院副总理谷牧在北京会见以总裁高木文雄为团长的日本国有铁道友好访华团

国务院副总理耿飚到达乔治敦对圭亚那进行正式友好访问

解放军总参谋部 总政治部和总后勤部在北京联合召开全国民兵工作会议

这次会议7月20日至8月6日召开。会议着重总结了民兵建设上同林彪、"四人帮"斗争的正反两方面的经验,确定了在新的历史条件下恢复和发扬民兵工作老传统,大力加强民兵建设的方针、任务,解决了当前民兵工作中急需解决的一些重大问题。

华主席和叶副主席为会议题了词。华主席的题词是:"坚持野战军、地方军和民兵三结合的武装力量体制,大力加强民兵建设。"叶副主席的题词是:"大力加强民兵建设,如果战争一来,要能依照战略要求,不断充实和扩大野战军、地方军,发扬人民战争巨大威力,战胜敌人,保卫强大的社会主义祖国。"中央军委副主席徐向前也题了词,题词是:"恢复发扬民兵工作的优良传统,认真搞好民兵工作三落实。"会前,邓副主席听取了汇报,对开好这次会议作了重要指示。

会议期间,中央军委副主席聂荣臻在会上作了重要讲话。人民解放军副总参谋长杨勇作了题为《高举毛主席的伟大旗帜,大力加强民兵建设》的报告。副总参谋长张才千、总政治部副主任徐立清、总后勤部副部长李元也讲了话。

会议还反复讨论和修改了《民兵工作条例》《关于开展创造民兵工作"三落实"先进单位活动的试行方案》等文件。这些文件将经过审定颁布,作为全国民兵工作遵循的章程。

7月21日

国务院副总理李先念 余秋里在北京会见美国友好人士韩丁

韩丁先生曾经多次前来我国进行参观访问,周总理先后多次亲切接见过他。他是中国人民熟悉的老朋友。

会见时,李副总理和余副总理对他再次来我国参观访问表示热烈欢迎,宾主进行了亲切友好的谈话。大家围坐在会见厅中间的一个农田模型旁。这是韩丁先生耕种的1500亩山坡地的模型。这个模型是韩丁先生来华后亲自模塑的。韩丁先生对着模型详细介绍了他的耕作方法和高产经验,并对我国农田基本建设提了一些有益的建议。

李副总理对此表示感谢。他说,你的经验对我们有很好的参考价值。

会见时在座的有:农林部部长杨立功,一机部副部长项南,外交部美大司司长林平,国家农垦总局外事局负责人张希彬等。

国务院副总理陈慕华在北京会见以吴丁貌为团长的缅甸旅游旅馆公司代表团

全国人大常委会副委员长姬鹏飞在北京会见以藤田正明为团长的日本国会议员友好访华团

《中日和平友好条约》谈判在北京继续进行

中方谈判代表团由外交部副部长韩念龙任团长,团员有亚洲司副司长王晓云以及蒋福乔、丁民、王效贤、徐敦信等。

日方谈判代表团由日本驻华大使佐藤正二任团长,团员有外务省亚洲局局长中江要介、公使堂之胁光朗以及齐藤邦彦、田岛高志等。

国务院副总理耿飚在乔治敦与圭亚那人民全国大会党总书记 副总理普托利米·里德举行会谈

《人民日报》发表记者报道《绿色王国的一颗新星——我国杂交水稻研究的重大突破》介绍袁隆平和他的杂交水稻研究

交通部为在“风庆轮事件”中受到“四人帮”严重政治迫害的李国堂和顾文广平反昭雪恢复名誉

7月22日

中共中央副主席邓小平谈《实践是检验真理的唯一标准》的争论

邓小平找胡耀邦谈话。邓小平说：我原来没有注意这篇文章(指《实践是检验真理的唯一标准》)，后来听说有不同意见，就看了一下。这篇文章是马克思主义的。现在有争论是不可避免的，争得好，根源就是‘两个凡是’。他还向当时中宣部主要负责人指出：你不要再下禁令，设禁区了，不要再把刚刚开始的生动活泼的政治局面向后拉！

全国农田基本建设会议在北京举行大会

出席国务院召开的全国农田基本建设会议的1200多名代表，在参观、学习了江苏、山东农田基本建设先进典型以后，22日下午在北京举行大会。中共中央副主席、国务院副总理李先念在会上就我国农业怎样才能更快地搞上去的问题，作了重要讲话。

中共中央政治局委员、国务院副总理陈永贵主持了大会。

党和国家其他领导人韦国清、乌兰夫、方毅、纪登奎、吴德、余秋里、张廷发、陈慕华、赛福鼎、王震、谷牧、康世恩出席了会议。

各省、自治区、直辖市党委主管农业的书记和国务院各部门的负责人也出席了会议。

这次会议是第二次全国农业学大寨会议以来农业战线上的又一次重要会议。会议的任务是，重点参观总结江苏省苏州地区，山东省济宁、泰安地区大搞农田基本建设的经验，研究如何掀起今冬明春农田基本建设的新高潮，加速实现农业现代化建设的有关问题。

这次大会之前，从7月3日起，南方13个省、自治区、直辖市的代表就到江苏省苏州地区参观学习。7月10日，南方、北方地区的代表又汇集到济南市，一起参观了山东省济宁地区和泰安地区的一批大搞农田基本建设的先进典型单位。代表们说，这次参观学习，形式生动活泼，有问有答，实事求是，先进经验看得到，学得透；他们在前进中存在的问题，也一清二楚，能够引起大家的注意。

代表们在7月18日、19日回到北京后，连续进行了热烈的讨论。

出席大会的还有，全国200多个地委第一书记，400多个商品粮基地和低产地区的县委书记，以及省和部分地区的计委、农林、水利部门的负责人。

国务院副总理李先念在全国农田基本建设会议上的讲话

同志们！

我们这次会议，是继第二次全国农业学大寨会议之后，农业战线上有省、地、县三级党委书记参加的又一次重要会议。大家在学习、参观、讨论的过程中，联系农田基本建设，也涉及了整个农业方面的一些问题。现在，我就来讲一讲农业问题。

同志们都知道，华主席继承毛主席、周总理的遗愿，在五届人大的政府工作报告中，已经向全国和全世界，宣布了我们在本世纪内一定要实现四个现代化，宣布了我国发展国民经济的十年规划纲要，宣布了到1985年全国粮食产量要达到8000亿斤的指标。我们的任务是十分艰巨的。我们既然说了，就一定要千方百计，努力办到。那么，我们的农业怎样才能更快地搞上去呢？这是全党同志和全国人民最关心的问题。围绕这个问题，我讲几点意见。

第一点，讲一讲坚持农业学大寨的问题。

大寨是毛主席亲自树立的一面红旗，是坚持党的基本路线，在无产阶级专政下继续革命，多快好省地建设社会主义农业的典型。我们的农业要搞上去，最根本的还是要靠学大寨，坚持社会主义方向，用革命化统帅现代化。这是我国农业的根本道路。在今天的新的历史条件下，在我们向农业现代化进军的时候，必须对学大寨的伟大意义进一步加深认识，决不能丢掉学大寨这个根本方向。在这个问题上的任何犹豫和动摇，都是完全错误的。

经过了1970年的北方地区农业会议，特别是经过了华主席亲自主持的第一次、第二次全国农业学大寨会议，全国农业学大寨运动蓬蓬勃勃地向前发展，取得了伟大的成绩。大家都知道，我们的国家还很穷，技术还很落后，前些年又连续遭受林彪、“四人帮”的严重破坏和自然灾害的袭击，遇到的困难是历史上少见的。但是，广大农村干部、共产党员、亿万贫下中农有一股志气，有一种精神，他们自力更生，艰苦奋斗，主要依靠两只手，大规模地改造山河，使我国每年扩大2000多万亩灌溉面积，农业生产有了很大的发展。大寨就是这样一个最突出的代表，它成为全国学习的榜样，是完全合乎逻辑的。我们这样一个国家搞现代化，没有这样一种精神，这样一种干劲，行吗？为什么历来多灾缺粮的冀鲁豫，能够大干几年，扭转南粮北调，其中山东近三年平均每年上调5亿多斤粮食呢？第一位的就是靠学大寨。为什么南方的江苏、湖南，能够大幅度提高产量，全省亩产超《纲要》呢？第一位的也是靠学大寨。为什么遭受“四人帮”严重破坏的重灾区浙江、四川，在粉碎“四人帮”之后，能够形势一年大变，浙江恢复到千斤省，四川获得空前的大增产呢？第一位的还是靠学大寨。全国许许多多高产的县、社、队，都是大寨式的典型，或者是学大寨的先进单位。大家这次参观的苏州地区和山东的济宁、泰安地区，它们的成就，也都是认真学习大寨经验的结果。实践是检验真理的标准。所有这些实践，都一再证明了大寨经验的正确性，大寨精神我们永远不能丢。将来农业高度现代化了，我国成为世界上第一个高产国家了，还要把这个精神世世代代地传下去。

现在有的同志，对于这个早已解决了的问题，为什么又发生了犹疑呢？这里有一个重要的原因，是近些年在林彪、“四人帮”干扰破坏之下，有些地方在农业学大寨运动中的确发生过一些问题，如有的降低大寨县标准，虚报成绩和产量，有的学大寨先进单位的领导班子中混进了个别坏人，甚至还有那么几个“四人帮”鱼目混珠搞的假大寨县，等等。对这个问题，我们应该怎样看呢？首先，必须充分肯定，这些年在运动中涌现的一大批大寨式的县、社、队，学大寨的先进单位，绝大多数是好的，是作出了很大成绩的。这是广大干部和群众共同奋斗的结果。学大寨运动是在激烈的阶级斗争中而不是在真空中前进的，出现一些问题也是不奇怪的。我们决不可以忘记我们的基本理论和基本实践，看不清运动的本质和主流，对学大寨这个方向发生动摇。如果是这样，就要犯绝大的错误。对于运动中出现的问题，必须实事求是，具体分析，分别作出正确的处理。对那种“四人帮”为了篡党夺权的反革命政治需要，一手搞的假大寨县，必须宣布撤销其称号，放手发动群众，揭开盖子，鼓足干劲，真学大寨。对于在学大寨运动中确实有成绩，但是领导班子中混进了个把几个“四人帮”帮派骨干，搞了不少破坏活动的单位，要通过深入揭批“四人帮”，把坏人清除出去，同时对那里的干部、群众和他们取得的成绩，切实加以保护。决不可搞形而上学，否定一切。至于对在学大寨运动中取得了很大成绩，但有些干部在工作中也犯了一些错误的单位，更要注意保护广大干部和群众的积极性。例如湖南省的安乡县委，前几年学大寨很有干劲，大搞了农田基本建设，粮食产量大幅度增长，成绩显著，但是后来犯了虚报产量，破坏粮食政策的错误。湖南省委采取既严肃认真，又热情帮助的态度，很好地解决了那里的问题，使县委主要负责人真正认识了错误，向群众作了公开检讨，恢复发扬了党的优良传统作风，出现了全县上下团结战斗的新局面。湖南省委所采取的这种做法，是完全正确的。当然，所有的先进单位，包括大寨和昔阳在内，对自己的工作都应该采取一分为二的正确态度，不断发扬成绩，克服缺点，去争取更大的胜利。总之，我们的目的就是要把广大干部群众大干社会主义的积极性充分调动起来，把普及大寨县的运动推向新的高潮。

在这些年学大寨运动的实践中，我们大家得到的一条深刻体会，就是学大寨必须学根本。要像大寨那样坚持无产阶级政治挂帅、毛泽东思想领先的原则，坚持自力更生、艰苦奋斗的精神，坚持爱国家、爱集体的共产主义风格，像大寨那样大批修正主义，大批资本主义，大干社会主义，像大寨那样不断加强领导班子的革命化，坚持用马列主义、毛泽东思想武装农民。昔阳第一个建成大寨县，就是因为他们抓住了根本，一年又一年地坚持三大革命一起抓，认真整党整风整社的结果。全国其他地方，凡是学大寨取得了显著效果的，都是在这方面下了功夫。如果不学大寨的根本经验，不结合当地实际情况，而去生搬硬套他们的某些具体做法，运动也会走偏方向。

在整个社会主义历史阶段，城市也好，农村也好，主要矛盾始终是无产阶级同资产阶级、社会主义道路同资本主义道路的斗争。一定要像大寨那样，抓住这个主要矛盾，深入开展阶级斗争、生产斗争和科学实验三大革命运动，整个革命和建设事业才能胜利前进。我们搞的是社会主义的现代化，不是帝国主义、修正主义的现代化，不是资本主义的现代化，必须坚定不移地抓住阶级斗争这个纲。在当前和今后一个时期，我们抓阶级斗争，就是要深入揭批“四人帮”。两年来，这场政治大革命已经取得了决定性的伟大胜利，但是对“四人帮”的流毒和影响仍然不可低估。我们必须乘胜前进，把揭批“四人帮”的伟大斗争进行到底。

去年以来，许多地方在深入揭批“四人帮”的第三战役中，因势利导，大张旗鼓地放手发动群众，开展了打击阶级敌人的复辟活动，打击贪污盗窃分子、投机倒把分子和各种资本主义势力猖狂进攻的“一批双打”斗争，大长了无产阶级的志气，大灭了资产阶级的威风，广大干部群众拍手称快。同时，密切结合“一批双打”，进行整党整风整社，开展党的基本路线教育，整顿各级领导班子，改进社、队经营管理，落实党的政策，恢复发扬党的优良传统作风，收到了良好效果，进一步调动了广大群众的社会主义积极性，促进了人民公社集体经济的发展。各级党委应当继续加强领导，从当地实际情况出发，把这个运动分期分批地深入开展起来，夺取阶级斗争的新胜利。

在这里，有必要着重地讲一下落实党的各项政策和改进干部作风的问题。前一段，各地根据华主席、党中央的指示，在这方面已经做了大量的工作，取得了很好的效果，今后还要继续抓下去，抓到底，抓出更大的成效来。最近，中央连续发出了两个很重要的文件，一个是转发了湖南省湘乡县委《关于认真落实党的政策，努力减轻农民不合理负担的报告》，一个是转发了陕西省委《关于旬邑县少数干部强迫命令、违法乱纪问题的调查报告》，前一个着重解决的是落实党的政策问题，后一个解决的是干部作风问题。各级党委一定要在揭批“四人帮”的运动中，联系当地实际，大张旗鼓地宣传贯彻，做到家喻户晓，人人明白。中央指示的每一条，都要认真落实，决不能马马虎虎，不能走过场，不能空说一阵就拉倒，一定要取得切实的效果。

党的政策要落实，关键还是要深入揭批“四人帮”的极右路线，批判他们的假“左”真右，分清什么是正确的，什么是错误的，把被“四人帮”搞乱了的政策，统统端正过来。历史的经验值得注意。既不能重犯“一平二调”、刮“共产风”的错误，也要防止“包产到户”、刮“单干风”的错误。在坚持大集体的前提下，允许小自由，对社员的自留地、家庭副业不要乱加干涉，对集市贸易要加强管理，不要随便取消。掌握了这样的界限，我们在工作中就不会出大的偏差。我们落实党的政策的根本出发点，是要保护和调动群众的积极性，引导农民沿着社会主义道路前进。现在最关紧要的是两条，一条是真正贯彻执行“各尽所能，按劳分配”的原则，保证多劳多得，反对平均主义；一条是千方百计减轻农民的不合理负担，坚决纠正那种“各行各业向生产队伸手，四面八方挖生产队墙脚”的现象，保证做到增产增收，分配兑现。这两条抓好了，男女老少都高兴，广大农民的积极性就起来了。

我们党历来有一个马列主义的优良传统作风，干部同群众的关系从来是鱼水关系。近几年，在“四人帮”的侵袭腐蚀下，有些干部把这个传家宝丢了，滋长了官僚主义、命令主义的坏作风，甚至违法乱纪，严重地脱离了群众，挫伤了群众的积极性。深入揭批“四人帮”，拨乱反正，我们的干部作风也要来一个大的转变，使党的优良传统作风得到恢复和发扬。我们的各级干部特别是领导干部，要能够团结同志，与群众打成一片，关心群众生活，注意工作方法。要大力发扬革命加拼命的精神，扫除官气、暮气、骄气、娇气，破除懦夫懒汉世界观。要艰苦奋斗，坚持勤俭办一切事业的原则。要精简机构，克服“五多”，切实改进机关作风。

在农业战线和其他各条战线上，当前都要特别强调实事求是，少说空话，谦虚谨慎，埋头苦干，踏踏实实地做好工作。我们在任何时候，都必须坚持实践第一，一切按实际情况办事，不搞浮夸，不搞瞎指挥，不搞形式主义。那种满嘴大话、空话，不讲实效，报喜不报忧，甚至弄虚作假的坏风气，只能是图虚名而得实祸，必须坚决加以反对。广大干部特别是各级领导干部，都要坚持参加集体生产劳动，深入基层，深入群众，大兴调查研究之风。要认真总结自己的经验，虚心学习国内外的一切好经验，反对骄傲自满、故步自封、夜郎自大，越是工作有了成绩，越要看到自己的不足之处，这样，我们的事业才能立于不败之地，才能更好地前进。

只要我们紧紧抓住深入揭批“四人帮”这个纲，在斗争中分清路线是非，认真地而不是敷衍地整顿好各级领导班子，落实党的政策，改进干部作风，就一定能够把蕴藏在群众中的极大的社会主义积极性充分调动起来，把人民公社一大二公的无比优越性充分发挥出来。这样，农业学大寨、普及大寨县的群众运动必将更加扎扎实实地奔腾前进，高速度发展农业，实现农业现代化，就有了更加可靠的保证。

第二点，讲一讲要更好地执行以农业为基础的方针问题。

马克思在《资本论》中讲过一句名言，他说：“超过劳动者个人需要的农业劳动生产率，是一切社会的基础。”这就是说，任何社会，工业和其他各项经济文化事业的发展，都将最终决定于农业能够提供多少粮食、原料、劳动力和市场。毛主席根据马克思主义的基本原理，总结国内国际的经验，提出了在我国的社会主义建设中，必须执行以农业为基础的方针，按农、轻、重的次序安排国民经济计划。并且一再告诫我们，农业关系到整个国计民生，关系到政权的巩固，不抓粮食总有一天要天下大乱，任何时候都不可忘记“民以食为天，吃饭第一”。人们只有吃饱了饭，才能从事建设事业，发展科学技术，创造灿烂文化。在我们向四个现代化全面进军的新的历史条件下，一定要更好地执行以农业为基础的方针，进一步集中和动员全党全国的力量，从物质技术方面、财政经济方面、组织领导方面和人才方面，尽一切可能加强农业，建立起稳固的农业基础。如果不是这样做，四个现代化的伟大事业就会被断送掉，我们就将受到历史的惩罚。全党同志对此要有足够的认识，要认真解决好这个具有战略意义的根本问题。

解放 28 年来，我们胜利地完成了农业所有制方面的社会主义改造，发展了农村生产力，全国粮食产量增长了 1.5 倍，以不到世界 7% 的耕地，养活了超过世界 1/5 的人口，这是一个了不起的成就。正是在这个基础上，我们才把一个贫穷落后的半殖民地、半封建的旧中国，逐步建设成了初步繁荣昌盛的社会主义新中国。我国农村的广大干部、广大共产党员，组织在人民公社中的 7 亿农民，几百万国营农业的职工，顶风冒雨，战天斗地,辛勤劳动,艰苦奋斗,他们为国家是出了大力,立了大功的。但是,我们也必须看到,长期以来,由于林彪特别是"四人帮"的严重干扰破坏,我国农业的发展远没有达到预期的目标。现在我国农村主要还是靠手工劳动,农业劳动生产率很低,积累水平不高。我们这样一个8亿人口的大国,7亿农民搞饭吃,还很紧张。这种状况不改变,工业和整个国民经济就上不去,一时上去了也要被拉下来。一旦遇到大的自然灾害,或者发生战争,我们就会更加被动。我们一定要下最大的决心,花最大的力气,把农业搞上去。

那么,在我们全党同志特别是各级领导同志的思想上和实践上,这个问题是不是已经解决了呢?我看,还不能这样说。至少有相当一部分同志,执行以农业为基础的方针还很不自觉,有的甚至处于完全不清醒的盲目状态。不然的话,在许多地方和部门,不积极支持农业甚至挖农业墙脚的现象,为什么会大量地、普遍地存在呢?我们必须向那些至今还不觉悟的同志,猛击一掌,大喝一声,使他们清醒过来,清醒得越快越好。

我们的国家大,人口众多,经济落后,农业要搞上去,最重要还是要调动7亿农民的积极性,自力更生,艰苦奋斗。过去我们靠这一条,取得了伟大的成就。今后搞农业现代化,还是要靠这一条。在这个前提下,国家也要根据需要和可能,对农业给予更多的支援。

一、农业投资要适当增加。遵照毛主席提出的按农、轻、重次序安排国民经济计划的一贯方针,根据华主席关于要更好地支援农业的指示,今年召开五届人大的时候,我们对农业投资在国民经济总投资中所占的比重,作了较大的提高。现在,考虑到加快农业发展速度的需要,同时由于国民经济迅速好转,财政收入增加,有了这种可能性,我们准备再进一步适当增加对农业的投资。中央支付的国家农业投资要增加,地方财力用于农业的投资,也要增加。分配农业投资时,要照顾到边远山区,特别是少数民族地区,要帮助它们尽早改变落后面貌。江苏省地方财政收入的70%,地、县的80%—90%,都用于农业,其他省、自治区也应该仿照实行。有的地方不是这样做,而是大搞楼堂馆所,铺张浪费,请客送礼,任意挥霍人民财产,这完全是一种犯罪行为。

二、加强农业信贷。大力办好农业信贷,这是增加农业资金的另一个重要途径。人民公社要办机械化,搞科学种田,发展多种经营,举办社队企业,搞农田基本建设,除了依靠自身的资金积累以外,还要有信贷扶持。我们考虑要恢复农业银行,以便更好地吸收农村存款,用于农业建设。农村存款利率要适当提高,对农业贷款的利率要适当降低,国家还要有计划地举办若干专项的长期低息或微息贷款,以便更好地支援人民公社集体经济的发展壮大。

三、进一步合理调整工农业产品的比价。解放以来,我国工、农业产品之间的差价,总的来说是逐步缩小的,但目前农产品收购价格仍然偏低,支农工业产品的价格过高。这是影响到许多社、队生产费用大,成本高,集体积累和社员分配水平低,甚至增产不能增收的重要原因之一。我们必须有计划地对工农业产品的比价作进一步的合理调整,适当提高农、副产品的收购价格,在降低成本的基础上适当降低工业品特别是支农产品的销售价格,以利于巩固工农联盟。这是中央早已确定了的原则。具体的调整办法,要在深入调查研究的基础上,提出实施方案,经中央批准后实行。

四、千方百计提高支农工业品的质量。目前很多支农工业品质量不高,特别是农机产品的质量很差,农民群众意见很大,这种状况必须坚决地迅速地加以改变。从中央到地方的各个工业部门,所有的工厂企业,全体职工同志,都要关心质量,对自己的产品负责。质量不合格的产品不许出厂,已出厂的要坚决实行包修、包换、包退的制度,情节严重的还要在经济上赔偿社、队所造成的损失。应该认识到,这样做不仅是工业部门对支援农业所应尽的义务,而且它对工业本身的提高和发展也会是一个很大的促进。

五、大力扶植社、队企业的发展。这对于壮大人民公社集体经济,逐步缩小三大差别,实现国家工业化和公社工业化,都具有重大的意义。它是人民公社伟大的、光明灿烂的希望所在。我们要求,有资源的地方,社、队企业要多搞些原材料,多搞些开矿业。农副产品的加工,特别是粗加工部分,原则上应由社队企业经营,要有计划有步骤地做到这一点。城市工业的部分产品和零部件的生产,有条件的可以扩散到农村去,支援社队企业,实现城乡结合、工农结合。可能有些社队企业一时产品质量不高,但不能因此而不支持它们的发展,要积极帮助它们改进设备,培养人才,提高技术。国家对社队企业实行免税和低税的政策,在价格上和国营工业产品实行同质同价。从中央到地方都要加强对社、队企业的领导,在资金、原料上给以必要的支持,把它们的产供销纳入各级的统一计划,帮助它们改善经营管理,搞好生产。

六、继续实行粮食征购一定五年不变的政策。过去我们根据国家、集体、个人三兼顾的原则,坚持实行这个政策,对促进农业生产,保障城乡供应,起了很大的作用,今后还要继续实行这个政策。对超额交售的粮食,仍适当提高价格,以鼓励农民交售粮食的积极性,保证农民增产增收。对超产部分,要从实际出发,分别不同情况,有的可以多购一点,有的可以多留一点,社员口粮可以多吃一点。绝对不许购过头粮。

以上这些措施能不能得到认真的贯彻执行，国家对农业的投资增加以后能不能用得确当，以农业为基础的方针执行得好不好，关键在中央部门和省、自治区、直辖市党委。我希望国家计委、国家经委、国家建委、国家科委、财政部、人民银行这些综合部门，还有农林水利部门、轻工业部门、重工业部门、交通运输部门、商业供销部门、劳动物资物价部门、科学技术部门、文教卫生部门，希望各省、自治区、直辖市党委，都要根据华主席、党中央关于加强农业的一系列指示，认真地检查一下在你们那个部门、那个地方的实际工作中，在你们制定的各行各业的具体方针、政策、办法和规章制度中，究竟对农业是促进还是促退？究竟对农民是办了好事，还是增加了他们的不合理负担？要放手发动群众，充分揭露矛盾，认真分析研究，制定出切实抓好农业、支援农业的具体措施。

华国锋同志在第一次全国农业学大寨会议上，曾经要求中央和政府各部门都要作出为普及大寨县贡献力量的方案，并且每年检查总结一次执行情况，将结果报告中央，你们对这个指示还记得不记得？做了没有？做得怎么样？做得好的，应该受到表扬；做得不好的，应该迅速改正过来。前一段有“四人帮”的干扰破坏，做得不好可以原谅。粉碎“四人帮”已经快两年了，谁要是对华主席、党中央的指示仍然采取不严肃认真的态度，那是绝对不能容许的。

中央早已明确指出过，农业比重大的省要抓好农业，工业比重大的省更要抓好农业，地、县两级党委的主要工作是抓好农业。一个省、一个地区、一个县，考察党委“一班人”及其一、二把手的工作搞得怎么样，首先看农业搞得怎么样，这是主要标志。你那个地方，学大寨不上路，山河面貌不变，农业产量长期上不去，就是没有完成党交给你的任务，就是辜负了广大群众的信任和期望。实践已经反复证明，农业搞上去了，一活皆活，各项工作就都好办了。反之，农业上不去，大家吃不饱饭，其他工作肯定也办不好。搞农业的同志，任务是艰巨光荣的。农业战线上成绩卓著的同志，应当受到党和人民的表扬和奖励。

我希望中央各部门，各省、自治区、直辖市，全国200多个地区、2000多个县的党委同志们，都要充分认识农业问题是关系全局的大问题，心中时刻想着7亿农民，动员和组织各行各业更好地为农业服务，坚决把农业搞上去。

第三点，讲一讲有关农业机械化和科学种田的问题。

在农业集体化的基础上实现农业的机械化和电气化，这是我们党在农业问题上的根本路线。我国工人阶级和农民的联盟，首先是建立在实行土地改革的基础上，接着是建立在对农业实行集体化的基础上，现在已经进入了一个新的阶段，就是要用现代工业和科学技术武装农业，对农业实行全面的技术革新和技术改造。只有做到了这一点，我们才能够在新的基础上进一步巩固工农联盟，加强无产阶级专政，也才能够使我国的社会主义制度获得更加强大的物质基础。

为了加快农业机械化的进程，当前很重要的一条，就是各省、自治区、直辖市要建立支农工业体系，坚决按照专业协作的原则，抓紧对农机工业进行改组，搞好产品的标准化、系列化、通用化，提高质量，增加生产。现在，农机工业生产不协作，产品型号不统一，品种规格又杂又乱，零部件不能互相通用，这种“百花齐放”的现象再也不能继续和容忍了。如果再不改变，就不是支农，而是坑农，老百姓是要骂娘的，而且已经在骂了。我看，他们骂得对，骂得好。在这个问题上，我们支持一机部当“秦始皇”。不过一机部对农机工业如何改组，必须深入调查研究，与有关的部门和地方协商，迅速提出实施方案。你们不这样做，就要追究你们的责任。已经有了方案的，决不能只写在纸上，要抓紧落实，哪里有阻力，就解决哪里的问题。秦始皇都懂得“车同轨，书同文，统一度量衡”，“难道我们共产党人连这点起码的统一都不要吗”！为了加速农业机械化，我们还必须更好地执行两条腿走路的方针。支农工业要大中小并举。目前小型的拖拉机已经比较多，要多生产一些大、中型的。为了保证农业机械化的实现，要明确规定一定比例的钢材、资金用于农业机械制造和维修。全国各地现有的小化肥厂要继续办好，挖潜、革新、改造要抓紧，提高质量，降低成本。同时，国家要再建设一批大化肥厂，做到1985年每个省都有一个。要广开肥源，大搞农家肥。化肥要和有机肥结合，有机肥要和沼气结合。农机站的建设，除了社队自办的以外，国家要有计划地办好一批，既加强对穷社、穷队的支援，又起示范作用。

我们在去年就已经提出过，全国每一个省，都要集中力量搞好一个全盘机械化的县，几个大城市的郊区更要先行一步，取得经验。为了确保这项重大措施的落实，我们进一步提出，从现在起，工业基础强的省要在两三年内，比较弱的在三五年内，保证实现这个要求。对这些县，中央有关部门，特别是工业部门要大力支援，省、地主要领导同志要亲自抓。在这些县，农业机械如何配置，耕作制度如何改革，作物如何布局，科学种田如何跟上去，人才如何培训，经营管理如何相适应，都要摸出一整套经验来。这样，我们在对农业机械化的领导上就有了更多的主动权，全国亿万农民就有了前进的榜样。

在加速农业机械化的同时，要大力开展群众性的农业科学实验，实行“八字宪法”，提高科学种田水平。在这里，我要特别强调的一点是，各地必须从实际出发，因地制宜，明确主攻方向，对看准了的东西，就要动手早，行动快，抓实效，决不能议而不决，决而不行，拖拖拉拉。譬如说，种子抓好了，不仅能大幅度增产，光全国一年节约的种子粮就可以有百把亿斤。各级农林部门要切实抓紧，各有关方面要大力支持，采取有效措施，在全国范围内把这件事情办好。

我们办农业机械化，实行科学种田，当然要学习外国的好经验，引进必要的先进技术，但也不能生搬硬套。我国人口多，耕地少，平均每人只有1亩9分地，只有实行精耕细作，不断提高单位面积产量，才能解决我国的农业问题。我们的国家幅员辽阔，有山区有平原，有丘陵有涝洼，有旱地有水田，各地气候和土壤条件差别也很大。我们一定要认真地考虑到这些基本特点，在大幅度提高单位面积产量上下硬功夫，努力使我国成为世界上第一流的高产国家。

当我们向农业现代化进军的时候，还要十分注意认真地、不断地总结自己的经验。我们有成功的经验，也有失败的经验，都要加以总结。参加这次会议的南方各省同志，都到苏州地区进行了参观。他们全地区五百几十万亩粮田，平均单位面积产量达到了1400多斤，有20多万亩达到了1亩1吨粮，这在世界上也是很高的水平。他们大搞“吨粮田”建设的群众运动，联系实际，运用农业“八字宪法”，有重点地提出了适合当地情况的具体科学要求，把科学种田真正变成了广大群众的生产实践。他们的经验是很好的。全国其他省、自治区、直辖市，也有许多好的经验。我们现在不仅有了一大批高产的社、队，而且有了许多高产的县，有了一些高产的地区，这些经验都要好好总结，认真推广，使它们在全国开花结果。在这里，我还要强调地讲一下提高各级干部管理农业的水平，提高全体农民的科学文化水平的问题。随着农业机械化进程的加快，科学种田水平的提高，农、林、牧、副、渔以及社队工业的全面发展，这个问题已经显得越来越紧迫，越来越重要。如果我们的干部不学会如何管理农机站、农业科学实验网、农田基本建设专业队，不懂得一点土壤学、栽培学，不学会如何组织现代化多种生产的综合经营，如果我们的人民公社社员没有相当的科学文化水平，不懂得使用电力、机器、化肥、农药等等，也就不能适应农业现代化的需要。我们不仅要培养和造就一大批又红又专的各种农业科学技术专业人才，培养和造就懂得管理社会主义现代化大农业的经济工作干部，还要普遍提高亿万农民的科学技术文化水平，使他们成为有社会主义觉悟的能够掌握现代生产技能的熟练农业劳动者。特别是农机手，一定要经过专门的技术培训，经过考试合格，否则不准开机器。要加强农业科研中心，加强农业基础理论的研究。农业大专院校要迅速恢复和发展，中等农业专科学校要广泛设立。农村普通中学也要设农业课，小学要有农业科学技术的教学内容，从青少年起就培养他们爱农业、爱科学。要在农村普遍举办农民夜校和各种形式的训练班，大力普及农业科学技术知识。我们经常说，就比较而言，实现农业现代化比实现工业现代化更难一些，搞8000亿斤粮食比搞6000万吨钢更难一些。我希望农业战线以及其他各条战线上的同志们对这一点都能够有足够的认识，觉悟得越快越好，从而鼓起“学习，学习，再学习”的巨大热情。有了这一条，过去我们既然能从不会搞“土改”学会搞“土改”，从不会搞集体化学会搞集体化，那么今天也就一定能够学会搞现代化。这是毫无疑义的。历史赋予我们的这个光荣任务，我们一定要担当起来，也一定能够担当起来。

第四点，讲一讲农林牧三结合的问题。

农业机械化进程的加快，农业科学技术水平的提高，将为农林牧的三结合大发展开辟广阔的前景。毛主席说过：“我认为农、林业是发展畜牧业的祖宗，畜牧业是农、林业的儿子。然后，畜牧业又是农、林业(主要是农业)的祖宗，农、林业又变为儿子了。这就是三者平衡地互相依赖的道理。”农林牧三者缺一不可，必须放在同等地位。过去，我们许多同志对这一点认识不足，相当严重地忽视了林业和畜牧业。如果再不觉悟过来，再不把这项事业放到各级党委的重要议事日程上来，那么，不仅光山秃岭得不到改造，草原不能很好利用，而且现有的森林还将继续遭到破坏，草原继续蜕化，再过上几十年，我们国家的自然条件就会变得更坏，我们对子孙后代就犯了一个绝大的错误。

我国宜林荒山荒地很多，森林覆盖面积却很小。我们必须认识到，只有大搞植树造林，才能更好地涵养水源，保持水土，防风固沙，调节气候，增加雨量，这对于保证和促进农业的高产稳产，具有十分重大的意义。前些年，由于“四人帮”的干扰破坏，再加上我们自己的工作没有做好，有的地方大片树林被烧毁，森林资源遭受严重破坏，这是十分令人痛心的。我们要认真总结28年来的经验，制定和颁布森林法，把现有森林经营和保护好，坚决打击破坏森林的少数坏人，禁止乱砍滥伐，纠正重采轻造、忽视管理的错误做法。应该边伐边种，种的比伐的多。要因地制宜，积极营造用材林、经济林、防护林、特种用途林，大搞农田林网化和四旁绿化。要大搞群众运动，一年两年、三年五年、十年二十年地抓下去，努力实现绿化祖国的伟大目标，造福于子孙万代。

我国可以利用的草原有30多亿亩，有世界闻名的呼伦贝尔、锡林郭勒和巩乃斯等大草原,这还不包括南方山区很多适合于放牧的草场。但是,我国畜牧业产值只占农业产值的13.9%。我们必须在大养其猪的同时,大养其牛,大养其羊。猪主要吃粮,牛、羊主要吃草,我们要把一切可以利用的草原充分利用起来,加速草原建设,提高草原载畜量。南方有一些省是七山二水一分田,都可以因地制宜搞畜牧业,充分利用山岭草地养牛养羊。我们还要积极地养兔、养鸡、养鸭、养鹅,发展家禽家畜。在农业投资中,要提高对畜牧业投资的比例,列入国家计划,兴办一些现代化的畜牧场。在这方面,既要努力采用先进的机械化设备和科学技术,在场房建设上又要因陋就简,节约资金,不要摆排场,讲阔气,要讲实效。

在大力抓好林业、畜牧业的同时,要充分利用海洋、滩涂和内陆水面,积极发展渔业和其他水产事业,努力开辟外海渔场。要改进技术,加快捕捞、养殖、加工、储运的机械化,扩大精养高产面积,有条件的要发展工厂化养鱼。目前,水域的污染已经成为妨碍水产事业发展的一个极为严重的问题,各有关部门和地方必须迅速采取坚决的措施,切实保护水产资源。同时,要严禁一切有害的捕鱼工具和捕鱼方法,严格执行禁渔区、禁渔期的规定。我们有些地方,历来称为鱼米之乡,现在没有鱼吃,这些地方的领导要好好想一想,认真检查一下,为什么在你们的领导下,水里不长鱼或者单产很低呢,或者有了鱼也捕捞不上来呢?

总之,就全国来说,我们的方针是:以粮为纲,全面发展,因地制宜,适当集中。就不同的地区来说,林区应以林业为主,牧区应以畜牧业为主,渔区应以渔业为主,经济作物区应以经济作物为主。对各种粮食作物和棉花、油料、糖料等经济作物,都要因地制宜,适当集中。在这个问题上,我们也要提倡辩证法,反对形而上学。这样,我们整个农业的结构就会更加合理,农业的发展速度就能够大大地加快。

第五点,讲一讲农田基本建设问题。

大搞农田基本建设,是农业学大寨的一项重要内容,是实现农业现代化的一项根本措施。我们必须在农业学大寨、普及大寨县的运动中,进一步动员全国7亿农民,发扬“愚公移山,改造中国”的革命精神,坚持不懈地“把农田基本建设当作一项伟大的社会主义事业来办”,从根本上改变我国农业生产的条件。我希望参加这次会议的全体同志,都能够从加快农业发展速度、实现农业现代化这样一个关系全局的问题上来进一步提高认识,树立雄心壮志,鼓起更大的革命干劲。我相信,经过我们这次会议,一定能够掀起全国农田基本建设的新高潮。

我们所以特别强调大搞农田基本建设的重要性,是从我国农业所处的自然条件出发的,也是根据多年来农业学大寨的实践经验提出来的。我国不论南方北方,都经常受到旱涝威胁,每年受灾面积往往在几亿亩以上,农业生产不稳定。我们要改变这种状况,必须认真学大寨,学昔阳,学苏州,学山东,大搞农田基本建设,提高抗御自然灾害的能力。这些地方,农业所以能够较大幅度的增产,很重要的一条,就是充分发动群众,以改土治水为中心,实行山、水、田、林、路综合治理,大搞农田基本建设,使生产条件有了很大的改善。如果天天喊学大寨,但对当地山河面貌没有多大改变的现状视而不见,对广大群众要求改变生产条件的呼声充耳不闻,学大寨就成了一句空话。我们认为这是很可耻的。农田基本建设一定要搞,而且要大搞,要坚定不移地搞,这一点无论如何不能动摇。今后,国家要继续兴办一些大中型水利骨干工程,抓紧黄河、长江、淮河、海河、辽河、松花江、珠江等大江大河的治理,抓紧兴建南水北调工程,同时要多搞一些中小型水利工程,以小型为基础,做到大、中、小相结合。要依靠广大群众,发扬自力更生、艰苦奋斗的精神,把群众性的大规模农田基本建设更加广泛地、持久地开展下去。

大搞农田基本建设的目标,是建设旱涝保收、高产稳产农田。根据当前的实际情况,就全国范围来说,我们的主攻方向,首先要在搞好现有工程和农田上下功夫。抓好了这一条,全国就可以扩大灌溉面积1亿多亩。因此,我们要大力进行工程配套,平整土地,加强管理,推广喷灌等新的灌溉方法,以利于实行科学种田,提高单位面积产量。粮食亩产已经超《纲要》的地方,要进一步建设“双纲田”、“吨粮田”。在这同时,在有条件的地方,在不破坏水土保持,不破坏森林、草原和水产资源的情况下,积极地有计划地开垦荒地。要与海争地,与河争地,多造出一些耕地来。在山区、丘陵造地,一定要一次建成水平梯田,不要搞成“三跑田”,以防止水土流失。治河造地,一定要留有出路,保证防洪安全。国家要集中必要的人力、物力、财力,在东北、西北进行较大规模的垦荒,社、队也要因地制宜,多造一些耕地。

我在这里向大家提出一个问题,今后搞农田基本建设,能不能用相当于过去一半的人力,搞出与过去同等的工程,甚至更多更好?我想,只要我们按照这个方向去努力,是能够办到的。过去,我们老是统计多少人上阵,从今年起,不再统计了。今后,哪里用人少,工效高,质量好,就表扬;哪里用人多,工效低,质量差,就批评。劳动力的浪费是最大的浪费。我们要把农村3亿多劳动力认真组织好。要根据农、林、牧、副、渔各业和社队企业的需要,统筹兼顾,合理安排,把劳动力的潜力充分发挥出来。农田基本建设要搞得多快好省,首先，要求我们必须搞好规划。省、地、县、社都要从当地实际出发，依靠干部、技术人员和农民三结合，充分走群众路线，经过深入的调查研究，做好规划。规划既要有雄心壮心，又要符合实际情况，抓住关键，明确主攻方向。没有正确的规划，没有设计，就不能施工。其次，县、社要有常年施工的农田基本建设专业队，要加强技术培训，逐步提高机械化施工水平，提高工效，保证工程质量。最后，整个施工队伍必须有坚强的领导和严密的组织。要把那些不怕苦、不怕鬼、不怕邪的同志提上来，领导这个工作，他们既能上第一线直接指挥，又能和群众同甘共苦，上面提的那些要求才能有保障。施工队伍一定要加强组织性纪律性，不能大轰大嗡，不能打乱仗。

农田基本建设一要大搞，二要注意政策。组织社会主义协作搞会战工程，既要发扬共产主义风格，又要认真实行自愿互利、等价交换的原则，解决好社、队之间的互利问题。我相信，全国大干三五年，山河面貌一定会大改观，农业大上就更加有了把握。

同志们！

粉碎了"四人帮"，在华主席为首的党中央正确领导下，我们党制定了马克思主义的十一大路线，确定了宏伟的新时期总任务，各条战线、各个领域的具体路线、方针政策和规章制度也在逐步完备起来，这一切都得到了全国人民的热烈拥护。全党全军全国各族人民，目标明确，航向已定，精神振奋，斗志昂扬，充满了胜利的信心。在当前的大好形势下，我们一定要认真搞好全面规划，加强领导，狠抓落实，兢兢业业地做好工作。我们要把群众性的社会主义劳动竞赛更加轰轰烈烈地开展起来，逐级评选劳动模范和先进工作者，表扬和奖励他们的成就。我们的所有同志，包括各级领导同志在内，都要在工作中来一个比赛，看谁对国家对人民作出的贡献大。我相信，我们所有的同志，都有决心和信心依靠自己的力量，依靠亿万群众的辛勤劳动和聪明才智，实现农业现代化，实现四个现代化的宏伟目标。

国家医药管理总局成立 卫生部副部长杨寿山兼任局长

国务院副总理陈慕华在北京会见土耳其社会福利卫生部部长梅太·坦博士和夫人以及由他率领的土耳其卫生代表团

国务院副总理兼国家建委主任谷牧在人民大会堂会见由住房大臣哈马德·穆巴拉克·阿亚尔率领的科威特政府代表团

国务院副总理耿飚在乔治敦与圭亚那总理福布斯·伯纳姆举行会谈

中国科学院登山科学考察队在天山最高峰——托木尔峰地区进行科学考察

这次规模空前的多学科科学考察活动是从今年5月上旬开始的。两个月来，来自北京、南京、兰州、贵阳、乌鲁木齐的科学工作者，在托木尔峰地区的一些河谷和冰川上，对当地的地质、古冰川、动物、植物、微生物、自然地理、地貌、土壤、气象等进行综合考察，取得了许多珍贵的科学资料，完成了第一阶段的野外考察任务。

目前，这支登山科学考察队已经安全转到托木尔峰北坡，第二阶段的野外考察工作正在全面展开。

全国高等学校招生统一考试结束

这次全国高等学校招生统一考试，于7月20日开始，7月22日结束。

国务院副总理方毅，7月21日上午亲临北京第三十五中学考场，视察数学考试情况。教育部部长刘西尧、副部长雍文涛等也在考试期间到北京市的一些考场，了解情况，指导工作。许多省、自治区、直辖市以及地、县的负责人，都深入考场勉励考生。各地财贸、卫生、交通战线，都大力支援高考，优先解决考生的住宿、乘车和饮食等方面的问题。

在去年高等学校招生制度改革的基础上，今年实行了全国统一试题、统一时间考试，使招生制度进一步完善。

目前，全国高等学校招生考试正进入紧张的评卷阶段。

《人民日报》发表评论员文章《多出好影片》

多出好影片！这是华主席为首的党中央对电影工作者的号召，是亿万工农兵观众的热烈要求，也是广大电影工作者的衷心愿望。

粉碎了万恶的"四人帮"，我国电影事业从法西斯文化专制主义压迫下解放出来，长期遭受"四人帮"打击迫害的电影工作者得到平反昭雪，多年被"四人帮"禁锢的优秀影片重新和观众见面。广大革命电影工作者心情舒畅，精神振奋，努力拍摄了一些较好的影片。但是，我们的电影工作同当前抓纲治国、万马奔腾的大好形势相比，同广大观众对健康的、丰富多彩的文化生活的要求相比，差距还很不小。我们的影片，特别是故事片数量还不多，质量也存在着一些问题。少数影片还残留着"四人帮""帮腔"、"帮气"的痕迹。这就充分说明"四人帮"对电影工作的摧残极其严重，使电影事业元气大伤。要多出好影片，把我们的电影工作搞上去，还需要迈更大的步子，做更大的努力。

深入揭批“四人帮”，彻底肃清他们在电影界的流毒，这是多出好影片的关键所在。对“四人帮”给电影事业所造成的危害决不可低估，对肃清“四人帮”在电影界的流毒决不可以看得太容易。“四人帮”在电影界所干的赤裸裸的法西斯暴行，只要揭露出来，就能清楚地看出他们的反革命本质。但是，他们在文艺领域里散布的种种假“左”真右、假革命真反革命的谬论，流毒很深，影响很大。不但那些曾经跟着“四人帮”做过错事，说过错话的同志，受过很深的毒害；有些过去对“四人帮”的反革命言行有所认识和抵制，甚至遭受过他们残酷迫害的同志，也未必没有受影响。不少人心有余悸，身有余毒。林彪、“四人帮”合伙炮制反动的“文艺黑线专政”论，江青一伙对30年代以来包括新中国成立以后革命电影事业的诬蔑，以及他们散布的什么“三突出”之类的反动理论，10多年来一直成为电影工作者的精神枷锁。不坚决推倒，彻底砸碎这些精神枷锁，全面地、准确地掌握马列主义、毛泽东思想的基本原理，不认真打好揭批“四人帮”的第三战役，肃清他们在电影工作中的流毒，拨乱反正，正本清源，那就谈不到多出好影片。

要多出好影片，首先要抓好电影剧本的创作。我们的电影剧本现在是又多又少。多，是文化部电影局和电影厂收到的本子很多，反映了广大专业和业余作者在粉碎“四人帮”以后的创作积极性；少，是思想和艺术水平较高的本子少，反映了作者生活基础、艺术水平的不足。由于林彪、“四人帮”的干扰破坏，长时期割断作家、艺术家与广大人民群众的联系，电影工作者缺乏生活的问题相当突出，对群众的生活、语言都不那么熟悉。这就要求电影工作者真正深入到三大革命运动的火热斗争中去，到实现四个现代化的第一线去，和广大人民群众一起，同呼吸、共命运，在深刻理解生活的基础上真实地反映生活，创造出各种各样的人物，帮助群众推动历史的前进。在电影剧本的组织工作上，要大力倡导反映当代社会主义革命和社会主义建设、特别是亿万人民进行新的长征的英雄风貌，反映老一辈无产阶级革命家的光辉业绩，反映人民革命战争的无比威力；要贯彻“百花齐放，百家争鸣”方针，提倡题材和风格的多样化；要抓住重点，有领导地统一安排，同时要大胆放手，充分调动电影工作者的积极性、创造性，敢于创新，走前人没有走过的路。

多出好影片，还要注意充分发挥电影在艺术上和技术上的特点，充分利用电影艺术的一切手段，把影片拍得更加绚丽多彩。从30年代以来，特别是新中国成立以后的17年里，我国电影事业在总结正反两方面经验的基础上，逐渐形成了我们自己的一套优良传统。现在我们要认真地把被林彪、“四人帮”破坏了的优良传统恢复起来，在毛主席革命文艺路线和党的“双百”方针指引下，努力实践革命现实主义与革命浪漫主义相结合的创作方法，有所创造，有所前进。同时，也要在“洋为中用”的原则下，努力吸收外国电影中的好东西，提高我们电影的艺术、技术水平。

为了促进多出好影片，我们要大力提倡健康的文艺批评。要通过对影片的实事求是的具体分析，使作者和观众都能受到启发，得到帮助。对新影片不要求全责备，要坚决摒弃林彪、“四人帮”在文艺批评中搞的那些唯心主义、形而上学的条条框框，坚决反对林彪、“四人帮”式的抓辫子、扣帽子、打棍子的恶劣作风，要提倡同志式的自由讨论，容许批评和反批评。

我们殷切希望各级党委加强对电影事业的领导，各地主管电影工作的领导部门，要以满腔的热情帮助电影工作者把揭批“四人帮”的运动进行到底；要大力支持电影工作者发挥积极性、创造性，群策群力，大干快上，尽快实现华主席“要下大的力量，多出好的影片”的号召！

7月23日

《解放军报》发表特约评论员文章《落实党的干部政策必须抓紧》

随着揭批“四人帮”运动的不断深入，全军落实干部政策的工作越做越好。今年以来，我们高兴地看到：广州部队、兰州部队、总后勤部落实党的干部政策又有了新的进展，跨进了一大步，解决了一些人为的“老大难”问题，为受林彪、“四人帮”迫害的同志昭雪平反，实事求是地作了结论，能工作的及时地安排了工作，亲属、战友受到株连的也妥善地予以解决。对一些影响大的冤案、假案，他们召开声势比较大的平反大会，伸张正义，大得人心。落实党的政策调动了广大指战员的积极性，变成了抓纲治军的巨大力量。

现在的问题是要继续抓紧落实干部政策的工作。这项工作遗留的问题还不少，任务还很繁重，不是“落实政策过了头”，不是已经做得差不多了，而是做得还很不够，离华主席、党中央、中央军委的要求还有很大差距。各级领导要有清醒的估计，决不能满足于已有的成绩，要做一次认真的检查、分析，采取措施，加快步伐。

广州部队、兰州部队、总后勤部落实党的干部政策的工作跨进了一步，一条重要的经验，就是在揭批“四人帮”的斗争中联系揭批了林彪。邓副主席在全军政工会议的讲话中指出：“要把‘四人帮’揭深批透，非联系揭批林彪路线不可。”不揭批林彪，不联系第十次路线斗争的问题，就不能把揭批“四人帮”的斗争搞深搞透，第十一次路线斗争的问题就不能彻底解决。林彪反党集团肆意践踏党的干部政策，打击迫害革命干部，对军队破坏严重，危害很大。林彪反党集团垮台后，“四人帮”千方百计地包庇林彪反党集团，不准揭露批判林彪迫害干部的罪行，拼命阻拦解放干部，疯狂颠倒敌我关系，继续打倒一大批革命干部。不联系揭批林彪，一些受林彪、“四人帮”打击迫害的干部的问题就搞不清楚，就不可能真正落实党的干部政策。在粉碎“四人帮”后，一些单位落实党的干部政策仍然进展迟缓，症结也正是在这里。因此，只有在揭批“四人帮”的斗争中联系揭批林彪，才能澄清路线是非，打碎精神枷锁，不断扫除阻力和障碍，把落实党的干部政策的工作做好。

有一种论调，叫作“特殊论”。据说，他那里林彪、“四人帮”没有直接插手，也没有林彪、“四人帮”的死党作祟，情况不一样，好像就不需要落实党的干部政策了。真是这样吗？林彪、“四人帮”干扰破坏我军十余年，很难说有哪一个大的单位，完全不受他们的反革命修正主义路线的影响，一点流毒也没有。如果确实像有的人说的那样，不存在林彪、“四人帮”的流毒影响，那么干部早就应该解放出来，党的政策早就应该落实，这才是合乎逻辑的。实际生活告诉我们，凡是干部迟迟不得解放，借口这个理由那个理由拒不落实党的干部政策的，十之八九是在那里捂盖子。因为若不是同林彪、“四人帮”有某种关系，为什么会这样呢！

还有的人，落实干部政策时回避路线问题，说什么“分清路线是非没有实际意义”；“当时有当时的情况，现在有现在的情况，当时是对的，现在也是对的”。实际上，他们还是把打击迫害干部说成是合法的、正常的，把法西斯式的审查方法说成是一般的缺点问题，甚至把为受迫害的同志平反诬之为“一风吹”。这种论调是很错误的，也是很奇怪的。他们当时“定案”时给人家扣了这样那样的大帽子，上纲上线到了不能再高的高度，现在复查，落实政策，连一句分清路线是非的话都不讲，说得过去吗？人们不禁要问，为什么要否定林彪、“四人帮”干扰毛主席革命路线、打击迫害干部的事实？他们究竟站在哪一条路线上讲话？

更为恶劣的，有的人信奉“受审查必有错误”的谬论，硬是在那里“没有大问题抓小问题，没有小问题抓态度问题”，继续对干部进行打击、刁难。所谓态度问题，实际上是受审查的干部，坚持了党的实事求是的原则，对林彪、“四人帮”及其帮派体系搞的逼供信那一套进行了坚决的抵制和批判，他们就说态度不好。也有这样一种情况，就是一些干部过去“承认”过的现在推翻了，有些人就借此做文章，抓住不放。应该指出，不少冤案、假案的材料，是在林彪、“四人帮”横行的时候，大搞逼供信的情况下搞出来的。一些受审查的干部推翻这样的材料，是应该的，不存在什么态度问题。在威胁、压迫、棍棒下搞“材料”，这是林彪、“四人帮”残酷迫害干部的一种表现。把这样的事情也要干部本人负责，是没有是非，没有道理的。

做好落实干部政策的工作，必须发扬党的优良传统，坚持实事求是的原则。凡是处理正确的一定要坚持，不能“一风吹”；凡是搞错了的，要勇于否定，坚决拨乱反正；部分错了，部分纠正；全部错了，全部推翻；一经发现，立即纠正，纠正得越快越好。总之一句话：坚持原则，纠正错误，实事求是，落实政策。我们尤其要敢于首先解决那些最棘手，影响大，涉及广的问题，突破一点，落实一人，带动解决一片。

落实干部政策，关键在各级党委。实践证明：一个单位落实干部政策的工作做得如何，往往是检验这个单位党委的路线是否端正的一个重要标志。广州部队、兰州部队、总后勤部就是在党中央和中央军委的领导下，组织上做了调整，党委的路线端正了，落实干部政策才打开局面的。粉碎“四人帮”一年半多了，党在干部问题上各方面的政策都十分明确了，有很多单位已作出好的样子。在这种情况下，有的单位落实干部政策还是“原地踏步”，这就要查一查那个党委的路线是不是端正，林彪、“四人帮”的流毒影响是不是肃清了？各级党委要把落实党的干部政策的工作切实管起来，要亲自了解重大案件的复查工作，亲自审阅结论，亲自与受审查干部谈话。同时，要把党的政策原原本本交给群众，广泛听取各方面的意见，使作出的结论符合党的政策和客观实际，能经得起历史的检验。

要有一个党性强，作风好，没有派性，有一定政策思想水平的复查班子，使落实干部政策有可靠的组织保证。做复查工作的同志要立场坚定，旗帜鲜明，对错误路线有极大的义愤，对受迫害的同志有深厚的无产阶级感情。那种在路线是非面前“不点头，不摇头”的人，在法西斯式的审查方式下搞过逼供信的人，不能做复查工作。有些做复查工作的同志，过去做过错事，给干部作过错误的结论，这些同志如果能够划清界限，勇于改正错误，积极落实干部政策，我们没有任何理由不信任他们；如果对原来的错误结论，总是修修补补，总是想方设法找点所谓“理由”，生怕“否定了自己”，不愿意痛痛快快地解决问题，这样的人一定不能留在复查班子里。

在给干部作出正确的结论以后，能够工作的要及时安排工作。这决不是一般的小问题，而是执行哪一条路线，是真心还是假意落实党的干部政策的大问题。我们决不允许再像“四人帮”及其帮派体系那样，对一些本来没有多大问题的干部,恢复了组织生活不恢复级别待遇,恢复了级别待遇长期不分配工作,采取把年青的拖老,年老的拖死,有病的拖垮这样的反动做法。革命老干部是我党我军的宝贵财富,要依靠他们搞好传帮带,时间对他们尤为宝贵。对于能够工作的干部都应当尽快地分配适当工作,年老体弱不能工作的也要妥善安排,并且要从政治上和生活上给予关怀照顾。因干部的问题,使家属、子女受了影响的,一定要按照党的政策处理好。要把干部档案中不实事求是的材料清理出去,作为落实政策的一个重要问题,认真对待。同时,要教育干部正确对待,看作是对自己革命意志的一种锻炼,把仇恨集中到林彪、"四人帮"身上,振奋精神,继续革命,响应华主席的号召,在新的长征中贡献自己的力量。

《人民日报》刊登记者报道《中国农业如何高产?苏州地区交了一份好答卷》

初夏的江南水乡苏州地区,到处是大丰收的动人景象。今年,这里麦子、油菜籽等夏熟作物的产量,都突破了历史上的最高纪录。全地区8个县,县县社社大增产。有关部门的同志告诉记者,下半年如无大的自然灾害,今年双季早稻也可望丰收,全区稻麦亩产突破"双纲"(1600斤)大有希望。

伟大领袖和导师毛主席在21年前曾作过中国要成为世界上农业高产国家的预言。并要我们以实际行动来回答:"半个世纪搞到亩产2000斤行不行呀?"如何实现毛主席提出的农业高产稳产的目标?大寨提供了基本经验,江苏省苏州地区坚持因地制宜,大搞农田基本建设,创造了南方地区稻麦稳产高产的优异成绩。

令人鼓舞的答卷

苏州地区位于长江下游,太湖之滨,水源丰富,气候温和,地势平坦,自然条件好。但是,由于它是太湖洪水的走廊,又时受海潮倒灌、台风暴雨的侵袭,洪涝灾害威胁很大。据历史资料记载,自隋唐以来到解放前的1300多年间,较大的水灾有107次之多。国民党统治时期,堤防失修,涵闸不兴,排灌落后,抗灾能力很低。这里号称鱼米之乡,实际全年粮食亩产不过四百斤左右。

社会主义解放了被旧的生产关系束缚着的巨大生产力。解放28年来,苏州地区的农业生产蓬勃发展。在50年代后期,"亩产上千斤,争取上北京",曾经是苏州地区振奋人心的战斗口号,现在,全地区8个县已全部越过千斤关,从1970年到1977年的8年中,全区稻麦亩产平均保持了1200多斤的高产稳产水平。1976年,全区稻麦亩产创造了1433斤的历史最高纪录。部分先进社队更远远走在前面。苏州地区目前已经有近1/3的公社、1/4的大队稻麦亩产过了"双纲",有98个大队、1615个生产队,23万亩粮田实现了亩产2000斤粮食的目标。有7个大队、218个生产队,闯过了"三纲",即2400斤的大关,创造了世界粮食亩产量的先进纪录!

苏州地区人民对国家作出了卓越的贡献。从1970年以来的8年中,平均每年向国家贡献粮食22.6亿斤,同时向国家交售皮棉64万多担,油料65万多担,肉猪220多万头,水产38万多担。1974年和1976年,都向国家贡献粮食25亿多斤,它比苏州地区解放初期的全年粮食总产量还多出2亿多斤。

生产发展了,人民的生活如何呢?苏州地区解放以来粮食平均每年递增4.7%,社员收入平均递增3.6%,生活逐步有所改善。社员储蓄存款,据1977年年底统计,比1970年增长两倍。

1977年,苏州地区经历了一场严峻的考验。春节前后,历史上罕见的12场大雪和零下12度左右的低温,几乎冻毁了全部麦苗。秋季的八号、九号台风和暴雨,又袭击了即将成熟的晚稻。但严重的灾害被战胜了,全地区依然保持了稻麦亩产1100多斤的水平,如数完成了粮食征购任务;依靠社队企业和多种经营收入的补助,社员分配仍然保持了一般丰收年的水平。这场考验,证明苏州地区农业高产的基础是比较稳固的。

苏州地区发展农业的出色成就,是这里的600多万人民用勤奋的劳动写出来的一份好答卷,这份答卷说明:在淮河以南实现亩产1吨粮的伟大目标,是可以实现的。苏州地区正在为全区稻麦亩产1600斤的指标而大干,向着亩产1吨粮的美好前程挺进!

搞好规划 三年见效

苏州地区夺取农业高产的历程,是和大搞农田基本建设的历程紧紧相连的。特别是华国锋同志主持召开的第一次全国农业学大寨会议以来,中共苏州地委在江苏省省委领导下,依靠群众,排除"四人帮"的严重干扰和破坏,农田基本建设步伐加快,质量越来越高。从1975年冬春起,持续大干三年,大见成效,治水改土工程量相当于以往25年的总和,使农业生产条件得到很大改善,为农业机械化、科学种田和耕作制度的改革创造了条件。

如何搞好农田水利建设?苏州地区经历了一个由被动防守到积极进攻,由修修补补到全面治理的漫长过程,取得了日益增多的主动权。主动权从哪里来?首先来自一个正确的规划,规划好了,就处处主动;规划不好,就被动忙乱,甚至会劳民伤财,劳而无功。

苏州地区的同志认为,搞规划,一定要先有全局的规划。他们针对本地区的自然特点,本着“团结治水,蓄洪统筹,高低分开,洪涝分开,分散排洪,综合治理”的原则,以水系定向,搞好境内的骨干河道的合理布局。首先考虑河、河道的定向是关键的一着,然后才能把道路、田块、沟渠、村庄的位置安排得当。有了符合客观实际的全局规划,然后局部的规划才能搞好,才能处理好上下游之间、左邻右舍之间的关系。1964年,毛主席发出“农业学大寨”的号召以后,苏州地区从上到下制定了农田建设规划,排出了高产稳产、高而不稳、稳而不高、不高不稳四种类型,针对它们的不同情况,分别提出了治理规划和措施。在1970年北方地区农业会议以后,又以县为单位、公社为基础,全面修订了规划,对重新安排苏州山河,提出了更高的标准。

规划要自上而下,上下结合,重点在县,基础在公社,落实在大队和生产队。农业学大寨,改造旧山河,县是关键性的指挥部,大量骨干工程也在县。县委要把规划当作一件大事来抓。无锡县为了搞好规划,县委亲自领导,组织了县、社、队三级1200多人的队伍,对全县情况作了周密的调查,并和公社、大队干部几上几下,反复研究,4个月完成。制定规划的过程,成了全县上下统一思想、统一行动的过程。无锡县农田基本建设搞得比较好,规划起了促进的作用。

正确的规划,只能是领导和群众集体智慧的产物,只能是调查研究的结果。没有调查,没有民主,就不可能产生一个好的规划。无锡前洲公社党委书记为了制定全社农田基本建设规划,跑遍了公社每个角落,向各方面的人调查请教,3个多月,画出了规划草图,张贴在公社商店的门口,让全公社农民都来议论。群众意见集中起来以后,再画一张贴出来,再让社员们议论。由于规划比较正确,又做到了领导干部的工作岗位变动,而规划不变,这个公社从1970年冬动手搞农田基本建设,8年中没有一项工程返工,按照规划搞一片,成一片,治一方,成一方。前洲过去是靠天吃饭,地瘦村穷;经过8年的大改造,现在已经成为粮食高产,五业兴旺的社会主义新农村,再也不见旧日的穷困景象了。

制定规划,要随着农业生产的发展,不断明确主攻方向。苏州地区针对圩区面积大、产量低,又易受洪涝灾害这个特点,多年来紧紧抓住圩区的防洪排涝为主攻方向,切实改造圩区面貌,对促进全区平衡增产,取得显著效果。当抗灾能力有了提高,粮食产量达到一定高水平以后,他们又以实现园田化,提高排灌质量为主攻方向,促进高产更高产。近几年来,苏州地区认真总结了江阴县华西大队、吴县龙桥大队、无锡县东亭大队等高产典型建设“双纲”田、“吨粮田”的经验,针对“麦子不高产,要达吨粮难”的情况,抓住渍害这个主要矛盾,及时提出以“治理地下水,建设吨粮田”为目标。并提出了“三化三适应”的治水改土措施,即排灌系统化与吨粮田的田间管理、科学用水相适应,大地园田化与机械操作相适应,土壤活熟化与吨粮田的作物栽培要求相适应。要想拿到1吨粮,还要在肥料上下功夫。据调查,1亩吨粮田要100公斤化肥(氮肥)和若干磷、钾肥,5000公斤高质量的家畜肥(每亩2.5头猪的肥料),和大量的绿肥等。

苏州地区的农田基本建设,不断向更高水平前进,从治理地面水发展到治理地下水,从抗灾保产发展到促进高产,从治水改土发展到水、林、田、路、村的统一规划,综合治理。现在,零乱分散、七高八低的田块,变成一方方平展展的格子化良田,纵横交错的排灌渠道,正在由地面转入地下,绵延几千公里的“地下长龙”,送水快,省水省电,节约了大量耕地。农民高兴地说:“现在真是用自来水种地了,要水,一扭开龙头就来水;不要,龙头一关就行了。”昆山县同心大队、无锡县查桥公社山一大队农民还创造了一种地下降水暗管,对地下水位能升能降,控制自如,不仅能有效地克服渍害,还能做到“以水调气”(促进土壤透气疏松),“以水调肥”(促进肥料分解)。地下水位高造成的渍害,是水乡农作物(特别是麦子)的大敌,这个新创造,对实现江南水乡的农业高产,正在发挥重要的作用。

当年受益　不搞“平调”

人们把苏州地区的土地叫作“寸金地”。在这样的地上搞农田基本建设,会不会使当年生产受到损失?是群众首先关心的一件事。

苏州地区在实践中创造了许多好办法,使农田基本建设做到当年完工,当年受益,当年增产,把长远利益和当前利益妥善地统一起来。江阴县周庄公社在这方面的经验具有代表性。这个公社近4万亩粮田和山地,没有搞过大的农田基本建设,粮食产量连续9年徘徊不前。1975年,他们决心大搞农田基本建设,打个翻身仗。有人嘲笑他们:“开场容易收场难,荒田减产有好戏看。”不少社员也担心会影响当年生产和收入。这年实践的结果,那些想看好戏的人,看到的是:当年平整的3000亩田,当年获得了多年没有的大增产,粮食平均每亩增产270斤,总产增加82万多斤,新平整的方田成了全公社的丰产方。

周庄公社做到农田基本建设当年增产的办法是:一、组织两支队伍。一支专业队打硬仗,完成突击任务。一支是广大社员常年干,见缝插针,把农田基本建设和各项农事活动结合好。二、“早”字当头。结合秋播作物布局,早规划,早落实,早动手,地腾出来以后,紧跟着整一块，种一块，3000亩平整方按计划种上了麦子。三、认真保护活土层，肥料紧跟上。3000亩平整方，迅速施上了大量的草塘泥和各种有机肥，熟化了土壤。周庄公社的经验，已经在苏州地区普遍推广。

比较大的建设工程能不能做到当年完工，当年受益呢？也是可以办到的。苏州地区在最近3年里组织了几次10多万人的兴修水利的大会战，都做到了高速高，高标准，高质量，速战速胜，当年受益。1976年太仓县境内的浏河工程，是成功的一例。这项解除苏州地区洪涝威胁的重要工程，动员了8个县12万人会战。会战计划周密，大军未到，全部物资器材都已运到现场，动工以后，一切井然有序，原计划两个月完成，结果只1个月，河、路、林、桥全部竣工，质量标准完全合格，宽阔而平整的新浏河两岸，当年就栽上了树，插上了秧。

苏州地区在农田基本建设中，坚决不搞"一平二调"。他们不折不扣地执行江苏省委提出的原则："统一领导，全面规划，分期实施，互相协作，合理负担，换工还工，先后受益，大体平衡。"对治理江堤海坝、流域性的大中型工程的民工，采取前方(工地)补贴，后方(生产队)记分的办法，钱粮兑现，工完账结。土地被占用较多的生产队，由公社、大队给予调整、补偿，或由县安排劳动力的出路。涉及社员个人的房屋、自留地、树木等，都按政策给予补偿，坚决不搞平调，不留尾巴。浏河工地上有部分民房要拆迁，在工程动工前，就先把新房盖好，让社员搬入新居。当地群众最初担心：这样大的工程会给他们带来不少麻烦，结果是"担心变成了开心"，不但没吃亏，还带来了许多好处。政策落实，人心大快，干劲更高，这是苏州地区农田基本建设搞得既快又好的一个重要原因。

实行农、副、工综合发展

在苏州地区，从领导机关到基层单位，到处听到一个相同的意见：要大搞农田基本建设，实现农业的高速度，一定要大力发展社队企业，走农、副、工综合发展的路子。无锡县玉祁公社民主大队党支部书记说得明白："社、队工业的积累加副业的肥料，等于农业的高速度。"

这个支部书记的话，不是凭空说的，而是他多年实践经验的总结。就是这个民主大队，在60年代还是个生活靠救济，生产靠贷款，吃粮靠供应的"三靠队"。党支部一心想把粮食搞上去，但总是增产幅度不大，而且不稳。事实教育了他们，不根本改变生产条件，农业难以大上。要搞农田基本建设，资金从哪里来？物资、技术力量从哪里来？他们走农、副、工综合发展的路子，经过了几年努力，今日的民主大队已摘去了"三靠队"的帽子，去年工业和副业产值占大队总收入的70%，工业利润的90%以上投入农业，使过去想搞而无力搞的农田基本建设搞了起来，建设了电力排灌、地下渠道、桥梁等许多工程，基本解除了水害。在去年遇到严重自然灾害的情况下，粮食亩产仍然达到1800多斤，给国家贡献粮食35万斤。

从苏州整个地区的情况看也是这样。最近3年，苏州地区农田基本建设连跨了三大步，创造了每年完成3亿立方米土石方的历史新纪录。这个高速度从何而来？大量材料都说明，实现农田基本建设和农业的高速度，一个极为重要的条件，就是社队企业和农村副业的高速度，这两个高速度是密切联系、相互促进的。无锡县两个6年的变化最能说明这个问题。无锡县在1970年以前的6年，社队工业少，副业发展慢，积累少，大搞农田基本建设很困难，粮食产量平均每年递增1.2%。后6年，社队工业和副业迅速发展起来，平均每年有1400万元的工、副业积累用于农田基本建设，大大改变了生产条件，粮食生产就出现了6.3%的高速度，在1976年成为全省第一个"双纲县"。

大搞农田基本建设，要发扬艰苦奋斗的革命精神，但也不能赤手空拳，总得有一定的物资和资金。据调查，建设一亩具有初步水平的高产稳产"吨粮田"，需要投资120元左右。依赖国家投资是不行的，"一平二调"不能搞，钱从哪里来？主要从社队企业和多种经营的积累中来。苏州地区在1975年提出建设"吨粮田"，3年农田基本建设总投资达1.2亿元，这笔巨额投资中，50%以上来自社队企业的积累。不仅如此，农田基本建设需要的大量物资、机械和技术人才的培养等等一系列问题，没有社队企业的发展，都是难以解决的。

有些社队，曾经出现过忽视副业的倾向，有的甚至砍掉桑树种粮食，废掉鱼池插水稻。事实证明这是行不通的。有的农民作了形象的比喻：单有粮食生产这一条腿是跳不高的，社队企业和多种经营是农业的两个翅膀，双翅硬起来，才能展翅高飞。苏州地区近几年，蚕丝、水产、果木等传统副业都有了恢复和发展，许多社队出现了五业兴旺的可喜景象。

怎样把我们的伟大祖国建设成为农业的高产国家？苏州地区交出的这份答卷，是一份真学大寨而又有所创新的答卷。当然，这份答卷还不是满分，在前进的道路上，还存在着一些问题有待去解决。苏州地区的农民吃大苦，耐大劳，对国家作出了重大贡献，表现了很高的觉悟。群众干劲越高，我们就越要关心群众生活，进一步处理好国家、集体和个人之间的关系，注意解决高产地区农民吃粮水平问题。要加速推进水田地区的机械化，努力减轻农民的劳动强度。农业科研落后于生产，已成为苏州地区一个比较突出的矛盾，这就要加快良种的培育，加强防治农作物病虫害的研究和其他科研工作。

苏州地区的答卷,也是一份向兄弟地区提出的友谊挑战书。人们不禁要问:我国广大南方地区将如何上?条件比较优越的一些大中城市郊区将如何大干快上?

《人民日报》发表社论《从苏州看南方》

淮河以南,"半个世纪搞到亩产2000斤行不行呀?"毛主席21年前提出的这个农业高产的设想,今天正在苏州地区,卓有成效地实践。苏州认真学习大寨的根本经验,因地制宜,走出一条农业高产的道路,方向对头,方法得当,只要坚持不懈地干下去,全地区亩产1吨粮的目标,大有早日实现的希望。

从1970年北方地区农业会议以来,每人只有1亩耕地的苏州地区,持续高产稳产,平均每年给国家贡献粮食22.6亿斤,超过国家征购指标3亿多斤,相当于解放初期全地区的全年粮食总产量。即使在遇到严重自然灾害的1977年,仍然如数完成了国家的粮食征购任务,社员收入保持了过去一般丰收年的水平。苏州的出色成就令人鼓舞,他们高速度发展农业的经验具有普遍意义。特别是自然条件类似的广大南方地区,很有必要参照苏州的经验,联系本地区的实际,认真地想一想、议一议。

南方地区的农业在全国占有重要地位。南方13个省、自治区、直辖市的粮食作物产量,一般占全国粮食总产量的半数以上;全国水稻种植面积和产量的95%在南方,其他农副产品更为丰富多样。解放以来,南方的农业生产有很大增长,杭嘉湖平原、珠江三角洲、江汉平原、川西坝子、洞庭湖滨和鄱阳湖滨等地区,都向国家提供了大量商品粮、棉和其他农副产品。但是,由于林彪、"四人帮"的破坏,近七八年来,农业生产发展不快,主要粮食作物水稻的产量,平均每年只增长2.3%,有些地区出现了徘徊不前甚至倒退的局面。农业发展速度很不平衡,江苏、湖南、湖北、广西等省区发展得快些,有的省区发展得慢些,差距相当大。差距大,表明潜力大。怎样以苏州地区持续高产稳产的经验为借鉴,认真总结本地的经验,因地制宜,出好点子,发掘潜力,缩短差距,这是南方地区加快农业发展速度的重要课题。

为什么苏州地区能走在全国农业高产的前列?一个重要原因,是他们的农田基本建设搞得好。从第一次全国农业学大寨会议以来,他们真正把它当作一项伟大的社会主义事业来办,踏踏实实大干3年,见了成效。党中央最近在转发湖南湘乡县委关于减轻农民负担的经验的重要批语中指出:"农业要高速度发展,非大搞农田基本建设不可。"有了高标准的农田水利工程,才可以大大增强抗御自然灾害的能力,为农业机械化、科学种田、耕作制度的改革创造条件,才可以在有限的耕地上拿到更高的产量。

我国南方的滨湖沿江地区,有精耕细作的传统,有高产稳产的经验。在向四个现代化全面进军的今天,要认真吸取和推广别的地区行之有效的好经验,要学习和推广先进的科学技术,更要善于保持和发扬我们自己的好传统、好经验,按照本地区的实际情况,加快建设社会主义大农业。重要的一条,就是要彻底改造小农经济时代遗留下来的山河旧貌,从根本上改变农业的生产条件。否则,社会主义大农业的稳固基础就建立不起来。有些地方多年来不搞农田基本建设,不敢在"太岁头上动土",不敢从实际出发改变生产条件,这样,就摆脱不了那种"大灾大减产,小灾小减产"的靠天吃饭的被动局面,更谈不上农业高速度发展,势必拖四个现代化的后腿。我们必须认识,大搞农田基本建设,不但对北方地区是完全必要的,对人多地少、产量较高的南方地区同样是非搞不可的。

当然,南方与北方的情况不同,南方各地的情况也互有差异,大搞农田基本建设的中心内容是什么,主攻方向在哪里?一定要按照因地制宜的原则来确定。要经过调查研究,做大量的艰苦工作,制定出一个符合客观实际的规划。有了正确的规划,才能有主动权。南方地区复种指数高,作物茬口紧,尤其要注意妥善处理当年生产与长远建设的关系。搞农田基本建设规划,在战略上,要解放思想,站得高,看得远,着眼于建设社会主义大农业;在战术上,要精心筹划,量力而行,分期实施,做到治一块成一块,治一方成一方。必须坚持当年受益,当年增产,做到建设和生产两不误,以建设促生产,以生产保建设。

落实党的政策,是关系农田基本建设成败的关键。我们必须严肃认真、一丝不苟地执行各项有关政策,千万不可粗心大意。农田基本建设牵涉千家万户的利益,政策执行得好,真正把群众的积极性调动起来,"人心齐,泰山移",就能创造出人间奇迹;反之,就会挫伤群众的积极性。有的地方,表面上千军万马,实际上拖拖沓沓,劳民伤财,事倍功半,这样的教训难道还少吗?苏州地区坚持自力更生,组织协作时,既发扬共产主义风格,又认真执行合理负担,自愿互利的政策,农田基本建设搞得又快又好。如果搞"一平二调",增加生产队和社员的不合理负担,群众的热情就不可能持久。我们要记取历史的教训,百倍爱护群众的积极性,切不可重犯"一平二调"的错误。非受益社队出工参加农田基本建设,不能让生产队贴钱补粮,还要给予适当报酬。对于农田基本建设的重点工程,国家和地方要给予适当补助。

农田基本建设的资金和物资从哪里来?完全靠国

家的投资不行，主要靠自力更生。自力更生的“力”在哪儿？就在群众之中。苏州地区依靠群众的力量，大办社队企业，发展多种经营，实行农业、副业、工业综合发展，为农田基本建设开辟了主要的资金来源，也解决了建设需要的物资、机械和技术人才培养等问题。我国南方地区劳动力多、资源丰富，有发展社队企业和多种经营的优越条件。现在看得越来越清楚：单一经营粮食生产，仅仅依靠有限的农业积累，很难有力量进行大规模的农田基本建设，也不可能显著地改善社员的生活。只有站在自力更生的基点上，充分利用本地的有利条件，使社队企业和多种经营有一个大的发展，才能做到这一点。党委要加强对社队企业和多种经营的领导，有关部门要大力加以支持，帮助它们把产、供、销逐步纳入国家计划。

苏州地区的出色成就，是在斗争中取得的。在“四害”横行的年月，它们在江苏省委的领导和支持下，不怕压，不信邪，紧紧依靠群众，排除“四人帮”的严重干扰和破坏，坚决执行华国锋同志在第一次全国农业学大寨会议上提出的大办农业的任务，认真学大寨不动摇，坚持农村基本路线教育不动摇，坚持大搞农田基本建设不动摇。我们要学习这种革命精神，在开展农田基本建设中，深入揭批“四人帮”，清除其流毒，恢复和发扬党的艰苦奋斗、实事求是和密切联系群众的传统作风。各级党委要深入实际，深入群众，在工作方法、领导艺术上求得一个显著的进步，这是办好农田基本建设这项伟大社会主义事业的重要保证。

从苏州看南方，我们对南方地区，特别是那些条件同苏州地区大体相同，甚至还要好的地区，寄予殷切的期望。从苏州看全国，我们对农业高速度发展的前景充满信心。我国人民在毛主席革命路线指引下，坚决按照华主席为首的党中央指示办，认真总结本地区 28 年来正反两方面的经验，坚决贯彻以农业为基础的方针，把 7 亿农民的社会主义积极性充分调动起来，我们就一定能够把我国逐步建设成为农业高产国家。

全国人大常委会委员长叶剑英致电阿拉伯也门共和国总统阿里·阿卜杜拉·萨利赫祝贺他就任阿拉伯也门共和国总统

国务院副总理邓小平在北京会见尼泊尔贾伦德拉·比尔·比克拉姆·沙阿亲王殿下和迪伦德拉·比尔·比克拉姆·沙阿亲王殿下

国务院副总理纪登奎在北京与罗共中央政治执行委员会委员、政府第一副总理格奥尔基·奥普雷亚举行会谈

全国人大常委会副委员长邓颖超在北京会见以国友俊太郎为团长的日本中国归还者联络会（正统）第五次友好访华团

国务院副总理康世恩在北京会见以宫崎仁为团长的日本海洋石油地质访华团

国务院副总理方毅在北京会见以英国皇家学会外事秘书 副会长斯托克博士为团长的英国皇家学会癌症研究代表团

我国选手在土耳其伊兹密尔举行的第三届世界中学生运动会中取得优异成绩

第三届世界中学生运动会 7 月 19 日开始，经过 5 天的比赛，于 7 月 23 日晚在土耳其伊兹密尔的阿塔图克体育场闭幕。

中国运动员参加了本届运动会 4 个项目中 3 个项目的比赛，取得了可喜的成绩，为祖国赢得了荣誉。在体操比赛中，中国选手获得了男子团体冠军，男子个人全能冠、亚军，女子个人全能冠军，9 个单项的第一名和 6 个单项的第二名。在乒乓球比赛中，中国选手获得了男、女团体冠军，男子单打冠、亚军，男子双打亚军，女子单打亚军，女子双打冠军和混合双打第三名。在田径比赛中，中国选手获得了 3 个第一名。

7 月 24 日

中共中央副主席李先念在北京会见南斯拉夫共产主义者联盟中央委员会主席团委员布兰科·米库利奇和由他率领的南共联盟党的工作者友好访问团

国务院副总理方毅在北京会见英国科教大臣雪莉·威廉斯夫人

国务院副总理王震在北京会见意大利参议员奥兰多

国务院副总理耿飚在乔治敦与圭亚那人民全国大会党总书记、副总理普托利米·里德再次举行会谈

中国方面参加会谈的有：国务院办公室主任吴庆彤、外交部副部长王海容、中国驻圭亚那大使王占元、外交部美大司副司长申志伟、外贸部副局长孙纯和外交部礼宾司副司长高建中。

会谈后发表了联合新闻公报。公报指出，耿飚副总理及其一行在从 7 月 20 日到 24 日对圭亚那进行正式友好访问中，同圭亚那领导人就加强两国之间的经济、技术和文化合作以及一系列国际问题进行了重要的会谈。双方表示确信两国关系将会进一步发展。

外交部部长黄华致电祝贺在贝尔格莱德举行的不结盟国家外长会议召开

浙江大学归属中国科学院和浙江省双重领导

经国务院批准，浙江大学归属中国科学院和浙江省双重领导，以中国科学院领导为主，今后将着重培养又红又专的科技人才。

为适应新的要求，浙江大学对原有系和专业的设置正在作初步调整，拟保留原有的数学、物理、化学工程、光学仪器工程等10个系，增加计算机科学与工程、材料科学与工程、热物理工程等5个系。全校15个系都面向全国招生。今年计划招生的名额相当于前几年每年招生数的两倍。

浙江大学创办于1897年，至今已有81年的历史。我国一些老一辈的科学家如竺可桢等，曾在这个学校工作过。解放以来，这所大学为国家培养了大批专业人才，在科学研究方面也作出了一定贡献，是我国的重点大学之一。

7月25日

国务院副总理邓小平在北京会见美国专栏作家马奎斯·威廉·蔡尔兹

国务院副总理李先念在北京会见由科威特住房大臣哈马德·穆巴拉克·阿亚尔率领的科威特政府代表团

中共中央政治局委员乌兰夫在北京会见由丹麦共产主义工人党政治局委员 党报《工人报》主编彼得·比索夫率领的丹麦共产主义工人党新闻代表团

中国种子公司在北京成立

中国种子公司是国务院决定成立的。它的主要任务是：贯彻落实中央有关种子工作的具体路线、方针和政策；组织良种的选育、审定、繁殖和推广工作；组织领导种子基地的建设；经营面向全国的粮、棉、油、麻、绿肥等作物新品种；办理种子进出口业务；组织种子专用机械、器材、设备的试验、推广和管理工作；收贮一部分救灾备荒良种。

全国省、地、县三级都将成立种子公司，把种子工作统一管起来，力争每年都有新品种。现在，北京、河北、山西、河南、广东、江西、福建、江苏、浙江、山东、辽宁、甘肃等省、市的种子公司已经成立，并开始工作。许多省、自治区、直辖市还制定了种子生产基地的建设规划，并选择了一些县进行种子“四化一供”(生产专业化，加工机械化，质量标准化，品种布局区域化和以县为单位组织供种)的试点工作。这种做法可以使种子高度集中，做到专业化生产，加快良种的繁育推广速度，改变长期存在的大田用种“多、乱、杂”的情况，逐步做到大田种子标准化。

7月26日

中共中央主席 国务院总理华国锋在北京会见由罗马尼亚共产党中央政治执行委员会委员 政府第一副总理格奥尔基·奥普雷亚率领的罗马尼亚社会主义共和国政府代表团

国务院副总理纪登奎在北京与罗马尼亚政府第一副总理格奥尔基·奥普雷亚继续举行会谈

全国人大常委会副委员长姬鹏飞在北京会见赞比亚联合民族独立党青年团代表团

全国科协在北京召开主席 副主席 书记处书记会议

会议宣布，中华人民共和国科学技术协会(以下简称全国科协)将于明年上半年在北京召开第二次全国代表大会。

这次会议还决定于今年9月在北京召开全国科协第一届全国委员会第二次扩大会议，为明年召开全国科协第二次全国代表大会做好必要的准备工作，并成立大会筹备组。

全国科协是中国共产党领导下的科学技术群众团体。1958年，在原“全国自然科学专门学会联合会”和“全国科学技术普及协会”合并的基础上，全国科协召开了第一次全国代表大会并正式宣布成立。它属有数十个专门学会，还在各省、自治区、直辖市建立了科学技术协会。全国科协以及所属各专门学会和有关单位配合，在加强党同科技界群众的联系，普及科学技术知识，组织国内外学术交流，推动群众性科学实验活动以及开展国际友好交往等方面，做了大量工作，对发展我国科学技术事业作出了贡献。

7月27日

《解放军报》发表萧克的文章《人民的光荣——深切怀念敬爱的朱德委员长》

国务院副总理陈永贵在北京会见由农业和土改部长艾哈迈德·卡巴兰率领的叙利亚农业代表团

国务院副总理康世恩在北京会见菲律宾能源部部长赫罗尼莫·贝拉斯科及其随行人员

中国政府同意中越副外长级谈判8月8日在河内开始举行

中华人民共和国外交部照会越南社会主义共和国外交部，通知越南方面，中国政府同意中越两国就居住在越南的华侨问题举行副外长级的谈判，于1978年8月8日在河内开始。

照会说，鉴于两国副外长级的谈判即将举行，中国方面建议，目前中国驻越南大使馆和越南外交部有关方面就中国派船接运难侨问题的商谈，可以暂时休会，以等待两国政府谈判的结果。

照会说，中国政府决定，将停留在越南海防、胡志明港外海面上的两艘中国接侨船“长力”号和“明华”号暂时调回中国港口待命。

7月28日

国务院副总理邓小平在北京会见美国麻省理工学院教授林家翘

全国人大常委会副委员长宋庆龄在北京会见美国夏威夷伊奥兰尼学校访华团团长李有生 副团长伍福叠和部分团员

国务院副总理康世恩在北京会见以吉山博吉为团长的日本日立企业集团访华团

访华团是由日立集团各大公司的主要领导人组成的。会见时，康世恩副总理同日本朋友们就扩大双方经济、技术合作问题进行了亲切友好的谈话。

中日彩色显像管成套设备合同在北京签订

中国技术进口总公司和日本的日立制作所、东京芝浦电气公司以及商社，在北京签订了关于彩色显像管和集成电路成套设备的协议书和彩色显像管成套设备合同。

中国技术进口总公司总经理彭润民、副总经理陈扬，日立制作所总经理吉山博吉、东芝公司专务董事永井胜三等分别在协议书和合同上签字。

中国技术进口总公司于6月下旬曾分别与大日本网板、旭玻璃、大日本涂料公司签订了与彩色显像管合同配套的阴罩、玻壳、荧光粉等成套设备合同。

《解放军报》发表廖汉生的文章《沧海横流，方显出英雄本色——回忆贺龙同志的前期革命活动》

中华医学会在北京举行常务理事会议为傅连暲恢复名誉

中华医学会的常务理事们指出，傅连暲同志在长期革命斗争中，努力学习马列主义、毛泽东思想，忠心耿耿为人民服务，为我党我军的卫生保健事业作出了重要贡献，对中华医学会、中国药学会、中华护理学会、中国防痨协会的工作作出很多贡献。

傅连暲同志是福建省长汀县人，1927年起即为革命工作，1933年参加中国工农红军，1938年加入中国共产党。曾任中央红色医院院长、陕甘宁边区医院院长、中央总卫生处处长、中华人民共和国卫生部副部长、人民解放军总后勤部卫生部副部长、中华医学会会长、第三届和第四届全国政协常务委员等职。

7月29日

《人民日报》发表特约评论员文章《谈谈落实农村经济政策中的几个认识问题》

一年多来，各地在落实农村经济政策的过程中，遇到了一些值得注意的思想认识问题。对这些问题，很有必要讨论清楚。

落实农村经济政策和阶级斗争的关系

落实农村经济政策和阶级斗争是一致的。

党的经济政策是无产阶级的阶级政策，它体现和保护无产阶级和广大劳动群众的利益，反对资产阶级和一切剥削阶级的利益。因此，执行党的经济政策总是和阶级斗争联系着的。党的经济政策就是进行阶级斗争的强大武器。

农业战线和其他战线一样，目前和今后一个时期的阶级斗争主要是揭批“四人帮”，这是无产阶级和资产阶级两个阶级、社会主义和资本主义两条道路的斗争在当前一个时期内的集中表现。落实党的农村经济政策，就是要彻底清算“四人帮”破坏农业生产的一切罪行，排除他们所造成的各种阻力。同时，还要打击阶级敌人和资本主义势力利用社会主义制度某些环节的不完善和我们工作中的某些缺陷大搞贪污盗窃、投机倒把等活动；还要反对滥用职权，损公肥私，弄虚作假，走后门等不正之风。很明显，落实党的农村经济政策的过程，就是从思想上和政治上深入揭批“四人帮”，进一步肃清其流毒的过程。

所以，狠抓落实党的农村经济政策，正是坚持了无产阶级对资产阶级的斗争，坚持了社会主义道路对资本主义道路的斗争。

落实农村经济政策和执行党的路线的关系

党的总路线为我们规定了明确的政治方向，决定着党的各项工作的具体的方针、政策。我们任何时候都不能忘记党的总路线，如果忘记了党的总路线，“就将是一个盲目的不完全的不清醒的革命者，在我们执行具体工作路线和具体政策的时候，就会迷失方向，就会左右摇摆，就会贻误我们的工作。”（《毛泽东选集》第四卷，第1314页）同时，党的总路线从来不是抽象的，孤立存在的，它总是体现在一系列具体政策中间的。1962年，毛主席《在扩大的中央工作会议上的讲话》中指出：“有了总路线还不够，还必须在总路线指导之下，在工、农、商、学、兵、政、党各个方面，有一整套适合情况的具体的方针、政策和办法，才有可能说服群众和干部，并且把这些当作教材去教育他们，使他们有一个统一的认识和统一的行动，然后才有可能取得革命事业和建设事业的胜利，否则是不可能的。”毛主席的这段光辉论述告诉我们：政策和路线是紧密相连，不可分割的；政策是为路线服务的。只有坚决执行党的各项政策，才能保证党的路线的贯彻执行。

当前我们大力宣传和强调落实党的农村经济政策，就是为了更好地贯彻执行十一大路线。

华主席为首的党中央根据新的历史条件制定了十一大路线，确定了新时期的总任务，制定了十年发展规划和各项措施，同时也恢复、调整和制定了一系列农村经济政策。当前最重要的就是全面落实政策。

全面落实农村经济政策是拨乱反正的需要。“四人帮”在农村推行的那一套假“左”真右的反革命的政策，是由他们那条反革命的修正主义路线决定的。要彻底清算“四人帮”的反革命修正主义路线，就必须分清政策是非。政策是非弄清楚了，路线是非也就更明确了。

全面落实农村经济政策是实现四个现代化的需要。要实现四个现代化，必须把农业搞上去。要把农业搞上去，需要做大量的工作和采取各种必要的措施，但是具有决定意义的一环是认真执行党在农村的各项经济政策。

落实农村经济政策和坚持无产阶级政治挂帅的关系

坚持政治挂帅，就是提高广大劳动群众的觉悟，坚持社会主义方向。同时，政策是政治的具体化，政治挂帅必须从思想上政治上保证党的现行经济政策的贯彻执行。

强调落实党的农村经济政策，保护群众的物质利益，是不是“好行小惠，言不及义”，不要政治挂帅？当然不是。对共产党人来说，革命是为了解放和发展生产力，而发展生产力最终是为了满足人民的需要。我们不是为革命而革命，为生产而生产。离开了为人民谋利益这个唯一宗旨，就不是真正的无产阶级革命。因此，无产阶级政治挂帅，必须坚持为绝大多数人谋利益的原则，正确处理人民群众中间的各种物质利益问题。例如：在联合举办农村生产建设事业中坚持政治挂帅，就是既要发扬共产主义风格，又要认真执行等价交换、自愿互利的政策，不得以“群众大办”之类的借口搞无偿平调，侵犯群众利益。在贯彻按劳分配政策中坚持政治挂帅，就是既要促使劳动者各尽所能地劳动，为社会主义多做贡献，又要认真执行多劳多得、少劳少得、不劳不得的原则，真正做到分配上奖罚分明。在处理国家、集体和个人三者利益时坚持政治挂帅，就是要真正做到“三兼顾”，如果只顾一头，不管是哪一头，都是错误的。

所以，在我们的经济工作中，一定要坚持无产阶级政治挂帅，也一定要按照党的现行经济政策办事，这二者是统一的。如果把它们对立起来，而不认真执行党的现行经济政策，政治挂帅就成了一句空话。中央批准试行的《工业三十条》就明确指出：“政治挂帅，就是党的路线、方针、政策挂帅。”

落实农村经济政策和巩固发展“文化大革命”成果的关系

“文化大革命”前的17年中，修正主义路线对党的农村经济政策确实有干扰破坏。但是必须肯定，党的正确政策在农村中仍然始终占主导地位。肯定党的正确政策占主导地位，就是肯定毛主席革命路线的主导地位。所以，那种认为落实“文化大革命”前行之有效的农村经济政策是“回潮”，是否定“文化大革命”的看法，是完全错误的。

多年来，林彪、“四人帮”把毛主席亲自主持制定的按劳分配、家庭副业、集市贸易等一系列农村经济政策当作修正主义路线来批判，结果把社会主义和资本主义混淆了。“四人帮”在这方面的流毒还远远没有肃清，至今有些人对这类问题仍然划不清政策界限。一讲落实这些政策，他们就认为是“回潮”，是恢复资本主义那一套，并继续当作资本主义的东西来批判。恢复遭到“四人帮”破坏的正当的家庭副业和集市贸易是“回潮”，是搞资本主义的那一套吗？根本不是。中央多次明确宣布，正当的家庭副业和集市贸易是社会主义经济的必要补充。现在还无视本地的具体条件，对它们严加禁止或乱加限制，这到底是限制了资本主义，还是限制了社会主义？农村确有大搞贪污盗窃、投机倒把的资本主义势力，也有资本主义自发倾向，对这些必须批判。但是，在批判时，一定要认真进行分析，实事求是地、严格地划清政策界限，决不能不分青红皂白地把党的现行经济政策所允许的正当的经营和活动当作资本主义来批判。

坚持不断革命和执行党在农村的现行经济政策的关系

经济战线上的不断革命是以一定的客观经济条件为依据的，党在农村的每一项政策也是以一定的客观经济条件为依据的。进行革命，制定政策，都要符合而不能违反生产关系一定要适合生产力性质和发展要求的规律。

生产力的发展总是经历一个从量变到质变、从部分质变到根本质变的过程。只有生产力发展到某种状况才会引起生产关系的某种变革。与此相适应，革命本身也必然要呈现出一系列互相连续的阶段性来。所以，不断革命论是和革命发展阶段论相统一的。我们党在农村的现行经济政策，就是在马克思主义关于不断革命论和革命发展阶段论相统一的原理指导下制定出来的。

依据马克思主义的这个原理，一定的政策是一定历史条件的产物，不同的历史条件实行不同的政策。在一定的时期内，党的经济政策总是相对稳定的，只有生产力发展到一定的程度，某些政策才需要做相应的改变。事实证明，党在农村现阶段的各项经济政策，是同当前农村生产力发展的状况相适应的。坚持这些政策，有利于动员广大群众为国家创造日益增多的财富，有利于现代化社会主义大农业的发展。这就要求我们坚持党的政策的严肃性。不能自作主张，想怎么办就怎么办。同时也要注意把共产主义思想的宣传同党的现行经济政策区别开来，不能把二者混为一谈。如果借口不断革命，在客观经济条件不具备的情况下，就任意改变以至取消党的现行经济政策，其中包括三级所有、队为基础的政策，大集体下的小自由的政策等等，那是违背客观经济规律，违背马克思主义原则的。

我们落实和执行党的农村经济政策的根本出发点，就是要保护和调动群众的积极性，引导农民沿着社会主义道路前进。

华主席在五届人大政府工作报告中指出："认真执行党在农村现阶段的各项经济政策，对于调动农民积极性关系极大。"最近，党中央又转发了湖南湘乡县的经验，作出了调动农民积极性的重大决策。认真执行农村经济政策所以能够调动起农民的积极性，就是因为党的政策能够正确反映客观经济规律的要求，正确处理政治和经济的关系，正确调整农业发展中各种关系和矛盾，把农民的个人利益同集体利益、国家利益正确结合起来，把眼前利益和长远利益正确结合起来，保证农民从集体经济的发展中得到"看得见的"实际的经济利益。这样，不仅能把亿万农民的社会主义积极性充分地调动起来，而且能使这种积极性长久地持续下去，从而保证农业生产沿着社会主义方向持续地高速度地发展。

国务院副总理耿飚在瓦莱塔与马耳他总理明托夫举行会谈

福建恢复地方剧种

福建省的地方剧种正在得到恢复。在国外演出时曾受到欢迎的龙溪地区布袋木偶戏《雷万春打虎》和泉州市提线木偶戏《水漫金山》《拔萝卜》，以及北路戏《张高谦》、莆仙戏《春草闯堂》等，最近都重新和观众见面。

福建省地方剧种丰富，历史悠久。全省有闽剧、莆仙戏、梨园戏、高甲戏、芗剧、梅林戏、三角戏、北路戏、山歌戏、提线木偶戏和布袋木偶戏等24个剧种。福建布袋木偶戏和提线木偶戏曾多次到国外访问演出，为祖国赢得了荣誉。现在，全省已恢复地方戏曲剧种21个。一些剧团已恢复建制，部分艺人已经归队。

7月30日

中共中央主席华国锋 中共中央副主席叶剑英 邓小平 李先念 汪东兴在人民大会堂接见出席全国农田基本建设会议等专业会议的代表

参加接见的党和国家其他领导人还有：韦国清、乌兰夫、纪登奎、吴德、余秋里、张廷发、陈永贵、聂荣臻、赵紫阳、赛福鼎、王震、谷牧、康世恩。中共中央军委负责人粟裕也参加了接见。

被接见的其他专业会议的代表是：全国民兵工作会议、第三机械工业部科学技术会议、第五机械工业部学大庆会议、国家地质总局石油地质工作会议、铁道兵后勤工作会议的代表。

中共中央副主席 国务院副总理 解放军总参谋长邓小平在北京会见柬共中央候补常委 负责国防事务的副总理 革命军总参委员会主席宋成和由他率领的民主柬埔寨政府军事代表团

国务院副总理谷牧在北京会见马尔代夫共和国卫生部部长姆米娜·伊斯梅尔

由国务院副总理陈慕华率领的中国政府代表团到达摩加迪沙

中国政府代表团是应索马里政府的邀请前去进行

正式友好访问，并参加由中国援建的贝莱特温—布劳公路竣工典礼的。

《人民日报》发表军事科学院理论组的文章《毛主席军事思想的忠实执行者——周恩来同志》

7月31日

国防部在人民大会堂举行招待会庆祝中国人民解放军建军51周年

中共中央主席、中央军委主席、国务院总理华国锋，中共中央副主席、中央军委副主席、全国人大常委会委员长叶剑英，中共中央副主席、中央军委副主席、国务院副总理、中国人民解放军总参谋长邓小平，中共中央副主席、国务院副总理李先念，中共中央副主席汪东兴，以及党和国家其他领导人韦国清、乌兰夫、纪登奎、苏振华、吴德、余秋里、张廷发、陈永贵、陈锡联、聂荣臻、赛福鼎、陈云、谭震林、李井泉、邓颖超、廖承志、姬鹏飞、周建人、许德珩、胡厥文、王震、谷牧、康世恩，出席了招待会。出席招待会并在主宾席上就座的还有：中央军委常委粟裕，政协全国委员会副主席宋任穷、沈雁冰、史良、康克清、季方、王首道、杨静仁、胡子昂、荣毅仁、童第周，最高人民法院院长江华，最高人民检察院检察长黄火青，外交部部长黄华，国防部副部长萧劲光，中国人民解放军副总参谋长杨勇，总政治部副主任梁必业，总后勤部政委王平。

邓小平副主席在招待会上致祝酒词。他代表华主席，代表国防部，向中国人民解放军全体指战员、广大民兵和烈军属，致以热烈的节日祝贺和亲切的慰问！向出席招待会的贵宾和朋友们，表示热烈的欢迎和衷心的感谢。

他回顾了中国人民解放军走过的51年的光辉战斗历程。他说，我军在伟大领袖和导师毛主席的领导下，跟随敬爱的周总理、朱委员长和其他老一辈的无产阶级革命家，在解放全国人民，开创新中国的伟大事业中，在保卫和建设我国社会主义大好河山的艰巨斗争中，建立了不朽的历史功勋。

他指出，在我国社会主义革命和建设进入新的发展时期的伟大进军中，我全军指战员一定要和全国人民一道，高举毛主席的伟大旗帜，更加紧密地团结在以华主席为首的党中央周围，在党的十一大路线指引下，贯彻落实军委会议和全军政治工作会议精神，抓纲治军、准备打仗，争取时间，加快步伐，为把我国建设成为伟大的社会主义现代化强国而努力奋斗。

他强调说，当前的世界上，在革命因素继续增长的同时，超级大国争夺世界霸权的斗争愈演愈烈，特别是那个后起的超级大国，疯狂扩军备战，到处钻空子，抢占军事要地，掠夺战略资源，使战争因素明显增长。国际形势的发展，要求我军必须做好反侵略战争的准备，把我军建设成为经得起现代化战争考验的钢铁长城。

他号召全军指战员，要完整地、准确地学习和掌握毛泽东思想体系，把揭批“四人帮”的伟大斗争进行到底，用革命化统帅现代化；要学大庆、学大寨、学全国人民；要扎扎实实地开展学雷锋、学硬骨头六连、学空军航空兵一师的群众运动，在新的历史条件下恢复和发扬我军的光荣传统和优良作风；要加强干部、战士的军政训练，不断提高我军战斗力；要加强民兵建设和人民防空工作；要加强国防科学技术的研究和国防工业生产，加速我军装备现代化的进程。我们一定要解放台湾！

出席招待会的还有：

中国人民解放军各总部、国防科委、各军兵种、军事院校、北京部队、北京卫戍区的负责人张爱萍、张才千、李达、王尚荣、何正文、伍修权、迟浩田、徐立清、傅钟、黄玉昆、颜金生、张令彬、饶正锡、张贤约、李元、封永顺、张汝光、孙洪珍、曹思明、李耀、谭政、王建安、傅秋涛、孙毅、喻缦云、万毅、李耀文、洪学智、宋时轮、萧克、段苏权、陈漫远、杜义德、刘道生、高厚良、余立金、宋承志、金如柏、李水清、黄新廷、钟汉华、谭善和、王六生、陈再道、吕正操、旷伏兆、秦基伟、傅崇碧、吴烈、杨俊生、李人林、孔原、戴镜元、张正光、江文、彭清云、柴成文；

中共中央各部门、人大常委会机关、国务院各部门、中共北京市委和北京市革委会的负责人张耀祠、胡绳、马文瑞、张平化、胡耀邦、冯铉、罗青长、李贵、王惠德、秦川、熊复、杨西光、马纯古、韩英、曾宪植、仲曦东、刘振华、章文晋、余湛、王殊、楚图南、顾明、袁宝华、韩光、蒋南翔、胡嘉宾、赵苍璧、程子华、李强、石林、杨立功、唐克、周子健、刘伟、吕东、王子纲、张珍、柴树藩、郑天翔、肖寒、张文彬、孙敬文、钱正英、钱之光、梁灵光、段君毅、郭建、朱春和、张劲夫、李葆华、姚依林、陈国栋、黄镇、刘西尧、江一真、徐寅生、胡克实、胡乔木、王伏林、苏静、林海云、邓力群、曾涛、林修德、曾绍东、张香山、张策、王子野、王冶秋、糜镛、沈图、沈振东、孙大光、康永和、李开信、刘卓甫、陈先、白向银、王大钧、须浩风、赵凡、罗玉川、肖鹏、饶兴、邹瑜、李乐山、刘秉彦、叶籁士、魏今非、李梦夫、刘毅、卢绪章、杨寿山、武新宇、齐燕铭、贾庭三、王磊。

出席招待会的还有：

周士第、张天云、唐天际、李寿轩、李天焕、刘型、李一氓、张启龙、涂国林、柯麟、李逸民、赵镕、李贞、何连芝、薛明、林月琴、汪荣华、黄杰、张瑞华、林丽韫；

董其武、冯梓、赵宗礼、黄友寿。

出席招待会的还有中国人民解放军先进单位、英雄模范人物、民兵、烈军属和工人、农民代表：姜泗长、沈志宏、李恩宝、韩忠孝、胡寿根、吴幼芳、孙志、尹铭德、王洪桂、刘瑞田、刘贺生、王学礼、张锡田、陈永祥、徐庆文。

中共中央主席华国锋在北京会见柬共中央候补常委 负责国防事务的副总理 革命军总参委员会主席宋成和由他率领的民主柬埔寨政府军事代表团

中共中央主席华国锋在北京会见以吴克列中将为团长的朝鲜人民军友好访问团

《人民日报》转载1978年第8期《红旗》杂志徐向前的文章《提高警惕 准备打仗》

新疆维吾尔自治区党委召开全区畜牧工作会议讨论制定发展畜牧业的方针和政策

会议认真总结了20多年来畜牧业生产正反两方面的经验，经过充分讨论，制定了《关于发展畜牧业方针和若干政策的规定(草案)》。

会议期间，根据大家的意见和全区各县的实际情况，区党委确定21个县为牧业县，16个县为半农半牧县。文件中明确指出，牧业县要贯彻“以牧为主，围绕畜牧业生产，发展多种经济”的方针，主要任务是大力发展畜牧业，给国家提供更多更好的牲畜和畜产品，发展种植业和副业都要为发展畜牧业服务。半农半牧县，要贯彻“农牧并举，全面发展”的方针，防止重农轻牧。鉴于新疆农业区牧畜头数占全区牲畜总头数一半左右，要求农业区也要重视畜牧业生产。

讨论中，大家特别强调要保护和建设好草场、牧场，努力改变畜牧业生产条件。文件规定今后不准开垦草原，破坏草场和牧场。禁止“游耕”。今后按国家计划开荒造田，必须安排好牲畜的草场、牧场。要搞好草原的灭鼠灭虫工作，保护草场。草场、牧场的使用权要固定下来。要大搞草原水利建设和配套的草库伦种植饲料和苜蓿等优良牧草，积极建设牲畜棚圈、牧道、居民点，逐步实现定居轮牧。对农业区，也要求因地制宜地营造放牧林，种植牧草，充分利用农副业产品，实行近田养畜。

牧区政策中过去遭受破坏最厉害的是按劳分配原则。“四人帮”横行时，不少地方对牲畜放好放坏一个样，产双羔和空怀一个样，畜产品交多交少一个样，甚至有的地方还实行所谓“政治工分”，严重地挫伤了牧民的劳动积极性。文件明确规定，今后核算单位对畜群和畜群作业组要实行定额管理，严格评工记分，建立定畜群、定劳动力、定质量、定工分、定草场和超产奖励、减产赔偿的生产责任制。凡是完成成畜保活、幼畜繁殖成活和毛绒产品计划的，都要给予奖励，超产多奖。完不成计划的，要酌情赔偿。还鼓励打狼、打豹、打狗熊、打旱獭等，消灭兽害。

为了减轻牧民负担，保证增产增收，文件要求任何部门和单位不得以任何借口向牧区社队摊派牲畜、畜产品和钱粮，严禁无偿平调牧区社队的劳动力、财力和物力。各行各业要大力支援畜牧业，只能支牧，不许坑牧。凡是平调用于非生产项目的，必须认真清理和退赔，并向群众作检讨。

对牧民的自留畜以及牧民生活，文件也作了一些切合实际的规定。根据牧民活动时需要骑马、有喝奶吃肉习惯等情况，规定牧民可比农民多养1倍的自留奶牛、自食羊，允许每个牧户可以自己饲养1匹乘马。牧民毡房，过去一直认为是生活资料，费用全部由牧民个人负担。讨论时，大家都说这不合理。因为牧民在定居点上都有固定住房，毡房是牧民游牧时使用的大型工具，不仅是生活资料，主要是生产资料。因此，文件规定牧民毡房每年补充新毡的费用，大部分应由集体负担。对牧民个人留用羊毛的比例，也作出了具体规定。

全国人大常委会副委员长乌兰夫在北京会见以刚果新闻部部长顾问苏加为团长的刚果新闻代表团

国务院副总理陈慕华在摩加迪沙拜会索马里民主共和国总统穆罕默德·西亚德·巴雷

关于坦赞铁路的三方会谈在达累斯萨拉姆结束

参加这次会谈的三国代表团分别由坦桑尼亚交通和运输部部长贾迈勒，赞比亚动力、运输和交通部部长钦库利和中国对外经济联络部副部长李克率领。贾迈勒部长主持了会谈。

会谈结束时，三国代表团团长签署了坦、赞、中三国政府关于坦赞铁路第二阶段技术合作议定书、关于坦赞铁路训练学校技术合作议定书和坦赞铁路技术合作会谈纪要。接着，他们先后发表讲话，高度赞扬坦赞铁路两年来在运营方面取得的成绩，希望这条铁路的运营和管理将进一步得到改善。

会谈开始时，坦赞铁路管理局总经理尼奥比和中国铁路专家组组长顾常仁分别作了关于坦赞铁路两年运营情况的报告和关于坦赞铁路技术合作的工作报告。三国代表团一致鼓掌批准了这两个报告。

8月1日

首都军民在首都体育馆举行联欢晚会庆祝中国人民解放军建军51周年

华国锋主席和叶剑英、邓小平、李先念、汪东兴副主席出席了联欢晚会。

出席联欢会的还有党和国家其他领导人韦国清、乌兰夫、纪登奎、苏振华、吴德、余秋里、张廷发、陈永贵、陈锡联、聂荣臻、赛福鼎、谭震林、李井泉、姬鹏飞、周建人、许德珩、胡厥文、王震、谷牧、康世恩，政协全国委员会副主席宋任穷、康克清、季方、王首道、杨静仁、胡子昂、荣毅仁，最高人民法院院长江华，最高人民检察院检察长黄火青，以及中共中央、国务院各部门，人民解放军各总部、各军种兵种、国防科委、国防工办、军事院校、北京部队、北京卫戍区，中共北京市委、市革委会的负责人。

联欢晚会是由人民解放军总政治部、中华人民共和国文化部和北京市革命委员会联合举办的。

《人民日报》发表1944年八路军留守兵团政治部在西北局高级干部会议上作的《关于军队政治工作问题》的报告并配发编者按

编者按：1944年八路军留守兵团政治部在中共中央西北局高干会议上提出的《关于军队政治工作问题》的报告，是在毛主席亲自主持，周恩来等同志参与下写成的，而且大部分是毛主席亲自写的。这是继古田会议决议之后，我解放军政治工作的又一重要历史文献，有深远的历史意义和重大的现实意义。为纪念中国人民解放军诞生51周年，特将全文公开发表，供全党全军学习。

一、关于边区军队一年经验的总结

从1942年冬季西北中央局召集的高干会及军政干部会到现在，已经一年多了。1943年的一年，是边区部队大进步的一年。一年的时间，我们在边区部队内解决了一个重大原则性的问题——军阀主义偏向与教条主义偏向的问题，确立了一个以西北局为首的，包括边区党政军民在内的思想上政治上组织上完全一致的一元化的领导系统，并且发扬了联系群众的与实事求是的领导作风。

还在前年高干会时，我党中央及西北局各同志就指出：八路军、新四军是人民的军队，是有革命优良传统的军队，是在抗日民族战争中全国境内一部分最好的军队。而在陕甘宁边区的八路军，是在基本上完成了党与上级给予他们的任务的，是执行了党与上级的路线的。但是同时又指出：我们的部队由于种种原因，发生了一些偏向，其中最主要的是所谓军阀主义与教条主义的偏向，犯这种毛病的程度各有差别，而当前的任务则是一致起来纠正这种偏向，发扬优良作风，改变不良作风，以便更好地提高部队的战斗力，更好地执行党与上级的政治任务，更好地进行战斗、生产与群众工作，借以达到团结自己、战胜敌人的目的，推翻日本帝国主义。一年以来，我们就是执行这个指示，并在基本上完成了指示所给予的任务的。

一年工作的结果，在军党关系上，军政关系上，军民关系上，官兵关系上，干部上下级关系上，军事工作与政治工作关系上及各部分军队间的友好关系上，都有显著的进步，这些都是军阀主义偏向与教条主义偏向曾经借以表现它的地方。在军党关系上(所谓军党关系上，即是说我们的军队，必须完全的绝对的无条件的放在共产党及其领导机关的政治指导之下，不能闹独立性)，我们不但建立了在边区范围内以西北局为中心，在各分区范围内以地委为中心，同时又保持各自的上下级关系的统一领导，而且更重要的，是在政策思想上，行动步骤上，也趋于一致了。在军队与政府，军队与人民的关系上，经过拥政爱民运动与拥军运动，特别是从1943年2月以来，军队方面坚决实行了自我批评，实行了坦白运动，将军党之间，军政之间，军民之间一切不良现象，都讲出来，彻底改变了干部与战士的思想；对民众关系不好者，实行改善关系，归还借物，赔偿损失，争论事件错在军队者实行向民众赔礼道歉；军队又大规模地从事生产自给运动，改善了给养，减轻了民众的负担；军队又以大量的劳动力帮助民众生产；这样就使我们的军政军民关系大大地改善了。在军队内部关系上，无论官兵关系，上下级关系，军事工作与政治工作的关系，各部分军队之间的友好关系，凡属存在着缺点的，均有了很大的改善。在连队军人坦白大会上，将官兵关系上，连队生活上，个人思想上，一切不良现象，不满心理，都讲出来，激发了他们的积极性，创造性，增进了亲切友爱的空气，纠正了各种不良现象，平复了不满心理，团结了军队内部。所有这些方面，虽然至今仍然存留着若干缺点，并不能说已经完全克服，但和一年前比较，显然是大不相同了。总而言之，部队中多少存在着的以脱离群众为其主要特点的军阀主义偏向与教条主义偏向，是受到了严重的批判，是基本上被克服了。

在上述这些改造与进步情形之下，部队的情绪起了很大的变化，过去部队中存在着的若干消极情绪与不良行为，现在一般均已消失，而为新的情绪所代替了。现在的部队，是充满着战斗热情、生产热情与学习热情的部队，是富于朝气的部队。这种热情与朝气，从去年春季开始高涨，一直延续到现在。从去年的开荒、锄草、秋收,往后又紧接着转入整训,中间经过7月间的战斗动员。其特点是:紧张性、普遍性与持久性。现在部队是充满着进取心的。在生产中,在拥政爱民中,在冬季整训中,都出现了许多动人的事迹,成批的劳动英雄与模范学习者出现了,许多的模范班、排、模范连队出现了。军队的组织性与纪律性是增强了。经过精简改编之后,官多兵少,头重脚轻的现象是被改变了,若干官兵脱节的现象,是被克服了。违反纪律的现象也大大减少了。

在这个伟大的运动中,某些环节上的领导作风有了大的转变,军阀主义作风与教条主义作风都受到了批判。现在极大地发扬起来的作风,是联系群众的作风,实事求是的作风了。

所以我们说,去年一年是我们部队的领导作风大进步的一年。由于有了这种进步,才获得了去年一年真正伟大的成绩,获得了在我们部队中实行整顿三风的成绩,精兵简政的成绩,拥政爱民的成绩,生产运动的成绩,防止奸细的成绩与冬季整训的成绩。如果没有领导作风上的进步,这样大的成绩是不可能的。

陕甘宁边区部队的特点,就是它是后方留守的部队。它守备了数百里河防,但因前方部队的英勇作战敌人还不敢越河进攻。这些都是和前方部队不同的。但其他一切则都大体相同。特别是在领导作风问题上,陕甘宁边区部队的进步,可以为一切八路军新四军部队所仿效。我们是怎样取得这种进步的呢?

这种领导作风的进步,其过程是从军党关系到军政关系,军民关系,从军队总的领导关系到官兵关系,上下级关系,军事工作与政治工作的关系,各部分军队之间的友好关系。以官兵关系,上下级关系而论,又是从高级干部到一般干部,从干部到士兵,从党员到非党员。如果去年的进步不是各方面的一系列的进步,而是头痛医头脚痛医脚的去做;如果去年的进步不是首先抓住军队总的领导关系,亦即抓住高级领导干部,使之打通自己的思想,改变自己的作风,无条件地服从党的指导,作为推动一般干部,影响士兵群众的前提,而是只从下级与士兵身上求解决;如果我们的同志在领导上确有毛病,而在检讨这些毛病时,却畏首畏尾,患得患失,不肯揭露自己的错误;那么,这种伟大的进步就将成为不可能,至少是不会有这样大与这样快的成绩。去年一年的经验证明,凡是依照这种精神与这种方法做去的,成绩就很大,进步就很快。反之,成绩就不大,进步就是很慢的。

去年的经验证明,干部的思想改造工作,是极其重要,也是极其艰巨的。干部思想的进步是一切工作进步的枢纽,只有在干部思想有了进步之后,工作的进步才是真正可靠的进步,而如若离开思想进步去求什么工作上的进步,便必然只会是表面的与形式的。在一定物质基础之上,思想掌握一切,思想改变一切,这个真理,已为去年的经验所完全证实。如果我们要从若干错误的领导作风变到正确的领导作风,要从军阀主义偏向与教条主义偏向表现得最典型的部队,在改变这种作风之后,就能飞跃地前进,要使落后分子改变为积极分子,要使自由主义的空气改变为原则立场的空气,要使不好的官兵关系、军民关系改变为好的官兵关系、军民关系,如此等等,都是要从人们思想的进步才能进到行动的进步。差不多可以说,思想的进步过程,就是工作的进步过程,就是群众情绪的进步过程。那里的思想改造做得愈彻底,那里的工作,那里的群众情绪,那里的工作作风的进步也就愈彻底。

根据去年的经验,使我们懂得,对于犯有错误的人们改造其思想,是应该有步骤的,大体上应该是:第一步,揭露错误;第二步,反省错误;第三步,改正错误。没有前两个步骤,就不可能实现后一个步骤。在一切存在着毛病的部队中,三个步骤中,头一个是首先重要的。没有这个步骤,或这个步骤进行得不彻底,就是说,不揭露错误的本质,不对明明错了的东西进行认真的批评,就不能警惕干部,就不能发动干部对于检讨错误、批评错误的积极性。而对于犯错误的人来说,不揭露错误,就无法测知他对自己错误的态度,就无法使他进行自我反省,即使反省,也会多是表面的、应付的、没有下决心的,因而要他改正是不可能的。去年,边区各地部队曾经检讨过那里的错误,检讨那里的官兵关系与军民关系,开过坦白大会,进行斗争反对军阀主义偏向以及那种对于这个偏向采取满不在乎的态度,即所谓自由主义的态度,一次没有做好的又来第二次,第三次,最后果然是做好了。那些至今还没有做好的,便是对于揭露错误做得不彻底,或做得不适当。

但是这里所谓揭露错误,是有方针,并有具体目标的,而不是轻率的随意的指责。我们的方针就是教育干部,改造干部,就是教育士兵,改造士兵,而不是毁伤干部,谩骂干部,而不是毁伤士兵,谩骂士兵,只要犯错误的同志大胆地揭露自己的错误,诚恳地反省自己的错误,并有决心改正自己的错误,就不采取过火的斗争方法,不采取处罚与打击的方法。在整个整风运动中,我们是执行了这个方针的,除了少数几个真正的坏分子之外,对一切有毛病的同志,都是没有执行纪律处分的。一时转变不了的,在整风班及干部队,慢慢进行改造。我们这样做,是收到了效果的,大部分有毛病的人都转变过来了。许多人并且转变得很好。干部中缺乏和蔼态度,缺乏勤勤恳恳教育士兵的态度,缺乏问寒问暖关心士兵的态度,缺乏关心民众疾苦的态度,缺乏廉洁奉公态度的人,现在是改变了,学好了。干部学好了，士兵也学好了。士兵中的二流子变为好人了，想开小差的不开小差了，不满的满意了，破坏纪律的遵守纪律了，懒怠的勤劳了。总之，不论官兵，都面目一新了。这里，我引一个边区部队中的典型例子来说明党的这个方针的正确性。

下面是一个部队的工作报告：

“思想上的转变，可以部队中积极分子的增多和落后分子的减少来说明。在去年3月刚整编时，党员积极分子只有77人，非党积极分子只有31人。而到去年12月，党员积极分子增加为162人，非党积极分子增加为95人。刚整编时，党员落后分子有55人，非党落后分子有82人。去年12月，党员落后分子减少为8人，非党落后分子减少为15人。可见这个变化是很大的。

干部中贪污浪费，私人做生意，只顾自己享受，不关心士兵生活的现象是被克服了，例如：1941年。那时采取了单纯处罚的方法，对于犯贪污浪费等错误的干部撤销了10多个，其中计有营长两名，政教两名，连长两名，政指两名，卫生队长一名，民运干事一名。但在1942年，同样的不良现象，不但没有减少，反而增多了。如果依然采取单纯的处罚方法的话，那就要撤换更多的人，并且事情也一定不会变好。但在1943年，我们根据上级的指示，废止了单纯处罚的方法，采取了改造思想的方法，一个人也没有撤换。经过整风与反省，经过坦白大会，经过生产运动与练兵运动，过去犯错误的人都在这种伟大的运动中转变过来了，还是这些人，但是一个整年中没有发现一个再犯严重错误的人。”

上述的这个部队，是边区部队中工作与纪律最不好的部队，这是极坏的典型。但因为揭发了错误，展开了群众的自我批评，改变了领导作风，提出了正确的积极的任务，并且掌握了治病救人的方针，便很快地转变过来了。至于大多数工作基础好的或较好的部队，一经按照正确方针认真整顿，其进步更是很快的。

由此可见，工作的做好，纪律的维持，是建筑在领导正确与群众自觉的基础之上的。如果没有领导正确这个条件，正如列宁所说：“整饬纪律的企图，将不免流为空谈和虚妄。”而在领导正确这个条件一经获得之后，就要着重群众的自觉，去年的经验，也完全证明这一点。过去许多领导机关，对于干部及群众中发生的消极现象，不去检查领导，不去从转变领导着手；不去掌握思想，不去从改造思想着手；并且对于犯错误的人们不去从爱护观点出发促其反省与自觉，而只会用简单的处罚方法，实在都是不正确的。因此，只有从爱护观点出发，从揭露具体的错误到督促犯错误者（包括干部与士兵）反省自己的错误，勤勤恳恳地好心好意地推动他们自动的改正自己的错误，这样一个路线，才是完全正确的路线。

这里，批评与自我批评的武器，都是有作用的，不可偏废。但是批评是为着启发自我批评，在某种意义上讲，是以批评的手段，达到自我批评的目的。在过去一个时期内，部队中以改造思想为目的的整风运动中，斗争目标，是集中在克服军阀主义偏向与对此偏向的自由主义态度上面，所谓揭露错误也就是揭露这些，这些目标以外的东西，只是联系着它（可以联系与需要联系的），而不去强调它。不要企图同时改正一切不良的东西，而应集中力量批判最主要的一点，其余就会迎刃而解。在一定的斗争目标下，对于联系具体的人一点来说，也只应该选择典型，不应该采取平均主义。这种典型的批评方法与典型的教育方法，是最有力量与最有教育意义的正确方法；平均主义的批评方法与教育方法，则是最没有力量、最没有教育意义的错误方法。

去年一年，我们在部队的实践中，发扬了统一领导的思想，拥政爱民的思想，生产自给的思想，提高军事技术的思想与防制奸细分子的思想，在这些思想的教育与实践中，不但军阀主义偏向受到了批判，教条主义偏向也就同时受到了批判。我们的军政干部，在进行工作时，已经能够不受教条主义作风所束缚，抛弃了脱离实际，专尚空谈；重视形式，轻视内容；团结少数，脱离多数的那些不良作风，而懂得了遇事从分析具体情况出发，并懂得了选择典型与抓住典型的方法；懂得了不但要注意事件的形式，尤其要注意事件的内容；懂得了不但要照顾少数，尤其要照顾多数。在进行教育时，懂得采取启发诱导与检讨反省的方法；懂得宣传张治国的作风与门善德的作风；懂得组织张治国运动与门善德运动。这样，就使得我们的教育工作，从教条主义、形式主义、平均主义、孤立主义的束缚中，从脱离实际的抽象概念中，解放出来。

去年一年的经验使我们懂得，领导作风上的军阀主义偏向与教条主义偏向，其共同结果，都是脱离群众，而教条主义则特别表现于脱离具体的实践，而以抽象的空喊与形式的整齐为满足。反之，去年工作之所以取得伟大的成绩，还因为我们在克服军阀主义偏向之时，我们就从基本上克服了教条主义的领导方法。采取了我党中央所指示的正确的领导方法。这种领导方法的主要特点，就是“首长负责，自己动手，领导骨干与广大群众相结合，一般号召与具体指导相结合”。每一运动，每一工作，都是先使组成领导核心的各级主要干部先懂得，然后采取群众路线，通过群众，去进行思想动员与舆论动员，使一般干部与广大群众也懂得，然后才动手去做。在动员的过程中，都是根据各旅各团的情况去规定各族各团的总计划（一般号召），然后根据这种旅团的计划及各单位的情况去更具体地规定班排连营的计划，以至每一个人的计划(具体指导)。在执行的过程中，又根据实践经验去检查这些计划，并修正这些计划，使高了的减低些，低了的提高些(具体指导)。在动员过程中，又是使政治工作同志与军事工作同志在党的统一领导下，在每一部队中最有威信的首长的统一指导下，协同一致去做，故无各自为政之弊。

去年许多大的工作，都采取了革命的竞赛方式。但当群众的情绪还没有觉到需要实行竞赛的时候，就不应发动竞赛。当这种竞赛情绪在群众中酝酿到大体上成熟了的时机，便应立即号召竞赛，并用一切力量组织这种竞赛。这种时机成熟的标志，就是不仅积极分子方面精神上已有充分准备，而且中间分子方面(他们往往占多数)与落后分子方面，也已有了相当程度的准备，否则竞赛便会变成少数人突出，只是少数人在做，不是多数人做起来的。去年生产运动开始时，有些部队发动竞赛的时机选择得不适当，发动过早，只看到少数积极分子的情绪，没有照顾中间分子与落后分子的情绪，结果这种竞赛的号召便落了空。后来照顾中间分子与落后分子，重新组织竞赛，便得到了成功。在生产运动与练兵运动中，凡是不但照顾了中间分子，而且照顾了落后分子的，竞赛热情就愈弄愈高，竞赛规模就愈弄愈大，一直坚持到底，完全成了群众自己的事业，不要领导方面的督促。我们必须懂得，在各种人们的觉悟程度上，中间分子比较积极分子是有距离的，落后分子比较中间分子又是有距离的，领导的任务，就是在于团结积极分子，吸引中间分子，鼓励落后分子。而我们团结积极分子的全部目的，就是在于吸引中间分子与鼓励落后分子一道儿前进。离开这个目的，积极分子就失去作用，我们组织积极分子的工作，就是多余的事。因此，在任何一个带群众性的运动中，在我们的宣传鼓动工作上，在我们的组织步骤上，首要的问题，是照顾中间分子与落后分子的问题，要从中间分子甚至落后分子的水平出发，要选择为中间分子与落后分子也能接受的组织形式与工作方法，要适应中间分子与落后分子的进度，而规定整个运动的进度。例如，我们在部队的生产运动中组织张治国运动，郝树才运动，胡青山运动，赵占奎运动(不是职工运动的赵占魁)，武生华运动，冯振僧运动，冯国玉运动是很好的，很必要的，因为这些部队中的先进战士与先进的初级下级干部，是本部队生产运动或整训运动中涌现出来的，为本部队战士群众所熟知与亲眼见到，容易吸引中间分子与鼓励落后分子，容易为他们所理解，容易激起他们的上进心。因为群众是从自己的切身经验来体会问题，不是从口号来体会问题的。如果我们的鼓动是脱离具体人物，具体事迹的鼓动，便无法使群众了解，无法激起他们的上进心。但是当我们鼓励中间分子与落后分子向先进分子看齐时，必须不忘记中间分子与落后分子的特点。例如在生产劳作形式上，必须依据体力强弱，并采取相当的自愿原则，将劳动力划分为甲乙丙三等，采取不同内容与不同程度的劳作形式，较之平均主义的与完全命令式的劳作形式，就会更为广大群众所欢迎。如果我们没有这个分别，我们就会要脱离群众。

在改造落后分子的工作中，主要应采取耐心感化的方法，禁用单纯惩办的方法。对于逃兵也不是单纯惩办方法所能解决问题的，必须采用教育感化方法，更要绝对禁止枪毙逃兵。在这里，首长们从爱护观点出发的亲切谈话是最有效力的，一定要把这种首长谈话与群众中的自我检讨自我教育配合起来，才能发生更大的效力。单纯的惩办，甚至打骂的方法，只是一种脱离群众而毫无效果的方法。军队中一定要废止谩骂与肉刑，坚决执行1929年红四军古田会议的决议，一定要把从爱护观点出发、从治病救人出发的勤勤恳恳好心好意的教育感化工作，去代替谩骂与肉刑(打人)去代替单纯的处罚方法，并且一定要把谩骂与肉罚以外的、必要的、即按照实情必不可少的正当处罚方法，也减少到最低限度，非在十分必要的情形之下，决不轻易采用处罚方法。

一年的经验是很多的，我在这里讲得很不完全，例如整顿三风，精兵简政，拥政爱民，生产运动，练兵运动与防奸运动，均有各自的宝贵经验，我在这里没有一一说到。我所指出的，只是一些共通的主要的经验。并且也不是说，我们部队的军阀主义偏向与教条主义偏向，已经全部的与最后的克服了，不，不是这样。我们部队中存在着的军阀主义偏向只是受到了严重的批判，将它表现在军党关系，军政关系，军民关系，官兵关系，干部上下级关系，政治工作与军事工作关系，以及各部分军队间友好关系上的显著不良倾向加以克服，基本上改善了各种关系，并不是说这些关系已经完全的最后的改善。要使各种关系获得更加完满的改善，并使之巩固起来，成为根深蒂固坚强不拔的东西，我们必须继续做很多的工作。至于爱好空谈，脱离实际；重视形式，轻视内容；团结少数，脱离多数的教条主义作风，在过去一年中也是受到了批判，但是还没有全部克服，尤其是从历史上检讨这个问题，过去我们还没有做。下面我就想就全军的历史问题加以检讨。而着重于政治工作中教条主义作风与实事求是作风两种作风的比较与分析，着重于政治工作中成绩与缺点的比较与分析。至于军事工作方面的教条主义偏向，这里暂时不去提它。

二、关于发扬政治工作中的成绩与纠正政治工作中的缺点

中国共产党从它参加与领导中国民族民主革命以来，从它参加与领导这个民族民主革命而战的革命军队以来，就创设了并发展了军队中的革命的政治工作。这种政治工作的基本原则，是以民族民主革命的纲领教育军队，是以人民革命的精神教育军队，使革命军队内部趋于一致，使革命军队与革命人民、革命政府，趋于一致，使革命军队完全服从革命政党的政治领导，提高军队的战斗力，并进行瓦解敌军、协和友军的工作，达到团结自己，战胜敌人，解放民族，解放人民的目的。这就是我们的军队和其他军队的原则区别。我们说，共产党领导的革命的政治工作是革命军队的生命线，就是指的这个意思。拿了这种革命的政治工作去和革命的军事工作相配合，就成了革命军队的全部工作。北伐战争时期，共产党人在国民革命军中所指导的政治工作是这样做的，国内战争时期与抗日战争时期我党在过去的红军中与现在的八路军新四军中所指导的政治工作，更是这样做的。共产党人在这三个时期的革命军队中所做的军事工作与政治工作，都是收到了成效的。在中国历史上第一次出现了彻底拥护人民利益的军队。如果我们的军队没有共产党领导，如果没有共产党领导的革命的军事工作与革命的政治工作，那是不能设想的。没有共产党的领导，就不可能有彻底拥护人民利益的军事工作与政治工作，而如果没有这种军事工作与政治工作的军队，就不可能是彻底拥护人民利益的军队。八路军新四军在抗日战争中之所以能够如此英勇坚持，艰苦奋斗，再接再厉，百折不回，其根本原因就在这里。这种革命的政治工作，他不但是我们军队的政治工作人员做的，许多的军事工作人员及其他人员也都参加了这种工作，同样，许多的政治工作人员，也都参加了军事工作。这在内战时期是如此的，在抗战时期也是如此的。

以内战时期来说，我们军队在其初期是创造的时期，其中期是发展的时期，其后期是受到某些挫折但同时有其成绩的时期，政治工作也有其创造、发展与受到某些挫折但同时有某些成绩的情形。特别是在内战初期与中期，在对敌斗争的政治工作上，在协调军党关系，军政关系，官兵关系，军民关系，上下级关系，军事工作与政治工作关系，各部分军队间友好关系的政治工作上，总之一句话，在团结自己，战胜敌人的工作上是有很多的创造，以至于到今天还成为我们军队的一部分优良传统。

以抗战时期来说，其初期是生动活泼的，是有伟大成绩的。在这时期内，整个八路军新四军在党的领导下，发展了抗日游击战争，扩大了抗日武装力量，团结了广大人民群众于自己的周围，收复了广大的失地，建立了许多抗日民主根据地，抗击了大量的民族敌人，以至于能够协助处在正面阵地的国民党军队停止了敌人的战略进攻，保障了中华民族不被日本帝国主义所击败，这些都是做得很好的，很正确的。在抗战的中期，尤其是最近几年，整个军队继续执行了党的路线，与党的许多具体政策，以至于能够抗击了日寇侵华军队的58%，伪军的90%，以至于能够击破敌伪军无数次的反复的残酷的“扫荡”，能够有效地对付其杀光抢光烧光的所谓“三光”政策，能够使被敌人再度夺去的许多中国土地，又被我军再度夺回来，能够忍受史无前例的没有政府接济、缺乏武器、缺乏弹药、缺乏药品、缺乏粮食被服的无限困苦，而为中华民族，为同盟各国，坚持了一条中国大陆上最重要最有力的抗日战线，这些也都是做得很好的，很正确的。

总之，不论在内战时期与抗战时期，整个军队的成绩是伟大的。军队政治工作的成绩也是伟大的。军队中从事政治工作的人员，也和从事军事工作的人员与从事后勤工作的人员一样，他们是有功劳的，是对中国人民有了光荣的贡献的。

但是，我们的政治工作（这里只说政治工作），是存在过与存在着缺点的，我们应该采取自我批评态度，检讨这种缺点，克服这种缺点，以便更好地改进我们的工作，达到团结自己，战胜敌人，打倒日本帝国主义的目的。

例如，当我们提到政治工作中的传统的时候，若干同志往往存在着一种模糊观念。似乎认为我们政治工作的一切传统都是好的，都是优良传统，因而对于过去的传统作风，缺乏批判的态度。因此，就不免对于某些不好的东西与某些不适合于我们军队当时情况的东西，也都奉为天经地义，当作所谓优良传统在发扬。而对政治工作历史上曾经积累起来的许多真正好的经验，真正好的传统，却又被忽视，被抹杀。

我们的政治工作，在内战后期曾有过这样的情形。就其积极方面说来，这时期的政治工作，曾经执行了反对人民敌人的政策，曾有过许多成绩。这种成绩，主要表现在对敌斗争方面，例如关于鼓励官兵的英勇斗争，关于争取俘虏等。在团结军队内部与团结人民方面也有其成绩。例如，关于争取人民参加军队，军队的更加有秩序，军队中许多好的政治教育工作与文化教育工作，居民工作中的许多好的工作等。（这种成绩主要是表现在中央苏区，及其他几个区域军队中，在另外某些军队中，由于个别同志在政治领导与政治工作领导上的绝对错误，就不但看不出这种成绩，反而摧毁了原有的成绩。）但是，就其消极方面说来，却又产生了一种不正确的作风，这就是政治工作中的教条主义作风（这种

教条主义作风，在军事工作特别是在军事教育工作中也是存在的，这里不去论它）。这种教条主义，在我们工作中的最典型的表现，就是爱好空谈，脱离实际；重视形式，轻视内容；团结少数，脱离多数。某些同志之所以或多或少地犯这种毛病的原因，在于他们的主观主义教条主义的方法论。这种方法的表现，就是他们在许多时候，只凭主观臆想办事，忽视中国革命的实际和当时军队的实际，机械地搬运外国经验，不适当地强调当时军队的正规化，割断我们军队的斗争史。这些同志喜欢从口头上，从形式上强调所谓无产阶级的领导作用，但是在实际上，却放松了无产阶级思想（即马列主义）对于从农民与小资产阶级出身的人们在思想上的改造工作和教育工作，实际上不甚重视与不甚强调我们军队所应该认真倡导与认真实行的真正的军党一致，军政一致，军民一致，官兵一致，上下级一致，军事工作与政治工作一致，各部分军队间的一致等等基本思想，不是严肃地认真地把这些思想列为政治工作的基本内容与基本工作方向，而是把这些基本内容、基本方向，当作不甚重要的东西，却从形式方面重视了与强调了许多不应该重视不应该强调的东西。

这种作风发展下去，其结果势必产生这样的情形：争取群众的任务有些被轻视了。军队的三大任务，三大纪律，八项注意，改变了提法，或被认为不必要了。军队内部团结一致的工作也有些放松了。党政军民关系也不去力求亲密了。军队不尊重党政，军队打骂民众，侵犯民众利益的现象，以及军队内部官长对士兵的打骂现象，虽有指责，也不甚得力了。各部分军队之间的友好关系也减弱了，山头主义、本位主义，在潜滋暗长了。由于山头主义与本位主义的发展，军队的这一部分可以不照顾那一部分，主力部队可以不照顾地方部队与民兵，模范队伍可以不照顾落后队伍，从而在主力部队的若干同志中（这里军事政治后勤各种工作同志都有），生长了一股骄气，自以为是，目空一切，只爱说成绩，不爱说缺点，只爱听恭维话，不爱听批评话，惧怕别人批评，也惧怕作自我批评，有些则更发展到对党与上级的领导机关闹独立性的恶劣现象。所有这种情形，有些在抗战时期有了改变，有些在抗战时期先有发展，后有改变，有些则至今还没有改变。

在党内生活上，内战后期曾经普遍采用了过火斗争的方针，缺乏惩前毖后治病救人的精神。军队中的党内生活，也发生过这种不正常的情形，以致许多不应该受打击的同志受到了错误的打击。抗战时期，这种情形有了改变，但其残余没有肃清，还发生过若干错误地打击不应该受打击的同志的情形。

在军事工作与政治工作的关系上，虽然基本上是团结的，但是存在过某些不协调的情形。在内战后期，曾经不适当地强调政治委员制度，不适当地强调政治工作的地位与权力，并且在实际上是在不适当地强调军事工作人员与政治工作人员的党性的差别，对于军事工作者与政治工作者之间，缺乏合作精神的提倡，是这种不协调情形的来源之一。但是这种不协调，不能一概责备政治工作人员方面，有些时候军事工作人员也要负责任。

在抗战初期，曾经一时迁就国民党，取消了政治委员制度，降低了政治工作的地位，这是错误的。后来改正了，恢复了政治委员制度，提高了政治工作地位，这是很对的。政治工作在任何一部分革命军队中，都应有其适当的地位，都应适当地强调它的作用，否则这个部队的工作就要受到损失。特别是在那些政治工作比较薄弱的部队，这样的强调十分必要。对于政治工作地位的过分强调是不对的，但是没有必要的强调，没有必要的地位，也是不对的。

整个军队的方向就是政治工作的方向。因此，政治工作的任务，只能根据我军的基本任务（为反帝反封建而斗争，为战争、生产与群众工作而斗争等）与当前具体任务（如反“扫荡”，反“蚕食”，生产运动，整训运动，防止奸细，整顿三风，统一领导，精兵简政，拥政爱民，改善军党、军政、军民、官兵、上下级、各部分军队之间的关系等，依当前需要而作具体布置）去规定，不能在我军基本任务与当前具体任务以外再有所谓政治工作的独立任务。政治工作就是以革命精神教育军队，从思想上、政治上与组织上去保证这些任务的完成。如果在这方面强调政治工作的独立性、特殊性，把政治工作任务与整个军队任务分离起来，那便是不对的，那便会产生政治工作与军事工作目标不一致，使政治工作脱离实际，显得空虚的原因。任何组织形式，工作方式，工作方法，都是根据情况与任务而产生的，是从属于一定情况与任务的，是应该依据情况与任务的变更而变更的，政治工作的组织形式，工作方式，工作方法，也是如此。所以，如果离开军队的具体任务去谈政治工作的组织形式，工作方式，工作方法，把组织形式，工作方式，工作方法与整个军队的具体任务相分离，并把它看成绝对的东西，那是不能不变成教条主义、形式主义的东西的。在这个问题上，过去有些同志是认识不清楚的，如果现在还有这种情形，便应加以纠正。

应该指出，所有上述一切缺点，无论在内战时期与抗战时期，都不是一切部队同样具备的，其间轻重大小，互不相同，正如各部队的优良成绩，优良传统，也是各有特点，互不相同一样。我们的军队始终是革命的军队，其有缺点，好似一个壮健的人有时生了一点疾病一样，很快就会治好的。

还应指出，上述这些缺点，也不能认为都是由于教条主义产生的,中国革命的特殊环境(小资产阶级的广大与长期被敌人分割的农村根据地)是其产生的客观原因。教条主义思想的存在与没有被肃清,我们的教育工作做得不够,则是其主观的原因。1942年整顿三风以及实施各种改革以来,这些缺点就逐渐减轻了,某些整风深入的部队,这些缺点就更少了。

还应指出,军队中的教条主义,和内战后期党的领导上的教条主义,有密切的关系,如果没有当时党的领导上的教条主义,则军队是不会单独产生怎样严重的教条主义的。

还应指出,当我们检讨工作中的缺点错误时,不应着重在某些个别同志的责任,而应着重在总结历史经验,以为今后工作的借鉴。还应知道,我们的军队工作与军队政治工作,总是向前发展的,我们的军事工作同志、政治工作同志与后勤工作同志的思想认识也是向前发展的,某些犯过错误的同志或是已经进步了,或是正在进步中,或是一经指出就可能使之进步,根据中央惩前毖后治病救人的方针,我们应该团结一切从事军事工作、政治工作与后勤工作的同志,不分彼此,共同工作。

但是应使我们的同志深刻认识,如果我们不从中国革命实际与中国革命军队的具体任务出发,如果我们犯了主观主义的毛病,我们就会无力以高度的革命精神去教育军队,就会无力巩固正当的军党关系、军政关系、军民关系与官兵关系,就会无力克服军队上下级之间,军队政治工作与军事工作之间,各部分军队之间以及军队与地方之间的不正常关系,也就会无力克服军阀主义、本位主义、山头主义的恶劣倾向。反之,如果我们真正懂得了马列主义的方法论,如果我们善于从中国革命实际与中国军队的具体任务出发,善于调查研究,善于联系群众,那么,政治工作(与军事工作、后勤工作)的全般任务就能完成,团结自己,战胜敌人的目的就能达到。中国革命的经验,北伐战争、国内战争、抗日战争三个时期的经验,都在证明这一论断。

长期革命斗争的经验证明,我们军队的任务,不只是一个单纯地对敌斗争的任务,四军古田决议中已经明确的规定了这一点。由于我们军队的特殊环境,我们在内战时期,曾经规定以作战、筹款与做群众工作作为军队的三大任务。自然,作战是被放在第一位,在战争时期,其他一切都是服从于战争的。但是,如果放弃后两项工作,就不适合于我们的环境。在内战的初期与中期,我们军队曾经艰苦地但是光荣地执行了上述三大任务,这也就是说,在根据地没有建立之前,曾经协助地方党政建立根据地,而在根据地建立之后,又曾经协助地方党政巩固根据地。这样的任务,就是在抗日战争中也是没有改变的,大家知道,如果不是八路军新四军在华北华中协助当地人民,协助当地党政建立各个抗日民主根据地,试问这样强大的民族敌人(全部侵华敌军的58%与全部伪军的90%,都担负在八路军新四军的身上),这样长期艰苦的战争,怎能支持呢?不过在抗战时期,筹款的方式改变了,我们提出了军队进行生产运动的任务,借以改善军队生活与减轻根据地人民的负担。于是我们八路军新四军今天的任务,就变成战争、生产与做群众工作这样三大任务了。如果把这样三个任务,缩小成为一个单纯的作战任务,那就不能适合我们的特殊环境。

为着团结自己,战胜敌人,为着实现军队的三大任务,过去军队的三大纪律,八项注意的精神必须恢复,军党之间、军政之间、官兵之间、军民之间、上下级之间、军事工作与政治工作之间以及各部分军队之间的关系,必须竭力改善,并建立在巩固基础之上。必须使八路军新四军一切部队,无条件地服从共产党中央及其代表机关的政治领导,才能使军队不走偏向,达到协和全国军民,打倒日本帝国主义的目的。

革命军队的内部,必须是团结的方针,必须是合作互助的方针,不能是分门别户、各自为政的方针,不能是互相轻视、互相妨碍的方针。凡属革命军队,在党的统一领导之下,军事工作同志、政治工作同志与后勤工作同志,除应强调专精自己的本业,并指出如果不注意本业则是不正确倾向这一点之外,还应提倡,军事工作与后勤工作同志应学习政治工作,参加政治工作;政治工作同志则应学习军事工作与后勤工作,并在需要他们的时候准备去参加军事工作与后勤工作,或竟改变现有工作职位去做军事工作与后勤工作。而在军事工作、后勤工作与政治工作的关系上,则应强调彼此合作。不错,这些工作各有其不同的内容,因此才分为几种工作。但是这些工作都是为着团结自己战胜敌人一个目的,这些工作的进行又必须取得和谐的合作。因此,凡是能巩固这种合作的,即应受到赞扬,而如果是妨碍这种合作的,即应受到批评与指责。

在团结自己、战胜敌人的总方针下,革命军队内部的争论问题,只应该是思想倾向与政策方针的原则性的争论,只应该是正确原则克服不正确原则的争论,并且只是因为这种争论,是有助于巩固党的领导,巩固官兵关系,军民关系及其他各种关系,借以提高军队的战斗力,借以达到团结自己战胜敌人的目的。任何的争论都应该完全是在党的统一领导之下去进行。而如果是多少离开这种立场的争论与对立,就都是无原则的,是不应该允许其存在的。

在我们军队中,应该把尊重工农出身的干部与尊重知识分子出身的干部,尊重老干部与尊重新干部的方针,同时提了出来,并使这些干部很好地结合起来。

应该使人们懂得工农干部的长处，我们军队中有大批的工农干部，他们已在历史上形成为军队中一部分起主要领导作用的骨干，正是我们军队中的优点与特点（在党务工作，政府工作，民众工作中也是这样）。他们中的绝大多数是忠诚可靠的，并特别能吃苦耐劳，英勇奋斗。轻视工农干部的思想是不正确的。但是同时，又应该使人们懂得革命知识分子的长处，我们军队如果没有大批革命知识分子参加，就不能达到团结自己战胜敌人的目的。他们中的绝大多数，也是忠诚可靠的，他们的缺点，经过锻炼（特别是经过实际工作的锻炼），是能够改造的，轻视知识分子的思想也是不正确的（在党务工作，政府工作，民众工作与文化教育工作中，也是这样）。无论工农干部与知识分子干部，都有他们自己的短处，都不应骄傲，而应互相学习其长处，去掉自己的短处。

军队中的老干部是军队的主要骨干，没有他们就不可能有如此坚强的军队。因此，我们应该尊重老干部，轻视老干部的观点是错误的。但是同时，应该尊重新干部，因为新干部是我们军队的新鲜血液，没有他们，就没有我们军队的发展与壮大，轻视新干部的观点也是错误的。新老干部应该互相尊重，互相帮助。而老干部尤应随时随地，特别表示欢迎与尊重新干部的态度，以便于从各方面吸收新干部加入我们抗日的军队，壮大我们的抗日力量。

从地方工作中吸收到军队来工作的干部，新的与老的，工农出身的与知识分子出身的都有，这是扩大军队干部的一大来源，我们应该表示尊重、欢迎与和气地同他们一道工作的态度。他们初来时，在工作上有些不习惯，不熟练，是很自然的，我们应该善于帮助他们。

我们军队中，在工农干部与知识分子干部的关系，老干部与新干部的关系，原有军队干部与新来地方干部的关系，这些问题上，是存在着不正确的观点的，在这些问题上存在的宗派主义观点，是应该纠正的。

在军队的政治教育中，要把培养高度的对敌仇恨与争取敌军俘虏二者区别而又统一起来。没有前者，就不能振起一往无前，杀敌致果的士气，没有后者，就不能瓦解敌军官兵。应该使我们军队的指挥员战斗员都懂得，在战斗时，集中一切力量去压倒敌人，迫使敌人投降，如果敌人不投降，那就应坚决地歼灭他们，或俘虏他们，这就是我们军队一往无前，杀敌致果的革命精神，这种革命精神，是我们军队非常宝贵的历史传统，今后应该在我们军队中大大提倡，大大发扬。但是在战斗解决以后，对待俘虏的政策，就不是这样，这里应该转变为说服态度，从思想教育上、物质待遇上、政治态度上争取他们，将我们在战斗前与战斗中对于敌军的宣传变为事实，借以瓦解敌人的队伍。拿中国的老话说，如果前一种态度可以叫作“霸道”（革命的霸道），那么，后一种态度就可以叫作“王道”（革命的王道）。如果拿前一种态度应用于后一种情况，那是不对的。分别而又同时发扬这两种态度，正是我们的历史传统，今后应把这一点更大的发扬起来。

如果说对敌人是用“霸道”，那么，对同志、士兵、对人民、对朋友，就是用“王道”。对前者是打击，是消灭，对后者是尊重，是说服。如果不去学会分别这两者，如果把对待敌人的态度有时稍微误用了去对待同志、士兵、人民与朋友，那就是犯了极大错误。严格地分别这两种态度正是我们的历史传统，今后同样应当予以大大发扬。

在我们军队的军事教育与政治教育的比重上，应依照部队的具体情况去规定。依照具体的需要，在一个时间内，对于这一方面或那一方面有所侧重，例如，在部队政治教育特别缺乏时，应当多费时间、多费精力去着重进行政治教育，是完全必要的。但是一般地说来，在分配二者的时间上，军事教育应占的比较多些，政治教育及文化教育则应占的比较少些，不可拿许多不必要的烦琐的会议、汇报去占据军事训练的时间。许多政治教育工作与政工会议，则多利用各种间隙与机会去做。这种时间上的分配，决不能被误解为是降低了政治工作的重要性，恰好相反，我们认为政治工作是我们军队的生命线，无此则不是真正的革命军队。必须使人们懂得，认真的政治工作具有非常重要的意义，任何轻视政治工作的观点，都是不对的。但是现在有些部队中将政治教育文化教育及其他政治工作活动占去了太多的时间，减弱了军事训练的时间，这是应当纠正的。

在军队的政治教育与文化教育的比重上，政治教育应占第一位，文化教育则占第二位，借以提高部队的政治情绪、政治认识与政治质量。但革命军队的文化水平，是应该提高的，不能误认为只要政治，不要文化，我们可以而且应该利用各种间隙与机会去进行识字运动及其他文化活动。在陕甘宁边区留守部队的情况下，文化教育有更多的可能性，更应多加些力量去做。

我们的军队是人民的军队，是彻底拥护人民利益的，是以工农为其基本成分的。但是我们决不拒绝从地主富农资本家阶级出身，而真心愿意献身于抗日战争，真心愿意服从共产党领导的那些人们，参加我们的军队。这些人们的缺点，甚至严重的缺点，那是会有的，放任这些缺点是不对的。但是这些缺点是可以纠正的。我们不是排斥或歧视他们，而是欢迎他们与尊重他们，和他们一起奋斗，在奋斗过程中逐渐地帮助他们克服其缺点。

对于军队中的二流子（流氓），应和对于地方上的二流子一样,采取改造与感化的政策。听任二流子习惯存在,是不对的,单纯地排斥与洗刷二流子,也是不对的。绝大多数的二流子是可以经过教育,变为好人的,只要我们的政策方法不犯错误。

对于会门与土匪,也应采取逐渐地有步骤地感化与改造他们的政策,不能是单纯地排斥与打击的政策。除非我们尽了一切力量去争取,而某些会门或土匪还是坚决站在敌人方面反对我们,才可以采取某种打击手段。但在打击之后,又应继之以争取。

抗战时期,各种对敌伪斗争的政治工作,争取敌伪军俘虏的政治工作,武装工作队的政治工作,争取广大民众加入军队的政治工作,组织民兵与游击队的政治工作,团结广大知识分子到军队中来的政治工作,团结地主资本家阶级和我们一道抗战的政治工作,团结少数民族的政治工作,以及其他作得有成绩的工作,凡属有积极意义的,都应该继续坚持与加以发扬。

如果我们部队中对于上述各项问题发生了思想上的偏向,那就应当加以纠正。

此外在我们军队的政治工作中(同时也在军事工作中),还有几个毛病,在前面虽已提到,但是没有着重说清楚的,需要在这里说清楚。这些毛病并不是每个部队都是一样地存在与一样地严重的,陕甘宁边区部队在去年一年中又已经给了许多的改造。但是这些毛病是这样显著与这样引人注目,使我们不得不提出来加以分析,以期唤起同志们注意,加以彻底地克服。

哪些毛病呢?第一个毛病,就是形式主义。常有这样情形,当有些同志做工作计划时,他们的计划常是随时可用、随地可用的照例文章,他们只知道习惯了的一套老公式,不知道依情况的变化而变化。这是一种形式主义。

在我们的政治教育问题上(军事教育上也有某些相同),我们教的东西与战士们需要的东西,有些是不相符合的。例如,有些同志在战士面前专门喜欢谈论国际大势与国内大势,却不愿意谈论本地本军与本连本队的大势。把这种自己所最清楚的同时又是战士群众最需要最欢迎的具体事物,抛弃不谈,却喜欢向战士们输送大批的抽象概念。又如,有些同志常常喜欢凭空教导战士们要守纪律,要做模范,要英勇坚决,却不愿意把现成的、活的、动人的模范人物,英勇事迹,讲给战士们听。似乎这样的东西,没有讲的价值,只有大批概念,才是无价之宝。在这种情形下,教育的内容既是教条主义的,教授法、学习法、测验法也是教条主义的。教的人不管被教的人懂不懂,只管教下去,为的是要“完成计划”。学的人也就只得把听课当作一种负担,当作一门差事,虚应故事,从来也不知道要联系自己与反省自己。在测验的时候,只知算问答的分数,不知看实际的行动。这种情形,在许多部队中存在着。在这些部队中不但对战士的教育如此,对党员的教育也是如此,不但对政治教育如此,对文化教育也是如此。不重内容但重形式的形式主义作风,成了我们宣教工作的一个严重毛病。这种情形,就陕甘宁边区说来,1943年有了很大的改进,但在干部的思想上,还是没有彻底解决的。

我们的有些支部工作,也犯了形式主义的毛病。有些同志,当他们去检查支部工作,讨论支部工作的时候,当一个支部书记在布置自己工作的时候,开宗明义第一条,就是会议与汇报,名曰“建立会议制度”,“建立汇报制度”。会议与汇报执行得好的,就是“模范”,不好的,就不是模范,几乎把会议与汇报当作中心,当作一切。因此,支部忙于开会,党员忙于到会,结果是大家讨厌开会。为什么如此?因为这种会议是毫无内容的,枯燥无味的。战士们讨厌这种汇报,因为这种汇报大多是消极地向战士们找岔子,反映所谓“怪话”,因此,引起群众不满,这种所谓会议与汇报,只是使支委脱离党员,党员脱离群众,像这样的支部工作,是没有法子做好的。这也是一种形式主义。

如果不是按照每一部队的特殊机能(步兵、骑兵、炮兵、工兵、卫生队、运输队等等)及每一任务的特点(作战、训练、生产、做群众工作等等),去进行不同内容与不同形式的政治工作,而是对于什么都做成一样的政治工作,那就是一种很厉害的形式主义。这种形式主义,在若干部队中是存在的,是这些部队的政治工作所以缺乏生气的原因。

有些部队中写报告填表格的制度,也有类似的情形。例如,上级机关规定许多报告项目与表格形式,生硬地要求下级(特别是营连)去做去填。在此种要求下,下级只得拼命地做上去,填上去。但是这些东西的内容,大都千篇一律,很少实用,徒费精力。上级得了这种东西又往往堆在一起,不加分析与整理,结果化为废纸,无所用之。这也是一种形式主义。

我们军队中的许多组织形式是不合实际的需要的。例如,有些政治工作机关分了很多的部与科,收罗很多的人堆在机关里,结果人员越多,工作越少,忙的多是一些琐碎的形式上的工作,真正的领导工作反而做得少了。又如连队中的工作网,十人团,青年队,政治战士,也变成了形式上好看,实际上无用的东西。

总之,凡不合实际需要,徒具形式的工作方式与组织形式,都属于这一类,这是第一个毛病。

第二个毛病,就是平均主义。这里所说的,是指我们有些同志做工作计划时,不知道抓住中心;检查工作时,不知道找典型;解决问题时,不知道从某一个关节着手。以至他们的许多计划,常常是应有尽有,无所不包,早已成了日常习惯的业务,也要列入所谓计划之内,把一些不关痛痒的东西和主要的东西同时并列在一起,这样搅在一团,毫无眉目的所谓"工作计划",完全失去了工作计划的意义。有些部队的同志不知道,在一个相当时期内,只应该有一项为当时情况所要求的中心工作,而以其他若干必不可少的工作附属之,而是同时发动做很多项工作,想在这很多项工作中获得成绩。但其结果则是一项也做得不彻底,一项也得不到满意的成绩。我们有些同志在检查工作时,可以把所有的连队都跑一遍,把政治工作的各个项目都考查一遍。但是结果呢?仍然没有发现问题,没有分析问题,没有找出事件的症结,加以恰当地解决。所谓"总结工作经验",变成了一句空话。这些都是很严重的平均主义。平均主义的工作方法,其原意是想样样做好,但其结果一样也做不好。这种平均主义方法,同形式主义一样,其性质是主观主义的,因为他是从主观臆想出发,不是从工作的实际需要出发。

第三个毛病,就是重号召不重组织,以一般号召代替具体指导,换句话讲,就是空喊。我们看到有些同志提出的号召是不适当的,他们没有估计那里的工作性质,没有顾及那里的群众情绪,他们所号召的东西,并不是那个部队实际上所需要的东西。即使号召是正确的,我们也看到我们有些同志对于自己发出的号召是不负责任的。一个号召发出之后,第二个号召接着又来,在那里,许多工作是在号召上打圈子,永远停留在号召的阶段,许多工作常常是有头无尾的。这是对工作的开玩笑态度,极端不庄重的态度。这种态度,对政治工作,对领导机关,都只会损失威信,得不到任何好结果。与此相反,我们应该根据"首长负责,自己动手,领导骨干与广大群众相结合,一般号召与具体指导相结合"的原则,一经提出号召,就应组织实行,并在实行中,突破一点,取得经验,指导其余。如果没有具体指导,则所谓一般号召,就是自己给自己取消了。

第四个毛病,就是有些同志的孤立主义。不是人家孤立我们,而是我们自己孤立自己。这些同志,首先,不把政治工作看作是群众工作,不从群众观点出发,不采取群众路线,不组织群众行动,宁愿将政治工作锁在狭隘的圈子里,只有少数政治工作人员在做,在忙,广大群众却在那里闲着。许多事是可以而且应该协同军事工作同志一起去做的,但是我们不愿意去找人家,宁愿使工作老是抓不开。至于动员了群众的,也有这种情形,在那里,不知道照顾群众的需要,而是违背这种需要,不知道考查群众的情绪,而是忽视群众的情绪。从而关于领导群众的艺术问题,关于如何团结积极分子,巩固中间分子,提高落后分子的问题,关于党与非党群众的联系问题,关于宣传鼓动工作与组织工作互相配合的问题等等,都被认为是不重要的,或者完全被忽视。在这种情形下,我们的政治工作,就不能不一般化与简单化。在这种情形下,我们的政治工作,就变成了少数人脱离群众而孤立起来的所谓"工作"。此外,有些同志在解决问题时,不凭自己的本领,不凭自己勤于向同级、向下级、向群众去商量去学习,借以取得知识,取得经验,而只凭自己的工作职位,只凭行政手段去解决问题,以至于不得不把事情弄坏,有时甚至毫无办法,只好拿大帽子压人。这种脱离群众的工作方法,就是孤立主义的方法。

总起来说:形式主义的作风、平均主义的作风、空喊的作风与孤立主义的作风,本质上都是小资产阶级的作风,都是主观主义教条主义的作风。这种作风不是共产党人的作风,不是革命军队的作风。它同党的作风,革命军队的作风,是不相容的。政治工作中存在着这样的作风,就会减弱它的革命性,即使党的路线是正确的,政治工作方向是正确的,如果这些作风不改变,仍然无力完成政治工作的任务。我们的政治工作曾经有过很好的传统,古田会议的决议,就是这种传统的一个具体表现。过去工作中,凡是继承了并发扬了这种传统的,那里的工作就充分地表现其革命性与创造性,反之,就表现死板僵化,死气沉沉,毫无生气,毫无力量。现在在陕甘宁边区部队中,在整个八路军新四军中,都有很多生动活泼的创造。在长期抗战中,产生了很多的战斗英雄,劳动英雄与模范工作者。他们没有形式主义,也没有平均主义,没有空喊,也没有孤立主义,他们是实事求是与联系群众的。我们应该学习他们,应该表扬他们,应展开每一个部队中学习战斗英雄,劳动英雄,模范工作者的运动,干部中群众中的积极性创造性是无限的,只要我们善于把任务提出来,善于启发他们,善于鼓励他们,他们就会蓬蓬勃勃地活跃起来,发扬自己的成绩,纠正自己的缺点。即使在过去工作中曾经犯过错误的同志,也会在这个群众运动中改正过来。经验已给我们证明:干部中群众中蕴藏的正气,热忱,创造性,积极性,一经被启发,就会是取之不尽用之不竭的源泉,就会变成长江大河,一泻千里,那时来看我们过去的缺点,就会显得不过是像太阳中的一些黑点了。我们的党,我们的军队,我们的人民本来是太阳,这个太阳是要照耀全世界的。

三、关于组织形式与工作制度中的一些规定

根据上述陕甘宁边区部队一年工作的总结与全军历史上的一些总结(不是全部总结),使我们感觉到我们政治工作中现存的组织形式与工作制度,应有某些修改,并加入许多新的东西进去,才能适合目前军队的需要。但是我在这里不准备来说全部政治工作的组织形式与工作制度问题,只说这个问题的一部分,其他部

分则待将来再讲。并应指出,我们的组织形式与工作制度有些还是好的,应当保留的,这里所说的修改,是指那些已被长期经验证明不适合实际需要的东西。其中有些是仅具形式而无工作内容的,有些则由于情况变化,从前适用的,现在已经不适用了。

一切组织形式与工作制度,大体都有基本的与临时的两种。带基本性质的,应当使之固定起来;带临时性质的,则不应当固定,而应当依据具体工作的性质去选择,依据环境与任务的变更而变更。在工作中,应当创造新的组织形式和建立新的工作制度,不应当留恋已经陈旧了的东西。这里的原则是:凡属便利于组织和发扬广大战士群众的积极性,借以完成一定任务的组织形式与工作制度,便应当充分利用之;如果某种组织形式与工作制度,不便利于组织与发扬广大战士群众的积极性,完成一定任务的,就不应当采用,已经采用的就应当废止,而代以新的东西。例如我们从战争中,从整训运动中,从生产运动与拥政爱民运动中,创造了战斗英雄会议,劳动英雄与模范学习者会议,连队军人坦白大会等,都是很好的组织形式,应当予以发扬。

根据上述原则,我们提出如下意见:

(一)连队中的会议制度与汇报制度,必须加以改革。过去有些部队会议太多,一个连队每月有多至四五十次的,空虚繁杂,徒耗精力。今后不论是属于行政的,党务的,或政治工作的,也不论是属于党员的,非党群众的,或干部的,凡属工作性质相同,到会人相同,又不妨碍机密能够合并举行的,应当合并举行;不能合并必须单独举行的,才许单独举行。一切会议,必须是有内容的,例如充分切实地检讨工作,教育同志,解决问题等。凡无此类具体内容的会议,一概取消。一切会议汇报,都应注意节省时间,会议次数不应过于机械地去规定。党员向组长,战士向班长的固定汇报制度,已成形式的东西,且使战士讨厌,应予取消。

(二)连队工作网的作用,是为着对付奸细与逃兵。但是证以过去经验,依靠少数耳目与固定的网对付奸细,是不起多大作用的。防止逃兵,争取与巩固动摇分子的工作,是支部的责任,是所有党员及所有革命战士应做的工作,是属于一般的政治工作,不是防奸性质的工作。对逃亡分子的政策,主要是争取,是说服、教育、感化,是改善官兵关系,改善管理制度,改善连队的物质生活,从这些积极方面去解决问题。逃兵归队时,应取欢迎态度,使他安心,禁止轻视、讥笑与打骂。过去许多工作网用反侦探的方法对付企图逃亡的分子,是错误的,反而妨碍了争取。因此,今后连队固定的工作网无存在之必要,应予取消。只在必要时,临时布置侦察员,任务完毕,这种临时组织即行消失。

(三)连队中的十人团,在对付逃亡,巩固部队上,起过某些作用。但是由于其工作过分注意消极防制的方面,忽视从政治上去积极争取的方面。而且这种组织只有在新兵居多数的连队,或逃亡盛行的时期,才有实际意义。因此,在没有此种情况的一般连队中,无组织十人团的必要。只是在需要这种十人团的特殊情况下,才去临时组织之。

(四)在青年占多数的连队,应当重视青年的教育工作,过去青年队组织曾起过某些教育青年的作用。但是,过去的青年队,由于不注意发挥青年群众的积极性,以与成年协同奋斗,往往使青年脱离成年而突出。又由于过于从外表上强调青年的组织生活与特殊教育,而连队中青年与成年的组织生活及各项教育,又大都是一致的,因而使青年队的工作,变成空虚与无力。今后不必有固定的青年队的组织与纪律,不必有固定的青年特殊教育,也不必有固定的青年会议生活与汇报制度,而应在连部或队部指导下,开一些非固定的青年会议,借以教育青年,启发青年的积极性,并使他们与成年一道,努力于共同工作。

(五)连队中的政治战士,因无一定工作内容,应予取消。

(六)在取消连队中的工作网,十人团、青年队与政治战士等固定形式之后,关于反逃亡的工作,防奸工作及青年工作,均由支部集中领导,按照实际需要,规定适当的具体办法。支部应注意利用军人俱乐部去做自己的工作,很多带群众性的工作,均应通过军人俱乐部去做。过去有些部队把军人俱乐部看成只作文化娱乐工作的机关,致使俱乐部工作内容贫乏,今后应扩充俱乐部的工作内容。

(七)由于发展了伟大的生产运动,把连队的经济工作提到比前更加重要的地位了,因此应该重视连队经济委员会的组织及其工作。连队经济委员会应由选举产生,官长可以当选,但不超过三分之一。其职权为计划、组织与监督连队的生产、消费及防止贪污浪费等,为连队全体人员特别是为战士群众谋物质福利的一切必要事项。连队经济委员会应脱离俱乐部而独立,支部应经常注意其工作。

(八)改变支部与连队政治工作并立的制度。支部除接受总支委领导之外,应该接受连指导员的领导,指导员兼任支书。支部在纯粹党务问题上(如接受党员、开除与处分党员,以及处理党内纠纷等),应当采取少数服从多数的原则,不得个人包办。在全连事务和政治工作方面,支部应经常与连长取得意见上的一致,并应尊重连长的意见。

(九)根据中央决定,每年旧历正月为拥政爱民月。举行拥政爱民运动。全军应利用这个时间,在所有连队中进行拥政爱民的深刻教育。这一制度的规定及其认真实行,将使军政关系,军民关系,军队与地方关系获得极大的改善,全军都应重视这一方式。

(十)每年举行一次至三次以教育为目的的反省坦白运动。每个连队,在一年中择一个至三个适当的机会,每次三天至五天,举行连队的反省坦白大会,根据“言者无罪,闻者足戒”的原则,在高度的同志友爱互助精神之下,使每个干部与战士均把心中的不满情绪,打骂现象,想逃亡的心理,奸细分子勾结与破坏的现象,物质困难情形,侵犯民众利益现象,不尊重党政不尊重上级现象,以及教育工作与经济工作中的缺点等,一概反省出来,坦白出来,然后由连队支部及行政首长收集起来,一面反映到上级去,一面讨论改善各方面工作的切实办法。这种方式,现已在很多部队中证明是发动群众积极性,提高战斗情绪,提高领导威信,改善官兵关系,军民关系,消灭逃亡现象,破获奸细分子,改善各方面工作的很好方式,上级领导机关应很好地注意组织之,应在事前有各种积极准备及精神上的酝酿,使这种大会在不是勉强的,而是自然的,不是惩罚的,而是教育的,不是冷淡的,而是热烈的空气之中去进行,使这种大会成为干部与战士团结一致的真正教育性质的群众大会。如果一年中开两次至三次时,其中有一次可在拥政爱民月内举行。

(十一)以分区以旅以团或以营为单位每年举行一次战斗英雄、劳动英雄及各方面模范工作者的会议(如果合开时,可以总名之曰群英大会)。各种英雄及模范工作者,应经过认真的选择与民主的选举,真正是广大群众所佩服的人物,并在选出及开会以后,经常注意培养他们。这些英雄及模范工作者中,大多数应从战士及杂务人员中选出,但须有相当一部分从初级下级及中级干部中选出来。在这种大会上,应给予优异者以精神上与物质上的奖励,并在报纸上予以发扬,号召群众学习他们。

(十二)恢复古田决议的党的代表会议制。分区为单位或旅团为单位全年举行一次。代表经选举产生。

(十三)恢复古田决议的书宣组联席会议。分区或旅或团为单位每年举行一次。

(十四)全营集合讲话,每月一次,一有可能,应举行全旅及全团的集合讲话。应重视此种集合讲话,把它当作提高战士情绪、统一全军意志的主要方式之一。此种讲话,由军事工作与政治工作负责人共同出席。此种讲话的精神,应是鼓励多于批评(连队集合讲话亦应有此种精神)。

(十五)报告与表格的目的,是为着反映部队及其工作的发展情形,使上级能够据以了解那里的问题所在,给以适当的指导。今后应当废止那些不分析工作发展过程,不指明问题在什么地方,千篇一律,毫无内容的报告方式,提倡能够生动地反映工作发展过程,能够指明成绩所在及为什么获得此种成绩的原因,能够指明矛盾所在,困难所在,问题所在及为什么发生此种矛盾,此种困难,此种问题的原因,以及自己如何解决这些矛盾,困难与问题的意见这样一种报告。少作按周按月按年的报告,多作叙述事件起讫,叙述过程发展的报告。表格也要废止繁杂而不切实用的,提倡简明而切合实用的。

(十六)机关工作人员应以少而精为原则。并应改造某些机关工作中所盛行的那种“办公事”式,而忘记了群众,忘记了思想领导与政治领导的不良作风。

我的这个报告,经过很久的积累,又在这次会议中经过到会同志的多次座谈,收集了各方面的意见,前方来的军事工作同志与政治工作同志又提供了许多意见,并经过中央同志及西北局同志的指导,才这样地作出来。如果大家认为恰当,我们就决定照此去做。只要全军上中下各级干部的思想打通了,工作成绩是会很快看见的。在整风的精神之下,我们坚决相信,全军将有一个飞跃的进步,团结自己,战胜敌人,解放民族,解放人民的神圣任务,我们是一定能够完成的。

《解放军报》发表社论《发扬政治工作的实事求是传统》

今天是八一节,中国人民解放军建军51周年的日子。在这光荣的节日里,留守兵团政治部《关于军队政治工作问题》的报告发表了。这个报告是在毛主席亲自主持,周恩来等同志参与下写成的,而且大部分是毛主席亲自写的,是继古田会议决议之后,对我军建设起着重大影响的又一个重要历史文献。整个报告,今天读来仍然感到亲切,新鲜,有强烈的指导意义。贯穿全篇的那种实事求是的精神,则是我们特别需要学习、继承和发扬的。

1944年,八路军留守兵团政治部在西北局高干会议上作的《关于军队政治工作问题》的报告,解决的是当时历史条件下的问题。这个报告,针对王明机会主义路线的危害,着重批驳了军阀主义偏向与教条主义偏向,讲了这些偏向在军党之间、军政之间、军民之间、官兵之间、上下级之间、军队政治工作与军事工作之间、各部分军队之间造成的不正常关系,讲了在工作上爱好空谈、脱离实际,重视形式、轻视内容,团结少数、脱离多数的表现,讲了作风上存在的形式主义、平均主义、空喊和孤立主义的毛病。报告正是对当时这些具体情况作了具体分析,在研究和解决实际问题的过程中,进一步阐明了政治工作是我军的生命线,论述了政治工作的性质、地位和作用,才使毛主席从我军创建时期起逐渐建立起来的我军政治工作的理论、路线、方针、原则和优良传统更加丰富起来，深入人心，一直到今天仍然发挥着深刻的教育作用。今天，报告中所阐述的我军政治工作的基本原则没有变，我们的优良传统也还是那一些，但是，时间、条件、对象都不同了。我们现在学习这个报告，是为了解决我们现在的问题。我们必须分析和研究出现的新的情况和新的问题，采取同过去不同的方法，解决同过去不同的问题。

我们从民主革命到社会主义革命，在经历了二十多年的战争之后，转入和平环境又二十多年了，这是很大的变化。我们国家进入了一个新的发展时期，要在比较短的时间内，加快步伐，实现四个现代化，把我国建设成伟大的社会主义强国。动员和组织群众，为实现新时期的总任务而奋斗，这就是一切思想政治工作的中心内容。我们军队要抓纲治军，准备打仗，加速革命化现代化建设。我们部队的成员状况、政治思想状况、武器装备和技术状况以及内部和外部关系等方面，也都同过去不同了。政治工作已经遇到并将继续遇到许多新的问题，有待于我们进一步认识和解决。同时，新中国成立以来几次错误路线，特别是林彪、“四人帮”假左真右的反革命修正主义路线的干扰破坏，削弱了政治工作的地位和作用，损害了政治机关的职能和威信，把许多问题搞乱了，在政治工作领域内的思想、理论、路线是非迫切需要我们加以澄清，拨乱反正。如果我们不去研究和解决新的历史条件下存在的问题，使我们的政治工作随着实践的发展而发展，如果我们不去大力破除林彪、“四人帮”十多年来搞的那一套，结合新的条件运用和发展毛主席关于政治工作的理论和传统，而是搞本本主义，一味照抄照转照搬，那么政治工作就无法解决今天面临的问题，因而也就无力完成新时期赋予政治工作的任务。

不久之前中央军委召开的全军政治工作会议的基本精神是什么呢？如果要用简要的话来概括，也就是四个字：实事求是。这次会议的议题是，在新的历史条件下，发扬政治工作优良传统，提高我军战斗力，这个议题本身就是从实际中来的。会后贯彻能不能解决问题，解决得正确不正确，关键在于是否同各个部队的实际相结合。我军政治工作的优良传统很多，主要的是实事求是的传统。毛主席从中国的实际需要出发，运用马克思主义的普遍真理，同中国革命的实际情况相结合，才创建了我们这样一支无产阶级的军队，才建立了我军的革命的军事工作和革命的政治工作，才使我们有了成为无价之宝的众多的优良传统。全军政治工作会议面对现实，从实际出发，采取理论和实践相结合的方法，分析和研究了新的历史条件下的问题，有针对性地提出了解决的办法。这次会议是继承和发扬了我军传统，特别是实事求是传统的一次历史性会议，是我军政治工作发展史上的新的里程碑。

对于实事求是的问题，毛主席作过著名的阐述，毛主席说：“‘实事’就是客观存在着的一切事物，‘是’就是客观事物的内部联系，即规律性，‘求’就是我们去研究。我们要从国内外、省内外、县内外、区内外的实际情况出发，从其中引出其固有的而不是臆造的规律性，即找出周围事变的内部联系，作为我们行动的向导。”我们的政治工作也是这样。实事求是，从当时当地的具体历史条件和部队的实际情况出发决定方针，这不但是我们政治工作最基本的工作方法，而且是我们政治工作的根本出发点。林彪、“四人帮”破坏我军政治工作，首先破坏了政治工作实事求是的传统。由于林彪、“四人帮”的流毒影响，以至现在还有几样东西障碍着我们做好政治工作。这几样东西就是，思想上的主观主义，工作上的形式主义，作风上的官僚主义。这些，都是同实事求是的传统相违背的，很不适合于完成新的历史条件下政治工作的任务。

本来，正确的思想只能从社会实践中来，实践的观点是马克思主义认识论的第一和基本的观点。这些年来，林彪、“四人帮”把理论和实践的关系倒过来了。在这种恶劣影响下，似乎不调查，不研究，就可以哇啦哇啦发议论，出主意；似乎正确和错误的标准不要看实践，只要像查字典一样，翻出书本来就行；有的凭想当然办事，想怎么办就怎么办；有的一意孤行，逆着群众的情绪行事。毛主席曾经指出过的那种现象，现在还不乏其人：“问他的思想、意见、政策、方法、计划、结论、滔滔不绝的演说、大块的文章，是从那里得来的，他觉得是个怪问题，回答不出来。”

本来，做工作应该注重实际效果，工作形式服从于工作内容，这些年来，在林彪、“四人帮”干扰破坏下也倒过来了。那种密切联系实际，使人听了还想听的政治教育课，时事政策报告，那种一把钥匙开一把锁的深入细致的思想工作，那种广泛谈心互帮互学的群众性思想工作，那种鼓干劲争上游的生动活泼的鼓动工作，现在很少见甚至不见了。有的习惯于做表面文章，满足于表态，不是把宝贵的时间和精力用在切切实实地提出问题、研究和解决问题上。有的追求形式上的热热闹闹，而实际上却是空空洞洞，一哄而起，一哄而散。有的工作好像也做了，就是经不起检查，雨过地皮湿，走了个过场，只讲数量，不讲质量，只问天数、时数、人数、篇数、次数，不问效果究竟如何。我们的政治工作竟然有了固定不变的格式、程式、模式，对人讲话、写的报告，总是那几句陈词滥调，老生常谈，使人生厌。

本来，领导机关应该为基层服务，现在许多方面变成了基层为机关服务。有的单位向下要文字材料、统计表报之多,弄得下面团团转。下面要向他们请示问题,他们又推又拖,一月两月也不答复是常有的事。找上门来了,层层设防,处处挡驾,见个人真难啊!在机关内部也搞烦琐的文牍,芝麻大的事也写呈批件,一级一级送上去,一级一级批下来。这哪里是我们党我们军队的作风,分明是官僚衙门作风。

主观主义、形式主义、官僚主义这几样毛病,不只政治工作中有,军事工作、后勤工作中也都存在。只要有这些毛病存在的单位,都要去注意纠正。应该说,粉碎"四人帮"以后,这些毛病已经不像过去那么严重了。由于联系实际揭批林彪、"四人帮",努力肃清他们的流毒影响,我们的领导作风和工作作风已经有了很大改进。领导干部下基层的多了,注意听取群众的呼声和意见了,办事情讲究实际了,这些都是很好的。但是,主观主义、形式主义、官僚主义,不是一下子都能去掉的,它们还经常在那里作怪。而要使我们开会,作报告,作决议,以及做任何工作,一切都从实际出发,实事求是地解决问题,尽可能解决得正确,则非要把主观主义、形式主义、官僚主义去掉不可。

主观主义、形式主义、官僚主义,都是脱离实际的,政治上是受林彪、"四人帮"的影响,理论上的根源是唯心论、形而上学。林彪、"四人帮"的流毒影响,在某个单位的表现,又是通过这个单位存在的思想作风问题发生作用的。不然,怎么解释有的单位流毒影响轻一些,有的单位流毒影响重一些,有的单位抵制了林彪、"四人帮"那一套东西,有的单位就跟着走,这些千差万别的状况呢!同时,不讲明这个问题,也不利于肃清林彪、"四人帮"的流毒影响,不利于联系本单位的实际搞好整顿,真正去掉主观主义、形式主义和官僚主义。现在,粉碎"四人帮"已近两年了,如果哪个单位问题依旧,面貌未改,仍然不搞实事求是,仍然舍不得丢掉主观主义、形式主义、官僚主义,那就不能光讲林彪、"四人帮"的干扰破坏,而要检查那个单位领导上的责任、自己的原因了。

留守兵团政治部《关于军队政治工作问题》的报告指出:"干部中群众中的积极性创造性是无限的,只要我们善于把任务提出来,善于启发他们,善于鼓励他们,他们就会蓬蓬勃勃地活跃起来,发扬自己的成绩,纠正自己的缺点。"报告又说:"经验已给我们证明:干部中群众中蕴藏的正气,热忱,创造性,积极性,一经被启发,就会是取之不尽用之不竭的源泉,就会变成长江大河,一泻千里,那时来看我们过去的缺点,就会显得不过是像太阳中的一些黑点了。我们的党,我们的军队,我们的人民本来是太阳,这个太阳是要照耀全世界的。"我们的军队是个好军队。我军的政治工作曾经作出过第一等的成绩。我军各级政治机关,总体上看是好的。广大政治干部和其他干部一样,绝大多数是坚持毛主席革命路线的。我们政治工作中目前存在的一些问题,也不过是像太阳中的一些黑点罢了。只要我们肃清林彪、"四人帮"的流毒影响,发扬了政治工作实事求是的优良传统,去掉了主观主义、形式主义、官僚主义这些不好的东西,我们的政治工作就一定会有新的起色,一定能够在新的长征中发挥更大的威力。

全国农田基本建设会议在人民大会堂闭幕

中共中央副主席、国务院副总理李先念,党和国家其他领导人纪登奎、余秋里、陈永贵、陈锡联、王震、谷牧、康世恩出席了闭幕式。

中共中央政治局委员、国务院副总理余秋里主持大会。中共中央政治局委员、国务院副总理纪登奎为大会作了总结讲话。

会议期间,华国锋主席作了重要指示,他号召各级党组织和全国各族人民,认真贯彻执行以农业为基础的方针,掀起农田基本建设新高潮,为高速度发展农业,实现新时期的总任务而奋斗。

国务院副总理纪登奎在全国农田基本建设会议上的总结讲话

同志们:

我们这次全国农田基本建设会议,开得很好,今天就要结束了。会议期间,华主席和中央其他领导同志接见了大家。华主席还亲自听取了汇报,作了极为重要的指示。李副主席向大会作了加速发展农业问题的重要讲话。关于加快发展农业的方针、政策问题,华主席、李副主席都讲得很明确了,大家热烈拥护。现在我单就农田基本建设问题,讲一些意见。

第一,农田基本建设的成就和今后的奋斗目标

我们对于全国农田基本建设的情况,要有一个基本的估计。

28年来,我国农业生产在基本上依靠手工劳动的条件下,使粮食总产量增长了1.5倍,各种经济作物有了很大发展。我们所以能够取得这样的成绩,一条重要的经验,就是在毛主席的路线指引下,依靠农业集体化的力量,大搞农田基本建设,改造山河面貌,提高了抗御自然灾害的能力。随着农业学大寨、普及大寨县运动的深入开展,群众性的农田基本建设规模越来越大,成效越来越好。从大家这次参观的山东省泰安、济宁和江苏省苏州地区的经验来看,农田基本建设已经从一个县到一个地区的大面积推开,标志着达到了新的水平。特别是粉碎"四人帮"以后,进度大大加快,去冬今春完成的工程量超过了历史最高纪录。现在全国已经建成大、中、小型水库数万座。灌溉面积比解放

初期增加了两倍。大部分易涝面积已得到初步整治。没有这样一个空前规模的农田基本建设和水利建设，我们的农业就不可能达到现在的生产水平。

我国的农田基本建设取得了伟大的成绩，这一点必须充分肯定。但是我们没有理由自满，我国农业离过关还差得很远，还需要付出巨大的努力。也必须清醒地看到，我们抗御自然灾害的能力仍然是很低的，旱涝灾害仍然是影响生产发展的严重问题。远的不讲，就拿近两年的情况来说吧，去年南涝北旱，加上低温霜冻，增产计划没有完成。今年夏粮本来是个大增产的形势，但3月份以来，主要产区严重干旱，虽然比去年增产了，但比原定计划产量还是少收了。南方早稻因干旱高温，增产幅度也不大。如果秋粮没有一个特大的增产，那么全年产量就有可能被拉下来。如果今年欠了账，明年的增产任务就要加大。按这样的累进法，年复一年的累进下去，欠账就会越来越多。情况就是这样尖锐的摆在我们面前。各省的同志都应该想一想，算一算，你们这两年的计划完成得怎么样，是不是也欠了账，欠了多少？用什么办法解决这个问题？不下定决心大搞农田基本建设行不行？

现在有一种说法，认为只要搞农业机械化、科学种田就可以了，似乎不必费那么大劲去搞农田基本建设。对这种说法，我们应该进行分析。要加速农业发展，当然要靠机械化，靠科学种田。包括外国的先进技术我们都应当学习，但要从我们自己的实际情况出发。像我们这样人多地少、旱涝灾害严重的国家，主要的是靠精耕细作，提高单位面积产量，这就必须靠学大寨，大搞农田基本建设。

毛主席早就指出："我看中国就是靠精耕细作吃饭。将来，中国要变成世界第一个高产的国家。有的县现在已经是亩产千斤了，半个世纪搞到亩产两千斤行不行呀？将来是不是黄河以北亩产八百斤，淮河以北亩产一千斤，淮河以南亩产两千斤？到二十一世纪初达到这个指标，还有几十年，也许不要那么多时间。"这是在农业发展纲要"四、五、八"的基础上，又提出了一个更高的"八、一、二"的设想。现在看，毛主席的预言，大寨早就做到了，不少学大寨的先进单位也做到了。去年，黄河以北已经有19个县亩产超过了800斤，淮河以北已经有5个县亩产超过1000斤，淮河以南的苏州地区已经有20多万亩实现了亩产2000斤。越来越多的事实说明，毛主席提出的这个宏伟目标是能够实现的。

为了实现这个远大目标，为了1985年拿到8000亿斤粮食，农田基本建设的具体目标是：明年，重点搞好现有工程的续建、配套、挖潜，有条件的地区再上一些新项目，扩大灌溉面积，继续建设旱涝保收、高产稳产农田。到1985年，按农业人口达到一人一亩旱涝保收、高产稳产农田。同时，还要积极扩大耕地面积，开荒两亿亩。这些指标应当努力做到，并力争超过。

不仅农业要搞基本建设，林业也要搞基本建设，畜牧业也要搞基本建设。要按照农林牧三结合的原则，大搞草原基本建设，把草原充分开发利用起来，大搞植树造林，扩大我国的森林覆盖面积，使山河面貌有一个巨变，农业生产有一个更大的发展。

第二，要认真总结农田基本建设的经验

我们搞了20多年的农田基本建设，积累了丰富的经验，应该不断地加以总结，包括成功的，失败的，有所发现，有所前进。根据这次会议大家讨论的情况，初步归纳起来，有如下几点：

（一）头一条要解决真学大寨，还是假学大寨的问题。

大家记得，1970年北方地区农业会议的时候，我们曾尖锐地提出过，昔阳三年建成了大寨县，别的地方为什么就做不到呢？一年不行，两年不行，三年行不行？四年五年总可以了吧！八年过去了，凡是真学大寨的，树立雄心壮志，坚持大搞农田基本建设，不动动摇摇，不三心二意，一般是两三年，或者三五年，都改变了面貌，生产大幅度增长，有的县粮食产量三年翻了一番。凡是不学的，假学的，半真半假学的，八年过去了，仍然山河依旧，有的县粮食产量至今还停留在解放初期的水平。可见，解决真学还是假学，仍然是问题的关键。

（二）要有一个因地制宜、切合实际的规划。

搞农田基本建设要和搞工业建设一样，一定要把规划和勘测设计搞好，再上马开工，干起来才能多快好省。如果天天喊学大寨，连一个规划也没有，学大寨只不过是一句空话。

搞规划，一定要领导干部亲自动手，实行领导干部、技术人员、群众三结合，走遍山山水水，调查研究，因地制宜地确定主攻方向，制定山、水、田、林、路综合治理方案。比如治水，有的地方要打井，有的地方要修水库，有的地方要搞喷灌，有的地方要上新工程，有的地方重点是搞续建配套。总之，一定要从实际出发，不搞"一刀切"。据水电部估算，全国搞好续建配套这一项，就可以扩大灌溉面积1.2亿亩。这些工程见效快，可以做到当年施工，当年增产，当年受益。

规划和设计搞得好，主攻方向选准了，干一个成一个，群众见到了效益，越干越有劲。要注意培养一支规划、设计队伍，常年地搞，就会越搞越好。搞规划和设计要注意经济效果，严格实行经济核算。山东、江苏有一种形象化的说法，叫搞好三张图：一张是山河面貌现状图，一张是远景规划图，一张是当年施工图。这三张图是规划的具体结果,不是让你搞花花绿绿的宣传画。搞宣传画,一天可以画好几张。但对施工来说,是没有用的。施工不仅要有规划,还必须有精确的设计,没有设计,不能施工。所有的规划和设计都要有严格的审批制度。那种一说会战,就千军万马仓促上阵,不搞勘测设计,脑袋一拍就开工,搞错了再返工,挖了填,填了挖,劳民伤财,这种教训不能再重复了。

(三)要以改土、治水为中心,实行山、水、田、林、路综合治理,大、中、小型相结合。

过去,我们有些地方,往往只搞单项治理,改土、治水、造林、修路,各搞各的,效益不显著。群众说“治水不改土,有水没用处;改土不治水,大旱抗不住”。改土治水又要同造林结合起来,可以涵养水源,保护农田。山东等地的经验叫“五成”,治山、治水、修田、修路、植树造林,一气呵成。不能像有的地方,乱搞大马路,搞形式主义,瞎指挥,造成减产,影响了群众积极性。

在治水中,还要实行大、中、小型相结合。小型水利是基础,而且花钱少,见效快,社社、队队都可以搞。大、中型工程,要有计划的兴办,不能上马过多,拉长基本建设战线。

(四)抓典型,树样板,点面结合,推动全盘。

大寨是毛主席树的一个典型,推动了全国。大家看到了,山东学大寨,大搞农田基本建设,他们抓了干旱山区改土治水的样板,涝洼地区治碱除涝的样板。江苏省按照自然区划,在不同地区树立了270多个样板片,占全省耕地的1/5。这叫因地制宜,从实际出发。有的地方,不搞调查研究,也不去搞样板,成天在那里争论是打井呀,还是挖渠呀,争论了多年,连个主攻方向也定不下来,所以既没有点,也没有片,老是打不开局面。

(五)要有一支常年施工的专业队伍。

县、社都要有一支农田基本建设专业队,它的任务大体是:开头搭骨架铺工定线,为群众性会战搞出样板。施工中啃骨头,打攻坚,负责修建桥梁、涵洞、闸门、渡槽、提水工程、电灌站等技术性工程建筑物。会战结束后,打扫战场,收尾配套。没有这样一支专业队,要保证技术工程的质量,坚持长期大干,是不可能的。专业队的人数一般可占农村劳动力的5%,最多不超过10%。一定要加强对专业队的领导,认真培训,不断提高他们的思想觉悟和技术水平,加强施工机械的武装。

(六)组织好群众性的会战。

修一项工程,一定要集中优势兵力,打歼灭战。山东搞会战有三种形式:一是公社统一规划,各队自己施工。它的特点是,劳力不出队,钱粮不补助,生活好安排。二是地、县统一规划,以公社为单位,组织各大队在本社范围内连片治理。这种形式有利于集中领导,集中力量打歼灭战,治一片成一片,但存在着队与队之间受益先后、大小和负担多少等方面的矛盾。三是按照统一规划,地、县统一抽调劳力,集中时间,搞大型会战。这种形式,规模大,气魄大,工程量大,一治几座山、几道岭,一治一个流域,既有国家举办的大型工程,也有大面积的整地改土、田间配套和小型水利。这种会战的形式使第二种形式的优点得到了更好的发挥,但受益与非受益、受益先后、大小和负担多少等方面的矛盾也更突出一些。搞会战的这三种形式可以并存,穿插进行,互为补充,但要以前两种为主,后一种尽量要少,以便减少离队、离社的劳动人数,减轻农民负担。对农田基本建设,当前生产,社队企业和林、牧、副、渔等各方面所需要的劳力,要统筹安排,合理分配,不要顾此失彼。要处理好农田基本建设和当前生产的关系,每年冬春大会战一般50到70天,上阵劳力最多不超过总劳力的30%左右,以免影响当年生产。

(七)抓好劳动管理和定额管理,不断提高工效。

搞农田基本建设,要坚持“各尽所能,按劳分配”的原则,合理安排使用劳动力,严格实行定额管理,做到多劳多得。同时,积极开展技术革新,改良工具,加强机械装备,不断提高劳动效率。过去每年高潮来了,全国要出动1亿多劳力上阵,有些地方组织得不好,干多干少,干好干坏一个样,群众积极性不高,工效低,造成人力、财力、物力、粮食的浪费。今后,只要我们把规划和设计抓好了,物资准备落实了,劳动组织、劳动定额、劳动管理抓好了,工效就可以成倍增加。李副主席在报告中提出,用相当于过去一半的人力,干出与过去同等工程,做到事半功倍。这可不可能呢?我看组织得好是完全可能的。如果再给以必要的机械装备,人还可以再少,而且会干得更多更好。我们要朝着这个方向去努力。搞农田基本建设要讲求实效,掀起高潮的标准,不再看你上了多少人,挖了多少土石方,要看你扩大了多少灌溉面积,建成了多少旱涝保收、高产稳产农田,增产了多少粮食。

(八)既要大干,又要十分注意执行党的政策。

在农田基本建设中,强调发扬共产主义风格,贯彻团结协作的精神,是完全必要的,但要十分注意按照党的现行政策办事。这里主要有两个问题:一是合理负担问题。二是互利问题。我们要量力而行,不要使农民负担过重,不要减少当年收入。同时要认真执行自愿互利、等价交换的原则,解决好社、队之间的互利问题。政策执行得好,各方面关系处理得好,才能打持久战。山东解决互利的办法是“今年给你干,明年给我干,工换工,几年清”。江苏省实行“统一领导,全面规划,分期实施,互助互利,合理负担,换工还工,先后受益，大体平衡”的原则。对非受益地区参加农田基本建设的劳力，不要让生产队贴钱、贴粮，还要给予适当报酬。这些办法，只要取得农民同意，认真去做，就可以处理好国家、集体和社员之间的关系问题，调动广大群众的积极性。有的地方，不注意政策，使生产队负担过重，贴粮贴钱较多，群众有意见。这要引起我们的高度重视。

（九）要巩固农田基本建设成果，充分发挥工程效益。

有的地方，工程上马建设时，书记挂帅，千军万马，工程完成后不闻不问，不抓配套，也不抓管理。群众批评说，就好像熊瞎子掰棒子一样，掰一个，丢一个，这怎么行呢！不论是水利工程，还是梯田，林业、道路，都要通过加强管理，经常维修改善，才能充分发挥效益。现有工程的收尾配套没搞好，就不要盲目追求新项目。对各项水利工程设施，都必须像桃源县、黄县、玉林县那样，设置必要的管理机构或管理人员，建立一套科学管理制度，实行严格的岗位责任制，加强维修养护，合理用水。

（十）加强领导，走群众路线。

领导干部要上第一线。凡是搞得好的地方，像昔阳县和泰安、济宁、苏州地区那样，都是领导干部不怕苦，不怕累，带头大干，搬到工地办公，亲自到现场指挥。同群众一起，同吃同住同劳动，遇事同群众商量。这样就加强了党的领导，加强了政治思想工作，密切了干群关系，避免了瞎指挥。工业、商业、交通、财贸等部门服务到工地，做好后勤工作。群众干劲越大，干部越要关心群众生活，注意劳逸结合，搞好安全生产。

第三，大干必须认真执行党的政策，发扬党的优良传统作风

最近，中央批发了两个很重要的文件，一个是湖南省湘乡县委《关于认真落实党的政策，努力减轻农民不合理负担的报告》，一个是陕西省委《关于旬邑县少数干部强迫命令、违法乱纪问题的调查报告》，得到了广大干部群众的热烈拥护。同时，也出现了这么一种情况：就是一方面广大干部群众热烈拥护，另一方面，有些干部却怕起来了。据说有三怕：一怕搞不好犯一平二调的错误；二怕上了马，资金材料跟不上，下不了台；三怕大干中出了毛病有人告状。他们认为“要大干就难免有平调，要大干就难免发生强迫命令”。这很有点像当年搞土改时出现的一种说法，“要放手发动群众，就不能讲政策，讲政策，就会束缚群众手脚”。

为什么会出现干部怕政策的情况呢？我看，对这个问题是不是可以这样来分析：

有“三怕”的同志，主要是对中央两个文件的精神实质缺乏正确的理解。这就要求我们，帮助这些同志认识中央这两个文件的基本精神，就是要在深入揭批“四人帮”的第三战役中，进一步分清路线是非，整顿好领导班子，落实党的政策，改进干部作风，加强经营管理，把广大干部群众的革命积极性充分调动起来，大干社会主义。这两个文件就是给农民一个强大武器，把一平二调，违法乱纪，等等，各种错误的东西，统统顶回去，保护农业这个基础。这样，贪污盗窃、铺张浪费之风刹住了，乱建楼堂馆所停止了，农民的负担减轻了，就可以把节约下来的资金和人力物力用于农田基本建设，用于发展农业。干部作风转变了，歪风邪气刹住了，农民积极性起来了，干社会主义的劲头就更大了。这就是说，大干和执行政策，大干和改进作风，不能对立起来，对立起来是不对的。只有正确执行政策，才能坚持大干。违反了党的政策，大干是干不起来的，即使一时干起来了，也坚持不下去。这个道理同志们是容易理解的。

提出“三怕”的同志，也不完全是不懂得上面这番道理，我看有些同志是学了中央文件以后，动了脑筋，想了许多问题，脑子不那么简单了、盲目了，这倒是一个好现象。所以，华主席说：“三怕”是提高了觉悟以后的表现。从这个意义上来说，“三怕”并没有什么不好，它可以使人减少盲目性，把问题想得多一点，考虑的周到一些，谨慎一些，干起来就会少出毛病。

还有一个问题，就是如何正确对待普及大寨县运动中出现的问题。应该肯定，这些年涌现出来的大寨式的县、社、队，学大寨的先进单位，绝大多数是好的，取得了很大成绩。但是，由于“四人帮”的干扰破坏，也存在不少问题。对这些问题我们应当怎样看待呢？会议期间华主席、李副主席作了明确的指示，我们要按照这些指示去办。我们对这个问题要作具体分析。对“四人帮”及其帮派骨干分子制造的个别假大寨县，应当撤销其称号，放手发动群众，揭批“四人帮”，肃清其流毒和影响，真学大寨。对于学大寨确有成绩的先进县，领导干部虽然存在着这样那样的缺点错误，或者是比较严重的错误，只要不是坏人，都要本着惩前毖后、治病救人的方针，在肯定成绩，保护积极性的前提下，热情的帮助他们认真改正错误，继续前进。我们不能学“四人帮”那一套，搞形而上学，否定一切。那样一棒子打下去，把缺点错误和干部群众的积极性全打掉了。最近人民日报报道的湖南处理安乡县问题的经验，还有山东泰安县委书记乔树荣进京的报道，很好。有的县即使没有完全达到大寨县六条标准，低了一点，也不怕，要帮助他们提高，切不可把他们同假的大寨县混为一谈。总之，只要是大干社会主义，而且卓有成绩的干部，虽然工作中出了点毛病，要帮助纠正，对他们大

干苦干的积极性应当保护。反而,那些光说不干,什么成绩也没有的人,应该受到批评。干工作,难免犯点错误。错了就改,改了就好。不干工作,才是犯了一个最大的错误。

第四,加强对农田基本建设的领导

各级党委都要牢固树立农业为基础的思想,全党动员,大办农业,真正把农业抓起来。要把揭批“四人帮”同农业学大寨、大搞农田基本建设紧密结合起来。阶级斗争、生产斗争、科学实验三大运动一起抓,不断推动农田基本建设向前发展。

大搞农田基本建设,一定要把冲天的革命干劲和严格的科学态度结合起来。经过努力能够办得到的事,应当努力去办,不努力去办就是保守。经过努力办不到的事硬要去办,也不是实事求是的态度。一定要坚持调查研究,从实际出发。气可鼓,而不可泄,但要鼓实劲,不能鼓虚劲。

搞农田基本建设,主要是依靠社队集体经济的力量,自力更生,艰苦奋斗。要大力发展社队企业,增加人民公社集体经济的内部积累,为发展农业和农田基本建设提供资金。国家要加强对农业的支援。明年的水利建设资金,包括小型水利补助,计划比今年增加近40%。江苏省把省财政收入的70%,地、县财政收入的80%,用于农业。其他省、区也应该这样办,至少要搞到60%,其中大部分应当直接用于农业。这样,中央和地方的经费加起来,从我国目前的财政情况来看,数字不算小了。一定要把这笔钱管好用好。要精打细算,一个钱要当两个钱用,任何部门和单位不准挪用,不准克扣。对于乱拉乱用,搞了楼堂馆所,吃喝浪费的,要追究责任,执行纪律,情节严重的依法惩处。

关于农田基本建设所需的物资,要按照投资相应落实,纳入计划,保证供应。当前迫切需要的手推车、钢钎、锹镐等,各省、自治区、直辖市要优先安排材料,组织生产。今冬明春农田基本建设施工需要的炸药,由国家物资总局和全国供销合作总社负责调剂解决。第三次全国农业机械化会议确定,到1980年每个地区要建设的硝氨厂,各省、自治区、直辖市和化工部门要抓紧落实,如期完成。农田基本建设需要大量的水泥,有条件的地、县和公社,要充分利用当地资源,筹办水泥厂,国家要帮助解决设备,并加强技术指导。对于动力排灌、农村电站和发展喷灌所需设备,有关部门都要保证质量,成套供应。国家对社、队举办的小型水电站,实行长期低息贷款的办法,并帮助解决设备问题,保证谁建、谁有、谁管、谁受益,并且在一定时期内免征所得税和工商税。

要努力提高农田基本建设队伍的机械化施工水平,逐步改变人抬肩挑的现象。每个省要武装一支精干的水利机械化施工队伍,所需设备,由水电部归口。县、社两级农田基本建设专业队,也要逐步武装起来。

农田基本建设所需的劳动补助粮,也要安排好。在完成国家的粮食征购任务,留足种子、饲料,安排好社员口粮的前提下,根据当年的粮食生产情况,可以提留适当数量的劳动补助粮,主要用于离队搞农田基本建设劳动力的口粮补助。提留数要经省委批准,严格控制使用。

同志们,这次会议,是一次大搞农田基本建设的促进会,是加速发展农业的动员会。全面规划,加强领导,这就是我们的方针。大家回去以后,要认真贯彻落实,书记动手,尽快作出大搞农田基本建设的规划,确定今冬明春的主攻方向和具体部署,组织各行各业协同作战,掀起更大规模的农田基本建设的新高潮,为农业学大寨、普及大寨县,为加速发展农业作出新的贡献。

中共中央副主席 国务院副总理李先念在北京会见柬共中央常委 民主柬埔寨政府负责外交事务的副总理英萨利及其随行人员

马耳他共和国总统安东·布蒂吉格在瓦莱塔接见国务院副总理耿飚及其一行

国务院副总理耿飚在瓦莱塔与马耳他总理明托夫举行第二次会谈

由中国援建的贝莱特温—布劳公路竣工典礼在索马里北部图格迪尔州的布劳市举行

中国政府代表团团长、国务院副总理陈慕华在索马里副总统伊斯梅尔·阿里·阿布卡尔的陪同下参加竣工典礼。

陈慕华副总理和阿布卡尔副总统为这条公路和公路桥的通车剪彩。

阿布卡尔副总统和陈慕华副总理先后发表讲话。

讲话后,阿布卡尔副总统和陈慕华副总理代表各自的政府在这条公路的移交议定书上签了字。

这条公路于1973年7月开始修建,最近完工。在过去5年里,索中两国技术人员和工人不顾酷热、风沙等带来的困难,共同劳动,修建了这条经过5个州、全长970公里的公路。经过雨季的考验,公路质量良好。

外交部部长黄华在北京与马里外交和合作部部长阿利翁·布隆丹·贝耶举行会谈

8月2日

国务院总理华国锋在北京会见马里外交和合作部长阿利翁·布隆丹·贝耶以及由他率领的马里政府代表团

全国人大常委会副委员长谭震林在北京会见由冈比亚政府新闻和旅游部政务次官兰丁·贾洛·松科率领的冈比亚新闻代表团

国务院副总理王震在北京会见马耳他国民党领袖爱德华·费内克·阿达米博士一行

中国政府代表团团长 国务院副总理陈慕华在摩加迪沙与索马里副总统伊斯梅尔·阿里·阿布卡尔举行会谈

30万千瓦水轮发电机转轮试制成功

我国第一台分两半铸造的30万千瓦水轮发电机的转轮,在沈阳重型机器厂试制成功,经鉴定质量良好。

转轮是水轮发电机的"心脏",是国家建设大型水电站急需的关键产品。水轮发电机能否安全运行,与转轮的质量有直接关系。可是转轮制造起来比较困难,因为它不但体积大,重量重,而且形状复杂,精度要求高,国际上通常用它来衡量铸造水平。

沈阳重型机器厂试制成功的这台转轮直径5米五,高3米,重达百吨,是新中国成立后28年来我国制造的最大、也是质量最好的一个转轮。

担负这台转轮铸造任务的是一机部系统的"质量信得过小组"——沈阳重型机器厂铸钢车间的大转子小组。这个小组在组长、劳动模范陈富文的带领下,采用了一系列新工艺、新技术,只用一个半月,就高速度、高质量地把转轮铸造成功。有关部门的专家认为,这标志着我国铸钢生产技术达到了一个新的水平。

8月3日

《人民日报》刊登新华社报道《发扬党的优良传统 转变干部作风》

华主席和中央领导同志对陕西省旬邑县人民来信揭发该县少数干部强迫命令、违法乱纪问题,作了重要批示。中共陕西省委接到批示后,立即组织力量,对群众来信反映的问题进行了调查。调查组在旬邑县期间,来访群众络绎不绝。调查结果证明,人民来信中反映的问题大部分属实,有些还比信中反映得更为严重。最近,陕西省委将调查结果和处理意见向中央作了报告。

华主席为首的党中央非常重视陕西省委《关于旬邑县少数干部强迫命令、违法乱纪问题的调查报告》,及时向全党转发了这个报告,并作了重要批示。中央指出,湖南省湘乡县经验着重解决的是落实党的政策问题,这一件所要解决的是干部作风问题。

调查报告的主要内容如下:

旬邑县地处渭北高原的西北部,全县共有17个公社(其中8个公社是革命老根据地),247个大队,20万人口,57万亩耕地。北方地区农业会议以来,旬邑县农业学大寨的群众运动有了很大的发展,农田基本建设取得了一定的成绩。特别是职田公社,山河面貌发生了显著变化,28000亩原地已全部平整,九千亩坡地修成了水平梯田,基本上实现了园田林网化,沟坡绿化,兴修了一些小型水利工程。

但是,旬邑县工作中存在的问题确实是严重的,主要是干部作风粗暴,违法乱纪,打骂群众,乱扣乱罚成风。

县、社、队的干部动手打骂群众。县委书记刘书润、常委周金玉、刘环赤都打过人。职田公社原有10名正副书记、主任中,就有6名打过人。青村四队队长木振安,1937年入党,60多岁,因给树苗浇水不足,县委书记刘书润就打了他一记耳光,指甲还把老汉的脸皮划破了。原底公社党委副书记兼庄里大队支部书记李应斌,从1974年到1977年4年内打了30多人、56次。他曾把上工迟到的社员集合起来用皮带抽打,一次就打了20多人。有的社员说,一听李书记叫,不管春夏秋冬,先把棉袄披上,准备挨鞭子。

他们在整治群众上搞了很多花样,甚至施用种种刑罚。许多公社一度组织的所谓"民兵小分队",把群众当敌人,随意采取专政手段,以及许多侮辱人格的恶劣做法残害群众。近三年来,这个县由于干部作风粗暴、违法乱纪,造成有的群众自杀死亡,有的被逼疯打残。

扣粮罚款之风很盛行。完不成生产定额、完不成生猪交售和饲养任务、完不成鲜蛋交售任务、交不上马铃薯种子、小学生等辅助劳动力不参加集体生产劳动、有病不能出勤、开会不到、不上避孕环、不住防震棚等都要扣粮罚款。湫坡头公社西洼大队去年规定,每户交售一头肥猪、三人养一头猪,交不出、养不够的,每头扣粮120斤,全大队50%的户被扣过粮,共扣粮11000多斤。城关公社崔家河大队,两年共罚社员现金1232元。党团员、干部开会,迟到的罚1元,缺席的罚2元,三年来共罚了23元。1974年到1977年年底,全县共扣罚现金13000多元，粮食10万多斤，劳动日17000多个。

少数干部强迫命令、违法乱纪、打骂群众的恶劣作风，激起了广大群众的极大愤慨，严重地损害了党和群众的关系。土桥公社社员苏世贤、王进民痛心地说："抗日战争那会儿，村里来个干部，大家总是围成一堆，热情地问长问短，从不知害怕；现在群众见了干部，如像见了老虎，回头就走，如今怎么成了这个情景？！"广大群众异口同声地说：再也不能让这种现象继续下去了！

由于"四人帮"的干扰破坏，自然灾害的影响，干部强迫命令、违法乱纪和生产指挥不当，这个县从1975年以来，粮食产量连年下降，群众生活十分困难。今春以来，国家已给了返销粮480万斤。在居住问题上，群众的困难也不少。近几年，因修路、搜集肥料和整顿村容，把1850户社员的5021间房屋、777孔窑洞拆掉了，至今还有569户社员的1400多间房屋、300多孔窑洞，仍未修建，不少群众住房既拥挤又破烂。

旬邑县工作中存在的问题，特别是打骂群众、强迫命令等违法乱纪现象，为什么会持续时间这样长，发生范围这样广？根据调查的材料分析，主要是县委少数负责同志，特别是县委一把手刘书润，思想上受"四人帮"的毒害很深。他们在"四人帮"散布的一系列反革命谬论的影响下，对斗争哲学、群众专政、改造小生产等一系列问题存在不少的错误认识和错误做法。刘书润曾多次强调要批判所谓"惜民"论。在这种思想指导下，有的干部竟然认为打、骂、罚是"坚持斗争哲学"，是"出以公心"，是"改造小生产"，"对小生产一天二十四小时都要专政"，不打不骂是"老右"、是"好人主义"、是"老好人掌权"等等，严重混淆两类不同性质的矛盾，破坏社会主义法制，破坏党的优良传统和作风，造成了十分恶劣的影响。而在揭批"四人帮"的运动中，县委不但没有很好地联系实际，肃清"四人帮"的流毒和影响，反而把群众对问题严重的职田公社领导干部提的批评和意见，竟同"四人帮"的"三反一砍"混同起来。这种谁给职田公社提意见，谁就是和"四人帮"遥相呼应，就是砍红旗的思想，严重地影响和干扰了揭批"四人帮"斗争的深入发展，使问题没有得到及时地解决。

旬邑县存在的问题，大量的表现在基层，但主要责任在县委，特别是刘书润。去冬今春省委也接到一些情况反映，给地委、县委打过招呼，咸阳地委已初步作过一些调查，帮助县委采取了一些措施，但还没有从根本上解决问题。在旬邑县问题上，省委过去只看到旬邑县职田公社农田基本建设搞得好，在那里开过现场会，表扬过他们，而没有看到少数干部在工作作风方面存在的严重问题。省委对群众的反映也重视不够，没有及时采取有力的措施加以解决，工作中有严重的官僚主义，使旬邑县的群众受了罪，干部犯了错误，革命和建设事业受到损失。这些，省委是有错误的，教训是深刻的。类似旬邑县这样的问题，在陕西省其他地方也不同程度地存在着，这是全省经济建设特别是农业生产发展缓慢的一个重要原因。通过这次对旬邑县问题的调查，使省委进一步看清了"四人帮"流毒和影响在农村的严重性，受到很大教育。

为了认真贯彻落实华主席关于"把那里的问题解决好"的重要批示，坚决刹住强迫命令、违法乱纪的歪风，除了深刻检查省委的领导作风，努力克服官僚主义外，省委还采取了以下措施：

一、对旬邑县少数干部强迫命令、违法乱纪的问题向全省发了通报，并作出了《关于坚决落实中央负责同志批示，认真整顿和改进干部作风的决定》，要求各级党委深刻领会中央负责同志批示的重大意义，对照旬邑、志丹县的问题，认真进行检查，发现问题，及时处理，坚决纠正强迫命令、违法乱纪的歪风，教育提高干部，大力恢复和发扬党的优良传统和作风。

二、向旬邑县派出了工作组，以中央负责同志的重要批示为武器，进一步放手发动群众，彻底揭露矛盾，紧密联系实际，深入揭批"四人帮"大搞假左真右，颠倒敌我关系，破坏党的政策的罪行；揭批"四人帮"破坏安定团结，破坏党的优良传统和作风，破坏社会主义法制的罪行；揭批那些积极追随"四人帮"，利用职权打击压制群众，搞反革命打砸抢的犯罪分子的罪行；揭批那种认为打骂残害群众有理的种种谬论，使干部、群众把仇恨集中在"四人帮"身上，彻底肃清其流毒和影响，边揭发，边改正，切实把那里的问题解决好。

三、对犯了错误的干部采取挽救教育的方针，要他们向群众赔礼道歉，对乱扣乱罚社员的钱物，要认真清理、退赔。截至目前，已有许多打骂过人的干部主动登门向群众赔礼道歉，并已退还了扣罚的现金1900多元，粮食3万多斤，劳动日5000多个。还组织劳动力修复了一批被拆毁的群众住宅。对群众生活做了初步安排。对这些做法，群众是比较满意的。多数干部也放下了思想包袱。

四、组织了专门班子，由领导干部带领，深入社队，对打骂残害群众后果严重的21个案子，正在查清落实，拟选择典型，公开处理，严厉打击阶级敌人和坏人打击报复、残害群众的罪恶活动。

五、责成县委书记刘书润深刻检查自己的错误，向群众公开检讨，坚决改正，待问题全部查清后，再严肃处理。对打骂群众的"闹派"人物、县委常委刘环赤撤销党内外一切职务。对严重违法乱纪的原底公社党委副书记李应斌停职检查，接受群众批判。对严重违法乱纪的职田公社原党委书记李忠贤等人的问题重新审查处理。

六、帮助县委搞好整风，进一步揭开盖子，弄清问题，分清是非，肃清“四人帮”的流毒，总结经验教训，提高执行毛主席革命路线的自觉性，改进领导作风和工作作风。在提高思想觉悟的基础上，对领导班子进行必要的调整，加强县委领导，认真搞好社、队的整顿，彻底解决全县的问题。

《人民日报》发表社论《干部作风要来一个大的转变》

当前，全国各地根据华主席、党中央的战略部署，正在深入开展揭批“四人帮”的第三战役，开展打击阶级敌人的破坏活动、打击资本主义势力猖狂进攻的“一批双打”斗争，结合进行整党整风和各条战线上的整顿工作，推动学大庆、学大寨运动深入发展。不久以前，华主席为首的党中央批转了湖南省湘乡县委关于落实党的政策，减轻农民负担的报告，着重解决落实党的政策问题；最近，党中央批转了陕西省委《关于旬邑县少数干部强迫命令、违法乱纪问题的调查报告》，并作出要认真解决干部作风问题的重要批示。党中央作出的一系列重要部署和重大决策，受到了全党和全国人民的热烈拥护。各级党委一定要联系实际，大张旗鼓地宣传贯彻执行，做到家喻户晓，人人明白。在当前运动中，真正做到从路线上分清是非，整顿好各级领导班子，落实党的政策，转变干部作风，这对于充分调动广大群众的社会主义积极性，完成新时期的总任务，具有十分重要的意义。

旬邑县的一些干部违法乱纪的情况和造成的后果是严重的。全国其他一些地方，也程度不同地存在着类似情况。陕西省委对旬邑县的问题作了认真的调查，采取了解决的措施，取得了初步成效，应当继续抓紧落实。全国凡是有类似情况的地方和单位，都要采取严肃认真的态度，切实解决好这方面的问题，大力恢复和发扬党的优良传统。

旬邑等地发生的严重问题，从根本上来说，是“四人帮”干扰破坏所造成的。解决这些地方的问题，关键是要充分发动群众，联系当地实际，彻底批判和清除“四人帮”颠倒敌我关系，破坏社会主义法制，任意侵犯人民民主权利的流毒和影响，认真整顿领导班子。对“四人帮”破坏党的优良作风造成的恶果，要深揭狠批；对其流毒和影响，要彻底肃清；对混进各级领导班子的一小撮“四人帮”资产阶级帮派体系的骨干分子和各种坏人，要坚决清除出去。这是关系到把揭批“四人帮”斗争进行到底的一件大事，各级党委必须立场坚定，旗帜鲜明，认真对待。决不能马虎从事，留下后患。同时，要选派政治上强，有群众观点，懂得党的政策的干部去加强领导，真正把问题解决好。

我们的干部绝大多数是好的和比较好的。问题多的，性质严重的是少数。对个别混进干部队伍，实行阶级报复，残酷迫害群众，民愤极大的坏人，要依法惩办，交给群众批判斗争。对少数犯错误的干部，要重在教育，实行惩前毖后、治病救人的方针，帮助他们改正错误，改了就好。要注意，不要打击一大片。一定要把偶然犯有强迫命令打骂群众错误的干部，同那些骑在人民头上作威作福，一贯欺压群众的坏人严格区别开来。同时，也必须严肃指出，任何人打骂群众，都是违犯党纪国法的，都要诚恳检讨，认真改正，并向受损害的群众赔礼道歉，取得谅解。对由于“四人帮”干扰破坏，干部违法乱纪所造成的冤案，应予昭雪。对被逼被打而死的群众，应予抚恤，家属生活困难的要给予适当照顾。对违犯党的政策，无理扣罚群众的粮、款、工分，应予退赔。对当前群众生活上的困难，要立即采取措施，做好妥善的安排。

干部发生违法乱纪行为，往往是同领导上搞瞎指挥，工作要求上“一刀切”，只愿报喜不愿报忧，助长弄虚作假之类的官僚主义、命令主义、形式主义作风分不开的。我们的各级领导同志，一定要同这种严重脱离群众的恶劣作风彻底决裂，提倡深入实际，一切从实际出发，坚持群众路线，实事求是，说老实话，办老实事，做老实人。在向下级交代任务的时候，同时要把政策界限和工作方法交代清楚，要有布置，有检查。为了在本世纪内实现社会主义四个现代化，全国各部门、各地区都要鼓起更大的革命干劲，疲疲沓沓、慢慢腾腾是什么事情也干不成的。但决不能把革命干劲、革命魄力同主观蛮干、强迫命令混为一谈。我们党的干部同群众的关系一向是亲密无间的鱼水关系，我们要依靠强有力的、深入细致的思想政治工作，加深这种关系，调动群众的积极性，保证各项任务的完成。

要提倡辩证法，反对形而上学。对各项工作都要一分为二，认真倾听群众意见。从旬邑县的情况来看，全县和一些社、队的农田基本建设本来是有一定成绩的，但工作中也有不少问题。当地群众对工作中的问题早有意见，多次向上级反映，而有的同志根本听不进去，甚至动不动就给扣上“拔红旗”、“反先进”的帽子，封住群众的嘴巴，结果把矛盾掩盖起来，使问题发展得越来越严重，长期得不到解决。这是一个十分深刻的教训。我们的工作不论取得了多么大的成绩，即使是作出了很大贡献的先进典型，都要对自己一分为二，都要谦虚谨慎、戒骄戒躁，决不能只听表扬的话，听不得批评的话。我们一定要遵照华主席的指示，坚决改变骄傲自满、故步自封、夜郎自大的危险态度，否则，我们的工作就不能前进。

在社会主义教育运动中，各级干部贯彻执行毛主席主持制定的“党政干部三大纪律、八项注意”，对于发扬党的优良传统，改进干部作风，密切干群关系起了重大作用。近些年来，林彪、“四人帮”出于篡党夺权的需要，用资产阶级的腐朽思想腐蚀干部，败坏党的作风，破坏干群关系，流毒很深，为害很大。我们有些同志对“党政干部三大纪律、八项注意”的印象淡薄了，有的人甚至忘掉了，现应予重申。三大纪律是：一、认真执行党中央的政策和国家的法令，积极参加社会主义建设。二、实行民主集中制。三、如实反映情况。八项注意是：一、关心群众生活。二、参加集体劳动。三、以平等的态度对人。四、工作要同群众商量，办事要公道。五、同群众打成一片，不特殊化。六、没有调查，没有发言权。七、按照实际情况办事。八、提高无产阶级的阶级觉悟，提高政治水平。各级干部特别是领导干部必须以身作则，严格遵守，带头贯彻执行，使我们党的优良传统和作风不断发扬光大，并使之代代相传。

在深入揭批“四人帮”的斗争中，重新学习毛主席关于《反对官僚主义、命令主义和违法乱纪》的文章，对于转变干部作风具有重要的现实意义。务必使我们的干部认识到：干部只能是人民的勤务员，而欺压群众“是反动统治阶级对待人民的反动作风”，是“反人民的作风”，是“国民党的作风”。我们共产党人决不能沾染这种坏作风。所有党员干部，特别是领导干部，都要以普通劳动者的姿态出现在群众之中，大兴调查研究之风，在充分发扬民主的基础上实行正确的集中，学会正确处理敌我矛盾和人民内部矛盾。要通过学习、通过整风，使广大干部、广大共产党员受到一次集中的党的传统教育、政策教育和社会主义法制教育，使我们的干部作风来一个大的转变。

粉碎“四人帮”一年多来，全国政治形势大好，党的优良传统和作风正在得到恢复和发扬，各条战线都涌现出大量的好人好事，应予广泛宣传，大力表彰。要学习好人好事，揭露坏人坏事，发扬正气，压倒邪气，为夺取社会主义革命和建设的新胜利更好地团结战斗。

党在农村工作的根本出发点，是要高举毛主席的伟大旗帜，从一切方面保护和调动群众的积极性，引导农民沿着社会主义道路前进。现在，最紧要的是要真正落实党的政策，努力减轻农民的负担；同时也要彻底转变干部作风，真心实意地为群众谋利益，认真走群众路线，虚心接受群众的监督。我们一定要充分理解和切实执行党中央的重要部署和重大决策，把7亿农民的积极性充分调动起来，促进农业学大寨、普及大寨县的群众运动，高速度发展我国的社会主义农业，以保证新时期总任务的胜利实现。

全国人大常委会副委员长乌兰夫在北京会见以亨利·贝尔热为团长的法国国民议会文化 家庭和社会事务委员会代表团

外交部部长黄华在北京会见土耳其新任驻中国大使奥克塔伊·詹卡尔德什

《人民日报》转载《红旗》杂志1978年第8期总政治部理论组的文章《我们总政的好主任罗荣桓同志》

南京和慕尼黑之间举行卫星电视会议

这是我国第一次和外国进行这样的会议。

这次会议是由中国电子学会和德意志联邦共和国研究技术部通过德法合作的“交响乐”卫星进行的。从下午4时起，双方参加会议的人员准时在电视屏幕上见面，在1万多公里以外，用英语进行会谈。

这次南京—慕尼黑卫星电视会议，电视图像清晰，色彩明丽，声音逼真，效果良好。

根据中国和德意志联邦共和国签订的关于利用“交响乐”卫星进行卫星传输试验的协议，中国自行设计制造的南京卫星地面站首先参加了这一试验。

4月份，在德意志联邦共和国研究技术部代表团访华期间，南京地面站首次经“交响乐”卫星与慕尼黑附近的莱斯廷地面站进行了电视和电话传输表演。在整个试验表演中，南京地面站一直保持良好的工作状态。

在3日下午的卫星电视会议上，中国方面回顾了从今年4月初开始利用“交响乐”卫星进行各项传输试验以来的情况，对试验效果表示满意，对德方积极支持和配合试验表示感谢。会议交换了关于双方卫星通信技术合作的有关事项的意见，对今后双方进一步协作的有关问题进行了友好协商。

平山县发现中山国都城遗址和墓葬

河北省考古工作者在太行山区的平山县三汲公社，发现距今2000多年的战国时期中山国都城遗址和墓葬。经过初步发掘，出土文物1万余件，为研究中山国历史和我国多民族国家形成，提供重要资料。这是我国文物考古工作近年来的重要发现。

灵寿城址位于滹沱河北岸，南北长8里，东西宽度尚在铲探调查中。考古工作者在城址内发现了战国时期的居住遗址和制陶器、制骨器、制铜铁器的作坊遗址。城内西北部有3座中山王的陵墓，其中1座于

1974年进行了发掘。据历史记载和墓中出土的铜器上的铭文看,中山国复国迁都灵寿的王共是四代,第一代是桓王,以后为成王、昔王,最后一个王名叫尚,公元前296年被赵灭亡。在中七汲村附近东西并列两座大墓。去年开始,发掘了其中西面一座,即一号墓,出土文物6000余件。

一号墓的主室,平面呈中字形,长106米,宽30米。主室下面有椁室、东库、东北库、西库等。位于中部的椁室,早期虽被盗掘和火焚,这次仍出土了不少珍贵文物。其中有"宫堂图"铜版一件,上用金银丝镶成宫、堂、垣的图形和说明的文字,这是我国目前发现最早的建筑平面图。东库里藏的文物比较多,其中有错金银龙凤鹿纠结坐铜方案、错银文饰双翼铜神兽、错金银猛虎噬鹿铜座、15连盏铜灯树和其他各种铜兽、铜帐架、铜壶等。西库内的文物以铜器为主,还有不少玉器、陶器和石器。铜器中,有9个大小不等的铜升鼎,其中最大的一个,周身刻有铭文469个字,这是我国目前出土战国时期铭文最长一件铜器。

灵寿城址和古墓中出土的许多文物,都有很高的艺术价值。例如猛虎噬鹿铜座,把虎的凶猛和小鹿被搏倒后的挣扎形象刻画得十分逼真,由于虎的前爪抓鹿离地,而用鹿腿支撑前身使其全身平衡,造型处理既自然又巧妙。

陕西昭陵博物馆开放

我国金石学家和书法家长期以来希望看到的初唐碑刻,已在最近开放的昭陵博物馆里正式展出。这些碑刻,反映了我国书法艺术早在1300多年前就达到了相当高的水平,同时还为人们研究隋朝末年、唐朝初期的历史,提供了许多重要的资料。例如,历史学家长期有争议的瓦岗寨起义时间问题,现在可以从唐朝初年著名将领李勣(即徐懋功)墓碑和墓志中得到第一手材料,说明起义时间是隋炀帝大业七年(公元611年)。

昭陵博物馆陈列的陶俑丰富多彩,其中有彩绘陶俑、彩绘贴金釉陶俑和三彩陶俑。格外引起人们兴趣的是,这批陶俑中还有少数民族的人物形象。

唐朝初年的绘画艺术也相当发达。这里陈列的出土壁画有反映宫廷和贵族生活的出行、歌舞、游戏以及侍女、陪臣等人物画。

昭陵是唐朝第二代皇帝李世民的陵墓。它坐落在关中西部九嵕山的主峰,距今天的陕西省礼泉县城45里。陵园总面积为30万亩。园内除李世民的墓葬外,还有167座功臣贵戚的陪葬墓。其中包括唐朝的开国功臣魏征、李勣的坟墓。

罗瑞卿逝世

中国共产党中央委员会委员、中共中央军事委员会常务委员、中央军委秘书长、第五届全国人民代表大会常务委员会委员、中国人民解放军杰出的领导人罗瑞卿同志,因患心脏病医治无效,于1978年8月3日上午9时40分不幸逝世,享年72岁。

罗瑞卿同志是四川南充人。第一次国内革命战争初期,他就参加了革命学生运动,1926年加入中国共产主义青年团,1927年在黄埔军校武汉分校从事革命活动。在蒋介石叛变革命的危急关头,罗瑞卿同志于1928年转为中国共产党党员。1929年,由党中央派到苏区,参加中国工农红军,历任红军大队长,纵队、师和军的政治委员。在第二次反"围剿"中,他身负重伤,仍然继续指挥作战。在二万五千里长征中,任一军团保卫局长、三军团政治部主任、一方面军保卫局长,在极端艰险的情况下,为保卫毛主席、保卫党中央进行了不懈地斗争。1936年起,任红军大学和以后的抗日军政大学的教育长、副校长,他坚决贯彻执行毛主席制定的教育方针,发扬团结、紧张、严肃、活泼的校风,培育和熏陶了大批治党治国治军的人才,为各抗日根据地输送了大量干部。1939年,他率领部分抗大学员深入敌后。1940年,任八路军野战政治部主任,在艰苦的岁月里,转战太行山区。抗日战争胜利后,任军事调处执行部中共方面代表团参谋长,面对面地同美蒋反动派进行了尖锐复杂的斗争。解放战争时期,任晋察冀军区副政委兼政治部主任,晋察冀野战军政治委员,华北军区政治部主任兼十九兵团政治委员,参与指挥解放平津等许多重要的战役。

中华人民共和国成立后,罗瑞卿同志任政法委员会副主任、国务院政法办公室主任、公安部部长,兼任公安军司令员、政治委员。1959年,罗瑞卿同志任国务院副总理、国防部副部长,中央军委秘书长,中国人民解放军总参谋长,以后又任国防委员会副主席,国防工业办公室主任,为维护党对军队的绝对领导,以革命化统帅现代化,加强军队政治工作,发展国防尖端武器,建设强大的陆军、强大的空军和强大的海军,竭尽了自己的努力。

罗瑞卿同志为共产主义事业奋斗了50多年,是中国共产党的优秀党员,深得党的信任和人民的爱戴。在党的第七次代表大会上当选为候补中央委员,在党的第八次、第十一次代表大会上当选为中央委员,历任中共北方局委员,晋察冀中央局副书记,中央书记处书记;当选为第一、二、三届人民代表大会代表,第五届人大常委。

8月4日

中央军委副主席聂荣臻出席全国民兵工作会议并作讲话

中共中央政治局委员韦国清、苏振华、张廷发、陈锡联，国务院副总理王震，中央军委负责人粟裕，出席了会议。

人民解放军副总参谋长杨勇主持会议。

出席会议的还有人民解放军各总部的负责人张才千、李达、迟浩田、徐立清、傅钟、黄玉昆、颜金生、王平、李元。

中央军委副主席聂荣臻在全国民兵工作会议上的讲话

同志们：

这次全国民兵工作会议，已经开了半个月了，开得很好。

这是在我国社会主义革命和社会主义建设进入新的发展时期以后召开的又一次重要会议。各省、自治区、直辖市的领导同志也参加了会议。会上杨勇同志作了《高举毛主席的伟大旗帜，大力加强民兵建设》的报告，我完全同意。会议认真学习了毛主席、华主席的指示。大家充分发扬民主，畅所欲言，深入揭批了林彪、“四人帮”的严重罪行，系统地总结了民兵建设上正反两个方面的经验，明确了民兵工作的正确路线、方针和政策，提出了在新的历史条件下加强民兵建设的任务和要求，制定了新的章程，恢复了老传统，解决了多年来没有解决的问题。会议收获很大。这对于进一步贯彻党的十一大路线和新时期的总任务，贯彻军委提出的抓纲治军、准备打仗的方针、任务，发展壮大我国三结合的武装力量，巩固无产阶级专政，都具有十分重大的意义。

当前，全党全军全国各族人民正在满怀革命豪情，为实现新时期的总任务进行新的长征。我们国家要加速实现四个现代化，这是一场极其深刻的革命，必将极大地推动各项工作的发展，也必将推动民兵建设的发展。在新的形势下，进一步提高全党全军对民兵战略地位的认识，恢复和发扬民兵工作的优良传统，这是当前加强民兵建设的一个重要问题。现在，我就这个问题讲些意见。

我们讨论的民兵工作问题，不是新问题，是恢复发扬我党我军几十年来组织群众、武装群众的老传统问题。我国民兵是伟大领袖和导师毛主席亲手创建的，是在毛主席人民战争思想哺育下，在同国内外强大敌人和党内“左”右倾机会主义路线斗争中，不断发展壮大起来的。毛主席在领导我国人民进行长期的革命战争中，一贯重视人民群众的重要作用。我国革命战争从星星之火开始，逐步形成燎原之势，最后打败了蒋介石、日本帝国主义等国内外强大的敌人，创造了中外战争史上的奇迹，就是依靠人民，进行人民战争。毛主席给我们留下的武装群众，实行全民皆兵，实行野战军、地方军和民兵三结合的体制，以及进行人民战争的战略战术，极大地丰富了马克思主义军事科学的理论宝库，是我们必须代代相传的革命传家宝。

早在第一次国内革命战争时期，毛主席就播下了武装工农群众的革命火种。1925年，毛主席从上海回到韶山，领导开展农民运动，亲自摸索和总结组织群众、武装群众的经验。随后，毛主席来到广州主办农民运动讲习所，特别注重组织学员学习武装斗争，强调掌握枪杆子的重要性，他用简单明了的语言对学员讲：搞革命就要刀对刀，枪对枪；刀把子不掌握在自己人手里，就会出乱子。敬爱的周总理在农讲所讲授《军事运动与农民运动》，指出：民众武装十分重要，建立农民自卫军为势所必须。农讲所为当时即将兴起的工农武装革命培训了领导骨干，把革命火种燃向祖国大地。1927年3月，毛主席在著名的《湖南农民运动考察报告》中，发出了“推翻地主武装，建立农民武装”的伟大号召，并以极大的革命热情赞扬农民运动中出现的梭镖队，严厉痛斥了陈独秀之流是被梭镖队吓坏了的胆小鬼。在毛主席武装工农的伟大思想鼓舞下，工农运动迅猛兴起，群众武装纷纷建立，涌现了声势浩大的农民梭镖队、工人纠察队，广泛开展了反对地主武装和反动军队的武装斗争，对北伐战争给予巨大的支援。第一次大革命虽然失败了，但武装工农的旗帜却飘扬在革命人民的心中。

“四·一二”反革命政变发生后，风云突变，烟雨莽苍，中国革命的出路在哪里？在这万分危急的关头，我们党英勇地领导了南昌起义、秋收起义和广州起义，有力地反击了国民党反动派的叛卖和屠杀，极大地鼓舞了战斗在血泊中的中国无产阶级和中国人民。沧海横流，方显出英雄本色。1927年，毛主席在党的“八七”会议上提出了“枪杆子里面出政权”的著名论断。秋收起义后，毛主席带领部队上了井冈山，亲手点燃了“工农武装割据”的星星之火，树起了土地革命，武装斗争，建立农村根据地的大旗，开辟了以农村包围城市，最后武装夺取政权的崭新的革命道路。毛主席在创建第一支工农红军和第一个农村根据地的同时，还广泛地建立赤卫队、少先队、工农暴动队等群众武装组织，开创了我国的民兵制度。在土地革命极其艰苦的年代，毛主席始终把武装群众作为发展人民武装斗争，建立、巩固和扩大革命根据地，配合主力红军粉碎敌人“围剿”的一项战略任务。明确规定红军除了打仗消灭敌人外，要尽量帮助人民群众武装起来，提出扩大红军的路线需“经由乡赤卫队、区赤卫大队、县赤卫总队、地方红军直至正规红军这样一套办法”。毛主席深刻地批判了以王明为代表的只要主力红军，不要群众武装，只要“正规战”，不要群众的游击战的“左”倾机会主义路线。在毛主席正确路线的指引下，各个革命根据地的群众武装迅速发展壮大。他们积极参加打土豪、分田地，配合主力红军作战，粉碎敌人的反革命围剿，为保卫红色政权，巩固和扩大革命根据地显示了巨大的威力。毛主席曾赞扬说，“过去土地革命战争时代的中国红军，以弱小的军力而常打胜仗，得力于组织起来和武装起来了的民众是非常之大的”。

抗日战争，是毛主席领导我们进行的一场长期浩大的人民战争。八年抗战，艰苦卓绝，我们能够打败日寇，赢得胜利，最根本的一条，就是由于党和毛主席动员和武装了全国的老百姓。抗战一开始，毛主席针对王明右倾投降主义路线，规定了我党独立自主的领导武装斗争的路线和独立自主的山地游击战的战略方针。八路军、新四军遵照毛主席、党中央的指示，先后向华北、华中敌后挺进，纵横于晋、冀、鲁、豫、察、绥、热、辽以及苏、皖的广大地区，放手发动群众，开展游击战争，建立了抗日根据地，迅速发展和壮大了人民抗日武装力量。1938年5月，毛主席发表了《论持久战》的光辉著作，提出了“兵民是胜利之本”的伟大战略思想，号召全国人民总动员，武装民众实行自卫，配合军队作战，陷敌于灭顶之灾的汪洋大海。毛主席的伟大思想，极大地鼓舞和教育了人民，激发起千百万人民群众的抗战热忱。抗日根据地的广大民兵在日寇残酷的“三光”政策面前，配合八路军、新四军，反蚕食、反封锁、反扫荡，广泛开展了人民游击战争。他们一面生产，一面作战，巧妙地创造了麻雀战、地雷战、地道战等一整套保存自己、消灭敌人的作战方法，坚持人自为战、村自为战，打得日寇侵略者闻风丧胆，草木皆兵。广大民兵，在侦察敌情，封锁据点，破坏交通，袭扰敌人，打击汉奸，以及在敌人进攻时带领群众进行坚壁清野，掩护群众，保卫地方政权的斗争中，发挥了巨大作用。民兵战绩辉煌，震惊中外，谱写了无数可歌可泣的人民战争的壮丽诗篇。

抗日战争胜利后，蒋介石在美帝国主义的直接支持下，发动了全面的反革命内战。在我国面临着两种前途、两种命运的形势下，毛主席发出了以自卫战争粉碎蒋介石进攻的伟大号召，领导全国人民进行了伟大的解放战争。为了适应新的斗争形势的需要，毛主席一再强调指出：必须迅速扩大民兵组织。要求各地民兵，按照当时当地的条件，整顿组织，加强训练，提高战斗力，以便稳固地方，配合野战军，粉碎国民党的进攻。各地的群众武装组织迅速发展壮大，民兵队伍猛增到550万人，还有几千万的人民自卫队，军民一起汇成了埋葬蒋家王朝的强大洪流。广大民兵进行了英勇顽强的战斗，尤其在空前规模的运动战中，一批一批的民兵师团，长期随军远征，解放军打到那里，民兵就支援到那里，前线需要什么，民兵就送上什么，他们推着小车，抬着担架，挑着扁担，跋山涉水，风餐露宿，奋勇支前。整营整团的民兵，源源不断地补充野战军，使我军越打越大，越战越强，得以高度机动地作战，集中优势兵力，各个歼灭敌人，为解放战争的彻底胜利作出了巨大的贡献。

我国民兵在历次革命战争中作出的卓越贡献，已载入中国革命的光辉史册，这已经不容置疑了。但是，在未来的现代条件下的战争中，民兵还有没有用？它的地位和作用是降低了还是提高了？对于这个问题，还必须作出明确的回答。这是新中国成立以来，两种军事思想、两条军事路线斗争的一个重大问题。

林彪反党集团叫嚷“民兵搞那么多干什么？”裁减民兵领导机构，削弱民兵工作，破坏民兵建设。“四人帮”以极左面目出现，大搞“第二武装”，阴谋篡党夺权，只字不谈反侵略战争。林彪、“四人帮”，他们都是无视人民群众的力量，贬低民兵在未来战争中的作用，妄图削弱革命战争的基础，从根本上否定毛主席的人民战争思想。

毛主席严肃地批判了他们的错误，明确指出：在帝国主义存在的条件下，民兵工作只能加强，不能削弱。1958年，毛主席根据国内外阶级斗争形势，向全国各族人民发出了“大办民兵师”的伟大号召。毛主席说：“帝国主义者如此欺负我们，这是需要认真对付的。我们不但要有强大的正规军，我们还要大办民兵师。这样，在帝国主义侵略我国的时候，就会使他们寸步难行。”毛主席的这些光辉指示，指明了在新的历史条件下民兵建设的方向，是对那些轻视民兵在未来战争中的地位和作用的资产阶级军事思想的有力批驳。

在未来反侵略战争中，我们的敌人不仅拥有大量的先进的常规武器，而且还拥有大量核武器。它将利用其装备优势，在空军、海军、空降兵配合下，使用大量坦克机械化部队，实行高速度大纵深的进攻，企图达到速战速决的目的。我们要战胜这样高度现代化装备的敌人，最根本的办法，还是要靠人民战争。

毛主席的人民战争思想，是毛主席军事思想的核心，是放之四海而皆准的真理。不论武器如何发展，都改变不了人民战争的规律，改变不了“兵民是胜利之本”的根本原理。我们是历史唯物主义者。我们承认武器是战争的重要因素，但不是决定因素，决定因素是人，而不是任何新式武器。我们重视武器的作用，所以必须加速我国国防现代化。不然，就会落后挨打。我们搞现代化建设，是为了打好物质基础，以利于更大地发挥人民战争的威力。就是我们的武器装备高度发展了，我们还是要坚持毛主席人民战争的战略思想，打人民战争。毛主席曾精辟地指出："战争的伟力之最深厚的根源，存在于民众之中。"我们要充分发挥我国地大人多，制度优越的有利条件，把广大人民群众动员和组织起来，积极参加和支援战争，实行全民皆兵，实行野战军、地方军和民兵相结合的人民战争。这样，就会产生无穷无尽的力量，创造出制服具有现代化装备的敌人的办法，弥补我们武器装备的不足，变敌人的长处为短处，变我军的劣势为优势，经过持久作战，最后战胜敌人。人民战争是我们的根本优势，是我们克敌制胜的法宝，过去靠它，现在靠它，将来还是靠它。

民兵是进行现代条件下人民战争的坚实基础。越是现代化战争，越要强调三结合武装力量的整体威力，越要强调民兵的作用。无论配合作战，补充部队，支援前线，巩固后方，都离不开民兵。未来战争的整个进程和各个环节，都要有民兵参加。民兵担负的任务更加艰巨，要求更高。对于这一点，大家要有足够的认识。忽视民兵在未来反侵略战争中的作用，将会贻误革命，犯极大的错误。

由于现代科学技术的发展并广泛运用于军事，未来战争将是突然的，战争的规模大，消耗多。战争一打起来，我们要在最短的时间、以最快的速度把部队扩编起来，以粉碎敌人的战略突袭，阻止敌人的长驱直入，掩护我国由平时体制迅速转入战时体制。同时，要在持久的战争中，使部队得到源源不断的兵员补充。整个战争过程，部队所需要的兵员不是几百万，而是上千万、几千万。这样大量的兵员从哪里来，就是靠民兵。民兵是人民解放军的雄厚的兵力源泉，强大的后备力量。

未来反侵略战争，我们的战略方针仍然是积极防御，诱敌深入。在战争的全过程中，游击战是必不可少的，它仍然具有重要的战略地位和作用。以地方部队为骨干，动员和组织千百万民兵和群众，运用游击战的传统战法，广泛开展敌后游击战争，到处袭扰敌人，疲惫敌人，牵制敌人。破坏敌人的交通，摧毁敌人的军事设施，截断敌人的后方供给，变敌人的后方为前线，陷敌于人民战争的汪洋大海。这样，就可以分散敌人的兵力，消耗敌人的有生力量，迟滞敌人的行动，削弱敌人的装备优势，从而为我主力部队在运动战中聚歼敌人创造有利条件。活跃在敌后的广大民兵，就是我们的活导弹，必将在广阔的战场上，导演出有声有色、威武雄壮的活剧来。

打坦克，打飞机，打空降，是未来战争中的重要问题，对战局的发展和变化有重大影响。解决这个问题，不仅要靠部队，也要靠民兵。我国民兵人多、地熟、分布广。敌人从哪里来，民兵就能在哪里打，什么时候来，就什么时候打。只要我们充分发挥民兵和人民群众的智慧和力量，人人出主意，个个想办法，广泛开展群众性的"三打"运动，实行军民结合，土洋结合，是完全可以对付它的。

城市，尤其是大中城市，是我们政治、经济、文化中心和交通枢纽，也是敌人妄图破坏和夺取的重点目标。保卫和坚守城市，对于稳定战局，保存战争潜力，支援长期战争，有着重要意义。在城市防卫作战中，防空袭，消除空袭后果，掩护群众转移，维护城市秩序，同敌人开展地道战、街垒战、巷战，都离不开民兵，都要充分发挥民兵的作用。我们的国家大，城市多，离开了广大民兵和人民群众的配合支援，单靠部队，要保卫和坚守城市是办不到的。现代战争，我们更需要一个强大巩固的后方。在后方，民兵既要同敌人的空袭、空降作斗争，又要和广大群众一起，努力发展生产，满足军需民用，以足够的物资支援战争。同时，还要锄奸反特，维护交通，保卫生产，保卫政权。巩固后方，民兵的任务十分艰巨，作用非常重大。

我看在座的老同志还不少。50岁左右的同志一般都知道怎么搞民兵工作，怎么组织民兵打游击战。今后的民兵工作主要靠三十岁左右的中年青年人去做，现在的老同志必须积极地传、帮、带。同时，还可利用一些描绘游击战的影片，诸如《地道战》《地雷战》《平原游击队》《铁道游击队》《南征北战》《车轮滚滚》等片子，用形象教育去配合讲解训练，效果更好些。我们几十年的游击战就是在不断地发展创新，今后还要更发展，更有创新。当然，民兵最基本的训练还是抓两条。一是技术，就是学会打枪，要打得准，百发百中。一是学会战术，就是利用地形地物，保存自己，消灭敌人。我们的敌人最怕我们的游击战。过去国民党和我们打仗靠飞机，他们飞机不来就害怕。日本人靠碉堡当"乌龟壳"，一离开碉堡就心惊胆战。苏修也是靠坦克、装甲部队，离开他那"乌龟壳"也就施展不开了。我们的敌人自恃他们的现代化机械化。其实，和人要吃饭一样，机械也要"吃饭"。他们打进我们国土，如何能大量及时地补给用油，是个大问题。我们国家大，交通线长，民兵到处和他打游击，不断破坏他的补给线，只这一点就能使敌人裹足难前。所以，在未来反侵略战争中，民兵游击战不是老一套没用了，相反，会适应新情况，创造出更多的新经验，发挥比过去更大的威力。

总之，在未来反侵略战争中，无论从哪个方面讲，民兵的战略地位不是降低了，而是更高了，民兵的作用不是小了，而是更大了。现代条件下的人民战争，更加依赖于人民群众，更加依赖于民兵。离开了民兵和人民群众，军队就成了“独臂将军”，成了无源之水，也就失去了进行人民战争的基础。我们要夺取未来反侵略战争的胜利，就一定要在加速我军建设的同时，大力加强民兵建设。这是关系战争胜负、民族存亡的大问题。

新中国成立以来，我国民兵建设虽然受到林彪、“四人帮”的干扰破坏，但是在毛主席、党中央和中央军委的正确领导下，民兵的组织、装备、教育训练都有了很大发展，取得了很大成绩。我们一定要在新的历史条件下，发扬民兵工作的光荣传统，着眼于未来战争的特点，把民兵工作提高到一个新的水平。要在普遍贯彻民兵工作“三落实”的基础上，重点抓好武装基干民兵的建设，切实把这支队伍组织好，装备好，教育好，训练好，搞得扎扎实实。要根据民兵的作战任务，研制和改善民兵武器装备，增强民兵的战斗力。要注意研究民兵传统战法在未来战争中的应用。各种传统战法，都要随着情况的变化而有所发展。

回顾我国民兵发展壮大的历史，分析民兵在未来战争中的作用，目的是要我们大家认识民兵工作的重要，看到它确实不是一件小事，而是一件大事。加强民兵建设，是坚持毛主席人民战争思想，坚持三结合武装力量体制的大问题。前几年，“四人帮”在民兵问题上大做文章，推行了一条假左真右的反革命修正主义路线，全盘否定毛主席关于民兵建设的理论、路线、方针和政策。他们疯狂反对毛主席的人民战争思想，抹杀民兵的历史作用，分裂三结合武装力量体制，改变民兵的性质任务，极力破坏战备，大搞“第二武装”，为其篡党夺权的阴谋服务。“四人帮”对民兵建设干扰破坏很大，对此，我们决不可低估。当前的一个重要问题是，要在揭批“四人帮”的斗争中，进一步肃清其流毒和影响，把我们各级领导干部的思想，迅速统一到毛主席、华主席的指示上来，恢复和发扬民兵工作的优良传统，按照三结合武装力量体制加强民兵建设。

加强民兵建设，是全党全军的共同任务。全党要抓军事，在党中央、中央军委的统一领导下，更好地贯彻地方党委和军事系统对民兵的双重领导制度。各级地方党委，要重视民兵工作，把它摆在重要位置，列入议事日程，切实加强领导。要遵照毛主席的指示，既管文又管武，既管钱又管枪。要清醒地看到，我们是在一个很不安宁的国际环境中来进行社会主义革命和建设的。我们要搞四个现代化，建设强大的祖国，我们的敌人是不会甘心的，一定要进行破坏和捣乱，必须看到虎狼在前，重任在肩，要居安思危。我们要从备战、备荒、为人民这个全局出发，把民兵建设同当前的革命和生产任务结合起来，做到三大革命一起抓，既要动员组织广大民兵为实现四个现代化作出贡献，充分发挥民兵在生产战线上的主力军作用，又要扎扎实实搞好民兵工作“三落实”，使民兵真正成为加速社会主义经济建设和巩固国防的强大力量。

加强对民兵工作的领导，人民解放军各总部和各军区负有重大责任。要对部队工作和民兵工作，通盘考虑，统一安排，一手抓部队，一手抓民兵。省军区、军分区和县市人民武装部是军事系统的领导机关，除了保持军事系统的领导关系外，又是同级地方党委的军事工作部，主要任务就是搞民兵工作，更要切实把民兵工作管好。有的同志做官当老爷，高高在上，不深入实际，不扎扎实实地工作。相反，认为做民兵工作低人一等，以为这是组织上对他不信任，这是错误的。今后检查省军区、军分区的工作做得好坏，就要看一、二把手是否用主要精力抓民兵工作，机关是否有大部分干部抓民兵工作。同时，还要从民兵工作“三落实”的效果来检查，看是不是能很快召之即来，来之能战，战之能胜。省军区、军分区还要把地方部队作为开展民兵工作的一支骨干力量。全军各部队、各军兵种也要积极开展民兵工作。中央军委把加强民兵建设作为抓纲治军的一项重要任务，是从加强三结合武装力量的整体上来考虑的。我们各级干部都要懂得这个道理，努力做好这项工作。

华主席高举毛主席的伟大旗帜，是学习和实践毛主席军事思想和军事路线的光辉典范。不管是在战争年代和解放以后，华国锋同志坚定不移地执行和捍卫毛主席的人民战争思想，一贯重视民兵工作，关怀、培育民兵在三大革命斗争中成长。粉碎“四人帮”以来，华主席在党的许多重要会议上，一再强调要加强部队建设和民兵建设，做好反侵略战争的准备。我们全党全军要以华主席为光辉榜样，学习华主席的光辉实践，完整准确地理解毛主席人民战争的理论和指示，全面系统地把它继承下来，并在新的历史条件下加以运用和发展。

现在，苏美争霸愈演愈烈，战争总有一天要打起来。尤其是苏修亡我之心不死，它到处插手，搞侵略，搞颠覆，是我们最危险的敌人。我们一定要提高警惕。为了防御帝国主义特别是社会帝国主义的侵略，保卫我国人民开始进行的新长征，我们必须拥有一支强大的武装力量。我们不但要有强大的正规军，我们还要大办民兵师，实行全民皆兵。这是我国安全的最可靠的保障，如果社会帝国主义、帝国主义胆敢对我国发动侵略战争，必将淹没在我国全民皆兵的汪洋大海之中。全民皆兵，威力无穷！

中共黑龙江省委召开常委扩大会议认真讨论真理标准和民主集中制两大问题

《人民日报》报道：中共黑龙江省委最近召开常委扩大会议，学习毛主席《在扩大的中央工作会议上的讲话》，学习华主席、叶副主席、邓副主席在全军政治工作会议上的讲话，学习《人民日报》《光明日报》《解放军报》相继发表的《实践是检验真理的唯一标准》《关于真理的标准问题》《马克思主义的一个最基本的原则》等文章，认真地讨论了真理的标准和民主集中制两大问题。大家联系实际，敞开思想，畅所欲言，会议体现了党内生动活泼的民主生活。

会议开始时，省委第一书记杨易辰同志宣布：要解放思想，畅所欲言，不抓辫子，不戴帽子，不打棍子。这为开好这次会议打下了良好基础。前不久，杨易辰同志在一次动员报告中谈到，"无产阶级文化大革命"前的黑龙江省委不是黑的，而是红的；那时省委虽然有缺点、错误，但不是主流。明确这个问题，对弄清"文化大革命"以来全省一些重大是非问题很有必要。大家听了，一致赞同这个分析。但是，对于"文化大革命"中在林彪、"四人帮"干扰破坏下黑龙江省的一些做法，许多领导干部又不敢公开表示自己的看法。参加这次常委扩大会议的同志一致认为，在粉碎"四人帮"后一年多的今天，解放思想仍然是一个现实问题，心有余悸仍然是前进路上的一个大障碍。

会上，大家列举了心有余悸的一些表现。这些表现归纳起来有"五怕"，即怕别人给自己扣上"反毛泽东思想"、"否定'文化大革命'"、"否定群众运动"、"否定解放军支左"、"否定新生事物"这样五顶帽子。

大家说，粉碎"四人帮"后，以华主席为首的党中央对一些重大是非问题，如走资派问题，"唯生产力论"问题，完整地准确地领会和掌握毛泽东思想体系的问题，"黑线专政"问题，假左真右问题，实事求是、从实际出发的问题等，作出了正确的阐述，使我们的思想一步步得到解放。但是，为什么心有余悸直到今天还是个大问题呢？根本原因是林彪、"四人帮"搞乱了理论，搞乱了路线，搞乱了人们的思想，又在党内外搞法西斯专政，搞白色恐怖，把人们整怕了。

林彪、"四人帮"出于反革命的目的，采取了一套假左真右的手法，大搞唯心主义和形而上学，任意篡改、歪曲、伪造毛主席的指示。谁要是反对他们这一套，他们就给谁扣上"反对毛泽东思想"、"反对毛主席"等大帽子。

伟大领袖和导师毛主席历来教导我们，要坚持实事求是，一切从实际出发，理论联系实际，并且指出这是马克思主义的一个最基本的原则。大家在学习讨论中认为，只要我们掌握这个原则，我们就能够抓住问题的要害，就能够澄清林彪、"四人帮"在思想理论问题上制造的混乱，使人们的思想真正获得解放。坚持实践是检验真理的唯一标准，就可以辨别真伪，分清是非，找出林彪、"四人帮"对马列主义、毛泽东思想的篡改、歪曲和伪造，完整地准确地掌握毛主席的思想体系。

大家说，毛主席永远是我们的伟大领袖和导师。毛主席历来尊重人民群众的实践，善于不断地总结群众的实践经验，为我们开辟了新的认识真理的道路，指导人民群众正确地进行革命和建设。毛主席还经常通过人民的实践，来检验党提出的路线和政策，及时纠正某些不恰当的提法和做法。坚持实践是检验真理的唯一标准，不仅不会贬低毛主席和毛泽东思想，而恰恰是继承毛主席的革命精神，捍卫毛泽东思想，使毛主席的伟大旗帜在中国高高飘扬。

大家指出，现在我们国家进入了新的发展时期，有许多新情况、新问题需要我们去认真研究解决。这些新情况、新问题，如果因为本本上没有，就不去研究解决，那我们的革命和建设不就停滞了吗？那我们可怎么为实现新时期的总任务而斗争呢？真理是在实践中发展的，我们只有坚持实践第一的观点，在实践中检验真理、发展真理，才能使马列主义、毛泽东思想永葆革命之青春。

参加常委扩大会议的同志们认为，消除人们思想上的余悸，彻底解放思想，还必须有组织上的保证。要坚持民主集中制的原则，在党内党外充分发扬民主，坚决保护党员和人民的民主权利，真正让人家讲话。各种不同的意见包括反对的意见，都要让人家讲完，坚决实行"三不"主义，认真做到毛主席历来倡导的"知无不言，言无不尽"，"言者无罪，闻者足戒"，"有则改之，无则加勉"；要给那些曾对群众进行打击报复和严重违法乱纪的人，以党纪国法的制裁，决不能姑息。这样，大家才能消除余悸，解放思想，实现在民主基础上的集中和集中指导下的民主。

认真实行民主集中制，对调动亿万人民的社会主义积极性，克服困难，完成新时期的总任务，有着十分重要的意义。大家回顾说，三年困难时期，我们党坚决贯彻民主集中制，充分发动群众，集中亿万人民的智慧和力量，很快就战胜了困难。现在，只要我们按照华主席为首的党中央的要求，贯彻党的十一大路线，恢复和发扬党的优良传统和优良作风，坚持民主集中制的原则，我们也一定会很快战胜由于林彪、"四人帮"的破坏所造成的困难，实现国民经济的高速度发展。大家指出，我们每前进一步都是有阻力的。我们一定要深入揭批林彪、"四人帮"，彻底肃清他们的流毒和影响，总结经验教训，继续努力奋斗，不断夺取新的胜利。

最后,常委扩大会议通过了一项决定,组织全省县团级以上干部认真学习毛主席《在扩大的中央工作会议上的讲话》和华主席、叶副主席、邓副主席在全军政治工作会议上的讲话,学习《实践论》《矛盾论》和中央报刊有关真理的标准问题的文章。要求大家在学习的基础上,联系实际,认真开展大讨论,彻底肃清林彪、"四人帮"假"左"真右的流毒。讨论中允许发表不同意见,坚决实行"三不"主义,真正做到敞开思想,畅所欲言,分清是非,团结同志。通过学习,推动揭批"四人帮"的斗争和生产建设进一步发展。

中共中央政治局委员 国务院副总理陈锡联在北京与柬共中央委员会候补常委 负责国防事务的副总理 革命军总参委员会主席宋成继续举行会谈

1978年我国出国留学生名额将增至3000名以上

根据中共中央的指示,教育部发出通知,1978年出国留学生(包括大学生、进修生和研究生)的名额增至3000名以上,主要学习理、工科(包括农、医)的有关专业。此外,还决定从1978年高考生和高校一年级的学生中选拔出国留学生,从1978年录取的研究生中选拔出国研究生,从高等学校教师、科研机构的科技人员和科技管理干部以及企业的科技人员中选拔出国进修生。

8月5日

国务院副总理邓小平在北京与阿拉伯利比亚人民社会主义民众国总人民代表大会总秘书处成员阿卜杜勒·萨拉姆·贾卢德举行会谈

党中央和国务院领导同志指出要把山货和土特产品大力发展起来

党中央和国务院领导同志最近看了全国供销合作总社关于加快发展黑木耳生产和生漆生产的两份调查报告以后指出,国家和人民群众非常需要发展山货和土特产品,要赶快想方设法把山货和土特产品大力发展起来。供销合作总社的同志要为此大喊大叫,以引起人们的注意,特别是要引起计划部门、基本建设部门、财政部门和银行的同志的注意,引起省、自治区、直辖市和各级党委的注意。

中央领导同志在批示中指出,要大力发展山货和土特产品,光靠供销合作总社的支持是不够的,还需要国家计委、国家经委、国家建委、财政部和中国人民银行,在资金和物资上加以扶持。所需资金、物资不多,但是很顶事。只要我们的那些大工厂、大建设工地稍为扣紧一点,节约一点,就够他们用的了。可不要一方面大手大脚,另一方面又抠得要死。

由国务院副总理陈慕华率领的中国政府代表团到达利伯维尔对加蓬进行正式友好访问

中华医学会在南京召开第二届全国神经精神科学术会议

会议检阅和交流了自1963年第一届学术会议以来,我国神经精神科学的成就和经验。

十几年来,广大神经精神科工作者顶住干扰,努力工作,在医疗、教学、科研等方面都取得了很大的成绩。在精神科方面,几年来对3000万人口进行了精神病普查工作,使许多病人及时得到了治疗。在神经内科方面,对严重危害人民身体健康的脑血管疾病进行了广泛的普查,坚持中西医结合,提高了对脑血管疾病的治愈率。我国神经外科颅脑损伤的手术治疗和脑肿瘤的诊断与手术治疗已达到国际先进水平。

在这次大会上宣读和交流的学术论文共有1400多篇。这次会议确定了我国神经精神科今后的主攻方向;还讨论了全国神经病科和精神病科的科研规划。

11种医学杂志复刊

这些杂志是:《中华预防医学杂志》(原《中华卫生杂志》)、《中华妇产科杂志》《中华儿科杂志》《中华放射学杂志》《中华眼科杂志》《中华耳鼻咽喉科杂志》《中华口腔科杂志》《中华神经精神科杂志》《中华结核和呼吸系疾病杂志》《中华医学检验杂志》和《生理科学进展》。它们将由中华医学会、中国防痨协会和中国生理科学会分别编辑出版。

8月6日

国务院副总理邓小平在北京与阿拉伯利比亚人民社会主义民众国总人民代表大会总秘书处成员阿卜杜勒·萨拉姆·贾卢德继续举行会谈

国务院副总理邓小平在北京会见由奥地利国防部长奥托·雷施率领的奥地利中国研究会代表团

会见时,邓小平就中国人口问题指出:我们新中国成立以后就提出了人口问题。这个事情我们搞了很多年了,所以现在有一点成绩,但还要努力,还要做很多工作,特别是说服工作,这个事情搞命令主义是不行的。他还强调说:人口增长过快并不反映经济发达,而是反映经济落后。

8月7日

全国人大常委会副委员长谭震林在北京会见由英中了解协会主席班以安率领的英中了解协会代表团

外交部部长黄华在北京与阿拉伯利比亚人民社会主义民众国外交秘书阿里·阿卜杜勒·萨拉姆·图尔基就发展两国关系问题进行会谈

外贸部部长李强在北京与英国贸易大臣埃德蒙·德尔举行会谈

8月8日

国务院总理华国锋在北京会见阿拉伯利比亚人民社会主义民众国总人民代表大会总秘书处成员阿卜杜勒·萨拉姆·贾卢德

华国锋主席同贾卢德阁下就共同关心的国际问题和发展两国关系问题进行了友好的交谈。

谈话时在座的有外交部部长黄华、部长助理宫达非。

国务院副总理李先念在北京会见英国贸易大臣埃德蒙·德尔

双方对进一步扩大中英两国的经济贸易关系的前景表示乐观。

中国与越南副外长级谈判在河内举行第一次会议

中国政府代表团团长仲曦东在中越两国关于越南华侨问题的谈判第一次会议上说："我们这次到河内，就是为维护两国人民的友谊而来，为解决争端而来。"

他强调指出："鸿沟既已产生，就应该设法填平；争端既已出现，就应该早日解决。这样做，对越南有利，对中国有利，世界人民也会高兴。"

仲曦东团长在会上指出，中国政府对于中越两党1955年的协议是信守不渝的。我们愿意通过平等协商，继续贯彻1955年两党协议的原则精神，合情合理地解决居住在越南的华侨问题。

他指出："事实说明，中越双方在华侨问题上的争端之所以引起举世瞩目，之所以发展到今天这个地步，全部问题的症结就在于，越南全国解放之后，越南方面背离了1955年两党协议，改变了对华侨的政策。"

他表示深信："只要双方都以维护中越两国人民的友谊这个大局为重，都抱有解决问题的真诚愿望，我们两国政府间这次谈判，一定是可以取得令人满意的成果的。"

全国青少年航空夏令营在北京开幕

由全国科协、教育部、国家体委、共青团十大筹委会联合主办的"1978年全国青少年航空夏令营"，在北京中山公园音乐堂开幕。来自全国29个省区市和台湾省籍的23个民族的300多名学生出席开幕式。

国务院副总理王震参加了开幕式，并亲自向夏令营授营旗。

教育部副部长高沂主持大会，全国科协副主席、夏令营领导小组组长裴丽生讲话。他希望全体营员通过这次生动、形象、丰富多彩的夏令营活动，受到一次革命传统教育和航空空间科技知识、军事体育等方面的教育。今后更加热爱航空、空间事业，树立为实现祖国四个现代化而奋斗的雄心壮志。

这次夏令营的筹备工作，得到了空军、海军、民航总局、文化部以及航空和空间有关工业部门和北京市很多部门的大力支持，中国航空学会和北京航空学院承办了夏令营的各项具体工作。这些部门的领导同志参加了大会。

8月9日

中华人民共和国和阿拉伯利比亚人民社会主义民众国关于建立外交关系的联合公报在北京签字

外交部部长黄华和阿拉伯利比亚人民社会主义民众国外交秘书阿里·阿卜杜勒·萨拉姆·图尔基分别代表本国政府在联合公报上签字。

同时签署的还有中华人民共和国政府和阿拉伯利比亚人民社会主义民众国经济技术和科学技术合作协定、贸易协定。

中华人民共和国和阿拉伯利比亚人民社会主义民众国关于建立外交关系的联合公报

中华人民共和国和阿拉伯利比亚人民社会主义民众国根据两国人民的利益和愿望，经过友好协商，决定建立大使级外交关系，并互派大使。

两国同意在互相尊重国家主权和领土完整、互不侵犯、互不干涉内政、平等互利和和平共处五项原则的基础上发展两国之间的友好和合作关系。

中华人民共和国尊重阿拉伯利比亚人民社会主义民众国奉行中立、不结盟政策，赞赏利比亚人民在政治、经济、文化方面所取得的成就和它为巩固自己的独立、建设自己的国家而进行的斗争。中国支持利比亚人民反对帝国主义和以色列犹太复国主义的斗争。

中华人民共和国　阿拉伯利比亚人民共和国
代表　社会主义民众国代表
黄　华　阿里·阿卜杜勒·萨拉姆·图尔基
1978年8月9日

全国人大常委会副委员长谭震林在北京会见巴基斯坦团结运动党领导人阿斯加尔·汗一行

国务院副总理纪登奎在北京会见南斯拉夫驻中国大使米尔科·奥斯托依奇和以外贸部部长助理弗·巴比奇为团长的南斯拉夫经济代表团

国务院副总理王震在北京会见马耳他旅游部部长皮斯科博及其随行人员

外交部部长黄华在人民大会堂举行宴会欢迎日本外务大臣园田直及其随行人员

黄华外长说："缔结中日和平友好条约是中日联合声明中的一项重要规定，也是至今尚待完成的一项重要任务。在中日联合声明的基础上，早日缔结这项条约，不仅符合中日两国人民的共同愿望，也符合中日两国人民以及亚太地区各国人民的根本利益。为了早日缔结这项条约，中国政府一贯采取积极态度，并为此尽了自己最大的努力。"

黄华外长指出，"从7月21日开始的中日和平友好条约谈判，经过双方的努力是有成效的。我们相信通过和阁下的会谈，能够使条约谈判取得圆满成功。"

园田外务大臣说："我抱着把日中友好关系建立在更加牢固的基础上的希望来到中国。""我也希望借此机会同中国各位领导人诚恳地、坦率地交换意见，共同寻求确保我们子子孙孙的和平友好关系的道路。"他说："我强烈确信，通过我们的这种努力，这次谈判必将成功，能缔结不仅从两国国民并从世界都能受到祝贺的良好条约。"

同日，外交部部长黄华同日本外务大臣园田直举行了会谈。

日本方面参加会谈的有：日本驻中国大使佐藤正二、外务审议官高岛益郎、亚洲局长中江要介、条约局长大森诚一等。

中国方面参加会谈的有：外交部副部长韩念龙，中国驻日本大使符浩，外交部亚洲司司长沈平、副司长王晓云、国际条法司副司长沈韦良、礼宾司副司长高建中等。

科普刊物《天文爱好者》复刊

这个刊物的任务是介绍天文学的基本知识，报道国内外天文事业和相邻学科的进展及其成就，交流业余天文爱好者的观测实践经验，宣传辩证唯物主义和历史唯物主义，批判唯心论和形而上学，帮助青少年树立正确的宇宙观。

8月10日

停办12年之久的中央团校举行复校开学典礼

中共中央副主席汪东兴，中共中央政治局委员乌兰夫，中共中央组织部部长胡耀邦，中共中央宣传部副部长朱穆之，中共中央党校副校长马文瑞、副教育长冯文彬等出席了开学典礼。

开学典礼由共青团十大筹委会副主任王照华主持。汪东兴副主席作了重要讲话。

共青团十大筹委会主任韩英也讲了话。他首先分析了全国的大好形势和共青团工作出现的崭新局面。他说，中共中央5月4日发出的关于召开共青团第十次全国代表大会的通知，极大地振奋了广大青年的革命热情。他们热烈响应党中央的号召，以实际行动迎接共青团十大的召开。广大青少年出现了学政治、学科学、学文化、学技术的热潮。勤奋学习，刻苦钻研，已经蔚然成风。同时，各条战线的团员、青年正在掀起比、学、赶、帮、超的社会主义劳动竞赛热潮，争当新长征的突击手。

他说，召开共青团十大的各项筹备工作正在顺利进行。全国青少年渴望已久的《中国青年》杂志和《中国青年报》《中国少年报》，将在团的十大前后相继复刊。一些省、市的团校、团刊，以及青少年宫，也正在恢复和建立。

中共中央副主席汪东兴在中央团校第十六期开学典礼上的讲话

同志们：

今天，中央团校开学典礼，团中央的负责同志要我来讲讲话。首先，我代表华主席为首的党中央向同志们热烈地祝贺。

中央团校是在伟大领袖和导师毛主席的亲切关怀下，1948年9月在河北省平山县创办的。在无产阶级"文化大革命"前办过15期。在办校过程中，贯彻执行了毛主席的教育路线，发扬了党的干部学校的优良传统，培训了一大批干部，为开展青年工作起了重要的作用。"文化大革命"中，由于林彪、"四人帮"的严重干扰和破坏，团中央长期没能建立起来，中央团校也长期停办。粉碎"四人帮"以后，华主席为首的党中央十分重视和关怀共青团的工作。今年5月4日，中共中央发出了召开共青团十大的通知，同时决定立即恢复和办好中央团校。为了做好召开共青团十大的筹备工作,中央还成立了共青团十大筹委会。经过同志们的积极努力,中央团校第十六期今天开学了,这是一件大喜事。

这期团校是在社会主义革命和社会主义建设新的发展时期,在共青团十大召开的前夕开学的。这对培训团的干部,加强团的工作,有着重要的意义。希望同志们共同努力,把中央团校办好。

在华主席为首的党中央领导下,在党的十一大路线指引下,全国形势一派大好,政治、经济、军事、科学文化等各条战线都取得了伟大胜利。全党、全军、全国各族人民精神振奋、斗志昂扬,积极投入三大革命运动,正在为实现新时期的总任务,为把我国建成社会主义的现代化强国而努力奋斗。当然,在我们面前还有许多困难。现在,我们的经济还比较落后,科学技术水平还比较低,我们工作中还有不少缺点和问题。但是,我们有许多有利的条件。我们有毛主席的无产阶级革命路线的指引,有华主席为首的党中央的英明领导,有优越的社会主义制度,有粉碎“四人帮”以后出现的安定团结的政治局面,有8亿多勤劳勇敢的人民,有丰富的自然资源,有28年正反两个方面的经验。我们充满信心,一定能战胜前进道路上的一切困难,一定能在本世纪末实现社会主义的现代化的宏伟目标。

把我国建设成为农业、工业、国防和科学技术现代化的社会主义强国,是一项空前伟大的事业,是一场极其深刻的革命。完成这一伟大而光荣的任务,党和人民对广大青年寄托着殷切的期望。

无产阶级的革命领袖和导师历来十分重视青年的作用。列宁说过:“我们是未来的党,而未来是属于青年的。我们是革新者的党,而青年总是更乐于跟着革新者走的。我们是跟旧的腐朽事物进行忘我斗争的党,而青年总是首先投身到忘我斗争中去的。”毛主席指出:“青年是整个社会力量中的一部分最积极最有生气的力量。他们最肯学习,最少保守思想,在社会主义时代尤其是这样。”毛主席还指出:“世界是你们的,也是我们的,但是归根结底是你们的。你们青年人朝气蓬勃,正在兴旺时期,好像早晨八九点钟的太阳。希望寄托在你们身上。”实践证明,我国青年是有理想、有志气的,是大有作为的,从来是革命斗争中的英勇突击队,各项革命事业,没有青年参加就不能取得胜利。在革命战争年代,广大革命青年紧跟毛主席英勇奋战,前赴后继,为夺取新民主主义革命的胜利,作出了重大贡献。新中国成立后,广大青年积极投入三大革命运动,是社会主义革命和社会主义建设中的一支生力军。在毛主席亲自发动和领导的无产阶级“文化大革命”中,广大青年经了风雨,见了世面,在大风大浪中经受了严峻的锻炼和考验,提高了阶级斗争、路线斗争和无产阶级专政下继续革命的觉悟。很多青年为了捍卫毛主席的革命路线,同林彪、“四人帮”进行了英勇的斗争,给全国青年以巨大的鼓舞和影响。当前,广大青年积极响应华主席为首的党中央的号召,为实现新时期的总任务,正在各条战线上努力工作,艰苦奋斗。

历史和现实都说明,我国广大青年在长期的革命斗争和建设事业中,有高度的政治觉悟和革命热情。他们热爱中国共产党,热爱伟大领袖和导师毛主席,热爱周总理、朱委员长等老一辈无产阶级革命家。他们不怕牺牲,不怕困难,不怕吃苦,热爱劳动。他们热爱社会主义事业。当然,也要看到,现在的青年是在新中国成立以后的和平环境中生长起来的一代,他们比较缺少政治经验和社会生活经验。在“文化大革命”中,由于林彪、“四人帮”反革命修正主义路线的毒害,一些青年犯了这样或那样的错误。对这些犯错误的青年,要作历史的具体的分析,真正参与林彪、“四人帮”篡党夺权阴谋活动,进行反革命活动和严重违法乱纪的坏人是极少数,绝大多数是受骗上当犯错误的好人。对待犯错误的青年同志,要遵照毛主席的一贯教导,实行“惩前毖后,治病救人”的方针,着重思想教育,让他们在三大革命运动的实践中,总结经验教训,提高觉悟,肃清流毒,更好地为社会主义革命和社会主义建设服务。

为了把共青团的工作做好,把我们的团校办好,今天,我借这个机会,向同志们提几点希望和要求:

第一,要高举毛主席的伟大旗帜。华主席在党的十一大政治报告中指出,毛主席的旗帜,是中国人民革命胜利的旗帜。高高举起和坚决捍卫毛主席的伟大旗帜,是我们全党全军全国各族人民的神圣职责。

共青团和中央团校必须坚持用毛泽东思想武装青年一代,把毛主席的伟大旗帜当作传家宝,世世代代传下去。要团结和带领广大青年紧跟以华主席为首的党中央,坚决执行党的十一大路线和各项方针政策,并同违背党的十一大路线,违背党中央的各项方针政策,损害党的团结的行为作坚决斗争。

第二,要深入揭批林彪、“四人帮”。我们应当肯定,在28年来的青年运动和青年工作中,毛主席的革命路线始终是占主导地位的。但也必须看到,林彪、“四人帮”对青年工作的干扰和破坏是很严重的,他们的反革命修正主义路线在青年中的流毒和影响不能低估。要搞好共青团的工作,办好团校,必须密切联系青年工作的实际,进一步揭露和批判林彪、“四人帮”篡改毛主席规定的青年运动的路线和方向,全面否定共青团的工作,用反动腐朽的剥削阶级思想毒害广大青年等反革命罪行,彻底肃清他们的流毒和影响。要总结青年工作正反两个方面的经验，分清路线是非。要教育青年继承和发扬党的实事求是、群众路线、理论联系实际、批评与自我批评、谦虚谨慎、艰苦奋斗和民主集中制的优良传统和作风，树立全心全意为中国人民和世界人民服务的思想，树立为共产主义事业奋斗终生的崇高理想。

第三，要努力学习。为了贯彻党的十一大路线，实现新时期的总任务，必须教育广大团员和青年不断地刻苦地努力学习。要努力学习马列主义和毛泽东思想，完整地、准确地学习和领会毛泽东思想体系。毛主席指出："情况是在不断地变化，要使自己的思想适应新的情况，就得学习。即使是对于马克思主义已经了解得比较多的人，无产阶级立场比较坚定的人，也还是要再学习，要接受新事物，要研究新问题。"学习马列主义和毛泽东思想，必须把马列主义和毛泽东思想的基本原理学好、学懂，并且学会在实际斗争中运用这些基本原理去观察问题，分析问题，解决问题。要教育团员和青年努力学习文化和科学技术知识，提高科学文化水平。要教育团员和青年虚心向老干部学习，学习他们丰富的革命斗争经验，学习他们的优良作风。要教育团员和青年在三大革命运动中，同广大工农群众结合在一起，把自己锻炼成为有社会主义觉悟的有文化的劳动者，锻炼成为又红又专的无产阶级革命事业的接班人。

第四，共青团的工作，要照顾青年的特点。毛主席1953年6月在接见青年团第二次全国代表大会主席团时的谈话中指出："党和团的领导机关，都要学会领导团的工作，善于围绕党的中心任务，照顾青年特点，组织和教育广大青年群众。"各级党委要遵照毛主席的这一重要指示，加强对共青团的领导，定期研究共青团的工作，发挥各级团组织的作用，对他们实际工作中遇到的问题和困难，要用心地给予解决。共青团在党委领导下，要积极发挥党的助手作用，在工作中要照顾青年的特点，要有自己的系统的工作。不仅要从政治上、思想上、工作上关心青年群众，使他们得到更多的锻炼，更快的成长，而且要关心他们的生活、身体和文化娱乐活动，使他们身心健康，生动活泼，具有高尚的共产主义道德品质。对他们的缺点和错误，不能采取简单粗暴的办法，一定要循循善诱，热情和耐心地帮助他们改正。

我相信，在各方面加强了共青团的工作，经过即将在今年10月召开的共青团第十次全国代表大会之后，我们共青团的工作必将出现新的面貌，会有一个大的前进。广大团员和青年的社会主义积极性必将进一步调动起来，在跟随华主席为首的党中央进行新的长征中，发挥巨大的作用。

祝同志们身体好，学习好，工作好！

国务院副总理邓小平在北京会见日本外务大臣园田直

国家经济委员会召开全国工交战线电话会议

会议动员工交战线全体职工大战八九月，努力实现三季超二季，创造新水平，为工交生产持续稳定上升，全面完成和超额完成今年计划而奋斗。

国务院副总理康世恩在电话会议上传达了华主席的指示："要努力把生产搞得更好，三季度要超过二季度。"

康世恩副总理分析了当前工业生产的形势。他说，今年以来，工交战线总的形势是很好的，揭批"四人帮"的斗争不断深入，重点企业的整顿见到了成效，工业学大庆运动更加广泛深入地开展，上半年工业交通生产持续全面上升，实现了"双过半"。进入7月份，生产发展上出现了一些不平衡的情况。这种情况的出现，有持续高温、大风暴雨等客观原因，但我们必须清醒地看到，它也反映出有些领导干部中存在着自满、松劲情绪，暴露我们工作中还有许多问题，必须引起我们的极大重视。

康世恩副总理要求工交战线各级领导，一定要以华主席的指示来检查自己的工作，继续反骄破满，认真改进作风，扎扎实实抓好工作。要像鞍钢、郑州铁路局、东北电网、上海港、上海纺织局等单位那样，以大庆为榜样，下大功夫狠抓整顿，抓出成效。各地区、各部门决不能有"差不多"的思想，决不能半途而废。要认真发动群众，大张旗鼓地开展"质量月"活动，采取有力措施，把产品质量抓上去，坚决反对粗制滥造，弄虚作假，以次充好，滥竽充数。要加强经济核算，狠抓扭亏增盈，降低消耗，全面完成八项经济技术指标。一定要用八项经济技术指标，全面考核企业的工作；一定要坚持贯彻"按劳分配，多劳多得"的原则。要关心群众，安排好职工的生活。要大力培训技术力量，加强技术管理，把技术培训工作作为一项重大的政治任务，扎扎实实地抓起来。要大扫仓库，充分利用现有库存物资，努力把死物变为活物，变"呆滞"为"流通"，使积压物资和库存物资尽快用到生产建设上去。要十分重视和加强安全生产工作，防止重大事故的发生。要进一步改进领导作风和工作方法，领导同志要坚持到基层蹲点，坚持"三老四严"的作风，敢于严格管理，敢于严格要求，敢于实事求是。康副总理指出，这些方面抓好了，我们就可以全面实现三季超二季，夺取今年工交战线革命和生产的全面胜利，为实现抓纲治国三年大见成效的目标打下牢固的基础。

国家经济委员会副主任袁宝华主持这次电话会议，并提出了大战八九月份的任务和要求。参加电话会议的有，各省、自治区、直辖市主管经济工作的负责同志和国务院各有关部委的负责同志。煤炭部部长肖寒、水电部部长钱正英，铁道部副部长郭维城、冶金部副部长叶志强、上海市委书记韩哲一、辽宁省委书记苏羽、河北省委书记郭志在会上发了言。他们一致表示，一定要认真落实华主席的指示，正视困难，战胜困难，实现三季超二季的目标，以优异成绩，向国庆29周年献礼。

全国人大常委会副委员长乌兰夫在北京会见联邦德国议院副议长赫·施米特—福肯豪森

国务院副总理耿飚在北京会见以克莱德·卡梅伦为团长的澳大利亚工党议员访华团

鲁迅在五四运动前夕写的四篇佚文新近被发现

最近，发现了鲁迅在五四运动前夕写的一篇刊物评价《美术杂志第一期》和3则随感录《敬告遗老》《孔教与皇帝》《旧戏的威力》。这4篇佚文原来都用"庚言"笔名发表在《每周评论》上，前一篇文章见1918年12月29日出版的第二号，后3则随感录见1919年3月30日出版的第十五号。

今年第一期的《北京大学学报》(哲学社会科学版)发表了鲁迅的这4篇佚文，并刊登了佚文发现者——北大中文系教员孙玉石写的有关文章。孙玉石的文章从佚文的署名、鲁迅与《每周评论》的关系和佚文的风格等方面，论证了这4篇佚文是出于鲁迅的手笔。据了解，鲁迅研究的专家唐弢、李何林、王瑶等认为，孙玉石断定这4篇佚文为鲁迅所作，是有根据的。

8月11日

第三次全国治安工作会议在北京举行

由公安部召开的第三次全国治安工作会议，8月11日至31日在北京举行。

会议提出了当前治安工作的主要任务是：在华主席为首的党中央和各级党委的统一领导下，以揭批"四人帮"为纲，全面整顿、恢复、加强治安管理工作，使社会秩序出现一个崭新的面貌，为抓纲治国三年大见成效，保证新时期总任务的顺利实现，作出大的贡献。

参加会议的有各省、自治区、直辖市公安机关，铁道部、交通部公安局，总政保卫部，中央、国家机关和总参有关部门的代表，共450人。中央和国家机关有关部门的负责同志应邀出席了大会。

公安部副部长于桑代表公安部党组向会议作了《全面加强治安管理工作，为创造更加良好的社会秩序而奋斗》的报告。公安部部长赵苍璧在会议结束时讲了话。

会议密切联系治安工作的实际，深揭狠批了林彪、"四人帮"及其在公安机关的党羽破坏治安工作的罪行，进一步分清了路线是非，总结了28年来正反两个方面的经验，肯定了新中国成立以来治安战线毛主席革命路线始终占统治地位，治安干警绝大多数是好的和比较好的。

会议认真分析了当前社会治安的形势，一致认为，粉碎"四人帮"一年多来，全国形势一派大好，社会治安形势也是好的。1977年全国刑事案件的破案率达到近十年来的最好水平。今年上半年，全国刑事案件比去年同期有所下降，火灾损失显著减少，交通事故也出现了下降趋势。无产阶级正气上升，资产阶级邪气下降。但是，会议认为，对当前社会治安问题的严重性决不可低估。要彻底治好林彪、"四人帮"破坏社会治安造成的严重创伤，还要从多方面进行艰苦努力。

为了尽快把治安工作搞上去，会议提出，治安工作必须实行党委领导，依靠群众，预防为主，管理从严，及时打击，保障安全的方针。

会议认为，坚决打击刑事犯罪分子的破坏活动，是解决当前治安问题的一项迫切的战斗任务。要在党委统一领导下，深入发动群众，经过充分调查研究，给反革命和刑事犯罪分子以有力的打击。打击对象是：杀人放火犯、抢劫犯、强奸犯、盗窃犯、诈骗犯、流氓集团、打砸抢者和严重破坏社会秩序的坏分子。与此同时，要加强对地富反坏分子的监督改造工作和违法犯罪人员的教育改造工作，统筹解决危害社会治安的人员的安置教育问题，化消极因素为积极因素。

会议认为，深入宣传新宪法，加强社会主义法制教育，认真执行治安管理规章制度，这是搞好社会治安的一项十分重要的措施。要联系本地区、本单位治安秩序和社会风气存在的问题，有的放矢、具体生动地进行法制和治安法规的宣传教育。要把治安管理的各项规章制度建立、健全起来。要特别重视对青少年的法制教育，把法制教育作为中小学政治教育和共青团、少先队活动的重要内容之一。

会议要求迅速恢复和加强被林彪、"四人帮"破坏了的治安管理群众工作，整顿健全治安保卫委员会，落实防特、防盗、防火、防灾害事故的"四防"措施。要加强消防工作，城市要恢复消防分级管理。城市交通管理要全面规划，综合治理。要坚决把治安灾害事故压下去。

会议认为，要搞好社会治安工作，必须建设一支又红又专的治安队伍。要在揭批“四人帮”的斗争中把治安队伍整顿建设好，认真解决由于“四人帮”的破坏造成的治安队伍思想不纯、组织不纯、作风不纯的问题，反对违法乱纪，进一步密切警民关系。要切实加强治安管理的各项专业工作，加速治安管理技术手段的现代化。在处理治安问题时，要严格执行对敌斗争和治安管理的政策，正确区分和处理两类不同性质的矛盾。

国务院副总理耿飚在北京会见以牙买加莫兰特湾市市长拜伦·盖尔为团长的牙中友协访华团

重点高等学校环境科学学术讨论会在南京召开

会议确定了高等学校环境科学研究的主攻方向，同时建议在一些大学里建立环境学、环境工程学等专业，在中、小学教材中增加环境保护的内容。

这次学术讨论会是由教育部主办的。参加的有68个单位的100多名环境科学方面的专家。他们提交给讨论会的289篇论文，内容涉及环境科学的各个方面。

上海《文汇报》发表短篇小说《伤痕》在社会上引起强烈反响

此后，以反映“文化大革命”期间遭受政治迫害和生活磨难为内容的文学作品大量出现，被统称为“伤痕文学”。

8月12日

国务院总理华国锋在北京会见日本外务大臣园田直及其随行人员

华主席对园田直外务大臣来中国访问表示热烈欢迎。他说，中日和平友好条约谈判成功了，今天下午正式签字。它反映了中日两国人民的共同愿望。华主席指出，条约的签订，对中日两国人民世世代代友好下去，对维护亚洲和太平洋地区的和平都有好处。

外交部部长黄华、副部长韩念龙，中国驻日本大使符浩，外交部司长沈平，副司长王晓云、沈韦良、高建中等参加了会见。

《中日和平友好条约》在北京签字

中共中央主席、国务院总理华国锋，国务院副总理邓小平，全国人大常委会副委员长廖承志，出席签字仪式。

外交部部长黄华和日本国外务大臣园田直分别代表本国在条约上签字。《中华人民共和国和日本国和平友好条约》8月12日在北京隆重签字。

出席签字仪式的还有：

日本驻中国大使佐藤正二，外务审议官高岛益郎等；中国外交部副部长韩念龙，中国驻日本大使符浩等。

中华人民共和国和日本国和平友好条约

中华人民共和国和日本国满意地回顾了自1972年9月29日中华人民共和国政府和日本国政府在北京发表联合声明以来，两国政府和两国人民之间的友好关系在新的基础上获得很大的发展；确认上述联合声明是两国间和平友好关系的基础，联合声明所表明的各项原则应予严格遵守；确认联合国宪章的原则应予充分尊重；希望对亚洲和世界的和平与安定作出贡献；为了巩固和发展两国间的和平友好关系；决定缔结和平友好条约，为此各自委派全权代表如下：

中华人民共和国委派外交部部长黄华；

日本国委派外务大臣园田直。

双方全权代表互相校阅全权证书，认为妥善后，达成协议如下：

第一条

一、缔约双方应在互相尊重主权和领土完整、互不侵犯、互不干涉内政、平等互利、和平共处各项原则的基础上，发展两国间持久的和平友好关系。

二、根据上述各项原则和联合国宪章的原则，缔约双方确认，在相互关系中，用和平手段解决一切争端，而不诉诸武力和武力威胁。

第二条

缔约双方表明：任何一方都不应在亚洲和太平洋地区或其他任何地区谋求霸权，并反对任何其他国家或国家集团建立这种霸权的努力。

第三条

缔约双方将本着睦邻友好的精神，按照平等互利和互不干涉内政的原则，为进一步发展两国之间的经济关系和文化关系，促进两国人民的往来而努力。

第四条

本条约不影响缔约各方同第三国关系的立场。

第五条

一、本条约须经批准，自在东京交换批准书之日起生效。本条约有效期为十年。十年以后，在根据本条第二款的规定宣布终止以前，将继续有效。

二、缔约任何一方在最初十年期满时或在其后的任何时候，可以在一年以前，以书面预先通知缔约另一方，终止本条约。

双方全权代表在本条约上签字盖章，以昭信守。

本条约于1978年8月12日在北京签订，共两份，每份都用中文和日文写成，两种文本具有同等效力。

中华人民共和国全权代表 日本国全权代表
黄 华 园田直

国务院总理华国锋和日本国内阁总理大臣福田赳夫互相致电祝贺《中日和平友好条约》签订

全国人大常委会副委员长 中日友协会长廖承志在北京会见日本外务大臣园田直一行

外交部部长黄华在北京与日本外务大臣园田直继续举行会谈

由国务院副总理陈慕华率领的中国政府代表团到达雅温得对喀麦隆进行正式友好访问

喀麦隆总统阿希乔在总统府接见了国务院副总理陈慕华和由她率领的中国政府代表团成员。

《人民日报》发表国家经委副主任袁宝华的文章《提高职工技术水平是当务之急》

现在，世界上正经历着一场伟大的技术革命，广泛地推动着生产技术的飞跃发展。为了赶上和超过世界先进科学技术水平，提高劳动生产率，加快四个现代化的步伐，必须大力提高我国职工技术水平。

解放28年来，在毛主席革命路线指引下，我国社会主义革命和社会主义建设，取得了伟大胜利，科学技术经历了翻天覆地的大变化，出现了一个崭新的面貌。但是，由于林彪、"四人帮"的严重干扰破坏，我国的技术发展停滞了10来年。这10来年正是世界上科学技术发展最快的时期，因而使我们与世界先进技术水平的差距又拉大了。从时间上讲，落后了15年到20年；从技术上讲，落后了一个时代。我们职工文化技术水平低，就是这种落后的突出表现。这同实现四个现代化是一个尖锐的矛盾。如果我们不努力在短期内尽快提高职工的技术水平，就会拖四个现代化的后腿。因为，不论对现有企业进行技术革新和技术改造，或是建设新的企业，都需要使用国内的或国外的先进技术装备。如果没有与之相适应的技术操作水平和技术管理水平，就是有了充足的原材料、燃料、动力和其他生产条件，也是不行的。因此，加强技术培训，提高职工技术水平，就是一件刻不容缓的工作，是当务之急。

由于林彪、"四人帮"的干扰破坏，我国职工的技术培训工作遭到很大的摧残，主要表现在：

职工文化技术水平低。全国工业交通企业的职工1977年年底的技术等级平均只有三级上下。据北京市工交系统调查，现有职工中，初中和小学文化程度的约占百分之七八十，大专文化水平的很少。全国全民所有制工业企业工程技术人员占职工总数的比例也是很低的。这同现代化的需要，同国际水平相比，差距很大。

职工教育工作被破坏。据统计，1962年全国技工学校曾达到1200所，师资、教材、教学设施、实习工厂都比较健全，培养出来的学生一般可以达到三、四级工的技术水平。1966年以后，这些技工学校基本上都停办了，多数改为生产单位，近几年才有所恢复。但由于缺乏教材、师资，教学设施也不足，学生的质量大大下降，一般只有一、二级工的水平。厂办业余教育的情况也大致相仿。例如，业余大学在校学生1965年有41万人，1972年降为13000人；业余中学在校学生1965年有650万人，1972年降为69万人。后来"四人帮"鼓吹什么"大学就是大家来学"，强行推广小靳庄办夜校的所谓经验，挂牌子，闹形式，业余教育遭到了严重破坏。

社会上的技术交流、技术协作活动减弱了。我国很多工业城市，有广泛开展这种活动的好传统，这是普及和提高技术水平的一种成功的经验。前些年由于林彪、"四人帮"一伙的干扰和破坏，工会、共青团的作用不能发挥，老模范、技术能手遭到打击、诬陷，社会上有组织的技术交流活动大大减少了。

按技术等级标准考核晋级、调资的制度被废弛了。过去各部门都有工人技术等级标准和工程技术人员等级标准，定期进行考核晋级。后来，长期没有考核晋级，使职工的技术等级和实际的技术水平脱节。据1975年工交系统的调查，五级以上技术水平的工人人数只占职工总数的百分之十多一点，这显然是低于我国工人实际技术水平的，对于技术干部和工人学习、钻研技术的积极性有很大的影响。

技术情报工作基本上停顿了。前些年，大部分技术图书资料封闭了，技术情报机构差不多也都裁并了。了解国内外技术动向，翻阅国内外技术情报资料，困难重重，广大技术干部和工人视听闭塞，严重影响了技术水平的提高。

引进项目的技术培训工作，受到很大干扰，影响了先进技术的掌握，不能尽快发挥投资效果。

"四人帮"破坏职工技术培训工作所造成的恶果，现在越来越看得清楚了。我们必须继续深入批判"四人帮"的反革命修正主义路线，打好第三战役，分清路线是非，肃清流毒。大量事实说明，加强职工的技术培训工作，不仅仅是一个业务问题，而且是一项重大的政治任务，是关系到四个现代化能不能实现的重大问题。搞四个现代化，同打仗一样，决定的因素也是人，是有高度政治觉悟、掌握了现代科学技术的人。大力加强职工的技术培训工作，需要全党动手，各部门紧密配合，下苦功夫，花大力气，尽快扎扎实实地把这项工作抓起来。

加强党委对技术培训工作的领导。领导干部要带头学习。毛主席曾教导我们："一定要鼓一把劲，一定要学习并且完成这个历史所赋予我们的伟大的技术革命"；"要学新本领，要真正懂得业务，懂得科学和技术，不然就不可能领导好"。不能以其昏昏，使人昭昭。华主席最近也指示："领导现代化工业，不精通业务不行"，并且要求领导干部每周至少有一次技术学习。我们一定要响应华主席的号召，下功夫，钻进去，努力学习，成为精通业务、懂得技术的内行。不只是企业的领导干部要学，各级领导干部都要学。干什么，学什么，制定规划，由浅入深，持之以恒。要大造声势，掀起一个学业务、学技术的热潮。

为了提高领导干部的技术水平和管理水平，还可以办训练班。有的部委还委托高等学校，为了厂长训练班，经过短期训练，工作能力都有所提高。

实行考工定级。过去有同八级工资制相适应的应知应会的工人技术等级标准，现在需要按照新的情况进行修订，每年进行一次技术考核。既要考核理论知识，也要考核操作技术。要建立技术考核委员会，由主要领导干部挂帅。考核成绩要记入个人技术档案，作为晋级、调资的依据之一。

加强岗位练兵，苦练过硬本领。要提倡尊师爱徒，订立师徒合同，包教包会。今年下半年有必要按照"四懂三会"（即懂工艺流程、懂设备结构、懂设备原理、懂设备性能，会操作、会维修保养、会排除故障）的标准，对现在岗位上的技术工人普遍进行一次测验。不合格的要进行补考，限期内达不到标准的，要调离技术岗位，另行分配非技术工种的工作。今后新工人进厂要开办训练班，学习生产操作、安全规程和必要的理论知识，测验合格，才能上岗位。各企业要根据测验结果，制订技术培训计划，争取在1980年以前把工人技术水平普遍提高二级至三级。

建设宏大的工程技术人员队伍。对现有的技术人员，政策要落实，专业要对口，技术职称要明确。要从政治上、工作上和生活上关心他们，为他们的工作、学习创造条件，充分调动他们的积极性，发挥他们的才干。

同时，要注意培养新的技术力量。我们要努力办好现有的高等理工院校、中等专业学校，尽可能多招收一些学生。为了争取时间，除了恢复业余大学、办好"七·二一"大学之外，工交企业和事业单位有条件的还可以开办短期训练班，从现有职工中大批选拔培养技术人员。

各部门要修订工程技术人员等级标准（要把掌握外语水平作为一项重要内容），每年进行一次考核。工人可以申请参加工程技术人员的考核。考核成绩达到哪一级水平，就应给予哪一级的技术职称和待遇。

办好工科大专、中专、技工学校和职工业余教育。要提高师资水平，提高教学质量，编写一套好的教材，培养出高水平的毕业生。技工学校也要招收初中毕业生。老企业这几年还要在技工学校开设短训班，有计划地培训在职青年工人，主要是提高他们的自学能力。

今年年底以前，应该普遍恢复业余技术学校（业余大学、业余中学、技术夜校）。要组织好电视机、录像机、录音机的生产和供应，首先满足电化教育的需要。有条件的企业要办"七·二一"大学（小企业可以联合办）。要按照国务院有关规定，学完规定的课程，经过考核达到与普通大专院校毕业生同等水平的，使用上同等对待。工厂办学一定要做到师资、教材、学员、时间"四落实"。

广泛开展群众性的技术革新活动和科技情报工作。要提倡破除迷信，解放思想，敢想敢说，敢于创新。鼓励职工提出合理化建议和创造发明。修订或重申职工合理化建议奖励条例，对有重大贡献的要给予光荣称号和物质奖励。

开展社会主义劳动竞赛，组织群众性的比、学、赶、帮、超的活动，要把解决生产技术上的关键问题，作为竞赛的重要内容。

工业城市要组织技术交流和技术协作，恢复行之有效的群众技术交流站、技术表演赛、技术攻关、会诊等活动。各部门应该广泛地组织全国性的产品评比、技术推广和经验交流。

为了更好地开展群众性技术革新活动，应当加强科技情报工作。要吸收国外的科技情报，加强国内同行业技术交流。建立专业的研究机构和产品设计机构，建立和充实技术图书馆。

应当尽快恢复各种学会，充分发挥它们的作用，开展学术活动，出版学报，为科技人员开展学术研究创造条件。

做好引进项目生产队伍的培训工作。要推广石化部门的经验：成建制地调集生产队伍，送老厂培训，实行"六定、一顶、两包"的制度：定指导员、定人员、定岗位、定培训点、定培训时间、定期考核，在老师傅监督下顶岗位操作，培训厂要包教，新建厂要包会；同国内大专院校挂钩，利用引进项目的技术资料编写教材，办专业短期训练班；打破基建、生产的界限，生产人员一开始就上岗位，同建筑安装工人一起，参加进口装置的安装、调试、试车，通过实战演习，在正式开车之前就把岗位的操作、维护技术掌握起来。同时严格按照国外设计定员选拔配备管理人员、技术干部和技术工人。国内现有企业今后也要按照技术改造后的情况，配备人员，搞好技术培训，不能搞“人海战术”。

认真向设计、施工、试车和生产的外国专家学习。要指定技术人员、工人和管理干部组织专门班子，制定规划，对口学习，一定要把引进设备的全部技术知识学到手。出国考察，事先要有严密的组织和明确的任务，回来后要检查考核，把学到的先进技术真正用到生产上去。

逐步提高职工的外语水平。我们学习外国的先进技术，就要突破语言、文字的障碍。一定要大力宣传学习外语的重要作用，迅速掀起学习外语的热潮。要积极培训外语教师。企业要举办业余外语班，为职工学习外语创造条件。中、青年职工要努力在两三年内学会一种外语。今后选送出国培训的职工，要粗通一种外语。要培养一批懂得工业技术的外文翻译。原有的外文翻译不适当改行的，要动员他们归队。

加强企业的技术管理工作，建立和健全各级生产技术责任制。要恢复总工程师制度，充实和加强各级技术管理机构。它的主要任务是：认真贯彻执行国家的有关技术政策，组织执行各项技术标准、技术管理制度，负责日常生产技术管理，编制和组织实施各项技术发展规划、技术措施计划，推广、应用新工艺、新技术，加强职工的技术教育等，保证完成企业的生产计划。没有条件设置总工程师的企业，技术工作要有专人负责。各级技术负责人都要选派有能力、有事业心的人担任，不要挂空名，不要搞形式，要充分发挥他们的作用，使他们有职有权有责。

积极采用现代化的技术管理手段。现在世界工业国家已经广泛运用电子计算机进行管理，而我们的技术管理手段还是落后的。我们要十分重视电子计算机的应用，广泛开展对电子计算机技术知识的学习，已有电子计算机的和将要有的单位都要开办训练班，大力培养操作、维修和软件编制的技术人员、技术工人，力争一两年内把拿到手的电子计算机全部使用起来，并逐步发挥其效率。同时，在一些主要部门和主要地区筹建一批计算中心。

领导要注意抓重点，抓典型。对职工的技术培训工作，各部门、各地区都应该有自己的典型。组织交流经验，以点带面，作出切实可行的规划，把工作落到实处。

8月13日

中共中央批转《关于港澳工作会议预备会情况的报告》

中央批示：“港澳工作必须深入调查研究，实事求是，一切工作都要从当地实际情况出发，不能照搬照套国内的做法。”中央决定成立中央港澳小组协助中央掌管港澳工作。

中共中央主席华国锋 中共中央副主席叶剑英 邓小平 李先念 汪东兴在人民大会堂接见出席全国机械工业学大庆会议等会议的代表

参加接见的党和国家其他领导人有韦国清、乌兰夫、纪登奎、苏振华、吴德、余秋里、张廷发、陈永贵、陈锡联、耿飚、赛福鼎、王震、谷牧、康世恩。

北京国际男子篮球友好邀请赛在北京闭幕

罗马尼亚队获得冠军，南斯拉夫队获得亚军，中国的“八一”队获得第三名。获得第四名至第十名的是：荷兰队、中国队，日本队、墨西哥队、朝鲜队、北京队、菲律宾队。

邀请赛自8月5日至13日在首都体育馆举行。

王诤逝世

中共中央委员、中央军委委员、第四机械工业部部长、中国人民解放军副总参谋长兼总参第四部部长王诤同志，因患癌症医治无效，于1978年8月13日逝世，享年70岁。

8月14日

国防部部长徐向前在北京会见朝鲜人民军友好访问团团长吴克列中将 副团长金应道少将

由国务院副总理陈慕华率领的中国政府代表团在雅温得与喀麦隆代总理萨杜·达乌杜以及喀麦隆政府其他官员举行会谈

第一机械工业部和中共北京市委在张家湾公社联合召开“贯彻中共中央指示，落实机械产品‘三包’政策大会”

第一机械工业部部长周子健带领全国机械工业学大庆会议的代表和部机关干部3000多人，来到北京通县张家湾人民公社“背”回了不合格的拖拉机，并且赔偿了这个公社的损失。

中共中央政治局委员、北京市委第一书记吴德，市委书记叶林、王宪，陪同一机部部长周子健和全国机械工业学大庆会议的代表来公社“背”废品。

张家湾公社有3台拖拉机质量低劣。第一台是张湾镇大队今年年初买的北京市南苑拖拉机配件厂试制的60马力拖拉机，发动机严重漏油漏水，质量很坏，根本不能使用。第二台是枣林庄大队从洛阳拖拉机厂买的75马力拖拉机，出厂时就把缸垫上反上，造成油路不通，买回来一试车，摇臂机构全烧坏了。第三台是枣林庄大队买的长春拖拉机厂制造的东方红28马力拖拉机，转向机构不耐用，不到一年就坏了。

会上，北京市南苑拖拉机配件厂党委书记刘振山、洛阳东方红拖拉机厂党委书记郑维祥、长春拖拉机厂党委书记何光远，都向张家湾的干部和社员诚恳地作了检查，并对因农机质量不好而造成的损失当场退赔。他们把北京市南苑拖拉机厂生产的那台60马力拖拉机“背”回去，退款15000元；对另外两台拖拉机，赔偿修理费。

周子健部长在大会上发言说：今天我们到张家湾公社来道歉退赔，是我们贯彻落实中央指示的一个实际行动，是决心提高农机产品质量的一个实际行动，也是我们拨乱反正、深入揭批“四人帮”破坏产品质量罪行的一个实际行动。他指出，目前农机产品质量不好的情况相当普遍，相当严重。有的厂产品并不合格，但一直在出厂。有的厂甚至在产品质量问题上弄虚作假，欺上瞒下。有的厂不搞经济核算，乱摊成本，坑害农民。还有许多农机企业为用户服务工作做得不好，个别企业领导对用户的态度十分恶劣。这些现象发生在下面，但主要责任在部里，特别是我本人要负更大的责任。他说，我们要以这件事为开端，严格地执行“三包”制度，该退赔的坚决退赔。我们代表机械工业全体职工向贫下中农保证，一定要高标准，严要求，把产品质量搞上去，认真落实党的政策，减轻农民负担，高水平、高速度、高质量地发展机械工业，更好地为国民经济各部门服务。

北京市委书记王宪、通县县委书记赵峰、张家湾公社党委书记吴统慧和贫下中农代表卢书海，也在会上讲了话。他们表示要以一机部为榜样，严肃认真地落实中央指示，虚心听取群众意见，努力减轻农民负担，把各项工作搞上去，为加速建设现代化的大寨式的郊区而努力奋斗。

8月15日

中国与越南副外长级谈判在河内举行第二次会议

中国政府代表团团长仲曦东主持会议，并在会上首先发言。

仲曦东指出：“越南方面全面背弃了1955年中越两党协议的基本原则，对华侨实行歧视、排斥、迫害和驱赶的政策，这就是16万多华侨回国的真正原因。”

仲曦东在发言中说：“一旦越南方面回到1955年中越两党协议的立场上来，停止歧视、排斥、迫害和驱赶华侨，华侨问题自然可以解决，两国在华侨问题上的争论自然就会消失，由此而造成两国间的紧张关系也就会改善，两国的传统友谊也会得到维护。”

仲曦东团长指出，越南方面是在1975年越南全国解放以后背弃了1955年两党协议，改变了对华侨的政策的。他说：“越南排华是反华政策的一部分，反华是出于越南对内对外的需要。这就是越南全国解放以后实行歧视、排斥、迫害和驱赶华侨的最本质的原因。”“为什么越南当局要改变过去对华友好的政策，而奉行反华的政策呢？这里，有越南的需要，也有苏联的需要。”

仲曦东团长列举了大量事实，说明越南方面有领导、有计划、有目的地歧视、排斥、迫害和驱赶华侨。

仲曦东团长驳斥了越南方面为掩盖16万多华侨回国的真实原因而捏造的几种说法。

8月16日

中共中央主席华国锋在布加勒斯特与罗马尼亚共产党总书记尼古拉·齐奥塞斯库举行首次会谈

中国方面参加会谈的有：中共中央政治局委员、国务院副总理纪登奎，中共中央政治局候补委员、中共四川省委第一书记、四川省革命委员会主任赵紫阳，中共中央委员、外交部部长黄华，中共中央候补委员、中共中央办公厅副主任张耀祠，中共中央对外联络部副部长乔石，外交部副部长余湛，外贸部副部长陈洁，一机部副部长孙友余，中国驻罗马尼亚大使李庭荃。

五届全国人大常委会三次会议在北京举行

会议8月16日至18日举行。

在今天的全体会议上，批准了《中华人民共和国和日本国和平友好条约》和《中华人民共和国和罗马尼亚社会主义共和国关于经济技术合作的长期协定》。

全国人大常委会委员长叶剑英，副委员长宋庆龄、聂荣臻、乌兰夫、吴德、韦国清、陈云、李井泉、蔡畅、邓颖超、赛福鼎、廖承志、姬鹏飞、阿沛·阿旺晋美、周建人、许德珩、胡厥文，出席了今天下午的全体会议。

国务院副总理耿飚，最高人民检察院检察长黄火青，最高人民法院副院长王维纲，列席了今天下午的会议。

会上，外交部副部长韩念龙作了关于《中日和平友好条约》的报告和关于中罗经济技术合作的长期协定的说明。

会议通过决议，批准《中华人民共和国和日本国和平友好条约》和《中华人民共和国和罗马尼亚社会主义共和国关于经济技术合作的长期协定》。

全国人民代表大会常务委员会关于批准《中华人民共和国和日本国和平友好条约》的决议

（1978年8月16日通过）

第五届全国人民代表大会常务委员会第三次会议决定：批准《中华人民共和国和日本国和平友好条约》。

全国人民代表大会常务委员会关于批准《中华人民共和国和罗马尼亚社会主义共和国关于经济技术合作的长期协定》的决议

（1978年8月16日通过）

第五届全国人民代表大会常务委员会第三次会议决定：批准《中华人民共和国和罗马尼亚社会主义共和国关于经济技术合作的长期协定》。

全国人大常委会副委员长乌兰夫在北京会见英国保守党议员诺尔曼·圣约翰—斯蒂瓦斯

全国人大常委会副委员长谭震林在北京会见以押田三郎为团长的日本社会党第八次活动家访华团

周信芳骨灰安放仪式在上海革命公墓举行

我国杰出的京剧表演艺术家周信芳遭受“四人帮”残酷迫害，于1975年3月8日逝世，享年80岁。

周信芳历任第一届、第二届、第三届全国人民代表大会代表、全国政协委员，中国文学艺术界联合会全国委员会委员，中国戏剧家协会副主席，上海市人民委员会委员，上海市文学艺术界联合会副主席，中国戏剧家协会上海分会主席，上海对外文协副会长，上海戏曲改进协会主任委员，华东戏曲研究院院长和上海京剧院院长等职务。

马坚逝世

全国人民代表大会代表、中国伊斯兰教协会常务委员、中国亚非学会理事、北京大学东方语系教授马坚先生，因病于1978年8月16日逝世，享年72岁。

马坚先生，回族，云南个旧人。他从1946年起任北京大学教授，在北大整整工作了32年。马坚先生是一位热爱祖国、勤奋正直的学者。抗日战争爆发时，他正在埃及，出于强烈的民族义愤，积极宣传抗日。1939年由埃及回国。1949年当选为政协第一届全国委员会委员。从1954年起，连续当选为第一、二、三、四、五届全国人民代表大会代表。马坚先生毕生从事阿拉伯语教学和翻译工作。他对阿拉伯语有很高的造诣，有多种译著。他为培养阿拉伯语翻译干部，作出了显著的成绩。

8月17日

中共中央主席华国锋在布加勒斯特与罗马尼亚共产党总书记尼古拉·齐奥塞斯库继续举行会谈

全国政协五届常委会二次会议在北京举行

会议8月17日至19日举行。

18日上午举行了全体会议。会议由政协全国委员会副主席乌兰夫主持。

会上，听取了国家计委副主任顾明关于我国经济情况的报告，并通过了政协全国委员会的工作机构变动和人事任免事项。

政协全国委员会副主席宋任穷、许德珩、史良、康克清、季方、王首道、张冲、帕巴拉·格列朗杰、周建人、胡子昂、荣毅仁、童第周，秘书长齐燕铭出席了全体会议。

17日上午，全体委员列席了五届人大常委会第三次会议，听取了水电部部长钱正英关于农田基本建设情况的报告。

外交部副部长何英与博茨瓦纳外交部部长阿奇博尔德·莫惠在北京举行会谈

8月18日

中共中央主席华国锋和罗共总书记尼·齐奥塞斯库在布加勒斯特结束正式会谈

参加前几次会谈的双方人员参加了今天上午的会谈。

双方就进一步加强中罗友好合作关系深入地交换了意见，一致认为发展两国友好合作的潜力很大，前景广阔。

双方决心今后继续发展和扩大两国和两国人民在各方面的合作关系，并经常交流两国社会主义建设的经验。

双方在中罗两国之间的双边贸易、经济和技术合作的不断发展表示满意，深信这些方面的合作在今后几年将会比前几年有更大的发展。

双方认为,尼·齐奥塞斯库总统今年5月访问中国时签订的长期经济技术合作协定以及华国锋主席这次访问罗马尼亚期间将要签订的各项协定和议定书,具有特别重要的意义。双方商定要发展工业生产协作,以便有效地利用两国不断增长的经济技术力量。双方还商定进一步加强两国在科学技术方面,特别是在现代科学技术研究方面的合作。

双方对两国在发展文化、教育、新闻、广播、电视、旅游和体育合作方面取得的成果表示高兴,并商定继续扩大这些成果,以进一步加深两国人民之间的相互了解和友谊。

双方还就当前国际形势广泛地交换了意见。他们谈到在世界上重新划分势力范围倾向的加剧,新的战争的危险,各国人民反对帝国主义、新老殖民主义,反对任何形式的统治和发号施令,以及争取和捍卫民族独立和主权的斗争。

华主席和齐奥塞斯库总统重申了中罗两党和两国在国际活动中加强合作的共同愿望。

双方对华国锋主席的正式友好访问和尼·齐奥塞斯库同志和华国锋同志之间会晤和会谈所取得的丰富成果表示极为满意。

五届全国人大常委会三次会议在北京结束

今天下午举行了全体会议。会议由全国人大常委会副委员长乌兰夫主持。

全国人大常委会副委员长宋庆龄、聂荣臻、吴德、韦国清、谭震林、李井泉、邓颖超、赛福鼎、廖承志、姬鹏飞、阿沛·阿旺晋美、周建人、许德珩、胡厥文,出席了会议。

国务院副总理谷牧,最高人民检察院检察长黄火青,列席了会议。

在今天的全体会议上,中国人民解放军总政治部副主任梁必业就《中国人民解放军干部服役条例》作了说明。这个条例是依据第五届全国人民代表大会第一次会议通过的宪法中关于“国家大力加强中国人民解放军的革命化现代化建设”的规定的精神,为了贯彻执行党的十一大路线和新时期的总任务,为了贯彻落实抓纲治军、准备打仗的方针、任务,坚持毛主席的无产阶级“任人唯贤”的干部路线,反对林彪和“四人帮”的资产阶级“任人唯亲”的干部路线,肃清他们的流毒和影响,恢复、发扬我军干部工作的优良传统和作风,更好地建设一支又红又专的干部队伍,提高部队战斗力而拟制的一个适合于新的历史条件的军队干部服役条例。会议批准了《中国人民解放军干部服役条例》,通过了国务院提议的任免名单。

在17日的全体会议上,水利电力部部长钱正英作了关于农田基本建设的情况报告。钱正英部长介绍了在华主席为首的党中央领导下,全国农田基本建设的大好形势和今后的规划。她指出,我们相信,在华主席、党中央的正确领导下,高举毛主席的伟大旗帜,认真落实党的一系列方针、政策,坚决肃清“四人帮”的流毒和影响,农田基本建设将掀起一个新高潮,农业生产将会有一个很大的发展,在本世纪末实现四个现代化是一定能够办到的。人大常委会副委员长姬鹏飞在会上作了关于由他率领的人大代表团访问委内瑞拉、墨西哥、加拿大和他出访叙利亚的书面报告。

中国人民政治协商会议全国委员会副主席沈雁冰、王首道、张冲、帕巴拉·格列朗杰和政协全国委员会常务委员列席了17日的全体会议。

全国人民代表大会常务委员会关于批准中国人民解放军干部服役条例的决议

(1978年8月18日通过)

第五届全国人民代表大会常务委员会第三次会议决定:批准国务院提出的《中国人民解放军干部服役条例》。

全国人民代表大会常务委员会关于国务院提议任免名单的决定

(1978年8月18日通过)

第五届全国人民代表大会常务委员会第三次会议决定:

一、任命姚依林为商业部部长;

免去王磊的商业部部长职务。

二、任命钱敏为第四机械工业部部长。

中国政府代表团团长仲曦东在河内就滞留边境华侨问题答新华社记者问

仲曦东指出,越南政府代表团团长黄碧山8月17日就解决滞留在中越边境越方一侧的华侨问题对越南通讯社记者发表的谈话,不完全符合谈判的实际情况。

据越通社报道,黄碧山团长8月17日答越通社记者问时说:“我们在8月15日会议上,提出了以下明确要求:‘……如果中国方面仍然一味继续关闭口岸,就必须让越南方面把这些人送回居住地谋生,中国方面不得暗地或公开唆使他们赖在口岸等待,给越南边境地区制造混乱。’中国政府代表团团长仲曦东在这次会议上发言时宣布:‘如果越南方面把他们送回原居住地,我们表示欢迎’。”这种说法,给人的印象是:中国政府代表团团长实际上默认,这些华侨是受中国方面“唆使”而“赖在口岸”上的;而把这些华侨送回原居住地的建议是越方首先提出、中方才表示同意的。

新华社记者就越通社的这一报道走访仲曦东团长。仲曦东团长指出，黄碧山团长的谈话，没有正确表述我方的意见。事实上，关于滞留在中越边境越方一侧的华侨问题，我们在中越副外长级谈判第一次会议上，就提出了要求越方立即予以解决的呼吁；而在第二次会议上，我们再次就此事郑重提出建议。

他说："在第二次会议上，是中方首先发言的。我在发言中正式提出：'为了维护中越两国人民的友谊，为了维护中越两党关于华侨问题的协议，为了使谈判能够取得成果，我们郑重提出：要求越南方面立即停止歧视、排斥、迫害和驱逐华侨；对那些被驱赶到中越边境口岸的难侨，准许他们回到原侨居地，保障他们的正当权益和生活权利，以创造有利于谈判的气氛。"

"在我发言后，黄碧山团长发言。他在发言时要求中国方面开放口岸，并要求中国方面让越南方面把滞留边境越方一侧的人送回原居住地。我说：'你们送，我们欢迎，我今天的发言已讲了这一点。'"

仲曦东团长指出："对于滞留在中越边境越方一侧的华侨，中国方面早就一再劝说他们回原居住地。但是越南方面在第二次会谈之前，不但未表示同意我们合乎情理的建议，反而企图继续驱赶华侨回中国。就在第二次会谈中，越方还先要求中方开关把滞留在中越边境越方一侧的人放到中国去，继而才提出越方愿意接华侨回原居住地。同时还对中方加上了几句无理指责和要求的话"。

仲曦东团长表示："我们对越方愿意把滞留中越边境越方一侧的华侨送回原地安居，这一点，自然是赞成和欢迎的。我们要求越方切实保证这些华侨的人身安全，保证他们回到原居住地后得到妥善安置，并保障他们的生活和就业，不受歧视。"

以国防部副部长粟裕为团长的中国军事友好代表团抵达平壤对朝鲜进行友好访问

8月19日

中共中央副主席邓小平再次就《实践是检验真理的唯一标准》发表讲话

邓小平在接见文化部核心领导小组负责人时，再次就《实践是检验真理的唯一标准》这篇文章发表讲话说：《光明日报》发了文章，当时没注意。后来听说有人反对，才找来看了看。符合马克思列宁主义嘛，扳不倒嘛！

中共中央转发共青团十大筹备委员会《关于红卫兵问题的请示报告》

《关于红卫兵问题的请示报告》指出，现在，学校共青团组织早已恢复，少先队和学生会也正在恢复；作为"文化大革命"中产生的红卫兵组织，已经完成了它的历史使命，可以不再继续存在了。文件下达后，学校中的"红卫兵"组织即行解散。

国务院副总理耿飚在北京会见博茨瓦纳外交部部长阿奇博尔德·莫惠

全国人大常委会副委员长谭震林在北京会见英国工党议员约翰·罗珀

全国人大常委会副委员长姬鹏飞在北京会见墨西哥下加州州长德拉马德里

中国越南副外长级谈判在河内举行第三次会议

中国政府代表团团长仲曦东在发言中强调指出："解决中越两国在华侨问题上的争端，关键是回到1955年两党协议上来。"他根据协议的原则精神，就合情合理地解决越南北方的华侨问题，提出了四条建议。

关于解决滞留在中越边境口岸越方一侧的华侨问题，中国政府代表团团长仲曦东今天是第三次向越方提出建议。中国方面曾经多次指出，数千名华侨滞留在中越边境口岸越方一侧，完全是由于越南当局推行歧视、排斥、迫害和驱赶华侨的政策所造成的。越南当局对妥善处理这个问题，负有完全责任。

会上，越南政府代表团团长黄碧山也就这个问题建议中越两国政府代表团团长发表"呼吁书"，呼吁滞留在边境口岸的人返回原居住地，并在今天下午6时在两国边境口岸同时发表这项"呼吁书"。

仲曦东团长在评论越方这一建议时指出，越方使用了中国必须停止"唆使"、"煽动"之类诬蔑攻击性词句，把造成这一问题的原因归咎于中国。中国方面不同意越方的这种诬蔑、攻击。尽管如此，越方既然表示要把滞留在边境的华侨接回原居住地，我们仍表示欢迎。在这里，我们找到了会合点。但是，现在双方还没有达成协议。

仲曦东团长再次强调越方必须公开地明确地保证滞留在中越边境越方一侧的华侨的生命安全，妥善安排这些华侨的工作和生活，不得歧视。

关于越方提出今天下午6时双方在边界公布"呼吁书"，仲曦东团长指出："在这次会谈中，中越双方各提出了建议，双方都应当认真研究对方的建议。对越方提出的建议，即'呼吁书'，我还没有来得及研究，不得贸然评论。”

会上，黄碧山拒绝了中国政府代表团提出的另外三项建议。仲曦东团长指出，越南代表团没有认真研究就拒绝了中国方面的建议，未免草率。他建议双方都把对方的建议加以认真研究，再进行进一步讨论。

教育部 国家计委决定在部分高等学校举办大专毕业生进修班

新华社报道：经国务院批准，教育部和国家计委决定，今年在部分高等学校举办大专毕业生进修班，选拔近万名毕业生到校进修。

进修班招生的对象，主要是68届至70届(含少量71届)的大专毕业生，重点是工科、理科(包括师范院校的理科)和少量医科毕业生。进修班学习的内容，一般为基础课，但有的根据需要也可学习专业课(包括学习新技术)。进修的时间是一年至两年。

学生来源由各省、自治区、直辖市、中央有关部委和承担进修任务的学校具体确定。可以招收本校毕业生，也可以招生外校毕业生，一般在招生院校所在省、自治区、直辖市范围内，尽量就近招生。少数面向全国、面向地区的重点院校，也可以跨省、市招生。

进修班采取自愿报名，单位选送，学校考试，择优录取的招生办法。有关单位要根据国家需要，积极支持考生报考。考生于所在单位报名，由招生院校命题考试。在同一地区招生的院校，联合组织考试。考试时间定于8月中旬至9月中旬。

学员结业后，一般回原地区、原单位工作，回去后专业不对口的，由省、自治区、直辖市或主管部委进行适当调整。

郑君里骨灰安放仪式在上海市革命公墓举行

郑君里历任上海市第一、二、三届人民代表大会代表，第三、四届全国政协委员、中华全国总工会第八届执行委员会候补委员和中国文学艺术界联合会委员、中国戏剧家协会理事、中国电影工作者协会理事、中国电影工作者协会上海分会常务理事、上海海燕电影制片厂导演等职务。郑君里因遭受林彪、“四人帮”残酷迫害，于1969年4月23日不幸逝世，享年58岁。

郑君里是广东省中山县人，早年就投身于进步的戏剧、电影活动，参加过“左翼剧联”领导下的进步剧团，担任过党领导的上海救亡演剧队第三队队长，又担任过周恩来同志和郭沫若同志直接领导下的“抗敌演剧队”的第二队队长和“孩子剧团”的业务指导员。抗日战争胜利后，他导演了《一江春水向东流》《乌鸦与麻雀》等进步影片。《乌鸦与麻雀》在1955年荣获文化部颁发的一等金质奖章。

新中国成立后，郑君里导演了反映新中国新气象的纪录片《人民的新杭州》等。他还导演了《林则徐》《聂耳》《枯木逢春》等优秀故事片，获得国内外观众的热情赞扬和高度评价。郑君里还认真地进行戏剧和电影的学术理论研究和翻译工作，对我国表演艺术的发展起了积极的作用。

8月20日

中共中央主席华国锋在布加勒斯特与罗马尼亚总统尼·齐奥塞斯库再次举行会晤

在会晤中，华国锋主席同齐奥塞斯库总统就全面发展中罗关系和双方关心的国际问题再次交换了意见。

8月21日

中共中央主席华国锋在贝尔格莱德与南斯拉夫总统约·布·铁托举行会谈

中国方面参加会谈的有：中共中央政治局委员、国务院副总理纪登奎，中共中央政治局候补委员、中共四川省委第一书记、四川省革命委员会主任赵紫阳，中共中央委员、外交部长黄华，中共中央对外联络部副部长乔石，外交部副部长余湛，外贸部副部长陈洁，第一机械工业部副部长孙友余，中国驻南斯拉夫大使周秋野等。

中国与罗马尼亚《关于建立中罗政府经济技术合作委员会的协定》及其他8个协定和议定书在布加勒斯特签署

双方还互换了今年5月签订的中罗经济技术合作长期协定的批准书，并签订了互换中罗领事协定批准书的证书。

中国政府副总理纪登奎、罗马尼亚政府第一副总理格·奥普雷亚分别代表本国政府在两国经济技术合作委员会协定、生产技术合作议定书、科学技术合作协定、互派工程技术人员以及实习生的议定书和1979年度贸易议定书等文件上签字。

关于建立中罗政府经济技术合作委员会的协定指出，考虑到两国在社会主义建设和经济技术合作方面取得的成就和经验，为最有效地利用两国不断增长的经济技术力量和发展两国之间的经济技术合作，决定缔结此协定。

关于生产技术合作议定书规定，双方本着平等互利、互通有无和友好互助的原则进行多种形式的生产技术合作。

双方还签署了有关旅游合作、动物检疫、植物检疫等方面的协定和议定书。中国外交部部长黄华和罗马尼亚外交部部长斯·安德烈分别代表本国政府在这些文件上签字。

此外,两国航运公司还签订了关于开辟班轮航线的协议。

出席签字仪式中方人员有:中共中央政治局候补委员、中共四川省委第一书记、四川省革命委员会主任赵紫阳,中共中央候补委员、中共中央办公厅副主任、中央警卫局第一副局长张耀祠,中共中央对外联络部副部长乔石,外交部副部长余湛,外贸部副部长陈洁,一机部副部长孙友余,中国驻罗马尼亚特命全权大使李庭荃。

国务院副总理耿飚在北京会见由毛里塔尼亚全国复兴军事委员会委员 国防部部长马乌亚·乌尔德·西德·艾哈迈德·塔亚中校率领的毛里塔尼亚政府代表团

国务院副总理耿飚在北京会见也门民主人民共和国特使 建设部部长海达尔·阿布·贝克尔·阿塔斯和民主也门新任驻中国大使艾哈迈德·萨利赫·哈吉卜

中联部部长耿飚在北京会见以第一书记费尔南·勒菲弗尔为团长的比利时马列主义共产党中央代表团

全国人大常委会副委员长乌兰夫在北京会见以藤泽实晟为团长的日本净土真宗本愿寺派所属学校教师友好访华团

国务院副总理王震在北京会见由总统府国务秘书恩东·阿巴哈·梅西安率领的赤道几内亚新闻代表团

全国人大常委会副委员长谭震林在北京会见塞内加尔通讯社社长阿马杜·迪恩

全国人大常委会副委员长姬鹏飞在北京会见赞比亚共和国国民议会议长鲁宾逊·纳布利雅托

8月22日

中共中央主席华国锋在贝尔格莱德与南斯拉夫总统约·布·铁托继续举行会谈

华国锋主席、铁托总统都认为在去年铁托总统访华以后,中南关系已进入一个新阶段。他们都表示希望使两党、两国之间的友好合作关系将长期地、全面地、稳定地发展下去。他们指出,两国将开展工业生产协作等方面的合作,使双方的经济合作切实而迅速地发展起来。两国还将发展科学技术、文化等方面的合作和贸易往来。华国锋主席和铁托总统商定,在访问期间,双方的其他人员将就有关方面的问题进行分组会谈。

华国锋主席和铁托总统还就当前的国际形势和共同关心的问题交换了意见。华国锋主席高度评价不结盟运动在世界人民的革命斗争中所起的作用。他重申中国坚决支持南斯拉夫为维护不结盟运动的团结、坚持它的政治方向而进行的斗争。

中国方面参加会谈的有:陪同华主席访问的纪登奎、赵紫阳、黄华、张耀祠、乔石、余湛、陈洁、孙友余等同志,以及中国驻南斯拉夫大使周秋野。

中共中央主席华国锋在贝尔格莱德会见南斯拉夫联邦执行委员会主席韦塞林·久拉诺维奇

全国建筑材料工业科学技术大会在北京举行

这次大会是国家建筑材料工业总局召开的,会议于8月22日至28日举行。

这次大会是建筑材料工业向科学技术现代化进军的誓师大会。大会讨论修订了1978年至1985年全国建筑材料和非金属矿工业科学技术发展规划纲要;检阅了建材工业科技的成果,交流了建材工业科技工作的经验;表彰了一批在建材工业科技工作上作出贡献的先进个人和先进集体,奖励了一批优秀科研成果项目。

国务院副总理耿飚、方毅、王震、谷牧出席了会议。

当前,我国建筑材料工业的生产水平和技术水平都不能适应国民经济高速度发展的需要。这次大会着重讨论和研究了建筑材料工业大干快上迫切需要解决的科学技术问题。大会指出,要从实际出发,着眼长远,狠抓当前,以应用技术的研究为主,同时注意加强基础科学的研究。当前迫切需要研究的课题是:一、水泥工业的新技术;二、玻璃工业的新工艺;三、配套的新型建筑材料的研究;四、工业废渣在建材工业的应用;五、几种主要非金属矿产品的采选和加工新工艺;六、小水泥工业的机械化、自动化。这些课题,有的已有了一定的成果。现在要结合引进技术和设备,迅速完善,并运用到生产上去。为了赶超世界先进水平,更好地为发展建材工业服务,还要大力研究电子技术、激光技术、计算技术等新技术在建筑材料和非金属矿工业中的应用,加强机械化、自动化专用成套设备以及测试技术和仪器的研究,加强建材技术经济分析及硅酸盐工程学和无机非金属材料科学理论等研究工作。

全国机械工业学大庆会议举行命名仪式授予马恒昌小组“三大革命斗争的英雄集体”称号

康世恩副总理亲自向马恒昌小组颁发了锦旗。

命名仪式在北京人民大会堂举行。马恒昌小组的13任组长和这个小组的政治宣传员、技术质量员、经济核算员、设备安全员、工具管理员、生活管理员,披红戴花,出席了命名仪式。

马恒昌小组原是沈阳第五机器厂的一个车工小组,是在1949年4月由马恒昌等10名工人组建的。1950年,这个小组和沈阳第五机器厂的一部分工人由沈阳搬迁到齐齐哈尔,现在是齐齐哈尔第二机床厂的一个车工小组。29年来,这个组在毛泽东思想培育下,坚持大干社会主义,平均每年完成一年半的工作量,就是在林彪、“四人帮”破坏最严重的时期,也没有停过一天产,产品合格率始终保持在99%以上。他们坚决按照毛主席的指示办事,真心实意学大庆,就是在1975年“四人帮”一伙猖狂反大庆的时候,这个组第10次到大庆学习,把学大庆运动搞得更加扎实更加深入。29年来,这个组先后为国家输送了283名技术工人和43名科以上干部。13任组长中,有12人被评为省、市和全国劳动模范。29年间,这个小组的好思想、好作风、好传统始终保持,代代相传。

第一机械工业部在命名决定中,号召全国机械工业战线开展学大庆,赶马恒昌小组的群众运动;号召各企业、事业单位加强领导,培养千千万万个马恒昌式的班组,为实现新时期的总任务,加速向四个现代化进军,作出更大的贡献。

命名大会由国务院副总理方毅主持,康世恩副总理作了重要讲话。康世恩副总理在讲话中高度赞扬了马恒昌小组的英雄事迹。他说,马恒昌小组是坚持抓革命促生产的模范,是坚持继续革命、把巩固无产阶级专政的任务落实到基层的模范,是三大革命运动一起抓、加强队伍革命化建设的模范,是机械工业战线的一面旗帜。康副总理勉励马恒昌小组的全体同志发扬光荣的革命传统,继续前进。

在命名大会上,还同时给全国机械工业战线的15个行业标兵、54个红旗集体、333个大庆式企业、190个先进集体。

国务院副总理康世恩在北京会见以岩田贰夫为团长的日本东京芝浦电气株式会社访华团

全国人大常委会副委员长谭震林在北京会见以新闻部顾问穆斯塔法·贾比尔为团长的约旦新闻代表团

国务院副总理耿飚在北京会见土耳其新任驻中国大使奥克塔伊·詹卡尔德什

8月23日

中共中央主席华国锋在贝尔格莱德会见各国驻南斯拉夫的外交使节

国务院副总理纪登奎在贝尔格莱德与南斯拉夫联邦执行委员会副主席布·伊科尼奇就中南经济合作举行会谈

双方就两国进一步发展经济合作的问题广泛而深入地交换了意见。双方对去年8月铁托总统访华后两国在经济合作方面所取得的进展表示满意。双方并表示愿意进一步发展两国在经济和科技领域的平等互利合作。

中国方面参加会谈的有:外交部副部长余湛、外贸部副部长陈洁、第一机械工业部副部长孙友余等。

全国人大常委会副委员长谭震林在北京会见由日中文化交流协会副理事长宫川寅雄任团长的日本考古学者代表团

国务院发出通知要求各高校不得在计划外接受“代培生”

通知中规定:高等学校招收学生一律纳入国家计划。各高等学校必须按照国家下达的计划和有关招生规定录取新生,不得在计划之外接受“代培生”。1977年以来,凡不按招生规定,假借各种理由接受入学的“代培生”,应一律退回。

据群众来信反映,有些地方和部队的干部,违反招生规定,以“工作需要”为名,将子女、亲友送到大学或中等专业学校“代培”。这些“代培生”,多数是在1976年以前入学的。例如,河北大学从1973年至1976年,先后接受“代培生”96名,现在在校的还有36名。这批学生入学时,没有经过学校党组织讨论,也没有经过上级教育行政部门批准,完全是由学校当时的个别负责人在国家计划之外私下决定接收的。这些“代培生”实际上和正式学生没有区别。广大群众对这种做法早就很有意见。许多同志指出,这实际上是“走后门”的一种花样。河北大学的同志今年给中央领导同志写信,揭发了这个问题。教育部会同河北省有关部门调查了解,结果证明学校反映的情况完全确实。

值得注意的是,1977年改革招生制度以后,仍有个别人和个别单位,违反招生规定,通过非法渠道,将一些高考落榜的子女、亲友送进大学或中等专业学校"代培",而少数学校还在接受这种"代培生"。

国务院在通知中规定:对于1976年以前入学的"代培生",原则上允许他们跟班学习到毕业,但不发给"毕业证书",只发"修业证明"。在校期间,要加强对他们的管理,教育他们要刻苦学习,遵守纪律,团结同学,不搞特殊化。对个别不遵守学校纪律,不努力学习,表现不好,影响很不好的,应退回原单位。对那些在送收"代培生"中,利用职权,徇私舞弊,违法乱纪,甚至行贿受贿的,要认真予以查处。

8月24日

中共中央主席华国锋抵达马其顿社会主义共和国首府斯科普里继续对南斯拉夫进行访问

国务院副总理康世恩在北京会见以朝鲜国外保险会社社长白明伦为团长的朝鲜保险代表团

国务院副总理谷牧在北京会见英国保守党议员杰弗里·豪和保守党议员利昂·布利坦

中国农学会在太原召开全国农业学术讨论会

会上在交流科技成果和学术经验的同时,积极发动和组织到会的700多名农业科学工作者,就如何加速实现我国农业现代化的问题,认真负责地向党和国家提出建议。

中国农学会从今年1月份恢复活动以来,就把发动广大农业科学工作者为加速发展我国农业生产和农业科学、教育事业向有关部门提出建议,作为学会的一项重要任务。华北农大副校长、中国农学会副理事长沈其益同志,根据他们在河北省邯郸地区曲周县连续四年大面积综合治理旱涝盐碱地,使粮食亩产从200斤提高到800斤的科学实验成果,提出了"综合治理盐碱地,把黄淮海变成大粮仓"的建议。建议指出,我国黄(河)、淮(河)、海(河)大平原约有5000万亩盐碱地,如果全部改造过来,每年可增产粮食两三百亿斤。这个建议,受到党和国家领导同志及有关地区和部门的重视。国家科委、农林部已将邯郸地区曲周等两个县,列为综合治理旱涝盐碱地的科学实验基点,并已把黄淮海盐碱地的全面考察和制定分区治理规划列为国家任务。这次学术讨论会上,沈其益教授又根据科学实验的最新成果,进一步丰富了原来提出的建议。

农业科学工作者的不少建议具有重大的经济价值。如水稻和油料科学工作者提出的长江中下游地区应适当扩大"稻——稻——油(菜)"种植方式的建议,就很值得有关地区重视。他们根据大量的调查资料和多年试验的结果,认为长江中下游地区冬季适当多种油菜比种小麦获益更大。因为这个地区小麦扬花灌浆期间正值阴雨连绵的黄梅雨季节,日照时间短,小麦赤霉病流行,往往造成严重减产。其次,小麦生长期长,因而推迟了早稻插秧季节,形成一步推迟,步步被动的局面,不但影响早稻收成,而且影响晚稻产量。如适当增种生长期较短的油菜,就避开了不利小麦生长的因素,而且不影响早稻栽插。以每亩地收油菜籽150斤计算,除可榨油50斤外,还可得菜籽饼100斤。菜籽饼既是优质饲料,又是优质肥料。以本田所得饼肥施于本田,至少可多收稻谷一两百斤。油菜的根系能分泌一种有机酸,可溶解土壤中的矿质磷,有利于提高土壤肥力,促进水稻增产。他们认为,如果长江中下游地区有1/4的水田实行这一种植方式,所得油菜籽,就可获植物油20多亿斤。

畜牧兽医科学工作者认为,我国现行的以饲养头数和存栏头数作为养猪生产指标的规定,虽然有利于增加养猪头数,但出肉不多,总消耗量大,很不经济,建议改为以体重75公斤为一头商品猪折算。不少同志还建议我国要大量发展牛、羊、兔等食草牲畜,有计划地培植人工草场,提高现有草原利用率,严防乱垦草原。在牧业走上工厂化的地区,要成立饲料公司,供应合理的配合饲料,以利畜牧业高速高效地发展。此外,还有不少涉及发展多种经营和农业科学教育方面的建议,中国农学会决定将其编印成册,发送各有关部门参考或采纳实施。

8月25日

中共中央主席华国锋抵达克罗地亚社会主义共和国首府萨格勒布继续对南斯拉夫访问

华主席下午乘飞机离开萨格勒布,到达布里俄尼岛,受到南共联盟主席、共和国总统约·布·铁托的欢迎。

全国人大常委会委员长叶剑英致电肯尼亚代总统阿拉普·莫伊对肯雅塔总统逝世表示深切哀悼

国务院副总理方毅在北京会见德意志联邦共和国洪堡基金会主席吕南教授为团长的西德亚历山大·冯·洪堡基金会代表团

中联部部长耿飚在北京会见美共(马列)副主席艾琳·克莱尔和中央委员谢尔曼·米勒

8月26日

中国政府和南斯拉夫政府在贝尔格莱德签署两项协定

这两项协定是由中国国务院副总理纪登奎和南斯拉夫联邦执行委员会副主席布拉尼斯拉夫·伊科尼奇在联邦执行委员会大厦签署的。

关于建立中南经济、科学和技术合作委员会的协定规定,委员会的双方主席将由两国政府的副总理担任。委员会的主要任务是,研究和提出扩大两国经济、科学和技术合作的建议,提出有关合作方式的建议以及实施两国有关协议的措施。

经济、科学和技术长期合作协定规定,中南两国将在科学、工艺和技术的研究以及生产的协作和专业化等方面进行长期合作。

这两项协定是为了进一步发展两国的传统友谊,本着互相尊重国家主权、民族独立、不干涉内政和平等互利的原则签订的。这两项协定的签订将使两国经济、科学和技术合作的不断扩大有一个长期稳定的基础。

中国方面出席签字仪式的有:外交部副部长余湛,外贸部副部长陈洁,第一机械工业部副部长孙友余等;南斯拉夫方面出席签字仪式的有:联邦执行委员会委员博戈留布·奈戴利科维奇,联邦经济联合会副主席拉戴·托多维奇,联邦农业委员会副主席布兰科·约万诺维奇,联邦能源和工业委员会副主席斯特万·戈伊希纳等。

签字以后,纪登奎副总理和伊科尼奇副主席继续举行会谈,就两国经济合作问题进一步交换了意见。

外交部部长黄华在布里俄尼与南斯拉夫联邦外交部长约·弗尔霍韦茨举行会谈

两国外长就当前国际形势交换了意见,并就今后加强双方之间的接触达成协议。

双方参加会谈的有:南斯拉夫联邦外交部副部长布·朗查尔,南斯拉夫驻中国大使米·奥斯托伊奇;中国驻南斯拉夫大使周秋野等。

全国人大常委会副委员长乌兰夫在北京会见意大利知名人士代表团

国务院副总理方毅在北京会见由泰王国教育部副部长谷·沙瓦滴帕尼博士率领的泰国教育部代表团

国务院副总理耿飚在北京会见以苏丹社会主义联盟中央委员 青年体育国务部长阿里·穆罕默德·休姆为团长的苏丹社会主义联盟中央委员会代表团

全国人大常委会副委员长谭震林在北京会见由卢森堡文化 国民教育和司法大臣罗贝尔·克里普斯率领的卢森堡知名人士代表团

国务院副总理王震在北京会见以栗原俊夫为团长的日本日中农业农民交流协会访华团

中国与越南副外长级谈判在河内举行第四次会议

中国政府代表团团长仲曦东强烈谴责并抗议越南当局有计划、有预谋地于8月25日上午血腥镇压滞留在友谊关外越南一侧2000多名难侨的新罪行。

仲曦东强调指出,这一事件是越南当局明目张胆地蓄意制造的破坏中越两国副外长级谈判的极为严重的步骤。

越南政府代表团团长黄碧山在发言中正式拒绝了中国方面就解决滞留在中越边境越南一侧的难侨问题而提出的由双方发表一项“公告”的建议,

仲曦东团长上说,今天越方对中方“公告”的建议一概加以否定,这表明越方前些时候的表示,完全是以谈判作为一种手段,来掩盖在边境口岸对难侨实行血腥镇压的新罪行。

仲曦东团长批驳了黄碧山对最近越方在边境制造的一系列暴力事件的抵赖与捏造,和对中国方面的诽谤。仲曦东说:“事实俱在,铁证如山,任何谎言是改变不了的,任何抵赖也是无用的。这种武装镇压,造成难侨伤亡,必将受到人民的谴责和历史的惩罚。”他强调说:“解决中越双方在华侨问题上的争端,只能是通过谈判,而不是用武装来解决。”

仲曦东团长说,中国方面在历次会议,特别是在第三次会议上提出的具体意见和建议,“是根据1955年两党协议的精神,从当前实际情况出发,诚心诚意地提出来,供你们讨论和解决问题的。然而,你们竟然全盘加以否定,连商量的余地都不留一点。这就又一次暴露了你们歧视、排斥、迫害、驱赶华侨的真面目,又一次暴露了你们以谈判为手段,掩盖你们迫害和驱赶华侨的真面目”。

仲曦东团长最后说,越南代表团团长断言:“会谈将陷入僵局”,这是否越方对会谈的估计呢?“你们这样讲,用意是很清楚的,你们是要对会谈的前途承担责任的。”

8月27日

中共中央主席华国锋在布里俄尼与南斯拉夫总统约·布·铁托举行会谈

华国锋主席和铁托总统就当前国际形势和发展中、南两国友好关系广泛、深入地交换了意见。双方对进一步发展两党、两国关系的广阔前景，表示乐观，并且认为这不仅符合中、南两国人民的利益，也符合世界各国人民的愿望。双方对会谈表示十分满意。

中国物理学会在庐山召开1978年年会

这次规模空前的年会，是检阅我国物理学界近年来所取得的成果的大会，也是全国物理工作者向科学技术现代化进军的动员大会。

中国物理学会的这次年会，内容包括理事会议以及固体物理、核物理、基本粒子物理和统计物理等4个学科的学术交流会。来自全国各地的600多名物理工作者参加了这次年会。会上共宣读学术论文和报告300多篇。

中国科学院副院长、全国科协代主席、中国物理学会理事长周培源，全国科协副主席裴丽生，中国科学院副院长、中国物理学会副理事长钱三强等出席了年会，并在会上讲了话。

粉碎"四人帮"以后，特别是全国科学大会召开以来，我国物理工作者向着世界先进水平，积极开展各项研究工作。目前，在我国物理学界，许多基础理论研究得到加强，一些空白学科正在填补。不少新的重要的科研设备，如重离子和高能物理加速器的研制工作已经着手进行。在这次年会上，许多物理工作者报告了他们在研究中取得的成果。

中国科学院原子能研究所和物理研究所合作，在我国首次发现碘酸锂晶体在直流电场下中子衍射增强的现象。科技大学、南京大学和中国科学院物理研究所，对超导强耦合理论的研究也取得了比较突出的成果。物理工作者们在超高真空检测、内耗核技术在固体研究中的应用，以及视觉感受器生物物理等方面的研究，都有了一定的成绩。

核物理的基础研究、应用研究和核技术应用方面，也有较大的发展。物理学家们充分利用现有条件，进行创造性的工作，在重离子反应研究、核反应的中间结构以及原子核集团结构等方面的实验研究、衰变核谱的研究都取得了不同程度的进展。在中子物理、裂变研究及宏观中子物理的能谱研究，取得了一些较高精度的数据。

曾经提出"层子模型"的我国理论物理工作者，在基本粒子的研究方面，正在继续努力作战。大型加速器和探测器正在建造，新的实验手段正在不断充实，为高能物理实验研究展现了新的前景。原来比较薄弱的统计物理学科，近年来也得到加强，通过这次年会，对统计物理工作今后的发展起了推动作用。

我国物理学界取得的新成果，体现了科研工作中的几个新的特点，第一个特点是，基础研究重新得到重视。前些年由于"四人帮"的破坏，基础研究几乎完全被取消。粉碎"四人帮"以后，特别是全国科学大会以来，基础研究有了迅速的恢复和发展。这次大会上，核物理基础研究成果报告占有较大比重。沈阳金属研究所的内耗和强度研究，原来在国际上都有影响。现在这个研究所重建队伍，在整理原有工作的基础上，又向前迈开了新的步伐。在固体发光、激光等方面，已摆脱前几年单纯试制生产的状况，深入了机制、微观过程的研究。吉林物理研究所、北京大学、北京师范大学等单位在有关发光机理、离子注入、能谱的研究等项工作中，都进行了较好的理论分析。在中、高能的核物质运动新形态、重离子反应、低能核物理等方面，也进行有益的理论探讨，取得了一批有意义的成果。此外，对一些理论方法的应用，也有了新进展。

第二个特点是，对一些新兴科学的研究很活跃，与核物理有关的边缘科学和核技术的应用发展速度颇快。质子激发X射线荧光分析、离子束背散射分析、核反应分析方法、沟道效应、扰动角关联、穆斯鲍尔效应的应用、低能中子的应用等技术，在材料杂质分析、表面分析、生物医学样品分析方面的应用，都已展开了工作，有的已取得很好的成绩。另外从事超导、液晶等新领域的研究，也有了良好的开端。

第三个特点是，充分利用现有的实验设备和条件，开展创造性的研究工作。目前建造和引进一些先进的实验设备，还需要时间。在比较困难的条件下，物理学工作者们精心设计实验方法，革新实验技术，创造了新的成绩。低能核物理方面不少工作，就是在比较落后的加速器设备上作出来的。物理学工作者们克服许多困难，在我国首次设计制造了中子飞行时间谱仪和氦3氦4稀释制冷机，对发展现代实验技术，作出重要的贡献。

物理学工作者围绕重要科研项目的社会主义大协作，也在逐步发展。北京师范大学集中物理、化学、数学三个方面的人员协同作战，已形成一个离子注入中心。在探索高临界温度超导体方面，已形成了全国性的协作网。对硅单晶缺陷的基础研究，中国科学院半导体研究所、物理研究所、科技大学、南京大学、北京钢铁学院和有色金属研究院几个单位协作，充分发挥现有人员和仪器设备的力量，共同研究，力争在较短时间内提出解决办法。

这次年会期间召开的固体物理、核物理、基本粒子物理和统计物理四个学科的学术报告会，促进了学科之间的交流。许多物理学家不仅参加本学科的学术交流活动，也参加别的有关学科的活动。

年会期间还讨论了各高等学校和中等学校如何改进物理教学的问题。会议决定，组织力量编写一批物理学方面的小丛书，办好物理学术刊物，组织有关物理学方面的科普讲座等，大力普及物理学基础知识。

理事会上，还讨论和通过了学会的章程(试行)和关于修改学会章程的报告。理事会增选了部分理事，改选了领导机构。中国物理学会理事会的新的正副理事长是：理事长周培源，副理事长钱三强、施汝为、王竹溪、甘柏、王淦昌、张文裕、汪德昭、谢希德(女)。

8月28日

中共中央主席华国锋和南斯拉夫总统约·布·铁托在布里俄尼举行的正式会谈结束

在今天的会谈中，华国锋主席和铁托总统听取了关于发展两党关系、发展两国经济和科学技术合作、扩大贸易以及两国在国际活动中增加往来，加强合作等问题的分组会谈的汇报。

华国锋主席高度评价铁托总统1977年对中国的访问。他指出，那次访问“是中南历史上的重大事件，中南两党、两国的关系从此确实进入了一个新的时期”。华主席说：“中南两国有共同的遭遇，容易相互了解。发展两国的友好合作关系，是深得人心的。”

国务院总理华国锋致电加法尔·谢里夫·埃马米祝贺他担任伊朗王国政府首相

中联部部长耿飚在北京会见以赫里斯托斯·比斯蒂斯为团长的希腊革命共产主义运动中央代表团

国务院副总理耿飚在北京分别会见斯里兰卡新任驻中国大使奇特拉·拉贾·迪亚斯·德辛哈和即将离任的尼日利亚驻中国大使坦科·优素福

广东佛山河宕遗址出土许多珍贵文物

广东省文物工作者最近从一处4000多年前的新石器时代晚期的人类遗址中，发掘出许多珍贵的历史文物。其中有一种喇叭状的象牙首饰，薄如蛋壳，制作精细，是广东地区出土文物中从未见过的艺术珍品。这座面积约1万平方米的遗址位于佛山市郊澜石公社河宕村旁。去年冬季，广东省文物部门，在农村社员的帮助下，对遗址进行了发掘。在已揭露的750平方米的面积内，可以清楚地看到，这个遗址的文化层共分为3层：上层是唐、宋以至近代的文化遗存；中层和下层是新石器晚期的文化遗存。在中、下层发现的77座墓葬中，有一部分人骨架保存尚好。经初步观察，生活在这里的人的体质特征，接近于南亚蒙古人种。

在这里出土的数十件完整的陶器和约3万片陶器残件中，有一批年代较早的几何印纹陶。这些陶器拍印技术精细，花样种类繁多。此外，还发现了130多件陶纺轮。

这次发掘还出土了3500多块包括鱼类、龟鳖类、鸟类以及猪、狗、牛、鹿、象、猕猴等动物的遗骨。

曲阜县发掘一批2000多年前古墓葬

山东省文物部门最近在曲阜县发掘了一座西周晚期的墓葬和几座春秋战国之际的墓葬，获得了一批2000多年前的珍贵的文物。西周晚期的鲁司徒中齐墓中，出土的鼎、盨、壶、簠、盘等9件铜器，都有铭文，记载着墓主的官职和姓名。其中有一件制作精美的“戌壶”，上面刻着“侯母作侯父戌壶，用征行，用求福无疆”字样，可能是出征时盛水的器皿。在春秋末期战国初期的几座大墓中，发现52号墓死者的身上盖有9枚玉璧，身下又垫着7枚玉璧；58号墓同样有随葬玉璧。这些玉璧最大的直径有33厘米。此外，在3号墓中还出土了一些残存的玉马、玉带钩、镶嵌绿松石带钩、鎏金长臂猿等器物。那个鎏金长臂猿，造型精致，神态逼真，两眼镶嵌着蓝色料珠，闪闪发光，是古代工艺佳品。

中国运动员董湘毅在布加勒斯特举行的射击比赛中打破标准手枪慢加速射世界纪录

8月29日

中共中央主席华国锋抵达德黑兰对伊朗进行正式友好访问

《人民日报》发表社论《干部学习科学技术是一项迫切任务》

自今春召开全国科学大会以来，各级领导干部学习科学技术的自觉性逐步提高。国务院一些部委，全国不少省委、市委、基层党委，纷纷举办科学技术讲座，领导干部带头听讲。有些干部还深入现场，向专家和群众请教。领导干部学习科学技术，推动了工农兵群众学习科学技术的活动。总的看来，现在干部学习科学技术的风气正在逐步形成，有些地方已经开花结果。这是非常可喜的。

事实充分说明,各行各业的干部,特别是领导干部学习科学技术,掌握管理现代化生产必需的知识,变外行为内行,是实现新时期总任务的需要,是有重大意义的一件大事。

当前全党和全国人民最关心的大事,是加快步伐,争取时间,早日实现四个现代化,使我们国家兴旺发达起来,以满足国家建设和人民生活日益增长的需要。各级领导干部在新长征中要胜任愉快地担当这个任务,就必须学习科学技术。这是同我们过去打仗、搞土地革命完全不同的东西,必须重新学习。从第一个五年计划以来,有些领导干部,长期坚持学习科学技术,几年、十几年、几十年刻苦钻研,逐步从外行变成内行,有的还成为某一专业的专家,大大提高了领导水平和管理水平。现在科学技术进步一日千里,我们新投入的建设项目,有许多是70年代的水平,要适应这样的新形势,干部如不注意学习,想靠单纯行政管理方法来组织现代化的生产是不行的。群众说得好,搞四个现代化不懂科学技术,正如下象棋不懂车马炮的走法一样,只能满盘输。不懂科学技术,不懂经济管理,又不肯通过学习变外行为内行,但又有决定权、指挥权,这就容易瞎指挥。这些年来,在一些地区,一些单位,吃瞎指挥亏的教训已经不少了。

要加快实现四个现代化,我们自己要有所发明,有所创造,也要学习和引进国外先进技术为我们服务。我们有些领导干部,懂得了一些科学技术,在自己领导的地区或单位取得了一些成绩,就夜郎自大,故步自封,认为自己已经差不多了。其实,他们懂得的往往不过是些50年代、40年代甚至30年代的东西。现在,世界上正在经历着一场伟大的科学技术革命,科学技术飞跃发展。我们原来懂得的一点科学技术知识和管理方法,早已不适应形势发展的需要,有什么值得骄傲呢?蛙潜井底,看到的天只有井口大。鹰击长空,才能看到天外有天。各级领导干部必须看到自己的不足,放虚心一点,努力学习科学技术,迎头赶上去。

有这样一些人,不认识或者不承认科学技术是生产力,有了先进技术不会用,也不去学会如何用,甚至弃之如敝屣,而热衷于苦干。苦干当然需要。但是苦干的内容,并不单是体力劳动,而要包括动脑筋,用科学。没有科学,我们要落后。那些不愿意学科学、用科学,甚至轻视、鄙视科学技术,反而以"大老粗"自豪的同志,实际上是把手工业的方式、小生产的习惯,看成是天经地义的东西,这是狭隘的保守思想的表现。奉劝这些同志,赶快从学习科学技术中解放思想。一个学习科学技术的高潮,从一定意义上说,也就是一个思想解放运动。我们应该自觉地争当科学技术现代化的促进派。

干部学习科学技术,提高管理水平,也是在新的历史条件下,坚持无产阶级专政下继续革命的一项重要内容。我们共产党人不仅要革旧制度的命,而且要革大自然的命,要坚持阶级斗争、生产斗争和科学实验一起抓。干部学习和掌握科学技术,就会在三大革命运动中,在实现四个现代化的事业中,同群众有更多的共同语言。这样,不仅可以使我们的干部取得领导和组织三大革命运动的主动权,而且有助于发扬无产阶级民主,密切联系群众,克服和避免唯心主义、官僚主义。

我们要求干部学习科学技术,并不是说不要学习政治了。政治是统帅,是灵魂,任何时候都不能放松。但是,学习科学,同学习政治是相辅相成的。马克思和恩格斯如果不掌握丰富的科学知识,也就不能创造科学社会主义。要成为真正的共产主义者,就要善于用人类知识的总和来丰富自己的头脑。离开科学文化的提高,离开自然科学的基础知识,要通晓马克思主义也是很困难的。正如毛主席所指出的:"马克思主义包含有自然科学,大家要来研究自然科学,否则世界上就有许多不懂的东西,那就不算一个最好的革命者。"干部学习科学技术,既有助于牢固地树立辩证唯物主义的世界观,做一个真正的共产主义者,又有利于提高领导水平和管理水平,有利于改进政治工作,推进科学技术现代化,真正成为实现四个现代化的又红又专的带头人。

广大干部学习科学技术,是提高全民族科学文化水平的重要环节。为了加速实现四个现代化的进程,需要广大工人、农民、解放军战士更多地掌握科学技术。从各地的情况来看,哪里干部学习得比较好,哪里群众的学习也就会带动起来。反之,哪里的干部不学,或者学得不好,哪里的群众性的学习也必然受到影响。应当指出,在那些学习很不自觉的同志中,有的是对于在本世纪内实现四个现代化缺乏高度的政治责任感,有的以年岁大学不进为借口,靠老本过日子。希望这些同志发扬继续革命的精神,干到老,学到老,在提高全民族科学文化水平中起带头作用,做个好样子。

伟大领袖和导师毛主席早就谆谆教导广大干部:"要学新本领,要真正懂得业务,懂得科学和技术,不然就不可能领导好。"要"钻进去,成为内行"。"一定要鼓一把劲,一定要学习并且完成这个历史所赋予我们的伟大的技术革命。"林彪、"四人帮"出于篡党夺权的反革命需要,摧残科学教育事业,给学业务、学科学技术的干部群众戴上种种精神枷锁,使我们科学技术本来同世界先进水平缩小了的差距又拉大了。林彪、"四人帮"相继垮台以后,我们国家进入了新的发展时期,华主席号召我们学习、学习、再学习,努力变外行为内行,广大干部群众热烈响应。但是,我们决不可低估林彪、“四人帮”的流毒。我们必须把揭批“四人帮”的斗争进行到底，为广大干部群众学习科学技术扫清道路。

现在，经过一个阶段的实践，许多地方已经提供了许多好的学习经验。学什么？怎么学？要因人因地制宜，不应该要求过高，强求一律，搞形式主义。各级党委在领导学习科学技术中，要注意总结经验，把这场学习运动搞得扎实、生动，注意效果，以便更好地指导工农业生产和科学实验。各行各业的领导干部和基层领导干部，主要是结合实际业务学，干哪门，学哪门，努力掌握一两门技术，逐步成为内行。可以举办各种各样的业余科学技术讲座，可以进行课堂教学，也可以进行现场教学，还可以在劳动锻炼的同时，随时随地向专家和内行的人学习。外文是扩大视野的工具，也是交流先进科学技术的媒介，必须提倡挤时间学。

在新的长征路上，各级党委对学习科学技术，必须加强领导，以身作则，执行制度，及时总结，逐步提高。只要各级党委认识清，方向明，决心大，抓到实处，就可以把这一个具有深远意义的学习科学技术的运动坚持下来，推广开去。

《人民日报》发表评论员文章《思想要适应现代化的要求》

在华主席为首的党中央领导下，我国人民下定决心，在本世纪内，使960万平方公里的神州大地实现四个现代化。为了把这个宏伟的理想变为灿烂的现实，极其重要的一条，是要使我们在各个方面都同四个现代化的要求相适应。

华主席最近指出：“我们的社会主义的政治制度和经济制度，从根本上说，比资本主义制度优越得多，这是毫无疑问的。但是，我们的上层建筑和生产关系的许多方面还不完善，我们的政治制度和经济制度的许多环节还有缺陷，这些同实现四个现代化的要求是不相适应的，是束缚生产力，阻碍生产力的发展的。”

华主席的这个指示具有极大的现实针对性。在实际生活中，不是常常可以看到人们似乎习以为常，但却十分落后乃至可笑的现象吗？

要办什么事情，首先想到的是一套机构。书记、厂长、保卫干部；这个处，那个科，还有各种名目的办公室。本来不需要用多少人的生产单位，也要“麻雀虽小，五脏俱全”，好像不摆起一个大摊子，搞一个大编制，就显不出它在经济上、政治上的重要性。要实现现代化固然需要专人负责，但更重要的是要讲究工作效率和劳动生产率。机构搞得那么庞大，组织形式搞得那么复杂，脱产人员搞得那么多，必然人浮于事，甚至互相抵消力量，怎么能创造出很高的劳动生产率呢？

要作什么决定，手续烦琐。一个计划、一项措施、一张合同、一份图纸，从开始拟定到付诸实施，常常要过一道又一道关口，拖延数月、半年甚至更长的时间。办现代化的事业，固然需要协商、计划，但更要讲究速度和效率。如果在上下耽搁、左右扯皮中耗费大量宝贵的时间，哪里还谈得上高速度、高效率？

不合理的“保密”制度，无异作茧自缚。一项新发明，一种新经验，别人要来了解、学习，往往要层层审批，理由是“防止泄密”！当然，必要的保密制度不可少。但是，保“密”保得把必要的资料交流、互相学习等活动都限制住，那就完全搞偏了。即使真正必要的保密，也不能搞得太烦琐，限制太严。现代化就要讲究新的科学技术的推广和普及。如果让数不清的清规戒律有意无意地织成封锁的罗网，那怎么能迅速发挥新的科学技术的作用，推动整个社会生产力的发展呢？

有的领导干部，思想上保守、落后，对于使用了几十年的旧设备、旧技术、旧工艺和因袭了几十年、几百年的手工劳动，感到心安理得，不肯丢弃；对于一切新的东西，总是怀疑：“能行吗？”一听说要改革，头一个反应就是：“太麻烦！”他们不愿意学习先进的科学技术；有的地方，装备了新的机器，因为掌握不了，就让它闲着；有的同志甚至认为，谁向往新的技术设备，谁就是“想偷懒”、“怕流汗”，似乎只有安于现状，用增加工时、拼体力的办法完成生产任务，才叫“大干”，才是“光荣”。现代化就要不断地用新的东西来代替旧的、过时的东西。如果因循守旧，拒绝变革，没有一点积极进取的精神，怎么能够领导广大群众进行一场伟大的科学技术革命，使我国的国民经济赶上和超过世界先进水平呢？

总之，无论是在我们的思想观念、工作方法，还是在我们的具体政策、规章制度中，都有一些落后的东西，有的甚至是根深蒂固的，同实现四个现代化的要求格格不入，严重地拖住了我们前进的步伐。

这些落后的东西，从本质上来说，是从落后的生产方式中产生出来，并且同落后的生产方式相适应的。在我国几千年的封建社会和100多年的半封建、半殖民地社会中，小农经济始终占统治地位。个体经营、手工劳动、自给自足，是它的主要特点。这些特点在社会生活的各个方面，特别是在人们的思想、作风、习惯中，深深地打下了烙印：守旧、狭隘，拒绝新事物；闭关自守，坐井观天，“鸡犬之声相闻，老死不相往来”；迷信文牍主义，崇拜烦琐哲学；自由散漫，疲疲沓沓，拖拖拉拉。现在，小农经济虽然早已走上了集体化的道路，但意识落后于存在,我们的头脑中还残留着旧生产方式的影响,同小农经济相适应的思想观念更不会很快地从人们的头脑中消除干净。加上林彪、"四人帮"长期推行假左真右的反革命修正主义路线,疯狂破坏社会主义经济建设,阻碍科学技术的发展,大搞蒙昧主义和愚民政策,我们的上层建筑中某些与生产力发展不相适应的东西,就更加积重难返了。

当前,我们愈是要加快四个现代化的步伐,这些落后东西的危害愈加突出。这一点,很多同志已经从自己的工作实践中痛切地感受到了。在新民主主义革命初期,伟大的革命家、思想家鲁迅曾大声疾呼:"我们目下的当务之急,是:一要生存,二要温饱,三要发展。苟有阻碍这前途者,无论是古是今,是人是鬼,是《三坟》《五典》,百宋千元,天球河图,金人玉佛,祖传丸散,秘制膏丹,全都踏倒他。"在进入新的历史发展时期的今天,"我们目下的当务之急",就是要尽快实现四个现代化。"苟有阻碍这前途者",难道我们能够姑息纵容、听之任之吗?我们应当学习鲁迅那种大无畏的彻底革命精神。对于伺机破坏和捣乱的国内外阶级敌人,我们必须有"踏倒他"、粉碎他的气概;对于自己身上的种种落后的东西,我们也必须有正视它、揭露它的勇气,有坚决而又妥善地改革它的魄力。

我们说思想革命化,今天,就应当包括打破小生产的狭窄眼光,摆脱小生产的习惯势力这个内容。我们在工作中有许多落后的东西,首先是领导思想落后。这就要求各级领导干部的思想来一个革命。领导干部的思想认识、精神状态,对广大群众的思想和情绪影响极大;各种具体政策、规章制度的制定和贯彻,都要通过领导干部的工作来实现。如果领导干部的思想还停留在过了时的生产方式的阶段,还紧紧地抱住那些落后的东西不放,要改革上层建筑和生产关系中不适应四个现代化要求的东西,就会遇到极大的阻力。一旦领导干部真正认识了这个问题的重要性,下定了同这些落后的东西作斗争的决心,他们就能更好地带动和鼓舞广大群众一起前进。我们希望,各条战线的各级领导干部,都积极开动脑筋,同广大群众一道,对照新时期的总任务,想一想,查一查:我们的思想观念、工作方法、规章制度、具体政策中有哪些东西同现代化的要求不相适应?哪些必须立即废止,哪些应当逐步改革?应当采取哪些措施来加以保证?这样做,一定会大大促进我们的工作。可以肯定,我们按照实现四个现代化的要求,把那些落后的东西克服得越彻底,我们在新长征的道路上迈进的步伐就越迅速。

国务院副总理方毅在北京会见意大利教育部长马里奥·佩迪尼

8月30日

中共中央主席华国锋在德黑兰与伊朗国王穆罕默德·礼萨·巴列维举行首次会谈

华国锋主席和巴列维国王对近几年来两国友好关系的发展表示满意,并就进一步发展两国关系,扩大两国在经济、科学技术、贸易、文化领域的交流和合作等共同关心的问题交换了意见。

中国方面参加会谈的有:国务院副总理纪登奎,中国人民政治协商会议全国委员会副主席、四川省革命委员会主任赵紫阳,外交部长黄华,中央办公厅副主任张耀祠,外交部副部长余湛,外贸部副部长陈洁,一机部副部长孙友余,中国驻伊朗大使焦若愚。

国务院总理华国锋在德黑兰会见伊朗首相贾法尔·谢里夫·埃马米

国务院总理华国锋在德黑兰会见各国驻伊朗的外交使节

国务院副总理耿飚在北京会见即将离任的科威特驻中国大使阿布哈桑

全国人大常委会副委员长邓颖超在北京会见意大利妇女代表团

国务院副总理王震在北京会见日本参议院议员秦丰和日本航空杂志社社长青木日出雄

全国人大常委会副委员长廖承志在北京会见由团长乔安妮·格兰特率领的前美国青年代表团成员访华团

前美国青年代表团是在1957年第一个冲破美国政府的封锁来到中国访问的40多位美国青年朋友。当时周恩来总理、廖承志同志曾同他们进行了友好的会见。这些美国青年朋友对中国人民充满了友好的感情。这次来访的是其中的一部分成员。会见时,廖承志副委员长高兴地同阔别21年的美国朋友热情握手,并同他们进行了友好的谈话。他说,见到你们十分高兴。21年来,中国和世界都发生了很大变化。当年你们来中国访问时克服了重重困难。现在,中美人民友好关系在逐步发展,贸易关系也在发展。我们相信,中美两国关系正常化终究会实现。来中国访问的美国朋友将愈来愈多。访华团的美国朋友高兴地谈起他们在21年后的今天重返中国访问所看到的巨大变化。会见时，廖承志副委员长回答了美国朋友提出的一些问题。

8月31日

中共中央主席华国锋在德黑兰与伊朗国王穆罕默德·礼萨·巴列维单独举行会谈

国务院总理邓小平在北京会见由泰国前国防部长立法议会议员他逸·社尼翁·纳阿育他耶上将率领的泰国立法议会议员团

全国工交战线质量月广播电视大会在政协礼堂举行

国务院副总理康世恩在大会上讲了话，大庆、鞍钢等10个先进单位的代表，在会上向全国工交战线各行各业提出了搞好“质量月”活动的倡议和挑战。

中共中央政治局委员、国务院副总理陈永贵，中共中央政治局候补委员、国务院副总理陈慕华，国务院副总理王震出席了大会。国家经济委员会副主任袁宝华主持大会。

康世恩副总理在讲话中指出了目前工业产品质量上存在的严重问题，严厉批评了那些对产品质量不负责任的恶劣行为。接着，康副总理对全国工交战线开展“质量月”提出了具体要求：第一，每个部门、每个地区、每个企业，都要动员群众，揭露产品质量中存在的问题，深入批判“四人帮”破坏产品质量的罪行，并且检查自己工作上的缺点、错误，认真总结经验教训。第二，要大摆产品质量不好造成的危害，使大家都认识到，产品质量关系到国民经济的高速度发展，关系到四个现代化的顺利实现，关系到国家和人民的根本利益，真正树立质量第一的观点，把自己的工作转到质量第一的轨道上来。第三，要认真、切实地把质量管理的一些规章制度和基础工作搞起来。各部门、各地区现行的制度、规定、办法，凡是不利于提高产品质量的都要进行修改。

康副总理强调指出，华主席多次指示，对产品质量要重视，要十分认真，精益求精。我们一定要通过“质量月”的活动，切实抓出成效，在质量上打一个大胜仗，全面超额完成今年的国家计划。

出席今天大会的，有国家计委、国家经委、国家科委、国家建委、国防科委和国务院工交、财贸各部、北京市革委会的负责人，以及工交战线一些先进单位的代表共1400多人。

大会由国家经济委员会和中央人民广播电台、中央电视台联合举办。

西藏自治区制定牧区人民公社10条经济政策

西藏自治区党委在调查研究的基础上，先后召开了区党委常委会议和有关地、市、县、区主要领导干部参加的全区第四次牧区工作会议，着重解决大干与政策、大干与作风这两个问题，制定了牧区人民公社10条政策。这个文件明确规定：牧区人民公社和生产队必须根据生产需要和个人的不同情况，民主评定每人每年应完成的基本劳动日。在评定基本劳动日时，特别要照顾妇女的生理特点。女社员生孩子应给1个月的产假，并给予必要的物质照顾。这是针对西藏妇女劳动力多和过去藏族妇女生了孩子就去劳动的习惯而规定的。对于超额完成基本劳动日的，要给予表扬或奖励。生产队要建立畜群作业组，并对畜群作业组实行定产、定工、超产奖励的“两定一奖”制度，坚决纠正死分死记和按人头、性别年龄、出身成分、政治表现、权力大小等评工记分的错误做法。在分配问题上，根据前几年一些社队偏重于对国家的贡献和集体的公共积累而忽视增加社员收入的倾向，强调要正确贯彻“三兼顾”原则，并要实行轻税政策，使90%以上的社员增加收入。在收购牛羊皮时，要考虑群众穿皮衣、住帐篷的需要，不准层层加码，购得过多。鼓励牧民社员从事编织、采集、狩猎等正当的家庭副业，允许饲养繁殖一定数量的自留畜。

关于经营方针，文件规定，牧区人民公社必须认真贯彻“以牧为主，围绕畜牧业生产，发展多种经营”的方针和水、草、繁、改、管、防、舍、工的8项增产措施，并要从实际出发制定发展畜牧业生产的全面规划。对半农半牧区，总的是要贯彻“农牧并举，全面发展”的方针，但是具体到每个社队，则要根据实际情况，从发展前途着眼，确定是以农为主还是以牧为主或者半农半牧，区党委不作硬性规定。

文件对干部作风、干部参加劳动、压缩非生产人员、财务管理和草原建设中的互利政策等问题，都分别作了一些明确的规定。

国务院副总理纪登奎在德黑兰与伊朗政府负责经济事务的3位大臣就发展两国的经济关系问题举行会谈

这3位伊朗大臣是：经济和财政事务大臣穆罕默德·耶加内，工矿业大臣穆罕默德·礼萨·阿明和商业大臣穆罕默德·礼萨·维什卡伊。

双方一致表示同意，在平等互利、互相尊重的基础上，扩大两国贸易，在经济、科学、技术等方面开展多种形式的合作，并就此商定了必要的措施。

中国方面参加会谈的还有：中国人民政治协商会议全国委员会副主席、四川省革委会主任赵紫阳，外交部副部长余湛，外贸部副部长陈洁，第一机械工业部副部长孙友余和中国驻伊朗大使焦若愚。

中华人民共和国政府和伊朗王国政府文化合作协定在德黑兰签字

中国外交部部长黄华和伊朗外交大臣加塞姆卢分别代表本国政府在协定上签了字。

协定说，中伊双方将根据尊重主权和互不干涉内政的原则，照顾双方的利益，并在对等的基础上努力发展两国间的文化、科学和技术关系。

协定指出，双方将促进文化、艺术、哲学、宗教、考古和历史等方面的资料和出版物的交换。

协定还就文化、教育、艺术、体育等交流做了安排。

伊朗方面出席签字仪式的有负责政治事务的副外交大臣马努切赫·泽利，负责文化和社会事务的副外交大臣穆泰扎·加迪米·纳瓦伊，伊朗驻中国大使马哈茂德·埃斯凡迪亚里等。

中国方面出席签字仪式的有外交部副部长余湛，中国驻伊朗大使焦若愚等。

中联部部长耿飚在北京会见由总书记雅克·儒尔盖率领的来自法国的马克思列宁主义共产党中央代表团

怒江南段科学考察取得成果

中国科学院云南动物研究所和昆明植物研究所组成的两支科学考察队，于今年5月至8月底在怒江南段进行野外考察，发现和采集了800多号水生陆栖脊椎动物标本，2000多号高等和低等植物标本。他们发现了已生长700多年的台湾杉和已生长300多年的华山松，还发现了多种珍贵的药用植物。动物科学工作者在碧罗雪山上发现了珍贵的走兽苏门羚、扭角羚、麝、大灵猫、小猫熊、金猫以及稀有的鸟类白尾梢虹雉、灰斑角雉、血雉、白鹇、环颈雉、勺鸡。还发现有生活在高山的蟾类等两栖爬行动物。

科学考察队员们在怒江大峡谷两岸的碧罗雪山和高黎贡山东侧，看到了动植物南北互相渗透的显著特点。我国已发现的四种麝，在碧罗雪山就有黑麝、马麝和林麝3种，分布于低热河谷、半山和高山。在碧罗雪山上有栖息于青藏高原草地的克氏田鼠、藏鼠兔，也有产于热带密林的马来熊、猕猴、熊猴。碧罗雪山上还有着大量种类繁多的雉类飞禽。

在怒江两岸的高山地带，大片垫状的杜鹃花灌丛，就像精心编织的巨型花毯，铺在雪原湖沼之间；在海拔3000米左右的针叶林间，杜鹃花树万紫千红。我国有600多种杜鹃花，西北横断山脉上的杜鹃花种就占一半以上。植物考察队员们还发现，怒江河谷生长着野生油瓜、木连、木兰等亚热带植物，而两岸高山上却生长着我国北方的桦、杨和高山柳。

9月1日

11个人民群众团体在人民大会堂举行招待会庆祝中日签订和平友好条约

国务院副总理耿飚，全国人大常委会副委员长邓颖超，全国人大常委会副委员长、中日友协会长廖承志和夫人经普椿，全国人大常委会副委员长姬鹏飞，政协全国委员会副主席沈雁冰，出席了招待会。

全国人大常委会副委员长、中日友协会长廖承志在会上发表讲话。

招待会是由中日友协、对外友协、中国国际贸易促进委员会、中华全国总工会、共青团“十大”筹备委员会、全国妇联、中国文学艺术界联合会、全国科学技术协会、中华全国体育总会、中国佛教协会和中国国际旅行社总社共11个单位举办的。这些单位的负责人王炳南、楚图南、张香山、夏衍、王耀庭、陈宇、王照华、黄甘英、周扬、周培源、茅以升、黄中、赵朴初、张雨出席了招待会。

国务院副总理王震在北京会见以福井县知事中川平太夫为团长的日本日中友好福井县地方自治体首长代表团

中国社科院经济研究所与《经济研究》编辑部在北京召开座谈会

讨论实践是检验经济理论和经济政策的标准，如何认识、掌握和运用社会主义客观经济规律的问题。

与会同志认为，实践是检验真理的唯一标准，是马克思主义的一个基本原理。最近一个时期，在这个问题上发生了不同意见的争论。这个争论不仅涉及哲学，也涉及经济、教育、文艺等方面。争论的实质是怎样对待马列主义、毛泽东思想的态度问题，这是关系到如何完整地、准确地理解和掌握毛泽东思想的重大问题，也是关系到是否真正高举毛泽东的旗帜的重大问题。大家一致认为，“四人帮”被粉碎了，但对其流毒决不能低估，我们必须认真地从思想上、理论上分清是非，这是一项迫不及待的重要任务。

毛主席《在扩大的中央工作会议上的讲话》中强调指出：“在社会主义建设上，我们还有很大的盲目性。社会主义经济，对于我们来说，还有许多未被认识的必然王国。……社会主义建设，从我们全党来说，知识都非常不够。我们应当在今后一段时间内，积累经验，努力学习，在实践中间逐步地加深对它的认识，弄清楚它的规律。”毛主席的这个指示非常重要，它对于坚持实践是检验经济理论和经济政策的标准，认真总结正反两方面的经验，弄清客观规律性，减少盲目性，顺利实现新时期的总任务，是极为重要的。我国的民主革命经过24年，两次胜利，两次失败，才认识了中国民主革命的规律。现在社会主义革命和建设已经进行了28年，当前面临着实现四个现代化的艰巨任务，如果我们不从新的历史条件出发，来制定我们经济建设的具体路线和具体方针政策，不根据实践来检验经济理论和经济政策，坚持正确的东西，修正错误的东西，那么就还会走弯路。

还有的同志就当前落实农村经济政策问题，进一步说明必须以实践作为检验经济理论、经济政策正确与否的标准。有的同志回顾了我国解放以来农业生产发展的历史，认为，在农村中实行定额管理、评工记分，贯彻按劳分配原则，保留自留地和社员家庭副业，允许集市贸易的政策，坚持以生产队为基本核算单位的制度等等，是符合当前我国农村大多数地区的实际情况的。实践证明，从大多数地区来说，只要坚持贯彻上述政策，就能调动广大社员的劳动积极性，促进农业生产的发展。新中国成立以来农业生产的发展情况，充分说明实践是检验经济理论和经济政策的标准。

在会上，大家还谈到了如何学习先进单位的经验问题，认为先进单位的好经验是应当学习的，特别是具有普遍意义的根本性经验应当认真学习。但对他们的某些具体做法，就不能不顾本地区的实际情况生搬硬套。只有实事求是，从实际出发，去领导和组织农业生产，才能避免瞎指挥，才能使社员的社会主义积极性有效地发挥出来。同志们还指出，人民群众是实践的主体，要认真总结经验，必须深入群众作调查研究，倾听群众的意见，为此就必须发扬民主，“要真正把问题敞开，让群众讲话”。经济理论工作者和经济工作者，要敢于冲破“四人帮”设置的“禁区”，深入实际调查研究，一切从实际出发，不能停留在马克思、列宁、毛主席的现有结论上，要在新的历史条件下，提出新的理论，发展马克思主义。只有这样，才能使经济理论不断发展，经济政策不断完善，生产力得到迅速发展。

大家还指出，在开展这个问题的讨论中，要认真学习马克思主义著作，特别要学习毛主席《在扩大的中央工作会议上的讲话》这篇历史文献。这是我们实现新时期总任务的强大思想武器。

林彪、“四人帮”反党集团，为了颠覆我国无产阶级专政，根本颠倒理论和实践的关系，在思想上、理论上造成了极大的混乱，必须彻底肃清其流毒和影响。但是，在理论讨论中，对我们自己同志的错误思想和观点，要贯彻“双百”方针和“三不主义”，摆事实，讲道理，以理服人，深入地进行讨论，以求得问题的正确解决。

中共北京大学委员会召开全校落实政策大会

大会为原北京大学副校长、历史学家翦伯赞，北京大学一级教授、著名胶体化学家傅鹰等一大批干部、教师、学生平反昭雪。

9月2日

全国物资储备部门学大庆会议在北京闭幕

国家计委领导同志主持了闭幕式。中共中央政治局委员、国务院副总理余秋里，国务院副总理王震、谷牧、康世恩出席了会议，余秋里、康世恩副总理作了重要讲话。

余秋里副总理在讲话中号召大家坚决贯彻华主席、党中央的指示和决定，把揭批“四人帮”的斗争进行到底；全面学大庆，把储备仓库迅速建成经得起检验的大庆式单位；响应华主席的号召，学政治、学经济、学管理、学科学、学技术、学文化，不断提高物资管理水平；要关心群众生活，把农副业生产搞好。

康世恩副总理说，物资储备工作是贯彻伟大领袖毛主席关于“备战、备荒、为人民”战略方针的重要措施，是社会主义计划经济的必要组成部分，是实现新时期总任务不可缺少的一项重要工作。他要求大家充分认识储备工作的重大意义，树立战备观点、全局观点、备荒观点，认真贯彻这次会议的精神，加强对物资储备工作的领导，把储备仓库建成社会主义的新型仓库，为党为人民作出更大的成绩。

国务院副总理耿飚在北京会见瑞典中国友好联合会名誉主席扬·米尔达尔

全国人大常委会副委员长廖承志在北京会见以日本社会党青少年局长深田肇为团长的日本社会党青年代表团

有关部门就读者提出的科技人员普查中反映的问题答《人民日报》记者问

为了贯彻全国科学大会精神，根据中共中央、国务院批发的有关文件，不久前国家计委、国家科委、民政部和国家统计局联合发出通知，决定在全国范围内对自然科学技术人员的基本情况，进行一次普查。对于这次普查工作，绝大多数地区和部门的各级领导同志比较重视，配备力量组成专门班子，抓得紧，进展快，取得了很大成绩。但也有少数地区和部门对这项工作抓得不够紧。一些读者来信提出批评意见，反映不少问题。《人民日报》记者访问了负责全国科技人员普查工作的有关部门，就读者提出的关于普查的目的、对象以及有关政策等问题，请他们作解答。

问：这次普查的目的和意义是什么？是不是仅仅登记登记而已？

答：这次普查，是要准确的摸清全国现有科技人员的数量、质量以及他们的分布和使用等基本情况，以利于进一步落实党的知识分子政策，充分发挥科技人员的作用，实施科学规划。这是加速实现四个现代化，完成新时期总任务的迫切需要。

这次普查，决不是“仅仅登记登记而已”，要同解决现实存在的问题，落实党的政策结合起来，普查中发现用非所学、使用不当的，要及时调整，做到边普查，边落实。

问：这次普查的对象是什么？

答：普查对象包括以下三部分人员：

(一)在国民经济各部门中实际从事理、工、农、医等自然科学方面的生产(事业)、科学研究、教学工作三个基本方面的工程技术人员、农(林)业技术人员、卫生技术人员、科学研究人员和教学人员。

(二)已取得科学技术职称或大学、中专的理、工、农、医各科、系毕业，在机关、企业和事业单位中从事科学技术业务管理工作的人员。

(三)已取得科学技术职称或大学、中专的理、工、农、医各科、系毕业，但未从事科学技术工作的人员。

问：“文化大革命”以来的理、工、农、医大专院校毕业生，是不是普查对象？有人说，他们当中的特殊人才才是普查对象，有这样的规定吗？

答：没有这样的规定。这些大专院校的毕业生是按国家计划培养的，理所当然都应列为普查对象。

问：有些有特殊技能而无学历的人，是否是普查对象？

答：这次规定，“从工农群众中提拔或其他非科学技术岗位转来的，实际担负科学技术工作，具有中专以上水平并能处理业务技术工作的人员”，也属于普查对象。上述有特殊技能而无学历的人，应按此原则对待。

问：有些理工科大学毕业生，一直用非所学，所在单位专业不对口，但又不让调离，这次普查没有登记，这种做法对不对？

答：这种做法，同这次普查工作的目的、要求是相违背的。这种情况虽是个别的，也应引起注意。人事组织部门应顾全大局，毫无保留地把用非所学的科技人员统统报上来，不能打埋伏，留一手。这次是普查，不是抽查，如果有遗漏，就失去了普查的意义，就不能为制定政策和规划提供可靠的科学的依据。

中国科学院在北京举办自然辩证法报告会首次会议

1000多名科学工作者和党政干部济济一堂，听取了科学技术情报研究所杨沛霆作的题为《谈谈近代自然科学发展》的报告。

中国科学院副院长李昌同志参加了报告会,并在会上讲了话。他说,恩格斯的《自然辩证法》,就是用马克思主义辩证法研究自然科学发展规律的一部经典著作。我们搞科学研究,运用辩证法很重要。"四人帮"妄图取消科学研究,也竭力取消自然辩证法的研究。我们要拨乱反正,进一步揭批"四人帮"的罪行,同时要在各门学科中开展自然辩证法的研究,促进科学研究的迅速发展。我们要研究世界近代、现代科学技术发展的历史,研究世界各国科学技术发展的现状,从中找出规律性的东西,找出正反两方面的经验,明确我们的发展方向,加速我国科学技术的发展。

这个学术报告会,是由中国科学院学术委员会筹备组、中国科学院政治部宣传部、中国科学院自然辩证法通讯杂志社联合举办的。目的是为了启发科研人员自觉地运用辩证唯物主义思想指导科学研究,探索自然科学的发展规律,进一步解放思想,突破禁区,多出成果,多出人才,加速四个现代化的进程。因此,强调贯彻"双百"方针。各门学科的同志,都可以结合自己的研究,登上学术论坛,自由发表意见。

这样的学术报告会,将每月举行一次,成为经常性活动。

我国南方13省区市血吸虫病研究委员会宣布恢复工作

停止活动达12年之久的南方13省、自治区、直辖市血吸虫病研究委员会,最近在上海举行会议,正式宣布恢复活动,并制定出今后8年研究规划草案。

中共中央政治局委员、中共中央血防领导小组组长彭冲出席会议并讲话。中共中央血防领导小组副组长、卫生部副部长钱信忠主持这次会议。

会议收到学术论文、科学实验报告500多篇。这些论文、报告表明,20多年来,在毛主席革命路线指引下,我国血防科研工作者在流行病学调查、查螺灭螺、查病治病、水管粪管、药品研制、基础理论研究等方面都取得了很大成绩。各地结合农田水利建设,综合利用资源,因地制宜地创造了多种灭螺经验,许多地区已取得了基本消灭钉螺的效果。广大医务人员还运用中西医结合、内外科结合、标本兼顾、综合治疗的原则,治疗了10多万晚期血吸虫病人,其中多数患者的症状减轻,部分病人腹水消失,并能接受进一步的病原治疗或脾脏切除手术。由于切脾手术的不断改进,死亡率大大降低。上海、江苏、湖南等地血防科研工作者近几年开展了多种新的免疫反应技术研究,这些新技术用于诊断血吸虫病可大大提高检出率。在血吸虫病的治疗方面,湖北、浙江、江苏、上海、湖南、四川等地的血防科研工作者研制出几种疗效较好的新药,有些已用于临床试验。疟疾、丝虫病、钩虫病的科研工作,也取得了显著成果。

会议根据1977年血防工作会议提出的到1985年要基本消灭血吸虫病以及疟疾、丝虫病和钩虫病的要求,制定了1978年至1985年南方13省、自治区、直辖市血吸虫病以及疟疾等主要寄生虫病的研究规划(草案),并研究了落实规划的具体措施。

9月3日

中共中央主席华国锋在新疆石河子地区视察

华国锋主席在听取中共石河子地委负责人的汇报时指出:新疆大得很,潜力很大。过去,"四人帮"破坏严重,按你们的话说,这里是个"重灾区"。现在我们要把"重灾区"变过来,上得更快些,成绩更大些。华主席在视察中,还对改善经营管理,按劳分配,提高劳动生产率,多种经营,扭亏增盈,科学种田,加快建设速度等问题,作了重要指示。

国务院副总理邓小平在北京会见日本朋友

邓副总理向日本朋友热烈祝贺《中日和平友好条约》的签订。他说,这是中日两国人民长期努力的结果,是两国人民都高兴的大事。条约的签订,从政治上开辟了中日两国间长期友好的关系,它将加深中日两国人民的友谊,推动两国间在政治、经济、文化等各个领域合作关系的发展,加强中国、日本反对霸权主义的力量,它有利于亚洲太平洋地区的和平、安全和稳定。

全国人大常委会副委员长、中日友协会长廖承志参加了会见。

参加会见的日本朋友中有日中友好议员联盟会长滨野清吾率领的"日中议联"庆祝日中缔约友好访华团,日本自民党众议员鲸冈兵辅和夫人,日本国际贸易促进协会会长藤山爱一郎率领的日本国际贸易促进协会经济贸易访华代表团,日本金属加工和建筑材料工业技术展览团顾问冈崎嘉平太、团长荻原定司等。日本驻中国大使馆临时代办伴正一也参加了会见。

会见时在座的有外交部副部长韩念龙,中国国际贸易促进委员会主任王耀庭,中日友协副会长张香山,有关方面负责人王文林、王晓云、孙平化等。

全国人大常委会在人民大会堂举行宴会欢迎以柬共中央副书记 柬埔寨人大常委会委员长农谢为团长的柬埔寨人民代表大会代表团

国务院副总理陈锡联在北京会见以约尔达克·尼古拉为团长的罗马尼亚建筑考察团

中国农学会 山东省农科院在济南联合召开学术讨论会

农业科学工作者在会上交流的经验表明,目前对于光、温、水、肥等外部条件同蕾铃脱落的关系以及棉花内部生理变化过程同蕾铃脱落的关系,已经取得可喜的科研成果。中国科学院上海植物生理研究所、中国农业科学院棉花研究所等单位,通过大量的研究,探讨了不同条件下蕾铃脱落的规律。江苏农学院、辽宁棉麻研究所等单位,研究了气象因素对蕾铃脱落的影响,这有助于寻找新的技术措施来改善棉花的生长条件,克服高温和降雨过多对棉花生长的不利影响。

许多单位的研究证明,营养生长和生殖生长的协调发展,可以减少蕾铃脱落。山东省农业科学院研究了棉花蕾铃脱落的生物学规律和外部条件对蕾铃脱落的影响,探索使蕾铃少落或不落的办法。他们通过营养钵育苗,每亩2000株的密度,增施肥料,加强管理等综合性措施,降低了蕾铃脱落率。全国著名植棉模范吴吉昌,采取手捏蹲苗、计划整枝等一系列措施,并培育出一株双秆、多秆两层等新株型的棉花,使蕾铃脱落下降到40%左右。

会议认为,尽管已经取得这样一些成果,但目前对棉花蕾铃脱落的生理原因还没有完全搞清楚,对使棉桃少落或不落的研究更是比较薄弱。会议决定要作更加艰苦的努力,并且开展协作来攻克这个难关。

1978年北京国际足球友好邀请赛落幕

中国队获这次邀请赛的冠军,南斯拉夫“战士”队获第二名,刚果“红魔”队获第三名。

各队在这次邀请赛中的成绩分别是:中国队五战五胜,南斯拉夫队五战三胜一平一负,刚果队五战二胜一平二负,北京队五战一胜一平三负,荷兰队五战一胜一平三负,香港队五战二平三负。

9月4日

中共中央主席华国锋视察新疆天山牧区沙尔达坂草原

华主席对自治区领导同志说:新疆经济要搞上去,人民生活要改善,看来农业、牧业是基础,还得有林业,改造沙漠。农、牧、林都要认真地搞上去。华主席在谈话中一再强调,对畜牧业不能轻视,一定要把牧场建设好。要注意调查研究,科学实验。要切实把牧民的积极性调动起来。

华主席在视察中,向这里的县、社、队干部和牧民详细调查了牧业生产的情况,一再问大家畜牧业怎样才能发展得更快。

在草原建设、畜牧业机械化、牲畜品种改良、农牧结合和发展社办企业等方面,华主席都提出了许多问题,并要求大家认真研究,切实解决。华主席希望县、社干部对自己所在的县、公社实现现代化要搞些什么,农业怎么搞,牧业怎么搞,工业怎么搞,农牧如何结合,要作调查,要有一个设想,要有具体的措施和办法。华主席很重视解决草原的退化问题,反复向大家提出:草原退化的原因是什么?如何把牧场的水利建设搞上去?把戈壁滩改造成牧场容易不容易?华主席和大家谈了近两个小时,耐心地引导大家因地制宜地把这些问题解决好,加快畜牧业发展的速度。

全国人大常委会委员长叶剑英在人民大会堂会见柬埔寨人大常委会委员长农谢

国务院副总理邓小平在北京会见朝鲜国立交响乐团团长张澈 第一副团长金元均 副团长李锡奎 郑春焕和主要演员

国务院副总理方毅在北京会见美国能源部高能物理部主任沃伦梅耶博士

全国人大常委会副委员长谭震林在北京会见利比里亚众议院公共工程委员会主席查尔斯·塞西尔·丹尼斯

国务院副总理兼国家建委主任谷牧在北京会见由日本国际贸易促进协会会长藤山爱一郎率领的日本国际贸易促进协会经济贸易访华代表团以及日本金属加工和建筑材料工业技术展览团负责人冈崎嘉平太等

国务院侨办发表声明强烈谴责越南当局在中越边境武力驱侨制造流血事件

声明强烈谴责越南当局一手策划8月25日在友谊关中越边境越方领土上血腥镇压和武力驱赶华侨的严重事件。声明强烈要求越南当局立即停止迫害和驱赶华侨的行动,切实保障华侨的正当权益和生命安全。声明指出,由于越南当局的血腥镇压和武力驱赶,滞留在友谊关中越边境越方一侧的2000多名难侨已经被赶入我国境内,我国政府不得不对这一批难侨予以妥善安置。

西藏农牧学院在林芝正式成立

为了适应西藏实现农牧业现代化的迫切需要,经国务院批准，西藏农牧学院9月4日在林芝正式成立。

西藏农牧学院设有农学、畜牧兽医、林学、农机水电、财经5个系、9个专业。目前，有教职工420多人，学生520多人，学生中藏族占总数的77%。

9月5日

全国计划会议在北京召开

会议于9月5日至10月22日召开。

会议第一次确定了经济上必须实行三个转变，即把主要注意力转到生产和技术革命上来；从不计经济效果、不讲工作效率的官僚主义的管理制度和管理方法，转到按经济规律办事、把民主和集中很好地结合起来的科学管理的轨道上来；从不同资本主义国家进行经济技术交流的闭关自守或半闭关自守状态，转到积极地引进国外先进技术、利用国外资金、大胆地进入国际市场上来。但这次会议拟订的生产计划和基本建设计划，都存在着过急过高的毛病。1979年4月，中央工作会议对这个计划进行了较大的调整。

全国人大常委会副委员长姬鹏飞在北京会见印度人民党议员斯瓦米

外交部亚洲司司长沈平约见越南驻中国大使馆参赞陈中

中国方面就越南方面破坏中越国境铁路有关协议，单方面封锁中越友谊大桥中断铁路一事，向越南方面提出强烈抗议。

乐松生先生骨灰安放仪式在八宝山革命公墓礼堂举行

原北京市副市长、中华全国工商业联合会副主任委员、中国民主建国会中央常务委员会委员乐松生先生，1968年4月27日不幸逝世，享年60岁。

乐松生先生是北京市人。1928年任天津达仁堂副经理兼北京达仁堂经理。北京解放后，任北京同仁堂国药店经理。曾当选为第一、二、三届全国人民代表大会代表，北京市第一、二、三、四、五届人民代表大会代表，北京市政协第一、二、三、四届委员，北京市副市长，并曾担任北京市工商联副主任委员、主任委员，中国民主建国会北京市委员会副主任委员，全国工商联副主任委员，中国民主建国会中央常务委员会委员等职务。

9月6日

中共中央主席华国锋在北京会见以柬共中央副书记 柬埔寨人大常委会委员长农谢为团长的柬埔寨人民代表大会代表团以及随行人员

国务院副总理邓小平在北京会见由团长内田健三秘书长小林金三率领的日本新闻界各社评论负责人访华团

访华团包括日本13家报社、通讯社、广播电视的负责评论的主编。会见时，邓小平副总理对在中日和平友好条约签订后第一批来访的日本新闻界朋友表示欢迎，并回答了他们提出的有关当前国际形势、缔约后日中经济技术交流、贸易往来和日中友好关系的发展前景等广泛的问题。

常驻北京的日本记者也参加了会见。

会见时在座的有外交部新闻司副司长王珍，亚洲司副司长王晓云。

《人民日报》发表评论员文章《必须保障党员的民主权利》

十一大党章规定："党员对于党组织的决议、指示，如有不同的意见，允许保留，并有权在党的会议上提出讨论，有权越级直接向中央委员会和中央委员会主席报告，但在行动上必须坚决执行。"各级党组织必须认真执行党章的这一规定，这是一个涉及是否保障党员的民主权利，真发扬民主、假发扬民主甚至压制民主的原则问题，绝对不能等闲视之。

中共沧县县委在邢永祺同志的问题上的错误，就是明显地违反了党章的规定，粗暴地践踏了党员的民主权利，破坏了党内正常的民主生活。邢永祺同志两次在党的会议上提出自己的意见，两次申明保留自己的意见，同时在行动上服从多数通过的决议。这是符合党章规定的。可是，沧县县委却认为他坚持意见是错误的，并且对他实行纪律处分。然而，事实证明错误的不是邢永祺同志，恰恰是沧县县委和沧州地委的某些领导人。

民主集中制是我们党、我们国家的根本的组织原则。在党内，在人民内部，都应当有充分的民主生活，允许发表各种不同的意见，允许按照党章的规定保留意见。如果只允许发表一种意见，不允许发表不同的意见，那还有什么民主可言？！怎么谈得上在民主的基础上实行正确的集中？！怎么能够发扬广大党员和群众当家做主的责任感？！党章所以要作那样的规定，就是为了保障充分发扬民主，使下情能够上达，真正做到集思广益，使我们的党成为真正代表人民利益的、充分反映人民群众要求和愿望的无产阶级政党。

伟大领袖毛主席《在扩大的中央工作会议上的

讲话》中告诫我们:"在我们国家,如果不充分发扬人民民主和党内民主,不充分实行无产阶级的民主制,就不可能有真正的无产阶级的集中制。没有高度的民主,不可能有高度的集中,而没有高度的集中,就不可能建立社会主义经济。我们的国家,如果不建立社会主义经济,那会是一种什么状况呢?就会变成修正主义的国家,变成实际上是资产阶级的国家,无产阶级专政就会转化为资产阶级专政,而且会是反动的、法西斯式的专政。"在林彪、"四人帮"横行的时候,在他们直接插手和严密控制的地方和单位,不是出现了毛主席要我们十分警惕的那种反动的、法西斯式的专政吗?他们利用窃取的一部分权力,疯狂地扼杀民主,蛮横地践踏党纪国法,残酷地打击、迫害革命干部和革命群众,制造了大批冤案、假案和错案。这样深刻的教训,难道还不值得引起各级党组织的警惕,采取切实有力的措施,以保障充分发扬无产阶级的民主吗?

粉碎"四人帮"以来,在华主席为首的党中央抓纲治国战略决策和党的十一大、五届人大精神指引下,党内党外那种沉闷风气有了明显的转变,许多领导机关和领导干部注意走群众路线,虚心听取群众的批评和建议,广大党员、干部和群众敢于讲话了,生动活泼的政治局面在许多地方和单位开始形成。但是,在一些地方和单位,压制民主、打击报复的事件仍然不时发生。这些地方和单位的领导人,在组织上不一定和林彪、"四人帮"有什么联系。但是,他们受林彪、"四人帮"的毒害很深,他们已经习惯于搞"一言堂",习惯于搞家长制的作风,习惯于只要下级和群众服从他们的决定,而不懂得他们有责任听取下级和群众的意见。他们只喜欢听顺耳的话,不喜欢听逆耳的话;如果有谁发表并坚持和他们不同的意见,就是犯下弥天大罪,轻则加以斥责,重则绳以纪律,甚至动用专政的工具。这是一种极端恶劣的"霸王"作风。在华主席为首的党中央号召抓纲治国,大力恢复和发扬党的优良传统的今天,绝对不能容许发生这种压制民主的现象。

抓辫子,戴帽子,打棍子,是林彪、"四人帮"实行法西斯专政的手段,决不是无产阶级政党的作风。要真正做到广开言路,充分发扬党内民主和人民民主,必须彻底肃清林彪、"四人帮"搞法西斯专政的流毒和影响,严格按照党章和宪法办事,严格按照民主集中制的原则办事,要首先从党委内部做起。在各级党委内部,不但要允许而且要提倡发表各种不同的意见,真正做到在充分发扬民主的基础上实行正确的集中。不论是谁,意见有正确的,也会有错误的;如果意见确实错了,可以批评、教育,但是不应当抓辫子,戴帽子,打棍子。要真正实行毛主席的指示:"只要不是违反纪律的,只要不是搞秘密集团活动的,我们都允许他讲话,而且讲错了也不要处罚。"如果在党委内部尚且不允许发表和保留不同的意见,怎么谈得上让党员和群众享有充分的民主权利?!不真正实行"三不主义",无论在党内党外,发扬民主都只能是一句空话。

全国妇联第三届主席团在北京举行扩大会议

会议听取全国妇联书记处关于筹备中国妇女第四次全国代表大会经过情况的汇报;接受第三届执行委员会的委托,审议将向第四次全国妇女代表大会作的工作报告、全国妇联章程修改草案和修改说明,以及第四次全国妇女代表大会主席团、秘书长、副秘书长名单草案。

全国妇联主任蔡畅出席了会议,并委托副主任康克清主持了会议。

出席会议的有全国妇联第三届主席团委员,全国妇联书记处书记以及各省、自治区、直辖市妇联主任等。

全国人大常委会副委员长谭震林在北京会见以日本著名画家平山郁夫为团长的日中友协全国本部机关报《日本和中国》代表团

国务院副总理耿飚在北京会见土耳其《光明报》主编麦赫默特·阿塔贝尔克和《光明报》驻安卡拉记者努里·乔拉科卢

全国人大常委会副委员长姬鹏飞在北京会见澳大利亚工党执委会委员 工党前主席罗伯特·霍克

外交部部长黄华在北京与巴基斯坦外交顾问阿迦·夏希举行会谈

9月7日

国家建委在北京召开城市住宅建设工作会议

这次会议于9月7日开始,9月13日结束。会前,中共中央、国务院领导同志多次作了重要指示;会议期间,国务院副总理谷牧到会讲了话。

会议讨论了1979年至1985年全国城市住宅建设规划。按照这个规划,今后7年间,用于建设全国城市住宅的投资总额相当于全国解放以后28年建设住宅投资的总和。为保证规划的实现,会议要求各地区和各有关部门切实解决好资金、建筑材料、施工力量和住宅建设的规划问题。

会议提出，住宅建设资金的主要来源包括国家投资、地方自筹、企业自筹三个渠道。今后要严格按照规定的比例，从国家基本建设投资中拨出一定的资金，用于住宅建设。地方自筹资金，除了搞农田基本建设和支农工业外，主要应用于建设职工住宅。企业自筹资金，全民所有制企业可以用企业基金和职工宿舍的更新改造资金，来修建住宅；集体所有制企业可以用交税后的积累建造住宅。此外，华主席、党中央批准，从今年起，国家每年还要拨付一笔城市住宅建设补助资金，以加快职工住房的建设。

增加建设住宅用的建筑材料，是这次会议特别重视的一个问题。会议要求各地区、各城市要积极建设砖、瓦、灰、砂石等建筑材料生产基地，并充分利用工业废料和地方资源，发展各种建筑材料和新型建筑材料。同时，各城市要组织住宅建设的专业队伍，建立专业化的住宅建设公司，并装备必要的施工机械，以适应大规模住宅建设的需要。

会议强调，城市住宅建设要搞好规划。要把住宅建设同改造旧城市、建设现代化的新城市结合起来。今后建设城市住宅，要实行统一规划，统一投资，统一设计，统一施工，统一分配，统一管理。

国家建委负责人就如何加快城市住宅建设改善人民居住条件对《人民日报》记者发表谈话

国家建委负责同志说，新中国成立29年来，我国3400个城镇新建住宅的建筑面积有4.93亿平方米，使群众的居住条件得到一定的改善。但是，目前全国城市住房还很紧张，平均居住水平很低。特别是人口集中、工业发展较快的大、中城市，住宅紧张情况更为突出，群众要求解决“房荒”问题的呼声很高。国家建委收到许多单位和群众的来信，反映无房、缺房和住房拥挤的严重情况，以及由此而产生的对学习、生产、工作和健康的影响。

近几年，城市住房日益紧张的状况，是林彪、“四人帮”干扰破坏造成的。国家建委负责同志谈到，建委工作上也存在一些问题。一方面，房子建得少，建得慢，跟不上需要；另一方面，管理工作混乱，建筑企业劳动生产率低，人力、物力、财力浪费严重，投资效果不好，群众也是有意见的。

城市住房这样紧张，已经到了非下决心解决不可的时候了。再不抓紧解决，就会影响党和群众的关系，挫伤广大干部和群众的社会主义积极性，影响新时期总任务的贯彻落实，拖四个现代化的后腿。

粉碎“四人帮”以后，以华主席为首的党中央多次指示要积极地有步骤地解决住房问题，改善城乡人民的居住条件。不少地方抓紧住宅建设，已经取得初步成效。今后，随着我国国民经济的高速度发展，我国城市住宅建设也一定会有一个较快的发展。

国家建委正在制定今后七年城市住宅建设规划。1979年和1980年，先集中力量解决无房户和严重拥挤户的住房问题。到1985年，城市居民住房条件将有较大的改善。

在住宅的建设规模、建设标准、建设速度方面，对190个设市的城市，要全面考虑，区别对待。

在抓好新建住宅的同时，也要健全房产机构，加强现有房屋的维修管理工作，以便延长使用年限。有的经过小的改造，即可增加些居住面积，改善居住条件，要本着少花钱多办事的精神，积极去办。

建委负责同志指出，要在今后七年内，使城市住宅建设有个较快的发展，必须解决好资金、建筑材料、施工力量和住宅设计、规划问题。

为了解决资金问题，今后除国家投资、地方自筹和企业自筹外，还可以考虑采取“自建公助”的办法，组织私人集资统一建房。各地可以通过试点，取得经验，然后推广。对海外华侨用侨汇建设私人住宅，要给予大力支持。

建筑材料的供应还有缺口，要千方百计，积极努力，把这个问题解决得好一些。一方面，各省、自治区、直辖市都要因地制宜，大力建设自己的建筑材料生产基地，发展新型建筑材料，推广预制构件的工厂化生产；另一方面，要引进外国的建筑工业化的先进科学技术，进口几套房屋工厂设备，尽快使建筑材料工业有一个较大的改进和发展。

各地要建立一支住宅建设的专业队伍，可以从现有的施工队伍中，固定一部分力量，并尽快组建住宅建设公司。这支队伍不搞别的建设，专门盖职工住房。要逐步装备现代化的施工机械，提高劳动生产率。目前，一些城市的建筑企业劳动生产率较低，技术水平不能适应建设发展的需要，必须整顿企业和组织技术培训。专业化的住宅建设队伍，要按照经济规律办事，提高管理水平，克服浪费现象，降低房屋的造价，节省建设资金。今后建设一栋住宅，可以采取订合同的办法。凡是认真履行合同，按期保质保量完成任务的，应该得到奖励；凡是不履行合同，不能按期完成任务，造成损失浪费的，要受罚，要通报批评，作出适当处理。

国家建委负责同志最后强调说：加速城市住宅建设，关键是要加强党的领导。各级党委要把群众的住房问题，同吃饭、穿衣问题一样，提到党委的议事日程上，认真研究讨论，采取切实措施，经常督促检查。党委主要领导同志要亲自过问。为了保证今后七年住宅建设规划的贯彻落实，各省、自治区、直辖市要立即着手,组织力量,在调查研究的基础上,制订好1979年和1980年的城市住宅建设计划,对住宅建设的规模、进度、步骤、投资、材料和施工力量等,进行全面安排。要把城市住宅建设和城市改造结合起来。各地可以学习上海的经验,设立城市住宅建设总公司或统建办公室这样的专职机构,在省、市委的领导下,对城市住宅建设实行统一规划、统一投资、统一设计、统一施工、统一分配和统一管理。

国务院副总理李先念在北京会见巴基斯坦外交顾问阿迦·夏希

国务院副总理谷牧在北京会见瑞士人民银行新任董事长布鲁格

全国人大常委会副委员长邓颖超在北京会见以星住雅寿乃为团长的日本兵库县妇女友好之翼访华团

中国与越南副外长级谈判在河内举行第五次会议

中国政府代表团团长仲曦东在会上说:"中越两国政府代表团关于居住在越南的华侨问题的谈判已经举行了四次会议,由于越南方面的原因,谈判没有取得进展,8月25日,越南当局又在友谊关口岸制造了以暴力镇压和驱赶华侨的严重流血事件,中国人民和世界公正舆论无不对此表示极大愤慨。这一事件又一次证明,越南当局对迫害、驱赶华侨负有不可推卸的责任。然而,越南政府总理9月1日在河内庆祝越南国庆的群众大会上讲话,却完全不顾事实,把大批华侨被驱赶回中国的责任,强加在中国方面,并对中国进行毫无根据的攻击,这是完全没有道理的,对此我们不能不表示极大的遗憾。尽管如此,中国政府代表团仍然本着维护中越两国人民的传统友谊和解决越南华侨问题的真诚愿望,表现出极大的克制,继续同越南政府代表团进行会谈。我8月28日奉召回国汇报工作,9月4日即迅速返回河内,这也表明我们对谈判的诚意和决心。"

仲曦东团长在今天的发言中着重阐述了中国方面对越南南方华侨问题的看法和意见。他指出,1955年两党协议包括越南南方华侨问题的内容。

他说,在越南的华侨,绝大部分居住在越南南方。他们世世代代与越南人民友好相处,通过共同辛勤劳动,结成了深厚友谊。近百年来,在反对殖民主义和帝国主义的长期革命斗争中,越南南方华侨同越南人民一起,并肩战斗,流血牺牲,作出了积极贡献,写下了许多可歌可泣的英雄事迹。有些华侨不畏艰险,不怕牺牲,掩护越南领导人进行革命活动。越南现在一些高级领导人自己就是这一历史事实的见证人。

这个友谊,对逐步解决越南南方的华侨问题,本来是一个很好的基础。但是,越南南方华侨万万没有料到,长期盼来的解放,不但没有给他们带来起码的安定的生活和合法权益,反而遭到比过去更加严重的歧视和迫害,而且事态愈演愈烈,使广大华侨遭到极大的折磨和痛苦,越南人民也感到困惑和不安,中国政府和中国人民为此感到忧虑。

他指出,中越双方对越南南方的华侨问题存在着分歧和争端。归结起来主要有三个方面,即1955年两党协议是否包括越南南方华侨问题的内容?越南南方现在是否存在华侨?以及越南当局歧视、排斥、迫害以至驱赶华侨的问题。他接着就这些问题阐明了中国方面的观点,以求有助于双方寻找消除分歧,合情合理解决这些问题的办法。

他说,黄碧山团长在第二次会议上发言中说,"1955年,越南党和中国党从来没有就越南南方的华人问题达成任何协议"、"对越南南方华裔越南人不能运用这一协议"。这是不符合历史事实的。

他指出:"1955年,中越两党就华侨问题进行协商,本来是包括整个越南的华侨在内的。只是由于越南南方还处在美伪政权的反动统治之下,解决南方华侨问题的条件还不具备。因此,中越两党经过协商,达成如下协议:越南南方的华侨工作暂归中国方面领导;华侨问题留待越南南方解放后,再由两国另行协商,并逐步教育华侨转为越南籍民。

"然而,越南南方刚刚解放,越南当局就背离了两党协议,单方面采取了一系列强迫华侨加入越南国籍的措施。现在你们矢口否认1955年两党协议关于越南南方华侨问题的部分,显然是出于政治上的需要,是别有用心的。第一,你们妄图以此剥夺中国政府对解决南方华侨问题的发言权;第二,你们不仅认为协议在越南北方已经过时,而且在南方也根本不适用;这就暴露了你们从根本上全盘否定1955年两党协议的原则精神。这样一来,你们以为单方面就可以任意采取强迫南方华侨入籍以至歧视、迫害、驱赶华侨,而不受任何约束了。这就是你们的真实目的。"

仲曦东团长回顾了1956年和1957年吴庭艳反动集团颁布强迫华侨加入越南国籍的法令,遭到华侨坚决反对的历史事实。他说:"当时,中越两党和两国政府对南方华侨问题的基本立场是一致的,双方都认为吴庭艳反动政权强迫华侨入籍的一切法令和措施,统统非法无效,坚决不予承认。1976年1月,越南南方临时革命政府也曾通知华侨可以自愿登记国籍。1977年间,越南高级领导人也向中国领导人提供过居住在越南南方的华侨的具体数字。以上我们所引证的有关情况,已经有充分的理由可以说明,在越南南方确实存在华侨。这是客观存在的事实,不管越南方面如何否认,都是否认不了的。”

他指出,黄碧山团长在第二次会议上的发言中说,现在在越南南方除了少数持有台湾、香港身份证的人以外,大部分南方的华侨都已成为“华裔越南人”。而且说:“这是历史事实”。对于越南方面这些说法,人们不禁要问:越南政府过去颁布的有关华侨的政策法令、包括你们的高级领导人说过的话,究竟算数不算数?你们现在所继承的究竟是哪一家的历史事实?是吴庭艳反动集团强迫华侨入籍的“历史事实”呢?还是越南南方民族解放阵线和越南南方共和临时革命政府多次宣布华侨自愿选籍政策的这个历史事实呢?你们把过去自己公开宣布的正确立场和诺言,统统抛到九霄云外,却偏要把吴庭艳卖国集团二十多年前强迫华侨入籍的反动政策全盘继承下来,这样做,你们不觉得难堪吗?这不是对你们经常所说的对华侨政策“始终如一”、“改变心肠从来不是我们的本性”的绝大讽刺吗?

他接着指出,越南当局歧视、排斥、迫害以至驱赶越南南方华侨的事实不容否认。

1975年越南全国解放以后,越南政府对广大华侨实行歧视、排斥、迫害和驱赶的政策,这是越南南方华侨问题之所以激化到如此严重地步的根本原因。早在1976年2月,越南方面就宣布强迫南方华侨一律要按照吴庭艳反动统治时期非法强加于华侨的国籍进行登记的决定。当南方的华侨持过去的护照、入境证等证件向越南外侨局申请登记保留华侨身份时,不但遭到越方拒绝,而且,他们还遭受打击和迫害。今年,越南当局又利用所谓“社会主义改造”对许多华侨小商小贩甚至华侨工人家庭进行掠夺和迫害。许多华侨被逼得家破人亡,倾家荡产,甚至有的烈士家属、革命后代也不能幸免;此外,还不断出现全家投河、跳楼自杀以及引火自焚惨死等人间悲剧。在胡志明市以及岘港等城市的许多华侨抱着绝望的情绪,亡命外逃求生。今年以来还有几千人经过越南北方被迫回到中国。许多当年同越南同志一起参加解放战争的战友,而今却成了你们的阶下囚。“越南当局为什么不认真地想一想,这些对越南革命事业有过贡献的广大华侨,过去在美伪政权统治时期,尚能够坚持过来,没有发生过大批外逃事件,而今天他们却被逼得走投无路,大批逃亡,这究竟说明了什么?不正说明你们对南方华侨的政策比吴庭艳政权的反动的华侨政策更加令人难以忍受吗?难道你们对这种状况不应当承担全部责任吗?”

仲曦东团长最后说:“中越两国对于越南南方华侨问题存在的分歧和争端,只要双方都能尊重客观事实,真心诚意地从维护中越两国和两国人民的传统友谊出发,经过平等协商,仍然是可以找到合情合理的解决办法的。中国方面本着这种精神向越南方面建议:按照两党协议关于解决越南北方华侨问题的原则精神,作为解决越南南方华侨问题的依据,并提出具体意见如下:

“1.越南政府应当立即停止对越南南方广大华侨的歧视、排斥、迫害和驱赶。对于那些遭受种种迫害、断绝生计和被驱赶无处安身的华侨,应当根据他们的自愿,允许返回原居住地,并保证作出妥善安置;对于那些被非法逮捕入狱的华侨,应当立即释放;对于非法没收的华侨劳动所得的财产,特别是生活资料,应当予以归还或偿还,并使他们的生活得到保证,使广大华侨能安心继续居留在越南南方。

“2.中越双方应当根据1955年两党协议的精神,结合南方的实际情况,按照自愿原则,逐步教育和引导越南南方华侨加入越南国籍。在不承认吴庭艳反动政权强迫入籍的前提下,凡是在越南南方解放之前或之后自愿加入越南国籍的,中国方面将一律尊重他们的意愿。对于尚未转入越南籍的华侨,为了给他们自愿加入越南国籍创造有利条件,在一段时期内,越南政府应参照过去对待北方华侨的办法给予平等相待,不加歧视;并采取耐心说服教育的方法,逐步引导他们自愿转入越南国籍。在这方面,中国方面将进行合作和协助,并按照一贯政策积极鼓励和动员华侨加入越南国籍。

“对于坚持保留中国国籍的华侨,中国方面要求他们遵守越南法律、尊重当地风俗习惯,同越南人民友好相处。越南方面应当保障他们的正当权益。”

湖北随县发掘出战国时期保存完好的64件编钟

新华社报道:湖北省随县擂鼓墩发掘出战国早期曾侯乙的一座大墓,出土铜、金、玉器和竹简等贵重文物7000多件;其中有8种124件古代乐器,是中国音乐史上空前的发现。特别珍贵的是保存完好的64件编钟,埋在地下已有2400多年,出土后音乐性能仍然良好,古今乐曲都能演奏。

大型综合性文艺丛书《十月》在北京出版

《十月》丛书是由北京出版社编辑出版的。

《十月》文艺丛书暂时为不定期出版,但将逐步创造条件改为定期出版。

饶毓泰追悼会在八宝山革命公墓礼堂举行

政协第四届全国委员会常务委员、中国科学院数理化学部委员、北京大学物理系教授饶毓泰,于1968年10月16日不幸逝世,享年77岁。

饶毓泰是江西临川人。早年留学美国，1922 年回国后，先后担任南开大学物理系教授、系主任，北平研究院物理研究所研究员，北京大学理学院院长，物理系教授、系主任，昆明西南联合大学物理系主任，北京大学校务委员等职务。并曾于 1929 年至 1932 年、1944 年至 1946 年分别到德国、美国作科研工作。

饶毓泰曾任中国人民政治协商会议第二届、第三届全国委员会委员。

饶毓泰从事物理学教学、科研工作 50 多年，是我国物理学界老前辈，对我国物理学人才的培养作出了积极的贡献。他在气体导电及光谱学方面有较高的造诣。他一贯提倡高等院校开展科研工作，特别注意实验研究。

9 月 8 日

中共中央通报河南省严处违法乱纪事件要求全国深入进行财经纪律大检查

中共中央最近发出通知，通报河南省委严肃处理原驻马店地区某些负责人违法乱纪，大量侵占、挪用国家拨给当地的救灾专款、救灾物资和国家税收、上缴利润等资金的严重事件。原地委第一书记苏华、副书记杨作孔等六人被开除党籍，并交司法机关依法惩办。

河南省驻马店地委和一些县委中的原负责人，近几年来，无视党纪国法，不顾当地遭受特大水灾后群众的困难，滥用职权，挪用、侵占救灾专款、救灾物资和国家财政收入共计一亿六千多万元，大搞计划外工程和楼堂馆所，大肆请客送礼，挥霍浪费，民愤很大。为了严肃党纪国法，中共河南省委最近决定：原地委第一书记苏华、副书记杨作孔，原地区计委主任赵国才、财政局长苏有存，原汝南县委第一书记谢彦章，原遂平县委第一书记李天寅，统统撤销党内外一切职务，开除党籍，送交司法机关依法惩办；原地区革委会生产指挥部副指挥长兼商业局长马春举，撤销其党内外一切职务，开除党籍，继续审查；平舆县委第一书记刘福祥错误严重，但检查态度较好，给予党内严重警告处分。对其他有关人员的问题，责成地委彻底清查后，也要区别情况，严肃处理。河南省委要求驻马店地区一切计划外工程，都要停止施工，逐项审查，区别情况，妥善处理。非法搞的楼堂馆所和高标准领导干部宿舍，一律没收，经过群众讨论，合理使用。多占强占的耕地，凡能耕种的，都要交还生产队。向生产队和社员平调的款物，要承认错误，坚决退还。

中共中央通知指出，驻马店地委和一些县委中某些原负责人的问题性质严重，情节恶劣。特别是在粉碎“四人帮”以后，华主席、党中央多次强调要认真执行国家财经纪律，加强社会主义法制，他们却置若罔闻，继续违法乱纪，胡作非为，给生产建设和救灾工作带来很大损失，在政治上造成了极坏的影响。中央认为，河南省委提出的处理意见是必要的，不严肃处理，不在干部和群众中大张旗鼓地进行宣传教育，抓纲治国的战略决策就不能落实，也不足以平民愤。

中共中央通知指出：驻马店地区的问题，说明“四人帮”为害是很深的，同时也说明整顿财经纪律的迫切性。中央要求各地区、各部门在今年下半年，结合“一批双打”，发动群众，全面地深入地进行一次财经纪律大检查，抓住几个典型案件，进行严肃处理，坚决纠正和刹住此种歪风邪气，进一步推动各方面的整顿工作。

《人民日报》发表社论《把整顿财经纪律当作一场大斗争来抓》

把整顿和检查财经纪律当作一场大斗争来抓，是关系到坚持党的十一大路线，深挖“四人帮”反党集团社会基础的大事。在现在和将来的这种斗争中，我们多一分努力，中国人民便多一分幸福；反之，少了一分努力，中国人民便会增加一分灾难。因此，在这场大斗争中，每一个共产党员和革命群众，都必须积极起来向违反财经纪律的行为作坚决的斗争。

新中国诞生不久，以毛主席为首的党中央大张旗鼓地严肃处理了原天津地委书记刘青山和张子善的贪污案件。刘、张两人是进城不久被资产阶级糖衣炮弹击中的老干部，对他们处以死刑，是为了荡涤旧社会遗留下来的污泥浊水，迅速建设一个崭新的强盛的人民共和国。现在，在开始新的长征途中，以华主席为首的党中央严肃处理了原驻马店地委书记苏华、杨作孔等人违反财经纪律的问题，把他们清除出党，依法惩处，是为了实现新时期的总任务，迅速地把我国建设成为社会主义的现代化强国。这两个案件的性质，发生的时间、背景和情节有所不同，处理方法也不尽一样，但是，从根本上来说，都是马克思列宁主义所武装的工人阶级同资产阶级的斗争，是防止和克服党员和干部被资产阶级腐蚀，扫清实现党和国家的路线和任务的障碍。最近，华主席指出：“实现天下大治，必须进一步加强社会主义法制。”“对于违反财经纪律、浪费国家资金的一切错误行为，不论其借口如何，都要坚决制止，必要时进行经济以至法律的制裁。”我们一定要把违反财经纪律的事“当作一场大斗争来处理”。在这场严肃的阶级斗争中，一方面，必须把隐藏在我们党和国家机关内部的阶级敌人和违法乱纪的人彻底地清查出来，加以惩治，铲除那种严重损害人民利益的现象；另一方面，必须在广大群众中批判损人利己的资产阶级思想，树立对于国家财产的正确态度，为今后进行经常的反对违反财经纪律的斗争打下基础。而进行这两方面的工作，对于我们共产党组织来说，是极其重要的。我们的同志，特别是领导干部，都要充分认识这场斗争的深远意义，都要从驻马店事件中提高认识，吸取教训。

近几年来，河南驻马店地委和一些县委中的原负责人，滥用职权，侵占、挪用救灾专款和国家资金达一亿六千万元，数额之大，范围之广，情节之恶劣，骇人听闻。他们置百万灾民身居庵棚于不顾，却把大量财力、物力用于搞计划外工程和楼堂馆所，大肆请客送礼，挥霍浪费，什么“八里长街”的“新遂平”，什么高标准的“书记院”，等等，在群众中造成极坏的影响。去年11月，当国务院、中央军委关于处理旅大市问题的文件下达后，驻马店地委第一书记苏华为抢建高标准的地委第二招待所，竟亲自拍板，鸣放鞭炮，破土动工，限期完成。他们对中央的指示、国家的法令置若罔闻，真是知法犯法。广大干部和群众对他们的罪行进行抵制和揭发时，竟遭到苏华等人的压制和打击报复。试问，这些人哪里还有一点共产党员的气味？哪里还有一点阶级感情？完全是国民党的作风。驻马店地区的问题，说明“四人帮”为害是很深的。苏华等人拉帮结派，帮派掩护坏人，坏人依靠帮派。他们的胡作非为正是在帮派掩护下干的。因此，解决一些地区违反财经纪律的问题，必须紧紧抓住揭批“四人帮”这个纲，把整顿财经纪律作为揭批“四人帮”的一项重要内容。对这一点，各级党委务必要有充分的认识。

许多违反财经纪律的事例，反映出一个突出的问题：一些人借口“大干”，对下乱搞摊派，对上侵挖国家收入，还自认为是理所当然。应当说，他们的“理”是歪道理。我们要大干社会主义，但是，我们的大干必须在党的路线、方针、政策指导下进行，必须在全国统一计划的轨道内进行。特别是在当前的情况下，各条战线要办的事情很多。什么事情先办，什么事情缓办，什么事情不办，都要根据国家建设的需要与人力、物力、财力的可能，统筹兼顾，全面安排。这里有一个全局与局部的矛盾和局部服从全局的问题。国家计划和财经纪律，是根据党的路线、方针、政策和国家建设的全局需要制定的。是不是按国家计划办事，是不是考虑人民和国家的整体利益，是不是严守国家财经纪律，这是一个有没有全局观念的问题，是党性纯不纯的一个重要表现。如果只顾本地区、本部门发展快一点，不顾大局，把财经纪律放在脑后，乱搞摊派，乱挖国家收入，这必然要打乱国家计划，妨碍国家的重点建设。这种现象绝对不能允许继续下去。

“违反财经纪律是事实。但是搞了建设，没有装入私人的腰包。”这是为违反财经纪律辩解的一个借口。驻马店地区有的县挪用救灾款和其他资金，盖高标准的“书记院”，供少数人享用；有的公社干部老房不住，盖带走廊的新房，这难道还不是“装入私人腰包”？再拿驻马店地区投资500多万元新建的一个味精厂来说，这个厂既非当时救灾的需要，又不是为农业生产服务，而是专为安排某些负责人的亲友建设起来的，投产不到半年，亏损17万元。名为建设，究竟是为公还是为私，不是很清楚吗？

一个地方、一个部门、一个单位对国家财经纪律重视不重视，执行得好不好，关键在于领导。各级党委要在斗争中亲自动手，站在前列，带头检查，总结经验，经受考验。有些违反财经纪律的问题，就是那个地方的负责人带头干的。有这种问题的地方，领导人必然害怕群众，因而要想方设法掩饰自己的错误和罪行，甚至压制群众，进行打击报复，他们要捂盖子，但捂总是捂不住的。群众对违反财经纪律的行为是决不能容忍的，他们一定会在党中央的号召下行动起来，以华主席为首的党中央是坚决领导和支持群众的正义斗争的，任何人休想抵制这个斗争。我们党的政策历来是坦白从宽，抗拒从严。这些人唯一的办法是自己站出来诚恳检讨，认真改正，取得群众谅解。要按照党的政策，区别情况，认真处理。既要着重于教育，也必须严肃纪律。多数犯错误的同志是能够主动承认错误，接受教训的。只要他们认真检查，改了就好。对于少数错误严重，情节恶劣，态度不好的，要绳之以党纪国法。特别是像苏华、杨作孔等人，屡犯不改，违法成性，决不能姑息重用，把他们清除出党，是党性原则的胜利，只能提高党的威望，决不会降低党的威望。只有坚决这样做，才能使我们的党和人民革命的队伍坚强和巩固起来，才能加快实现四个现代化的步伐。

当前，国民经济开始转上持续增长、健康发展的轨道，并取得了好的成果。中央批转了湖南省湘乡县委的报告，着重解决落实农村经济政策的问题；批转了陕西省委关于旬邑县问题的报告，着重解决干部作风问题；现在，又批转了河南省委和国家计委、财政部联合调查组关于驻马店事件的报告，着重解决加强财经纪律的问题。我们相信，切实地解决这样一些问题，必将进一步调动广大群众的社会主义积极性，使我国很快出现一个新的跃进局面，推动我国国民经济有计划、按比例、高速度地向前发展。

中共中央副主席邓小平率中国党政代表团抵达平壤参加朝鲜民主主义人民共和国成立30周年庆祝活动

以中共中央副主席、国务院副总理邓小平为团长，中共中央政治局委员、中共上海市委第三书记、上海市革命委员会第二副主任彭冲为副团长的中国党政代表团,应朝鲜劳动党中央委员会总书记、朝鲜民主主义人民共和国主席金日成的邀请,参加朝鲜民主主义人民共和国成立30周年庆祝活动,乘专机到达平壤。

代表团团员有:中共中央委员、外交部部长黄华,中国驻朝鲜大使吕志先(已在朝鲜)。

中共中央副主席 中国党政代表团团长邓小平在平壤拜会朝鲜劳动党中央委员会总书记 朝鲜民主主义人民共和国主席金日成

中共中央副主席 中国党政代表团团长邓小平在平壤拜会马达加斯加总统拉齐拉卡

中国妇女第四次全国代表大会在人民大会堂开幕

中共中央主席华国锋和中共中央副主席叶剑英、李先念、汪东兴等党和国家领导人亲临大会祝贺。

出席大会的还有:党和国家其他领导人韦国清、乌兰夫、方毅、纪登奎、苏振华、吴德、余秋里、张廷发、陈锡联、耿飚、陈慕华、赛福鼎、李井泉、廖承志、姬鹏飞、阿沛·阿旺晋美、周建人、许德珩、胡厥文、王震、谷牧、康世恩;中共中央军委负责人粟裕;政协全国委员会副主席宋任穷、沈雁冰、朱蕴山、季方、王首道、杨静仁、张冲、庄希泉、胡子昂、荣毅仁、童第周;最高人民法院院长江华,最高人民检察院检察长黄火青;中共中央组织部部长胡耀邦,中共中央宣传部部长张平化等。

大会执行主席是蔡畅、邓颖超、康克清、史良、章蕴。蔡畅同志主持开幕式。邓颖超同志致开幕词。

汪东兴副主席代表华主席为首的党中央在大会上致辞,向大会表示热烈的祝贺。

中华全国总工会副主任马纯古、农林部副部长郝中士、中国人民解放军总政治部副主任徐立清、共青团十大筹委会主任韩英,分别代表工人、农民、解放军、青少年向大会祝贺。

中共中央副主席汪东兴在中国妇女第四次全国代表大会上的致辞

同志们:

中国妇女第四次全国代表大会今天开幕了。我代表华主席为首的党中央向大会表示热烈的祝贺,向全国各民族、各条战线的妇女同志,致以亲切的慰问。

中国妇女富有悠久的革命传统,是一支伟大的革命力量。在近代历史上,太平天国运动、义和团运动、辛亥革命运动,都有妇女积极参加。"五四"运动以后,中国妇女群众在中国共产党的领导下,反对帝国主义、封建主义和官僚资本主义,争取民族独立和民主自由,写下了光辉的篇章。中华人民共和国成立以来,在社会主义革命和社会主义建设中,在无产阶级"文化大革命"运动中,中国妇女都贡献了巨大的力量,建立了丰功伟绩。中国妇女走过的道路是光荣的道路。中国妇女是一支有高度觉悟的勤劳勇敢的战斗队伍,在我国革命和建设中顶起了"半边天"。

现在,我们国家社会主义革命和社会主义建设进入了新的发展时期。党的第十一次全国代表大会和第五届全国人民代表大会,确定了党和全国人民在新时期的路线和总任务。贯彻十一大路线,实现新时期的总任务,在本世纪内把我国建设成为农业、工业、国防和科学技术现代化的伟大社会主义强国,是摆在我们面前的光荣而艰巨的任务。当前,国内国际形势很好。揭批"四人帮"的政治大革命,推动了社会主义事业的发展。安定团结的政治局面,带来了经济建设、文化建设的高潮。我国革命的外交路线取得了很大胜利,世界革命人民和许多国家都希望我国强大起来。面对着这种大好形势和许多新的问题,我们要解放思想,创造性地运用马克思主义原则,千方百计,加快我国实现社会主义四个现代化的步伐。我们要坚持无产阶级专政下的继续革命,充分发挥社会主义制度的优越性,把一切积极力量动员起来,努力在经济和技术上赶超世界先进水平。我们的方针要放在自己力量的基点上,但是,自力更生决不是闭关自守,我们要学习一切民族、一切国家的长处,当前特别要学习外国先进的科学技术。国家兴旺发达,飞速前进,这是全国人民的迫切愿望,也是全国妇女的迫切愿望。妇女占我国人口的半数,全国妇女积极行动起来,这对实现我们的宏伟目标有极其重要的意义。毛主席在民主革命时期说过:"全国妇女起来之日,就是中国革命胜利之时。"

实现我国社会主义的四个现代化,同样如此。中国妇女一定要同全国人民一道抓紧有利时机,大干快上,高速度地向社会主义的现代化进军。希望全国妇女同志继承和发扬革命传统,振奋革命精神,彻底解放思想,树雄心,立壮志,刻苦学习,不断提高自己的政治觉悟、科学文化水平和工作能力,克服旧社会的思想影响和一切落后保守的习惯势力,在新的长征中发挥更大的作用。

人民是创造历史的动力。实现社会主义的现代化是一场深刻的革命,夺取这一胜利最根本的是要依靠广大人民群众。用马克思列宁主义、毛泽东思想武装起来的意气风发的亿万人民,积极开展阶级斗争、生产斗争、科学实验三大革命运动,这是建设社会主义强国的最有力的保证。我们的力量来自人民群众。我们的知识、经验来源于人民群众的社会实践。我们的基本领导方法是从群众中来,到群众中去。只要我们相信群众,依靠群众,一刻也不脱离群众,我们的事业就一定能胜利。现在我们召开全国妇女代表大会，继此之后，还要召开中国工会全国代表大会和共青团全国代表大会，就是要广泛深入地动员全国广大群众为实现新时期的总任务而斗争。全国妇联、全国总工会、共青团中央委员会的重新建立和各级组织的更加健全，将大大加强党和人民群众的血肉联系，进一步把广大群众组织进新长征的队伍中来。

新中国成立以来，我国妇女运动在中国共产党领导下胜利前进，毛主席的革命路线一贯占主导地位。历次全国妇女代表大会所规定的妇女运动的路线、方针、任务是正确的。全国妇联和各级妇联做了大量工作，取得了很好的成绩。广大专职妇女干部是勤勤恳恳、全心全意为人民服务的。10多年来，由于林彪、“四人帮”的干扰破坏，全国妇联和各级妇联不同程度地中断了工作。新的妇联机构成立后，要继续深入揭批“四人帮”，联系揭批林彪，肃清他们的流毒和影响；要组织广大妇女学习马列主义、毛泽东思想，掌握科学文化知识；要坚决落实党的各项方针政策，充分调动广大妇女群众的积极性；要密切关心妇女疾苦，切实维护妇女权益，同一切歧视、迫害妇女和损害妇女权益的行为作斗争；要教育母亲们精心培育后代成为无产阶级革命事业的接班人；各族妇女要加强团结，做好工作。我国妇女还要加强同各国妇女的团结、合作和友好往来，支持她们反帝、反殖、反霸和争取人类进步、保卫妇女儿童权益的斗争。从事妇女工作的干部要充分认识自己工作的意义，你们的工作做好了，就能对加速我国社会主义革命和建设的步伐起巨大的作用，并且将在世界上产生积极的影响。

各级党委要把妇女工作纳入自己的议事日程，作为全局工作不可缺少的组成部分，全党动手，一起来做。要充实和健全各级妇女组织，注意发挥妇女组织的独特作用。要积极培养、放手使用和大胆提拔妇女同志到各种工作岗位上来，给她们学习锻炼的机会，提高她们的工作能力和思想水平。在提高整个中华民族的科学文化水平中，要特别注意帮助广大妇女群众提高文化水平，掌握科学技术知识。在培养各方面人才的工作中，要有意识地使妇女占一定的比例。希望在不久的将来，涌现出许许多多的又红又专的能够管理现代化工农业生产的领导骨干和专家，涌现出千千万万女劳动模范、女先进工作者、女科学家、女工程师、女设计师、女文学家、女艺术家、女教育家、女医生以及其他专门人材，进一步推进我国妇女运动的发展。

同志们：林彪、“四人帮”的乌云已经驱散，灿烂的阳光普照大地，我们的前途无限美好。让我们在华主席为首的党中央领导下，高举毛主席的伟大旗帜，努力实现伟大领袖和导师毛主席和敬爱的周恩来总理、朱德委员长等老一辈无产阶级革命家的遗愿。中国人民有志气、有能力、有信心，一定能够完成历史赋予我们的光荣使命。全国人民团结起来！全国妇女团结起来！为在本世纪内把我国建设成为现代化的社会主义强国而英勇奋斗！

中国妇女第四次全国代表大会主席团名单

（213名）

宋庆龄　蔡　畅　邓颖超

（以下按姓氏笔画为序）

丁一志　刀美英　于　兰　于之一　于立群　才　仲
万丹如　王　昆　王　苹　王　哲　王　毅　王子如
王友兰　王玉英　王汝琪　王秀兰　云丽文　尤祥斋
毛珍如　乌　兰　乌仁塔娜　方　兰　文香兰
孔　筱　邓六金　邓裕志　石　坚　申纪兰　田　克
田秀涓　史　良　史　毅　付小燕　白　林　冯理达
邢炳彩　戎冠秀　吕玉兰　同桂荣　朱　的　朱　霖
朱旦华　任曼君　向健生　危秀英　刘　金　刘　昂
刘亚雄　刘延凤　齐耀纯　关　建　关瑞梧　祁火凤
许粉淑　孙孝菊　玛依努尔　严葆真　苏　风
苏　冰　苏　惠　苏务滋　杜玉娥　杜福群　李　贞
李　林　李　琴　李友秀　李文宜　李兰丁　李伯钊
李佩珍　李宝光　李玲虹　李晋昭　李淑铮　李瑞仪
杨　岗　杨　沫　杨克冰　杨初桂　杨月金　杨雪梅
杨蕴玉　吴　绩　吴全衡　吴秀贞　吴国芳　吴贻芳
吴素萱　何林青　何泽慧　何春英　何理良　邵清华
应宜权　汪桂英　余　慧　沈性元　沈兹九　沈粹缜
宋立英　宋欣茹　张　烽　张小芹　张凤琴　张秀芝
张青芝　张金保　张宗淳　张弥曼　张韭菜　张素我
张敬宽　张晴晖　张瑞芳　陆　敏　陆　璀
阿沛·才旦卓嘎　陈　英　陈　哲　陈元秀　陈素芝
陈琮英　陈楚平　陈慧清　拉希达　林月琴　林巧稚
林丽韫　林佳楣　罗　琼　罗叔章　罗秋月　周　盼
周　础　周婉如　郑　瑛　郑忠文　降央伯姆
赵　烽　赵明坚　郝治平　郝建秀　郝诒纯　胡子婴
胡文秀　胡玉兰　胡宜南　胡耐秋　胡絜青　胡德华
柏　青　钟月琳　俞丽芬　姚淑平　娜　珍　秦素萍
夏克拉　栗秀真　贾祖玉　顾秀莲　晏桃香　徐　光
徐　敏　徐芝寅　徐莲娇　高首先　郭　建　郭明秋
唐其兰　唐嗣孝　陶　涛　陶桓馥　黄甘英　曹冠群
曹瑞武　盛此君　龚普生　常秀英　常香玉　崔　波
康克清　章　蕴　章瑞英　梁　军　梁莲英　彭　青
彭　儒　彭艺枫　董　边　韩芝俊　韩幽桐
策仁娜姆　童爱凤　曾小平　曾宪植　谢冰心
谢希德　谢雪萍　温季明　蒙素芬　雷洁琼　蔡速风

廖苏华　潘　多　薛桂芳　穆长青　戴克宇　魏桂芝　鄢云鹤

大会秘书长

罗　琼

中共云南省委和昆明部队党委召开全省广播大会为两个全省性政治大假案平反

经中共中央批准，中共云南省委和昆明部队党委召开250万人参加的全省广播大会，宣布为"滇西挺进纵队"和"赵健民国民党云南特务组计划"两个全省性政治大假案平反，为受迫害的军内外干部和职工等恢复名誉。这两起冤案使138万人被审查，17万人被立案审查。

全国人大常委会副委员长谭震林在北京会见由主席耶兰·卡尔松 副主席加布里埃尔·罗马努斯率领的瑞典议会社会委员会代表团

新华社报道四川省石油管理局7001钻井队打成中国第一口7175米的超深井

9月9日

中央军委主席华国锋在北京会见南共联盟中央委员 南斯拉夫人民军总参谋长波托查尔上将率领的南斯拉夫人民军代表团

中国党政代表团团长邓小平在平壤出席庆祝朝鲜民主主义人民共和国成立30周年的中央报告大会

中共中央副主席 中国党政代表团团长邓小平在平壤拜会孟加拉人民共和国总统齐亚·拉赫曼

康克清在中国妇女第四次全国代表大会上作题为《新时期中国妇女运动的崇高任务》的工作报告

各位代表！

我受全国妇联三届执行委员会的委托，向大会作工作报告，请大会审议。报告分三个部分：一、我国妇女走过的光辉道路；二、新时期我国妇女的崇高任务；三、把妇女联合会的工作提高到一个新水平。

报告的总题目是：新时期中国妇女运动的崇高任务。

我国妇女走过的光辉道路

各位代表！从1957年9月中国妇女第三次全国代表大会到现在，已经21年了。在这21年中，我国人民和我国妇女走过了光辉而曲折的道路。我们经历了不断深入的社会主义革命和轰轰烈烈的社会主义建设。在这二十一年的革命和建设中，全国妇女在毛主席的旗帜下团结战斗，充分显示出中国妇女是一支伟大的革命力量。

21年来，我国各族妇女在阶级斗争和路线斗争的大风大浪中，努力学习马列主义、毛泽东思想，积极参加政治运动，坚持走社会主义道路。在无产阶级"文化大革命"运动中，广大妇女怀着对伟大领袖和导师毛主席的衷心爱戴，怀着对敬爱的周恩来总理、朱德委员长的深厚的无产阶级感情，怀着对中国共产党和社会主义祖国的无限热爱，对林彪、"四人帮"的反革命修正主义路线进行了坚决的斗争，捍卫了毛主席的无产阶级革命路线。以大庆、大寨妇女为代表的广大妇女，不怕林彪、"四人帮"打来的棍子，坚守岗位，抓革命、促生产；她们抵制林彪、"四人帮"制造分裂的阴谋，坚持安定团结。当1976年"四人帮"篡党夺权阴谋活动十分嚣张，党和国家处于危难的时候，广大妇女对"四人帮"的倒行逆施，看在眼里，恨在心头。在北京和全国各地悼念敬爱的周恩来总理的悲痛日子里，广大妇女群众同"四人帮"展开了针锋相对的斗争。她们为了党不变修，国不变色，不怕坐牢，不怕杀头，挺身而出，口诛笔伐，揭露和批判"四人帮"的罪行，戳穿"四人帮"假左真右的反革命面目。不少妻子、母亲不畏风险，坚决支持丈夫、儿女同"四人帮"进行英勇斗争。她们对马克思主义的坚定信念，为人民事业不怕牺牲的彻底革命精神，是我们妇女学习的榜样。

21年来，我国各族妇女在大规模的社会主义经济建设中，发挥了巨大的作用。我国社会主义改造和人民公社化运动的伟大胜利，进一步解放了妇女劳动力，使她们大批走上了社会生产的道路。在农业、工业、交通、财贸、文教、科技、卫生、体育、国防等各条战线上，都作出了伟大贡献。

在农业战线上，妇女是一支强大的主力军。各族女社员学习大寨的革命精神，以"愚公移山，改造中国"的英雄气魄，同男社员同心协力，治山治水，战天斗地，开展多种形式的科学种田活动。妇女们高兴地说，科学种田，越种越甜。广大女社员、女知识青年的辛勤劳动，为促进农、林、牧、副、渔全面发展，为建设社会主义新农村作出了巨大成绩。工交、财贸等战线，女职工人数已经从1957年的300多万人增加到现在的近3000万人，成为我国工人阶级的一支强大队伍。她们和男职工一起，以大庆为光辉榜样，坚持独立自主，自力更生的方针，艰苦创业，学习科学，钻研技术，积极投入社会主义劳动竞赛，努力提高工业生产，为国家创造了大量财富。女科学技术人员、女教师、女文化艺术工作者、女医护卫生工作者、女体育工作者以及服务行业的女职工们，在社会主义经济建设和文化建设中，起着越来越重要的作用。解放军女战士、女民兵、女公安人员，为保卫祖国，英姿飒爽地战斗在自己的岗位上，作出了出色的成绩，在国防建设中立下了新的功勋。

各条战线上都涌现出成千上万先进妇女集体和妇女模范人物。她们不畏艰险，知难而进，作出了突出的成绩。现在我们的祖国，无论是在高空，在井架旁，在坑道里，在不少操作难度很高的工种中，在许多攻克现代尖端技术岗位上，都凝结着妇女的智慧和才能。毛主席曾经说“时代不同了，男女都一样，男同志能办到的事情，女同志也能办得到。”现在正空前广泛地成为现实。在这里，我们向英勇战斗在各条战线的各族妇女致以崇高的敬意！

21年来，我国的妇女运动经历了两个阶级、两条路线的激烈斗争。第三次全国妇女代表大会以来，全国妇联和各级妇联在团结、组织、教育广大妇女参加三大革命运动，在宣传执行“勤俭建国、勤俭持家，为建设社会主义而奋斗”的方针，在关心妇女生活，保护妇女儿童切身利益，在贯彻执行毛主席的革命外交路线，开展国际活动方面，都进行了大量的工作，取得了很大的成绩。各族妇女工作干部，忠心耿耿，勤勤恳恳，全心全意为人民服务，获得了妇女群众的信任。我国妇女运动的路线是正确的。妇联组织在人民中是有威信的。林彪、“四人帮”是中国妇女运动的最凶恶的敌人，江青是中国妇女的可耻败类。他们出于篡党夺权的罪恶目的，全盘否定无产阶级“文化大革命”前妇女工作的成绩，诬蔑妇联执行的是一条修正主义黑线，强行拆散妇联组织，残酷迫害妇联干部，搞乱了妇女运动的路线，迫使各级妇联不同程度地中断了工作，全国妇联中断工作达11年之久。林彪、“四人帮”一度篡夺了一些地方妇联的领导权。1975年，“四人帮”直接插手中国妇女第四次全国代表大会筹备组，篡夺了全国妇联的领导权，竭力推行他们的反革命修正主义路线，妄图扭转妇女运动的方向，把妇联组织变成他们篡党夺权的工具。华主席为首的党中央，一举粉碎了“四人帮”，胜利结束了无产阶级“文化大革命”运动，开辟了社会主义革命和社会主义建设的新的发展时期，抓纲治国的战略决策取得了伟大胜利，全国政治、经济、文化、教育、科学技术各条战线形势大好，妇联工作也呈现出生气勃勃的兴旺景象。

各位代表！为了肃清林彪、“四人帮”在妇女工作中的流毒和影响，为了总结妇女运动的经验，回顾一下我国妇女运动走过的道路是必要的。

我国旧民主主义革命时代，就有了革命的妇女运动。但是，在那个时代，中国人民和妇女们一切英勇的革命尝试都失败了。它告诉我们一个真理：中国人民的解放和中国妇女的解放，没有中国无产阶级先锋队——中国共产党的领导，没有一条马克思列宁主义的路线，是不可能成功的。

五四运动开辟了新民主主义革命的时代，我国妇女运动成为新民主主义革命的一部分，走上了新的发展道路。在北伐战争、十年内战、抗日战争、解放战争各个历史时期，我国妇女运动在中国共产党的领导下，同整个革命运动紧密结合在一起，不断地发展壮大。我国广大劳动妇女和革命知识妇女，不仅在土地革命、政权建设、生产和文化教育战线表现了英雄姿态，作出了伟大成绩；而且参加革命战争，参加白区的地下斗争，英勇战斗，前仆后继，涌现了无数革命女英雄，用鲜血和生命在中国妇女运动史上写下了光辉的篇章。

人民民主革命的胜利，使我国妇女从“三座大山”和四条绳索的压迫与束缚下解放出来，成为社会主义新中国的主人。我国的妇女解放运动发展到一个新的历史阶段。1949年3月、1953年4月、1957年9月，我们开过的三次全国妇女代表大会，都是遵循毛主席妇女运动的理论和路线，提出了妇女工作的具体方针和任务。实践证明，这三次大会提出的路线、方针和任务都是正确的。妇女工作取得了巨大成绩。毛主席的妇女运动路线深入人心。在“无产阶级文化大革命”运动中，尽管妇联组织受到林彪、“四人帮”干扰和破坏，我国广大妇女仍然坚持毛主席的妇女运动路线，继续前进，在伟大革命风暴中锻炼得更加坚强。

毛主席的旗帜是我国妇女解放的胜利旗帜。毛主席把马克思主义普遍真理同中国妇女运动的具体实践相结合，亲自制定了指导我国妇女运动的理论和路线。为了完整地、准确地学习和运用毛主席关于妇女解放运动的理论、路线，从我们长期的革命实践中体会到，需要着重领会以下几个基本观点。

一、妇女是一支伟大的革命力量。没有广大妇女参加，中国革命不可能取得胜利。毛主席教导我们：“妇女占人口的半数，劳动妇女在经济上的地位和她们特别受压迫的状况，不但证明妇女对革命的迫切需要，而且是决定革命胜败的一个力量。”毛主席一贯强调党要加强对妇女工作的领导，充分发挥妇女的伟大作用，要不断同忽视妇女的力量和轻视妇女运动的观念作斗争。

二、妇女解放运动是整个无产阶级革命事业的组成部分。毛主席教导我们：“劳动妇女的解放与整个阶级的胜利是分不开的。”“只有阶级的胜利，妇女才能得到真正的解放。”毛主席的革命路线就是妇女运动的根本路线，党在各个时期的中心任务就是妇女运动的中心任务。在完成党的中心任务的过程中，积极开展妇女工作，提高妇女的觉悟，调动妇女的积极性，发挥妇女的特长，为整个无产阶级革命事业的胜利和妇女的彻底解放而奋斗。

三、参加社会生产劳动，是妇女解放的一个基本条件。毛主席十分重视发动妇女参加生产斗争。从建立革命根据地以后，就反复教导我们，广大妇女的努力生产与男同志上前线，同样是战斗的光荣的任务。党中央明确提出发动妇女参加生产为中心的妇女工作方针。在社会主义时期，毛主席多次指出："中国的妇女是一种伟大的人力资源"，"为了建设伟大的社会主义社会，发动广大的妇女群众参加生产活动，具有极大的意义。"只有充分发动和广泛组织妇女参加社会生产劳动，才能加快社会主义建设的进程，才能逐步改善妇女的经济地位和政治地位，为妇女彻底解放创造充分的物质和精神条件。

四、把妇女的根本利益和切身利益结合起来。毛主席在《关心群众生活，注意工作方法》这篇光辉著作中教导我们："一切这些群众生活上的问题，都应该把它提到自己的议事日程上。应该讨论，应该决定，应该实行，应该检查。""要使他们从这些事情出发，了解我们提出来的更高的任务"，"接受我们的政治号召，为革命的胜利斗争到底。"我们在发动妇女参加三大革命运动中，必须有意识地关心妇女生活，反映妇女的呼声，保护妇女的切身利益。要坚决贯彻男女平等政策，实行男女同工同酬，正确对待和处理婚姻、家庭问题；同一切损害妇女利益的剥削阶级思想和违法乱纪行为进行斗争。

五、要开展妇女解放运动，就要在党的领导下，建立妇女组织，配备专职的妇女工作干部。毛主席历来重视发挥妇女组织的作用。早在大革命时期，毛主席在表扬妇女伟大革命作用的时候，高度评价了妇女组织的作用。在社会主义时期，毛主席强调指出要把妇联组织建设好，充分发挥妇联组织作为党联系妇女群众的桥梁作用。毛主席十分重视培养妇女干部，指出没有一批能干而专职的妇女工作干部，要展开妇女运动是不可能的。不仅要培养大批有理论武装的女干部，而且要培养大批会做实际工作的妇女运动的干部。在少数民族地区，要注意培养少数民族妇女干部。还要选拔优秀的女干部担任各级领导，在各条战线上要注意培养又红又专的妇女专门人才。

六、全世界各国人民的正义斗争都是互相支持的，妇女解放事业也是互相支持的。毛主席十分关怀国际妇女的团结与斗争。毛主席多次接见外国来访的妇女代表团，同她们畅谈妇女解放运动的理论与实践。毛主席历来教导我们，要把增进同各国妇女的友好往来，学习她们的长处，支援她们的正义斗争，作为我们义不容辞的国际主义责任。

各位代表！当我们在这里回顾我国妇女走过的光辉道路，重温毛主席关于妇女解放运动理论的时候，我们怀着崇高的敬意，深切怀念伟大领袖和导师毛主席。毛主席是中国人民的大救星，是我国亿万妇女的大救星。我们这一代要高举毛主席的伟大旗帜，还要教育子孙后代永远高举毛主席的伟大旗帜。毛主席永远活在我们的心中。

当我们深切悼念毛主席的时候，我们同样深情地怀念毛主席的亲密战友敬爱的周恩来总理、朱德委员长和其他已经逝世的老一辈的无产阶级革命家。我们永远牢记他们对中国妇女解放运动的亲切关怀和对妇女干部的谆谆教导。

在漫长的革命征途中，中华儿女前仆后继，流血牺牲，出现了一批又一批可歌可泣的女英雄，出现了许多妇女运动的先驱者。她们的光辉事迹，在中国革命的历史上，写下了壮丽的诗篇。向警予、杨开慧、刘胡兰等革命烈士，永远铭刻在我们心里。她们生的伟大，死的光荣。她们是中国妇女的骄傲。

我们向从辛亥革命到社会主义革命，坚贞不屈，革命一生的已故的何香凝副委员长，表示深切悼念。

我们还要向坚持革命几十年如一日，为中国革命和妇女解放事业作出卓越贡献的我们敬爱的宋庆龄副委员长、蔡畅副委员长、邓颖超副委员长致以崇高的敬意。

新时期我国妇女的崇高任务

五届人大根据党的十一大路线，确定了新时期的总任务，这就是坚持无产阶级专政下的继续革命，开展阶级斗争、生产斗争和科学实验三大革命运动，在本世纪内把我国建设成为农业、工业、国防和科学技术现代化的伟大的社会主义强国。

实现新时期的总任务，是全国人民、全国妇女的根本利益和共同愿望，是关系到我们国家命运和前途的根本大计。争取在23年的时间内实现社会主义的四个现代化，这在我国和世界历史上都是一个伟大的壮举，必将在我们的经济生活、社会面貌和精神境界各方面发生极其深刻的变化，把妇女解放事业推向一个崭新的阶段。四个现代化需要妇女，妇女需要四个现代化。实现四个现代化，是建成社会主义强国、通向共产主义的必由之路，是实现妇女彻底解放的金光大道。

新时期的总任务，就是我国各族妇女在新时期的崇高任务。为了实现这个崇高任务，我们应该着重在哪些方面作出贡献呢？

第一，在三大革命运动第一线立新功。

阶级斗争、生产斗争和科学实验，是建设社会主义强大国家的三项伟大革命运动。为了实现四个现代化，我们必须遵循华主席关于三大革命一起抓的指示，动员各条战线的广大妇女，在三大革命第一线立新功。

阶级斗争是推动历史前进的动力。在当前和今后一个时期内，要抓住揭批“四人帮”这个纲，把这场伟大的斗争进行到底。林彪、“四人帮”出于篡党夺权的反革命需要，顽固地推行反革命修正主义路线，竭力抹杀妇女的伟大作用，根本否定我国妇女运动的正确路线和取得的巨大成就。他们打击迫害妇女工作老前辈和革命的妇女干部，打击迫害革命先烈和革命干部的家属，打击迫害女劳动模范和先进工作者，打击迫害女知识分子和科技人员，打击妇女大干社会主义的积极性，破坏妇女儿童福利事业，毒害少年儿童的身心健康。他们的倒行逆施，给妇女解放事业造成了极其严重的恶果。经过近两年的深入揭批“四人帮”的斗争，被他们篡夺的那一部分妇联的领导权已经夺了回来，被林彪、“四人帮”搞乱了的妇运路线是非基本上得到澄清。但是，我们应当清醒地看到，肃清林彪、“四人帮”在妇运战线上的流毒和影响，粉碎他们反动的思想体系，还必须进行长期的努力。

肃清林彪、“四人帮”的流毒，是全民族的马克思主义思想解放运动。只有彻底粉碎林彪、“四人帮”的思想镣铐，彻底破除他们那一套反马克思主义、反人民的理论、思想、路线、政策、作风，才有可能在马克思列宁主义、毛泽东思想指导下，发扬敢想敢说敢干的革命风格，在加快实现四个现代化的战斗中发挥创造精神。我们各条战线的妇女，都要努力学习马列著作和毛主席著作，完整地准确地领会毛泽东思想体系，掌握思想武器，在各自的岗位上，结合各条战线的实际，深入批判“四人帮”的反革命修正主义路线，彻底揭露这条路线所造成的危害。在妇运战线上，要按照召开这次大会《通知》中提出的要求，继续将这场斗争深入地进行下去，把他们颠倒了的是非，一个一个地纠正过来，使毛主席的妇运路线得到全面地正确地贯彻执行。

生产斗争是实现四个现代化的中心环节。没有工农业生产的“大跃进”，没有国民经济的高速度发展，要实现新时期的总任务是不可能的。中国妇女是一支伟大的人力资源，蕴藏着极大的社会主义积极性，在生产斗争中向来起着巨大的作用。为了尽快地把我国建设成为一个伟大的社会主义现代化强国，我们应当继续坚持以农业为基础、工业为主导的方针，大力办好农业，积极推进农业生产的不断跃进，为整个国民经济的发展奠定牢固的基础。我们要继续发扬艰苦奋斗、热爱劳动的光荣传统，广泛动员一切有劳动能力的妇女，积极投入工业学大庆、农业学大寨的群众运动中去。要善于在生产斗争中充分发挥妇女劳动者的长处，采取切实有效的措施帮助妇女掌握先进的生产技术，提高劳动生产率以适应现代化工农业生产的需要。要广泛开展社会主义劳动竞赛，掀起比、学、赶、帮、超的热潮，后进赶先进，先进更先进。各条战线的“三八”红旗手、“三八”班组和妇女专业队，要作出新成绩，更上一层楼。在生产劳动中，要认真落实党的各项经济政策，坚持按劳分配、多劳多得的原则，实行男女同工同酬，照顾妇女的特殊情况，对经期、孕期、产期、哺乳期的要给以照顾，保护妇女劳动力，使她们保持旺盛的持久的生产积极性。

科学实验是实现四个现代化的关键。中国妇女历来以勤劳、聪明、能干著称，具有无穷无尽的创造力。全国解放以来，妇女的文化和科学技术水平有很大提高，然而由于林彪、“四人帮”的干扰破坏，我国同世界科学技术先进水平本来已经缩小的差距又拉大了。妇女们还有沉重的家务劳动负担，她们的聪明才干更不能充分发挥。粉碎了“四人帮”，为科学技术的迅猛发展开辟了宽广的道路，全国各族妇女，要热烈响应华主席“一定要极大地提高整个中华民族的科学文化水平”的伟大号召，树雄心，立壮志，积极参加科学实验，向科学技术现代化阔步前进。要努力学习文化，积极学习科学技术，掌握现代科学技术知识。要有顽强的毅力和攻关的精神，打掉自卑感，迎着困难上，争当技术革新的能手，创造发明的闯将，科学实验的尖兵。我们热切希望一切女科学家和技术人员，要专心致志，精益求精，勇攀新高峰，用先进的科研成果，为伟大祖国贡献力量。我们党历来重视培养女干部、女技术人才。我们坚信各条战线的领导都会有意识地培养熟练的女技工、女机械手，培养能够操纵现代化设备的熟练女工和女技术人员，培养懂得现代农业技术的女社员，培养能够管理现代化工农业的女管理人员和领导骨干，培养千千万万个女发明家、女科学家、女农艺家、女文学家、女艺术家、女教育家、女医药卫生专家、女工程师、女设计师以及其他优秀的专门人才。我们的时代是英雄辈出的时代。具有光荣革命传统的中国妇女，一定会为科学技术的现代化，贡献出一批又一批的丰硕成果。

第二，当好实现四个现代化的后勤兵。

为了实现社会主义的四个现代化，必须相应地发展后勤服务工作，使战斗在生产、科研和其他各条战线的同志们解除后顾之忧，集中精力搞好生产，搞好工作。有些同志，以为后勤服务工作不如“前线”工作光彩，低人一等，这种看法是不对的。前线和后勤，是一个统一的整体，是相互依存、密切联系的，虽然岗位不同，但都是为了一个共同的奋斗目标而工作的，都是为人民服务，都是光荣的崇高的革命工作。

在后勤战线工作的，妇女占有相当大的比重。在她们中间，有以自己的心血精心培育祖国幼苗的保教人员；有不辞辛苦，长期站好柜台，热心为顾客服务的营业员；有巧手做好千家饭，热情温暖万人心的炊事员、服务员；有不怕风霜雨雪，为搞好环境卫生日夜奋战的清洁工；有把病人当亲人，送医送药上门的医护工作者、赤脚医生；有几十年如一日，勤勤恳恳从事服务行业的千百万积极分子。她们全心全意为生产建设服务，为人民生活服务，在平凡的岗位上，作出不平凡的贡献。她们的辛勤劳动，受到广大群众的赞扬和尊敬。

家务劳动的社会化和现代化，是发展后勤服务事业的重要内容。实现四个现代化，为家务劳动的社会化和现代化不断创造物质和技术条件；家务劳动的社会化和现代化又反过来进一步解放妇女劳动力，为实现四个现代化不断补充力量。妇联组织要积极协助和支持有关部门，采取切实有力的措施，逐步"把琐碎家务普遍改造为社会主义大经济"，帮助广大男女职工和男女社员，解除后顾之忧，集中精力大干社会主义，有更多的业余时间学习政治理论和文化科学知识，并得到适当休息和娱乐，保障劳动者的身心健康。

哺乳室、托儿所、幼儿园等幼托事业，是实现家务劳动社会化的重要方面。广大妇女都要关怀它，爱护它，培植它，和有关部门一道，把这一伟大的事业认真办好。

积极办好公共食堂和饮食服务行业，可以减轻广大职工群众为吃饭问题而花费的时间。我们要支持有关部门，兴办各种类型的食堂和主、副食品加工工业，并促进这些行业的半机械化和机械化。积极推广有利生产、方便生活的缝纫组、洗衣房、代销店和各种生活服务事业，努力减轻家务负担。

妇联组织要热情关怀后勤战线的广大女职工，深入了解她们的情况，反映她们的合理要求，协同有关部门，切实解决她们的实际问题，正确地贯彻执行工资、福利、劳保、奖励等政策。要用专业性和群众性相结合的方法，通过学校和各种形式，积极培训保教人员和其他后勤服务人员，造成一支又红又专的宏大的后勤服务队伍，以适应四个现代化的需要。

新时期的总任务，对后勤服务工作提出了新的更高的要求。随着国民经济的高速度发展，后勤服务工作必将出现一个飞跃发展的新局面。这是实现四个现代化的需要，革命的需要，人民的需要。在后勤战线工作的女职工、女干部，要放眼祖国，立足本行，热爱自己的工作，把全部精力和心血贡献给这一崇高的事业。

第三，精心培育革命的后代。

儿童是革命的未来，祖国的希望。今天的儿童，将是21世纪把我们国家推向共产主义的伟大生力军。精心培育他们成为可靠的革命接班人，是党和国家的一项战略任务，是新时期妇女的又一崇高职责。在我国城市和乡村，每年有1000多万婴儿诞生，全国有两亿多儿童。培育这样一支庞大的新生力量，是全社会的伟大事业，首先是妇女的伟大事业。婴儿在母亲怀抱中哺育成长，从母亲获得最初的情感和思想。一旦走进托儿所、幼儿园、小学校，他们的教养员、保育员是女同志，教师大量的是女同志。可以说，精心培育儿童心灵的是妇女，是伟大的母亲。

全国解放以来，在党和政府的精心培育下，我国的少年儿童健康成长，他们遵循毛主席的教导，爱祖国、爱人民、爱劳动、爱科学、爱护公共财物，树立了社会主义新人的一代新风。

林彪、"四人帮"用"闹而优则仕"、"读书无用"等最腐朽、最反动的思想毒害少年儿童，妄图毁掉我们的下一代。粉碎"四人帮"以后，在华主席为首的党中央领导下，少年儿童的精神面貌发生着显著变化，勤奋学习、遵守纪律的风气得到发扬，好人好事不断涌现。家长们特别是母亲们由衷地感激华主席为首的党中央挽救了我们的下一代，正在把他们培养成德、智、体全面发展的革命后代。但是，我们还应当看到，要彻底肃清林彪、"四人帮"的流毒，同剥削阶级争夺下一代的斗争，仍然是一项艰巨的、长期的任务。

我们要遵循毛主席的教导和华主席的指示，教育我们的儿童具有共产主义的远大理想，使孩子们从小健全地发育身体，培养共产主义情操和共产主义风格，培养集体英雄主义气概，养成爱科学、学科学、用科学的优良风尚。

我们要用共产主义的观念来看待儿童。要把孩子看作是祖国的宝贵财富，而不是个人的私有财产。要从革命利益出发，为革命精心培养后代。我们要响应邓小平副主席在全国教育工作会议上的号召："整个社会的家家户户，都来关心青少年思想政治的进步"，人人关心革命后代的成长。

要把学校教育、社会教育、家庭教育密切结合起来，齐心协力地做好儿童的教育工作。我们热切希望教师、保教人员，要以无产阶级的感情，用自己的全部智慧和力量教育好孩子。我们热切希望文学艺术工作者，要创作出版更多更好的儿童读物、儿童文艺。我们热切希望科学教育工作者，为普及科学知识多出力量。我们热切希望在街道工作的广大妇女积极分子，发扬光荣传统，自觉地担负起校外辅导学生的工作。家长们特别是母亲们，要把教育好孩子作为自己义不容辞的光荣任务。我们做母亲的，要以自己的模范行动，使孩子学到共产主义的思想品质，使他们养成好好学习、天天向上的优良性格和习惯。

第四，用社会主义思想处理好婚姻家庭关系。

要用社会主义思想正确对待婚姻恋爱。这几年来，由于林彪、“四人帮”的干扰，社会生产力的发展受到严重破坏，社会上的阶级敌人乘机捣乱，“四旧”回潮，买卖婚姻、包办婚姻又有滋长，资产阶级、封建主义思想有所泛滥，妇女受迫害的现象不断发生。我们要在深入揭批林彪、“四人帮”的斗争中，破旧立新，移风易俗，打击封建主义和资本主义的歪风邪气，树立无产阶级的婚姻观点和共产主义的道德风尚。要广泛宣传婚姻自主，鼓励适当晚婚，提倡勤俭办婚事，反对买卖婚姻和包办婚姻。做父母的，要尊重子女的自愿，不要包办，更不能把子女当商品。青年男女要把爱情建筑在为共同的革命目标而劳动、工作的基础上，不要建立在金钱物质的追求上。要表扬那些带头移风易俗、敢于同“四旧”作斗争的男女青年和革命家庭，使无产阶级的新思想，新道德，新风尚不断发扬光大。应当看到，买卖婚姻这种现象，所以能够在我们的一些地方继续出现，是同这些地方的政治思想工作薄弱和生产发展水平还低有密切关系的。要彻底根绝这种现象，需要我们作长期艰苦的努力。对于极少数摧残迫害妇女特别是女知识青年的阶级敌人和严重违法乱纪的犯罪分子，要坚决打击，切实保护妇女的权益。

宪法规定：婚姻、家庭、母亲和儿童受国家的保护。现在，我们的家庭，还是消费的单位、生育和养育劳动后备力量的单位，在农村人民公社的社员家庭，还有自留地和部分副业生产。把家庭建成革命的民主的和睦的新家庭，有利于国家和集体，有利于巩固社会主义阵地，有利于调动广大群众的政治积极性和劳动积极性，增强群众的团结。

革命的民主的和睦的新家庭，就是要求每一个家庭成员具有社会主义觉悟，爱劳动，爱学习。家庭成员之间，在政治上互相关心，共同提高，在工作上互相帮助，互相支持，在生活上互相照顾。要勤俭持家，计划开支。实行男女平等，合理分担家务。尊敬体贴老人，共同抚育子女。有事共同商量，发生矛盾，民主讨论解决。要彻底破除封建主义的家长作风和资产阶级的利己主义思想。

实行计划生育，有计划地控制人口的增长，有利于国民经济有计划的发展，有利于广大群众的生产、工作和学习，有利于增强整个中华民族的体质，保护母亲和儿童的健康，这是具有深远的战略意义的重大措施。我们妇联组织，应积极主动配合有关部门，按照宪法规定，提倡和推行计划生育，耐心地细致地做好思想教育工作，努力提高广大群众实行计划生育的自觉性，反对强迫命令。我们热切希望各级计划生育部门、卫生部门，积极加强计划生育的技术指导和科研工作，推广简便易行、切实有效、群众乐于接受的办法，卓有成效地做好这项工作。妇联应积极协助有关部门，继续开展妇幼卫生工作，增进妇女儿童的健康。

第五，加强和发展国内国际妇女统一战线。

毛主席指出：“我们一定要努力把党内党外、国内国外的一切积极的因素，直接的、间接的积极因素，全部调动起来，把我国建设成为一个强大的社会主义国家。”妇女界的统一战线工作，是党的统一战线工作的重要组成部分，对于团结国内国外一切可以团结的妇女，调动一切积极因素，建设社会主义，促进人类进步事业，起着重要的作用。“四人帮”以极左的面目推行极右的反革命修正主义路线，诬蔑我们是“只统不战”、搞“阶级投降”，把我国各条战线的许多统战对象打成专政对象，严重破坏了统一战线工作，造成了恶劣的影响。对此，必须认真地加以纠正。

在社会主义革命和社会主义建设新的发展时期，必须进一步加强和发展我们妇女界的革命统一战线。毛主席教导我们：“对任何人，只要他真正划清敌我界线，为人民服务，我们都是要团结的。”我们要坚持这个方针，依靠各族工农劳动妇女和革命知识妇女，广泛团结一切爱国妇女，团结台湾、港澳女同胞，团结国外侨胞和归侨中的妇女及侨眷。对于爱国妇女和爱国人士的家属要在政治上、生活上加以关怀。积极配合有关部门，努力宣传和严格执行党和国家规定的侨务政策和民族政策。对于民族资产阶级妇女，要采取团结、教育和改造的方针，通过学习和实践，推动她们进一步改造世界观，更加热爱社会主义祖国。我们怀着深厚的感情，对生活在水深火热中的台湾姐妹，表示深切的怀念！台湾是我国的神圣领土，台湾人民是我们的骨肉同胞，我们一定要同台湾同胞一起，完成解放台湾，统一祖国的神圣事业。对于被越南当局驱赶、迫害的越南华侨姐妹，我们表示亲切的关怀、诚挚的慰问！

遵循毛主席关于三个世界的论述和寄希望于各国人民的教导，我们要加强和发展同各国妇女的友好往来。我们要同各国妇女的反帝、反殖、反霸的力量团结起来，结成广泛的统一战线，同社会帝国主义和帝国主义的霸权行径和战争阴谋进行坚决的斗争。我们要加强同社会主义国家妇女的亲密团结，相互支持和相互学习。我们要加强同第三世界各国妇女的团结、合作和友好往来。坚决支持亚洲、非洲、拉丁美洲、大洋洲的发展中国家妇女反帝、反殖、反霸、维护民族独立、捍卫国家主权、发展民族经济、争取和保卫妇女儿童权利的斗争。我们要增进同第二世界各国妇女的相互了解和友谊。我们热烈欢呼中日和平友好条约的签订，愿同日本姐妹世世代代友好下去，不断发展两国姐妹、两国人民在各个领域中的友好合作关系。我们要发展同世界各国妇女的友好往来，增进同各国妇女的友谊。

在国际交往中，要坚持无产阶级国际主义，不搞大国沙文主义，谦虚谨慎，戒骄戒躁，善于学习别人的长处，吸取外国一切先进的东西，学习她们先进的文化、科学、技术知识以及有关妇女儿童福利和家务劳动社会化等方面的好经验，为促进我国国民经济的迅速发展服务。

把妇女联合会的工作提高到一个新水平

各位代表！在新的历史时期，中国妇女面临着实现社会主义四个现代化的崇高任务，对我们妇联的工作提出了更高的要求。我们一定要在党的绝对领导下，把领导思想、工作作风、工作方法，大大提高一步，使妇联工作面目一新，以适应四个现代化的需要。这就要求我们善于在新的历史条件下，继承我国妇女运动的光荣传统和历史经验，善于发现新事物，解决新问题，创造新经验，把我们妇联的工作提高到一个新的水平。

第一，学会在新的历史条件下做好思想政治工作。动员和组织妇女为实现党的十一大路线和五届人大规定的新时期的总任务而奋斗，这是妇联思想政治工作的中心内容。我们要恢复和发扬我党历来重视思想政治工作的优良传统，把对妇女的思想政治工作大大加强起来。

在新的发展时期中，我国国内的主要矛盾仍然是无产阶级和资产阶级之间、社会主义道路和资本主义道路之间的矛盾。这种矛盾，一部分属于敌我矛盾，大量的属于人民内部矛盾。对于敌我矛盾，是采取专政的办法去解决。对于人民内部矛盾，只能用讨论的方法，说理的方法，批评和自我批评的方法去解决。我们要把“四人帮”横行时，颠倒敌我关系，混淆两类矛盾，乱戴帽子，乱打棍子，残酷迫害人民，镇压人民的滔天罪行揭深批透，肃清其流毒和影响。

我们妇联一定要恢复和发扬讲道理的好传统，一定要恢复和发扬民主作风，活跃民主生活。我们的党，我们的人民政权，我们的人民军队，历来都是讲究民主、善于做说服教育工作的，我们的群众团体，也是善于做说服教育工作的。只有充分发扬民主，才能调动妇女群众的积极性；只有摆事实，讲道理，以理服人，才能打通群众的思想，提高群众的觉悟，解决好人民内部矛盾。我们要动员广大妇女都来做思想工作，依靠群众中的先进思想来克服群众中的落后、保守思想。我们在对妇女进行集中的、系统的政治思想教育工作的同时，要继续发扬一家一户、一人一事、一点一滴的耐心细致的工作方法，把思想工作做到妇女群众的心坎上，以调动妇女的一切积极因素，团结一切可以团结的妇女，把她们的力量统统汇集到实现四个现代化上面来。

第二，学会在新的历史条件下走好群众路线。妇联工作的新水平从哪里来？新鲜经验从哪里来？马克思主义者的回答只有一个，从人民群众的实践中来。我们永远不要忘记毛主席的教导：“共产党的路线，就是人民的路线。”妇联是一个人民团体，是党联系妇女群众的桥梁。密切联系群众，充分走群众路线，是妇联工作的生命线。“深入群众，不尚空谈”，是妇联工作的座右铭。如果我们不去联系群众，不走群众路线，听不到妇女群众的呼声和要求，接触不到妇女群众在实际斗争中提出的新问题、涌现的新事物、创造的新经验，我们的妇联就不成其为“桥梁”，就失去了工作的依据，就谈不上提高领导水平。

林彪、“四人帮”破坏了毛主席倡导的群众路线和密切联系群众的优良作风。我们要肃清他们的流毒和影响，树立人民群众是历史主人的马克思主义世界观，时时刻刻密切联系群众，任何工作都要充分走群众路线。

妇女工作者要到基层去，到妇女群众中去，满腔热忱地当她们的小学生，同群众同吃，同住，同劳动，同群众打成一片，向她们请教，倾听她们的呼声，摸清她们的脉搏，了解她们的思想、情绪、愿望和要求，关心她们的生活和疾苦，同她们讲心里话，真正做到思想感情和人民群众交流。这样，妇女群众才能从切身感受中了解我们是代表她们利益的，把妇联干部当作自己的贴心人，把妇联组织当作自己的“娘家”。

密切联系群众，充分走群众路线，不但要有决心，而且要有勇气。要敢于实事求是地反映真实情况，敢于实事求是地解决实际问题。妇联组织对于妇女群众提出的正确意见和要求，要敢于支持，能解决的就解决；自己不能解决的，积极向党和有关部门反映，提出解决问题的建议。对于林彪、“四人帮”制造的冤案、假案、错案，要敢于坚持原则，帮助她们得到昭雪、平反和纠正。献身于妇女彻底解放事业的妇女工作者，应当发扬大无畏的彻底唯物主义精神，不怕鬼，不信邪，不怕讥笑咒骂，不怕打击报复，依靠党和人民，依靠妇女群众，同一切侵犯人民民主权利、侵犯妇女权益的行为作坚决的斗争。

第三，学会在新的历史条件下做好调查研究，用先进带动一般的工作方法。在新的历史时期，先进人物，先进单位，先进事例，先进经验，将会层出不穷。妇女工作者要看到这种新的形势，多做调查研究，善于发现、总结和运用先进典型来推动整个妇女工作的前进。

先进和后进，是事物在运动过程中的对立统一，是不断变化的。先进分子，先进单位，就是在运动过程中走在前面一些。而且随着时间的推移和运动的发展，先进的继续前进，后进的可以赶上先进，甚至超过先进。也就是说，先进和后进的矛盾不是固定不变的。

他们之间的矛盾，应当用比先进，学先进，赶先进，帮助后进超先进的方法，通过比、学、赶、帮、超的群众运动来解决。先进分子和先进单位帮助后进分子和后进单位赶上和超过自己，并且使自己继续前进。无论先进或后进的单位和个人，本身又都是一分为二的，不可能一切皆好或一切皆坏，都要在发扬自身的优点和克服自身的缺点中互相学习，不断提高。这就是对待先进典型的唯物辩证法。懂得这一点很重要。我们在进行调查研究，发现先进典型，总结先进典型，特别在推广先进典型的时候，一定要掌握一分为二这个唯物辩证法的普遍规律，作实事求是的具体分析，充分发挥先进典型作为榜样的巨大力量。决不能把先进典型绝对化、神圣化、凝固化，不根据时间、地点、条件的不同，照搬照抄他们的一切具体做法。

“四人帮”唯心主义泛滥，形而上学猖獗，说假话，说大话，说空话，制造假典型，造成了很大的恶果，流毒很深。我们一定要拨乱反正，坚持实事求是，一切从实际出发，大兴调查研究之风。

要把妇联工作提高到新水平，关键在于把各级妇联的领导班子整顿好、建设好。还要认真整顿和加强基层妇代会的工作。要按照无产阶级革命事业接班人的五项条件和老、中、青三结合的原则，用发扬民主，走群众路线的办法，把那些经受过阶级斗争考验，在反对林彪、“四人帮”的斗争中立场坚定，旗帜鲜明，经过工作锻炼的女干部选进领导班子。在整顿、建设领导班子时，要认真落实党的干部政策，保持干部的相对稳定。各级妇联领导班子中，要选配优秀的中年和青年干部参加，这是关系到妇女工作后继有人的大事。老、中、青干部要互相学习，取长补短，团结战斗，携手前进。近几年来，妇联干部队伍中，新干部大量增加，老干部也需要重新学习。因此，必须把培训干部工作，提到重要议事日程上来。全国妇联要恢复妇女干部学校，省、自治区、直辖市妇联要创造条件，举办妇干校。同时，还要采取多种形式，有计划有步骤地做好各级妇联干部的培训工作，培养一大批适应新时期需要的妇女工作骨干。

妇联干部，特别是领导干部，要以身作则，起模范带头作用。严格要求自己，刻苦学习，遵守纪律，增强团结，实事求是，深入群众，艰苦奋斗。要认真学习马列主义、毛泽东思想，不断改造世界观，扫掉官气、暮气、骄气、娇气。要大力表扬思想红、作风好、努力学习、钻研业务的好干部。

各位代表！现在国际国内形势一片大好，我们具备各种有利条件，可以加快步伐，争取在不太长的时间内，实现我们的宏伟目标。我们这次代表大会，是我国妇女工作的一个新起点。妇女工作大有可为，妇女解放事业前程似锦。神州九亿着先鞭，妇女顶起半边天。不久的将来，我国就能以现代化的社会主义强国的崭新姿态，屹立在世界东方。我们一定要高举毛主席的伟大旗帜，遵照华主席的指示：“学习、学习、再学习，团结、团结、再团结”，和全国人民一起，担负起历史的重任，以只争朝夕的革命精神，在新长征的大路上奋勇前进！

国防部部长徐向前在北京会见南斯拉夫人民军总参谋长波托查尔上将率领的南斯拉夫人民军代表团

全国人大常委会副委员长廖承志在北京会见由团长高桥信次率领的日本医学学术代表团

国务院副总理康世恩在北京会见以平田真巳为团长的日本共同社经济记者访华团

《人民日报》发表毛泽东1923年1963年和1964年写的3首诗词——《贺新郎》《七律——吊罗荣桓同志》和《贺新郎——读史》

9月10日

国务院总理华国锋在人民大会堂会见丁肇中教授

国务院副总理方毅、中国科学院副院长李昌、国家科委副主任赵东宛、中国科学院高能物理研究所所长张文裕等参加了会见。

9月11日

国务院发出《关于切实抓好“小秋收”的通知》

通知指出，去年“小秋收”取得了很大成绩，据不完全统计，全国“小秋收”产品收购总值达13亿元。但是，各种资源的采收和利用一般只占百分之几，多者也只有百分之二十几，潜力是很大的。为了把一切可以利用的野生资源采收、利用起来，以增加社队收入，增加市场货源，支援工业，支援出口，各地要在抓好秋收秋种和农田基本建设的同时，及早部署，切实把今年的“小秋收”抓紧抓好，抓出更大成效来。

通知强调指出，要搞好“小秋收”，必须进一步落实党的经济政策。当前应注意的：(一)坚持实行按劳分配的原则。在开展“小秋收”中，社队不论采取集中生产的形式，还是分散生产的形式，都应根据资源情况、劳动强度、技术水平、数量和质量，尽可能实行定额管理、超产奖励的办法。对超产部分，有的可以多记工分，有的可以付给现金，有的也可以按比例分成。采取哪种形式，应根据当地实际情况确定。对费衣费鞋和采摘比较困难的工种，还应给予适当补贴。(二)在采集范围的划分上，要改变那种对个人限制过严，或者集体不去搞又不许个人搞的错误做法。凡是资源集中、数量大、适合集体经营的品种，要由社队统一组织采收；集体采集后的剩余部分，以及零星分散的品种，要发动个人利用工余假日复收和采集，也要允许和鼓励放牧员在不影响放牧的情况下采集野生药材等产品，谁卖谁得，付给现金。规定有奖售的品种，要保证兑现。要教育社员群众，在采收"小秋收"产品时，注意保护国家资源；同时加强技术指导，允许社员群众进山采集。对于集体和个人采集"小秋收"产品的范围如何划分，仍由县革委会规定，公布于众。

通知要求各地要安排好"小秋收"需要的劳力。"小秋收"季节，正是"三秋"大忙、农田基本建设大规模进行的时候，必须根据"小秋收"产品成熟时间和劳力需要情况，统筹兼顾，合理安排，保证有一定数量的劳力搞"小秋收"，防止顾此失彼。同时，要充分发挥辅助劳力的作用，组织中小学生和工矿林区职工家属等社会力量，积极投入"小秋收"活动。

通知指出，从目前情况看，各种野生资源长势较好，预计今年采集收购的品种、数量都将好于往年。供销社必须从发展生产出发，积极开展收购。基层社要与社队签订购销合同，加强计划指导。要把产品收购目录、规格质量、价格印发到队，张榜公布，家喻户晓。在收购工作中，当前特别要注意克服怕积压的思想，不能借口改善经营管理而采取消极的态度。要增设临时收购网点，适当延长收购时间，方便群众交售。收购力量不足的，可以在"小秋收"期间短期雇佣临时工。收购"小秋收"产品所需要的信贷资金，银行要给予保证。运输部门要大力支持，加强运输力量，把"小秋收"产品及时运输出来。对一时销路不畅的产品，上级供销社要积极推销，为基层社担担子，不能停止收购、影响生产。

通知指出，为了充分利用野生资源，各地科研单位要积极协助商业、供销、外贸部门加强对野生植物的研究工作，开展综合利用，不断开辟新的用途。各省、自治区、直辖市计委应把野生原料的利用纳入计划，工业部门要积极开展利用。由于使用野生原料而发生亏损的，省、自治区、直辖市财政可酌情给予补贴。

通知要求各地切实加强领导。各级革委会要及早地把"小秋收"工作布置下去，要有领导同志挂帅。生产大队和生产队要有一名队长具体抓"小秋收"。各级主管部门要组织力量深入基层，了解情况，交流经验，组织评比，使"小秋收"活动扎扎实实地开展起来。

国务院和中共中央军委决定恢复国务院 中央军委和各大军区交通战备领导小组

任命谷牧为国务院和中央军委交通战备领导小组组长。

经中共中央批准中共山西省委正式宣布为晋剧《三上桃峰》事件平反

由中国党政代表团团长邓小平率领的中国党政代表团抵达朝鲜东海岸工业城市咸兴访问

中共中央副主席 中国党政代表团团长邓小平在平壤会见坦桑尼亚总理索科伊内

国务院副总理陈永贵在大寨会见以秋田县知事小畑勇二郎为团长的日中友好秋田县农业青年之翼访华团全体成员

全国人大常委会副委员长谭震林在北京会见日本日中友好九州青年之船访华团领导成员和团员代表

《中国青年》杂志复刊

第一期于9月11日出版。

《中国青年》杂志是一个具有光荣革命传统的刊物。它创刊于1923年10月20日。解放前，由于它热情宣传马列主义，勇敢抨击各种反动思潮，不断遭到国民党反动派的迫害、查禁。新中国诞生前夕，《中国青年》在河北平山县复刊。伟大领袖和导师毛主席、敬爱的周总理、朱委员长生前都对它给予了无微不至的关怀。毛主席亲自为它题写了刊头。由于林彪、"四人帮"的摧残和破坏，这个为各方面读者特别深受广大青年喜爱的刊物被迫停刊了12年。今年5月4日，中共中央关于召开共青团第十次全国代表大会的通知中决定《中国青年》杂志复刊。

9月12日

《人民日报》发表特约评论员文章《马克思主义者怎样看待物质利益》

劳动者的物质利益，是一个极其重大的问题。当前我们在经济工作中遇到的许多急需解决的问题，如农村经济政策的落实，经济体制的调整，按劳分配和等价交换原则的贯彻执行等等，从一定的意义上说，都是劳动者整体的、局部的和个人的物质利益问题。如果我们不能正确地处理这个问题，就不利于广大劳动者生产积极性的发挥，就会妨碍四个现代化的实现。

经济关系主要就是物质利益关系。我们的经济政策和经济体制有时所以需要作某种变动，就是为了调整各方面的物质利益关系。明确了这一点，对于我们正确地执行党的经济政策，管好社会主义经济，具有重大的意义。

“四人帮”把物质利益划为禁区，他们制造这样一种舆论：马克思主义是根本不讲物质利益的，讲物质利益就是修正主义。这种舆论曾经禁锢了不少人的头脑，至今还有一些同志对物质利益问题不敢触及。为了正本清源，我们应当重温革命导师的教导，研究一下马克思主义者历来是怎样看待物质利益的。

人们进行生产斗争和阶级斗争都是直接间接为了物质利益

历史唯心主义者认为，人们进行生产斗争和阶级斗争，是为了实现所谓理性的王国、永恒的正义和公平等。正如恩格斯所指出的，他们“不知道任何基于物质利益的阶级斗争，而且根本不知道任何物质利益”(《社会主义从空想到科学的发展》,《马克思恩格斯选集》第3卷，第423页)。马克思和恩格斯彻底抛弃和批判了这种观点，科学地阐明了人们的生产斗争、阶级斗争同物质利益的关系，创立了唯物主义的历史观。

历史唯物主义向我们指明：“人们奋斗所争取的一切，都同他们的利益有关。”(马克思：《第六届莱茵省议会的辩论(第一篇论文)》,《马克思恩格斯全集》第1卷，第82页)利益，主要是物质利益。人们进行生产活动，直接就是为了物质利益，进行阶级斗争和革命，最终也是为了物质利益。恩格斯说：“迄今所发生的一切革命，都是为了保护一种所有制以反对另一种所有制的革命。”“一切所谓政治革命，从头一个起到末一个止，都是为了保护一种财产而实行的，都是通过没收……另一种财产而进行的。”(《家庭、私有制和国家的起源》,《马克思恩格斯选集》第4卷，第110—111页)他又说：“土地占有制和资产阶级之间的斗争，正如资产阶级和无产阶级之间的斗争一样，首先是为了经济利益而进行的，政治权力不过是用来实现经济利益的手段。”(《路德维希·费尔巴哈和德国古典哲学的终结》,《马克思恩格斯选集》第4卷，第246页)当然，政治权力作为实现经济利益的手段，是极其重要的。无产阶级不建立自己的政治统治，就不可能实现它的基本经济利益，正如列宁所说，“无产阶级的基本经济利益只能经过用无产阶级专政代替资产阶级专政的政治革命来满足。”(《怎么办？》,《列宁选集》第1卷，第262页)

在历史上，阶级斗争和革命的真实目的，常常被隐蔽起来，例如16世纪的德国农民战争，就被隐蔽在宗教的外衣之下。但是，这种情况并没有改变事情的实质，因为就拿德国的所谓宗教战争来说，“也根本是为着十分明确的物质的阶级利益而进行的”(《德国农民战争》,《马克思恩格斯全集》第7卷，第400页)。从来没有不基于经济利益根本冲突的阶级斗争，也没有不和经济利益相联系的革命。否认了物质利益，就是从根本上否认了阶级斗争，否认了革命。

这些道理，对于无产阶级是不是适用呢？在“四人帮”及其“理论家”们看来是不适用的。他们宣扬无产阶级只能要思想、要政治，而不能要物质利益，似乎要物质利益就降低了无产阶级的“身份”，就失掉了无产阶级的革命性和崇高理想。这种论点是极其荒谬的。无产阶级进行推翻资本主义制度的革命斗争，难道不是为了摆脱资本主义剥削吗？在夺取了政权并且建立了公有制以后，发展生产，进行建设，难道不是为了“使人民不断增长的需要能够逐步得到满足”(《关于正确处理人民内部矛盾的问题》,《毛泽东选集》第五卷，第373页)吗？难道不是为了最终消灭阶级，“保证一切社会成员有富足的和一天比一天充裕的物质生活”(《反杜林论》,《马克思恩格斯选集》第3卷，第322页)吗？

社会主义应该“使全体劳动者过最美好、最幸福的生活”(《在国民经济委员会第一次代表大会上的演说》,《列宁选集》第3卷，第571页),“无产阶级取得国家政权以后，它的最主要最根本的利益就是增加产品数量，大大提高社会生产力”(《工会在新经济政策条件下的作用和任务》,《列宁选集》第4卷，第586页)。在今天，实现四个现代化就是我国无产阶级和其他劳动人民的根本利益，为实现四个现代化而斗争，就是为无产阶级和其他劳动人民的根本利益而斗争。如果社会主义不是通过大大提高社会生产力使全体劳动者过最美好、最幸福的生活，而是像“四人帮”所鼓吹的那样，国家只能穷，人民生活只能苦，那还称得上什么社会主义？劳动者要这种所谓的社会主义干什么？

列宁说过：“当人们还不会从任何一种有关道德、宗教、政治和社会的言论、声明和诺言中揭示出这些或那些阶级的利益时，他们无论是过去或将来总是在政治上作受人欺骗和自己欺骗自己的愚蠢的牺牲品的。”(《马克思主义的三个来源和三个组成部分》,《列宁选集》第2卷，第446页)中国历代腐朽没落的反动统治阶级，都惯于用道德的、政治的说教，来掩盖自己的阶级私利，并欺骗群众放弃争取和捍卫自己利益的斗争。孟轲鼓吹“何必曰利，亦有仁义而已矣”，董仲舒宣扬“正其谊不谋其利，明其道不计其功”。在长时期内，这些唯心主义的谬论，起过很大的欺骗作用。对这类谬论，毛泽东同志曾经给以尖锐的批判，但是经过“四人帮”的大肆贩卖，又泛滥起来，直到今天还在毒害着人们。

这些不讲物质利益的人们,是不是就不要物质利益呢?他们不仅要,而且要得很厉害。就拿"四人帮"来说吧,他们哪一个不是贪得无厌的吸血鬼呢?他们之所以讳言和辱骂物质利益,正是因为他们的物质利益是建立在损害劳动人民的物质利益的基础上,需要加以掩盖。无产阶级没有和其他劳动人民相对立的利益,更不需要损害其他劳动人民的利益,因此它不需要把自己的物质利益掩盖起来。

共产党人公开申明自己是为无产阶级的利益而斗争的,并且把无产阶级的利益作为自己的言论和行动的出发点。列宁说:"我国的内外政策归根结底是由我国统治阶级的经济利益和经济地位所决定的。这一原理是马克思主义者整个世界观的基础。"(《在全俄中央执行委员会和莫斯科苏维埃联席会议上关于对外政策的报告》,《列宁全集》第27卷,第339页)毛泽东同志说:"共产党人的一切言论行动,必须以合乎最广大人民群众的最大利益,为最广大人民群众所拥护为最高标准。"(《论联合政府》,《毛泽东选集》第三卷,第1097页)又说:我们的"每句话,每个行动,每项政策,都要适合人民的利益,如果有了错误,定要改正"(《抗日战争胜利后的时局和我们的方针》,《毛泽东选集》第四卷,第1128页)。我们共产党的路线、政策和各种措施,只有符合广大劳动群众的利益,只有使他们的利益得到实现和增长,才能得到他们的拥护,才能在群众的实践斗争中发挥重大作用。路线和政策如果不符合广大劳动群众的利益,就必然遭到他们的抵制和反对,就必然经不住实践的检验而归于失败。我们有的同志由于中了林彪、"四人帮"的毒,做事情不是从广大劳动人民的利益而是从"长官的意志"出发,甚至为了私利不惜损害广大劳动人民的利益。这种人,没有不跌跤子的。

应当实现个人物质利益和阶级物质利益的统一

阶级的"'共同利益'在历史上任何时候都是由作为'私人'的个人造成的"。(《德意志意识形态》,《马克思恩格斯全集》第3卷,第275—276页)但是,共同利益一旦形成,它又区别于个人利益。阶级的共同利益和阶级成员的个人利益之间,是会发生对立的,但这种对立并不是敌对阶级之间那样的根本对立。正如马克思恩格斯所说:"这种对立只是表面的,因为这种对立的一面即所谓'普遍的'一面总是不断地由另一面即私人利益的一面产生的,它决不是作为一种具有独立历史的独立力量而与私人利益相对抗,所以这种对立在实践中总是产生了消灭,消灭了又产生。"(《德意志意识形态》,《马克思恩格斯全集》第3卷,第276页)这就是说,阶级的共同利益和个人利益之间的对立,是可以加以调整的。"四人帮"把无产阶级的共同利益和个人利益说成是水火不相容的东西,似乎要阶级的共同利益就得否定个人利益,要个人利益就得否定阶级的共同利益,这完全是一种反马克思主义的观点。

马克思主义者从来认为阶级的共同利益是个人利益的集中,它是高于个人利益的。无产阶级政党从来反对经济主义,反对放弃阶级的长远利益而只顾个人的眼前利益。它在领导群众进行革命和建设的斗争中,总是引导群众正确处理个人利益和阶级共同利益之间的关系,在二者发生冲突时,自觉地使个人利益服从于阶级的共同利益,甚至在必要时牺牲个人利益。但是,这并不是说可以取消个人利益。个人利益是阶级的共同利益由以集中的基础,离开这个基础就无所谓阶级的共同利益。不仅如此,阶级的共同利益最终还是要归结为它的成员的个人利益。无产阶级的解放固然是无产者个人解放的前提,但是无产阶级的解放还是要归结为各个无产者的解放,否则无产阶级的解放就是空的;社会主义社会用于满足共同需要的产品,如用于扩大再生产的产品,最后也是要转化为满足劳动者个人需要的产品,否则扩大再生产就没有意义。总之,否定了个人利益,也就否定了阶级的共同利益;离开了劳动者个人利益的所谓"共同利益"实际上只能是少数人的利益。劳动者当然不会去关心这种所谓"共同利益"。

我们建设社会主义,不仅不能撇开劳动者的个人利益,而且必须依靠对个人物质利益的关心,否则就不可能建成社会主义。列宁说:"必须把国民经济的一切大部门建立在个人利益的关心上面。共同讨论,专人负责。由于不会实行这个原则,我们每一步都吃到苦头。"(《新经济政策和政治教育局的任务》,《列宁全集》第33卷,第51页)在过去的几年中,由于"四人帮"的疯狂破坏,妨碍我们实行列宁的原则,我们也已经吃了很大的苦头。

毛泽东同志说:"一切空话都是无用的,必须给人民以看得见的物质福利。"(《经济问题与财政问题》,延安解放社1944年版,第218页)又说:"我们历来提倡艰苦奋斗,反对把个人物质利益看得高于一切,同时我们也历来提倡关心群众生活,反对不关心群众痛痒的官僚主义。"(《论十大关系》,《毛泽东选集》第五卷,第272页)他并且明确指出:必须"提倡以集体利益和个人利益相结合的原则为一切言论行动的标准的社会主义精神"。(《〈中国农村的社会主义高潮〉的按语》,《毛泽东选集》第五卷,第244页)如果违反了这些原则,把共同的集体的利益变成和劳动者的个人利益相对抗的东西,哪会产生什么后果呢?那就会使劳动者失去发展社会主义生产、增进共同利益的积极性,使社会主义经济受到破坏。在这种情况下，损公肥私、损人利己、贪污盗窃、投机倒把等现象就会大量发生，劳动者的道德品质就会败坏，他们的阶级性就会丧失，无产阶级队伍就会受到腐蚀，新的资产阶级分子就会产生。“四人帮”横行时期，在他们控制的地方和单位，不是已经出现了这种严重的状况吗？

实现个人物质利益和集体物质利益的统一，最重要的就是真正贯彻执行按劳分配原则，多劳多得，少劳少得，不劳不得。实行这个原则，劳动者劳动得多劳动得好，首先是发展了共同的利益，同时也增加了个人的利益。这两个方面紧密结合起来，就能有力地推进社会生产力的发展。

国营企业要有本企业集体的物质利益

在当前我国的社会主义国营经济中，国家要通过计划对整个国民经济实行卓有成效的领导，充分发挥各个企业的主动性和积极性，就要把一定数量的资金交给各个企业，在国家统一计划的前提下，由它们独立地组织生产，进行经营和管理，以便以尽量小的劳动消耗量取得尽量大的经济效果。

列宁指出：“各个托拉斯和企业建立在经济核算制基础上，正是为了要他们自己负责，而且是完全负责，使自己的企业不亏本。”（《给财政人民委员部》，《列宁全集》第35卷，第549页）列宁如此强调企业的经济责任，正是因为不这样就不能保证国民经济的迅速发展，我们的实践也已经充分地证明了这一点。要使每一个企业对自己的经济效果切实地负起完全的责任，全体职工和领导人都能够关心和尽一切可能去增加生产，减少劳动消耗量，提高劳动生产率，必须实行这样的原则：经营得好、经济效果大的企业，应当获得较多的物质利益，经营得差的企业得到的物质利益就应当少一些，以至要受到一定的物质上的惩罚。列宁曾说，如果企业的领导人不负责任，对企业造成重大损失，“他们就应当受到审判，全体理事都应当受到长期剥夺自由（也许在相当时期后实行假释）和没收全部财产等等的惩罚。”（《给财政人民委员部》，《列宁全集》第35卷，第549页）从我们的经验来看，列宁所强调的必须把企业的经济效果同企业职工，特别是企业领导人的利益联系起来的原则，是完全正确的。社会主义经济的管理，可以有各种不同的体制，但是不论实行哪一种体制，企业都应该有自己集体的物质利益。这样，无产阶级的利益就不仅区分为共同的和个人的两个方面，而且要区分为国家的、企业的和劳动者个人的三个方面。这一点，毛泽东同志早就有过明确的指示，他在《论十大关系》中，专立一章详细论述了“国家、生产单位和生产者个人的关系”，强调指出必须兼顾这三个方面。毛泽东同志所说的生产单位，就全民所有制经济而言，指的就是国营企业。他说：“把什么东西统统都集中在中央或省市，不给工厂一点权力，一点机动的余地，一点利益，恐怕不妥。”“各个生产单位都要有一个与统一性相联系的独立性，才会发展得更加活泼。”（《毛泽东选集》第五卷，第273页）

一个企业经营得好，经济效果大，就对国家有利，同时对本企业的职工和领导人也有利，反之就对本企业职工和领导人不利，这就是企业集体的利益和国家利益的结合。这种结合有不同的形式，例如通过利润分配，使企业掌握一部分基金，用于奖励先进、增加职工集体福利和扩大再生产。这种结合，是社会主义经济迅速发展的一个极其重要的条件。

领导阶级必须保障被领导阶级的物质利益

毛泽东同志说：“领导的阶级和政党，要实现自己对于被领导的阶级、阶层、政党和人民团体的领导，必须具备两个条件：（甲）率领被领导者（同盟者）向着共同敌人作坚决的斗争，并取得胜利；（乙）对被领导者给以物质福利，至少不损害其利益，同时对被领导者给以政治教育。没有这两个条件或两个条件缺一，就不能实现领导。”（《关于目前党的政策中的几个重要问题》，《毛泽东选集》第四卷，第1273页）

毛泽东同志在革命战争时期提出的这个原则，我们在社会主义革命和建设中，应该特别注意贯彻执行。在无产阶级专政时期，所谓对被领导阶级给以物质福利，主要的是保障广大农民的物质利益。不给农民以物质利益，农民就不会有生产的积极性，农业就上不去，工业也上不去，社会主义就建不成。因此，我们必须处理好同农民的关系，不仅不能损害农民的利益，而且要尽可能地帮助农民发展生产，改善生活。

应当看到，帮助农民发展生产，改善生活，不仅仅是为了农民的利益，同时也是为了无产阶级自己长远的根本的利益。在苏联国民经济恢复时期，列宁说过：“现在最迫切的就是采取那种能够立刻提高农民经济生产力的办法。只有经过这种办法才能做到既改善工人生活状况，又巩固工农联盟，巩固无产阶级专政。”（《论粮食税》，《列宁选集》第4卷，第516页）毛泽东同志在我国农业合作化运动中指出：“如果我们没有新东西给农民，不能帮助农民提高生产力，增加收入，共同富裕起来，那些穷的就不相信我们，他们会觉得跟共产党走没有意思，分了土地还是穷，他们为什么要跟你走呀？”（《农业合作化的一场辩论和当前的阶级斗争》，《毛泽东选集》第五卷，第196—197页）列宁和毛泽东同志这些话，把保证农民的物质利益的重要性说得十分清楚。当然，保障农民的物质利益，不是说可以不顾无产阶级的物质利益，而是说这两方面的物质利益要得到兼顾，要正确地结合起来。

当前要做到这两方面的利益相结合,最重要的就是要按照毛主席一贯的教导和我们党历来的政策,真正承认农民的集体所有制,承认组织在集体经济中的农民是所有者,有权支配属于他们自己的生产资料、劳动力和产品。这就是说,要承认公社、生产大队,特别是生产队的自主权,承认它在国家统一计划的前提下按照自己的利益去组织生产和进行管理。如果我们的干部不顾农民的利益和意愿去搞瞎指挥、强迫命令,甚至无偿地调走他们的生产资料、劳动力和产品,就会破坏集体所有制,损害农民的利益,挫伤农民的积极性,其结果势必损害社会主义建设的发展和工农联盟的巩固。

要做到这两方面的利益相结合,还必须经常研究和制定工农业产品的合理比价。逐步缩小以至消灭工农业产品价格的剪刀差,对于我们这样一个有众多农民的国家来说,是一个特别重大的问题。

当年联共(布)党内曾经有人主张实行损害农民利益的工农业产品价格政策,斯大林批评说:“我们党内有一些人把劳动农民群众看成异类,看成工业的剥削对象,看成我国工业的殖民地之类的东西。……我们不能同意一些同志的意见,他们时常要求用过多增加税收、提高工业品价格等等办法来加紧压榨农民。我们不能同意他们,因为他们是在不自觉地破坏工人阶级和农民的联盟,动摇无产阶级专政。”(《关于苏联经济状况和党的政策》,《斯大林全集》第8卷,第128—129页)但是,苏联事实上长时期内并没有解决这个问题,正如毛泽东同志指出的:“苏联的办法把农民挖得很苦。他们采取所谓义务交售制等项办法,把农民生产的东西拿走太多,给的代价又极低。他们这样来积累资金,使农民的生产积极性受到极大的损害。”“我们对农民的政策不是苏联的那种政策,而是兼顾国家和农民的利益。我们的农业税历来比较轻。工农业品的交换,我们是采取缩小剪刀差,等价交换或者近乎等价交换的政策。”(《论十大关系》,《毛泽东选集》第五卷,第274页)

我国解放后,工农业产品价格的剪刀差有了明显的缩小,但是剪刀差还是存在。由于林彪、“四人帮”的干扰和破坏,已经缩小了的剪刀差又加大了。逐步调整工农业产品的价格,逐步缩小剪刀差,是摆在我们面前的一项重大而艰巨的任务。

无产阶级政治挂帅的一个重要任务,是保证国家、集体、个人利益的结合

在现阶段,社会主义经济,从一定意义上说,就是国家、集体、个人各个方面的物质利益关系的体系,或者说各个方面利益的统一体。在这个统一体中,任何一个方面受到了破坏,就会导致整个统一体的破坏,削弱以至瓦解社会主义生产关系,阻碍生产力的发展。

毛泽东同志指出:“国家和工厂、合作社的关系,工厂、合作社和生产者个人的关系,这两种关系都要处理好。为此,就不能只顾一头,必须兼顾国家、集体和个人三个方面。”(《论十大关系》,《毛泽东选集》第五卷,第272页)毛泽东同志这里所说的兼顾几个方面,也就是把几个方面的利益正确地结合起来。

我国现阶段的社会主义经济,就是在这几个方面利益的结合中发展的。当然,这种结合不是固定不变的,而会经常出现各方面利益的不平衡,这就要求我们及时加以调整。

实现这几个方面利益的结合,无产阶级政治挂帅起着重要的作用。无产阶级政治是无产阶级的经济利益的集中表现,它是无产阶级实现本阶级经济利益的手段,是为本阶级的经济利益服务的。国家、集体、个人利益的结合,是社会发展利益的要求,也是无产阶级的根本利益所在。为了保证这几个方面利益的结合,就必须在一切经济工作中坚持无产阶级的政治挂帅,一是通过政治思想工作,教育群众和干部正确认识和处理这几个方面利益的关系;二是通过各项政策的实施,按照社会主义方向,调整这几个方面利益的关系,使它们在互相结合中得到实现。

“四人帮”把政治挂帅和无产阶级的物质利益对立起来,这说明他们要用来“挂帅”的政治,不是无产阶级的政治,而是地主资产阶级的政治。这样的政治同劳动人民的经济利益当然是不相容的。

中共中央副主席 国务院副总理邓小平在平壤与朝鲜劳动党中央委员会总书记 朝鲜民主主义人民共和国主席金日成举行会谈

双方就当前国际形势和共同关心的问题广泛交换了意见。

中国方面参加会谈的有:中共中央政治局委员、中共上海市委第三书记、上海市革命委员会第二副主任彭冲,中共中央委员、外交部部长黄华。

邓小平副主席同金日成主席还单独举行了会谈。

国务院副总理李先念在北京与坦桑尼亚联合共和国总理爱德华·莫林格·索科伊内举行会谈

国务院副总理耿飚在北京会见牙买加争取民族解放青年力量代表团全体成员

全国人大常委会副委员长廖承志在北京会见日本通产大臣河本敏夫及其随行人员

国务院副总理谷牧在北京会见以日向方齐为团长

的日本关西经济联合会友好访华代表团

国务院副总理康世恩在北京会见毛里求斯财政部部长林加度

外交部副部长韩念龙在北京与缅甸联邦社会主义共和国外交部部长敏貌准将举行会谈

中国与越南副外长级谈判在河内举行第六次会议

中国政府代表团团长仲曦东在会议上,进一步提出了关于全面解决居住在越南的华侨问题的主张。

他说:"我们衷心希望越南方面能从两国人民的深切愿望出发,认真考虑和研究中国方面的这些意见,只要这样,越南政府代表团在9月7日会议上的发言中提出的四点所涉及的问题是不难找到答案的。"

今天会议由仲曦东团长主持并首先发言。

接着,越南政府代表团团长黄碧山发言。他按着事先打印出来的发言稿说,他对仲曦东团长就越方9月7日在第五次会议上提出的四点所讲的意见,"未能感到满意"。对此,仲曦东团长在再次发言时指出,"我在今天的发言中并没有详细地对你在上次会议上提出的四点作出评论","而你对我还没有提出的问题,未讲的话,事先就在发言稿中表示不满,这种态度太不严肃。这样的做法,用哲学语言讲叫作'先验论'。"

他说:"希望你们不要再猜想我在下次会议上将要讲什么,以免我还未讲,你们就先写进了稿子。"

仲曦东团长在再次发言中还指出,越南代表团在上次会议上就"解决越南华人问题"提出的四点,说不上是解决争端的建议,更说不上是全面解决越南华侨问题的什么原则性建议,而不过是借谈判进行反华宣传的继续。

仲曦东说,1955年两党协议是解决越南华侨问题的依据,可是,越南方面提出的四点中,却对这个协议只字不提。

他说,越方要求中国方面"停止利用华人干涉越南内政",这说明越方继续利用谈判以凭空捏造的谰言进行反华。越方还要求中方不得把"不久前离开越南去中国的人""非法地推回越南",这也是对中国的恶毒攻击。

中国方面本来是建议越方接回被越方赶到中国境内的纯属越南人的越南公民,其中包括越方在"净化"边境地区及越南北方边境省份时被赶的越南的少数民族。越南政府代表团团长黄碧山在发言中根本不承认在被赶到中国去的华侨之外还有越南公民,硬说中国为了把他们"推过来,给越南制造新的困难",才编造出"越南公民"来。而坐在黄碧山身旁的越南政府代表团首席团员、越南外交部领事司副司长邓珊在7月下旬同中国驻越南大使馆代表进行的接侨谈判中,曾一再声明"非法越境"到中国去的人当中有成万的越南少数民族。

仲曦东团长说,越南当局有责任接回被赶到中国境内的越南公民,这是理所当然的事。"你们故意把赶入中国境内的华侨和越南公民混为一谈,是为了逃避你们对自己的公民所应负的责任,并且在国际上混淆视听,对中国进行恶意攻击。"当仲曦东举出邓珊上述关于越南少数民族的话时,邓珊装聋作哑,黄碧山也不敢否认,两个人谁也不敢回答到底是谁说的话算数。

仲曦东团长谈到越方提出的四点中的"越南政府号召在越南的华人安心留居越南谋生"一句时说,华侨本来是安心留居越南的,只是由于越南当局迫害和驱赶,他们才四出逃生。他们是受害者。因此,关键是越南当局应保证自己停止迫害、驱赶华侨,而不应向华侨发出什么号召。这同你们以前搞的那个"呼吁书",用的是同样的阴谋手段。

对于越方提出的四点中关于离开越南到中国去的"华人"和"华侨"办理离境手续的问题,仲曦东说:"你们对解决华侨问题上的争端避而不谈,而谈什么离境手续,目的无非是要把你们迫害、驱赶华侨的做法加以'合法化'罢了。"

仲曦东团长在发言时还指出,最近,越方仍在中越边境继续驱赶华侨。越方故意制造战争气氛,造谣说"中国要打仗",把边境华侨搬迁到别处,不准他们在边境居住。在中越边境,越方还号召"边生产边战斗",把中国当作严重的敌人。他问:"你们为什么对同中国打仗如此有兴趣?同中国打仗有什么好处?""这已不只是驱赶华侨问题,而是关系到中越两国关系问题。在这方面你们究竟还要走多远?"黄碧山团长今天的发言完全重复过去的论调,说什么1955年中越两党"从未就越南南方华人问题达成过什么协议","越南南方华裔越南人已是越南公民",在越南南方,除了"持有台湾、香港身份证或加入了其他国家国籍的人"以外,已没有华侨。

9月13日

中共中央主席 国务院总理华国锋在北京会见南斯拉夫社会主义联邦共和国主席团委员 南共联盟中央委员会主席团委员茨维耶廷·米亚托维奇和由他率领的南斯拉夫国家和党代表团

五届全国人大常委会四次会议在北京举行

会议听取国务院副总理纪登奎作关于华国锋主席访问罗马尼亚、南斯拉夫、伊朗三国的报告。

叶剑英委员长主持了会议，并在纪登奎副总理报告后作了重要讲话。

叶委员长说，纪副总理的报告很好，我完全赞同。他说，华主席这次访问罗马尼亚、南斯拉夫、伊朗三国，中日和平友好条约的签订，是对苏联领导集团大搞霸权主义的沉重打击，得到了全世界人民的欢迎和支持。苏联当局对此暴跳如雷，恰恰暴露了它的霸权主义嘴脸。叶委员长说，华主席这次出访三国以及其他同志的出国访问，使我们取得了一面镜子，可以照一照我们自己，看一看我们国家有哪些好的东西应该继续发扬，有哪些差的、弱的地方需要克服和加强。毛主席在世时教育我们不要夜郎自大，不要闭关自守。我们要认真学习别国的长处，吸收和借鉴外国的好经验，这对于加速我国的建设事业是十分必要的。叶委员长强调说，以华主席为首的党中央，一举粉碎了祸国殃民的“四人帮”，取得了一个安定团结的大好形势，给我们在本世纪内实现四个现代化创造了一个十分有利的条件。粉碎“四人帮”以来，华主席为首的党中央抓纲治国，取得了很大胜利。全党全军全国各族人民要团结，要珍惜当前安定团结的大好形势，有利于团结的话就说，有利于团结的事就做，不利于团结的话不说，不利于团结的事不做，进一步巩固和发展安定团结的大好形势，尽快把我国建设成为具有现代农业、现代工业、现代国防、现代科学技术的伟大的社会主义强国。

宋庆龄、乌兰夫、吴德、韦国清、谭震林、李井泉、邓颖超、赛福鼎、廖承志、姬鹏飞、阿沛·阿旺晋美、周建人、许德珩副委员长出席了会议。

国务院副总理耿飚、王震，最高人民检察院检察长黄火青，政协全国委员会副主席宋任穷、沈雁冰、王首道、杨静仁、张冲，列席了会议。

中共中央各部门，国务院各部委，中国人民解放军各总部、各军兵种负责人，政协全国委员会常务委员，也列席了会议。

纪登奎副总理在报告中指出，华主席这次出访是毛主席1957年访苏以来我们党和国家最高领导人第一次访问欧洲国家，也是新中国成立以来我们最高领导人第一次访问罗马尼亚、南斯拉夫和伊朗。这3个国家对华主席的访问都非常重视，给予了隆重热情友好的接待。访问历时17天，取得了圆满成功。

纪副总理指出，华主席这次出访引起了国际上极大注意，世界舆论普遍给予好评，唯独苏联大发雷霆，破口大骂，横加干涉，好像各国的来往，说些什么，做些什么，都要经它批准，否则，就是大逆不道。这种蛮不讲理的行为，恰恰暴露了它的霸权主义的真面目。

纪副总理说，访问期间，华主席同三国领导人分别进行正式会谈和单独会见。我们的会谈是本着完全平等、互相尊重的精神进行的，气氛是友好的，态度是诚恳坦率的。在会谈中，我们同三国领导人互相通报了国内情况，交流了建设经验，并就共同关心的国际问题，特别是维护世界和平，捍卫国家的独立与安全，反对帝国主义、殖民主义、霸权主义和它们的侵略政策和战争政策等问题，交换了意见。会谈证明，彼此在一系列重大问题上共同点是主要的。尽管对某些问题有不同看法，但并不妨碍我们之间发展友好合作关系。三国都赞赏我国政局稳定，以华主席为首的党中央的路线和政策是正确的。

纪副总理说，我们同三国领导人怀着满意的心情，回顾了我们之间的双边关系的发展，并一致同意今后要采取措施进一步地多方面地发展双边的友好合作关系。我们同罗、南还特别强调了要发展党的关系，继续支持被压迫民族和被压迫人民的革命斗争。华主席邀请齐奥塞斯库总统、铁托总统和巴列维国王陛下及王后陛下访问中国，他们愉快地接受了邀请。我们的会谈是卓有成效的。会谈双方都非常满意。

纪副总理指出，这次同罗、南、伊三国进行了经济科技合作会谈，签订了一系列协定和协议，取得了积极的成果。

纪副总理说，华主席的访问，增进了我国人民同罗、南、伊三国人民的友谊，推进了我国同三国的友好合作关系，在我国同三国的友好关系史上揭开了新的篇章。

他最后强调说，我们这次在随同华主席访问中看到，我国经济技术水平比他们落后，人民的生活水平也比他们低。同时我们也了解到，他们这些国家经济发展起来也不过只用了十几年时间。我们对于在本世纪内把我国建设成现代化的社会主义强国，更加充满信心。我们承认落后，但不甘心落后，我们要迎头赶上。我们相信，只要我国各族人民紧密团结在华主席为首的党中央周围，高举毛主席的伟大旗帜，坚决贯彻党的十一大路线，把批判“四人帮”的斗争进行到底，进一步巩固和发展安定团结的大好形势，排除万难，努力奋斗，我们的目的是一定能够达到的。

国务院副总理李先念 康世恩在北京会见日本通产省大臣河本敏夫及其随行人员

会见时，双方就《中日和平友好条约》签订后进一步扩大中日贸易往来、加强经济技术合作等问题充分交换了意见。

国务院副总理李先念在北京与坦桑尼亚联合共和国总理爱德华·莫林格·索科伊内继续举行会谈

全国人大常委会副委员长邓颖超在北京会见缅甸外交部部长敏貌准将一行

9月14日

国务院总理华国锋在北京分别会见坦桑尼亚总理爱德华·莫林格·索科伊内和日本国通产大臣河本敏夫

中国妇女第四次全国代表大会继续举行全体大会

国务院副总理方毅同志和余秋里同志，在中国妇女第四次全国代表大会14日和15日举行的全体大会上分别作了报告。

邓颖超同志主持了这两天的全体大会。

方毅同志在关于科学技术和教育工作的报告中，以大量的事实，生动、通俗地介绍了我国科技战线近两年来的情况；阐述了广泛发展各种类型的教育事业，培养大批科学技术人才，造就一支宏大的科学技术大军的重要意义。

方毅同志热情赞扬了我国妇女在科学技术和教育战线上作出的巨大贡献。他说：在我们科学技术和教育战线，妇女同志是一支极为重要的力量。全国400多万科学技术人员中，将近1/3是妇女。教师队伍，特别是中小学教师和幼儿教育队伍，妇女占的比例更大。我国每一门科学技术的发展和千千万万青少年的成长，都是同她们的辛勤劳动分不开的。方毅同志说：新时期需要又红又专的女英雄。妇女也要攀高峰。我们深信，在新的时期中，一定会有越来越多的女同志，为科学技术和教育事业作出更大的贡献。中国应当有世界第一流的女科学家、女发明家、女教育家和各行各业的女专家。

余秋里同志在题为《当前的经济形势和实现四个现代化的宏伟任务》的报告中说，今年以来，我国农业、工业、交通运输、财贸和科教等各条战线，乘胜前进，又取得了新的重大成绩。余秋里同志在报告中还着重讲了实现四个现代化宏伟目标的具体任务，以及为实现宏伟目标当前需要抓紧做好的几项工作。

余秋里同志说：我们所进行的实现四个现代化的事业，是一个伟大的事业。这个事业的实现，需要全国人民的努力，也为亿万群众充分发挥自己的聪明才智，大显身手，开辟了广阔的天地。中国妇女，是一支伟大的力量。无论在革命战争年代，在社会主义革命和社会主义建设时期，中国妇女都付出了巨大的努力，作出了不可磨灭的贡献。他说，经过这次代表大会，全国妇女将会进一步团结起来，在华主席、党中央领导下，同全国人民一道，高举毛主席的伟大旗帜，为实现新时期的总任务，为在本世纪内把我国建设成为社会主义现代化强国，大步前进，作出更大的贡献。

国务院副总理陈慕华在北京会见罗马尼亚共产党中央政治执行委员会委员 政府总理马尼亚·曼内斯库

中国与坦桑尼亚政府关于进一步发展两国经济技术合作议定书在北京签字

外经部副部长程飞和坦桑尼亚教育部部长库汉加分别代表本国政府在议定书上签字。

国务院副总理李先念在北京会见缅甸外交部部长敏貌准将一行

教育部发出通知要求各地学校加强对普通话和汉语拼音的教学工作

通知说，推广普通话和教学汉语拼音，是教育革命的一个重要内容。学校是推广普通话和教学汉语拼音的重要基地，广大师生是普及普通话和推行汉语拼音的重要力量。各地教育部门、各级各类学校对这项工作必须重视。

通知指出，普及普通话必须继续贯彻“大力提倡，重点推行，逐步普及”的方针。从1978年起的五年内，各级各类学校的语文教师要基本能用普通话教学，其他各科教师也能逐步使用普通话教学，学生在课堂上和会议上基本上能使用普通话。8年内各级各类学校要基本普及普通话。以上要求，在北方话地区的学校以及方言区的城市和重点学校，应提前实现。

9月15日

中共中央主席 国务院总理华国锋在北京会见罗共中央委员会政治执行委员会委员 罗马尼亚社会主义共和国政府总理马尼亚·曼内斯库

中共中央副主席邓小平在哈尔滨听取中共黑龙江省委常委汇报

在听取汇报工作时，邓小平说：从总的状况来说，我们国家的体制，包括机构体制等，基本上是从苏联来的，是一种落后的东西，人浮于事，机构重叠，官僚主义发展。“文化大革命”以前就这样。一件事人多了，转圈子。有好多体制问题要重新考虑。

全国人大常委会副委员长廖承志在北京会见日本自民党众议员古井喜实

国务院副总理方毅在北京会见西德科教部国务秘书约希姆森教授一行

中国科学院与德意志联邦共和国马克斯·普朗克科学促进学会科学合作协议在北京签字

根据协议,双方将交换科学家、举办学术讨论会、执行共同项目以及交换科学出版物、样品、试剂和其他材料。这将促进中国和西德,特别是中国科学院和马克斯·普朗克学会所属机构和科学家之间的友好关系和合作。

中国科学院秘书长郁文,西德马克斯·普朗克学会秘书长迪·朗夫特,分别在协议上签字。

出席签字仪式的有:

中国科学院副院长李昌,有关方面负责人邓述慧、纪波、朱永行。

国务院副总理陈慕华在北京会见即将离任的塞内加尔共和国驻中国大使阿里·迪乌姆

科学普及出版社正式恢复

经国务院批准,科学普及出版社已于最近正式恢复。

科学普及出版社从1956年成立以来,出版过上千种图书,很多书刊受到了工农兵、干部和知识青年的热烈欢迎。

恢复后的科学普及出版社,是全国科协领导下的全国性科学普及出版事业的重点机构。它的任务是:从提高整个中华民族的科学文化水平和实现四个现代化出发,向广大工农兵、干部、青少年和科学技术人员提供各种科学普及读物,帮助他们提高科学技术水平。

9月16日

中共中央副主席邓小平在长春听取中共吉林省委常委汇报

在听取吉林省委常委工作汇报时,邓小平发表题为《高举毛泽东思想旗帜,坚持实事求是的原则》的讲话,再次批评“两个凡是”不是高举毛泽东思想的旗帜。他说:这样搞下去,要损害毛泽东思想。毛泽东思想的基本点和精髓就是实事求是。

邓小平还强调指出:生产力发展的速度比资本主义慢,那就没有优越性,这是最大的政治,这是社会主义和资本主义谁战胜谁的问题。

全国民政工作会议在北京举行

由民政部召开的这次会议,9月16日至27日在北京举行。

这是民政部成立以来召开的第一次全国民政工作会议。

9月26日,李先念副主席,纪登奎、余秋里、陈锡联、陈永贵、谷牧副总理,姬鹏飞副委员长出席了大会,李副主席和纪副总理在会上讲了话。

李副主席在讲话中论述了当前国际、国内的大好形势,希望广大民政工作干部充分认识民政工作的重要性,努力做好民政工作,在华主席为首的党中央领导下,为实现我国的四个现代化贡献自己的力量。

纪副总理在讲话中说,民政工作很重要,做好民政工作直接关系到贯彻落实备战备荒为人民的战略方针;关系到促进安定团结,调动一切积极因素,抓纲治国,实现四个现代化;关系到充分显示我国社会主义制度优越性的大问题。从事民政工作的同志们的任务是艰苦的、光荣的。

纪副总理说,民政部门应把做好优抚、安置复员退伍军人、生产救灾、社会救济和社会福利事业作为自己的主要业务,此外,还要积极做好党和政府交办的其他事项。民政部门要在新的历史条件下,认真研究民政工作的新情况、新特点,更好地完成华主席、党中央赋予民政战线的各项任务。

纪副总理指出,革命老根据地的建设问题是综合性的工作,民政部门把积极参加调查研究、反映情况作为自己的工作重点之一是必要的。革命老根据地的人民在战争年代,在全国解放以后,对革命和建设都作出了很大贡献,我们的革命是从那里起家的,切不可忘记了这些地区的人民。

纪副总理说,民政工作中要加强法制,整顿财经纪律,对民政事业费管理和使用得好的要表扬,差的要批评,贪污浪费的要严肃处理。要逐步制定和完善民政工作的章程、法令、规定,使民政工作有章可循。

纪副总理最后说,各级党委要加强对民政工作的领导,对各级民政部门的工作及时指导和检查;各级民政部门要自觉服从党委领导,增强党的观念,主动向党委请示汇报工作,做好党委的参谋和助手。为了更好地开展民政工作,在精兵简政的原则下,把民政工作的机构恢复和健全起来,并按照老、中、青三结合的原则配备好领导班子。

这次会议的任务是:高举毛主席的伟大旗帜,以揭批“四人帮”为纲,弄清楚民政工作的具体路线、方针、政策和方法,肯定成绩,交流经验,提高认识,统一思想,动员广大民政干部为实现新时期的总任务而奋斗。

民政部部长程子华在会上作了《以揭批“四人帮”为纲,努力做好民政工作,为实现新时期的总任务而奋斗》的报告。

与会同志认真学习了毛泽东主席、周恩来总理、华国锋主席关于做好民政工作的一系列指示，回顾了毛主席、周总理、华主席亲自做民政工作的实践，进一步认识到，民政部是人民群众的组织部，做好民政工作意义重大，影响甚广，可以密切党和人民群众的联系，体现社会主义制度的优越性；可以增强军民团结，鼓舞士气，巩固国防，可以充分调动人民群众参加社会主义革命和建设的积极性，促进工农业高速度发展；可以促进安定团结，巩固无产阶级专政，为早日实现四个现代化作出贡献。

会议认为，为了更好地完成新时期的总任务赋予民政部门的光荣职责，必须根据华国锋主席为首的党中央的指示，在各级党委的统一部署下，继续打好揭批“四人帮”的第三战役，进一步从理论上、思想上、路线上分清是非，拨乱反正，正本清源，肃清其流毒和影响。必须加强思想上、组织上、作风上的建设，努力学习解放军的政治工作经验，在各级党委的统一领导下，培养一支又红又专的民政干部队伍。

民政部部长程子华在全国民政工作会议上作题为《以揭批“四人帮”为纲，努力做好民政工作，为实现新时期的总任务而奋斗》的报告(摘要)

在华主席为首的党中央和国务院的亲切关怀下，全国民政工作会议胜利召开了。这是粉碎“四人帮”反党集团，五届人大决定成立民政部后召开的第一次民政工作会议。华主席为首的党中央很重视这次会议，不仅接见了全体代表，华主席还为大会作了“认真贯彻落实毛主席关于‘民政工作就是作人的工作，不要怕麻烦’的指示，努力做好各项民政工作，为实现新时期的总任务而奋斗”的题词，叶副主席也作了“贯彻执行毛主席关于民政工作的方针、政策，促进安定团结，调动一切积极因素，为实现社会主义现代化强国而奋斗”的题词，李先念副主席和纪登奎副总理到会作了重要指示，与会同志受到了极大的教育和鼓舞。

这次会议的任务是：高举毛主席的伟大旗帜，坚持党的十一大路线，贯彻五届人大的精神，认真学习毛主席、周总理和华主席、党中央有关指示，深入揭批林彪、“四人帮”的罪行，分清路线是非，进一步研究在新的历史条件下，民政工作的任务和方针、政策，肯定成绩，交流经验，提高认识，统一思想，动员广大民政干部为实现新时期的总任务而奋斗。

一、充分认识民政工作的重要作用

民政工作历来是党和政府的一项重要工作。伟大领袖和导师毛主席、敬爱的周总理和朱委员长、华主席、党中央，对民政工作一向十分重视。华主席在党的十一大、五届人大会议上对民政工作提出了新的要求。

在新民主主义革命时期，民政工作对于巩固和扩大革命根据地，发展和壮大人民军队，取得革命战争的胜利，作出了重要贡献。新中国成立28年来，继承和发扬了拥军优属的光荣传统，妥善安置了复员退伍军人，大力开展了救灾救济工作，举办了许多社会福利事业单位。所有这些，对我国社会主义革命和建设都发挥了重要作用。

做好优抚、复员安置、生产救灾、社会救济和社会福利工作以及党和政府交办的其他事项，意义重大，影响甚广。可以密切党和人民群众的联系，体现社会主义制度的优越性；可以增强军民团结，鼓舞部队士气，巩固国防；可以促进安定团结，巩固无产阶级专政；可以充分调动人民群众参加社会主义革命和建设的积极性，促进工农业高速度发展，为早日实现四个现代化作出贡献。

党和人民交给民政部门的任务很繁重、很艰苦、很细致、很光荣。全体民政干部一定要焕发革命精神，鼓足革命干劲，在思想上有一个大解放，作风上有一个大转变，工作上有一个大飞跃，为实现新时期的总任务而努力奋斗。

二、把揭批林彪、“四人帮”的斗争进行到底

新中国成立28年来，民政工作取得的显著成就和发挥的重要作用，充分证明，毛主席的无产阶级革命路线，在民政工作中始终占主导地位，绝大多数民政干部是好的和比较好的。但是，民政工作和其他战线一样受到了林彪、“四人帮”反革命修正主义路线的严重干扰破坏。

林彪、“四人帮”积极推行反革命政治纲领，打击迫害大批民政干部，特别是领导干部。更为严重的是，他们把老烈属、退伍红军老战士、老残废军人、老复员军人，当作打击迫害的重点。他们诽谤革命先烈、破坏烈士纪念建筑和珍贵遗物。林彪、“四人帮”歪曲和丑化党的历史，颠倒敌我关系，打击迫害民政干部和优抚对象，诬蔑革命先烈，其罪恶目的是为了毁我长城，篡党夺权，复辟资本主义。

林彪、“四人帮”对民政工作的方针政策进行全面否定。他们攻击拥军优属“过时了”；攻击抓救灾“是以救灾压革命”；攻击灾区人民生产自救，开展副业，是“搞资本主义”；攻击把公益金用于五保户的供给和困难户的补助是对社员的“剥削”；攻击社会福利事业是“搞福利主义”、“搞旧慈善事业那一套”。许多地区，特别是革命老根据地，优抚对象和五保户、困难户的生活困难得不到解决。“四人帮”混淆社会主义同资本主义的根本区别，无视群众的生活疾苦，破坏军民关系和党群关系，妄图达到颠覆无产阶级专政的罪恶目的。

林彪、“四人帮”借口反对“管、卡、压”，疯狂破坏

财务管理制度。他们把民政事业费变成"万能款"、"机动费"。在他们的毒害下,挥霍浪费、贪污挪用民政事业费的现象相当普遍。河南驻马店地区大量挪用、侵占救灾款物事件的出现,决不是偶然的,它是林彪、"四人帮"反革命修正主义路线造成的严重恶果之一。

对于林彪、"四人帮"的干扰破坏,广大民政干部是进行过抵制和反对的。至于内务部的撤销,这是在无产阶级"文化大革命"中,国务院精简机构时确定的,和砸烂公检法不同。内务部撤销后,中央和国务院有关部门分别承担了各项民政业务,做了大量工作。粉碎"四人帮"以后,各级党委加强了对民政工作的领导,坚决贯彻抓纲治国的战略决策,认真开展揭批林彪、"四人帮"的伟大斗争。经过一年多来的积极努力,民政部门清查工作已经基本结束,被颠倒了的路线是非正在得到纠正,各项民政工作有了很大的恢复和发展,广大民政干部革命的积极性空前高涨,大干快上的新局面开始出现。

我们一定要乘胜前进,进一步打好揭批"四人帮"的第三战役。清查工作尚未结束的单位,要抓紧把清查工作搞完。要把揭批林彪、"四人帮"的斗争进行到底,彻底肃清其流毒影响。

三、民政工作的任务和方针、政策

进一步明确民政工作的主要任务和各项业务方针、政策,对于肃清林彪、"四人帮"的流毒和影响,完成新时期的总任务赋予民政部门的历史使命,是十分重要的。1954年,陈毅副总理代表毛主席、周总理、党中央对民政部门的业务范围作了明确的规定。20多年来的实践证明,这些规定是完全正确的,民政部门的主要业务范围仍然是优抚、复员安置、生产救灾、社会救济和社会福利以及党和政府交办的其他事项。在新的历史条件下,各项民政工作出现了许多新情况、新问题,任务加重了,业务发展了。我们需要认真研究这些问题,进一步把各项民政工作做好。

根据毛主席关于"民政工作就是作人的工作,不要怕麻烦"的指示,朱委员长关于民政部门就是人民群众的组织部的指示精神,根据华主席在党的十一大和五届人大报告中对民政工作的指示,我们要加强对民政对象的政治思想教育,不断提高他们在无产阶级专政下继续革命的觉悟;要按照党的政策,认真负责地帮助他们解决生活困难;要关心人民疾苦,全心全意为人民服务,上为中央分忧,下为群众解愁。我们一定要把党中央和毛主席、朱委员长和华主席的指示,贯彻好,落实好,努力做好各项民政工作。

(一)大力加强优抚工作。应该坚持政治挂帅,安排生产,群众优待,国家抚恤的方针。把政治思想教育放在首位,教育优抚对象发扬革命传统,争取更大光荣;教育人民群众饮水思源,发扬拥军优属的社会风尚。努力使拥军优属工作经常化、制度化、群众化。各地要定期召开优抚对象代表会,同时做好烈士褒扬工作。

要在安排好生产的基础上,做好优待劳动日的工作,努力做到春评、夏查、秋兑现,保证优抚对象的生活不低于当地一般社员生活水平。要改进定期定量补助办法,在发展生产的基础上,补助对象适当放宽,补助标准适当提高。要积极办好"光荣院"、"幸福院",使无人照料的孤老烈属、退伍红军老战士、老年复员军人幸福地度过晚年。还要做好优抚对象的普查工作。要做好保护军人婚姻工作。

(二)认真做好复员安置工作。民政部门要积极做好安置工作,减轻部队负担,以利于战备。要坚持"从哪里来回哪里去"的原则,做到"妥善安置,各得其所"。还要做好部队退休干部的接收安置工作。

(三)切实做好救灾救济工作。必须全面贯彻执行"依靠群众,依靠集体力量,生产自救为主,辅之以国家必要的救济"的方针。要充分发动群众,学习大寨人的革命精神,自力更生,生产自救。广泛开展副业、工业生产,增加收入,努力克服灾害造成的困难。

要及时掌握、核实灾情,做好救济粮款的发放工作,检查救灾方针、政策的贯彻执行情况,总结交流救灾工作的经验。对今年受灾的地区要及早摸清情况,在党委的统一领导下,协同有关部门采取措施,开展生产自救,安排好群众生活。

要帮助社队做好对五保户的供给工作,积极办好敬老院。对困难户要在安排生产的基础上搞好补助工作。要在党委统一领导下,做好常年困难户的扶持工作,加强对困难户的政治思想教育,充分激发他们自力更生的积极性;社队根据被扶持对象的不同情况,定出具体扶持规划,逐年实施;各有关部门采取有效措施,对困难户进行帮助。实践证明,规划扶贫是帮助困难户改变贫困面貌的正确途径,应该努力做好这一工作,通过试点,取得经验,逐步推广。

(四)整顿福利事业和生产单位,做好城市救济工作。要继续贯彻生产自救、群众互助、辅之以政府必要的救济的方针,认真抓好生产自救、社会救济、收容安置三个环节。要积极配合有关部门发展集体所有制的街道生产和生活服务事业,解决城市中缺乏正常就业条件的盲聋哑残人员和社会困难户的生活问题。对丧失劳动能力的困难户,民政部门应进行救济或收容安置。

安置盲聋哑残人员的福利生产单位,要结合"一批双打"运动,进行认真整顿。已经移交给工业部门的生产单位,如果由于安置盲聋哑残人员,工业部门继续领导有困难的，经党委批准由民政部门将这些单位收回来。应根据国务院有关部门的规定，把供、产、销纳入地方生产计划；免征所得税；劳动工资计划，由民政部门自行管理。

要进一步办好孤老残幼人员的福利事业。做好盲目流入城市的农民和城镇流浪人员的收容遣送工作。

（五）积极做好其他各项民政工作。

要重视革命老根据地的工作。有些革命老根据地，生产发展很慢，山河依旧，面貌未改，人民生活困难很大。建议各省、自治区、直辖市对老区的生产、交通、供销、文化、教育、卫生等工作，通盘考虑，制定改变老区面貌的规划，组织各方面力量坚决贯彻执行。各级民政部门要协同有关部门加强调查研究，摸清情况，把抚恤救济事业费重点用于革命老根据地。积极做好老区的民政工作。

在婚姻登记工作中要进行计划生育和晚婚的宣传教育，反对包办、买卖婚姻。

要积极推行火葬，加强殡葬改革的宣传教育。

对于行政区划的变动，要在党委的领导下，做好调查研究和上报审批工作。

抚恤救济事业费和救灾款的管理使用，必须坚持“专款专用”、“重点使用”的原则。要结合“一批双打”运动，对抚恤救济事业费的管理使用进行一次大检查，加强法制，整顿财经纪律，建立、健全财务管理制度，坚决同贪污挪用、挥霍浪费等不良现象作斗争，对于违反财经纪律的，要认真检查处理，情节严重的，要严加惩处。

来信来访工作，是党和政府联系人民群众的一条重要渠道，是送上门来的群众工作。粉碎“四人帮”以来，来信来访大量增加，这反映了广大群众对华主席、党中央的高度信任，也反映了林彪、“四人帮”干扰破坏造成的严重恶果。必须引起我们的重视，认真做好这一工作。

要积极做好党和政府交办的其他各项工作。

四、加强民政部门的建设

为了适应新时期的要求，必须切实加强民政部门的建设。

要坚持唯物主义、辩证法。坚持实践是检验真理的唯一标准这一马克思主义的基本原则。实事求是，一切从实际出发，深入实际，大兴调查研究之风。集中群众的正确意见，掌握第一手材料。“喊破嗓子，不如做出样子。”要培养典型，树立样板，以点带面，推动全盘。

要搞好各级领导班子的整顿和建设。恢复和健全各级民政机构，充实和加强干部力量。民政部门与其他部门合并的，要建议党委予以分开。民政工作政策性强，大量的工作在基层，因此，凡是没有专职民政干部的人民公社和街道办事处，都要配备专职民政干部。要建立和恢复生产大队、居民委员会的民政委员会或民政小组。

民政干部要有高度的革命责任心，深厚的无产阶级感情，完全、彻底为人民服务的思想。要自觉地到艰苦的地方去，解决群众的切身困难，反对互相推诿敷衍塞责的官僚主义态度。

民政部门是做人的工作的，学习解放军的政治工作经验，具有十分重要的意义。全体民政干部要学好用好毛主席对政治工作的历次指示，和这次全军政治工作会议文件，使解放军的政治工作经验在民政工作中得到推广落实。

各级民政部门必须把自己的工作置于党委的直接领导之下，要经常及时地向党委汇报工作，反映情况，积极提出解决问题的意见，当好党委的参谋。有关方针政策问题，要及时向党委请示报告。要正确认识和处理好党的中心工作和民政工作的关系。

党在新时期的总任务是要在本世纪内把我国建设成为伟大的社会主义现代化强国。各级民政部门要根据新时期的总任务，结合民政工作的实际，制定出三年、八年的规划。全体民政干部要发扬革命战争时期的那么一股劲，那么一股革命热情，那么一种拼命精神，在各级党委的领导下，充分依靠群众，努力做好各项工作，调动广大民政工作对象的积极性，为加速实现新时期的总任务而努力奋斗。

国务院副总理王震在北京会见以美国著名物理学家 加利福尼亚州理工学院校长马文·戈德伯格教授为团长的美国加州理工学院代表团

京剧表演艺术家盖叫天先生骨灰安放仪式在杭州举行

盖叫天先生于1971年1月15日逝世，享年83岁。

盖叫天原名张英杰，河北省高阳县人。他8岁学艺，从事戏剧工作70余年，在京剧表演艺术上有很深的造诣，具有独特的风格，享有很高的声誉。新中国成立以后，盖叫天曾先后当选为第三届全国人民代表大会代表、第二届政协浙江省委员会常务委员、浙江省文学艺术工作者联合会副主席、中国戏剧家协会浙江分会主席等。

盖叫天是一位正直的爱国艺术家。他热爱祖国，热爱人民，热爱艺术，把一生贡献给了祖国的戏剧事业。在旧社会，他拒绝为北洋军阀、日伪汉奸演唱堂会，保持了一个爱国艺术家的尊严和气节。他以京剧表演艺术刻苦钻研，精益求精，努力创新，形成了“武戏文唱”的“盖派”京剧武生表演艺术的独特风格。新中国成立后,盖叫天更加焕发了艺术青春,他的表演艺术更臻完美。1950年,他出席第一次全国戏曲工作会议,荣获文化部授予的“表演艺术家”的称号。1952年,他参加第一届全国戏曲观摩演出大会,又获得了荣誉奖。为了表彰盖叫天的杰出艺术成就,1956年11月,文化部和中国戏剧家协会在上海联合举行“盖叫天先生舞台生活60年纪念会”,再次授予他荣誉奖状。

9月17日

中共中央副主席邓小平在沈阳听取中共辽宁省委常委汇报

在听取工作汇报时,邓小平说:千万不要搞“禁区”。“禁区”的害处是使人们思想僵化,不敢根据自己的条件考虑问题。要提倡、要教育所有的干部独立思考,不合理的东西可以大胆改革。这是全国性的问题,是政治问题,也是思想问题,也是实际问题。他还说:我们太穷了,太落后了,老实说对不起人民。我们现在必须发展生产力,改善人民生活条件。

中央军委副主席邓小平听取中共沈阳军区党委常委汇报

在听取工作时,邓小平第一次提出了搞好深入揭批林彪、“四人帮”运动的5条标准。他还强调指出,全国性的揭批“四人帮”的群众运动不能搞得时间过长,过长就厌倦了;有的单位,搞得差不多了,就可以结束;要把党和国家的工作重点转到四个现代化建设上来。

中国妇女第四次全国代表大会在北京举行全体大会

会上全体代表经过酝酿,一致推选宋庆龄、蔡畅、邓颖超为全国妇联名誉主席。

大会还通过了关于康克清同志代表全国妇联三届执行委员会向大会所作的《新时期中国妇女运动的崇高任务》的工作报告的决议,通过了中华全国妇女联合会新的章程。

大会选举了全国妇联新的领导机构。康克清同志等245人被选为第四届全国妇联执行委员,另有55人被选为候补执行委员。

中国妇女第四次全国代表大会在北京闭幕

出席闭幕式的有:中共中央副主席汪东兴;全国人大常委会副委员长、全国妇联名誉主席宋庆龄、蔡畅、邓颖超;党和国家其他领导人乌兰夫、余秋里、耿飚、李井泉、谭震林、廖承志、姬鹏飞、阿沛·阿旺晋美、周建人、许德珩、胡厥文、王震、康世恩;政协全国委员会副主席宋任穷、沈雁冰、史良、朱蕴山、季方、王首道、杨静仁、张冲、庄希泉、胡子昂、荣毅仁、童第周;最高人民检察院检察长黄火青;中共中央组织部部长胡耀邦,中共中央宣传部部长张平化等。

康克清同志主持了大会闭幕式。

中华全国妇女联合会名誉主席宋庆龄向大会致闭幕词。

全国妇联名誉主席宋庆龄在中国妇女第四次全国代表大会上的闭幕词

亲爱的代表们:

中国妇女第四次全国代表大会今天胜利闭幕了。在大会开幕之日,华主席以及党和国家其他领导人亲临祝贺,华主席和叶委员长又为大会题了词,给予全体代表以极大的鼓舞。在过去10天里,代表们热烈讨论了汪东兴同志代表中共中央向大会的致辞、邓颖超同志的开幕词、康克清同志的工作报告,总结了21年来妇女运动的经验,制定了新时期的妇女运动的新任务;修改并通过了中华全国妇女联合会的章程;选举了新的执行委员会。大会胜利地完成了任务。这次大会开得很好,是团结的大会,胜利的大会。我热烈地祝贺大会的圆满成功!

这次大会是中国妇女运动史上的空前盛会。全国各地近两千名妇女代表,受各族妇女的委托,带着各族人民的期望,来到祖国的首都,欢聚一堂,讨论国家大事,讨论妇女解放的大事。代表们激动的发言,表现了对林彪、“四人帮”一伙的滔天罪行的无比仇恨,表现了紧跟华主席,进行新长征的高度热情。许多女英雄、女模范在阶级斗争、生产斗争和科学实验三大革命运动中的英雄事迹,激励着所有参加大会的姐妹们,为把祖国建成社会主义现代化强国而斗争。所有这些都说明,中国妇女是具有高度革命觉悟的,她们为社会主义和共产主义事业献身的精神,是值得钦佩和歌颂的。

以华主席为首的中共中央一举粉碎“四人帮”,为中国的社会主义事业带来了灿烂的背景,为中国妇女运动又打开了广阔的道路。今天,华主席率领全国人民进行新的长征。我相信,各族妇女都会意识到历史赋予自己的重大责任。这里,我想强调一下培育革命后代这个问题,并谈谈我的希望。

工作报告中提出,精心培育儿童成为可靠的革命接班人,是党和国家的一项战略任务,是新时期妇女的又一崇高职责。这句话在讨论时引起了强烈的反响,大家认为提的正确,提的及时。大家有这样的反响,不是偶然的。首先,按照自然规律,老一辈无产阶级革命家总是要离开我们的，而他们开创的无产阶级革命事业，今后由谁来继承？从长远来看，这副担子就不能不落到下一代人的肩上。到21世纪，今天的中年人也成了老年人，而今天的儿童却是风华正茂，成为把我们国家推向共产主义的伟大生力军。其次，近年来，在林彪、“四人帮”反革命修正主义路线的毒害下，广大儿童（包括青少年）的身心受到了严重的摧残。因此，培养可靠的革命接班人，教育下一代，就成为今后的重要课题。要用共产主义思想去培育他们，培育他们在阶级斗争中爱憎分明，在生产斗争中热爱劳动，在科学实验中勤奋学习。而培育下一代，是每一个妇女不可推卸的责任。因为妇女和儿童是分不开的，母亲和孩子是血肉相连的。我热切地期望我们的妇女工作者、女教育工作者、女保育工作者、女科学家、女文学艺术家们，都能自觉地把培育下一代这一重担担当起来。这是一项光荣的任务，当一代新人在你们的精心培育下，像烂漫的山花一样繁茂成长起来的时候，你们一定会感到无比的喜悦和幸福的。

今天，我们正处在20世纪的后期，也是人类文明高度发达的时期。华主席号召我们，“一定要极大地提高整个中华民族的科学文化水平”，是有广泛而深远的意义的。我们要使自己的国家成为现代化的、具有高度文明的国家，就一定要努力掌握先进的科学技术知识，不断提高文化的素养。此外，讲究卫生，关心人民的健康，也是不可忽视的问题。因此，我在这里还想谈谈卫生问题。

解放后，我们国家在卫生方面做了大量的工作，爱国卫生运动普及到全国城乡的家家户户，在国际上获得很高的评价。至今有许多卫生模范地区、模范单位和模范家庭，多年如一日地坚持做好卫生工作，他们那里一直插着光荣的爱国卫生红旗。可是，近年来，在林彪、“四人帮”倒行逆施的情况下，爱国卫生运动受到了明显的影响。按实际情况来说，我们的卫生工作落后了，一些家庭、一些旅馆、饭店等公共场所也不卫生了，我们接到许多批评，甚至是严格的批评。这种情况必须迅速地改变过来。而这个重要的任务，广大的各族妇女也要首先担当起来。阿拉伯有句谚语：“教育一个男人，只是教育了一个人；但是，当你教育了一个妇女，就教育了全家。”假使我们能把这句话记在心里，那我相信，我们国家的卫生问题和父母引导儿女成为好公民的责任也就解决一半了。看来，没有每个妇女在这方面的全力支持，卫生问题是解决不了的。而广大妇女对卫生工作的全力支持，一定会推动全国爱国卫生运动重新蓬勃地开展起来。我还相信，我们过去能做到的，今后也一定能做到，而且一定会做得更好！

姐妹们！今天，当我们在这里欢聚一堂的时候，应该想到，在世界上还有亿万妇女生活在黑暗的深渊，她们还没有摆脱资本主义的压迫，还没有摆脱帝国主义、殖民主义和霸权主义的奴役，她们正在为自由和解放而斗争。一个社会主义国家的妇女，任何时候都要发扬无产阶级国际主义的精神，都要支持她们的斗争，并同她们团结起来，结成国际妇女统一战线，为共同的目标奋斗。

各位代表们！代表大会闭幕了，我们新的工作就要开始了。今天我在大会上看到，老一辈的姐妹们精神焕发，年轻的一代朝气蓬勃，我感到由衷的高兴，自己也仿佛回复了青春。我决心同大家一道，紧跟我们敬爱的领袖华主席进行新的长征，为把我们国家建成现代化的社会主义强国，为完成我们大会制定的新时期中国妇女的新任务竭尽自己的一切力量！

中国妇女第四次全国代表大会关于工作报告的决议

（1978年9月17日）

中国妇女第四次全国代表大会听取了康克清同志代表全国妇联三届执行委员会所作的《新时期中国妇女运动的崇高任务》的工作报告，全体代表一致同意，坚决在实际工作中认真贯彻执行。

大会号召，全国各族妇女在华主席为首的党中央领导下，更加紧密地团结起来，深刻领会和坚决执行华国锋主席、叶剑英委员长给大会的题词和汪东兴副主席代表党中央对大会的致辞，努力学马列主义、毛泽东思想，学文化，学科学，树雄心，立壮志，充分发挥“半边天”的作用，为把我国建设成为伟大的社会主义强国，为实现妇女的彻底解放而努力奋斗。

中华全国妇女联合会章程

（1978年9月17日通过）

总　则

中华全国妇女联合会，是中国共产党领导下的，以各族工农劳动妇女和革命知识妇女为主体，广泛团结各界妇女的群众组织，是党联系妇女群众的桥梁。

妇女联合会要高举毛主席的伟大旗帜，紧密地团结在华主席为首的党中央周围，贯彻执行中国共产党第十一次全国代表大会的路线和第五届全国人民代表大会规定的新时期的总任务，发动和组织全国各族妇女，为在本世纪内把我国建设成为农业、工业、国防和科学技术现代化的伟大的社会主义强国，为妇女的彻底解放而奋斗。

遵循毛主席关于三个世界的理论，加强和发展同世界各国妇女的团结和友谊，支持各国妇女反帝反殖反霸和维护妇女儿童权益的斗争。

各级妇女联合会的领导班子，坚持“要搞马克思主义，不要搞修正主义；要团结，不要分裂；要光明正大，不要搞阴谋诡计”的基本原则，按照毛主席关于接班人的五项条件选配干部，实行老中青三结合。要实事求是，一切从实际出发，发扬理论联系实际，密切联系群众，批评与自我批评的作风。要深入实际，调查研究，艰苦奋斗，积极参加集体生产劳动，紧跟党的中心任务，照顾妇女特点，协同有关方面，做好妇女工作。

第一章 妇女联合会的任务

第一条 妇女联合会的具体任务是：

(一)用马列主义、毛泽东思想武装妇女，兴无产阶级思想，灭资产阶级思想和一切剥削阶级思想。

(二)宣传和执行新时期的总任务。发动妇女积极投入阶级斗争、生产斗争、科学实验三大革命，广泛参加工业学大庆、农业学大寨的群众运动。支持、推动和组织妇女学文化、学科学、学技术、学管理，提高妇女的文化科学技术水平，促进国民经济的高速度发展。

(三)教育妇女遵守和捍卫新宪法并监督宪法的实施。加强政策教育，认真执行党和政府的政策、法令。

(四)宣传和执行男女平等、同工同酬政策，保护妇女儿童权益。配合有关部门发展妇女儿童集体福利事业和社会服务事业，促进家务劳动社会化和现代化；搞好妇幼卫生和计划生育工作。

(五)教育妇女精心培育革命后代，用社会主义思想处理好婚姻家庭关系。坚持勤俭建国、勤俭持家。

(六)关心、培养各族妇女干部和妇女积极分子。

(七)向妇女进行爱国主义教育，加强全国各族、各界妇女的大团结。同台湾同胞一起，完成解放台湾、统一祖国的神圣事业。

(八)向妇女进行国际主义教育，发展同各国妇女的友好往来。

第二章 妇女联合会的建制和组织原则

第二条 妇女联合会在中央一级建立中华全国妇女联合会；在地方，按照国家的行政区划建立各级妇女联合会。

第三条 妇女联合会的基层单位是基层妇女代表会，它实行代表联系群众的制度。

第四条 各级妇女联合会的领导机构，通过选举产生。实行民主集中制的原则。坚持集体领导和个人分工负责相结合的制度。

第五条 各级妇女联合会必须认真听取并正确处理下级组织和群众的批评和建议。

第三章 中华全国妇女联合会(简称全国妇联)

第六条 全国妇联的最高权力机关是全国妇女代表大会。全国妇女代表大会每五年召开一次，在必要时，可以提前或延期召开。

全国妇女代表大会行使下列职权：

(一)审议和批准全国妇联执行委员会的工作报告；

(二)确定妇女工作任务；

(三)修改妇女联合会的章程；

(四)推选全国妇联名誉主席；

(五)选举全国妇联执行委员会。

第七条 在全国妇女代表大会闭会期间，全国妇联执行委员会负责执行全国妇女代表大会的决议，领导全国妇联的工作。全国妇联执行委员会的全体会议，选举主席一人，副主席若干人，常务委员若干人，组成常务委员会。全国妇联执行委员会，每年举行会议一次，由常务委员会召集。常务委员会在执行委员会闭会期间，负责执行全国妇女代表大会和执行委员会的决议，领导全国妇联的工作。常务委员会会议由主席根据工作需要召集。

常务委员会下设书记处，办理日常工作。书记处由常务委员会决定第一书记一人和书记、候补书记若干人组成。

第四章 地方各级妇女联合会

第八条 地方各级妇女联合会，在同级共产党委员会的领导下进行工作，并接受上级妇联的业务指导。

第九条 省、自治区、直辖市妇女代表大会每五年召开一次；自治州、县、自治县、市、市辖区妇女代表大会每三年召开一次；人民公社、镇的妇女代表大会每两年召开一次。在必要时，可提前或延期召开。

第十条 县以上各级妇女代表大会，选举产生各级妇联执行委员会。各级执行委员会全体会议，选举主任一人，副主任若干人，常务委员若干人，组成常务委员会。

社、镇妇女代表大会，选举主任一人，副主任、委员若干人，组成委员会。

第十一条 省、自治区、县和市辖区的妇女联合会，可以在地区、县以下的区、市辖区的街道设立办事机构或办事人员，在同级党委领导下，代表上级妇女联合会指导本辖区的妇女工作。

第五章 基层妇女代表会和团体会员

第十二条 基层妇女代表会(简称妇代会)，在农村设在生产大队一级。在城市设在居民委员会一级，没有居民委员会的，设在街道一级。没有建立工会的生产组织和企业、事业单位，可建立妇女组织。在农村的生产队和城市的居民小组建立妇女代表小组。

妇代会的代表，按居住区域或生产单位，由妇女群众选举产生。每年改选一次，连选得连任。代表人数，根据妇女人数和便于联系群众的原则确定。妇女代表固定联系本选区的妇女群众。基层妇代会选举主任一人,副主任、委员若干人,组成委员会。

第十三条　工交、财贸、科研、文教、卫生以及农场、林场、牧场、渔场等单位或系统的女工委员会、职工家属委员会或妇女委员会等妇女组织,都是当地妇女联合会的团体会员。

第十四条　全国性或地方性的爱国妇女团体,凡是愿意遵守妇女联合会的章程,执行妇女联合会的决议,申请加入全国妇联或地方妇联的,经全国或当地妇女联合会的执行委员会批准,可以作为团体会员。

第十五条　妇女联合会的基层组织和团体会员,有向妇女联合会反映群众的意见和要求,向群众传达妇女联合会的决议、号召,执行各项妇女工作任务的义务;有对妇女联合会的工作提出批评建议的权利。

中共中央批转中组部等5部门《贯彻中央关于全部摘掉右派分子帽子决定的实施方案》

中共中央批转中组部、中宣部、中央统战部、公安部和民政部8月25日呈报的《贯彻中央关于全部摘掉右派分子帽子决定的实施方案》,并指出:对于过去错划了的人,要做好改正工作。已经发现错划了的,尽管事隔多年,也应予以改正。10月17日,中组部成立审查改正"右派"工作办公室,领导全国的"右派"改正工作。至本年11月,全国各地摘掉"右派分子"帽子的工作已全部完成。

《人民日报》发表社论《保护森林 发展森林》

林业在国民经济中占有极为重要的地位。保护森林资源,大力发展林业,对于加速四个现代化的进程有密切关系。全党和全国人民要十分珍惜森林资源,热心发展林业事业,努力实现"绿化祖国"的伟大目标。

当前,在林业建设上一个急待解决的问题,就是立即刹住严重破坏森林资源的歪风。前些年,由于林彪、"四人帮"的干扰和破坏,我国主要林业基地东北林区,毁林开荒和乱砍滥伐的现象相当严重,许多县的森林资源比过去减少1/3到1/2。我国仅有的西双版纳和海南岛两个亚热带林区,也遭到严重破坏。西北、华北和中原地区,森林本来很少,覆盖率只有百分之零点几,就是这么一点点森林资源,也遭到破坏。例如,河南豫东防护林带、甘肃陇东的水源涵养林子午岭林区,近年来也不断遭受破坏。有些地方森林被破坏后,气候失调,水源枯竭,严重干旱和水土流失等自然灾害接踵而来,造成"毁掉林海,危及粮仓"的严重后果,同时影响到工业建设和其他建设事业的发展。

森林资源遭到如此严重的破坏,主要根源在于林彪、"四人帮"的干扰破坏。他们出于篡党夺权的罪恶目的,煽动无政府主义,破坏社会主义法制,搞乱了人们的思想,搞乱了森林保护和管理制度。在"四人帮"及其资产阶级帮派体系的纵容和支持下,一小撮阶级敌人乘机兴风作浪,叫嚷什么"砸烂公检法,砍树不犯法","打倒当权派,砍树发大财",在一些地方煽起大面积毁林歪风。有的地区和部门受"四人帮"的影响,为了局部的、暂时的利益,无视国家法令,也乱砍滥伐林木。

粉碎"四人帮"已经快两年了,全国各条战线形势大好,可是,林业战线没有跟上形势的发展,乱砍滥伐的歪风尚未刹住。对此,群众有个形象的说法,叫作几把刀子一齐砍。一是林业企业重采轻造,砍的多造的少,或只砍不造,森林资源不能及时更新。二是一些农场、工矿、机关和部队随意乱伐国有林木。三是有些社队不顾国家利益,侵占国家财产,砍伐国有林筹集资金,或用作工、副业的原料。四是有些地方和国营农场盲目开荒,毁林造田。五是有些地区的商业、供销部门不按计划、不经批准,擅自派人进入林区,收购木材和木竹制品,冲击国家计划,助长乱砍滥伐。总之,森林成了一块任人宰割的"肥肉"。这种现象必须很快制止,否则贻害无穷,后果不堪设想。

毛主席、周总理生前非常关心林业的发展,指出"林业很重要","造林是百年大计"。华主席为首的党中央多次批评和制止滥伐森林的行为,多次指示保护森林资源,大力发展林业。希望各级党委、特别是那些森林破坏严重地区的党委领导同志,认真检查一下:你们那里是在保护森林、发展林业,还是在破坏森林、损害林业?本来是青山绿水,现在成了穷山恶水,你怎么不痛心?解放快三十年了,荒山秃岭的面貌依旧,你怎么不着急?为什么对于乱砍滥伐的不法行为,不坚决制止?为什么不按照党和国家的政策、法令,保护森林,发展林业,而总是在砍林上打主意,破坏林业?一个共产党人不去改造大自然,而是破坏自然条件,难道不觉得耻辱吗?对于这些问题,大家应该认真地想一想,要以对党对人民高度负责的态度作出严肃的回答,再也不能熟视无睹、无动于衷了。

华主席指示我们采取有效措施,切实改变重采轻造的错误做法,号召我们努力植树造林。林业要大上,首先要抓纲,要把深入揭批"四人帮"的斗争进行到底。对于"四人帮"的干扰破坏带给林业的危害,千万不能低估。要联系实际,摆问题,查根源,论危害,分清路线是非,提高广大干部和群众保护森林,发展林业,贯彻执行林业政策、法令的自觉性。要深入批判"四人帮"破坏社会主义法制的种种谬论,坚决打击一小撮破坏森林的阶级敌人。对于破坏森林的案件,要认真清查,严肃处理,绝对不能手软。抢砍盗伐的木材必须追回。重大案犯要组织公开审判,严惩首恶分子,以严明法纪,教育群众。

要认真总结二十九年来正反两方面的经验教训,严格按照国家的政策、法令,把现有的森林经营好、保护好,并大力发展林业。为了杜绝乱砍滥伐现象,国有林应统一由国家林业部门管理,其他单位和个人,不得以任何借口侵占或擅自进入林区采伐、收购木材和木竹制品,坚决打击投机倒把活动。不准将国有山林随便划归集体或其他单位。地方和厂矿、农场、牧场、机关、部队等单位需要木材,应纳入国家计划,不得在计划外向国家林业单位和社队下达木材生产任务,更不准在国有林区擅自建立采伐点,已经建立的,必须立即停止采伐,限期撤出。各级林业部门和国营林业企业,应模范执行国家的林业政策、法令,切实改变重采轻造的错误做法,认真贯彻执行以营林为基础的方针,坚持合理采伐,保证及时更新,做到越采越多,越采越好,青山常在,永续利用。

毛主席指出:"农、林、牧三者互相依赖,缺一不可,要把三者放在同等地位。"发展林业是改造自然条件的一项根本措施,应该把植树造林作为农田基本建设的一项重要内容。应该立足农业办林业,以林保农、促农。特别是西北地区,植树造林是抵御风、沙、雪、旱等自然灾害,发展农业,建设草原,发展畜牧业的一项关键措施:应该把发展林业放在极其重要的地位。在农业学大寨、普及大寨县运动中,从全国来讲,要认真贯彻"以粮为纲,全面发展"的方针;在局部地区,要分别情况,林区要以林为纲,牧区要以牧为纲。要正确处理农林关系,不应以农挤林,毁林开荒,毁林搞副业。特别是各种防护林、水源涵养林、母树林、经济林、风景林和自然保护区,要严加保护,防止破坏。社员个人在房前屋后种植的树木、竹子,归社员所有,不得随意收归集体或砍伐。已经收了的,要退还给社员,无偿砍伐的要照价赔偿。

各级党委要把发展林业放到重要的议事日程上来,认真调查研究,制定发展林业的长远规划。同时,要大力培养林业技术人员,积极开展林业科学研究,引种、培育速生优良树种,加速林业生产的机械化进程,不断提高造林营林水平。各营林单位、各公社以及有条件的机关、厂矿、企业、部队、学校,都要因地制宜营造用材林、经济林、防护林、特种用途林,大搞农田林网化和"四旁"绿化。要大搞群众运动,一年两年、三年五年、十年二十年地抓下去,真正把林业生产搞好,造福于子孙万代。

《人民日报》发表新华社记者述评《大胆引进 加快速度》

最近两年来,我国有7套从国外引进的大型化肥设备陆续建成投产,还有六套正在进行建设。这些具有较高技术水平的设备,将较快地提高我国化肥的生产能力,把我国化肥工业的生产技术水平提到一个新的高度。

过去,我国化肥工业主要用的是中小型设备,技术水平低,产量远远满足不了农业生产的需要,国家每年都要花几亿美元从国外进口化肥。针对这种情况,1973年,毛主席和周总理批准从国外引进13套大型化肥设备。这些设备,每套日生产能力为1000吨合成氨。

已经投产的七座化肥厂的干部、技术人员和工人,认真学习国外先进技术与管理经验,在较短的时间内就基本上学会了操作技术和生产管理,生产稳定,有些厂已经达到设计能力。

在这几座大型化肥厂里,管线不渗不漏,厂区没有噪音,没有臭气,总控制室里各种记录文字清晰,资料准确齐全。这批化肥厂,用电省,生产1吨合成氨一般只用电40度左右,为我国制造的同类化肥设备耗电量的1/40。投产最早的四川化工厂,今年上半年已生产合成氨18万多吨,超过了设计能力。7月20日,美籍物理学家杨振宁博士参观了四川化工厂,观察了这套从日本引进的装置的运转情况,他说:"你们厂很成功,向你们祝贺!"

化肥工业能够在短短几年内基本上掌握70年代的先进技术,为我国其他行业提供了宝贵的经验。目前,我国的生产技术水平还很落后,特别是由于"四人帮"的疯狂破坏,我国国民经济一度濒于崩溃的边缘,生产技术与世界先进水平的差距拉得很大。现在,每个农业劳动力平均年产粮食不过2000斤左右,而美国是10多万斤,相差几十倍。我国工业生产技术水平基本上还停留在40年代或50年代。钢铁工业的劳动生产率,只有国外先进水平的几十分之一。新兴工业的差距就更大了。我们承认落后,是为了迅速改变落后。靠什么来改变?主要靠自力更生,同时也要更广泛地从国外引进先进技术和设备,吸收一切国外的好东西,为我所用。

大规模地从国外引进先进技术设备,同"独立自主、自力更生"的方针有无矛盾?是不是"洋奴哲学"、"卖国主义"?可以明确地回答,不是的。

科学技术是人类共同创造的财富,不受"国籍"的限制,从外国引进先进技术设备,根本不存在什么卖国不卖国的问题。任何一个民族,一个国家,都需要学习别国的长处,学习人家的先进科学技术。学习得好,进步就快。我国古代的"四大发明",也曾经被世界各国作为当时的新技术加以引进。引进国外的先进技术设备,高速地发展本国经济,在国外早有不少先例。60

年代以来，日本在10多年中从外国引进22000多项先进技术专利，遍采世界各国之长，使工业生产技术突飞猛进。1960年日本的钢产量还只有2200万吨，1970年就达到了近1亿吨，其他许多产品也迅速赶上了欧美发达的资本主义国家。

科学技术也没有阶级性。列宁曾经指出："必须取得资本主义遗留下来的全部文化，用它来建设社会主义。"毛主席一贯主张"洋为中用"。罗马尼亚与南斯拉夫迅速改变国民经济的落后面貌，经验之一也是大量引进国外先进技术，装备国民经济各部门，使工农业保持了持续的高速度的发展。南斯拉夫现在已建设成为中等发达的国家。罗马尼亚在1976年达到了每人平均半吨钢、一吨粮食的水平。他们的经验，值得我们很好的借鉴。

我们主张大胆引进，并不是不要"独立自主、自力更生"，恰恰相反，是为了增强"独立自主、自力更生"的能力。过去世界上技术的进步以世纪计，现在科技的发展以年代计，甚至一年一代。我们不能在落后的基础上一步步地爬行，而要迎头赶上当代的科学技术水平。我们拥有6000多个大中型企业和十几万个县以上办的全民所有制和集体所有制企业，这是一个相当强大的基础，是我们的"根据地"。实现四个现代化，主要依靠这个"根据地"。我们引进国外先进技术，是要促进和提高我们的技术水平，让我们的"根据地"发挥更大的作用，使我们实现四个现代化的宏图能从70年代起步，大大加快速度。

引进国外先进技术设备，并不是要躺在外国人身上。对于进口设备，周总理早就为我们规定了"一学二用三批四改"的原则。日本就是这样。他们先从外国买进技术专利，经过学习、消化、改造、提高，然后卖出比原来更好的专利。现在我们学习人家好的东西，经过"学、用、改、创"，我们就会创造出更好的东西。

自力更生不是闭关自守，独立自主不是盲目排外，这些都是普通的常识。"四人帮"为了篡党夺权，利用一些同志脑袋里面残存的封建意识，反对学习外国好的东西，反对引进国外的先进技术，把自力更生和闭关自守画等号，把独立自主和盲目排外画等号。他们打着"独立自主、自力更生"的招牌，干的是破坏"独立自主、自力更生"的勾当。例如，1973年经过周总理批准，从美国引进一套年产75万只彩色电视显像管的生产线，以加快我国电视工业的发展。但是，叛徒江青无端制造出什么"蜗牛事件"，硬把这项进口订货破坏了。直到最近，我们才和日本签订了进口彩色电视显像管设备的协议。这使我国彩色电视工业的发展白白推迟了五年。现在打倒了"四人帮"，为了加快实现四个现代化的步伐，我们要理直气壮地贯彻执行"洋为中用"的方针，不当盲目排外的20世纪70年代的慈禧太后！

国务院副总理李先念在北京会见日本自民党众议员古井喜实

国务院副总理李先念在北京会见日本关西经济联合会友好访华代表团

国务院副总理方毅在北京会见由马克斯·普朗克学会秘书长迪·朗夫特率领的联邦德国马克斯·普朗克学会代表团

全国人大常委会副委员长廖承志 邓颖超在北京会见以池田大作会长为团长的日本创价学会第四次访华团

国务院副总理康世恩在北京会见由荷兰贸促会中国委员会主席韦斯曼率领的荷兰筑港技术代表团

中国与尼泊尔边界联合检查委员会第二次会议在北京结束

这次会议是从8月29日在京开始的。在这次会议上，双方在亲切友好的气氛中回顾了联检工作的进展情况，研究了绘制新的科学的大比例尺的中尼边界地图问题。双方就联检委员会第二次会议上所讨论的问题取得了完全一致的意见。

第二次会议会谈纪要在北京签字。章文晋副外长和尼泊尔驻华大使馆临时代办巴塔来依出席了签字仪式，联检委员会中方首席代表曹胜功和尼方首席代表普拉丹在会谈纪要上签了字。

9月18日

中共中央副主席邓小平在鞍山市听取中共鞍山市委负责人工作汇报

在听取鞍山市委负责人的工作汇报时，邓小平发表题为《用先进技术和管理方法改造企业》的讲话。他指出：引进技术改造企业，第一要学会，第二要提高创新。引进先进技术设备后，一定要按照国际先进的管理方法、先进的经营方法、先进的定额来管理，也就是按照经济规律管理经济。一句话，就是要革命，不要改良，不要修修补补。他还强调说：要加大地方的权力，特别是企业的权力。现在我们的上层建筑非改不可。

国务院副总理李先念在北京会见由南斯拉夫社会主义联邦共和国科学艺术院委员会主席 马其顿科学艺术院院长米哈伊洛·阿波斯托尔斯基院士率领的南斯拉夫社会主义联邦共和国科学艺术院委员会代表团

中国科学院 中国社会科学院和南斯拉夫社会主义联邦共和国科学艺术院委员会科学合作协议在北京签字

国务院副总理方毅，南斯拉夫驻中国大使米尔科·奥斯托依奇，出席了签字仪式。

中国科学院副院长钱三强和南斯拉夫社会主义联邦共和国科学艺术院委员会主席米哈伊洛·阿波斯托尔斯基院士分别在协议上签字。

全国人大常委会副委员长姬鹏飞在北京会见以毛里塔尼亚工人联合会行政书记苏·穆萨·登巴为团长的毛里塔尼亚工人联合会代表团

国务院副总理耿飚在北京会见扎伊尔人民革命运动执行书记处执行书记基蒂马·本·拉马扎尼

中国政府和澳大利亚政府协议互设总领事馆

中华人民共和国政府和澳大利亚政府本着发展两国友好关系的愿望，经过友好协商，就双方互设总领事馆问题达成了协议。外交部部长黄华和澳大利亚驻中国大使伍达德就这项协议在北京签署了换文。

中方出席签字仪式的有外交部副部长王殊及有关负责人高世坤、朱启祯。

澳方出席签字仪式的有关官员有郭森若、邓强。

外交部照会越南驻华使馆强烈抗议越方蓄意侵犯我国领土主权

照会说：最近，越南方面派出大量武装人员和民兵，越过中越边界向中国边防人员和边境居民蓄意挑衅，制造事端；在中越边界中国一侧许多地区进行架设铁丝网，挖掘战壕，设置路障等活动。这是越南方面侵犯中国领土主权，进一步恶化两国关系的严重步骤。

照会说：中国政府对于越南方面侵犯中国领土主权的行动向越南政府提出强烈抗议，并严正要求越南方面立即停止侵犯中国领土主权的一切行动；拆除侵入中国境内的一切工事、设施和地雷。由于越南方面侵犯中国领土主权而引起的后果，应由越南当局负责。

9月19日

《光明日报》发表特约评论员文章《坚持马克思主义的科学态度》

当前，在全党和全国人民中间，肃清林彪、“四人帮”的流毒，恢复和发扬毛泽东同志一贯倡导的马克思主义的科学态度，坚持用科学态度办事，具有非常重要的意义。在抗日战争时期，毛泽东同志说过：“科学的态度是‘实事求是’，‘自以为是’和‘好为人师’那样狂妄的态度是决不能解决问题的。我们民族的灾难深重极了，唯有科学的态度和负责的精神，能够引导我们民族到解放之路。”①现在我们国家的情况同抗日战争时期有了根本的不同。但是，毛泽东同志的这些话仍然是适用的。今天，我国已经进入了新的历史发展时期，能否实现新时期的总任务，使我国进入世界先进国家的行列，是关系我们民族的前途和命运的问题。我们只有按照毛泽东同志的教导，坚持马克思主义的科学态度，才能胜利地到达目的地。

（一）

马克思主义的科学态度，从根本上说，就是辩证唯物主义和历史唯物主义的态度。这种科学态度是无产阶级的阶级性和客观性的统一，革命精神和求实精神的统一，理论和实践的统一。这种统一的两个方面，不是偶然地而是内在地、有机地结合起来的，缺少一个方面都不行。缺少一个方面，就不成其为马克思主义的科学态度。

马克思主义是无产阶级的革命理论，具有鲜明的阶级性。它公开申明站在无产阶级的立场，为无产阶级的利益服务。同时，马克思主义又是科学，它符合于客观实际，具有客观性。无产阶级是人类历史上最先进最有前途的阶级，它的阶级利益同社会发展的客观规律是一致的，因而只有它敢于而且能够充分地揭示社会历史的客观真理。对于无产阶级来说，愈是正确地认识客观世界，掌握客观真理，就愈符合它的阶级利益。资产阶级则不然，它的狭隘的阶级私利和当代社会发展的客观趋势相违背，这就决定了它害怕揭示客观真理，必然要回避和掩盖客观真理。当然，这并不排除资产阶级在某些局部问题上和一定范围内能够取得符合客观规律的认识。由于具体历史条件和认识能力的限制，无产阶级在认识客观世界的过程中也会发生曲折和失误，认识的道路并不是笔直的。无产阶级只有始终坚持自己的阶级立场，严格按照从实际出发、理论联系实际的原则对客观事物进行探索，在改造客观世界的同时，努力改造主观世界，努力锻炼和提高自己的认识能力，才能获得真理，才能在斗争中取得成功。

无产阶级的阶级性和客观性的统一，必然表现为革命精神和求实精神的统一。为了推翻资本主义，实现社会主义和共产主义，无产阶级要有坚定的革命信念和坚强的革命意志。这种革命精神十分宝贵，对于完成革命任务起着重要的作用。但是，它不是凭空产生的。社会主义、共产主义的远大目标以及为达到这个目标而产生的革命任务，是由社会发展的客观条件和客观规律所决定的。无产阶级的革命信念和革命意志，正是建立在对这种革命的远大目标和具体任务的科学了解的基础上。就是说，这种革命的主观精神必须同革命运动的客观进程相一致，它才能转化为推动历史前进的巨大的物质力量。而这种一致，也就是无产阶级的革命精神和求实精神的内在结合。

无产阶级的求实精神，不是屈服于现实，不是为现实的落后面辩护，同现实的腐朽力量妥协。如果那样，就成了机会主义。无产阶级的求实精神应当是对客观现实进行全面的正确的估计，既看到不利条件，又看到有利条件；既看到腐朽的落后的力量，又看到新生的健康的力量，并且找出克服不利的、落后的方面，发展有利的、健康的方面的道路和方法，把革命引向胜利。如果离开这种求实精神，不顾客观实际，超越客观条件，无视客观真理，单凭主观意愿去规定革命的目标，那就要陷入盲动主义、冒险主义的泥坑。实现这种目标的信念越强烈，意志越坚决，在实际行动中遭受的失败就会越大。列宁说："人的意志、人的实践，本身之所以会妨碍自己目的的达成……就是因为意志把自己和认识分隔开来，并且不承认外部现实是真实存在着的东西(是客观真理)。必须把认识和实践结合起来。"②

要坚持无产阶级的阶级性和客观性的统一，革命精神和求实精神的统一，就必须坚持理论和实践的统一。无产阶级把马克思主义理论当作自己解放的精神武器。有没有这个精神武器，关系到无产阶级革命事业的成败。有了它，无产阶级才能在革命斗争中由盲目变为自觉，由被动转入主动，由失败走向胜利。这个理论之所以有如此巨大的力量，不是因为别的，只是因为它是从实践中来，受实践的检验，为实践所证明，同实践保持统一的关系。马克思主义是研究人类社会历史、研究当代阶级斗争所形成的革命的科学的理论。我们在革命斗争中运用这个理论的时候，又必须把它同当时当地的实际情况结合起来。这种结合的过程，也就是通过实践证实和发展马克思主义真理的过程，其中包括用新的实践经验丰富某些旧的原理，使之更加完善、更加精确，也包括用新的原理取代为实践证明不再适用了的个别旧的原理。如果不是这样，而是把马克思主义理论同现实生活隔绝，同革命实践脱离，使它停止在思想理论的范围内，那就会把它变成空谈，变成僵死的教条，科学的理论就会变成非科学的东西。斯大林说："如果科学和实践、和经验断绝了关系，那它还算是什么科学呢？……科学所以叫作科学，正是因为它不承认偶像，不怕推翻过时的旧事物，很仔细地倾听实践和经验的呼声。否则，我们就根本不会有科学"。③毛泽东同志在领导我国革命的过程中，始终坚持理论和实践的具体的历史的统一，反对割裂这种统一的"左"的或右的错误思想。在伟大的延安整风运动中，毛泽东同志反复告诫全党同志要理论联系实际，严厉批评了把马克思主义理论教条化、宗教化、神圣化的错误倾向。他说："马克思列宁主义是从客观实际产生出来又在客观实际中获得了证明的最正确最科学最革命的真理；但是许多学习马克思列宁主义的人却把它看成是死的教条，这样就阻碍了理论的发展，害了自己，也害了同志。""直到现在，还有不少的人，把马克思列宁主义书本上的某些个别字句看作现成的灵丹圣药，似乎只要得了它，就可以不费气力地包医百病。这是一种幼稚者的蒙昧，我们对这些人应该作启蒙运动。那些将马克思列宁主义当宗教教条看待的人，就是这种蒙昧无知的人。对于这种人，应该老实地对他说，你的教条一点什么用处也没有。"④全国解放以后，毛泽东同志在党的八大上再一次重申："把马克思列宁主义的理论和中国革命的实践密切地联系起来，这是我们党的一贯的思想原则。"⑤总之，毛泽东同志用自己的言论和行动，为我们树立了坚持理论和实践的统一、坚持马克思主义科学态度的光辉榜样。毛泽东思想，就是马克思列宁主义的普遍真理同中国革命的具体实践相结合的产物。如果离开了理论和实践统一这个原则，那就是从根本上离开了马列主义、毛泽东思想，就会使我们走到邪路上去。

（二）

从以上所述可以看到，要坚持马克思主义的科学态度，必须反对两种错误倾向：既要反对那种借口客观实际的某些微小的暂时的变化，而放弃无产阶级立场，背离马克思主义基本原则的机会主义、实用主义；又要反对那种离开客观实际、离开革命实践，而把马克思主义理论公式化、偶像化、神圣化的主观主义、蒙昧主义。林彪、"四人帮"就是从这两个方面疯狂破坏和反对马克思主义的科学态度，既搞实用主义，又搞蒙昧主义。他们公开攻击"客观第一，主观第二"的唯物主义原理，提出"事实为需要服务"、"事实服从阶级斗争的需要"的口号，否定真理的客观性。他们用实用主义手法，任意割裂、歪曲、篡改马列主义、毛泽东思想，又用蒙昧主义手法，把马列主义、毛泽东思想的理论原则变成不受实践检验的绝对神圣的宗教信条。他们狂热地鼓吹精神、意志可以不受客观实际的制约，可以决定一切。这种极端反动的主观唯心主义，给我们党的实际工作、理论工作、学风文风和社会风气造成了极大的危害，以致我们要彻底扫除这些垃圾还得付出长期艰巨的努力。

马克思主义的科学态度，要求我们忠实于客观实际，忠实于客观真理，而不是忠实于个别原理，忠实于个人，要破除任何违背实际、违背真理的偏见和迷信。毛泽东同志说："我们除了科学以外，什么都不要相信，就是说，不要迷信。中国人也好，外国人也好，死人也好，活人也好，对的就是对的，不对的就是不对的，不然就叫作迷信。要破除迷信。不论古代的也好，现代的也好，正确的就信，不正确的就不信，不仅不信而且还要批评。这才是科学的态度。"⑥马克思在他早期的文章中也说过，对于科学，对于真理，没有什么谦逊不谦逊的问题。如果要说谦逊，"精神的普遍谦逊就是理性，即思想的普遍独立性，这种独立性按照事物本质的要求去对待各种事物。"⑦毛泽东同志把科学和迷信对立起来，也就是讲，科学不存在谦逊不谦逊的问题。所以，毛泽东同志的观点同马克思的观点是完全一致的。

在近代自然科学发展的历史上，曾经有些科学家和哲学家提出过，为了求得真理就要破除迷信。例如，弗兰西斯·培根讲过破除四种幻象："种族的幻象"、"洞穴的幻象"、"市场的幻象"、"剧场的幻象"。他所说的幻象也可以说指的就是偏见迷信。所谓"种族的幻象"，就是把人当成一个种族，以为人是世界的中心，一切都为人而存在。人是最神圣的，是万事万物的标准。如果抱着这种态度，就不能发现科学真理。所谓"洞穴的幻象"，是指各人在他的洞穴里，受自己的习惯、嗜好和社会环境等等影响，形成许多偏见，不能看到广大世界范围的真理。所谓"市场的幻象"，是指人与人之间要交际，如商品在市场上一样。市场有许多虚假的东西，交际要通过语言，而语言常常不能准确地表达客观事物，受到这样那样的限制，影响对于真理的认识。所谓"剧场的幻象"，是指各种各样的学说，就像在剧场上演戏一样，一幕一幕地变换。人们由于盲目信奉权威、教条，特别是传统的哲学体系而造成偏见。要探讨真理，就不要受这种种偏见的影响。培根所讲的打破这四种幻象，在所代科学发展史上起了相当大的积极作用。这些话虽然并不是马克思主义的科学论述，但是人们从这些话里已经可以看到，要达到对于客观真理的认识，必须排除多种障碍，而这些障碍会以各种形式存在于人们的认识道路上。如果不排除，就会受到各种偏见迷信的束缚和影响，就不能对客观事物采取科学的态度，也就不能认识客观真理。

无论自然或社会的规律，既然它们都是客观规律，就都是人们可以重复证明的。自然科学的实验，如果仅仅某个人能作出某种结果，另外的人却不能作出同样的结果，那么这种结果就不能成立，不能证明它具有客观性。社会科学同自然科学相比，在这方面受的限制较多。因为社会现象比自然现象复杂，而且难以控制，不能像自然科学那样设计一种条件，在实验室里进行观察。虽然如此，但只要是社会科学的真理，它在基本上就应当是其他人也可以观察出来的。当然，其他的人也可以观察出来，并不等于所有的人都愿意承认，愿意接受。因为在观察社会现象的时候，阶级地位、阶级利益对人们的影响特别强烈。这也是社会科学同自然科学相比要困难得多的地方。自然科学的真理也会有一些人不愿意承认，不愿意接受。例如有些人在受宗教或其他偏见影响的情况下就是如此。但是，随着自然科学取得的胜利愈来愈扩大，各种偏见的影响愈来愈缩小，大多数的观点是一般人可以接受的。社会科学的真理，在无产阶级和革命人民中间，经过长期的实践斗争，努力排除各种非无产阶级思想和非科学的偏见的影响，也一定能够被越来越多的人所接受。

马克思主义的科学态度，还要求我们对客观事物作全面的历史的探讨，进行复杂艰苦的劳动，找出它固有的规律性。列宁说："要真正地认识事物，就必须把握、研究它的一切方面、一切联系和'中介'。我们决不会完全地做到这一点，但是，全面性的要求可以使我们防止错误和防止僵化。"⑧这就是说，人们决不可能完全地最终地达到对于真理的认识，只能不断地接近它。这个观点，列宁曾经反复强调过。毛泽东同志在《实践论》中对这个观点作了很透彻的说明。斯大林在《苏联社会主义经济问题》中也讲到，社会主义的经济规律，是不以人们的意志为转移的客观规律。这种规律不是可以创造出来的，不是可以改变、可以消灭的。党和国家的领导机关只能使自己的工作符合于这种规律。社会主义制度使得领导机关有可能去正确地计划社会生产，但是，不能把可能与现实混为一谈。不能说我们的年度计划和五年计划完全反映了客观经济规律的要求。

事实上，长时期的多方面的经验使我们懂得，我们的政策、计划，我们的工作，要符合于客观规律，是很不容易的。要求符合，并不一定能够做到符合。这两者之间是有距离的，有时还会有很大的距离。不能要求一个从事实际斗争的革命政党把工作做得百分之百的正确，只能做到大部分正确或基本正确。所以毛泽东同志说，任何政党、任何个人都不可能不犯错误，都必须一分为二。如果承认一个政党、一个人是不可以分析的，那就是形而上学，就是制造历史唯心主义的神话。但是，我们要求错误犯得少一些，小一些，改正得快一些，这是应当而且能够做到的。无产阶级政党为了使自己的工作沿着正确的轨道前进，不仅要有大量的科学研究工作作为自己制定政策、计划的依据，而且一定要有正确的思想方法和工作作风。

对于革命和建设的工作，即使是采取科学的态度去做，也难免有不符合实际的地方。如果掉以轻心，骄傲自满，狂妄自大，其后果更是可以想见的了。列宁在十月革命胜利后曾经多次讲过，要反对共产党人的夸大狂，反对妄自尊大。否则，就会使得真理变成谬误，伟大变成可笑。不能因为自己是共产党人，是领导干部，有地位，有权力，就可以不用科学态度对待工作中的问题。地位和权力并不能自动地给人们带来知识和能力。如果以为有了地位和权力就可以不顾客观实际，任意决定一切，改变一切，以为可以用地位和权力吓人，那是很可笑的。我们应当牢记毛泽东同志的教导："无产阶级的最尖锐最有效的武器只有一个，那就是严肃的战斗的科学态度。共产党不靠吓人吃饭，而是靠马克思列宁主义的真理吃饭，靠实事求是吃饭，靠科学吃饭。"⑨

（三）

粉碎"四人帮"后，华主席为首的党中央领导我们抓纲治国，开始了新的长征，全党和全国人民空前团结，各个方面都取得了超过预期的伟大胜利，形势很好。但是我们应当看到，要在本世纪末把我国建设成为社会主义的现代化强国，任务是十分艰巨的。我们一定要遵循毛泽东同志的教导，对任何工作都要始终坚持马克思主义的科学态度。对于马列主义、毛泽东思想本身，也必须采取科学的态度。新的时期，新的历史条件，新的任务，必然会产生很多新的情况，新的问题，新的经验。这就要求我们更加自觉地在马列主义、毛泽东思想指导下，坚持一切从实际出发，理论联系实际，实事求是的科学态度，及时了解和具体分析各种新情况，深入研究和正确解决各种新问题，科学地总结和运用各种新经验，以加速新长征的进程。同时，也要求我们在革命和建设的发展过程中，按照马克思主义的立场、观点和方法，不断地吸取新的实践经验来丰富和发展马列主义、毛泽东思想。只有这样，我们才能真正做到高举毛泽东思想的伟大旗帜，坚持毛泽东同志的革命路线，才能胜利地实现新时期的总任务。

有些同志，一听说要在新的历史条件下，吸收新的实践经验来丰富和发展马列主义、毛泽东思想，就感到奇怪，以为是一个新问题。这说明他们对马克思主义还缺乏正确的认识，还不懂得马克思主义的"整个世界观不是教义，而是方法。它提供的不是现成的教条，而是进一步研究的出发点和供这种研究使用的方法"⑩，不懂得马列主义、毛泽东思想是一门科学，必须以科学的态度对待它。对于这些同志，我们要耐心地帮助他们。还有些同志，一谈到这个问题时，就感到有点害怕。怕什么呢？就是怕被扣上"反对"和"修正"马列主义、毛泽东思想的帽子。他们惊魂未定、余悸犹存，这是林彪、"四人帮"开设"钢铁工厂"、"帽子工厂"，任意打棍子、扣帽子的罪恶行径造成的。

林彪、"四人帮"本来是马列主义、毛泽东思想的最凶恶的敌人，可是他们却以极左的面貌出现，打着"高举"、"紧跟"的革命旗号，用"顶峰"、"最高最活"、"绝对权威"、"一句顶一万句"之类的词句，把毛泽东思想说成是"终极真理"。谁要是不同意他们这一套，谁要是说毛泽东思想的真理是随着革命实践的发展而发展的，毛泽东思想并没有结束真理，而是在实践中不断地开辟认识真理的道路，他们就给谁加上"反对毛泽东思想"的罪名，加上"修正主义"的罪名。这伙阴谋家采用这种反革命手法和恐吓战术，是为了威胁和诱惑人们放弃马克思主义的科学态度，而用反科学的态度去对待马列主义、毛泽东思想，以便于他们阻塞马列主义、毛泽东思想发展的道路，阻塞人们认识真理的道路，从根本上扼杀马列主义、毛泽东思想的生命力。

其实，这种手法并不是林彪、"四人帮"的新发明。当年联共(布)党内的季诺维也夫就是采用这种手法来对付马克思列宁主义的。斯大林1926年在《共产国际执行委员会第七次扩大全会》一文中曾经进行了深刻的揭露和尖锐的批判。他说：季诺维也夫有一个关于修正主义的新的标准，"这个标准使马克思主义思想在修正主义罪名的威胁下必然陷于停滞不前的境地"。"在季诺维也夫看来，马克思主义不应当用新的经验来丰富自己，凡是使马克思主义某些经典著作家的个别原理和公式更加完善的都是修正主义"。"马克思主义是什么呢？马克思主义就是科学。如果马克思主义不用无产阶级阶级斗争的新经验来丰富自己，如果它不从马克思主义观点，不从马克思主义方法的角度来吸取这些经验，马克思主义这门科学能保持和发展吗？显然是不能的。""马克思主义要求在保持马克思主义观点、保持马克思主义方法的条件下根据新的经验来改善和丰富旧公式，而季诺维也夫则相反，他保持字眼，以马克思主义个别原理的字眼顶替马克思主义的观点和方法，这难道还不明白吗？""以马克思主义个别公式的字眼和个别原理的摘引顶替马克思主义的基本路线，这和真正的马克思主义有什么共同之处呢？"⑪

斯大林的这些话虽然是批判季诺维也夫的，时间已经过去了50多年，但是它并没有因为时间的流逝而失去意义。这些话，对于林彪、"四人帮"不也是一个有力的鞭挞和很好的批判吗？这些话，对于我们一切忠实于马列主义、毛泽东思想的革命同志来说，不是很有教益吗？它可以帮助我们从林彪、“四人帮”设置的精神枷锁中解放出来，可以帮助我们更好地发扬马克思主义的科学态度，可以鼓舞我们为捍卫和发展马列主义、毛泽东思想而英勇斗争。

注释：

①《新民主主义论》，《毛泽东选集》第2卷，第623页。

②《哲学笔记》，《列宁全集》第38卷，第232—233页。

③《在全苏斯达汉诺夫工作者第一次会议上的讲话》(1935年11月17日)。

④《整顿党的作风》，《毛泽东选集》第3卷，第775、778页。

⑤《中国共产党第八次全国代表大会开幕词》(1956年9月15日)。

⑥《关于中华人民共和国宪法草案》，《毛泽东选集》第5卷，第131页。

⑦《评普鲁士最近的书报检查令》，《马克思恩格斯全集》第1卷，第8页。

⑧《再论工会、目前局势及托洛茨基和布哈林的错误》，《列宁选集》第4卷，第453页。

⑨《反对党八股》，《毛泽东选集》第3卷，第792—793页。

⑩恩格斯：《致威纳尔·桑巴特》，《马克思恩格斯全集》第39卷，第406页。

⑪《斯大林全集》第9卷，第87、89、90页。

全国妇联在北京召开四届执委会第一次会议

会议根据《中华全国妇女联合会章程》第三章第七条，选举了主席、副主席和50名常务委员。名单如下：

主　席：康克清

副主席：史　良　罗　琼　吴贻芳　曾宪植　雷洁琼　林巧稚　李宝光　郝建秀　黄甘英　林丽韫　关　建　阿沛·才旦卓嘎　玛依努尔

常务委员(按姓氏笔画为序)：

方　兰　乌　兰　邓裕志　田秀涓　史　良　朱　霖　关　建　玛依努尔　李　贞　李　林　李　琴　李长荣　李伯钊　李宝光　李淑铮　杨蕴玉　吴全衡　吴贻芳　应宜权　沈兹九　宋立英　陆　璀　阿沛·才旦卓嘎　陈琮英　拉希达　林巧稚　林丽韫　罗　琼　赵明坚　郝建秀　胡子婴　胡耐秋　胡德华　姚淑平　秦素萍　袁　瑢　栗秀真　顾秀莲　徐　光　郭明秋　黄甘英　曹瑞武　康克清　章瑞英　梁柯平　董　边　韩幽桐　曾宪植　雷洁琼　戴克宇

中华全国妇女联合会召开常务委员会第一次会议

会议根据《中华全国妇女联合会章程》第三章第七条的规定，设立书记处。决定罗琼同志为书记处第一书记，李琴、李宝光、黄甘英、吴全衡、田秀涓、李淑铮、董边为书记处书记。

会议还讨论了全国妇联今冬明春的工作。全国妇联主席康克清同志讲了话。她要求大家要认真传达和贯彻执行中国妇女第四次全国代表大会的精神，扎扎实实地进行工作，把妇女联合会的工作提高到一个新水平，以适应实现社会主义四个现代化的要求。

国务院批转商业部文件指出要关心人民生活把秋菜收运供应工作抓紧抓好

国务院最近在向全国批转商业部关于北方秋菜收运供应工作会议文件时指出，做好秋菜的收运供应工作，是关系到国民经济发展和人民群众切身利益的一件大事，各有关地区和部门必须十分重视，切实把这件事抓紧抓好。

华主席在全国财贸大会上，对北方有些省、市的商业部门要工厂停工收运大白菜的做法曾提出了批评。商业部召开北方秋菜收运供应工作会议的一个目的，就是为了解决这个问题。

国务院还指出，从今年起，秋菜的收运供应工作，由过去实行的“单位包职工、职工包家属”的“双包”办法，改变为在党委统一领导下，由商业部门统一组织、统一收购、统一运输、统一供应的“四统一”办法。北方各省、自治区、直辖市党委，各城市、工矿区党委都要认真加强领导，指定一位负责同志挂帅，直接组织和指挥这场会战，做到善始善终，一抓到底，把秋菜收好、贮好、运好、分好。

国务院批转的商业部的文件中，对正确处理国家、集体、个人三者之间的关系，在政策上作了几条原则规定。规定指出，要保证农民的合理收入，鼓励生产队运菜、贮菜。生产队送菜进城，路程远的地方，应酬加运费补贴。由国家统一派车到生产队运菜的，蔬菜购价不动，但应坚持依质论价、分等论价。市场正常供应的秋菜贮备，应以生产队贮存为主，商业贮存为辅。商业部门要与生产队签订贮菜合同，把贮存菜纳入国家收购的轨道。生产队贮存的菜，商业部门要付给50%的预购定金，并实行合理的季节差价，鼓励生产队贮存。生产队的菜窖建设，以自力更生为主，必要时银行可发放一些贷款。要鼓励职工群众和集体伙食单位贮存冬菜。供应职工、居民、集体伙食单位的冬贮菜，价格应低于零售价、高于收购价。

国务院副总理李先念在北京会见以池田大作会长为团长的日本创价学会第四次访华团

国务院副总理耿飚在北京会见瑞典语言学家贡纳·雅林

全国人大常委会副委员长廖承志在北京会见以日本少林寺拳法联盟会长宗道臣为团长的日本少林寺拳法访华代表团

中国越南副外长级谈判在河内举行第七次会议

会上中国政府代表团团长仲曦东指出:"正是越南当局把华侨问题作为推行反华政策的一张'政治王牌'。""越南华侨问题,也像中越边界纠纷以及中越之间的其他争端一样,都是越南当局借以反华的题目,都是越南当局反华战略的一部分。"

仲曦东团长在发言中着重驳斥了越南方面所谓中国方面"利用华人问题作为推行反越政策的一张政治王牌"的诬蔑。

仲曦东团长在指出,越南方面用非常明确的语言,断然拒绝和全盘否定了中国方面提出的全面解决越南华侨问题的四项主张,甚至连继续磋商的余地也不留。"这表明越方根本不想通过谈判解决越南华侨问题,更谈不上有什么诚意。""由此可见,你们破坏谈判的决心确实有,解决问题的诚意确实无。"

仲曦东团长应黄碧山的要求对越南方面在9月7日第五次会议上提出的四点进一步发表评论。仲曦东说,越方提出的四点的核心是要中国"停止利用华人干涉越南内政"。可见,越方的四点根本不是解决华侨问题的建议,而是越南当局继续利用华侨问题的谈判作为反华宣传的讲坛。"我们这样说完全是有根据的,你们一再声称,'解决在越南华人问题的关键,是中方停止利用华人问题作为推行敌视越南政策的一张政治王牌',否则问题就不能解决。这样,你们实际上就把谈判的大门关闭了。"

仲曦东严正驳斥了黄碧山诬蔑中国推行"霸权主义"和"扩张主义"的胡言。他说:你们是拿不出任何根据来说明中国推行"霸权主义"的。我们中国在国外没有派一兵一卒;没有任何军事基地;没有控制任何一个国家;没有占领任何一个国家的领土;没有对任何一个国家进行颠覆活动;没有动用陆海空军侵略任何一个国家;没有向任何一个国家伸手。我们反复公开声明:中国永远不称霸,而且说得到,做得到。同时,我们公开声明:我们反对任何霸权主义,无论是世界霸权主义,还是区域性的霸权主义。正因为这样,惹恼了要搞霸权主义的人,他们把中国视为推行霸权主义的最大障碍,集中了最恶毒的语言想把中国骂倒,但是中国依然屹立在地球的东方。苏联社会帝国主义就是这样干的,难道你们也要学它的样子,步它的后尘吗?

国务院批转《教育部关于退还被占用校舍的请示报告》要求各地各单位切实执行

请示报告提出,各占用单位退还、偿还学校土地、房屋、家具、设备、车辆等要尽快完成,至迟不能超过1979年8月底。凡能立即迁出学校的,应立即迁出;暂时不能迁出的,要立即压缩占用的土地、房屋范围,先腾出一部分退还给学校使用。凡占用学校的土地、运动场而搞的基本建设工程,应立即停止施工,听候上级领导机关和同级教育部门共同研究如何处置。

报告说,根据邓副主席指示,教育部最近对全国各级各类学校校舍被占用的情况作了全面调查。调查情况表明,"文化大革命"中,在各级各类学校停课闹革命期间,大量校舍被党政机关、部队、企事业等单位占用,其中有相当大一部分是由于林彪、"四人帮"一伙另搞一套煽起的一股任意侵占校舍的坏风气造成的。这是当前校舍紧张的原因之一。

党中央1972年关于退还校舍等的文件下达以后,到1973年年底,全国被占用的校舍仅退还了30%。其后几年来,退还工作几乎没有进展。据河北、四川、广东、上海等省、自治区、直辖市教育部门反映,任意侵占校舍的坏风气并没有完全刹住,校舍被占用的情况仍然不断发生。有的地区甚至在粉碎"四人帮"以后直到今年五月,还继续发生占用校舍的情况。

据调查统计,到今年五月底为止,全国仍被占用的校舍,属于高等学校的,约相当于15万名大学生的容量;属于中等专业学校的,约相当于37万名中专学生的容量;属于中学的,约相当于90万名中学生的容量;属于小学的,约相当于81万名小学生的容量。除此之外,幼儿园和盲聋哑学校等也被占用了相当大的一部分。

许多学校的土地、家具、设备、车辆等也被占用了。还有一些学校,虽然校舍未被占用,但土地或运动场地却被其他单位所占用。

几年来,广大干部群众不断来信,对这种现象提出了尖锐的批评意见,特别是粉碎"四人帮"以来,来信大量增加,普遍要求尽快退还被占用的校舍、土地、家具等。这些要求是合情合理的。

今年5月全国教育工作会议以后,安徽、江西、湖南、河南、四川、辽宁等省,在传达贯彻会议精神的过程中,专门就退还校舍问题做了决定。有的还采取坚决措施,由省级机关带头退还校舍。但是,也有一些省、自治区、直辖市仍然没有采取积极行动,个别地区甚至发生了对反映校舍被占用情况的干部、教师进行打击报复的严重现象。

为了响应华主席"提高整个中华民族的科学文化水平"的伟大号召,扩大各级各类学校的发展规模,加速培养人才,从几个方面尽快解决校舍严重不足的困难,已成为当务之急。为此,教育部在请示报告中就被占用校舍问题提出了以下意见:

一、请中央重申1972年关于退还校舍等的文件,要求各地各有关单位认真落实,切实贯彻执行。任何单位占用学校的土地、房屋、家具、设备、车辆等,原则上都应无条件地退还给学校,不得以任何借口拖延抵制;特别是占用校舍的各级党政军机关,更要以身作则,首先带头退还。

二、如占用单位已对校舍进行了改建,退还给学校使用又需要重新改建将造成浪费的,在征得学校同意的条件下,可以不再退还原有校舍,但必须由占用单位负责为学校还建相应的校舍。已作价购买的校舍,也应退还学校,原价款由使用单位负责归还。占用学校的家具、设备、车辆等物资,原则上应退还实物,如占用期间已丢失、损坏、报废的,须经双方协商一致,由占用单位负责折价偿还。

三、各占用单位要主动同被占用的学校联系,商议退还工作。过去占用单位的少数人员态度粗暴已经引起师生、干部和当地群众不满,给我党、我军造成不良影响的,要在适当场合承认错误,挽回影响。被占用的学校和教育部门,也要注意与占用单位团结协作,帮助做好退还工作。

四、今后各级各类学校的土地、房屋、家具、设备、车辆等,任何单位都不能再侵占。正常的校舍调整,须经有关领导机关批准。

五、要加强法制观念。对少数无视党纪国法,继续抗拒中央关于退还校舍规定的单位和人员,以及今后再发生占用校舍的情况,要严肃处理。

对因向上级领导机关反映校舍等被占用情况而遭受打击迫害的干部、师生,要进行平反。对利用职权进行打击报复的人员要严肃处理。

9月20日

中共中央副主席邓小平在天津听取中共天津市委常委工作汇报

在听取汇报时,邓小平说:我走了几个地方,一再讲就是要解放思想,开动机器(脑筋),不要当懒汉,(要)从实际出发。

中组部部长胡耀邦在全国信访工作会议上明确提出“两不管”原则

胡耀邦指出,判断对干部的定性和处理是否正确,根本的依据是事实。“凡是不实之词,凡是不正确的结论和处理,不管是什么时候、什么情况下搞的,不管是哪一级组织、什么人定的、批的,都要实事求是地改正过来。”

胡耀邦提出的这个“两不管”原则,与“两个凡是”针锋相对,有力地推动了落实干部政策和平反冤假错案工作的开展。

《人民日报》刊登新华社报道《实事求是 解放思想 加快前进步伐》

实践是检验真理的唯一标准。这不是一个单纯的理论问题,而是一个有着重大现实意义、针对性很强的实践问题。中共广东省委常委在学习讨论这一问题的时候,特别强调这一点。

广东省委在当前抓纲治粤的斗争中,反复强调要从思想政治路线上彻底肃清林彪、“四人帮”的流毒和影响,打破精神枷锁,拨乱反正。为了武装自己的头脑,在最近召开的省委常委和省革委会副主任的学习会上,大家重温了毛主席在《实践论》《反对本本主义》《人的正确思想是从哪里来的?》等著作中阐述的基本思想,联系广东实际,专门讨论了真理的标准问题。

大家认为,在揭批“四人帮”的第三战役中,必须联系批判林彪反革命的修正主义路线。要打破林彪、“四人帮”所设置的各种“禁区”,通过学习和批判,使思想来个大解放,恢复和发扬党的优良传统和作风,特别是实事求是、一切从实际出发、理论联系实际的作风。搞清楚这个问题有着重大意义,这是关系到执行什么样的路线,关系到革命的成败和国家前途的大问题。

中共广东省委第二书记习仲勋在学习会上作了重要发言。他说,实践是检验真理的唯一标准,这是马克思主义的一个根本问题、常识问题。毛主席对此曾经作过深刻的论述,题目就是《实践论》。毛主席历来反对“本本主义”。我们做实际工作的,对这个问题感触太深了。这决不是一个单纯的理论问题,而是一个有重大实践意义的问题。他说,林彪、“四人帮”大搞唯心论、形而上学,疯狂反对马克思列宁主义,反对毛泽东思想。特别是林彪极力鼓吹“顶峰论”、“句句是真理”、“一句顶一万句”等等,完全是政治骗子的行径。他们的卑鄙用心,就是要借毛主席的威望来捞取个人的政治资本。他们鼓吹的这一套,实际上是把马克思主义和毛泽东思想割裂开来。马列主义、毛泽东思想是一个完整的思想体系。用实践来检验真理,这是一个完整的过程,即实践—认识—再实践—再认识。这样,马克思主义才能不断发展。讲“顶峰”,那不是不要发展了吗?林彪、“四人帮”的这些说法,是彻头彻尾的反马克思主义的谬论。

习仲勋同志指出,林彪还大搞实用主义,鼓吹什么

"急用先学,立竿见影"。这是糟蹋马克思主义,它破坏了马克思主义的科学体系。按照他们这一套谬论,马克思主义就不要系统学了,不需要读马克思主义的经典著作了。既然是"一句顶一万句",只要抓住片言只语,就可以包治百病,什么问题都可以解决,根本不需要实事求是,调查研究,不需要根据时间、地点、条件来处理问题了。事实上,林彪、"四人帮"也正是这样干的,他们抓住片言只语,就可以无中生有,把你打成"叛徒"、"特务",就可以抓人、杀人。在广东,他们在这方面犯下了滔天罪行,使广大干部和群众受到了残酷的迫害。他们为了破坏广东的社会主义建设,大搞唯心论和形而上学,想干什么就干什么。他们把"以粮为纲,全面发展"的方针,变成了"以谷唯一",大砍经济作物。形而上学的灾祸,使广东农业受到严重破坏,使农民深受其害。

习仲勋同志说,为了肃清林彪、"四人帮"的流毒,我们要响应华主席的号召:学习,学习,再学习。要把广东全省的工作搞好,就要学习好。要配合当前的整风,广泛开展学习运动。特别是领导干部更要好好学习。没有革命的理论,就不会有革命的运动。毛主席总结了中国革命的经验,发展了马克思列宁主义。我们学习马列主义、毛泽东思想,一定要领会其精神实质,学习毛主席观察问题的立场、观点和方法。要准确地、完整地理解马列主义、毛泽东思想体系,而不是去抄现成的公式,抓住片言只语去到处套用。那种把马列和毛主席的话当成死的教条,拿个别词句去生搬硬套,那不是真正高举毛主席的旗帜,而恰恰是糟蹋毛泽东思想,反对毛主席的伟大旗帜。

到会的同志强调,在学习中要联系思想和工作实际,恢复我们党的实事求是、理论联系实际的优良传统和作风,用实践来检验我们的理论、路线、方针、政策。例如,广东农业为什么发展缓慢,对这个问题过去不能讨论,否则一讲农业上不去的原因,一讲落实政策,有人就说是"右倾",就说"会影响大干"。其实,这些话十分荒谬。"文化大革命"以前,广东的农业在毛主席革命路线指引下,发展是比较快的。粮食产量增长速度比较快,副食品供应比较充裕。"文化大革命"中,林彪、"四人帮"同假左真右,破坏"以农业为基础"的方针和党在农村的经济政策。他们不准人们抓生产,谁抓生产,谁就被扣上"唯生产力论"的帽子;他们鼓吹"割尾巴"、"跑步进入共产主义",甚至把农民当作专政的对象,肆意侵犯农民的利益,严重挫伤了农民的社会主义积极性,结果全省的农业长期上不去,四季常青的广州还缺少新鲜蔬菜吃。二十多年的实践从正反两方面充分证明,什么时候我们坚持三大革命运动一起抓,坚持"以农业为基础"的方针,落实党的经济政策,关心群众生活,农业就上得快,否则,农业就上得慢。今后只要我们坚持用实践来检验理论、路线、方针、政策,解放思想,实事求是,一切从实际出发,我们就能够拨乱反正,加快前进的步伐,打好农业翻身仗。

同志们还谈到,华主席为首的党中央号召我们进行新的长征,提出要安定团结,大干快上,加速实现四个现代化,要在自力更生的基础上学习和引进外国先进技术。过去一提到学习外国先进技术,林彪、"四人帮"就说是"崇洋媚外"。其实在自力更生基础上学习和引进外国先进技术,把各国先进技术拿来为我所用,加速我国的社会主义建设,把国家建设得更加繁荣富强,正是真正高举马列主义、毛泽东思想的旗帜。我们一定要在华主席为首的党中央领导下,高举毛主席的伟大旗帜,学习、学习、再学习,思想解放、解放、再解放。

《人民日报》发表任仲夷的文章《理论上根本的拨乱反正》

一

华主席指示我们:"应该大力恢复和发扬我们党的实事求是的作风。"邓副主席也一再强调实事求是,不久前在全军政治工作会议上又一次专门讲了实事求是问题,指出:"实事求是,是毛主席思想的出发点、根本点。"我们必须懂得,要不要实事求是,说到底,是搞唯物主义,还是搞唯心主义的问题。这是马克思主义的最根本的理论问题。多年来,林彪、"四人帮"以极左的面目出现,打着"大树特树"毛主席的旗号,肆意歪曲篡改马列主义、毛泽东思想,在精神与物质,理论与实践,政治与经济,个人与群众这些重大理论问题上,制造了很多混乱,搞得形而上学猖獗,唯心主义空气甚浓。现在要澄清"四人帮"造成的混乱,就必须大力提倡实事求是。实事求是,这是一面照妖镜。在它面前,一切伪理论、伪科学、假左骗局,都会原形毕露。有了实事求是这个武器,禁区可以突破,思想可以解放,工作可以高速度地前进。联系我们的实际工作想一想,实事求是这个问题,确实太重要了。没有实事求是,对"四人帮"的许多假左真右的谬论就不能批、不敢批;没有实事求是,教育战线的"两个估计"、文艺战线的"黑线专政论"等等都不可能推倒;没有实事求是,干部政策无法落实,大量的冤案、假案、错案也不可能平反昭雪;没有实事求是,经济工作中许多正确的政策和措施都不可能实行。回顾粉碎"四人帮"以来的斗争历程,我们各条战线的工作,每前进一步,都是坚持实事求是,对"四人帮"歪曲毛泽东思想而设置的"禁区"的一个突破。突破一次,前进一步。突破得大一些,前进的步子也就大一些。今后,我们要在抓纲治国、实现四个现代化的道路上以更大的步伐前进，使发展速度更快，就必须对“四人帮”设置的“禁区”有更大的突破，思想有更大的解放。而要做到这一点，根本的一条是实事求是。现在华主席、党中央反复强调实事求是，中央报刊大力宣传实践是检验真理的唯一标准，确实打中了林彪、“四人帮”假左真右的反动思想体系的要害，是理论上最根本的拨乱反正。

二

毛主席关于实事求是的思想，是在同机会主义路线的长期的斗争中形成和发展起来的，是我们党的宝贵财富，是指导中国革命走向胜利的锐利武器。在党的历史上，王明自命为“百分之百的布尔什维克”，反对把马列主义的普遍真理同中国革命的具体实践相结合，反对实事求是和从实际出发解决中国革命的问题，使革命遭到了惨重的损失。毛主席同党内的机会主义路线进行了长期的斗争，并在1941年、1942年间发起了伟大的整风运动，对机会主义路线和党内存在的一些错误思想进行了认真的清算。毛主席在《〈农村调查〉的序言和跋》《改造我们的学习》《整顿党的作风》《反对党八股》等光辉著作中，深刻地系统地阐述了实践第一的观点，实事求是的观点，理论联系实际的观点，批判了主观主义、教条主义等各种反马克思主义思想。毛主席尖锐地指出，主观主义“无实事求是之意，有哗众取宠之心”，“这种作风，拿了律己，则害了自己；拿了教人，则害了别人；拿了指导革命，则害了革命。”“只有打倒了主观主义，马克思列宁主义的真理才会抬头，党性才会巩固，革命才会胜利。”（《改造我们的学习》）经过延安整风，理论联系实际和实事求是的作风在全党大大发扬，中国革命从此迅速发展，不断从胜利走向胜利。

毛主席在全党全国树立的实事求是之风，近十几年来遭到了林彪、“四人帮”的严重破坏。他们在党内党外大搞唯心主义，大搞假左真右，欺骗迷惑了不少人。外因通过内因而起作用。如果从主观上总结一下教训，就会发现，我们的同志所以上当受骗，本身有些糊涂思想是起了作用的。在我们辽宁常常听到的有这样几种糊涂说法：

一是迷信“特殊身份”。有些同志对“四人帮”在辽宁的那个死党所鼓吹的东西，有时也觉得不对劲，但因为是他这样一个有“特殊身份”的人讲的，就不敢怀疑，只好“不理解的也执行”。上当的原因在哪里呢？就在于不敢实事求是。固然，那个死党常常打着毛主席的旗号讲话，引用毛主席的片言只语，有它欺骗性的一面；但是，经过他歪曲篡改的那些话，已经不是毛泽东思想的本来面目，根本不符合实际，在实践中根本行不通，所以，这又是可以识别的。我们有的同志多年不学马列，又缺乏实事求是的态度，结果就迷信他。所谓“特殊身份”，不仅这个死党有，江青也有。林彪以及王洪文、张春桥、姚文元都有很高的地位和非同寻常的“身份”。如果迷信“特殊身份”，他们都能成为迷信的对象。由于迷信“特殊身份”，实事求是的态度没有了，马列主义的觉悟没有了，党性没有了。这是一条深刻的教训。

二是单凭朴素的阶级感情看问题。朴素的阶级感情是好的，但那是很不够的。林彪说过很多“颂扬”毛主席的话，例如说毛主席是几千年才出一个的天才，说毛主席的话“句句是真理”，“一句顶一万句”，要“句句照办”，等等。这本来是林彪打着“大树特树”毛主席的旗号来树他自己、同时贬低和打击别人的一种阴谋诡计，而我们有些同志不去分析这些话是否合乎科学，是否合乎实际，却单凭朴素的阶级感情看问题，盲目认为“只要是颂扬毛主席的话，怎么说也不过分”，“即使不太确切，也是好的”。这里涉及一个非常重要的问题：究竟怎样才算真正的高举？马克思、恩格斯、列宁、斯大林和毛主席都反对把他们神化和对他们过分地颂扬。毛主席对英雄创造历史的唯心史观和林彪别有用心的“颂扬”，作了许多极为深刻的批判。我们热爱毛主席，拥护毛泽东思想，并且要永远高举毛主席的伟大旗帜。但是，决不能用唯心主义的态度去“热爱”，去“高举”，而必须用马克思主义的科学态度去对待马列主义和毛泽东思想，这是应当很好地总结和记取的又一条重要历史教训。

三是把政治上的需要和实事求是对立起来。“四人帮”横行时期，毛主席的许多重要教导成了忌讳，不准提。生产是中心，不准提了；按劳分配，不准提了；学习外国的先进技术，不准提了；百花齐放，百家争鸣，不准提了；安定团结，不准提了；一切批“左”的话，都不准提了，等等。我们有些同志没有看出这是林彪、“四人帮”反对毛泽东思想的罪恶行径，当时却认为这是政治上的需要。直到粉碎“四人帮”以后，对于许多拨乱反正的提法和做法，有的同志还认为，虽然理论上实践上都是对的，但政治上不可以，或不大好。这是什么问题呢？实际上还是不敢实事求是。无产阶级的政治决不需要反对理论上正确的东西，理论上错误的东西也决不能是无产阶级的政治需要。当然，在宣传上，不同时期有不同的重点。但是，正如不能把错误的说成正确的一样，也决不能把正确的说成错误的。

总之，越是认真回顾两条路线斗争的教训，越觉得实事求是重要。在我们党的历史上，什么时候主观主义、教条主义、唯心主义占了上风，革命就遭受挫折和失败；什么时候实事求是之风、理论联系实际之风盛行，革命就胜利前进。对那种反对实事求是的思潮如果不制止，不拨乱反正，它会把人们引导到什么地方去呢？正如邓副主席深刻指出的："那只能引导到唯心主义和形而上学，只能引导到工作的损失和革命的失败。"（《在全军政治工作会议上的讲话》）现在，我们要在华主席为首的党中央领导下进行新的长征，就非得大兴实事求是之风不可。

三

实事求是，说来简单，真正做起来并不是很容易的。

坚持实事求是，必须完整地、准确地领会和掌握毛泽东思想的体系。毛泽东思想体系本身就教导人们要实事求是。它要求人们努力学习和掌握马列主义、毛泽东思想的基本原理，而不是拘守个别结论；要求人们善于运用马列主义、毛泽东思想的立场、观点和方法，联系一定的时间、地点、条件，从实际出发去解决各种问题，而不是不顾客观实际，片面地甚至歪曲地抓住个别词句不放。毛主席早就指出："如果每句话，包括马克思的话，都要照搬，那就不得了。"（《论十大关系》）毛泽东思想是发展的。毛主席生前对某些问题的提法，随着革命斗争实践的发展，也是常有补充、修改和发展的。毛主席在《实践论》中讲得很清楚："一般地说来，不论在变革自然或变革社会的实践中，人们原定的思想、理论、计划、方案，毫无改变地实现出来的事，是很少的。这是因为从事变革现实的人们，常常受着许多的限制，不但常常受着科学条件和技术条件的限制，而且也受着客观过程的发展及其表现程度的限制（客观过程的方面及本质尚未充分暴露）。在这种情形之下，由于实践中发现前所未料的情况，因而部分地改变思想、理论、计划、方案的事是常有的，全部地改变的事也是有的。"毛主席在这里生动地表述了人们认识过程中的一种普遍现象，它说明人的认识不可能一劳永逸地一次完成。我们深信，毛主席如果健在，他决不会只讲过去已经讲过的话，而肯定会根据新的情况不断作出新的指示，还会根据新的情况对过去的某些具体提法作出修改和补充。现在毛主席已经离开了我们，难道因此毛泽东思想就应当不再发展了吗？难道一切个别词句和个别结论都应当成为一成不变的教条吗？决不能那样。如果那样，我们就不可能前进了，我们就只能从"本本"出发而不能从实际出发了。那样也就从根本上背离了毛泽东思想的精神实质。

坚持实事求是，必须充分发扬民主，认真实行民主集中制。只有实行民主集中制，才能避免主观主义，决定问题和处理问题才能真正做到实事求是，符合客观实际。"如果没有民主，不了解下情，情况不明，不充分搜集各方面的意见，不使上下通气，只由上级领导机关凭着片面的或者不真实的材料决定问题，那就难免不是主观主义的"（毛主席：《在扩大的中央工作会议上的讲话》）。另外，只有实行民主集中制，人们才敢于实事求是。过去林彪、"四人帮"在党内党外大搞法西斯专政，造成人们不敢讲真话。"四人帮"的那个死党在辽宁做了多年的"太上皇"，施尽了法西斯淫威，把党内民主和社会主义法制践踏得不成样子。谁讲一点和他们不同的意见，他们就对谁残酷斗争，无情打击，施以野蛮的肉体摧残和政治迫害，并且株连家属亲友，搞得人人自危，一片恐怖。在这样一种气氛下，还能有多少实事求是的风气呢？我们现在要大兴实事求是之风，就必须反林彪、"四人帮"之道而行之，在党内党外充分发扬民主，真正把问题敞开，让干部和群众讲话，造成"又有集中又有民主，又有纪律又有自由，又有统一意志、又有个人心情舒畅、生动活泼，那样一种政治局面"。这是恢复和发扬实事求是作风的重要组织保证。当然，作为一个共产党员、一个革命者，不应当因为有"风险"就不实事求是。从组织方面来讲，应当强调充分发扬民主，真正实行不抓辫子、不打棍子、不戴帽子的"三不主义"；而对于个人，则应当提倡无私无畏，敢于实事求是，敢于坚持真理的革命风格。应该牢记毛主席的教导："彻底的唯物主义者是无所畏惧的"。

坚持实事求是，必须永远和广大人民群众站在一起，时刻倾听群众的呼声。人民群众是三大革命的实践者，是创造世界历史的动力，是功过是非最公正的判断者。群众的意志，人心的向背，归根到底是不可抗拒的。"四人帮"及其在辽宁的死党，专门干广大群众反对的事，积怨甚多，不得人心，终于被扫进了历史的垃圾堆。华主席为首的党中央和人民群众心连心，各项决策都符合人民群众的心愿，因而立于不败之地。毛主席教导我们："群众的意见与经验一定要作为我们政策的基础。因为人民能教给我们许许多多事情。我们的任务就是听从他们，学习并了解他们的经验、愿望、批评，确定他们所需要的东西的总和，再作为政策交还给他们。"我们做工作，执行政策，一定要注重调查研究，走群众路线，了解群众的脉搏，知道人心的向背，倾听群众的呼声。只有这样，才能保证我们不脱离群众，使我们的政策、办法符合客观实际，得到成功。

坚持实事求是，必须承认实践高于认识，实践是检验真理的唯一标准。人的认识正确与否，必须经过实践的检验。实践可能证明原来的认识是正确的，也可能证明原来的认识不正确或不完全正确，从而改变、补充、发展原来的认识。这是认识过程的又一次飞跃。毛主席说："这次飞跃，比起前一次飞跃来，意义更加伟大。因为只有这一次飞跃，才能证明认识的第一次飞跃，即从客观外界的反映过程中得到的思想、理论、政策、计划、办法等等，究竟是正确的还是错误的，此外再无别的检验真理的办法。”(《人的正确思想是从哪里来的？》)如果不承认实践是检验真理的唯一标准,不尊重社会实践,那就不可能坚持实事求是。强调实践高于认识,实践是检验真理的唯一标准,是不是贬低了马列主义、毛泽东思想呢？恰恰相反,这正是捍卫了马列主义、毛泽东思想的根本观点。有的同志认为毛泽东思想是检验真理的标准。这种看法是不对的。第一,毛泽东思想本身是真理,而不是检验真理的标准。人们常讲,符合毛泽东思想的就是正确的。这并不能否定实践是检验真理的唯一标准。我们所以坚信毛泽东思想,也是因为它经过实践检验,证明是正确的。正如毛主席在论述马克思主义时指出的:“我们说马克思主义是对的,决不是因为马克思这个人是什么‘先哲’,而是因为他的理论在我们的实践中在我们的斗争中证明了是对的。”第二,对毛主席的许多具体指示,人们有时候有不同的理解,究竟哪种理解对,最终还是要靠实践来检验。第三,毛泽东思想不可能包括现在和将来人们社会实践中的一切情况和细节。不仅自然科学中的问题不可能从毛主席著作中找到现成的答案,就是社会主义革命和建设中的大量具体问题,也不可能都从“本本”中找到现成答案。而只有实践才能够回答一切。正如列宁所说:“实践高于(理论的)认识,因为实践不仅有普遍性的优点,并且有直接的现实性的优点。”(《黑格尔〈逻辑学〉一书摘要》《列宁全集》第38卷,第230页)列宁又说:“我们并不苛求马克思或马克思主义者知道走向社会主义道路上的一切具体情况。……至于具体情况,实际情况,那只有千百万人的实践经验才能表明。”(《政论家札记》《列宁全集》第25卷,第273页)实践是检验真理的唯一标准,没有第二个标准。只有坚持这个认识,才能在理论上肃清林彪、“四人帮”的唯心主义流毒,恢复和发扬党的实事求是的作风。

总之,实事求是,一切从实际出发、理论与实践相结合,这是马列主义、毛泽东思想的根本观点、根本方法和根本态度。毛主席在领导中国革命的长期斗争过程中亲自倡导、一贯强调的这种根本观点,是不会过时的。它永远是指引我们胜利前进的强大思想武器。华主席、党中央大力强调实事求是,这是当前理论上最大的拨乱反正,它必将给人们的思想带来更大的解放,使我们在新的长征路上迈开更大更快的步伐。

(原载《理论与实践》1978年第八、九期)

国务院在人民大会堂举行宴会欢迎乍得共和国总统费利克斯·马卢姆·恩加库图·贝恩迪将军及随同来访的乍得其他贵宾

国务院副总理李先念、耿飚,全国人大常委会副委员长阿沛·阿旺晋美等出席宴会。

外交部部长黄华在北京与马来西亚外长里陶丁举行会谈

中华人民共和国政府和苏丹民主共和国政府1978年至1979年贸易议定书在北京签字

外贸部长李强和苏丹贸易供应部长哈伦·阿瓦德分别代表本国政府在议定书上签字。

中国科技大学庆祝建校20周年

中共中央政治局委员、全国人大常委会副委员长聂荣臻为中国科技大学20周年校庆题词:“科技大学创办20年,成绩显著,培养的大批科技人才,已成为今日科技战线上的骨干力量。打倒林彪、‘四人帮’,教育和科技的春天又来人间。望乘东风喜雨,抓纲治校,总结经验,再接再厉,为祖国四个现代化的建设,出更多更辉煌的科技成果,出更多更优秀的科技人才。”中共中央政治局委员、国务院副总理、国家科委主任方毅发来贺电,希望全体师生员工高举毛主席的伟大旗帜,在以华主席为首的党中央领导下,不断解放思想,团结一致,踏实工作,刻苦钻研,努力把中国科技大学办成一个世界第一流的教育和科学研究中心,为伟大的社会主义祖国造就大批无产阶级专家,为实现四个现代化作出贡献。

中国科技大学诞生于1958年。20年来,这所大学在毛主席、周总理和华主席的亲切关怀下,在办学上不断排除反革命修正主义路线的干扰和破坏,坚持正确的政治方向,继承和发扬抗大的优良传统和作风,先后共培养出8000多名毕业生,他们中许多人现在已成为科技战线上的骨干力量,有的在科研工作中作出了优异的成绩;20年来,科技大学在科学研究方面也取得一批成果。

中共安徽省委第一书记万里,省委书记赵守一,中国科学院副院长、中国科技大学第一副校长李昌等,出席了科大建校20周年庆祝大会。校庆期间,学校还宣布提升了54名教授、副教授,表扬了270多名先进工作者,其中有16名被授予“忠诚党的教育事业先进工作者”的光荣称号。

曹葆华逝世

我国著名的马克思主义经典著作翻译家、中国社会科学院外国文学研究所研究员曹葆华同志,因病于9月20日逝世,享年71岁。

曹葆华同志是四川省乐山县人,1940年加入中国共产党。他长期致力于马列主义经典著作和无产阶级文艺理论的翻译介绍工作,为在我国宣传马克思主义理论,繁荣社会主义文化事业作出了贡献。

9月21日

华国锋 叶剑英 邓小平 李先念 汪东兴等党和国家领导人在人民大会堂接见出席中国妇女第四次全国代表大会代表

全国妇联名誉主席宋庆龄、蔡畅、邓颖超,全国妇联主席康克清,参加了接见。

参加接见的党和国家其他领导人有:韦国清、乌兰夫、方毅、纪登奎、苏振华、吴德、余秋里、张廷发、陈永贵、耿飚、彭冲、陈慕华、赛福鼎、王震、谷牧、康世恩。

被接见的还有在北京召开的其他一些会议的代表。

国务院副总理邓小平在北京会见法国前总理 巴黎市长雅克·希拉克

国务院副总理李先念在北京与乍得共和国总统费利克斯·马卢姆举行会谈

中国方面参加会谈的有:外交部副部长何英,中国人民解放军副总参谋长李达,外经部副部长程飞,外交部、外经部、中国人民解放军总参谋部有关部门的负责人何功楷、刘和林、沈少星、王乐天、高建中,中国驻乍得大使苗九锐。

全国人大常委会副委员长邓颖超在北京会见法国马克思列宁主义共产党总书记雅克·儒尔盖和由他率领的该党中央代表团

国务院副总理王震在北京会见由苏丹贸易供应部长哈伦·阿瓦德率领的苏丹政府贸易代表团

国务院副总理王震在北京会见以力武常次教授为团长的日本地震代表团

国务院副总理谷牧在北京会见由西德东方经济委员会中国组主席胡夫纳格尔率领的西德煤炭代表团

外交部部长黄华在雅典与希腊外交部部长乔治·拉利斯举行会谈

中央爱国卫生运动委员会在烟台举行全国爱国卫生运动现场经验交流会

谷牧副总理出席会议,并讲了话。中央爱国卫生运动委员会副主任、卫生部部长江一真在会上作了报告。

会议听取了烟台地区开展卫生工作上《全国农业发展纲要》(以下简称《纲要》)运动的先进经验介绍,以及河北、黑龙江、吉林、四川和青岛等省市的经验介绍。代表们还到烟台地区的黄县、掖县和烟台市进行了现场参观,所到之处,“街整洁、家卫生、蚊蝇灭、环境变、人健康、劳力壮、肥料多、粮增产”。大家被这种繁荣兴旺的社会主义新景象所感动。代表们普遍反映:这次会议开得生动活泼,现场有看头,经验有学头,从这里找到了差距,鼓舞了信心,回去以后要大干一场,把爱国卫生运动搞上去。京、津、沪,皖、苏,辽、吉、黑,陕、甘、宁、青等省市在会上分别结成了学烟台的对子,决定开展卫生工作上《纲要》的对口竞赛。

烟台地区“卫生工作上《纲要》”的口号是1976年冬提出的。那年秋天,地委对照《全国农业发展纲要》检查工作,发现除四害、讲卫生方面还没有达到《纲要》的要求。为了使卫生工作适应工农业生产迅速发展的需要,烟台地委下大决心在全区掀起了卫生工作上《纲要》的群众运动。由于抓住了管水、管粪这个中心环节,大搞卫生基本建设,坚持一套行之有效的卫生制度,因而使蚊蝇密度显著下降,传染病的发病人数也大幅度下降。

会议认为,烟台地区的经验好就好在党委重视,能够统筹全局,给卫生工作以应有的地位,把农业生产和卫生工作很好地结合起来,“两个规划一起订,两个决心一齐下,两项工作一块抓”,做到生产、卫生双跃进。广大群众从粮食大增产、生活大改善上面看到卫生工作上《纲要》的好处,因此,爱国卫生运动能够持之以恒,开展得既轰轰烈烈,又扎扎实实。

会议讨论了新形势下爱国卫生运动的任务,充分肯定了新中国成立以来毛主席亲自倡导的爱国卫生运动取得的伟大成就,揭发批判了林彪、“四人帮”在卫生工作上的干扰破坏。会议指出,当前全国人民正在以华主席为首的党中央的领导下,奋发图强,为实现国民经济的高速度发展而努力奋斗,这一新的形势,对爱国卫生运动提出了新的更高的要求。各地要全党动员,全民动手,贯彻预防为主的方针,广泛开展以除害灭病为中心的爱国卫生运动,力争到1980年全国城乡卫生状况要超过历史上的最好水平,到1985年,基本完成《全国农业发展纲要》规定的除害灭病任务。在农村,要结合生产,搞好“两管(管水、管粪)、五改(改良水井、炉灶、畜圈、厕所、环境)”和大力推广沼气。在城市和工矿企业,要切实搞好环境卫生,饮食卫生,管好粪便、垃圾,消灭蚊蝇孳生地;在防止工业污染、处理“三废”方面,要作出显著成绩。卫生部门有责任监督检查,要敢于同那些不符合卫生要求,损害人民健康的现象作斗争。

会议指出,要像烟台地区那样大面积、高速度地搞好卫生工作上《纲要》的群众运动,关键在于加强党的领导。当前各地爱国卫生运动的发展还不平衡,有些地方搞得差,原因就在于领导没有真正重视起来。学习、推广烟台地区的经验,找差距、订措施,首先要找领导上的差距。会议强调,各省、自治区、直辖市在制定卫生工作上《纲要》规划时,一定要从实际出发,根据南方和北方、山区和平原、水网地区和旱田地区、牧区和农区、疾病高发区和一般地区、穷队和富队等不同情况,提出不同要求,不可强求一律。一切不重实效,徒具虚名的形式主义,都必须坚决防止和纠正。各地还要抓好典型,大树标兵,开展竞赛,使烟台地区的经验和各地的经验能大面积地开花结果。

出席这次会议的有各省、自治区、直辖市党委或革委会的负责人以及爱国卫生运动委员会的负责人、防疫站的代表,一部分卫生先进单位的代表,全军爱国卫生运动委员会和部队的代表,国务院有关部委、人民团体、科研单位、宣传单位的代表,以及山东各地区的代表共350人。

我国加速建设一批大中型电站

《人民日报》报道,我国正在加速兴建、续建和扩建一批大中型电站,以适应国民经济发展的需要。

今年,我国电力基本建设计划新增的装机容量,相当于1966年至1975年10年间总装机容量的1/5以上。这样的建设规模在我国电力建设史上是空前的。在这些项目中,有为配合东北地区工农业生产发展需要而新建、扩建的元宝山、浑江、凌水河、新华、佳木斯等电站,有保证北京、天津、河北地区用电而新建、扩建的北京第二热电厂和北大港、陡河、马头等电厂,有为保证武汉钢铁基地用电而扩建的青山电厂,还有为缓和河南、安徽、广东、江苏等地区电力紧张局面而新建、扩建的焦作、开封、淮北、黄埔、徐州等电站。到8月底止,已有河北陡河,湖南凤滩、金竹山,安徽淮北,江西分宜,山东济宁,广东黄埔等一批大中型电站的机组陆续安装完毕,投产发电,总装机容量相当于去年同期的1.6倍。过去湖南电网严重缺电,最近凤滩水电站初步建成,金竹山电厂扩建的机组投入生产后,已使湖南省电力供应状况好转。

我国水力资源极为丰富。水电部会同有关部门对水力资源进行了大量的调查研究和勘测设计工作,提出了在长江和黄河中、上游,在红水河、大渡河、澜沧江、乌江、沅水等江河上,建设一批大型水电基地的规划。目前,位于长江中游、黄河上游、贵州乌江等地的一批大型水电站已开工兴建,还有一批正在继续进行勘测设计或正在选择厂址。

中国科学院青岛海洋研究所在东海海域综合考察获丰富成果

对东海海域的这次考察,内容包括海洋水文、气象、地质、生物、化学等5个专业共20多个项目。参加考察的科研人员和"金星"号调查船船员密切配合,战胜了一次次风浪的袭击,调查了50个站位,取得了大量宝贵的标本、样品和数据,提前20多天完成了调查计划。他们捕获的实物标本中,有长达1.68米的棒海绵骨针,特大蜘蛛蟹和铠甲虾等。

这次考察成果,为进一步研究我国东海大陆架的地质结构、沉积特征和历史演化等提供了可贵的科学依据,为研究黑潮主干高温、高盐特征,海水微量元素和放射性元素的分布,底栖生物以及鱼卵、仔鱼的数量分布等,提供了重要资料。

9月22日

国务院副总理邓小平在北京会见马来西亚外交部部长东姑·艾哈迈德·里陶丁和随同来访的其他马来西亚客人

《人民日报》发表特约评论员文章《谈谈"抽象肯定,具体否定"的问题》

最近报纸上发表了一些文章,阐述实践是检验真理的唯一标准。文章中谈到马列主义、毛泽东思想是真理,是指导我们各项工作的理论,但并不是检验真理的标准。马克思主义是要不断发展的,我们不能只是躺在马克思主义的书本上,把革命导师的词句当作包医百病的灵丹圣药。对此,有人就发议论说:这是对马列主义、毛泽东思想的"抽象肯定,具体否定"。

对这种说法要讨论清楚。

本来,只有实践才是检验真理的唯一标准,这是马克思主义哲学的基本常识。过去一切唯心论和旧唯物论哲学把思想、理论当作检验真理的标准,找不到一个客观的判断真理的标准,所以他们的真理论都是错误的。马克思主义第一次科学地解决了这个问题。1845年马克思在《关于费尔巴哈的提纲》中第一次指出:"人的思维是否具有客观的真理性,这并不是一个理论的问题,而是一个实践的问题。人应该在实践中证明自己思维的真理性"。(《马克思恩格斯选集》第1卷,第16页)恩格斯和列宁都反复阐述过这条基本原理。毛泽东同志在《实践论》和《人的正确思想是从哪里来的?》等著作中,更是系统地深刻地阐述了这个道理。但是,林彪和"四人帮"颠倒实践和理论的关系,大讲什么"顶峰"、"绝对权威"、"句句是真理,一句顶一万句"、"认识—实践—认识",把实践第一的原则否定了，把早已被马克思否定了的唯心论和旧唯物论的错误理论又搬出来，重新加以肯定。现在提出这个问题，正是为了拨乱反正，把被“四人帮”颠倒了的理论是非纠正过来，正本清源，这才是对马列主义、毛泽东思想的真正肯定。

这个问题，归根结底，是一个如何对待马列主义、毛泽东思想的问题。

马列主义、毛泽东思想是完整的科学体系。具体分析一下，就可以看到，在这个科学体系中，既有具有普遍规律意义的基本原理，又有根据基本原理对于不同历史条件下的各个具体革命实践问题作出的个别原理和个别结论，不能把二者混淆、等同起来。

辩证唯物主义和历史唯物主义的基本原理，是放之四海而皆准的普遍真理。毛泽东同志在《实践论》《矛盾论》《关于正确处理人民内部矛盾的问题》等哲学著作中，总结了中国革命实践的经验，继承、捍卫和发展了马克思主义的认识论、唯物辩证法和历史唯物论的基本原理。毛泽东同志总结了无产阶级专政的历史经验，指出在社会主义这个历史阶段中，还存在着阶级、阶级矛盾和阶级斗争，要巩固无产阶级专政，防止资本主义复辟。在社会主义社会中存在着敌我矛盾和人民内部矛盾，必须正确区分和处理两类不同性质的矛盾。在社会主义社会中，生产关系和生产力之间、上层建筑和经济基础之间，存在着又相适应又相矛盾的情况，因此，必须继续进行上层建筑和生产关系领域的革命，迅速发展生产力，把社会主义事业不断推向前进。这样的基本原理很多，是我们取之不尽、用之不竭的理论宝库。我们应当把这些基本原理和具体情况结合起来，正确地解决社会主义革命和建设中出现的各种新问题。

在革命导师的著作中，大量的论述都是根据上述的基本原理，针对他们在当时的革命实践中所遇到的具体问题，作出的具体结论，提出的具体原则。这些具体的结论和原则，都是同当时具体的条件联系在一起的。在一定的具体条件下，在一定的历史范围内，它们是正确的，是真理；但如果要把它们机械地搬用到其他的条件下，超出一定的历史范围，那就不一定完全适用，也可能变成错误。在这方面，我们吃过教条主义的亏，教训是不少的。如果像教条主义者那样，把这些个别具体的结论和原则，都当作普遍真理，不分时间、地点、条件，照抄照搬，这种“肯定”，马克思主义者是坚决反对的。

当然，这并不是说，我们可以不重视或随意否定马克思主义著作中的这些个别原则和具体结论。这些著作我们永远要学习。我们结合着革命实践的需要，每学习一次，都会有新的体会、新的收获，从而大大有助于自己的马克思主义水平的提高。不过这些学习，不应是教条主义式的学习，不是去背诵现成的结论，而是学习其精神实质，学习革命导师在分析这些问题时，是怎样坚持无产阶级的立场、唯物的观点和辩证的方法的。毛泽东同志谆谆教导我们：学习马克思主义，主要是学习立场、观点、方法。只有学会马克思主义的立场、观点、方法，在革命实践中遇到新问题，才能正确地加以解决。对于这些具体结论，我们只有采取这种态度，才是真正地、正确地肯定它们。

我们必须把马克思主义中的基本原理和具体结论区别开来，这就是区别矛盾的普遍性和特殊性、共性和个性。共性存在于个性之中，在具体结论中学习立场、观点、方法，这立场、观点、方法，就是马克思主义的基本原理。毛泽东同志说：“这一共性个性、绝对相对的道理，是关于事物矛盾的问题的精髓，不懂得它，就等于抛弃了辩证法。”（《毛泽东选集》第一卷，第308页）

此外，革命导师在他们的著作中，为了阐明科学的原理和结论，分析了不少材料，说了大量的话。如果要把他们说过的每一句话，都当作普遍真理，必须照办，那怎么得了？以为只有句句照办，才算是“肯定”马列主义、毛泽东思想，我们说：这实在是对马列主义、毛泽东思想的糟蹋。

在学习先进单位的经验时，也遇到类似的问题。有人认为，先进单位的经验是具体的，不是抽象的；要学先进，就得具体地学；先进单位怎么做的，你就得一项一项都照着做。如果不这样，就是对先进单位的“抽象肯定，具体否定”。

这种看法也同样是不对的。我们学习先进单位的经验，是要学习那些具有普遍意义的经验。华国锋同志在第一次全国农业学大寨会议的报告中指出：“大寨的根本经验，就是坚持无产阶级政治挂帅、毛泽东思想领先的原则，自力更生、艰苦奋斗的精神，爱国家、爱集体的共产主义风格。”这三条，说起来容易，真正做到却是十分困难的。别人办不到的，英雄的大寨人办到了，这是非常了不起的。正因为大寨做到这三条，改变了大寨的面貌，成为全国农业战线的第一面红旗。学大寨，就必须学根本，学大寨的根本经验。

这样地肯定大寨的经验，是有非常丰富的内容的。这种肯定，是很具体的肯定，决不是什么“抽象肯定”。

至于先进单位的许多具体经验，总是同一定的条件联系在一起的。在一个地方行之有效的具体经验，到另一个条件不同的地方，就不适用，或者不完全适用。所以学先进，必须学根本，决不能不顾时间、地点、条件，把它们的具体经验照抄照搬。有些人把具体经验充当根本经验，硬要别人完全照搬，人家不愿意，就说人家是"抽象肯定,具体否定",是"反对学红旗",这当然是错误的。

在关于党的领导的问题上,也存在同样的问题。有人说:党的领导是具体的,党是通过各级组织、通过党的干部和党员来领导的;如果光在口头上讲拥护党的领导,实际上对于党的干部和党员却并不拥护,这就是"抽象肯定,具体否定"。这种说法,也是有问题的。

群众拥护我们党的领导,是因为我们党坚持马列主义、毛泽东思想,制定和贯彻执行了正确的路线、方针和政策,真正代表了人民的利益。这些就是根本性的东西。

是的,党的领导是要通过各级组织来实现的,每一个党的干部和党员的言论行动,也应该能够体现党的领导。但是,决不应该把党的干部和党员的作用,和党的领导简单地等同起来。我们大多数党的干部和党员能够坚持马克思列宁主义、毛泽东思想,认真贯彻执行党的路线、方针和政策,全心全意为人民服务。但是,我们有些党的干部和党员,包括领导者,说了错话,办了错事,其中有些是相当严重地违背马列主义、毛泽东思想的,违背党的路线、方针、政策的,违背人民群众利益的。对于这些,群众提出批评,是完全应该的。广大群众总是希望我们的工作做得更好,他们的批评是善意的,他们的目的是要加强党的领导,肯定党的领导,决不是什么"具体否定"党的领导。

为什么把群众对党的干部和党员的批评说成是对党的领导"抽象肯定,具体否定"呢?原因之一是有些党的干部,特别是负一些责任的干部,如支部书记、党委书记,甚至更高级的干部,往往把自己看成是党的化身,谁要是对他提点意见,就说"反对我就是反党"。他所要肯定的,并不是党的领导,而只是他个人的错误领导。

所谓"抽象肯定,具体否定",这种说法貌似公允,好像也承认你肯定了一点什么东西,实质上所谓"抽象肯定",就是说你什么也没有肯定。列宁说:"没有抽象的真理,真理总是具体的"(《列宁选集》第1卷,第507页)肯定真理总是具体否定,没有什么抽象肯定。同样的,否定真理也总是具体否定,而不是什么抽象否定。由此可见,"抽象肯定,具体否定"的说法,在现实生活中,是对坚持真理的同志乱扣帽子,是根本站不住脚的。

国务院颁布《水产资源繁殖保护条例》

为了加强水产资源繁殖保护工作,保证水产事业的迅速发展,国务院颁布了《水产资源繁殖保护条例》,并向各省、自治区、直辖市以及有关部门发出通知,要求认真贯彻执行。

水产资源是国家一项宝贵财富。加强水产资源保护,保证水产资源正常繁殖成长,是发展水产业的重要基础。但是,有一段时间,由于林彪、"四人帮"反革命的修正主义路线的干扰破坏,一些渔区违反国家法令酷捕滥获,加之水域污染,对水产资源的破坏日益严重。因此,制定并严格执行《水产资源繁殖保护条例》十分必要。

《水产资源繁殖保护条例》,对应该着重保护的重要或名贵的水生经济动植物、采捕标准、禁渔区和禁渔期、渔具和渔法、水域环境的维护以及奖惩办法等,都作了明确的规定。

国务院在颁布《水产资源繁殖保护条例》的通知中说,各级革命委员会和各有关部门,要切实加强对水产工作的领导,建立和健全渔政机构,开展群众性的宣传教育运动,采取具体措施落实条例中的各项规定。对损害资源造成重大破坏的,要严肃处理,严重的要追究刑事责任。对阶级敌人的破坏活动,要坚决打击,依法惩办。

国务院副总理李先念在北京与乍得共和国总统费利克斯·马卢姆继续举行会谈

国务院副总理谷牧在北京会见由对外贸易国务秘书约勒斯率领的瑞士政府友好经济访华团

希腊总统康斯坦丁·察佐斯和总理康斯坦丁·卡拉曼利斯在雅典分别接见外交部部长黄华

中国和希腊在雅典签订文化协定

外交部部长黄华和希腊外交部部长乔治·拉利斯分别代表希腊政府和中国政府在协定上签字。

中国天文学会年会在上海举行

我国200多位天文学工作者在会上提出,要继续加强基础理论研究和天文观测工作,努力提高先进天文仪器的研制水平,建立现代化的卓有成效的天文观测基地。这次年会上宣读了一大批学术论文和工作报告,反映了我国天文工作者研究工作获得的新进展,具有相当高的水平。我国中年、青年天文工作者,在老一辈天文学家的指导下迅速成长。他们提出的学术论文或工作报告,在数量和质量上都有较大进步。

与年会同时举行的中国天文学会第三次会员代表大会,选出了理事会新的领导成员:理事会张钰哲,副理事长程茂兰、李珩、戴文赛、王绶琯、龚树模、叶叔华。

9月23日

中共中央主席华国锋在北京会见乍得共和国总统费利克斯·马卢姆·恩加库图·贝恩迪将军

两位领导人就进一步发展中、乍两国友好关系和双方关心的有关国际问题交换了意见。

国务院副总理李先念、外交部副部长何英、中国人民解放军副总参谋长李达、外经部副部长程飞、中国驻乍得大使苗九锐参加了会见。

中国政府和乍得政府经济技术合作议定书在北京签字

外经部副部长程飞、乍得外交和合作国务秘书伊森·哈利分别代表本国政府在议定书上签字。

全国人大常委会副委员长廖承志在北京会见日本友好人士西园寺公一

9月24日

中共中央副主席李先念在北京会见以坦桑尼亚革命党中央委员 国防和国民服务部部长卡瓦瓦为团长的坦桑尼亚革命党代表团

会见时在座的有中共中央委员、中联部副部长冯铉、中联部副部长吴学谦等。

9月25日

经中共中央批准国务院决定成立工商行政管理总局

《人民日报》发表特约评论员文章《一切主观世界的东西都要受实践的检验》

实践是检验真理唯一标准的问题，不仅是带根本性的理论问题，而且是带根本性的现实问题。它不仅关系到哲学战线，而且关系到各条战线的实际工作。

我们所说的实践是检验真理的唯一标准，指的是马克思主义者对待主观和客观、认识和实践的关系的一条原则，指的是一条正确的认识路线。按照这条原则，这条路线，检验真理要靠实践，检验一切主观世界的东西都要靠实践。

正像列宁在十月革命胜利后所指出的："现在一切都在于实践，现在已经到了这样一个历史关头：理论在变为实践，理论由实践赋予活力，由实践来修正，由实践来检验。"(《列宁选集》第三卷，第398页)人应当在主观见之于客观的过程中，即在实践的过程中，检验自己认识的正确程度，并使自己的认识不断得到修正、补充、丰富和发展。也就是说，人们的思想、理论、纲领、路线、政策、计划、指示、意见、声明、检讨、诺言，等等，这一切的一切，是正确，还是错误，是真的，还是虚伪的，归根到底，都要看实践的结果怎么样，通通都要经受实践的检验。

真高举还是假高举，要看实践

证明什么是真高举，什么是假高举；什么是真马克思主义，什么是假马克思主义，从来就不靠声明和宣言，而是靠实践。

王明不是自封为"百分之百的布尔什维克"吗？是什么东西证明他的路线完全错误，宣告他的路线彻底破产呢？是我党的革命力量在苏区损失90%，在白区几乎损失100%的事实。林彪不是自吹举旗最高的吗？是什么东西揭开了他假高举的骗局，暴露了他的反党野心家的嘴脸呢？是他篡党夺权、叛党叛国的罪恶活动。"四人帮"不是伪装成天下最革命的英雄吗？是什么东西揭穿了他们一伙的新老反革命分子的面目呢？是他们祸国殃民、大搞法西斯专政的反革命行径。历史无情地宣判，王明也罢，林彪也罢，"四人帮"也罢，都不过是假高举的骗子手。骗子也是纸老虎，一戳就破。戳破纸老虎，当然要有马克思主义这个科学武器。没有马克思主义，就不能透过纷纭复杂的现象，看清本质，识别真伪。但是，最终撕掉他们假面具的，只能是实践。只有通过实践，才能检验出哪些是真相，哪些是假象。听其言，观其行，这是我们应当牢牢记取的一条重要历史经验。

当然，检验需要时间。但是，只要是好的，真的，于人民有利的，有生命力的东西，一定经得起历史的检验，最终证明其正确。凡是坏的，假的，不利于人民的，没有生命力的东西，总是经不起历史的检验，最终证明其错误。实践，只有人民群众的实践，才是真理和谬误的唯一裁决者。

对人的处理是否正确，要受实践的检验

当前，在揭批"四人帮"联系批林的斗争中，我们面临着落实党的干部政策和正确对待在第十一次路线斗争中犯错误的干部，这两项严肃的工作。这两个方面，都关系到对人的处理。毛主席多次指出，对人的处理，要持慎重态度。这就是说，要使我们处理的问题，能够经得起实践的检验。

落实干部政策的根据是什么？是事实。坚持正确的东西靠事实，纠正错误的东西也靠事实。判断对干部的处理是正确还是错误，唯一的根据只能是事实。经过对实际情况的调查、分析、核对，只要是对干部的不实之词，不正确的结论，不论它是在什么时候、什么情况下作出的，都应当坚决纠正和推倒。犹犹豫豫，怕这怕那，不是彻底的唯物主义者。至于为了证明自己的“正确”，而不顾事实，无视干部政治生命的态度，更是错误的。坚持实践第一，坚持有错必纠，正是我们党大公无私、光明磊落的表现。

对于在第十一次路线斗争中犯错误的干部应当怎么办？只要不是搞阴谋诡计和严重违法乱纪、民愤很大的，就应当允许人家有个在实践中认识的过程。在我们党的历史上，曾经有过这种情形，跟着王明路线犯了错误的人，经过长期实践的教育，有的一直到了七大的时候，才真正认识错误，口服心服。当前，在第十一次路线斗争中属于认识上犯了错误的干部里面，如果有些人一时还想不通，那我们就应当等一等，允许人家再想一想，看一看。正确的东西是不怕检验的，是经得住检验的。要允许人家检验我们。害怕检验，还算得什么马克思主义者！没有这一条，我们自己就违反了实践是检验真理的唯一标准这个最基本的原则。正是基于这个原则，对于犯错误干部的组织处理，也必须采取慎重态度。要重证据，重调查研究，要十分注意政策，不必操之过急，力求我们处理的问题，经得起历史的检验。

对于犯了错误的干部，不光要看他的检讨，还要看他的行动。用马列主义、毛泽东思想分析批判自己的错误，当然十分必要。没有这一步，就不能分清是非，总结经验。但是，最根本的，还是要看行动，要看他改正得怎么样。考察一个人是不是真正认识了错误，最终要靠他改正错误的实践来检验。一步实际行动比一打检讨更重要。我们不轻信诺言，而相信实践。

谁是好干部，谁有能力，也要靠实践来检验

正确地识别干部，历来是党的工作中的一个重大问题。识别干部，不能靠印象，不能靠道听途说。好干部，有能力的干部，不是装出来的，捧出来的，更不是吹出来的，骗出来的，而是在革命的实践中，一步一步地干出来的。离开革命的实践，就无从区别谁个好，谁个劣；谁个强，谁个弱。正因为如此，毛主席在规定无产阶级革命事业接班人的条件时，特别强调指出，应当在长期的群众斗争中，考察和识别干部，挑选和培养接班人。

干部是在革命实践中不断变化的。在一定条件下，先进的可能转变为落后的，落后的也可能转变为先进的；能力强的可能转化为能力弱的，能力弱的也可能转化为能力强的。因此，看干部，不能一成不变。要有发展的观点，要在不断变化的革命实践中考察识别干部。毛主席说：“在多数情形下，一个伟大的斗争过程，其开始阶段、中间阶段和最后阶段的领导骨干，不应该是也不可能是完全同一的；必须不断地提拔在斗争中产生的积极分子，来替换原有骨干中相形见绌的分子，或腐化了的分子。”（《毛泽东选集》第三卷，第900页）这也就是说，要使我们对每一个干部的看法，不断接受实践的检验。

看待先进，要坚持实践第一的观点

在革命道路上，凡属先进的事物，先进的单位，先进的人物，都是应当学习的。但是，鉴别什么是先进，这也是个实践的问题。先进，必须经受实践的检验。

首先，所谓先进，是指在实践过程中，比人家走在前头。先进和落后，是前头和后头的关系。先进的事物，包含着落后的因素；落后的东西，也往往包含着先进的因素。先进的事物在一定条件下可以转化为落后，落后的事物在一定条件下也可以转化为先进。实际生活中，没有一成不变的先进。实践在向前发展，人的认识也必须随着向前发展。不然的话，先进的东西就不再成其为先进，就有变成落后的可能。

其次，所谓先进经验，是指对于人们的实践具有普遍意义的东西，是指适合人们实践需要的东西。先进单位的经验，既包括具有普遍意义的内容，又包括只适合于本单位特殊情况的具体经验。学先进，主要是学习那些带普遍性的经验，而那些具体的经验则只能有选择地学。即使是学习普遍的经验，也要和本地区、本部门的具体情况相结合，结合得如何，还要靠实践检验。我们的原则应当是普遍性和特殊性相结合，一切以时间、地点、条件为转移。至于哪些经验带有普遍性，哪些经验没有普遍性，这不靠主观的夸张，而靠实践的检验。如果用具体的经验充当普遍的经验，不问情况，条条照搬，那就不得了，就一定经受不起实践的检验。

最后，所谓先进，当然是指那些确确实实走在别人前头的真先进，而不是那种徒具空名，甚至弄虚作假的假先进。这样的“先进”，为实事求是的精神所不容，为共产党人所不齿，当然更经不起实践的检验。

对生产的领导是否正确，要靠实践检验

在农业生产上，必须按照客观规律办事，切忌主观武断，搞瞎指挥。这里鉴别的依据是什么？归根结底，只能是广大农民群众的生产实践，只能看这个生产队，这个公社，这个地区的农业生产，是向后倒退，是停步不前，还是向前发展。

以农作物的种植为例，农业的作物种类和耕作制度，是同气候、地形、土壤、雨量等自然条件紧密相连的。千差万别的自然条件，决定了种植特点的多种多样。适于此地的作物，不一定适于彼地；在这里是增产的制度、措施，到那里就可能减产。“以粮为纲，全面发展”的方针，是毛主席就全国范围提出的。但是，这并不等于说，贯彻这个方针，不需要因地制宜，不需要从实际出发。如果不调查研究，不看具体条件，主观主义地强迫农民只准种这，不准种那；只许这样种，不许那样种，就必然受到实践的惩罚，挫伤农民群众的积极性，影响甚至破坏农业生产的发展。这样的领导，当然是错误的，当然经不起实践的检验。

检验文艺作品，也要靠实践

毛主席说：“判断一个党、一个医生，要看实践，要看效果；判断一个作家，也是这样。”（《毛泽东选集》第三卷，第875页）这就是说，一个作品的好坏，归根到底要靠实践来检验。

这里所说的实践，并不是一个人或少数人的实践，而是千千万万人的实践。这就是说，要看它在人民群众中产生什么样的效果：是为人民所欢迎，还是为人民所抵制；是对人民有利，还是对人民有害。判定一个作品，要眼睛向下，不能只听上边的，不听下边的，最根本的，还要靠人民群众来评论。要看群众的好恶，要听群众的呼声。不能只经过少数领导人的审查，就拍板，定论，随意下禁令。作为一个革命的文学家、艺术家，应该把自己创作的命运寄托于人民，要经常想到，自己的作品能不能经得住人民的检验。人民批不准的作品，群众不买账的作品，照例没有生命力。只有在群众中扎了根的东西，才最有生命力，任何人都禁不住，砍不掉。

总之，不论从事何种革命工作，都必须坚持从实际出发，坚持辩证唯物主义的认识路线。革命的自觉性，只能来自理论和实践的密切结合。

革命导师不仅为我们提出了一条正确的认识路线，而且在这方面亲自作出了光辉的榜样。毛主席历来重视不断用革命实践检验自己的理论。正如华主席指出的，毛主席“总是要让他的著作经过一段时间的实践的考验以后再来编定他的选集”。

四十多年前，毛主席专门写文章，反对那种遇事“拿本本来”的本本主义。今天，还有这么一种人，他们自己不从实际出发，不坚持理论联系实际的原则，也不允许别人从实际出发，不允许别人坚持理论联系实际的原则，只准照搬，照抄，照转。他们的座右铭是：过去的一切不许动，今后的一切都照搬。否则，就是大逆不道，罪该万死。过去，一切都是对的，不看事实如何，都神圣不可侵犯，都不可更改。今后，一切都只能照搬，不论实践怎么发展，只有上了书的才是对的。这种观点，恰好是丢掉了理论和实践相结合的原则，丢掉了毛泽东思想的根本。

1926年，斯大林在共产国际执委会第七次扩大全会上，转述过一位瑞典同志讲的一段“故事”。我们照抄如下：

“事情发生在克里木海陆军起义的时候。水兵和步兵的代表去见社会民主党人说：近几年来你们号召我们起义以反对沙皇制度，我们深信你们的号召是正确的，我们水兵和步兵约定起义，现在特来向你们请示。社会民主党人慌张了起来，回答说他们不召开专门代表会议不能解决起义问题。水兵们示意说，不能再迟延了，事情已准备好了，如果他们得不到社会民主党人明白的答复，社会民主党人不来领导起义，事情就会失败。水兵和步兵随即离去，等候指示，而社会民主党人就召开代表会议来讨论这个问题。他们拿出《资本论》第一卷，拿出《资本论》第二卷，最后拿出《资本论》第三卷。他们寻找马克思有关克里木、塞瓦斯托坡里的指示，有关克里木起义的指示。但是找遍三卷《资本论》，都没有找到一个，简直没有找到一个有关塞瓦斯托坡里、有关克里木、有关水兵和步兵起义的指示。（笑声）他们又翻阅马克思和恩格斯的其他著作，寻找指示，还是一点指示也没有找到。（笑声）怎么办呢？水兵们已经来了，等着答复。结果怎样呢？社会民主党人只好承认，在这样的情形下他们不能给水兵和步兵任何指示。瑞典同志结束自己的故事说：‘海军和步兵的起义就这样失败了。’（笑声）”（《斯大林全集》第9卷，第83—84页）

这个故事，还是有它的现实意义的。

坚持理论和实践的统一，端正思想路线，这是我们各条战线的同志一个共同的战斗任务，是我们忠实于马列主义，忠实于毛泽东思想，胜利实现华主席为首的党中央提出的新时期总任务的一个重大原则问题。

全国人大常委会副委员长廖承志在北京会见日本自卫队退役高级军官塚本胜一

中共中央军委发出《关于团以上各级党委成立纪律检查委员会的通知》

《关于团以上各级党委成立纪律检查委员会的通知》下达后，全军团以上党委普遍成立了纪律检查委员会。

9月26日

国务院副总理邓小平在北京会见法国前国务部部长 共和党名誉主席米歇尔·波尼亚托夫斯基

全国人大常委会副委员长乌兰夫在北京会见以罗共中央政治执行委员会候补委员 克鲁日县委第一书记 大国民议会副主席斯特凡·莫古查为团长的罗马尼亚党的工作者代表团

中国越南副外长级谈判在河内举行第八次会议

中国政府代表团团长仲曦东指出，由于越南方面根本不想讨论和解决问题,关闭了谈判的大门,使谈判无法继续进行。他说,面对这个现实情况,中国代表团不得不提出会谈有必要暂时休会,中国代表团将于近期回国汇报工作。

他说:“尽管如此,我们对通过谈判解决越南华侨问题的前途仍然抱有希望。”他说:“就中国而言,谈判的大门永远是敞开的。”

仲曦东团长驳斥了越南方面对中国方面的诬蔑。他指出:“我们这次谈判,是为了解决居住在越南的华侨问题,而越南方面却把许多与此无关的问题,一再强加于会议,一再挑起争论,这更加证明了你们只不过是把谈判作为反华的讲坛。”他说,这种情况继续下去,解决两国在华侨问题上的争端、改善两国关系是不会有什么结果的。

他表示真诚希望:“越南方面能改变这种错误的态度,放弃把谈判当作为反华讲坛的立场,转而把谈判当作认真严肃地交换意见、解决争端的方式。”

他说:“现在谈判中双方距离很大,但这并非谈判的致命伤;而根本不打算通过谈判解决争端,才是使谈判不能取得进展的真正原因。我们仍然期待着越南方面在暂时休会期间,尽早出现转变,我们对通过谈判协商解决华侨问题的前途,仍然抱有希望。”

仲曦东还严正指出:“你们用尽各种手段,挖空心思挑拨中国同东南亚国家之间的关系。但是,我可以郑重告诉你,中国同东南亚国家以及其他各国的友好关系,是建立在和平共处五项原则基础之上的,是有原则的,是经得起考验的,它不是任何人所能挑拨离间得了的。相反,进行挑拨只能暴露挑拨者两面三刀、背信弃义的真面目。”

国防部在北京举行宴会欢迎以赞比亚联合民族独立党中央委员会国防和安全委员会主席祖卢为团长的赞比亚军事友好代表团

国务院副总理陈锡联,中国人民解放军副总参谋长伍修权、总政治部副主任黄玉昆、总后勤部副政委李真,外交部副部长张海峰,外经部副部长李克,中国人民解放军空军副司令员曹里怀、北京部队副司令员汪洋、北京卫戍区副司令员李钟奇,国防部外事局局长柴成文等出席了宴会。

9月27日

国务院总理华国锋在北京会见由欧洲共同体委员会副主席威廉·哈费尔坎普率领的欧洲共同体代表团

华主席说:“我们之间没有根本的利害冲突,许多方面的观点是一致的。所以,我们之间发展经济、贸易关系的前景是广阔的。现在有一个良好的开端,将来一步一步向前发展。”

外贸部部长李强、外交部副部长章文晋参加了会见。

国务院在人民大会堂举行宴会欢迎尼泊尔王国首相基尔提·尼迪·比斯塔

国务院副总理邓小平、陈慕华出席宴会。邓小平副总理主持宴会,并发表了的讲话。

国务院副总理李先念在北京会见欧洲共同体代表团

李先念同他们就进一步发展中国和欧洲共同体之间的经济、贸易关系进行了友好的交谈。代表团是由欧洲共同体委员会副主席威廉·哈费尔坎普率领的,全团有30多人。

外贸部部长李强、中国银行董事长乔培新等参加了会见。

国务院副总理李先念在北京会见以日中经济协会会长稻山嘉宽为团长的日本日中经济协会访华代表团

全国人大常委会副委员长乌兰夫在北京会见由联邦德国黑森州广播电视台台长沃纳·黑斯率领的西德“德国广播协会”代表团

全国人大常委会副委员长廖承志在北京会见日本前防卫厅政务次官加藤阳三和他的秘书加藤哲

鲁宁输油管道正式输油

新华社报道:这条输油管道包括鲁宁干线(山东临邑—江苏南京油港)和两条支线,北起河北,贯穿山东、安徽,南到江苏,途经几十个市、县,总长1000多公里。有了这条管道,山东胜利油田和华北油田的原油,可以直接输送到扬子江畔的南京油港,然后再通过长江运往沿江一些省市。它的建成,对于改变我国的燃料布局,扭转北煤南运的局面,对于减轻华东地区铁路运输的压力,促进长江中下游地区工农业生产的发展,加速实现四个现代化,都具有重大意义。

鲁宁输油管道于1975年10月开始动工,到1978年7月建成。这个工程,除了铺设长距离、大口径的管道外,还建设了大小泵站十几座及原油中转码头一座。管道全程穿越铁路、公路137处,穿过和跨越大小河流807条,其中宽度40米以上的河流有68条。

《光明日报》发表廖承志的文章《要下决心把外语教育搞上去》

9月28日

《人民日报》发表特约评论员文章《坚持社会主义的民主原则》

发扬党内民主和人民民主,充分发动和依靠人民群众,去夺取革命和建设的胜利,是毛泽东同志的一贯思想,是毛泽东思想体系的一个基本点。毛泽东同志在领导我国革命的过程中,为了培育和发扬党内民主、人民民主的光荣传统,付出了巨大的心血,同一切破坏党内民主、人民民主的错误路线和错误倾向进行了坚决的斗争。1962年,毛泽东同志在扩大的中央工作会议上的讲话中,根据国际国内无产阶级专政的历史经验,把是否发扬党内民主和人民民主,是否坚持民主集中制,提高到了能否保持我们国家的无产阶级性质,能否避免资本主义复辟的原则高度。他指出:"在我们国家,如果不充分发扬人民民主和党内民主,不充分实行无产阶级的民主制,就不可能有真正的无产阶级的集中制。没有高度的民主,不可能有高度的集中,而没有高度的集中,就不可能建立社会主义经济。我们的国家,如果不建立社会主义经济,那会是一种什么状况呢?就会变成修正主义的国家,变成实际上是资产阶级的国家,无产阶级专政就会转化为资产阶级专政,而且会是反动的、法西斯式的专政。"近十年来,我们同林彪、"四人帮"斗争的实践,充分证明了毛泽东同志的这个论断是完全正确的,是一个颠扑不破的真理。斗争的实践,使我们全党同志和全国人民更加深切地认识到坚持社会主义民主原则的极端重要性。

一个严重的教训

林彪、"四人帮"横行时期,在被他们控制的地区、部门和单位,人民民主被彻底践踏,民主集中制受到彻底破坏,无产阶级专政实际上变成了最黑暗最野蛮的法西斯专政。对于这伙资产阶级野心家、阴谋家在我们伟大的社会主义国家里制造的这一场浩劫,人们历历在目,永远不会忘记。现在我们需要研究的是,他们究竟是怎样打着无产阶级专政的革命旗号来实行法西斯专政的。

林彪在"念念不忘无产阶级专政"的幌子下,提出了所谓"政权就是镇压之权"的"理论"。"四人帮"在坚持无产阶级专政下继续革命的旗号下,抛出了所谓"对资产阶级的全面专政"论。什么叫做"全面专政"呢?张春桥在他那篇臭名昭著的《论对资产阶级的全面专政》的文章中说,"全面专政",就是要在社会主义社会的"一切领域"中和"一切阶段"上,对"一切阶级差别"和由此产生的"一切生产关系"、"一切社会关系"、"一切观念",统统实行专政。从林彪的"政权就是镇压之权"到"四人帮"的"全面专政",是一脉相通的,他们的共同特点,就是要把无产阶级专政改变为对广大人民实行专政,因此只讲暴力镇压,而绝口不讲人民民主。他们的"理论"从根本上篡改了马克思主义的国家学说,篡改了无产阶级专政的内容和实质。可是,张春桥却在他的文章中宣称:谁不接受他们的"全面专政"论,谁不按照他们这种"理论"去理解无产阶级专政,谁就是"在理论和实践上限制、割裂、歪曲马克思主义",就是"把无产阶级专政变成一句空话"。这种喧嚣恰好暴露了他们做贼心虚、因而要贼喊捉贼的惶惧心理。

什么是无产阶级专政?它的内容和实质是什么?无产阶级革命导师早就作过明确的阐述。列宁在《国家与革命》中指出:无产阶级国家"不可避免地应当是新型民主的(对无产者和一般穷人是民主的)国家和新型专政的(对资产阶级是专政的)国家"。(《列宁选集》第3卷,第200页)毛泽东同志在《论人民民主专政》中说:"对人民内部的民主方面和对反动派的专政方面,互相结合起来,就是人民民主专政。"(《毛泽东选集》第4卷,第1364页)列宁和毛泽东同志的这两段话是对无产阶级专政的内容和实质的经典性说明。无产阶级专政必须是包括两个方面:对广大人民实行民主,对一小撮阶级敌人实行专政。在不同国家的不同历史条件下,无产阶级专政可以采取不同的具体形式,但无论采取什么形式,其内容都是一样的,都必须包括这两个方面,否则就不成其为无产阶级专政。这两个方面是紧密相连,不可分割的。无产阶级只有在本阶级内部和人民内部实行民主,才能把全国人民的积极性调动起来,形成强大的阶级统治力量,对资产阶级和其他一切剥削阶级实行有效的专政;也只有对敌对阶级实行有效的专政,粉碎它们的一切反抗和破坏,无产阶级和人民内部的民主才有保障。对人民民主是对敌人专政的前提和基础,离开了人民民主,离开了无产阶级和在它领导下的人民,对敌人的专政就只能是一句空话。而且,对人民实行民主,这本身就意味着对资产阶级民主制的否定,意味着把资产阶级排斥于民主之外。而把资产阶级排斥于民主之外,就是对它实行专政。按照同样的道理,如果不在无产阶级和人民内部实行民主的制度,这本身也就意味着把无产阶级和人民排斥于民主之外,就意味着对他们实行专政的制度,无产阶级专政就要变质。毛泽东同志明确指出:"专政的制度不适用于人民内部。人民自己不能向自己专政,不能由一部分人民去压迫另一部分人民。"(《关于正确处理人民内部矛盾的问题》,《毛泽东选集》第5卷,第366页)所以,对人民实行民主,是无产阶级专政的最本质的特征。正是在这个意义上,列宁把无产阶级专政又叫作无产阶级民主制。(《十月革命四周年》。《列宁选集》第4卷,第568页)同样,毛泽东同志也是从这个意义上,认为我们的人民民主专政(即无产阶级专政)就是人民民主,他说:"人民民主,这就是无产阶级领导的、以工农联盟为基础的人民民主专政。"(《关于中华人民共和国宪法草案》。《毛泽东选集》第5卷,第127页)

修正主义者篡改马克思主义的国家学说,破坏无产阶级专政,有两种形式。一种是右的形式,就是在阶级和阶级斗争还存在的情况下,宣布把民主扩大到全体社会成员,取消对阶级敌人的专政,搞所谓"全民国家"。赫鲁晓夫修正主义者就是通过这种形式实际上把苏联无产阶级专政改变为资产阶级专政。另一种是极"左"的形式,就是打着加强对资产阶级专政的幌子,把专政扩大到党内和人民内部,取消党内民主和人民民主,搞所谓"全面专政"。林彪、"四人帮"就是妄图通过这种形式把我国无产阶级专政改变为资产阶级专政。右与极左,"全民国家"与"全面专政",虽然形式不同,口号不同,但目的完全一样,都是要颠覆无产阶级专政。

对于赫鲁晓夫的"全民国家"论,我们党曾经进行过深刻的揭露和批判。因此,我们的广大干部和群众对这种以右的形式出现的修正主义是有认识有警惕的。但是对于以极左形式出现的修正主义,我们不少同志却缺乏精神准备,缺乏识别能力。林彪、"四人帮"正是利用了我们这方面的弱点,来疯狂推行他们反革命的"全面专政"。这伙极端阴险毒辣的野心家、阴谋家,打着"高举"、"紧跟"的革命旗号,披上"继续革命"的"左"派外衣,在"加强专政"的叫喊声中,肆意颠倒敌我,扼杀人民民主,把广大的革命干部,广大的工人、农民和知识分子,统统排斥于民主之外,由行使专政的主体变成专政的对象,对他们实行最狂暴最残酷的法西斯专政。这对于我们全党同志和全国人民来说,是一个严重的教训。

在我们的国家里,在整个无产阶级专政的历史时期,我们不仅要警惕在扩大民主的幌子下,用否定对资产阶级的专政来破坏无产阶级专政的右的修正主义,而且要特别警惕在加强对资产阶级专政的幌子下,用否定人民民主来破坏无产阶级专政的"左"的(即假左真右的)修正主义。只有具备这两方面的警惕性,做好这两种精神准备,我们才能真正掌握无产阶级专政条件下阶级斗争的主动权,及时地克服任何形式的修正主义,捍卫马克思主义的国家学说,巩固无产阶级专政。

我们党粉碎林彪、"四人帮"的胜利,是无产阶级专政的伟大胜利,也是人民民主的伟大胜利。要巩固和发展这个胜利,必须把揭批林彪、"四人帮"的斗争进行到底。现在,从全国范围来说,清查"四人帮"帮派体系的工作已基本结束。但是应当看到运动发展不平衡,少数落后地区和单位,清查工作还需要深入进行。在这些地区和单位,有一些"四人帮"的余党还没有被清查出来,他们至今还死抱着"四人帮"的那一套不放,捂盖子,压群众,不让群众说话,有的甚至摇身一变,把自己打扮成反"四人帮"的"英雄",而把遭受"四人帮"迫害、同"四人帮"坚决斗争的干部和群众打成"帮派势力",继续颠倒敌我,推行"全面专政"。这种现象很值得我们注意。如果不把这些"四人帮"的残渣余孽彻底清查出来,不深入批判反动的"全面专政"论,肃清其余毒,那就会留下后患,就会妨碍人民民主的发扬,妨碍无产阶级专政的巩固。

人民的民主权利不可侵犯

要充分发扬人民民主,首先必须保障人民享有充分的民主权利。

在社会主义国家里,人民享有当家做主的权利,这是由社会主义制度决定的,从根本上说,是由社会主义公有制即劳动者共同占有生产资料这种经济关系决定的。如果人民享有的民主权利不充分,或者受到限制,那就说明社会主义的上层建筑还不完善,社会主义制度的优越性还没有充分发挥出来。如果人民丧失了民主权利,处于无权状态,国家不是保护人民,而是反过来对人民实行镇压,那就说明社会主义已经蜕变成社会法西斯主义,无产阶级专政已经蜕变为资产阶级专政。所以,人民是否享有民主权利,是无产阶级国家和资产阶级国家的根本区别,是社会主义制度和资本主义制度的根本区别。

在社会主义制度下,无产阶级和人民群众如何行使自己的民主权利,国家如何保障人民的民主权利不被侵犯,这是摆在我们共产党人面前的一个极其重要的、还没有完全解决的问题。这首先不是一个理论的问题,而是一个实践的问题,只能依靠无产阶级专政的实践经验来解决。

无产阶级专政的历史告诉我们,无产阶级取得政权以后,劳动人民虽然做了国家的主人,但在一个时期内,由于社会生产力发展水平和劳动群众文化水平的限制,不可能所有的人都直接管理国家,而只能由他们中间政治上、文化上先进的分子,来代表他们行使管理国家的职权。这是无产阶级专政过程中不可避免的历史现象。列宁早在《俄共(布)第八次代表大会》一文中就指明了这一点,他说:"由于文化水平这样低,苏维埃虽然在纲领上是通过劳动群众来实行管理的机关,而实际上却是通过无产阶级先进阶层来为劳动群众实行管理而不是通过劳动群众来实行管理的机关。"(《列宁全集》第29卷,第156页)既然无产阶级专政建立以后的一个时期内,劳动人民是通过他们的代表,也就是我们通常所说的国家干部来为他们管理国家,于是就产生了一个问题:这些代表、这些国家干部,是否始终能够代表人民的意志和利益,是否始终能够维护人民的民主权利,是否始终能够不官僚化,不变为“脱离群众、站在群众头上的特权者”。(列宁:《国家与革命》。《列宁选集》第3卷,第271页)由于社会主义社会还存在着阶级和阶级斗争,存在着资产阶级和其他剥削阶级的思想影响,阶级异己分子必然会千方百计地钻入无产阶级国家机关,国家干部中一些人也会发生官僚化,发生侵犯人民的民主权利的问题。这也是无产阶级专政过程中不可避免的历史现象。

从巴黎公社诞生的那一天起,防止无产阶级国家干部官僚化,保障人民的民主权利这个问题,就尖锐地提到了无产阶级政党和马克思主义者面前。巴黎公社第一次提出了防止无产阶级国家干部官僚化的三项著名措施。这就是:(1)国家公职人员由选举产生,并随时可以撤换;(2)他们的工资相当于工人的工资;(3)他们必须接受人民群众的直接监督。马克思曾经热情赞扬和详细阐述过这三项措施。他说:巴黎公社“彻底清除了国家等级制,以随时可以罢免的勤务员来代替骑在人民头上作威作福的老爷们,以真正的负责制来代替虚伪的负责制,因为这些勤务员经常是在公众监督之下进行工作的。”(《法兰西内战》。《马克思恩格斯选集》第2卷,第414页)列宁在领导俄国人民建立世界上第一个无产阶级专政国家的过程中,十分重视巴黎公社的经验,他认为巴黎公社提出的措施,为无产阶级解决根绝官僚制、保障人民民主权利的问题,提供了“一个轮廓”,“如果沿着这样的道路前进,我们就能彻底破坏官僚制”。(《国家与革命》。《列宁选集》第3卷,第273页)怎样“沿着这样的道路前进”呢?列宁反复指出,对苏维埃国家干部要造成一种特别形式的罢免制和自下而上的监督制,“应该有更多种多样的自下而上的监督形式和方法,来杜绝毒害苏维埃政权的一切可能性,反复不倦地铲除官僚主义的莠草”。(《苏维埃政权的当前任务》。《列宁选集》第3卷,第527页)同马克思、列宁一样,毛泽东同志在领导我国革命的过程中,也一贯重视巴黎公社的经验。特别是在我们取得全国政权以后,他一再告诫党和国家的各级干部,特别是领导干部,不要脱离人民,不要侵犯人民的民主权利,不要做官僚主义者。他说:“县委以上的干部有几十万,国家的命运就掌握在他们手里。如果不搞好,脱离群众,不是艰苦奋斗,那么,工人、农民、学生就有理由不赞成他们。我们一定要警惕,不要滋长官僚主义作风,不要形成一个脱离人民的贵族阶层。谁犯了官僚主义,不去解决群众的问题,骂群众,压群众,总是不改,群众就有理由把他革掉。”(《在中国共产党第八届中央委员会第二次全体会议上的讲话》。《毛泽东选集》第5卷,第325—326页)为了防止党和国家的干部变成脱离人民的贵族阶层,切实保障人民的民主权利,毛泽东同志不仅从理论上作了很多阐述,而且提出了一系列重要的措施。

根据马克思、列宁和毛泽东同志的这些理论,鉴于林彪、“四人帮”破坏社会主义民主造成的严重恶果,我们要保障人民的民主权利不受侵犯,充分调动广大工人、农民、知识分子的社会主义积极性,加快实现四个现代化,在认识上和实践上,当前首先应当解决哪些问题呢?

第一,我们的干部是受人民的委托来管理国家的,必须懂得自己的一切权力都是人民授予的,只能运用它来全心全意为人民服务,而决不能把它作为谋取私利的手段,更不能像“四人帮”那样,篡夺人民的权力,骑在人民头上压迫人民,残害人民。

毛泽东同志说:“我们的权力是谁给的?是工人阶级给的,是贫下中农给的,是占人口90%以上的广大劳动群众给的。”对于这个马克思主义的基本常识,这个明显不过的真理,我们的干部是应当而且必须懂得的,如果连这一条都不懂,那就说明他一点马克思主义也没有。在我们的干部中,大多数同志是懂得这个真理的,他们运用人民授予的权力,努力为人民服务。但是,也有那么一些同志就是不承认这个真理,他们把自己和人民群众的关系完全弄颠倒了,在这些同志看来,他们的权力不是人民给的,而人民的民主权利反倒是他们恩赐的;他们手中的权力如何运用,群众无权过问,而群众享有什么权利,却要听从他们的摆布。这些年来,由于林彪、“四人帮”的毒害,这种现象不是减少而是增多了。

林彪、“四人帮”为了篡夺党和国家的最高权力,篡夺人民的权力,打着“保卫无产阶级专政”的幌子,在权力问题上大造反革命舆论。这伙阴谋家极力宣扬“权力决定一切”的法西斯哲学,制造一种极端反动的权力拜物教。他们大肆叫嚷:“有权就有了一切,没有权就丧失一切”,“权力就是资本”。在他们的反革命煽动下,那些野心家、打砸抢分子受到了极大的鼓舞,获得了精神武器,纷纷跳出来为他们篡党夺权呼风唤雨,推波助澜。什么“一切为了权字”,什么“现在是权力再分配的大好时机”,什么“有权不用,过期作废”,什么“要搞乱全国,乱中夺权”,闹得乌烟瘴气。在林彪、“四人帮”的指挥和鼓动下,这些反革命分子到处明火执仗地抢夺人民的权力,到处制造法西斯暴行。在这种情况下,广大人民群众连人身安全都毫无保障,还有什么民主权利可言呢？

林彪、“四人帮”制造的这种权力拜物教的糖衣炮弹，也打中了我们队伍中一些资产阶级思想严重的干部，他们的个人主义恶性膨胀起来，简直被“权”字迷住了心窍。这些同志忘记了自己是人民的勤务员，忘记了共产党人是要争阶级的权力、人民的权力，而不是争个人的权力，忘记了共产党人是要革命，而不是要做官。他们公然向党向人民伸手要权，公然借权营私，实际上他们是把无产阶级的国家机关当成了争权夺利的旧式官场。在这些同志领导的地区、部门和单位中，人民群众的民主权利当然不可能得到保障。

很清楚，如果我们不彻底摧毁“四人帮”的帮派体系，如果不彻底肃清他们的流毒，使我们的一些干部从反动的权力拜物教中解放出来，就不可能恢复和发扬我们党的优良传统，也就不可能保证人民的民主权利不受侵犯。

第二，我们的干部不论职位多高，都必须把自己的一切工作置于人民群众经常的直接的监督之下。一定要倾听群众的呼声，吸收群众的意见，欢迎群众揭露和批评自己的缺点、错误，而决不能拒绝和反对人民群众的监督，更不能像“四人帮”那样，以我划线，顺我者昌，逆我者亡。

有没有人民群众对干部的直接监督，关系到我们的国家机关能否保持无产阶级的性质，关系到无产阶级专政的存亡。如果人民群众无权监督国家干部，那意味着什么呢？那就意味着干部一旦受权行使管理国家的某些职权，就离开了人民。人民群众既然监督不了他们，也就无法保证他们按照人民的意志办事，无法保证他们不蜕化变质。所以，人民群众对干部进行严格监督，有权撤换不称职的干部，是自己真正当家做主、管理国家的一项极为重要的保证。

国家工作人民是否接受人民的监督，这是无产阶级政权同一切反动的剥削阶级政权的根本区别之一。列宁说过：“旧政权是少数人的专政，它只有靠警察的狡猾手段，只有靠排斥和排挤人民群众于政权之外，不让他们监督政权，才能维持下去。旧政权一贯不信任群众，害怕光明，它是靠欺骗来维持的。新政权是绝大多数人的专政，它完全是靠广大群众的信任，完全是靠不加限制地、最广泛地、最有力地吸引全体群众参加政权来维持的。”（《关于专政问题的历史》。《列宁全集》第31卷，第316页）可是，我们有一些干部至今不懂得或者无视无产阶级政权同剥削阶级政权的这个根本区别。他们自称是马克思主义者，是领导干部，却害怕人民群众的监督，千方百计地拒绝和反对这种监督。在他们领导的部门和单位中，竟然出现了这样的情况：对于资产阶级帮派体系，他们千方百计捂盖子，不揭不批不查；党的各项政策，他们可以不执行，可以任意地规定和推行违背中央方针、违背客观实际的“土政策”；错案、假案、冤案，他们可以迟迟不予平反和昭雪；国家的财经纪律和财经政策，他们可以随便违反，可以任意浪费以至私分国家财产；只要是给自己抬轿子的，即使是坏人，他们也可以包庇起来，任其逍遥法外；他们只能听顺耳的话，不能听逆耳的话，老虎屁股摸不得。总之，他们总想把自己领导的部门和单位，搞成一个不受任何人监督的独立王国，自己称王，总觉得那个个人专制很威风，很有味道。那里的群众呢？只能绝对服从他们，颂扬他们，而不能批评他们，监督他们。谁要是监督他们一下，当面指出他们的问题，或者向上级反映他们的情况，那就是犯了滔天大罪，他们就要想方设法打击报复。其中一个很重要的“法宝”，就是把敢于提意见的人诬指为“坏人”、“反革命”，然后实行专政。他们已经走到了混淆是非、颠倒敌我的地步，哪里还有一点共产党的领导干部的气味呢？他们口头上也说“高举”、“紧跟”，实际上却把毛泽东同志关于要发扬党内民主和人民民主，干部要接受人民群众监督的重要指示抛到九霄云外。他们十分喜爱“四人帮”的“钢铁工厂”、“帽子工厂”，至今不想彻底关闭。最近以来，报纸上公开揭露的原湛江地委副书记白俊峰、原淮北市文化局局长黄俊、原旅大市委第一书记刘德才、原内蒙古自治区财政局党委书记侯正邦、原驻马店地委书记苏华、原临泉县委书记胡泉等人的案件，以及运城地委主要负责人实行打击报复的事件，就是一些突出的例证。我们的干部应当从白俊峰等人的案件中吸取教训，诚心诚意地接受人民的监督，努力为人民服务。否则，就会使自己走上违背人民意志的错误道路，人民就有权撤换和惩处他们。毛泽东同志早就指出过：“对于某些犯有重大错误的干部和党员，以及工农群众中的某些坏分子，必须进行批评和斗争。”“应当宣布，群众不但有权对他们放手批评，而且有权在必要时将他们撤职，或建议撤职，或建议开除党籍，直至将其中最坏的分子送交人民法庭审处。”（《关于目前党的政策中的几个重要问题》。《毛泽东选集》第4卷，第1167页）

第三，我们的干部必须坚决维护人民群众法定的民主权利，自觉地遵守社会主义法制，任何时候都不能违背，更不能像“四人帮”那样，破坏社会主义法制，践踏人民的民主权利，对人民实行他们所谓的“群众专政”。

我们的宪法所规定的人民群众的各种民主权利，诸如管理国家的权利，管理各项经济和文化事业的权利，人身自由、言论自由的权利，劳动的权利，休息的权利，按劳分配的权利等等，具有任何人不得侵犯的法律效力，决不是宣布一下就完了，而是每一条都要实行的。列宁曾经指出：资产阶级的民主是把重心放在冠冕堂皇地宣布各种自由和权利上，而实际上根本不让无产阶级和其他劳动群众享有这些自由和权利。相反地，无产阶级的民主不是把重心放在宣布人民群众的权利和自由上，而是实际保证人民群众的这些权利和自由得到真正实现。(参看《俄国无产阶级专政的基本任务》。《列宁选集》第3卷，第745页)当然，要从实际上保证人民法定的民主权利得到真正实现，并不是一件很容易的事情，需要进行大量的工作和斗争。其中一个很重要的问题，就是我们的各级干部"一定要守法，不要破坏革命的法制"。(毛泽东:《在省区市党委书记会议上的讲话》。《毛泽东选集》第5卷，第358页)这个问题在我们的干部中，现在还没有得到很好的解决。为什么在有些地方、部门和单位中，人民群众在政治上、经济上、文化上的各种权利还得不到承认和保障呢？为什么那里会发生各种违法乱纪的现象而得不到及时纠正呢？为什么那里一小撮坏人横行霸道，肆意侵犯人民的民主权利而得不到及时制裁呢？一个直接的原因，就是这些地方、部门和单位的有些领导干部，深中林彪、"四人帮"之毒，他们根本没有维护和遵守社会主义法制的观念，完全无视人民的民主权利不可侵犯的原则，把自己的意志凌驾于国家法制之上，以为自己是"口含天宪"，可以对群众的各种民主权利任意进行处置。要纠正这种错误倾向，就应当大张旗鼓地进行社会主义法制的宣传和教育，使广大干部牢固地树立法制观念，并且对违犯和破坏法制的人坚决惩处。同时，还必须进一步完备我们的法律，健全我们的法制。事实证明，单有宪法是不够的，还需要有各种专门的法律。当然，如同列宁所说过的，"任何法令都有办法躲避不执行的，或者甚至阳奉阴违"，"很可能完全变成儿戏而得到完全相反的结果"。(《在农业公社第一次代表大会上的演说》。《列宁全集》第30卷，第173页)但这丝毫不能成为贬低法制作用的借口，丝毫不能因此就认为法制可有可无，健全不健全无关紧要。如果我们不去努力加强干部和群众的法制观念，如果我们的法律不完备，法制不健全，那就会给敌人破坏社会主义法制留下方便之门和可乘之隙。"四人帮"在群众专政的幌子下，疯狂破坏社会主义法制给人民群众造成的严重灾难，难道还不足以说明这一点吗？

这里有必要讲一下群众专政的问题，因为这个问题被"四人帮"歪曲得面目全非，而且流毒全国，危害极大。群众专政，本来是无产阶级专政的一种通俗表述，它形象地表明了无产阶级专政的本质特征。具体说来，毛泽东同志和我们党强调无产阶级专政是群众专政，就是强调我们的专政机关一定要采取和群众相结合的路线，真正发动和依靠群众来破案、办案，就是强调要把专政对象置于广大群众的直接监督之下，使他们中的大多数人在劳动中改造成为新人。可是，"四人帮"完全篡改了我们党所说的群众专政的实质内容，把它变成了为他们法西斯专制服务的工具。他们打着群众专政的幌子，首先把我们的公安机关、检察机关、司法机关统统摧毁，把我们的宪法和其他法律、制度统统否定，对广大的公安人员、司法人员进行残酷迫害。他们在进行了这些反革命活动以后，就到处成立什么"群众专政指挥部"，什么"民兵小分队"，什么"封闭式学习班"，公开叫嚷"要用专政的方法办农业"、"要用专政的方法改造小生产"，到处私设公堂、私立监狱、滥施刑罚，对广大革命干部，广大工人、农民和知识分子进行骇人听闻的法西斯镇压。群众专政完全变成了对群众的专政。

"四人帮"搞的这种所谓"群众专政"的流毒现在还没有肃清，甚至在一些地方还严重存在着。在陕西的旬邑县和志丹县，"四人帮"垮台以后，一些县、社、队干部不是还在搞"四人帮"式的"群众专政"吗？不是还在私设公堂，任意处罚、鞭打群众吗？类似旬邑、志丹县的情况，在其他一些地方也不同程度地存在着。在我们伟大的社会主义祖国，竟然至今还存在这种现象，难道不值得我们严重注意吗？须知，把专政和民主割裂开来，以为"专政和民主这两个概念是互相排斥的"，"以为专政就是废除一切民主自由和民主保障，就是恣意横行，就是滥用权力以谋专政者个人的利益"，是一种反动的庸俗的资产阶级观点。(列宁:《关于专政问题的历史》。《列宁全集》第31卷，第309页)任何打着群众专政的旗号，压制群众，迫害群众，侵犯群众的人身自由，侵犯人民民主权利的行为，都是"把革命暴力和专政用来违法乱纪"(列宁:《俄共(布)第八次代表大会》。《列宁全集》第29卷，第137页)的犯罪行为。对于犯有这种罪行的人，必须像毛泽东同志所指示的那样："其违法情形严重者必须给以法律的制裁，如是党员必须执行党纪。各级党委应有决心将为群众所痛恨的违法乱纪分子加以惩处和清除出党政组织，最严重者应处极刑，以平民愤，并借以教育干部和人民群众。"(《反对官僚主义、命令主义和违法乱纪》。《毛泽东选集》第5卷，第73—74页)

第四，我们的干部必须和人民同呼吸，共命运，一切言论和行动都要体现人民群众的利益，而决不能滋长不倾听群众呼声，不关心群众疾苦，对群众的民主权利受到损害无动于衷的官僚主义。

1953年1月，毛泽东同志在《反对官僚主义、命令主义和违法乱纪》一文中明确指出："官僚主义和命令主义，在我们的党和政府，不但在目前是一个大问题，就是在一个很长的时期内还将是一个大问题。就其社会根源来说，这是反动统治阶级对待人民的反动作风(反人民的作风，国民党的作风)的残余在我们党和政府内的反映的问题。”(《毛泽东选集》第5卷，第73页)新中国成立20多年来的实践充分证明毛泽东同志的这个论断是完全正确的。我们党在毛泽东同志的领导下，同官僚主义进行了长期的斗争，收到了很大的成效。但是，近十年来由于林彪、“四人帮”疯狂破坏我们党的优良传统和优良作风，官僚主义这个祸害不但没有减少，而且有所蔓延和滋长，以至在我们不少干部中至今还是一个没有解决的大问题。当前，这种官僚主义主要表现在哪些方面呢?

首先，这种官僚主义表现在我们有些领导干部对于自己所属部门和单位发生的严重危害群众，侵犯群众民主权利的坏人坏事全然不知，或者虽然知道，但听之任之，根本不揭露，不惩处，采取姑息态度。正如毛泽东同志20多年前所揭示的：他们“不了解人民群众的痛苦，不了解离开自己工作机关稍为远一点的下情，不了解县区乡三级干部中存在着许多命令主义和违法乱纪的坏人坏事，或者虽然对于这些坏人坏事有一些了解，但是熟视无睹，不引起义愤，不感觉问题的严重，因而不采取积极办法去支持好人，惩治坏人，发扬好事，消灭坏事”。(《反对官僚主义、命令主义和违法乱纪》。《毛泽东选集》第5卷，第72页)这些领导干部实际上自觉不自觉地成了一小撮坏人的保护伞。一些“四人帮”的爪牙，一些蜕化变质分子，正在利用他们这些保护伞为非作歹，残害群众。犯有这种官僚主义的同志应当清醒地认识到，保护坏人坏事，就是站到了人民的对立面，这是一个根本立场的问题，决不可以用“作风不深入”之类的遁词来敷衍搪塞。如果他们坚持不改，人民群众就有权要求他们负政治上和法律上的责任。

这种官僚主义还表现在我们有些领导干部对于人民群众的物质利益和经济上的民主权利漠不关心。他们虽然作了我们全民所有制和集体所有制经济组织的领导者，但却饱食终日，无所用心，不去调查和处理群众生产和生活中的各种矛盾和问题，不听取群众的意见和建议，不采取任何措施改进经营管理，保证群众的经济利益，而是用官工、官商的一套官僚行政的办法，把自己主管的经济组织衙门化，给国家、集体和劳动者个人的利益造成了严重损失。而这些官僚主义的领导者却安之若素，居然可以不负任何责任。这种现象不应当再存在下去了。事情很清楚，如果不克服经济工作中的这种官僚主义，要根本改变我们的经济面貌，实现四个现代化是不可能的。

这种官僚主义还表现在我们有些干部把对上级负责和对群众负责割裂开来，忘记了它们之间的一致性。他们只讲对上级负责，不讲对群众负责；只讲服从上级的命令，不讲服从群众的利益和意志；只看上面领导人的脸色，不管下面群众的呼声。他们认为自己的一切都是顶头上司给的，因而一切行动都要以顶头上司的意志为转移。这些同志把我们的上下级关系、干群关系看成了一种什么关系呢?实际上是看成为一种人身依附关系。下级依附于自己，自己依附于上级，这就是他们的公式。很明显，这不仅对于我们上下级之间、干群之间的社会主义的新型同志关系是一种反动，而且对于资本主义社会的契约关系、雇佣关系来说，也是一种倒退。因为人身依附是奴隶社会的产物，只有在奴隶主贵族专制和封建官僚专制中才存在这种最腐朽的关系。这些同志身为社会主义国家的干部，却拖着一条封建社会、奴隶社会的尾巴，这难道还不令人吃惊吗?可是，在“四人帮”横行时期，这条尾巴却受到保护和纵容，而且盛行一种新的“护官符”，叫作“从上面嗅气候”。气候需不需要嗅?当然需要。我们共产党人要为人民做工作，当然需要有正确的思想，需要有对政治气候的高度敏感，问题在于从哪里去嗅气候。毫无疑义，我们对于上级的决定、指示，一定要正确理解和认真执行，但是，上级的意图，上级的政治敏感归根到底是从群众中来的。因此，从根本上说，政治气候是要从群众的阶级斗争实践中去嗅。毛泽东同志说得好：智慧都是从群众那里来的，制定方针、政策的一切原料也都是从群众那里来的。又说：“不去接触干部，不去接触群众，或者接触他们的时候老是教训人，而不是跟他们商量，交换意见：‘你看究竟我想的对不对，请你谈一谈你的意见。’这样，就嗅不到政治气候，鼻子很迟钝，害政治感冒。鼻子塞了，什么时候有什么气候，闻不到。”(《农业合作化的一场辩论和当前的阶级斗争》。《毛泽东选集》第5卷，第210页)我们希望那些专门从上面嗅气候的同志，好好读一读毛泽东同志的这些重要指示，真正置身于人民群众之中，真切地了解群众的要求、群众的愿望、群众的意见、群众的情绪、群众的利益，每句话、每个行动都对人民负责，把对上级负责和对人民负责统一起来。

我们强调发扬民主，强调维护和保障人民的民主权利，是不是忽视或者贬低了集中的重要性呢?完全不是。民主集中制首先是民主，然后是集中。民主是集中的前提和基础。充分发扬人民民主，切实保障人民的民主权利不被侵犯，极大地调动广大人民群众的社会主义积极性，正是为了加强党的集中统一的领导，保证党的路线、方针、政策建立在可靠的正确的基础上。否则，就会损害无产阶级的集中制，就会削弱党的领导，因而不利于社会主义事业的发展。同时，民主也是团结的前提。只有在党内和人民内部发扬民主，让大家充分发表自己的意见，通过讨论和争论，分清是非，这样才有利于促进和增强全党和全国人民在马列主义、毛泽东思想基础上的团结。如果党内党外缺乏民主生活，人们不敢讲话，甚至弄得人人自危，在这种空气下面，就不可能有真正的革命团结。这是我们革命和建设的实践反复证明了的重要历史经验。

为充分发扬社会主义民主而斗争

第五届人大通过的新宪法在总纲中明文规定："国家坚持社会主义的民主原则"。华国锋同志在政府工作报告中指出："只有充分发扬民主，才能实行正确的集中，制定出符合毛主席革命路线的各项方针政策和办法，及时发现和纠正我们工作中的缺点和错误，才能紧密地团结广大人民群众，把各方面的革命积极性充分调动起来。"叶剑英同志在关于修改宪法的报告中也指出："要调动全国各族人民的社会主义积极性，为实现新时期的总任务而奋斗，就必须充分发扬社会主义民主。"邓小平同志在党的十一大闭幕词中重申毛泽东同志的指示说：我们一定要"在全党、全军、全国努力造成一个又有集中又有民主，又有纪律又有自由，又有统一意志、又有个人心情舒畅、生动活泼，那样一种政治局面。"华国锋同志、叶剑英同志、邓小平同志的这些指示明确告诉我们，坚持社会主义的民主原则，努力造成生动活泼的政治局面，充分调动和发挥广大群众的革命积极性，是实现新时期总任务的一个根本的政治保证。

粉碎"四人帮"后，在以华国锋同志为首的党中央领导下，通过深入揭批"四人帮"和清查他们的帮派势力，从思想上、政治上、组织上扫除危害社会主义民主的障碍，党内民主和人民民主正在恢复和发扬起来。广大群众心情舒畅，被"四人帮"压抑和窒息的革命积极性重新焕发出来；揭发坏人坏事、反映各种问题、提出各种建议、发表各种意见的群众来信日益增加；各级纪律检查委员会逐步建立起来；报刊上公开揭露各种违法乱纪、侵犯人民民主权利的典型事例；"百花齐放、百家争鸣"的方针正在思想文化领域得到贯彻执行；"四人帮"设置的种种禁区正在一个一个被冲破，所有这些，都是恢复和发扬党的民主传统带来的新气象，是生动活泼的政治局面正在出现的重要标志。

但是，我们必须看到，要坚持社会主义的民主原则，要保证党内民主和人民民主得到充分实现，真正造成和保持生动活泼的政治局面，还是一个长期的艰巨任务。全党同志和全国人民为此还需要作出很大的努力，进行很多的工作和斗争。

社会主义民主在原则上是人类历史上新型的民主，是任何资产阶级国家所不可能有的最广大的民主。那么，为什么在我们的社会主义制度建立以后，要充分实现这种最广大的民主，还是一个长期的斗争任务呢？这是由我国无产阶级专政条件下具体的政治、思想和经济状况决定的。

从政治方面来说，无产阶级专政时期，还存在着反人民、反民主的敌对阶级和敌对势力。他们必然要千方百计地钻到我们党内和无产阶级专政机构中来，破坏党内民主和人民民主，妄图改变我们党的性质，改变我们无产阶级专政的性质。因此，两个阶级、两条道路的斗争，既是颠覆和捍卫无产阶级专政的斗争，也是颠覆和捍卫无产阶级民主的斗争。这种斗争实质上是半个多世纪以来，我们党领导下的劳动群众争取人民民主的斗争在无产阶级专政这一新的历史条件下的继续。革命胜利以前，是向帝国主义、封建主义和国民党反动派争民主，革命胜利以后，主要是向钻进党内和无产阶级专政机构内的资产阶级代表人物（实际上他们是国民党反动派的残渣余孽）争民主。我们同林彪、"四人帮"的斗争充分说明了这一点。只要有反人民、反民主的敌对阶级和敌对势力存在，民主与反民主的斗争就不会结束。我们也只有通过同这些阶级敌人的长期斗争，才能充分实现社会主义的民主原则。

从思想方面来说，我们虽然取得了民主革命和社会主义革命的伟大胜利，但是剥削阶级的思想，特别是封建专制主义的旧思想、旧传统并未肃清，仍然有着广泛的影响；小生产的种种习惯势力仍然严重存在，这些东西还将长久地多方面地束缚人们的头脑，妨碍我们充分发扬社会主义民主。

我国在历史上曾经是一个地主阶级长期统治的中央集权的封建国家。从鸦片战争到蒋介石国民党政府垮台的100年间，虽然由封建社会变成了半殖民地半封建的社会，但是封建专制主义的政治制度和意识形态，仍然是旧中国基本的政治支柱和精神支柱。封建专制主义的思想和影响几乎渗透到了社会的各个阶层和社会生活的各个方面。总之，近代中国是一个只有专制传统而没有民主传统的国家，这一点比十月革命前的俄国还要落后得多。列宁在谈到十月革命前的俄国社会环境对无产阶级及其政党的影响时说过："在资本主义下，由于雇佣奴隶制和群众贫困的整个环境，民主被缩小、压抑并阉割得残缺不全了。因为这个缘故，而且仅仅因为这个缘故，我们政治组织和工会组织内的负责人被资本主义环境腐蚀了（确切些说，有被腐蚀的趋势），有变为官僚的趋势"。（《国家与革命》。《列宁选集》第3卷，第271页）既然我们党领导人民进行民主革命的社会环境比十月革命前的俄国还落后，而且我们的革命根据地又是长时期被国民党分割包围，敌对阶级的思想无孔不入地向革命队伍渗透，因此我们的党员和干部很容易受到封建专制主义、官僚主义、国民党作风的侵蚀。

正因为这样,毛泽东同志在领导我国革命的过程中,始终把反对和抵制封建专制思想的侵蚀,树立和发扬无产阶级民主,摆在我们党的建设、军队建设、政权建设的极其重要的地位上。早在1928年,毛泽东同志在《井冈山的斗争》一文中就指出:“封建时代独裁专断的恶习惯深种于群众乃至一般党员的头脑中,一时扫除不净,遇事贪图便利,不喜欢麻烦的民主制度。民主集中主义的制度,一定要在革命斗争中显出了它的效力,使群众了解它是最能发动群众力量和最利于斗争的,方能普遍地真实地应用于群众组织。”(《毛泽东选集》第1卷,第71页)1929年,在古田会议的决议中,毛泽东同志又尖锐地提出,在党内、红军内和根据地内,要“严禁肉刑的使用”,废止“打人的习惯”,废止“死板无活气,到会如坐狱”的“封建式的会场秩序”等等,做到“不应有一切封建制度的残余存在”。1938年,毛泽东同志在总结我们党同张国焘的封建军阀主义作斗争的经验教训时又指出:“由于我们的国家是一个小生产的家长制占优势的国家,又在全国范围内至今还没有民主生活,这种情况反映到我们党内,就产生了民主生活不足的现象。这种现象,妨碍着全党积极性的充分发挥。同时,也就影响到统一战线中、民众运动中民主生活的不足。为此缘故,必须在党内施行有关民主生活的教育”。(《中国共产党在民族战争中的地位》。《毛泽东选集》第2卷,第495页)1944年,毛泽东同志针对一部分党员和干部中滋长着专制独断的官僚主义作风,严肃地批评说:“我们解放区是民主的地方,国民党那里是封建的地方,这两个地方是原则上区别的。但是,我们队伍中确有许多人尚未学会运用民主作风,旧社会传染来的官僚主义作风,依然存在。”“这是一种很不好的作风,这种作风阻塞着我们事业的进步,也阻塞着工作人员的进步。我提议各地对此点进行教育,在党内,在党外,都大大地提倡民主作风。”(《1945年的任务》。1944年12月16日延安《解放日报》)全国解放以后,毛泽东同志继续教育全党同志,特别是各级领导干部要时刻注意反对专制独裁,发扬和维护社会主义民主。1953年,毛泽东同志郑重地向全党提出了如何“使我们的许多党政组织较早地远离国民党作风”的任务。(《反对官僚主义、命令主义和违法乱纪》。《毛泽东选集》第5卷,第73页)1955年,毛泽东同志在总结我们党同高、饶反党联盟斗争的经验时,反复教育各级领导干部要从高、饶事件中吸取教训,坚持党的集体领导原则,反对违反这一原则的个人专制、个人独裁。他说:“鉴于种种历史教训,鉴于个人的智慧必须和集体的智慧相结合才能发挥较好的作用和使我们在工作中少犯错误,中央和各级党委必须坚持集体领导的原则”。(《在中国共产党全国代表会议上的讲话》。《毛泽东选集》第5卷,第140页)“许多同志口里赞成集体领导,实际上十分爱好个人独裁,好像不独裁就不像一个领导者的样子。当一个领导者不一定要独裁,你晓得!资产阶级有个资产阶级民主,它讲究阶级独裁。无产阶级、共产党也要搞阶级独裁,如果搞个人独裁,那就不好。”(《农业合作化的一场辩论和当前的阶级斗争》。《毛泽东选集》第5卷,第209—210页)1962年,毛泽东同志在扩大的中央工作会议上的讲话中又指出:“看起来,我们有些同志,对于马克思、列宁所说的民主集中制,还不理解。有些同志已经是老革命了,‘三八式’的,或者别的什么式的,总之已经做了几十年的共产党员,但是他们还不懂得这上面的问题。”他再一次告诫各级领导干部不要一人称霸,不要做封建霸王。

毛泽东同志的这一系列指示清楚地告诉我们,要在党内和革命队伍内,彻底扫除反人民、反民主的封建专制主义的流毒,是一项多么艰苦的任务。在毛泽东同志领导下,我们党经历了几十年的革命实践和反复斗争,才逐步形成了无产阶级民主的光荣传统。一切革命的人们都十分珍惜这个伟大的革命成果。可是,这些年来,由于林彪、“四人帮”的干扰破坏,在许多地方党内和人民内部的民主生活毁坏得不成样子,封建专制主义的旧思想、旧作风、旧传统泛滥起来,严重地毒害了我们很多干部和群众的思想,败坏了许多党组织和国家机关的作风。因此,深入批判被林彪、“四人帮”复活和助长起来的封建专制主义思想,肃清其余毒,不仅是当前而且是今后长时期内思想战线上的一个重要任务。对此我们一定要有足够的认识和充分的精神准备。只有经过长期不懈的斗争,彻底荡涤封建专制主义的污毒,才能为我们坚持社会主义民主原则,充分发扬党内民主和人民民主开辟广阔的道路。

从经济方面来说,由于我国解放前是一个小生产占优势的经济文化非常落后的国家,虽然经过20多年来的社会主义革命和社会主义建设,社会生产力有了很大的发展,但落后面貌尚未根本改变。我们的国民经济还没有完全转到大生产的技术基础上,小生产的残余仍然存在。在工业、交通运输和国营商业中,还存在着一些手工业式的生产方法和管理方法;在农村集体经济中,小生产的残余和特点表现得更为突出,基本的生产形式仍然是手工劳动。国民经济中存在的这种落后的小生产的残余,正是封建专制主义思想和小生产者的心理、习惯赖以继续存在的经济条件。要消灭小生产的残余,有赖于社会生产力的大提高,有赖于社会主义的现代化大生产全面的充分的发展,而这不是一个早上能够解决的问题。社会主义民主的充分实现之所以是一个长期的艰巨任务，其根本原因就在这里。

社会主义民主是建立在以公有制为前提的社会主义大生产的基础上，是随着社会主义大生产的不断发展而得到充分实现的。无产阶级政党在领导民主革命和社会主义革命的整个过程中，必须经常向人民群众施行民主教育，向他们灌输无产阶级民主的思想，领导广大人民群众进行争取民主权利的斗争。但是要使这种教育卓有成效，要使民主的思想在人民群众的头脑中真正扎下根来，就必须建立和发展社会主义经济，大力发展社会生产力，为社会主义民主创造坚实的物质基础。总之，只有现代化的社会主义经济的大发展，才能最后根除小生产的意识形态和封建专制的残余，促进社会主义民主的充分实现。

毛泽东同志说："民主属于上层建筑，属于政治这个范畴。这就是说，归根结蒂，它是为经济基础服务的。"(《关于正确处理人民内部矛盾的问题》。《毛泽东选集》第5卷第368页)只要我们全党同志和全国人民紧密地团结在以华国锋同志为首的党中央周围，坚持毛泽东同志的革命路线，坚持社会主义的民主原则，努力发扬党内民主和人民民主，充分调动党内外一切积极因素，我们就一定能够加快社会主义经济发展的速度，一定能够在本世纪内把我国建设成为政治上高度民主、经济上高度现代化的伟大的社会主义强国。

中共中央主席华国锋在北京会见以坦桑尼亚革命党中央委员 国防和国民服务部部长卡瓦瓦为团长的坦桑尼亚革命党代表团

会见时在座的有：中共中央政治局委员、国务院副总理、中联部部长耿飚，中共中央委员、中联部副部长冯铉，中联部副部长吴学谦。

中共中央主席 中央军委主席华国锋在北京会见以赞比亚联合民族独立党中央委员会国防和安全委员会主席祖卢为团长的赞比亚军事友好代表团

会见时在座的有：国务院副总理陈锡联，中国人民解放军副总参谋长伍修权，外交部副部长何英，外经部副部长李克，国防部外事局局长柴成文，中国驻赞比亚大使馆武官魏精元。

国务院副总理邓小平在北京与尼泊尔王国政府首相基尔提·尼迪·比斯塔举行会谈

国务院副总理李先念在北京会见日本友好人士西园寺公一

国务院副总理陈慕华在北京会见以密苏里大学医学教授戴蒙德为团长的美国心脏学家代表团

全国人大常委会副委员长廖承志在北京会见以日中经济协会会长稻山嘉宽为团长的日本日中经济协会访华代表团

外交部部长黄华在联合国大会第三十三届全体会议上的发言

主席先生：

在开始我的发言以前，我愿意祝贺你，因达莱西奥·利埃瓦诺阁下，担任本届大会的主席。我也愿意借此机会，对所罗门群岛被接纳为联合国会员国，表示热烈祝贺，并衷心祝愿它在独立发展的道路上不断取得新的成就。

从去年第三十二届联大以来，国际形势经历了新的发展和变化。世界各国人民争取和保卫民族独立，维护国际和平和安全，反对帝国主义、殖民主义和霸权主义的斗争蓬勃发展，取得了新的胜利。第三世界国家和人民，在这一斗争中发挥了主力军的作用。一些亚非国家和人民打退了超级大国策动的军事入侵，挫败了它们的颠覆和破坏阴谋，捍卫了国家独立和领土完整。非洲国家发出了反对外国干涉非洲事务的强烈呼声。南部非洲人民反对种族主义、争取民族解放的斗争深入发展。阿拉伯各国人民和巴勒斯坦人民坚持斗争，坚决反对以色列犹太复国主义和超级大国在中东的争夺。拉美各国人民在维护独立和主权、发展民族经济、加强区域合作方面，取得了重要成果。不结盟运动顶住了超级大国的压力，坚持了自己的根本方向，成为当前世界人民反帝、反殖、反霸斗争的一支重要力量。西欧和其他第二世界国家加强联合、发展合作、反对超级大国干涉和支配的趋势明显增长。这一切标志着国际形势继续朝着有利于世界人民的方向发展。

但是，我们也不能不看到，一年来的国际局势急剧动荡，世界和平和国际安全受到严重的威胁。两个超级大国加紧争夺世界霸权，一个力图保持既得利益，另一个竭力扩大它的势力范围。欧洲是两霸争夺的战略重点，在那里，双方继续严重对峙。为了迂回包抄欧洲，社会帝国主义加紧了在非洲、中东和海湾地区的侵略扩张，抢占那里的战略要地、战略资源，控制交通运输线，这是它争霸世界的全球战略的重要组成部分。与此同时，它还在亚洲和太平洋地区加强扩张和渗透，制造摩擦和冲突，直接威胁有关各国的安全，加强它在这一地区争霸的地位。这一时期，这个超级大国在进攻中突出采用了这样的手法：越来越露骨地利用代理人，组织雇佣军，挑动非洲人打非洲人、亚洲人打亚洲人，为其火中取栗；甚至不惜采用恐怖暗杀手段，制造骇人听闻的颠覆和动乱事件。社会帝国主义的猖狂侵略扩张活动，是当前国际形势中值得注意的新动向，这再一次证明了社会帝国主义更富有侵略性和冒险性，是世界和平和安全的主要威胁。

主席先生：

随着两霸争夺的加剧和社会帝国主义全球战略部署的加快，局部战争增多了，世界大战的危险也增长了。推迟世界战争，维护世界和平，已成为各国人民当前的一项重要任务。

一年来，面对新的战争危险，世界人民正在日益觉醒，进行着多方面的斗争。许多国家为了维护独立和安全，正在努力加强自己的防御力量。世界人民谴责超级大国扩军备战，要求它们停止军备竞赛的呼声更加高涨。越来越多的有识之士呼吁人们提高对战争的警惕。所有这些，对于保卫和平，推迟战争，无疑是有积极意义的。

超级大国为了掩盖它们的战争计划，竭力散布和平幻想，麻痹世界人民。社会帝国主义胡说什么，国际政治气氛中"缓和已经成为主要的特征"。如果真是那样，为什么它每年还要花费巨额的军费疯狂扩军呢？为什么它在拥有常规军事力量的优势以后，又拼命追求核军备的优势呢？社会帝国主义制造虚假的缓和感，显然是别有用心的。

为了争取和维护世界和平，推迟战争的爆发，必须遵循正确的途径。我们主张的办法是：第一，有必要把战争危险的增长如实地告诉人民，使各国人民提高警惕，做好反击侵略者的一切准备。第二，要努力加强反对战争策划者的斗争，挫败它的每一个侵略扩张活动，及时打乱它的战争部署。第三，要继续反对对侵略者妥协退让的绥靖主义的政策，因为这种政策只能养虎遗患，增加战争的危险，是十分有害的。中国一直是按照这三条办法做的，今后还要继续这样做。

超级大国貌似强大，实际虚弱。它们越是气势汹汹，就越遭到各国人民的反对。一年来，社会帝国主义加紧侵略扩张，从反面教育和动员了各国人民同它进行更坚决的斗争，使国际反霸统一战线更加壮大。历史的逻辑就是这样。人民的力量是强大的。只要全世界人民团结起来，同超级大国的战争计划进行针锋相对的斗争，不断挫败它们的战争阴谋，推迟世界大战的爆发是完全可能的。

主席先生：

超级大国的争夺威胁世界和平，也直接威胁各国的独立和安全。因此，捍卫民族独立和国家主权，已成为各国人民的迫切任务。

当前，第三世界国家在维护民族独立的斗争中，面临新的复杂形势。社会帝国主义为了侵略扩张的目的，打着"发展中国家天然盟友"和"支持民族解放运动"的幌子，招摇撞骗。另一方面，它又竭力在第三世界国家内部制造不和，今天封你是"进步的"，明天又指责你是"反动的"，忽而支持这个反对那个，忽而支持那个反对这个，极尽挑拨离间之能事，破坏第三世界国家间的团结。第三世界各国人民从自己的切身经验中深刻地认识到，坚持团结、共同对敌，是维护民族独立斗争取得胜利的重要保证。一年来，它们在大敌当前的情况下，识大体，顾大局，求大同，存小异，反对分裂，反对外来干涉，坚持团结，坚持反霸。今年7月召开的非洲统一组织第十五届首脑会议和不结盟国家外长会议，排除了超级大国的干扰和破坏，取得了圆满的结果。喀土穆会议强烈谴责"对非洲大陆内部事务的任何外来干涉"，决定加强非洲国家与阿拉伯国家的合作，强调和平解决成员国之间的争端，加强团结和经济合作。贝尔格莱德会议挫败了超级大国妄图分裂不结盟运动的阴谋，维护了团结，再次确认和捍卫了不结盟运动的性质和原则，强调反对"一切形式的外国统治和霸权"，坚持了反帝、反殖、反霸的方向。这两次会议，充分显示了不结盟运动和非统组织的强大生命力和在当前国际关系中的重大作用，是世界人民团结反霸斗争深入发展的重要标志。

社会帝国主义侵略和兼并的严重威胁，使第二世界国家也日益重视保卫民族独立的问题。面对这个超级大国的军事威胁和分化瓦解的阴谋，西欧和其他一些第二世界国家进一步加强了自身的防务，协调相互间的关系，加强从经济上、政治上到军事上的联合。这不仅符合这些国家维护独立和安全的利益，而且也符合世界各国人民的利益。

主席先生：

中东形势值得我们严重关注。以色列犹太复国主义至今顽固拒绝退出霸占的阿拉伯领土、拒绝承认巴勒斯坦人民的民族权利，继续对阿拉伯和巴勒斯坦人民进行新的战争威胁。以色列犹太复国主义如此蛮横霸道，是与两个超级大国的支持和怂恿密切相关的。一个超级大国一味偏袒以色列。另一个超级大国则竭力使中东陷于不战不和的局面，同时，在阿拉伯国家之间煽风点火，挑拨离间，破坏团结，削弱它们的战斗力，以利于它浑水摸鱼。

中国政府和人民一向认为，阿拉伯人民和巴勒斯坦人民是超级大国激烈争夺和以色列侵略扩张的直接受害者。中东问题的解决，只有在确实导致阿拉伯人民收复失地，巴勒斯坦人民的民族权利得到恢复的情况下，才能实现，也只有这样，才能给中东带来和平。阿拉伯国家和人民反对以色列犹太复国主义的斗争是完全正义的，是同反霸权主义的斗争紧密相连的。中国政府和人民始终不渝地坚决支持阿拉伯各国人民和巴勒斯坦人民收复失地和恢复巴勒斯坦民族权利的斗争，坚决反对两个超级大国在中东争夺霸权，粗暴践踏阿拉伯人民的利益。我们强烈谴责以色列犹太复国主义的侵略扩张政策。我们不承认以色列，不同以色列发生任何关系。我们衷心希望，阿拉伯各国人民和巴勒斯坦人民能够通过耐心协商，消除分歧，不断增强团结，逐步克服前进道路上的困难，最终赢得反侵略斗争的伟大胜利。

南部非洲依然是今天世界上最大的殖民地区。南非和罗得西亚的反动政权，在帝国主义的纵容和支持下，继续疯狂推行殖民主义和种族主义的政策，这种情况决不能继续下去了，必须彻底来个改变。当前，种族主义政权在津巴布韦和纳米比亚人民武装斗争的沉重打击之下，已经日暮途穷，但是它们仍在负隅顽抗，继续玩弄所谓“内部解决”等政治花招，并且不断侵犯邻近的非洲国家，力图保持它们的反动统治。两个超级大国也不放松对这一地区的争夺，尤其是那个后起的超级大国，千方百计地进行渗透和扩张。我们一贯认为，一切主持正义的国家，应该大力支持津巴布韦、纳米比亚和阿扎尼亚人民的解放斗争。津巴布韦和纳米比亚应该在没有任何外来干涉的情况下，在领土完整和统一的基础上，实现真正的民族独立。南非的种族隔离政策必须予以粉碎。联合国必须顺应历史潮流，依照非洲人民的迫切愿望和正义要求，为结束南部非洲殖民主义和种族主义的统治，尽到自己应尽的责任。中国坚决支持阿扎尼亚、津巴布韦和纳米比亚人民的正义斗争。我们深信，伟大的非洲人民定将打垮殖民主义、种族主义的最后堡垒，赢得整个非洲的完全独立和解放。

朝鲜人民要求自主和平统一祖国的正义斗争，得到了世界各国人民的同情和支持。当前解决朝鲜问题的关键是，美国必须从南朝鲜撤出它的一切部队和武器装备，解散所谓“联合国军司令部”；美国和南朝鲜朴正熙集团必须停止一切制造“两个朝鲜”的阴谋活动。我们坚决支持朝鲜民主主义人民共和国政府为解决朝鲜的自主和平统一问题提出的主张和作出的努力。联合国大会第三十届会议通过的促进朝鲜自主和平统一的决议应该认真贯彻执行，不再拖延。朝鲜问题应该在没有任何外来干涉的情况下由朝鲜人民自己解决。

主席先生：

裁军问题是本届联大的重要议题之一。不久前，在不结盟国家倡议下召开的裁军特别联大，在联合国历史上是第一次。会上，许多国家强烈谴责帝国主义、霸权主义的侵略政策和战争政策，正确地指出超级大国军备竞赛不断加剧的真正原因在于它们加紧争夺世界霸权，要求它们真正裁军。这些国家还提出了许多合理的主张和建议。从揭露超级大国扩军备战和要求它们首先裁军的意义上说，裁军特别联大是有积极意义的。但是，超级大国的态度十分顽固，它们拒绝接受真正的核裁军和常规裁军。事实证明，争取真正裁军的斗争是非常艰巨的。

在世界人民要求裁军的压力下，超级大国不断玩弄假裁军的手法，来欺世盗名。最近，苏联向本届联大提出了《关于缔结加强无核国家安全保证的国际公约》的所谓新建议。这一建议，打着“保证无核国家安全”的旗号，实际上是要捆绑广大中小国家的手脚，剥夺它们的自卫能力。苏联自己手里有大量核武器，还嫌不够，拼命地扩充。对广大无核国家，苏联不仅不承担无条件地不使用核武器的义务，反而要它们放弃拥有自卫核力量的权利。它的这个建议，说穿了，就是只许自己掌握大量的核武器，而无核国家必须俯首帖耳，甘听摆布，如若不然，就有随时遭到它的核打击的危险。试问这不是地地道道的强盗逻辑，赤裸裸的核讹诈和核威胁又是什么呢？我们一贯认为，消除核战争危险和保证各国安全最有效的途径，是全面禁止和彻底销毁核武器。我们还多次重申，在任何时候、任何情况下都不对无核国家使用核武器。如果《国际公约》的设计者还有一点关心无核国家的安全和国际和平的意愿的话，它就应当至少无条件地承担不对无核国家使用核武器的义务，而不是玩弄这样或那样的花招。

本届联大将就裁军机构问题作出进一步的决定。广大中小国家强烈要求改变超级大国操纵裁军谈判的局面和改革裁军机构，这是完全正当的。裁军特别联大通过的改革裁军机构的决定，在一定程度上体现了这些国家的愿望，但是，新的谈判机构同许多国家的要求还有相当的差距，还难以完全摆脱超级大国的控制，保证实现世界各国关于裁军的合理主张。当然，争取裁军的斗争能不能取得进展，并不完全取决于谈判机构，关键在于迫使超级大国改变它们的顽固立场。争取裁军的斗争必须同维护民族独立、捍卫国家主权和领土完整、反对霸权主义的斗争紧密结合起来。我们愿意同广大中小国家一道，为争取实现真正的裁军而继续努力。

主席先生：

第三世界各国一年来继续为建立新的国际经济秩序进行了不懈的斗争。它们不顾超级大国的威胁利诱，团结一致，为实现它们的正义主张，作出了艰巨的努力。第三世界的经济、技术合作广泛开展，各种原料生产国组织和区域合作组织不断建立和巩固。第三世界与第二世界许多国家之间的经济技术合作关系也有发展,有些发达国家还采取了对发展中国家减免某些债务的措施。所有这些,对于改革旧的国际经济关系,建立新的国际经济秩序,对于第三世界发展民族经济,都是有积极作用的。

但是,由于超级大国的阻挠和破坏,国际经济领域内破旧立新的工作并没有取得实质的进展。一个超级大国口头上玩弄“新秩序”的词令,实际上仍然顽固维护旧秩序。另一个超级大国则打着“民主改革”的幌子,力图把国际经济关系纳入它争霸世界的轨道,以便扩大和加紧对发展中国家的剥削和控制。这就是建立新的国际经济秩序的主要障碍。

建立国际经济新秩序是广大发展中国家的迫切愿望,已成为强大的历史潮流。同时也必须看到,为达到这一目标,还需要经过艰巨和复杂的斗争过程。我们相信,只要第三世界各国坚持第六届特别联大通过的正确原则和方向,坚持团结,并联合一切可能联合的力量,进行长期不懈的斗争,就一定能够排除障碍,不断取得胜利。中国政府坚决支持这一正义斗争,坚决支持发展中国家提出的关于综合商品方案和共同基金、减免债务负担、增加用于发展的资金、改善技术转让条件以促进发展中国家生产和科技的发展等合理主张和建议。我们也希望,第二世界国家都能采取正确的态度,在平等的基础上同发展中国家加强合作,为建立新的国际经济秩序作出贡献。

主席先生:

当前,中国正处在一个新的发展时期。我国人民继承伟大领袖毛泽东主席和敬爱的周恩来总理的遗志,又开始了一次新的长征,决心在本世纪内把我们的国家建设成为农业、工业、国防和科学技术现代化的繁荣昌盛的社会主义国家。我国人民意气风发,正在为实现这个宏伟的目标而努力奋斗。

在国际事务方面,我国一如既往地贯彻执行毛主席的革命外交路线。我们坚决遵循毛主席关于三个世界的理论,加强同全世界被压迫人民和被压迫民族的团结,加强同第三世界各国的团结,联合一切受超级大国侵略、颠覆、干涉、控制和欺负的国家,结成最广泛的统一战线,反对超级大国的霸权主义。我们继续在互相尊重主权和领土完整、互不侵犯、互不干涉内政、平等互利、和平共处五项原则的基础上,同各国建立和发展关系。我们支持一切被压迫人民和被压迫民族的革命斗争,支持各国维护独立和主权、保卫国际和平和安全的斗争,反对一切形式的外国统治、支配和霸权。

一年来,我们同许多国家的友好关系有了很大的发展。我们热情接待了许多国家领导人的友好来访,从他们那里得到了很大的鼓舞、同情和支持。在当前新的形势下,我国国家领导人怀着寻求友谊、寻求和平、寻求了解、寻求合作的良好愿望,积极主动地出访了亚洲、非洲、拉丁美洲和欧洲的许多国家。通过互相尊重和诚恳坦率的交谈,我们同许多国家增加了友谊和相互了解。在共同探索和努力下,我们同它们的经济联系、科技合作和文化交流有了显著的加强。人民之间的友好往来也更加频繁。对我国同各国人民友好关系的发展,中国人民高兴,世界各国人民也高兴。我们将朝着这个方向继续努力。

今年,我国最高领导人华国锋主席先后出访朝鲜、罗马尼亚、南斯拉夫、伊朗四国,取得了圆满的成果。这是我国对外关系中的重大事件,受到了国际公众舆论的广泛重视和积极评价。这些历史性的访问,大大加深了中国同有关国家的真诚了解,为双方的友好合作开辟了更加广阔的前景,而且也有利于世界和平的事业。

中国和日本经过长期的努力,排除了各种障碍,最近签订了和平友好条约。这个条约体现了中日两国人民世世代代友好下去的愿望。条约明确规定:“任何一方都不应在亚洲和太平洋地区或其他任何地区谋求霸权,并反对任何其他国家或国家集团建立这种霸权的努力”。这是国际条约中的一项创举。这个条约对于发展中日两国间的和平友好关系,对于维护亚洲及太平洋地区的和平与安全,都具有重大的意义。

中国人民热爱和平,反对新的世界战争。为了建设自己的国家,我们也需要一个长期的和平国际环境。我们遵循毛主席的教导,永远不称霸,永远不做超级大国,现在不做,将来成为社会主义现代化强国的时候也不做。在日益增剧的战争威胁面前,我们在从事国内和平建设的同时,决心同世界各国人民一起,为维护和平、推迟战争而竭尽自己的努力。

主席先生:

回顾一年来国际形势的发展,瞻望未来,尽管道路是曲折的,天空有时出现乌云,但是,我们看到,国家要独立、民族要解放、人民要革命的历史潮流始终奔腾向前,不可阻挡。世界是属于人民的,世界的前途是光明的,我们对此充满信心。

谢谢你,主席先生。

中国政府和刚果政府贸易协定在布拉柴维尔签署

中国政府贸易代表团团长、外贸部副部长陈洁和刚果商业部长雅各布·奥坎扎分别代表本国政府在协定上签字。

中国驻刚果大使李连璧和刚果商业部主要官员出席了签字仪式。

我国18条铁路干线和支线正加紧建设

这18条铁路，包括沙通线（北京昌平至吉林通辽市）、枝柳线（湖北枝城到广西柳州）、太焦线（山西太原至河南焦作）、皖赣线（安徽芜湖至江西贵溪）和青藏铁路第一期工程以及南疆铁路等等。

这些铁路干线和支线，都是为了适应我国一些煤炭、钢铁工业和粮食基地的建设，为开发丰富的矿藏和水力资源，以及加强沿海和内地、内地和边疆的联系而建设的。沙通铁路全长870公里，是沟通我国华北和东北地区的又一条重要交通干线。枝柳铁路北与焦（焦作）枝（枝城）线相连，南同湘桂线衔接，全长853公里；太焦铁路北面与北同蒲线连接，南面同焦枝线相连。这样连接起来以后，我国中部地区就将出现又一条纵贯南北的交通大动脉，山西、河南等矿区的煤，就可以从这条铁路源源南运。南疆铁路从新疆吐鲁番到库尔勒，全长474公里，它的建成，将有力地改变天山南北交通不便的状况，大大加快新疆经济建设和各项事业的发展。

青藏铁路第一期工程，从青海哈尔盖到格尔木，全长653公里，到目前为止，全线已铺轨400公里左右。沙通铁路经过4年奋战，凿通隧道114座，架起桥梁468座，1977年全线胜利接轨，自去年年底临时营运以来，线路质量良好，目前正进行收尾配套工程，不久就可交付使用。枝柳铁路工程进展较快，预计年内即可全线接轨。

中国电子学会1978年全国半导体学术讨论会在长春举行

讨论会收到各地科研单位、高等学校和工厂的学术论文和研制报告160多篇。有114人在大会和专题小组会上作了发言。四川省科技工作者关于金属氧化物半导体四零九六位随机存储器和电荷耦合四零九六位移位寄存器的研究报告，标志着我国半导体集成电路的研制工作已进入大规模阶段。河北省科技工作者关于十千兆赫低噪声砷化镓场效应晶体管和三千兆赫硅大功率晶体管的研制报告，也受到人们的重视。

鲁迅研究室发现18篇鲁迅未发表过的文稿

最近在编辑《鲁迅手稿全集》的过程中，鲁迅研究室又发现了18篇未发表过的文稿。

这次发现的文稿，都是鲁迅先生在辑录、整理我国古代文化遗产时所写的序言、后记、说明、考证等。

《谢承后汉书》是早在宋代就已失传的一部史书。从1912年到1914年，鲁迅先生对照前人辑录的各种版本，翻阅多种类书，先后四次进行辑录和校勘工作，分别写下了《姚辑本〈谢氏后汉书补逸〉抄录说明》《汪辑本〈谢承后汉书〉抄录说明》《汪辑本〈谢承后汉书〉校记》和《〈谢承后汉书〉六卷本序》等文章（其中“六卷本序”已收入唐弢编《鲁迅全集补遗续编》中）。1913年，鲁迅又先后辑录校勘了《谢沈后汉书》和《虞预晋书》，并分别写了序言。

新发现的文稿中，还有《〈范子计然〉序》《〈魏子〉序》《〈任子〉序》《〈志林〉序》《〈广林〉序》《〈墨经正文〉重阅后记》《〈遂初堂书目〉抄校说明》等。这些文稿阐述了有关古籍的演变、辑录校勘的过程，以及整理这些古籍的意义等问题。手稿字迹清晰工整，各篇分别和辑录抄校的古籍正文写在一起，又经鲁迅亲手分订成册。

此外，还有《大云寺弥勒重阁碑校记》《徐法智墓志考》《郑季宣残碑考》《会稽禹库庙石考》《□肱墓志考》和《□肱墓志考未完稿》等六篇，是鲁迅先生对古代墓志、碑文的考证文章。

鲁迅先生在他的伟大的一生中，为整理和研究我国古籍付出了大量心血和精力。经过他的辛勤劳动，使一些已经失传或濒于失传的散佚古籍得到了汇集和流传。这次新发现的18篇文稿，体现了鲁迅先生严谨的工作作风和历史唯物主义态度。

9月29日

国务院侨办在人民大会堂举行招待会庆祝中华人民共和国成立29周年

中共中央副主席、国务院副总理邓小平、李先念，中共中央政治局委员、国务院副总理耿飚，全国人大常委会副委员长廖承志，出席了招待会。

政协全国委员会副主席、全国侨联代主席庄希泉，以及中共中央、政府和其他有关部门负责人，也出席了招待会。

招待会前，邓小平、李先念等同志会见了各旅行团的负责人和知名人士。

廖承志副委员长在招待会上致祝酒词。他说：从去年年底全国侨务会议预备会议以来，侨务工作也取得很大成绩。我们深入揭发批判“四人帮”对党的侨务政策的干扰破坏，肃清其流毒和影响，各项侨务政策正在逐步落实。受到林彪和“四人帮”诬陷迫害的归侨、侨眷正在陆续得到平反；为华侨、港澳同胞子女就学的暨南大学、华侨大学、广州和集美补习学校等已于今年秋季招生，即将开学；侨汇物资供应已经恢复；出入国境工作也在逐步改进。但是要全面地贯彻执行伟大领袖毛主席、敬爱的周总理生前制定的侨务工作方针政策和华主席、党中央对侨务工作的指示，还要我们继续努力。

廖承志副委员长指出：我国的国内形势一派大好，而且越来越好。今年以来，揭批"四人帮"的革命斗争深入开展，进一步清除"四人帮"的流毒和影响，出现了安定团结，生动活泼的政治局面，我国国民经济有了新的发展。在农业生产方面，虽然遇到了不少自然灾害，由于"农业学大寨"运动的深入开展，粮食和其他农作物仍较去年有新的增长。工业、交通运输超额完成国家计划，财政收入和对外贸易也超额完成国家计划。各项事业都加快了发展的步伐，出现了一派兴旺发达的气象。

他说，要在本世纪内实现四个现代化，是摆在我们面前的光荣而艰巨的任务。当然，实现四个现代化，主要靠自力更生，但是，自力更生决不是闭关自守，我们要学习一切民族、一切国家的长处，特别要学习外国先进的科学技术。我们要本着平等互利，互通有无的原则，发展同各国的贸易关系和文化科学技术交流。

他说，多年来，侨胞们，朋友们对我国社会主义建设作出了贡献，我们表示衷心的感谢。我们希望侨胞们，朋友们继续从各方面对我国实现四个现代化作出新的贡献。

国务院副总理邓小平在北京与尼泊尔王国首相基尔提·尼迪·比斯塔继续举行会谈

国务院副总理耿飚在北京会见以新西兰中国友好协会副主席罗恩·豪威尔为团长的新中友协代表团

全国人大常委会副委员长姬鹏飞在北京会见墨西哥前总统米格尔·阿莱曼·巴尔德斯

国务院副总理谷牧在北京会见西德西南电台记者组

谷牧副总理称赞这个电台正在为增进中德人民之间的友谊和了解做"一件十分有意义的事"。

西德西南电台将在今年年底举办"中国周"广播节目。它将用50个小时介绍中国。为此，电台派遣了两批记者组到中国访问。第一批记者组是在今年5月份来中国的。目前正在我国访问的第二批记者组由享宁·勒尔率领。

会见开始时，谷牧副总理应邀为"中国周"广播节目向西德听众发表了广播谈话。

谷牧副总理在谈话中说："中国人民深切同情德意志人民要求民族统一的正当愿望，支持德意志联邦共和国人民同西欧各国人民联合自强的努力，希望看到一个联合强大的欧洲。"他说："我们相信，一个繁荣富强的中国也符合德意志人民的利益，也是你们所希望的。因此，我们可以放心地交朋友、做生意，积极发展我们两国之间的友好合作关系。"

谷牧副总理预祝西南电台"中国周"广播节目成功。

9月30日

庆祝中华人民共和国成立29周年招待会在人民大会堂举行

中共中央主席、中央军委主席、国务院总理华国锋，中共中央副主席、全国人大常委会委员长叶剑英，中共中央副主席、国务院副总理邓小平、李先念、中共中央副主席汪东兴，出席了招待会。

出席招待会的党和国家其他领导人还有：韦国清、乌兰夫、方毅、纪登奎、苏振华、吴德、余秋里、张廷发、陈永贵、陈锡联、耿飚、聂荣臻、倪志福、徐向前、陈慕华、赛福鼎、谭震林、邓颖超、廖承志、姬鹏飞、阿沛·阿旺晋美、周建人、许德珩、胡厥文、谷牧、康世恩。

政协全国委员会副主席宋任穷、沈雁冰、史良、朱蕴山、康克清、季方、王首道、杨静仁、张冲、庄希泉、胡子昂、荣毅仁、童第周，最高人民法院院长江华，最高人民检察院检察长黄火青，也出席了招待会。

参加招待会的还有在京的中共中央委员、候补委员，全国人大常委会委员，政协全国委员会常务委员，中共中央各部门和国家机关各部门负责人，中国人民解放军各总部、国防科委、军种、兵种、军事院校、北京部队、北京卫戍区负责人，中共北京市委、市革委会及工、青、妇组织负责人，北京市工、农、财贸各条战线学大庆、学大寨先进单位和模范人物代表，人民解放军驻京部队先进单位和英雄模范人物代表，科学技术、教育、文化艺术、新闻、出版、卫生、体育界人士，在京的部分人大代表、政协委员和其他爱国人士，以及全国各民族参观团的代表。

国务院总理华国锋在北京会见法国前国务部部长共和党名誉主席米歇尔·波尼亚托夫斯基

李德生甘渭汉同志在沈阳部队党委全委会上谈讨论实践是检验真理唯一标准理论问题的重要性

人民解放军沈阳部队党委最近召开了一次全体委员会议。沈阳部队党委第一书记李德生在会上发言时说，现在，有的同志对全国正在讨论的实践是检验真理的唯一标准这样一些重大理论问题、实际问题，感到不好理解。这说明，搞清什么是真高举，什么是假高举这个问题是多么必要！这个问题不解决，思想就得不到解放，各项工作就难以做好，加速实现四个现代化就无从谈起。

沈阳部队党委召开这次会议的主要任务是，传达、学习中央领导同志最近的重要指示，结合部队实际，研究如何贯彻落实。驻东北地区陆、海、空部队的党委负责同志出席了这次会议。李德生同志和沈阳部队党委第三书记甘渭汉同志先后在会上发了言。

李德生同志在会议开始时发言。他指出：在当前，思想要跟上形势，一个最根本的问题，就是要理解好邓副主席在全军政工会议上提出的真正高举毛主席伟大旗帜，坚持实事求是这个大问题。他说，理论联系实际，一切从实际出发，实事求是，这本来是马列主义、毛泽东思想的一个根本观点，根本原则。我党过去在毛主席的教导下，在长期的革命斗争中，都是这样认识的，都是这样做的，特别是经过延安整风运动，这种优良传统优良学风在全党非常深入人心。但是，这些年来，由于林彪、"四人帮"大搞假"左"真右，打着"红旗"反红旗，把马恩列斯和毛主席论述的道理绝对化，鼓吹什么"顶峰"、"一句顶一万句"、"句句照办"，肆意歪曲，篡改马克思主义的基本原理，从根本上颠倒理论和实践的关系，践踏我们党的实事求是的优良作风，把人们的思想搞乱了、搞僵化了。造成我们许多同志在实际工作中照搬、照抄、照转上级指示和别人的经验，不敢从本单位实际出发，开动脑筋，提出问题，解决问题，认为只有书上写了，文件上有了，上级讲了，才算数。这样，就把思想框死了，工作没有创造性。李德生同志希望大家开动脑筋，多想办法，首先是领导思想要跟上形势，要有实事求是的精神，要解放思想，才能使华主席为首的党中央的指示在我们部队更好地落实。

会议历时4天，于9月30日结束。会议结束时，甘渭汉同志根据大家讨论的情况，作了总结性的发言。他在发言中说，高举毛主席的伟大旗帜，在我们党章上、宪法上都写了，大家都是拥护的，一致的，问题是怎样才是真正的高举。要真正高举，就要坚持实事求是，一切从实际出发，理论和实践相结合。过去，林彪搞语录，"四人帮"摘取只言片语，破坏了毛泽东思想体系的完整性、准确性。他们鼓吹"句句是真理"、"一句顶一万句"、"句句照办"，把人们思想搞僵化了。凡是毛主席圈过的、讲过的都不能动，凡是毛主席做过、说过的都不能动，这样的说法，不是高举毛主席的伟大旗帜，搞得不好，要损害毛泽东思想。对怎样才是高举的问题，我们许多同志并没有真正搞清楚。有的对实践是检验真理的唯一标准不够理解，担心这样会否定革命理论的指导作用；有的对按照实事求是原则拨乱反正心有余悸；有的思想被框住了，在实际工作中不敢从本单位实际出发，大胆地提出问题，解决问题。现在我们有些工作上不去，步子不大，关键在于缺乏实事求是、勇于创新的精神。为什么落实政策工作进展慢，不能大胆拨乱反正，有的老是留个尾巴？这都同我们一些同志不讲实事求是有关系。

甘渭汉同志要求各级党委在传达、学习中央领导同志的指示时，要很好地联系部队实际，认真讨论高举和实事求是的问题、真理的标准问题。他说，对于这一点，有些领导同志还认识不足，好像讨论和解决这些问题同我们做好实际工作关系不大，有的还有别的顾虑，不敢积极地领导这个讨论。实际上，这些问题是回避不了的，这些问题不解决，没有一个正确的认识路线、工作路线，思想就得不到解决，工作就打不开局面。他要求大家在学习、讨论中，认真读一读毛主席的《实践论》《人的正确思想是从哪里来的？》《反对本本主义》等著作，重温延安整风的重要文献。

甘渭汉同志说，我们不只是学习、讨论，而且要把这个精神贯彻到实际工作中去，按实事求是的原则办事。我们每个单位的情况不一样，一个团、一个连的情况也大不一样，各单位都有自己的特殊性。我们要用马列主义、毛泽东思想，分析本单位的实际情况，解决好本单位的问题。要大兴调查研究之风，提倡领导同志深入实际，发现问题，解决问题。衡量一个单位的工作，不是看口头上讲得如何，也不光看你的决议做得好不好，而是看实际上做得怎样，提倡苦干实干，取得真正的效果。对于从实际出发，善于开动脑筋，提出问题，解决问题的干部，要支持，要鼓励，对于那种饱食终日，无所用心，故步自封，不求上进或尽说空话不解决实际问题的干部，要批评，要教育。

到会的同志经过学习和讨论，一致感到眼界开阔了，信心增强了，表示要解放思想，跟上形势，搞好团结，增强团结，鼓干劲，争上游，抢时间，争速度，一年当两年用，把我们的工作搞得更好，为抓纲治国、抓纲治军作出更大贡献。

国务院副总理纪登奎在北京与巴布亚新几内亚副总理兼初级产业部长朱利叶斯·陈举行会谈

国务院副总理方毅在北京会见西德宇宙航空医学协会主席海因茨·富克斯

全国高等学校文科教学工作座谈会在武汉召开

参加这次座谈会的有全国58所高等学校的文科教学工作者和部分省、市的教育工作者。教育部副部长高沂主持座谈会，中国社会科学院副院长于光远和宦乡在座谈会上讲了话。

到会同志讨论了文科在实现新时期总任务中的重要地位、作用和当前的任务，以及如何贯彻实事求是，一切从实际出发,理论同实践相结合的马克思主义的原则等问题。大家一致指出,搞好文科教学必须首先揭批"四人帮"对文科教学的严重破坏,拨乱反正,确立符合毛主席革命路线的教学方针。他们指出,在大学教育中,文科教育被林彪、"四人帮"搞乱了思想,颠倒了理论是非,遭受的摧残破坏最严重。"四人帮"一伙歪曲、篡改毛主席关于"文科要把整个社会作为自己的工厂"的指示,提出什么"以战斗任务带教学"等反动谬论,并残酷迫害文科教师,造成极为严重的后果。大家认为,这种是非颠倒的状况必须迅速纠正。高等学校的文科必须贯彻以教学为主、理论联系实际的方针。学生在校期间,主要任务是系统地学习马克思主义理论和专业知识,同时要联系国内外政治、经济、文化斗争和生产建设的实际探讨问题,以提高分析问题、解决问题的能力。总之,学生要以学习书本知识为主,也要学习社会实践知识;教学以课堂为主,也要参加一些劳动和进行社会调查。在教学中,要提倡教学相长,充分发挥教师的主导作用。

大家还指出,文科教学中必须贯彻毛主席倡导的"百花齐放,百家争鸣"的方针。对于文科教学和科学研究中的是非问题,在坚持教育为无产阶级政治服务的前提下,应当充分发扬民主,提倡和鼓励自由争论。允许批评,也允许反批评。要严格区分和正确处理敌我矛盾和人民内部矛盾问题。他们认为,从事自然科学研究工作,允许试验,允许失败,允许犯错误,允许改正错误;从事哲学、社会科学的研究工作,同样应允许试验,允许犯错误,不要一犯错误就一棍子打死。在教师中,则要提倡为真理而献身的革命精神,要敢于坚持真理,勇于修正错误。这样,才能调动文科教师的社会主义积极性,把文科教学办好。

许多人在发言时说,文科教学一定要发扬实事求是的好学风,坚持实践是检验真理的唯一标准这个马克思主义的基本观点。编教材、讲课、写文章,都要运用马克思主义的立场、观点、方法,研究实际问题、解决实际问题。

大家认为,新中国成立以来,高等学校文科是有成绩的。毛主席的革命路线同样占主导地位。广大文科教师中的绝大多数,是热爱党、热爱社会主义,忠诚党的教育事业,辛勤劳动、勤奋工作的。在实现新时期总任务的新长征中,高等学校文科担负着光荣而艰巨的任务。文科的地位和作用必须充分估计,轻视文科的思想必须纠正,心中的余悸必须清除。大家提出,在揭批"四人帮"的第三战役中,广大文科教学工作者要积极参加理论战线的斗争,做到立场坚定,旗帜鲜明,为完整地准确地宣传马克思列宁主义、毛泽东思想作出贡献。

座谈会上讨论和初步制订了中文、历史、哲学、政治经济学、教育学等专业的教学方案、教材编选规划和文科教师培训计划;同时,分别对高等学校的政治理论课教学,对办好哲学、社会科学学报和加强图书资料工作等问题进行了研究,提出了具体意见。

10月1日

《人民日报》发表社论《万水千山只等闲——在新的长征路上庆祝新中国成立二十九周年》

我们伟大的社会主义祖国，在马列主义、毛泽东思想的光辉旗帜指引下，经过艰难曲折的斗争，胜利地走过了29年的战斗历程。今天，当全国各族人民满怀革命豪情，欢度国庆的时候，我们高兴地看到，以华主席为首的党中央提出的抓纲治国战略决策，取得了一个又一个的胜利，大治之花正在长城内外、大江南北盛开，党的十一大路线和五届人大提出的新时期的总任务，动员了亿万人民，开始了新的长征。

今年以来，揭批“四人帮”的斗争取得了新的胜利。第三战役逐渐开展，广大干部和群众批判了“四人帮”反革命的修正主义路线，批判了他们的反动思想体系以及种种假左真右的反马克思主义的观点。通过拨乱反正、正本清源，“四人帮”在各方面造成的百孔千疮的严重局面已有根本改变。工人不能工，农民不能农，学生不能学，教师不能教的混乱状况已经基本结束。从中央的部到省、自治区、直辖市，领导班子比较健全了。党的优良传统和作风在很多地区和单位得到恢复和发扬。党中央提出要完整地、准确地领会和掌握毛泽东思想，切实地落实党的各项政策，受到了全国亿万人民的热烈拥护，极大地调动了广大工人、农民、知识分子和干部的社会主义积极性。毛主席生前希望的那种安定团结的局面日益形成，不断巩固。在经历了“四人帮”倒行逆施造成的混乱之后，全国人民为有这样一个新的政治局面而欢欣鼓舞。举国上下精神振奋，意气风发，一派兴旺发达的气象。

抓了揭批“四人帮”这个纲，我国各方面工作都有很大的进展。经济战线迅速克服“四人帮”干扰破坏造成的严重恶果，生产继续增长。农业战线，夏粮和早稻夺得较好收成，产量比去年增加200多亿斤。油菜籽产量比去年增长47%，是历史上收成最好的一年。大秋作物多数地区长势较好，广大农民正在为夺取全年丰收而紧张战斗。工业总产值预计可以超额完成全年计划。钢产量预计全年将比去年增加700万吨以上，创历史最好水平。其他工业产品，如煤、原油、发电量、化学纤维、合成洗涤剂、自行车、手表、缝纫机等增长幅度都很大。商业部门的商品收购总额和零售总额，都比去年有显著的增长。财政收入增长幅度是历史上少有的。科技战线扩大了队伍，制定了规划，开始了攀登高峰的进军。教育战线改革了招生制度，提高了教学质量。文艺战线一片生机。

华主席访问了朝鲜、罗马尼亚、南斯拉夫和伊朗，发展了同这些国家的友谊，加强了同第三世界的团结，成为今年举世瞩目的大事。《中日和平友好条约》的签订，得到了亚洲人民和世界人民的支持。遵循毛主席关于三个世界的理论，我国的外交更加活跃，同各国人民的友好往来日益增加，苏联社会帝国主义的面目更加暴露，国际反霸统一战线进一步发展。

这一切充分证明，党的十一大路线是完全正确的，党中央抓纲治国的一系列措施是完全正确的。中国人民向四个现代化进军的新长征，有了一个良好的开端。现在我们可以自豪地说，摆在我们面前的问题，已经不是要不要在本世纪末实现四个现代化，而是要用更快的速度，力争在更短的时间里来实现这个伟大的目标。

建设现代化的社会主义强国，这是一场根本改变我国经济和技术落后面貌，进一步巩固无产阶级专政的伟大革命。这场革命，既要用现代化的科学技术改造国民经济的各个部门，大幅度地提高生产力，也就必然要从多方面改善生产关系，改善上层建筑。它将彻底清除林彪、“四人帮”在人们思想上造成的混乱和束缚，打破小生产的狭隘眼界和习惯，克服骄傲自满、故步自封、夜郎自大和因循苟且、无所作为等保守思想。它将革除那种不按经济规律、单凭“长官意志”办事的恶习，冲决那种墨守行政层次、行政区划、行政便利、行政方式，而不讲经济核算、经济效果、经济效率、经济责任的老框框，改变手工业式、小农经济式、封建衙门式的管理方法。在这场革命中，我们还必须战胜国内外阶级敌人的种种反抗和破坏。因此，这场革命，规模之巨大，变动之激烈，任务之繁重，意义之深远，都不亚于我们党过去领导的任何革命。

进行这样一场革命，是历史的要求，是人民的心愿，是党内党外、上上下下、人人关心的大事情。我们进行推翻“三座大山”的新民主主义革命，进行生产资料所有制和思想政治战线的社会主义革命，进行无产阶级“文化大革命”，根本的目的就是要解放生产力。总的说来，我们29年建设的成绩很大。但是，我们的经济还没有做到持久地高速度地发展。特别是由于林彪、“四人帮”的严重干扰破坏，国民经济长期停滞不前，加上我们的底子差，按劳动生产率和人口平均收入计算，我国至今仍然是世界上贫穷落后的国家之一。我们的人民是举世闻名的勤劳勇敢的人民，我们的党是杰出的马克思主义政党，我们能容忍这种贫穷落后的状态继续下去吗？现在，搬掉了“四人帮”这块绊脚石，充分地发挥社会主义的优越性，持久地高速度地发展国民经济的前提条件终于具备了。我们要是再不加快实现四个现代化，使国家实力和人民生活一年比一年富强起来，就对不起毛主席、周总理、朱委员长和为共产主义而献身的千千万万革命先烈，对不起全国人民,也对不起子孙后代,我们就将成为革命的罪人,历史的罪人。全党全军和全国人民,一定要发扬"万水千山只等闲"的革命精神,千方百计排除万难,为加速四个现代化而紧张地动员起来。

为了加速四个现代化,我们一定要进一步解放思想,挣脱林彪、"四人帮"设置的种种精神囚笼。两年来,我们主要是揭批了"四人帮"篡党夺权的阴谋和他们反革命的罪恶历史,清查了与他们篡党夺权阴谋活动有牵连的人和事;对"四人帮"反革命的修正主义路线和反动思想体系的批判,还只能说刚刚开始,有待于继续深入。第十次路线斗争给予我们的一个深刻教训就是,只批判了林彪反党集团妄图搞反革命武装政变的阴谋,对林彪路线的批判刚一开始,就受到"四人帮"的包庇破坏,没有能够进行下去。而"四人帮"正是利用这一点,变本加厉地继续推行那条反革命的修正主义路线,给我们的革命和建设造成了极大危害。现在,我们决不能因为第三战役取得了一些成绩,就放松批判的任务。事实上,我们在现代化的道路上每前进一步,都受到林彪、"四人帮"反革命修正主义路线流毒的阻挠。不批林彪和"四人帮",就解放不了思想,就甩不开膀子,迈不开步子。我们一定要根据党中央的部署,把揭批"四人帮"同揭批林彪联系起来,从理论上、路线上、方针政策上、方法上肃清林彪、"四人帮"的流毒和影响。我们还必须注意运动发展的不平衡,对于那些至今还捂着盖子,没有很好清查,是非不清,林彪、"四人帮"阴魂不散的地方,必须采取有力措施,揭开阶级斗争的盖子。

要解放思想,就要认真地实行毛主席倡导的不抓辫子、不戴帽子、不打棍子的"三不主义"。今年以来,我国理论战线就检验真理的标准问题、按劳分配问题、客观经济规律问题、企业中的规章制度问题等展开了热烈的讨论,这是十分令人欣喜的好现象。这种讨论有利于把批判"四人帮"反动思想体系的斗争引向深入,有利于在马列主义、毛泽东思想的原则基础上统一我们的认识和行动。经过各种不同意见的讨论,才能辨明真理,消除谬误,少犯错误,少走弯路,把我们的事业办得更快些,更好些。毛主席提倡的"又有集中又有民主,又有纪律又有自由,又有统一意志、又有个人心情舒畅、生动活泼,那样一种政治局面",是全国人民期待已久的,现在刚刚出现。全国呈现着安定团结、朝气蓬勃的大好形势。我们一定要十分珍惜这种政治局面,保护它,发展它,这是保证实现四个现代化的决不可少的政治条件。

为了加快实现四个现代化的步伐,我们一定要贯彻执行毛主席提出的把国内外一切积极因素调动起来,为社会主义事业服务的基本方针,坚决落实包括干部政策、知识分子政策、农村经济政策、按劳分配政策在内的党的各项政策。要尽快地纠正林彪、"四人帮"制造的冤案、假案、错案,要按照有错必纠的方针,实事求是地作出结论,予以昭雪平反,不允许用任何借口加以拖延、阻挠,坚决反对用穿小鞋等办法继续打击受害者。在落实党的农村经济政策中,要坚决保障农民的集体所有制,尊重基本核算单位的自主权,保护社员的正常经济活动和正当经济利益。无论城市和农村,都要切实地贯彻按劳分配的原则。对这些问题,党中央已经三令五申,但还有些人仍然置若罔闻,甚至多方阻挠,这种状况必须立即改变。只要我们把党的各项政策认真地贯彻下去,就能充分调动各个方面的积极性,使广大群众一心一意地扑到大干社会主义的事业上来。

现在,特别重要的是要脚踏实地、雷厉风行地去工作,扎扎实实地干出结果来。我们不能是"天桥的把式,光说不练"。要力戒空谈,多做实事。决定了的事,就要放手去干,大胆去干,并用科学态度不断总结经验,再不能左顾右盼,当断不断,松松垮垮,拖拖拉拉。各个地区、各个部门、各个单位,都要一个月比一个月有较大的进步。全国人民要鼓足干劲,艰苦奋斗,努力完成和超额完成今年的国家计划,为抓纲治国三年大见成效作出新的贡献。

华主席指出,我们的口号是,学习、学习、再学习,团结、团结、再团结。在为加速实现新时期总任务的伟大斗争中,我们一定更加努力学习马列主义、毛泽东思想,要完整准确地领会掌握,从实际出发地加以运用。我们还要学文化,学科学技术知识,学先进的生产管理方法,以适应现代化的需要。我们要十分珍视和加强团结,不利于团结的话不讲,不利于团结的事不做。我们要加强全党的大团结,全国各族人民的大团结,团结是我们胜利的重要保证。

在欢庆节日的时候,我们倍加思念台湾的骨肉同胞,我们一定要完成解放台湾统一祖国的神圣大业。

放眼四海,革命形势很好。展望未来,我们充满了必胜的信心。在本世纪末,或更短的时间内,我们一定能达到自己的光辉目标。一个强大的、现代化的社会主义中国必将出现在世界的东方。

文化部 解放军总政治部 北京市革委会联合举办庆祝中华人民共和国成立29周年晚会

中共中央主席华国锋,中共中央副主席叶剑英、邓小平、李先念、汪东兴以出席晚会。

出席晚会的党和国家其他领导人有:韦国清、乌兰夫、方毅、纪登奎、苏振华、吴德、余秋里、张廷发、陈永贵、陈锡联、耿飚、聂荣臻、倪志福、陈慕华、赛福鼎、谭震林、廖承志、姬鹏飞、阿沛·阿旺晋美、周建人、许德珩、胡厥文、谷牧、康世恩。政协全国委员会副主席宋任穷、沈雁冰、史良、朱蕴山、康克清、王首道、杨静仁、胡子昂、荣毅仁、童第周,最高人民法院院长江华,也出席了今晚的庆祝晚会。

国务院总理华国锋在北京会见尼泊尔王国政府首相基尔提·尼迪·比斯塔

中央统战部 国家民族事务委员会在北京联合举行招待会庆祝中华人民共和国成立29周年

中共中央政治局委员、全国人大常委会副委员长乌兰夫,全国人大常委会副委员长阿沛·阿旺晋美,政协全国委员会副主席、国家民族事务委员会主任杨静仁,政协全国委员会副主席张冲,以及其他有关部门负责人、在京的少数民族知名人士,同来自21个省、自治区的54个少数民族的代表500多人欢聚一堂,共同庆祝中华人民共和国成立29周年。

中华人民共和国政府和尼泊尔国王陛下政府关于建设成套项目的协定在北京签字

国务院副总理邓小平和尼泊尔王国首相基尔提·尼迪·比斯塔分别在协定上签字。

国务院副总理陈慕华,尼泊尔驻中国大使卡纳尔等,出席了签字仪式。

中国和保加利亚科学技术合作委员会第十六届会议议定书在北京签字

农林部部长杨立功出席了签字仪式,并在仪式前会见了保加利亚科技合作代表团,同他们进行了友好的谈话。

中保科技合作委员会中国组主席、农林部副部长肖鹏,保中科技合作委员会保加利亚组主席、保加利亚中央合作社联盟主席斯·休列麦佐夫分别在议定书上签字。

中国人民解放军国防科技大学在长沙正式成立

张衍任校长,李东野任政治委员。

10月2日

我国高速建成高产大油田——任丘油田

《人民日报》报道:在冀中平原上,我国又建成一个高产大油田——任丘油田。

任丘油田勘探、建设的速度很快。1975年开始钻探,不到一年时间就发现了这个大油田。接着在1976年组织了石油会战。这是继大庆石油会战之后又一次较大的会战。当年就成功地打出了一批日产千吨到几千吨的高产油井,建成了两条总长200多公里的大口径输油管道、两座大型集输原油泵站,以及相应的供电、供水、注水等配套工程。做到了当年开发,当年建设,当年生产,并且当年就收回了全部建设投资。这样的速度,这样的效果,在国内是前所未有的。

任丘油田建成以来,采取了早期底部注水、酸化油层和其他新工艺、新技术,油井始终保持了旺盛的生产能力,实现了持续高产稳产。1977年,原油总产量超过设计能力10%。今年前8个月,月月超额完成国家计划,各项经济技术指标都达到了国内先进水平。这两年,在进一步完善任丘油田建设的同时,又在任丘周围发现了一些新油田。

发现任丘这样的高产大油田,在我国石油地质科学上是一次重大突破。这是首次在古生界震旦系地层发现了油流,打出了高产油井,发展了古潜山找油的地质理论。原石油勘探开发规划研究院副院长阎敦实同志,在这方面作出了重要的贡献。过去,我国在中生界、新生界地层找油的经验比较多,对在古生界地层中找油的实践比较少。在冀中平原石油勘探过程中,广大石油地质科学技术人员和石油勘探工人,通过实践、认识、再实践、再认识,对古生界地层的认识获得了新的发展。曾经参加过大庆会战的3269钢铁钻井队,担负了首次向古生界地层钻探的光荣任务。地质技术员郭顺源同志,把古生界地层的砂样,放在显微镜下面一粒一粒地进行分析,从几万颗砂粒中找到了八颗石灰岩裂缝含油砂样。接着经过全队职工的艰苦奋战,终于打出了第一口高产油井。像任丘这样的地质构造,我国北方有,南方也有。任丘油田的实践为我国石油勘探开拓了新的领域。

任丘油田的发现和建设在经济上具有重大意义。任丘油田的周围都是工农业生产的重要基地,铁路、公路、水路四通八达,它的开发和建设对于促进我国国民经济的发展和首都的生产建设,都将发挥重要作用。

中共中央副主席李先念在北京会见由雅克·儒尔盖总书记率领的来自法国的马克思列宁主义共产党中央代表团

国务院副总理纪登奎在北京与巴布亚新几内亚副总理兼初级产业部部长朱利叶斯·陈就经济技术合作等方面的问题进行会谈

国务院副总理康世恩在北京会见以增尾富士雄为顾问 吉住永三郎为团长 村濑武士为秘书长的日本京都学术友好访华代表团

《人民日报》发表李洪林的文章《科学和迷信》

科学和迷信的斗争是尖锐的,有时是残酷的。地球不是宇宙的中心,而是围绕太阳转动的,在今天已经是常识,但在中世纪的欧洲却是犯禁的。16世纪意大利科学家布鲁诺,就是为了坚持这个真理,触犯了当时宗教的“禁区”,被宗教裁判所活活烧死的。

自然科学的遭遇尚且如此,马克思主义这门无产阶级革命科学的命运也就可想而知。自从马克思主义出世以来,已经有无数先烈为了它的实现而英勇献身。如今,马克思主义在中国的土地上已经取得伟大的胜利。不过,科学和迷信的斗争并没有停止,而是采取了新的形式。

林彪、“四人帮”推行反革命修正主义路线的罪恶目的,是要篡党夺权,颠覆无产阶级专政,建立封建法西斯专政。为了达到这个目的,他们采用最狡诈而富有欺骗性的手段,大搞迷信,不是求神拜佛的那种迷信,而是一种新式的迷信:用马列主义、毛泽东思想当作外衣来吓唬人的迷信。

他们用这种新式的迷信手段,来反对马列主义、毛泽东思想这门科学。他们搞的这种迷信多年来禁锢着一些人的头脑,至今还有待解放。利用马克思主义来搞迷信,欺骗性特别大。怎样反对这种迷信,对于共产党人和劳动人民来说,确实是个重要问题,值得我们仔细研究,认真对待。

林彪怎样搞迷信

林彪搞迷信,是经营了很久的。在“文化大革命”前,他就细心地把自己打扮成“高举”毛泽东思想红旗的典范。起初,他提倡“读毛主席的书”,如果是真的,这当然很好。但此人是野心家、阴谋家、两面派。“语录不离手,万岁不离口,当面说好话,背后下毒手”,这就是他的伎俩。“高举”的姿态,纯粹是装出来的,因此,便不得不求助于极端手法和形式主义,以便掩盖真相,欺骗群众。

例如,他一张嘴就是四个“伟大”。这就显得非常“高举”。别人如果只说一个“伟大”,那就比他少说三个,这起码是“不高举”,甚至可以说是“贬低”。

再如,他搞“句句是真理”,“一句顶一万句”,这就已经进入迷信的境界了。科学反映的是客观规律。要反映客观规律,就必须对大量的材料进行分析、综合、抽象、概括。正确的结论只能产生于它的末尾,而不能在它的先头。虽然一个科学真理可以用一句话甚至一个公式表达出来,但是要使人理解和接受,就必须讲道理。这就不是一句话所能解决的。任何马克思主义著作,其中多数的词句,都是为了论证某个真理而摆事实和讲道理。其中很多语句,或是叙述过程,或是联结上下文,或是为了加重语气,或是列出一些现象,如果孤立摘出其中一句,未必具有真理的意义。因此,不可能“句句是真理”。

至于“一句顶一万句”,那就更不可能了。人间的语言,一句就是一句。只有神秘的咒语,才能“一句顶一万句”。凡念咒的人,不必理解(也不可能理解),但都相信它可以创造奇迹,只要到时候念起咒语或口诵佛号,便可逢凶化吉,遇难呈祥了。这就叫迷信。

林彪还把马克思主义说成“天才”头脑的产物。这种“天才”,全世界要几百年、中国要几千年才出一个,那当然不是凡人,而是天上降生到人间的了。无产阶级的领袖是伟大的,但这种伟大恰恰出于平凡,而不是降自天上。把无产阶级领袖说得和神仙一样,实际上是对他的最大污辱,因为只有奴隶主阶级、封建地主阶级的领袖才需要这样。

为了加强迷信的效果,林彪还提倡或助长了很多类似宗教仪式的东西,例如“早请示”、“晚汇报”等。这纯粹是对马列主义、毛泽东思想的污辱,更加没有科学气味了。

“四人帮”怎样搞迷信

毛主席多次严肃批评了林彪搞的“天才论”和那一套封建迷信的把戏。还在“文化大革命”发动前夕,毛主席就警告说,有人把我当钟馗来吓人。林彪垮台后,掌握宣传大权的“四人帮”不但不批林,反而变本加厉搞迷信,不过手法也更狡猾了。

他们利用自己的地位和权力,专门从马列和毛泽东著作中摘取只言片语,吓人骗人。对毛主席的指示,他们想发表就发表,想封锁就封锁,想歪曲就歪曲,想捏造就捏造。只要经过他们的黑手,那些只言片语就已经失去本来的意义,成为他们任意使用的标签,何况有些所谓“语录”,如什么“按既定方针办”,本来就是假的。所有这些被他们肢解、歪曲和伪造的“语录”,已经成了“四人帮”的如意法宝。他们想整谁,就把这件法宝祭起,口中念念有词,对方就倒霉了。反正权在他们手里,你纵有千般道理,也有口难辩,只好听凭他们摆布了。

这还不算。“四人帮”还把他们自己的一些东西,借口马克思主义经典作家看过,便也抬到真理的高度。“四人帮”这种搞法本身,就是以迷信为前提。试想,一个错误的东西,如果经谁一看,就变成正确的东西,这不是把看的人神化了吗?其实,他们神化别人,是为了神化自己。

迷信被弄成政治原则

林彪和“四人帮”横行的时候,用他们所掌握的那部分权力,来推行迷信。谁要敢对他们那些迷信说出一个不字,便要遭到“全面专政”的待遇,于是迷信成为政治原则。

在他们那种法西斯“全面专政”的淫威下，不但没有讲出马克思主义真理的自由，而且一些毫无政治意义的事情，都可以招来横祸。例如，有的编辑在改文章时，把毛主席的名字或毛主席的语录用红笔涂掉，表示删去，这就是大不敬，要惹祸。同样，在印刷品上，凡有经典作家的名字，不得拆开排入两行，因为把名字分作两截，这是不吉利的征兆。

这一套迷信原则，连资本主义的水平都不如，而是继承了封建主义的糟粕。在封建社会，皇帝的名字，是“圣讳”。“讳”者，不能说也。谁如果直呼皇帝之名，便犯了大罪。这种事，今天说起来是笑话，在那个时代，却是事实。

林彪、“四人帮”几乎完全把封建专制主义这一套搬到社会主义社会。他们利用群众对马列主义、毛泽东思想的热爱，把它再“拔高”一步，事情就起变化了。列宁说：“只要再多走一小步，仿佛是向同一方向迈的一小步，真理便会变成错误。”（《列宁选集》第4卷，第257页）这“一小步”如果出自群众，是可以理解的，因为这是出于朴素的阶级感情。但在林彪、“四人帮”，这“一小步”却是故意的。他们利用群众对领袖的信任，把领袖抬到党组织之上，抬到群众之上，故意把马列主义、毛泽东思想涂上神秘的色彩，并且动不动就上纲上线，用可怕的大帽子和大棍子来压人，这就使事情走向反面，把马克思主义这门革命的科学弄成和群众对立的东西，弄成束缚人的宗教教条了。

马列主义、毛泽东思想是科学，不是迷信。共产党只能搞科学，决不能搞迷信。这都是马克思主义的起码常识。然而在林彪和“四人帮”横行的时候，常识变成禁区了。谁要敢讲一讲常识，谁要敢碰一碰禁区，便要被他们视为大逆不道，便有遭受他们那种“全面专政”的危险。因此，常识渐渐被人遗忘，迷信好像成了当然的真理。

科学对迷信的胜利

毛主席早就告诉我们：“我们除了科学以外，什么都不要相信，就是说，不要迷信。中国人也好，外国人也好，死人也好，活人也好，对的就是对的，不对的就是不对的，不然就叫做迷信。”（《毛泽东选集》第5卷，第131页）“四人帮”在表面上好像尊崇革命的领袖，实际上是要群众迷信自己。在科学和迷信的斗争中，迷信尽管可以横行一时，但最后胜利必定属于科学。在“文化大革命”的风暴中，搞迷信的人终于现出狐狸尾巴。那最“高举”的人，原来是最阴险的野心家。林彪完了，“四人帮”也完了。在这场斗争中，取得胜利的是老实人，即按科学态度办事的人。以华主席为首的党中央粉碎“四人帮”这场胜利，也是科学对迷信的胜利。

在肃清林彪、“四人帮”流毒的战斗中，华主席为首的党中央号召我们破除迷信，解放思想。我们首先要破除林彪和“四人帮”所搞的那套迷信，要把马列主义、毛泽东思想当作科学。这是高举毛主席伟大旗帜的必要条件。毛主席的旗帜就是马列主义、毛泽东思想的旗帜。这面旗帜之所以百战百胜，并不是因为它有什么神秘的力量，而是因为它是科学，是放之四海而皆准的普遍真理。

高举毛主席的旗帜，就是遵照毛主席的教导，按科学原则办事。林彪、“四人帮”搞迷信，是大不老实。凡是不老实的人，都是要失败的。这是历史告诉我们的真理。

马克思主义产生于实践并受实践检验

科学产生于实践。马列主义、毛泽东思想并不是马克思、恩格斯、列宁、斯大林、毛主席的头脑里固有的。无产阶级反对资产阶级的阶级斗争，被压迫民族和人民的革命斗争，以及一切劳动者的生产斗争和科学实验，——这就是马克思主义的源泉。毛主席经常教导我们，人的头脑只是一个加工厂，原料要从实践中来。马克思和恩格斯是马克思主义的创始人。但这并不是说他们的头脑里原来就有马克思主义。不是的。他们的伟大功绩，在于正确地总结了无产阶级和革命群众的斗争实践，把它提升到理论的高度。当然，他们也吸收了人类历史上一切积极的思想成果。但这些成果也是前人实践经验的总结。所以归根结底，马克思主义只是来源于实践。那些把马克思主义搞成迷信的人，是完全违背了这个常识的。

马克思主义既然产生于实践，它的内容便是实践所揭示的客观真理。这种客观内容，不以任何人的意志为转移，当然也不以反映者的意志为转移。那些客观规律是在一切人的头脑之外独立存在的。人的头脑可以反映它，但不能改变它。这是马克思主义的一条常识。这常识同样适用于任何一个马克思主义者。那些搞迷信的人总是把马克思主义搞得很神秘，好像一个人只要成为马克思主义者，他的脑子随便怎样思想，都是马克思主义，这是完全违反常识的。任何一个马克思主义者，他之所以是马克思主义者，仅仅因为他的思想正确反映了客观规律，而不是因为他天生与群众有什么两样。毛主席讲过，他起初还不是马克思主义者，而是后来在实践中成为马克思主义者的。其实马克思主义经典作家都不是天生的马克思主义者，他们脑子里的马克思主义都是后来才有的。

毛主席还告诉我们：“按照辩证唯物论，思想必须反映客观实际，并且在客观实践中得到检验，证明是真理，这才算是真理，不然就不算。”（《毛泽东选集》第5卷，第297页）马克思主义之所以是真理，是经实践证明了的。马克思、恩格斯、列宁、斯大林、毛主席，是伟大的马克思主义者。他们的思想，也要由实践来检验；凡经实践检验证明是对了的，就加入马克思主义的宝库成为它的组成部分。如果有不对之处，那么这部分就不是真理。例如，毛主席说，对斯大林要三七开，那就因为他的思想，七分是科学的，有三分是不符合实际的。例如他过早地宣布在苏联消灭了阶级，其实阶级并未消灭。但这并不影响斯大林作为一个伟大的马克思列宁主义者，也不影响我们对斯大林的敬爱。这就叫科学。相反，如果不按照科学办事，把斯大林的错误思想也说成真理，那倒真正影响了群众对他的敬爱。因为明知不对也去称赞，那就叫言不由衷；不管对与不对而盲目崇拜，那就叫迷信。言不由衷当然谈不上敬爱。搞迷信也不能算敬爱。老百姓历来在迷信的对象（即神秘的异己力量）面前，只有诚惶诚恐的心情，生怕举措失当，得罪了神明，哪里有什么敬爱可言呢？毛主席坚持科学的态度，实事求是地对斯大林三七开，这正是彻底的唯物主义精神。

马克思主义要随着实践的发展而发展

科学要随着实践的发展而发展，永远不会停滞在一个地方。毛主席说："马克思列宁主义并没有结束真理，而是在实践中不断地开辟认识真理的道路。"

各式各样的思想家，差不多都想使自己的主义成为最后的永恒真理。只有马克思主义破天荒第一次打破了这种妄想。在马克思主义看来，世界上除了永恒运动的物质以及物质运动所固有的辩证规律之外，没有什么是永恒的。这个原则，同样适用于马克思主义本身。马克思主义是随着实践（包括阶级斗争、生产斗争和科学实验）的发展而不断发展和丰富的。

在马克思主义诞生以来的100多年中，它总是不断地发展着，并不因为个别领袖的去留而停顿下来，而是永远和千千万万革命群众一起前进。

现在，毛主席已经离开我们，华主席接了班。以华主席为首的党中央，正领导着我们继续长征。长征要走什么道路？当然是马列主义、毛泽东思想所指引的道路。为了走好这条道路，就必须把马列主义、毛泽东思想当作科学，用来指导实践，并按照实践的需要去研究它和发展它。这就要把林彪和"四人帮"强加给马列主义、毛泽东思想上面的迷信色彩通通洗掉，把它从林彪和"四人帮"为愚弄群众而设置的香案上拿下来，放在科学的基础上，恢复这门科学的本来面目，使它放出真理的光辉，而不是被涂上一层神秘的光环。

华主席为首的党中央反复号召我们完整地准确地掌握马列主义、毛泽东思想。这在科学和迷信的斗争中是有决定意义的一条原则。这个原则，简单地说，就是要掌握马列主义、毛泽东思想的精神实质，用马列主义、毛泽东思想的立场、观点、方法，来解决实际中的问题。这样，就不能搞"句句是真理"，不能寻章摘句，不能断章取义，不能像林彪和"四人帮"那样用他们所谓的"高举"当作帽子去压人。

历史潮流滚滚向前。毛主席已经给我们指明了马克思列宁主义的道路。华主席为首的党中央正领导我国人民进入一个新的历史时期。为在本世纪内高速度地把我国建成现代化的社会主义强国，我们要从实际出发，正确地总结以往的正反两面经验，更重要的是要通过新的实践来创造新的经验，把马列主义、毛泽东思想这门伟大的科学更加推向前进！

10月3日

国务院总理华国锋在北京会见巴布亚新几内亚副总理兼初级产业部部长朱利叶斯·陈

中共中央副主席邓小平同国务院政治研究室负责人谈话

邓小平在同国务院政治研究室负责人谈话时指出：法制确实需要建立和健全。现在是领导人说的话就叫法，不赞成领导人说的话就叫违法，这种状况不能继续下去了。他还强调说"领袖"这个词中国人把它神话了。要把领袖变成人，不要把领袖变成神。按照不正常的方法去做，就会损害毛主席的形象。

河北省农田基本建设会议在石家庄召开

中共河北省委第一书记刘子厚在会议上说，坚持实事求是，坚持实践是检验真理的唯一标准，是毛主席在长期革命斗争中为我党培育的优良传统，是马克思主义的一个最基本的原则，也是我们党一切工作的根本出发点。开展真理标准问题的讨论，弄清理论与实践的关系，是肃清林彪和"四人帮"的流毒、拨乱反正的一件大事。

刘子厚同志要求参加全省农田基本建设会议的各地、市、县委和公社党委书记，联系河北省的实际，认真学习华主席、叶副主席、邓副主席在全军政治工作会议上的讲话，学习李副主席在全国农田基本建设会议上的讲话，坚持唯物辩证法，反对唯心论和形而上学，彻底肃清"四人帮"的流毒和影响。

刘子厚同志说，关于实践是检验真理的标准问题不解决，拨乱反正就缺乏一个客观标准，就不能真正做到正本清源。另一方面，我们搞社会主义革命和建设快30年了，曾经提出过不少设想、方案、计划，进行过不少试验，有许多成功的东西，也吃过不少苦头。我们需要总结经验，弄清楚哪些是正确的，哪些是不正确的，以便发扬成绩，纠正错误，更好地前进；而总结革命和建设的经验，也需要一个客观标准，这个标准，只能是社会实践。凡是实践证明是正确的才算真理，才应当坚持；凡是实践证明是脱离实际的，则不是真理，就要改正。对这个问题，我们有些同志并不十分懂得。比如，落实党的干部政策，在有的地方和单位还有阻力，明明是冤案、假案、错案，就是不去甄别平反。他们的所谓依据，就是某个领导批示的，某某人在这儿工作的时候定的，因此不能更动。这里就提出一个问题，究竟实践是检验正确与错误的标准呢，还是领导指示、个人权威是检验正确与错误的标准呢？我们说，不管是谁作的决定，都要从实际出发，都必须实事求是。经过实践检验是错了的，就应当按党的政策加以改正。现在我们常听说有些同志思想不解放，心有余悸，在拨乱反正中有一溜子“怕”，思想上的挡头很多，实践证明是错误的东西，他们也不敢去正视，去纠正，主要原因是怕人说他们否定“文化大革命”。说到底，这还是他们没有弄清楚什么是检验真理的标准问题。因此，坚持实践是检验真理的唯一标准，是关系到能不能顺利地解决由于林彪、“四人帮”的干扰破坏而造成的大量积重难返的问题。

刘子厚同志说，在林彪、“四人帮”的干扰破坏下，一些同志滋长了不调查研究，说大话、空话，搞形式主义，报喜不报忧，甚至弄虚作假的坏作风。这些东西，是主观主义和个人主义的表现。如不彻底改变，其结果必将一害国家，二害人民，三害自己。有的人已经在这个问题上栽了跟头，应该从中接受教训。

黄梅戏传统剧目《天仙配》重现公演

新华社报道：深受群众喜欢的黄梅戏优秀传统剧目《天仙配》重现公演。著名黄梅戏演员严凤英的10年沉冤得到了昭雪。

10月4日

《人民日报》发表特约评论员文章《夺取揭批“四人帮”斗争的全胜》

（一）

揭批“四人帮”的伟大斗争，开展已经两年了。这场关系党和国家命运的政治大革命，有力地荡涤着神州大地上“四人帮”的污泥浊水，迅速地医治着祖国肌体的内外创伤，深刻地改造着八亿人民的精神生活和物质生活。通过这场斗争，“四人帮”篡党夺权的阴谋和他们的罪恶历史充分暴露，他们的资产阶级帮派体系土崩瓦解，他们制造的冤案逐步得到平反昭雪，被他们搞乱的路线、思想、理论是非日益得到澄清，人民群众政治觉悟大提高，党的优良传统逐步恢复，生动活泼的政治局面正在形成。濒于崩溃的国民经济，以很快的速度恢复和上升。遭到严重摧残的科学、教育、文化事业，开始迈出了大步。全党全军全国各族人民紧密团结在华主席为首的党中央周围，朝着四个现代化的宏伟目标奋勇前进。短短两年时间，我们国家形势发展之好，面貌变化之快，是全世界有目共睹的。

两年来的实践充分证明，揭批“四人帮”的伟大斗争，是当前推动我国社会主义事业前进的根本动力，是我们做好各项工作的决定因素。抓纲才能治党，才能治军，才能治国。抓纲才能实现安定团结，才有经济建设和文化建设的高速度。

两年来的实践同时证明，我们抓揭批“四人帮”这个纲是抓得好的。在华主席为首的党中央坚强、正确的领导下，整个运动有步骤、有计划地开展，始终坚持了毛主席的一贯方针和政策。这就使得我们的斗争既迅猛又健康，既坚决又谨慎，既解决问题又稳定大局。

现在摆在我们面前的任务，就是在取得伟大胜利的基础上，再接再厉，坚决把这场政治大革命进行到底。是不是把揭批“四人帮”的斗争进行到底，关系到党的十一大路线能不能得到贯彻执行，关系到新时期的总任务能不能顺利实现。坚决贯彻执行十一大路线，就是要抓纲治国。抓纲就要紧紧抓住揭批“四人帮”的斗争。纲不举目不张，不紧紧抓住这个纲，十一大提出的各项战斗任务就不可能落实。把揭批“四人帮”的斗争进行到底，是实现四个现代化绝对必要的政治前提。“四人帮”假左真右的反革命修正主义路线的流毒和影响，是发展生产力的最大障碍，是实现四个现代化的最大障碍，不坚决加以清除，我们就步履艰难，还谈什么现代化？

在粉碎“四人帮”两周年的时候，各个地区、各个单位需要回顾一下：我们对揭批“四人帮”的斗争究竟抓得如何？是抓得紧还是不紧？抓得好还是不好？抓得好的地区和单位，要好好总结经验，要研究如何打好第三战役，把斗争进一步深入开展下去。过去抓得紧、但对第三战役抓得不那么紧的地区和单位，要克服松劲情绪，继续发动群众，把运动推向前进。至于运动至今还很落后的少数地区和单位，那里的领导就要严肃地考虑：粉碎“四人帮”的初期，如果你那里由于种种原因揭批运动开展得迟一些，群众是可以谅解的；全国运动蓬蓬勃勃开展一年以后，你那里还是冷冷清清，群众就很难理解了；现在，粉碎“四人帮”已经两年，如果你那里这场斗争还是开展得不好，甚至很不好，那就是一个大问题了。群众就有理由提出：你对抓纲这样消极怠工、这样软弱无力，究竟是真执行还是假执行十一大路线？真要搞还是假要搞四个现代化？真高举还是假高举毛主席的伟大旗帜？这些单位和地区的上级领导机关,应该在调查研究的基础上,区别不同情况,采取有效的措施,包括领导班子整风、发动和支持群众揭盖子等,推动运动,促进落后向先进转化。各级党委都要分析形势,总结经验,提高抓纲的自觉性,把揭批“四人帮”的斗争坚持下去,夺取全胜。

(二)

把揭批“四人帮”的斗争进行到底,就是要把同“四人帮”篡党夺权阴谋活动有牵连的人和事彻底查清,把“四人帮”制造的冤案统统昭雪平反,把被“四人帮”颠倒了的路线是非、思想是非、理论是非全部纠正过来,把被“四人帮”破坏了的党的优良传统和作风坚决恢复起来。完成这些任务,还要作巨大的努力。拿清查工作来说,从全国范围看,同“四人帮”篡党夺权阴谋活动有牵连的人和事基本上查出来了,然而运动的发展很不平衡,有少数地区和单位搞得不好,确有死角,确有捂盖子的,还需要采取有力的措施,加强领导,彻底查清。深入地系统地批判“四人帮”的反革命修正主义路线和反动世界观,肃清其流毒,搞好各方面的整顿,则是更为艰巨的长期任务。当前正在全国开展的第三战役,是清除“四人帮”的流毒和影响,拨乱反正的决定性战役,一定要打好。

为了打好第三战役,就要按照党中央的部署,把“四人帮”和林彪连在一起批。认为这样做就会纠缠历史旧账,就会破坏安定团结,就是什么“两箭齐发”,这种看法是很错误的。林彪和“四人帮”本来就是一丘之貉,他们不但在政治上早就互相勾结,狼狈为奸,而且在路线、思想、理论上也是一路货色。过去说“四人帮”“继承”林彪的衣钵,这种说法不准确。林彪伙同“四人帮”大搞假左真右,不论对军队还是对地方都造成了极大的危害。过去批林,主要是揭批了一下他的反革命武装政变阴谋,由于“四人帮”的包庇,对于林彪那一套假左真右的货色,根本没有触动。谁稍一触动,就犯了弥天大罪。因此,林彪垮台以后,“四人帮”得以变本加厉地继续推行假左真右的反革命修正主义路线。实际上,“四人帮”的路线同林彪路线是一回事。第十次和第十一次路线斗争就是这样密切相连的。一条错误路线未被清算,又被另一批代表人物恶性发展,后果就特别严重。十分明显,不揭批林彪,就不能把“四人帮”批深批透,就不能把路线是非彻底搞清楚,就不能把一些重大政治案件的祸根彻底挖出来,就不能把林彪、“四人帮”的流毒彻底清除掉。揭批“四人帮”联系揭批林彪,是运动发展的必然趋势,非这样做不可。林彪的账过去就没有彻底清算过,现在必须加以清算。不纠缠历史旧账只适用于人民内部,根本不适用于林彪一伙。那种“两箭齐发”的论调,实质上起着继续保护林彪、又保护“四人帮”的作用。

认为“四人帮”没有什么理论,这种看法是完全违反事实的。林彪、“四人帮”确实没有革命理论,但有一整套假左真右的反革命修正主义的理论,有一套反马克思主义的思想体系。如果他们没有这些假左真右的理论,怎么会欺骗那么多人,欺骗那么长的时间呢?特别是“四人帮”,以“理论权威”自居,不是在个别问题上,而是在哲学、政治经济学、科学社会主义各个方面,全面地歪曲和篡改马列主义、毛泽东思想,系统地散布修正主义谬论。他们把马列主义、毛泽东思想早已解决了的很多根本理论问题,如理论和实践、精神和物质、政治和经济、生产力和生产关系、上层建筑和经济基础、个人和人民群众、政治挂帅和物质鼓励等等,搞得混乱不堪。他们篡改党的基本路线,提出反革命的政治纲领,就是以反动的“阶级关系变动论”为根据的。他们歪曲和篡改毛主席制定的一系列具体的工作路线和方针政策,无不有其修正主义的理论根据。如果说“四人帮”没有什么理论,那就等于说第三战役没有什么批头了,这是完全错误的。我们对林彪、“四人帮”的思想流毒决不可以低估。要清醒地看到,林彪自我爆炸已经7年,“四人帮”垮台也已两年,但是他们的毒还在流,他们的阴魂并没有散,它不仅附在那些帮派人物身上,也伴随在我们某些同志身边。有些人即使在政治上是反过“四人帮”的,也不等于在思想上同“四人帮”划清了界限。为什么今天我们还要争论实践是否是检验真理的唯一标准这样的马克思主义的ABC?为什么现在不少同志甚至一些领导干部还不敢讲打击阶级敌人的破坏活动,不敢讲批判资产阶级歪风邪气,不敢讲批判资产阶级派性,不敢落实党的各项政策,不敢讲经营管理,不敢讲按劳分配,不敢讲物质鼓励,不敢讲发挥知识分子的作用,不敢讲钻研科学技术,不敢讲学习外国先进经验,不敢实事求是地平反冤案、假案?这一切说明,抓紧思想理论战线上同林彪、“四人帮”的斗争多么必要。

革命大批判是拨乱反正、正本清源的强大武器。对林彪、“四人帮”的批判越深入,广大群众识别真假马克思主义的能力越强,心中的余悸越少,思想越解放,社会主义积极性越高。领导者的责任,就是要放手发动群众,密切联系实际,抓住林彪、“四人帮”为害最烈、流毒最广的问题,把大批判不断引向纵深。但是有的人不是这样,他们的精神状态不对头。他们脱离实际、脱离群众。广大干部和群众,越批越心情舒畅。而他们,越批越觉得左右不是,坐卧不安。他们自己不带头揭批,还反对别人揭批,有的人甚至以所谓“保卫‘文化大革命’成果”等等名义,下种种禁令,设重重障碍,束缚别人的手脚,挫伤别人的积极性,使人家余悸未除,新悸又来。他们不了解只有通过对林彪、“四人帮”的深入揭批，把毛主席的无产阶级革命路线同林彪、“四人帮”的反革命修正主义路线分个一清二楚，才能真正高举毛主席的伟大旗帜；只有把在毛主席革命路线指引下我国人民取得的伟大成果，同林彪、“四人帮”一伙造成的严重恶果分个一清二楚，才是真正保卫“文化大革命”的成果。他们那样做，客观上是继续容忍林彪、“四人帮”以假乱真，不让人们把鱼目同珍珠分开。清查工作不彻底，就会留下后患；批判不彻底，也会留下后患。由于“四人帮”的干扰破坏，林彪的反革命修正主义路线没有得到彻底清算，被“四人帮”变本加厉地推行，结果造成更大的祸害，这个历史教训我们永远不要忘记。今天我们就是要向林彪、“四人帮”算总账，不但从组织上，而且从政治上思想上彻底挖掉这条又粗又长的修正主义路线的根子。“四人帮”要卷土重来是不可能了；但是，如果对他们那一整套修正主义货色不给予毁灭性的打击，不进行系统的批判，将来某个时候，有人借尸还魂，重新出现林彪、“四人帮”式的反革命阴谋家、野心家，重新出现假左真右的“理论家”，不是不可能的。因此，我们既要把清查搞到底，又要把批判搞到底。第三战役就是向林彪、“四人帮”发动的总攻击，不但要搞，而且要花大力气，认认真真地搞好，决不可等闲视之。

（三）

揭批“四人帮”是我党历史上一次极其严重、尖锐、复杂的路线斗争。两年来这场斗争所以发展得很健康，就是因为华主席为首的党中央从运动一开始就十分注意党的政策，坚决按照毛主席的教导办事。党中央还一再指出：运动越深入越要注意党的政策。这是我们把揭批“四人帮”的斗争继续推向前进，取得全胜的一个关键问题。

毛主席在“文化大革命”中指出：“对反革命分子和犯错误的人，必须注意政策，打击面要小，教育面要宽。”缩小打击面的问题，是关系到我们能不能做到团结95%以上的干部和群众，能不能调动一切积极因素，并且尽可能地化消极因素为积极因素的问题。

缩小打击面，就要正确对待犯错误包括犯了严重错误的同志。两年来我们正是这样做的。同林彪、“四人帮”那种栽赃陷害、无限上纲、残酷斗争、无情打击的做法完全相反，我们坚持正确区分和处理两类不同性质的矛盾，坚持“团结——批评——团结”、“惩前毖后，治病救人”这样一些经过长期实践检验的正确方针。现在运动深入了，揭批“四人帮”联系揭批林彪，我们更要注意提高斗争的艺术和政策水平。应当明确，揭批“四人帮”联系批林，目的是彻底清算他们的反革命修正主义路线，更好地分清路线、思想、理论是非，在马列主义、毛泽东思想的基础上搞好团结，一般地不是要追究个人责任。当然，对有一种人是要追究责任并加以处理的，这就是在第十次路线斗争中犯有错误，坚持不改，又投靠“四人帮”干坏事的极少数人。除此，不要着重追究个人责任。犯了路线错误，不弄清思想是不行的。有错不认错，头脑里还是林彪、“四人帮”的一套，那怎么继续革命？同这样的人讲团结又有什么政治基础和思想基础？犯了严重错误，利用政策的宽大一面借机翻案，也是不行的。至于犯过路线错误，已经搞清楚和开始改正错误，或者已经不坚持错误，对这样的人，一般就不要追究个人责任，而且要帮助他们做好检查、得到群众的谅解，及时把他们解脱出来，否则就会变成纠缠历史旧账，达不到团结同志的目的。

缩小打击面，就要正确认识和对待“四人帮”的资产阶级帮派体系。“四人帮”反党集团的一个很大特点，是结帮拉派，搞了一个资产阶级帮派体系，作为他们篡党夺权的骨干力量和主要工具。这个帮派体系能量之大，作恶之多，确乎超过了党内曾经出现过的各种反党宗派集团。但是，正如华主席在党的十一大的政治报告中所指出的，“我们所说的‘四人帮’及其余党的资产阶级帮派体系，是指‘四人帮’和那些参与‘四人帮’篡党夺权反革命阴谋活动的骨干分子。在同‘四人帮’篡党夺权阴谋活动有牵连的人当中，属于‘四人帮’及其余党的帮派体系的，只是极少数。”这就是说，“四人帮”的帮派体系只是一小撮。这一小撮主要包括“四人帮”的心腹、干将，加上极少数既有政治问题又有经济问题，即在政治上疯狂破坏社会主义法制和民主、残酷迫害好人、大搞打砸抢，在经济上大肆贪污盗窃、投机倒把，被人们称为“双面虎”、“双料货”的分子。这些人是“四人帮”的社会基础。我们说的“四人帮”的帮派体系，应该严格限于上述这几部分人。“四人帮”的帮派体系属于敌我性质的矛盾，只能是一小撮，不能随意扩大。

毛主席总是教导我们，对人的处理要取慎重的态度。党中央总结了历次政治运动和路线斗争的经验，在这次运动中采取“冷处理”的方针。冷处理，就是要经过充分的调查研究，力求把材料弄得准确无误，才对帮派骨干分子和犯错误的人作出组织结论。这样，就可以保证我们的处理更加实事求是，经得起时间的考验。同时，这也是为了等待犯错误者的觉悟，力求挽救更多的人。即使是帮派骨干，只要他真正认罪，确有悔改表现，也给出路，也可以从宽处理。对于犯严重错误的同志，当然更要实行“批判从严，处理从宽”的方针。只要我们严格区分和正确处理两类不同性质的矛盾，牢牢掌握斗争大方向，始终把矛头指向林彪、“四人帮”及其一小撮死党，同时对人的处理取慎重态度，揭批越深入，我们团结的人就越多，队伍就越壮大，安定团结的局面就越巩固、越发展。

我们党和国际共产主义运动的历史经验告诉我们，一场伟大的政治斗争，由于领导不同，结局往往不同。有的是开始得好，发展得好，做到了善始善终。也有的是开始好，但搞到中间偃旗息鼓，半途而废。还有的是开始好，中间也好，但最后不好。我们要善于汲取这些历史经验，把揭批“四人帮”的伟大斗争坚持下去，像延安整风那样，做到善始善终。如果说，当年延安整风运动，统一了全党的思想，增强了全党的团结，为抗日战争和解放战争的胜利准备了必要的政治思想条件；那么，今天揭批“四人帮”的伟大斗争，必将在新的历史条件下，统一全党的思想，增强全党的团结，为实现新时期的总任务准备必要的政治思想条件。这一点，是确定无疑的。

全国人大常委会副委员长廖承志在北京会见比利时友好人士昂托纳·阿拉男爵及玛特·胡斯曼夫人

1979年年度中国芬兰政府间贸易协定在赫尔辛基签字

中国政府贸易代表团团长、外贸部副局长王保宣和芬兰政府贸易代表团团长、外交部商务司副司长奥巴斯分别代表本国政府在协定上签字。

安徽出现全国第一个实行“包产到户”的生产队

安徽省肥西县官亭公社农场大队老庄生产队的社员，在生产队队长的带动下，把全队土地划分到户并规定：每亩定产200斤，以产计工；来年收获后每超产1斤粮食奖励3个工分，节约归自己，超支不补，种子和肥料各家自筹自用。这实际就是大胆公开地宣布“包产到户”。这是当时安徽省、也是全国第一个实行包产到户的生产队。

10月5日

《人民日报》刊登新华社记者和人民日报记者的报道《广东省委举行常委扩大会议进行整风总结经验教训 发扬民主 实事求是 带领群众抓纲治粤》

中共广东省委不久前召开常委扩大会议进行整风学习，取得了很好的效果。会议历时1个月。省委第二书记习仲勋同志主持这次会议，各地、市委书记和省直属单位党组织的负责人共170多人出席。大家认真学习了毛主席1962年《在扩大的中央工作会议上的讲话》，学习了华主席、叶副主席、邓副主席在全军政治工作会议上的讲话和中共中央有关重要文件，学习了兄弟省的有关经验，初步讨论总结了广东省委十年来在两条路线斗争中的经验教训，在发扬民主，实事求是，充分肯定广东大好形势的基础上，大胆揭露矛盾，摆出问题，充分认识林彪、“四人帮”干扰破坏在广东造成的严重后果，决心抓纲治粤，拨乱反正，充分利用广东有利条件，调动一切积极因素，加快广东四个现代化的步伐，首先尽快把农业生产迅速搞上去。

发扬延安整风精神，努力创造生动活泼的政治局面

这是广东省党组织在新的历史条件下，为进行新的长征而召开的一次整风会议。它以深入揭批“四人帮”为纲，继承和发扬了延安整风精神，按照毛主席关于弄清思想，团结同志，从团结的愿望出发，通过批评和自我批评，在新的基础上达到团结的方针，真正发扬民主，做到“知无不言，言无不尽”，“言者无罪，闻者足戒”；对于犯有错误的同志，实行“惩前毖后，治病救人”，允许人改正错误，有了进步就欢迎。会议始终把斗争的锋芒集中在深揭狠批林彪、“四人帮”反革命修正主义路线上，揭发了林彪、“四人帮”一伙在广东犯下的大量罪行。同志们说，这次整风，抓住了广东问题的症结所在，又使人感到实事求是，心情舒畅。

会议回顾了前几年的战斗历程。大家一致认为：在党的第十次、第十一次路线斗争中，广东省的绝大多数党员、干部的表现是好的和比较好的，他们经受了严峻的考验，对于林彪、“四人帮”一伙篡党夺权，倒行逆施，进行了坚决的抵制和斗争，稳定了广东的局势。在华主席为首的党中央一举粉碎“四人帮”以后，广东局势的稳定，是有目共睹的。与此同时，也看到一年多来广东对揭批“四人帮”斗争不力的一面，大家从全省人民都关心的，为什么这几年农业上不去的迫切问题着手，揭发批判了中共湛江地委副书记白俊峰违法乱纪，迫害干部、群众，大搞虚夸风、假典型，使湛江地区人民政治和经济生活遭到破坏的严重罪行。大家认为，在“四人帮”反革命修正主义路线的破坏和影响下，白俊峰这样人物的出现和他给革命事业带来的危害，不是偶然的。会议抓住白俊峰事件这个典型，具体分析林彪、“四人帮”修正主义路线给广东造成的严重“内伤”，认真总结几年来正反两方面的经验教训，和广东省农业为什么发展缓慢等一些重大问题。大家尖锐地指出省委对广东受林彪、“四人帮”干扰破坏的严重性估计不足，对揭批“四人帮”运动抓得不力，影响了全省工作的发展。省委领导同志认真听取这些一针见血的批评，因势利导，决定首先从省委常委做起，以批评和自我批评作武器，共同总结经验教训，分清路线是非，一步一步把问题摆开，从而使这次常委扩大会议出现了生动活泼的政治局面。

由于指导思想明确，方法对头，在扩大会上发言的同志态度诚恳，开门见山，不绕圈子，把问题摆到桌面上。为了做到会内会外结合，在省委党校学习的100多名县委书记也集中一段时间，给省委提意见；省直属各单位的干部每天以半天的时间，帮助省委整风。省委领导同志在常委会上相互批评帮助，既做到和风细雨，又坦率地进行思想交锋，并且主动在扩大会上作了自我批评。一些经历数十年革命斗争、跟随毛主席南征北战的老同志检查时，严于解剖自己，胸怀坦白，爱憎分明，给大家作了榜样，受到热诚欢迎。会议期间出了200多期简报和材料，如实反映大家的意见，思想得到交流，会议开得生动活泼。到会同志反映，参加这次省委常委扩大会议，又尝到了当年参加延安整风的甜头。

实事求是，不掩盖矛盾，把执行政策中存在的问题充分摆开，以求切实解决

这次会议是按照十一大路线的精神，抓纲治粤、拨乱反正的一次重要会议。与会同志一致认识到广东的各项工作特别是农业发展缓慢，就会拖四个现代化的后腿。大家说，广东农业上不去，全省人民不满意，现在到了非解决不可的时候了。会上指出，造成这种落后状况的根本原因，是林彪、“四人帮”的干扰破坏。他们破坏党的基本路线，颠倒敌我关系，煽动在农村乱抓、乱打、乱批、乱斗，在农民群众中抓“暴发户”，批“小生产”，打“土围子”，搞乱了阶级阵线；他们把社会主义当成资本主义来批，破坏党在农村的经济政策，特别是破坏按劳分配的政策，乱批所谓“唯生产力论”，严重挫伤了农民的社会主义积极性；他们破坏农业学大寨运动，破坏以农业为基础的方针，大砍农业投资，严重影响了农田水利建设；他们破坏多种经营，把丰富的广东水果和经济作物当作资本主义砍掉；他们鼓吹“跑步进入共产主义”，大搞“并队”、“过渡”，大搞“割资本主义尾巴”，把农民的自留地、农村集市贸易、社员正当的家庭副业，都当作资本主义横加批判；他们大搞“吹而优则仕”，刮浮夸风；树假典型，鼓励弄虚作假和瞎指挥，严重破坏了党的优良传统和作风，使广大群众身受其苦，身受其害。到会的同志说，不下决心拨乱反正，不把这些被颠倒了的大是大非问题颠倒过来，要指望把广东农业很快搞上去，是不可能的。特别是要彻底批判林彪、“四人帮”的假左真右，解决依靠谁、团结谁、打击谁这个最根本的问题，绝对不容许用专政的办法来对付人民群众。在落实农村经济政策上，要特别强调落实按劳分配、减轻生产队负担、发展多种经营等政策。这几条抓紧、抓好了，农业就会迅速见效。

会上分析了广东农业要翻身，必须坚持以农业为基础，以粮为纲，农、林、牧、副、渔全面发展，因地制宜，适当集中的方针。切实加强省委和各级党委对农业的领导，全党动员，大办农业。在深入开展农业学大寨运动中，要认真学习大寨的根本经验，坚持从实际情况出发，做到真学，反对假学。按照“农、轻、重”的方针，各行各业都要支援农业，特别是要迅速改变工业支农的被动状态。党和国家的干部要改进作风，实事求是，从实际出发，关心群众疾苦，安排好群众生活。根据各地区，如商品粮基地、生产潜力大的地区、地少人多的地区、山区林区、经济作物区、外贸出口基地等不同特点，省委要搞好规划，搞好经济协作，制定一些关键性的措施，促进农、林、牧、副、渔全面发展。会议指出，今年是抓纲治国的第二年，要全力以赴打好农业翻身仗，千方百计夺取今年农业大丰收。

决心在深入揭批“四人帮”的斗争中，联系批林彪，分清路线是非，抓紧清查工作，彻底肃清他们的流毒和影响

广东省委常委扩大会议通过整风学习，统一了思想和行动，决心在揭批“四人帮”的斗争中，联系批林彪，把阶级斗争的盖子彻底揭开，把这场政治大革命进行到底。林彪反党集团横行时期，广东省发生过许多严重的政治事件，一些错案、冤案、假案，由于受到“四人帮”的严重干扰破坏，那时没有能够得到平反昭雪，遗留问题很多。由于十次、十一次路线斗争中许多重大的路线是非没有分清，广大干部、群众的社会主义积极性不能充分调动起来。这次整风会议，根据全军政治工作会议的精神，放手发动群众，在揭批“四人帮”时联系揭批林彪，彻底揭发批判林彪反党集团在广东犯下的一系列滔天罪行。

会议认为，根据广东的实际情况，揭、批、查的任务还很重，不能半途而废。对于林彪反党集团和“四人帮”在广东搞的篡党夺权和反党反中央的反革命阴谋活动，要一追到底，弄得水落石出。对于冤案、错案、假案要坚决贯彻执行“有反必肃，有错必纠”的方针，予以平反昭雪，例如，诬陷彭湃同志和迫害他的亲属的案件，必须平反昭雪；对于林彪、“四人帮”制造的一些重大的反革命政治事件，要彻底查清，严肃处理；对于那些靠搞法西斯专政、残酷镇压群众、搞打砸抢的为首分子，以及那些幕后策划者，都要坚决追查，对其中民愤极大而又无悔改表现者，要按照党纪国法严肃处理。在斗争中和处理一些案件时，要注意具体问题具体分析，要考虑当时的历史条件，真正做到严格区分两类不同性质的矛盾，扩大教育面，缩小打击面，坚决团结95%以上的干部和群众，以保证揭批林彪、“四人帮”的斗争健康地进行到底。同时，要结合清查，深入展开批判，从各方面彻底批臭林彪、“四人帮”假左真右的反动思想体系，肃清其流毒。

强调整顿好各级领导班子,团结全省人民夺取抓纳治粤的新胜利

广东省委这次整风会议,还强调了省委要带头整顿好领导班子,带头恢复和发扬党的优良传统和作风。会上不少同志指出省委某些同志坚持民主集中制不够,既缺乏高度的民主,不注意走群众路线,不注意倾听群众的意见和呼声;又缺乏高度的集中,各自为政,不能形成坚强有力的拳头。会议强调省委和各级党委要认真学习毛主席1962年《在扩大的中央工作会议上的讲话》,按照毛主席的教导,把被林彪、"四人帮"破坏了的党的民主集中制恢复和健全起来。

广东省委第二书记习仲勋同志在会议的总结讲话中表示,省委下定决心,一定要把省委的班子整顿好,不辜负全省党员、干部、群众的殷切期望,使省委成为高举毛主席伟大旗帜,能够坚决贯彻执行党的十一大路线、密切联系群众、团结战斗的,让华主席、党中央放心的好班子。省委带头整顿,各级领导班子也要整顿。整顿主要是思想整顿。在思想整顿的基础上,进行适当的组织整顿,领导班子该交流的交流,该调整的调整,该提的提,该降的降,特别要选好一、二把手。有的单位问题成堆,如果老是面貌不改,老样子不变,这样的领导就非调换不可。要把班子整顿好,老干部要搞好传、帮、带;要重视对中、青年干部的培养;要处理好外来干部和本地干部的关系,互相学习,互相帮助,取长补短,加强团结。在整顿中,要坚决克服资产阶级派性,决不容许把资产阶级派性带到党内来,带到领导班子里来。凡是搞派别活动而又坚持不改的人,不能进领导班子,进了班子的要清除出去。

这次会议还用大量事实揭发批判林彪、"四人帮"为了篡党夺权,对我们党的优良传统和作风的严重破坏。会上强调,整顿思想作风,其核心是要坚持实事求是,群众路线。要坚决克服脱离实际,不实事求是,搞瞎指挥,搞形式,务虚名,搞浮夸,讲假话的坏作风;坚决克服脱离群众,不走群众路线,做官当老爷,办事"踢皮球",靠在文件上画圈圈过日子,特别是对群众疾苦漠不关心,对人民的呼声置若罔闻的恶劣作风。领导机关必须下决心整顿,坚决克服机构臃肿,人浮于事,会议、文件泛滥成灾的官僚主义作风。要在加强党的领导的同时,更好地发挥革委会的作用,发挥工青妇和贫协等群众组织的作用,通过各种渠道加强党同人民的联系。作风的整顿,已经到了刻不容缓,非改不可的时候。

广东省委这次整风会议,由于指导思想明确,方法对头,真正起到了弄清思想、团结同志的作用。大家坚定地认为,这次会议虽然只是一个良好的开端,但是,在华主席为首的党中央领导下,只要省委和各级党组织、全省党员、干部、群众团结一致,艰苦奋斗,在新的历史条件下进行新的长征,就一定能够使广东在不太长的时间里赶上先进,夺取抓纲治粤的新胜利。

全国人大常委会副委员长邓颖超和政协全国委员会副主席康克清在北京会见《续西行漫记》作者尼姆·威尔斯女士和三位美国电影工作者

国务院副总理陈慕华在北京会见即将离任的尼日尔驻中国大使阿尔祖马

国务院副总理耿飚在布拉柴维尔与刚果劳动党军事委员会成员 内政部长卡塔利少校举行会谈

卫生部和世界卫生组织关于卫生技术合作的备忘录在北京签订

卫生部部长江一真、世界卫生组织总干事马勒分别代表我国卫生部和世界卫生组织在备忘录上签字。

国际业余田径联合会在波多黎各圣胡安举行的代表大会上通过决议恢复中国在国际业余田径联合会的合法席位

10月6日

《人民日报》发表胡乔木的文章《按照经济规律办事,加快实现四个现代化》

华国锋同志在全国财贸学大庆学大寨会议上的讲话中指出:"有些同志对研究、掌握和运用社会主义经济规律的重要性还缺乏应有的认识,甚至以为政治挂帅可以不顾客观经济规律,承认经济规律就是否定政治挂帅,这种观点是完全错误的。在我们的经济工作中,一定要无产阶级政治挂帅,也一定要按照客观经济规律办事,这二者是统一的。全党各级领导干部,都要努力把政治和经济统一起来,提高经济管理水平。这对于迅速发展国民经济具有关键的意义,务必抓得很紧很紧。"

华国锋同志的这个指示,对于迅速发展国民经济,加快实现四个现代化,确实"具有关键的意义,务必抓得很紧很紧"。本文着重就经济工作一定要按照客观经济规律办事这个问题,说一些体会,提一些建议。

一、经济规律的客观性

马克思、恩格斯、列宁、斯大林和毛泽东同志都曾多次谈到经济规律的客观性。马克思在谈到按比例分配社会劳动的必要性时指出:这个规律如同自然规律一样,"自然规律是根本不能取消的。在不同的历史

条件下能够发生变化的，只是这些规律借以实现的形式。”[①]列宁指出：社会经济形态决不是“可按长官的意志(或者说按社会意志和政府意志，都是一样)随便改变的”，它的发展是“自然历史过程”，它的发展规律“不仅不以人们的意志、意识和愿望为转移，反而决定人们的意志、意识和愿望”[②]。毛泽东同志说：“社会主义经济，对于我们来说，还有许多未被认识的必然王国。”[③]“我们要在今后实践中继续调查它，从中找出它固有的规律，以便利用这些规律为社会主义服务。”[④]

由于我们对这些指示认识和宣传不够，特别是由于林彪、“四人帮”的流毒，现在还有相当多的领导工农业经济工作的干部不承认或者实际上不承认经济规律的客观性，不承认经济规律，以为社会意志、政府意志、长官意志就是经济规律，以为经济规律可以按照政治需要而改变，以为这就是政治统帅经济。这些同志忘记了，“政治是经济的最集中的表现”[⑤]，政治不能在客观存在的经济规律以外，自己创造出另外的什么规律来强加于经济。事实上，单就经济发展的规律性来说，党的正确的政治领导的任务，正在于尽最大的努力来使我们的社会主义经济工作按照客观规律进行(实践证明，这是一个很复杂、很困难的任务)，因为只有这样，才能保证经济工作的成功，也才能保证经济工作的政治目的的实现，也才能保证政治领导和人民利益的一致。我们认为，华国锋同志所说的无产阶级政治挂帅和按照客观经济规律办事二者是统一的，其意义正在于此。

肯定了经济规律的客观性，还要解决下面两个问题：一、社会主义社会制度是否保证我们的经济可以自动地有计划地和高速度地发展；二、为什么资本主义国家的经济管理方法有值得我们学习的地方。

关于一。马克思、恩格斯曾多次指出，资本主义社会“对生产自始就不存在有意识的社会调节”[⑥]，资产阶级社会的全部生产“不是由共同制订的计划，而是由盲目的规律来调节，这些盲目的规律，以自发的力量，在周期性商业危机的风暴中起着自己的作用”[⑦]。社会主义社会的生产是由国家的计划来实现有意识的社会调节的。由此可以推论：社会主义社会的经济一定会比资本主义发展的速度高，并且一定会创造出比资本主义高得多的劳动生产率。总的说来，社会主义经济已经证明比资本主义经济发展速度高，并且还可以更高，也完全可以创造出更高得多的劳动生产率。但是在实际上，社会主义经济在有些时候、有些方面却比资本主义经济发展得慢些，并且还没有创造出比资本主义更高的劳动生产率。这是为什么呢？这是因为，第一，已经进行社会主义革命的国家，原来的经济和文化发展比发达的资本主义国家落后。在这些国家，小生产的势力和封建主义的影响比较强大，虽然进行了社会主义革命，小生产和封建主义的种种落后习惯的势力还是长久地多方面地存在着，严重地妨碍着社会主义经济的正常的迅速的发展。第二，社会主义社会作为一个新生的制度，还不巩固，不得不分出相当大的力量去对付国内和国外的敌对势力。第三，社会主义国家的国民经济计划，是一种对生产的有意识的社会调节，这在历史上是没有先例的，人们要熟练地运用客观经济规律正确地制订和执行计划是一个十分艰巨的任务，需要有相当长时间的认识和实践的过程。毛泽东同志说：社会主义生产关系“是和生产力的发展相适应的；但是，它又还很不完善，这些不完善的方面和生产力的发展又是相矛盾的”[⑧]。此外，还有上层建筑和经济基础的又相适应又相矛盾的情况。大家知道，恩格斯早已一再指出，国家权力可以帮助经济发展得比较快，但也可以沿着相反的方向起作用，这样，政治权力就会给经济发展造成巨大的损害，并能引起大量人力物力的浪费。恩格斯说的虽然是过去的历史，但是实践已经证明，社会主义国家也不能保证它的政治权力始终不发生给经济发展造成巨大损害的问题。斯大林说：“不能把我们的年度计划和五年计划跟国民经济有计划、按比例发展的客观经济规律混为一谈。”[⑨]他指出：社会主义的生产关系常常落后于生产力的发展，搞得不好，仍然可能变成生产力进一步发展的极严重的阻碍物，以至发生冲突。实际上，冲突不止由于生产关系和生产力进一步发展的矛盾，还由于国家机关在经济组织工作中的错误。斯大林1925年在联共十四次大会的报告中曾指出：“在资本主义国家里，任何一种较为重大的错误，任何一次较为严重的生产过剩或生产和需求总量之间的严重脱节现象，都不可避免地要由某种危机来纠正。……在资本主义国家那里所发生的经济危机、商业危机和财政危机，都只是触及个别资本家集团(斯大林这时还不能预见到1929年大危机的情况——引者)。而在我们这里却是另一种情况。商业和生产中的每次严重停滞，我国经济中的每个严重失算，都不会只以某种个别危机来结束，而一定会打击到整个国民经济。每次危机，不论是商业危机、财政危机或工业危机，在我们这里都可能变成打击全国的总危机。”[⑩]斯大林说的这种情况，在苏联无论在他这样说以前和以后都出现过，在我们中国也出现过。由此可见，社会主义社会制度本身并不能自动地保证我们按照客观经济规律办事，因而也并不能自动地保证我们的经济始终有计划地高速度地发展。社会主义社会制度给了我们按照客观经济规律办事的可能性，这是社会主义制度的优越性，是资本主义制度在整个国民经济发展历史范围内所不可能有的；但是要把可能性变为现实性，还要作很大的努力，还免不了有曲折，也就是毛泽东同志常说的要付学费。为了减少发展中的曲折，社会主义经济制度就必须同社会主义政治制度即人民民主制度密切结合，就必须同经济科学、管理科学、自然科学密切结合。总之，社会主义经济是在公有制基础上的高度社会化的大生产，如果我们正确地运用社会主义制度的优越性按照客观规律办事，就会以人类历史上前所未有的巨大力量来加速经济发展；相反，如果我们不研究不遵守客观规律，靠长官意志想当然瞎指挥，那就会造成某些单位甚至整个国民经济停滞倒退，使千百万以至几亿人民遭受苦难。因此，社会主义制度不但给了我们按照客观经济规律办事的巨大可能性，而且给了我们按照客观经济规律办事的绝对必要性和严重的历史责任。我们新中国成立已经快 30 年了，不能只是用缺乏经验来解释自己的错误了；为了加快实现四个现代化，现在特别有必要认真地总结正反两方面的经验，努力自觉地按照客观经济规律办事，积极地发挥社会主义制度的优越性。

关于二。毛泽东同志说："工业发达国家的企业，用人少，效率高，会做生意，这些都应当有原则地好好学过来，以利于改进我们的工作。"[11]资本主义社会的生产不是由共同制订的计划而是由盲目的规律来调节的，为什么它的经济管理方法还有应当学习的方面呢？资本主义经济就全体来说是无计划的，但是在一个企业内部一般却是有计划的。马克思说："在工场内部的分工中预先地、有计划地起作用的规则，在社会内部的分工中只是在事后作为一种内在的、无声的自然必然性起着作用"[12]。可见，整个资本主义社会生产的无计划性并不排除资本主义企业内部的有计划性。马克思早就着重指出资本主义企业管理的二重性，即一方面是"一种由社会劳动过程的性质产生并属于社会劳动过程的特殊职能"，另一方面它又是"剥削社会劳动过程的职能"。这里前一种职能是一切制度下一切种类的社会劳动都不可缺少的。"一切规模较大的直接社会劳动或共同劳动，都或多或少地需要指挥，以协调个人的活动，并执行生产总体的运动——不同于这一总体的独立器官的运动——所产生的各种一般职能"，[13]其中当然也包括计划的职能。资本主义早期工场内部的计划管理和其他管理，在今天已经发展成为大公司的现代化的高效率的计划管理和其他管理，甚至在一个国家的一定经济部门内(例如美国农业的生产和经营)也有某种程度某种性质的计划管理和其他管理。在这些范围内，资产阶级有意识地按照客观经济规律办事(这当然丝毫也不改变它们经济的资本主义性质，也不能使它们避免危机)，并且由于历史悠久，它们运用这些规律已经积累了相当丰富的经验，达到了熟练的程度。正是在马克思所说的资本主义企业管理的第一种职能的意义上，无产阶级可以而且必须向资产阶级学习。列宁说："只有那些懂得不向托拉斯的组织者学习就不能创造或实行社会主义的人，才配称为共产主义者。因为社会主义并不是一种空想，而是要已经夺得政权的无产阶级先锋队去掌握和采用托拉斯所造成的东西。我们无产阶级政党，如果不去向资本主义的第一流专家学习组织托拉斯大生产的本领，那么这种本领便无从获得了。"[14]"有人……说，不向资产阶级学习也可以建成社会主义，我认为，这是中非洲居民的心理。我们不能设想，除了以庞大的资本主义文化所获得的一切经验为基础的社会主义以外，还有别的什么社会主义。"[15]无产阶级政权"单靠专政、暴力、强制是保持不住的；唯有掌握了文明的、技术先进的、进步的资本主义的全部经验，使用一切有这种经验的人，才能保持得住。"[16]列宁的话是在半个多世纪以前说的，但是现在原则上还是适用。我们向资产阶级学习是有分析有选择的，是站在无产阶级和社会主义的立场上学习，而不是站在资产阶级和资本主义的立场上学习，所以毛泽东同志说要有原则地学过来。我们在学习的过程中当然要防止和纠正那种认为外国一切都好、中国可以依靠外国而不是依靠自力更生实现四个现代化的倾向。但是现在的主要危险不是这个，而是华国锋同志所反复指出的骄傲自满，故步自封，夜郎自大，是"四人帮"所散布的把自力更生和学习外国先进事物对立起来的流毒。坚持自力更生不但不排斥学习外国先进事物，而且如上所说，必须以学习外国先进事物为条件，否则就要陷入爬行主义，就不可能建成社会主义，或者在建成以前就要被敌人所击败。只有把社会主义制度的优越性同发达的资本主义国家的先进科学技术和先进管理经验结合起来，把外国经验中一切有用的东西和我们自己的具体情况、成功经验结合起来，我们才能够迅速提高按照客观经济规律办事的能力，才能够加快实现四个现代化的步伐。

打倒了"四人帮"，经济形势起了根本的变化，生产速度上升，生产秩序有了很大好转。但是如华国锋同志所说，我们的管理水平还是很低，也就是说，我们按经济规律办事的水平还是很低。我们现在的工农业还不能完全地按国家的需要、群众的需要和出口的需要组织生产，产品的品种、规格、质量、数量还不能充分计划化，以致有些需要的能够生产的东西生产得不够，而有些生产出来的东西却不合需要，造成积压和浪费。我们的动力、原材料的供应能力和生产、基建的需要还不能完全按比例，以至常常发生停工、窝工。我们还没有认真发展专业化和协作，很多企业是按照大而全、小而全的办法建设起来的，因此技术进步很慢，劳动生产率很低，成本很高。一般企业很少注意经济效果，广泛存在着劳动无定员、生产无定额、质量无检验、成本无核算的现象，在人力、物力、财力上造成很多浪费。由于我们在经济管理工作中不善于把国家、企业和职工的利益很好地统一起来，我们在促使企业的领导者和广大职工主动地关心企业的经营状况和改革方面，还没有充分发挥经济动力的作用。所有这些，都是我们按经济规律办事的水平还很低的表现，都是我们目前必须着重解决的问题。

二、按照经济规律办事

为了加快实现四个现代化，我们必须按经济规律办事，大大提高我们的经济管理水平。经济规律很多，现在只就有计划按比例的规律，价值规律，国家、企业、个人利益的统一，三个问题讲一点意见。

首先是要遵守有计划按比例的规律。

马克思说，“时间节约以及有计划地分配劳动时间于不同的生产部门，仍然是以集体为基础的社会首要的经济规律。甚至可以说这是程度极高的规律。”[17]时间节约属于价值规律的范围，后面再说，这里先说有计划地分配劳动时间的问题。过去的阶级社会客观上也要按比例分配社会劳动，但是不可能自觉地有计划地做到这一点。我们的社会主义经济能够也必须自觉地有计划按比例地发展。这是社会主义经济的基本特点。真正做到有计划按比例地发展，我们的国民经济就能够实现长期的、稳定的、高速度的增长，而避免无政府状态、半无政府状态以及作为其后果的发展速度大幅度波动的现象，为不断扩大社会主义再生产、不断提高人民的物质文化生活水平创造可靠的物质基础。由于林彪、“四人帮”的长期破坏，目前，我们的国民经济基本上还处在“半计划”状态。要改善我们的经济管理工作，首先要把半计划化变为充分计划化。我们的计划要遵守、反映、运用有计划按比例的规律，兼顾长远利益和当前利益，兼顾国家利益(包括中央利益和地方利益)、工农业企业的集体利益和劳动者的个人利益。要考虑各方面的需要和可能，经过反复计算，综合平衡，然后制订出来。国家计划不应当留缺口，地方计划不应当层层加码。计划外的生产和基建，要分别纳入各级计划。应当有直接的计划和间接的计划，两者结合，形成国家的统一计划。国家下达的指标要同企业的订货合同衔接起来，有效地解决目前存在的一定程度的产需脱节、供求失调的矛盾。

加强计划管理，可能遇到中央和地方、部门和部门、国家和企业之间的矛盾，在目前计划体制受到林彪、“四人帮”长期干扰破坏的情况下更可能遇到这种情况。但是这些矛盾在统筹兼顾的原则下是可以解决的，而且必须解决。我们的计划工作一定要充分发挥地方的积极性，否则我们的计划就不能反映全国人民的需要，也不能充分生效。但是地方的积极性又必须服从于国家的整体利益。各省要求工业化，这是正确的，合理的，各省一定要因地制宜地把本省的工业发展到一个高水平，也一定要能生产最必要的日用工业品和支农产品。但是这并不是说各省都要建立一个独立的完整的工业体系。这在目前固然不可能，即使从长远说也不一定需要，因为各省的资源状况有很大不同，不因地制宜而要万事不求人，结果必然造成人力、物力的巨大浪费，延缓全国实现四个现代化的时间。在发达的资本主义国家，美国各州的工农业发展就是各有重点，西欧各国也是有无相通，这并没有妨碍反而加速了它们的现代化。我们应当遵照毛泽东同志的教导，实行统筹兼顾，一切从8亿人口出发。如果不解决好中央和地方的矛盾，国家计划有缺口，地方层层加码，造成计划本身的脱节，计划外生产、计划外基建大量存在，那就不但不能加快实现四个现代化，不能提高经济管理水平和生产技术水平，而且必然使生产不能正常进行、基建长期不能完工投产、物资既短缺又积压、采购人员满天飞等等混乱浪费现象无法解决，必然给新生资产阶级分子造成冒险家的乐园。

有计划按比例地发展国民经济，要求切实搞好专业化和协作。这是现代化大生产发展的必然规律，是提高生产技术、提高劳动生产率、提高产品质量、节约动力和原材料消耗、降低成本的一个极为重要的途径。马克思说：“一个民族的生产力发展的水平，最明显地表现在该民族分工的发展程度上。”[18]列宁说：“技术进步必然引起生产的各部分的专业化”，“要把制造整个产品的某一部分的人类劳动的生产率提高，就必须使这部分的生产专业化”[19]。最近二三十年来，世界的科学技术日新月异地发展，专业化的分工更细，协作的规模更大。我们的经济要获得充分的发展，就要在国家统一计划下，真正搞好专业化分工和部门之间的、地区之间的、企业之间的协作。哪些适于专业化生产，哪些适于综合经营，某种专业化生产究竟是适于在省市范围内、大区范围内还是全国范围内进行，各个企业的原料、材料、燃料、动力以及备品、配件由谁供应比较经济，这些都需要经过反复平衡计算，并且在有计划按比例发展的条件下，才能得到合理的解决。例如，目前企业普遍存在的大而全、小而全的问题，在某种意义上说，也可以说是迫不得已的。如果不是在整个社会的范围内搞好专业化分工和广泛协作，就很难解决，甚至还会继续发展。只有按行业、按地区组织好各种备品、配件的专业化生产，确保供应；又组织好维修设备的专业公司，服务上门；同时，销售、运输、职工生活服务等等，也由社会的各种专业服务行业承担，才能解决。

其次是要遵守价值规律。

价值规律是商品经济的普遍规律。它的基本点是每一商品的价值都决定于生产它的社会必要劳动时间,商品的价格以价值为基础,商品按等价的原则进行交换。在社会主义条件下,商品生产和商品流通将继续长期存在,在我国还需要大大发展,价值规律在经济生活中仍然起不可缺少的作用。我们在制订和执行计划的过程中,一定要利用价值规律,反映价值规律的要求,一定要要求所有企业(包括国防工业)严格实行时间节约,不断争取劳动耗费、物资耗费(即所谓"物化劳动"的耗费)和经济效果的最优比例,严格进行经济核算,努力降低单位产品的成本,努力提高劳动生产率和资金利润率,否则就会给社会主义事业造成很大的损失和混乱。对于每一个企业和它的每一个劳动者,每一分钟都不允许浪费,否则就必须承担由此而产生的损失。不遵守客观存在的价值规律,也就不可能严格遵守有计划按比例规律(马克思说,"商品的价值规律决定社会在它所支配的全部劳动时间中能够用多少时间去生产每一种特殊商品"[20]。可见,有计划按比例规律和价值规律是不可分离的),而违反这些规律就不可避免地要遭到惩罚。

斯大林说:有商品生产的社会主义社会不能没有价值规律,这并不坏,"因为这种情况教导我们的经济工作人员不断地改进生产方法,降低生产成本,实行经济核算,并使企业能够赢利。这是很好的实践的学校,它促使我们的经济工作干部迅速成长,迅速变成现今发展阶段上社会主义生产的真正领导者"[21]。算账才能实行那个客观存在的价值法则。毛泽东同志说:"这个法则是一个伟大的学校,只有利用它,才有可能教会我们的几千万干部和几万万人民,才有可能建设我们的社会主义和共产主义。否则一切都不可能。"[22]新中国成立以来的将近30年中,我们的广大干部和群众,坚持在这个伟大的学校里学习,确实是学到了相当的本领,作出了相当的贡献,这才保证了我国国民经济的发展。但是,林彪、"四人帮"的干扰破坏,使革命导师的指示无法执行,使我们的计划经济遭受严重损失。为了扭转林彪、"四人帮"给我们的经济造成的某些混乱状态,我们必须运用价值规律进行经济核算,通过记账、算账对创造出来的价值(生产部门)或实现的价值(流通部门)的计算,对生产或流通中物化劳动和活劳动消耗的计算,对经营成果的考核,来不断改善我们的社会主义经济管理。为了运用价值规律进行经济核算,我们必须使价格正确地反映价值。我们应当运用价值规律来制定我们的价格政策,使计划价格有利于合理调整国家、集体、个人三者利益间的关系,合理调整工人和农民之间的关系,使计划价格对社会生产起积极的调节作用。

计划第一,价格第二,这是说我们首先要根据社会的需要来制订计划,其次要为各种产品规定合理的价格,让这些价格为计划服务,而不是把两者割裂开来。价格是以价值为基础的,但又不会绝对和价值相等。价格定得比较好些,生产这种产品的单位的利润就会多些,反之就会少些,因而价格是我们计划经济的一个重要工具。我们要善于运用这个工具。"四人帮"不让人讲利润,谁讲就对谁打棍子,当然谈不到运用价值规律把价格当作实现计划的工具。于是就出现这样的情况:社会上迫切需要的产品如生活上日用的陶瓷、铁锅一类东西,有关单位不那么愿意生产,因为收购价格低,不如工业陶瓷和铁管,这样就受到"利润挂帅"的责备。现在,"四人帮"打倒了,所谓"利润挂帅"的帽子没有人乱扣了,我们就应当把日用陶瓷、铁锅的价格适当提高一些,使价值规律发生作用的结果有利于计划的实现。斯大林说价值规律在社会主义制度下对生产不起调节作用,至多只能说有些影响,是说得过分了。马克思说,"在资本主义生产方式消灭以后,但社会生产依然存在的情况下,价值决定仍会在下述意义上起支配作用:劳动时间的调节和社会劳动在各类不同生产之间的分配,最后,与此有关的簿记(指会计核算等工作——引者),将比以前任何时候都更重要。"[23]这是马克思反复说明过的观点。可见价值规律对于社会主义制度下的生产并非没有调节作用。我们经济建设的实践也证明了这一点。在制订国家计划的同时,我们可以而且应当通过价格政策使价值规律起一定的调节生产的作用。

经济核算的制度在"四人帮"横行的那段时间里被破坏得很厉害。工人上班不上班一个样,干多干少一个样,干轻干重一个样,干好干坏一个样,这就是说对活劳动的消耗根本不计算、不监督。有些单位工人常年不劳动,照样拿工资;有些单位临时工做工,正式工不做工、干私活或者游荡。这种状况现在已经有了相当大的改变,但是改变得还很不彻底。例如某一建设工程现场的几千名工人,长期间实际每天只工作5—5.5个小时,每天少干1万个小时以上。这种不计算劳动的状况,不止是一个经济问题,而且是一个危害我国工人阶级劳动态度和革命品格的严重政治问题。难道我们还能够视若无睹,而不赶快大力解决吗?很多企业长期以来对物化劳动也不计算、不监督,原材料任意浪费,固定资金、流动资金占用不计多少。至于创造了多少价值,创造了多少利润,更是不讲。这种不计算、不监督的状态,是我们企业管理被搞乱了的一个根本原因。现在我们拨乱反正,就要运用价值规律,健全经济核算制度,通过各种实物指标和价值指标,通过严格实行按劳分配和把企业经营的好坏同每个职工的物质利益结合起来的办法,来改善经营管理,来为实现管理现代化创造一个必要的前提。没有这样的计算和监督,其他改善管理的一切措施都无从说起。在实行经济核算中要尽可能使实际生产出来的价值、消耗的活劳动和物化劳动的多少,准确地表现出来。说“尽可能”,是因为实际上不可能做到很准确,在这方面有许多难以克服的困难;但是尽可能还是应当做到的。

最后,保证国家、企业和个人利益的统一。

毛泽东同志说:“国家和工厂,国家和工人,工厂和工人,国家和合作社,国家和农民,合作社和农民,都必须兼顾,不能只顾一头。”[24]国家、生产单位和生产者个人这种利益上的统一,是社会主义制度所决定的,必须反映这种利益上的统一,是社会主义经济管理体制的根本规律之一。过去,在考虑管理体制问题时,往往是从国家内部的条块关系或中央和地方关系上考虑得多些,也就是在集权和分散的问题上考虑得多些。这种考虑当然是必要的,这是执行毛泽东同志关于正确处理好中央和地方关系的指示。但是从经济关系上保证国家、企业、个人的利益统一问题上考虑得比较少,这就没有充分执行毛泽东同志关于这个问题的全部指示。事实上,无论条块怎样分工,无论企业由谁管,都不能不首先从国家、企业、个人的经济关系去考虑问题。因为第一,社会主义经济的根本目的就是要提高人民(当然包括职工)的物质文化生活水平,不考虑职工的利益就违背了社会主义经济的根本目的;第二,职工和职工所属的企业是直接的生产者和生产的组织者,不首先考虑他们的利益就不可能保证生产的迅速发展;第三,无论中央国家机关或是地方国家机关,由于本身是不直接承担经济利害的行政机关,往往对企业的经济活动的迫切需要比较隔膜,因此,无论不适当地集权于中央或是不适当地分权于地方,结果常是同样地不利于经济建设的发展,所谓“一统就死,一分就乱”。关于这个问题,后面还要进一步讨论。

华国锋同志多次指示,如果不是由于客观的原因,企业不能办好办坏一个样,盈利亏损一个样。这就涉及国家和企业关系的问题。把国家和企业的关系处理好,对于加速实现四个现代化关系十分重大。国家和企业的关系处理得是否妥善,不仅关系到国家和企业的利益,而且直接关系到每个职工个人的利益。因为社会主义全民所有制的企业,是社会主义经济的基本单位,职工个人和国家的关系,同企业和国家的关系是密切联系在一起的。

处理国家和企业的关系,应当把执行国家统一计划作为基本前提。在这个前提之下,还必须考虑价值规律的要求。要在国家统一计划下,在经济上明确国家和企业双方面的经济责任。当前,应当考虑适当扩大企业的权限,以促进企业的领导和群众主动地关心企业经济活动的成果。过去在工业七十条中曾经规定,国家对企业要实行“五定”,企业对国家要实行“五保”。在工业三十条中,又重新提出了“五定”和考核企业的八项经济技术指标。这是一个十分重要的问题,应当进一步调查研究,把有关的规定完善起来。现在的八项指标中,没有固定资产占用指标,这不利于促进企业管好、用好投资,为国家创造更多的财富。在研究改进管理的时候,看来需要解决这个问题。[25]

“定”和“保”,体现了国家和企业双方的责任。一方面,企业进行正常生产所需的条件,要定下来,给以保证。如果保证不了,妨碍了企业生产的正常进行,国家和有关协作单位应负经济责任。另一方面,对企业应完成的任务也要有严格的规定。全面完成了任务,应当给企业一定的奖励,例如留给企业一部分基金,用于奖励先进的集体和个人、改善职工集体福利和进行扩大再生产。完不成任务,企业和个人也应承担一定的经济责任。列宁说:“各个托拉斯和企业建立在经济核算制基础上,正是为了要他们自己负责,而且是完全负责,使自己的企业不亏本。如果他们做不到这一点,我认为他们就应当受到审判,全体理事都应当受到长期剥夺自由(也许在相当时期后实行假释)和没收全部财产等等的惩罚。”[26]我们应当遵照列宁指示的原则,对企业的办好办坏、挣钱赔钱实行有奖有罚,赏罚分明。企业管理严重混乱,违法乱纪,造成大量亏损的,对负责的企业领导人应当实行法办,处刑罚款,另外组织新的领导班子去接管,不能让极端失职渎职的人逍遥法外。总之,要使企业经营得好,不但对国家有利,而且对全体职工和企业领导人也有利;企业经营得不好,对企业职工特别是企业领导人也不利。要把国家、集体、个人的利益直接地结合起来,使企业中的每个人都能从物质利益上关心国家计划的完成,关心企业经营的成果。

“四人帮”反对把个人利益和集体利益结合起来,根本否定个人利益。这是一种完全违反马克思列宁主义的假左真右的反动思潮。一切共产党人的根本宗旨,就是为大多数人谋利益。如果共产党不能为大多数人谋利益,群众为什么需要共产党,为什么需要拥护共产党呢?大多数人的利益,当然既是集体利益,也是个人利益。列宁说:“我们说,必须把国民经济的一切大部门建立在个人利益的关心上面。共同讨论,专人负责。由于不会实行这个原则,我们每一步都吃到苦头。”[27]事实上,我们不也是每一步都吃到苦头吗?所以毛泽东同志说得对:“一切空话都是无用的,必须给人民以看得见的物质福利。”[28]

要处理好有关个人物质利益的问题，就要坚决贯彻各尽所能、按劳分配的原则。华国锋同志最近指出，现在方针已经定了，为主为辅的原则也有了，就是要快点贯彻。该计件的就要实行计件，该发奖金的就要发奖金，不要顾虑重重。长时期的千百万群众的实践证明，在社会主义这个历史阶段，贯彻按劳分配，国民经济就上去，社会主义制度就进一步得到巩固和发展；不实行按劳分配，国民经济就上不去，社会主义制度就会受到损害。这是一条不以人们意志为转移的经济规律。如果按照这条规律办事，人们就得到它的奖励，如果违背这条规律办事，人们就会受到它的惩罚。根据劳动总局的统计，第一个五年计划期间，工业总产值每年平均递增18%，全员劳动生产率每年平均递增8.7%，职工工资平均每年递增7.4%。在这期间，工业的增长59%是靠提高劳动生产率。相反，1958年以后，工资不能按时正常增长，劳动生产率也不能正常增长，结果工业的增长全部或大部是靠增加职工。如果维持劳动生产率每年增长8.7%的速度不变，1977年工业、基建、交通运输三方面工人的劳动生产率就应当是目前的3倍，就是说，职工总数可以减少2/3。这个教训还不深刻吗？现在我们正在重新按这条规律办事，一定可以收到良好的效果，而且有些地方已经收到效果。李先念同志曾经指出，以前每当提高工资，做财政工作的同志常常顾虑财政收支会发生不平衡，而到年底结算的结果，国营企业利润的收入有增无减，“发财”的还是财政部。这是对我们20多年实践经验的一个很好的总结。

无论如何，按经济规律办事，必须坚持政治挂帅的前提。按经济规律办事，决不是可以把政治放在次要地位，相反，必须坚持党的领导，坚持群众路线，才能正确解决执行过程中的种种问题，克服种种阻力。“四人帮”散布的种种流毒需要肃清；新生资产阶级分子的进攻需要粉碎；我们同志中间存在的某些习惯势力和各种错误倾向需要克服。例如，可能有人借口按照经济规律办事，搞经济主义，放松政治思想工作，或者借口实行政治挂帅，不关心群众疾苦，强迫命令，或者无论在什么借口下为非作歹，等等。所有这一切，都需要从加强党的领导，实现真正的无产阶级政治挂帅来解决，从长远利益、根本利益上统一大家的认识来解决。总之，无产阶级的政治挂帅和按照客观规律办事是统一的，不实行无产阶级政治挂帅，就不能坚持社会主义方向，坚定地执行党的路线、方针、政策，坚定地实现新时期的总任务；而马克思主义的政治挂帅，必须是符合经济规律的，否认和违背经济规律的主观主义的蛮干，必然造成经济损失和政治损失，也彻底违反无产阶级政治挂帅的根本原则。

三、扩大经济组织和经济手段的作用

社会主义制度要求全国的生产都能够有计划地进行，这就使社会主义国家比资本主义国家增加了计划机关和许多工业管理机关。这些机关是需要的，但是这些机关在全国各级的总和是否太大？把它们的许多经济行政工作交给一些经济组织用经济手段去处理是否更有效？这是必须认真考虑的问题。列宁在《国家与革命》一书中曾经设想无产阶级专政的国家机器可以非常简单，因为它在管理经济方面的工作“已经被资本主义简化到了极点”。现在我们发现，工作并没有简单到列宁所设想的那种程度。尽管如此，我们依靠纯粹行政方法进行工作的范围还是太大了，而且不必要地建立了许多臃肿而缺乏效率的机构，以至妨碍我们利用资本主义所已经给我们简化了的现成遗产，妨碍我们按照经济规律管理经济。

行政方法永远是需要的，一个经济组织的科学管理也表现为科学的行政。社会主义国家的经济管理部门完全能够掌握科学的管理方法，按照经济规律办事，并且使自己达到精简、统一、效能、节约、反对官僚主义的目的。但是经济管理主要地究竟不能依靠纯粹行政的方法。这是因为：第一，纯粹行政的方法往往把普通行政机关（它们既不承担经济责任，也不实行经济核算）的办事方法照样地搬用到经济生活中去，容易考虑行政的方便，要求经济活动机械地适应行政的系统、层次、区划，而不是努力去研究、适应、运用经济规律去管理经济工作。这就助长了企业中的大而全、小而全的结构，无偿调拨、无偿供应、无偿支付、不讲经济责任和经济核算的供给制管理，经济活动衙门化、官工化、官商化的经营方法，以及相信社会意志、政府意志、长官意志的万能，因而犯主观主义的瞎指挥的错误。第二，按照这种办法，行政机构有多少层次，涉及多少方面，经济管理也就有多少层次，涉及多少方面，很容易造成机构重叠，周转层次多，公文旅行周期长，问题长期拖延不决，极大地妨碍经济工作的效率，丧失经济活动的时机。第三，行政的结构，无论属于条条或块块，往往同产品供产销的结构和其他经济活动的客观需要不相适应。以行政区划代替经济区划，不但造成商品和物资流向混乱，库存太多，有时甚至荒谬地阻断合理的经济联系，造成人为的经济分割和经济封锁，阻碍商品流通和产品调拨，妨害经济的正常发展。第四，纯粹行政方法往往不能正确地及时地反映国家、企业、职工、用户四者的物质利益及其相互关系，也往往不能正确地及时地反映中央和地方、地方和地方之间的物质利益关系，这种状况要反映到行政领导方面并得到纠正，往往需要很长的时间。由于行政领导对于企业的盈亏不承担直接的经济责任，对于企业经营的是非好坏不敏感,没有强烈的关心,判断和决定难于迅速、正确、有效,因而容易对国家、企业、职工、用户造成损失。第五,依靠纯粹行政的方法,不利于发挥下级地方、企业和广大职工的积极性、主动性、创造性,使企业缺少应有的权限,使有事业心、进取心、革命干劲的企业领导人和广大职工往往感到有劲无处使,至少是不能充分有效地使出来,只能一切等待上级的安排和批示。这要产生多少有形的尤其是无形的损失!因此,这种依靠纯粹行政方法的管理应当缩小到十分必要的范围,而最大量的经济工作应当由政府行政的范围转入企业经营的范围。企业本身也要尽量缩小纯粹行政方法的管理,扩大依靠经济手段的管理。

为了扩大经济组织和经济手段的作用,需要进行一系列的经济改组和经济改革,解决一系列具体问题。这里只提出以下四个方面的建议。

1. 推广合同制

在我国的经济工作中曾经在许多范围内实行合同制,实践证明,这是一种比较有效的形式,应当大力推广。合同制通常是两个企业直接订立的合同,他们对经济利益的考虑比较周到,向对方提出的要求比较仔细切实,并且双方自愿,互相制约,一般不存在强迫命令,有缺点容易弥补,不用经过层层审批。在基层企业和基层企业之间,产供销之间,大公司和专业公司之间,大公司相互间,专业公司相互间,地方公司相互间,各种公司和基层企业之间,都可以实行合同办法,从而提高经济工作效率,保证经济活动的计划性,减少各级行政机关的负担。不但如此,我们还认为,在国家和企业(包括工业和农业企业,全民所有制和集体所有制企业)之间,以至在中央和地方、地方和地方、地方各级之间,企业和职工之间,都可以实行合同制。实行国家和企业之间的合同制,对于明确国家和企业双方的责任,提高企业的主动性、积极性,改变目前经济管理中的许多混乱状态,尤其能够发挥重要的作用。合同制要充分地和正确地发挥作用,仍然首先需要无产阶级政治挂帅,同时还需要许多其他经济条件的配合和保证,并非实行了合同制就可以什么问题自然解决,什么都顺利。但是采取这种形式,有利于加强国民经济的计划化,加快国民经济的发展;有利于发展生产的专业化和协作;有利于全面完成经济技术指标,首先是质量、品种指标和节约动力、燃料、原材料消耗指标;有利于发挥价值规律的作用,加强经济核算,提高劳动生产率和资金利润率;有利于大大克服官僚主义和浪费,大大发扬群众路线,大大提高经济管理水平,培养经济管理人才。这一切是确定无疑的。

2. 发展专业公司

中央《关于加快工业发展若干问题的决定》(草案)中提出:“组织专业化生产,是现代工业发展的必然趋势。大而全、小而全的万能厂,既造成很大的浪费,又严重阻碍生产技术的进步,阻碍劳动生产率的提高。”列宁说过:“在分散的企业联合为一个辛迪加时,就能大大节省,这是经济学告诉我们的,也是一切辛迪加、卡特尔、托拉斯的例子说明了的。”[29]发达资本主义国家的经验,说明了按行业、按地区组织专业化和协作,用专业公司这种组织形式(包括全国性的,地方性的,同一行业联合的,各有关行业联合的)把各个分散的企业组织起来,不仅是现代工业发展的必然趋势,也是高速度、高水平地发展工业的客观要求。在这方面,我们在60年代初期已做过一些尝试,在中央工业、交通部门试办过13个专业公司,在一些省、市也组织了一些,如上海的各种专业公司、浙江的丝绸公司等。除了上海的以外,其他专业公司成立的时间较短,虽然由于经验不足,工作中有过这样那样的缺点、错误,对生产力的发展还是起了一定的促进作用。如1964年10月国务院批准冶金部成立的铝业公司,由于把原料、半成品、辅助原料的生产都统一组织到一个专业公司里,密切了上下工序的协作和联系;公司内部集中统一领导,又接近生产单位,减少层次,调度灵活,使生产有了很快的发展。铝业公司停办以后,1966年到1976年10年的产量增加很少,这十年国家投资却是1965年、1966年两年的5倍。其他专业公司成立前后也有类似的情况。过去有些专业公司工作中的缺点是没有照顾地方的利益,像烟草公司,曾把地方有关烟草的利润税收全部集中到烟草公司,对非传统产烟区的农民利益也很少考虑。这些问题在今后工作中不难解决。今后中央各部办的专业公司,要照顾到地方的利益;而各地办的专业公司,中央有关部门也要能管得着。

从小而全、大而全这种落后的生产组织形式,转移到按照专业化和协作组织起来的社会主义专业公司的轨道上来,是一场从经济基础到上层建筑领域的深刻变革,是一项政策性很强、牵涉面很广、繁重而又复杂的工作,要在调查研究的基础上,统一规划,认真试点,采取积极而又慎重的方针,有计划、有步骤地进行。

3. 加强银行的作用

列宁说:“没有大银行,社会主义是不能实现的。大银行是我们实现社会主义所必需的‘国家机构’,我们可以……使它成为更巨大、更民主、更包罗万象的机构。那时候量就会转化为质。统一而规模巨大无比的国家银行,连同它在各乡、各工厂中的办事处……这是全国性的簿记机关,全国性的产品的生产和分配的计算机关,这可以说是社会主义社会的一种骨干。”[30]解放以来,银行进行了多方面的工作,积累了丰富的经验。华国锋同志说:“要发挥财政、银行、信贷对各项经济活动的促进和监督作用”[31]。银行是全国的结算中心、信贷中心和出纳中心。在全国都有它的分支机构,国家的很多经济管理工作都可以通过银行来做,而且可以比用行政办法做得更灵活,更有效。企业的一切经营活动,银行都可以加以促进和监督。在“文化大革命”前,我们的国家银行,通过信贷和拨款对企业的活动进行了有效的促进和监督。那时银行向企业贷款有三个基本要求:(1)企业要有物质保证;(2)要有经上级批准而起法律作用的计划;(3)要保证按期偿还。这几条在当时执行得是比较好的。但是,近十几年来,在林彪、“四人帮”的干扰破坏下,这些好的做法被否定了。现在除了工资基金和一部分基建投资以外,其他对企业的作用还发挥得很少,这也是只依靠行政手段(例如由首长批条子)不依靠经济手段所造成的一种不良后果。为了迅速提高经济管理水平,克服很多工商业企业和基本建设单位的混乱状态,应当积极恢复和大力加强银行的作用。

4.发展经济立法和经济司法

以上所说的实行合同制、发展专业公司、加强银行的作用,以及其他类似的办法,在执行过程中间都会遇到各种复杂的争论问题。要使这些问题得到迅速、公正、准确的解决,必须加强经济立法和经济司法工作,把国家、企业、职工的利益和各种利益关系,用法律形式体现出来,并且由司法机关按照法律办法处理。否则,这一切就不容易生效,还会退回到依靠单纯行政办法的老路。我们现在形式上虽有订货合同制度,但有不少合同不能履行或不能严格履行。即使被处罚款,不是列入成本,就是冲抵利润,对企业负责人和职工没有直接利害关系。我们发布了许多很好的条例、规定,但是它们往往不具备严格的法律形式,没有明确的法律效力。要使它们变成法律并且具有明确的法律效力,不仅需要进行郑重的经济立法,并在全国人民中间进行深入的宣传,还要有认真的严格的经济司法机关,对一切违反这些法律的企业和个人进行严肃的法律处理。

四、认真实行以农业为基础

国民经济的发展一定要以农业为基础,这是经济史上的一条根本经验。马克思继重农学派之后进一步论证了这个规律,毛泽东同志把它规定为我国社会主义建设的一项基本方针。实践证明,这个方针是完全正确的。我们国家的经济能否持久地稳定地高速度发展,根本上决定于农业能否高速度发展。十年规划规定1985年粮食产量要达到8000亿斤,这是一个关系全局的指标。现在中央决定加快实现四个现代化,保证加快农业的发展就有了更大迫切性。

粉碎“四人帮”以后,华国锋同志为首的党中央和许多省的领导机关对农业提出了和采取了许多重要措施,使农业的形势逐步好转,得到了全国农民的热烈拥护。

当然,由于林彪特别是“四人帮”的干扰破坏,也由于我们工作中的缺点,农业的情况还是严重的。1977年全国平均每人占有的粮食,只相当于1955年的水平,就是说,粮食生产的增长只相当于人口的增长和工业等方面用粮的增长。为了改变农业的这种长期发展缓慢的状况,还必须作出一系列重大的决策,包括大力发展牧业和林业,大力发展社队工业和农工联合企业。这里只根据毛泽东同志和华国锋同志、党中央的一些指示,提出两个关于调动农民积极性的原则问题。

第一,缩小工农业产品交换价格的剪刀差。

要在社会主义经济中运用价值规律,就必然要求工农业产品等价交换,消灭两者之间的剪刀差。毛泽东同志20多年前就明确指示:“工农业品的交换,我们是采取缩小剪刀差,等价交换或者近乎等价交换的政策。”[32]华国锋同志在五届人大报告中说:“要在国家统一计划的指导下,自觉利用价值规律。我们要认真研究工农业产品比价,……适当提高农产品的收购价格,在降低成本的基础上适当降低工业品特别是支农产品的销售价格,以促进生产发展。”李先念同志在农田基本建设会议上重申了中央这一早已确定了的方针,指出现在的任务就是要在深入调查研究的基础上提出实施方案。因此,缩小剪刀差是党的一项既定政策,问题只在于研究制定适当方案加以具体执行。

应当指出,新中国成立二十几年来,农产品收购价格提高了1倍,而工业品零售价格只上升了28%。两者的差价是在逐步缩小,但是目前仍然偏大。剪刀差偏大,剪刀差缩小偏慢,当然要很大地挫伤农民发展生产的积极性。除了情况较好的地区以外,许多地区的农民辛苦一年,增产少增收,增产不增收,少数地区甚至还有增产反减收的情况。这有多方面的原因,但是剪刀差的存在是一个带普遍性的重要原因。这种状况不改变,就会妨碍农业迅速发展,妨碍农业学大寨,妨碍农业现代化,妨碍落实农村政策的充分收效,不利于巩固工农联盟,不利于缩小工农、城乡差别,不利于以农业为基础。调整工农业产品比价,牵涉的方面很广很复杂,当然需要解决许多具体问题和政策问题,但是困难是可以克服的。绝大多数农民大幅度地减轻了负担,增加了收入,这就能够真正做到以农业为基础,就会对加速农业发展、农村发展和加速农业现代化发挥不可估量的作用,现在围绕着农村的很多似乎无法解决的困难都可为之一扫。否则,农业就很难摆脱20多年来发展缓慢的局面，就会拖住加快四个现代化的后腿。很明显，一个现代化的富强的社会主义中国，是不可能在贫困落后的农村的基础上建设起来的。

第二，真正承认农民的集体所有制，承认生产队的自主权。

毛泽东同志在1959年3月第二次郑州会议上曾尖锐地批判无偿占有农民和生产队劳动成果的错误。毛泽东同志1961年亲自主持制定的农村人民公社工作条例修正草案（六十条）中，再一次强调要保障生产队的经营自主权。当时的草案是以生产大队为基本核算单位，后来改为以生产队为基本核算单位，生产队的自主权当然就应当更加扩大了。但是由于林彪、"四人帮"的干扰破坏，这个问题在近10多年来仍然没有解决，就是说，相当一部分地方，农民的集体所有制实际上没有得到保障和承认，至于没有得到完全保障和承认的地方就更多。哪里不实行民主办社，民主种田，那里就是实际上不承认农民的集体所有制，就是实际上不承认涉及7亿集体农民的社会主义经济制度和社会主义政治制度。为什么在全国广大地区会发生像湘乡县那样任意增加生产队负担的情况呢？为什么在旬邑县和其他许多县会发生侵犯农民人身权利的情况呢？为什么某些领导机关可以随便下命令把农民种的作物一概拔掉、铲掉，改种其他作物，而不承担由此造成的损失的法律和经济责任呢？为什么某些领导机关可以不经过农民群众的讨论决定就下命令要一个县或一个县以上的人民公社基本核算单位实行过渡，取消社员的这种权利、那种权利呢？这说明，在不少同志心目中，实际上并不存在什么农民的集体所有制，并不存在生产队、生产大队和人民公社的自主权，并不存在人民公社的各项基本制度。社队各级的集体经济权益，以至社员的个体财产、人身权利，都可以由上面、由某一个或几个领导者包括社队干部个人自由处置，而人民公社的各级机构和社员代表大会、社员大会一概可以置之不理。华国锋同志为首的党中央坚决纠正了这种错误，这完全反映了广大农民的心愿。但是为了彻底解决这个问题，不但需要党的政策，而且需要国家的明确无误、坚定不移的制度。宪法已经规定了国家保障社会主义劳动群众集体所有制经济的巩固和发展，规定了社会主义公共财产不可侵犯，人民公社社员可以经营少量的自留地和家庭副业，这都很好，但是还不够，因而还是有人可以泰然自若地加以破坏。这就表明，为了彻底解决这个问题，还需要专门的法律和法院，需要对任何敢于违犯这一法律的人严格依法惩处。

为了保障人民公社的集体所有制，国家（除了法律规定的范围以外）、一切企业、机关、部队对于社队的经济关系，社队和社队，公社、大队和生产队，社队和社员之间的经济关系，都应当实行合同制，合同都应当按照一定的程序民主通过。在合同规定的范围以外的要求，社队和社员有权拒绝，违反合同而使社队和社员遭受损失，社队和社员有权取得赔偿。这样才能有真正的集体所有制。在这样的基础上，农民才会感觉到自己是自己命运的主人，是生产队、生产大队、公社和国家的主人，才会真正积极地大胆地发展农业生产，建设社会主义的现代化农村。这样决不会削弱而只会加强党和国家对农民的领导，决不会妨碍而只会保证条件确实成熟的过渡。

为了加快农业生产的发展，加快实现农业现代化，还需要在农村发展各项农业专业化的技术和生产，在农村按照国家计划发展农作物加工工业和其他工业，发展林、牧、渔业，发展农村教育文化，大大提高全体农民特别是青年农民的科学技术水平。这一切，在提高农民收入、保障社队自主权和民主管理的前提下，都不难逐步实现。

为了调动农民生产积极性，当然还要充分实现按劳分配、多劳多得的社会主义原则，实行民主办社、经济公开的原则，还要充分执行中央有关农村工作的各项政策和指示。这里暂不一一论列。

五、加强经济学的普及和提高

恩格斯说：无产阶级政党的"全部理论内容是从研究政治经济学产生的"[33]。经济学是研究经济规律的科学，为了按照客观经济规律办事，不能不大力加强经济学的普及和提高。我们正在用中国历史上空前的规模和速度来发展社会主义经济建设，实现社会主义的四个现代化。这就需要大大扩大我国经济学研究的队伍，因为要研究的经济问题实在是很多很多，而且很多都要做细致的定量的研究，除了各单位正在进行的大量工作外，还需要有许多专业的经济学研究机构（包括大学里的研究力量）来做国家机关的助手。目前经济研究队伍的力量实在太薄弱了。

我们的经济研究工作要研究许多重大的理论问题，也要研究许多重大的实际问题。要研究总结中国的建设经验，也要研究外国的经验。经济科学同其他科学一样，现在正在发展许多新的学科；我们现在面临的许多重大复杂问题，例如编制计划和计划管理体制问题，调整工资问题，调整价格问题，扩大对外贸易和引进项目的技术和财政问题，要得到准确的定量的答案，就需要利用这些新的学科。但是我们现在还没有或很少这方面的人才。为了在各部门按经济规律管理经济，在各个企业进行经济核算，各个大的企业和经济领导机关有必要逐步普遍设立经济师或经济工程师，在县,公社,大的农场,也应当逐步设立,专职兼职都可以。没有人才,要培训。只有在提高和普及相结合的情况下,经济学才能迅速发展,才能帮助我们在华国锋同志为首的党中央领导下,把我们的经济管理水平大大提高一步,赶超世界先进水平。

(据作者7月间在国务院一次会议上的发言整理)

注释:

①《马克思致路·库格曼》(1868年7月11日),《马克思恩格斯选集》第4卷,第368页。

②《什么是"人民之友"以及他们如何攻击社会民主主义者?》(1894年),《列宁选集》第1卷,第10、33页。

③《在扩大的中央工作会议上的讲话》(1962年1月30日)。

④《十年总结》(1966年6月18日)。

⑤列宁:《论工会、目前局势及托洛茨基的错误》(1920年12月30日),《列宁全集》第32卷,第15页。

⑥《马克思致路·库格曼》(1868年7月11日),《马克思恩格斯选集》第4卷,第369页。

⑦恩格斯:《家庭、私有制和国家的起源》(1884年),《马克思恩格斯选集》第4卷,第171页。

⑧《关于正确处理人民内部矛盾的问题》(1957年2月27日),《毛泽东选集》第5卷,第374页。

⑨《苏联社会主义经济问题》(1952年),人民出版社1961年版第5页。

⑩《斯大林全集》第7卷,第248页。

⑪《论十大关系》(1956年4月25日),《毛泽东选集》第5卷,第287页。

⑫《资本论》第一卷(1867年),《马克思恩格斯全集》第23卷,第394页。

⑬同上,第368、367页。

⑭《论"左"派幼稚性和小资产阶级性》(1918年),《列宁选集》第3卷,第555页。

⑮《全俄中央执行委员会会议》(1920年),《列宁全集》第27卷,第285页。

⑯《在全俄水运工人第三次代表大会上的演说》(1920年),《列宁全集》第30卷,第395页。

⑰《政治经济学批判大纲》第一分册(1857—1858年),人民出版社1975年版第112页。

⑱《德意志意识形态》(1845—1846年),《马克思恩格斯全集》第3卷,第24页。

⑲《论所谓市场问题》(1893年),《列宁全集》第1卷,第85、84页。

⑳《资本论》第一卷(1867年),《马克思恩格斯全集》第23卷,第394页。

㉑《苏联社会主义经济问题》(1952年),人民出版社1961年版第15页。

㉒《对"关于五级干部会议情况的报告"的批语》(1959年3月30日),转引自华国锋同志1978年7月7日在全国财贸学大庆学大寨会议上的讲话。

㉓《资本论》第三卷(1894年),《马克思恩格斯全集》第25卷,第963页。

㉔《论十大关系》(1956年4月25日),《毛泽东选集》第5卷,第275页。

㉕《工业七十条》指1961年9月16日中共中央发布的《国营工业企业工作条例(草案)》。

"五定"和"五保"都是"工业七十条"中的规定。"五定"是国家对企业规定的生产要求和提供的生产条件,即①定产品方案和生产规模,②定人员和机构,③定主要的原料、材料、燃料、动力、工具的消耗定额和供应来源,④定固定资产和流动资金,⑤定协作关系。"五保"是企业对国家必须承担的责任,即①保证产品的品种、质量、数量,②保证不超过工资总额,③保证完成成本计划,并且力求降低成本,④保证完成上缴利润,⑤保证主要设备的使用期限。

"工业三十条"指1978年4月中共中央发表的《关于加快工业发展若干问题的决定(草案)》。

八项经济技术指标是"工业三十条"中规定的全面考核企业生产经营情况的指标,即①产量,②品种,③质量,④消耗,⑤劳动生产率,⑥成本,⑦利润,⑧流动资金占用。

㉖《给财政人民委员部》(1922年2月1日),《列宁全集》第35卷,第549页。

㉗《新经济政策和政治教育局的任务》(1921年),《列宁全集》第33卷,第51页。

㉘《经济问题与财政问题》(1942年),《毛泽东选集》东北书店版第876页。

㉙《大难临头,出路何在?》(1917年),《列宁选集》第3卷,第150页。

㉚《布尔什维克能保持国家政权吗?》(1917年9月底至10月1日),《列宁选集》第3卷,第311页。

㉛《在第五届全国人民代表大会第一次会议上的政府工作报告》(1978年2月26日)。

㉜《论十大关系》(1956年4月25日),《毛泽东选集》第5卷,第274页。

㉝《卡尔·马克思的〈政治经济学批判〉》(1859年8月),《马克思恩格斯选集》第2卷,第116页。

国务院副总理邓小平在北京会见以伊拉克革命指挥委员会成员 阿拉伯复兴社会党地区领导成员 联盟主席阿卜杜勒·法塔赫·穆罕默德·阿明为团长的伊拉克对各国人民友好协会联盟代表团

国务院副总理康世恩在北京会见英国铁路代表团

康世恩说，英国是建设铁路最早的国家之一，历史悠久，拥有改造和发展铁路建设的先进经验，我们要向你们学习。

英国早在150多年前就建成铁路，开始营业。团长、英国铁路总裁坎贝尔对康副总理说，英国当前也面临着老铁路如何现代化，以适应20世纪的需要。我们高兴同你们进行技术交流和合作。

谈话中，康副总理告诉他们，当前中国在实现铁路现代化方面面临的主要问题是如何加快发展速度和改造旧铁路，以适应目前经济建设的需要。他说，我们的方针是自力更生，同时，我们从实际出发，同友好国家广泛进行技术交流和合作。我们决不闭关自守。

坎贝尔团长还谈到了他们将同中国同行探讨合作的具体项目。会见时在座的有铁道部部长段君毅、副部长王效斌等。

国务院副总理余秋里在北京会见由鲍尔公司董事长德马雷率领的加拿大企业家代表团

代表团是由加拿大的企业家和银行家组成的。他们在这几天里同我国有关部门就进一步发展加中经济、贸易的可能性交换了意见，并同我国有关进出口总公司洽谈了业务。会见时，余秋里副总理说，中、加两国的经济、贸易往来的前景是广阔的。他表示希望在平等互利的基础上进一步扩大中加两国的贸易和技术交流。

国务院副总理陈慕华在北京会见世界卫生组织总干事马勒博士一行

中国和意大利在罗马签订文化合作协定和科学技术合作协定

外交部部长黄华和意大利外交部部长福拉尼代表各自的政府在文件上签了字。

签字仪式后，两国外交部部长举行了会谈。

中华全国总工会机关报《工人日报》在北京复刊

“微观物理思想史”讨论会在桂林举行

10月6日至13日，中国科学院学术委员会筹备组和中国科学院自然辩证法通讯杂志社，在广西桂林联合召开了“微观物理思想史”讨论会。参加会议的有我国从事高能物理学理论研究的主要科学家，有关的数学家和一些自然辩证法理论工作者。中国科学院副院长钱三强主持了这次会议。

高能物理学是一门研究微观结构的基础学科。它是全国科学规划提出的8个重点项目之一，是我国实现科学技术现代化的一项重要内容。这次会议是我国科学界在批判“四人帮”的“代替论”以后自觉地运用马克思主义哲学来指导自然科学基础理论研究的一次新的尝试，收到了良好的效果。

会上，出席东京国际高能物理会议的我国代表朱洪元、胡宁、戴元本、黄涛等同志介绍了世界各国基本粒子理论研究和实验成果方面的最新进展。大家对基本粒子理论研究的历史、现状和发展趋势展开了热烈讨论，对国际国内基本粒子理论研究的经验教训进行了实事求是的分析，对进一步发展我国高能物理学理论的方向、道路问题作了比较深入的探讨。许多同志回顾了我国高能物理学工作者1965年、1966年在毛主席关于一分为二的光辉哲学思想指导下，创立层子模型的成功经验。大家认为，为了加快我国高能物理学理论研究工作的发展，应当自觉地坚持以马克思主义哲学为指导这一正确方向，处理好哲学和自然科学、理论和实验、学习外国和独创、物理和数学的关系问题，同时要认真贯彻“百花齐放、百家争鸣”的方针，充分发扬学术民主，深入开展学术讨论，集中兵力打歼灭战。会议讨论了基本粒子理论研究工作的近期任务以及主要措施，明确了我国基本粒子理论研究的战略方向。

10月7日

《中国青年报》发表周恩来1949年5月7日在中华全国青年第一次代表大会上的报告第三部分节录[①]

中国人民的大革命已经走上了全国胜利，我们青年要继续加紧来参加建设新中国的事业，我们还必须有一个大家共同承认的领袖，因为这样的领袖，能够带着我们向前进。

30年的革命运动史的事实证明我们中国人民有了我们自己的领袖，就是毛泽东。今天我们全国青年代表大会的口号也是“在毛泽东的旗帜下前进”。我们青年代表大会决心拿着这一面旗子前进。我们必须在这个地方，把毛泽东如何值得我们尊敬跟如何学习他的主要的几点给大家简单地说一说。我们学习毛泽东不是一个简单的口号，必须有极其丰富的内容和明确的方向。首先说，我们这一批青年代表回去，要向全国广大的青年——农村中，工厂中，城市中，解放区，国统区[②]的青年去宣传我们青年代表大会的主张，动员争取千千万万的青年群众跟着我们一道前进。在这一点上，毛主席的旗帜，就是我们最好的号召，号召全国青年，跟着这个旗子走。这样，我们就必须要认识毛泽东这个旗帜是怎么样发展到今天。一句话：这决不是偶然的，不是天生的。毛泽东是在中国的土壤中生长出来的巨大的人物。在座的朋友们向全国青年宣传的时候，或者是自己学习的时候，不要把毛泽东看成神秘的，或者是无法学习的一个领袖。如果这样，我们承认我们的领袖，就成了空谈。既然是谁也不能学习，那么毛泽东不就是被大家孤立起来了吗？我们不是把毛泽东当成一个孤立的神了吗？那是封建社会、资产阶级社会所宣传的领袖。我们的领袖是从人民当中生长出来的领袖，他是跟中国人民血肉相关的，是和中国的大地、土壤密切相关的。就是说，在中国社会里生长的毛泽东这样一个领袖不是偶然的，而是近百年革命运动的结晶，是中国多少年革命历史的经验教训中产生的人民领袖。因此，学习毛泽东，必须是全面的学习，从他的历史发展来学习，不要只看今天的成就伟大，而不看历史的发展。我们提出学习毛泽东，要使青年越学越深，越学越有兴趣，更进一步学习毛泽东整个的思想体系。

毛主席常说：他也是从农村中生长出来的孩子，开始也还是迷信的，甚至某些思想是落后的。他最反对晋察冀有一个课本，描写毛主席在十岁的时候，就反对迷信，说他从小就不信神。他说恰恰相反，他在小时候，也是相信神的，而且信得很厉害。当他妈妈生病的时候，他去求神拜佛。你看这样还不够迷信吗？那个课本写毛主席的故事，把他反过来，说他从小就不迷信，打破迷信，生而知之。毛主席说：这是不合事实的。而且一般地说，在那样的封建社会里，不管农民家庭出身的也好，劳动工人家庭出身的也好，一下打破迷信是不可能的。因为毛主席是生长在19世纪末年（1893年）的农村里，不可能没有一点迷信。为什么要说明这个问题呢？就是我们在广大青年队伍中，不要以为有的人还迷信，就排斥他。迷信的孩子，可以变成今天的毛主席（当然我不是说所有的孩子都可以成毛主席），迷信是可以打破的，不要以为有的青年人迷信就不可教育。早两年你还不是迷信？不过你进步了一点，年轻时还不是有丑鼻涕！不要进步了对小孩时的丑事就不愿正视了。毛主席说：他也是读古书的人，读古书看你会读不会读。毛主席开始很喜欢读古书，现在毛主席做文章，讲话，常常运用历史经验教训，运用的最熟练。读古书使他的知识更广，更博，更增加了他的伟大。因此，在我们青年中也不要以为有一部分人喜欢搞旧的，就不可以进步了。“五四”那天，我看到范文澜同志③写的一篇文章说：当时“五四”运动的人有些浮躁。的确许多人也是有些浮躁。那时他就专门研究汉学，学习旧的。但是范文澜同志一旦脑子通了，对编写中国历史就有帮助，就可以运用自如。所以不要以为他读旧书研究旧东西，有旧观念，因而我们就不去团结他，教育他。不要以为他落后一点，就不理他，只要他愿意进步，就有改造的可能。毛主席常说，他自己就是这样改造过来的。

毛主席也常说：他开始研究东西也是先搞一方面，一方面没有通，就钻进去，先把这方面搞清楚。当“五四”以后，毛主席参加了革命运动，他就先在城市，专心致志地搞工人运动。那时陶行知先生④提倡乡村运动。恽代英同志⑤给毛主席写信说：我们也可以学习陶行知到乡村里搞一搞。毛主席说：现在城市工作还忙不过来，怎么能再去搞乡村呢？这就说明当时没有顾到另一方面。但后来毛主席就很快转到乡村，又把乡村搞通了。这样使城市和乡村结合起来了。这也可以告诉我们：有些青年人还没有进到全面，他喜欢专心致志地搞一面，我们也不要去打消他的兴趣；他不愿参加政治活动，我们也不要排斥他，可以慢慢地教育他。

我说这三个例子是说明：毛主席也是封建社会农民家庭出身的一个孩子，他也曾经迷信过，他也曾经读过古书，他也曾经研究问题开始注重一个方面，对另一个方面没有注重。他之所以伟大，在于他从迷信中觉悟出来，否定旧的；他之所以伟大，更在于他敢于承认旧的过去。我们看到很多资产阶级社会里乃至在人民统治的社会中，也有这样的人，一旦自己进步，就觉得过去什么都了不起，“天生的圣人”，“少有大智”，把自己说的简直什么错误都没有，什么缺点都没有，那就危险之至。毛主席是从旧社会生长出来的，他否定过去，发展成为今天这样，是有这样一个过程的。他读古书开始还不是跟普通人一样，研究了一方面，后来又研究了另一方面，开始在城市研究工人运动，以后到乡村研究农民运动，以后又搞军事，都搞通了，并且全面了。所以我们不要以为青年中有迷信的青年，落后的青年，只认识片面不认识全面的青年，就抛弃他们，不去教育他们。我们青年要互相学习，要让这些人跟着我们学习，同时我们也跟着他们学习。毛主席是从几千年的历史的经验教训，近百年的革命运动，近三十年来的直接奋斗，生长出来的人民领袖。我们大家要从这方面来看毛主席的历史发展。这样，同志们中这方面的骄气就可以压下去了。毛主席都是如此，我们还有什么可以骄傲的呢？哪一个人没有错误？没有缺点？还值得骄傲？比毛主席差得远。

我们要学习毛泽东，还因为他是最能坚持原则又能灵活运用的领袖。中国的革命自从他参加以后，就使得这个革命的方向一天天地端正起来。毛主席在中国四个革命阶段都是正确的，都是代表中国人民正确方向的。当时的党中央也好，一部分革命群众也好，常常自己弄错方向，迷失方向，但是毛主席的方向始终是正确的。大革命时期毛主席的主张是对的，但是没有被当时的领导上接受,十年内战时期他是对的,当时也有一些同志搞错了,没有完全同意他的意见。抗战时期,全党承认,领导成功了。到这次解放战争,更加证明其正确。所以毛主席的方向就是中国人民正确的方向。他不断地指出真理,坚持真理。这就是我们常说的:毛主席把世界革命的真理——马克思、列宁主义的普遍真理,运用到中国,和中国的革命实践结合起来成为毛泽东思想。毛泽东是这样坚持真理的人,指出真理的人,发挥真理的人。所以在中国大革命三十年中的许多历史关键,他的方向都是正确的。

毛主席坚持原则之中有两点值得我们学习的:一、坚持方向;二、实现方向。方向的实现,只有一个人懂,或者少数人赞成,是不成的,要在群众中实现。实现就要使你的原则具体化,使你的政策具体化,使你的原则要能得到多数人的同意,多数人都执行。我们更要懂得,坚持真理是会遇到困难的。毛主席不仅指出了原则,而且他还有具体的政策、策略来实现这个原则。每个历史时期的政策都是适合这个时期的。这一点青年们在研究《毛泽东选集》时,就可以看到。当着大革命时期,就必须使农民运动深入发展到土地改革。毛主席的《湖南农民运动考察报告》就说明了这个真理,拥护农民提出的办法,并加以发挥,不但有理论,而且有实践的办法。不过当时大家不同意,共产党的领导机关没有接受,所以使大革命失败了。内战时期,他提倡军队中的政治工作。你们去研究毛主席在红四军第九次党的代表大会上提出的决议案,今天人民解放军中所实施的政治工作就是从那时一直发展下来的。但是毛主席的指示,经过了二十多年才逐步实现,中间经过了许许多多的挫折。这都说明,一个政策要在实际中实施是要费很大力量的。虽然当时大家形式上接受了,真正到实际中具体化,要经过很长的时间才能懂得它的威力。抗战中要团结蒋介石的政府来抗日,明知道他动摇、消极,但是推动他抗日,才能动员全民族的力量;需要团结,但又要防备他,要同他的反动的一面作斗争,所谓"有团结有斗争"。用这样的策略来进行抗战,把我们人民自己的力量壮大,这就需要说服很多人同意。在抗日民族统一战线方面就有一些人说:既然要团结就不要批评(党内也有人有这样的意见)。所以要使这个原则真正实施,就要经过许多曲折的斗争。解放战争比较顺利,但也还有小的挫折,小的错误,譬如土地改革中,也曾发生过"左"的错误,一直等到毛主席 1947 年 12 月 25 日的报告[⑥]出来了才得到全面的纠正。这都说明,一个原则、真理、政策的实施,要作许多具体的工作。所以,毛主席不但坚持真理,指示方向,而且也还拟定了许多具体政策、策略来贯彻这个真理、原则。不如此就无法使革命达到胜利。所以毛主席不是空谈真理,而是使这个真理和实践相结合起来,具体化起来。这样才能有今天的胜利。因此,我们青年人要学习毛泽东——不仅要懂得毛主席指示的方向、原则、真理,还要研究他的具体的政策、策略,才能使我们的工作深入实际。我们青年不是要空谈,而是要实行。世界无产阶级伟大的革命领袖列宁也说过"少说些漂亮话,多做些日常平凡的事情"。[⑦]这对于我们青年正是一个宝贵的教训。毛泽东思想的特点,就是把普遍真理具体化,运用到中国的土壤上。我们青年要在这上边来学习。毛主席使普遍的真理具体化,实现在中国土壤上的时候,并不是说,说了就算了!不管大家接受不能接受,说作就由几个人孤立地去作。不是这样的,毛主席总是再三再四地舌敝唇焦地讲,反复地讲,把这个真理使大家接受,变成力量。就是说,不是定出办法来就算了,不管大家懂不懂、接受得了接受不了,让大家自生自灭;这样就不能使领导者的觉悟、领导者的智慧变为群众的力量。所以要想把领导者的智慧变成群众的力量,需要经过教育的过程,说服的过程,有时需要经过等待的过程,等待群众的觉悟。毛主席当着他的意见没有被大家接受时,他就等待,有机会他就又讲,又教育,又说服。毛主席在党内也碰到过这样的情形,他的意见不为大家所接受,如我刚才说的,在十年内战的时候就是如此。我们主张打大城市,毛主席认为我们的力量小,不应该打大城市,应集中力量建设根据地。但是毛主席的意见大家不赞成,大多数反对,大家要打,他也只好跟着打。结果打败了,毛主席赶快在会议上提出:"打败了证明这个办法不行,换一换吧!"大家还不接受,只好再等待,又跟着大家走。像刚才说的万里长征,就因为在江西打败了,硬拼消耗,拼到最后挡不住了,不得不退出江西。当时毛主席也只好跟着退。可是到路上的时候,毛主席又提出了他正确的意见,在遵义会议上把错误路线纠正,冲出了四川草地危险的局面,带着红军到了陕北。这都说明,领导上的正确意见不为大家所接受的时候,怎么办?就要等待,就要说服。但是,大多数不同意的时候,组织上还要服从。最后证明毛主席的主张是对的,多数是错的。这就是说,当着群众被蒙蔽的时候,不容易接受真理,等他们慢慢地觉悟起来以后,他们就会拥护毛主席这个正确的意见的。这也就是说,领导上的意见常常是要经过许多等待迂回才能取得胜利,为大家所接受。当然这个等待过程是痛苦的,假使很早就接受了毛主席的意见,就会不受损失,力量就更大。但是落后的中国社会反映到党内也好,反映到中国革命团体里也好,常常正确的意见不容易被大家立刻认识的。这样我们就要等待说服,把自己的意见变成群众的力量还要有痛苦的过程。不过,这种情形在今后的工作中遇见的会少了。因为今天共产党的中央不像当年了，绝大多数同志都承认这个领袖，都心悦诚服地信服这个领袖；在人民中也拥护他。但是，这也仅仅说在大的方向上。譬如说，今天要把革命进行到底，要进行新民主主义建设，在这样大的方向上大家都同意。而在具体的政策、工作上还是会有很多的争论的，所以就需要学习；学习毛主席这种坚持真理，指示原则方向并将其具体化，成为人民的力量的过程。这不是急躁所能做好的，要有很大的坚持性，忍耐性，不屈不挠地把革命推向前进，这样才能达到最后的胜利。毛主席所坚持的真理具体化在中国的土壤上，生长出来成为群众的力量的发展过程，是值得我们青年学习的。我们不能认为把一个简单的口号提出来就算了，就够了；也不能行不通就失望，行得通就高兴自满，不再前进。那就不是毛主席的好学生。毛主席坚持把马克思列宁主义的普遍真理具体化在中国土壤上，所以得到如此伟大的胜利。到今天，不仅中国共产党尊敬他，凡是得到革命胜利果实的所有人民，都会心悦诚服地信服这个领袖。

毛主席在坚持真理，实现真理中还有一个经验，就是他所提出的原则总是照顾大多数，为着大多数人民的利益。不错，毛主席是中国共产党的领袖，同时今天大家也都承认他是全国人民的领袖。从中国共产党的范围来说，他是代表无产阶级的。中国的无产阶级在数量上只有几百万，比起中国的人口来说连1%还不到。代表这样一个阶级的共产党要取得中国革命的胜利，毛主席一切的着眼点就是这样：把无产阶级的思想运用到中国，争取最广大的人民大众团结在无产阶级周围，取得革命的胜利；而不是把自己缩小到最小的圈子里来空谈革命。所以毛主席懂得，为把最反动的敌人消灭，就需要集合一切可能集合的力量在一起，而不是说只靠先锋队办事。无产阶级是先锋队，但不能仅靠先锋队。在新民主主义革命阶段，毛主席的思想就是把中国人民的力量集中到革命的新民主主义的道路上。所以在第一次大革命时，他就看到农民是最广大的同盟军，不依靠农民，人民革命是不能胜利的。果然，不听他的话，革命就失败。当我们回到农村后，当时很多人又犯了“左”倾错误，眼光狭小得很。毛主席看到不但要依靠农民，而且还要争取中、小资产阶级来参加革命，因为当时蒋介石反革命的恶迹更加暴露，只有买办官僚地主封建阶级才拥护他，因此应该争取他们。但是在共产党内有一部分人的确眼光狭小得很，说这些中、小资产阶级都不可靠，不听毛主席的话，致使革命又受到一次挫折，走了一个两万五千里。抗战后，毛主席又防止了右，在和蒋介石上层分子团结抗战时，有人就说：“要团结就不要斗争。”毛主席说：“这是我们国内的敌人，为了打民族敌人，要团结他，但这并不是可靠的合作者（同盟者），要提防他。如果使人民阵线扩大到对反动敌人也不加提防，他反过头来就可以咬你。”当时毛主席就防止了无条件妥协。这一次解放战争又有这样的情形：就是在乡村中搞土改，因为要消灭地主，也犯了“左”倾错误，不给地主土地，或者给地主坏地，使他们不能生活，或者定的封建富农、地主的数量过多。另外，在杀人问题上，本是除怙恶不悛，人人痛恨的要杀外，有些可以不杀，但是群众愤恨之下，没有加以区别，没有说服群众，以致杀人过多。这样使我们的阵线在农民中，首先是中农受到影响。

从这四个革命阶段可以看出，毛主席统一战线的观点是要团结最广大的同盟军，各个击破敌人。在抗日时期，打倒了日本帝国主义；当日本帝国主义被打走后，再打倒国民党反动派，使得中国的反动统治在今天也失败；在乡村中打倒了封建地主阶级——反动统治的根。在国际上反对美国帝国主义对中国的侵略。围绕着这一些口号，把更广大的农民团结在一起，把90%以上的农民团结在一起。所以毛主席跟我们共产党的许多干部谈：“你们每天写日记，不要写别的，就只写一句‘90%’就行了。”我想在毛主席领导下，争取大多数，为着共同事业奋斗，消灭反动统治，这一政策的运用，是我们最大的成就。这一点我们青年要学习他。要使马克思列宁主义的普遍真理在中国胜利实现，一定要结合中国的实际，要做许多艰苦的具体工作，不屈不挠地前进，长期地努力奋斗，要努力争取大多数的人民。要使广大的青年群众跟着我们走，也不是靠着我们这个小队伍，而是要靠着我们善于团结和教育大多数。我讲的这样两个问题（当然不是介绍毛主席的全部功绩和主要学说），对青年的统一战线有用处。

我说的仅仅是毛泽东思想的很少的一部分。他在军事上的战略战术与创建人民军队方面的成就，他的军事学术，在政治上的新民主主义论，论联合政府，在经济上的一些文章，在文化上，文艺座谈会的讲话，新文化的方向，他在哲学上的创造，等等，毛主席对马克思列宁主义的发展多得很，不想在这里多说了。毛主席的成就不仅广，而且专，而且精，他是具备这两个方面的。毛主席的学习态度，他自己的口号是“实事求是”，他是最老实的，是则是，非则非。他是最反对骄傲反对急躁的。在30年的革命运动中，他就是在反对骄傲反对急躁的斗争中成熟起来的。他的作风也是谦虚而又谨慎的作风。正如斯大林的《论列宁主义问题》所说，既有着革命的气魄，又有着求实的精神，实事求是的精神。所以我们要学习他的精神，在态度、作风上，也就应该老实，不要学习浮泛与骄傲急躁的习气。中国共产党在人民革命运动中有过这样的经验。我在过去也是急躁的。当然这不是青年一代很容易学成功的，要兢兢业业少犯错误。但是错误是不可避免的。这就是说，要避免错误，就是不要重复错误。青年人没有不栽几个筋斗的，没有不碰几个钉子的。但是，碰了钉子后，不要气馁。我们在革命斗争中不知流过多少血，遭受过多少挫折，有多少人倒下去了。在最后困难的时候，不要丧气，正是毛主席所说的，倒在地下爬起来，擦干身上的血迹，掩埋好同伴的尸体，继续前进。要有这样的志气，要有这样的勇气。我们今天将走上全国的胜利，光明在全国照耀着我们。但是我们不能因胜利而骄傲起来，觉得不可一世，而忘掉了过去的经验教训。毛主席说，我们今天才走完万里长征的第一步，还有很多很艰苦困难的工作待我们去做。这里有两个教训值得注意：一种教训，是看不起别人，脱离群众；一种教训就是蜕化了。这就是我们的青年的敌人。我们应该排除急躁、骄傲、气馁、灰心、丧气，学习毛泽东的学习作风和工作作风，老老实实，实事求是，脚踏实地，稳步而又勇敢地前进。只有这样，我们才能带动上万万的青年前进；这样才能真正实现我们全国人民的民主解放和民族独立，来建设一个新民主主义的新中国，并且为转变到社会主义的新中国做好准备。所以我们的口号是："全国青年团结起来，在毛泽东的旗帜下前进！"

注释：

①中华全国青年第一次代表大会于1949年5月在北京举行。伟大领袖毛主席为大会题词："团结各界青年参加新民主主义的建设工作"。朱德总司令代表党中央向大会致辞。周恩来副主席在大会上作了题为《全国青年团结起来，在毛泽东的旗帜下前进》的报告；《学习毛泽东》，就是这个报告第三部分的节录。

②国统区：国民党反动派统治的地区。

③范文澜(1893—1969)：中国共产党第九届中央委员会委员、中华人民共和国第三届全国人民代表大会常务委员会委员、中国科学院哲学社会科学部近代史研究所所长。

④陶行知(1891—1946)：我国著名的教育家。

⑤恽代英(1895—1931)：中国共产党早期的政治活动家、青年运动的杰出领导人之一。1923年起参加中国社会主义青年团中央领导工作，曾担任团中央宣传部部长及《中国青年》主编。

⑥这是毛主席在中共中央1947年12月25日至28日在陕北米脂县杨家沟召集的会议上的报告，题为《目前形势和我们的任务》。

⑦列宁：《伟大的创举》，《列宁选集》第4卷第17页。

中华全国总工会第八届执行委员会第八次会议在北京举行

会议决定，中国工会第九次全国代表大会10月11日在北京召开。会议听取了中国工会第九次全国代表大会筹备经过情况的汇报；审议了八届执行委员会向工会"九大"作的工作报告，并且一致通过委托倪志福同志代表八届执委会向大会作这一报告。会议还审议了中国工会章程修改草案和关于修改中国工会章程的说明报告。

中共中央政治局委员倪志福出席了这次会议，并讲了话。出席会议的有第八届执行委员会委员113人。

全国人大常委会副委员长乌兰夫在北京会见以喀麦隆民族联盟中央委员 中南省沙阿市市长阿唐加纳·瓦朗坦为团长的喀麦隆友好代表团

国务院副总理陈慕华在北京会见朝鲜财政代表团

中国和马里政府间贸易协定在巴马科签署

中国政府贸易代表团团长、外贸部副部长陈洁与马里财政和贸易部办公室主任库利巴利·乌马尔分别代表本国政府在协定上签了字。

这项协定将全部代替中国和马里1961年签订的贸易协定。协定规定，缔约双方为发展和方便两国贸易，在所有两国间的贸易方面相互给予最惠国待遇。

中国共产主义青年团中央机关报《中国青年报》在北京复刊

10月8日

国务院副总理邓小平在北京会见日本著名文艺评论员江藤淳教授

中共中央副主席汪东兴在北京会见由罗马尼亚共产党中央委员 罗马尼亚《社会主义时代》杂志总编辑斯特凡·沃依库率领的罗马尼亚《社会主义时代》杂志代表团

国务院副总理王震在西安会见《续西行漫记》作者尼姆·威尔斯女士和3位美国电影工作者

中华人民共和国田径协会主席李梦华就国际田联承认我合法席位对新华社记者发表谈话

国际业余田径联合会10月5日在波多黎各圣胡

安召开的代表大会上通过决议，承认中华人民共和国田径协会为国际业余田径联合会中的中国的唯一代表，同时撤销了台湾的所谓田径组织的会籍。国际田联的这一决定反映了各国人民和田径运动员长期以来的共同愿望和要求，顺应了历史潮流。我们对此表示欢迎。对于国际田联中积极支持撤销台湾会籍，恢复我合法席位的各国(地区)田径协会以及国际田联领导人，表示衷心的感谢。中国田径协会愿意在相互尊重的基础上，与国际业余田径联合会加强合作。

借此机会，我愿指出，不少国际体育组织已经驱逐台湾的所谓体育组织，但还有一些国际体育组织，中国的合法席位仍由台湾的所谓体育组织窃据，这种局面是极其荒谬的，必须加以结束。

我们重申，世界上只有一个中国，这就是中华人民共和国；台湾是中国的一个省。这是公认的事实。中华全国体育总会以及我国各项体育协会，包括中国田径协会在内，是管辖全中国体育运动的唯一的全国性体育组织，也是在国际体育组织中有权代表全中国包括台湾省的运动员的唯一合法组织。我们坚决反对在国际体育组织中出现“两个中国”、“一中一台”的局面。我还愿指出，我们的各全国性体育组织历来十分关心台湾运动员。我们多次通知和欢迎他们前来参加我们全国性运动会和为参加重大国际比赛而举行的全国选拔赛。对目前还居住在台湾省的运动员前来参加比赛，我们保证他们来去自由。

10月9日

国务院副总理邓小平在北京会见美国泛美航空公司董事长威廉·西威尔

国务院副总理陈永贵在北京会见以金丰振为团长、金元镇为副团长的朝鲜农业科学家代表团

国务院副总理陈慕华在北京会见索马里对外友协主席瓦尔萨马·法拉赫和由他率领的索马里对外友协代表团

中国政府和联邦德国政府科学技术合作协定在波恩签字

代表中国方面签字的是国务院副总理方毅和国家科委副主任赵东宛，代表西德方面签字的是副总理兼外交部部长根舍和研究和技术部部长豪夫。

协定规定，缔约双方将为两国之间的科技合作创造便利条件并加以促进，其中包括交换科技情报和资料，互派专业代表团、科学家、其他研究人员和进修生，组织共同的科学讨论会，执行共同的研究项目，包括共同使用科学技术装备。

协定有效期为5年，如果缔约任何一方在期满前6个月未以书面形式宣布废止，协定将每次顺延5年。

方毅和根舍在签字以后发表的讲话中，都对协定的签订表示高兴，并相信协定将促进两国间科技合作和其他方面关系的发展。

方毅副总理还同豪夫部长一起签署了一份执行这个协定的会谈纪要，纪要规定：双方将在能源研究和技术、原材料研究和技术、航空及空间研究和技术、物理技术、生产技术、应用数学和信息技术、农业研究、医学和保健、环境保护研究和其他环境问题、海洋研究和技术、物理和化学基础研究等11个方面加强合作。

我国绵羊受精卵移植科学研究和技术工作取得成果

《人民日报》报道：受精卵移植，是迅速扩大良种畜群，加快实现畜牧业生产现代化的一项新技术。受精卵移植就是人为地使用性腺素对牛、绵羊这类通常只排一个卵的单胎母畜进行处理，使其卵巢在一个发情期内排出几个、甚至几十个成熟的卵子，并使之受精。然后，把这种超数的良种受精卵提取出来，分别移植到其他母畜体内。这样“借体怀胎”，可使一头良种母畜在一个繁殖周期里，获得几头或十几头纯良种后代，使生产率几倍以至十几倍地增长。

我国是从1973年秋季开始进行绵羊受精卵移植的科学研究和技术工作的。当时由于“四人帮”的破坏，这一工作进展迟缓。粉碎“四人帮”以后，我国遗传育种和畜牧研究工作者刻苦攻关，在认真总结过去经验的基础上，虚心学习和研究外国遗传育种方面的最新成果，使我国绵羊受精卵移植科研和技术工作获得迅速发展。目前，全国开展这项研究工作的单位，已由前几年的3个省(区)扩大到十几个省(区)。内蒙古畜牧科研人员试用新的超数排卵方案，第一次取得供体羊平均采卵13.2枚的突出成绩。中国科学院遗传研究所与内蒙古的科研人员协作，创造了超数排卵的受精率达97%的新成果。黑龙江畜牧科研工作者开展受精卵移植多胎多产试验，获得了42.9%双羔率的好成绩，其中有一只供体母羊通过一次超数排卵移植，创造了在一个繁殖周期内获得15个后代的新纪录。

最近，中国科学院在甘肃省甘南藏族自治州首府合作召开了全国第三次绵羊受精卵移植科研技术座谈会。会上总结和交流了经验，进一步调整了今后全国绵羊受精卵移植科研协作计划。

10月10日

中共中央主席华国锋在北京会见罗马尼亚党的工作者代表团和《社会主义时代》杂志代表团

会见时在座的有：中共中央委员、中组部部长胡耀邦，中共中央委员、中联部副部长冯铉，中组部副部长曾志，中联部副部长乔石，《红旗》杂志总编辑熊复、副总编辑刘宗卓。

国务院副总理邓小平在北京会见以联邦德国新闻情报局对外司司长格奥尔格·内格韦尔博士为团长的西德新闻代表团

中央组织部分批召开落实知识分子政策座谈会

10月10日至11月4日，中共中央组织部分批召开落实知识分子政策座谈会。会议认为知识分子队伍的状况已经发生深刻变化，解放初期提出的对知识分子"团结、教育、改造"的方针已经不适用于目前的情况，当前要继续做好复查与平反昭雪知识分子中的冤假错案工作；对知识分子要充分信任，放手使用，做到有职有权有责；调整用非所学、做到人尽其才，才尽其用；努力改善他们的工作条件和生活条件。

会后，中组部发出《关于落实党的知识分子政策的几点意见》(以下简称《意见》)。《意见》指出：对知识分子队伍应该有一个正确的估计，在现有知识分子中，好的和比较好的是绝大多数，他们已经成为工人阶级的一部分；对知识分子"团结、教育、改造"的方针已经过时；要继续做好复查和平反、昭雪冤假错案的工作；对知识分子要充分信任，放手使用，使他们有职有权有责；调整知识分子用非所学的现象，做到人尽其才，才尽其用；努力改善知识分子的工作条件和生活条件；认真贯彻"百花齐放、百家争鸣"的方针，在科学理论问题上，允许不同观点和不同学派的争辩。

国家经委发出《关于继续大打产品质量进攻战的通知》

国家经委的通知说：全国工交战线第一个"质量月"活动，取得了初步成果。广大干部、群众进一步认识到产品质量问题确实是个路线问题，非抓好不可。许多企业的管理工作有所加强，一部分产品质量有了显著的改进。但是，今年的"质量月"活动，发展还不平衡，仅仅是个开端。工交战线的同志们决不可有丝毫的松劲情绪，必须继续大打质量进攻战，从思想上到工作上切实地把整个工业生产纳入到质量第一的轨道上来。

通知要求在继续大打质量仗中，抓好六项工作：

一、继续深入揭批林彪、"四人帮"破坏生产的罪行，彻底肃清其流毒，牢固地树立质量第一的思想。要把为人民创造更多更好的物质财富和满足用户的需要，作为一切生产活动的出发点；把产品的使用效果作为衡量质量好坏的基本标志；把提高产品质量作为工业学大庆、整顿企业和开展劳动竞赛的重要内容。要批判那种弄虚作假，以次充好，欺骗国家，欺骗人民的恶劣行为。

二、加强政治思想工作，养成"三老四严"、一丝不苟、精益求精的作风。工交战线各级领导机关和政治工作部门都要加强政治思想工作，不断提高干部、工人的政治责任心，使每个人都树立起对党、对国家、对人民高度负责的精神。要狠抓典型，大树标兵，大造舆论，树立起生产优质品光荣，生产劣质品可耻的社会风尚。

三、建立、健全符合质量第一要求的各项管理制度。所有企业都要按照《工业三十条》和全国工交战线"质量月"广播电视大会上提出的三项要求、十条规定，制定具体的实施细则。要建立起严格的以岗位责任制为基础的质量责任制。实行赏罚严明的奖惩制度，生产优质品有奖，生产劣质品有罚。停产整顿的企业，要限期改进，过期整顿不好、产品质量仍然低劣的企业，要扣发厂长、副厂长、总工程师的工资，对造成严重质量事故有直接责任的人员也要酌情减发工资。完不成质量指标的企业，不得提取企业基金。对生产优质产品的企业，在电力、燃料、原材料供应上，实行择优供应制度，优先安排。在价格上都要按质论价，优质优价。坚持"四不"、"三包"制度，做好技术服务工作。没有检验人员签发合格证的产品，一律不得计算产量。

四、在生产计划安排上要把质量放在第一位。各地区、各部门、各企业要制订产品升级换代计划。在今年内把产品质量恢复到本企业历史最好水平的基础上，制定质量升级规划，赶超目前国内先进水平，一部分达到国际先进水平。要把科研和生产很好地结合起来，有计划地进行产品质量升级和产品更新换代。同时要搞好产品技术标准的修订、制定工作，搞好产品的标准化、系统化通用化。对耐穿耐用的产品，都要规定使用寿命指标。

五、大力加强技术基础工作和技术培训。要扎扎实实地把图纸、工艺整顿好，把设备和工卡量具一件件、一台台地整修好。要大力加强试验研究，充实测试手段，加强技术后方，采用先进技术，改进产品设计，搞好新产品试制和生产。今年冬季，各企业都要大规模地开展技术学习、技术培训、技术练兵、技术比赛，为明年一季度对工人普遍进行考工定级做好准备。同时，今冬每个工人生产的产品质量的检验记录，也作为考工定级的一项重要内容。

六、加强组织领导，保证贯彻质量第一方针。各地区、各部门、各企业对“质量月”活动，都要在年底前进行一次大检查、大总结、大评比，对质量好的集体和个人，给予政治上的荣誉和物资奖励。抓住主要矛盾，提出明确的奋斗目标和具体措施，对重大的质量课题，要组织力量，进行攻关。各级领导干部要把提高产品质量放在组织生产、调度指挥、检查总结、评比考核的首位，作为企业各项经济技术指标的中心环节来抓；要亲自抓重点企业、重点产品，抓住不放，直到抓出成效来。同时，要把访问用户、站柜台、背回废次品等形成制度，长期坚持下去。各级领导机关和企业，都要建立、健全质量管理机构，举办质量管理学习班，提高管理水平，将经常的抓质量工作同今后每年一次的“质量月”活动紧密结合起来。所有企业都要广泛开展以提高产品质量为中心的“质量信得过”、“质量一次成功”、“万米无次布”、“零件一顶几”、“百日无事故”等多种形式的劳动竞赛，以不断提高产品质量的优异成绩为尽快实现四个现代化作出贡献。

全国人大常委会副委员长乌兰夫在北京会见意大利安莎社董事长格朗佐托和社长莱普里

全国人大常委会副委员长邓颖超在北京会见美国友好人士约翰·鲁茨

全国人大常委会副委员长廖承志在北京会见日本前海军中将石樽信

10月11日

中国工会第九次全国代表大会在人民大会堂开幕

中共中央主席华国锋，中共中央副主席叶剑英、邓小平、李先念、汪东兴出席了大会。

出席大会的还有：党和国家其他领导人宋庆龄、韦国清、乌兰夫、纪登奎、苏振华、吴德、余秋里、张廷发、陈永贵、陈锡联、聂荣臻、倪志福、陈慕华、赛福鼎、邓颖超、廖承志、姬鹏飞、周建人、许德珩、胡厥文、谷牧、康世恩；政协全国委员会副主席沈雁冰、史良、朱蕴山、康克清、季方、王首道、杨静仁、张冲、庄希泉、胡子昂、荣毅仁；最高人民法院院长江华。

倪志福、朱学范、李颉伯、马纯古、康永和担任执行主席。

马纯古致开幕词。他宣布，这次大会的任务，主要是讨论八届执行委员会提出的工作报告，总结工人运动的经验，讨论和确定新时期工人运动的任务和工会工作的基本方针，修改中国工会章程，选举中华全国总工会第九届执行委员会。

邓小平副主席代表中共中央、国务院致辞。

出席这次大会的代表1967人，包括30个民族。他们当中有工业、交通、基本建设、农林、财贸、文教、科技、卫生、体育等各条战线作出显著成绩的职工代表，有革命战争年代和新中国成立以来的劳动模范，有在大革命时期和革命战争年代就从事工人运动的老同志，也有无产阶级“文化大革命”中涌现的新的优秀战士，还有台湾和归国华侨的工人代表。他们当中年龄最大的81岁，最年轻的20岁。各省、自治区、直辖市和大庆油田的职工家属代表也应邀出席了会议。

中共中央副主席邓小平在中国工会第九次全国代表大会上作题为《工人阶级要为实现四个现代化作出优异贡献》的祝词

同志们：

中国工会第九次全国代表大会的召开，对我国工人运动的发展和加快实现四个现代化，具有重要的意义。我代表党中央和国务院，向大会表示热烈的祝贺，向全体到会的代表同志们，向战斗在各条战线上的全体职工同志们致以亲切的慰问。

新中国成立以来，在我国工人运动和工会工作中，毛主席的革命路线一直占主导地位。六次劳大和工会七大、八大所规定的工人运动的路线、方针、任务是正确的。全国总工会和各级工会组织在党的领导下做了许多很好的工作，对全国的社会主义革命和社会主义建设的胜利发展起了重大的作用。在党的领导和工会的帮助下，全国各民族各地区各工业部门都涌现了一批劳动模范和工人阶级的革命骨干，他们至今还是我们学习的榜样和团结的核心。

但是，若干年来，林彪、“四人帮”使工会工作完全瘫痪，他们扶植一批坏人，把持工人团体，使它们成为自己篡党夺权的工具。他们在工人中煽动资产阶级派性，煽动武斗，煽动停工停产，反对各厂矿企业的革命干部、劳动模范和工会积极分子，加以野蛮的迫害和摧残。他们制造各企业和整个工业、整个国民经济的无政府状态，反对社会主义的计划经济，反对各尽所能、按劳分配的原则，反对一切合理的规章制度，破坏劳动纪律。他们的这一切反革命罪行造成了极为严重的后果，同时，也在全国工人阶级中引起了极大的革命义愤。各地都有大批先进分子不怕他们的白色恐怖，同他们进行了英勇不屈的斗争。斗争的实践证明，我国工人阶级不愧是一个久经考验的立场坚定的革命领导阶级。

粉碎“四人帮”后的两年中，华主席为首的党中央抓纲治国,拨乱反正,情况起了根本的变化,形势越来越好。很明显,林彪、"四人帮"在工人队伍中所散布的流毒和造成的恶果,还要下很大的功夫去肃清,整顿队伍的工作还要在每个企业中完全落实。我们一定要把揭批"四人帮"的斗争进行到底。但是同样很明显,这个斗争在全国广大范围内已经取得决定性的胜利,我们已经能够在这一胜利的基础上开始新的战斗任务。

党的十一大和五届人大已经向全国人民提出在本世纪末实现社会主义的四个现代化的伟大目标。现在党中央、国务院要求加快实现四个现代化的步伐,并且为此而提出了一系列政策和组织措施。中央指出:这是一场根本改变我国经济和技术落后面貌,进一步巩固无产阶级专政的伟大革命。这场革命既要大幅度地改变目前落后的生产力,就必然要多方面地改变生产关系,改变上层建筑,改变工农业企业的管理方式和国家对工农业企业的管理方式,使之适应于现代化大经济的需要。为了提高经济发展速度,就必须大大加强企业的专业化,大大提高全体职工的技术水平并且认真实行培训和考核,大大加强企业的经济核算,大大提高劳动生产率和资金利润率。因此,各个经济战线不仅需要进行技术上的重大改革,而且需要进行制度上、组织上的重大改革。进行这些改革,是全国人民的长远利益所在,否则我们不能摆脱目前生产技术和生产管理的落后状态。中央相信,为了社会主义的利益,为了四个现代化的利益,全国工人阶级一定会在这些改革中起大公无私的模范先锋作用,各工会组织一定会用深入群众的宣传组织工作积极协助各企业顺利地实现这些改革,为革命和建设的事业作出新的杰出贡献。工人阶级最重要的特点之一就是同社会化的大生产相联系,因此它的觉悟最高,纪律性最强,能在现时代的经济进步和社会政治进步中起领导作用。我们希望工会第九次全国代表大会能对当前的形势进行深入的讨论,以便团结全体会员,在揭批"四人帮"的斗争取得完全胜利的基础上,为迎接这一伟大任务而斗争。

工会要教育全体会员认识实现四个现代化的伟大意义,努力提高自己的政治、经济、管理、技术、文化水平。工人阶级要发扬艰苦奋斗、大公无私、严守纪律、服从调动、爱厂如家的光荣传统,团结一致,克服"四人帮"所煽动的资产阶级派性和无政府主义的残余。工人阶级要用最大的努力来掌握现代化的技术知识和现代化的管理知识,为实现四个现代化作出优异的贡献。任何人对四个现代化贡献得越多,国家给他的荣誉和奖励就越多,这是理所当然的。党中央和国务院已经决定,为了表彰先进,庆祝中华人民共和国30周年,准备在明年召开工交、基建、农林、财贸、文教、科技战线的全国劳模大会。希望全国职工群众用丰硕的成果来迎接新长征中第一次盛大的群英会。

我们的企业要实行党委领导下的厂长或经理负责制,要建立强有力的生产指挥系统。工会要教育全体会员维护企业实行高度集中的行政领导,维护生产指挥系统的高度权威。只有这样,才能有效地克服现在普遍存在的无人负责现象,才能正常地、有秩序地组织生产。也只有这样,才能不断地扩大再生产,增加利润,同时不断地改善职工生活,从而确实保证国家利益、集体利益和个人利益的统一。工会要教育全体会员积极参加企业的管理。为了实现四个现代化,我们所有的企业必须毫无例外地实行民主管理,使集中领导和民主管理结合起来。今后各个企业的车间主任、工段长、班组长要由本车间工段和班组的工人选举产生。企业的重大问题要经过职工代表大会或职工大会讨论。企业的领导干部要在大会上听取职工意见,接受职工的批评和监督,某些严重失职或作风恶劣的领导人员和管理人员,大会有权向上级建议处分或撤换。各企业的工会,将成为职工代表大会和职工大会的工作机构。因此,工会再不是有些人所认为的那种可有可无的组织了。工会工作的好坏怎么样,影响着工人当家做主的权利行使得怎么样,也影响着企业管理的好坏怎么样,影响着集中领导能否顺利进行。这就是说,一个企业管理得好,不仅是企业党政干部的成绩,也是全企业工人群众的成绩,也是工会工作的成绩。

工会要努力保障工人的福利。我们的国家还很落后,工人的福利不可能在短期间有很大的增长,而只能在生产增长特别是劳动生产率增长的基础上逐步增长。但是这决不能成为企业领导不关心工人福利的借口,尤其不能成为工会组织不关心工人福利的借口。就目前的条件下,企业领导在这方面还是有大量的工作应该做,工会组织有更大量的工作应该做。工会组织要督促和帮助企业行政和地方行政在可能的范围内,努力改善工人的劳动条件、居住条件、饮食条件和卫生条件,同时要在工人中间积极开展各种形式的互助活动。

无论要做好以上哪一项工作,工会组织都必须密切联系群众,使广大工人都感到工会确实是工人自己的组织,是工人信得过的、能替工人说话、替工人办事的组织,是不会对工人说瞎话、拿工人的会费做官当老爷、替少数人谋私利的组织。工会要为工人的民主权利奋斗,反对形形色色的官僚主义,它本身就必须是民主的模范。工会要教育工人艰苦奋斗、大公无私、严守纪律,服从调动,爱厂如家,工会干部自己就必须在所有这些方面都成为模范。只要工会这样做了,工会就会在工人群众中享有很高的威信,可以为四个现代化作出重大的贡献。凡是在揭批运动已经进行得比较彻底的地方，我们的党、行政、青年团的工作就都有责任干出积极的成绩来，我们的工会工作就同样有责任干出积极的成绩来，一定要三年大见成效，不能老是把工作中的问题推给“四人帮”的流毒。如果“四人帮”的流毒老是没有肃清，那么，这个老是没有肃清的状况，责任还是在我们自己。只要我们大家都这样来严格要求自己的工作，我们党和国家的事业就一定会兴旺发达起来，我们的四个现代化的伟大理想就一定能够加快实现。

同志们！我国工人阶级在建设自己国家的同时，一定要时时刻刻记着全世界无产阶级、被压迫人民和被压迫民族。我们要进一步加强同全世界工人阶级和革命人民的团结，支持他们反帝、反殖、反霸，争取和维护民族独立以及争取社会进步的斗争，为全世界工人阶级的解放和人类的进步事业作出应有的贡献。我国工人阶级也要虚心学习各国工人阶级的斗争经验，学习他们的先进科学技术，来加快实现我国的四个现代化。

同志们！我们的事业无比壮丽，我们的前途无限光明。让我们高举毛泽东思想的伟大旗帜，在华主席为首的党中央领导下，沿着党的十一大路线，同心同德，一往无前，为实现中国工人阶级新的伟大历史使命——在本世纪内把我国建设成现代化的伟大的社会主义强国，努力奋斗！

中国工会第九次全国代表大会主席团名单

（171名）

倪志福

（以下按姓氏笔画为序）

马 骥 马六孩 马纯古 马恒昌 马泉源
王 军(女) 王 炯 王水强 王双金 王林鹤
王志杰 王明德 王莲芳(女) 王家扬 王家宠
王崇伦 王超柱 韦秋梅(女) 毛齐华
毛信贤(女) 乌 恩 尹载德 巴特尔 石 青
田凤梧 丘 金 白 明 白新才 包 喜(女)
尼牙孜·白喜尔 达 杰 邢方群 朱文浩 朱子彤
朱学范 朱春和 刘 寅 刘力彬 刘玉娥(女)
刘建章 刘宗灵 刘根明 齐 平 齐廷汉 江水生
许 明(女) 苏 里 苏广铭 杜延庆 李 瑞
李川江 李凡庆 李凤恩 李世俊 李代耕 李华封
李克群 李连兴 李林泉 李明远 李国才 李奎生
李祖根 李临庄 李唐基 李海峰(女) 李颉伯
李婆贵 李瑞环 杨志钰 杨振汉 吴运铎 岑国荣
狄子才 汪达成 宋侃夫 宋振远 谷小波 初茂昌
张 衍 张 盾 张 祺 张文俊 张永励 张百发
张兆美 张秉贵 张金保(女) 张金聚 张绍华
张修竹 张绪英(女) 张维桢 陆元九 陈 宇
陈云仙(女) 陈庆泉 陈福汉 邵井蛙 林中富
林德忠 杭宝华 欧阳恒贵 罗 琼(女)
金直夫 周 林 周 秩 周传典 周国强 郑 干
郑守仪(女) 郑晶华 单 书 赵东宛 赵国强
赵学全 赵景春 郝兆文 郝建秀(女) 胡长海
胡良才 姚新根 秦启文 敖荣花(女) 袁景尧
栗树彬 贾广德 顾大椿 顾令长 徐肖冰
徐畹珍(女) 郭映福 益西达瓦 姬玉成
黄 中 黄 凯 黄乃辉 黄开云 黄民伟 梅寿椿
曹志杰 曹福浚 盛 婉(女) 崔桂芝(女)
符亚伍 康永和 章 智 章瑞英(女) 阎 钊
梁 广 梁 森 梁 超 彭光伟 彭思明 蒋永清
蒋宝娣(女) 韩西雅 韩荣华 傅景新 曾 生
甄荣典 翟文焕 樊德玲 颜素玲(女) 潘开文
薛仁宗 薛国邦 薛金达 穆其彬 戴仁理
大会秘书长 陈 宇

共青团十大筹备委员会第三次会议在北京举行

会议决定，中国共产主义青年团第十次全国代表大会将于10月16日在北京召开。

10月11日至13日在北京举行的共青团十大筹委会会议，审议了准备在共青团十大所作的工作报告、提交大会讨论的中国共产主义青年团章程修改草案和关于修改团的章程的报告，审议了团歌、中国少年先锋队的章程草案和队歌，还讨论了召开共青团十大的各项准备工作和有关事宜。

《人民日报》发表新华社记者述评《岂有共产党的干部唯恐农民收入多的道理？》

不久前，四川省郫县在落实农村经济政策中发生了一场争论：“十三斤半菜籽油该不该给？”现在问题虽然解决了，但争论的起因却发人深思。

郫县是油菜主要产区之一。过去，这里对社员吃油问题有个规定：凡是完不成国家油菜籽征购任务的生产队，当年每人吃油三斤；完成任务的，吃油四斤；超额完成任务的吃油五斤。不管增产多少，贡献多大，每人平均吃油标准不许超过五斤。这项规定实行以来，因为增产油料不能多吃，而种油菜又费工又耗肥，所以许多社队每年只求完成征购任务，或稍有超过就行了。也有的生产队宁可吃三斤油，把主要力量拿去发展粮食生产，连计划内的油菜也不好好种了。造成全县油菜生产长期停滞不前，影响了国家油料收购任务的完成。粉碎“四人帮”后，四川省农村认真落实党的经济政策，在油料方面实行了多产、多购、多留的方针，规定凡是超额完成国家征购任务的生产队，在每人留四斤油后仍有多余的那一部分，按三、七分成，七成由国家加价收购，三成归社员。郫县执行这项新的规定后，社员群众干劲倍增，今年油菜籽空前大增产，超额40%完成国家征购任务。这时，一件出人意外的事发生了。晨光公社前进大队第四生产队，今年油菜籽生产连夺两个全县第一：平均亩产突破了四百斤，全县最高；交售给国家的油菜籽超过任务一倍多，贡献最大。按照规定，这个队应留的口油也要增多，估算一下，每人可以分到十三斤半油，超过往年一倍多。按下按政策规定办事呢？县社干部一时拿不准，正好省里一个部门的负责人来郫县检查工作，他听到这消息就说："社员一下子分十三斤半口油，恐怕太多了吧？"他要县社干部先研究个办法加以控制，再向省委汇报请示。

不久，这件事反映到四川省委主要领导人那里，省委很快作了指示：坚决按照政策规定的办。这样，一场可能引起的混乱避免了。前进大队第四生产队每人如数分到十三斤半菜籽油。消息传出后，轰动了方圆几十里，人们兴高采烈，议论纷纷："政策兑现了，上级说话算数，我们还不加劲干?！"和前进大队第四生产队相邻的五个生产队，都在争取明年油菜籽亩产四百斤以上。

这件事告诉人们，由于"四人帮"的干扰破坏，颠倒了是非标准，有一部分干部，甚至唯恐农民收入多，生活好。在这些人看来，收入多些，生活好些，就会发展"资本主义"。因此，在处理分配问题时，他们首先考虑的不是如何贯彻执行党的政策，调动农民的积极性，更快地发展生产，增加社员的收入，而是一看到社员分的粮、钱、油等多了些，就像见了瘟疫一样害怕，总是想方设法去加以限制，直到把社员的收入降下来，才心安理得，仿佛这才是"社会主义"。结果是，农民多劳不能多得，生产积极性被挫伤。粉碎"四人帮"已经两年了，有些地方，生产发展缓慢，农民生活水平还很低。原因固然是多方面的，但是，那种唯恐农民收入多的思想，不是直接给社员带来苦头的吗？

唯恐农民多得的那些干部，还常常自以为是在维护国家的利益。在他们看来，农民得多了，国家和集体就少了。这是一种对具体事物不加分析，机械地把农民利益同国家、集体利益对立起来的看法。实际上，党在农村的各项经济政策，无一不是依据"三兼顾"的原则制定的，认真贯彻执行政策，决不可能出现只有利于一头的情况。农民得多了，国家和集体必然是"水涨船高"，得的也多。前进大队第四生产队每人今年分得的口油，比过去以五斤为最高限额时多了八斤半，但是也要看到，全队每人向国家交售的菜油比过去多二十一斤，国家得的更多。全县共多交售油菜籽五百多万斤。请问，这种建筑在国家得的更多的基础上的个人多得，有什么可怕呢？这样的个人多得应该看成是一件大好事。你真的想维护国家和集体的利益吗？你就要对此大力提倡和鼓励。因为这样才能逐步做到社员富裕，国家富强。人们爱用"大河"与"小河"来比喻国家、集体与个人三者的相互依赖关系。"大河有水小河满"，这说明只有国家和集体经济发展了，个人的收入才能增加。但是，大河的水是小河汇集起来的，"小河水涨大河满"，不也是一个大家熟知的道理吗？

毛主席多次教导我们，建设社会主义，要在发展生产的基础上不断改善人民群众的生活；要给人们以眼睛看得到的实际利益。因此，随着集体生产的发展，社员多得一些现金和实物，这是合情合理的，是完全应该的。当然，我们讲的多得，是指的多劳多得。前进大队第四生产队社员多得口油，是因为他们在油菜籽生产上付出了更多的劳动，他们实现亩产四百斤，花费的劳动和肥料，要比过去亩产二百多斤时多二至三倍。因此，每人多分一些油，是完全符合"按劳分配，多劳多得"原则的。应该看到，即使农民得的再多一些，比起我们理想的目标，又是差得多么远啊！我们应该深刻地注意提高群众的生活水平，要使广大群众认识到我们是代表他们的利益的。不然的话，有谁还拥护你呢？

岂有共产党的干部唯恐农民收入多的道理？

全国人大常委会副委员长廖承志在北京会见泰国前议长西里·西里裕廷少将及其一行

国务院副总理耿飚在科纳克里与几内亚总统塞古·杜尔举行会谈

中国社会科学院研究生院在北京正式成立

我国第一所培养社会科学研究专门人才的高等学校——中国社会科学院研究生院，10月11日在北京正式成立，并举行了开学典礼。

中国社会科学院研究生院，是适应我国实现四个现代化的需要，努力培养具有较高水平的社会科学研究人员，以便更好地研究和解决新长征实践中提出的社会科学的重要理论问题而建立的。全院分设12个系，106个专业，包括哲学系、经济系、工业经济系、世界经济系、文学系、外国文学系、历史系、语言学系、新闻系、民族学系、法学系、世界宗教学系，以及世界史、中国近代史、考古等专业。研究生院的学制一般为三年。学习方法是在专业教师指导下，以自学研究为主。

现在，1978年招收的四百多名研究生，已经全部报到。中国社会科学院和各有关方面的许多著名的专家、教授担任了这些研究生的指导教师。

在开学典礼上，中国社会科学院副院长兼中国社会科学院研究生院院长周扬讲了话。

周扬同志说，中国社会科学院成立研究生院，培养研究马克思主义、列宁主义、毛泽东思想的新生力量，这是一件大事，是我国社会主义新时期总任务的需要，是加速实现四个现代化的需要。我们要办一个什么样的研究生院，培养什么样的社会科学研究人员呢？最重要的是，研究生院要以马克思列宁主义、毛泽东思想为指导，为无产阶级当前的和长远的政治任务服务，特别是要把研究当前的理论问题和实际问题，研究当前革命运动的经验摆在优先的地位。我们的社会科学是一条重要的战线。我们培养的人才，不但是学者，首先是战士。我们不需要空头的革命家，而是需要在理论上实践上能够解答现实问题的革命家。我们要办一个新型的研究生院。这个研究生院和一切旧式的经济学派根本不同。在这里没有学究气，没有书呆子气，没有经院主义，而要有一种浓厚的政治气氛，有一种认真读书的钻研精神，有一种自由讨论的学术空气。因此，中国社会科学院研究生院的校风应当是：实事求是，艰苦朴素。当前要特别注意大力培养实事求是、一切从实际出发、理论和实践相结合的学风，学习和掌握马克思主义、列宁主义、毛泽东思想的精神实质，学会运用马克思主义的立场、观点、方法，研究和解决社会主义革命和建设中的新问题。我们提倡艰苦朴素，不仅要在生活上艰苦朴素，搞研究，搞学问，更需要艰苦朴素，有毅力，不浮夸。

周扬同志在讲话中希望大家认真读书，独立思考。他说，我们要学马克思、列宁、毛主席那样博览群书，那样去学习外国语。我们不仅要读马列的书和毛主席的书，同时还要读各种各样的书，正面的反面的都要读。马克思主义是在总结人类创造的全部知识的基础上产生的。如果我们不用人类创造的全部知识财富来武装自己的头脑，那就不可能成为真正的马克思主义者。因此，我们要认真读书。认真，就是联系实际，独立思考。要把读书同实践经验结合起来，增强独立观察，独立判断的能力。

周扬同志在讲话中还希望研究生院培养一种教学相长，师生互学，自由辩论的空气。只有这样，才能防止思想僵化，繁荣社会科学。

上海造船厂为中(国)波(兰)轮船股份公司建造的“绍兴号”万吨级远洋货轮交付订货单位

这是中国第一次出口万吨级远洋货轮。

10月12日

中共中央主席华国锋 中共中央副主席叶剑英 邓小平观看空军部队战备训练汇报表演

上午10时25分，华国锋主席、叶剑英副主席和邓小平副主席以及党和国家其他领导同志来到机场，全场起立行注目礼。空军司令员张廷发正步走上前致军礼，报告空军参加汇报表演的部队准备完毕，等候检阅。汇报表演开始时，14架飞机编成整齐的“八一”队形，威武雄壮地飞过检阅台上空，全场掌声雷动。

天空又传来一阵巨大的轰鸣，轰炸机群飞来了！很快，108枚炸弹一齐投下，准确地摧毁目标，靶场上顿时火光闪闪，烟尘腾空。叶副主席高兴地鼓掌，华主席、邓副主席齐声称好。

一批又一批歼击机群和强击机群飞过检阅台上空，向靶场俯冲，广播里一次又一次地传出“命中、命中”、“优秀、优秀”的成绩报告，华主席等中央领导同志和周围观众不断报以热烈的掌声。

今天汇报表演的共有15个项目，包括轰炸、射击、侦察、伞降等战斗使用课目和复杂飞行技术。参加表演的有师、团领导干部，有各个机种的飞行员和伞兵战士，规模之大、成绩之好，超过了1964年空军群众性练兵运动所达到的水平。

历时2小时的汇报表演结束后，参加表演的空军指战员列队跑步来到检阅台前。华主席、叶副主席和邓副主席走下检阅台。张廷发司令员一一介绍：今天担任飞行指挥员的是空军司令部副参谋长马占民；进行空中高难度“螺旋”动作飞行的是空军司令部军训部部长于振武；在空中将靶标打得弹洞累累的是航空兵一师师长张怀连和战斗英雄、某师师长韩德彩；表演伞降的是空降兵某部黄继光生前所在连。华主席、叶副主席和邓副主席亲切地同指战员们握手。

观看今天表演的还有党和国家其他领导人韦国清、苏振华、陈永贵、陈锡联、陈慕华、王震，以及党、政、军各部门负责人和陆海空军指战员的代表。

倪志福在中国工会第九次全国代表大会上作题为《中国工人阶级新的伟大历史使命》的工作报告

代表们、同志们！

我受全国总工会第八届执行委员会的委托，向大会作工作报告。

我们这次代表大会，是在抓纲治国取得重大胜利的大好形势下召开的。华主席为首的党中央粉碎王洪文、张春桥、江青、姚文元“四人帮”以后，党的十一大和五届人大制定了新时期的总路线和总任务，决心实现伟大领袖毛主席、敬爱的周总理的遗愿，在本世纪内把我国建成农业、工业、国防和科学技术现代化的社会主义强国。

实现四个现代化，既要向自然界开战，又要进行深刻的社会变革，是一场伟大的斗争，伟大的革命。它将使我国的社会生产力有一个飞跃的发展，从根本上改变经济技术落后的状况，为巩固无产阶级专政奠定强大的物质基础。它将使我国的社会主义生产关系和上层建筑得到进一步的完善和发展，人们的精神面貌、道德风尚、生活方式也将发生更加有利于社会主义的巨大变化。它将使我们整个民族的科学文化水平大为提高，全国人民的物质生活和文化生活显著改善。历史上遗留下来的工农之间、城乡之间、脑力劳动同体力劳动之间的差别将大大缩小，我们将朝着列宁讲的使资产阶级既不能存在又不能再产生的目标前进一大步。它将增强我国的国防实力，从而更加有力地打击社会帝国主义、帝国主义称霸世界的野心。我们将用新的事实进一步显示出社会主义制度的优越性和马克思列宁主义、毛泽东思想的巨大威力。总之，我们正在进行的这场革命，任务的艰巨，变化的深刻，影响的深远，在某种意义上超过了我国历史上任何一场革命。

完成这场伟大的革命，是全国各族人民的崇高任务，首先是我国工人阶级肩负的新的伟大历史使命。工人阶级是领导阶级，是三大革命的主力军，应当空前紧张地动员起来，带动全国人民胜利地进行这一新的长征。

我国工人阶级的战斗历程

同志们！从1957年中国工会第八次全国代表大会以来，我国工人阶级经历了伟大的斗争和严峻的考验。在这不平常的21年里，面对国内外阶级敌人的挑战、破坏和捣乱，工人阶级坚定不移地团结在毛主席的伟大旗帜下英勇战斗，在社会主义革命和社会主义建设中发挥了主力军的作用。当资产阶级右派发动进攻的严重时刻，工人阶级首先起来保卫党和社会主义制度，团结全国人民，取得了政治战线和思想战线社会主义革命的一次重大胜利。在社会主义建设高潮中，工人阶级高举总路线的红旗，破除迷信，解放思想，大搞技术革新和技术革命，为建设社会主义工业和支援社会主义农业贡献了智慧和力量。在3年暂时困难时期，工人阶级发愤图强，为战胜苏修叛徒集团和自然灾害给我国经济造成的困难进行了艰苦斗争。英雄的大庆工人，就是在那种艰难的条件下拿下了大油田，开创了我国自己工业发展的道路。

林彪、“四人帮”是我党历史上最凶恶的两个反党集团。“文化大革命”一开始，他们就相互勾结，采取反革命两面派的策略，打着毛主席的旗号打击毛主席的力量，打着无产阶级“文化大革命”的旗号破坏无产阶级“文化大革命”。他们像大革命时代的蒋介石那样，极端仇恨和惧怕工人阶级。1927年蒋介石发动“四·一二”政变时，首先在上海向工人阶级开刀，逮捕杀害工人领袖，残酷镇压革命工人。四十年以后，林彪、“四人帮”继承蒋介石的衣钵，同样向工人阶级下了毒手，许多共产党员、工会干部、劳动模范和工人群众被揪斗绑架、严刑拷打，使得不少同志致残致死，法西斯暴行令人发指。为了篡党夺权，他们煽动“怀疑一切，打倒一切”，分裂工人队伍，挑动全面内战，疯狂破坏革命和生产。他们的反革命行为激起了工人阶级的无比愤怒。千百万工人顶住了林彪、“四人帮”的压力，不怕扣帽子、打棍子，保卫毛主席的革命路线，保卫受林彪、“四人帮”迫害的革命领导干部，保卫社会主义企业，坚持抓革命促生产。我国工人阶级在无产阶级“文化大革命”的伟大斗争中，不断提高了阶级斗争和路线斗争觉悟，逐步认清了林彪、“四人帮”是工人阶级的死敌。

1976年，“四人帮”疯狂反扑，加紧了篡党夺权的阴谋活动。他们攻击周总理，陷害邓小平同志，打着“反复辟”的旗号大搞反革命复辟。工人阶级义愤填膺，积极起来战斗。他们在首都和全国各地同广大人民一起，举起花圈和挽联，沉痛悼念周总理，口诛笔伐，声讨万恶的“四人帮”。毛主席逝世，“四人帮”以为时机已到，急于发难，迫不及待地要篡夺党和国家的最高领导权。在我们党和我国革命处于危急存亡的紧要关头，华主席为首的党中央，继承毛主席的遗志，英明果断，一举粉碎了“四人帮”，挽救了革命，挽救了党，使社会主义中国避免了资本主义复辟的历史悲剧，取得了具有深远历史意义的伟大胜利。

粉碎“四人帮”以后，我国工人阶级长期被压抑的积极性，像火山一样爆发出来，热烈响应华主席、党中央抓纲治国的伟大号召，深揭狠批“四人帮”，积极开展学大庆、学大寨的群众运动，在激烈而紧张的战斗中，再一次作出了重大贡献。

在社会主义革命和建设的斗争中，涌现出一大批先进集体和先进战士。著名的有毛泽东号机车组，马恒昌小组，马万水工程队，大庆一二〇五、一二〇二钻井队和王进喜、吴全清、孟泰、王崇伦、苏广铭、郝建秀、时传祥、张百发、吴旭芝、黄荣昌、李凤恩、裔式娟、单书、买买提依明·依不拉音木、周阿庆、张秉贵等同志。他们坚持毛主席的革命路线，艰苦创业，忘我劳动，大干社会主义，在林彪、“四人帮”淫威下坚强不屈，表现了工人阶级的彻底革命精神。我国工人阶级的知识分子队伍不断发展壮大，在科学技术、文化教育、体育卫生、哲学社会科学等战线都出现了许多作出卓越贡献的优秀工作者和专家。尤其可喜的是，在同“四人帮”的斗争中，又涌现出李连兴、赵大中、章纪法、杨振汉、常存玉等一大批新的坚强战士。他们不怕坐牢，不怕杀头，勇敢揭露、声讨“四人帮”，不愧为工人阶级的优秀儿女！这些新老先进战士的英雄业绩，应当载入我国工人运动的光辉史册。让这种伟大的革命精神，永远激励我国工人阶级和革命人民沿着毛主席的革命路线继续前进。

同志们！我国工人阶级在革命和建设事业中取得的一切胜利，都是毛泽东思想的胜利，毛主席革命路线的胜利。半个世纪以前，毛主席把马克思列宁主义同中国工人运动相结合，缔造了中国共产党。在建党过程中，毛主席就亲自从事工人运动，缔造和培育了我国的工会组织。几十年来，毛主席对我们工人十分关怀，同我们心连心，为工人阶级的解放事业呕心沥血，立下了不朽的功勋。毛主席的革命路线，一直指引着我国工人运动前进的方向，毛主席的旗帜始终是我国工人阶级团结战斗的光辉旗帜。无论在民主革命时期，还是在社会主义时期，我国工人阶级总是战斗在革命的最前线，是中华民族最革命、最坚决、最忠诚、最无私，特别能战斗的一支主力军，在整个中国革命历程中英勇奋斗，前仆后继，发挥了领导阶级的伟大作用。

在长期的革命斗争中，我国工人阶级为什么能够充分发挥领导阶级和主力军的作用呢？我们的基本经验是什么呢？根据毛主席的教导和我国工人运动的实践，讲以下几点体会。

一、必须坚持党对工人运动的领导。毛主席指出：“中国无产阶级开始走上革命的舞台，就在本阶级的革命政党——中国共产党领导之下，成为中国社会里比较最有觉悟的阶级。”这是中国工人阶级的一个突出优点。工人阶级要解放自己和解放全人类，必须有马克思主义政党的领导，有马克思主义理论的武装。按照马克思的说法，“这个解放的头脑是哲学，它的心脏是无产阶级”，“哲学把无产阶级当作自己的物质武器，同样地，无产阶级也把哲学当作自己的精神武器”。工人阶级只有组成自己的政党，才能作为一个阶级来行动，“保证社会革命获得胜利和实现这一革命的最终目标——消灭阶级”。中国工人阶级在中国共产党的领导下，掌握了马克思主义思想武器，就迸发出伟大的革命力量。半殖民地、半封建的中国，没有改良主义的经济基础。我国工人阶级没有受社会民主党的影响，全心全意信任我们党，信赖我们的领袖和导师毛主席，坚定地跟着党和毛主席走。党和毛主席也历来全心全意依靠工人阶级。这就是我国工人阶级在中国革命长期艰巨复杂的斗争中，能够绕过暗礁，排除“左”的和右的机会主义路线的干扰，不断取得胜利的最根本的一条经验。林彪、“四人帮”以帮代会，以会代党，把工会凌驾于党之上，妄图利用工会篡党夺权，给工人阶级和革命事业造成了极大危害。这个严重的教训和几十年的经验都告诉我们，工人运动坚持党的领导就是胜利，离开党的领导就受挫折。

二、工人阶级在革命和建设中要充分发挥模范带头作用。毛主席指出：“工人阶级最有远见，大公无私，最富于革命的彻底性。”工人阶级要发挥领导阶级和主力军的作用，必须有强烈的阶级责任感，在同阶级敌人的斗争中，在同修正主义、机会主义的斗争中，在社会主义建设事业中，充分体现和发扬先进阶级的革命精神，始终站在斗争的最前列，以自己的模范行动去影响和带动广大人民群众。在民主革命时期，工人阶级为了推翻“三座大山”，英勇奋斗，流血牺牲，起了表率作用。夺取全国政权以后，工人阶级树立和发扬国家主人翁思想，带领广大人民，积极投入三大革命运动，在巩固无产阶级专政，进行社会主义革命和建设的斗争中，充分发挥了模范带头作用，不愧为国家的领导阶级。林彪、“四人帮”打着“工人阶级必须领导一切”的旗号，大搞篡党夺权的阴谋活动，遭到了广大工人群众的坚决抵制和斗争。跟着林彪、“四人帮”走的，只有翁森鹤、陈阿大等一小撮工人队伍中的败类。这一小撮败类丝毫无损于工人阶级作为领导阶级的光辉形象。

三、工人阶级必须不断巩固自己队伍的团结。工人阶级之所以能够战胜比自己强大的敌人，就是靠内部的坚强团结和高度的组织纪律性。我国工人阶级在毛主席、党中央的领导下，历来是团结的。林彪、“四人帮”为了篡党夺权的需要，煽动资产阶级派性，破坏工人阶级团结，受到毛主席的尖锐批判。毛主席指出：“在工人阶级内部，没有根本的利害冲突。在无产阶级专政下的工人阶级内部，更没有理由一定要分裂成为势不两立的两大派组织。”广大工人群众遵循毛主席的教导，粉碎了林彪、“四人帮”的阴谋。实践证明：工人阶级只有不断增强和巩固自己内部的团结，才能发挥整个阶级的巨大威力，团结广大人民群众，战胜前进道路上的艰难险阻，胜利地进行改造社会和改造自然的斗争。

四、工人阶级必须同农民结成巩固联盟。毛主席指出，农民是工人阶级最主要最可靠的同盟军。工人阶级只有和农民结成巩固的联盟，才能领导革命达到胜利，而农民只有在工人阶级领导下，才能得到解放。我国工人阶级的一个突出优点就是和广大农民有一种天然的联系，便于同农民结成亲密的联盟。在我国革命历史上，工人阶级从来都把农民当作自己最亲密的兄弟，农民也亲切地把工人阶级称作自己的老大哥。

无论在革命战争时期，还是在土地改革、合作化运动、人民公社化运动中，工人阶级都全心全意支持农民的革命行动，支援发展农业生产。工农联盟是我国革命和建设事业取得胜利的最主要的力量源泉，也将是胜利地实现新时期总任务的最主要的力量源泉。在工农联盟的基础上，工人阶级还必须团结一切可能团结的力量，不断巩固和发展革命的统一战线。

五、工人阶级应当在改造客观世界的同时，不断地改造自己。社会上尖锐复杂的阶级斗争，必然要反映到工人阶级内部来。工人阶级不仅会受到封建地主阶级、资产阶级思想的侵蚀，而且经常受到小资产阶级思想的影响。我国曾经是一个农民和其他小生产者占优势的国家，许多工人是从小生产者中来的；随着社会主义建设事业的发展，又有不少青年学生进入工人阶级行列。他们是工人队伍的新鲜血液，但是也不可避免地会把小资产阶级的某些思想和习惯，如因循守旧、狭隘自私、自由散漫、摇摆不定等等带到工人阶级队伍里来。这是工人阶级在革命过程中的一种负担。毛主席教导说："工人阶级要在阶级斗争中和向自然界的斗争中改造整个社会，同时也就改造自己。工人阶级必须在工作中不断学习，逐步克服自己的缺点，永远也不能停止。"几十年来，我国工人阶级正是遵照毛主席的教导，结合革命斗争和建设的实践，认真学习马克思列宁主义、毛泽东思想，努力克服各种非无产阶级思想，不断提高阶级觉悟，才始终保持着本阶级的先进性。

同志们！我国工人阶级的战斗历程是光辉的，经验是丰富的。我们一定要保持工人阶级的优秀品质，继承和发扬我国工人运动的好传统好经验，在实现新时期的总路线和总任务的斗争中，更好地发挥工人阶级的领导作用和主力军作用，去夺取新的伟大的胜利！

工人阶级新的历史使命

我国工人阶级从它的先锋队中国共产党成立的一天起，就科学地规定了自己的最高奋斗目标：解放全人类，在全世界实现共产主义。从1921年到1949年，经过28年，我们推翻了帝国主义、封建主义、官僚资本主义在中国的统治，取得了民主革命的彻底胜利。毛主席说这是万里长征走完了第一步。从1949年中华人民共和国成立，到1977年党的十一大宣布第一次无产阶级"文化大革命"胜利结束，我们又经过了28年，取得了社会主义革命和社会主义建设的伟大胜利，无产阶级专政得到了巩固，一个独立的比较完整的国民经济体系初步建立起来。从党的十一大开始，我们跨进了一个新的发展时期，要在本世纪内把我国建成四个现代化的社会主义强国，使我国国民经济走在世界的前列。这是新的长征，是新时期工人阶级的历史使命。

完成新时期的历史使命，我们有许多有利条件。粉碎了"四人帮"，扫除了前进道路上的最大障碍，抓纲治国取得了重大胜利，生动活泼、安定团结的政治局面已经出现，毛主席的革命路线能够全面地、正确地贯彻执行。我们有优越的社会主义制度和八亿勤劳勇敢的人民。我国幅员广阔，资源丰富，经过20多年的建设有了相当可观的物质基础，积累了正反两方面的丰富经验。国际条件对我们也很有利。只要我们在华主席为首的党中央领导下，坚持党的基本路线，坚持社会主义建设总路线，坚持独立自主、自力更生的方针，坚定不移地走毛主席指引的建设社会主义的道路，充分运用国内国际的有利条件，我们就一定能够战胜前进道路上的一切困难，把四个现代化的宏伟蓝图变成现实。

为了加快步伐，早日建成四个现代化的社会主义强国，摆在我们工人阶级面前的紧迫任务是什么呢？

一、不断提高政治觉悟，坚持无产阶级专政下的继续革命。

在社会主义历史阶段，还存在着阶级、阶级矛盾和阶级斗争。搞四个现代化，不会是风平浪静的。我们必须紧紧抓住两个阶级、两条道路斗争这个纲，以革命化统帅现代化，不断提高无产阶级专政下继续革命的觉悟，在高速度发展社会生产力的同时，积极参加生产关系和上层建筑领域的革命。在当前和今后一个时期，主要是把揭批"四人帮"的伟大斗争进行到底，把被他们颠倒了的路线是非、思想是非和理论是非统统纠正过来，彻底肃清其流毒和影响。要坚决打击阶级敌人的破坏活动，打击资本主义势力的猖狂进攻，深挖"四人帮"的社会基础。

我们应当清醒地看到，十多年来，林彪、"四人帮"散布和助长的无政府主义、资产阶级派性、封建行帮思想、流氓习气等等，对我们工人队伍的腐蚀是十分严重的，一些工人非无产阶级化的倾向相当突出。有的不服从工作调动，严重破坏劳动纪律，随意损坏公共财产；有的拉小圈子，搞宗派，继续闹资产阶级派性；有的不关心政治，好像什么政治，什么祖国的前途，人类的理想，都没有关心的必要。我们一定要紧密结合揭批"四人帮"的斗争，认真学习马列和毛主席著作，完整地准确地掌握毛泽东思想体系；清除林彪、"四人帮"在工人队伍中散布的流毒和影响。我们要关心国家大事，要有崇高的理想，干着社会主义，想着共产主义。我们要加强组织性纪律性，维护和发展安定团结的大好形势，做团结的模范。我们要发扬艰苦奋斗、大公无私、严守纪律、服从调动、爱厂如家的光荣传统，保持无产阶级的阶级本色。

林彪、"四人帮"横行时期，党和工会在工人中的思想政治工作遭到了破坏。一些单位的政治学习徒具形式,不是照念报纸应付一通,就是海阔天空乱扯一气,浪费时间和精力;学习讨论不是以理服人,而是抓辫子、扣帽子、打棍子,弄得大家根本无法敞开思想讨论研究问题。工人群众强烈要求改变这种专制主义、官僚主义、形式主义的所谓政治工作,恢复和发扬我们党的实事求是、生动活泼的政治工作的优良传统。

二、努力掌握现代科学技术,高速度发展社会生产力。

工业是主导。加快工业的发展速度,对于实现四个现代化具有决定性的作用。高速度地发展工业生产,努力提高劳动生产率,是我们工人阶级的首要任务。我们要以国家主人翁的姿态,革命加拼命的精神,勇敢地把这个光荣的重任承担起来。

高速度发展社会生产力,必须掌握最先进的现代技术。当前,我国国民经济飞跃发展的客观条件是很好的。摆在我们面前的一个很大的困难,是技术落后,科学文化水平低。我们现有的设备往往不能很好地使用,不能较快地进行革新、改造,一些技术问题长期过不了关。我们有些企业引进的先进设备,有了不会用,坏了不会修,效能得不到充分发挥,更不用说在别人的基础上加以创新了。我们工人阶级如果不迅速掌握先进技术,改变这种状况,那里会有高速度、高质量?怎么能够大大提高劳动生产率呢?没有一支掌握现代化技术,能够操纵、管理最先进技术设备的熟练工人队伍,四个现代化怎么能够实现呢?华主席号召极大地提高整个民族的科学文化水平,我们工人阶级应当责无旁贷地向现代科学技术英勇进军。我们要力争在1985年以前使1/4的工人达到7级工的技术水平,技术学校毕业生达到4级工的技术水平,一般工人具有高中毕业的文化程度。过去,我们有志气、有能力挣脱帝国主义、封建主义、官僚资本主义的锁链,现在,我们同样有志气、有能力挣脱科学文化落后的锁链。五十年代、60年代,我们的条件比现在差,底子比现在薄,还能创造出一批具有世界先进水平的科学技术成果;今天,经过勤奋学习,刻苦攻关,我们一定能够把世界最先进的科学技术掌握起来。

"四人帮"疯狂攻击工人阶级掌握科学技术是什么"白专道路"、"技术挂帅",诬蔑学习外国的现代科学技术是什么"洋奴哲学"等等,这些反马克思主义的谬论必须彻底批判。毛主席在《论十大关系》中明确指出:"我们的方针是,一切民族、一切国家的长处都要学,政治、经济、科学、技术、文学、艺术的一切真正好的东西都要学。"马克思主义从来认为,科学技术是人类变革自然界的手段,是生产力。它没有国界,没有阶级性,既可以为资本主义服务,也可以为社会主义服务。经济落后国家的工人阶级取得政权以后,把世界的先进科学技术拿来为我所用,这是巩固无产阶级专政的需要,决不是什么"洋奴哲学"。列宁指出,无产阶级政权"单靠专政、暴力、强制是保持不住的;唯有掌握了文明的、技术先进的、进步的资本主义的全部经验,使用一切有这种经验的人,才能保持得住。"资本主义国家的先进科学技术,一旦掌握在社会主义国家的工人阶级手里,就成为保持和巩固无产阶级专政的物质手段。我国工人阶级将一切国家先进的科学技术,尽可能地吸收过来,促进我国社会生产力的高速度发展,这比关起门来,样样自己从头摸索的爬行主义,不知要快多少倍。我们这样做,完全是为了增强我们自力更生的能力,并在实践中不断改进,创造出更加先进的科学技术,为人类作出应有的贡献。

三、造就一大批又红又专的技术干部和管理干部,提高企业的技术水平和管理水平。

实现四个现代化,不但需要一支强大的熟练技术工人队伍,而且需要一大批又红又专的技术干部和管理干部。20多年来,我们已经有了相当数量的经济工作干部和科技人员,但是,无论数量或质量都远远不能适应四个现代化的需要。我们的许多企业管理干部,有很多长处,弱点是缺少领导和管理现代化建设的知识。我们的工程技术人员不但数量少,而且许多同志对最新的现代科学技术也不大懂,还需要重新学习,重新武装。看到我们的弱点,承认落后,是为了鼓足干劲赶上去,用最快的速度,造就大批掌握最先进科学技术和懂得管理现代化企业的人才。

新的人才从哪里来?主要靠两个办法。一个是把教育事业办好,从学校培养。另一个,更大量的是从生产实践中,从工人群众中造就管理人才和技术人才。十月革命后的苏联,在列宁、斯大林的领导下,不是从工人中造就了大批技术干部和管理干部吗?过去我们在革命战争年代,不是也从工人和农民中造就了大批能打仗、能搞经济、能安邦治国的人才吗?在社会主义建设中,我们不是也从工人中培养出了一大批著名的工人工程师和各种专家吗?现在我们要加快四个现代化的步伐,更需要广开这条路了。

列宁说过:"任何管理工作都需要有特殊的本领。""凡是熟悉实际生活、阅历丰富的人都知道:要管理就要内行,就要精通生产的一切条件,就要懂得现代高度的生产技术,就要有一定的科学修养。这就是我们无论如何都应当具备的条件。"我们要造就出大批像列宁讲的那样的管理干部和技术人才,的确是不容易的。但是无论如何必须做到。我们应当拿出革命战争年代那种革命精神和革命毅力,去攻克现代技术和现代管理的堡垒!

同志们！为了建设伟大的社会主义强国，我们必须继续发展和壮大工人阶级知识分子的队伍，从工人群众中造就一大批优秀的科学家、工程师、教授、教员、医生、文学家、艺术家、新闻记者和马克思主义理论家。还要特别重视从少数民族工人中造就各方面的人才。让我们勤奋学习，刻苦钻研，充分发挥我们的聪明才智，用最大的努力去完成历史和人民赋予我国工人阶级的这个光荣使命！

四、支援农业现代化，在新的基础上巩固工农联盟。

农业是国民经济的基础。我国整个国民经济要保持持久的高速度发展，根本上取决于农业的发展。如果农业上不去，工业也不上去，四个现代化就建不成。我们必须清醒地认识到这一条客观的经济规律。

农业的现代化，是比工业现代化更加艰巨而困难的任务，需要现代工业的积极支援。实现农业现代化，不但要依靠全国广大农民，而且在一定意义上更要依靠支援农业的各行各业工人。现在，工业生产的很大一部分是为农业生产和农民生活服务的。随着现代农业的发展，还需要不断地建立起新的为农业服务的工业企业；还要帮助农村积极发展社队工业。我国工人阶级应当充分认识自己对于农业现代化肩负的重大责任。如果我们采取漠不关心、马马虎虎的态度，生产出质量低劣、成本和价格很高的支农产品供给农民，这不是“支农”，而是“坑农”，等于是变相剥夺农民。这样，我们怎么对得起自己的农民兄弟呢！工人阶级如何对待支援农业，不但是一个经济问题，而且首先是一个关系到巩固工农联盟、巩固无产阶级专政的重大政治问题。

我国工人阶级同农民的联盟，经历过两个历史阶段。第一个阶段是反地主、打土豪、分田地，使工人阶级在民主主义的基础上同农民结成了联盟。第二个阶段，是土地改革后，领导农民走共同富裕的合作化道路，使工人阶级在社会主义的基础上巩固了同农民的联盟。20多年来，我国农业在社会主义道路上有了发展。但是应当看到，由于林彪、“四人帮”的干扰破坏，也由于我们工作中的缺点，农业的发展速度时快时慢，有的地方甚至停滞倒退。大部分地区也还没有完全摆脱贫困落后的状况。我国农业的面貌必须有一个大的改变，使粮食、各种经济作物、畜产品、副食品等生产有一个大的发展，并且，随着农业生产的发展，使亿万农民群众收入逐年有所增加，生活逐步有所改善，才有可能在新的基础上使工农联盟进一步得到巩固，才有可能使我国的现代化工业建设建筑在稳固的基础之上。

毛主席指出：“农业的根本出路在于机械化。”工人阶级应当为我国农业的这条根本出路贡献力量，为我国农业生产出高质量、高效率、低成本、低消耗的各种现代化农业机械以及化肥、农药。现在，我们要全面地贯彻执行以粮为纲，全面发展，因地制宜，适当集中的方针，使我国的农、林、牧业都有一个高速度的发展。这就给我国工人阶级支援农业提出了更加广泛的任务。我们一定要刻苦钻研，精益求精，向我国农、林、牧、副、渔各业供应更多的适合需要的工业产品，为加快实现我国的农业现代化，同农民兄弟并肩战斗。

五、坚持无产阶级国际主义，加强同全世界工人阶级的团结。

世界无产阶级和被压迫人民、被压迫民族的革命斗争，从来都是互相支援的。中国工人阶级坚持无产阶级国际主义原则，遵循毛主席关于三个世界的理论，不断加强同各国工人阶级的团结，积极支持各国人民反帝、反殖、反霸，争取和维护民族独立以及争取社会进步的斗争。各国工人阶级和革命人民，对我国革命和建设事业也给予了宝贵的支持和帮助。在实现新时期总路线和总任务的斗争中，我国工人阶级要一如既往，坚持毛主席的革命外事路线，发展同各国工人的友好联系，进一步加强同全世界工人阶级和革命人民的团结。各国工人阶级都有自己的长处和特点。中国工人阶级要虚心向各国工人阶级学习，学习他们的斗争经验，学习他们的先进科学技术和先进管理方法，为四个现代化服务。在国际交往中，我国工人阶级要遵循毛主席的教导，坚决、彻底、干净、全部地消灭大国主义，同各国工人阶级团结战斗，为全世界工人阶级的解放和人类的进步事业作出应有的贡献。

新时期工会工作的基本方针

同志们！我国工人阶级新时期的历史使命也就是我们工会的使命。工会在动员、组织工人群众为实现新的历史使命而进行的斗争中，应当怎样更好地发挥作用呢？新时期工会工作的基本方针是什么呢？我们有必要重温毛主席的教导，总结工会工作的历史经验，结合新的历史条件作出回答。

毛主席在中国革命的各个时期，都十分重视工会工作。毛主席历来认为，工会是工人阶级的群众组织，是党联系工人群众的纽带。早在中央苏区，毛主席就明确指出：“工会是苏维埃政权的柱石，是保护工人利益的堡垒，同时它又成为广大工人群众学习共产主义的学校。”抗日战争时期，毛主席又指出：“工会、农会是抗日政府最重要的群众基础和群众柱石。”全国解放前夕，毛主席进一步指出，工人阶级夺得全国政权以后，工会工作同城市其他工作一样，“是围绕着生产建设这一个中心工作并为这个中心工作服务的。”毛主席的这些教导，是对工会的性质和作用的马克思列宁主义的科学概括。

我们的工会工作是遵循毛主席指明的方向前进的。工会在中国革命各个历史时期都发挥了重要的作用。全国解放以后，尽管在一段时间里，全国总工会个别负责人犯过工团主义、经济主义，以及宣传"工会消亡"的错误，使工作受到一些损失，但是，由于毛主席、党中央的及时发现，由于各级党委、广大工会干部和工人群众的抵制，这些错误都很快得到了纠正。我国工会工作的成绩是主要的。广大工会干部勤勤恳恳，任劳任怨，为党和工人群众做了大量工作。毛主席革命路线在我国工人运动和工会工作中占主导地位。在这次大会上，我们向对我国工人运动作出卓越贡献的工会活动家致以崇高的敬意！向已经去世的工人运动的先驱和优秀的工会工作者，表示深切的悼念！

十多年来，林彪、"四人帮"对工会的破坏，是我国工会历史上一次空前的浩劫。"文化大革命"开始不久，"四人帮"就伙同林彪、陈伯达，破坏工会组织，分裂工人队伍，镇压工人群众。他们炮制"工运黑线统治"论，挥舞"生产工会"、"福利工会"、"全民工会"的大棒，煽动"砸烂旧工会"。1966年12月，在叛徒江青亲自煽动下，全国总工会办公大楼被强占，《工人日报》被"查封"。王洪文、张春桥、姚文元同江青紧相呼应，对上海市总工会大打出手，疯狂破坏。这股黑风很快波及全国各地。许多省、自治区、直辖市工会乃至基层工会被冲、被砸，房子被占，财产被分，档案资料被抢。广大工会干部、工会积极分子、劳动模范和老工人遭到残酷打击。1975年，党中央决定筹备工会九大，"四人帮"的黑干将窃取了工会九大筹备组的领导权，把筹备组变成了他们搞阴谋活动的秘密联络点，干了许多坏事，妄图把工会变成他们篡党夺权的工具。粉碎"四人帮"以来，各级工会批判了"四人帮"的反革命修正主义路线，夺回了被他们篡夺的那部分权力，恢复和开展了各种活动，出现了生气勃勃的新局面。但是，我们应当看到，不少工会干部还没有从林彪、"四人帮"的精神枷锁中完全解放出来，对工会工作的方针任务缺乏明确认识，这个问题不解决，将会妨碍新时期工会作用的充分发挥。

什么是新时期工会工作的基本方针呢？这就是：在中国共产党的领导下，遵循党的十一大路线，团结、教育、吸引广大职工不断提高政治觉悟，掌握现代科学技术，积极参加企业管理，广泛开展社会主义劳动竞赛，努力提高劳动生产率，并在发展生产的基础上逐步改善职工群众的物质文化生活，为实现新时期总任务而奋斗。

为了贯彻这个方针，要着重抓好以下几点：

一、加强对工人群众的政治教育和文化技术教育。

工会是广大工人群众学习共产主义的学校。在新的发展时期，这个学校要吸引工人学理论、学政治、学经济、学管理、学科学、学技术、学文化，把我们的工人队伍建设成高度革命化的、掌握现代科学技术的产业大军。这支产业大军要像铁人王进喜同志为代表的大庆工人那样，有崇高的共产主义理想，坚定的无产阶级立场，坚忍不拔的斗争意志，掌握先进的现代化生产技能，具备"三老四严"、"四个一样"的优良作风。

工会要大力抓好对工人群众的政治教育。要结合三大革命运动的实践，不断用马列主义、毛泽东思想武装工人群众，经常开展阶级教育、革命传统教育和时事政治教育，依靠老工人和先进工人，用先进带动落后，进行深入细致的思想政治工作。党所发动的各项政治运动，工会要组织广大工人积极投入。要教育工人不断增强阶级斗争观念，自觉地同坏人坏事作斗争，坚决打击阶级敌人的各种破坏活动，反对贪污盗窃、投机倒把，抵制资产阶级的歪风邪气，做好群众性的治安保卫工作，保证社会主义所有制和国家财产不受侵害。要教育工人群众增强战备观念，提高警惕，随时准备对付社会帝国主义、帝国主义可能发动的侵略。

为了掌握现代化建设的本领，工会应当把组织广大职工学习科学技术摆在突出的位置。要大力办好职工业余中学、业余大学以及各种专题的业余学习班，组织青年工人向老师傅学习，加强岗位练兵，帮助职工系统地提高科学技术水平，掌握先进技术的操作技能。要利用工人文化宫、俱乐部、图书馆等阵地，为广大职工向科学技术进军创造条件。要积极协助企业行政办好"七·二一"大学、技工学校、各种专业训练班，进行技术考核。要加强同科学技术部门的协作配合，经常举办科学技术讲座等活动。工会要同有关方面共同研究，统筹安排职工的业余活动，保证职工学技术、学文化的时间。

二、吸引工人参加管理，保障工人当家做主的民主权利。

工会要真正成为无产阶级专政的支柱，保证无产阶级专政的国家不变颜色，必须吸引广大工人群众行使国家主人的权利，参加管理自己的国家，管理自己的企业，管理自己的一切事业。列宁在十月革命以后，曾经反复地提出过工人管理国家的问题，并且特别强调工会在吸引工人管理国家和管理生产中的重大任务。列宁说，工会的任务是使千百万人"根据自己的经验学会管理国家和管理生产。只有这样，才能确实保证社会主义事业获得完全的胜利，排除一切后退的可能。"毛主席一再教导我们要重视劳动者管理国家和管理生产的权利，在《鞍钢宪法》中提出了两参一改三结合的原则，强调要依靠工人管理企业。在社会主义企业里，领导和群众的关系，是在根本利益一致基础上的同志合作关系。工会要教育和组织工人群众,以主人翁的姿态,积极参加企业管理。要教育职工维护企业实行高度集中的行政领导,维护生产指挥系统的高度权威,模范执行岗位责任制,自觉遵守规章制度。要精打细算,勤俭节约,搞好经济核算。要努力协助和积极支持企业领导正确执行党和国家的方针、政策,完成国家计划。

企业的各级领导干部,应当全心全意依靠工人阶级,充分发扬民主。现在我们有的企业领导干部,既没有管理现代化工业的知识和能力,又不走群众路线,不贯彻民主集中制,靠"长官意志"办事,搞强迫命令,瞎指挥。工人对自己企业的生产计划,经营管理,人事安排,生活福利,劳动保护,等等,很少有发言权。这种状况是同我们企业的社会主义性质根本不相容的。由于缺乏工人群众的监督,有的企业存在着不按照经济规律办事,不认真执行国家计划和党的方针政策,随意违犯财经纪律等不良倾向,得不到及时地揭露和纠正。所有这些,都是实现四个现代化的严重障碍。我们工会应当本着对革命事业高度负责的精神,成为团结和带领工人群众同官僚主义、主观主义、违法乱纪等现象作斗争的先锋,切实保障工人的民主权利。要做到这一点,工会本身就必须是民主的模范。

党委领导下的职工代表大会制,是吸引职工参加管理、发扬企业民主、监督干部的好形式。工会是职工代表大会或职工大会的工作机构,要坚持这个制度,做好经常工作,充分发挥它的作用。今后,企业的重大问题都要经职工代表大会或职工大会讨论。企业的领导干部要向职工报告工作,听取职工意见,接受群众监督。车间主任、工段长、班组长要由群众选举产生。职工代表大会和工会组织要定期评价全厂工作,提出各方面的批评和建议,并有权向上级建议处分、撤换某些严重失职、作风恶劣的领导人员和管理人员。对于善于发扬民主,发挥职工积极性、主动性,不断改进管理工作和改善职工生活的党政工团领导干部,要及时报请上级予以表扬或奖励。我们还要适应新的条件,总结新的经验,创造新的形式,不断完善企业的民主管理。

三、把社会主义劳动竞赛提高到一个新的水平。

工会工作要坚持以生产为中心,发动和组织广大职工开展社会主义劳动竞赛,努力做到优质、高产、低消耗,全面完成和超额完成国家计划,不断提高劳动生产率。当前,提高质量是十分重要的一环。我们要教育广大工人牢固地树立"质量第一"的思想,开展群众性的"信得过"活动,努力创造优等的质量,造出名牌的产品,不仅让国家信得过,人民信得过,还要敢于同世界名牌争锋。要做到这些,就应当把群众的积极性引导到提高技术、改进技术、采用新技术上来,大搞技术革新和技术革命,不要片面强调增加劳动强度,加班加点。在劳动竞赛中要广泛开展比、学、赶、帮、超活动,开展合理化建议和群众技术协作、技术交流活动,大力推广先进经验,把少数先进企业、先进职工的先进水平迅速变成全行业、全社会的水平。要认真注意劳动保护和安全生产,注意劳逸结合,关心女职工的经期、孕期、产期、哺乳期保护,使广大职工的劳动积极性能够持久地保持下去。

"四人帮"污蔑工会抓生产、组织竞赛是什么搞"修正主义"、"生产工会",这是十分荒谬的。发展生产是工人阶级取得政权以后的根本利益,劳动竞赛是调动和发挥群众积极性和创造性的好形式。我们工会要理直气壮地抓好生产,把社会主义劳动竞赛提高到新的水平。

明年是新中国成立30周年,是许多部门和地区争取提前实现第五个五年计划的一年。为了表彰先进,鼓舞斗志,党中央、国务院已经决定,准备在明年举行一次工交、基建、农林、财贸、文教、科技战线的全国劳模大会,让华主席为首的党中央检阅我们工人阶级的战斗成果。全国广大职工同志们!让我们广泛深入开展学大庆、学大寨的群众运动,创造优异的成绩,向华主席为首的党中央报捷,迎接新长征中第一次盛大的群英会!

四、关心群众生活,保护工人利益。

工会应当成为保护工人利益的堡垒。列宁在十月革命后曾经指出:"在社会化的企业中,工会就一定要负责维护劳动者的利益,根据可能促进他们物质生活的提高,经常纠正由于国家机关的官僚主义弊病而造成的经济机关的错误和过于热心本位利益的现象。""四人帮"把讲物质利益叫作"修正主义",把关心职工生活叫作"福利主义",完全是反马克思主义的。历史唯物主义告诉我们,人们进行生产活动是为了物质利益;人们进行阶级斗争和革命,最终也是为了物质利益。如果社会主义不是通过大大提高社会生产力使全体劳动者过美好、幸福的生活,而是像"四人帮"鼓吹的那样,国家只能穷,人民生活只能苦,工人阶级要这种"社会主义"干什么?工会关心职工生活,决不是什么"福利工会"、"福利主义"。唯有那种放弃阶级的整体利益和长远利益,只顾个人的局部的眼前的利益的思想和行为,才是危害工人阶级根本利益的福利主义。这是我们一向就坚决反对的。我们从来认为,必须经常向群众进行艰苦奋斗、勤俭节约的教育,工人群众的生活只能随着生产的发展,在劳动生产率增长的基础上逐步改善,而且还要从八亿人口出发,统筹兼顾。我们过去就是这样做的,今后还要坚持这样做。

从我们整个工会工作来说,问题不是什么福利主义,而恰恰是对职工生活关心不够或者不敢关心。我们应当正视这个问题。如果工会不关心工人利益,不代表工人讲话,工人群众要工会干什么?毛主席指出:“我们历来提倡艰苦奋斗,反对把个人物质利益看得高于一切,同时我们也历来提倡关心群众生活,反对不关心群众痛痒的官僚主义。”有些企业、机关的领导干部根本不关心职工的疾苦,甚至侵犯职工的切身利益,工会应当坚持原则,支持群众同这种现象进行斗争。

各尽所能、按劳分配体现了整体利益和个人利益的统一,我们要坚决贯彻执行这个社会主义原则,实行多劳多得、少劳少得、不劳不得,把精神鼓励与物质鼓励结合起来,奖励先进,纠正干与不干、干多干少、干好干坏都一个样的现象。同时,我们要提倡共产主义劳动态度,发扬共产主义风格,顾大局,识大体,抢困难,让方便,搞好团结协作,促进阶级友爱。

我国本来是个经济落后的国家,这些年来,由于林彪、“四人帮”对国民经济的严重破坏和我们工作中的缺点,职工生活目前还有很多困难。不少职工的住房拥挤,夫妻长期分居两地,夜班工人得不到较好休息,井下工人吃不上热饭,副食品供应不足,患有职业病和慢性病的职工得不到疗养,等等。工会必须重视这些问题,要督促和帮助企业行政和地方行政在可能的范围内,努力解决这些问题;通过群众自己力量就能解决的,要积极组织群众的互助互济活动。要充分调动职工家属的积极性,做好后勤服务工作。在有条件的地方,要像大庆那样,组织职工和家属搞好农副业生产。职工住房紧张这个突出的问题,最近国家有关部门已经提出了加快城市住宅建设的规划,我们要发动工人,配合有关方面,积极实现这个规划,有步骤地改善群众居住条件。工会要做好劳动保险工作,办好职工疗养事业,协助企业行政办好食堂、托儿所等集体福利事业,广泛开展职工体育活动和业余文艺活动,尽一切可能改善广大职工的物质和文化生活。计划生育是一件大事,关系到国民经济有计划的发展,关系到增强整个中华民族的体质,关系到工人的工作、学习、生活,工会应积极配合有关方面认真抓好。

五、把各级工会组织切实整顿好、建设好。

要贯彻执行新时期工会工作的基本方针,充分发挥工会的重要作用,我们各级工会组织的现状还是很不适应的。我们必须遵照华主席的指示,在各级党委领导下,切实把工会整顿好、建设好。

工会的整顿,首要的是思想整顿。我们要深入批判“四人帮”对工会的破坏和污蔑,拨乱反正,分清路线是非。“四人帮”炮制的“工运黑线统治”论,污蔑工会是什么“生产工会”、“福利工会”,我们在前面已经讲到了。在揭批“四人帮”的第三战役中,还要继续深入批判。这里着重讲一讲所谓“全民工会”的问题。毛主席早就指出,工会是工人阶级的群众组织,我们要吸收所有职工包括进步的、中间的、落后的都加入工会,只有极少数反动分子才除外。工会实行毛主席的这个正确方针,把工人群众最广泛地组织起来,团结在党的周围,组成浩浩荡荡的革命大军,难道不是完全应该的吗?“四人帮”打着批判“全民工会”的幌子,将工人阶级队伍内部脑力劳动和体力劳动的分工歪曲为阶级对抗,把从事文教、卫生、科技工作的脑力劳动者排斥于工人阶级和工会之外。他们的罪恶目的就是分裂工人阶级队伍,破坏工人阶级团结,削弱工会这个无产阶级专政的支柱。在我们国家,从事脑力劳动的知识分子,总的来说绝大多数已经是无产阶级自己的一部分,要确认他们参加工会的权利,积极健全这些部门的工会组织。

工会的组织整顿,关键是整顿好领导班子。我们要根据无产阶级革命事业接班人的五项条件和老、中、青三结合的原则,把那些经过阶级斗争考验,特别是同林彪、“四人帮”斗争表现好,有一定群众工作经验,受到群众拥护的同志,选拔到工会的各级领导岗位上来。对那些混进各级领导班子的极少数参与“四人帮”篡党夺权阴谋活动的骨干分子、打砸抢分子和其他坏人,要坚决清除出领导班子。那些错误严重而又坚持不改的人,同“四人帮”篡党夺权阴谋活动有牵连而又没有查清的人,思想政治品质很坏的人,以及腐化堕落和革命意志严重衰退的人,都不能进领导班子。工会举办的各种事业,也要在整顿工会组织的过程中,进行必要的整顿。

工会还应当认真整顿作风,贯彻群众路线,密切联系群众。联系群众是工会无论做什么工作取得成绩的最重要最基本的条件。工会最大最严重的危险之一,就是脱离群众。有的工会干部把密切联系群众同接受党的领导对立起来,说什么不怕脱离群众,就怕“得罪”党委领导,这是完全错误的。工会是党联系全体工人阶级的桥梁和纽带,用列宁的话,叫作“传动装置”。列宁把党比做优良的发动机,把工人群众比做头等机器。列宁说,“如果发动机和机器之间的传动装置坏了,那就不能开工,同样,如果共产党和群众之间的传动装置——工会建立得不好或工作犯错误,那我们的社会主义建设就必然遭到大灾难。”

我们的党是无产阶级的先锋队,是工人阶级自己的党,是为人民谋利益的党。群众路线是党的根本路线。正是在人民群众是历史创造者这个马克思主义世界观的基础上，建立了工会、青年团、妇联等人民团体，作为我们党联系群众的桥梁和纽带。我们工会必须时时刻刻不脱离群众，时时刻刻密切联系群众，时时刻刻关心工人利益，反映工人呼声，才能把广大群众团结在党的周围，发挥应有的作用。工会干部必须充分认识对党负责和对群众负责的一致性，密切同广大工人群众的联系，做工人群众的贴心人，使工会成为党和工人群众之间有效的"传动装置"，成为受到群众拥护和信任的"工人之家"。

代表们、同志们！我们正在做我们的前人从来没有做过的光荣伟大的事业。全国人民在期待着我们，全世界都在注视着我们，我国工人阶级任重道远。我们要高举毛主席的伟大旗帜，紧紧团结在华主席为首的党中央周围，勇往直前，百折不挠，战胜新长征路上的一切艰难险阻，去夺取新的胜利。我们一定要解放台湾。"中国工人阶级有志气、有能力、有信心、有决心，一定要在本世纪内把我国建设成为社会主义的现代化强国。"我们的目的一定要达到！我们的目的一定能够达到！

中共山东省委为所谓"阴谋陷害江青的重大反革命集团"冤案平反昭雪

新华社报道：中共山东省委最近为山东省原公安厅所谓"阴谋陷害江青的重大反革命集团"这一冤案彻底平反昭雪。1959年，山东省公安厅根据上级指示，对江青的哥哥李干卿的政治历史问题进行调查，查明李干卿是一个有历史罪恶的特务。"文化大革命"期间，负责调查李干卿问题的同志被诬陷为"阴谋陷害江青的重大反革命集团"。

国务院副总理康世恩在北京会见由瑞典工业联合会主席汉斯·斯达里率领的瑞典工业代表团

全国人大常委会副委员长廖承志在北京会见日本大藏省出身者访华团

访华团的成员过去都在大藏省长期工作过，对财经工作有着丰富的经验。他们这次来访，将同我国财政经济界进行接触，交流经验。

会见时在座的有中日友协副会长张香山、秘书长孙平化等。

外交部部长黄华在伦敦与英国外交大臣欧文举行第二轮会谈

在两轮会谈中，他们就国际问题和双边关系问题交换了意见。双方一致同意要加强两国在政治、经济、文化和科学技术方面的合作。

教育部发出《关于加强和发展师范教育的意见》

青年数学家侯振挺获戴维逊奖

长沙铁道学院教授、42岁的数学家侯振挺，由于解决了数学家们40年来一直探求的"Q过程"唯一性准则，获得了本年度戴维逊奖。

最近，洛勒·戴维逊基金会主席、英国皇家学会会员、剑桥大学统计数学研究所所长惠特尔教授，写信将基金会的这项决定通知了中国科学院和侯振挺教授。

洛勒·戴维逊基金会是为纪念英国已故的青年概率论学者洛勒·戴维逊而设立的，旨在奖励那些在数学领域中从事概率论研究并取得卓越成绩的青年数学家。侯振挺是第一位获戴维逊奖的中国数学家。惠特尔教授在信中说："Q过程"的唯一性问题，是四十多年来数学家们非常关心的一个问题。他们多次作了特别的努力，以寻求唯一性问题的答案，都没有成功。侯振挺发表在1974年第2期《中国科学》上的论文《Q过程唯一性准则》，解决了这个问题。惠特尔教授称赞侯振挺的答案，是杰出的，"具有完整性和最终性"。

侯振挺得到的"Q过程"唯一性定理，目前已被国外学者称为"侯氏定理"。

"Q过程"的唯一性是概率论中齐次可列马尔可夫过程的一个重要命题。这项成果可应用于导弹轨道的计算以及地震预报、气象预报、生物遗传等研究工作。

侯振挺从事齐次可列马尔可夫过程的研究已有十多年，取得了多项出色的研究成果，除"Q过程"唯一性准则外，还有"Q过程"样本函数构造理论，齐次可列马尔可夫过程研究中的最小非负解法和极限过渡法等。侯振挺与郭青峰合著的《齐次可列马尔可夫过程》一书，目前正由中国科学出版社印刷出版。

10月13日

国务院副总理余秋里在中国工会第九次全国代表大会上作报告

余秋里副总理在报告中讲述了粉碎"四人帮"以来，我国经济战线发生的巨大变化，指出了实现四个现代化的宏伟目标和当前必须采取的重大措施，并对全国广大职工和做工会工作的同志，提出了殷切的要求和希望。

余秋里副总理要求工人积极地参加企业的民主管理，发挥工人阶级当家做主的作用。他说，工人参加管理，是新宪法明文规定了的，每个企业都必须认真贯彻执行。职工代表大会或职工大会是发扬企业民主的重要形式。希望所有的企业都要认认真真地开好这样的大会,要真正发扬民主,不能搞形式主义,不能把它当作表决机器。工会要起桥梁作用,经常了解和反映工人群众的意见,吸引和组织工人参加管理。企业的领导人要虚心听取群众的意见,听取工会的意见,尊重工会的权利,充分发挥工会的作用。属于工会职权范围以内的事情,党委和行政领导都不要去包办。他说,发扬民主,不是不要集中。每一个工人,都要自觉地服从企业党委的领导和行政系统的指挥调度。工会要教育工人遵守国家的法令和企业的规章制度,同无政府主义的现象作斗争。

余秋里同志要求全国职工千方百计加快工业生产的发展,特别是把产品质量搞上去,把物资消耗降下来。他说,粉碎"四人帮"以来,一般工厂企业的产品数量都有了不同程度的增长,但是,许多企业的产品质量仍然很低,消耗仍然很高。这是当前妨碍工业生产进一步发展的主要问题。所以存在这个问题,主要是有些企业批判"四人帮"不够深入,各种管理制度还没有健全起来,他要求所有企业的党委、厂长,都要亲自动手,狠抓质量管理和物资消耗管理。所有工人同志都要以对国家对人民的高度责任心,努力提高技术水平,严格执行操作规程,保证生产出合乎质量标准的产品。工会要围绕提高质量和降低消耗问题,发动群众,大搞技术革新,提合理化建议,把社会主义劳动竞赛更好地开展起来。

余秋里同志号召全国职工刻苦学习,不断提高政治觉悟,努力掌握现代化科学技术。他指出,实现四个现代化,重要的问题在善于学习,学政治、学经济、学管理、学科学、学技术、学文化。学习科学技术,是当前工人阶级的一个突出任务。各级领导干部必须加强领导,具体安排,并亲自带头学习。广大职工必须加强岗位练兵,苦练过硬本领。各部门、各企业要采取多种形式,在两三年内对现有职工轮训一遍,把他们的技术水平提高一大步。今后每年对工人进行一次技术考核,作为晋级的一个重要根据。要建设宏大的工程技术人员队伍,提高现有技术人员的水平,并且积极培养新的工程技术人员。要有计划地认真地向来我国帮助建设的外国工程技术人员学习,把引进设备的全部技术知识学到手。他引用毛主席的诗句说:"世上无难事,只要肯登攀,"只要大家勤奋学习,就一定能够掌握现代技术,一定会有更多的发明和创造,一定能够赶上和超过世界先进水平。

中央政法小组在北京召开座谈会商讨加强社会主义法制问题

应邀参加座谈的有中央、国家机关、北京市有关部门和首都政法院系共30多个单位60多位负责同志。中央政法小组的赵苍璧、姬鹏飞、江华、程子华、陶希晋、尹肇之等同志出席座谈。受中央政法小组组长纪登奎同志的委托,副组长赵苍璧同志在会上作了中心发言。陶希晋同志作了关于修改、起草法规问题的说明。他说:"初步考虑,原有法规急需修订、重新公布的有:全国人民代表大会组织法、人民法院组织法、人民检察院组织法等,以及农村人民公社工作条例修正草案、森林保护条例、国务院关于加强企业生产中安全工作的几项规定、发明奖励条例、技术改进条例和国务院关于国家行政机关工作人员的奖惩暂行规定等28个法规;急需新制定的有:刑法、刑事诉讼法、民法、环境保护法以及关于婚姻问题的若干规定等六个法规。在进行上述工作的过程中,准备深入调查研究,广泛征求意见,反复修改,而后定稿,分别提交人大常委会审定公布,或经由国务院公布。"

中央政法小组副组长赵苍璧在法制建设问题座谈会上的讲话

同志们!

今天请大家来开个座谈会,就是要共同商量加强法制建设的问题。这对于贯彻实施新宪法和保证新时期总任务的实现具有重大意义。

同志们都知道,社会主义法制是社会主义上层建筑的重要组成部分。马克思主义从来认为:上层建筑是由经济基础决定的,上层建筑又是为经济基础服务的,它对经济基础有巨大的反作用。作为上层建筑的法律、法令、规章制度等,它和经济基础相适应的时候,可以促进生产力的发展,不相适应的时候,就会阻碍生产力的发展,甚至会破坏生产力。

新中国成立以来,我国在不同时期所制定的各项法律、法令,是工人阶级和全国各族人民统一意志和根本利益的集中表现。它和我国过渡时期所有制的改造是基本相适应的,因而促进了社会主义经济的发展,对我国的社会主义建设事业具有积极的推动作用。

29年来,我国社会主义法制建设的成就,是在毛主席的革命路线指引下取得的。毛主席、周总理、党中央历来十分重视法制建设,亲自领导宪法和法律的制定,并作了一系列的重要指示。毛主席在制定我国第一部宪法时,就讲过:"一个团体要有一个章程,一个国家也要有一个章程。"毛主席还指示:"我们要求所有的人都遵守革命法制","一定要守法,不要破坏革命的法制"。1957年,毛主席指出:"人民为了有效地进行生产、进行学习和有秩序地过生活,要求自己的政府、生产的领导者、文化教育机关的领导者发布各种适当的带强制性的行政命令。没有这种行政命令,社会秩序就无法维持,这是人们的常识所了解的。"1962年

3月22日,毛主席明确指出:"不仅刑法要,民法也需要,现在是无法无天。没有法律不行,刑法、民法一定要搞。不仅要制定法律,还要编案例。"毛主席就是以这样的指导思想,亲自领导我国的法制建设。大家知道,我国第一部宪法和同时制定的五个组织法,以及早些时候制定的婚姻法、选举法、惩治反革命条例和惩治贪污条例,就是毛主席亲自领导制定和批准公布的,成为我们新中国成立初期立法工作的突出范例。我国的法制建设在很多方面是有鲜明的创造性的,是从我国实际出发的,极大地丰富了马克思主义关于法制思想的理论宝库。如毛主席亲自制定的"判处死刑,缓期二年执行,强迫劳动,以观后效"的政策,就是一个伟大的创举。又如对犯罪者进行劳动改造使之成为新人,以及在广大群众中,组织治安保卫委员会和人民调解委员会,随时随地进行工作,都是我们政法工作走群众路线的伟大实践,它获得了国际法律界的普遍赞誉。

敬爱的周总理和董必武同志对我国的立法工作和法制建设也有许多指示和论述。周总理指示:"为了保卫我们的国家建设事业不受破坏,必须加强国公安机关、检察机关和审判机关,必须加强立法工作和革命的法制,那种忽视公安工作、检察工作、法院工作,忽视立法工作、忽视革命法制的观点是完全错误的。"董老在党的八大总结我国法制建设的经验时也曾特别强调指出:加强人民民主法制的中心环节是依法办事。要把必要的法规制定出来,做到有法可依,有法必依等等。

在毛主席、党中央领导下,新中国成立以来,为着适应革命斗争和国家建设的需要,在全国范围内展开法制建设,做了大量的工作,使我国社会主义法制逐步向前发展,具有了一定的规模。据不完全统计,仅从1954年第一届全国人民代表大会制定我国第一部宪法起,到1963年这十年中,我国制定公布的重要法律、法令和其他各种法规就有1100多件。所有这些法律、法令,都有力地保障和促进了革命和建设事业的发展。

林彪、"四人帮"是我国社会主义法制最凶恶的敌人。他们为了篡党夺权,疯狂地煽动无政府主义,推行封建法西斯专政,叫嚣并实行"砸烂公检法",妄图"砸烂"无产阶级专政的国家机器。他们全盘否定我国"文化大革命"前17年贯彻毛主席革命路线的法制建设所取得的成绩,把社会主义法制统通污蔑为"封资修的东西"。把一切行之有效的合理规章制度污蔑为"管卡压"、"旧条条,旧框框"。他们凌驾于党和人民之上,横行于党纪国法之外,肆意践踏社会主义法制,大搞打、砸、抢,非法抄家、非法捕人,私设公堂,刑讯逼供,滥施酷刑,任意株连亲属,百般残害革命干部和革命群众。他们把国家的法制搞乱了,把社会主义秩序搞乱了,使国民经济濒于绝境,搞得人身自由毫无保障,对国计民生造成了极其严重的后果。林彪、"四人帮"一伙践踏和破坏社会主义法制的罪行在党的历史上的确是空前的。

粉碎"四人帮",为大治天下、实现四个现代化创造了十分有利的条件。华主席、党中央及时制定了抓纲治国的英明决策,指出"一定要强化人民的国家机器",强调要"实现天下大治,必须进一步加强社会主义法制"。并在很短时间内召开了第五届全国人民代表大会,根据新时期总任务的需要,通过和颁布了新宪法。

新宪法是新时期治国的根本大法。有了根本大法,就有了治国的总章程。但是,还需要依据宪法,制定各种法律、法令、规章制度,才能保证宪法的全部实施。有了完备的社会主义法律,才能运用这个武器,充分保障社会主义民主,调动一切积极因素,有效地打击敌人,维护革命秩序,巩固无产阶级专政,保护社会主义的经济基础,促进生产力的发展,保证我国四个现代化的早日实现。

加强社会主义法制是实现新时期总任务的需要,是巩固无产阶级专政的需要,也是保障人民群众切身利益的需要。粉碎"四人帮"以后,各方面对加强社会主义法制的呼声十分强烈。这里,仅就我们最近接触到的举一些例子。

在第八次全国司法工作会议上,很多代表反映罪与非罪的界限不清,各地量刑标准不一,判刑畸轻畸重,迫切要求从速把刑法制定出来。当前,全国正在开展"双打"斗争,有些地方在量刑方面的政策界限,规定得很不一致。制定刑法典,是实现毛主席的遗愿。我们的刑法草案早在1963年修改后发给一部分地方征求意见,还没有经过国家立法机关审议通过,即便如此,有的司法单位已经引用刑法草案的规定作为量刑的参考。这些都说明司法实践中迫切需要一部刑法典,使我们量刑有准,执法有据。

随着工业发展,企业分工越来越细,各企业之间的协作关系越来越密切。但有些企业或者随意中断合同;或者产品质量不合规格,造成生产上很大损失,无人过问,生产单位与用户之间矛盾很突出。中央印发的《工业三十条》中,虽已责成各级经委负责解决执行合同过程中所产生的纠纷,但问题并没有解决。各方面迫切希望加强经济立法,同时试办经济法院,对破坏合同的要追究经济和法律责任,来保证合同具有法的效力。这种心情是值得重视的。此外,还有不少群众恳切呼吁国家制定法律来保护人民的经济利益。看来还必须抓紧制定一部"民法典"。

对环境污染问题,各个地区、各个方面反映十分强烈。保护环境,防治污染,新宪法中虽已有明文规定,但许多地方还没有采取有力的措施，以致污染问题现在已经达到不能容忍的地步。例如：福建三明市有工厂100多家，由于“三废”问题没有解决，污染严重，天空浓烟滚滚，地面废渣成堆，沟河污水成灾。经测定污染最严重的工业区空气中有不少有毒有害物质，飘尘中致癌物高于国际规定标准很多倍。最近，清华大学许多教职员工和家属联合签名写信给人民日报，也反映北京一个化工厂在人口稠密的文化科学重点地区生产有毒化工产品，使清华园污染严重，强烈要求贯彻宪法有关规定。水域的污染，已经成为妨碍水产事业发展的一个极为严重的问题。此外，有的地方大量使用农药也造成严重污染。广大群众强烈要求及早制定有关环境保护的法规，以制止公害的泛滥。

关于森林、草原的保护。有些林区无视国家护林法令，使森林遭到严重破坏。大兴安岭南部原是林木茂密，水流清澈，但由于乱砍滥伐，盲目开荒，弄火成灾，林地面积逐步缩小，植被遭到破坏，严重影响气候和农牧业生产。草原的保护也是一个重要项目。我国有43亿亩草原，相当于耕地面积的3倍。由于滥垦滥牧，导致不少草场退化、沙化，产草量减少，严重影响了畜牧业的发展。迫切需要制定森林法和草原保护法。

关于国家建设征用土地。这些年，有些地方擅自占用耕地，浪费土地的现象非常严重。个别省每年未经批准，擅自占用的土地近10万亩。河南驻马店地区乱搞计划外基建，占用耕地2万多亩。北京市有的单位非法占用大量郊区土地，并且私自与社队交易，违反党纪国法。这些问题带有一定的普遍性，迫切需要修订原有法规。

婚姻法也急需进一步修订。全国各地出现落后的、封建的、甚至是野蛮的婚姻的情况，令人触目惊心。有的女青年因婚姻不能自主，神经失常，甚至造成自杀的悲剧。至于提倡晚婚的年龄问题，结婚登记手续问题，以及离婚问题等等，各地做法很不一致，人民法院、民政部门和计划生育工作单位等，办事都感到非常困难，亟应作出相应的规定。

此外，据各地人民群众来信来访的揭发，不少地区有的干部，特别是基层干部，由于“四人帮”流毒太深，执法犯法，大耍权势，欺压群众，侵犯人权，甚至任意捕人，刑讯逼供，捆绑吊打；有的收受贿赂，贪赃枉法，草菅人命。各地人民群众强烈要求修改或制定有关这方面的法律法令，制止这种恶劣现象的继续发生。

总之，在大好形势下，无论从实现总任务来看，从人民群众的迫切要求来看，加强社会主义法制已经刻不容缓。目前存在的法律不完备，有法亦不依，以致有些角落仍是无法无天的状况，再也不能继续下去了。

加强社会主义法制，我们应该怎样办呢？

加强社会主义法制，应该是包括立法、司法、守法等方面，而首要的是要加强立法工作，做到有法可依。为此必须按照华主席和叶副主席在五届人大的报告精神，总结28年来我国法制建设的经验，广泛听取群众意见，从实际出发，深入调查研究，从群众中来，到群众中去，对已有的法规加以认真分析，进行切实的修改整理；有必要重新立法的，就重新立法。从而使我国的法制日趋完备，以适应新时期总任务的需要。

最近，邓副主席强调要加强社会主义法制。在国务院务虚会上李副主席也指出：“生产力的大发展，必将要求和引起生产关系和上层建筑的许多方面发生重大的变革。”又说：“我们将逐步制定和完善各种经济法律，包括人民公社法、工厂法、合同法、种子法、森林法、草原法、环境保护法等，并设置裁决经济工作中各种纠纷、案件的司法机构。”党中央关怀健全社会主义法制，对我们是有力的鞭策。

从新中国成立以来，国家机关制定颁发的法规，大多数由于政治、经济情况的变化，需要作适当的修改；有些由于客观情况发展，已不适用，应该加以废止；另外，根据新的情况，还需要制定新的法规。由此看来，法制工作的任务是紧迫的、繁重的。但是，我们从事这方面工作的力量比较薄弱，不可能一下子对这许多法规进行全面研究、整理、编纂，只能区别轻重缓急，逐步地加以解决。我们初步研究，当前迫切需要修订和制定的法规有30多个。先搞那些影响大的、群众迫切需要而又较为容易搞的。这样做，就会加深全国人民对新宪法的认识，促进社会主义法制的建设，对于安定团结，抓纲治国，实现四个现代化，就大大有利。当然，不只是这一个条例需要这样做。

法制建设涉及各个方面，不是哪一个部门、哪一个单位所能完成的，亦不是光靠政法部门就能完成的。必须走群众路线，组织各方面通力协作，分工负责，共同来搞。我们的意见，各部门凡是需要经过中央审查，提交人大常委会或国务院通过公布的法规，分别由各部门自己协同有关单位，提出修改或重新起草的草案，送国务院审议，而后报中央审批，提交人大常委会通过公布，或迳由国务院公布。有几个涉及面较广的大法，如刑法、刑事诉讼法、民法等，由中央政法小组先组织专门小组或起草委员会来搞，必要时还要到地方上去作调查研究，力求广泛征求意见，反复修改，报经中央批准后再提交人大常委会通过公布施行。

事实上，加强法制建设的问题，已经引起了许多部门的重视，有的已着手进行。我们设想，今冬明春先对若干法规进行修改或制定，在取得新的经验，摸索一些规律后，再组织大家搞一个两三年内较全面地整理现有法规的计划，同时起草一些必要的新的法规，以适应大治天下的需要。我们相信，只要大家进一步提高对加强社会主义法制重要意义的认识，鼓起革命干劲，经过通力合作，共同努力，这个设想是一定能够实现的。

国务院副总理谷牧在北京会见英国工业家代表团。

谷牧副总理对英国朋友说，近年来，中英两国互相访问越来越多。我们两国在政治、经济、财政、科技文化方面合作的领域很广阔，进一步发展两国友好合作关系完全符合两国人民的利益。

代表团团长罗尔勋爵告诉谷牧副总理，这次代表团成员中包括英国运输、农机、石油、采矿、金属、银行、医疗设备、食品加工等方面的工商界人士，具有广泛性。他们在中国已同各有关方面就双方感兴趣的业务项目进行了广泛接触。他说，我们双方感兴趣的方面很多。在中国实现四个现代化的过程中，我们愿意同你们合作。

会见时在座的有中国国际贸易促进委员会主任王耀庭等。

国务院副总理王震在北京会见日本朋友大河原三平 田中韩治 尾泽朝一郎

10月14日

全国人大常委会委员长叶剑英致电祝贺阿拉普·莫伊就任肯尼亚共和国总统

国务院副总理方毅在中国工会第九次全国代表大会上作书面报告

方毅副总理的书面报告，叙述了由于林彪、“四人帮”的干扰破坏而产生的我国科学技术的落后状况，说明了我国与国外先进的劳动生产率的差距，号召广大职工正视落后，发奋图强，认真总结经验教训，自觉发挥社会主义制度的优越性，空前紧张地动员起来，加快现代化的速度，大幅度地提高各行各业的劳动生产率。他说，我们要大幅度提高劳动生产率靠什么？光靠苦干行不行？苦干这种精神当然是要大大发扬的。但是，光靠苦干，是不够的。从长远来看，提高劳动生产率，主要应当靠科学技术。只有采用先进的科学技术，才能使劳动生产率几倍、十几倍、几十倍地提高，才能大大减轻笨重的体力劳动，进而缩短劳动时间。因此，我们的口号应当是干劲加科学。要把干劲用到科学技术上来，用到攻关上来，用来大搞技术革新和技术革命。

方毅同志强调，要把科学技术搞上去，必须努力学习，造就人才。他说，目前，我国不仅专业科技人员缺乏，工农群众的科学文化水平也比较低，这种情况同现代化建设的要求是十分不相适应的。针对这种情况，华主席提出了提高科学文化水平的问题，并且在全国科学大会上，向我们整个民族进行了动员，发出了号召。华主席的号召，受到了全党、全体工人阶级和我们整个中华民族的热烈拥护和积极响应。一个群众性的学政治、学文化、学科学、学技术、学管理的热潮正在兴起。这次大会提出，要力争在1985年以前使1/4的工人达到7级工的技术水平，技术学校毕业生达到4级工的技术水平，一般工人具有高中毕业的文化程度。我预祝在各级工会和全体工人同志的努力下，胜利地实现这个目标！

方毅同志还介绍了全国科学大会以后，一些重点科研项目所取得的成果，他满怀信心地说，华主席、党中央对科学技术工作这样重视，全国人民向科学技术现代化进军的劲头这样大，广大科技人员的积极性这样高，我们的国家资源又很丰富，又有优越的社会主义制度，只要我们实事求是地去探索科学技术的发展规律，踏踏实实地去促进科学技术事业的发展，一个人才辈出、捷报频传的大好局面很快就会到来。

国务院副总理陈永贵在北京会见以泰国大学部部长 朱拉隆功大学校长格森·素旺那军博士为团长的泰国大学校长访华团

国务院副总理方毅到达巴黎对法国进行正式友好访问

方毅副总理同法国总理府负责科研的国务秘书皮埃尔·埃格兰举行了会谈。

国务院副总理耿飚在巴马科与马里共和国全国解放军事委员会副主席 财政和贸易部部长巴巴·迪亚拉举行会谈

中国科学技术大学研究生院举行首届开学典礼

开学典礼由中国科技大学研究生院副院长钱志道主持。有关方面负责人李昌、武衡、刘仲候、刘述周，以及中国社会科学院、北京市革委会、北京大学、清华大学、北京语言学院等有关部门和单位的代表，出席了开学典礼，并对研究生院开学表示热烈祝贺。

中国科技大学研究生院将同中国科学院各研究所合作，为实现科学技术现代化培养高级科研人才。研究生院将采用适应现代科学技术要求的教学方法培养研究生，使研究生迅速地接触现代科学技术的前沿，从70年代的水平上起步。

这个研究生院的专业包括中国科学院研究的各个学科:数学、物理、化学、天文、地学、生物学和无线电技术、计算机工程、空间技术、环境科学以及科学组织管理等。它提倡各学科之间和学科内部开展百家争鸣,互相渗透;提倡不同观点、不同学派的科学家和教授自由讲学,以使研究生博学多闻,并有较高的独立思考和判断能力。对研究生的培养教育方法是严格要求,自学为主,最大限度地发挥他们的钻研精神和创造才能。

10月15日

国务院颁发《会计人员职权条例》

国务院在颁发这个条例的通知中指出,1963年1月,国务院颁发的《会计人员职权试行条例》,经过多年试行,起了很好的作用。这次的《会计人员职权条例》,是根据试行的经验和新时期总任务的要求,结合当前情况,进一步做了补充修改后颁发的。通知要求各地区、各部门、各单位要以揭批"四人帮"为纲,切实加强财务会计工作。要健全财务会计机构,充实会计人员,严格执行财会制度,支持会计人员做好工作。广大会计人员要在党委的领导下,按照《会计人员职权条例》的规定,认真履行职责,正确行使国家赋予的权限,为实现新时期的总任务作出贡献。

《会计人员职权条例》(以下简称《条例》)有"总则"、"工作职责"、"工作权限"、"总会计师"、"技术职称"、"任免奖惩"、"附则"共7章。

"总则"强调做好会计工作对促进社会主义经济高速度发展,实现新时期的总任务的重要意义,要求国营企业、事业单位、机关、团体都必须单独设置财务会计机构,配备必要的会计人员。会计人员要努力学习马列主义、毛泽东思想,刻苦钻研业务,做到又红又专。

《条例》规定会计人员的工作职责是:正确反映和监督经济活动,管好各项资金,提高资金使用效果,保护国家财产,维护财经纪律,促进增产节约,增收节支,为发展社会主义事业服务。《条例》的第三章指出:会计人员有权要求本单位有关部门、人员认真执行国家批准的计划、预算,遵守国家财经纪律和财务会计制度,如有违反,会计人员有权拒绝付款、拒绝报销或拒绝执行。如不拒绝执行,又不向上级报告的,会计人员应同有关人员负连带责任。如果有人对会计人员坚持原则、反映情况进行刁难、阻挠或打击报复,上级机关要查明情况,严肃处理;情节严重的,要给以党纪国法制裁。

根据中共中央《关于加快工业发展若干问题的决定(草案)》的规定,《条例》"总会计师"一章规定,企业要建立总会计师的经济责任制。总会计师对企业的财务状况负责,并协助厂长组织领导企业建立、健全经济核算的责任制度,监督、检查生产经营的各个环节,讲求经济效果,全面实现多快好省。

《条例》具体规定授予会计人员总会计师、会计师、助理会计师、会计员共4种技术职称。

《条例》规定对于工作积极、钻研业务、坚持原则、廉洁奉公、有显著成绩的会计人员,要给予表扬奖励;对其中表现突出或工作中有重要贡献的会计人员,可授予先进工作者、模范会计等荣誉称号。会计人员执法犯法的,应给予纪律处分;情节严重的,要依法惩处。

国务院副总理康世恩在北京会见以法国国家地理院总院长梅耶为团长的法国地理院代表团

10月16日

中国共产主义青年团第十次全国代表大会在人民大会堂开幕

中共中央主席华国锋,副主席叶剑英、邓小平、李先念、汪东兴出席大会开幕式。

出席大会开幕式的党和国家其他领导人有:宋庆龄、韦国清、乌兰夫、纪登奎、苏振华、吴德、余秋里、张廷发、陈永贵、陈锡联、聂荣臻、倪志福、陈慕华、赛福鼎、谭震林、邓颖超、廖承志、姬鹏飞、周建人、许德珩、胡厥文、王震、康世恩。出席大会开幕式的还有:政协全国委员会副主席宋任穷、沈雁冰、史良、朱蕴山、季方、王首道、张冲、庄希泉、胡子昂、荣毅仁;最高人民法院院长江华。

中共中央和国务院各部门、人民解放军、各群众团体和民主党派的负责人,也出席了大会开幕式。

韩英同志主持开幕式。王照华同志致开幕词。

李先念同志代表中共中央和国务院致辞。

全国各地包括54个民族的2000名代表,热情洋溢,欢聚一堂。他们当中有同林彪、"四人帮"进行英勇斗争的英雄人物;有在社会主义革命和社会主义建设中作出显著成绩的各条战线的优秀共青团员;有共青团的新老干部;有优秀的少先队辅导员和儿童教育工作者;还有台湾籍的团员代表和归国华侨团员的代表。

中共中央副主席李先念在共青团第十次全国代表大会上的致辞

同志们:

中国共产主义青年团第十次全国代表大会,继中国妇女第四次全国代表大会和中国工会第九次全国代表大会的召开,今天隆重开幕了。这次大会,对我国青年运动的发展，对培养造就大批又红又专的无产阶级革命事业接班人，对加快实现我国社会主义的四个现代化，都具有重要的意义。我代表党中央和国务院向大会表示热烈的祝贺，向全体到会的代表同志们，向朝气蓬勃地战斗在各条战线上的我国各族青年和共青团员同志们，致以亲切的慰问。

粉碎“四人帮”以后，我们党制定了十一大路线，规定了新时期的总任务。我们立志要实现伟大领袖毛主席和敬爱的周总理、朱委员长的遗愿，在本世纪末把我国建设成为社会主义的现代化强国。在华主席为首的党中央领导下，全党全军全国各族人民正在为这场伟大而深刻的革命空前紧张地动员起来，高度集中地组织起来，同心同德，巩固和发展当前的大好形势，在史无前例的伟大战斗中去夺取史无前例的伟大胜利。

青年人最肯学习，最少保守思想，是整个社会力量中一部分最积极、最有生气的力量。在我们加快实现社会主义的四个现代化，根本改变我国经济和技术的落后面貌，进一步巩固无产阶级专政的伟大革命斗争中，我国青年一定能够在党的领导下，更加生气勃勃，奋发前进，在工业、农业、商业、科学、教育、文化、军事等各条战线上，充分发挥英勇的突击队作用。这是历史赋予我国青年的光荣使命。

四十四年前，差不多正是这个时候，中国工农红军从江西和各根据地出发，开始了举世闻名的二万五千里长征，为推翻帝国主义、封建主义和官僚资本主义“三座大山”，开创了胜利的新局面。当年参加长征的战士，绝大部分都像今天在座的代表同志们一样年轻，都是二三十岁的青年。现在，我们又开始了新的长征。两次长征，时代和任务不同，但党和人民总是把历史的重任交给青年。不同时期的青年肩负着不同的历史使命。伟大的无产阶级革命事业需要许多代人前赴后继的奋斗才能完成。你们这一代青年不但要和我们一起亲手实现在本世纪末把我国建设成为社会主义现代化的强国这个宏伟目标，而且还要为下一个世纪更高的目标作出贡献。中央相信，你们一定能够以自己的勤劳勇敢、聪明才智和团结战斗，完成肩负的伟大历史使命。你们一定无愧于党，无愧于人民，无愧于为革命事业流血牺牲的千千万万先烈。

在中国共产党的领导下，毛泽东思想哺育的中国青年，有着光荣的革命传统。特别是经历了无产阶级“文化大革命”急风暴雨锻炼的一代青年，是大有希望，大有作为的，是完全可以信赖的。许许多多青年在同林彪、“四人帮”的斗争中表现了大无畏的献身精神和很高的路线觉悟。在进行新长征的时候，中央希望我国一亿七千多万各族青年更好地行动起来，高举毛主席的伟大旗帜，发扬光荣的革命传统，组成一支忠于无产阶级革命事业的战斗的生力军，沿着党指引的方向，攻无不克，战无不胜，不断夺取新的胜利。

这支生力军要有坚定正确的政治方向，用马列主义、毛泽东思想武装起来。热爱党，热爱人民，热爱祖国，热爱社会主义，胸怀共产主义的远大理想。一不怕苦，二不怕死，发扬革命的英雄主义和革命的乐观主义精神。坚持理论联系实际、密切联系群众、批评和自我批评的作风，勇于实践，勤于思考，解放思想，破除迷信，学会用马克思主义的立场、观点和方法分析新长征中出现的新情况，解决新问题，不断地把社会主义革命和建设事业推向前进。

这支生力军要有建设社会主义的真本领，用最先进的科学技术武装起来。努力学政治，学经济，学军事，学科学，学技术，学文化，精通业务，勤奋工作，刻苦钻研，善于创新，敢想敢说敢做，敢当社会主义建设的闯将，在各行各业作出第一流的成绩，为提高整个中华民族的科学文化水平，为实现四个现代化，勇攀高峰。

这支生力军要有严明的纪律，用民主集中制的原则武装起来。加强纪律性，革命无不胜。提倡民主精神，培养民主作风，健全民主生活，在坚持社会主义民主集中制原则中发挥模范作用，坚决维护集中统一的领导和革命的组织纪律，团结、紧张、严肃、活泼，党指向哪里，就战斗到哪里。

这支生力军要有崇高的无产阶级国际主义精神，遵循毛主席关于三个世界划分的理论，要学通一两国外国文，加强同各国革命青年组织和青年的交往工作和团结，坚决支持各国人民和青年反帝、反殖、反霸的斗争，为世界青年的革命运动，为人类的进步和解放事业，作出应有的贡献。

在毛主席亲自培育下发展壮大起来的共青团，是这支生力军的战斗核心。新中国成立以来，毛主席的革命路线在青年运动和共青团工作中始终占主导地位。共青团在长期的革命战争中，在伟大的社会主义革命和社会主义建设中都作出了重大贡献。在新的历史条件下，在新长征的道路上，共青团应该加倍努力，充分发挥党的助手作用，为党和人民立新功。毛主席规划社会主义建设时，曾经指示要有培养人才的计划。他说：“中国有句古话，‘十年树木，百年树人’。百年树人，减少九十年，十年树人。”毛主席对加快培养各方面人才的期望，心情是多么的殷切啊！当前我国实现四个现代化对人才的需要，又是多么的紧迫啊！一个青年在共青团这个大学校接受教育的时间，大体上也就是十年。这是青年德智体全面发展的关键的十年，是培养人才、造就人才十分重要的一段时间。我们祖国的兴旺强盛，在很大程度上决定于我们能不能在最近的十年中造就出一代新人。共青团要认真研究培养人的学问,要为党培养出一支又红又专的生力军,作出自己的新贡献。

培养教育青年的工作,是全党的事业。青年的面貌总是鲜明地反映着一个民族、一个国家的精神面貌。青年是否能够健康成长,取决于党的整个工作做得如何。因此,各级党委要把青年和青年工作进步的大小,作为检查自己工作的一面镜子。首先要把关心青少年作为我们党的一条基本方针,把这个问题放到各级党委的议事日程上来,经常想一想我们能为青少年做些什么。要在加强思想政治工作的同时,切实地帮助青年克服各种具体困难,使他们在学习、工作和生活等方面的问题能够逐步得到合理的解决。要想一想我们采取的具体政策和措施还有哪些应当改进,是不是照顾了青年的特点,是不是调动了青年的积极性,是不是发挥了共青团的组织作用。还要想一想怎样去精心培育少年儿童。为了青少年德智体的全面发展,让他们真正做到身体好、学习好、工作好,各级党委要舍得花气力,用功夫。毛主席在 1957 年指出:“要使全体青年们懂得,我们的国家现在还是一个很穷的国家,并且不可能在短时间内根本改变这种状态,全靠青年和全体人民在几十年时间内,团结奋斗,用自己的双手创造出一个富强的国家。”21 年后的今天,我们国家无疑已经取得了很大进步,但按劳动生产率和人口平均收入计算,我国仍然没有摆脱贫穷落后的状态。要使我国青少年知道我国的现状,不甘落后,奋发图强,保持艰苦奋斗的光荣传统,当然,我们还要尽可能地为青少年的健康成长,创造更好一些的物质条件和精神文化生活条件。

各级党委要充分估计到林彪、“四人帮”长期以来摧残共青团、毒害广大青少年所造成的严重危害。要组织团的干部认真学习马列主义、毛泽东思想,认真学习华主席为首的党中央一系列的方针、政策和指示,把揭批“四人帮”的斗争进行到底,彻底肃清他们的流毒和影响。要有破有立,边破边立,全党动手加强共青团的建设。各级党委都要遵照毛主席的教导,学会领导团的工作,善于围绕党的中心任务,照顾青年特点,组织和教育广大青年群众。要按照党中央今年“五四”通知的要求和规定,从政治上、思想上、组织上、工作上全面加强党对共青团的领导。在坚持以同级党委领导为主的同时,采取有力措施,恢复和加强共青团的系统领导,建立团的经常工作。要按照接班人的五项条件调整和选配好各级团委的领导班子,放手让他们工作,鼓励他们在实践中增长才干。党和政府要为加强青少年的教育、活跃共青团的工作多想办法。广大工、农、兵、革命干部、革命知识分子,都要对革命后代进行“传、帮、带”,为培养无产阶级革命事业接班人贡献力量。

同志们,伟大祖国的前程无限美好,青年一代的任务光荣而又艰巨。希望你们高举毛主席的伟大旗帜,在华主席为首的党中央领导下,学习、学习、再学习,团结、团结、再团结,下决心,不怕牺牲,排除万难,把自己的青春献给建设社会主义现代化强国的壮丽事业!

中国的前途是属于你们的。

希望寄托在你们身上。

中国共产主义青年团第十次全国代表大会主席团名单

(159 名,按姓氏笔画为序)

于学祥 王八兴 王子庆 王文才 王文贤(女)
王书鸿 王老虎 王则信 王华昱(女)
王向荣(女) 王军涛 王坚强 王秀云(女)
王学萍 王素慧(女) 王振江 王敏生 王照华
王焕明 韦彩猷 扎 巴 毛菊元(女)
巴达拉呼 邓少玲(女) 勾德元
石玉珍(女) 叶慧英(女) 田秀英(女)
田育广 田家隆 白继沙 丛 军(女) 邢崇智
朴顺女(女) 毕思云 吕厚山 朱 成
任凤鸣(女) 刘子远 刘玉洁(女) 刘永恩
刘安元 刘秀英(女) 刘厚德 刘淑英(女)
刘维明 齐书文 关志豪 关 欣(女) 米成顺
安廷鸽 孙家正 孙淑义 闭文明 玛尔乎娃(女)
劳福贵 杜长龄 李元栋 李孔政 李世杰(女)
李西宁 李成玉 李国尧 李恒才 李洪刚 李振宇
李海东 李海峰(女) 杨述奇 杨祖昌 吴 木
吴文华 吴光胜 吴洪广 邱江玉(女) 佘世光
邹翰铭 汪明章 沈宝英(女) 张广厚
张永惠(女) 张怀泽 张宪星 张舒联
阿木冬·尼牙孜 陈白皋 陈声远 陈连发 陈启楙
范素明(女) 罗国庆 罗继光 周为民 周祖华
周登国 周鹏程 孟 科 赵大中 赵云成 赵吉祥
赵喜明 胡启立 胡德华(女) 柏玉兰(女)
柏金秀(女) 钟子才 段金祥(女) 姜来德
姜佐周 姜国义 祝星发 贺延光 耿世忠 莫秀明
贾存锁(女) 夏广成 顾雪妹(女)
倪谷音(女) 徐希珍(女) 徐建春(女)
凌 融 栾菊杰(女) 高少安 高占祥
高红妹(女) 高青梅(女) 高冠英
高雪玉(女) 高曼华(女) 高惠安 高德仲
郭治塬 唐铭植 涂凤英(女) 黄纪坤
黄怡燕(女) 黄梓琪 盘明生 梁进杰 董金铄
蒋成龙 蒋林川 蒋建国 刘厚德 韩志刚 韩 英
韩爱民 景庆云 程有志 鲁加才让

曾西红(女)　雷鸣球　路正西　窦守芳　管俊林
樊志泉　黎光武　潘志良　薛金莲(女)　戴光荣
大会秘书长　邢崇智

国家民委主任杨静仁为国庆节少数民族参观团作关于民族工作的报告

来自全国21个省、自治区的国庆节少数民族参观团550多名各族代表听了国家民族事务委员会主任杨静仁关于民族工作的报告。杨静仁同志在报告中指出，国家的统一，各民族的团结，是我们实现新时期总任务的基本保证，也是我们战胜社会帝国主义、帝国主义和反动派侵略、颠覆的基本保证。我们必须高举毛主席的旗帜，继续贯彻执行毛主席的革命路线和民族政策，维护和加强全国各民族的团结，巩固祖国的统一。

杨静仁同志说，毛主席创造性地把马克思列宁主义关于民族问题的基本原理，同革命的实践相结合，为我们党解决民族问题，制定了一系列的方针和政策，敬爱的周总理忠实贯彻执行了毛主席革命路线和政策。毛主席在民族工作方面的许多重大决策和部署，都是周总理亲自传达、布置、贯彻落实的。解放以来，尽管存在着修正主义路线的干扰和破坏，但毛主席的革命路线在民族工作方面始终占主导地位。民族工作战线的各族干部绝大多数是好的和比较好的，工作是很有成绩的。

杨静仁同志指出，破坏毛主席的民族政策，是林彪、"四人帮"篡党夺权，复辟资本主义罪恶阴谋的一个重要方面。他们推行封建的、法西斯的反动民族政策，全盘否定民族工作的伟大成就，否定社会主义时期民族问题的存在。他们胡说民族区域自治是"人为制造分裂"，攻击少数民族地区的社会改革是"右倾"、"投降"，诬蔑少数民族的语言文字"落后"、"无用"，诽谤少数民族的风俗习惯是"陋习"、"四旧"，扼杀少数民族的文化艺术，摧残少数民族地区的工农牧业生产，制造各种冤案、假案、错案，打击迫害少数民族干部和群众，严重破坏了毛主席的民族政策，破坏了民族团结，破坏了少数民族地区的革命和建设。林彪、"四人帮"的倒行逆施，遭到了各族人民的坚决抵制和斗争。我们一定要从政治上、思想上、理论上深入揭批林彪、"四人帮"，认真落实党的民族政策，拨乱反正，肃清流毒和影响。

杨静仁同志在报告中强调指出，向广大干部和群众普遍、深入地进行党的民族政策再教育，认真落实党的民族政策，是实现抓纲治国的一件大事，各级党委要统一领导，统战、民族事务工作部门要协同各有关部门抓紧工作，解决当前存在的各种问题。

接着，杨静仁同志对进行党的民族政策再教育，应当包括哪些内容，作了阐述。他说，首先要坚持各民族一律平等的原则和各民族团结的原则，反对民族间的歧视和侮辱，反对破坏和分裂各民族团结的行为，这是我们党民族政策的第一条。新中国成立初期，毛主席亲自主持和制定的我国第一部宪法里就是这样规定的，在以后的新宪法里也是这样规定的。新中国成立初期，为了保障少数民族的平等权利，中央人民政府和国务院，除颁布了《民族区域实施纲要》外，还颁发了保证杂居地区少数民族平等权利，关于废除辱污少数民族的村名、地名、书刊和碑界等几个文件，各地方都认真执行了宪法规定的民族平等的政策和其他有关具体规定，使少数民族的平等权利得到了确实的保障。在林彪、"四人帮"横行的日子里，民族平等权利遭到严重破坏，我们一定要重申党的政策，切实保障少数民族的平等权利。

第二，加强民族团结的政策，反对损害民族关系和破坏民族团结的行为。林彪和"四人帮"在民族关系上奉行赤裸裸的大汉族主义，使解放以来形成的各民族互相信任、团结友爱的兄弟关系，受到严重损害。在他们的煽动和影响下，大民族主义思想在不少地区有了滋长，同时在有的少数民族地区，地方民族主义也有滋长。因此，必须在揭批林彪、"四人帮"的斗争中，对干部群众进行党的民族政策再教育，在着重克服大民族主义错误倾向的同时，注意克服和防止地方民族主义的错误，搞好民族团结。

第三，实行民族区域自治政策。民族区域自治政策，是我们党解决民族问题的基本政策，上级国家机关要切实贯彻宪法的规定，充分保障自治地方行使自治权利。林彪、"四人帮"一伙对民族区域自治政策横加破坏，曾经擅自撤销一些民族区域自治地方。我们一定要结合批判林彪、"四人帮"，落实党的民族区域自治政策，解决这方面存在的问题，充分保障实行区域自治民族的自治权利。

第四，大力培养少数民族干部。毛主席和周总理生前曾多次指出，少数民族不仅要有党和行政干部，要出书记，要有军事干部，文化教育干部，还要有科学家、艺术家、工程师、医生以及各方面的人才。华主席也指示我们，要"大力培养少数民族干部，把他们当中的优秀分子提拔到领导岗位上来。"要"认真办好民族院校"。林彪、"四人帮"横行时，党培养少数民族干部的工作，受到了严重干扰破坏，全国各民族院校深受其害。粉碎"四人帮"后，这方面的问题逐步得到了解决，希望各自治区党委，各有关省、自治区、直辖市进一步执行华主席的指示，作出大力培养和选拔少数民族干部的规划，定期检查实施。原有的民族院校必须加强，个别还没有恢复的，要尽快恢复。

林彪、“四人帮”推行反革命政治纲领，残酷迫害各民族干部，我们要切实抓紧清理积案和审干遗留问题。对“四人帮”一伙制造的一切冤案、假案和错案，要彻底平反昭雪；对强加在革命干部身上的一切诬蔑不实之词，必须统统推倒；凡是可以工作而没有分配工作的，要尽快分配适当工作；安排工作不适当的，要加以调整。

第五，尊重少数民族的语言文字和风俗习惯。粉碎“四人帮”以后，少数民族语言文字的使用情况有了很大的改进，当前需要继续解决的问题是，有些自治地方和有关地区的领导机关，发文件、开会、作报告，仍不注意使用民族语言、文字，少数民族基层干部领会和贯彻上级的指示有困难，应当迅速改进。

“四人帮”一伙对少数民族的风俗习惯横加干涉，个别地方甚至强迫改革，严重影响了民族团结。今后一定要尊重少数民族保持或者改革风俗习惯的自由，不应在禁猪的少数民族中提倡养猪，更不要在少数民族中强迫火葬。对那些有碍身心健康、影响生产和生活的陈风旧习，要引导少数民族群众自觉自愿地进行改革，不得用行政命令强迫改革。

第六，大力帮助少数民族发展经济和文化。华主席指示：“诚心诚意地积极帮助少数民族发展经济建设和文化建设，这是国家在民族工作方面的重大任务，也是加强边疆建设和巩固国防的重大任务。少数民族要发扬艰苦奋斗、自力更生的革命精神，国家要有计划地从财力、物力、人力各方面帮助少数民族，保证少数民族地区的‘农业、畜牧业、工业要一年比一年发展，经济要一年比一年繁荣，人民生活要一年比一年改善’。”华主席的这个重要指示，我们必须坚决贯彻执行。

此外，各民族地区还要做好团结教育改造少数民族上层爱国人士和宗教界爱国人士的工作，认真贯彻执行党的统一战线政策和宪法所规定的宗教信仰自由的政策。

杨静仁同志针对有的地区在一些干部中存在轻视少数民族工作的情况，着重指出做好民族工作的重要意义。他说，我们有的同志片面地认为少数民族人口少，就忽视这一工作，这是不对的。我国是一个统一的多民族国家，几千万勤劳勇敢富有革命斗争传统的少数民族人民，这本身就是一个强大的力量。而且少数民族人民分布地区宽广，这些地方资源丰富。毛主席说过，我国地大物博，人口众多。地大物博在少数民族方面，人口众多在汉族方面，这是很好的条件，要建设现代化的社会主义强国，二者要紧密结合起来，缺一不可。我国的少数民族人民很多居住在祖国的边疆地区，要巩固边疆，把边防建设成祖国的铜墙铁壁，就离不开少数民族人民。杨静仁同志指出，做好少数民族工作，不仅对国内的社会主义革命和建设有着重要意义，而且在国际上对团结第三世界人民，进行反霸斗争，特别是反击苏修社会帝国主义的侵略、颠覆都有很重要的意义。

最后，杨静仁同志着重谈了恢复和发扬党的优良传统和作风的问题。他说，在落实党的民族政策中，一定要坚持群众路线。密切联系群众，有事多和群众商量，细心倾听群众的呼声，关心群众的疾苦。在处理有关民族关系等问题时，更要注意听取各方面的群众意见，尤其是当地少数民族人民群众的意见。他还指出，要实事求是，加强调查研究，把理论和实践统一起来，按照少数民族地区的实际情况办事，注意照顾不同民族、不同地区的特点，照顾当地各族人民生产、生活上的需要，在民族地区推广汉族地区和其他民族地区的先进经验，必须经过试点。坚决纠正林彪、“四人帮”刮起来的脱离群众、脱离实际、弄虚作假、看风使舵的资产阶级作风。

全国人大常委会副委员长乌兰夫在北京会见由苏丹全国友好团结和平委员会总书记阿卜杜拉·哈桑·赫德尔率领的苏丹中国友协代表团

国务院副总理康世恩在北京会见国际标准化组织秘书长斯特伦

暨南大学正式开学

重新恢复的暨南大学已经正式上课。目前这所学校招收了中文、历史、新闻、经济、外语、数学、物理、化学等系和医学院的学生共730多人。

暨南大学由于林彪、“四人帮”的干扰、破坏停办了8年。10月16日，复办后的暨南大学举行开学典礼。广东省和广州市的党政负责人以及驻军负责人习仲勋、吴南生、邓逸凡、詹才芳、庄田、李嘉人、杨康华，暨南大学的副董事长何贤、王宽诚、费彝民、蚁美厚、柯麟、汤秉达等参加了开学典礼。

中共广东省委第二书记习仲勋讲了话，他对支持和赞助办好暨南大学的各位董事及各方面人士表示感谢。他说，恢复暨南大学，表现了华主席为首的党中央对华侨和港澳同胞的关怀。办好暨南大学，是党中央交给广东省的一项光荣的政治任务。我们一定要努力工作，把暨南大学办成一所具有先进水平的文、理、医各科的综合大学。

广州部队副政治委员邓逸凡、暨南大学副董事长费彝民也在开学典礼上讲话。复办暨南大学领导小组组长杨康华和教师、学生代表在大会上表示了办好这所大学的强烈愿望和决心。

10月17日

韩英在中国共产主义青年团第十次全国代表大会上作题为《为伟大的新长征贡献青春》的工作报告

代表们,同志们:

我受共青团第十次全国代表大会筹备委员会的委托,向大会作工作报告。

我们伟大的祖国已经进入社会主义革命和社会主义建设新的发展时期,华主席为首的党中央率领全国人民开始了新的长征。这是我国历史上一场伟大而深刻的革命。我们这次代表大会的任务,就是要高举毛主席的伟大旗帜,贯彻党的十一大路线,总结同林彪、"四人帮"斗争的经验,确定新时期共青团的任务,动员全国青年为把我国建设成社会主义的现代化强国而奋斗。

一、我国青年在大风大浪中锻炼成长

十四年前,就在这庄严的大会堂里,毛主席亲自出席了共青团第九次全国代表大会。团的九大根据毛主席的教导,号召全国青年为革命化而斗争,在大风大浪中锻炼成长。那正是高天滚滚寒流急,国际上修正主义猖獗的时候。毛主席以无产阶级革命家的无比洞察力,预见到一个新的革命风暴将要在中国出现。为了防修、反修,使社会主义中国永不变色,毛主席对我国青年寄托了无限希望。他教导青年要经风雨,见世面,到大风大浪中去。

但是,隐藏在党内的一小撮资产阶级野心家、阴谋家,为了篡党窃国,向青年伸出了罪恶的黑手。他们利用青年政治上不成熟的弱点,竭力煽动怀疑一切、打倒一切的反动思潮,制造青年同革命老一代的对立。他们不仅把革命老干部打成"走资派",而且煽动资产阶级派性,鼓吹"文攻武卫",制造全面内战,破坏"文化大革命"。在林彪阴谋败露、自我爆炸后,"四人帮"变本加厉地推行他们的反革命政治纲领,把坚持毛主席革命路线的老干部污蔑为"还乡团",疯狂鼓吹"儿童团斗倒还乡团"。他们一面对坚持抓革命、促生产和坚守岗位、努力学习的青年挥舞棍棒,一面把张铁生那样的"文盲加流氓"吹捧为"反潮流英雄",到处制造混乱,搞得一些地方工人不能做工,农民不能种田,战士不能练武,学生不能读书。1976年,在我国人民最困难的时刻,"四人帮"大大加快了篡党夺权的步伐。他们冒天下之大不韪,妄图谋害伟大领袖毛主席,恶毒攻击敬爱的周总理,卑鄙地诬陷邓副主席,并且进而影射、污蔑华主席和党中央,积极准备颠覆无产阶级专政。"四人帮"的倒行逆施,使我国国民经济濒于崩溃的边缘,使我们国家和民族处于大分裂的危险境地。这就从反面教育了广大青年,许多人的眼睛越擦越亮,一些人从上当受骗中觉醒过来。青年们看清了"四人帮"是隐藏在党内的反革命黑帮,是全国人民和青年不共戴天的死敌,他们以各种方式同"四人帮"进行了坚决的斗争。1976年,在北京和全国各地举行的悼念周总理、声讨"四人帮"的强大示威,庄严地宣告:不管"四人帮"怎样欺骗、压制,他们违背人民意志的复辟倒退的梦想在中国都注定要破产!

怎样正确评价经历了这场严重斗争锻炼的青年一代呢?我们应该像中共中央1978年"五四"通知指出的那样,自豪地回答:我国这一代青年是大有希望,大有作为,完全可以信赖的。"四人帮"所豢养的张铁生式的青年败类、害群之马是有的,但任何时候他们在我国青年中只是一小撮。一时上当受骗的青年觉醒过来,他们就会对青年的死敌"四人帮"看得更清,恨得更深。低估"四人帮"对青年造成的创伤是错误的。但看不到青年的主流,看不到这一主流代表着我们国家的未来和民族的希望,同样是错误的。历史在曲折的道路中并没有停止前进。一代新人在"文化大革命"的大风大浪中成长起来。"红心已结胜利果,碧血再开革命花,倘若魔怪喷毒火,自有擒妖打鬼人。"反对"四人帮"的英雄战士窦守芳、周千俭、韩爱民、刘秀英、贺延光、韩志雄、李西宁、李洪刚等同志就是他们中的代表。要问无产阶级"文化大革命"的成果吗?擒妖自有后来人,这就是一个伟大的成果。

华主席同人民和青年心连心,以无产阶级革命家的伟大胆略和杰出智慧,领导全党和全国人民一举粉碎了"四人帮",取得了我们党第十一次路线斗争的伟大胜利。经历了惊涛骇浪考验的我国青年,在党中央抓纲治国战略决策的指引下,又以高昂的斗志,投入了新的战斗。两年来,广大青年一面深入揭批林彪、"四人帮",一面掀起了大干社会主义和为四个现代化而勤奋学习的热潮。各条战线捷报频传,涌现了像"走在时间前面"的顾凯,对产品质量精益求精的毛信贤,以钢铁意志从事科研的竺苗龙,在广阔天地里创造了优异成绩的程有志,为培养革命后代辛勤劳动的青年教师刘纯朴,在"三尺柜台"内大搞技术革新的王坚强等大批先进模范人物。广大青年长期受压抑的社会主义积极性,正在像火山那样爆发出来。在防修、反修战斗中立下光荣战功的我国青年,又以自己勤劳的双手,迎来了祖国历史发展的新时期。

回顾10多年来的战斗历程,我们这一代青年在大风大浪中成长的基本经验是什么呢?

第一,认清社会主义时期阶级斗争的复杂性,永远发扬青年为真理而斗争的精神。

同林彪、"四人帮"进行殊死搏斗,我国青年得到了极大的锻炼。这场斗争使我们认识到,在毛泽东思想的故乡,在高举反修大旗的社会主义中国竟然出现林彪、"四人帮"这样一股黑暗势力,并不是偶然的,它是社会主义时期阶级斗争的必然产物,是中国古老历史的特殊回声。我国是从半封建半殖民地社会过渡到社会主义社会的。新中国成立以后,中国人民在毛主席领导下进行了一系列伟大而深刻的革命,但是毕竟时间还短,不可能把几千年封建社会和一百多年半封建半殖民地社会遗留下来的污泥浊水冲刷干净。地主资产阶级和依附他们的各种社会渣滓,尽管作为原来形态的统治者已被打倒,但在一定的历史时期内,还有他们借以继续生存和活动的土壤。林彪、"四人帮"就是作为它的政治代表出现的。为了夺回失去的天堂,改头换面地钻入革命阵营进行反革命复辟活动的资产阶级野心家、阴谋家还是能够找到他们的社会基础。我们同形形色色复辟倒退势力的斗争还是一个严重的任务。从对林彪、"四人帮"及其社会基础的揭露中可以看到,被资产阶级在党内的代表人物利用的那种封建专制主义、官僚主义、国民党作风,在我国还有不可小看的残余势力,还在腐蚀着我们党、我们革命队伍的肌体,窒息着人民民主,损害着广大群众的社会主义积极性。无论从肃清反革命分子来说,还是从人民内部肃清反动阶级的思想政治影响来说,都必须经过坚忍不拔的斗争。我国青年在毛主席的亲切教导下,在文化革命大风大浪中锤炼出来的那种向反革命修正主义英勇进击,为真理而献身的大无畏精神,是我们时代的精华。坚持无产阶级专政下继续革命,就要永远保持和发扬这种精神,使之成为我国青年的思想财富。

第二,坚持毛主席指示的青年运动方向,永远同人民在一起。

林彪、"四人帮"的必然覆灭,是因为他们背叛人民,压迫人民。人民是不可战胜的。与人民为敌,必定被人民打倒。世界上最深厚的力量,不在那些逆历史潮流和人民意志而动的修正主义"大人物"一边,而在代表历史前进方向的人民之中。只有人民,才是创造历史的真正主人。这是历史唯物主义的根本原理。毛主席正是依据这个伟大的原理,总结了"五四"以来青年运动的历史经验,指明了青年运动的方向。毛主席教导我们,看一个青年是不是革命的,只有一个标准,就是看他是否愿意并实行和工农民众相结合。我国青年经过和广大人民一起同"四人帮"的生死搏战,更加深刻地掌握了这个颠扑不破的真理。大批革命青年在"四害"横行时,同人民紧密团结,倾听人民的呼声,代表人民的要求,反映人民的情绪,从人民中吸取智慧和力量。他们借助亿万人民的眼睛识破"四人帮"的阴谋诡计,依靠亿万人民的支持顶住"四人帮"掀起的狂风恶浪,向着光明的前途进军。毛主席指示的青年运动方向,现在比任何时候都深入广大青年的心坎。一代新青年已经在人民的哺育下成长起来。他们决心以毛主席、周总理为榜样,永远同人民在一起,把一生献给人民。没有任何力量能够动摇他们为人民利益赴汤蹈火的坚定意志,没有任何力量能够把他们从与之同呼吸、共命运的伟大人民中间拉走。

第三,掌握理论联系实际的根本原则,识别各种形式的现代修正主义。

在我国这一代青年成长的年代里,我们党对赫鲁晓夫一类以右的形式出现的修正主义进行过广泛而深入的批判。广大青年对那种修正主义是有认识、有警惕的。对于林彪、"四人帮"这种以极"左"形式出现的即假左真右的修正主义,广大青年是逐步认识的,是有斗争的。然而,不少青年却缺乏精神准备。青年要革命,乐于跟着革新者走而又缺乏经验。林彪、"四人帮"就利用广大青年对伟大领袖毛主席的崇敬和热爱,利用他们对修正主义路线的憎恨,煽动怀疑一切、打倒一切的极"左"思潮,一些带有小资产阶级狂热倾向的青年,往往容易把这种极"左"思潮当作革命的东西,被引入歧途。这场曲折、复杂的斗争使青年懂得,要在反对现代修正主义的斗争中不迷失方向,不仅要警惕右的形式的修正主义,还要特别警惕和善于识别以极"左"面貌出现的修正主义。这就必须借助马克思主义的望远镜和显微镜,理论联系实际地进行思考。实践是检验真理的唯一标准。林彪、"四人帮"横行的十年间,青年在实际生活中提出了大量的问题:为什么大批对革命事业忠心耿耿的老干部、老劳模被打成"走资派"、"保皇派"?为什么毛主席领导下新中国的十七年被说成是一团漆黑?为什么那些听起来最"革命"的口号带来的却是巨大的民族灾难?正是通过实践,运用马克思主义思想武器对大量事实材料进行实事求是的分析,广大青年才认清了林彪、"四人帮"是中国人民的死敌。实事求是,这是识别一切修正主义的火眼金睛,是马列主义、毛泽东思想的精髓。青年在斗争中,要努力学习无产阶级革命导师的教导,但还要有赫鲁晓夫、林彪、"四人帮"等反面教员的教育作为补充,才能使自己逐步成熟起来。从这些反面教员的身上,我们可以更好地识别各种形式的现代修正主义,从而取得无产阶级专政下阶级斗争的主动权。

第四,善于总结正反两个方面的经验,在斗争中学会斗争。

革命道路从来不是平坦的。青年一代必须在大风大浪中锤炼才能成为坚强的接班人。"文化大革命"的历史经验告诉我们,革命前辈找到的真理为我们指明了方向,但这不能代替青年自己掌握真理的实践。每一个革命新兵,或者说整个一代新战士,从探索真理到真正掌握好真理,往往要经历艰难曲折的过程。1976年同“四人帮”战斗的英雄,就有不少是“文化大革命”初期轻信过“四人帮”、走过弯路的青年。要学会走路,就不要怕摔跤。在大风大浪中喝几口水,没有什么了不起。正是这几口水,使我们认清了世界上还有林彪、“四人帮”那种专门贩卖假真理的骗子,认清了这些人把科学变成迷信、真理变成谬误、精神武器变成精神枷锁的偷换术,认清了那种用最“革命”外衣包裹着最腐朽内容的修正主义,一步步地从幼稚走向成熟。我们要善于从马克思主义同修正主义的激烈斗争中学习,既不因受过挫折而颓丧,也不为一得之功而骄傲,始终严肃认真地总结自己和别人正反两个方面的经验,在改造客观世界的同时不断地改造主观世界。一个大的革命运动,需要长期的消化过程,我国青年在大风大浪中经受的锻炼,也需要有一个消化和吸收的过程。经过揭批林彪、“四人帮”的斗争,经过深入地学习马克思主义,我国青年将在“文化大革命”的丰富经验中吸取营养,不断地提高识别能力和觉悟水平,在新的长征中迸发出无坚不摧的力量。

二、新时期青年一代的光荣使命

华主席最近给青年题词:“粉碎‘四人帮’以后,我们党制定了十一大路线,提出了新时期的总任务。我们一定要实现毛主席和周总理的遗愿,在本世纪末把我国建设成为社会主义的现代化强国。这个伟大光荣艰巨的任务,也落在我们这一代青年的肩上,希望全国各族青年,高举毛主席的伟大旗帜,团结起来,努力学习,勤奋工作,在三大革命运动中锻炼成长。在新的长征中作出贡献。”华主席的题词表达了党对青年一代的殷切希望,指明了我国青年在新时期的光荣使命。

以实现四个现代化为中心内容的新长征,是伟大中国革命的必然继续,是走向共产主义的必由之路。革命的根本目的就是解放生产力。我们进行新民主主义革命,进行生产资料所有制和思想政治战线的社会主义革命,进行无产阶级“文化大革命”,无一不是为建设社会主义强国开辟道路。毛主席、周总理为我们规划的四个现代化的宏图,是我国几代人理想的结晶。在漫长的革命历程中,为了这一天的到来,我们有多少革命先烈献出生命,有多少革命前辈耗尽心血!如果说建设一个现代化的社会主义强国对于前天和昨天的青年还是一个较远的理想,那么,今天这个理想已经成了我们这一代青年每时每刻的战斗任务。我们一定要创造出英雄业绩,无愧于伟大的时代,无愧于自己的青春,无愧于党和人民的希望。

摆在我国青年面前的任务是:

第一,把毛泽东思想的伟大旗帜一代一代传下去。

新时期的主要矛盾仍然是无产阶级和资产阶级的矛盾,社会主义和资本主义两条道路的矛盾。青年一代应当永远把坚定正确的政治方向放在第一位。我们必须继续以深入揭批林彪、“四人帮”为纲,开展各项工作。我们不仅要从政治上,而且要从思想理论上彻底批判林彪、“四人帮”假左真右的反革命修正主义路线,粉碎他们的反马克思主义思想体系。这是伟大的批判运动,伟大的学习运动,也是一次伟大的马克思主义思想解放运动。

指引这个思想解放运动的旗帜,就是毛泽东思想的伟大旗帜。林彪、“四人帮”这伙政治骗子,曾经打着“高举”的旗号欺骗过我们许多天真的年轻人。他们肆意肢解、践踏、篡改马列主义、毛泽东思想,推行极端反动的实用主义和蒙昧主义,使一些青年受到他们长期的思想禁锢,或者感染了对革命理论的虚无主义情绪。要帮助青年正确地总结经验:第一,一定要坚信马列主义、毛泽东思想。如果不这样,不好好学习,就会失去武装,迷失方向。第二,一定要用科学的态度来学习马列主义、毛泽东思想。如果不这样,那就会堕入“四人帮”把科学变成迷信的圈套,背离马列主义、毛泽东思想的轨道。周总理早在1949年号召全国青年“学习毛泽东”的时候,就明确提出“学习毛泽东,必须是全面的学习,从他的历史发展来学习”,“学习毛泽东整个的思想体系”。只有完整地准确地掌握这个科学的思想体系,才能高瞻远瞩,预察未来,懂得社会发展的规律,确立共产主义的理想,才能在复杂环境中判明局势,端正方向,成为信念坚定、头脑清醒的革命者。我们应该从我国革命的伟大历程中,深刻认识毛泽东思想是马列主义普遍真理和中国革命具体实践相结合的产物,它同任何迷信和僵死的教条都是不相容的。正因为这样,毛泽东思想的旗帜是指引我们从胜利走向胜利的旗帜。老一辈依靠它打翻旧世界,今天我们要继续依靠它去夺取新长征的胜利。高举毛主席的伟大旗帜,是我国青年的神圣职责。

高举毛主席的伟大旗帜,就要以马列主义、毛泽东思想的基本理论为指导,解决社会主义革命和社会主义建设提出的新问题。要组织青年循序渐进地读一些马列主义和毛主席的原著,真正懂得一点哲学、政治经济学和科学社会主义的基本原理。还要认真学习华主席为首的党中央的重要文件,这些文件是马列主义、毛泽东思想的普遍真理在新时期的运用,是毛泽东思想的继承和发展。实现四个现代化是无产阶级专政下的一场伟大革命。从生产力到生产关系,从经济基础到上层建筑,都有层出不穷的新问题新矛盾需要我们作出马克思主义的回答。扫除束缚、阻挠这一伟大历史进程的旧习惯势力和落后的意识形态，更要求我们掌握好理论武器。我们一定要理论联系实际，运用马列主义的立场、观点、方法深刻批判林彪、“四人帮”的修正主义谬论，认真研究社会主义建设的规律，研究无产阶级专政的理论和经验，研究社会主义民主和法制，研究党的方针政策，研究党的传统作风，研究国际问题等。这样，我们的学习就可以走出静止地孤立地读书的狭小天地，而同丰富的现实生活血肉般地联系起来，就一定能学得更加生动活泼，富有成效。

第二，极大地提高整个青年一代的科学文化水平。

有了正确路线的指引，高速度实现四个现代化的关键就在于掌握先进的科学技术。科学技术是生产力。在人类历史上，资本主义的三百年是一个“大跃进”。科学技术的发展在这个“大跃进”中起了重大的作用。无产阶级要创造更大的跃进，必须更充分地利用现代科学技术成果。这些年来，“四人帮”推行反动的愚民政策和封建锁国政策，使我国与发达国家之间在经济技术上原已缩小的差距又拉大了。现代科学技术在突飞猛进，我们必须急起直追。

“科学的未来在于青年。”林彪、“四人帮”疯狂摧残教育、科技事业，以反对“白专”为名制造“白痴”，使青年中不仅“科盲”大有人在，而且还出现了新文盲。必须迅速改变这种状况。青年要坚决响应华主席的号召，走在“极大地提高整个中华民族的科学文化水平”这一伟大进军的最前列。共青团要把组织和引导青年向现代科学技术进军，作为在新时期特别突出的任务。老一辈工人、农民吃尽了缺少文化的苦头，他们主要靠手工劳动为社会创造财富。青年应该学习他们艰苦奋斗的本色，但在科学文化上我们有条件而且应该远远超过老一辈。我们的青年应该是又红又专的新一代，既要有正确的政治方向，又要有先进的科学文化，两者缺一不可。世界上没有不结合经济、文化、军事而孤立存在的政治。无产阶级的社会主义的政治尤其不能像剥削阶级的政治那样凌驾于社会之上。红一定要统率专，一定要落实到专，一定要体现于专。是不是为革命而勤奋地钻研业务，刻苦掌握科学文化，是我们今天衡量一个青年是不是真红的一个重要标志。对于为社会主义祖国的富强而忘我地、入“迷”地钻研科学技术的青年，我们不应该非议、阻挠，而应该鼓励、支持，在政治上关心他们，为他们创造有利的条件。

共青团要大力帮助不同岗位的在职青年订好学习规划，组织起来进行自学，同时积极协助有关部门办好电化教育、技术夜校、函授学校和科学知识讲座，为青年学习广开门路。实现农业现代化，要求广大农村青年在“农业学大寨”的运动中充分发挥自己的聪明才智，去积极钻研现代农业生产技术，掌握各种先进农业机械，学会科学管理。农村团支部都要把政治文化夜校作为一项重大的事业，用心办好。要努力扫除文盲。经过8年左右扎扎实实的努力，力争1亿多农村青年都达到初中以上文化水平，并使其中一部分经过中等农业技术学校的培训，掌握一项到多项现代农业技术。我们要求工矿企业的1300多万青年工人，经过5年左右的业余学习，普遍达到高中毕业水平，部分达到大专水平；并且在专业上刻苦钻研，以优异的成绩通过技术考核，不断提高自己的现代化生产的技术知识和操作管理能力。各行各业的青年都要干一行钻一行，广泛开展岗位练兵活动，在技术、业务上精益求精，成为通晓本行业务的社会主义建设积极分子。

学校和科研战线是向科学文化进军的前沿阵地。共青团要特别关心和加强大中学校的工作，要以“三好”为目标，以学习为中心开展活动，帮助学生牢固地系统地掌握知识，提高学习质量，协助党培养更多的德智体全面发展的人才，尽快补充和壮大工人阶级知识分子的队伍。科研单位的青年要发愤图强、刻苦攻关，勇敢地担负起攀登世界科学技术高峰的光荣任务。要精通自己的专业，努力搞出成果，同时学会一种到几种外国语，及时了解世界科技动向。要在老专家的带领和指导下，向全国科学大会确定的八个综合性科技领域、重大新兴技术和带头学科奋勇进军。

第三，做大干快上的英勇突击队

根据党中央的决策，今后八年，我们要用比过去29年快得多的速度，开展比过去29年规模大得多的经济建设。华主席号召我们：“思想再解放一点，胆子再大一点，办法再多一点，步子再快一点。”我国青年历来是一支最积极、最有生气、最肯学习、最少保守思想的社会力量，在加速实现四个现代化的进程中，一定要更加生气勃勃，成为大干快上的英勇突击队。

大干快上，就是要把高速度的思想贯彻到生产、科研和工作的一切方面，高效率、高水平、高质量地完成每一项任务。不能把突击看成是单纯拼体力，而应该把苦干同巧干结合起来。要努力学习新技术，改革旧工艺，成倍提高劳动生产率，脚踏实地，艰苦奋斗，用辛勤的劳动创造出本单位、本地区、本行业第一流的成绩来。

大干快上，就是要充分发挥青年的长处，把青年大干社会主义的积极性、创造性纳入到高速度发展国民经济的轨道上来。要从完成“急、难、新”的任务出发，找准突击方向。共青团要根据国家十年规划的项目，配合有关部门，有计划地组织青年参加一些重点建设工程，为加速实现四个现代化大显身手。可以在有关领导同意、成老年群众支持下，组织青年突击队和各种青年班组，因时、因地制宜，广泛开展突击活动。广大农村青年要热爱农村，发扬大寨精神，在农业机械化、农业科研、农田基本建设中，在大力发展畜牧业、林业和社队企业中发挥突击作用，为建设现代化的社会主义新农村多做贡献，向荒山进军，向草原进军，向海洋进军。青年工人要在"工业学大庆"运动中甩开膀子大干，按照优质、高产、低耗、安全的要求，提前超额完成国家计划，同时瞄准历史最高水平、全国先进水平和世界先进水平，革新技术，刷新纪录，开展增产节约活动。财贸战线的青年要树立政治观点、生产观点、群众观点，积极钻研业务，提高服务质量，改进服务态度，当好新长征的后勤兵和全心全意为人民服务的排头兵。广大青年战士和民兵要提高革命警惕，搞好军事训练，掌握现代化战术、技术，随时准备反击社会帝国主义和帝国主义的侵略。

在大干快上中，共青团员和广大青年要以主人翁的态度参加民主管理。要关心本厂、本企业、本队、本公社的工作，关心生产效率和经济效果，为提高劳动生产率而斗争。要以自己的模范行动来维护严格的劳动纪律和科学管理的各项规章制度，用"三老四严"精神从事工作。反对官僚主义和无政府主义，批评那些浪费工时、糟蹋资财、无人负责或敷衍塞责、不求实效、墨守成规等不合理现象。团的干部要消除余悸，放开手脚，认真研究生产活动，熟悉经济规律，了解管理工作，以便把青年带到关键处，把劲使在点子上。

大干快上，必须大力提倡和激发革命英雄主义精神。要把"争当新长征突击手"的活动广泛、深入、持久地开展下去。要定期召开青年社会主义建设积极分子大会，评先进，比贡献，选模范，树标兵。要支持青年的合理化建议，奖励青年的创造发明。一切劳动态度好，生产数量多、质量好、成本低、效率高、贡献大的青年，都应该受到社会的尊敬和组织的鼓励。我们要维护社会主义的按劳分配政策，同时要大力提倡共产主义风格，发扬我国青年"见困难就上"的传统，哪里有困难就到哪里去战斗。在新长征路上，我们一定要英勇无畏地面对困难，千方百计去排除万难，赢得高速度，夺取新胜利。

第四，为共产主义道德风尚的大力发扬而斗争。

建设社会主义的现代化强国，不但要大力发展物质生产，而且要不断创造精神财富，发扬共产主义道德风尚。共产主义道德要从小开始培养。青少年风气的革命化，共产主义道德风尚的大发扬，又会促进整个社会风气的进步。我们一定要遵循列宁的伟大遗训："应该使培养、教育和训练现代青年的全部事业，成为培养青年的共产主义道德的事业。"

我国青少年的道德风尚历来是很好的。在战争烽火年代，在社会主义革命和社会主义建设中，儿童团、少先队、共青团创造了可歌可泣的英雄业绩，涌现了刘胡兰、董存瑞、丁佑君、黄继光、向秀丽、刘文学等英雄人物。共产主义战士雷锋的出现，标志着一代革命新风的兴起。对于我国青少年良好的道德面貌，党是满意的，人民是高兴的，外国朋友也是称赞的。但林彪、"四人帮"鼓吹"小节无害"、"流氓有用"，善恶、荣辱、是非被完全颠倒了。一些地方"雷锋叔叔不见了"，代之出现的是无政府主义和资产阶级歪风邪气，严重损害了青少年的身心健康。林彪、"四人帮"是败坏我国社会风气的罪魁，是腐蚀青少年最大的教唆犯。

粉碎"四人帮"后，党中央十分关怀青少年的道德风气问题。华主席、叶副主席重新号召我们向雷锋同志学习。邓副主席指示，要在青少年中大力提倡勤奋学习、遵守纪律、热爱劳动、助人为乐、艰苦奋斗、英勇对敌的风尚。我们一定要把党中央的指示变成全体共青团员、革命青年和少先队员的行动。培养共产主义道德风尚最根本的是要解决为什么人的问题。这就是要教育青年热爱人民，忠于人民，时时刻刻同人民在一起，全心全意为人民的利益而工作而斗争，努力使自己成为"一个高尚的人，一个纯粹的人，一个有道德的人，一个脱离了低级趣味的人，一个有益于人民的人"。青少年个个都要爱劳动，守秩序，讲卫生，有礼貌。共青团员、少先队员应该成为维护社会公德的模范。

革命的道德风尚，是要通过无数有血有肉、亲切感人的事迹来培育的。它是革命前辈崇高思想和模范行为长期影响的结果，也是无数革命后代向他们学习，连绵不断地继承发扬革命传统的结果。要通过各种生动的形式，在青少年中广泛地开展革命传统的教育，树立远大革命理想，热爱社会主义祖国。要大力发扬青少年在日常行为中所表现出来的共产主义因素。同时，要支持青年同那些违法乱纪、危害国家、迫害人民、毒害青少年的坏人坏事作斗争，维护宪法和法律，保护国家财产，保卫人民利益。各级团委都要把培养青少年的良好道德风尚放在重要的工作日程上，做好调查，抓好典型，主动配合有关方面，采取有力措施，在党委领导下掀起一个群众性的关心和教育青少年的热潮。我们希望广大教师、家长和所有关心青少年教育的同志们，我们号召全体共青团干部、共青团员、少先队员，积极行动起来，扎扎实实做好工作，争取全国城乡、首先是大中城市青少年的道德风尚出现一个崭新面貌。

同志们！毛主席在展望我国社会主义革命和社会主义建设的伟大前途时，曾指出："我们可以藐视而且必须藐视人世遭逢的任何巨大的困难，把它们放在'不在话下'的位置。这就是我们的乐观主义。这种乐观主义是有科学根据的。只要我们更多地懂得马克思列宁主义，更多地懂得自然科学，一句话，更多地懂得客观世界的规律，少犯主观主义错误，我们的革命工作和建设工作，是一定能够达到目的的。”我们国家有优越的社会主义制度，有极其丰富的自然资源，有勤劳勇敢的8亿人民，有29年正反两个方面的经验，又有一个粉碎“四人帮”后日益巩固的安定团结的政治局面和有利的国际形势，因此，我们可以充满信心地说，在华主席为首的党中央正确领导下，我国在本世纪内实现四个现代化是完全可能的。只要我们像毛主席教导的那样，学马列，学科学，实事求是地按照客观规律办事，那么，我们就一定能够大大地加快步伐，在比原来设想要短的时间内达到我们的目的。

三、把共青团建设成团结教育青年的坚强核心

同志们！伟大的新长征赋予了我们青年一代极其光荣而艰巨的使命。共青团的工作，共青团的建设，必须适应新时期的要求，担当起团结、教育、组织、引导青年的繁重任务。毛主席在1957年接见团代大会代表时指出：“中国共产党是全中国人民的领导核心”，共青团要“团结起来，作为全国青年的领导核心”。我们一定要不辜负毛主席和党的期望，在新的历史条件下，努力把共青团建设好，使它成为我们党团结教育青年一代的坚强核心，把我国各族青年组织到浩浩荡荡的新长征的队列里来。

中国共产主义青年团有着光荣的历史。伟大领袖毛主席和老一代无产阶级革命家亲自缔造了共青团。敬爱的周总理以及蔡和森、张太雷、邓中夏、恽代英、萧楚女、任弼时、关向应等同志，都是共青团早期的领导人。共青团从诞生之时起，就是作为党的光荣助手和后备军积极进行革命活动的。在长期革命斗争中，不论是在民主革命中，还是在社会主义革命和社会主义建设中，共青团对革命、对党、对人民都作出了重大的贡献。千千万万优秀青年经过共青团的教育、陶冶和锻炼，成为精明干练的革命家，成为治党、治军、治国的骨干。在这里，我们怀着深厚的无产阶级感情，向早已走上党和国家各级各方面领导岗位的老共青团员们，向曾经为共青团工作付出了心血、作出了贡献的老团干部们，表示崇高的敬意。共青团的成长，是和毛主席、和老一辈革命家、和我们亲爱的党血肉相连的。毛主席亲自出席了1949年以来召开的四次全国团代大会，先后20多次接见共青团干部、团校学员以及青联、学联的代表。在各个历史时期，毛主席都及时发出号召；在重大关键时刻，毛主席都给我们指明方向。29年来，我们共青团执行的是毛主席的革命路线。以华主席为首的党中央已庄严地肯定：共青团不愧为党的忠实助手，不愧为我国革命和建设的英勇突击队，不愧为青年学习马列主义、毛泽东思想的学校。

“文化大革命”一开始，林彪、“四人帮”就对党的忠实助手共青团下了毒手。他们倾巢出动，血口喷人，污蔑共青团“修到了家”，老朽到了“一百五十岁”；攻击共青团是什么“全民团”、“生产团”、“娱乐团”；狂叫共青团“必须思想破产”，彻底“砸烂”。他们直接插手，以阴谋手段搞垮团中央，接着在全国煽起一股“摧旧团”的黑浪，残酷迫害团的干部，大量株连青年先进集体和模范人物，使各级团委直至团的基层组织都遭到一场浩劫。毛主席和党中央决定恢复共青团组织后，“四人帮”又阴险地改变手法，竭力插手共青团的组织，篡改共青团的政治方向。“四人帮”的女黑干将把持了原共青团十大筹备组的领导权，疯狂推行“四人帮”的反革命修正主义路线，妄图把共青团变成他们篡党夺权的工具。他们的倒行逆施遭到了广大团的干部和共青团员的坚决抵制。华主席领导粉碎了“四人帮”，共青团喜庆得新生。经过两年来的拨乱反正，团内被篡夺的那一部分领导权已经夺回，团的工作中的被颠倒了的路线是非已基本澄清。一个朝气勃勃的共青团重新出现在党和人民的面前。

怎样适应新时期的要求，把共青团建设成团结我国各族青年的更加坚强的核心呢？

第一，做好思想工作，积极引导青年前进。

共青团在青年中的核心作用，首先表现在思想政治工作的战斗力、吸引力上。做好新时期的思想工作，一定要从这一代青年的实际出发。如同世间一切事物的辩证运动一样，青年也是在矛盾中前进，在矛盾中成长的。这一代青年是生在新社会，长在红旗下，又主要是在“文化大革命”中成长起来的。他们连续经历了我们党的三次重大路线斗争，经了风雨，见了世面，但他们在形成世界观的过程中又受到林彪和“四人帮”反动思想这样或那样的扰乱。他们广泛地接触了社会，经历的曲折比较多，但社会上的错误思潮和不正之风，又往往对他们中的一些人发生消极的影响。粉碎“四人帮”以来的事实证明，只要正确地总结经验教训，发扬长处，克服弱点，这一代青年就有可能变得更成熟更坚强。在党的教育下，在马列主义、毛泽东思想哺育下，青年中的社会主义积极因素每日每时都在生长。发扬这种积极因素，并且依靠它去克服青年中的某些消极因素，这是共青团多年来团结教育青年的一条基本经验。我们应该在新的历史条件下坚持这个行之有效的方法。

积极引导，就要用正面的榜样去鼓舞青年，靠先进的典型去说服群众。榜样的力量是无穷的。革命英雄是青年成长不可缺少的引路人。当前，要大力表扬在三大革命运动中作出贡献的模范青年，旗帜鲜明地表扬那些与林彪、“四人帮”英勇斗争的英雄，总结他们

善于识别、勇于斗争的经验，组织报告团，编写英雄谱，在青年中大彰无产阶级的浩然正气。

积极引导，就要善于用丰富多彩、生动活泼、富于启发性的活动去吸引青年。依靠干巴巴的说教甚至训话，是不能取得好效果的。我国有长期革命斗争的历史，到处都有革命的遗迹，流传着感人的事迹，这是我们教育青年极为有利的条件。有的地方组织“重走长征路”的活动，就是一种好方式。思想工作还应贯串到各种文艺体育活动和科学普及活动中去，帮助青年打开知识的窗户，扩大见闻，活跃思想。要敢于让青年广泛地接触各方面的事物，使他们通过鉴别、比较、思考，自己去作出正确的判断和结论。

积极引导，最重要的是要充分发扬民主，坚持说服教育。反对乱打棍子、乱扣帽子，恢复思想政治工作实事求是、以理服人的传统和精雕细刻、点点滴滴的方法。对资产阶级思想和不良倾向，要开展批评和自我批评，但是一定要讲道理，作分析，恰如其分，合情合理，不能无限上纲。要鼓励青年讲心里话，引导青年自己教育自己。我们一定要使共青团成为实行民主集中制的模范，无论团内团外，都要培养民主作风，学会民主生活，反对“霸王”作风，反对封建传统的束缚，反对任何人压制民主、打击报复。加强社会主义法制教育，使团员、青年都成为遵纪守法的模范。团的机关应该成为青年之“家”，而决不要变成衙门。团的干部要做青年的知心朋友，而决不可沾染官气。

第二，照顾青年特点，全面关心青年成长。

照顾不照顾青年的特点，这是共青团工作是不是彻底走群众路线的原则问题。毛主席指出，照顾青年特点，“这是从实际出发。青年就是青年，不然，何必要搞青年团呢？”不照顾青年特点，团就会脱离群众，还谈得上什么发挥核心作用！在“四人帮”的棍子下，“青年特点”被视为异端，关心青年的正当要求和特殊利益成了禁忌。党中央在建团时就规定：“青年团应在最大多数人民的最大利益的基础上，经常地注意和努力为青年群众的特殊利益与切身需要而服务”。团的干部要想青年所想，急青年所急。经常了解青年的就业、学习、生活情况，积极协助有关方面解决这些问题，是共青团应尽的职责，是测验我们是否具体地为人民服务的一个标尺。团的一切工作和活动，都要有利于促进青年身体好，学习好，工作好。要十分爱惜青年的积极性，注意劳逸结合，保证必要的休息和睡眠时间。要把组织好 8 小时之外的活动作为团的工作的正业。积极恢复、兴建青少年宫，大力改进设施、装备，丰富活动内容，使它真正成为青少年进行科学、文艺、体育活动，培养各类积极分子的基地。配合有关部门办好航空、航海及其他体育、文化俱乐部，组织青少年参加各种野营活动和旅行活动。城乡基层都要创造条件开辟活动阵地，组织好积极分子队伍，丰富青少年的业余文化生活。

共青团要关心青年的恋爱婚姻问题，指导青年树立正确的恋爱观。金钱和彩礼不可能带来真正的幸福，只有把爱情建筑在共同的革命理想的基础上，才能有美满的巩固的婚姻，建立友爱的和睦的家庭。要通过耐心细致的宣传教育，启发青年自觉自愿地实行合理晚婚和计划生育。要从关心出发做好工作，不要滥施惩办，任意处分团员、青年。要带头破旧俗立新风，坚决反对包办婚姻和变相买卖婚姻。对一切残害青少年的坏人坏事，要坚决斗争。

千万知识青年响应毛主席的号召，上山下乡，在广阔天地里到处洒下了他们辛勤劳动的汗水。他们是好样的，是令人起敬的。我们要按照党的“统筹兼顾，全面安排”方针和有关政策，主动协同有关部门，切实了解、逐步解决上山下乡知识青年中存在的种种困难和问题，努力把他们培养成建设社会主义现代化强国的生力军。

第三，工作着眼多数，最大限度地团结青年。

党中央一贯指示共青团要搞大圈子，坚决反对小圈子主义。团结就是力量，团结就是胜利。全团同志都要以很高的自觉，珍惜和维护安定团结的政治局面。共青团这个核心是否坚强，一个重要的标志，就是看它能不能广泛地团结青年，能不能把出身不同、经历不同、进步快慢不同、兴趣爱好不同的青年都吸引到自己的周围。

要正确对待“文化大革命”中犯过错误的青年。应该看到，林彪、“四人帮”对青年实行的是反革命两手。需要利用时，把青年捧上天，假手青年达到他们不可告人的目的；不需要时，就把青年当替罪羊，实行惩办。一定要把账算在林彪、“四人帮”头上。除了个别一贯搞打砸抢，实行阶级报复，有血债民愤的犯罪分子外，对一般上当受害的青年，要帮助他们总结教训，治好创伤，放下包袱，轻装前进。人对客观事物的认识有一个过程，青年从不成熟到成熟也要有一个过程。决不能因为林彪、“四人帮”利用过青年的弱点，而对青年那些可贵的长处，那种革命的锐气，那种对新鲜事物的敏感，也都一概抹杀。如果我们青年都变得唯唯诺诺，或者学得像泥鳅那样油滑，我们的民族还有什么希望呢？青年有坚强的性格，有棱角，这是好的。问题只在于要帮助青年端正政治方向，分清敌我，分清是非，把“棱角”对着资产阶级，对着反党反社会主义的邪恶势力，对着官僚主义和守旧习气。

要正确对待青年的家庭出身问题。肃清反动血统论的流毒，落实党的“有成分论，不唯成分论，重在政治表现”的政策。一个青年是不是革命的，应由他本人的社会实践来检验。父母的问题不应记在子女的账上，更不应让第二代、第三代子女承袭祖辈的阶级成分。要把这些青年看成人民的子弟，反对把他们推到敌人一边的各种“土政策”。对后进青年，要以深厚的无产阶级感情，把党的温暖送到他们心上，“一把钥匙开一把锁”，循循善诱地做好思想转化工作。

我国是一个多民族的社会主义国家。共青团要积极促进各民族的亲密团结，认真培养少数民族青年。要满腔热情地关怀归国华侨青年，在社会主义大道上和他们紧密团结，携手并进。

台湾人民和青年是我们的骨肉同胞。我们深切怀念处于蒋帮统治下的台湾青年。台湾一定要回到祖国的怀抱。

第四，巩固团的组织，加强团干部队伍的建设。

共青团是先进青年的群众组织。团要成为团结青年的核心，必须有整齐的队伍，严密的组织，坚强的战斗力。“四人帮”摧残共青团，既破坏了党的一元化领导，又切断了团的系统领导，造成了一些地方团不管团、上下断线，使一部分基层团组织陷于涣散。要按照中央“五四”通知的要求，在各级党委领导下，把团的领导班子整顿好配备好，健全团的各级组织，建立团的系统工作。团支部的建设，是打基础的工作。提高整个团组织的战斗力，一定要扎扎实实地从团支部抓起。积极开展评选先进团支部和优秀团员的活动。从团中央起，省、地、市、县各级和基层团委都要面向团支部，办好团支部。根据新的团章，在团内普遍进行一次关于团的性质任务和怎样做一个共青团员的教育，努力提高团员的政治质量，发挥团员的模范带头作用。

加强团的建设，一项迫切的任务是要慎重选拔、精心培养年轻干部，建设好团的干部队伍。这是一个战略性的问题。它不仅关系着当前团的工作的开展，而且团作为党的后备军，也将对今后党的干部队伍的素质发生影响。首先要配齐，并做到相对稳定。应根据无产阶级革命事业接班人的五项条件，把那些同林彪、“四人帮”作了英勇斗争和在三大革命运动中经受了锻炼的优秀、正派的先进分子，选拔到团的各级领导岗位上来。要办好团校、业余团校，搞好各种形式的传、帮、带，大力培训新干部。要教育团干部热爱团的工作，听从党的安排，做到安心、热心、专心，不怕“吃亏”，不计得失，不畏艰难，高度地发挥积极性、主动性和创造性，努力使自己成为青年工作的内行和专家。

从建团起，党中央就十分重视青年团的作风，特别是团干部的思想作风。敬爱的周总理谆谆教导我们：青年团应该树立一个好的工作作风、工作方法，使我们工作中所需要的干部经过团的教育后，都能养成一种很好的作风。在党的培养下，我们共青团继承党的传统，形成了“朝气蓬勃，实事求是”的优良作风。团的干部和共青团员一定要按照这八个字的要求，加强思想作风的锻炼。努力做到：敢于实事求是，不弄虚作假，不见风使舵，做一个光明正大的老实人；坚持又红又专，不讲空话大话，多搞真才实学，做一个孜孜不倦，勤奋好学的人；振奋革命精神，脚踏实地，永不自满，做一个朝气蓬勃，勇于创新的人；密切联系群众，严于律己，宽以待人，对敌狠，对己和，做一个坚持革命团结的带头人。

共青团是党的忠实助手。历史经验反复证明：党的绝对领导是共青团的生命线。教育青年跟着党走，使整个青年一代都紧紧地团结在党的周围，是共青团的根本职责。这个道理我们的老团干部应该重温，新团干部应该牢记。各级团委都要极大地增强党的观念，从政治上、组织上、工作上保证党对共青团的领导。

同志们！党中央决定，我国少年儿童组织恢复中国少年先锋队的名称。恢复名称，就是恢复从儿童团到少先队的一整套革命传统，就是宣告“四人帮”摧残少先队阴谋的彻底破产。根据党的委托，共青团要切实加强对少先队的领导。我们的传统是：全团带队。每一个团的干部，每一个共青团员都要热忱关怀少年儿童，努力成为少先队员的表率。要配备和建设好辅导员队伍。广大辅导员和少年儿童工作者为培养革命后代付出了艰辛的劳动，我们向他们表示感谢和慰问。我们热望和期待社会各方面都来关心“祖国的花朵”，为新一代的健康成长创造最好的条件。

四、团结起来为人类的进步事业而斗争

共青团九大以来的10多年中，国际形势发生了很大变化。一方面，国家要独立、民族要解放、人民要革命的历史潮流势不可当，革命因素在不断增长。另一方面，苏美两个超级大国争夺世界霸权愈演愈烈，闹得世界很不安宁，特别是苏联打着“社会主义”和“支持革命”的旗号，到处渗透、颠覆、侵略、扩张，成为世界战争最危险的策源地，战争因素正在明显增长。因此，团结起来，巩固和扩大国际反霸统一战线，反对苏美两霸，特别反对苏联社会帝国主义的侵略政策和战争政策，维护世界和平，推迟世界战争的爆发，已成为各国人民和青年共同的斗争任务。

我国人民实现四个现代化的历史任务，需要一个和平的国际环境，世界和平也需要强大的社会主义中国。许多国家的人民和青年都希望中国迅速强盛起来，为反对社会帝国主义和帝国主义的侵略，为支持各国被压迫民族和被压迫人民的正义斗争，作出更多的贡献。中国革命事业从来是世界革命事业的一部分。中国人民的利益同世界各国被压迫民族和被压迫人民的利益是一致的。我们中国青年的心同各国青年的心是连接在一起的。

我国青年要牢记毛主席和周总理的教导，永远高举无产阶级国际主义的旗帜，坚持三个世界划分的理论。我们坚决支持一切被压迫民族和被压迫人民的革命斗争。我们坚决支持第三世界的人民和青年反帝、反殖、反霸，争取民族独立、捍卫国家主权、发展民族经济和文化的斗争。我们坚决支持一切受苏美两霸侵略、干涉、控制、颠覆和欺侮的国家的人民和青年所进行的正义斗争。我们坚持同社会主义兄弟国家、第三世界国家的人民和青年团结在一起。在过去许多年中，我国青年在支援第三世界人民建设他们国家的斗争中，与当地人民和青年同甘共苦，并肩战斗，作出了自己力所能及的贡献。今后我们仍将一如既往，与各国人民和青年同呼吸，共命运。不论在团结战斗的道路上还会遇到怎样的风浪，都不能动摇我国青年高举无产阶级国际主义旗帜，都不能损伤我国青年同世界各国青年在反帝、反殖、反霸的共同战斗中结成的深厚友谊。

我们要广泛地同世界各国青年交朋友，促进世界青年的大团结。毛主席教导我们："每个民族都有它的长处"，"一切民族、一切国家的长处都要学，政治、经济、科学、技术、文学、艺术的一切真正好的东西都要学。"在同各国青年友好交往和文化交流中，我们要努力促进互相了解，虚心学习各国青年的长处。中国是一个社会主义大国，我们有义务对人类作出较大贡献，而任何时候都决不允许有丝毫大国沙文主义。我们过去不称霸，现在不称霸，将来实现了四个现代化，也永远不称霸。

人类社会是在大风大浪中前进的。我国青年满怀信心地展望未来。130年前，马克思和恩格斯发表了《共产党宣言》，从此社会主义从空想变成科学，为人类自觉地创造历史指明了道路。不到一个半世纪，世界已经发生了巨大的变化，无产阶级觉醒了，被压迫人民和被压迫民族觉醒了，整个世界都在觉醒。一个没有剥削、没有压迫、美好的新世界一定要到来。我们同全世界人民和青年永远团结在一起，战斗在一起，胜利在一起，勇敢地为人类的进步事业而奋斗。

同志们！我们的党总是把未来和青年联系在一起。伟大领袖和导师毛主席在展望"中国将要出现一个大跃进"时，满怀深情地对青年说："希望寄托在你们身上。"20年后开始新长征的时候，敬爱的叶副主席又以他"长征接力有来人"的豪迈诗句，表达了党和老一辈无产阶级革命家对青年一代的无限信任和期望。我们决不辜负党和老一辈的信任和期望。我们一定用实际行动来证明自己是党的忠实儿女，是当之无愧的伟大长征的接力人。让我们高举毛主席的伟大旗帜，跟着华主席，跟着党中央，向2000年，向祖国的未来，向光辉灿烂的共产主义明天，奋勇前进！

胡启立在中国共产主义青年团第十次全国代表大会上作关于修改团的章程的报告

同志们：

我们这次代表大会的重要议程之一，是修改团的章程。中国共产主义青年团第九次全国代表大会通过的团的章程是好的，基本原则是正确的。上次代表大会到现在已经14年了，经过无产阶级"文化大革命"运动，我们党取得了第九、第十、第十一次重大路线斗争的胜利，我国进入了新的发展时期。为了体现新时期党对共青团的要求，总结同林彪、"四人帮"斗争中团的建设的经验，反映广大共青团员和青年的愿望，对团的九大章程需要作适当的修改。提请大会讨论的团章修改草案，是广泛征求了团内外群众的意见，自下而上讨论修改拟定的。现在，我受共青团十大筹备委员会的委托，对团章修改草案做以下说明：

一、高举和捍卫毛主席的伟大旗帜是共青团的崇高职责

团章修改草案在总则部分庄严地写上了："中国共产主义青年团是伟大领袖和导师毛泽东主席亲自缔造和培育的。毛主席的革命路线始终指引着共青团胜利前进。永远高举和坚决捍卫毛主席的伟大旗帜，是共青团的崇高职责。"这是全团和全国各族青年的共同心愿。

伟大领袖和导师毛主席早在20年代初期，在创建中国共产党的同时，就创建了青年团。毛主席在领导中国革命的历程中，不断地为共青团指明方向，制定正确的路线和方针，使共青团始终沿着毛主席的革命路线胜利前进。在伟大领袖毛主席、敬爱的周总理、朱委员长和老一辈无产阶级革命家的关怀下，共青团在新民主主义革命和社会主义革命、社会主义建设中，团结教育全国各族青年，为党的事业作出了宝贵的贡献。共青团的全部历史证明：毛泽东思想是共青团的力量源泉；毛主席的旗帜，是我国青年运动胜利发展的根本保证。共青团必须教育全体团员和青年，努力学习毛主席的革命理论和革命实践，把毛主席的伟大旗帜当作革命的传家宝，世世代代传下去。

高举毛主席的伟大旗帜，必须坚持用毛泽东思想武装青年一代，帮助团员和青年完整地、准确地学习和掌握毛泽东思想体系。林彪、"四人帮"打着"高举"的旗号，采取实用主义的手法，断章取义，片言立论，任意歪曲、阉割、篡改毛泽东思想，颠倒敌我，混淆是非，造成思想上、理论上的极大混乱。我们要引导团员和青年认真看书学习，掌握马列主义、毛泽东思想的基本

原理,领会精神实质,发扬毛主席一贯倡导的理论联系实际的学风,坚持实践是检验真理的唯一标准,运用马列主义、毛泽东思想的立场、观点、方法去分析问题,认识问题,解决问题。

高举毛主席的伟大旗帜,就是要坚决执行毛主席的革命路线,贯彻执行毛主席关于青年和青年工作的指示。毛主席对于青年运动的方向,团的性质和任务,团的建设方针和原则,青年的特点和作用,培养教育青年的目标和方法等一系列问题,都作过极为重要的指示。全团同志,一定要努力学习和掌握毛主席的指示,在新的历史条件下,研究新问题,总结新经验,把团的工作提高到新的水平,使共青团真正成为在党领导下的我国青年运动的坚强核心。

高举毛主席的伟大旗帜,就要紧跟华主席进行新的长征。华主席一贯高举马克思列宁主义、毛泽东思想伟大旗帜,坚决执行毛主席的革命路线。华主席继承毛主席的遗志,率领全党一举粉碎"四人帮",挽救了革命,挽救了党,使我们党和国家避免了一次大倒退、大分裂。粉碎"四人帮"后,华主席为首的党中央提出了抓纲治国的战略决策,制定了新时期的总路线和总任务,使我国迅速出现了安定团结的政治局面和各项工作大干快上的跃进形势,全国亿万人民开始了浩浩荡荡的新长征。新的长征,有华主席为我们掌舵,是全国人民和青年最大的幸福。华主席十分重视和关怀共青团的建设,十分重视和关怀青年一代的成长。我们全团和全国青年要像热爱毛主席那样热爱华主席,紧跟华主席、党中央,坚决执行党的十一大路线和各项方针政策,为加速实现社会主义四个现代化,为把老一辈无产阶级革命家开创的革命事业进行到底而努力奋斗。

二、团结全国各族青年做新长征的英勇突击队

根据党的纲领和新时期总任务的要求,团章修改草案总则中明确规定:中国共产主义青年团"坚决执行中国共产党第十一次全国代表大会的路线,团结全国各族青年做新长征的英勇突击队,为在本世纪内把我国建设成为农业、工业、国防和科学技术现代化的社会主义强国,为在将来实现共产主义而奋斗"。

团结全国各族青年做新长征的英勇突击队,是历史赋予共青团的光荣使命。在今后的二十二年中,我国这一代青年,风华正茂,大有作为,是建设社会主义现代化强国的一支生力军。革命导师列宁说:"共产主义青年团应当是一支能够支援各种工作、处处都表现积极主动的突击队。"共青团要高举毛主席的伟大旗帜,坚持无产阶级专政下的继续革命,团结带领全国各族青年,树雄心,立壮志,刻苦学习,辛勤劳动,不怕困难,一往无前,在阶级斗争、生产斗争和科学实验三大革命运动中,发挥英勇突击队的作用。

团结全国各族青年做新长征的英勇突击队,必须组织青年搞好学习。团章修改草案总则关于团的基本任务中,要求"用马克思主义、列宁主义、毛泽东思想和现代科学文化知识武装青年"。在新的发展时期,学习是我国青年更加特别突出的任务。不仅要组织青年学好革命的理论,还要帮助青年掌握现代科学文化知识。四个现代化,关键是科学技术的现代化。华主席已经向全党全国人民发出伟大号召:"一定要极大地提高整个中华民族的科学文化水平。"实现四个现代化,赶超世界先进水平,从某种意义上讲,要看我们这一代青年学习和掌握现代科学文化怎样,向科学技术现代化进军的成果如何。我们要求青年既有坚定正确的政治方向,又能够熟练地掌握先进科学文化和现代生产技能,成为又红又专的新一代。

团结全国各族青年做新长征的英勇突击队,就要把各族、各界青年和一切爱国的、赞成、拥护和参加社会主义建设事业的青年,都团结起来,充分调动一切积极因素,为建设社会主义服务。为此,我们必须认真贯彻执行党的各项无产阶级政策。对剥削阶级家庭出身和父母有严重问题的青年,一定要按照党的"重在政治表现"的政策办事。对少数受"四人帮"毒害、犯有错误的青年,要作历史的具体的分析,他们当中绝大多数是受骗上当的好人,对他们要坚持团结教育,帮助他们分清是非,提高认识,鼓励他们不断进步。

团结全国各族青年做新长征的英勇突击队,应该切实做好思想政治工作。实现社会主义四个现代化,需要青年思想革命化。团章修改草案总则中强调,"把动员青年实现新时期的总任务作为思想政治工作的中心内容,坚持兴无产阶级思想、灭资产阶级思想的方针,经常对青年进行阶级教育、理想教育、传统教育和品德教育,帮助他们逐步树立无产阶级世界观"。在青年中培养共产主义情操、风格和革命英雄主义的气概,树立一代新风,造就革命新人,使他们自觉地为实现新时期的总任务而奋斗。

三、按照民主集中制原则健全团的生活

民主集中制是我们党和国家政治生活的根本制度,是共青团的根本组织原则。这些年来,由于林彪、"四人帮"的破坏,民主集中制在我们团内没有得到很好的实行。一些地方团的领导机构不能按照民主集中制的原则行使自己的职权,不少团的干部和团员不懂得实行民主集中制的重要性,不懂得民主和集中的正确关系,不懂得共青团实行民主集中制的基本内容。团章修改草案除保留团的九大章程中有关民主集中制的各项具体规定以外,强调了共青团要充分发扬民主,反对任何压制民主的行为,反对无政府主义,在团内要

努力造成一个又有集中又有民主，又有纪律又有自由，又有统一意志、又有个人心情舒畅、生动活泼的政治局面。

发扬团内民主，最主要的就是要让团员讲话，让他们充分地发表自己的意见。团章修改草案总则中，写上了要“实行‘知无不言，言无不尽’，‘言者无罪，闻者足戒’的原则”。我们要充分尊重和切实保障团员的民主权利。团章规定的团员六条权利，必须认真贯彻执行。在团的会议和团的报刊上，团员可以对国家大事，对团的工作，充分地进行讨论。要允许团员在执行团的决议、遵守团的纪律的前提下，保留和向团的领导机关申诉自己的意见。要鼓励团员对团的干部和团的领导机关提出意见或批评。鼓励他们发扬敢想、敢说、敢做的革命精神，坚决同违背党的路线、方针、政策和违法乱纪等一切不良倾向作斗争。要反对任何压制批评和打击报复的行为。不能把如实反映工作中的缺点错误，看成是否定成绩；不能把对干部的批评，看成是攻击、反对领导；不能把越级申诉意见，看成是无组织无纪律；不能把思想认识问题，看成是政治问题；不能混淆人民内部矛盾和敌我矛盾。对在林彪、“四人帮”反革命修正主义路线的影响下，团纪处理中的错案、假案、冤案，必须一件一件地认真复查，实事求是地予以平反、昭雪。

要造成团内的生动活泼的政治局面，各级团的干部、特别是领导干部，要模范地执行民主集中制，养成按照民主集中制办事的习惯。团的各级委员会和常委会要发挥集体领导作用，对团内重大问题，要经过集体讨论，作出决定。不能搞“一言堂”，个人说了算。这是团的干部少犯错误、不犯错误的重要组织保证。团的各级组织要切实按照团章规定，按时召开团员大会或团员代表大会，民主选举团的各级领导机构，报告工作，听取意见和批评，接受监督；认真处理下级组织和团员的意见。

我们要有广泛的民主，又要有高度的集中。实行在民主基础上的集中，在集中指导下的民主。林彪、“四人帮”打着大民主的旗号，煽动无政府主义反动思潮，破坏集中统一领导和革命的组织纪律。在林彪、“四人帮”的毒害下，一些共青团员以为团的任务可以不完成，团的活动可以不参加，团的纪律可以不遵守，这是十分错误的。团章修改草案总则中规定：“要教育团员和团的干部自觉地遵守团的纪律，执行团的决议，经常开展批评和自我批评，反对无政府主义。”团的干部和团员要养成自觉地遵守团的纪律、执行团的决议的好风气。团组织的决议一经作出，每个团员必须坚决贯彻执行，不能满意的就执行，不满意的就不执行，更不得背着组织另搞一套。必须保持团在政治上、思想上、组织上的一致性。

四、继承和发扬党的优良传统和作风

学习、继承和发扬党的优良传统和作风，对培养无产阶级革命事业接班人和树立新的风尚有着深远的意义，是无产阶级专政下团的建设的一个重要问题。团章修改草案总则中增写了要“继承和发扬群众路线、实事求是、批评和自我批评、艰苦奋斗的优良传统和作风”，对团的干部如何发扬党的优良传统和作风提出了新的要求。

在长期的革命斗争中，我们党形成了一整套无产阶级的优良传统和作风。这就是群众路线、实事求是的优良传统，理论联系实际、密切联系群众、批评和自我批评、艰苦奋斗的作风。这些优良传统和作风是革命前辈用生命和鲜血换来的极其宝贵的精神财富，是革命和建设事业的无价之宝。“四人帮”出于篡党夺权的罪恶目的，疯狂地反对我们宣传、学习党的优良传统和作风，胡说革命传统“过时”了，讲传统是复旧，是替走资派评功摆好。这是对党的优良传统和作风的践踏，是对我们党的老干部的诬蔑。由于“四人帮”修正主义路线的影响，在团内一些同志中存在着搞形式主义，不求实效；讲大话说空话，不扎扎实实工作；不注重调查研究，凭主观想象办事等不良风气。我们要深入批判“四人帮”，肃清其流毒。要教育团员和青年学习老一辈无产阶级革命家的光辉业绩和崇高品质，把党的优良传统和作风接过来，学到手，使它代代相传，发扬光大。

继承和发扬党的优良传统和作风，根本之点就是要坚持实事求是。我们要大兴调查研究之风，从实际出发，分析新情况，解决新问题。在工作中既要有革命干劲，又要有科学态度；既要轰轰烈烈，又要扎扎实实。团的干部和共青团员都要做老实人，说老实话，办老实事。

继承和发扬党的优良传统和作风，必须坚持群众路线，密切联系群众。团章修改草案要求：“团的干部要经常深入群众，调查研究，参加劳动，关心青年的切身利益，如实反映青年的意见，做青年的表率和知心朋友。”团的干部是团员、青年的表率和带头人，他们的思想和作风的好坏，直接影响着团员和青年，直接关系到团的工作。团的干部一定要以身作则，带动全团树立好的风气。团的干部要以普通劳动者的身份出现在青年群众之中，不能高踞于群众之上；要甘当群众的小学生，虚心向青年学习；要关心青年，爱护青年，了解青年，帮助青年解决实际问题；要用自己的模范行动，去带动青年共同进步。

五、共青团必须接受党的绝对领导

共青团的历史经验，特别是第十、第十一次路线斗争的经验，充分证明共青团接受党的绝对领导的极端重要性。团章修改草案明确写上了“中国共产主义青年团必须接受中国共产党的绝对领导”。

中国共产党是全中国人民的领导核心，党的绝对领导是共青团的生命线。林彪、“四人帮”出于篡党夺权的需要，诬蔑共青团服从党的领导是“驯服工具”，鼓吹“踢开党委闹革命”，煽动团的组织同党委“对着干”，妄图把共青团这个党的助手变成党的对手、“四人帮”的打手。对这股反动逆流，许多团干部、团员和青年进行了英勇的斗争，捍卫了党的领导。也有的团干部和团员受了林彪、“四人帮”的毒害，在这个问题上犯了错误，应该很好总结经验，吸取教训。

我们要在团内普遍进行增强党的观念的教育。全团要坚决服从以华主席为首的党中央的领导，要把维护党的绝对领导作为自己的神圣职责。在政治上要坚定不移地执行党的纲领、党的十一大路线和党的方针政策；在思想上要以马克思列宁主义、毛泽东思想为指导思想；在组织上要维护党的集中统一领导；在工作上要围绕加快实现四个现代化这个全党全民的总任务，照顾青年特点，积极开展团的独立活动。

强调党对团的绝对领导，不是削弱、更不是取消团的系统领导。党之所以需要共青团这个组织，是因为要通过共青团去团结教育青年并带领他们为实现党的任务而斗争。因此，共青团配合党的中心工作，开展独立活动，必须要有团组织的系统领导。保证党的绝对领导同加强团的系统领导，是统一的，不是矛盾的。1953 年党中央关于加强党对青年团的领导给各级党委的指示中指出：“团的这种系统工作与组织独立性的加强并不会削弱党的统一领导，恰恰相反，正因为充分发挥团的组织作用，便能够更广泛地联系青年群众，便能够更加发挥团作为党的助手的作用。”当前有的地方团的系统领导处于“上下断线”、“团不管团”的状态，这同共青团在新时期担负的任务很不适应，各级团委要在党委的领导下，建立和健全团的系统领导，生气勃勃地开展团的工作。

六、搞好团的组织建设，提高团的战斗力

团章修改草案关于团员、团的基层组织部分，在保留团的九大章程规定的基础上，对团员的义务和团的基层组织的任务做了必要的修改和补充，对团员和团的基层组织提出了新的更高的要求。考虑到入学年龄提前和青少年发育成长的情况，团章修改草案规定入团年龄从 14 周岁到 25 周岁。为了保证团员的质量，团章修改草案还规定，申请入团的青年要有团员二人介绍，并规定入团的青年从批准之日起，方能取得团籍。

发挥共青团员的模范作用和团组织团结教育青年的核心作用，是搞好团的组织建设，提高团的战斗力的两个重要方面。现在全国 4800 万团员，几乎全部是“文化大革命”以来入团的。他们在阶级斗争、路线斗争中受到了深刻的教育和锻炼，绝大多数是好的和比较好的。全国 200 多万个团支部，在无产阶级“文化大革命”中，经受了严峻的考验和锻炼。林彪、“四人帮”妄图摧垮共青团，他们的阴谋没有得逞。但是，团组织建设受到的内伤，不能低估。由于林彪、“四人帮”对共青团的严重摧残，使部分团的基层组织不健全，基层领导形不成核心，组织比较松散，一些团员的质量降低，模范作用不显著，削弱了团的战斗力。因此，切实搞好团的组织整顿和建设，加强对团员的思想政治教育，发挥团员和团组织的作用，是当前迫切需要解决的重要问题。

提高团员的质量，发挥共青团员的模范作用，就要对广大团员进行怎样做一个共青团员的教育，使每个共青团员都明了团的性质和任务，团员的义务和权利，团的组织原则和组织纪律，以及怎样做一个名副其实的共青团员。要使团员认识到，自己是青年群众中的先进分子，是先进青年组织中的一名光荣的革命战士。过去许多革命前辈和广大共青团员，在团组织中度过了光辉的青春年代，为革命作出了出色的贡献，有的用生命和鲜血证明了自己无愧于共青团员的光荣称号。今天，在新的发展时期中，每个共青团员应该怎样以自己的实际行动，做一个名副其实的共青团员呢？按照团章修改草案关于团员义务的规定，要求共青团员要有坚定正确的政治方向，有崇高的共产主义理想，有为人民利益、为革命事业献身的精神；要勤奋学习，刻苦钻研，虚心求教，勇于攀登科学技术高峰；要踏踏实实，苦干巧干，敢于创新，模范地完成任务；要爱憎分明，立场坚定，英勇对敌，坚决与坏人坏事作斗争；要关心群众，助人为乐，团结青年，共同进步；要严于律己，言行一致，谦虚谨慎，按照无产阶级革命事业接班人的条件锻炼成长。

搞好团的组织建设，提高团的战斗力，要在党委的统一领导下，结合整党整风，有计划有步骤地对团的基层组织进行整顿，切实解决由于林彪、“四人帮”破坏而造成的思想不纯、组织不纯和作风不纯的问题。要发动广大团员深入批判林彪、“四人帮”摧残共青团、毒害青少年的罪行，抓住关于党的领导、红与专、民主和集中、自由和纪律等问题，从理论上、思想上、路线上分清是非，弄清楚什么是毛主席的革命路线，什么是修正主义路线，拨乱反正，肃清流毒。要按照团章修改草案规定的团的基层组织的任务，建立和健全基层组织的经常工作。多年来，我们在团的基层组织内形成了一套工作内容和工作制度，如定期召开团员大会、团支

委会、团小组会和上团课的制度，团内民主生活制度，对团员的表扬批评制度，团员联系群众制度以及经常做好吸收新团员的工作，办好学习宣传和文娱体育活动阵地等等，我们都要逐步地在所有的团的基层组织中恢复和实行起来。

加强团的领导班子的整顿和建设，是搞好团的建设的关键。团的各级领导班子应当按照要搞马克思主义不要搞修正主义，要团结不要分裂，要光明正大不要搞阴谋诡计的三项基本原则，搞好整顿和建设，真正形成能够坚决地正确地贯彻执行党的路线，密切联系群众，带领青年团结战斗的领导核心。各级团委要建立和健全各个工作部门，经常开展工作，加强上下联系，发挥团的组织作用；要面向基层，深入群众，调查研究，抓好典型，总结经验，表彰先进，树立旗帜；要尽快配好配齐团的干部，通过各种形式，加强对团的干部的训练。团的干部要热爱团的工作，熟悉团的业务，充分发挥积极性、主动性和创造性，努力把团的工作做好。

最后，讲一讲团旗、团徽问题。共青团的团旗和团徽，是分别在1950年和1959年，经过毛主席、党中央批准制发的。团旗、团徽曾激励我国千百万共青团员为建设和保卫社会主义祖国而英勇斗争，并以自己的实际行动和献身精神，维护共青团的荣誉。为了继承和发扬共青团的革命传统，鼓舞共青团员紧跟华主席进行新的长征，根据广大团员的要求，在团章修改草案中，增加了关于团旗、团徽一章。

同志们，我们这次代表大会讨论的和将要通过的新团章，是加强团的思想建设和组织建设的重要武器，是做好团的工作的准则。大会闭幕之后，全团要认真学习、积极宣传、严格遵守、坚决执行团的章程。我们一定要在华主席为首的党中央的领导下，按照新团章的要求，积极地扎扎实实地把共青团整顿好、建设好，使共青团组织更加巩固，更加朝气蓬勃，更富有战斗力，为完成新时期的总任务，把我国建设成为社会主义现代化强国，为在将来实现共产主义而英勇奋斗。

国务院副总理纪登奎在北京会见南斯拉夫塞尔维亚共和国宪章法院院长约万·卓尔杰维奇及秘书瓦西里·尼科里奇

全国人大常委会副委员长姬鹏飞在北京会见以费尔南多·普拉茨·帕拉苏埃洛为团长的西班牙同中国人民友好协会代表团

外交部部长黄华在北京与智利外长埃尔南·库维略斯·萨利亚托举行会谈

中国社科院经济研究所等单位在北京举办农业按劳分配问题讨论会

参加会议的有来自17个省、自治区、直辖市和中央有关部门的经济理论工作者和实际工作者。

到会同志着重探讨了农村人民公社的劳动报酬形式和当前贯彻按劳分配原则中存在的问题。

定额记分是按劳分配的较好形式

会议讨论了以下3个问题：

1. 关于农村人民公社劳动报酬形式。当前农村人民公社劳动报酬形式有以下几种：

一是死分死记，就是“人头工”。

二是底分活评。到会同志认为，这种形式只要评得好，能够体现按劳分配原则，但由于没有具体劳动定额，容易搞成死分死记。

三是大寨式记工法。有的同志认为，这种记工法简便易行，是农民自己教育自己、实现按劳分配的好形式。大多数同志反映，各地学习这种记工法的情况是，由于评分没有劳动数量、质量标准，干活无验收，难以掌握，往往评得不好，不是开成“吵架会”，就是开成“哑巴会”，结果还是一律按底分记分，实行平均主义的“大概工”，影响了社员的生产积极性。因此，许多采用这种记工法的社、队，由于实践证明行不通，都改变了做法。很多同志认为，学大寨要学习大寨的革命精神，不是照搬那些具体做法。对劳动计酬采取什么形式，各地应该根据自己的实际情况采取不同做法。

四是定额管理、定额记工法。大多数同志认为，这种计酬形式能够比较准确地反映劳动的数量和质量，并且把劳动和报酬直接联系起来，把个人利益、集体利益和国家利益统一起来，因而可以有效地调动广大社员的生产积极性，是当前农村人民公社贯彻按劳分配原则的较好形式。

2. 林彪、“四人帮”的流毒不可低估。许多同志指出，林彪、“四人帮”推行假左真右的反革命路线达十年之久，对他们散布的流毒和影响不可低估。如有的地区的一些社、队，最近实行“分组作业、定额记工”，事情刚刚开始，就有人出来反对；有的单位甚至下达文件“坚决反对定额记酬”，把完全正确的定额记工斥为“走回头路”。到会同志普遍认为，要贯彻按劳分配，就必须联系实际，深入批判林彪、“四人帮”假左真右的反革命路线，肃清其流毒和影响。

3. 当前农业分配中主要倾向是平均主义。到会同志认为，在农村人民公社集体经济中贯彻按劳分配原则，需要解决的问题是多方面的。只就生产队本身贯彻按劳分配的问题来说，平均主义是主要倾向。这与林彪、“四人帮”宣扬的“平均工分就是共产主义”，“平均主义多一点，共产主义因素就多一点”之类的谬论有直接关系,理论上的是非搞乱了,需要加以澄清。

来自群众的动力,主要靠按劳分配

会议期间,于光远同志提出,对某些概念必须要用严格、认真的态度和科学的方法进行历史的研究和分析,使这些概念成为经过分析研究的概念,而不是随便拿来的概念,这样才有利于得出科学的结论。比如,有人常问,农村中的按劳分配以外的这种分配形式、那种分配形式是不是共产主义因素?提出这样问题的人意思是说平均主义是共产主义高级阶段的因素。既然共产主义包括共产主义低级阶段和高级阶段,那么,共产主义低级阶段的公有制和按劳分配也可以说是共产主义因素。平均主义并不是什么共产主义因素,而且共产主义高级阶段的因素,是要在生产高度发展、产品很大丰富起来的基础上产生的。现在我们农村生产一般来说还很落后,产品也很缺乏,在这样的条件下是不可能产生共产主义高级阶段因素的。

又如,"工分挂帅"这个概念是在什么时候、谁提出来的,指的到底是什么?在我们的农村生活中什么时候有过这种现象?没有弄清楚就用这样的概念,就很容易造成思想上的混乱,对实践发生不好的影响。

再有,物质鼓励和物质刺激两个词,很多人想在二者之间划清界限,划来划去也划不清楚。这是为什么,应该认真想一想。

于光远同志认为,实现四个现代化,经营管理是个很大的问题。管理要靠科学,靠民主。科学就是按客观规律办事。民主就是不仅要有来自领导的动力,而且更要有来自群众的动力。没有这种自下而上的动力,实现四个现代化是不可能的。来自群众的动力,主要靠贯彻按劳分配。这是一条不以人们意志为转移的客观经济规律,不但为过去无数的实践证明,正在被今天的实践证明,而且还会被今后的实践所证明。

于光远同志说,人民公社经济按劳分配的主要原则是做好定额管理、评工记分,把定额管理和评工记分结合好。在如何贯彻按劳分配的做法方面,可以而且应该多交流经验,但应该尊重各个劳动集体的自主权,不求一律。

于光远同志还指出,要搞好管理,还必须贯彻物质利益原则,这是一个比按劳分配包括内容更为广泛的原则,让人们从物质利益上关心自己的劳动成果,把中央、地方、集体、个人之间从物质利益上联结起来,充分调动各方面的积极因素。这条原则过去不能讲,现在必须讲,而且要大讲,还要在实际工作中运用。我们不能用单纯的行政办法管理经济,必须按照客观经济规律办事。这与坚持政治挂帅是一点也不矛盾的。

为了实现四个现代化的艰巨任务,于光远同志说,我们必须坚持从实际出发,思想要解放一些,步伐才能更快一些,而不能从概念出发,把思想束缚在某些概念里,这样四个现代化是不可能实现的。

农业分配要研究集体所有制的特点

会上,薛暮桥同志首先对农业劳动报酬形式作了分析。他说,定额记分和评工记分是集体所有制的两种不同分配形式。曾经有人认为定额记分不是社会主义原则,这种看法是不对的。评工记分类似工业中的计时工资,定额记分类似计件工资。在许多工业部门中,由于机械化程度高,要更多地实行计时工资加奖励的制度。农业与工业不同,当前主要是手工操作,而且受自然条件影响大,劳动忙闲不等,这些特点决定定额记分要更广泛地实行。但有一些劳动不易搞定额,就要采用评工记分的形式。

薛暮桥同志说,研究农业中的分配问题,只讨论劳动报酬形式是不够的,还必须研究集体所有制和全民所有制的区别,这是比两种不同的报酬形式更为重要的问题。

薛暮桥同志认为,由于存在两种不同的社会主义公有制,因而也存在两种不同的分配制度。在集体所有制内部,全体劳动者共同占有生产资料,以劳动为分配的尺度。在各集体所有制单位之间,就不能以劳动为尺度,而是以产量为分配的尺度。各集体单位对生产资料的占有不同,自然条件不同,土地的多少、肥沃程度也不同,因而劳动生产率不同。同样多的劳动,可以得到不同的产量。国家对各集体经济单位实行等价交换,不是根据它们所提供的劳动多少进行分配,而是根据它们所提供的产品多少进行分配,因而造成各集体经济单位收入和劳动报酬上的差别。在全民所有制的某些领域中,也存在着由于生产条件不同,同样劳动得到不同的产量的情况,但实行国家统一工资,基本上不造成各企业之间劳动者分配水平的差别。薛暮桥同志说,在集体所有制之间存在收入上的差别比工农之间的差别和工人内部收入的差别要大得多。集体所有制经济单位要靠自己的积累才能扩大再生产,所以少数富裕地区农业发展很快,而多数贫穷地区则发展很慢,甚至没有什么发展。这就必然影响到整个农业的发展速度。薛暮桥同志认为,必须加强对这方面问题的研究,通过价格、税收等政策进行调整,使这些差别逐步缩小,使穷队的生产也能迅速发展起来。

薛暮桥同志指出,由于对集体所有制研究不够,许多人不认识集体所有制的特点,造成了严重的后果。合作化20多年来,国家对农业投资很多,农田基本建设规模也很大,机械化水平有很大提高,化肥、农药等大量增加,但农业生产却没有相应的发展,这就必须从生产关系方面找原因,这与一些人不认识集体所有制的特点有关。由于不认识集体所有制的特点,不尊重生产队的自主权,在农业生产上搞瞎指挥,打着“依靠群众”的旗号搞一平二调,加重农民负担等等,这都给农业生产造成极大的损失。

薛暮桥同志强调指出,为了把农业搞上去,要加强农业生产的物质基础,但更重要的是落实党的农村经济政策,必须认真贯彻等价交换和按劳分配政策,减轻农民负担,纠正干部的不正之风;同时贯彻“以粮为纲,全面发展”的方针,因地制宜地发展多种经营。此外,工农业产品价格的剪刀差问题也必须逐步解决。

赵树理骨灰安放仪式在北京八宝山革命公墓礼堂举行

赵树理同志遭受林彪、“四人帮”反动路线的残酷迫害,于1970年9月23日在山西太原不幸逝世,享年64岁。

赵树理同志1937年参加革命,同年加入中国共产党。在抗日战争和解放战争时期,他积极从事文学创作和党的文艺工作。全国解放以后,赵树理同志历任中国文联委员、中国曲艺工作者协会主席、中国作家协会理事等职。1964年,赵树理同志回山西工作,为便于进一步深入生活,曾兼任中共晋城县委副书记。赵树理同志是中国共产党八大代表,全国人民代表大会第一、第二、第三届大会的代表。

赵树理同志在国内外享有盛誉。毛主席《在延安文艺座谈会上的讲话》发表以后,他积极响应毛主席的号召,深入火热的斗争生活,先后创作了《小二黑结婚》《李有才板话》《李家庄的变迁》等优秀小说。新中国成立以后,赵树理同志又创作了《登记》《三里湾》《灵泉洞》《套不住的手》《锻炼、锻炼》等作品,还写了一些剧本和文艺理论文章。

10月18日

国务院副总理李先念在北京会见苏联新任驻中国大使伊利亚·谢尔盖耶维奇·谢尔巴科夫

全国人大常委会副委员长谭震林在北京会见以谷川八郎为团长的日本律师友好访华团

国务院副总理康世恩在北京会见以日本东京大学原子核研究所所长坂井光夫教授为团长的日本东京大学教授第二次友好访华团

国务院副总理谷牧在北京会见以阿根廷总统府国务秘书处全国新闻总局局长埃克托尔·德皮罗为团长的阿根廷记者代表团

全国人大常委会副委员长廖承志在北京会见马来西亚槟榔屿州首席部长林苍佑

国务院副总理耿飚在阿克拉的奥苏堡拜会加纳国家元首 最高军事委员会主席阿库福

我国科学工作者从宇宙线中观测到能量超过四百万亿电子伏特的粒子

《人民日报》报道:我国新建的世界上海拔最高的高山乳胶室,在观测研究宇宙线时,观察到了能量超过400万亿电子伏特的粒子事例,为研究超高能核作用提供了有用的资料。

在广阔无垠的宇宙空间,穿行着许多不同能量的粒子流,这种粒子流叫宇宙线。其中多数粒子在宇宙空间传播过程中衰变和消失,只有一小部分高能量粒子流到达地球上空并与高空大气相互作用,极小部分到达地球表面和深部。这中间的大量粒子是次级宇宙线。这些宇宙“来客”能量极大,我国这次观测到的超高能粒子事例,如果用加速器产生,要用相当于目前世界上最大加速器(五千亿电子伏特)的千倍以上的能量才能产生。由于这些超高能粒子数量极少,在通常情况下很难观测到。

1972年中国科学院高能物理研究所(当时是原子能研究所一部)云南宇宙线观测站发现了一个可能的重质量荷电粒子事例。1977年8月,高能物理研究所的科学工作者在西藏驻军和藏族同胞的帮助下,战胜高山缺氧等种种困难,在拉萨附近海拔5500米的甘巴拉山上,建造了目前世界上海拔最高的高山乳胶室(已公布的世界最高的宇宙线观测站为海拔5200米)。这次能量超过400万亿电子伏特的粒子事例,就是这个高山乳胶室观察到的。

乳胶室是由铅板和感光材料(如爱克斯光片、乳胶片)互相交替叠合而成,来自宇宙空间的高能和超高能粒子在与高空大气原子核或乳胶室的铅板相互作用后,在爱克斯光片或乳胶片上留下不同的痕迹。科学工作者经过测量分析,进一步对这些痕迹进行研究,就可以确定宇宙线的各种粒子的能量和方位等参量,从而探索超高能作用的规律。乳胶室的铅板越多、面积越大、位置越高,观测到超高能粒子的机会就越多。我国新建的这个高山乳胶室的规模为13吨铅板。最近从这个乳胶室取回的1300张爱克斯光片,经初步测量,找到了若干个超高能粒子事例,现正进一步测量分析,对超高能现象进行深入研究。

10月19日

《人民日报》发表董必武1957年3月18日在军事检察院检察长 军事法院院长会议上的讲话摘要并配发编者按

编者按：这是董必武同志在21年前关于法制建设的一篇重要讲话。董老在讲话中论述了国家、法制、法制的作用、依法办事等一系列问题，强调指出："国家没有法制，就不能成为一个国家"，"有法不依等于无法"，"要保护和发展生产力，就必须进一步健全人民民主法制"。这不仅对于我们深入批判林彪、"四人帮"践踏社会主义法制的反革命罪行，肃清其流毒和影响，是一个有力的思想武器，而且对于我们加深对华主席提出的"实现天下大治，必须进一步加强社会主义法制""干部要守法，群众要守法，人人都要守法"的理解；加深对新宪法有关人民法院的规定的理解，进一步搞好人民司法机关的思想、组织、业务建设，为实现新时期的总任务贡献力量，都具有重要的现实指导意义。

各位同志：

这次会开得很好，总结了1956年的工作。在过去的一年里，你们的工作是有成绩的，这些成绩应当巩固下来，并加以发扬。工作中间也有过一些缺点和错误，这些缺点和错误，有的已经改正，有的正在改正。经过这次会议以后，我们军队中的司法工作将会做得更好。

我们军队中的司法工作，不是现在才有的。从我们军队建立的时候起，军队中的司法工作也就开始有了萌芽。它是军队工作的一个组成部分，有助于军队纪律的巩固。没有它，军队的建设就是不完备的。

你们这次会，是在党的第八次全国代表大会以后召开的。党的第八次全国代表大会不仅总结了党的第七次全国代表大会以来，我们党领导人民民主革命斗争的经验；并且总结了全国解放以来，我们党在领导社会主义改造和社会主义建设的基本经验。这些经验，应用到军队司法工作方面来，有其特殊的意义。

对待我们过去所做的工作，要有历史的观点，要从解放生产力的观点来看我们过去所做的工作。过去我们为了解放生产力，就要搞群众运动。群众运动是什么性质的呢？群众运动是一种风暴式的革命运动，它主要是依靠群众的直接行动，而不依靠法律。过去土改、镇反、三反、五反，都是依靠群众运动，不是先有了法律才搞起来的。我们的法律是从群众运动中产生的，例如土地改革法、惩治反革命条例、惩治贪污条例，都是在群众运动中总结了群众斗争的经验才制定出来的。当时党估计到不这样搞，就不能解放全国的生产力。土地改革如果不是从上而下、从下而上的开展群众运动，彻底推翻地主阶级的统治，农民的生产力就无法解放。镇压反革命也是这样。在解放初期，有些地方反动势力仍然很大。像北京天桥地方有4个大恶霸，号称"四霸天"，实际上统治着那一带的人民，老百姓有事情，得先向他们打个招呼，他们说动，老百姓才敢动；他们说不动，老百姓就不敢动，一切事情全听他们摆布。那时有些地方的工厂里面，还有封建把头在剥削压迫工人。对这些反动势力，如果不发动群众起来把它们扫荡掉，那么生产力就无法解放。当时老百姓有句话："解放只翻了一半身，镇反才真正翻了身了。"在老百姓头上压着的反动势力还很大的时候，不搞群众运动是不行的。

过去依靠群众运动把这些妨碍生产力发展的障碍扫除了。在当时历史条件下，搞群众运动是完全必要的，现在情况变了，国家的任务已经由解放生产力变为发展和保护生产力。我们要保护群众运动的果实，要保护和发展生产力，就必须进一步健全人民民主法制，这在"八大"的决议中已经明确地向我们指出来了。我们国家在过去不是无法，开国之初有一个《共同纲领》，在1954年，又在《共同纲领》的基础上制定了《中华人民共和国宪法》，这是根本大法。另外还有一些法律。我们现在的法律是不是完备呢？应该说是不完备的。为什么我们还没有完备的法律呢？因为法律不可能一下子完备起来，只能随着革命事业的发展逐步完备起来。没有法律或法律不完备是不是就不能办事呢？当然不是这样，像我在上面说过的，过去我们依靠群众运动做了许多事情，取得很大的成绩。群众运动是个法宝，但不能老是搞运动。情况变了，我们的工作方法也要随之改变。

在近代国家里，只有国家立法机关有权制定法律，其他机关只可以发布决议、命令。从广义来说，法令、命令、决议也是法律一类的东西。另外，我们通常说依据党和国家的政策办事，这里所指的政策也起着法律的作用。我们已经有了宪法和其他一些法律，但是，有些必要的法律，如刑法、民法、刑诉、民诉等，现在还没有，要依靠我们在工作中创造和积累经验去制定。从历史上来看，任何法的制定，都是要经过相当长的时间的。我国保留下来的古代的成文法，较完备的首先要算唐律，叫永徽律，这个法律是经过唐朝高祖、太宗、高宗三个朝代历时三四十年的时间才制定出来的。

有人问，究竟什么叫做法制？现在世界上对于法制的定义，还没有统一的确切的解释。我们望文思义，国家的法律和制度，就是法制。什么叫制度，制度就是在一个国家里面，包括社会的组织，大家都要遵守一定的秩序。制度有的是成文的，有的是不成文的。譬如我们军队，从红军、八路军到现在的人民解放军，都规定有一定的制度，否则就成为乌合之众，无法打仗了。中国共产党的党纲党章，也就是党的活动的准则和制度。法制这个东西，是人制定的，不是天生的。你们看，宪法不是我们制定的吗？国家是统治阶级的工具，法是统治阶级的意志。现在中国是人民占统治地位，对帝国主义分子、封建地主、官僚资本家实行专政。过去是他们统治人民，人民受他们的压迫剥削。他们的法律，都是不利于人民的。我们是以工人阶级为领导、工农联盟为基础组成的国家。我们的意志，就是工人阶级为领导、工农联盟为基础，团结一切赞成、拥护社会主义的阶级、阶层和其他爱国民主人士，来建设社会主义。这在我们的宪法中大家都可以看到的。

我们的法制体现了我们国家最大多数人的意志。法制有什么作用？没有它行不行？上面说过没有它是不行的。人类从进入文明社会以后，说到文明，法制要算一项。简单地说，国家没有法制，就不能成为一个国家。法制不一定要有成文，无成文法也可以。有些国家到现在还没有成文宪法，但不是没有法制。成文法更完备，是不是说明那个国家的文明就高一点呢！这倒不一定。在存在剥削阶级的国家里，文明这个字要加上一个括号，在那里只有少数剥削阶级压迫剥削大多数人民的"文明"。

我在党的第八次全国代表大会的发言中提到，目前我们法律工作方面的问题，一个是法律不完备，一个是有法不遵守。这两者哪一种现象较严重呢？应当说有法不守的现象比较严重。为什么说有了法就要守呢？我上面说过，法是统治阶级的意志，我们立法是表达了我们的意志。我们自己制定的法律，自己不守，怎么叫别人守呢？现在不守法、不依法办事的是社会上一般公民多呢？还是国家机关干部多？我看是机关干部较多。在国家机关工作的人如果不守法，问题就更加严重。有法不依，法就是空的东西，起不了作用。中国历史上有个"商鞅变法"的故事，他从卫国到了秦国，在都城的南门口放了一根三丈长的木杆子，说谁如果把这木杆子从南门移到北门去，就赏以十两金子。人们听了很奇怪，不知他是什么意思，不敢去移动。他又说，谁能移去，就赏50两金子。后来果真有一个人把木杆子从南门移到北门去了，他真的赏了五十两金子。这个故事说明什么呢？他的意思表示说了就算数，赏罚严明。有了法，要防止教条主义。有了法，如果不去了解法律条文的精神实质，在处理案件的时候又不去深入地研究案件的具体情况，只是机械地搬用条文，就会犯教条主义，所以思想上要注意这一点。在依法办事的时候，还要注意防止形式主义。司法活动要具备一定的形式。世界上任何实质的东西，没有不以一定的形式表现出来的。大至山和海，山有山的形式，海有海的形式；小至原子、电子，都有它一定的形式。形式主义与形式是两回事，所谓形式主义，就是不问实质，只讲形式，不管条件如何，硬要来搬弄一套形式。官僚主义者也会把依法办事当成挡箭牌，借口说这也不合法，那也不合法，不给老百姓真正解决问题。依法办事有许多好处，但是，如果思想不对头，做得不得法，也可能犯教条主义、形式主义、官僚主义的错误，这是值得引起我们注意的。

上面是讲的国家、法制、法制的作用、依法办事等等。现在来讲讲人民解放军的法制问题。

过去在军队中没有单独设立惩罚机关，现在部队正规化了，如果不按照法制的要求单独建立惩罚机关就不行了。因此，部队里要设置军事法院，它的作用在于巩固人民解放军。当然，要使我们的部队更加巩固，主要是依靠政治工作的说服教育和全体指战员政治觉悟程度的提高，但有了惩罚机关，效果会更好。几百万人的部队，不发生问题是不可能的。发生了问题，如果没有惩罚机关来处理，也是不行的，因为有些问题是不能单靠说服教育来解决的。要巩固人民的武装力量，就要巩固纪律，巩固已经公布的一些条例、决议、法令，保证它们的贯彻执行。有了法律，没有惩罚机关，法律的保证执行是不能设想的。

为了巩固人民解放军的纪律，军事审判机关也是要按照宪法和人民法院组织法的规定进行审判活动。法院是唯一的审判机关，别的机关不能审判。为什么呢？因为国家的审判权没给他们，只给了法院。有审判权的机关是特定的机关，国家任命一些人代表国家进行审判。别的机关不能作判决，因之法院和别的机关处理问题不一样。法院主要的工作就是审判活动。

顺便讲一讲，许多法院工作人员还不十分了解审判工作的重要，也不了解法院工作主要是搞审判。我曾经对一些人讲过，法院主要是搞好审判。公开审判是审判活动的重心。什么叫公开审判呢？有人把公开审判理解为公审大会，公审大会是审判过程中可以采用的一种形式，但不是法定的形式。法律规定的形式是公开审判，开庭要公开，准许旁听，要传唤当事人到庭，事先要把案情通知当事人，让他准备公开的辩论。就刑事案件来说，被告人有的逮捕，有的不逮捕，先要经过预审。预审和公开开庭不同，预审不是公开审判。预审庭主要是解决犯罪事实是否已经弄清楚，证人提的证据是否充分，是否传唤证人到庭，等等。对于决定交付审判的案件，法院就要通知当事人，并在法院门前贴出公告，说明本院于某月某日审判某某一案，可以旁听。旁听不像看马戏一样，开庭有开庭的规矩，如果不经过一定的程序，就把案子判了，那么这个判决就是违法的。法院的工作是审判，而审判工作的重心就是公开审判。军事法院的案件与一般法院有所不同,它常常涉及国家机密,法律规定不公开审判的案件当然不公开,但依法应该公开审判的案件,必须公开审判。通过公开审判,可以进行法制宣传教育,使当事人知道犯了什么罪,为什么犯罪,使旁听的人深刻认识犯罪行为的危险性,从而警觉起来,预防犯罪。法院有责任教育人民遵守法律,这就要多做一些法制宣传工作,可以结合部队首长的讲话进行宣传教育工作。法制宣传工作要结合具体事例,就更生动,更富有教育意义。

有许多事情在平时可以处理得轻一些,而在战时就可能重一些。也有些事情在地方上可能处理得轻一些,在军队里就可能处理得重一些。因为有些犯罪在军队里危害更大。当然不是说任何犯罪在军队里都要从重处理。我不了解军法草案是否规定了这方面的东西。

在会议讨论中,大家普遍提到我们过去审判工作质量不高的问题。这个毛病,不仅在军事审判机关有,普通法院也同样存在。要提高审判工作质量,最主要的是提高审判人员的政治思想水平。审判工作质量不高,有好几方面的原因,政治方面、思想方面和业务方面,主要应该从政治和思想两方面来解决。当然这并不否认业务的重要性,但是业务再好,政治思想跟不上,业务也是提不高的。大家已经听到过毛主席在最高国务会议上的讲话,主要讲的是怎样正确处理人民内部矛盾的问题。毛主席教导我们,人民内部的矛盾和敌我矛盾,是性质完全不同的两种矛盾,处理这两种矛盾,要用不同的方法。过去,我们在肃反斗争中,个别搞错了的是有的,把人民内部矛盾当作敌我矛盾来处理,这就是政治思想不高的缘故。错案不能光按百分数计算,因为错案虽然只占法院全部案件的百分之几,但是对每一个被冤枉的当事人来说,则是百分之百的错了。

怎样提高我们的思想呢?这问题比较难说。毛主席在最高国务会议上有很要紧的几句话,值得我们很好的领会。他说:一切问题都要想到我们是一个六亿人口的大国,不要自己想什么样子就是什么样子,要想到六亿人中间有各式各样的想法,所以对事情不要凭自己主观猜想,认为大概是这个样子吧!必须把客观情况了解清楚,然后加以分析、研究。我们要学会用辩证唯物主义和历史唯物主义的观点和方法来分析问题。纵然是很复杂的问题,经过正确的分析,也总会分清敌我与是非关系的。对反革命要镇压,如果是人民内部的是非问题,就不能用这种办法。宪法上规定着人民群众有集会游行的权利。工厂罢工、学生罢课当然不好。所谓大民主,在对官僚主义者讲道理讲不通的时候,也只好用这种手段。这种事情是否都是反革命搞的呢?未必是。我们审判人员如果不加分析,简单地把游行示威的群众都当成反革命判罪,那就要犯错误。如果把军队开出去对付群众,要流血,自然不好,把群众押起来,也不好。我们应该首先检查自己身上的官僚主义。对人民群众的意见,要采取各种办法使他们能够表达出来,他们的意见有机会表达出来,还会示威游行吗?我们可以采取各种会议,征求大家的意见。总不要把自己的意见强加于人,不管怎样,总要给群众表达意见的机会。我们认真考虑群众的意见,那些做得通,那些做不通,做得到的事情就要做,做不到的事情要向群众说清楚,只要做到这一点,问题总是可以获得解决的。例如,去年正定地质学院的学生躺在铁道上,要乘火车来北京请愿。地质部派人去谈,开始时,学生不理,说:“滚蛋!”地质部的同志说:“好!滚蛋就滚蛋。请你们把道理讲一讲,我听听总可以吧!”后来学生们把话讲了,说待遇不好,生活不好,请教授请不到。地质部的同志把情况和困难说清楚以后,学生明白了道理,就散了。所以对人民内部问题不能用高压手段。以上所说,都说明我们要从政治思想方面提高认识,对一切问题要仔细加以分析,才能正确地处理问题。

我们目前在业务方面的困难是没有现成的刑法、军法。但是,有了刑法、军法,是不是就不会犯错误了呢?大家可以看一看《长江日报》在本月十六日登载的一件事。婚姻法早已公布了,明文规定着女方怀孕期间,男方不得提出离婚,要在女方生小孩过了一年以后才能提出离婚。而《长江日报》登载的这件事,就是当事人的老婆生了小孩才三个月,民政部门就批准他离婚。所以,有法不依等于无法,有了法而不去了解,有什么用呢?刚才讲过,依法办事,如果思想不对头,可能导向教条主义,也可能犯形式主义或官僚主义。如果以为有了法就万事大吉,这种想法也是不对头的。我们审判案件必须从事实出发,不然,有了法也依然要犯错误。当然有了法更好些,更便利我们作为准绳。拿判刑的畸轻畸重来说,与我们没有刑法是有关系的,在这方面不能过多地责备同志们。但在同一个法院里,处理情节相似的两个案子,一个判十年,一个判三个月,这样畸轻畸重是不能一般地以没有法律根据来推脱的。总结审判经验是一项很好的方法,我们总结的审判经验可作为考虑问题的尺寸。所以,要提高审判质量,就要把总结审判经验和经常的业务学习重视起来。上述《长江日报》批评的那件事情,虽然是发生在民政部门,但是审判人员也要检查一下,有没有把书放在书架上,平时不用心学习,事到临头才去翻一下呢?我看是有的。对于已经公布的法律、法令、条例要很好地阅读,正确地应用。总之,提高审判质量,要从政治、思想、业务这三个方面努力。

审判工作不仅是惩罚,也有教育作用。审判工作人员要把法制宣传教育工作担负起来。要宣传教育别人,首先自己应该是遵守法纪的模范。党决定还要搞一次整风运动,这次不是急风暴雨,而是和风细雨。在我们目前的工作中,要反对主观主义、官僚主义、宗派主义,这对于我们审判工作来说也是如此。主观主义有两种:教条主义和经验主义。经验主义应该与经验区别开来,经验有成功的,有失败的,有好的,也有坏的。我们巩固好的经验,去掉坏的经验,这样就不是经验主义。有法可依,就要防止教条主义;无法可依,则要防止经验主义。官僚主义是目前我们国家机关工作中的一大障碍,不揭发官僚主义,群众是不会满意的。揭发官僚主义,我们国家是采取了不少措施的。如全国人民代表大会、地方各级人民代表大会的代表定期检查工作的制度,政治协商会议的活动等等,对于开展民主生活,克服官僚主义是有一定的作用。其他群众团体和机关的人员随时也都可以揭发官僚主义。宗派主义在司法工作中的反映,常常表现在办案中对被告人总要差一点。至少认为"你是被告,怎能无罪"。有的审判人员往往注意对被告不利的方面,不注意对被告人有利的方面,甚至删改供词。这种想法和做法都是不正确的,都会出错的。如果我们把这些错误的思想反掉了,我们的审判工作就能够大大提高一步。

惩罚机关在司法系统中还有公安机关(公安工作不完全是司法工作)。检察、法院、公安机关是分工负责,互相制约,共同对敌。检察院是监督机关,不管哪一机关犯了法,它都可以提出来。公安机关维持社会秩序,它特别注意同反革命作斗争。公安机关捕人,要经检察院批准,没经批准就逮捕人,是违法的。检察院本身没有判决权,人逮捕起来以后(有些轻微的刑事案件,也可以不捕人),就要侦查,如果认为应该判刑,就向法院起诉。判刑或不判刑是法院的职权。法院在审判过程中如果认为需要捕人时也可以捕人。法院审判不合法,检察院可以抗议;公安部门发现法院判错了,可以经过检察院来抗议。这叫做分工负责、互相制约。

关于院长、审判委员会、合议庭的相互关系。按照人民法院组织法,审判委员会的任务是总结审判经验,讨论重大的或者疑难的案件和其他有关审判工作的问题。审判委员会讨论重大、疑难的案件,从最高人民法院来看有两种情况:一种是由合议庭审查了案情,认为是重大、疑难的案件,经审判庭再经院长,提交审判委员会讨论;另一种是院长发现本院判决的案件在认定事实或适用法律上有错误,提交审判委员会讨论。究竟哪些人组成审判委员会呢?这在法律上没有规定。根据我们的经验,审判委员会由法院院长、副院长、庭长、副庭长和审判员等人组成。书记员不能成为审判委员会的成员。按照人民法院组织法的规定,检察长有权列席法院的审判委员会。

关于审判委员会与合议庭的关系,我们最近听到有的人说,审判委员会的决定,合议庭可以不执行。合议庭是审判庭下面的一个组织,它是以特定的案子临时组成的,而且合议庭的重大、疑难案件要经过审判庭提交院长,再由院长提交审判委员会的,所以,合议庭对抗审判委员会是不合理的。根据最高人民法院审判委员会的经验是这样的:承办案件的审判员可以参加审判委员会陈述意见,审判委员会有责任听取他们的意见。虽然承办审判员不一定是审判委员会的委员,但他有发言权,只是没有表决权。最高人民法院审判委员会开会的时候,一般不采取少数服从多数的表决方式,如果有了不同意见,我们是慎重的,让大家再考虑。当合议庭的审判员已经在审判委员会上陈述了自己的意见,审判委员会已经就某一案件或某一问题作出了决议,这时候合议庭就不能对抗审判委员会的决议。如果审判委员会讨论后,合议庭又发现了新问题,合议庭可以报告院长,院长再提交审判委员会讨论,而不是对抗审判委员会。合议庭认为不是重大、疑难的案件,可以不提交审判委员会,自己决定了也就算了,如果有错误,院长可以提出纠正。这个问题,大家应该有清楚的认识。

制约审判工作有几个方法:一是公开审判,辩护人出庭辩护,检察长出庭支持公诉;二是当事人对第一审判决不服提起上诉;三是检察长提起抗议;对于已经发生法律效力的判决,如果发现有错误,本法院院长、上级法院、检察院都有监督权;党委如果发现已经发生法律效力的判决确有错误,可以提交检察院或法院院长依法纠正。

关于处理申诉问题。处理申诉案件,是法院与群众密切联系的形式之一,是实行审判监督的重要方法之一,应该认真做好。现在你们有许多的申诉案件没有处理,希望你们领导上下个决心,想办法清理一下。首先要分类排队,分别轻重缓急处理,大概也不困难。不过要和同志们说清楚,原来判决错误的就要改,并且从中接受经验教训,来改进我们的工作,不要在这一问题上追究责任。对被告人是劳动人民的申诉要首先清理,对监管中的疾病老弱犯人也要尽快清理。有错误的就要改,该放的就要放,当然不能轻纵。这是一项很重要的工作,必须以既严肃又慎重的态度把它做好。

我今天讲的话,不是代表党来讲的。许多意见只是我个人的见解,提出来供同志们参考。

全国人大常委会委员长叶剑英 副委员长聂荣臻在北京会见全印柯棣华大夫纪念委员会主席巴苏医生

国务院副总理邓小平在北京会见智利外长埃尔南·库维略斯·萨利亚托

全国气象部门学大寨学大庆代表会议在人民大会堂闭幕

中共中央副主席、国务院副总理李先念在会上号召气象战线的工作人员，努力学习，提高气象科学技术水平，为实现四个现代化而奋斗。

这次会议是10月7日在天津市开幕的，是继1957年全国气象先进工作者代表会议之后的又一次规模盛大的群英会，也是向四个现代化进军的誓师会。出席会议的有各级气象部门，包括广大的气象台、站、哨和科研、院校、工厂等单位的代表，有各省、自治区、直辖市气象部门的领导成员和军队气象部门、民航、海洋、农垦、水产、盐业等有关部门的代表，还有特邀的著名气象学家、技术人员的代表，共计1300人。

中共中央政治局委员、国务院副总理纪登奎主持了闭幕式。中共中央政治局委员、国务院副总理陈永贵在闭幕式上讲了话。然后，中共中央副主席、国务院副总理李先念在会上作了指示。他勉励气象工作者说，气象是一门重要的科学。气象工作这条战线非常艰苦，你们作出了很好的成绩。因此，我想不论农业、工业、军事、航海业、捕捞业，所有各条战线都是感谢你们的，人民也是感谢你们的。

在闭幕式上，农林部部长杨立功和中央气象局主要负责人饶兴向红旗单位代表和个人标兵分别颁发了锦旗、奖状。这次受奖的是："县站预报的开路先锋"云南省镇雄县气象站、"风雪高原艰苦创业"的西藏自治区那曲地区气象台、"牧区学大寨的气象尖兵"内蒙古自治区镶黄旗气象站、"大搞业务基本建设，猛攻暴雨预报关"的江西省奉新县气象站、"为山区推广杂交水稻做贡献"的湖南省桂东县气象局、"依靠群众办气象，服务农业当闯将"的广西壮族自治区桂平县气象站等17个红旗单位和全国气象部门的老模范段春作、娜仁格日勒、后起之秀阿加尔汗等13个个人标兵。这次会议还表彰了118个先进单位和154个先进个人。

中共中央政治局委员、国务院副总理陈锡联，中共中央政治局候补委员、国务院副总理陈慕华，国务院副总理王震、谷牧也参加了闭幕式。参加闭幕式的还有国务院有关部、委、局和军队气象部门的负责人以及在京的气象工作者共3400多人。

中共中央副主席李先念在北京会见以几内亚民主党中央政治局委员司法部长迪亚内·兰萨纳为团长的几内亚民主党代表团

国务院副总理康世恩在北京会见挪威财政大臣佩尔·克莱佩一行

国务院副总理康世恩在北京会见由意大利工业联合会主席圭多·卡利率领的意大利工业联合会代表团

国务院副总理方毅在巴黎与法国总理雷蒙·巴尔举行会谈

国务院副总理耿飚在阿克拉与加纳最高军事委员会委员 空军司令乔治·亚奥·博阿基耶举行会谈

教育部 财政部 国家劳动总局联合发出通知提出高等学校教师兼课和编译教材应给予报酬

教育部、财政部、国家劳动总局，根据按劳分配的原则，制定了关于高等学校兼课教师应给予酬金、高等学校教师编译的教材出版后应发给稿酬的暂行规定，并且联合发了通知，要各地试行。

这个暂行规定提出，高等学校因教学工作需要，可以向其他学校或部门聘请兼课教师，并由聘请单位发给任用证书。高等学校教师(包括行政人员)在完成学校或单位规定的教学、科研等工作任务的前提下，到其他高等学校兼课，可根据助教、讲师、副教授、教授等兼课教师的不同情况和教学水平，按实际讲课时数计算，每课时付给一定的酬金。兼课教师的酬金，由聘请单位在"补助工资"项目内支付。其他部门工作人员到高等学校兼课，或是高等学校教师到其他学校或部门兼课，其兼课报酬可参照这个暂行规定执行。

高等学校聘请退职、退休教师来校教课或承担科研任务，与本单位教师承担同等工作量的，退休教师酬金可按退休前本人的标准工资补足其差额。退职教师酬金可参照教师兼课报酬标准发给。

兼课教师在本市内讲课，其交通费可按实由聘请单位报销。教师到外地兼课，除按规定发给兼课酬金外，其往返交通费、旅馆费，由聘请单位报销。

暂行规定还提出，其他各级各类学校聘请兼课教师的酬金，可按这一规定精神，由各省、自治区、直辖市有关部门制定具体办法实施。

关于稿酬问题，暂行规定提出，高等学校教师集体编译或通过单位统一组织编译的教材(包括参考书等)出版后，出版社应根据新闻出版稿酬及补贴办法，付给稿酬。暂时规定还对稿酬的分配办法提出了具体的处理意见。

10月20日

中共中央主席华国锋副主席叶剑英 邓小平 李先念 汪东兴在人民大会堂接见出席中国工会第九次全国代表大会 中国共产主义青年团第十次全国代表大会的代表

参加接见的党和国家其他领导人有韦国清、乌兰夫、纪登奎、苏振华、吴德、余秋里、张廷发、陈永贵、陈锡联、聂荣臻、倪志福、陈慕华、赛福鼎、王震、谷牧、康世恩。

同时被接见的还有全国各少数民族国庆参观团和在北京召开的其他一些会议的代表。

中共中央副主席邓小平由中共北京市委第一书记林乎加陪同视察北京前三门新建的公寓住宅楼

这批住宅楼共30栋，面积36.6万平方米，将于年内基本竣工。邓小平同志肯定了北京市为改善人民居住条件所作的努力，同时也对新住宅所存在的问题和缺陷提了意见。他说，要请一些会挑毛病的人来提提意见，研究一下怎样把住宅楼修建得更好些。

邓小平同志要求今后修建住宅楼时，设计要力求布局合理，增加使用面积，更多地考虑住户的方便，如尽可能安装一些淋浴设施等。还要注意内部装修的美观。要多采用新型轻质建筑材料，降低住房造价。

全国人大常委会副委员长谭震林在北京会见由菲律宾全国记者协会主席《每日快报》主编内亚尔·克鲁斯率领的菲律宾记者协会代表团

中国政府和法国政府关于科学技术交流补充项目议定书以及中国科学院和法国全国科研中心科学合作协议在巴黎签字

中国国家科委副主任赵东宛和法国总理府负责科研的国务秘书皮埃尔·埃格兰分别代表本国政府在议定书上签字。中国科学院副院长严济慈和法国全国科研中心总主任罗贝尔·夏巴尔分别代表中、法双方在协议上签字。

国务院副总理方毅及其随行人员，中国驻法国大使韩克华参加了签字仪式。

中国人民解放军军事法院正式恢复办公

中国人民解放军军事法院于10月20日正式恢复办公，中国人民解放军军事检察院也正在积极筹备恢复。根据《中华人民共和国宪法》有关规定，重新恢复被林彪、“四人帮”破坏了的军法、军检机构，是加强我军法制建设的重要组织措施，对于抓纲治军，实现新时期的总任务具有重要意义。

《中国青年》杂志社在北京举行《中国青年》创刊55周年纪念会

到会的同志热烈地赞扬复刊后的《中国青年》敢于说真话、讲真理的战斗风格。

到会的历史学家说，近代思想界最有影响的革命报刊，从毛泽东同志创办的《湘江评论》、恽代英同志创办的《中国青年》、周恩来同志创办的《新华日报》，和党中央在延安创办的《解放日报》，直到今天的《人民日报》，之所以办得好，得人心，一个共同的特点，就是这些报刊敢于触及广大群众最关心的问题，给予正确的阐述，而不是回避它。复刊后的第一期《中国青年》，270多万份，一下子被人们抢购一空，争相阅读，也是因为她具有上述这个特点，办得旗帜鲜明，尖锐泼辣，生动活泼。到会的同志认为这是一个良好的开端，希望《中国青年》保持和发扬前辈革命家办报刊的那种敢讲真话、坚持真理的革命精神，高举毛主席的伟大旗帜，勇敢地站在思想战线的前列。

《中国青年》诞生于1923年10月20日。在党的各个历史时期，她坚持宣传马列主义、毛泽东思想，对教育青年，培育党的革命干部，曾发挥了重要作用，是宣传战线上党的有力助手。

参加纪念会的有中共中央宣传部长张平化，中国社会科学院副院长于光远周扬、文化、教育、科学、理论、新闻、出版各界的负责人，以及中国青年杂志社历届负责人。

张平化同志在会上讲了话。他赞扬了《中国青年》的光荣革命传统和她的第一任主编恽代英同志的革命活动。他希望《中国青年》团结和教育广大青年，为实现新时期的总任务贡献自己的力量。

中国社会科学院副院长周扬也在会上讲了话。他说，林彪、“四人帮”对青年的毒害最主要的有两个方面：一是破坏了青年的革命理想；二是破坏了青年学习科学文化的热情。《中国青年》应当鼓舞教育青年，树立伟大的共产主义理想，完整地准确地学习和掌握毛泽东思想，鼓励青年学习文化和现代科学技术。

到会的一些同志在发言中还希望《中国青年》要代表广大青年说话，反映他们的问题和困难，支持他们革命的愿望和合理的要求。要鼓励青年人努力学习文化和科学技术，帮助他们更快地成长为又红又专的人才，要促使在我们的国家造就出二三十岁的著名的科学家；将来最有名望的科学家，应该都是在《中国青年》上首先见到他们的名字的。

一些发言的同志还说，《中国青年》还应当介绍当今世界青年运动的情况，特别是世界各国青年们在学习和掌握科学技术方面的成就，开阔青年的视野，促使他们赶超世界先进水平。

共青团十大主席团成员韩英、王照华、胡启立也参加了纪念会。

国际体操联合会恢复我国合法席位

国际体操联合会第五十六届代表大会在法国斯特拉斯堡举行。代表大会通过决议，恢复中华人民共和国体操协会在国际体操联合会中的合法席位，撤销对台湾体操协会的承认。

10月21日

《人民日报》转载《人民司法》1978年第1期刊登的最高人民法院院长江华在黑龙江辽宁安徽三省人民司法工作会议上的讲话(摘要)

我这次来参加你们省人民司法工作会议，主要是来向你们学习的。现在，我讲几个问题：

第一个问题，讲讲联系实际，深入揭批"四人帮"一伙，肃清流毒和影响的问题。

三省的各级人民法院的广大司法干警，在省委和各级党委的直接领导下，积极地投入了揭批"四人帮"的伟大斗争，提高了觉悟，解放了思想，心情舒畅，革命的积极性很高，工作很有成绩。你们的斗争取得了很大胜利，相信你们一定会把揭批"四人帮"的斗争进行到底，联系本省本部门本单位的实际，揭批林彪、"四人帮"一伙破坏司法工作的反革命罪行，肃清他们的流毒和影响。

粉碎了"四人帮"，第一次无产阶级"文化大革命"胜利结束了。我们国家进入了社会主义革命和社会主义建设的新的历史时期。党的十一大和五届人大规定了新时期的总任务，并且载入了我们的新宪法，用人人都必须遵守的法律形式肯定下来。这个总任务就是：坚持无产阶级专政下的继续革命，开展阶级斗争、生产斗争和科学实验三大革命运动，在本世纪内把我国建设成为农业、工业、国防和科学技术现代化的伟大的社会主义强国。这是我国各族人民共同奋斗的宏伟目标，当然也是我们广大司法干警奋斗的宏伟目标。要完成新时期的总任务，实现四个现代化，不会没有斗争。帝修反和国内外的阶级敌人不来破坏那是不可能的，不能抱这种不切合实际的幻想，时时刻刻都要提高警惕，努力做好司法工作，为实现总任务，为实现四个现代化，为把我国建设成为现代化的社会主义强国服务。全体司法干警同志们，都必须记住这个宏伟目标。学习、贯彻、落实第八次全国人民司法工作会议的精神，不能离开这个总任务，不能离开这个宏伟目标。我们继续深揭狠批林彪、"四人帮"一伙破坏人民司法工作的反革命罪行，落实党的各项具体政策，贯彻实施新宪法，加强社会主义法制，都是为了实现新时期的总任务，巩固无产阶级专政。同志们说，通过学习，认识提高了，路线是非明确了。这是事实。请同志们深入地想一想，这够不够呢？我认为这只是一个良好开端。提高了什么，明确了什么，不要含糊。什么问题比以前提高了，什么问题比以前明确了，要具体化，不然一遇到具体问题，路线是非又分不清了，又把这个宏伟目标忘记了。

要把我们做的每一项具体工作，比如落实政策，加强社会主义法制，保卫人民民主权利等等，同实现总任务联系起来。对这个问题要有个明确认识，不然，就是目光短浅，工作中就要出现盲目性。我们必须紧密联系本省本单位的实际，抓住危害最深、影响最大的问题，深入揭批林彪、"四人帮"一伙的罪行。从我们司法战线来看，林彪、"四人帮"的流毒和影响还远远没有肃清。中毒不知毒，知毒不消毒的各种情况都有，这就是同志们所讲的"内伤"。所以同志们不要把这个问题看得太简单了，觉得开这么一次会，发了文件，进行学习和讨论，路线是非就完全分清了，问题就没有了，其实，并不那么简单。当然，通过开会，学习文件，路线觉悟是提高了，路线是非基本上分清了。但是，还得看你在社会实践中，实际工作中，处理具体案件中，是否真的分清了。有的同志一遇到具体问题他就分不清了，还把错误的东西当作正确的东西。同志们，我们有没有这种情况呢？有没有把在"四人帮"及其代理人影响下搞的东西、做的错事情还当作成绩呢！还认为是对的呢！对那些错误的东西要进行彻底批判。只有这样，才能在实际工作中分清路线是非。我们对林彪、"四人帮"一伙在司法战线上的流毒决不能低估，对肃清流毒的艰巨性决不能低估。

我找了一些中级法院和县、区法院的同志座谈，同志们都讲到心有余悸的问题，你们叫作"余悸病"。大家说这个病不好治。我说不好治是一个方面，也有好治的一面，要讲点辩证法。你怕这怕那，怕右不怕"左"，怕反复，不怕把党的原则丢掉。怕反复，实质上是怕"四人帮"再回来，对争取揭批"四人帮"斗争的全胜缺乏信心。有的人是怕丢乌纱帽。对有这种思想的人，要帮助他，教育他，不帮助不行。别人帮助是必不可少的，但主要是靠自己的努力，只有通过本人的实践一步步来提高认识，性急也不行。光说不好治怎么办，还要讲好治的一面，不然就要悲观失望，束手无策了。好治，就是要联系实际，深揭狠批林彪、"四人帮"，肃清流毒。流毒不清，余悸难消；流毒肃清了，余悸就消了。不好治就是因为流毒还没有肃清,中毒不知毒,知毒不消毒。要联系实际,不联系实际解决不了。不联系你那个部门,是非界限就弄不清,不联系你那个单位的实际揭批,流毒便不会肃清,你那个"余悸病"也不会消,也治不好。安徽是有"土特产"的,其他地方也有。不批这个"土特产",你那个"余悸病"也消除不了。联系实际,除了联系林彪、"四人帮"一伙破坏人民司法工作的共同东西以外,还要联系本地的"土特产",联系他们推行的那一套东西在你那个单位的具体表现和所造成的危害。不能空对空。当然也不是追究哪个同志的个人责任。

揭批"四人帮",必须联系批判林彪路线。林彪、"四人帮"是一伙,在路线上分两个时期,表现各有特点,不完全相同,但实质是一个东西。他们早就勾结在一起破坏"文化大革命","砸烂公检法",都打着极"左"招牌,戴着 革命的假面具,反对马列主义,反对毛泽东思想,反对无产阶级专政,篡党夺权。所以批判"四人帮"就要批判林彪路线,这是把揭批"四人帮"这场伟大斗争进行到底的一个重大步骤,是顺理成章的事。有人说联系批林是算历史旧账。"四人帮"不叫批林,说批林就是批了"左"派,压了群众,就是算旧账。这是包庇他。我们不能在群众中算这一派那一派的帐。对林彪推行反革命修正主义路线这笔账一定要算。不然的话,批"四人帮"就批不透,在许多原则问题上就分不清路线是非。不这样,要取得揭批"四人帮"第三战役的全胜,那是一句空话。

第二个问题,关于复查冤错案件,落实党的政策的问题。

认真处理冤错案件,把落实党的政策的工作搞好,是各级人民法院的一项重要任务,在当前尤其重要。华主席为首的党中央提出了抓纲治国的战略决策,五届人大规定了新的历史时期的总任务。我们人民法院怎样为大治天下,实现新时期的总任务贡献力量?你怎么执行十一大路线呢?怎么行使好新宪法规定的国家的审判权,把案件办好?其中一个重要方面是抓紧冤错案件的复查工作,迅速落实党的政策。我们遵照华主席、党中央的指示,平反纠正了一些因反对林彪、"四人帮"而被迫害的重大冤错案件。但是,打倒"四人帮"近两年了,还有一些地区许多冤案还得不到昭雪,错案得不到纠正,许多反对林彪、"四人帮"的革命干部和群众仍被关在监狱里,或仍在蒙受不白之冤,这是不能允许的。平反和纠正由于林彪、"四人帮"的干扰破坏造成的冤错案件是落实党的政策的一个重要方面。落实党的政策,平反冤错案件是一场斗争,并不是一帆风顺的,阻力相当大。有阻力就不落实了吗?有阻力要克服,扫除阻力,这也是人民法院和司法干部义不容辞的政治责任。到底有多少冤错案件,我们还没有准确的统计。但是可以肯定,数量是不少的。总的来说这项工作抓得不紧,魄力不大,或者说仅仅是开始。一切冤错案件都要抓紧处理。首先要抓大案、要案和影响大的典型案件(如广州市庄辛辛案件等等),以推动这项工作的开展。抓紧复查冤错案件是革命形势发展的需要,是实施新宪法,加强社会主义法制的需要,是建设四个现代化的社会主义强大国家的需要,是揭批林彪、"四人帮"斗争的需要。一句话,是党的工作的需要。各地人民法院都要像南京市中级人民法院那样,以对党对人民高度负责的态度,排除主观和客观上的种种阻力,解决人少事多等困难,彻底复查处理冤错案件。凡是搞错了的都要纠正。全错全平,部分错部分平,不错不平。错一件平一件,错十件就平十件。不能抓辫子、留尾巴,更不能明知错了,还以各种借口,故意不给平反。不平反,是继续侵犯公民权利的行为,是党纪国法所不允许的。反对和阻挠平反,实质上是站在"四人帮"的立场上,维护"四人帮"造成的恶果。对这种人要进行批评教育,坚持错误不改的,要严肃处理。有的地方,错案不纠正,冤案不平反,还不许人家上访告状,上告就加重处分。这是执法犯法,执迷不悟!毛主席讲过,"政策和策略是党的生命"。我们审理每一个案件都是执行政策,案子办对了就是执行政策和运用法律对了。我们常说的办案质量问题,什么质量呢?归根到底是个在实事求是地弄清事实的基础上,正确地执行政策和依法办事的问题。办错了案,就要纠正,不纠正是违法的。明知错了不纠正,那怎么行?复查处理一件冤错案件,不仅是解决一个人或几个人的问题,更重要的关系到执行党的政策问题,守法问题,安定团结问题。要实现四个现代化,必须调动各方面的积极性。靠什么去调动积极性?靠执行正确的路线、方针和政策,靠实施新宪法嘛!正确处理冤错案件,政治影响是很大的,对调动广大干部和人民群众大干社会主义的积极性,顺利完成新时期的总任务具有重要的意义。

要把处理冤错案件同揭批林彪、"四人帮"一伙的反革命罪行联系起来。正确地处理由于林彪、"四人帮"干扰破坏造成的冤错案件,就是用活生生的材料揭批林彪、"四人帮"。这些年来,冤错案件多一些,混敌为我,放纵了敌人的有,但这是少数,多数是混我为敌,把人民内部矛盾问题当成敌我问题,用专政的方法处理了。这是林彪、"四人帮"一伙在司法战线上搞"三个否定",推行"砸烂公检法",推行假左真右的反革命修正主义路线造成的。发生冤错案件的原因是各种各样的,但主要是林彪、"四人帮"一伙的干扰破坏。所以,平反纠正冤错案件也是对林彪、"四人帮"一伙的批判，是司法战线拨乱反正的一个重要内容。不积极平反纠正林彪、“四人帮”干扰破坏造成的冤错案件，还口喊揭批林彪、“四人帮”，那不是空的吗？你对同林彪、“四人帮”一伙斗争到底，争取全胜怎么想，怎么做的？你这个法院揭批林彪、“四人帮”一伙搞得怎样，不是看你说得如何，而是要看实际行动。实践是检验真理的唯一标准。在当前，平反纠正冤错案件，就是衡量我们各级人民法院揭批林彪、“四人帮”一伙搞得好坏的尺度之一，或者说是揭批林彪、“四人帮”一伙的一个实际行动，是分清路线是非的一个重要标志。

同志们说，平反冤错案件有阻力。对，是有阻力。阻力有主观上的，也有客观上的。作为我们司法机关，首先要排除我们自己思想认识上的阻力。主观上的阻力解决了，才能有力地排除客观上的阻力。这样做有好处，符合辩证法，不要搞“外因论”嘛。那么思想上的阻力是什么？多种多样，我看主要是怕，怕别人给自己戴上包庇坏人，替反革命分子翻案的大帽子，怕别人给自己栽上否定“文化大革命”，否定军管的罪名。根据党的政策和国家法律，平反冤错案件就是包庇和放纵阶级敌人？恰恰相反，是保护人民，更有利于开展对敌斗争，更有利于安定团结发展生产，有利于加强无产阶级专政。我们要正确对待“文化大革命”，正确对待群众，正确对待自己。“四人帮”常常口喊“三个正确对待”，谁要一说他们造成的“文化大革命”那三分错误，他们就搬出“三个正确对待”整谁，就给谁戴上否定“文化大革命”，否定军管的大帽子。林彪、“四人帮”一伙过去用这种手段来打击迫害革命干部和群众，如今林彪和“四人帮”都垮台了，还会不会有人捣鬼？可能有。林彪、“四人帮”虽然完蛋了，但他们的反动世界观，反动思想体系，在少数人身上还是阴魂不散，这是客观存在。这有什么值得可怕的呢？怕这怕那，还干得了什么事情！越是有人这样攻击我们，我们越要挺直腰杆，理直气壮，把复查冤错案件抓紧搞好。我们有这样那样的思想顾虑，说明我们自己还没有真正分清路线是非，林彪、“四人帮”给我们造成的“内伤”没有治好，流毒没有肃清。如果真的有人给你扣帽子，打击报复，你就告状。可以向上级党委直至中央告嘛，这是党章和宪法规定的权利。

第三个问题，是关于对干部进行再教育的问题。

无论是新干部，还是老干部都要再教育。为什么要再教育呢？因为党的路线、方针、政策被林彪、“四人帮”一伙搞乱了，党的优良传统和作风被他们搞掉了，造成了司法队伍的组织不纯、思想不纯和作风不纯。要通过再教育，在思想上纯洁队伍，恢复和发扬党的优良传统和作风。我们的司法干部大多数是好的和比较好的，很有干劲，对革命是忠诚的，要爱护他们，鼓励他们。但有的同志政策观念差，思想作风有毛病，凭感情用事。所以非再教育不可。用马列主义、毛泽东思想，用党的路线和政策，用党在历史上的经验和教训，用党的优良传统和作风，来教育广大司法干部。法院也要用典型案件来教育自己的干部，总结经验教训，改进工作作风，提高政策和法制观念。

毛主席倡导的调查研究、实事求是的原则和作风，对我们做好审判工作十分重要。可是，有些同志办案子不深入群众，不调查研究，搞主观臆断，片面性，不尊重客观事实，不按原则办事，不依法办事，这样，就往往把案件搞错。由于林彪、“四人帮”一伙的干扰破坏，这些年来，办案质量不高。要办好案子，提高办案质量，必须转变作风，坚持调查研究，实事求是。我们提倡说真话，说老实话，坚持原则，坚持真理，修正错误，每个同志都要有这种精神。那种惯于说假话，说大话，看风使舵，拿原则做交易的人，不能做审判工作。有的同志说，有怕的思想，我说你怕什么？为什么怕？我们要强调一个敢字。敢，有个前提，就是要把思想路线搞清楚。思想认识清楚了，就敢了。认识不清就不敢。有了敢字，才有个干字。不敢，就谈不上干，更谈不上大干特干。干任何事情，如果不坚持原则，没有一个敢字，畏首畏尾，瞻前顾后，都是干不好的。我们一定要对党负责，对人民负责，立场坚定，旗帜鲜明。如有错误，不论什么人提出来，就改，改了就好。

我们搞审判工作，必须重证据，重调查研究，严禁逼供信。毛主席从井冈山时期起就一再强调这个问题。对搞逼供信问题，要下决心解决，争取在短期内有个较好的效果。不管法院，还是公安，发现这个问题都要严肃对待。华主席讲人人要守法，干部要守法，这不那么简单，是个斗争过程，没有斗争就不能达到人人守法。对俘虏不打不骂，对犯人就可以打骂吗？我们党是讲革命人道主义的。你对犯人这样，是革命人道主义？符合党的路线和政策？在“文化大革命”中，林彪、“四人帮”一伙把封建的、法西斯的那一套搬来，对付革命干部和反对他们的群众，惨无人道。我们是社会主义国家，还搞逼供信，搞肉刑，说得过去吗？应该指出，逼供信是违犯党纪国法的行为，后果严重和屡教不改的，要严肃处理，有的要追究刑事责任。要在群众中公开处理，使人民群众知道，我们是对人民负责的。五届人大之后，宣传了新宪法，法院、公安都开了会之后，还搞逼供信？发现这种情况，不能熟视无睹，无动于衷，一定要严肃对待。有这种事就要告，告到公安、法院，告到党委，我们都应认真处理。不仅政法机关，任何单位，任何人，搞逼供信都是不允许的，都是违法行为，都要按照党的原则严肃处理。放任和袒护搞逼供信的行为，是完全错误的。借口动机是好的、立场是坚定的，要保护干部的工作积极性，而对搞逼供信的人不批评教育，不严肃处理，实际上是纵容和助长搞逼供信，也坑害了干部。对袒护搞逼供信的人也要严肃对待。搞逼供信是一种癌症，要动手术。得了癌症，必须早期检查发现，早动手术，治了就好了嘛。不切除，它就要扩散，就不得了，就要死人。我们要通过揭批林彪、“四人帮”一伙的斗争，提高对这个问题严重性和危害性的认识。在这个问题上，我们党有很多的历史教训呀，我们付出了相当大的代价的呀！在林彪、“四人帮”一伙干扰破坏下发生的冤错案件，有许多同搞逼供信有直接关系，有的就是逼出来的，打出来的。搞逼供信的人，说明他无能，没本事，说明他政策水平低，法制观念差，或者根本就没有社会主义法制观念。我们要加强社会主义法制，就必须严禁逼供信。司法干部要带头守法，做遵守宪法的模范。谁再搞逼供信，谁就是执法犯法，就要对此承担责任。一贯搞逼供信的人，不适合做司法工作，这种人办的案子，不可靠。不管他主观上的动机如何，造成的后果都是很坏的。

第四个问题，谈谈整顿队伍问题。

整顿队伍，也是当务之急。是司法战线继续深入揭批林彪、“四人帮”，拨乱反正的一个重要方面。不整顿好队伍，怎么打仗？怎么能取得揭批“四人帮”的全胜？怎么能贯彻执行党的十一大路线？怎么能完成新时期司法工作的任务？有的法院，揭批“四人帮”搞不起来，“四人帮”揪出来了，还有“帮四人”嘛，还有人捂盖子嘛，不清出来怎么行！对这样的单位，不采取组织措施，加强领导，解决不了问题。要通过整顿，来加强司法队伍，保证司法队伍的质量。兵不在多，而在精。当然也要有与工作任务相适应的数量。目前的状况是，量少质弱，我们要努力改变这种情况。我相信，在省委和各级党委的领导下，无论是数量上的补充和加强，还是质量上的提高，都是可以解决的。所谓精，就是要懂得党的路线、方针、政策。懂得了，还要正确执行，还要有革命干劲。对那些蓄意诬陷和搞打击报复而制造假案冤案的人，法院不能用，还要追究责任。参与“四人帮”帮派体系的人，特别是骨干分子，制造假案冤案，情节恶劣，后果严重的，要追究刑事责任。我们司法干部，有缺点错误，造成了冤错案件，要教育他们，吸取教训，不要再追究责任。这必须作具体分析，不能草率从事。那些“闹而优则仕”、“吹而优则仕”的人，错误严重，坚持不改的，也不适合做司法工作。还有那些执法犯法、贪赃受贿的人，情节严重的，一定要处理，有的要判刑。处理这些人，是为了教育所有的人。总之，人民法院是无产阶级专政的一把“刀子”，一定要掌握在对党对人民忠诚可靠、党性强的人的手里，一定要有一支坚强的、有战斗力的队伍。

第五个问题，讲一下民主集中制问题。

7月1日，华主席为首的党中央决定重新发表了毛主席在七千人大会上的讲话，是有很重大的现实意义的。这个文件主要是讲民主集中制，党内党外都要发扬民主。希望同志们很好地学习，深刻领会精神实质。林彪、“四人帮”一伙破坏党的民主集中制，造成了严重的恶果。我们中国过去是半殖民地、半封建社会，就连资产阶级民主也少得可怜。这些年来，又缺乏民主集中制的传统教育。致使我们有的同志既不懂民主，也不懂集中，有些地方党内外的民主生活很不正常。当前，强调实行民主集中制，很必要。

司法干部，尤其是领导干部，要学会民主集中制，认真实行民主集中制。审批案件，要进行认真的讨论，要摆事实，讲道理，充分发扬民主，不能一个人说了算。特别是死刑案件，一定要集体讨论，集体审批，一个人批案子容易犯错误。在这方面，是有教训的。要允许提出不同意见，并认真考虑这些不同的意见，允许保留意见。应该充分听取办案人员的意见，因为他们对案情了解更全面，要鼓励和支持他们提出自己的看法。这样做是不是好呢？我认为这样做好，有益处无害处，有利于保证办案质量。中国有句古话：兼听则明，偏听则暗。兼听便于分析，才能发现真理，纠正错误。这是讲民主，也是对人民负责。在上下级之间、同志之间，都要讲团结，讲民主。要允许别人讲话，并且把话讲完，允许讲错话，实行“三不”主义——不打棍子，不抓辫子，不扣帽子。毛主席讲：“让人讲话，天不会塌下来，自己也不会垮台。不让人讲话呢？那就难免有一天要垮台。”讲错话，无非是反对你，骂你嘛。骂就骂，当面不骂，背后骂的还有呢。有句老话：“谁人背后无人说？”共产党员还怕人家骂！骂得对的，就接受，就改么！独断专行，不让别人讲话，对提不同意见的人乱扣帽子，甚至打击报复，是林彪、“四人帮”的惯用手法。我们要敢于同这种错误行为作坚决的斗争，肃清林彪、“四人帮”一伙在这个问题上的流毒影响。

我建议各级人民法院应该按人民法院组织法建立审判委员会。审判委员会是人民法院在审判工作中实行民主集中制的好形式。大案、要案、疑难案件都在审判委员会内讨论，广泛发扬民主，有关的审判员可以参加审判委员会讨论案件。对各种意见都要如实上报，不能只报多数意见。这样做有好处，有利于我们正确执行党的政策和适用法律，保证办案质量，少犯错误或不犯错误。

我以上讲的，供同志们参考。不对的，请省委负责同志和在座的同志们纠正。希望同志们在党委领导下，为加强社会主义法制，实现新时期的总任务，作出新的贡献。

中国工会第九次全国代表大会在人民大会堂闭幕

大会一致通过了关于倪志福同志代表中华全国总工会第八届执行委员会向大会所作的工作报告的决议,一致通过了关于修改中国工会章程的决议。

大会选举产生了中华全国总工会第九届执行委员会。其中执行委员193名,候补执行委员85名。

中共中央副主席汪东兴同党和国家其他领导人余秋里、倪志福、陈慕华、王震、谷牧、康世恩出席了闭幕式。

朱学范同志致闭幕词。他说,华主席、叶委员长为大会的题词和邓副主席代表党中央、国务院向大会的致辞,把马列和毛主席关于工人运动的理论具体运用于解决我国工人运动在新时期面临的问题,指明了我国工人阶级新的伟大历史使命,指明了我国工人运动前进的方向。这一切,必将对我国工人运动和工会工作的发展产生巨大的和深远的影响。

他说,具有光荣革命传统的我国工人阶级,决不辜负华主席、党中央的殷切期望,有志气、有能力、有信心、有决心,加快步伐,勇往直前,为在本世纪内把我国建设成为社会主义的现代化强国作出更大的贡献。

在这次大会期间,有41位代表在全体会议上发言,56位代表作了书面发言。石油、冶金、水电、纺织、化工、邮电、交通、商业等工交财贸各部,分别邀请各行业的代表举行了座谈。

中国工会章程

(1978年10月21日中国工会第九次全国代表大会通过)

总 纲

中国工会是中国共产党领导的工人阶级自愿结合的群众组织,是党联系群众的纽带和中华人民共和国政权的支柱,是广大职工群众学习管理的学校,学习主持经济的学校,学习共产主义的学校。在整个社会主义历史阶段,工会都必须发挥应有的作用。

中国工人阶级在毛主席和中国共产党的领导下,团结全国人民,经过长期的英勇奋斗,取得了新民主主义革命的彻底胜利,取得了社会主义革命和社会主义建设的伟大胜利。伟大领袖和导师毛主席亲自缔造、培育了我国的工会组织,一贯重视发挥工会的作用。毛泽东思想和毛主席的革命路线,始终是指引我国工人运动和工会工作胜利前进的光辉旗帜。

第一次无产阶级"文化大革命"的胜利结束,使我国社会主义革命和社会主义建设进入了新的发展时期。中国共产党第十一次全国代表大会和第五届全国人民代表大会规定了新时期的总路线和总任务,这就是坚持无产阶级专政下的继续革命,开展阶级斗争、生产斗争和科学实验三大革命运动,在本世纪内把我国建设成为农业、工业、国防和科学技术现代化的伟大的社会主义强国。

中国工会在新时期的基本方针是:在中国共产党的领导下,遵循党的十一大路线,团结、教育、吸引广大职工不断提高政治觉悟,掌握现代科学技术,积极参加企业管理,广泛开展社会主义劳动竞赛,努力提高劳动生产率,并在发展生产的基础上逐步改善职工群众的物质文化生活,为实现新时期总任务而奋斗。

中国工会要教育职工大力支援农业的现代化建设,进一步巩固工农联盟,并在这个基础上加强全国各族人民的大团结。

中国工会坚持无产阶级国际主义,遵循毛主席关于三个世界的理论,发展同各国工会组织的友好联系,加强同全世界无产阶级和被压迫人民、被压迫民族的革命团结,支持国际无产阶级和各国人民的正义斗争,反对帝国主义殖民主义特别是超级大国的霸权主义,为全世界工人阶级的解放和人类的进步事业作出应有的贡献。

中国工会的各级组织,必须坚持要搞马克思主义不要搞修正主义,要团结不要分裂,要光明正大不要搞阴谋诡计的三项基本原则;必须发扬群众路线、实事求是和批评自我批评的优良传统和作风,并以说服教育作为基本的工作方法;必须围绕党的中心任务,深入基层,深入生产,深入群众;依靠群众和积极分子,积极主动地做好工作。

第一章 会 员

第一条 凡是以工资收入为自己生活资料的全部或者主要来源的体力劳动者和脑力劳动者,不分民族、性别和宗教信仰,承认工会章程,都可以加入工会为会员。

第二条 职工加入工会,须由本人申请,经过工会小组讨论通过,车间委员会或基层委员会批准。

第三条 会员的权利

一、有选举权和被选举权;

二、在工会的会议上,有发言权和表决权;

三、有向工会组织提出改进工作的意见和建议的权利;有批评工会机关和工会任何工作人员的权利;

四、有向工会一切领导机关提出询问和申诉的权利,对违法失职的工作人员,有提出控告的权利,任何人不得压制和打击报复;

五、在会员的正当利益和民主权利受到损害时,有要求工会代为申诉并遵照国家法律给以保护的权利;

六、有享受工会所举办的各种集体福利事业和文化事业待遇的权利。

第四条 会员的义务

一、努力学习马克思列宁主义和毛泽东思想,不断提高自己的阶级觉悟、路线觉悟和继续革命的觉悟。

二、积极参加阶级斗争、生产斗争、科学实验三大革命运动,努力完成生产任务和工作任务;

三、努力学习现代化的科学技术知识和管理知识,不断提高工作能力;

四、遵守宪法和法律,遵守劳动纪律和公共秩序,爱护公共财产,同一切违法乱纪的行为作坚决斗争;

五、发扬阶级友爱,加强革命团结;

六、遵守工会章程,执行工会决议,参加工会活动,按时交纳会费。

第五条　会员违反工会章程,应该给予批评教育;对于破坏工会章程,情节严重,屡教不改的会员,应该开除会籍。

第六条　开除会员的会籍,应由工会小组讨论提出意见,基层(车间)委员会通过,并且要经过上一级工会组织批准。

第七条　会员退休、服兵役、离职学习或有其他原因需要保留会籍者,可以保留其会籍。保留会籍期间,免交会费。

第二章　组织制度

第八条　中国工会的组织原则是民主集中制。

工会各级领导机关的成员,都必须按照无产阶级革命事业接班人的条件和老中青三结合的原则,经过民主协商、选举产生。工会的各级领导机关实行集体领导和个人分工负责相结合的原则,一切重大问题都要经过集体讨论决定。

工会的各级组织,都要执行个人服从组织,少数服从多数,下级服从上级的原则;都要定期向会员报告工作,听取会员群众和下级组织的批评和意见。

第九条　中国工会实行产业和地区相结合的组织领导原则。

产业原则就是将同一企业、事业、机关中的会员,组织在一个工会基层组织中;同一国民经济部门或性质相近的几个国民经济部门,根据需要建立地方和全国性的产业工会或工作委员会。

产业和地区相结合的原则,就是各省、自治区、直辖市、自治州、省辖市、县(市)总工会,是当地工会组织和各产业工会组织的地方领导机关;中华全国总工会是各地区工会组织和各产业工会全国组织的最高领导机关。

第十条　工会的各级最高权力机关,是各级工会代表大会或会员大会。

各级工会代表大会或会员大会选举各级工会委员会。工会各级委员会,在工会代表大会或会员大会闭会期间,是各级工会的执行机关。

中国工会全国代表大会选举产生中华全国总工会执行委员会。

第十一条　工会的各级委员会选举各级经费审查委员会。经费审查委员会在本级工会委员会的领导下,负责审查本级工会组织的经费收支和财产管理情况。

第三章　工会的全国组织和地方组织

第十二条　中国工会全国代表大会,每五年举行一次,由中华全国总工会执行委员会召集。在特殊情况下,可以提前或延期举行。

中华全国总工会执行委员会在全国代表大会闭会期间,负责贯彻执行全国代表大会的决议。执行委员会全体会议,每年举行一次。

中华全国总工会执行委员会选举产生常务委员会,并且选举执行委员会主席一人和副主席若干人。执行委员会全体会议,由常务委员会召集。在执行委员会闭会期间,常务委员会行使执行委员会职权。

常务委员会决定书记、候补书记人选,组成书记处。书记处在常务委员会领导下,处理日常工作。

第十三条　各级地方工会代表大会,每三年举行一次。在特殊情况下,可以提前或延期举行。

地方总工会委员会选举产生常务委员会和主席一人、副主席若干人。地方总工会委员会,每年至少举行二次,由常务委员会召集。地方总工会委员会在代表大会闭会期间,负责贯彻执行代表大会的决议,并且根据上级工会组织的决议和指示,领导所属工会组织的工作。地方总工会委员会闭会期间,由常务委员会行使职权。

根据需要,省、自治区总工会可在地区、大中城市的总工会可在区设立办事处,作为自己的派出机构。

第十四条　全国和地方产业工会的组织办法,根据本章程有关条文的精神和各产业具体情况另行规定。

第四章　基层组织

第十五条　工会的基层组织是工会的基础。凡企业、事业、机关中有会员二十五人以上的,可建立基层委员会;二十五人以下的,参加附近性质相近的工会基层组织,或者成立联合基层组织。

第十六条　工会基层组织的会员大会或会员代表大会每年举行一次。在特殊情况下,经过上级工会批准,可以延期举行。它的职权是:听取和批准工会基层委员会的工作报告和经费收支情况报告;确定本单位工会工作的计划和任务;选举工会基层委员会。

工会基层委员会选举主席、副主席。必要时,可选举常委若干人,组成常务委员会。

第十七条　工会基层委员会必须以政治为统帅,以生产为中心,贯彻《鞍钢宪法》,教育和组织职工群众,学大庆、学大寨,全面完成和超额完成国家计划。

具体任务是:

一、组织职工群众学习马列著作、毛主席著作和时事政策,做好思想政治工作。动员全体职工积极投入党所领导的政治运动。

二、组织职工学科学、学技术、学文化、学经济、学管理。大力办好各种类型的职工业余学校。

三、组织职工参加企业管理,执行职工代表大会或职工大会工作机构的职能,做好经常工作。

四、组织职工开展社会主义劳动竞赛。开展群众性的合理化建议和技术革新、技术革命活动,组织技术协作,总结推广先进经验。协助行政表彰先进,奖励劳动模范;改进劳动工资和劳动保护工作。

五、做好群众生活工作,保障职工福利。做好劳动保险工作。办好互助储金会,开展群众互助活动。做好女工、家属工作。办好文化、体育事业,组织好业余文艺体育活动。协助行政办好集体福利事业,做好生活住宅工作;组织职工家属搞好农副业生产和服务事业。

六、健全民主生活,加强小组工作。培养和训练工会积极分子。接收新会员。

第十八条 工会基层委员会在车间或科室建立委员会,领导车间或科室的工会工作。车间(科室)委员会由车间(科室)会员大会选举产生。

工会基层委员会和车间(科室)委员会根据需要设立各种工作委员会,并按照行政生产班组建立工会小组。

第五章 经 费

第十九条 工会经费的来源:

一、会员每月按本人工资的百分之零点五交纳的会费。

二、工会举办的各种文化、体育事业的收入。

三、行政方面根据工会法的规定,每月按照职工工资总额百分之二拨交的经费。

四、各级政府和企业、事业单位行政的补助。

第二十条 工会的各级委员会都要编制预算和决算,定期向会员和上一级工会委员会报告经费收支情况。

工会经费的开支办法,预算决算制度和会计制度,由中华全国总工会另行规定。

关于中国工会工作报告的决议

(1978年10月21日中国工会第九次全国代表大会通过)

中国工会第九次全国代表大会一致同意倪志福同志代表中华全国总工会第八届执行委员会所做的《中国工人阶级新的伟大历史使命》的报告。大会号召全国职工,空前紧张地动员起来,团结全国人民,加快步伐,为实现新时期总路线和总任务,在本世纪内把我国建成农业、工业、国防和科学技术现代化的社会主义强国而英勇奋斗。

关于修改中国工会章程的决议

(1978年10月21日中国工会第九次全国代表大会通过)

中国工会第九次全国代表大会一致同意康永和同志代表中华全国总工会第八届执行委员会所做的"关于修改中国工会章程的报告"。

大会批准中华全国总工会第八届执行委员会提出的,由本次大会加以修改和补充的"中国工会章程修改草案"。从通过之日起,这一章程即为中国工会的正式章程。

中华全国总工会第九届执行委员会委员 候补委员名单

执行委员:193名(按姓氏笔画为序)

丁 一(女) 马六孩 马纯古 马佩勋 马学礼
马恒昌 马泉源 王 青 王 炯 王 骥 王子英
王文兴 王赤光 王志杰 王林鹤 王明德 王定邦
王家扬 王家宠 王崇伦 王维昕 王超柱 王捷三
韦秋梅(女) 毛齐华 毛信贤(女) 乌 恩
方 明 尹载德 巴图达来 石 青 田清泉
丘 金 白新才 冯诗云 尼牙孜·白喜尔 邢方群
吕春日 朱子彤 朱学范 朱春和 刘 寅 刘力彬
刘玉娥(女) 刘汉贤 刘志诚 刘敏贞(女)
齐 平 齐廷汉 关 云 江水生 许 明(女)
孙云龙 孙建中 杜延庆 李 仙 李 敏(女)
李 瑞 李凤恩 李文学 李代耕 李华封 李明远
李国才 李绍奎 李奎生 李祖根 李唐基 李家齐
李海峰(女) 李梅芳(女) 李颉伯 李瑞环
杨万荣 杨之骏 杨子平 杨志钰 杨振汉 吴运铎
吴金柱 吴登骏 岑国荣 何庶民 余宗彦 狄子才
邹瑞禄 应忠发 宋 川 宋侃夫 初茂昌 张 凯
张 盾 张 衍 张 祺 张孑夫 张天林 张文俊
张永励 张西春 张百发 张汝琦 张国柱 张秉贵
张金保(女) 张修竹 张维桢 张蔚兮 陆元九
陈 宇 陈庆泉 陈伯林 陈郁发 陈桂亭(女)
陈能兴 陈福汉 陈嘉栋 邵井蛙 范小凤(女)
范锡亚 林德忠 易礼容 罗 琼(女) 金士贵
金直夫 周 林 周 秩 周传典 郑 干 郑晶华
郑锡坤 单 书 单衍祥 赵 敏 赵东宛 赵国强
赵学全 郝兆文 郝建秀(女) 胡天民 胡长海
胡良才 俞三荣 姜启才 聂秉举 栗树彬 顾大椿

倪志福 徐肖冰 徐畹珍(女) 殷水球(女)
高述先 郭清泗 益西达瓦 理 琨 黄 中
黄 凯 黄文若(女) 黄由安 黄民伟 黄树尤
曹福浚 龚光文(女) 盛 婉(女) 崔 跃
崔云高 康永和 章 智 章瑞英(女) 阎 钊
梁 广 梁 超 梁彦德 彭思明 葛秀英(女)
董 昕 蒋永清 蒋宝娣(女) 韩西雅 韩荣华
曾 生 甄荣典 雷月宝(女) 解 悦(女)
翟恩荣 樊德玲 潘开文 潘长有 潘学林 薛仁宗
薛国邦 薛金达 穆其彬 戴仁理

候补执行委员:85名(按姓氏笔画为序)

于 漪(女) 广有才 马贵富 王仁宽 王水强
王双金 王光跃 王廷岚 王淑春(女) 田凤梧
史俊卿 冯玉萍(女) 权德珍(女)
朱映兰(女) 乔 梁 刘木芝(女)
刘文泉(女) 刘永生(女) 刘沛行 刘根明
刘善长 交达斯拜 孙茂松 孙学文 孙振芳
杜凤卿 杜道周 李 井 李世范 李光珍(女)
李连兴 李金水 李临庄 李炳泉 李庶训
李淑英(女) 李婆贵 李满仓 杨春林 吴绍书
余筱伯 邹宗孟 辛 波 张玉兰(女) 张树华
张奎元 张福学 陈 弼 陈志蔚(女) 陈和尚
陈登明 金宝华 赵立宪 赵竹仙(女) 赵涌兴
赵景春 胡桂兰(女) 宫开五 姚新根 秦启文
袁景尧 莎仁花(女) 桂容姣(女) 顾令长
钱锦如 徐桃元 高 骏 高志向 郭 畏 黄开云
黄斗兴 曹桂先(女) 常存玉 常润存 傅景新
童鸿江 赖玉熙 鲍宝盛 廉克信 满希拉(女)
廖敬甜(女) 樊瑞亭 薛长胜 瞿兰香(女)
魏春山

全国人大常委会副委员长谭震林在北京会见日本熊本县日中友好访华团

中华医学会在武汉召开第九届全国外科学术会议

会议10月21日至27日举行。来自全国各地的400多名外科工作者参加了这次学术会议。

全国科协副主席、中国医学科学院院长黄家驷代表科协致辞,并作了题为《十五年来中国外科的进展》的报告。钱信忠副部长出席会议并讲了话。罗马尼亚、南斯拉夫等国和国际外科学会的美国、法国、瑞士的外科专家也应邀参加了会议,并作了学术报告。

从会议上收到的1100多篇论文和报告中,可以看出自1963年第八届外科学术会议以来,我国外科工作在中西医结合外科,肝胆胰外科,血管、显微外科,创伤、烧伤外科,器官移植外科以及其他外科领域方面,都取得了令人可喜的进展。

我国外科工作的成就,不仅表现在临床外科的进展,外科新领域的开拓,也表现在外科技术普及,使外科工作更好地为人民服务。广大外科工作者组织医疗队,深入农村、工矿、边远地区,防病治病,培训干部,努力提高基层的外科技术水平,积累了防治肿瘤、血吸虫病门静脉高压症、地方性甲状腺肿等常见病、多发病的丰富经验。目前,我国县医院大多数能施行各种常见腹部手术和处理常见创伤,少数能施行胸部、颅脑和矫形外科的较复杂的手术。在邢台、海城、唐山地区的3次大地震中,外科工作者同其他医药卫生人员一起,深入灾区,战胜困难,抢救了大批伤员,在挤压综合征、骨盆骨折等的诊断和治疗上,有所发现和前进;在治疗脊柱骨折、截瘫、褥疮、周围神经损伤等方面,取得了新的经验,为保障劳动人民的健康作出了贡献。

我国外科工作的新进展,突出地体现了治疗和研究最常见的疾病,为最大多数人服务的这一卫生工作的重要方针。在我国,肝胆疾病相当常见,危害很大。为研究这类疾病的防治技术,外科工作者付出了艰巨的劳动,取得较为显著的成绩。在肝癌的早期诊断方面,他们应用甲胎蛋白测定进行普查,发现了不少没有症状的早期肝癌病人,并通过患者的脐静脉或肝动脉作肝造影为早期小肝癌定位后,对肝癌病人进行早期手术治疗,显著地提高了术后生存率。在一组35例早期肝癌肝切除中,三年存活率达到70%,这在国际上也是突出的成绩。

采用中西医结合治疗外科疾病,使我国外科具有独特的经验。目前,我国用中西医结合治疗包括急性阑尾炎、急性消化性溃疡穿孔、急性胆囊炎、急性胰腺炎、急性腹膜炎等急腹症已达5万余例,有70%以上的病例不经手术而治愈。近年来,运用中西医结合治疗骨折也有较大的进展,在应用范围上,由新鲜骨折发展到陈旧骨折,由四肢骨折发展到脊柱骨折,由骨干骨折发展到关节内骨折,由闭合骨折发展到开放性感染性骨折。各地采取中西医结合的方法治疗烧伤,使烧伤治疗技术不断有所革新。无论是大面积深度烧伤的总治愈率或特重烧伤病例的存活率,我国都处于世界先进行列。针刺麻醉已经普遍应用,据不完全统计,全国达到200余万例。为了阐明针麻的原理,我国基础理论研究工作者,对神经传导、经络感传、中枢核团功能、神经介质、体液因素等方面进行了大量的富有成效的实验研究。

新技术、新方法的运用为我国外科开辟了新的领域。显微外科是一门年轻而发展迅速的新学科。它使外科手术从宏观进入微观,已广泛应用到外科的许多领域。在我国,显微外科技术已从断肢再植扩大应用到皮瓣、足趾、肌肉、骨段、关节、肠段、大网膜游离移植、周围神经束间吻合和闭塞性脑血管疾病颅内外动脉吻合等，展示出广阔的发展前景。器官移植外科虽然在我国开展较晚，但近两年来发展很快，为今后的工作打下了基础。肾移植在我国已进行了200多例，总存活率达到50%以上。我国人工器官的工作也有进展。用金属的或生物的人工瓣膜置换二尖瓣和主动脉瓣的手术已在上海、北京、广东、武汉等地开展。

中华全国体育总会副主席黄中宣布中国将派体育代表团参加第八届亚运会

中华全国体育总会副主席黄中在接受新华社记者采访时宣布，中国将派遣一个由400人左右组成的体育代表团前往泰国首都曼谷，参加于12月9日到20日举行的第八届亚洲运动会。

黄中说，第八届亚运会将举行19个项目的比赛。中国决定参加其中的15项比赛：射箭、田径、羽毛球、篮球、自行车、击剑、足球、体操、网球、射击、游泳(包括跳水、水球)、乒乓球、排球、举重和摔跤。中国队不参加的四个项目是地滚球、拳击、曲棍球和帆船。

黄中强调说："这是中国继1974年之后第2次参加亚运会，中国运动员盼望着在曼谷同来自亚洲其他国家和地区的老朋友再次聚会，结交新朋友，为增进亚洲各国和地区运动员和人民的友谊和团结，促进亚洲体育事业的发展作出新的贡献。"

黄中接着说，第七届亚运会以来，亚洲地区的体育运动有了新的发展，水平不断提高。第八届亚运会将是对亚洲体育运动的一次新检阅。他说，中国体育事业在粉碎"四人帮"以来有新发展，技术水平也有所提高，但总的说来我们的水平还不高。我们希望通过参加这届亚运会向各国优秀选手学习。

齐燕铭逝世

中共中央统战部副部长、政协全国委员会秘书长、中国社会科学院顾问齐燕铭同志因病医治无效，于1978年10月21日12时25分在北京逝世，享年71岁。

齐燕铭同志是北京市人，蒙古族，从1935年起，在党的领导下参加革命活动，1938年2月加入中国共产党。在抗日战争时期，他历任鲁西北《抗战日报》主编及政治干部学校教务长、冀南主任公署太行办事处主任、延安中央研究院研究员等职。抗战胜利后，随中共代表团去重庆、南京，担任代表团秘书长，以后又任中共中央城市工作部秘书长，中共中央统一战线工作部秘书长。解放后，历任中国共产党出席中国人民政治协商会议第一届全体会议的候补代表，第一届、第二届、第三届全国人民代表大会代表，中共中央统战部副部长，中央人民政府办公厅主任，政务院副秘书长，国务院副秘书长，总理办公室主任，国务院专家局局长，文化部党组书记、副部长等职。

齐燕铭同志担任第五届全国政协秘书长和中央统战部副部长期间，坚决贯彻落实党的统一战线方针政策，积极开展和活跃政协工作，恢复和发扬民主协商的优良传统，对广开言路，广开才路，调动一切积极因素，进一步发展革命统一战线，作出了显著的成绩。

潘天寿先生追悼会在杭州举行

原中国美术家协会副主席、浙江美术学院院长、我国著名画家潘天寿先生遭受林彪、"四人帮"的迫害，于1971年9月5日逝世。

在追悼会上，浙江省革命委员会郑重宣布为潘天寿先生平反昭雪，恢复名誉。

潘天寿先生长期从事中国画的美术教学和创作活动，对继承和发展民族美术事业作出了贡献。他精于写意花鸟山水画，兼工书法，还擅长指头画。他对画史、画论、书法、金石、旧体诗等，都有深入的研究。潘天寿的画广泛吸收前人的成就，融诗、书、画于一体，形成自己的独特风格。

10月22日

第三次全国人民防空会议在北京举行

中共中央副主席李先念代表全国人民防空领导小组，在会上作了题为《加强人民防空建设，做好反侵略战争准备》的报告。

中共中央主席华国锋，中共中央副主席叶剑英、汪东兴，党和国家其他领导人韦国清、纪登奎、苏振华、余秋里、张廷发、陈锡联、聂荣臻、王震出席了大会。

全国人民防空领导小组副组长杨勇主持了今天的大会。

李先念副主席的报告分四个部分：一、我国人民防空工作的基本情况；二、今后人民防空战备建设的任务；三、应当采取的方针和措施；四、加强党委对人民防空工作的领导。

李先念同志在报告中说，这次全国人民防空会议的任务是，高举毛主席的伟大旗帜，认真学习毛主席、周总理和以华主席为首的党中央关于加强战备和人民防空城市防空工作的指示，深入揭批林彪、"四人帮"破坏人民防空工作的罪行，表彰先进，交流经验，制定规划，研究解决有关人民防空建设的具体方针、政策问题，进一步提高人民防空工作的水平。

李先念同志在报告中分析了当前国际国内的好形势，阐述了提高警惕、加强战备的必要性。他指出，我们这次会议，就是一次加强战备的会议。通过这次会议，必将进一步动员全国广大军民贯彻落实毛主席“备战、备荒、为人民”“深挖洞、广积粮、不称霸”的伟大战略方针，促进人民防空、城市防空建设，做好反侵略战争的准备。

李先念同志说，20多年来，在毛主席革命路线指引下，经过党政军民的艰苦努力，我国的人民防空建设取得了很大成绩。他说，实践证明，要搞好人民防空工作，必须坚决贯彻落实毛主席和以华主席为首的党中央关于加强人民防空工作的提示，充分认识人民防空工作的战略意义，提高做好这一工作的自觉性；必须加强党的领导，依靠广大群众，依靠人民解放军，坚持自力更生、艰苦奋斗，充分发挥中央和地方两个积极性；必须贯彻平战结合的方针，严格按照基本建设程序办事，确保质量；必须全面规划，统筹安排，处理好战备与生产、重点与一般的关系，使人民防空工作有计划有步骤地稳步前进。

李先念同志在谈到今后人民防空战备建设的任务时指出，1979年到1985年，是完成新时期总任务的关键7年，也是做好人民防空工作很重要的7年。我们必须在大力发展国民经济的同时，积极搞好人民防空战备建设，为对付敌人的突然袭击打下一个牢固基础。实现这一任务，当前最重要的是要以揭批“四人帮”为纲，带动人民防空建设的全面发展。

他强调说，人民防空，是一项长期而艰巨的战备任务。人民防空战备建设必须按照“全面规划，突出重点，平战结合，质量第一”的方针，加强党委领导，广泛发动群众，调动一切积极因素，采取有力措施，解决好存在的问题，促进这一工作的全面发展。

出席今天大会的还有全国人民防空领导小组成员、国家机关各部委、人民解放军各总部、各军种兵种、国防科委、军事科学院、军事院校以及有关方面的负责人。

国务院副总理邓小平到达东京对日本进行正式友好访问

邓副总理预定出席10月23日在东京举行的互换中日和平友好条约批准书仪式。从互换批准书之时起，条约即生效。在为期八天的访问期间，邓副总理将会见日本天皇陛下，同日本首相福田赳夫举行会谈，还将会见长期为中日友好作出努力的日本各界朋友。这是中国国家领导人第一次访问日本。

陪同邓副总理访问的有全国人大常委会副委员长、中日友协会长廖承志，外交部部长黄华，外交部副部长韩念龙，国务院办公室副主任李力殷等。

中华全国总工会在北京召开第九届执行委员会第一次全体会议

倪志福同志主持了这次会议。会议根据《中国工会章程》第三章第十二条，选举了中华全国总工会主席、副主席和29名常务委员。

主　席：倪志福

副主席：朱学范　马纯古　康永和　黄民伟　陈　宇　宋侃夫　王崇伦　韩荣华　刘玉娥(女)　章瑞英(女)

常务委员(按姓氏笔画为序)：

马纯古　王志杰　王林鹤　王家宠　王崇伦　朱学范　刘玉娥(女)　齐　平　许　明(女)　邢方群　李海峰(女)　李瑞环　李唐基　宋侃夫　陈　宇　金直夫　罗　琼(女)　郑晶华　倪志福　黄民伟　康永和　章瑞英(女)　梁　广　彭思明　蒋永清　韩西雅　韩荣华　薛金达　穆其彬

中共中央副主席李先念　全国人大常委会副委员长乌兰夫在北京会见由朝鲜《劳动新闻》总编辑金基南率领的朝鲜《劳动新闻》代表团

国务院副总理谷牧在北京会见由西德黑森州副州长兼经济技术部长海因茨·赫尔贝特·卡里率领的西德煤炭经济代表团

全国科技人员普查工作结束

今年5月，遵照党中央、国务院的指示，国家计委、国家科委、民政部和国家统计局，向国务院各部门，各省、自治区、直辖市联合发出了关于对全国科技人员进行普查的通知。经过普查，基本上摸清了全国科技人员的数量、水平、分布、构成和使用情况，为今后进一步落实知识分子政策，制定科技队伍和科研机构的发展规划，加速科技人员的培养，提供了比较确切的依据。普查结果表明，随着国民经济和科技事业的发展，我国的科技队伍不断壮大。到今年6月底止，在全民所有制单位从事科技工作的人员比新中国成立初期的1952年增长了9.2倍。在全民所有制单位工作的科技人员中，普通高等学校毕业生占43%，中等专业学校毕业生占38%；从事无线电电子学、电子计算机、原子能等新兴专业的科技人员正在增多。这些科技人员90%以上是解放后培养出来的，他们拥护党，拥护社会主义，努力为人民服务，为发展我国科学技术事业作出了贡献。

经国务院批准恢复和新建一批高等院校

它们是：北京政治学院、西北政法学院、中央财政金融学院、吉林财贸学院、云南艺术学院、中国戏曲学院、北京舞蹈学院。

这次恢复和新建的7所高等学校，除吉林财贸学院和云南艺术学院面向本省外,其余都面向全国和地区。

为了加强和发展边疆少数民族地区以及教育薄弱地区的高等教育事业,根据需要和可能,经教育部同意,最近还有6所二年制至三年制的专科学校改为四年制的高等院校。它们是:包头医学专科学校改为包头医学院、广西百色医学专科学校改为广西右江民族医学院、新疆喀什师范专科学校改为新疆喀什师范学院、新疆石河子医学专科学校改为新疆石河子医学院、湖南吉首师范专科学校改为湖南吉首大学、大连水产专科学校改为大连水产学院。

10月23日

中日和平友好条约批准书互换仪式在东京日本首相官邸举行

随着两国互换批准书,这一条约今天正式生效。

批准书互换仪式于当地时间上午10时30分开始,历时30分钟。中国国务院副总理邓小平和日本首相福田赳夫出席了互换仪式。

中国外交部长黄华和日本外相园田直分别代表本国在中日和平友好条约批准书上签字。

邓副总理致祝酒词。他代表中国政府和人民向日本政府和人民表示热烈的祝贺,并对日本政府和日本朝野各界朋友为中日缔约所做的努力表示感谢和敬意。

他说:"《中日和平友好条约》是1972年中日联合声明和中日邦交正常化的继续和发展。它为两国的睦邻友好关系奠定了更加牢固的基础,为进一步发展两国政治、经济、文化、科技等各方面的交流开辟了更加广阔的前景,也将对维护亚洲和太平洋地区的和平与安全产生积极的影响。"

邓副总理说:"中日两国人民要友好,要团结,中日两国要和睦,要合作,这是10亿中日人民的共同愿望,也是历史发展的潮流。中国政府愿和日本政府一道坚定不移地信守和履行中日和平友好条约的各项规定。让我们为中日两国人民世世代代友好,为迎接中日关系更加光辉灿烂的前景,为亚洲和世界和平而共同努力吧。"

中国方面出席仪式的有:卓琳同志,廖承志副委员长,韩念龙副部长和符浩大使等。

日本方面出席仪式的有:内阁官房长官安倍晋太郎、大藏相村山达雄、文部相砂田重民、通商产业相河本敏夫、农林水产相中川一郎、邮政相服部安司、运输相福永健司、总理府总务长官稻村佐近四郎以及日本驻中国大使佐藤正二等。

国务院副总理邓小平在东京日本首相官邸与福田赳夫首相举行第一次会谈

会谈中,双方就当前国际形势中所关心的主要问题和亚洲的形势问题交换了意见。

双方强调指出,《中日和平友好条约》对两国的友好合作和亚洲及世界和平都具有重要意义。

中国方面参加会谈的,有全国人大常委会副委员长廖承志,外交部部长黄华,外交部副部长韩念龙,中国驻日本大使符浩,国务院办公室副主任李力殷,外交部亚洲司司长沈平、副司长王晓云,外交部礼宾司副司长高建中等。

中华全国总工会第九届执行委员会常务委员会在北京举行首次会议

会议根据《中国工会章程》第三章第十二条规定,设立常务委员会书记处。决定马纯古、黄民伟、陈宇、宋侃夫、王崇伦、韩荣华、章瑞英为书记处书记;邢方群、齐平、韩西雅、王家宠为书记处候补书记。

全国总工会主席倪志福在会上对工会今冬明春的工作做了初步部署。他要求大家回去后,认真传达贯彻中华全国总工会第九次全国代表大会的精神,使广大职工深刻了解当前新的形势和工人阶级肩负的新的伟大历史使命,深刻了解工会的性质、任务和作用,在实现四个现代化的新长征中创造新成绩,作出新贡献。他要求各级工会带领广大职工深入开展工业学大庆的群众运动,广泛开展以优质、高产、低消耗为重点的社会主义劳动竞赛,创造优异成绩,迎接明年召开的全国劳模大会。要恢复和发展职工的业余教育,积极办好职工业余学校,开展群众性的技术协作、技术交流活动,努力扫除"科盲",尽快掌握现代科学技术知识。要搞好企业的民主管理,按照邓副主席的指示,工会要为工人的民主权利而奋斗。要认真抓好职工生活,积极做好职工的劳动保护和生活福利工作。要积极开展工会的国际工作。他说,为了适应工会九大以后开展工会工作的需要,必须在深入揭批"四人帮"第三战役中,搞好各级工会组织,首先是领导班子的整顿。

参加工会九大的29个省、自治区、直辖市的代表团团长和铁路代表团团长,列席了这次常委会。

中日友好人民公社举行命名大会

全国人大常委会副委员长、中日友协会长廖承志特为公社的命名题词:"中日友好松柏常青。"

国务院副总理陈永贵,全国人大常委会副委员长谭震林和专程来北京参加中日友好人民公社命名大会的日中农业农民交流协会会长八百板正、日中友协全国本部代表岛田政雄、日中文化交流协会代表后藤淳,以及在京的日本老朋友西园寺公一、冈崎嘉平太、河原崎长十郎和夫人,日本驻华使馆临时代办伴正一和夫人等出席命名大会。

国务院副总理谷牧在北京会见瑞士工商联副主席鲁克·凯勒

国务院副总理耿飚抵达拉各斯对尼日利亚进行正式友好访问

《人民日报》转载《经济研究》1978年第9期孙冶方的文章《要理直气壮地抓社会主义利润》

"四人帮"把社会主义企业给国家提供利润,诬蔑成"为复辟资本主义制造物质基础","利润挂帅",似乎盈利就是资本主义,赔钱才是社会主义,搞得人人怕谈利润,一讲利润就像犯了什么罪似的。50年代末60年代初,陈伯达和张春桥大刮"共产风",否定社会主义时期商品、货币和价值规律的作用,否定按劳分配原则,以反对"利润挂帅"为借口,对社会主义企业上缴利润肆意抹黑,造成一些企业的盈利水平下降,有的不得不长期依靠国家补贴过日子。这种不正常的状况在"四人帮"横行的时候愈演愈烈。在"四人帮"被揪出前,我国国民经济已经到了崩溃的边缘。就这样,"四人帮"还嫌不够,还喋喋不休地胡说什么"利润挂帅"没有批透,真是荒谬之至!

他们给社会主义企业的利润抹黑,从理论上说,正如他们否定社会主义社会的商品、货币等一样,是代表封建的自然经济思想。从政治上说,是为了破坏国民经济,然后嫁祸于人,实行篡党夺权。

1963年我针对陈伯达、张春桥等人的这种反动的自然经济谬论,写过一个内部研究报告《社会主义计划经济中的利润指标》(以下简称《利润》报告)。报告的中心思想是:应该分清社会主义企业利润和资本主义企业利润的界线,恢复社会主义利润指标的名誉;反对用对待资本主义利润的态度来对待社会主义企业利润;必须努力扭转亏损,增加利润。哪知这个报告竟先后被陈伯达、"四人帮"抓住大做文章,在全国性报刊上掀起了三次批判高潮,把它当作"利润挂帅"的活样板。在陈伯达、"四人帮"横行之时,我被剥夺了发言权,无法为自己的观点申辩,学术界当然也不可能对这个问题展开入情入理的讨论。今天,我觉得再一次从理论上说清有关社会主义利润的一系列问题是完全必要的。

何谓利润

利润是物质生产部门职工生产的物质财富的一部分。生产部门职工生产的财富分为三个组成部分:第一部分是补偿生产过程中的物质消耗,相当于马克思在《资本论》中称之为不变资本C的那部分产品价值。第二部分是社会分配给职工和他们的家属的生活资料,相当于马克思称之为可变资本V的那部分产品价值。以上两部分合在一起构成一般所说的成本。剩下来的第三部分,相当于马克思用M来表示并且称之为剩余价值的那部分产品价值。在资本主义制度下,利润是剩余价值的转化形态。斯大林主张把社会主义企业职工创造的物质财富的第二部分——V称之为工人"为自己的劳动"创造的产品,而把第三部分——M称之为"为社会的劳动"创造的产品。斯大林的这个意见很对!在社会主义社会里,利润就是生产部门职工为社会生产的产品价值的货币表现。现在我们就来分析一下社会主义社会总产品中的C、V、M这三个部分。

先从C说起。C代表固定资产和原材料的消耗。随着现代科学技术的进步,固定资产即机器设备的价值越来越大,原材料的消耗量也越来越多。这就是马克思所说的有机构成不断提高的客观趋势。但是我们应该通过增产节约的途径,争取C这部分尽量少些,争取以更少的物质消耗生产出更多的产品。

再来说产品价值的第二部分。随着生产力的发展,社会主义社会中人民的生活水平,其中包括物质生产部门职工的生活水平,是应该不断提高的。但是,第一,物质生产部门职工的生活水平的提高表现为他们所消费的实物量的增加,这部分产品的价值量并不一定增加。因此,V在新创造价值(V+M)中的比重也不一定增加。第二,人民生活水平的提高,不仅表现为物质生产部门的发展,而且表现为脱离物质生产劳动,从事科学、文化、教育、卫生和其他种种服务行业(广义的服务行业)的职工人数的增长,以及他们的生活水平的同样普遍的提高。脱离物质生产的服务行业人员在总就业人口中比重的增加,是现代社会生产力发展水平和富裕程度的一个重要标志。他们都是靠利润(M)养活的。这就是说,第一部分(C)和第二部分(V)都应该争取减少,只有这样,第三部分(M)才能相应增加。最后,为了扩大再生产,还必须增加积累,而积累也来自M。因此,生产力的发展和人民生活水平的普遍提高,意味着物质生产部门职工"为自己的劳动"在社会总产品中所占的比重的减少,也就是V的比重的减少;同时,也就表现为,生产部门的职工"为社会的劳动"的增加,即是说M,或其货币表现——利润的比重增加了。

在社会主义社会里,职工生活水平的提高,是通过两种途径来达到的,这就是增加工资和降低物价。而这两件事在我们国家,是由政府来统一处理而不是由每个企业自己决定的。对每一个个别企业来说，应该努力做到的是如何在改进经营管理、革新技术的基础上提高劳动生产率，相对地以至于绝对地减少活劳动的消耗，即减少V的比重。

总的说来，不论从全社会的总产品来说也好，或者以个别企业的总产品来说也好，其中C和V这两个部分，也就是一般所说的成本，总是越低越好；而成本低了，企业的上缴利润就多了。在价格不变等条件下，降低成本和增加利润完全是同义语。只准说降低成本，不准说增加利润，那是毫无意义的忌讳。我们应该理直气壮地抓社会主义企业的利润。降低成本，增加上缴利润，应该是企业管理得好的主要标志。

但是在陈伯达、“四人帮”看来，社会主义企业争取降低成本、增加利润，都成了罪行，虽则他们一伙都是靠物质生产部门职工创造的利润养活的，而且除了正式的工资以外，还要大量侵占公款。这些钱哪一个不来自国库、不来自社会主义企业上缴的利润呢？如果说从前的封建官僚文人口不言钱而称“阿堵物”，那不过是为了显示他们的“雅”，以掩盖对人民的剥削，那么陈伯达、“四人帮”一伙给社会主义利润抹黑，则是为了破坏国民经济，实行篡党夺权。

概念混乱

由于陈伯达和“四人帮”长期挥舞“利润挂帅”的大棒，把“利润”变成了“禁区”，许多理论研究工作者和实际工作者不敢提“增加利润”，而只敢说“降低成本”，不敢说社会主义企业利润越多越好，只敢要求“一定的利润”。这种提法不仅在文字上是含糊不清的，而且在实际工作中还是有害的。我在《利润》报告中写道：“在党的‘扭亏增盈’的号召之下，现在企业职工对于‘亏损企业’这顶帽子是头疼的，一般总是力求早日摘掉这顶帽子。但是等到亏损企业这顶帽子一摘掉，有了‘一定的’利润之后，心就定了，劲就松了。这也是社会主义企业只求‘一定的赢利’这种思想在实践中的反映。”

近来又流行了一种新的回避“利润”的说法，那就是把“利润”改称为“积累”。不直截了当地号召企业努力为国家增加上缴利润，而说“要努力为国家增加积累”，这又是一种概念混乱。积累是和消费相对称的概念。在生产水平不提高，利润不增加的前提下，要求职工为国家努力增加积累，就是意味着降低人民的消费水平。这是违背社会主义的经济原则的，也是违背党和国家的政策的。把利润改称积累，用意是回避“利润”这个“禁区”，结果倒是变成了违背社会主义经济原则、违背党和国家政策的很不好的宣传。

有些文章的作者不敢说努力为国家增加上缴利润是光荣的，而只说努力为国家增加积累是光荣的。这句话表面看，好像是无害的。但是如果仔细想想，那么这句话的意思就是说，企业上缴利润，也就是说国家的财政收入，如果用之于消费就是不光荣的了。然而对谁也不是秘密，我们国家的财政收入的大部分都是用之于消费的，就是说是用之于国防建设和国家机关的经常费用，用之于科学、文化、教育、卫生等事业经费，用之于一切非物质生产领域人员的工资开支，只有小部分是用之于积累的。如果说，只有积累是光荣的，而消费是不光荣的，那么，企业职工上缴给国家的利润的大部分都是不光荣的了。

由于忌讳“利润”，不敢接触“利润”这个“禁区”，用“一定的利润”、“积累”等等概念来代替“利润”这个概念，是早就存在了。所以，我在《利润》报告中就提出，我们不应该用修辞学来代替经济学，不要徒劳地去另外创造一个词来代替“利润”这个词，而应当从本质上来划清社会主义企业利润和资本主义企业利润的界线。凡是企业经营符合社会主义准则的，那么这样的企业所取得的利润就是正当的社会主义利润，这样的利润就是越多越好，就应该理直气壮地抓。如果违背上述准则，例如企业不按照国家计划规定来进行生产，用投机倒把的办法去牟取利润，这就不是社会主义利润了。

关于价格形成的基础

在我们社会主义建设历史上，的确发生过“有利就干，无利不干；利大大干，利小小干”的事例。例如，有的工厂抛开了国家规定给它的任务，不生产农机而去生产小铁床，原因是农机价低利少，甚至没有利润，而小铁床价高利大。机械制造业中还曾经比较普遍地存在过一个现象，那就是乐意生产成套机器，而不愿意生产零配件，原因是成套机器有利可图，而零配件费工多，利润少。人们往往把这种现象仅仅归罪于思想教育工作没有做好，归罪于政治不挂帅。当然，这里有这方面的问题。但是为什么各种产品的价格要高低不平以至发生有利无利，或利大利小的差别呢？如果价格订得更合理些，没有利大利小，有利无利的差别，没有不顾国家计划单纯追逐利润的物质基础，思想教育工作不是可以更有成效些吗？

产品定价不是根据客观经济规律，不是根据价值，而是根据主观要求，事实说明，往往是走到主观愿望的反面去了。我认为，除烟、酒等类某些特殊商品之外，最好的价格政策应该是按产品价值来定价(下面我将说到，产品价格最后应按生产价格来定)，就是说，要按客观经济规律来定价，而不是按主观愿望来定价。

价格背离价值还有两个害处：第一，把贵的说成是便宜的，把便宜的说成贵的，使经济核算失去客观标准。第二，会使国民经济各部门之间的比例关系丧失真相。70年代初,《人民日报》发表过一篇署名蔡正的文章,题目讲的是农业在国民经济中的重要性,证据是:来自农业的收入在国家财政收入中的比重占到百分之十点几。但是早在50年代末,毛泽东同志就对来自农业的收入只占国家财政收入的百分之十点几这个数字的正确性提出过怀疑。毛泽东同志曾经向计划统计工作者提出过这样一个问题:近两亿左右农村整、半劳力对国家的贡献只有百分之十点几;而人数只有1000多万的工业、交通部门的职工对国家的贡献倒有百分之八十几,这笔账你们是怎么算出来的呢?原来这笔账就是被偏离了价值的价格所歪曲了的!由于农副产品作价偏低,所以算出来的农民对国家的贡献只有百分之十点几了(只算了公粮部分)。

现在,华主席、邓副主席、李副主席分别在几次讲话中提出了要调整工农产品比价的问题。这是非常英明的,是一项对于促进农业生产具有很大意义的经济措施。现在调整工农业产品比价、提高农产品价格,在原则上是确定了,但是还有一个如何落实的问题。经济学界应该配合实际工作者,对这问题作全面深入的调查研究,以便实现党中央提出的这个任务。

要为"资金利润率"恢复名誉

我们主张产品价格应当按产品的价值量来规定,并不是说每一种产品的价格要和价值量绝对相符。既然在社会主义社会里还存在价值规律,那就还必须从这基础出发,进一步承认"资金利润率"、生产价格和级差收益(也就是"级差地租")的存在。由于对级差收益的问题马克思、列宁都有详细的说明,我们就不再谈它。这里只是简略地谈一谈"资金利润率"和生产价格的问题。

"资金利润率"和成本利润率是两种不同的定价原则,也是决定企业上缴利润任务的两种不同原则。

根据"资金利润率"的原则,每个企业占用多少资金,就要按照当前全社会的平均"资金利润率"上缴利润。例如某一企业占用资金1亿元,当前全社会的年平均资金利润率是20%,那么这个企业每年上缴利润任务就应该是2000万元。如果年终实际的上缴利润不足此数,那就说明这个企业的经营管理不好,没有能够充分发挥国家投放在该企业的社会资金的作用。如果实际的上缴利润超过这个平均定额,那就说明这个企业经营管理得法,就要总结这个企业的好经验,并且加以推广。

根据资金利润率的原则,决定产品价格的方法是:某一行业中某种产品的总成本,加上生产这些产品所占用的资金总额应该承担的、按平均资金利润率计算的利润总额,再用总产品的数量来除,就是这种产品的单价。这样,从一个企业看,产品价值构成的M部分,同产品价格中利润部分,在量上是不一致的;而从全社会看,M的总和与利润的总和是相等的。

在采取资金利润率的时候,企业多占用社会资金,就要多承担上缴利润的任务,所以就会促使企业节约资金,特别是促使企业职工注意提高设备的利用率,节约固定资金。

但是我们过去不少部门所实行的不是"资金利润率",而是第一个五年计划时期从苏联搬来的成本利润率制度。按照这个制度,产品价格的计算方法是由本行业中每种产品的平均成本加上按平均成本利润率计算出来的利润;而企业的上缴利润任务归根到底是由企业生产任务规定的总成本乘平均成本利润率得出的。

在成本利润率制度下,企业经济核算,实际上只核算了企业占用资金中的极小一部分,即流动资金加上固定资产的折旧部分。而且,由于我们的折旧年限一般在25年甚至25年以上(由于技术进步的加速,设备更新速度加快,所以西方世界的折旧年限已经从19世纪的10年左右缩短到现在的四五年左右了),实际上我们的折旧费也是大大地缩小了的。总之,我们的固定资金只有1/25,甚至连1/25也不到纳入了企业经济核算范围,承担了向国家上缴利润的任务。固定资产的绝大部分没有纳入核算,不承担向国家上缴利润的任务,对于企业来说,等于是免费占用的。所以企业主管人员总是"宽打窄用",设备要得多,设备利用率很低。60年代初,我曾经请教过许多很精明的企业领导人,问他们所主管的企业的流动资金有多少,他们对答如流,问他们的固定资金多少,却没有一个回答得出。不纳入经济核算的数字,也就是不用的数字,是没有人会记得的!

我们国家缺的是现代设备,然而我们的核算制度就是不核算固定资金。所以,把成本利润率制度改为"资金利润率"制度,应该是放到当前经济管理工作的议事日程上来的时候了。

在按"资金利润率"原则规定企业上缴利润的任务后,大、洋企业因设备等客观条件优越而多赚的利润,由于多占用资金必须多承担上缴利润而抵消掉了。如果再把由于自然条件优越所取得的级差收益以税的形式上缴给国家,企业利润的多寡主要是反映企业职工在经营管理和劳动积极性等方面的主观努力了。这样,利润就成为最能反映企业经营情况的综合性指标。

利润和奖金

在价格背离价值以及按成本利润率定价的情况下,在不扣除级差收益税的情况下,按企业利润的多寡来发奖金,就会把国家投资和自然界的优越条件造成的超额利润归功于企业,这是不合理的。但是在扣除级差收益，按“资金利润率”计算利润的情况下，就能够把客观条件和主观努力分开来，从而把奖金同超额利润量结合起来，就是合理的，也是符合按劳分配原则的，甚至是更好地贯彻按劳分配原则的一种形式，有利于调动职工积极性，有利于促进生产。我的《利润》报告，在当时陈伯达、张春桥刮起的反对“物质刺激”、否定按劳分配原则的“共产风”影响下，一般地否定了奖金制和企业留成，主张利润一个钱不留、全部上缴，是错误的，是不利于促进生产的。我在这里附带地对《利润》报告中这种“左”倾思想作自我批评。

10月24日

中共中央主席华国锋在北京会见墨西哥合众国总统何塞·洛佩斯·波蒂略

国务院副总理邓小平在东京拜会日本前首相田中角荣 自由民主党干事长大平正芳等日本朋友

国务院副总理邓小平前往日本国会分别拜会众议院议长保利茂和参议院议长安井谦

中共中央副主席汪东兴在北京会见挪威工人共产党(马列)主席保尔·斯泰根

全国人大常委会 国务院致电祝贺宁夏回族自治区成立20周年

以全国人大常委会副委员长乌兰夫为团长的中央代表团前往银川参加宁夏回族自治区成立20周年庆祝活动

代表团的副团长是：国务院副总理谷牧，政协全国委员会副主席张冲(彝族)，国家经委副主任郭洪涛，民政部副部长刘景范，中国人民解放军兰州部队副司令员刘静海，内蒙古自治区革委会副主任云世英(蒙古族)。

代表团团员有39人(以姓氏笔画为序)：马志新(回族，国家民委政治部主任)、马卓洲(回族，中共河北省委统战部副部长)、马德仁(大庆油田革委会副主任)、王伏林(国务院办公室副主任)、王昆仑(人大常委会委员)、王崇伦(全国总工会副主席)、云北峰(蒙古族，中国社会科学院民族研究所所长)、云丽文(女，蒙古族，中共中央统战部办公室副主任)、白寿彝(回族，人大常委会委员)、江平(国家民委负责人)、江泽民(一机部顾问)、安士伟(回族，政协全国委员会常务委员)、安法乾(商业部副部长)、李巧云(女，北京市革委会副主任)、李伯宁(水电部副部长)、李希庚(中央军委办公厅副主任)、李海峰(女，共青团十大筹委会副主任)、宋一民(山东省革委会副主任)、阿木冬·尼牙孜(维吾尔族，新疆维吾尔自治区革委会副主任)、杨士法(上海市革委会副主任)、张杰(回族，中国伊斯兰教协会副主任)、张超(煤炭部副部长)、张瑞清(财政部副部长)、张舒庭(轻工业部劳动工资司副司长)、郑季翘(人大常委会副秘书长)、苗树森(国家建委顾问)、郝中士(农林部副部长)、赵文甫(河南省科教办主任)、赵学全(云南省总工会主任)、洛桑慈诚(藏族，西藏自治区革委会副主任)、费孝通(政协全国委员会常务委员)、胡耐秋(女，全国妇联常委)、郭爱莲(女，大寨大队妇联主任)、高文礼(公安部副部长)、晋桂香(女，教育部党组成员)、黄荣(壮族，广西壮族自治区革委会副主任)、崔月犁(卫生部副部长)、惠庆祺(供销合作总社顾问)、薛剑华(中共中央统战部二局副局长)。

10月25日

中共中央主席华国锋在北京会见以几内亚民主党中央政治局委员 司法部长迪亚内·兰萨纳为团长的几内亚民主党代表团

全国人大常委会委员长叶剑英在北京会见墨西哥合众国总统何塞·洛佩斯·波蒂略

国务院副总理邓小平出席东京日本记者俱乐部为他举办的记者招待会

邓小平发表谈话时指出，中日和平友好条约的缔结，是两国政府和人民共同努力，排除干扰，取得的重大成果。它为中日睦邻友好关系建立了更加稳固的基础，为进一步加强两国在政治、经济、文化和科技等方面的交流，开辟了更加广阔的前景。

他指出，中国和日本都面临着霸权主义的现实威胁。中日和平友好条约明确规定反霸原则，在当今的国际形势下具有重大的意义。他说：“反霸条款首先是中日两国自我约束，承担不谋求霸权的义务，同时也反对其他人谋求霸权，谁谋求霸权就反对谁。”他指出：“这是国际条约中的一个创举。”

邓小平副总理说：“我们同情广大日本人民在第二次世界大战中的遭遇，充分理解日本人民要求和平的强烈愿望。中国人民为了建设自己的国家，早日实现四个现代化，也需要一个和平的环境。但是，我们不能不看到，当今的世界并不安宁。霸权主义者到处伸手，无孔不入，严重地威胁着世界和平与国际安全。新的世界大战的危险是客观存在。我们有必要把战争危险的增长如实地告诉人民。各国人民提高警惕，加强团结，做好准备，打乱霸权主义的战略部署，战争是有可能推迟的。”

他重申：“中国永远不称霸，现在不称霸，将来实现了四个现代化，成为强大的社会主义国家，也决不称霸。这是毛主席生前为我们规定的国策，并已明确载入中国的宪法。我们希望中日双方都教育自己的子孙后代，永远信守中日和平友好条约的反霸原则。”

邓副总理说：“中日两国人民有着两千年友好交往的历史和悠久的传统友谊。中日友好源远流长，有着坚实的基础。尽管中日之间有过一段不幸的历史，中国人民遭受了深重的灾难，日本人民也受害不浅。但是，这与两千多年的友好历史相比，毕竟还是很短暂的。现在，中日两国友好交往的新高潮正在到来。我们应该向前看，放眼未来，共同努力，使中日两国人民世世代代友好下去。”

邓副总理说，“中国在粉碎‘四人帮’以后，出现了一个安定团结、大干快上的大好局面。中国人民在以华国锋主席为首的中共中央的领导下，精神振奋，斗志昂扬，开始了一次新的长征，为在本世纪内把我国建设成为农业、工业、国防和科学技术现代化的社会主义强国而奋斗。当然，中国现在在经济和科学技术方面还是一个落后的国家，我国的工农业水平还很低，我们的任务是艰巨的。但是，中国人民有决心、有信心，经过若干年的艰苦奋斗，达到自己的目的。我们坚持自力更生的方针，同时也要学习国外一切先进经验。我们愿意向伟大的日本人民学习。”

国务院副总理邓小平在东京记者招待会上答记者问

邓小平副总理在东京出席了日本记者俱乐部主办的记者招待会，向到会的400多名日本记者和各国驻日本记者发表了讲话后，并回答了记者提出的问题。

谋求和平就不能不反霸

邓副总理在回答问题时重申了中国政府反对霸权主义的立场。他指出，反对霸权主义是中日和平友好条约的核心。因为我们要和平友好，谋求亚洲太平洋地区的和平与安全，谋求世界的和平与安全，不反霸是不行的。日本政府规定自己的国策是全方位外交，这是无可非议的。我个人理解，所谓全方位外交就是同任何国家谋求友好。如果照这个意义来说，中国的外交也是全方位外交，但是，中国的外交加了一条，那就是谁要搞霸权，我们就反对谁。按照《中日和平友好条约》包含的意义来说，我想，如果有人把霸权强加在日本头上，恐怕日本人民也不会赞成。

邓副总理说：我们希望同一切国家友好相处，不幸的是现在却有人在世界各个地区谋求霸权，这种霸权主义正是国际不安全、不稳定的根源。

中日经济合作余地很大

邓副总理谈到中日关系时说，中日双方在经济方面合作的余地很大。我们向日本学习的地方很多，也会借助于日本的科学技术甚至于资金。我们之间已经签订了一个长期贸易协议。但只有这一个还不够。那是200亿美元，还要加1倍至2倍。等到我们发展起来了，道路就更宽广。他说，欧洲的朋友问我：“你们和日本搞得这么多，是不是我们就没有事做了？”我告诉他们：“不要担心。”需要他们同日本竞赛一下。

邓副总理说，和平友好条约的缔结和生效，今后两国人民的合作理所当然地要加强。两国政治、经济、文化、科学等方面的合作都要进一步发展，两国人民之间的交往，包括派留学生、参观、访问等，民间的要增加，政府间的接触也要增加。这些方面，当然不需要一种固定的形式。这一点，我们同福田首相会谈时有共同的看法。

他在回答关于贷款问题时说，对日本政府给我们贷款这种形式，我们还没有考虑，今后将研究这一问题。

邓副总理在回答日本记者提出的有关钓鱼岛问题时说，“尖阁列岛”我们叫钓鱼岛，这个名字我们叫法不同，双方有着不同的看法，实现日中邦交正常化的时候，我们双方约定不涉及这一问题。这次谈《中日和平友好条约》的时候，双方也约定不涉及这一问题。他指出，倒是有些人想在这个问题上挑些刺，来障碍中日关系的发展。我们认为两国政府把这个问题避开是比较明智的。这样的问题放一下不要紧，等十年也没有关系。他表示将来总会找到一个大家都能接受的方式来解决这个问题。

支持朝鲜自主和平统一

一位日本记者提出亚洲紧张局势的中心在朝鲜和越南的问题。邓副总理回答说，今天上午我同福田首相谈了朝鲜问题，交换了我们双方各自的看法。我比较了解朝鲜民主主义人民共和国，中国对朝鲜问题的主张，正如大家知道的，我们一贯支持金日成主席和朝鲜民主主义人民共和国的自主和平统一朝鲜的主张，这点我也坦率地告诉了首相。据我们了解，不存在北方动手动脚的问题，只要南方不动手动脚就不存在什么紧张局势，那里的问题是要创造条件，实行南北对话。正如金日成主席所说的，要自主和平地来商谈他们之间的统一问题。他指出美国应撤离在南朝鲜的军队。

邓副总理说，我们历来认为，人为地把一个国家一分为二，分割开来，这个问题迟早要解决。两个越南的问题解决了。尽管越南现在反对我们，但是，它解决自己国家的统一，这是正义的。除"两个朝鲜"之外，还有两个德国，"两个中国"，是不是还有一个一国有1%的日本的问题。这些问题总是要解决的。十年解决不了，一百年，一百年解决不了，一千年总能解决了吧！这种民族的愿望，这个潮流是不可抗拒的。至于越南，人们叫它东方的古巴，我不多讲了，就是一句话，我赞成这个看法。

中美关系正常化是大势所趋

邓副总理在回答有关中美关系正常化的问题时说，中美双方正在商谈这个问题。这恐怕也是大势所趋。中美关系从1972年发表了中美上海公报以来，有了不断地发展，现在还在继续发展，但是还没有正常化。障碍就是一个台湾问题。我们向美国提出了实现正常化的条件，就是美国同台湾的关系实现三条：废约、撤军、断交。这方面我们要等候美国的考虑。

中国有信心实现四个现代化

日本记者十分关心中国四个现代化的问题。邓副总理回答说，中国确定了自己的目标，就是在本世纪末实现农业、工业、国防、科学技术现代化。我们所说的在本世纪末实现的现代化，是指比较接近当时的水平。世界在突飞猛进地前进，那时的水平，例如日本就肯定不是现在的水平，我们要达到日本、欧洲、美国现在的水平就很不容易，要达到22年以后的水平就更难。我们清醒地估计了这个困难，但是，我们还是树立了这么一个雄心壮志。我们也考虑了我们自己的条件，特别是最主要的条件是，现在我们国内万众一心，上上下下一条心，这是粉碎"四人帮"以来形成的这么一个良好的政治局面。第二个条件是，我们这个国家虽然穷，但是资源比较丰富。第三，要有正确的政策，就是要善于学习，要以现在国际上先进的技术、先进的管理方法作为我们发展的起点。首先承认我们的落后，老老实实承认落后就有希望。再就是善于学习。这次到日本来，就是要向日本请教。我们向一切发达国家请教。向第三世界穷朋友中的好经验请教。相信本着这样的态度、政策、方针，我们是有希望的。我们有这样的信心。

感谢日本政府和人民的深情厚谊

邓副总理在谈到这次访日的感想时说，这次到日本来，受到日本政府和人民深情厚谊的接待，非常感动。这次来，同福田首相充分交换了对国际形势和双边问题的意见，重要的是两国领导人每年经常谈谈，有好处。至于各方面的接待，我们是十分满意的。总之，是以一片喜悦的心情来到东京，并将以一片喜悦的心情回北京去。

邓副总理说："这次，我们受到天皇陛下和皇后陛下的隆重接待，表示感谢。同天皇见面的时间不短，连吃饭花了两个多小时。双方谈到过去，但是，我们注意到天皇陛下更放眼于未来，他表示深切地关怀中日和平友好条约的签订。对此，我们表示深感满意。"

廖承志、黄华、韩念龙、符浩、李力殷等也出席了记者招待会。

国务院副总理邓小平在东京日本首相官邸与福田赳夫首相举行第二次会谈

会谈中，双方就朝鲜局势问题各自阐述了自己的立场，希望朝鲜问题根据自主和平统一的原则得到解决。

双方强调，在《中日和平友好条约》的基础上，进一步加强往来，发展经济、文化、贸易等方面的合作。

宁夏回族自治区成立20周年庆祝大会在银川举行

中央代表团团长乌兰夫，副团长谷牧、张冲、郭洪涛、刘景范、刘静海、云世英以及代表团全体成员，由霍士廉、黄经耀、邵井蛙、李学智、马玉槐等自治区党政军负责同志出席集会。

前来参加庆祝活动的还有萧华、汪锋、宋平、谭启龙、王任重和黎原等同志。

庆祝大会由自治区党委书记、兰州部队副司令员兼宁夏军区司令员黄经耀主持。自治区党委第一书记、自治区革委会主任、宁夏军区第一政治委员霍士廉在大会上讲了话。

中共中央政治局委员、全国人大常委会副委员长、中央代表团团长乌兰夫接着在大会上讲话。他代表华主席为首的党中央，代表人大常委会和国务院，向宁夏各族工人、农民、牧民、干部、知识分子和爱国人士，向驻宁夏部队全体指战员，向从全国各地来到宁夏参加建设的同志，致以热烈的祝贺和亲切的慰问。

国务院副总理、中央代表团副团长谷牧宣读了全国人大常委会、国务院庆祝宁夏回族自治区成立20周年的贺电。

国务院副总理李先念在北京与墨西哥合众国总统何塞·洛佩斯·波蒂略举行会谈

国务院副总理余秋里在北京与美国能源代表团团长 能源部长施莱辛格举行会谈

会谈中，双方就扩大两国能源合作的可能性进行了探讨，并对其他共同关心的问题坦率地交换了意见。

国务院副总理陈永贵在北京会见以芬兰科学院院士 赫尔辛基大学数学教授奥利·雷赫道为团长的芬兰大学校长和教授访华团

全国人大常委会副委员长谭震林在北京会见由芬兰乌西玛省省长卡尔洛·皮特辛基率领的芬兰友好人士代表团

国务院副总理王震在北京会见以赛义德·阿里·纳瓦布少将为团长的巴基斯坦兵工厂代表团

经济学界在北京举行第四次按劳分配问题的理论讨论会

我国经济学界10月25日起在北京举行第四次按劳分配问题的理论讨论会。这是1977年举行过的三次按劳分配问题的理论讨论会的继续和深入。

为了从政治经济学的理论方面揭发批判“四人帮”的反革命修正主义谬论，1977年2月由北京的几个经济研究单位和大学共同发起召开经济理论讨论会，确定首先揭发批判“四人帮”在按劳分配方面的谬论。在当年4月、6月、10月至11月间举行了三次按劳分配问题的理论讨论会。

贯彻按劳分配，对加快实现四个现代化有非常重要的意义，因而广大经济理论工作者和实际工作者都十分关心从理论上深入讨论这个问题。北京和全国各地参加的单位和人数一次比一次多。

讨论会十分重视贯彻执行百家争鸣的方针。对揭批“四人帮”的谬论，既要保持高度的革命义愤，又要说理斗争。在同志之间，对不同的意见，要让大家畅所欲言，各抒己见，坚持真理，修正错误。“四人帮”为禁锢人们思想而设置的“禁区”，一个个被突破，在分配理论方面的就有按劳分配、物质利益原则、计件工资、奖金等。会议开得生动活泼，一扫“四人帮”造成的理论界万马齐喑的沉闷局面，逐渐消除了广大理论工作者心有余悸的精神状态。会议提倡有准备的发言，然后互相提问题，互相答辩，分组专题讨论和大会发言结合。

这个理论讨论会与一般的理论讨论会相比，有一个特点，就是采取专题深入，不是浅尝辄止，满足于一两次讨论所取得的成就，而是采取抓住这个专题逐步深入和扩大的办法。在批判“四人帮”关于按劳分配是产生新资产阶级分子的经济基础的同时，逐步深入地讨论了按劳分配能否引起资产阶级的产生，按劳分配与商品生产和货币交换结合在一起能否产生资产阶级。在讨论的基础上，逐渐得出了社会主义生产关系，包括按劳分配、社会主义的商品生产和货币交换，均不能产生资本主义因素的结论。

为了深入研究按劳分配问题，还提出并正在研究马克思主义关于按劳分配理论形成和发展的历史；研究苏联从本世纪30年代以后，在按劳分配问题的理论和实践上的问题；研究按劳分配与劳动报酬的形式、社会主义制度下的工资理论等等。

会议一开始就强调理论结合实际。为按劳分配恢复名誉，恢复计件工资和奖金等都是实践要求解决的问题。在讨论中，系统的社会调查研究越来越受到大家重视，不少单位写出了调查报告，不仅证明没有一个新资产阶级分子是由按劳分配产生，而且对各种劳动报酬形式的分析提供了有说服力的论证。会议还研究了外国的分配制度，以资借鉴。

现在正进行的第四次按劳分配讨论会，就以下几个问题，作进一步的讨论：按劳分配是社会主义客观经济规律问题；贯彻社会主义的物质利益原则和按劳分配原则的关系问题；劳动报酬的形式，特别是奖金和计件工资问题；农村按劳分配及其形式问题。

中国体操协会就国际体操联合会恢复我国合法席位发表声明

国际体操联合会于10月20日在法国的斯特拉斯堡召开第五十六届代表大会，会上以39票对9票通过决议，恢复了中华人民共和国体操协会在国际体联的合法席位，撤销了台湾所谓体操组织的会籍。对此，我会表示欢迎，我国广大的体操运动员表示欢迎。

恢复我国在各个国际体育组织中的合法权利，撤销台湾所谓体育组织的非法会籍，这是我国人民和运动员的正义要求，也是世界各国人民和体育界的共同愿望。国际体操联合会代表大会作出的这一决定，必将得到各国人民和体操运动员的拥护。我们感谢许多国家的体操协会和国际体操界以及国际体操联合会中支持我正义立场的友好人士在这方面所作出的努力。

众所周知，世界上只有一个中国，这就是中华人民共和国。台湾是中华人民共和国的一个省。我会历来对台湾体操运动员无限关怀，同对全国其他省、自治区、直辖市运动员一样，给予他们参加我全国性运动会和为准备参加重大国际比赛而进行的国内选拔赛的机会，今后也仍将继续这样做。

我会愿意同国际体操联合会加强合作，为发展世界体操运动和加强国际体操界的友谊和团结作出应有的贡献。

10月26日

中国共产主义青年团第十次全国代表大会在人民大会堂闭幕

大会一致通过了韩英同志代表共青团十大筹委会所作的工作报告的决议，一致通过了中国共产主义青年团章程。

大会选举产生了中国共产主义青年团第十届中央委员会。共选出中央委员201名,候补中央委员99名。

李先念副主席以及党和国家其他领导人方毅、苏振华、吴德、陈永贵、陈锡联、倪志福、赛福鼎、邓颖超、许德珩、胡厥文、王震、康世恩,政协全国委员会副主席朱蕴山、季方、王首道、杨静仁、庄希泉、胡子昂、荣毅仁,最高人民法院院长江华,最高人民检察院检察长黄火青等,出席了大会闭幕式。

闭幕式由胡启立同志主持。

王敏生同志在会上致闭幕词。

国务院副总理方毅 康世恩 陈慕华分别在中国共产主义青年团第十次全国代表大会上作报告

方毅同志在关于科技工作的报告中介绍了两年来特别是全国科学大会以来,我国科技战线在华主席为首的党中央领导下,以揭批"四人帮"为纲大干快上的喜人景象;阐述了现代科技在国民经济中的重大影响。

方毅同志指出,青年一代是我们新长征的突击队,是向现代科学技术进军的生力军。我们民族的希望在于青年,科学的未来在于青年。他说,在向科学技术现代化进军的征途中,青年们应该好学不倦、勇攀高峰。科学允许而且要求青年超过老年。能超过老师才是最好的学生,能培养出超过自己的学生才是最有贡献的老师。中国需要大批大批又红又专的科学技术人才。我们深信在光荣的中国青年的队伍中,这样的优秀人才一定会源源不断地涌现出来。方毅同志希望青年们解放思想,打破"四人帮"的精神枷锁,勇于探索真理,一切不利于四个现代化的条条框框,都应该勇敢地加以打破。这样,才能加快四个现代化的速度,才是真正继承毛主席、周总理的遗志。

康世恩同志在关于当前的经济形势和怎样实现四个现代化的报告中,介绍了粉碎"四人帮"以来,在华主席、党中央领导下,我国社会主义建设稳步增长、持续跃进、健康发展的大好形势以及实现四个现代化宏伟目标的各项具体任务。他在谈到一个青年怎样做才称得起新长征突击队员这个光荣称号时提出了四条具体要求:一、要有实现四个现代化的雄心壮志;二、要努力学科学,学技术;三、要坚持实事求是,做老实人,说老实话,办老实事;四、要加强组织纪律性。

陈慕华副总理在大会上介绍了当前国际斗争的大好形势和我国对外工作取得的巨大成就。陈慕华副总理说,我们要高举毛泽东思想的伟大旗帜,扎扎实实地做好本国的工作,坚持无产阶级国际主义,积极支持各国人民和青年反帝、反殖、反霸的斗争,为人类的进步和解放事业作出应有的贡献。

中国共产主义青年团第十次全国代表大会关于工作报告的决议

(中国共产主义青年团第十次全国代表大会1978年10月26日通过)

中国共产主义青年团第十次全国代表大会一致通过韩英同志代表共青团十大筹委会所作的《为伟大的新长征贡献青春》的工作报告。

大会认为,工作报告高举毛主席的伟大旗帜,全面总结了团的九大以来我国青年在斗争中成长的基本经验,根据新时期的总路线和总任务,明确提出了当前和今后一个时期我国青年的光荣使命和加强共青团建设的任务,这是新长征中共青团工作的重要文献,全团一定要认真贯彻执行。

十多年来,我国青年在无产阶级"文化大革命"中,受到深刻的教育和锻炼。林彪、"四人帮"妄图摧垮共青团、腐蚀毒害青年的阴谋遭到了抵制。毛主席的革命路线在共青团的工作中始终占主导地位。全国青年坚持毛主席指引的青年运动方向,发扬了为真理而斗争的革命精神,在大风大浪中成长起来。我国这一代青年是大有希望,大有作为,完全可以信赖的,一定能够继承和发扬光荣的革命传统,组成一支忠于无产阶级革命事业的战斗的生力军,沿着党指引的方向奋勇前进。

华主席号召我们:高举毛主席的伟大旗帜,团结起来,努力学习,勤奋工作,在三大革命运动中锻炼成长。在新长征中作出贡献。我们一定不辜负华主席、党中央的殷切期望,坚定不移地把毛泽东思想的伟大旗帜一代一代传下去,极大地提高整个青年一代的科学文化水平,发扬共产主义道德风尚,做大干快上的英勇突击队,创造出英雄业绩,无愧于伟大的时代,无愧于自己的青春,无愧于党和人民的希望。

在新的历史条件下,在新长征的道路上,我们一定要努力把共青团建设好。要在政治上、组织上、工作上保证党对共青团的领导;要贯彻民主集中制的原则,发扬民主作风,健全民主生活;要积极整顿和配备好团的领导班子,健全团的各级组织,建立团的系统领导;要慎重选择、精心培养年轻干部;建设好团的干部队伍;要面向基层,办好团支部,提高团员的政治质量,把共青团建设成为团结教育青年的核心,为造就一代又红又专的无产阶级革命事业接班人而努力工作。

我们一定牢记毛主席和周总理的教导,永远高举无产阶级国际主义的旗帜,坚持三个世界划分的理论,加强同全世界马列主义青年组织和其他进步青年组织的团结,加强同第三世界和各国青年的团结,为人类的进步和解放事业而奋斗。

伟大祖国的前程无限美好,青年一代的任务光荣而又艰巨。大会号召我国一亿七千万各族青年,高举毛主席的伟大旗帜,跟着华主席,跟着党中央,以高昂的革命斗志,在阶级斗争、生产斗争和科学实验三大革命运动中打先锋,向着四个现代化的伟大目标,向着共产主义的光辉未来,奋勇前进!

中国共产主义青年团章程

(中国共产主义青年团第十次全国代表大会1978年10月26日通过)

总　则

中国共产主义青年团是中国先进青年的群众组织,是学习共产主义的学校,是中国共产党的助手。

中国共产主义青年团坚决拥护中国共产党的纲领,以马克思主义、列宁主义、毛泽东思想为指导思想,坚决执行中国共产党第十一次全国代表大会的路线,团结全国各族青年做新长征的英勇突击队,为在本世纪内把我国建设成为农业、工业、国防和科学技术现代化的社会主义强国,为在将来实现共产主义而奋斗。

中国共产主义青年团是伟大领袖和导师毛泽东主席亲自缔造和培育的。毛主席的革命路线始终指引着共青团胜利前进。永远高举和坚决捍卫毛主席的伟大旗帜,是共青团的崇高职责。

中国共产主义青年团的基本任务是用马克思主义、列宁主义、毛泽东思想和现代科学文化知识武装青年,引导青年在阶级斗争、生产斗争和科学实验三大革命运动中锻炼成长,把我国青年培养成为有社会主义觉悟的有文化的劳动者,成为热爱祖国、忠于人民、有知识、守纪律、体魄健壮、勤劳勇敢、朝气蓬勃、不怕任何困难的共产主义事业的接班人。

中国共产主义青年团必须加强思想政治工作,把动员青年实现新时期的总任务作为思想政治工作的中心内容,坚持兴无产阶级思想、灭资产阶级思想的方针,经常对青年进行阶级教育、理想教育、传统教育和品德教育,帮助他们逐步树立无产阶级世界观,为加速实现社会主义的四个现代化贡献自己的全部力量。

中国共产主义青年团关心青年的全面成长,充分兼顾青年的工作、学习和娱乐、体育、休息两个方面,围绕党的中心任务,照顾青年特点,开展独立活动,帮助青年努力做到"身体好,学习好,工作好"。

中国共产主义青年团的组织原则是民主集中制,以民主集中制的原则武装团员。在团的生活中,要充分发扬民主,实行"知无不言,言无不尽","言者无罪,闻者足戒"的原则,切实保障团员的民主权利,反对任何压制民主的行为;要教育团员和团的干部自觉地遵守团的纪律,执行团的决议,经常开展批评和自我批评,反对无政府主义。要努力造成一个又有集中又有民主,又有纪律又有自由,又有统一意志、又有个人心情舒畅、生动活泼的政治局面。

中国共产主义青年团各级组织坚持要搞马克思主义不要搞修正主义,要团结不要分裂,要光明正大不要搞阴谋诡计的三项基本原则。继承和发扬群众路线、实事求是、批评和自我批评、艰苦奋斗的优良传统和作风。团的干部要经常深入群众,调查研究,参加劳动,关心青年的切身利益,如实反映青年的意见,做青年的表率和知心朋友。

中国共产主义青年团坚持无产阶级国际主义,坚决贯彻执行毛主席的革命外交路线,遵循毛主席关于三个世界的理论,加强同全世界马列主义青年组织和其他进步青年组织的团结,加强同第三世界青年和各国青年的团结,支持全世界被压迫民族、被压迫人民和青年的正义斗争,坚决反对苏、美两个超级大国的霸权主义,为打倒帝国主义、现代修正主义和各国反动派,为人类的进步和解放事业而奋斗。

中国共产主义青年团必须接受中国共产党的绝对领导。共青团中央委员会受中国共产党中央委员会的领导,地方各级团组织受同级党组织和上级团组织的领导。

第一章　团　员

第一条　年龄在十四周岁以上,二十五周岁以下的中国青年,承认团的章程,自愿参加团的一个组织并在其中积极工作,执行团的决议,遵守团的纪律,交纳团费,方可加入中国共产主义青年团。

团员年满二十五周岁,如果没有被选入团的领导机关,或者没有担任团内的专门职务,就不再保留团籍;如果他们要求留在团内,并能继续参加团的生活,履行团员义务,可以保留团籍到二十八周岁。

团员在被接收入党并且转为正式党员以后,就不再保留团籍。

第二条　团员有下列义务:

(一)努力学习马克思主义、列宁主义、毛泽东思想,学习现代科学文化知识;

(二)执行党的方针政策,积极完成团组织交给的任务,在学习、劳动和工作中起模范作用;

(三)模范遵守社会主义法制,发扬共产主义道德风尚,维护国家和集体的利益,同违法乱纪的行为作斗争;

(四)提高警惕,保卫祖国;

(五)密切联系群众,虚心向群众学习;

(六)开展批评和自我批评,坚持真理,修正错误。

第三条　团员有下列权利:

(一)在团内有选举权、被选举权和表决权;

(二)在团的会议和团的报刊上,参加关于团的工作和青年关心的问题的讨论；

(三)批评和监督团的领导机关和团的工作人员；

(四)对于团的决议如果有不同的意见，可以保留和向团的领导机关提出，但在行动上必须坚决执行；

(五)参加团的组织通过对自己的处分决议的会议，并且可以申辩；

(六)向团的任何一级组织直至中央委员会提出建议、申诉和声明。

第四条　接收团员必须严格地履行以下入团手续；

(一)申请入团的青年必须有团员二人介绍；

(二)介绍人应当负责地向团的组织说明被介绍人的思想、品质和经历，并且向被介绍人说明团章；

(三)申请入团的青年要向支部委员会提出申请，填写入团志愿书，经支部大会讨论通过，报告上一级委员会批准。入团的青年从批准之日起，方能取得团籍。

第五条　团员由一个组织转移到另一个组织，必须按照规定转移组织关系。

第六条　对于在三大革命运动中有显著成绩的团员，团的组织应给以表扬和奖励。

第七条　对于违反团的纪律的团员，团组织应当本着“惩前毖后，治病救人”的方针进行批评和教育，帮助他们认识错误和改正错误，情节严重的，应当给以纪律处分。

处分分为：警告；严重警告；撤销团内职务；留团察看；开除团籍。

团员留团察看处分的时间为六个月或一年。留团察看期间，在团内没有选举权、被选举权和表决权，不得作青年入团的介绍人。团员经过留团察看，改正了错误的，处分期满后，应该恢复团员权利；坚持错误，屡教不改的，应当开除团籍。

第八条　对团员的纪律处分，必须经过支部大会讨论通过，报上级委员会批准。

对团员给以开除团籍的处分，必须经县委员会或相当于县一级的团组织批准。

第九条　团的各级组织对团员执行纪律，必须采取严肃慎重的态度。支部大会在讨论决定对团员的处分时，除特殊情况外，应当吸收被处分者参加会议，认真听取他们的意见。对被处分者的上诉书要及时转递，不得扣压。各级团组织对被处分者的申诉，要认真审查处理。

第十条　团员没有正当理由，连续六个月不过团的组织生活，不做团组织所分配的工作，不交纳团费的，就被认为是自行脱团。

团员要求退团或自行脱团，由支部大会通过除名，并报上级团委备案。

第二章　团的组织制度

第十一条　中国共产主义青年团是按照民主集中制原则组织起来的。它的基本条件是：

(一)团的各级领导机关由选举产生；

(二)团的各级委员会定期向代表大会或团员大会报告工作；

(三)团的各级领导机关应当经常听取并认真处理下级组织和团员的意见；

(四)团的下级组织必须如实地向上级组织反映情况，及时请示、报告工作；

(五)团的组织和团员必须执行团的决议，个人服从组织，少数服从多数，下级服从上级；

(六)团的各级组织实行集体领导和个人分工负责相结合的原则。

第十二条　团的全国领导机关，是团的全国代表大会和它产生的中央委员会。地方各级团的领导机关，是同级的代表大会和它产生的团的委员会。各级团的代表大会由同级团的委员会召开。

团的各级委员会可以根据工作需要，设立适当的工作部门。县和县以上各级团委可以派出自己的代表机关。

第十三条　团的各级组织必须切实保障团员的民主权利，使他们在团内充分地发表意见，切实地讨论团的工作；要鼓励团员如实向上级反映情况，对团的领导机关和工作人员提出批评、建议；反对任何压制批评和打击报复的行为。

第三章　团的中央组织

第十四条　团的全国代表大会四年召开一次。在特殊情况下，可以提前或者延期召开。

第十五条　全国代表大会的职权是：

(一)审查和批准中央委员会的工作报告；

(二)讨论和决定全团的工作方针和任务；

(三)修改团的章程；

(四)选举中央委员会。

第十六条　团的中央委员会全体会议选举常务委员若干人，组成常务委员会；选举第一书记一人和书记若干人，组成书记处。在中央委员会全体会议闭会期间，常务委员会和书记处行使中央委员会的职权。

中央委员会全体会议每年召开一次。

第四章　团的地方和军队中的组织

第十七条　省、自治区、直辖市、自治州团的代表大会两年或三年召开一次。县、自治县、市团的代表大会一年或两年召开一次。

第十八条　团的地方各级代表大会的职权是：

(一)审查和批准委员会的工作报告；

(二)讨论和决定本地区团的工作任务；

(三)选举团的委员会;

(四)选举出席上一级代表大会的代表。

第十九条 团的地方各级委员会全体会议选举各该级委员会的常务委员会和书记、副书记。团的地方各级委员会全体会议每年召开两次到三次。在委员会全体会议闭会期间,由常务委员会主持日常工作。

团的地方各级委员会的组成,必须经同级党委和上级团委批准。

第二十条 中国人民解放军中团的工作,是军队政治工作的一个重要组成部分。军队中的团的组织在党委员会、政治机关和党的基层组织的领导下,根据团中央委员会和中国人民解放军总政治部的规定和指示进行工作。

第五章 团的基层组织

第二十一条 团的基层组织是在每一个厂矿企业、人民公社、机关、学校、商店、街道、人民解放军连队和其他基层单位,经上级团委批准,建立起来的团的支部、总支部、基层委员会。

(一)团员在三人以上的单位可以建立支部;

(二)团员在五十人以上的单位,可以建立总支部。如果工作需要,团员在三十人以上的单位也可以建立总支部;

(三)团员在二百人以上的单位,可以建立团委员会。如果工作需要,团员在一百人以上的单位也可以建立团委员会。

在团委员会、总支部下建立支部。如果工作需要,在团委员会下也可以建立总支部。在一个支部内可以分若干个小组。

团的支部、总支部、基层委员会每年选举一次。

第二十二条 基层组织是团的基础,是团的工作和活动的基本单位,应该充分发挥团结教育青年的核心作用。它的任务是:

(一)对团员和青年进行思想政治工作,组织他们学习马克思主义、列宁主义、毛泽东思想,学习党的方针、政策,学习现代科学技术和文化知识;

(二)宣传和执行新时期的总任务,教育、组织团员和青年在三大革命运动中,积极劳动,勤奋工作;

(三)带领团员和青年坚持走社会主义道路,同违法乱纪、贪污盗窃以及其他一切不良倾向作斗争;

(四)教育团员和青年时刻保持革命警惕性,同国内外敌人的破坏活动进行坚决斗争;

(五)教育团员和青年学习、继承党的优良传统,发扬共产主义精神,树立新的风尚;

(六)了解和反映团员与青年的思想、要求,关心他们的生活和休息,开展体育文化娱乐活动;

(七)对团员进行团章教育,健全团内民主生活,开展批评和自我批评,发展新团员,收缴团费,办理超龄团员离团手续。

第六章 团同少年先锋队的关系

第二十三条 中国共产主义青年团受中国共产党的委托领导中国少年先锋队的工作。共青团要全面关心少年儿童的成长,领导少年先锋队以共产主义精神教育少年儿童,引导他们“好好学习”,“天天向上”,成为爱祖国、爱人民、爱劳动、爱科学、爱护公共财物和诚实、勇敢、活泼、团结的新一代。坚决向一切危害少年儿童身心健康的现象作斗争。

第二十四条 团的组织选派优秀团员或者聘请思想进步、作风正派、热爱少年儿童的教师和其他人员担任少年先锋队的辅导员,并且帮助他们不断提高政治和业务水平。对有显著成绩的辅导员,应当给以表扬和奖励。

第七章 团旗、团徽

第二十五条 中国共产主义青年团团旗旗面为红色,象征革命胜利;左上角缀黄色五角星,周围环绕黄色圆圈,象征中国青年一代紧密团结在中国共产党周围。

中国共产主义青年团团徽中间红太阳光芒四射,团旗迎风飘扬,周围是齿轮和麦穗。它象征着共青团在毛泽东思想的光辉照耀下,团结各族青年,朝着党所指引的方向奋勇前进。

中国共产主义青年团第十届中央委员会委员 候补委员名单

委 员:201名(以姓氏笔画为序)

于学祥 马文清 王友伟 王文贤(女) 王书鸿
王老虎 王则信 王兆亭 王秀芝(女) 王幸福
王宗国 王学萍 王柏林 王炽昌 王素慧(女)
王振江 王海力 王敏生 王道泉 王焕明 王殿俊
王翠英(女) 王德俊 亓风海 韦彩猷 毛汉斌
毛菊元(女) 方世军 巴达拉呼 甘有鼎 甘海燕
石玉珍(女) 叶南斗 田育广 迁衍滨
吕爱亭(女) 朱洪德 朱善卿 乔善泉 全哲洙
刘子远 刘文致 刘玉洁(女) 刘永恩 刘安元
刘秀英(女) 刘定桐 刘春伟 刘厚德 刘崇文
刘维明 刘福英(女) 关志豪 米成顺 江东海
江敬文 汤小泉(女) 毕思云 孙世明 孙家正
孙淑义 杜长龄 杨永青(女) 杨述奇 李广瑞
李元栋 李凤英(女) 李西宁 李成玉 李至伦
李运兰(女) 李宏塔 李学举 李恒才 李海东
李海峰(女) 李继耐 李新发 李德洙 肖志恒
吴 木 吴文华 吴永昌 吴洪广 吴爱英(女)
佘世光 余新青(女) 宋德福 汪明章

沈宝英(女) 沈理阳 张广厚 张卫东
张永惠(女) 张怀泽 张明义 张建设 张炳贤
陆国梁 阿木冬·尼牙孜 陈白皋 陈寿明 陈声远
陈连发 陈启楙 陈岱满 陈炳根 邹翰铭
范素朋(女) 范鸿喜 林丽韫(女) 罗继光
罗 琼(女) 岳松华 金银焕(女) 周千俭
周为民 周明钧 周秉建(女) 周树清 周登国
周鹏程 赵大中 赵云成 赵仁钦 赵荣璧 赵家骐
赵喜明 郝继善 胡志红(女) 胡启立
胡德华(女) 柏玉兰(女) 柏金秀(女)
钟子才 钟志民 钟孝登 钟耀芹(女) 姜来德
姜佐周 姜国义 姜斯文 贺延光 袁士棠
袁美莲(女) 耿世忠 贾存锁(女) 贾春旺
夏广成 顾雪妹(女) 钱运录 钱建军(女)
徐希珍(女) 徐建春(女) 徐晓明(女)
栾菊杰(女) 高少安 高占祥 高冬梅(女)
高红妹(女) 高宏达 高雪玉(女) 高德仲
高德林 高继红(女) 唐宪强 唐铭植 谈龙如
黄作兴 黄国贵 黄忠鑫 黄梦秋 龚正飞 阎喜财
梁进杰 董金烁 蒋永清 蒋成龙 蒋林川 韩志雄
韩 英 韩爱民 喻应勇 景庆云 程有志
傅国英(女) 傅衍彭 鲁加才让
曾西红(女) 辜硕权 雷鸣球 雷洽祥 路正西
詹化良 阙道隆 窦守芳 臧俊华 廖志刚 潘志良
禤德科 瞿 勇(女)

候补委员:99名(以姓氏笔画为序)

马成华 马燕凌(女) 王军涛 王华昱(女)
王向荣(女) 王坚强 扎 巴 仇景阳
仁青平措 伊凤鸣 邓少玲(女) 田家隆
田新芳 叱利群(女) 白斯楞 丛 军(女)
司徒桥(女) 曲展强(女) 吕厚山 朱 成
任凤鸣(女) 多 吉 庄云香(女) 刘国祥
刘树生 刘晓东 刘淑英(女) 齐书文 次 增
江 洪 闭文明 祁文才 祁建华(女) 许其生
玛尔乎娃(女) 劳福贵 苏里坦·乌斯曼 李孔政
李丙国 李庆武 李国尧 李洪刚 李振宇 李稳柱
杨甫绵 杨祖昌 连福寅 吴凤琴(女) 辛克高
宋宝贵 张文敏 张 成 张 军 张芙蓉(女)
张应之 张宝顺 张均法 陈永春 陈国华 范玉森
周祖华 罗国庆 和兴典 房玉翠(女) 房培陵
孟 科 赵吉祥 赵志宏 赵秀晖 赵作平
赵淑华(女) 郝桂华(女) 南木卡 柯烈金
段腊梅(女) 侯淑清(女) 祝星发
秦景云(女) 贾平凹 贾建文 柴东亮 殷明连
凌 融 高曼华(女) 黄怡燕(女) 黄梓琪
曹泉生 龚高娃(女) 梁克用 彭历年(女)
彭翠香(女) 蒋建国 蔡玉和 熊兴明 樊志泉
黎光武 潘爱玲(女) 魏久明 魏益新

全国人大常委会副委员长邓颖超在北京会见以小坂善太郎为名誉团长 大日方英雄为团长的日本日中友好长野县农业农民之翼访华团

国务院副总理陈慕华在北京会见以弗里德里希斯董事长为团长的西德德累斯顿银行代表团

国务院副总理陈慕华在北京会见以墨菲董事长为团长的美国通用汽车公司代表团

外交部照会越南驻华大使馆对越南方面侵犯中国领土主权蓄意进行反华挑衅行径提出强烈抗议

10月27日

中国政府和墨西哥政府文化协定以及关于旅游合作的协定在北京签字

中共中央主席、国务院总理华国锋,墨西哥合众国总统何塞·洛佩斯·波蒂略参加了签字仪式。

在文化协定上签字的是我国文化部长黄镇和墨西哥外交部长圣地亚哥·罗埃尔。在旅游合作协定上签字的是中国旅行游览事业管理总局局长卢绪章和墨西哥旅游部长吉列尔莫·罗塞尔·德拉拉马。

签字仪式前,华主席同洛佩斯·波蒂略总统再次会见,宾主进行了亲切友好的谈话。

李先念副总理参加了会见和签字仪式。

中国共产主义青年团于在北京召开第十届中央委员会第一次全体会议

韩英同志主持了这次会议。会议根据共青团十大通过的《中国共产主义青年团章程》第三章第十六条,选举了中国共产主义青年团第十届中央委员会书记处第一书记、书记和常务委员。会议通过了关于恢复中国少年先锋队名称的决议,通过了经过修改的《中国少年先锋队队章》和《中国少年先锋队队歌》。

新选出的共青团中央书记处第一书记、书记和常务委员名单如下:

书记处第一书记 韩 英

书 记 胡启立 王敏生 胡德华(女) 刘维明 周鹏程 高占祥 李海峰(女)

常务委员(以姓氏笔画为序)

王敏生 刘子远 刘安元 刘维明 米成顺 杜长龄
李元栋 李海峰(女) 吴文华 佘世光 汪明章

阿木冬·尼牙孜　陈白皋　林丽韫(女)　周鹏程
赵喜明　胡启立　胡德华(女)　高占祥
徐建春(女)　唐铭植　梁进杰　韩　英　蒋永清
窦守芳

共青团十届一中全会关于恢复少先队名称的决议

(1978年10月27日通过)

经党中央批准,我国少年儿童组织仍恢复中国少年先锋队(简称少先队)的名称。

领导少先队工作,是党交给共青团的一项光荣任务。各级团组织一定要加强对少先队工作的领导,把绝大多数少年儿童吸收到少先队组织里来,把少先队的活动蓬勃地开展起来,教育少年儿童努力学习,锻炼身体,做共产主义接班人。

中国少年先锋队队章

(1978年10月27日共青团十届一中全会通过)

一、我们的队名:中国少年先锋队。

二、我们队的创立者和领导者:中国共产党。

党委托中国共产主义青年团直接领导我们队。

三、我们队的性质:是中国少年儿童的群众组织,是学习共产主义的学校。

四、我们队的目的:团结教育少年儿童,高举毛主席的伟大旗帜,继承中国共产党的革命传统,热爱华主席,努力学习,锻炼身体,爱祖国、爱人民、爱劳动、爱科学、爱护公共财物,立志为建设社会主义的现代化强国贡献力量,做共产主义的接班人。

五、我们的队旗:五角星加火炬的红旗。五角星代表中国共产党的领导,火炬象征光明,红旗象征革命胜利。

六、我们的标志:红领巾。它代表红旗的一角,是革命先烈的鲜血染成。每个队员都应该佩戴它和爱护它,为它增添新的荣誉。

七、我们的队礼:右手五指并紧,高举头上。它表示人民的利益高于一切。

八、我们的呼号:"准备着:为共产主义事业而奋斗!"回答:"时刻准备着!"

九、我们的作风:诚实、勇敢、活泼、团结。

十、我们的队员:凡是七周岁到十四周岁的少年儿童,愿意参加少年先锋队,遵守队章,向中队委员会提出申请,经中队委员会批准,就成为队员。

队员入队要为人民做一件好事,要举行入队仪式。

每个队员在队里都有选举权和被选举权,可以对队的工作和队的活动提出意见和要求。

每个队员都要遵守纪律,服从队的决议,积极参加队的活动,做好队交给的工作,热心为大家服务。

队员由一个大队转到另一个大队,要带上队员登记表,到新的大队报到。

满了十四周岁的队员应该离队。由大队举行离队仪式。

十一、我们的组织:在学校(或生产大队)建立大队或中队,中队下设小队。

小队由五至十三人组成,设正副小队长。

中队由两个以上的小队组成,成立中队委员会,由三至七人组成。

大队由两个以上的中队组成,成立大队委员会,由七至十三人组成。

小队长和中队、大队委员会都由队员选举产生。半年或一年选举一次。

大队和中队委员会可以根据工作需要,设队长、副队长、旗手和学习、劳动、文娱、体育、组织、宣传等委员。

十二、我们的活动:举行队会,组织参观、访问、野营、旅行、故事会,开展文化科学、娱乐游戏、军事体育等各种有意义有趣味的活动,以及参加力所能及的公益劳动和社会工作。

十三、我们队的奖励和处分办法:队员和队的组织在学习、劳动和活动中,表现积极、主动,作出优异成绩的,由队的组织或报共青团组织给以表扬和奖励。

队员犯了错误,队的组织要进行耐心的帮助,如果经过多次帮助仍不改正,应给以处分。处分分警告、留队察看、开除队籍三种。警告处分在中队会上讨论通过。留队察看、开除队籍的处分要经大队委员会讨论通过。开除队籍还要报学校(或生产大队)团组织批准。讨论队员处分的中队会要有队员本人参加,并可申诉意见。

受警告、留队察看处分的队员,改正错误,分别经中队、大队委员会讨论通过,可撤销处分。开除队籍的队员改正了错误,经大队委员会讨论通过,可以重新入队。

十四、我们的辅导员:由共青团选派优秀团员或聘请思想进步、作风正派、热爱少年儿童的教师以及各条战线的先进人物来担任。他们是少年先锋队员亲密的朋友和指导者,帮助中队或大队委员会进行工作,组织活动。

国务院副总理李先念在北京与墨西哥合众国总统何塞·洛佩斯·波蒂略继续举行会谈

国务院副总理方毅在北京会见美国"全国广播公司"电视摄影组

美国"全国广播公司"是美国三大广播公司之一。

这个公司1972年曾派摄影组来中国拍摄了电视片《紫禁城》(故宫)。周恩来总理曾会见过这部电视片的制片人露西·贾维斯。这次摄影组是由制片人汤姆·托米扎瓦、导演达罗尔德·默里、记者杰克·雷诺兹等组成,主要拍摄反映中国怎样为实现四个现代化培养人才的电视片。

会见时,方毅副总理应摄制组要求发表了电视谈话,就中国教育为实现四个现代化服务的问题,阐述了中国的方针、政策,并介绍了具体措施。

国务院副总理王震在北京会见以堀元美为团长的日本海洋国际问题研究所第二次访华团

国务院副总理耿飚在拉各斯拜会尼日利亚国家元首奥巴桑乔

郭沫若著作编辑出版委员会在北京正式成立并召开第一次编委会议

郭沫若同志是我国杰出的作家、诗人和戏剧家,又是马克思主义的历史学家和古文字学家,是我国现代文化史上一位学识渊博、贡献重大的著名学者。他在哲学社会科学的许多领域,包括文学、艺术、哲学、历史学、考古学、金文和甲骨文研究,以及马克思主义理论著作和外国进步文艺的翻译介绍等方面,都有重大贡献。

为了纪念这位卓越的无产阶级文化战士,继承他留下的十分丰富和珍贵的遗产,郭沫若著作编辑出版委员会将重新修订出版1957年至1963年出版的《郭沫若文集》十七卷本,搜集整理郭沫若同志未出版的文稿、书信、札记、谈话记录等。

郭沫若著作编辑出版委员会由中国社会科学院副院长周扬任主任,委员(以姓氏笔画为序)有:于立群、尹达、冯乃超、冯至、任白戈、成仿吾、刘大年、张光年、李一氓、李初梨、沙汀、宗白华、茅以升、茅盾、林林、林默涵、郑伯奇、胡愈之、侯外庐、钱三强、夏衍、夏鼐、曹禺。编委齐燕铭同志已经逝世。

在第一次编委会议上,周扬同志对编辑出版郭沫若著作的意义、方针和方法等讲了话,委员们充分发表了意见。

10月28日

中共中央主席华国锋视察北京维尼纶厂

华国锋主席由中共北京市委第一书记林乎加和第三书记贾庭三陪同,视察了北京维尼纶厂,并同工厂负责人、技术人员和工人进行了座谈。

在座谈中,华主席特别询问了工厂科技人员的情况。他希望工厂一定要把科研工作搞好,提高产品质量,降低生产成本。华主席说,发展化学纤维很重要,我国有八亿人口,解决穿衣问题是个大问题。随着生产的发展,工农业需要的纺织品也会更多。在发展棉、麻、丝生产的同时,必须大力发展化学纤维工业。

华主席详细地视察了工厂的维尼纶、牵切纱等车间。他勉励大家不能满足于过去已经达到的质量水平,应该创造更高的水平。

北京维尼纶厂的主要设备是周恩来总理亲自批准从日本引进的,它的产品有两种:一种是维尼纶短纤维,主要送纺织厂纺纱织布供人民穿衣用;另一种是维尼纶长丝,主要用在工业方面,可制造渔网、绳索、帆布等。

国务院副总理邓小平在大阪会见已故的高碕达之助的二女儿古田昌子和女婿古田敬三

邓副总理对古田夫妇说,我们永远不会忘记老朋友。我们会见活人,是为了感谢故人。

高碕达之助生前积极推进日中两国民间贸易事业,有"奠基人"之称。

国务院副总理耿飚到达基加利对卢旺达进行友好访问

10月29日

中共中央主席华国锋副主席叶剑英汪东兴前往全国农业展览馆参观北京外国农业机械展览会

前往参观的党和国家其他领导人还有:韦国清、方毅、纪登奎、苏振华、吴德、余秋里、张廷发、陈永贵、陈锡联、倪志福、陈慕华、赛福鼎、王震、谷牧、康世恩。

国务院农业机械化领导小组和有关部门、北京市革命委员会和中国国际贸易促进委员会的负责人杨立功、钱正英、张劲夫、林乎加、王耀庭等也随同参观。

国务院副总理陈永贵在北京会见联邦德国粮食农林部国务秘书加卢斯

10月30日

《人民日报》发表特约评论员文章《天才论和实践论的斗争》

实践是检验真理的唯一标准,这个马克思主义的常识,被林彪、"四人帮"禁锢了多年,不准人们说出,更不准宣传。这并不奇怪,因为他们是一伙假马克思主义的政治骗子、理论骗子,经不起实践的检验。问题是在粉碎“四人帮”一年多以后，当有人重新说出这个常识时，竟然被有的同志目为异端，好像犯了什么大罪——这个事实告诉我们，天才论的流毒远未肃清，还在继续起作用。

我们都知道林彪的理论纲领是天才论。“四人帮”有没有理论纲领？如果有，它是什么？通过当前关于真理标准问题的讨论，人们对于这个问题看得更加清楚了。“四人帮”的理论纲领就是林彪的理论纲领天才论。

提起天才论和实践论的斗争，就不能不想起1970年的庐山会议。庐山会议已经过去八年了。林彪和“四人帮”这两个反党集团已经先后被粉碎了。不过，前事不忘，后事之师。回顾一下历史，有助于我们深刻地理解当前的事实。这不是算旧账，因为林彪和“四人帮”所欠的，本来就是一笔账。不联系批判林彪、“四人帮”的账是算不清的。

在庐山会议上，林彪打出两面旗。一面旗是“设国家主席”，这是他的政治纲领。一面旗是“天才论”，这是他的理论纲领。要求“设国家主席”，是他要当国家主席，抢班夺权，建立林家法西斯王朝。天才论就是为这种政治需要服务的。

天才论是唯心论的先验论，主张人的知识是先天就有的。谁的脑袋特别灵，谁就是天才。历史是天才人物创造的。天才人物的思想，是超越时间、空间和具体条件而独立存在的，是最后的永恒的真理。它既不从实践产生，也不受实践检验。相反，这种思想乃是检验真理的标准，而且是人间一切是非的最高裁判者。这种理论完全是反马克思主义的，是同实践论针锋相对的。马克思主义的认识路线是实践论，认为人的知识只能从社会实践中来，正确与否也只能由实践来检验。当然，人不能事事都靠自己的实践，多数知识还是从别人(包括书本)那里得来的。但别人的知识同样来自实践。马克思主义也不是说不能称天才，“天才”这个词还是要用的，不过要用唯物论来解释它。人的头脑，从它的生理素质和反映机能来看，是有差别的。确实有人聪明一点，我们应当承认这个客观事实；但是这种差别，也只是给人的后天活动提供了不同的物质基础。至于一个人以后究竟向何处发展，发展的快慢，那完全取决于社会实践。一个人不管多么聪明，如果脱离实践，是不会有任何知识的。当我们用“天才”这个词来称赞某个伟大人物时，是表示他在某一方面或某些方面，比如在政治、军事、工程、技术、科学、艺术或其他方面，有大大超出别人的才能。这才能是从什么地方来的呢？是从实践中来的，此外再没有别的来源。

实践的观点是马克思主义认识论首先的和基本的观点。毛主席的《实践论》发表以后，这个观点得到更为广泛的传播，更加深入人心。在这种条件下，如果有人在共产党内搞天才论，反对实践论，那就或者是世界观根本没有改造，怀有个人目的，或者是从来也不学习马克思主义著作，对毛主席反复宣传的观点一无所知。事实证明，林彪搞唯心论的天才论，目的就是要树立他个人的“绝对权威”，为他篡党夺权制造舆论。他的本意是想说，他就是天才，然而当时他不可能直截了当地说出这句话，因为中国共产党和它的领袖毛泽东同志在中国人民中拥有崇高的威信。这种威信，正是通过长期革命斗争的实践树立起来的。人民拥护这个党，热爱自己的领袖，并不是根据什么先验的原则或是由于“大树特树”，而是根据自己亲身观察和体验的客观事实。正因为这样，我们党和毛主席在人民中的威信是不可动摇的。

在这种情况下，林彪采取了非常恶毒的手法，把无产阶级的领袖称为“天才”，把毛泽东思想说成“顶峰”。你敢反对这种天才论吗？你就是反对毛主席，就是反对毛泽东思想。你要承认这种天才论吗？那就得承认唯有林彪最“高举”。于是他树立自己“天才”形象的目的就达到了。这正是拉大旗作虎皮，包住自己吓唬别人的战术。早在“文化大革命”一开始，他就这样搞起来了。

毛主席早就发觉了这个苗头，并且不断进行斗争。但是林彪利令智昏，到了党的九届二中全会即庐山会议上，公然打起天才论的旗帜，发动了一次未遂的反革命政变。他们又哭又闹，把庐山闹得乌烟瘴气，好像别人都在反对毛主席，唯独他们是高举红旗的。当时果然有不少同志上了当。

如果说以前的斗争还是小接触的话，那么庐山的斗争就是公开爆发的一场大战了。毛主席写了《我的一点意见》，把林彪在天才论掩盖下的反党野心一下子揭穿了。鉴于林彪们多年来宣传天才论，把人们思想搞得很乱，分不清什么是唯心论，什么是唯物论，毛主席在这个《意见》里向全党提出一个非常重要的理论问题：是英雄创造历史，还是奴隶们创造历史，人的知识(才能也属于知识范畴)是先天就有的，还是后天才有的，是唯心论的先验论，还是唯物论的反映论？在《意见》的结尾，毛主席号召全党：团结起来，争取更大的胜利；不要上号称懂得马克思，而实际上根本不懂马克思那样一些人的当。

很明显，庐山会议以后，按照毛主席的指示，应当进行一场声势浩大的批判天才论的斗争，以便肃清林彪们多年来制造的大混乱，使全党和全国人民得到深刻的马克思主义唯物论的教育。但是，毛主席的指示并没有被执行。原因很清楚，林彪还在台上，他不想回头，当然不会去批判自己。因此，批判天才论的斗争被推迟了。

按道理,1971年林彪自我爆炸之后,这场斗争总该展开了吧?结果不然。“四人帮”掌握了宣传大权和舆论工具,批判天才论的斗争继续被压制着。

为什么“四人帮”不批天才论呢?原因也很清楚,林彪、“四人帮”虽然先后成为两次反革命修正主义路线的头子,其实是一丘之貉,他们在思想上是一个体系。如果说林彪需要天才论,那么“四人帮”尤其需要天才论。林彪毕竟打过仗,还有些资本。“四人帮”则没有什么资本可以拿来招摇撞骗。他们是社会的渣滓,是跳梁小丑。他们一点革命实践经验都没有,连领导一个公社的能力都不具备,却妄图掌管8亿人口的国家,这不纯粹是胡闹吗?没有实践经验而要担当大任,就只好乞灵于天才论。

不过,“四人帮”的天才论,在外表上稍稍不同于林彪的天才论。他们接受了林彪失败的教训,绝口不提“天才”字样。他们的旗帜上写着“反对经验主义为纲”,这是天才论的另一种表达方法。林彪是说,有天才的人应该上台;“四人帮”是说,有实践经验的人应该下台。这两种调子异曲同工,一个说自己应该上台,一个说别人应该下台,都是为他们的政治纲领服务的。林彪要设国家主席;天才论就是为这个政治纲领、为他当国家主席吹喇叭的。“四人帮”的政治纲领是“老干部是‘民主派’,‘民主派’就是‘走资派’”;“反对经验主义为纲”就是为这个政治纲领(即打倒有实践经验的老干部)服务的。既然他们把实践经验说成是经验主义,是坏东西,越有经验越应该打倒,那么,中国的命运当然只能交给他们这样的“天才”来掌握了。

可见,不论从政治纲领看,还是从理论纲领看,“四人帮”和林彪在实质上都是相同的。因此,要让“四人帮”去批判天才论,乃是完全不可能的。“四人帮”一面阻止批判天才论,一面加紧反对实践论。他们不但继承林彪“句句是真理”的原则,任意寻章摘句吓人骗人,而且在1975年公然提出“反对经验主义为纲”,要搞一场反革命大清洗了。

正当他们打出自己的理论纲领时,毛主席就点破了它的要害。毛主席针对这个理论纲领批示道:“提法似应提反对修正主义,包括反对经验主义和教条主义,二者都是修正马列主义的,不要只提一项,放过另一项。”毛主席针对“四人帮”这伙骗子,特别指出:“我党真懂马列的不多,有些人自以为懂了,其实不大懂,自以为是,动不动就训人,这也是不懂马列的一种表现。”这个期间,毛主席已经亲自发动了反对“四人帮”的斗争。这个批示是指导这场斗争的一个非常重要的文件。如果说,《我的一点意见》是批判林彪的理论纲领的战斗号令,那么,这个批示就是批判“四人帮”理论纲领的战斗号令。

但是,终“四人帮”之世,毛主席这两个战斗号令哪一个也没有得到贯彻执行,批判天才论的斗争始终没有真正开展。如今毛主席已经离开我们,这个指示也就成为他的遗言。我们要继承毛主席的遗志,就必须实现这个战斗号令。以华主席为首的党中央正是这样做的。揭批“四人帮”的第三个战役,自然包括对天才论的批判。深入批判天才论,有利于把揭批“四人帮”的斗争进行到底,有利于巩固和发展安定团结的政治局面。要增强党的团结和全国人民的团结,就必须批判各种反马克思主义的思想,把全党同志和全国人民统一到马列主义、毛泽东思想的基础上来。毛主席在《我的一点意见》的结尾,把“团结起来”和“不要上当”联系起来是有深刻寓意的。现在,林彪和“四人帮”这两批骗子都已现出原形,可是他们的流毒尚未彻底清除。他们已经在我国思想界造成极大的混乱。那混乱的思想根子,就是天才论。我们讲团结,就要彻底批判林彪、“四人帮”所散布的一切毒素,特别要批判他们的理论纲领天才论,才能真正达到在毛泽东思想基础上的团结。

当前,我们正处在一个伟大的历史转折点。华主席为首的党中央已经率领我们开始新的长征,要在本世纪内把我国建成现代化的社会主义强国。为了实现新时期的总任务,有多少新事物等待我们去认识,有多少新问题等待我们去解决!而妨碍实现新时期总任务的最大的思想障碍之一就是天才论。有的同志天天讲毛泽东思想,好像很“高举”,然而却常常忘记甚至反对毛主席特别强调的实践是检验真理的唯一标准这个马克思主义的基本原则。你要从实际出发解决实践提出的新问题吗?你想根据新的历史条件说出一点新的见解或在行动上迈出新的一步吗?在他们看来,那就要先查查书上写没写过,或者谁说没说过。如果没有写过、说过,那就是不“高举”,甚至就是“砍旗”。正如邓副主席在全军政治工作会议上的讲话中所说:“他们的观点,实质上是主张只要照抄马克思、列宁、毛主席的原话,照抄照转照搬就行了。要不然,就说这是违反了马列主义、毛泽东思想,违反了中央精神。”如果让这种观点、这种精神状态占了上风,那就最好什么事情也不去做,整天躺在书本上寻章摘句,这该是最“高举”了。然而这恰恰是抛弃了马列主义、毛泽东思想最根本的东西,恰恰丧失了共产党员的革命进取精神,恰恰从根本上违背了党的十一大路线。党的十一大路线要求我们适应新的历史条件,一切从实际出发,解放思想,发挥革命的创新精神,加速实现四个现代化。这条路线集中反映了社会发展的客观规律,表达了八亿中国人民的强烈愿望。那种把马克思主义不是当作行动的指南,而是当作教条的精神状态,和我们沸腾的社会现实是多么不相称啊!

总之,林彪、"四人帮"宣扬的天才论早已成为我国社会主义事业的障碍。扫除这个障碍是广大干部和群众的迫切要求,是捍卫和发展马列主义、毛泽东思想的需要,是历史前进的需要。当前正在进行的关于真理标准的讨论,实际上就是以马克思主义的实践论为指导,展开对唯心主义的天才论的批判。毫无疑义,这将使我们的干部和群众受到一次极其生动的深刻的马克思主义思想教育。

如果有人认为,承认实践是检验真理的唯一标准就是妨碍"高举",那就只能说明:他这种"高举",并不是真正高举马列主义、毛泽东思想的旗帜。马克思主义是真理,它是不怕实践检验,不怕批评的。如果马克思主义害怕实践检验,害怕批评,如果可以检验倒,可以批评倒,那么马克思主义就没有用了。一百多年来,马克思主义这面旗帜不知被革命实践检验过多少次,越检验,它越闪放出真理的光辉。这面旗帜也不知被人攻打过多少次,文的和武的,它都经历过了,不但没有被攻倒,反而更加高高地飘扬。在社会主义的中国,假如有一面什么旗帜,很害怕实践,人们一宣传"实践是检验真理的唯一标准",它就被砍倒,那就表明,它同马列主义、毛泽东思想的旗帜毫不相干,表明它是假马克思主义。林彪、"四人帮"的天才论就是这样一面假马克思主义的旗帜。假马克思主义遇上了真马克思主义,天才论遇上了实践论,怎能不害怕,怎能不倒下呢?倒下这种假马克思主义的旗帜,使它不再鱼目混珠,而让真正的马列主义、毛泽东思想的红旗更高地飘扬,这是非常好的事情。我们所以要深入批判林彪、"四人帮"的天才论,其目的就在这里。让我们更紧密地团结在华主席为首的党中央的周围,举起实践论的武器,把天才论的流毒彻底肃清!

全国人大常委会副委员长邓颖超在北京会见荷兰国际知名电影导演尤·伊文思和法国电影工作者玛·罗丽丹

国务院副总理谷牧在北京会见法国环境及生活条件部长米歇尔·多尔纳诺和由多他率领的法国环境及生活条件代表团

10月31日

中共中央批转卫生部党组《关于认真贯彻党的中医政策,解决中医队伍后继乏人问题的报告》

中共中央在批转卫生部党组的报告时指出,在发展西医队伍的同时,必须大力加快发展中医中药事业,特别是要为中医创造良好的发展与提高的物质条件,抓紧解决中医队伍后继乏人的问题。

卫生部党组的报告首先概述了28年来在毛主席革命卫生路线指引下贯彻落实党的中医政策方面取得的成绩,中医中药教育、研究机构的创建和西医学习中医群众运动的开展,以及中西医结合的临床实践和理论研究方面所获得的一些具有世界先进水平的成就。接着指出,长期以来,中医工作受到林彪、"四人帮"的严重干扰破坏。林彪、"四人帮"及其在卫生部的党羽顽固地推行歧视、排斥、消灭中医的反动政策,残酷迫害中医药人员,拆散中医药机构,摧残中医药事业,造成了中医药事业日趋衰落,中医药队伍后继乏人的严重状况。1977年全国专业西医人数比1959年增长了2.2倍,而中医人数却比1959年减少了1/3。具有丰富学术经验的老中医越来越少,他们的学术经验多数未能得到很好的总结继承。

卫生部的报告说,我国各地的中医药机构数量很少,条件很差,与8亿多人口的要求严重不相适应。粉碎"四人帮"以来,许多地区通过深揭狠批"四人帮",拨乱反正,积极做工作,形势发生了可喜的变化。但是,由于我们对贯彻落实党的中医政策重视不够,抓得不紧,措施不够有力,特别是在我们一些同志中,对于医学科学现代化、中西医结合与发展中医药事业的关系问题,认识不够明确,致使中医工作的严重落后状况迄今没有得到应有的改变。

报告在引述了毛主席、周总理、华主席的有关重要指示以后说,中西医结合是发展我国医学科学技术的正确道路,创造我国统一的新医学新药学则是我国医学科学现代化的根本标志。中西医只能在发展中结合,在结合中不断发展提高。在现阶段,中西医队伍都要发展。没有中医,不解决中医队伍后继乏人的问题,就谈不上继承发扬祖国医药学遗产,就谈不上中西医结合,就谈不上创造我国的新医学新药学。

为了发展中医中药事业,解决中医队伍后继乏人的问题,调动广大中医中药人员的积极性,加快中西医结合的步伐,以适应新时期总任务的需要,卫生部的报告建议:

一、认真贯彻落实党的中医政策,切实纠正对待中医中药人员的错误态度。对于受林彪、"四人帮"打击诬陷的中医药人员,要尽快予以平反昭雪,一切诬蔑不实之词,都要推倒。强行下放改行的中医药专业人员,应让他们归队,就近安排工作,恢复原工资待遇。已经退休但还可以工作的那些确有真才实学的老中医、老中药师,本人要求复职的,可准予复职。对于学有专长而由于种种原因没有安排工作的中医、中药人员,应当采取措施,予以安排。对于确有真才实学的老中医、老中药师，必须尽快配备得力助手，做到人员固定、时间保证、任务明确，把他们的学术经验尽快继承下来。要有计划地培养提高现有中医药队伍的专业技术知识和科学文化水平，恢复和明确技术职称，建立技术岗位责任制，实行定期考核和晋级制度，鼓励他们刻苦钻研业务，全心全意为人民服务。

二、认真办好中医院校，积极培养中医中药的新生力量。要努力扩大中医中药专业的招生数量，凡有条件的高等医药院校，都要设立中医系、中药系；凡有条件的中等医药卫生学校，都要开设中医班、中药班。要切实抓好现有中医学院的整顿和建设。还没有建立中医学院的省、自治区、直辖市，应积极创造条件，争取在1980年前后建立起来（民族地区建立中医学院应设置民族医药专业）。各省、自治区、直辖市在办好中医学院的同时，应举办二三所中等中医药学校。

三、整顿和办好中医医院。中医院要突出中医的特点，从门诊到病房都要体现以中医药为主，但也必须配备现代化科学仪器设备，配备足够数量的中西医结合的高级医生，以便用现代科学的知识和方法，更好地研究和提高中医的疗效，进一步探索和总结中医的理、法、方、药的辨证论治规律，使中医院真正成为发掘提高祖国医药学宝库，成为培养提高中医中药人才和训练中西医结合骨干的基地。

四、加强中医药研究机构的建设。要重点加强部属中医研究院的建设，使之逐步成为学科比较齐全、技术力量比较雄厚和具有现代化仪器装备的全国中医药研究中心。各省、自治区、直辖市都要办好一所中医药研究所，使之逐步成为本地区名副其实的中医药研究中心。

五、继续组织西医学习中医。在继续抓好普及工作的基础上，办好以两年为期的西医离职学习中医班，大力培养中西医结合的高级医生。为了鼓励他们走中西医结合的道路，对于学习较好并热心于中西医结合事业的，在进行技术考核和评定职称时应优先晋级晋升。对于坚持中西医结合，创造我国统一的新医药学作出贡献的，要给予各种不同的奖励。

六、鉴于目前多数中医都在集体所有制医疗单位工作，为了解决中医院校、中医药科研机构和中医医院缺乏师资和技术骨干的问题，拟从集体所有制医疗机构和分散在城乡的民间医生中，通过考核，选拔一批具有真才实学的中医，充实加强全民所有制的中医药教学、科研和医疗机构。

七、鉴于目前中医机构数量甚少，条件很差，急需加强整顿和建设，建议各省、自治区、直辖市在安排基建计划时要优先考虑发展中医机构，在分配经费时要重点照顾中医机构。

八、建议各省、自治区、直辖市党委都要把中医和中西医结合工作列入议事日程，经常督促各有关方面贯彻执行党的中医政策，搞好中西医结合。各级卫生行政部门的一、二把手要亲自抓中医和中西医结合工作，并要设置机构或专人分管这方面的工作。

全国知识青年上山下乡工作会议在北京举行

全国知识青年上山下乡工作会议10月31日至12月10日在北京举行。

会议根据新时期的总任务和当前国民经济发展的实际情况，研究了如何进一步做好知识青年上山下乡工作，为发展安定团结的大好形势，加快实现社会主义的四个现代化作出贡献，决定调整政策，改进做法，城乡广开门路，发展生产，采取多种形式，妥善安排知识青年，积极稳妥地解决好在农村的下乡知识青年的问题，加强对下乡知识青年的培养教育工作，充分发挥广大知识青年在新长征中的生力军作用。

以华主席为首的党中央对这次会议十分关心。会前，国务院和中央政治局先后召开会议，听取和讨论了国务院知青领导小组关于知识青年上山下乡工作情况的调查汇报。会议期间，中央领导同志多次到会和大家一起研究统筹解决知识青年的问题。12月10日，李先念、纪登奎、余秋里、陈永贵等同志出席了大会，李先念副主席作了重要讲话，陈永贵副总理在大会上作了报告。12月12日，华国锋同志主持政治局会议，讨论和通过了会议产生的文件。中央领导同志着重指出：要充分肯定知识青年上山下乡工作的成绩，要看到知识青年上山下乡工作中存在的问题。要告诉广大知识青年和人民群众，由于林彪、“四人帮”的破坏，我们国家目前还存在着不少困难。要克服这些困难，需要有一个过程。随着四个现代化的实现，知识青年问题是可以解决的。当前，全国安定团结，形势很好。巩固和发展这个形势，加快四个现代化建设，这是大局。解决知识青年问题，要从这个大局着眼，小局服从大局，小道理服从大道理。中央相信，广大知识青年是会从大局出发的，服从国家的统筹安排，为实现四个现代化作出贡献。

参加全国知青工作会议的同志本着实事求是、解决问题的态度，敞开思想，畅所欲言，认真地总结了过去知识青年上山下乡工作的经验教训，研究了新形势下知识青年上山下乡工作的方针、政策和改进措施。经过认真讨论，通过了《全国知识青年上山下乡工作会议纪要》和《国务院关于知识青年上山下乡若干问题的试行规定》。

会议指出：知识青年上山下乡是毛主席、党中央的号召，它是在一定的历史条件下产生和发展起来的，是同我国社会主义革命和建设事业联系在一起的。我国农业落后，劳动生产率低，农业所提供的商品粮和工业原料，还不能适应国民经济迅速发展的需要。如果盲目增加职工人数，超过农业可能的负担能力，就要受到经济规律的惩罚。因此，动员一部分城市知识青年上山下乡，这是我国工农业发展状况所决定的，体现了统筹兼顾、全面安排这一建设社会主义的战略方针。无论是“文化大革命”以前，还是“文化大革命”以来，知识青年上山下乡工作所取得的成绩都是主要的，毛主席的革命路线是占主导地位的。广大知识青年响应党和毛主席的号召，到农村去，到边疆去，在农村三大革命斗争中，经受了锻炼，增长了才干，提高了觉悟，作出了贡献。他们努力学习马列和毛主席著作，同贫下中农一起顶着林彪、“四人帮”刮起的妖风，坚持农业学大寨。他们把文化科学知识带到了农村，成为农业战线的一支重要力量。他们在开发边疆和山区、建设草原和林区、建立粮食和橡胶基地等方面，作出了可喜的成绩。大批优秀的下乡知识青年参加了共产党、共青团，被选进了各级领导班子。各级党组织、贫下中农、知青家长和广大干部都为动员、安置、教育下乡知识青年做了大量工作。

会议认为：在肯定成绩的同时，也要看到存在的问题。主要是“统筹兼顾”的方针没有能够得到很好的贯彻落实，城乡劳动力的安排缺乏整体规划，下乡知识青年中的不少实际问题长期未能解决，安置人数过多的地方增加了农民的负担。这些问题从根本上说，是林彪、“四人帮”的干扰破坏造成的。他们破坏党的领导，破坏国民经济，破坏文化教育事业，破坏“统筹兼顾”的方针，使知识青年就业和升学都很困难。他们干扰了毛主席关于解决知识青年问题的一系列重要指示的落实。这些问题需要在党的领导下，从实际出发，有计划、有步骤地解决。

会议指出：粉碎“四人帮”之后，各项事业发展很快，为城乡广开升学和就业门路，安排知识青年，创造了新的有利条件。但是，就目前我国工农业生产的发展状况来说，今后若干年内，还要继续动员组织一部分城市知识青年到农村去，参加社会主义建设。

会议认为：城市中学毕业生的安排，要实行“进学校、上山下乡、支援边疆、城市安排”四个面向的原则。城乡要广开门路。城市应该积极开辟新的领域，新的行业，大力发展集体所有制的企业事业，举办大学分校、中等专业学校、技工学校等，为更多的城镇中学毕业生创造就业和升学条件。在农村，要学习大庆的做法，在全民所有制单位的领导下，建立集体所有制的农、工、林、牧、副、渔业基地，安置知识青年。要学习湖南湘潭红旗农场的做法，办独立核算的集体所有制的青年场(队)。要学习江苏省常州市的做法，把城市改组工业，调整工业布局，同创办亦工亦农知青农场结合起来。还可以因地制宜举办造林队、牧区建设队、水产养殖队。要在国营农场继续安置知识青年，办好农场，使青年们看到发展前景，充满信心，为建设现代化农业生产基地作出贡献。对于社队的知青点要在发展社队工业中把它们带起来。各地区、各部门的一些五七干校，可以改为本地区、本系统安置知识青年的基地。

会议提出：对于安置下乡知识青年的集体所有制企业事业，国家要在政策上给予扶持。对独立核算的知青场队和安置知青为主的农、工、林、牧、副、渔业基地，在1985年以前实行“三不”政策：不交税，不上交利润，不担负农产品统购、派购任务。通过城乡协作、工业产品扩散等办法，支持知青场队把工业副业生产发展起来。国家拨付的安置经费，要重点用于扶持知青场队。

会议认为：对于在农村的下乡知识青年，党和国家以及社会各方面要支持和鼓励他们扎根农村、志在边疆的革命志向和行动，使他们安心农村，为实现四个现代化作出更大的贡献。要在社会上造成一种务农光荣的新风尚。对于已经选拔为公社以上机关和农场连职以上脱产干部的下乡知识青年，经过考察，符合条件的，根据编制定员和工作需要，报主管部门批准，给予定职定级。对于有技术专长、有发明创造的下乡知识青年，应当量材使用，充分发挥他们的作用。对于下乡知识青年中的英雄模范人物，政治上要给予应有的荣誉，物质上给予适当的奖励。对于在生产、生活等方面有不少实际困难的下乡知识青年，各地要本着“国家关心，负责到底”的精神，在发展生产的基础上，积极地有步骤地把这些问题解决好。有些插队青年生活困难较大不易解决的，要在城乡全民所有制和集体所有制企业事业单位逐步安排他们从事有固定收入的工作。要加强对下乡知识青年的培养教育，组织他们学习马列和毛主席著作，教育他们树立共产主义远大理想，提高他们的文化科学水平。要正确对待受“四人帮”毒害而犯了错误的知识青年。要采取有力措施，保护知识青年的健康成长。

会议强调指出：知识青年工作是一个涉及千家万户的工作，各级党委一定要加强领导，把它作为一件大事来抓，全党动员，各方配合，齐心协力做好这项工作。

全国人大常委会副委员长廖承志在北京会见以和久幸男为团长的日本东北文化界代表团

全国遗传学工作者代表在南京召开会议正式成立中国遗传学会

出席大会的200多名代表中，有农业、医学、动植物、微生物、分子遗传学等方面的老一辈的遗传学家、中青年遗传学工作者和农业战线的优秀遗传育种家。

大会收到学术论文200多篇,课题广泛,内容丰富。

中国科学院上海冶金研究所研制成功两种大规模集成电路

这两种大规模集成电路叫作ECL 256×1位全译码高速随机存储器和FAMOS 2048位全译码可改编程序的只读存储器,它们分别是研制每秒钟运算1000万次以上的高速大型电子计算机和字符显示、微处理机等的关键元件。这两种大规模集成电路的研制成功,把我国在这方面的研究同国际先进水平之间的差距大大缩短了。

中国科学院、四机部等14个部门和单位组成的鉴定委员会,对这两种集成电路进行现场测试和正式鉴定。鉴定的结果证明,ECL 256×1位全译码高速随机存储器器件可靠,具有高速、较强的抗电源变化能力,工作环境温度宽。FAMOS 2048位全译码可改编程序的只读存储器具有良好的写入和消去特性,性能符合设计要求。

这两种集成电路生产工艺相对稳定,具有一定成品率,即将由上海无线电七厂、中国科学院一〇九厂和上海元件五厂等单位进行生产或试生产。

杭州西泠印社被批准列为出版单位

新华社报道:我国印学史上最早的一个学术团体——杭州西泠印社,最近经国家出版局批准列为出版单位。

11月1日

中共中央主席华国锋 副主席叶剑英 邓小平 汪东兴在人民大会堂同第三次全国人防会议代表一起照相并接见全国知识青年上山下乡工作会议代表

参加照相的党和国家其他领导人有韦国清、纪登奎、苏振华、余秋里、张廷发、陈锡联、聂荣臻、王震、谷牧。

照相以后，华主席、叶副主席、邓副主席、汪副主席等还接见了出席全国知识青年上山下乡工作会议的代表。陈永贵同志也参加了这次接见。

全国人民防空会议在人民大会堂举行

中共中央副主席叶剑英今天在第三次全国人民防空会议上作重要讲话，全面论述了人民防空工作的重要战略意义。叶副主席号召全国军民在华主席为首的党中央领导下，高举毛主席的伟大旗帜，自力更生，艰苦奋斗，为加强人防战备建设，做好反侵略战争准备而努力奋斗。

中共中央主席华国锋，中共中央副主席邓小平、汪东兴副主席，党和国家其他领导人韦国清、纪登奎、苏振华、余秋里、张廷发、陈锡联、聂荣臻、王震、谷牧，出席了大会。

中共中央政治局委员、全国人民防空领导小组副组长陈锡联主持大会。

叶剑英副主席说，要搞好人民防空工作，首先要解决领导思想、领导认识问题，也就是我们各级干部，尤其是高级领导干部对人防工作怎样看法，把它摆在什么位置，在大搞现代化经济建设的时候，还要不要搞人防战备建设的问题。

叶副主席指出，在人防问题上，林彪、“四人帮”把人们的思想也搞得很乱。林彪一伙不是说搞人防是“劳民伤财”、“干傻事”吗？张春桥不是说人防工事“临时挖也来得及”、挖了的要“下决心填掉”吗？这些东西都要批判。人防工作中领导思想上存在的问题，有林彪、“四人帮”的流毒影响，也有我们自身的问题。是自身的问题，就要正视它、解决它，不能把什么都说成是流毒影响。

他指出，对人防工作的重要性要有充分的认识。我们搞社会主义的四个现代化，是伟大的壮举，苏修亡我之心不死，它对我们的胜利是决不甘心的。当前，国际国内形势都很好，但我们决不能麻痹。我们观察世界风云，可以看到，在革命因素增长的同时，战争的因素确实在增长。

叶副主席说，现在世界上许许多多的国家都在搞民防，挖洞子，这是一个值得重视的战略动向。它从一个侧面告诉我们，战争危险确实存在，人防战备一定要搞好。我们要未雨绸缪，不要临渴掘井。

叶副主席说，居安思危，有备无患，这是毛主席的一贯思想。凡事预则立，不预则废。我们历来的经验，从最坏的可能性着想，总不吃亏。现在我国正在进行新的长征，集中力量加速实现四个现代化。应当看到，经济建设和人防战备建设是互相促进、相辅相成的，人防战备搞得好，经济建设的安全就有了可靠的保障。

他说，在战争史上，有备无患，无备受挫的例子，是不胜枚举的。侵略者总是欺软怕硬，先拣弱的打。你准备不好，它就乘虚而入，准备好了，它就不敢轻举妄动。我们把四个现代化搞好了，把战备、人防搞好了，苏修要打，就得考虑考虑。我们准备了，敌人不来怎么办？不来更好嘛！我们就是希望有一个较长的和平时间来搞建设嘛！如果我们不抓紧争取到的时间认真做好准备，一旦打起来，仓促应敌，受到不应有的损失，那就将成为革命的罪人，历史的罪人。

叶副主席说，我们党领导的是一个占世界人口五分之一的大国，想问题，办事情，要有战略头脑，要有远大的战略眼光。备战这个事，人防这个事，大得很。它直接关系到国家的安危。这个事情办不好，我们是吃不下饭，睡不好觉的。有人也许以为这是杞人忧天。我看这是忧国忧民，是尽我们的历史责任。哪有共产党的干部不忧国忧民的道理呢！在抓战备搞人防的问题上，毛主席，周总理，华主席，都为我们作出了光辉的榜样。切实把人防战备搞好，是毛主席、周总理的遗志和宿愿，也是华主席为首的党中央对我们的期望和重托。我们就是要把战备搞好，把人防搞好，做好一切准备。

叶副主席指出，人民防空是现代战争条件下消灭敌人、保存自己的重要战略措施，是积极防御战略方针的重要组成部分，是毛主席人民战争思想在新的历史条件下的继续和发展。钻洞子是个好办法，是经过实践检验的，是几十年流血战争的经验总结。我们要重视挖洞子，要把人防工作，特别是工程建设摆在重要的位置上。

叶副主席指出，领导的思想认识问题解决得怎么样，归根到底，还是看实践，看落实。我们搞人防战备，应该说了算，定了干。广大群众总结了三句话，我认为是对的，就是“根本在路线，关键在领导，力量在群众”。这次会议规定的人防工程建设任务，要按照“全面规划，突出重点，平战结合，质量第一”的方针，很好地去完成，不能马马虎虎，粗制滥造，要解决好工事的安全、通风等问题；要厉行节约，反对浪费；要从实战需要出发，不搞那些形式主义的东西。要认真研究、正确处理人防战备建设和国民经济建设的关系，人防战备和生产的关系，人防和城防的关系，重点和一般的关系。处理好这些关系很重要，否则人防工作的方针、政策和措施就很难得到贯彻。

叶副主席要求各级党委和各级领导同志，一定要切实加强对人防工作的领导，把它摆到党委议事日程上来，第一书记要亲自过问，亲自抓，及时解决工作中遇到的问题。群众拥护的、需要的是革命的实干家，踏踏实实，一步一个脚印地干。实干家多了，空谈家少了，我们的人防战备工作才能真正作出成果，才可能经受住现代战争的考验。叶副主席最后说，我们的祖先创造出万里长城这样的世界奇迹，是值得我们自豪的。我相信，在华主席为首的党中央领导下，全党动员，全民动手，自力更生，艰苦奋斗，要不了很久，一定能够建造一座无愧于我们时代的现代化的地下长城。

出席今天大会的还有全国人民防空领导小组成员、国家机关各部委、人民解放军各总部、各军种兵种、国防科委、军事科学院、军事院校以及有关方面的负责人。

国务院副总理邓小平在北京会见意大利外贸部部长里那尔多·奥索拉

全国人大常委会副委员长廖承志在北京会见以广冈知男为团长的日本新闻代表团

全国人大常委会副委员长廖承志在北京会见以藤井治夫为团长的日本国际问题研究者友好访华团

国务院副总理谷牧在人民大会堂举行宴会欢迎澳大利亚副总理兼贸易资源部部长约翰·道格拉斯·安东尼

谷牧副总理在宴会上讲话说，中澳建交以来，两国关系一直很好。在政治、文化、科技等方面的相互交流不断开展的同时，我们两国在经济贸易方面的合作也有迅速的发展。贸易额有了较大幅度的增长，贸易前景广阔。

谷牧副总理说，为了增进我国同世界各国人民的友好往来，加速实现四个现代化的步伐，我们在自力更生的基础上，还要发展对外贸易，互通有无，学习各国的先进经验，引进国外的先进技术和设备。澳大利亚人民在发展本国的国民经济方面有许多有益的经验，特别是在采矿业、冶炼技术以及在农牧业等方面都有某些特长，值得我们借鉴和学习。

安东尼副总理还分别同外贸部部长李强，农林部部长杨立功，冶金工业部部长唐克和国家计划委员会副主任顾明举行会谈。

共青团中央主办的中国少年先锋队队报——《中国少年报》在北京复刊

11月2日

国务院副总理邓小平在北京会见以广冈知男为团长的日本新闻代表团

国务院副总理李先念在北京会见巴勒斯坦解放组织执委会主席阿拉法特的特使阿布·胡勒及其随行人员

国务院副总理李先念在北京会见泰国前外长他纳·科曼

国务院副总理谷牧在北京会见由法国农业国务秘书雅克·富希埃率领的法国农业代表团

国务院副总理陈慕华在北京会见以尼日尔公共卫生和社会事务部部长叶海亚·通卡拉为团长的尼日尔卫生代表团

11月3日

国务院总理华国锋在北京会见澳大利亚副总理兼贸易资源部部长约翰·道格拉斯·安东尼

中国社科院和教育部在北京联合召开全国哲学社会科学规划会议预备会

会议交换了关于制定这一规划的意见，初步提出了一个发展哲学社会科学的蓝图。

出席这次会议的代表学习了华国锋主席和叶剑英副主席、邓小平副主席、李先念副主席的有关指示，对当前我国面临的新形势和新任务有了进一步的了解。大家对于在新的历史时期社会科学的重要作用和战斗任务，制定哲学社会科学规划的总的指导思想，全国哲学社会科学发展规划中的重大项目和主要措施，正式会议的开法和准备工作，社会科学工作者应有的革命精神和科学态度，发表了许多意见。

会议强调了哲学社会科学的重要作用，并且讨论了当前我国哲学社会科学的根本任务，指出：革命的发展能够沿着正确的方向得到胜利，必须根据马克思主义的社会科学。我们研究了革命理论，研究了革命的政治科学、军事科学、经济科学等等，制定了革命的战略策略和各项方针政策，才有民主革命的胜利和新中国成立后一系列社会主义革命和建设的胜利。但是，在一段时间里，林彪、“四人帮”在哲学、政治经济学、科学社会主义的各个方面，肆意歪曲、篡改、伪造马克思主义、列宁主义、毛泽东思想，搞乱了理论，搞乱了人们的思想，败坏了学风，流毒极为深广。为了加快实现四个现代化，我们不仅要根据马克思主义、列宁主义、毛泽东思想的基本原理，澄清林彪、“四人帮”造成的许多思想上理论上的混乱，而且要根据马克思主义的基本原理总结新中国成立以来正反两方面的经验，研究新情况和新问题，提出适合加快实现四个现代化的主张、观点和建议。历史要前进，理论要发展，这就要不断用一些新的原理、结论代替一些旧的被实践证明为不适当或变得不适当的个别原理、结论。社会科学战线的同志一定要充分认识自己肩负的职责，用各门社会科学的知识武装我们的干部、群众，使哲学社会科学研究工作更好地为无产阶级政治服务。

在讨论制定哲学社会科学规划总的指导思想时，会议指出，哲学社会科学的研究工作，应当始终以马克思主义、列宁主义、毛泽东思想为指导，这是毫无疑义的。我们要研究的问题是怎样才算真正做到以马克思主义、列宁主义、毛泽东思想为指导。这里，有两种截然不同的态度。究竟是领会马克思主义的精神实质，掌握它的立场、观点、方法，还是把马克思主义当作万古不变的“教条”，死记马克思主义的“个别词句”？我们在研究哲学社会科学的时候，要完整地准确地领会马克思主义、列宁主义、毛泽东思想的体系；要正确地掌握和运用辩证唯物主义和历史唯物主义的哲学思想；要遵循实事求是、一切从实际出发、理论密切联系实际的原则；要批判地继承前人的研究成果；要集中群众的智慧和创造；要发扬社会主义民主，贯彻执行“百花齐放、百家争鸣”的方针。

会议回顾了新中国成立以来特别是近十多年来的经历，指出：实现四个现代化和反对实现四个现代化，是我国相当一个时期以来马克思主义和反马克思主义斗争的中心问题。是不是为实现四个现代化服务，这是哲学社会科学是不是真正做到以马克思主义、列宁主义、毛泽东思想为指导的分水岭。大家认为，在本世纪内把我国建设成为社会主义的现代化强国，这是一场伟大而深刻的革命。哲学社会科学要为加快实现四个现代化服务，就一定要坚持以马克思主义、列宁主义、毛泽东思想为指导，研究这场革命中提出的各种重要问题，批判阻碍我国实现四个现代化的各种反动的或落后的思想以及它们在理论上的表现。毛泽东思想的基本点，就是把马列主义的普遍真理与中国革命的具体实践相结合。一切真正的马克思主义者，都要坚持实事求是，坚持理论与实际相结合，坚持一切从实际出发，坚持实践是检验真理的唯一标准。坚持不坚持毛主席的这个伟大思想，是能否实现四个现代化的关键。在社会主义发展的新的历史时期，高举毛主席的伟大旗帜，就是完整地准确地学习和运用马克思主义、列宁主义、毛泽东思想的理论，努力实现毛主席提出的四个现代化的伟大目标。

会议经过认真讨论，对哲学社会科学发展规划的初步设想，对规划中的重大项目和主要措施提出了许多建议。会议认为：第一，列入规划的课题以及它们的研究成果，应该对最重要的社会科学的理论问题和现实问题作出马克思主义的答复，特别是要把同实现四个现代化密切相关的重大研究课题放在优先地位；第二，在制定规划时，应该要求我们中国社会科学工作者对世界学术作出特有的贡献；第三，规划应该包括编写出一套社会科学的基本教材；第四，要编写出社会科学各种基本的工具书，并和自然科学工作者合作编纂中国百科全书；第五，要把社会科学研究的空白在最近期间填补起来；第六，要在最近几年内有计划有组织地进行对于国内情况的基本调查，同时要大大加强对外国经济、政治、文化、社会状况的研究；第七，规划应该包括社会科学机构的设置，要在我国建立起一个门类尽可能齐全而布局又比较合理的研究体系。同时，通过研究会、学会等形式，把广大的在各方面工作岗位上的有研究能力又有研究志趣的人组织起来，并加强这支研究队伍的领导；第八，规划应该包括培养社会科学研究队伍问题；第九，要做好社会科学的普及工作；第十，要做好社会科学的国内国外的资料工作、情报工作、翻译工作，改进我国图书馆工作的现状。会议认为，这个规划工作不但中国社会科学院的各个研究机构要做，中央各有关部门和各省市的研究机构以及高等学校也要做。会议期间还讨论了各省、自治区、直辖市和高等学校如何制定哲学社会科学规划的问题。这次会议还以经济、哲学、历史、文学四个学科为例，交换了制定学科规划的意见。

代表们认为，要使我国哲学社会科学事业有一个大发展，就要深入揭批“四人帮”，打碎他们加在人们身上的精神枷锁，来一个思想大解放。社会科学工作者要敢于坚持真理，勇于攀登科学高峰。代表们指出：林彪、“四人帮”处处设“禁区”，堵塞言路，破坏民主，窒息革命精神，我们要解放思想，就要彻底摧毁林彪、“四人帮”设置的“禁区”。现在，许多人还心有余悸，这是林彪、“四人帮”开设“钢铁工厂”、“帽子工厂”，肆意迫害干部和群众造成的一些人的心理状况。肃清林彪、“四人帮”流毒的工作做得越彻底，心有余悸的问题就可以解决得越好。应当看到问题的这一个方面。

另一方面，社会科学是研究阶级斗争的学说，它是在阶级斗争中产生的，也只有在阶级斗争的实践中得到发展，我们不能企求永远风平浪静地进行哲学社会科学的研究。会议联系当前理论战线的斗争形势，进一步讨论了社会科学工作者的战斗任务。

来自全国各地哲学社会科学研究机构、高等院校和宣传教育部门的代表200多人，出席了这次会议。中国社会科学院院长胡乔木，教育部部长刘西尧，中国社会科学院副院长周扬、宦乡作了报告，中国社会科学院副院长于光远作了会议的总结，中国社会科学院副院长邓力群，教育部副部长高沂分别主持了这些报告会。

中共上海市委第三书记彭冲在市委党校第二期开学典礼上发表讲话

彭冲指出，目前国际国内形势对于我们加快四个现代化的速度非常有利。我们一定要发扬毛主席亲自倡导的革命学风，完整地准确地掌握马列主义、毛泽东思想体系，彻底批判林彪、"四人帮"对理论与实践关系的根本颠倒，扫除加快实现四个现代化的思想障碍，抓紧当前大好时机，为把上海建设成为先进的工业基地和科学技术基地而努力奋斗。

彭冲同志说，马列主义、毛泽东思想是一个极其丰富的理论宝库，是完整的科学体系，是指导我们思想的理论基础，不论是过去、现在还是将来，对革命的实践都具有巨大的指导作用。要加快四个现代化的速度，就要更好地掌握马列主义、毛泽东思想这个武器，使马列主义、毛泽东思想的普遍真理同新的具体实践相结合，去认识和解决层出不穷的新课题、新问题。

彭冲指出，在理论与实践的关系问题上，林彪、"四人帮"及其在上海的余党出于反革命目的，把它根本颠倒了，搞得很混乱。他们否定实践是认识的源泉，否定实践是理论的基础，否定"实践、认识、再实践、再认识"这个人类认识运动的规律。林彪宣扬"生而知之"的"天才论"，鼓吹颠倒物质和精神关系的"倒过来"哲学。张春桥抛出了一个"理论—实践—理论"的公式，"四人帮"在上海的一个余党便跟着胡说："理论和实践的关系，无非是两条腿，一会儿理论跑在前面，一会儿实践跑在前面，就是这样一前一后。"他们偷偷地把精神抬到第一位，并进一步把实践第一的观点歪曲为"经验主义"，变成打人的一根棍子。谁要坚持实践第一，谁就是"经验主义者"，谁就是"当前的主要危险"，谁就要被打倒。他们否定实践是检验真理的唯一标准，鼓吹实用主义的真理观，猖狂反对按科学态度办事。谁要真正按照马列主义、毛泽东思想办事；坚持实事求是，从实际出发，谁就犯了弥天大罪，就要饱尝他们的帽子、棍子的滋味。他们的所作所为，完全证明了他们是一伙祸国殃民的害人帮。

彭冲说，林彪、"四人帮"颠倒理论与实践的关系，造成的最大危害是破坏了我党的实事求是，一切从实际出发，理论与实践相结合的优良传统和作风，使唯心主义横行，形而上学猖獗，严重压抑和挫伤了广大干部群众的积极性、主动性、创造性。他们把人们的思想搞乱了，搞僵化了，造成有些同志在实际工作中，只是简单地照搬、照抄、照转上级的指示，而不敢从本单位的实际情况出发，开动脑筋，提出问题，解决问题。

彭冲说，目前，在上海就有这样的情况。有些同志天天讲要加快四个现代化的速度，却不敢讲按经济规律办事，不敢讲按劳分配，不敢讲管理，不敢讲技术，不敢讲学习外国。用过的水泥袋，过去到处丢，现在每只发了二、三分钱的回收费，90%以上都收回来了，但是有的领导干部就是不敢点头。养猪场实行了"五定一奖"，猪仔养得好了；渔轮推行了超产分成，捉的鱼很快多起来了；许多企业实行了超产奖、节约奖，产量质量很快上去了，煤、电和原材料消耗很快降下来了，但是有的领导干部就是不敢提倡。为什么实践反复证明了是正确的事，还是大敢大胆去做呢？原因就是林彪、"四人帮"的流毒没有肃清，不敢实事求是，不敢从实际出发，还是怕实行精神鼓励与物质鼓励相结合被批为"奖金挂帅"，怕实行社会主义的按劳分配原则被批为"走资本主义的老路"。因此，不彻底批判林彪、"四人帮"对理论与实践关系的根本颠倒，不坚持实践是检验真理的唯一标准，思想就解放不了，胆子就大不了，办法就多不了，步子就快不了。

彭冲说，早在四十年前，毛主席就率领全党，从政治上系统地清算了王明的机会主义路线，接着又从理论上彻底批判了王明轻视实践、脱离实践的主观唯心主义。毛主席亲自总结了这次斗争的经验教训，写下了《中国革命战争的战略问题》《实践论》《矛盾论》等一系列不朽著作。现在，华主席为首的党中央率领我们进行新的长征，我们也一定要发扬毛主席倡导的理论联系实际的学风，刻苦学习马列主义、毛泽东思想，从政治上、思想上、理论上彻底清算林彪、"四人帮"的反革命修正主义路线，来一番根本的拨乱反正，使我们在新的历史条件下，能运用马克思主义的立场、观点、方法，开动脑筋，总结过去的经验，分析新的历史条件，研究实际问题，采取切实的措施来加快经济的发展。

彭冲同志强调指出，华主席为首的党中央，坚持理论和实践相结合，在粉碎"四人帮"，进入新的历史发展时期以后，高举毛主席的伟大旗帜，继承毛主席、周总理的遗志，把马列主义、毛泽东思想同新的历史条件相结合，正确地制定了党的十一大路线，提出了新时期的总任务，制定了一系列适应新情况的方针、政策，取得了抓纲治国成效显著的胜利，为我们实现四个现代化开创了良好开端。我们一定要坚决响应华主席号召，进一步解放思想，振奋革命精神，敢想敢说敢做，进一步加快四个现代化的步伐。

最后，彭冲同志要求来党校学习的同志在学习中坚持揭批林彪、"四人帮"，充分发扬民主，贯彻百家争鸣的方针。应当形成敞开思想、民主探讨、生动活泼的空气。他说，过去，林彪、"四人帮"肆意践踏党内民主和人民民主，到处开设"钢铁工厂"、"帽子工厂"，动不动把理论上不同意见的讨论，无限上纲，说成是两个阶级、两条路线的斗争，给人戴上"反党、反社会主义、反毛泽东思想"的帽子，弄得许多同志不敢敞开思想，不敢探讨问题，以致严重堵塞了言路。我们必须坚决废除林彪、"四人帮"搞的那一套抓辫子、扣帽子、打棍子的恶劣做法，在党内和整个社会生活中大力提倡和发扬民主精神，使社会主义民主的思想，在人们的头脑里普遍地、牢固地树立起来，努力造成一个又有集中又有民主，又有纪律又有自由，又有统一意志又有个人心情舒畅，生动活泼，那样一种政治局面，最大限度地把广大干部群众的积极性调动起来。要坚决实行"三不主义"，不抓辫子，不扣帽子，不打棍子。在学习中大家有不同意见，可以敞开思想，畅所欲言，摆出观点，民主探讨，通过学习讨论，逐步统一认识。如果还有不同看法，可以继续争论，也不要你扣我的帽子，我扣你的帽子。不同意见应当允许保留，在继续学习中求得解决。要增强党性，改进作风。这些年来，在林彪、"四人帮"的严重干扰破坏下，主观主义、宗派主义、官僚主义、弄虚作假、骄傲自满、强迫命令、搞特殊化等歪风，有很大滋长。这对加速实现四个现代化是一个很大的障碍。我们在学习中一定要认真贯彻整风精神，发扬党的优良传统和作风，肃清歪风邪气，加强组织性纪律性，真正做到在党性方面、作风方面有明显的进步和提高，以新的精神面貌去迎接加快现代化速度这个新的战斗任务。

国务院副总理李先念在北京会见由美国能源部部长詹姆斯·施莱辛格率领的美国能源代表团

11月4日

国务院总理华国锋在北京会见美国能源部长詹姆斯·施莱辛格和由施莱辛格部长率领的美国能源代表团

全国人民代表大会常务委员会举行在京委员报告会

会上听取了廖承志副委员长关于邓小平副总理前往日本出席互换中日和平友好条约批准书仪式并进行正式友好访问的情况报告。

全国人大常委会委员长叶剑英主持了报告会并讲话。

叶委员长说，中日和平友好条约的缔结和生效，标志着两国的和平友好合作关系进入了一个新的阶段，必将对亚洲和太平洋地区，乃至对国际形势，产生深远的影响。邓副总理这次访日，加深了中日两国政府和人民之间的了解和友谊，符合中日两国人民和各国人民的利益，受到世界各国人民的广泛赞扬和重视，意义重大，是很圆满、很成功的。

廖承志副委员长在报告中介绍了邓副总理访问日本的情况，阐述了中日和平友好条约的意义和邓副总理访问日本所取得的成就。

廖副委员长说，邓副总理前往日本出席互换中日和平友好条约批准书仪式并进行正式友好访问，受到日本政府、朝野各界和广大日本人民的热情欢迎和隆重接待，访问圆满成功，取得了比预期还好的效果。这次访问是我国家领导人第一次对日本进行正式友好访问，是两国关系中的一件大事，在国际上也引起了广泛重视，受到了普遍欢迎。邓副总理访日和中日和平友好条约生效，意义重大，影响深远。它不仅为进一步加强中日友好，扩大两国在政治、经济、文化、科技等领域的交流与合作，开辟了更加广阔的前景，而且也必将对维护亚洲、太平洋地区和世界的和平与安定产生积极的影响。

廖副委员长指出，中日两国人民友好交往，历史悠久，源远流长。现在，"中日人民世世代代友好下去"的思想深入人心，中日友好具有更加广泛、充实的内容和坚实的基础，成为一股不可抗拒的潮流。邓副总理访日，广泛地接触了日本各阶层人士，拜会了老朋友，结识了新朋友，加深了两国人民的友谊，促进了两国睦邻友好合作关系的发展，促进了国际反霸统一战线的发展，对苏联社会帝国主义妄图离间中日关系，孤立我国的阴谋，是一个沉重的打击。这是继华主席出访三国之后，苏联在国际上遭遇的又一严重挫折。

乌兰夫、韦国清、邓颖超、赛福鼎、姬鹏飞、周建人、许德珩、胡厥文副委员长出席了报告会。

国务院副总理谷牧，最高人民检察院检察长黄火青，在京的政协全国委员会副主席和常务委员，中共中央、国务院各部委负责人，全国总工会、团中央、全国妇联的负责人，中国人民解放军各总部、各军兵种负责人，列席了报告会。

第三次全国人民防空会议在北京闭幕

会议期间，来自国家机关、各省、自治区、直辖市和人民解放军各总部、各部队的代表，通过认真学习毛主席、周总理和华主席关于加强战备和搞好人民防空、城市防卫工作的指示，学习叶剑英副主席的讲话和李先念副主席的报告，批判林彪、"四人帮"干扰破坏人防建设的罪行，进一步提高了对人防工作重要战略意义的认识。同志们一致认为，中央提出的在大力发展国民经济的同时，积极搞好人防战备建设的任务，是符合实际情况的。中央确定的"全面规划，突出重点，平战结合，质量第一"的方针，高度总结了我国人防工作的基本经验，指明了今后人防建设的方向，是开展人防战备工作必须遵循的依据和指导思想。一定要以对党对人民高度负责的态度，以揭批"四人帮"为纲，发动群众，克服困难，同心协力，扎扎实实地搞好人防工作。

在这次会议期间，还组织到会代表参观了湖南省株洲、长沙、湘潭和北京市的人防工程，交流了各地人防战备建设的经验，表彰了先进城镇、先进单位和先进工作者。在今天举行的授奖仪式上，全国人防领导小组成员谭旌樵同志宣读了全国人民防空领导小组关于授予全国人民防空战备建设先进城镇、先进单位和先进工作者光荣称号的决定。荣获光荣称号的有株洲市等30个城镇，还有206个单位，352位先进工作者。决定中要求荣获光荣称号的城镇、单位和个人，要谦虚谨慎，戒骄戒躁，发扬成绩，继续前进。

中共中央政治局委员、国务院副总理陈锡联出席了今天的授奖仪式和总结大会。全国人民防空领导小组副组长杨勇在大会上作总结讲话。杨勇在讲话中指出，这次会议决定了人防工作中许多重大的方针、政策问题。华主席为首的党中央为人防建设所制定的这些重大方针、政策和提出的要求，必将对今后人防战备建设产生巨大的推动作用。各地区、各部门和人民解放军各总部、各部队要把会议精神传达好、贯彻好，结合各单位的实际情况制定出切实可行的实施规划。杨勇同志说，在华主席为首的党中央领导下，经过全国军民的共同努力，一定会把我国的人防战备建设提高到一个新的水平，夺取更大的胜利。

西藏自治区公安机关在拉萨举行大会释放西藏上层反动集团全部在押要犯

经华主席、党中央批准，西藏自治区公安机关宽大处理了西藏上层反动集团的全部在押要犯。在拉萨举行的宽大释放大会上，受到宽大处理的罪犯们领到了人民政府发给的印有藏、汉两种文字的释放证。

这次获得宽大处理的罪犯，包括原西藏地方政府官员、寺庙活佛和地区叛匪司令共24名。其中，有原西藏地方政府札萨、山南王拉加里·朗杰加措，原叛匪司令、西藏地方政府孜本雪古巴·加央克珠，原西藏地方政府堪穷拉恰·土登丹巴，原西藏地方政府黑河地区总管门堆巴·洛桑旺堆，原西藏地方政府粮食副总管夏扎·甘登班觉，原西藏地方政府阿里地区副总管浪东·白玛多吉，原西藏地方政府颇本江热·阿旺次白，原哲蚌寺措钦活佛杰色·阿旺洛桑，原边坝寺活佛边坝·阿旺洛桑，以及地区叛匪司令布顿都、江康格多等。1959年，西藏上层反动集团背弃和平解放西藏的协议，勾结帝国主义和国外反动派发动反革命武装叛乱时，这些罪犯都是参与组织策划叛乱的首恶分子和骨干。这些罪恶累累的犯罪分子今天获得新生，是毛主席对于敌对阶级分子改造教育政策的又一巨大胜利，也是华主席为首的党中央坚定不移地执行毛主席的革命路线和民族政策所取得的重大成果。

西藏平叛改革以来，我公安机关遵循毛主席"惩办和宽大相结合、劳动改造和思想教育相结合"的方针和"给出路"的政策，对犯有反祖国、反人民、反革命罪行的罪犯，坚持以革命的人道主义进行长期、耐心、细致的教育改造工作。在党的政策的感召下，这些犯罪分子逐步抛弃他们的反革命立场，认清形势，同反动的民族分裂主义划清界线，走上了改恶从善的道路。根据他们的悔改和立功表现，1963年以来，先后有4批这样的犯罪分子获得了宽大处理，不少人还进入了中国共产党领导下的革命统一战线行列。其余24名罪犯，经过19年教育改造，也绝大部分认罪服法，愿意重新做人，这次全部得到了宽大处理。

会上，自治区公安局副局长白马多吉宣布了公安机关关于宽大处理这些罪犯的决定，发放了释放证。罪犯们宽大释放后，一律给予公民权，并根据本人的具体情况，分别进行适当安置。其中，拉加里·朗杰加措、雪古巴·加央克珠等13人，将由自治区统战部安排学习和工作。

这次同时被宽大释放的还有10名受外国反动派和外逃叛匪特务机关派遣，潜入西藏地区的特务人员。他们大部分将由政府安排劳动就业；其中有两名，其妻子儿女在国外，如本人愿意出国与家人团聚，将发给足够路费，并提供方便。

在宽大释放大会上，自治区革命委员会副主任天宝讲了话。他对罪犯们经过长期教育、改造所取得的进步表示欢迎。他在讲话中畅谈了西藏和平解放以来，特别是民主改革以后，各条战线发生的翻天覆地变化，希望他们继续努力学习，改造思想，热爱祖国，拥护共产党，为人民做些有益的事情，为建设繁荣昌盛的社会主义新西藏贡献力量。

天宝同志说，外逃的西藏上层反动集团，当前处境更加困窘。被他们欺骗、裹胁而流落国外的藏族同胞，远离祖国，流离失所。他们受人歧视的悲惨遭遇与西藏人民今天当家做主的幸福生活，形成了鲜明的对照。

他们日夜思念家乡,向往祖国。对此,我们深表同情和关心。借此机会,我们再次表示希望流落国外的藏族同胞,包括逃亡国外的西藏上层人士,认清国际国内的大好形势,识破社会帝国主义和反动派侵略、颠覆和分裂祖国的阴谋,早日摆脱寄人篱下,受人歧视的困境,回到自己的家园,参加祖国社会主义建设。爱国不分先后,爱国一家,凡是愿意回来的,既往不咎,我们一律欢迎,并将妥善安置其工作、生产和生活。

国务院副总理方毅在北京会见以本多健一为团长的日本感光材料学者访华代表团

全国人大常委会副委员长邓颖超在北京会见日本财界人士及其家属友好访华团

全国人大常委会副委员长廖承志在北京会见以秋津宏机为团长的日本日中友好国会秘书会访华团

四幕话剧《于无声处》公演后轰动上海文艺界

新华社报道:讴歌1976年天安门事件中的时代英雄的四幕话剧《于无声处》公演后,轰动上海文艺界。16日,剧组赴北京演出。

11月5日

国务院副总理邓小平抵达曼谷对泰国进行正式友好访问

邓小平副总理分别拜会了普密蓬国王和泰国总理江萨·差玛南。

外交部部外长黄华、中国驻泰国大使张伟烈参加了会见。

以中共中央副主席汪东兴为团长 国务院副总理余秋里为副团长的中国党政代表团抵达金边对民主柬埔寨进行正式友好访问

汪东兴副主席和余秋里副总理前往国家宫拜会柬共中央书记、民主柬埔寨政府总理波尔布特等柬埔寨党政领导人。

中国党政代表团团员胡耀邦、罗青长、韩念龙、申健和孙浩也参加了会见。

农林部副部长 国家林业总局局长罗玉川向记者谈林业的重要性和我国林业目前的状况

罗玉川说,我国自然灾害频繁,农、牧业产量低而不稳的一个重要原因,就是历史上森林资源屡遭破坏。这是大自然对我们的惩罚。他强调说:"现在,少得可怜的森林还在日趋减少。必须大声疾呼:要迅速采取措施,发动全民造林护林,切不可继续招来大自然的惩罚!"

森林的作用,不仅仅是向人们提供木材和林副产品,更重要的是它能涵养水源,保持水土,防风固沙,调节气候,防治污染,保障和促进农、牧业生产,保护人类的生活环境。人们形容一棵树就是一个"小水库",一台"造雨机",一个"土地的卫士",一个"二氧化碳吸收器",这些形容是科学的。罗玉川同志指出,可以说,发展林业,就是发展农业、牧业;破坏森林,就是破坏农业、牧业。

我国历史上原是多林的国家。后来由于战争摧残,毁林开荒,帝国主义掠夺,以及采伐不合理等原因,森林逐步减少,现在是世界上森林最少的国家之一,森林覆盖率要比世界平均水平低一半,每人平均占有森林面积大大低于世界平均水平,而且森林分布不均。我国北方许多地区原来绿色的林海遭到破坏后,出现了大沙漠。现在,万里风沙线上害风卷着流沙正继续长驱南侵,同人们争夺着农田和牧场。此外,黄河之所以成为世界著名的害河,主要原因就是它的中、上游地区森林遭到破坏后,造成水土流失,大量泥沙被冲进河道。整个黄河水系加上长江水系,每年要把相当于六百万亩以上土地的肥沃土壤卷进大海。

破坏森林是人类历史上一个痛苦的教训。世界上许多国家都破坏过森林,并在尝够了苦头之后,纷纷采取有力的措施,例如颁布森林法等,来恢复森林,发展森林,保护森林,增加森林覆盖面积,从而保护和促进农业。现在,世界上大多数国家森林覆盖率都在30%以上,这就不仅能出产大量木材,而且风调雨顺,很少有大的自然灾害。

罗玉川同志说,解放后我们在造林护林、恢复森林方面取得了很大成绩。林区许多林业生产基地,坚持以营林为基础,实行采育结合,边伐边种,做到了种的比伐的多,实现了青山常在,永续利用。黑龙江省林口林业局,近五年来造林面积每年都超过采伐迹地面积一倍。这样,在完成采伐任务后,森林资源不但没有减少,森林覆盖率反而增加了20%,木材蓄积量增加了18%。许多从前自然灾害严重的地方,通过大面积植树造林,增强了抗灾能力,改善了农业生产条件。广东省雷州半岛,解放前少林缺树,风沙干旱很严重。解放后,人工造林达360万亩,整个半岛成了绿色的海洋,有效地起到了防风固沙,阻挡海潮,调节气候的作用。解放前雷州半岛的粮食平均亩产最多只有一百来斤,现在已经连年过《纲要》。

罗玉川同志指出,但是,由于我们工作中的问题,特别是由于近十几年来林彪、"四人帮"修正主义路线的干扰、破坏,我国林业的发展是缓慢的,森林正继续遭到破坏。我们采伐多,更新少;造林多,保存少。全国还有1200万亩采伐迹地没有造林更新,许多采伐过的地方已经变成荒山秃岭。每年植树造林虽然数字很大,但成活率低,只能保存1/3左右。目前全国还有12亿亩宜林荒山荒地没有绿化。有些地方,对森林乱砍滥伐的现象加剧,很多国有林被随意侵占、盗伐。不少单位擅自到林区收购木材,助长了乱砍滥伐和木材投机倒把活动。有些林区不适当地提出要"以粮为纲",大量毁林开荒,肆意破坏防护林、水源林和自然保护区。由于防火教育抓得不紧,林区用火管理不善,森林火灾不断发生,损失巨大。林业科研机构不健全,林木病虫害防治工作薄弱,近几年林木受害面积超过了当年造林面积。不少地方违反政策,社员房前屋后的自留树被收、被砍。农村烧柴毁林也很严重,据调查,全国每年当柴烧掉的木材要占森林资源消耗总量的1/3。现在,全国可采伐的森林只占森林总资源的1/3。如果上述情况延续下去,到本世纪末,我国森林就有被砍光的危险。

李先念副主席不久前针对不少地区的森林和植被不断遭到破坏的情况指出,如果再不抓紧解决这个问题,任其发展下去,不只是森林面积逐步减少,而且还会因此而造成土地贫瘠,尘沙飞扬,水土流失,水旱灾害频繁等生态性后果。总而言之,有可能出现不可收拾的严重局面,再遭大自然的惩罚。罗玉川同志说,李先念同志的话完全符合实际情况。例如,我国重要的商品粮基地黑龙江省,有大小兴安岭的森林做屏障,过去农业不怕旱。最近几年因为大量伐木,森林减少,也有旱象发生。如果继续过量采伐木材,气候必将变得更加恶劣。又例如海南岛,解放初期有热带原始森林1295万亩。因为过量砍伐,毁林开荒,到去年年底只剩下364万亩。结果,水、旱、风、沙等自然灾害日渐严重。森林损失最严重的岛西部地区,土地出现沙化。如果继续破坏森林,海南岛就存在着沦为荒漠的可能性。

破坏森林的恶果够触目惊心的了。然而,对于造林护林的重要性和迫切性,却一直没有被许多从事农村领导工作的同志所认识。罗玉川同志说,不少同志至今没有认识到实行农、林、牧三结合的重大意义,存在着"粮食不过关,林业顾不上"、"发展林业,影响农业"以及"植树造林无关大局"、"远水不解近渴"等错误思想。我们必须大声疾呼:那种重砍轻造、只砍不造和一把锄头栽树、几把斧头毁林的现象,再也不能继续下去了!否则,我国的自然条件将变得更坏。农业、工业以至整个国民经济的发展将受到阻碍,四个现代化将被拖住后腿,不仅我们这一代要继续受到大自然的惩罚,而且将为子孙后代造孽。

罗玉川同志说,华主席最近为全国林业局长会议作了"植树造林,绿化祖国"的题词。党中央很重视林业。我们必须全党重视,全民动员,各级领导带头,加快造林速度,搞好森林的保护、管理,尽快改变我国森林资源贫乏和分布不均的状况。

罗玉川同志强调说,保护森林要做多方面的工作。随着建设事业的发展,木材需要量会日益增加。建筑行业和其他各行各业,都要克服浪费木材的现象,大力节约木材。用沼气取代烧柴解决农村生活用火问题,是保护森林的一项有效措施,各地都应大力提倡。

国务院副总理方毅在北京会见瑞士苏黎世高工教授伯格

国务院副总理纪登奎在北京会见国际泛欧联盟主席奥托·冯·哈布斯堡

成都工学院更名为成都科技大学

经国务院批准,成都工学院已改为成都科学技术大学,并列为全国重点学校。

成都工学院原是一所多学科的工科高等学院,改为成都科技大学后,除积极办好原有工科专业外,将根据需要与原有基础,新办部分理科和新兴学科、边缘学科的专业,并逐步扩大研究生名额。

成都科学技术大学,由中国科学院和四川省双重领导,以中国科学院领导为主。

11月6日

中共辽宁省委为所谓"'东北帮'叛党投敌反革命集团"大假案彻底平反

新华社报道:最近,中共辽宁省委为所谓"'东北帮'叛党投敌反革命集团"大假案彻底平反,为遭受打击迫害的90名党政军领导干部和知名爱国人士恢复名誉。1968年,某群众组织说,吕正操、万毅和张学思等42人曾于1946年联名给蒋介石发电报,要求张学良回东北;还密谋策划倒戈投敌,暗害林彪。林彪、"四人帮"及其在辽宁的死党据此立案追查,并于1969年1月编造了一份株连90人的所谓"军阀张学良东北地区残余分子名单"。由于涉及的人员原籍都在东北,故取名为"东北帮"。

国务院副总理邓小平在曼谷与泰国总理江萨·差玛南举行会谈

两国领导人就共同关心的国际问题和进一步发展

中泰两国的双边关系交换了意见。双方同意,在邓副总理这次访问期间,签署以下3个文件:中泰两国政府关于成立贸易联合委员会的议定书;中泰两国政府关于1979年度两国进出口商品的议定书;中泰两国政府科学技术合作联合委员会第一次会议会谈纪要。

参加会谈的有:外交部部长黄华、中国驻泰国大使张伟烈,国务院办公室副主任李力殷,外交部亚洲司副司长王晓云,外贸部四局副局长荣凤祥,外交部礼宾司副司长戴平。

中国党政代表团在金边同柬共中央书记 政府总理波尔布特等民主柬埔寨党政领导人举行会谈

中国党政代表团副团长余秋里,团员胡耀邦、罗青长、韩念龙、申健、孙浩参加了会谈。

国务院副总理李先念在北京会见由法国环境及生活条件部部长米歇尔·多尔纳诺率领的法国环境及生活条件代表团

国务院副总理纪登奎在北京会见由罗马尼亚《火花报》总编辑康斯坦丁·米特亚率领的《火花报》代表团

国务院副总理方毅在北京会见日中协会学术访华团

方毅副总理说:"对于日本科学工作者愿意同中国方面进行科学技术合作,我们是欢迎的。在这方面,中日两国可以合作的范围很广泛。"

方毅副总理是在会见以日中协会代表召集人、著名物理学家茅诚司为团长的日本日中协会学术访华团时说这番话的。为了加强日中两国科学工作者之间的友谊和合作,茅诚司团长在这次来访期间曾建议建立日中学术交流中心。

方毅副总理同日本朋友就中日和平友好条约生效后,如何进一步加强中日两国之间科学技术合作和交流的问题交换了看法。

会见时,中日友协副会长夏衍、中国科学院副院长周培源等在座。

国务院副总理王震抵达伦敦对英国进行正式友好访问

"人与生物圈"国家委员会在北京举行第一次会议

中华人民共和国"人与生物圈"国家委员会11月6日至10日在北京举行了第一次会议。

我国"人与生物圈"国家委员会是在今年9月正式成立的。这个委员会的任务,是负责我国"人与生物圈"计划的科学研究规划的编制、执行和协调工作。它的工作同联合国教科文组织的"人与生物圈"计划对口。

地球表面有一层薄薄的土壤、水、空气和生活在这中间的形形色色的生物,科学上统称生物圈。

会上,来自各部门的40多位同志听了有关联合国教科文组织"人与生物圈"计划及情况介绍,讨论制订我国"人与生物圈"科学研究的初步计划。

11月7日

中共中央发出《关于恢复中央军委和各级地方党委人民武装委员会的通知》

徐向前兼任中共中央军委人民武装委员会主任。

国务院副总理邓小平在曼谷分别会见泰国前总理克立·巴莫和前外长差猜·春哈旺

参加会见的有外交部部长黄华,中国驻泰国大使张伟烈。

国务院副总理邓小平出席在曼谷国家第一体育馆举行的第一届世界羽毛球锦标赛闭幕式

邓小平副总理同泰国总理江萨观看了中、泰两国运动员之间进行的男子双打决赛,并且为男子单打冠军中国的庾耀东和男子双打冠军中国的侯加昌和庾耀东发了奖。江萨总理为女子单打冠军中国的张爱玲和女子双打冠军中国的张爱玲和李芳发了奖。

以中共中央副主席汪东兴为团长的中国党政代表团在金边同波尔布特等柬埔寨党政领导人继续进行会谈

国务院副总理陈慕华在北京会见即将离任的印度驻中国大使纳拉亚南

外交部照会越南驻华大使馆抗议越南政府11月1日在中越边界地区蓄意制造极为严重的流血事件

照会说:"今年11月1日上午,中国广西壮族自治区靖西县中越边境湖润公社新兴、华利两个大队的社员和民兵,在该公社所属的弄教、弄黑地区,清除越南方面在中国境内非法设置的竹尖桩和路障、填平堑壕时,越南武装公安人员和民兵60多人侵入中国境内,并进行蛮横的捣乱和挑衅活动。中国边境群众指出他们侵入了中国领土,要求他们返回边界线越南一侧。

越南武装人员不仅不听劝阻,反而用匕首和石头刺伤、打伤中国边境群众。尤其严重的是,在侵入中国境内的越方指挥人员鸣枪指挥下,事先埋伏在附近4个不同地点的堑壕里的越南武装人员,突然同时使用机枪、冲锋枪和步枪,向中国边境群众开枪射击500余发,当即打伤中国边境群众12人。越南武装公安人员还悍然抓走中国群众八人。事件发生后,中国边境口岸当即向越南边境口岸提出抗议,并要求越方交还被抓走的中方人员,但遭越方拒绝。11月3日越南外交部通报中国驻越南大使馆说,中方6人已死亡。"

照会指出:"这是越南当局在中越边界地区蓄意制造的极为严重的流血事件,是越南当局反华升级的又一新的严重步骤。这一严重事件,激起了中国边境群众的极大愤慨。中国政府向越南政府提出强烈的抗议。越南政府必须承担此次严重流血事件的全部责任,立即交还被抓走的中国边境群众和被杀害的中方人员尸体,并保证不再发生类似事件。"

照会说:"今年10月以来,越南武装人员在中越边界地区,已多次向中国村寨和群众开枪射击,蓄意挑衅,制造事端。由于中国方面采取了克制态度,一再忍让,才避免了事态的扩大。

"中国政府正告越南当局,不要把中国方面的克制态度视为软弱可欺。如果越南当局一意孤行,在中越边界继续加剧反华挑衅和武装入侵活动,那么,越南当局必须承担由此而引起的一切后果。"

11月8日

国务院副总理邓小平在曼谷举行的记者招待会上发表讲话

邓副总理说,在这次访问期间,中泰两国领导人进行了诚挚友好的会谈,双方就共同关心的国际形势、亚洲地区形势和双边关系交换了意见。他说:"在许多重要的问题上,我们的看法是一致的或相近的。双方都有进一步发展两国友好合作的共同愿望。"

他指出,中泰两国都是发展中的国家,两国人民都热爱和平,都需要一个和平的国际环境,从事建设自己的国家。他说:"但是,我们不能不看到,近年来霸权主义者加紧了在东南亚的扩张和渗透,严重地威胁了本地区的和平与安全,对此不能不引起我们的严重警惕。"

邓副总理指出,最近缔结的中日和平友好条约的核心,就是反对霸权主义。他说,"反霸条款首先是中日两国自我约束,承担不谋求霸权的义务,同时也反对其他国家或国家集团谋求霸权。"

邓副总理指出,自从两国在1975年建交以来,两国关系的发展是令人满意的。今年年初,江萨总理访问中国,双方签订了贸易协定和科学技术合作协定;两国人民的友好往来近年日益增加,两国友好合作有了新的发展。

邓副总理说,在中泰两国人民长期的交往中,有不少中国人迁居泰国。他们当中绝大多数已经加入泰国国籍,同当地人民融合在一起,这是可喜的现象。他说:"我国政府一向赞成和鼓励华侨自愿选择泰国国籍,凡是取得泰国国籍的,就自动失去了中国国籍,他们就应当尽泰国国民的义务。对那些还保留中国国籍的华侨,我们希望他们遵守泰国的法令,尊重泰国人民的风俗习惯,同泰国人民友好相处。他们的正当权益应当得到保障。我们希望旅泰侨胞继续为增进中泰友谊,为泰国的经济、文化和社会公益事业作出应有的贡献。"

国家计委 国家经委和国务院环境保护领导小组作出决定限期治理167个严重污染环境的工矿企业

决定指出,如果到期治理不好,必须坚决停下来,治好了再生产,还要追究企业领导和上级主管部门的责任。

第一批限期治理的工矿企业共有167个,包括冶金、石油、化工、轻工、纺织、建材、五机7个部门,其中有包钢、攀钢、首钢、上海炼油厂、大庆石油化工总厂、四川化工厂、兰州化学工业公司、大连石油七厂、天津农药厂、南京化工厂、重庆印染厂、营口造纸厂、吉林石砚造纸总厂、武汉化工二厂、大连水泥厂、广州水泥厂等。这些工矿企业解决污染问题的期限分别为1978年至1982年。

国家计委、经委、国务院环境保护领导小组在决定中指出,工矿企业的"三废",是环境的主要污染源,目前,我国的环境污染问题已经到了很严重的地步,再不抓紧解决就不得了,必须根据当前财力、物力和技术条件,分期分批加以治理,当前急需解决的,应该先行一步。

对这批企业治理"三废"污染所需的资金、材料设备等等,决定都分别作了安排和规定。

国家计委、经委和国务院环境保护领导小组要求各省、自治区、直辖市,国务院有关部门,对所属企业治理情况及时总结经验。各级经委和环境保护部门要负责督促检查和验收。

国家计委 国家经委 国家建委和国务院环境保护领导小组发出通知重申基建项目必须严格执行"三同时"规定

通知指出,1973年以来,中共中央、国务院曾三令五申,凡新建、扩建、改建项目必须实行治理污染设施与主体工程同时设计、同时施工、同时投产的规定，但是，这一规定一直没有得到很好的贯彻。近几年来，大部分的投产项目没有执行“三同时”的规定，致使许多地区的污染不仅没有得到控制，而且在继续发展，加重了对人民健康和工农业生产的危害。这种片面追求生产不顾污染危害，无视党中央、国务院有关规定的情况，决不容许再继续下去。为此，今年计划投产的项目一定要严格按照“三同时”的规定进行验收，凡是没有治理污染措施的，一律不准投产，限期解决，解决了再投产。1979年起，凡没有防治污染措施的项目，不予列入计划。各级计委、建委要严格把关，环境保护部门要认真监督。

通知列举了几项污染危害突出的工程，要求这几项工程的主管单位，立即采取切实有效的措施，保证在较短的时间内，把消除污染的措施和主体建设工程同时搞上去。它们是：

太原钢铁公司四号六十五孔焦炉的脱酚装置，必须在1979年一季度建成运行；

今年计划投产的小龙潭、金竹山、韩城、水城、分宜、清镇、佳木斯、浑江8个电厂，必须抓紧灰场的建设，灰场未建成前，电厂新机组不得投产；

太原化工厂扩建的烧碱工程，原计划今年投产，但没有安排“三废”处理设施，必须立即补上，否则不得投产；

甘肃光学仪器厂新建8.75毫米放映机工程，必须立即安排建设污水处理设施，建成后才能投产。

中国铁路工会第八次全国代表大会在北京举行

中国铁路工会第八次全国代表大会10月31日到11月8日在北京举行。这是中国工会第九次全国代表大会闭幕以后召开的第一个全国性的产业工会的代表大会。会议确定了铁路工会今后的方针任务，选出了中华全国铁路总工会新的领导机构。

中国铁路工人具有光荣的斗争历史，早在1924年“二七”大罢工一周年的时候，就成立了中华全国铁路总工会。解放前，中华全国铁路总工会召开了四次代表大会；解放后，中华全国铁路总工会改名为中国铁路工会全国委员会，又召开了三次代表大会。为了继承和发扬“二七”斗争的光荣传统，把铁路工会解放前后召开的历次全国代表大会连续起来，经党中央、华主席批准，将这次大会改为第八次全国代表大会，并且恢复了中华全国铁路总工会的名称。

大会期间，中共中央和国务院领导同志乌兰夫、方毅、纪登奎、陈永贵、陈锡联、倪志福、谷牧、康世恩，在人民大会堂接见了全体代表。

在这次大会上，全国总工会主席倪志福、铁道部党组副书记刘建章致了辞，铁道部部长郭维城、铁道兵政委吕正操作了报告。王志杰同志代表中国铁路工会第七届执行委员会作了题为《新时期中国铁路工人运动的战斗任务》的工作报告。大会还讨论通过了《中国铁路工会组织办法》。

大会选出了135人为中华全国铁路总工会第八届执行委员会委员和候补委员。在八届执委会第一次全体会议上，选出17人为常务委员会委员，王志杰当选为中华全国铁路总工会主席，章智、郑锡坤、蔡连兴、林一(女)、喻楚杰、李震刚、吴金柱、毕思云、陈福汉为副主席。

国务院副总理李先念在北京会见美国农业部长罗伯特·伯格兰及其随行人员

国务院副总理陈慕华在北京会见菲律宾航空公司董事长兼总经理克鲁兹一行

克鲁兹董事长一行在京期间同中国民用航空总局的负责人在友好合作的气氛中就中菲通航问题进行了会谈。

11月9日

《人民日报》发表特约评论员文章《思想再解放一点》

(一)

华主席在今年国庆招待会的祝酒词中，号召全党全军全国各族人民“思想再解放一点，胆子再大一点，办法再多一点，步子再快一点”。华主席的号召，反映了全国亿万人民的强烈愿望，反映了形势发展的迫切需要，揭示了加快我国社会主义建设速度的关键，具有很大的针对性，意义极其深远。

在这四个“一点”中，首要的是思想再解放一点。思想得到解放，胆子才会增大，办法才会增多，步子才会加快。粉碎“四人帮”，除掉了前进道路上的最大障碍；党的十一大为我们制定了正确的路线；五届人大提出了新时期的总任务；我国人民开始了新的长征。在这种情况下，我们的精神状态如何，特别是各级领导干部的精神状态如何，是思想解放，敢闯敢干，还是固守陈规，畏缩不前，直接影响着我们向四个现代化进军的快慢和成败，关系到我们党和国家的前途和命运。

两年来，我们深入揭批林彪、“四人帮”反革命的修正主义路线，批判他们种种假左真右的谬论，在各条战线拨乱反正，正本清源。这个过程，也就是解放思想的过程，把人们从林彪、“四人帮”大量的歪曲宣传中，从他们制造的各种精神桎梏中解放出来。从粉碎“唯生产力论”、“管卡压”等枷锁，到推翻反动的“两个估计”；从对“四人帮”反革命政治纲领的批判，到“实践是检验真理的唯一标准”的讨论，我们冲破了一个又一个思想“禁区”，人们的思想一步一步地得到解放，产生了极为深远的影响。可以说，华主席为首的党中央领导我们抓纲治国，在政治、经济、文化教育、科学技术等各方面取得的一切进展，无一不是思想解放的结果。

但是，我们的思想状况能否适应新长征的要求呢？应该说还不适应，甚至远远不能适应。我们的新长征，是一场根本改变我国经济和技术落后面貌，进一步巩固无产阶级专政的伟大革命。这场革命既要大幅度改变目前落后的生产力，也必然要多方面地改变生产关系和上层建筑。没有思想上的大解放，这场革命是很难实现的。由于思想上不够解放而造成的胆子不够大，办法不够多，步子不够快的情况，不是到处都可以看到吗？有些同志，一看到现代化的步伐正在冲击一些老框框、旧传统，就摇头不迭，顾虑重重，担心走偏方向；一想到要用实践这把尺子来衡量过去做的和当前面临的一切事物，就疑虑多端，犹豫不前，总觉得还是照搬“本本”为妥；一听到与前些年林彪、“四人帮”的鼓噪不相同的声音，看到群众拍手称快、完全该办但却触犯所谓常规的事情，就噤若寒蝉，虽三思而不行。凡此种种，说明我们有些同志的思想，还被左一根绳索，右一具枷锁束缚得死死的。不推动他们大大地解放思想，怎么能适应新长征的要求呢？

(二)

历史每前进一步，都需要解放思想。代表先进阶级的新思想向代表没落阶级的旧思想的挑战，是社会政治变革的前导。解放思想，无产阶级最彻底。历史上一切剥削阶级由于阶级的局限性，不能也不可能实行最彻底的思想解放。无产阶级则是历史上最伟大的阶级，它的利益同社会发展的规律相一致，能够始终面向真理。无产阶级革命导师是彻底解放思想的光辉典范。马克思和恩格斯对当时盛行的各种各样思想和学说，从不盲目迷信，而是对人类思想所建树的一切，都重新探讨、批判，并在实践中加以检验，从而为无产阶级创立了“一个决不同任何迷信、任何反动势力、任何为资产阶级压迫所作的辩护相妥协的完整世界观”。

解放思想，一切从实际出发，而不是从“本本”出发，是毛泽东思想体系的根本原则。毛泽东同志毕生致力于把马列主义同革命的具体实践相结合，创造性地运用马克思主义的立场、观点、方法来分析和解决我国革命的实际问题，在我国民主革命时期提出了农村包围城市的道路；在社会主义革命和社会主义建设时期，提出了正确区分和正确处理两类不同性质矛盾的学说；在国际斗争中提出了划分三个世界的理论。在毛泽东同志的革命生涯中，从来没有任何束缚思想的框框，他总是经常不断地教育全党同志要解放思想。早在1930年，毛泽东同志就提出反对本本主义，民主革命胜利以后又指出“彻底的唯物主义者是无所畏惧的”，“‘舍得一身剐，敢把皇帝拉下马’，我们在为社会主义共产主义而斗争的时候，必须有这种大无畏的精神。”1958年，毛泽东同志向全国人民发出了“破除迷信，解放思想”，“打倒奴隶思想，埋葬教条主义”的战斗号召，又多次指出：“我们除了科学以外，什么都不要相信，就是说，不要迷信。”“要敢想、敢说、敢做，不要不敢想、不敢说、不敢做。这种束手束脚的现象不好，要从这种现象里解放出来。”毛泽东同志的这些光辉思想，指引着我们在革命的道路上夺得了一个又一个的胜利，今天仍然具有极为重要的现实意义。

(三)

要做到思想再解放一点，首先就要有勇气冲决林彪、“四人帮”编织的种种精神罗网。林彪、“四人帮”制造的这场浩劫，不仅给国民经济带来了濒于崩溃的灾难，而且给我们的思想建设造成了空前的破坏。直到今天，“四人帮”制造的无形的“精神枷锁”还禁锢着我们有些同志的思想，“四人帮”设置的不可逾越的“禁区”，还占据着他们头脑中一大片地盘。这些同志不敢思考问题，不敢提出问题，更不敢动手去解决问题。解放思想，最主要的就是要从林彪、“四人帮”的精神枷锁中解放出来。这就要求我们打好揭批“四人帮”的第三战役，把被林彪、“四人帮”颠倒了的是非颠倒过来。这是思想建设的百年大计，特别对青年一代具有十分重要的意义。这一代的青年人，正当长知识、确立世界观的时候，恰恰是林彪、“四人帮”疯狂歪曲、阉割和篡改毛泽东思想的时候。很多人自以为学到不少毛泽东思想，其实，他们所学到的很多是林彪、“四人帮”鼓吹的假毛泽东思想。而青年一代是新长征的生力军，如果他们头脑中真假马列尚未分清，怎么能迈开大步呢？

解放思想，也要同旧的传统观念、小生产的习惯势力决裂。我们是在一个经济文化落后的国家建设社会主义的。当新中国从半殖民地、半封建的废墟上建立起来的时候，很多方面不可避免地还带着从中脱胎出来的那个社会的痕迹。直到今天，旧的传统观念、小生产的习惯势力还在多方面地影响着我们的思想和工作。再加上这些年来由于林彪、“四人帮”的倒行逆施，清除旧社会污泥浊水的工作，非但没有前进，反而倒退了。践踏民主的封建专制主义，不问实际情况只按“长官意志”办事的陋习，拒绝外国先进科学技术的“闭关锁国”政策，等等，竟被贴上马克思主义的标签，强行推销，助长了“贾桂思想”，发展了愚昧主义，阻碍了社会生产力前进。马克思、恩格斯早就说过，共产主义革命不仅要同传统的所有制关系实行最彻底的决裂，而且还要同传统观念实行最彻底的决裂。在实现四个现代化的进程中，同传统观念决裂的任务已经越来越迫切地提到我们面前。

正确地认识过去所学的“苏联经验”，也是解放思想的一个重要问题。新中国成立之初，我们曾提出向苏联学习的口号，在社会主义建设的不少方面借鉴了苏联的做法。在我们还缺乏经验的情况下，这样做是必要的，曾起过积极的作用。但是，当时苏联关于经济建设、企业管理的那套东西，也不是没有弊病的。我们在学的过程中，也出现过盲目照搬的教条主义倾向。我们现在的管理体制，特别是工业的管理制度，不少就是50年代从苏联搬过来的，实践证明其中很多做法是妨碍生产力发展的。而我们有不少同志却习以为常，看不到其中的问题，不懂得必须对苏联经验进行具体分析，根据我们的情况大胆实行改革。

要做到思想再解放一点，还要从个人得失的小圈子里跳出来。对于我们每个革命同志来说，林彪、“四人帮”的流毒和影响是客观存在，但是，为什么有的人能够振奋精神，大胆工作，而有的人却老是心有余悸，畏缩不前？为什么群众的思想要比我们有些干部容易解放得多，“枷锁”、“禁区”也要少得多？看来，这笔账除了主要算在林彪、“四人帮”的身上外，还应该从自己的主观世界去找找原因。其中一个很重要的原因，是怕犯这样那样的错误。这些同志遇事不点头，不摇头，等一等，看一看，拨一拨，动一动，不怕工作搞不好，国家受损失，就怕损伤自己的私利。这些同志，应当从个人主义的小圈子里跳出来，以党和人民的利益为重，胆子大一点、再大一点，敢于担风险，当闯将，这样才能在加速现代化的大道上迅跑，而不致成为新长征的落伍者。

（四）

华主席指出“思想再解放一点”，在国内外引起了强烈的反应。我们的人民、我们的朋友，对此感到由衷的高兴。但是，也有一些好心的人担心，中国现在的做法会不会偏离毛泽东思想的轨道？我们说：当然不会。毛泽东思想过去是，现在是，今后仍然是我们行动的指南，是我们世世代代的传家宝。我们所说的解放思想，决不是“离经叛道”，而是把我们的思想和工作从林彪、“四人帮”的禁锢下解放出来，回到毛泽东思想的轨道，在马列主义、毛泽东思想的指引下，研究新问题，夺取新胜利。

马克思主义的出现，本身就是随着大工业的发展、人类思想大解放的结果。它的诞生，又把强大的思想武器交给了无产阶级。若干年的历史实践证明，离开马列主义、毛泽东思想的指引，无产阶级革命的胜利发展是不可能的。但是，马列主义、毛泽东思想并没有结束真理，而是在实践中不断开辟认识真理的道路。毛主席早就教导我们，应当把马克思主义理论看作是行动的指南，不应当视为僵死的教条，不应当“把马克思列宁主义书本上的某些个别字句看作现成的灵丹圣药，似乎只要得了它，就可以不费气力地包医百病”。这就告诉我们，决不能拘守马列主义、毛泽东思想的个别词句和结论，必须根据马列主义、毛泽东思想的根本原理，创造性地运用马克思主义的立场、观点、方法，对新的历史条件下的新情况，作出新结论。这不是背离马列主义、毛泽东思想，而是对马列主义、毛泽东思想的丰富和发展。能不能这样做，既是对待马列主义、毛泽东思想的根本态度问题，又是解放思想的明显标志。

要真正做到思想再解放一点，就必须大力提倡不抓辫子、不扣帽子、不打棍子的“三不主义”，充分发扬党内外的民主。解放思想与发扬民主是密切相关的。林彪、“四人帮”经营的帽子工厂和棍子工厂虽然已经倒闭，但它在人们思想上造成的影响并不是一下子就能消除的。在我们有些领导同志中，听不得不同意见，动不动给人扣帽子，这种情况还是有的。这种压制民主的恶习如不改变，人们的思想就很难再解放一点，胆子也很难再大一点，办法也不可能再多一点，步子也不可能再快一点。我们一定要认真实行民主集中制，努力造成生动活泼的政治局面，这是解放思想的重要保障。

华主席关于“思想再解放一点”的号召，正在并必将进一步化为巨大的动力，促进上层建筑和生产关系的改革，促进生产力的大发展，使我们的国家以更快的步伐奔向四个现代化的宏伟目标。

《解放军报》发表编辑述评《正确对待群众在报纸上的批评》

正确对待群众在报纸上的批评，对共产党人来说，是一个重大的原则问题。它是实行社会主义民主和法治的一个重要方面。因此有必要把这个问题单独提出来谈一谈。

粉碎“四人帮”以来，作为党的舆论工具的报纸发生了喜人的变化。变化之一，是大量刊登反映群众呼声的读者来信，公开地批评我们工作中的缺点和错误，敢于提出群众最关心、最迫切需要解决的问题了。诸如：落实党的各项政策问题，揭发违法乱纪、各种不正之风问题，揭发压制民主、利用职权打击报复问题，学习科学文化知识问题，以至于群众生活中的柴米油盐问题，等等，常常还附有被批评者的答复和有关部门的处理结果。广大干部和群众看了无不扬眉吐气，拍手称快，欢呼党报真正成了人民的喉舌，报纸办到了群众的心坎上。这一变化，反映了遭到林彪、“四人帮”严重破坏的民主生活，正在得到恢复和发扬，人民群众关心国家大事，关心部队建设，当家做主的社会主义觉悟有了进一步的提高，生动活泼的政治局面正在形成和发展。

面对着报纸上的这一喜人变化，不仅全党高兴，全军高兴，全国人民高兴，连外国人也在讨论：“中国听取群众呼声”，“读者来信促成了行动方针”。一切真正希望中国强大起来的国际友人，都对此感到由衷的喜悦。

可是，奇怪得很，我们有些担负领导工作的同志反倒不那么高兴，不那么舒服。其表现是：

有的不是闻过则喜，把批评作为一面镜子，对照检查工作中存在的问题，采取措施加以解决，而是横挑鼻子竖挑眼，借口个别细节的出入，否定批评的本身。本报曾经刊登过一封反映军事训练“三打三防”不落实的读者来信。这本来是一个带有普遍性的亟待解决的问题，可是某些同志却借口来信中个别事实不准确，就全盘否定这封来信所提出的正确意见，一面层层追查，一面组织力量向上写“驳斥”这封信的报告，用洋洋数千言来“反驳”几百字的这封来信，声称还要对写信人“严肃教育”。

有的敷衍推托，化小化了。有封来信控告一个领导干部指挥打人的违法行为，本报将它转给有关领导机关，要求查处，该机关负责人竟说什么给报社“说几句好话，应付过去就算了”，主持起草了一个大事化小，小事化了的“调查报告”。有人出于义愤，给本报来信，才揭了这个“调查报告”的内幕。

有的口头上表示欢迎批评，实际上却想方设法打击报复。一逢机会就给“小鞋”穿：本来不该复转的，提前叫走了；本来该调级的，借着别的理由不调了；本来决定提升的，不提了。当他们这么干的时候，还有种种“冠冕堂皇”的道理装饰着门面，致使一些写信的读者“哑巴吃黄连，有苦说不出”。仅据群众来信揭发，今年以来，因为给本报写信反映真实情况而遭到这种“待遇”的，就有好几起。

凡此种种，反映了在我们某些领导干部身上还存在着严重的霸道作风。他们只爱听恭维的话，不爱听批评的话，听到表扬眉开眼笑，见了批评双脚直跳。这种爱吹不爱批，报喜不报忧的毛病是要害死人的。“虚美熏心、实祸蔽塞”，因爱吹不爱批而导致丧权辱国的例子，在历史上比比皆是。“秦以不闻其过亡天下”。汉高祖刘邦的卫士王卫尉说的这句话是有一定道理的。共产党的干部，无论担任什么职务，都是人民的公仆，是受群众的委托来为群众办事的，更应该知耻为勇、闻过则喜。如果恶闻其过，压制批评，坚持错误，迟早是要站不住的。陈毅同志说得好：“正确能领导，错误必下台”，“一喜有错误，痛改便光明”。共产党人哪有怕批评的道理呢！

认真开展批评和自我批评，是我们党的三大作风之一，是我们党区别于其他任何政党的一个显著标志。而无产阶级的报纸又是开展批评和自我批评最好的阵地。列宁在《论我们报纸的性质》一文中说，报刊“最需要指责坏人坏事，号召向好人好事学习”（《列宁选集》第3卷，第602页）。毛主席在为中共中央起草的一份党内指示中，也明确指出：“凡典型的官僚主义、命令主义和违法乱纪的事例，应在报纸上广为揭发。……并借以教育干部和人民群众。”（《毛泽东选集》第5卷，第73—74页）中共中央在1950年还专门发过一个《关于在报纸刊物上展开批评和自我批评的决定》，宣布“在一切公开的场合，在人民群众中，特别在报纸刊物上展开对于我们工作中一切错误和缺点的批评与自我批评”。党的各级报刊贯彻执行这些指示、决定的结果，不仅没有损害党的威信，反而大大提高了党的威信，巩固了党和群众的血肉关系，提高了群众的革命积极性。粉碎“四人帮”以后，我们恢复了在报纸上开展批评的传统做法，报纸威信大大提高，有力地推动了揭批林彪、“四人帮”的斗争，从各个方面促进了拨乱反正，解决了一些长期得不到解决的老大难问题。实践证明，报纸上的批评和自我批评，是我们党坚强的标志，是我们对无产阶级革命事业充满信心的表现。没有批评，报纸就缺乏生气。

但是，这些年来，由于林彪、“四人帮”肆虐横行，称王称霸，严重地破坏了社会主义民主和法制，使得我们一些领导同志对党的这一优良传统淡薄了。他们不仅压制群众的正确批评，而且当他们这样做的时候，还振振有词，似乎“理由”非常充分。因此，有必要把这些“理由”摆出来让大家看看。

理由之一，“写黑信”。他们划不清正确的批评和破坏性的批评的界限，一看到有人在报纸上公开批评本单位的问题，就认为是“头上长角，身上长刺”，是“震派人物”。他们不懂得“震派人物”之所以可鄙可恶，主要是因为他们参与了“四人帮”篡党夺权的阴谋活动，把矛头对着毛主席为首的党中央，对着老一辈无产阶级革命家，心甘情愿地为“四人帮”的反革命政治纲领效劳。今天，我们报纸上刊登的群众的批评信，是为了纠正我们工作中的缺点和错误，为了促使问题得到解决，更好地发展大好形势，是与人为善的建设性的批评，怎么能说成是“黑信”呢？

理由之二，“目无组织”。有些同志非常忌讳群众越级反映情况，觉得这简直是大逆不道，胆大妄为。似乎他们那里有一条"规矩"：谁要越过他们到报纸上去批评，必须先经过他们批准。对于这个问题，1950年中共中央的决定已经有过规定："报纸刊物的人员对于自己不能决定真伪的批评仍然可以而且应当征求有关部门的意见，但是只要报纸刊物确认这种批评在基本上是正确的，即令并未征求或并未征得被批评者的同意，仍然应当负责加以发表。"至于党员和群众能否越级上言的问题，我们的党章和宪法不是规定得明明白白吗！群众给上级包括给党的领导机关的报纸写信，反映情况，提出批评意见，完全是人民的正当权利，是合理合法的行动，丝毫谈不上"目无组织"。

理由之三，"有私心"。对此，很多写信的读者反驳说：如果真的出于私心，那何必写信到报纸上去批评你呢，溜须拍马不是倒可以捞到好处吗？这话说得很实在。一般地说，基层群众要写出一封批评信，特别是批评"顶头上司"的信，是很不容易的，常常要经过激烈的思想斗争，需要大公无私不计较个人得失的精神，需要坚持真理不信邪的勇气，需要对革命的责任感和事业心。"四害"横行时，一些同志冒着被捕坐牢的危险，向毛主席、党中央写信揭发"四人帮"的问题，如本报报道过的蒋林川同志，就是那样无私无畏的人。可是我们有些同志对不信邪的老实人看不惯，总觉得对自己百依百顺，溜须拍马，明知不对，缄口不言的人才"老实"。殊不知，恰是他们欣赏的这种人，往往倒是私心很大，很不老实的。

上述种种不能正确对待群众的批评，甚至侵犯、压制人民民主权利的行为，说到底，是这些同志把自己经管的部门和单位看作不容许任何人批评和监督的独立王国。这个问题的存在，是有其历史根源的。我国封建社会的历史特别长，其意识形态的影响特别大。虽然我们已经取得了新民主主义革命的胜利，并进行了社会主义改造，但这并不意味着争取人民民主的斗争已经完结。封建专制主义的残余还严重存在，还需要经过长期坚持不懈的斗争才能彻底消灭。林彪、"四人帮"横行时，公开复辟封建专制那一套，称王称霸，而对自己的过失讳莫如深，定为"禁区"，不许任何人触动。谁要是触动一下，那就是犯了"忌讳"，获了大罪，就要遭到残酷迫害。唐朝的韩愈写过一篇《讳辩》的文章，揭露他所处的那个社会多忌讳之禁，以至连人们的名字同了官名都是犯"禁"的，更谈不上批评他们的过失了。孔夫子早就倡言"臣不可言君亲之恶"，规定臣下弟子必须为君王师长隐瞒缺点错误。几千年来，封建统治者一直把它奉为"至圣"道德。这样的道德，即使在具有进步思想的封建士大夫中间也不认为是"天经地义"的。可是林彪、"四人帮"却把它奉为他们的"帮规"。这种倒行逆施，也严重影响到我们一些同志对待群众批评的态度。我们在揭批林彪、"四人帮"的斗争中，务必认真扫除这种反人民、反民主的封建专制主义流毒。否则，要坚持好社会主义的民主，正确对待群众的批评，是不可能的。

现在，我们正处于加速实现四个现代化的社会主义新时期。这个伟大的新长征，要求我们全体干部和群众高度地发挥其积极性，才能取得胜利。"所谓发挥积极性，必须具体地表现在领导机关、干部和党员的创造能力，负责精神，工作的活跃，敢于和善于提出问题、发表意见、批评缺点，以及对于领导机关和领导干部从爱护观点出发的监督作用。没有这些，所谓积极性就是空的。"（《毛泽东选集》第2卷，第494页）而这种积极性的发挥，有赖于我们政治生活的民主化。要确实让人讲话，真正实行"言者无罪"的原则。一切真心为实现四个现代化而奋斗的领导干部、共产党员，都应认真检查自己的民主作风，务必做到闻过则喜，务必保护和鼓励敢于向上级领导机关和党报写信反映真实情况的革命群众，哪怕他们的意见与事实有出入，有片面性，也不能求全责备。斯大林同志说得好："如果你们要求他们的批评百分之百的正确，那你们就会取消任何自下而上的批评的可能性，任何自我批评的可能性。正因为如此，我认为即使批评只有百分之五到百分之十的真理，也应该欢迎，应该仔细听取，并考虑到它的好的地方"（《斯大林全集》第11卷，第30页）。这里，有必要重申一下1950年中共中央决定中的有关规定："批评在报纸刊物上发表后，如完全属实，被批评者应即在同一报纸刊物上声明接受并公布改正错误的结果。如有部分失实，被批评者应即在同一报纸刊物上作出实事求是的更正，而接受批评的正确部分。如被批评者拒绝表示态度，或对批评者加以打击，即应由党的纪律检查委员会予以处理。上述情事触犯行政纪律法律的部分，应由国家监察机关司法机关予以处理。"只有这样，才能坚决制止和纠正任何侵犯人民民主权利的行为，为广大党员和人民群众畅所欲言地在报纸上展开批评和自我批评扫清道路。亿万长征大军充分发挥起革命的积极性，那就什么事情也好办了，现代化的社会主义中国的新崛起就会变成光辉灿烂的现实。

中国和泰国政府在曼谷总理府签署三项有关贸易和科技合作的文件

国务院副总理邓小平和泰国总理江萨·差玛南出席了签字仪式。

外交部长黄华和泰国外交部长乌巴蒂·巴乍里央恭分别代表本国政府签署了中华人民共和国政府和泰王国政府关于成立贸易联合委员会的议定书和中华人民共和国政府和泰王国政府关于1979年度两国进出

口商品的议定书。

第三个文件是中华人民共和国政府和泰王国政府科学技术合作联合委员会第一次会议会谈纪要。中泰科学技术合作联合委员会中国组主席、外经部副部长魏玉明和泰中科学技术合作联合委员会泰国组主席、外交部副部长翁·蓬尼空在文件上签了字。

根据进出口商品议定书,在1979年度,中国将从泰国进口3万吨橡胶,1万吨化纤,以及其他商品。泰国将从中国进口60万吨原油和24万吨轻柴油。

国务院副总理李先念在北京会见由巴西矿业动力部长植木茂彬率领的巴西贸易代表团

巴西贸易代表团是中巴建交以后访问我国的第一个大型代表团。代表团在京期间,同中国方面就巴西从中国进口石油、中国从巴西进口铁矿砂达成了长期协议。

李副总理表示,中巴两国之间加强经济贸易关系,对双方的发展都有好处。

外贸部部长李强等参加了会见。

全国人大常委会副委员长廖承志在北京会见日本物理学家茅诚司

会见以后,中国科学院副院长周培源向茅诚司先生交了一封信。周培源副院长在信中说,茅诚司先生提议,为了进一步巩固日中两国的友好关系,充实和发展两国的科学技术事业,两国科学技术工作者以取长补短的精神,开展科学研究的交流活动,日中双方建立日中学术交流委员会,并在东京和北京分别设置日中(中日)学术交流中心。周培源副院长说:"我代表中国科学院对您的这个意见表示赞同。"

全国人大常委会副委员长廖承志在北京会见以圆井东一为团长的日本大阪教育之翼访华团

国务院副总理康世恩在北京会见以扎伊尔商业国务委员卡瓦塔·布瓦隆为团长的扎伊尔政府贸易代表团

中国科协第一届全国委员会第二次扩大会议在北京举行

会议11月9日至16日举行。参加会议的有中国科协全国委员会委员、各专门学会理事长、副理事长和各省、自治区、直辖市科协负责人共200多人。

中共中央政治局委员、国务院副总理方毅到会作了重要讲话。

中国科协第一届全国委员会第一次会议是在1958年召开的,至今已经20年了。"文化大革命"期间,中国科协各级组织及其所属各种专门学会遭到林彪、"四人帮"的严重摧残,被迫停止了活动。一年多来,在以华主席为首的党中央的亲切关怀下,全国科协和绝大多数省、自治区、直辖市科协及其所属专门学会迅速恢复了工作和活动,并新建了一些学会、研究会和科普团体。

全国科协副主席裴丽生致开幕词以后,全国科协代主席周培源作了工作报告。周培源在报告中回顾了科协20年来所走过的光辉而坎坷的道路和一年多来的工作成绩,提出了当前的工作任务。周培源说,科协及其所属团体,是我国科学技术事业中不可缺少的组成部分,我们要围绕全国科学技术发展规划纲要提出的各项任务,勇敢地担负起提高与普及的两重任务,为极大地提高全民族的科学文化水平贡献力量。全国科协主席团决定,并经党中央、华主席批准,中国科协将于1979年上半年召开第二次全国代表大会。这次扩大会议充分发扬民主,畅所欲言,对大会的各项准备工作和科协当前的工作,进行了认真的讨论,并通过了相应的决议。会议一致认为,科协及其所属各种专门学会、研究会和科普团体要适应新的形势,围绕实现四个现代化开展各项工作和活动,以更大的成绩迎接第二次全国代表大会的召开。

国家科委副主任武衡、于光远、童大林出席了会议,于光远讲了话。中国科协领导人茅以升、刘述周、黄家驷、万毅、严济慈等出席了会议。钱学森、高士其、杨显东、董纯才、黄汲清、张维、邓锡铭等科学家在大会上发了言。

首都钢铁公司高炉利用系数和焦比达到国际水平

高炉利用系数和焦比是衡量炼铁技术水平高低的重要指标。提高高炉的利用系数,降低焦比,对增产生铁有着决定性的意义。首钢炼铁厂的设备是50年代的,从去年下半年起,这个厂在公司其他厂矿的协助下,积极采取措施,今年头10个月的高炉利用系数和焦比跃居全国"冠军";8月份后,就赶上国际先进水平,高炉利用系数突破2,焦比降到450公斤以下。10月,利用系数达到2.1,焦比为425公斤,其中,3号高炉创造了系数2.213、焦比398公斤的优异成绩。1号高炉也在9月份创造了利用系数2.772、焦比420公斤新纪录。

1月至10月全厂生铁产量比去年同期增长46%,预计本月中旬即可完成全年计划;生铁合格率已连续4个月保持100%,累计为99.94%,也名列全国第一,同时节约焦炭16万吨,每吨生铁的成本比去年同期降低了11元。今年头9个月的全员劳动生产率就相当于去年全年的水平。

冶金部已在不久前召开的全国重点企业炼铁工作会议上介绍和推广了首钢炼铁系统的先进经验。

11 月 10 日

中共中央工作会议在北京召开

会议于 11 月 10 日至 12 月 15 日召开。

中共中央主席华国锋在开幕式上宣布了中共中央政治局的一个决定：从 1979 年 1 月起，把全党工作的着重点转移到社会主义现代化建设上来。由于绝大多数与会者的意志，会议没有按照预定计划进行。实际上主要集中讨论的是：一些重大的历史遗留问题；对几个中央负责同志的批评意见；关于真理标准讨论的问题；关于中央的人事调整问题。因而，会议的时间一再延长，实际上开了 36 天。

国务院副总理邓小平在吉隆坡与马来西亚总理达图·侯赛因·宾·奥恩举行会谈

两国领导人就当前国际形势，特别是影响东南亚的问题初步地交换了意见。

中国方面参加会谈的有：外交部长黄华，中国驻马来西亚大使叶成章，国务院办公室副主任李力殷，外交部亚洲司副司长王晓云以及外交部礼宾司副司长戴平。

国务院副总理邓小平在吉隆坡拜会马来西亚总理侯赛因

陪同邓副总理进行拜访的有外交部部长黄华。

商业部部长姚依林就我国商业和粮食科技工作答《财贸战线》记者问

问：商业和粮食科技的研究范围包括哪些？要达到什么目的？

答：商业和粮食科技工作，总的说来属于应用科学的范围，目的是为了提高我国商业、粮食部门的技术水平和管理水平。早在 50 多年前，列宁就讲过文明经商的问题。所谓文明经商，就包括商业现代化的意思。当然，现在要求的现代化比列宁那个时代高得多了。

商业和粮食科技的研究包括两个领域。一个是生产领域，如粮油工业、商办工业、商办畜牧业和饮食业的加工部分；另一个是流通领域，其中又分为批发和零售，此外，还有修理、服务业的科学研究和技术改造，如理发、修理电视机等等。

我们发展商业和粮食科技的目的，大体可以概括为四个方面：(一)提高劳动生产率和工作效率，减轻繁重的体力劳动。(二)提高商品使用价值，降低商品成本，发展综合利用，以及代表消费者向工业、农业部门提出人民所需要的新的商品。(三)改进商品贮存养护，降低商品损耗。(四)改善卫生，防止污染，保护人民健康。

问：采用什么办法才能使我国商业和粮食科技工作上得比较快？

答：首先是我们的起步点应当高一点，这就要求我们要认真学习国外的先进经验。许多现代技术国外已经采用了，有些东西我们拿过来就可以用，如电子计算机。有的可加以部分改造，如外国点心机可以改成中国式点心机。只有极少数工作的现代化需要我们自己研究创造，如中药材的加工、配方、药理等。

现在我国零售商店机械化的路子和国外不一样。我们搞了一些零售机具，如液体商品售货机。但是我们有些同志总想一个售货员掌握一部机器，开始是手秤，后来是台秤，现在是电子秤。一个售货员用一台电子秤，好像农业上用一台手扶拖拉机顶替一头牛，国外却不是这样，国外走超级市场的路子，商店柜台前面没有机械，机械是在店后面，搞整理、加工、包装、储运等。商店前面没有售货员或极少数售货员，由消费者自己取货，到门口有一个售货员用电子计算机结算。看来我国的零售形式，随着塑料工业、商品包装工业和群众生活水平的提高，也是会变的。

说这些无非想说明，我们一定要看得全一点，看得远一点。既要研究国内的，也必须很好地研究和学习国外的好经验。这样就会使我们少走弯路，起步高一点，速度快一点。

问：今后打算采取一些什么措施加强商业和粮食科学研究工作？

答：必须充分发挥商业和粮食科学研究所的作用。我有个设想，可以探讨。是不是允许一部分科研所逐步由事业单位变为企业单位，允许他们出售自己的科研成果。它设计一部机器为大家采用了，可以收取一部分费用，推广得越多，收取的费用就越多。如果它卖出去的图纸有问题，使买方造成损失，要给予赔偿。这样就可以促使科研人员认真考虑自己的研究成果要适合实际需要。这些科研所的费用，开始时可由国家补贴一部分，以后逐步不要补助，并要有盈利。实现企业化的科研所，可以用一部分盈利来扩大科学研究范围，用一部分盈利奖励科研人员。办这样的科研所，可以大大地调动科技人员的积极性，会出现科技研究竞赛。

在整个科研队伍的组织上，我们要实行专家与群众相结合，建立各级科研网。商业部有一部分较强的科研所起研究中心的作用。各省也要有科研所,地县设精干的科技室或科技组,基层大企业有专职科研人员,小型企业设不脱产的科技人员。商业、粮食院校也要开展科研工作。商业部的研究中心着重研究重要课题,突破重点;地方科研机构重点推广应用成熟的科研成果。

问:当前,商业和粮食部门的科研力量比较薄弱,如何改变这种状况?

答:我们的最大困难是人才问题。我们应当下决心攻克这个难关。首先,要在商业和粮食部门中进一步落实知识分子政策。商业、粮食部门科研人员的晋级制度、技术职称,应当同其他部门的科研人员取得一致。我们队伍中还有一些过去从事科研工作的人没有归队,现在要归队。同时,要把商业和粮食队伍中具有一定科学技术水平又有钻研精神的青年,通过考试发现出来,适当集中进行几年的再教育,使他们达到大学毕业水平。师资可以求助于社会或者自己的科研机构,给一些报酬。也可以同一些大学协商,代我们培训一部分学生。对这些,我们要采取非常积极主动的态度。

我们要在自己队伍中广泛开展不脱产的学习科学技术的运动。如果科学文化水平不高,许多科研成果就推广不了。现在,招收的新人一进来就当售货员的时代已经过去了。店员要懂商品性能和操作技术,要懂得一些科学技术。

商业和粮食部门的教育工作必须有很大的改进和加强,在继续加强社会科学教学的同时,努力增加自然科学教学的比重。

问:要抓好商业和粮食科技工作,领导干部要注意些什么?

答:关键是领导思想上要高度重视起来。这次,有一位同志批评我过去在商业工作中不重视科技工作,这个批评是对的,我诚恳接受,努力改正。希望各地商业和粮食部门不重视科技工作的领导同志,也下决心改正。从什么地方起步呢,我看最重要的是下决心提高自己的科学文化水平,只讲别人应当如何提高,自己不下决心提高,讲问题也谈不到点子上,我看是不行的。我们领导一定要虚心请科技人员当老师,和他们交朋友。还要多参观一些科技实验设施。

在科技规划上,领导干部要亲自参加研究,集中力量解决关键性的问题,力争较短时期内在一两个问题上作出成效。切切不要耍花架子,不要搞中看不中用的东西。

国务院副总理李先念在北京会见以丹麦外交部新闻司司长安诺斯·乔治为团长的丹麦新闻代表团

以中国人民解放军副总参谋长伍修权为团长的中国军事友好代表团到达马尼拉对菲律宾进行友好访问

11月11日

国务院抗旱领导小组召开抗旱会议

国务院抗旱领导小组召开了由长江中下游和黄、淮、海流域各省代表参加的抗旱会议。会议总结交流了今年抗旱斗争的经验,针对这些地区当前塘库蓄水减少,今冬明春雨量又偏少,旱情可能继续发展的趋势,部署了抗旱任务,号召旱区人民,进一步发扬连续作战的革命精神,先发制旱,春旱冬抗,保证小麦、油菜、绿肥作物安全越冬,保证明年顺利春播。

今年我国长江中下游和黄、淮、海流域的安徽、江苏、湖北、河南、江西、湖南、山西、陕西、河北、四川、山东等省,遇到了几十年、上百年罕见的大旱,干旱面积达到6亿多亩。参加会议的代表汇报了各地在抗旱、抗高温中大量可歌可颂的英雄事迹。亿万社员,百万干部,日夜不停,奋战200多天,战胜了春旱、夏旱和秋旱,取得了今年农业继续增产的好成绩。这是贯彻执行华主席为首的党中央提出的抓纲治国战略决策的又一伟大胜利。

会议认为,今年抗旱的成绩是巨大的,积累的经验是丰富的。主要经验是:

第一,党委重视,全党全民动员,各行各业支援,人民解放军各地驻军积极参加抗旱,这是取得今年抗旱胜利的重要保证。今年,干旱地区的各级党委都把抗旱作为农业生产的中心任务来抓,作出重大决策,采取有力措施。各级干部也都站到抗旱第一线,指挥抗旱。旱情最严重的安徽省,省委主要负责同志3次跑遍旱区,调查研究,掌握情况,动员群众抗大旱。在旱情严重的时刻,各行各业把能用的抗旱物资、机械,及时抢运到抗旱第一线。城市、工业企业让油让电支援抗旱。湖北省委把全省划为六个抗旱战区,组织大中城市、大型厂矿企业和地、县挂钩,共同研究抗旱措施,增强了抗旱能力,取得了良好效果。

第二,农田基本建设是战胜干旱的基础,必须认真搞好。今年的大旱,考验了各地的农田基本建设。搞得好的抗住了大旱,夺得了丰收;搞得不够好的受到损失。江苏省多年来大抓了防洪、排涝、灌溉、控制、降低地下水位五个方面的水利工程建设,这些提江引湖工程和大批排灌站,在今年抗旱中发挥了巨大作用。在200多天缺雨的情况下,提水引水总量平均全省每亩耕地有灌溉水516立方米,保证了粮、棉、油丰收。河北省3500万亩水浇麦田中,80%靠地下水,浇三水以上的麦田占72%,使小麦产量比去年增加五成。这些成功经验说明,农田基本建设一定要因地制宜,下苦功夫搞好,只有建成高标准全面配套的农田基本建设工程,才能抗住大旱大涝,确保丰收。

第三,趋利避害,因地制宜地安排作物布局。在水源没有充分保证的地方,从实际情况出发,适当调整作物布局,是按照自然规律办事,减轻干旱威胁的积极措施。四川省近几年针对本省的生产条件,实行水路不通走旱路,改革耕作制度,把只种一季水稻的冬水田改种小麦、玉米、甘薯。对没有水源保证的高塝田、望天田改种旱粮作物,适时早播,既提高了复种指数,又躲过伏旱,使粮食增产。

大家还总结了计划用水、科学用水的经验,称赞了江苏省的机动排灌队。这个省的省属排灌队有13万马力的排灌设备,拥有4000人,有船队、车队,哪里需要就到哪里去。今年他们在最旱的淮北、苏南两地提水20多亿立方米,对抗旱起了重要作用。

会议分析了今冬明春的干旱情况。从各地汇报的情况看,目前这些地区还持续干旱,而且水库蓄水量比常年减少46%,地下水位继续下降,大江大河来水日益减少,加上预测冬季雨量少,不可能补充大量水源,明春出现严重干旱的可能性很大,不仅影响越冬作物用水,对明年春播春插也有很大威胁。这一情况应当引起各地高度重视,要春旱冬抗,先发制旱,把抗旱保麦,抗旱保春播作为今冬明春的中心任务来抓,这是实现明年农业生产计划的重要环节。

会议认为,要战胜持续干旱,首先要进一步动员群众,发扬连续作战作风,树立长期抗旱的思想,要自力更生,艰苦奋斗。要认真组织群众总结抗旱斗争的成绩和经验,奖励先进,鼓舞士气,迎战冬春大旱。同时,在抗旱中,要认真贯彻执行党的各种政策,特别是按劳分配政策,推行定额管理的责任制度,提高工效,减少浪费。当前,要特别注意搞好年终分配,采取措施,保证增产地区的绝大多数社员增加收入,歉收地区也要妥善安排社员生活。对抗旱中支出的经费和所用的物资,国家也给予一定的支援,解决一部分地区抗旱花钱多,农业成本高的问题,以进一步调动广大干部、社员的积极性,坚持抗旱直到胜利。

会议要求各地要管好、种好越冬作物,力争明年夏季丰收。目前,北方正加紧冬季田间管理,南方还是冬种大忙季节,要千方百计地种足种好。并且要从现在开始,根据今冬旱情和水源情况,因地制宜地考虑作物布局,宜水则水,宜旱则旱,趋利避害,先发制旱。干旱地区要考虑种省水增产的作物,及早调整茬口,保证春季适时种好,不荒一亩地。

会议要求各地今冬明春要千方百计扩大水源,保证春播用水。对现有塘库蓄水要加强管理,做到计划用水、节约用水,杜绝浪费。今冬明春的农田基本建设,有利于抗旱的工程,要迅速上马,优先安排施工。北方地区正在继续大搞打井,加快机井配套进度,提前提水灌地。沿长江、淮河各省继续翻引江河水灌湖灌库,增加水源。在今年的抗旱斗争中,各地排灌机械损坏很多,急需维修、更新,物资设备、抗旱资金也需补充。

会议代表建议各级党委组织有关部门到农村去调查研究,切实解决冬春抗旱所需的资金、物资、设备和零备件。国家已经拨出10多亿元的抗旱经费,并增加了抗旱贷款,地方也要挖掘自己的财政、物资潜力,更多地用于抗旱,用于农业。

党中央、国务院十分重视抗旱工作。国务院领导同志曾多次指示有关部门帮助各地解决抗旱中的问题,搞好抗旱工作。

参加抗旱会议的还有国家计委、农林部、水电部、一机部、财政部、商业部、石油部、化工部、轻工部、铁道部、交通部、民政部、全国供销合作总社、国家物资总局、中央气象局等部门的负责同志。

国务院副总理邓小平在吉隆坡与马来西亚总理达图·侯赛因·宾·奥恩继续举行会谈

双方都表示希望进一步发展中国和马来西亚之间的友好关系,进一步增加两国在政治、经济、科学、文化和其他方面的友好往来。

两国领导人就国际形势、双边关系和共同关心的问题继续交换了看法。双方都主张在和平共处五项原则的基础上发展国与国之间的关系。双方认为,一个国家的社会制度,只能由这个国家的人民来选择。双方都反对任何国家或国家集团在任何地区寻求和建立霸权。

国务院副总理李先念在北京会见美国美林公司董事长里根 前国务卿罗杰斯一行

双方探讨了美林公司为中国建设项目提供资金和合作的可能性。

美林公司主要业务是为美国内外大型工业和其他建设项目提供时间较长、金额较大的资金。

谈话时,李副总理对美国朋友们说,中美关系发展的障碍是还没有实现关系正常化。但这不妨碍中国同美国公司之间发展科学技术合作和贸易往来。李副总理说,在不损害我国主权的条件下,我国可以利用美国、日本和西欧等发达国家的先进技术和资金,以加快实现四个现代化的速度。

会见时在座的有中国国际贸易促进委员会主任王

耀庭、副主任马云汉，外贸部局局长孙锁昌，外交部副司长唐闻生。

里根、罗杰斯一行在京期间，分别拜会了财政部部长张劲夫、外交学会会长郝德青、教育部副部长浦通修、中国银行董事长乔培新、中国旅行游览事业管理总局局长卢绪章、中国石油公司副总经理李天相。

国务院副总理康世恩在北京会见西班牙新任驻中国大使德拉莫雷纳

外交部部长黄华在吉隆坡拜会马来西亚外交部部长里陶丁

双方就当前的国际形势，特别是东南亚地区的形势交换了意见。

双方还讨论了双边关系和两国之间增加贸易、文化和体育交流的途径。

青年教师楼世博在"多值逻辑"等数学基础理论研究方面取得成就

上海铁道学院青年教师楼世博坚持"多值逻辑"等数学基础理论研究，取得突出成就，受到国外数学家们的重视。

楼世博是南京大学数学系1962年毕业生。从1972年开始，他遵照周恩来总理关于加强基础理论研究的指示，同另一名青年教师金晓龙合作，坚持"多值逻辑"、"图论"、"模糊数学"、"可靠性技术"等数学基础理论的研究。这些都是同现代科学技术密切相关的新兴数学分支。他们写的论文，陆续发表在中国科学院数学研究所出版的《应用数学学报》等杂志上。

这些研究成果受到了有关方面的重视。上海市科委关于计算技术的发展规划把楼世博、金晓龙进行的"多值逻辑"的研究和"多值逻辑计算机"的研制，列为1978年到1985年的重点科研项目之一，并且直接拨款给上海铁道学院作研究费用。去年5月，美国国际商用机器公司的一位工程师来我国访问，获悉楼世博等正在进行多值逻辑计算机的研究，给予很高的评价。今年3月，拥有世界各地1万多名会员的美国数学学会寄来一封由该学会主席亲笔署名的信，邀请楼世博参加美国数学学会，楼世博高兴地接受了这一邀请。

最近，楼世博、金晓龙继续刻苦钻研，又写出新的论文《模糊三段论和模糊归纳推理》，对模糊数学的推理向更深的层次作了探索，提出了自己的见解。经上海数学学会推荐，这篇论文将在最近召开的全国数学学会的年会上宣读。

11月12日

国务院副总理邓小平在新加坡与新加坡总理李光耀举行第一次会谈

会谈中，两国领导人就共同关心和感兴趣的问题，特别是就东南亚的形势交换了意见。

中国方面参加会谈的有：外交部部长黄华、国务院办公室副主任李力殷、外交部亚洲司副司长王晓云、外贸部四局副局长荣凤祥以及外交部礼宾司副司长戴平。

《人民日报》发表评论员文章《步调一致才能得胜利》

严格遵守党的组织纪律，一切行动听指挥，这是我们党的优良传统，是我们的事业从胜利走向胜利的重要保证。当前，为了加速四个现代化的步伐，实现新时期的总任务，必须恢复和发扬党的这一优良传统。

林彪、"四人帮"对我们党的民主集中制的组织原则的破坏是很严重的，给我们党的事业造成了极其严重的危害。粉碎"四人帮"以来，华主席为首的党中央领导全党、全军和全国人民，抓纲治国，拨乱反正，林彪、"四人帮"所造成的无组织、无纪律状态，在许多地方和部门，已经和正在得到纠正。但是，还有一些地方和部门，仍然存在不少问题，有的还相当严重。有些人对党的方针政策和上级指示，采取很不严肃的态度，合意的就传达、执行，不合意的就不传达、不执行，或者七折八扣，阳奉阴违。党的领导机关三令五申要解决的重要问题，有的人就是置若罔闻，"我行我素"，甚至胆大妄为，边反边犯。例如，落实党的干部政策，平反昭雪冤案、错案、假案，是揭批"四人帮"、拨乱反正的一个重要问题，有的地方和单位竟至今不予重视，或者拖着顶着不办，或者做点表面文章，敷衍了事。党中央发出关于在农村认真落实党的政策和认真转变干部作风的两个重要文件，有的就是不认真传达、执行，甚至继续压制民主，违法乱纪；继续搞平调摊派，加重农民负担。所有这些，都严重妨碍党的十一大路线的贯彻，阻碍大干快上，影响四个现代化的进程。

为什么会出现这种现象呢？原因是多方面的，主要是林彪、"四人帮"的流毒没有彻底肃清。有些人路线是非分不清，对党的正确路线和政策缺乏理解，甚至格格不入，思想抵触。有些人搞惯了无政府主义，忘记了党规党法，不愿意受组织纪律的约束，什么个人服从组织，少数服从多数，下级服从上级，全党服从中央，统统不在话下。有些人毫不关心群众疾苦，对体现人民利益的党的路线、方针、政策和决议、指示，漠然置之，不认真贯彻执行。这一切，都是党性不纯，都是缺乏党的观念的表现，都是党的民主集中制的组织原则所不容许的,必须坚决加以纠正。

纪律是执行路线的保证。加强纪律性,革命无不胜。这是半个世纪以来,我们党的事业不断取得胜利的一条重要经验。现在,我们党领导全国人民,力争在最短的时间,以最快的速度,建成社会主义的现代化强国。这既需要有广泛的民主,也需要有高度的集中。把广泛的民主和高度的集中结合起来,才能形成生动活泼的政治局面,才能保证全党、全军和全国人民在新的长征中行动统一,步调一致。各级领导机关对重要问题作出决定之前,要充分发扬民主,广泛听取各种意见,努力做到在民主的基础上实行正确的集中;一经形成决定之后,就要坚决贯彻执行。各级干部、特别是领导干部要带头遵守《党政干部三大纪律、八项注意》,带头执行民主集中制,加强组织纪律性,真正做到一切行动听华主席为首的党中央指挥,对党中央的决策和指示必须坚决地正确地执行。对党的决议指示,如有不同意见,允许保留,并可向上级直至向党中央和中央主席报告,但在行动上必须坚决执行。对不按党章办事,拒不执行党的政策、决定的组织和个人,轻者要给予严肃的批评,重者要给予纪律处分。

全党同志、特别是各级领导干部,要提高对加强纪律性的重要意义的认识,自觉遵守党的组织原则和统一纪律,维护党的集中统一的领导。全党上下同心同德,步调一致,我们就一定能够夺取新长征的伟大胜利,完成时代赋予我们的重任。

国务院副总理陈慕华在北京会见以重工业部副部长西里·盖佐为团长的匈牙利科技合作代表团

双方对今后继续发展两国的科技合作广泛地交换了意见。

会见以后,陈慕华副总理出席了中华人民共和国和匈牙利人民共和国科学技术合作委员会第十七届会议议定书签字仪式。

代表匈方在议定书上签字的是匈中科学技术合作委员会匈方主席、重工业部副部长西里·盖佐。代表中方在议定书上签字的是中匈科学技术合作委员会中方主席、国家经委副主任马仪。

11月13日

国务院副总理邓小平在新加坡拜会新加坡总统本杰明·亨利·薛尔思

国务院副总理邓小平在新加坡与新加坡总理李光耀继续进行会谈

双方认为,进一步发展中国和新加坡两国之间的贸易关系有着广阔的前景。他们表示希望进一步发展两国之间在各个领域的友好合作关系。

双方就国际形势特别是东南亚地区的形势交换了看法,并且强调对霸权主义在非洲、中东、亚洲特别是对东南亚地区的侵略行径要提高警惕。

《工人日报》发表方毅的文章《工人阶级要努力掌握现代化科学技术》

全国人大常委会在北京举行宴会欢迎由日本众议院副议长三宅正一为团长的日本众议院议员友好访华团

全国人大常委会副委员长廖承志、姬鹏飞,副秘书长武新宇、罗青长、张加洛,人大常委会委员季方、荣毅仁、刘斐、胡愈之、林丽韫等出席了宴会。

出席宴会的还有外交部副部长韩念龙,中日友协副会长张香山,北京市革委会副主任王笑一,对外友协副会长杨骥等。

全国人大常委会副委员长谭震林在北京会见以丹麦中国友好协会主席菲利普·阿克坦道为团长的丹麦友好人士代表团

11月14日

全国人大常委会委员长叶剑英 国务院总理华国锋致电穆蒙·阿卜杜勒·加尧姆祝贺他当选为马尔代夫共和国总统

全国人大常委会副委员长邓颖超在北京会见日本众议院议员友好访华团

国务院副总理康世恩在北京会见由法国外贸银行董事长弗朗索瓦·吉斯卡尔·德斯坦率领的法国经济访华团

法国经济访华团是由工业家、银行家和新闻界人士组成的。会见时,康副总理同法国朋友就进一步扩大中法两国的贸易关系和进行工业技术合作的可能性交换了意见。

11月15日

《人民日报》发表评论员文章《实事求是 有错必纠》

粉碎王张江姚"四人帮"反党集团后,华主席为首的党中央一再强调要抓紧落实党的干部政策。落实干部政策中的一个重要问题，是纠正冤案、错案、假案。华主席在党的十一大政治报告中、在五届人大政府工作报告中和其他场合，反复要求我们，对过去审查干部中遗留的一些问题，应当严肃认真地妥善处理。需要作出结论的要尽快作出。林彪、"四人帮"强加于人的一切诬蔑不实之词应予推倒。冤案要昭雪，假案要纠正，错案要平反。全错全平，部分错了部分平，不错不平。可以工作而没有分配工作的要尽快分配适当的工作。年老体弱不能工作的，要妥善安排。华主席还多次重申毛主席的指示，干部是我们党的宝贵财富。我们必须消除林彪、"四人帮"所造成的恶果，全面地正确地贯彻落实党的干部政策。

两年来，从全党看，在这方面做了大量工作，一些冤案、错案、假案，得到了纠正；许多受林彪、"四人帮"残酷迫害的同志得到平反昭雪；不少长期"靠边站"的老干部走上了工作岗位。落实党的干部政策工作，取得了很大的成绩，在全国人民中产生了很好的影响，激励和推动着各项工作的发展。这方面所取得的巨大成就应当充分肯定。

但是，落实干部政策、纠正冤错案件的工作，发展很不平衡。有的地方还做得不好。有的地方"光打雷，不下雨"，左顾右盼，缩手缩脚。不少地方只处理了一些一般案件，对一些影响大、时间拖得久的案件尚未处理。应当认识，落实干部政策、纠正冤错案件，关系到揭批林彪、"四人帮"斗争的深入，关系到安定团结，关系到调动千百万人的积极性。对这样一件事关路线、事关大局的大事，一定要继续抓紧抓好，一定要抓紧时间，争取早日做好。

实事求是才能有错必纠

为什么有些地方落实干部政策、纠正冤错案件搞得好，有些地方搞得不那么好，甚至很不好呢？问题的关键在于：能不能实事求是，敢不敢实事求是。

实事求是，是马克思主义的一个根本问题，是毛泽东思想的精髓，是一切共产党员必须具备的最基本的思想方法和工作方法。毛主席早就说过，共产党要"靠实事求是吃饭"。几十年来，我们党什么时候坚持了实事求是，革命事业就发展，就前进；违背了实事求是，革命事业就受挫折，受损失。

毛主席提出的"有反必肃，有错必纠"的方针，就是实事求是的方针。毛主席教导我们，既要反对认敌为我，又要反对把敌我矛盾扩大化，以至把某些人民内部的矛盾也看作敌我矛盾，把某些本来不是反革命的人也看作反革命。林彪、"四人帮"出于篡党夺权的需要，煽动"怀疑一切，打倒一切"，炮制"老干部是民主派，民主派就是走资派"的反革命政治纲领，蓄意颠倒敌我关系，同时大搞唯心主义、形而上学，肆意践踏党的实事求是的原则，制造了许许多多冤案、错案、假案。他们要陷害一个人，不要任何事实根据，就可以罗织罪名；甚至不必罗织罪名，单凭"我看你就不是好人"这句话，便把人定为叛徒、特务、间谍、汉奸、反革命、走资派。他们根本不是调查定性，而是"看相定性"、"想象定性"。他们的党羽公然宣称：揪反革命，揪出一百，就是搞错了九十九，有一个对的，成绩还是大大的。这同蒋介石国民党对共产党人宁可错杀一千，也不放过一个有什么两样！请看，他们就是这样草菅人命，包括草菅人的政治生命。在林彪、"四人帮"滥施淫威的时候，成千上万好的和很好的干部，特别是长期跟随毛主席干革命的、从中央到地方的各级领导人，各条战线的骨干分子，惨遭打击迫害，许多人沉冤莫白。党的干部队伍遭到极大的摧残，党的元气受到极大的损伤，革命事业受到极大的损害。

实践告诉我们，纠正冤错案件，深得人心，大快人心。长期受诬陷、迫害的干部把平反看作党对他们的第二次解放，更加焕发出革命青春，决心把有生之年全部献给祖国四个现代化的事业。受害干部的家属子女如释重负，深深感谢党中央、华主席搬掉了压在他们身上的大石头，治好了他们内心的创伤。广大群众看到正义得到伸张，无产阶级正气得到发扬，党的优良传统得到恢复，受到很大的教育和鼓舞，欢呼毛主席革命路线和党的政策的胜利。事实表明：解决一个人的问题，就能调动一批人的积极性；解决一批人的问题，就能调动千万人的积极性。许多国际友人对于我们严肃认真地纠正冤错案件也给予积极的评价，他们从这里看到我们"强调社会主义的民主政治或法治主义"，看到我们正在"医治'四人帮'横行时的各种后遗症，团结一切力量实现'现代化'"，看到我国"在学术界进行自由和坦率的讨论的气氛已经出现"。

应当认识，是不是旗帜鲜明、理直气壮地纠正一切冤案、错案、假案，是能不能坚持正确路线的问题。如果我们在落实干部政策的问题上，犹犹豫豫，顾虑重重，不敢坚持实事求是，不敢实行有错必纠，继续容忍敌我不分、真假不分、是非不分，那怎么能说明我们是同林彪、"四人帮"假左真右的反革命修正主义路线划清了界限呢？怎么能说明我们坚决执行了毛主席的革命路线，执行了党的十一大路线呢？

落实政策的根本依据是事实

坚持实事求是，这就要求我们按照事物的本来面目认识事物。判断对干部的定性和处理是否正确，根本的依据是事实。能够离开事实，拿别的什么东西作为根据吗？不能。在这个问题上，我们只能搞辩证唯物主义，决不能搞唯心主义和形而上学。

有一种看法：凡是上了文件的，或者高级领导人说过话、作过批示的案子，即使错了，也不能动。现在有一些"复杂"案件，并不是因为案情本身多么复杂，难以弄清，而是由于上述原因，一拖多年，不得解决。这种不从实际出发，只从文件出发的看法，根本违背了实事求是的原则，是完全错误的。要知道，文件也有个正确与否的问题，也要接受实践的检验。不符合实际情况的文件，经过合法的组织手续，是可以修改或者推翻的。党章、宪法尚且可以修改，为什么内容有错误的文件不可以修改呢？怎么能够拿"上了文件"作为维护错案的根据呢？九大政治报告中有好几段谈到1966年冬季到1967年春季出现的一股"逆流"，就是林彪、"四人帮"一伙大肆渲染的所谓"二月逆流"，后来党中央把情况弄清楚，不是否定了这个所谓"二月逆流"吗？受牵连的同志不是都恢复名誉了吗？

至于领导人审批案件，一般都是代表一级组织的。不管什么人批的案子，如果发现批错了，同级组织完全有权纠正。这是符合党章规定、符合党的民主集中制原则的。如果某个领导人对某个案件的批示，事先不经同级组织讨论，事后也没有得到批准，只是个人说了一句话，这本来就不符合组织原则，批错了的就更应当纠正。

林彪、"四人帮"一伙都是极其阴险极其狡猾的反革命两面派。他们惯于打着红旗反红旗，擅长颠倒黑白，弄虚作假，上欺毛主席、党中央，下压广大干部群众。最近报上揭露的迟群等人1969年1月在清华大学炮制的那个《坚决贯彻执行对知识分子"再教育""给出路"的政策》的报告，就是谎报情况、欺上压下的一个代表作。他们抢旗帜，捞资本，妄图使林彪、"四人帮"打击迫害干部和知识分子的罪恶行径合法化。这个报告当时由毛主席、党中央批发了。随着揭批"四人帮"斗争的深入，事情的真相越来越清楚。要不要推翻这个假报告，实事求是地替那些被迟群等人写在报告里肆意诬陷的同志平反呢？有人曾经以"维护毛主席的旗帜"为理由，不肯翻这个案。改组后的清华大学党委，坚持向党负责和向人民负责的一致性，放手发动群众揭批迟群一伙炮制假报告的罪行，经上级党委批准，明确宣布这个假报告中制造的一切错案一律予以平反。他们这样做，坚持了毛主席对干部和知识分子的一贯政策，坚持了毛主席长期培育的党的实事求是的优良传统，坚持了毛主席关于"有错必纠"的指示，正是维护和高举了毛主席的伟大旗帜。可以肯定，如果毛主席还健在的话，一经发现这个文件有错误，他老人家本来是会亲自加以纠正的。现在毛主席不在世了，如果我们明知文件有错也不予澄清，不加纠正，让那些被迟群等人诬陷的同志继续有口难辩、有苦难诉、有冤难伸，让迟群等人炮制的假报告继续流毒全国，这决不是维护毛主席的旗帜，而只能是相反。

事实上，毛主席在"文化大革命"中，就曾亲自纠正林彪、"四人帮"制造的，以及在他们干扰破坏下产生的一些冤错案件。毛主席1975年5月17日在有关贺诚、傅连暲案件的一份报告上作的批示，就是一个突出的例子。毛主席写道："奇文共欣赏，疑义相与析。贺诚无罪，当然应予分配工作，过去一切污蔑不实之词，应予推倒。""傅连暲被迫死，亟应昭雪。贺诚幸存，傅已入土，呜呼哀哉。"毛主席在这里严肃地提出了"过去一切污蔑不实之词，应予推倒"这条对待冤错案件的正确原则。毛主席亲自参加陈毅同志追悼会，是对林彪、"四人帮"百般诬陷陈毅同志的有力否定。毛主席多次指示要为贺龙同志平反。毛主席亲自批准为杨成武、余立金、傅崇碧同志恢复名誉。这一切说明，毛主席如何身体力行，坚决执行"有错必纠"的方针。毛主席为我们树立了坚持实事求是的典范。华主席在粉碎"四人帮"以后，很快就宣布，对林彪、"四人帮"强加于人的一切污蔑不实之词，应予推倒，为坚决贯彻执行毛主席"有错必纠"的方针、高举毛主席的伟大旗帜树立了典范。

总之，落实干部政策只能根据事实，对待一切案件都要尊重客观事实。经过对实际情况的调查核实，分析研究，凡是不实之词，凡是不正确的结论和处理，不管是哪一级组织定的，什么人批的，都要实事求是地改正过来。决不能画一条杠杠：下级组织及其领导干部批错了的案子，可以纠正；高级领导机关和领导干部批错了的案子，就可以不纠正。我们党和国家过去没有、现在没有、将来也不会有这样的党规国法。

纠正错案要一抓到底

落实干部政策，纠正错案，当前主要是纠正林彪、"四人帮"制造的，以及在他们错误路线干扰破坏下产生的冤案、错案、假案。对于过去的错案要不要纠正呢？能不能因为时间久了就不准纠正呢？能不能说一纠正错案就否定了历次政治运动的成果呢？

毛主席在《关于正确处理人民内部矛盾的问题》的报告中曾经指出："在肃反工作中，凡是已经发现了的错误，我们都已经采取了或者正在采取纠正的步骤。没有发现的，一经发现，我们就准备纠正。原来在什么范围内弄错的，也应该在什么范围内宣布平反。""向广大干部和积极分子泼冷水是不对的。但是发现了错误，一定要改正。无论公安部门、检察部门、司法部门、监狱、劳动改造的管理机关，都应该采取这个态度。"毛主席1962年在扩大的中央工作会议上的讲话中又指出："我们过去也错误地处理过一些干部，对这些人不论是全部处理错了的，或者是部分处理错了的，都应当按照具体情况，加以甄别和平反。"有反必肃，有错必纠,这是我们党的一贯方针。案子要不要纠正,要看有没有错;纠正到什么程度,要看错到什么程度。我们只能有这样一条界线,而不能有另外一条界线。规定什么时候发生的错案可以纠正,什么时候发生的错案就不可以纠正,如果那样,还是背离了实事求是的原则。因此,冤案、错案、假案,不管是什么时候搞的,一经发现,都要改正。

最近,党中央鉴于右派分子经过长期的教育改造,大多数人有了转变,表现较好,决定全部摘掉右派分子的帽子。与此同时,对不应划右派而确实划错了的,尽管事隔21年,还是决定予以改正。华主席为首的党中央坚决发扬延安整风以来的优良传统,为我们树立了实事求是的又一典范。

要知道,冤案、错案、假案拖得越久,蒙冤受害的同志痛苦越大,他们的家属子女背的政治包袱越重。各级领导同志应该设身处地地想一想:如果你自己被处理错了,一拖多年,家属子女也受到株连,你是要求平反还是不要求平反,是希望早点平反还是不希望早平反?是实事求是地给你平反,能够调动你的积极性,还是将错就错,不予改正,能够调动你的积极性?至于有人认为纠正"文化大革命"中的错案,就是否定"文化大革命"的成果;纠正过去政治运动中的错案,就是否定过去政治运动的成果,那是完全错误的。应当看到,在毛主席为首的党中央领导下的历次政治运动主流是好的,但是主要由于错误路线的干扰,有的运动中也确实出现了一部分错案。如果不顾事实,坚持错误,那只能是给历次政治运动抹黑,那不是保卫在毛主席革命路线指引下取得的成果,而是保护错误路线造成的恶果。

本文主要谈了落实干部政策、纠正干部中的错案问题。林彪、"四人帮"推行假左真右的反革命修正主义路线,不仅使大批干部受到打击迫害,也使大批知识分子、革命青年、工农群众包括一些老英雄、老模范受到打击迫害。群众当中的平反问题也不应忽视。对群众中的冤错案件,同样要认真地清理,实事求是地纠正。"有错必纠",不是不纠,不是可纠,而是必纠;不是只纠正一部分人的错案,而不纠正另一部分人的错案。各级党委不能等待观望,不能虎头蛇尾,不能敷衍应付,不能随便将矛盾上交,而要下很大的决心,把落实政策、纠正错案的工作坚决办到底。当然,在工作中要根据实际情况,分别轻重缓急,有步骤有计划地进行。这样做是为了把事情办得更妥善,更有成效。只要我们把道理说清楚,受害的干部群众是通情达理的,是会给予谅解、支持和合作的。

用马列主义、毛泽东思想武装起来的中国共产党,是郑重的党。全心全意为人民服务,是我们党唯一的宗旨。除了无产阶级的利益,人民群众的利益,我们党没有也不谋取任何私利。因此,我们能够为人民的利益坚持好的,为人民的利益改正错的。我们清醒地看到,不仅由于阶级和阶级斗争的存在,由于错误路线的干扰,会造成一些错案;而且由于人们的主观认识和客观实际之间往往存在距离,由于人们主观片面、粗心大意、偏听偏信、感情用事等思想作风上的毛病,也会造成一些错案。不管是在什么情况下出现的错案,我们都坚持"有错必纠"这一条。这正说明我们党大公无私,光明磊落,是彻底的唯物主义者。这是我们党有力量的表现。

华主席为首的党中央,正在率领3000多万党员、八亿各族人民,进行历史性的新长征。要在本世纪内把我们国家建设成为四个现代化的社会主义强国,任重而道远,需要调动一切积极因素,首先是调动干部的积极因素。路线确定之后,起决定作用的就是干部。把干部的积极性充分调动起来,才能很好地动员群众、组织群众,实现十一大路线和新时期的总任务。我们必须抓紧党的干部政策的落实。明年是伟大的中华人民共和国成立30周年,是抓纲治国三年大见成效关键的一年。我们要争取在明年上半年把落实干部政策的工作基本做完,越快越好。任务大,要办的事情很多,靠个别部门、靠少数人去办是不行的。必须大家动手,全党办案。全国县和相当于县以上的党政机关、群众团体、工交财贸、文教科技、卫生体育等单位,都要动员起来,办一些案子。特别是高级领导机关,要把一般号召和个别指导结合起来,领导亲自动手,解决一些老大难案件,为下级树立敢于坚持原则、拨乱反正的榜样,树立深入实际、调查研究的榜样,树立实事求是的榜样。大家都这样做,我们相信,在华主席为首的党中央领导下,落实政策、纠正错案的工作一定能够尽快地搞好。

国务院总理华国锋在北京会见日本众议院议员友好访华团

会见时在座的有:全国人大常委会副委员长廖承志、姬鹏飞,副秘书长武新宇、罗青长,外交部副部长韩念龙。

国务院副总理邓小平在北京会见日本众议院副议长三宅正一以及日本众议院议员友好访华团的其他日本朋友

全国人大常委会副委员长廖承志、姬鹏飞,外交部副部长韩念龙等参加了会见。

中共北京市委宣布天安门事件完全是革命行动

中共北京市委在最近举行的常委扩大会议上宣

布：1976年清明节广大群众到天安门广场沉痛悼念敬爱的周总理，愤怒声讨"四人帮"，完全是革命行动。

会上宣布：1976年清明节，广大群众到天安门广场悼念我们敬爱的周总理，完全是出于对周总理的无限爱戴、无限怀念和深切哀悼的心情；完全是出于对"四人帮"祸国殃民的滔天罪行深切痛恨，它反映了全国亿万人民的心愿。广大群众沉痛悼念敬爱的周总理，愤怒声讨"四人帮"，完全是革命行动。对于因悼念周总理、反对"四人帮"而受到迫害的同志要一律平反，恢复名誉。

国务院副总理李先念在北京会见日中友好协会全国本部副会长、众议员宇都宫德马和来自日本六个县的日中友好协会的负责人等

全国人大常委会副委员长、中日友协会长廖承志参加了会见。

国务院副总理康世恩在北京会见挪威石油和能源大臣布亚特马尔·耶尔德和由他率领的挪威石油代表团

双方就中挪两国在开发海上石油方面进行科学技术合作的可能性交换了意见。

康副总理说，中挪两国关系很好。两国要在平等互利的基础上扩大双方的贸易和科学技术合作关系。他说，挪威在开发海上石油方面有许多经验，我们要向你们学习。

国务院副总理王震在伦敦分别会见英国财政大臣希利、外交和联邦事务大臣欧文、保守党领袖撒切尔夫人和前首相希思

中国政府和英国政府在伦敦签订科学技术合作协定

中国国务院副总理王震和英国外交和联邦事务大臣戴维·欧文分别代表本国政府在协定上签字。

中国国家科学技术委员会副主任刘华清和英国工业部国务大臣杰拉尔德·考夫曼也分别代表本国政府在一项科学技术合作议定书上签字。

协定规定，两国政府将在平等和互利的基础上，鼓励和发展科学技术方面的合作。两国政府将促进两国的科学家、学者、研究人员、专家和技术人员的专家代表团的互访和研究旅行。协定还规定，两国政府将促进交换留学生、研究生、高级学者和培训人员；组织相互感兴趣的科学技术会议和专题讨论会；在相互感兴趣的项目的研究和发展方面进行合作；交换工业知识和技术；交换科技情报和资料；以及进行双方可能同意的其他形式的科学和技术的合作。

在签署协定和议定书后，欧文大臣说，科技合作协定的签订可以看作是英、中两国在其他领域进一步合作和建立更密切关系的一个重要步骤。

王震副总理说，他很高兴地签署这项协定。他说，虽然中、英两国的社会制度不同，但是它们之间存在着许多共同点。中国是一个发展中国家，中国有很多东西要向像英国这样的先进国家学习。

全国人大常委会副委员长乌兰夫在开罗与埃及总理穆斯塔法·哈利勒举行会谈

双方就进一步发展中埃两国各个方面的友好合作关系和共同关心的重要国际问题交换了意见。

中国方面参加会谈的有：外交部副部长何英，中国驻埃及大使姚广，外交部西亚北非司代司长周觉等。

11月16日

中共江苏省委常委会作出决议南京事件完全是革命行动

中共江苏省委常委会议最近议决：1976年清明节前后，我省南京市和其他许多地方的工人、贫下中农、人民解放军指战员、青年学生、知识分子和机关干部，纷纷举行活动，沉痛哀悼敬爱的周总理，愤怒声讨"四人帮"，完全是出于对周总理的无限爱戴和深切怀念，完全是出于对"四人帮"祸国殃民滔天罪行的深切痛恨，完全是革命的行动，充分反映了广大人民群众的高度政治觉悟和革命斗争精神。对于因悼念周总理、反对"四人帮"，在南京事件或其他类似事件中受到迫害的同志，尚未平反的，要宣布平反，恢复名誉，销毁有关材料。

《人民日报》发表特约评论员文章《人民的愿望人民的力量——评话剧〈于无声处〉》

最近中共北京市委宣布，1976年天安门事件完全是革命行动。正在这个时候，上海《于无声处》剧组来到北京，为首都人民演出。这是华主席为首的党中央抓纲治国战略决策的伟大胜利，是人民力量的伟大胜利。

话剧《于无声处》的出现，引起了强烈的社会反响。几千万人争相阅读这个剧本，在剧场，在电视机前，观众和演员一道悲哀、流泪、焦急和愤怒，和着欧阳平的声音喊出："人民不会永远沉默！"一个话剧，在演出和发表之后极短的时间里，就引起群众如此广泛的共鸣和赞赏，这并不是经常发生的。

人们都在想，它的激动人心的力量从何而来？

天安门广场革命群众运动的艺术表现

1976年清明节前后出现于北京天安门广场和全国许多城市的亿万人民群众沉痛悼念周总理、愤怒声讨“四人帮”的伟大革命运动,到底是怎样发生的?这是深埋在8亿人民心中,使广大群众长期不能平静和认真思索的问题。《于无声处》的情节和人物,用艺术再现的客观事实,回答了这个问题,推倒了“四人帮”强加给中国人民的最大诬蔑和对历史的最大歪曲。

“四人帮”从一出现,就是跟中国人民根本对立的。他们窃取党和国家的部分权力的过程,也是他们向全体中国人民进攻的过程。梅林,成千成万和她一样的老一辈无产阶级革命家,“出生入死几十年打下这个960万平方公里的江山,如今却连自己的立锥之地都不给他们”。欧阳平因为是什么“叛徒”的儿子,“四人帮”就强令他离开部队,取消他的预备党员资格,“一天之内成了反革命子弟、‘狗崽子’”。严肃工作、正直好学的外科医生何为,被说成什么“走白专道路”。刘秀英被逼得精神失常。向往革命、天真纯朴的何芸,也由于梅林一家的遭遇、与情人的长期分离,而深深地痛苦。广大人民群众同“四人帮”之间的矛盾,贯穿着十多年来中国历史发展的全部过程。人民在不同程度上,以不同形式反对“四人帮”的斗争,早已存在。但是,直到天安门广场的事件发生之前,可以说,这种斗争还是零星的,还没有形成一种给“四人帮”以沉重打击的群众运动。其中的最先进的分子,如梅林和欧阳平,已经认识到“四人帮”的本质和这场斗争的严重性。梅林说:“党不是‘他们’的,党会战胜‘他们’的!林彪不是已经被党粉碎了吗?‘他们’也快了!”另外一些人,如何为、何芸和刘秀英,还暂时处在徘徊、怀疑和忍耐的阶段。1975年,在邓小平同志主持中央工作期间,抓紧落实毛主席关于学习无产阶级专政理论、安定团结和把国民经济搞上去的三项指示,进行整顿,经济情况开始迅速扭转,人民有了指望。接着,正如华国锋同志在五届人大政府工作报告中指出的,“1976年1月,敬爱的周总理不幸逝世。在这前后,‘四人帮’猖狂地反扑过来,迫不及待地要把党权、政权、军权都夺到他们手里,这就展开了又一个极其严重的斗争”。人民和“四人帮”的矛盾,已经到了一触即发的程度。这样,在“四人帮”拼命攻击周总理,并且用法西斯手段血腥镇压悼念周总理的群众的时候,人民就再也不能忍耐了。

周恩来同志是毛泽东同志的亲密战友,是马克思列宁主义、毛泽东思想和毛主席无产阶级革命路线的最忠诚的执行者和最勇敢的捍卫者。他的一生,和中国革命的胜利、中国人民的幸福,紧密地联在一起。“文化大革命”期间,他如中流砥柱,抵制和排除林彪、“四人帮”的干扰破坏,他殚精竭虑,力争革命和生产沿着毛主席的革命路线发展。他在四届人大宣布的四个现代化的宏伟设想,表达了八亿人民的愿望。为了使党和社会主义事业不被“四人帮”所葬送,为了保护遭到“四人帮”摧残的老一辈无产阶级革命家和人民群众,他不畏艰难险阻,积劳成疾,献出了光彩夺目的余生。人民无比地尊敬和热爱他,在他的身上,寄托着实现四个现代化、使祖国繁荣强盛的美好理想。“四人帮”把他视为篡党夺权的眼中钉,在他生前,对他进行诽谤和中伤,在他逝世以后,更加放肆地向他倾泼污水。当时,中国人民同“四人帮”的斗争,毛主席的革命路线同“四人帮”的反革命路线的斗争的客观情势,已经使得对待周恩来同志的态度,成为区分革命和反革命、区分真马克思主义和假马克思主义的一块试金石了。这是任何人也否认不了的事实。《于无声处》主题思想的深刻性的一个突出表现,正在于真实地反映了这个连敌人也无法再加掩盖的事实。随着矛盾的表面化,何是非也不得不撕下伪装,向女儿承认:“周恩来已经成了某些人心目中的一面旗帜,一面用来对抗中央首长的旗帜”,妄图把它一举砍倒。“某些人”应为全体中国人民,“中央首长”系指“四人帮”。除去此点需要加以注释之外,他不是已经完全道出了这场斗争的实质吗?

反对周恩来同志,迫害悼念周恩来同志的革命群众,这是“四人帮”妄想扭转中国的社会主义方向和粗暴践踏人民革命要求的最卑鄙、最猖狂的行动。每一个正直的中国人都在思考,——这是为什么?应当怎么办?“他们要从人民心里拔去周总理这棵参天大树啊!我们能不扬眉剑出鞘吗?!”欧阳平的这段话,就是中国人民的回答。在同一个时间,在全国的各大城市,在每一个工厂、农村、部队、学校和家庭,人们都为自己的好总理的去世而深切哀痛,都把悼念周总理变为对于“四人帮”的控诉和声讨。亿万人民从四面八方自动涌上街头,表现了震撼千古的革命首创精神和牺牲精神。没有谁来组织和号召。但是,这场自发地形成的革命运动,却又建立在人民群众的高度自觉性的基础上。发生在天安门广场的事件,是它的有机组成部分,是这整个运动的主体,也是其中最威武雄壮、最有声有色的一幕。

这场汹涌澎湃的群众革命运动是历史发展的必然产物,如果把这种巨大的革命震荡,归结为少数人的行为,那就是在进行历史唯心主义的陈腐说教。恩格斯指出,如果要去探究那些隐藏在历史人物的动机背后并且构成历史的真正的最后动力,“那么应当注意的,与其说是个别人物、即使是非常杰出的人物的动机,不如说是使广大群众、使整个整个的民族,以及在每一民族中间又使整个整个阶级行动起来的动机；而且也不是短暂的爆发和转瞬即逝的火光，而是持久的、引起伟大历史变迁的行动”。（《路德维希·费尔巴哈和德国古典哲学的终结》，《马克思恩格斯选集》第4卷，第245页）如果不是这样去探究这场群众革命运动的历史动力，那么，它的出现，就成为不可理解的了。

话剧把我们带回到1976年春天使几代中国人铭心刻骨的时刻。毛泽东同志在天安门人民英雄纪念碑上的题词写道：“由此上溯到一千八百四十年，从那时起，为了反对内外敌人，争取民族独立和人民自由幸福，在历次斗争中牺牲的人民英雄们永垂不朽！”今天，年轻的英雄们，重又集结在这座纪念碑下。

“花圈如山，人群似海。那四季常青的松柏树上，挂满了浸透泪水的小白花，对着这世界上最庄严最圣洁的挽幛，人们轻轻地呼唤：周总理：您在哪里？那巍然耸立的人民英雄纪念碑上，贴满了用血写成的誓词，面对着闪烁的刀光剑影，面对着横行的魍魉魑魅，人们高声地呐喊：那一小撮祖国的罪人，见鬼去吧！挥泪悼念总理，洒血讨伐奸雄！几十万人，几百万人，日夜不断，川流不息。”

这些和新中国一起长大的青年，无愧于自己生活的伟大时代，无愧于培养和抚育了自己的伟大的党和伟大的领袖毛泽东同志。他们勇敢地肩起了挽救社会主义祖国的危亡和保卫人民的民主权利的重担，继续着老一辈革命家所开创的事业。他们赤手空拳，迎击“四人帮”的棍棒，用自己的愤怒和鲜血，在豪迈的《国际歌》声中，又为中国历史写下辉煌灿烂的一章，为高耸入云的人民英雄纪念碑，增添了新的异彩。

话剧是从梅林和何是非两个家庭在分离十多年后的相逢开始的。十多年前，梅林和何是非，都是“老革命”、“老干部”。十多年来的阶级斗争，在他们之间划开判然分明的界限。正当前者被开除出党、关在黑屋子里备受折磨的时候，后者却“说假话——有功”、“说屁话——高升”，荣任进出口公司革委会主任。这个变化，是“四人帮”反党篡权活动所造成的敌与我、是与非、善与恶的大颠倒的生动写照。在梅林的背后，站着老一辈无产阶级革命家和人民群众。在何是非的背后，站着“四人帮”、唐有才和一切反党、反社会主义的黑暗势力。“四人帮”要打倒的，不只是一个梅林。他们要整个儿地毁灭我们的党和社会主义制度。这样，发生在梅林同何是非之间、发生在梅林及其他剧中人物同何是非之间的斗争，一切这里出现的政治生活、家庭生活和爱情、友谊中的纠葛，就不能不带有广泛的社会意义了。

这次相逢，正值天安门广场群众革命运动发生之后不久。何是非客厅里的斗争，是这一运动的缩影，也是它的继续和发展的一个侧面。

英雄们正被加上“反革命”的罪名，遭到拘捕、囚禁、通缉。欧阳平就是因为编辑和散发天安门革命诗文集《扬眉剑出鞘》，面临着这样的危险时刻。我们已经不再看到波澜壮阔的群众斗争场面。当时中国的政治空气，表面看来，凝结得如同冰块一样地冷浸和沉滞，而何是非、唐有才之流，却不可一世。但是，欧阳平说得好：“沉默。眼前这一片可怕的、反常的沉默，正预告着一场更可怕的风暴的来临！”斗争没有中止，而是向纵深发展着。在知道事情真相以后，何为、何芸和刘秀英，断然抛弃徘徊、怀疑和忍耐的态度，成为欧阳平的患难与共的战友。全国人民不顾个人安危，挺身保卫英雄，和英雄们一道参加战斗的历史事实，在这里得到形象的表现。

在舞台上出现的这场斗争中，梅林、欧阳平、何为、何芸和刘秀英，由于“四人帮”的统治，或者被诬为“叛徒”、“现行反革命”，或者被说成是“无病呻吟，小病大养，成天吊儿郎当”，“立场不稳，模糊，动摇，犹豫，旁观”，或者成了精神失常者。但是，他们是真正为正义而战的历史的主人。老一辈革命家不减当年的胆略，年轻的英雄视死如归，广大群众的力量，汇成了冲决一切、奔突而出的岩浆。全剧是以何是非目睹诸人出走和接着来到的一声响雷终场的。何是非惊恐万状，说，“都走了”。他说得不错：亲属“走了”，群众“走了”，他们横行霸道的历史也“走了”，剩下的只是“四人帮”这样一伙立刻就要被人民审判的向隅而泣的可怜虫。

人类历史上没有任何一次群众摆脱压迫和专横的真正解放，不是这些群众自己进行独立、英勇、自觉斗争的结果。“群众生气勃勃的创造力是新社会的基本因素。”（列宁：《全俄中央执行委员会会议》，《列宁全集》第26卷，第269页）以天安门广场的事件为中心的群众革命运动，是人民心中久已郁积、酝酿、燃烧的对于“四人帮”的仇恨的总爆发，是党和人民同“四人帮”的长期斗争的一次总爆发。“四人帮”所以能够维持自己的统治达十多年之久，正是因为人民还没有普遍觉醒。人民一旦普遍觉醒和投入战斗，他们的末日就来临了。这次革命运动，是人民民主同“四人帮”的法西斯专制，马克思主义的科学社会主义同“四人帮”的封建社会主义的一场激烈的搏斗。它充分显示了人民的爱憎、人民的愿望、人民的意志、人民的力量。它是中华民族的骄傲。它的出现，为“四人帮”的最后垮台，准备了最重要的条件——群众条件。“‘他们’也快了！”正是人民，用自己的斗争，为以粉碎“四人帮”为标志的中国历史新时期的到来，谱写了一支响彻云霄的序曲。

《于无声处》就是这样用艺术的形式高度集中和准确地概括了天安门广场群众革命运动的来龙去脉，再现了中国各阶级和各种政治力量在这场斗争中的面貌，以及这场斗争所预示的它们的政治结局。

在人物塑造上开拓出新生面

文艺作品，特别是叙事性文艺作品，需要通过塑造人物来反映生活和揭示主题。

《于无声处》在"文化大革命"这个社会主义时期阶级斗争的特定背景下，塑造了一系列具有深厚的阶级内容而又个性鲜明的典型。他们的志趣、爱好、处事待人的态度，都是不容混同的。但是，通过这些高度个性化的表现，我们不仅看到了不同阶级之间的对立，而且看到了这些典型又是他们的特殊地位、经历和社会联系的产物。这些人物的性格，在现实的土壤中产生，同时随着斗争的推移而变化和发展。他们不是作者主观意念的传声筒，不是某种现成的政治结论的图解，而是使读者和观众觉得他们像身边的人们一样真实。用恩格斯的话来说，他们"每个人都是典型，但同时又是一定的单个人，正如老黑格尔所说的，是一个'这个'，而且应当是如此。"(《致敏·考茨基》，《马克思恩格斯全集》第 36 卷第 384 页)

作为经过几十年革命考验的老党员，梅林始终站在斗争的最前线。党给予她的教育，在继续开花结果。她被剥夺职务，剥夺生活来源，却从儿子寄给自己的微薄的费用中省吃俭用，留下了每个月的党费。她在极其困难的条件下，一心挂念着党和国家的命运，连续十一次书面揭发"四人帮"的罪恶。像每个好妈妈一样，她希望儿子幸福地生活。在党和国家需要的时候，她又鼓舞儿子"到监狱里、法庭上，去跟他们作一场——最后的斗争！"尽管医院已经确诊，她患晚期肝癌，将不久于人世，但是她一息尚存，就要继续战斗，她艰难地嚼着饼干，同死神鏖战。她说："共产党员应当用自己的生命来交党费。"这个从 16 岁参加革命，18 岁入党，为党战斗了 40 多年的共产党员，不是"四人帮"的淫威所能吓退的，不是"四人帮"的诬蔑所能打倒的，不是"四人帮"能够开除得了的。难道不正是从这个被"四人帮"诬为"叛徒"的人物身上，我们看到了党的光辉，看到了共产党人的浩然正气吗？

欧阳平是在中国人民反对"四人帮"的斗争中涌现出来的年青一代革命者的典型。这个在北京郊区一家小饭馆里为人民服务的年轻人，是人民用自己的乳汁养大的英雄。他的仅有的一段较长的独白，只是用朴实无华的语言，向重逢的亲人，也向中国和世界，叙述天安门广场群众革命运动的真相。他所歌颂的不是自己，而是人民的功绩。他对于个人遭遇的唯一不满，是"四人帮"取消他的预备党员资格，他又打了几十次入党报告，而竟被置之不理。然而，在这种不满里，不也充满着对"四人帮"的深切仇恨，对党的信任和热爱吗？他说：一个小小服务员，"编了几首小诗，说了几句真话，居然惊动了张春桥、张大老爷，全国通缉，到处搜捕，闹得他们兴师动众，鸡飞狗跳！要是有十个人站出来说真话呢？要是一百个，一千个，要是全中国的人民都站起来大胆地说真话，说自己的心里话，张大老爷们又该怎么办呢？"他正是从人民的身上，感觉到了决定中国命运和支持自己进行无畏斗争的力量。天安门广场的群众革命运动使他看到，"中国人民成熟了！中华民族有希望！"在话剧里，中国人民的觉悟，中华民族的希望，就集中地表现在欧阳平的身上。话剧始终是从他同人民、同党的血肉联系中，来展开他的英雄性格的。这一代英雄人物从中国地平线上的出现，显示出"四人帮"垮台的必然性，而且预示了中国人民将在粉碎"四人帮"之后，在实现四个现代化的新的斗争中取得伟大胜利的必然性。

何为和欧阳平年龄相仿。稍稍不同的是，他没有更多地经过革命斗争的锻炼，也没有一个像梅林这样的革命长辈在身边进行耳濡目染、潜移默化的教诲。但是，他同样是解放以来在党的阳光下长大的青年。政治舞台的风云变幻，只能使他一时有点"晕头转向"；即使在这个时候，他也并没有忘记根本的是非界限。既然"四人帮"妄想用何为描述的那种"钳口术"，封住人民的嘴巴，那么，在有何为这样的经历和教养的知识分子中间，就自然会出现嬉笑怒骂、嘲弄挖苦的斗争方式。专制可能使人沉默，也可能使人冷嘲。这种多少有点病态的斗争方式，正是"四人帮"专制下的政治生活在何为身上的特殊产物。所谓"百事不问，一日三餐，吃饱睡足"，所谓"白痴道路"，不过是在他意识到人民群众的力量之前，为自己不能在斗争中充分发挥作用而苦闷、焦虑、恼怒的一种愤激之词。由于人民的推动和英雄的榜样作用，他毫不犹疑地扔掉济公式的蒲扇，接过浸透着千万人的血泪的《扬眉剑出鞘》，和欧阳平并肩走上了战场。

何芸比他们都要年轻几岁。这个单纯的姑娘，还缺少生活和斗争的磨炼。她的觉醒，需要梅林和欧阳平的正面教育，也需要何是非、唐有才之流的反面教育。这个正反两方面教育的过程就是她认识受到"四人帮"诬陷的梅林、欧阳平才是党的忠诚战士的过程，也是她逐渐识破何是非、唐有才之流"革命"言词的虚伪性，看透他们反革命祸心的过程。"四人帮"的活动，一方面给她以假象；一方面也在她的心上留下疑云。为什么许多所谓"现行反革命"的"罪行"，仅仅是悼念周总理？为什么自己一向敬仰的梅林和童年时代的伴侣欧阳平，也被说成是"叛徒"和"反革命"？

为什么受到“四人帮”重用而父亲又硬要把自己介绍给他的唐有才，竟是那样一个讨厌的家伙？探索和弄清这些影响到全国局势又同个人的工作、生活密切相关的问题，不仅是何芸，而且是其他一度受到“四人帮”欺骗的人们觉醒的开端。她的性格的发展，还同爱情婚姻的纠葛交织在一起。选择欧阳平，抛弃唐有才，是她进一步觉醒的标志。如果说，她先前对于欧阳平的爱，主要还是表现了他们从孩提时代结下的友情的话，那么，正是在得知欧阳平就是“四人帮”在全国通缉的“现行反革命”，而她自己又被强令亲手逮捕这个“反革命”的时候，她的爱情的火种，就化成熊熊的烈焰燃烧起来了。“我从来也没有像现在这样爱他！”在1976年的春天，这种爱情将会带给她什么，是可想而知的。然而，这正是革命者的爱情。在这个意义上，何芸的形象，对于青年的教育意义，是不能低估的。

退休小学教师刘秀英，曾经教育孩子们要正直、善良、忠实。她自己，就是这种美好性格的楷模。“文化大革命”中的激烈复杂的阶级斗争，使她的生活脱出了常轨。她看到了何是非编造的诬蔑梅林是叛徒的材料。她没有机会在更多的社会活动中，开阔自己的政治视野。为了儿女的前途，这个慈爱的母亲、历来百依百顺的妻子，长期没有勇气揭发丈夫的问题。同时，这个心地善良的人，又始终不能忘怀梅林母子的命运。这种难以言状的矛盾和痛苦，造成了她的精神失常。她的觉醒，比其他人物要更困难一些。但是，正是因为她是普通的中国人民的一员，处在同“四人帮”势不两立的地位上，正是因为她从梅林母子的身上，取得了刚强和勇气，所以，同何是非的决裂，也就成为不可避免的结果。从这个人物的觉醒过程可以看到，不仅先进的中国人，不仅国家机关工作人员和知识分子，而且生活在家庭狭窄圈子里的普通妇女，也再不能忍受“四人帮”的统治。这样，她的觉醒和斗争，就从更加广泛的意义上，深化了话剧的主题。

何是非是一个塑造得相当成功的反面典型。为了爬上去，他出卖了老一辈无产阶级革命家，出卖了反对“四人帮”的年轻的英雄，出卖了自己的女儿。他才是货真价实的叛徒。话剧没有把他漫画化，而是让他用一些合乎他的经历和身份的堂皇词句，为自己涂上一层保护色，显得比谁都“左”。没有这样一副伪装，他们一分钟也不能存在。梅林说：“‘文化大革命’的暴风雨不仅洗净了革命者的灵魂，也会冲去一切政治小丑脸上的油彩！”这个结论，已经为“文化大革命”所充分证明。它还将在社会主义时期阶级斗争的整个过程中，继续得到证明。

由于从现实出发，把创作的根基深深地扎在生活的土壤里，《于无声处》打破“从路线出发”、“主题先行”、“三突出”等禁锢，在对生活进行艺术提炼和再造的过程中，能够较好地处理人物的个性和共性、细节的真实性和性格的典型性以及典型性格和典型环境的关系。这种情形，和我们长期以来，特别是近十多年来在许多作品中经常遇到的人物形象的脸谱化、偶像化以及与此有关的作品的公式化、概念化倾向，形成鲜明的对照。这里，不准备详细讨论《于无声处》在人物塑造上的成就和新的特点，只是着重指出，由它开拓的这个新生面，将会对当前文艺创作水平的提高发挥积极作用。

迎接无产阶级革命文艺的新高潮

中国人民在党的领导下同“四人帮”进行的殊死斗争，延续了十多年之久，付出了巨大的牺牲，产生了无数可歌可泣的英雄人物和英雄事迹。粉碎“四人帮”以后，中国人民正在为实现四个现代化而奋斗。这是一场大幅度提高社会生产力，并且多方面地改变生产关系和上层建筑中同四个现代化不相适应的环节，改变人们的活动方式、思想方式的深刻革命。它已经和还将产生更多的、更加可歌可泣的英雄人物和英雄事迹。深刻认识和真实反映人民群众这种创造历史的伟大事业，是文艺工作者的责无旁贷的义务。人民群众的生活和斗争，为文艺创作提供着无穷无尽的人物、情节、题材、主题和诗情。一个适应时代要求的无产阶级革命文艺新高潮的到来是历史的必然。

值得高兴的是，以《天安门革命诗抄》《丹心谱》《班主任》《伤痕》《神圣的使命》和《于无声处》为代表的一批作品的出现为标志，我们已经看见这个无产阶级革命文艺新高潮的潮头了。

当然，和一切新事物一样，《于无声处》也难免存在缺陷。比如，就剧本来说，是不是可以在梅林的台词中加一些回忆周恩来同志光辉业绩的内容，使人物形象更加丰满，主题更加突出？另外，是不是可以无需特意去写何是非解放前当过洋行职员？因为在清查“四人帮”及其帮派骨干的罪行的过程中，大量事实证明，某些人、包括某些参加革命较早的人所以堕落，所以出卖革命、出卖原则、出卖灵魂去换取“四人帮”的青睐，阶级出身固然是一个原因，但不是唯一的原因，更不是唯一根蒂。不论他们出身如何，这种现象的出现，还有着同现实政治斗争紧密相连的更深刻的原因。《于无声处》是一件动人心弦的艺术瑰宝，但又是一件尚待精雕细琢的艺术瑰宝。我们相信，经过作者和表演者更加深入的生活实践和艺术实践，并且不断吸取读者和观众的意见，它一定会逐步提高和更加完善起来。

《于无声处》的编剧、导演、演员，大都是群众中的年轻的业余文艺工作者。他们在创作和表演上所达到的水平，使人们惊讶赞叹，耳目一新。这个事实告诉我们，经过十多年阶级斗争的教育和锻炼，一代年轻的无产阶级文艺工作者已经涌现；他们被群众拥戴出来，带着自己的优秀作品，以新的面貌、新的姿态，登上了文艺舞台。随着文艺创作的繁荣和提高，也势必会有新的文艺批评家和文艺理论家出现。他们代表着革命文艺的方向。他们是最有朝气、最有希望的力量。在这些新一代作家、艺术家的面前，哪里有什么僵死的教条，哪里有什么"禁区"和"余悸"，哪里有什么"长官意志"呢？他们倾尽全力，以艺术的形式表现的，只是人民群众创造历史的斗争场景和音容笑貌。这样，他们就把一股强劲有力和刚健清新的空气，吹进了我们社会主义的文艺百花园。

《于无声处》的出现表明，一批年轻的业余文艺工作者在向专业文艺工作者和老一辈文艺工作者挑战了。这是一件非常之好的事情。人民殷切期望我们的专业文艺工作者和老一辈文艺工作者迎头赶上，努力扩大已经取得的成果，和后起之秀共同组成社会主义新时期的无产阶级文艺大军，为开创群星灿烂、百花争妍的社会主义文艺的新局面而奋斗。

《于无声处》的出现，也向我们文艺工作的各级领导同志，提出一个严肃的问题：它不是根据某一领导人规定的题材、主题和情节编造的，而是群众自己创作的。这就要求我们，必须用符合文艺发展规律的方法，来领导文艺工作。无产阶级和它的先锋队所以能够处在领导者的地位，正是因为它代表最先进的社会生产力，代表人民群众的根本利益，能够正确地认识和运用社会发展的规律。如果说，经济工作来不得"瞎指挥"的话，那么，文艺创作这种精神劳动，就更加来不得"瞎指挥"。这是一项必须有个人创造性和个人爱好的广阔天地，有思想和幻想、形式和内容的广阔天地的事业。领导者的责任，在于制定和贯彻执行合乎文艺发展规律的路线、方针、政策，最大限度地发挥作者的主动性和聪明才智；在于坚持马克思所说的"人民历来就是作家'够资格'和'不够资格'的唯一判断者"这个真理，(《第六届莱茵省议会的辩论(第一篇论文)》，《马克思恩格斯全集》第1卷，第90页)让人民群众在实践中检验作品的是非优劣。

粉碎"四人帮"以来，在华国锋同志为首的党中央领导下，党的文艺政策正在逐步调整和落实，但是，为着彻底扭转毛泽东同志1975年针对"四人帮"的文化专制主义所指出的"缺少诗歌，缺少小说，缺少散文，缺少文艺评论"的文苑凋敝的状况，使文艺工作真正满足人民群众日益丰富、日益提高的要求，却仍然需要付出艰苦的努力。列宁说："群众自己的朝气蓬勃的、强大的运动会像清除毫无用处的腐败东西，把杜撰的、在办公室里想出来的方案一起清除掉，自己则永远一往直前地前进。"(《生活在教导人们》《列宁全集》第18卷，第518页)每个共产党员和革命者，都应当充分肯定年轻的文艺闯将所取得的可喜成绩，并且热情地帮助他们克服缺点，取得经验，健康成长。某些已经落在形势后面的同志，是不是还要徘徊观望，无所作为呢？是不是还要冷眼相视，让新事物去自生自灭呢？是不是还要用自己的"余悸"、自己的无穷忧虑和清规戒律，去束缚群众的社会主义创造精神呢？诸如此类的病症，实在到了彻底医治的时候了。

茁壮的新芽已经破土而出，终究要长出挺拔的枝干，开出艳丽的花朵。这是不以人们的意志为转移的。愿我们整个文艺界和它一道前进，迎接无产阶级革命文艺新高潮的来临！

国务院副总理李先念在北京会见美国参议院预算委员会主席埃德蒙·马斯基以及他率领的美国国会议员团

全国人大常委会副委员长廖承志在北京会见以久保亘为团长的日本社会党(日本党员协议会)友好之翼访华团

国防部在北京举行宴会欢迎由马里全国解放军事委员会委员 常任秘书菲立芬·西索科上校率领的马里军事代表团

中国人民解放军副总参谋长王尚荣主持宴会。

11月17日

中共中央决定全国全部摘掉右派分子帽子

遵照华国锋主席为首的党中央关于全部摘掉右派分子帽子的决定，全国各地党委已经给最后一批右派分子摘掉帽子。现在，各地党委正在根据中央的指示，给摘掉右派帽子的人进行适当安置。这是我党改造右派分子的政策的胜利。

在为右派摘帽子的工作中，各级党委组织干部和群众学习了毛主席关于改造右派分子的有关指示，学习了党中央、华主席为右派摘帽子工作规定的各项政策。大家认为，毛主席、党中央在1957年领导的反右派斗争，是我国政治战线、思想战线上的一场伟大的社会主义革命。反右派斗争的胜利，巩固了无产阶级专政，促进了我国社会主义革命和社会主义建设事业的发展。在这场斗争中，毛主席、党中央规定了一整套改造右派分子的方针、政策，即宽大和严肃相结合，区别对待，教育、改造，争取他们转变立场，化消极因素为积极因素，分期分批摘掉帽子，使他们继续为社会主义服务。实践证明,这些方针、政策是正确的。遵照毛主席、党中央的指示,从1959年到1964年,全国曾经先后五批摘掉大部分右派分子的帽子。

无产阶级“文化大革命”开始以后,林彪、“四人帮”出于他们篡党夺权反革命阴谋的需要,竭力破坏毛主席、党中央改造右派分子的政策和部署,使改造右派分子和摘帽子的工作都无法进行。1975年,根据毛主席、周总理的有关指示,考虑到右派分子经过长期的教育改造,他们的思想有了转变,准备全部摘掉他们的右派帽子。但是,由于“四人帮”反党集团的疯狂破坏,毛主席、周总理的这一无产阶级政策未能实现。华主席为首的党中央一举粉碎了“四人帮”,全国人民欢欣鼓舞,现在全国出现了安定团结的局面,我国社会主义革命和社会主义建设已经进入了新的发展时期。在抓纲治国初见成效的大好形势下,华主席为首的党中央高举毛主席的伟大旗帜,继承毛主席、周总理的遗志,贯彻党的十一大路线,及时作出了全部摘掉右派分子帽子的决定,这对于调动一切积极因素,化消极因素为积极因素,促进安定团结,巩固无产阶级专政,实现新时期的总任务,有着重要的意义。

做好这次及前几次摘掉右派帽子的人的安置工作,认真落实党的各项有关政策,这是我国政治生活中的一件大事。在这部分人当中,有不少有用之才,统筹安排,妥善细致地做好他们的安置工作,使他们各得其所,以调动他们的积极性,发挥其所长为社会主义服务,是十分必要的。

按照党中央的指示,对过去错划为右派的人,要做好改正工作。实事求是,是我党的优良传统和作风。有反必肃,有错必纠。凡已经发现划错了的,尽管事隔多年,也应积极主动地予以改正。1957年毛主席、党中央曾明确规定了应划和不应划右派分子的标准。现在我们处理这个问题,仍应以1957年中央的规定为依据,凡符合划右派标准而定为右派的人,是摘掉他们右派帽子的问题,不是改正的问题;凡不应划右派而被错划了的,应实事求是地予以改正。这样做,对恢复和发扬党的实事求是的优良传统,有重要的意义。目前,各级党委正在认真负责地进行这项工作。

《人民日报》发表社论《一项重大的无产阶级政策》

在抓纲治国初见成效的大好形势下,在全国人民进行新长征的时刻,华主席为首的党中央继承毛主席和周总理的遗志,遵循毛主席的无产阶级政策,最近作出了全部摘掉右派分子帽子、进行妥善安置、实事求是地做好改正工作的重要决定。这项决定,深得人心。决定下达后,广大群众称是道好,热烈拥护。这个重大的政策措施,对于调动一切积极因素,化消极因素为积极因素,促进安定团结,巩固无产阶级专政,实现新时期的总任务,具有重要的意义。贯彻党中央的这项决定,是我国当前政治生活中的一件大事。

1957年的反右派斗争,是社会主义新中国成立以后在政治战线和思想战线上进行的一场社会主义革命。当时,我国生产资料所有制的社会主义改造刚刚基本完成,一些不甘心“共产”的资产阶级,妄图在政治上思想上跟无产阶级作一番较量。国际上的帝、修、反,这时也掀起了一股反共反人民反社会主义的逆流。正是在这样的历史背景下,那些资产阶级右派就利用我党整风的机会,向共产党向社会主义发起了猖狂的进攻。为了捍卫我们的党,捍卫社会主义,毛主席亲自发动和领导了这场反右派斗争。毛主席指出:“这是一个伟大的政治斗争和思想斗争。”在这个伟大斗争中,围绕着要不要共产党的领导、中国走什么道路等大是大非问题,亿万人民同资产阶级右派开展了大辩论,击退了他们的猖狂进攻,给他们戴上了右派分子的帽子。反右派斗争的胜利,加强了共产党领导的无产阶级专政,巩固了经济战线上的社会主义革命成果,激发了广大人民群众的社会主义积极性,促进了我国社会主义事业的蓬勃发展。事实证明,在1957年进行这样一场伟大的政治斗争和思想斗争,是非常必要的,是完全正确的。正如毛主席所说:“不打胜这一仗,社会主义是建不成的。”

我们给资产阶级右派戴上右派分子的帽子,目的是教育改造他们,促使他们改变政治立场。当年,反右派斗争还在进行,毛主席就明确宣布:对资产阶级右派,“攻是必要的。但是我们的目的是攻得他回头”,“惩前毖后,治病救人,化消极因素为积极因素,这些原则,对他们还是适用。”毛主席还作了这样的估计:“可能有相当多的右派分子,大势所趋,他们想通了,转好了,比较老实,比较不十分顽固了,那个时候把帽子一摘,就不要叫右派了。”遵照毛主席的指示,从1959年到1964年,先后五批摘掉了大部分右派分子的帽子。1975年,毛主席、周总理曾考虑全部摘掉右派分子的帽子。由于王张江姚“四人帮”反党集团的干扰和破坏,这个无产阶级政策当时未能实现。粉碎“四人帮”以后,各项政策逐步得到落实。右派分子经过21年长期的教育改造,绝大多数有了转变,表现较好。全部摘掉帽子的条件已经更加成熟。因此,华主席为首的党中央决定,自今年4月起全部摘掉右派分子的帽子。摘掉帽子以后,我们就不再叫他们“右派分子”或“摘帽右派”了。今后在提职、提级、调整工资、奖励、授予职称等问题上,都要与其他职工一样对待,不要歧视他们。目前,摘帽工作已经全部完成。经过教育改造,全部摘掉右派分子的帽子,这是我党无产阶级政策的伟大胜利。

宣布全部摘帽以后,还要认真做好摘掉右派帽子的人的安置工作。他们中间许多人是有用之才。做好安置工作,不仅仅是为了解决他们的生活出路问题,更重要的要做到人尽其才,发挥所长,调动他们的积极性,为社会主义服务。我们要按照中央的规定,统筹安排,根据不同情况,妥善解决他们的工作、就业和工资待遇等问题。原来已经摘帽和改正的人,过去如果没有安置或者安置不当的,现在也应予以妥善安置。安置工作是落实党的政策的重要环节,必须认真做好,务使需要安置的对象包括退职退休和丧失劳动能力生活无来源的人,都得到妥善安置。

在这次摘帽工作中,对右派分子,一般不搞甄别平反,对于确属错划为右派的人,尽管事隔多年,也要实事求是地予以改正。有反必肃,有错必纠,这是我党的一贯方针。1957年,毛主席、党中央曾明确规定了应划和不应划右派分子的标准。现在我们处理这个问题,仍应以1957年中央的规定为依据,凡符合划右派标准而定为右派的,是摘掉他们右派帽子的问题,不是改正的问题;凡不应划右派而被错划了的,应实事求是地予以改正。这样做,对于恢复和发扬党的实事求是的优良传统,对于恢复和健全正常的民主生活,对于造成生动活泼的政治局面,对于加强社会主义法制,调动广大群众的革命积极性,都有着重要的意义。这样做,过去被错划为右派而今天得到改正的同志,以及他们的家属将会迸发出极大的社会主义积极性。这样做,并不否定反右派斗争,否定的只是那些背离毛主席正确政策的错误东西。全部摘掉右派帽子的措施,体现了毛主席的无产阶级政策。这个政策,是化消极因素为积极因素,争取和团结尽可能多的人参加社会主义革命和建设的政策。

贯彻党中央关于右派分子问题的决定,是一项政策性很强的工作,是一项繁重、细致、复杂的任务,各级党委必须提高认识,加强领导,把它放到自己的议事日程上,当作一件大事来抓。要建立和健全专门的工作机构,抽调政策水平较高、经验较丰富的干部参加这项工作。各级领导和有关干部,要深入学习党中央的有关文件,深入学习1957年10月15日《中央关于"划分右派分子标准"的通知》,加强调查研究,认真处理来信来访,发扬实事求是的优良作风,不折不扣地落实党的政策。各有关部门要在党委统一领导下,分工合作,密切配合,主动承担任务,认真解决问题。要做好宣传教育工作,使广大干部和群众深刻认识反右派斗争的伟大意义和党关于改造右派分子的方针政策,正确理解党中央决定的重要意义,正确对待摘掉右派帽子的人。对摘掉右派帽子的人,对划错了予以改正的人,也要做好思想教育工作,鼓励他们努力学习,改造思想,从严要求自己,在各自岗位上为社会主义事业作出贡献。

干革命,搞建设,实现农业、工业、国防和科学技术的现代化,总是人多一点好。革命的力量,积极的因素,多多益善。我们要在华主席为首的党中央领导下,贯彻执行党的十一大路线,发展安定团结的大好形势,团结一切可以团结的力量,调动一切可以调动的积极因素,并尽可能争取各种消极因素转化为积极因素,千军万马,万众一心,完成新时期的总任务,建设现代化的社会主义强国,夺取新长征的伟大胜利!

国务院批转卫生部关于颁发《药政管理条例(试行)》的报告

国务院的批示指出,药品是防病治病的武器,加强药政管理工作,保证人民用药的安全有效,是直接关系着千百万人民身体健康和生命的大事。各地、有关部门和机构,应加强领导,采取有力措施,切实把这项工作做好。

卫生部的报告说,解放以来,在毛主席革命路线指引下,我国药品生产、供应有了很大的发展,各级卫生行政部门也相应地加强了药政管理工作,对于保证人民用药的安全有效,维护人民健康起了积极作用。但是,由于林彪、"四人帮"的干扰破坏,药品检验机构被拆散,规章制度松弛,药政工作大大削弱,一些药品质量下降,还出现乱办药厂、粗制滥造的严重现象。为了切实整顿好药政管理工作,卫生部经过调查研究,在1963年制定的《药政管理规定》的基础上,结合现在的实际情况,拟定了新的《药政管理条例(试行)》。

新的《药政管理条例(试行)》包括药品生产,新药的临床、鉴定和审批,药品质量标准,药品检验,药品供应和使用,采种制用中草药,麻醉药品和剧毒药品,以及药品宣传等11章,共44条。

试行条例指出,对于违反本条例规定者,有关部门要追究责任,严肃处理;情节恶劣、造成严重后果者,由公安部门依法惩处。

国务院副总理耿飚在北京会见巴基斯坦新任驻中国大使穆罕默德·尤纳斯

全国人大常委会副委员长谭震林在北京会见英国泰晤士电视台代表团

谭震林说,在当今世界上,各国间加强互相交流是很需要的;而电视、卫星转播等,在促进各国人民间相互了解方面有着重要的作用。他欢迎英国电视工作者来中国交流情况和经验。

英国泰晤士电视台在英国人民中有较大影响。团长、电视台董事长霍华德·托马斯表示希望加强同中国电视工作者的联系和合作，进一步向英国人民和各国人民介绍中国人民的生活和工作情况。

谭震林副委员长对英国朋友说，目前世界各国电视事业发展很快，而中国电视事业还很落后。我们向你们学习。

全国少年儿童读物出版工作座谈会在庐山举行

会议研究了3年内的出版规划，决定在明年“六一”国际儿童节前后，全国出版儿童读物1000种，为新长征中的两亿小战士提供丰富的精神食粮。

全国人大常委会副委员长、中国人民保卫儿童全国委员会主席宋庆龄给大会发来祝词，预祝百花园中的少儿读物如梅花盛放。

全国妇联主席康克清代表母亲们发来祝词，热切希望少年儿童读物百花齐放，万紫千红。

中共中央宣传部副部长廖井丹出席座谈会，并讲了话。他指出，搞好少年儿童读物创作出版的关键是加强党的领导。他要求党委宣传部门应经常关心这项工作。

著名的老儿童文学工作者叶圣陶、谢冰心、张天翼、高士其因病未能到会，他们写来了书面发言，祝贺大会胜利召开，深情地表达了他们对大会的向往和殷切期望。

这是一次少儿读物出版工作的盛会。应邀出席座谈会的有著名的儿童文学作家、画家，各省、自治区、直辖市出版局、社的负责同志，儿童读物的编辑和优秀的少年儿童教育工作者，以及中宣部、文化部、教育部、共青团中央、全国妇联、全国科协的有关领导同志。

座谈会上，作家、画家、作曲家陈伯吹、胡奇、贺宜、袁静、叶君健、韩作黎、刘厚明、管桦、任溶溶、包蕾、黄庆云、杨啸、郑文光、叶永烈、陈永镇、李群等，都作了发言。

这次座谈会是由国家出版事业管理局主持召开的。陈翰伯代局长在会上讲了话。

11月18日

中共中央发出《关于省、自治区、直辖市对台工作任务和组织机构问题的通知》

通知要求，各省、自治区、直辖市党委都要把对台工作提上具体议事日程，贯彻执行中央对台方针政策。各省、自治区、直辖市(除西藏外)均应成立对台工作小组。

中共中央主席华国锋为即将出版的《天安门诗抄》题写书名

《天安门诗抄》是1976年清明节前后，在天安门广场张贴、朗诵或散发过的诗、词、曲、挽联、悼词、祭词、誓词和散文诗等的作品集。

国务院决定在西北华北和东北建设“绿色万里长城”

一项造福人民的重点林业建设工程，国家已经正式决定上马：在我国西北、华北、东北风沙危害和水土流失严重的广阔地区建设8000万亩的防护林体系，到1985年北方大地将出现宏伟壮观的“绿色万里长城”。

“三北”防护林体系营造地区，包括新疆、青海、宁夏、内蒙古、甘肃中北部、陕北、晋西、冀北坝上地区和东北三省的西部。这个防护林体系是根据因地制宜，因害设防的原则，从新疆到黑龙江，沿着万里风沙线，营造绵亘不断的大型防风固沙林带14200多里，计1031万亩，形成“绿色万里长城”；以此为骨架，营造草原防护林252万亩，农田防护林922万亩，水土保持林4900多万亩，并与“四旁”植树、工矿造林相结合，构成带、网、片交错的防护林体系，形成一道绿色屏障。它将有效地保护这一地区的耕地和草原，受益农田和草场约2亿亩；并为建设58个商品粮基地县、33个牧业重点县和改造70多个多灾低产县，创造有利条件。

为了加快工程速度，5月中旬，国家林业总局在西安市召开了建设规划座谈会，讨论了规划方案和实施措施。紧接着，国家林业总局又同有关省、自治区分区、分片拟订切实可行的分年实施方案。各林业工作站正在开始整顿，种苗准备工作正在抓紧进行，林业科研机构正在为造林提供技术经验。今冬明春，整个工程大干的序幕就要揭开。

国务院副总理谷牧在北京会见丹麦托普索公司董事长托普索博士

11月19日

《人民日报》刊登新华社记者报道《天安门事件中被捕的三百多人没有一个反革命分子 无辜被捕的同志彻底平反恢复名誉》

根据北京市公安部门提供的材料，1976年因参加天安门事件而被捕的300多名干部、群众中，没有一个是反革命分子。这些无辜被捕的同志现在已经彻底平反，恢复名誉。

1976年清明节前后，首都广大革命群众来到天安门广场人民英雄纪念碑前，沉痛悼念敬爱的周总理，愤怒声讨万恶的“四人帮”,遭到了“四人帮”的残酷镇压。“四人帮”及其在北京市公安局的那个黑干将为了达到他们的打倒老一辈无产阶级革命家、篡夺党和国家最高领导权的罪恶目的,当时就指令公安人员,在抓捕中要追“后台”,要把重点放在高级干部的子女和与党政军负责人有关系的人身上。被捕的干部、群众十分清楚“四人帮”搞的这个反革命的政治大阴谋。他们被捕后顽强地坚持斗争,表现了大无畏的英勇气概和宁死不屈的革命气节。

从今年5月开始,北京市公安局组织专门班子,对这一案件进行了全面复查。经过大量调查证明,这是一起重大冤案。充分的事实说明:在这个事件中被捕关押的388人中,没有一个人是反革命分子(只有3人因当时犯有偷盗等罪行,需要追究刑事责任)。

北京市公安局和有关部门在为这些因悼念周总理、声讨“四人帮”而被捕的同志进行平反时,都在结论中充分肯定了他们的革命行动,为他们彻底恢复了名誉。

浙江和河南省委为悼念周总理反对“四人帮”的同志彻底平反

中共浙江省委和河南省委分别作出决定,郑重宣布;1976年清明节前后广大群众悼念敬爱的周总理,反对祸国殃民的“四人帮”,完全是革命的行动。这两个省委决定为参加上述革命行动而遭受迫害的同志彻底平反,恢复名誉。

浙江省委11月19日召开常委会议作出决定,进一步郑重宣布,1976年清明节前后,杭州市广大群众悼念周总理,反对“四人帮”的所谓杭州清明节事件和其他地方的类似问题,完全是革命行动。对因此受到迫害尚未平反的同志,要彻底平反,恢复名誉,迅速落实党的政策,被整的材料一律销毁。

中共河南省委常委会的决议说,1976年清明节前后,我省郑州二七广场等事件都是革命行动,对在这些事件中受到迫害的同志一律彻底平反,恢复名誉,销毁有关材料。河南省委还批转了郑州市委关于撤销焦春亮为中共党员和革命烈士称号的决定的报告。

《光明日报》发表署名辛广民的文章《知识分子是党的依靠力量》

国务院副总理李先念在北京会见以西弗吉尼亚州民主党众议员约翰·斯莱克为团长的美国国会议员团

会见时,李先念副总理向美国客人介绍了新旧中国经济状况的变化。他说,目前,我们国家的经济水平还很低。但是,我们决心为实现四个现代化而努力。我们主要依靠自己的力量来建设国家,同时,在不损害我们国家主权的情况下,我们也愿意接受一些外国贷款或其他形式的帮助和合作。李先念副总理同美国客人还就一些共同感兴趣的国际问题交换了看法。

国务院副总理陈慕华在北京会见由南斯拉夫联邦执委会委员 联邦交通与联络委员会主席泽里奇率领的南斯拉夫邮电代表团

国务院副总理陈慕华在北京会见由卫生部副部长阿蒂加拉率领的斯里兰卡医学代表团

国务院副总理方毅在北京会见以埃米利欧·达达里奥为团长的美国科学促进协会代表团

国务院副总理谷牧在北京会见南斯拉夫贝尔格莱德电台记者兼评论员切多米尔·乌其科维奇

11月20日

《人民日报》发表特约评论员文章《平反冤案的历史借鉴》

按照党中央的方针政策,对林彪、“四人帮”造成的冤案、错案、假案进行平反昭雪,是揭批林彪、“四人帮”斗争的一个重要内容,是拨乱反正的一项严重的政治任务。能否把这件事情认真办好,不仅关系到能否取得这场政治大革命的全胜,而且必将对我们党和国家的历史发展生产深远的影响。在这个问题上,苏联的历史经验很值得我们借鉴。

在30年代,主要是1937年以前,苏联开展了大规模的清党和肃清反革命的斗争。通过这场斗争,清除了一批混进党组织和苏维埃国家机构的托洛茨基分子、间谍和形形色色的敌对分子,纯洁了党的组织,巩固了苏联的无产阶级专政。这是有目共睹的事实,连帝国主义者也不得不承认。曾任美国驻苏大使的戴维斯在1941年说:“几次审讯、清党和清算,当时看来如此震撼世界的,现在却很明白它是斯大林政府为了不仅防止内部革命抑且防范国外进攻的坚决有力的努力的一部分。”戴维斯特别指出:“在1941年俄国没有第五纵队——他们已经枪决了他们。清党已清除了国家,再没有叛国的事件了。”(转引自《反苏大阴谋》第263页)

但是,在苏联的清党和肃反斗争中,也发生过严重的错误,轻率地开除了大批党员的党籍,特别是肃反的扩大化,诬害了许多党员、干部和善良的公民,包括一些久经考验的老布尔什维克和高级干部。也就是说，在正确地惩办了必须惩办的反革命分子的同时，也搞了不少冤案、错案、假案，冤枉了许多好人，造成了严重的损失。对于这种错误，斯大林和联共(布)中央当时就有所察觉。1938年1月，联共(布)中央全会为此专门作了一个决议。这个决议指出：在清洗和肃反工作过程中，“发生了一些严重的错误和偏差”。决议“责成各级党组织对诽谤党员者给以党纪处分，完全恢复这些被诽谤者的名誉，凡以前在报刊上发表过有损党员名誉的材料的党组织应把自己现在所作的决定在报刊上公布。”(《苏共代表大会、代表会议和中央全会决议汇编》第四分册第489、500页)斯大林在1939年3月召开的联共(布)十八次代表大会的报告也明确指出：“决不能说，在进行清洗时没有犯过严重的错误。遗憾的是，所犯的错误竟比原来预料的还多。”(《斯大林文选》上册第242页)根据斯大林和联共(布)中央的指示，纠正了一部分错误，恢复一些人的党籍，释放了某些被捕者。但是，直到斯大林逝世为止，并没有认真地彻底地对那些冤案、错案、假案进行平反昭雪。这样，就存在两方面的问题：其一，由于冤案在党内和人民群众中造成的不满和义愤情绪，没有得到平息和消除；其二，联共(布)中央曾经正确地指出，清党中的错误所以在党组织中普遍存在，“首先是因为党员中有个别野心家”从中捣乱，但由于没有对冤案进行彻底的平反昭雪，这些野心家也就没有被揭露出来。这就留下了隐患。不仅使那些野心家得以隐藏下来，而且给了他们以可乘之机。果然，在斯大林逝世以后，赫鲁晓夫就利用一些人对肃反扩大化的不满情绪，煽风点火，大反斯大林，大肆污蔑攻击苏联的社会主义制度和无产阶级专政。

赫鲁晓夫既是一个大野心家，又是一个善于耍两面派的假马克思主义的大阴谋家。在苏联进行大清洗的时期，赫鲁晓夫先后在莫斯科和乌克兰担任领导职务。这两个地方的肃反扩大化都很严重，联共(布)中央曾进行过批评。当时，赫鲁晓夫不得不承认，“党中央委员会对于我们开除了这么多的人曾进行过批评。但是，难道莫斯科党委会曾在实际上保证改正这个极大的缺点吗？没有。我们没有这样做，这是一个大错误。”(《赫鲁晓夫言论》第一集第139页)但是，赫鲁晓夫恰恰是由于特别积极地支持和执行肃反政策，骗取了斯大林对他的信任。正是在此期间，赫鲁晓夫进入了联共(布)中央政治局，爬上了高位。在斯大林逝世后，这个制造冤案的罪魁，却又借肃反扩大化的问题，大反斯大林，为其篡党夺权的反革命阴谋服务。苏联的这个历史教训，是十分深刻的，是值得我们深思的。

当然，我们的情况同苏联很不一样。毛主席为我们制定了重证据，重调查研究，严禁逼、供、信的肃反政策，和机关肃反实行一个不杀，大部不捉的方针，强调有反必肃，有错必纠。在毛主席领导下，我们取得了肃反斗争的重大胜利。同时，我们又十分重视对错误处理的干部，特别是被错误路线迫害的同志的平反昭雪。党的六届七中全会决议严肃地宣布：“对于一切被错误路线所错误地处罚了的同志，应该根据情形，撤销这种处分或其错误部分。一切经过调查确系因错误处理而被诬害的同志，应该得到昭雪，恢复党籍，并受到同志的纪念。”我们党内老一些的同志，对毛主席为受王明路线迫害的同志平反昭雪的动人事迹，至今记忆犹新。

“文化大革命”中，林彪、“四人帮”一伙推行反革命的修正主义路线，搞法西斯专政，制造了大量的冤案、错案、假案。毛主席针对林彪、“四人帮”搞“打倒一切”的罪恶行径，多次指出，我们的干部绝大多数是好的和比较好的。毛主席、周总理对大批干部因受林彪、“四人帮”的打击迫害而不能站出来工作的状况，极为不满。林彪自我爆炸后，毛主席亲自提议为受诬害的贺龙同志和其他同志平反昭雪。粉碎“四人帮”后，党中央、华主席一再强调，要严肃认真地落实党的干部政策，坚决推倒林彪、“四人帮”强加于人的一切诬蔑不实之词。冤案要昭雪，错案要平反，假案要纠正。两年多来，冤案、错案、假案逐步得到平反昭雪，成绩是很大的。但是，发展很不平衡，并不是所有的人对这个问题都有足够的认识，有些人老是怕这怕那，犹犹豫豫，行动迟缓，很不得力。我们应当记取苏联在平反冤案问题上的历史经验，认真抓好这项意义重大的工作。

实事求是地搞好冤案、错案、假案的平反昭雪，这是毛主席的一贯教导。毛主席《在扩大的中央工作会议上的讲话》对这个问题作了深刻的分析，指出，对人处理错误的事实，“在社会主义社会，也在所难免。不论在正确路线领导的时期，还是在错误路线领导的时期，都在所难免。不过有一个区别。在正确路线领导的时期，一经发现有错误处理的，就能甄别、平反，向他们赔礼道歉，使他们心情舒畅，重新抬起头来。而在错误路线领导的时期，则不可能这样做，只能由代表正确路线的人们，在适当的时机，通过民主集中制的方法，起来纠正错误。”一经发现有错误处理的，就要给以甄别、平反，这就是毛主席对处理冤案、错案、假案的基本观点。现在，我们对林彪、“四人帮”一伙制造的冤案、错案、假案进行平反昭雪，是实现毛主席的遗愿，是高举毛主席的伟大旗帜的表现。有人担心，对冤案、错案、假案的平反昭雪，落实党的政策，会否定了毛主席亲自发动和领导的“文化大革命”，会有损于毛主席的伟大旗帜。这是一种奇怪的逻辑。我们通过对冤案、错案、假案的平反昭雪，不仅消除了林彪、“四人帮”破坏“文化大革命”造成的一个严重恶果,而且使毛主席的无产阶级革命路线同林彪、“四人帮”的反革命修正主义路线更加明确地区别开来了,把毛主席领导“文化大革命”取得的伟大成果同林彪、“四人帮”一伙制造的恶果更加清楚地区分开来了。平反昭雪搞得越坚决越彻底,“文化大革命”的成果,毛主席革命路线的光辉,越加鲜艳夺目,我们也越能赢得全党和全国人民的信任。在平反冤案问题上的任何犹豫动摇,不管持什么理由,都是不符合毛主席的教导的,都不是真正维护毛主席的伟大旗帜。有些人怕平反冤案否定了“文化大革命”,摆出一副杞人忧天的样子。其实,他们真正担忧的是怕否定了自己。因为他们过去在林彪、“四人帮”的反革命修正主义路线影响下,主持或参与搞了一些错案,欠了债,现在又缺乏纠正错误的勇气和决心。我们党历来有个规矩,错了就改,改了就好。我们应当采取老实态度。整错了人,又不肯认错,又不肯改正,那是最不老实的态度。

坚决地平反冤案,也是我们党对人民高度负责的具体表现。在林彪、“四人帮”横行的日子里,许多干部和群众蒙受冤屈,他们的家属子女亲友也受到株连。对于这种状况,人们是很愤慨的。我们搞好了平反昭雪,推倒了强加在他们身上的一切诬蔑不实之词,伸张了正义,使他们重新抬起头来,心情舒畅地为实现四个现代化贡献自己的力量。对此,人们都拍手称快,激动地说,这是党中央、华主席使他们获得了第二次解放。搞好平反冤案,是人心所向,决不可等闲视之。那种对人民的疾苦漠不关心,采取能拖则拖,能推则推的态度,那种拖泥带水、给人“留尾巴”的做法,是对林彪、“四人帮”没有义愤,对人民缺乏感情的表现,是对党、对人民的严重失职。有的人在一个一个铁的事实面前,被实践一再证明,他是错上加错,但是,他仍然装着正确,或者装着不知道,死不吭声,死不认错,人民群众对他们不放心,不满意,是理所当然的。

认真地平反冤案,也是恢复和发扬我们党的实事求是的优良传统的一个重要方面。我们对冤案、错案、假案进行平反昭雪,必须坚持以客观事实为根据,而不以某些人的主观意志为转移。凡是不实之词,凡是不正确的结论和处理,不管是什么案件,不管是在什么时候,在什么情况下搞的,也不管是什么人批的,都要实事求是地改正过来。全错的全改,部分错的部分改。事实是最顽强的东西。一切不实之词和错误处理,都经不起实践的检验,都经不起时间的考验,最终都是站不住的。对冤案、错案、假案,今天不坚决纠正,明天还是要纠正的。自己不主动纠正,我们的后人、我们的子孙也是要纠正的。我们要坚持实事求是,从事实出发,全面地认真地贯彻有反必肃,有错必纠的方针,善始善终地抓好平反冤案的工作。这对发扬实事求是的优良传统,将起极大的推动作用。

从苏联的历史经验看,我们抓好平反冤案,将能有效地防止在若干年以后,一些反党野心家利用这个问题搞阴谋,反对毛主席,反对周总理,反对华主席,反对搞马克思主义的领导干部。通过大规模的平反冤案,不但彻底清算了林彪、“四人帮”的反革命罪行,也使那些追随林彪、“四人帮”干坏事的人的面目暴露出来,使广大干部和群众明辨是非。以后,如果有那一个野心家利用这个问题搞阴谋诡计,广大干部和群众就能识破他们,使他们的罪恶阴谋无法得逞。所以,这是关系到今后能不能维护毛主席的伟大旗帜的大问题。我们一定要有马克思主义的远见卓识。

平反冤案的工作已取得了很大的成绩,但还有大量的案子亟待平反昭雪,工作量还很大,任务还很繁重。我们一定要抓紧工作,争取尽早完成这项意义重大的工作。这对巩固和发展安定团结的政治局面,调动广大干部和群众的社会主义积极性,加快四个现代化的步伐,都有十分重要的意义。

国务院副总理陈慕华在北京分别会见赞比亚新任驻中国大使威利·姆翁德拉和尼日尔新任驻中国大使伊德里萨·阿鲁纳

全国人大常委会副委员长乌兰夫在喀土穆与苏丹第一副总统易卜拉欣举行正式会谈

11月21日

《中国青年报》发表评论员文章《伟大的四五运动》

几天来,人民群众扬眉吐气地庆祝天安门事件的平反,欢呼华主席为《天安门诗抄》题写书名。这是中国人民在以华主席为首的党中央领导下抓纲治国的伟大胜利,是历史唯物主义的伟大胜利。1976年4月5日,发生在北京的这个震撼全国、惊动世界的事件,是怎样的事件?就在光明与黑暗还正进行着剧烈搏斗的时刻,创造历史的主人——人民群众就已把它命名为伟大的四五运动。

的确,它是完全可以与中国现代革命史上著名的五四运动媲美的一次伟大的人民革命运动。而它的规模,远远地超过半个多世纪前在同一个地点爆发的五四运动。它是五四运动开创的人民民主精神在社会主义时期的大发扬。如果说五四运动是中国人民民主革命的开端,那么四五运动则是揭开了中国伟大的新的历史发展时期的序幕。

1919年，在中华民族危机深化的严重时刻，大批青年学生走上街头，奔走呼号，唤起了广大人民群众。1976年，社会主义中国经历了二十七个春天，又面临着大倒退、大分裂的严重危机。五四运动以袁世凯接受卖国的“二十一条”为导火线，四五运动则以“四人帮”猖狂反对人民群众无比爱戴的周总理为爆发点。这是因为，周恩来同志为无产阶级革命事业鞠躬尽瘁地奋斗了半个多世纪，中国人民把他的名字同毛主席的革命路线联系在一起，同我们党的优良传统和作风联系在一起，同社会主义事业的巩固和发展联系在一起，同实现四个现代化、使祖国繁荣强盛的美好理想联系在一起。正当亿万人民为周恩来同志的不幸逝世，为这颗巨星的陨落沉湎在无限悲痛中的时候，“四人帮”这一小撮窃取了党和国家重要领导岗位的阴谋家、野心家，为了扭转中国的社会主义方向，把他们那一套封建社会主义和法西斯专制强加在中国人民头上，以最卑鄙的行径，放肆地攻击曾经是他们篡党夺权眼中钉的周恩来同志，疯狂地诬陷在周总理病重之后遵照毛主席指示主持中央工作的邓小平同志。“反周民必反，批邓民不依。”千千万万人民群众从悲痛中觉醒，从悲痛中奋起。决不许污蔑、损害周总理这面光荣的旗帜！保卫周总理，就是保卫毛主席、周总理等老一辈无产阶级革命家开创的红色江山，就是保卫他们亲手规划的四个现代化的社会主义光明前途，就是保卫马列主义、毛泽东思想。在人民心中久已郁积、酝酿、燃烧的对“四人帮”的仇恨终于总爆发了。

清明的天安门广场，花海人潮卷走了峭寒，革命浩气冲破了重霾。为真理而斗争的大无畏精神振奋着千千万万颗赤子之心。有多少人为倾吐对周总理的思念而奋笔疾书，有多少人怀着对社会主义祖国面临危险的深沉忧虑而慷慨陈词，有多少人为四个现代化而大声呐喊，有多少人为声讨“四人帮”的滔天罪行而威武不屈。他们成了时代的号角，留下了数不尽的壮美诗篇和战斗檄文。是人民愚不可及吗？不，人民已表现出空前的社会主义觉悟和鉴别真假马克思主义的智慧。他们一针见血地揭露了“四人帮”的假社会主义——封建法西斯主义。请听一听无数篇诗文中的一段吧：

社会主义永远是春天，不是春天就不是社会主义！我们要马克思主义和社会主义，不要修正主义和资本主义。我们要历史的向前发展，要无产阶级的天下，要革命的老传统，要社会主义现代化强国，要能代表我们人民利益的、能为我们服务的领导人！而绝对不要一出歪歪扭扭的丑剧，一套腐蚀灵魂的胡言乱语，一个哪怕还不是秃子的赫鲁晓夫！

人民以实践为检验真理的唯一标准，准确无误地照出了“四人帮”的反革命原形，用诗文写出了马列主义的战斗纲领。是人民软弱可欺吗？不，人民在天安门广场的强大示威，表现了保卫马列主义，保卫毛主席的革命路线，保卫无产阶级专政和人民民主制度的坚强决心。“四人帮”左一个“不准”，右一个“不行”。说什么清明是“鬼节”，要“移风易俗”，不准去天安门。群众却嗤之以鼻：“我偏要来天安门！”

什么是社会主义民主的生动活泼的政治局面？1976年清明前后的天安门广场就是这样的一个缩影。人民的愿望，人民的意志，人民的力量，在这里得到了最充分的表现。成千成万素不相识的人，立即亲似多年相处的战友。保卫社会主义的共同目的，使人们心心相印。这里是人民自己的一所最好的大学校，人人都是老师，人人又都是学生。一个人演说，千百人肃耳静听。一篇篇传播真理，鼓舞斗志的诗文，立即被数不尽的人群传抄。层层的人背成了排排的课桌。红领巾骑在叔叔的肩背上，帮助后面看不清字迹的人群宣读。在人类文化史上，有谁见过这样的大课堂？这里又是社会主义文化创作的大园地。文采斑斓的雄诗利文，精工巧制的花圈匾幛，浸透人民的爱和憎，都是射向敌人的子弹，鼓舞人民的战鼓。这是一个公审大会堂。在这里，百万群众对祸国殃民的“四人帮”进行了一次缺席的公审，被他们豢养的几个公然出面挑衅的败类也成了人人喊打的过街老鼠，充分体现了作为无产阶级专政基石的人民民主的强大威力。而在这样尖锐的浩瀚的斗争场面中，这里又有最好的民主秩序。成千辆、成万辆的自行车整齐排列，无人看管。成百万人昼夜川流不息，没有一个纠察。这是一个真正的革命大熔炉。只要来到这里，人们每一个细胞都会燃烧起无限的革命热情。多么好呵！无产阶级导师马克思热情称颂的巴黎公社的人民民主政治局面和革命秩序，不是最生动地又展现在我们面前吗？它也必将像巴黎公社那样发生最深远的影响。

北京的天安门，连接着8亿人民的心。在南京的梅园新村和雨花台，在上海的人民广场，在郑州的二七纪念塔，在西安的钟楼，在青岛的海滨，在杭州的街头，在全国各地，人民喊出了同一个声音，表达了同一个意志：声讨“四人帮”，审判“四人帮”！1976年的四五运动，就是这样一个全国规模的伟大人民革命运动。

四五运动是社会主义的民主运动。中国人民由于中国革命的胜利早已改变了自己的命运。但是要牢牢地掌握好自己的命运，就必须像《共产党宣言》和巴黎公社实践所启示的那样，在极大地发扬社会主义民主的基础上，把我国的工农大众一步一步地真正组织成为统治阶级。为了沿着这条无产阶级专政道路继续前进，我们的党和伟大领袖毛主席曾作出了许多的努力和尝试。四五运动正是在这种长期努力中应运而生的,是把十年“无产阶级文化大革命”推向胜利终结的伟大高潮。这次运动最可宝贵的就是充分表现了人民要执行统治阶级权力的觉悟和坚强决心。四五运动由于充分显示了人民的爱憎,人民的愿望,人民的意志,人民的力量,使我们感到了人民当家做主的伟大能力。毛泽东同志很早就告诫我们:中央出了修正主义怎么办?四五运动的经验表明:人民,只有人民才是反修防修的铜墙铁壁。“四人帮”横行霸道十多年之久,终于不能改变人民的命运。社会主义民主战胜了“四人帮”的法西斯专制。有了四五运动发扬社会主义民主的宝贵经验,我们可以毫不夸张地、满怀信心地宣告:中华民族大有希望!社会主义现代化强国一定能胜利实现!我们现在的任务,就是要发扬四五运动的社会主义民主精神,把它贯穿到我国各个领域、各个方面的实际生活中去,形成完善的社会主义法制,充分而切实地保障人民的各项民主权利,创造出空前未有的社会主义民主局面!

四五运动是在马列主义、毛泽东旗帜下的思想解放运动。“四人帮”控制了一切舆论工具,进行了种种欺骗宣传,但是他们终究没有达到愚弄人民的目的。经过一段时间的酝酿之后所爆发的四五运动,就是人民普遍觉醒的结果。人民表明不但能够识别以右的形式出现的修正主义,而且能够识别以极“左”形式出现的修正主义,能够洞察在种种神圣言词和革命姿态掩饰下的反革命阴谋。他们打破“四人帮”的精神枷锁,冲破思想的牢笼,运用马列主义、毛泽东思想对现实的斗争进行历史的总结,提出了许多发人深思的问题。四五运动标志着我国人民开始成熟了,懂得怎样去掌握自己的命运,懂得了必须行使社会主义民主的神圣权利,真正当家做主,防止社会公仆变成社会主人。我们当前关于实践是检验真理的唯一标准、关于社会主义的民主和法制等一些重大问题的讨论,就是在四五运动影响下,人们解放思想深思熟虑所提出的。五四运动以后,几个重大问题的讨论曾为中国共产党的成立打下了思想基础。完全可以相信,科学社会主义战胜封建社会主义,实践论战胜天才论,也必将产生深远的影响,为四个现代化的加速实现打下牢固的思想基础。

四五运动又是一场伟大的继往开来的青年运动。和五四运动一样,在四五运动中,冲锋在前的也是青年。这里有数量众多的青年工人,有解放军战士,有大学生,有中学生,有刚刚来自田野的下乡知识青年,还有许许多多戴着红领巾的少先队员,这是一支已经比五四时大大壮大起来的青年运动大军。这些和新中国一道成长的青年,无愧于自己生活的伟大时代,无愧于培养和抚育了自己的伟大的党和伟大的领袖毛泽东同志。他们富于理想和强烈的历史使命感,认识到社会主义历史阶段阶级斗争的复杂性,勇敢地肩负起保卫社会主义和挫败敌人搞复辟倒退的重担,要将老一辈无产阶级革命家开创的革命事业进行到底!他们沿着五四运动所指引的青年运动的方向,与广大人民相结合,从人民中吸取力量,为人民的利益英勇奋斗。他们相信马列主义、毛泽东思想无坚不摧的力量,敢于为真理而斗争,无所畏惧地去迎击“四人帮”的棍棒,用自己的愤怒和鲜血,在豪迈的《国际歌》声中创造出英雄的业绩,在我国的青年运动史上写下了辉煌灿烂的新篇章。

四五运动驱散了林彪、“四人帮”布下的重重迷雾,展现了“无产阶级文化大革命”的本来面目。如果说,林彪、“四人帮”的出现,是中国古老历史的特殊回声,那么,四五运动的爆发,则是我国现代革命的民主传统所放出的异彩,它照亮了中国人民继续革命的道路。在四五运动所显示的人民力量的基础上,华主席为首的党中央粉碎了“四人帮”。以此为标志,“文化大革命”胜利结束了。四五运动所以能够为“四人帮”的最后垮台提供这种最重要的群众条件,就是因为人民群众经过十年“文化大革命”的反复锻炼,普遍觉醒了,成熟了。一次伟大的革命运动,它的丰富的政治意义,总是要经过长时期才能为人们所消化。我们在今后的斗争中,将不断地从四五这个伟大的革命运动中吸取营养。正像巴黎公社的原则是永存的一样,四五运动的原则——人民是历史的主人,人民创造历史,人民万岁,也将是永存的。

《人民日报》发表本报记者长篇报道《天安门事件真相——把“四人帮”利用〈人民日报〉颠倒的历史再颠倒过来》

国务院副总理李先念在北京会见坦桑尼亚驻中国大使卢辛德

国务院副总理陈永贵在北京会见泰国农业和合作部长比达·卡纳素率领的泰国农业代表团

全国人大常委会副委员长姬鹏飞在北京会见罗马尼亚—中国友好协会副主席尤金·巴尔布

11月22日

陕西省委成立陕北革命建设委员会决心采取有力措施尽快把陕北革命老根据地建设好

中共陕西省委认真落实党中央、华主席关于把革命老根据地建设好的重要指示,决心采取有力措施,抓好陕北的革命和建设，决定成立陕北革命建设委员会，由省委第二书记王任重担任主任，省革命委员会副主任惠世恭等担任副主任。

陕北的延安、榆林两地区是革命战争时期陕甘宁革命根据地的一部分，陕北人民为我国革命事业作出过伟大贡献。解放以来，党中央、毛主席、周总理和华主席都十分关怀这里的革命和建设事业，关怀这里人民的生活，对这里的工作作过多次指示。但是，由于林彪、“四人帮”假左真右路线的干扰、破坏，陕北地区的革命和建设发展缓慢，一些地区人民生活存在着困难。为了扭转这种局面，中共陕西省委专门研究了陕北的革命和建设问题，决心克服工作上的官僚主义作风，坚决落实党的各项政策，充分调动广大干部、群众的革命积极性，采取切实有力的措施，尽快把陕北和其他革命老根据地建设好。

最近，王任重和惠世恭同志带领工作组深入陕北一些地方进行调查研究。他们走访了20多个县和几10个社、队，向陕北人民传达了党中央、华主席对革命老根据地人民的关怀，表示了省委一定要把陕北建设好的决心，受到广大干部和群众的热烈欢迎。王任重等同志在延安等地分别召开了老红军、老干部、基层干部和贫下中农座谈会，深入进行调查研究，反复请教基层干部和群众，怎样才能加快农业生产的恢复和发展的问题。许多老支书和老贫农说：要改变陕北面貌，第一是要落实党的农村经济政策。在林彪、“四人帮”的干扰、破坏下，党的政策贯彻不了，社员的正当权益被任意侵犯，社员家庭副业都被当作资本主义批掉了，许多地方没收了自留地，粮食征购过重，社员口粮低，生活困难。第二，一定要转变干部作风。老根据地党的传统作风遭到严重破坏，干部民主作风差，动不动就处罚社员；生产上大搞形式主义，搞瞎指挥和“一刀切”，劳民伤财，害民误国。第三是种植方针上要因地制宜，做大的改变。

在广泛听取群众意见的基础上，工作组其他同志带着问题到一些基层单位搞典型调查，特别是着重调查总结了学大寨的先进典型。米脂县高渠公社高西沟大队根本的经验，一条是实事求是，因地制宜，根据黄土高原地广、水土流失严重等情况，农、林、牧并举；另一条是大力搞好农田基本建设，在保证粮食总产量不断增长的前提下，逐步地改广种薄收为少种高产多收。王任重同志高兴地对地、县的一些干部说，高西沟是陕北的大寨，他们的经验代表了陕北黄土丘陵沟壑地区生产建设的方向。凡是和高西沟自然条件相同的地方，都要因地制宜地向他们学习，推广高西沟的经验。王任重同志还说，过去陕北农业生产长期发展缓慢，重要原因之一是，生产方针摇摆不定，没有做到实事求是，因地制宜，做了一些违反客观规律的事，走了许多弯路。许多地方大搞形而上学，孤立地就粮食抓粮食，把农业搞成了“单打一”，广种薄收，粮食没有抓上去，林、牧各业也都丢掉了，结果地越种越瘦，人越弄越穷，水土流失严重，今后必须坚决纠正这种偏向。他说，生产建设要因地制宜，一切从实际出发，陕北地区有的地方可以以牧为主，有的地方可以以林为主。不能不分条件，各处一律“以粮为纲”，要实事求是，要全面发展。一定要把陕北建成粮食自给有余和木材、水果、畜产品的基地。

工作组在延安、榆林两个地区协助当地党委主要抓了如下几个方面的工作：

(一)抓好揭批“四人帮”的伟大斗争，肃清流毒，拨乱反正，特别注意调整、充实和加强各级领导班子。针对各级班子的实际情况，进行调整、加强，撤换了少数错误严重的干部。对各级班子中的一些“闹”派人物，根据罪行和错误轻重，迅速分别予以处理，以利发动群众，打好揭批“四人帮”第三个战役。对一些在“文化大革命”中搞打砸抢，血债累累，民愤极大的人，经省委、省革委会批准，逮捕法办，发动群众批斗。这就大大振奋了人心。

(二)采取措施改善群众生活。为了促进农业快上，让农民生活有保障，决定减少今年的征购粮任务，尽可能提高群众明年的吃粮水平。经省革委会批准，延安、榆林地区分别比去年实际征购数减少55%和33%，今后三年两个地区的征购任务都稳定在目前的水平上。根据这两个地区秋粮收打情况，粮食征购任务减少后，除留饲料、籽种外，今年延安、榆林地区每人平均的口粮都将有所增加。工作组还向各级领导和干部提出一些具体建议：一、要注意群众的劳逸结合。每月男社员放假两天，女社员放假四天。二、陕北群众穿衣、盖被存在着困难，凡是过去有种棉花习惯的县、社，要适当恢复发展棉花生产，国家不收购，用于解决当地群众的需要。

(三)切实改变干部作风，发扬民主，防止瞎指挥，尊重生产队的自主权。在调查研究中，工作组向干部、群众反复说明，不准自上而下地硬派产量指标，硬性规定各种作物的播种面积。今后，各种作物的安排和产量计划，统统由生产队、生产大队通过群众讨论后制定，报公社批准。不准上面统一规定作物收、种等方面的期限。什么时候种，什么时候收，各种农活的安排，都由生产队、生产大队做主。不准层层打电话催报诸如生产进度、施肥量和各类苗的比例等方面繁杂无用的统计数字。王任重同志说，今后如果省委打电话给地委催报这些数字，地委可以回答说：不知道。县委对地委也是这样。对那些整天坐在房子里指挥生产的官僚主义者，就是要顶一顶。今后谁瞎指挥造成减产，要负法律责任和经济责任(小面积的科学试验除外),其中一条就是要扣工资。对领导生产建设有成绩的党政干部和有贡献的科技人员,应给予表扬和奖励。一定要扭转各级领导干部的特殊化作风,群众有权对干部进行监督。

(四)落实党在农村的经济政策。工作组传达了省委的决定:对社员家庭副业和自留地,要取消过去那种违反中央政策、违反宪法的各种限制。自留地要按政策留,不准取消。如社员不同意,不要采取代耕办法,收了的,要归还。在发展集体经济为主的前提下,提倡和帮助社员恢复和发展家庭副业。允许社员房前屋后种树,谁种谁有,永远不变。社员不但可以养猪养羊,有条件的地方,允许一户单养或几户共养一头驴或一头牛。养鸡养兔更不应当限制。编织、打猎和采集野药、野果等传统的家庭副业,都应当允许搞。除了棉花和工业品以外,一般农副产品(包括粮食、食油和猪肉),在完成国家征购和派购任务之后,社员可以拿到集市出售。

(五)农田基本建设要因地制宜,从实际出发。确定最近两年农田基本建设以提高现有基本农田质量为主,队办为主,争取早建成早收益。一般不搞以公社为单位或更大规模的会战,较大的少数骨干工程,由县组织机械化施工。一定要防止搞那些劳民伤财的形式主义的东西,更不能搞"一平二调"。各地要从实际出发,以改土治水为中心;实行山、水、林、田、路综合治理。

国务院副总理谷牧在北京会见法国邮电国务秘书诺贝尔·塞加尔以及由他率领的法国邮电代表团

全国人大常委会副委员长姬鹏飞在北京会见以全国书记鲁卡·卡菲埃罗为团长的来自意大利的争取社会主义劳动者运动代表团

全国人大常委会副委员长廖承志在北京会见由路·安契塔率领的菲律宾旅馆建筑访华团

清华大学党委公开纠正"刘冰诬告信"错案为原清华大学党委副书记刘冰等人恢复名誉

清华大学党委经过调查研究证明,1975年刘冰等人两次给毛泽东写信,完全合理合法,信中内容属实,根本不是什么"诬告信"。

11月23日

国务院副总理方毅在北京会见由考依博士率领的国际地质科学联合会前寒武—寒武系界线工作组

这个工作组是由来自英国、加拿大、西德、瑞典、美国、苏联的学者组成的。他们于10月26日来华后,到天津蓟县、四川峨眉山地区、长江三峡东部地区、云南昆明附近,考察了前寒武—寒武系界线和震旦亚界地层剖面。

考依博士会见时对方毅副总理说,他们认为工作组考察过的几个地层剖面,是属于研究世界范围内的前寒武—寒武系界线和研究早寒武系和晚前寒武系地层的最理想的剖面。他表示今后地科联要加强同中国地质工作者的接触。

方毅副总理说,我们希望同世界上友好国家合作,在科学研究中互相取长补短。

国家地质总局局长孙大光,中国地质学会代理事长许杰,以及中国地质科学院、中国科学院地质研究所的负责人,参加了会见。

国务院副总理耿飚在人民大会堂会见马里全国解放军事委员会委员 常任秘书菲立芬·西索科上校和他率领的马里军事代表团

国务院副总理康世恩在北京会见南斯拉夫斯洛文尼亚经济考察访华团

康副总理指出:不能把自力更生解释为闭关自守。我们要从"四人帮"强加给我们的闭关自守的状态中解脱出来,进入国际市场。

康世恩副总理还强调了要向南斯拉夫和世界其他国家学习先进科学技术和经营管理方法的必要性。

全国人大常委会副委员长乌兰夫到达安卡拉对土耳其进行正式友好访问

《文艺报》《人民文学》《诗刊》编委联席会议在北京举行

怎样才能更好地发展和繁荣社会主义文艺?怎样使文艺工作在实现四个现代化中发挥更大的作用?参加《文艺报》《人民文学》《诗刊》3个刊物编委联席会议的同志们,经过热烈的讨论认为:必须坚决贯彻"百花齐放、百家争鸣"的方针,必须在党的领导下认真实行文艺民主。

在3个刊物的编委联席会议上,作家、文艺理论家、诗人们,联系文艺工作实际,对实践是检验真理的唯一标准问题,展开了热烈的讨论。大家认为,思想战线的这场讨论,不仅仅是哲学问题,而是涉及各条战线的重大问题,文艺也毫不例外。要使社会主义文艺事业繁荣发展,必须从当前的实际出发,旗帜鲜明地站在为实现四个现代化的斗争的前列。历史就是这样尖锐地向我们提出了这个战斗的任务。文艺、文艺期刊要在实现四个现代化这场伟大的深刻的革命中当闯将，在意识形态领域里起扫清障碍、为四个现代化服务的作用。作家、艺术家应当深入三大革命运动实践，从社会生活实际出发，写出无愧于我们这个伟大时代的作品。

他们说：实践证明，毛主席为我们制定的百花齐放、百家争鸣的方针是完全正确的。但是，长期以来，这个方针没有得到认真贯彻执行，受到了“左”右两方面的干扰和破坏。特别是近十几年来，林彪、“四人帮”彻底背叛了毛主席的文艺路线，公开抛弃了“双百”方针，推行文化专制主义，给我国社会主义文艺事业造成了严重的破坏。粉碎“四人帮”以后，华主席为首的党中央遵循毛主席的一贯教导，一再强调文艺界要认真贯彻执行“双百”方针，并指出，它的着重点是在坚持六条政治标准的前提下，在人民内部采取“放”的方针，不断扩大马克思主义的思想阵地，促进科学文化事业不断发展。正是在党中央、华主席的亲切关怀下，文艺战线重新活跃起来了。但是大家感到，文艺界当前的状况跟亿万人民在新长征路上的前进步伐还很不相称。我们文艺工作者必须振作革命精神，急起直追，在实现祖国四个现代化的伟大革命中作出应有的贡献。

会上，就如何贯彻“双百”方针，发扬文艺民主的问题，大家发表了许多意见。中国作家协会主席茅盾在书面发言中说，现在“四人帮”彻底打倒了，但“四人帮”的流毒和影响却远未肃清，在文艺战线上常常听到对一些敢于冲破“禁区”而深受群众欢迎的作品发出种种非难就是一例。他指出，在实践是检验真理的唯一标准面前，不存在什么“禁区”，不存在什么“金科玉律”，这就为文艺事业开辟了广阔的道路，为作家们创造新体裁、新风格乃至新的文学语言，提供了无限有利的条件；也只有这样，“百花齐放、百家争鸣”才不是一句空话。大家认为，“百花齐放、百家争鸣”，体现了党在文艺工作中的群众路线，体现了人民民主精神。要繁荣文艺，首先要有一个民主空气，要造成生动活泼的政治局面。有的同志说，华主席把“放”的方针当作繁荣社会主义文艺的着重点鲜明地提出来，完全符合毛主席的一贯教导。贯彻“双百”方针就要鼓励作家、艺术家勇于实践，敢于把不同题材、不同风格、不同流派、不同艺术形式的文艺作品放出来，让群众去检验。座谈中有的同志引用了周总理1961年在文艺工作座谈会上的讲话。周总理说，现在有一种不好的空气，民主作风不够。本来要求解放思想，破除迷信，敢想、敢说、敢做。现在却有很多不敢想，不敢说，不敢做。只许一人言，不许众人言，岂不成了“一言堂”！“一言堂”是领导造成的，所以我们要造成一种民主空气。我们要改变文艺界作风，首先要改变干部作风，改变干部作风，首先要改变领导作风，改变领导作风，首先要从我们几个人做起。大家对周总理在17年前讲的这段话感到特别亲切。一位文艺理论家感慨地说，要实现四个现代化，没有实事求是的精神，没有民主空气是不行的。毛主席一再教导我们要充分发扬民主，实行民主集中制，从群众中来，到群众中去。可是，多年来民主集中制被破坏了，政治骗子、阴谋家乘虚而入。这是一个深刻的历史教训。

同志们认为，对文艺作品的评价，归根到底还是要通过社会实践来检验。毛主席曾经十分明确地指出：“检验一个作家的主观愿望即其动机是否正确，是否善良，不是看他的宣言，而是看他的行为(主要是作品)在社会大众中产生的效果。”艺术作为精神产品必然要在社会实践中受到广大人民群众的检验，它的最后的评价，不是由那一个人决定的。正确的领导总是与人民群众的意愿相通的。从群众中来，到群众中去，关键还在于领导是否真正做到了从群众中来，是否集中了群众的愿望，贯彻了群众路线。有的同志说：集中来自民主，领导来自群众。集中或领导的正确与否，又必须在人民群众的实践中接受检验，得到证明。只有人民群众的愿望、要求和智慧能够迅速、直接、有效地得到反映，才能根本上保证正确的集中和领导。大家热切地希望，文艺部门的各级领导，要认真执行毛主席的群众路线，发扬民主，促进文艺的百花齐放。

座谈会上，许多同志还运用实践是检验真理的唯一标准这一原则，联系文艺战线的实际，进一步批判了“文艺黑线专政”论。他们说：林彪、“四人帮”为了篡党夺权的需要，胡说什么新中国成立以后17年的文艺是“反党反社会主义的文艺黑线”。这是彻头彻尾的诽谤和诬蔑。在林彪、“四人帮”猖獗的年代里，就是在这个所谓“文艺黑线”的罪名下，使大批文学艺术工作者和文艺干部受到残酷迫害，他们之中有些人至今尚未完全给予平反昭雪。大家认为，“文艺黑线专政”这个文艺界的最大冤案不彻底推翻，文艺界的精神枷锁就不能彻底打碎，文艺工作者的积极性创造性就很难充分发挥出来。

3个刊物编委联席会议上，还就刊物的编辑方针进行了讨论。大家认为，刊物一定要站在为实现四个现代化而斗争的前列。一定要立场坚定，旗帜鲜明，敢于坚持真理，勇于反映亿万人民的心愿。

为时4天的座谈会，开得生动活泼，思想解放，充满民主的空气。发言的同志都讲老实话，讲真心话，畅所欲言，无拘无束。

出席3个刊物编委联席会议的有：冯牧、孔罗荪、韦君宜、冯至、刘白羽、陈荒煤、李春光、张光年、林默涵、赵寻、李季、葛洛、刘剑青、孙犁、严文井、沙汀、草明、唐弢、袁鹰、谢冰心、曹靖华、魏巍、严辰、邹荻帆、柯岩、臧克家、田间、阮章竞、李瑛、克里木·霍加、张志民、贺敬之。

中国作协书记处书记曹禺出席了这次会议。

曹禺新作《王昭君》问世

曹禺的新作——五幕历史剧《王昭君》的文学剧本,已经在《人民文学》今年第十一期上发表。

《王昭君》描写的是公元前三十三年,19岁的王昭君为着和亲,自愿请行,离开汉宫,前往匈奴,同呼韩邪单于结婚的故事。剧本以生动的文学形象,艺术地反映了多民族的中华民族世代和睦相处,团结进步的历史本质。曹禺笔下的王昭君,和历史上的戏曲、散文、诗歌及传说中的那个哭哭啼啼、悲悲切切的形象截然不同。曹禺笔下的王昭君,是一个有胆有识的,为促进民族团结作出了突出贡献的美好形象。

11月24日

国家经委 国家科委 农林部 卫生部联合发出关于重新印发1963年国务院发布的《技术改进奖励条例》的通知

通知说:"国务院1963年11月3日发布的《技术改进奖励条例》,是鼓励广大工农群众从事技术改进的重大措施,也是促进我国生产建设发展的重要规定。由于林彪、'四人帮'的干扰破坏,这个条例未能贯彻执行。"

"粉碎'四人帮'以后,在华主席和党中央'抓纲治国'战略决策的指引下,我国工农业生产蒸蒸日上,群众性的技术革新、技术革命运动蓬勃开展,广大工农群众、科技人员和干部的技术改进日益增多。为了进一步调动广大群众的积极性、创造性,重新印发国务院发布的《技术改进奖励条例》,望各省、自治区、直辖市,各部门在开展技术革新、技术革命运动中,认真贯彻执行。"

1963年国务院发布的《技术改进奖励条例》(以下简称《条例》),分总则、组织领导、审查和处理、奖励、附则等五章,共28条。这个《条例》规定:凡是群众提出的技术改进建议,经过实验研究和实际应用,使某一单位的生产或工作更加多、快、好、省的,都是技术改进。技术改进的内容包括以下各类:

(一)工业产品、建筑结构的改进,生物品种的改良和发展。

(二)工艺方法,试验、化验、检验方法,栽培技术,植物保护技术,养殖技术,安全技术,医疗、卫生、劳动保护技术及物资储藏、养护、运输技术等的改进。

(三)工具、设备、仪器、装置的改进。

(四)更有效地利用原料、材料、燃料、动力、设备及自然条件的技术措施。

(五)统计、计算技术及其他技术的改进。

《条例》规定:无论是集体或个人(包括外国侨民)提出的技术改进建议,采用后都按本条例规定给予奖励。对技术改进的奖励采用荣誉奖和物质奖相结合的方式。每项技术改进奖励一次。奖励共分五等:

(一)年实际增产节约价值在一百万元以上的,由批准单位表扬,并发奖状,发给奖金五百至一千元;

(二)年实际增产节约价值在十万元以上的,由批准单位表扬,并发奖状,发给奖金二百至五百元;

(三)年实际增产节约价值在一万元以上的,由采用单位表扬,发给奖金一百至二百元;

(四)年实际增产节约价值在一千元以上的,由采用单位表扬,发给奖金一百元以下;

(五)年实际增产节约价值在不满一千元的,由采用单位表扬。

《条例》还规定:技术安全、劳动保护等不能以增产节约价值计算的技术改进,由采用单位按其作用大小和技术复杂程度等情况评定奖励等级。集体所有制单位的技术改进,凡是在一个地区或全国范围内推广的,应分别由所在地区主管部门或国务院主管部门、中国科学院按其作用大小和技术复杂程度等情况给予适当奖励。重大的技术改进,可由国务院各部门、中国科学院或省、自治区、直辖市各厅、局另行奖励,其奖金数额和荣誉奖的方式,不受上述规定的限制。

《人民日报》刊登本报记者报道《坚持因地制宜不要生搬硬套——四川省大邑县学大寨的经验与教训》并配发编者按

编者按:大邑县学大寨走过一段弯路,先是生搬硬套大寨某些具体做法,结果损害了生产,脱离了群众。"吃一堑,长一智。"他们总结经验教训,端正领导思想,转变工作作风,改为因地制宜学大寨的根本经验,群众拥护,收效很好。

在农业学大寨、普及大寨县运动中,要全力学习和推广周总理所总结的大寨的根本经验。至于大寨的一些具体做法,因各地条件不同,绝对不能生搬硬套。实践是检验真理的唯一标准。在对待农业学大寨问题上,同样要"思想再解放一点",打破林彪、"四人帮"假左真右的框框,坚持辩证法,防止片面性:不要因强调政治挂帅而忽视物质利益,强调以粮为纲而忽视多种经营,强调大集体而忽视小自由,强调统一计划和行政领导而忽视生产队自主权。否则,脱离当前我国社会主义经济条件和群众的觉悟水平,违背经济规律,必然造成恶果。这样的经验教训应引以为戒。

我们提倡大邑县的做法：结合揭批林彪、"四人帮"的假左真右，认真检查学大寨中的问题，总结经验教训，发扬成绩，克服缺点，推动农业学大寨、普及大寨县运动健康发展。

大邑县位于沃野千里的川西平原西部边缘，具有发展农业生产的广阔前景。但是，过去在林彪、"四人帮"的干扰破坏下，全县粮食亩产长期徘徊在六七百斤，对国家的贡献逐年减少，社员甚至要靠贷粮、贷款过活。

粉碎"四人帮"后，这里发生了重大的变化。全县粮食总产量以平均每年递增17%的幅度，两年跨出了两大步，平均亩产一年过《纲要》，两年超千斤；林、牧、副、渔各业也有较快发展。

认真总结历史经验教训

前几年，大邑县委和县革委会曾先后多次组织干部到大寨、昔阳参观学习，但取得的成绩很小，有些方面甚至倒退了。1968年，县革委会组织大批干部到大寨参观，回来后，错误地把大寨的某些具体做法当作根本经验，说什么"这先进那先进，大寨式评工记分最先进"；"这好办那好办，搞了大队核算就好办"。在这种思想支配下，他们不顾时间、地点、条件，在全县强行推广大寨式的评工记分，并强迫一部分社队实行大队核算；原来许多行之有效的经营管理制度遭到破坏，评"政治工分"和"大概式工分"代替了党的按劳分配政策，造成"干与不干、干多干少、干好干坏一个样"的混乱局面。结果，严重地挫伤了广大社员的积极性，生产下降，集体越来越穷，社员家底越来越空；对国家贡献逐年减少，靠国家贷粮贷款的社队不断增多。

以后几年，县委又带领干部到大寨、昔阳等地取经，由于对大寨的根本经验仍然没有很好地理解，参观回来后，又依样画葫芦，照搬大寨"削平馒头山，建造小江南"的经验，集中全县的机关干部和领导力量，大搞什么"劈山造田"的样板。当时，大邑县的粮食单位面积产量不高，而增产潜力很大。但县委不从这个实际情况出发，兴师动众干了半年，结果半途而废，浪费了大量劳力和钱粮。有的社队还生搬硬套取消自留地、集市贸易，限制社员家庭饲养家禽家畜，结果，对国家、集体和社员个人都造成较大的损害。群众气愤地说："不看当地实际情况胡乱搞，这样学大寨越学越没有饭吃！"

怎样才算真学大寨？大邑县委回顾了本县学大寨的历程，认真地总结了历史的经验教训，认识到，大寨的根本经验是敬爱的周总理所指出的"坚持无产阶级政治挂帅、毛泽东思想领先的原则，自力更生、艰苦奋斗的精神，爱国家、爱集体的共产主义风格"。要真学大寨，就必须下功夫学好这条根本经验。对于大寨的一些具体做法，必须因地制宜，不能生搬硬套。

认识统一后，大邑县委针对学大寨中存在的问题，放手发动群众，深揭狠批林彪、"四人帮"大搞假左真右，破坏农业学大寨运动的罪行，大破唯心论和形而上学，使农业学大寨运动以崭新的面貌，在大邑热火朝天地开展起来。

切实转变领导作风，狠抓后进社队的转化

大邑县委认为，真学大寨就要发扬革命精神，转变干部作风，敢于打硬仗，摸老虎屁股，到后进社队去做转化工作。这个县原来有三分之一左右的大队、生产队，粮食亩产比先进单位低两三百斤，有的差得更多。过去，县委一提起这些落后队，就认为"难打整"，怕去抓。粉碎"四人帮"后，县委领导成员联系过去下乡专往好队跑，蹲点先把高产找，作风漂浮，怕苦怕累的现象，开展"三查三破三立"活动：查革命斗志，破无所作为思想，树立改变大邑山河的雄心壮志；查革命干劲，破懦夫懒汉世界观，树立知难而进打硬仗的思想；查工作作风，破只说不干的坏习气，树立说老实话做老实事的优良作风。在分清路线是非的基础上，县委书记陈庆福和副书记罗同春，分别带头到有名的"老大难"大队蹲点。在县委领导干部带动下，各级领导纷纷搬铺盖下队，狠抓后进。去年以来，县、区、社1370多名下队干部，80%以上都蹲在后进队，同这些队的干部、社员共同努力改变后进面貌，已有90%以上的后进队发生了好的变化。

用党的政策调动千军万马，改变耕作粗放旧习

多年来，由于林彪、"四人帮"大搞假左真右，党在农村的各项经济政策横遭破坏，广大社员、干部的积极性大受挫伤，许多社队播种撒"满天星"，既不施底肥，也不中耕，结果苗废草长，野草丛生。

为了鼓励社员精耕细作，县委在全县坚决恢复了过去行之有效的劳动定额管理，在各社队普遍建立田间作业组和"定领导、定劳力、定任务、定质量、定工分"的生产责任制，同时对作业组和社员个人实行必要的奖惩。近两年来，各社队的劳动出勤率、劳动工效普遍提高，农活质量有了保证。今年全县16万多亩小麦，加强了田间管理，由去年平均亩产290多斤增加到460多斤；33万亩中稻，由前年平均亩产590多斤，上升到760斤。各种科学种田的新技术在大邑广泛使用。许多从外县来的同志，看到大邑社员一丝不苟地栽秧、种麦的情景，感动地说："真比绣花还认真、细致！"

讲求实效，不图形式，因地制宜，苦干实干

真学大寨，就要自力更生、艰苦奋斗，大搞农田基本建设。大邑县有水田35万多亩、旱地10万多亩，分

散在平原、丘陵和山区。面对各种不同情况；全县农田基本建设应该怎样进行？县委从长期实践中认识到，过去盲目地进行虚张声势的大会战，不分青红皂白地搞“一刀切”，都是不对的。正确的方针是根据大邑县山、丘、坝的不同特点，制定全县的长远规划和各地的具体规划，并从当前生产的需要出发，确立全县当年的主攻方向。近两年来，他们在粮食主要产区的平原地带，首先集中劳力开排洪渠和深挖毛渠，治理耕地的“水肿病”，降低地下水位；在干旱少雨的丘陵地带，首先发动群众大搞“投资小、花力少、见效快”的小型水利加喷灌，加速实现旱地水利化；在交通不便的高山区，首先组织力量修筑公路，尽快地把大批劳力从长年的肩挑背驮中解放出来。平原无水害的社队，则从实际出发，大搞深耕改土，建设“吨粮田”；山区、丘陵地区，结合修路找水和植树造林，有计划地开发小水电。全县实行“山、水、田、林、路、电”综合治理。

县委还强调各地解决好以下几个问题：第一，要因地制宜，量力而行，做到考虑长远，立足当前，先易后难，当年增产；第二，要坚持高标准、高质量，不搞形式，讲求实际；第三，既要大干，又要注意政策，既要教育干部群众发扬共产主义风格，又要执行自愿互利、等价交换的原则；第四，要集中优势兵力打歼灭战，力求每战必胜。由于方向明确，措施有力，近两年来，平原、丘陵、山区各个农田基本建设项目，都取得了好成绩，受益面积超过前几年的总和，为今年农业持续大增产打下了坚实的基础。

国务院副总理耿飚在北京会见即将离任的新西兰驻中国大使阿特金斯

全国人大常委会副委员长廖承志在北京会见以日本民社党委员长佐佐木良作为团长 永末英一为副团长、大内启伍为秘书长的日本民社党第二次访华团

全国人大常委会副委员长乌兰夫在安卡拉与土耳其总理比伦特·埃杰维特举行会谈

11月25日

中共中央主席华国锋在中共中央工作会议第三次全体会议上宣布中共中央政治局的有关决定

(一)中央认为，天安门事件完全是革命的群众运动，应该为天安门事件彻底平反。

(二)实践证明，“反击右倾翻案风”是错误的。有关文件全部予以撤销。贯彻执行这些文件的党委和个人是没有责任的，责任由中央承担。

(三)由于所谓“二月逆流”受到冤屈的所有同志，一律恢复名誉；受到牵连和处分的所有同志，一律平反。过去各种文件、材料中关于所谓“二月逆流”的不实之词，都应该作废。

(四)中央决定，为薄一波等“六十一人案件”这一重大错案平反。关于这个问题，中央还要正式发一个文件。

(五)经过审查，怀疑彭德怀里通外国是没有依据的，应予否认。他的骨灰应该安放在北京八宝山革命公墓第一室。

(六)经过复查，过去把陶铸定为叛徒是不对的，应予平反。他的骨灰应安放在北京八宝山革命公墓第一室。

(七)经过复查，过去把杨尚昆定为阴谋反党、里通外国是不对的，应予平反。中央决定，恢复杨尚昆同志的党的组织生活，分配工作。

(八)康生和谢富治有很大的民愤，党内干部与群众对他们进行批判和揭发是合情合理的。中央意见，不设专案组，有关揭发他们的材料，可以送中央组织部审理。

(九)中央决定，类似武汉的“七二〇事件”、河南的“七二〇事件”、四川的产业军问题等地方性的重大事件，一律由各省、自治区、直辖市党委根据情况实事求是地予以处理。中央发过文件的，要将处理意见先报中央批准。

(十)中央决定，各中央专案一办、三办(包括原中央专案二办)和“五一六”专案联合办公室都要结束工作。全部案件移交中央组织部。各级党委设立的专案组应逐步结束工作。今后不再采取成立专案组审查干部的办法。

(十一)“三支两军”是中央决定的，对于稳定当时的局势，起了重要作用，成绩是主要的。有些同志犯了支一派压一派的错误时难免的，总的责任由中央承担，不要追究个人责任了。

(十二)周总理逝世以后的悼念活动中，治丧委员会办公室发过一个电话通知，通知中说，各省、自治区、直辖市不要派人来京参见悼念活动，各地不组织吊唁、开追悼会、戴黑纱等活动。这个通知是在“四人帮”当道的情况下中央政治局通过的，执行这个通知的党委和个人是没有责任的。

国务院批转财政部《关于国营企业试行企业基金的规定》

决定各国营企业从1978年起，提取和使用企业基金。实行这个制度的目的是，改变企业办好办坏一个样的现象，把企业经营成果同企业和职工的切身利益联系起来。

国务院发出《关于加强港口口岸组织领导的通知》

决定成立国务院港口口岸领导小组，郭洪涛任组长。

《人民日报》发表特约评论员文章《划清上书上访与“写黑信”“告黑状”的界限》

一些干部和群众反映，他们因为如实地向上级领导机关写信、上访，竟被指责为“写黑信”、“告黑状”，受到某些领导人的查究。有的不仅本人被批斗，被惩罚，亲属子女也受到牵连。他们责问：难道向组织反映情况，表示意见，揭露问题，提出申诉，能叫“写黑信”、“告黑状”吗？

我们说，这些同志的质问，完全是正确的。这不仅是一个澄清是非的问题，而且是一个关系如何保障党员和群众的基本民主权利，如何健全党和国家的正常政治生活，以利于调动一切积极因素，为实现新时期总任务而斗争的大问题。

在我们的社会生活中，写黑信、告黑状这种事是有的。林彪、“四人帮”大搞篡党夺权的阴谋诡计时，就有那么一些出卖灵魂、背叛原则、卖身投靠、官迷心窍、投机钻营之徒，怀着险恶的用心，蓄意歪曲事实，颠倒黑白，无中生有，捏造罪名，诬陷好人，干写黑信、告黑状的勾当。他们由此而登龙门，被赏以官职。广大干部和群众对这种卑劣行为十分义愤。粉碎“四人帮”以后，群众对这类问题进行揭发批判，组织上根据情节轻重认真处理，是完全必要的。不如此，不能明辨是非，伸张正义，打击歪风邪气，肃清林彪、“四人帮”的流毒和影响，也不利于促进安定团结，恢复和发扬我党实事求是、光明磊落的好传统好作风。

但是，不能把干部和群众向上级领导机关和有关部门写信、上访，提出申诉，揭发问题，同写黑信、告黑状混为一谈。

判断是不是写黑信、告黑状，主要依据不在于信是写给谁的，状是向谁告的，不在于信是署名的还是匿名的，而在于写信、上访的内容和目的。总之，必须实事求是，坚持对具体问题作具体分析。

有的人同林彪、“四人帮”及其资产阶级帮派骨干素无政治上、组织上的联系，只是对本地区、本单位的领导人或那里的工作有意见而写了信，这就不能仅仅因为人家当时没有看出林彪、“四人帮”一伙的反革命面目，把信件和材料寄给了他们，甚至说过“致意”、“问好”之类的话，就认定这是“写黑信”、“告黑状”。即使反映的情况不完全属实，意见不完全正确，也仍然属于总结经验教训的问题，不能抓住一点，不及其余，硬给扣上“诬陷”、“效忠”、“挂钩”等帽子，错误地定性为投靠林彪、“四人帮”。

有的人向上级直至中央写信、上访，申诉自己受到的冤屈，或者揭发有的干部依仗职权，破坏党的政策，弄虚作假，违法乱纪，损害党和人民利益的行为。他们这样做是正当的，光明正大的，不但无可指责，还应当受到保护和支持。有人可能因为了解的情况有局限性，写的信不那么准确、全面，或者因为有气，用词偏激一点，也不应求全责备。如果给他们扣上“反党反领导”等帽子，把他们同那些跟着林彪、“四人帮”跑的“闹而优则仕”的人混同起来，甚至乘机打击报复，显然是错误的。

有的人因为对报刊上的某些文章，对某些理论问题有不同意见，给报社或其他有关单位写信，提出自己的看法，这在党和国家的政治生活中是正常的、允许的。他们的某些意见即使有片面性或有错误，是属于思想认识上的问题，只能采取民主讨论的方法，说服教育的方法，批评和自我批评的方法来解决。如果把这也称作“写黑信”、“告黑状”，视为“攻击”什么，“散布”什么，拿来作为定罪处理的依据，无疑是不妥当的。

有的人为什么要用匿名信向上级反映情况、揭发问题，主要原因还在于我们的政治生活还不够正常，公民的权利还不能完全得到保障，有些人害怕署名上告，会遭受打击报复。问题的关键不在于署名或匿名，而在于写信、告状的内容是否属实，是否真有道理，是否有利于促进我们的工作。如果不加分析地把写匿名信都说成是“不光明正大”、“搞阴谋诡计”，那是不合情理的，既不符合民主生活原则，也不能服人。当然，我们并不鼓励写匿名信。粉碎“四人帮”以后，我们党和国家的政治生活已逐步走向正常，要大力提倡把问题摆到桌面上来，毫不掩饰地向组织反映情况和意见，以促进党内外政治生活更健康地发展。

党有党章，国有国法。党章和宪法都明确规定，党内外广大群众有权监督各级党政机关和领导干部，有权参加制定路线、方针、政策的讨论，有权参加国家、企事业的管理工作，有权对各项工作提出批评和建议，有权揭露坏人坏事和申诉自己的冤屈。但这些年来，广大党员、干部和人民群众的这些民主权利，遭到林彪、“四人帮”一伙的严重破坏。他们践踏党纪国法，根本不让人讲话。谁要向毛主席、党中央、上级党组织或党报、党刊写信、上访，反映他们的问题，谁就被扣上“反党”、“反领导”、“写黑信”、“告黑状”等帽子。谁敢于反映真实情况、反对他们胡作非为，就把谁抓起来，实行法西斯专政。这些人，有的至今尚逍遥法外，未得到应有惩罚。也有些领导沾染了不让人讲话的官僚习气和“老虎屁股摸不得”的霸道作风。所谓“写黑信”、“告黑状”,成了他们压制党内民主和人民民主、维护个人“威严”的一个借口。这种恶劣作风,如不改正,迟早要被人民抛弃的。

粉碎“四人帮”以来,华主席一再告诫我们:“一定要遵照毛主席的教导,虚心听取群众意见,认真对待人民来信来访,决不容许压制群众意见,更不容许对提出批评意见的群众进行打击报复”。现在,党内外民主的空气正在恢复,广大党员、干部和人民群众思想逐步解放,敢于提出问题,发表意见,批评领导机关的缺点、错误,敢于同坏人坏事和不良倾向作斗争,表现了他们对华主席、对我们党的充分信赖,表现了他们关心党的兴旺发达和国家繁荣富强的高度责任感。党的各级组织,一定要十分珍惜干部和群众这种可贵的政治觉悟和革命积极性,坚定地站在党性立场上,坚持实事求是的原则,模范地执行党章和遵守宪法,正确对待他们的来信来访,保护他们的民主权利。对于一切敢于坚持真理,敢于同坏人坏事和不良倾向作斗争的同志,要坚决给以支持;对受到打击迫害的干部、群众,要坚决给以保护。过去整错了的,要认真纠正,落实党的政策。对极少数自己本来不干不净,反而把“写黑信”、“告黑状”当作棍子来打人、整人,压制民主,搞打击报复的人,不管是谁,都要认真查处,其中个别情节恶劣、后果严重的,应当按照党纪国法给以必要的制裁。当然,也有个别写信、上访的人确系有意诬陷,要根据情节轻重给以批评教育或必要的处分。在处理这类问题时,也必须实事求是,注重调查核实,把事情搞清楚,防止发生偏差。

《人民日报》发表评论员文章《谁是文艺作品最权威的评定者?》

随着关于实践是检验真理的唯一标准的讨论的深入展开,人们自然而然地提出这样一个问题:既然一切主观世界的东西都要受实践的检验,作为观念形态的文艺作品,也要受实践的检验,那么,谁是文艺作品最权威的评定者?这个问题,对于贯彻“百花齐放,百家争鸣”的方针、繁荣社会主义创作关系极大,很有加以讨论的必要。

文艺作品的好坏应该由谁来评定,这是马克思主义文艺理论早就解决了的问题。革命文艺作品是人民的生活在革命作家头脑中反映的产物,人民群众是文艺家描写和反映的主要对象,我们的文艺又是为工农兵所创作,为工农兵所利用的,因此,判断作品反映的生活真实不真实,塑造的人物典型不典型,作品是否切合群众的需要,是否为群众所乐于接受,最有发言权的只能是千千万万富有实践经验的人民群众。毛主席说得好:“戏唱得好坏,还是归观众评定的。要改正演员的错误,还是靠看戏的人。观众的高明处就在这个地方。”一出戏是如此,评定其他文艺作品也应该如此。

人民群众是文艺作品最权威的评定者,这一点也为文艺史上的无数事实所证实。远的不说,且看林彪、“四人帮”控制文坛时的事实。在他们这一伙“权力拜物教”狂看来,权力决定一切,权在我手里,我说好便得说好,我说坏便得说坏,我说是香花就是香花,我说是毒草就是毒草,谁也不许说半个“不”字。他们正是按照这个逻辑,逆着人民群众的意志行事的。但是,事与愿违。他们开动各种宣传机器大吹特吹的阴谋文艺,如《反击》《春苗》《盛大的节日》《欢腾的小凉河》等等,群众嗤之以鼻,叫卖得越响,越是没有人理睬。他们加上各种罪名予以扼杀的作品,如震撼人心的天安门革命诗歌等等,群众却冒着风险暗地里传看传抄,查禁得越严,群众阅读的热情越高。事实充分说明:靠权势捧起来而不为群众所喜爱的作品,不过是吹起来的肥皂泡,风一吹就会破灭的;为广大人民群众所赞赏和批准了的作品,则如巍然耸立的雕像,污蔑咒骂骂不倒,刀砍斧凿凿不掉,具有强大的生命力。权力并不等于权威,人民群众,也只有人民群众,才是评定文艺作品的真正权威。

强调文艺作品要由群众来评定,肯定人民群众是文艺作品的权威评定者,会不会削弱和否定文艺领导、文艺专门家的权威作用?不会的,相反,会加强和提高他们的权威作用。

文艺工作离不开正确的领导。文艺专门家的作用也决不可以轻视。但是,文艺领导、文艺专门家的权威作用不是自己吹起来的,也不是靠权力撑起来的,而是同相信群众,尊重群众,正确反映人民群众的愿望、要求和根本利益紧密地联系在一起的。毛主席指出:“凡属正确的领导,必须是从群众中来,到群众中去。”文艺工作也是如此。审查一部作品,作出一个决定,落实一项政策,如果是倾听了群众的呼声,注意了群众的情绪,在发扬民主、集中群众正确意见的基础上作出的,那就会有权威,就会受到群众的欢迎。这就是说,只有尊重了人民群众这个权威,领导的意见才有权威性。如果不是尊重群众,而是藐视群众,把群众看成是可以听凭随意摆布的“群氓”,那么这样的权威不过是自封的、纸糊的,一捅就倒的。臭名昭著的梁效、初澜、罗思鼎、任犊之流不就是明显的例子吗?

有的同志口头上虽然承认是奴隶们创造历史、群众是真正英雄,但是一接触到实际问题,就常常忘得一干二净。审查一部作品,习惯于少数几个人说了算,很少下去听取群众的意见,特别是不同意见;一个戏能不能上演,自己不拿主意,又不尊重下面意见;给群众看什么节目,喜欢当保姆的角色,唯恐群众伤风感冒,对群众的鉴别能力总不那么放心。这些都是轻视群众力量的表现。无产阶级的文艺事业,是千千万万人的事业。繁荣社会主义文艺创作,贯彻“百花齐放,百家争鸣”的方针,离开广泛、充分的无产阶级民主,没有亿万群众的关心、支持和直接参加,都是不可能的。我们的同志一定要认识到,在人民群众中,自己不过是沧海一粟,不尊重群众,不依靠群众,事情决不可能办好。当然,我们这里所说的群众,指的不是个别群众,而是千千万万的人民群众;我们所说的要倾听群众的呼声,尊重群众的意见,也不是哪个群众说了就按哪个的办,而是说要善于集中群众的正确意见,善于引导群众向前。

人民群众有无评定文艺作品的权力,这不是一个无足轻重的小问题,而是关系到在文艺问题上要不要发扬民主,要不要走群众路线,文艺作品的发表、出版和上演如何体现民主集中制等等的重大问题。要使人民群众的评论权真正得到落实,除了要从思想上、认识上解决问题之外,还要有相应的规章制度和组织措施来保证。我们要从无产阶级的革命利益出发,根据人民群众是文艺作品最权威的评定者这个指导思想,来检查我们以前的工作,检查以前的规章、措施和办法,凡是束缚文艺发展的、不利于调动广大群众的积极性的规章制度,都要实事求是地加以改革。以作品的审批制度为例,那么多的作品,靠少数几个人或某个机构审批,能行吗?谁是天生的慧眼,看那么一两次就能拍板定准的?这样的制度、规章和措施,是很值得研究的。我们要从实际出发,认真听取广大群众的意见,总结正反两个方面的经验,研究制定出一套走群众路线的、体现“双百”方针的制度和办法来。

文艺工作要大干快上,迅速跟上飞跃发展的形势,因素是多方面的。相信群众,充分依靠群众始终是最根本的一条。有亿万群众的积极支持,我们的思想就能更解放一些,胆子就能更大一些,注意倾听亿万群众的呼声,善于从群众中吸取智慧,我们的办法就能更多一点,文艺工作的步子就能迈得更快一点。

国家科委和中国科学院联合召开大会庆祝“四五”运动伟大胜利

中共中央政治局委员、国务院副总理方毅出席了大会。会议由国家科委副主任蒋南翔主持。中国科学院副院长、党组副书记李昌代表国家科委和中国科学院在大会上讲了话。他说,在伟大的“四五”运动中,我们各单位的广大群众为了沉痛悼念敬爱的周总理,反对“四人帮”,释都人民和全国人民一样,表现了高度的革命主动精神和路线斗争觉悟。他们不顾“四人帮”的威胁和刁难,纷纷走向天安门,送花圈,献挽诗。其中一〇九厂的广大职工表现得尤其突出。在中国科学技术情报研究所、半导体所、计量院、计算技术研究所、高能物理研究所、图书进口公司、国家地震局等单位,广大职工也采取各种方式同“四人帮”进行了英勇顽强的斗争。事实证明,经过尖锐激烈的阶级斗争和路线斗争的锤炼,广大科学工作者在毛泽东思想的指引下,已经成长为一支工人阶级自己的科学技术队伍了。正如邓副主席在全国科学大会的讲话中指出的,这是一支难能可贵的队伍。

李昌说,“四五”运动给了我们伟大的力量,坚强的信念,深刻的教育。伟大的“四五”精神,代表着我们无产阶级和中华民族的正气。我们每一个革命者,都应当自觉的学习它,坚持它,发扬它。

他说,粉碎“四人帮”以来,在华主席为首的党中央领导下,揭批“四人帮”的运动已经取得了决定性的胜利。全国各条战线的形势越来越好。向科学技术现代化进军的群众运动正在蓬勃发展。

1979年,我们要全力以赴地抓四个现代化。把我们的祖国建设成为现代化的社会主义强国,是毛主席、周总理为我们规划的宏伟蓝图,是全国人民梦寐以求的共同愿望。无数革命先烈曾经为之奋斗献身。今天,全党全国安定团结,被“四人帮”破坏了的国民经济得到了恢复和发展,我们可以放手大干现代化了。在以实现四个现代化为目标的新的长征中,科学技术战线担负着光荣而又艰巨的任务。我们的各项工作,都要紧紧地围绕着出成果、出人才这个基本任务,为这个基本任务服务。我们要高举马列主义、毛泽东思想的伟大旗帜,紧密地团结在以华主席为首的党中央周围,进一步发展安定团结的政治局面,做现代化的闯将,努力攀登现代科学技术的高峰。“四五”精神的进一步发扬,必将成为加速实现四个现代化的伟大动力。一个现代化的社会主义的中国,一定会在本世纪末出现在世界的东方。毛主席、周总理的遗愿,一定能够实现。

国家科委副主任武衡代表国家科委和中国科学院在会上宣布了关于为天安门事件中受迫害同志平反和表彰“四五”英雄的决定。

大会授予一〇九厂一面“‘四五’先锋”锦旗。

国务院副总理耿飚在北京会见以布鲁斯·麦克劳里先生为团长的美国公民事务组织领导人访华团

大型火力发电站清河电厂基本建成投产

大型火力发电站——发电能力为110万千瓦的辽

宁清河电厂,最近基本建成投产。进入11月以来,这个电厂已经满负荷运行。这个电厂的建成大大地提高了东北电网的发电和供电能力,对于恢复和保持东北电网的标准周波,提高电网电压和电能质量,保证工农业生产用电,有重要的作用。

清河电厂坐落在辽宁省北部开原县清河之滨。主厂房宽敞明亮,有十几层楼高。里面安装了7台发电能力分别为10万和20万千瓦的高温高压汽轮发电机组。电厂输煤系统的现代化程度比国内现有的许多火力发电厂高。

中国男女乒乓球队在吉隆坡举行的第四届亚洲乒乓球锦标赛中分获团体冠军

11月26日

国务院副总理邓小平在北京会见日本民社党委员长佐佐木良作率领的日本民社党第二次访华团

邓小平谈到了我国当前安定团结、发展生产的大好形势。他指出,当前我国从中央到地方都在一心一意地搞四个现代化。

他说,我国粉碎"四人帮"以后,出现了安定团结的局面,这就有利于我们搞四个现代化。此外,我们还要吸收外国先进经验,引进外国的技术和资金,加快我们的建设速度。

全国人大常委会副委员长、中日友协会长廖承志参加了这次会见。

《人民日报》转载中共晋中地委第一副书记李韩锁的讲话摘要

中共山西省晋中地委机关报《晋中报》,于今年11月4日刊登了中共晋中地委第一副书记李韩锁同志在晋中地区部分商品粮生产基地社队会议上的讲话。现将这个讲话的第二部分《指导农业学大寨运动中必须正确解决的几个问题》摘要如下:

华主席号召我们:思想再解放一点,胆子再大一点,办法再多一点,步子再快一点。但是,我们的思想还不解放,甚至说很不解放。首先是地委的思想就不解放。首先和主要的是反映在指导农业学大寨运动这个问题上。具体表现是:

第一,关于学习大寨根本经验和具体办法的关系问题。这几年,我们学大寨是有成绩的。但是,在学大寨学根本和学习大寨具体办法的问题上,也有形而上学的东西。比如我们在文件中有过这样的提法:"如果对大寨、昔阳的一个个具体经验产生某种程度的怀疑、动摇,不认真推广,那么,学大寨运动也就只留下了一个空口号,到头来还是假学,甚至滑向反对学大寨的道路。"此外,在其他一些场合,我们也讲过,光说学大寨的根本经验,而不学大寨的具体办法,那就是"抽象肯定,具体否定",我们还说过推广大寨经验不能掺假、不能"走样",这些都是形而上学的观点。

大寨的根本经验,具有普遍意义,是任何地方都应当学习的。但是,大寨的一些具体办法,在大寨和一些地方是行之有效的,而在另一些地方就不一定适用或者不完全适用。比如推广大寨评工记分的办法,采用全区"一刀切"的办法,结果评不起来,记疙瘩工,不能体现多劳多得的原则,不利于调动社员的社会主义积极性。所以,我们学习推广大寨的具体办法,一定要从实际出发。过去已经学习推广了的,要发动群众,实事求是地总结经验教训,符合实际,有成效的,要坚持,并不断完善。不符合实际,没有成效的,就应采用当地广大群众乐于接受的有效方法。

为什么我们在指导农业学大寨运动中,不把大寨的根本经验和具体方法区别开,要来"一刀切"呢?主要原因,一是我们地委常委受"四人帮"的唯心主义、形而上学反动观点的影响,忘记了毛主席关于"按照实际情况决定工作方针,这是一切共产党员所必须牢牢记住的最基本的工作方法"的教导;二是因为受"四人帮"的流毒和影响,往往以形而上学的观点看待大寨经验,强调大寨经验已经很全面、很系统、很完整,而对大寨经验是在不断发展的,各地学大寨的经验也是不断发展的,则强调不够;三是思想主观片面,作风极不深入,对工作要求过急,缺乏调查研究。对学大寨运动中存在什么问题,群众有什么反映,注意不够。这就在一定程度上形成了照"长官意志"指挥伟大的群众运动,以致影响到下面同志在学习大寨具体办法时,发生不从实际出发,生搬硬套的现象。

第二,关于批判资本主义的问题。这几年,我们坚持了批判资本主义,不断端正集体经济方向道路,这是正确的。但是,我们在一段时间内,在批资本主义中,反复强调了批集体经济内部的资本主义,多次强调批资本主义首先要批集体经济内部的资本主义,这是不妥当的。

"集体经济内部的资本主义",这个概念本身就含糊不清。集体经济是社会主义性质的经济,本身并不存在资本主义。提出批集体经济内部的资本主义的口号,往往就对准了社队集体工副业,混淆了社会主义和资本主义的界限,致使有的地方,不看方向路线,以副业收入占多少比例确定它的性质,或者把不直接为农业服务的工副业都当作资本主义去批,直至乱批乱砍,妨碍了工副业的发展。这是造成某些社队农业增产了却不能增收的主要原因之一。集体收入减少,社员生活不能提高,反过来又使农业的发展受到了影响。

第三,关于政治挂帅和物质鼓励的关系的问题。马克思主义告诉我们,政治是经济的集中表现,政治工作是一切经济工作的生命线。坚持政治挂帅与贯彻物质利益原则是一致的,精神鼓励和物质鼓励也是一致的。可是,这些年来,由于"四人帮"空谈政治、否定物质利益原则的影响,我们在学大寨运动中,在实际工作中,单纯强调政治挂帅,不讲物质利益原则;在宣传大寨经验时,也有这个偏向。好像只要政治挂了帅,有了革命精神,不讲物质利益,就山也搬了,河也改了,粮食产量也上来了。事实上,大寨并不是不讲物质利益的。大寨正是由于坚持了无产阶级政治挂帅、毛泽东思想领先的原则,并在这一原则指导下,贯彻了物质利益原则,正确地处理了国家、集体、个人三者之间的关系,做到了爱国家、爱集体和公私兼顾,保证了社员生活水平的逐步提高,才充分调动了广大群众大干社会主义的积极性,才把贫穷落后的旧大寨建设成了今天的新大寨。由于我们对政治和经济、政治挂帅和物质利益、精神鼓励和物质鼓励之间的辩证统一关系缺乏正确认识,在一些时候一些问题上,就把二者绝对对立起来,把关心群众物质利益看成是"好行小惠",把物质鼓励看成需要忌讳的禁区。

我们有一些社队,因为不关心群众物质利益,群众就没有劲头;群众越没有劲头,生产就越上不去;生产越上不去,群众的生活就越困难。这样恶性循环,致使那些社队的面貌长期得不到改变。这和地委的错误指导思想有直接关系。

第四,关于贯彻各尽所能、按劳分配原则的问题。各尽所能、按劳分配是社会主义的根本原则,但是,由于受"四人帮"大肆宣扬什么"按劳分配是产生资产阶级的经济基础"的谬论的影响,我们在执行各尽所能、按劳分配这个原则上,过多地强调了各尽所能,而对按劳分配注意不够。这一点,突出地表现在推广大寨劳动管理制度上。地委在一段时期内,不承认推广大寨劳动管理办法需要具体条件,既不管各地的思想政治状况,也不管各地的物质条件,强调一律推广。而在推广中,又不全面理解和介绍大寨劳动管理经验,既不主张搞定额管理,更不主张搞定额计酬,因而造成了一些社队因为条件不具备,勉强推广大寨"一定四评"的经验,结果评不起来,旧的办法不用了,大寨的办法又学不了,只好每年分配时吃"和和饭",形成干多干少一个样,干好干坏一个样,干与不干一个样。这个问题本来早已反映出来,但地委不作实事求是的分析,不从自己身上找原因,相反,责怪下边对大寨劳动管理经验是假推广、不推广。在劳动管理中还有一个要不要物质奖励的问题。在一个相当长的时间,我们是不主张搞物质奖励的。为什么?无非也是怕犯"物质刺激"的错误。这也是多余的。在国营企业,奖金制度是工资制度的必要补充。同样,在集体经济内部,奖金也是定额管理、评工记分制度的补充。在认真执行了定额管理、评工记分之后,社员们的日常劳动多少、好坏,一般在评工记分中可以体现,而那些有特殊贡献的社员、干部,为了表彰他们对集体所作的特殊贡献,还应辅以奖励制度。

第五,关于大集体和小自由的关系问题。李副主席在全国农田基本建设会议上的讲话中指出:"在坚持大集体的前提下,允许小自由,对社员的自留地、家庭副业不要乱加干涉,对集市贸易要加强管理,不要随便取消。掌握了这样的界限,我们在工作中就不会出大的偏差。"这几年我们在处理大集体与小自由的关系上,对小自由作了些不应有的限制。主要表现在自留地、社员家庭副业和集市贸易上。自留地,在全区大多数社队实行了集体代种。有的地方,常常把代种自留地看作是先进,把社员个体种植看作是不光彩的事情。为什么?因为"四人帮"把自留地说成是"资本主义尾巴"。在目前条件下,在保证集体经济占绝对优势的前提下,允许社员经营少量自留地,有利于安排好社员生活,也有利于发展集体经济。即使会出现一些资本主义自发倾向,也不难解决。我们搞集体代种,还有一个想法,就是认为大寨早已取消了自留地,昔阳也搞了代种,就忽略了全区多数地方与大寨、昔阳的不同情况,忽视了取消自留地或搞集体代种的条件是否具备。现在,地委重申,不论是自种还是代耕,由社员讨论决定。

集市贸易,也是这样。近几年,全区普遍以国营商业和供销社代替了集市贸易。但是,没有具体分析各县代替条件是否具备。实践证明,现在绝大多数县代替集市贸易的条件是不成熟的。农村的生产力水平还很低,许多农副产品全靠集体经营还有困难,集体经济也满足不了社员生活多方面的需要,供销社、国营商业既不能把全部农副产品收购上来,也不能充分供应。在这种情况下关闭集市贸易,就会给群众生活带来不便,反而影响生产,助长投机倒把活动。现在多数县集市贸易已经按照省委的通知在规定的时间、地点内恢复,但我们要防止另一个极端,即放松对集市贸易的管理,任其自流,让资本主义泛滥。必须加强领导,加强管理,真正做到管而不死,活而不乱,做好工作,逐步代替。

全国人大常委会副委员长廖承志在北京会见日本新潟县第二次友好访华团

11月27日

国务院副总理邓小平在北京会见美国专栏作家罗伯特·诺瓦克

邓小平谈到我国实现四个现代化的进程时说，马克思列宁主义、毛泽东思想是我国实现四个现代化的指导思想。

邓副总理说，毛主席在中国历史上的伟大功绩是难以用言语表达的。在中国，人人都懂得“没有毛主席就没有新中国”。他说，我们在实现四个现代化进程中，要善于完整地准确地掌握和运用毛泽东思想。我们国家的政治生活要生动活泼，心情舒畅。

会见时，邓小平副总理还回答了诺瓦克先生提出的有关当前国际形势和中美关系等方面的问题。会见时在座的有外交部新闻司司长钱其琛，美大司副司长唐闻生。

邓小平副总理在北京会见日本民社党委员长佐佐木良作就中国国内形势问题发表谈话

邓小平副总理指出，关于中国国内的形势是当前世界上都关心的问题。他说，目前中国是安定团结的，从中央到地方都在一心一意搞四个现代化。以华国锋同志为首的党中央是团结一致的，对实现四个现代化充满了信心。

邓小平副总理在回答有关天安门事件的问题时说，过去对天安门事件性质作出的决定是错误的。最近，中共北京市委对天安门事件作出了决定，肯定了广大群众悼念周总理、反对“四人帮”的行动是革命的。这是经过党中央批准同意的。这就是党中央的决定。也可以说，这是全党全军全国人民的共同愿望，是共同一致作出的决定。

他说，毛主席一贯主张“有错必纠”。天安门事件是个错案，当然必须纠正。不只是天安门事件，如果有些问题处理不正确，也必须实事求是地加以纠正。有错必纠这正是我们有信心的表现。这样全国人民才能心情舒畅，大家向前看，一心搞好四个现代化。

《人民日报》发表社论《把城市建设提到重要日程上来》

黑龙江省委和哈尔滨市委今年办了一件很得人心的事。他们集中一支施工队伍，拿出一批资金、材料，对“三十六棚”和“十八拐”这两个居住条件最差的地区进行改造，为群众兴建新的住宅，首批工程已经竣工。居民们春天搬出破烂简陋的旧房子，国庆节前就欢天喜地迁入了敞亮的新楼房。各地党委如果都像他们这样，满腔热情、雷厉风行、切切实实地去抓好城市建设工作，把和广大群众密切相关的宿舍、交通、通讯、医院、学校、商业网点、供水、排水等市政建设和服务性设施安排好，建设好，使广大职工群众免除后顾之忧，专心致志地大干社会主义建设，这是多么好的事啊！

为了在本世纪内实现四个现代化，全国将进行空前规模的基本建设。成千上万的厂矿企业要新建扩建，老城市的生产将有很大发展，一批新的工业城镇将兴建起来。城市的规划、建设和管理工作必须及时搞好，才能适应国民经济高速度发展的需要。可是，在林彪、“四人帮”多年的干扰破坏下，城市建设问题成堆，欠账很多。如不抓紧解决，势必拖四个现代化的后腿。

城市建设欠账多，主要表现在职工住宅和市政公用设施拉下了相当大的缺口。华主席为首的党中央和国务院非常重视这个问题，多次指示解决办法，并对资金、材料、施工力量的安排作了具体规定。现在，能不能较快地把这个缺口补起来，主要就看省、自治区、直辖市党委和有关部门是否真正重视这件工作，把它当作一桩大事去抓。

毛主席早在50年代就曾指出，在建设中不能光注意“骨头”，不注意“肉”，厂房、机器设备等搞起来了，而市政建设和服务性的设施没有相应地搞起来，就会有很大问题。多年的实践也证明，城市住房建设，供水、排水、公共交通等市政工程和公用事业，既是生产的必要条件，又是生活的必要因素，缺了，群众就要吃苦头，生产就会受影响。不仅像道路失修，水源不足，会直接影响生产，而且像无房缺房、吃水困难等等，使职工休息不好，后顾之忧重重，怎么能集中精力搞好生产呢？因此，只有“骨头”没有“肉”，再多的厂房和机器设备也发挥不了应有的作用。“骨头”和“肉”保持协调的比例关系，是有计划按比例发展国民经济的一个重要方面，是基本建设中必须遵守的客观规律。前些年，不少城市的市政建设和服务性设施，旧的失修，新的没建，“骨头”和“肉”的比例失调，至今还是工交战线大干快上的一个障碍。要保证国民经济高速度发展，我们就得切实加强住宅和市政公用设施的维修和新建工作，把老账尽快还清，并对新建工业项目实行“骨头”和“肉”配套建设，不要再欠新账。

尽快补起住宅和市政公用设施的缺口，已经不仅仅是个经济问题。要补起这个缺口，需要恢复和发展国民经济，把生产搞上去。在生产发展的基础上，才能扩大建设规模，发展各项事业，逐步改善人民生活。但就领导机关来说，如果对这个问题漠不关心，迟迟不去解决，那就会引起群众的不满，影响党和群众的关系。为大多数人谋利益，是共产党人的根本宗旨。背离了这个宗旨，就不是真正的无产阶级革命家。像某些领导人那样，只是热衷于建楼堂馆所、“长官楼”、“书记院”，对自己儿孙的事情都周到地考虑到了，对群众衣、食、住、行等切身生活问题却不闻不问，能解决的也不去解决，这是十足的官僚主义者，到头来必然遭到群众的唾弃。一些受到群众拥护的地方领导同志，都是满腔热情地关心群众的物质和文化生活。他们抓城市建设和管理工作的事迹，许多已经人口皆碑，传为佳话。各级领导干部都应当处处想着群众，做群众的贴心人。比如在城市住宅的建设方面，既要抓好管理，降低造价，又要为群众着想，更多地考虑住户的方便。设计要力求布局合理，住起来更适用一些，质量一定要搞好一些，在可能条件下还要注意把房子装修得美观一些。

要搞好城市建设，就得切实加强城市规划工作。制订一定时期内城市发展的计划，是城市各项建设工程设计和管理的依据。只有做好城市规划并认真实施，才能把城市建设得合理、美观，有利生产，方便生活。各个城市，包括新建城镇，都要根据国民经济发展计划和各地区的具体条件，认真编制和修订城市的总体规划、近期规划和详细规划。搞城市规划，要注意从长远着眼，从近处着手，抓紧时间，分期分批实现。还要注意因地制宜，从实际出发，缺什么补什么，该建的建，该补的补，该控制的要控制，不能千篇一律。目前，有些地方由于党委抓得不紧，技术力量薄弱，城市规划工作进展缓慢。各地应当采取切实措施，首先把大中城市和重点建设的小城镇的规划尽快搞出来。

在城市管理方面，重要的是建立和健全规章制度，并且严格执行。不论市属单位还是部属、省属单位或外地派驻机构，包括党政军机关在内，凡属工程建设等事宜，都应服从所在城市城建部门的统一管理。市委领导也应倾听和尊重城建部门的意见。有些选点不当，造成污染等问题的工程，就是不尊重科学，不尊重群众意见，单凭“书记点头”所造成的。

防治污染，保护环境，已是一项刻不容缓的任务。在一些风景区，工业污染正在破坏祖国的大好河山；在一些城市的居民区，污染严重的工厂正在危害人民群众的健康。这样的工厂企业不管它们生产多少东西，也是功不抵过，得不偿失。凡属有害环境的企业，都要积极治理或调整。为害严重的，有关地区和部门应制定具体措施，限期解决。少数确实不能解决的，坚决停产或转产。新建企业要严格执行关于污染治理工程和主体工程同时设计、同时施工、同时投产的规定，不能马虎敷衍。

城市建设和管理工作涉及面广，政策性强，需要加强党的领导。要健全机构，专人负责。对搞得好的要表扬、奖励，坏的要批评、惩办。总之，要把各方面力量调动起来，以深入揭批“四人帮”为纲，把城市整顿好，规划好，建设好，管理好，让所有城市都逐步建设成为适应四个现代化需要的社会主义新型城市！

《人民日报》发表《谢觉哉同志日记摘抄》并配发编者按

编者按：谢觉哉同志从1935年以来长期担任政法部门领导工作，历任中央苏维埃内务部长、司法部长，陕甘宁边区政府秘书长、参议会副议长，华北人民政府司法部长兼政法大学校长。新中国成立后，任内务部部长和最高人民法院院长。谢老在这些部门任职期间，一贯重视民主和法制的建设，并有很多重要论述。现将他在日记里有关民主和法制的论述，选择一部分发表。

谢觉哉同志日记摘抄（略）

农林部负责同志就加强农业技术培训工作对新华社记者发表谈话

农林部负责同志说，在实现四个现代化的新长征中，华主席发出了提高整个中华民族科学文化水平的号召。李先念副主席最近又具体指示：“全国的农业科研机构、高等院校和各级农业技术学校，如何分工培养各种不同门类不同等级不同数量的农业专门人才，满足从农林部、各省地县直至公社、大队、生产队的需要，国家科委、教育部和农林部要迅速作出规划，付诸实施。”认真贯彻落实华主席和中央领导同志的指示，加强农业技术培训工作，为发展农业科学研究，普及农业技术知识，不断提高科学种田水平，尽快培养训练出大量又红又专的科技人才和领导管理人才，是彻底改变我国农业经济和农业技术落后面貌，赶超世界先进水平的一个极为重要的条件。我们必须充分认识加强农业技术培训工作的重要性和紧迫性，切实地把这项工作抓紧抓好。

农林部负责同志指出，当前培训的重点，主要是从农林部到各省、地、县、社各级负责农业工作的领导管理干部，各级农业科研人员、技术人员和教学人员，农村基层干部和技术骨干。同时，还要积极加强对广大农民进行普及农业技术知识的训练。要采取分级培训和专业对口培训的办法，迅速开展这项工作。

他强调指出，当前，加强对各级农业领导管理干部的培训，有针对性地提高他们的思想政策水平和农业科技知识水平，迅速跟上形势，学会按照客观经济规律办事，是克服“长官意志”，真正能够领导管理好本职农业工作的一个重要关键。一定要舍得下功夫、花力气。农林部计划委托原北京农业大学和各个大区的六所农学院，从明年开始分期分批培训全国各省、地两级农业局的主要负责人，以及全国各个县主管农业的县委书记。组织他们学习党的政策，了解现代农业科学技术，掌握领导管理现代农业的知识和方法，提高领导管理水平，增长才干。省、地、县各级农业部门，也要切实制定规划，委托所在地的农业院校和农业科研单位，举办农业领导管理干部培训班，负责培训所属的各级农业干部。

农林部负责同志说，现代农业科学技术发展很快，新兴科学技术在农业上的应用越来越多。实现农业现代化，农业科学技术要走在前头。只有不断地普及、交流、推广国内外先进农业科学技术，努力提高广大农业科技人员的专业水平，才能促进农业生产持续发展。农业技术专业培训工作，已经到了非抓不可的时候了。全国地区以上的农牧业科研机构现有350个，县农科所有1400多个，高等农业院校38所，中等农业学校318所，合计有2000多个农业科教机构。要求从明年开始，都要积极创造条件，开展各种农业科学技术的专业对口培训活动。采取短期训练和进修等办法，平均每个单位明年最少要负责培训50人，计划明年全国要完成10万名左右各级各类农业科技人员和农业教学人员的专业培训任务。

这位负责同志说，党中央领导同志最近指示我们："农业技术人员，要像工业一样，分别给予各类各级的技术职称，有发明创造和重大贡献的要给予表扬和奖励。"这是激励人们学农务农、钻研农业技术的一项重要措施。各级农业部门在制定培训规划的同时，要对农业科技人员抓紧进行技术考核，符合条件的，要晋升晋级。要不拘一格地选拔人才，凡是通过技术培训，达到一定技术标准或卓有成绩的人员，要发给证书，给予必要的奖励。所有经过技术培训的人员，都要经过考核，发给结业证书，并建立档案，以备今后量材录用。

农林部负责同志最后说，开展农业技术培训工作，是关系培养造就一代农业人才的大事。各级农业部门一定要重视，要有一名主要负责同志抓这项工作。要设置相应的机构和人员负责主管这项业务，以保证培训工作的迅速开展。

攀枝花钢铁公司工业基地首期工程建成投产

攀枝花钢铁公司是以当地盛开的攀枝花命名的。目前这座大型钢铁联合企业的第一期工程已经建成投产，从采矿到轧钢已形成综合生产能力。第一座高炉是1970年投产的。

攀钢是我国第一个自己设计、自己制造设备、自己施工安装的大型钢铁联合企业。1977年，攀钢提前55天完成了国家计划，各种主要产品产量大幅度增长。同时，试制成功了槽帮钢、石油套管钢、氧气瓶钢等28个新产品，有的填补了我国钢铁生产的空白。今年攀钢继续乘胜前进，大治快上，又全面提前超额完成了国家计划。为了争时间，抢速度，加快生产建设步伐，经国家批准，攀钢第二期扩建工程已提前在今年动工兴建。

攀枝花是一个蕴藏量非常丰富的钒、钛、铁、钴、镍、铬、镓共生矿床。这个钢铁基地的建设，对于充分利用我国资源，加快四个现代化的建设，有着重大的意义。

11月28日

中共中央主席 国务院总理华国锋致电南共联盟主席 南斯拉夫总统铁托祝贺南斯拉夫社会主义联邦共和国成立35周年

国务院副总理邓小平在北京会见美国友好人士斯蒂尔

国务院副总理李先念在北京会见曼谷市长差罗·探玛西里和由他率领的泰国曼谷市政代表团

国务院副总理方毅在北京会见以田家凯教授为团长的美国冶金学会访华代表团

美国朋友在我国重点了解了我国冶金工业、科学研究和教育机构的情况，并向中国同行作了10多次大型学术报告。中美两国同行还进行了一系列技术座谈。

在同美国朋友交谈时，方毅副总理希望中美冶金界加强联系，扩大技术交流的渠道。

会见时在座的有：我国冶金部部长唐克，冶金部副部长兼中国金属学会副理事长王玉清等。

全国人大常委会副委员长邓颖超在北京会见由竹入义胜委员长率领的日本公明党第七次访华团

全国人大常委会副委员长姬鹏飞抵达巴格达对伊拉克进行正式友好访问

中共中央军委转发解放军总政治部《关于结束揭批"四人帮"群众运动的意见》要求全军认真贯彻执行

11月29日

中共中央主席 国务院总理华国锋致电罗马尼亚共产党总书记 罗马尼亚社会主义共和国总统尼古

拉·齐奥塞斯库祝贺罗马尼亚统一的民族国家建立60周年

国务院副总理邓小平在北京会见由竹入义胜委员长率领的日本公明党第七次访华团

全国人大常委会副委员长、中日友协会长廖承志，中日友协副会长张香山等参加了会见。

国务院副总理谷牧在北京会见法国外贸部部长让·弗朗索瓦·德尼奥

伊拉克总统贝克尔在巴格达接见全国人大常委会副委员长姬鹏飞

接见前，伊拉克副总统马鲁夫同姬副委员长举行了第一轮会谈。

11月30日

国务院副总理耿飚在北京会见新加坡国会议长杨锦成和由他率领的新加坡金字塔俱乐部访华团

全国人大常委会副委员长姬鹏飞在巴格达与伊拉克副总统马鲁夫举行第二轮会谈

全国人口理论科学讨论会在北京召开

参加会议的有各省、自治区、直辖市有关高等院校、党校、哲学社会科学研究院(所)、计划生育办公室和国家统计局、公安部、城市规划局以及有关新闻、出版单位的同志共171人。陈慕华同志曾到会听取了部分发言，并向全体与会同志讲了话。

这次会议坚持理论联系实际的原则，贯彻百家争鸣的方针，就人口理论问题进行了比较广泛的讨论。关于人口规律与经济规律的关系，总的认为二者既有联系又有区别。有的认为人口规律是经济规律的一个侧面，有的认为人口规律不仅仅是经济规律的一个侧面，还有同志主张人口规律是独立存在的规律，人口理论是一门综合的科学。关于社会主义社会的人口规律问题，大家认识不尽一致，但都强调了有计划地调节人口是社会主义制度下人口规律的基本特征和本质要求。大家还着重讨论了我国有计划地调节人口同加快实现四个现代化的关系，认为这个问题十分重要。从我国的现实条件出发，要保证国民经济有计划按比例地高速度发展，必须相应地贯彻执行中央有关计划生育的方针，进一步降低人口增长速度。只有这样，才能够保证在生产发展的基础上，既逐步提高人民的生活水平，又可以积累更多的资金，为高速度扩大再生产奠定物质基础；才能够保证更快更好地用先进技术装备劳动者，加快提高劳动生产率；才能够更快更好地办好各类学校，加快普及和提高青少年和全民族的科学文化水平；才能够进一步解放妇女，保护儿童，更好地发挥妇女“半边天”的作用。不少同志介绍了各地的典型经验，论述了计划生育工作的必要性和重要性，同时也提出了为了更好地贯彻中央的方针，在口粮分配等经济政策和宣传工作、组织工作方面应注意的问题。

会上还批判了马尔萨斯的人口论，指出我们的计划生育，在内容、目的、手段等方面都同它有本质的区别，应该理直气壮地贯彻执行中央的计划生育方针。同时，对当代国外各种人口理论，也作了批判的分析。

这次讨论会为理论工作者和实际工作者提出了许多进一步研究的课题，对今后人口理论问题的研究是一个很大的推动。会议建议各级党委要更加重视人口问题，加强领导，并建议成立人口学会，加强各地研究机构的分工合作，使人口理论的研究工作进一步开展起来。

12月1日

中共中央主席华国锋副主席叶剑英 邓小平 李先念 汪东兴在人民大会堂接见参加第八届亚运会的中国体育代表团

国务院发出通知要求各地和有关部门改用汉语拼音方案作为我国人名地名罗马字母拼写法的统一规范

根据国务院这一决定，外交部已于12月1日通报各国驻我国的外交代表机关：从1979年1月1日起，中华人民共和国政府的外交文件译文将改用汉语拼音方案作为中国人名地名罗马字母拼写法的统一规范。

国务院文件规定，用汉语拼音字母拼写的中国人名地名，适用于罗马字母书写的各种文字，如英语、法语、德语、西班牙语和世界语等。

国务院文件指出，改用汉语拼音字母拼写我国人名地名，"是取代威妥玛式等各种旧拼法，消除我国人名地名在罗马字母拼写法方面长期存在混乱现象的重要措施"。

威妥玛是英国外交官，曾任英国驻华使馆秘书、公使。他于1867年出版一部京音官话课本《语言自迩集》书中用罗马字母拼写汉语的方式，称为"威妥玛式"。"威妥玛式"原来是作为某些外国驻华使馆人员学习汉文的注音工具，后来扩大用途，成为在英文中音译中国人名、地名和事物的一种主要拼法，一直沿用至今。"威妥玛式"用许多附加符号区分发音，由于附加符号经常脱落，常常造成大量音节混乱。

中国文字改革委员会、中国地名委员会等在给国务院的报告中说，敬爱的周总理在1958年曾经指示，汉语拼音方案"可以在对外文件、书报中音译中国人名、地名"。为了贯彻执行周总理这一指示，各单位多年来做了大量准备工作。例如，编制出版了汉语拼音版的《中华人民共和国分省地图集》。我国气象部门向国际气象联合会提供的我国气象台、站名等也使用了新的拼写法。

报告说，去年8月，在雅典举行的联合国第三届地名标准化会议上，已经通过了我国代表团的提案，采用汉语拼音方案作为中国地名罗马字母拼法的国际标准。今年7月，各有关单位又开会研究了这一问题。大家认为，根据目前准备工作情况，我国人名地名新拼法已经可以开始实行。但是考虑到有些单位的具体情况，这一新的统一规范工作将逐步实行。同时，在联合国地名标准化会议上，我国同意国际上使用这个新拼法有一个过渡时间，因此今后国外来的文件、电报、票证等如仍然沿用旧拼法的，也不要拒绝承办。

中国文字改革委员会、中国地名委员会等还在报告附件"实施说明"中，对改用汉语拼音字母拼写中国人名地名的具体办法作出了规定。例如，在各国外语中我国地名的专名部分原则上音译，用汉语拼音字母拼写，通名部分(如省、自治区、直辖市、江、河、湖、海等)采取意译。文学作品、旅游图等出版物中的人名、地名，含有特殊意义、需要意译的，可意译。历史地名，原有惯用拼译的，可以不改；必要时也可以改用新拼法，后面括注惯用拼法。已经使用的商标、牌号，其拼写法可以不改，但新使用的商标、牌号应采用新拼写法。在改变拼写法之前，按惯用拼写法书写和印制的外文文件、护照、证件、合同、协议、出版物以及各种出口商品目录、样本、说明书、单据等，必要时可以继续使用。新印制时，应采用新拼法。各科学名命名中的我国人名地名，过去已采取惯用拼法命名的可不改；今后我国科学工作者发现的新种，在定名时凡涉及我国人名地名时，应采用新拼写法。

中国选手郭跃华和曹燕华在吉隆坡举行的第四届亚洲乒乓球锦标赛中分获男女单打冠军

12月2日

国务院批转财政部《关于减轻农村税收负担问题的报告》

报告提出，为了加快农业生产的发展，农村社队新办企业一般免征工商税和所得税2年至3年；工商所得税的起征点由原来的全年所得额600元改为3000元；从1979年起，对边境地区和民族自治县(旗)的社队企业免征工商所得税5年；对低产缺粮的生产队，每人平均口粮在起征点以下的，免征农业税。

国务院副总理耿飚在北京会见罗马尼亚驻中国大使杜米特列斯库

全国人大常委会副委员长廖承志在北京会见日本演剧人友好访华团

12月3日

国务院副总理康世恩在北京会见并宴请由埃里克·胡斯率领的瑞典政府代表团

康副总理在宴会上讲话时说，中国遵照毛主席的教导重视向外国学习。"我们的方针是，一切民族、一切国家的长处都要学。我们要同世界各国人民相互学习，取长补短，求得不断进步。"

康副总理说，瑞典在经济建设中有许多经验值得我们学习和借鉴。埃里克·胡斯大臣亲自来北京签订中瑞工业和科学技术合作协定，具有重要意义。协定将把两国在工业、科学技术以及其他方面的友好合作推进到一个新的阶段，也将为我们两国人民互相学习，特别是我国人民向瑞典人民学习，创造良好的条件。

参加会见和宴会的有冶金部部长唐克，国家经委副主任马仪，国家计委副主任甘子玉，国家科委副主任江明，外交部副部长章文晋，外贸部副部长崔群，一机部副部长孙友余。

12月4日

《人民日报》发表社论《对外贸易要有个大发展》

为了加快社会主义四个现代化的步伐，我国的对外贸易必须有一个大发展。小发展不行，中发展也不行。我们要学会在国际市场上做生意，要学会把生意做好做活。

以华主席为首的党中央，提出要引进国外先进技术和成套设备，放手开展对外经济和技术的交流活动。这是一个重大的战略决策。我们要力争尽快实现四个现代化，毫无疑问，立足点应当放在自力更生的基础上。但是，自力更生不等于闭关自守。毛主席历来重视对外贸易工作。发展对外贸易是我们党历来的重要方针。我们大力发展对外贸易，灵活运用国际上通常采用的一些做法，利用国外资金，引进先进技术，目的就是为了加快发展我国的经济建设事业。这是当前政治、经济形势发展的需要，是加速实现四个现代化的需要。

外贸战线是受“四人帮”干扰破坏的重灾区之一。批判“四人帮”在外贸战线假左真右的谬论，仍然是一项重大的任务。“四人帮”诬蔑出口是“卖国主义”，攻击进口是“洋奴哲学”，完全是别有用心的。面对着外贸大发展的新形势、新任务，不少同志存有疑虑，甚至对一些新的做法视为禁区。“是不是有损我国主权呀！”“是不是不太光彩呀！”诸如此类的糊涂观念和想法，充分说明有些人还没有从“四人帮”的精神枷锁中解放出来。谁都知道，世界上没有一个国家使用的东西是全靠自己生产，不买外国的产品；也没有一个国家生产的东西都留着自己使用，不把产品卖给外国。进出口贸易是全世界任何国家不可缺少的。世界上没有一个现代化的国家是闭关自守搞起来的。伟大的列宁和斯大林在十月革命胜利之后，为迅速恢复和发展苏联的经济建设，就曾有效地利用外部因素，如吸收外国贷款，进口外国的机器设备，接受西方技术援助，聘请资本主义国家的专家，同外国资本家组织合营公司。列宁说得更为明确：“资本主义得到的将是多余的利润，——这种多余的利润由它去吧——我们所得到的将是主要的东西，有了东西我们就一定能巩固起来，最终站立起来，在经济上战胜资本主义。”我国的对外贸易始终坚持平等互利、互通有无的原则，我不强加于人，人也不能强加于我，一切谈判、协定、交易都必须不损害我国主权，不影响我国经济独立，因此用不着有多余的担心。要把对外贸易做大做好做活，首要的一条就是解放思想，消除顾虑，理直气壮。只有如此，才能大着胆子去干，放开手脚去干。

进口要有个大发展，出口必须相应地大发展。目前，我国的出口贸易只占世界出口贸易总额的千分之六，这显然跟我国的国际地位很不相称。谁都知道，不管采用什么方式引进或使用国外资金，归根到底，都要用增加出口来偿付。要用外汇，首先要创造外汇。创汇多，用汇就多。各部门要把用汇与创汇挂起钩来。切不可谈引进，劲头十足，谈出口，调门很低。努力把出口搞上去，多创外汇，才能不断增强我国对外支付能力，这同增加建设资金的积累一样，同样是个抢时间实现四个现代化的问题。

把出口搞上去，根本的一条是要搞好生产，发展生产。这是增加出口的基础。如果光在流通领域里打主意，解决不了大问题。我国地大物博，资源丰富，社会主义经济有了相当的基础，只要把中央和地方，沿海和内地，口岸和非口岸，一句话，把上下左右的积极因素充分调动起来，大家都来动脑筋，想办法，出口货源的潜力是很大的，创造外汇的门路是很多的。且不说开辟新的创汇门路，就是把老的创汇门路搞好了，出口大上也是不成问题的。国际市场竞争性强，产品日新月异，出口商品必须做到优质、适销、对路。这不仅是个能不能多创外汇的经济收益问题，而且关系到能不能为国争光的政治问题。外贸部门要精心协助生产部门搞好出口商品的生产，要拿出足够数量有竞争能力的传统商品、名牌商品投入国际市场。建立出口商品基地和专厂、专车间，实践证明是增加出口货源、保证出口产品质量、完成重点出口任务的一项重要措施，一定要认真办好，真正收到实效。出口商品的构成也要改变，在组织好农副土特产、轻纺产品和工艺美术品等传统商品出口的同时，要大力提高工矿产品和耐用消费品出口的比重，特别要努力把原材料制成成品、把低级加工产品改为高级加工产品出口，争取更多的外汇。

大力发展出口必须正确处理好内外销的关系。8亿人口的大国，巨大的国内市场，加上我们的生产还不发达，许多商品往往总是嫌少不嫌多，不挤一点也是不行的。特别是有些不属于人民生活最必需的商品，要下决心挤出一部分出口。有人主张“出口可多可少”，

"自给有余才出口",这实际上是把国内市场和国外市场对立起来。前些年,我国引进的13套大型化肥设备和四套化纤设备,有些已陆续建成,投入生产后,就很快调剂和支援了国内市场。扩大出口固然需要挤一点国内市场,需要国内市场的支援;而搞好国内市场,同样也需要对外贸易、国外市场的支援。眼前的"挤一点""紧一点",正是为了长远的"松一点""好一点"。扩大出口还能促进产品水平的提高,某些商品的改进,往往是从外销开始,一逼,就把质量、品种、规格、花色、包装逼上去了。通过外贸,可以检验和提高我国的经济、技术水平。外贸和内贸互相依存、互相促进,道理也就在这里。

要使对外贸易有个大发展,不能看成只是外贸部门的事,必须大家动手,全党齐心协力。各有关部门,各省、自治区、直辖市要指定得力的、有业务知识的领导同志来专管外贸,大家都要关心出口。要来个大宣传,大发动,要把出口交货任务明确落实到各部门、各地区以至有关的企业。外贸、商业、供销、财政、银行和工交、农林战线的同志们要拧成一股绳,通力合作,互相支持,把扩大出口作为自己分内的、责无旁贷的任务来完成。有出口任务的企业,一定要重合同、守信用,保质保量并且按时完成交货任务,如果完不成出口计划,不能履行交货合同,就不能成为大庆式企业,应受到批评以至必要的经济制裁。为调动中央、地方和生产单位的积极性,必须实行外汇留成和出口多的多分外汇的原则,这是鼓励出口,促进外贸大发展的一项重要措施。

要把对外贸易做大、做好、做活,一定要冲破思想牢笼,还要在体制上、经营管理上来一番大的改革。小生产思想同在国际市场上做大生意是格格不入的。要克服目光短浅,因循守旧,安于现状,消息闭塞的习气,丢掉拘谨刻板,缺少魄力,拖拖沓沓,不讲效率的作风。华主席号召我们:"思想再解放一点,胆子再大一点,办法再多一点,步子再快一点",这些指导思想对外贸战线来说,具有极大的现实意义。我们要走出去做生意,加强商品推销;要加强调查研究,钻研业务,努力学会同国外商人打交道,把生意做好做活。外贸体制要在统一政策、统一计划、统一对外的前提下,做到统而不死,活而不乱,工贸结合,产销见面,改变目前层次多、关卡多、扯皮多的状况,使管理体制适应外贸大发展的要求。进出口商品和外汇来之不易,稍有不当,损失严重,所以要精心地改善经营管理,防止差错,杜绝浪费;切实做到合理运输,及时交货,减少库存,加速周转。

当前,国际的政治和经济形势对我有利。我们应该千方百计地搞好外贸事业,为加速我国的社会主义建设作出更大的贡献。

国务院副总理李先念在北京与加蓬总统哈吉·奥马尔·邦戈举行会谈

中国方面参加会谈的有外交部副部长何英,中国人民解放军副总参谋长张才千,对外经济联络部副部长程飞,中国驻加蓬大使刘英仙等。

中国政府和法国政府在北京签署一项为期7年的关于发展经济关系和合作的长期协定

根据协定,7年内,双方贸易总额累计将达600亿法郎。

国务院副总理邓小平参加了签字仪式,并在签字仪式前会见了法国外贸部部长让·弗朗索瓦·德尼奥。

邓副总理说,这个协定是两国合作的良好开端。发展两国贸易关系,一定要建立在互利和相互信任的基础上。只有这样,才会持久。中、法合作的领域多得很,大有希望。

邓副总理在回答法国记者的问题时表示,中国已决定向法国购买两座核电站设备。

代表法国和中国政府在协定上签字的是让·弗朗索瓦·德尼奥部长和李强部长。

协定指出,两国政府将采取一切有益的措施,为加强两国经济关系和合作创造最好的条件,以促进双边交流迅速增长。协定规定,两国将在农业、畜牧业、能源、采矿、钢铁、航空、空间技术、机械制造等领域进行广泛的合作与交流。

国务院副总理王震在北京会见日本日中农业农民交流协会会长八百板正 事务局局长堀江真一郎

国务院副总理方毅在北京会见法国电视二台摄影队并接受他们的电视采访

方毅副总理在回答摄影队领队帕特里科·克莱芒的提问时指出,中、法两国之间经济、贸易等方面的合作有着广阔的发展前景。方毅副总理还介绍了我国国内形势和中国对一些国际问题的立场。

12月5日

中共中央主席 国务院总理华国锋在北京会见加蓬共和国总统哈吉·奥马尔·邦戈及其随行人员

李先念副总理参加了会见和谈话。

谈话时在座的还有:我国外交部副部长何英,中国人民解放军副总参谋长张才千,外经部副部长程飞,中国驻加蓬大使刘英仙等。

国务院副总理邓小平在北京会见加蓬总统哈吉·奥马尔·邦戈

国务院副总理李先念在北京与加蓬总统哈吉·奥马尔·邦戈继续举行会谈

中国政府和瑞典政府在北京签署为期10年的关于工业和科学技术合作协定

国务院副总理康世恩出席了签字仪式。康世恩副总理说,在这个协定的基础上,中、瑞两国将在工业和科学技术方面进行更广泛的合作。

瑞典工业大臣埃里克·胡斯和我国国家经委副主任马仪分别代表本国政府在协定上签字。

《文艺报》和《文学评论》编辑部在北京新侨饭店举行座谈会

为了拨乱反正,繁荣社会主义文艺,必须实事求是地按照“有错必纠”的原则,给过去批错了的作品和作者平反。这是文艺工作者在座谈会上发出的一致呼声。

出席会议的有首都和在京的上海、天津、安徽、湖北、新疆等地的文艺工作者,以及部队文艺工作者共100多人。在会上先后发言的有丁峤、李健彤、夏衍、赵寻、宁干、李曙光、马彦祥、王蒙、王子野、贺敬之、周巍峙、张光年等10多人。周立波因病未出席,作了书面发言。

座谈会上谈到要重新评价的作品或作者,长篇小说有杜鹏程的《保卫延安》、李健彤的《刘志丹》、周立波的《山乡巨变》、赵树理的《三里湾》等,短篇小说有王蒙的《组织部新来的年青人》、马烽的《三年早知道》、西戎的《赖大嫂》、陈翔鹤的《陶渊明写挽歌》等,散文作品有陶铸的《思想,情操,精神生活》、刘宾雁的《在桥梁工地上》、陶承的《我的一家》等,电影故事影片有《红河激浪》《革命家庭》《逆风千里》《早春二月》《阿诗玛》《不夜城》《怒潮》,戏曲影片《尤三姐》等,戏剧有吴晗的《海瑞罢官》、孟超的《李慧娘》、海默的《洞箫横吹》、杨履方的《布谷鸟又叫了》、吴雪、陈戈、丁洪、戴碧湘的《抓壮丁》、白刃的《兵临城下》以及《谢瑶环》等。

发言者在回顾这些作品或作家的遭遇时,认为必须认真总结文艺界两条路线斗争的历史经验,他们说,随随便便就给一个作品定为毒草,一个十分重要的原因,就是社会主义民主和法制还不健全。因此,我们需要研究解决如何保证给文艺工作者以法律的保护,如何保证文艺界自由地进行民主的讨论。近30年的历史经验说明,如果我们真正坚持实践是检验真理的唯一标准,从客观的实际出发,我们就不难正确地对待文艺作品的功过得失,科学地作出恰如其分的评价。

一些发言者着重指出,要正确地重新评价这些作品和作者,还要对什么是“中间人物”,什么是“暴露文学”,如何看待“清官”、“为民请命”等许多问题进行理论的研究,澄清文艺理论上的许多是非。座谈会上的发言者强调指出,给批错了的作品和作者平反,不是要向后看,算旧账,而是为了总结经验教训,向前看,实事求是地重新评价这些作品,是为了澄清政治上、思想上、理论上的是非,更好地调动广大文艺工作者的社会主义积极性,创造出更多更好的文艺作品,为建设社会主义现代化强国的伟大革命事业服务。

12月6日

《人民日报》刊登本报通讯员和新华社记者的长篇通讯《农民爱这样的社会主义——欣欣向荣的江阴县华西大队》并发表评论员文章《华西的经验说明了什么?》

今年夏天,有两名外国记者到华西大队参观访问。参观之余,他们提出,要找一个富农分子谈谈。大队干部当即表示同意。这两名外国记者在一个富农家里提出了一连串问题,当问到她家和华西大队社员的生活水平如何时,这个富农分子扳着指头算了一笔账:解放前,她家的收入,平均每人每年至多十担稻谷;现在,华西大队的社员,每人每年分配加上集体福利,达到了二百四十一元,相当于二十四担稻谷。这个富农分子不得不承认,如今华西大队社员的收入远远超过了解放前富农的收入。

集体经济繁荣,社员生活富裕,这是华西大队最引人注目之处。正因为如此,参观过华西的人无不交口称赞:“这样的社会主义,社员群众哪个不爱!”

欣欣向荣的新华西

十五年以前的华西,村庄东一摊,西一簇,零零落落;星罗棋布的坟墩,蚯蚓一般弯弯曲曲的小河小浜,把七高八低的农田分割得支离破碎。

今天的华西,地平似镜,田块成方,树木成行。锦绣田野上稻波柳浪簇拥着华西新村,在一排排由窗明几净的平房、楼房组成的社员住宅中间,四层社员文化大楼和五层教育大楼巍然矗立。

十五年前,华西大队粮食平均亩产上了《纲要》,但是,单一的粮食生产,缓慢的发展速度,始终使他们摆脱不了贫困的处境。组织起来已经十年,大队还欠着国家一万五千元的贷款;社员辛辛苦苦劳动一年,从集体分配到的粮食仅能糊口,花钱不得不自找门路。

现在,随着生产条件的改善,华西大队农业迅速发展,五业兴旺。十五年间,粮食平均亩产连续跨过了“双纲”,“三纲”,今年达到二千七百二十斤。这个每人只有七分地的大队,近八年来,平均每年交售粮食七十六万多斤,交售肉猪八百七十多头,鸡鸭鹅兔一万六千多只,鲜蛋近一万四千斤。工业、副业迅速发展,经营项目达到三十多个,工业、副业产值占全大队总产值的百分之七十八。

农业、副业、工业的飞跃发展,使集体经济迅速壮大,全大队公共积累达一百一十三万元。队里盖了猪、羊、兔舍和仓库三百多间,添置了中小型拖拉机、卡车、发电机、电动机、插秧机等农业机械七十多台,耕翻、排灌、脱粒、植保和农副产品加工都实现了机械化和半机械化。

随着生产的发展,社员生活富裕起来。近几年来,社员分配平均每人每年达到一百八十五元,百分之九十八的社员家有半年到一年的储备粮。今年社员分配,每人可达二百二十元。

集体经济的壮大,公益金的增加,使得华西大队能够举办许多过去连想也不敢想的公共福利事业。十五年来,队里按照统一规划、社会自愿、集体扶持的原则,新建了六百七十间平房、一百九十间楼房,每个社员的居住面积达到了二十多平方米。这里,幼儿入托,小学到高中学生的学费,全部由大队负担;社员理发、洗澡不花钱;蔬菜免费供应,每天由专人送到户;缝衣、看病、绱鞋收半费;妇女生孩子或计划生育动手术,给予假期,假期内工分照记,还发给营养费;丧失劳动力的老人或五保户,不仅由大队供应口粮、柴草、蔬菜,每月还发给五元零用钱。队里还添置了两台电视机、两台电影放映机,办起了图书馆,修建了两个篮球场。每逢节日假日的晚上,文化大楼灯火通明,礼堂里乐声悠扬,球场上龙腾虎跃。社会主义使这个普通的江南农村充满幸福的春光。

靠什么把农民吸引到社会主义道路上来

1963年前,华西大队的贫困落后是在周围社队中间出名的。有的生产队分配水平只有五六十元。社员“吃粮靠集体,用钱靠自己”,地薄、队穷、人心散。人们的心思稳不在农业上。有的妇女不得不白天黑夜在家纺纱织布,赚些现钱;有的社员干脆外出敲锣卖糖做小生意、捞鱼摸虾、当工匠混日子。“跳出农门万丈高,行行都比农业好。”看到这个光景,党支部忧心如焚。教育、阻拦、批判……,用了各种办法,都不济事。直到孙金才和阿龙出走的严重事件发生之后,才使大队党支部在思想上受到了震动,开了窍。

孙金才是个巧木匠,在旧社会吃过好多苦。农业集体化以后,他满怀喜悦盼望好日子,在队里干活很积极。可是年复一年,华西面貌依旧,他心里凉了半截,重又背起木匠工具走村串乡。队里农具坏了,要他去修理,他推托不干,说:“若要我回心转意干队里的活,除非集体收入胜过我单干!”小名叫阿龙的孙龙泉,身强力壮,有一手捕鱼摸蟹的好本事。当初,他也一心爱社会主义,结果华西还是老样子,他也灰心了,对干部说:“你们搞社会主义是嘴上说说的。”他决意跳出华西自找出路,抛开农业捕鱼摸蟹。他一下子跑到浙江嘉兴,临走时还发誓说:“就是死在外头也不回华西这个穷地方!”

这两件事不同寻常,震动了整个华西大队。它给大队党支部出了一个严峻的题目:要群众爱社会主义,到底靠什么?党支部书记吴仁宝心里难以平静,他为自己没有把社会主义搞好而深感内疚。他反复思忖:农民最讲现实。过去他们跟党走,并不是因为我们干部说得特别好听,而是党领导他们翻身当了主人。现在,社会主义已经搞了好多年了,如果生产不发展,农民连肚子都吃不饱,他们怎能一心扑到社会主义上呢?严酷的现实使他豁然明白了一个十分深刻的道理:要使农民真心实意地爱上社会主义,最有力量的方法是,从根本上改变几千年留下的农村面貌,把集体经济迅速发展起来,使社员的日子一天比一天好;不然,拉着、推着、哄着,是不可能把农民的心真正引上社会主义道路的。搞好搞不好生产,不只是一个经济问题,而且是巩固农村社会主义阵地的政治问题。党支部从此痛下决心,带领群众建设社会主义新华西。他们发动群众制定了一个发展生产,改变华西面貌的十五年规划,提出要平整土地,兴修水利,科学种田,实现亩产一吨粮,社员统统住进新瓦房。

那些年月,正是林彪、“四人帮”猖獗之时,要带领群众发展生产,谈何容易?当时,林彪在苏南树了一个所谓“活学活用”的样板,天天搞什么早请示、晚汇报。华西大队不理这一套,就被指责为“不突出政治”的“生产典型”,加上了与“政治样板”、“唱对台戏”的罪名。大队党支部书记吴仁宝决心已下,决不动摇。他不断鼓励社员说:“干社会主义没有罪,要吃官司我去顶!”他们冲破重重阻力,自力更生、艰苦奋斗,用自己的双手创造出社会主义的崭新天地。到1972年,华西大队提前七年实现了十五年规划。粮食平均亩产达到了一吨,社员的分配水平一跃上升到一百六十元,二百多户社员全部住进了新盖的瓦房。

广大社员用自己的双手发展了生产,创造了社会主义的家业,使社会主义的优越性展现在大家的眼前。巧木匠孙金才回来了,大队造房起楼,他干得很欢。捕鱼摸蟹的阿龙也回来了,他担任了作业组副组长,变成了个模范社员,年年得到奖状。

今天的华西,社会主义集体经济像磁石一般,吸引住了广大社员。

农民为集体各尽所能，集体让社员多劳多得

华西大队党支部认为，要把群众的社会主义积极性最大限度地调动起来，必须随着生产的发展让每个人都得到越来越多的物质利益。社员只要努力生产，就能得到应有的报酬，劳动得多，得到的多。社会主义保障社员靠自己的双手创造幸福生活，使他们一捧起饭碗，就感到社会主义甜蜜，一走进家门，就感到社会主义温暖，从而体会到社会主义大有奔头，越干越想干。

华西大队党支部特别注意贯彻“各尽所能，按劳分配”的原则，认真执行定额管理。在这里，所有能劳动的社员，都分配有适当的工作；所有的工作，又都严格按照劳动的数量和质量评定工分，并且实行奖励先进的办法。社员为集体创造的物质财富越来越多，他们的个人收入也就水涨船高。以去年为例，社员年终分配扣除粮草后，全大队平均每人分得现金一百二十六元，比一九六三年高出三倍以上。在二百七十四户中，分得现金在千元以上的有二十九户，五百元以上的有一百三十七户。今年，大队在社员收入普遍比去年提高百分之二十的基础上，还拿出一万多元现金奖励那些劳动好、贡献大的社员。

有些人担心贯彻了按劳分配原则会因劳动力强弱不同而造成两极分化。其实这种担心是多余的。真正实行了社会主义分配原则，调动了广大社员的积极性，只会使劳动者共同富裕。吴荷英一家的经济收入情况就能说明问题。吴荷英小时候患了麻痹症，双脚瘫痪，长到十六岁还在家里吃闲饭。她的父母都已年过六十，体弱多病，在田里干活拿不到多少工分，她家年年都超支，生活很困难。后来，党支部书记吴仁宝亲自摇着小船，把荷英送到附近的镇上学鞋匠。学艺满师，又把她安排在生活服务组绱鞋。根据她的贡献，大队给她按强女劳动力一样记工。荷英的父亲被安排在养鸡场干活。母亲在场头干些零活。两老一残，常年劳动，收入增加。近几年，全家扣除粮草，每年都分进现金六七百元。困难户变成了富裕家庭。像吴荷英的家庭这样，全大队有八十多个老弱病残社员，都分配了力所能及的工作，八年来，年年没有超支户。

苏州地区每当“双抢”大忙，社员每天干活一般都在十六个小时以上。有的社队动员“双抢”，不是说要脱几层皮，就是说要掉几斤肉。华西大队党支部认为，社员劳动强度越大，越要关心社员生活。他们规定社员每天午饭后必须有两个钟头的休息时间，同时把农忙食堂办得好上加好。食堂里的早饭，有油条，有包子；午饭和晚饭，都是每桌两荤两素加一汤。饭前还有番茄、西瓜消暑解渴。下午劳动时间长，食堂还把大麦茶、馒头送到田头。

第一年办农忙食堂，他们找了六十个姑娘，大忙前先称了体重，待大忙一过复查，有三十九个增加了体重。第二年再称，四十九个姑娘中有三十一个体重增加。第三年大忙前又称。大忙一过，大家乐开了，都说："不用再称了，看看脸色就知道啦！"

这些年，华西大队的口粮标准已经达到六百二十斤，但是党支部想到，口粮足了，还得增加副食品，加强营养。大队不仅大力发展养猪，保证每个社员一年能吃到四十斤猪肉，还由集体给每个社员代养两只母鸡，鸡蛋全部发给社员吃。今年八月，他们又引进了六头奶牛，要让社员每天能喝上新鲜牛奶。

最有说服力的社会主义教育

存在决定意识。人们的思想是与物质条件密切相关的。我们要不断地向农民灌输社会主义思想，教育农民“爱社如家”，为革命种田。但是，政治思想教育任何时候都必须与经济工作，与关心社员的物质利益一道去做，才能收到显著成效。

集体经济发展了，社会生活富裕了，他们的思想会发生怎样的变化呢？“四人帮”打出了“富则变修”的假左真右的旗号，把这个问题说得吓人。华西大队的事实说明，社会主义给农民的物质利益越多，农民越热爱社会主义，干社会主义的积极性就越高，资本主义、修正主义的市场就越小。

不久以前，党支部曾经对全大队社员的思想作了分析：大部分社员心向集体，爱队如家，忘我劳动，干劲十足。这种人，这几年越来越多了。一部分社员也懂得个人与集体的关系，劳动的劲头也很大，但他们想得较多的是队里工价高，出勤少了，个人的损失就不小。这种人当前还不少。还有极个别的社员则认为集体富，有依靠，少干一点也吃得饱。对第一种社员，大队大力表扬，积极提倡他们的精神。对后两种人，大队认为，事实是最有说服力的教育，只要摆出事实，讲清道理，帮助他们摆正集体和个人的关系，他们的思想觉悟是不难赶上第一种人的。总之，社会主义集体经济的繁荣，使全大队社员对社会主义更加热爱了，对那些后进的社员进行社会主义教育，也比过去更有力、更有效了。

华西大队社员集体劳动的干劲越来越大，出勤的天数不断增多，1977年同1963年相比，每个男社员增加了三分之一，女社员增加了两倍。劳动工效也大大提高。过去要几年才能干完的事，现在往往只要一年甚至几个月就办好了。

华西大队的社员更加热爱集体了。1964年以前，华西大队损公肥私的现象还是屡见不鲜。如今，河里跳出一尾鱼，滩上遗留一个蛋，社员们拾到后都主动交公。夏秋季节，瓜果满园，没有一个人私自采摘。有一年，华西大队早稻收割登场，遭到了暴风雨的袭击，淋湿稻谷达七万多斤，干部们称也不称，就把稻谷分散到各家各户晾烘。全大队二百多户家家是仓库，人人当保管。社员们宁可大热天睡被单，却让出席子、门板为集体多晾一些稻谷。干部对群众如此信任，群众对集体如此热爱，这在过去是难以想象的。

看到这一切变化，华西大队党支部领导成员深有体会地说：农民们年年都在算账。正因为集体经济给社员们带来越来越美好的生活，他们的心才同旧制度离得更远，跟社会主义新制度贴得更紧，他们才把自己和家庭的命运同社会主义大农业紧紧地联系在一起。

华西的经验说明了什么？

介绍华西大队的通讯《农民爱这样的社会主义》，说明了一条极为重要的经验：走农副工综合发展的道路，努力壮大集体经济，逐步改善社员生活，社会主义道路就越走越宽广。相反，在集体经济比较薄弱的情况下，不用全力发展生产，而热衷于"砍"、"堵"或者"过渡"，此路不通。

江阴县华西大队，原来是个有名的穷队。组织起来十多年，仍然没有摆脱贫穷落后的面貌，社员情绪不高，外流人员不断。为了解决这个问题，党支部采取教育、阻拦、批判……各种办法，效果不大。后来，他们走农副工综合发展的道路，集体经济日益繁荣，社员生活日益富裕。这样一来，社会主义就像磁石一般吸引了广大社员，木匠孙金才回来了，捞鱼摸虾的阿龙也回来了，变成建设新华西的积极分子。农民是讲求实际的。只有使农民从切身利益中感到社会主义确实比资本主义好，他们才能越来越热爱社会主义，越把自己的命运同社会主义集体紧紧地联系在一起。正是这种利益，成为推动他们积极投入社会主义建设的动力。

我国广大农民在党的领导下，经过土改、合作化到人民公社化，由于集体经济不断发展，人民生活逐步改善，是坚信"只有社会主义能够救中国"的。但是，这些年来，林彪、"四人帮"一伙，一面用"唯生产力论"的棍子打，不准人们搞好生产；一面拿"物质刺激"的帽子压，不许人们搞好分配和改善生活；他们把本来属于社会主义性质和社会主义补充的东西，当作"资本主义"来批。在他们这套假左真右货色的影响下，有些同志为"堵资本主义的路"，不许农民经营正当的家庭副业，不许农民上农村集市，不许集体经济中工业和副业的收入超过农业的收入。总之，"土政策"五花八门，猪羊鸡鸭都遭了殃。结果，破坏了集体经济，农民生活下降，有的地方出现了资本主义活动，有些社员逐渐对社会主义失去了信心。"四人帮"却说什么"越穷越革命"、"富了要变修"。经过揭批"四人帮"，人们逐渐明辨了是非，从正反两方面的经验中，认识到这种"越穷越革命"的反马克思主义观点，同毛主席关于走共同富裕道路的指示是完全对立的。这几年，我们付出了很大的学费，也懂得了一个千真万确的道理：在农村，要迈开社会主义的步，一定要批判林彪、"四人帮"假左真右的修正主义路线，彻底肃清这股流毒。

当然，我们讲改善生活，前提是发展集体生产。华西大队党支部是带着深厚的阶级感情，建设华西、安排社员的美好生活的。华西大队在创业的阶段，人们叫它是"做煞大队"(意思是要累死)，有的姑娘怕"做煞"，不愿和华西的小伙子结婚。现在，经过艰苦创业，集体经济壮大了，社员富裕了，人们又叫它"幸福大队"，姑娘们都愿嫁到华西来了。华西大队党支部正是按照在发展生产的基础上逐步改善社员生活的原则，以较快的速度建成了今日的新华西。

当前，我国已进入了一个新的历史时期。实现四个现代化，农业是基础，不可能设想，四个现代化能够建立在贫穷落后的农业上；也不可能设想，在社员生活长期得不到改善，社员的积极性不高，有些人甚至对社会主义优越性失去信心的情况下，能建成四个现代化的社会主义强国。一切真心想实现四个现代化的同志，都应该像华西大队党支部那样，切切实实地集中力量壮大集体经济，并在生产不断发展的基础上逐步提高社员的物质生活和文化生活水平，使他们从切身利益看到社会主义大农业的光辉前景，全力投入这场改天换地的伟大斗争。

我们要牢记毛主席的教导："一切空话都是无用的，必须给人民以看得见的物质福利。"有了强大的物质基础，加上深入细致的政治思想工作，才能最有效地堵住资本主义的路。华西大队的实践，是对林彪、"四人帮"流毒的有力批判；华西大队经验的可贵之处就在这里。

国务院副总理邓小平在北京会见孟加拉邮电部部长毛杜德·艾哈迈德和夫人以及由毛杜德部长率领的孟加拉邮电代表团

国务院副总理耿飚在北京会见美国国会议员团

引进一米七轧机工程在武钢基本建成

一项具有70年代先进技术水平的一米七轧机工程，最近在武汉钢铁公司基本建成。

这项工程是为了轧制薄钢板而建设的，包括连铸车间、热轧薄板厂、冷轧薄板厂、硅钢片厂3个厂、1个车间。按设计能力，每年可以轧制薄钢板300万吨。目前它的主体设备已经全部安装就绪。其中的一号连铸机、连续冷轧薄板、硅钢片3套设备最近相继进行了试生产，轧出了部分合格产品。另一套热轧薄板设备也已安装完毕，正在模拟轧钢。

一米七轧机工程，是目前我国从国外引进的现代化先进设备中规模最大、采用先进技术最多的一项工程。据主管部门的同志说，这项工程的引进是成功的，工艺是成熟的，设备安装的质量也是良好的。

一米七轧机，是指钢板轧机的轧辊宽度为1.7米。用它轧出的薄钢板，最宽的可以到1.55米。用这套轧机可以轧制多种规格、型号的薄钢板。其中冷轧薄板和硅钢片是我国钢铁工业的稀缺品种，目前主要靠从国外进口。一米七轧机工程建成投产，将使我国钢材品种大大丰富起来，国家每年可因此节省进口钢材的外汇10亿美元。一米七轧机的先进技术和设备，还对我国钢铁工业赶超世界先进技术水平，具有有益的参考价值。

一米七轧机包括4套设备，都具有70年代的先进技术水平，有大型化、连续化、高度自动化和高速化的特点。它广泛地采用电子计算机控制、可控硅整流和供电、液压传动，拥有光电管、同位素、红外线、工业电视等检测仪器，并采用先进的技术和工艺处理废水废液以及进行烟气除尘。操作人员在总控制室，依靠电子计算机来指挥生产，通过工业电视来观察现场机器运转，生产现场只有少数人在监视。在这里，电子计算机代替了许多人的劳动。

在一米七轧机的连铸车间，由转炉送来的钢水温度高达1600多度，通过结晶器，直接铸成了板坯，这样，就少建了一个初轧厂，又省去了铸锭、脱模两道工序。连铸车间生产的板坯还没有完全冷却，就被送到热轧厂，经过加热、粗轧、精轧，连续一次轧成成品。热轧厂生产的一部分薄板，送到冷轧厂，通过一台五机架连轧机，一次就可轧制成各种规格的冷轧薄板。

整个生产过程全部是连续作业，成卷轧制，生产效率高，轧制速度快。热轧薄板速度每秒钟为23米，冷轧薄板速度每秒钟为30米，一分钟1800米，相当于特别快车的时速。不论是热轧或冷轧，轧出的薄板表面平整，厚薄均匀，没有缺陷和裂纹。由于连续轧制，金属的回收率高。热轧薄板厂每吨板坯回收率平均达到97%，比国内老设备分段轧制高5%，按照热轧薄板厂的生产规模，一年可以多产钢材15万吨，相当于一座小型轧钢厂。

一米七轧机是经毛主席、周总理批准，分别从西德和日本引进的。这项建设工程于1974年9月正式破土动工。在建设过程中，由于受到“四人帮”严重的干扰破坏，使工期拖延了。粉碎“四人帮”以后，参加一米七轧机工程的建设者们精神振奋，大干快上，高质量地完成了设备安装任务。武钢广大干部、技术人员和工人以外国专家为师，老老实实地虚心学习。他们刻苦钻研技术，比较快地掌握了70年代的轧钢新技术，保证了试车顺利进行。

12月7日

国务院总理华国锋致电大平正芳祝贺他荣任日本国内阁总理大臣

全国人民代表大会常务委员会举行在京委员报告会

会上听取了余秋里副总理关于汪东兴副主席率领我国党政代表团访问民主柬埔寨的情况报告，黄华外长关于邓小平副总理访问泰国、马来西亚、新加坡三国的情况报告。

叶剑英委员长主持报告会，并作了重要讲话。

叶委员长说，在越南扩张主义者准备再次向柬埔寨发动大规模的侵略、苏越刚刚签订所谓“友好合作条约”之际，以汪东兴副主席为团长、余秋里副总理为副团长的我国党政代表团访问了民主柬埔寨，重申了中国人民坚决支持柬埔寨人民反对苏越霸权主义的正义斗争。通过访问进一步增进了中柬两党、两国和两国人民的革命友谊和战斗团结。

他说，与此同时，邓小平副总理访问了泰国、马来西亚和新加坡三国，揭露了苏越的世界霸权主义和地区霸权主义，增进了我国与三国的相互了解和友谊。邓副总理回国途中在仰光机场停留时，同缅甸总统吴奈温举行了会谈，就共同关心的国际问题特别是就亚洲形势交换了意见。

他指出，邓小平副总理、汪东兴副主席的访问，对苏越霸权主义是一个有力的打击，对扩大反霸统一战线、维护东南亚和亚洲的和平与安全，具有重大的意义和深远的影响，访问取得了圆满成功。

宋庆龄、乌兰夫、吴德、谭震林、李井泉、邓颖超、赛福鼎、廖承志、阿沛·阿旺晋美、周建人副委员长出席了会议。

党和国家其他领导人许世友、李德生、彭冲、王震，最高人民法院院长江华，最高人民检察院检察长黄火青列席了会议。

列席今天会议的还有中共中央和国务院各部门的负责人，中国人民解放军各总部、各军兵种负责人，以及在京的政协全国委员会常务委员。

余秋里副总理在报告中说，由汪东兴副主席率领的我国党政代表团，访问民主柬埔寨获得了圆满成功。访问期间，中柬双方举行了会谈。他指出，会谈是亲切、诚挚和融洽的,所涉及的问题双方观点是一致的。通过同志式的交谈,进一步增进了相互了解,密切了关系,加强了团结。

余副总理说,柬埔寨共产党是一个坚强的马列主义的党。目前,越南扩张主义者在苏修大力支持下,正在对柬埔寨进行猖狂的武装侵略和阴谋颠覆活动。柬共从中央到地方,都表现出决心抗击到底的坚强意志,并且从各方面都做了长期斗争的准备,充满胜利的信心。柬共是从战斗中成长起来的,柬埔寨革命军是有丰富战争经验和强大战斗力的,柬埔寨人民的胜利完全是靠自己打出来的。有这样一个好党,有这样一支坚强的革命军队,有这样经过战争锻炼的英雄人民,有以波尔布特同志为首的党中央的正确领导,尽管柬埔寨反对苏、越侵略战争将是激烈的、长期的、艰巨的,但我们相信,最后胜利一定属于柬埔寨人民。

黄华外长在报告说,邓小平副总理不久前对泰国、马来西亚和新加坡进行了正式友好访问,这是我国领导人第一次访问这三个国家,也是对泰国总理江萨、马来西亚故总理拉扎克、新加坡总理李光耀访华的回访。这是继华主席访问朝鲜、罗马尼亚、南斯拉夫、伊朗,邓副总理访问日本之后的又一重大外交行动。访问增进了同这三个国家的相互了解与合作,加强了我国同东盟国家的关系,对苏越加紧勾结向东南亚地区渗透扩张、挑拨我国同东南亚国家关系,是一沉重打击,扩大了反霸统一战线,促进了东南亚地区的反霸斗争。访问取得了圆满成功。

黄华外长说,东南亚战略地位重要,是苏全球战略部署中的一个重要环节。东盟的存在,东盟内部的团结和协调一致,是东南亚地区和平和稳定的重要因素,是抵制苏越勾结在本地区扩张的一支巨大的力量,具有战略意义。他说,我们要坚持支持东盟的一贯立场,积极发展同东盟国家的友好合作关系,为维护东南亚和亚洲、太平洋地区的和平与安全共同努力。

黄华外长说,泰国、马来西亚、新加坡都有同我国进一步发展关系的愿望,三国经济发展和科学技术方面都有些先进的东西值得我们学习,我们要继续加强同这三国及其他东南亚国家的经济、贸易、文化和体育交往。

中央军委授予空军航空兵某师中队长陈修文“忠诚战士”荣誉称号

中共中央军委发布命令,授予空军航空兵某师中队长陈修文以“忠诚战士”的荣誉称号。空军领导机关今天在北京为陈修文同志举行命名大会。

中共中央政治局委员、空军司令员张廷发在会上宣读了中央军委命令。命令说,陈修文同志在林彪死党周宇驰等劫持直升机阴谋叛国投修的严重时刻,临危不惧,同叛徒英勇搏斗,壮烈牺牲,以自己的生命粉碎了林彪死党周宇驰等的罪恶阴谋,保住了党和国家的重要核心机密,为党为人民作出了重大贡献。命令号召全军指战员向陈修文同志学习。学习他忠于党,忠于人民,坚决执行和捍卫毛主席革命路线的坚定的无产阶级立场;学习他认真学习马列著作和毛主席著作,坚持理论联系实际,努力改造世界观的优良学风;学习他对工作极端负责任,对技术精益求精,全心全意为人民服务的革命精神;学习他对敌斗争临危不惧,英勇机智,不怕牺牲的无产阶级英雄气概。在华主席为首的党中央、中央军委的领导下,高举毛主席的伟大旗帜,坚决贯彻落实党的十一大路线,贯彻落实抓纲治军、准备打仗的方针和任务,把揭批“四人帮”,联系揭批林彪的斗争进行到底,在新的历史条件下,恢复和发扬我党我军的优良传统和作风,为加速我军革命化现代化建设,提高部队战斗力,为实现新时期的总任务而奋斗。

空军政治委员高厚良在会上讲话。他说,陈修文同志 1937 年 8 月出生于安徽省太和县一个贫农家庭,1956 年入伍,1960 年加入中国共产党,历任战士、学员、飞行员等职,曾多次因出色完成任务立功受奖。陈修文同志在危急时刻,表现出对党对人民的无比忠诚和大无畏的革命英雄主义气概,这是党多年培育的结果,是他努力学习马列著作和毛主席著作,理论联系实际,认真改造世界观的结果。1973 年党中央曾指出:“空军广大指战员是忠于党,忠于人民的,是坚决执行毛主席革命路线的。”“陈修文烈士在林彪死党逃跑的直升机上,勇敢地同叛徒搏斗,就是一个范例。”“九·一三”事件后,中央军委领导同志曾多次指示要宣传陈修文同志的英雄事迹,深入批判林彪反党集团。但万恶的“四人帮”却蓄意阻挠破坏,以致对陈修文同志在命名和宣传延搁多年。这是“四人帮”包庇林彪反党集团,破坏批林的又一罪证。我们空军广大指战员要坚决响应中央军委的号召,各级党委要认真组织部队向陈修文同志学习,培养千千万万陈修文式的忠诚战士,发扬光大陈修文同志的革命精神,加快空军革命化现代化建设的步伐。我们要抓紧打好揭批“四人帮”的第三战役,联系揭批林彪路线;要落实好党的政策,认真学习和坚持实践是检验真理的唯一标准这一马克思主义的基本原则。我们要和全国人民一道,把实现社会主义的四个现代化的伟大任务担当起来,一心一意地搞四个现代化。

陈修文同志生前所在部队负责人,陈修文同志的爱人罗艳秋,陈修文同志家乡代表也都在会上讲话。他们表示,要坚决响应中央军委号召,学习陈修文同志的革命精神，为实现四个现代化的宏伟目标而奋斗。

会上，张廷发同志向陈修文的亲属和生前所在部队颁发了喜报和奖状。

参加大会的还有空军负责人曹里怀、吴富善、何廷一、刘世昌、王定烈、叶松盛，中国人民解放军总政治部的代表，陈修文同志的母亲，空军驻京机关、部队、院校的指战员代表。参加大会的共有3500人。

《人民日报》发表特约评论员文章《要有一大批敢于思考问题、提出问题和解决问题的干部》

毛泽东同志说："政治路线确定之后，干部就是决定的因素。"新时期的总路线和总任务，已经在党的十一大和五届人大上确定，并已开始实施。现在的问题，正是要有一大批敢于思考问题、敢于提出问题、敢于解决问题的干部，在各条战线上，把党的路线同实际情况结合起来，把党的路线变为千百万人民群众的实践，推动社会主义事业向前发展。这是党的需要，人民的需要，历史的需要。没有这么一大批在实事求是基础上敢想敢说敢干的干部，打破陈规，生气勃勃地、主动地、创造性地开展工作，无论怎样好的路线都是难以实现的。

干部的精神状态应当有个大的改变

敢于实事求是，敢于从实际出发思考问题、提出问题、解决问题，对于许多干部来说，是精神状态的一个大的改变，也可以说是一场思想上、世界观上的革命。

现在我们面临的任务是把我们的国家建设成现代化的社会主义强国。这不仅是经济、技术领域的革命，也是意识形态领域的革命。它将深刻地变革旧社会遗留下来的官僚主义、命令主义、奴隶主义、形式主义、思想僵化以及小生产狭隘眼界等等落后的意识形态。我们的各级干部，如果不能自觉地适应现代化建设的需要，从思想上、世界观上来一个革命，清除自己头脑中的落后意识，就很难对四个现代化作出贡献，甚至很可能成为历史前进的阻力。

实事求是，是马克思主义世界观的基石。马克思主义者是彻底的唯物主义者，坚持从客观实际出发，实事求是地去认识世界和改造世界。毛泽东思想就是从马克思主义普遍真理同中国革命具体实践相结合中产生和发展起来的。延安整风就是用马克思主义的实事求是的思想路线战胜王明的主观主义、宗派主义和党八股的斗争。毛泽东同志在中国革命每一个历史时期解决每一个方针政策问题，都是从实际出发，靠实事求是。丢掉了实事求是，就是丢掉了毛泽东思想的精华，就是丢掉了马克思主义的世界观。

林彪、"四人帮"反对毛泽东思想，最阴险、最毒辣的一种手法，就是反对实事求是，搞迷信，搞天才论，搞什么"理解的执行，不理解的也要执行"那一套唯心主义、形而上学的东西。他们肆意歪曲、割裂、篡改、伪造革命导师对各种问题的科学论述，用片言只语来吓唬人，打击人，禁锢人们的思想，只准盲目执行，不准开动脑筋问一个"为什么？"谁要是从实际出发想一点问题，提出一点新鲜意见，就是大逆不道。林彪、"四人帮"那套东西，是中国几千年封建社会和100多年半封建半殖民地社会遗留下来的腐败透顶的封建买办奴才思想的残余。那套东西把许多干部的思想搞僵化了，弄得许多人不敢实事求是，不敢根据实际情况思考问题、提出问题、解决问题。这种思想僵化，是毛泽东同志早就批判过的。毛泽东同志在八大二次会议上指出，中国要实现"大跃进"，必须从封建社会的"谢主隆恩"的奴隶主义中解放出来。干部精神状态来个大转变，就是要把脑筋开动起来，把思想活跃起来，敢于以马克思列宁主义为指南，根据当前的国际国内条件，根据本部门本单位的具体条件，从实际出发思考问题、提出问题、解决问题，也就是用彻底唯物主义的世界观认识世界和改造世界。

粉碎"四人帮"两年来，许多地方思想开始活跃起来了。这是很好的现象。人民是高兴的。但是也有的同志摇头。他们习惯了林彪、"四人帮"的"一言堂"和"万马齐喑"，习惯了在奴隶主义的气氛中生活，看见几篇有点新鲜意思的讲话、文章就目瞪口呆，心惊肉跳，觉得周围世界"一片混乱"，惶惶不可终日。这些同志应当重读几遍毛泽东同志20年前推荐过的龚自珍的"九州生气恃风雷，万马齐喑究可哀。我劝天公重抖擞，不拘一格降人才"，从自己的小天地里出来，到人民中间走走，听听人民的风雷，把自己的精神状态改变一下。

对这个问题的几种态度

坚持实事求是、一切从实际出发的马克思主义的思想路线，是一场伟大的斗争，不可能不遇到阻力，有时甚至是相当大的阻力。所以在各种情况下坚持实事求是，要有勇气，要提倡彻底唯物主义者无所畏惧的精神。

当前，面对这个问题，在我们干部中有三种态度。

一种是不准实事求是。你想从实际出发提出和解决某个问题吗？他马上站出来设禁区、下禁令："这个上面没讲过，那个文件里找不到。"他一切以上面讲的、文件上讲的为准。上面没讲的，文件里没有的，统统不能讲，不能做。甚至文件上讲的某个精神已经不适合当前的情况，再照着去做就会坏事，也不能动。据说违反了这一条，天下就要大乱，甚至还要"亡党亡国"！什么时间、地点、条件，什么千百万人民的实践，什么新时期新情况新问题，统统不管，只管照搬照抄。

上面讲的、文件上登的，经过实践检验，凡属正确的，当然应当继续作为我们进行工作的指针；经过实践检验证明是不正确的，为什么还要坚持呢？难道共产党人能够只对上级负责而不对群众负责，只相信上级文件而不相信群众实践吗？如果手里举着一根“过去一切不许动，今后一切都照搬”的棒子，只许人们朝这个方向前进，那么，在前进的道路上遇到新的问题、新的困难、新的风浪，本本上又没有写出答案，该怎么办呢？我们从实际出发去研究新问题所得出的结论同本本上写的不完全相同，又该怎么办呢？很明显，有些事情我们要依照本本，有些事情又不能依照本本，否则，我们党就不能前进，人民就不能前进，就没有马克思列宁主义、毛泽东思想的具体运用和发展，就没有千百万人民群众实践经验的总结，就没有新科学、新文化、新艺术的创造。如果一切依照本本，历史车轮也得停转，哪里还有什么四个现代化的实现？如果一切依照本本，天下从此死水一潭，哪里还有不断革命的无产阶级的党，不断革命的社会主义的国家？他们手里条条甚多，可就是不去查一查毛泽东同志的一条极为重要的教导：共产党人要革命，要准许人家革命。毛泽东同志不止一次劝大家好好读读鲁迅的《阿Q正传》，特别是《不准革命》那一章，警告大家不要学假洋鬼子不准阿Q革命。自己不愿意实事求是又不准别人实事求是的人，需要认真想一想毛泽东同志的这个教导。

一种是不敢实事求是。明明看到本地区、本单位清查“四人帮”的工作浮皮潦草，和“四人帮”篡党夺权阴谋有牵连的人和事并未彻底查清，就是不敢揭。明明看到冤案错案假案害死人，就是不敢纠正。明明看到林彪、“四人帮”流毒至今束缚着一些人的头脑，就是不敢批。明明看到主观主义的瞎指挥，谎报的产量，坑害人民的土政策，就是不敢说。明明看到贪污盗窃、严重浪费的行为在腐蚀和破坏社会主义制度，就是不敢管。你促他一下，他就说上面没布置，动不得。上面说了他才说，上面说什么他重说一遍，上面不说他不动，上面说的不合乎实际他也不提意见。一切“等因奉此”，官样文章。世界在变化，中国在变化，人民在变化，新事物不断出现，新问题不断出现，人民群众的新创造不断出现，他却视而不见，置之不理，一味照抄照搬文件上的字句。文件从哪里来的？毛泽东同志说：任何英雄豪杰，他的思想、意见、计划、办法，只能是客观世界的反映，其原料或半成品只能来自人民群众的实践中，或者自己的科学实验中，他的头脑只能作为一个加工工厂而起制成完成品的作用。上面的文件如果是正确的，那就是对下面提供的合乎实际的材料进行正确加工的结果。你真想执行，还必须结合自己的实际，经过自己的消化。上面的文件如果不完全合乎实际，下面有责任提供情况，提出修改意见。现实生活中出现的新问题，上面的文件里还没有反映，下面应主动调查研究，提出解决办法，重大问题向上级请示批准，不能绕开问题走。这才是对待上级领导的正确态度。不调查，不研究，不开动自己的脑筋，就不可能正确执行上级的指示。“盲目地表面上完全无异议地执行上级的指示，这不是真正在执行上级的指示，这是反对上级指示或者对上级指示怠工的最妙办法。”离开上级文件不敢想、不敢说、不敢动的同志们，应当好好想想毛泽东同志的这些话。

还有一种，是敢于实事求是，敢于思考问题，敢于提出问题，敢于解决问题的好干部。这样的干部很多，林彪、“四人帮”横行时期，就有许多这样的好干部，没有被林彪、“四人帮”的帽子、棍子、手铐、脚镣吓倒，顶住了林彪、“四人帮”的唯心主义恶浪，坚持按辩证唯物主义的科学态度办事，为说真话而斗争，努力挽救自己负责的那一部分工作；尽管遭受打击迫害，一个时期大吃苦头，终究有利于党和人民，自己也锻炼了革命意志，增强了党性，取得了斗争经验。

现在情况不同了。华国锋同志为首的党中央正在恢复和发扬毛泽东同志倡导的实事求是传统，反对主观主义、官僚主义、弄虚作假等歪风邪气。在我们的干部队伍里，敢于从实际出发思考问题、提出问题、解决问题的好干部愈来愈多。不准实事求是的只是极少数，革命形势不断发展，他们的思想也会起变化。不敢实事求是的也开始感到需要打开窗子呼吸一点新鲜空气，虽然还有犹豫，犹豫一阵，绝大多数也会跟上来的。应当说，林彪、“四人帮”用白色恐怖来对实事求是实行全面专政的时代已经一去不复返了。我们开始有了一个可以让大家实事求是地认识和改造世界的新环境。这个环境是党中央领导全党和全国人民同林彪、“四人帮”及其流毒作斗争赢来的。人们愈来愈深刻地认识到：只有实事求是，才能安定团结；只有实事求是，才能大干快上；只有实事求是，才能增加生产；只有实事求是，才能发展科学文化教育事业；只有实事求是，才能实现四个现代化。在党中央的领导下，我们要再接再厉地向一切违背实事求是的倾向作斗争，使这个环境变得更好，更加有利于加快实现四个现代化的步伐。

彻底的唯物主义者是无所畏惧的。我们在为社会主义、共产主义而斗争的时候，必须有这种大无畏的精神。现在我们正在为建设现代化的社会主义强国奋斗，多么需要发扬这种精神！一切为社会主义、共产主义斗争的干部，都要下定决心，丢掉一个“怕”字，换上一个“敢”字。对于“怕”，毛泽东同志讲得最彻底：无非一怕扣机会主义帽子，二怕撤职，三怕开除党籍，四怕老婆离婚，五怕坐班房，六怕杀头，准备好这几条，看破红尘，什么都不怕了。共产主义者"看破红尘"，不是出家当和尚，去找救世主，而是看清了历史的方向，不惜牺牲个人的一切，随时准备以自己的生命去殉共产主义的事业。革命战争年代，无数先烈这样做了。林彪、"四人帮"横行时，许多同志也这样做了。现在有这样好的环境，如果我们还在那里忧虑重重，左顾右盼，畏缩不前，不敢想、不敢说、不敢动，扪心自问，能对得起无数先烈和同林彪、"四人帮"搏斗的英雄人民吗？

革命胆识来自人民群众之中

为什么在大好革命形势下，还有人不准实事求是，还有人不敢实事求是呢？根本原因就是脱离人民群众。

人民群众是历史的创造者。人民群众正在时时刻刻创造新的历史。认识世界和改造世界的无穷智慧和力量，存在于人民之中。脱离人民的人，永远不懂得这个历史唯物主义的真理。"四人帮"与人民为敌，迷信自己的显赫权势，以为只要举起手中的权杖，八亿人民就不敢说话了。历史的发展同他们的主观愿望完全相反，他们的专横跋扈激起了八亿人民的怒吼，1976年四月五日，发生在北京天安门广场和全国许多城市的伟大革命群众运动，为他们的彻底覆灭准备了强大的思想条件和群众条件。"四人帮"是我们的反面教员。不相信人民，不依靠人民，脱离人民的人，应当引以为戒。我们在干部队伍中肃清林彪、"四人帮"的流毒，要特别着重肃清林彪、"四人帮"蔑视人民这个大毒。有的干部不敢实事求是，却敢弄虚作假，敢强迫命令，敢打人骂人，敢违法乱纪，这是为什么？正是中了林彪、"四人帮"蔑视人民的毒。他们不怕损害人民利益，不怕侵犯人民权利，不怕违反党纪国法，就怕得不到上级领导的信任。今后考核干部，应当着重考核对待人民群众的态度，把全心全意为人民服务作为首要标准。干部的优劣，应由人民群众来评定。上级机关了解下级干部，应认真听取人民群众的意见，决不能凭着那些迎合领导的，只报喜不报忧甚至弄虚作假的汇报来定优劣。

敢于思考问题、敢于提出问题、敢于解决问题的动力从哪里来？马克思主义的回答只能是：从群众路线中来。革命的胆识来自人民。有胆识的干部，必须走群众路线，深深扎根于人民之中，与人民同呼吸共命运，对人民满腔热忱，甘当人民的小学生，倾听人民的声音，同人民说真心话，真正做到思想感情和人民交流。自己心里想什么问题，都交给人民，同人民商量解决。自己想错了，说错了，做错了，听取人民的批评，作自我批评，老老实实改正，没有半点虚伪和做作。同人民不是一条心的人，就得不到人民的信任。唯有真正相信人民，热爱人民，对人民说真话的干部，才能得到人民的支持，从人民中汲取认识世界和改造世界的智慧和力量，成为新长征中勇敢地带领群众冲锋陷阵的战士。

中共安徽省委在合肥召开政策汇报会

中共安徽省委在会上指出：全省贯彻落实中央关于湘乡经验和旬邑调查两个文件的精神，虽然取得了成绩，但是进展不平衡，思想阻力不小，还有不少问题亟须解决。省委号召全省各级党组织，一定要下决心，作艰苦的努力，把这两个文件的精神善始善终地贯彻到底。

中央两个文件下达后，安徽省委和各级党组织抽调了13000多名干部，组成调查组，由各级党委负责人带队，到9个县、176个公社、2049个大队进行重点调查。经过这段时间努力，各地基本上摸清了农民不合理负担的情况和干部作风上存在的问题，初步采取了一些整改措施，退赔了一批款项、粮食、土地，刹住了一些歪风，调动了农民的社会主义积极性，推动了抗旱救灾和农村各项工作的开展。

安徽省委在肯定成绩的同时，针对存在的问题，提出了全省进一步贯彻执行中央两个文件精神的意见。

第一，要进一步提高各级党委的思想认识，把贯彻落实中央两个文件作为当前农村实现大治，高速度发展农业生产的一件大事来抓。各级党委都要以整风精神认真对照检查前一阶段贯彻落实中央两个文件的情况，查一查以农业为基础的思想树立得怎么样，执行党的政策怎么样，作风怎么样，肯定成绩，找出差距，总结经验教训，坚决改变有些地方存在的决心不大，领导不力，等待观望，拖而不决的状况。要放手发动群众揭矛盾，摆问题，大胆支持群众给自己提意见，勇于带头检查和纠正自己的缺点、错误。要制定切实可行的整改措施，从各方面减轻农民不合理负担，保障社员的民主权利，尊重生产队的自主权。要把贯彻中央两个文件的好坏，作为考核干部的一个重要内容。对贯彻落实文件长期无动于衷的领导干部，要采取有力措施，尽快加以解决。对于那些嘴上喊贯彻而实际继续违犯中央文件精神的人，要严肃处理。

第二，各个部门、各行各业要坚决改变那种对过去加重农民负担的某些规定这也不敢碰，那也不敢动的现象，破除"平调合理"和"与己无关"的错误观点。凡是由于上级领导机关有明文规定而加重了农民不合理负担的，由上级领导机关和有关业务部门承担责任，坚决改正，研究提出退赔意见。各有关业务部门要在认真调查研究，检查本部门执行党的政策的情况，清理本系统存在的问题的同时，督促所属部门和基层单位主动搞好退赔工作。各个部门、各行各业都要牢固地树立以农业为基础的思想，制订具体方案和措施，努力减轻农民的负担，群策群力，千方百计支援农业。

第三，要特别注意落实基层干部的政策，保护农村广大基层干部的积极性。在贯彻中央两个文件中，既不要走过场，流于形式，挫伤群众的积极性，又要实事求是，正确区分和处理两类不同性质的矛盾，防止扩大化，保护基层干部的积极性。要把斗争锋芒指向林彪、“四人帮”。对犯错误的干部，包括犯有严重错误的干部，要坚持“惩前毖后，治病救人”的方针。扩大教育面，缩小打击面。前几年农村经济政策和干部作风上发生的问题，主要是林彪、“四人帮”及其在安徽的代理人干扰破坏所造成的。工作上发生的一些问题，有许多是上面布置下去的，主要责任在县以上领导机关。除少数贪污盗窃、投机倒把、严重违法乱纪分子以外，绝大多数的基层干部认识问题，主要是通过批评和自我批评，帮助他们总结经验教训，增强政策观念，改变作风，树立全心全意为人民服务的思想。

中共安徽省委指出，今年安徽省遭受百年未遇的大旱，农业生产受到严重损失，群众的生产和生活都有很多困难，因此，进一步贯彻中央两个文件，落实农村各项经济政策，改进干部作风，密切干群关系，对于战胜困难，安定民心，巩固和发展全省的大好形势，具有特殊重要的意义。各级党委都要把贯彻落实中央两个文件的工作，在前一阶段重点调查的基础上，于今冬明春全面铺开。在贯彻落实中，每个地委要重点抓好一个县，每个县委要重点抓好一个到几个公社，以点带面，一抓到底，抓出成效。

国务院副总理王震在北京会见由英国电力委员会主席弗·图姆斯勋爵率领的英国电力代表团

我国成立一批财贸经济研究机构和财贸科学技术研究机构

已经成立的财贸经济研究机构有：中国社会科学院财贸物资经济研究所、中国人民银行金融研究所、财政部财政科学研究所、外贸部国际贸易研究所。这些机构的主要任务是：研究有关财政、金融、物资和国内外贸易的现状和理论，进行学校交流，为我国加快实现四个现代化服务。

财贸单位建立的一批专业性的科学技术研究机构中，有粮食科学研究所、油脂科学研究所、供销机械仓储研究所、废旧物资利用研究所、野生植物综合利用研究所、茶叶蚕茧加工研究所与棉、麻、烟加工研究所等。

12月8日

国务院副总理康世恩在北京会见英国广播公司记者格雷维尔·海文汉德和玛丽·戈德林

应英国记者的要求，康世恩副总理就当前我国经济形势、发展规划和中国如何在本世纪末实现四个现代化等问题，作了详细的回答。康副总理说，在实现四个现代化的过程中，我们面前有很多困难，但是我们完全有信心来达到我们的目标。我们有许多实现四个现代化的有利条件，其中最主要的是，粉碎“四人帮”以来，我国呈现出一片安定团结的大好政治局面。只要全党全民一心一意搞四个现代化，我们就一定能够克服困难，达到我们的目标。

国务院副总理谷牧在北京会见由政府顾问 国家信贷投资公司董事长雷蒙·吉尔斯率领的卢森堡银行代表团

国务院副总理方毅在北京会见由贺佩率领的西德奔驰汽车公司代表团

全国人大常委会副委员长姬鹏飞到达科托努对贝宁进行正式友好访问

12月9日

全国人大常委会 国务院致电祝贺广西壮族自治区成立20周年

以全国人大常委会副委员长韦国清为团长的中央代表团前往南宁参加广西壮族自治区成立20周年庆祝活动

代表团的副团长是：国务院副总理王震，政协全国委员会副主席、国家民委主任杨静仁(回族)，中国人民解放军副总参谋长李达，中共西藏自治区党委书记、革委会副主任天宝(藏族)，五届人大代表、中共中央军委办公厅顾问卓琳(女)，中共中央组织部副部长李步新，中国人民解放军广州部队副司令员欧致富(壮族)，中共内蒙古自治区党委常委、宣传部长布赫(蒙古族)。

秘书长彭友今。

代表团团员有48人(以姓氏笔画为序)：马思忠(回族)、于超、王季青(女)、王笑一、尹忠尉、田一农、甘宁、申光、司徒慧敏、江山、刘向三、刘亚雄(女)、全家福(蒙古族)、许涤新、孙照寰、连贯、阿木冬·尼牙孜(维吾尔族)、陈此生、陈林、杨心培、吴景之(女)、沈兹九(女)、芦菊(女)、李金德、李梦夫、张如洛、张根生、张超、周康民、郝苏、胡愈之、胡德华(女)、段洛夫、赵萍、贾来恒、贾鲁峰、夏之栩(女)、高文礼、翁独健、黄光学(朝鲜族)、萨空了(蒙古族)、童小鹏、程思远、彭敏、惠浴宇、谢鹤筹(壮族)、韩荣华、谭云鹤。

国务院副总理陈慕华在北京与罗马尼亚政府副总理尼古列斯库举行会谈

会谈中,陈慕华副总理同尼古列斯库副总理就中罗经济技术合作协议的执行情况和今后如何进一步开展中罗经济技术合作委员会的工作等方面的问题,进行了认真的讨论。

国务院副总理余秋里在北京会见以马蒂乌·拉赫曼为团长的孟加拉政府贸易代表团

国务院副总理谷牧在北京会见美国美中贸易全国委员会建筑设备代表团

国务院副总理陈慕华副总理在北京会见由巴勒斯坦红新月会会长法塔赫·阿拉法特率领的巴勒斯坦卫生代表团

全国人大常委会副委员长姬鹏飞在科托努与贝宁总统克雷库举行会谈

中国石油学会在北京成立

学会下设的石油地质、石油工程、石油炼制3个专门学会也同时成立。

12月9日至11日,中国石油学会举行了首届理事会。由全国各地79名石油科技专家组成的理事会,热烈讨论了学会今后开展工作的各项事宜。理事会审议了中国石油学会章程草案,研究了学会今后的任务,决定在1979年3月召开中国石油学会第一次学术论文报告会,同时抓紧做好《石油学报》和其他石油科技刊物的编辑出版工作。

理事会一致推选侯祥麟为中国石油学会理事长,阎敦实、闵豫、李天相、张文佑、潘钟祥、顾敬心、申力生、翁文波为副理事长,蒋其恺为秘书长。

中国数学学会1978年年会在成都举行

这次年会共宣读了纯粹数学、应用数学、计算数学各个学科的学术论文400多篇,还调整充实了学会理事会。

12月10日

冶金部在北京召开全国冶金战线群英大会

冶金部从今天开始在北京召开全国冶金战线群英大会,庆祝我国钢产量突破3000万吨。

中共中央政治局委员、国务院副总理余秋里、方毅,国务院副总理谷牧、康世恩出席了在人民大会堂举行的大会开幕式。

康世恩副总理在会上作了题为《把冶金工业转到现代化的轨道上来》的报告。他首先代表国务院向冶金战线的全体职工和家属,致以亲切的慰问和热烈的祝贺。他说,今年钢产量突破了3000万吨,这是整个工交战线的一件大喜事,全党高兴,全国人民高兴。这一胜利是冶金战线全体职工和家属在华主席为首的党中央亲切关怀下,艰苦奋斗的结果,也是各地区、各行业协作配合、团结战斗的结果。这个胜利意义重大,它不仅是在生产上打了一个大胜仗,而且为今后的大发展提供了宝贵的经验。

康世恩副总理着重就冶金工业如何转到现代化的轨道上来作了指示。他说,从当前情况来看,冶金战线要转到现代化的轨道上来,需要做好以下工作:一是从上到下都要把主要精力用到抓生产建设和技术革命上来。要阶级斗争、生产斗争、科学实验三大革命一起抓,阶级斗争必须促进和保证生产斗争和科学实验任务的完成。党政工作,群众团结的工作,都要服从社会主义现代化建设这个中心,而不能离开这个中心。二是必须按客观经济规律办事。要改变用单纯的行政办法管理经济的方式,充分发挥经济手段和经济组织的作用,实行严格的经济核算制和经济责任制。要严格实行合同制,要按专业化协作的原则改组工业,要贯彻按劳分配的社会主义原则,把企业经营的好坏同工人、技术人员、干部的切身利益联系起来。三是积极地引进先进技术,利用国外资金,大胆地进入国际市场。要在坚持独立自主、自力更生方针的基础上,采取国际上通行而又对我们有利的方式,把世界上主要先进技术拿过来,缩短我们赶上世界先进水平的时间。四是学习、掌握现代科学技术和现代管理。我们一定要把学习掌握现代科学技术和现代管理同实现四个现代化这个宏伟目标紧密地联系起来。这一点对冶金系统来说尤为紧迫。现在,武钢一米七轧机工程已基本建成,各大钢铁和有色金属基地的技术改造,也正在着手进行。如果我们学习得不好,管理得不好,技术掌握不起来,后果是不堪设想的。冶金系统一定要切实把职工的技术培训工作抓起来,作出具体规划,抓紧落实。我们的英雄模范要带头学科学、学文化。五是恢复和发扬实事求是的优良传统和作风。实践是检验真理的唯一标准。办任何事情都要从实际出发,讲求实际效果、实际效率,不能搞形式主义,华而不实,坚决杜绝那种说大话、说假话、说空话、说废话的恶习。要少开会,深入下去,进行调查研究,掌握第一手资料,把工作越做越细,越做越实在。要谦虚谨慎,防止骄傲自满,经常看到自己工作中的差距,坚持两分法前进。

康副总理还指出,冶金工业是基础工业,发展速度的快慢对我们实现四个现代化关系极大。因此,冶金工业的速度问题,是党内党外、上上下下、老老少少、人人关心的大问题。我们一定要千方百计地把速度搞上去。怎么加快冶金工业的发展速度?要从三个方面来抢:一是从老厂挖潜上抢速度。二是从老厂技术改造上抢速度。三是从新建一批大型现代化钢铁、有色基地上抢速度。这三个速度是互相联系的、互相促进的,一定要统筹安排、全面规划、有主有从、有步骤地抓紧抓好。康世恩副总理的报告受到到会全体代表的热烈欢迎。

鞍钢王君绍小分队、攀矿赵清志小分队、首钢炼铁厂、鞍钢第二炼钢厂十七号平炉、鞍钢第二初轧厂、湖北建设一米七轧机工程指挥部和武汉钢铁公司、广西冶金地质勘探公司二七〇地质队、郑州铝厂、攀枝花综合利用攻关组、杭州钢铁厂转炉分厂等10个先进单位的代表登台向大会报告了他们在今年工作中取得的突出成绩。

我国向国际民航组织交存《东京公约》加入书

我国向国际民航组织最近交存了我国参加1963年在东京签订的《关于在航空器内的犯罪和其他某些行为的公约》(简称《东京公约》)的加入书,该公约将于1979年2月12日起对我生效。

《东京公约》的主要规定是:对在飞机上犯罪或犯有其他非法行为的罪犯或嫌疑犯以及劫机者,机长有权对他们采取看管措施并可将他们交送降落在缔约国处置;降落地缔约国有义务尽快地恢复机长对飞机的控制,把飞机及装载物归还物主。

我国政府历来反对和谴责以暴力劫持民航飞机、破坏民航设施、危害民航安全的个人恐怖行径。我国决定加入《东京公约》,表明我国政府对国际民航安全的重视和关切。

国务院副总理陈锡联在北京会见墨西哥全国体育运动委员会主任吉列尔莫·洛佩斯·波蒂略率领的墨西哥体育代表团

中国政府和孟加拉国政府在北京签署1979年贸易议定书

根据新的议定书,1979年两国贸易将比1978年有较大的增长。

王润生副部长和孟加拉国政府贸易代表团长马蒂乌·拉赫曼在两国政府1979年度贸易议定书上签字。

议定书规定,中国将从孟加拉国进口大宗的黄麻及麻制品、皮张,以及食糖、新闻纸等。孟加拉国盛产黄麻,产量占世界第一位。中国将向孟加拉国出口的货物有钢坯、煤炭、水泥、机械设备和轻工业产品等。

12月11日

国务院总理华国锋在北京会见罗共中央执委 政府副总理尼古列斯库

参加会见的有国务院副总理陈慕华,外交部副部长余湛,中联部副部长乔石,外贸部副部长陈洁等。

广西壮族自治区成立20周年庆祝大会在南宁举行

中央代表团团长韦国清、副团长王震、杨静仁、李达、天宝、卓琳、李步新、欧致富、布赫以及代表团全体成员,由自治区党政军负责同志乔晓光、刘重桂、覃应机、赵茂勋、杜易、肖寒、周光春等陪同参加了庆祝大会。

自治区党委第一书记、自治区革委会主任、广西军区第一政治委员乔晓光在大会上讲了话。

中共中央政治局委员、全国人大常委会副委员长、中央代表团团长韦国清接着在大会上讲话。他代表华主席为首的党中央、全国人大常委会、国务院,向广西各族人民,向保卫祖国南部边疆的人民解放军、公安战士和广大民兵致以热烈的祝贺;向被越南当局驱赶回国的侨胞,致以亲切的慰问。

国务院副总理、中央代表团副团长王震宣读了人大常委会、国务院庆祝广西壮族自治区成立20周年的贺电。

国务院副总理方毅在北京会见丹麦教育大臣丽特·比亚高夫人一行

全国人大常委会副委员长姬鹏飞到达洛美对多哥进行正式友好访问

姬鹏飞副委员长和多哥矿业和水利资源部部长米维多在洛美就共同关心的问题举行会谈。他们对两国友好和合作关系的发展表示满意。

12月12日

《人民日报》发表毛泽东1941年9月13日在延安对中央妇委、西北局联合组成的妇女生活调查团的题为《关于农村调查》的讲话

一、情况是逐渐了解的,需要继续不断的努力

认识世界,不是一件容易的事。马克思、恩格斯努力终生,作了许多调查研究工作,才完成了科学的共产主义。列宁、斯大林也同样作了许多调查。

中国革命也需要调查研究工作,首先就要了解中国是个什么东西(中国的过去、现在及将来)。可惜很多同志常是主观主义,自以为是,完全不重视调查研究工作。

我们是信奉科学的,不相信神学。所以,我们的调查工作是面向下层,而不是幻想。同时,我们又相信事物是运动的,变化着的,进步着的。因此,我们的调查,也是长期的。今天需要我们调查,将来我们的儿子、孙子,也要作调查,然后,才能不断地认识新的事物,获得新的知识。

我们的调查工作,是要有耐心地、有步骤地去作,不要性急。我自己认识农村,就是经过好几年的工夫的。

记得我在一九二〇年,第一次看了考茨基著的《阶级斗争》,陈望道翻译的《共产党宣言》,和一个英国人作的《社会主义史》,我才知道人类自有史以来,就是阶级斗争史,阶级斗争是社会发展的原动力,初步地得到认识问题的方法论。可是这些书上,并没有中国的湖南、湖北,也没有中国的蒋介石和陈独秀,但我只取了它四个字:"阶级斗争",老老实实地来开始研究实际的阶级斗争。我做了四个月的农民运动,得知了各阶级的一些情况,可是这种了解是异常肤浅的,一点不深刻。后来,中央要我管理农民运动,下了一个决心,走了一个月零两天,调查了长沙、湘潭、湘乡、衡山、醴陵五县。这五县正是当时农民运动很高涨的地方,许多农民都加入了农民协会。国民党骂我们"过火",骂我们是"游民行动",骂农民把大地主小姐的床滚脏了是"过火"。其实,以我调查后看来,也并不都是像他们所说的"过火",而是必然的,必需的。因为农民太痛苦了。我看受几千年压迫的农民,翻过身来,有点"过火"是不可免的,在小姐的床上多滚几下子也不妨哩!

不过,在当时我对于农村阶级的结合,仍不是十分了解的。到井冈山之后,我作了寻乌调查,才弄清了富农与地主的问题,提出解决富农问题的办法,不仅要抽多补少,而且要抽肥补瘦,这样才能使富农、中农、贫农、雇农都过活下去。假若对地主一点土地也不分,叫他们去喝西北风,对富农也只给一些坏田,使他们半饥半饱,逼得富农造反,贫农、雇农一定陷于孤立。当时有人骂我是富农路线,我看在当时只有我这办法是正确的。当然,今天是抗日民族统一战线,不是剥夺地主、富农的所有权,而是减租减息。否则,是不能团结他们抗日的。

贫农与雇农的问题,是在兴国调查之后才弄清楚的,那时才使我知道贫农团在分配土地过程中的重要性。

所以,从我个人调查农村来说,是经过了六、七年的时间的。现在你们有了过去同志们的经验,都可以走直路了,可以把六、七年的工作,在几个月内完成。今天同志们的任务是脚踏实地去钻,去努力,只要不整天睡觉,一天就六小时的工作,也是可以获得很多成绩的,但需继续不断的努力。

二、方法

1. 对立统一,阶级斗争,是我们办事的两个出发点。当我们观察一件事物时,第一步的观察只能看到这件事物的大体轮廓,形成一般概念。好比一个初来延安的人,开始他对延安的认识只是一般的、笼统的。可是当他参观了抗大、女大以及延安的各机关学校之后,他采取了第二个步骤,用分析方法把延安的各部分有秩序地加以细细的研究和分析。然后第三步再用综合法把对各部分的分析加以综合,得出整体的延安。这时认识的延安就与初来时认识的延安不同,他开始看的是整个的延安,现在看见的也是整个的延安,但与开始的了解不同了,现在他对延安就有了科学的认识和具体的了解。观察一个农村,也同样是如此。

马克思的《资本论》就是用这种方法来写成的,先分析资本主义社会的各部分,然后加以综合,得出资本主义运动的规律来。

这里特别注意的是分析。应该是分析而又综合,就是说在第二步骤的分析中,也有小的综合。古人说:文章之道,有开有合。这个说法是对的。苏东坡用"八面受敌"法研究历史,用"八面受敌"法研究宋朝,也是对的。今天我们研究中国社会,也要用个"四面受敌"法,把它分成政治的、经济的、文化的、军事的四个部分来研究,得出中国革命的结论。

如果我们观察问题是走马看花的,各样都弄一点,这只是空花费了时间,一事无成。

所以,我们一定要把握住这方面的观点,这种观点,就是对立统一和阶级斗争。像我上面刚才讲的,分析法和综合法,就是用这观点。假如同志们把这观点用去分析农村,你就可以知道农村有些什么阶级,它们主要的特点是什么,以及它们彼此的关系怎样。同志

们给我的问题中,有问到什么是富农?我以为地主是以收租为主;富农是以雇工为主,自己参加劳动;中农是以不出卖劳动力为主,经营自己的土地;贫农是一定要出卖劳动力,靠自己的土地不够生活;雇农完全出卖劳动力,没有土地。当然,这是指他们的主要标志。

这样分析了农村中的各个阶级、阶层及其生活概况,然后才能对农村有正确的全面的了解。

我们要用钻研的方法来分析客观,分析阶级。对实际问题不应当熟视无睹,应当捣毁牛皮公司,应当经过自己头脑深思熟虑,应当把理论与实践结合起来。

一九〇五年,列宁说推翻沙皇政府,俄国要组织工农政府,而托洛茨基则认为只能组织工人政府。这就是托洛茨基没有把理论与实践真正地结合起来。我们应当从实践中找出事物运动的规律来,产生新的理论。如中国抗战的持久性,长期性,就是抗战的规律。今天同志们下乡去调查,就应该以这种观点和方法指导自己的实践,另一方面又从实践中不断地充实自己的理论。

2. 详细地占有材料,抓住要点。材料是要搜集得愈多愈好,但一定要抓住要点或特点(矛盾的主导方面)。马克思研究资本主义,列宁研究帝国主义,都是收集了很多统计和材料,但并不是全部采取,而只是采取最能表现特点的一部分材料。

没有调查,就没有发言权。但就有同志要问:"十样事物,我调查了九样,只有一样没有调查,有没有发言权?"我以为如果你调查的九样都是一些次要的东西,把主要的东西都丢掉了,那末,仍旧是没有发言权。

今天中国主要的矛盾是民族矛盾,阶级矛盾成为次要的。西安事变前主要矛盾在国共两党之间,而西安事变后,主要矛盾则在中日之间。因此,今天无论解决任何问题,都应该以这个主要矛盾作为认识问题和解决问题的出发点。假若丢掉主要矛盾,而去研究细微末节,犹如见树木而不见森林,仍是无发言权的。

所以,我们做综合工作时,不要陷于狭隘的经验论。

三、答复几个问题

同志们提了很多问题,只能答复一部分。有些问题也不能答复,因为要全部答复了,同志们便可以不必下乡。而这许多问题又必须亲自下乡调查后才能了解,依据不同的具体对象和情况,而有不同的解决。

怎样开调查会?一个调查会不仅提出问题,而且要有解决问题的方法。参加调查会最好有三五人。例如我在兴国调查中,知道地主占有土地达百分之四十,富农占有土地达百分之三十,地主、富农所共有的公堂土地为百分之十,总计地主与富农占有土地百分之八十,中农、贫农只占有百分之二十。但是,地主人口不过百分之一,富农人口不过百分之五,而贫农、中农人口则占百分之八十。一方面以百分之六的人口占有土地百分之八十,另一方面以百分之八十的人口则仅占有土地百分之二十。因此得出的结论,只有两个字:革命。因而也益增革命的信心,相信这个革命是能获得百分之八十以上人民的拥护和赞助的。

怎样找调查的典型?调查的典型可以分为三种:一、先进的,二、中间的,三、落后的。如果能依据这种分类,每类调查两三个,即可知他们的情形了。

如何收集和整理材料?都必须自己亲身去做,在做的过程中找出经验来,用这些经验再随时去改进以后的调查和整理材料的工作。

怎样使对方说真话?因为各个人特点不同,因此,要采取的方法也各不相同。但是,主要的一点是要和群众做朋友,而不是做侦探,使人家讨厌。群众不讲真话,是因为他不知道你的来意,究竟是否于他们有利。要在谈话过程中和做朋友的过程中,给他们一些时间摸索你的心,逐渐地让他们能够了解你的真意,把你当作好朋友看,然后才能调查出真情况来。群众不讲真话,不怪群众,只怪自己。

我在兴国调查中,请了几个农民来谈话。开始时,他们很疑惧,不知我究竟要把他们怎么样。所以,第一天只是谈点家常事,他们脸上没有一点笑容,也不多讲。后来,请他们吃了饭,晚上又给他们宽大温暖的被子睡觉,这样使他们开始了解我的真意,慢慢有点笑容,说得也较多。到后来,我们简直毫无拘束,大家热烈地讨论,无话不谈,亲切得像自家人一样。

其他问题也不必多谈,还是让你们早日下去亲自调查为好。

中央军委批准解放军总政治部提出的结束揭批"四人帮"群众运动五条标准

人民解放军全军范围揭批"四人帮"的群众运动,除少数单位外,今年年底可以基本结束。为了结束好运动,并继续努力解决好遗留的问题,做到善始善终,解放军总政治部提出了关于结束揭批"四人帮"群众运动的意见,已经中央军委批准,下发各部队贯彻执行。

解放军总政治部提出了结束揭批"四人帮"群众运动的五条标准,这就是:

(一)同"四人帮"篡党夺权阴谋活动有牵连的人和事、"四人帮"的帮派体系查清了。从政治上、思想上澄清了林彪、"四人帮"在重大问题上所造成的混乱,分清了路线是非。批臭了资产阶级派性,增强了团结,保持了军队的集中统一。开始恢复毛主席为我党我军树立的优良传统和作风。

(二)干部队伍和领导班子,特别是重要单位和部门的领导班子进行了整顿。按照军委会议关于配备领导班子和落实干部政策的规定,对大多数领导班子进行了调整,并从思想上、作风上进行了初步整顿,基本上改变了软、懒、散的状况。

(三)实事求是、老老实实的传统作风初步恢复了。领导干部做工作,办事情,能够按照党的路线、方针、政策和中央军委的指示、部署,结合本单位的实际,解放思想,开动脑筋,独立思考,提出问题,解决问题。做老实人,说老实话,办老实事。不正之风受到了批判和抵制。林彪、"四人帮"迫害干部和群众所造成的冤案、错案大部分得到了平反昭雪。

(四)军队和地方、军队和人民群众的关系有了明显改善。干部、战士能够自觉遵守三大纪律八项注意,爱护人民群众的利益。对过去在林彪、"四人帮"的修正主义路线影响下,造成的军队和地方、军队和人民群众关系上存在的问题,得到了比较好的解决。人民群众又逐渐把军队看成和当年的老八路、老红军一样了。

(五)部队纪律严格了。干部、战士能够自觉遵守纪律,一切行动听指挥,令行禁止,上下一致。严格遵守、坚决执行国家的法律、法令和军队的条令、条例、各种规章制度,做到了赏罚严明。加强了管理教育,有效地预防和减少了各种重大事故。

全军揭批"四人帮"斗争,在华主席为首的党中央和中央军委的领导下,取得了伟大胜利。经过充分发动群众,开展深入的揭批查运动,基本上查清了同"四人帮"篡党夺权阴谋活动有牵连的人和事,查清了"四人帮"的资产阶级帮派体系;干部队伍进行了初步整顿;被林彪、"四人帮"搞乱了的思想、理论、路线是非正在逐步澄清;林彪、"四人帮"制造的冤案、错案正在进行平反昭雪;我军的优良传统和作风开始得到恢复和发扬;战备、教育训练等各项工作出现了大干快上的局面;部队的组织纪律性加强了,精神面貌发生了新的变化,毛主席的军事路线能够顺利地贯彻执行了。从当前的情况来看,除了少数问题比较多,运动开展较晚以及个别运动搞得不好的单位,需要加强领导,切实抓紧把运动搞好以外,大多数单位可以结束运动,转移工作重点。

总政治部要求全军团以上单位都要根据上述五条标准,对照检查本单位揭批"四人帮"的运动。基本上做到了五条就可以结束运动。重点是前两条,其余三条某些方面做得不够的,可以在经常工作中结合整顿,继续解决。运动中一些遗留的问题,列为党委、政治机关经常工作,分出一部分精力,组织力量,认真加以解决。

总政治部指出,揭批"四人帮"群众运动的结束,决不意味着林彪、"四人帮"的流毒影响肃清了,从思想上、理论上继续深入批判林彪、"四人帮"的反革命修正主义路线和反动思想体系,彻底肃清他们的流毒和影响,仍然是一个长期艰巨的任务。

中共中央政治局委员耿飚在北京会见由西德共产主义联盟中央书记汉斯—格哈特·施米勒尔率领的西德共产主义联盟中央代表团

12月13日

中共中央副主席邓小平在中共中央工作会议闭幕会上发表题为《解放思想,实事求是,团结一致向前看》的讲话

同志们:

这次会议开了一个多月了,就要结束了。中央提出了把全党工作的重心转到实现四个现代化上来的根本指导方针,解决了过去遗留下来的一系列重大问题,必将使全党、全军和全国各族人民提高斗志,增强信心,加强团结。现在,我们可以有把握地说,全党、全军和全国各族人民在党中央的正确领导下,在新的长征中,一定会不断取得新的胜利。

这次会议开得很好,很成功,在党的历史上有重要意义。我们党多年以来没有开过这样的会了,这一次恢复和发扬了党的民主传统,开得生动活泼。我们要把这种风气扩大到全党、全军和全国各族人民中去。

这次会议讨论和解决了许多有关党和国家命运的重大问题。大家敞开思想,畅所欲言,敢于讲心里话,讲实在话。大家能够积极地开展批评,包括对中央工作的批评,把意见摆在桌面上。一些同志也程度不同地进行了自我批评。这些都是党内生活的伟大进步,对于党和人民的事业将起巨大的促进作用。

今天,我主要讲一个问题,就是解放思想,开动脑筋,实事求是,团结一致向前看。

一、解放思想是当前的一个重大政治问题

解放思想,开动脑筋,实事求是,团结一致向前看,首先是解放思想。只有思想解放了,我们才能正确地以马列主义、毛泽东思想为指导,解决过去遗留的问题,解决新出现的一系列问题,正确地改革同生产力迅速发展不相适应的生产关系和上层建筑,根据我国的实际情况,确定实现四个现代化的具体道路、方针、方法和措施。

在我们的干部特别是领导干部中间,解放思想这个问题并没有完全解决。不少同志的思想还很不解放,脑筋还没有开动起来,也可以说,还处在僵化或半僵化的状态。这并不是因为他们不是好同志。这种状态是在一定历史条件下形成的。

一是因为十多年来，林彪、“四人帮”大搞禁区、禁令，制造迷信，把人们的思想封闭在他们假马克思主义的禁锢圈内，不准越雷池一步。否则，就要追查，就要扣帽子、打棍子。在这种情况下，一些人就只好不去开动脑筋，不去想问题了。

二是因为民主集中制受到破坏，党内确实存在权力过分集中的官僚主义。这种官僚主义常常以“党的领导”、“党的指示”、“党的利益”、“党的纪律”的面貌出现，这是真正的管、卡、压。许多重大问题往往是一两个人说了算，别人只能奉命行事。这样，大家就什么问题都用不着思考了。

三是因为是非功过不清，赏罚不明，干和不干一个样，甚至干得好的反而受打击，什么事不干的，四平八稳的，却成了“不倒翁”。在这种不成文法底下，人们就不愿意去动脑筋了。

四是因为小生产的习惯势力还在影响着人们。这种习惯势力的一个显著特点，就是因循守旧，安于现状，不求发展，不求进步，不愿接受新事物。

思想不解放，思想僵化，很多的怪现象就产生了。思想一僵化，条条、框框就多起来了。比如说，加强党的领导，变成了党去包办一切、干预一切；实行一元化领导，变成了党政不分、以党代政；坚持中央的统一领导，变成了“一切统一口径”。违反中央政策根本原则的“土政策”要反对，但是也有的“土政策”确是从实际出发的，是得到群众拥护的。这些正确政策现在往往也受到指责，因为它“不合统一口径”。

思想一僵化，随风倒的现象就多起来了。不讲党性，不讲原则，说话做事看来头、看风向，满以为这样不会犯错误。其实随风倒本身就是一个违反共产党员党性的大错误。独立思考，敢想、敢说、敢做，固然也难免犯错误，但那是错在明处，容易纠正。

思想一僵化，不从实际出发的本本主义也就严重起来了。书上没有的，文件上没有的，领导人没有讲过的，就不敢多说一句话，多做一件事，一切照抄、照搬、照转。把对上级负责和对人民负责对立起来。

不打破思想僵化，不大大解放干部和群众的思想，四个现代化就没有希望。

目前进行的关于实践是检验真理的唯一标准问题的讨论，实际上也是要不要解放思想的争论。大家认为进行这个争论很有必要，意义很大。从争论的情况来看，越看越重要。一个党，一个国家，一个民族，如果一切从本本出发，思想僵化，迷信盛行，那它就不能前进，它的生机就停止了，就要亡党亡国。这是毛泽东同志在整风运动中反复讲过的。只有解放思想，坚持实事求是，一切从实际出发，理论联系实际，我们的社会主义现代化建设才能顺利进行，我们党的马列主义、毛泽东思想的理论也才能顺利发展。从这个意义上说，关于真理标准问题的争论，的确是个思想路线问题，是个政治问题，是个关系到党和国家的前途和命运的问题。

实事求是，是无产阶级世界观的基础，是马克思主义的思想基础。过去我们搞革命所取得的一切胜利，是靠实事求是；现在我们要实现四个现代化，同样要靠实事求是。不但中央、省委、地委、县委、公社党委，就是一个工厂、一个机关、一个学校、一个商店、一个生产队，也都要实事求是，都要解放思想，开动脑筋想问题、办事情。

在党内和人民群众中，肯动脑筋、肯想问题的人愈多，对我们的事业就愈有利。干革命、搞建设，都要有一批勇于思考、勇于探索、勇于创新的闯将。没有这样一大批闯将，我们就无法摆脱贫穷落后的状况，就无法赶上更谈不到超过国际先进水平。我们希望各级党委和每个党支部，都来鼓励、支持党员和群众勇于思考、勇于探索、勇于创新，都来做促进群众解放思想、开动脑筋的工作。

二、民主是解放思想的重要条件

解放思想，开动脑筋，一个十分重要的条件就是要真正实行无产阶级的民主集中制。我们需要集中统一的领导，但是必须有充分的民主，才能做到正确的集中。

当前这个时期，特别需要强调民主。因为在过去一个相当长的时间内，民主集中制没有真正实行，离开民主讲集中，民主太少。现在敢出来说话的，还是少数先进分子。我们这次会议先进分子多一点，但就全党、全国来看，许多人还不是那么敢讲话。好的意见不那么敢讲，对坏人坏事不那么敢反对，这种状况不改变，怎么能叫大家解放思想，开动脑筋？四个现代化怎么化法？

我们要创造民主的条件，要重申“三不主义”：不抓辫子，不扣帽子，不打棍子。在党内和人民内部的政治生活中，只能采取民主手段，不能采取压制、打击的手段。宪法和党章规定的公民权利、党员权利、党委委员的权利，必须坚决保障，任何人不得侵犯。

前几天对天安门事件进行了平反，全国各族人民欢欣鼓舞，大大激发了人民群众的社会主义积极性。群众提了些意见应该允许，即使有个别心怀不满的人，想利用民主闹一点事，也没有什么可怕。要处理得当，要相信绝大多数群众有判断是非的能力。一个革命政党，就怕听不到人民的声音，最可怕的是鸦雀无声。现在党内外小道消息很多，真真假假，这是对长期缺乏政治民主的一种惩罚。有了又有集中又有民主，又有纪律又有自由，又有统一意志、又有个人心情舒畅、生动活泼的政治局面，小道消息就少了，无政府主义就比较容易克服。我们相信，我们的人民是顾大局、识大体、守纪律的。我们各级领导干部，特别是高级干部，也要注意严格遵守党的纪律，保守党的秘密，不要搞那些小道消息和手抄本之类的东西。

人民群众提出的意见，当然有对的，也有不对的，要进行分析。党的领导就是要善于集中人民群众的正确意见，对不正确的意见给以适当解释。对于思想问题，无论如何不能用压服的办法，要真正实行“双百”方针。一听到群众有一点议论，尤其是尖锐一点的议论，就要追查所谓“政治背景”、所谓“政治谣言”，就要立案，进行打击压制，这种恶劣作风必须坚决制止。毛泽东同志历来说，这种状况实际上是软弱的表现，是神经衰弱的表现。我们的各级领导，无论如何要造成同群众对立的局面。这是一个必须坚持的原则。我们的国家还有极少数的反革命分子，当然不能对他们丧失警惕。

我想着重讲讲发扬经济民主的问题。现在我国的经济管理体制权力过于集中，应该有计划地大胆下放，否则不利于充分发挥国家、地方、企业和劳动者个人四个方面的积极性，也不利于实行现代化的经济管理和提高劳动生产率。应该让地方和企业、生产队有更多的经营管理的自主权。我国有这么多省、自治区、直辖市，一个中等的省相当于欧洲的一个大国，有必要在统一认识、统一政策、统一计划、统一指挥、统一行动之下，在经济计划和财政、外贸等方面给予更多的自主权。

当前最迫切的是扩大厂矿企业和生产队的自主权，使每一个工厂和生产队能够千方百计地发挥主动创造精神。一个生产队有了经营自主权，一小块地没有种上东西，一小片水面没有利用起来搞养殖业，社员和干部就要睡不着觉，就要开动脑筋想办法。全国几十万个企业，几百万个生产队都开动脑筋，能够增加多少财富啊！为国家创造财富多，个人的收入就应该多一些，集体福利就应该搞得好一些。不讲多劳多得，不重视物质利益，对少数先进分子可以，对广大群众不行，一段时间可以，长期不行。革命精神是非常宝贵的，没有革命精神就没有革命行动。但是，革命是在物质利益的基础上产生的，如果只讲牺牲精神，不讲物质利益，那就是唯心论。

同样，要切实保障工人农民个人的民主权利，包括民主选举、民主管理和民主监督。不但应该使每个车间主任、生产队长对生产负责任、想办法，而且一定要使每个工人农民都对生产负责任、想办法。

为了保障人民民主，必须加强法制。必须使民主制度化、法律化，使这种制度和法律不因领导人的改变而改变，不因领导人的看法和注意力的改变而改变。现在的问题是法律很不完备，很多法律还没有制定出来。往往把领导人说的话当作“法”，不赞成领导人说的话就叫做“违法”，领导人的话改变了，“法”也就跟着改变。所以，应该集中力量制定刑法、民法、诉讼法和其他各种必要的法律，例如工厂法、人民公社法、森林法、草原法、环境保护法、劳动法、外国人投资法等等，经过一定的民主程序讨论通过，并且加强检察机关和司法机关，做到有法可依，有法必依，执法必严，违法必究。国家和企业、企业和企业、企业和个人等等之间的关系，也要用法律的形式来确定；它们之间的矛盾，也有不少要通过法律来解决。现在立法的工作量很大，人力很不够，因此法律条文开始可以粗一点，逐步完善。有的法规地方可以先试搞，然后经过总结提高，制定全国通行的法律。修改补充法律，成熟一条就修改补充一条，不要等待“成套设备”。总之，有比没有好；快搞比慢搞好。此外，我们还要大力加强对国际法的研究。

国要有国法，党要有党规党法。《党章》是最根本的党规党法。没有党规党法，国法就很难保障。各级纪律检查委员会和组织部门的任务不只是处理案件，更重要的是维护党规党法，切实把我们的党风搞好。对于违反党纪的，不管是什么人，都要执行纪律，做到功过分明，赏罚分明，伸张正气，打击邪气。

三、处理遗留问题为的是向前看

这次会议，解决了一些过去遗留下来的问题，分清了一些人的功过，纠正了一批重大的冤案、错案、假案。这是解放思想的需要，也是安定团结的需要。目的正是为了向前看，正是为了顺利实现全党工作重心的转变。

我们的原则是“有错必纠”。凡是过去搞错了的东西，统统应该改正。有的问题不能够一下子解决，要放到会后去继续解决。但是要尽快实事求是地解决，干脆利落地解决，不要拖泥带水。对过去遗留的问题，应当解决好。不解决不好，犯错误的同志不做自我批评不好，对他们不作适当的处理不好。但是，不可能也不应该要求解决得十分完满。要大处着眼，可以粗一点，每个细节都弄清不可能，也不必要。

安定团结十分重要。加强全国各族人民的团结，首先要加强全党的团结，特别是要加强党的领导核心的团结。我们党的团结，是建立在马列主义、毛泽东思想基础上的团结。党内要分清理论是非、路线是非，要开展批评和自我批评，互相帮助，互相监督，克服各种错误思想。

对于犯错误的同志，要促进他们自己总结经验教训，认识和改正错误。要给他们考虑思索的时间。在大是大非问题上有了认识，检讨了，就要表示欢迎。对于人的处理要十分慎重。对过去的错误，处理可宽可严的，可以从宽；对今后发生的问题，要严些。对一般党员处理要宽些，对领导干部要严些，特别是对高级干部要更严些。

今后选拔干部要严格。对于那些搞打砸抢的、帮派思想严重的、出卖灵魂陷害同志的、连党的最关紧要的利益都不顾的人，决不能重用。对于看风使舵、找靠山、不讲党的原则的人，也不能轻易信任，要警惕，要教育，要促使他们改造世界观。

最近国际国内都很关心我们对毛泽东同志和对“文化大革命”的评价问题。毛泽东同志在长期革命斗争中立下的伟大功勋是永远不可磨灭的。回想在1927年革命失败以后，如果没有毛泽东同志的卓越领导，中国革命有极大的可能到现在还没有胜利，那样，中国各族人民就还处在帝国主义、封建主义、官僚资本主义的反动统治之下，我们党就还在黑暗中苦斗。所以说没有毛主席就没有新中国，这丝毫不是什么夸张。毛泽东思想培育了我们整整一代人。我们在座的同志，可以说都是毛泽东思想教导出来的。没有毛泽东思想，就没有今天的中国共产党，这也丝毫不是什么夸张。毛泽东思想永远是我们全党、全军、全国各族人民的最宝贵的精神财富。我们要完整地准确地理解和掌握毛泽东思想的科学原理，并在新的历史条件下加以发展。当然，毛泽东同志不是没有缺点、错误的，要求一个革命领袖没有缺点、错误，那不是马克思主义。我们要领导和教育全体党员、全军指战员、全国各族人民科学地历史地认识毛泽东同志的伟大功绩。

关于“文化大革命”，也应该科学地历史地来看。毛泽东同志发动这样一次大革命，主要是从反修防修的要求出发的。至于在实际过程中发生的缺点、错误，适当的时候作为经验教训总结一下，这对统一全党的认识，是需要的。“文化大革命”已经成为我国社会主义历史发展中的一个阶段，总要总结，但是不必匆忙去做。要对这样一个历史阶段作出科学的评价，需要做认真的研究工作，有些事要经过更长一点的时间才能充分理解和作出评价，那时再来说明这一段历史，可能会比我们今天说得更好。

四、研究新情况，解决新问题

要向前看，就要及时地研究新情况和解决新问题，否则我们就不可能顺利前进。各方面的新情况都要研究，各方面的新问题都要解决，尤其要注意研究和解决管理方法、管理制度、经济政策这三方面的问题。

在管理方法上，当前要特别注意克服官僚主义。

官僚主义是小生产的产物，同社会化的大生产是根本不相容的。要搞四个现代化，把社会主义经济全面地转到大生产的技术基础上来，非克服官僚主义这个祸害不可。现在，我们的经济管理工作，机构臃肿，层次重叠，手续繁杂，效率极低。政治的空谈往往淹没一切。这并不是哪一些同志的责任，责任在于我们过去没有及时提出改革。但是如果现在再不实行改革，我们的现代化事业和社会主义事业就会被葬送。

我们要学会用经济方法管理经济。自己不懂就要向懂行的人学习，向外国的先进管理方法学习。不仅新引进的企业要按人家的先进方法去办，原有企业的改造也要采用先进的方法。在全国的统一方案拿出来以前，可以先从局部做起，从一个地区、一个行业做起，逐步推开。中央各部门要允许和鼓励它们进行这种试验。试验中间会出现各种矛盾，我们要及时发现和克服这些矛盾。这样我们才能进步得比较快。

今后，政治路线已经解决了，看一个经济部门的党委善不善于领导，领导得好不好，应该主要看这个经济部门实行了先进的管理方法没有，技术革新进行得怎么样，劳动生产率提高了多少，利润增长了多少，劳动者的个人收入和集体福利增加了多少。各条战线的各级党委的领导，也都要用类似这样的标准来衡量这就是今后主要的政治。离开这个主要的内容，政治就变成空头政治，就离开了党和人民的最大利益。

在管理制度上，当前要特别注意加强责任制。

现在，各地的企业事业单位中，党和国家的各级机关中，一个很大的问题就是无人负责。名曰集体负责，实际上等于无人负责。一项工作布置之后，落实了没有，无人过问，结果好坏，谁也不管。所以亟须建立严格的责任制。列宁说过：“借口集体领导而无人负责，是最危险的祸害”，“这种祸害无论如何要不顾一切地尽量迅速地予以根除”。任何一项任务、一个建设项目，都要实行定任务、定人员、定数量、定质量、定时间等几定制度。例如，引进技术设备，引进什么项目，从哪里引进，引进到什么地方，什么人参加工作，都要具体定下来。引进项目要有几定；原有企业也要有几定。现在打屁股只能打计委、党委，这不解决问题，还必须打到具体人的身上才行。同样，奖励也必须奖到具体的集体和个人才行。我们在实行党委领导下的厂长负责制的时候，要切实做到职责分明。

要使责任制真正发挥作用，必须采取以下几方面的措施：

一要扩大管理人员的权限。责任到人就要权力到人。当厂长的、当工程师的、当技术员的、当会计出纳的，各有各的责任，也各有各的权力，别人不能侵犯。只交责任，不交权力，责任制非落空不可。

二要善于选用人员，量才授予职责。要发现专家，培养专家,重用专家,提高各种专家的政治地位和物质待遇。用人的政治标准是什么?为人民造福,为发展生产力、为社会主义事业作出积极贡献,这就是主要的政治标准。

三要严格考核,赏罚分明。所有的企业、学校、研究单位、机关,都要有对工作的评比和考核,要有学术职称、技术职称和荣誉称号。要根据工作成绩的大小、好坏,有赏有罚,有升有降。而且,这种赏罚、升降必须同物质利益联系起来。

总之,要通过加强责任制,通过赏罚严明,在各条战线上形成你追我赶、争当先进、奋发向上的风气。

在经济政策上,我认为要允许一部分地区、一部分企业、一部分工人农民,由于辛勤努力成绩大而收入先多一些,生活先好起来。一部分人生活先好起来,就必然产生极大的示范力量,影响左邻右舍,带动其他地区、其他单位的人们向他们学习。这样,就会使整个国民经济不断地波浪式地向前发展,使全国各族人民都能比较快地富裕起来。

当然,在西北、西南和其他一些地区,那里的生产和群众生活还很困难,国家应当从各方面给以帮助,特别要从物质上给以有力的支持。

这是一个大政策,一个能够影响和带动整个国民经济的政策,建议同志们认真加以考虑和研究。

在实现四个现代化的进程中,必然会出现许多我们不熟悉的、预想不到的新情况和新问题。尤其是生产关系和上层建筑的改革,不会是一帆风顺的,它涉及的面很广,涉及一大批人的切身利益,一定会出现各种各样的复杂情况和问题,一定会遇到重重障碍。例如,企业的改组,就会发生人员的去留问题;国家机关的改革,相当一部分工作人员要转做别的工作,有些人就会有意见,等等。这些问题很快就要出现,对此我们必须有足够的思想准备。要教育党员和群众以大局为重,以党和国家的整体利益为重。我们应当充满信心。只要我们信任群众,走群众路线,把情况和问题向群众讲明白,任何问题都可以解决,任何障碍都可以排除。随着经济的发展,路子会越走越宽,人们会各得其所。这是毫无疑义的。

实现四个现代化是一场深刻的伟大的革命。在这场伟大的革命中,我们是在不断地解决新的矛盾中前进的。因此,全党同志一定要善于学习,善于重新学习。

全国胜利前夕,毛泽东同志号召全党重新学习。那一次我们学得不坏,进城以后,很快恢复了经济,成功地完成了社会主义改造。这些年来,应当承认学得不好。主要的精力放到政治运动上去了,建设的本领没有学好,建设没有上去,政治也发生了严重的曲折。现在要搞现代化建设,就更加不懂了。所以全党必须再重新进行一次学习。

学习什么?根本的是要学习马列主义、毛泽东思想,要努力把马克思主义的普遍原则同我国实现四个现代化的具体实践结合起来。当前大多数干部还要着重抓紧三个方面的学习:一个是学经济学,一个是学科学技术,一个是学管理。学习好,才可能领导好高速度、高水平的社会主义现代化建设。从实践中学,从书本上学,从自己和人家的经验教训中学。要克服保守主义和本本主义。几百个中央委员,几千个中央和地方的高级干部,要带头钻研现代化经济建设。

只要我们大家团结一致,同心同德,解放思想,开动脑筋,学会原来不懂的东西,我们就一定能够加快新长征的步伐。让我们在党中央和国务院的领导下,为改变我国的落后面貌,把我国建成现代化的社会主义强国而奋勇前进!

(这是邓小平同志在中共中央工作会议闭幕会上的讲话。这次中央工作会议为随即召开的中共十一届三中全会做了充分准备。邓小平同志的这个讲话实际上是三中全会的主题报告)

国务院副总理李先念在北京会见泰国前外长差猜·春哈旺少将

国务院副总理李先念在北京会见美中人民友好协会全国指导委员会代表团

外交部照会越南驻华大使馆抗议越南当局不断侵犯我领土和制造一系列的严重流血事件

12月14日

《人民日报》刊登本报通讯员和新华社记者的通讯《向管理要速度——江苏省江阴县华西大队的调查》并配发新华社编者按

新华社编者按:这篇通讯,值得认真一读。列宁说:“劳动生产率,归根到底是保证新社会制度胜利的最重要最主要的东西。”(《伟大的创举》)华西大队,以及许许多多先进社队的事实都令人信服地证明:我国农村集体经济存在着何等巨大的潜力!问题是,要把它挖掘出来,就必须善于调动群众的生产积极性,把劳动力合理地组织起来,并且用先进技术装备农业,向生产的深度和广度进军,创造出更高的劳动生产率。而要做到这一点,一切从事农村工作的同志,都必须像华西大队的干部那样,摆脱至今还严重存在的小农经济的思想影响,认真地把小生产的管理方法转变为社会化大生产的管理方法,向管理要效率,向管理要速度,向管理要高产,使社会主义集体经济的优越性最大限度地发挥出来。

十五年前,华西人民用了十来年的时间,把粮食亩产从三四百斤提高到八九百斤。那时候,连他们自己也想不到,以后只用了八年,粮食亩产就突破了一吨,更没有想到,又用了五年,就跃上“三纲”。十五年来,华西大队粮食单产以平均每年增产100斤以上的高速度向前发展。如今,全大队795亩耕地,粮食平均亩产达到了2720斤,平均每个农业劳动力生产粮食8200多斤。

十五年前,华西大队负债累累。今天实行农业、副业、工业综合发展,一年能创造出价值百万元的财富,今年每个工业劳动力创造的产值达到5100多元。

这里没有建筑公司,都是社员自己盖房。但是,施工效率很高。一幢幢社员住宅楼很快就建起来。包括幼儿园、小学、初中、高中的1000多平方米的五层教育大楼,从破土到落成,只用了50天的时间。

华西大队农业发展速度为啥这样快?社员劳动效率为啥这样高?他们的一条重要经验是,必须认真抓好集体经济的管理工作。

管理工作非抓好不可

“管理工作非抓不可。不抓管理,群众积极性再高,也是一盘散沙;抓好了管理,就能把群众的积极性恰当地组织起来,形成一个强有力的拳头,拳拳打到实处,打出劳动高效率,打出生产高速度。”这是华西大队党支部书记吴仁宝谈的体会。他的话,道出了华西大队十五年来农业生产高速度发展的奥秘。

现在,回想一下他们的发展过程深有教益。十五年前,华西大队组织起来已经十多年了,但是在管理上仍然沿袭着小农经济的办法。劳动无定额,出工记钟点。队长的职责,似乎就是吹哨子派活,年年催种催收的老一套。集体经济优越性看不见,窝工浪费无人问。最典型的是,有一年大队兴修水利,要填掉一个亩把大的池塘,发动了3个受益生产队的劳动力,拖拖拉拉,整整花了3个月才填平。劳动效率很低。

“为革命种田”的思想政治工作虽然进行了,但是,无定额的劳动怎么也调动不起社员的积极性;哨子把人催齐了,各个环节衔接不上,窝工费时的现象仍旧避免不了。

一次又一次的教训,使华西大队党支部悟出这样一个道理,社员已经走上了集体化的道路,但是,小生产的观念,不能指导人们有效地进行社会化的大生产;思想政治工作固然重要,但决不能代替具体的管理工作。要把群众的积极性最大限度地调动起来,使社会主义的优越性发挥出来,就应当在做好思想政治工作的同时,按照社会化生产的要求,抓好集体经济的管理工作。

从1964年制定十五年农业发展规划开始,华西大队扎扎实实地抓了管理工作。十五年规划体现了集体化的威力,提出了小农经济思想严重的人想也不敢想的农田基本建设蓝图。这个规划要把全大队的土地按照沟、渠、路、林综合治理的原则,全部改造成高产稳产良田。根据规划的要求和劳动力的情况,大队还搞了逐年的具体建设方案,保证在搞好当年生产的同时,每年抽出一部分青壮劳动力,开河筑渠,平地修路,植树造林。所有这些活路,一律实行任务到组,责任到人,定额计工。大队党支部成员都到作业组兼任组长,参加劳动,切实解决定额管理、评工记分工作中出现的各种问题。由于责任明确,按劳取酬,群众积极性越来越高,农田基本建设步子一年比一年快。原定十五年完成的农田基本建设任务,提前七年完成了。

抓好管理,促进了农业的发展;农业的发展又需要更高的管理水平。打这以后,党支部把管理作为一门重要学问来钻研。为了向管理要高效率,向管理要高速度,大队专门举办了劳动管理训练班,定期培训干部;农民夜校增加了劳动管理知识的普及教育。没有订立的制度订立了,已经订立的制度,也随着实践的发展,不断改进和健全。在“四人帮”横行的时候,华西受到了来自各方面的非难和打击,生产责任制、定额计工被说成是“工分挂帅”。但是,干部和社员却把管理当作“法宝”,抓住不放。在华西,过去那种“红旗飘飘满田人”的大呼隆场面不见了,代替的是井井有条的分工,人人都在为完成和超额完成生产任务,紧张而有秩序地劳动。

让群众当家做主

华西大队党支部认为,搞好集体经济的管理,发扬民主是关键。生气勃勃的社会主义事业是人民群众自己创造的。只有依靠群众实行民主管理,充分发挥他们的积极性和创造性,社会化大生产才能有高速度。

1972年,华西大队扩种了双季稻。公社有些同志根据苏南地区一些高产单位的经验,要求他们把中熟中稻改为晚熟晚稻。华西大队经过试验,却并没有取得高产。是华西没有学好外地的经验?还是外地的经验不适合华西?干部、社员议论纷纷。大队党支部认为,有不同的意见,是干部、社员关心集体生产的表现,他们决定把这个问题交给社员讨论,还专门请老农和农业技术员座谈。经过讨论、争辩、分析、对比,最后,大家认为,华西地处长江边,无霜期虽有215天,但土壤冷浸,地温偏低,晚熟晚稻品种太多,就必然会推迟晚稻的成熟期,造成减产。社员们说,在这个问题上,我们不能踩着别人的脚印走,要创自己的路。党支部听取了大家的意见,否定了推广晚熟晚稻的意见,从

1972年到1975年，闯出一条以中代早、早中晚品种合理搭配的增产路子，粮食亩产超过了“三纲”。

随着生产的发展和社员生活水平的提高，华西大队干部的威信越来越高。群众对党支部非常信赖。但干部们并不因此忘乎所以。支部书记吴仁宝经常说：“干部威信越高，就越要注意发扬民主。干部眼里没有群众，就会产生强迫命令、瞎指挥，势必挫伤群众的积极性，甚至造成更严重的后果。”从这一点出发，他们在领导生产中，对社员的意见和建议看得很金贵。大队办农忙食堂，就是党支部倾听群众呼声的结果。有一年“双抢”季节，吴仁宝和社员们一起割稻。中午收工时，一个男社员说了句：“真热！”一个中年妇女笑笑说：“你们男的回去还好歇歇，我们妇女可苦啦，回家就得钻热灶头，饭碗一洗又得下田。”说者无意听者有心。当天晚上，吴仁宝就召开支委会，作出了办农忙食堂的决定。

近几年来，华西大队在生产管理中还采取一系列措施，使民主管理有了可靠的保证。每年的生产计划、作物布局，党支部要召开社员大会专门讨论研究；“双抢”大忙的行动计划，包括时间、任务、分工都一一和群众相商；年终分配以后，党支部还专门拿出三五个晚上，发动群众提意见，总结计划管理、劳动管理和财务管理的经验教训。大队还规定：凡在生产上提出合理化建议，效果显著的人，一律发给奖金；指挥生产不当，群众意见大的干部，暂停行使职权，到作业组参加劳动，当普通社员，直到群众通过了，再回到领导岗位。

改革经济结构　合理安排劳动力

十五年前，华西大队单纯经营农业，虽然粮食亩产达到八九百斤，但收支相抵，积累甚微，无法扩大再生产。有一年，大队好不容易买回一台8马力的柴油机，因为没有钱，只得又忍痛卖给人家。这件事情给党支部教育很深，他们研究了几年来的积累和消费情况，认识到，农业要高速度发展，必须有高积累来扩大再生产，而高积累，光靠农业一条腿是根本不行的，必须发动群众，广开门路，农业、副业、工业一齐发展。这样，从1968年起，他们逐步搞起了养殖业、种植业、运输业等31个多种经营项目，又办起了农机修配、五金加工、塑料制品等队办企业。农业、副业、工业综合发展，从根本上改变了华西大队原来的经济结构。现在，农业产值占全大队总产值的22%，副业和工业产值分别占全大队总产值的14%和64%。工业、副业的发展，是农业持续高涨的强大后盾。

农村经济结构的改变，相应的生产管理需要跟上。大队建立了农业、副业、工业、生活福利四条线。党支部书记和一名副书记主持日常工作，其他副书记、支委分工抓各条线。各条线由支委和生产骨干组成精干的小班子领导。他们根据本大队的机械化程度和农业、副业、工业综合发展的需要，组织、划分作业组，合理安排劳动力。全大队农业劳动力占总劳动力的44.5%，副业和工业的劳动力分别占14%和34%，还有7.5%的劳动力从事服务业。无论是农业、副业、工业，还是服务业，凡能固定的专业就固定下来，使社员能够钻研技术，提高工效，向生产的深度和广度进军。

过去，单一经营农业，每人不过七八分地，常常愁劳动力没法安排，现在农业、副业、工业的迅速发展，劳动力的需要量越来越大，它给每个有劳动能力的社员提供了充分发挥自己智慧与力量的场所。例如，这个大队有80多个老弱病残人员，过去只在家里烧饭、带孩子、闲坐，后来党支部把他们组织起来。年老的男社员，就安排他们种植蔬菜，每天迸菜到社员家里；老年妇女细心，坐得住，就安排在托儿所、幼儿园带孩子，安排在场头看谷、赶麻雀；病残的，就分在缝纫组、饲养场、队办厂工作；盲人看不见，手脚还健，就让他们搓草绳；跛子脚不好，手却灵巧，就叫他们做鞋匠。真是闲人不闲，废人不废。人尽其力，各得其所。就拿种菜的18个老人来说，他们每年为社员生产瓜果蔬菜三四十万斤。塑料工厂的17个社员，大都患有慢性病，不适合参加田间劳动，现在粘塑料袋，一年就创造了45000元的产值。社员高兴地说：“在华西，人人有用武之地。”

掌握先进技术提高劳动效率

要提高劳动生产率，不仅要合理安排劳动力，实行科学组合，更重要的是学习科学技术，用先进技术装备武装农业。这是解放生产力促进农业、副业、工业高速度发展的根本途径。

15年来，华西大队千方百计地大搞农业机械化，先后购买了中型拖拉机两台、手扶拖拉机12台、卡车两辆，还添置了发电机、电动机、栽秧机、植保机械等多种农业机械，共计420马力，逐步使繁重的劳动过程机械化。党支部还从本地实际出发，与队办企业工人研究，自造了小型绿肥收割机，使工效提高了30倍。

随着先进技术的推广和农机具日益增多，华西大队把文化科学知识和农业科技提到了重要位置。他们将全大队520多名有劳动能力的男女社员按文化程度分成高、中、低三级，系统地上好文化课、技术课。农科队又编印了《稻麦品种》《水稻地温催芽》《早稻育秧》《前季稻管理技术》《后季稻育秧》《麦子田间管理》等10多篇补充教材，工业副业人员，也分别组织选学金工、机械、畜牧、园艺等技术课程。通过学习和培训，全大队35%的劳动力掌握了比较丰富的生产经验和劳动技能。大队还选拔了一批思想好、肯钻研的青年成立机务组，并请工厂老师傅传授经验，帮助他们熟练掌握业务技术。在华西，有90名社员会开拖拉机、汽车、机帆船，有69名社员会做车、钳、刨工，会装配和修理农业机械，做到了小修、中修由机务组动手，大修由队办厂解决，使农业机械发挥了重大的作用。

重视农业机械化，并不是不用手工劳动了。今天，华西大队手工劳动仍占相当比重。但是，他们十分注意安排农活，根据不同工种和不同的劳动强度、不同的技术要求，合理搭配劳动力，提高了劳动效率，保护了社员的生产积极性。

努力培养农业经济管理人才

要提高农业经济管理水平，就必须努力培育又红又专的农业管理人才，造就懂得管理社会主义大农业的经济干部。

多年来，华西大队农业生产的"前线指挥官"，是一个精通生产的青年农业技术员朱玉良。他从小热爱农业科技，肯学肯钻。党支部书记吴仁宝发现这棵好苗子，就注意培养他，经常带他到田间去检查生产；支委开会研究生产，也吸收他参加。"双抢"大忙中，党支部叫他协助安排劳动力，验收农活，总结经验，使他懂得，指挥上每一个细小的失误，都会给农业生产带来不可弥补的损失。寒往暑来，他逐渐熟悉了华西的每一块土地的"脾性"，掌握了各种农业技术，熟悉了每个社员的特长，不管农活多么紧张，头绪多么纷繁，他都指挥得井井有条。

像朱玉良一样，为了使自己成为精通生产的"行家"，华西大队的干部都积极参加劳动，刻苦地钻研生产技术。大队党支部书记吴仁宝是个"多面手"，不仅样样农活得心应手，还会开汽车、拖拉机、机帆船。副书记赵毛妹是个养猪能手，抓副业特别在行。另一个副书记吴协东是一个出色的农业技术员，他和大队的农科队育种组一起种的"攻三千"试验田，稻麦亩产达到3177斤，为华西大队大面积高产不断创出新套套。

华西大队的干部在生产管理中，逐步学会运用经济手段来管理生产。为了加强社员的责任心，他们在农业上实行任务、时间和质量"三定到组"，责任到人，限期完成，检查验收的制度。组与组、人与人之间开展竞赛，分段评分。农活质量不合格的要在规定时间内返工、补工，不计工分。在队办工业上，从去年六月份起，推行班组核算，建立定任务、定质量、定消耗、超产奖励的责任制，从而使工效提高了30%，产品合格率达到95%以上。在副业上，实行"四定一奖"，采用合同制办法，大队每年与专业组或社员订立合同，把任务、成本、利润、工分、奖赔比例指标定下来，双方签名盖章，到年终结算兑现。这样，各项工作秩序井然，彼此协调。去年养猪实行合同制以后，全年收入比上年增加5000多元，支出减少了4000多元。今年有28个饲养员共得奖金775元，其中最多的得奖达100元。

国务院副总理李先念在北京会见美国大通曼哈顿银行行长威拉德·布彻

会见时，李先念副总理表示，欢迎中国同美国间加强银行业务的联系，扩大两国间的商业和贸易往来。他说，在不损害我国独立主权的情况下，我们可以在许多方面同美国进行合作。

全国人大常委会副委员长聂荣臻和国务院副总理方毅在人民大会堂会见在北京出席会议的生物化学和有机化学工作者

参加会见的有著名科学家周培源、杨石先、严济慈、华罗庚、钱三强、贝时璋、王应睐、冯德培、汪猷、柳大纲、梁树权、邢其毅、曹天钦、钮经义、邹承鲁、张龙翔、过兴先等人。

会见时，聂荣臻同志和方毅同志鼓励科学工作者集中力量攻关，攀登科学高峰。他们在谈话中高兴地指出，现在党内党外民主生活很活跃，这是促进安定团结，保障集中精力抓好现代化建设的重要条件。要在科学技术上赶超世界先进水平，就必须落实各项政策，采取各种措施，提倡和鼓励科学工作者刻苦钻研、自由讨论和大胆创新。聂荣臻同志和方毅同志希望老一辈的科学家好好保重身体，在新的长征中作出新的贡献。他们还勉励中、青年科学工作者说，你们是攻关的骨干力量，希望再接再厉，为实现四个现代化作出重大的科学技术成就。聂荣臻同志、方毅同志都强调指出，全党全国的工作着重点要转移到抓现代化建设、抓技术革命上来，我们科学战线肩负的任务更重了。要调动一切积极因素，发挥最大的干劲和创造性，加强国际学术交流和合作，把我国的科学技术水平大大提高。

陪同会见的有张劲夫、蒋南翔、李昌、胡克实、于光远、郁文、童大林等。

广西平果县发现世界上少有的大型铝土矿

新华社报道：在广西平果县内发现了一个我国当时最大的、也是世界上少有的大型铝土矿。这个矿是当时我国最好的富铝矿，已被确定为中国新建的9个有色金属基地之一。

12月15日

《人民日报》发表江华的文章《严明法纪 纠正冤案错案》

粉碎"四人帮"已经两年多了。目前，我国人民精神振奋、斗志昂扬,我们国家出现了安定团结、大干快上的大好局面。在华主席为首的党中央领导下,全国人民开始了向四个现代化进军的新长征。

搞四个现代化,要有一个安定团结的局面和良好的社会秩序。要巩固和发展安定团结的大好局面,就要发扬民主,就要加强社会主义法制。没有人民民主,没有革命法制,就不成其为社会主义国家,更谈不上建设社会主义现代化的强国。在林彪、"四人帮"横行的时候,"我说的就是法,我说的就是政策",无法无天,无政府主义泛滥,使国民经济临近崩溃的边缘。平反纠正冤案、假案、错案,这是加强社会主义法制,保障安定团结的重要方面。我们要响应华主席的号召:思想再解放一点,胆子再大一点,办法再多一点,步子再快一点。要进一步把平反纠正冤案、假案、错案的工作做好,首要的是解放思想。思想不解放,胆子不会大,办法不会多,步子也不会快。

为了促进安定团结,贯彻执行抓纲治国的战略决策,迅速实现四个现代化的宏伟目标,人民法院首先要把打击现行罪犯这项工作抓紧抓好。另一方面,就是要认真复查和纠正冤案、假案、错案,落实党的政策。这是我们人民法院当前的一项重要政治任务,是揭批林彪、"四人帮",拨乱反正,保护人民民主权利,调动人民群众积极性,促进安定团结的一个重要措施。我们有很多同志受林彪、"四人帮"的诬陷和迫害还没有作出结论,没有恢复名誉。这不仅仅是这些同志本人的问题,还牵涉到他们的子女、家属、亲戚、朋友。对这些问题,我们是怎样想的呢?对革命对人民,我们抱什么态度呢?这类冤案、假案、错案不进行平反纠正,怎么能拨乱反正,调动人民群众的积极性?说保护人民的民主权利,岂不是空话!

平反纠正冤案、假案、错案,落实党的政策,工作量大,任务繁重。林彪、"四人帮"疯狂推行反革命政治纲领,叫嚷并实行"砸烂公检法",颠倒敌我关系,倒转专政矛头,残酷镇压革命干部和人民群众,制造了大量冤案、假案、错案。这些年错判的案件中,大多数是混我为敌,把人民内部问题当成敌我问题处理,伤害了好人。混敌为我,放纵坏人的,只是少数,甚至是极个别的。冤案、假案、错案如此之多,占的比例如此之大,是新中国成立以来没有的。在林彪、"四人帮"的干扰破坏下,把那么多无辜的革命干部和群众打成反革命,判刑劳改,令人触目惊心。这是林彪、"四人帮"犯下的滔天罪行。对此,应该激起我们对林彪、"四人帮"的极大愤慨,增强我们对党对人民的高度责任心,把平反纠正冤案、假案、错案的工作抓紧做好。人民法院是代表人民的,保护人民的。我们要对党负责,对人民负责。浙江省玉环县人民法院审判员胡在旺同志,在"四人帮"横行时审理了一件"反革命"案,搞错了。当时胡在旺本不同意给当事者治罪,后来在压力之下判刑三年。粉碎"四人帮"之后,胡在旺主动提出这个案子要平反。现在这个案子平反了。这样的同志,是好的人民审判员,应当表扬他,鼓励他。据说,上海市人民法院有一些审判员,自己办错了案件自己提出来纠正,这很好,要表扬。我们要提倡这种实事求是,勇于改正缺点错误的精神和作风。

平反纠正冤案、假案、错案,是一场严重的斗争,不可能没有阻力。想一帆风顺,办不到。实践证明,阻力相当大,甚至有人持阻挠、抵制和反对的态度。这是毫不奇怪的。因为平反纠正冤案、假案、错案,是揭批林彪、"四人帮"反革命修正主义路线的一个极其重要的组成部分。某些在立场、思想、作风上同林彪、"四人帮"的那一套划不清界限的人,自然会对这项工作采取阻挠、抵制和反对的态度。当然,大多数同志还是认识问题,思想跟不上客观形势的发展,跟不上斗争的需要。对这些有错误认识,思想上有阻力的人,要批评,要作说服教育工作。平反纠正冤案、假案、错案,为遭受林彪、"四人帮"迫害的革命干部和群众昭雪,实际上是解放一大片人,影响所及,远远超出受害者本人和他的家属子女,对消除林彪、"四人帮"颠倒敌我关系给党造成的恶劣影响,对活跃我们国家的民主生活,都有重要的作用。因为反对林彪、"四人帮"和为邓副主席遭诬陷迫害鸣不平的同志,在"四人帮"横行的时候被关进监狱里,如今"四人帮"垮台了,还不给他们平反昭雪,人民法院怎么取信于民?党组织怎么取信于民?谁还敢说话?生动活泼的政治局面怎能形成?平反纠正冤案、假案、错案,就是为天下大治,实现安定团结服务,为建设社会主义现代化强国服务。黑龙江伊春地区大丰林业局有个下乡知识青年叫王景斌,1976年反对"四人帮"诬陷邓副主席和镇压革命群众,被以反革命罪判十二年徒刑。今年9月给他平反了,在大丰林业局震动很大,广大职工和家属十分满意,齐声赞扬我们党的实事求是的优良传统和作风又恢复和发扬了,决心以更高的热情,更大的干劲,搞好林业生产,支援国家建设。这个例子说明了,平反纠正冤案、假案、错案,深得群众的拥护,可以调动许多人的社会主义积极性,为实现新时期的总任务贡献力量。

我们平反纠正冤案、假案、错案,是对林彪、"四人帮"的"全面专政论"的有力批判,是真正保护人民的民主权利。过去曾经错误地批判了社会主义法制的民主原则,只讲专政,不讲民主,只讲社会主义法制是对敌专政的工具,不讲社会主义法制是保护人民民主的武器。不讲两个方面的辩证统一,而把两者对立起来,歪曲了社会主义法制的本质。你一说民主,林彪、"四人帮”就说你是鼓吹资产阶级民主政治；你一说社会主义法制是保护人民的，他们就给你扣上修正主义的大帽子；你一说人民法院也要解决人民内部矛盾，他们就给你安上篡改无产阶级专政工具的性质的罪名。在他们看来，只有资产阶级能讲民主，无产阶级不能讲民主。列宁说：社会主义民主要比资产阶级民主优越百万倍。离开了人民民主，还有什么对敌专政？广泛发扬民主，是有效地对敌人实行专政的前提。人民法院的任务就是通过审判案件镇压敌人，惩罚犯罪，保障人民的民主权利，保障人民有说话的权利，就是说得过火了，或者骂了几句，那也只是教育的问题，不能动不动就给戴上“恶毒攻击”的反革命帽子，滥施刑罚。把案子办错了，把人民内部问题当成敌我问题专了政，就不是保护人民，而是侵犯人民的民主权利，不平反纠正行吗？

做好平反纠正冤案、假案、错案工作，必须进一步解放思想。粉碎“四人帮”以来，我们的思想随着形势的发展逐步解放。但是，林彪、“四人帮”的精神枷锁还没有彻底打碎，不少同志的思想还被它紧紧束缚着。解放思想也有个过程，认识是逐步提高的。这主要靠自己，要自己清理清理思想，自己解放自己。在人民司法工作中是有禁区的，有禁区就要勇敢地冲破它。冲破禁区，要有唯物主义观点。彻底的唯物主义者是无所畏惧的。冲破禁区，必须有革命的胆量和革命的坚定性。首先，要把思想、理论、路线是非搞清楚，否则你怎么敢冲破禁区呢？口说解放思想，一碰到具体案子就眉头皱起来：“啊，没办法呀。”路线是非都分不清，哪来的革命胆量和革命坚定性？前怕狼，后怕虎，唯唯诺诺，是搞不出什么名堂来的。搞四个现代化，没有一批既有谋略又敢闯禁区的先进分子是搞不成的。

林彪、“四人帮”一伙出于反革命目的，把党的领袖“偶像化”，把领袖的思想当成宗教的“教义”，只要谁损坏了一枚像章，谁弄坏了一张伟人像，谁说了一句牢骚不满的话，不问他的目的、动机如何，统统以“恶毒攻击”的反革命罪判处。这些年来，判处的“恶毒攻击”案件中，冤案、假案、错案最多。这里有深刻的教训。有些人反对林彪、“四人帮”，但由于不了解情况，或因一时一事不满，或者是其他原因，说了或写了一些攻击性的话，他又不是推翻共产党，破坏社会主义革命和建设，你为什么要把他当成反革命处理？我们对每一个案件都要作具体分析，要看它的本质是什么，主流是什么，只要本质和主流是反对林彪、“四人帮”的，就要平反、纠正。

实践是检验真理的唯一标准，我们要懂得这个马列主义的基本原则。否则，怎么解放思想呀？林彪、“四人帮”唯心主义横行，形而上学猖獗。我们有些同志受了他们的流毒和影响，也搞形而上学。他们不是全面地、历史地、发展地看问题。对问题不分析不研究，片面地抓住一点，不及其余。禁区有些是林彪、“四人帮”设置的，有些是我们自己划的，自己树菩萨自己拜。说这是中了林彪、“四人帮”的流毒是对的，但有些问题原来就存在，在林彪、“四人帮”猖獗的时候膨胀起来了。我们要从实际出发，实事求是，坚持实践是检验真理的唯一标准这个马列主义的基本原则，不要把一些事情看得那么神秘，那么绝对。不要以为某些领导人说的批的，错了也不能改变，那样我们的思想就不能进步，就不敢接受新事物，研究新问题，我们的事业就停滞不前了。解决这个问题，在当前具有重大的现实意义。这个问题要弄清楚，不弄清楚，思想就不能解放，就不能从林彪、“四人帮”的思想禁锢下解放出来。人家要冲破禁区，你还可能认为人家是“砍旗”，是“恶毒攻击”。

我们办案子，一是根据事实；二是正确执行党的政策和国家的法律；而不是根据某个“长官意志”。“长官意志”凌驾于党的政策和国家法律之上，是当前加强革命法制的一个大障碍。我们是根据事实说话，尊重科学，而不是盲从于“长官意志”。什么事情，都要开动脑筋，具体分析，就是对地、富、反、坏也要具体分析。不能只是因为地、富、反、坏说了几句话，不分析他为什么说这些话，说这些话要达到什么目的，就来个历史反革命加现行反革命，当作“恶毒攻击”社会主义制度的罪犯，捉起来判刑。要实事求是，是什么问题就定什么问题，不能扩大也不能缩小，没有的问题不能随便往他头上安。人民内部的问题，更不必说了。群众说了不满的话，甚至谩骂的话，只要他不是出于反革命的目的，就不能定为“恶毒攻击”的反革命罪，可以批评教育他，但逮捕判刑是错误的。你工作做得不好，还不准人家说几句不满意的话？共产党还怕群众批评？林彪、“四人帮”曾经在党内党外造成一种很不正常的政治空气，就是不让人讲话，只许歌功颂德，不准批评指责，这严重地破坏了社会主义民主和社会主义法制。不许人家讲不满的话甚至反对的话，动不动就是反革命，那么宪法规定的言论自由、民主权利哪里去了？你说那是些坏话，难道讲坏话就要判刑？要求每个人的思想都是马列主义的，一开口都说符合马列主义、毛泽东思想的话，可能吗？我们要加强学习，通过学习，提高我们的思想理论水平，做好人民司法工作，适应新的历史时期对我们的要求。比如说，有的不许人家上告，到北京上访回去后就受到压制和迫害，这都是奇怪的现象，是不能容许的。党的方针政策都有了，他硬是那么干，有什么办法？水平就是那么高，能力就是那么大，所以要对干部进行再教育。还是华主席讲的，学习、学习、再学习，团结、团结、再团结，我们一定要在党中央和各级党委领导下，把平反纠正冤案、假案、错案的工作进一步做好。

中国旅行游览事业管理总局局长卢绪章和新华社记者谈我国旅游事业的发展

今年来我国旅游的外国朋友已经超过10万人，相当于过去14年间接待人数的总和。此外，还有40万左右的华侨、港澳同胞、台湾同胞以及中国血统的外籍人士回来探亲或观光。

卢绪章说，今年是新中国成立以来接待旅游客人最多的一年。还有大批客人已经申请前来我国旅游，由于旅馆和其他旅游设备不足，不能全部满足要求。他表示相信，不久的将来，我国将接待更多的旅游客人，满足更多的外国朋友和侨胞的要求。

卢绪章说，我国兴办旅游事业，不单纯是为建设四个现代化积累资金，也是为了促进我国同各国人民之间的友好往来，更好地向各国人民学习。华主席为首的党中央非常重视旅游事业，一再指示要加快发展。国家已经拨出了一笔资金，在北京、上海、广州、杭州、西安、哈尔滨、桂林、成都、昆明等30多个城市，兴建专供旅游用的饭店。与此同时，我们还准备利用外资建造一些旅馆，为加快旅游事业的发展创造条件。

卢绪章说：这一年来，客人们对我国旅游工作提出了不少批评和建议，我们表示衷心感谢。有些问题，例如旅馆床位紧张、设备较差等等，限于客观条件，一时还不可能完全解决，相信今后可以逐步改善。正在建设或计划动工的旅馆中，已经考虑了朋友们的建议，设有比较完善的卫生设备和空气调节设备。有的旅馆还附设演出厅、咖啡座、小吃部、文娱室。另外有些存在的问题，目前有条件解决的，已采取措施逐步解决。11月7日《人民日报》刊登刚果驻华大使馆库贝塔先生关于租车难的来信后，首都汽车公司立即研究，改进管理。现在已经在和平宾馆、友谊宾馆等处，派驻了一部分出租汽车，以方便外宾使用。今年国家还调拨了一批大、中、小型轿车，专门给旅游部门使用。铁道部门也增开了北京到八达岭、上海到南京和上海到杭州的旅游专列。许多旅馆对服务人员加强了思想教育和业务训练。北京的几家大饭店已经有1000多名干部和服务员学习外语，有一批服务员已经初步掌握了日常生活用的外国语言。有些地方开办了专门培训旅馆服务员的学校；有的省市正积极筹备旅游学校，有计划地培养旅游事业的专门人才。

他说，为了满足外国朋友的需要，旅游局同有关部门专门开会研究并布置了旅游纪念品和工艺美术品的生产任务。北京饭店大厅里新设了16个专柜，供应纪念品，受到旅游客人的欢迎。杭州、上海、湖南等地的旅游区，也开始出售工艺品、文物风景画片等富有中国民族艺术特色的工业品。但这方面我们还做得很不够。纪念品的种类少，设计和包装还不太精致，尚需进一步改进。

卢绪章说，不少外国客人希望旅游节目丰富多彩，具有民族色彩和地方特色。这一点我们完全可以做到。我国地大物博，山明水秀，名胜古迹遍布全国，加以地理、气候条件多样，各个民族的文化都有自己的特点，具有发展旅游事业极为有利的条件。希望我们能同各省、自治区、直辖市管旅游的同志们共同努力，解放思想，开动脑筋，来个比赛，把旅游活动搞得丰富多彩。比如，除了组织旅游者参观名胜古迹外，打猎、骑马、骑骆驼、滑雪、登山、游泳，甚至住蒙古包、睡竹楼等，不也是受游客欢迎的活动吗！

卢绪章最后说，我国旅游事业还处于初创阶段，缺乏经验。我们一定要加强同友好国家的合作，虚心向外国学习。今年我们同罗马尼亚、墨西哥签订了旅游合作协定。还派遣了旅游工作人员到朝鲜、缅甸、泰国、英国和美国去访问。今后我们要继续向外国学习，把这项事业办得更好、更兴旺，欢迎更多的外国朋友和侨胞前来度假和游览。

国务院副总理耿飚在北京会见冰岛共和国驻中国大使索尔斯坦松

12月16日

中共中央主席 国务院总理华国锋就中国和美国建立外交关系在人民大会堂举行中外记者招待会

华主席首先宣读《中华人民共和国和美利坚合众国关于建立外交关系的联合公报》和《中华人民共和国政府声明》，接着，回答了记者提出的问题。

问：请华主席谈谈中美关系正常化的意义。

答：实现中美关系正常化是中美两国人民长期的愿望。伟大领袖毛主席和敬爱的周总理在生前为打开中美关系开辟了道路。1972年尼克松总统和基辛格博士访华的时候，中美双方发表了《上海公报》，这样，开始了两国关系正常化的进程。经过几年来中美两国领导人、两国政府和人民的共同努力，两国关系正常化现在实现了。福特总统，还有美国参众两院的许多议员先生和美国各界朋友都为此作出了努力。现在卡特总统、布热津斯基博士和万斯国务卿为两国最终实现关系正常化作出了宝贵的贡献。

中美建交是一个历史性的事件。它将为发展两国人民的了解和友谊、促进两国在各个领域的交流开辟广阔的前景，也将有助于亚洲和世界的和平与稳定。对此，中美两国人民都高兴，相信世界各国人民也会很高兴的。

问：在中美关系正常化的新形势下，中国政府对台湾将采取什么政策？

答：台湾是我国的神圣领土。台湾人民是我们的骨肉同胞。台湾回到祖国的怀抱，实现祖国统一大业是包括台湾同胞在内的全国人民的共同愿望。我们的一贯政策是爱国一家、爱国不分先后；我们希望台湾同胞和全国人民包括港澳同胞、海外侨胞，一起为祖国统一大业继续作出贡献。

问：在正常化之后，中国是否会反对美国官员访问台湾？

答：中美关系正常化是经过双方努力，讨论协商，达成了联合公报。至于美国今后如何对待台湾问题，《联合公报》已说得很清楚，"美利坚合众国承认中华人民共和国政府是中国的唯一合法政府。在此范围内，美国人民将同台湾人民保持文化、商务和其他非官方关系。"这已经说得很明白了，是保持非官方关系。

问：是否允许美国继续向台湾提供用于防务目的的军事设备？

答：在我宣读的公报的第二条里提道："美利坚合众国承认中华人民共和国政府是中国的唯一合法政府。在此范围内，美国人民将同台湾人民保持文化、商务和其他非官方关系。"其中，商务关系问题，我们在讨论中是有不同意见的。美方在谈判中曾提到在正常化后美方将继续有限度地向台湾出售防御性的武器。对此，我们是坚决不能同意的。在谈判中，中国多次地明确表明了我们的态度。我们认为，在两国关系正常化后，美方继续向台湾出售武器，这不符合两国关系正常化的原则，不利于和平解决台湾问题，对亚太地区的安全和稳定也将产生不利的影响。这就是说，我们之间有不同的观点，有分歧，但我们还是达成了公报。

问：在你宣布了这件事之后，中苏关系会不会恶化？因为俄国人一直是很怀疑中国会同美国接近。因此，在正常化以后，中国和俄国的关系是否会恶化？

答：我们认为，中美关系正常化和《中日和平友好条约》的缔结，有利于亚洲和世界的和平和稳定。这是不是意味着结成中、日、美三国轴心或者同盟呢？我们说，不是同盟，也不是轴心。现在是中国和美国实现关系正常化，美国和苏联关系已经正常化。所以这谈不到正常化就是针对某一个国家的问题。

我还要补充说明，中国、美国和日本关系都正常化了，中国和日本签订了和平友好条约，这对亚洲和太平洋地区的国家关系的发展，对于亚洲、太平洋地区，甚至于全世界的和平、稳定是有好处的。当然，这毫无疑问也有利于各国人民反对霸权主义的斗争。我们在公报里已经提到了反对霸权主义。我们既反对大霸权主义，也反对小霸权主义，既反对全球性的霸权主义，也反对地区性的霸权主义。这有利于全世界和平。

问：在讨论正常化的时候，台湾有没有任何同胞在谈判的任何阶段参加这一讨论？

答：没有。

外交部部长黄华、副部长章文晋，参加了记者招待会。

中华人民共和国和美利坚合众国关于建立外交关系的联合公报

中华人民共和国和美利坚合众国商定自1979年1月1日起互相承认并建立外交关系。

美利坚合众国承认中华人民共和国政府是中国的唯一合法政府。在此范围内，美国人民将同台湾人民保持文化、商务和其他非官方关系。

中华人民共和国和美利坚合众国重申《上海公报》中双方一致同意的各项原则，并再次强调：

——双方都希望减少国际军事冲突的危险。

——任何一方都不应该在亚洲—太平洋地区以及世界上任何地区谋求霸权，每一方都反对任何其他国家或国家集团建立这种霸权的努力。

——任何一方都不准备代表任何第三方进行谈判，也不准备同对方达成针对其他国家的协议或谅解。

——美利坚合众国政府承认中国的立场，即只有一个中国，台湾是中国的一部分。

——双方认为，中美关系正常化不仅符合中国人民和美国人民的利益，而且有助于亚洲和世界的和平事业。

中华人民共和国和美利坚合众国将于1979年3月1日互派大使并建立大使馆。

中华人民共和国政府声明

中华人民共和国和美利坚合众国自1979年1月1日起互相承认并建立外交关系，从而结束了两国关系的长期不正常状态。这是中美两国关系中的历史性事件。

众所周知，中华人民共和国政府是中国的唯一合法政府，台湾是中国的一部分。台湾问题曾经是阻碍中美两国实现关系正常化的关键问题。根据《上海公报》的精神，经过中美双方的共同努力，现在这个问题在中美两国之间得到了解决，从而使中美两国人民热切期望的关系正常化得以实现。至于解决台湾归回祖国、完成国家统一的方式，这完全是中国的内政。

为促进中美两国人民的友谊和两国良好关系的进

一步发展,应美国政府的邀请,中华人民共和国国务院副总理邓小平将于1979年1月份对美国进行正式访问。

中共中央批准中央组织部《关于“六十一人案件”的调查报告》为这一错案彻底平反

该调查报告认为,在“文化大革命”中提出的所谓薄一波等61人叛徒集团是不存在的,是一起重大错案。至此,中组部在1978年一年的时间里,直接办理和复查平反了130多名副省长、中央副部长以上干部的大案要案。

国务院副总理陈慕华在北京会见林业建材部副部长仑布·扬率领的罗马尼亚林业建材代表团

外交部发言人就越南当局抛出所谓“柬埔寨救国民族团结阵线”发表声明

12月17日

《人民日报》发表社论《历史性的大事》

中华人民共和国政府和美利坚合众国政府已经宣布,两国将于1979年1月1日起互相承认并建立外交关系,并于3月1日互派大使。这就结束了长期以来中美关系不正常的状态,开始了两国关系的新的一章。

中美建交是一件历史性的大事。中国人民和美国人民都是伟大的人民。中美两国人民历来是友好的。自从上海公报发表以后,中美两国之间增加了相互了解,两国人民的友谊得到了加强。中美建交得以实现,正是中美两国政府和人民共同努力的结果。中美两国关系的正常化,对于维护亚洲—太平洋地区和全世界的和平与稳定,具有重大的意义。因此,中美建交不仅符合中美两国人民的共同愿望和利益,而且将受到全世界人民和一切爱好和平国家的欢迎。

中美建交联合公报重申了上海公报中双方一致同意的各项原则,再次强调,中美两国任何一方都不应该在亚洲—太平洋地区以及世界上任何地区谋求霸权,每一方都反对任何其他国家或国家集团建立这种霸权的努力。霸权主义是威胁世界和平、各国安全和造成国际局势动荡的根源。反对霸权主义已经成为当代的历史潮流。中美两国重申反对霸权的原则,既有利于反对大霸权主义,又有利于反对小霸权主义,既有利于反对全球性的霸权主义,又有利于反对区域性的霸权主义,这对国际局势的发展将会产生有利的影响。

台湾是中国的一部分。台湾同胞是我们的骨肉兄弟。台湾归回祖国、完成国家统一,是包括台湾同胞在内的全中国人民共同的神圣事业,是毛主席和周总理嘱咐我们一定要完成的遗愿。我们日夜怀念着台湾同胞。台湾同胞也一直向往着祖国。中美建交以后,台湾同胞必将为祖国的统一作出更大的努力。爱国一家,不分先后。台湾军政人员中不乏爱国之士,他们也一定会为台湾的归回祖国作出自己的贡献。希望台湾当局能够认清形势,顺应潮流,不要违背全中国人民的共同愿望。我们坚信,台湾回到祖国怀抱、台湾同胞同祖国亲人团聚的一天,一定会到来。

当前,中国人民正在进行着向四个现代化进军的伟大的新长征。我们需要一个和平的国际环境。现在国际形势对我们更为有利。中国人民将进一步加强同各国人民的团结,为维护世界和平与安全而进行不懈的斗争。

近几年来,中美两国在科学、技术、文化、体育和新闻等方面,进行了日益增进的联系和交流。中美建交为进一步增进两国之间的良好关系和两国人民的友好往来,开辟了广阔的前景。我们相信,在两国政府和人民的共同努力下,中美两国人民的传统友谊,必将在新的历史条件下,得到进一步的发展。

12月18日

中共中央主席华国锋在北京会见南斯拉夫贝尔格莱德农业联合企业(简称“佩卡贝”)总经理泽切维奇和由他率领的“佩卡贝”农业代表团

《人民日报》转载《军事学术》编辑部的文章《完整地准确地掌握毛泽东军事思想》

1978年12月26日,是毛泽东同志诞辰85周年。缅怀我们的伟大革命导师和我军的伟大缔造者,最好的纪念就是高举毛主席的伟大旗帜,完整地准确地掌握和运用毛泽东思想,为完成毛泽东同志的未竟事业而努力奋斗。

完整地准确地领会和掌握毛泽东思想体系,是以华主席为首的党中央,针对林彪、“四人帮”对毛泽东思想的肆意践踏及其所造成的严重危害而提出来的。一年多来的实践证明,党中央的这个号召,英明正确,意义深远。不如此,就不能澄清林彪、“四人帮”制造的混乱。不如此,就不能使人们以至我们的子孙后代知道什么是真正的毛泽东思想。不如此,就谈不上高举毛主席的伟大旗帜,谈不上以马列主义、毛泽东思想作为指导思想实现四个现代化。对于我们军队来说,为了加速革命化现代化建设,加强战备,夺取今后反侵略战争的胜利,还应当特别重视完整地准确地掌握毛泽东军事思想。

完整地准确地掌握毛泽东军事思想，必须全面地系统地学习毛泽东同志的军事著作。毛泽东同志领导中国人民打出了一个新中国。在长期的革命战争中，毛泽东同志运用辩证唯物论和历史唯物论的原理，研究战争，指导战争，总结战争经验，作过许多重要指示，写下了大量的军事著作，形成了毛泽东军事思想的科学体系。在毛泽东同志的军事著作中，对于战争的起源、性质，战争同经济、政治、文化、外交的关系，无产阶级对战争的态度，研究战争的方法，人民军队的建设，人民战争及其战略战术，等等，都有完整、深刻而又生动的论述。对于其中的任何一个方面，对于各个方面的相互联系，都不是顺手翻上几篇，读上几段，就能很好掌握的。毛泽东军事思想是在长期的革命战争实践中发展起来的。不同时期的著作，有着不同的历史特点。对同一个问题的论述，往往有不同的侧重点，甚至前后有不同的提法。我们学习毛泽东同志的军事著作，固然应该抓住重点，对几篇最重要的著作，反复阅读，反复钻研，但决不能就此满足。我们必须把毛泽东同志的军事著作作为一个整体，下苦功夫，全面地学习，扎扎实实地学习，融会贯通。不然，就不可能完整地准确地掌握毛泽东军事思想，甚至不可能掌握某一个原理原则的全部精神。

林彪、"四人帮"疯狂反对全面地系统地学习毛泽东同志的军事著作。他们搞片言只语，寻章摘句，鼓吹"背警句"，胡说什么"背上那么几十句，就差不多了"等等，完全是肢解毛泽东军事思想，要人们把毛泽东同志的话当成一种宗教教条，而不是把毛泽东军事思想当作一种科学，从而达到全盘否定毛泽东军事思想的罪恶目的。两年多来，经过深入的揭发批判，林彪、"四人帮"的流毒逐步得到清除，对毛泽东同志的军事著作的学习，走上了健康发展的道路。但是，片面理解而不重视全面系统学习的现象，在一些同志中间仍然存在。举例来说，对积极防御的战略方针，有的同志认为是战争全过程的方针，理由是毛泽东同志说过，积极防御是为了反攻和进攻的防御；有的同志则认为是战略防御阶段的方针，因为毛泽东同志只把积极防御列为战略防御的一个内容，并指出当我军的力量超过敌人时，那时的方针只是战略的进攻，而防御就成为局部的东西了。到底应该怎样理解，可以研究，但是，只抓住毛泽东同志的一句话作为立论的根据，显然是不行的。又如，毛泽东同志曾经说过，将来打仗主要还是靠步兵，但是也强调过要建立强大的海军、空军，要有坦克、原子弹、氢弹。因此，如果单纯强调依靠步兵，也是不全面的。类似的例子还可以举出很多。要正确地理解这些问题，只有靠全面地系统地学习毛泽东同志的指示和著作。舍此，就会陷入片面性。

完整地准确地掌握毛泽东军事思想，还要求我们在学习毛泽东同志的军事著作时，注意学习毛泽东同志领导军事斗争的光辉实践，弄清楚毛泽东同志提出原理原则、作出重要指示的历史背景。毛泽东同志研究和指导战争，从来是从实际出发，而不是从原则出发。在历次战争中，他总是首先对当时敌我双方各方面的情况作认真的研究，然后制定克敌制胜的战略战术。不同的战争、战争的不同阶段、不同的战役战斗，都有不同的打法，灵活机动，丰富多彩，从不死守一成不变的原则，一切都是以时间、地点、条件为转移。联系毛泽东同志的军事实践学习毛泽东同志的军事著作，时时考虑到具体历史条件，看看毛泽东同志当时为什么是这样说这样做，而不是那样说那样做，前后有什么变化，又有什么补充和发展，就会不但知其然，而且能知其所以然。比如，打仗在兵力对比上要形成优势的问题，毛泽东同志既讲过绝对优势，也讲过相对优势，既讲过至少3倍于敌，也讲过两倍，还讲过4倍、5倍、6倍，直至9倍。显然，我们只记得倍数是不够的，必须进一步研究这种对比是在什么情况下提出来的，研究毛泽东同志是怎样根据不同的作战对象，不同的敌我态势，去决定我军集中兵力的程度，只有这样学习，我们才能真正领会毛泽东同志的指示和著作的精神实质，掌握实事求是这个精髓，避免表面性、片面性和盲目性，才能对毛泽东同志在不同场合对同一问题所作的不同论述，作辩证的统一的理解，也才能谈得上完整地准确地掌握毛泽东军事思想。

要完整地准确地掌握毛泽东军事思想，一个重要的或者说根本的途径，就是通过运用，通过实践，把理论学习和我们当前的工作实际结合起来。毛泽东军事思想是实现国防现代化和我军建军作战的指导思想，学习它的目的全在于应用。在新的历史时期，我们面临着许多新问题，亟待以毛泽东军事思想为武器，去认识，去判断，去解决。究竟何谓现代条件，现代条件对我们的军队建设、战略战术产生了哪些重大影响，如何打赢现代条件下的人民战争，都必须作出切实的具体的回答。决不能采取鸵鸟政策，好像世界上并没有出现导弹、核武器等新式武器一样。但是，由于林彪、"四人帮"的流毒影响，我们有的同志至今还是从理论到理论，从原则到原则，用毛泽东同志的这些话解释毛泽东同志的那些话。书可能读了不少，却不能结合实际，不会解决实际问题。问以保国策，茫如坠烟雾。这样的学习，不可能懂得毛泽东军事思想，没有任何意义。正像有的同志说的那样，书读得再多，不过是个"读书家"；背得再熟，不过是个"背诵家"。这样的学而不用，几乎和革命不发生关系，还有什么领会掌握可言。只有把理论与实践结合起来，把学习与运用结合起来，在解决各种具体问题的过程中，经过实践、认识、再实践、再认识的循环往复，才有可能逐步达到完整地准确地掌握毛泽东军事思想的要求。

有的同志提出，怎样才算真正完整地准确地掌握了毛泽东军事思想，标准是什么呢？简单地说，标准就是看你是不是学到了毛泽东同志研究和指导战争的立场、观点和方法，实事求是地解决我军革命化现代化建设的问题，解决战备工作、教育训练和今后反侵略战争的问题。当然，并不是要求每一个人都能解决全部的问题，但是在自己力所能及的范围内，你能说明和解决一两个实际问题，就算有了成绩。说明的问题越多，越深刻，实践又证明是对的，那么，你的成绩就越大。实践是检验真理的唯一标准。是不是完整地准确地掌握了毛泽东军事思想，也要看实践，受实践的检验，由实践作出结论。

这里，有必要对研究和发展毛泽东军事思想的问题说几句话。我们对毛泽东军事思想，可以研究吗？可以发展吗？当然可以。但是，长期以来，由于林彪、"四人帮"叫嚷什么"顶峰"、"绝对权威"、"照办就行了"，扣帽子，打棍子，结果使得对毛泽东军事思想的研究和发展，成了人们的禁忌。既然是"绝对权威"的东西，你还"研究"什么？既然是"顶峰"，你竟敢侈谈"发展"？这种"钳口术"完全是反马列主义、毛泽东思想的。毛泽东军事思想是科学，可以而且应该成为研究的对象。对于毛泽东军事思想体系，要研究；对于毛泽东同志总结的军事原理原则，要研究；对于哪些原理原则具有普遍意义，哪些只适用于特定情况，要研究；对于现代条件下如何运用毛泽东军事思想，也要研究。不研究，又怎么能够完整地准确地掌握它呢？至于说到发展，战争是发展的，战争的理论也必然随之发展。从孙子到克劳塞维茨，从马、恩、列、斯到毛泽东同志，军事理论一直在发展，从来没有停止在一个固定的水平上。毛泽东军事思想本身，就是随着战争的发展而发展的，否则"十六字诀"就不会变成后来的一整套的人民战争的战略战术。毛泽东同志去世了，但他创立的毛泽东军事思想仍要发展。斯大林在批判季诺维也夫把发展马克思主义攻击为"修正"时讲过："试问，为什么呢？难道马克思主义不是科学，难道科学不是不断发展，不是用新经验丰富自己、使旧公式更加完善的吗？"(《斯大林全集》第9卷，第86页)决不能认为，只要是毛泽东同志讲过写过的，就一个字也不能动；没有讲过写过的就一句话也不能说。作为后来人，我们要把毛泽东同志的军事理论化为自己的东西，还要用自己的头脑去思考，用自己的行动去实践，并在反复思考、反复实践中不断创新。不然的话，要我们这些人干什么？有的同志把发展看得很神秘，其实并不神秘。把毛泽东军事思想与实际结合起来，提出新的原理原则是发展，把已有的原理原则具体化是发展，能够多少解决一点新的问题也是一种发展。最新条件下的现代战争，我们谁都没有经历过。要根据毛泽东同志的教导，注意新的情况，研究新的问题，找出新的办法，才能夺取今后反侵略战争的胜利。这样说，这样做，决不是狂妄自大。发展毛泽东军事思想是今后反侵略战争的需要，是历史赋予我们的光荣责任。全军每一个同志都应当而且能够积极为发展毛泽东军事思想贡献出自己的一份力量。

完整地准确地掌握毛泽东军事思想，要靠个人刻苦钻研，也要靠集思广益。事实上，对毛泽东军事思想的理解，特别是对毛泽东军事思想在今后反侵略战争中的运用，是存在着不同认识的。许多同志都在思考，在研究，有话可说。只有让各种不同的意见充分发表出来，通过争鸣，互相启发，互相补充，才能把对毛泽东军事思想的学习和研究引向深入。现在，还有一些同志，不愿意讲，更不愿意写，有不少的顾虑。所以，充分发扬学术民主，进一步解放思想，是完整地准确地掌握和运用毛泽东军事思想的一个重要条件。这里，关键还在于领导。领导同志首先要自己开动脑筋，敢于发表自己的见解，敢于通过实践解决问题。还要为大家钻研毛泽东军事思想创造条件，开辟园地，鼓励大家发表意见，著书立说。研究问题，要听得进不同意见，容得下反对意见，不要搞什么"长官意志"和"一言堂"，不要稍有不同意见，就急急忙忙去"统一学术思想"。如果一见到学术问题上的不同观点，就认为是反毛泽东思想，那就更加要不得！一定要尊重群众，尊重真理，尊重唯物论、辩证法，千方百计地把学术空气活跃起来。

毛泽东军事思想是马克思列宁主义普遍真理同中国革命战争实践相结合的产物，是毛泽东同志领导中国人民，在长期革命战争中集体奋斗的经验的结晶。它是毛泽东同志留给我们的宝贵遗产，是我们建军作战必须遵循的指针。我们一定要坚决响应华主席为首的党中央提出的号召，真正做到完整地准确地掌握和运用毛泽东军事思想。这样，我军的革命化现代化建设就一定会加速实现，我们就一定能战胜任何敢于来犯的敌人！

中共中央政治局委员 国务院副总理耿飚在人民大会堂会见以总书记板井庄作为团长的日本工人党代表团

外贸部部长李强在香港举行中外记者招待会谈我国外贸政策

李强部长说，中国尊重国际上习惯的贸易做法，只要条件合适，我们现在可以考虑同意政府之间的贷款。政府之间与非政府之间的贷款，中国都可以接受。

谈到中美贸易的前景时，李强部长说，中美之间已经存在着贸易关系。在条件相同的情况下，我们的政策是优先同建交国家达成贸易协议。现在中美已达成建交协议，两国之间的贸易在此基础上会比以前有所不同。

在回答关于中国政府愿不愿意同台湾发生贸易和经济关系时，李强部长说："台湾是中国的，台湾和大陆为什么不可以贸易？"

"实践"号和"向阳红09"号调查船启航参加首次全球大气试验

我国参加第一次全球大气试验热带海区观测的两艘海洋调查船——"实践"号和"向阳红09"号，18日启航离开了黄埔港向试验海区挺进。

第一次全球大气试验是由世界气象组织负责组织实施的目前国际气象领域中最大的一项科研协作活动，从1977年12月至1979年11月进行，第一年为准备阶段；第二年为实施阶段。"实践"号和"向阳红09"号到热带海区参加观测，是我国参加这一试验所承担的一项任务。这两艘海洋调查船到指定热带海区主要是观测当地高空气象(包括风、压力、温度、湿度)和海面气象，以及水下的深度、温度等，为全球大气试验提供气象、海洋资料。参加观测的第一时段，为1979年1月5日至3月5日；第二时段，为5月1日至6月30日。

12月19日

国务院批转财政部《关于国营企业试行企业基金的规定》

国务院要求各地区、各部门试行。各国营企业按照这个规定，从1978年起提取和使用企业基金。国务院在转发这一规定时指出，国营企业试行企业基金制度，是加快发展国民经济的一项重要措施。各地区、各部门要结合整顿企业，加强经济核算，改善经营管理，动员职工努力增加生产，厉行节约，降低成本，增加盈利，正确处理国家、企业与个人的关系。在试行中，要加强调查研究，听取群众意见，认真总结经验，以便进一步研究改革企业基金制度。

《关于国营企业试行企业基金的规定》共8条，内容如下：

一、凡是全面完成国家下达的产量，品种，质量，原材料、燃料、动力消耗，劳动生产率，成本，利润(包括实现利润和上交利润，下同)，流动资金占用等8项年度计划指标以及供货合同的工业企业，可按职工全年工资总额的5%提取企业基金。没有全面完成计划指标，但完成产量、品种、质量、利润等4项指标和供货合同的工业企业，可按工资总额的3%提取企业基金；在完成产量、品种、质量、利润等4项指标和供货合同的前提下，其他指标每多完成一项，按工资总额增提0.5%的企业基金。没有完成产量、品种、质量、利润等4项指标和供货合同的，不能提取企业基金。

由于提高劳动生产率，减少职工人数和工资总额的工业企业，仍按原工资总额计算提取企业基金。

农牧、交通运输、商业、粮食、外贸、建筑安装企业以及其他企业的考核指标和计算提取办法，由中央主管部门比照工业企业的办法提出方案，商得财政部同意后执行。

经国家批准的政策性亏损企业，比照盈利企业提取企业基金。其他计划亏损企业全面完成各项计划指标的，可按工资总额3%提取企业基金；没有全面完成计划指标的，应按上述规定相应地少提或不提企业基金。因经营管理不善，发生计划外亏损的企业，一律不能提取企业基金。

二、各级企业主管部门，按其直属企业汇总计算，盈亏相抵以后的利润，超过国家年度利润指标的部分，可分别按下列比例提取企业基金：

石油、电力、外贸部门5%；

冶金、机械、化工、轻工、纺织、森工、建材、建筑安装、邮电、交通运输、商业、水产、物资供销和其他部门10%；

煤炭、军工、粮食、农牧部门15%。

已经实行利润留成的部门，不再从超计划利润中提取企业基金。

三、企业提取企业基金，应在年度终了后，列入决算，报主管部门审查并经同级财政部门批准，从实现的利润中提取，亏损企业在财政拨补的亏损额中提取。主管部门应提取的企业基金，须列入汇总的年度决算，经同级财政部门批准后办理退库。

在考核企业是否提取企业基金和计算提取数额时，如因国家调整价格和税率，对年度计划执行有较大影响的，可以调整计算。

四、企业基金主要用于举办职工集体福利设施，举办农副业，弥补职工福利基金的不足以及发给职工社会主义劳动竞赛奖金等项开支。

企业主管部门提取的企业基金，50%用于奖励超额完成利润指标的企业；50%用于生产技术措施和本系统企业的集体福利设施。不准用于主管部门机关本身的各项开支。

企业基金用于集体福利设施和生产技术措施的，

应分别纳入有关计划，所需材料、设备要纳入物资分配计划，统一平衡。

五、企业基金的使用，要厉行节约，反对浪费，量入为出，不得超支。要实行民主管理，群众监督，提取情况要向职工公布，使用计划要经过职工代表大会讨论批准。

六、企业和企业主管部门要正确计算各项指标的完成情况，按照规定计算提取企业基金，不得弄虚作假，虚报冒领。如有违反，当年不准提取企业基金。

七、经国家批准实行利润留成的某些企业，除另有规定者外，可按本规定提取企业基金，并按提取企业基金后的利润数额计算提取利润留成。

八、各地区、各部门可以根据本规定，制定具体实施办法，报财政部备案。

中共中央政治局委员 国务院副总理耿飚在北京会见以西班牙劳动党总书记埃拉迪奥·加西亚·卡斯特罗为团长的西班牙劳动党访华团

12月20日

全国冶金战线群英大会在人民大会堂闭幕

中共中央主席华国锋，中共中央副主席叶剑英、邓小平、李先念、汪东兴，国务院副总理纪登奎、余秋里、陈锡联、耿飚、陈永贵、方毅、王震、谷牧、康世恩、陈慕华，出席了大会。

华主席在大会上讲了话。他代表党中央、国务院向冶金战线全体职工和家属表示祝贺和问候。他说，1978年，冶金战线各方面都取得了很大的成绩。揭批“四人帮”的斗争开展得很好，取得了很大的胜利。各级领导班子进行了整顿，开展了学大庆、赶鞍钢的群众运动，先进集体，先进个人，先进事迹不断涌现。今年钢产量原计划2800万吨，年底可以达到3100多万吨，比去年增长700多万吨。铁到年底可以达到3400万吨，比去年增长900万吨。有色金属也不错。一年增长这样大的幅度，在我国历史上还是第一次。这就是说，我国钢铁工业摆脱了历史上曾经出现过的两次徘徊，摆脱了“四人帮”在冶金战线造成的严重局面。

华主席说，我们取得的成绩是很大的，但是不能自满。我国的钢产量，以8亿人口平均，水平还是很低的；同实现四个现代化的要求相比较，还差得很远；在质量、品种、规格上，也远远满足不了国家的需要。他说，我们钢铁工业的潜力是很大的。我们不但要建设新的钢铁企业，还要充分发挥老企业的作用。

华主席号召出席会议的英雄、模范和先进集体代表，更好地发挥带头、骨干、桥梁作用，把冶金战线学先进、赶先进的运动进一步开展起来。他号召冶金战线全体职工，在新的一年里，按照党中央的路线，五届人大提出的总任务，继续努力，发扬成绩，克服缺点，努力完成明年的钢铁和有色金属生产计划，作出更大的成绩，向新中国成立30周年献礼。

在闭幕式上，冶金部副部长叶志强宣读了《冶金工业部关于命名劳动英雄和英雄集体、劳动模范和先进集体以及质量标兵、质量先进集体的决定》。在热烈的掌声和欢乐的乐曲声中，王震、谷牧两位副总理分别向劳动英雄和英雄集体授了奖。

冶金部部长唐克致闭幕词。他说，这个群英大会不仅是个庆功大会，而且是冶金工业转到现代化轨道上来的动员大会，是夺取明年钢铁生产更大成就的誓师大会。

唐克对冶金战线的职工提出了四条要求：首先要珍惜、巩固和发展安定团结的大好形势。这就需要把揭批“四人帮”的斗争善始善终，继续整顿和建设好领导班子，认真落实党的政策，解决好遗留问题，引导大家向前看，同心同德，一心一意，把全部精力都集中到现代化建设上来。第二，要解放思想，开动机器，破除迷信，尊重科学。要遵照华主席的指示：“思想再解放一点，胆子再大一点，办法再多一点，步子再快一点。”我们要敢于从实际出发，提出问题、解决问题，带头做勇于思考、勇于探索、勇于创新的闯将，不做思想僵化、墨守成规、因循守旧的懦夫。要做坚持真理、修正错误、作风正派、敢于讲真话的老实人，不做那种投机钻营，看风使舵的墙头草、两面派。第三，要迅速地、有组织地、有领导地开展一个学习现代化科学技术和管理知识的运动。领导干部和劳动英雄、劳动模范要带头学技术，学经济，学管理，掌握社会主义现代化建设的规律，掌握现代化的知识、技能和管理方法。只有学得好，才能转得好、转得快。第四，要按照中央规定的方针、政策，积极改革不适应现代化要求的上层建筑和生产关系。要按经济规律搞冶金，克服官僚主义的管理方法，反对衙门作风，改革机构臃肿、层次重叠、手续繁杂、效率极低的状况。要加强责任制，使管理人员和技术人员真正有责有权，责任到人就要权力到人，改变名曰集体负责，实际上无人负责的状况。要贯彻按劳分配的原则，赏罚分明，谁贡献大谁就应该多得。

唐克同志说，尽管我们已经取得了一些胜利，但离党和人民的要求还很远。我们一定要谦虚谨慎，戒骄戒躁，发扬成绩，克服缺点，坚持两分法前进。我们一定要按照华主席的指示，在新的一年里，脚踏实地地大干，多产钢，多轧材，轧好材，为实现四个现代化作出更大的贡献。

《人民日报》发表习仲勋的文章《红日照亮了陕甘高原——回忆毛主席在陕甘宁边区的伟大革命实践》

全国人大常委会副委员长姬鹏飞到达班珠尔对冈比亚进行正式友好访问

中国和斯里兰卡在科伦坡纪念班达拉奈克国际会议大厦签署两国1979年换货议定书

中国政府贸易代表团团长、外贸部副部长王润生和斯里兰卡贸易和航运部秘书拉克什曼·德梅尔代表各自的政府在议定书上签了字。

第八届亚洲运动会在曼谷闭幕中国运动员获得56枚金牌60枚银牌51枚铜牌

12月21日

《人民日报》发表特约评论员文章《人民万岁——论天安门广场革命群众运动》

天安门事件的彻底平反，如同一声春雷，响彻了祖国的千山万水。这是深入揭批林彪、“四人帮”的伟大胜利，是人民力量的伟大胜利，是马克思主义真理的伟大胜利。人民正在用庆祝胜利的欢呼声，用团结一致，艰苦奋斗，建设现代化的社会主义祖国的实际行动，告慰自己的伟大领袖毛泽东同志和他的亲密战友周恩来同志，告慰成千上万的革命先烈。

“历史真相总要大白天下”(《对立宪民主党和大臣们的谈判的揭露的开始》,《列宁全集》第17卷，第402页)。天安门事件的平反昭雪，再一次证明了这条不可移易的定律。这场伟大的革命群众运动，从它诞生的那一天起，就以自己辉煌的光焰普照着中国的大地。它作为中华民族的骄傲、社会主义史上的壮举、中国人民创造历史的不朽丰碑，带着传遍人间、沁人心脾的革命诗文而永垂史册。

一次伟大的革命运动发生之后，人们不仅要长久地回忆它、赞美它，而且要长久地领会它、消化它。天安门事件给予我们的历史的启示，是多方面的。目前，正当全党的工作重心转到社会主义现代化建设上来的重要关头，认真探索它发生的原因，科学估价它的历史地位，努力从政治上、思想上、经济上和文化上吸收它的丰富成果，对于进一步发扬社会主义民主，发展全国安定团结、生动活泼的政治局面，调动一切积极因素，加速国民经济的发展，具有重大的意义。

两种命运、两种前途的殊死搏斗

天安门事件，这场被人民群众誉为“四五”运动的革命风暴，究竟是怎样发生的？是偶然出现的，还是历史的必然？是亿万革命人民的伟大创举，还是个别人挑动的？这是首先必须弄清的问题。

历史上一切伟大的政治运动，都是植根于社会政治生活、经济生活的深处，都是为一定的社会要求所召唤，因而具有深厚的群众基础和群众斗争的规模。恩格斯说：“把革命的发生归咎于少数煽动者的恶意的那种迷信时代，是早已过去了。现在每个人都知道，任何地方发生革命震动，总是有一种社会要求为其背景”，这种运动“不是少数几个人活动的结果，而是人民的要求和需要的自发的不可遏止的表现”(《德国的革命和反革命》,《马克思恩格斯选集》第1卷，第500—501页)。“四人帮”攻击天安门广场革命群众运动是“反革命政治事件”，把弥天的谎言强加在中国人民的头上。这是不足为奇的，因为不进行这种历史的颠倒，他们也就不成其为这次运动的对象和血腥镇压人民的刽子手。但是，对于每个革命者来说，在恩格斯作出上述论断，马克思主义已经深入人心100多年之后，还要在事实面前闭上眼睛，把这次运动说成是少数人的行为，说成是个别人挑动的结果，那就是在对马克思主义、对历史进行公开的嘲弄，就是在重复早已过时的历史唯心主义的“迷信时代”的梦呓。

天安门广场革命群众运动，以悼念周总理、反对“四人帮”作为主题。为什么人民群众对周恩来同志那样无限热爱，对“四人帮”那样切齿痛恨？为什么这一爱一憎，成为这场威武雄壮的革命活剧的主旋律？这是10多年来两个阶级、两条路线激烈斗争的必然结果。

10多年来，中国人民经历了“文化大革命”惊涛骇浪的巨大震荡、颠簸、考验和锻炼。他们从自己的实践中，愈来愈深切地感到，周恩来同志始终和人民群众生活在一起，战斗在一起。他成为人民的愿望、要求、意志和美好品格的化身，成为最忠实、最坚定地执行和捍卫毛泽东同志革命路线的光荣代表。他砥柱中流，力挽狂澜，奋不顾身地排除林彪、“四人帮”的干扰破坏，为无产阶级专政的巩固，为社会主义建设朝着四个现代化的目标前进，为党和国家的前途和命运，为干部和群众免遭林彪、“四人帮”的摧残，付出了自己的全部心血。1975年，周恩来同志病重之后，邓小平同志主持中央工作。为了贯彻执行毛泽东同志的革命路线，全面落实毛泽东同志的三项重要指示，整顿各方面的工作，促进国民经济的好转和人民生活的改善，邓小平同志和中央其他领导同志一道同“四人帮”进行了针锋相对的斗争，进一步鼓舞和坚定了人民的革命斗志。在毛泽东同志的伟大旗帜下，人民从周恩来同志和其他老一代无产阶级革命家身上，看到了作为我国社会主义历史发展的一个阶段的“文化大革命”的主流，看到了它的正确方向，看到了社会主义祖国的光明前景。

林彪、“四人帮”是打着最“高举”、最“左”和最“革命”的“社会主义”的招牌，登上政治舞台的。他们自称是开创“文化大革命”的“功臣”和捍卫社会主义的“天骄”。一切不知道他们底细的善良的人们，起初也真以为这是他们的本相。但是，这些“功臣”、“天骄”们到底给中国人民带来了什么呢？人们很快地从他们的行动中发现：他们的社会活动史，就是给“文化大革命”制造黑暗逆流，给中国人民带来屈辱和痛苦的灾难史。除了一小撮死心塌地追随他们的反动分子之外，广大人民群众都在不同程度上受到了他们的侵害。在社会生产力遭到严重破坏的情况下，人民群众的生活长期得不到提高，甚至有所下降；老干部、老工人、老模范、老知识分子，一夜之间被加上“叛徒”、“特务”、“走资派”、“工人贵族”、“反动权威”等罪名，受到残酷斗争，无情打击；许多党和国家的工作人员，失去了工作的权利；工人做工、农民种田、士兵训练，一概成了“冲击政治”、“为错误路线贴金”的非法行动；正在求学的青少年，则被强行剥夺了学习的机会；诬陷、拘捕、监禁、非刑拷打，已经加在千千万万人的身上，并且随时等待着每一个对他们稍有不满、稍有非议的共产党员和革命者。

比较，从来是防止和医治受骗的重要方法。有马、恩、列、斯和毛泽东同志的书在，有科学社会主义的理论在，有周恩来同志等老一辈无产阶级革命家捍卫毛泽东同志的革命路线、捍卫社会主义事业的光辉实践在，这一切都激励着人民去比较，去思索，去辨别：“四人帮”的“社会主义”，究竟是什么货色呢？他们究竟要把我们的国家引到什么方向去呢？

社会主义革命的目的是为了解放生产力和发展生产力。为什么他们却把革命和生产割裂开来，对立起来，诋毁四个现代化，大肆“批判唯生产力论”，煽动停工停产，使国民经济走向崩溃的境地？

社会主义生产的目的是使“全体劳动者过最美好、最幸福的生活”（《在国民经济委员会第一次代表大会上的演说》，《列宁选集》第3卷，第571页），“使人民不断增长的需要能够逐步得到满足”（《关于正确处理人民内部矛盾的问题》，《毛泽东选集》第5卷，第373页）。为什么他们却诬蔑这是“修正主义”，而拼命鼓吹禁欲主义、苦行僧主义？

社会主义国家是人民当家做主的国家，社会主义民主“是任何资产阶级国家所不可能有的最广大的民主”（《关于正确处理人民内部矛盾的问题》，《毛泽东选集》第5卷，第366—367页）。为什么他们却任意残害人民，任意剥夺宪法规定的人民管理国家、管理各项经济和文化事业的权利，以及言论、通信、集会等自由，疯狂推行法西斯专制主义？

社会主义只有在无产阶级及其先锋队的领导下才能实现。为什么他们却极力歪曲和丑化我们的党和它的光辉历史，大反所谓“党内资产阶级”，千方百计地要搞垮我们的党，拼凑他们尊尊亲亲的阴谋集团？

社会主义把马列主义、毛泽东思想作为自己的理论基础和行动指南。为什么他们却大肆制造迷信，用什么“顶峰”、“终极真理”，把马列主义、毛泽东思想教条化、宗教化，用什么“三忠于”、“四无限”，把人民群众对革命领袖的敬爱，变成蒙昧主义的偶像膜拜？为什么他们自封为“天马”、“女皇”、“法家领导集团”，请出吕后、武则天之类的封建帝后的亡灵，大造自己的“神圣”形象，甚至建离宫、制御裙、选嬖妾？

社会主义必须以资本主义文化所获得的一切经验为基础。为什么他们却闭关锁国，拒绝接受国外的先进东西，拒绝接受人类文化的优秀遗产，把学习外国的好东西好经验诬蔑为“洋奴哲学”、“卖国主义”？

还有，在他们的统治下，特别是在他们直接控制的地区和单位，为什么一切封建社会的特产和地主阶级的国粹，诸如罗织构陷，族株连坐，尊卑森严，思想禁锢，人身依附，投书告密，党同伐异，捣鬼登龙等统统出现了？

广大的工、农、兵和知识分子通过深入的比较、辨别和思索，终于找到了这些问题的答案：“四人帮”馨香祷祝的所谓“社会主义”，原来只是涂着社会主义色彩的彻头彻尾的封建主义。至于他们打着最“高举”、最“左”和最“革命”的旗号进行活动，那不过是为了在20世纪60年代和70年代的中国，建立江记封建小朝廷不得不增制的一件新式舞衣罢了。正像马克思和恩格斯在揭露封建社会主义时所说的：“为了拉拢人民，贵族们把无产阶级的乞食袋当作旗帜来挥舞。但是，每当人民跟着他们走的时候，都发现他们的臀部带有旧的封建纹章，于是就哈哈大笑，一哄而散。”（《共产党宣言》，《马克思恩格斯选集》第1卷，第274页）他们用“高举”的名义掩盖反对马列主义、毛泽东思想的祸心，用“左”的名义掩盖右的实质，用“革命”的名义掩盖反革命的行动，其实都是为了在“社会主义”的招牌下，抬出封建主义，以生产力的停滞代替生产力的飞速发展，以专制代替民主，以迷信代替科学，以黑暗的中国代替光明的中国。

中国向何处去？是沿着中国共产党及其领袖毛泽东同志所指出的四个现代化的目标胜利前进，还是让“四人帮”葬送革命的事业，把社会主义的中国重新拖回到半殖民地半封建的深渊？这个问题就尖锐地摆在了8亿人民的面前。毫无疑义，我们的党和人民，绝对不能容忍中国历史的倒退。对于“四人帮”这伙最顽固、最残忍、最凶暴的反革命，只能用一个新的、普遍的、胜利的革命来回击。这就是人民得出的紧急结论。

1976年年初，人民的好总理、伟大的马克思主义者周恩来同志不幸逝世，全国人民沉浸在无限悲痛之中。而"四人帮"这伙民族的公敌却欣喜若狂，更加肆无忌惮地诽谤周恩来同志，同时全盘否定1975年的工作，把无数的诬蔑，强加在邓小平同志身上。这时，人民群众就再也忍无可忍了。一切关心国家前途和命运、注视着政治斗争的风云变幻的人们，都以积极斗士的姿态，大步跨上了斗争舞台的前沿：人民的权利，必须由人民用斗争来保卫，人民的愿望，必须由人民用斗争来实现。

这样，以党和人民为一方，以"四人帮"为另一方，一场革命同反革命、光明同黑暗、科学社会主义同封建社会主义的决定中国前途和命运的殊死搏斗，就在天安门广场，在人民英雄纪念碑下爆发了。

历史的里程碑

天安门广场，曾经是"五四"运动、"一二·九"运动发生的地方，曾经是毛泽东同志庄严宣告中华人民共和国成立的地方。它铭刻着近代和现代史上为反对内外敌人而英勇献身的人民英雄们的不朽业绩，它成为中国人民争取民族独立和自由幸福的伟大历史的见证。现在——1976年清明节，这里再一次成为举世瞩目的地方。

首都人民，全体中国人民，从天安门广场的震天动地的革命呐喊和《国际歌》声中，表明了自己的要求、自己的愿望、自己的意志、自己的力量，显示出历史主人的威武不屈的面貌。

在这里参加战斗的，有共产党员、共青团员和少先队员，有工人、农民、士兵、知识分子、学生、干部和家庭妇女。父子相随，兄弟结伴，夫妻同行，师生携手，几百万素不相识的人们，汇成了浩浩荡荡的革命大军。由于林彪、"四人帮"的挑动和分裂，曾经发生过意见分歧、甚至长期陷于派性对立的人们，面对着共同的敌人而团结起来；为林彪、"四人帮"的反动宣传和伪善外衣所迷惑，一度受骗上当的人们，在社会主义祖国的存亡面前，也分清了敌我，幡然醒悟；暂时有过彷徨、动摇、消沉、悲观情绪的人们，在这里重新取得了勇气和斗志；遭到过林彪、"四人帮"的打击迫害，坚持原则、宁折不弯的人们，再一次走上了战场；工作、学习或生活在"四人帮"严密控制的单位里的人们，也冲破禁令，投入斗争的漩涡。"四人帮"的10年经营，在中国社会政治生活中，造成了两类人。一类是极少数民族败类，就是组成他们反革命帮派体系的成员；一类是上述这样的绝大多数人，这是"四人帮"替自己造成的掘墓人，革命就是从这些人发生的。正因为这样，所以这次伟大的革命群众运动，动员之广泛，规模之巨大，声势之磅礴，威力之猛烈，在中外历史上都是罕见的。

这场革命群众运动，不仅是党心、军心、民心的一次大检阅，而且是人民的智慧、才能、斗争艺术和创造力的一次大检阅。运动发生之前，并没有谁来号召，谁来动员，谁来组织，也没有谁来事先确定斗争的目标，拟定斗争的纲领，准备斗争的旗帜。人民群众既是这场运动的勇敢战士，又是杰出的组织者和指挥员。投枪匕首似的诗文，是斗争的宣言书；铿锵有力的演说、雷鸣般的口号声，是斗争的动员令；要真马列主义、毛泽东思想，要科学社会主义，要人民民主，要四个现代化，是运动的进程中由群众自己拟定的斗争纲领；而实现四个现代化，又是从运动中升起的一面最鼓舞人心、最富有号召力的战斗旗帜。

一切受到"四人帮"压迫和欺侮的人民群众，从普遍的觉醒中真正地站立起来了。他们不仅鲜明地提出了自己的政治要求和经济要求，而且尝试着按照自己的方式、自己的手段、自己的步骤来推动实现这些要求的社会变革，尝试着给整个革命发展的进程打上自己的烙印。他们懂得，只有实现四个现代化，才能最终摆脱贫穷、落后和专制主义的残余，政治上高度民主、经济上繁荣昌盛的社会主义强国才能变成现实。为了实现四个现代化，首先必须割除"四人帮"这个长在党和国家肌体上的最大毒瘤。

尽管当时"四人帮"还在台上耀武扬威，还窃踞着党和国家的重要领导职位，但是，人民群众明确地把斗争的矛头集中到了他们身上。而且，人民明确地把他们同党、同毛泽东同志为首的党中央区别开来。一首题为《愤讨》的诗写道："浦江逆流滚，难阻巨舟航。宏桥将摇断，马卒陷汪洋。"这里的"宏桥将摇"，指的是王、张、江、姚四个人，"马卒"指的是马天水一类"四人帮"的党羽。真实地反映这场革命群众运动的优秀话剧《于无声处》中的梅林说得好："党不是'他们'的，党会战胜'他们'的！"人民不顾"四人帮"的位高权重，对他们采取了极其轻蔑的态度。"紧急通知二三遍，岂知令出违人愿。""四人帮"的"通知"也罢，禁令也罢，在人民面前，都已失灵了。一切都走上了他们的反面，一切都同他们针锋相对。这伙信奉"权力万能"的法西斯专制者们，此时已经成了既不能命、又不能令的可悲的绝物。你不许悼念周总理吗？悼念活动遍布于960万平方公里的辽阔大地；你不许戴白花黑纱吗？8亿人的胸前和左臂，已经成为黑白交织的庄严肃穆的海洋；你用"反革命"之类的帽子恐吓人们吗？纪念碑前传来了义正词严的回答："倘若魔怪喷毒火，自有擒妖打鬼人。"这场革命群众运动宣布："一个使法西斯孙悟空无处逃跑的天罗地网"（《论持久战》，

《毛泽东选集》第2卷,第441页)已经形成。“四人帮”及其党羽们是彻底地孤立了。他们失了灵魂,只剩下几具僵尸。这是他们长期作孽的必然结果。既然在中国人民中间,他们已被无情地抛出“生活之舷”,那么,他们最后被钉上历史的耻辱柱,也就指日可待了。

在无产阶级专政条件下,由于敌人钻进党和国家的领导核心内部,使斗争呈现出极其错综复杂的情形。为了判断“四人帮”的阶级面貌,认清他们的本质,人们不仅需要时间,而且花费了很大的代价。但是,人民群众一旦认识了“四人帮”的反革命本质,就毫不留情地同他们展开坚决的斗争,表现出舍得一身剐,敢把他们拉下马的大无畏精神。人民群众这种高度的政治觉悟和历史主动性,正是我们党和国家充满力量的最重要的表现。正如列宁所指出的:“一个国家的力量在于群众的觉悟。只有当群众知道一切,能判断一切,并自觉地从事一切的时候,国家才有力量。”(《全俄工兵代表苏维埃第二次代表大会》,《列宁全集》第26卷,第234页)对于人民群众这种以自发的斗争形式出现的自觉的革命行动,我们每一个革命者、每一个马克思主义者,都应举起自己的双手,热情地欢迎它,坚决地支持它。如果不是这样,而是采取相反的态度,寻找各种所谓“理由”,去批评指责群众这种行动,比如说,在中央没有清除“四人帮”之前,不应当这样反对他们呀,反对他们就是“分裂中央”,就是很蠢、很错误的呀,如此等等。按照这种态度,还谈得上什么群众的觉悟、国家的力量呢?那不是要人民永远成为历史的消极力量而任人宰割吗?不去发现、支持和正确引导群众创造历史的自觉行动,不愿意赶上早已走在自己前面的群众革命队伍,反而在由于群众的伟大斗争而获得胜利之后,指手画脚,评头品足,这同马克思主义者对待群众革命运动的态度,难道不是相去十万八千里吗?

在天安门广场的革命群众运动中,老一辈无产阶级革命家,无愧于人民给予他们的崇高信任。尤其值得注意的是,一批青年工人,始终战斗在革命的第一线,成为一支最英勇、最刚强的先锋力量。战斗在他们周围的,还有来自各行各业的青年革命者。一代新人在中国人民反对“四人帮”的斗争中的崛起,是我们整个党和国家、整个社会主义事业的希望所在。一个红军老战士引用陈毅同志的诗句写道:“红军老战士,今有几人存?新生千百万,浩荡慰忠魂。”天安门广场,成为青年们接过前辈手中的火炬继续前进的地方。这一代新人的出现和他们的辉煌战绩,不仅使健在的老革命家们满怀欣慰,而且可以使已经去世的无产阶级革命家和先烈们,含笑于九泉之下。

正因为“四人帮”发现自己已经陷入全民族的包围,预感到末日的来临,这伙至死不悟的法西斯匪徒终于孤注一掷,撕下一切伪装,彻底露出了同人民为敌到底的狰狞面目。他们把反革命的暴力提上日程,向着手无寸铁的群众进行残暴的镇压。在他们的棍棒下,英雄们的鲜血,点缀着带泪的花圈,滴进了广场的土地。接着来到的,就是追查“谣言”,收缴诗词,罗织罪名,把英雄们一个个投进监狱。这伙历史的罪人在继续嘲弄和亵渎着庄严的历史。他们企图用反革命舆论吞噬真理的声音,掩盖自己的恐惧,用黑夜中的追捕、法庭上的审判,表示自己还有力量。他们在狞笑中举起血腥的酒杯庆祝自己的“胜利”。但这是“四人帮”及其党羽们的最后一乐。正如毛泽东同志所说:“黑暗势力的猖獗,造成了民族的灾难;但是这种猖獗,不但表示了这些黑暗势力的还有力量,而且表示了它们的最后挣扎,表示了人民大众逐渐接近了胜利。”(《新民主主义论》,《毛泽东选集》第2卷,第664页)同一切濒临灭顶之灾的黑暗势力的垂死挣扎一样,“四人帮”进行这场残酷的镇压,不过是为他们自己重重地加上一笔血债。他们正在飞速地向墓门跨进了。

恩格斯说:如果企图用暴力来压制人民群众的革命要求,“那只能使它愈来愈强烈,直到最后把它的枷锁打碎”。(《德国的革命和反革命》,《马克思恩格斯选集》第1卷,第501页)1976年的清明节,是阴风森森的最黑暗的一天,也是骄阳四射的最光明的一天。这一天,人民遭到的镇压骇人听闻,人民表现出来的革命英雄主义也可歌可泣。新的革命诗文和抗议信,弹片一般向“四人帮”飞去。被捕的英雄们在监狱里和法庭上,正气凛然,慷慨陈词,演出了新的壮烈斗争的一幕。更多的英雄受到人民群众的保护。斗争使人民“发现自己的力量,扩大自己的眼界,提高自己的能力,清醒自己的头脑,锻炼自己的意志”(《关于一九〇五年革命的报告》,《列宁全集》第23卷,第247页)。一些在这以前还犹疑着、忍耐着或不明真相的人,也拍案而起了。斗争没有停止,而是沿着纵深的方向继续发展并取得越来越广泛的群众基础。人民懂得:个人的力量是微弱的,但是被共同的利益、愿望和斗争目标联结起来的集体力量,却不可战胜。真理是属于他们的,生活是属于他们的,数量的多数是属于他们的,因而胜利也一定是属于他们的。

列宁说过:“从政治的观点看来,准备群众乃是最重要的事情。”(《论工会、目前局势及托洛茨基的错误》,《列宁全集》第32卷,第16页)天安门广场的革命运动,是决定我们党同“四人帮”斗争胜负的群众力量的伟大演习。它为十月的胜利,奠定了最重要的群众基础。正是在这个意义上,我们说,天安门事件敲响了“四人帮”的丧钟。

天安门广场的革命群众运动,不仅预示着“四人帮”的彻底垮台，而且揭开了一个新的历史转变的序幕，标志着我国的社会主义革命和社会主义建设从此转入新的发展时期，即以实现四个现代化为中心的持久地高速度地发展社会生产力，以及改革向生产力的发展不相适应的生产关系和上层建筑的最伟大、最生动、最活跃的新时期。

天安门事件中，人民群众为什么那样英勇地捍卫马列主义、毛泽东思想，那样强烈地要求人民民主、要求科学，那样坚决地反对“四人帮”的假马克思主义、专制主义和迷信呢？这是因为，阶级斗争的事实，使他们愈来愈懂得，“四人帮”的假马克思主义、专制主义和迷信，是一种黑暗的力量。它瓦解无产阶级专政，阻碍社会生产力的发展，破坏四个现代化的实现，使国家和人民停留在贫穷落后的状态。这场群众革命运动的目的，就是为了扫除这股黑暗力量，巩固无产阶级专政，造成一个安定团结的政治局面，保护人民的和平劳动，为实现四个现代化，迅速发展社会生产力，以及在生产发展的基础上改善人民生活，开辟最广阔的道路和前景。

当我国的社会主义改造取得决定性胜利时，毛泽东同志曾经反复教育全党同志必须把工作的重心，由革命时期的大规模的急风暴雨式的阶级斗争转变到生产建设上来，正确区分和处理两类不同性质的矛盾，“团结全国各族人民进行一场新的战争——向自然界开战，发展我们的经济，发展我们的文化，使全体人民比较顺利地走过目前的过渡时期，巩固我们的新制度，建设我们的新国家”（《关于正确处理人民内部矛盾的问题》，《毛泽东选集》第5卷，第375页）。

但是，历史是曲折的，不是径情直遂的。从社会主义改造基本完成到现在，20多年过去了，由于种种原因，这个从以政治运动为中心到以发展生产为中心的历史转变，却一直没有能够真正实现。由于没有完成这个转变，我们已经吃到了很大的苦头。它不仅严重影响着国民经济的发展速度，影响着人民生活的改善，而且严重影响着无产阶级专政的巩固，影响着社会主义政治制度和经济制度的完善。这种后果的严重性，已经为人们普遍地感觉和认识到了。

为什么周恩来同志根据毛泽东同志的提议，在四届人大一宣布实现四个现代化的宏伟蓝图，就受到全国人民的热烈拥护？为什么捍卫四个现代化的蓝图，成为天安门广场群众革命运动的一面光辉的战旗？为什么人民英雄们面对周恩来同志的遗像，发出“四化实现之日，再来设酒重祭”这样悲壮的誓言？为什么革命群众同诅咒并妄图扼杀四个现代化的“四人帮”那样不共戴天？唯一的答复就是：走历史的必由之路。不管任何政治力量、任何个人如何设想，愿意或不愿意，自觉或不自觉，中国必须实现以四个现代化为中心任务的历史转变。这是党心、军心、民心所向，是社会主义事业发展的不可避免的趋势，是一个历史的法则，是任何力量、任何个人都不能扭转的。千百万群众用时代的最强音表现出这个历史的法则，正是铭刻在天安门事件这座历史里程碑上的一个不朽的功绩。

现在，我们扫除了“四人帮”这个祸害，有毛泽东同志的伟大旗帜指引方向，有华国锋同志为首的党中央的正确领导，有在这场革命运动中充分显示出自己的历史主动精神、首创精神和高度政治觉悟的亿万人民群众，完全可以坚信，我们的国家不仅能够很快地实现伟大的历史转变，而且在实现这个转变之后，我们的人民将会很快地用自己的实际成果来表明，新的发展时期，在历史的创造方面将会更广泛、更丰富、更自觉、更有计划、更有系统、更勇敢和更鲜明。

生活在教导人们

这是列宁的一句名言。生活是人民群众创造的。它一经创造出来，又成为指导人们继续前进的最好的教师。天安门事件已经过去两年多了，革命的人们，不是正在从这个中国政治生活的光辉灿烂的篇章中，不断地吸取着营养，吸取着经验，吸取着战斗的力量吗？

一切革命者，一切马克思主义者，都必须在群众的生活和斗争中深深扎根，必须老老实实地向群众的生活和斗争学习，特别应当把集中表现出自己创造历史的聪明才智和英雄气概的革命群众运动，当作最好的教科书。列宁在谈到马克思如何向巴黎公社的英雄们学习时说：“他以无产阶级群众运动的实际经验为基础，竭力从这个经验中取得实际教训。他向公社‘学习’，正像一切伟大的革命思想家不怕向被压迫阶级的伟大运动的经验学习一样，从来不对运动作学究式的‘训诫’”（《国家与革命》，《列宁选集》第3卷，第212页）。列宁自己也是如此。“列宁总是鄙弃那些瞧不起群众，想照书本去教导群众的人。因此，列宁总是不倦地教诲我们：要向群众学习，要理解群众的行动，要细心研究群众斗争的实际经验。”（《论列宁》，《斯大林全集》第6卷，第55页）毛泽东同志坚持从群众中来、到群众中去的路线，最善于总结群众斗争的经验，为我们党培育了尊重群众、信任群众、依靠群众的一整套优良传统和作风。无产阶级的革命导师们，用他们的言论和行动，为我们向群众、向群众的革命运动学习，树立了不朽的榜样。

不论在当时，还是现在或将来，天安门广场革命群众运动，永远是我们学习建设社会主义的一所伟大学校。向“四五”运动学习，已经成为一切革命人们的共同口号。那么，这场革命群众运动给予我们的最主要、最宝贵，也是当前实现四个现代化最急需的政治经验，到底是什么呢?

这就是,在社会主义时期,在无产阶级专政条件下,我们党必须继续领导人民群众坚持不懈地进行争取和保卫人民民主的斗争,在广泛的充分的民主基础上,实现高度的正确的集中统一。只有这样,才能真正实行民主集中制,真正造成和保持安定团结、生动活泼的政治局面,才能巩固无产阶级专政,把我国建成现代化的社会主义强国。

毛泽东同志在抗日战争时期指出:“中国缺少的东西固然很多,但是主要的就是少了两件东西:一件是独立,一件是民主。这两件东西少了一件,中国的事情就办不好。”(《新民主主义的宪政》,《毛泽东选集》第2卷,第689页)我们党领导的新民主主义革命,就是向帝国主义、封建主义和官僚资本主义争国家独立和人民民主的革命,就是为了让中国人民“能过人的生活,能按自己的愿望选择自己的政府”(《中国人民解放军宣言》,《毛泽东选集》第4卷,第1135页)。但是,能不能说,推倒了三座大山,取得了民主革命的胜利,建立了人民自己的政权,我们党领导下的人民群众争取和保卫民主的斗争,从此就可以结束、就已经完成了呢?

当然不能这样说。这是因为,我们的国家在取得民主革命胜利以后,仍然存在着封建主义的残余势力和资本主义复辟势力,存在着反人民、反民主的反革命势力。林彪、“四人帮”就是这样的势力。而且,我们的国家现在还是列宁指出的那种“带有官僚主义毛病的工人国家”(《论工会、目前局势及托洛茨基的错误》,《列宁全集》第32卷,第7页)。存在着“现代的‘共产党员的官僚主义’”(《给莫洛托夫同志并转政治局各委员》,《列宁全集》第33卷,第210页)。在这种情况下,人民的民主权利经常受到这样或那样的侵犯,存在着得而复失的严重危险。因此,继续进行争取和保卫人民民主的斗争,就成为全党同志和全国人民的一项长期的、极为重要的政治任务。只要反人民、反民主的敌对势力还存在,只要官僚主义还存在,争取和保卫民主的斗争就不会结束。这是不以人们意志为转移的历史发展的必然趋势。天安门事件中,人民群众同“四人帮”之间展开的民主与专制的激烈斗争,充分反映了这种必然趋势。而且,这场斗争的严酷事实活生生地教育着人民:社会主义的发展道路并不是笔直又笔直,并不是到处长着芬芳的玫瑰,而是间伏着荆丛与榛莽,为了争取和保卫民主,有时甚至要付出重大的牺牲。

继续争取和保卫人民民主的斗争,必须而且只有在党的领导下,才能不断地引向胜利。因为这种斗争是极其尖锐复杂的。反人民、反民主的敌对势力,常常是钻到了我们党和无产阶级专政机构的内部,窃取着党和国家的一部分权力;官僚主义也常常是以“党的领导”的面貌出现的,在这种情况下,如果没有党的统一领导,没有国家的保护,单纯依靠群众的自发斗争是很难战胜它们的。同时,人民群众中间也存在着各种非无产阶级思想的影响,如果离开党的统一领导,离开民主集中制,就很容易产生某些无政府主义和极端民主化的偏差。所以,加强党的统一领导,是胜利进行争取和保卫人民民主斗争的根本的前提条件。

继续争取和保卫人民民主的斗争,就是保卫我们的社会主义制度,保卫无产阶级专政的伟大斗争。在党的领导下,人民群众愈是自觉地进行这个斗争,愈能享有当家做主的民主权利,愈能充分地发挥自己的社会主义积极性,我们的社会主义事业,我们的四个现代化就愈有希望,我们的国家就愈能防止封建主义、资本主义的复辟。毛泽东同志说得好:“中国的事情是一定要由中国的大多数人作主”(《新民主主义的宪政》,《毛泽东选集》第2卷,第690页)。为什么在我们的无产阶级专政的国家里,“四人帮”这么几个假马克思主义的政治骗子能够窃取那么大的权力,能够横行霸道、无法无天,给党和国家造成巨大的损失,维持他们的地位达十年之久,而只是在亿万人民普遍觉醒和直接投入战斗,并且付出严重牺牲之后,才最后垮台?我们怎样才能避免这种历史悲剧的重演?天安门事件告诉了我们,关键的问题就是要坚持党的民主集中制,人民群众要真正地当家做主。

如果人民真正能够按照他们的利益和意志选择各级政府机关的领导人,真正能够对这些领导人进行监督和在事实证明他们不称职的时候,能够把他们罢免掉,那么,“四人帮”这类骗子怎么可能爬到那么高的位置?怎么能劣迹斑斑而竟然长期地发号施令?如果我们的人民真正能够行使宪法所规定的各种民主权利,“四人帮”又怎么能对天安门广场革命群众运动采取反革命暴力手段,使人民付出血的代价?这次革命群众运动的实践,不是已经明白无误、确凿无疑地表明,只要在党的领导下,人民用自己的斗争把被敌人篡夺的民主果实夺回来,充分发扬和保障社会主义民主,那么,任何敌人就都能粉碎,任何困难就都能战胜,任何污泥浊水就都能洗刷干净吗?

天安门事件,是中国人民在无产阶级专政条件下所创造的一种争取和保卫民主,把社会主义革命进行到底,防止反革命复辟的斗争形式。党中央为天安门事件彻底平反,使人们深深感到,我们的党是同人民始终站在一起的,是坚决领导人民争取和保卫民主的斗争的。它必将进一步激励人民群众为充分实现社会主义民主,巩固无产阶级专政而斗争。天安门事件平反以后，群众贴大字报，开民主讨论会，拥护党中央的决定，继续提出自己的民主要求，表达加快实现四个现代化的强烈愿望，这是人民群众关心党和国家大事的表现。我们要坚信，人民群众的政治觉悟和判断是非的能力是很高的，他们不会允许个别坏人乘机捣乱。同时，我们又要坚持民主集中制，对于人民群众的意见和要求，要进行科学的具体的分析，善于集中人民中间正确的东西，而对不正确的东西加以解释和教育。解决群众中的思想问题，只能用说服的方法，决不能用压服的方法，解决人民内部的一切问题，只能用民主的方法，决不能用专政的方法。这是我们在任何时候、任何情况下，都必须坚持的。只有这样，才能实现我们党对人民继续争取和保卫民主的斗争的正确领导，既使斗争保持正确的方向，又不束缚群众的手脚。有些同志搞了多年的革命，却很不了解社会主义民主，一看到人民的民主精神高涨，就惊慌失措，总想用种种办法加以限制和压制，同群众对立，完全离开马克思主义的基本原则，离开我们党的根本立场，这是十分错误的。

人民的民主权利，靠人民用自己的斗争去争取和保卫，而不是靠什么神仙皇帝来恩赐。恩赐的东西是不牢靠的。这是因为，不在斗争中提高觉悟，把自己的力量壮大到足以保卫自己所得到的民主的程度，当民主被剥夺时，他们只有无可奈何地接受这种结果。如果民主是恩赐者所赐予的东西，它也就可以随时为恩赐者所收回，而被赐者由于没有经过亲身的斗争，也就不可能深知它的来之不易，不可能充分地懂得它的宝贵，不会去拼死保卫它。毛泽东同志一贯反对恩赐观点，强调指出："自由是人民争来的，不是什么人恩赐的。"(《论联合政府》，《毛泽东选集》第3卷，第971页)毛泽东同志的这个教导，不仅对民主革命阶段适用，在无产阶级专政的历史阶段也是完全适用的。

我们的国家现在还是通过无产阶级先进阶层来进行管理的。担负这种管理任务的国家干部必须懂得，人民是主人，而我们自己则是人民的公仆。这个位置是绝对颠倒不得的。我们的干部"对于人民必须是恭恭敬敬地听话的"(《为什么要讨论白皮书》，《毛泽东选集》第4卷，第1392页)，必须切实地、全心全意地为人民勤奋工作，把为人民谋取利益，作为自己一切言论和行动的最高标准。谁是为人民服务的，谁不是为人民服务的，人民自己最清楚。列宁说："劳动群众非常敏感，他们最善于区别谁是忠诚老实的共产党员，谁是为终岁勤劳、既无特权又无'升官之道'的人们所厌恶的共产党员。"(《关于清党》，《列宁全集》第33卷，第20—21页)如果有这样一些共产党员和国家干部，忘记了我们党同人民群众的血肉联系，忘记了我们党是依靠人民群众的力量成为执政党的，在人民赋予他们权力之后，不是用这种权力来维护人民的利益，而是一味追求自己的锦衣玉食和高楼大厦，企图剥夺人民当家做主的权利，甚至对人民进行压制、打击和迫害，败坏党和社会主义的崇高声誉，那么，人民就有权抛弃他们。如果这些人在经历了天安门事件这场伟大的群众革命运动之后，却依然故我，什么也没有学到，仍然不愿意在"人民群众"4个字上生长些真诚实意，那结果就不会是美妙的。

毛泽东同志在总结"五四"运动以来的革命运动的经验时，曾经指出：我们看人的时候，看他"是一个假马克思主义者还是一个真马克思主义者，只要看他和广大的工农群众的关系如何，就完全清楚了。只有这一个辨别的标准，没有第二个标准"(《青年运动的方向》，《毛泽东选集》第2卷，第531页)。"四五"运动再一次证明，这个"五四"运动以来的历史经验是颠扑不破的真理。"四人帮"之所以被人民所抛弃，根本的原因，就是因为他们顽固地反人民。一切马克思主义者，一切革命者都应当深刻领会这个真理，都应当把"四人帮"这伙假马克思主义政治骗子的兴亡史引为借鉴，从中吸取教益，诚诚恳恳地作人民的公仆，维护人民的民主权利，向光明的前途进军，而决不要凌驾于人民之上，践踏人民的民主权利，堕入黑暗的逆流中去。

为了保障人民的民主权利，必须健全社会主义的法制。我们的党不仅要领导人民继续进行争取民主的斗争，向钻进党和无产阶级专政机构内部的资产阶级代表人物争民主，向官僚主义者争民主，同时又要充分运用国家政权的力量，建立和健全革命的法制，使民主得到法律和制度的保障，并且把这两个方面很好地、有机地结合起来。

但是，应当指出，民主是法制的前提和基础，法制是民主成果的总结和保障。首先要有民主，使民主成为事实，然后才能真正确立革命的法制，用法制去记录和承认民主的事实。也就是说，人民首先要在事实上成为国家的主人，然后才能产生真正保障这种民主权利的社会主义法制。如果民主尚未成为事实，即使制定了一种好的法制，也只能成为形式，必然被反人民、反民主的势力所阻挠，要想真正生效，是不可能的。天安门事件的斗争事实不是充分证明了这个历史的真理吗？所以，社会主义的法制，必须像马克思所指出的："同人民的意志一起产生并由人民的意志所创立"，"成为人民意志的自觉表现"(《论离婚法草案》，《马克思恩格斯全集》第1卷，第184页)。我们的法律不完备，法制不健全，给林彪、"四人帮"这样的阶级敌人，留下了可乘之隙。完备法律，健全法制，做到有法可依，有法必依，是当前亟待解决的一项重要任务。

在华国锋同志为首的党中央的领导下，全党同志和全国人民正在为加快实现四个现代化而奋斗。实现四个现代化，用现代化大生产的力量，彻底摧毁林彪、“四人帮”的封建社会主义复辟的基础，全面确立和巩固社会主义的基础，是一个为人民群众谋利益和只有通过人民群众的奋发努力才能完成的伟大事业。我们兴奋地看到，经过10多年来阶级斗争的锻炼和教育，中国人民比过去任何时候都更加关心党和国家的命运，更加自觉地和积极地为争取自己的民主权利而进行斗争。天安门广场革命群众运动所显示的人民的意志、愿望和力量，所提供的各方面的宝贵经验，必将在实现四个现代化的进程中，结下无比丰硕的果实。

1966年，毛泽东同志在天安门广场检阅革命群众队伍的时候曾经高呼：“人民万岁。”10年以后，在天安门广场革命群众运动爆发的时候，这里重又出现了“人民万岁”的巨幅标语。这4个字，闪耀着马克思主义的思想光辉，饱含着中国人民争取祖国的繁荣富强和社会主义民主的革命精神。让我们永远铭记人民在这次运动中建树的丰功伟绩，在“人民万岁”这个历史真理的召唤和鼓舞下胜利前进吧！

国务院副总理李先念和全国人大常委会副委员长廖承志在北京分别会见新日本钢铁公司董事长稻山嘉宽一行

12月22日

中国共产党第十一届中央委员会第三次全体会议公报

（一九七八年十二月二十二日通过）

中国共产党第十一届中央委员会第三次全体会议，于一九七八年十二月十八日至二十二日在北京举行。出席会议的中央委员一百六十九人、候补中央委员一百一十二人。中国共产党中央委员会主席华国锋，副主席叶剑英、邓小平、李先念、陈云、汪东兴出席了会议。华国锋同志主持了这次会议，并作了重要讲话。

在全会前，召开了中央工作会议，为全会做了充分准备。

全会决定，鉴于中央在二中全会以来的工作进展顺利，全国范围的大规模的揭批林彪、“四人帮”的群众运动已经基本上胜利完成，全党工作的着重点应该从一九七九年转移到社会主义现代化建设上来。全会讨论了国际形势和外交工作，认为党和政府的对外政策是正确的，成功的。全会讨论了加快农业生产问题和一九七九、一九八〇两年国民经济计划的安排，并原则上通过了相应的文件。全会审查和解决了历史上遗留的一批重大问题和一些重要领导人的功过是非问题。为了适应社会主义现代化建设的需要，全会决定在党的生活和国家政治生活中加强民主，明确党的思想路线，加强党的领导机构和成立中央纪律检查委员会。全会增选陈云同志为中央政治局委员、政治局常务委员、中央委员会副主席；增选邓颖超、胡耀邦、王震三同志为中央政治局委员。全会考虑到第十一次全国代表大会以来党的生活实际变化和目前党的工作的迫切需要，决定采取临时措施，增补黄克诚、宋任穷、胡乔木、习仲勋、王任重、黄火青、陈再道、韩光、周惠九同志为中央委员，将来提请党的第十二次代表大会对这一增补手续予以追认。全会选举陈云同志为中央纪律检查委员会第一书记，邓颖超同志为第二书记，胡耀邦同志为第三书记，黄克诚同志为常务书记，王鹤寿等同志为副书记，并选举了中央纪律检查委员会的常务委员和委员。

全会认为，这次会议和会议以前的中央工作会议，在党的历史上具有重大的意义。在两个会议的整个过程中，大家在马列主义、毛泽东思想的基础上，解放思想，畅所欲言，充分恢复和发扬了党内民主和党的实事求是、群众路线、批评和自我批评的优良作风，增强了团结。会议真正实现了毛泽东同志所提倡的“又有集中又有民主，又有纪律又有自由，又有统一意志又有个人心情舒畅、生动活泼，那样一种政治局面”。全会决定，一定要把这种风气扩大到全党全军和全国各族人民中去。

（一）

全会对于中央在二中全会以来十个月的工作表示满意。全国揭批林彪、“四人帮”的政治大革命取得了伟大的胜利；国民经济得到了进一步的恢复和发展；全国出现了安定团结的政治局面；我国外交政策得到了重大进展。所有这一切，都为全党把工作着重点转移到社会主义现代化建设上来准备了良好条件。

全会指出，我国在发展国际反霸统一战线、发展同世界各国的友好关系方面，取得了新的重要成就。我国领导人今年内对朝鲜、罗马尼亚、南斯拉夫、柬埔寨、伊朗、缅甸、尼泊尔、菲律宾、孟加拉、日本、泰国、马来西亚、新加坡和亚洲、非洲、拉丁美洲、欧洲一系列国家的访问，中日和平友好条约的缔结，中美两国关系正常化谈判的完成，为亚洲和世界和平作出了重大贡献。但是战争危险仍然严重存在，我们必须加强国防，随时准备击退来自任何方面的侵略者。全会认为，随着中美关系正常化，我国神圣领土台湾回到祖国怀抱、实现统一大业的前景，已经进一步摆在我们的面前。全会欢迎台湾同胞、港澳同胞、海外侨胞，本着爱国一家的精神，共同为祖国统一和祖国建设的事业继续作出积极贡献。

毛泽东同志早在新中国成立初期,特别在社会主义改造基本完成以后,就再三指示全党,要把工作中心转到经济方面和技术革命方面来。毛泽东同志和周恩来同志领导我们党在进行社会主义现代化建设事业方面,做了大量工作,取得了重大的成就,但是后来被林彪、"四人帮"打断了,破坏了。此外,由于我们对于社会主义建设缺乏经验,工作指导上发生了一些缺点和错误,也妨碍了党的工作中心转变的完成。现在,全国范围内揭批林彪、"四人帮"的群众运动已经基本上胜利完成,虽然少数地区和部门的运动比较落后,还需要一段时间来抓紧进行,不能"一刀切",但是就整体来说,实行全党工作中心转变的条件已经具备。因此,全会一致同意华国锋同志代表中央政治局所提出的决策,现在就应当适应国内外形势的发展,及时地、果断地结束全国范围的大规模的揭批林彪、"四人帮"的群众运动,把全党工作的着重点和全国人民的注意力转移到社会主义现代化建设上来。这对于实现国民经济三年、八年规划和二十三年设想,实现农业、工业、国防和科学技术的现代化,巩固我国的无产阶级专政,具有重大的意义。我们党所提出的新时期的总任务,反映了历史的要求和人民的愿望,代表了人民的根本利益。我们能否实现新时期的总任务,能否加快社会主义现代化建设,并在生产迅速发展的基础上显著地改善人民生活,加强国防,这是全国人民最为关心的大事,对于世界的和平和进步事业也有十分重大的意义。实现四个现代化,要求大幅度地提高生产力,也就必然要求多方面地改变同生产力发展不适应的生产关系和上层建筑,改变一切不适应的管理方式、活动方式和思想方式,因而是一场广泛、深刻的革命。我们国内现在还存在着极少数敌视和破坏我国社会主义现代化建设的反革命分子和刑事犯罪分子,我们决不能放松同他们的阶级斗争,决不能削弱无产阶级专政。但是正如毛泽东同志所说,大规模的急风暴雨式的群众阶级斗争已经基本结束,对于社会主义社会的阶级斗争,应该按照严格区别和正确处理两类不同性质的矛盾的方针去解决,按照宪法和法律规定的程序去解决,决不允许混淆两类不同性质矛盾的界限,决不允许损害社会主义现代化建设所需要的安定团结的政治局面。全会要求全党、全军和全国各族人民同心同德,进一步发展安定团结的政治局面,并且立即动员起来,鼓足干劲,群策群力,为在本世纪内把我国建设成为社会主义的现代化强国而进行新的长征。

(二)

为了迎接社会主义现代化建设的伟大任务,会议回顾了新中国成立以来经济建设的经验教训。会议认为,毛泽东同志一九五六年总结我国经济建设经验的《论十大关系》报告中提出的基本方针,既是经济规律的客观反映,也是社会政治安定的重要保证,仍然保持着重要的指导意义。实践证明,保持必要的社会政治安定,按照客观经济规律办事,我们的国民经济就高速度地、稳定地向前发展,反之,国民经济就发展缓慢甚至停滞倒退。现在,我们实现了安定团结的政治局面,恢复和坚持了长时期行之有效的各项经济政策,又根据新的历史条件和实践经验,采取一系列新的重大的经济措施,对经济管理体制和经营管理方法着手认真的改革,在自力更生的基础上积极发展同世界各国平等互利的经济合作,努力采用世界先进技术和先进设备,并大力加强实现现代化所必需的科学和教育工作。因此,我国经济建设必将重新高速度地、稳定地向前发展,这是毫无疑义的。

全会讨论和原则同意一九七九、一九八〇两年的国民经济计划安排,建议国务院在修改后提交明年召开的全国人民代表大会第二次会议讨论通过。会议认为,这个计划安排是积极的可行的。会议指出,粉碎"四人帮"以后,我国国民经济恢复和发展的步子很快,一九七八年的工农业总产值和财政收入都有较大幅度的增长。但是必须看到,由于林彪、"四人帮"的长期破坏,国民经济中还存在不少问题。一些重大的比例失调状况没有完全改变过来,生产、建设、流通、分配中的一些混乱现象没有完全消除,城乡人民生活中多年积累下来的一系列问题必须妥善解决。我们必须在这几年中认真地逐步地解决这些问题,切实做到综合平衡,以便为迅速发展奠定稳固的基础。基本建设必须积极地而又量力地循序进行,要集中力量打歼灭战,不可一拥而上,造成窝工和浪费。

会议指出,现在我国经济管理体制的一个严重缺点是权力过于集中,应该有领导地大胆下放,让地方和工农业企业在国家统一计划的指导下有更多的经营管理自主权;应该着手大力精简各级经济行政机构,把它们的大部分职权转交给企业性的专业公司或联合公司;应该坚决实行按经济规律办事,重视价值规律的作用,注意把思想政治工作和经济手段结合起来,充分调动干部和劳动者的生产积极性;应该在党的一元化领导之下,认真解决党政企不分、以党代政、以政代企的现象,实行分级分工分人负责,加强管理机构和管理人员的权限和责任,减少会议公文,提高工作效率,认真实行考核、奖惩、升降等制度。采取这些措施,才能充分发挥中央部门、地方、企业和劳动者个人四个方面的主动性、积极性、创造性,使社会主义经济的各个部门各个环节普遍地蓬蓬勃勃地发展起来。

会议深入讨论了农业问题,同意将《中共中央关于加快农业发展若干问题的决定(草案)》和《农村人民公社工作条例(试行草案)》发到各省、自治区、直辖市讨论和试行。

全会认为,全党目前必须集中主要精力把农业尽快搞上去,因为农业这个国民经济的基础,这些年来受了严重的破坏,目前就整体来说还十分薄弱。只有大力恢复和加快发展农业生产,坚决地、完整地执行农林牧副渔并举和“以粮为纲,全面发展,因地制宜、适当集中”的方针,逐步实现农业现代化,才能保证整个国民经济的迅速发展,才能不断提高全国人民的生活水平。为此目的,必须首先调动我国几亿农民的社会主义积极性,必须在经济上充分关心他们的物质利益,在政治上切实保障他们的民主权利。从这个指导思想出发,全会提出了当前发展农业生产的一系列政策措施和经济措施。其中最重要的是:人民公社、生产大队和生产队的所有权和自主权必须受到国家法律的切实保护;不允许无偿调用和占有生产队的劳力、资金、产品和物资;公社各级经济组织必须认真执行按劳分配的社会主义原则,按照劳动的数量和质量计算报酬,克服平均主义;社员自留地、家庭副业和集市贸易是社会主义经济的必要补充部分,任何人不得乱加干涉;人民公社要坚决实行三级所有、队为基础的制度,稳定不变;人民公社各级组织都要坚决实行民主管理、干部选举、账目公开。会议认为,在今后一个较长时间内,全国粮食征购指标继续稳定在一九七一年到一九七五年“一定五年”的基础上不变,绝对不许购过头粮。为了缩小工农业产品交换的差价,全会建议国务院作出决定,粮食统购价格从一九七九年夏粮上市的时候起提高百分之二十,超购部分在这个基础上再加价百分之五十,棉花、油料、糖料、畜产品、水产品、林产品等农副产品的收购价格也要分别情况,逐步作相应的提高。农业机械、化肥、农药、农用塑料等农用工业品的出厂价格和销售价格,在降低成本的基础上,在一九七九年和一九八〇年降低百分之十到十五,把降低成本的好处基本上给农民。农产品收购价格提高以后,一定要保证城市职工的生活水平不致下降。粮食销价一律不动;群众生活必需的其他农产品的销价,也要坚决保持稳定;某些必须提价的,要给予消费者以适当补贴。会议还讨论了加强农业科学教育、制定发展农林牧业的区域规划、建立现代化的农林牧渔业基地、积极发展农村社队工副业等重要问题,决定采取相应的措施。

全会指出,城乡人民的生活必须在生产发展的基础上逐步改善,必须坚决反对对人民生活中的迫切问题漠不关心的官僚主义态度。同时,我国经济目前还很落后,生活改善的步子一时不可能很大,必须把有关的情况经常告诉人民,并在人民和青年中继续加强自力更生、艰苦奋斗的革命思想教育,各级领导同志必须以身作则。

(三)

会议认真地讨论了“文化大革命”中发生的一些重大政治事件,也讨论了“文化大革命”前遗留下来的某些历史问题。会议认为,解决好这些问题,对于进一步巩固安定团结的局面,实现全党工作中心的转变,使全党、全军、全国各族人民万众一心向前看,调动一切积极因素为四个现代化努力,是非常必要的。

会议指出:一九七五年,邓小平同志受毛泽东同志委托主持中央工作期间,各方面工作取得很大成绩,全党全军和全国人民是满意的。邓小平同志和中央其他领导同志一道,按照毛泽东同志的指示,对“四人帮”的干扰破坏进行了针锋相对的斗争。“四人帮”硬把一九七五年的政治路线和工作成就说成是所谓“右倾翻案风”,这个颠倒了的历史必须重新颠倒过来。会议指出:一九七六年四月五日的天安门事件完全是革命行动。以天安门事件为中心的全国亿万人民沉痛悼念周恩来同志、愤怒声讨“四人帮”的伟大革命群众运动,为我们党粉碎“四人帮”奠定了群众基础。全会决定撤销中央发出的有关“反击右倾翻案风”运动和天安门事件的错误文件。

会议审查和纠正了过去对彭德怀、陶铸、薄一波、杨尚昆等同志所作的错误结论,肯定了他们对党和人民的贡献。会议指出,解决历史遗留问题必须遵循毛泽东同志一贯倡导的实事求是、有错必纠的原则。只有坚决地平反假案,纠正错案,昭雪冤案,才能够巩固党和人民的团结,维护党和毛泽东同志的崇高威信。在揭批“四人帮”的群众运动结束以后,这个任务还要坚决抓紧完成。会议一致认为,采取这些步骤,正是完整地、准确地掌握毛泽东思想的科学体系的表现,正是高举毛主席旗帜的表现。

会议认为,过去那种脱离党和群众的监督,设立专案机构审查干部的方式,弊病极大,必须永远废止。

会议对民主和法制问题进行了认真的讨论。会议认为社会主义现代化建设需要集中统一的领导,需要严格执行各种规章制度和劳动纪律。资产阶级派性和无政府主义必须坚决反对。但是必须有充分的民主,才能做到正确的集中。由于在过去一个时期内,民主集中制没有真正实行,离开民主讲集中,民主太少,当前这个时期特别需要强调民主,强调民主和集中的辩证统一关系,使党的统一领导和各个生产组织的有效指挥建立在群众路线的基础上。在人民内部的思想政治生活中,只能实行民主方法,不能采取压制、打击手段。要重申不抓辫子、不扣帽子、不打棍子的“三不主义”。各级领导要善于集中人民群众的正确意见,对不正确的意见进行适当的解释说服。宪法规定的公民权利,必须坚决保障,任何人不得侵犯。

为了保障人民民主,必须加强社会主义法制,使民主制度化、法律化,使这种制度和法律具有稳定性、连续性和极大的权威,做到有法可依,有法必依,执法必严,违法必究。从现在起,应当把立法工作摆到全国人民代表大会及其常务委员会的重要议程上来。检察机关和司法机关要保持应有的独立性;要忠实于法律和制度,忠实于人民利益,忠实于事实真相;要保证人民在自己的法律面前人人平等,不允许任何人有超于法律之上的特权。

(四)

会议对进一步继承和发扬毛泽东同志所倡导的马克思主义学风,即坚持唯物主义的思想路线问题,展开了深入的讨论。会议一致认为,只有全党同志和全国人民在马列主义、毛泽东思想的指导下,解放思想,努力研究新情况新事物新问题,坚持实事求是、一切从实际出发、理论联系实际的原则,我们党才能顺利地实现工作中心的转变,才能正确解决实现四个现代化的具体道路、方针、方法和措施,正确改革同生产力迅速发展不相适应的生产关系和上层建筑。

两年来,通过深入揭批林彪、"四人帮"的斗争,纠正了被他们颠倒的许多思想理论是非。但是,现在还有不少同志不敢大胆地实事求是地提出问题和解决问题。这种状态是在一定的历史条件下形成的。全会要求全党同志和全国人民要继续打破林彪、"四人帮"的精神枷锁,同时要坚决克服权力过于集中的官僚主义、赏罚不明现象和小生产的习惯势力的影响,以利于人人解放思想,"开动机器"。

会议高度评价了关于实践是检验真理的唯一标准问题的讨论,认为这对于促进全党同志和全国人民解放思想,端正思想路线,具有深远的历史意义。一个党,一个国家,一个民族,如果一切从本本出发,思想僵化,那它就不能前进,它的生机就停止了,就要亡党亡国。

会议着重指出:毛泽东同志在长期革命斗争中立下的伟大功勋是不可磨灭的。如果没有他的卓越领导,没有毛泽东思想,中国革命有极大的可能到现在还没有胜利,那样中国人民就还处在帝国主义、封建主义、官僚资本主义的反动统治之下,我们党就还在黑暗中苦斗。毛泽东同志是伟大的马克思主义者。他对于包括自己在内的任何人,始终坚持一分为二的科学态度。要求一个革命领袖没有缺点、错误,那不是马克思主义,也不符合毛泽东同志历来对自己的评价。党中央在理论战线上的崇高任务,就是领导、教育全党和全国人民历史地、科学地认识毛泽东同志的伟大功绩,完整地、准确地掌握毛泽东思想的科学体系,把马列主义、毛泽东思想的普遍原理同社会主义现代化建设的具体实践结合起来,并在新的历史条件下加以发展。

全会认为,对于"文化大革命",也应当历史地、科学地、实事求是地去看待它。毛泽东同志发动这样一场大革命,主要是鉴于苏联变修,从反修防修出发的。至于实际过程中发生的缺点、错误,适当的时候作为经验教训加以总结,统一全党和全国人民的认识,是必要的,但是不应匆忙地进行。这既不影响我们实事求是地解决历史上的一切遗留问题,更不影响我们集中力量加快实现四个现代化这一当前最伟大的历史任务。

(五)

根据党的历史的经验教训,全会决定健全党的民主集中制,健全党规党法,严肃党纪。

华国锋同志在会上着重强调了党中央和各级党委的集体领导。他提议:全国报刊宣传和文艺作品要多歌颂工农兵群众,多歌颂党和老一辈革命家,少宣传个人。全会完全同意并高度评价华国锋同志的提议,认为这是党内民主生活健全化的重要标志。全会重申了毛泽东同志的一贯主张,党内一律互称同志,不要叫官衔;任何负责党员包括中央领导同志的个人意见,不要叫"指示"。会议指出,一定要保障党员在党内对上级领导直至中央常委提出批评性意见的权利,一切不符合党的民主集中制和集体领导原则的做法应该坚决纠正。

会议认为,国要有国法,党要有党规党法。全体党员和党的干部,人人遵守党的纪律,是恢复党和国家正常政治生活的起码要求。党的各级领导干部必须带头严守党纪。对于违犯党纪的,不管是什么人,都要执行纪律,做到功过分明,赏罚分明,伸张正气,打击邪气。

全会选举产生了以陈云同志为首的由一百人组成的中央纪律检查委员会。这是保障党的政治路线的贯彻执行的一个重要措施。纪律检查委员会的根本任务,就是维护党规党法,切实搞好党风。

全会指出,通过粉碎"四人帮"两年来的努力,全党、全军和全国各族人民的团结有了极大的加强,觉悟有了极大的提高。华国锋同志关于"既要解决问题,又要稳定局势"和"思想再解放一点,胆子再大一点,办法再多一点,步子再快一点"的号召,已经深入人心。只要全党努力学习马列主义、毛泽东思想和社会主义现代化建设的本领,继续坚持实事求是,坚持群众路线,既勇于创造新的经验,又保持谦虚谨慎的态度,充分调查研究,实行精心指导,不打无准备之仗,不打无把握之仗,就一定能够加快实现新时期的总任务,任何困难都不能阻止党和人民的胜利前进。

明年是伟大的中华人民共和国的三十周年。十一届三中全会号召全党同志、全军指战员和全国各族工人、农民、知识分子、各党派和无党派爱国民主人士：我们在明年把工作中心转入社会主义现代化建设并取得应有的成就，将是对新中国成立三十周年的最好献礼。让我们更加紧密地团结在毛泽东思想的旗帜下，团结在以华国锋同志为首的党中央周围，为根本改变我国的落后面貌，把我国建成现代化的伟大社会主义强国而奋勇前进！

中共十一届三中全会决定成立中央纪律检查委员会

今日闭幕的中共十一届三中全会决定成立中央纪律检查委员会，并选举产生了由100人组成的中央纪律检查委员会。选举陈云为中纪委第一书记，邓颖超为中纪委第二书记，胡耀邦为中纪委第三书记，黄克诚为常务书记。其主要任务为：维护党的章程和其他重要的规章制度，协助党的委员会整顿党风，检查党的路线、方针、政策和决议执行情况；对党员进行遵守纪律的教育，作出关于维护党纪的决定；检查和处理党的组织和党员违反党章党纪、国家法律法令的比较重要或复杂的案件，决定给予或取消对这些案件中党员的处分；受理党员的控告和申诉。中央纪律检查委员会在中央委员会的领导下进行工作，任期与同届中央委员会相同。

中央纪律检查委员会组成人员名单

第一书记 陈　云
第二书记 邓颖超
第三书记 胡耀邦
常务书记 黄克诚
副书记 王鹤寿 王从吾 刘顺元 张启龙 袁任远 章　蕴 郭述申 马国瑞 李一氓 魏文伯 张　策

常　委（按姓氏笔画为序）

马辉之 王建安 王维纲 王鹤峰 方志纯 孔祥祯 帅孟奇 吕剑人 刘　型 刘建章 刘澜波 李士英 李楚离 张子意 武新宇 周　扬 周仲英 唐天际 曹　瑛 曹广化 阎秀峰 韩　光 傅秋涛 曾涌泉

委　员（按姓氏笔画为序）

马　信 王大中 王文轩 王若水 王苏民 王朝文 王直哲 毛　铎 文正一 平杰三 朱云谦 朱穆之 卢仁灿 刘　英 刘丽英 刘敬之 刘鸣九 安建平 多吉才让 严东生 李　坚 李之琏 李立功 李华生 李振海 杰尔格勒 杨心培 杨长春 杨秀山 何东昌 何廷一 何善远 阿木冬·尼牙孜 吴　波 汪文风 宋　诚 张　中 张　凯 张　祺 张兆美 张承先 张瑞华 陈　林 段　云 范儒生 周太和 周凤鸣 郑爱平 胡德华 饶正锡 侯维煜 徐少甫 徐深吉 浦安修 殷继昌 黄　荣 黄甘英 黄民伟 彭　儒 曾　三 蹇先任

全国侨务会议 第二次全国归侨代表大会在北京举行

全国侨务会议、第二次全国归侨代表大会于12月22日至28日在北京举行。

党和国家领导人李先念、耿飚、陈慕华、廖承志、谷牧，国务院侨务办公室和全国侨联的负责人林修德、连贯、庄希泉、庄明理、蚁美厚，以及中央和国家机关、中国人民解放军各部门的负责人，出席了大会的开幕式。

李先念同志代表党中央、国务院向大会致辞。他说，新中国成立以来，毛主席革命路线在侨务工作中始终占主导地位。对于归国华侨和国内侨眷，我们一贯遵照“一视同仁，不得歧视，根据特点，适当照顾”的原则，制定了一系列的侨务政策。实践是检验真理的唯一标准。20多年来的历史证明，我们的侨务政策有利于调动归侨、侨眷的社会主义积极性，有利于扩大爱国统一路线，巩固无产阶级专政，加速我国的社会主义建设。但是，林彪、“四人帮”破坏党的侨务政策，颠倒敌我关系，歧视、打击和迫害归侨、侨眷。我们要认真落实党的政策，对迫害归侨、侨眷的冤案、错案、假案必须彻底平反；对歧视、打击归侨、侨眷的遗留问题必须尽快妥善解决。归侨、侨眷的正当权益应该受到保护，他们同国外亲人的正常联系，应该受到鼓励和保护。党的政策决不容许破坏，对破坏侨务政策的人员和事件，要分别情节轻重，严肃处理。各级党委要重视侨务工作，认真贯彻执行党的侨务政策，关心侨乡的生产建设，改善侨乡人民生活。侨务部门和侨联的工作人员，要深入群众，深入实际，了解归侨、侨眷的疾苦和侨务政策的贯彻落实情况，协助归侨、侨眷解决存在的问题。总之，全党应当关心支持做好侨务工作。

李先念同志指出，我国的国外侨务政策，是毛泽东同志和周恩来同志生前亲自制定的，是符合和平共处五项原则的，今后我们还将继续贯彻执行这个政策。

李先念同志说，我们希望，国外侨胞、国内归侨、侨眷，和全国人民一起，为实现祖国社会主义现代化，为台湾归回祖国，完成国家统一大业，共同努力奋斗。

廖承志同志在大会上作了题为《认真落实党的侨务政策，为建设现代化的社会主义强国而奋斗！》的报告。他在谈到新时期侨务战线的各项任务时说，从1979年起，全党工作的着重点转移到社会主义现代化建设上来，我们侨务战线也要实行工作着重点的转移，要把主要注意力集中到狠抓社会主义现代化建设。我们的主要工作是：认真落实党的侨务政策，充分调动归侨、侨眷的社会主义积极性；认真学习、提高政治思想水平和科学文化水平；解放思想，鼓足干劲，办好华侨事业、企业；欢迎华侨支援祖国社会主义建设；密切党和归侨的联系，积极开展侨联活动；加强党对侨务工作的领导，健全侨务机构。

廖承志同志在报告中谈到了越南反华排华问题。他说，去年以来，越南在苏联社会帝国主义的支持下，疯狂反华排华，肆意破坏中、越两党于1955年关于解决居住在越南的华侨问题的协议，大规模迫害、驱赶华侨。最近，越南与苏联签订了"友好合作条约"，实质上结成了苏越军事同盟，完全投入苏联怀抱，在苏联的全球霸权主义指使下，推行其地区霸权主义，彻底暴露了它扮演的东方古巴的角色。近来越南反华步步升级，竟然在中越边界上不断进行挑衅，蚕食中国领土，其猖狂程度，已经达到令人不能容忍的地步。我们严正警告越南当局，立即停止对居住在越南的华侨的迫害，立即停止在中越边境的挑衅和入侵。否则，必然自食其果。

全国侨联代理主席庄希泉在报告中总结了第一次全国归国华侨代表大会以来的侨联工作，并提出了全国侨联和各地侨联今后的任务。

这次全国归侨代表大会修改了全国侨联章程，选举了全国侨联委员。

会议一致推举廖承志为全国侨联名誉主席。

28日，第二届全国侨联委员会召开了第一次会议。庄希泉当选为本届全国侨联主席。

《人民日报》发表特约评论员文章《打开理论工作的广阔天地》

什么叫理论？什么叫理论家？什么叫理论工作？这是革命导师，特别是毛泽东同志早就讲清楚了的问题。可是，若干年来，一些同志却把它逐渐遗忘了。林彪、"四人帮"一伙假马克思主义的骗子，更把这些问题搞得混乱不堪。因此，重温毛泽东同志的《整顿党的作风》等文章，弄清这些理论工作的ABC，或者说基本常识，是十分必要的。有的同志往往对基本道理或基本常识不太注意，甚至认为不值得多说。其实，有些同志恰恰是在一些普通常识上犯了错误。这一点，毛泽东同志对我们的教导是非常之多的。

真正的理论在世界上只有一种

毛泽东同志指出："真正的理论在世界上只有一种，就是从客观实际抽出来又在客观实际中得到了证明的理论，没有任何别的东西可以称得起我们所讲的理论。"（《毛泽东选集》第3卷，第775页）这种理论，是用科学的方法，对历史和现实的客观实际进行抽象概括而得出来的，它揭示了事物的本质，阐明了事物发展的客观规律，因而它能在实践中经受检验，得到证明。马克思列宁主义、毛泽东思想就是这样的理论。只有这样的理论，才能为革命的政党和群众掌握，成为认识世界和改造世界的精神武器，转化为巨大的物质力量，指引我们取得斗争的胜利和事业的成功。

粉碎"四人帮"以来，党中央制定的一些重要文件，中央领导同志的一些重要讲话和文章，以及报刊上发表的不少好文章，就是以马列主义、毛泽东思想的理论为指导，紧密联系实际，阐明了党的路线、方针和政策，揭露了林彪、"四人帮"的反动本质，澄清了许多被他们搞乱了的是非，科学地解释了革命和建设中的许多实际问题，因而成为我们拨乱反正，抓纲治国的有力武器。

凡是违背从实际中来，再到实际中去经受检验这一根本原则的任何理论，都不是真正的理论。林彪、"四人帮"及其御用文人搞的那些谬论，例如什么"唯生产力论"，什么"全面专政"等，既没有客观依据，又根本经不起实际的检验，纯粹是唯心主义和形而上学的瞎说。尽管这些东西有的曾被塞进党的文件，但千百万人的实践已经把它们推翻了。这一类的所谓理论，完全是假理论家凭空编造出来的，是为林彪、"四人帮"篡党夺权服务的阴谋理论。

对于任何一种理论，我们要看它是否来自实际，是否科学的抽象，能否指导革命实践。如果是这样的，或大体上是这样的，那就是科学的理论，或基本上是科学的理论。否则，即使是大块的文章，滔滔不绝的演说，厚厚的本本，即使是出之于大人物，出之于权威名家，也不是真正的理论。正如叶剑英同志指出的那样："如果理论不能指导实际，不受实际检验，那算什么理论！决不能把理论同空谈、吹牛甚至撒谎混为一谈。"（《在中共中央党校开学典礼上的讲话》）有些人不加鉴别，把一些所谓权威人物的东西，盲目地当作科学理论来信奉，结果是受骗上当。这种历史教训是不应当忘记的。

有的人以为，只有那种空而又空，玄之又玄的长篇大论，才是真正的理论。这正是不懂得理论工作的ABC的表现。列宁说过，马克思的学说就是"由深刻的哲学世界观和丰富的历史知识阐明的经验总结"。（《列宁选集》第3卷，第194页）离开了实践的理论是空洞的理论，是无源之水，无本之木。这样的"理论"，是我们根本不需要的。真正的理论必须是对实践经验的科学总结。

那么，是不是任何具体工作的经验都是理论呢？也不能这样说。我们必须重视经验。但是，我们也不能把局部经验误认为普遍真理。真正的理论，应该是从社会实践中概括出来的规律性的东西，是具有普遍性和系统性的东西，是经得起千百万群众的实践检验的东西。

两种根本对立的理论工作

什么叫理论工作？毛泽东同志说："马克思在实际斗争中进行了详细的调查研究，概括了各种东西，得到的结论又拿到实际斗争中去加以证明，这样的工作就叫做理论工作。"（《毛泽东选集》第3卷，第775页）就是说，根据斗争的需要，根据革命和建设的需要，对国内外、省内外、县内外的情况，对有关的历史和现实的情况，进行深入调查研究，详细地占有材料，运用马克思主义的立场、观点、方法，引出规律性的东西，得出科学的结论，用以指导实践，并在实践中不断经受检验，根据实践检验的结果，分别对原有的结论进行纠正、补充、丰富、发展。这就是马克思主义的理论工作。

与此相反，唯心主义的理论工作，是脱离和违反客观实际的。毛泽东同志说："世界上只有唯心论和形而上学最省力，因为它可以由人们瞎说一气，不要根据客观实际，也不受客观实际检查的。"（《毛泽东选集》第5卷，第159页）林彪、陈伯达、"四人帮"一伙搞的理论工作，就是这种唯心主义理论工作的典型。他们的所谓理论不是从客观实际中引出来的，而是根据篡党夺权搞阴谋的需要编造出来的。他们的理论也不受客观实际的检验，而是看对篡党夺权有没有用，对他们帮派有没有利。他们表面上是"高举"，言必称马列，实际上是以上帝的名义讲牧师的话，用马克思主义作商标，贩卖"四人帮"的反动谬论。他们这一套卑鄙阴险的手段，曾经欺骗坑害了不少人。

另一方面，林彪、"四人帮"为了搞反革命的舆论一律，对于实事求是的理论工作，横加压制摧残。谁要是从客观实际出发，提出同他们稍有不同的观点，或不合他们心意的理论，就被视为大逆不道，帽子、棍子一齐飞来。许多革命的理论工作者被他们打成反动权威、修正主义分子。在他们的文化专制主义的淫威下，一些诚实的搞理论工作的人，只好远离实际，躲到现成的书本中去。他们不敢对新情况新问题进行调查研究，作出新的概括，得出新的结论，发展理论，只好把自己的任务缩小为搞词句的注释，搞现成观点的汇集。有些人由于中林彪、"四人帮"的"句句是真理"等一套谬论的毒太深，习惯性地照抄照搬，并以此衡量一切。谁要是从实际出发研究问题，他就说你越了轨。还有个别的人，摆出一副教师爷的架势，今天批评这个是否定"文化大革命"，明天指责那个是砍旗帜。他们还大言不惭地宣称，这是"维护"旗帜。其实，这种做法的本身，离毛泽东思想何止十万八千里！经过"文化大革命"和揭批"四人帮"的伟大运动，特别是经过最近有关实践是检验真理的唯一标准的讨论，这一套货色已经没有什么市场了。这实在是激励我们理论工作者奋发有为的一件大好事。还有一种情况是，有的人连本本也不翻，条条也没有多少，就是靠"摸精神"吃饭，靠小道消息做文章。这种人对实际斗争中存在的大量问题，视而不见；对广大群众的呼声，充耳不闻。他们热衷于探消息，摸精神，听到所谓权威人物的一句什么话，就奉为金科玉律，大做文章。这样的理论工作，是没有出息，没有前途，甚至是很危险的。人们对这样的同志有议论，有批评，这是可以理解的。这些同志应该深刻汲取教训。如果要说摸精神，那么，首先要弄清楚，最基本的精神在哪里？最基本的精神就在革命导师的著作中，在广大群众中。你要知道精神，就老老实实地去钻研马列和毛泽东同志的著作，就迈开双脚到群众中去作调查研究。离开了这些而去摸什么精神，那必然是邪门歪道。

做敢于实事求是的理论工作者

多年来，特别是"文化大革命"以来，各种各样的冒牌理论家都登台表演，鱼目混珠，欺骗了不少人，也影响了不少人。这种现象，虽然现在已受到批判，但一时还难以绝迹。因此，我们必须把什么是理论家这个问题搞清楚。毛泽东同志说："我们所要的理论家是什么样的人呢？是要这样的理论家，他们能够依据马克思列宁主义的立场、观点和方法，正确地解释历史中和革命中所发生的实际问题，能够在中国的经济、政治、军事、文化种种问题上给予科学的解释，给予理论的说明。我们要的是这样的理论家。"（《毛泽东选集》第3卷，第772页）搞阴谋理论的人，当然不能称为理论家，只能称为阴谋家。读书很多的人是否就是理论家呢？不错，理论家是要读很多书的。但是，如果光读书而不研究实际问题，那只能叫"读书家"、"背诵家"，用毛泽东同志的风趣的话来说，是"古董鉴赏家"，而不能称为理论家。如果读了几本书就自以为高明，以为别人什么都不懂，那就更为可笑。这是一种无实事求是之意，有哗众取宠之心的低级趣味。我们还是应当真正尊重实践论，应当在运用马克思主义的基本原理研究实际问题上下功夫。

邓小平同志最近说："马克思列宁主义、毛泽东思想是我国实现四个现代化的指导思想。"这句话指出了在实现四个现代化的事业中理论工作的极端重要性，也指明了新时期理论工作的方向和根本任务。

实现四个现代化是一场伟大的革命。在向四个现代化的进军中，将要冒出来的新问题、新课题是非常之多的，需要我们去研究，去解决。新时期的历史必定是马列主义、毛泽东思想同四个现代化的具体实践日益结合的历史。现代化的社会主义强国，也只能是马列主义、毛泽东思想同四个现代化的具体实践相结合的产物。而马列主义、毛泽东思想本身,也必将在实现四个现代化的过程中得到发展和丰富。以马列主义、毛泽东思想的立场、观点、方法,研究四个现代化实践中的各种新问题,逐步地克服盲目性,认识客观规律,到达四个现代化的自由王国,这就是历史新时期理论工作的总的方向和根本任务。因此,就要像斯大林讲的那样:“理论工作不仅必须赶上实际工作,而且要超过实际工作,武装我们的实际工作者去争取社会主义的胜利。”(《斯大林全集》第12卷,第126页)这决不是躺在马克思主义书本上,搞现成的条文和片言只语所能济事的。毫无疑问,马列主义、毛泽东思想的基本原理是不能违背的,但是我们要有所前进,有所创造。马克思、恩格斯创立了科学社会主义的学说,但社会主义在他们的伟大著作中还只是一种科学的预见,因为他们还没有这种实践。列宁、斯大林关于社会主义建设的学说,我们必须认真研究,但我们现在的工作已远远超出他们当年的实践。毛泽东同志关于社会主义革命和社会主义建设的理论,是我们必须遵循的极其宝贵的精神财富。但是,我们不能要求毛泽东同志为我们写出社会主义建设的无所不包的百科全书。两年来,历史已翻过了新的一页。新的历史只能由我们自己来创造。同样,我们的后代又会遇到许多我们没有经历过的问题,我们也不可能为他们预先制造出无所不治、千古有效的灵丹圣药。

在实现四个现代化的事业中,理论工作者任重道远,天地无比广阔。理论工作能否作出应有的成绩,关键就在能否实事求是。我们要尊重实践论,反对唯心论。一切主观世界的东西都要经受实践的检验。在理论工作中,我们不承认特权,也反对迷信盲从。要敢于接触实际,不要回避问题;要旗帜鲜明,不能含混不清。列宁说得好:“在革命时代对理论问题采取模棱两可或毫无原则的态度,就等于思想上的完全破产。”(《列宁全集》第8卷,第287页)当然,坚持实事求是很不容易,除了要肯用气力,不怕艰苦,还要有勇气,有胆略。要敢于革盲目迷信、主观臆断的命。敢不敢实事求是,是有没有党性的问题,是对理论工作者的一个严峻考验。粉碎“四人帮”已两年多了,在华国锋同志为首的党中央的正确领导下,许多禁区都已突破,许多错误都已纠正。党中央为我们作出了实事求是、发扬民主的榜样,我们不能老是以“心有余悸”来原谅自己了。

华国锋同志讲过:“在如此生动丰富的中国革命实践和世界革命实践中,有马克思主义、列宁主义、毛泽东思想作指导,全党重视,我们党的理论工作一定能够作出好的成绩。”对此,我们是充满信心的。理论界的同志们,让我们同心同德,努力奋斗吧!

中共中央政治局委员 国务院副总理耿飚在北京会见由加拿大共产主义同盟(马列)中央委员会主席罗杰·拉什率领的加共同盟(马列)中央代表团

国务院副总理耿飚在北京会见英国独立电视新闻摄影组

中国技术进口总公司和新日本钢铁公司关于订购上海宝山钢铁总厂成套设备的总协议书在上海签订

协议书规定向宝山钢铁总厂供应的设备包括炼焦厂、炼铁厂、炼钢厂、初轧厂、化学厂等16个单元。

工程建设计划分两期进行。第一期工程将于1981年10月1日前建成投产;第二期工程将于1983年1月建成投产。

协议书还规定,为了保证宝钢工程建设的顺利进行,日方将按具体工程施工建设计划实际需要,及时向中方提交施工图等有关技术资料和派遣有关工程施工等技术指导人员。

总协议书是由中国技术进口总公司总经理彭润民和新日本钢铁公司总经理斋藤英四郎签字的。

同时还签订了炼铁厂(一号高炉系统)、炼钢厂和炼焦厂(一号高炉系统)的成套设备的3个合同。中国技术进口总公司副总经理刘兴华和新日本钢铁公司副总经理原田鼎在合同上签了字。

出席签字仪式的有:新日本钢铁公司董事长、日中长期贸易协议委员会委员长稻山嘉宽、日本驻中国大使佐藤正二等;冶金部副部长、宝钢工程指挥部总指挥叶志强,外贸部副部长、中日长期贸易协议委员会主任刘希文,上海市革命委员会副主任陈锦华,冶金部副部长马宾等。

12月23日

宝山钢铁总厂举行动工典礼

上午11时,从北京专程前来参加宝钢动工典礼的国务院副总理谷牧,为这个现代化钢铁企业的动工典礼剪彩。上海市革命委员会第二副主任彭冲,冶金工业部部长唐克,六机部部长柴树藩,国家计委副主任顾明,国家建委副主任宋养初,国家经委副主任邱纯甫,外贸部副部长、中日长期贸易协议委员会主任刘希文,国务院其他有关部的负责人,与宝钢工程有关的山东、江苏、浙江、安徽4省革命委员会的代表以及上海市革命委员会的负责人,参加了动工典礼。

谷牧副总理在会上讲话。他说,宝钢工程是党中央、国务院批准成套引进技术设备的一个重大项目。宝钢建成后,将成为我国第一个新型的、现代化的大型钢铁基地。高速度、高质量、高水平地建设好宝钢，对提高我国钢铁工业的生产水平、技术水平和科学管理水平，对促进国民经济的高速度发展，对增进中日两国人民的友好合作，都具有重大的意义。

谷牧副总理说，宝钢是一个规模宏大、技术复杂的大工程。按照国家计划的安排，宝钢到1983年要形成600万吨钢的综合生产能力。短短5年时间，要完成这么大的工程量，在国内是史无前例的，在国外也是高速度的。这要求我们必须从思想作风上、施工技术上、管理方法上来一个大转变，来一个大改革。我们必须认真按客观规律办事，建立起一整套科学管理制度，特别要搞好经济管理、技术管理、质量管理和机械化施工。同时，对为宝钢服务的供水、供电、辅助材料、煤炭、交通等配套工程的建设也必须全面规划，妥善安排，切实做到主体和配套工程同时建成，还要做好各方面的生产准备工作。只有这样，才能真正形成综合生产能力，保证宝钢按时投入生产。

谷牧副总理最后说，全国人民对宝钢寄予希望。我们一定要下决心，群策群力，打好这个歼灭战。打出一个高速度、高质量、高水平建设现代化钢铁联合企业的样板来，打出一个建成以后能够充分发挥投资效果的样板来。

国务院副总理余秋里在北京会见以朝鲜贸易部副部长李成绿为团长的朝鲜政府贸易代表团

中国政府和朝鲜政府关于1979年相互供应货物的议定书在北京签字

外贸部副部长陈洁和朝鲜贸易部副部长李成绿分别在议定书上签字。

外贸部部长李强，朝鲜驻中国大使全明洙出席了签字仪式。

全国人大常委会副委员长姬鹏飞在罗马意大利参议院大厦拜会意大利参议院议长阿明托雷·范范尼

拜会时在座的有中国外交部部长助理宋之光和中国驻意大利大使馆临时代办王传斌。

姬副委员长是在结束了对伊拉克、尼日尔、贝宁、多哥、塞拉利昂、冈比亚六个国家的正式友好访问后，在回国途中于12月23日下午从班珠尔到达罗马的。

《人民日报》发表评论员文章《加快为受迫害的作家和作品平反的步伐》

10多年来，林彪、"四人帮"一伙疯狂推行"文艺黑线专政"论，实行残酷的法西斯文化专制主义，大兴骇人听闻的文字狱，造成了大批假案、错案和冤案，使成千上万的革命文艺工作者惨遭迫害。他们信口雌黄，随心所欲地置作家和作品于死地。他们使用手段之毒，迫害作家之众，扼杀作品之多，株连范围之广，实在是史无前例的。粉碎"四人帮"两年多来，被林彪、"四人帮"一伙迫害的一部分作家得到了平反，一些被扼杀的作品获得了解放。最近，《文艺报》和《文学评论》编辑部召开文艺工作者座谈会，揭露和批判林彪、"四人帮"及其同伙扼杀革命文艺作品、迫害革命作家的罪行，呼吁有关方面加快为受迫害的革命作家和革命文艺作品平反的步伐。这个会开得好！

应当看到，就全国来说，这项工作的进展还不平衡，有些地区和单位步伐并不很快，甚至很慢。有些同志对这项工作的必要性和迫切性认识不足，甚至抱有各种各样的错误态度和错误思想，妨碍着这项工作的进行。有的人至今还认为，那些被判罪的革命作家是因为他们"反党"，当初把他们关起来，禁锢他们的作品没有错。有的人看到过去抓人批人的主要罪名不能成立了，现在又说人家还有别的错误，非留个尾巴不可。有的人借口过去抓人批人是"经上级批准了的"，今天还要等"上级"说话表态，才给平反。这就使得一些受迫害的作家和作品至今未能平反。有一些名义上"平反"了，但由于有关领导的思想没有真通，没有也不愿意采取积极措施，致使受迫害的作者至今工作无人过问，被扼杀的作品仍然处于半禁锢状态。

"文化大革命"中被关、被斗的作家，绝大多数不是因为犯了党纪国法，而是因为他的某一部作品或某一篇文章，逆了林彪、"四人帮"的意志，而被诬陷为"反党"。有的人给这些作家和作品定罪，完全不是根据党纪国法，而是根据"四人帮"一类"长官"的意志。你执了"帮"规"帮"法，破坏了社会主义法制，还能说"没有错"吗？以莫须有的罪名扣上"反党"帽子的冤案至今不平反，还要等到何时？应该说，继续故意拖延，就是坚持错误，就是犯罪！

所谓"没有这个错还有别的错"，纯粹是为错案、冤案制造根据。许多受迫害的作者的所谓"罪行"，纯属罗织捏造。有的作者因为写了一部作品或一篇文章而犯了"罪"，有的人就借机搞逼供信，编造诬陷材料，拼凑罪证。这类荒唐事情，我们难道见得还少吗？一个党性很强，对党对人民负责的领导者，应当对那些所谓"罪证材料"进行认真的、实事求是的分析，区别真伪，分清两类不同性质的矛盾，尽快作出符合实际的结论，而不应当忸忸怩怩，想方设法为自己过去制造的错案寻找借口，减轻自己的责任。过去给人定罪的主要依据已经不成立了，就应当痛痛快快地给人平反，继续找借口整人，是党纪国法所不允许的。

自己办错的案，自己不积极给人平反，偏要等上级说话表态，这不仅不符合当前形势的要求，不符合党和人民的要求，而且把球踢给上级，也不是严肃负责的态度。为受迫害的作者和作品平反，各级领导都有责任，都应当采取积极的态度。对这项工作持消极态度，让受害者继续含冤受屈，对于一个共产党员来说，就是丧失无产阶级党性的表现！

华国锋同志为首的党中央最近批准为天安门事件和其他冤案错案平反的决定，给我们树立了榜样。各级领导，在为受迫害的作者和作品平反的工作中，都不应当狐疑不定，顾虑重重，口将言而嗫嚅，足欲前而趑趄了，要把胆子放大一点，步子加快一点。凡是错案、假案、冤案，都要实事求是地坚决平反，彻底平反，迅速平反，要快刀斩乱麻，有错必纠。受林彪、"四人帮"迫害的要平反，"文化大革命"前17年中批错了的也要改正。难道还能让那些无辜受害的作者无边无涯地等待下去吗？

《人民日报》发表新华社记者述评《进步·差距·决心》

春华秋实又4年。1974年，中国体育代表团在由高原古国伊朗主办的第七届亚运会上有过较出色的表演。日历翻过1500多天之后，中国又以什么面貌出现在第八届亚运会的赛场上呢？新华社记者从亚洲体坛知名人士、泰国报刊及热情的观众中听到的反应，大抵可以概括为：进步明显，差距不小，大有希望。

中国队的进步，从得奖的情况来看，第七届亚运会时，中国参加了14项比赛，所得金、银、铜奖牌分别为33、45、27枚；这次，中国多参加了一项射箭比赛，共获得金牌56枚，银牌60枚，铜牌51枚。3种奖牌共增加了62枚，特别是金牌增加了23枚。上届亚运会，按得金牌数来说，中国列第三位，这次上升到第二位；与两届位列第一的日本的金牌差距从上届的41枚缩小为本届的18枚。在曼谷赛场上，中国的田径、游泳、射击、举重男女选手这次共打破亚运会纪录24项，平2项；刷新全国纪录34项，平1项。每破一项纪录，就是向世界水平前进了一步。

中国运动员的进步还表现在：一些原来比较领先的项目，更加突击，若干落后的项目赶上前来了。中国乒乓球队的8名选手，至少代表了五六种不同的打法，思想比较解放，迎战各种不同类型的对手时有较强的适应能力。这次，他们夺取了全部7项比赛的金牌。平均年龄只有17岁多的跳水队，获得男女跳台、跳板4项比赛的全部金、银牌。他们的积分比第七届亚运会有大幅度提高，不少动作的难度系数已达到当前国际比赛规定的最高点(跳台2.9，跳板3.0)。他们入水甚少浪花的新技术，引起了外国跳水教练的重视。在场的美国、泰国、科威特教练都认为，中国的跳水队员已达到世界先进水平。中国的体操队，在上届亚运会上获得8枚金牌，占中国全部金牌数的1/4，为祖国赢得荣誉。这次，年轻的中国体操选手们不但为祖国获得10枚金牌，而且以较高的技艺、优良的风格给泰国人民和亚洲体操界人士留下深刻的印象。泰国报纸称本届亚运会的头3天，曼谷出现"体操热"。

一般来说，田径的观众不如球类多。可是，在热带的骄阳下，每天仍有2万多观众在主体运动场坚持看田径比赛，盛况空前。中国田径运动员在这种气氛下夺得金、银、铜牌分别为12、9、13枚，其中女运动员夺得的金牌就有9枚。引人注目的是，在国际综合性比赛中，中国队在田径上首次超过日本队(10枚)，摆脱了远远落后于日本的状态。中国的击剑和射击队也有了突出的进步。平均年龄21岁的击剑队，这次在四个剑种的八项比赛中获得冠、亚军各4项，超过日本队。国际击剑联合会主席皮埃尔·费里说："中国女子花剑已接近世界水平，而刻苦训练的中国男选手也将能够较快地达到世界水平。"中国射击队的成绩由上届亚运会的第三位跃居首位，获8枚金牌。羽毛球女运动员蝉联冠军，保持了优势。中国水球队六战六胜，夺得了冠军。

但是，人们对中国三大球的成绩是不满意的。当然，它们比起上届亚运会是有进步的。当时，男、女篮球和排球都是第三名，足球连小组都没有出线。这届亚运会上，男篮名列第一，女篮、女排都是亚军，足球得第三名。这四年，中国三大球国际交往较多，在实战中前进，国内外群众寄予殷切期望。可是他们的成绩与群众的热望还有相当差距。

人们的眼光更多地会集中到游泳这个项目上。中国的游泳选手在50年代曾经几次打破世界纪录，后来由于林彪、"四人帮"的严重破坏，这个项目水平大大下降。这两年，中国游泳健儿很努力，打破了一批全国纪录，在本届亚运会上又打破了3项亚运会和21项全国纪录。但是，他们的水平还很低，与世界先进水平相比，差距很大。田径的成绩应当是令人高兴的，但仔细分析一下，男子在参加的20个项目中，只得了3枚金牌。射箭队远没有达到群众所预期的成绩。有些成绩好的项目，与世界水平的差距也是较大的。

中国运动员在前进的道路上找差距，泰国及其他国家的观众在议论。我们经常听到各种不同的议论。归结起来，大致有如下几点：

(一)要加强体育科学研究，不断探索各个项目技术战术的发展规律和趋势，应用科学的训练方法，使用先进设备，也还要讲点运动员的"营养学"。没有体育科研，要攀登体育世界高峰是不可能的。训练方法落后，设备不够现代化。要学习外国最新经验，最新技术。中国三大球运动员身体训练方法还是50年代那一套，训练缺乏科学性，运动员容易受伤。

(二)中国运动员身体素质，相对说来，不够好，耐力差。做灵巧运动很出色，而拼体力、拼速度就差些。

(三)思想不够解放，国际比赛经验不足，临场适应力差，战术单一，作风拘谨。

(四)教练员、运动员的科学文化水平有待提高。

第八届亚运会进行到高潮时，中美建交公报传到了运动场。热心的朋友们认为，中国与外国体育交往将与日俱增，越来越多的国际性及世界性比赛有待中国去参加。

祖国人民的重托，朋友们的期待，形势的推动，使中国运动员们充满信心和决心。中国田径队教练黄健说："目前亚洲女子跳高比男子提高得快。按照这样的发展速度，亚洲女选手可在不长的时间内提高到1.95米。中国运动员更应该努力达到这个目标。"现在，中国体育代表团就要告别曼谷回国了。他们将满载泰国人民的深厚情谊和外国友人的良好祝愿，在未来的岁月中刻苦努力，虚心学习，在攀登世界体育高峰的大道上勇猛前进。

12月24日

彭德怀陶铸追悼大会在人民大会堂举行

彭德怀、陶铸同志是我们党和国家的卓越领导人，曾担任过许多重要领导职务。他们在林彪、"四人帮"的残酷迫害下，分别于1974年11月29日和1969年11月30日不幸逝世。今天，以华国锋同志为首的党中央本着实事求是的精神，认真落实党的政策，给彭德怀、陶铸同志作出了全面的、公正的评价，为他们恢复了名誉。

中共中央主席华国锋，中共中央副主席叶剑英、邓小平、李先念、陈云、汪东兴参加了追悼会。

参加追悼会的还有党和国家其他领导人王震、韦国清、乌兰夫、方毅、邓颖超、纪登奎、苏振华、李德生、吴德、余秋里、张廷发、陈永贵、陈锡联、胡耀邦、耿飚、聂荣臻、倪志福、徐向前、陈慕华、赵紫阳、赛福鼎、谭震林、李井泉、廖承志、阿沛·阿旺晋美、周建人、许德珩、胡厥文、康世恩；

中央军委负责人粟裕；

政协全国委员会副主席宋任穷、史良、朱蕴山、康克清、季方、杨静仁、庄希泉、胡子昂、荣毅仁、童第周；最高人民法院院长江华；最高人民检察院检察长黄火青。

中共中央副主席邓小平、陈云同志在追悼会上分别致悼词。

参加今天追悼会的还有：

在京的中共中央委员和候补委员丁可则、丁国钰、于桑、于明涛、万达、习仲勋、马力、马辉、马文瑞、马兴元、王平、王猛、王谦、王世泰、王必成、王任重、王茂全、王恩茂、王超柱、尤太忠、毛致用、孔原、孔照年、巴桑、叶飞、白如冰、冯铉、司马义·艾买提、吕玉兰、吕正操、朱光亚、朱穆之、伍修权、任荣、任仲夷、刘伟、刘震、刘子厚、刘春樵、刘锡昌、江拥辉、江渭清、池必卿、安平生、许家屯、阮泊生、杜义德、杨勇、杨成武、杨易辰、杨得志、苏毅然、李达、李强、李水清、李世俊、李任之、李志民、李启明、李葆华、李瑞山、萧华、萧克、萧劲光、吴全清、希候巴、汪锋、宋平、宋时轮、张才千、张玉华、张平化、张立宪、张劲夫、张爱萍、张富贵、陈丕显、陈再道、陈国栋、陈福汉、陈璞如、林乎加、林丽韫、罗青长、周惠、周纯麟、宝日勒岱、宗希云、胡立教、胡乔木、郝建秀、赵志坚、赵苍璧、赵辛初、段君毅、饶兴礼、姚依林、贺诚、秦基伟、聂凤智、钱之光、钱正英、黄华、黄镇、黄克诚、黄知真、曹里怀、鹿田计、梁必业、韩光、韩英、韩先楚、覃应机、程子华、焦林义、鲁大东、曾绍山、曾思玉、蔡啸、廖汉生、廖志高、谭启龙、樊德玲、薛金达、霍士廉、戴光前、丁长华、卜谷香、马明、马金花、王六生、王扶之、王君绍、王尚荣、王金山、王金玲、仁增旺杰、文香兰、邓华、厉日耐、左崇义、卢忠阳、申茂功、冉桂英、吕和、吕存姐、吕需国、向仲华、刘西尧、刘志坚、刘明辉、刘振华、刘维明、刘道生、刘瑞庆、关泽海、许彪俊、孙雪梅、纪英林、杜平、杨大易、杨俊生、李巧云、李成芳、李坚真、李昌安、李学智、李祖根、李耀文、肖寒、肖望东、吴火金、吴向必、吴克华、吴冷西、吴金全、岑国荣、邹家华、宋庆友、张震、张令彬、张怀连、张林池、张植弟、张耀祠、陆金龙、陈玉宝、陈永林、陈爱娥、金明汉、周子健、周阿庆、郑三生、柳志强、胡松、胡良才、胡金娣、赵兴元、赵学全、赵武成、贺晋年、袁宝华、热地、顾秀莲、钱学森、徐驰、徐立清、郭凤莲、郭耀卿、高厚良、唐克碧、唐闻生、黄作珍、黄新廷、曹思明、康林、程义太、蔡凤兰、谭文贞、黎原、潘时兴、薛金莲、戴苏理、魏兴政；

全国人大常委会委员马纯古、王冶秋、王昆仑、王建安、王淦昌、区棠亮、贝时璋、白寿彝、朴春子、吕叔湘、吕骥、朱学范、华罗庚、刘大年、刘斐、许杰、许涤新、严济慈、李延禄、李昌、李瑞环、李聚奎、杨秀峰、沙千里、沈鸿、张文裕、张启龙、张秉贵、陈玉娘、陈逸松、武新宇、茅以升、林一山、林铁、罗叔章、周培源、孟继懋、赵忠尧、郝德青、胡绳、袁任远、顾康乐、钱信忠、高克林、郭化若、郭述申、郭映福、唐天际、曹禺、章瑞英、董天祯、董其武、蒋南翔、程世才、谢铁骊、楚图南；

政协全国委员会常务委员王子纲、王从吾、王学文、王炳南、王维纲、方仲如、孔从洲、吕东、刘鼎、刘景范、孙毅、李琦、李初梨、李维汉、杨拯民、吴亮平、何长工、张策、张南生、张香山、张瑞华、张稼夫、陈正湘、陈锐霆、林修德、钟期光、夏之栩、高文华、郭洪涛、曹广化、章蕴、曾宪植；

中共中央和国务院各部门负责人王鹤寿、邓典桃、陈野苹、李步新、杨士杰、赵振清、廖井丹、熊向晖、张致祥、李贵、冯文彬、贾步彬、熊复、胡绩伟、杨西光、王惠德、黄民伟、罗琼、邢亦民、何兰阶、关山复、韩念龙、李人俊、马仪、谢北一、张承先、江平、凌云、王国权、周化民、汪道涵、杨立功、高扬文、孙友余、雷荣天、赵健民、钱敏、张珍、张有萱、郑天翔、邹桐、宋振明、孙敬文、张彬、胡明、梁灵光、郭维城、王西萍、李一清、王丙乾、陈希愈、金明、程宏毅、刘复之、刘雪初、王伟、李梦华、王屏、宋一平、吴庆彤、林海云、贾鲁峰、邓力群、何世平、李后、曾涛、李衍授、聂真；

中国人民解放军各总部、国防科委、各军兵种、军事院校、北京部队和北京卫戍区的负责人何正文、迟浩田、黄玉昆、朱云谦、张元培、饶正锡、张贤约、贺彪、李元、封永顺、张汝光、范子瑜、孙洪珍、李耀、李真、白相国、刘少文、喻缦云、万毅、周文龙、王万林、卢仁灿、成钧、黄立清、宋承志、陈鹤桥、莫文骅、钟汉华、武宏、刘月生、旷伏兆、兰庭辉、李人林、陈彬、栗在山、洪学智、张翼翔、舒同、韩双亭、段苏权、聂济峰、杨秀山、谢明、陈漫远、李雪三、傅崇碧、罗应怀、肖洪达、戴镜元、张正光、江文、彭清云、李伟、华楠；

北京市委和市革委会负责人贾庭三、王磊；

彭德怀同志、陶铸同志的生前友好杨尚昆、薄一波、刘澜涛、安子文、王新亭、阎揆要、周桓、薛明、林月琴、卓琳、郝治平、傅涯、李寿轩、解方、叶楚屏、谭旌樵、雷英夫、丁莱夫、杨恬、刘居英、吴信泉、马卫华、杜文达、郑汉浩、杨思德、高克恭、李伯钊、帅孟奇、江明、罗贵波、吴波、戎子和、魏今非、梅益、蹇先任、雍文涛、柯麟、喻屏、陈琮英、栗秀真、宋侃夫、陈光、张根生、朱荣、刘有光、周仲英、刘子久、刘英、吕剑人、邹瑜、赵伯平、李桂林、彭镜秋、彭儒、何连芝、朱仲丽、肖慧纳、关相生、刘白羽、李普、贺敬之、王阑西、乔明甫、王鹤峰、赵林、傅雨田、李楚离、朱则民、杨献珍、孔祥祯、张执一、王伏林、金涛、李希庚、高富有、郑伯克、陈树林。

中共中央副主席邓小平同志在彭德怀同志追悼大会上的悼词

同志们：

我们怀着十分沉痛的心情，为彭德怀同志举行追悼会。

彭德怀同志是我党的优秀党员、老一辈无产阶级革命家，是平江起义的主要领导者、红三军团的创立者，是我们党、国家和军队的杰出领导人，曾担任过党政军的许多重要职务。他在林彪、"四人帮"的迫害下，于1974年11月29日在北京逝世，享年76岁。今天，华国锋同志为首的党中央本着实事求是的精神，认真落实党的政策，给彭德怀同志作出了全面的、公正的评价，为他恢复了名誉。

彭德怀同志在近半个世纪的革命斗争中，在伟大导师毛泽东同志的领导下，南征北战，历尽艰险，为中国革命战争的胜利，为人民军队的成长壮大，为保卫和建设社会主义祖国，作出了卓越的贡献。他的一生，是革命的一生，是忠于党、忠于人民的一生。他的不幸逝世，是我党我军的重大损失。

彭德怀同志具有很强的组织领导能力和军事指挥才能。第二次国内革命战争时期，他曾担任中国工农红军师长、军长、三军团总指挥，中共中央军事委员会副主席；长征后期担任过以毛泽东同志为政治委员的陕甘支队司令员；到达陕北以后，担任过红军前敌总指挥。抗日战争时期，担任八路军副总司令，中共中央北方局代理书记。解放战争时期，担任中国人民解放军副总司令、第一野战军司令员兼政治委员。中华人民共和国成立以后，担任中共中央西北局第一书记，西北军政委员会主席，中共中央军事委员会副主席，中央人民政府革命军事委员会副主席，中国人民志愿军司令员兼政治委员，国防委员会副主席，国务院副总理兼国防部长；1965年，担任建设大三线的副总指挥。他曾任党的第六届、第七届、第八届中央委员会委员、政治局委员。他还当选为第一届和第二届全国人民代表大会代表。

彭德怀同志是湖南省湘潭县人，出身贫寒，当过苦工。大革命时期，他曾在国民革命军任营长、团长。大革命失败后，他坚持反对新军阀，秘密组织士兵委员会，支持工会、农会和学生会的革命活动。在严重的白色恐怖下，彭德怀同志毅然决然地选择了马克思列宁主义的道路，于1928年4月光荣加入中国共产党。

1928年7月，在中国革命处于低潮的时刻，彭德怀同志领导了著名的平江起义，编为红军第五军，坚持湘鄂赣的游击战争，开辟了湘鄂赣根据地。到同年11月间，红五军主力奔赴井冈山。从此，他在毛泽东同志领导下，坚持井冈山斗争，参加反"围剿"作战和震惊中外的二万五千里长征，指挥过许多重要的战役和战斗。长征到达陕北后，他还参与指挥了红军胜利的东征。

抗日战争时期，彭德怀同志协助朱德同志率领八路军，挺进敌后，在艰苦的岁月里，开辟了华北广大的抗日根据地，为赢得伟大的抗日战争的胜利，作出了卓越贡献。

解放战争时期，彭德怀同志坚决贯彻执行毛泽东同志的伟大战略决策，在敌我力量悬殊、十分艰难的条件下，指挥部队驰骋疆场，英勇奋战，消灭了蒋胡军，解放了大西北。

新中国刚成立，美帝国主义把侵略朝鲜的战火烧到鸭绿江边。彭德怀同志当此严重时刻，坚决执行党中央、毛泽东同志的指示，肩负中国人民的重托，担任中国人民志愿军司令员，率领中华英雄儿女，抗美援朝，保家卫国，同朝鲜人民和人民军并肩战斗，直至胜利，光荣地履行了无产阶级国际主义义务。彭德怀同志回国后，致力于我国国防建设和经济建设事业，不辞辛苦，成绩卓著。

彭德怀同志热爱党，热爱人民，忠诚于伟大的无产阶级革命事业。他作战勇敢，耿直刚正，廉洁奉公，严于律己，关心群众，从不考虑个人得失。他不怕困难，勇挑重担，对革命工作勤勤恳恳，极端负责。

彭德怀同志是国内和国际著名的军事家和政治家，一直受到广大党员和群众的怀念和爱戴。

我们要学习彭德怀同志的革命精神和高贵品质，高举毛泽东思想的伟大旗帜，在华国锋同志为首的党中央领导下，团结一致，同心同德，在马列主义、毛泽东思想指导下，解放思想，开动机器，为实现新时期的总任务，为加快建设社会主义的现代化强国而奋勇前进！

彭德怀同志永垂不朽！

中共中央副主席陈云同志在陶铸同志追悼大会上的悼词

同志们：

我们怀着十分沉痛的心情，在这里悼念伟大导师毛泽东同志的好学生，我们党和国家的一位卓越领导人，久经考验的无产阶级忠诚的革命战士陶铸同志。

陶铸同志遭受林彪、“四人帮”的残酷迫害，于1969年11月30日含冤去世，享年61岁。陶铸同志的不幸逝世，是党和国家的重大损失。

陶铸同志生前同林彪、“四人帮”反党集团进行了坚决的斗争。陶铸同志在党的八届十一中全会上，当选为政治局常委，兼任书记处常务书记、国务院副总理、中央宣传部部长。在毛泽东同志的领导下，他协助敬爱的周恩来总理处理党和国家的日常事务。他坚决执行毛泽东同志的革命路线，抵制林彪、“四人帮”破坏“文化大革命”的倒行逆施，积极保护老干部和革命群众，贯彻执行抓革命、促生产的方针，成为林彪、“四人帮”篡党窃国的障碍。1967年1月，“四人帮”采取突然袭击的卑鄙手段，捏造罪名，诬陷陶铸同志是什么“中国最大的资产阶级保皇派”、“复辟资本主义的急先锋”、“叛徒”等，在精神上和肉体上对陶铸同志进行了残酷的折磨和摧残。这是林彪、“四人帮”陷害老一辈无产阶级革命家的严重罪行。

陶铸同志生于1908年1月，湖南省祁阳县人。1926年入黄埔军官学校，同年参加中国共产党。蒋介石叛变革命后，陶铸同志参加了著名的南昌起义和广州起义。1928年，回湖南地方做兵运工作。1929年到1933年，陶铸同志先后担任中共福建省委秘书长、书记，中共漳州特委书记，省委组织部部长，福州中心市委书记等职务。这个期间，陶铸同志出色地组织和指挥了闻名全国的厦门劫狱斗争，先后建立了闽南工农红军游击总队和闽东地区的人民武装力量，后来这些部队的一部分编入了新四军。1933年5月，由于叛徒的出卖，陶铸同志在上海被国民党逮捕，先后被关押在上海公安局和南京中央监狱，并被国民党判处无期徒刑。陶铸同志在被敌人监禁的四年期间团结和鼓舞被囚战友，同敌人不断地进行了英勇的斗争。1937年，国共再次合作，经周恩来同志和叶剑英同志交涉营救出狱。陶铸同志出狱后，即被党派到湖北省担任省委常委兼宣传部长。陶铸同志坚定地贯彻执行毛主席关于建立和发展抗日民族统一战线和发展抗日武装的方针，创建了鄂中游击区。后来，鄂中游击区和游击队扩大为鄂豫边区和新四军鄂豫挺进支队，陶铸同志任政治委员。1940年，陶铸同志到延安，先后任中央军委秘书长、总政治部秘书长兼宣传部长，出席了党的第七次代表大会。解放战争期间，陶铸同志先后任辽宁、辽吉、辽北等省省委书记、东北野战军第七纵队政治委员，东北野战军政治部副主任。在平津战役中，陶铸同志受中央委托，化装进入北平同傅作义将军谈判，以后又担负了改编起义部队以及组织和领导南下工作团的工作。

中华人民共和国成立以后，陶铸同志先后担任中南军区政治部副主任、主任，中共广西省委代理书记、中共中央华南分局书记，中共广东省委第一书记，中共中央中南局第一书记等职务。在他历任的工作中，善于联系群众，团结干部，认真执行党的路线、方针和政策，对社会主义事业，作出了重大的贡献，深受广大群众的怀念和爱戴。

陶铸同志为共产主义事业艰苦奋斗数十年，深得党和人民的信任。在党的第八次代表大会上当选为中央委员，在八届十一中全会上当选为中央政治局委员、中央政治局常务委员。陶铸同志还曾当选为三届人大代表，二届、三届全国政协委员。陶铸同志的一生，是鞠躬尽瘁、全心全意为人民服务的一生。陶铸同志不幸逝世,我们非常悲痛。我们深切怀念他。我们要学习他对党忠诚,无私无畏,威武不屈,为共产主义奋斗终生的高贵品质;学习他襟怀坦白,光明磊落,坚持真理,英勇斗争的革命情操;学习他密切联系群众,善于发扬民主,敢于独立思考,多谋善断,勇于负责的优良作风;学习他艰苦朴素,忘我工作,严格要求自己,对党和人民高度负责的革命精神。我们要化悲痛为力量,紧密团结在华国锋同志为首的党中央周围,高举毛泽东思想的伟大旗帜,贯彻执行党的十一大路线和新时期的总任务,为在本世纪内把我国建设成为伟大的社会主义强国努力奋斗。

陶铸同志永垂不朽!

《人民日报》发表特约评论员文章《伟大转变和重新学习》

随着揭批林彪、"四人帮"斗争取得伟大的胜利,十一届三中全会决定,全党全国工作的着重点,应该从明年起转移到社会主义现代化建设上来。为了适应这个历史性的转变,我们必须重新学习。

伟大的转变

把全党全国工作的着重点转移到现代化建设上来,这是华国锋同志为首的党中央,根据毛泽东同志生前教导和新时期总任务所作出的重大决策,是实现毛泽东同志的宏伟遗愿。

当我国生产资料所有制的社会主义改造基本完成之后,毛泽东同志就提出要有这样一个转变。1956年《论十大关系》,1957年《关于正确处理人民内部矛盾的问题》,1958年《工作方法六十条》,还有毛泽东同志的其他许多讲话,都讲过这个问题。到现在20多年了,我们没有能够实现这个转变。其中原因很多:国际上,发生了一些没有预料到的事情,如苏联变修,我们把很多注意力放到反修防修上面去了;在国内,有我们工作中的错误、缺点,特别是最近十几年,林彪、"四人帮"进行了严重的捣乱破坏。粉碎"四人帮"的头两年,需要清查他们的帮派体系,需要拨乱反正,也不可能把主要精力转到建设方面。经过两年多紧张的工作,我们在政治上、组织上、思想上取得了揭批"四人帮"的决定性胜利,扫除了前进道路上的最大障碍。现在,我们可以向全世界宣告:中华人民共和国举国上下,团结一致,同心同德,向四个现代化的伟大进军开始了!

这是我国革命道路上又一个历史性的转变。

40年代末,我们党的工作重点曾经经历过一次历史性的转变。那是从农村到城市的大转变。那次转变,全党经历了一次严峻的考验。我们学会了管理城市,管理工商业,学会了同资产阶级作斗争,从而恢复了国民经济,巩固了无产阶级政权。当前,我们面临的是一个更深刻的转变。比起前一个转变,它的意义更伟大,工作更艰巨。它将开拓出一条崭新的途径,推动我们去完成前人没有做过的宏伟大业。

四个现代化,是党内党外,上上下下,老老少少,人人关心的头等大事,是全党全国必须全力解决的主要矛盾。共产党人是顶天立地的英雄,是翻天覆地的好汉。我们干了58年。天,我们是把它翻过来了。现在中国的天,已经是蓝蓝的天,革命的天。但是,中国的地,我们还没有把它覆过来。我们还穷得很,落后得很。我们翻了一个天,我们还要覆它一个地。把着重点转移到现代化建设,就要动员全党全国的力量,全力以赴,向自然开战,在本世纪内,把中国贫穷落后的面貌彻底改变过来。这就是高举毛泽东思想的伟大旗帜。谁不为建设现代化的社会主义强国而奋斗,那就是讲空话,说大话。达不到这个目的,我们就对不起毛主席、周总理、朱委员长,对不起千千万万先烈,对不起全国人民和子孙后代,我们还算什么中国共产党人!

崭新的课题

四个现代化,是个崭新的课题。要使自己的思想适应新的情况,就得重新学习。

1949年,当我们党的工作重点实行第一次大转变的时候,毛泽东同志就号召我们,必须重新学习,必须克服困难,必须学会自己不懂的东西。

四个现代化,是一场根本改变我国经济和技术落后面貌的伟大革命。这场大革命,既要大幅度地改变目前落后的生产力,也就必然要多方面地改变生产关系,改变上层建筑,改变社会结构,改变工农业企业的管理方式和国家的管理方式,改变人们的活动方式和思想方式。而这一切,对我们来说,完全是新东西,需要重新学习。正像毛泽东同志在1958年所说:"我们一定要鼓一把劲,一定要学习并且完成这个历史所赋予我们的伟大的技术革命。这个问题要在干部中议一议,开个干部大会,议一议我们还有什么本领。过去我们有本领,会打仗,会搞土改,现在仅仅有这些本领就不够了,要学新本领,要真正懂得业务,懂得科学和技术,不然就不可能领导好。"还必须看到,20多年来,我们虽然也搞了一些经济建设,取得了一些经验,学得了一些本领,但是,用这些经验,这些本领,来从事高速度的世界先进水平的现代化建设,就显得非常不够了。

重新学习,学什么?毛泽东同志在《工作方法六十条》等著作中讲了很多。总的来说,我们要好好学习马列主义、毛泽东思想,学习放之四海而皆准的马克思主义的基本原理,并且把马列主义、毛泽东思想同四个现代化的具体实践结合起来。在学习马列主义、毛泽东思想的同时,对我们更多的干部来说,要抓三个方面的学习。一个是学习经济理论,就是掌握现代化社会主义建设的经济规律。一个是学习科学技术，就是掌握现代化建设的自然规律。还有一个是学习管理，就是在掌握经济规律和自然规律的基础上学会科学管理。不懂得这三样学问，就不可能领导好高速度、高水平的现代化社会主义建设。每个共产党员，都应当像过去战争时期学打仗那样，学经济，学技术，学管理。各行各业的同志，都应当根据四个现代化的要求，熟悉、精通自己的业务。要从实践中学，从书本中学，还要从自己和人家的经验教训中学。任何人的有用的东西都要注意研究和吸收。列宁、斯大林时代苏联经济建设的经验要研究，赫鲁晓夫的反面经验也要研究。还有南斯拉夫、罗马尼亚以及其他一切国家的经验，都应有选择地拿来做分析比较，并且结合我国的实践情况，得出自己的科学结论，把学习和独创结合起来。能不能把现代化社会主义建设的本领真正学到手，这是摆在我们面前的又一场严峻的考验。

重新学习，从根本上来说，是主观世界的一场革命。应当看到，由于几千年形成的小生产的狭隘眼界和习惯势力，还从多方面束缚着我们的头脑和手脚，封建观念的残余还渗透在我们生活的许多角落，由于我们还十分缺乏现代文化科学知识，由于林彪、“四人帮”的干扰破坏而造成的路线、方针、政策、思想的极度混乱，这就造成了我们干部的主观条件同四个现代化的要求之间，存在着各种各样的不适应。如果不坚决改变这一切旧传统、旧观念、旧作风、旧习惯，不破除各种各样的陈规陋俗，如果不努力学会最新的科学知识、生产技能和管理方法，我们就迈不开前进的步伐。一句话，为了加快四个现代化而改造人们的主观世界，已经成为全党全国在新时期的突出任务。只有努力学习新事物，研究新问题，才能逐步克服我们的保守落后，愚昧无知，逐步减少盲目性，提高自觉性，不断地聪明起来，取得愈来愈多的自由。不肯学习，不肯抛弃头脑里的旧东西，靠吃老本混日子，就永远没有自由。

重新学习，必须有一条正确的思想路线。马列主义、毛泽东思想，是实现四个现代化的指导思想。我们要打倒保守主义和本本主义这两个学习的敌人。凡是经过长期社会实践，证明是符合客观规律、符合大多数人利益的事，就坚决地办，坚持到底，不允许任何人改变和取消。凡是不符合客观规律，不符合大多数人利益的事，就坚决抛弃，坚决改正，不允许任何人袒护和包庇。

社会主义是生气勃勃的，是人民群众的实践。毛泽东同志说过，首先是向人民学习，跟人民走，然后人民跟我们；首先是理论来自实践，然后理论来指导实践。领导和群众的统一，理论和实践的统一，才是马克思主义。关着门不可能造出什么正确的理论、路线、政策、办法来。脱离现代化的实践，空谈理论，是林彪、“四人帮”流毒的表现。要从实际出发，调查现状，调查历史，调查中国，调查外国，独立思考，防止受骗。历史上，我们的教训太深刻了。老骗子，新骗子，大骗子，小骗子，尽管是一小撮，但是，沉痛的教训不能忘记。千万不能从本本出发，从小道消息出发，从迷信出发，从想当然出发。要靠马列主义吃饭，靠真理吃饭，靠科学吃饭，靠实事求是吃饭，靠群众路线吃饭。不要靠别的什么吃饭。不然的话，终究是要上当吃亏的。

为什么有人不搞实事求是，不搞调查研究，不搞群众路线，不搞民主？原因就是迷信自己，心中只装着自己；只有上级，没有群众；为了谋取私利，甚至无视党纪国法，手中有一点权，就为所欲为。今天的中国，社会主义民主的潮流是不可阻挡的。不管是什么人，不管他地位多高，官有多大，如果高高在上，对群众的呼声充耳不闻，把自己的意志和权威看得高于一切，甚至称王称霸，骑在人民头上拉屎拉尿，那是不行的。人民不允许，党和国家不允许，社会主义制度不允许。只有坚持实事求是，坚持群众路线，实行社会主义民主，才有正确的思想路线，那才是真正高举毛主席的伟大旗帜，才能在新的征途上，经住考验，无往不胜。

善于建设一个新世界

四个现代化，需要的是真心实意、脚踏实地的实干家，需要的是勤奋努力、虚怀若谷、老老实实的好作风。我们要的是扎扎实实的真知识、真本领，而不要那种说大话、说假话的吹牛家。林彪、“四人帮”造成的那种招摇撞骗，粉饰太平，指鹿为马的恶劣风气，必须坚决铲除。不懂装懂，弄虚作假的现象，再也不能继续下去。

战国时候，有个南郭先生。此人不学无术。他听说齐宣王爱听竽乐合奏，就混在乐队里，装模作样，冒充内行，领取俸禄。后来，齐宣王死了，齐湣王偏偏喜欢听独奏，叫吹竽的人，一个一个地吹给他听。南郭先生再也没法混下去，只得溜走。这就是“滥竽充数”这个成语的由来。

滥竽充数，这四个字概括得好。好就好在它点出了南郭先生的要害，在于一个“充”字。

人没有生来就会吹竽的。南郭先生不会吹竽，本来无可厚非。但是，他不该不会装会，弄虚作假，冒充内行，而且一味装下去，靠蒙骗过日子，以致落得个逃之夭夭、贻笑天下的结局。

从这里，我们的同志可以得到一点启示。这就是，不管做什么事情，都要有一个老老实实的态度。不懂就是不懂，不能装。中国共产党干了58年的革命。58年里，新情况，新任务层出不穷。打阶级敌人，打民族敌人，搞土改，搞经济，搞文化，哪一件不是从不会到会的？从一无所知，到知之不多，到知之甚多，这是一个不断转化的过程。当前,全党全国工作的中心转移到四个现代化,又出现了许多我们不懂的东西。我们很多同志坐井观天,孤陋寡闻,不懂的东西太多了。不懂怎么办?承认就是了。正如列宁在十月革命后所说的:“要建成共产主义社会,就要坦率地承认,我们还非常不善于管理,不善于当组织者和管理者。”(《列宁全集》第30卷,第397页)承认不懂,才能从不懂变懂;承认不会,才能从不会变会。装,只能使自己永远是外行,永远不懂,永远无知。

当然,转化是有条件的。这条件,就是靠干和学,而不能靠混。南郭先生不是在齐宣王那里很混了一阵子吗?最后怎么样呢?混不下去了,只得灰溜溜地走掉。要在新的转变中不掉队,办法只有一条:重新学习。要像毛泽东同志教导的那样,拿出当年打日本帝国主义,打蒋介石的那股劲,那种拼命精神,钻进去,勤勤恳恳地学,老老实实地学,努力使自己从门外汉变成有知识,懂技术,会管理的内行。没有这一条,岂不有点南郭先生的嫌疑?长此下去,实践会将你的军,群众会将你的军,马脚会越露越多,终将在新的征途上落下伍来。

如果说,南郭先生的装腔作势,只是骗了一个齐宣王的话,那么,在革命队伍里装腔作势,那就是骗党,骗群众。四个现代化是科学,科学是老老实实的学问,来不得半点虚夸。现代化的社会主义强国,靠装,装不出来;靠吹,吹不出来;只能靠实实在在的本领,才能干出来。不懂偏要装懂,势必搞瞎指挥,乱弹琴。结果怎么样呢?必然违抗客观规律,使国民经济遭受损失,人民生活遭受灾难。这个危害,可就大了。

毛泽东同志教导我们,要说真话,老老实实,要“不偷,不装,不吹”。不偷,就是不要把别人的当自己的,书是人家写的,不要“抄袭”。不装,就是老老实实,说老实话,办老实事,做老实人,懂就懂,不懂就不懂,不要“猪鼻子插根葱——装象”。不吹,就是一是一,二是二,不夸大,不吹牛,要实实在在。毛泽东同志这番话,是总结了我们党的历史教训而说的,语重心长,值得我们铭刻在心。

共产党人和南郭先生,当然不能相提并论。还是列宁说得好:“我们应该抱定这种信念:我们既然不内行,我们就要从头学起。我们到底还是革命者。”(《列宁全集》第33卷,第242页)只要不装腔作势,不懂装懂,而又意识到自己肩负的历史使命,我们一定能够完成重新学习的伟大任务。几百个中央委员和第一书记,几千个中央和地方的高级干部,应当首先带头钻研现代化经济建设,把学习风气搞起来。历史终将证明,“我们能够学会我们原来不懂的东西。我们不但善于破坏一个旧世界,我们还将善于建设一个新世界。”(《毛泽东选集》第4卷,第1377页)

国务院副总理康世恩在北京会见由朝鲜资源开发部副部长朴元铉率领的朝鲜地质代表团

12月25日

中共中央政治局会议在北京举行

会议讨论了新增的4位政治局委员的分工,决定陈云分管中央纪委、公安、检察、法院、民政与中央政法部门;邓颖超分管工会、青年团、妇联等群众团体;胡耀邦分管中央日常工作和宣传工作;王震仍然分管第三、四、五、六机械工业部等国防工业部门。

胡耀邦任中共中央秘书长兼中共中央宣传部部长,胡乔木、姚依林任副秘书长,姚依林兼中共中央办公厅主任,胡乔木兼中共中央毛泽东著作编辑出版委员会办公室主任,宋任穷任中共中央组织部部长。同时免去汪东兴的中共中央办公厅主任、毛泽东著作编辑出版委员会办公室主任等职务。

《人民日报》发表社论《把全党工作的着重点转移到现代化建设上来》

中国共产党第十一届中央委员会第三次全体会议闭幕了。

三中全会决定从明年起,把全党工作的着重点转移到社会主义现代化建设上来。这是我们党在进行新长征中的一个重大战略决策。三中全会和在这以前召开的中央工作会议,发扬民主,开展批评和自我批评,解放思想,实事求是,认真讨论和解决了全党全军全国人民共同关心的一系列关系党和国家前途命运的政治问题、经济问题、组织问题和理论问题,包括“文化大革命”中的一些重大政治事件和“文化大革命”前遗留下来的某些历史问题。会议开得很好,很成功。我们党多年以来没有开过这样的会了。这是在我们党历史上具有重大意义的会议,是党内民主生活的一个伟大进步。它必将对健全全党的民主生活,促进全国的安定团结,调动一切积极因素,加快实现新时期的总任务,产生深远的影响。

把全党工作的着重点转移到现代化建设上来,是我国历史发展进程的客观要求,反映了全国8亿人民和全党3600万党员的迫切愿望,对于实现农业、工业、国防和科学技术现代化,在生产发展的基础上显著地改善人民生活,进一步发展和巩固我国社会主义的经济制度和政治制度,做好反侵略战争的准备,都具有重大的意义。

无产阶级夺取政权以后,党的工作着重点应该放在哪里？十月革命胜利后，列宁明确提出："在任何社会主义革命中，当无产阶级夺取政权的任务解决以后，随着剥夺剥夺者及镇压他们反抗的任务大体上和基本上解决，必然要把创造高于资本主义社会的社会经济制度的根本任务，提到首要地位；这个根本任务就是提高劳动生产率。"在我国新民主主义革命取得全国胜利的前夕，毛泽东同志也曾指出："党的工作重心由乡村移到了城市"，"从我们接管城市的第一天起，我们的眼睛就要向着这个城市的生产事业的恢复和发展"，城市中其他的工作"都是围绕着生产建设这一个中心工作并为这个中心工作服务的"。在完成了土地改革，特别是在生产资料所有制的社会主义改造基本完成以后，毛泽东同志再三指示全党要把工作中心转到经济建设和技术革命方面来。在很长的时间里，毛泽东同志亲自领导我们实行工作中心的转移，发表了《论十大关系》等重要著作，指引我们正确处理政治斗争和经济建设的关系以及经济建设内部的各种关系，保持了社会政治的安定，我国国民经济发展的速度曾经是很快的。但是，由于对社会主义建设还缺乏系统的经验，工作中发生过"左"的和右的错误；特别是后来，由于林彪、"四人帮"推行一条假左真右的反革命修正主义路线，进行了十分严重的干扰和破坏，我们没有完成把工作中心放在经济建设上的转移，国民经济发展缓慢，甚至到了崩溃的边缘。这是一个必须认真汲取的历史教训。

这两年来，全党工作的中心放在揭批林彪、"四人帮"的群众运动上，是完全正确的。不把同"四人帮"篡党夺权阴谋活动有牵连的人和事查清楚，摧垮"四人帮"的资产阶级帮派体系，不批判林彪、"四人帮"反革命的修正主义路线和他们的反动思想体系，从根本上分清路线是非，不把那些参与"四人帮"篡党夺权阴谋活动的一小撮骨干分子从领导班子中清除出去，我们就不可能集中力量搞现代化建设。现在，经过了三大战役，从根本上扭转了林彪、"四人帮"造成的严重局面，扫除了阻挡我们前进的最大障碍，就全国来说，揭批林彪、"四人帮"的群众运动已经基本上完成自己的历史性任务，可以胜利结束了，全党工作的着重点可以转移到现代化建设上来了。从国际形势来看，也要求我们抓紧时机，大大加快社会主义建设的步伐。我们以毛泽东同志关于三个世界的理论为指针，广泛开展外交工作，成绩显著。今年以来，我国领导人对朝鲜、罗马尼亚、南斯拉夫、柬埔寨、日本和亚洲、非洲、拉丁美洲、欧洲一系列国家的访问，中日和平友好条约的签订，以及最近中美建交联合公报的发表，我国在国际上的声望大大提高。像这样有利的国际条件，是新中国成立以来所没有的。我们要善于充分利用这种形势，大大加快我们的建设速度，迎头赶上世界先进水平。此外，还必须看到，新的世界大战的危险依然存在，苏修亡我之心不死，最近苏越加紧勾结，就是苏联霸权主义全球战略布局中的一个新动向。究竟国际形势还会给我们多少时间搞四个现代化，是我们不能不随时考虑的重大问题。国内国际的形势充分说明，现在是把全党工作的中心转移到现代化建设上来的时候了。

把中心转移到现代化建设上来，动员全党全军全国各族人民同心同德，鼓足干劲，全力以赴，为把我国建设成现代化的社会主义强国而奋斗，这是当前和今后一个长时期内最大的政治。粉碎"四人帮"以来，国民经济的发展虽然很快，但这种发展毕竟带有恢复的性质，一些重大的比例失调状况还没有完全改变过来，生产、建设、流通、分配中的混乱现象还没有完全消除，城乡人民生活中还有多年积累下来的许多问题亟待解决。只有把工作重点转移过来，加快四个现代化的步伐，才能逐步解决这些问题，做到国强民富。早在抗日战争时期，毛泽东同志就讲过这样的话：老百姓拥护共产党，是因为我们代表了民族与人民的要求，但是，如果我们不能解决经济问题，如果我们不能建立新式工业，如果我们不能发展生产力，老百姓就不一定拥护我们。在全国胜利前夕，毛泽东同志又说："如果我们在生产工作上无知，不能很快地学会生产工作，不能使生产事业尽可能迅速地恢复和发展，获得确实的成绩，首先使工人生活有所改善，并使一般人民的生活有所改善，那我们就不能维持政权，我们就会站不住脚，我们就会要失败。"毛泽东同志是把生产建设作为关系到无产阶级政权能不能巩固、中国革命会不会失败的政治问题来看待的。今天，问题同样尖锐地摆在我们面前。如果我们不把工作的重点转移到现代化建设上来，不能加快四个现代化的步伐，国家的实力得不到加强，群众的生活得不到改善，我国的无产阶级专政也不可能巩固，在新的侵略战争面前，挨打还是不可避免的，我们就会成为历史的罪人。因而，为建设现代化社会主义强国而奋斗，就是我国今后相当长时期的一场伟大的阶级斗争。

从今以后，只要不发生大规模的外敌入侵，现代化建设就是全党的中心工作。其他工作包括党的政治工作，都是围绕着这个中心工作，并为这个中心工作服务的；不能再搞任何离开这个中心工作，损害现代化建设的"政治运动"和"阶级斗争"了。现代化建设，要求大幅度地提高生产力，也就必然要求多方面地改变同生产力发展不适应的生产关系和上层建筑，改变一切不适应的管理方式、活动方式和思想方式，因而它本身就是一场广泛、深刻的革命。毛泽东同志说过:“在建设社会主义的时期,一切赞成、拥护和参加社会主义建设事业的阶级、阶层和社会集团,都属于人民的范围;一切反抗社会主义革命和敌视、破坏社会主义建设的社会势力和社会集团,都是人民的敌人。”今天,这仍然是我们区分敌我的客观标准。我们国内现在还存在着极少数敌视和破坏社会主义现代化建设的反革命分子和刑事犯罪分子,我们决不能放松同他们的阶级斗争,决不能削弱无产阶级专政。但是,革命时期的大规模的急风暴雨式的群众阶级斗争已经基本结束,摆在我们面前大量的、经常的,是人民内部矛盾。对一小撮阶级敌人,他们在什么范围跳出来,我们就在什么范围内解决他们的问题,不能搞扩大化。对党内的路线斗争,更不用说对人民内部先进思想和落后思想的斗争,只能采用“团结——批评——团结”的方针去解决。林彪、“四人帮”为了篡党夺权,颠倒敌我,打着“抓阶级斗争”的幌子,把什么都说成是“阶级斗争”,到处都是“阶级敌人”,是极其荒谬的。马克思主义告诉我们,并不是任何阶级斗争都是进步的,其是否进步的客观标准就是看它能不能解放生产力,是不是促进生产力的发展。无产阶级搞阶级斗争从来就不是为斗争而斗争,而是为了打破束缚生产力发展的旧的生产关系。无产阶级流血牺牲,打下了江山,只能促进生产力的发展,不能阻碍生产力的发展。在无产阶级专政的条件下,任何离开了生产力的发展,甚至破坏生产力发展的阶级斗争,都是错误的、反动的。林彪、“四人帮”十年捣乱,国家遭难,人民受苦。这样的历史不能重演了。人心思定,人心思治,人心思现代化的社会主义强国。我们完全有信心,按照毛泽东同志关于严格区别和正确处理两类不同性质矛盾的理论,按照宪法和法律规定的程序,妥善解决包括敌我矛盾和人民内部矛盾在内的各种社会矛盾,不使这种矛盾破坏现代化建设的发展,相反地,能够促进现代化建设的发展。

转移工作的中心,是一件大事,一定要根据各地不同情况妥善部署,一定要把结束揭批运动的工作搞好。有的地方和单位揭批林彪、“四人帮”运动开展比较晚,甚至刚刚揭开盖子,不能“一刀切”。这些后进的地方和单位,在今后一段时间里仍然要把主要的力量用来搞好揭批运动。但时间不能拖得太长,要用尽可能短的时间,取得这场斗争的全胜。对“四人帮”的资产阶级帮派体系,一定要彻底清查,决不能草率收兵。这是把工作重点转移到现代化建设上来的先决条件。即便是工作重点转移了的地区,对于揭批运动遗留下来的问题,也要当作一项很重要的工作,抓紧抓好,善始善终,决不能虎头蛇尾。从思想上、理论上深入系统地批判林彪、“四人帮”的反革命修正主义路线和反动思想体系,是一个长期的工作,也不能有丝毫的松懈。

为了把工作重点转移到现代化建设上来,要继续发扬党内外民主,解放思想,发展安定团结的政治局面。搞现代化建设,必须有一个安定团结的政治局面。乱扣帽子,乱打棍子,政治上不安定,不团结,就会影响工作重点的转移,影响现代化建设的进展。要有安定团结的政治局面,就要发扬民主,解放思想,让人讲话。两年来,随着揭批运动的发展,随着实践是检验真理唯一标准讨论的深入,随着党内外民主生活的恢复和发扬,人民敢提意见了,有话敢说了,形成了一个生动活泼、安定团结的局面。我们要十分珍惜这种局面。有些同志一看见有人贴大字报,给领导提了意见,或者看到有些大字报,问题提得不大妥当,就说成是妨碍安定团结。这是完全错误的。群众贴大字报,是宪法保障的民主权利,不能压制。一个革命政党,就怕听不到人民的声音,最可怕的是鸦雀无声。安定团结,不是不要民主。只有发扬民主,才能造成生动活泼的政治局面,才能安定团结。群众的意见有对的,有错的,这毫不奇怪。我们各级党委对于充分发扬党内外的民主,要加强领导。要虚心听取群众的意见,妥善解决群众提出的问题;对于一些确属一时难于解决的问题,应当向群众解释清楚;对于一些不正确的意见,则要善于去做工作,把它引导到正确轨道上来。这样,我们就能不断地发展安定团结、生动活泼的政治局面,集思广益,群策群力,加快现代化的建设。

实现四个现代化必然会遇到许多新情况、新问题。随着全党工作重点的转移,研究和解决这些新情况、新问题的任务,就越来越紧迫地提到我们的议事日程上来了。我们熟悉的东西有些快要闲起来了,我们不熟悉的东西正在强迫我们去做。毛泽东同志早就批评过,如果我们共产党员不关心工业,不关心经济,也不懂别的什么有益的工作,对这些一无所知,一无所能,只会做一种抽象的“革命工作”,这种革命家是毫无价值的。我们决不能做对四个现代化一无所知,一无所能的空头革命家。我们不但必须学政治,而且必须学经济、学科学、学技术、学管理,学会自己不熟悉的东西,也一定能学会。

明年是伟大的中华人民共和国成立30周年。实现全党工作重点的转移,从1月份开始,就抓紧做好各项生产建设工作,按月按季完成和超额完成国家计划,是向三十大庆的最好献礼。全党全军全国各族人民,让我们团结在以华国锋同志为首的党中央周围,高举毛泽东思想的伟大旗帜,朝着四个现代化的宏伟目标前进!

纪念毛泽东同志诞辰85周年文艺晚会在人民大会堂举行

中共中央主席华国锋,副主席叶剑英、邓小平、李先念、陈云、汪东兴出席观看中国人民解放军广州部队政治部话剧团演出的五幕话剧《秋收霹雳》。

出席文艺晚会的还有党和国家其他领导人王震、韦国清、乌兰夫、方毅、邓颖超、纪登奎、苏振华、李德生、吴德、余秋里、张廷发、陈永贵、陈锡联、胡耀邦、耿飚、聂荣臻、倪志福、徐向前、赛福鼎、谭震林、阿沛·阿旺晋美、周建人、康世恩,中央军委负责人粟裕,政协全国委员会副主席宋任穷、康克清、季方、杨静仁、胡子昂、荣毅仁,最高人民法院院长江华,最高人民检察院检察长黄火青。

中共中央和国务院各部门,中国人民解放军各总部、国防科委、军事院校、各军兵种的负责人,中共北京市委、北京市革委会的负责人,以及首都工、农、兵、学、商各界群众代表,也出席了文艺晚会。

文艺晚会是由中宣部、文化部、解放军总政治部和北京市革委会联合主办的。

全国人大常委会副委员长谭震林在北京会见由阿拉伯也门共和国新闻文化部副部长哈桑·劳齐率领的阿拉伯也门新闻代表团

青铜峡电站发电机组安装完毕

黄河上游的青铜峡水电站,最近安装好了第八台、也是最后的一台发电机组。至此,这个电站设计安装的8台共27.2万千瓦水轮发电机组已全部安装完毕。

青铜峡水电站是我国黄河上游第一期开发的梯级水利枢纽工程之一。它的第一台机组是在1967年12月投产发电的。

12月26日

五届全国人大常委会五次会议在北京举行

会议听取了黄华外长关于中美关系正常化谈判经过的报告,通过了任免事项。

叶剑英委员长主持了会议,并讲了话。

叶委员长说,中美建交不仅使中美两国关系进入了一个新阶段,也有助于亚洲和世界的和平和稳定。美国政府承认中华人民共和国政府是中国的唯一合法政府。我国政府重申,台湾是中国的一部分,解决台湾归回祖国、完成国家统一的方式,这完全是中国的内政。华主席在就中美建交举行的记者招待会上,明确宣布了我国政府对台湾的政策。中美关系正常化,符合包括台湾人民在内的全中国人民和美国人民的共同愿望和利益,受到中美两国人民和世界各国人民以及一切爱好和平国家的欢迎。

黄华外长在关于中美关系正常化谈判经过的报告中说,中美建交是中美两国关系中的历史性事件。他说,中美两国人民一向是友好的。但是,中美两国关系长期处于不正常状态,两国人民的友好来往也因而遭到阻隔。60年代末70年代初,世界政治力量对比发生了巨大变化。在此情况下,美国不得不考虑改变对华政策。毛主席、周总理从国际反霸斗争的全局出发,作出了打开中美关系大门的战略决策,并为此进行了持续的努力,导致了1972年2月美国总统尼克松应邀访华,中美双方发表了著名的上海公报,这标志着中美关系正常化进程的开始。

他说,1972年以来,我国政府坚定地维护上海公报的原则,为实现中美关系正常化而积极努力。尼克松总统和福特总统执政期间,中美两国在贸易、文化交流和人员往来方面有了显著的发展。卡特总统执政后,曾一再表示,按照上海公报实现中美两国关系正常化是美国政府的目标。

他说,从今年7月5日开始,双方先后就有关两国关系正常化问题举行了多次会谈,在12月中旬达成了正式建交的协议。这样,中美关系正常化问题,经过近30年的曲折复杂的过程,终于获得了解决。中美两国关系将从此开始一个新的阶段。这是毛主席和周总理生前制定的革命外交路线的又一巨大胜利,是我国对外政策的又一重大成就。

黄华外长说,中美关系正常化,符合中美两国人民的愿望和利益,有利于促进中美人民的了解和友谊,有利于扩大两国间的贸易、文化交流和经济技术合作。同时,对于维护亚洲和世界的和平和稳定,反对霸权主义的扩张、侵略活动,推动国际局势继续朝向有利于人民的方向发展,也将会发挥积极作用。正由于此,国际舆论普遍高度评价中美建交,大多数国家表示欢迎和高兴,认为这是具有历史意义的重大政治事件,予以极大的重视。

黄华外长在报告中还就中美关系正常化谈判中的几个重要问题作了说明。

黄华外长还指出,中美建交在国际上受到普遍欢迎,影响巨大。他说,中美宣布正式建交后,世界各国反应十分强烈。各国通讯社争相报道,数量之大,速度之快,均超过近年来的其他重大国际事件。第三世界各国普遍表示欢迎和支持,认为中美建交有助于世界的和平和稳定。第二世界各国政府十分重视中美建交的意义,相继发表声明或讲话,表示欢迎。在美国国内,中美建交的消息在美国人民中引起巨大反响,公众舆论对此表示热烈欢迎。

黄华外长说,中美关系正常化进一步加强了国际反霸统一战线。正如华主席12月16日在中外记者招待会上所指出的,中美建交是一个历史性的事件。它将为两国人民的了解和友谊、促进两国在各个领域的交流开辟广阔的前景,也将有助于亚洲和世界的和平和稳定。应卡特总统的邀请,邓副总理明年1月底对美国进行的正式访问将是新中国成立以来我国领导人第一次访美,在国际上将是又一个重大政治行动。

黄华外长最后说,随着中美关系正常化,我国神圣领土台湾回到祖国怀抱、实现统一大业的前景,已经进一步摆在我们面前。我们要根据爱国一家的精神,积极促进台湾归回祖国的爱国统一战线,与台湾同胞、港澳同胞、海外侨胞一起,共同为实现祖国的统一作出努力。这是全中国人民,包括台湾同胞的共同心愿和历史任务,也是毛主席和周总理的遗愿,我们一定要完成,也一定能够完成。

根据华国锋总理的提议,会议一致通过决议,任命王任重为国务院副总理;任命郭维城为铁道部部长,免去段君毅的铁道部部长职务;任命王子纲为邮电部部长,免去钟夫翔的邮电部部长职务。

会议还一致通过决议,任命王甫、李士英为最高人民检察院副检察长。

聂荣臻、乌兰夫、吴德、韦国清、谭震林、邓颖超、赛福鼎、廖承志、阿沛·阿旺晋美、周建人、许德珩、胡厥文副委员长出席了会议。

国务院副总理王震,最高人民法院院长江华,最高人民检察院检察长黄火青,在京的政协第五届全国委员会副主席和常务委员,列席了会议。

全国人大常委会关于国务院提议任命名单的决定

(1978年12月26日通过)

第五届全国人民代表大会常务委员会第五次会议决定:

任命王任重为国务院副总理。

全国人大常委会任命名单的决定

(1978年12月26日通过)

第五届全国人民代表大会常务委员会第五次会议决定:

任命王甫、李士英为最高人民检察院副检察长。

全国人大常委会关于国务院提议任免名单的决定

(1978年12月26日通过)

第五届全国人民代表大会常务委员会第五次会议决定:

一、任命郭维城为铁道部部长,免去段君毅的铁道部部长职务;

二、任命王子纲为邮电部部长,免去钟夫翔的邮电部部长职务。

《人民日报》发表评论员文章《实践论指引我们夺取现代化建设的胜利——纪念毛泽东同志诞生八十五周年》

对于无产阶级革命导师最好的纪念,就是学习他的革命理论和革命实践,把无产阶级的事业推向前进。

今天,在纪念毛泽东同志诞生八十五周年的时候,党中央发出了新的进军号令:把全党的工作的着重点转移到社会主义现代化建设上来。团结全党和全国人民实现这个伟大的转变,就是把毛泽东同志创立的革命和建设事业推进到一个最伟大、最生动、最活跃的新的发展时期。处在这样一个历史转折点的中国人民,更加需要掌握和运用毛泽东同志留给我们的伟大精神财富,让毛泽东思想的光辉,指引我们胜利地完成新的长征。

实践论是毛泽东同志哲学思想的精华

我们党的历史,是马列主义的普遍真理同中国革命具体实践日益结合的历史,也就是毛泽东思想发展和胜利的历史。毛泽东同志的革命活动,从1919年五四运动算起,有57年的历史。毛泽东同志通过长期的革命实践,概括新的经验,丰富了马克思主义的理论宝库,留下了伟大的毛泽东思想。毛泽东同志对马克思主义哲学提供的最重要的贡献,是发展了辩证唯物论的认识论。他自己说过,他的第一篇公开发表的哲学著作《实践论》,比他同时的其他哲学著作更重要。毛泽东同志强调社会实践在辩证唯物论的认识论中居于第一的地位,人的认识一点也不能离开实践,只有千百万人民的革命实践,才是检验真理的尺度。毛泽东同志的实践论,已经成为人民群众认识世界和改造世界的强大武器。我们要完整地、准确地掌握和运用毛泽东思想的科学体系,必须首先掌握和运用毛泽东同志的实践论。实践论是毛泽东同志哲学思想的精华。

没有马克思列宁主义,中国革命的胜利是不可想象的。马克思列宁主义不同中国革命的具体实践相结合,中国革命的胜利同样是不可想象的。1919年年底,列宁已经指出:东方共产主义者们面临的是全世界共产主义者没有遇到过的任务,在那里,农民是主要的群众,要反对的不是资本而是中世纪残余。解决这种任务的方法,无论哪一部共产主义书本里都找不到。必须根据欧洲各国所没有的特殊情况来运用一般的共产主义的理论和共产主义措施,并根据自己的经验来解决这个任务。

中国革命面临的正是这样的任务。是到马克思主义书本中去寻找现成答案呢，还是从中国革命的实际出发，运用马克思主义的立场、观点和方法，根据自己的经验来解决新的任务呢？这是两条不同的思想路线。从不同的思想路线出发就形成不同的政治路线。

党的幼年时期，第一任总书记是五四运动中颇有声誉的陈独秀。他看不到工农的力量，尤其看不到农民在中国革命中的伟大作用，把领导权奉送给资产阶级，导致了第一次国内革命战争的失败。后来的一些领导人，只知道生吞活剥马克思主义的词句，根本不顾中国国情。其中最严重的是王明。他拿着共产国际的“尚方宝剑”，狂妄自大，老子天下第五，自封为“百分之百的布尔什维克”。照他的说法，凡是共产国际的指示，凡是他讲的，句句是马列，而山沟里是出不了马列主义的。他对中国革命的实际一窍不通，结果几乎全部葬送了中国人民的革命事业。

坚持马克思列宁主义普遍真理同中国革命具体实践相结合，把中国革命从失败引向胜利的，是毛泽东同志。中国人民在失败和胜利的比较中，在经过长期革命实践的检验以后，才认识到谁是自己的真正领袖。“尚方宝剑”、特殊身份、声誉、地位、权力和本本，都不是检验真理的标准。革命的理论不是从天上掉下来的，革命的领袖也不是从天上掉下来的。理论从实践中产生，领袖在斗争中形成。毛泽东同志运用马列主义的思想武器，实事求是，从实际出发，理论与实践相结合，创造性地解决了中国革命面临的种种特殊问题。中国人民正是因为毛泽东同志挽救了并且胜利地推进了中国革命，才认识到他是当之无愧的导师和领袖。遵义会议确立毛泽东同志在全党的领导地位，这是党经过14年的斗争实践走向成熟的标志。

为了保证正确路线的执行，必须进行两条战线的斗争，既反对“左”的错误，也反对右的错误。历史表明，“左”的错误对我国的革命事业造成的危害，比右的错误严重得多；我们党克服“左”倾错误比克服右倾错误更困难，我们党和毛泽东同志为克服“左”倾错误付出的代价和耗费的时间，比克服右倾错误要多得多。1942年的整风，从思想理论的高度特别从认识论的高度，清算了“左”倾机会主义路线的错误。整风运动的中心内容，是反对主观主义、本本主义，提倡实践第一，实事求是，正确解决主观和客观、理论和实践的关系，在全党，首先在高级干部中牢固地树立了实践论这一辩证唯物论的认识论的基本观点。这是一件关系到党和国家的前途和命运的大事。经过这次整风运动，全党掌握了正确的思想路线，从而保证了政治路线的正确，保证了抗日战争的最后胜利和民主革命在全国的胜利。

全国胜利以后，毛泽东同志继续坚持实事求是的原则，着手解决我国社会主义革命所面临的新问题。他从中国革命的实际出发，创造性地提出了逐步完成所有制方面的社会主义改造的理论、路线和政策，使我国的社会主义改造只用了很短时间，在1956年就基本完成了。

1956年到1958年，毛泽东同志把主要注意力转移到社会主义建设方面，发表了《论十大关系》《关于正确处理人民内部矛盾的问题》等光辉著作。这是毛泽东同志总结我国的经验，参照苏联的经验，对社会主义建设理论的重大贡献；也是对马克思主义哲学的新发展。然而在实际工作中，由于种种原因，1958年后的一个时期没有贯彻毛泽东同志的基本指导思想，特别是离开了实事求是的思想路线，产生了共产风、浮夸风、高指标、瞎指挥等违背客观经济规律的主观主义错误倾向，再加上苏修的破坏和自然灾害，使我国的社会主义建设受到暂时挫折。毛泽东同志发现了实际工作中的错误，在一系列中央会议上，重新强调了实事求是和调查研究。1961年1月八届九中全会还提出要“搞一个实事求是年”。1962年1月扩大的中央工作会议，初步总结了这一时期实际工作中正反两方面的经验。1963年，毛泽东同志写了《人的正确思想是从哪里来的？》这一篇重要哲学著作，提出向全党干部进行辩证唯物论的认识论教育。全党回到了实事求是的思想路线上来，我国的社会主义建设事业又继续前进了。

但是，这个大好形势不久又遭到林彪、“四人帮”的严重破坏。在十年“文化大革命”中，他们窃取领导权力，篡改马列主义、毛泽东思想的基本原理，破坏理论和实践的统一，以天才论代替实践论，根本否认实事求是，否认人民群众创造历史，倒行逆施，为所欲为。结果，不仅使我国在社会主义建设的关键时刻贻误了十几年宝贵的时间，而且损坏了我们的社会主义经济基础。

我们党走过的半个多世纪的历史告诉我们，坚持实践论，就是坚持辩证唯物论的认识论，就是坚持马克思主义的思想路线。这条思想路线同唯心论形而上学的思想路线之间的斗争，是关系到革命事业成败和中国人民前途命运的重大问题。粉碎“四人帮”以后思想战线面临的严重任务，就是恢复实践论的权威，按照实事求是、一切从实际出发、理论与实践相结合这样一个马克思主义的根本观点、根本方法，审查走过的道路，纠正错误的东西，发扬正确的东西，把遭到林彪、“四人帮”破坏的革命和建设事业重新推向前进。

新的马克思主义的思想教育运动

两年来揭批林彪、“四人帮”的斗争，在思想理论方面取得了伟大的成果。特别是半年多来关于实践是检验真理的唯一标准以及与此相联系的民主和法制问题的讨论,是对林彪、“四人帮”的假马克思主义理论进行的一次总清算,也是一次新的马克思主义的思想教育运动。它的重大意义,就是解放了全党和全国人民的思想,从根本上端正了辩证唯物论的思想路线,把我们的一切事业重新引导到毛泽东思想的轨道上来,为实现历史性的伟大转变奠定了思想理论基础。

这一次马克思主义的思想教育运动,是要人们懂得实事求是和人民创造历史这两个辩证唯物主义和历史唯物主义的根本原理。林彪、“四人帮”虽然已经被粉碎,要肃清他们蔑视实践、蔑视人民的反动思潮的流毒,还需要做大量的教育工作。有的同志虽然读了许多书,但由于脱离实际、脱离人民,往往离开了马克思主义的思想路线。也有的同志由于分不清什么是正确的思想路线,什么是错误的思想路线,往往容易随风倒。可见马克思主义基本原理的教育工作是多么必要。

为什么粉碎“四人帮”两年以后,还有人没有回到马克思主义的思想路线上来呢?他们的思想根源,就是轻视实践,轻视群众。表现有以下几种:

一种是以老爷态度对待千百万人民群众的实践,把自己关在小笼子里,很少同人民接触。人民的呼吸,人民的脉搏,他们不感兴趣,甚至反感。在他们看来,检验真理的唯一标准,不是人民群众的实践,而是少数几个“天才”的头脑。“天才”头脑里面想的,一说出来就是真理,不但不要拿到实践中去检验,反而要求千百万人民的实践去服从它。人民的声音一旦同少数“天才”唱的调子不同,立刻视为异端。这种天马行空式的“理论工作”,正是毛泽东同志批判过的天才论。

一种是看谁的权力大,职务高,谁的话就是真理,就应当服从谁。毛泽东同志指出,真理在谁手里,我们就跟谁走,不管是伟大的领袖,或者挖煤的、挑大粪的,对的就跟他走。有些同志却不是这样。他们眼里看的不是客观真理,而是个别上级手中的权力,拿上级的权力当作自己的“理论”靠山。写了文章,不注意听听群众的意见,只要送到上级那里画过圈圈,就成了权威的真理,不管对不对,都要照登照办。这可说是一种认识上的特权论。

还有一种,对别人批判林彪、“四人帮”的假马克思主义不感兴趣,不看文章的整体和主流,专从字里行间去琢磨所谓“弦外之音”,扣帽子,打棍子。这种极端错误的做法,“文化大革命”前,在理论界、文艺界就存在过,因而造成了一些冤错案件。这个教训必须记取。

所有这些,都属于唯心主义形而上学的认识论,是同实践论格格不入的,是实现四个现代化的思想障碍。

我们应当牢记马克思主义运动的历史经验。事物是一分为二的。革命的科学的理论,在其内部的发展过程中产生它的对立物,产生保守的僵化的反科学的东西。马克思主义运动内部的修正主义和教条主义的出现,就是这种一分为二的历史现象。它告诉我们一个真理:再好的理论,如果把它当作一尊为少数人谋私利的偶像,不让它通过人民群众的实践继续向前发展,那么,它在这些人手里就会变质,从推动历史前进的精神武器蜕化为阻碍历史前进的精神枷锁。

林彪、“四人帮”打着“高举”、“紧跟”的旗号,搞现代迷信。他们像中世纪教皇垄断圣经那样垄断毛泽东思想,名曰大树特树毛泽东思想的绝对权威,实际上是大树特树他们自己的绝对权威。革命的理论工作者应当十分警惕,决不允许今后再出现这种新教皇。凡是我讲的,我写的,我解释的,才是正统的、合法的马列主义、毛泽东思想;凡是你讲的,你写的,你解释的,都是非正统、不合法。这是真心维护马列主义、毛泽东思想旗帜吗?不是的。实际上这是泼在伟大毛泽东思想旗帜上的污泥秽水,是制造精神枷锁和各种思想禁区的一种极错误的做法。哪里有马列主义、毛泽东思想害怕被砍倒的呢?害怕被砍倒的,决不是真正的马列主义、毛泽东思想。理由很简单,马列主义、毛泽东思想是科学的旗帜,是真理的旗帜,是经过千百万人民实践检验的胜利旗帜。只要人民在,这面旗帜就砍不倒。这是不以任何个人意志为转移的。为了防止马列主义、毛泽东思想被少数政治骗子垄断起来欺骗人民,马克思主义的理论工作,必须走群众路线,必须搞“群言堂”,反对“一言堂”。想靠几个英雄豪杰来垄断马克思主义宣传,搞一锤定音,那除了造成思想僵化、鸦雀无声以外,并没有一点好处。把理论宣传工作从少数人的垄断中解放出来,充分发挥马列主义、毛泽东思想的威力,使之真正成为亿万人民的伟大精神财富,就是这一次马克思主义思想教育运动的崇高使命。

四个现代化是亿万人民新的实践

我国进入20世纪以后,有过三次大规模的马克思主义思想启蒙和思想教育运动。第一次是五四运动,打破了统治中国几千年的封建主义精神枷锁,开始了马克思主义在中国的传播,为党的成立和第一次国内革命战争做了精神准备,开辟了中国无产阶级领导的新民主主义革命的历史阶段。第二次是延安整风,以《实践论》《矛盾论》为指导,彻底破除了党内以王明为代表的教条主义的精神枷锁,使马克思主义普遍真理同中国革命具体实践相结合的毛泽东思想成为全党的指导思想,为彻底打败日本侵略者和蒋家王朝做了精神准备,开辟了中国人民进入社会主义历史阶段的胜利道路。当前这一次新的大规模的马克思主义的思想教育运动,要彻底打碎林彪、“四人帮”的精神枷锁,使全国人民在马克思主义基础上解放思想,开动机器,重新确立马克思主义的思想路线，尊重唯物论，尊重辩证法，以崭新的精神面貌去夺取四个现代化的胜利。

实现四个现代化是一场伟大的革命。社会生产力的飞跃发展，将推动生产关系和上层建筑发生深刻的变革。我国社会主义建设的实践表明，离开发展生产力去改变生产关系和上层建筑，不但很难成功，而且往往会坏事，犯主观主义错误。热心社会主义，就要热心发展生产力。只有大幅度地提高社会生产力，并且按照生产力发展的客观需要，对生产关系和上层建筑进行有步骤有系统的改革，才能够建立起社会主义社会的强大物质基础，最终造成使资产阶级既不能存在也不能再产生的条件。所以为实现四个现代化而斗争，是无产阶级战胜资产阶级和一切剥削阶级残余的伟大的阶级斗争。

在这样一个伟大的斗争过程中，必然会出现大量我们完全不熟悉、预料不到的新情况和新问题。这些新情况和新问题，是马克思主义经典著作和党的历史文件中找不到的。我们必须在马列主义、毛泽东思想指引下，实事求是地研究新情况，解决新问题，集中人民群众在新的实践中提供的大量、丰富的经验，加以科学的总结，提升到理论的高度，再经过实践的反复检验，在思想理论上有所创造，有所前进。

四个现代化是亿万人民的伟大实践。解决现代化过程中大量出现的新问题，必须依靠人民的智慧、人民的力量。因此必须充分发扬人民民主。没有人民民主，人民就不能解放思想，开动脑筋。这样，我们也就不可能集中人民的意见，不可能真正做到实事求是。民主集中制不仅是党和国家的根本制度，它同时也是解放思想、开动机器、总结经验、达到正确认识的保证。我们的认识需要依靠人民群众的实践，也就需要充分发扬人民的民主，健全党和国家的民主生活。在发扬民主的基础上，开动机器，集思广益，总结经验，提高思想，统一意志，统一步伐，马列主义、毛泽东思想的基本原理一定能同四个现代化的伟大实践日益密切地结合起来，从而使我们的伟大事业从胜利走向新的胜利。

国务院副总理陈慕华在北京会见由南斯拉夫外贸部副部长杜·斯特潘切夫率领的南斯拉夫政府贸易代表团

国务院副总理陈慕华在北京会见即将离任的喀麦隆驻中国大使贝莱奥肯

国务院副总理陈慕华在北京会见孟加拉科技代表团

全国人大常委会副委员长廖承志在北京会见以中安闲一为团长的日本宇部兴产公司和九红公司代表团

国务院批转国家科委 外交部《关于加强引进人才工作的请示报告》

报告指出我国科学技术力量严重不足，应采取积极争取、大量吸收的方针，从国外引进人才。

我国首批赴美留学的访问学者离京

这一批赴美留学的访问学者共50人，其中有女学者6人。年龄最小的32岁，最大的49岁，平均41岁。他们去美国主要是学习理工农医专业，学两年左右。其中有副研究员、讲师、工程师和主治大夫等。不少人在自己从事的学科研究方面，已取得一定成果。中国科学院计算中心副研究员朱幼兰，在微分方程数值求解等方面已发表了7篇论文，他写的专著《初边值问题差分方法与绕流》即将由科学出版社出版。这次他去美国，准备在差分格式理论等方面进行学习和提高。首都医院主治大夫吴葆桢，长期从事妇产科的肿瘤治疗研究，曾发表过20篇论文，这次赴美准备在妇科肿瘤免疫诊断和化学治疗等方面继续深造。清华大学机械系讲师柳百成，1955年在清华大学毕业时获得优秀毕业生金质奖章，后来在球墨铸铁方面发表过6篇论文。他这次赴美准备在铸铁结晶凝固过程及球墨铸铁的机械性能等方面进一步提高。

上午，国务院副总理方毅在人民大会堂接见了首批赴美留学的全体访问学者，勉励他们刻苦学习美国的先进科学技术，为实现四个现代化出力。陪同接见的有中国科学院副院长、全国科协代主席周培源，教育部副部长李琦。

北京市1978年中学生物理竞赛发奖大会在北京举行

20名优胜者获得一、二、三等奖。全国科协代主席、北京市1978年中学生物理竞赛委员会名誉主任周培源，北京市科协主席茅以升，北京市1978年物理竞赛委员会主任褚圣麟，分别给优胜者和受表扬者颁发了奖状和纪念品。

北京市1978年中学生物理竞赛委员会副主任沈克琦在会上讲话。他说，物理竞赛的开展，大大推动和促进了中学的物理教学工作，培养了中学生对物理这门学科的爱好和兴趣，发现了一些有培养前途的优秀青少年，也看到了粉碎“四人帮”两年多以来，中学的物理教学质量有了很大提高。

参加发奖大会的还有全国科协副主席裴丽生、著名物理学家施汝为、王竹溪、马大猷，以及教育部、全国科协和北京市有关方面的负责人，大、中学校教师，中学生代表等，共1000多人。

枝柳铁路通车

铁道部和湖北、湖南、广西3省（区）领导机关在怀化市联合举行枝柳铁路通车庆祝大会。

枝柳铁路北起湖北枝城，向南跨越界溪河进入湖南境内，在怀化与湘黔铁路相交，然后穿过彭莫山进入广西，在洛满与黔桂铁路合轨，而后到达柳州南站，全长885公里。它的南端同湘桂、黔桂铁路相接，北端与焦（作）枝（城）铁路以及将要通车的太（原）焦（作）铁路连成一线，构成了联通华北、中南地区，同京广铁路平行，纵贯我国南北的第二条交通大干线。

这条铁路的建成通车，对于改善我国铁路的布局，沟通南北交通，加快四个现代化建设步伐，都将发挥重要的作用，具有重要的战略意义。

枝柳铁路是1970年10月开始施工的。沿线地势非常险峻。线路穿过巍巍高耸的武陵山和雪峰山脉，飞越奔腾湍急的澧水、酉水、武水、沅江、渠水等河流。不少地段通过断层、溶洞、暗河、流沙和软土层，工程非常艰巨。据统计，全线完成的土石方达1.05亿立方米，如果堆成高宽各1米的长堤，可以绕地球将近3周。桥梁、隧道加在一起达222公里，占线路总长的1/4以上；其中隧道总长172公里。许多地段桥梁、隧道相连，有些车站就设在桥上和隧道之中。

11月中旬，铁道部有关部门组织了质量检查组，对枝柳线的施工情况进行了检查。检查结果表明，这条铁路的桥梁、隧道坚固，路基稳定，线路质量良好。

12月27日

第七次全国检察工作会议在北京举行

会议于12月16日至27日举行。

检察机关是被林彪、“四人帮”彻底“砸烂”的单位。粉碎“四人帮”后，五届人大决定重新建立各级人民检察院。这次会议是检察机关重建后的第一次全国性会议。会议揭发批判了林彪、“四人帮”“砸烂”检察机关、破坏社会主义法制的罪行，讨论了检察机关在新时期的方针和任务。同时，在总结检察工作经验的基础上，讨论提出了修改人民检察院组织法的建议，准备提请全国人民代表大会常务委员会加以审议。

中共中央政治局委员、中央纪律检查委员会第三书记胡耀邦同志到会作了重要讲话。他要求政法部门从巩固和发展安定团结的政治局面出发，抓好冤案、错案的平反工作，要做到彻底平反，善始善终。在处理现行反革命案件和刑事犯罪案件时，必须重证据、重调查研究，严禁逼供信，防止错捕、错判。对罪犯要重视思想改造，实行革命的人道主义，严禁虐待，根除封建的野蛮行径。要同城市居民委员会和农村社队密切配合，采取民主的、批评教育的方法，解决好人民内部矛盾，增进人民的团结，尽量少用法律惩办的手段。

胡耀邦同志说，在当前我国法制不健全的情况下，开展检察工作会遇到很多困难，这就要求检察干部一定要坚持实事求是，坚持群众路线，坚持调查研究。他说，实事求是是马列主义的核心问题，是最高的党性。我们就是要光明磊落，敢于实事求是。这样做，难免不挨棍子，难免不担风险，但是要忠于党和人民的利益，要无所畏惧，即使因为坚持真理而牺牲了生命，人民也会永远怀念的。

胡耀邦同志要求大家在工作中不要事事坐等上级指示，而是要解放思想，敢于思考问题、提出问题和解决问题，争先恐后地干革命。

最高人民检察院检察长黄火青同志在会上作了报告。他指出，当前全党全国的工作重点已经转移到社会主义现代化建设上来，检察工作的重点也需要相应地作转变。

他说，要实现社会主义现代化，迫切要求进一步健全国家的民主生活，调动广大人民群众的社会主义积极性。为了保障人民民主，必须加强法制，使民主制度化、法律化，做到有法可依，有法必依，执法必严，违法必究。人民检察院是检察法律执行的专门机关，是宪法和法律的保卫者，应当在维护和加强社会主义法制的斗争中发挥积极的作用。要通过同公安、司法机关互相配合又互相制约，保证准确地打击敌人，防止错案。要反对“长官意志”破坏法制，要敢于同依言不依法、依人不依法的现象作斗争，敢于摸“老虎屁股”，而不管违法者的地位高低，职务大小。要坚决防止和纠正公、检、法以外的机关和个人擅自捕人押人的混乱现象。要使每一个群众知道，只要他奉公守法，他的权利是受到宪法和法律保护的。如果谁的权利受到了非法侵犯，就应当大胆地向国家检察机关提出申诉和控告。人民检察院应当坚决支持人民群众的正当申诉和控告，依法追究打击报复、进行陷害之人的法律责任。

在谈到当前和今后一段时间内检察工作的任务时，黄火青同志指出，各级检察机关要坚决同违法乱纪作斗争，大张旗鼓地处理一批典型案件，给严重违法乱纪分子以沉重打击，切实保护人民的合法权益。同时，结合反对违法乱纪的斗争，要平反冤狱，纠正错案。要坚决打击现行破坏活动，扫除社会主义现代化建设道路上的政治障碍。特别是要积极开展经济领域的检察工作，保卫社会主义建设的新高潮。他说，今后在企业单位中也将严格实行法制，对那些严重失职渎职，弄虚作假,搞瞎指挥,造成严重恶果的人员,要追究经济责任和法律责任,以保证责任制的严格执行。经济检察工作应当着重打击那些罪该法办的新生资产阶级分子、严重违法乱纪分子和死官僚主义分子。

黄火青同志要求各级检察干部关心和积极参加关于实践是检验真理的唯一标准的讨论,参加民主和法制问题的讨论,坚持实事求是,一切从实际出发,增强和人民群众的联系,努力做到在对敌斗争中立场坚定,在路线问题上是非分明,在执行法律上刚直不阿,在工作作风上大公无私。

全国人大常委会副委员长廖承志在北京会见日本松下电器产业公司董事舟桥孝夫一行

范长江追悼会在北京八宝山革命公墓举行

方毅、邓颖超、胡耀邦、廖承志、粟裕、宋任穷、史良、季方等同志参加了追悼会。

追悼会由国家科委副主任蒋南翔主持。全国科协代主席周培源致悼词。

悼词说,范长江同志生于1909年,四川内江人,1939年加入中国共产党。历任新四军苏皖鲁边区新闻学校校长,新华社华中分社社长,新华社总编辑,上海市文管会副主任,解放日报社社长,新闻总署副署长,人民日报社社长,政务院文教委员会副秘书长,国务院第二办公室副主任,国务院科学规划委员会秘书长,国家科委副主任,全国科协副主席、党组书记等职。范长江同志是政协第二届、三届、四届全国委员会委员。范长江同志1970年10月23日被林彪、“四人帮”残酷迫害致死。

悼词说,范长江同志在参加革命前就是我国著名的新闻记者。1936年,西安事变发生后,他只身来到举世瞩目的事变中心,在那里周恩来同志会见了他。他第一次向全国公开报道了西安事变的真相和我党的正确政策。1937年2月,毛泽东同志在延安和他作了彻夜长谈,向他详细地阐述了中国革命的性质、任务和前途,特别是十年内战的事实经过,透彻地解释了党的抗日民族统一战线的政策。毛泽东同志的亲切教诲,使他坚定地走上了革命道路。他以极大的革命热情报道了在陕北的见闻,勇敢地、热情地宣传了党的抗日民族统一战线的政策,用事实驳斥了国民党对共产党和工农红军的种种攻击和诬蔑。抗战初期,在周恩来同志的直接领导下,范长江同志在国民党统治区从事抗日救亡工作和进步的新闻活动。他积极组织和领导了中国青年记者学会和国际新闻社的工作,团结了大批进步青年记者,在新闻战线上,和国民党反动派进行了尖锐复杂的斗争,向全国人民报道了抗日战争的真实情况,积极地配合了我党领导的抗日民族解放战争的胜利进行。

抗战胜利后,他参加了周恩来同志为首的中共代表团,同美蒋反动派进行了面对面的斗争。解放战争期间,他作为当时新华社的主要负责人之一,跟随毛泽东同志和周恩来同志转战陕北,及时地向全党、全军和全国人民传达了党中央的声音。全国解放后,他继续从事新闻工作,对于新中国新闻事业的创建和发展,作出了重要贡献。

参加追悼会的还有中共中央、国务院各有关部门负责人及范长江同志的生前友好:朱穆之、李强、张劲夫、罗青长、胡乔木、韩光、吴冷西、钱学森、贝时璋、朱学范、华罗庚、严济慈、沙千里、沈鸿、茅以升、胡绳、楚图南、万毅、王芸生、王炳南、刘瑞龙、孙起孟、孙晓村、李琦、张香山、陈锐霆、夏之栩、徐伯昕、童小鹏、熊复、胡绩伟、安岗、杨西光、于光远、童大林、张承先、何康、张有萱、陆平、钱三强、郁文、穆青、李普、黄家驷、裴丽生、王顺桐、王文达、张维、田夫、杨尚昆、薄一波、安子文、刘澜涛、刘澜波、廖梦醒、刘季平、连贯、陈忠经、张友渔、钱俊瑞、黎澍、韩幽桐、陈翰笙、陈翰伯、梅益等。

12月28日

国务院发布修订《中华人民共和国发明奖励条例》

国务院于1978年12月28日发出了关于发布修订《中华人民共和国发明奖励条例》的通知。通知说,为了鼓励创造发明,促进科学技术发展,加快实现四个现代化,对1963年11月发布的《发明奖励条例》做了修订,现发布实行。原《发明奖励条例》同时废止。

中华人民共和国发明奖励条例规定:

本条例所说的发明是一种重大的科学技术新成就,它必须同时具备下列3个条件:

(1)前人所没有的;(2)先进的;(3)经过实践证明可以应用的。

中华人民共和国国家科学技术委员会(以下简称国家科委)统一领导全国发明奖励工作。国务院各部门和各省、自治区、直辖市科学技术委员会(以下简称省、自治区、直辖市科委)负责领导本部门、本地区发明的申报、审查工作。条例规定了发明的报批程序。

各省、自治区、直辖市科委和国务院各主管部门对收到申报的发明应及时组织审查,并将符合本条例条件所规定的评定奖励等级,报国家科委。

国家科委设发明评选委员会,负责评选发明项目,评定奖励等级,然后由国家科委核准授奖。

国防专用发明的申报审批程序,由国防科学技术委员会、国防工业办公室(以下简称国防科委、国防工办)另行规定；国防专用的发明经国防科委或国防工办审查、评定奖励等级，批准后，报国家科委核准授奖。

对发明的奖励要坚持无产阶级政治挂帅，实行精神鼓励和物质鼓励相结合，而以精神鼓励为主的原则。

发明项目按它的作用意义大小划分为四等奖，各等奖励如下：

奖励等级	荣誉奖	奖金
一	发明证书及奖章	一万元
二	发明证书及奖章	五千元
三	发明证书及奖章	二千元
四	发明证书及奖章	一千元

特别重大的发明列为特等奖，由国家科委报国务院批准，另行奖励。

集体发明(包括协作单位)，所得奖金按照发明者贡献大小，合理分配。个人发明，所得奖金发给个人。

发明属于国家所有。全国各单位(包括集体所有制单位)都可利用它所必需的发明。

条例还规定了发明内容的公布和密级的划定办法。

由于对外贸易或其他原因，向国外提供列入保密范围的发明内容时，须经国家科委批准。

旅居外国的华侨和外国人士都可向国家科委申报发明，经审查批准后，按本条例规定给予奖励。

各部门和各单位对群众的发明，应当给予鼓励，采取严肃认真和实事求是的科学态度。在贯彻执行奖励制度时；必须加强思想政治工作，提倡社会主义大协作精神，反对本位主义、个人主义、互不协作等不良倾向。对打击、压制发明和在发明上弄虚作假，剽窃他人劳动成果的行为，应当批评教育，加以纠正，情节恶劣者，应给以处分，直至依法惩办。

国务院批转卫生部《关于加强工业卫生工作的请示报告》

国务院在批转卫生部《关于加强工业卫生工作的请示报告》时指出，搞好工业卫生，保护环境，保护工人的健康与安全，对促进工业生产，实现四个现代化，具有十分重要的意义，要求各地、各有关部门加强领导，采取有力措施，把这项工作做好，使工业卫生工作更好地为工业建设服务。

卫生部的报告说，新中国成立以来，党中央、国务院对工业卫生和劳动保护工作制定了一系列法令和政策，各工交系统、各省市建立了卫生和安全机构，有效地保护了广大职工群众的安全与健康。广大医药卫生人员在毛主席革命路线指引下，在各级党委的领导下，为搞好工业卫生，防治职业病、多发病，改变工矿卫生面貌，提高广大工人的健康水平勤奋工作，取得了显著成绩。但是，近十几年来，工业卫生工作由于林彪、“四人帮”反革命修正主义路线的干扰破坏，致使工业卫生工作落后，职业病、职业中毒、多发病、常见病上升。随着我国大规模现代化工业的发展，新的有害因素不可避免地将会增多，防治污染，保护环境，都将给工业卫生工作提出更多的新任务、新要求。

卫生部的报告对进一步加强工业卫生工作提出了意见：

一、加强党的领导，把工业卫生工作搞上去

建议各级党委把工业卫生工作列入重要议事日程，定期检查，每年抓几次。各级卫生部门要当好党委的参谋助手，经常深入厂矿调查了解，总结经验，抓好典型。

工业卫生工作的重点，当前是抓好工矿企业防尘防毒和职业病的防治，搞好射线防护工作。要重视保护环境，防止工业“三废”污染。要争取在一、二年内使工矿企业劳动环境接近或达到国家卫生标准。要基本上控制急性中毒，不断降低慢性中毒的发病率。要采取积极措施，把矽肺发病率降到历史最低水平。

二、恢复和健全工业交通部门和各省市的工业卫生管理机构

搞好工业卫生工作必须充分发挥各工业部门和地方卫生部门的两个积极性，实行条块结合。建议国务院和各省、自治区、直辖市的工业交通部门，根据职业危害和卫生工作任务的实际需要，恢复或健全必要的卫生管理机构，切实把本系统、本单位的卫生工作领导起来。各省、自治区、直辖市和工业集中城市的卫生部门都应恢复或健全工业卫生机构，加强对工业卫生工作的领导。

为了适应职业中毒、职业病医疗的需要，加强科学研究，提高临床诊断治疗水平，积极开展对全国职业病防治工作的指导，拟在中国医学科学院卫生研究所新建职业病附属医院，并适当调整充实职业病临床技术力量。

各工业交通部门和各省、自治区、直辖市工业集中的城市，应根据需要和可能逐步建立、健全劳动卫生职业病防治研究机构，认真做好职业病防治研究工作。

12月29日

《人民日报》发表社论《解放思想 实事求是》

三中全会和在这以前召开的中央工作会议开得很好，很成功。到会的同志解放思想，畅所欲言。敢于讲心里话，讲实在话，讨论和解决了许多有关党和国家命运的重大问题。三中全会决定，一定要把这种风气扩

大到全党全军和全国各族人民中去。这对于健全党内外的民主生活，发展生动活泼、安定团结的政治局面，加快四个现代化的步伐，是极为重要的。

所谓解放思想，就是开动机器，实事求是，按照事物的本来面目及其发展的规律去认识问题，思考问题，解决问题，是就是是，非就是非，该怎么办，就怎么办。这种态度，就是毛泽东同志所说的党性的表现，就是理论和实践统一的马克思列宁主义的作风，也是一个共产党员起码应该具备的品德。马克思、恩格斯、列宁和毛泽东同志都是思想解放的人。他们只尊重事实，只服从真理，决不迷信盲从，决不让任何违反科学的、缺乏客观根据的条条框框禁锢自己的头脑，束缚自己的手脚。这才有马克思主义的诞生和一百多年来的不断发展，才有俄国十月革命和中国革命的胜利。三中全会和中央工作会议的功绩，就在于打破了林彪、“四人帮”的精神枷锁，冲破了禁区，恢复了我们党实事求是的优良传统。全党和全国人民都看到，我们的党有了蓬蓬勃勃的生机，我们的国家有了宏伟壮阔的希望。

但是，在我们的干部特别是领导干部中间，解放思想这个问题并没有完全解决。不少同志思想还很不解放，甚至还处在僵化或半僵化的状态。思想一僵化，条条框框就多起来了。明明是不对的、有害的、不利于工作的一些做法，因为习以为常，历来如此，就沿袭下来，视为不成文法，不思改进，不求变革，不讲效果。思想一僵化，随风倒的现象就多起来了。说话做事看“来头”，看风向，至于符不符合事实，符不符合党的原则，却不大动脑筋。思想一僵化，不从实际出发的本本主义也就严重起来了。书里没有的，文件上没有的，领导人没有讲过的，就不敢多说一句话，多做一件事，一切照抄照搬照转。别人多说了一句话，多做了一件事，则视为“越轨”，横加指责。这种极不正常的现象，在我们党的生活和社会生活中不是经常可以看到吗？

为什么在共产党的干部，特别是领导干部中间，会有这种思想僵化或半僵化的状态呢？这并不是因为他们不是好同志。这种状态是在一定的历史条件下形成的。一是因为十多年来林彪、“四人帮”大搞禁区、禁令，制造迷信，把人们的思想封闭在他们假马克思主义的禁锢圈内，不准越雷池一步。否则，就要追查，就要扣帽子、打棍子。在这种情况下，一些人就只好不去开动机器，不去想问题了。二是因为民主集中制受到破坏，党内确实存在权力过分集中的官僚主义。这种官僚主义常常以“党的化身”出现，许多重大问题往往是一两个人说了算，别人只能奉命行事。这样，什么问题都用不着思考了。三是因为是非功过不清，赏罚不明，干和不干一个样。甚至干得好的反而受打击，什么事都不干，四平八稳，反而成了不倒翁。在这种颠倒的局面下，一些人就不愿意去动脑筋了。四是因为小生产的习惯势力还在影响着人们。这种习惯势力的一个显著特点，就是因循守旧，安于现状，不求发展，不求进步，不愿接受新事物。凡此种种，都说明解放思想还是一个很艰巨的任务，还有待于全党同志，特别是党的领导干部去努力，去带头。

孟子说：“心之官则思”，他对脑筋的作用下了正确的定义。脑筋这个机器的作用，是专门思想的。古人又说：“哀莫大于心死”，心死了，不去思想了，那是最可悲的。领导干部思想僵化，不动脑筋，就很有可能发展成为死官僚主义，这是最可悲的。毛泽东同志经常教导我们要开动机器，就是说，要善于使用思想器官。他多次批评那些不肯使用脑筋，不善于思索，不愿用脑筋多想苦想的同志，提倡凡事应该用脑筋好好想一想，去掉党内浓厚的盲目性，学会分析事物的方法，养成分析的习惯。在经历了林彪、“四人帮”这场浩劫以后，在当前这个拨乱反正，继往开来的重要时刻，重温毛泽东同志的这些教导，是很有现实意义的。

前一个时期，全国报刊上开展的关于实践是检验真理的唯一标准的讨论，实际上也是要不要解放思想的讨论。这个讨论，很有必要，意义很大，对于全党和全国人民解放解放、开动机器，砸碎林彪、“四人帮”的精神枷锁，坚持实事求是、一切从实际出发、理论联系实际的马克思主义原则，起了十分积极的作用，为三中全会和中央工作会议解决全党全国人民共同关心的一系列重大的历史问题和现实问题，做了很好的思想准备。现在可以看得越来越清楚了：一个党，一个国家，一个民族，如果一切从本本出发，思想僵化，迷信盛行，它就不能前进，它的生机就停止了，就要亡党亡国。只有解放思想，实事求是，才能正确地总结历史的经验教训，我们的社会主义现代化建设才能顺利发展，我们党的马列主义、毛泽东思想的理论也才能顺利发展。

从这个意义上说，关于真理标准的讨论，的确是个思想路线问题，是个政治问题，是个关系到党和国家的前途和命运的问题。关于这个问题的讨论，还要深入进行下去。

从明年开始，全党工作的着重点就转移到现代化建设上来了。什么是现代化？怎样实现现代化？对我们大多数同志来说，还是非常陌生的。既缺乏知识，又很少经验。怎么解决这个矛盾？华国锋同志指出：“我看办法就是两条：一叫学习，二叫实践。边学边干，边干边学，在实践中增加才智。”这就更需要解放思想，开动机器，坚持实事求是，经过反复地实践、认识、再实践、再认识，使我们对于现代化建设能够“从感性认识而能动地发展到理性认识，又从理性认识而能动地指导革命实践，改造主观世界和客观世界”。只要坚持这条马克思主义的思想路线，我们在新长征的道路上，就能尽量避免盲目性，减少挫折和失败，不断实现由物质到精神、由精神到物质的伟大飞跃，逐步地从必然王国进入到自由王国。

为了坚持马克思主义的思想路线，顺利地实现党的工作着重点的转移，不但中央、省委、地委、县委、公社党委，就是一个工厂、一个机关、一个学校、一个商店、一个生产队，也都要实事求是，都要解放思想，开动脑筋想问题、办事情。在党内和人民群众中，肯动脑筋、肯想问题的人愈多，对我们的事业就愈有利。干革命、搞建设，都要有一批勇于思考、勇于探索、勇于创新的闯将。没有这样一大批闯将，我们就无法打开新的局面，无法赶上更谈不到超过国际先进水平。我们希望各级党委和每个支部，都来鼓励、支持党员和群众勇于思考、勇于探索、勇于创新，都来做促进群众解放思想、开动机器的工作。这样，我们建设社会主义现代化强国的宏伟目标就一定能实现！

中共中央批转中共最高人民法院党组《关于抓紧复查纠正冤、假、错案，认真落实党的政策的请示报告》

外交部发言人受权发表声明重申南沙群岛历来是中国领土一部分

南沙群岛，正如西沙群岛、中沙群岛和东沙群岛一样，历来就是中国领土的一部分。中华人民共和国政府曾多次声明，中国对这些岛屿及其附近海域拥有无可争辩的主权，这些地区的资源属于中国所有。任何外国侵占南沙群岛的岛屿以及在这些地区进行开发或其他活动，都是对中国领土主权的侵犯，都是不能允许的。任何外国对南沙群岛的岛屿提出主权要求，都是非法的、无效的。

解放军三总部联合发出通知要求全军切实抓好部队科学文化教育

中国人民解放军总参谋部、总政治部和总后勤部最近联合发出通知，要求全军各部队从1979年起把科学文化教育正式列为部队教育训练的一项内容，采取措施，切实抓好。

通知说，根据加速国防现代化的需要和部队成员文化程度的现状，部队科学文化教育应以普及中学数、理、化知识为主，以干部为重点。具体要求是：一、团职以下干部到1982年必须掌握初中数、理、化知识，到1985年必须掌握高中数、理、化知识。各军兵种、各专业分队、各业务部门应根据业务需要在内容上有所侧重。同时，根据需要兼学一点语文或历史、地理。二、师职以上干部以学习必要的现代军事科学知识为主，并结合工作业务需要选学一两门基础文化知识。三、多数战士主要学习中学的数、理、化知识，在服役期内要分别达到初中毕业或高中毕业水平。凡文化程度未达到小学毕业的战士，在服役期内，语文和算术必须达到小学毕业水平。四、已具有高中毕业文化程度的干部战士，应选修大专学校的课程。五、所有干部，特别是人民武装部门的干部和已安排转业的干部，要学习工农业生产和管理的知识。六、编制有汽车的基层单位的干部要学习驾驶和管理汽车的知识。从事农业生产的部队、基层干部应学习拖拉机的驾驶和管理。七、要逐步创造条件，组织基层干部学习外语，已有外语知识的应继续学习提高。

通知说，文化教育时间原则规定占部队全部训练时间的10%，即每星期有五个半小时的固定学习时间（正课时间三个半小时，晚上的业余时间两小时），各部队可根据实事求是的原则，酌情增加或减少。要提倡和鼓励自学。

通知指出，各部队要开办文化夜校和科学知识讲座。有条件的，要开展电化教育，充分利用电视、广播等工具。文化教员主要聘请有任教能力的干部战士兼任，也可聘请地方教师和专家讲课。所需教材，中学文化课本和教学参考书由总政治部统一印发。小学文化课本由各大单位自筹解决。各军兵种还可根据专业需要编印必需的专用教材。总参谋部、总政治部、总后勤部还将分别印发适合部队需要的科学普及读物。

通知特别要求各级党委必须充分认识部队开展科学文化教育的重大战略意义，并把它列入议事日程，分工专人负责，切实把这项工作抓起来，大力提高全军科学文化水平，加速我军革命化现代化建设。

外国文学研究工作规划会议在广州举行

会议是由中国社会科学院外国文学研究所主持召开的。中国社会科学院副院长周扬在会上讲了话。中国社会科学院的梅益、杨述，外国文学研究工作的老专家曹靖华、姜椿芳、冯至、朱光潜、伍蠡甫、梁宗岱、吴富恒、陈嘉、李霁野等出席了会议。

周扬在会上讲话时强调说，为了加速实现四个现代化，提高整个民族的科学文化水平，加强对外文化交流，必须重视外国文学研究、翻译工作，不断扩大外国文学研究队伍。

会议对外国文学研究工作八年规划进行了热烈的讨论。会上，经过酝酿协商，还成立了全国外国文学学会。

江西德兴县境内发现一个特大型铜矿

新华社报道：江西德兴县境内发现一个特大型铜

矿。德兴铜矿的探明储量(包括铜厂、朱砂红和富家坞3个矿区)累计达800多万吨。

12月30日

国务院中央军委发出《关于1979年新年、春节期间开展拥军优属、拥政爱民活动的通知》

具有伟大历史意义的党的十一届三中全会已经胜利闭幕。三中全会决定,鉴于全国范围的大规模的揭批林彪、"四人帮"的群众运动已经基本胜利完成,从明年起,把全党工作的着重点转移到社会主义现代化建设上来。这是我们党在进行新长征中的一个重大战略决策。在这个大好形势下,全国人民满怀胜利的喜悦,充满坚定的信心,迎接光辉的1979年的到来。

拥军优属、拥政爱民是毛泽东同志的一贯教导,华国锋同志为首的党中央指示各级革委会和人民解放军要"认真做好拥军优属、拥政爱民工作,进一步加强军民团结、军政团结"。请你们在三中全会精神指导下,加强对1979年新年、春节期间拥军优属、拥政爱民活动的组织领导,使这一活动既隆重热烈又扎扎实实地开展起来。为此,特作如下通知:

一、认真学习党的十一届三中全会公报,广泛深入地宣传和贯彻落实新时期的总路线和总任务。根据三中全会关于把全党工作的着重点转移到社会主义现代化建设上来的决定,军政、军民团结一致,解放思想,同心同德,鼓足干劲,全力以赴,为加速实现我国四个现代化而奋斗。

二、进行拥军优属的再教育,开展拥军优属活动。在广大人民群众中,宣传中国人民解放军的丰功伟绩,学习他们的好传统、好思想、好作风,热爱人民子弟兵,大力支持人民解放军的革命化、现代化建设;宣传烈属、军属、革命残废军人和复员、退伍、转业军人在我国革命斗争和建设事业中作出的重大贡献,鼓励他们发扬革命传统,争取更大光荣,在新的长征中立新功。要在全国城乡普遍进行革命传统教育,发扬拥军优属的社会风尚,组织和开展对烈属、军属、革命残废军人做好事的活动。

各地要对当地驻军进行慰问,举行座谈、联欢,表达党和政府对人民子弟兵的关怀,感谢部队对地方的支援,征求部队对地方工作的意见,研究解决他们提出的问题。对边防、海防哨所,对军队医院和残废军人休养院、疗养院的伤病员进行慰问。

农村公社、生产大队,城市街道办事处,以及各机关、团体、企业、事业单位,要在春节前普遍深入地检查优抚政策的落实情况,根据全国民政工作会议精神,切实帮助生活有困难的优抚对象解决问题。要在新年、春节期间就地召开优抚对象会议或代表会,向他们祝贺年节,进行慰问,征求意见,要实事求是地按照政策解决他们提出来的问题。

三、进行拥政爱民教育,加强军政、军民团结。要在全军中进一步开展向全国人民学习的活动,肃清林彪、"四人帮"破坏军政、军民团结的流毒和影响,树立学人民、爱人民、为人民服务的思想,处处维护人民的利益;尊重地方政府和地方干部,增强法纪观念,坚决执行三大纪律八项注意。要大力发扬军政一致、军民一致的优良传统,提高拥政爱民的自觉性。

部队要采取领导干部走访、座谈等方式,征求地方党政机关和人民群众的意见,认真检查和整顿群众纪律,妥善解决三支两军人员中的遗留问题和其他军政、军民关系上存在的问题,加强军政团结、军民团结。

四、在新年、春节期间的拥军优属、拥政爱民活动中,要政治挂帅,发扬艰苦朴素的优良作风,厉行节约,不要请客送礼、铺张浪费。

五、加强国际形势教育和战备教育。当前,国际形势大好,我国在发展国际反霸统一战线、发展同世界各国的友好关系方面,取得了新的重要成就。但是战争危险仍然严重存在,全党、全军和全国人民,必须提高警惕,加强国防,随时准备击退来自任何方面的侵略者。

明年是中华人民共和国建国30周年。我们要根据三中全会的精神,更加紧密地团结在毛泽东思想的旗帜下,团结在以华国锋同志为首的党中央周围,为把我国建设成现代化的伟大社会主义强国而奋勇前进!

国务院
中央军委
1978年12月30日

国防工办在北京召开国防工业高等院校教授座谈会

会上讨论了如何把院校工作的重点转到教学和科研上来,为加快实现国防工业现代化造就人才的问题。

王震副总理、张爱萍副总参谋长出席了座谈会,并讲了话。国防工业各部、各院校的负责人到会听取了大家的意见和批评。

近两百名教授、副教授、讲师和教学辅助人员出席了座谈会。大家敞开思想,畅所欲言,就培养高质量、高水平的国防科技人才提出了许多建议。他们认为,原子能、导弹、激光、电子计算机的发明和发展,都是建立在基础学科之上的。因此,提高基础理论课教学质量是当务之急。他们建议:(一)积极利用现代化教学手段进行教学,并挑选最好的教师担任讲课。外语、数学、物理等主要课程的录音录像教学,可以在国防工业系统各院校范围内进行合作。这样,不仅能节省大量人力,而且可以迅速提高教学质量。(二)充分发挥教学效果好的基础课教师的潜力,请他们在最近一两年内多担任一些教学任务,并按照按劳分配的原则,给予工资补贴,保证在今后人力比较充裕时,优先安排他们休假或脱产进修。(三)采取有效措施,鼓励专业课教师参加基础课教学工作,以解决当前基础课师资不足的困难。(四)实行基础课校际统考,全国统一命题,同一日期进行,代替各门课程的期终考试,促使各个学校更加认真地积极地提高基础课的质量。统考成绩特优的学校,特优班级的教师,以及特优的学生,由中央领导部门或学校给以表扬或奖励。

与会同志认为,必须赶快补充、补全、更新仪器设备和图书资料。属于比较精密的仪器,可以在各地区成立分析中心,统一使用。一位空气动力学专家、大学教授提出,应该把改建实验室作为一项刻不容缓的工作。没有先进的实验设备,不开展科学实验研究,就不可能有新的发现和重大的突破来推进我国国防工业现代化,也不可能培养高质量的大学生和研究生。

许多教授、副教授在会上强调办好高等院校管理专业重大的深远的意义。他们说,当前,国防工业高等院校有关这类专业少,但一些领导机关还以种种名义抽调这方面的教师去做别的工作。有的代表还建议,高年级专业课、选修课应直接用外文教材或资料教学。教授们还认为,高等院校也要多选一些理论性强、技术领域新、难度较大的题目进行科研工作,发挥高等院校的作用。

与会同志认为,在引进先进教学设备和先进技术的同时,应对世界先进国家的教学情况进行分析,择其所长,为我所用。而对于我国20多年来行之有效的制度和办法,则应充分肯定。

与会同志呼吁加强院校各级领导班子的建设,对一切不称职的干部要加以调整,要把在学术上有名望、业务上有造就、工作上有干劲的知识分子提拔到各级领导岗位上来,使他们有职有权;要充分发挥中年教师的作用;要努力改善教师的工作和生活条件,保证教师有5/6的业务时间。到会人员一致表示,一定努力工作,为加速国防现代化建设作出贡献。

教育部和国家计委发出《关于评选特级教师的暂行规定》

暂行规定提出,对特级教师要采取3种办法进行奖励:(一)提高政治地位和社会地位。由省、自治区、直辖市革委会颁发特级教师证书。有些特级教师可推荐为各级人民代表或政协委员,或吸收其参加一定的社会活动。退休后,可由学校聘请作名誉校长、教育顾问,或由有关学术团体安排相当的名誉职务。(二)提高工资待遇。对评选出的特级教师,目前暂时采取补贴办法:小学特级教师每月补贴20元,中学特级教师每月补贴30元。民办中小学教师评选为特级教师的,也享受同样补贴,由教育经费开支。(三)发挥专长。由高等师范院校、教师进修学校、教学研究机构和教育出版机关聘请作特约讲师、特约研究员和特约编审等。此外,还应给他们以适当的时间,从事教学研究和培养新教师。

特级教师的评选对象,主要是中小学(包括民办和厂矿企业办的中小学)、师范学校、盲聋哑学校、教师进修学校、教学研究机构、校外教育机构的教师和幼儿园的教养员,以及原来是教学水平较高的教师,又长期从事中小学、师范、盲聋哑和幼儿教育工作,领导教学教育工作有特长的校长、教导主任和幼儿园主任。

评选特级教师的业务条件是:对所教学科具有较丰富的理论知识和教学经验,能够熟练地胜任所教学科的教学工作,使学生正确、系统、牢固地掌握基础知识和基本技能,积极培养学生的自学能力和分析问题、解决问题的能力,教学效果好,教学质量高,在工作中有创新精神,成绩显著;刻苦学习和钻研业务,在某一门学科或者一门学科的某一阶段的教学上确有专长,在改革教学中勇于创新,作出了具有较高水平的成果或者著述(包括编写教材、教学参考资料和教学法等);在思想上业务上关心和帮助新教师。同时,还要求高中教师在其所教学科方面的实际文化程度,应具有大学本科毕业以上水平;初中教师在其所教学科方面的实际文化程度,应具有大学专科毕业以上水平;小学教师的实际文化程度,应具有中等师范学校毕业以上水平;幼儿园教养员的实际文化程度,应具有幼儿师范毕业以上水平。

暂行规定还对评选特级教师的政治条件,以及评选办法、审批手续等作了具体规定和详细说明,并要求各省、自治区、直辖市教育局参照本规定,结合各地区的实际情况,作出部署和安排,于明年召开全国教育大会以前,完成第一次评选特级教师的工作。今后,每隔3年至5年评选一次特级教师。

中国人民大学师生集会纪念吴玉章诞辰100周年

吴玉章同志是中国人民大学的创始人之一。他一生从事教育工作,始终把教育事业作为革命事业的一部分。他的革命品德和孜孜不倦为革命培养人才的精神,受到全党同志、全国人民特别是我国教育战线广大师生的尊敬和爱戴。

中国人民大学副校长、党委第二书记郭影秋同志主持大会。副校长胡林昀同志代表校党委发言，追忆吴玉章同志一生的光辉革命业绩。他说，吴玉章同志是我们党久经考验的老一辈无产阶级革命家。他一生追求真理，献身革命，为中国人民的解放事业，为实现共产主义的远大理想，始终不渝，坚贞不屈，贡献了自己的全部精力。他是孙中山先生为推翻清政府组织的同盟会的重要成员，是辛亥革命、反对袁世凯复辟斗争和护法之役的积极参加者和组织者。大革命时期，他在党的领导下，从事国共合作的统一战线工作，曾同以蒋介石、汪精卫为代表的国民党右派进行坚决的斗争。大革命失败后，他参加了周恩来同志领导的"八一"南昌起义。抗日战争期间和抗日战争胜利后，他一直在党的领导下，同国民党蒋介石集团消极抗日积极反共的反革命政策进行针锋相对的斗争，并为建立新中国而奋斗。新中国成立后，吴老已是七旬高龄，他老当益壮，意气风发，为推进社会主义革命和社会主义建设事业而忘我地工作，直至生命的最后一息。毛主席在庆贺吴玉章同志60诞辰大会上，曾经高度赞扬吴老"一辈子做好事，不做坏事，一贯的有益于广大群众，一贯的有益于青年，一贯的有益于革命，艰苦奋斗几十年如一日"。

胡林昀同志说，吴玉章同志是我们党的一位卓越的无产阶级教育家。他一生以教育为职志，根据革命事业发展的需要，精心地为中国革命培养了一代又一代的人才。他先后担任过延安鲁迅艺术学院院长、延安大学校长，后来又担任华北大学校长。在革命战争炮火连天的艰苦环境下，他为党培养了大批革命干部。解放后，他主办中国人民大学，在"文化大革命"前的17年中，始终坚持党的教育方针，为社会主义革命和社会主义建设培养了大批德才兼备的人才。

政协全国委员会副秘书长聂真，教育部副部长高沂，中共北京市委常委刘祖春等，参加了纪念会。

中国戏剧家协会中国戏曲学院举行座谈和演出等活动纪念戏剧家萧长华先生

萧长华先生生于1878年12月1日，卒于1967年4月26日，是我国杰出的戏曲表演艺术家和戏曲教育家。他从11岁起就学艺，在80年的艺术生涯中，继承和发展了京剧的丑角表演艺术，创树了一派健康的艺术风格。从27岁起，他开始从事戏曲教育事业，曾任"喜连成"(后改"富连成")科班的总教习，在当时黑暗艰苦的环境里，力排艰难，主持教学，终年不辍，坚持"量材使用，人尽其材"，造就了大批优秀戏曲人才，他的学生遍及全国。尤其是全国解放后，年逾古稀的肖长华，不肯歇老，先后担任中国戏曲学校的教授、副校长、校长的职务，勤恳工作，悉心传艺，赢得全校师生的尊敬。

国家体委在北京体育馆举行大会欢迎参加第八届亚运会的中国体育代表团

中共中央政治局委员、国务院副总理王震，国家体委主任王猛以及副主任李梦华、陈培民、尹忠尉，有关方面负责人钟师统、韩复东、周之同、魏明、赵斌等出席了大会。

参加第八届亚运会的中国体育代表团团长徐寅生，副团长于步血、陈先、李文耀，也出席了大会。

王震副总理代表党中央、华国锋主席，代表叶剑英委员长向参加第八届亚运会的我国体育代表团表示祝贺和问候，并鼓励他们再接再厉，在新的一年里取得更大的胜利。

为了表彰先进，进一步调动运动员提高运动技术水平的积极性，按照政治工作和物质奖励相结合的原则，根据运动员、教练员在第八届亚运会上所取得的比赛成绩，有40人荣记一等功，并被授予"体育运动荣誉奖章"；有209人荣记二等功；有46人荣记三等功。对记二等功、三等功的颁发了奖状。所有记功运动员、教练员都同时获得一定的物质奖励。

12月31日

国家民族事务委员会和政协全国委员会民族组在北京举行迎新茶话会

中共中央政治局委员、全国人大常委会副委员长、中共中央统战部部长、政协全国委员会副主席乌兰夫，全国人大常委会副委员长阿沛·阿旺晋美，国务院副总理谷牧，出席了茶话会。

茶话会由政协全国委员会副主席、中共中央统战部副部长、国家民委主任杨静仁主持。

乌兰夫在热烈的掌声中向大家祝贺新年。他说，党的十一届三中全会是具有伟大现实意义和深远历史意义的一次重要会议。全会讨论和解决了许多重大问题，充分反映了全国各族人民的共同愿望。特别是全会决定把全党工作的着重点转移到社会主义现代化建设上来，极大地鼓舞了全国各族人民，它必将对我国的社会主义革命和建设事业、对我国的民族大团结，产生极为深远的影响。

他说，在新的一年里，许多艰巨而光荣的任务有待我们各族人民去完成。我们要紧密团结在华国锋同志为首的党中央周围，解放思想，开动机器，实事求是，艰苦奋斗，把民族工作更好地开展起来、活跃起来，进一步加强各族人民的大团结，调动一切积极因素，加速边疆和民族地区的现代化建设；进一步巩固和发展安定团结的大好形势,同心同德,为建设现代化的社会主义强国而共同奋斗。

接着,阿沛·阿旺晋美、班禅额尔德尼·确吉坚赞、包尔汉、田富达、白寿彝先后发了言。

出席茶话会的还有中共中央统战部副部长李贵、熊向晖,有关方面负责人和知名人士李达、李步新、李霄路、平杰三、张执一、薛子正、阿沛·才旦卓嘎、金城、李梦夫、王伏林、胡嘉宾、江平、谢鹤筹、马青年、马玉槐、石邦智、吴向必、杜易、刁国栋、杨东生、蒙定军、关山复、李和曾、赵燕侠、李世济、侯宝林、郭全宝、马季、方明、阿米娜等。

《人民日报》发表周叔莲 吴敬琏 汪海波的文章《充分发挥企业的主动性》

发挥企业主动性是一个突出的问题

粉碎"四人帮"以来,在华国锋同志为首的党中央的正确领导下,国民经济得到了迅速的恢复和发展。但是,我国企业的经济潜力并没有得到充分利用。新中国成立以来,我国工业固定资产增长很快,为工业的发展提供了重要的物质基础,可是除了少数部门以外,大多数部门现有的设备利用率差,固定资产的经济效果没有很好地发挥。许多企业的设备不配套,设备完好率比较低。还有一些企业投产多年,却始终不能达到设计标准。近十余年来,是世界技术飞速进步的时期,可是我国许多企业却长期拘守效率很低的陈旧工艺,原材料消耗大,成本高,产品质量差,劳动生产率低,产品生产增长的速度远低于固定资产的增长速度。这些情况说明,我国国民经济的管理存在着重大的缺陷,其表现之一就是企业缺乏机动权力,从而使企业的积极性和创造性不能充分发挥。

企业的再生产是整个社会再生产的基础。在现代生产中,企业的地位十分重要。这是因为,第一,现代工农业分成许多专业程度很高的部门,一般化的领导不能适应高度专业化的生产的要求,必须使各个企业能够根据本单位生产的特点,自觉运用有关科学技术,组织生产。第二,现代工厂内部也有十分复杂的分工,这要求企业精密地组织各个环节和各个工种之间的协作,并随时调整,以消除不协调的因素。第三,现代技术发展十分迅速,产品设计和生产工艺日新月异,如果企业不作创造性的努力,就只能循着相沿成习的旧规行事,势必落后于时代。这种情况表明,不充分调动企业的主动性、创造性,社会主义国民经济就不可能迅速发展。

我国从50年代初期沿袭下来的管理形式,很不利于企业积极性的发挥。在我国的工业中,工厂的产、供、销、人、财、物和技术大权,都是掌握在远离生产实际的行政机关手中。事无巨细,都要向上级机关请示。没有层层上级机关首长的"点头",什么事情也办不成。这就形成了公文旅行,效率极低,生产中需要解决的问题长期拖延不决等状况。企业领导人被淹没在文件、会议、报表的海洋中,企业成了上级机关拨一拨、动一动的算盘珠子。不仅如此,企业还要负担许多"苛捐杂税"。近几年来,企业的社会负担越来越重。一是各个方面都向企业借人和摊派任务,二是城市许多服务性工作都要企业来承担,三是办子弟学校和安排知识青年上山下乡等工作,也给企业增加不少负担。不少企业反映:"现在是社会上管啥,企业也管啥";"企业成了聚宝盆,谁都来伸手,要啥就得给啥。"在这种情况下,企业机构庞杂,非生产人员多,领导精力分散,怎么能发挥主动性,改进生产,改善经营呢?

承认企业相对独立性　适当扩大企业权力

社会主义经济是在全社会范围内有计划地组织起来的,这是社会主义较之资本主义具有无比优越性的地方。但是,人们对于这种优越性往往有一种误解。拿全民所有制企业来说,有人以为既然生产资料属于全社会的劳动人民所有,就只有代表全体劳动人民的国家才能发号施令,一切经济活动都应当由国家统起来,其结果往往是统得过死。殊不知这是同社会主义公有制的本质不相容的。社会主义公有制的本质,表现在劳动力和生产资料的直接结合,这种结合是在每个企业中具体地实现的。劳动人民作为生产资料的主人,决不能只是名义上的,他们有权在社会主义法制规定的范围内,对于自己所在企业的生产、流通、分配和消费作出决定。毛泽东同志说:"从原则上说,统一性和独立性是对立的统一,要有统一性,也要有独立性。"(《毛泽东选集》第5卷,第273页)我们必须承认企业的相对独立性,正确处理它同统一性的关系。

承认企业的相对独立性,就要在巩固中央统一领导、执行国家计划的前提下,给企业必要的权力。目前我国企业的正当权力太少,应该适当扩大企业的权力。首先,扩大企业在安排经济活动方面的权力。现在国家给企业规定的指标过多过死,而且企业的"婆婆"很多,指标由他们分头下达,往往互不衔接。今后一个企业只应有一个主管单位,少数重要的指标由它统一平衡后下达,企业按照这些指标,有权根据市场需要和原材料供应情况,编制切合实际的计划,上报国家批准。为了保证计划的完成和供产销的衔接,有必要普遍推行合同制度,通过合同明确规定相互之间的责任。违反合同造成损失的应该赔偿。其次,扩大企业财务管理方面的权力。企业的资金、设备、材料、产品或人员不得任意抽调。为了提高资金使用效果,有必要建立企业资金有偿使用的制度,企业的固定资金要交纳使用费，多余的固定资产可以要求主管机关作价调出，收入归企业支配，用于扩大生产。现在企业的更新改造资金太少，不仅不能适应技术改造的要求，甚至不能维持简单再生产，看来有必要提高固定资产折旧率和折旧费留给企业部分的比例。同时，还应该保证企业有完成生产和基建计划所需要的物资。再次，扩大企业在确定工资形式和奖金种类方面的权力。企业有权在国家统一政策和计划指导下，根据本单位的情况确定职工的工资形式以及奖励的种类和标准，有权在一定范围内提升职工工资级别。另外，还有必要给有关企业一定的直接的外贸权，有必要扩大企业在人事管理等方面的权力。总之，凡是企业职权范围内的事情，要放手让企业主动去办，上级不要乱加干涉；凡是应由上级主办单位承担的事情，上级单位一定要负责办好，不能推给企业。我们要根据马克思主义的基本原则，认真总结我国的具体经验，并借鉴其他国家的好经验，订出一套切实可行的办法来。

给企业必要的利益　严格实行经济核算

多年以来，林彪、“四人帮”根本否定社会主义物质利益原则，诬蔑讲物质利益就是“修正主义”，把物质利益划为“禁区”，使得在一个时期内严重地忽视了企业和劳动者的物质利益，从而也损害了国家的利益。现在，这个“禁区”打破了，我们有可能正确地处理国家、企业和劳动者个人的利益关系，保证这三方面利益的统一。应该指出，由于长期对企业利益重视不够和研究不够，当前尤其需要提高对企业利益的认识。是否给企业必要的利益，是承认不承认企业相对独立性的关键问题。只有给企业必要的利益，使企业做的对国家有利的事情，对本企业和职工也有利，这样才能使企业有强大的经济动力来多快好省地发展生产。

要做到使企业利益和国家利益结合起来，就必须严格实行经济核算制。这就要求把企业的独立核算和物质利益结合起来，国家按照企业完成计划的情况，给予物质上的奖惩。有种意见认为经济核算仅仅就是算账，不必实行物质上的奖惩。这种意见是不正确的，这样做，必然会使经济核算有名无实，造成人力、物力、财力的严重浪费。实行严格的经济核算，首先要求企业在正常情况下必须对亏损负责。正如列宁所说：“各个托拉斯和企业建立在经济核算制基础上，正是为了要他们自己负责，而且是完全负责，使自己的企业不亏本。”(《列宁全集》第35卷，第549页)其次，要求把企业劳动者集体利益和企业经营状况密切联系起来。华国锋同志最近多次指出，如果不是由于客观的原因，企业不能办好办坏一个样，盈利亏损一个样。企业办好办坏一个样，盈利亏损一个样的现象，是再也不能容忍继续下去了。解决这个问题的办法，就是要把企业的经营好坏同企业职工的切身利益联系起来。凡是经营管理好，完成和超额完成计划，上缴利润多的企业，从利润中提取的企业基金应该多些，发给职工的奖金和用于集体福利的钱也应该多些。凡是经营管理差，完不成国家计划的企业，就不给或少给企业基金，不发或少发奖金。

我国当前实行的企业基金制度，在一定程度上体现了这种要求，但是还需要逐步完善起来。为了更好地贯彻上述要求，可考虑在利润成为企业经营好坏的综合表现(做到这一点要有一系列措施配合)的条件下，实行企业自负盈亏的办法。比如可以设想，企业在完成对全社会的义务后，其利润有相当大的一部分留给企业自己支配，职工可以分享一部分利润，企业改进技术、实行扩大再生产的资金一部分也由企业支配。至于具体办法，则需要进行周密的研究，并接受实践的检验。我国过去有的地区有的行业曾对职工实行过基本工资加利润提成的分配办法。北京市崇文区今年八月份以来在三个单位试行基本工资加利润提成工资的办法，根据不同行业的情况，提取一定比例的利润作为提成工资，按职工的贡献大小进行分配，结果改进了企业管理，提高了劳动效率，增加了职工收入，扩大了企业积累。在一定程度上职工分享利润的做法，是完全可以为发展社会主义经济服务的。

我们有一种传统观点，认为对全民所有制企业不能实行自负盈亏，一提自负盈亏就是私有制或者资本主义。看来，这种观点没有分清各种自负盈亏的本质区别。在私有制条件下，企业的盈亏是由企业主承担的，那种盈亏，是生产资料私有制的表现。在社会主义制度下，这种私有制的“盈亏”已经不存在了。而全民所有制企业的自负盈亏，则是实现国家、集体、个人三者的利益统一的要求，是严格实行经济核算的要求，它和私有制或者资本主义制度下的自负盈亏是不能等同起来的。

发扬民主　保证职工当家做主的权利

包括技术人员在内的职工群众是社会主义企业的主人。只有发扬企业的社会主义民主，保证职工群众当家做主的权利，企业的权力才不至于被少数人用来谋私利，广大劳动者的利益才能有牢靠的保证，职工才会感到自己真正是企业的主人，才会充分发挥积极性创造性，把企业的各项工作办好。列宁说：“群众应当有权为自己选择负责的领导者。群众应当有权撤换他们。群众应当有权了解和检查他们活动的每一个细小的步骤。群众应当有权提拔任何工人群众担任领导职务。”(《列宁全集》第27卷，第194页)毛泽东同志也十分重视劳动者管理企业的权利，把它和管理国家、管理文化教育的权利一起看作“是社会主义制度下劳动者最大的权利，是最根本的权利”（转引自叶剑英：《关于修改宪法的报告》）。现在广大职工对企业的生产计划、经营管理、人事安排、生活福利，发言权很少；许多领导干部处理企业重大问题，很少征求群众意见，这种情况同企业的社会主义性质是不相容的。邓小平同志在中国工会第九次全国代表大会上指出：“为了实现四个现代化，我们所有的企业必须毫无例外地实行民主管理，使集中领导和民主管理结合起来。”《中共中央关于加快工业发展若干问题的决定（草案）》已经把党委领导下的职工代表大会或职工大会制定为企业的基本制度。今后，所有企业的重大问题都要经职工代表大会或职工大会讨论。企业领导干部要向职工报告工作，听取职工意见，接受群众的监督。车间主任、工段长、班组长要由群众选举产生。职工代表大会和工会组织要定期评价全厂工作，提出各方面的批评建议，并有权向上级建议处分、撤换某些严重失职、作风恶劣的领导人员或管理人员。我们一定要坚持发扬社会主义民主，切实保证广大职工当家做主的权利，把群众的积极性充分调动起来，推动四个现代化大踏步前进。

《现代汉语词典》修订本第1版出版

该词典是中国社会科学院语言研究所根据国务院1956年2月6日发布的关于推广普通话的指示，于1958年开始编辑的。这是一本以记录普通话语汇为主的中型词典，共收条目5.6万余条。1983年1月，该词典出版了第2版。1994年，《现代汉语词典》修订本获中华人民共和国新闻出版署颁发的国家图书奖。1996年7月，该词典出版了修订第3版，所收字、词增加到6万余条。